HIPPOCRENE COMPREHENSIVE DICTIONARY
ENGLISH-ALBANIAN

HIPPOCRENE COMPREHENSIVE DICTIONARY

ENGLISH-
ALBANIAN

Ramazan Hysa

HIPPOCRENE BOOKS
New York

For information, address:
HIPPOCRENE BOOKS, INC.
171 Madison Avenue
New York, NY 10016

Library of Congress Cataloging-in-Publication Data
Hysa, Ramazan.
      English-Albanian comprehensive dictionary / Ramazan Hysa.
        p.   cm.
      ISBN 0-7818-0510-4
      1. English language--Dictionaries--Albanian. I. Title.
PG9591.H96   1997
423'.91991--dc21   97-24433
                                  CIP

Printed in the United States of America.

CONTENTS

PREFACE

Since my first experience in co-authoring an Albanian-English dictionary 15 years ago, compiling a comprehensive Albanian-English/English-Albanian Dictionary has been my dearest aspiration. I began the compilation of the Albanian-English part of this dictionary in 1975 and 20 years later the task has not yet been accomplished. I decided to postpone the compilation of the Albanian section and engage exclusively in compiling the English-Albanian part. The rich lexicographic material accumulated by me in the course of twenty years of work as a translator and as the editor in charge of the dictionaries collection of the Encyclopaedic Editorial Board of the Publishing House "Encyclopaedia" of Tirana, has been valuable support in this difficult task.

I have also consulted a number of very good and up-to-date dictionaries, among which I would like to mention the following: *Collins-Robert French-English and English-French Dictionary* (1990), *Larousse Concise French-English and English-French Dictionary* (1993), *Collins Italian Concise Dictionary* (1993), *English-Russian Comprehensive Dictionary* (1995), *Gage Canadian Dictionary* (1983), etc., as well as the three modern dictionaries published in Albania in the eighties: *Fjalor Italisht-Shqip (Italian-Albanian Dictionary,* by F. Leka-Z. Simoni, 1986*), Fjalor Frengjisht-Shqip (French-English Dictionary,* by V. Kokona, 1989*),* and *Fjalor Anglisht-Shqip (English-Albanian Dictionary,* by I.Stefanllari, 1986*)* containing respectively about 50.000, 35.000 and 30.000 entries.

Language never stands still. What is more important, these late years Albania is rapidly turning into an open society and her international economic and cultural contacts are growing by leaps and bounds. It is only natural for this ongoing process to have its impact on the continuous growth of the Albanian language.

This comprehensive English-Albanian Dictionary is a unique lexicographic venture in a number of ways. *First,* it was compiled in the years 1994-1996, thus reflecting the expansion of both English and Albanian since the publication of the last English-Albanian Dictionary in 1986.

Second, this entirely new dictionary, with its 60.000 or so entries, its more than 110.000 references from nearly 60 various fields such as economy, politics, computer science, medicine, religion and sports, provides the user with a wide-range of current usage - from the formal to the colloquial. It also provides substantially increased coverage of American English, a full treatment of English phrasal verbs and an exhaustive treatment of the basic English vocabulary, with a wealth of compounds and examples illustrating usage, including idioms and set phrases.

Third, in this dictionary the Albanian reader will deal with a simple, commonsense transcription system for the pronunciation of the English words. Where necessary, both American and English pronunciation is offered. It has been my intention to spare the Albanian reader the discomfort of having to decode a great number of unfamiliar transcription symbols by offering them common letters of the Albanian alphabet that represent very accurately the corresponding English sounds. This seems to make sense, as the majority of the users of this dictionary will be Albanians.

My major consideration has been to produce a modern language dictionary as regards both English and Albanian. In view of this the basic, most frequently used English words are treated in depth, thus giving the reader the opportunity to use this reference book to express himself correctly and idiomatically. In addition to a wealth of phrasal verbs, which represent a really difficult problem to all foreigners, the wide range of modern English compounds makes it much easier for the reader to find the closest possible equivalent in Albanian. To make the dictionary more economic, the solidus (/) has been frequently used in the examples and idiomatic expressions in order to avoid repetition of the same words in two or three consecutive expressions. Also, two or even three different but equally used types of pronunciation of some English words are given in certain cases, where necessary.

With this dictionary I hope I have done my best to further the standards in the field of English-Albanian lexicography.

Ramazan Hysa
September 1996   Montreal, Canada

6

SHQIPTIMI

PHONETIC TRANSCRIPTION

ZANORET *VOWELS*

Shenja e përdorur	*Tingulli i shqipes*	*Shembull* (djathtas jepet një nga variantet më të përdorura të shqiptimit në fjalorët e gjuhës angleze)
a	si a te fjala kapa	father |'fa:dhë:| |'faðə:|
æ	si e e hapur - çek	hat|hæt|
e	si e e mbyllur - bleva	fate|feit|, met|met|
ë	si ë e shkurtër - femër	farmer|'fa:më:| |'fa:mə:|
i:	si i e zgjatur - ditë	sheep|shi:p| |ʃi:p|
ou	si o e mbyllur, ose ou - kokë	nose|nouz|
o	si o e hapur - shok	law|lo:| |lɔ:|
ʌ	si a grykore - kall	mother|'mʌdhë:| |'mʌðə:|
:	shenjë për zgjatjen e zanores para saj	salt[so:lt] [sɔ:lt]

DIFTONGJET *DIPHTHONGS*

ai	si aj te fajtor	night|'nait|
au	si au te kauçuk	found|'faund|
eë		hair|'heë:| |heə:, her|
ei	si ej te dejshëm	make|'meik|
ië		clear|'klië:| |kliə:|
oi	si oj te nevojtar	voice|'vois|
ou		note|'nout| |nəut, nout, nōt|
uë		poor|'puë:| |puə:|

BASHKËTINGËLLORET *CONSONANTS*

b	si b e shqipes	bed[bed]
c	si c e shqipes	nazi['na:ci] ['na:tsi]
ç	si ç e shqipes	nature['neiçë:] ['neitʃə:]

7

d	si **d** e shqipes	**dead**[ded]
dh	si **dh** e shqipes	**this**[dhis] [ðis]
f	si **f** e shqipes	**face**[feis]
g	si **g** e shqipes	**get**[get]
h	si **h** e shqipes	**hear**['hië:] ['hiə:]
j	si **j** e shqipes	**yes**[jes]
k	si **k** e shqipes	**cave**['keiv]
l	si **ll** e shqipes	**life**[laif]
m	si **m** e shqipes	**more**[mo:] [mɔ:]
n	si **n** e shqipes	**noise**[nouz]
p	si **p** e shqipes	**pen**[pen]
r	si **r** e shqipes; shqipto-het e dobët në pozicione fundore ose kur pasohet nga bashkëtingëllore, du-ke shkaktuar një zgjatje të zanores paraardhëse	**far**[fa:], **large**[la:xh] [la:ʤ] **river**['rivë:] ['rivə:], **merit**['merit]
s	si **s** e shqipes	**send**[send], **cellar**['selë:, 'selə:]
sh	si **sh** e shqipes	**machine**[më'shi:n] [mə'ʃi:n] **nation**['neishën] ['neiʃən]
t	si **t** e shqipes	**ten**[ten]
th	si **th** e shqipes	**think**[think] [θink]
v	si **v** e shqipes	**over**['ouvë:] ['ouvə:, 'övər]
xh	si **xh** e shqipes	**jail**['xheil] [ʤeil], **gin**[xhin] [ʤin]
z	si **z** e shqipes	**zero**['zi:rou], **busy**['bizi]
zh	si **zh** e shqipes	**measure**['mezhë:] ['meʒə:]
w	si **u** e shkurtër - **guak**	**wipe**['waip]

ALFABETI I GJUHES ANGLEZE

(ej)   *B (bi)*   *C (si)*   *D (di)*   *E (i:)*   *F (ef)*   *G (xhi)*   *H (ejH)*   *I (aj)*   *J (xhej)*

`(kej)`   *L (ell)*   *M (em)*   *N (en)*   *O (ou)*   *P (pi)*   *Q (kju)*   *R (a:)*   *S (es)*   *T (ti)*

ᵀ (ju)   *V (vi)*   *W (dabNlju:)*   *X (eks)*   *Y (uaj)*   *Z (zed, zi:)*

SHKURTIMET

ABBREVIATIONS

Anglisht English

adj	adjective, mbiemër	*predic*	predicative, përdorim ka-
adv	adverb, ndajfolje		llëzuesor
amer	amerikanizëm	*prep*	preposition, parafjalë
attr	attributive, përdorim	*pron*	pronoun, përemër
	mbiemëror	*pt*	past tense, kohë e shkuar
Br	britanike	*sb*	somebody, dikush
conj	conjunction, lidhëz	*so*	someone, dikush
interj	interjection, pasthirrmë	*sth*	something, diçka
n	noun, emër	*v*	verb, folje(kalimtare dhe
num	numeral, numëror		jokalimtare)
pl	plural, shumës.	*vi*	intransitive verb, folje
pp	past participle, pjesore e		jokalimtare
	shkuar	*vt*	transitive verb, folje ka-
			limtare

Shqip *Albanian*

adm	administratë	*bujq*	bujqësi
anat	anatomi	*det*	detari
ark	arkitekturë	*bot*	botanikë
art	arte; artistik	*dip*	diplomaci
astr	astronomi	*drejt*	drejtësi
aut	automobil	*ek*	ekonomi
av	aviacion	*el*	elektronikë, elektroteknikë
biol	biologji	*farm*	farmaceutikë

9

fet	fetare	*min*	mineralogji
fig	figurativ	*mit*	mitologji
filoz	filozofi	*mjek*	mjekësi
fin	financë	*muz*	muzikë
fiz	fizikë	*ndërt*	ndërtim
fot	fotografi	*përb*	përbuzës
fr	frengjisht	*poet*	(shprehje) poetike
gram	gramatikë	*polig*	poligrafi
gjeog	gjeografi	*polit*	politikë
gjeol	gjeologji	*psik*	psikologji
gj.fol	gjuhë e folur	*prov*	proverb
gjuh	gjuhësi	*rad*	radioteknikë; radio
hek	hekurudha	*skoc*	skocisht
hist	historik	*sport*	sport
hum	humor	*teat*	teatër
ind	industri	*tek*	teknike
iron	(fjalë a shprehje) ironike	*tekst*	tekstil
keq	për keq, me përçmim	*treg*	tregti
kim	kimi	*tv*	televizion
kin	kinematografi	*usht*	(term ushtarak)
kmp	kompjuter	*vjet*	(term) i vjetëruar
knd	kanadeze	*vulg*	gjuhë vulgare
lat	latinizëm; latinisht	*zak*	zakonisht
let	letërsi; letraresk	*zool*	zoologji
mat	matematikë	*zhrg*	zhargon
mek	mekanikë	~	zëvendëson një
meteo	meteorologji		fjalë

HIPPOCRENE COMPREHENSIVE DICTIONARY
ENGLISH-ALBANIAN

A

a, A I[ei] shkronja e parë e alfabetit anglez. **+ from A to Z** nga fillimi në fund, fund e krye; **A 1** [ei'wʌn] i dorës së parë; i klasit të parë; në gjendje të shkël-qyer.

a II[ei] *nyjë,pref* -*nyjë* një; **a day** një ditë. -*pref* në; **twice a day** dy herë në ditë; **$100 a month** 100 dollarë në muaj.

aback [ë'bæk] *adv* prapa; nga pas. **+ be taken aback** hutohem, shastisem, zihem në befasi.

abacus[a'bëkës] *n* numëratore me rruaza.

abandon[ë'bændën] *v,n* -*vt* 1. lë, braktis. 2.heq dorë, lë; **abandon any claim** heq dorë nga çdo pre-tendim. 3.jepem, lëshoj veten; **abandon oneself to despair** bie në dëshpërim.

abandoned[ë'bændënd] *adj* i lëshuar, i çlirët, i shthurur.

abandonment[ë'bændënmënt] *n* 1.braktisje, lë-nie.2.shfrenim, lëshim.

abase[ë'beis] *vt* ul, poshtëroj.

abasement[ë'beismënt] *n* ulje, përulje, poshtërim.

abash[ë'bæsh] *vt* turbulloj, shastis, hutoj.

abashed[ë'bæsht] *adj* i hutuar, i shastisur.

abashment[ë'bæshmënt] *n* hutim, turbullim.

abate[ë'beit] *v* 1.pakësoj, zvogëloj. 2.bie(era etj.). 3.*drejt* i jap fund. 4.qetësohet.

abatement[ë'beitmënt] *n* 1.pakësim; rënie. 2.sasi e zbritur/e pakësuar.

abbess['æbis] *n* kryemurgeshë.

abbey['æbi] *n* manastir, abaci; kishë manastiri.

abbot['æbët] *n* abat, kryemurg.

abbreviate[ë'bri:vieit] *vt* shkurtoj (fjalën).

abbreviation[ëbri:vi'eishën] *n* 1.shkurtim. 2.for-më e shkurtuar e fjalës.

ABC[eibi:'si] *n* 1.alfabet; **ABC book** abetare. 2.bazat; **the ABC of a subject** abeceja e një lënde.

abdicate['æbdikeit] 1.abdikoj (nga froni); 2.heq dorë (nga një e drejtë).

abdication['æbdik'eishën] *n* 1.abdikim (nga fro-ni). 2.heqje dorë (nga një e drejtë).

abdomen['æbdëmën] *n anat* bark.

abdominal[æb'domënël] *adj* i barkut, barkor.

abduct[æb'dʌkt] *vt* rrëmbej (një fëmijë etj.)

abduction[æb'dʌkshën] *n* rrëmbim.

abductor[æb'dʌktër] *n* rrëmbyes.

abeam[ë'bi:m] *adv* tërthor, për së gjeri(anijes etj.).

abed[ë'bed] *adv* në shtrat, rënë.

aberration[æbë'reishën] *n* 1. (i dritës) rravgim. 2.shmangie, largim. 3.lajthitje, shkarje(mendore).

aberrant[æ 'berënt] *adj* 1.rravgues. 2.kundër ar-syes, jonormal (mendim, qëndrim).

abet[ë 'bet] *vt* nxis, mbështes (një veprim të keq, një krim.)

abetment[ë'betmënt] *n* nxitje, përkrahje.

abettor, abetter [ë'betë:] *n* përkrahës, bashkë-fajtor.

abeyance[ë'beiëns] *n* pezullim; **in abeyance** pe-zull.

abhor[ëb'ho:] *vt* urrej, neveris, kam krupë (prej diçkaje).

abhorrence[ëb'horëns] *n* krupë,neveri.

abhorrent [ëb'horënt] *adj* i pështirë, i neverit-shëm.

abide[ë'baid] *v* (**abode, abided**) 1.*vjet* banoj,rri. 2.mbetem, vazhdoj. 3.pajtohem me, i përmbahem. **+abide by** veproj në përputhje me; **abide by a promise** mbaj një premtim; **abide by consequences** pranoj pasojat

abiding[ë'baiding] *adj* i qëndrueshëm, që mban, që zgjat.

ability[ë'bilëti] *n* 1.aftësi, zotësi; mjeshtri. 2.zgju-arësi, mprehtësi. 3.*drejt* kompetencë, aftësi (mendore).

abject ['æbxhekt] *adj* 1.i mjerë, fatkeq. 2.i ulët, i ndyrë, i fëlliqur; **an abject apology** një mbrojtje e mjerë; **in abject poverty** në kulmin e varfërisë.

abjection[æb'xhekshën] *n* poshtërim.

abjectly['æbxhektli] *adv* me përulësi.

abjuration[æbxhuë'reishën] *n* heqje dorë (nga një e drejtë, pikëpamje etj).

abjure[ëb'xhuë:] *vt* heq dorë me betim..

ablative['æblëtiv] *n,adj gram* -*n* rasë thirrore. -*adj* thirrore.

ablaze [ë 'bleiz] *adj, adv* 1. në flakë; **set sth ablaze** i vë flakën. 2.*fig* i ndezur; **ablaze with an-ger/with light** flakë nga inati; që shkëlqen nga dritat.

able[eibl] *adj* 1.i aftë, i zoti; **be able to do sth** jam në gjendje të bëj një gjë. 2.shumë i aftë, kom-petent; me dhunti; i talentuar. 3.*mjek* i aftë.

able-bodied['eibl'bodid] *adj* i fortë, i fuqishëm.

abloom[ë'blu:m] *adv,adj* në lulëzim.

ably['eibli] *adv* me aftësi, me zotësi.

abnegate ['æbnëgeit] *vt* 1. mohoj, hedh poshtë. 2. heq dorë nga.

abnegation [æbnë'geishën] *n* 1.mohim; **self-abnegation** vetëmohim. 2.heqje dorë (nga një pretendim etj).

abnormal[æb'no:mël] *adj* jonormal; i parregullt.

abnormality[æbno:'mælëti] *n* 1.gjendje jonormale, parregullsi, anomali. 2.*anat* keqformim.

aboard[ë'bo:d] *adv prep* 1.mbi, hipur në, brenda në (tren, anije etj.); **all aboard!** të gjithë brenda!, të hipin të gjithë! **go aboard** hipi.

abode I [ë'boud] *n* banesë, shtëpi.

abode II [ë'boud] *pt,pp* e **abide.**

abolish[ë'bolish] *vt* heq, shfuqizoj.

abolition[æbou'lishën] *n* heqje, shfuqizim; zhdukje, prishje.

abolitionist[æbëu'lishënist] *n* abolicionist, përkrahës i heqjes së dënimit me vdekje, skllavërisë etj.

A-bomb[ëi'bom] *n* bombë atomike.

abominable[ë'bominëbl] *adj* i neveritshëm, i urryer, i ndyrë; shumë i keq, i pakëndshëm(mot).

abomination[ëbomë'neishën] *n* neveri, urrejtje, krupë.

aboriginal[æbë'rixhënël] *adj,n* -*adj* i parë, vendës.

-*n* vendës, indigjen.

aborigine[æbë'ridzhëni:] *npl* vendës, banor i parë, indigjen.

aborning[ë'bo:ning] *adv* në lindje e sipër; **the plan died aborning** plani dështoi pa lindur ende.

abort[ë'bo:t] *v* 1.dështoj (fëmijën); shtie (bagëtia) 2.ndërpres, i jap fund para kohe.

abortion[ë'bo:shën] *n* 1.dështim; gjë e dështuar; 2.dështak.

abortive [ë'bo:tiv] *adj* 1.i dështuar, shtijak. 2.i pafrytshëm, i pasuksesshëm.

abound[ë'baund] *vi* 1.(-in) ka me bollëk, gëlon; (-with) zien, mizëron; **fish abound in river** lumi gëlon nga peshqit.

about[ë'baut] *prep,adv* -*prep* 1.përreth; përqark; rrotull; **look about you** shiko përqark; **he's somewhere about here** ai është diku këtu rrotull; **papers were lying about the room** letrat qenë shpërndarë nëpër dhomë.2.me; **about me** me vete. 3.rreth, për, lidhur me; **it is about your future** është fjala për të ardhmen tënde; **what are you talking about?** për çfarë po flisni, ku e keni fjalën? 4.afër, afërsisht, aty nga; **about ten o'clock** aty nga ora dhjetë.

-*adv* 1.rreth, gati , pothuajse; afërsisht , nja; **about 50 years** rreth 50 vjet; **about ready** pothuajse gati. 2.rretheqark, përqark; pranë.3.në drejtim të kundërt, mbrapsht; **put the ship about** kthej anijen praptas.4.radhazi, me radhë; **on duty week and week about** në punë javë pas jave. **+ be about to**

jam gati të(bëj diçka), kam ndër mend të; **she was about to cry** ajo ishte gati t'ia plaste të qarit; **bring about** shkaktoj ,bëj që; **come about** ngjet; **the other way about** e kundërta.

about-face, about-turn *v, n* -*vi* kthej shpinën, ndërroj plotësisht drejtim.

-*n* 1.ndërrim qëndrimi; ndryshim mendimi. 2.*usht* prapaktheu.

above[ë'bʌv] *adv,prep,adj* -*adv* 1.sipër(edhe *fig*); **a warning from above** një paralajmërim nga lart.2.më tepër, mbi; lart; **girls of 16 and above** vajza 16 vjeç e lart. 3.më përpara, më sipër; **mentioned above** i përmendur më lart.

-*prep* 1.më lart se; mbi; **above zero** mbi zero (temperatura); **above 30 kg** më shumë se 30 kg ; **we stand above them in popularity** ne qëndrojmë mbi ta përsa i përket popullaritetit. 2.më tepër, më shumë; **above $20** mbi 20 dollarë. 3.përtej; **above one's means** përtej mundësive të mia; **it is quite above me** nuk e marr vesh fare. 4.jashtë; **they are not above cheating** ata nuk e kanë për gjë mashtrimin.5.në veri të. **+ above all** mbi të gjitha, para së gjithash, në radhë të parë; **above comprehension** (që) nuk kuptohet, nuk merret vesh; **above any suspicion** jashtë çdo dyshimi.

-*adj* i mësipërm, i lartpërmendur; **the above law** ligji i lartpërmendur.

aboveboard['ëbʌv'bo:d] *adj,adv* -*adj* i rregullt, korrekt.

-*adv* me çiltërsi, pa hile, hapur, sheshit.

abracadabra[æbrëkë'dæbrë] *n* 1.formulë magjike. 2.gjuhë pa kuptim, e folur kot më kot.

abrade[ë'breid] *vt* 1.kruaj, heq me (fërkim). 2.pastroj, zmeriloj.

Abraham['aibrëhæm] *n hist* Abrahami.

abrasion[ë'breizhën] *n* 1.gërryerje. 2. *tek* pastrim, zmerilim.

abrasive[ë'breisiv] *adj,n* -*adj* 1.gërryes. 2. i çjerrë(zë). 3.*fig* i bezdisshëm; irritues.

-*n* gërryes, material zmeriluos.

abreast[ë'brest] *adj* 1.krah për krah, rreshtuar. 2.në një hap me , pa mbetur pas; **keep abreast of /with modern developments** eci në një hap me zhvillimet e reja.

abridge[ë'brixh] *vt* 1.shkurtoj, pakësoj; përmbledh, shkurtoj (një shkrim).

abridgement[ë'brixhmënt] *n* 1.shkurtim. 2.përmbledhje.

abroad[ë'bro:d] *adv* 1.jashtë vendit, atdheut. 2.kudo, në të katër anët; **to scatter the seeds abroad** shpërndaj farët gjithandej. 3.në qarkullim; **nothing was abroad** nuk flitej asgjë. 4.përjashta, jashtë shtëpisë.

abrogate ['æbrougeit] *vt* shfuqizoj, anuloj (ligjin etj.)

abrupt[ë'brʌpt] *adj* 1.i papritur, i beftë, i menjëhershëm.2. tepër i shkurtër.3. i palidhur, jo i rrjedhshëm; **short abrupt sentence** fjali e vrazhdë,e palëmuar.4.thikë, shumë i pjerrët.5.nopran, i vrazhdë.
abruptly[ëbrʌptli] *adv* 1.befas, papritmas, menjëherë. 2. shkurt, prerë. 3.vrazhdë. 4.thikë.
abruptness[ë'brʌptnis] *n* 1.befasi. 2.vrazhdësi. 3. rrëpirë.
abscess['æbses,-sis] *n,v* -*n* lungë, i thatë. -*vi* mbledh, formon lungë.
abscissa[æb'sisë] *n mat* abshisë, koordinata sipas boshtit të x-eve.
abscond[æb'skond] *vi* ua mbath, vidhem; **to abscond with** ua mbath këmbëve, iki me të katra.
absence['æbsëns] *n* 1.mungesë, mosprani, periudhë mungese .2. mospasje, mungesë; **in the absence of proof** për mungesë provash. 3.(**of mind**) pavëmendje, hutim.
absent [*adj* 'æbsënt; *v* ab'sent] *adj,v* -*adj* 1. që mungon; **be absent from (school etc)** mungon nga (shkolla etj). 2.i hutuar, me mendjen gjetiu; **he stared in an absent way** shikonte si i hutuar. 3.që nuk ekziston.
-*vt* mungoj; shmangem; **he absented himself from the meeting** ai mungoi në mbledhje.
absentee[æbsën 'ti:] *n* mungestar; **absentee voter** votues në shtëpi.
absently['æbsëntli] *adv* hutueshëm.
absent-minded['æbsënt'maindid] *adj* 1.i hutuar, i pavëmendshëm. 2.harraq.
absent-mindedly['æbsënt'maindidli] *adv* hutueshëm, me pamje të hutuar.
absent-mindedness['æbsënt 'maindidnis] *n* hutim, pavëmendje.
absinth(e)['æbsinth] *n* glikanxo(pije).
absolute['æbsëlju:t] *adj,n* -*adj* 1.i përkryer, i plotë. 2.i pastër, i papërzier. 3. i pakufizuar. 4.i padyshimtë, real.
-*n filoz* absolute.
absolutely['æbsëlju:tli] *adv* 1.patjetër, medoemos. 2.krejt, kryekëput; plotësisht. 3.**absolutely!** po,pikërisht!
absolution[æbsë'lu:shën] *n* falje, shkarkim (**from sin** nga mëkati).
absolutism['æbsëlu:tizm] *n pol* absolutizëm.
absolve[ëb'zolv] *vt* 1.shfajësoj; fal. 2.e shkarkoj nga faji. 3.çliroj nga një detyrim.
absorb[ëb'so:b] *vt* 1.thith, përthith;gëlltis; **paper that absorbs ink is called blotting-paper** letra që thith bojën quhet letër thithëse. 2.*fig* përvetësoj; **he absorbs all the knowledge his teacher can give him** ai i përvetëson të gjitha njohuritë që i jep mësuesi. 3.*tek* amortizoj, shuaj; **buffers absorbed most of the shock** amortizatorët e shuajtën pothuajse krejtësisht goditjen. 4. *fig* bëj për vete,

thëthij; **absorbed in thought** i zhytur në mendime.
absorbable[ëb'so:bëbl] *adj* 1.i përthithshëm. 2.*fig* i përvetësueshëm.
absorbent [ëb'so:bënt] *adj,n* -*adj* thithës. -*n* lëndë thithëse, absorbent.
absorbing[ëb'so:bing] *adj* 1.thithës, përthithës. 2.*fig* tërheqës , që të bën për vete.
absorption[ëb'so:pshën] *n* 1.thithje, përthithje. 2.zhytje, dhënie pas, kredhje.; **complete absorption in sport interfered with his studies** dhënia tërësisht mbas sportit e dëmtoi në mësime. 3.*fig* përvetësim.
abstain[ëb'stein] *vi* (**from**) 1.përmbahem, jam i përkorë , heq dorë nga; **his doctor told him to abstain from beer** mjeku i tha të hiqte dorë nga birra. 2.abstenoj(në votim); **they abstained (from voting)** ata abstenuan.
abstainer[ëb'steinë:] *n* njeri i përkorë; **total abstainer** njeri që nuk vë në gojë alkool.
abstemious[ëb'stimiës] *adj* i kursyer, i matur, i përkorë (në pije, ushqim); **an abstemious meal** e ngrënë e kursyer.
abstention[ëb'stenshën] *n* 1.abstenim(në votim). 2.përkorë, maturi(në pije).
abstinence['æbstinëns] *n* maturi, përkorë (në pije, ushqim, dëfrim).
abstinent['æbstinënt] *adj* i përkorë, i kursyer, i matur.
abstract I[*adj,n* 'æbstrækt; *v* æb'strækt] *adj* abstrakt; **a flower is beautiful, but beauty itself is abstract** lulja është e bukur, por vetë bukuria është abstrakte; **abstract art** arti abstraksionist. +**in the abstract** në teori.
-*n* përmbledhje(e një shkrimi).
-*vt* 1.përmbledh.2.shkëpus, veçoj; **abstract metal from ore** veçoj metalin nga xeherori.
abstracted[æb'stræktid] *adj* i përhumbur, me mendje gjetiu; i zhytur, i thëthirë.
abstractedly[æb'stræktidli] *adv* me mendjen gjetiu, përhumbshëm.
abstraction[æb'strækshën] *n* 1.abstragim, ide abstrakte. 2.shkëputje, veçim. 3.rënie në mendime, përhumbje.
abstractionism[æb'strækshënizëm] *n* abstraksionizëm.
abstractionist[æb'strækshënist] *n* abstraksionist.
abstruse[æb'stru:s] *adj* i thellë, i errët, i pakuptueshëm, i pakapshëm.
absurd [ëb'së:d] *adj* pa kuptim, absurd, i paarsyeshëm, qesharak; **it was absurd of you to suggest such a thing** sugjerimi yt ishte krejt pa vend.
absurdity[ëb'së:diti] *n* gjë pa kuptim, punë pa mend,absurditet.
abundance[ë'bʌndëns] *n* 1.bollëk, begati; **food**

and drink in abundance të ngrëna e të pira me bollëk; **live in abundance of good things** gjëra të mira. me tepri.

abundant[ë'bʌndënt] *adj* me tepri, i pasur me, plot me; **a land abundant in minerals** tokë e pasur me minerale.

abuse[ë'bju:z] *n,v* -*n* 1.shpërdorim.2.sharje; keqtrajtim.3.abuzim, veprime të padrejta; **put an end to abuses** u jap fund abuzimeve. -*vt* 1.shpërdoroj, abuzoj me. 2.shaj; fyej; keqtrajtoj.

abusive[ë'bju:siv] *adj* 1.fyes, i ashpër, plot sharje. 2.i përdorur gabim.

abut[ë'bʌt] *vi* (on) kufizohet/është ngjitur me.

abutment[ë'bʌtmënt] *n* këmbë, mbajtëse ,mbështetëse (urë ndërtese).

abysm[ë'bizm] *n poet* hon, humnerë.

abysmal [ë'bizmël] *adj* 1. i pafund,i skajshëm; **abysmal ignorance** padituri e thellë.2.për faqe të zezë; **their taste is abysmal** shija e tyre është për tokë.

abyss[ë'bis] *n* 1.greminë, humnerë, hon.2.*fet* ferri, bota e nëndheshme.

abyssal[ë'bisël] *adj* i pafundmë, i humnershëm.

Abyssinia[æb'ësinië] *n vjet* Abisini, Etiopi.

AC, A. C., ac, a.c.[ei'si] *n* (shkurtim i **alternating current**) rrymë alternative.

a/c *n* shkurtim i **account**.

acacia[ë'keishë] *n bot* akacie.

academic[ækë'demik] *adj,n* -*adj* 1.akademik; **the academic year** vit akademik. 2. letrar, klasik (lëndë mësimore). 3.teorik , pa zbatime praktike; **the issue is purely academic** kjo është thjesht një çështje teorike.

-*n* 1.kërkues; dijetar. 2.pedagog universiteti. 3.*pl* studime.

academical[ækë'demëkël] *adj* shih **academic**.

academically[ækë'demikëli] *adv* 1.në mënyrë akademike. 2.nga pikëpamja e formimit; **academically qualified** i pajisur me diplomat përkatësc.

academicals[ækë'demikëlz] *n* togë, veshje ceremoniale universitare (pelerinë dhe kapele).

academic advisor *n amer* këshilltar për studimet.

academic dean *n amer* dekan fakulteti.

academic freedom *n* liri e arsimit.

academician[ë'kædë'mishën] *m* akademik, anëtar akademie.

academic officers *n amer* kuadri pedagogjik dhe administrativ.

academic rank *n* gradë shkencore.

academic standards *n* nivel shkollor.

academy[ë'kædëmi] *n* 1.shkollë e lartë speciale; **military/naval academy** akademi ushtarake/detare; **an academy of music** akademi e muzikës. 2.akademi; **the Royal Academy of Arts** Akade-

mia Mbretërore e Arteve.

acanthus[ë'kænthës] *n bot* dashtër.

accede[æk'si:d] *vi* 1.marr(një detyrë), zë (një post). 2.miratoj, pranoj(një kërkesë, propozim).

accelerate[æk'selëreit] *v* 1.përshpejtoj, shpejtoj; **accelerated program** kurs/program intensiv.2.nxitoj, rris shpejtësinë.

acceleration[æksele'reishën] *n* 1.përshpejtim.2. nxitim; **a car with good acceleration** një makinë që fiton shpejtësi brenda një kohe të shkurtër..

accelerative[æk'selëreitiv] *adj* përshpejtues.

accelerator[æk'selëreitë] *n* 1.pedal i gazit.2.*fiz* përshpejtues (grimcash) , akselerator.

accent['æksënt] *n,v* -*n* 1.theks (i fjalës).2.shenjë e theksit; **acute accent** theks i mprehtë.3.theks, shqiptim me theks; **speaking English with a for - eign accent** duke folur anglisht me një theks të huaj. 4.theksim, evidentim, spikatje; **at this year's motor show the accent is on sports cars** këtë vit në Ekspozitën e Automobilave spikasin makinat sportive. -*vt* 1.i vë theks. 2.theksoj, i jap rëndësi.

accentuate[æk'sentjueit] *vt* theksoj, e vë theksin mbi, evidentoj, nënvizoj.

accentuation[æksentju'eishën] *n* theksim, nënvizim.

accept [ëk'sept] *vt* 1. pranoj, miratoj; **accept a proposal** pranoj një propozim.2.bie dakord, pranoj; **I accept that this change may take a lot of time** unë e pranoj se ky ndryshim mund të kërkojë mjaft kohë. 3.marr në dorëzim; **accept a delivery of goods** marr në dorëzim një sasi malli.

acceptability[ëkseptë'bilëti] *n* pranueshmëri.

acceptable [ëk'septëbël] *adj* i pranueshëm, i mirëpritur,

acceptance [ëk'septëns] *n* 1. pranim. 2. pëlqim, miratim; **the proposal met with/found general acceptance** propozimi gjeti miratim të përgjithshëm. 3.premtim për të paguar.

acceptation[æksep'teishën] *n* 1.*gjuh* kuptim (i pranuar). 2.miratim.

access['ækses] *n* 1.hyrje; rrugë për të hyrë; **easy of access** i arritshëm, ku mund të hyhet; **good access roads** rrugë ku hyhet lehtë.2.(to) e drejtë, mundësi për të hyrë ose përdorur; **to have access to good books** e kam mundësinë për të marrë libra të mirë (në një bibliotekë etj). 3.shpërthim; acarim, krizë (zemërimi, ethesh etj).

accessary[ëk'sesëri] *n, adj* ndihmës, bashkëfajtor.

accessibility[æksesë'bilëti] *n* mundësi hyrjeje, përdorimi etj.

accessible[æk'sesëbl] *adj* i arritshëm, i përdorshëm, i lejuar, i hapur; **not accessible to the public** i ndaluar për publikun.

accession[æk'seshën] *n* 1.ardhje (në fuqi).2.hyrje, ardhje rishtas, shtim; **the accession of new**

members (to a political party) pranim anëtarësh të rinj (në një parti politike).

accessory[æk'sesëri] *adj,n* -*adj* 1.ndihmës, plotësues. 2.dytësor. 3.pjesëmarrës, bashkëfajtor. -*n* 1.*tek* pajisje shtesë; **the accessories of a bicycle** pajisje shtesë të biçikletës (pompa etj).2.*teat* dekore. 3.*drejt* bashkëfajtor.

accidence ['æksidëns] *n gjuh* morfologji, trajtëformim.

accident['æksidënt] *n* 1.rastësi; ndodhi e rastit; **by accident** rastësisht. 2.fatkeqësi, aksident; **without accident** pa aksident, në mënyrë të sigurt; **he was killed in a motoring accident** ai u vra në një aksident me makinë..

accidental[æksi'dentël] *adj* i rastësishëm, i papritur; aksidental; **an accidental meeting with a friend** një takim i rastësishëm me një shok.

accidentally['æksidentëli] *adv* 1.rastësisht. 2.aksidentalisht.

accident insurance *n* sigurim kundër aksidenteve.

accident-prone['æksidëntproun] *adj* i rrezikuar nga aksidentet; i pritur për aksidente.

acclaim[ë'kleim] *v,n* -*vt* 1.brohoras; duartrokas fort. 2.shpall me brohori.
-*n* brohoritje; miratim me brohori.

acclamation[æklë'meishën] *n* 1.brohoritje; **the acclaims of the crowd** brohoritjet e turmës. 2.miratim (me ovacione); **carried by acclamation** miratuar me brohoritje (pa votim).

acclimate[ë'klaimët] *vt* shih **acclimatize.**

acclimation[æklë'meishën] *n* shih **acclimatization.**

acclimatization[ëklaimëtai'zeishën] *n* përshtatje ndaj klimës, aklimatizim.

acclimatize[ë'klaimëtaiz] *vt* përshtas ndaj klimës, aklimatizoj.

acclivity[ë'klivëti] *n* shpat që lartësohet.

accolade[ækëleid] *n* 1.*hist* dhënie e titullit të kalorësit.2.*fig* vlerësim, lëvdatë; **the accolades of the critics** vlerësimet e kritikëve.

accommodate[ë'komëdeit] *vt* 1.ujdis, rregulloj; strehoj; **this hotel can accomodate 200 guests** ky hotel mund të strehojë 200 vetë. 2.**(sb with sth)** i jap, pajis; i bëj një favor(dikujt); **the bank will accomomodate you with a loan** banka do t'ju sigurojë një hua. 3. përshtas; **I will accommodate my plans to yours** do t'ua përshtas planet e mia tuajave.

accommodating [ë'komëdeiting] *adj* 1. i gjindshëm. 2.i shkueshëm, që s'prish qejf.

accommodation [ëkomë'deishën] *vt* 1. ujdi, voli. 2.dhomë hoteli. 3.strehim. 4.mjet i përshtatshëm.

accommodation address *n* adresë vetëm për letërkëmbimin.

accommodation bureau *n* agjenci strehimi.

accommodation officer *n* përgjegjës i strehimit.

accommodation road *n* rrugë me përdorim të kufizuar.

accommodation train *n amer* tren që ndalet në të gjitha stacionet.

accompaniment[ë'kʌmpënimënt] *n* 1.shoqërim; shoqërues. 2.*muz* shoqërim..

accompanist[ë'kʌmpënist] *n muz* shoqërues.

accompany[ë'kʌmpëni] *vt* 1.shoqëroj; **he was accompained by his secretary** ai shoqërohej nga sekretari; **fever accompanied with delirium** ethe të shoqëruara me përçart. 3.bashkërendis, shoqëroj; **accompany one's words with blows** i shoqëroj fjalët me goditje.4.*muz* shoqëroj(në piano etj).

accomplice[ë'komplis] *n* bashkëfajtor.

accomplish[ë'komplish] *vt* kryej, përfundoj, përmbush; **an accomplished fact** fakt i kryer.

accomplished[ë'komplishd] *adj* i përkryer, i zoti, i përgatitur; **an accomplished dancer** një valltar i përkryer.

accomplishment[ë'komplishmënt] *n* 1. kryerje, plotësim, përmbushje. 2.arritje. 3. mjeshtëri, zotësi.

accord[ë'ko:d] *n* 1.pëlqim; **of one's own accord** vullnetarisht; **with one accord** njëzëri; **in accord with** në përputhje me. 2.marrëveshje ndërshtetërore. 3.*muz* akord.

accord[ë'ko:d] *vt* **(with)** 1.merrem vesh, pajtohem (me); **his behavior does not accord with his principles** sjellja e tij nuk i përgjigjet parimeve të tij. 2.jap; **he was accorded a warm welcome** atij i bënë/i rezervuan një pritje të ngrohtë; **he has been accorded this privilege** atij ia kanë dhënë këtë privilegj. + **of one's own accord** me dëshirën e vet, vullnetarisht; **with one accord** njëzëri.

accordance[ë'ko:dëns] *n* marrëveshje, përshtatje, përputhje; **in accordance with your wishes** sipas dëshirave të tua.

according [ë'ko:ding] *conj* **according as** sipas rastit, në varësi nga; **according to** a) sipas; b) në pajtim me; në varësi nga.

accordingly[ë'ko:dingli] *adv* prandaj, për këtë arsye; në përputhje me rrethanat; **ask what they want and act accordingly** pyet çfarë kërkojnë dhe vepro në përputhje me këtë.

accordion[ë'ko:djën] *n* fizarmonikë.

accordionist[ë'ko:djënist] *n* fizarmonicist.

accost [ë'kost] *vt* 1. i drejtohem, i flas (dikujt). 2.(prostituta) ofrohet.

accouchement[ë'ku:shma:n] *n* lindje, pjellje.

account [ë'kaunt] *n,v* -*n* 1. llogari, llogaritje; **he is quick at accounts** ai është i shpejtë në llogari. 2. llogari bankare; **to have an account with a bank** kam llogari në një bankë; **open an account/a bank account** hap një llogari në bankë; **settle one's**

accounts (with) shlyej llogaritë (me dikë); **current account** llogari rrjedhëse; **savings account** librezë (llogari) kursimi. 3.(vetëm njëjës) fitim, leverdi; **invest one's money to good account** i përdor (paratë, aftësitë) me leverdi; **work on one's own account** punoj për llogarinë time. 4.*fig* llogari, shpjegime; **call/bring sb to account** i kërkoj llogari dikujt. 5.përshtypje, imazh; **give a good account of oneself** lë përshtypje të mirë. 6.njoftime, të dhëna, të thëna; **by one's own account** sipas vetë të thënave të tij. 7.vlerësim; **take sth into account, take account of something** marr parasysh diçka. 8.arsye, shkak; **on account of** për shkak të; **on this/that account** për këtë arsye; **don't stay away on his account** mos u largo për shkak të tij; **on no/not on any account** në asnjë rast, për asnjë arsye, kurrsesi, në asnjë mënyrë.
-*vt* (**for**) 1.shpjegon, shërben si shpjegim për; **to account for sth** jap shpjegime për. 2.quaj, konsideroj; **a man is accounted innocent until he is proved guilty** njeriu quhet i pafajshëm derisa t'i provohet fajësia.

account book *n* libër llogarish.

account day *n treg,fin* ditë e mbylljes së llogarive.

accounts department *n* financa, seksioni i financës.

accountability[ë'kauntëbiliti] *n* përgjegjësi.

accountable [ë'kauntëbël] *adj* 1.i shpjegueshëm. 2.i përgjegjshëm.

accountant[ë'kauntënt] *n* llogaritar.

accountant-general[ë'kauntënt'xhënërël] *n* kryellogaritar.

accounting[ë'kaunting] *n* llogaritje; mbajtje llogarish.

accredit[ë'kredit] *vt* 1.akreditoj (një ambasador etj). 2.i vesh, i atribuoj (dikujt diçka); i besoj, i ngarkoj (një gjë).

accreditation [ëkredi'teishën] *n* akreditim.

accredited [ë'kreditid] *adj* i njohur, i pranuar zyrtarisht; **accredited milk** qumësht i garantuar (për cilësinë).

accretion[æ'kri:shën] *n* 1.rritje, shtim. 2.shtesë.

accrue[ë'kru:] *vi* 1.rrjedh(from). 2.shtohet, rritet; **in the savings banks interest accrues** në bankën e kursimeve interesi rritet.

accumulate[ë'kju:mjuleit] *vt* 1.mbledh, grumbulloj. 2.akumuloj.

accumulation[ëkju:mju'leishën] *n* 1.mbledhje, grumbullim; **an accumulation of evidence** grumbullim provash. 2.*fin* akumulim.

accumulative[ë'kju:mjulëtiv] *adj* akumulues; i grumbulluar, i shtuar.

accumulator[ë'kju:mjuleitë:] *n el* akumulator.

accuracy['ækjurësi] *n* saktësi, përpikmëri.

accurate ['ækjurit] *adj* 1. i saktë; i përpiktë. 2.i

kujdeshëm, korrekt; **quick and accurate at figures** i shpejtë dhe i saktë me shifrat.

accurately['ækjuritli] *adv* me saktësi, me përpikëri; besnikërisht.

accursed, accurst[ë'kë:sid, ë'kë:st] *adj* 1.i mallkuar. 2.i neveritshëm, i urryer.

accusal[ë'kju:zël] *n* padi, akuzë.

accusation[ækju(:)'zeishën] *n* 1.akuzim, paditje. 2.padi, akuzë; **bring an accusation of theft against sb** i bëj dikujt një akuzë për vjedhje.

accusative[ë'kju:zëtiv] *adj gram* rasa kallëzore.

accuse[ë'kju:z] *vt* (**sb of sth**) padis, akuzoj (dikë për diçka); **be accused of sth** akuzohem për diçka.

accused[ë'kju:zd] *n drejt* i paditur, i akuzuar.

accuser[ë'kju:zë:] *n* paditës, akuzues.

accustom[ë'kʌstëm] *vt* mësoj(me diçka); **to accustom a dog to the noise of a gun** e mësoj qenin me zhurmën e armës.

accustomed[ë'kʌstëmd] *adj* 1.i zakonshëm. 2.(to)i mësuar(me); **accustomed to** i mësuar me; **he was accustomed to hard work** ai ishte mësuar me punë të rëndë.

ace[eis] *n* 1.njësh(në zare ,në domino); as(në letra).2.*fig* as, ekspert; **an ace football player** një futbollist i klasit të parë; **ace in the hole, ace up one's sleeve** avantazh i mbajtur fshehur; **within an ace of** gati, për një qime.

acerbic[ë'se:bik] *adj* 1.i thartë, i athët. 2.*fig* i hidhur, i helmët; **an acerbic remark** vërejtje e helmët.

acerbity[ë'se:biti] *n* 1.thartësi, athtësi. 2.*fig* ashpërsi, hidhësirë, helm.

acetic[ë'si:tik] *adj* uthullor; **acetic acid** acid acetik.

acetify[ë'setifai] *vt* uthulloj, thartoj.

acetone['æsitoun] *n* aceton.

acetous ['æsitous] *adj* i thartë, uthull, uthullor; acetik.

acetylene[ë'setili:n] *n* acetilen.

ache[eik] *vi* 1.dhemb; **my head aches** më dhemb koka. 2.jam i etur, vdes për (të bërë diçka); **to be aching for sth/to do sth** jam i etur për diçka/për të bërë diçka.

achieve[ë'çi:v] *vt* 1.arrij; **achieve one's purpose** ia arrij qëllimit. 2.kryej, realizoj, bëj; fitoj; **he achieved distinction in mathematics** ai u bë i shquar në matematikë.

achievement[ë'çi:vmënt] *n* 1.kryerje, realizim(i një qëllimi etj). 2.arritje; **scientific achievements** arritje shkencore.

Achilles[ë'kili:z] *n* Akil; **Achilles heel** thembra e Akilit, pika e dobët.

achromatic[ëkrou'mætik] *adj* i pangjyrë, që nuk e zbërthen dritën e bardhë, akromatik.

acid['æsid] *adj,n* -*adj* 1.i thartë; **vinegar has an acid taste** uthulla ka një shije të thartë. 2.*fig* therës, i hidhur; **an acid remark** vërejtje therëse.

-n acid, thartor; **vinegar contains acetic acid** uthulla përmban acid acetik; **acid rain** shi acid (nga ndotja e mjedisit).

acid head *n zhrg* i droguar me LSD.

acid-proof['æsidpru:f] *adj* kundëracid, i qëndrueshëm ndaj acideve.

acid test *n fig* provë vendimtare; **stand the acid test** kaloj të gjitha provat.

acidification[ësidëfë'keishën] *n* acidim.

acidify[ë'sidëfai] *v* acidoj; thartoj.

acidity[ë'sidëti] *n* 1.aciditet. 2.tharti.

acidulous[ë'sidjulës] *adj* i thartë,që vjen i thartë.

acknowledge [ëk'nolixh] *vt* 1. pranoj, pohoj; **he would not acknowledge his mistake** ai nuk donte ta pranonte gabimin; **he acknowledged his daughter as his heir** ai e njohu të bijën si trashëgimtare. 2.vërtetoj marrjen (e një pakoje etj). 3.jap të njohur; **she didn't even acknowledge me when I raised my hat** ajo as që më dha të njohur kur i ngrita kapelen. 4.falënderoj për, shpreh mirënjohjen për(ndihmën etj).

acknowledg(e)ment[ëk'nolixhmënt] *n* 1.njohje, pranim. 2.dëftesë(pagese). 3.mirënjohje, falënderim; **this bunch of flowers is a slight acknowledg(e)ment of your kindness** kjo buqetë lulesh është një falënderim i thjeshtë për mirësinë tuaj.

acme['ækmi] *n* kulm, pika më e lartë; **the acme of his desires** kulmi i dëshirave të tij.

acne ['ækni] *n* puçrra(fytyre) tek adoleshentët.

acorn['eiko:n] *n* lende (lisi).

acoustic[ë'kustik] *adj,n -adj* dëgjimor, akustik.

acoustics[ë'kustiks] *n pl* 1.fiz akustikë. 2.veti të mira dëgjimore, akustikë; **the acoustics of the new concert hall are excellent** akustika e sallës së re të koncertit është e shkëlqyer.

acquaint[ë'kweint] *vt* 1.njoh/bëj të njohur (me); njoftoj(për); **acquaint sb with the situation** e njoh dikë me gjendjen. 2.njoh, paraqes, prezantoj; **be acquainted with sb** njihem me dikë.

acquaintance[ë'kweintëns] *n* 1.njohje; **upon further acquaintance** pas një njohjeje më të gjatë; **make sb's acquaintance** njihem me dikë. 2.i njohur; **an acquaintance of mine** një i njohuri im.

acquintanceship[ë'kweintënsship] *n* të njohurit, rrethi i të njohurve.

acquiesce[ækwi'es] *vi* pranoj në heshtje +**acquiesce in a proposal** pranoj një propozim në heshtje/pa kundërshtuar.

acquiescence[ækwi'esëns] *n* pranim i heshtur.

acquiescent [ækwi'esënt] *adj* i urtë, i shtruar, i dëgjuar.

acquire[ë'kwajë:] *vt* 1.marr, fitoj(një zakon, para, famë) ; **to acquire land** marr tokë. 2.fitoj, siguroj; **to acquire a good education** fitoj një arsimim të mirë.3.mësoj(një gjuhë).

acquirement [ë'kwajë:mënt] *n* marrje, fitim, sigurim. 2.arritje; **her musical acquirements are remarkable for a girl of her age** arritjet e saj në muzikë janë shumë të mira për një vajzë në moshën e saj.

acquisition[ækwi'zishën] *n* 1.fitim; sigurim, përvetësim. 2.trofe; gjë e fituar; **these books are my most recent acquisitions** këto libra janë gjëja e fundit që kam shtënë në dorë. 3.anëtar i ri; rekrut.

acquit[ë'kwit] *vt* 1.shfajësoj, nxjerr pa faj; **he was acquited of the crime** ai u shpall i pafajshëm për atë krim. 2.liroj, çliroj(nga një detyrë, detyrim). 3.shlyej (një borxh). 4.bëj timen, bëj detyrën; **the soldiers acquited themselves well in battle** ushtarët e treguan veten siç u takonte në betejë.

acquittal[ë'kwitël] *n* 1.shfajësim, pafajësim. 2.kryerje (e detyrës etj). 3.shlyerje (e borxhit).

acquittance[ë'kwitëns] *n* 1.çlirim(nga borxhet, detyrimet).2.shlyerje e (borxhit etj). 3.dëftesë pagese.

acre['eikë:] *n* akër(rreth 0.4 ha).

acreage['eikërixh] *n* sipërfaqe në akra.

acrid['ækrid] *adj* 1.djegës, që cuks (për shije, erë). 2.*fig* i hidhur, therës, idhnak.

acridity[æ'kridëti] *n* hidhësirë, ashpërsi.

acrimonious[ækri'mouniës] *adj* i hidhur, therës (fjalë).

acrimony['ækrimëni] *n* hidhësi, ashpërsi.

acrobat['ækrobæt] *n* akrobat, pehlivan.

acrobatic[ækro'bætik] *adj* 1.akrobatik. 2.*fig* akrobatik, dredharak..

acrobatics[ækro'bætiks] *n* akrobaci.

acropolis[ë'kropëlis] *n* kala (e qyteteve greke në lashtësi), akropol; **the Acropolis** Akropoli i Athinës.

across[ë'kros] *prep,adj -prep* 1.nëpër, përmes; mbi; **a line across the page** një vijë mespërmes faqes; **a bridge laid across the river** një urë e hedhur mbi lumë.2.matanë, përtej;**across the sea** përtej detit. 3.në kontakt me; **we come across unusual words in some books** në disa libra ndeshim fjalë të pazakonshme; **across country** mespërmes fushës, rrugë pa rrugë.

-adv 1.mespërmes; nga njëra anë tek tjetra; **what is the distance across?** sa është distanca nga njëra anë te tjetra? 2.matanë, përtej; **he ran across without looking around** ai u hodh me vrap matanë pa parë përqark.+**come across** ndesh, has, takoj; **get sth across to sb** i jap të kuptojë diçka dikujt; **put across** kryej me sukses; përçoj, transmetoj; **put sth across sb** ia hedh dikujt.

across-the-board[ë'krosdhë'bo:d] *adj* gjithëpërfshirës; që i pret të gjithë(masë).

acrostic[ë'krostik] *n* akrostish(lojë me fjalë).

acrylic[ë'krilik] *adj,n -adj* akrilik.

-n 1.rrëshirë akriliku. 2.fije akriliku.3.bojë akrilike. 4.pikturë me bojëra akrilike.

acrylic fibre *n* fije akriliku.

acrylic resin *n* rrëshirë akrilike.

act[ækt] *n,v* *-n* 1.veprim. 2.akt; dekret. 3.*teat* akt. 4.dokument +**to catch sb in the act(of doing sth)** e kap dikë në flagrancë; **get into the act** *gj.fol* futem në lojë; marr pjesë; **put on an act** shtirem, bëj një sjellje të shtirë. *-v* 1.veproj; bëj; **to act as a teacher** bëj punën e mësuesit. 2.*teat* luaj, interpretoj. 3.kryej, zbatoj. 4.shërbej(si). 5.përfaqësoj. 6.sillem si; **many people act the fool now and then** mjaft njerëz sillen si budallenj herë pas here.

+**act on (upon)** a)ka efekt mbi, vepron; b)veproj sipas.

+**act out** a)interpretoj; përgjasoj; b)shfaq, manifestoj.

+**act up** sillem keq; sjell shqetësim.

acting['ækting] *n,adj* *-n* interpretim, lojë(e aktorit).

-adj zëvendësues, i përkohshëm.

actinium[æk'tiniëm] *n kim* aktinium(element).

action['ækshën] *n* 1.veprim; funksionim; **bring /call (sth) into action** vë në veprim (diçka); **put set (sth) in action** vë në veprim (diçka); **put (sth) out of action** nxjerr (diçka) jashtë veprimit, e ndal. 2.*usht* luftim; **break off the action** ndërpres luftimet. 3.*drejt* padi; **bring an action against sb** ngre padi kundër dikujt. 4.*teat,kin* veprim, aksion. 5.*tek* mekanizëm.

actionable['ekshënëbl] *adj* *drejt* i paditshëm, i akuzueshëm.

action replay *n tv sport* përsëritje e aksionit.

action stations *n usht* pozicione luftimi; **action stations!** nëpër vende!

active['æktiv] *adj* 1.veprues, aktiv, energjik; **on active service** në shërbim aktiv. 2.*gram* vepror; **active voice** trajta veprore. 3.*usht* aktiv; i shërbimit; **the active list** ushtria aktive; **on active service** në shërbim aktiv.

actively['æktivli] *adv* në mënyrë aktive.

activist['æktivist] *n* aktivist, militant.

activity[æk'tiviti] *n* 1.gjallëri. 2.aktivitet, veprimtari; **outdoor activities** veprimtari jashtëshkollore.

actor['æktë:] *n* aktor.

actress['æktris] *n* aktore.

actual['ækçuël] *adj* 1.ekzistues; real, i vërtetë; **give me the actual figures** më jep shifrat reale. 2.i tanishëm, i pranishëm, i sotëm, aktual; **the actual state of affairs** gjendia aktuale e punëve. + **in actual fact** në të vërtetë, në fakt.

actuality[ækçu'ælëti] *n* 1.realitet.2.gjë reale, fakt. 3.*pl* kushte reale.

actualization[ækçuëlai'zeishën] *n* aktualizim.

actualize['ækçuëlaiz] *v* realizoj, bëj realitet.

actually ['ækçuëli] *adv* vërtet, në të vërtetë; faktikisht, realisht; **are you actually going abroad?** vërtet po shkon jashtë shtetit? **he not only ran in the race; he actually won it!** ai jo vetëm që mori pjesë në garë, por faktikisht e fitoi atë!

actuary['æktwëri] *n* ekspert i sigurimeve.

actuate['ækçueit] *vt* 1.vë në veprim; **this pump is actuated by a belt** kjo pompë vihet në veprim nga një rrip transmisioni. 2.nxis, shtyj; **to be actuated by** shtyhem nga, nisem nga....

actuation[ækçu'eishën] *n* 1.vënie në veprim. 2. nxitje, shtytje.

acuity[ë'kju:iti] *n* mprehtësi (shikimi, dëgjimi).

acumen[ë'kju:men] *n* mprehtësi gjykimi, mendjemprehtësi.

acupuncture['ækju'pʌnkçë:] *n* akupunkturë.

acute[ë'kju:t] *adj* 1.i mprehtë, me majë.2.i mprehtë, mendjemprehtë; **dogs have an acute sense of smell** qentë kanë nuhatje të mprehtë. 3.i ngushtë; **acute angle** kënd i ngushtë. 4.cjerrës (tingull). 5.therës; **acute pain** dhimbje therëse.

+**acute accent** theks i mprehtë.

acutely[ë'kju:tli] *adv* 1.fort, së tepërmi(vuaj). 2. me mendjemprehtësi.

acuteness[ë'kju:tnis] *n* 1.mprehtësi. 2.zgjuarësi, mendjemprehtësi. 3.lartësi(zëri). 4.therje, sëmbim.

A.D.[ei'di:] *lat* (**anno Domini**) pas Krishtit, i erës sonë.

ad[æd] *n* (shkurtim i **advertisement**) njoftim në gazetë (për shitje, dhënie shtëpie me qera etj).

adage['ædixh] *n* fjalë e urtë, proverb.

Adam['ædëm] *n* Adami, njeriu i parë (sipas Biblës); **Adam's apple** *anat* arrëz e fytit.

adamant['ædëmënt] *n ,adj* *-n* gur tepër i fortë. *-adj* 1.tepër i fortë; që nuk thyhet.2.*fig* i paepur, i papërkulshëm; **he was adamant to their prayers** ai u tregua i papërkulur ndaj lutjeve të tyre.

adamantine[ædë'mæntain] *adj* 1.me shkëlqim diamanti. 2.tepër i fortë; që nuk thyhet. 3.*fig* i fortë, i paepur; i papërkulur.

adapt[ë'dæpt] *vt* përshtas, adaptoj; përkthej; **to adapt oneself** përshtatem, adaptohem; **adapted from the Arabic** përshtatur nga arabishtja

adaptability[ëdæptë'bilëti] *n* përshtatshmëri.

adaptable [ë'dæptëbël] *adj* i adaptueshëm; që përshtatet me lehtësi.

adaptation[ædæp'teishën] *n* përshtatje, adaptim; **the adaptation(of a novel) for the stage** përshtatje (e një romani) për skenë, dramatizim.

adapter[ë'dæptë:] *n* 1.përshtatës(i një vepre letrare). 2.*el* përshtatës (rryme, tensioni); *Br* prizë e shumëfishtë.3.*mek* përshtatës; reduktor.

add[æd] *vt* 1.shtoj. 2.shtoj, vijoj. 3.*mat* mbledh.

+**add in** përfshij.

+**add to** shtoj, rris.

+**add together** mbledh; bashkoj; përziej.

+**add up** a)përputhen(rezultatet); b)*mat* dalin tamam; c)*fig* shpjegohet; **it doesn't add up** ka diçka që nuk shkon këtu; d)mbledh(shifra); e)*fig* bëj përmbledhjen.

+**add up to** a)kap shumën, arrin në; b)*fig* përmblidhet në; do të thotë.

added['ædid] *adj* shtesë, shtojcë, suplementar.

addendum[ë'dendëm] *n pl* -**da** shtesë (në fund të një libri).

adder['ædë:] *n* 1.nëpërkë. 2.makinë llogaritëse.

addict [*n* 'ædikt; *v* ë'dikt] *n,v* -*n* 1.i droguar; i intoksikuar; njeri i dhënë pas(pijes etj). 2.*fig* fanatik, tifoz i çmendur.

- *vt* (*zak* pësore) : **addict oneself to** jepem pas.

addicted[ë'diktid] *adj* i dhënë (pas diçkaje); **he is addicted to drugs** është dhënë pas drogës, është droguar.

addiction[ë'dikshën] *n* drogim; dhënie (pas).

addictive[ë'diktiv] *adj* drogues, ngjitës, që s'të le të shqitesh; **smoking is addictive** pirja e duhanit është droguese.

adding machine *n* makinë llogaritëse.

addition [ë'dishën] *n* 1.shtim; **in addition (to)** veç, përveç. 2.*mat* mbledhje.

additional[ë'dishënël] *adj* shtesë, plotësues.

additional agreement *n drejt* marrëveshje plotësuese.

additional charge *n fin* shtesë çmimi.

additionally [ë'dishnëli] *adv* veç kësaj; për më tepër.

additive['æditiv] *adj,n* shtesë.

addle['ædl] *adj,v* -*adj* 1.i errët, i turbullt (mendja nga vera etj). 2.e prishur (veza).

-*v* 1.turbulloj, errësoj mendjen; **the wine addles her** vera e turbullon. 2.prishet (veza).

addle-brained ['ædlbreind], **addle-headed** ['ædl 'hedid] *adj* i turbulluar, i çoroditur, me kokë të turbullt.

address[ë'dres, 'ædres] *n,vt* -*n* 1.adresë; **change one's address** ndërroj adresë; ndryshoj vendbanim. 2.fjalë, fjalim; **public-address system** sistem altoparlantesh etj për dëgjimin e fjalimeve. 3.takt, mirësjellieje; qëndrim, sjellje; **a man of pleasing address** njeri me takt 4.*pl* komplimente, fjalë të bukura; **reject sb's addresses** prapsoj përpjekjet e dikujt për t'u afruar.

-*vt* 1.i drejtoj. 2.vë adresën(në zarf). 3.i drejtohem (dikujt); mbaj një fjalë; **Mr Green will now address the meeting** tani Z. Grin do t'u drejtohet të pranishmëve. + **address oneself to** i futem punës, merrem me.

addressee[ædre'si:] *n* marrës, i adresuar.

adduce['ë'dju:s] *vt* 1.sjell, paraqes, parashtroj (shembuj, prova etj). 2.përmend, citoj.

adduction[ë'dʌkshën] *n* parashtrim, paraqitje (e fakteve etj).

adept[ë'dept] *adj, n* -*adj* ekspert, i aftë, kompetent.

-*n* mjeshtër, ekspert; **I am not adept in photography** unë nuk jam ekspert në fotografi.

adequacy['ædikwësi] *n* 1.përshtatshmëri; të qenët me vend. 2.mjaftueshmëri. 3.aftësi, kompetencë

adequate['ædikwët,-kwit] *adj* 1.i mjaftueshëm, që plotëson kërkesat, adekuat. 2.i përshtatshëm; kompetent; **an adequate person for the job** një person i përshtatshëm për këtë punë.

adhere[ëd'hië:] *vi* **(to)** 1.ngjitet, ngjit. 2.i rri besnik, mbështes, përkrah me vendosmëri(parimet etj); **adhere to one's principles** u përmbahem parimeve; **adhere to a promise** mbaj një premtim.

adherence[ëd'hiërëns] *n* 1.besnikëri(ndaj një personi, parimi). 2.ndjekje, zbatim; **rigid adherence to rules** zbatim i i rregullave me rreptësi.

adherent[ëd'hiërënt] *n* pasues, përkrahës.

adhesion[ëd'hi:zhën] *n* 1.ngjitje; bashkim. 2.mbështetje, përkrahje; **give one's adhesion to a plan** mbështes një plan. 3.*mjek* ngjitje indesh, aderencë.

adhesive[ëd'hi:siv] *adj,n* -*adj* ngjitës.

-*n* ngjitës, lëndë ngjitëse.

adhesive tape *n* 1.leukoplast. 2.shirit ngjitës.

ad hoc['æd'hok] *lat* i posaçëm; i përkohshëm; **an ad hoc committee was appointed to discuss the problem** u ngrit një komision i posaçëm për të shqyrtuar problemin.

adieu[ë'dju:] *interj,n* -*interj* lamtumirë; mbeç(i) me shëndet.

-*n* lamtumirë; **bid sb adieu, make one's adieu** i lë lamtumirën (dikujt).

ad interim[æd'interim] *adv,adj lat* -*adv* përkohësisht.

-*adj drejt* i përkohshëm.

adipose['ædipous] *adj* dhjamor.

adiposity[ædi'posëti] *n* dhjamosje.

adjacency[ë'xheisënsi] *n* afërsi, fqinjësi.

adjacent[ë'xheisënt] *adj* 1. i afërt, fqinj; përbri. 2. *mat* afërndenjës(kënd).

adjectival[æxhik'taivëll] *adj* mbiemëror.

adjective['æxhiktiv] *n gram* mbiemër.

adjoin[ë'xhoin] *vi* është ngjitur/pranë; prek; **these two countries adjoin** këto dy vende janë ngjitur.

adjoining[ë'xhoining] *adj* fqinjë, të afërt.

adjourn[ë'xhë:n] *v* 1.shtyj(për më vonë). 2.pezulloj. 3.shkoj gjetiu përkohësisht; **after the meeting we adjourned to the cafeteria** pas mbledhjes shkuam për pak kohë në kafene.

adjournment[ë'xhë:nmënt] *n* shtyrje, azhurnim.

adjudge[ë'xhʌxh] *vt* 1.gjykoj (një çështje); shpall; **the woman was adjudged guilty** gruaja u shpall fajtore. 2.jap (me vendim gjyqi); caktoj, jap (një çmim); **the property was adjudged to the rightful owner** prona iu dha pronarit të ligjshëm.

adjudicate[ë'xhu:dikeit] *vt* 1.jap gjykim, marr vendim. 2.gjykoj. 3.i jap; **adjudicate a prize to** i jap çmim. 4.shpall; **adjudicate (sb) bankrupt** e shpall të falimentuar.

adjunct['æxhʌnkt] *n,adj -n* 1.ndihmës, zëvendësues. 2.gram plotës, rrethanor.

-adj 1.ndihmës; plotësues; shtojcë. 2.i varur, vartës; zëvendësues.

adjuration [æxhuë'reishën] *n* 1. porosi solemne. 2.përgjërim.

adjure [ë'xhuë:] *vt* 1. vë në be. 2. i kërkoj solemnisht.

adjust [ë'xhʌst] *v* 1. rregulloj, përshtas; **the body adjusts itself to changes** trupi u përshtatet ndryshimeve; **the telescope must be adjusted correctly to your sight** teleskopi duhet rregulluar në përshtatje me shikimin tuaj. 2.përshtatem. 3.tek rregullohet, përshtatet(ndenjësja e makinës etj).

adjustable[ë'xhʌstëbël] *adj* i rregullueshëm, i përshtatshëm.

adjustable spanner *n mek* çelës me hapje të rregullueshme, çelës anglez/papagall.

adjuster[ë'xhʌstë:] *n* 1.rregullues, përshtatës. 2. person që zgjidh ankesat.

adjustment[ë'xhʌstmënt] *n* 1.rregullim, përshtatje. 2.mjet rregullues, vegël përshtatëse.

adjutant['æxhutënt] *n* 1.oficer shoqërues, adjutant. 2.ndihmës. 3.zool shterg, lejlek i Indisë.

adman['ædmæn] *n* specialist reklamash.

admass['ædmæs] *n* masa; **admass culture** kulturë masive.

administer[ëd'ministë:] *vt* 1.drejtoj; administroj. 2.jap, lëshoj(vendime, barna); **administer punishment** jap dënim. 3.kontribuoj, ndihmoj.

administrate[ëd'minëstreit] *v* administroj, drejtoj.

administration[ëdminis'treishën] *n* 1.administratë. 2.qeveri. 3.qeverisje, drejtim. dhënie(barnash, vendimesh); **the Red Cross handled the administration of aid to the refugees** Kryqi i Kuq u mor me dhënien e ndihmës për refugjatët.

administrative[ëd'ministrëtiv] *adj* administrativ; zyrtar.

administrative court *n amer drejt* gjyq administrativ.

administrative machinery *n* administratë; hallka administrative.

administrator[ëd'ministreitë:] *n* drejtues(biznesi); administrator(i një prone).

admirable['ædmërëbl] *adj* i shkëlqyer; i admirueshëm.

admiral['ædmërël] *n* admiral.

admiralty['ædmërëlti] *n* admiraliat, ministri e forcave detare.

admiration[ædmë'reishën] *n* admirim, mahnitje.

admire[ëd'majë:] *vt* 1.admiroj, mahnitem. 2.çmoj, vlerësoj. 3.sodis me ëndje.

admirer[ëd'majërë:] *n* admirues.

admissible[ëd'misibël] *adj* 1.i pranueshëm; **admissible proof** prova të pranueshme. 2.i lejueshëm.

admissibly[ëd'misibli] *adv* pranueshëm , lejueshëm.

admission[ëd'mi:shën] *n* 1.lejim; pranim.2.pohim, pranim; **make an admission of guilt** pranoj fajin. 3.çmim i hyrjes.

admit[ëd'mit] *vt* 1.lejoj,lë të hyjë; **children not admitted** ndalohet hyrja e fëmijëve. 2.nxe; **the theatre admits only 200 people** teatri nxe vetëm 200 veta. 3.pranoj, pohoj; **he admitted his guilt** e pranoi fajin.

+**admit of** lë vend për, pranon; **it admits of no excuse** kjo nuk lë vend (nuk pranon) justifikim.

+**admit to** pranoj, pohoj.

admittance[ëd'mitëns] *n* pranim; hyrje; e drejtë hyrjeje; **be denied admittance** më ndalohet hyrja..

admittedly[ëd'mitidli] *adv* pa dyshim, pa diskutim; botërisht.

admix[ëd'miks] *v* 1.përziej. 2.përzihet. 3.shtoj.

admixture[ëd'miksçë:] *n* përzierje.

admonish[ëd'monish] *vt* 1.këshilloj. 2.qortoj. 3.paralajmëroj.

admonition[ædmë'nishën] *n* 1.këshillim; qortim.

admonitory[ëd'monitëri] *adj* qortues; paralajmërues.

ado[ë'du:] *n* potere, zhurmë; **much ado about nothing** shumë zhurmë për asgjë; **without more /further ado** pa e zgjatur më tepër.

adobe[ë'doubi] *n*1.qerpic; **an adobe house** shtëpi me qerpiç. 2.ndërtesë qerpiçi.

adolescence[ædou'lesëns] *n* djalëri, vashëri, moshë e rinisë së hershme, adoleshencë.

adolescent[ædou'lesënt] *n,adj -n* djalosh, i ri; e re; adoleshent.

-adj djaloshar, rinor.

adopt[ë'dopt] *vt* 1.birësoj, adoptoj. 2.bëj timen, përvetësoj. 3.miratoj, pranoj(një vendim, masa).

adoption[ë'dopshën] *n* 1.birësim, adoptim. 2.miratim, marrje(vendimi, masash).

adoptive[ë'doptiv] *adj* birësues, adoptues; adoptiv, i adoptuar.

adorable[ë':do:rëbël] *adj* 1.i adhurueshëm. 2.tërheqës, i këndshëm.

adoration[ædo:'reishën] *n* adhurim.

adore[ë'do:] *vt* adhuroj.

adorer[ë'do:rë:] *n* adhurues.

adoring[ë'doring] *adj* adhurues; **adoring looks** vështrime plot adhurim.

adoringly[ë'do:ringli] *adv* me adhurim.

adorn[ë'do:n] *vt* zbukuroj, stolis.

adornment|ë'dɔ:nmënt| *n* 1.zbukurim, stolisje. 2.stoli, zbukurime.

adown|ë'daun| *adv,prep poet* poshtë, përposh.

adrenal|ë'dri:nël| *adj,n* -*adj* i veshkave. -*n* veshkë.

adrift|ë'drift| *adv* 1.e paankoruar(anija). 2.*fig* në mëshirë të fatit. + **be all adrift** flas kot më kot, flas përçart; **come adrift** a)shkëputet(teli etj); b)dështon(plani); **go adrift** e merr rryma(varkën); **turn sb adrift** nxjerr në rrugë të madhe.

adroit|ë'drɔit| *adj* i shkathët, i zoti; mendjefemër.

adulate|'æxhëleit| *vt* lajkatoj, mikloj.

adulation|æxhë'leishën| *n* lajkatim, miklim.

adulator|'æxhëleitë:| *n* lajkatar.

adulatory|'æxhëlëtori| *adj* lajkatar, lajkatues, miklues.

adult|ë'dʌlt| *adj, n* i rritur; **adult education** arsim për të rriturit.

adulterant|ë'dʌltërënt| *n* ujem, përzierës.

adulterate|ë'dʌltëreit| *vt* përziej, i shtoj diçka pa vlerë (ujë qumështit); **adulterated milk** qumësht me ujë.

adulterer|ë'dʌltërë:|, **adulteress**|ë'dʌltëris| *n* kurorëshkelës(e).

adultery|ë'dʌltëri| *n* tradhti bashkëshortore, shkelje kurore.

adumbrate|æd'ʌmbreit| *vt* 1.përvijoj, skicoj.2.parashikoj, ndjell.3.errësoj.

advance|ëd'væns| *v* 1.përparoj, avancoj. 2.shtoj, rritem; **property values continue to advance** vlerat e pronave vazhojnë të rriten. 3.parapaguaj; **he asked his employer to advance him a month's salary** ai i kërkoi punëdhënësit t'i jepte një rrogë mujore paradhënie. 4.parashtroj; **he advanced a new idea** ai parashtroi një ide të re. 5.gradoj; **advance from lieutenant to captain** e gradoj nga toger në kapiten. 6.*aut* i jap avancë(motorit).

advance|ëd'va:ns| *n* 1.përparim; avancim. 2.ngritje, rritje.3.paradhënie; hua.+ **in advance** a)përpara; b)që më parë, para kohe.

advance-booking [ëd'væns'buking] *n* rezervim (dhome në hotel).

advance poll *n* votim para kohe.

advanced|ëd'va:nst| *adj* 1.i përparuar. 2.i kaluar, i thyer(nga mosha); **the advanced age of ninety years** mosha e thyer 90 vjeç. 3.i shtuar(çmim etj).4. i sipërm, i epërm; i përparuar; **the advanced class has studied microbiology** klasa e përparuar ka bërë mikrobiologji.

advancement|ëd'væns̈ment| *n* 1.avancim, përparim. 2.progres. 3.gradim.

advantage|ëd'væntixh| *n,v* -*n* 1.dobi, përfitim. 2.epërsi, avantazh; **have an advantage over** kam epërsi ndaj; **to score an advantage** fitoj epërsi. + **take advantage of sb** mashtroj, ia hedh dikujt; **take**

advantage of sth shfrytëzoj diçka; **to advantage** për mirë, në një dritë të mirë. -*vt* përfitoj; i jap dorë, ndihmoj.

advantageous|ædvën'teixhës| *adj* dobiprurës; me përfitim, i favorshëm.

advent |'ædvent| *n* 1. ardhje, mbërritje, shfaqje. 2.**Advent** lindja e Krishtit.

adventitious|ædven'tishës| *adj* i rastit, i rastësishëm; i jashtëm; **adventitious roots sometimes grow from leaves** nganjëherë dalin rrënjë rastësisht prej gjetheve.

adventure|ëd'vençë:| *n,vt* -*n* aventurë, ngjarje me rrezik. -*v* kuturis; rrezikoj.

adventurer|ëd'vençërë:| *n* aventurier.

adventurous |ëd'vençërës| *adj* 1.aventurier. 2.i kuturisur; me rrezik, aventuresk.

adverb|'ædvë:b| *n gram* ndajfolje.

adverbial|ëd'vë:biël| *adj gram* ndajfoljor.

adversary|'ædvë:sëri| *n* kundërshtar; armik.

adverse|'ædvë:s| *adj* armiqësor; i kundërt; i pafavorshëm, i keq; **adverse wind** erë e kundërt.

adversity |ëd'vë:siti| *n* fatkeqësi, mjerim; fat i mbrapshtë.

advert I|ëd'vë:t| *vi,n* -*vi* referohem, përmend, citoj; **to advert to a problem** i referohem një problemi.

advert II|'ædvë:t| *n Br* njoftim; reklamë.

advertise |'ædvë:taiz| *v* 1.njoftoj, shpall. 2.bëj të njohur publikisht. 3.reklamoj(në gazetë etj); **advertise for a secretary in the local newspaper** nxjerr një kërkesë për sekretar në gazetën lokale.

advertisement|ëd'vë:tismënt| *n* 1.njoftim, shpallje. 2.reklamë. 3.bujë.

advertiser|'ædvëtaizë:| *n* ai që nxjerr reklamën, reklamues.

advertising|'ædvertaizing| *n* 1.sfera e reklamës. 2. reklamat.

advertising agency *n* agjenci reklamash.

advertising campaign *n* fushatë publiciteti.

advice |ëd'vais| *n* 1. këshillë; **take sb's advice** ndjek këshillën e dikujt. 2. *zak pl* njoftime, informacion.

advisable|ëd'vaizëbël| *adj* i rekomandueshëm, i këshillueshëm, me vend.

advise|ëd'vaiz| *v* 1.këshilloj. 2.njoftoj, vë në dijeni, informoj.

advised|ëd'vaizd| *adj* i menduar, i peshuar, i arsyeshëm.

adviser|ëd'vaizë:| *n* këshilltar; konsulent.

advisory|ëd'vaizëri| *adj* konsultativ, këshillimor; **advisory committee** komision konsultativ.

advocacy|'ædvëkësi| *n* mbrojtje, përkrahje.

advocate|'ædvëkeit| *n,v* -*n* 1.mbrojtës; përkrahës; partizan. 2.*skoc drejt* avokat.

-*vt* rekomandoj, mburr; mbёshtes.

adze[ædz] *n* sqepar; sёpatё me teh si sqepar.

aegis['i:xhis] *n* mbrojtje; pёrkrahje, mbёshtetje; patronazh; **under the aegis of** nёn mbrojtjen e.

aerate['eiёreit] *vt* 1.ajroj. 2.gazoj; **aerated water, soda water** ujё i gazuar.

aeration[eiё'reishёn] *n* 1.ajrim, ventilim. 2.gazim.

aerial ['eёriёl] *adj,n* -*adj* 1.ajror, nё ajёr; **an aerial railway** hekurudhё ajrore(mbi tokё). 2.si ajёr, ajror. 3.nga lart, i bёrё nga ajri; **an aerial photograph** fotografi nga lart. 4.i palёndёt, joreal, imagjinar.

-*n* antenё.

aerial input *n rad* fuqi e marrё nё antenё.

aerial tanker *n av* avion furnizues nё ajёr.

aerie, aery-eyrie, eyry['eёri] *n* fole(shqiponje etj).

aero['eёrou] *adj* ajror; i aviacionit.

aerodrome['eёrёdroum] *n* aerodrom.

aerodynamics[eёroudai'næmiks] *n pl* aeronautikё.

aeroplane['eёrёplein] *n Br* aeroplan;(shih edhe **airplane**).

aerosol['eёrёsol] *n* lёng i pluhurzuar(si mjegull), aerosol.

aerostat['eёroustæt] *n* aerostat.

aerostatics['eёroustætiks] *n pl* aerostatikё.

Aeschylus['i:skёlёs] *n* Eskili.

Aesop['i:sёp] *n* Ezopi.

aesthete['i:sthi:t] *n* estet.

aesthetic[i:s'thetik] *adj* estetik; artistik.

aesthetically[i:s'thetikёli] *adv* nё mёnyrё estetike, estetikisht.

aesthetics[i:s'thetiks] *npl* estetikё.

afar[ё'fa:] *adv* larg; **from afar** nga larg, sё largu.

affability[æfё'bilёti] *n* dashamirёsi; mirёpritje; afrueshmёri.

affable['æfёbl] *adj* i dashur, i sjellё, i afrueshёm.

affair[ё'feё] *n* 1.punё, çёshtje; **this is my affair** ёshtё puna ime; **mind my own affairs** shikoj punёn time. 2.lidhje dashurie; **have an affair with sb** kam marrёdhёnie me dikё.3.çёshtje, problem; **Minister for Foreign Affairs** Ministёr i Punёve tё Jashtme. 4.ndodhi, ngjarje; **the accident was a terrible affair** aksidenti ishte njё ngjarje e tmerrshme.

affect I[ё'fekt] *vt* 1.veproj. 2.ndikoj; dёmtoj;**the climate affected his health** klima i dёmtoi shёndetin.3.prek(ndjenjat). 4.prek, kap(sёmundja). +**well /ill affected(towards)** i prirur pёr mirё/keq (ndaj).

affect II[ё'fekt] *vt* 1.shtirem. 2.pёlqej; preferoj; **she affects light colors** ajo pёlqen ngjyrat e lehta.

affectation[æfek'teishёn] *n* 1.shtirje. 2.pretendim i shtirё, paraqitje e jashtme; **an affectation of indifference** moskokёçarje e shtirё.

affected[ё'fektid] *adj* 1.i prekur. 2.i shtirё, jo i çiltёr, **with affected politeness** me njё mirёsjellje tё shtirё; **affected manners/behavior** sjellje e shtirё.

affection[ё'fekshёn] *n* 1.dashuri; dhemshuri; **gain sb's affection** fitoj dashurinё e dikujt. 2.*mjek* prekje; pezmatim; sёmundje.

affectedly[ё'fektidli] *adv* nё mёnyrё tё shtirё.

affecting[ё'fekting] *adj* prekёs, emocionues.

affection[ё'fekshёn] *n* 1.dashuri; miqёsi. 2.ndjenjё; pёlqim. 3.sёmundje.

affectionate[ё'fekshёnёt] *adj* i dashur; i dhembshur; i dhёnё(pas).

affectionately [ё'fekshёnёtli] *adv* me dashuri; **yours affectionately**(nё fund tё njё letre) Juaji me dashuri.

affective[ё'fektiv] *adj* emocional, emocionues.

affiance[ё'faiёns] *v,n* -*vt* fejohem, i premtoj martesё; **be affianced to (sb)** jam i fejuar me (dikё).

-*n* 1.besim. 2.fejesё; premtim martese.

affidavit[æfё'deivit] *n* dёshmi me betim(pёrpara noterit etj).

affiliate[ё'filieit] *v,n* -*v* (**to, with**) bashkohem (me), hyj nё shoqёri (me); **the College is affiliated with the University** Kolegji ёshtё bashkuar me Universitetin. 2.anёtarёsohem, futem; **to affiliate with a political party** anёtarёsohem nё njё parti politike.

-*n* 1.anёtar(i njё shoqёrie etj). 2.filiale.

affiliation[ётili'eishёn] *n* 1.bashkim, shkrirje. 2.*drejt* njohje atёsie; **affiliation order** njohje atёsie (me vendim gjyqi).3.lidhje.

affinity[ё'finёti] *n* 1.afri, lidhje gjaku. 2.lidhje, marrёdhёnie. 3.tёrheqje, joshje; **she feels a strong affinity to/for him** ajo provon njё joshje tё fortё pёr tё. 4.prirje, forcё tёrheqёse; **the affinity of common salt for water** prirja e kripёs sё gjellёs pёr tё thithur ujё.

affirm[ё'fё:m] *vt* 1.pohoj. 2.miratoj, konfirmoj.

affirmation [æfё:'meishёn] *n* pohim, vёrtetim, konfirmim.

affirmative[ё'fё:mёtiv] *adj,n* -*adj* pohues; pozitiv.

-*n* pohim, pёrgjigje pozitive; **she replied in the affirmative** ajo u pёrgjigj pozitivisht, ajo dha njё pёrgjigje pozitive.

affirmatory[ё'fё:mёtёri] *adj* pohues, pohor.

affix I ['æfiks] *vt* 1.ngulis, fiksoj. 2.ve(vulёn,nёnshkrimin).

affix II['æfiks] *n,gram* ndajshtesё, afiks.

affixation['æfik'seishёn] *n* ndajshtesim.

afflict[ё'flikt] *vt* 1.shkaktoj(dhimbje, vuajtje). 2.pikёlloj, hidhёroj, brengos.

affliction [ё'flikshёn] *n* 1.vuajtje, shqetёsim. 2.e keqe; shkak vuajtjeje/brenge; **the afflictions of old age** tё kёqiat e pleqёrisё(shurdhimi etj).

affluence['æfluёns] *n* 1.begati, bollёk, kamje; **live in affluence** jetoj nё bollёk.2.sasi e madhe, bollёk.

affluent['æfluënt] *adj,n* -*adj* 1.i bollshëm. 2.i begatë, i pasur.
-*n* degë (lumi).
afford [ë'fo:d] *vt* 1. jam në gjendje, e përballoj (mund të paguaj); **we can't afford a holiday** nuk kemi të paguajmë për pushimet. 2.rrezikoj, i lejoj vetes; **can't afford to neglect my work** nuk e neglizhoj dot punën. 3.jap, siguroj; **it would afford me great pleasure** do të më jepte një kënaqësi të madhe.
afforest[ë'forist] *vt* pyllëzoj.
afforestation[ëforis'teishën] *n* pyllëzim.
affranchize[ë'frænçaiz] *vt* 1.çliroj(nga skllavëria etj). 2.u jap të drejtë(vote etj).
affray[ë'frei] *n* zënie, rrahje(në publik).
affront[ë'frʌnt] *n* fyerje, ofendim në publik; **offer an affront to his pride** e prek në sedër.
affrontive[ë'frʌntiv] *adj* fyes, ofendues.
Afghan[æfgæn] *n,adj* -*n* afgan.
-*adj* afgan.
Afghanistan[æf'gænistæn] *n gjeog* Afganistan.
afield[ë'fi:ld] *adv* larg, tutje; larg shtëpisë; **very far afield** shumë larg.
afire[ë'fajë:] *adj,adv* 1.në zjarr, në flakë; **set afire** i vë zjarrin, ndez. 2.*fig* i ndezur.
aflame[ë'fleim] *adj, adv* 1.në flakë. 2.*fig* i ndezur, i përflakur, i djegur; **aflame with curiosity** i djegur nga kureshtja; **aflame with anger** tym nga inati. 3.i ndritur, në shkëlqim; **a garden aflame with color** kopsht që shkëlqen nga ngjyrat.
afloat[ë'flout] *adj,adv* 1.mbi ujë, në ajër, që pluskon; **get /bring a ship afloat** nxjerr anijen nga cekëtira; **keep a business afloat** e mbaj në këmbë biznesin. 2.në det; në anije. 3.i lagur nga dallgët. 4.në qarkullim, i përhapur, i ditës; **rumors of a revolt were afloat** qarkullonin fjalë për një kryengritje.
afoot[ë'fu:t] *adv* 1.në këmbë. 2.në përgatitje e sipër, në zhvillim; në proces.
afore[ë'fo:] *adv* përpara.
aforementioned [ëfo:'menshënd] *adj* i lartpërmendur.
aforesaid [ë'fo:sed] *adj* i lartpërmendur, për të cilin u fol.
aforethought[ë'fo:tho:t] *adj* i paramenduar.
aforetime[ë'fo:taim] *adv* qëmoti, në kohë të shkuara, dikur, kohë përpara.
afraid [ë'freid] *adj* 1. i frikësuar, i trembur; **be afraid of** kam frikë nga. 2.hezitues, që druan; **she was afraid of hurting/that she might hurt his feelings** ajo druante se mos e fyente; **I'm afraid I can't help** nuk besoj se mund t'ju ndihmoj.
afresh[ë'fresh] *adv* përsëri, rishtas.
Africa['æfrikë] *n* Afrikë.
African['æfrikën] *n,adj* afrikan.

afro['æfrou] *pref,adj* -*pref* afro-, afriko-; Afro-Amerikan, afriko-amerikan.
-*adj* afrikan; **go afro** afrikanizohem.
after['a:ftë:, æftër] *adv,conj,prep,adj* -*adv* më pas, më vonë; prapa; **three days after** tri ditë më vonë; **what comes after?** çfarë vjen prapa?
-*prep* 1.pas, mbas; **after dinner** pas darke; **the day after tomorrow** pasnesër. 2.(si vend) pas, prapa; **after the verb** prapa foljes. 3.megjithë, pavarësisht nga; **after all my care, it was broken** megjithë kujdesin tim, u thye; **after all** megjithatë; në fund të fundit. 4.për; **day after day** ditë për ditë. 5.sipas, në modelin e, në stilin e; **a painting after Rembrandt** një pikturë në stilin e Rembrandit; **a man after your heart** një burrë siç ta do zemra. 6.për, në lidhje me; **did they inquire after me?** a pyetën për mua? 7.kërkoj, jam në kërkim të; **be/get after sb** jam në ndjekje/në kërkim të dikujt; **what are you after?** a)çfarë dëshiron, çfarë do? b)çfarë ke ndër mend?
-*conj* pasi, mbasi; **I arrived after he had left** unë mbërrita pasi ai kishte ikur.
-*adj* i mëvonshëm; pasardhës; **in after life /years/days** më vonë; në vitet/ditët që vijnë.
aftercare['a:ftëkeë:] *n* përkujdesje e mëtejshme.
aftercrop['a:ftë:krop] *n* të korra të dyta.
after-dinner['a:ftë:dinë:] *adj* i pasdarkës.
after-effect['a:ftë:ifekt] *n* pasojë, efekt mbetës.
afterglow['a:ftë:glou] *n* muzg(i mbrëmjes).
afterlife['a:ftë:laif] *n* jetë e përtejme.
aftermath['a:ftë:mæth] *n* 1.*fig* pasojë, rrjedhojë. 2.korrje/kositje e dytë (e barit).
afternoon['a:ftë:'nu:n] *n* pasdreke, pasdite.
aftershave['a:ftë:sheiv] *n* locion pas rrojës.
aftertaste['a:ftë:teist] *n* amëz, shijë që të mbetet në gojë.
afterthought['aftë:tho:t] *n* mendim i mëvonshëm; rishqyrtim(me mendje).
afterward(s)['a:ftë:wëd(z)] *adv* pastaj, më pas; më vonë.
again[ë'gen, ë'gein] *adv* 1.përsëri, sërish, prap; never again kurrë më. 2.veç kësaj; **again, I must say that you are wrong** veç kësaj, duhet të të them se e ke gabim. 3.nga ana tjetër; **it might rain, and again it might not** mund të bjerë shi, por nga ana tjetër mundet që jo.+**again and again** vazhdimisht; **as much again** edhe një herë kaq; **now and again** rrallë; **time and again** shpesh, vazhdimisht.
against[ë'genst, ë'geinst] *prep* 1.kundër; **against her will** kundër vullnetit të saj; **against the current** kundër rrymës. 2.pas; **the car ran against a rock** makina u përplas në shkëmb. 3.në, në sfond të; përkundrejt; **against the sky** në qiell.4.në pritje të; **squirrels store up nuts against the winter** ketrat grumbullojnë arra në pritje të dimrit.

agape[ë'geip] *adv* gojëhapur nga (habia etj).
agate['ægit] *n* agat(lloj kuarci).
age[eixh] *n,v -n* 1.moshë; **what is your age?** sa
vjeç je? **full age** moshë madhore; **be/come of age**
jam në moshë (ligjore, madhore); **to bear one's age**
well mbahem mirë për moshën time; **over age** i
kaluar nga mosha; **under age** nën moshë, tepër i ri.
2.epokë; **the ice Age** epoka e akullnajave; **Middle**
Ages Mesjeta; **atomic age** shekulli i(epoka e)atomit.
+**we have been waiting for ages** kemi një shekull
që presim.3.moshë e thyer, pleqëri.
-*v* 1.moshohem, plakem. 2.vjetërohet, stazhionohet
(vera). 3.plak; **this dress ages you** ky fustan të
tregon më të madhe se ç'je. 4.vjetëroj, stazhionoj
(verën).
   age bracket *n* interval moshe; grup-moshë.
   aged|eixhd| *adj* 1.në moshë, plak, i thyer. 2.vjeç;
aged six gjashtë vjeç.
   age group *n* grup-moshë.
   ageless['eixhlis] *adj* përherë i ri, që s'ka të plakur.
   age limit *n* kufi moshe, moshë maksimale/mini-
male.
   agelong['eixhlo:ng] *adj* shekullor.
   agency['eixhënsi] *n* 1.agjenci; degë; **travel agen-**
cy agjenci udhëtimesh. 2.veprim; **through the**
agency of water si rezultat i veprimit të ujit. 3.ndër-
mjetësi; ndërhyrje; **by/through the agency of**
friends me anë të disa miqve.
   agency agreement *n treg* kontratë përfaqësimi.
   agenda|ë'xhendë| *n* rend dite, program; **item No**
2 on the agenda pika e dytë e rendit të ditës.
   agent['eixhënt] *n* 1.agjent, faktor, shkak, mjet;
yeast is an important agent in the making of beer
majaja është faktor i rëndësishëm në prodhimin e
birrës. 2. agjent, përfaqësues; **the company's agent**
agjenti i firmës. 3.agjent i fshehtë.
   age-old['eixhould] *adj* shekullor; i lashtë.
   age range *n* interval moshe; **girls in the age**
range 15-18 vajzat e moshës 15-18 vjeç.
   agglomeration[ëglomë'reishën] *n* 1.grumbullim.
2.aglomerat; masë e grumbulluar.
   agglutinate[ë'glu:tineit] *v* ngjis.
   agglutination[ëgluti'neishën] *n* ngjitje.
   aggravate|'ægrëveit| *vt* 1.rëndoj, keqësoj. 2.aca-
roj; zemëroj; **he aggravates her beyond endur-**
ance ai e zemëron sa ia sos durimin.
   aggravating['ægrëveiting] *adj* rëndues, keqësues.
   aggravation['ægrë'veishën] *n* 1.keqësim, rëndim.
2.acarim.
   aggregate['ægrigeit, 'ægrigit] *v,n,adj -v* 1.mbli-
dhen tok; grumbullohen; bashkohen.2.arrin, kap
(shumën).
   -*n* 1.grumbullim; **the report was an aggregate of**
viewpoints raporti s'ishte veçse një grumbullim pi-
këpamjesh. 2.shumë totale. 3.material(zhavorr etj)

për beton.
   -*adj* 1.total; **the aggregate value of the gifts** vlera
totale e dhuratave. 2.*gjeol* i përbërë nga copëra;
aggregate rock shkëmb granitor(i përbërë nga
shkrirje copërash).
   aggregation[ægri'geishën] *n* grumbull, pirg.
   aggression[ë'greshën] *n* 1.sulm, agresion. 2.*mjek*
qëndrim agresiv.
   aggressive[ë'gresiv] *adj* 1.sulmues(edhe *usht*);
agresiv. 2.ngulmues, energjik; **an aggressive sales-**
man shitës energjik.
   aggressor[ë'gresë:] *n* agresor, sulmues.
   agrieve[ë'gri:v] *vt* 1.hidhëroj, brengos. 2.fyej.
   agrieved[ë'gri:vd] *adj* i brengosur, i fyer; i prekur.
   aghast[ë'ga:st] *adj* i tmerruar; i shtangur.
   agile['æxhail] *adj* i shpejtë, i gjallë, i shkathët.
   agility[ë'xhilëti] *n* shkathtësi, zhdërvjelltësi.
   agitate['æxhiteit] *v* 1.shkund, tund, trazoj me for-
cë.2.shqetësoj; **she was much agitated by the news**
ajo u shqetësua shumë nga lajmet. 3. bëj agjitacion;
nxis njerëzit.
   agitated['æxhiteitid] *adj* i shqetësuar, i turbulluar.
   agitation[æxhi'teishën] *n* 1.tundje, shkundje, tra-
zim (i një lëngu). 2.shqetësim, trazim(shpirtëror);
ankth; **she was in a state of agitation** ajo ishte në
një gjendje të shqetësuar. 3.agjitacion. 4.trazirë.
   agitator['æxhiteitë:] *n* 1.agjitator. 2.ngatërrestar.
3.pajisje trazuese; tundës.
   aglow[ë'glou] *adj* 1.i përflakur, i ndezur. 2.*fig* i
ndezur, i ngazëllyer; **his face was aglow with**
pleasure atij i ndriste fytyra nga kënaqësia.
   agnostic[æg'nostik] *adj* agnosticist
   agnosticism[æg'nostisizëm] *n* agnosticizëm
   ago[ë'gou] *adv* para, më parë; **long ago** kohë më
parë; **no longer ago than last Sunday** jo më larg se
të dielën e kaluar.
   agog[ë'gog] *adj, adv* 1.i etur; **agog for news/to**
hear the news i etur për lajme. 2.i trazuar; **his**
return set the village agog kthimi i tij trazoi gjithë
fshatin; **set one's curiosity agog** zgjoj kureshtjen e
dikujt.
   agonize['ægënaiz] *v* 1.mundoj. 2.mundohem; jam
në agoni. 3.jam në ankth të madh.
   agonizing['ægënaizing] *adj* pikëllues; shpirtcopë-
tues.
   agony['ægëni] *n* 1.dhimbje e fortë, vuajtje.2.agoni
   agrarian[ë'greëriën] *adj* bujqësor, agrar.
   Agrarian Revolution *n* reformë agrare.
   agree[ë'gri:] *v* 1.(**to**) jam i një mendjeje, jam/bie
dakord; pranoj; **he agreed to my coming** ai e pranoi
ardhjen time. 2.shkoj mirë; **why can't you children**
agree together? pse nuk shkoni mirë me një-
tjetrin, more fëmijë? 3.(**with**)përputhet, i përgjigjet;
your story agrees with what I have heard tregimi
yt përputhet me ato sa kam dëgjuar. 4. (më, i) për-

shtatet; **the climate doesn't agree with me** klima nuk më përshtatet; **the verb agrees with its subject in number and person** folja i përshtatet kryefjalës në vetë dhe numër.

agreeable [ë'griëbël] *adj* 1. i këndshëm. 2. i gatshëm; **I'm quite agreeable** jam fare gati.

agreeably [ë'griëbli] *adv* këndshëm, pëlqyeshëm.

agreed [ë'gri:d] *adj* 1. i një mendjeje, dakord; **we are agreed** jemi të një mendjeje. 2. i rënë dakord, i miratuar; **as agreed** siç u morëm vesh.

agreement [ë'gri:mënt] *n* 1. pajtim; ujdi; harmoni. 2. kontratë, marrëveshje. +**come to an agreement** merremi vesh; **in agreement with** në pajtim me, në përputhje me.

agricultural [ægri'kʌlçërël] *adj* bujqësor.

agriculture ['ægrikʌlçë:] *n* bujqësi.

agriculturist [ægri'kʌltërist] *n* agronom; bujk.

agronomical [ægrë'nomikël] *adj* agronomik.

agronomics [ægrë'nomiks] *npl* agronomi.

agronomist [ëg'ronëmist] *n* agronom.

agronomy [ë'gronëmi] *n* agronomi.

aground [ë'graund] *adv det* ngecur në cektinë; **run aground on a reef** ngec në shkëmb (anija).

ague ['eigiu:] *n* ethe malarjeje.

ahead [ë'hed] *adv* 1. përpara. 2. (kohë)përpara, në të ardhmen. +**ahead of time** para afatit; **go ahead** a) përparoj, më shkon mbarë (puna); b) *gjfol* vazhdoj (të bëj, të them); **get ahead** kam sukses; **get ahead of** ia kaloj; **look ahead** jam largpamës.

aid [eid] *v,n* -*v* ndihmoj; **aid sb with money** ndihmoj dikë me para.

-*n* 1. ndihmë; **come to sb's aid** i vij në ndihmë dikujt. 2. ndihmës.

aide ['eid] *n* 1. adjutant. 2. ndihmës, asistent.

aide-de-camp ['eiddë'kæmp] *n* adjutant.

aide-mémoire [edme'mwa:] *n* memorandum.

AIDS, aids [eidz] *n mjek* (shkurtim i **Acquired Immune Deficiency Syndrome**) SIDA, sida.

aigrette [ei'gret] *n* xhufkë puplash mbi kokë.

ail [eil] *v* 1. shqetësoj; **what ails him?** ç'e shqetëson atë? 2. jam i sëmurë; **the children are always ailing** fëmijët janë shëndetligj.

ailment ['eilmënt] *n* sëmundje.

aim [eim] *n,v* -*n* qëllim; synim. 2. *usht* shenjë, objektiv; **take aim** shënoj, shenjoj, marr nishan.

-*v* 1. shënoj, marr shenjë, drejtoj (at). 2. synoj; **aim to do/at doing sth** synoj (të bëj) diçka; **what are you aiming at?** ku e ke qëllimin, ç'synim ke?

aimless ['eimlis] *adj* i paqëllimtë, i kotë.

ain't [eint] *gjfl* trajtë e shkurtër e **am not, is not, are not**, dhe e **have/has not; we ain't got any** nuk kemi asnjë.

air [eë:] *n,v* -*n* 1. ajër; atmosferë; **have some fresh air** dal në ajër të pastër, marr ajër; **in the air** a) në erë; pezull. b) në qarkullim; **there are rumors**

in the air that... ka fjalë se... **clear the air** a) ndërroj ajrin; b) *fig* sqaroj/largoj një dyshim. 2. pamje, dukje; **with an air of importance** me pamje hijerëndë; **to give oneself/to put on airs** mbahem me të madh, krekosem; **an air of comfort** pamje e rehatshme. 4. melodi. 5. radio; **on the air** në transmetim e sipër, në emision; **go off the air** mbyll transmetimet, pushon. + **beat the air** rrah ujë në havan; **out of thin air** si me magji; **up in the air** a) i pasigurt, i pavendosur; b) shumë i zemëruar/i shqetësuar; **walk on air** fluturoj (nga gëzimi etj).

-*vt* 1. ajros, nxjerr në ajër. 2. ajroj, i fus ajër. 3. shetis (qenin). 4. transmetoj.

air alert *n* alarm ajror.

air balloon *n* balonë, aerostat.

air base *n* bazë ajrore.

air bed *n* dyshek me ajër, dyshek gome.

air bladder *n* fshikëz ajri (te peshqit).

airborne ['eë:bo:n] *adj* 1. i transportuar me rrugë ajrore. 2. në fluturim, i ngritur (avion). 3. i stërvitur për luftë ajrore; **an air-borne division** divizion ajror.

air brake *n* frena me ajër.

air brick *n ndërt* tullë boshe, tullë e zgavërt.

air-conditioned [eë:kën'dishënd] *adj* me ajër të kondicionuar.

air conditioner *n* kondicioner (ajri).

air-cooled ['eë:ku:ld] *adj* 1. i ftohur me ajër (motor). 2. *amer gj.fol* me ajër të kondicionuar (dhomë).

aircraft ['eë:kra:ft] *n* aeroplan, avion.

aircraft carrier *n* aeroplanmbajtëse.

air current *n meteo* rrymë ajri.

air-cushion ['eë:'kushën] *n* jastëk ajror.

air disaster *n* katastrofë ajrore.

airdrome ['eë:droum] *n amer* aerodrom.

airdrop ['eë:drop] *n* desantim ajror.

air-dry ['eë:drai] *v,adj* -*vt* thaj me ajër.

-*adj* i tharë me ajër.

air duct *n tek* qyngj ajrimi.

airfield ['eë:fi:ld] *n* aerodrom i vogël, fushë aeroplanësh.

air flow *n* rrymë ajri.

air force ['eë:fo:s] *n usht* forca ajrore, aviacion.

Air Force One *n amer* avioni presidencial.

air freight *n* transport ajror; ngarkesë e transportuar me rrugë ajrore.

airgauge ['eë:geixh] *n tek* manometër.

air gun *n* pushkë me ajër të ngjeshur.

airhammer ['eë:hæmë] *n* çekiç pneumatik.

airing ['eëring] *n* ajrim, ajrosje; **go for an airing** dal të marr një ajër.

air lane *n* korridor fluturimi.

airline ['eë:lain] *n* linjë ajrore.

airliner ['eë:'lainë:] *n* avion udhëtarësh.

airmail ['eë:meil] *n* postë ajrore.

airman ['eë:mæn] *n* pilot.

air mattress *n* dyshek ajri.
airplane[eë:plein] *n* (*amer*) aeroplan.
air pocket *n* gropë ajrore, xhep ajri.
airport['eë:po:t] *n* aeroport.
air pressure *n* presion i ajrit.
air pump *n* kompresor.
air raid *n* sulm ajror.
air-raid shelter *n* strehim kundërajror.
air rifle['eëraifl] *n* pushkë me ajër, pushkë pneumatike.
air shaft *n min* pus ajrimi.
airship['eëship] *n* zepelin, dirizhabël,anije ajrore.
airsick['eë:sik] *adj* që e ka zënë sëmundja e fluturimit.
air space *n* hapësirë ajrore (mbi territorin e një vendi).
airspeed['eë:spi:d] *n av* shpejtësi relative.
airstrip['eë:strip] *n* pistë zbritjeje.
airtight['eëtait] *adj* i papërshkueshëm nga ajri, hermetik.
air time *n rad,tv* 1.orë/kohë e fillimit të transmetimit. 2.kohë transmetimi.
airtrap['eë:træp] *vi* fluturoj me ndalesa.
airvalve['eëvælv] *n* valvul ajri.
air waves *n rad* valë.
airway['eëwei] *n* 1.rrugë ajrore.2.kompani ajrore. 3.qyngj/pus ajrimi.
airy['eëri] *adj* 1. i ajrosur mirë. 2.ajror; i palëndët. 3.i përciptë; i paçiltër; i shtirë; **his airy manners** sjellja e tij e shtirë.
aisle[ail] *n* udhëz midis radhëve(në tren, në teatër, në dyqane).
ajar[ë'xha:] *adv* paksa i hapur.
akin[ë'kin] *adj* 1.farefis, i afërm. 2.i ngjashëm, i afërt. 3.*gjuh* të dalë nga e njëjta rrënjë(fjale).
alabaster['ælëba:stë] *n* alabastër.
alacrity[ë'lækriti] *n* 1.gjallëri. 2.zell, gatishmëri.
alarm[ë'la:m] *n,vt* -*n* 1.panik; rrëmujë; **take/feel alarm(at news)** më kap paniku, alarmohem(nga lajmet).2.alarm; **air raid alarm** alarm ajror; **give raise the alarm** jap alarmin; **in alarm** i alarmuar.
-*vt* shqetësoj, alarmoj.
alarm bell *n* zile alarmi.
alarmclock[ë'la:mklok] *n* orë me zile; **to set the alarmclock for six o'clock** vë zilen për në orën 6.
alarming[ë'la:ming] *adj* alarmues, shqetësues.
alarmingly[ë'la:mingli] *adv* në mënyrë alarmante, me alarm.
alarmist[ë'la:mist] *n* njeri alarmant.
alas[ë'læs] *int* eh! mjerisht! të shkretën!
Albania[æl'beinië] *n gjeog* Shqipëri.
Albanian[æl'beiniën] *adj,n* -*adj* 1.shqiptar. 2. shqip; **Albanian language** gjuha shqipe.
-*n* 1.shqiptar. 2.(gjuhë) shqip(e); **in Albanian** në shqip.

album['ælbëm] *n* album.
albumen, albumin['ælbju:min] *n* albuminë.
alchemist['ælkëmist] *n* alkimist.
alchemy['ælkëmi] *n* alkimi.
alcohol['ælkëhol] *n* 1.alkool. 2.pije alkoolike.
alcoholic[ælkë'holik] *adj* alkoolik.
alcoholism['ælkëholizëm] *n* alkoolizëm.
alcoholize['ælkëholaiz] *vt* alkoolizoj.
alcove['ælkouv] *n* 1.kthinë, e futur. 2.gropë në mur. 3.barakë; qoshk i mbuluar(në kopsht).
alder['o:ldë] *n bot* verr.
alderman['o:ldë:mën] *n* anëtar i këshillit bashkiak.
ale[eil] *n* birrë.
alehouse['eilhaus] *n* birrari, pijetore.
alert[ë'lë:t] *adj,n ,vt* -*adj* 1.vigjilent, syhapët.2. i ndritshëm. 3.i gjallë(fëmijë).
-*n* kushtrim, alarm; **give the alert** jap alarmin; **on the alert** në gatishmëri.
-*vt* 1.vë në gatishmëri. 2.*fig* paralajmëroj, i tërheq vëmendjen.
alertness[ë'lë:tnis] *n* 1.vigjilencë. 2.gjallëri.
alevin['ælivin] *n* rasat peshku.
alfalfa[æl'fælfë] *n* jonxhë.
alga['ælgë] *n* algë.
algebra['ælxhibrë] *n* algjebër.
algebraic['ælxhi'brejik] *adj* algjebrik.
algebraically['ælxhi'brejikëli] *adv* algjerikisht.
Algeria[æl'xhiërië] *n gjeog* Algjeri.
Algerian[æl'xhiëriën] *adj,n* algjerian.
algorithm['ælgëridhëm] *n mat,komp* algoritëm.
alias['eiliæs] *n,adv* -*n* pseudonim; **the criminal had many aliases** krimineli kishteshumë pseudonime.
-*adv* (i quajtur) ndryshe.
alibi['ælibai] *n* 1.*drejt* alibi; **to establish one's alibi** provoj alibinë time.2.justifikim(për një dëstim).
alien['eiljën] *n,adj* -*n* i huaj.
- *adj* 1.i huaj; **an alien environment** mjedis i huaj. 2.i kundërt, i papajtueshëm, i huaj; **cruelty was quite alien to his nature** s'e kishe fare në natyrën e tij që të ishte mizor.
alienate['eiljëneit] *vt* 1.jetërsoj, tjetërsoj. 2.armiqësoj, largoj, ftoh.
alienation['eiljë'neishën] *n* 1.ftohje, largim; izolim, veçim. 2.*drejt* tjetërsim, transferim pronësie.
alienist['eiljënist] *n* psikiatër.
alight I[ë'lait] *vi* 1.zbres(nga autobuzi etj). 2.ulet, ndalet(zogu).
+**alight on** gjej rastësisht, bie në(diçka).
alight II[ë'lait] *adj* 1. i ndezur, në flakë. 2.*fig* i ndezur, i përflakur, i ndritur.
align[ë'lain] *v* 1.radhis, rreshtoj; rendis, drejtoj; **align the wheels of a car** drejtoj/vë në një vijë rrotat e makinës. 2.*fig* rreshtohemi në një anë, bashkohemi; **they aligned themselves with us** ata

u rreshtuan në anën tonë, u bashkuan me ne.
alignment|ë'lainmënt| *n* 1.rradhitje, rreshtim. 2.bashkim, grupim.
alike|ë'laik| *adj,adv* -*adj* i ngjashëm, i njëjtë. -*adv* njëlloj; po ashtu; **treat everybody alike** trajtoji të gjithë njëlloj.
aliment|'ælëmënt| *n* ushqim.
alimentary |ælë'mentëri| *adj* 1. ushqyes, tretës. 2.ushqimor. 3.mbështetës, përkrahës.
alimentary canal *n* gypi/aparati tretës.
alimentation |ælimen'teishën| *n* 1. ushqim, të ushqyerit. 2.mbështetje, përkrahje.
alive |ë'laiv| *adj* 1. i gjallë. 2. i hedhur, i gjallë. 3.(to) i ndërgjegjshëm (për); **he is fully alive to the danger** ai është plotësisht i ndërgjegjshëm për rreziqet; +**be alive with** gëlon nga, është plot e përplot; **look alive!** luaj këmbët! , tundu!, hidhu!
alkali|'ælkëlai| *n* bazë, alkal.
alkaline|'ælkëlain| *adj* bazik, alkalin.
all|o:l| *adj,pron,n,adv* -*adj* 1.i gjithë, i tërë; **all my life** gjithë jetën; **he spent all that year** ai e kaloi të gjithë vitin; **why ask me to help, of all people** pse më kërkon ndihmë pikërisht mua? 2.çdo, çfarëdo; **beyond all doubt** jashtë çdo dyshimi; **All Saint's Day** Dita (festa) e të Gjithë Shenjtorëve(1 Nëntori).3.vetëm, veçse; **all words and no thought** veç fjalë e aspak mendim. -*pron* gjithçka, gjithkush; çdo gjë, të gjithë; **all that glitters is not gold** s'është flori gjithçka që ndrit; **all of us** ne të gjithë. -*n* gjithçka; **above all** mbi të gjitha; **after all** në fund të fundit; **all at once** befas, papritur, sakaq; **all in all** në tërësi; **at all** a)sadopak; b)fare : **I don't know at all** nuk e di fare; **not at all** aspak, fare; s'ka gjë!, të lutem! **all is well** gjithçka në rregull; **for all (that)** ndonëse, megjithëse; **for all I know** me sa di unë; **in all** gjithësej; **once (and) for all** njëherë e përgjithmonë. -*adv* tërësisht, plotësisht; **all alone** a) krejt vetëm; b)vetë, krejt, vetë; **all along** gjithë kohës; **all but** pothuaj; **he was all but dead from fatigue** ishte si (gati) i vdekur nga lodhja; **all clear** gjithçka në rregull, s'ka më rrezik; **all for** plotësisht dakord, i etur; **all in** a) i këputur; b)të gjitha të përfshira(në çmim); c) pa kufizim; **all one to (me)** është njësoj (për mua),s'ka rëndësi; **all that** fort, edhe aq; **all over** kudo; **all right** a)në rregull, pranoj, dakord; b)shëndosh e mirë, krejt në rregull, siç duhet; **all the better** sa më mirë; **all up(with)** në mbarim;**it is all up with him** i ka ardhur fundi; **go all out** i bëj të gjitha, s'kursehem.
Allah|'ælë| *n* Allahu, Zoti.
allay|ë'lei| *vt* qetësoj, zbus, lehtësoj (dhimbjen etj); shuaj(etjen).
all clear signal *n* sinjal i mbarimit të alarmit.

allegation|æli'geishën| *n* deklaratë, thënie, pohim.
allege|ë'lexh| *vt* 1.pretendoj; hiqem se; **allege illness** hiqem si i sëmurë; **they are alleged to have...** thuhet/mendohet se ata paskan...2.pohoj; deklaroj. 3. nxjerr si shkak.
alleged|ë'lexhd| *adj* 1.i pretenduar(justifikim). 2.i menduar, i supozuar. 3.i pohuar, i deklaruar.
allegedly|ë'lexhidli| *adv* gjoja, sikur.
allegiance|ë'li:xhëns| *n* besnikëri, përkrahje.
allegoric|'ælë'gorik| *adj* alegorik.
allegorize|'ælëgëraiz| *v* bëj alegori.
allegory|'æligëri| *n* alegori.
all-embracing|'olimbreising| *adj* gjithëpërfshirës.
allergic|ë'lë:xhik| *adj* 1.alergjik(**to** ndaj). 2.që nuk duroj (dikë, diçka).
allergy|'ælëxhi| *n* alergji.
alleviate|e'li:vieit| *vt* lehtësoj, zbus.
alleviation|ëli:vi'eishën| *n* lehtësim, zbutje.
alley |'æli| *n* 1. rrugicë; shteg. 2.rruginë(parku); korsi(në sallë lojrash).+**blind alley** a)rrugë qorre, rrugë e mbyllur; b)*fig* rrugë pa krye.
all-fired|'olfajë:d| *n* gj.fol tepër, fort.
all fours *n* kokë e këmbë; **on all fours** me të katra.
alliance|ë'lajëns| *n* 1.bashkim. 2.lidhje, aleancë. 3.afri.+**in alliance with** në aleancë me.
allied|ë'laid| *adj* 1.aleat, përkrahës. 2.i afërm, i së njëjtës gjini (shtazore).
alligator|'æligeitë:| *n* aligator, krokodil i vogël i Amerikës.
all-in|'olin| *adj* 1.neto, me të gjitha brenda(çmim i qirasë etj). 2.që i përfshin të gjitha rreziqet(sigurim).
all-in wrestling *n* mundje e lirë.
all-night|'olnait| *adj* nate; i vazhdueshëm gjatë gjithë natës.
allocate|'ælëkeit| *vt* 1.caktoj; ndaj(para, detyra). 2.shpërndaj. 3.*fin* ndaj sipas zërave etj.
allocation|'ælëkeishën| *n* 1.caktim; dhënie, akordim(i një shume). 2.shpërndarje. 3.shumë e caktuar.
allot|ë'lot| *n* 1.caktoj, i ndaj(një pjesë). **allot duties to sb** i ndaj detyrat dikujt. 2.shpërndaj; **the profits have all been allotted** të gjitha fitimet janë shpërndarë.
allotment |ë'lotmënt| *n* 1. caktim; ndarje; shpërndarje. 2.pjesë; ngastër.
all-out|'olaut| *adj* i plotë; tërësor; gjithëpërfshirës; totale(luftë); e përgjithshme(grevë).
allover|'olouvë:| *adj* që mbulon gjithë sipërfaqen
allow|ë'lau| *v* 1.lejoj. 2.jap; lë; **allow time** i jap kohë. 3.pranoj; **we must allow that he is a genius** ne duhet ta pranojmë se ai është gjeni.+**allow for** marr parasysh, llogaris; **allow of** lejoj, pranoj(vonesë, zvarritje).
allowable|ë'lauëbël| *adj* i lejueshëm(nga ligji etj).

allowance[ë'lauëns] *n* 1.leje, lejim. 2.zbritje, shumë e zbritur. 3.*tek* tolerancë. +**make allowance for** marr parasysh.

alloy[*n* 'æloi; *v* ë'loi] *n,v* -*n* aliazh, lidhje (metalesh).
-*vt* 1.lidh në aliazh, përziej. 2.*fig* prish, dëmtoj.

all-points bulletin *n amer usht* alarm i përgjithshëm.

all-powerful['olpauë:ful] *adj* i plotfuqishëm.

all-round ['olraund] *adj* i gjithanshëm; **an all-round sportsman** sportist i gjithanshëm.

all-time (high, low) ['oltaim] *adj* i gjithë kohërave, i arritur ndonjëherë; **all-time high** temperatura më e lartë e arritur.

allude[ë'lu:d] *v* përmend tërthorazi, hedh fjalë; **allude to** përmend.

all-up['olʌp] *adj* i plotë, total; **all-up weight** peshë totale.

allure [ë'ljuë:] *vt, n* -*vt* 1.tërheq, bëj për vete. 2.josh, ndjell.
-*n* joshë, magjepsje.

allurement[ë'ljuë:mënt] *n* 1.tërheqje, joshje, ngasje. 2.hir(gruaje), magjepsje.

alluring[ë'ljuëring] *adj* tërheqës, joshës.

allusions [ë'lu:zhën] *n* fjalë e hedhur, aluzion; **make an allusion to** bëj aluzion, e hedh fjalën për.

allusive[ë'lju:siv] *adj* aludues, me nënkuptim, me thumb.

alluvium[ë'lu:vjëm] *n* aluvion, lymishte.

ally[æ'lai] *v,n* -*vt* bashkoj; lidh në aleancë; **ally oneself with** lidhem me; **English is allied to German** anglishtja ka lidhje me gjermanishten.
-*n* aleat.

alma mater['ælmë'ma:të:] *n* alma mater, shkollë, universitet ku kam studiuar.

almanac['o:lmënæk] *n* kalendar, almanak.

almighty[o:l'maiti] *adj* i plotfuqishëm; **the Almighty** Zoti.

almond['a:mënd] *n* bajame; **ground almonds** bajame të grira.

almond-eyed['a:mënd 'aid] *adj* sybajame.

almost['o:lmoust] *adv* gati, pothuaj; **almost no /none/nothing/never** pothuaj asnjë/askush/asgjë /kurrë.

alms[a:mz] *n* lëmoshë (rroba, ushqim, para etj) ; **ask/beg an alm of sb** i kërkoj lëmoshë dikujt. **give alms to sb** i jap dikujt lëmoshë(rroba, ushqim, para).

alms-giver['a:mz'givë] *n* lëmoshtar.

alms-house['a:mz'haus] *n* azil të varfërish.

aloft[ë'loft] *adv* 1.sipër, lart, mbi tokë. 2.në pjesën e sipërme, lart mbi kuvertë(në anije, midis velave, direkëve).

alone[ë'loun] *adj,adv* vetëm; **all alone** krejt vetëm; **you alone could tell us** vetëm ti mund të na e thuash; **live on bread alone** rroj vetëm me bukë;

let alone pa përmendur; **let(leave)** sb/sth **alone** lë rehat, nuk e ngacmoj; **let well alone** lëre me aq, mos e ngit më tej.

along[ë'long] *prep,adv* -*prep* gjatë, nëpër; **all along the street** gjatë gjithë rrugës; **along here** këtej.
-*adv* 1.më tej; përpara; **come along!** eja, pra! **move along** ec përpara, vazhdo. 2.me vete; **he takes his dog along** ai e merr qenin me vete; **along with** bashkë me; **get along with you!** a)ik!, zhduku! b)ik, ore, ç'thua! +**all along** që në fillim, që në krye; **he was here all along** ai ishte këtu tërë kohës; **be along** jam i pranishëm, jam aty; **I'll be along in a minute** do të jem aty në çast; **get along** a)ia dal, arrij të; b)bie dakord, merrem vesh. c) ik! largohu! d)eci përpara; e)kam sukses; begatohem.

alongshore[ë'longsho:] *adv* pranë/gjatë bregut.

alongside [ë'longsaid] *adv,prep* -*adv* pranë; a- nash; krahpërkrah; ngjitur.
-*prep* pranë, afër, përbri; përgjatë; **the road runs alongside the beach** rruga kalon përgjatë plazhit.

aloof[ë'lu:f] *adv,adj* - *adv* veç, veçan, larg mënjanë; **stand/hold/keep (oneself) aloof (from)** rri larg, nuk futem, nuk afrohem.
-*adj* i përmbajtur, i ftohtë; **he is a very aloof character** ai është tip shumë i ftohtë.

aloud[ë'laud] *adv* me zë të lartë; fort; **read aloud** lexoj me zë të lartë; **he called aloud for help** ai bërtiti fort për ndihmë.

alp[ælp] *n* 1.majë. 2.mal i lartë. 3.bjeshkë.

alpha['ælfë] *n* alfa; **alpha and omega** alfa dhe omega, fillimi dhe fundi (i diçkaje).

alphabet['ælfëbit] *n* alfabet.

alphabetic(al)[ælfë'betik(ël)] *adj* alfabetik.

alphabetically[ælfë'betikëli] *adv* alfabetikisht.

alpine['ælpain] *adj* alpin, malor.

alpinist['ælpinist] *n* alpinist.

already['o:lredi] *adv* 1.tashmë. 2.kaq shpejt; **must you go already?** kaq shpejt duhet të ikësh? **is it nine o'clock already?** si , paska shkuar ora nëntë? **that's enough already!** u teprua tani!

also['o:lsou] *adv* gjithashtu, edhe; veç kësaj; **not only...but also** jo vetëm...por edhe...

altar['o:ltë] *n* altar

altar boy *n* fëmijë në korin e kishës.

altar piece *n* paret dekorativ prapa altarit.

altar rails *n* 1. parmak i korit. 2.*fet* tryezë kungimi.

alter['o:ltë] *v* 1.ndryshoj;shndërroj; **that alters matters** kjo e ndryshon gjendjen, këtu ndryshon puna; **alter for the better/for the worse** ndryshon për mirë/për keq. 2.falsifikoj(të dhënat etj). 3.*amer* tredh.

alterable['oltërëbl] *adj* i ndryshueshëm.

alteration[o:ltë'reishën] *n* ndryshim; **to make al-**

terations bëj ndryshime, modifikime(në rroba, shtëpi).

alterative|'oltëreitiv| *adj,n* -*adj* 1.ndryshues. 2.përmirësues (i shëndetit). -*n* bar që të kthen shëndetin.

altercate|'o:ltëkeit| *v* zihem(me fjalë); grindem.

altercation['o:ltë'keishën] *n* zënkë (me fjalë); grindje; **have an altercation** zihem.

alternate[*adj* o:l'të:nit; *v* 'oltë:neit] *adj,v* -*adj* 1.tjetëror, që ndryshon, alternativ. 2.alternues, ndërrues; **on alternate days** në ditë të ndryshme, me rradhë; një ditë njëri, një ditë tjetri. -*v* 1.këmbej me radhë, ndërroj, alternoj; **most farmers alternate crops** shumica e bujqve i alternojnë të mbjellat. 2.(**between**) kaloj nga një fazë tek tjetra, me radhë; **alternate with** këmbehem, zëvendësoj; **wet days alternated with fine days** ditët me shi këmbeheshin me ditët e bukura.

alternately[ol'të:nitli] *adv* me radhë.

alternating current *n* rrymë alternative/tjetërore.

alternation|o:ltë'neishën| *n* këmbim, ndryshim, alternim.

alternative|o:l'të:nëtiv| *adj,n* -*adj* alternativ, i ndërkëmbyeshëm; **there are two alternative answers to this question** për këtë pyetje ka dy përgjigje të ndryshme. -*n* alternativë, mundësi tjetër; **is there no alternative to what you propose**? s'ka ndonjë mundësi tjetër veç asaj që na propozon ti?

although|o:l'dhou| *conj* megjithëse, sadoqë, ndonëse.

altimeter['ëltimitë] *n* lartësimatës.

altitude['ëltitju:d] *n* 1.lartësi. 2.vend i lartë.

altogether[o:ltë'gedhë] *adv* 1.krejtësisht, tërësisht, krejt; **it is altogether out of the question** nuk bëhet aspak fjalë. 2.gjithësej; **altogether, there were 10 books** ishin gjithësej 10 libra.

altruism['ëltruizm] *n* altruizëm.

altruist['ëltruist] *n* altruist.

altruistic[ëltru'istik] *adj* altruist.

alum['ëlëm] *n* shap.

alumina[ë'lu:minë] *n min* oksid alumini.

alumin(i)um|ëlju'min(i)ëm| *n* alumin.

aluminous[ë'ljuminiës] *adj* 1.i alumintë. 2.që përmban alumin.

alumnus|e'lʌmnës| *n pl* -**ni**, -**na**, -**nae**[-nai, -në, -nai] ish-nxënës, ish-student.

alveolar|ël'vië:le:| *n* alveolë, hojëz.

always ['olweiz| *adj* gjithmonë, përherë; pa pushim.

am|æm| jam (*v* 1, e tashme dëftore e foljes **be**).

AM|ei'em| 1.(shkurtim i **amplitude modulation**) valë AM (me amplitudë të moduluar). 2.(shkurtim i *lat* **ante meridiem**) para dreke.

amalgam|ë'mælgëm| *n* amalgamë; lidhje zhive

(që përdoret për mbushje dhëmbësh).

amalgamate|ë'mælgëmeit| *v* 1.bashkoj. 2.shkrij së bashku.

amalgamation |ëmælgë'meishën| *n* përzierje; shkrirje, bashkim.

amass|ë'mæs| *vt* grumbulloj; bëj pirg.

amateur|'æmëtë:| *n,adj* amator; diletant; **amateur pianist** pianist amator.

amateurish['æmëtërish] *adj* amator, amatoresk.

amatory['æmëtëri] *adj* dashuror, dashurie.

amaze|ë 'meiz| *vt* habis, çudis; **to be amazed at** çuditem me; **you amaze me**! po më çuditni!

amazed[ë'meizd] *adj* i habitur; me çudi.

amazement |ë'meizmënt| *n* habi, çudi; **look in amazement** shoh me habi.

amazing|ë'meizing| *adj* i habitshëm, që të çudit.

amazingly|ë'meizingli| *adv* çuditërisht; për çudi.

Amazon['æmëzën] *n* 1.amazonë, grua luftëtare. 2.*amer keq* femër truplidhur, grua si burrë.

ambassador[æm'bæsëdë] *n* ambasador; **Ambassador Extraordinary** Ambasador i Jashtëzakonshëm.

amber['æmbë:] *n,adj* -*n* qelibar . -*adj* i qelibartë.

ambidextrous['æmbi'dekstrës] *adj* 1.që përdor të dy duart njëlloj. 2.*fig* me dy faqe, mashtrues.

ambient['æmbiënt] *n* mjedis, ambient.

ambiguity[æmbi'giuiti] *n* dykuptimësi; shprehje e dykuptimshme.

ambiguous[æm'bigiuës] *adj* i dykuptimshëm; i errët; i dyshimtë.

ambition[æm'bishën] *n* ambicie, pikësynim, qëllim; dëshirë; **achieve one's ambitions** plotësoj dëshirat , arrij qëllimet.

ambitious[æm'bishës] *adj* ambicioz; **ambitious plans** plane ambicioze.

amble|'æmbël| *n ,vi* -*n* ecje e shtruar, hap i qetë. -*vi* eci shtruar(kali, njeriu).

ambulance|'æmbjulëns| *n* autoambulancë.

ambulance chaser *n amer keq* avokat i pafytyrë (që nxit viktimat e aksidenteve t'i drejtohen atij).

ambulance man *n* 1.shofer autoambulance. 2.infermier autoambulance; sanitar.

ambulance train *n* tren sanitar.

ambulant['æmbjulënt] *adj* shetitës, ecës.

ambulatory['æmbjëlëtori] *adj* 1.shetitës; lëvizës. 2.ambulator. 3.në gjendje për të ecur.

ambush['æmbush] *n,vt* -*n* pritë, pusi; **fall into an ambush** bie në pritë; **lie/wait in ambush(for sb)** i zë pusi(dikujt). *vt* i zë pritë; sulmoj nga pusia.

ameliorable[ë'mi:ljërëbl] *adj* i përmirësueshëm.

ameliorate[ë'mi:ljëreit] *v* përmirësoj.

amelioration[ëmi:ljë'reishën] *n* përmirësim.

amen['eimen, 'a:men] *int* amin(në shërbesat fetare).

amenability [ëmi:në'bilëti] *n* 1. përgjegjshmëri, ndjenjë përgjegjësie. 2.bindje; nënshtrim.
amenable|ë'mi:nëbl| *adj* 1.*drejt* i përgjegjshëm. 2.i bindshëm, i dëgjueshëm. 3.që trajtohet, që i nënshtrohet(provës etj); **this case is not amenable to ordinary rules** kjo çështje nuk u nënshtrohet rregullave të zakonshme.
amend|ë'mend| *v* 1.përmirësoj. 2.ndreq, rregulloj. 3.*drejt* ndryshoj, bëj një amendament.
amendatory[ë'mendëto:ri] *adj* i ndreqshëm, i korrigjueshëm.
amendment|ë'mendmënt| *n* 1.ndreqje. 2.ndryshim; amendament, korrigjim. 3.përmirësim.
amends|ë'mendz| *npl* kompensim, zhdëmtim, shpërblim; **make (all possible) amends to sb (for sth)** zhdëmtoj dikë (për diçka).
amenity[ë'mi:niti] *n* 1.kënaqësi, komoditet; **the amenity of a warm climate** kënaqësitë e një klime të ngrohtë.2.*pl* pajisje; lehtësira. 3.mirësjellje.
amenity bed *n Br mjek* shtrat 'privat' (në spital).
amenity society *n* shoqatë për ruajtjen e mjedisit.
amerce|ë'më:s| *v* 1.gjobis. 2.ndëshkoj.
amercement|ë'më:smënt| *n* 1.gjobë.2.ndëshkim.
America[ë'merikë] *n gjeog* Amerikë.
American[ë'merikën] *n,adj* amerikan.
americanism [ë'merikënizm] *n* 1. prirje proamerikane. 2.*gjuh* amerikanizëm (fjalë, shprehje e krijuar në SHBA).
americanize[ë'merikënaiz] *vt* amerikanizoj.
amiability [eimië'bilëti] *n* miqësi, dashamirësi; fjalë miqësore.
amiable['eimiëbl] *adj* i sjellshëm, i dashur, i përzemërt.
amiably['eimiëbli] *adj* përzemërsisht.
amicability['æmëkë'bilëti] *n* miqësi, mirëdashje.
amicable['æmëkëbël] *adj* miqësor, mirëdashës.
amid, amidst|ë'mid(st)| *prep* midis; në mes të, ndërmjet.
amir, ameer[ë'mië, ë'mië] *n* emir (sundimtar mysliman).
amiss[ë'mis] *adv,adj* -*adv* 1.pa vend. 2.gabimisht; **is there anything amiss?** ka ndonjë gjë që nuk shkon'? **take sth amiss** e marr për keq, prekem.
-*adj* pa vend; i gabuar.
amity['æmiti] *n* miqësi; marrëdhënie miqësore; **live in amity with sb** rroj në miqësi me dikë.
ammeter['æmmitë] *n* ampermetër.
amity['æmëti] *n* miqësi; paqë.
ammonia[ë'mounië] *n* amoniak.
ammoniac[ë'mouniæk] *n,adj* -*n* rrëshirë gomoze.
-*adj* amoniakor.
ammoniacal[æmou'naiëkël] *adj* amoniakor, i amoniakut.
ammunition[æmju'nishën] *n* municion.

amnesia[æm'ni:zië] *n* amnezi, humbje e plotë e kujtesës.
amnesiac[æm'niziëk] *adj, n* -*adj* amnezik.
-*n* person që e ka humbur kujtesën.
amnesic[æm'ni:zik] *adj,n* shih **amnesiac**.
amnesty['æmnesti] *n* amnisti.
amoeba[ë'mi:bë] *n biol* amebë.
amok[ë'mok] *adv* (edhe **amuck**) : **run amok** lëshohem si i çmendur(me dëshirën për të vrarë njerëz).
among[ë'mong] *prep* 1.midis, në mes(të); në gjirin e. 2.ndër, ndërmjet; **among those present** ndërmjet të pranishmëve; **unrest among the people** trazira në popull; **among themselves** ndërmjet tyre.
amoral[æ'morël] *adj* amoral, i pamoralshëm.
amorous['æmërës] *adj* dashuror; dashurues; plot dashuri; **amorous looks** vështrime plot dashuri.
amorphous [ë'mo:fës] *adj* 1.amorf, i patrajtë. 2.*fiz* jokristalor.
amortization[ëmo:ti'zeishën] *n* amortizim.
amortize[ë'mo:taiz] *vt* amortizoj; zbus.
amount [ë'maunt] *vi,n* -*vi* 1.arrij, kap(shumën); **it amounts to** arrin, kap shumën.2.përbën, përmblidhet në; **what he said amounted to very little indeed** ato sa tha ai përmblidheshin në të vërtetë në fare pak gjë. 3.është baras me; **not paying the fare on a bus amounts to cheating** mospagimi i biletës në autobus është baraz me mashtrim.
-*n* 1.sasi; **a great amount of** një sasi e madhe. 2. shumë; **to the amount of** që kap shumën. 3.vlerë; **of little amount** pa ndonjë vlerë.
ampere['æmpeë:] *n el* amper.
ampere-hour['æmpeër'auë] *n* amper-orë.
amphibian |æm'fibiën| *n* 1. *zool* amfib. 2.aeroplan amfib. 3.mjet amfib(që lëviz në tokë e në ujë).
amphitheatre['æmfi'thiëtë] *n* amfiteatër.
ample['æmpël] *adj* 1.i bollshëm. 2.i mjaftueshëm. 3.i gjerë.
ampleness|'æmpëlnis| *n* 1.bollëk, begati.2.gjerësi.
amplification[æmpli'keishën] *n* 1.përforcim; amplifikim. 2.zgjerim, plotësim(i një deklarate etj).
amplificatory['æmplifikeitëri] *adj* përforcues, amplifikues.
amplifier['æmplifaië:] *n* përforcues, amplifikator.
amplify['æmplifai] *vt* 1.plotësoj; zgjeroj; zmadhoj. 2.përforcoj, amplifikoj.
amplitude['æmplitju:d] *n* 1.gjerësi. 2.bollëk, plotësi. 3.*fiz* gjani, amplitudë.
amply['æmpli] *adv* me bollëk; **amply rewarded** i shpërblyer bujarisht.
ampoule['æmpu:l] *n* ampulë, shishkë.
amputate['æmpjuteit] *vt* pres(një gjymtyrë).
amputation[æmpju'teishën] *n* prekje.
amuck|ë'mʌk| shih **amok**.
amuse[ë'mju:z] *vt* 1.dëfrej, argëtoj, zbavis. 2.bëj

për të qeshur, argëtoj; **we were amused to learn that...** ne u kënaqëm kur morëm vesh se...
amusement[ë'mju:zmënt] *n* 1.dëfrim, zbavitje, argëtim; **for amusement** për t'u zbavitur. 2.vend argëtimi; mjet argëtimi; **there are plenty of amusements here** këtu ka shumë argëtime (kinema, ndeshje futbolli etj).
amusement arcade *n* galeri argëtimesh.
amusement park *n* park lojërash; qendër argëtimesh.
amusing[ë'mju:zing] *adj* dëfryes, zbavitës, argëtues.
an[æn] nyjë e pashquar (para fjalëve që fillojnë me zanore) një; **an answer** (një) përgjigje.
-an 1.(prapashtesë) -an, -ik, -or etj; **Asian** aziatik; **American** amerikan; **Mohammedan** muhamedan. 2.(parashtesë) pa-, jo-; **anhydrous** i paujë; **anomalous** jonormal.
anachronism[ë'nækrënizm] *n* anakronizëm.
anachronistic[ënækrë'nistik] *adj* anakronik.
anaemia[ë'ni:mië] *n mjek* anemi.
anaemic[ë'ni:mik] *adj* anemik.
anaesthesia, anesthesia['ænisthi:zjë] *n* anestezi.
anaesthetic[ænis'thetik] *adj* anestezik.
anaesthetist[æ'ni:sthitist] *n* mjek anestezist.
anaesthetize[æ'ni:sthitaiz] *vt* bëj anestezinë.
anal['einël] *adj anat* anal, i anusit.
analogical[ænë'loxhikël] *adj* analogjik.
analogous[ë'nælëgës] *adj* i ngjashëm, analog; **the two processes are analogous** të dy proceset janë të ngjashme.
analogue ['ænëlog] *n* diçka e ngjashme; surogat; **meat analogue** mish artificial, surogat mishi(i përgatitur me vaj soje etj).
analogue computer *n* kompjuter analog.
analogy[ë'nælëxhi] *n* analogji , ngjashmëri.
analyse['ænëlaiz] *vt* 1.*kim* zbërthej; i bëj analizë. 2.shqyrtoj, analizoj.
analysis[ë'nælësis] *n* analizë, zbërthim.
analyst['ænëlist] *n* analist.
analytic(al)[ænë'litëk(ël)] *adj* analitik.
analytically[ænë'litikëli] *adv* në mënyrë analitike, analitikisht.
anarchic(al)[æ'na:kik(ël)] *adj* anarkik.
anarchism['ænëkizëm] *n* anarkizëm.
anarchist['ænë:kist] *n* anarkist.
anarchy['ænë:ki] *n* anarki; konfuzion.
anathema[ë'næthimë] *n* 1.shkishërim. 2.mallkim; gjë e urryer.
anathematize[ë'næthimëtaiz] *vt* 1.shkishëroj. 2.mallkoj.
anatomic(al)[ænë'tomikël] *adj* anatomik.
anatomist[ë'nætëmist] *n* anatomist.
anatomize[ë'nætëmaiz] *vt mjek* hap, i bëj autopsi.
anatomy[ë'nætëmi] *n* anatomi.

ancestor['ænsistë:] *n* 1.stërgjysh, i parë.2.paraardhës; **the horseless carriage is the ancestor of the automobile** karroca pa kuaj është paraardhësja e automobilit.
ancestral[æn'sestrël] *adj* stërgjyshor; trashëgimor; **my ancestral home** shtëpia e të parëve të mij.
ancestry['ænsistri] *n* 1.të parët. 2.origjinë, prejardhje e nderuar.
anchor['ænkë:] *n,vt* **-n** 1.spirancë(e anijes); **let go/drop/cast anchor** hedh spirancën; **weigh anchor** ngre spirancën; **bring/come to anchor** ndalem dhe ankorohem; **lie/ride/be at anchor** rri i ankoruar.
-vt hedh spirancën, ankorohem.
anchorage['ænkërixh] *n* 1.ankorim. 2.vend ankorimi.
anchoret, anchorite['ænkërët, 'ænkërait] *n* oshënar.
anchor man a) *sport* pjesëmarrësi i fundit (i një gare sportive ekipore); b)prezantues, koordinator(në radio,TV).
anchovy['ænçëvi, æn'çouvi] *n* lloj sardeleje.
ancient['einshënt] *adj* i moçëm, i lashtë, antik.
ancillary[æn'silëri] *adj* 1.ndihmës. 2.i varur, vartës; **ancillary industries** industri vartëse.
and [ænd, ënd] *conj* 1.dhe, edhe, e; **read and write** lexoj e shkruaj; **my father and mother** im atë dhe ime ëmë. 2.(me numërorë) e; **five and twenty to six** (ora) gjashtë e njëzetepesë. 3.dhe(si pasojë), dhe kështu; **work hard and you will pass** mëso shumë dhe do të kalosh. 4.(përsëritje e vazhdueshme); e; **for hours and hours** me orë të tëra; **better and better** gjithnjë e më mirë; **we knocked and knocked** ne trokitëm e trokitëm. 5.*gj.fol* të, për të; **try and come early** përpiqu të vish herët; **go and buy one** shko e bli një.
Andes['ændi:z] *n gjeog* Andet.
andiron['ændaië:n] *n* hekur oxhaku(për kërcunjtë).
anecdotal[ænik'doutël] *adj* anekdotik.
anecdote['ænikdout] *n* anekdotë.
anemia[ë'ni:mië] *n mjek* shih **anaemia**.
anemic[ë'ni:mik] *adj mjek* shih **anaemic**.
anemometer[æni'momitë:] *n* erëmatës.
anemone [ë'nemëni] *n bot* anemonë, lule taçe.
+sea anemone anemonë deti(polip me tentakula si petale).
aneroid['ænëroid] *adj,n* **-adj** pa ujë, pa lëng, që s'përdor lëng.
-n barometër aneroid.
anew[ë'niu:] *adv* përsëri, prapë, sërish,rishtas; nga e para; **she crossed out the whole paragraph and began anew** ajo e prishi tërë paragrafin dhe e filloi nga e para.
angel['einxhël] *n* engjëll.

angelic[æn'xhelik] *adj* engjëllor.
angelical[æn'xhelikël] *adj* ahih **angelic**.
anger['ængë:] *n,v* -*n* zemërim, inat; **filled with anger** plot zemërim .
-*vt* zemëroj, inatos.
angina[æn'xhainë] *n* angjinë; **angina pectoris** angjinë e kraharorit.
angle I['ængël] *n,v* -*n* 1.*mat* kënd. 2.këndvështrim, pikëpamje.
-*vt* 1. paraqes, përpunoj, orientoj; **angle the news** i jap lajmet siç më intereson. 2.i rregulloj këndin/pjerrësinë(llampës).
angle II['ængël] *vi* 1.peshkoj me grep.2.*fig* gjuaj; **angle for compliments** gjuaj për komplimente.
angler['ænglë:] *n* peshkatar (me grep).
Anglican['ænglikën] *adj,n* anglikan.
Anglicism['ænglisizëm] *n* 1.anglicizëm, fjalë a shprehje tipike angleze. 2.zakon a tipar tipik anglez.
anglicize['ænglisaiz] *vt* anglicizoj.
angling['ængling] *n* peshkim me grep.
Anglo['ænglou] *n amer zhrg* anglo, amerikan i bardhë.
anglophile['ængloufail] *adj,n* anglofil.
anglophobe['ængloufoub] *adj,n* anglofob.
Anglophone['ænglëufon] *n knd* anglofon, me origjinë a gjuhë angleze.
Anglo-Saxon['ænglou'sæksën] *adj* anglosakson.
angrily['ængrili] *adv* me zemërim.
angry['ængri] *adj* 1.i zemëruar; i inatosur; **get angry at/to be angry with** zemërohem me; **make angry** zemëroj; **angry words** fjalë të ashpra. 2. i acaruar, i irrituar, e malcuar (plagë); **an angry mark on the forehead** një shenjë plage e shëmtuar në ballë.
anguish['ængwish] *n* dhimbje e madhe; vuajtje, pikëllim; ankth; **be in anguish** jam në ankth.
anguished['ængwishd] *adj* i dërrmuar; në ankth; **she was anguished until she knew that her son's life had been saved** ajo ishte në ankth deri sa mori vesh se i biri kishte shpëtuar nga vdekja.
angular['ængiulë:] *adj* 1.këndor. 2.kockëdalë, eshtak; qoshelie(fytyrë). 3.i plogët, i ngathët.
anhydride[æn'haidrait] *n* anhidrid.
anhydrous[æn'haidrës] *adj* i paujë.
aniline['ænëli:n] *n* anilinë.
animal['ænëmël] *n,adj* -*n* 1.kafshë, shtazë. 2.*fig* shtazë,hajvan.
-*adj* 1.shtazor; i kafshëve; **animal products** prodhime blegtorale; **animal intelligence** zgjuarësi e kafshëve. 2.kafshëror; joshpirtëror, trupor.
animate[*adj* 'ænëmit; *v* 'ænëmeit] *adj,v* -*adj* i gjallë, plot gjallëri.
-*v* 1.gjallëroj, i jap jetë. 2.*fig* nxis, jap zemër; **the soldiers were animated by their captain's speech** ushtarët morën zemër nga fjalët e kapitenit. 3.vë në

lëvizje; **windmills are animated by the wind** mullinjtë e erës vihen në lëvizje nga era. 4.realizoj në film vizatimor; **to animate a story (a TV commercial)** e bëj një tregim (një reklamë televizive) film vizatimor.
animated ['ænëmeitid] *adj* i gjallë, i gjallëruar; **become/grow animated** gjallërohet; **animated cartoon** film vizatimor.
animation[ænë'meishën] *n* 1.gjallëri. 2.frymëzim. 3.jetë. 4.teknikë e filmit viztimor.
animism['ænëmizm] *n* animizëm(besimi se çdo objekt ka shpirt).
animosity[ænë'mosëti] *n* armiqësi, urrejtje; antipati.
animus['ænëmës] *n* 1.armiqësi, smirë. 2. frymë nxitëse, shpirt.
anisette['ænëset, 'ænnëzet] *n* uzo.
ankle['ænkël] *n* nyjë e këmbës, nyell.
anklebone['ænkëlboun] *n* nyell.
ankle-deep['ænkëldi:p] *adj* deri te nyja e këmbës.
ankle sock *n Br* çorape e shkurtër.
ankle strap *n Br* kapistër.
anklet['ænklit] *n* 1.byzylyk këmbe. 2.*amer* çorape e shkurtër.
annalist['ænëlist] *n* kronist; historiograf.
annals['ænëlz] *npl* kronikë; anale(historike, diplomatike).
anneal[ë'ni:l] *vt* kalis(çelikun etj).
annex[ë'neks] *n,v* -*n* 1.shtojcë(e një dokumenti). 2.aneks(godine etj), shtojcë, krah.
-*vt* 1.*gj.fol* përvetësoj. 2.*pol* aneksoj.
annexation[ænek'seishën] *n* 1.aneksim. 2.pjesë e aneksuar.
annexationist['ænek'seishënist] *n* aneksionist.
annihilable[ë'naiëlëbël] *adj* i asgjësueshëm.
annihilate[ë'naiëleit] *vt* zhduk, asgjësoj, shfaros.
annihilation[ënaië'leishën] *n* 1.shfarosje, asgjësim. 2.*fiz* anihilim(grimcash atomike).
anniversary[æni'vë:sëri] *n* përvjetor.
annotate['ænouteit] *vt* pajis me shënime.
annotation [ænou'teishën] *n* shënime (kritike, sqaruese etj).
announce [ë'nauns] *vt* 1. njoftoj, shpall, bëj të ditur. 2.njoftoj ardhjen e; **the servant announced Mr Green** shërbyesi njoftoi ardhjen e z.Grin. 3.prezantoj(dikë në një shfaqje televizive).
announcement[ë'naunsmënt] *n* shpallje, njoftim, lajmërim(në mas-media).
announcer [ë'naunsë] *n* folës, paraqitës, prezantues(në TV).
annoy[ë'noi] *vt* 1.mërzit, zemëroj, inatos. 2.acaroj, shqetësoj,ngacmoj.
annoyance[ë'nojëns] *n* 1.mërzitje. 2.bezdi, gjëra të bezdisura.
annoying [ë'noiing] *adj* i mërzitshëm, i bezdis-

shëm; ngacmues, irritues.

annual['ænjuël] *adj,n* -*adj* 1.i përvitshëm, vjetor. 2.njëvjeçar, vjetor; **his annual income** të ardhurat vjetore të tij.
-*n* 1.vjetar(statistikor). 2.bimë njëvjeçare.

annually['ænjuëli] *adv* për vit, çdo vit; në vit; **$20000 annually** 20000 dollarë në vit.

annuity[ë'nju:iti] *n* e ardhur vjetore; pension vjetor.

annul [ë'nʌl] *vt* prish, anuloj; **the judge annuled the contract** gjykatësi e anuloi kontratën

annular['ænjulë:] *adj* unazor; **annular rings** rrathë (të trungut të prerë).

annulet['ænjulit] *n* unazë e vogël.

annulment[ë'nʌlmënt] *n* anulim, prishje(marrëveshjeje etj).

annunciate[ë'nʌnshieit] *v* lajmëroj; shpall.

annunciation[ënʌnsi'eishën] *n* lajmërim.

anode['ænoud] *n el* anodë.

anodic[æ'noudik] *adj* anodik.

anodyne['ænoudain] *adj,n* -*adj* qetësues.
-*n* bar qetësues.

anomalous[ë'nomëlës] *adj* 1.i çrregullt; i parregullt; **anomalous verb** folje e çrregullt. 2.anormal.

anomaly[ë'nomëli] *n* anomali.

anon[ë'non] *adv vj* tani shpejt, pas pak; **ever and anon** herë pas here.

anonymous[ë'nonimës] *adj* pa emër, anonim; **anonymous letter** letër anonime.

anopheles[ë'nofili:z] *n zool* anofele, mushkonjë e malarjes.

anorak['ænëræk] *n* xhup me kapuç.

anorexia[ænë'reksië] *n* humbje oreksi, anoreksi.

another[ë'nʌdhë:] *adj,pron* -*adj* 1.tjetër(si e para); **another drink ?** (doni) edhe një gotë tjetër? 2.i dytë, tjetër; **another Edison** një Edison i dytë. 3.i ndryshëm, tjetër; **another job** punë tjetër, punë e re; **that's quite another matter** kjo është krejt tjetër çështje.
-*pron* tjetër; **then he asked for another** pastaj kërkoi një tjetër.

answer['a:nsë:, 'ænsë:] *n,v* -*n* 1.përgjigje; **in answer to** në përgjigje të. 2.zgjidhje; **what is the answer to this problem?** cila është zgjidhja e këtij problemi?
-*v* 1. (i) përgjigjem, (i) jap përgjigje; **answer the door/the bell/the telephone** hap derën; marr receptorin; **answer sb back** i kthej fjalë, i kthej përgjigje(kur më shajnë etj). 2.i përgjigjet; **will this answer your purpose?** a i përgjigjet kjo qëllimit tuaj?. 3.ka sukses; **this plan has not answered** ky plan nuk pati sukses. 4.quhet, e thërrasin; **this dog answers to the name of** ky qen quhet; **he doesn't answer to the description** ai nuk i përgjigjet përshkrimit. 5.i bindet; **the ship no longer answers**

the helm anija nuk i bindet më timonit.+**answer for** përgjigjem, mbaj/kam përgjegjësi; **he has a lot to answer for** ai duhet të përgjigjet për shumë gjëra.

ant[ænt] *n* milingonë, mizë dheu, thnegël.

antagonism [æn'tægënizëm] *n* armiqësi, antagonizëm; **feel a strong antagonism for/toward sb** jam në armiqësi të madhe me dikë.

antagonist[æn'tægënist] *n* kundërshtar.

antagonistic[æntægë'nistik] *adj* armiqësor, antagonist; i kundërt, kundërshtar.

antagonize [æn'tægënaiz] *v* 1.armiqësoj. 2. i kundërvihem.

antarctic [ænt'a:ktik] *adj,n* -*adj* antarktik; **the Antarctic Ocean** Oqeani Antarktik.
-*n* Antarktidë.

Antarctica[ænt'a:ktikë] *n* Antarktidë.

ante['ænti] *n,v* -*n* 1.vënie e një shume fillestare (në poker).2.*fig* stekë; **raise the ante** e ngre stekën.
-*vi* 1.vë fillimisht(një shumë në poker). 2.*amer gj.fol* paguaj, derdh paratë.

antecedence['ænti'sidëns] *n* përparësi.

antecedent['ænti'si:dënt] *adj,n* -*adj* 1.i mëparshëm, paraardhës. 2.paraprirës.
-*n* 1.ngjarje e mëparshme. 2.*gram* fjalë/shprehje paraprirëse. 3.*mat* numërues. 4. kusht paraprak.5. *pl* e kaluar. 6.*pl* paraardhës, të parë.

antechamber['ænti'çeimbë:] *n* paradhomë.

antedate['æntideit] *v* 1.bëhet, ndodh përpara se. 2.paradatoj, vë/shënoj një datë më të hershme.

antediluvian['æntidi'lju:viën] *adj* 1.para përmbytjes së botës. 2. i vjetëruar, i dalë mode.

antelope['æntiloup] *n* antilopë.

ante-meridiem ['æntimi'ridiëm] *adv* paradreke, paradite; shkurtimisht **a.m., A.M.; 7:30 a.m** shtatë e gjysmë paradite.

antenna[æn'tenë] *n* 1.*rad.* antenë. 2.*zool* brirth, antenë(e insekteve).

anterior[æn'tiërië:] *adj* i mëparshëm.

anteroom['æntiru:m] *n* paradhomë.

anthem['ænthëm] *n* himn; **national anthem** himn kombëtar.

anthill ['ænthil] *n* fole milingonash (në formë pirgu).

anthology[æn'tholëxhi] *n* antologji.

anthracite['ænthrësait] *n* antracit.

anthropological[ænthrëpë'loxhikël] *adj* antropologjik .

antropologist[ænthrë'polëxhist] *n* antropolog.

anthropology[ænthrë'polëxhist] *n* antropolog.

anti-['ænti-] *pref* kundër-, anti-.

anti-aircraft['ænti'eë:kra:ft] *adj* kundërjajror.

antiauthority['æntio:thoriti] *adj* kundërshtues; i pabindur.

antibiotic['æntibaj'otik] *n,adj* antibiotik.

antibody['ænti'bodi] *n* kundërtrup.

antic['æntik] *n* 1.sjellje/lëvizje/qëndrim grotesk. 2.sjellje e çuditshme.

anticipate[æn'tisipeit] *v* 1.bëj më përpara,ia kaloj; **Columbus was probably anticipated by Norwegian sailors** ka të ngjarë që Kolombit t'ia kenë kaluar detarët norvegjezë. 2.pres; parashikoj; **to anticipate the enemy's movements** parashikoj lëvizjet e kundërshtarit; **we don't anticipate much trouble** nuk presim shumë telashe. 3.përshpejtoj, nxitoj; **artificial heating anticipates the growth of plants** ngrohja artificiale e përshpejton rritjen e bimëve.

anticipation[æntisi'peishën] *n* 1.parashikim; pritje. 2.dalje përpara. + **in anticipation** a)që përpara; paraprakisht; b)në pritje të.

anticlericalism [ænti'klerikëlizm] *n* antiklerikalizëm.

anticlimax[ænti'klaimæks] *n* zhgënjim; dështim; dush i ftohtë.

anticlockwise [ænti'klokwaiz] *adv Br* kundër akrepave të sahatit.

anticorrosive[æntikë'rousiv] *adj,n* antikorroziv, kundër gërryerjes.

anticyclone[ænti'saikloun] *n meteo* anticiklon.

anti-dazzle[ænti'dæzël] *adj aut* kundër verbimit (fenerë), që nuk të verbojnë.

antidote['æntidout] *n* kundërhelm.

antifreeze['æntifriz] *n* kundërngrirës, lëng që pengon ngrirjen e ujit në radiator.

antiknock[ænti'nok] *n* kundërplasës.

antimagnetic[æntimæg'netik] *adj* antimagnetik.

antimalarial [æntimë'læriël] *adj* antimalarik, kundër malaries.

antimony['æntimëni] *n kim* antimon, stibium.

anti-novel[ænti'novël] *n* kundërroman.

antipathetic[æntipë'thetik] *adj* që ka antipati (për); **dogs and cats are antipathetic** qentë dhe macet nuk e durojnë dot njëri-tjetrin.

antipathy[æn'tipëthi] *n* antipati.

antipodes[æn'tipëdi:z] *npl* antipode.

antiquarian[ænti'kweëriën] *adj,n* -*adj* antikash, i antikave.

-*n* mbledhës antikash, antikuar.

antiquary['æntikwëri] *n* antikuar.

antiquated['æntikweitid] *adj* 1.i vjetëruar, i modës së vjetër. 2.prapanik; me mendime të mykura.

antique[æn'ti:k] *adj,n* -*adj* i lashtë, antik.

-*n* antikë, vepër arti antike.

antiquity[æn'tikwiti] *n* lashtësi, antikitet.

anti-Semite[ænti'si:mait] *adj* antisemit, antiçifut.

anti-Semitic[æntisi'mitik] *adj* antisemit.

anti-Semitism[ænti'semitizëm] *n* antisemitizëm.

antisepsis[ænti'sepsis] *n* antisepsi.

antiseptic[ænti'septik] *adj* antiseptik.

antisocial[ænti'soushël] *adj* 1. antishoqëror. 2. i vetmuar; i pashoqërueshëm. joshoqëror(veprim); **it is antisocial to play a transistor in public** nuk është shoqërore të ndezësh radion në publik.

antitank[ænti'tænk] *adj* kundërtank; **antitank guns** armë kundërtanke.

antithesis[æn'tithisis] *n* antitezë

antitoxic[ænti'toksik] *adj* antitoksik.

antitoxin[ænti'toksin] *n* antitoksinë, kundërhelm.

antitrades[ænti'treids] *n meteo* erëra kundërekuatoriale (nga ekuatori drejt juglindjes apo verilindjes.

antitrust law *n* ligj antitrust.

antonym['æntënim] *n* antonim.

anvil['ænvil] *n* kudhër.

anxiety [æng'zajëti] *n* 1.shqetësim; ankth; **with anxiety** me ankth. 2.etje, zell; **anxiety for knowledge** etje për dije.

anxious['ængshës] *adj* 1.i shqetësuar, i merakosur. 2.i ankthshëm, shqetësues. 3.(**to/for/about /that**) i etur, i dëshiruar; **we were anxious for help to be sent** ne ishim të dëshiruar për ndihmë.

any['eni] *adj pron,adv* -*adj* 1.ndonjë; ndoca, ndopak. 2.çdo, çfarëdo; gjithfarë; **any day you like** kur të duash; **in any case** sidoqoftë, sido që të jetë; **at any rate** në çdo rast; sido që të jetë.

-*pron* 1.ndonjë; ndonjë gjë; **I haven't any** nuk kam asnjë; **I have hardly any left** nuk më ka mbetur pothuaj fare; **few, if any, will come** edhe po erdhën, të pakët do të jenë.2.cilido, kushdo; **any but her** kushdo tjetër veç asaj.

-*adv* diçka, sadopak; fare; **if it's any good** nëse vlen diçka; **any the better (worse) for** aq më mirë(keq) për; **the hammer didn't help them any** çekiçi s'u hyri fare në punë.

anybody['enibodi] *pron* 1.kushdo, cilido. 2.dikush. 3.dikushi, person me rëndësi; **if you wish to be anybody** nëse dëshiron të bëhesh dikushi.

anyhow['enihau] *adv* 1.në çdo mënyrë, me çdo mjet. 2.dosido, shkeleshko; **the work was done anyhow** puna qe bërë krejt shkeleshko . 3.sidoqoftë; **anyhow, you can try** sidoqoftë, mund ta provosh.

anyone['eniwʌn] *pron* shih **anybody**.

anything['enithing] *pron n* 1.diçka; ndonjë gjë. 2.çfarëdoqoftë; **I want something to eat; anything will do** dua të ha diçka, çfarëdo që të jetë; **it is as easy as anything** është fare e lehtë.

anytime['enitaim] *adv* kurdoqoftë.+**Thank you! -Anytime!** Faleminderit! -S'ka përse.

anyway['eniwei] *adv* shih **anyhow**.

anywhere['eniweë:] *adv* 1.diku; gjëkundi; **you aren't anywhere near it!** as që i je afruar gjëkundi! 2.kudo; **anywhere else** kudoqoftë përveçse këtu.

A-OK[eiou'kei] *adj,adv gj.fol* për mrekulli, shkëlqyeshëm.

A-one['eiwʌn] *adj gj.fol* i klasit të parë, i shkëlqyer.

aorta[eio':të] *n anat* aortë.

apace[ë'peis] *adv* shpejt; sakaq; Ill news spreads apace lajmi i keq përhapet sakaq.

apart[ë'pa:t] *adv* 1.mënjanë, veç. 2.veç e veç, veças. 3.larg.4.copash; take apart çmontoj, bëj fije-fije.+set/put(sth,sb) apart vë mënjanë, lë rezervë; joking apart pa shaka, seriozisht; apart from pavarësisht nga; tell/know two things (ose two persons) apart dalloj dy gjëra(ose dy vetë) nga njëra-tjetra.

apartheid[ë'pa:theid] *n* aparteid.

apartment[ë'pa:tmënt] *n* 1.dhomë. 2.apartament. 3.*amer* bllok apartamentesh.

apathetic(al)[æpë'thetik(ël)] *adj* apatik, i plogët.

apathetically ['æpë'thetikëli] *adv* me apati, me plogështi.

apathy['æpëthi] *n* apati, plogështi.

ape[eip] *n,v* -*n* 1.majmun. 2.*përb* njeri kaba; go ape *zhrg* rrëmbehem; entuziazmohem.

-*vt* imitoj; shkërbej.

apepsia[ë'pepsië] *n mjek* mostretje, tretje e keqe.

aperient[ë'piëriënt] *n mjek* bar për të dalë jashtë, purgativ, amel, laksativ.

aperitive[ë'peritiv] *n* aperitiv, pije para buke.

aperture['æpëtjuë:] *n* e çarë, vrimë; hapje.

apex['eipeks] *n* majë, kulm(edhe *fig*); apogje; at the apex of his career në kulmin e karierës së tij.

aphorism['æfërizëm] *n* aforizëm.

apiarist['eipjërist] *n* bletar, bletërritës.

apiary['eipjëri] *n* zgjua.

apiculture['eipikʌlçë:] *n* bletari.

apiece[ë'pi:s] *adv* secili, për secilin; për kokë, për person; copa; they cost five cents apiece ato kushtojnë pesë centë copa.

apish['eipish] *adj* prej majmuni; si majmun.

aplomb[ë'plom] *n* gjakftohtësi; siguri.

apocalyptic [ëpokë'liptik] *adj* apokaliptik; katastrofik.

apogee['æpouxhi:] *n* 1.*ast* apogje. 2.*fig* apogje, kulm, majë.

apologetic[ëpolë'xhetik] *adj* 1.mbrojtës; shfajësues. 2.që lyp ndjesë; he was apologetic for arriving late ai kërkoi ndjesë që erdhi me vonesë.

apologetically[ëpolë'xhetikëli] *adv* duke/për të kërkuar të falur.

apologist[ë'polëxhist] *n* apologjet, mbrojtës.

apologize[ë'polëxhaiz] *vi* shfajësohem, kërkoj të falur; you must apologize to your sister duhet t'i kërkosh të falur motrës.

apology[ë'polëxhi] *n* 1.ndjesë, shfajësim. 2.mbrojtje, apologji. 3.*fig* gjëpogjë; surrogat.

apoplexy['æpëpleksi] *n* pikë, apopleksi, damlla.

aport[ë'po:t] *adv det* majtas.

apostasy[ë'postësi] *n* braktisje, heqje dorë(nga një besim, ide etj).

apostate[ë'postit] *adj* 1.femohues. 2.renegat.

a posteriori[ei'postiëri'o:rai] *adv,adj lat* duke gjykuar nga pasojat, nga ç'vjen më pas.

apostle[ë'posël] *n* apostull.

apostolic[æpës'tolik] *adj* apostolik; papnor.

apostrophe[ë'postrëfi] *n* 1. *let* apostrofë; pasazh që i drejtohet dikujt. 2.*gram* apostrof.

apostrophize[ë'postrëfaiz] *vt* apostrofoj, i drejtohem me një apostrofë.

apothecary[ë'pothëkeri] *n vjet* farmacist.

apotheosis[ëpothi'ousis] *n* apoteozë.

appal[ë'po:l] *vt* frikësoj, tmerroj; trondis.

appalling[ë'po:ling] *adj* 1.i tmerrshëm, tmerrues. 2. i urryer; i ndyrë; when will this appalling war end? kur do të mbarojë kjo luftë e urryer?

apparatus[æpë'reitës] *n* 1.aparat, mjet, pajisje. 2.*fiziol* aparat, organ; digestive apparatus aparat i tretjes.

apparel[ë'pærël] *v.n vjet gj fl* veshje, rrobë.

-*vt* vesh; stolis.

apparent[ë'pærënt] *adj* 1. i dukshëm, i qartë, evident. 2.në dukje, i jashtëm; in spite of her apparent indifference megjithë mospërfilljen e saj në dukje.

apparently[ë'pærëntli] *adv* në dukje; me sa duket; this is apparently the case me sa duket kështu është puna.

apparition[æpë'rishën] *n* 1. shfaqje. 2. hije, fantazmë ; vegim.

appeal[ë'pi:l] *n,v* -*n* 1.*drejt* apelim.2.thirrje; an appeal for help një thirrje për ndihmë. 3.tërheqje, joshë; this sort of music has lost its appeal kjo lloj muzike nuk më tërheq më. 4.lutje; with a look of appeal on her face me një pamje lutëse.

-*vi* 1.bëj thirrje; i drejtohem dikujt. 2.apeloj. 3.tërheq, bëj për vete. 4.lutem.

Appeal Court *n* Gjykatë e Apelit.

appear[ë'pië] *vi* 1.dukem; shfaqem. 2.arrij, mbërrij; he didn't appear until six ai mbërriti në orën gjashtë. 3.dal(në publik); del nga shtypi. 4.dukem; there appears to be duket se; so it appears kështu duket.

appearance[ë'piërëns] *n* 1.shfaqje, dukje. 2.pamje e jashtme; to/by/from all appearances me sa duket , duke gjykuar nga pamja e jashtme; keep up appearance mbahem sa për sy të botës; in appearance në pamje; put in an appearance dukem; to save appearances për sytë e botës.

appease[ë'pi:z] *vt* 1.paqëtoj; qetësoj. 2.kënaq, plotësoj; appease sb's curiosity i shuaj kureshtjen dikujt; appease sb's hunger i shuaj urinë dikujt.

appeasement[ë'pi:zmënt] *n* paqëtim; qetësim.

appellant[ë'pëlënt] *adj,n* -*adj* apelues.

-*n* apelues, ai që bën apelim.

appellate court *n* gjykatë apeli.

appellation[æpë'leishën] *n* emër, titull.

appellative[ë'pelëtiv] *n* emër i përbashkët.

append[ë'pend] *vt* bashkangjit; shtoj; **append a clause to a treaty** i shtoj një nen një traktati.

appendage[ë'pendixh] *n* shtesë, shtojcë.

appendicitis[ëpendi'saitis] *n* mjek apendicit.

appendix[ë'pendiks] *n* 1.shtojcë, shtesë(e një libri, dokumenti). 2.pjesë e dalë e një organi.

appertain[æpë'tein] *vt* i përket (dikujt).

appetite['æpëtait] *n* 1.oreks. 2.dëshirë, etje, qejf; **he had no appetite for the fight** ai nuk kishte ndonjë qejf për t'u zënë.

appetizer['æpëtaizë:] *n* 1.aperitiv. 2.meze.

appetizing['æpëtaizing] *adj* 1.oreksndjellës, që të hap oreksin. 2.i shijshëm.

applaud[ë'plo:d] *vt* 1.duartrokas(dikë).2.miratoj, aprovoj.

applause[ë'plo:z] *n* 1.duartrokitje, brohoritje. 2.miratim, aprovim; **win the applause of the audience** marr miratimin e të pranishmëve.

apple['æpël] *n* mollë. +**apple of one's eye** dritë e syrit; **apple of discord** mollë sherri.

apple cart *n* karrocë dore për mollët. + **upset the apple cart** prish planet.

applejack['æpëlxhæk] *n* liker mollësh.

apple-pie order (in) *n* (në) mënyrë të përkryer, tamam siç duhet.

appliance[ë'plajëns] *n* 1.zbatim; aplikim. 2.vegël, pajisje; **household appliances** pajisje shtëpijake (makinë larëse, frigorifer etj).

applicable['æplëkëbl] *adj* i zbatueshëm.

applicant['æplëkënt] *n* kërkues (për një vend pune), kandidat.

application[æplë'keishën] *n* 1.zbatim. 2.përdorim (i ilaçit). 3.kërkesë, lutje(për punë).

applicator['plëkeitë:] *n* vegël, pajisje, mjet.

applied[ë'plaid] *adj* i zbatuar, i aplikuar; **applied mathematics** matematikë e aplikuar.

applier[ë'plajë:] *n* zbatues.

apply[ë'plai] *v* 1.kërkoj; **apply to sb for sth** i kërkoj dikujt diçka; **you may apply in person** mund të paraqitesh vetë për kërkesën. 2.vë; përdor; **apply economic sanctions** vë sanksione ekonomike. 3.zbatoj; **the rule cannot be applied in every case** rregulli nuk mund të zbatohet në çdo rast; **apply oneself/one's mind/one's energy(to sth/to doing sth)** i kushtohem, përqendrohem me të gjitha forcat (diçkaje, në diçka).

+**apply for** bëj kërkesë për(punë, shkollë, divorc).

+**apply to** a)zbatohet; b)më takon.

appoint[ë'point] *vt* 1.caktoj; **appoint the time** caktoj kohën. 2.emëroj, caktoj(në një post); **the newly appointed officials** nënpunësit e posaemëruar.3.urdhëroj; **appoint that sth shall be done** urdhëroj të bëhet diçka. 4.pajis; **well/badly appointed** i pajisur mirë/keq.

appointee[ëpoint'i:] *n* i emëruar; i caktuar.

appointment[ë'pointmënt] *n* 1.takim; **break an appointment** nuk vij në takim; **make an appointment with sb** lë takim me dikë; **keep an appointment** vij në kohë në takim. 2.emërim, caktim(në një detyrë).3.ofiq, punë. 4.*pl* orendi; pajisje.

apportion [ë'po:shën] *vt* ndaj, shpërndaj; **this sum is to be apportioned among the six children** kjo shumë duhet t'u ndahet të gjashtë fëmijëve.

apportionment[ë'po:shënmënt] *n* shpërndarje.

apposite ['æpëzit] *adj* tepër i përshtatshëm, me vend; **an apposite remark** vërejtje me vend.

apposition [æpë'zishën] *n* gram ndajshtim.

appraisal[ë'preizël] *n* vlerësim.

appraise [ë'preiz] *vt* çmoj, vlerësoj; **appraise property for taxation** vlerësoj një pronë për efekt tatimi.

appraisement[ë'preizmënt] *n* vlerësim

appraiser[ë'preizë:] *n* vlerësues; çmues.

appreciable[ë'pri:shiëbl] *adj* i ndjeshëm, i dukshshëm; **an appreciable change** një ndryshim i ndjeshëm.

appreciate[ë'pri:shieit] *v* 1.çmoj; vlerësoj; **we really appreciate your contribution** e vlerësojmë së tepërmi kontributin tuaj. 2.i rritet vlera; **this land will appreciate very soon** këtij trualli do t'i rritet vlera shumë shpejt.

appreciation[ëpri:shi'eishën] *n* 1.vlerësim. 2.ngritje e vlerës.

apprehend[æpri'hend] *vt* 1.kuptoj; besoj, mendoj, them; **you are, I apprehend, ready to...** them se jeni gati të... 2.druaj, kam frikë. 3.kap, arrestoj; **apprehend a thief** kap një hajdut.

apprehensible[æpri'hensëbël] *adj* i kuptueshëm.

apprehension [æpri'henshën] *n* 1. të kuptuarit. 2.frikë. 3.kapje.

apprehensive[æpri'hensiv] *adj* 1.i shqetësuar; i paqetë(për diçka). 2.që kupton/mëson shpejt.

apprentice[ë'prentis] *n,v* -*n* 1.nxënës(në një zanat), çirak, shegert. 2.fillestar.

-*vt* fus nxënës, marr çirak.

apprenticeship[ë'prentisship] *n* stazh pune si nxënës; **serve one's apprenticeship(with sb)** punoj si nxënës (te dikush).

apprise[ë'praiz] *vt* informoj; **be apprised of/that** informohem për/se

apprize[ë'praiz] *v* çmoj; vlerësoj.

approach[ë'prouç] *v,n* -*v* 1.afrohem. 2.i drejtohem(dikujt); **will you approach your father will our plan for a party?** a do t'i thuash babait për planin tonë për festën?

-*n* 1.afrim; **easy/difficult of approach** a)(vend) i lehtë/i vështirë për të hyrë; b)(person)që mund t'i afrohesh me lehtësi/vështirësi; **make approaches**

to sb përpiqem t'i afrohem/të hyj në marrëdhënie intime me dikë . 2.rrugë, shteg; **all the approaches to the Palace were guarded** të gjitha shtigjet për në Pallat ruheshin. 3.ardhje, afrim. 4.*fig* trajtim; mënyrë; **a new approach to teaching English** një mënyrë e re për mësimdhënien e anglishtes. 5.përgjasim.

approachable[ë'prouçëbël] *adj* 1.i arritshëm, që mund t'i afrohesh. 2.i afruar(njeri).

approaching[ë'prouçing] *adj* 1.i ardhshëm. 2.që vjen përballë(makinë).

approbation[æprë'beishën] *n* 1.aprovim, miratim. 2.sanksionim.

appropriate[ë'proupriit] *v,adj -adj* 1.përvc-tësoj. 2.caktoj, vë mënjanë.

-adj i përshtatshëm; **sports clothes are not appropriate for a wedding** veshja sportive nuk është e përshtatshme për dasëm.

appropriately [ë'proupriitli] *adv* si duhet; me vend.

appropriation[ëproupri'eishën] *n* 1.përvetësim. 2.shumë e caktuar për një qëllim.3.*amer pol* kredit buxhetor.

appropriation bill *n amer pol* projektligj për financat.

appropriator[ë'proupriitë:] *n* përvetësues.

approvable[ë'pru:vëbël] *adj* i miratueshëm.

approve[ë'pru:v] *vt* 1.miratoj, aprovoj. 2.pëlqej; kam mendim të mirë; **I don't approve of him** ai nuk më pëlqen.

approved[ë'pru:vd] *adj* i miratuar.

approved school *n* shkollë riedukimi.

approving[ë'pru:ving] *adj* miratues, aprovues.

approvingly[ë'pru:vingli] *adv* me ton aprovues; me pamje miratuese.

approximate [ë'proksimeit] *v,adj -v* 1.i afrohem; i shkoj afër; **your account of what happened approximates the truth** përshkrimi yt për ngjarjen i afrohet së vërtetës. 2.afroj.

- adj i përafërt.

approximately[ë'proksimitli] *adv* përafërsisht.

approximation [ëproksi'meishën] *n* përafrim; shumë e/vlerësim i përafërt.

appurtenance[ë'pë:tinëns] *n* shtojcë; aneks; **the house and its appurtenances** shtëpia dhe gjithçka tjetër që shkon bashkë me të(kur shitet).

apricot['eiprikot] *n* kajsi.

April['eiprël] *n* prill; **April Fools' Day** Një Prilli, Dita e Rrenave (shih edhe **July**).

a priori[ei'prajorai] *adv,adj lat -adv* apriori; nga shkaku te pasoja.

-adj i mbështetur në teori, në opinione dhe jo në praktikë, apriori.

apron['eiprën] *n* 1.përparëse. 2.pritë kundër gërryerjes nga ujërat. 3.*tek* platformë. 4.*teat* paraskenë. 5.

av vend qëndrimi avionësh.

apropos[æprë'pou] *adv,adj -adv* me këtë rast; për këtë qëllim; në lidhje me.

apt[æpt] *adj* 1.i prirur(to); që ka gjasë (për). 2.i zgjuar, me dhunti, i aftë. 3.me vend; **an apt remark** vërejtje me vend.

aptitude['æptitju:d] *n* aftësi; prirje; dhunti.

aqualung['ækwëlæng] *n* akualang, pajisje zhytjeje.

aquarium[ë'kweëriëm] *m* akuarium.

Aquarius[ë'kweëriës] *n astr* Ujëderdhësi(yllësi).

aquatic[ë'kwætik] *adj* ujor.

aqueous['eikwiës] *adj* i ujshëm, ujor.

aquiline['ækwilain] *adj* si shqiponjë; **an aquiline nose** hundëshkabë.

Arabia['ærëbië] *n gjeog* Arabi.

Arabian[ë'reibjën] *adj* arab; **Arabian Nights** Njëmijë-e-një Netët.

Arab, Arabic['ærëbik] *adj,n -adj* arab.

-n arabishte.

arabize['ærëbaiz] *vt* arabizoj.

arable['ærëbl] *adj* i lërueshëm, i punueshëm.

arbiter['a:bitë] *n* arbitër, gjyqtar, ndërmjetës.

arbitrage ['a:bitrixh] *n fin* shitje e njëkohshme në disa tregje.

arbitrament[a:'bitrëmënt] *n* gjykim; vendim i arbitrazhit.

arbitrary['a:bitrëri] *adj* arbitrar, i paarsyeshëm; i diktuar.

arbitrate['a:bitreit] *v* gjykoj; **arbitrate a dispute/a quarrel/between two persons** gjykoj një mosmarrëveshje/ndaj sherrin midis dy personave.

arbor['a:bë] *n* shih **arbour**.

arbore(al)[a:'borial] *adj* 1.i pemëve, si pemë. 2.që rron në drurë; **arboreal animal** kafshë që rron nëpër drurë(ketri etj).

arbour['a:bë:] *n* 1.kopësht. 2.bosht kryesor.

arc[a:k] *n* 1.hark. 2.hark elektrik.

arc lamp, arc light *n* llampë me hark; *kin,tv* prozhektor.

arc welding *n tek* saldim me hark.

arch I[a:ç] *n,v -n* 1.hark, qemer.

-v 1.harkoj. 2.përkulem, lakohem, harkohem.

arch II [a:ç] *adj* 1.kryesor, **arch rival** kundërshtar kryesor. 2.i djallëzuar(vështrim, përgjigje).

arch-[a:ç] *pref* krye- ,akri-

archaelogical[akië'loxhëkël] *adj* arkeologjik.

archaelogist[a:ki'olëxhist] *n* arkeolog.

archaelogy[a:ki'olëxhi] *n* arkelogji.

archaic[a:'keiik] *adj* arkaik, i vjetëruar.

archaism ['a:keiizm] *n* 1.fjalë ose shprehje e vjetëruar, arkaizëm. 2.imitim i gjërave të vjetëruara(në gjuhë ose në art).

archbishop[a:ç'bishëp] *n* kryepeshkop.

arched[a:çt] *adj* i harkuar, me hark.

archer['a:çë:] *n* shigjetar, harkëtar.
archery ['a:çëri] *n* harkëtari, sport i gjuajtjes me hark.
archipelago[a:ki'peligou] *n* arkipelag.
architect['a:kitekt] *n* arkitekt.
architectonic[a:kitek'tonik] *adj* arkitektonik.
architectural[a:ki'tekçërël] *adj* arkitekturor.
architecture['a:kitekçë:] *n* arkitekturë.
architrave['a:kitreiv] *n* arkitra, kryetra.
archival['a:kaivël] *adj* arkivor.
archives['a:kaivz] *npl* arkivë; materiale arkivore.
archivist[a'kivist] *n* arkivist, punonjës arkive.
archness[a:çnis] *n* qesëndi.
archway['a:çwei] *n* qemer; hyrje me hark përsipër.
Arctic['a:ktik] *adj,n -adj* arktik, polar; **the Arctic Pole** Poli i Veriut; **Arctic Weather** *meteo* shumë i ftohtë; **the Arctic Circle** Rrethi Polar Arktik. *-n* Arktiku.
ardent['a:dënt] *adj* 1.i zjarrtë, i flaktë.2.i zellshëm, entuziast.
ardor[a'dë:] *n* zjarr, hov, vrull.
ardous['a:djuës] *adj* 1.i rëndë; i lodhshëm, i mundimshëm.2.i pjerrët;e vështirë për t'u ngjitur(rrugë).
are[a:] jemi; jeni; janë (trajtat shumës të së tashmes së dëftores të foljes **be**).
area['eërië] *n* 1.hapësirë . 2.sipërfaqe(dhome, kopshti etj). 3.rajon, zonë, territor; **desert areas of North Afrika** zonat e shkreta të Afrikës Veiore. 4.*fig* lëmë, fushë; **the area of finance** sfera e financës.
arena[ë'ri:në] *n* arenë.
aren't[a:nt] shkurtim i **are not**.
argil['a:xhil] *n* argjilë, deltinë.
argon['a:gon] *n kim* argon.
argot['a:gou, 'a:gët] *n* zhargon.
argue ['a:giu:] *v* 1.sjell prova, argumentoj; diskutoj; **he argued against the passage of the bill** ai diskutoi kundër miratimit të projektligjit. 2.bind me fjalë; **he argued me into going** ai ma mbushi mendjen që të shkoja. 3.tregoj, provoj; **her rich clothes argue her wealth** rrobat e shtrenjta flasin për pasurinë e saj.4.hahem, zihem.
argument['a:giumënt] *n* 1.argument. 2.diskutim; **endless arguments about money** diskutime pa fund për punë parash. 3.përmbledhje.
argumentation['a:giumen'teishën] *n* 1.argumentim. 2.diskutim, debat.
argumentative[a:giu'mentëtiv] *adj* 1.i argumentuar, me argumente. 2.argumentues(person).
arid['ærid] *adj* 1.i thatë(tokë, klimë). 2.*fig* pa interes, i thatë, jo interesant.
aridity[æ'ridëti] *n* thatësirë.
aright[ë'rait] *adv* drejt; **if I heard aright** në rast se e kam dëgjuar mirë.

arise[ë'raiz] *vi* (**arose; arisen**) 1. del, lind(një problem, dyshim). 2.dëgjohet(një britmë). 3.rrjedh, rezulton; niset(nga); **arising from this, can we ...** duke u nisur nga kjo, a mundt të...4.lind(dielli). 5. *vjet* ngrihem, çohem.
aristocracy[æris'tokrësi] *n* aristokraci.
aristocrat['æristëkræt] *n* aristokrat.
aristocratic[æristë'krætik] *adj* aristokratik.
arithmetic[ë'rithmëtik] *n,adj -n* aritmetikë. *-adj* aritmetik.
arithmetical[ærith'metikël] *adj* aritmetik.
arithmetically[ærith'metikëli] *adv* aritmetikisht.
   arm I[a:m] *n* 1.krah; **under one's arm** nën sqetull. 2.mëngë. 3.degë; degëzim. 4.krah(kolltuku). 5.*fig* autoritet, pushtet, dorë; **the strong arm of the law** dora e fortë e ligjit. +**arm in arm** përdore, dorë për dorë, krah për krah; **at arm's length** a)në largësinë e një krahu; b)larg, me ftohtësi; **she kept everyone at arm's length** ajo i mbante larg të gjithë, nuk afronte njeri; **with open arms** krahëhapur, përzemërsisht, me ngrohtësi.
   arm II[a:m] *n,v -n* 1.armë; **take up arms** rrëmbej armët; **lay down arms** dorëzoj armët; **man of arms** ushtar; **to arms!** për luftim! **under arms** nën armë, i armatosur; **up in arms** a)me pushkë(armë) në dorë; b)shumë i zemëruar; i rebeluar. 2.armë, lloj i forcave të armatosura; **the infantry arm** këmbësoria, arma e këmbësorisë. 3.*pl* emblemë, stemë, distinktiv.
   -v 1.armatos; **the armed forces** forcat e armatosura. 2. fortifikoj.
armada[a:'ma:dë] *n* flotë luftarake.
armament ['a:mëmënt] *n* 1.armatim; armatosje; **armament industry** industri ushtarake; **armament drive race** garë e armatimeve.2.*pl* forcat ushtarake. 3.përgatitje për luftë.
armature[a':mëtjuë] *n* 1.koracë. 2.guall, zhguall. 3.*tek* armaturë. 4.*el* rotor.
armband['a:mbænd] *n* shirit në krah(për gradë, detyrë, zi).
armchair['a:m'çeë] *n* 1.kolltuk. 2.*attr* teorik; **armchair detective** detektiv që i zgjidh çështjet nga zyra(me arsyetim).
armed[a:md] *adj* 1.i armatosur; **armed forces** forcat e armatosura. 2.me armë; **armed robbery** grabitje me armë.
-armed[a:md] *suff* me krahë; **long-armed** me krahë të gjatë.
Armenia[a:'minië] *n gjeog* Armeni.
Armenian[a:'mi:niën] *adj,n -adj* armen. *-n* 1.armen. 2.armenisht.
armful['a:mful] *n* një krah(dru, bar etj).
armhole['a:mhoul] *n* vrimë e mëngës.
armistice['a:mëstis] *n* armëpushim.
armlet['a:mlit] *n* 1.shirit në mëngë. 2.byzylyk.

3.gji i vogël deti.

armo(u)r['a:më:] *n* 1.parzmore. 2.*usht* koracë. 3. mjete të koracuara/të blinduara. 4.forca të blinduara.

armo(u)r-clad ['a:mëklæd] *adj* i koracuar, i blinduar.

armo(u)red['a:më:d] *adj* i koracuar, i blinduar; **armo(u)red car** autoblindë; **armo(u)red personnel carrier** transportues i blinduar.

armo(u)rer[a':mërë:] *n* 1.mjeshtër parzmoresh. 2.armëpunues. 3.armëtar, përgjegjës armature.

armo(u)r-piercing['a:më:pië:sing] *adj usht* blindëshpues.

armo(u)r-plate, -plating['a:mëpleit, -pleiting] *n usht* blindë; *det* koracë.

armo(u)r-plated['a:më'pleitid] *adj* shih **armo(u)r-clad.**

armo(u)ry['a:mëri] *n* 1.*usht* armaturë; vend për mbajtjen e armëve. 2.*amer* uzinë armësh.

arm-pit['a:mpit] *n* sqetull.

armrest['a:mrest] *n* mbështetëse bërrylash.

arm-twisting['a:mtwisting] *n fig gj.fol* presion i hapur.

army['a:mi] *n* 1.ushtri; **standing army** ushtri e rregullt. 2.*fig* mori; **an army of beggars** një ushtri me lypës.

aroma[ë'roumë] *n* aromë.

aromatic ['ærou'mætik] *adj,n* -*adj* erëkëndshëm, aromatik, i merrnë. -*n* erëz.

arose[ë'rouz] *pt* e **arise.**

around[ë'raund] *prep,adv* -*prep* rreth, përreth; **around the world** rreth botës. -*adj* 1.rreth,përreth; **look around** vështroj përreth; **he has been around a lot** ai është njeri i bredhur. 2.nëpër; andej-këtej; **we walked around to see the town** brodhëm andej-këtej për të parë qytetin.3.diku pranë; **wait around a while** rri këtu rrotull një copë herë. 4.mbrapa, mbrapsht; **turn around!** kthehu mbrapsht!

arouse[ë'rauz] *v* 1.zgjoj. 2.nxis; **arouse sb to an effort** nxis dikë të bëjë një përpjekje. 3.ngjall, shkaktoj; **it aroused our sympathy** ajo zgjoi simpatinë tonë; **arouse suspicion** ngjall dyshim.

arraign[ë'rein] *vt* 1.*drejt* hedh në gjyq. 2.*fig* akuzoj, padis.

arraignment[ë'reinmënt] *n drejt* lexim i aktpadisë.

arrange[ë'reinxh] *vt* 1.rregulloj, ndreq, ujdis, vë në rregull; **arrange the books on the shelves** rregulloj librat në rafte; **to arrange one's business affairs** ndreq punët, vë në rregull punët e mia. 2.caktoj, fiksoj(datën). 3.ujdis; **arrange a marriage** ujdis një martesë. 4.vendos; bëj plan; merremi vesh; **it was arranged that...** u vendos që..; **they had arranged for the goods to be sent up** ishin marrë

vesh që malli të dërgohej. 5. *muz* përshtas, aranzhoj; **arrange a piece of music for the violin** përshtas një pjesë muzikore për violinë.6.zgjidh; **he often has to arrange disputes/differences between the two boys** atij i duhet shpesh të zgjidhë grindjet ndërmjet të dy djemve.

arrangement[ë'reinxhmënt] *n* 1.rregullim; vendosjele orendive etj). 2.masa, plane, përgatitje; **make arrangements for a holiday** bëj përgatitje për pushimet. 3.ujdi; marrëveshje; **to come to an arrangement over expenses** merremi vesh për shpenzimet. 4.*muz* aranzhim.

arrant['ærënt] *adj* me damkë, i regjur; i mbaruar; **an arrant liar** gënjeshtar me damkë.

array[ë'rei] *v,n* -*vt* 1.rreshtoj(trupat).2.vesh, stolis. -*n* 1.*usht* rreshtim, radhitje. 2.*poet* veshje, petk. 3.koleksion; grup(njerëzish, sendesh). 4.*mat* tabelë (shifrash).

arrears[ë'rië:z] *npl* 1.vonesë; prapambetje; **rent in arrears** qira e prapambetur. 2.punë e pakryer. 3.borxh, të prapambetura; **be in/fall into arrears (with)** jam i vonuar në pagesat.

arrest[ë'rest] *v,n* -*vt* 1.ndaloj, kap, arrestoj. 2.tërheq; **arrest one's attention** tërheq vëmendjen e dikujt.3.ndal; pengoj, frenoj; **measures to arrest inflation** masa për të frenuar inflacionin. -*n* 1.arrestim, kapje; **under arrest** i arrestuar;**be /place/put under arrest** jam i arrestuar/arrestoj. 2.*drejt* pezullim, ndalim; **arrest of judgment** pezullim i zbatimit të vendimit.

arresting[ë'resting] *adj* mahnitës; që të rrëmben.

arrival[ë'raivël] *n* 1.ardhje; arritje, mbërritje; **on arrival** në mbërritje; **arrival platform** platforma e mbërritjes së udhëtarëve. 2.ngarkesë(malli). 3.i ardhur(person); **a new arrival** a)një i porsaardhur; b) fëmijë i porsalindur.

arrive[ë'raiv] *vi* 1.arrij, mbërrij; **arrive in harbor** mbërrin në port. 2.vij, lind; **her baby arrived yesterday** foshnja i lindi dje. 3.ia dal mbanë, kam sukses.

+arrive at a)përfundon në; b)vij në(mendimin); c) arrij(përsosuri); d)biem në ujdi(për një çmim).

arrogance['ærëgëns] *n* arrogancë.

arrogant['ærëgënt] *adj* arrogant.

arrogate['ærougeit] *vt* 1.**(to oneself)** kërkoj, përvetësoj padrejtësisht; i atribuoj vetes(fitoren). 2. i ngjis, i vesh(gjëra të paqena).

arrogation[ærou'geishën] *n* pretendim pa bazë.

arrow['ærou] *n,v* -*n* 1. shigjetë. 2.shigjetëz(në tabela etj). -*vt* 1.shënoj/tregoj me shigjetë. 2.*fig* iki si shigjetë.

arrowhead['ærouhed] *n* majë shigjete.

arse[a:s] *n Br zhrg* bythë.

arse about, arse around *vi zhrg* përrallis.

arsenal['a:sinël] *n* 1.arsenal, depo armësh.2.uzinë armatimesh.

arsenic['a:snik] *n* arsenik.

arson['a:sn] *n* zjarrvënie e qëllimshme.

arsonist['a:sënist] *n* zjarrvënës; maniak zjarresh, piroman.

art I[a:t] *n* 1.art; **the fine arts** artet e bukura ; **work of art** vepër arti; **art gallery** galeri artesh. 2.mjeshtri, zanat; **art of cooking** arti i gatimit, arti i kuzhinës. 3.marifet, dredhi; **he used no art to persuade them** ai nuk përdori asnjë dredhi për t'i bindur.4.shkenca shoqërore; shkenca humane; **Faculty of Arts** Fakulteti i Shkencave Shoqërore e Humane; **Bachelor of Arts** I diplomuar(në shkenca joteknike); **Master of Arts** Kandidat i Shkencave.

art II[a:t] *vjet* (veta II njëjës e tashme dëftore e foljes **be**) je.

art collection *n* koleksion veprash arti.

art college *n* shkollë e arteve të bukura.

art deco *n* art dekorativ.

artefact['a:tifækt] *n* artikull, produkt, send i bërë nga njeriu.

arterial[a:'tiëriël] *adj* 1.*anat* arterial. 2.kryesor; **arterial line/road** linjë (hekurudhore) kryesore; rrugë kryesore, rrugë me trafik të dendur.

arteriosclerosis[a:'tiëriousklië'rousis] *n mjek* arteriosklerozë.

artery['a:tëri] *n* 1.arterie 2.rrugë/linjë kryesore.

artesian[a:'ti:ziën] *adj* artezian; **artesian well** pus artezian.

art exhibition *n* ekspozitë arti.

artful['a:tful] *adj* 1.dinak, mashtrues; **he's an artful one** është shejtan i madh.2.i zgjuar, i shkathët. 3.artificial.

artfully['a:tfuli] *adv* 1.me dinakëri; me dredhi. 2. me shkathtësi; me zgjuarësi.

art gallery *n* 1.galeri artesh; muze i arteve. 2.dyqan veprash arti.

arthritis[a:'thraitis] *n* artrit, pezmatim i kyçeve.

article['a:tik] *n,v* -*n* 1.artikull, prodhim; send; **toilet articles** sende tualeti; **articles of clothing** veshje. 2.artikull; **leading article** kryeartikull. 3. nen, pikë; **articles of war** *amer usht* kodi i së drejtës ushtarake. 4.*gram* nyjë.

-*vt* 1.vë/caktoj për të bërë stazhin. 2.*drejt* thotë, përcakton(ligji etj).

articular[a:'tikjulë:] *adj* i kyçeve.

articulate[a:'tikjulit] *adj,v* -*adj* 1.e lidhur(bisedë). 2.(person) i qartë, i kuptueshëm; **this man is not very articulate** ky njeri nuk është fort i qartë, nuk merret vesh mirë se ç'thotë.3.*anat, bot* i nyjëtuar.

-*v* 1.lidh(fjalët); shqiptoj(qartë). 2.*fig* bëj të qartë(planin). 3.*anat,bot* nyjëtoj, lidh me nyja (kockat etj); nyjëtohet.

articulated lorry *n Br* kamion me rimorkio.

articulately[a:'tikjulitli] *adv* me lehtësi.

articulation[a:tikju'leishën] *n* 1.*anat* artikulacion, nyjë. 2.artikulim, shqiptim.

artifice['a:tifis] *n* 1.mjeshtri. 2.dredhi, marifet.

artificier[a:'tifisë:] *n* 1.mjeshtër.2.shpikës, novator.

artificial[a:ti'fishël] *adj* 1.artificial; **artificial teeth** dhëmbë artificialë, proteza. 2.i shtirur; **artificial manners** sjellje e shtirë.

artificiality[a:tifishi'ælëti] *n* panatyrshmëri, shtirje, sjellje e shtirë.

artificially[a:ti'fishëli] *adv* artificialisht.

artillery[a:'tilëri] *n* artileri.

artilleryman[a:'tilërimën] *n* artilier.

artisan['a:tizæn] *n* zejtar; mjeshtër.

artist['a:tist] *n* 1.artist. 2.*fig* mjeshtër; **artist in words** mjeshtër i i fjalës.

artiste[a:'ti:st] *n* mjeshtër, artist.

artistic(al)[a:'tistik(ël)] *adj* artistik.

artistically[a:'tistikëli] *adv* artistikisht.

artistry['a:tistri] *n* punë artistike; punë mjeshtri, mjeshtri.

artless['a:tlis] *adj* 1.i thjeshtë, i padjallëzuar; çiltër, i natyrshëm; **artless questions** pyetje të çiltra. 2.i pamësuar, i pagdhendur. 3.i rëndë, pa finesë (përkthim etj).

arty['a:rti] *adj gj.fol* me pamje/pretendime artisti.

art(s)y-craft(s)y['a:t(s)i'kræft(s)i] *adj* 1.artizanal. 2.me pamje artisti bohem.

Aryan['a:riën, 'eriën] *n,adj hist,gjuh* arian.

as[æz, ëz] *adv,conj,prep* -*adv* (e ndjekur nga **as**) po aq, aq sa; **as tall as you** i gjatë po aq sa ti; **not so difficult as I expected** jo aq e vështirë sa ç'e prisja.

-*conj* 1.kur; ndërsa; **as he was getting off the bus** ndërsa po zbriste nga autobuzi. 2.meqë, përderisa, duke qenë se; **as he wasn't ready, we left** meqë nuk ishte gati, ne ikëm. 3.(në krahasime): **twice as large** dy herë më e madhe; **as much as I** po aq sa/njëlloj si unë. 4.ndonëse; **young as I am** ndonëse jam i ri; **try as he would** sado që përpiqej. 5.siç; **leave it as it is** lëre siç është. 6.si; **dressed as a woman** i veshur si grua; **do you treat all men as your equals?** a i trajton të gjithë njerëzit si të barabartë me veten? +**as if, as though** sikur, thua se: **as if he knew** thua se e dinte; **as for** sa për: **for you, I never want to see you here again** sa për ty, nuk dua të të shoh më këtu; **as good as dead** pothuaj i vdekur; **as long as, so long as** a)me kusht që; b)sa kohë që; **as of** që nga, duke filuar nga; **as though** thua se; **as to** përsa i përket : **as to accepting their demand** përsa i takon pranimit të kërkesës së tyre; **so as to** a)për të, që të: **he stood up so as to see better** ai u çua për të parë më mirë; b)në atë mënyrë që; **as well** gjithashtu; **as well as** përveç, si edhe; **as yet** ende, deri tani;

-*prep* si; **as a stateman** si burrë shteti;

acknowledge sb as leader e pranoj dikë si/për drejtues.

asbestos[æz'bestos] *n* asbest.

ascend [ë'send] *vi* 1.ngjitem, ngrihem. 2.hipi(në fron).

ascendancy[ë'sendënsi] *n* epërsi, pushtet; **gain/have the ascendancy over** kemi epërsi mbi.

ascendant[ë'sendënt] *adj,n* -*adj* 1.ngjitës. 2.mbizotërues.

-*n* mbizotërim; **in the ascendant** duke u ngjitur lart.

ascension[ë'senshën] *n* ngjitje; ngritje.

ascent[ë'sent] *n* 1.ngjitje(në mal). 2.*fig* ngjitje, hipje(në pozitë). 3.*fig* kthim prapa(në kohë).

ascertain [æsë'tein] *vt* 1.gjej; përcaktoj. 2.verifikoj, sigurohem; **ascertain the facts** verifikoj faktet.

ascertainment[æsë:'teinmënt] *n* konstatim; verifikim, vërtetim; sigurim.

ascetic[ë'setik] *adj,n* -*adj* asketik.

-*n* asket.

asceticism[ë'setisizëm] *n* asketizëm.

ascribe [ë'skraib] *vt* atribuoj, ia ngjis, bëj shkaktar; **he ascribed his failure to bad luck** ai ia vuri fajin fatit të keq për dështimin e tij.

ascription[ës'kripshën] *n* atribuim; vënie faji.

aseptic[ei'septik] *adj* steril, pa mikrobe.

ash I[æsh] *n bot* frashër.

ash II[æsh] *n* hi; **burned to ashes** shkrumb e hi.

ashamed[ë'sheimd] *adj* i turpëruar; **be ashamed of/that/to do** kam turp nga/të; **you should be ashamed of yourself** të të vijë turp nga vetja; **he felt ashamed to ask for help** atij i vinte turp të kërkonte ndihmë.

ash-bin ['æshbin] *n* 1. *tek* zgarë hirash. 2. kosh plehrash.

ashcan['æshkæn] *n* kosh plehrash.

ashen['æshën] *adj* i hirtë, bojë hiri.

ashlar['æshlë:] *n ndërt* gur ndërtimi; mur guri.

ashore [ë'sho, ë'shoë] *adv* në breg; **go ashore** zbres në tokë(nga anija); **run/be driven ashore** detyrohet të dalë në breg (anija).

ashtray['æshtrei] *n* tavllë duhani, taketuke.

ashy['æshi] *adj* 1. i mbuluar me hi. 2. i zbehtë; i përhimë.

Asia['eishë] *n gjeog* Azi.

Asia Minor['eishë'mainë:] *n gjeog* Azi e Vogël.

Asian['eishën] *adj,n* aziatik.

Asiatic[eishi'ætik] *n,adj* aziatik.

aside [ë'said] *adv* 1. mënjanë; **we turned aside from the main road** ne u shmangëm nga rruga kryesore. 2.tutje; **put your troubles aside** flaki tutje telashet. +**aside from** (*amer*) përveç ; **put sth aside** vë/heq mënjanë diçka, rezervoj.

asinine['æsinain] *adj* 1.gomari; si gomar. 2. buda-

lla, hajvan.

ask[a:sk] *v* 1.pyes; **ask a question** bëj një pyetje; **ask one's name** pyes për emrin. 2.kërkoj, lyp; **ask for help** kërkoj ndihmë; **ask a favor of sb** i kërkoj një nder dikujt. 3.ftoj, thërres(për drekë etj); **she is at the door; shall I ask her in?** ajo është te dera, a ta ftoj brenda? **ask after sb** pyes për shëndetin e dikujt; **ask for it, ask for trouble** e kërkoj sherrin vetë. 4.kërkoj si (çmim); **what are they asking for the house?** sa kërkojnë për shtëpinë? +**ask after** pyes për, informohem për. +**ask along** ftoj. +**ask back** a)ftoj për një vizitë tjetër, ftoj sërish; b) i kthej ftesën. +**ask for** a)kërkoj; b)kërkoj të takoj. +**ask for it** e kërkoj vetë(belanë). +**ask in** ftoj brenda. +**ask out** ftoj për të dalë(shetitje).

askance, askant[ës'kæns, ës'kænt] *adv* 1.me dyshim; **look askance at sb** e shikoj me dyshim dikë. 2.anash; skiç.

askew[ës'kju:] *adv* shtrembër; skiç: **have one's hat on askew** vë kapelën shtrembër.

aslant[ë'slænt] *adv,prep* -*adv* pjerrtas, tërthor; tërthoras.

-*prep* mes për mes, për së gjeri.

asleep[ë'sli:p] *adv,adj* -*adv* në gjumë; **fall asleep** bie në gjumë.

-*adj* 1.në gjumë; **be fast asleep** jam top në gjumë. 2.i përgjumur. 3.i mpirë. 4.i vdekur.

aslope[ë'sloup] *adv* shih **aslant**.

asp I[æsp] *n vjet* shih **aspen**.

asp II[æsp] *n* nepërkë.

asparagus[ës'pærëgës] *n bot* shparg, shpargull.

aspect ['æspekt] *n* 1. pamje; **a man of fierce aspect** burrë me fytyrë të egër. 2.aspekt, pikëpamje. 3.*gram* aspekt(i foljes).4.orientim, pamje(e godinës).

aspen['æspën] *n* plep i egër.

asperity[æs'periti] *n* ashpërsi; vrazhdësi.

asperse [ës'pë:s] *vt* 1. spërkat. 2.*fig* shpif; nxij; **asperse sb's reputation** i nxij emrin e mirë dikujt.

aspersion[ës'pë:shën] *n* 1.spërkatje. 2.fjalë të këqija; shpifje; **to cast aspersions on sb** shpif , hedh baltë mbi dikë.

asphalt['æsfælt] *n,v* -*n* 1.serë. 2.asfalt.

-*vt* asfaltoj.

asphyxia[æs'fiksië] *n* asfiksi.

asphyxiant[æs'fiksiënt] *adj,n* asfiksues, mbytës.

asphyxiate[æs'fiksieit] *vt* mbys, asfiksoj.

asphyxiation[æsfiksi'eishën] *n* asfiksim, mbytje.

aspic['æspik] *n* xhelatinë.

aspirant[ës'paiërënt] *n,adj* aspirues, synues; **an aspirant to high office** person që synon poste të larta.

aspirate[*v* 'æspëreit; *n* 'æspërit] *v,n* -*vt* 1.shqip-

toj me **h**. 2.shqiptoj me shfryrje të ajrit (tingujt **h,p**).
-*n* tingull i aspiruar; **mind your aspirates** kujdes
h-të.
aspiration[æspë'reishën] *n* 1.frymëmarrje. 2.a-
spiratë. 3. qëllim, synim.
aspire[ës'paië:] *vi* aspiroj, dëshiroj, përpiqem(të
arrij); **aspire to fame** kërkoj të fitoj famë.
aspirin['æspërin] *n* aspirinë.
aspiring[ës'pajëring] *adj* arrivist.
asquint [ë'skwint] *adv* vëngër, shtrembër; vje-
dhurazi, me bisht të syrit.
ass I[æs] *n* 1.gomar. 2. budallë; **make an ass of
oneself** bëhem qesharak.
ass II[æs] *n amer vulg* bythë; **my ass!** një mut!
have one's ass in a sling më bie bytha në ujë, e
kam pisk.
assail[ë'seil] *vt* 1.sulmoj. 2.mbys(me pyetje); **as-
sail sb with insults** e mbuloj dikë me fyerje.
assailable[ë'seilëbël] *adj* i sulmueshëm, i ataku-
eshëm.
assailant[ë'seilënt] *n* sulmues.
assassin[ë'sæsin] *n pol* vrasës.
asassinate[ë'sæsineit] *vt* vras(për arsye politike).
assassination[ësæsi'neishën] *n* vrasje politike.
assault[ë'so:lt] *n,v* -*n* 1.*usht* sulm; mësymje, go-
ditje; **assault on/upon enemy's positions** mësymje
mbi pozicionet e armikut. 2.*drejt* sulm, agresion
(mbi dikë).
-*vt* 1.sulmoj, mësyj. 2.*drejt* sulmoj; përdhunoj.
assay[ë'sei] *n,v* -*n* 1.provë, analizë (metalesh të
çmuara). 2.shqyrtim, provë, test.
-*vt* 1.analizoj, i bëj analizën. 2. shqyrtoj, provoj,
testoj.
assay office *n amer* laborator për analizën e mo-
nedhave.
assemblage[ë'semblixh] *n* 1.*tek* montim. 2.mble-
dhje, grumbullim, koleksionim. 3.mbledhje, kuvend.
assemble[ë'sembël] *v* 1.mbledh; grumbulloj. 2.
montoj. 3.mblidhemi.
assembly[ë'sembli] *n* 1. mbledhje; **in open as-
sembly** në mbledhje të hapur. 2.*pol* kuvend;
asamblé; **constituent assembly** asamble kushtetu-
ese. 4.*tek* montim. 5.*usht* sinjal grumbullimi.
assembly hall *n* 1.punishte, repart montimi. 2.sa-
llë mbledhjesh.
assembly line[ë'sembli lain] *n* linjë montimi.
assemblyman[ë'semblimæn] *n amer* deputet, ligj-
vënës.
assembly plant[ë'sembliplant] *n* uzinë montimi.
assembly room[ë'sembliru:m] *n* sallë(mbledhjesh
etj).
assembly shop *n ind* repart montimi.
assent[ë'sent] *v,n* -*vi* miratoj; jap pëlqimin(to).
-*n* pëlqim; miratim; **by common assent, with one
assent** njëzëri.

assert[ë'së:t] *vt* 1.pohoj, shpall; **assert one's in-
nocence** pohoj pafajësinë time. 2.kërkoj, mbroj(të
drejtat etj); **assert oneself/one's rights** nxjerr veten
në pah; kërkoj të drejtat e mia.
assertion[ë'së:shën] *n* 1.pohim; shpallje. 2.kër-
kim, mbrojtje(e të drejtave etj).
assertive[ë'së:tiv] *adj* 1.i sigurt, me besim në vete.
2. i prerë, kategorik; deklarativ(ton etj).
assess[ë'ses] *vt* 1.vlerësoj, caktoj shumën; **dam-
ages were assessed at $ 5000** dëmet u vlerësuan
5000 dollarë.. 2. *fig* çmoj; diskutoj, rrah; **the
committee met to assess the idea of...** u mblodh
komisioni për të diskutuar idenë e...
assessment[ë'sesmënt] *n* 1.vlerësim. 2.*fig* disku-
tim, vlerësim kritik. 3.caktim; llogaritje. 4.kontroll i
njohurive; vlerësim i mësuesit; notë.
assessor[ë'sesë] *n* 1.caktues i çmimeve; vlerësues
(pronash etj). 2. ekspert.
assessor of taxes *n amer* kontrollor i tatimeve.
asset ['æset] *n pl* 1. pronë, pasuri. 2. *fin* aktiv;
assets and liabilities aktivi dhe pasivi. 3.*fig* vlerë,
pasuri; cilësi e vyer; **good health is a great asset**
shëndeti është pasuri e madhe.
asseverate[ë'sevëreit] *vt* shpall, pohoj solemnisht.
asseveration[ësevë'reishën] *n* shpallje, pohim so-
lemn.
asshole['æshoul] *n vulg* trap; fytyrë e ndyrë.
assiduity [æsi'dju(:)iti] *n* vëmendje, përkujdesje;
këmbëngulje, ngulm; **he plans everything with
unfailing assiduity** ai planifikon gjithçka me një
këmbëngulje të paepur.
assidous[ë'sidjuës] *adj* ngulmues, këmbëngulës.
assign[ë'sain] *vt* 1.jap, caktoj(detyra etj); **these
rooms have been assigned to us** këto dhoma na
janë caktuar neve. 2.fiksoj, përcaktoj (datën). 3.emë-
roj, caktoj. 4.*drejt* i kaloj, jap, transferoj (pronë, të
drejta). 5.i jap, i atribuoj(një kuptim etj).
assignation[æsig'neishën] *n* 1.takim. 2.dhënie,
caktim. 3.*drejt* kalim, transferim(pasurie etj).
assignee[æsai'ni:] *n drejt* përfitues.
assignment [ë'sainmënt] *n* 1. caktim, ngarkim.
2.detyrë. 3.kalim, transferim, dhënie(e të drejtave, e
pasurisë).
assignor[æsi'no:] *n drejt* dhënës, lëshues(i pasu-
risë etj).
assimilate[ë'simëleit] *v* 1. përvetësoj. 2.tret, për-
vetësoj(ushqimin). 3.*pol* asimiloj(një popull etj).4.
asimilohem.
assimilation[ësimë'leishën] *n* 1.përvetësim.2.asi-
milim. 3.përgjasim.
assimilative[ë'simëlëtiv] *adj* asimilues.
assist[ë'sist] *v* 1. ndihmoj; **with sth/in doing sth
/to do sth.** 2.asistoj, marr pjesë, kam dorë(në diçka).
assistance[ë'sistëns] *n* ndihmë; **come to sb's as-
sistance** i vij dikujt në ndihmë; **be of assistance**

(to sb) ndihmoj(dikë); **give /lend/render assistance to sb** i jap ndihmë dikujt.

assistant[ë'sistënt] *n* 1.ndihmës, asistent.2.asistent-profesor.

assistant judge *amer drejt* ndihmësgjyqtar.

asistant manager *n* nëndrejtor.

assistant principal *n* nëndrejtor shkolle.

assistant professor *n amer* asistent-profesor.

assistantship[ë'sistëntship] *n* post i studentit që drejton punët praktike.

assizes[ë'saiziz] *n Br drejt* gjykatë penale; seanca gjyqësore.

associate[*v* ë'soushieit; *n* ë'soushiit] *v,n*   -*v* 1.lidh, shoqëroj(dy ide). 2.shoqërohem, bëj shoqëri.3. li-dhem, bëhem ortak.

-*n* 1. koleg. 2.*drejt* bashkëpunëtor.3.ortak. 4.anëtar (shoqate); anëtar korrespondent; anëtar shok(jo me të drejta të plota).

associate professor *n* pedagog.

association[ësousi'eishën] *n* 1.shoqëri. 2. shoqatë. 3.shoqërim. 4.*psik* shoqërim, asociacion(idesh).

assonance['æsënëns] *n gram* asonancë.

assort[ë'so:t] *vt* 1.kategorizoj, klasifikoj. 2.grupoj. 3.përshtas(në një lloj). 4.shkon(me një ngjyrë).

assorted[ë'so:tid] *adj* 1.të përzier; të ndryshëm. 2.të klasifikuar(sipas madhësisë etj). 3.të ujdisur; që shkojnë; **they are a poorly assorted couple** ata janë një çift aspak i ujdisur.

assortment[ë'so:tmënt] *n* asortiment, lloj.

assuage[ë'sweixh] *vt* qetësoj; zbus(dhimbjen).

assuagement[ë'sweixhmënt] *n* 1.qetësim; zbutje. 2.qetësues; zbutës.

assume[ë'sju:m] *vt* 1.marr(përsipër); **assume of-fice** marr detyrën. 2.pranoj si të vërtetë; supozoj; **assume sb's innocence/sb to be innocent/that he is innocent** e pranoj/e quaj dikë të pafajshëm. 3. marr(pamjen), pretendoj;   **assume a look of innocence** marr pamjen e një të pafajshmi.

assumed[ë'sju:md] *adj* 1.i pretenduar; i pavërtetë; joreal. 2.i supozuar.

assuming[ë'sju:ming] *adj* pretendues; i fryrë.

assumption[ë'sʌmpshën] *n* 1.marrje (detyre, po-sti). 2. supozim. 3.kapardisje; fryrje.

assurance[ë'shuërëns] *n* 1.siguri, bindje. 2 vetë-besim; besim i tepruar. 3.garanci, zotim; sigurim; **give a definite assurance** jap siguri të plotë.4.*Br* si-gurim(i jetës etj).

assure[ë'shuë:] *vt* 1.siguroj; bind. 2.garantoj. 3. gjej, siguroj; **assure permanent happiness** siguroj lumturi të përhershme. 3.siguroj jetën etj.

assured[ë'shuë:d] *adj* 1.i sigurt. 2.i siguruar.

assuredly[ë'shuëridli] *adj* pa dyshim, sigurisht, në mënyrë të sigurt.

Assyria[ë'sirië] *n gjeog,hist* Asiri.

asterisk['æstërisk] *n poligr* yllth, yll.

astern[ës'të:n] *adv* 1.në kiç. 2. prapa, mbrapsht; **full speed astern!** me të gjithë shpejtësinë, mbrapsht! **fall astern of** mbetem prapa..

asteroid['æstëroid] *n* asteroid.

asthma['æsmë] *n mjek* astmë.

asthma sufferer *n mjek* astmatik.

asthmatic(al)[æs'mætik(ël)] *adj,n mjek* astmatik.

astir[ë'stë:] *adv* 1.në lëvizje, në aktivitet.2.zgjuar, ngritur; **to be astir early in the morning** ngrihem herët në mëngjes.

astonish[ës'tonish] *vt* habis, mahnis; **you aston-ish me!** po më habit!; s'është e mundur!

astonished[ë'stonisht] *adj* i habitur, i mahnitur.

astonishing[ës'tonishing] *adj* i habitshëm, mah-nitës.

astonishingly[ë'stonishingli] *adv* për t'u habitur; në mënyrë të pabesueshme.

astonishment[ës'tonishmënt] *n* habi, mahnitje; **to my astonishment** për habinë time të madhe.

astound[ës'tound] *vt* befasoj, habis; shtang.

astounded[ë'staundid] *adj* i shtangur, pa mend.

astounding[ës'taunding] *adj* befasues, mahnitës, trondites.

astraddle[ë'strædël] *adv,adj* shih **astride**.

astral['æstrël] *adj* yjor.

astral lamp *n* llampë që nuk lëshon hije.

astray[ës'trei] *adv,adj* në rrugë të gabuar; *fig* në rrugë të shtrembër; **go astray** humb rrugën; **lead astray** fus në rrugë të shtrembër.

astride[ë'straid] *adv,adj* kaluar, shaluar, me kë-mbë hapur, **sitting astride his father's knee** hipur mbi gju të të atit.

astringent [ë'strinxhënt] *n,adj* regjës; lëndë re-gjëse.

astrologer[ës'trolëxhe:] *n* astrolog.

astrology[ës'trolëxhi] *n* astrologji.

astronaut['æstrëno:t] *n* astronaut.

astronautics[æstrë'no:tiks] *npl* astronautikë.

astronomer[as'tronëmë:] *n* astronom.

astronomic(al)[æstrë'nomikël] *adj* astronomik.

astronomy[ës'tronëmi] *n* astronomi.

astrophysics[æstrou'fiziks] *npl* astrofizikë..

astute[ës'tju:t] *adj* finok; i mprehtë; **an astute businessman** afarist i shkathët.

asunder[ë'sʌndë:] *adv* 1.veças, veç e veç; **drive asunder** ndaj, veçoj.2.copë-copë; **tear sth asunder** e bëj copë-copë.

asylum[ë'sailëm] *n* 1.strehë, siguri. 2. azil.3.mbroj-tje, azil(politik).

at[æt, ët] *prep* 1. (vend, drejtim) a) në, tek, te; **at my uncle's** tek im ungj; b)me; **laugh at sb** qesh me dikë; c)te, drejt; **look at sb** shikoj dikë; d) pas, te; **he clutched at the roar** ai u kap pas lopatës; e)në; **at a distance** në njëfarë distance; f) nga; **to go in (at) one ear and out (at) the other** më hyn nga njeri vesh e më del nga tjetri. 2.(kohë, rend) a) (për orën); **at 3 o'clock** në orën tre; **at any moment** në çdo kohë; **at noon, at midnight** në mesditë, në mesnatë; b) (për moshë) në moshën; **at 15** në moshën 15 vjeç; c) (rend) në; **at first, at last** në fillim, në fund; **at all times** në çdo kohë. 3.(gjendje, aktivitet) a)në; me; **at work** në punë; **what is he at now?** me se merret tani? **hard at it** duke punuar fort, rëndshëm; b) (pas mbiemrave) në; **good at translation** i mirë në përkthim; c) (gjendje) në; **at war, at peace** në luftë, në paqe. 4. (ritëm, shkallë, vlerë) a) me; **at full speed** me të gjithë shpejtësinë; b) me; **at a loss** me humbje; **at 20 cents** për 20 centë; c) (me sipërore): **at best** në rastin më të mirë, shumë-shumë; **at least** të paktën; **at the worst** në rastin më të keq. 5.(pas foljeve) me; **marvel at sb's knowledge** mahnitem me njohuritë e dikujt; **delighted at the idea of** i kënaqur nga ideja e. +**at last** më në fund; **at hand** a) afër, pranë; b)gati.

ate[eit] *pt* e **eat.**
atelier['æteliei] *n* punishte; studio.
atheism['eithiizm] *n* ateizëm.
atheist['eithiist] *n* ateist.
atheistic(al)[eithi'istik(ël)] *adj* ateist.
athirst[ë'thë:st] *adj* i etur, i dëshiruar.
athlete['æthli:t] *n* atlet.
athletic[æth'letik] *adj* atletik.
athletics[æth'letiks] *n* 1.*Br* atletikë.2.*amer* sport.
athleticism[æth'letisizm] *n* atletizëm.
athletics[æth'letiks] *npl* atletikë.
at-home[ët'houm] *n* pritje familiare(pasdreke).
athwart[ë'thwo:t] *adv,prep* -*adv* mespërmes; tërthor.
-*prep* 1.matanë; përtej. 2.përkundrejt.
Atlantic[æt'læntik] *n,adj* -*n* Atlantiku, oqeani Atlantik.
-*adj* atlantik.
Atlantis[ët'læntis] *n gjeog mit* Atlantidë.
atlas['ætlës] *n* 1.atlas gjeografie. 2.*anat* atlas, arrëz e qafës
ATM[eiti'em] *n* (**Automatic Teller Machine**) makinë automatike bankare(për tërheqje parash etj).
atmosphere['ætmësfië:] *n* 1.atmosferë. 2. ajër. 3.*fig* atmosferë; ambient; **I can't stand atmospheres** nuk e duroj dot ambientin armiqësor.
atmospheric[ætmës'ferik] *adj* 1.atmosferik.2.me ambient(film, muzikë).
atmospherics[ætmës'feriks] *npl* 1.shkarkime atmosferike. 2.*rad* zhurma, parazitë.
atoll['ætol] *n gjeog* atol.
atom['ætëm] *n* 1.atom. 2.grimcë, çikë; **blow sth to atoms** e bëj copë e çikë diçka; **not an atom of truth** asnjë grimë të vërtete.
atomic[e'tomik] *adj* atomik; **atomic pile** reaktor

atomik; **atomic weight** peshë atomike.
atomize['ætëmaiz] *vt* grimcoj, pluhurzoj; shpërbëj.
atomizer['ætëmaizë:] *n* pluhurzues, sprucator.
atone[ë'toun] *vi* shlyej fajin.
atonement [ë'tounmënt] *n* shlyerje (e fajit); **the Atonement** mundimet e Jezuit.
atop[ë'top] *adv,prep* në majë(të).
atrocious[ë'troushës] *adj* 1.i egër, mizor. 2.*gj.fol* shumë i keq; i ndyrë; **atrocious weather** mot shumë i keq.
atrociously[ë'troushësli] *adv* tmerrësisht.
atrocity[ë'trosëti] *n* mizori, ligësi.
atrophy['ætrëfi] *n,v mjek* -*n* atrofi.
-*v* 1.atrofizoj. 2.atrofizohet.
attach[ë'tæç] *v* 1.i vë, i ngjis; i shtoj, i bashkëngjis; **attach labels to the luggage** u vë etiketa bagazheve; **a house with a garage attached** shtëpi bashkë me garazh; **attached please find** bashkëngjitur do të gjeni. 2.(oneself to) bashkohem me, futem. 3.lidhem; **deeply attached to her daughter** e lidhur fort me të bijën. 4.i jap; **attach importance to sth** i jap rëndësi diçkaje. 5.i bie, i takon; **no blame attaches to him** atij nuk i bie asnjë faj. 6. *drejt* mbaj(një shumë parash), marr ligjërisht.
attaché [ë'tæshei] *dipl* atashe; **press/military attaché** atashe shtypi/ushtarak.
attaché case *n* valixhe e vogël lëkure.
attached[ë'tæçd] *adj* 1.i lidhur(me dikë). 2.i atashuar, i caktuar.
attachment[ë'tæçmënt] *n* 1.kapje, fiksim; lidhje. 2.pjesë shtojcë(e një pajisjeje). 3.dashuri; simpati. 4. *drejt* a)ndalim, arrestim(personi); b)ndalesë(nga rroga etj). 5.stazh(pune).
attack[ë'tæk] *n,v* -*n* 1.sulm, mësymje; **an attack upon** një sulm mbi. 2. *fig* sulm, kritikë e ashpër. 3.krizë; **an attack of fever** ethe të forta.
-*vt* 1.sulmoj, mësyj. 2.sulmoj, kritikoj. 3.prek, kap, u bie; **a disease that attacks children** sëmundje që zë fëmijët.
attackable[ë'tækëbël] *adj* i sulmueshëm.
attacker[ë'tækë:] *n* sulmues; agresor.
attain[ë'tein] *v* 1.arrij; përmbush, realizoj. 2. kap, arrij, shkoj në; **attain to perfection** arrij përsosurinë; **attain to man's estate** hyj në moshën e burrërisë.
attainable[ë'teinëbël] *adj* i arritshëm, i kapshëm.
attainment[ë'teinmënt] *n* 1.*zak pl* arritje, suksese, rezultate. 2.fitim(njohurish); arritje(e lumturisë); përmbushje, plotësim(i shpresave).
attempt[ë'tempt] *n,v* -*n* 1.orvajtje, përpjekje; provë; **fail at the first attempt** dështoj në provën e parë. 2. sulm, atentat(ndaj jetës së dikujt).
-*vt* 1.orvatem, përpiqem. 2. sulmoj(dikë), i bëj atentat(dikujt).
attend [ë'tend] *v* 1. (**to**) kujdesem (për), merrem

(me); **are you attended to?**(në dyqan) a po merret njeri me ju? 2.i shërbej, trajtoj; **which doctor is attending you?** cili mjek të trajton? 3.jam i pranishëm në, ndjek; **attend school/church/a meeting** shkoj në shkollë/në kishë/marr pjesë në një mbledhje. 4.shoqëroj; ndesh; **our plans were attended with great difficulty** planet tona ndeshën në vështirësi të mëdha; **a method that is attended by some risk** një metodë që shoqërohet me njëfarë rreziku.
+**attend to** a)i kushtoj vëmendje; b)merrem me (punën, klientët).
+**attend on/upon** jam në shërbim të(dikujt).
  attendance⌊ë'tendëns⌋ *n* 1.shoqërim; përkujdesje. 2. pjesëmarrje; prani; **regular attendance** ndjekje e rregullt/me zell; **is my attendance necessary?** është e domosdoshme prania ime? 3.mbikëqyrje.4. numër të pranishmish; **a large attendance** një numër i madh pjesëmarrësish.
  attendance centre *n Br drejt* burg për uik-ende.
  attendance officer *n* inspektor qëndjek frekuentimin(në shkollë).
  attendance order *n Br* urdhër për frekuentim të shkollës(që u dorëzohet prindërve).
  attendance record/register *n* regjistër i mungesave.
  attendance sheet *n* listë e apelit.
  attendant⌊ë'tendënt⌋ *n* 1.shërbëtor. 2. shoqërues. 3.*amer*(edhe **medical** ~) a)mjek i familjes; b)infermier.
  attendee⌊ëten'di:⌋ *n* i pranishëm.
  attention⌊ë'tenshën⌋ *n* 1.vëmendje; **attract/draw one's attention** tërheq vëmendjen e dikujt; **pay attention(to)** i kushtoj vëmendje. 2.kujdes, përkujdesje; vëmendje; **a pretty girl receives a lot of attention** një vajze të bukur i kushtohet shumë vëmendje. 3.**Attention!** gatitu! **come to/stand at attention** marr qëndrim gatitu.
  attentive ⌊ë'tentiv⌋ *adj* i kujdesshëm, i vëmendshëm.
  attentively⌊ë'tentivli⌋ *adv* me vëmendje.
  attentiveness⌊ë'tentivnis⌋ *n* vëmendje; kujdes.
  attenuate ⌊ë'teniueit⌋ *v,adj -vt* 1.zbus; dobësoj; lehtësoj; pakësoj. 2.zbutet; dobësohet; lehtësohet; pakësohet. 3.holloj(perin). 4.rralloj(gazin).
-*adj* i zbutur; i pakësuar.
  attenuation⌊ëtenju'eishën⌋ *n* 1.hollim.2.zbutje; lehtësim; pakësim. 3.rrallim(i ajrit etj).
  attest⌊ë'test⌋ *v* 1.provoj; vërtetoj; **attest a signature** vërtetoj një firmë; **attested milk** qumësht i kontroluar(për cilësinë). 2.deklaroj; pohoj me be; **I'm ready to attest everything** jam gati të deklaroj gjithçka me përgjegjësi. 3.(**to**) dëshmoj për; **feats which attest to his strength of will** tipare që dëshmojnë për forcën e tij të vullnetit; **attest to sth**

garantoj për diçka.
  attestation⌊ætes'teishën⌋ *n* 1.dëshmi. 2.vërtetim; legalizim.3.*drejt* betim.
  attic⌊'ætik⌋ *adj* nënçati.
  attire⌊ë'taië:⌋ *n,v -n* petk, veshje; *hum* stoli.
-*vt poet* vesh, stolis; **attired in satin** veshur me atlas.
  attitude⌊'ætitju:d⌋ *n* 1.qëndrim, pozicion, pozë; **in a threatening attitude** me një qëndrim kërcënues; **strike an attitude** marr një pozë. 2.mendim, qëndrim; **what is your attitude towards this question?** cili është mendimi juaj për këtë çështje?
  attorney⌊ë'të:ni⌋ *n* përfaqësues ligjor; **district attorney** (*amer*) prokuror.
  Attorney General *n* 1.*Br* Prokuror i Përgjithshëm. 2.*amer* Ministër i Drejtësisë.
  attract⌊ë'trækt⌋ *vt* 1.tërheq; **bodies attract eachother** trupat tërheqin njëri-tjetrin. 2.tërheq, josh; **attract the attention** tërheq vëmendjen.
  attraction⌊ë'trækshën⌋ *n* 1.tërheqje, rëndesë, forcë tërheqëse; **the attraction of the Moon for the Earth** tërheqja e Hënës ndaj Tokës. 2. tërheqje, joshje; gjëra joshëse; **the attractions of a big city** gjërat tërheqëse të qyteteve të mëdha.
  attractive ⌊ë'træktiv⌋ *adj* 1. tërheqës. 2. tërheqës, joshës.
  attractively⌊ë'træktivli⌋ *adv* në mënyrë tërheqëse /joshëse; me elegancë(vishem).
  attribute⌊'ætribju:t⌋ *n,v -n* 1. veti, tipar; atribut. 2. *gram* mbiemër, shenjë.
-*vt* (**to**) i vesh, i ngarkoj; i atribuoj; ia kushtoj.
  attribution⌊ætri'bju:shën⌋ *n* kushtim, atribuim.
  attributive⌊ë'tribjutiv⌋ *adj,n -adj gram* cilësues, cilësor.
-*n* kallëzues emëror.
  attune ⌊ë'tju:n⌋ *vt* 1. pajtoj, harmonizoj. 2.mësoj (me diçka).
  aubergine⌊'oubë:zhi:n⌋ *n* patëllxhan.
  auburn ⌊'o:bën⌋ *adj* ngjyrë gështenjë, i kuqërremtë.
  auction⌊'o:kshën⌋ *n,v -n* ankand; **put up to /for auction** nxjerr në ankand; **auction sale** shitje në ankand.
-*vt* shes në ankand.
  auctioneer⌊'okshënië:⌋ *n* drejtues ankandi.
  audacious⌊o:'deishës⌋ *adj* 1.guximtar. 2.kokëkrisur. 3.i paturp, i pacipë.
  audacity⌊o:'dæsëti⌋ *n* 1.guxim. 2.kokëkrisje. 3.paturpësi, pafytyrësi.
  audibility⌊o:dë'bilëti⌋ *n* dëgjueshmëri.
  audible⌊'o:dëbël⌋ *adj* i dëgjueshëm, që mund të dëgjohet.
  audibly⌊'o:dëbli⌋ *adv* dëgjueshëm; me zë të lartë.
  audience ⌊'o:diëns⌋ *n* 1. dëgjues, auditor, sallë, spektatorë; **a large audience** dëgjues/shikues të

shumtë. 2.audiencë, pritje e dhënë nga një autoritet i lartë; **audience given/granted by** audiencë e dhënë nga, pritje e bërë nga.

audience rating *n rad,tv* tregues i dëgjimit/i ndjekjes (së një stacioni).

audio['o:diou] *adj,n -adj* akustik; i zërit; **audio recording** regjistrim i zërit.

-n riprodhim zëri; zë; **audio's on the blink** nuk ka zë.

audio-visual[o:diou'vizjuël] *adj* audiovizual.

audit['o:dit] *n,v -n* revizion financiar, kontroll financiar.

-vt 1.kontrolloj llogaritë, revizionoj. 2.dëgjoj; **audit a lecture course** ndjek një kurs leksionesh si dëgjues(i jashtëm).

auditing['o:diting] *n fin* kontroll, revizion.

audition [o:'dishën] *n,v -n* 1. dëgjim prove (i këngëtarit), provë zëri. 2.*teat,kin,tv* provë. 3.dëgjim; dëgjueshmëri, aftësi dëgjimi.

-vi 1.*teat* bëj provë. 2.*kin,tv* provoj.

auditor['o:ditë] *n* 1.dëgjues. 2. provues zëri.3.*fin, treg* financier, revizor. 4.*amer* student i jashtëm, dëgjues.

auditorium[o:di'toriëm] *n* auditor, sallë, ndërtesë(për konferenca, shfaqje etj).

auditory['o:ditëri] *adj* dëgjimor, i dëgjimit(nerv).

auger ['o:gë:] *n* 1. turjelë zdrukthëtari.2.*tek* trapan.

aught[o:t] *n* diç, diçka; **for aught I know** me sa di unë; **for aught I care** për sa më takon mua.

augment[o:g'ment] *v* 1.shtoj, rrit, zmadhoj; **augment one's income by writing** shtoj të ardhurat duke bërë shkrime.2.shtohet, rritet, zmadhohet.

augmentation[o:gmen'teishën] *n* shtim, rritje; shtesë.

augmentative[o:g'mentëtiv] *adj* rritës, shtues.

augur['o:gë] *n,v -n* fatthënës, falltar.

-v 1.profetizoj, shtie fall. 2. ndjell; parathem; **does this news augur war?** a paralajmërojnë luftë këto lajme? **augur ill/well** ndjell keq/mirë.

augury ['o:giuri] *n* 1. ugur. 2. profeci; **take the auguries** bëj profeci.

August['o:gëst] *n* gusht(shih edhe **July**).

august[o:'gʌst] *adj* madhështor; imponues, hijerëndë.

auk[o:k] *n* pinguin.

aunt[a:nt] *n* 1.emtë; teze; hallë. 2.*fig* kokë turku.

auntie, aunty[a:nti] *n gj.fol* teto.

aura['o:rë] *n fig* atmosferë; frymë; aureolë.

aural ['o:rël] *adj* veshi, i veshit; për veshë; **an aural surgeon** kirurg për veshë.

aureate['o:riit] *adj* i praruar, i artë.

aureola ['o:rioul] *n* 1. aureolë, brerore. 2.aureolë, shkëlqim(i madhështisë, i lavdisë).

aureole['o:rioul] shih **aureola**.

auricular[o:'rikjulë:] *adj* veshi, i veshit; i të dëgjuarit.

auriferous[o:'rifërës] *adj* me ar, armbajtës(mineral).

aurist['o:rist] *n* otorinolog.

aurochs['o:roks] *n* ka i egër; bizon.

aurora [o:'ro:rë] *n* aurorë, ag i mëngjesit; agim; **aurora borealis** agim verior, agim polar.

auscultate ['o:skëlteit] *vt* dëgjoj (me stetoskop), vizitoj me vesh, me dëgjim.

ascultation [o:skël'teishën] *n* dëgjim (me stetoskop, me vesh).

auspices['o:spisiz] *n* 1.shenjë; profeci. 2.*pl* rrethana të favorshme; **under the auspices of** nën kujdesin e; **under favorable auspices** ogurmirë, nën shenjë të mirë.

auspicious[o:s'pishës] *adj* i mbarë, i favorshëm; premtues.

austere[ës'tië:] *adj* 1.i ashpër, i rreptë. 2.i thjeshtë; pa rehati.

austerity[os'terëti] *n* ashpërsi, rreptësi, jetë asketike; shtrëngesë; **days of austerity** kohë shtrëngesash.

Australia[os'treiljë] *n gjeog* Australi.

Australian[os'treiljën] *n,adj* australian.

Austria['ostrië] *n gjeog* Austri.

Austrian['ostriën] *n,adj* austriak.

autarchic(al)['ota:kikël] *adj* autarkik, absolut, despotik.

autarky['o:ta:ki] *n* autarki, despotizëm.

authentic[o:'thentik] *adj* 1.i mirëfilltë; i vërtetë; **an authentic signature** firma e vërtetë. 2. i sigurt, i besueshëm.

authenticate[o:'thentikeit] *vt* vërtetoj(firmën); legalizoj(një dokument).

authenticity[o:then'tisëti] *n* autenticitet, vërtetësi.

author['o:dhë:] *n* 1.autor. 2. krijues. 3.vepra(të një autori); **do read this author** lexoje këtë autor(veprat e tij).

authoress['o:dhëris] *n* autore.

authoritarian[o:'thoriteërien] *adj* autoritar.

authoritative[o:'thoritëtiv] *adj* 1.autoritar; me autoritet. 2. i mirinformuar, i besueshëm; **from an authoritative source** nga një burim i besueshëm.

authority[o'thorëti] *n* 1.autoritet; **be in authority** komandoj, jap urdhëra; **have/exercise authority over** kam /ushtroj autoritet mbi. 2.e drejtë, kompetencë. 3. *pl* autoritetet, personat drejtues. 4.person kompetent; burim i besueshëm; **a good dictionary is an authority on the meanings of words** një fjalor i mirë është burim i besueshëm për kuptimet e fjalëve.

authorization[o:thërai'zeishën] *n* autorizim; mandat.

authorize['o:thëraiz] *vt* autorizoj; ngarkoj zyrta-

risht, i jap të drejtën (për).
authorized['o:thëraizd] *adj* i autorizuar.
authorless['o:thëlis] *adj* anonim.
authorship['o:thëship] *n* autorësi. 2.të shkruarit, puna e shkrimtarit.
autism['otizëm, 'otisëm] *n* sëmundje mendore(vështirësi në të mësuar etj te fëmijët).
auto['o:tou] *n* automobil(shkurtim); **auto worker** punëtor në industrinë e automobilave.
auto-['o:tou] *pref* auto-.
autobiographic[o:toubaie'græfik] *adj* autobiografik.
autobiography[o:toubai'ogrëfi] *n* autobiografi.
autoclave['o:toukleiv] *n* autoklavë.
autocracy[o':tokrësi] *n* autokraci; despotizëm.
autocrat['o:tëkræt] *n* autokrat, sundimtar absolut, despot.
autocratic(al)[o:të'krætik] *adj* i pakufizuar, absolut; autokratik.
autocross[o:të'kros] *n* autokros
autogiro, -gyro['otëw'xhaiërëw] *n* autoxhir, helikopter i hershëm.
autograph['o:tëgra:f] *n,v* -*n* autograf, nënshkrim i autorit.
-*vt* nënshkruaj(si autor).
autographic[o:të'græfik] *adj* (i shkruar) me dorën e vet.
automat[o:të'mæt] *n* lokal me shërbim/vetëshërbim automatik (me monedhë).
automate['otëmeit] *vt* automatizoj, fus automatizimin(në industri, tregti).
automatic[o:të'mætik] *adj,n* -*adj* 1.automatik. 2. i vetvetishëm.
-*n* automatik; pushkë automatike.
automatically[o:të'mætikëli] *adv* automatikisht, vetvetiu.
automation[o:të'meishën] *n* automatizim.
automatism[o:'tomëtizm] *n* automatizim.
automaton[o:'tomëtën] *n* 1.1.automat; robot. 2. *fig* automat, njeri-robot.
automobile['o:tëmëbi:l] *n* automobil.
automobilist[o:tëmë'bi:list] *n* shofer, person që nget një makinë.
automotive[o:të'moutiv] *adj* 1.vetëlëvizës. 2.i automjeteve, automobilistik..
autonomous[o:'tonëmës] *adj* autonom, vetëqeverisës(shtet).
autonomy[o:'tonëmi] *n* vetëqeverisje, autonomi.
autopsy['o:tëpsi] *n mjek* autopsi.
autoroute['o:touru:t] *n* autostradë.
autumn['o:tëm] *n* vjeshtë.
autumnal[o:'tʌmnël] *adj* vjeshtak, vjeshtor.
auxiliary[o:g'ziljëri] *adj,n* -*adj* ndihmës, ndihmëtar.
-*n* 1.*gram* folje ndihmëse. 2.*pl* trupa të thirrur për

ndihmë.
avail[ë'veil] *v,n* -*v* 1.ndihmon, shërben, bën punë; **money doesn't avail on a desert island** paratë nuk bëjnë punë në një ishull të shkretë. 2.~ **oneself of** kap, shfrytëzoj, përfitoj nga; **avail oneself of every opportunity** shfrytëzoj çdo rast që më paraqitet.
-*n* vlerë, dobi; **of no avail** pa dobi; **to little avail, to no avail** pa shumë dobi, më kot.
availability[ëveilë'bilëti] *n* 1.disponueshmëri; mundësi sigurimi. 2.*amer* vlefshmëri.
available[ë'veilëbël] *adj* 1.në dispozicion; i disponueshëm, i përdorshëm; **the available water supply** sasia e ujit në dispozicion. 2.i kapshëm, i arritshëm; i mundshëm; **all available tickets were sold** të gjitha biletat e mundshme ishin shitur. 3. i gatshëm, i lirë; **he was available for the job now** tani ai ishte i gatshëm për(të filluar) punë; **is the apartment still available?** është ende i lirë apartamenti(që jepet me qira)?
avalanche['ævëla:nsh] *n* 1.ortek. 2.*fig* lumë(fjalësh).
avant-garde['ævan'ga:d] *n* 1.pararojë (e ushtrisë). 2. *fig* avangardë, kryesues (të një rryme të re në art, letërsi etj); **avant-garde writers** shkrimtarë të avangardës, shkrimtarë modernistë.
avarice['ævëris] *n* kopraci.
avaricious[ævë'rishës] *adj* dorështërnguar, koprac.
avariciously[ævë'rishësli] *adv* me kopraci.
avenge[ë'venxh] *vt* marr hakun, shpagoj, hakmerrem; **avenge an insult** marr hak për një fyerje.
avengful[ë'venxhful] *adj* hakmarrës.
avenger[ë'venxhë:] *n* hakmarrës, shpagimtar.
avenue['ævëniu:] *n* 1.rrugë me pemë anash; *amer* rrugë e gjerë; shetitore; bulevard. 2.*fig* rrugë, mjet (për të arritur diçka).
average['ævërixh] *n,adj,v* -*n* 1.mesatare (aritmetike). 2.nivel mesatar, mesatare; **on an/the average** mesatarisht; **below/above the average** nën mesataren, mbi mesataren.
-*adj* mesatar; i mesmë; **average age** moshë mesatare; **of average ability** me aftësi mesatare.
-*vt* 1.nxjerr/gjej mesataren. 2.arrij si mesatare; **the rainfall averages 900 mm a year** reshjet arrijnë 900 mm në vit.
averse[ë'vë:s] *adj* kundërshtues, jo i prirur për; **he is averse to hard work** ai është kundër punës së rëndë.
aversely[ë'vë:sli] *adv* pa qejf, kundër dëshirës.
aversion[ë'vë:shën] *n* mospëlqim, mosdashje, neveri; **have a strong aversion to getting up early** e urrej ngritjen herët në mëngjes; **they took an aversion to me** ata më morën shumë zët.
avert[ë'vë:t] *vt* 1.(**from**) heq, largoj, mënjanoj; **he**

averted his face ktheu fytyrën mënjanë. 2.evitoj, shmang; **avert an accident** shmang një aksident.

aviary['eivjëri] *n* kafaz zogjsh(në park zoologjik).

aviation[eivi'eishën] *n* aviacion; **aviation spirit** alkool avionësh.

aviator['eivieitë:] *n* aviator.

avid['ævid] *adj* lakmues, i dëshiruar, i etur; **avid for fame** i dëshiruar(i etur) për famë.

avidly['ævidli] *adv* me lakmi, me etje.

avidity[ë'vidëti] *n* lakmi, etje.

avocado[ævë'ka:dou] *n* avokado, frut tropikal si dardhë.

avocation[ævë'keishën] *n* 1.hobi, punë në kohën e lirë. 2.punë, profesion.

avoid[ë'void] *vt* 1.shmang, largoj; i shmangem; **avoid meeting her** i shmangem takimit me të. 2.*drejt* anuloj, zhvlerësoj, shfuqizoj.

avoidable[ë'voidëbël] *adj* 1.i shmangshëm, i mënjanueshëm. 2.*drejt* i anulueshëm.

avoidance[ë'voidëns] *n* 1.shmangie; **tax avoidance** shmangie nga taksat. 2.*drejt* anulim.3. mbetje bosh(e një posti).

avoirdupois[ævë:dë'poiz] *n* 1.sistem anglez i peshave (**1 pound**=një paund, një funt= 453 g). 2.*fig* peshë(e njeriut).

avouch[ë'vauç] *v* 1.vërtetoj; e shpall të vërtetë; garantoj; siguroj. 2.pohoj; pranoj.

avow[ë'vau] *vt* them haptazi; pranoj, pohoj; **he avowed himself a Christian** ai e shpalli veten të krishterë; **avow a fault** pranoj një faj.

avowal[ë'vauël] *n* pranim,pohim.

avowed[ë'vaud] *adj* i pranuar(botërisht).

avowedly[ë'vauëdli] *adv* haptas, botërisht.

await[ë'weit] *vt* 1.pres. 2.jam gati për; pres, përgatitem; **a hearty welcome awaits you** të pret një mirëseardhje e përzemërt.

awake[ë'weik] *v,adj* -*v* (**awoke; awaked**) 1.zgjoj. 2. zgjohem. 3.*fig* zgjoj, ngjall; **the song awoke old memories** kënga zgjoi kujtime të vjetra.
-*adj* 1.zgjuar. 2.syçelur, syhapët; **awake to a danger** syçelët ndaj rrezikut.

awaken[ë'weikën] *pp* e **awake**.

awakening[ë'weikning] *n* 1.zgjim.2. hapje e syve, humbje e iluzioneve.

award[ë'wo:d] *v,n* -*vt* 1.jap, dhuroj(diçka).2. shpërblej (me diçka); caktoj; **the court awarded damages of $ 500** gjyqi caktoi një zhdëmtim prej 500 dollarësh.
-*n* 1.vendim gjyqi. 2. dhënie (çmimi). 3.bursë studenti.

aware[ë'weë:] *adj* 1.i vetëdijshëm; **be aware of /that** di, jam në dijeni(të, se). 2.i informuar.

awash[ë'wosh] *adv,adj* 1.i lagur, paksa i mbuluar nga uji. 2.mbi ujë, pluskues; mbi valë, që e merr dallga.

away[ë'wëi] *adv* 1.tutje, larg; **away back in 1800** kohë përpara, në vitin 1800; far away tutje, larg; **far and away, out and away** shumë, pa krahasim; **away back** qëkur, kohë më parë; **away with you!** hiqmu! **keep sb away** s'e lë dikë të afrohet; **look away** kthej kokën; **turn away** kthehem; **take away** heq, largoj; 2.(heq) duarsh; **he gave his boat away** ai hoqi dorë nga varka. 3.(pas disa foljeve) shuhet, mbaron; **the sound died away** zëri u shua. 4.pa u ndalur, **she worked away at her job** ajo s'i ndahej punës. 5.pa pritur, menjëherë, në vend, aty për aty; **right away** menjëherë, në vend. + **do away with** a)i jap fund; heq qafe; b)vras.

awe[o:] *n,v* -*n* frikë; frikë e përzier me nderim.
-*vt* fus frikë, ngjall frikë përzier me nderim.

awe-inspiring[o:in'spairing] *adj* tmerrues, frikësues, llahtarisës.

awesome ['o:sëm] *adj* 1.tmerrues, i tmerrshëm. 2.që bën shumë përshtypje, mbresëlënës.

awe-struck['o:strʌk] *adj* i pushtuar nga frika, i shtangur.

awful['o:ful] *adj* 1.i tmerrshëm. 2.jashtëzakonisht i madh. 3.shumë i keq. 4.*gj.fol adv* shumë; jashtëzakonisht, së tepërmi, tmerrësisht.

awfully['o:fëli] *adv* 1.në mënyrë të frikshme/të tmerrshme. 2.*gj.fol* shumë, tmerrësisht.

awhile[ë'wail] *adv* për pak kohë, një copë herë; **stay awhile** rri pak.

awkward['o:kwëd] *adj* 1.i ngathët. 2.i pavolitshëm. 3.kaba. 4.i vështirë; **an awkward customer** një klient i vështirë, i bezdisur. 5.i rëndë, i pakëndshëm; **an awkward silence** një heshtje e rëndë.

awkwardness['o:kwëdnis] *n* 1.ngathtësi.2. bezdi.

awl[o:l] *n* bizë, fëndyell.

awn[o:n] *n* thekë, mustaqe(misri etj).

awning['o:nin] *n* tendë; strehë.

awoke[ë'wouk] *pt* e **awake**.

awry[ë'rai] *adv,adj* -*adv* 1.shtrembër. 2.keq, gabim; mbrapsht; **our plans gone awry** planet na shkuan mbrapsht.
- *adj* 1.i shtrembër. 2.i gabuar.

ax(e)[æks] *n,v* -*n* 1.sëpatë. 2. shkurtim fondesh. + **get the axe** pushohem nga puna, më bie gërshëra; **have an axe to grind** kam qëllimin tim; **when the axe fell** kur ra sëpata.
-*vt* 1.pres me sëpatë. 2. shkurtoj(fondet).

axial['æksiël] *adj* boshtor.

axiom['æksiëm] *n* aksiomë.

axiomatic(al) ['æksië'mætik(ël)] *adj* aksiomatik, evident, i pakundërshtueshëm.

axis ['æksis] *n pl* **axes** 1.bosht(rrotullimi, simetrie). 2.vijë qendrore, aks. 3.pjesë qendrore, kryesore; strumbullar. 4.**the Axis** Boshti, fuqitë e Boshtit(në Luftën II Botërore).

-interj 1.po, siurdhëron; **aye, aye, sir** si urdhëron, zotëri. 2.këtu!(në apel).
Azerbaijan[æzë:bai'xha:n] *n* Azerbaixhan.
Azerbaijani[æzë:bai'xha:ni] *adj* azerbaixhanas.
azimuth['æzimëth] *n astr,mat* azimut.
Aztec['æztek] *n, adj -n* 1.aztek,banor i lashtë i Meksikës. 2.gjuha azteke.
-adj aztek.
azure['æzë] *adj,n -adj* i kaltër.
-n 1.kaltërsi. 2.*poet* qiell i pastër.

axle['æksël] *n tek* bosht.
axle cap *n tek* kapuç bucele.
axlepin['ækslpin] *n tek* kunj; kopile.
axletree ['æksltri:] *n* 1.bosht që lidh dy rrota të kundërta. 2.tra.
aye I, ay[ei] *adv* gjithmonë; **for ever and aye** përgjithmonë.
aye II, ay [ai] *n ,interj -n* 1.përgjigje pozitive. 2.votë pro; **the ayes were in the majority** shumica e votave ishin pro.

B

b, B[bi:] *n* 1.b, shkronja e dytë e alfabetit anglez. 2. *muz* si. 3."mirë"(notë në shkollë). + **B-girl** *amer gj.fol* ftuese, femër joshëse(në bare, taverna).
B.A.[bi:'ei] *n* (shkurtim për **Bachelor of Arts**) I diplomuar në shkencat shoqërore.
baa[ba:] *n,v -n* blegërimë; **baa-lamb** qingj i vogël.
-vi blegërin.
babble['bæbël] *v* 1.belbëzoj; murmuris. 2.dërdëllis, llap; **babble(out) a secret** nxjerr një të fshehtë. 3.gurgullon(rrëkeja). 4.gugon, guguron(foshnja).
-n 1. murmurimë. 2.gugatje. 3.gurgullimë.
+**babble away/on** dërdëllis pa pushim.
babbler['bæblë:] *n* llafazan, fjalaman.
babbling['bæbling] *adj,n -adj* 1.që gugat(foshnjë). 2.gurgullues(përrua).
babe[beib] *n* 1.foshnjë. 2.axhami, i papërvojë. 3.*amer gj.fol* vajzë, vogëlushe, bukuroshe; e dashur.
babel['beibël] *n* 1.Babel, qytet antik biblik. 2.*fig* rrëmujë; zhurmë, poterë; **what a babel!** hajde rrëmujë, hajde!
baby['beibi] *n,v -n* 1.foshnjë. 2.*amer gj.fol* a)e dashur, b)mik. 3.*zhrg* gjë, send; **this baby here is my car** kjo këtu është vetura ime.4.*gj.fol* vepër, shpikje, krijesë.
-vt përkëdhel, llastoj.
baby boom *n* lindje të shumta.
baby brother *n* vëllai i vogël.
baby carriage *n amer* karrocë fëmijësh.
baby face *n* fytyrë buçko.
babyhood['beibihud] *n* 1.foshnjëri.
babyish['beibii] *adj* foshnjarak, prej foshnje;a **babyish behavior** sjellje prej fëmije.
Babylon['bæbilën] *n gjeog,hist* Babiloni.

baby-minder['beibimaindë:] *n shih* **baby-sitter**.
baby-sit['beibisit] *v* ruaj/kujdesem për fëmijët.
baby-sitter['beibisitë:] *n* dado, kujdestare fëmijësh.
baby tooth *n* dhëmb qumështi.
baccalaureate[bækë'lo:riit] *n amer* diplomë.
bacchanal['bækënæl] *n* 1.qejfli ahengjesh. 2.orgji, aheng.
bachelor['bæçëlë:] *n,adj -n* 1.beqar, i pamartuar. 2.**Bachelor I** diplomuar; **Bachelor of Engineering** I diplomuar në inxhinieri, inxhinier.
-adj beqar; prej beqari.
bachelorhood['bæçëlë:hud] *n* beqari.
bacillus[bë'silës] *n pl* **bacilli** *biol* bacil.
back[bæk] *n, adj, adv,v -n* 1.shpinë, kurriz; **on one's back** në shpinë; **at the back of sb, at sb's back** në mbështetje të dikujt; **do/say sth behind sb's back** them diçka pas shpine; **get off sb's back** i hiqem qafe dikujt; **glad to see the back of sb** i kënaqur që më hiqet sysh dikush; **with one's back to the wall** me shpatulla pas murit; **be on one's back** jam i sëmurë, kam zënë shtratin; **put one's back into sth** i futem një pune me gjithë shpirt; **turn one's back on sb** i kthej shpinën/krahët dikujt. 2.shpinë, mbështetëse (e karriges etj). 3.anë e pasme(e dorës); pjesë e pasme(e shtëpisë). 4.shpinë (e librit). 5.fund; **at the very back** në fund fare(të oborrit); **at the back of beyond** në fund të botës. 6.*sport* mbrojtës; **halfback** gjysmëmbrojtës.
-adj 1.i prapëm, i pasëm; **the back yard** oborr i prapmë; **the back side** ana e pasme. 2.i prapambetur; i papaguar; **back debts** borxhe të prapambetur. 3.i kaluar; **the back numbers of a newspaper** numrat e kaluar të një gazete.

-*adv* 1.prapa; pas; **back and forth** poshtë e lart. 2.përsëri; në vendin e mëparshëm; **be back** kthehem; **call him back** thirre prapë. 3.më parë; **some years back** disa vjet më parë. 4.mbrapsht; **answer back** kthej fjalë. +**go back (up) on/from** one's word e ha fjalën, nuk e mbaj fjalën; **have/get** one's own back **(on sb)** i marr hakun(dikujt). -*v* 1.sprapsem, shkoj mbrapsht; **back the car into** the garage fus makinën mbrapsht në garazh.2.mbështes, përkrah; ndihmoj; **back a loser** a)*fig* mbroj një çështje të humbur; b)*treg* i vë paratë me humbje. 3.vë bast për(një kalë). 4.nënshkruaj; **back a** bill/note nënshkruaj një dëftesë, e vërtetoj me firmë. 5.forcoj, përforcoj(një mur); i ngjis/i forcoj kapakun(librit). 6.*fin* financoj; garantoj. 7.kthen në drejtim të kundërt(era). 8.vesh, mvesh; **backed with** sheet iron i veshur me llamarinë. + **back and fill** a)ecën para-mbrapa (makina për të dalë nga balta); b)*gj.fol* ngurroj; ndryshoj mendje; **back water** a)i jap mbrapsht(varkës); b)ndërroj drejtim; ndërroj mendim; tërhiqem.
+**back away** zmbrapsem; tërhiqem.
+**back down** a)zbres mbrapsht(nga krevati); b) *fig* shfryhem.
+**back down from** heq dorë nga (një kërkesë).
+**back into** *gj.fol* bie në, shtie në dorë rastësisht.
+**back off** nuk ngul këmbë; tërhiqem.
+**back out** a)dal mbrapsht; b)*fig* **(of)** tërhiqem.
+**back up** a)ecën mbrapsht(makina); b)prapset, tërhiqet(ujët); c)mbështes, përkrah; d)i jap mbrapsht (makinës); e)*kmp* krijoj një kopje rezervë.
  backup['bækʌp] *n,adj* -*n* 1.mbështetje; përkrahje. 2.rezervë. 3.personel zëvendësues. 4.*kmp* ruajtje e një kopjeje rezervë.
  -*adj* 1.shtojcë; rezervë. 2.zëvendësues. 3.*kmp* rezervë; për rast nevoje; **backup store** kujtesë shtojcë; **backup file** kopje rezervë(e dokumentit).
  backache['bækeik] *n* dhimbje shpine.
  back bench *n Br pol* bankë e deputetëve të thjeshtë(pa poste ministrash).
  backbencher['bækbençë] *n pol* deputet i thjeshtë.
  backbite['bækbait] *v* përgojoj, përflas, marr nëpër gojë.
  backbone['bækboun] *n* 1.shtyllë kurrizore. 2.*fig* forcë karakteri, kockë, këllqe; **he hasn't enough backbone** s'ka këllqe , ka karakter të dobët. 3.*fig* shtyllë, strumbullar; palcë; thelb; **she is the backbone of the organization** ajo është shtylla e organizatës; **he is Albanian to the backbone** ai është shqiptar në palcë/fund e krye.
  backbreaking['bækbreiking] *adj* i mundimshëm, rraskapitës, që të këput kërbishtet.
  back burner *n* pritje; pezullim; **put sth on the** back burner pezulloj/lë pezull diçka.
  backchat['bækçæt] *n* paturpësi, pafytyrësi.
  backdate['bækdeit] *vt* paradatoj, i vë një datë të

mëparshme(çekut); bëj të efektshëm për një datë më të hershme(shtesën e pagës etj).
  backer['bækë:] *n* 1.përkrahës, partizan. 2.bastvënës. 3.*fin* garantues, garant. 4.sponsor.
  backfire['bækfajë:] *n,v* -*n* 1.*aut* plasje, krisma në marmitë, uturimë. 2.zjarr frenues(i zjarrit në pyll). -*vi* 1.*aut* uturin, rrapëllin, lëshon krisma(motori). 2.dështon(plani). 3.ndez zjarr frenues(në pyll).
  backgammon['bækgæmën] *n* tavllë; **backgammon board** fushë tavlle.
  background['bækgraund] *n* 1.sfond; **background music** muzikë sfondi. 2.errësirë; hije; **be/keep/stay in the background** qëndroj/mbaj në hije. 3.prapaskenë(e ngjarjes). 4.mjedis shoqëror(i njeriut); **he comes from a wealthy background** ai vjen/është nga familje e pasur. 5.formim kulturor. 6.dokumentacion.
  backhand['bækhænd] *adj* 1.me të mbrapshmen (e raketës). 2.i pjerrur majtas(shkrim).
  backhanded['bækhændid] *adj* 1.i pabesë(veprim). 2.i dyshimtë; me dy kuptime(kompliment).
  backhander['bækhændë:] *n Br* 1.gjuajtje me të mbrapshmen. 2.qortim, sharje; dajak. 3.ryshfet.
  backing['bæking] *n* 1.përkrahje; ndihmë financiare. 2.përkrahës, ndihmues, mbështetës. 3.shpinë, mbështetëse.4.bast, vënie basti.
  backlash['bæklæsh] *n* 1.*tek* lëkundje. 2.kundërplasje. 3.*pol,fig* reagim i ashpër; masa shtypëse.
  backlog['bæklog] *n* 1.pagesë e prapambetur. 2. punë e prpambetur/e pabërë.
  backpack['bækpæk] *n* çantë shpine; çantë alpinisti.
  back pain *n mjek* dhimbje shpine/kurrizi.
  back pay *n* pagë e prapambetur.
  backpedal['bækpedël] *vi* 1.i jap mbrapsht(pedalit). 2.*fig* tërhiqem, zmbrapsem.
  backrest['bækrest] *n* mbështetëse, shpinore.
  backroad['bækroud] *n* rrugicë.
  backroom['bækru:m] *n fig* prapaskenë; **the back-room boys** ata të prapaskenës; ata që punojnë pa u dalë emri.
  backseat ['bæksi:t] *n* ndenjëse e pasme (në makinë).
  backset['bækset] *n* pengesë; ngecje.
  backshift['bækshift] *n* turn i dytë.
  backside ['bæksaid] *n* 1.pjesë e pasme. 2.bythë, prapanicë.
  backsight['bæksait] *n usht* shenjestër.
  backslider ['bækslaidë:] *n drejt* përsëritës, ish-i burgosur.
  backstage['bæksteixh] *adv* në prapaskenë.
  backstair(s)['bæksteë:(z)] *n,adj* -*n* shkallë shërbimi, shkallë rezervë; shkallë e fshehtë; **backstairs gossip** thashetheme shërbëtorësh.
  -*adj,adv* shërbëtorësh; korridoresh(llafe).
  backward['bækwë:d] *adj,adv* -*adj* prapavajtës.

2.i prapambetur. 3.i kundërt. 4.i druajtur.
-*adv* 1.prapa. 2.praptasi; së prapthi; mbrapsht.
3.për keq. 4.në të kaluarën.
backwardness['bækwë:dnis] *n* 1.prapambetje.2.
ngadalësi, ngathtësi.
bacon['beikën] *n* proshutë, pastërma derri. + **save
one's bacon** shpëtoj lëkurën; **bring home the
bacon** ia dal mbanë.
bacteriological[bæktiërië'loxhikël] *adj* bakterio-
logjik..
bacteriologist[bæktiëri'olëxhist] *n* bakteriolog.
bacteriology['bæktiëri'olëxhi] *n* bakteriologji.
bacterium[bæktiëriëm] *n pl* **bacteria** baktere.
bad[bæd] *adj,n,adv* -*adj* (**worse; worst**) 1. i keq,
i lig; i pamoralshëm; **it is bad to steal** është e pa-
moralshme të vjedhësh; **act in bad faith** veproj në
mënyrë të pandershme; **bad language** sharje; fjalë
të pahijshme; **a bad lot/egg/hat** njeri pa vlerë, hiç;
call sb bad names i drejtohem dikujt me fjalë fyese.
2.i pakëndshëm, i keq, i pahijshëm; **bad news
/weather/odor** lajme të pakëndshme/kohë e keqe/*fig*
ndjenjë(shije) e pakëndshme. 3.i rëndë, serioz; **a bad
accident** aksident i rëndë.4.pa vlerë, i dobët, i var-
fër; **bad English** anglishte e pasaktë; **bad trans-
lation** përkthim i dobët; **not bad, not so bad, not
half bad** mjaft i mirë; **(be) in a bad way** shumë i
sëmurë; shumë i pafat; në telash të madh; **go bad**
prishet(peshku etj); **go from bad to worse** bëhet sa
vjen e më keq;**with bad grace** pa dëshirë, me pahir;
bad shot hamendje e gabuar, gjetje e paqëlluar.
5.(**for**) i dëmshëm(për); **bad for the eyes** i dëm-
shëm për sytë. 6.i sëmurë; **a bad leg/finger**
këmbë/gisht i sëmurë.7.i keq(mot).
-*n* e keqe; **go to the bad** marr rrugë të keqe;
rrënohem; **to the bad** në humbje, me humbje; **be in
bad with sb** e kam keq me dikë.
-*adv* fort, keq, ligsht; **he's got it bad** a)e ka zënë
keq me atë punë, nuk heq dot dorë; b)ka rënë brenda
keq(me dikë).
baddie['bædi] *n zhrg* njeri i lig.
bade[bæd, beid] *past* **I bid.**
badge[bæxh] *n* 1.distinktiv; shenjë dalluese. 2.
simbol.
badger I['bæxhë:] *n zool* vjeduli, baldosë.
badger II[bæxhë:] *vt* mërzit, ngacmoj; lodh; **he
was badgered into doing what she wanted** ajo e
lodhi sa e detyroi të bënte ç'i kërkonte ajo; **badger
sb with questions** mërzis dikë me pyetje.
badly['bædli] *adv* 1.keq, keqas. 2.shumë, fort. 3.
badly off i varfër, trokë.
badminton['bædmintën] *n* (lojë) badminton.
badness['bædnis] *n* 1.gjendje e keqe. 2.cilësi e ke-
qe. 3.ligësi, keqdashje.
baffle['bæfël] *vt* 1.prish(planet). 2.pengoj. 3.hutoj;
the question baffled me pyetja më hutoi.
baffling['bæfling] *adj* hutues, çoroditës.

bag[bæg] *n,v* -*n* çantë, trastë; qese; thes; **bag
and baggage** me gjithë lecka; me laçkë e me plaçkë;
pack one's bags përgatis bagazhet; **the whole bag
of tricks** të gjitha ç'nevojiten; **be in the bag** e kemi
në xhep. +**bags of** plot; **bag and baggage** me
gjithësej; **bags under the eyes** me sytë me qeska.
-*v* 1. fus në thes, në qese. 2. vras, kap (në gjah).
3.marr, përlaj, qëroj; **who has bagged my matches?**
kush m'i mori shkrepëset? 4.varet; rri si thes;
trousers that bag at the knees pantallona që varen
te gjunjët.
bagel['beigël] *n* gjevrek.
baggage['bægixh] *n* bagazh.
bagging['bæging] *n teks* pëlhurë thasësh.
baggy['bægi] *adj* i varur(si thes).
bag lady *n gj.fol* lypëse.
bagman['bægmën] *n* 1.tregtar shetitës. 2.mble-
dhës parash(për një parti politike nga kontrabanda).
bagpipe['bægpaip] *n* gajde.
Bahama[bë'ha:më] *n gjeog* Bahama(ishujt).
Bahrain[ba:'rein] *n gjeog* Bahrein.
bail I[beil] *n,v* -*n* 1.dorëzani, garanci. 2.para për
dorëzani. +**go bail for** i dal garant.
-*vt* 1.*drejt* i dal garant, nxjerr(nga burgu) me
dorëzani. 2.depozitoj, lë në ruajtje.
+**bail out** a)*drejt* nxjerr me dorëzani; b)*fig* nxjerr
nga balta, shpëtoj (dikë) nga belaja.
bail II[beil] *v,n* -*vt* i heq ujët(varkës me kovë).
-*n* kovë.
bailee[bei'li:] *n drejt* depozitues, ruajtës(i sendeve
të lëna në ruajtje).
bailey ['beili] *n* 1.mur rrethues. 2.oborr i brend-
shëm.
bailiff ['beilif] *n* 1. përmbarues; ndihmëssherif.
2.administrator(prone).
bait[beit] *n,v* -*n* 1.karrem. 2.joshje, ngasje.
-*v* 1.koj(grepin), i vë karrem. 2.i jap tagji, i shtie
(kalit). 3.i ndërsej qentë. 4.i bie në qafë; e mundoj
me fjalë.
baize[beiz] *n* fanellatë e trashë(për bilardo etj).
bake[beik] *v* 1.pjek. 2.piqem; **we are baking in
the sun** po piqemi në diell. +**half baked** i papjekur,
axhami.
bakehouse['beikhauz] *n* furrë.
bakelite['beiklait] *n* bakelit.
baker['beikë] *n* furrtar, bukëpjekës; **baker's do-
zen** trembëdhjetë.
bakery['beikëri] *n* furrë; dyqan buke.
baking['beiking] *n* pjekje.
baking powder *n* maja kimike.
baking sheet, baking tray *n* tavë pjekjeje.
baking soda *n* sodë buke.
baksheesh, bakshish['bækshi:sh] *n* bakshish.
balance['bælëns] *n,v* -*n* 1.peshore; **be in the ba-
lance** *fig* (rezultat) është ende i pasigurt.
2.drejtpeshim, ekuilibër; **hold the balance** kam në

dorë të vendos; **in the balance** i pavendosur; **keep one's balance** ruaj ekuilibrin; ruaj qetësinë; **lose one's balance** humbas ekuilibrin; nervozohem; **throw sb off his balance** shqetësoj dikë; ia sos durimin dikujt. 3.bilancier(i orës). 4.*fin* bilanc; **strike a balance** a)nxjerr bilancin; b)*fig* gjej zgjidhjen e duhur; **balance of payments** bilanc i pagesave(midis importit dhe eksportit). 5.shumë për t'u paguar. 6. *gj.fol* mbetje, sasi e mbetur.
-*v* 1.peshoj, vlerësoj. 2.mbaj në ekuilibër. 3.nxjerr diferencën, bëj bilancin; balancoj; **balance the budget** balancoj buxhetin.
balance sheet *n fin* bilanc.
balcony['bælkëni] *n* ballkon.
bald [bo:ld] *adj* 1.tullac, i shogët. 2.i zhveshur, i shpëlarë; **a bald style** stil i shpëlarë.
balderdash['bo:ldë:dæsh] *n* gjepura, dokrra.
baldhead['bo:ldhed] *n* tullac.
bald-headed['bo:ld'hedid] *adj* tullac, i shogët.
baldly ['bo:ldli] *adv* troç; **speaking / to put it baldly** ta themi troç.
bale[beil] *n,v,adj* -*n* deng; **bales of hay** dengje bari.
-*v* 1.bëj deng. 2.parashutoj.
-*adj* i keq, i lig.
balk[bo:k] *n,v* -*n* 1.pengesë. 2.gabim, gafë. 3. rrip(toke) i papunuar. 4.*ndërt* tra, 5.*sport* faull, gjuajtje e gabuar.
-*v* 1.ndaloj; pengoj; prish.2. ndalem, nuk bëj përpara. 3.lë të më ikë(rasti etj).
Balkan['boulkën] *adj,n gjeog* -*adj* ballkanik.
-*n pl* **the Balkans** Ballkani; vendet ballkanike.
ball I[bo:l] *n,v* -*n* 1. top; **tennisball** top tenisi.2.*sport* gjuajtje topi, shërbim. 3.lëmsh, top; rruzull; **a snowball** top dëbore. 4.gjyle.5.bilë (bilardoje). 6.plumb(pushke). 7.shuk. 8.*tek* saçme, zar, sferë; **ball bearings** kushinetë me sfera.9.*anat* pjesë e fryrë/e tultë(e gishtit etj). 10.*pl anat* koqe, tope, bole, herdhe; **balls!** *Br vulg* lesh!; dëngla! + **be on the ball** *zhrg* ia di hilet punës; **have sth on the ball** *zhrg* i kam pesë pare mend; **keep the ball rolling** mbaj gjallë bisedën; **play ball** bashkëpunoj.
-*v* 1.bëj lëmshe; mbledh lëmsh(fillin). 2.kokrrizohet; formon rruzuj.
+**ball(s) up** *vulg* bëj lëmsh, bëj çorap; **get ballsed up** bie në batak.
ball(s)-up['bo:lzʌp] *n vulg* lëmsh, çorbë.
ball II[bo:l] *n* 1.mbrëmje vallëzimi; ballo. 2.*zhrg* qejf, zbavitje.
ballad['bælëd] *n* baladë.
ballast['bælëst] *n,v* 1.balast(zhavorr etj). 2.çakëll. 3.*fig* mend, tru; ekuilibër(mendor); **he's got no ballast** ai s'ka tru në kokë.
-*vt* 1.mbush me ballast. 2.shtroj me çakëll.
ball bearing *n* 1.kushinetë me saçme, me sfera.2. saçme, sferë.

ballcock['bo:lkok] *n tek* notues, galexhant
ball dress *n* fustan balloje.
ball game *n* lojë me top.
ballerina['bælë'ri:në] *n* balerinë.
ballet['bælei, bæ'lei] *n* balet.
ballet dancer *n* balerin(ë).
ballistic[bë'listik] *adj* balistik.
ballistics[bë'listiks] *npl* balistikë.
balloon[bë'lu:n] *n,v* -*n* 1.balonë, aerostat. 2.*meteo* ballon. 3.balonë (letre). 4.*kim* ballon, poçe. + **the balloon went up** *fig* dështoi puna.
-*vi* 1.fryhet. 2.bëj ngjitje me balonë.
ballot ['bælët] *n,v* -*n* 1.fletë votimi.2.votim; **take a ballot** e hedh në votë. 3.rezultate të votimit. 4.hedhje shorti.
-*vi* 1.votoj; bëj votim të fshehtë. 2.hedh në short.
ballot box *n* kuti votimi.
ballot box stuffing *n* manipulim i votave.
balloting['bælëting] *n amer pol* votim.
ballot paper *n* fletë votimi.
ballpark['bolpa:k] *n* stadium beisbolli.
ballpoint (pen) *n* stilolaps.
ballroom['bo:lru:m] *n* sallë vallëzimi.
bally['bæli] *adj Br zhrg* i madh, dreq(gënjeshtari).
ballyhoo[bæli'hu:] *n keq* 1.reklamë e bujshme. 2. dëngla, gjepura.
balm[ba:m] *n* balsam.
balmy['ba:mi] *adj* 1.qetësues.2.erëkëndshëm, aromatik. 3.i butë, i ngrohtë(ajër). 4.*Br zhrg* i krisur.
baloney[bë'louni] *n gj.fol* gjepura, marrëzira.
balsam['bo:lsëm] *n* balsam.
Baltic['boltik] *adj,n* -*adj* balltik.
-*n* Deti Balltik.
baluster['bælëstë:] *n* shtyllë parmaku.
balustrade['bælës'treid] *n* parmak.
bamboo[bæm'bu:] *n* bambu; bastun bambuje.
bamboozle[bæm'bu:z] *vt* 1.çorodis.2.(**sb into/out of doing sth**) gënjej, mashtroj.
ban[bæn] *v,n* -*v* 1.ndaloj(me ligj etj). 2.mallkoj, i lëshoj mallkimin.
-*n* 1.ndalim. 2.mallkim. 3.nxjerrje jashtë ligjit. 4.dekret.
banal[bë'na:l] *adj* banal, i rëndomtë; pa vlerë; vulgar; **banal remark** vërejtje e shpëlarë.
banality[bë'nælëti] *n* banalitet.
banana[bë'na:në] *n,adj* -*n* banane.
-*adj zhrg* i krisur; **go bananas** a)çmendem, marrosem, entuziazmohem; b)tërbohem, më hipën në kokë.
banana republic *n përb* republikë latinoamerikane.
band I[bænd] *n,v* -*n* 1.shirit; rrip. 2.rreth (fuçie). 3.rrip mesi. 4.manshet. 5.shirit magnetik.6.*rad* brez, bandë(frekuencash).
-*vt* 1.lidh me rrip; fashoj. 2.bëj vija-vija; mbush me shirita.

band II[bænd] *n,v -n* 1.bandë(kriminelësh etj). 2.bandë, orkestër.
-*v* bashkoj, grupoj.
bandage['bændixh] *n,v -n* fashë.
-*v* lidh me fashë, fashoj.
bandbox['bændboks] *n* kuti kapele.
banderol(e)['bændëroul] *n* banderolë.
banding['bænding] *n Br* grupim, ndarje në grupe sipas niveleve.
bandit['bændit] *n* bandit, gangster.
banditry['bændiçri] *n* banditizëm.
bandman['bændmën] *n* orkestrant, instrumentist, muzikant.
bandmaster['bændmæstë:] *n* drejtues orkestre.
bandoleer,-ier[bændë'lië:] *n* fishekore, gjerdan.
bandwagon['bændwægën] *n*: + **climb/jump on /aboard the bandwagon** futem në një ndërmarrje të suksesshme.
bandy I['bændi] *vt* 1.kthej(topin); hedh e pres. 2. shkëmbej(fjalë); **bandy a story about** përhap një histori; **bandy words with sb** shkëmbej fjalë me dikë, hahem me fjalë; **have one's name bandied about** marr nëpër gojë emrin e dikujt.
bandy II['bændi] *adj* i shtrembër, i përkulur, me hark; këmbështrembër.
bandy-legged['bændilegd] *adj* këmbështrembër.
bane[bein] *n* 1.helm. 2.*fig* vdekje; rrënim, shkatërrim; **drink was the bane of his life** pija qe shkatërrimi i tij.
baneful['beinful] *adj* i dëmshëm, shkatërrimtar, vdekjeprurës; fatal.
bang I[bæng] *n,v,adv -n* 1.goditje. 2.përplasje. 3. krismë, plasje; **the firework went off with a bang** fishekzjarri plasi me poterë.
-*v* 1.godas fort; përplas me zhurmë; **he banged his fist on the table** ai përplasi grushtin në tryezë. 2.bëj poterë; **bang about** bëj poterë.3.*zhrg vulg* fle(me një femër).
-*adv* 1.potershëm; **go bang** kris potershëm, bën bau; **come bang up against sth** përplasem me diçka. 2.mu; **bang in the middle** mu në mes; **hit the target bang on** qëlloj mu në shenjë; **bang on time** tamam në kohë.
+**bang about/around** a)bëj poterë; b)ngjesh, rras.
+**bang away** a)kris(pushka); b)shtie pa pushim; c) bëj zhurmë/poterë.
+**bang down** lëshoj/mbyll me zhurmë(kapakun, receptorin).
+**bang into** a)përplasem pas; b)*zhrg* ndesh, gjindem ballëpërballë me(dikë).
+**bang out** i bie(një melodie).
+**bang up against** shih **bang into**.
bang II[bæng] *n,v -n* baluke.
-*vt* i le me baluke(flokët mbi ballë).
banger['bængë:] *n* 1.salsiçe. 2.fishekzjarr. 3.veturë rrangallë.

Bangladesh[bænglë'desh] *n gjeog* Bangladesh.
Bangladeshi[bænglë'deshi] *n,adj* bangladeshas.
bangle[bængl] *n* byzylyk.
banish['bænish] *vt* 1.dëboj, syrgjynos. 2.heq, largoj nga mendja.
banishment['bænishmënt] *n* dëbim, syrgjynosje.
banisters['bænistë:z] *n* parmakë(shkalle).
banjax['bænxhæks] *vt amer zhrg* qëroj, vras.
banjo['bænxhou] *n* banxho(lloj kitarre).
bank I[bænk] *n,v -n* 1.breg, buzë(lumi). 2.ledh; pirg.3.ballë qymyri(në minierë).4.cektinë.5.shpat; skarpat. 6.grumbull(resh). 7.*av* anim, pjerrje.
-*v* 1.rrethoj me ledh. 2.mbledh, grumbullon, bën pirg(era borën). 3.mblidhen, grumbullohen(retë). 4.ngrihet, vjen e ngritur(rruga). 5.*av* anoj; anohet.
bank II[bænk] *n* 1.bankë; **the Bank of Albania** Banka e Shtetit Shqiptar; **bank rate** kuotë e bankës, kurs i bankës.2.kumbara, kuti kursimesh. 3.(në kumar) banka, depozita. 4.depozitë, vend ruajtjeje; **data bank** vend ruajtjeje informacioni.
-*v* 1.depozitoj, vë në bankë; **to bank one's salary** e vë rrogën në bankë.2.kryej veprime bankare. 3.(on, upon) var/mbështes shpresën(te); **bank on sb's help** i var shpresat te dikush.
bank account *n* llogari bankare, llogari në bankë.
bankbook['bænkbuk] *n* librezë banke.
bank clerk *n* punonjës banke.
banker['bænkë:] *n* bankier.
banking I['bænking] *n av* anim(i avionit).
banking II['bænking] *n* veprime bankare.
banking account *n* llogari bankare, llogari në bankë.
banking house *n* bankë.
bank loan *n* hua nga banka.
banknote['bænknout] *n* banknotë.
bankroll['bænkrol] *n,v amer -n* fonde; financë.
-*vt* financoj.
bankrupt ['bængrʌpt] *n,adj,v -n* (njeri)i falimentuar; **become/go bankrupt** falimentoj.
- *adj* i falimentuar.
-*vt* falimentoj.
bankruptcy['bængrʌptsi] *n* falimentim.
bank statement *n* gjendje e llogarisë në bankë, dëftese e bankës.
banner['bænë:] *n* 1.flamur; **under the banner of** nën flamurin e. 2.banderolë.
bannister['bænistë:] *n* parmak shkalle.
banns [bænz] *npl* njoftim / shpallje martese(në kishë).
banquet['bængwit] *n,v -n* 1.banket; **wedding banquet** banket martese, dasmë.
-*v* 1. i shtroj banket; gostis. 2.marr pjesë në banket.
banquette[bæng'ket] *n* 1.platformë në llogore. 2.stol anës murit.
banter['bæntë:] *n,v -n* 1.tallje
-*v* tall, ngacmoj; bëj shaka.

bantling['bæntling] *n* kalama, camërdhok.

baobab['bёiёbæb] *n bot* baobab.

baptism['bæptizëm] *n* 1.pagëzim. 2.*fig* provë e parë, pagëzim.

baptize[bæp'taiz] *vt fet,fig* pagëzoj.

bar[ba:] *n,v* -*n* 1.shufër; thupër(hekuri, druri); kallëp(sapuni, çokollate). 2.shufër, hekur(dritareje etj). 3.ledh, breg(në grykёderdhje të lumit etj). 4.*fig* pengesё; **a bar to success in life** pengesё për sukses në jetё. 5.shirit(drite,ngjyre). 6.*muz* masё. 7.parmak, banak(në sallën e gjyqit); **be tried at the Bar** gjykohem në seancë të hapur, me dyer të hapura. 8.**the Bar** a)avokati; b)avokatёt; **be called to the Bar** studioj për avokat. 9.kafe, bar, bufe. 10.banak (në lokale). 11.*usht* shirit, gajtan.
-*vt* 1.mbyll me lloz. 2.mbyll brenda. 3.zë, bllokoj. 4.ndaloj, nuk lejoj, përjashtoj(**from** nga); **bar sb from a competition** përjashtoj dikë nga gara. 5.ndaj, vizoj; **a sky barred with clouds** qiell i prerë nga retё.

barb[ba:b] *n* 1.gjemb. 2.kundërmajë, dhёmbёz (shigjete, grepi). 3.mustaqe peshku.

barbarian[ba:'bёrёn] *n,adj* -*n* barbar.
-*adj* barbar, i paqytetёruar.

barbaric[ba:'bærik] *adj* barbar; i prapambetur, primitiv, i pagdhendur.

barbarism['ba:bёrizëm] *n* 1.barbarizёm. 2.*gjuh* barbarizёm

barbarity[ba:'bæriti] *n* barbari.

barbarous['ba:bёrёs] *adj* barbar, i egёr, mizor.

barbecue['ba:bikju:] *n,v* -*n* 1.skarё; hell. 2.mish i pjekur.
-*vt* pjek në skarё; pjek në hell.

barbed[ba:bd] *adj* me gjemba; **barbed wire** tel me gjemba.

barber['ba:bё:] *n* berber.

barbershop['ba:bё:shop] *n* 1.rrojtore.2.*muz* melodi sentimentale.

barbitone['ba:bitoun] *n* bar gjumi, veronal.

bard[ba:d] *n* 1.rapsod. 2.poet, shkrimtar.

bare [bёё:] *adj,n* -*adj* 1.i zhveshur; **with one's head bare** pa kapelë; **a bare hillside** shpat i zhveshur; **lay bare** zbuloj, nxjerr(tё fshehtёn). 2.bosh; pa; **a room bare of furniture** dhomё bosh, pa mobilje. 3.minimal; i thjeshtё; **the bare necessities of life** nevojat minimale të jetesёs; **a bare possibility** thjesht një mundёsi; **a bare majority** një shumicё fare e lehtё (votash).
-*vt* 1.zhvesh. 2.zbuloj; nxjerr në shesh; **bare one's head** heq kapelёn; **bare one's teeth** zbardh dhёmbёt. +**bare one's heart** zbraz zemrёn.

bareback['bёёbæk] *adv* pa shalё(kali).

barebones['bёё:bounz] *n,adj* -*n* thatanik, njeri kockё e lёkurё.
-*adj* i pakёt, minimal.

barefaced['bёё:feist] *adj* i pafytyrё, i pacipё.

barefisted['bёё:fistid] *adj* 1.pa doreza(boksier). 2.*fig* i paskrupull; i pamёshirshёm.

barefoot ['bёё:fut] *adv,adj* zbathur, kёmbёzbathur; **go/walk barefoot** eci zbathur.

bare-handed['bёё:hændid] *adv,adj* me duart pa doreza, duarjashtё. 2.pa vegla; pa armё; me duar.

bareheaded['bёё:'hedid] -*adj* kokёjashtё, pa kapelё.

barelegged['bёё:legd] *adv,adj* kёmbёjashtё, pa çorape.

barely['bёё:li] *adv* 1.mezi; **he can barely read** ai mezi lexon. 2.varfёrisht(e mobiluar). 3.thatё, pa hollёsira(them një fakt).

bareness['bёё:nis] *n* 1.lakuriqёsi. 2.varfёri mobilimi. 3.thatёsi(stili). 4.thjeshtёsi.

bargain['ba:gin] *n,v* -*n* 1.pazar, ujdi, marrёveshje; **make/strike a bargain** bёj një pazar, bie në ujdi. 2.blerje me leverdi, rast i mirё; **it's a real bargain!** ёshtё rast i shkёlqyer!
-*v* 1.bёj pazar, bie në ujdi. 2.(**about, for**) jam i gatshёm tё, pres, shpresoj; **he got more than he bargained for** ai e pёsoi mё keq nga ç'e priste; **I didn't bargain for him arriving so soon** u habita, nuk e prisja qё të vinte kaq shpejt. 3.vё kusht, bie dakord, kёrkoj. 4.(**away**) sakrifikoj, shes, kёmbej; **bargain one's freedom** sakrifikoj lirinё.

bargaining['ba:gёning] *n* pazar, diskutim çmimi.

barge[ba:xh] *n,v* -*n* maunё; lundёr; barkё.
-*vi* ndesh, pёrplasem me.
+**barge about** a)eci kuturu; b)eci si i pirё.
+**barge in/into** ndёrhyj; ndёrpres; **stop barging into our conversation** mjaft na u fute në bisedё.
+**barge through** kaloj/kapёrcej si furtunё.

baritone['bæritoun] *n muz* bariton.

barium['bёёriёm] *n kim* barium.

bark I[ba:k] *n,vt* -*n* 1.lёvore(e drurit). 2.tanin.
-*vt* 1. i heq lёvoren, zhvoshk, zhvesh (drurin). 2.rrjep, gёrvisht,zdёrvij(gjurin etj). 3.regj(me tanin).

bark II[ba:k] *v,n* -*vi* 1.leh. 2. ulёrij, bёrtas, çirrem. +**bark up the wrong tree** drejtohem gabim(për një ankesё).
-*n* lehje.

barkeeper[ba:'ki:pё:] *n* pijeshitёs; bufetjer.

barley['ba:li] *n* elb.

barm[ba:m] *n* maja birre.

barmaid['ba:meid] *n* banakjere, bufetjere.

barman['ba:mёn] *n* banakier, bufetjer.

barmy['ba:mi] *adj* i metё(nga trutё), i lёnё. 2. në fermentim, i shkumёzuar.

barn[ba:n] *n* 1.koçek, grunar. 2.*amer* park, hangar (për autobuzё etj). 3.*gj,fol* bina; **it's a great barn of a house** ёshtё goxha bina.

barometer[bё'romitё:] *n* barometёr.

barometrical[bærё'metrikёl] *adj* barometrik.

baron['bærёn] *n* 1.baron. 2.*amer* manjat.

baroness['bærёnis] *n* baroneshё.

baroque[bë'rouk, bë'rok] *adj,n ark,art,muz* barok.

barque, bark[ba:k] *n* 1.*poet* anije, lundër. 2.anije tredirekëshe.

barrack I['bærëk] *n,v* -*n* 1.barakë. 2.*zak pl* kazer-më; **the barracks is/are quite new** kazermat janë krejt të reja.

-*vt* fus në kazermë.

barrack II['bærëk] *vi* bëj zhurmë, bëj poterë.

barrage['bæra:zh, *amer* bë'ra:zh] *n* 1.pendë, pri-të. 2.*usht* barrazh, perde zjarri. 3.*fig* lumë(fjalësh); mori(pyetjesh).

barrel['bærël] *n,v* -*n* 1.fuçi; bucelë. 2.*tek* cilin-dër; fishek(brave). 3.tytë (pushke). 4.rezervuar (stilografi).

-*vt* 1.fus në fuçi; **barrelled beer** birrë fuçie. 2.*amer fig* fryhem, mbahem me të madh.

barren['bærën] *adj* 1(.tokë) shterpë, jopjellore. 2. joprodhuese(pemë, bimë). 3.(grua) shterpë, që nuk lind. 4.*fig* pa vlerë; i kotë; i pafrytshëm; **barren of results** i kotë, pa fryt.

barricade[bæri'keid] *n,v* -*n* barrikadë.

-*vt* ngre barrikadë; bllokoj(rrugën); **barricade in** nxjerr barrikadë përpara.

barrier['bærie:] *n* 1.pengesë; ledh. 2.*fig* pengesë. 3.hyrje, portë.

barring['bæring] *prep* veç, përveç; **barring ac-cidents** veç po s'patëm ndonjë aksident.

barrio['bæriou] *n amer* lagje latinoamerikanësh.

barrister['bæristë:] *n* avokat.

barrow I['bærou] *n* karrocë dore.

barrow II['bærou] *n ark* tumë.

barrowman['bæroumæn] *n* shitës me karrocë.

bartender['ba:tendë:] *n* bufetjer, barist.

barter['ba:të] *v,n* -*v* shkëmbej; bëj trambë.

+**barter away** *fig* shes(nderin etj).

base I[beis] *n,v* -*n* 1.bazë, fund, themel; **base of a pillar** fund i shtyllës. 2.bazë(e trekëndëshit etj). 3.*kim* bazë. 4.bazë ushtarake. 5.*mat* bazë(e një logaritmi). 6.pikënisje. 7.*gram* rrënjë(e fjalës).

-*v* 1.bazoj, mbështes në; **to base one's hopes upon** i mbështes shpresat në. 2.shërbej si bazë.

base II[beis] *adj* 1.i ulët, i pandershëm, i poshtër. 2.i rëndomtë, i paçmuar (metal); **base coin** monedhë false. 3.*fig* pa vlerë.

baseball['beisbo:l] *n* bejsboll.

baseless['beislis] *adj* i pabazuar, i pathemeltë.

basely['beisli] *adv* pandershmërisht.

basement['beismënt] *n* bodrum; **in the basement** në bodrum.

bash[bæsh] *v,n* -*vt* godas, ia kërcas; përplas.

-*n* goditje; **give sb a bash on the nose** ia vesh hundëve dikujt.

+**bash about/around** a)ia vesh, ia përvesh; b)keq-trajtoj.

+**bash in** a)shkallmoj(derën); b)përplas, shpartalloj (makinën etj); c)shqyej(kapakun).

+**bash up** a)prish, shkatërroj; b)*Br gj.fol* zdrugoj, rrah, zhdëp.

basher['bæshë:] *n gj.fol* sherrxhi, tip i grushtit.

bashful['bæshful] *adj* i turpshëm, i druajtur.

bashfully['bæshfuli] *adv* me druajtje.

bashfulness['bæshfulnis] *n* turp, ndruajtje.

bashibazouk[bæshibë'zu:k] *n* bashibozuk.

bashing ['bæshing] *n gj.fol* dru, dajak; **take a bashing** ha dru, zhdëpem; mundem keqas.

Basic['beisik] *n kmp* (**Beginner's All-purpose Symbolic Instruction Code**) gjuha Beizik (gjuhë e thjeshtë programimi).

basic['beisik] *adj* 1.themelor, bazë. 2.minimal, ba-zë; **a basic salary of** një rrogë bazë prej.

basically['beisikëli] *adv* në themel; në parim.

basil['bæzël] *n bot* borzilok.

basin['beisën] *n* 1.legen. 2.lavaman. 3.tas, sahan. 4.gji i mbrojtur, liman. 5.pellg ujor(i një lumi).

basis['beisis] *npl* -*es* 1.bazë, lëndë bazë. 2.parim bazë, kriter; **on the basis of** mbi bazën e, duke u bazuar në. 3.bazë, themel.

bask[ba:sk] *vi* ngrohem(në diell); prehem; **bask in sb's favor** gëzoj përkrahjen e dikujt.

basket['ba:skit] *n* 1.shportë, kosh; **clothes basket** kanistër; **wastepaper basket** kosh letrash. 2.kosh(i ballonës). 3.kosh, rrjetë(në basketboll); pikë, kosh.

basketball['baskitbo:l] *n* 1.basketboll(loja). 2.top basketbolli.

basketry['ba:skitri] *n* shportari.

Basque [bask] *n,adj* -*n* 1. bask. 2. gjuhë e ba-skëve.

-*adj* bask.

bas-relief['bæsrili:f] *n art* basoreliev, bareliev.

bass I[beis] *n,adj muz* bas.

bass II[bæs] *n zool* levrek.

bass clef *n muz* çelës i fa-së.

bass tuba *n muz* bastubë.

bastard['bæstëd] *n,adj* -*n* 1.bastard; fëmijë i ja-shtëligjshëm. 2.maskara. 3.fatkeq; **poor bastard!** i gjori! 4.surrogat. 5.*zhrg* qerrata.

-*adj* 1.bastard; i jashtëligjshëm; jashtë martese. 2. i rremë, surrogat, jo i vërtetë.

bastardization['bæstë:daizeishën] *n* bastardim.

bastardize['bæstë:daiz] *vt* bastardoj.

bastardy['ba:stë:di] *n* të enët i jashtligjshëm.

baste I[beist] *vt* ildis.

baste II[beist] *vt* njom, i hedh yndyrë(mishit gjatë pjekjes).

bastinado[basti'nadou] *n,v* -*n* rrahje me thupër a shkop në shputat e këmbëve.

-*vt* fshikulloj shputat me thupër.

bastion['bæstiën] *n* kullë, fortesë.

bat I[bæt] *n* lakuriq nate.

bat II[bæt] *n,v* -*n* 1.*sport* shkop, stap (beisbolli); **do sth off one's own bat** bëj diçka vetë, pa ndihmë. 2.(= **batman**) lojtar që godet me stap.

-v qëlloj me stap(në bejsboll, etj).

bat III[bæt] v pulis, kapsis, kapsallis sytë; **not bat an eyelid** a)nuk mbyll sy, nuk vë gjumë në sy; b)nuk më lëviz qerpiku.

batch[bæç] n 1.bukë(nga furra) . 2.grumbull, tufë; grup; **a batch of letters** një tufë me letra; **a batch of students** një grumbull studentësh.3.tufë, paketë (kartëmonedhash). 4.*treg* ngarkesë(malli).

bate[beit] v mbaj(frymën); **with bated breath** me pëshpërimë, pa zë, duke mbajtur frymën.

bath[ba:th] n,v -n 1.banjë; dush; **take a hot bath** bëj një banjë të nxehtë. 2.ujë për banjë; **your bath is ready** ujët e ke gati. 3.banjë, dhomë banje; vaskë. 4.banja, llixha. 5.banjë(vaskë) kimike.

-vt 1.laj, i bëj banjë. 2.lahem, bëj banjë.

bathe[beith] v,n -v 1.laj. 2.lahem, bëj banjë(në det, në liqen). 3.lahem në(djersë, lotë).

-n larje, e larë, banjë; **take/have a bathe** lahem, futem në ujë(në det etj).

bathhouse['ba:thhauz] n 1.banjë publike. 2. godinë me dhoma zhveshjeje(për banjë).

bathing['beithing] n larje, notim, not.

bathing costume['beithingkostju:m] n rroba banje.

bathing trunks n brekë banje.

bathing wrap n peshqir banje; penjuar.

bathroom['ba:thru:m] n 1.banjë. 2.nevojtore, wc, banjë.

batman['bætmën] n *Br usht* ordinancë.

baton['bætën] n 1.shkop polici. 2. shkop dirigjenti. 3.shkop stafete. 4.skeptër.

bats[bæts] adj gj.fol i krisur, i lajthitur.

batsman['bætsmën] n *sport* gjuajtës(me stap).

battalion[be'tæljën] n *usht,fig* batalion.

batten I['bætn] n,v -n 1.dërrasë; binar; petavër. 2.dërrasë parketi.

-vt 1.*ndërt* shtroj me fluga. 2.vë petavra. 3.shtroj (dyshemenë) me dërrasa.

batten II['bætn] vi 1.zhdëpem, llup. 2.fig (**on, upon**) majmem; ha në kurriz të.

batter I['bætë:] v 1.qëlloj, i bie, rrah. 2.thyej, shpartalloj; **battering ram** dash (për shpërthim kështjellash). 3.*polig* dëmtoj/shtyp gërmat.

batter II[bætë:] n brumë i rrahur; brumë i hollë për skuqje.

battered['bætë:d] adj 1.me gungë. 2.me shenja, e dërrmuar, e vrarë(fytyrë). 3.e rrënuar, e leskëruar (mobilie).

battery['bætëri] n 1.*usht* bateri(topash). 2.*el, tek* bateri.3.sërë, varg. 4.rrahje.

battle['bætël] n,v -n 1.betejë, luftim; *fig* luftë (për jetën). 2.fitore; **the battle is to the strong** fitorja i takon më të fortit.+**give/offer battle** hyj në betejë; **refuse battle** i shmangem luftimit.

-vi luftoj; **battle with the waves** luftoj me dallgët.

battle-axe['bætlæks] n 1.sëpatë luftimi.2.*fig*grua

si burrë.

battle cruiser n *det usht* kryqëzor.

battle cry n 1.britmë lufte. 2.parrullë, moto(në gara etj).

battledore['bætëldo:] n *sport* 1.raketë. 2.badminton.

battlefield['bætëlfi:ld] n fushë beteje.

battleground['bætëlgraund] n shih **battlefield**.

battlements['bætëlmënts] npl mur mbrojtës me frëngji.

battleship['bætlship] n luftanije.

batty['bæti] adj i shkarë, i marrë.

bauble['bo:bl] n stoli, stringël.

baulk[bok] shih **balk**.

bauxite['bo:ksait] n boksit.

bawd[bo:d] n pronare shtëpie publike; prostitutë.

bawdy ['bo:di] adj i rëndë, banal, me fjalë të turpshme(humor).

bawdyhouse['bodihaus] n shtëpi publike.

bawl [bo:l] v 1. bërtas, thërras; **to bawl sb out** qortoj ashpër dikë.2.qaj.

bay I[bei] n 1.dafinë. 2.*pl* **bays, bay wreath** dafina, kurorë dafine.

bay II [bei] n gji, liman; **the Bay State** Shteti Masaçuset.

bay III[bei] n 1.pjesë godine ndërmjet kolonash. 2.krah, e dalë(e godinës). 3.platformë hekurudhore. 4.kompartiment, e ndarë, ndarje.

bay IV[bei] n,v -n 1.lehje; **at bay** *fig* në gjendje të dëshpëruar, pisk; **keep/hold sb at bay** e mbaj larg, s'e lë të afrohet dikë.

-vi leh.

bay V[bei] adj,n -adj bryms.

-n kalë bryms.

bayonet['beiënit] n,v -n bajonetë.

-vt shpoj me bajonetë.

bayou['baiju:] n *amer* moçal, kënetë.

bazaar [bë'za:] n 1.pazar. 2. shitje bamirësie.

bazoo[bë'zu:] n *amer zhrg* turi, surrat.

bazooka[bë'zu:kë] n bazukë(armë).

B.B.C.[bi:bi:'si:] n (shkurtim për **British Broadcasting Corporation**) Bibisi-a.

B.C. [bi:'si:] adv,n -adv (shkurtim për **Before Christ**) para erës sonë.

-n (shkurtim për **British Columbia**) *gjeog* Kolumbia Britanike(provincë e Kanadasë).

B.E.[bi:'i:] n (shkurtim për **Bachelor of Engineering**) Inxhinier, I diplomuar në Inxhinieri.

be [bi:, bi] v (**was, were; been**) 1. jam, ekzistoj, gjendem; **the days of the cowboys are no more** koha e kaubojve nuk ekziston më, ka marrë fund. 2.ndodh, ngjan, zhvillohet; **the competition was last month** gara u zhvillua muajin e kaluar. 3.vazhdoj të rri, qëndroj; **he will be here all year** ai do të qëndrojë gjithë vitin. 4.(cilësi, gjendje) jam; **I am sad** jam i trishtuar; **he is wrong** ai e ka gabim.

5.(si folje ndihmëse) a)po, jam duke; **she was asking** ajo po pyeste; **she was asked** atë e pyetën, ajo u pyet. 6.(për të shprehur të ardhmen) do të; **he is to arrive here tomorrow** ai pritet të/do të vijë nesër; **for two dollars the book is yours** për dy dollarë libri (do të) bëhet yti. 7.shkoj; **have you ever been to Paris?** ke shkuar/qenë ndonjëherë në Paris? 8.**there is, there are** ka, është, janë; **there is a God** ka/është një Zot. 9.(me paskajore) a)duhet, jam për të; **you are to be congratulated** ti je për të/duhesh përgëzuar; **I am to inform you** duhet t'ju njoftoj; b) (qëllim) **they are to be married next year** ata e kanë lënë për t'u martuar vitin tjetër; c)(mundësi) **the car was not to be found** makina s'qe e mundur të gjendej; d)(supozim) **were I to tell you** sikur të të thoja; **if it were to rain** sikur të binte shi; e)duhet; **everybody was to pay his own expenses** secili duhej të paguante shpenzimet e veta; **he was never to see his wife again** ai nuk do ta shihte më të shoqen; **at what time am I to be there?** në ç'orë duhet të jem atje? f) (qëllim) ka për qëllim; **the telegram was to say that he had been delayed** telegrami kishte për qëllim të shpjegonte se ai qe vonuar. 10.to-be i ardhshëm; **the bride to-be** nusja e ardhshme; **a would-be poet** i vetëquajturi poet; **for the time being** hë për hë, njëherë për njëherë. +**as it were** thua se; si të thuash; **be able** mundem, jam në gjendje; **be about to** përgatitem(jam gati) të; **be afraid** druaj se; **be back** kthehem; **be going to** do të; **be off** shkoj, nisem për; **be sorry** më vjen keq; **më fal; be sure** jam i sigurt; **so be it** ashtu qoftë! **what's up?** ç'kemi? si është puna? ç'ka ngjarë?

beach[bi:ç] *n,v* -*n* bregdet; plazh; **beach ball** top plazhi.
-*vt* nxjerr në breg(varkën).

beacon['bi:kën] *n,v* -*n* 1.zjarr sinjalizimi. 2.fener, far. 3.semafor.
-*v* 1.ndriçoj. 2.jap shenjë, sinjalizoj.

bead[bi:d] *n,v* -*n* 1.rruazë; *pl* tespije. 2.*usht* thep(pushke). 3.pikë(djerse). + **draw a bead on** marr shenjë; **tell/count/say one's beads** them lutjet.
-*v* 1.zbukuroj me rruaza. 2.formon rruaza.

beading['bi:ding] *n* zbukurim me rruaza.

beady['bi:di] *adj* si rruazë, rruzullor, i rrumbullt.

beagle['bi:gël] *n* langua.

beagling['bi:gling] *n* gjueti lepujsh.

beak[bi:k] *n* sqep.

beaker['bi:kë:] *n* 1.gotë, kupë. 2.*kim* beker.

beam I[bi:m] *n,v* -*n* 1.rreze, tufë(drite). 2.buzagaz.
-*v* 1.rrezaton, lëshon rreze. 2.rrezëllin.

beam II[bi:m] *n* 1.tra; binar. 2.*sport* tra ekuilibri. 3.*tek* krah; bosht. 4.traversë.

bean [bi:n] *n* 1. bathë. 2.fasule; **french / kidney /white bean** fasule. 3.kokërr; **coffee beans** kokrra

kafeje. +**old bean** dorë e vjetër, mik, shok; **be without/ not have a bean** jam pa një dysh në xhep.

bear I[beë:] *n* 1.ari. 2.spekulator në bursë.+**the Great(Little) Bear** *astr* Arusha e Madhe(e Vogël).

bear II[beë] **(bore; born)** 1.lind. 2.prodhon; jep.

bear III [beë:] *v* **(bore; borne)** 1.mbart; **bear a heavy load** mbart një peshë të rëndë. 2.kam; shfaq, tregoj; **bear the marks/signs/traces of blows /wounds/punishment** kam (shfaq) shenjat/gjurmët e goditjeve/plagëve/ndëshkimit; **a document that bears your signature** një dokument që mban firmën tënde. 3.kam, mbaj; **a family that bore an ancient name** një familje që mbante një emër të lashtë. 4.**bear oneself** a)mbahem; **he bears himself as a scholar** ai mbahet si dijetar; b)sillem; **bear oneself with dignity** sillem me dinjitet, tregohem dinjitoz. 5.ruaj(në shpirt, në mendje); **bear some ill will/malice toward sb** ia kam inatin dikujt. 6.sjell, siguroj, jap; **bear a hand** ndihmoj, i jap një dorë; **bear witness to sth** dëshmoj, sjell prova për. 7. duroj, mbaj; **the ice doesn't bear your weight** akulli nuk e mban peshën tënde; **bear responsibility** mbaj përgjegjësi. 8.(*zak* me **can, could**) duroj; **I can't bear his sight** nuk e shoh dot me sy; **she can't bear to be laughed at** ajo nuk duron ta qeshin. 9.lind; **she had borne him three sons** ajo i kishte lindur tre djem. 10. ia mbaj, kthehem, marr nga; **bear(to the right)** merr djathtas.
+**bear down** a)turrem mbi; b)peshoj, rëndoj(mbi); c)mposht; **borne down by adversity** i dërrmuar nga fatkeqësitë.
+**bear in on/upon (me)** më bëhet e qartë.
+**bear on/upon** ka lidhje me; ndikon në; i përket.
+**bear out** pohoj, konfirmoj; dëshmoj; mbështes.
+**bear up (against/under sth)** mbahem mirë(përballë diçkaje).
+**bear with(sb)** duroj, dëgjoj me durim(dikë).

bearable['beërëbl] *adj* i durueshëm, që durohet.

beard[bië:d] *n,v* -*n* 1.mjekërr. 2.mustaqe(misri etj).
- *vt* 1.përballoj, sfidoj. 2.kap për mjekrre.

bearded[bië:did] *adj* me mjekërr, mjekrrosh.

beardless['bië:dlis] *adj* pa mjekërr.

bearer['beë:rë:] *n* 1.bartës, mbajtës, i zoti i (pasaportës etj). 2.prurës; **the bearer of the letter** letërprurësi.3.bimë/pemë prodhuese. 4.*tek,ndërt* mbajtëse, mbështetëse.

bearing['beëring] *n* 1.sjellje; qëndrim. 2.lidhje; aspekt; **to consider the question in all its bearings** e shqyrtoj çështjen në të gjitha aspektet; **have not much/no bearing on the subject** nuk ka fort /aspak lidhje me çështjen. 3.durim, durueshmëri; **his conduct was beyond all bearing** sjellja e tij nuk durohej fare. 4.*pl* drejtim, vendndodhje; koordinata; **the pilot radioed his bearings** piloti dha vendndodhjen me radio; **lose/be out of one's bearings** a)humbas drejtimin; b)*fig* e humbas pusullën. 5.*tek* kushinetë. 6.prodhimtari(e pemëve etj); **in full bearing** plotësisht në prodhim.

bearish['beërish] *adj* 1.si ari; i trashë, i pagdhendur. 2.*fin* që synon të ulet/të bjerë(kurs).

beast[bi:st] *n* 1.bishë, egërsirë. 2.kafshë; bagëti; **beast of burden** kafshë ngarkese, barre. 3.*fig* njeri i egër, kafshë; **don't make a beast of yourself!** mos bëj si hajvan!

beastly['bi:stli] *adj,adv* -*adj* 1.shtazarak, kafshëror. 2. i neveritshëm; i ndyrë.
-*adv Br gj.fol* tepër, kjamet.

beat[bi:t] *v,n* -*v* (**beat, beaten**) 1.rrah, godas; **beat a way through** çaj, hap rrugë përmes; **beat at/upon the door** trokas në derë, i bie derës; **beat a retreat** a)*usht* jap sinjalin e tërheqjes; b)*fig* prapsohem, tërhiqem. 2.rreh(shiu), fshikullon(era); **the rain was beating against the window** shiu rrihte dritaren. 3.rrah, përziej(vezë, brumë etj). 4.rrah, farkëtoj. 5.mund(kundërshtarin); **he beat me at chess** ai më mundi në shah; **beat the record** thyej rekordin. 6.lodh, mundoj; **this problem has beaten me** ky problem më ka rraskapitur. 7.rreh(krahët etj); **her heart was beating with joy** zemra i rrihte nga gëzimi; **beat time** mas kohën(në muzikë). +**beat about the bush** i bie rrotull, nuk futem në temë; **beat it!** ik tutje!, largohu!, mbathja! **dead beat** i rraskapitur.
+**beat back** prapësoj.
+**beat down** a)ul çmimin(që kërkon); b)rrëzon(shiu grurin); c)bie me rrëshekë(shiu).
+**beat in** a)shkallmoj(derën); b)thyej(kokën dikujt).
+**beat off** zmbraps.
+**beat out** a)shuaj(një zjarr etj); b)rrah, shtyp(me çekan); c)*fig* shtrydh(trutë); **beat one's brains** vras mendjen; **that/it beats me** kjo më habit, më lë pa mend; **beats me** s'e kam idenë; d)*muz* mbaj(ritmin).
-*n* 1.goditje, rrahje; trokitje. 2.*muz* temp. 3.rrahje (zemre). 4.xhiro(e patrullës); zonë(që ruan polici). 5.*gj.fol* njeri që sfidon rregullat(në veshje etj).

beaten['bi:tën] *adj* 1.i rrahur. 2.e shkelur(rruga); **go off the beaten track** bëj diçka të pazakonshme; dal nga hullia.

beater['bi:të:] *n* 1.rrahës. 2.çues(në gjah).

beatification[bi'ætfi'keishën] *n* 1.bekim. 2. lumnim.

beatify[bi'ætifai] -*vt* 1.lumturoj. 2.*fet* lumnoj.

beau[bou] *n vjet* 1.spitullar. 2.gruar. 3.dashnor.

beautiful['bju:tëful] *adj* i bukur; i këndshëm.

beautify['bju:tëfai] *vt* zbukuroj.

beauty['bju:ti] *n* 1.bukuri. 2.bukuroshe. 3.e bukur; gjë e bukur; **that is the beauty of it** kjo është më e bukura.

beauty competition/contest *n* konkurs bukurie.

beauty parlor/salon *n* sallon bukurie.

beauty shop['bju:tishop] *n* sallon bukurie.

beaver['bivë:] *n,v* -*n* 1.kastor.2.gëzof kastori. -*vi* (**away**) punoj pa u lodhur.

becalm[bi'ka:m] *vt* 1.qetësoj. 2.ndal(anijen).

became[bi'keim] *pt* e **of become**.

because[bi'koz, -ko:z] *conj* sepse, për arsye se; nga që.

because of *prep* nga shkaku i, për arsye të.

beck I[bek] *n* rrëke, përrua(malor).

beck II[bek] *n* shenjë. +**be at sb's beck and call** jam në dispozicion të dikujt; **have sb at one's beck and call** e kam nën hyqëm dikë, bëj si të dua me dikë.

beckon['bekën] *v* bëj me shenjë; **he beckoned me on/in** ai më bëri shenjë të vazhdoja/të hyja brenda.

becloud[bi'klaud] *v* 1.mbuloj me re. 2.*fig* errësoj; **big words becloud the meaning** fjalët e mëdha e errësojnë kuptimin.

become[bi'kʌm] *v* (**became; become**) 1.bëhem; **it has become a rule** është bërë rregull; **to become accustomed(to)** mësohem(me). 2.(**of**) (i) ndodh, (i) ngjet; **what will become of the children** çfarë do të ndodhë me fëmijtë. 3.më shkon, më rri mirë; **the new hat becomes her** kapela e re i shkon shumë. 4.(i) shkon (me), (i) përshtatet; **that language doesn't become a man of his education** ajo gjuhë nuk i shkon një njeriu të shkolluar si ai.

becoming[bi'kʌming] *adj* 1.i hijshëm, që ka hije. 2.i përshtatshë, me vend..

bed[bed] *n,v* -*n* 1.shtrat, krevat; **single/double bed** krevat tek/dopio; **bed and board** ushqim dhe fjetje; **make the bed** ndreq shtratin; **take to/keep to one's bed** zë shtratin(i sëmurë); **to get out of bed on the wrong side** gdhihem me nerva, gdhihem ters. 2.dyshek; **a feather bed** dyshek me pupla. 3.*ndërt* shtrat, bazament. 4.fund, taban, shtresë; **bed rock** taban shkëmbor. 5.shtrat, lehe, postat(lulesh). 6.shtrojë(për kuajt).
vt 1.vë në shtrat. 2.mbjell(në postat). 3.vë, fiksoj mbi bazament.

bedaub[bi'do:b] *vt* ndot, fëlliq(**with**).

bedbug['bedbʌg] *n* tartabiq, çimkë.

bedclothes['bedklouthz] *n* shtresa e mbulesa.

bedcover['bedkʌvë:] *n* mbulesë krevati, kuvertë.

bedding['beding] *n* 1.shtresat e mbulesat. 2.shtroje kashte (për kuajt).

bedeck[bi'dek] *vt* zbukuroj, stolis.

bedevil[bi'devël] *vt* (*zak* pësore) 1.ngatërroj; ndërlikoj(një çështje).2.ngacmoj, i bie në qafë.

bedewed[bi'dju:d] *adj* i njomur, i spërkatur(me lotë etj).

bedfast['bedfa:st] *adj amer* që ka zën shtratin.

bedfellow['bedfelou] *n* shok shtrati.

bedimmed [bi'dimd] *adj* i errësuar, i mbuluar, i mjegulluar; **eyes bedimmed with tears** sy të mbytur në lotë; **a mind bedimmed with sorrow**

mendje e turbulluar nga vuajtjet.
bedlam ['bedlëm] *n vjet* 1. *hist* çmendinë. 2. *fig* poterë, shamatë; çmenduri.
bedlamite['bedlëmait] *n vjet* i çmendur, i shkarë.
bedlinen['bedlinën] *n* çarçafë e këllëfë.
badmate ['bedmeit] *n amer gj.fol* shoqe shtrati, mantenutë.
bedridden ['bedridn] *adj* i dergjur, që ka zënë shtratin.
bedroom['bedrum] *n* dhomë gjumi.
bedsettee['bedseti:] *n* divan-shtrat.
bedside['bedsaid] *n* anë krevati.
bedside rug *n* rruginë, rrugicë(anës shtratit).
bedsit ['bedsit] *n Br zhrg* dhomë e mobiluar; studio.
bedsore['bedso:] *n* plagë nga të ndenjurit e gjatë në shtrat.
bedspread['bedspred] *n* mbulesë krevati, kuvertë.
bedspring['bedspring] *n* sustë krevati.
bedtime['bedtaim] *n* ora e gjumit.
bee[bi:] *n* bletë. +**have a bee in one's bonnet** a) e kam mizën në kësulë; b)jam i shkarë nga mendtë.
Beeb[bi:b] *n Br gj.fol* Bibisi-ja.
beebread['bi:bred] *n* pite dylli.
beech[bi:ç] *n bot* ah.
beef[bi:f] *n,v* -n 1.mish lope, mish kau; **corned beef** pastërma; **beef tea** lëng mishi.2.*gj.fol* mish, tul; **there's too much beef on him** është shumë i shëndoshë. 3.*amer zhrg* ankesë; **what's your beef?** ç'dreqin ke që ankohesh?
-*vi zhrg* qahem, ankohem.
beefsteak['bi:fsteik] *n* biftek.
beefy['bi:fi] *adj* 1.muskuloz. 2.mishtak.
beehive['bi:haiv] *n* zgjua, koshere.
beekeeper['bi:kipë:] *n* bletar, bletërritës.
beeline['bi:lain] *n* vijë e drejtë; **make a beeline for** i bie drejt, e pres shkurt.
beemaster['bi:mastë:] *n* bletar, bletërritës.
been[bi:n] *pp* e **be.**
beep[bi:p] *n,v* -n bip, pip(i orës etj).
-*vi* bën bip/pip.
beer[biё:] *n* birrë. +**all beer and skittle** fushë me lule; **small beer** çikërrima, vogëlima.
beer engine *n* pompë birre.
beerhouse[biё:hauz] *n* birrari.
beeswax['bi:zwæks] *n,v* -n dyllë blete.
-*vt* dyllos(parketin).
beet[bi:t] *n* rrepë; panxhar; **white(sugar) beet** panxhar sheqeri; **red beet** panxhar i kuq.
beetle I['bi:tl] *n,v* -n tokmak.
-*vt* rrah/shtyp/sheshoj me tokmak.
beetle II['bi:tl] *n* brumbull; **black beetle** brumbull i zi.
beetle III['bi:tl] *vi* del, varet, rri varur(shkëmbi).
beetle-browed['bi:tlbraud] *adj* vetulltrashë.
beetroot['bi:tru:t] *n* panxhar(kokrra).

befall[bi'fo:l] *v* (**befell, befallen**) ndodh; **what has befallen him?** ç'i ka ndodhur?
befit[bi'fit] *vt* i shkon, i përshtatet; i ka hije.
befitting[bi'fiting] *adj* i përshtatshëm; i duhur.
before [bi'fo:] *prep,adv,conj* -*prep* 1.përpara; para; **the year before last** parvjet; **in 52 BC (before Christ)** në vitin 52 p.e. sonë; **before then** më përpara; **before long** së shpejti; **since before the winter** që para dimrit.2.më përpara (në radhë); **ladies before gentlemen** zonjat të parat! 3.përpara, përballë; **he was brought before the judge** atë e çuan përpara gjykatësit; **before everyone** përpara gjithë botës, në sy të të gjithëve. 4.më mirë sesa, përpara; **death before dishonor** më mirë vdekja se humbja e nderit/vdekjen përpara çnderimit.
-*adv* 1.përpara, më parë; **it had been fine the day before** një ditë më parë kishte qenë kohë e bukur; **that happened long before** kjo ndodhi shumë kohë më parë. 2.(vend) (më) përpara; **we went before to see if the road was safe** ne dolëm përpara për të parë nëse rruga ishte e sigurt.
-*conj* 1.para se; **before I go home** para se të shkoj në shtëpi. 2.sesa, më mirë se, para se të; **I'll give up the trip before I'll go with them** më mirë heq dorë nga udhëtimi sesa të shkoj me ta. +**carry all before you** më ecën, ia dal mbanë gjithmonë.
beforehand[bi'fo:hænd] *adv* para, më përpara; që më parë; para kohe; **let me know beforehand** më njofto qysh më parë; **be beforehand with the rent** paguaj qiranë para kohe.
befoul[bi'faul] *vt* bëj pis, fëlliq.
befriend[bi'frend] *vt* 1.i bëhem shok. 2.e ndihmoj, i gjindem.
befuddle[bi'fʌdl] *vt* hutoj, trullos; merr mendjen (pija).
beg[beg] *v* 1.lyp, kërkoj lëmoshë. 2.lutem(për diçka), kërkoj; **beg sb off** kërkoj ndjesë, i shmangem një detyrimi; **beg the question** e quaj të vërtetë/të mirëqenë; **go begging** nuk pranohet; nuk i duhet askujt.
began[bi'gæn] *pt* e **begin.**
beget [bi'get] *vt* 1. lind, bëj(një fëmijë-babai). 2. sjell, shkakton; **war begets misery and ruin** lufta sjell mjerim e rrënim.
beggar['begë:] *n,v* -n 1.lypës. 2.*gj fol* person, tip.
-*vt* rrënoj, varfëroj; **you are beggaring your family** ti po e rrënon familjen. +**beggar description** zhvlerëson çdo përshkrim.
begin[be'gin] *v* (**began, begun**) 1.filloj, nis, zë; **begin at** filloj nga; **to begin with** së pari, para së gjithash; **begin the world** hyj në jetë. 2.nis, buron (lumi). 3.lind, krijohet.
beginner[be'ginë:] *n* 1.fillestar. 2.autor; shkaktar.
beginning [be'gining] *n* fillim; krye; burim; **a good beginning** një fillim i mbarë; **from beginning**

to end nga kreu në fund.

begone[bi'gon] *inter* ik!, largohu!

begot[bi'got] *pt* e **beget**.

begotten[bi'gotën] *pp* e **beget**.

begrimed[bi'graimd] *adj* pis, i nxirë.

begrudge[bi'grʌxh] *vt* 1.kam zili(dikë për diçka). 2.ia kursej (ushqimin).

beguile[bi'gail] *vt* 1.(into) mashtroj, e bëj të kujtojë; **his pleasant ways beguiled me into thinking that he was my friend** sjellja e tij e këndshme më bëri ta merrja për mik. 2.argëtoj. 3.kaloj(kohën) këndshëm.

begun[bi'gʌn] *pp* e **begin**.

behalf[bi'ha:f] *n* interes; favor; **in/on behalf of** për; në interes të; **on my behalf** për mua, në emrin tim.

behave[bi'heiv] *v* 1.sillem; veproj. 2.sillem mirë. 3.funksionon, punon; vepron.

behavior[bi'heivjë:] *n* 1.sjellje. 2.sjellje e mirë, mënyrë të sjelluri.

behaviorism[bi'heivjërizm] *n* biheviorizëm.

behead[bi'hed] *vt* i pres kokën.

behest[bi'hest] *n vjet poet* urdhër; **at the behest (of)** sipas urdhrit të.

behind[bi'haind] *prep, adv, n* *-prep* 1.prapa; pas; **walk close behind me** më ndiq nga afër. 2. prapa; **a country far behind his neighbors** një vend shumë prapa fqinjëve të vet.
-adv 1.prapa, nga pas; **the dog was running behind** qeni vraponte nga pas; **fall/lag behind** mbetem prapa, jam i prapambetur; **stay/remain behind** qëndroj pas të tjerëve. 2.prapa me/në(diçka); **be behind with/in** jam prapa me; **he was behind in his payments** ai ishte i vonuar në pagesat.
-n mollaqe, të ndënjura; **he fell on his behind** ai ra (u rrëzua) në të ndënjurat.

behold[bi'hould] *vt* (*vjet or liter*) shoh, vë re.

beholder[bi'houldë:] *n* shikues, spektator.

being['bi:ing] *n* 1.qenie, ekzistencë; **call into being** krijoj, sjell në jetë; **come into being** lind. 2.krijesë, qenie; **human being** njeri. +**in** ekzistues; **for the time being** a) hë për hë; b)për ca kohë.

belabo(u)r[bi'leibë:] *vt* 1.zhdëp, rrah paq.2.*fig* bëj fërtele, kërdis(me të shara).

belated[bi'leitid] *adj* i vonuar, i vonë; që e ka zënë errësira; **belated apology** ndjesë me vonesë; **belated travellers** udhëtarë të vonuar.

belch [belç] *v,n* *-v* 1. nxjerr, vjell (llavë, zjarr). 2.gromësij.
-n 1.shkulm. 2. gromësirë.

beleaguer[bi'li:gë:] *vt* rrethoj.

belfry['belfri] *n* kambanore, kullë.

Belgian[belxhën] *n,adj* belg, belgjian.

Belgium['belxhëm] *n gjeog* Belgjikë.

belief[bi'li:f] *n* 1.besim; **to the best of my belief** siç mendoj vërtet. 2.besim, dogmë; fe.

believable[bi'li:vëbël] *adj* i besueshëm.

believe[bi'li:v] *v* 1.besoj; mendoj; **yes, I believe so** po, ashtu mendoj. 2.kam besim ; **believe in** a)kam besim te, i zë besë; b)besoj se ekziston; c)çmoj, i besoj. +**make believe** bëj sikur; **it's all make believe** është e gjitha gjoja.

believer[bi'li:vë] *n* 1.besimtar.2.ithtar.

belike[bi'laik] *adv* ndoshta.

belittle[bi'litël] *vt* nënvleftësoj, i ul vlerat; **they belittled his great discoveries** ata i ulën vlerat zbulimeve të tij të mëdha; **belittle oneself** nënçmoj veten.

bell[bel] *n,v* *-n* 1.zile; kambanë. 2.tingëllimë(zileje, kambane); **answer the bell** hap derën. 3.*pl* **bells** ksilofon(instrument muzikor). +**as sound as bell** në gjendje të shkëlqyer; **ring a bell** sjell ndër mend(diçka të harruar).
-v 1.i vë zile. 2. fryhet si kambanë. +**bell the cat** rrezikoj për të tjerët.

bell-bottoms['belbotëmz] *n* pantallona të gjera në këmbëzat.

bellboy['belboi] *n* djalë shërbimi(në hotel etj).

bellflower['belflauë:] *n bot* lulekëmbanë.

bellicose['belikous] *adj* luftëdashës; luftarak..

bellicosity[beli'kousëti] *n* armiqësi; qëndrim armiqësor.

belligerent[bi'lixhërënt] *adj* ndërluftues.

bellman['belmën] *n* tellall.

bellow['belou] *v,n* *-vi* 1.pëllas. 2.rënkoj, ulëroj (nga dhimbja). 3.shfryj, u bërtas.
-n 1.pallje, pëllitje. 2.ulërimë.

bellows['belouz] *n pl* shakull, kacek.

bellwether['belwethë:] *n* 1.dash i këmborës. 2. kapobandë, kapo.

belly['beli] *n,v* *-n* 1.bark; stomak. 2.*ndërt* bark, pjesë e dalë.
-vi fryhet; **the sails bellied in the wind** velat fryheshin nga era.

bellyache['belieik] *n* dhembje barku.

bellyband['belibænd] *n* palldëm(kali).

belly button *n gj. fol* kërthizë.

belly dancer *n* valltare orientale.

bellyful ['beliful] *n* sasi e bollshme; **he has had his bellyful of fighting** ai u ngop me dru.

belong[bi'long] *vi* 1.i përkas, i takoj; **which club do you belong to?** në cilin klub bën pjesë? 2.kam vendin, jetoj; **do you belong here?** këtu jeton?

belongings[bi'longings] *npl* plaçka; gjëra personale.

beloved[bi'lʌvd] *adj* 1.i dashur. 2.njeri i dashur.

below[bi'lou] *prep, adv* *-prep* nën, poshtë; **below $ 5** nën 5 dollarë(çmim); **below freezing-point** nën zero; **below the average** nën mesataren; **below sixty** poshtë të gjashtëdhjetave. 2.përtej, matanë;

below the bridge përtej urës. 3.nën nivelin e; below his dignity jo për dinjitetin e tij. +speak below one's breath pëshpërij.
-adv 1.poshtë; in the rooms below në dhomat poshtë; down below në katin e poshtëm; poshtë në hambar. 2.më poshtë; please affix your signature below lutemi nënshkruani në fund.3.nën zero; it was ten below last night mbrëmë ishte dhjetë (gradë) nën zero.
belt[belt] n,v -n 1.brez, rrip. 2.tek rrip transmisioni. 3.gjeog, meteo brez; zonë; green belt brezi i gjelbër. 4.një gotë(pije).
-vt 1.lidh me rrip. 2.fshikulloj, rrah me rrip.+belt up! gj.fol qepe! below the belt fig e pandershme, jokorrekte.
bemoan[bi'moun] vt vajtoj, qaj.
bench[benç] n 1.fron, stol. 2.vendi i gjykatësit në gjyq. 3.përmb trupi gjykues. 4.bankë; on the bench a)në vendin e gjykatësit; b)në stol(sportisti).
bend[bend] v,n -v (bent) 1.përkul; lakoj. 2.përkulem, lakohem; bëj kthesë. 3.drejtoj; bend one's mind to përqendrohem në. 4.i bindem (vullnetit); bend sb to one's will bëj dikë të më bindet. +bend the knee(to) i lutem; be bent on jam i vendosur të; i kam vënë vetes qëllim.
-n 1.kthesë, bërryl. 2.përkulje; përthyerje(e gjurit). 3.det nyje.
beneath[bi'ni:th] adv, prep 1.nën, poshtë. 2.fig nën nivel; it is beneath you to...nuk ia vlen të...
benediction[beni'dikshën] n bekim.
benefaction[beni'fækshën] n mirësi; bamirësi.
benefactor['benifæktë:] n mirëbërës, bamirës.
beneficence[bi'nefisëns] n bamirësi; dashamirësi.
beneficial[beni'fishël] adj mirëbërës, i dobishëm; fresh air is beneficial to the health ajri i pastër i bën mirë shëndetit.
benefit['benifit] n,v -n 1.dobi, përfitim; e mirë. 2. ndihmë financiare; unemployment benefits ndihmë e papunësisë.3.fet: benefit of clergy a)privilegje të klerikëve; b)rite fetare.
-v 1.i sjell dobi ; i bën mirë; the sea air will benefit you ajri i detit do të të bëjë mirë. 2.përfitoj, kam dobi(nga); he benefited by the medicine ai pati dobi nga barnat.
benefit club n sigurim reciprok, arkë e ndihmës reciproke.
benefit match n sport ndeshje bamirësie(për një lojtar).
benefit performance n shfaqje bamirësie.
benefit association/society n amer shoqëri ndihme reciproke.
Benelux['benëlʌks] n gjeog Beneluksi(Belgjika, Holanda, Luksemburgu).
benevolence[bi'nevëlëns] n 1.mirëdashje, dashamirësi. 2.bujari; bamirësi. 3.dhuratë. 4.hist dhuratë e detyruar(që i bëhej sovranit).

benevolent[bi'nevëlënt] adj 1.mirëdashës, dashamirës. 2.bamirëse, bamirësie(shoqatë).
B.Eng. shkurtim për Bachelor of Engineering.
benighted[bi'naitid] adj 1.fig i zhytur në errësirë /në pafituri. 2.fig dritëshkurtër, e verbër(politikë). 3. që e ka zënë nata.
benign,-ant[bi'nain, bi'ninjënt] adj 1.dashamirës; zemërmirë. 2.i mirë. 3.mjek e parrezikshme(sëmundje).
benignity[bi'ninjëti] n 1.zemërmirësi. 2.nder, favor.
benny['beni] n zhrg benzedrinë(drogë).
bent I[bent] n 1.aftësi; prirje; have a bent for languages kam prirje për gjuhët. 2.pëlqim; dëshirë; follow one's bent bëj siç ma do zemra.
bent II[bent] v,adj -pt.pp e bend I.
-adj gj.fol 1.i shtrembëruar(tub). 2.zhrg i pandershëm; i korruptuar. 3.zhrg homoseksual.
benumb [bi'nʌm] vt mpij; paralizoj (mendjen); fingers benumbed with cold gishta të mpirë nga të ftohtit.
benzene['benzi:n] n benzol.
benzine['benzi:n] n benzinë për pastrim.
benzol['benzol] n shih benzene.
bequeath[bi'kwi:th] vt lë trashëgim(edhe fig).
bequest [bi'kwest] n 1.trashëgim. 2.lënie trashëgim.
berate[bi'reit] vt qortoj, shaj, kërdis.
bereave[bi':ri:v] vt (bereaved; bereft) 1.heq, lë pa; bereft of hope pa shpresa; bereft of speech pa gojë. 2.i merr(vdekja); the accident that bereaved him of his wife aksidenti që i mori gruan.
bereaved[bi'ri:vd] adj,n -adj në zi, që ka humbur të afërmin; bereaved husband burrë i ve, vejan.
-n : the bereaved familja e të ndjerit.
bereavement[bi'ri:vmënt] n 1.humbje e madhe. 2.zi; in her bereavement në zi.
bereft[bi'reft] pt dhe p.p e bereave.
beret['berei, amer bi'rei] n beretë.
berkelium[bë:'ki:liëm] n kim berkelium(element).
Bermuda [bë:'miudë] n Bermude(ishuj në oqeanin Atlantik).
berry['beri] n 1.frut, kokërr, man(toke etj).2.kokërr kafeje.
berserk [bë:'së:k] adj i tërbuar, i çmendur; go berserk tërbohem fare.
berth[bë:th] n,v -n 1.shtrat(në tren, në anije). 2.det vend ankorimi. 3.gj.fol vend pune, punë; find a snug berth gjej një punë të lehtë.+give a wide berth(to) i rri larg, qëndroj larg nga.
-v 1.i bëj vend për t'u ankoruar; ankoroj(anijen). 2. ankorohet.
beryl['beril] n gjeol beril(gur i çmuar).
beryllium[bë'riliëm] n kim berilium(element).
beseech [bi'si:ç] vt (besought) lus, kërkoj me ngulm; beseech the judge for mercy i lyp mëshirë

gjykatësit.

beseeching[bi'si:çing] *adj* lutës.

beseechingly[bi'si:çingli] *adv* me lutje.

beseem[bi'si:m] *vi* më shkon, më ka hije, është me vend/e udhës; **it ill beseems you to refuse** nuk është mirë për ty të mos pranosh.

beset[bi'set] *v* (**beset**) rrethoj; mësyj, mbys; **beset by doubts** i mbytur në dyshime.

beside[bi'said] *prep* 1.pranë, ndanë, afër; **beside the sea** anës detit. 2.në krahasim me; **set beside** krahasohem me. +**beside the point/mark/question** jashtë diskutimit, jashtë teme; **beside oneself** i luajtur mendsh, i shkalluar(nga gëzimi etj).

besides[bi'saidz] *adv, prep* -*adv* 1.veç kësaj; për më tepër.2.më tepër; tjetër; **there is nothing besides** s'ka gjë tjetër; **many more besides** edhe shumë të tjera akoma.

-*prep* veç, përveç; **who besides him** kush tjetër veç atij.

besiege[bi'si:xh] *vt* 1.rrethoj, ngujoj. 2.mbys(me pyetje etj).

besmear[bi'smië:] *vt* fëlliq, lyros.

besmirch[bi'smë:ç] *vt* 1.ndot, përlyej. 2.*fig* njollos; **his reputation was besmirched** emri i tij u njollos.

besom'bi:zëm] *n* fshesë shqope.

besotted[bi'sotid] *adj* i trullosur(nga pija etj).

besought[bi'so:t] *pt, pp* e **beseech**.

bespatter[bi'spætë:] *vt* 1.përbalt. 2.njollos.

bespeak[bi'spi:k] *vt* 1.(**bespoke**; **bespoken**) 1.porosis, rezervoj; **bespoke tailor** rrobaqepës me porosi. 2.tregoj, dëshmoj; është tregues. 3. paralajmëroj, parathem.

best[best] *adj,adv, n* -*adj* (shkallë sipërore e **good, well**), më i miri; **the best thing to do** gjëja më e mirë që(mund të bëhet); **make the best use of one's time** e shfrytëzoj kohën si s'ka më mirë; **put one's best foot forward** eci me të gjithë shpejtësinë; **the best part of** shumica, pjesa më e madhe e.

-*adv* më mirë; **the best dressed woman** femra e veshur më mirë; **you know best** ti e di më mirë(këtë punë); **he had best** më e mira për të do të ishte.

-*n* më i miri, më e mira; maksimumi; **we want the best** ne duam më të mirën; **I did my best to finish the work in time** unë bëra maksimumin për ta mbaruar punën në kohë; **be all for the best** përfundon mirë; **be/dress in one's best** vishem me rrobat më të mira; **all the best!** gjithë të mirat! **the best of it/the joke** më e bukura(ishte); **at best** të shumtën, shumë-shumë, në rastin më të mirë; **at its best** në gjendjen më të mirë; **get the best of** mund, fitoj mbi; **make the best of** bëj sa mundem; **make the best of things** jam i kënaqur; **to the best of my knowledge/belief/recollection** me sa di unë, nga sa besoj/më kujtohet.

bestead[bi'sted] *v* *vjet* ndihmoj.

bestial['bestjël] *adj* shtazarak, i egër, çnjerëzor.

bestiality[besti'ælëti] *n* shtazëri, egërsi, brutalitet.

bestially['bestiëli] *adv* egërsisht, shtazërisht.

bestir[bi'stë:] *v* (**oneself**) vihem në lëvizje.

best man nun, kumbarë(në martesë).

bestow[bi'stou] *vt* 1.(**on, upon**) jap, dhuroj, blatoj. 2.*vjet* vë, vendos.

bestowal[bi'stouël] *n* dhuratë, blatim.

bestrew[bi'stru:] *vt* shpërndaj; mbuloj me(lule etj).

bestride[bi'straid] *vt* (**bestrode**; **bestridden**) shaloj, i hipi shaluar.

bet[bet] *v,n* -*v* vë bast; **I bet** jam i sigurt; **you bet!** natyrisht!; patjetër!; të jesh i sigurt!

-*n* bast; **make a bet** vë bast; **win/lose a bet** fitoj/humb një bast.

beta['bi:të] *n* beta.

betake[bi'teik] *vt* (**betook**; **betaken**); (**oneself to**) jepem, i kushtohem.

betcha['beçë] *interj zhrg* bah!; ç'thua!

bethink[bi'think] *vt* mendohem, bluaj me mend.

betide[bi'taid] *v* 1.ndodh, ngjan;**whatever may betide** çfarëdo që të ndodhë. 2.më zë; **woe betide you if...**, të rëntë mbi kokë po qe se....

betimes[bi'taimz] *adv* herët; me kohë; para se të jetë vonë.

betoken[bi'toukën] *vt* tregon, flet për; paralajmëron; **those clouds betoken rain** këto re paralajmërojnë shi.

betook[bi'tuk] *pt* e **betake**.

betray [bi'trei] *vt* 1. tradhtoj. 2. shes. 3.nxjerr të fshehtën. 4.tregoj, dëshmoj.

betrayal[bi'trejël] *n* tradhti.

betrayer[bi'treie:] *n* tradhtar.

betroth[bi'troudh] *vt* fejoj.

betrothal[bi'troudhël] *n* fejesë.

betrothed[bi'troudhd] *n* i fejuar.

better['betë:] *adj,adv,n,v* -*adj* (shkalla krahasore e **good, well**) më i mirë; **no better than** jo më i mirë, njësoj; **his better half** e shoqja; **the better hand** epërsi; **the better part of** shumica; **I have seen better days** kam parë ditë më të mira, kam qenë më mirë nga gjendja.

-*adv* më mirë; **be better off** jam në gjendje më të mirë; **be better than one's word** bëj më tepër nga ç'premtoj; **know better** a)nuk e bëj atë gabim; b)nuk e besoj(një pohim); **think all the better of sb** më shtohet konsiderata për dikë.

-*n pl* eprorë, superiorë; **don't ignore the advice of your elders and betters** mos i nënçmo këshillat e atyre që qëndrojnë më lart se ti. +**get the better of sb** ia kaloj(dikujt); e mund(dikë); **for better or worse** në të mirë e në të keq.

-*vt* 1.përmirësoj. 2.ia kaloj (dikujt).

better['betë:] *n* ai që vë bast.

betterment['betë:mënt] *n* përmirësim.

between[bi'twi:n] *adv, prep* -*adv* në mes, ndër-

mjet; **far between** larg njëri-tjetrit; **few and far between** të rralla dhe larg njëra-tjetrës; **in between** në mes të, midis; **we folded the blanket and put the mirror in between** e palosëm batanijen dhe e futëm pasqyrën midis palave.
-*prep* 1.midis, ndërmjet(vend, kohë, gradë). 2. nga.....në...; **between fifty and sixty tons** nga 50 në 60 tonë. +**between ourselves** midis nesh(e fshehtë); **between us** të dy, bashkërisht.

betwixt[bi'twikst] *prep, adv* midis, ndërmjet.
beverage['bevërixh] *n* pije.
bevy['bevi] *n* 1.turmë, grumbull. 2.tufë(zogjsh).
bewail[bi'weil] *v* qaj; vajtoj.
beware[bi'weë:] *v* ruhem, hap sytë; **beware of the dog!** ruhuni nga qeni!
bewilder[bi'wildë:] *vt* hutoj, trullos, ngatërroj.
bewildered[bi'wildë:d] *adj* i hutuar, i shushatur.
bewildering[bi'wildëring] *adj* hutues, trullosës, çoroditës.
bewilderment[bi'wildë:mënt] *n* hutim, shushatje.
bewitch[bi'wiç] *vt* magjeps(edhe *fig)*.
bewitching [bi'wiçing] *adj* magjiplotë, i magjishëm, i hirshëm; joshës, ngashnjyes.
bewitchment[bi'wiçmënt] *n* magji, magjepsje.
bewray[bi'rei] *vt* nxjerr padashur(diçka), zbuloj.
bey[bej] *n* bej.
beyond[bi'jond] *adv,prep,n* -*adv* tutje, më tej; përtej, matanë; **what is beyond?** çfarë ka më tutje? -*prep* 1.përtej, matanë; **beyond the bridge** matanë urës. 2.(për kohë) pas, përtej; **beyond 8 o'clock** pas orës 8. 3.mbi, jashtë; **beyond our hopes** më shumë se ç'shpresonim; **it's quite beyond me** s'ma rrok truri, s'e kuptoj; **beyond belief** e pabesueshme; **beyond dispute** jashtë çdo dyshimi, pa diskutim; **beyond measure** jashtë mase, pa masë. 4.veç, përveç; **he has nothing beyond his pension** nuk ka asgjë veç pensionit.
-*n* : **the beyond, the great beyond** bota tjetër, jeta e përtejme; **at the back of beyond** në fund të botës.
bi-[bai] *pref* dy-; **bilingual** dygjuhësh.
bias['baiës] *n,v* -*n* 1. paragjykim; anësi; **show a bias in favor of** mbaj anën e. 2.vijë e pjerrët; pjerrje. 3.tërthore; **cut on the bias** e pres skiç (copën).
-*vt* ndikoj; e bëj të njëanshëm.
bias(s)ed['bajëst] *adj* i anshëm, që mban anë(gjykatës); tendencioz(raport).
bib I[bib] *n* 1. grykashkë(fëmijësh). 2.gjoks përparëseje/fute.
bib II[bib] *vi* pi pa masë.
Bible['baibl] *n* Bibla.
Bible college *n* universitet teologjie.
Bible thumper *n amer përb* evangjelist rrugësh.
biblical['biblikël] *adj* biblik.
bibliographer[bibli'ogrëfë:] *n* bibliograf.
bibliographic(al)[biblië'græfikël] *adj* bibliogra-

fik.
bibliography[bibli'ogrëfi] *n* bibliografi.
bicameral [bai'kæmërël] *adj pol* me dy dhoma (parlament).
bicarbonate[bai'ka:bënit] *n* bikarbonat; **bicarbonate of soda** sodë buke.
bicentenary [baisën'ti:nëri] *adj,n* -*adj* dyqindvjeçar.
-*n* dyqindvjetor.
biceps['baiseps] *n anat* muskul dykrerësh, biceps.
bicker['bikë:] *vt* 1.grindem; gërnjosem. 2.gurgullon; **a bickering stream** rrëke gurgulluese. 3.luhatet, regëtin(flaka).
bicycle['baisikël] *n,v* -*n* biçikletë.
-*v* ngas biçikletën, eci me biçikletë.
bid[bid] *v,n* -*v* (**bad(e)**; **bidden, bid**) 1.ofroj(një çmim), bëj një ofertë; **bid up** ngre ofertën; **bid on** jap një çmim; nxjerr në tender. 2.*vjet* a)urdhëroj, porosis; **bid him come in** thuaji të hyjë brenda; b)ftoj; **bid sb to a wedding** ftoj dikë në dasmë; c) them; **bid farewell to sb** i them lamtumirë dikujt. 3.shpreh; **bid fair to** ka shpresë për, ka sy për t'u bërë; **bid defiance to** sfidoj.
-*n* 1.ofertë; **a higher bid** ofertë(çmim) më e(i) lartë. 2.kërkesë, përpjekje(për të arritur); **make a bid for support** përpiqem të gjej mbështetje. 3.*vjet* ftesë.
bidden[bidn] *pp* i bid.
bidder[bidë:] *n* ofrues, blerës(në një ankand).
bidding['biding] *n* 1.ofertë. 2.(në letra) ofertë, shumë e vënë(në lojë). 3.urdhër, kërkesë; **at whose bidding?** me urdhër të kujt? **do sb's bidding** veproj sipas urdhrave të.
bide[baid] *v* 1.pres; **bide one's time** pres rastin. 2.duroj. 3.rri; banoj.
biennal[bai'eniël] *adj,n* -*adj* dyvjeçar.
-*n* bimë dyvjeçare.
bier[bië:] *n* qivur, arkivol.
bifocal[bai'foukël] *adj,n* -*adj* dyvatror, me dy vatra.
-*n pl* **bifocals** syze me dy vatra.
bifurcate['baifë:keit] *v, adj* -*vi* bigëzohet, degëzohet, ndahet më dysh(rruga etj).
-*adj* (edhe-**ed**) i degëzuar, i bigëzuar.
bifurcation[baifë:'keishën] *n* bigëzim, degëzim.
big [big] *adj* 1.i madh; **big game** a) egërsira të mëdha; b)*fig* llokmë e madhe; **have big ideas** jam ambicioz; **talk big** mburrem; **get/grow too big for one's boots** fryhem, krekosem. 2.i rritur; **when he is big** kur të rritet. 3.i madh, me rëndësi; **big news** lajme të rëndësishme. 4.(zë) i plotë, i lartë. 5.bujar; **a big heart** zemër e madhe/bujare. 6.i fryrë, mburracak; **big talk** fjalë të mëdha, mburrje. +**big with child** me barrë; **big deal!** punë e madhe ! **bigamy**['bigëmi] *n* bigami, martesë me dy gra a dy burra njëherësh.
big band *n muz* orkestër e madhe.

Big Ben *n Br* Sahati i Madh, Kulla e Sahatit(në Londër).
Big Bertha *n* 1.top gjigand(në Luftën I Botërore). 2.artileri e rëndë. 3.*fig* armë e fuqishme.
Big Brother *n* tiran, diktator; shtet policor.
Big Dipper *n amer astr* Arusha e Madhe.
big dipper *n amer* tren i çmendur(në parqe lodrash).
big end *n aut* kokë bjelle.
big game *n Br* egërsira të mëdha.
big gun['biggʌn] *n gj.fol* person me rëndësi, peco.
big head *n* kapadai.
big-hearted['bigha:tid] *adj* zemërgjerë, me zemër të madhe.
bight[bait] *n* 1.e futur, gji. 2.cep, qoshe. 3.lak litari. 4.gjatësi, tegel(në makinë).
big mouth *n* llafazan.
big-mouthed['bigmautht] *adj* llafazan.
big noise *n zhrg* njeri me rëndësi; peco.
bigot['bigët] *n* fanatik.
bigoted['bigëtid] *adj* fanatik.
bigotry['bigëtri] *n* fanatizëm.
big shot *n zhrg* shih **bigwig**.
big wheel *n zhrg* shih **bigwig**.
bigwig['bigwig] *n gj.fol* person me rëndësi, peco.
bijou['bi:zhu:] *n,adj* -*n* gur i çmuar, bizhu.
-*adj* si xhevahir.
bike[baik] *n,v gj.fol* -*n* 1.biçikletë.2.motoçikletë e lehtë.
-*vi* eci me biçikletë/me motoçikletë.
bikini[bi'ki:ni] *n* rroba banje të vockla (grash).
bilateral[bai'letërël] *adj* i dyanshëm, dypalësh.
bilberry['bilbëri] *n* boronicë.
bile[bail] *n* 1.vrer. 2.*fig* zemërim, vrer,
bilingual[bai'lingwël] *adj* dygjuhësh.
bilingualism[bai'lingwëlizm] *n* dygjuhësi, zotërim i dy gjuhëve.
bilious['biliës] *adj* 1.i vrerit, nga vreri. 2. i zemëruar ; i vrerosur.
bill I[bil] *n* sqep.
bill II[bil] *n* 1.faturë. 2.afishe; **head/top the bill** e kam emrin në krye të afishes; **bill of fare** meny, listë gjellësh.3.*drejt,pol* projektligj. 4.kartëmonedhë; **bills receivable** bankënotë e pagueshme mbajtësit. 5.dëshmi; **bill of entry** vërtetim i doganës. 6.(**bill of exchange**) kambial. +**post no bills!** ndalohet ngjitja e afisheve!; **fill the bill** plotësoj kërkesat.
bill III[bil] *vt* 1.afishoj. 2.i faturoj, i çoj faturë; **the store bills me on the first of the month** dyqani m'i dërgon faturat më datë një të çdo muaji.
billboard['bilbo:d] *n* stendë afishimi.
billet I['bilit] *n,v usht* -*n* 1.urdhër strehimi. 2.strehim. 3. vend pune, punë.
-*vt* strehoj.
billet II[bilit] *n* 1.kapicë drush.2.shufër metalike.
billfold['bilfould] *n amer* kuletë, portofol.

billhook['bilhuk] *n bujq* gërshërë krasitjeje.
billiard['buljë:d] *n* pikë, karambol.
billiards['biljë:dz] *n* karambol(lojë bilardoje).
billiard-table['biljë:dteibël] *n* tryezë bilardoje.
billing['biling] *n* klasifikim.
billion['biljën] *n* 1.*amer,knd* miliard. 2.*Br* trilion (një milion milionë).
billow['bilou] *n,v* -*n* 1.dallgë e madhe. 2.*poet* deti. 3.*fig* dallgë, tallaz.
-*vi* dallgëzohet, shkon valë-valë.
bill of exchange *n fin* kambial.
bill of fare *n* meny.
bill of goods *n* dërgesë, ngarkesë malli. + **sell a bill of goods** *zhrg* çorodis, përpiqem të mashtroj.
bill of lading *n det* policë-ngarkesë, listë e mallrave(për t'u transportuar).
Bill of Rights *n hist* Deklaratë e Të Drejtave.
bill of sale *n* dëshmi shitjeje.
billposter, billsticker['bilpoustë:, 'bilstikë:] *n* ngjitës afishesh.
billy I['bili] *n* shkop(polici); stap.
billy II['bili] *n* kusi; gavetë.
billy goat *n* cjap.
billy-(h)o['bili(h)ou] *n gj.fol* : **like billy-ho** furishëm, me furi; **it was raining like billy-ho** binte shi me shtëmba.
bimonthly[bai'mʌnthli] *adj* dymujor, i përdymuajshëm.
bin[bin] *n* 1.drithnik, hambar. 2.kovë, arkë (plehrash).
binary['baineri] *adj* 1.*mat* dyjor; **binary system** sistem dyjar. 2.i dyfishtë; **binary star** yll i dyfishtë.
bind[baind] *v* (**bound**) 1.lidh; **bind a package** lidh një pako; **bind up the hair** lidh flokët; **bind up a wound** lidh një plagë; **bind a prisoner hand and foot** lidh një të burgosur kokë e këmbë. 2.*polig* lidh, i vë kapakë; **bind a book** lidh një libër. 3.mpikset, ngurtësohet; **clay binds when it is baked** argjila ngurtësohet kur piqet. 4.shtërngoj, detyroj; **bind sb to do sth** e detyroj dikë të bëjë diçka; **bind oneself to do sth** marr përsipër/premtoj të bëj diçka; **bind sb over** e urdhëroj dikë të respektojë ligjin. 5.ankohem, gërnjosem; **oh, stop binding!** epo, mjaft u qave!
binder['baindë:] *n* 1.libralidhës. 2.makinë duajlidhëse. 3.kordon. 4.dosje kartoni.
bindery['baindëri] *n polig* repart i libralidhjes.
binding['bainding] *n,adj* -*n* 1.lidhje (librash). 2.veshje e anëve.
-*adj* 1.lidhës. 2.detyrues.
binge[binxh] *n* qejf, zbavitje; **have a binge** ia shtroj.
binoculars[bi'nokjulë:z] dylbi.
binomial[bai'noumiël] *n,adj mat* -*n* binom.
-*adj* binomial.
biochemical[baiou'kemikël] *adj* biokimik.

biochemist[bajou'kemist] *n* biokimist.
biochemistry[bajou'keməstri] *n* biokimi.
biographer[bai'ogrëfë:] *n* jetëshkrues, biograf.
biographic(al)[bajou'græfik(ël)] *adj* biografik.
biologic(al)[bajou'loxhik(ël)] *adj* biologjik.
biologically[baië'loxhikëli] *adv* biologjikisht.
biologist[bai'olëxhist] *n* biolog.
biology[bai'olëxhi] *n* biologji.
biopsy['bajopsi] *n mjek* biopsi, analizë e indeve.
biped['baiped] *n* dykëmbësh(kafshë).
biplane['baiplein] *n* aeroplan me dy palë krahë.
birch[bë:ç] *n,v* -*n* 1.mështeknë. 2.thupër.
-*vt* rrah me thupër(si dënim).
birchen['bë:çën] *adj* mështekne.
bird[bë:d] *n* zog; **bird of passage** zog shtegtar;
bird of pray shpend grabitqar. +**give sb the bird**
fishkëllej dikë(në skenë etj); **a bird in the hand is
worth two in the bush** *prov* më mirë një vezë sot se
një pulë mot; **kill two birds with one stone** me një
gur vras dy zogj.
birdbrain['bë:dbrein] *n* trupeshk.
birdcage[bë:dkeixh] *n* kafaz zogjsh.
birdhouse['bë:dhaus] *n* shtëpizë druri për zogjtë
(majë peme etj).
birdlime['bë:dlaim] *n* 1.zamkë. 2.*fig* grackë.
bird of passage *n* zog shtegtar(edhe *fig*).
bird's-eye view *n* 1.pamje nga lart.2.*fig* vështrim
i përgjithshëm.
bird shot *n* saçme e imët (për zogj).
bird-watcher['bë:dwoçë:] *n* vrojtues zogjsh.
birth[bë:th] *n* 1.lindje; **give birth(to)** lind. 2.pre-
jardhje; **be of good birth** jam nga familje e mirë.
birthday['bë:thdei] *n* ditëlindje.
birthmark['bë:thma:k] *n* shenjë, nishan.
birthplace['bë:thpleis] *n* vendlindje.
birthrate['bëthreit] *n* përqindje e lindjeve(në vit,
për 1000 banorë).
biscuit['biskit] *n* 1.peksimadhe, galetë. 2.biskotë.
+**take the biscuit** jam më i miri; jam i habitshëm.
bisect[bai'sekt] *vt* ndaj më dysh.
bisection[bai'sekshën] *n* ndarje më dysh.
bisector[bai'sektë:] *n mat* përgjysmues, përgjys-
more.
bisexual[bai'sekshuël] *adj* i dygjinishëm.
bishop['bishëp] *n* peshkop.
bismuth['bizmëth] *n* bismut.
bison['baisën, 'baizën] *n zool* bizon.
bistoury['bisturi] *n* bisturi.
bit I[bit] *pt* dhe *pp* i **bite** I.
bit II[bit] *n,v* -*n* 1.gojëz, fre(kali). 2.pengojcë.
3.punto, majë shpuese. 4.dhëmbë(të çelësit). +**take
the bit betwen one's teeth** a)(kali) turret pa fre; b)
fig ngjall nga kontrolli.
-*v* 1.i vë gojëzën kalit. 2.*fig* vë nën fre, frenoj.
bit III[bit] *n* 1.copëz, çikë, grimë; **a bit, a little**

bit pak, paksa; **bit by bit** pak nga pak, dalngadalë;
a bit at a time shkallë-shkallë, hap pas hapi; **a bit
of a** mjaft , goxha; **not a bit** aspak, fare; **he is not
a bit better** nuk është aspak më mirë; **not a bit of it**
aspak, hiç fare; **pull/cut/tear sth to bits** e bëj copë
e çikë diçka; **go/come to bits** bëhet copë-copë. 2.
monedhë e vogël. 3.*kmp* bit, njësi e informacionit.
bitch[biç] *n,v* -*n* 1.bushtër. 2.*zhrg* bushtër, kur-
vë. 3.gjuhustër(grua).
-*vi zhrg* 1.qahem; hungroj. 2.katranos.
bitchwolf['biçwulf] *n* ujkonjë.
bitchy['biçi] *adj zhrg* gërnjar, idhnak; i lig.
bite[bait] *v,n* -*v* (**bit; bit, bitten**) 1.kafshoj; **bite
off** kafshoj, shkul një kafshatë; **have sth to bite on**
a)kam ç'të përtyp; b)*fig* kam me se merrem; **bite the
dust** kafshoj dheun, vritem; **once bitten twice shy**
prov kush digjet nga qulli, i fryn kosit. 2. a)pickon
(insekti); b)kafshon(peshku grepin), i bie; c)*fig* bie
në grep; **I tried to sell him my old car, but he
wouldn't bite** desha t'i shisja makinën time të vje-
tër, por ai nuk e hëngri. 3.ther(të ftohtit).4.djeg
(piperi). 5.gërryen(acidi). 6.kap, mban (rrota në
shina). +**bite back** shtërngoj dhëmbët, përmbahem;
bite the bullet shtërngohem, nuk nxjerr zë; **bite the
dust** *gj.fol* a)kafshoj dheun, bie i vdekur; b)mun-
dem.
-*n* 1.kafshim; pickim. 2.kafshatë. 3.cuksje. 4.therje.
5.e rënë, kafshim(i peshkut).
biter['baitë:] *n* : **the biter bit** *prov* kush i bën
varrin tjetrit, bie vetë brenda.
biting['baiting] *adj* therës; thumbues; i ashpër; **a
biting wind** erë që të pret; **biting remark** vërejtje
therëse.
bitten['bitn] *pp* e **bite** I.
bitter ['bitë:] *adj,n* -*adj* 1.i hidhur. 2.i vuajt-
shëm.3.i hidhur, që të pret(të ftohtët). 4.i papëlqye-
shëm; i pakëndshëm. + **a bitter pill to swallow** gjë
e pakëndshme; kafshatë që s'kapërdihet; **to the
bitter end** deri në pikën e fundit.
-*n* 1.hidhësirë. 2.birrë e hidhur. 3.pije e hidhur(për
tretje).
bitterly['bitërli] *adv* 1.hidhur. 2.me inat, me ash-
përsi. 3.*fig* shumë ftohtë.
bitterness['bitë:nis] *n* 1.zemërim. 2.hidhërim.
bitumen['bitjumin] *n* bitum, serë.
bituminous[bi'tju:minës] *adj* bitumbajtës.
bivalent[bai'veilënt] *adj kim* dyvalent.
biweekly['bai'wi:kli] *adj* dyjavor.
biyearly[bai'jië:li] *adj* dyvjetor, dyvjeçar.
biz[biz] *n gj.fol* (shkurtim i **business**) punë; **good
biz!** të lumtë! bukur!
bizarre[bi'za:] *adj* 1.i çuditshëm. 2.fantastik, qe-
sharak.
blab[blæb] *v* llomotis; flas poshtë e lart.
blabber['blæbë:], **blabbermouth**[blæbë:mouth]
n llafazan.

black[blæk] *adj,n,v* -*adj* 1.i zi; i errët; i nxirë; **black in the face** i nxirë në fytyrë(nga inati); **look black at sb, give sb a black look** shikoj me inat dikë, **not so black as one is painted** jo aq i zi/i lig sa ç'e bëjnë. 2.*fig* i thellë; i madh; **black despair** pikëllim i thellë. 3.zezak, i zi; **black theatre** teatër zezak. 4.i nxirë; **black with soot** të nxira nga bloza. 5.i zymtë, i vrenjtur(mot).

-*n* 1.e zezë, të zi; **dressed in black** veshur në të zeza. 2.blozë. 3.zezak. + **have sth down in black and white** shkruaj të zezë mbi të bardhë, hedh në letër; **in the black** pa humbje; me fitim.

-*v* 1.nxij. 2.nxihem. 3.lyej(këpucët).

+**black out** a)më bie të fikët; b)errësoj(në raste bombardimesh); c)mbaj të fshehtë, bllokoj(një lajm).

blackamoor['blækëmuë:] *n* lëkurëzi; zezak.

black-and-blue['blækënblu:] *adj* vula-vula, tërë vurata(nga të rrahurit).

black and white *n* 1.shkrim; shtyp. 2.fotografi bardh-e-zi. 3.*attr* bardh-e-zi.

black art *n* magji.

blackball ['blækbo:l] *n,v* -*n* 1.kokërr e zezë(votimi).

-*vt* (**sb**) votoj kundër zgjedhjes (së dikujt).

blackbeetle['blæk'bi:tl] *n* brumbull, kacabun.

black belt *n* brezi i zi; niveli më i lartë i aftësive në karate, xhudo, kung-fu etj.

blackberry['blækbëri] *n* manaferrë.

blackbird['blækbë:d] *n* mëllenjë, mullizezë.

blackboard['blækbo:d] *n* dërrasë e zezë.

black book *n fig* libër i zi, listë e zezë.

blackbox['blækboks] *n av* kuti e zezë(me informacion për fluturimin).

black bread *n* bukë e zezë.

blackcap['blækkæp] *n zool* kaçuban, çafkëlore.

blackcock['blækkok] *n* gjel i egër.

blackcoat['blækkout] *n* nëpunës.

black-coated worker *n* punonjës zyre, nëpunës.

blacken['blækën] *vt* 1.nxij. 2.nxihem. 3.*fig* nxij, njollos; **blacken sb's name** i njollos emrin dikujt.

blackflag['blækflæg] *n* flamur piratësh.

blackguard['blækga:d] *n,v* -*n* batakçi, maskara, kopuk.

-*v* (e) shaj rëndë.

black-hearted['blækha:tid] *adj* zemërzi, shpirtlig.

black hole *n astr* vrimë e zezë.

black ice *n* ngricë, shtresë e hollë akulli mbi xhade.

blacking['blæking] *n* bojë e zezë(këpucësh).

blackjack['blækxhæk] *n,v* -*v* 1.shkop polici.2.flamur piratësh. 3.(lojë me letra) njëzetenjësh.4.*min* blendë.

-*vt* 1.qëlloj me shkop. 2.shtrëngoj, detyroj.

blacklead['blækled] *n,v* -*n* grafit.

-*vt* fërkoj(sobën) me grafit.

blackleg ['blækleg] *n* 1. grevëthyes. 2. batakçi,

hileqar.

blackletter['blækletë:] *n,adj* -*n* shkronjë gotike. -*adj* i zi, i pafat.

blacklist['blæklist] *n,vt* -*n* listë e zezë.

-*vt* vë në listën e zezë.

blackmail['blækmeil] *n,v* -*n* kërcënim, shantazh.

-*vt* kërcënoj, i bëj shantazh.

blackmailer['blækmeilë:] *n* shantazhist.

black magic *n* magji.

black mark *n* dënim; hedhje poshtë, vlerësim i keq.

Black Maria *n Br gj.fol* makinë e të burgosurve.

black market *n* treg i zi.

black marketer *n* spekullator.

blackness ['blæknis] *n* 1.ngjyrë e zezë, të zi. 2. errësirë, terr. 3.fëlliqje, pisllëk. 4.*fig* mizori.

blackout['blækaut] *n* 1.errësim i plotë.2.verbim; bllokim truri, humbje ndjenjash. 3.humbje e kujtesës. 4.ndërprerje sinjali(në radio etj). 5.censurim, bllokim(i lajmeve etj).

Black Sea *n gjeog* Deti i Zi.

blackshirt['blækshë:t] *n pol* këmishëzi, fashist.

blacksmith['blæksmith] *n* farkëtar, kovaç.

blackwork['blækwë:k] *n* punim kovaçane.

bladder['blædë:] *n* 1.fshikëz. 2.*anat* fshikëz urine. 3.kamerdare topi.

blade['bleid] *n* 1.teh(thike etj); **razor blade** brisk rroje. 2.shpatë. 3.thikë, gijotinë. 4.fletë lopate(rremi). 5.gjeth, fletë(e grurit etj). 6.*aut* fshirëse xhami.7. turbinë.

blah[bla:] *n,adj zhrg* -*n* 1.llafe, llogje. 2.*amer*: **the blah** mërzi.

-*adj* i mërzitshëm për vdekje.

blain[blein] *n* i thatë, çiban.

blamable['bleimëbël] *adj* i fajësueshëm; me faj.

blame [bleim] *n,v* -*n* faj, fajësim; përgjegjësi; **without blame** i paqortueshëm; **bear/take the blame (for sth)** marr përgjegjësinë mbi vete; **put/lay the blame on sb for sth** ngarkoj dikë me faj për diçka.

-*vt* 1.fajësoj; **be to blame** jam fajtor, kam faj; **blame sth on sb** ia ngarkoj dikujt(një faj).2.dënoj.

blameful['bleimful] *adj* fajtor.

blameless['bleimlis] *adj* i pafajshëm.

blameworthy ['bleimwë:thi] *adj* i dënueshëm, i fajshëm.

blanch[bla:nç] *v* 1.zbardh; zbardhoj. 2.zverdhem, zbehem(nga frika, të ftohtët). 3.qëroj, i heq cipën(bajameve etj). 4.i jap një valë(mishit).

bland[blænd] *adj* 1.i sjellshëm, i njerëzishëm. 2.i butë. 3.qetësues. 4.*fig* i shpëlarë.

blandish['blændish] *v* lajkatoj, marr me të mirë.

blandishment['blændishmënt] *n* lajka.

blank[blænk] *adj,n* -*adj* 1.i zbrazët, bosh. 2. e bardhë, e pashkruar(letër); **blank cheque** çek i

bardhë; **give sb a blank check** *fig* i jap dikujt fuqi të plota(për të vepruar). 3.i turbullt; i hutuar(shikim); **his future looks blank** e ardhmja e tij duket e zymtë; **my mind went blank** truri m'u bllokua. +**come up against a blank wall** më mbyllen të gjitha dyert.
  -*n* 1.vend bosh(për të shkruar). 2.formular(për t'u plotësuar). 3.biletë lotarie që nuk fiton; **draw a blank** nuk fitoj gjë, dal bosh. 4.*fig* zbrazëti, boshllëk; **his death left a big blank in her life** vdekja e tij la një boshllëk të madh në jetën e saj. 5.fishek.
  blanket['blænkit] *n,v* -*n* 1.batanie; kuvertë; mbulesë krevati. 2.*fig* mbulojë, shtrojë; **a blanket of snow** një shtrojë dëbore; **blanket instructions** udhëzime të plota(që trajtojnë gjithçka).
  -*v* 1.mbuloj(me batanie etj). 2.mbulon(bora qytetin).3.shuaj, mbys(zërat).
  blankety-blank ['blænkiti'blænk] *adj gj.fol* i shkretë; i dreqit.
  blankly['blænkli] *adv* me vështrim të zbrazët, si i përhumbur; pa shprehje.
  blank verse *n let* varg i bardhë/pa rimë.
  blare [bleë:] *v,n* -*v* 1. i bie borisë. 2.gjëmon (trumpeta).3.ndihet(muzika). 4.ulërin(altoparlanti).
  -*n* 1.gjëmim, piskamë. 2.feksje, shkëlqim(i një ngjyre).
  +**blare out** shfryj, lëshoj(një kërcënim).
  blarney['bla:ni] *n,v* -*n* fjalë lajkatare.
  -*v* lajkatoj, mbys me lajka.
  blaspheme[blæs'fi:m] *v* shaj Zotin, blasfemoj.
  blasphemous ['blæəsfiməs] *adj* blasfemues, që shan Zotin.
  blasphemy['blæsfëmi] *n* blasfemi, sharje e Zotit.
  blast[bla:st] *n,v* -*n* 1.shkulm ere. 2.rrymë ajri; valë ajri; **at full blast** në maksimum; **in/out of blast** (furrë) në punë, pa punë. 3.tingull(vegle frymore). 4.shpërthim, plasje. 5.*fig* shpërthim inati. 6.orgji.
  -*v* 1.hedh në erë; shpërthej. 2.prish, dëmtoj, shkatërroj. 3.i bie trompës. 4.i shfryj, e kërdis; **blast you!** qofsh mallkuar!
  +**blast off** a)ndizet; niset(raketa); b)*amer zhrg* iki.
  blasted ['bla:stid] *adj* 1.i tharë; që i ka rënë rrufeja (dru). 2.*fig* të shuara(shpresa).
  blastfurnace['bla:st'fë:nis] *n* furrë Martin.
  blastoff['bla:stof] *n* nisje; lëshim(i raketës).
  blatancy['bleitënsi] *n* zhurmë, poterë.
  blatant ['bleitënt] *adj* zhurmëmadh, llafazan.
  blaze I[bleiz] *n,v* -*n* 1.flakë; zjarr; **burn into a blaze** digjet flakë, si pishtar. 2.godinë më flakë; zjarr. 3.*pl* ferr; **go to blazes!** në ferr(në djall) vajtsh!; **work like blazes** punoj me tërbim. 4.shkëlqim, flakërim; **be a blaze of light** shkëlqej nga dritat. 5.*fig* shpërthim; **in a blaze of anger** në një shpërthim inati.
  -*v* 1.digjet flakë, flakëron. 2.shkëlqen, shndrit

(dielli). 3.*fig* ndizem, shpërthej(me zemërim).
  +**blaze around** them andej-këndej, vë tellallin.
  +**blaze away** qëlloj me batare.
  +**blaze down** shkëlqen, shndrit(dielli).
  +**blaze forth** a)shkëlqen, feks; b)*fig* shpërthen.
  +**blaze out** a)nis, plas(zjarri); b)del, shkëlqen, shndrit(dielli); c)shpërthen(zemërimi).
  +**blaze up** a)nis, plas(zjarri); b)*fig* shpërthen(zemërimi); shfryj; pëlcas.
  blaze II[bleiz] *n,v* -*n* 1.pullë/shenjë e bardhë, balë(e kalit).2.shenjë(zhvoshkje) në lëkurën e pemës.
  -*vt* 1.shënoj, i vë shenjë, i bëj një të prerë(pemës). 2.bëj të njohur, shpall, demonstroj; **blaze new trails** çaj shtigje të reja.
  blazer['bleizë:] *n* xhaketë sportive.
  blazon['bleizën] *n,v* -*n* stemë.
  -*vt* 1.vë stemë. 2.*fig* vë tellallin, flas lart e poshtë.
  bleach[bli:ç] *vi* zbardhet, zbardhohet.
  bleachers['bliçë:z] *npl amer* shkallë, vende të pambuluara(në stadium).
  bleak I[bli:k] *n zool* gjuhëz, shojzë(peshk).
  bleak II[bli:k] *adj* 1.i zhveshur; i rrahur nga era. 2.e zhveshur, pa orendi(dhomë).3.i ftohtë, i acartë. 4.*fig* e vetmuar(jetë); e zymtë(perspektivë).
  bleakly['bli:kli] *adv* me zymtësi.
  bleakness['bli:knis] *n* 1.shkreti. 2.zymtësi. 3.acar.
  blear[blië:] *adj,v* -*adj* i mjegulluar, i turbulluar, i veshur(shikim).
  -*vt* mjegulloj(shikimin), turbulloj.
  blear-eyed ['blië:rajd] *adj* me sy të fryrë; sypërlotur.
  bleary['bli:ri] *adj* shih **blear** *adj*.
  bleat[bli:t] *v,n* -*v* 1.blegërin, vërret. 2.qahem.
  -*n* blegërimë.
  bleed[bli:d] *v,n* -*v* (**bled**) 1.më rrjedh gjak. 2.*fig* më pikon (zemra) gjak; **our hearts bleed for the homeless** na pikon për të pastrehët. 3.i marr gjak(të sëmurit). 4.*gj.fol* rrjep, zhvas; i marr para me shantazh.
  -*n* rrjedhje gjaku.
  bleeding['bli:ding] *n,adj,adv* -*n* 1.marrje gjaku. 2.rrjedhje gjaku, hemorragji.
  -*adj* 1.që rrjedh(plagë); i gjakosur. 2.*fig* i plagosur (shpirt). 3.*zhrg* i mallkuar, i dreqit.
  -*adv zhrg* shumë, kiamet.
  blemish['blemish] *n,v* -*n* 1.cen; e metë; **without blemish** pa të meta; pa cen. 2.njollë; shenjë(plage etj).
  -*v* 1.*fig* njollos, i vë njollë, cenoj. 2.i bëj shenjë, i vë njollë.
  blench[blenç] *v* 1.sprapsem, zbythem(nga frika). 2.zverdhem, zbehem. 3.zbardh, zbardhoj.
  blend [blend] *v,n* -*v* 1. përziej. 2. përzihem; **oil and water do not blend** vaji dhe uji nuk përzihen. 3.shkojnë me njëra-tjetrën; **these two colors blend well** këto dy ngjyra shkojnë shumë.

-n 1.përzierje, të përzierë. 2.përzierje; **a blend of several coffees** një përzierje e disa lloj kafesh.
bless[bles] *v* (**blessed, blest**) 1.bekon(prifti). 2.i uroj lumturi; **bless you, my boy!** qofsh bekuar, or bir! 3.*gj.fol excl* (shpreh habi) **I'm blest if I know!** më vrafshin në di gjë! **+(God) bless you!** shëndet!(kur teshtin dikush).
+bless with pajis, pasuroj me; **blessed with good health** që gëzon shëndet të plotë.
blessed[blesid] *adj* 1.i bekuar; i lumtur; i dashur. 2.*gj.fol* i shkretë, i mallkuar, i bekuar; **where did I put the blessed thing?** ku dreqin e vura?; ku e lashë, të shkretën?
blessedness['blesidnis] *n* 1.*fet* bekim.2.lumturi.
blessing['blesing] *n* 1.bekim. 2.e mirë; **the blessings of civilization** të mirat e qytetërimit; **what a blessing that..!** ç'fat që..!
blest[blest] *pt,pp* e **bless.**
blew[blu:] *pt* e **blow.**
blight[blait] *n,v* -*n* 1.urth, vrug. 2.plagë. 3.mallkim, fatkeqësi.
-vt 1.dëmtoj(bimët). 2.prish; molis.
blighter['blaitë:] *n Br gj.fol* numër, person; **funny blighter** numër më vete; **silly blighter** hajvan, tutkun; **you blighter!** mor ters njeri!
Blighty['blaiti] *n Br usht zhrg* Anglia.
blimey['blaimi] *interj Br zhrg* ta hajë dreqi!
blimp[blimp] *n Br av* dirizhabël i vogël zbulimi.
blind[blaind] *adj,v, adv,n* -*adj* 1.i verbër, qorr; **turn a blind eye to sth** e bëj syrin qorr, bëj sikur s'e shoh diçka. 2.(to) i verbër(ndaj). 3.i shkujdesur. 4.i verbër, i errët, pa kontroll; **blind forces** forca të verbra të natyrës. 5.pa dalje, pa krye, qorre; **a blind alley** rrugë pa krye, qorrsokak. 6.kuturu; **a blind purchase** blerje kuturu.
-vt 1.verboj, qorroj. 2. fsheh, i zë pamjen; **clouds blind the stars from view** retë i mbulojnë yjet. 3.*fig* verboj, errësoj mendjen.
-adv 1.qorrazi, pa parë; **driving blind in the fog** eci qorrazi(me makinë) përmes mjegullës. 2.*fig* qorrazi, kuturu; **blind drunk** i dehur tapë.
-n 1.grilë dritaresh. 2.*fig* mashtrim; **it was only a blind** ishte thjesht mashtrim. 3.vend i maskuar(për gjuetarët), pritë. **+ go on a blind** dehem, rrumbullosem.
blindfold['blaindfould] *adj,adv,v,n* -*adj* me sy të lidhur/zënë.
-adv verbërisht, qorrazi.
-vt i lidh sytë.
-n fashë për sytë.
blindman's buff['blaindmænz'bʌf] *n* (lojë) symbyllazi, kukamshefti.
blink[blink] *v* 1.kapsit sytë. 2.vezullon, dridhet (drita). 3.mbyll sytë para diçkaje, injoroj.
blinkers['blinkë:z] *npl* veshoke(të kalit).
blinking['blinking] *n,adj* -*n* 1.kapsitje.

-adj i keq, i ndyrë.
bliss[blis] *n* hare, lumturi.
blissful['blisful] *adj* i hareshëm, i lumtur.
blissfully['blisfuli] *adv* 1.me një pamje të lumtur. 2.krejtësisht, plotësisht.
blister['blistë:] *n,v* -*n* 1.fshikë. 2.flluskë.
-v 1.mbushem me flluska. 2.ngre flluskë; **the hot sun has blistered the paint** dielli i fortë e ka ngritur bojën flluskë.
blistering['blistëring] *n,adj* -*n* 1.formim flluskash(në lëkurë). 2.skëlfitje(e bojës).
blithe[blaith], **blithesome**['blaithsëm] *adj* i gëzuar, gazmor.
blithely['blaidhli] *adv* gëzueshëm.
blithering['blidhëring] *adj* i përkryer; **blithering idiot** hajvan i tëri.
blitz[blitz] *n,v* -*n* 1.sulm i rrufeshëm.
-vt sulmoj rrufeshëm.
blizzard['blizë:d] *n* stuhi dëbore.
bloat ['blout] *v* 1. fryhet, bymehet, mufatet.2.*fig* fryhem, kapardisem, mbahem me të madh. 3.thaj në tym(peshkun etj).
bloated['bloutid] *adj* 1.i fryrë, i mufatur, i bymyer. 2.i tharë në tym, i tymosur(peshk). 3.*fig* i fryrë, i kapardisur.
bloater['bloutë:] *n* harengë e tymosur.
blob[blob] *n* 1.pikë; rruzull. 2.njollë boje.
bloc[blok] *n polit* bllok, grup.
block[blok] *n,v* -*n* 1.bllok(guri, betoni etj). 2.bllok, grup godinash. 3. ngastër toke. 4. pjesë (salle). 5.pallat; **an apartment block** pallat me shumë apartamente. 6.formë druri, kallëp. 7.klishe (druri a metali). 8.pengesë, bllokim(tubi). 9.*auto* bllok cilindrash. 10.*gj.fol* kokë, rradake; **I'll knock your block off!** do të ta këpus kokën! 11.*Br* bllok shënimesh. **+go to the block** *zhrg* a)më pritet koka; b)del për shitje(në ankand); **on the block** për shitje(në ankand).
-vt 1.bllokoj, mbyll rrugën, zë. 2.pengoj. 3.ndaloj, pezulloj(përdorimin). 4.formoj(kapela) në kallëp.
+block in planifikoj, skicoj.
+block off bllokoj, zë(rrugën).
+block out a)zë(pamjen); b)skicoj.
+block up a)bllokoj, zë; b)mbyll(vrimën).
blockade[blo'keid] *n,v* -*n* 1.bllokadë; **raise the blockade** heq bllokadën; **run the blockade** çaj bllokadën. 2.bllokim.
-vt 1.bllokoj, zë. 2.rrethoj, gardhoj.
blockage['blokixh] *n* zënie, bllokim.
block association *n* shoqatë e bashkëpronarëve (të një pallati).
blockbuster['blokbʌstë:] *n gj.fol* 1.bombë e kalibrit të madh. 2.film i suksesshëm. 3.argument që të gozhdon në vend.
block capitals, block letters *n* germa të mëdha shtypi.

block grant *n Br adm* fond qeveritar që i jepet pushtetit lokal.

blockhead['blokhed] *n* kokëgdhë, kokëtrashë.

blockhouse['blokhaus] *n* bunker, fortinë.

block vote *n pol* votim në bllok.

bloke[blouk] *n Br gj.fol* tip, person.

blond(e)[blond] *adj* leshverdhë, flokëverdhë.

blood[blʌd] *n* 1.gjak; **infuse new blood(into sth)** *fig* fus gjak(element) të ri; **let blood** marr/heq gjak (të sëmurit). 2.nerva, inat, gjak; **his blood is up** është nxehur, i ka hipur gjaku në kokë; **his blood ran cold** i ngriu gjaku(nga tmerri); **(kill sb) in cold blood** (vras dikë) me gjakftohtësi; **make one's blood boil** më tërbon; **make one's blood run cold** më ngrin gjakun, më tmerron. 3.gjiri, farefis, gjak; **be of the same blood** jemi të një gjaku; **of royal blood** nga familje mbretërore; **one's own flesh and blood** farefisi; **blood is thicker than water** gjaku s'bëhet ujë; **blood feud** gjakmarrje, gjakësi, gjak. 4.**blood and thunder** (histori) me vrasje e prerje. 5.racë(qensh etj).

blood bank *n* 1.qendër grumbullimi gjaku. 2.rezerva gjaku.

bloodbath['blʌdba:th] *n* gjakderdhje, kasaphanë.

blood counting *n mjek* analizë gjaku.

bloodcurdling['blʌd'kë:dling] *adj* i frikshëm, rrëqethës.

blood group *n mjek* grup gjaku.

bloodheat['blʌdhi:t] *n* temperaturë e trupit.

bloodhound['blʌdhaund] *n* 1.qen policie. 2.detektiv.

bloodless['blʌdlis] *adj* 1.i pagjak, i zbetë. 2.pa gjakderdhje; paqësor. 3.i ftohtë, zemërgur.

bloodletting['blʌdleting] *n mjek* heqje gjaku.

bloodpoisoning['blʌdpoizning] *n* helmim gjaku.

blood pressure['blʌdpreshë:] *n* tension gjaku.

bloodrelations['blʌdrileishën] *n* farefis, gjak..

bloodshed['blʌdshed] *n* gjakderdhje.

bloodshot ['blʌdshot] *adj* i përgjakur, i përskuqur(syri).

bloodstain['blʌdstein] *n* njollë gjaku.

bloodstained['blʌdsteind] *adj* i përgjakur, i gjakosur.

bloodstock['blʌdstok] *n* kafshë race.

bloodstream['blʌdstri:m] *n anat* sistem i qarkullimit të gjakut; gjaku.

bloodsucker['blʌdsʌkë] *n* 1.shushunjë.2.*fig* gjakpirës, shfrytëzues.

blood test['blʌdtest] *n* analizë gjaku.

bloodthirsty['blʌdthë:sti] *adj* i etur për gjak, gjakatar.

bloodtype['blʌdtaip] *n* grup gjaku.

blood vessel *n* enë gjaku.

bloody ['blʌdi] *adj* 1. i përgjakur, i gjakosur; **a bloody bandage** fashë e gjakosur.2.i përgjakshëm. 3. i mallkuar, i ndyrë; **you bloody fool!** hajvan i

dreqit!

bloom[blu:m] *n,v* -*n* 1.lule; lulesë. 2.*fig* lulëzim, kulm; **in the bloom of youth** në lule(në kulm) të rinisë. 3.push(i frutave, gjetheve). 4.*fig* freski e moshës.
-*v* 1.çel, lulëzon. 2.*fig* lulëzon, është në lulëzim; shkëlqen.

bloomer['blu:më:] *n* 1.gabim trashanik, gafë.2.*pl* kilota, pantallona sportive(femrash).

blossom['blosëm] *n,v* -*n* 1.lule. 2.lulëzim; **in blossom** në lulëzim.
-*vi* 1.lulëzon, çel. 2.*fig* zhvillohet(talenti etj). + **blossom out into** *fig* bëhem.

blot[blot] *n,v* -*n* 1.njollë.2.*fig* njollë, cen; **a blot on his character** njollë në karakter.
-*v* 1.njollos, i vë njollë. 2.thaj(me letërthithëse). +**blot one's copybook** *gj.fol* nxij karakteristikën, prish biografinë(nxënësi etj). +**blot out** a)prish, fshij(një fjalë në tekst); b)mbuloj, fsheh(pamjen); c)shfaros(armikun).

blotch[bloç] *n* pullë(në lëkurë); njollë.

blotter['blotë:] *n* 1.letërthithëse. 2. regjistër i policisë. 3.*gj.fol* pijanik.

blottingpaper['blotingpeipë:] *n* letërthithëse.

blouse[blauz] *n* bluzë.

blow I[blou] *v,n* -*v* (blew; blown) 1.fryj, fryn (era); **it is blowing up for rain** po vjen rrotull për shi. 2.e merr (era), rrëzon; **be blown over by the wind** më merr era; **blow open** hapet nga era. 3.fryj, heq; shfryj; **blow the dust off** fryj(heq) pluhurin; **blow one's nose** shfryj hundët. 4.fryj, mbush me ajër(topin, tollumbacin). 5.i bie(borisë etj); **blow the whistle** i bie bilbilit. 6.digjet(siguresa). 7.dihas, gulçoj(nga lodhja).8.*gj.fol* prish, bëj erë/tym(paratë). +**blowed if I will** më vrafshin nëse..; s'e bëj në asnjë mënyrë; **blow one's top** më hipin, xhindosem.
-*n* 1.fryrje. 2.shfryrje. 3.e rënë(borie). 4.erë, shkulm ere. +**have/go for a blow** dal për një ajër. +**blow back** pëlcet. +**blow down** rrëzohet nga era. +**blow in/into** a)i a beh; hyj me furi; b)shkallmon. +**blow off** a)fluturon, ikën nga koka(kapela); b)e merr era; c)nxjerr(ajër); shfryj; **blow off steam** *fig* shfryj, e nxjerr (inatin etj), qetësohem. +**blow out** a)shuaj(me frymë); b)qetësohet : **blow itself out** qetësohet, bie(furtuna); c)fiket, shuhet; d) digjet(siguresa); e)fryj, gufoj(bulçitë); f): **blow one's brains out** hedh trutë në erë.

blowout ['blouaut] *n* 1. shpërthim(pusi nafte). 2.plasje(gome). 3.djegie (siguresë). 4.*gj.fol* darkë e rëndë. +**blow over** a)bie, qetësohet, reshet; b)rrëzon(era pemën). +**blow up** a)shpërthen, pëlcet(baruti, stuhia); b)nxehem, xhindosem, i shfryhem(dikujt); c)afron(stuhia); d)hedh në erë; e)plas, pëlcet(goma); f)*fig* fryhem, kapardisem; g)*fot* zmadhoj(fotografinë); h)*fig* i heq një dru të mirë, shaj, kërdis.

+**blow sth up** a)hedh në erë; b)fryj(gomën); c)zmadhoj(fotografinë); d)e teproj, e fryj, zmadhoj, ekzagjeroj.

blowup['blouʌp] *n* 1.plasje; shpërthim. 2.sherr, grindje. 3.*fot* zmadhim.

blow II[blou] *n* 1.goditje; **at a/one blow** me një të shtënë, me të parën; **come to blows, exchange blows** zihem, rrihem me grushta; **get a blow in** i jap një goditje. 2.*fig* humbje, goditje.

blow III[blou] *v,n* -*vi* (**blew, blown**) lulëzon. -*n* lulëzim.

blow drier/dryer *n* tharëse flokësh.

blow-dry['bloudrai] *vt* thaj(flokët me tharëse).

blower[blouë:] *n* 1.ventilator; ajërfryrës; fryrës. 2. *min* çurgë gazi. 3.balenë. 4.*zhrg* altoparlant.5.*Br zhrg* telefon.

blowfly['blouflai] *n* mizë mishi.

blowhole['blouhoul] *n* vrimë ajrimi.

blown['bloun] *pp* i **blow I** dhe **II**.

blowpipe['bloupaip] *n* 1.*tek* pipëz; fryrës. 2.hark (shigjetash) me fryrje.

blowtorch['blouto:ç] *n* pipëz saldimi.

blowy[bloui] *adj* me erë.

blowzed['blauzd], **blowzy**['blauzi] *adj* 1.të pakrehur(flokë). 2.shakatarraqe(femër).

blubber['blʌbë] *v,n* -*v* dënes. -*n* 1.dhjamë balene.2.e qarë, dënesje.

blubbery['blʌbëri] *adj* i dhjamur; i mbushur.

bludgeon['blʌxhën] *n,v* -*n* çomangë. -*v* qëlloj me çomangë.

blue[blu:] *adj,n,,v* -*adj* 1.i kaltër; **dark blue** blu. 2.i mavijosur. 3.*gj.fol* i mërzitur, i trishtuar; +**look /feel blue** jam në gjendje të keqe shpirtërore; **be in a blue funk** më shkojnë shtatë. 4.*fig* banal; me fjalë të turpshme; pornografik(film). + **like a blue streak** si shigjetë. + **once in a blue moon** rrallëherë, një herë në hënëz; **things are looking blue** është keq puna. -*n* 1.ngjyrë e kaltër; kaltërsi. 2.qielli. 3.*poet* deti; +**in the blues** në gjendje të dëshpëruar. +**a bolt from the blue, come out of the blue** si i rënë nga qielli, krejt i papritur. -*vt* 1.kaltëroj, bëj të kaltër.2.*Br zhrg* prish, ha; bëj rrush e kumbulla; **blue one's money** i bëj tym/byk paratë.

bluebell['blu:bel] *n bot* zymbyl.

blue-blooded['blu:blʌdid] *adj* fisnik, aristokrat.

blue book *n* 1.*Br* libri i njerëzve të shquar. 2. *amer* fletore provimesh.

bluebottle['blu:botël] *n* 1.mizë blu, mizë e mishit. 2.*bot* lule gruri, kokoçel. 3.*zhrg* polic.

blue chips, blue-chip securities *n fin* tituj të klasit të parë.

blue-collar worker *n* punëtor.

blue-eyed['blu:ajd] *adj* sykaltër.

blueish['blu(:)ish] *adj* kaltërosh.

bluejacket['blu:xhækit] *n* detar, marinar.

bluejeans['blu:xhi:nz] *n* bluxhinse(pantallona).

bluepencil['blu:pensël] *vt amer* korrigjoj.

blueprint ['blu:'print] *n,v* -*n* 1. kopje vizatimi. 2.plan, projekt. -*v* bëj planin/projektin.

bluff I[blʌf] *adj,n* -*adj* 1.i rrëpirët, i thikët. 2.i ashpër (sjellje), i prerë. -*n* breg i rrëpirët.

bluff II[blʌf] *n,v* -*n* blof, mashtrim. +**call sb's bluff** sfidoj dikë. -*v* 1.bëj blof. 2. frikësoj, e tremb.

blunder['blʌndë:] *v,n* -*v* 1.eci verbtas, endem. 2.bëj gafë, bëj një proçkë; **blunder out** them një budallallëk -*n* gafë, proçkë, gabim trashanik.

blunt[blʌnt] *adj, v* -*adj* 1.pa majë; i topitur(thikë). 2.i hapët, i çiltër. 3.i vonuar, i ngathët(në të menduar). -*v* 1.mpij, topis. 2.topis, ul(entusiazmin).

bluntly['blʌntli] *adv* hapur, troç, pa dorashka.

blur[blë:] *n,v* -*n* 1.njollë. 2.turbullirë, mjegullim (shikimi).3.avull, veshje(e pasqyrës). -*v* 1.njollos, fëlliq. 2.errësoj, mjegulloj; **blur the view** errësoj pamjen.

blurb[ble:b] *n* shënim paraqitës (në këmishë a kapak të librit); njoftim, reklamë.

blurred[blë:d] *adj* i turbullt, i paqartë; i mjegulluar(shikim).

blurt[blë:t] *vt* (**out**) nxjerr pa dashje, zbuloj(një të fshehtë); lëshoj(një fjalë).

blush[blʌsh] *v,n* -*vi* 1.skuqem. 2.turpërohem. -*n* 1.skuqje nga turpi, turpërim; **put sb to the blush** e bëj të skuqet. 2.vështrim, shikim i shpejtë; **at first blush** në shikim të parë.

blusher['blʌshë:] *n* të kuq për faqet.

bluster['blʌstë:] *v,n* -*v* 1.ulërin, shungullon(era). 2.turfulloj, shfryj. 3.fryhem, kapardisem. -*n* 1.shungullimë, ulërimë. 2. turfullim, shfryrje. 3. mburrje, fryrje, kapardisje.

boa['bouë] *n* 1.boa. 2.qafore gëzofi.

boar[bo:, 'boë:] *n* 1.derr i egër. 2. derr.

board I[bo:d] *n,v* -*n* 1.dërrasë. 2.stendë; **notice board** stendë për njoftime. 3.tabelë, fushë(shahu etj). 4.skenë; **the boards** teatri. 5.kuvertë; **be on board** jam në anije; **go on board** hipi(në anije,në avion, *amer* në tren).6.tryezë loje; **above board** haptas, me letra të hapura; **sweep the board** a)i përlaj të gjitha; b)kam shumë sukses. 7.drejtori; këshill drejtues; komision; **school board, board of education** drejtori arsmore, seksion i arsimit. 8.ushqim(javor, mujor, në hotel); **board and lodging $ 100 weekly** ushqim dhe fjetje për 100 dollarë në javë. 9. kapak libri; **bound in cloth**

boil

boards me lidhje speciale, veshur me cohë.
-v 1.shtroj, vesh me dërrasë. 2.ha me pagesë.
3.hipi (në anije, në tren).
boarder['bo:dë:] *n* 1.konviktor. 2.banor, qiraxhi
që paguan edhe për ushqim.
boarding card['bo:dingka:d] *n* biletë avioni, ani-
jeje.
boarding house['bo:dinghauz] *n* pension.
boarding school['bo:dingsku:l] *n* shkollë me ko-
nvikt.
boast [boust] *n,v* -*n* 1. lavdërim, vetëmburrje.
2.krenari, mburrje.
-v 1.lëvdohem, mburrem. 2.krenohem.
boaster['boustë:] *n* mburravec.
boastful['boustful] *adj* mburracak.
boasting['bousting] *n* mburrje, kapardisje.
boat[bout] *n,v* -*n* 1.varkë, barkë, lundër. +**be in
the same boat** jam në të njëjtën situatë; **burn one's
boats** i djeg urat; **take to the boats** lë, braktis
anijen.
-vi shëtis me varkë, lundroj.
boathook['bouthu:k] *n* gremç.
boater['boutë:] *n* kapelë kashte me fund të rraf-
shët.
boating['bouting] *n* shetitje me varkë.
boatman['boutmën] *n* ludërtr, varkëtar.
boatrace['boutreis] *n* gara kanotazhi.
boatswain [bousn, 'boutswein] *n* bocman, no-
strom, kryemarinar.
boatyard['bo:tja:d] *n* kantier detar.
bob I [bob] *v,n* -*vi* 1.hidhet, kërcen (tapa e pe-
shkimit). 2.del,shfaqet befas; **that question often
bobs up** kjo pyetje del(bëhet) shpesh. 2.(to sb) i
përkulem, i bëj reverancë(dikujt).
-*n* 1.hedhje, pluskim(i tapës).2.reverancë, përku-
lje.
bob II[bob] *n* gj.fol shilingë(monedhë).
bob III[bob] *v,n* -*vt* 1.qeth, pres shkurt(flokët e
grave). 2.peshkoj me tapë.
-*n* 1.qethje shkurt. 2.plumbç(peshkimi). 3.slitë për
gara, bobslej.
bobbin['bobin] *n* 1.rrotull; bobinë, çikrik(peri).2.
bosht(për tjerrje).
bobbish['bobish] *adj* gj.fol fare mirë, gjeth;
feeling pretty bobbish jam(ndihem) gjeth.
bobby['bobi] *n* gj.fol polic.
bobby pin *n amer* karficë flokësh.
bobbysocks ['bobisoks] *npl amer gj.fol* çorape të
shkurtra vajzash.
bobbysoxer['bobisoksë:] *n amer* çupëlinë, ado-
leshente.
bobsled, bobsleigh['bobsled, 'bobslej] *n* slitë ga-
rash, bobslej.
bobtail ['bobteil] *n* 1. bisht i prerë, cung. 2. *attr*
bishtprerë.3.kalë/qen bishtprerë.
bod[bod] *n gj.fol* 1.Br tip, person. 2.amer trup,

fizik.
bode[boud] *v* paralajmëron, është shenjë; ndjell;
bode well/ill ndjell mirë/keq.
bodice ['bodis] *n* 1. trup, bust(i fustanit). 2.jelek
grash.
bodily['bodili] *adj,adv* -*adj* trupor, fizik.
-*adv* 1.si një trup i vetëm. 2.vetë, personalisht.
boding['bouding] *n* parandjenjë e keqe.
bodkin['bodkin] *n* 1.gjilpëryer; bizë.2.*vjet* karficë
flokësh. 3.*vjet* shish, thikë e hollë.
body['bodi] *n,v* -*n* 1.trup; **keep body and soul
together** mbetem gjallë. 2.kufomë, trup. 3.*ndërt tek*
trup; karkasë; shasi. 4.trung. 5.trupë; grup; **in a
body** të gjithë bashkë, si trup i vetëm. 6.masë, sasi;
a body of facts një mori faktesh. 7.trup qiellor.
8.pjesë kryesore, masë.9.*gj.fol* rob, person.
-*v* trupëzoj; **body forth** parathem; përfaqësoj.
bodybuilder['bodibildë:] *n* 1.*aut* prodhues
karrocerish(veturash). 2.ushqim me shumë kalori.
3.person që punon për të bërë trup. 4.aparat
gjimnastikor.
bodyguard['bodiga:d] *n* rojë personale.
body mike *n* mikrofon që varet në qafë.
body repairs *n* riparim karrocerie(makine).
body scanner *n mjek* skaner.
bodywork['bodiwë:k] *n aut* karroceri.
Boer['buë:, 'bouë:] *n* boer.
boffin['bofin] *n Br gj.fol* kërkues shkencor.
boffo['bofou] *adj amer zhrg* sensacional.
bog[bog] *n,v* -*n* 1.moçal, ligatinë.2.*Br zhrg*
nevojtore.
-*vt* fus në baltë/në lluçë; **be/get bogged down** *fig*
bie në batak.
bog paper *n Br zhrg* letër higjienike.
bog roll *n Br zhrg* rulon letre higjienike.
bogey ['bougi] *n* 1. lugat; kukudh. 2. *fig* bezdi;
tmerr; **his bogey is mathematics** tmerri i tij është
matematika. 3.*zhrg* avion i panjohur.
bogey['bougi] *n* 1.drezinë.2.troleibus.
boggle['bogl] *v* 1.druhem, ngurroj. 2.alarmohem.
boggy['bogi] *adj* moçalor.
bogus['bougës] *adj* i gënjeshtërt, fals.
bogy['bougi] *n* gogol, lugat.
Bohemian[bou'hi:mjën] *n,adj* -*n* 1.bohem,çek;
cigan.
-*adj* 1.cigan. 2.*art* bohem.
boil I[boil] *n* lungë, çiban.
boil II[boil] *v* 1.zien(uji). 2.ziej(ushqimin, rrobat).
3.valoj, avulloj; gatuaj me ujë të valuar; **soft boiled
eggs** vezë të ziera pak; **boil away** valoj, i shteroj
ujët; **boil down** avullon; **boil over** derdhet nga
ena(duke valuar). 4.*fig* gufon; shkumëzon(deti).
5.*fig* ziej, turfulloj(nga inati). +**keep the pot boiling**
siguroj ushqimin.
-*n* vlim, pikë vlimi; **be on the boil** vlon; **bring sth
to the boil** e ngroh derisa të valojë; **bring a situ-**

ation to the boil *fig* e çoj punën aty ku s'mban më.
+**boil away** a)zien shumë; b)avulloj.
+**boil down** a)zien, i ikën ujët; b)*fig* kthehet, reduktohet(në); c)avulloj, ziej fort; d)*fig* shkurtoj, përmbledh(tekstin).
+**boil over** a)derdhet(nga zierja); b)*fig* ziej, turfulloj.
+**boil up** a)fryhet(qumështi); b)*fig* zien, grumbullohet(inati).
boiler[bo'ílë:] *n* 1.kazan avulli. 2.ngrohës uji; kusi. 3.pulë për zierje.
boiler house *n* sallë kaldajash.
boilerman['boilë:mën] *n* kaldajist.
boiler room *n* sallë kaldajash.
boiling['boiling] *n,adj,adv* -*n* zierje.
-*adj* 1.që zien, në zierje. 2.*fig* i nxehur. + **the whole boiling lot** *Br fig zhrg* kallam kusuri.
-*adv* shumë, kiamet; **boiling hot** nxehtë për vdekje.
boiling point *n fiz* pikë vlimi.
boisterous['boistërës] *adj* 1.i trazuar, i egërsuar (det); i furishëm, i tërbuar(tufan). 2.zhurmëmadh, poterexhi(person).
boisterously['boistërësli] *adv* me poterë; me furi, furishëm.
bold[bould] *adj,n* -*adj* 1.guximtar, i patrembur. 2.i paturpshëm; **as bold as brass** krejt i pafytyrë; **make bold** marr guximin; **make bold with (sth)** i lejoj vetes. 3.i spikatur, i fuqishëm(stil); **bold brush strokes** penelata të spikatura. 4.*polig* të zeza(shkronja). 5.i ashpër, i thikët(bregdet).
-*n polig* shkronja të zeza.
boldface['bouldfeis] *n polig* shkrim me germa të zeza.
bold-faced['bouldfeist] *adj* i paturpshëm, i pacipë, i pafytyrë.
boldly['bouldli] *adv* me guxim, guximshëm.
boldness['bouldnis] *n* guxim.
bold type, bold print *n polig* shkrim me germa të zeza.
bole[boul] *n* trung(peme).
bolero[bë'leërëw] *n* 1.*muz* bolero. 2.bolero(jelek i hapur përpara).
bolide['boulaid] *n astr* bolid, meteorit i madh.
Bolivia[bë'livië] *n gjeog* Bolivi.
Bolivian[bë'liviën] *n,adj* bolivian.
boll[bol] *n* farë(pambuku, kërpi).
bollard['bolë:d] *n* 1.*det* shtyllë ankorimi. 2.shtyllë tabele rrugore.
bollocks['boleks] *n Br zhrg vulg* 1.koqe, bole, herdhe. 2.gjepura, dëngla.
boloney[bë'louni] *n zhrg* 1.*amer* salsiçe. 2.gjepura, dëngla.
Bolshevik, Bolshevist['bolshëvik, 'bolshëvist] *n,adj* bolshevik.
Bolshevism['bolshëvism] *n* bolshevizëm.

bolster I ['boulstë:] *n,v* -*n* 1.nënkresë, jastëk i gjatë.2. *ndërt* nëntra, tra përforcimi.
-*vt* përkrah, mbështes.
bolt I[boult] *n,v,adv* -*n* 1.shul dere.2.bulon.3.gjuhëz(brave). 4.fole e fishekut.5.top(stofi). 6.vetëtimë. 7.ikje e beftë. +**a bolt from the blue** si rrufe në qiell të kthjellët; **make a bolt for it** *gj.fol* fryj, ua mbath; **shoot one's bolt** bëj sa mundem, bëj timen, e harxhoj fishekun.
-*v* 1.i vë shulin, mbyll me shul. 2.shtërngoj me bulona. 3.turrem, iki, ua mbath. 4.kapërdij (ushqimin pa e përtypur). 5.*amer gj.fol* lë, heq dorë.
-*adv* brof, vrik; **sit bolt upright in bed** brof nga shtrati.
bolt II[boult] *vt* 1.sit; shosh.2.*fig* shqyrtoj, shoshis.
+**bolt in** a)turrem si shigjetë; b)mbyll me shul.
+**bolt on** *tek* shtrëngoj me bulona.
+**bolt out** turrem si shigjetë.
bolter I['boultë:] *n* sitë.
bolter II['boultë:] *n* 1.kalë i pabindur. 2.*pol* deviator.
bomb[bom] *n,v* -*n* 1.bombë; **the Bomb** bomba atomike. 2.*amer gj.fol* dështim, fiasko(film etj).
+**cost a bomb** kushton qimet e kokës; **go like a bomb** ecën/punon shkëlqyeshëm.
-*v* 1.bombardoj. 2.*gj.fol* dështoj.3.*gj.fol* turrem. shkoj vetëtimthi.
+**bomb out** shkatërroj, bombardoj.
+**bomb up** mbush (avionin) me bomba.
bomb aimer *n av* bombardues(aviator).
bombard[bom'ba:d] *vt* 1.qëlloj me top; bombardoj. 2.*fiz* bombardoj, rrezatoj. 3.*fig* sulmoj pa pushim, bombardoj(me pyetje).
bombardier'bombë:dië:] *n* 1.bombardues (person). 2.rreshter artilerie. 3.makinë e mbuluar për ecje në borë.
bombardment[bom'ba:dmënt] *n* bombardim.
bombast['bombæst] *n* gjuhë, fjalë bombastike.
bombastic[bom'bæstik] *adj* i fryrë, bombastik.
bomb disposal *n usht* çminim, pastrim nga minat.
bombed [bomd] *adj zhrg* i mpirë/i trullosur nga droga.
bomber['bomë:] *n* 1.aeroplan bombardues.2.(person) bombardues.
bombproof['bompru:f] *adj,n* -*adj* i blinduar; i mbrojtur nga bombardimet.
-*n* strehim kundërajror.
bombshell *fig* e papritur, bombë.
bombsite['bomsait] *n* zonë e bombarduar.
bona fide['bounë'fidei] *adj,adv lat* 1.në mirëbesim. 2.i vërtetë; pa hile; pa shtirje.
bonanza[bë'nænzë] *n* 1.masiv i pasur minerali. 2.*gj.fol* burim fitimi.
bonbon['bonbon] *n* bonbone.
bond[bond] *n,v* -*n* 1.lidhje; **marriage bonds** lidhje martesore. 2.marrëveshje, detyrim; kontratë.

3.*fin* obligacion. 4.*pl* pranga, vargonj; burgim; **burst one's bonds** thyej prangat, çlirohem. 5.dorëzanës. 6.*ndërt* material lidhës. 7.magazinim; **put sth into bonds** magazinoj diçka në depot e Doganës. 8.letër luksi.

-*v* 1.lë në doganë; **bonded warehouse** depo e doganës. 2.*ndërt* lidh me llaç. 3.lëshoj obligacione për, hipotekoj. 4.u kërkoj garanci (nënpunësve).5. bëhem dorëzanë.

bondage['bondixh] *n* 1.skllavëri. 2.varësi e plotë.

bondholder['bondhouldë:] *n fin* mbajtës obligacionesh.

bonding['bonding] *n* 1.*ndërt* lidhje; ngjitje(me tutkall etj). 2.*el* qark rregullues tensioni. 3.lidhje miqësore/dashurore.

bondsman['bondmën] *n* bukjrob; skllav.

bondwoman['bondwumën] *n* bukjrobe; skllave.

bone[boun] *n,v* -*n* 1.kockë; **chilled to the bone** i bërë akull. 2.halë(peshku). 3.*pl vjet* kastaneta. 4. *pl* zare. 5.*pl* skelet. 6.*fig* kockë, lëmoshë; **to throw a bone to the angry workers** u hedh një kockë punëtorëve të zemëruar.7.fortesë(korseje). +**bone of contention** mollë sherri; **have a bone to pick with sb** kam një ankesë për dikë, kam diç për të sqaruar; **make no bones about** nuk ngurroj, s'e kam për gjë; **to the bones** gjer në palcë; **will not make old bones** jam kockë e lëkurë.

-*vt* 1.i heq halat(peshkut); qëroj nga kockat(mishin). 2.*zhrg* përlaj, qëroj.

+**bone up, bone up on** *fig* studioj fort.

boned[bound] *adj* 1.pa kockë; pa hala. 2.me fortesë(korseje).

bone-dry['boundrai] *adj* i tharë.

bonehead['bounhed] *n gj.fol* kokëtul, gdhë.

bone-idle, bone-lazy['bounaidël, 'bounleizi] *adj* dembel.

boneless['bounlis] *adj* pa kocka; pa hala.

boner['bounë:] *n* gafë; broçkull; gjepur.

boneshaker['bounsheikë:] *n gj.fol* 1.biçikletë pa goma. 2.makinë/autobus rangallë.

bonfire['bonfajë:] *n* zjarr i madh.

bonkers ['bonkë:z] *adj Br* i krisur, i lajthitur; **raving bonkers** i marrë për t'u lidhur.

bonnet['bonit] *n* 1.kapelë grash. 2.*tek* mbulesë, kapotë(motori).

bonny['boni] *adj* 1.i shëndetshëm. 2.i bukur. 3.i shkëlqyer.

bonus['bounës] *n* 1.shtesë, shpërblim. 2.kompensim; **cost-of-living bonus** kompensim rroge .

bony['bouni] *adj* 1.plot hala; tërë kocka. 2.kockëdalë; kockëmadh. 3.thatim, thatanik..

boo[bu] *interj,v* -*interj* yy!

-*v* bëj yy; fishkëllej; **the speaker was booed off the platform** folësin e nxorën me fishkëllima nga podiumi.

boob[bu:b] *n,v zhrg* -*n* 1.gabim; gafë. 2.rrotë, ka-

qol, karabush, trap. 3.gji, sisë.

-*vi Br* bëj gafë.

boobtube['bu:btu:b] *n amer zhrg* televizor.

boo-boo[bu:'bu:] *n amer zhrg* proçkë, gafë.

booby['bu:bi] *n* budallë, trap, kaqol; **booby prize** çmim tallës për atë që del i fundit(në një garë).

booby hatch *n amer përb* çmendinë.

booby trap *n* 1.grackë. 2.*usht* objekt i minuar.

boodle['bu:dël] *n zhrg* 1.pare. 2.ryshfet. + **the whole boodle** të gjitha, mbarë siç janë.

book[buk] *n,v* -*n* 1.libër. 2.**The Book** Bibla. 3.tufë, bllok(biletash, pullash etj). 4.bllok shënimesh. 5.libret(opere). 6.regjistër i basteve. 7.*pl* libër llogarish; **keep the book for the business** mbaj llogaritë e firmës. 8.**the book** numratori telefonik, libri i telefonave.9.katalog. +**be in sb's bad/black book** më ka në listën e zezë; **bring sb to book(for sth)** i kërkoj shpjegime dikujt, i kërkoj llogari; **by the book** siç duhet, sipas rregullave; **know like a book** e kam në majë të gishtave, e di fare mirë; **keep/make a book (on)** vë bast(për); **not suit one's book** s'është i përshtatshëm, s'më vjen për mbarë; **on the books** në listën e(anëtarëve të një klubi etj); **throw the book at** *gj.fol* i jap dënimin maksimal.

-*v* 1.fus në listë; regjistroj; shënoj. 2.akuzoj; **she was booked on a charge of theft** ajo u akuzua (në polici) për vjedhje. 3.rezervoj; **book a room** zë /rezervoj një dhomë(në hotel). 4.angazhoj, pajtoj; **be booked for every night** pajtohem për të gjitha netët.

+**book in** a)zë dhomë(në hotel); b)i rezervoj dhomë.

+**book up** rezervoj; zë(dhomë); **the hotel is booked up until August** hoteli është i zënë deri në gusht.

bookbinder['bukbaindë:] *n* libralidhës.

bookbinding['bukbainding] *n* libërlidhje.

bookcase['bukkeis] *n* raft librash, bibliotekë.

book club *n* rreth letrar.

bookish['bukish] *adj* 1.i dhënë pas librave. 2.letrar, libresk.

book jacket *n* këmishë, mbështjellëse(e librit).

bookkeeper['bukki:pë:] *n* llogaritar.

bookkeeping['bukki:ping] *n* llogarimbajtje.

booklet['buklit] *n* broshurë.

bookmaker['bukmeikë:] *n* 1.libralidhës. 2.bastevënës, agjent bastesh për garat e kuajve.

bookmobile ['bukmëbi:l] *n* bibliotekë shetitëse, autobus-bibliotekë.

bookrack['bukræk] *n* raft librash.

book review['bukrivju:] *n* referat; reçensë.

bookseller['buksëlë:] *n* librashitës.

bookshelf['bukshelf] *n* raft librash(në librari).

bookstall['buksto:l] *n* qoshk(librash) , tezgë.

bookstand['bukstænd] *n* 1.banak librash.2.mbajtëse/mbështetëse libri. 3.qoshk për shitje librash.

bookstore['buksto:] *n* librari.

bookwork['bukwë:k] *n* 1.mbajtje llogarish. 2.stu-

dim; punë studimore.
bookworm['bukwë:m] *n* 1.krimb librash. 2.*fig* mi librash, lexues i apasionuar.
boom I[bu:m] *n,v* -*n* buçitje, gjëmim; ulërimë (e erës).
-*v* buçet, gjëmon; kumbon.
boom II[bu:m] *n ek* bum, gjallërim, lulëzim i përkohshëm.
-*v* 1.lulëzon, merr vrull(tregtia etj). 2.bën bujë, ka sukses.
boom III[bu:m] *n* 1.pritë, pengesë. 2.*tek* krah (vinçi, mikrofoni).
boomerang['bu:mëræng] *n* bumerang(edhe *fig*).
booming['bu:ming] *adj* kumbues(zë).
boon[bu:n] *n* 1.nder, mirësi. 2.ndihmë, lehtësi. 3. fat, kismet.
boondocks['bu:ndoks] *npl usht zhrg* shkorret.
boondoggle['bu:ndogël] *vi amer zhrg* 1.punoj kot, merrem me gjepura. 2.*pol* sajoj vende pune të panevojshme.
boor[buë:] *n* 1.harbut. 2.avdall.
boost[bu:st] *v,n* -*v* 1.ngre. 2.rris(çmimet). 3.re-reklamoj(një artikull).
-*n* 1.ngjitje; shtytje, përkrahje. 2.rritje; **a boost in salary** rritje rroge.
booster[bu:stë:] *n* 1.shtytës, përkrahës. 2.fazë e parë e raketës. 3.*el* përforcues(rryme, fuqie etj). 4.vaksinë suplementare.
boot[bu:t] *n,v* -*n* 1.këpucë me qafa; shoshone; çizme të shkurtra. 2.shkelm. 3.vend bagazhesh në karrocat. 4.*auto* portbagazh. 5.*gj.fol* (**the boot**) pushim nga puna. +**bet your boots** vë bast me se të duash; të jesh i sigurt; **lick sb's boots** i lëpij këmbët dikujt; **too big for one's boots** e përdor(dikë) si leckë.
-*vt* 1.mbath çizme. 2.shkelmoj. 3.*zhrg* heq qafe, përzë.4.*kmp* çoj/rikthej në zero, ndez nga e para (kompjuterin).
+**boot up** *kmp* çoj, rikthej në zero(kompjuterin).
boot II[bu:t] *n,v vjet* -*n* dobi; leverdi. + **to boot** për më tepër.
-*vi* e vlen; ka dobi; **it boots not to** nuk ia vlen të.
bootblack['bu:tblæk] *n* lustraxhi.
bootee[bu:'ti:] *n* pupa, papuçe.
booted['bu:tid] *adj* i pushuar(nga puna).
booth[bu:th] *n* 1.kabinë; **polling booth** kabinë votimi. 2.barakë. 3.kthinë e veçuar(në restorant).
bootjack['but:xhæk] *n* lugë këpucësh.
bootlace['bu:tleis] *n* lidhëse këpucësh.
bootleg['bu:tleg] *v* shes kontrabandë(pije).
bootlegger['bu:tlegë:] *n amer* kontrabandist pijesh alkoolike.
bootless ['bu:tlis] *adj* 1.i zbathur, pa këpucë. 2.*fig* i padobishëm, i kotë; **it is bootless to complain** është e kotë të ankohesh.
bootlick['bu:tlik] *vi gj.fol* lëpihem.

bootlicker['bu:tlikë:] *n* lajkatar, servil, sahanlëpirës.
boots[bu:ts] *n* shërbyes që lustron këpucët.
bootstrap['bu:tstræp] *n* 1.vesh lëkurë(në qafë të çizmes). 2.*attr* me forcat e veta; **a bootstrap campaign** fushatë pa mbështetje nga jashtë; **by one's own bootstrap** me forcat e veta.
boot tree *n* kallëp këpucësh.
booty['bu:ti] *n* 1.pre, plaçkë; gjë e vjedhur.2.çmim (i fituar).
booze[bu:z] *v,n zhrg* -*v* pi(pije alkoolike).
-*n* 1.pije alkoolike. 2.e pirë; **have a booze up**, go **on the booze** ia shtroj me të pira.
boozed[bu:zd] *adj zhrg* i pirë, i rrumbullosur.
boozer['bu:zë:] *n zhrg* 1.pijanec. 2.*gj.fol* pijetore.
booze-up['bu:zʌp] *n* e pirë.
boozy['bu:zi] *adj zhrg* i dehur.
bop[bop] *vt* qëlloj, godas.
bo-peep[bou'pi:p] *n* lojë "kukamshefti".
boracic [bë'ræsik] *adj* borik; **boracic acid** acid borik.
borax['bo:ræks] *n* boraks.
bordello[bo:'delou] *n* shtëpi publike.
border['bo:dë:] *n,v* -*n* 1.kufi. 2.buzë, skaj, anë. 3.bordurë.
-*v* 1.(**on, upon**) kufizohet(me). 2.rrethoj. 3.(**on**) i afrohet, ngjan me.
borderer['bo:dërë:] *n* 1.banor kufitar.2.*Br* skocez.
borderland['bo:dëlænd] *n* 1.brez kufitar, krahinë kufitare. 2.zonë e ndërmjetme, kufi.
border patrol *n* rojë kufitare.
border raid *n usht* inkursion.
bordeline['bo:dëlain] *n* vijë kufitare.
bore I[bo:] *n,v* -*n* 1.vrimë, birë. 2.*usht* kanal i tytës. 3.*usht* kalibër(arme).
-*v* 1.shpoj, biroj; hap gropë; **bore a tunnel** hap një tunel; **bore one's way under the ground** hap rrugë të nëndheshme.2.shpohet.
bore II[bo:] *n* valë batice(në grykëderdhje).
bore III[bo:] *n,v* -*n* gjë e mërzitshme, njeri i mërzitshëm.
-*v* mërzis, bezdis; **bore sb to death/to tears** mërzis për vdekje, e bëj për hekura dikë.
bore IV[bo:] *pt* i **bear II dhe III.**
boredom['bo:dëm] *n* mërzi.
borer['bo:rë:] *n* 1.turjelë. 2.krimb druri.
boresome['bo:sʌm] *adj* i mërzitshëm.
boric['bo:rik] *adj* borik.
boring I['bo:ring] *n,adj* -*n* shpim.
-*adj* shpues; shpimi.
boring II['bo:ring] *adj* i mërzitshëm.
boring machine *n tek* trapan; barenë.
born['bo:n] *adj* 1.i lindur. 2.i sajuar me mend; i konceptuar. 3.prej natyre, i lindur; **a born athlete** atlet i lindur. +**not born yesterday** jo naiv.
borne['bo:n] *pp* i **bear III.**

boron['bɔːron] *n kim* bor(element).
borough['bʌrë] *n* 1.qytet i vogël; bashki. 2.*amer* lagje qyteti. 3.*Br pol* zonë elektorale(në qytete).
borrow['borow] *v* 1.marr hua, huaj. 2.huazoj(një fjalë etj). 3.*mat* marr hua 1 njësi(nga shifra paraardhëse). +**borrow trouble** shqetësohem para kohe.
borrower['borowë:] *n* huamarrës.
borrowing['borowing] *n* 1.borxh, hua; **borrowing rate** *fin* përqindje interesi për huatë. 2.*gjuh* huazim.
bosh[bosh] *n zhrg* gjepura, fjalë boshe.
bosk[bosk], **bosket**['boskit] *n* korije; shkorret.
bosom ['buzëm] *n* 1. kraharor, gjoks. 2. gji, mes, mjedis; **in the bosom of one's family** në gjirin e familjes. 3.sipërfaqe(liqeni etj). 4.zemër, shpirt; **a bosom friend** mik i shtrenjtë; **keep in one's bosom** mbaj fshehur në zemër.
boss I[bos] *n,v,adj -n gj.fol* 1.pronar, bos; shef, përgjegjës; **be one's own boss** punoj për hesapin tim, jam vetë zot.2.*pol* kryetar partie.
-*v gj.fol* drejtoj.
-*adj amer zhrg* i jashtëzakonshëm; i shkëlqyer.
+**boss about/around** sillem si padron; drejtoj me dorë të fortë.
boss II[bos] *n* 1.xhungë(zbukurimi). 2.*tek* gungë (aksi).
botanic(al)[bë'tænik(ël)] *adj* botanik; **botanical garden** kopsht botanik.
botanist['botënist] *n* botanist.
botany['botëni] *n* botanikë.
botch[boç] *v,n -vt* 1.prish, gjymtoj. 2.riparoj shkel-e-shko.
-*n* punë e dobët; **make a botch of sth** e katranos.
botcher['boçë:] *n* kërpaç, usta i keq.
both [bouth] *adj,pron,adv,conj -adj* të dy; si njëri dhe tjetri; **on both occasions** në të dyja rastet; **you can't have it both** ways duhet të zgjedhësh o njërin o tjetrin.
-*pron* që të dy; **both belong to him** që të dyja janë të tijat; **both of us/you/them** ne/ju/ata të dy.
-*adv* bashkë; njëlloj; **he can both sing and dance** ai këndon dhe kërcen njëkohësisht.
-*conj* gjithashtu, po ashtu; **he is both strong and healthy** ai është i fortë e i shëndetshëm gjithashtu.
bother['bothë:] *v, interj,n -v* 1.shqetësoj, mërzis; **bother oneself(one's head) about** shqetësohem, vras mendjen. 2.shqetësohem(**about**).
-*interj* ky dreq!, mallkuar!; **bother the flies!** këto dreq miza! **0 bother you!** ik me gjithë ty!
-*n* bezdi; bela.
bothersome['bothë:sëm] *adj* i mërzitshëm, i bezdisshëm.
bottle['botël] *n,v -n* 1.shishe; **on the bottle** me ushqim, jo me gji; **too fond of the bottle** sarhosh; **hit the bottle** pi sa dëndem.
-*vt* 1.fus në shishe(verën). 2.konservoj.

+**bottle up** ndrydh, përmbaj(inatin etj).
bottleneck['botëlnek] *n* 1.grykë shisheje.2.ngushtim rruge. 3.pengesë. 4.ngecje.
bottom['botëm] *n,v,adj -n* 1.fund; pjesë e poshtme. 2.skaj, pjesë fundore; **at the bottom of the table** në fund të tryezës. 3.shtrat, fund(lumi etj). 4.ndenjëse(karrigeje etj). 5.*pl* pantallona(të pizhamave, tutave). 6.*fig* bazë, origjinë; **he is at the bottom of this mischief** ai është burimi i kësaj të keqeje. 7.vithe, bythë. 8.fund, pjesë nënujore(e anijes). 9.anije mallrash. +**at bottom** në thelb; **be at the bottom of** jam shkaktar, burim i; **from the bottom of my heart** nga zemra, nga thelbi i zemrës; **bottom out** bie, pëson rënie; **bottoms up!** me fund! **get to the bottom of** a)hyj në thelb të, zbuloj shkakun, i shkoj në fund; b)prek fundin(nëndetësja).
-*adj* 1.më i ulët(çmim). 2.i fundit; **I bet my bottom dollar** vë bast me sa kam në xhep.
bottomless['botëmlis] *adj* 1.i pafund. 2.i paarritshëm, tepër i thellë.
bough[bau] *n* degë.
bought[bo:t] *pt* dhe *pp* **of buy**.
boulder['bouldë:] *n* 1.popël. 2.gur.
boulevard['buːlvaː] *n* 1.shëtitore, bulevard. 2.rrip toke që ndan xhadenë.
bounce [bauns] *v,n -v* 1.hidhem, kërcej .2.brof (me inat). 3.nuk pranohet, kthehet(çeku) nga banka.
-*n* 1.kërcim. 2.*amer* mburrje, fryrje.
bound I[baund] *n,v -n* cak,kufi; **within the bounds of** brenda kufijve të; **out of bounds** jashtë caqeve.
-*v* 1.kufizohem, kam në kufi. 2.*fig* u përmbahem caqeve, kufizohem, përmbahem.
bound II[baund] *v,n -vt* kërcej, hidhem, hov.
-*n* kërcim; **on the bound** në kërcim (topi); **at one bound** me një kërcim; **by leaps and bounds** me shpejtësi të madhe, me hapa vigane.
bound III[baund] *adj,v -adj* gati për; **the ship is bound(for)** anija shkon për; **outward bound** që largohet nga vendi; **bound up in/with** a)i lidhur ngushtë me; b)shumë i dhënë pas.
-*pt* e *pp* **of bind**.
boundary['baundëri] *n* kufi; vijë kufiri; **beyond the boundary of human knowledge** që nuk e kap mendja e njeriut.
boundary stone *n* gur kufiri.
boundless['baundlis] *adj* i pakufi, i pakufishëm, i pafund.
bounteous['bauntiës] *adj* 1.dorëgjerë, dorëhapur, bujar. 2.i bollshëm(shi etj).
bountiful['bauntiful] *adj* shih **bounteous**.
bounty['baunti] *n* 1. bujari. 2. dhuratë. 3. çmim, shpërblim(për nxitje).
bouqet['bukei, bu'kei] *n* tufë lulesh, buqetë.
Bourbon['bë:bën] *n amer* uiski burbon.
bourgeois[buë:'zhwaː] *n,adj -n* borgjez.

-adj borgjez; i klasës së mesme.
bourgeoisie[buë:zhwa:'zi:] *n* 1.borgjezi. 2.klasë e mesme.
bourn I[bo:n] *n* rrëke, përrua.
bourn II[bo:n] *n vjet* 1.cak, kufi.2.qëllim, synim.
bourse[buë:s] *n* bursë, treg letrash me vlerë.
bout [baut] *n* 1. garë force. 2. periudhë; **a long bout of flu** një copë herë të mirë me grip; **a bout of housecleaning** një dorë pastrim shtëpisë.
bovine['bouvain] *adj, n* *-adj* i gjedhit.
-n gjedh.
bow I['bou] *n,v* *-n* 1.hark(gjuetie); **draw the long bow** zmadhoj, ekzagjeroj; **have two strings to one's bow** kam edhe plan/variant tjetër rezervë. 2.hark(violine). 3.ylber. 4.hark, kthesë. 5.fjongo; **tie one's shoelaces in a bow** i lidh fjongo lidhësat e këpucëve.
-v 1.kthej, përkul. 2.i bie violinës.
bow II[bau] *v,n* *-v* 1.përkulem, ul kokën, përshëndes; **to bow one's thanks** falënderoj duke u përkulur; **bow sb in** e ftoj brenda dikë me përkulje të kokës; **have a bowing acquaintance with sb** kam një përshëndetje me dikë. 2.kërruset, përkulet(trupi, njeriu); **bow with age/with the weight of snow** kërrusem nga mosha, përkulen (gjethet) nga pesha e dëborës. + **bow and scrape** jam tepër i sjellshëm; servilosem; **bow to sb's opinion** i nënshtrohem gjykimit të dikujt;
-n përkulje, përshëndetje; **make one's bow** a)futem, hyj(në skenë); b)dal për herë të parë përpara publikut; c)tërhiqem nga jeta shoqërore; **take a bow** më përshëndesin, më duartrokasin.
bow III[bau] *n det* kiç i anijes.
+**bow down** a)*fig* përkulem, i ulem; admiroj; b)përkul; c)*fig* nënshtroj; thyej.
+**bow out** a)përshëndes me kokë; b)*fig* tërhiqem.
bowdlerize['baudlëraiz] *vt* qeth, heq pjesët e panevojshme(nga teksti).
bowel[bauël] *n* 1.zorrë. 2.*pl* të brendshme; **move one's bowels** dal jashtë, bëj nevojën. 3.gji; thellësi; **in the bowels of the earth** në thellësi/brendësi të tokës.
bower['bauë:] *n* 1.tendë; kiosk në hije. 2.buduar.
bowl I[boul] *n* 1.tas. 2.amfiteatër, teatër i hapur.
bowl II[boul] *n,v* *-n* 1.rruzull. 2.top druri për lojë. 3.*pl* lojë me birila.
-v 1.luaj me birila. 2.rrëshqas. +**bowl sb over** shushas, trondis.
bowlegged[boulegd] *adj* këmbështrembër.
bowler['boulë:] *n* kapele republikë.
bowman['boumën] *n* harkëtar.
box I[boks] *n,v* *-n* 1.kuti, arkë. 2.*teatr* llozhë 3.kabinë (roje). 4.pupë(e karrocierit).
-vt 1.fus në arkë. 2.mbyll, ndryj(dikë).
box II[boks] *n,v* *-n* 1.shuplakë. 2.boks.
-v 1.godas me shuplakë. 2.grushtoj, qëlloj me grusht. 3.bëj boks, merrem me boks.
boxer['boksë:] *n* boksier.
boxing['boksing] *n* boks.
Boxing Day *n Br* dita pas Krishtlindjes(me ulje çmimesh nëpër dyqane).
boxing gloves *n* doreza boksi.
boxing match *n* ndeshje boksi.
boxoffice['boksofis] *n* arkë, biletari.
boxing ring *n* ring boksi.
boy[boi] *n* 1.djalë. 2.bir. 3.shërbyes. 4.mik, shok; **my dear boy!** miku im! **old boy** shok i vjetër; **the old boy** a)pronari, bosi; b)babai; **out with the boys** shetitje me shokë.
boycott['boikot] *n,v* *-n* bojkotim.
-vt bojkotoj.
boyfriend['boifrend] *n* shok; mik; i dashur(i një femre).
boyhood['boihud] *n* djalëri.
boyish['boish] *adj* djaloshar; për djem.
bra[bra] *n* (shkurtim i **brassiere**) sutien, gjimbajtëse.
brace[breis] *v,n* *-vt* 1.mbërthej, shtrëngoj.2.mbështes; forcoj.
+**brace up** përqendroj forcat, përmblidhem.
-n 1.mbajtëse; kllapë. 2.mbërthim, lidhje. 3.*pl* rripa; tiranta. 4.*ndërt* tërthore, traversë. 5.*mjek* tel(për drejtimin e dhëmbëve). 6.*pl* kllapa, paranteza.7.çift, dyshe.
bracelet['breislit] *n* 1.byzylyk. 2.*pl gj.fol* pranga, hallka, hekura.
bracing['breising] *adj* jetëdhënës; **bracing climate** klimë e shëndetshme.
bracket['brækit] *n,v* *-n* 1.mbajtëse, mbështetëse. 2.*pl* kllapa., paranteza. 3.grup, grupim; interval; **age bracket** grup-moshë.
-vt 1.mbyll në kllapa. 2.bashkoj me kllapa gjarpëruese. 3.*usht* bëj qitje korrigjuese.
brackish['brækish] *adj* si i njelmët.
brad[bræd] *n* thumb pa kokë.
brag[bræg] *n,v* *-n* 1.mburrje, lëvdatë. 2.mburravec.
-v mburrem, lëvdohem; **brag of what one has done** mburrem për atë që kam bërë.
braggart['brægë:t] *n* mburravec.
braid[breid] *n* 1.gërshet. 2.kordon, shirit, gajtan.
-vt 1.gërshetoj, bëj gërshet. 2.i vë kordon anash.
brain[brein] *n* 1.tru. 2.*pl* mend, intelekt, zgjuarësi, tru; **she's got brains** është grua me mend. 3.*gj.fol* kokë e madhe. 4.*pl* truri, personi më i zoti; **he is the brains of the firm** ai është truri i kompanisë. +**beat one's brains** hedh trutë në erë; **have (sth) on the brain** më rri mendja(te diçka); **pick sb's brains** i nxjerr diçka, i vjedh idenë dikujt; **puzzle one's brains** vras mendjen; **tax one's brain** tendosem, lodh mendjen.
brainless['breinlis] *adj* i patru, i pamend.

brainpan['breinpæn] *n* kafkë.
brainwashing['breinwoshing] *n* 1.ndërrim pikë-pamjesh, përpunim, indoktrinim. 2.bindje nëpërmjet reklamës.
brainwork['breinwo:k] *n* punë mendore.
brainy['breini] *adj* i mençur, me tru.
braise['breiz] *vt* gatuaj në zjarr të ngadaltë.
brake I[breik] *n* 1.*bot* fier.2.zabel, korije, shkurre.
brake II[breik] *n* kopan.
-*v* shprish lirin.
brake III[breik] *n,v* -*n* frenë; **put on the brakes** frenoj.
-*vi* frenoj.
brake band *n* shirit freni.
brake block *n* nofull frenimi.
brake drum *n* tambur freni.
brake lever *n* levë freni, fren dore.
brake light *n* fanar(sinjal) frenimi.
braking['breiking] *n* frenim.
brakeman['breikmën] *n amer hek* përgjegjës treni.
brake pedal *n* pedal freni.
bramble['bræmbl] *n* 1.drizë.2.man i egër.
bran[bræn] *n* krunde, hime.
branch[bra:nç] *n,v* -*n* 1.*bot* degë. 2.degë, filial (banke etj). 3.*fig* degë, fushë, lëmë. 4.mëngë, degë (lumi); përrua. 5.degëzim(rruge). 6.degë e familjes, linjë.
-*vi* 1.degëzohet. 2.zgjeroj biznesin.
+**branch away** degëzohet(rruga).
+**branch off** degëzohet(rruga).
+**branch out** zgjerohet, shtrin aktivitetin(firma).
branch line *n hek* degëzim linje.
branch manager *n* drejtor dege/filiali.
branch office *n* filiale.
branch water *n amer gj.fol* ujë i zakonshëm.
branchy['bra:nçi] *adj* i degëzuar, me shumë degë.
brand[brænd] *n* 1.markë, prodhim; lloj. 2.shenjë, damkë. 3.hekur për damkosje. 4.*fig* damkë, njollë (turpi). 5.*poet* pishtar. 6.*poet* shpatë.7.urë(zjarri).
-*vt* 1.damkos, shënoj(kafshët). 2.*fig* damkos; **brand sb as a heretic** e damkos dikë si të pafe.
brandish['brændish] *vt* vringëlloj(armët).
brand-new['brænd'nju:] *adj* i ri fringo, krëk.
brandy ['brændi] *n* konjak; raki; **plum brandy** raki kumbulle.
brass[bra:s] *n* 1.tunxh. 2.*muz* instrument/vegël fryme. 3.*attr* (prej) tunxhi; **brass buttons** kopsa tunxhi. 4.*gj.fol amer* paturpësi. 5.pllakë tunxhi(për emrin); pllakë përkujtimore. 6.*usht zhrg* oficer i lartë. 7.*gj.fol* para.
brasserie['bræsëri] *n* bar, birrari.
brassiere['bræzië:, *amer* brë'zië:] *n* gjimbajtëse, sutjen.
brassy ['bra:si] *adj* 1.i tunxhtë. 2.*fig* i pacipë, i paturp. 3.i lartë; i ashpër(zë).
brat[bræt] *n* kopil, shejtan.

bravado[brë'va:dou] *n* kapadaillëk, mburrje.
brave[breiv] *adj,v,n* -*adj* 1.trim. 2.i guximshëm.
-*vt* përballoj me guxim.
-*n* 1.trim.2.luftëtar(indian).
bravely['breivli] *adv* trimërisht, me guxim.
bravery['breivëri] *n* 1.trimëri. 2.shkëlqim, hijeshi.
bravo I['bra:vou] *n* vrasës i paguar, mercenar.
bravo II['bra:vou] *interj* të lumtë!
brawl[bro:l] *n,v* -*n* 1.grindje, shamatë. 2.belbë-zim.
-*v* 1.grindem; bëj poterë, sherrosem. 2.belbëzoj.
brawn[bro:n] *n* 1.muskul. 2.forcë muskulore. 3.mish derri i pjekur.
brawny['bro:ni] *adj* muskulor.
bray I[brei] *n,v* -*n* 1.pëllitje, pallmë. 2.ulërimë.
-*vi* 1.pëllet. 2.ulërin.
bray II[brei] *v* rrah, shtyp me havan, bluaj.
braze[breiz] *v* 1.ngjis, kallajis. 2.vesh me tunxh.
brazen['breizën] *adj,v* -*adj* 1.i tunxhtë. 2.*fig* i paturpshëm, i pacipë. 3.i lartë, i ashpër(zë).
-*v* e bëj të pacipë; **brazen a thing out/through** nuk turpërohem, s'e bëj veten.
brazier I['breizië:] *n* mangall.
brazier II['breizië:] *n* remtar.
Brazil[brë'zi:l] *n gjeog* Brazil.
Brazilian[brë'ziliën] *n,adj* brazilian.
breach[bri:ç] *n,v* -*n* 1.e çarë. 2.grindje, prishje(e marrëdhënieve). 3.shkelje(e ligjës etj); **breach of faith** pabesi, besëthyerje. 4.prishje; **breach of contract** prishje kontrate.
-*v* 1.hap një të çarë. 2.del mbi ujë(balena).
bread[bred] *n* 1.bukë; **bread and butter** a)bukë me gjalpë; b)para; **one's daily bread** mjete jetese, buka e gojës. + **break bread** a)e ndaj ushqimin me dikë, ha së bashku me; b)kungoj; kungohem; **cast one's bread upon the waters** bëj të mirën dhe e hedh në det; **know which side one's bread is buttered on** di se ku më del më mirë.
breadboard['bredbo:d] *n* dërrasë e bukës.
breadbox['bredboks] *n* kanistër e bukës.
bread line *n* radhë buke(e të papunëve).
breadstuff['bredstʌf] *n* 1.miell. 2.bukë.
breadth[bredth] *n* 1.gjerësi. 2. *fig* gjerësi e men-djes. 3.shkallë e lartë, shtrirje.
breadthways, wise['bredthweis,-waiz] *adv* për së gjeri.
breadwinner['bredwinë:] *n* shtylla e familjes.
break[breik] *v* (**broke; broken**) 1.thyej; këpus; copëtoj. 2.thyhet. 3.thyej para. 4.prish, dëmtoj. 5.*mjek* thyej(kockën). 6.shkel(ligjin). 7. arratisem; **to break jail** arratisem nga burgu. 8.shpërthej, çaj; futem dhunshëm; **to break into a house** futem me dhunë në një shtëpi. 9.nis, shpërthen(stuhia). 10.ndalet papritur, resht(shiu). 11.zbus, amortizoj (goditjen, përplasjen. 12.*fig* këputet (shpirti), copë-tohet(zemra). 13.shfaqet, gdhin (dita). 14. ndërpres

(agjërimin). 15.degradoj(një ushtarak). 16.shkatërroj (financiarisht). 17.thyej, tejkaloj(një rekord). 18.bëj të njohur, njoftoj; **to break the bad news gently** e jap lajmin e keq me delikatesë. 19.hap qarkun, stakoj(korentin).20.stërvis; shtroj(kalin).+**break even** dal me të miat; **break trail** dal në krye, hap udhën(në dëborë).
-*n* 1.thyerje; këputje; çarje. 2.dalje me forcë, arratisje. 3.ndryshim i beftë. 4.ndërprerje(stërvitjeje, korenti). 5.*gj.fol* vërejtje e trashë; sjellje pa vend. 6.*gj.fol* shans, mundësi. +**get a break/the breaks** më ecën; kam shans; **give sb a break** i jap dikujt mundësi(për të ndrequr një gabim); **a lucky break** fat i mirë; **give me a break!** a)prit, njëherë!; mos u ngut, të lutem! b)më lër të qetë!
+**break away** a)iki befas, ua mbath; b)nisem para se të jepet sinjali.
+**break down** a)ngec, ndalon, nuk punon; b)ia shkrep të qarit; c) bie(shëndeti); d)zbërthej(llogarinë); e)analizoj.
break-down['breikdaun] *n* 1.dobësim, rënie e fuqive(shëndetit). 2.shkatërrim. 3.*tek* avari. 4.zbërthim. 5.dekompozim.
+**break forth** a)del, shpërthen(ujët etj); b)nis(tufani, kënga).
+**break in** a)stërvis; b)hyj në një profesion, aktivitet.
break-in['breikin] *n* vjedhje me thyerje, grabitje.
+**break into** a)futem me dhunë/me thyerje; b)nis, hap(një paketë të re cigaresh etj); c)*treg* çaj(në një treg); d)nis, filloj(nga shpjegimet).
+**break off** a)ndalem; lë(punën); b)prishem(me një mik); c)këputet, thyhet; d)thyej; këpus; e)prish, shkëpus(marrëdhëniet).
+**break out** a)plas, shpërthen, ia nis befas(lufta etj); b)arratisem(nga burgu).
breakout['breikaut] *n* arratisje(nga burgu).
+**break through** a)çaj, depërtoj; b)del(dielli).
breakthrough['breikthru:] *n* 1.*usht* depërtim. 2. zbulim i madh(në shkencë).
+**break up** a)shpërndahet(mjegulla); b)ndërpres, i jap fund; c)shqetësoj, trazoj; d)shkërmoq(dheun); e)prishem(me dikë); f)*amer gj.fol* ia plas gazit; shqyej gazit(dikë).
breakup['breikʌp] *n* 1.thyerje; shkatërrim(i anijes). 2.prishje(miqësie). 3.rënie(e një perandorie). 4. shpërbërje(e një partie).
+**break with** prishem(me dikë).
breakable['breikëbël] *adj* i thyeshëm.
breakables['breikëbëls] *npl* qelqurina.
breakage['breikixh] *n* 1.thyerje. 2.send i thyer.
breaker['breikë:] *n* 1.thyerëse(vegël). 2.dallgë.
break-even point *n treg* kufi i rentabilitetit.
breakfast['brekfëst] *n,v* -*n* mëngjes(vakt).
-*vi* ha mëngjes.
breaking ['breiking] *n* 1. thyerje. 2. *fig* shkelje (premtimi, urdhri); prishje(kontrate). 3.prishje(e

qetësisë). 4.ndërprerje(e udhëtimit).
breaking and entering *n drejt* hyrje me dhunë; dhunim banese.
breaking point *n* 1.*tek* tension i këputjes.2.*pol* kufi i krizës, tensionim maksimal.
breaking strength *n tek* modul i qëndrueshmërisë.
breaking strain/stress *n tek* tension i këputjes.
breakneck['breiknek] *adj* i rrezikshëm; **at breakneck speed** me shpejtësi të çmendur.
breakwater['breikwo:të:] *n* valëpritës, valëthyes, mur mbrojtës.
bream[bri:m] *n* lloj krapi.
breast[brest] *n.v* -*n* 1.kraharor. 2.gjoks, gjinj, sisë. 3.zemër, ndjenja. +**beat one's breast** zbrazem, shpreh pendimin; **make a clean breast(of)** hap zemrën, rrëfej me zemër të hapur.
-*vt* 1.i vë gjoksin, përballoj.2.ngjis(malin).
breastbone['brestboun] *n anat* dërrasë e kraharorit.
breastfeed['brestfi:d] *v* i jap gji foshnjës.
breastpin['brestpin] *n* karficë për kravatë.
breastplate['brestpleit] *n* parzmore, gjoksore.
breaststroke['breststrouk] *n* stil bretkosë(noti).
breastwork['brestwëk] *n* ledh, mur i ulët mbrojtës.
breath[breth] *n* 1.frymë. 2.frymëmarrje. 3.fllad. 4.pështërimë. 5.pushim i shkurtër. 6.hije, fije (dyshimi). +**below one's breath** me një fije zë, me pështërimë; **catch one's breath** mbaj frymën; **in the same breath** njëherësh, njëkohësisht; **out of breath** duke gulçuar; **take one's breath away** më habit, më lë gojëhapur.
breathe[bri:dh] *v* 1.marr frymë.2.fryn(era).3.them nën zë; **not to breathe a word** nuk nxjerr zë. 4.shpreh, vë në dukje. +**breathe down sb's neck** i qepem, nuk i ndahem(dikujt); **breathe freely** marr frymë lirisht; **to breathe one's last** më soset fryma, jap shpirt.
+**breathe in** marr frymë.
+**breathe out** nxjerr frymën.
breather['bri:dhë:] *n* 1.pushim i shkurtër.2.ajër i pastër.
breathing['bridhing] *n* frymëmarrje.
breathing space *n* pushim i shkurtër.
breathless ['brethlis] *adj* 1.pa frymë, i vdekur. 2.duke gulçuar. 3.pa frymë i shtangur nga habia. 4. i qetë, pa erë.
breathlessly['brethlisli] *adv* 1.duke gulçuar; pa frymë. 2.me shumë ngut.
breathtaking['brethteiking] *adj* që të lë pa frymë, befasues.
bred[bred] *pt* dhe *pp* i breed.
breech[bri:ç] *n* 1.pjesë e poshtme; pjesë e pasme. 2.fole fisheku. 3.të ndënjura.
breeches['bri:çiz] *n* kilota.

breed[bri:d] *v,n* -*v* (**bred**) 1.mbaj, rris (kafshë). 2.shtohet, shumëzohet. 3.*fig* ngjall, shkaktoj. 4.rris, edukoj. -*n* racë(kafshësh).

breeder ['bri:dë:] *n* 1. damaz. 2.rritës kafshësh, mbarështues. 3.*fig* burim, shkak..

breeding['bri:ding] *n* 1.mbarështim. 2.shumim, shtim. 3.mirërritje, edukim.

breeze I[bri:z] *n* thëngjij të shuar.

breeze II [bri:z] *n,v* -*n* 1. fllad, puhi. 2. *gj.fol* grindje, poterë. 3.*amer gj.fol* punë e lehtë, meze. -*vi* 1.(**in/out**) hyj/dal si era. 2.*amer gj.fol* bëj pa mundim.

breezy['bri:zi] *adj* 1.flladitës, i freskët. 2.i rrahur nga era; me erë. 3.i gjallë, gazmor.

brethren['brethrin] *n vjet* vëllezër.

breviary['brivieri] *n* libër lutjesh.

brevity['breviti] *n* 1.shkurtësi; stil i përmbledhur. 2.ton i prerë.

brew[bru:] *v,n* -*v* 1.bëj(birrë), përgatis(çaj). 2.*fig* bëj, krijoj. 3.sajohet, formohet; **a storm is brewing** po përgatitet një furtunë. -*n* 1.pije. 2.një gotë birrë.

brewage['bru:ixh] *n* pije.

brewery['brue:ri] *n* punishte birre.

briar['braië:] *n* 1.shqopë. 2.llullë shqope. 3.trëndafil i egër.

bribe[braib] *n,v* -*n* ryshfet, mitë. -*vt* mitos, jap ryshfet, blej me para; **bribe a judge** blej një gjykatës.

briber['braibë:] *n* mitëdhënës.

bribery['braibëri] *n* mitosje, ryshfetdhënie.

bric-a-brac['brikëbræk] *n* vjetërsira.

brick[brik] *n,v* -*n* 1.tullë. 2.kub(për lojë fëmijësh).3.babaxhan. +**drop a brick** tregohem i pasjellshëm. -*vt* shtroj/mbyll/ndaj me tulla; **brick up/in** mbyll me tulla.

brick-kiln['brikkiln] *n* furrë për pjekjen e tullave.

bricklayer['briklejë:] *n* murator.

brickwork['brikwë:k] *n* strukturë tulle.

bridal['braidël] *adj,n* -*adj* martesor, nusëror. -*n* dasmë, martesë.

bride[braid] *n* nuse.

bridecake['braidkeik] *n* ëmbëlsirë e dasmës.

bridegroom['braidgru:m] *n* dhëndërr.

bridesmaid['braidsmeid] *n* shoqëruese e nuses.

bridesman ['braidsmën] *n* nun; shoqërues i dhëndrrit.

bridge I[brixh] *n,v* -*n* 1.urë. 2.urë e anijes (mbi kuvertë). 3.rrëzë e hundës. 4.urë(në dhëmbë). 5.urë e syzeve. +**burn one's bridges** nuk lë shteg për tërheqje. -*v* 1.ngre urë, hedh urë; lidh me urë. 2.*fig* mbush (një boshllëk). +**bridge over** *fig* kapërcej(vështirësi).

bridge II[brixh] *n* brixh(lojë me letra).

bridgebuilder['brixhbildë:] *n fig* ndërmjetës.

bridgebuilding ['brixhbilding] *n* 1. *usht* hedhje ure.2.*fig* përpjekeje afrimi.

bridgehead[brixhhed] *n usht* kryeurë.

bridle['braidl] *n,v* -*n* 1.fre, kapistër. 2.*fig* fre, pengesë. -*v* 1.i vë frerin. 2.vë nën fre, përmbaj; **bridle one's tongue** mbaj gojën. 3.ngrefosem (me inat); **to bridle with anger** ngrefosem nga inati.

brief I [bri:f] *adj,n,v* -*adj* 1.i shkurtër. 2.i përmbledhur; **to be brief** t'i biem shkurt. -*n* 1.përmbledhje. 2.udhëzime. 3.*drejt* akt, paraqitje e fakteve. 4.*drejt* çështje. +**hold a brief for** mbroj, flas për; **hold no brief for** nuk i mbroj, nuk i dal për zot; **in brief** shkurt, me pak fjalë; -*vt* 1.përmbledh. 2.paraqes raport. 3.mbaj për avokat, i besoj çështjen.

briefcase['bri:fkeis] *n* valixhe e vogël, çantë(për dokumente).

briefing['bri:fing] *n* udhëzime.

briefly['bri:fli] *adv* 1.pak, për një kohë të shkurtër (rri). 2.shkurt, me pak fjalë.

briefness['bri:fnis] *n* 1.kohë e shkurtër. 2.shkurtësi; fjalë të pakëta.

brier['braië:] *n* ferrë, drizë.

briery['brajëri] *adj* me gjemba.

brig [brig] *n* 1.anije dydirekëshe, brig. 2.burg i anijes.

brigade[bri'geid] *n,v* -*n* 1.brigadë; ekip. 2.ekip, trupë; skuadër; **fire brigade** skuadër zjarrfikësish. -*v* hyjnë në/formojnë një brigadë. 2.grumbulloj, grupoj(njerëz).

brigadier[brigë'dië:] *n* gjeneral brigade.

brigand['brigënd] *n* kusar, bandit.

brigandage['brigëndixh] *n* kusari.

bright['brait] *adj* 1.i ndritshëm. 2.e kthjellët(ditë). 3.i zgjuar, i mprehtë. 4.e gjallë e feksur(ngjyrë). 5.i qeshur, gazmor, i ngrohtë; **a bright smile** buzëqeshje e ngrohtë. 6.optimist. 7.i shkëlqyer (shembull).

brighten['braitën] *v* 1.shndrit, shkëlqen. 2.gjallërohem, çelem. 3.çel, gëzoj(dikë).

brightly['braitli] *adv* shndritshëm, me shkëlqim.

brightness['braitnis] *n* shndritje, shkëlqim.

brilliance['briljëns] *n* 1.shkëlqim. 2. madhështi. 3.mjeshtri e lartë.

brilliancy['briljënsi] shih **brilliance**.

brilliant['briljënt] *adj* 1.i ndritshëm. 2.madhështor. 3.mjeshtëror, i shkëlqyer.

brilliantine[briljën'ti:n] *n* brilantinë.

brim[brim] *n,v* -*n* 1.buzë(filxhani); **full to the brim** plot në prprivate. 2.rreth, strehë(kapele). -*vi* mbush deri në buzë. +**brim over** derdhet anash.

brimful['brimful] *adj* i mbushur, plot e përplot;

brimful of new ideas plot ide të reja.
brimmer['brimë:] *n* gotë e mbushur plot.
brimstone['brimstën] *n* squfur.
brindled['brindëld] *adj* larosh, pullali(maçok etj).
brine[brain] *n* 1.ujë i kripur; shëllirë. 2.det; oqean. 3.ujë deti.
bring[bring] *v* (**brought**) 1.sjell, bie; **what brings you here today?** ç'të solli sot këtu? 2.shtyj, nxis, bind; **I can't bring myself to eat tonight** sonte nuk ha dot në asnjë mënyrë. 3.*drejt* nis; parashtroj; **bring an action/a charge/an accusation against** sb paraqes një padi kundër dikujt. 4.shitet për; **meat is bringing a high price this week** mishi po shitet shtrenjt këtë javë. +**bring home to** vërtetoj; ia provoj; **bring up the rear** vij në fund, jam praparojë.
+**bring about** a)shkaktoj; b)bëj(reforma); c)përmbys(varkën).
+**bring along** marr me vete; sjell.
+**bring around/round** a)e sjell në vete; b)bind.
+**bring back** a)kthej(librin etj); b)risjell në mendje, rikujtoj.
+**bring down** a)zbres, ul në tokë; b)rrëzoj(qeverinë).
+**bring forth** a)lind; pjell; b)zbuloj, tregoj.
+**bring forward** a)zbuloj, tregoj; b)hedh në faqen tjetër(llogaritë); c)avancoj, afroj datën e.
+**bring in** a)sjell(fitim); b)paraqes; c)*drejt* jap(vendimin).
+**bring off** a)shpëtoj(nga mbytja); b)kam sukses.
+**bring on** a)shkaktoj; b)i bëj mirë; c)ndihmoj, mësoj; d)*teat* nxjerr, ngjis në skenë(një aktor); vë në skenë(një pjesë).
+**bring out** a)zbuloj, tregoj; b)nxjerr, botoj; c)nxjerr në shoqëri(vajzën); d)nxjerr në pah(një veti).
+**bring over** a)bind, i ndërroj bindjet; b)sjell.
+**bring through** shpëtoj(të sëmurin).
+**bring to** a)sjell në vete; b)ndal(anijen).
+**bring together** a)vë në kontakt(njerëz.); b)pajtoj(dy vetë); c)mbledh, grumbulloj(fakte).
+**bring under** a)nënshtroj; b)përfshij, fus.
+**bring up** a)rris, edukoj(fëmijën); b)paraqes(fakte); c)vjell; d)hedh në vijën e parë(tanke); e)dal në gjyq; f)ndal befas.
+**bring up to date** a)freskoj(të dhënat); b)modernizoj.
brink[brink] *n poet* 1.anë,skaj,buzë 2.*fig* buzë, prag; **on the brink of ruin** në prag të rrënimit.
brinkmanship['brinkmënship] *n* 1.politikë e lojës me zjarrin. 2.lojë me zjarrin.
briny['braini] *adj* i shëllirtë, i kripur, i njelmët.
briquette[bri'ket] *n* briket(qymyri).
brisk[brisk] *adj* 1.i gjallë, i shkathët; i shpejtë. 2.e gjallëruar(tregtia etj). 3.i freskët(mot, erë).
briskly['briskli] *adv* me gjallëri; me shpejtësi.
briskness['brisknis] *n* 1.shpejtësi. 2.gjallëri. 3.freski(e ajrit).

bristle['brisël] *n,v* -*n* qime e fortë, fije (furçe).
-*v* 1.ngrihet, kreshpërohet. 2.*fig* tërbohem(nga inati), egërsohem.
+**bristle with** gëlon, është i mbushur me.
bristly['brisli] *adj* i ashpër, i fortë, si furçe; **a bristly chin** mjekër që të shpon.
Britain['britën] *n* (edhe **Great Britain**) Britania (Anglia,Uellsi, Skocia).
British['british] *adj* britanik; anglez.
Britisher['britishë:] *n amer* anglez, britanik.
brittle['britël] *adj* i brishtë, i thyeshëm.
broach[brouç] *n,v* -*n* 1.hell. 2.*tek* turjelë, trapan.
-*vt* 1.shpoj, biroj, i hap birë. 2.nis, hap, prek(një diskutim).
broad[bro:d] *adj* 1.i gjerë; **grow broader** zgjerohet. 2.i plotë; **in broad daylight** në mes të ditës; **give sb a broad hint** i jap dikujt të dhëna të plota. 3.i përgjithshëm; **in broad outlines** në vija të përgjithshme. 4.i gjerë, tolerant. 5.banal, vulgar, i trashë; **broad joke** shaka e trashë; **it is as broad as it is long** ngado që ta vërtitësh, njëlloj është.
broadcast['bro:dka:st] *n,adj,v* -*n* 1.transmetim. 2.*rad,tv* emision.
-*adj* 1.i transmetuar(emision).2.e shpërndarë (farë).
-*v* 1.*rad,tv* transmetoj.2.shpërndaj (farën).
broadcasting['bro:dka:sting] *n* transmetim.
broadcasting station *n* stacion transmetues.
broaden['bro:dën] *v* 1.zgjeroj. 2.zgjerohem.
broadly['bro:dli] *adv* 1.gjerë, gjerësisht. 2.përgjithësisht; **broadly speaking** në vija të trasha, duke folur në përgjithësi.
broad-minded['bro:d'maindid] *adj* i gjerë në horizont.
broadness['bro:dnis] *n* gjerësi.
broadside['bro:dsaid] *n* 1.bord(i anijes). 2.*det* topa, bateri(në njërën anë të anijes). 3.batare(nga anija). 4.lumë fjalësh, batare. 5.afishe.
broadwise['brodwais] *adv* për së gjeri.
brocade [brë'keid] *n* brokadë, cohë e rëndë me qendisma në reliev(me fije ari, argjendi).
broccoli['brokëli] *n* brokoli, lulelakër e vogël jeshile.
brochure['broushjuë:] *n* broshurë; fletëpalosje.
brogue I[broug] *n* theks irlandez; të folur krahinor.
brogue II[broug] *n* këpucë marshimi.
broil I[broil] *n,v* -*n* grindje, zënkë, sherr.
-*vt* zihem, sherrosem.
broil II[broil] *v* 1.pjek në skarë. 2.*fig* piqem, thekem; përvëlohem; **broiling in the sun** duke u thekur në diell.
broiler['broilë:] *n* 1.skarë. 2.pjekës(mishi). 3.*zog* pule.
broke[brouk] *v,adj* -*pt* i **break**.
-*adj* gj.*fol* trokë, kripë; **stony/flat broke** pa një dysh në xhep, trokë.

broken['broukën] *adj* 1.i prishur, i shkatërruar; **a broken marriage** martesë e dështuar. 2.i thyer(gotë). 3.i rënë, i dërrmuar(njeri). 4.i thyer(terren). 5.i shkelur(premtim). 6.i ndërprerë; **broken sleep** gjumë i ndërprerë. 7.i falimentuar, i shkatërruar.

broken-down ['broukën'daun] *adj* 1. i rrënuar, i shkatërruar(shëndet etj). 2.i prishur, i papërdorshëm.

brokenhearted['broukën'ha:tid] *adj* zemërthyer, i dëshpëruar.

broker ['broukë:] *n* 1.komisioner, agjent shetitës. 2.saraf, shitblerës aksionesh.

brolly['broli] *n,gj.fol* çadër.

bromine['broumin:] *n kim* brom(element).

bronchi['bronkai] *n pl* bronke.

bronchitis[bron'kaitis] *n* bronkit.

bronco['bronkou] *n* kalë i egër.

bronco buster *n amer zhrg* zbutës kuajsh, kauboj.

bronze[bronz] *n,adj,v* -*n* 1.bronz.2.ngjyrë bronzi. 3.sende zbukurimi prej bronzi.
-*adj* bronzi; i bronztë.
-*v* 1.nxij. 2.nxihem, marr ngjyrë bronzi.

brooch[brouç] *n* karficë zbukurimi.

brood [bru:d] *n,v* -*v* 1.zogjtë(e klloçkës etj). 2. lloj, racë.
-*vi* 1.ngroh vezët, klloçit. 2.*fig* bluaj në mendje; **for years he broded vengeance** prej vitesh bluante në mendje hakmarrjen.
+**brood on/over** *fig* humbas në mendime.

brooder['bru:dë:] *n* inkubator.

brood hen *n* klloçkë, squkë.

broodmare['bru:dmeë:] *n* pelë race.

broody['bru:di] *adj* 1.(që ka rënë) klloçkë, squkë. 2.i menduar, që bluan me mend.

brook I[bruk] *vt* duroj, lejoj, pajtohem(me).

brook II[bruk] *n* përrua, rrëke.

broom[bru:m] *n,v* -*n* 1.*bot* gjineshtër. 2.fshesë.+**a new broom** nëpunës i posaemëruar, gjak i ri.
-*v* fshij me fshesë.

broth[broth] *n* lëng mishi; supë me lëng mishi.

brothel['brothel] *n* shtëpi publike.

brother ['brʌdhë:] *n* 1.vëlla. 2.shok, koleg; **brothers in arms** shokë armësh. 3.*fet* vëlla, frat.

brotherhood['brʌdhë:hud] *n* 1.vëllazëri. 2.shoqëri, vëllazëri(fetare etj).

brother-in-law['brʌdhë:inlo:] *n* kunat.

brotherly['brʌdhë:li] *adj, adv* -*adj* vëllazëror.
-*adv* vëllazërisht.

brougham['bru(:)ëm] *n* pajton, karrocë.

brought[bro:t] *pt,pp* e **bring**.

brouhaha['bru:ha:ha:] *n gj.fol* zhurmë, poterë.

brow[brau] *n* 1.vetull; **to knit one's brows** mbledh /rrudh vetullat. 2.ballë. 3.buzë; breg. 4.vijë kulmore(e kodrës), majë.

browbeat['braubi:t] *v* kërcënoj, frikësoj (me vë-

shtrim, me fjalë).

brown[braun] *adj,n,v* -*adj* 1.bojë kafe; **brown sugar** sheqer i parafinuar; **brown paper** letër ambalazhi. 2.i nxirë nga dielli. 3.zeshkan. + **do sth up brown** *amer zhrg* merrem me diç-ka deri në hollësitë më të vogla.
-*n* 1.ngjyrë kafe; bojë kafe. 2.rroba bojëkafe; **to be dressed in brown** i veshur në të kafejta.
-*v* 1.ngjyej në kafe. 2.bëhem bojëkafe.+**browned off** *gj.fol* 1.i mërzitur, i murrëtyer.

browse[brauz] *vi* 1.kullos. 2.shfletoj, i hedh një sy(librit). 3.u kaloj një vështrim, shikoj kalimthi.

bruin['bruin] *n* ari(në përrallat).

bruise[bru:z] *n,v* -*n* vend i maviosur, e vrarë; blanë, shtypje(e frutit).
-*v* 1.nxij, mavijos; i lë shenjë. 2.vras, shtyp(frutat). 3.shtyp, thërmoj. 4.*fig* copëtoj, plagos(zemrën).

bruiser['bru:zë:] *n gj.fol* 1.njeri i fortë/muskuloz. 2.huligan; njeri i sherreve.

bruit [bru:t] *v* përhap (lajmin); **bruit it about /abroad** vë tellallin.

brunch[brʌnç] *n* mëngjes(vakt) i vonë, paradrekë.

brunette[bru:'net] *n* zeshkane, ezmere.

brunt[brʌnt] *n* goditje/peshë kryesore; **bear the brunt** përballoj goditjen kryesore.

brush I [brʌsh] *n, v* -*n* 1. furçë; **paintbrush** penel. 2.e fshirë; **give a good brush** i bëj një të fshirë të mirë. 3.ndeshje e shkurtër(me armikun). 4.bisht(dhelpre, ketri etj). 5.*el* furçë, brushë(karboni, bakri).
-*v* 1.fshij, i bie me furçë; **brush(sth) aside/away** *fig* nuk pyes për(vështirësitë etj); **brush sb off** *gj.fol* largoj, prapsoj, i refuzoj; **brush up** freskoj (njohuri të harruara). 2.prek, cek, fshik; **brush past/by/against sb** fshik/prek dikë duke ecur.
+**brush aside** hedh poshtë, prapsoj(kundërshtimet).
+**brush away** a)fshij(lotët, pluhurin); b)përzë, largoj(mizat).
+**brush down** a)fshij, i shkoj një furçë; b)kashais (kalin).
+**brush off** a)del, hiqet; **the mud will brush off when it dries** balta do të hiqet kur të thahet; b)heq me furçë; c)largoj(insektet).
brush-off['brʌshof] *n* dëbim, përzënie.
+**brush up** a)mbledh(thërrimet); b)kreh(leshin); c)*fig* i rivihem, i futem sërish, freskoj.

brushup['brʌshʌp] *n fig* freskim(i njohurive).

brush II[brʌsh] *n* 1.degë të thyera. 2.kaçube, shkurre.

brushwood['brʌshwud] *n* 1.shkorret, gëmushë. 2. degë, shkarpa.

brushy['brʌshi] *adj* me shkurre.

brusque[bru:sk] *adj* i ashpër, i rrëmbyer, nopran.

brusquely['bru:skli] *adv* vrazhdë.

Brussels['brasëlz] *n gjeog* Bruksel.

brutal['bru:tël] *adj* 1.i vrazhdë, brutal.2.shtazarak.

brutality[bru:'tælĕti] *n* vrazhdësi, shtazëri, brutalitet.

brutalize['bru:tëlaiz] *v* 1.shtazëroj, kafshëroj. 2.sillem shtazërisht me, trajtoj egërsisht.

brutally['bru:tëli] *adv* egërsisht, brutalisht.

brute[bru:t] *n* 1.kafshë, shtazë.2.*attrib* shtazëror.

brutish['bru:tish] *adj* i vrazhdë, brutal.

bryony['braiëni] *n* kulpër.

B.S.A.[bi:es'ei] *n* (shkurtim i **Bachelor of Science in Agriculture**) I diplomuar në shkencat bujqësore.

B.Sc.[bi:es'si:] *n* (shkurtim i **Bachelor of Science**) I diplomuar në shkencat .

B.Sc.A.[bi:essi:'ei] *n* (shkurtim për **Bachelor es sciences appliquées**) I diplomuar në shkencat e aplikuara.

bubble['bʌbël] *n,v* -*n* 1.flluskë. 2.flluskim. 3.*fig* flluskë sapuni.
-*vi* 1.flluskoj, nxjerr flluska. 2.gurgulloj.

bubbly['bʌbli] *adj,n* -*adj* 1.me flluska. 2.*fig* entuziast, shumë i gjallë.
-*n gj.fol* shampanjë.

buccaneer[bʌkë'nië:] *n* pirat; aventurier.

Bucharest[bu:kë'rest] *n gjeog* Bukuresht.

buck I[bʌk] *n* 1.mashkull(dreri, lepuri). 2.*fig* djalë i hedhur. 3.*amer* indian i Amerikës.

buck II[bʌk] *v,n* -*v* 1.i kundërvihem; **buck the system** luftoj kundër rendit të vendosur. 2.godas me kokë. 3.*sport* sulem me top. 4.(kali) kërcen, hedh shkelma; hedh/rrëzon(kalorësin). 5.*fig* punon me hope(motori).6.(**for sth**) kërkoj(diçka).
-*n* hedhje, flakje; kërcim i tërbuar(i kalit).

buck III[bʌk] *n amer zhrg* dollar.

buck IV[bʌk] *n gj.fol* faj, përgjegjësi; **pass the buck(to sb)** ia lë fajin(dikujt); **the buck stops here** përgjegjësia është jona.

buck V[bʌk] *n,v* -*n* 1.këmbalec druvari. 2.*sport* kalë; kalush.
-*v* pres, shkurtoj, sharroj(pemët e rrëzuara).
+**buck up** a)çelem; gjallërohem; b)nxitoj; c)tundem, luaj vendit; d)i ngre moralin.

bucket['bʌkit] *n,v* -*n* 1.kovë. 2.kovë ekskavatori. 3.*gj.fol* rangallë, karrocë(makinë). +**kick the bucket** vdes.
-*v* 1.mbush/mbart me kovë. 2.ngas(kalin) fort. 3.*fig* a)eci shpejt; b)eci me hope.

buckle['bʌkël] *n,v* -*n* 1.tokëz .2.shtrembërim, deformim(i rrotës etj).
-*v* 1.mbërthej tokëzën. 2.shtrëngoj, lidh. 3.përkulet, përdridhet(hekuri); shtrembërohet(rrota).+**buckle to/down to work** i futem seriozisht(punës).

buckra['bʌkrë] *n amer përb* i bardhë.

buckram['bʌkrëm] *n* beze.

bucksaw['bʌkso:] *n* sharrë druvari.

buckshee['bʌkshi:] *adj zhrg* falas, gratis.

buckskin['bʌkskin] *n* lëkurë dreri.

bucktooth['bʌktu:th] *n* dhëmb i dalë, çatall.

bucktoothed['bʌktu:tht] *adj* dhëmbaç, dhëmbëdalë.

buckwheat['bʌkwi:t] *n bot* hikërr, hejdë.

bucolic[bju(:)'kolik] *adj* baritor.

bud I[bʌd] *n,v* -*n* 1.syth, burbuqe; **nip in the bud** (*fig*) e zhduk që në vezë. 2.gonxhe, lule e paçelur mirë.
-*vi* nxjerr sythe, mugullon.

bud II[bʌd] *n amer zhrg* shih **buddy**.

Budapest['bu:dëpest] *n gjeog* Budapest.

Buddha['bu:dë] *n* Buda.

Buddhism['budizëm] *n* budizëm.

buddy['bʌdi] *n gj.fol* mik, shok.

budge[bʌxh] *v* 1.luaj nga vendi, lëviz. 2.*fig* tundem, ndërroj qëndrim; **I won't budge an inch** nuk i lëviz asnjë qime, s'tundem nga e imja.

budget['bʌxhit] *n,v* -*n* 1.buxhet. 2.përmbledhje (lajmesh), koleksion(gazetash). 3.shumë e caktuar, para xhepi(mujore etj).4.*attr* buxhetor; **budget cuts** shkurtime buxheti; **budget deficit** deficit buxhetor. 5.*attr* ekonomik, i lirë, me çmim të ulët.
-*v* 1.bëj buxhetin. 2.planifikoj(paratë, kohën). 3.ndaj/heq mënjanë.

budgetary['bʌxhitëri] *adj* buxhetor.

budget plan *n amer treg* sistem krediti.

budget speech *n amer pol* paraqitje e buxhetit (në parlament).

budgeting['bʌxhiting] *n* parashikim i buxhetit.

Buenos Aires ['bweinos'airiz] *n gjeog* Buenos Aires.

buff I[bʌf] *n,adj,v* -*n* 1.lëkurë bualli(kau). 2.disk lustrues. 3.*amer* buall. 4.*usht* xhaketë lëkure. 5.*fig* lëkurë; **swimming in the buff** duke u larë zhveshur.
-*adj* prej lëkure bualli.
-*v* 1.ngjyej në të verdhë. 2.lustroj(metalin).

buff II[bʌf] *n* tifoz; amator, **a theatre buff** amator teatri.

buffalo['bʌfëlou] *n* buall, bizon.

buffer I['bʌfë:] *n tek* 1.amortizator. 2.*fig* zbutës; tampon.

buffer II['bʌfë:] *n* pajisje lustruese.

buffer III['bʌfë:] *n Br zhrg* xhaxho.

buffer fund *n fin* fond rregullator.

buffer memory *n kmp* kujtesë tampon.

buffer state *n* shtet tampon.

buffet I['bʌfit] *n,v* 1.dackë, shpullë, shuplakë. 2.goditje.
-*v* 1.godas(me shpullë, me grusht). 2.godas, rrah; **buffered by rain and wind** i rrahur nga era e shirat. 3.përballoj, luftoj me.

buffet II['bufei] *n* 1.bufe, dollap. 2.banak. 3.bufe, restorant. 4.drekë me vetshërbim(për të ftuarit), bufe.

buffeting['bʌfiting] *n,adj* -*n* 1.e shtyrë; goditje. 2.fshikullim(nga era, shiu).
-*adj* e fortë, e fuqishme(erë).

buffing['bʌfing] *n* lustrim.
buffoon[bʌ'fu:n] *n* bufon, palaço, gaztor, klloun; hokatar; **play the buffoon** bëj për të qeshur(të tjerët).
buffoonery[bʌ'fu:nëri] *n* palaçollëqe, hoka.
bug[bʌg] *n,v* *-n* 1.tartabiq, çimkë; *amer* insekt; brumbull. 3.*gj.fol* mikrob, virus. 4.*gj.fol* : **big bug** peco-groso, person me rëndësi. 5.mikrofon përgjimi. 6.*amer zhrg* tifoz.7.*amer zhrg* veturë e vogël, morr. 8.defekt, avari.
-vt 1.përgjoj me mikrofonë të fshehtë.2.*amer gj. fol* mërzis, bezdis.
bugaboo['bʌgëbu:] *n gj.fol* gogol.
bugger ['bʌgë:] *n,v* *-n* 1. *drejt* pederast.2.*zhrg vulg* kaqol, rrotë, koqe. 3.*zhrg* kalama, piciruk.
-vi kanë marrëdhënie homoseksuale(dy meshkuj). + **bugger it!** ta hajë dreqi! **bugger off** ua mbath; **bugger off!** mbushu! zhduku!
bugging['bʌging] *n* përgjim me mikrofonë të fshehtë.
buggy['bʌgi] *n* 1.kaloshin.2.modul hënor, mjet vetëlëvizës. 3.*zhrg* veturë. 4.karrocë fëmijësh.
bugle['bju:gël] *n,v* *-n* bori.
-v i bie borisë.
bugler['bju:glë:] *n* borizan.
bugs[bʌgz] *adj amer zhrg* i krisur, i luajtur.
build[bild] *vt* (**built**) 1.ndërtoj, ngre. 2.ngre, krijoj(një ndërmarrje). 3.bazoj, mbështes; **build a case on facts** e mbështes padinë në fakte. 4.mbështetem; **we can rely on his honesty** mund të mbështetemi në ndershmërinë e tij.
-n 1.formë, strukturë. 2.trup, fizik.
+**build in** a)fus, inkastroj; b)*fig* përfshij; integroj.
+**build on** shtoj(dhomë, aneks).
+**build up** a)formoj gradualisht; b)mblidhen, grumbullohen(retë); c)ngjishet(trafiku); d)bëj të njohur, reklamoj; **to use TV ads to build up a new product** bëj të njohur një artikull të ri nëpërmjet reklamave në televizion.
buildup['bildʌp] *n* 1.shtim, rritje. 2.grumbullim. 3.*fig* reklamë e bujshme.
builder['bildë:] *n* 1.ndërtues; sipërmarrës ndërtimesh, firmë ndërtimi. 2.konstruktor. 3.krijues; themelues.
building['bilding] *n* 1.godinë, ndërtesë. 2.ndërtim; **building materials** lëndë/materiale ndërtimi.
building block *n* 1.kub(për lodra). 2.*fig* përbërëse; element.
building contractor *n* sipërmarrës ndërtimesh, ndërtues.
building industry *n* ndërtim, industri e ndërtimit.
building permit *n* lejë ndërtimi.
building plot *n* truall ndërtimi.
building society *n Br* shoqëri krediti për pasuri të patundshme.
building trade *n* shih **building industry**.
built['bilt] *adj,v* *-adj* i ndërtuar; me strukturë.
-pt,pp e **build.**
built-in['biltin] *adj* 1.i futur(në mur etj), i inkastruar. 2.*fig* e brendshme(dëshirë).
built-up ['biltʌp] *adj* 1. me supe të ngritura (fustan). 2.me takë të lartë(këpucë). 3.me ndërtesa (zonë).
bulb[bʌlb] *n* 1.kokë, kokërr(qepe). 2.zhardhok. 3.llampë, poç. 4.pjesë e fryrë, rezervuar(i termometrit).
bulbous['bʌlbës] *adj* bulbor.
Bulgaria[bʌl'geërië] *n* Bullgari.
Bulgar(ian)[bʌl'geër(iën)] *n, adj* *-n* 1.bullgar. 2. gjuha bullgare, bullgarisht. 2.*adj* bullgar.
bulge[bʌlxh] *n,v* *-n* 1.fryrje, mufatje, xhungë. 2.e dalë. 3.*usht* pykëzim. 4.rritje, ngritje.
-v 1.ënjtet. 2.fryhet, del jashtë.3.gufohet, fryhet (xhepi). 4.mufatet, flluskon(shtresa e bojës).
bulging['bʌlxhing] *adj* 1.i fryrë, i gufuar; i dalë. 2. me bark(mur). 3.i zgurdulluar; **bulging eyes** sy të dalë.
bulgy['bʌlxhi] *adj* shih **bulging.**
bulk[bʌlk] *n,v* *-n* 1.madhësi, sasi e madhe; **in bulk** a)në sasi të mëdha, me shumicë; b)i hapur, i papaketuar(mall). 2.pjesa më e madhe; masa kryesore. 3.ngarkesë e anijes.
-vi 1.ka madhësi, është i madh. 2.është me rëndësi. 3.zmadhohet; fryhet, zgjerohet.
bulky['bʌlki] *adj* 1.kaba. 2.i rëndë, masiv.
bull I[bul] *n,v* *-n* 1.dem; **a bull in a china shop** njeri kaba, avdall. 2.mashkull(i balenës, i drerit etj). 3.spekulator(me çmimet). 4.(qen) bulldog. 5.*astr* Demi (yllësi). 6.*gj.fol* broçkulla. +**shoot the bull** a)flas në tym; b)mburrem; **take the bull by the horns** e kap demin për brirësh.
-vt ngre çmimet(e aksioneve në Bursë).
bull II[bul] *n* bulë, qarkore(e Papës).
bull III[bul] *n* gafë, gabim qesharak.
bulldog['buldog] *n* 1.qen bulldog.2.*attrib fig* këmbëngulës, i paepur.
bulldoze ['buldouz] *vt* 1. kërcënoj. 2.gërmoj me buldozer.
bulldozer['buldouzë:] *n* buldozer.
bullet['bulit] *n* plumb.
bulletin['bulitin] *n* buletin; **bulletin board** stendë.
bulletproof['bulitpru:f] *adj* i papërshkueshëm nga plumbat.
bullet train *n* tren me shpejtësi të madhe.
bullfight['bulfait] *n* ndeshje me dema.
bullfighter['bulfaitë:] *n* toreador.
bullfinch['bulfinç] *n zool* gushëkuq.
bull-headed['bul'hedid] *adj* kokëfortë, kokëngjeshur, kokëderr.
bullion['buljën] *n* shufra ari ose argjendi.
bullish['bulish] *adj* 1.si buall. 2.në ngritje(çmimi

në bursë).
bullock['bulëk] *n* 1.ka. 2.dem i tredhur.
bull session *n* muhabet burrash; diskutim në rreth të ngushtë.
bull's eye *n* 1.mes, qendër(e tabelës së qitjes). 2. goditje në qendër. 3.xham rrethor(në dritare). 4.thjerrëz konvekse. 5.dritarez.
bullshit['bʌlshit] *n,v zhrg vulg -n* gjepura, dëngla. *-vi* flas gjepura.
bull trout *n zool* salmon(peshk).
bullwhip['bʌlwip] *n* kamzhik lëkure.
bull work *n* punë të rënda; punë fizike.
bully I['buli] *n,v -n* kokorroç; ngac, ngacmues. *-vt* detyroj, i imponohem(dikujt).
bully II['buli] *n zhrg* mish kau.
bully III['buli] *adj zhrg* i habitshëm, i jashtëzakonshëm.
bullying['buliing] *adj,n -adj* i vrazhdë, brutal. *-n* ngacmim, rënie në qafë.
bulrush['bulrʌsh] *n bot* xunkth.
bulwark['bulwë:k] *n* 1.ledh mbrojtës. 2.dallgëpritës. 3.*pl* muraturë kuverte. 4.*fig* mburojë; **free press is a bulwark of democracy** shtypi i lirë është mburojë e demokracisë.
bum I[bʌm] *n* të ndenjura.
bum II[bʌm] *n,v,adj -n* 1.endacak, lypës. 2. vagabond.+**on the bum** a)si endacak; b)i prishur, nuk punon. *-v* 1.endem pa punë. 2.rroj me të lypur. 3.u bie në qafë të tjerëve; zhvas. *-adj* 1.i dobët, i keq(mall). 2.i vrarë; e çalë(këmbë).
bumbershoot['bʌmbë:shu:t] *n amer gj.fol* çadër.
bumble['bʌmbël] *n,v -n* gabim trashanik. *-vi* qullos, katranos.
bumblebee['bʌmblbi:] *n* grerëz, arëz, greth.
bumbling['bʌmbling] *adj* 1.i ngathët, i paaftë. 2. dërdëllitës.
bumboat['bʌmbout] *n* varkë furnizimi.
bumf[bʌmf] *n Br keq* 1.shkresurina. 2.letër higjienike.
bummer['bʌmë:] *n amer zhrg* 1.zhgënjim. 2.dështim.
bump[bʌmp] *n,v -n* 1.goditje, përplasje. 2.xhungë. 3. gungë(e rrugës). 4.shembje, lëkundje toke. *-v* 1.përplasem, godas. 2.lëviz me hope.
+**bump into** përplasem me/pas (diçkaje).
+**bump off** *gj.fol* vras.
+**bump up** a)përplasem pas; b)ngre, rris(çmimet).
bumper['bʌmpë:] *n,adj -n* 1.parakolp, prapakolp, goditjepritës(i automjetit). 2.gotë e mbushur plot. *-adj* i jashtëzakonshëm, sensacional; tepër i madh.
bumpkin['bʌmpkin] *n* njeri i pagdhendur, malok.
bumptious['bʌmpshës] *adj* i fryrë(person).
bumpy['bʌmpi] *adj* me gunga(rrugë).
bun[bʌn] *n* kulaç, simite.

bunch[bʌnç] *n,v -n* 1.tufë, vandak, vile. 2.grumbull, tufë(çelësash). 3.*gj.fol* bandë. *-v* lidh, bëj tufë, mbledh.
bunchy['bʌnçi] *adj* 1.me vile. 2. në formë vileje.
bundle['bʌndël] *n,v -n* 1.krah; deng. 2.pako. *-v* 1.(**up,together**), lidh, bëj deng. 2.rras rrëmujshëm. 3.dërgoj, nis pa ceremoni.
bung[bʌng] *n,v -n* tapë(për vozat). *-vt* 1.mbyll, tapos. 2.*Br gj.fol* flak, hedh.
+**bung in** *zhrg* përfshij, shtoj.
+**bung out** *zhrg* a)përzë; b)hedh, flak.
+**bung up** a)mbyll me tapë; b)*gj.fol* shtyp.
bungalow['bʌngëlou] *n* shtëpi njëkatëshe.
bungle['bʌngël] *v,n -v* bëj shkel e shko; e prish, e katranos. *-n* punë shkel e shko.
bungler['bʌnglë:] *n* punëtor i keq, kërpaç.
bunk I[bʌnk] *n* 1.krevat marinari. 2.krevat kabine.3.*zhrg* dëngla, gjepura.
bunk II[bʌnk] *v gj.fol* iki me vrap.
bunker['bʌnkë:] *n,v -n* 1.*tek* depo karburanti(e anijes). 2.*usht* bunker, strehim. *-v* furnizoj(anijen) me karburant. +**be bunkered** e kam pisk.
bunkum['bʌnkëm] *n amer* bisedë pa kuptim, e kotë.
bunting I['bʌnting] *n zool* beng.
bunting II['bʌnting] *n* 1.pëlhurë për flamuj. 2. banderolë.
buoy[boi] *n,v -n* bovë, vozë mbi ujë. *-v* shënoj me pluskuese.
+**buoy up** a)mbaj mbi ujë; b)*fig* mbaj gjallë (shpresat).
buoyancy['bojënsi] *n* 1.pluskueshmëri; aftësi ngritëse(e ujit). 2.*fig* marrje e vetes; gjallëri; shpresë.
buoyant['bojënt] *adj* 1.pluskues, notues. 2.*fig* i gjallë, optimist.
bur(r) [bë:] *n* 1.rrodhe. 2.*fig përb* rrodhe, njeri i ngjitur.
burble['bë:bël] *v,n -vi* 1.murmuris.2.gurgullon. *-n* 1.murmurimë. 2.gurgullimë.
burbling['bë:bling] *n,adj -n* 1.murmuritje.2.dërdëllisje.
burbot['bë:bët] *n* peshk i gjatë lumi.
burden['bë:dën] *n,v -n* 1.barrë, ngarkesë; **beast of burden** kafshë barre.2.*fig* barrë; **be a burden to sb** i bëhem barrë dikujt. 3.aftësi bartëse, tonazh(i anijes). 4.detyrë, detyrim; **burden of proof** detyra për të sjellë prova. 5.thelb(i fjalimit etj), temë. *-vt* 1.ngarkoj. 2.rëndoj; **burden with taxation** rëndoj me taksa.
burdensome ['bë:dënsëm] *adj* 1. i rëndë. 2. i lodhshëm, i vështirë. 3.shqetësues.
bureau['bjuërou] *n* 1.tryezë shkrimi. 2.komo. 3.zyrë; agjenci; **a travel bureau** agjenci udhëtimesh. 4.*amer* degë(e një ministrie); **Tourist Bureau** Dega

e Turizmit.

bureaucracy[bju'rokrësi] *n* burokraci.

bureaucrat['bjuërou'kræt] *n* burokrat.

bureaucratic[bjuërou'krætik] *adj* 1.burokratik. 2. arbitrar.

bureaucratically[bjuërou'krætikëli] *adv* 1.në rrugë burokratike. 2.arbitrarisht.

burgeon['bë:xhën] *vi* 1.bulëzon, mugullon; zë të rritet. 2.*fig* lind, nxjerr krye(talenti).

burg, burgh[bë:g] *n amer* qytet.

burglar['bë:glë] *n* hajdut(shtëpish).

burglar alarm *n* sistem alarmi kundër vjedhjeve.

burglar-proof'bë:glë:pru:f] *adj* i siguruar nga vjedhjet.

burglary['bë:glëri] *n* vjedhje(shtëpish) me thyerje.

burgle['bë:gël] *v* grabis, plaçkis.

burial['bëriël] *n* varrim.

burial ground *n* varrezë.

burial service *n* ceremoni varrimi.

burke[bë:k] *v* shuaj(skandalin); shmang.

burlap['bë:læp] *n* cohë e ashpër(për çanta).

burlesque[bë:'lesk] *n,v* -*n* 1.parodi. 2.imitim. 3.estradë. 4.*attrib* parodik, përqeshësh. -*v* parodizoj.

burly['bë:li] *adj* trupmadh; truplidhur.

Burma['bu:më] *n* Birmani.

Burmese[bë:'mi:z] *n,adj* -*n* birman. -*adj* birmanez..

burn I[bë:n] *n skoc* rrëke, përrua.

burn II[bë:n] *v,n* -*v* 1.digjet; merr flakë, merr zjarr. 2.djeg, i vë zjarrin. 3.digjet(gjella). 4.djeg(dorën etj). 5.konsumon, djeg(motori karburant); **the car burns too much gas** makina harxhon shumë benzinë. 6.ndez(motorin reaktiv). 7.ndrit(llampa). 8.përvëlon, djeg(rëra). 9.më shpojnë (duart nga të ftohtit).10.*fig* digjem(nga entuziazmi), shkumëzoj(nga inati). 11.**burn down** a)rrafshoj, bëj shkrumb e hi; b)bie, dobësohet(zjarri). +**burn one's boats/bridges** djeg urat, i pres vetes çdo rrugë tërheqjeje; **burn out** a)bëj shkrumb; b)shuhet; c)dërrmohem, rraskapitem.

+**burn away** a)vazhdon të digjet; b)harxhohet.

+**burn down** a)digjet krejt, bëhet shkrumb; b)bie, ulet(flaka); c)djeg, i vë zjarr.

+**burn off** djeg me flakë(bojën).

+**burn out** a)fiket, shuhet; b)digjet(llampa); c)bëj shkrumb.

+ **burn up** a)digjet krejt; b)merr vrull(zjarri); c)*amer gj.fol* nxeh, tërboj.

-*n* 1.djegie, plagë(nga të djegurit). 2.damkë. 3.nisje (e raketës).

burner['bë:në:] *n* 1.pipth(i llambës, i kandilit). 2.aparat për djegie. +**on the back burner** në plogështi; i braktisur.

burning['bë:ning] *adj* 1.i nxehtë, flakërues. 2.*fig* përvëlues; i zjarrtë; **burning question** punë me

spec; **a burning desire** dëshirë përvëluese. 3.i bujshëm, skandaloz.

burnish['bë:nish] *v* 1.fërkoj. 2.lustroj.

burnt[bë:nt] *adj,v* -*adj* 1.i djegur; **a burnt child dreads the fire** *prov* kush digjet nga qulli i fryn kosit. 2.e pjekur(bajame). 3.e pashuar(gëlqere). -*pt,pp* e **burn**.

burnt orange *n* portokalli e thellë.

burp[bë:p] *v,n* -*vi* gromësij. -*n* gromësirë, gromësimë.

burr[bë:] *n,v* -*n* gërvimë. -*v* 1.shqiptoj r-në si rr. 2.gërvij.

burr-drill['bë:dril] *n* turjelë, frezë(dentisti).

burrow['bArou] *n* strofull, strofkë. -*v* 1.bëj strofull. 2. fshihem në strofull. 3.*fig* gërmoj, zhbiroj(dokumente).

bursar['bë:së:] *n* 1.administrator, ekonom. 2.*Br* bursist(nxënës, student).

bursary['bë:së̇ri] *n* bursë studimesh.

bursitis[bë:saitis] *n mjek* bursit.

burst[bë:st] *v,n* -*v* (**burst**) 1.shpërthen, pëlcet; çel(gjethi); **be bursting to** s'më pritet të. 2.çaj, shpërthej; **to burst the door open** shpërthej derën; **don't burst yourself** mos u mundo kaq shumë. 3.ia plas; **burst into laughter** ia plas të qeshurit. 4.është plot, po pëlcet(hambari, thesi). 5.shkallmoj, thyej; **the prisoner burst his chains** i burgosuri i theu vargonjtë.

-*n* 1.shpërthim, plasje. 2.*fig* shpërthim(energjie). 3.vrull, hov. 4.batare.

+**burst forth** a)dal me ngut; b)del, lind(dielli).

+**burst in** a)mbërrij befas; b)ndërpres(bisedën), ndërhyj; c)hap me forcë(derën).

+**burst out** a)dal si furtunë; b)shkëlqej(me një lloj veshjeje); c)thërras, bërtas; flas me pasion; d)ia plas (gazit).

burton['bë:tën] *n Br* : **he's gone for a burton** e pësoi, e hëngri; **it's gone for a burton** a)kaq e pat, shkoi në dreq; b)na la hijen, humbi.

Burundi[bë'rundi] *n gjeog* Burundi.

bury['beri] *vt* 1.varros. 2.gropos. 3.fsheh.4.fus, rras(duart në xhapa). +**bury oneself in the country** zhdukem nga qarkullimi; **be buried in one's memories** zhytem në kujtime; i jap fund armiqësisë; **bury oneself in one's books/studies** zhytem në studime.

bus[bAs] *n,v* -*n* autobus; **bus driver** shofer autobusi; **by bus** me autobus; **miss the bus** a)më ikën/më lë autobusi; b)*gj.fol* humbas rastin. -*v* 1.çoj me autobus. 2.shkoj/udhëtoj me autobus; **he buses to work** ai shkon në punë me autobus.

busboy['bAsboi] *n amer* ndihmëskamarier.

bush[bush] *n,v* -*n* 1.shkurre; kaçube. 2.pyll drizash. 3.ngastër me pemë. +**beat about/around the bush** i shkoj anës, nuk futem në temë. -*v* 1.rritet drize. 2.mbuloj me shkurre.3.*fig* rraskapis.

bushed[busht] *adj* 1.*zhrg* i habitur, i shtangur. 2. *zhrg* i rraskapitur. 3.i humbur në shkorret.

bushel['bushël] *n* shinik(masë); **hide one's light under a bushel** tregohem modest.

bushing['bushing] *n tek* unazë.

bushy['bushi] *adj* 1.i mbuluar me shkurre. 2.leshtor; shtëllungë; **a bushy beard** mjekërr shtëllungë.

business['biznis] *n* 1.punë, detyrë; **let's get down to business** kalojmë në gjërat serioze; **business hours** orar i punës. 2. tregti; biznes; aktivitet; **do business** bëj tregti; **what's his line of business?** me se merret ai? ç'punë bën ai?3.çështje, problem; histori, punë; **there's some funny business going on** ka diçka të palezetshme këtu. 4.e drejtë, kompetencë, përgjegjësi; **it is not your business to decide** nuk të takon ty të vendosësh. + **mean business** e kam seriozisht; **mind one's own business** e kam seriozisht; **mind one's own business** shikoj punën time!

business accounting *n* llogari e ndërmarrjes.

business activity *n* aktivitet industrial e tregtar, biznes.

business college *n* shkollë tregtare.

business day *n* ditë pune.

businesslike['biznislaik] *adj* 1.praktik; metodik (njeri). 2.serioz; efikas. 3.i saktëIstil).

businessman['biznismæn] *n* afarist, tregtar.

business manager *n* 1.drejtor tregtar(që merret me shitjet). 2.*sport* manazher, përgjegjës ekipi/klubi. 3.*teat* drejtor teatri.

busman['bʌsmæn] *n* 1.shofer(autobusi). 2.faturino.

busstop['bʌsstop] *n* vendqëndrim/stacion autobusi.

bust I[bʌst] *n* 1.bust. 2.gjoks femre.

bust II[bʌst] *v,n* -*v gj.fol* 1.djeg.2.*gj.fol* falimentoj. 3.qëlloj, godas(me grusht). 4.*gj.fol* arrestoj. 5.degradoj, ul në pozitë.

-*n* 1.*gj.fol* 1.dështim, fiasko. 2.grusht. 3.*gj.fol* 1.djalë, vëlla,(or) mik; **look, buster, don't talk to me like that!** dëgjo këtu, or mos më fol kështu mua! 2.djalë azgan. 3.e pirë e shfrenuar.

bustle['busël] *v,n* -*v* 1.nxitoj, ngutem. 2.nxis, ngus.

-*n* nxitim, rrëmujë.

bustling['bʌsling] *adj,n* -*adj* 1.aktiv, i gjallë; i zënë me punë. 2.i zhurmshëm, plot aktivitet(vend); **bustling with life** plot gjallëri, plot jetë.

-*n* lëvizje; rrëmujë.

busy['bizi] *adj,v,n* -*adj* 1.i zënë me punë.2.i gjallë; plot lëvizje. 3.i zënë(telefoni).

-*vt* zë me punë, angazhoj; **busy oneself** merrem me diçka.

-*n zhrg* polic.

busybody['bizibodi] *n* njeri që fut hundët, ngatë-

rrestar.

but[bʌt] *conj, prep, adv, n* -*conj* 1.por, po, mirëpo. 2.veçse, përveçse; **you can do nothing but accept** ty s'të mbetet gjë tjetër përveçse të pranosh. 3.se, që; **I don't doubt but he will come** nuk dyshoj se do të vijë.

-*prep* veç, përveç; **every day but Sunday** çdo ditë përveç të dielës; **no one replied but me** askush s'u përgjigj veç meje.

-*adv* vetëm, thjesht; jo më shumë se; **he is but a boy** ai s'është veçse një kalama; **all but** pothuaj, gati; **but for** me përjashtim të; **but that** po të mos; por.... duhet thënë se.

-*n* kundërshtim; **not so many buts, please!** jo kaq kundërshtime, ju lutem!

butcher['buçë:] *n,v* -*n* 1.kasap. 2.mishshitës. 3.*fig* vrasës.

-*v* 1.ther; vras. 2.katranos(një punë).

butcher shop['buçë:shop] *n* dyqan mishi.

butchery ['buçëri] *n* 1.therje. 2.thertore. 3.gjakderdhje, vrasje në masë, kasapanë.

butler['bʌtlë:] *n* shërbëtor.

butt I[bʌt] *n* but, vozë, fuçi.

butt II[bʌt] *n* 1.shenjë. 2.vend qitje, poligon.

butt III[bʌt] *n* 1.dorezë; qytë(pushke). 2.*amer* bisht cigareje. 3.*gj.fol* prapanicë, vithe.

butt IV[bʌt] *v,n* -*v* 1.godas. 2.vë(dërrasa)kokë më kokë. 3.del, zgjatet; **the house butted out as far as the roadway** shtëpia dilte deri te rruga.

-*n* goditje me kokë.

+**butt in** ndërhyj, futem në mes.

butter['bʌtë:] *n,v* -*n* 1.gjalpë. 2.*fig* lajkë.

-*v* 1.lyej me gjalpë. 2.skuq me gjalpë.

+**butter up** *vt Br* lajkatoj.

butterball['bʌtë:bo:l] *n amer gj.fol* bufalaq.

butter bean *n Br* groshë kokërrmadhe, fasule e bardhë.

buttercup['bʌtë:kʌp] *n bot* zhabinë.

butterfingered['bʌtë:fingë:d] *adj* duartharë.

butterfingers['bʌtë:fingë:z] *n* duartharë.

butterfly['bʌtë:flai] *n* 1.flutur. 2.*sport* stil flutur. 3.*pl* të rrëqethura, siklet; **to get butterflies in one's stomach** më hyjnë të dridhurat (nga emocioni).

buttermilk['bʌtë:milk] *n* dhallë.

buttery['bʌtë:ri] *n* depo(enësh, ushqimesh).

buttocks['bʌtëks] *n* mollaqe; të ndenjura, bythë.

button['bʌtën] *n,v* -*n* 1.kopsë; buton.2.sumbull, çelës, buton.3.*bot* syth, bulë. 4.*amer zhrg* majë e mjakrrës. +**on the button** tamam, ekzakt.

-*v* 1.kopsis, mbërthej.2.*zhrg* e mbyll, e qep(gojën).

+**button up** përfundoj, nxjerr në krye.

button-down['bʌtëndaun] *adj* e mbyllur(jakë).

buttonhole[bʌtënhoulk] *n* vrimë(e kopsës).

buttonthrough ['bʌtënthru:] *adj* me kopsa, që zbërthehet(fustan).

buxom['bʌksëm] *adj* e kolme, e bëshme(femër).

buy[bai] *v* (**bought**) 1.blej. 2.*fig* paguaj. 3.blej, korruptoj(dikë).4.e ha, e pranoj; **if you say it's true, I'll buy it** derisa thua se është e vërtetë, po e pranoj. +**buy back** riblej.
+**buy in** a)blej një sasi(rezervë); b)jap çmimin më të lartë(në ankand).
+**buy into** blej disa aksione.
+**buy off** e heq qafe me para.
+**buy out** paguaj dikë(që të heqë dorë).
+**buy over** e blej, e korruptoj.
buyer['baië:] *n* blerës.
bying['bajing] *n* blerje.
bying power *n ek* fuqi blerëse.
buzz[bʌz] *n,v -n* 1.zukatje; gumëzhimë. 2.murmurimë. 3.*gj.fol* telefonatë. 4.lëvizje, aktivitet. 5.*rad* ndërhyrje, zhurmë. 6.*amer zhrg* sensacion, bujë.
-v 1.zukas; gumëzhij. 2.murmuris, pëshpëris; gumëzhin(qyteti nga llafet). 3.i bie ziles. 4.telefonoj; **I'll buzz you when I find out** do të të bëj një telefonatë kur ta marr vesh.5.fshik, i shkoj ngjitur.
+**buzz about/around** lëviz, jam në aktivitet.
+**buzz off** *Br zhrg* fryj, ua mbath.
buzzard['bʌzë:d] *n zool* qift.
buzz bomb *n hist* bombë-raketë, raketë V1.
buzzer['bʌzë:] *n* 1.sinjalizues(telefoni). 2.zile.3. sirenë.
buzz saw *n* sharrë elektrike, sharrë disk.
buzz word *n gj.fol* fjalë në modë.
by [bai] *prep, adv, adv -prep* 1.pranë; **by the house** pranë shtëpisë.2.gjatë; përmes; nëpër; **by the bridge** nëpër urë. 3.nga, prej; **he was caught by a policeman** ai u kap nga një polic. 4.me, me anë të; **by plane** me avion; **by letter** me letër. 5.(në përmasa) me; **five by eight metres** pesë me tetë metra. 6.(sasi) me; **sold by the dozen** shiten me duzina. 7.sipas; **by the rules** sipas rregullave. 8.në lidhje me, për; **she did well by her children** ajo pati rezultate me fëmijtë e saj. 9.(në shprehje): **two by two** dy nga dy; **step by step** hap pas hapi. 10.gjatë (kohë); **by day** gjatë ditës, ditën.11.aty nga, rreth; **by six o'clock** aty nga ora gjashtë. +**by oneself** a)vetëm; b)vetë, pa ndihmë; **by the way** me që ra fjala.

-adv 1.afër, pranë. 2.kaluar, ikur, **as days go by** me kalimin e ditëve. 3.mënjanë; **to put sth by** vë diçka mënjanë. 4.nga shtëpia; **please come by and see me** të lutem eja nga shtëpia të më shikosh. +**by and by** pas pak; së shpejti, shpejt; **by and large** në tërësi; në përgjithësi.
-adj 1.i mënjanuar. 2.i dorës së dytë, dytësor. +**by the by, by the bye** rastësisht.
by-and-by['bajënbai] *n* e ardhmja.
bye[bai] *interj* mirupafshim.
bye-bye['bai'bai] *n,interj gj.fol -n* gjumë, naninani.
-int mirupafshim! **by-election**[baii'lekshën] *n* zgjedhje plotësuese.
bygone['baigon] *adj,n -adj* i shkuar, i kaluar.
-n 1.e kaluar. 2.gjë që i takon së kaluarës; **let bygones be bygones** të shkuara të harruara.
byelaw['bailo:] *n* urdhëresë(e pushtetit lokal).
byline['bailain] *n* rresht i parë(për emrin e autorit të shkrimit).
byname['baineim] *n* emër i dytë; nofkë.
bypass['baipa:s] *v,n -v* 1.kaloj në rugë anësore. 2. i bie rrotull. 3.kapërcej, injoroj(dikë).4.shmang. 5.*mjek* urë, bajpas.
-n 1.kalim anësor. 2.rrugë anësore.3.*el* shunt.
bypath['baipa:th] *n* shteg anësor, rrugë anësore.
by-product ['bai'prodëkt] *n* 1. nënprodukt, prodhim dytësor. 2.*fig* efekt anësor, rrjedhojë.
byre['baië:] *n* stallë, katua(lopësh).
bystander['baistændë:] *n* soditës, spektator.
bystreet['baistri:t] *n* rrugë anësore.
byte[bait] *n kmp* bajt (varg 6 ose 8 njësish dyjare - bitësh).
byway['baiwei] *n* rrugë anësore; rrugë e rrahur pak.
byword['baiwë:d] *n* 1.fjalë e urtë, thënie; proverb. 2.*fig* legjendë. 3.gjë e përçmuar, përçmim.
Byzantine ['bizënti:n] *adj,n -adj* 1.*hist, art* bizantin. 2.i ndërlikuar; dredharak, bizantin.
-n 1.bizantin. 2.stil bizantin.
Byzantine Empire *n* Perandoria Bizantine, Bizanti.

C

c, C[si:] 1.shkronja e tretë e alfabetit anglez. 2.(kategori) e tretë; **grade c eggs** vezë të cilësisë së tretë. 3.numri romak 100. 4.centi-(parashtesë në sistemin metrik).
c. shkurtim për **cent;** (*lat* **circa**) rreth, afërsisht;

century; centre; copyright; cubic; capacity; cathode; chapter; current; city.
C shkurtim për **Celsius; carbon; central.**
C. shkurtim për **Cape; Catholic; Conservative; Celtic; Church.**

ca (shkurtim për *lat* circa) rreth, afërsisht.
Ca shkurtim për calcium.
CA Kaliforni.
C.A 1.(Central America) Amerikë Qendrore.
2.(Court of Appeal) Gjykatë e Apelit.
C/A, c/a shkurtim për credit account; current account.
cab[kæb] *n* 1.karrocë. 2.taksi. 3.kabinë(e makinës etj).
cabal[kë'bæl] *n,v* -*n* 1.intrigë; komplot. 2.grupazh, grup komplotistësh.
-*v* komplotoj; marr pjesë(në një grupazh).
cabaret['kæbërei] *n* 1.kabare. 2.argëtim(në kabare).
cabbage['kæbixh] *n* lakër.
cabby['kæbi] *n* shofer taksie.
cabin['kæbin] *n* 1.kasolle. 2.kabinë. 3.shtëpizë verimi.
cabin boy['kæbinboi] *n det* djalë shërbimi, muço.
cabinet['kæbinit, -nët] *n* 1.kabinet. 2.këshill i ministrave. 3.dollap, bufe. 4.studio personale.
cabinetmaker['kæbinit'meikë:] *n* mobilier.
cable['keibël] *n,v* -*n* 1.litar; kavo. 2.kabëll (elektrik). 3.kabllogram, mesazh(i transmetuar me kabëll). 4.*tv* kabëll.
-*v* 1.lidh, fiksoj me litar, me kavo. 2.dërgoj (mesazh) me kabëll.
cable television/TV *n* televizion me kabëll(pa antenë).
cablecar['keiblka:] *n* teleferik.
cablegram['keibëlgræm] *n* kabllogram(mesazh i transmetuar nëpërmjet kabllit ndërkontinental).
cableway['keibëlwei] *n* teleferik me shina.
cabman['kæbmæn] *n* 1.karrocier. 2.shofer taksie.
cabstand['kæbstænd] *n* vendqëndrim taksish.
cacao[kë'ka:ou, -'keiou] *n* kakao.
cache[kæsh] *n,v* -*n* 1.vend i fshehtë; depo e fshehtë.
-*v* fsheh.
cackle['kækël] *n,v* -*n* 1.kakarisje. 2.llomotitje. 3.kukurisje.
-*v* 1.kakaris. 2.llomotis. 3.kukuris.
cacophony['kækofëni] *n* zhangëllimë; kakofoni.
cactus['kæktës] *n* kaktus.
cad[kæd] *n Br gj.fol* horr, kopuk.
CAD (shkurtim i Computer-Aided Design) *n* vizatim teknik me kompjuter.
cadastral[kë'dæstrël] *adj* kadastror, i kadastrës.
cadastre[kë'dæstë:] *n* kadastër.
cadaver[kë'deivë:] *n* kufomë.
cadaverous[kë'dævërës] *adj* 1.si kufomë. 2.i verdhë, i zbehtë. 3.i thatë, i tretur.
caddish['kædish] *adj gj.fol* harbut.
caddy['kædi] *n* kuti çaji.
cadence['keidëns] *n* 1.ritëm. 2.variacion zëri. 3.

muz kadencë.
cadet[kë'det] *n* kursant i shkollës ushtarake, kadet.
cadge[kæxh] *vt Br* zhvas; lyp.
cadger['kæxhë:] *n* qylaxhi; parazit; lypës.
cadi['ka:di, 'keidi] *n* kadi, gjykatës.
cadre['ka:dë:,'kædri:] *n* 1.skelet; karkasë. 2 *usht* kuadrot.
café['kæfei] *n* 1.kafene, pijetore. 2.gjellëtore.
cafeteria[kæfi'tiërië] *n* lokal, mensë; restorant me vetëshërbim.
caftan['kæftën] *n* kaftan.
cage[keixh] *n,v* -*n* 1.kafaz. 2.burg. 3.ashensor miniere. 4.*sport* kosh(basketbolli).
-*vt* mbyll në kafaz.
cageling['keixhling] *n* zog i mbajtur në kafaz.
cagey['keixhi] *adj* 1.i mbyllur, i heshtur. 2.finok, i zgjuar; a cagey lawyer avokat finok.
cahoots[kë'hu:ts] *npl zhrg* be in cahoots(with) jam i lidhur(me një grup, person, për punë të këqia).
caiman, cayman['keimën] *n zool* kaiman (krokodil i Amerikës Jugore).
Cain[kein] *n mit* Kain. + raise Cain a)bëj poterë; b)bëj skandal.
caique[ka'i:k] *n* kaike, lundër e vogël.
cairn[keë:n] *n* muranë.
Cairo['kairou] *n gjeog* Kairo.
caisson['keisën] *n* 1.*usht* arkë municioni. 2.dhomëz/kabinë për punime nënujore.
cajole[kë'xhoul] *vt* lajkatoj, mikloj. +cajole sb out of sth ia nxjerr diçka me lajka.
cajolery[kë'xhoulëri] *n* lajkatim.
cake[keik] *n,v* -*n* 1.tortë; pastë; kek.2.*amer* petulla.3.pashtet, kroket.4.kallëp(sapuni).5.*pl* kurabie. +like hot cakes në çast; a piece of cake shumë e lehtë; *zhrg* qofte, llokum.; take the cake *zhrg* a)fitoj çmimin e parë; b)shkëlqej; c)kaloj çdo parashikim, lë nam, mbaj flamurin(për keq).
-*v* 1.mpiks. 2.mpikset. 3.ngurtësohet.
calabash['kælëbæsh] *n* kungull uji.
calamitous[kë'læmitës] *adj* 1.fatzi, fatkeq. 2.shkatërrimtar, katastrofik.
calamity[kë'læmëti] *n* fatkeqësi, katastrofë.
calcification[kælsifi'keishën] *n* kalcifikim; gëlqerizim.
calcify['kælsëfai] *v* kalcifikoj; gëlqerizoj.
calcium['kælsiëm] *n* kalcium.
calculable['kælkjulëbël] *adj* i llogaritshëm.
calculate['kælkjuleit] *v* 1.llogarit. 2.vlerësoj; peshoj. 3.*amer* supozoj, besoj. 4.bëj me qëllim, llogaris.
calculating['kælkjuleiting] *adj* 1.i matur.2.i ftohtë, që i bën mirë hesapet. 3.llogaritës; calculating machine makinë llogaritëse.
calculation[kælkju'leishën] *n* llogaritje.
calculator['kælkjuleit:] *n* 1.kalkulatriçe, makinë

llogaritëse; kalkulatriçe xhepi. 2.pasqyrë me shifra.
calculus I['kælkjulës] *n mjek* gur.
calculus II['kælkjulës] *n mat* njehsim(integral e diferencial).
caldron['ko:ldrën] *n shih* **cauldron.**
calendar['kælindë:] *n,v* -*n* 1.kalendar.2.broshurë udhëzuese (që nxjerr universiteti). 3. *Br* librezë studenti.
-*vt* 1.regjistroj. 2.shënoj, rendis.
calendarial['kælindeëriël] *adj* kalendarik.
calender['kælëndë:] *n tekst* kalandroj.
calends ['kælëndz] *n fet* kalenda; **at the Greek calends** në kalendat greke, askurrë.
calf I [ka:f] *n* (*pl* -**ves**) 1. viç; këlysh(balene, dreri etj); **in calf, with calf** barsë(lopa). 2.lëkurë viçi. 3.djalë i leshtë, viç. +**kill the fatted calf** ther dashin e këmborës, e djeg(për miqtë).
calf II[ka:f] *n* pulpë e këmbës.
calibrate['kælibreit] *vt* 1.gradoj(termometrin etj). 2.i gjej kalibrin.
calibre['kælibë:] *n* 1.kalibër; diametër i brendshëm. 2.shkallë, vlerë, peshë, kalibër, cilësi; **a person of high calibre** person i kalibrit të lartë, njeri me peshë.
calibration[kæli'breishën] *n* gradim; kalibrim.
calico['kælikou] *n,adj* -*n* basmë.
-*adj* prej basme.
California[kæli'fo:nië] *n gjeog* Kaliforni.
calk I[ko:k] *n,v* -*n* 1.gozhdë me kokë(për këpucë). 2.paftë(këpucësh).
-*v* i vë gozhdë(këpucëve).
calk II[ko:k] *vt* zë(një plasë); stukoj.
call[ko:l] *v ,n* -*v* 1.bërtas, thërras. 2.ftoj, thërras. 3.kërkon, thërret(detyra). 4.caktoj, organizoj; **call a meeting** organizoj një mbledhje. 5.shqyrtoj(çështjen në gjyq). 6.quaj; konsideroj. 7.pezulloj, ndërpres; **the game was called on account of rain** loja u ndërpre për shkak të shiut. 8.marr në telefon; **call me tomorrow morning** më merr nesër në mëngjes.+**call names** shaj; **call to account** i kërkoj llogari; **call sb to order** i tërheq vërejtje dikujt.
+**call aside** marr mënjanë.
+**call away** heq nga një punë.
+**call back** a)i them(dikujt) të kthehet; b)marr mbrapsht; c)e marr në telefon(dikë që më ka marrë më përpara).
+**call down** a)qortoj; b)mallkoj, i lëshoj mallkime.
+**call for** a)ndalem dhe marr(dikë në makinë); b)kërkon, ka nevojë për; **this recipe calls for two eggs** kjo recetë kërkon dy vezë.
+**call forth** a)shkakton; vë në veprim; b)përdor.
+**call in** a)takohem me , konsultohem me(një avokat etj); b)heq nga qarkullimi(një libër); c)mbledh (qiratë etj).
+**call off** a)i flas(qenit), e heq, e largoj; b)anuloj; c)lexoj me zë(listën).

+**call on/upon** a)i shkoj dikujt, ndalem(për vizitë); b)i drejtohem.
+**call out** a)thërras(trupa); b)ftoj në grevë (punëtorët); c)i nxjerr(një përgjigje).
+**call up** a)sjell në mend, kujtoj; b)i telefonoj; c)thërras(në shërbim).
-*n* 1.britmë, thirrje. 2.kërkesë, thirrje; ftesë; **telephone calls** thirrje telefonike; **the call of the sea** malli për detin. 3.vizitë e shkurtër. 4.nevojë. 5.kërkesë për të paguar. + **on call** a)në gatishmëri; b)i pagueshëm në çast; **within call** mjaft afër.
caller['ko:lë:] *n* vizitor.
calligraphy[kë'ligrëfi] *n* bukurshkrim.
calling['koling] *n* 1.thirrje. 2.profesion, zanat.
calling card['ko:ling ka:d] *n* kartëvizitë.
callosity[kë'lositi, kæ'losëti] *n* 1.kallo; trashje lëkure. 2.*fig* pandjeshmëri, pashpirtësi.
callous ['kælës] *adj* 1. me kallo. 2. *fig* i pashpirt, zemërgur.
callow['kælou] *adj* 1.që s'i kanë dalë puplat (zog). 2.i papërvojë; axhami.
callus['kælës] *n* kallo.
calm[ka:m] *adj,n,v* -*adj* i qetë(mot, zë etj).
-*n* 1.qetësi. 2.*det* bunacë.
-*vt* 1.qetësoj. 2.zbus.
+**calm down** qetësohem.
calmly[ka:mli] *adv* qetësisht.
calorie, -ry['kælëri] *n fiz* kalori.
calorific[kælë'rifik] *adj* që jep nxehtësi; **calorific value(of food or fuel)** fuqi kalorifike, sasi kalorish(e ushqimit, e karburantit).
caluminate[kë'lʌmnieit] *vt* shpif; përflas.
calumniator[kë'lʌmnieitë:] *n* shpifës.
calumnious[kë'lʌmniës] *adj* shpifës.
calumny['kælëmni] *n* shpifje.
calvados['kælvëdos] *n* raki molle, kalvados.
calve[ka:v] -*v* pjell(viç).
calves[ka:vz] *pl* e **calf I** dhe **II.**
cam[kæm] *n tek* shtytës, gungë(në bosht).
CAM(shkurtim i **Computer-Aided Manufacturing**) *n tek* prodhim(detalesh)i kompjuterizuar.
Cambodia[kæm'boudië] *n gjeog* Kamboxhia.
Cambodian[kæm'boudiën] *adj,n* -*adj* kamboxhian.
-*n* 1.kamboxhian. 2.gjuhë kamboxhiane.
cambric['keimbrik] *n* kambrik.
came[keim] *pt* e **come.**
camel['kæmël] *n* deve, gamile.
cameo['kæmiou] *n* gur i gdhendur.
camera['kæmërë] *n* 1.aparat fotografik. 2.kamerë kinematografike, televizive. 3.zyrë private e gjykatësit.+**in camera** a)në zyrën e gjykatësit, privatisht; b)me dyer të mbyllura, pa publik.
cameraman ['kæmërëmæn] *n* kameraman; kinooperator.
Cameroon[kæmë'ru:n] *n gjeog* Kamerun.

camion['kæmiën] *n* kamion.
camisole['kæmisoul] *n* jelek grash(i brendshëm).
camomile['kæmëmail] *n* kamomil.
camouflage['kæmufla:zh] *n,v* -*n* maskim(edhe *fig*).
-*vt* maskoj(edhe *fig*).
camp I[kæmp] *n,v* -*n* 1.kamp. 2.fushim, kampim. 3.kamp, grup; **the liberal camp** kampi liberal, grupi i liberalëve. 4.jetë ushtrie. 5.*sport* vend stërvitjeje. +**break camp** ngre fushimin, largohem; **make camp** ngre kampin, fushoj.
-*v* 1.ngreh kampin. 2.jetoj në kampim; **go camping** kaloj pushimin në çadër.
camp II[kæmp] *adj,n, gj.fol* -*adj* 1.i shtirë, artificial. 2.teatral(gjest). 3.me shijë vulgare. 4.si fe-mër. 5.prej homoseksuali/prej pederasti(sjellje, ve-shje). -*n* 1.shtirje; gjeste teatrale. 2.sjellje prej femre.
campaign[kæm'pein] *n,v* -*n* 1.*usht* fushatë, ekspeditë ushtarake. 2.fushatë; **a campaign to raise funds** fushatë për mbledhje fondesh; **lead/conduct /run a campaign for/against** bëj një fushatë për /kundër.
-*vi* marr pjesë në një fushatë; bëj fushatë.
campaigner[kæm'peinë:] *n* 1.*usht* luftëtar; **old campaigner** veteran. 2.*fig* militant. 3.*pol* kandidat.
campaign worker *n pol* anëtar i ekipit organizues të fushatës elektorale.
campanile[kæmpë'ni:li] *n* kambanore.
campanula[këm'pæniëlë] *n bot* kambanore.
camp bed *n* krevat portativ.
camp chair *n* karrige portative/që paloset.
camper['kæmpë:] *n* 1.fushues; kampist. 2.mikrobus kampimi. 3.*amer* dhomë e rimorkiueshme që paloset.
camp fire *n* zjarr kampi, zjarr fushor.
campground['kæmpgraund] *n* vend fushimi.
camphor['kæmfë:] *n* kamfur.
campsite['kæmpsait] *n* vend fushimi.
campstool['kæmpstu:l] *n* karrige portative.
campus['kæmpës] *n* godina; kompleks(shkolle, kolegji, universiteti).
camshaft['kæmsha:ft] *n tek* shufër/bosht me gunga.
can I [kæn] *v* (**could**) mund; **can you speak English?** a flet dot anglisht? **we could hear him singing** ne e dëgjonim tek këndonte; **you can't smoke here** këtu s'mund të pini duhan(nuk lejohet); **he can be anywhere by now** tani kushedi se ku mund të jetë; **what can we do about it?** çfarë mund të bëjmë tani? **I could see you tomorrow** nesër mund të të takoj; **I could smack your face!** më vjen të ta heq me një dackë!
can II[kæn] *n,v* -*n* 1.kuti teneqeje; bidon.2.kovë plehrash. 3.kuti konserve. 4.*amer zhrg* burg. 5.*zhrg* nevojtore.6.*usht zhrg* a)bombë thellësie; b)destrojer.
+ **carry the can for sb** *zhrg* më mbetet faji;(be) in

the can (filmi, videokaseta) është gati/e përfunduar.
-*vt* konservoj.
Canada['kænëdë] *n gjeog* Kanada.
Canadian[kë'neidjën] *n,adj* kanadez; i Kanadasë; **Canadian English/French** anglishte/frengjishte e Kanadasë.
canal[kë'næl] *n* 1.*gjeog* kanal; **the Panama Canal** Kanali i Panamasë; **the Canal Zone** a)*Br* zona e Kanalit të Suezit; b)*amer* zona e Kanalit të Panamasë. 2.*anat* gyp, kanal(i tretjes etj).
canalization[kænëlai'zeishën] *n* kanalizim.
canalize['kænëlaiz] *v* 1.kanalizoj, hap kanal.2.drejtoj, kanalizoj.
canal barge/boat *n* lundër; maunë.
canal lock *n* shluzë.
canard[kæ'na:d] *n* lajm i rremë, ekzagjerim.
canary[kë'neri] *n* kanarinë.
cancel['kænsël] *v,n* -*v* 1.fshij, prish, i heq vizë; **cancelled stamp** pullë e vulosur(e pavlefshme). 2.anuloj; **the debt was cancelled** borxhi u anulua. 3.*mat* thjeshtoj(një thyesë). 4.pezulloj; **the meeting has been cancelled** mbledhja u pezullua..
-*n* pezullim, anulim.
cancellation['kænsë'leishën] *n* 1.fshirje, shuarje. 2.anulim, pezullim.
cancer['kænsë:] *n* 1.*mjek* kancer. 2.*astr* Gaforrja (yllësi).
cancerous['kænsërës] *adj* kanceroz.
candela[kændi:lë] *n fiz* qiri(një0si ndriçimi).
candelabrum[kændi'la:brëm] *n pl* -**bra**[brë] shandan.
candescent[kæn'desënt] *adj* inkandeshent, i zbardhur nga nxehja.
candid['kændid] *adj* 1.i çiltër, i sinqertë. 2.i drejtë, i paanshëm; **a candid decision** vendim i drejtë.
candidacy['kændidësi] *n* kandidaturë.
candidate['kændideit] *n* kandidat.
candidature['kændidëçë:] *n* kandidaturë.
candied['kændid] *adj* 1.i sheqerosur, i veshur me sheqer. 2.i sheqerosur(mjalti). 3.*fig* i ëmbëlsuar, i sheqerosur(fjalë).
candle ['kændël] *n* qiri; **candle end** bisht qiriu.+ **burn the candle at both ends** punoj natë e ditë; **can't/is not fit to hold a candle to her** nuk i vjen as te maja e gishtit asaj, as që krahasohet dot me të; **the game is not worth the candle** s'e vlen barra qiranë.
candle grease *n* dhjamë qirinjsh; dyllë qirinjsh.
candlelight['kændël'lait] *n* dritë qiriu.
candle power *n fiz* qiri(njësi e ndriçimit).
candlestick['kændëlstik] *n* qirimbajtëse; shandan.
candor, candour['kændë:] *n* çiltërsi, sinqeritet.
candy['kændi] *n,v* -*n* 1.sheqer i karamelizuar. 2. sheqerka.
-*v* 1.ziej(fruta) në sheqer. 2.sheqeros, karamelizoj. 3.*fig* ëmbëlsoj, sheqeros.

cane[kein] *n,v* -*n* 1.kallam. 2.thupër; **get the cane** ha dru. 3.bastun, shkop. 4.kërcell.
-*vt* 1.rrah me shkop. 2.thur me thupra.
canebrake['keinbreik] *n* kallamishtë.
cane sugar *n* sheqer kallami.
canine['keinain, 'kænain] *adj,n* -*adj* i qenit; **canine tooth** dhëmb i qenit , i syrit.
-*n* 1.qen. 2.dhëmb i qenit.
Canis Major/Minor['kænismeixhë:, -mainë:] *n lat astr* Arusha e Madhe/e Vogël.
canister['kænistë:] *n* 1.kuti(çaji, sheqeri). 2.bombë, predhë; **a teargas canister** bombë me gaz lotues.
canker['kænkë:] *n* 1.*mjek* zjarrth; ulçer. 2.*fig* sëmundje; kalbëzim.
canned[kænd] *adj* 1.i konservuar; **canned fish** peshk i konservuar. 2.*zhgr* i regjistruar; **canned music** muzikë e regjistruar(në disk etj). 3.*fig* i rrumbullosur, tapë.
cannery['kænëri] *n* fabrikë konservimi.
cannon['kænën] *n,v* -*n* 1.*usht* top. 2.*tek* cilindër. 3.vesh, vegjë(kambane). 4.karambol(në bilardo). +**cannon fodder** mish për top.
-*v* 1.shtie me top; qëlloj me top. 2.bëj karambol(në bilardo). 3.përplasem, karambolohem.
cannonade[kænë'neid] *n,v* -*n* 1.zjarr artilerie. 2. *gj.fol* sulm, batare(me fjalë).
-*vt* bombardoj, qëlloj me top.
cannon ball *n hist* gjyle topi.
cannon cracker *n* fishekzjarr dore i madh.
cannoneer[kænë'nië:] *n* topçi, artilier.
cannonry['kænënri] *n* 1.zjarr artilerie. 2.artileri.
cannot['kænot] = **can not** nuk mund.
canny['kæni] *adj* 1.i kujdesshëm, i matur. 2.kursimtar.
canoe[kë'nu:] *n* kaike.
canon['kænën] *n* 1.kanun. 2.ligj i kishës, e drejtë kishëtare. 3.*fet* : **canon of the mass** meshtar.4.*fig* kod, standard, kriter. 5.*fet* listë e engjëjve. 6.*polig* germë e madhe(48-pikëshe).
canonical[kë'nonëkël] *adj,n* -*adj* 1.*fet* i së drejtës kishëtare, kanonik; i Biblës. 2.i autorizuar, i pranuar.
-*n pl* veshje shërbese.
canopy['kænëpi] *n* 1.tendë; mbulesë; perde (krevati). 2.*fig* kupë(e qiellit).
can't[ka:nt] shkurt i **cannot.**
cant[kænt] *n* 1.fjalë të shtira, hipokrizi. 2.zhargon, gjuhë e veçantë(e një grupi); **thieves' cant** gjuhë hajdutësh.
cantaloup(e)['kæntëlu:p] *n* pjepër.
cantata[kæn'ta:të] *n muz* kantatë.
canteen[kæn'ti:n] *n* 1.pagure. 2.mensë, bufe(në uzinë, shkollë, kazermë). 3.klub(për ushtarët). 4.kuti me vegla gatimi.
canter['kæntë:] *n,v* -*n* galop i lehtë. + **win in/at a canter** *Br fig* dal i pari pa mundim.

-*v* 1.ecën me galop.2. e ngas(kalin) me galop.
canticle['kæntikël] *n* himn i shkurtër(me tekst nga Bibla).
cantilever['kæntëli:vë:] *n ndërt* krah, konsol; **cantilever bridge** urë me harqe.
canton ['kænton] *n,v* -*n* kanton (ndarje administrative).
-*vt* 1.ndaj në kantone. 2.*usht* vendos, strehoj (trupat përkohësisht).
cantonment [kæn'tu:nmëmt] *n* kazermë, repart ushtarak.
canvas['kænvës] *n* 1.pëlhurë e trashë liri; kanavacë. 2.velë; vela. 3.pikturë. +**under canvas** a)në çadra; b)me vela të shpalosura.
canvass['kænvës] *v,n* -*v* 1.mbledh vota. 2. mbledh porosi; gjej pajtimtarë. 3.anketoj. 4.shqyrtoj; diskutoj.
-*n* 1.mbledhje votash/porosish; gjetje pajtimtarësh. 2.anketim. 3.shqyrtim, diskutim.
canyon['kæniën] *n* grykë e thikët, kanion.
cap[kæp] *n,v* -*n* 1.kësulë, kasketë. 2.skufje. 3.kapak. 4.shkronjë e madhe. +**cap one's cap for** i hedh grepin(një mashkulli).
-*v* 1.i vë kapak. 2.mbuloj. 3.i heq kapelën(dikujt, për respekt). +**cap the climax** kapërcej çdo kufi.
capability[keipë'bilëti] *n* aftësi, mundësi.
capable['keipëbël] *adj* i aftë, i zoti; **capable of** a)i aftë, në gjendje të; b)që lejon.
capably['keipëbli] *adv* me aftësi, me kompetencë.
capacious [kë'peishës] *adj* i vëllimshëm, i madh; i gjerë.
capacitor[kë'pæsëtë:] *n el* kondensator.
capacity [kë'pæsëti] *n* 1.nxënësi, vëllim; **have a capacity of four litres** nxë katër litra. 2.aftësi, mundësi; **a great capacity for learning** aftësi e madhe për të mësuar. 3.cilësi, pozitë; **he may act in the capacity of guardian** ai mund të veprojë në cilësinë e kujdestarit.
cap-a-pie[kæpë'pi:] *adv* kokë e këmbë; krejtësisht; **armed cap-a-pie** i armatosur deri në dhëmbë.
cape I[keip] *n* pelerinë.
cape II[keip] *n gjeogr* kep.
caper['keipë:] *n,v* -*n* 1.kërcim(për të luajtur). 2.çamarrokësi, marifet. 3.mashtrim, keqbërje. +**cut a caper** argalisem, bëj si i marrë.
-*vi* hidhem, lodroj.
+**caper about** bëj si budalla.
capillary[kë'pilëri] *n* kapilar.
capital I['kæpitël] *adj,n* -*adj* 1.kapital; (i dënueshëm) me vdekje; **capital crime** krim i dënueshëm me vdekje; **capital sentence** dënim me vdekje. 2.i rëndësishëm, kryesor, i dorës së parë. 3.i shkëlqyer; **a capital speech** fjalim i shkëlqyer. 4.*fin* kapital, i kapitalit. 5.e madhe, kapitale(germë).
-*n* 1. kryeqytet. 2.shkronjë e madhe. 3.*fin* kapital. 4.*arkit* kapitel. +**make capital of** shfrytëzoj(për

qëllimet e mia).
capital allowances *n fin* amortizim i pranuar nga zyra e tatimeve.
capital assets *n fin* kapital.
capital cost *n fin* shpenzime investimi.
capital gains *n* shtim kapitali, vlerë e shtuar.
capital goods *n* pajisje, makineri.
capital letter *n* gërmë e madhe.
capital levy *n* taksë mbi kapitalin.
capital murder *n* vrasje e dënueshme me vdekje.
capital punishment *n* dënim me vdekje.
capital sentence *n* dënim me vdekje.
capital ship *n* luftanije.
capital stock *n* kapital(i firmës).
capital transfer tax *n* taksë për transferim të kapitalit.
capitalism['kæpitëlizëm] *n* kapitalizëm.
capitalist['kæpitëlist] *n,adj* kapitalist.
capitalistic[kæpitë'listic] *adj* kapitalist.k
capitalize['kæpitëlaiz, kë'pitëlaiz] *v* 1.shkruaj me gërma të mëdha. 2.shndërroj në kapital. 3.përfitoj, shfrytëzoj; **capitalize on the hot weather** përfitoj nga moti i nxehtë.
capitally['kæpitëli] *adv* shumë mirë, shkëlqyeshëm.
capitation['kæpi'teishën] *n* 1.tatim për frymë. 2.vlerësim mbi bazën e numrit të personave.
Capitol['kæpitël] *n* : **the Capitol** *amer* Kapitoli, Selia e Kongresit(në SHBA).
capitulate[kë'pitjuleit] *vi usht,fig* dorëzohem, kapitulloj.
capitulation [këpitju'leishën] *n usht,fig* dorëzim, kapitullim.
capon['keipën] *n* gjel i tredhur(për majmëri).
capote[kë'pout] *n* 1.pelerinë me kapuç, kapotë. 2.kapuç.
caprice[kë'pri:s] *n* 1.trill; tekë. 2.*muz* kapriçio.
capricious[kë'prishës] *adj* tekanjoz., kapriçoz.
Capricorn['kæpriko:n] *n astr* Bricjapi(yllësia).
caps[kæps] *npl* shkronja të mëdha/kapitale.
capsize[kæp'saiz] *v det* 1.përmbys. 2.përmbyset (lundra etj).
capsule['kæpsju:l] *n* 1.*bot anat* kapsulë. 2.*farm* kapsulë. 3.kabinë(e anijes kozmike). 4.kapak shisheje.
captain['kæptën] *n* 1.kapiten. 2.komandant.
caption['kæpshën] *n* 1.titull. 2.diçiturë. 3.*tv* titra; tekst i shkruar(i dialogjeve).
captious['kæpshës] *adj* grindavec, mistrec.
captivate['kæptëveit] *vt* magjeps, robëroj.
captivating['kæptëveiting] *adj* magjepsës; joshës.
captivation[kæptë'veishën] *n* robërim.
captive['kæptiv] *n,adj* -n rob.
-*adj* (i zënë) rob; **be taken captive** zihem rob.
captivity[kæp'tivëti] *n* robëri.
captor['kæptë:] *n* kapës(i robit).

capture['kæpçë:] *n,v* -n 1.zënie(e robit). 2.pushtim(i territorit). 3.plaçkë e kapur.
-*vt* 1.zë rob, kap rob.2.tërheq, bëj për vete; **capture the attention** tërheq vëmëndjen (e publikut).
car[ka:] *n* 1.veturë, makinë. 2.karro. 3.vagon tramvaji. 4. kabinë; kosh(i ballonës). 5.*poet* koçi.
car allowance *n* kompensim për udhëtimet me makinë(nga firma).
car bomb *n* makinë-bombë, makinë e minuar.
car boot sale *n Br* shitje sendesh të përdorura.
car coat *n* pallto treçerekëshe.
car license *n* etiketë e pagimit të taksës (që i ngjitet makinës).
car number *n Br* numër targe.
car park *n Br* vend parkimi, parkim.
car sickness *n* sëmundje e udhëtimit, e zënë e makinës.
car wash *n* 1.larje makine. 2.pikë larjeje automatike(makinash).
carafe[kë'ra:f, kë'ræf] *n* brokë, kanë.
caramel['kærëmël] *n* 1.karamel, sheqer i karamelizuar. 2.karamele, sheqerkë.
carat['kærët] *n* karat.
caravan[kærë'væn, 'kærëvæn] *n* 1.karvan. 2.furgon. 3.dhomë e rimorkiueshme.
caravel['kærë'vel] *n* anije me vela, karavelë.
caraway['kærëvei] *n bot* qimnon.
carbide['ka:baid] *n kim* karbit.
carbine['ka:bain] *n* karabinë.
carbohydrate['ka:bou'haidreit] *n* karbohidrat.
carbolic[ka:'bolik] *adj* fenik; **carbolic acid** acid fenik.
carbon['ka:bën] *n* 1.*kim* karbon. 2.letër karboni, letër kopjative.3.*el* elektrodë karboni.4.kopje(e dytë, e tretë).
carbon copy *n* 1.kopje(e dytë, e tretë). 2.*art* kopje, riprodhim.
carbon-date['ka:bëndeit] *vt* datoj/i gjej moshën nëpërmjet analizës së karbonit.
carbon dating *n* datim me anë të karbonit 14.
carbon dioxide *n kim* dyoksid karboni, gaz karbonik.
carbon fibre *n* fije/fibër karboni.
carbon monoxide *n kim* oksid karboni.
carbon paper *n* letër karboni, letër kopjative
carbonate['ka:bënit] *n,v kim* -n karbonat.
-*vt* 1.shndërroj në karbonat. 2.gazoj(birrën etj). 3. djeg, bëj qymyr, karbonizoj.
carbonic[ka:'bonik] *adj kim* karbonik.
carboniferous [ka:bë'niferës] *adj gjeol* qymyrmbajtës.
carbonization[ka:bënai'zeishën] *n* karbonizim.
carbonize['ka:bënaiz] *n* karbonizoj; djeg, bëj qymyr.
carbonless['ka:bënlis] *adj* pa karbon; **carbonless paper** letër vetëkopjuese.

carborundum [ka:bě'rʌndëm] *n kim* karborund, siliciur karboni.

carboy['ka:boi] *n* damixhanë, kashtore.

carbuncle ['ka:bʌnkël] *n* 1. gur i çmuar i kuq. 2.*mjek* lungë.

carburet['ka:bëret] *vt* 1.përziej(ajrin) me karburant. 2.karbonoj, lidh me karbon.

carburet(t)or['ka:bjě'retë:] *n aut* karburator.

carcass ['ka:kës] *n* 1.mish(i therur). 2.kërmë, cofětirë. 3.kufomë. 4.*iron* trup(i njeriut). 5.*ndërt, det* skelet, karabina; karkasě.

carcinogen [ka:'sinëxhën] *adj mjek* shkaktues kanseri, kanserogjen.

card I [ka:d] *n,v* -*n* 1.kartë; **credit card** kartë krediti.2.letër bixhozi.3.*pl* letra; lojë me letra. 4.kartëpostale. 5.kartë anëtarësie, teserë. 6.skedë. 7.kartelë. 8.*Br* karton.9.*fig* tip i këndshëm. + **a card up one's sleeve** plan rezervë; **hold all the cards** kam gjithçka nën kontroll; **in/on the cards** e sigurt, e shkruar; **play one's cards well/right** veproj me zgjuarësi, i luaj mirë letrat që kam në dorë; **put cards on the table** hap letrat; **show one's cards** zbuloj/tregoj planet e mia.

card II [ka:d] *n,v tek* -*n* 1. krehëse; gërhanë. 2.furçë teli.

-*vt* 1.lënur, kreh(leshin etj).2.pastroj me furçë teli.

cardboard['ka:dbo:d] *n* karton.

card catalogue *n* skedar.

carder ['ka:dë:] *n teks* lënurëse, makinë krehëse (leshi etj).

card file *n* skedar.

card game *n* lojë me letra.

cardholder['ka:dhouldë:] *n* 1.anëtar(partie, shoqate etj). 2.klient i rregullt(restoranti). 3.zotërues (karte krediti).

cardiac['ka:diæk] *adj,n* -*adj* i zemrës, kardiak. -*n* ilaç zemre.

cardigan['ka:dëgën] *n* triko, xhaketë e thurur.

cardinal['ka:dënël] *adj,n* -*adj* 1.themelor, kryesor; thelbësor; **of cardinal importance** me rëndësi të dorës së parë. 2.*gjeog* i horizontit; **cardinal points** pikat e horizontit. 3.*gram* themelor; **cardinal number** numëror themelor. 4.i kuq i ndezur.

-*n* 1.e kuqe e ndezur. 2.*fet* kardinal.

card index *n* skedar.

card-index['ka:dindeks] *vt* skedoj; fus në skedar.

carding['ka:ding] *n teks* krehje(e leshit etj).

cardio-['ka:djou] *pref* i zemrës, kardio-.

cardiogram['ka:diëgræm] *n mjek* kardiogramë.

cardiograph['ka:diëgræf] *n mjek* kardiograf, aparat kardiografie.

cardiography[ka:di'ogrëfi] *n mjek* kardiografi.

cardiologist[ka:di'olëxhist] *n mjek* kardiolog, mjek i zemrës.

cardiology[ka:di'olëxhi] *n mjek* kardiologji.

cardiovascular[ka:diou'væskjëlë:] *adj mjek* kardiovaskular, i zemrës dhe i enëve të gjakut.

cardphone['ka:dfoun] *n Br* telefon me kartë magnetike.

cardpunch['ka:dpʌnç] *n* biruese karte.

card reader *n kmp* lexues letrash me bira.

cardsharp(er)['ka:dsha:p(ë:)] *n* kumarxhi profesionist hileqar.

card table *n* tryezë bixhozi.

card trick *n* hile në letra.

care[keë:] *n,v* -*n* 1.kujdes; përkujdesje; **without due care** pa kujdesin e duhur. 2.shqetësim, merak; **free from care** i patrazuar, pa shqetësime. 3.*adm* kujdestari; **put a child in care** caktoj një fëmijë në kujdestarinë e (dikujt, një institucioni). + **care of, in care of** nën kujdestarinë e; në ngarkim të; **have a care, take care** tregohem i kujdesshëm; **take care of** kujdesem për; ruhem; ruaj(paratë etj).

-*v* 1.kujdesem, kam kujdes, interesohem. 2.dua, dëshiroj; **they said they didn't care to come** ata thanë se s'donin të vinin. 3.pyes, shqetësohem, më ha meraku; **she doesn't care if her husband comes home late** atë s'e ha meraku/ajo nuk pyet se kur i kthehet i shoqi në shtëpi. +**care for** a)më pëlqen, e dua(dikë); b)dua, kam dëshirë(për diçka); c)kujdesem(për dikë).

careen[kë'ri:n] *v* 1.anoj, kthej në brinjë(anijen). 2.anohet, kthehet në brinjë(anija). 3.*fig* ecën me zhdërvjelltësi(kamerieri).

career[kë'rië:] *n,v,adj* -*n* 1.profesion. 2.karierë. 3.shpejtësi; vrull; **in full career** me të gjithë shpejtësinë.

-*vi* (**along,past,through**) lëshohem, sulem, turrem).

-*adj* i karierës; **career diplomat** diplomat i karierës.

career girl *n* vajzë ambicioze.

career prospects *n* mundësi ecjeje përpara, mundësi për t'u ngjitur më lart.

careers advisor/officer/teacher, *amer* **careers counselor** *n* këshilltar për zgjedhjen e profesionit.

careers office *n* qendër orientimi profesional.

careerism[kë'riërizm] *n* karierizëm.

careerist[kë'riërist] *n* karierist.

carefree['keë:fri:] *adj* i shkujdesur, i lumtur.

careful['keë:ful] *adj* 1.i kujdesshëm, i matur. 2.i kujdesshëm, i vëmendshëm(lexim etj). 3.i kursyer, dorështrënguar.

carefully['keë:fuli] *adv* 1.me vëmendje. 2.me merak; me maturi.

carefulness['keë:fulnis] *n* 1.kujdes, vëmendje. 2.merak; maturi.

careless ['keë:lis] *adj* 1.i pakujdesshëm, i pavëmendshëm.2.pa merak, shkel-e-shko(punë). 3.i shkujdesur, që s'bëhet merak.

carelessly['keë:lisli] *adv* 1.pa kujdes, pa vëmendje; pa merak. 2.me mospërfillje; në mënyrë të shkujdesur.

carelessness['keë:lisnis] *n* pakujdesi; shkujdesje; mospërfillje.

caress[kë'res] *n,v* -*n* përkëdhelje.

-*vt* përkëdhel; puth.

caret['kærët, 'kerët] *n polig* shenja ⋀ (për të futur diçka në tekst).

caretaker['keë:teikë:] *n* 1.kujdestar; rojtar (godine). 2.pastrues.

careworn['keë:wo:n] *adj* i dërrmuar, i konsumuar(nga kujdesjet, meraku).

carfare['ka:feë:] *n* tarifë, pagesë, çmim bilete(autobusi etj).

cargo['ka:gou] *n* ngarkesë(e anijes, kamionit etj).

carhop['ka:hop] *n* kamerier për klientët me makina.

Caribbean[kærë'bi:ën, kë'ribiën] *adj gjeog* karaibik, i Karaibeve.

caricature['kærëkëçuë:, 'kærëkëçë:] *n,v* -*n* 1.karikaturë. 2.*fig* imitim i keq.

-*vt* karikaturizoj, i bëj karikaturë.

caricaturist['kærëkëçërist] *n* karikaturist.

caries ['keriiz] *n mjek* karies, gërryerje, kalbje(e dhëmbit).

carillon['kærëlon, kë'riliën] *n* 1.zilka; sahat me kambana. 2.tringëllim.

caring['keëring] *adj* i dashur; dashamirës.

caring society *n* shoqatë bamirëse.

car(r)iole['kærioul] *n,v* -*n* 1.kaloshinë. 2.karrocë e mbuluar. 3.*knd* sajë, slitë.

-*vi* eci/udhëtoj me kaloshinë, me sajë.

carious['keëriës] *adj mjek* i kalbur, i gërryer, me karies(dhëmb).

car jockey *n gj.fol* punonjës shërbimi që çon e sjell makinat e klientëve(në hotele etj).

carking['ka:king] *adj* shqetësues(problem).

carl(e)[ka:l] *n vjet* fshatar; malok.

carlin(e)['ka:lin, 'ke:lin] *n skoc përb* 1.grua; plakë. 2. shtrigë.

carload['ka:loud] *n* kapacitet i veturës; ngarkesë e lejuar e kamionit.

carman['ka:mën] *n* automobilist; makinist(treni).

carmine['ka:mën, 'ka:main] *adj,n* i kuq i thellë; i kuq gjak, kërmëz.

carnage['ka:nixh] *n* kërdi, masakër.

carnal['ka:nël] *adj* 1.fizik; sensual. 2.material, joshpirtëror.

carnality[ka:'nælëti] *n* 1.materializëm, të qenit materialist. 2.sensualitet.

carnation[ka:'neishën] *n* 1.karafil. 2.bojëkarafili.

carny['ka:ni:] *n amer zhrg* 1.panair. 2.karagjoz panairi, karnaval.

carnival['ka:nivël] *n* 1.karnavale. 2.*amer* panair.

carnivora[ka:'nivërë] *npl zool* mishngrënësit.

carnivore['ka:nivo:] *n zool* mishngrënës.

carnivorous[ka:'nivërës] *adj zool* mishngrënës.

carny['ka:ni:] *n* shih **carnie**.

carol ['kærël] *n,v* -*n* 1.*fet* këngë gazmore. 2.këngë zogjsh, cicërimë.

-*v* 1.këndoj. 2.cicëron. 3.kremtoj, festoj me këngë.

caroller['kærëlë:] *n* këngëtar.

carom['ka:rëm, 'kerëm] *n,v* -*n* (bilardo)karambol.

-*vi* bëj karambol.

carotid[kë'rotid] *n,adj anat* karotide(arterie).

carousal[kë'rouzël] *n* orgji(me të pira).

carouse[kë'rouz] *n,v* -*n* orgji, festë me të pira.

-*vi* bëj orgji, pi rëndshëm.

carousel[kærë'sel, kerë'zel] *n* 1.karuzel, rrotullame, lodra (në park lojrash). 2.platformë rrotulluese(për bagazhet në aeroporte).

carp I[ka:p] *vi* grindem, gërnjosem, bëj sherr.

carp II[ka:p] *n zool* krap.

carpenter['ka:pëntë:] *n,v* -*n* marangoz, karpentier.

-*vi* merrem me punime marangozi.

carpentry ['ka:pëntri] *n* punë / mjeshtri e marangozit, karpentieri.

carpet['ka:pit] *n,v* -*n* qilim. + **on the carpet** a) në diskutim; b)*gj.fol* duke u qortuar; **sweep sth under the carpet** fsheh/mbaj të fshehtë diçka.

-*vt* 1.mbuloj me qilim, i shtroj qilim. 2.*gj.fol* qortoj, shaj.

carpetbag['ka:pitbæg] *n* hejbe.

carpetbagger['ka:pitbægë:] *n amer përb* 1.spekulator. 2.politikan aventurier, përfitues.

carpet slippers *n* pantofla, papuçe, sheshla.

carpet sweeper *n* fshesë me korent.

carpeting ['ka:piting] *n* 1. material qilimash. 2.qilima.

carping['ka:ping] *adj,n* -*adj* 1.gërnjar, kritizer, që kapet me gjithçka. 2.keqdashës(sulm).

car pool *n* transport i përbashkët (i shokëve të punës).

carport['ka:po:t] *n* strehë për makinën.

carpus['ka:pës] *n anat* paratrinë(e dorës).

carrel['kerël] *n* qoshk, kthinë, e ndarë(në bibliotekë etj).

carriage['kærixh] *n* 1.karrocë. 2.*Br* vagon udhëtarësh. 3.shtrat topi. 4.qëndrim, mbajtje e trupit. 5.mbartje, transportim.6.tarifë/pagesë transporti.

carrier ['kærië:] *n* 1. transportues; agjenci transporti. 2.mjet transporti. 3.zgarë(biçiklete etj). 4. *amer* postier. 5.*mjek* mbartës/përhapës mikrobesh. 6.pëllumb postar.

carrier-bag['kærië:bæg] *n* çantë.

carrier pigeon *n* pëllumb postar.

carrier wave *n rad* valë bartëse.

carrion['keriën] *n,adj* -*n* 1.kërmë, cofëtinë. 2.*fig* kalbësirë; pleh.

-*adj* 1.i ngordhur, i cofur. 2.i kalbur.

carrion crow *n* korb.

carrot['kærët] *n* 1.karotë. 2.*fig* karrem, premtim (shpërblimi); **the stick and the carrot** politikë e kulaçit dhe kërbaçit.

carroty['kærëti] *adj* 1.portokalli. 2.flokëkuq.

carry ['keri] *v,n* *-v* 1. mbart, transportoj; mbaj; **carry sth in one's head** mbaj diçka në mendje. 2.mbaj(që të mos bjerë); **columns that carry the roof** kolonat që mbajnë çatinë. 3.mbaj veten, mbahem; **she carries herself badly** ajo nuk mbahet mirë. 4.mbaj me vete, kam; **carry firearms** mbaj armë zjarri. 5.sjell, ka si pasojë; **power carries responsibility with it** pushteti ka edhe përgjegjësinë me vete. 6.çoj, shpie, e vazhdoj; **carry a joke too far** shkoj shumë larg, e zgjas shumë shakanë. 7.pushtoj(edhe *fig*); **carry one's audience** i bëj për vete dëgjuesit; **carry one's point** i bind të tjerët. 8.mbuloj një distancë, arrij; **this rifle will carry one kilometre** kjo pushkë qëllon/ha deri në një kilometër larg. 9.mbaj, kam(në ruajtje, për shi-tje).10.përmban, ka(gazeta).11.*mat* mbart, zhvendos (një shifër).12.e mbaj(pijen). **+ carry everything before one** kam sukses të plotë, më shkon mbarë; **carry the ball** marr drejtimin(e punëve), e marr në dorë vetë; **carry the day** dal fitimtar, korr fitore.

-n 1.largësi, distancë. 2.rreze e qitjes. 3.mbartje.

+carry away a)merr me vete; përlan(stuhia); b)e humbas torruan/kontrollin; c)entuziazmohem.

+carry back to më kujton, më shpie (me mend).

+carry forward a)përparoj; b)*fin* bart, kaloj në kolonën/faqen pasardhëse(shifrat).

+carry off a)fitoj(çmim); b)ia dal në krye.

+carry on a)bëj(një punë); b)drejtoj(një biznes); c) vazhdoj, eci më tej; d)bëj/sillem si i marrë(në festë).

+carry out kryej; bëj; zbatoj.

+carry over a)mbetet, tepron; b)shtyj, lë për më vonë; vazhdoj, zgjas.

carry-over['kæri'ouvë:] *n* pjesë e mbetur.

+carry through a)kryej; bëj; zbatoj; b)shpëtoj(nga belaja); c)i jap kurajë.

carryall ['kærio:l] *n* 1.kaloshinë; karrocë me një kalë. 2.*knd* sajë, slitë. 3.*amer* depo vjetërsirash; musandër; dollap.

carry cot *n* djep.

carry change *n fin* karnatë.

carrying-on['kæriingon] *n gj.fol* 1.poterë, shamatë. 2.sjellje e pahijshme. 3.vazhdim(i punës).

carsick['ka:sik] *adj* që e ka zënë makina.

cart[ka:t] *n,v* *-n* 1.qerre. 2.karrocë dore, karrocë e vogël(për bagazhe etj). **+ be in the cart** e kam pisk, më ka zënë belaja; **put the cart before the horse** s'di nga lidhet gomari; i bëj punët mbrapsht.

-vt mbart me kamion/me qerre/me karrocë dore.

cart horse *n* kalë karroce.

cartage['ka:tixh] *n* 1.transportim. 2.pagesë transporti.

carte[ka:t] *n* 1.kartë. 2.hartë. 3.tarifë, pagesë.

cartel[ka:'tel, 'ka:tël] *n* 1.*fin* kartel.2.*pol* aleancë.

carter['ka:të:] *n* 1.karrocier. 2.shofer kamioni. 3. sipërmarrës transportesh(me kamiona).

Cartesian[ka:'ti:zhën] *n filoz,mat* kartezian.

cartilage['ka:tëlixh] *n anat* kërc.

cartilaginous[ka:të'læxhënës] *adj anat* kërcor.

cartload['ka:tloud] *n* barrë; ngarkesë qerreje /kamioni.

cartographer[ka:'togrëfë:] *n* hartograf, përpilues hartash.

cartographic[ka:të'græfik] *adj* kartografik.

cartography[ka:'togrëfi] *n* hartografi.

carton['ka:tën] *n* 1.pako, paketë. 2.kuti kartoni.

cartoon[ka:'tu:n] *n,v* *-n* 1.karikaturë; skicë humoristike. 2.film vizatimor. 3.shabllon; skicë; bocet. *-v* 1.bëj karikatura.2.karikaturizoj.

cartoonist[ka:'tu:nist] *n* karikaturist.

cartridge['ka:trixh] *n* 1.fishek. 2.gëzhojë. 3.rezervë(stilolapsi etj). 4.bobinë (filmi, shiriti). 5.kokë gramafoni.

cartridge belt *n* gjerdan fishekësh.

cartridge case *n* gëzhojë.

cartridge clip *n* krehër fishekësh.

cartridge paper *n* 1.letër gëzhojash, letër e fortë. 2.letër vizatimi.

cartwheel['ka:t(h)wi:l] *n,v* *-n* 1.rrotë qerreje. 2. kapërdimje/salto me krahë të shtrirë. 3.*zhrg* monedhë e madhe, pallaskë.

-vi bëj kapërdimje/salto me krahë të shtrirë.

carve[ka:v] *v* 1.pres në copa/në feta. 2.gdhend, skalis. 3.*fig* ngre, ndërtoj.

carvel['ka:vël] *n hist* anije me vela, karavelë.

carven['ka:vën] *adj* i gdhendur, i skalitur.

carver['ka:vë:] *n* 1.gdhendës, skalitës.2.satër, hanxhar.

carving['ka:ving] *n* 1.gdhendje, skalitje. 2.punim në gdhendje.

carving knife *n* satër, hanxhar.

cascade[kæs'keid] *n,v* *-n* ujëvarë.

-vi bie nga lart, krijon ujëvarë.

case I [keis] *n* 1.rast; shembull; **a case of poor work** shembull pune të dobët. 2.rrethanë, situatë. 3. realitet, e vërtetë; **that was not the case** e vërteta nuk ishte ashtu.4.pacient, i sëmurë. 5.çështje (gjyqësore). 6.tip, rast i veçantë, person. 7. *gram* rasë. **+ in any case** sidoqoftë; **in case** në rast se, nëse; **in case of(fire)** në rast (zjarri); **in no case** në asnjë mënyrë, kurrsesi; **just in case** gjithsesi, po qe se vjen rasti; **a case in point** një shembull i mirë; **as/whatever the case may be** sipas rastit, si të qëllojë.

case II[keis] *n,v* *-n* 1.kuti; arkë. 2.këllëf(shpate). 3.karkasë, trup, skelet. 4.kornizë. 5.valixhe. 6.kapakë (libri). 7.*polig* kasë; **lower case** gërmat e vogla; **upper case** gërmat e mëdha/kapitale.

-vt 1.fus në arkë; ambalazhoj. 2. *zhrg* shqyrtoj,

këqyr.

casebook['keisbuk] *n* regjistër i rasteve/i personave(që trajtohen nga shërbimet sociale).

case-bound['keisbaund] *adj* me lidhje speciale, me kapakë kartoni(libër).

case file *n drejt, mjek* dosje(e personit).

casefy ['keisëfai] *v* mpiks, bëj si djathë; mpikset, bëhet si djathë.

caseharden['keis'ha:dën] *vt* 1.*met* kalis. 2.*fig* forcoj, kalis.

case history *n* 1.evoluim i personit. 2.*mjek* epikrizë, të dhëna për pacientin. 3.*mjek* evoluim i sëmundjes.

casein['keisiin] *n* kazeinë, proteinë e qumështit.

case knife *n* thikë kuzhine.

case law *n drejt* e drejtë e mbështetur në praktikat e mëparshme.

casemate['keismeit] *n* 1.strehim, sallë e mbrojtur (nga bombardimet). 2.*det* rrethojë topash(në luftanije).

casement['keismënt] *n* 1.dritare me kanata.2.kornizë dritareje.

case papers *n drejt,mjek* dokumente të dosjes.

case study *n* studim i dosjes/i rastit.

casern(e)[kë'zë:n] *n hist* kazerma.

caseshot['keisshot] *n* saçme të mëdha.

casework['keiswë:k] *n* studim i dosjes/i gjendjes së të asistuarve socialë.

caseworker *n* punonjës social, agjent i shërbimeve sociale.

cash I[kæsh] *n,v* -n 1.para të thata, para në dorë; **sell for cash only** shes vetëm me para në dorë; **in cash** me para në dorë; **cash on delivery/down** me para në dorë; **be out of cash** s'kam para; **be rolling in cash** notoj në para.

-*vt* 1.arkëtoj, marr paratë. 2.thyej, kthej në para (çekun); **cash in** a)thyej(çekun), tërheq paratë; b)*zhrg* cof; **cash in on** a)përfitoj, nxjerr fitim; b) shfrytëzoj(dikë).

cash II[kæsh] *n pl* **cash** grosh, qindarkë.

cash advance *n fin* gjendje e arkës.

cash-and-carry [kæshën'kæri] *adj* me pare në dorë dhe pa shërbim dorëzimi në shtëpi(dyqan).

cash bar *n amer* bar / banak me pagesë (në një pritje).

cashbook['kæshbuk] *n fin* regjistër/libër i arkës.

cashbox['kæshboks] *n fin* arkë.

cash crop *n bujq* kulturë për treg.

cash dealings *n* shitje-blerje me pare në dorë.

cashew['kæshu:, kæ'shu:] *n bot* shqeme.

cash deficit *n fin* deficit.

cashdesk['kæshdesk] *n* arkë.

cash dispenser *n Br fin* automat kartmonedhash.

cash economy *n fin* ekonomi monetare.

cash flow *n fin* marzh/mundësi vetëfinancimi.

cash holdings *n fin* gjendje në arkë, para gjendje.

cashier I[kæ'shië:] *n* arkëtar.

cashier II[kë'shië:] *vt usht* shkarkoj me turp, heq nga ushtria, zhvesh.

cashier's check *n fin* çek banke me firmën e arkëtarit.

cash income *n fin* të ardhura në para.

cash in hand *n* pare në dorë, para të thata.

cashmere['kæshmië:] *n teks* lesh kashmiri; kazmir.

cash offer *n treg* ofertë për blerje me para në dorë.

cash on delivery *n treg* pagesë pas dorëzimit të mallit.

cash on shipment *n treg* pagesë pas nisjes së mallit.

cash payment *n treg* pagesë me para në dorë.

cash price *n treg* çmim blerjeje me para në dorë.

cash receipts *n fin* të hyra në arkë.

cash reduction *n treg* ulje çmimi gjatë blerjes me para në dorë.

cash register *n* arkë, makinë llogaritëse.

cash squeeze *n fin* kufizim kredie.

cash terms *n treg* kushte pagimi me para në dorë.

cash transactions *n* veprime me para në dorë.

casing ['keising] *n* 1.veshje e jashtme; shtresë e jashtme. 2.kornizë (dritareje). 3. kanal ushkuri /shkopi perdeje. 4.qeskë; zorrë(e sallamit).

casino[kë'sinou] *n* kazino, lokal kumari.

cask[ka:sk] *n* bucelë; fuçi; vozë.

casket['ka:skit] *n* 1.kuti(bizhuterish etj). 2.*amer* arkivol.

casque[kæsk] *n* përkrenare.

cassation[kæ'seishën] *n drejt* anulim.

casserole['kæsëroul] *n* 1.tavë. 2.gjellë në tavë. 3. tigan laboratori.

cassette[kë'set] *n amer* 1.kasetë(magnetofoni). 2. bobinë filmi.

cassock['kæsëk] *n* rasë, veladon.

cast[ka:st] *v,n* -*v* 1.hedh, flak. 2.hedh grepin. 3. heq, ndërron(lëkurën). 4.i hedh(një sy). 5.*tek* derdh(në formë). 6.përpunoj(planin). 7.*teat* a)ndaj rolet; b)caktoj aktorët. 8.*mat* mbledh; llogaris. + **cast a ballot** votoj, hedh votën; **cast lots** hedh short.

-*n* 1.hedhje, flakje. 2.llogaritje, përllogaritje. 3.*tek* model; formë derdhjeje. 4.*mjek* allçi. 5.formë; çehre (fytyre). 6.nuancë. 7.lloj, tip. 8.aktorë pjesëmarrës.

+**cast about** vështroj përqark, kërkoj me sy.

+**cast away** braktis.

castaway['ka:stëwei] *adj,n* -*adj* 1.i hedhur, i flakur. 2.*fig* i braktisur; i dëbuar. 3.i humbur në det.

-*n* 1.anijembytur. 2.njeri i braktisur/i dëbuar.

+**cast down** a)ul, kthej teposhtë; b)*fig* trishtoj; dëshpëroj.

+**cast off** a)liroj, çliroj; b)braktis; flak.

castoff['ka:stof] *adj,n* -*adj* i hedhur tej, i flakur; i braktisur.

-*n* 1.send i nxjerrë nga përdorimi. 2.*fig* njeri i brak-

tisur.
+**cast out** largoj; dëboj, përjashtoj.
+**cast up** a)ngre; b)mbledh, gjej shumën.
castanets['kæstënets] *npl* kastanjeta, çapare, tingëza.
caste[ka:st] *n* kastë.
caster, castor ['kæstë:] *n* 1. rrotëz (tavoline etj). 2.enëz, shishkë (vaji/uthulle/kripe/piperi).
castigate['kæstëgeit] *vt* 1.shaj, qortoj.2.ndëshkoj, dënoj. 3.rrah.
casting ['ka:sting] *n* 1. *met* derdhje. 2. detal i derdhur. 3.ndarje e roleve.
casting vote *n* votë e kryetarit(për t'i dhënë fund barazimit në vota); votë vendimtare.
cast iron *n,adj* -*n* gizë.
-*adj* 1.gize, prej gize.2.*fig* i fortë, i paepur.
castle ['ka:sël] *n,v* -*n* 1. kështjellë; **castles in Spain, castles in the air** kështjella në erë, ëndrra në diell. 2.(shah) kala, torrë.
-*vt* 1.vë në kështjellë. 2.(shah) bëj rokadën.
castor I['ka:stë:] *n* 1.*zool* kastor. 2.*gj.fol* kapelë kastori.
castor oil *n* vaj ricini.
castrate['kæstreit] *vt* tredh.
castration[kæs'treishën] *n* tredhje.
casual['kæzjuël] *adj* 1.rastësor, i rastit, i rastësishëm. 2.e rastit(punë). 3.i shkujdesur.
casualty['kæzjuëlti] *n* 1.aksident; fatkeqësi. 2.*usht* i vrarë; i plagosur. 3.viktimë(aksidenti).
cat[kæt] *n* 1.mace.2.grua inatçeshë. 3.*zool* mustak(peshk). 4.*zhrg* djalë, shok, mik. + **be like a cat on hot bricks** jam si mbi gjemba; **let the cat out of the bag** nxjerr të fshehtën; **put the cat among the pigeons** i var ujkut mëlçitë në qafë; **rain cats and dogs** bie shi me rrëshekë/me shtëmba.
CAT scan['kætskæn] *n mjek* (shkurtim i **Computerized Axial Tomography**) diagnostikim me skaner.
cataclysm['kætëklizm] *n* përmbytje, rroposje, kataklizëm.
catacomb['kætëkoum] *n* katakomb.
catalepsy['kætëlepsi] *n mjek* shtangëti, katalepsi.
catalogue['kætëlog] *n* katalog.
catalyst['kætëlist] *n kim* katalizator.
catapult['kætëpʌlt] *n* katapultë.
cataract['kætërækt] *n* 1.ujëvarë, katarakt. 2.*mjek* perde(në sy).
catarrh[kë'ta:] *n mjek* rrufë; pezmatim i fytit.
catastrophe[kë'tæstrëfi] *n* katastrofë.
catastrophic[kætë'strofik] *adj* katastrofik.
catcall['kætko:l] *n,v* -*n* fishkëllimë, vërshëllimë pakënaqësie(nga publiku).
-*v* fishkëllej, vërshëllej(aktorin).
catch [kæç] *v,n* -*v* (**caught**) 1.kap; zë; rrok; **catch fish** zë peshk; **catch sb by the arm** kap dikë për krahu. 2.marr; **catch fire** merr zjarr; **catch a**

cold marr një rrufë; ftohem.3.bëj; **catch a quick nap** bëj/marr një sy gjumë. 4.tërheq; **catch the attention** tërheq vëmendjen. 5.arrij, kap; **catch the bus** kap autobusin. 6.zbuloj, diktoj, gjej, kap; **catch an error** gjej/kap një gabim. 7.kuptoj, marr vesh; **I couldn't catch what he was saying** nuk e mora vesh ç'po thoshte.8.kapet, ngec(mënga). + **catch as catch can** e kap si mundem; **catch it** e ha, e pi, e pësoj, ndëshkohem
-*n* 1.kapje. 2.gjah, sasi e zënë. 3.reze(dere); gremç. 4.*fig* truk, kleçkë, yçkël; **there's a catch to that question** e ka një yçkël kjo pyetje; **what is the catch here?** ku e ka hilen kjo punë?
+**catch at** kapem pas; e kap(rastin).
+**catch on** a)i bie në të, e kap(shakanë); b)bëhem i njohur.
+**catch up** a)arrij, kap(rrugës); b)kap; c)e teproj; d)vë në vend(kohën e humbur); e)jepem i tëri, hutohem pas.
catchall['kæço:l] *n,adj* -*n* depo rraqesh.
-*adj* i përgjithshëm, gjithëpërfshirës(rregull etj).
catcher['kæçë:] *n sport* kapës topash.
catching['kæçing] *adj mjek,fig* ngjitëse (sëmundje, e qeshur).
catchment['kæçmënt] *n* 1.kapje. 2.ujëmbledhës, pellg. 3.ujë i mbledhur.
catchpenny['kæçpeni] *adj,n* -*adj* pa vlerë, farfuritës(send).
-*n* stringël, xhingël.
catch question *n gj.fol* pyetje e vështirë.
catch phrase *n* thënie; parullë.
catchup ['kæçʌp] *n* keçap, salcë me erëza (edhe **ketchup**).
catchword['kæçwë:d] *n* 1.moto, parullë; slogan. 2.*polig* titull kolone; kokë(në faqet e librit).
catchy['kæçi] *adj* 1.tërheqës; që të mbetet në mendje. 2.mashtrues, çorientues.
cate[keit] *n vjet* ushqim i zgjedhur.
catechism ['kætëkizm] *n* 1. *fet* libër me pyetjepërgjigje, libër katekizmi. 2.grup pyetjesh.
catechize['kætëkaiz] *vt* 1.mësoj/stërvis me pyetjepërgjigje. 2.pyes hollësisht.
categorical[kætë'gorëkël] *adj* 1.i prerë, kategorik. 2.i shkoqitur; i hollësishëm.
category['kætëgo:ri] *n* kategori.
catenate['kætëneit] *vt* lidh bashkë, lidh varg.
cater['keitë:] *vi* 1.furnizoj me ushqime; shërbej ushqime. 2.kujdesem për, plotësoj nevojat e.
catercornered['kætë:'ko:në:d] *adj,adv* diagonalisht përballë.
caterer['keitërë:] *n* furnizues ushqimesh(për festa, pritje).
caterpillar['kætë:pilë:] *n* 1.vemje, larvë. 2.*tek* zinxhir; **caterpillar tractor** traktor me zinxhirë.
caterwaul['kætë:wo:l] *v,n* -*vi* 1.mjaullin. 2.sherrosem.

-*n* mjaullimë; çirrje.
catfish['kætfish] *n zool* mustak(peshk).
cat flap *n ndërt* vrimë ajrimi.
catgut['kætgʌt] *n* tejzë, kordë, zorrë(për instrumente muzikore, kirurgji etj).
cathedra[kë'thi:drë, 'kæthëdrë] *n* 1.*fet* fron i peshkopit. 2.katedër.
cathedral[kë'thi:drël] *n* katedrale; kryekishë.
cathode['kæthoud] *n el* katodë.
cathode ray *n el* rreze katodike.
cathode-ray tube *n el* ekran rrezesh katodike.
catholic['kæthëlik] *adj,n* -*adj* 1.*fet* C~ katolik. 2.*fig* i gjithanshëm, universal; **be catholic in one's views** kam mendime liberale.
-*n* C~ katolik.
catholicism[kë'tholësizm] *n fet* katolicizëm.
cathouse['kæt'haus] *n zhrg* shtëpi publike, bordell.
catkin['kætkin] *n bot* push (i plepit etj).
catlike['kætlaik] *adj* 1.prej maceje. 2.i heshtur; tinëzar. 3.i shkathët, i zhdërvjellët.
cat nap *n* një sy gjumë, kotje, dremitje.
cat-o'-nine-tails [kætë'nainteils] *n* kamzhik me shumë fije.
cat power *n knd zhrg* mjet i rëndë(bulldozer etj).
cat's-eye['kætsai] *n* 1.gur/xhevahir vezullues.2.*aut* shenjë reflektuese(në kthesat).
catskinner['kætskinë:] *n* traktorist.
cat's-paw, catspaw['kætspo:] *n* 1.*fig* mashë, vegël. 2.erë e lehtë. 3.nyjë(grepi etj).
catsup['kætsëp] *n* shih **catchup**.
cat-swing['kætswing] *n knd* vargan slitash.
cattish['kætish] *adj* si mace; prej maceje.
cattle['kætël] *n* 1.gjedhë. 2.*vjet* bagëti, kafshë shtëpijake. 3.*përb* milet.
cattleman['kætëlmën] *n* blegtor.
cat-train['kættrein] *n knd* vargan slitash.
catty ['kæti] *adj* 1. i keq, i lig. 2. si mace; prej maceje.
cattycornered['kætiko:në:d] *adj,adv* diagonalisht përballë.
catwalk['kætwo:k] *n* rrugë e ngushtë në lartësi, vend i vështirë për të kaluar.
Caucasian[ko:'keizhën] *n,adj* kaukazian.
Caucasus['kokësës] *n gjeog* Kaukaz.
caucus['kokës] *n* 1.komitet / grup drejtues (i një partie).2.mbledhje e grupit drejtues.
caught[ko:t] *pt,pp* e **catch**.
caul[ko:l] *n anat* këmishë(e foshnjës).
ca(u)ldron['ko:ldrën] *n* kazan.
cauliflower['ko:liflauë:] *n bot* lulelakër.
caulk I[ko:k] *vt* mbyll, zë; stukoj.
caulk II[ko:k] *n* 1.gozhdë(këpucësh sportive). 2.paftë. 3.këpucë me gozhdë.
causal['ko:zël] *adj* shkakësor.
causality[ko:'zælëti] *n* shkakësi.
causative['ko:zëtiv] *adj* shkakësor.

causative['ko:zëtiv] *adj* shkakor.
cause [ko:z] *n,v* -*n* 1. shkak; **cause and effect** shkaku dhe pasoja. 2.arsye; **there's no cause for anxiety** nuk ka arsye për t'u shqetësuar. 3.qëllim, kauzë; **make common cause with** bëj kauzë të përbashkët me, bashkohem me. 4.*drejt* çështje; padi; **plead sb's cause** mbroj çështjen e dikujt(në gjyq).
-*vt* 1.shkaktoj; bëj; sjell; **what caused the plants to die?** kush/çfarë i bëri lulet të thaheshin?
causeless['ko:zlis] *adj* i pashkak.
causerie[kouzë'ri:] *n* 1.bisedë, muhabet. 2.shkrim, artikull i shkurtër.
causeway['ko:zwei] *n,v* -*n* 1.rrugë e ngritur (mbi ledh, mbi argjinaturë).2.rrugë e shtruar, xhade.
-*vt* shtroj me gurë/zhavor.
caustic['ko:stik] *n,adj* -*n* lëndë gërryese.
-*adj* 1.gërryes; kaustik; **caustic soda** sodë kaustike. 2.*fig* therës, thumbues.
caution['ko:shën] *n,v* -*n* 1.maturi, kujdes. 2.paralajmërim. 3.*gj.fol* njeri argëtues; njeri befasues.
-*vt* 1.paralajmëroj. 2.porosis.
cautious['ko:shës] *adj* i matur, i kujdesshëm.
cautiousness['ko:shësnis] *n* maturi, kujdes.
cavalcade[kævël'keid] *n* 1.vargan (kalorësish, makinash etj). 2.varg, sërë(ngjarjesh etj).
cavalier[kævë'lië:] *n,adj* -*n* 1.zotëri; shoqërues i një zonje. 2.*vjet* kalorës. 3.*hist* ruajalist, përkrahës i mbretit.
-*adj* 1.i shkujdesur, mospërfillës(qëndrim). 2.krye-lartë; arrogant.
cavalry['kævëlri] *n* kalorësi; trupa kalorësie.
cavalryman['kævëlrimën] *n usht* kalorës.
cave[keiv] *n,v* -*n* shpellë; gropë.
-*v* 1.gërryej; gërmoj, hap. 2.eksploroj shpellat. + **cave in** a)jepet, lëshohet; shembet; b)shemb, rrëzoj; c)*gj.fol* dorëzohem; lëshoj pe.
cave dweller *n* njeri/banor i shpellave.
cave-in['keivin] *n* shembje, rroposje.
cave man *n* shih **cave dweller**.
cavern['kævë:n] *n* shpellë.
caviar(e) ['kævia:] *n* haviar. + **caviar to the general** gjë tepër e fisme për miletin e zakonshëm.
cavil['kævil] *v,n* -*vi* qahem, ankohem, nxjerr bishta.
-*n* qarje, ankim; qaravitje.
cavity['kævëti] *n* zgavër, gropë(edhe *anat*).
caw[ko:] *n,v* -*n* krakëllimë, krokamë.
-*vi* krakëllin, krokat.
cay[kei, ki:] *n* ishullth i ulët, sharrnajë.
cayenne[ka'jen, ke'jen] *n* spec i kuq.
cayman['keimën] *n zool* aligator i Amerikës.
CBC[si:bi:'si:] shkurtim për **Canadian Broadcasting Corporation**.
Cd *n kim* kadmium(element).
Cdn shkurtim për **Canadian**.

Ce *n kim* Cerium(element).

cease[si:s] *v,n* *-v* 1.merr fund; pushon; mbaron; ndërpritet. 2.ndaloj; pushoj; ndërpres.

-n pushim; ndërprerje; **without cease** pa pushim; pa ndërprerje.

ceasefire['si:sfajë:] *n* pushim zjarri, armëpushim.

ceaseless['si:slis] *adj* i pandërprerë, i pareshtur, i vazhdueshëm.

ceaselessly['si:slisli] *adv* papushim, pa ndërprerje, pareshtur.

cedar['si:dë:] *n bot* kedër.

cede [si:d] *v* 1. dorëzoj, lëshoj; **in 1763 France ceded Canada to Britain** më 1763 Franca ia lëshoi Kanadanë Britanisë.2.heq dorë, lëshoj pe(në diskutim).

CEGEP shkurtim për **Collège d'Enseignement Général et Professionel** Kolegj i Arsimit të Përgjithshëm e Profesional.

ceiling ['si:ling] *n* 1. tavan. 2.*fin* kufi, tavan(për çmimet).3.*av* tavan, lartësi maksimale.

celebrate['selëbreit] *vt* 1.kremtoj. 2.ngre në qiell, lartësoj, i thur lavde. 3.shpall. 4.bëj festë, ngazëllehem.

celebrated['selëbreitid] *adj* i njohur, i famshëm, i dëgjuar.

celebration[selë'breishën] *n* kremtim, festim.

celebrity[së'lebrëti] *n* 1.njeri i famshëm. 2.famë, popullaritet.

celerity[së'lerëti] *n* shpejtësi; gatishmëri.

celery['selëri] *n bot* selino.

celestial[së'lesçël] *adj,n* *-adj* 1.qiellor; **celestial body** trup qiellor. 2.*fig* hyjnor. +**Celestial Empire** *hist* Kina.

-n qenie hyjnore.

celestial equator *n astr* ekuator qiellor.

celestial globe/sphere *n astr* glob qiellor, sferë qiellore.

celestial navigation *n det,av,astr* orientim me anë të yjeve.

celibacy['selëbësi] *n* 1.beqari. 2.*fig* përkorë seksuale.

celibate['selëbit, 'selëbeit] *n* 1.beqar. 2.njeri i përkorë në marrëdhëniet seksuale.

cell[sel] *n* 1.qeli(burgu). 2.qelë(manastiri). 3.hojëz. 4.*biol* qelizë. 5.*el* pilë. 6.*pol* celulë.

cellar['selë:] *n* qilar, bodrum.

cellarman['selë:mën] *n* 1.kujdestar qilari(vere). 2. tregtar vere.

cell block *n* qelitë (e burgut).

cellist['çelist] *n* violonçelist.

cellophane['selëfein] *n* celofan.

cellular['seljulë:] *adj* 1.*biol* qelizor. 2.*tek* celular (telefon).

cellular blanket *n* kuvertë me thurje të rrallë.

cellule['selju:l] *n biol* qelizë.

celluloid['seljuloid] *n kim* celuloid.

cellulose['seljëlous] *n kim* celulozë.

Celsius['selsiës] *adj* celsius; **a Celsius thermometer** termometër me gradë celsius.

Celt[kelt, selt] *n* kelt.

Celtic['keltik, 'seltik] *adj,n* *-adj* kelt.

-n keltisht(gjuhë).

cement [së'ment] *n,v* *-n* 1.çimento. 2.beton. 3.*mjek* cement, amalgamë. 4.ngjitës, mbushës.

-vt 1.çimentoj; shtroj me çimento. 2.betonoj. 3.*fig* forcoj, çimentoj(miqësinë).4.*mjek* mbush(dhëmbin).

cementation[simen'teishën] *n* 1.*ndërt, fig* çimentim. 2.*tek* çimentim, përpunim kimiko-termik.

cemetery['semëteri] *n* varrezë.

censer['sensë:] *n fet* temjanicë.

censor['sensë:] *v,n* *-vt* censuroj.

-n 1.censor. 2.*fig* mbikëqyrës i qepur, censor.

censorship['sensë:ship] *n* censurim.

censure['senshë:] *n,v* *-n* 1.kundërshtim, hedhje poshtë; dënim. 2.kritikë; **unfair censures of a new book** kritikë e padrejtë për një libër të ri.

-vt 1.kundërshtoj, hedh poshtë; dënoj. 2.kritikoj, i kundërvihem.

census['sensës] *n* regjistrim i përgjithshëm(i popullsisë).

cent[sent] *n* 1.cent(= 0,01 dollar). 2.qindarkë. 3.qind; **10 per cent** 10 përqind.

centaur['sento:] *n mit* centaur, njeri-kalë.

centenarian[sentë'neëriën] *n,adj* qindvjeçar, njëqindvjeçar.

centenary[sen'tenëri, sen'ti:nëri, 'sentënëri] *n,adj* *-n* 1.qindvjeçar. 2.përvjetor i njëqindtë, njëqindvjetor. 3.kremtim i njëqindvjetorit.

-adj njëqindvjeçar.

center['sentë:] *n amer* shih **centre**.

centesimal[sen'tesëmël] *adj* 1.i njëqindtë; qindësh. 2.i ndarë në qindëshe.

centigrade['sentëgreid] *adj* 1.qindëshe(shkallë). 2.celsius(temperaturë).

centigram['sentëgræm] *n* centigram, 0,01 gram.

centimetre['sentimi:të:] *n* centimetër.

centipede['sentëpi:d] *n zool* shumëkëmbësh, dyzetkëmbësh.

central['sentrël] *adj,n* *-adj* 1.qendror. 2.në qendër, i qendrës(së qytetit). 3.kryesor. 4.*anat* qendror(sistem nervor).

-n 1.central telefonik. 2.telefonist.

centralism['sentrëlizm] *n pol* centralizëm.

centralization[sentrëlai'zeishën] *n* centralizim.

centralize['sentrëlaiz] *v* 1.centralizoj, përqendroj. 2.centralizohet. 3.*tek* qendërzoj.

centre['sentë:] *n,v* *-n* 1.qendër. 2.pjesë qendrore. 3.*fig* element kryesor; personi më i rëndësishëm. 4.qendër aktiviteti. 5.*sport* lojtar i qendrës, qendër. 6.*pol* qendër; parti të qendrës.

-v 1.përqendroj. 2.përqendrohet. 3.sillet rreth(problemi). 4.*tek* qendërzoj. 5.*sport* pasoj në qendër.

centrifugal[sen'trifjugël] *adj fiz* qendërikës, centrifugal.

centripetal [sen'tripëtël] *adj fiz* qendërsynues, centripetal.

centrist['sentrist] *adj,n pol* centrist.

centuple['sentjupël] *adj,v* -*adj* i njëqindfishtë. -*v* 1.qindfishoj; rris njëqindfish. 2.qindfishohet.

century['sençëri] *n* shekull, qindvjeçar.

ceramic[së'ræmik] *adj,n* -*adj* poçarie; qeramike. -*n* 1.artikull qeramike. 2.*pl* qeramikë, art i poçarisë.

cereal['si:riël] *n,adj* -*n* 1.drithë. 2.ushqim i thatë prej drithërash(me qumësht etj). -*adj* drithi.

cerebellum[serë'belëm] *n anat* tru i vogël.

cerebral['serëbrël] *adj* 1.trunor, i trurit. 2.me tru, që do tru, intelektual(aktivitet).

cerebrum[së'ri:brëm, 'serëbrëm] *n* tru.

cerecloth['si:rkloth] *n teks* 1.pëlhurë e parafinuar. 2.qefin.

cerement['si:rmënt] *n* zak *pl* qefin.

ceremonial[serë'mouniël] *adj,n* -*adj* 1.ceremonial. 2.zyrtar; me shumë etiketë. -*n* 1.rit. 2.ceremoni. 3.sjellje tepër zyrtare.

ceremonious[serë'mouniës] *adj* shih **ceremonial**.

ceremony['serëmouni] *n* 1.ceremoni. 2.kremtim. 3.etiketë e tepruar; **stand on ceremony** sillem me etiketë të tepruar, tregohem shumë zyrtar.

cerium['si:riëm] *n kim* cerium(element).

certain['së:tën] *adj,pron* -*adj* 1.i caktuar, i fiksuar; **a certain percentage of the profit** një përqindje të caktuar të fitimit. 2.i sigurt; i padyshimtë; i pashmangshëm; **it is certain that...** është e sigurt se...3.i bindur, i sigurt në vetvete; **she is certain to do well in...** ajo është e bindur se do t'ia dalë mbanë në...4.i besueshëm, i sigurt(burim). 5.njëfarë; **a certain person** njëfarë tipi, një person; **to a certain extent** në njëfarë mase. + **for certain** me siguri.
-*pron* disa; **certain of the students** disa nga studentët.

certainly['së:tënli] *adv* sigurisht, me siguri; patjetër, pa dyshim, natyrisht.

certainty['së:tënti] *n* 1.siguri; **for a certainty, to a certainty** me siguri, pa pikë dyshimi. 2.gjë e sigurt, fakt.

certes['së:ti:z] *adv vjet* sigurisht; me të vërtetë.

certifiable['së:tëfajëbël] *adj* 1.i vërtetueshëm. 2. *drejt* i sëmurë për çmendinë.

certificate[*n* së:'tifëkit; *v* së:'tifëkeit] *n,v* -*n* 1.vërtetim; dëshmi; certifikatë. 2.diplomë; dëshmi kualifikimi. -*v* 1.pajis me vërtetim/dëshmi/certifikatë. 2.autorizoj me shkrim.

certificated[së:'tifëkeitid] *adj* i diplomuar; i pajisur me dëshmi kualifikimi/aftësie.

certification[së:tëfë'keishën] *n* 1.vërtetim, dokumentim. 2.vërtetim; dëshmi; certifikatë.

certified['së:tëfaid] *adj* 1.i garantuar, i siguruar. 2. i pajisur me dëshmi/certifikatë.

certified cheque *n fin* çek i garantuar(nga banka).

certified mail *n* shërbim postar rekomande i garantuar.

certified milk *n* qumësht i garantuar.

certify ['së:tëfai] *v* 1. vërtetoj, pohoj, dëshmoj. 2.garantoj (cilësinë etj). 3.siguroj, jap siguri. 4.*fin* garantoj(një çek). 5.*drejt* mbyll në çmendinë.

certitude['së:tëtju:d] *n* siguri, bindje e plotë.

cervical['së:vëkël, së:'vaikël] *adj anat* i zverkut, i qafës.

cervix['së:viks] *n anat* zverk.

cessation[së'seishën] *n* pushim; ndërprerje; ndalim.

cession ['seshën] *n* 1. lënie, dhënie. 2. dorëzim, kalim(të drejtash, pronësie).

cesspool['sespu:l] *n* 1.gropë ujrash të zeza. 2.vend i ndyrë, pellg.

Ceylon[si'lon] *n gjeog* Ceilon.

Ceylonese[si:lë'ni:z] *adj,n* cejlonas, srilankas.

Chad[çæd] *n gjeog* Çad.

chafe[çeif] *v,n* -*v* 1.ngroh me të fërkuar. 2.heq me të fërkuar. 3.kruan, acaron(lëkurën kravata). 4.*fig* nxeh, acaroj. 5.nxehem, irritohem.
-*n* 1.vend i acaruar(nga fërkimi). 2.*fig* irritim, zemërim.

chafer['çeifë:] *n zool* brumbull.

chaff I[çæf, ça:f] *n,v* -*n* 1.byk. 2.sanë; kashtë. 3. mbeturina.
-*vt* kosis(kashtë, sanë).

chaff II[çæf, ça:f] *n,v* -*n* ngacmim, shpoti.
-*vt* ngacmoj, shpotis.

chaffer['çæfë:] *vi* hahem për çmimin, bëj pazar.

chaffinch['çæfinç] *n zool* borës, zborak(zog).

chaffy['çæfi] *adj* 1.me byk. 2.*fig* pa vlerë.

chafing dish *n* pjatë me ngrohje nën të.

chagrin ['shægrin, shë'gri:n] *n,v* -*n* zhgënjim; hidhërim.
-*vt* zhgënjej; hidhëroj.

chain[çein] *n,v* -*n* 1.zinxhir. 2.*pl* vargonj; **in chains** i lidhur me vargonj. 3.varg; **a chain of events** një varg ngjarjesh. 4.masë gjatësie(= 66 këmbë, rreth 20 m). 5.rrjet (dyqanesh).
-*vt* 1.lidh me zinxhir. 2.vë në pranga.

chain gang *n amer* të burgosur të lidhur me vargonj; brigadë pune me të burgosur të lidhur.

chain reaction *n kim* reaksion zinxhir.

chain saw *n* sharrë elektrike me zinxhir.

chain-smoke['çeinsmouk] *vi* pi cigare varg.

chain stitch *n* punim zinxhir(në thurje).

chain store *n* dyqan i një firme të madhe tregtare.

chair[çeë:] *n,v* -*n* 1.karrige. 2.katedër(universitare). 3.kryetar i mbledhjes. 4.*drejt* karrige elektrike.

+ **get the chair** dënohem me vdekje në karrige elektrike; **take the chair** a)filloj mbledhjen; b)marr drejtimin e mbledhjes.
-*vt* 1.mbart megjithë karrige. 2.ngre në duar (fituesin). 3.vë në krye, i jap kryesinë. 4.drejtoj, kryesoj(një mbledhje).

chairman['çeë:mën] *n* 1.kryetar/drejtues i mbledhjes. 2.kryetar komisioni/komiteti. 3.*drejt* shoqërues i të dënuarit te karrigia elektrike.

chairperson ['çeë:pë:sën] *n* 1. kryetar/drejtues i mbledhjes. 2.kryetar komisioni/komiteti.

chairwoman['çeë:wumën] *n* kryetare.

chaise[sheiz] *n* 1.shezlong. 2.kaloshinë.

chalk[ço:k] *n,v* -*n* shkumës. + **by a long chalk** tepër; **not by a long chalk** aspak; në asnjë mënyrë.
-*vt* 1.shkruaj me shkumës. 2.lyej/zbardh me shkumës. 3.shënoj, regjistroj.
+**chalk up** a)shënoj, shkruaj; b)shënoj pikët.

chalkboard['ço:kbo:d] *n* dërrasë e zezë, tabelë.

chalk talk *n* mësim/leksion i ilustruar në tabelë.

chalky['ço:ki] *adj* 1.prej shkumësi. 2.i bardhë, i zbardhur.

challenge['çælinxh] *v,n* -*vt* 1.sfidoj, ftoj në garë. 2.ndalon, nuk lejon(roja). 3.kërkoj prova; vë në dyshim.4.*drejt* kundërshtoj.5.*fig* nxis(fantazinë etj).
-*n* 1.sfidë, ftesë për garë. 2.thirrje për ndalim(e rojës). 3.*drejt* kundërshtim, mospranim. 4.kërkesë për fakte/prova. 5.*fig* nxitje.

chamber['çeimbë:] *n,v* -*n* 1.dhomë. 2.*pol* Dhomë; **Lower Chamber** Dhoma e Ulët/e Përfaqësuesve. 3.*pl* dhoma banimi. 4.*pl* zyrë avokati /gjykatësi. 5.*anat* ndarje, dhomëz. 6.gojë(e revoles etj). 7.oturak.

Chamber of Commerce *n* Dhomë e Tregtisë.

chamberlain['çeimbë:lin] *n* 1.kujdestar godine.2. shambellan, administrator i pallatit mbretëror.

chambermaid['çeimbë:meid] *n* pastruese hoteli.

chamber pot *n* oturak.

chameleon[kë'mi:ljën] *n* kameleon.

chamfer['çemfë:] *n,v* -*n* 1.e prerë, e ngrënë.2. kanal, ulluk.
-*vt* 1.i bëj një të prerë, ha. 2.hap kanal/ulluk.

chamois['shæmwa:] *n* 1.dhi e egër. 2.kamosh, lëkurë kamoshi.

champ I[çæmp] *vi* kafshoj; përtyp. + **champ at the bit** s'më mban vendi.

champ II[çæmp] *n gj.fol* kampion.

champagne[shæm'pein] *n* shampanjë.

champaign['çempein] *n,adj* -*n* fushë; rrafshinë.
-*adj* i hapur, i gjerë; i rrafshët.

champion['çæmpiën] *n,v* -*n* 1.*sport* kampion. 2. mbrojtës, përkrahës(i paqës etj).
-*vt* mbroj, përkrah.

championship ['çæmpiënship] *n* 1. vend i parë, titull i kampionit. 2.kampionat; **world championship** kampionat botëror. 3.mbrojtje, përkrahje.

chance[çæns, ça:ns] *n,v* -*n* 1.rast; **a chance to make some money** një rast për të fituar ca para. 2. mundësi; **a good chance that he'll show up** (ka) shumë të ngjarë që të vijë.3.shans, fat. 4.rastësi; **chance led to the finding of** rastësia çoi në zbulimin e. 5.rrezikim; **take a chance** rrezikoj. 6. *attr* i rastit, i rastësishëm; **a chance meeting** mbledhje e rastësishme. + **by chance** rastësisht; **on the chance** po u dha rasti; **on the off chance** me shpresë te shansi; **stand a chance** kam shanse.
-*v* 1.ndodh, qëllon, rastis. 2.rrezikoj, kuturis. + **chance it, chance one's arm** provoje fatin.
+**chance on/upon** has, ndesh, takoj.

chancellery['çænsëlëri] *n* 1.kancelari. 2.zyrë ambasadori.

chancellor ['çænsëlë:] *n* 1. sekretar i sovranit. 2. sekretar i parë ambasade. 3.kancelar; kryeministër. 4.*Br* zyrtar i lartë; **Lord Chancellor** Kryetari i Dhomës së Lordëve, Lordi Kancelar. 5.rektor universiteti.

Chancellor of the Exchequer *n Br* Lord i Thesarit.

chancery['çænsëri] *n* 1.*amer* gjykatë civile(për çështje pronësie). 2.arkivë. 3.seksioni i Lordit Kancelar në Gjykatën e Lartë.

chancy['çænsi] *adj* 1.i pasigurt; me rrezik. 2.me fat, fatlum.

chandelier[çændë'lië:] *n* llambadar.

chandler['çændlë:] *n* 1.shitës / prodhues llambadarësh.2.tregtar artikujsh ushqimorë.

change[çeinxh] *v,n* -*v* 1.ndryshoj; **change the room** ndryshoj dhomën.2.ndryshoj, pësoj ndryshim; **he has changed a lot** ka ndryshuar shumë. 3.ndërrtoj; **change dirty clothes for clean ones** ndërroj rrobat e pista me të pastra. 4.ndërron drejtim(era). 5.këmbej, ndërroj(vend, avion); **change seats with sb** ndërroj vend me dikë. 6.thyej(para). 7.ndreq, ndërroj(krevatin). + **change one's mind** ndërroj mendje; **change one's note/tune** bëhem më i përulur/më i trishtuar.
-*n* 1.ndryshim. 2.ndërrim. 3.këmbim. 4.kusur. 5. të vogla(pare); **please give me change for one dollar** të lutem më thyej një dollar me të vogla. + **for a change** për variacion; **get no change out of sb** nuk nxjerr gjë(informata etj) prej dikujt; **ring the changes** bëj/them diçka në mënyra të ndryshme.
+**change off** ndërrohem(me dikë), e bëj me radhë;
+**change up/down** ngre/ul marshin.

changeability[çeinxhë'bilëti] *n* ndryshueshmëri.

changeable ['çeinxhëbël] *adj* i ndryshueshëm; i paqëndrueshëm.

changeless['çeinxhlis] *adj* i pandryshueshëm.

changeling['çeinxhling] *n* 1.fëmijë i ndërruar(me një tjetër). 2.*mit* fëmijë i shëmtuar(i ndërruar nga shtrigat).

change of heart *n* ndryshim ndjenjash/humori.

change of life *n mjek* menopauzë.

change of venue *n* 1.*drejt* ndryshim i vendit të gjykimit(të një çështjeje). 2.ndryshim vendi.

change-over['çeinxhouvë:] *n* 1.ndërrim stili/metode. 2.kalim pronësie/kontrolli.

channel['çænël] *n,v* -*n* 1.kanal; hendek. 2.*gjeog* ngushticë; kanal; **the English Channel** Kanali i La Manshit.3.shtrat lumi. 4.*tv* kanal, stacion. 5.*anat* kanal.
-*vt* 1.hap/bën shtrat(lumi). 2.*fig* kanalizoj, drejtoj.

chant[çænt, ça:nt] *n,v* -*n* 1.*fet* psalm, himn. 2. të folur i zvarritur/monoton.
-*v* 1.*fet* psal, këndoj himn. 2.*fig* ngre, lartësoj. 3. përsëris papushim.

chant(e)y['shænti, 'çænti] *n* shih **shanty**.

chaos['kejos] *n* rrëmujë e plotë, kaos.

chaotic[kej'otik] *adj* kaotik.

chaotically[kej'otikëli] *adv* rrëmujshëm; në mënyrë kaotike.

chap I[çæp] *v,n* -*v* 1.çahet, plasaritet(lëkura). 2. çan, plasarit(të ftohtit).
-*n* e çarë, plasaritje(e lëkurës).

chap II[çæp] *n gj.fol* 1.shok, mik; **old chap** miku im.2. person; burrë; djalë; **a nice chap** rob i mirë; **poor chap** i gjori; **be a good chap** bëhu djalë i mirë.

chap III[çæp] *n* shih **chop**.

chaparral[çæpë'ræl] *n bot* çaparal(lloj shkurreje).

chapbook['çæpbuk] *n* libërth përrallash etj.

chapel ['çæpël] *n* 1.kishëz. 2. faltore; dhomë faljesh.

chaperon(e)['shæpëroun] *n* 1.grua e pjekur, kujdestare(e një të reje). 2.mbikëqyrës, kujdestar(në festat e të rinjve).

chapfallen['çæpfolën] *adj* i poshtëruar, i përbuzur; i lëshuar.

chaplain['çæplin] *n fet* kapelan.

chaplet['çæplit] *n* 1.kurorë. 2.rruaza. 3.tespije. 4. varg lutjesh (të shoqëruara me tespije).

chapter['çæptë:] *n* 1.kapitull. 2.periudhë; epokë; faqe; **a brilliant chapter in the history of..** një faqe e ndritur në historinë e...

char I[ça:] *v* 1.djeg/bëj qymyr. 2.përcëlloj, djeg (gjellën).

char II[ça:] *vi* pastroj, punoj pastrues.

character['kærëktë:] *n* 1.karakter. 2.tip; **in/out of character** a)brenda/jashtë tipit; b)brenda/jashtë rolit; **he's a queer/odd character** është tip i çuditshëm. 3.forcë morale. 4.natyrë, veti; **the character of the desert areas** natyra e vendeve të shkreta. 5.personazh.6.personalitet.7.emër, reputacion. 8.gërmë, shkronjë; **Greek characters** shkronja greke. 9.karakteristikë (pune).

characteristic[kærëktë'ristik] *adj,n* -*adj* karakteristik; tipik; i veçantë.
-*n* 1.karakteristikë; veçori; tipar dallues.2.*mat* ka-

rakteristikë(e logaritmit).

characteristically[kærëktë'ristikëli] *adv* në mënyrë karakteristike/tipike/të veçantë.

characterization[kærëktërai'zeishën] *n* 1.karakterizim.2.*let,teat* tipizim.

characterize['kærëktëraiz] *vt* 1.përshkruaj. 2.karakterizoj; tipizoj.

charcoal['ça:koul] *n* qymyr druri.
charcoal burner *n* 1.qymyrxhi. 2.sobë me qymyr.

charge[ça:xh] *v,n* -*v* 1.kërkoj(si pagesë). 2.shënoj si borxh, kreditoj. 3.mbush(pushkën). 4.ngarkoj (baterinë).5.ngarkoj me, i vë si detyrë. 6.porosis; urdhëroj. 7.*drejt* padis, akuzoj. 8.sulmoj, mësyj.
-*n* 1.çmim; pagesë(për një punë të bërë). 2.borxh, detyrim; tatim. 3.mbushje(me barut). 4.*el* ngarkesë. 5.detyrë; përgjegjësi. 6.padi, akuzë; **admit the charge** pranoj akuzën; **face a charge(of sth)** fajësohem/akuzohem (për diçka); **lay sth to sb's charge** padis dikë për diçka. 7.porosi. 8.*usht* sulm, mësymje. + **in charge** përgjegjës, shef; **in charge of** i ngarkuar me; që përgjigjet për(një çështje); **in the charge of** në ngarkim të, në ruajtje nga(polici). +**charge off** a)zbres nga shuma si humbje; b)atribuoj, ia ngarkoj. +**charge up** atribuoj, ia ngarkoj; **this mistake must be charged up to experience** ky gabim duhet t'i atribuohet përvojës.

charge account *n treg* llogari.

charge card *n fin* kartë krediti.

charge hand *n Br* zëvendës-shef ekipi.

charge nurse *n Br* kryeinfermier.

charge sheet *n* procesverbal(i policisë).

chargé d'affaires[sha:'zheidæ'feë:] *n dip* i ngarkuar me punë.

chargeable['ça:xhëbël] *adj* 1.që mund të të ngarkohet/të të vihet në ngarkim. 2.*drejt* i dënueshëm(me).

charged[ça:xhd] *adj* e mbushur(pushkë).

charger I['ça:xhë:] *n* 1.kalë ushtrie/lufte. 2.*usht* mbushës.

charger II['ça:xhë:] *n vjet* pjatancë.

charily['çerili] *adv* me maturi, me kujdes.

chariot['çæriët] *n hist* koçi.

charism['kærizëm] *n* 1.*fet* dhunti shpirtërore(për profeci, shërim etj). 2.forcë tërheqëse, karizëm(e një udhëheqësi).

charisma[kë'rizmë] *n* shih **charism**.

charismatic[kæriz'mætik] *adj* frymëzues, tërheqës, robërues, karizmatik(njeri).

charitable['çærëtëbël] *adj* bamirës, mirëbërës.

charity['çærëti] *n* 1.bamirësi; ndihmë; lëmoshë. 2.shoqatë bamirëse. 3.butësi, shpirtbutësi. 4.dashuri për të afërmin.

charity sale *n* shtje për qëllime bamirësie.

charity toss *n sport* gjuajtje e lirë(në basketboll).

charivari[shivë'ri:, shërivë'ri:] *n* festë e zhurmshme(për çiftin e ri etj).

charlatan['sha:lëtën] *n* sharlatan.

charlatanism['sha:lëtënizm] *n* sharlatanizëm.

charm[sha:m] *n,v* *-n* 1.joshë, magjepsje. 2.hir, bukuri. 3.stringël; hajmali. 4.formulë magjike.
-vt 1.magjeps; josh, tërheq. 2.i bëj magji.

charmed[ça:md] *adj* 1.i kënaqur. 2.i magjepsur. 3.i bekuar, i magjishëm.

charmer['ça:më:] *n* njeri tërheqës/magjepsës.

charming['ça:ming] *adj* 1.joshës, magjepsës. 2.i hirshëm, tërheqës, simpatik.

chart[ça:t] *n* 1.hartë. 2.skicë; diagramë. 3.listë; tabelë.

charter['ça:të:] *n,v* *-n* 1.kartë; **the Charter of the United Nations** Karta e Kombeve të Bashkuara. 2.statut, akt themelues(i një shoqate etj). 3.qiramarrje; **on charter** me qira(anije, avion etj). 4.privilegj, e drejtë e posaçme.
-vt 1.i jap të drejta; i jap privilegje. 2.pajis me statut. 3.marr me qira.

chartered accountant *n* financier me liçensë shtetërore.

chartered bank *n* bankë private e miratuar nga shteti.

chartered company *n fin,ek* kompani e privilegjuar.

chartered surveyor *n* ekspert pasurish të patundshme.

charter member *n* anëtar themelues.

charter party *n drejt* kontratë transporti.

charter plane *n* aeroplan me qira.

charwoman['ça:wumën] *n* pastruese, punëtore pastrimi.

chary['çëëri] *adj* 1.i kujdesshëm; i matur. 2.i druajtur; fjalëpakë.

chase I[çeis] *v,n* *-v* 1.ndjek; i shkoj pas. 2.gjuaj. 3.nxitoj, turrem.
-n 1.ndjekje(e hajdutit). 2.gjueti. 3.gjah, pre. 4.rezervat gjuetie. + **give chase** gjuaj, ndjek.

chase II[çeis] *v* gdhend, skalis.

chase III[çeis] *n* 1.fole, strofkë. 2.*polig* tabaka, platformë(për tekstin e radhitur).

chaser I['çeisë:] *n* gdhendës, skalitës.

chaser II ['çeisë:] *n* 1. ndjekës; gjahtar. 2.pije pasuese/shoqëruese; **drink beer with whisky chasers** pi birrë duke e shoqëruar me uiski.

chasm['kæzëm] *n* 1.çarje toke; humnerë. 2.*fig* hendek, prishje. 3.ndërprerje.

chassis['shæsi] *n* 1.*tek* shasi. 2.karkasë(e radios etj). 3.*usht* kulatë(e topit). 4.*zhrg* trup(femre).

chaste[çeist] *adj* 1.i dëlirë, i pastër. 2.i virgjër. 3.i thjeshtë, i përkorë, i matur, pa ojna.

chasten['çeisën] *vt* 1.ndëshkoj rëndë. 2.*fig* zbut, regj(koha njeriun).

chastise[çæs'taiz] *vt* 1.ndëshkoj. 2.shaj, kërdis.

chastisement['çæstizmënt] *n* 1.ndëshkim. 2.sharje, kërdisje, qortim i ashpër.

chastity['çæstëti] *n* 1.dëlirësi, pastërti; virgjëri. 2. thjeshtësi.

chat[çæt] *n,v* *-n* bisedë, muhabet.
-vi bisedoj; mbaj me muhabet.
+**chat up** mbaj me/i jap muhabet(dikujt).

chattel['çætël] *n* plaçkë, pasuri e tundshme.

chatter['çætë:] *vi* 1.dërdëllis. 2.bërbëlit(majmuni). 3.cicërin(zogu). 4.kërcëllij(dhëmbët).

chatterbox['çætë:boks] *n* llafazan.

chatty['çæti] *adj* llafazan, fjalaman.

chauffeur['shoufë:, shou'fë:] *n,v* *-n* shofer.
-vt shetis dikë(me makinë), i shërbej si shofer.

chauvinism['shouvinizm] *n pol* shovinizëm.

chauvinist['shouvinist] *n,adj pol* shovinist.

chauvinistic[shouvë'nistik] *adj pol* shovinist.

chaw[ço:] *v* shih **chew**.

cheap[çi:p] *adj* 1.i lirë, me çmim të ulët. 2.e lehtë, e arritur lehtë(fitore). 3.pa vlerë; **cheap jewelry** bizhuteri pa vlerë. 4.*adv* lirë; **he sold his car cheap** e shiti lirë makinën. 5.i kursyer, dorështrënguar; **don't be so cheap!** mos u trego kaq kurnac! + **feel cheap** ndihem keq, më vjen turp nga vetja; **go cheap** shiten lirë; **hold sth cheap** nënçmoj, përçmoj; **make oneself cheap** sillem për faqe të zezë; **on the cheap** lirë, me të lirë.

cheapen['çi:pën] *v* 1.ul, liroj(mallin). 2.*fig* përçmoj, ul; **cheapen oneself** a)ul veten; b)shitet lehtë, jepet për hiçgjë(femra). 3.lirohet, i bie çmimi.

cheapie['çi:pi] *adj,n zhrg* *-adj* i lirë.
-n 1.biletë e lirë. 2.e ngrënë me pak para.

cheaply['çi:pli] *adv* lirë, me çmim të ulët. + **get off cheaply** ndahem mirë, shpëtoj paq.

cheat[çi:t] *v,n* *-v* 1.mashtroj, ia hedh. 2.bëj hile, kopjoj(në provim). 3.i shpëtoj, i dredhoj(vdekjes).
-n 1.mashtrues; hileqar. 2.mashtrim; hile.

check[çek] *v,n,interj* *-v* 1.ndal(hapat). 2.përmbaj, ndrydh, frenoj(zemërimin). 3.zmbraps(sulmin). 4. përputhen(kopjet). 5.shqyrtoj, verifikoj, kontrolloj; krahasoj; **she checked and found the money was gone** ajo kontrolloi dhe pa se paratë kishin fluturuar. 6.lë në ruajtje(bagazhet). 7.(shah) jap shah.
-n 1.ndalesë, ndalje; ndërprerje. 2.përmbajtje, frenim.3.zmbrapsje.4.shqyrtim, verifikim.5.visto, spontim.6.pullë(për bagazhet etj).7.*amer fin* çek.8.shah. 9.*attr* katror; **a check tablecloth** mbulesë tavoline me kuadrate. + **in check** a)nën kontroll; nën fre; b)në pozicion shahu, shah(mbreti).
+**check in** a)mbërrij(në hotel); b)regjistrohem(në hotel, aeroport); c)regjistroj; i jap të plotësojë një skedë; d)*zhrg* vdes, cof.
check-in['çekin] *n* regjistrim.
+**check off** vistoj, spontoj.

checkoff['çekof] *n* 1.mbajtje nga rroga(e kuotës së sindikatës). 2.kuotë anëtarësie.

+check on/up on a)kontrolloj(foshnjën); b)informohem, interesohem(për dikë).

+check out a)shlyhem, bëj pagesën(në hotel, supermarket); b) përputhen (shifrat); c) *zhrg* vdes, cof; d)tërheq(bagazhet); e)i marr paratë, e bëj të paguajë(klientin); f)shqyrtoj, kontrolloj, verifikoj; **check it out!** shiko këtu!; dëgjo këtu!

check-out['çekaut**]** *n* 1.kontroll dhe pagesë e mallit(në supermarket). 2.arkë. 3.kohë e largimit nga hoteli, kohë e pagesës.

+check over shqyrtoj, verifikoj.

+check up interesohem, informohem; verifikoj.

checkup['çekʌp**]** *n* 1.shqyrtim, kontroll, verifikim. 2.kontroll në trup.

checkbook['çekbuk**]** *n amer* bllok çeqesh.

checked[çekt**]** *adj* me kuadrate, me katrorë.

checker I['çekë:**]** *v,n* -v 1.ndaj në kuadrate. 2.bëj lara-lara.3.ka ulje-ngritje, ndryshon.
-*n* 1.kuadrate ngjyra-ngjyra. 2.katror. 3.gur(dame, tavlle).

checker II['çekë:**]** *n* 1.arkëtar. 2.kontrollor. 3.garderobist.

checkerboard['çekë:bo:d**]** *n* fushë dame, fushë shahu.

checkered['çekë:d**]** *adj* 1.me kuadrate, me katrorë. 2.lara-lara, pulla-pulla. 3.me ulje-ngritje, e çrregullt; **have a checkered career** kam një karierë me ngjitje e me zbritje.

checkers['çekë:z**]** *n* damë(lojë).

checklist['çeklist**]** *n* listë e plotë, listë verifikimi.

check mark *n* shenjë vistimi (V).

checkmate['çekmeit**]** *n,v* -*n* 1.shah-mat, mat.2.*fig* dështim i plotë.
-*vt* 1.zë/bëj mat. 2.*fig* mund keqas, shpartalloj.

checkpoint['çekpoint**]** *n* pikë kontrolli; postbllok.

checkroom['çekru:m**]** *n* garderobë.

cheek[çi:k**]** *n* 1.faqe. 2.fytyrë, paturpësi; **have the cheek** kam paturpësinë, kam fytyrë. + **cheek by jowl** a)krahpërkrah; b)të lidhur ngushtë, të afërt.

cheekbone['çi:kboun**]** *n anat* mollëz(e faqes).

cheekily['çi:kili**]** *adv* paturpësisht, me pafytyrësi.

cheeky['çi:ki**]** *adj* i pafytyrë, i pacipë, i paturp.

cheer[çië:**]** *n,v* -*n* 1.gaz, gëzim, ngazëllim. 2.brohoritje. 3.nxitje, inkurajim. 4.të ngrënë e të pirë. 5. humor, gjendje shpirtërore. + **cheers!** gëzuar! **what cheer?** si dukesh?
-*v* 1.gëzoj, mbush me gëzim; ngazëllej. 2.nxis, inkurajoj. 3.brohoras; duartrokas. + **cheer up** gëzohem, ngazëllehem; gëzoj, ngazëllej.

cheerful['çië:ful**]** *adj* 1.i gëzuar, plot gaz, i ngazëllyer.2.gazmor, ngazëllyes. 3.i gatshëm; i gjindshëm.

cheerfully [**'çië:fuli**]** *adv* gëzueshëm, me ngazëllim.

cheerfulness['çië:fulnis**]** *n* gaz, gëzim, ngazëllim.

cheerily['çiërili**]** *adv* gëzueshëm, me ngazëllim.

cheering['çiëring**]** *n,adj* -*n* brohoritje; urra.

-*adj* i gëzueshëm; ngazëllyes.

cheerio['çi:riou**]** *interj,n gj.fol* 1.lamtumirë! 2.tungjatjeta! 3.urra!, rroftë!

cheerleader['çië:li:dë:**]** *n sport* nxitës i tifozëve.

cheerless['çië:lis**]** *adj* i zymtë; i trishtuar.

cheery['çi:ëri**]** *adj* gazmor, i gëzueshëm.

cheese[çi:z**]** *n,v* -*n* djathë.
-*vt zhrg* 1.(off) nxeh, inatos, i hip nervat.2.*amer* : **cheese it!** hap sytë!; mbathja!

cheeseburger['çi:zbë:gë:**]** *n* hamburger me djathë.

cheesecake['çi:zkeik**]** *n* 1.qumështor(ëmbëlsirë). 2.*zhrg* fotografi femre zhveshur.

cheesecloth['çi:zkloth**]** *n* napë.

cheese dip *n* djathë i shkrirë.

cheeseparing['çi:zpering**]** *n,adj* -*n* 1.çikërrimë. 2.kopraci.
-*adj* koprac, prej kurnaci.

cheesy['çi:zi**]** *adj* 1.si djathë. 2.*zhrg përb* i keq, i dobët.

cheetah['çi:të**]** *n zool* gatopard(lloj pantere).

chef[shef**]** *n* 1.kryekuzhinier.2.kuzhinier.

chef d'oeuvre[shei'dëvr**]** *n* kryevepër.

chemical['kemikël**]** *adj,n* -*adj* kimik.
-*n* kimikat, substancë kimike.

chemical engineering *n* kimi industriale.

chemical warfare *n* luftë kimike.

chemically['kemikëli**]** *adv* kimikisht.

chemise[shë'mi:z**]** *n* 1.këmishë nate, këmishë e brendshme. 2.fustan i ngushtë.

chemist['kemist**]** *n* 1.kimist. 2.*Br* farmacist.

chemistry['kemistri**]** *n* 1.kimi.2.metabolizëm. 3. *fig* afri, afinitet.

cheque[çek**]** *n* çek; **pay by cheque** paguaj me çek; **bad/dud cheque** çek i rremë, çek pa garanci.

chequer['çekë:**]** *v,n* -*v* 1.ndaj në kuadrate. 2.ka ulje-ngritje/hipje-zbritje; ndryshon.
-*n* 1.katror, kuadrat. 2.fushë loje(me katrorë). 3.gur dame. 4.*pl amer* damë.

chequing account *n* llogari në çeqe.

cherish [**'çerish**]** *vt* 1. dua fort. 2. ushqej, mbaj gjallë; **cherish an illusion** ushqej shpresa të kota.

Cherokee['çerëki**]** *n amer* çiroki(fis indianësh, gjuhë).

cheroot[shë'ru:t**]** *n* puro e prerë nga të dy anët.

cherry['çeri**]** *n* qershi; vishnje.

cherub['çerëb**]** *n* 1.engjëll. 2.fëmijë topolak. 3.buçkan, bufalaq.

chess[çes**]** *n* shah.

chessboard['çesbo:d**]** *n* fushë shahu.

chessman['çesmën**]** *n* gur shahu.

chessplayer['çesplejë:**]** *n* shahist.

chest[çest**]** *n* 1.gjoks, kraharor; **get sth off one's chest** nxjerr ç'kam në shpirt; **hold/keep one's cards close to the chest** jam i fshehtë/i rezervuar. 2.arkë, sënduk; **chest of drawers** komo. 3.*amer* arkë, thesar(i një institucioni publik); **the community**

chest fondi i bamirësisë.
chesterfield ['çestë:fi:ld] *n* 1. kolltuk, kanape. 2. pallto treçerekëshe.
chestnut['çestnʌt, 'çestnët] *n,adj* -*n* 1.gështenjë. 2.ngjyrë gështenjë.
-*adj* gështenjë, ngjyrë gështenjë.
chetah['çi:të] *n* shih cheetah.
chevre['shevrë] *n* djathë i njomë dhie.
chevron['shevrën] *n usht* shirit grade(në mëngë).
chevy['çevi] *n,v Br* -*n* 1.britmë gjahtari. 2.gjueti.
-*vi* 1.gjuaj. 2.shqetësohem, merakosem.
chew[çu:] *v,n* -*v* 1.përtyp. 2.grin, gërryen(rrota dheun). 3.*gj.fol* (over) mendoj mirë, bluaj. + chew the fat *zhrg* bëj llogje, grij kot.
+chew out *gj.fol* qortoj.
chewing gum['çu:inggʌm] *n* çamçakiz.
Chicago[shë'kagou] *n gjeog* Çikago.
chicane[çi'kein] *n,v* -*n* hile.
-*vi* bëj hile; mashtroj.
chicanery[shi'keinëri] *n* hile; mashtrim.
chick[çik] *n* 1.zogë, zog pule. 2.zogth. 3.*zhrg* zogëz, vajzë e hijshme. 4.kalama.
chicken['çikën] *n,v* -*n* 1.pulë. 2.zogë, zog pule. 3.mish pule. 4.*zhrg* vajzë, çupulinë.5.*zhrg* frikash.
-*vi zhrg* zmbrapsem, tërhiqem.
+chicken out *zhrg* zbythem; ul puplat.
chicken feed *n zhrg* dy para, hiçgjë.
chicken-hearted['çikënha:tid] *adj* frikacak, lalash.
chicken-livered['çikën'livë:d] *adj gj.fol* zemërpulë.
chicken pox *n mjek* li e dhenve.
chicken wire *n* rrjetë teli(për kafaze etj).
chicory['çikëri] *n bot* 1.çikore, radhiqe. 2.bresë.
chide[çaid] *vt* (chid, chided; chidden, chided) shaj, qortoj.
chief[çi:f] *n,adj* -*n* 1.kryetar; shef; komandant. 2.prijës (fisi). + in chief a)kryesisht; sidomos; b)në krye; kryesor; editor-in-chief kryeredaktor.
-*adj* 1.kryesor; më i rëndësishmi. 2.më i lartë(në gradë); Chief Constable shef i policisë (i zonës).
chiefly['çi:fli] *adv* 1.kryesisht. 2.para së gjithash, mbi të gjitha.
chieftain['çi:ftein] *n* 1.prijës(fisi).2.kryetar, udhëheqës, shef.
chiffon[shi'fon] *n* byrynxhyk, mëndafsh shumë i hollë.
chiffonier['shifonië:] *n* komo e lartë.
child[çaild] *n pl* children 1.fëmijë; with child shtzanë. 2.bir; bijë.
child's play *n* punë fort e lehtë, lodër fëmijësh.
childbirth['çaildbë:th] *n* lindje fëmije.
childhood['çaildhu:d] *n* fëmijëri.
childish['çaildish] *adj* 1.fëmijëror, fëminor. 2.*fig* foshnjarak, i papjekur(veprim).
childless['çaildlis] *adj* pa fëmijë.
children['çildrën] *n pl* i child.
Chile['çili] *n gjeog* Kili.

Chilean['çiliën] *adj,n* kilian.
chili['çili:] *n* 1.spec djegës.2.kimë me spec djegës.
chill[çil] *n,adj,v* -*n* 1.të ftohtë therës. 2.ethe, të dridhura. 3.*fig* ftohtësi; armiqësi. 4.drithërimë(nga frika).
-*adj* 1.i ftohtë; i akullt, i acartë. 2.*fig* i akullt, armiqësor. 3.*fig* i brengosur, i rënë shpirtërisht.
-*v* 1.ftoh. 2.ftohem; ngrij, mërdhij. 3.*fig* brengos.
chilly[çili] *adj* 1.i freskët. 2. *fig* i ftohtë, armiqësor; a chilly greeting përshëndetje e akullt.
chime[çaim] *v,n* -*v* tingëllon; bie(kambana, zilja). 2.bie(ora).3.pajtohem, bie dakord. +chime in a)pajtohet; b)ndërhyj(në bisedë); chime with, chime in with pajtohet, përputhet me.
-*n* 1.komplet zilkash. 2.tingëllimë zilesh, kambanash. 3.pajtim, harmoni.
chimney['çimni] *n* 1.oxhak.2. poç llampe me vajguri.
chimney-piece['çimnipi:s] *n* pervaz oxhaku.
chimney-sweep(er)['çimniswi:p(ë)] *n* oxhakfshirës.
chimpanzee[çimpæn'zi:] *n* shimpanze.
chin[çin] *n,v* -*n* 1.mjekërr. 2.*fig* muhabet, thashetheme. +keep one's chin up i bëj ballë si burrat.
-*v fig* bëj muhabet; merrem me thashetheme.
china['çainë] *n* 1.farfuri, bilur, porcelan. 2. enë porcelani. 3.*attrib* prej porcelani.
China['çainë] *n gjeog* Kinë.
Chinaman['çainëmæn] *n* kinez.
Chinawoman['çainëwumën] *n* kineze.
chinaware['çainëweë:] *n* artikuj porcelani, farfuri.
Chinese['çai'ni:z] *n,adj* -*n* 1.kinez. 2. gjuhë kineze.
-*adj* kinez.
chink I[çink] *n,v* -*n* tringëllimë.
-*v* tringëllij; tringëllon.
chink II[çink] *n* plasë, e çarë.
chintz[çints] *n* damask.
chip[çip] *n,v* -*n* 1.ashkël; cifël. 2.ciflosje. 3.patate të skuqura. 4.pullë, monedhë, markë. +a chip on one's shoulder a)gatishmëri për sherr; b)gjë e hidhur; have had one's chips mundem; mbaroj, vdes; when the chips are down kur vjen puna për të vepruar, kur vjen sahati.
-*v* 1.ciflos. 2.pres(patatet) në cifla. 3.*fig* ngacmoj.
+chip in a) ndihmoj(me para); b)ndërhyj në bisedë; bëj një vërejtje.
chippings['çipings] *npl* çakëll.
chirp[çë:p] *v,n* -*vi* 1.cicëron.2.*keq* kuis, pingrroj.
-*n* 1.cicërimë.2.*keq* kuisje, angullimë.
chisel['çizël] *n,v* -*n tek* daltë.
-*v* 1.gdhend. 2.*zhrg* mashtroj, ia hedh.
chiselled['çizëlld] *adj* i daltuar, i gdhendur.
chit[çit] *n* fëmijë, foshnjë; kalama; çupulinë.
chit-chat['çitçæt] *n* llomotitje; thashetheme.
chiv[çiv] *n zhrg* çokollatë.
chivalrous['çivëlrës] *adj* kalorësiak.

chivalry['çivëlri] *n* kalorësi; sjellje kalorësiake.
chlorine['klo:ri:n] *n* klor.
chloroform['klorëfo:m] *n* kloroform.
chlorophyll['klo:rëfil] *n* klorofil.
choc[çok] *n zhrg* çokollatë.
choc-ice['çokajs] *n* kasatë e veshur me çokollatë.
chock[çok] *n,v -n* pengojcë, pengesë.
-vt i vë pengesë.
chock-full['çokful] *adj* plot e përplot.
chocolate['çokëlit] *n* 1.çokollatë. 2.*attrib* ngjyrë çokollate.
choice[çois] *n,adj -n* 1.zgjedhje; **to take one's choice** zgjedh. 2.alternativë; **I have no choice** s'kam rrugë tjetër. 3.llojshmëri. 4.*fig* ajkë.
-adj 1.i zgjedhur me kujdes. 2.i shkëlqyer, i klasit të parë.
choir['kwaië:] *n* kor.
choirmaster ['kwaiëma:stë:] *n* mjeshtër/drejtues kori.
choke[çouk] *v,n -v* 1.mbytem. 2. mbys; i marr frymën. 3.frenoj, përmbaj.
-n 1.mbytje, asfiksim. 2.*tek* valvul ajri.
+**choke up** emocionoj; mallëngjej.
choking['çouking] *n* mbytje, asfiksi.
cholera['kolërë] *n* kolerë.
choleric['kolërik] *adj* zemërak, kolerik..
choose[çu:z] *v* (**chose; chosen**) 1.zgjedh. 2. vendos; **choose to do sth** vendos të bëj diçka; **you must choose** ti duhet të vendosësh.
choosy['çu:zi] *adj* nazeqar, nazik, i zgjedhur.
chop I[çop] *v,n -v* 1.pres, copëtoj.
-n 1.goditje. 2.kotëletë; bërxollë. +**get the chop** *zhrg* a)shkurtohem, pushohem(nga puna); b)më vrasin.
+**chop down** rrëzoj, pres(një pemë).
+**chop off** pres(degët e pemës etj).
chop II[çop] *n* 1.nofull. 2.*pl* **chops** faqet, nofullat; **lick one's chops** *zhrg* lëpij buzët, mprifem (për diçka të mirë).
chop III[çop] *v det* ndryshon drejtim(era).+**chop and change** a)ndryshoj taktikë; b)nuk lidhet asgjëkundi.
chopper['çopë:] *n* satër, hanxhar.
chopstiks['çopstiks] *n* shkopinj(për të ngrënë).
choral['ko:rël] *adj* koral.
chorale[ko'ra:l] *n muz* korale.
chord I[ko:d] *n muz* akord.
chord II[ko:d] *n* 1.*gjeom* kordë. 2.*muz* tel(harpe etj). 3.*fig* tel, kordë, fije e ndjeshme.
chore[ço:] *n* 1.punë e përditshme. 2.detyrë, punë e pakëndshme, angari.
chore-boy *n* djalë shërbimi(që bën çdo punë).
choreography[kori'grëfi] *n* koreografi.
chorus ['ko:rës] *n, v -n* 1. kor. 2. refren. + **in chorus** të gjithë njëherësh, njëzëri, në kor.
-v këndoj/flas në kor.

chose[çouz] *past* e **choose.**
Christ[krajst] *n* Krishti.
christen['krisën] *vt* 1.*fet* pagëzoj.2.i vë emër, quaj.
Christian['kristjën, 'krisçën] *adj,fet* i krishterë.
Christianity[kristi'ænëti] *n* krishtërim.
Christmas['krismës] *n fet* Krishtlindje; **Christmas tree** pemë e krishtlindjeve; **Christmas box** dhuratë për Krishtlindje(nga punëdhënësi); **Christmas Eve** nata e Krishtlindjeve(24 dhjetori); **Christmas Day** dita e Krishtlindjeve(25 dhjetori).
chromatic[krë'mætik] *adj* 1.me ngjyra. 2.*fiz,muz* kromatik; **chromatic scale** shkallë kromatike.
chrome[kroum] *n* krom.
chromic['kroumik] *adj* kromor.
chronic['kronik] *adj* 1.kronik. 2. i vazhdueshëm, i përhershëm. 3.*zhrg* tepër i pakëndshëm.
chronicle['kronikël] *n,v -n* kronikë.
-vt shënoj(në kronikë), bëj kronikën, regjistroj (ngjarjet).
chronicler['kroniklë:] *n* kronist.
chronological[kronë'loxhikël] *adj* kronologjik.
chronologically[kronë'loxhikli] *adv* kronologjikisht, sipas radhës.
chronology[krë'nolëxhi] *n* kronologji.
chronometer[krë'nomitë:] *n* kronometër.
chrysanthemum[kri'sænthëmëm] *n* krizantemë.
chubby['çʌbi] *adj* 1.(faqe, fytyrë) buç, buçkan. 2.(njeri,duar) topolak.
chuck I[çʌk] *v,n -v* 1.hedh, flak. 2. braktis, lë, heq dorë; **chuck a job** lë një punë. 3.gudulis.
-n pushim(nga puna); **get the chuck** pushohem nga puna.; **get the chuck** pushohem nga puna.
+**chuck away/out** hedh, flak; përzë, përjashtoj.
chuck II[çʌk] *n* 1.*tek* mandrinë; nofull.2.shpatull(viçi).
chuck-full['çʌkful] *adv* plot e përplot.
chuckle['çʌkël] *v,n -v* nënqesh.
-n nënqeshje.
chug[çʌg] *vi* gumëzhin, uturin(makina).
chum[çʌm] *n,v -n gj.fol* shok i ngushtë; shok dhome.
-v shoqërohem, mbaj shoqëri.
chum II[çʌm] *n* copëra peshku për karrem.
chum III[çʌm] *n* lloj salmoni.
chump[çʌmp] *n* 1.kërcu. 2. filetë. 3. *fig* gdhë. 4.*zhrg* kokë.
chunk[çʌnk] *n* copë, thelë; llokëm.
church[çë:ç] *n* kishë.
churchwarden['çë:çwo:dën] *n* dhjak.
churchyard['çë:çja:d] *n* varrezë.
churl[çë:l] *n* 1.harbut. 2. koprac, kurnac.
churlish['çë:lish] *adj* 1.i vrazhdë, i ashpër. 2.kurnac, dorështërnguar.
churlishly['çë:lishli] *adj* harbutçe.
churn[çë:n] *n,v -n* tundës, dybek.
-v rrah qumështin, nxjerr gjalpë.

chute[shu:t] *n* 1.rrëpirë; shpat i rrëpirë.2.ujëvarë.

CIA[siaj'ej] *n* (shkurtim për **Central Intelligence Agency**) CIA, Agjencia Qendrore e Informacionit.

cicada[si'ka:dë] *n* gjinkallë.

cicatrice['sikëtris] *n* shenjë plage; blanë.

cicatrize['sikëtraiz] *vi* mbyllet, përthahet (plaga).

cicerone[çiçë'rouni] *n* shoqërues, ciceron.

cider['saidë:] *n* sidër, verë molle.

C.I.F., c.i.f. (shkurtim për **cost, insurance and freight**) *ek* (çmim që përfshin) kosto, sigurim dhe transport.

cigar[si'ga:] *n* puro.

cigarette[sigë'ret, 'sigëret] *n* cigare.

cigarette case *n* kuti cigaresh.

cigarette holder *n* cigarishte, pipë.

cigarillo['sigërilo,-ijo] *n* puro e hollë, cigare-puro.

cinchona[sin'kounë] *n* 1.dru kinine.2.lëvore kinine.

cinder ['sindë] *n* 1. thëngjill. 2.*pl* **cinders** a)thëngjill i shuar; b)hi.

Cinderella[sindë'relë] *n* Hirushja (e përrallave).

cinema['sinëmë] *n* 1.kinema. 2. film. 3.kinematografi.

cinematograph[sinë'mætëgra:f] *n* 1.aparat(për shfaqje) filmi. 2.kinoaparat, kamerë filmi.

cinematographic[sinëmætë'græfik] *adj* kinematografik.

cinematography[sinëmë'togrëfi] *n* kinematografi.

cinerary ['sinëreri] *adj* 1.i hirit, për hi. 2.për hirin e të vdekurit; **cinerary urn** urnë.

cinnamon['sinëmën] *n* kanellë.

cipher['saifë] *n,v* -*n* 1.shifër, kod; **in cipher** i shifruar, me kod. 2.zero. 3.*fig* person/gjë pa rëndësi, hiç, hiçgjë. 4.shifër arabe.
-*vt* 1.shifroj, kodoj. 2.shpreh në shifra.

circa['së:kë] *prep* rreth, afro.

circle['së:kël] *n* 1.rreth. 2.*teat* radhë karrigesh. 3.cikël. 4. a)*astr* orbitë; b)*fig* sferë ndikimi, fushë veprimi.
-*v* 1.vërtitem, rrotullohem, i vij rrotull. 2.shënoj me /fus në rreth, rrethoj. +**come full circle** kthehem në pikënisje; **go round in circles** vij vërdallë.

circlet['së:klit] *n* rreth, byzylyk(dore); gjerdan.

circuit['së:kit] *n* 1.qark, rreth.2.*gjeom* qark. 3.turné. 4.rrjet(kinemash etj). 5.pistë garash automobilistike.

circuit breaker *n* ndërprerës qarku, çelës elektrik.

circuitous[së'kju:itës] *adj* që i bie përqark, jo direkt.

circular['së:kjulë] *adj,n* -*adj* 1.rrethor; në formë disku. 2.rrethor, në formë rrethi(lëvizje). 3.qarkullues, qarkor; **a circular letter** letër qarkore. -*n* 1.qarkore. 2.reklamë, fletushkë.

circular saw *n* sharrë disk.

circulate['së:kjuleit] *v* 1.qarkulloj. 2.dërgoj kudo, qarkulloj. 3.zhvendosem, ndërroj vend. 4.qarkulloj, transferoj(punonjës)

circulation[së:kju'leishën] *n* 1.qarkullim; **withdraw from circulation** heq nga qarkullimi. 2.*anat* qarkullim i gjakut. 3.tirazh(gazete).

circulation manager *n* përgjegjës i shpërndarjes (së gazetës).

circum-['së:këm] *pref* rreth-, qark-.

circumambulate[së:këm'æmbjuleit] *v* vij qark.

circumcise['së:këmsaiz] *vt* bëj synet.

circumcision[së:këm'sizhën] *n* synet.

circumference[së'kʌmfërëns] *n gjeom* perimetër.

circumflex ['se:këmfleks] *n,adj gram* -*n* theks lakor.
-*adj* 1.lakor(theks). 2.*anat* i përkulur, i lakuar (nerv).

circumlocution[së:këmlë'kjushën] *n* perifrazim.

circumnavigate[së:këm'nævigeit] *v* lundroj rreth botës.

circumscribe['së:këmskraib] *v* 1.jashtëshkruaj(një rreth). 2.rrethoj. 3.kufizoj.

circumscription[së:këm'skripshën] *n* 1.jashtëshkrim. 2.vijë kufizuese e jashtme. 3.mbishkrim(në anët e një monedhe). 4.hapësirë e përmbyllur(nga figura).

circumspect['së:këmspekt] *adj* i matur, i kujdesshëm.

circumstance['së:këmstëns] *n* 1.rrethanë; kusht; rast; **under similar/the circumstances** në të tilla rrethana, në këto kushte; **under no circumstances** në asnjë mënyrë, në asnjë rast.2. ngjarje, ndodhi; **a fortunate circumstance** ngjarje fatlume. 3.*pl* gjendje financiare; **in easy circumstances** i kamur, i pasur, në gjendje të mirë. 4.rrethana të dorës së dytë, informacion shtesë. 5.fat; faktor; **a victim of circumstances** viktimë e fatit. 6.ceremoni.

circumstantial[së:këm'stænshël] *adj* 1.i varur nga rrethanat. 2.i rastësishëm, jothelbësor. 3.i plotë(raport), i hollësishëm.

circumvent[së:këm'vent] *v* 1.ia hedh(ligjit). 2.bëj zap. 3.i shmangem, i bie anash. 4.rrethoj.

circus['së:kës] *n* 1.cirk. 2.amfiteatër. 3.shesh, kryqëzim. 4.*fig* person/send komik.

cirrhosis[si'rousis] *n* cerozë.

cistern['sistë:n] *n* cisternë; rezervuar, sternë.

citadel['sitëdël] *n* 1.kala; fortesë. 2.*fig* strehë.

citation[sai'teishën] *n* 1.citat. 2. citim. 3.përmendje. 4.thirrje(në gjyq).

cite[sait] *vt* 1.citoj. 2.thërres në gjyq. 3.përmend (për trimëri, merita etj). 4.i bëj thirrje.

citizen['sitizën] *n* 1.qytetar, shtetas.2.civil.3.banor qyteti, qytetar.

citizenship['sitizënship] *n* qytetari, shtetësi.

citron['sitrën] *n* qitro.

citrus['sitrës] *n* agrume(limon, portokall, grejpfrut).

city['siti] *n* 1.qytet. 2. bashki (e qytetit). 3.qytetshtet. 4. **the City** qendra financiare-tregtare e

Londrës.

City and Guilds examination *n Br adm* dëshmi aftësie profesionale.

city college *n amer* universitet i financuar nga qyteti.

city councilman *n amer* këshilltar bashkiak.

city editor *n amer* kryeredaktor për lajmet lokale.

city hall *n* 1.godinë e bashkisë. 2.bashkia(nënpunësit).

city manager *n amer* kryetar komune.

city planner *n amer* urbanist.

city police *n amer* polici bashkiake.

city slicker *n përb* qytetar i kapardisur(në sytë e banorëve të krahinës).

civic['sivik] *adj* 1.qytetas. 2.qytetar. 3.i shtetësisë.

civic centre *n* 1.bashkia. 2.godinë, qendër kulturore.

civic event *n Br* ceremoni zyrtare e pushtetit lokal.

civics['siviks] *n pl* e drejta civile(shkenca).

civil['sivël] *adj* 1.qytetar, i qytetarit; **civil liberty** liri e qytetarit. 2.civil; **civil aviation** aviacion civil; **civil marriage** martesë civile(jo në kishë). 3. *drejt* civil, jopenal(kod, e drejtë). 4.i njerëzishëm, i sjellshëm; **in a very civil way** me shumë mirësjellje. 5.civile, e brendshme(luftë).

civil commotion *n* trazirë.

civil defense *n* mbrojtje pasive.

civil disobedience *n* rezistencë pasive(ndaj ligjit).

civil engineering *n* ndërtime komunale(ura, rrugë, porte).

civil law *n* e drejta civile; kodi i së drejtës civile.

civil rights *n* të drejtat e qytetarit.

civil servant *n* nëpunës shteti.

civil service *n* ministritë (përveç asaj të Mbrojtjes); administratë shtetërore.

civil service examination *n* konkurs për marrjen në punë të nëpunësve.

civil war *n* luftë civile/vëllavrasëse.

civilian[së'viljën] *adj,n* civil.

civility[së'vilëti] *n* mirësjellje, njerëzi.

civilization[sivëlai'zeishën] *n* 1.qytetërim. 2. vendet e qytetëruara. 3.kulturë, qytetërim.

civilize['sivëlaiz] *vt* 1.qytetëroj. 2.lëmoj, shtroj, i përmirësoj sjelljen.

civilized['sivëlaizd] *adj* i qytetëruar.

civilly['sivëli] *adv* njerëzisht, me mirësjellje

civvies['sivi:z] *npl* rroba/veshje civile..

clack[klæk] *n,v* -*n* 1.kërcitje. 2.llomotitje.
-*vi* llomotis, dërdëllis.

clad I[klæd] *past* dhe *pp* e **clothe**.

clad II[klæd] *vt* (**clad**) vesh(me shtresë metali).

claim[kleim] *n,v* -*n* 1.kërkesë. 2.pretendim. 3. pohim. +**jump a claim** marr me forcë(një truall); **lay claim to** kërkoj pronësinë e; **put in a claim** kërkoj, paraqes një pretendim.
-*v* 1.kërkoj. 2. pretendoj. 3.pohoj. 4.deklaroj.

5.marr; **the floods claimed many lives** përmbytjet morën shumë jetë njerëzish.

clairvoyance[kleë:'voiëns] *n* 1.mendjehollësi, mprehtësi. 2. shikim i qartë.

clairvoyant [kleë'voiënt] *adj* mendjehollë, i mprehtë; depërtues.

clamber['læmbë:] *v,n* -*vi* kacavirem, ngjitem këmbadoras; **clamber over a wall** kacavirem në mur, kaloj matanë murit.
-*n* ngjitje, kacvjerrje.

clammy['klæmi] *adj* 1.e ftohtë dhe e lagësht (dorë).2.i lagështitur(mur). 3.me lagështi(mot).

clamorous['klæmërës] *adj* 1.i zhurmshëm, plot zhurmë. 2.poterexhi. 3.i bujshëm.

clamo(u)r ['klæmë:] *n,v* -*n* 1.zhurmë, britmë. 2.kërkesë, ankesë.
-*v* 1.bëj zhurmë, bërtas. 2.kërkoj; ankohem me zë të lartë, protestoj; **clamour for sth** ngre zërin në qiell, kërkoj me forcë.

clamp I[klæmp] *n,v* -*n* mengene, morsetë.
-*v* shtërngoj (në morsetë).
+**clamp down on** a)shtërngoj(dikë), ia mbledh; b) shtyp; ushtroj censurë.

+**clamp together** shtrëngoj bashkë.

clamp II[klæmp] *n,v* -*n* pirg; grumbull.
-*vt* grumbulloj; bëj pirg.

clamp III[klæmp] *n,v* -*n* hap i rëndë.
-*vi* eci rëndë.

clan[klæn] *n* 1.klan. 2. fis.

clandestine[klæn'destin] *adj* i fshehtë, klandestin.

clang [klæng] *n,v* -*n* tingull i mprehtë metalik; gërvimë.
-*v* kërkëllin; gërvin(dera etj).

clanger['klængë:} *n Br zhrg* gafë; **drop a clanger** bëj një gafë.

clangorous['klængërës] *adj* metalik(tingull).

clango(u)r['klængë:] *n* tingull metalik; gërvimë.

clank[klænk] *n,v* -*n* kërkëllitje, vringëllimë (prangash).
-*vi* kërkëllin, vringëllijnë(prangat); kërkëllij, vringëllij.

clannish['klænish] *adj* 1.fisnor, klani. 2.të lidhur fort me njëri-tjetrin; që nuk i do të huajt.

clap I[klæp] *v,n* -*v* 1.duartrokas.2.i rrah shpatullat. 3. rras; **clap sb in prison** rras në burg. 4.rreh (krahët zogu). + **clap eyes on sb** shoh dikë, i hedh sytë dikujt.
-*n* 1.gjëmim. 2.duartrokitje. 3. rrahje(shpatullash).
+**clap on** a)rras, ngjesh(kapelën); b)*det* : **clap on sail** hap të gjitha velat; c)*aut* : **clap on the brakes** frenoj befas, i mëshoj fort pedalit të frenave.

+**clap to** këputet.

clap II[klæp] *n zhrg mjek* gonorré.

clapboard['klæpbo:d] *n ndërt* dërrasë për veshje të jashtme(muresh).

claptrap['klæptræp] *n,adj gj.fol* -*n* llafe; dëngla.

-adj boshe, kot. për t'u dukur.

clapped-out['klæptaut] *adj gj.fol* 1.i rraskapitur, i këputur, i mbaruar.2.e mbaruar, rrangallë(makinë).

clapper['klæpë:] *n* rrum, botaq(kambane).

clapping['klæping] *n* duartrokitje.

claptrap['klæptræp] *n,adj* **-n** gjepura, broçkulla. **-adj** boshe, për efekt(fjalë).

claque[klæk] *n teat* duartrokitës të paguar.

claret['klærët] *n* verë e kuqe.

clarification[klærëfë'keishën] *n* sqarim.

clarify['klærifai] *v* 1.kulloj(një lëng). 2.*fig* sqaroj (një çështje).

clarinet[klæri'net] *n* klarinetë.

clarinettist[klæri'netist] *n* klarinetist.

clarion['klæriën] *adj,n* **-adj** i mprehtë(tingull). **-n** trompë.

clarity['klærëti] *n* pastërti, qartësi.

clash [klæsh] *v,n* **-v** 1.kërcas; përplas. 2.ndeshen, bien ndesh, nuk pajtohen. 3.përplasen, koincidojnë (dy ngjarje). 4.nuk shkojnë(dy ngjyra). **-n** 1.kërcitje, krismë. 2.ndeshje, mospërputhje, konflikt, përplasje(opinionesh).

clasp[kla:sp] *v,n* **-v** 1.shtërngoj, kap, mbërthej. 2.shtrëngoj në krahë. 3.kap, mbaj. **-n** 1.tokëz. 2. kapje. 3.shtrëngim duarsh.

claspknife['kla:spnaif] *n* thikë që hapet e mbyllet; biçak.

class[kla:s] *n,v* **-n** klasë, lloj. 2.klasë(nxënësish). 3.orë mësimi. 4.klasë shoqërore; **the middle class** klasa e mesme. 5.*usht* klasë, brez rekrutësh. 6.cilësi; nivel, klas; **first class** klasi i parë. 7.elegancë, stil; **a player with class** lojtar elegant. 8.*biol* klasë, lloj, kategori.9.*attr* klasor; grupi. **-vt** fus në një kategori, klasifikoj.

class action suit *n drejt* padi kolektive/në grup.

class bias *n* paragjykime klasore.

classbook['kla:sbuk] *n* regjistër(i klasës).

class-conscious[ka:s'konshës] *adj* 1.që ka ndërgjegje klasore.2.*keq* snob, prej snobi.

class consciousness *n* ndërgjegje klasore.

class distinction *n* dallim klasor.

class-fellow['kla:sfelou] *n* shok klase.

classic['klæsik] *adj,n* **-adj** 1.klasik. 2. shumë tipik, klasik; **a classic case of malnutrition** një rast tipik kequshqyerje. **-n** 1.vepër artistike e përkryer. 2.autor klasik. 3.diçka tipike. 4.**the classics** letërsia e vjetër greke e romake.

classical['klæsikël] *adj* 1.klasik. 2.model, i shkëlqyer.

classicism['klæsisizëm] *n* klasicizëm.

classification[klæsifi'keishën] *n* klasifikim.

classified['klæsifajd] *adj* 1.të renditura sipas tematikës(njoftime, reklama në gazetë). 2.i fshehtë, sekret, jo për publikun(dokument).

classified advertisements *n* reklama , njoftime të shkurtra.

classifier['klæsifaië] *n* klasifikues.

classify['klæsifai] *vt* klasifikoj.

classless['kla:slis] *adj* pa klasa.

class list *n* listë emërore e nxënësve të një klase.

classmate['kla:smeit] *n* shok klase.

class president *n amer* kujdestar klase.

class roll *n* shih **class list**.

classroom['kla:sru:m] *n* klasë(shkolle).

class society *n* shoqëri me klasa.

class struggle *n* luftë klasash.

classy['klæsi] *adj zhrg* i klasit, i stilit të lartë.

class teacher *n Br* mësues kryesor i klasës.

clatter['klætë] *n,v* **-n** 1.rrapëllimë; trokëllimë. 2. të folur me poterë. **-v** 1.rrapëllin, trokëllin. 2. llomotit.

clause[klo:z] *n* 1. *gram* fjali e thjeshtë. 2. nen, artikull, pikë(e marrëveshjes).

clavicle ['klævikël] *n* klavikul, hekës (kockë e supit).

claw[klo:] *n,v* **-n** 1.thua. 2. kthetër. 3.*zhrg* panxhë, putër, dorë; **get one's claws into sb** shtie në dorë dikë; **get your claws off!** hiqi putrat! 4.*tek* darë. **-vt** 1.gërvisht. 2.mbërthej me kthetra.

+claw back përlaj, zhvas.

claw-back *n* zhvatje.

clawhammer *n* çekiç i çarë(për të shkulur gozhdë).

clay[klei] *n* argjilë, deltinë.

clayey['kleii] *adj* argjilor, deltinor.

clean[kli:n] *adj,adv,v,n* **-adj** 1. i pastër. 2. i papërdorur; **a clean page** faqe e pashkruar. 3. i panjollë(dokument). 4.pastërtore(mace). 5.i ndershëm, i papërlyer. 6.pa banalitete; **keep it clean** mos bëj shakara banale. 7.besnik, identik; **a clean copy** kopje besnike. 8.*zhrg* i paarmatosur, pa armë në trup. + **make a clean breast of it** pranoj fajin, zbrazem plotësisht. **-adv** 1.krejt, fare; **I clean forgot** harrova fare. 2.pastër. **-v** 1.pastroj(dhomën). 2.qëroj, pastroj(peshkun etj). 3.pastrohet; **this room cleans easily** kjo dhomë pastrohet lehtë. **-n** pastrim; **give it a clean** jepi një pastrim.

+clean off fshij, fik, shuaj(të shkruarat).

+clean out a)pastroj, boshatis; b)përlaj, qëroj, boshatis(një kuti me sheqerka); c) *zhrg* lë pa një dysh.

cleanout['kli:naut] *n* pastrim me themel.

+clean up a)pastroj, fshij; b)ndreq, rregulloj, ftilloj (punët); c)*fig* përfundoj; d) *zhrg* bëj para, fitoj;

cleanup['kli:nʌp] *n* 1.pastrim. 2.larje(fytyre etj). 3. *fig.fet* pastrim shpirtëror. 4.*gj.fol* fitim; **make a good cleanup from a business** nxjerr një fitim të mirë nga një punë.

clean-and-jerk['kli:nënxhë:k] *n sport* shtytje(në ngritje peshash).

clean-cut ['kli:nkʌt] *adj* 1. i spikatur (tipar). 2. i përcaktuar qartë; i saktë. 3.i mbajtur mirë; **a clean-cut young man** një djalë krëk.

cleaner['kli:në] *n* 1.pastruese; punëtor pastrimi. 2.heqës njollash, pastrues. 3.pajisje pastruese. + **take sb to the cleaner's** *zhrg* ia përlaj të gjitha(paratë), e lë pa një dysh.

clean-handed ['kli:nhændid] *adj* i pastër, i papërlyer.

cleaning['kli:ning] *n,adj* -*n* pastrim. -*adj* pastrues; pastrimi.

cleaning fluid *n* heqës njollash.

cleaning lady *n* pastruese.

cleaning woman *n* pastruese.

clean-limbed['kli:nlimd] *adj* trupderdhur.

cleanliness['kli:nlinis] *n* pastërti, të mbajturit pastër.

clean-living['kli:nliving] *adj* i ndershëm.

cleanly['kli:nli] *adv,adj* -*adv* pastër. -*adj* pastërtor, i pastër.

cleanness['kli:nnis] *n* pastërti.

cleanse[klenz] *vt* 1.pastroj. 2.purifikoj, spastroj.

cleanser['klenzë:] *n* larës, detergjent.

clean-shaven ['kli:nsheivën] *adj* i porsarruar, i rruar taze.

cleansing['klænzing] *n* pastrim, spastrim; **ethnic cleansing** spastrim etnik; **cleansing department** ndërmarrja komunale e pastrimit.

clear [klië:] *adj,v,adv,n* -*adj* 1. i kthjellët; **a clear day** ditë e kthjellët. 2.i tejdukshëm(qelq). 3.e pastër, e papërzier (ngjyrë). 4.i qartë, i kuptueshëm (mendim, zë).5. i sigurt; **it is clear that** duket qartë se, me siguri që. 6. i pafajshëm; **the suspect was clear** personi i dyshuar ishte i pafajshëm. 7.neto; **clear profit** fitim neto. 8.i plotë, i tërë; pa kufizime; **the clear contrary** krejt e kundërta; **two clear weeks** dy javë të tëra.9.e lirë, e pazënë(rrugë); **all clear!** a)rruga është e lirë; mund të kaloni; b)gjithçka në rregull!; alarmi mbaroi!

-*v* 1.spastroj, qëroj(tokën nga ferrat, fytin). 2. hapet, kthjellohet (moti). 3. nxjerr pa faj; **the verdict cleared the accused man** vendimi e nxori pa faj të paditurin.4.zbraz(tryezën).5.lë portin(anija).6.ndreq (llogaritë); laj, shlyej(borxhet). 7.çdoganoj(mallin). 8. *fig* shpërndaj(dyshimet); laj(ndërgjegjen).

-*adv* 1.shkoqur, qartë; **loud and clear** qartë e shkoqur. 2.larg; **get clear of** a)largohem; i shmangem; b)heq qafe. 3.krejt, plotësisht; **the bullet went clear through the door** plumbi e përshkoi derën tejpërtej.

-*n* : **in the clear** a) brendapërbrenda, nga brenda; b) *fig* i qëruar, pa faj; jashtë çdo dyshimi; c) pa borxhe, pa halle; d) me tekst të rregullt, i pashifruar, pa kod.

+**clear away** a)heq; spastroj; b)ngre tavolinën, heq pjatat; c)davaritet(mjegulla).

+**clear off** a)*gj.fol* iki, fryj : **clear off!** zhduku!, qërohu! b)heq qafe; likuidoj(mallin); c)çlirohem nga(borxhet); d)kompensoj(vonesën); vë në vend (kohën e humbur); e)spastroj, ngre(tryezën).

+**clear out** a) heq, zbraz; flak; b)*fig* iki, fryj.

+**clear up** a) kthjellohet, hapet(koha); b) rregulloj, pastroj; c) sqaroj (çështjen).

clearance['kliërëns] *n* 1.pastrim, spastrim. 2. qartësim. 3.hapësirë e lirë. 4. *tek* boshllëk, hapësirë. 5.leje nisjeje (për anijen, avionin).

clear-cut ['klië:kʌt] *adj* 1. i qartë; i saktë; i përcaktuar mirë. 2.i spikatur(tipar).

clear-headed['klië:hedid] *adj* mendjekthjellët.

clearing['kliëring] *n* 1.çeltinë, lirishtë.2.kthjellim, kullim(i verës etj). 3.*mjek* spastrim, zbrazje(e zorrëve). 4.lirim, çbllokim. 5.heqje, mbledhje(e plehrave). 6.*drejt* shfajësim, nxjerrje pa faj. 7.*fin* shlyerje; likuidim.

clearing bank *n Br fin* bankë shkëmbimi çeqesh.

clearing house *n Br fin* 1.vend shkëmbimi çeqesh e ndreqjeje llogarish midis bankave. 2.zyrë qendrore.

clearly ['klië:li] *adv* 1. qartë, shkoqur; dallueshëm. 2. sheshit, haptazi.

clearness['klië:nis] *n* kthjelltësi; pastërti(e ujit, e zërit); tejdukshmëri(e qelqit).

clear-sighted['klië:saitid] *adj* i kthjellët, mendjemprehtë, mendjehollë.

clearway['klië:wei] *n Br aut* rrugë ku ndalohet qëndrimi.

cleat [kli:t] *n* 1. thumb, gozhdë, takë(këpucësh sportive). 2.rrip, shirit(druri, metali, kundër rrëshqitjes). 3.*ndërt* mbajtëse; nofull; kanxhë.

cleavage['kli:vixh] *n* 1.çarje, plasje. 2.*biol* ndarje (e qelizës). 3.*kim* ndarje, copëtim(i molekulës).

cleave I[kli:v] *v* (**clove. cleft; cloven, cleft**) 1.çaj; ndaj më dysh. 2.çahet. 3.çaj(rrugë).

cleave II[kli:v] *v* 1.kapem pas. 2. *fig* i përmbahem; i qëndroj besnik.

cleaver['kli:vë:] *n* hanxhar.

clef[klef] *n muz* çelës.

cleft[klef] *v,n* - *pt,pp* i **cleave**. -*n* e çarë, plasaritje.

clematis['klemëtis, klë'meitis] *n* kulpër.

clemency['klemënsi] *n* 1.mëshirë, përdëllim.2.butësi(klime).

clement['klemënt] *adj* 1.i mëshirshëm. 2.i butë.

clementine['klemëntain] *n* mandarinë kokërr-vogël.

clench[klenç] *v* 1.mbledh, shtrëngoj(grushtin). 2. mbërthej(diçka me duar).

clerestory['klië:sto:ri] *n ark* mur me dritare që bien mbi çati.

clergy['klë:xhi] *n* kler.

clergyman['klë:xhimæn] *n* klerik.

cleric['klerik] *n* klerik.

clerical['klerikël] *adj* 1.*fet* klerik; klerikal.2.*adm* zyre, nëpunësi; sekretari(vend pune etj); **clerical error** gabim i nëpunësit(në llogari etj).3.shtypi, daktilografimi(gabim).

clerk[kla:k, kleë:k] *n* 1.sekretar; nëpunës; punonjës zyre. 2.*drejt* sekretar gjyqi.3.*amer* shitës.4.*usht* shkrues. 5.*Br* **ndërt** drejtues punimesh, teknik.

clerkship['kla:kship] *n* 1.punë sekretari, sekretari. 2.*mjek* stazh.

clever['klevë:] *adj* 1.i mençur, i zgjuar. 2.i aftë; i shkathët. 3.mjeshtëror, i bërë me zgjuarsi; **a clever plan** plan mjeshtëror.

clew[klu:] *n* 1.lëmsh. 2.skaj i poshtëm i velës.

click[klik] *n,v* -*n* 1.kërcitje(e çelësit etj). 2.grep, arpion.
-*v* 1.kërcet; kërcas; **click the tongue** kërcas gjuhën. 2. *zhrg* (**with sb**) shkoj mirë; i ujdis telat(me dikë). 3.ia dal; ka sukses, shkon mirë(shpikja etj). 4. *fig* më vezullon, më del para syve; **suddenly it clicked** befas m'u bë e qartë.

clicking['kliking] *n* kërcitje.

client['klajënt] *n* 1.klient. 2. blerës.

clientele[kli:ei:n'teil] *n* klientelë.

cliff[klif] *n* shkëmb, shkrep.

cliffdweller['klifdwelë:] *n* 1.*zool* troglodit, njeri që jeton në shpella. 2.*amer zhrg* banor grataçieli.

climacteric[klai'mæktërik] *n,adj* -*n* çast kritik; moment kthese.
-*adj* kritik; kulmor; kthesë.

climate['klaimit] *n* 1.klimë. 2.*fig* klimë, mjedis, atmosferë.

climatic[klai'mætik] *adj* klimatik.

climatology[klaimë'tolëxhi] *n* klimatologji.

climax ['klaimæks] *n,v* -*n* 1.*fig* kulm, pikë kulmore. 2.orgazmë.
-*v* 1.arrin kulmin. 2.çoj në pikën kulmore.

climb[klaim] *v,n* -*v* 1.ngjitem; ngjis(shkallët). 2.ngrihet më lart, ngjitet(avioni). 3.kacaviret(bima). 4.rritet(çmimi).
-*n* 1.ngjitje. 2.rritje(çmimi).
+**climb down** a)zbres, kacavirem; b) tërhiqem.

climbdown['klaimdaun] *n* zbythje, zmbrapsje.

climber['klaimë:] *n* 1.alpinist.2.bimë kacavjerrëse. 3.këmbalec(për ngjitje). 4.njeri ambicioz.

climbing['klaiming] *n,adj* -*n* 1.ngjitje. 2.alpinizëm. 3.*fig* arrivizëm.
-*adj* 1.ngjitës, në ngjitje. 2.kacavjerrës.

climbing frame *n* kotec pulash.

climbing irons *npl* kthetra metalike(për t'u ngjitur në shtyllë).

clinch[klinç] *v* 1.perçinoj; i kthej majën(gozhdës). 2. *fig* fiksoj, përfundoj. 3. *zhrg* përqafoj.

cling[kling] *v* (**clung**) 1.kapem, qepem; **cling to a hope** kapem pas një shprese. 2. ngjitet, kacavirret (bima pas purtekës).

clinic['klinik] *n* klinikë.

clinical['klinikël] *adj* klinik.

clinically['klinikëli] *adv* klinikisht, nga pikëpamja klinike; me metoda klinike.

clink I[klink] *v,n* -*v* tringëlloj; trokas(gotat).
-*n* tringëllimë(e gotave).

clink II[klink] *n zhrg* burg.

clip I[klip] *n,v* - *n* 1.kapëse (aktesh). 2.krehër(fishekësh).3.*tek* kllapë, fashetë(për tuba).4.karficë.
-*v* 1.mbërthej; kap me kapëse. 2.shtrëngoj.

clip II[klip] *v,n* -*v* 1.qeth. 2. pres, shkurtoj(me gërshërë). 3.i ha(fjalët). 4. gris, i bëj vrimë(biletës). 5.qëlloj, godas. 6.*zhrg* mashtroj, ia hedh(në llogari).
-*n* 1.qethje. 2.lesh i qethur. 3.ecje e shpejtë. 4.goditje, shpullë. 5.*kin,rad,tv* pjesë e shkurtër, ekstrakt. 6.*gj.fol* rast; herë. + **at one clip** me tërë shpejtësinë.

clipboard ['klipbo:d] *n* dërrasë me mbërtheckë për të mbajtur letrat.

clip joint *n keq* lokal etj ku të rrjepin; restorant i shtrenjtë.

clip-on['klipon] *adj* që kapen, që mbërthehen(vathë etj).

clipper['klipë] *n* 1.*pl* gërshërë(për qethje). 2.qethës(bagëtie). 3.anije e madhe me vela. 2. aeroplan i shpejtë.

clippie['klipi] *n Br zhrg* kontrollore biletash.

clipping['kliping] *n* copë e prerë(nga gazetat).

clique[kli:k] *n* klikë; grupazh.

cloak [klouk] *n,v* -*n* 1. mantel, pelerinë; gunë. 2.*fig* perde; **under the cloak of darkness** pas perdes së natës.
-*v* mbuloj, fsheh.

cloak-and-dagger *adj* aventurash, me spiunazh (film) .

cloakroom['kloukru:m] *n* gardërobë.

clobber['klobë] *v* rrah keq.

clock [klok] *n,v* -*n* 1. orë (muri). 2.sahat(elektriku), aparat matës. + **against the clock** në tension (nga afati); **around the clock** gjithë ditën e gjithë natën; **put/turn the clock back** kthehem te stili i dikurshëm.
-*v* mas/shënoj kohën; **clock in/out** shënoj kohën e ardhjes/ikjes nga puna.
+**clock in** a)shënoj, regjistroj (për llogarinë time); b) shënoj kohën e hyrjes(në ndërmarrje etj); c)bëj(punë, rrugë).
+**clock up** bëj(punë, rrugë); **they clocked up 200 kilometers** ata bënë 200 km.

clockwise['klokwaiz] *adv* në drejtim të akrepave të sahatit.

clockwork ['klokwë:k] *n* 1. mekanizëm (sahati, lodre); **go like clockwork** ecën/shkon si sahat. 2.*attrib* me kurdisje, me zemberek(lodra).

clog[klog] *n,v* -*n* 1.pengoj/cë, pengore. 2.*fig* pengesë. 3. nallane.

-v 1.bllokoj, zë, mbush. 2.bllokohet, zihet(tubi). 3. pengoj; frenoj.

cloister['kloistë:] *n,v* **-n** 1.manastir. 2. hajat me shtylla, treme. 3.vend i qetë, i tërhequr.
-v mbyll në manastir.

clone[kloun] *n,v biol* **-n** 1.klon. 2.organizëm i përftuar me ndarje etj. 3.kopje identike.
-vt riprodhoj, prodhoj një organizëm identik.

close I[klous] *v,n* **-v** 1.mbyll.2. zë, mbush (një hendek). 3.i jap fund, mbyll(mbledhjen). 4.bie në ujdi. 5.mbyllet. 6.mbaron, përfundon. 7.*fin* kap vlerën(në mbyllje të bursës); **shares closed at 200 leks** aksionet kapën vlerën 200 lekë në mbyllje të bursës.
-n fund, mbyllje, përfundim; **bring sth to a close** i jap fund diçkaje.

close II[klous] *adj,adv,n* **-adj** 1.i afërt, ngjitur. 2.i afërt; i ngushtë(shok); **close relative** kushëri i afërt. 3.i madh; i plotë; **a close resemblance** ngjashmëri e madhe. 4.e ngjeshur(thurje). 5.i saktë, besnik(përkthim). 6.i fshehtë; i fshehur. 7.i kufizuar. 8.i kursyer. 9.i mbyllur. **+at close quarters** shumë afër, ngjitur; **close season** stinë e ndalimit të gjuetisë; **that was a close shave/thing/call** shpëtuam mirë/për qime; **keep a close watch on sb** nuk ia ndaj sytë dikujt, e përgjoj.
-adv nga afër; afër; **they live close by** ata jetojnë pranë; **to come closer** afrohem; **close to the wind** a)afër drejtimit të erës(anija); b)*gj.fol* duke i zbatuar pothuaj rregullat.
-n 1.vend i mbyllur. 2.shesh rreth katedrales.
+close down mbyll plotësisht; ndaloj.

closedown['klousdaun] *n* 1.mbyllje(e dyqanit), likuidim(i biznesit). 2.*Br rad,tv* mbyllje e emisioneve.
+close in a)afrohet; b)rrethoj.
+close in on rrethoj.
+close on a)i afrohem; arrij(në garë); b)rrethoj.
+close out a)shes gjithçka, heq qafe; b)mbyll dyert(dyqani).
+close up a)mbyll; ndal; bllokoj; b)afroj, bashkoj; c)afrohem, bashkohem; d)mbyllet, përthahet, shërohet(plaga).
+close with a)bie në ujdi(me dikë); b)pranoj(kushtet); c)përleshem, kacafytem.

close call *n gj.fol* shpëtim për qime.
close combat *n* përleshje, luftim trup me trup.
close-cropped['klouskropt] *adj* i qethur shkurt, i qethur tullë.
closed[klouzd] *adj* 1.i mbyllur. 2.i zënë, i bllokuar. 3.*ek* e mbyllur, e izoluar(ekonomi). 4.*gjuh* e mbyllur(rrokje).

closed book *n* lëndë (mësimore) e pazënë me dorë; fushë e pastudiuar; **maths are a closed book to me** nuk e duroj dot matematikën.

closed shop *n* sistem ndërmarrjeje me hyrje të detyruar në sindikatë.

closed syllable *n gjuh* rrokje e mbyllur(që mbaron me bashkëtingëllore).
close-fisted['klousfistid] *adj* dorështërnguar.
close-fitting['klousfiting] *adj* i puthitur; pas trupit (rrobë).
closely[klousli] *adv* 1.nga afër; **examine closely** shqyrtoj nga afër. 2.drejtpërdrejt; **be closely related to / with** jam kushëri i afërt me. 3. ngushtë; **work closely with sb** bashkëpunoj ngushtë me dikë.
close-mouthed['klousmautht] *adj* i heshtur, gojëkyçur.
closeness['klousnis] *n* 1.afërsi. 2.intimitet. 3.vranësi(e motit). 4.kopraci.
close-out sale *n amer* shitje likuidimi.
close-run race *n* garë me konkurencë të fortë.
closet['klozit] *n,v* **-n** 1.depo. 2.dollap në mur(për rroba). 3.banjë, wc. **+out of the closet** haptas, publikisht.
-vt mbyll në një dhomë të veçuar(për bisedime).
close-up['klousʌp] *n* 1.*kin,tv* marrje/fotografim /xhirim nga afër. 2.përshkrim i hollësishëm.
closing['klouzing] *adj,n* **-adj** 1.i fundit, përfundimtar (stad). 2.i mbylljes(fjalim).
-n 1.mbyllje. 2.përfundim.
closing price *n* çmim përfundimtar(para mbylljes).
closing time *n* orari i mbylljes.
closure['klouzhë:] *n* 1.mbyllje. 2. mbarim, përfundim.
closure rule *n amer pol* kufizim kohe(për diskutimet e deputetëve).
clot[klot] *n,v* **-n** 1.lëmsh. 2.dromcë,droçkë. 3. *mjek* trombozë. 4. *Br zhrg* njeri i trashë.
-v 1.mpiks. 2.mpikset.
cloth[klo:th] *n* 1.pëlhurë. 2.cohë; mbulesë(tryeze etj). 3.**the cloth** a)rrobë, rasë(e klerikëve); b)kleri.
clothe[kloudh] *vt* (**clothed** *vj* **clad**) 1.vesh. 2. mbështjell; mbuloj; **the sun clothes the earth with light** dielli e mbulon tokën me dritë. 3. *fig* mvesh, pajis(me); **a judge is clothed with the authority of the state** gjykatësi është i mveshur me autoritetin shtetëror. 4.shpreh.
clothes[kloudhz] *npl* 1.rroba, veshje. 2.mbulesë shtrati.
clothes basket *n* kanistër për rroba.
clothes hanger *n* varëse rrobash.
clotheshorse['kloudhzho:s] *n* 1.varëse / tharëse rrobash. 2.*gj.fol* spitullaq.
clothesline['kloudhzlain] *n* tel, litar për nderjen e rrobave.
clothes moth *n* molë, tenjë.
clothespeg ['kloudhzpeg] *n* 1. varëse rrobash; gremç. 2.kapëse rrobash.
clothespin['kloudhzpin] *n* kapëse rrobash.
clothespress ['kloudhzpres] *n* musandër, dollap për rroba.

clothes tree *n* varëse rrobash e kapelash, prift.

clothier['kloudhië:] *n* shitës rrobash, rrobaqepës.

cloud[klaud] *n,v -n* 1.re. 2. tufë(zogjsh). 3.shtë-llungë, re(tymi). 4.*fig* njollë, hije(dyshimi, trishtimi). **+in the clouds** a)lart, në qiell; b)imagjinar; teorik; në erë; c)i hutuar; ëndërrimtar; **under a cloud** a)i dyshuar; b)në hall.

-*v* 1.mbuloj me re. 2.vrenjtet, mbulohet nga retë (qielli). 3.njollos. 4.mjegullohet, turbullohet. 5.bëhem i dyshimtë.

cloudiness['klaudinis] *n* 1.vranësirë. 2.turbullirë. 3.veshje(e pasqyrës me avull).

cloudless['klaudlis] *adj* pa re, i kthjellët.

cloudy['klaudi] *adj* 1.i vrenjtur. 2.i turbullt(lëng). 3.me hije, me njolla(mermer). 4.i turbullt, i errët (mendim).

clout[klaut] *n,v -n* 1.shpullë, dackë. 2.pushtet, ndikim. 3.arnë. 4.tabelë qitjeje(e bardhë).

-*v* 1.qëlloj, godas. 2.i jap një dackë.

clove I[klouv] *pt* e **cleave.**

clove II[klouv] *n* karafil(erëz).

clove III[klouv] *n* thelb(hudhre etj).

cloven['klouvn] *pp* e **cleave.**

clover['klouvë:] *n* tërfil.**+be in clover** rroj në luks.

clover leaf *n* 1.gjethe tërfili. 2.kryqëzim rrugor në formë gjetheje tërfili.

clown[klaun] *n* gaztor, klloun.

cloy[kloi] *v* 1.vel, ngop. 2. mërzis, neveris, ia bie në majë të hundës.

club[klʌb] *n,v -n* 1.dajak, kopaçe. 2.shkop golfi. 3.spathi(në letra); **the ten of clubs** dhjeta spathi. 4.klub.

-*v* 1.qëlloj me shkop. 2.bëhem ortak, bashkohem me të tjerë; **we clubbed together to buy a car** ne u bëmë bashkë për të blerë një veturë.

club car *n amer hek* vagon-restorant.

clubfoot['klʌbfut] *n* këmbë e shtrembër.

clubfooted['klʌbfutid] *adj* këmbështrembër.

clubhouse['klʌbhaus] *n* klub(ndërtesa).

clubman['klʌbmën] *n* anëtar klubi.

clubroom['klʌbru:m] *n* sallë e klubit.

club sandwich *n* senduiç me dy kate(me dy shtresa mishi etj).

club steak *n* copë mishi viçi nga brinja.

cluck[klʌk] *n,v -n* kakarisje, kuaçitje.

-*vi* kakaris, kuaçit.

clue [klu:] *n,v -n* çelës, e dhënë (për zgjidhjen e një problemi).

-*v* 1.jap një të dhënë. 2.informoj.

+clue in *zhrg* vë në dijeni.

+clue up *zhrg* i jap të dhëna, informoj.

clueless['klu:lis] *adj* 1.në errësirë, pa asnjë ide. 2.i paditur, injorant.

clump[klʌmp] *n,v -n* 1.grumbull, masiv. 2.zhurmë e shurdhët, e mbytur.

-*vt* 1.mbjell me grupe; bëj grumbull. 2. eci rëndë.

clumsily['klʌmzili] *adv* me ngathtësi.

clumsiness['klʌmzinis] *n* ngathtësi.

clumsy['klʌmzi] *adj* 1.i ngathët, i plogët. 2. kaba. 3.e trashë, pa takt(vërejtje).

clung[klʌng] *pt,pp* e **cling.**

cluster['klʌstë:] *n,v -n* 1.vile, tufëz. 2.grumbull, tog. 3.*astr* grumbullim yjor.

-*vi* mblidhet tufë, grumbullohet.

cluster bomb *n* bombë thërmuese.

clutch I[klʌç] *n,v -n* 1.kapje, shtërngim. 2. *pl* kthetra; thonj. 3.*pl* dorë, pushtet, kontroll; **in the clutches of the police** në duart e policisë. 4.*tek* friksion; pedal i friksionit.

-*v* kap, mbërthej, shtërngoj; **clutch at** zgjatem; kapem pas; **clutch at a straw** kapem pas një fije kashte.

clutch II[klʌç] *n* 1.vezët e klloçkës. 2. zogjtë e klloçkës. 3.grup, tog, tufë.

clutter['klʌtë:] *n,v -n* 1.rrëmujë; çrregullim. 2.poterë.

-*vt* 1.bëj rrëmujë. 2. bëj zhurmë, poterë.

co-[kou-] *pref* 1.me-; bashkë-; **co-author** bashkautor. 2.baraz-; **co-extensive** njëlloj të gjera.

coach [kouç] *n,v -n* 1.karrocë udhëtarësh. 2.vagon treni. 3.veturë. 4.autobus. 5.trainer. 6.mësues privat . 7.regjisor.

-*v* 1.transportoj me karrocë. 2.mësoj; stërvis; instruktoj, përgatis.

coachbuilder['kuoçbildë:] *n Br aut* prodhues karrocerish.

coach driver *n* shofer autobusi.

coaching[kouçing] *n* 1.trajnim, stërvitje. 2. mësim privat.

coachman['kouçmën] *n* karrocier.

coadjutant[kou'æxhutënt] *n* ndihmës.

coadjutor[kou'æxhutë:] *n* ndihmës.

coagulant[kou'ægiulënt] *n* lëndë mpiksëse.

coagulate[kou'ægiuleit] *v* mpikset.

coagulation[kouægiu'leishën] *n* mpiksje.

coagulative[kou'ægiulëtiv] *adj* mpiksës.

coagulator[kou'ægiuleitë:] *n* shih **coagulant.**

coal[koul] *n,v -n* 1.qymyrguri. 2.thëngjill, qymyr i ndezur. 3. qymyr druri. **+call/haul over the coals** shaj; fajësoj; **heap coals of fire on one's head** e vras me pambuk.

-*v* furnizoj/furnizohem me qymyr.

coal basin *n* pellg qymyrmbajtës.

coal bed *n* shtresë qymyrguri.

coal black *adj* i zi sterrë, pisë i zi.

coal-burning['koulbë:ning] *adj* (që punon) me qymyr.

coaldust['kouldʌst] *n* pluhur qymyri.

coaler['koulë:] *n* 1.transportues(qymyri). 2.qymyrshitës.

coalesce[kouë'les] *vi* 1.rriten sëbashku. 2.bashkohen, shkrihen(dy grupe).

coalescence['kouë'lesëns] *n* 1.bashkërritje. 2.bashkim, shkrirje.

coalfield['koulfi:ld] *n* zonë qymyrmbajtëse; shtresë qymyrguri.

coalgas['koulgæs] *n* 1.gaz ndriçues.2.tym qymyri.

coalition[kouë'lishën] *n* koalicion.

coaling station *n* depo qymyri.

coalman['koulmæn], coal merchant *n* qymyrshitës.

coalmine['koulmain] *n* minierë qymyrguri.

coalminer['koulmainë:] *n* minator.

coal oil *n amer* vajguri.

coalpit['koulpit] *n* pus qymyrguri, minierë qymyri.

coal tar *n* katran.

coarse[ko;s] *adj* 1.i ashpër, i trashë(rërë). 2.e ashpër(pëlhurë). 3.i rëndomtë, pa cilësi(ushqim, veshje). 4.i vrazhdë, vulgar; coarse manners sjellje e vrazhdë/e pagdhendur.

coarsen['ko:sën] *v* 1.ashpërsoj. 2.ashpërsohet; bëhet i vrazhdë.

coarse fishing *n* peshkim me grep.

coarse-grained ['ko:sgreind] *adj* kokërrmadh, i trashë.

coarsely['ko:sli] *adv* 1.vrazhdë. 2.trashë; rrallë (thurur).

coarseness['ko:snis] *n* ashpërsi; vrazhdësi.

coast[koust] *n,v* -*n* 1.bregdet. 2.the Coast bregdeti amerikano-verior i Paqësorit. 3.rrëshqitje, lëshim(tatëpjetë kodrës). +the coast is clear s'ka pengesë, s'ka rrezik.
-*v* 1.lundroj përgjatë/anës bregut. 2.shkoj liman më liman. 3. rrëshqas, lëshohem tatëpjetë.

coastal['koustël] *adj* bregdetar, bregdetas.

coaster['koustë:] *n* 1.anije bregdetëse. 2. slitë. 3.tren i çmendur, tren argëtimi me hipje-zbritje (roller-coaster). 4. pjatë filxhani.

coaster brake *n* fren kontrapedal.

coast guard *n* rojë bregdetare.

coastland['koustlænd] *n* vise bregdetare.

coastline['koustlain] *n* vijë e bregdetit.

coast-trade['kousttreid] *n* tregti bregdetare.

coastward['koustwë:d] *adv,adj* drejt bregut.

coastways['koustweiz] *adv,adj* gjatë bregut.

coast-wise['koustwaiz] *adv,adj* gjatë bregut.

coat[kout] *n,v* -*n* 1.pallto; xhaketë. 2. gëzof (kafshe). 3.shtresë, dorë(boje).
-*vt* vesh, mbuloj me një shtresë. +coat of arms stemë (familjeje, qyteti etj); turn one's coat e kthej fletën.

coatee [kou'ti:] *n* pallto e shkurtër grash ose fëmijësh.

coating['kouting] *n* 1.shtresë(boje etj). 2.stof për pallto; stof.

coatstand['koutstænd] *n* portmanto.

co-author[kou'o:thë] *n* bashkautor.

coax[kouks] *v* 1.i mbush mendjen; lajkatoj, e marr

me të mirë. 2. i zhvas(një buzëqeshje etj).

cob[kob] *n* 1.kalli. 2.kalë këmbëshkurtër. 3. mjellmë mashkull.

cobalt[kë'bo:lt] *n kim* kobalt.

cobber['kobë:] *n zhrg* shok, mik, tip, rob.

cobble I['kobël] *n,v* -*n* gur(kalldrëmi).
-*vt* shtroj me kalldrëm.

cobble II['kobël] *vt* arnoj, meremetoj(këpucët).

cobbled['kobëld] *adj* e shtruar me kalldrëm.

cobblestone['kobëlstoun] *n* gur kalldrëmi.

cobbler['koblë:] *n* 1.këpucar. 2. punëtor i ngathët. 3.*amer* pije frutash me akull. 4.*amer* turtë me fruta. 5.*pl Br zhrg* gjepura.

cobra['koubrë] *n* kobër(gjarpër).

cobweb ['kobweb] *n* 1. pëlhurë merimange.2.*fig* grackë, rrjetë merimange.

coca['koukë] *n bot* koka.

coca cola *n* kokakola(pije).

cocaine[kë'kein, kou'kein] *n* kokainë.

cock I[kok] *n,v* -*n* 1.gjel, këndez. 2.*zhrg* mik, shok; old cock bukë e vjetër, bablok.3.zog mashkull. 4.rubinet. 5.çark(i pushkës, revoles); at half cock gati(për të bërë diçka). 6.erëtregues, fluger.7.*fig* udhëheqës, shef; cock of the walk personi më me influencë; kapoja.
-*v* 1.ngrej, çoj përpjetë; cock an eye hedh një vështrim domethënës. 2.vë shtrembër, mbi sy(kapelën). 3.ngreh, ngrej çarkun(e pushkës).

cock II[kok] *n,v* -*n* qipi, mullar.
-*vt* ngre kapicë, bëj mullar.

cockade[ko'keid] *n* fjongo kapeleje, kokardë.

cock-a-doodle-doo['kokëdu:dëldu:] *n* kikiriki.

cock-a-hoop[kokë'hu:p] *adj Br* i fryrë, i krekosur; triumfator.

cockalorum[kokë'lorëm] *n* 1.burrec i ngrefosur. 2.mburrje, krekosje.

cock-and-bull story['kokënbul] *n* histori e sajuar, histori e pabesueshme.

cockboat['kokbout] *n* varkë e vogël me rrema.

cockchafer ['kokçeifë:] *n zool* zhuzhak, zhuzhingë, vizhë.

cockcrow['kokkrou] *n* 1.këngë e gjelit, kikiriki. 2. mëngjes herët.

cocked hat *n* kapelë me strehë të kthyer përpjetë.

cocker['kokë] *n zool* qen qimegjatë veshërënë.

cock-eyed *adj* 1.sy-çakërr. 2.*zhrg* budallë, trap.

cockfight['kokfait] *n* luftim/ndeshje gjelash.

cockhorse *n* kalë druri(lodër).

cockle[kokël] *n* guaskë; butak, molusk. +cockles of one's heart thelbi i zemrës.

cockney['kokni] *n* 1.kokni(dialekt i Londrës). 2. londinez vendali.

cockpit['kokpit] *n* 1.*av* kabinë(e pilotit të avionit, të varkës). 2. shesh për ndeshje gjelash.

cockroach['kokrouç] *n* kacabu, furrtare e zezë.

cockscomb['kokskoum] *n* lafshë gjeli.

coctail['kokteil] *n* koktej, përzierje pijesh.
coco['koukou] *n* 1.palmë kokosi. 2.arrë kokosi.
cocoa['koukou] *n* 1.kakao(druri). 2.kakao(pluhur). 3. kakao(pije).
cocoa butter *n* gjalpë kakaoje.
coconut['koukënʌt] *n* arrë kokosi.
cocoon[kë'ku:n] *n* fshikëz.(larvë).
cod[kod] *n* merluc.
coddle['kodël] *v* 1.mbaj me pekule. 2. ziej paksa (vezën).
code[koud] *n,v* -*n* 1.kod; përmbledhje ligjesh. 2.rregulla; moral code kod moral. 3.shifër, kod. 4.*pl kmp* kode, udhëzime programimi.
-*v* kodoj, shifroj.
code letter *n* shifër.
code name *n* emër i koduar.
code number *n fin* tregues i uljeve në taksa.
codeword['koudwë:d] *n* parullë.
codex['koudeks] *n pl* codices kodik, dorëshkrim i vjetër.
codfish['kodfish] *n* merluc.
codger['koxhë:] *n* njeri i çuditshëm, tip.
codification[kodëfë'kei:shën] *n* kodifikim.
codify['kodëfai] *vt* kodifikoj.
coding['kouding] *n* kodim, shifrim.
coding sheet *n kmp* fletë programimi.
co-driver['koudraivë:] *n* shofer i dytë.
codswallop['kodzwolëp] *n Br zhrg* dëngla, dokrra.
coed [kou'ed] *n gj.fol* nxënëse, studente (e një shkolle për djem e vajza).
co-edition[koui'doshën] *n* botim i përbashkët.
co-education[kouedju:'keishën] *n* arsim i përbashkët/i përzier(djem e vajza).
coefficient[koui'fishënt] *n* 1.koeficient, faktor.
coequal[kou'i:kwël] *adj,n* i barabartë.
coerce[kou'ë:s] *vt* shtërngoj, detyroj.
coercion[kou'ë:shën] *n* shtërngim, detyrim.
coercive[kou'ë:siv] *adj* shtërngues; detyrues.
coeval[kou'i:vël] *n,adj* -*n* 1.bashkëkohës. 2.moshatar.
-*adj* 1.bashkëkohor; i së njëjtës datë. 2.bashkëmoshatar.
coexist[kouig'zist] *vi* bashkëjetoj; bashkekzistoj.
coexistence[kouig'zistëns] *n* bashkëjetesë; bashkekzistencë.
coffee['kofi] *n* 1.kafe. 2.një filxhan kafe. 3. bojë kafe.
coffee bar *n Br* kafe, kafene.
coffee bean *n* kokërr kafeje.
coffee break *n* pushim i kafes.
coffee cup *n* filxhan kafeje.
coffee grinder *n* mulli kafeje.
coffee grounds *n* llumë kafeje.
coffee house *n* kafene, kafe.
coffee machine/maker/percolator *n* aparat kafeje.
coffee mill *n* mulli kafeje.

coffeepot['kofipot] *n* 1.xhezve. 2. ibrik kafeje.
coffee service/set *n* servis/komplet kafeje.
coffer ['kofë:] *n* 1.arkë; kasë, sëndyk(për gjëra me vlerë).2.*pl* kasafortë, arkë; the coffers of state arka e shtetit.3.*ndërt* vend i rrethuar në lumë.
cofferdam['kofëdæm] *n* vend i rrethuar në lumë.
coffin['kofin] *n* arkivol, qivur.
cog [kog] *n* 1. dhëmbëz (ingranazhi). 2. rrotë me dhëmbë, ingranazh. 3.dhëmb; kllapë. 4.*fig* hallkë, ingranazh. + slip a cog *gj.fol* bëj një gabim.
cogency['kouxhënsi] *n* bindje; forcë bindëse.
cogent['kouxhënt] *adj* bindës, i fortë(argument).
cogitate['koxhëteit] *v* mendoj thellë, përsiat; peshoj.
cogitation [koxhë'teishën] *n* mendim; meditim, përsiatje; peshim.
cognac['konjæk] *n* konjak.
cognate ['kogneit] *adj* 1. të një burimi, origjine, gjaku. 2.i afërt, që ka lidhje.
cognition[kog'nishën] *n* 1.njohje, aftësi njohëse. 2. njohuri.
cognitive['kognëtëv] *adj* njohës.
cognizable['kognëzëbël] *adj* 1.i njohshëm. 2.në kompetencën e(gjyqit, ligjit).
cognizance['kognëzëns] *n* 1.dijeni. 2.kompetencë gjyqi; përgjegjësi.
cognomen[kog'noumën] *n* 1.mbiemër. 2.nofkë.
cog-wheel['kogwi:l] *n* rrotë me dhëmbëza, ingranazh.
cohabit[kou'hæbit] *v* bashkëjetoj(si burrë e grua).
cohabitation[kouhæbi'teishën] *n* bashkëjetesë.
coheir['kouˈeë:] *n* bashkëtrashëgimtar.
cohere[kou'hië:] *vi* 1.rrinë bashkë, lidhen.2.lidhen natyrshëm, logjikshëm.
coherence, -ency[kou'hiërëns] *n* 1.lidhje logjike. 2.tërheqje reciproke.
coherent[kou'hiërënt] *adj* koherent, me lidhje logjike; i kuptueshëm.
cohesion[kou'hi:zhën] *n* kohezion, tërheqje reciproke.
cohort['kouho:t] *n* 1.*hist* kohortë, njësi e një legjioni. 2.grup, hordhi. 3.*gj.fol* shok, ortak.
coiffure[kwa:'fjuë:] *n* krehje/mbajtje e flokëve.
coign[koin] *n* skaj i dalë; coign of vantage pikë mbizotëruese.
coil[koil] *n,v* -*v* 1.mbështjell, bëj kutullaç.2.përdridhem, i mbështillem rrotull. 3.gjarpëroj, lëviz si gjarpër.
-*n* 1.spirë, dredhë. 2.spirale, rrotull. 3.*tek* tub spiral, serpentinë. 4.*el* bobinë. 5.bukël, dredhkë (flokësh).
coin[koin] *n,v* -*n* monedhë. +pay sb back in his own coin ia kthej me të njëjtën monedhë; the other side of the coin ana e pasme e medaljes.
-*vt* 1.pres(monedha). 2.sajoj, shpik(fjalë). +coin money korr para.

coinage['koinixh] *n* 1.prerje monedhash. 2.monedhë. 3.fjalë/shprehje e sajuar.

coin box *n* kabinë telefonike.

coincide[kouin'said] *vi* përkon, përputhet, pajtohet.

coincidence [kou'insëdëns] *n* përkim, përputhje e rastit, rastësi.

coiner['koinë:] *n* 1.prerës monedhash.2.falsifikues parash. 3.shpikës.

coin-operated['koinoupëreitid] *adj* automatik, që punon me monedhë(automat).

co-insurance[kouin'shuërëns] *n* bashkësigurim, sigurim i përbashkët(i paguar nga siguruesi dhe i siguruari).

coitus['kouitë] *n* akt seksual.

coke I[kouk] *n,v* -*n* koks. -*vt* koksifikoj.

coke II[kouk] *n zhrg* kokainë.

Coke III[kouk] *n* koka-kola.

col[kol] *n* qafë(mali).

cola['koulë] *n* koka-kola.

colander['kʌlëndë:] *n* kullesë.

cold[kould] *adj,n,adv* -*adj* 1.i ftohtë.2.*fig* i ftohtë(njeri, përshëndetje). 3.e ftohtë(ngjyrë). 4.pa ndjenja; he knocked him cold ai e qëlloi dhe e la pa frymë. +give sb the cold shoulder i rri ftohtë, i kthej krahët dikujt; in cold blood me gjakftohtësi; to get cold feet trembem, frikësohem; in cold storage i shtyrë për më vonë; have a person cold e kam në dorë; leave cold nuk më bën përshtypje; leave out in the cold shpërfill, neglizhoj, injoroj. -*n* 1.ftohje. 2.i ftohtë, rrufë; catch a cold më zë rrufa, ftohem.

-*adv amer gj.fol* 1.plotësisht; know sth cold e di diçka në majë të gishtave. 2.befas, papritur.

cold-blooded['kouldblʌdid] *adj* 1.gjakftohtë. 2. me gjak të ftohtë(kafshë).

cold comfort *n* ngushëllim i vakët.

cold cream *n* krem për zbutje lëkure.

cold front *n meteo* front i ftohtë, masë ajri e ftohtë.

cold-hearted *adj* pa ndjenja, i akullt(njeri).

coldly['kouldli] *adv* ftohtë, me ftohtësi.

coldness['kouldnis] *n* 1.të ftohtë, ftohtësi. 2.ftohtësi; mospërfillje, indiferencë.

cold-shoulder['kouldshouldë:] *vt gj.fol* i rri ftohtë (dikujt).

cold steel *n* armë e ftohtë.

cold turkey *n,adv amer zhrg* -*n* heqje dorë nga droga. -*adv* pa parapërgatitje, brram.

coleslaw['koulslo:] *n* sallatë me lakër të gjallë.

colic['kolik] *n* dhimbje barku, të prera.

colitis[ko'laitis] *n mjek* kolit.

collaborate[kë'læbëreit] *vi* bashkëpunoj.

collaboration[këlæbë'reishën] *n* bashkëpunim.

collaborationist[këlæbë'reishënist] *n* kolaboracionist.

collaborator[kë'læbëreitë:] *n* bashkëpunëtor.

collapse[kë'læps] *n,v* -*n* 1.rrëzim, shembje. 2.prishje, shkatërrim; a nervous collapse prishje nervash. 3.rënie(qeverie). 4.dështim(planesh). -*v* 1.shemb; shembet. 2.rrënoj; prish.3.heq, shkurtoj(një paragraf). 4.rrëzohem. 5.paloset(karrigia).

collapsible[kë'læpsëbël] *adj* i palosshëm, i mbledhshëm; a collapsible canoe lundër e palosshme.

collar['kolë:] *n* 1.jakë. 2.kular, qafore(qeni, kali). 3.*tek* manikotë. -*v* 1.i vë jakë. 2. kap për jake. 3. rrëmbej, përlaj.

collarbone['kolë:boun] *n anat* heqës, klavikul.

collate[ko'leit] *v* 1.krahasoj imtësisht. 2.mbledh, sistemoj(informacion).

collateral[ko'lætërël] *adj,n* -*adj* 1.paralel. 2.anësor, shtesë, indirekt, dytësor. 3.nga një degë(familjare) paralele. -*n* 1.farefis nga tjetër degë. 2.letra me vlerë(që garantojnë një hua).

collation[kë'leishën] *n* 1.krahasim; shqyrtim; sistemim(dokumentesh). 2.vakt i lehtë.

colleague['koli:g] *n* shok pune, koleg.

collect[kë'lekt] *v,adv* -*v* 1. mbledh. 2.mblidhen. 3.mbledh, grumbulloj(para). 4.koleksionoj, bëj koleksion. 5. përmbledh; collect oneself mbledh veten. 6.marr (dikë në makinë). -*adv amer* : call collect telefonoj pa paguar, telefonoj duke ia ngarkuar pagesën personit që marr.

collect call *n* telefonatë që i faturohet numrit që marr.

collected[kë'lektid] *adj* 1.i mbledhur; e përmbledhur (vepër). 2.i përmbajtur, i qetë.

collection[kë'lekshën] *n* 1.mbledhje, grumbullim. 2. mbledhje(parash); para të mbledhura(në kishë etj). 3. koleksion. 4. grumbull, kapicë. 5. heqje (e plehrave).

collective[kë'lektiv] *adj,n* -*adj* 1.kolektiv, i përbashkët; a collective effort përpjekje e përbashkët. 2.i mbledhur. -*n* kolektivë, fermë kolektive.

collective bargaining *n* marrëveshje punëtorë-punëdhënës.

collective farm *n* fermë kolektive.

collective noun *n gjuh* emër kolektiv, emër përmbledhës.

collective ownership *n* pronësi e përbashkët.

collectively[kë'lektivli] *adv* kolektivisht, bashkërisht.

collectivism[kë'lektivizëm] *n* kolektivizëm.

collectivization[këlektivai'zeishën] *n* kolektivizim.

collectivize[kë'lektëvaiz] *vt* kolektivizoj.

collector [kë'lektë:] *n* 1.koleksionist; mbledhës; a coin collector mbledhës monedhash. 2.mbledhës (parash, taksash). 3. *el* kolektor. 4.kontrollues biletash.

college['kolixh] *n* 1.kolegj. 2.*amer* universitet. 3.fakultet. 4.kolegjium, shoqatë.

collegial[kë'lixhiël] *adj* kolegjial.

collegiality[kë'lixhiælëti] *n* kolegjialitet.

collegiate[kë'lixhüt] *adj,n* -*adj* 1.kolegji.2.studentor. 3.*knd* i shkollës së mesme. -*n gj.fol* shkollë e mesme e madhe.

collide[kë'laid] *vi* 1.ndeshem, përplasem. 2.jam në konflikt.

collie['koli] *n* qen stani skocez.

collier['kolië:] *n* 1.minator(qymyrguri).2.anije qymyrguri.

colliery['koljëri] *n* minierë qymyrguri.

collision[kë'lizhën] *n* 1.ndeshje, përplasje(makinash etj). 2.konflikt.

collocate['koloukeit] *v* rendis, vë krah për krah.

colloquial[kë'loukiël] *adj* bisedor, i gjuhës së folur.

colloquialism[kë'loukwiëlizëm] *n* 1.ligjërim bisedor. 2.shprehje/fjalë e gjuhës së folur.

colloquy['kolëkwi] *n* 1.bisedë. 2.bashkëbisedim.

Colombia[kë'lʌmbië] *n gjeog* Kolumbi.

Colombian[kë'lʌmbiën] *adj,n* kolumbian.

colon I['koulën] *n gram* dy pika(shenjë pikësimi).

colon II['koulën] *n anat* zorrë e trashë.

colon III[kou'loun] *n* kolon francez.

colonel['kë:nël] *n* kolonel.

colonial[kë'louniël] *adj,n* -*adj* kolonial. -*n* kolon, banor kolonie.

colonialism[kë'louniëlizm] *n* kolonializëm.

colonist['kolënist] *n* kolonist, kolon.

colonization[kolënai'zeishën] *n* kolonizim.

colonize['kolënaiz] *vt* kolonizoj.

colonizer['kolënaizë:] *n* kolonizator.

colony['kolëni] *n* 1. *pol* koloni. 2. koloni, grup. 3.*biol* koloni, bashkësi(organizmash të gjalla). 4.*pl* **the Colonies** 13 kolonitë angleze që formuan SHBA.

color['kʌlë:] *n* shih **colour**.

Colorado['kælërædou] *n gjeog* Kolorado.

colossal [kë'losël] *adj* 1. kolosal, vigan, shumë i madh. 2.*fig* i jashtëzakonshëm, i shkëlqyer; **her new film is colossal** filmi i ri i saj është i jashtëzakonshëm.

colossus[kë'losës] *n* 1.kolos. 2. njeri shumë i pushtetshëm.

colour ['kʌlë:] *n* 1.ngjyrë. 2. bojë, ngjyrë; **oil colours** bojëra vaji.3.çehre, ngjyrë(e fytyrës); **she has no colour** i ka ikur çehrja.. 4.skuqje(e fytyrës). 5.nuancë, ngjyrim, hije; **a colour of truth** një hije të vërtete. 6.*muz* kolorit. 7.*pl* a)shirit, distinktiv; b)flamur. +**change colour** a)zverdhem; b)skuqem; ndërroj çehre; **give /lend colour to** i jap vërtetësi; **lose colour** zverdhem; **show one's true colours** a)shfaqem siç jam; b)shpall mendimin tim/planin tim; **with flying colours** fitimtar, triumfator; me

shumë sukses.

-*v* 1.ngjyej; ngjyros. 2.skuqem (në fytyrë).3.*fig* zbukuroj. 4.ndikoj, i jap një karakter të caktuar(një shkrimi).

colouration[kʌlë'reishën] *n* ngjyrim, ngjyrë.

coloured['kʌlë:d] *adj* me ngjyrë.

colourful['kʌlë:ful] *adj* 1.gjithë ngjyra. 2. i gjallë, piktoresk.

colouring['kʌlëring] *n* ngjyrosje; lyerje.

colourless[kʌlëlis] *adj* 1.i pangjyrë. 2. *fig* i shpëlarë.

colt[koult] *n* 1.mëz, visk. 2.*fig* zog i ri, axhami.

Colt[koult] *n* tip revoleje, kolt.

Columbia [kë'lʌmbië] *n gjeog* Kolumbia(qytet, lumë).

column['kolëm] *n* 1.shtyllë, kolonë. 2.*usht* kolonë. 3.varg(makinash etj). 4.kolonë gazete, libri. 5.rubrikë(gazete). 6.*anat* shtyllë, kolonë; **spiral column** shtyllë kurrizore, kolonë vertebrale.

columnist['kolëmnist] *n* gazetar, reporter redaktor (i një rubrike)

coma['koumë] *n* koma, humbje e thellë e ndjenjave; **go into a coma** bie në koma.

comb[koum] *n,v* -*n* 1.krehër. 2.*tekst* krehëse, krehër. 3.huall (blete). 4.lafshë (gjeli). -*v* 1.kreh(flokët). 2. kreh, shprish(leshin). 3.kreh, kërkoj; **comb the whole city** kërkoj me imtësi tërë qytetin. 4.thyhet, kreshpërohet(dallga).

combat['kʌmbët; 'kombët] *n,v* -*n* 1.luftim; beteje; **single combat** dyluftim. 2. ndeshje. -*vt* kundërshtoj, luftoj; combat; **combat against /with** luftoj kundër, luftoj me.

combatant['kombëtënt] *adj,n* -*adj* luftues, ndërluftues. -*n* luftëtar, ndërluftues.

combative['kombëtiv] *adj* luftarak.

combination [kombë'neishën] *n* 1.kombinim, ndërthurje. 2. *pl* kombinacion(numrash në kasaforta etj). 3.kombinezon. 4.*mat* kombinacion. **combination lock** *n* bravë me kod(me kombinim numrash).

combinations *n amer* kominoshe.

combine[këm'bain] *v,n* -*v* 1.ndërthur, kombinoj. 2. *kim* bashkoj. -*n* 1.*buja* kombajnë. 2.kartel, sindikatë. 3.kombinat.

combine harvester *n* autokombajnë, makinë korrëse-shirëse.

combs[komz] *npl* kombinezon.

combustibility[këmbʌstë'bilëti] *n* djegshmëri.

combustible[këm'bʌstëbël] *adj* 1.i djegshëm. 2. *fig* që merr zjarr, që nxehet shpejt.

combustibles['këmbʌstëbëlz] *n* lëndë djegëse.

combustion[këm'bʌsçën] *n* 1.djegie; **combustion motor engine** motor me djegie të brendshme. 2.oksidim, djegie. 3. *fig* zallahi, gurgule.

come[kʌm] v (came; come) 1.vij. 2. fillon (së-mundja). 3.arrij, mbërrij; **to come to a decision** marr një vendim; **for several years to come** pas disa vitesh, në të ardhmen. 4.vjen, ka radhën; **what comes next?** çfarë vjen më pas? 5.arrin deri; **the dress comes to her knees** fustani i arrin deri te gjunjët. 6.ndodh, ngjet; **come what may** le të bëhet ç'të bëhet; **come what may** të bëhet ç'të bëhet; **how come?** pse?; si ndodhi? si ka mundësi?. 7. rezulton, shkaktohet; **that's what comes of..** ja se ç'bëhet kur.. 8.rrjedh, vij nga; **he comes of a poor family** ai rrjedh nga një familje e varfër. 9.shndërrohet, bëhet; **his dream came true** ëndrra iu realizua. 10.hyn; **come into use** hyn në përdorim. 11.vjen në mendje; **the solution just came to me** zgjidhja sapo më erdhi në mendje. 12.gjendet, disponohet; **these shoes come in black and brown** këto këpuë i gjen të zeza dhe bojë kafe. 13.kap shumën; **the bill comes to $ 100** fatura kap shumën 100. 14.*zhrg* sillem si, bëj si; luaj; **don't come the bully over me!** s'ke pse hiqesh kokoroç me mua! **don't come that game with me** mos bëj të tilla lojëra me mua.
+**come about** ndodh.
+**come across** a)ndesh, takoj rastësisht; b)ka efekt, ka sukses; c)paraqitet, duket; d) *zhrg* (with) jap, pranoj të jap(para, informata).
+**come along** a) përparoj, kam sukses; b) **come along!** nxito! hajde, luaj këmbët!
+**come around/round** a)vij në vete; e marr veten; b) dorëzohem; pranoj; c)kthehem, ndërroj drejtim.
+ **come asunder** copëtohet.
+**come at** a)arrij, kap; b)turrem; sulmoj.
+**come back** a) kthehem; b) më kujtohet; c)i rikthe-hem(një çështjeje).
comeback['kʌmbæk] n 1.ridalje në skenë(e akto-rit). 2.*amer* replikë, përgjigje.
+**come between** ndaj, hyj në mes.
+**come by** a)kaloj(nga dikush); b)fitoj, siguroj.
+**come down** a) bie, pësoj rënie(në pozitë etj); b)kalon brez pas brezi/gojë më gojë(gojëdhana); c) (with) sëmurem(nga).
comedown['kʌmdaun] n rënie autoriteti, dështim.
+**come down on** a)shaj, qortoj; b) sulmoj befas.
+**come forward** ofrohem, dal vullnetar.
+**come from** a) rrjedh, vij(nga); b) jam nga(një vend).
+**come in** a) hyj; b) hyn në përdorim/në modë; c) mbërrin(treni etj); d) hyn në prodhim(pusi i naftës).
+**come in for** marr(një kritikë).
+**come into** a)fitoj, trashëgoj; b)bie në (para).
+**come off** a)ndodh; zhvillohet(ndeshja); b)ia dal, arrij; c) bie, hiqet, shqitet(etiketa); d)ia arrij qëllimit, kam efekt; **come off it!** *zhrg* mjaft më!
+**come on** a) ecën, përparon; b)ndesh, zbuloj; c) *zhrg* bëj përshtypje; **come on!** a) eja! nxito! b) mjaft, tani! lëre, tani! c)ç'thua, more! jo, more!

+**come out** a) bëhet publike, del; b) del, përfundon (një punim); c) shprehem, deklarohem.
+**come out with** a) them haptas; b) dal(me një botim).
+**come over** a)vij, mbërrij; b)ndihem; më zë, më pushton; c) i shkoj për vizitë; d)lë/bëj përshtypje.
+**come round** a)i bie përqark/rrotull; b)shkoj, kaloj(nga një mik); c)ndodh rregullisht, përsëritet; d) ndërroj mendje; e)vij në vete; f)çelem, e marr veten.
+**come through** a) fitoj, ia dal; b) *zhrg* jap; paguaj.
+**come to** a)vij në vete; b) ankorohet.
+**come together** mblidhemi; takohemi.
+**come under** a)i nënshtrohem; b)renditet, klasifikohet; gjendet.
+**come up** a)del, ngrihet(çështja); b)ngjitem; c)vij.
+**come up against** ndesh; përplasem me.
+**come up to** a)mbërrin deri te; b)i përgjigjet, për-mbush(shpresat).
+**come up with** a)siguroj, ofroj(fonde); b)jap, para-qes(ide).
+**come upon** a)turrem; i sulem befas; zë në befasi; b)ndesh, bie në(diçka, dikë).
comedian[kë'mi:djën] n aktor komik, komedian.
come-down['kʌmdaun] n rënie, humbje (pozite, parash).
comedy['komidi] n 1.komedi. 2.ngjarje komike.
comely['kʌmli] adj 1.i hijshëm, tërheqës. 2. i du-hur, i përshtatshëm.
comet['komit] n *astr* kometë.
comfort['kʌmfë:t] n,v -n 1.ngushëllim, qetësim. 2. komoditet, rehati. 3.pajisje komode.
-vt 1.ngushëlloj, qetësoj. 2. rehatoj.
comfortable['kʌmfë:tëbël] adj 1.i rehatshëm. 2.i lehtësuar, i qetësuar. 3.i patrazuar, i qetë.
comfortably['kʌmfë:tëbli] adv qetësisht; rehat
comforting['kʌmfë:ting] adj qetësues; lehtësues; ngushëllues; inkurajues.
comfortless['kʌmfë:tlis] adj 1.i parehatshëm. 2. i trishtuar, i pangushëlluar.
comic['komik] adj,n -adj 1.komik. 2.qesharak.
-n 1.aktor komik. 2.shkrim humoristik; vizatime komike(në revistë etj).
comical['komikël] adj komik, për të qeshur.
coming['kʌming] adj,n -adj 1.i ardhshëm, që vjen. 2. pasues.
-n ardhje; mbërritje; **comings and goings** vajtje-ardhje.
comity ['komëti] n sjellje e njerëzishme, mirë-sjellje, njerëzi.
comma['komë] n presje.
command[kë'ma:nd, kë'mænd] v,n -v 1.urdhëroj; porosis. 2.komandoj. 3.drejtoj. 4. fitoj(respekt). 5.zotëroj, dominoj(terrenin).
-n 1.urdhër; komandë. 2. komandim; **be in com-mand(of)** komandoj; **take command of** marr komandën. 3.zotërim; **have a good command of**

zotëroj mirë. 4.*usht* komandë; repart, trupa.
commandant['komëndænt,-da:nt] *n usht* komandant(reparti, shkolle ushtarake).
commandeer[komëndïë:] *vt* 1.sekuestron, merr (ushtria). 2.mobilizoj. 3.*gj.fol* marr me forcë.
commander[kë'ma:ndë] *n* 1.komandant; **commander-in-chief** kryekomandant, komandant i përgjithshëm. 2. nënkolonel i flotës detare.
commanding[kë'ma:nding] *adj* 1.komandues, në komandë(oficer). 2.autoritar; imponues. 3.mbizotërues, komandues.
commando[kë'mændou] *n* 1.ushtar për ndërhyrje të rrezikshme. 2.njësi ndërhyrjesh të rrezikshme, komando.
commemorate[kë'memëreit] *vt* përkujtoj.
commemoration[këmemë'reishën] *n* përkujtim.
commemorative[kë'memërëtiv] *adj* përkujtimor.
commence[kë'mens] *v* nis, filloj.
commencement[kë'mensmënt] *n* nisje, fillim.
commend[kë'mend] *vt* 1.lëvdoj, lavdëroj. 2.rekomandoj. 3.ia dorëzoj, ia besoj(për ruajtje).
commendable[kë'mendëbël] *adj* i lavdërueshëm; i rekomandueshëm; i aprovueshëm.
commendably [kë'mendëbli] *adv* në mënyrë të lavdërueshme.
commendation[komen'deishën] *n* lavdërim, aprovim, rekomandim.
commensurable[kë'menshërëbël] *adj* 1.i bashkëmatshëm. 2. i përputhshëm; korrespondues.
commensurate [kë'menshërit] *adj* 1. i krahasueshëm, konform. 2.në përpjesëtim të drejtë, proporcional; i barabartë. 3.i bashkëmatshëm.
comment['koment] *n,v* -*n* 1.koment; komentim. 2.vërejtje, shënim. 3.fjalë, llafe.
-*v* komentoj, bëj komente.
commentary['komënteri] *n* 1.koment; shpjegim. 2.trajtesë, kumtesë. 3.përshkrim.
commentation[komën'teishën] *n* komentim.
commentator['komenteitë:] *n* komentues, komentator.
commerce['komë(:)s] *n* tregti.
commercial[kë'më:shël] *adj,n* -*adj* 1.tregtar.2.komercial.
-*n* reklamë televizive/në radio.
commercial break *n* reklamë(gjatë një emisioni).
commercialism[kë'më:shëlizm] *n* komercializëm.
commercialize [kë'më:shëlaiz] *vt* hedh në treg, kthej në mall tregu.
commercially[kë'më:shëli] *adv* nga ana tregtare.
commercial traveller *n* përfaqësues tregtar, a-gjent tregtar shëtitës.
comminate['komineit] *v* kërcënoj me shkishërim.
commination [komi'neishën] *n* kërcënim (edhe *fet*); denoncim.
comminatory['kominëtori] *adj* kërcënues.
commingle [ko'mingël] *v* 1. përzihem. 2.përziej,

trazoj.
comminute['kominiu:t] *v* thërrmoj, grimcoj.
comminution[komi'niushën] *n* thërrmim, grimcim.
commiserate [kë'mizëreit] *v* mëshiroj, përdëllej;
commiserate with ngushëlloj.
commiseration[këmizë'reishën] *n* përdëllim; ngushëllim.
commissar[komi'sa:] *n* komisar.
commissariat[komi'seëriët] *n* 1.intendencë. 2.komisariat, ministri(në BRSS).
commissary ['komisëri] *n* 1. i dërguar, komisar. 2.intendencë, depo ushqimore. 3.intendent.
commission[kë'mishën] *n,v* -*n* 1.autorizim, mandat. 2.urdhër gradimi; gradë(e oficerit). 3.komision. 4.kryerje(e një krimi etj).5.përqindje, shpërblim(i agjentit të shitjes), komision. +**in commission** a)jo në punë, jashtë përdorimi.
-*v* 1.autorizoj, ngarkoj(me detyrë). 2. vë në punë, në përdorim. 3.porosis; **commission a portrait** porosis një portret.
commissioner[kë'mishënë:] *n* 1.anëtar komisioni. 2. i ngarkuar; përfaqësues. 3.shef i policisë së Londrës.
commit[kë'mit] *vt* 1.bëj, kryej. 2.i besoj(dikujt diçka); **commit to memory** ia besoj kujtesës. 3.ia parashtroj(një komisioni). 4.mbyll(në burg, në çmendinë). 5.angazhohem, marr përsipër; **he would not commit himself in any way** ai nuk pranonte në asnjë mënyrë të angazhohej. +**commit to paper/to writing** (e) shkruaj, shënoj, regjistroj.
commitment[kë'mitmënt] *n* 1.premtim, zotim, angazhim. 2.kryerje. 3. urdhër zyrtar për mbyllje(në burg, çmendinë). 4.detyrim financiar.5.*pol* kthim (i projektligjit) në komisionin parlamentar).
committal[kë'mitël] *n* 1.lënie në dorë të(dikujt). 2. mbyllje(në çmendinë). 3.burgim. 4.varrim.5.*drejt* kryerje(krimi).6.*pol* kthim(i projektligjit) në komisionin parlamentar.
committal proceedings *n drejt* paditje, akuzim.
committee[kë'miti] *n* komitet; komision; **be/sit on a committee** bëj pjesë në një komision.
committeeman[ke'mitimæn] *n* anëtar komiteti.
commixture[ko'miksçë:] *n* përzierje.
commode[kë'moud] *n* 1.komo. 2.karrige e çarë për oturak.
commodious[kë'moudjës] *adj* 1.i gjerë, me hapësirë. 2.i përshtatshëm, praktik.
commodity[kë'modëti] *n* mall, artikull, produkt.
commodity markets *n* bursë e mallrave.
commodity trade *n* tregti lëndësh të para.
commodore['komëdo:] *n det* 1.kapiten i parë. 2. komandant eskadre(detare); kundëradmiral. 3.kryetar klubi jahtesh.
common['komën] *adj,n* -*adj* 1.i përbashkët. 2.i përgjithshëm. 3.i zakonshëm. 4.i rëndomtë; vulgar;

5.i thjeshtë, pa grada. 6.*gram* i përgjithshëm(emër).
-*n* 1.The **Commons** Dhoma e Përfaqësuesve(në
Parlament). 2.*pl* tokë e bashkësisë. 3.mensë(shkolle
etj). +**in common** bashkërisht; **in short commons**
me një fije ushqim(të burgosurit).
common carrier *n* kompani transporti.
common core *n* trung/grup i përbashkët lëndësh
(mësimore).
common denominator *n mat* emërues i përbashkët.
common divisor *n mat* pjesëtues i përbashkët.
common fraction *n mat* thyesë e thjeshtë.
common law *n* ligj zakonor.
common-law *adj* sipas zakonit.
commonly['komënli] *adv* 1.zakonisht; përgjithësisht. 2.gjerësisht; **commonly used** i përdorur
gjerësisht.
Common Market *n* Tregu i Përbashkët Evropian.
common multiple *n mat* shumëfish i përbashkët.
commonplace['komënpleis] *adj,n* -*adj* i rëndomtë, i zakonshëm.
-*n* 1.gjë e zakonshme. 2. vërejtje e rëndomtë.
commonroom['komënru:m] *n* sallë e pedagogëve, dhoma e mësuesve.
common school *n* shkollë fillore publike.
common sense *n* gjykim i shëndoshë; mendim
praktik; **it's common sense to carry a spare tire in
the car** është punë me mend të mbash një gomë
rezervë në makinë.
commonweal['komënwi:l] *n* e mirë e përgjithshme.
commonwealth['komënwelth] *n* 1.shtet; republikë. 2.federatë. 3.**The Commonwealth (=Commonwealth of Nations)** *n* Komonuelthi Britanik(vendet e ish-Perandorisë Britanike).
commotion[kë'moushën] *n* 1.trazim, turbullirë. 2.
trazirë, rebelim.
communal['komjunël] *adj* 1.shoqëror; i përbashkët. 2.komunal, i komunës.
commune I ['komju:n] *n* 1. komunë; qark. 2. bashkësi(njerëzish).
commune II[kë'mju:n] *vi* bisedoj ngrohtësisht, komunikoj shpirtërisht.
communicable[kë'mju:nikëbël] *adj* i komunikueshëm; që përhapet, ngjitëse(sëmundje).
communicate[kë'mju:nikeit] *v* 1.njoftoj; komunikoj, kumtoj. 2.ka lidhje, lidhet. 3.transmetoj(një sëmundje)
communication[këmju:në'keishën] *n* 1.komunikim. 2. mjet komunikimi.
communicative[kë'mju:nëkëtiv] *adj* i shoqërueshëm, i afrueshëm, i hapët, komunikues.
communion[kë'mju:niën] *n* 1.bashkësi; vëllazëri.
2.shkëmbim mendimesh. 3.lidhje shpirtërore; marrëdhënie shoqërore.
communiqué[kë'mju:nikei] *n* komunikatë.

communism['komju:nizëm] *n* komunizëm.
communist['komju:nist] *n,adj* komunist.
community centre *n* qendër kulturore(lagjeje).
community college *n* kolegj profesional.
community home *n* shtëpi korrektimi.
commutable [kë'mju:tëbël] *adj* 1.i ndërrueshëm;
i ndërkëmbyeshëm. 2.i këmbyeshëm(me para).
commutation[komju:'teishën] *n* zëvendësim; këmbim, ndërrim. 2.ulje, zbritje(e dënimit). 3. *el*
ndërrim drejtimi, komutim(i rrymës). 4.udhëtim i
përditshëm vajtje-ardhje.
commutation ticket *amer* biletë mujore, abone.
commutator['komju:teitë:] *n* komutator.
commute[kë'mju:t] *v* 1.zëvendësoj, ndërroj, shkëmbej. 2.zbus(dënimin). 3. udhëtoj vajtje-ardhje rregullisht.
commuter[kë'mju:të:] *n* banor i periferisë(që vjen
çdo ditë në qytet për të punuar); **the commuter belt**
Br periferia.
compact I['kompækt] *n* marrëveshje, kontratë.
compact II[këm'pækt] *adj, v,n* -*adj* kompakt, i
ngjeshur.
-*vt* shtyp, ngjesh.
-*n* 1.kuti pudre. 2.*amer* veturë e vogël/e mbledhur.
companion[këm'pæniën] *n* 1.shok. 2. bashkudhëtar. 3.shoqërues(me pagesë).
companionable[këm'pæniënëbël] *adj* i shoqërueshëm, i afrueshëm.
companionably[këm'pæniënëbli] *adv* shoqërisht.
company ['kʌmpëni] *n* 1. shoqëri; **get into bad
company** bie në shoqëri të keqe. 2.miq, vizitorë;
we're expecting company po presim ca vizitorë.
3.shoqërim; **travel with us for company** udhëton
me ne për t'u shoqëruar. 4.firmë, kompani. 5.*usht*
kompani. 6.ekuipazh(i anijes). +**bear company**
shoqëroj; **keep company** shoqërohem(me), mbaj
shoqëri; **keep (someone) company** i bëj shoqëri
(dikujt); **part company** ndahem (me dikë); i jap
fund shoqërisë, prishem.
company town *n* qytezë punëtorësh (e ndërtuar
nga kompania).
company union *n* 1. sindikatë e një uzine etj.
2.sindikatë e dominuar nga punëdhënësit.
comparable['kompërëbël] *adj* i krahasueshëm.
comparative[këm'pærëtiv] *adj,n* -*adj* 1.krahasues; krahasimtar. 2.relativ(vlerësim). 3. *gram*
krahasor.
-*n gram* shkallë krahasore.
compare[këm'peë:] *v,n* -*v* 1.krahasoj; përqas.
2.krahasohem. 3.formoj shkallën e krahasimit.
-*n* krahasim, përqasje; **beyond compare** s'ka të
krahasuar.
comparison[këm'pærisën] *n* krahasim; **in comparison with** në krahasim me; **stand comparison**
i qëndron krahasimit; **degrees of comparison** *gram*
shkallët e krahasimit.

compartment [këm'pa:tmënt] *n* kupé; e ndarë, dhomëz.

compass['kʌmpës] *n,v* -*n* 1.busull. 2. *pl* kompas. 3.rreth. 4.shtrirje, kufi, perimetër. -*v* 1.qarkoj, i vij rrotull. 2.rrethoj. 3.bëj. 4.komplotoj. 5.marr me mend, kuptoj plotësisht.

compassion[këm'pæshën] *n* dhembshuri, mëshirë, keqardhje, përdëllim.

compassionate[këm'pæshënit] *adj* i dhembshur, i mëshirshëm, përdëllyes.

compatibility[këmpætë'bilëti] *n* pajtueshmëri.

compatible[këm'pætëbël] *adj* i pajtueshëm.

compatriot[këm'pætriët] *n* bashkatdhetar.

compeer[kom'pië:] *n* 1.i barabartë. 2.shok.

compel[këm'pel] *vt* detyroj, shtrëngoj.

compelling[këm'peling] *adj* 1.detyrues; imponues. 2.bindës(argument).

compendious[këm'pendiës] *adj* i përmbledhur, i ngjeshur(raport)

compendium[këm'pendiëm] *n* konspekt; përmbledhje.

compensate['kompënseit] *v* 1. zhdëmtoj, dëmshpërblej. 2.kompensoj. 3.*mek* balancoj. 4.*amer* paguaj, shpërblej(për punën).

compensation[kompën'seishën] *n* 1.zhdëmtim. 2. kompensim. 3. *mek* balancim. 4. *amer* pagese, shpërblim.

compete[këm'pi:t] *v* 1.konkurroj (në garë). 2. hyj në konkurrencë; bëj shumë përpjekje.

competence, -ency['kompitëns] *n* 1.kompetencë. 2. kamje, kamuri. 3.fuqi ligjore.

competent ['kompëtënt] *adj* 1.i aftë, kompetent. 2.i kënaqshëm, i përshtatshëm; **a competent knowledge of French** njohje e kënaqshme e frengjishtes.

competition[kompë'tishën] *n* 1.konkurrencë.2.garë.+**in competition with** në garë me.

competitive[këm'petëtiv] *adj* 1.me konkurrim, me konkurs; **a competitive examination for a job** testim me konkurs për një vend pune. 2.konkurrues; **competitive prices** çmime konkurruese.

competitor[këm'petitë:] *n* konkurrent, konkurrues.

compilation[kompë'leishën] *n* përpilim.

compile[këm'pail] *vt* 1.mbledh, grumbulloj(të dhëna). 2.përpiloj, hartoj.

compiler[këm'pailë:] *n* hartues, përpilues.

complacency[këm'pleisënsi] *n* vetëkënaqësi.

complacent[këm'pleisënt] *adj* i vetëkënaqur.

complain[këm'plein] *vi* 1.shfaq pakënaqësi, qahem.2.ankohem(për dhimbje etj).

complaint[këm'pleint] *n* 1.pakënaqësi. 2.shkak për ankesë. 3.sëmundje.

complaisance[këm'pleizëns] *n* 1.gatishmëri; mirësjellje. 2.nder, favor.

complaisant[këm'pleizënt] *adj* i sjellshëm, i gjindshëm.

complement['komplimënt] *n,v* -*n* 1.plotësues.

2.sasi e plotë; **the full complement of passengers** numri i plotë i udhëtarëve. 3.*gram* plotës. 4.*gjeom* kënd plotësues, komplementar(i 90 gradë). -*vt* plotësoj, kompletoj.

complementary[kompli'mentëri] *adj* plotësues; **complementary colours** ngjyra plotësuese.

complete[këm'pli:t] *adj,v* -*adj* 1.i plotë. 2.i përfunduar. 3. tërësor; krejt, tërësisht; **a complete stranger** një njeri krejt i panjohur. -*vt* 1.përfundoj. 2. plotësoj, kompletoj.

completely[këm'pli:tli] *adv* tërësisht, plotësisht.

completion[këm'pli:shën] *n* përfundim, përmbushje.

complex ['kompleks] *adj,n* -*adj* i ndërlikuar; i përbërë; kompleks. -*n* kompleks, tërësi. 2.*ndërt* bllok, kompleks (rrugësh, godinash). 3.*fig* kompleks, fiksim, ide fikse; **inferiority complex** kompleks inferioriteti.

complexion[këm'plekshën] *n* 1.çehre, ngjyrë e fytyrës. 2. *fig* aspekt, natyrë, pamje e përgjithshme.

complexity [këm'pleksëti] *n* 1.kompleksitet. 2. komplikim, ndërlikim, vështirësi.

compliance[këm'plajëns] *n* 1.pëlqim; pajtim; **in compliance with** në pajtim me. 2.lëshim, nënshtrim.

compliant [këm'plajënt] *adj* i urtë, i bindur, i dëgjuar.

complicate['komplëkeit] *vt* 1.ndërlikoj.2.rëndoj, ndërlikoj(një sëmundje).

complicated['komplikeitid] *adj* i ndërlikuar, i koklavitur; i përbërë.

complication[kompli'keishën] *n* 1.ndërlikim, koklavitje. 2.*mjek* komplikacion.

complicity[këm'plisëti] *n* pjesëmarrje, bashkëfajësi, bashkëpunim(në krime etj).

compliment['komplimënt] *n,v* -*n* 1.kompliment. 2.*pl* nderime, përshëndetje, të fala; urime. -*vt* 1.bëj komplimente. 2. përshëndes.

complimentary[kompli'mentëri] *adj* 1.miklues, për kompliment. 2. falas; **a complimentary ticket** biletë(e dhënë) falas.

comply[këm'plai] *vt* pajtohem, bindem; **comply with the doctor's orders** u bindem porosive të mjekut.

component[këm'pounënt] *n,adj* -*n* 1.përbërës, komponent. 2. element, pjesë (e një aparature). -*adj* përbërës.

comport[këm'po:t] *v* 1.sillem, mbahem. 2. pajtohet, i përshtatet.

compose[këm'pouz] *v* 1.përbëj.2.hartoj, krijoj(një vepër artistike). 3.rendis, vendos, rregulloj. 4.përgatis(veten). 5.*polig* radhis, faqos. +**compose oneself** qetësoj veten.

composed[këm'pouzd] *adj* i qetë, i përmbajtur.

composedly[këm'pouzidli] *adv* qetësisht, me qetësi, me vetëpërmbajtje.

composer[kĕm'pouzĕ:] *n* kompozitor.
composite['kompĕzit] *adj* i përbërë.
composition[kompĕ'zishĕn] *n* 1.përbërje(e dritës etj). 2.krijim, krijimtari. 3.vepër, kompozim. 4.hartim. 5.*kim* përbërje, lëndë e përbërë. 6.marrëveshje, ujdi.
compositor[kĕm'pozitĕ:] *n polig* radhitës.
compost['kompost] *n,v bujq* -*n* përzierje plehrash, komposto.
-*vt* 1.plehëroj me komposto. 2.kompostoj, bëj komposto.
composure[kĕm'pouzhĕ:] *n* vetëpërmbajtje, qetësi.
compound['kompaund] *n,v,adj* -*n* 1.përzierje; bashkim. 2.fjalë e përbërë. 3.*kim* lëndë e përbërë, përbërje.
-*v* 1.bashkoj, përziej, kombinoj. 2.shtoj. 3.bie në ujdi, merrem vesh, rregullohem me. 4.*fin* llogaris interesin.
-*adj* i përbërë, kompleks.
comprehend[kompri'hend] *vt* 1. kuptoj. 2. përfshij.
comprehensible[kompri'hensëbël] *adj* i kuptueshëm.
comprehension[kompri'henshĕn] *n* 1.të kuptuarit, kuptim. 2.përfshirje.
comprehensive[kompri'hensiv] *adj,n* -*adj* 1.tërësor, gjithëpërfshirës; i plotë; **comprehensive insurance** sigurim i dyanshëm(i makinës). 2.gjithëpërmbledhës, i hollësishëm(raport).
-*n* shkollë e mesme e përgjithshme.
compress [kĕm'pres] *v,n* -*vt* 1. ngjesh. 2. shtërngoj, mbledh(buzët). 3.përmbledh, ngjesh, shkurtoj (një tekst).
-*n* 1.kompresë; **a cold compress** kompresë e ftohtë. 2. makinë presimi.
compression[kĕm'preshĕn] *n* shtrydhje, ngjeshje; ndrydhje(e ajrit).
compressor[kĕm'presĕ:] *n tek* kompresor(ajri).
comprise[kĕm'praiz] *vt* 1.përshij, përmbaj. 2.përbëhet nga. 3.përbën; **these three rooms comprise the apartment** këto tri dhoma përbëjnë apartamentin.
compromise ['komprĕmaiz] *n,v* -*n* 1.kompromis. 2.rrezikim, komprometim(i emrit të mirë).
-*v* 1.bëj kompromis. 2.komprometoj; vë në rrezik, rrezikoj.
comptroller[kën'troulĕ:] *n* shih **controller 1.**
compulsion[kĕm'pʌlshĕn] *n* detyrim, shtrëngim.
compulsive[kĕm'pʌlsiv] *adj* 1.detyrues.2.me fiksim, i sëmurë, i pandreqshëm; **a compulsive liar** gënjeshtar i pandreqshëm.
compulsory [kĕm'pʌlsëri] *adj* i detyrueshëm; **compulsory attendance** frekuentim i detyrueshëm.
compunction[kĕm'pʌnkshĕn] *n* 1.brerje/vrarje e ndërgjegjes. 2. pishman, keqardhje.

computation[kompju:'teishĕn] *n* llogaritje, njehsim.
compute[kĕm'pju:t] *v* llogaris, bëj llogaritje, njehsoj.
computer [kĕm'pju:tĕ:] *n* 1.makinë llogaritëse; kompjuter, ordinator. 2.llogaritës, njehsues(person).
computerate[kĕm'pju:tĕrit] *adj* shih **computer literate**.
computer-aided / -assisted design *n* vizatim teknik me kompjuter.
computer dating *n* takim (dy personash) me ndihmën e sistemit informatik telefonik.
computerese[kĕmpju:tĕ'ri:z] *n gj.fol* zhargon i /gjuhë e informatikës.
computer game *n* lojë elektronike, lojë me kompjuter.
computerist[kĕm'pju:tĕrist] *n amer* informatikan.
computerization[kĕmpju:tĕrai'zeishĕn] *n* 1.trajtim elektronik, kompjuterizim; automatizim. 2.hedhje (të dhënash etj) në kompjuter.
computerize[kĕm'pju:tĕraiz] *vt* 1.informatizoj, kompjuterizoj; përpunoj në kompjuter. 2.hedh në kompjuter.
computer language *n* gjuhë programimi.
computer literate *adj* që ka njohuri në informatikë, që njeh kompjuterin.
computer operator *n* kompjuterist, person që punon në/me kompjuter.
computer programmer *n kmp* programist.
computer science *n* informatikë.
computer studies *n* informatikë.
computing[kĕm'pju:ting] *n* (**computer science**) informatikë.
comrade ['komrid, 'kʌmrid] *n* 1. shok; partner.2. bashkëpunëtor.
comrade-in-arms *n* bashkëluftëtar, shok lufte, shok armësh.
comradely['kʌmridli] *adv* si shokë.
comradeship['komridship] *n* miqësi, shoqëri.
comsat['kʌmsæt] *n* komunikim me satelit.
con I[kon] *v* 1.mësoj përmendsh.2.studioj, shqyrtoj me vëmendje, përqëndrohem.
con II[kon] *v* drejtoj(anijen, helikopterin).
con III [kon] *adv* kundër; **pro and con** pro e kundër.
con IV[kon] *v,n,adj zhrg* -*v* mashtroj, ia punoj.
-*n zhrg* mashtrim.
-*adj* me mashtrim, me të hedhur, **a con game** lojë me të hedhur, me hile.
con V[kon] *n zhrg* (shkurtim i **convict**) i dënuar, i burgosur.
concatenate[kon'kætineit] *v* lidh, bëj varg.
concatenation[konkæti'neishĕn] *n* 1.lidhje varg, vargëzim. 2. varg, sërë (ngjarjesh).
concave[kon'keiv] *adj* i lugët, konkav.
concavity[kon'kævĕti] *n* lugëti.

conceal[kën'si:l] *vt* 1.fsheh. 2. mbaj të fshehtë.

concealed turning *n aut* kthesë e padukshme.

concealment[kën'si:lmënt] *n* 1.fshehje. 2. vend i fshehtë.

concede[kën'si:d] *vt* 1.pranoj. 2.jap, lëshoj. 3. pranoj humbjen.

conceit[kën'si:t] *n* 1.mendjemadhësi. 2. mendim, pohim i mençur.

conceited[kën'si:tid] *adj* mendjemadh, kryelartë, i fryrë, vanitoz.

conceivable[kën'si:vëbël] *adj* i përfytyrueshëm; i besueshëm; it is hardly conceivable është e vështirë të besosh.

conceive[kën'si:v] *v* 1.konceptoj; mendoj. 2.krijoj (një mendim). 3.shpreh me fjalë. 4.përfytyroj. 5. mbetet me barrë(gruaja).

concentrate['konsëntreit] *v* 1.përqendroj. 2. përqendrohem. 3. *kim* koncentroj, përqendroj. 4.*min* nxjerr koncentrat.

concentration[konsën'treishën] *n* 1.koncentrim, përqendrim. 2.vëmendje, përqendrim.

concentration camp *n* kamp përqendrimi.

concentric[kon'sentrik] *adj* bashkëqendror, koncentrik..

concept['konsept] *n* koncept, nocion.

conception[kën'sepshën] *n* 1.kuptim; konceptim. 2.nocion, ide, mendim, përshtypje. 3.mbetje shtatzënë, ngjizje. 4.plan, projekt.

conceptual[kën'sepçuël] *adj* konceptual.

concern[kën'së:n] *n,v* -*n* 1.punë, çështje; problem; interesim; it is my partner's concern kjo është puna e partnerit tim. 2.shqetësim, merak. 3.*ek* koncern, kompani e madhe. +of concern me rëndësi; me interes.

-*vt* 1.më përket, ka lidhje. 2. më intereson; concern oneself interesohem. 3.shqetësoj, merakos.

+as concerns në lidhje me; concern oneself a)interesohem(për); merrem (me); b)shqetësohem, merakosem.

concerned[kën'së:nd] *adj* 1.që ka lidhje. 2.i interesuar. 3.i shqetësuar; i merakosur; with a concerned look me një vështrim të shqetësuar.

concerning[kën'së:ning] *prep* në lidhje me, përsa i përket, rreth, për.

concert['konsë:t] *n,v* -*n* 1.koncert. 2.kor; voices raised in concert disa zëra njëherësh, në kor. 3.marrëveshje, ujdi; in concert with bashkë me, në bashkëpunim me.

-*vt* bashkërendoj, merrem vesh(me të tjerë).

concerted[kën'së:tid] *adj* i bashkashkët, i bashkërenduar.

concerto[kën'çeë:tou] *n muz* koncert.

concession [kën'seshën] *n* 1. lëshim, koncesion; make a concession bëj lëshim. 2.koncesion; American oil concessions abroad koncesionet amerikane të naftës jashtë vendit.

concessionnaire [kënseshë'neë:] *n* koncesioner, zotërues i një koncesioni.

concessive[kën'sesiv] *adj* 1.lëshues.2.*gram* lejore(fjali).

conch[konk] *n* 1.kërmill deti. 2.guaskë kërmilli. 3.*anat* kërmill(i veshit).

conciliate[kën'silieit] *vt* 1.bëj për vete. 2.paqtoj, qetësoj. 3.pajtoj(dy palë).

conciliation[kënsili'eishën] *n* pajtim; rregullim; conciliation board *n* këshill arbitrazhi.

conciliative[kën'siliëtiv] *adj* pajtues.

conciliator[kën'silieitë:] *n* pajtues.

conciliatory[kën'siliëtori] *adj* pajtues.

concise[kën'sais] *adj* i ngjeshur, konciz.

concisely [kën'saisli] *adv* ngjeshur, në mënyrë koncize.

conciseness[kën'saisnis] *n* ngjeshje, koncizitet.

conclude[kën'klu:d] *v* 1.përfundoj(një marrëveshje etj). 2.konkludoj, nxjerr përfundimin. 3.vendos; we concluded not to go ne vendosëm të mos shkonim.

concluding[kën'klu:ding] *adj* përfundimtar. .

conclusion[kën'klu:zhën] *n* 1.mbarim.2.mbyllje(e fjalimit). 3.përfundim, rezultat. 4.përfundim, realizim(i një traktati). 5.konkluzion. +in conclusion si përfundim; së fundi; to come to/reach the/draw a arrij në përfundimin; try conclusions hyj në luftë(me); matem(me).

conclusive[kën'klu:siv] *adj* përfundimtar; bindës; vendimtar; conclusive evidence provë bindëse.

conclusively[kën'klu:sivli] *adv* përfundimisht, në mënyrë përfundimtare.

concoct[kën'kokt] *vt* 1.përgatis(supë, pije etj). 2.*fig* shpik, sajoj.

concoction[kën'kokshën] *n* 1.gatim. 2. shpikje, sajesë.

concomitance[kën'komitëns] *n* shoqërim.

concomitant[kën'komitënt] *n,adj* shoqërues.

concord ['konko:d] *n* 1. marrëveshje, harmoni; live in concord with jetoj në harmoni me. 2.*muz* akord. 3.traktat, marrëveshje. 4.*gram* përshtatje, përkim.

concordance[kën'ko:dëns] *n* 1.marrëveshje, harmoni. 2.listë alfabetike, tregues(i një libri).

concordant[kën'ko:dënt] *adj* që pajtohet; i harmonishëm.

concordat[kën'ko:dæt] *n* 1.marrëveshje. 2.marrëveshje e kishës me shtetin.

concourse['konko:s] *n* 1.bashkëpërkim; njëkohshmëri. 2.zhvillim i njëkohshëm. 3.turmë. 4.*amer* vend grumbullimi njerëzish(stacion treni etj).

concrete['konkri:t, kon'kri:t] *adj,n,v* -*adj* 1.konkret, real. 2.*gram* konkret(emër). 3.prej çimentoje, prej betoni.

-*n* 1.beton. 2.shtresë/objekt betoni.

-*vt* 1.betonoj. 2.ngurtësohet(betoni).

concrete mixer *n tek* betonierë.

concretely['konkritli] *adv* konkretisht.

concretion [kën'kri:shën] *n* 1.ngurtësim. 2. masë e fortë, e ngurtësuar.

concubinage[kon'kju:binixh] *n* bashkëjetesë jashtë martese.

concubine['konkjubain] *n* 1.grua pa kurorë, mantenutë.2. grua e dytë(në poligami).

concupiscence[kën'kju:pisëns] *n* dëshirë seksuale, epsh.

concupiscent[kën'kju:pisënt] *adj* epshor.

concur[kën'kë:] *vi* 1.pajtohem, jam i një mendjeje. 2. veprojnë, zhvillohen njëkohësisht, bashkëveprojnë.

concurrence[kën'kʌrëns] *n* 1.marrëveshje, ujdi; të qenët në një mendje. 2.bashkëveprim; njëkohshmëri. 3. *gjeom* konvergjim, takim në një pikë.

concurrent[kën'kërënt] *adj* 1.të njëkohshëm, bashkekzistues. 2.bashkëveprues, bashkëpunues. 3.të bashkërenduar. 4.përkues; në harmoni. 5.*gjeom* konvergjues, që takohen në një pikë.

concuss[kën'kʌs] *vt* 1.trondis, shkund fort. 2. *mjek* dëmtoj, trondis(trurin).

concussion[kën'kʌshën] *n* tronditje;-**concussion of the brain** tronditje e trurit.

condemn[kën'dem] *vt* 1.dënoj, kundërshtoj(dallimet raciale etj). 2. *drejt* dënoj. 3.shpall të papërdorshme(një urë etj). 4.*amer* shpronësoj.

condemnation[kondem'neishën] *n* dënim.

condemnatory [kën'demnëtori] *adj* dënues, që dënon.

condensation[kondën'seishën] *n* 1.trashje, kondensim. 2.përmbledhje. 3.kondensim(i avullit).

condense[kën'dens] *v* 1.trash, kondensoj(qumështin etj). 2.shkurtoj, përmbledh, ngjesh(tekstin). 3.përqendroj, mbledh(dritën). 4.kondensoj(avujt).

condensed milk *n* qumësht i kondensuar.

condenser[kën'densë:] *n* 1.*el* kondensator. 2.aparat kondensimi. 3. thjerrëz kondensimi.

condescend[kondi'sent] *vi* 1.denjoj, përfill. 2. ul veten, i lejoj vetes; **condescend to trickery/to take bribes** i lejoj vetes hilera, ul veten sa pranoj ryshfete. 3.begenis(të bëj diçka).

condescension[kondi'senshën] *n* 1.denjim, përfillje. 2.begenisje. 3.sjellje përçmuese.

condiment['kondimënt] *n* erëza, piper.

condition[kën'dishën] *n* 1.gjendje; **be in a condition to** jam në gjendje të; **in good condition** në gjendje të mirë, në rregull; **in no condition(to)** jo në gjendje, në pamundësi(për të); **change one's condition** martohem. 2.kusht, kondite; **on condition that** me kusht që, vetëm po qe se; **on no condition** në asnjë mënyrë; **on what condition?** me çfarë kushti? 3*pl* rrethana; **under existing conditions** në rrethanat e tanishme, në këto rrethana. 4.pozitë shoqërore; **of humble condition** i varfër, i thjeshtë.

-*vt* 1.përcaktoj, kushtëzoj. 2.sjell në formë. 3.mësoj, regj(me një punë).

conditional [kën'dishënël] *adj,n* -*adj* 1.i kushtëzuar; me kusht; **conditional agreement** marrëveshje e kushtëzuar. 2.i varur; **be conditional on/upon** varet nga, është i varur nga. 3.*gram* kushtore. -*n gram* mënyra kushtore; **in the conditional** në kushtore.

conditionally[kën'dishnëli] *adv* me kusht; në mënyrë të kushtëzuar.

conditioned[kën'dishënd] *adj* 1.i kushtëzuar. 2.i kondicionuar; **conditioned air** ajër i kondicionuar. 3.i mësuar me; **conditioned to cold** i mësuar me të ftohtin.

conditioned reflex/response *n psik* refleks i kushtëzuar.

conditioner[kën'dishënë:] *n* krem shpleksës(për flokët); krem qetësues(për lëkurën).

condo['kondou] *n shih* **condominium.**

condole[kën'doul] *vi* ngushëlloj(**with**).

condolences[kën'doulënsiz] *n* ngushëllime.

condom['kondëm] *n* prezervativ.

condominium[kondë'miniëm] *n* 1.*amer* godinë me bashkëpronësi, pallat me shumë pronarë, kondominium. 2.apartament në kondominium.

condone[kën'doun] *vt* fal, harroj, nuk ia vë re(një veprim të keq).

condonement[kën'dounmënt] *n* riprovim, rimarrje në provim(e studentit).

condor['kondë:] *n zool* kondor(lloj skifteri shumë i madh i Amerikës).

conduce[kën'dju:s] *vi* çon (në gjumë), ndihmon për.

conducive[kën'dju:siv] *adj* ndihmues, i favorshëm për.

conduct[kën'dʌkt] *v,n* -*v* 1.drejtoj. 2.(**oneself**) sillem. 3. udhëheq, i tregoj rrugën. 4.përçoj, transmetoj(nxehtësinë etj).

-*n* 1.sjellje. 2.drejtim, administrim. 3.udhërrëfim.

conduction[kën'dʌkshën] *n fiz* përqueshmëri.

conductor[kën'dʌktë:] *n* 1.udhëheqës; drejtues.2. dirigjent. 3.faturino. 4. përçues.

conduit['kondit, 'kʌndit] *n* 1.gyp, tub. 2.kanal, tubacion(për kabllot elektrike).

cone[koun] *n* 1.kon. 2. *bot* boçe. 3. kupë(akulloreje).

coney['kouni] *shih* **cony.**

Coney Island['kouni'ailænd] *n* Koni Ajlend, plazh dhe park i madh lodrash në Nju Jork.

confab['konfæb] *n,v zhrg* -*n* bisedë.
-*vi* bisedoj.

confabulate[kën'fæbjuleit] *vi* bisedoj, fjalosem.

confabulation[kënfæbju'leishën] *n* bisedë, muhabet.

confection[kën'fekshën] *n* 1.ëmbëlsirë. 2.përzier-

je. 3.rroba të gatshme, konfeksione.
confectioner[kën'fekshënë:] n pastiçer.
confectionery[kën'fekshëneri] n 1.ëmbëlsira. 2.
ëmbëltore.
confederacy[kën'federësi] n 1.bashkim shtetesh;
konfederatë. 2.komplot.
confederate[kën'federit] adj,n,v -adj i bashkuar;
aleat. 2.i Konfederatës.
-n 1.anëtar, pjesëmarrës. 2.bashkëpunëtor(në
krim). 3.konfederatë, shtete të bashkuara. 4.grup,
grupim(personash). 5.lidhje, aleancë. 6.komplot.
confederation[kën'federeishën] n 1.konfederatë.
2. bashkim, lidhje.
confer[kën'fë:] v akordoj, jap(një medalje etj).
2.këshillohem, diskutoj.
conference['konfërëns] n 1.konferencë. 2. kon-
sultim, këshillim. 3.shoqatë(shkollash, kishash etj).
4.sport lidhje, ligë.
confess[kën'fes] v 1.pranoj. 2.rrëfehem. 3. rrëfej.
4.pohoj fajin.
confession[kën'feshën] n 1.pranim, pohim. 2. rrë-
fim.
confessional[kën'feshënël] n,adj -n rrëfyestore,
qelë rrëfimi.
-adj i rrëfimit.
confessor[kën'fesë:] n 1.rrëfyes(prift). 2.ai që rrë-
fehet.
confetti[kën'feti] n konfeti(copëra letre me ngjyra
që hidhen në dasmë).
confidant[konfi'dænt] n njeri i besuar, shok i ngu-
shtë.
confide[kën'faid] v 1.(in) i besoj; ia lë në dorë. 2.
(to) ia them në mirëbesim.
confidence['konfidëns] n 1.besim, mirëbesim; **in
strict confidence** në mirëbesim, në fshehtësi; **take
sb into one's confidence** i besoj dikujt të fshehtat e
mia. 2.e fshehtë; **exchange confidences** i themi të
fshehtat njëri-tjetrit. 3.besim te vetja; siguri; **put too
much confidence in** kam siguri të tepruar tek.
+**vote of confidence** votëbesim(për qeverinë).
confidence game/trick n shpërdorim besimi, ba-
takçillëk.
confidence man n batakçi.
confident['konfidënt] adj,n -adj 1.i sigurt. 2. me
besim në vete. 3.me besim të tepruar.
-n njeri i besuar, konfident.
confidential[konfi'denshël] adj 1.i fshehtë, sekret.
2.i besuar(person). 3.intim, në mirëbesim.
confidentiality[konfidenshi'ælëti] n 1.fshehtësi.
2.mirëbesim.
confidentially[konfi'densheli] adv 1.në fshehtësi.
2.në mirëbesim.
confiding['konfaiding] adj besues, që zë besë, që
ka besim.
configuration[kënfigiu'reishën] n 1.konfiguraci-
on, formë, trajtë. 2.vendosje hapësinore.

confine[kën'fain] v,n -vt 1.kufizoj; **confine
oneself to the subject** i përmbahem(nuk dal jashtë)
temës. 2. mbyll, mbaj mbyllur; **confined to the
house** i mbyllur brenda(në shtëpi). 3.burgos. 4.
shtroj(në spital); **be confined** shtrohet për të lindur
(gruaja).
-n pl kufij; **within the confines of** në kufijtë e.
confined[kën'faind] adj 1.i mbyllur, i izoluar. 2.
i burgosur. 3.e shtruar për të lindur(gruaja).
confinement[kën'fainmënt] n 1.mbyllje. 2. izolim,
burgim. 3. lehoni.
confirm[kën'fë:m] vt 1.pohoj; vërtetoj. 2.përfor-
coj(një vendim). 3.miratoj, ratifikoj(një traktat).
confirmation[konfë:'meishën] n 1.pohim, vërte-
tim. 2.përforcim. 3. miratim, ratifikim.
confirmed[kën'fë:md] adj 1.i konfirmuar, i provu-
ar. 2.i pashërueshëm; i përhershëm; i deklaruar; a
confirmed bachelor beqar i betuar.
confiscate['konfiskeit] vt konfiskoj.
confiscation[konfis'keishën] n konfiskim.
confiscator['konfiskeitë:] n konfiskues.
conflagration[konflë'greishën] n zjarr i madh.
conflict I['konflikt] n,v -n 1.përleshje. 2.konflikt;
mosmarrëveshje. 3.let konflikt.
-vi 1.bie ndesh(me).
confluence['konfluëns] n 1.bashkërrjedhje; bash-
kim(lumenjsh). 2.turmë, grumbull.
confluent['konfluënt] adj,n -adj që bashkohen;
confluent rivers lumenj që derdhen në një të
vetëm.
-n mëngë(lumi).
conform[kën'fo:m] v 1.përshtatem. 2.përputhet,
pajtohet me(to).
conformable[kën'fo:mëbël] adj 1.konformist. 2.
në përshtatje me; **conformable to custom/to reason**
sipas zakonit, siç e kërkon arsyeja.
conformation[konfo:'meishën] n 1.strukturë, for-
më, ndërtim. 2.përshtatje, rregullim. 3.simetri.
conformist[kën'fo:mist] n konformist.
conformity [kën'fo:mëti] n pajtim, përshtatje; **in
conformity with** në pajtim me.2.bindje, nënshtrim.
confound[kën'faund] vt 1.turbulloj, ngatërroj, hu-
toj; **he was confounded to hear that** ai u turbullua
kur dëgjoi se. 2.përziej, ngatërroj(ide etj). 3.habis,
shushas. 4.**confound it! confound you!** (të) marrtë
dreqi!
confounded[kën'faundid] adj 1.i urryer. 2. i mall-
kuar.
confoundedly[kën'fundidli] adv shumë, tepër, për
kiamet.
confront[kën'frʌnt] vt 1.përball, i dal përballë. 2.
i kundërvihem. 3. ballafaqoj; krahasoj.
confrontation[konfrʌn'teishën] n 1.kundërvënie.
2. vënie përballë, ballafaqim.
confuse[kën'fju:z] vt 1.ngatërroj. 2.pështjelloj, hu-
toj. 3.vë në siklet, turpëroj.

confusedly[kën'fju:zidli] *adv* 1.me rrëmujë. 2. hutueshëm.

confusion[kën'fju:zhën] *n* 1.ngatërrim.2.çrregullim. 3.hutim, pështjellim.

confutation [konfju:'teishën] *n* përgënjeshtrim; hedhje poshtë.

confute[kën'fju:t] *vt* hedh poshtë; përgënjeshtroj, e nxjerr të rremë.

congeal[kën'xhi:l] *v* 1.ngrij; ngurtësoj. 2.mpiks, ntrash.

congenial[kën'xhi:niël] *adj* 1.që shkojnë me njëritjetrin, të ngjashëm(në shije etj). 2.i pëlqyeshëm, i këndshëm.

congenital [kën'xhenitël] *adj* i bashkëlindur; i lindur.

conger (eel)['kongër(i:l)] *n* ngjalë e madhe deti.

congeries[kën'xhiëri:z] *n* grumbull, stivë.

congest [kën'xhest] *v* 1.mbush deri në grykë. 2. mbushem.

congested[kën'xhestid] *adj* 1.i mbushur plot, i dyndur. 2.i mbipopulluar.

congestion[kën'xhesçën] *n* 1.dyndje, ngjeshje (e trafikut). 2.mbipopullim. 3. *mjek* kongjestion; **congestion of the lungs** kongjestion pulmonar.

conglomerate[kën'glomërit] *n,v* -*n* 1.*gjeol* konglomerat. 2.masë e formuar nga copëra. 3.kompani mikse (e përbërë nga firma me veprimtari të ndryshme).
-*v* grumbulloj; përziej, bashkoj.

conglomeration[kënglomë'reishën] *n* 1.grumbullim, konglomerim. 2.përzierje, masë copërash.

Congo['kʌngou] *n gjeog* 1.Kongo. 2.lumi Kongo, lumi Zair.

Congolese['kʌngë'li:z] *adj,n* kongolez.

congratulate[kën'grætjuleit] *vt* (**on, upon**) uroj (dikë për diçka).

congratulation[këngrætju'leishën] *n* urim.

congratulatory[kën'grætjulëtori] *adj* urues; urimi; **congratulatory letter** letër urimi.

congregate['kongrigeit] *v* 1.mbledh. 2.mblidhemi bashkë.

congregation [kongri'geishën] *n* 1.grumbullim. 2.mbledhje. 3.*fet* kongregacion.

congress['kongres] *n* 1.kongres. 2.*amer pol* C-Kongres, trup legjislativ.

Congressional district *n amer pol* zonë zgjedhjeje(e një anëtari të Kongresit).

Congressional Record gazetë zyrtare e Kongresit.

congressman['kongresmæn] *n* kongresist, anëtar i Kongresit; senator; deputet.

congruence['kongruëns] *n* harmoni, ujdi.

congruency['kongruënsi] *n* shih **congruence**.

congruent['kongruënt] *adj* 1.që shkon(me), në harmoni(me). 2.*gjeom* të përputhshëm (trekëndësha).

congruous['kongrjuës] *adj* 1.që shkon(me), në

harmoni(me). 2.i përshtatshëm, i duhur, me vend. 3.*gjeom* të përputhshëm(trekëndësha).

conibear trap['konibertræp] *n knd* çark i rëndë (për kafshë të mëdha).

conic['konik] *adj,n mat* -*adj* konik, i konit.
-*n* prerje konike.

conical['konikël] *adj* konik, në trajtë koni.

conifer['konifë:] *n bot* (dru) halor.

coniferous[kou'nifërës] *adj* halor.

conjectural[kën'xhekçërël] *adj* 1.i hamendshëm, i supozuar, hipotetik.2.i prirur për hamendësime.

conjecture[kën'xhekçë:] *n,v* -*n* hamendje; supozim.
-*v* supozoj, hamendësoj, marr me mend.

conjoin[kën'xhoin] *v* bashkoj; kombinoj.

conjoint[kon'xhoint] *adj* 1.i bashkuar. 2. i lidhur.

conjointly['konxhointli] *adv* bashkërisht.

conjugal['konxhugël] *adj* bashkëshortor; martesor.

conjugally['konxhugëli] *adv* si burrë e grua.

conjugate['konxhëgeit] *v,adj* -*vt gram* 1.zgjedhoj. 2. bashkoj, çiftoj.
-*adj* 1.*bot* çift. 2.i bashkuar. 3.*gram* të rrjedhur nga e njëjta rrënjë.

conjugation[konxhë'geishën] *n* 1. *gram* zgjedhim. 2.çiftim.

conjunction[kën'xhʌnkshën] *n* 1.bashkim, lidhje; **in conjunction with** në lidhje me. 2.*gram* lidhëz. 3.ndërthurje. 4.*astron* bashkim(i trupave qiellorë).

conjunctive [kën'xhʌnktiv] *adj* 1. lidhës. 2. të lidhur, të bashkuar. 3. *gram* a) lidhëzor; b)bashkërenditës.

conjuncture[kën'xhankçë:] *n* 1.ndërthurje(ngjarjesh, rrethanash). 2.gjendje kritike, krizë.

conjuration[konxhuë'reishën] *n* 1.magji. 2. thirrje solemne.

conjure I [kën'xhuë:] *v* 1.thërras, ndjell (shpirtrat etj). 2. bëj magji. 3. ngjall, sjell në mendje. 4.bëj veprime shpejtësie(prestigjatori).5.i drejtoj një thirrje.

conjurer,-or['kʌnxhërë:] *n* 1.prestigjiator. 2. magjistar. 3. shërues.

conk I[konk] *n Br zhrg* hundë.

conk II[konk] *n,v amer zhrg* -*n* 1.grusht kokës. 2.kokë.
-*v* qëlloj, godas(në kokë).

+**conk out** a)ngec(makina); b)lëshohem, këputem, mbaroj(nga lodhja).

conk-out['konkaut] *n,adj amer zhrg* -*n* defekt mekanik.
-*adj* e ngesur, me defekt(makinë).

conker['konkë:] *n Br gj.fol* grusht.

con man *n* batakçi.

connect[kë'nekt] *v* 1.lidh. 2.bashkoj. 3. lidh, përqas(me mend). 4.lidhem. 5.lidh(në telefon). 6.*fig* ia arrij qëllimit, ia dal mbanë.

connected[kë'nektid] *adj* 1.i lidhur, i bashkuar.2.i

i afërt; me lidhje të ngushta. 3.me lidhje shoqërore.
4.të lidhura, me kuptim(ide).
connecter, -tor[kë'nektë:] *n* lidhës.
connecting[kë'nekting] *adj* që lidhen, që komu-
nikojnë(dhoma).
connecting rod *n amer aut* biellë.
connection[kë'nekshën] *n* 1. lidhje. 2. pjesë ba-
shkuese. 3.lidhje, marrëdhënie. 4.njerëz, bashkë-
punëtorë; të njohur, miq. 5.lidhje telefonike. 6.i
afërm, kushëri. 7.pikë/moment këmbimi(treni, avioni
etj). +**in connection with** në lidhje me, përsa i
takon.
connective[kë'nektiv] *adj,n -adj* lidhës.
-*n* 1.lidhës, bashkues. 2.*gram* lidhëz; përemër
lidhor.
connective tissue *n anat* ind lidhës.
connexion[kë'nekshën] *n Br* shih **connection**.
connie, cony['koni] *n knd zool* peshk i bardhë.
conning tower *n* kullë vrojtimi(e luftanijes etj).
conniption [kë'nipshën] *n* shpërthim zemërimi,
tërbim.
connivance[kë'naivëns] *n* mbyllje e syve, bashkë-
punim i heshtur/i tërthortë.
connive[kë'naiv] *vi* 1.bëhem bashkëfajtor, mbyll
sytë. 2. komplotoj, bashkëpunoj(me armikun).
connoisseur[konë'së:] *n* njohës, specialist.
connotation[konou'teishën] *n gjuh* ngjyrim; do-
methënie, konotacion.
connote[kë'nout] *vt* tregon, ka ngjyrimin e.
connubial[kë'niu:bjël] *adj* martesor.
conquer['konkë:] *vt* 1.pushtoj. 2. mund, mposht.
3. dal fitimtar.
conqueror['konkërë:] *n* pushtues.
conquest['konkwest] *n* pushtim.
consanguineous[konsæng'winiës] *adj* i një gjaku.
consanguinity[konsæng'winëti] *n* lidhje gjaku.
conscience['konshëns] *n* ndërgjegje, vetëdijë. +**in
all conscience** a)në mënyrë të arsyeshme; nders-
hmërisht; b) sigurisht; me siguri; **to be on one's
conscience** më bën të ndihem fajtor, më rëndon në
ndërgjegje.
conscientious [konshi'ënshës] *adj* 1.i ndërgjegj-
shëm(punëtor). 2. i vetëdijshëm, koshient.
conscious['konshës] *adj* 1.i vetëdijshëm; **be con-
scious of** jam i vetëdijshëm. 2.me dashje, me
ndërgjegje; **a conscious lie** gënjeshtër me dashje.
consciously['konshësli] *adv* në mënyrë të ndër-
gjegjshme; me dashje, qëllimisht.
consciousness['kënshësnis] *n* 1.vetëdijë, ndjenja;
lose consciousness humbas vetëdijën/ndjenjat.
2.ndërgjegje. 3.ndjenjë, ndjesi; **the consciousness
of being watched** ndjenja e të qenit nën vëzhgim.
conscript['konskript] *n,v -n* rekrut, i thirrur nën
armë.
-*vt* thërres nën armë, rekrutoj.
conscription[kën'skripshën] *n* thirrje nën armë;

rekrutim.
consecrate['konsëkreit] *vt* 1.ia kushtoj; ia dedikoj.
2.shenjtëroj.
consecration[konsë'kreishën] *n* 1.devocion, për-
kushtim. 2.shenjtërim.
consecutive[kën'sekjutiv] *adj* 1.i njëpasnjëshëm,
i vijueshëm, rresht; **on 3 consecutive days** 3 ditë
rresht. 2.në renditje logjike. 3. *gjuh* rrjedhimore
(fjali).
consecutively[kën'sekjutivli] *adj* rresht, njëri pas
tjetrit.
consensus [kën'sensës] *n* 1. marrëveshje e për-
gjithshme, konsensus. 2.*attr* kolektiv(vendim).
consent[kën'sent] *n,v -n* pëlqim, miratim; **with
one consent** njëzëri; **age of consent** moshë madho-
re(për t'u martuar etj).
-*vi* miratoj, jap pëlqimin.
consequence['konsikwëns] *n* 1.rrjedhim, pasojë,
përfundim; **take the consequences** pranoj pasojat;
in consequence of si pasojë, si rezultat(i). 2.rëndësi;
of little/of no consequence pa shumë rëndësi, pa
pikë rëndësie; **of consequence** i rëndësishëm, me
pozitë (person).
consequent ['konsikwënt] *adj,n -adj* 1.logjik;
konsekuent. 2. pasues; rezultues, që rezulton, që
vjen si rrjedhim.
-*n* 1.rrjedhim; rezultat; pasojë. 2.*mat* emërues(i
thyesës).
consequently['konsikwëntli] *adv* si pasojë; rrje-
dhimisht, për rrjedhim; prandaj, për këtë arsye.
conservation[konsë:'veishën] *n* ruajtje; mbrojtje.
conservative[kën'së:vëtiv] *adj,n -adj* 1.*pol* kon-
servator. 2. i matur, i kujdesshëm.3.i vjetër(stil).
4.ruajtës, mbrojtës.
-*n pol,fig* konservator.
conservatoire[kën'se:vëtwar] *n* shkollë muzike,
konservator.
conservator[kën'se:vëtë:, 'konsë:veitë:] *n* ruajtës,
mbrojtës.
conservatory[kën'së:vëtri] *n* 1.konservator; shko-
llë muzike. 2.serrë.
conserve[kën'së:v] *v,n -vt* 1.ruaj. 2. konservoj
me sheqer(frutat).
-*n* komposto; reçel.
consider[kën'sidë:] *vt* 1.mendoj; vras mendjen.
2.marr parasysh, marr në konsideratë; **all things
considered** duke i marrë parasysh të gjitha. 3.quaj,
konsideroj; **do you consider it wise to...?** a e quan
me vend të...?
considerable[kën'sidërëbël] *adj* mjaft i madh, i
konsiderueshëm; shumë; **a considerable amount**
sasi mjaft e madhe.
considerate[kën'sidërit] *adj* i vëmendshëm, i kuj-
desshëm(për të tjerët).
consideration [kënsidë'reishën] *n* 1. gjykim, pe-
shim; **leave sth out of/take sth into consideration**

nuk e marr/ e marr diçka në konsideratë, parasysh. 2.interesim, vëmendje, vrarje mendjeje(për dikë, diçka). 3.fakt, faktor, element, rrethanë; **several considerations influenced me** u ndikova nga disa rrethana; **on no consideration** aspak; kurrë, në asnjë mënyrë. 4.nderim, vlerësim, konsideratë. 5.pagesë; shpërblim; **he would do anything for a consideration** ai mund të bëjë çdo gjë për para. 6.rëndësi; **it's of no consideration at all** kjo s'ka kurrfarë rëndësie. 7.arsye; **on no consideration** për asnjë arsye.

considering[kën'sidëring] *adv,conj,prep* -*adv* duke i marrë parasysh të gjitha, po të kihen parasysh rrethanat; **you did very well, considering** ti dole shumë mirë, po të kihen parasysh rrethanat.
-*conj* duke ditur që, duke qenë që; **considering you have no experience** meqenëse ti s'ke përvojë.
-*prep* duke ditur, duke njohur, për shkak të; **considering the circumstances** për shkak të rrethanave.
consign [kën'sain] *v* 1. i besoj, i lë në ngarkim. 2. dorëzoj. 3.*treg* dërgoj(mallra). 4.i caktoj, i ndaj.
consignee[konsai'ni:] *n* marrës i ngarkesës.
consigner, -gnor[kën'sainë:] *n* dërgues i mallit, nisës i ngarkesës.
consignment[kën'sainmënt] *n* 1.ngarkesë. 2.dërgim, nisje mallrash; **on consignment** për t'u paguar pas shitjes së mallit(nga shitësi me pakicë).
consignment note *n* policë-ngarkesë, faturë.
consist[kën'sist] *vi* 1.(**of**) përbëhet nga.2.(**in**)qëndron, konsiston(në).
consistency[kën'sistënsi] *n* 1.lidhje logjike; konsekuencë(në qëllimet). 2.dendësi, trashësi. 3. përputhje, pajtim, ujdi.
consistence[kën'sistëns] shih **consistency**.
consistent[kën'sistënt] *adj* 1.i qëndrueshëm, konsekuent. 2. në përputhje, i pajtueshëm.
consolation[konsë'leishën] *n* 1. ngushëllim.2. shpëtim, person a ngjarje ngushëlluese.
consolatory[kën'solëto:ri] *adj* ngushëllues.
console I[kën'soul] *vt* ngushëlloj.
console II['konsoul] *n* 1.krah, konsol, mbështetëse, mbajtëse. 2.tastierë(e organos). 3.mbajtëse (tryezë) televizori etj. 4.*el* panel komandimi, drejtimi.
console table *n* tryezë (e ngushtë) e fiksuar në mur.
consolidate[kën'solideit] *v* 1.konsolidoj, forcoj.2. konsolidohet, forcohet. 3.bashkoj, shkrij (dy territore, banka etj).
consolidated[kën'solëdeitid] *adj* i bashkuar.
consolidated laws *n drejt* përmbledhje ligjesh.
consolidated school *n* shkollë e bashkuar(që ka zëvendësuar disa të tjera).
consolidation[kënsoli'deishën] *n* 1.përforcim, forcim.2.shkrirje, bashkim.
consoling[kën'souling] *adj* ngushëllues.

consols[kën'solz] *n Br fin* obligacione shtetërore.
consonance['konsënëns] *n* 1.marrëveshje, përputhje, pajtueshmëri, harmoni. 2. *muz* bashkëtingëllim harmonik.
consonant['konsënënt] *adj,n* -*adj* 1.i harmonishëm, harmonik. 2. i pajtueshëm, në përputhje.
-*n gram* bashkëtingëllore.
consort['konso:t] *n,v* -*n* 1.bashkëshort, bashkëshorte. 2.anije shoqëruese.
-*vi* 1.shoqërohem(me). 2.jam në harmoni; pajtohet, përputhet.
consortium[kën'së:tjëm] *n* 1.partneritet, shoqërim, bashkëpunim. 2.*fin* konsorcium.
conspectus[kën'spektës] *n* konspekt, përmbledhje e shkurtër.
conspicuous[kën'spikjuës] *adj* i dukshëm, i spikatur, i shquar; **make oneself conspicuous** përpiqem të bie në sy.
conspiracy[kën'spirësi] *n* 1.komplot. 2.fshehtësi. 3.bashkëpunim kriminal.
conspirator[kën'spirëtë:] *n* konspirator; komplotist.
conspiratorial[kënspirë'to:riël] *adj* konspirativ; komplotues.
conspire[kën'spajë:] *v* 1.konspiroj; komplotoj. 2. bashkëveproj.
constable['kʌnstëbël] *n* 1.polic i thjeshtë.2.*hist* kryeoficer kështjelle.
constabulary[kën'stæbjulëri] *n,adj Br* -*n* polici; xhandarmëri.
-*adj* policie, i policisë.
constancy['konstënsi] *n* 1.qëndrueshmëri, pandryshueshmëri. 2. qëndresë, besnikëri.
constant['konstënt] *adj,n* -*adj* 1. i përhershëm; i qëndrueshëm, i pandryshueshëm. 2.i vazhdueshëm, i pandalur(shi). 3. besnik, i paluejtshëm(mik).4. *mat* konstant, i pandryshueshëm.
-*n* 1.gjë e pandryshueshme. 2.*mat, fiz* konstante, madhësi e pandryshueshme.
constantly['konstëntli] *adv* vazhdimisht; shpesh.
constellation[konstë'leishën] *n* 1.yllësi. 2. *fig* plejadë.
consternation[konstë:'neishën] *n* shtangie(nga frika); tmerr; **to our consternation** për tmerrin tonë.
constipate['konstipeit] *vt* bëj kaps.
constipated['kostipeitid] *adj* kaps.
constipation[konsti'peishën] *n* kapsllëk.
constituency[kën'stitjuënsi] *n* 1.zonë elektorale. 2. zgjedhës të një zone.
constituent[kën'stitjuënt] *adj,n* -*adj* 1.kushtetues; **constituent assembly** asamble kushtetuese. 2.përbërës; **a constituent part** pjesë përbërëse. 3.zgjedhës; emërues(organ).
-*n* 1.zgjedhës. 2. pjesë përbërëse.
constitute ['konstitju:t] *vt* 1. formoj, përbëj. 2.

caktoj; zgjedh. 3.formoj, themeloj. 4.strukturoj, ndërtoj; montoj. 5.i jap formë ligjore.
constitution[konsti'tju:shën] *n* 1.formim fizik, fizik, trup, shtat.2.formim mendor, formim.3. ndërtim, strukturë. 4.kushtetutë. 5.caktim, emërim. 6.formim, themelim. 7.ligj; dekret.
constitutional[konsti'tju:shënël] *adj,n -adj* 1.organik; fizik, trupor. 2. kushtetor, kushtetues.
-n fig ushtrime fizike.
constrain [kën'strein] *vt* 1. detyroj. 2. përmbaj, ndrydh. 3.mbyll, burgos.
constrained[kën'streind] *adj* 1.i detyruar.2.i sforcuar.
constraint[kën'streint] *n* 1.detyrim. 2.përmbajtje, ndrydhje. 3.sforcim.
constrict [kën'strikt] *vt* shtërngoj; ngushtoj; ndrydh.
constriction[kën'strikshën] *n* shtërngim; ngushtim, ndrydhje.
constrictor [kën'striktë:] *n* 1.gjarpër që e mbyt prenë(boa). 2. *anat.* muskul tkurrës.
construct[kën'strʌkt] *vt* 1.ndërtoj.2.*gjeom* ndërtoj, vizatoj(një figurë).
construction[kën'strʌkshën] *n* 1.ndërtim. 2. godinë, ndërtesë. 3.strukturë, ndërtim. 4.kuptim, interpretim. 5.*gram* ndërtim, konstrukt(fjalie).
constructional[kën'strʌkshënël] *adj* ndërtimor.
constructive[kën'strʌktiv] *adj* 1.konstruktiv, dobiprurës; **constructive suggestions** propozime të dobishme. 2.ndërtimor, strukturor. 3. *drejt* i tërthortë, i nënkuptuar.
constructor[kën'strʌktë:] *n* konstruktor, ndërtues.
construe [kën'stru:] *vt* 1. interpretoj, shpjegoj (ligjin) 2. përkthej. 3.komentoj. 4.*gram* analizoj.
consul ['konsël] *n* 1. *dip* konsull. 2. *hist* konsull romak.
consular['konsjulë:] *adj* konsullor.
consulate['konsjulit] *n* 1.konsullatë. 2.*hist* qeverisje me konsuj.
consul-general['konsël'xhenërël] *n* konsull i përgjithshëm.
consult[kën'sʌlt] *v* 1.konsultoj, i referohem(fjalorit për një fjalë). 2.këshillohem, diskutoj(me). 3.marr në konsideratë, kam parasysh; **consult the interests of the people** mbaj parasysh interesat e popullit.
consultant[kën'sʌltënt] *n* 1.këshillues. 2. konsulent; **a medical consultant** konsulent mjekësor.
consultation[konsʌl'teishën] *n* 1.konsultë. 2.këshillim.
consultative[kën'sʌltëtiv] *adj* konsultativ; këshillimor.
consulting[kën'sʌlting] *adj* këshillues.
consume[kën'sju:m] *vt* 1.ha; pi. 2.shpenzoj, harxhoj.3.prish, shkatërroj; djeg. 4.prish kot.+**consumed with** i pushtuar, i gërryer(nga zilia etj).
consumedly[kën'su:midli] *adv* shumë, së tepërmi,

sa s'bëhet.
consumer[kën'sju:më:] *n* konsumator, përdorues.
consumer demand *n ek* kërkesë nga konsumatorët.
consumer goods *n* artikuj të përdorimit të gjerë.
consumer price index *n* tregues i kostos së jetesës.
consumer research *n ek* studim i tregut.
consumer society *n* shoqatë e konsumatorëve.
consummate[*v* 'konsëmeit; *adj* kën'sʌmit, 'konsumit] *v,adj -vt* 1.përmbush, plotësoj.2.*drejt* konsumoj martesën(me marrëdhënie seksuale).
-adj i përsosur, i përkryer.
consummation [konsë'meishën] *n* përfundim, plotësim; përmbushje.
consumption[kën'sʌmpshën] *n* 1.harxhim, konsumim, përdorim; ngrënie; pirje; **for consumption on the trip** për t'i ngrënë/pirë gjatë udhëtimit. 2.konsum, sasi e harxhuar.3.*mjek* tuberkuloz i mushkërive.
consumptive[kën'sʌmptiv] *adj* 1.tuberkuloz; tuberkular. 2.shkatërrues; prishës, harxhues.
contact['kontækt] *n,v -n* 1.takim, prekje. 2.lidhje, kontakt; **keep in contact with** mbaj lidhje me. 3.person, i njohur; **have a useful contact in a company** kam një të njohur që më bën punë në një firmë. 4.*el* kontakt, lidhje, burmë. 5.*pl* lente kontakti(që fiksohen brenda në sy).
-vt lidhem, komunikoj, hyj në lidhje (me).
contact lens *n* lente kontakti(brenda në sy).
contagion[kën'teixhën] *n* 1.ngjitje(e sëmundjes). 2.sëmundje ngjitëse.3.*fig* ngjitje, përhapje; epidemi.
contagious[kën'teixhës] *adj* 1.ngjitës, infektues. 2.*fig* ngjitës.
contain[kën'tein] *vt* 1.përmban, ka.2. nxë.3.përmbaj(ndjenjat). 4.*gjeom* përfshij. 5.*mat* plotpjesëtohet nga, përmban si faktorë. 6.*usht* ndal, frenoj (armikun).
container[kën'teinë:] *n* 1.enë. 2.kuti. 3.vazo. 4. *treg* konteiner.
contaminant[kën'tæminënt] *n* ndotës; papastërti; prishës(edhe *fig*).
contaminate[kën'tæmineit] *vt* 1.ndyj, ndot; fëlliq. 2.moleps, infektoj(edhe *fig*).
contamination [këntæmi'neishën] *n* 1.ndotje, fëlliqje; infektim. 2.papastërti; ndotës.
contemn[kën'tem] *vt* përçmoj; shpërfill.
contemplate['kontempleit] *vt* 1.sodis. 2.mendoj, sjell ndër mend. 3.meditoj. 4.kam ndër mend; parashikoj; **he contemplates coming** ai ka ndër mend të vijë; **I do not contemplate any opposition from him** nuk parashikoj ndonjë kundërshtim nga ana e tij.
contemplation[kontëm'pleishën] *n* 1.soditje. 2. zhytje në mendime. 3.synim, parashikim.
contemplative['kontemplëtiv] *adj* 1.soditës; ën-

dërrimtar. 2.meditues.

contemporaneous[kontempë'reiniës] *adj* bashkëkohës; i njëkohshëm.

contemporary[kën'tempëreri] *adj,n* -*adj* 1.bashkëkohor, bashkëkohës. 2. i njëkohshëm; i së njëjtës kohë. 3.i sotëm, i kohës, bashkëkohës; **contemporary attitudes** sjelljet e sotme.
 -*n* bashkëkohës.

contempt[kën'tempt] *n* 1.përbuzje; **hold in contempt** përbuz, përçmoj. 2. mospërfillje; mosbindje; **contempt of court** mungesë respekti për trupin gjykues.

contemptible[kën'temptëbël] *adj* i përbuzshëm, i ulët; **a contemptible act** veprim i ulët.

contemptous[kën'temptjuës] *adj* përbuzës, përçmues; **a contemptuous look** vështrim përbuzës.

contend [kën'tend] *v* 1. luftoj. 2. konkuroj. 3.hahem, bëj debat. 4.pohoj, mbroj pikëpamjen.

content I[kën'tent] *v,adj,n* -*v* 1.kënaq. 2.kënaqem, mjaftohem(me); **to content oneself with** mjaftohem me.
 -*adj* 1.i kënaqur. 2.i gatshëm; gati.
 -*n* kënaqësi, kënaqje.+**to one's heart content** sa/si të më dojë qejfi.

content II['kontent] *n* 1.*zak pl* contents përmbajtje. 2.brendi, përmbajtje(e librit). 3.përqindje, përmbajtje(yndyre etj). 4.nxënësi, kapacitet. 5.program, përmbajtje(e një lënde mësimore).

contented[kën'tentid] *adj* i kënaqur.

contentedly[kën'tentidli] *adv* me kënaqësi.

contention[kën'tenshën] *n* 1.grindje, zënkë(me fjalë). 2.pretendim, pohim. 3.ndeshje, luftë. 4.garë.

contentious[kën'tenshës] *adj* 1.grindavec; kundërshtues(njeri). 2.i diskutueshëm, i pasqaruar, i vënë në dyshim(problem).

conterminous [kën'të:minës] *adj* 1. kufi, fqinjë; ngjitur.2.me shtrirje të njëjtë.

contest[kën'test] *v,n* -*v* 1.përpiqem të fitoj. 2.luftoj për, përleshem për. 3.kundërshtoj, e diskutoj. 4.hyj në garë.
 -*n* 1.grindje, zënkë, diskutim; luftë.2.garë, lojë; **speed contest** garë shpejtësie.

contestant[kën'testënt] i pjesëmarrës në garë.

context ['kontekst] *n* 1. kontekst; tekst. 2.mjedis; rrethana; sfond; **the political context of his speech** sfondi politik i fjalimit të tij.

contextual[kon'teksçuël] *adj* që varet nga konteksti; që ka të bëjë me kontekstin.

contiguity[konti'giu(:)iti] *n* 1.afërsi. 2. puqje.

contiguous[kën'tigiuës] *adj* 1.i puthitur, i puqur. 2.i afërt, kufitar, fqinj.

continence['kontinëns] *n* 1.përkorë, vetëpërmbajtje. 2. dëlirësi, pafajësi.

continent I['kontinënt] *adj* 1.i përmbajtur; i përkorë. 2. i dëlirë.

continent II['kontinënt] *n* 1.kontinent. 2. tokë,

kontinent, stere. 3.**the Continent** Evropa kontinentale(pa ishujt Britanikë).

continental[konti'nentël] *adj,n* -*adj* 1.kontinental. 2.i Evropës kontinentale(përjashtuar Britaninë).
 -*n* banor i Evropës Kontinentale, i Kontinentit.

contingency[kën'tinxhënsi] *n* 1.rastisje; gjë e paparashikuar. 2.pasiguri; mundësi, rast; **for every contingency** për çdo rast.

contingent [kën'tinxhënt] *adj,n* -*adj* 1. i rastit, i rastësishëm. 2. i mundshëm, i pasigurt; **for contingent expenses** për shpenzime të mundshme. 3.i varur, i kushtëzuar; **our plans are contingent on pleasant weather** planet tona varen nga koha e mirë.
 -*n* 1.kontingjent. 2.pjesë, grup pjesëmarrës. 3.ngjarje e papritur, e rastësishme.

continual [kën'tiniuël] *adj* i vazhdueshëm, i pandërprerë, i pareshtur; i përsëritur, i shpeshtë.

continually[kën'tiniuëli] *adv* vazhdimisht, pareshtur; shpesh.

continuance[kën'tiniuës] *n* 1.kohëzgjatje. 2. qëndrim, vazhdimësi(qëndrimi). 3. vazhdim; **the continuance of a story** vazhdimi i tregimit. 4.*drejt* shtyrje(e seancës).

continuation [këntinju'eishën] *n* 1.vazhdim; vazhdimësi; vijim. 2.mosndërprerje. 3.vazhdim, pje-së që vijon.

continue[kën'tiniu:] *v* 1.vazhdoj.2. zgjatet, shtrihet më larg. 3.vijon. 4.rifilloj. 5.zgjas. 6.rri, qëndroj. 7.shtyj, azhurnoj.

continuity[konti'niu:ëti] *n* 1.vijueshmëri, vazhdimësi.2.*kin* sekuencë(filmi).3. *rad tv* koment ndërmjet.

continuous[kën'tiniuës] *adj* i vazhdueshëm, i pandërprerë.

continuum[kën'tiniuëm] *n* 1.madhësi e vazhduar. 2.varg, seri e pandërprerë.

contort[kën'to:t] *vt* 1.shtrembëroj. 2.shformoj, përdredh(fytyrën).

contour['kontuë:] *n* 1.kontur. 2.vijë niveli, vijë rrushkulluese(në hartë); **contour plowing** punim (i tokës) sipas nivelit horizontal(në kodra).
 -*v* 1.ndërtoj(rrugë) sipas relievit. 2. konturoj, shënoj konturin. 3. përshtas në formë.

contour chair *n* karrige pas formës së trupit.

contour line *n* vijë rrushkulluese, vijë niveli.

contour map *n* hartë me vija rrushkulluese.

contra-['kontrë] *pref* kundër-.

contraband['kontrëbænd] *n,adj* -*n* 1.kontrabandë. 2. mall kontrabandë.
 -*adj* 1 paligjshëm, i ndaluar, kontrabandë.

contrabass[kontrë'beis] *n muz* kontrabas.

contraception[kontrë'sepshën] *n* pengim i mbetjes shtatzënë, kontraceptim.

contraceptive[kontrë'septiv] *n* mjet kontraceptiv /kundër barrës.

contract['kontrækt] *n,v* -*n* kontratë, marrëveshje; **enter into/make a contract** lidh kontratë. -*vt* 1.kontraktoj, bëj marrëveshje, lidh kontratë. 2. mblidhet, tkurret(muskuli). 3.marr (sëmundje, vese). 4.krijoj, vë (borxhe). +**contract in** angazhohem, marr përsipër(me kontratë).

+**contract out** a)çlirohem, lirohem(nga një angazhim); ndërpres(një marrëveshje); b)jap me nënkontratë(një punë të kontraktuar).

contracted[kën'træktid] *adj* i tkurrur(muskul).

contractile[kën'træktail] *adj* tkurrës.

contracting party *n drejt* palë kontraktuese.

contract killer *n* vrasës me pagesë.

contract price *n* çmim i fiksuar(në kontratë).

contract work *n* punë me kontratë; sipërmarrje.

contraction[kën'trækshën] *n* 1.tkurrje; shkurtim, mbledhje. 2.*gram* trajtë, formë e shkurtuar.

contractive[kën'træktiv] *adj* 1.tkurrës. 2.i tkurrshëm.

contractor[kën'træktë:] *n* 1.kontraktues. 2. *anat* muskul tkurrës.

contractual[kën'træktjuël] *adj* kontraktor; kontraktues.

contradict[kontrë'dikt] *v* 1.kundërshtoj. 2. hedh poshtë, nuk pranoj, jam kundër. 3. bie në kundërshtim (me).

contradiction[kontrë'dikshën] *n* 1.kundërshtim. 2. mospajtim, mospërputhje,kundërshti. 3.mohim.

contradictory[kontrë'diktëri] *adj* 1.kontradiktor. 2.kundërshtues.

contradistinction[kontrëdis'tinkshën] *n* kundërvënie; dallim; **in contradistinction to** në dallim nga, në ndryshim me.

contradistinguish[kontrëdis'tingwish] *vt* kundërvë; dalloj.

contraposition[kontrëpë'zishën] *n* kundërvënie; kontrast.

contrariety[kontrë'rajëti] *n* kundërti; e kundërt.

contrary['kontrëri] *adj,n,adv* -*adj* 1.i kundërt; **contrary to all expectations** në kundërshtim me sa pritej. 2. i pafavorshëm. 3. *gj.fol* kokëfortë, kundërshtues.

-*n* e kundërt; **on/to the contrary** përkundrazi.

-*adv* në kundërshtim.

contrast['kontræst, -tra:st] *n,v* -*n* 1.*fot* kontrast. 2.dallim i theksuar, kundërshtim; kontrast; **in contrast to** në kundërshtim me; në dallim nga; **stand out in contrast** spikat; bëjnë kontrast (ngjyrat).

-*v* 1.krahasoj, ballafaqoj. 2. është në kontrast, bën kontrast.

contravene[kontrë'vi:n] *vt* 1.shkel, dhunoj(rregullin, ligjin). 2.bie në kundërshtim; i kundërvihem; jam në konflikt me.

contravention[kontrë'venshën] *n* 1.kundërvënie,

konflikt. 2.kontradiktë. 3.shkelje, thyerje(e ligjit, rregullit).

contribute[kën'tribju:t] *vt* 1.ndihmoj; kontribuoj; jap, ofroj. 2.shkruaj(për një gazetë etj). 3. ndikoj; **drink contributed to his ruin** pija ndihmoi në rrënimin e tij.

contribution[kontri'bju:shën] *n* 1.ndihmesë, kontribut. 2.para, dhurata. 3.shkrim(për gazetë). 4.taksë, tatim.

contributor[kën'tribju:të:] *n* 1.kontribues, dhënës, falës. 2.bashkëpunëtor (gazete).

contributory[kën'tribjutëri] *adj,n* -*adj* ndihmues; kontribues.

-*n* kontribues.

contributory negligence *n* 1.faj i vetë viktimës. 2.*drejt* kompensim gabimesh.

contributory pension scheme *n* fonde pensioni (me kontributin e punonjësve).

contrite['kontrait] *adj* 1.i penduar(njeri). 2.pendimi; keqardhjeje(fjalë).

contrition[kën'trishën] *n* pendim, pendesë; keqardhje e thellë.

contrivance[kën'traivëns] *n* 1.shpikje, pajisje e shpikur. 2. pjellje e mendjes, sajim, sajesë. 3. plan.

contrive[kën'traiv] *v* 1.shpik. 2.e rregulloj, bëj të mundur. 3.shkaktoj, bëj. 4.komplotoj. 5.administroj, ekonomis, qeveris(shtëpinë).

contriver[kën'traivë:] *n* amvisë; ekonomat.

control[kën'troul] *n,v* -*n* 1.kontroll; komandë. 2. vetëpërmbajtje, vetëkontroll. 3. rregullim, komandim; **birth control** rregullim(planifikim) i lindjeve. 4.rregullator, pajisje kontrolli. 5.*pl* pult komandimi(i lokomotivës etj). 6.etalon; mostër krahasimi(në eksperimente shkencore).

-*v* 1.komandoj. 2.përmbaj, frenoj. 3.rregulloj. 4.kontrolloj, verifikoj. +**be in control** komandoj, drejtoj; **bring/get under control** bëj zap, vë nën kontroll; **loose control of** nuk zotëroj.

control case *n mjek,fiz,biol* rast kontrolli; mostër krahasimi.

control column *n av* komandim me dorë(i timonit).

control group *n mjek,fiz,biol* grup kontrolli/krahasimi.

control knob *n* buton komandimi.

control panel *n* pult/panel komandimi.

control room *n* sallë e komandës; *tv* dhomë e regjisë.

control tower *n av* kullë kontrolli.

controllable[kën'troulëbël] *adj* 1. i kontrollueshëm. 2.i frenueshëm; i komandueshëm. 3.i disiplinuar(fëmijë).

controlled[kën'trould] *n* i përmbajtur, i frenuar; i ndrydhur.

-**controlled** *suff* i kontrolluar nga...; i komanduar me..; **computer-controlled equipment** pajisje e

controlled

komanduar me kompjuter.
controlled economy *n* ekonomi e planifikuar.
controller[kën'troulë:] *n* 1.kontrollues, kontrollor.
2.financier (që kontrollon shpenzimet). 3.*tek* rregullator shpejtësie(në makinat).
controversial[kontrë'vë:shël] *adj* 1.i diskutueshëm. 2. kundërshtues(person).
controversy ['kontrëvë:si, kën'trovë:si] *n* polemikë, debat.
controvert['kontrëvë:t, kontrë'vë:t] *vt* 1. kundërshtoj, hedh poshtë(diçka).2.bëj polemikë, polemizoj.
contumacious[kontju(:)'meishës] *adj* i pabindur, i pashtruar, rebel, kryengritës.
contumacy['kontjumësi] *n* mosbindje.
contumely['kontju(:)mëli] *n* 1.gjuhë fyese, fyerje. 2. sjellje poshtëruese.
contuse[kën'tju:z] *vt* shemb, dërrmoj, vras(këmbën etj).
contusion[kën'tju:zhën] *n* shembje, kontuzion.
convalesce[konvë'les] *vi* rimarr veten, përmirësohem(pas sëmundjes).
convalescence[konvë'lesëns] *n* rrimarrje e shëndetit, konvaleshencë.
convalescent[konvë'lesënt] *adj* që po rimerr veten, në konvaleshencë.
convene[kën'vi:n] *vt* 1.thërres, mbledh. 2.mblidhet (Parlamenti).
convenience[kën'vi:niëns] *n* 1.voli, lehtësi. 2.komfort, komoditet. 3.pajisje. 4.*pl* banjë, nevojtore.
+**at one's convenience** kur/si më vjen për mbarë; **make a convenience of sb** përfitoj në kurriz të dikujt, e shfrytëzoj.
convenience store *n* dyqan i vogël(ushqimor etj).
convenient[kën'vi:niënt] *adj* 1.i volitshëm, i përshtatshëm. 2.i kollajshëm; **convenient to** afër.
convent['konvënt] *n* kuvend, manastir(për gra).
convention[kën'venshën] *n* 1.kuvend, kongres. 2.marrëveshje; konventë. 3.traditë, zakon. 4.*art* konvencion.
conventional[kën'venshënël] *adj* konvencional; tradicional.
converge[kën'vë:xh] *vi* 1.puqen, takohen, konvergjojnë. 2.pikë konvergjimi.
convergence[kën'vë:xhëns] *n* konvergjencë.
convergent[kën'vë:xhënt] *adj* konvergjent.
conversable[kën'vë:sëbël] *adj* 1.që mund të bisedohet. 2.komunikues; muhabetqar.
conversance['konvë:sëns] *n* njohje, familiarizim (me diçka).
conversant['konvësënt, kën'vë:sënt] *adj* i njohur; i familjarizuar(me diçka).
conversation[konvë'seishën] *n* 1.bisedë. 2. bashkëbisedim(didaktik).
conversational[konvë'seishënël] *adj* 1.bisedor. 2. muhabetqar.
converse I[kën'vë:s] *vi* bisedoj.

converse II['konvë:s] *adj,n -adj* i kundërt, i anasjelltë
-*n* 1.thënie e kundërt. 2. *mat* teoremë e anasjelltë.
conversely[kon'vë:sli] *adv* anasjelltas.
conversion [kën'vë:shën] *n* 1.shndërrim; **house conversion** transformim godinash(në apartamente banimi). 2.kthim; shkëmbim. 3.kthim në fe tjetër.
convert[kën'vë:t] *v,n -vt* 1.kthej; shndërroj. 2.këmbej(fenë).3.shpërdoroj. 4.përmbys, kthej mbrapsht.
-*n* person i kthyer në fe tjetër.
convertible[kën'vë:tëbël] *adj,n -adj* 1.i këmbyeshëm, i shndërrueshëm. 2.i hapshëm (tavani i veturës).
-*n* veturë me tavan të hapshëm(prej cohe).
convex[kon'veks] *adj* konveks, i mysët.
convexity[kon'veksiti] *n* konveksitet, mysëti.
convey[kën'vei] *vt* 1.bart, transportoj. 2. përçoj. 3. bëj të ditur, njoftoj. 4.tjetërsoj, ia kaloj një tjetri (pronësinë) .
conveyance[kën'vejëns] *n* 1.bartje, transportim. 2. mjet transporti. 3.tjetërsim.
conveyer[kon'veië:] *n* 1.transportues. 2.konvejer, transportier.
convict['konvikt] *vt* 1.fajësoj, bëj fajtor; shpall fajtor; i provoj (fajin, gabimin); **convict sb of his errors** bind dikë për gabimet e veta.
convict['konvikt] *n* i dënuar.
conviction[kën'vikshën] *n* 1.dënim. 2. bindje.
convince[kën'vins] *vt* bind; i mbush mendjen.
convincible[kën'vinsëbël] *adj* i bindshëm, që mund ta bindësh.
convincing[kën'vinsing] *adj* bindës; **a convincing argument** argument bindës.
convivial[kën'viviël] *adj* 1.gazmor, i qejfit, i shoqërueshëm. 2. festiv.
conviviality [kënvivi'æliti] *n* 1.festë (me miq). 2.prirje për të bërë qejf.
convocation [konvë'keishën] *n* 1. thirrje, mbledhje. 2.kuvend. 3.trupë e pedagogëve(në universitete).
convoke[kën'vouk] *vt* thërres, mbledh.
convolute['konvëlu:t] *adj,v -adj* i përdredhur; i mbledhur rrotull.
-*vi* mbështillet.
convolution[konvë'lu:shën] *n* 1.përdredhje, mbështjellje. 2.dredhë, spirë. 3.*anat* rrudhë(e trurit).
convoy['konvoi] *v,n -vt* shoqëroj(anijet).
-*n* 1.shoqërim(i anijeve). 2. anije shoqëruese, luftanije shoqërimi. 3.karvan anijesh.
convulse[kën'vʌls] *vt* 1.tund, shkund, dredh(tërmeti). 2. *mjek* i krijoj të dredhura/konvulsione. 3. shkul së qeshuri.
convulsion[kën'vʌlshën] *n* 1.konvulsion, spazmë. 2. shkulje së qeshuri. 3. trazirë(politike etj).
convulsive[kën'vʌlsiv] *adj* 1.konvulsiv.2.i vrullshëm.

cony['kouni] *n* 1.lepur i butë. 2.lëkurë lepuri.
coo[ku:] *v,n* *-v* 1.gugat. 2. pëshpërit,murmuris.
-n gugatje, guga.
coo[ku:] *interj Br* çudi!
cooing['ku:ing] *n* gugatje, guga.
cook[kuk] *v,n* *-v* 1.gatuaj. 2. gatuhet. 3. nxeh, vë
në zjarr. 4.*Br gj.fol* falsifikoj(llogaritë). 5.*fig* sajoj,
gatuaj; **what's cooking?** çfarë po gatuhet?
-n kuzhinier, gjellëbërës.
+**cook up** a)përgatis; b)sajoj, trilloj.
cookbook['kukbuk] *n* libër gatimi, libër kuzhine.
cooker['kukë:] *n* 1.enë gatimi. 2. sobë, pajisje ga-
timi.
cookery['kukëri] *n* 1.gatim. 2. kuzhinë kampi. 3.
vend gatimi.
cookery-book ['kukëribu:k] *n* libër gatimi, libër
kuzhine.
cookie['kuki] *n* 1.biskotë, ëmbëlsirë. 2. *zhrg* tip,
person.
cool[ku:l] *adj,n,v* *-adj* 1.i freskët. 2. i qetë, gjak-
ftohtë. 3.e ftohtë(përshëndetje. 4.*fig* rrumbullak. 5.e
ftohtë(ngjyrë).6.i lezetshëm; i hijshëm; elegant.
7.*zhrg* e shkëlqyer; **that's cool, man!** shkëlqye-
shëm, miku im!
-n 1.freski. 2.gjakftohtësi, vetpërmbajtje; **main-
tain your cool** ruaj gjakftohtësinë.
-v 1.freskoj. 2.freskohet. 3. e marr me qetësi; **cool
it!** merre shtruar; mos e prish gjakun! + **cool one's
heels** pres në këmbë, më lënë të pres.
+**cool down** a)ftohet; b)bie(inati); c)qetësohet(gje-
ndja); d)ftoh; e)qetësoj.
+**cool off** a)bie(entuziazmi); b)ftohet(shoqëria);
c)qetësohem, më bie inati.
coolant['ku:lënt] *n* ftohës(lëng, gaz).
cooler['ku:lë:] *n* 1.ftohës, frigorifer. 2.pije fresku-
ese. 3.*fig* birucë; burg.
cool-headed['ku:lhedid] *adj* 1.i qetë, i përmbaj-
tur.2.e paturpshme(sjellje), moskokëçarëse.
coolie['ku:li] *n* hamall.
coon[ku:n] *n* 1.*zool* nakun, gjitar i vogël mish-
ngrënës. 2.*zhrg* zezak, negër.
coop[ku:p] *n,v* *-n* 1.kafaz. 2. *zhrg* birucë.
-vt 1.mbyll në kafaz. 2. mbaj mbyllur, mbyll
brenda.
co-op[kou'op] *n* **cooperative.**
cooper['ku:pë:] *n,v* *-n* vozapunues, vozaxhi.
-vt bëj voza.
cooperate[kou'opëreit] *vt* kooperoj, bashkëpunoj,
bashkëveproj.
cooperation[kouopë'reishën] *n* 1.bashkëpunim,
bashkëveprim; kooperim; **in cooperation with** në
bashkëpunim me.
cooperative[kou'opërëtiv] *n,adj* *-n* kooperativë.
-adj 1.kooperues; bashkëpunues. 2.i përbashkët;
cooperative apartment pallat me bashkëpronarë.
co-opt[kou'opt] *vt* 1.kooptoj, shtoj(pa zgjedhje,

një anëtar të ri). 2. bind, bëj për vete.
coordinate[kou'o:dinit] *adj,n* *-adj* 1.i bashkë-
renduar. 2. *gram* e bashkërenditur(fjali). 3.njëlloj i
rëndësishëm. 4.*mat* koordinativ, koordinatash.
-n 1.gjë, person me të njëjtën rëndësi. 2.të dhëna
(adresë). 3.*mat* koordinatë.
-vt 1.barazoj(nga rëndësia). 2.bashkërendoj, koor-
dinoj.
coordination[kouo:di'neishën] *n* 1.bashkëren-
dim.2. vënie në të njëjtin rang.
coordinative[kou'o:dinëtiv] *adj* bashkërendues.
coordinator [kouo:di'neitë:] *n* koordinues, ba-
shkërendues.
coot[kut] *n* 1.*zool* zhytër. 2.*fig* leshko.
cootie['kuti] *n zhrg* horr, kopuk.
cop[kop] *n, v zhrg* *-n* polic.
-vt 1.kap. 2. vjedh.
+**cop out** tërhiqem.
copartner[kou'pa:tnë] *n* partner, ortak.
copartnership[kou'pa:tnë:ship] *n* ortakëri.
cope I[koup] *v* përballoj, i bëj ballë; **cope with the
extra work** përballoj punën suplementare.
cope II[koup] *n* raso(prifti).
copeck *n* kopek.
coper['koupë:] *n* tregtar kuajsh.
copier['kopië:] *n* 1.irritues, kopjues.2.kopist.3.ma-
kinë kopjuese, fotokopjuese.
copilot[kou'pailët] *n* pilot i dytë, ndihmës-pilot.
copious['koupjës] *adj* me shumicë, me bollëk.
cop-out['kopaut] *n* 1.yçkël, dredhi, marifet. 2.
shfajësim, shkarkim. 3.marifetçi.
copper I['kopë:] *n,v,adj* *-n* 1.bakër. 2. monedhë
bakri. 3.kazan. 4.ngjyrë bakri, e kuqërremtë.
-vt vesh me bakër, bakëroj.
-adj 1.i bakërt. 2.ngjyrë bakri, i kuqërremtë.
copper II['kopë:] *n zhrg* polic.
copperas['kopërës] *n* sulfat hekuri.
copperhead['kopë:hed] *n* bollë helmuese e Ame-
rikës.
coppersmith['kopë:smith] *n* bakërpunues.
coppice, copse['kopis, kops] *n* korie, zabel.
copter['koptë:] *n gj.fol* helikopter.
copula['kopjulë] *n gram* këpujë.
copulate['kopjuleit] *vi* çiftohet, ndërzehet.
copulation[kopju'leishën] *vi* çiftim, ndërzim.
copy['kopi] *v,n* *-vt* 1.kopjoj. 2. imitioj. 3.kopjoj
(në provim).
-n 1.kopje; **fair/clean copy** variant përfundimtar;
rough copy variant i parë, dorë e parë(e një shkri-
mi). 2.kopje, ekzemplar(libri, reviste). 3. dorëshkrim
(për shtyp). 4.lëndë, material(për një shkrim); **the
fall of the Cabinet will make good copy** rënia e
qeverisë do të jetë material i mirë për gazetat.
copybook ['kopibuk] *n,adj* *-n* fletore bukur-
shkrimi.
-adj 1.i rëndomtë, banal. 2.i shkëlqyer, model.

copyboy *n* djalë shërbimi(në një redaksi).

copycat *n zhrg* kopjues, imitues besnik.

copy editor *n* sekretar kolegjiumi.

copyist['kopist] *n* kopist.

copy machine *n* fotokopjuese.

copyreader['kopiri:dë:] *n* korrektor-redaktor, verifikues.

copyright['kopirait] *n,v* -*n* e drejtë e autorit. -*vt* siguroj të drejtën e autorit.

copy typist *n* daktilografist.

copywriter['kopiraitë:] *n* redaktor/shkrues reklamash.

coquetry['koukitri] *n* spitullim, koketëri.

coquette[kou'ket] *n* femër lozanjare, koketë.

coral['korël] *n,adj* -*n* 1.koral, merxhan. 2. ngjyrë korali. -*adj* 1.koralor. 2. ngjyrë korali/merxhani.

coral reef *n* gumë koralore.

coral snake *n zool* koral, gjarpër helmues i Amerikës(i familjes së kobrës).

Coral sea *n gjeog* Deti i Koraleve.

cord[ko:d] *n,v* -*n* 1.spango, gjalmë. 2. kordë, tejzë; vocal cords kordat e zërit; the spinal cord palca e kurrizit. 3. *el* kordon elektrik. 4. *fig* lidhje, fije. 5.kordon, gajtan. 6.kord(masë për drutë e zjarrit =3,6 m kub). 7.*pl* pantallona kadifeje. -*vt* 1.lidh me spango. 2.stivoj drutë.

cordage['ko:dixh] *n* litarë (të anijes etj).

cordate['ko:deit] *adj* në formë zemre.

corded['ko:did] *adj* 1.i lidhur me litarë. 2.prej litarësh. 3.i stivuar në korde.

cordelle[ko:'del, 'ko:del] *n,v* -*n* litar, kavo(për tërheqje). -*vt* tërheq lundrën me kavo.

cordial['ko:djël] *adj,n* -*adj* 1.i përzemërt; i ngrohtë. 2. nxitës, stimulues, tonik; a cordial drink pije stimuluese. -*n* pije, ilaç tonizues, stimulant.

cordiality[ko:di'ælëti] *n* përzemërsi; ngrohtësi.

cordite['ko:dait] *n* barut pa tym.

cordon['ko:dën] *n,v* -*n* 1.kordon njerëzish.2.shirit dekorate. -*vt* ndaj/rrethoj me kordon(policësh, ushtarësh).

corduroy['ko:dëroi] *n* 1.kadife me vija.2.*pl* pantallona kadifeje.

corduroy bridge *n* urë e varur e shtruar me drurë.

cordwood['ko:dwud] *n* dru zjarri.

core[ko:] *n* 1.zemër(e frutit). 2.bërthamë. 3. *gjeol* bërthamë e Tokës. 4.*el* kabëll. 5.bërthamë, nukël(i elektromagnetit). 6.*metal* zemër(e formës). 7.palcë (e drurit). 8.thelb(i argumentit). 9.pjesë qendrore. +get to the core futem në thelb(të problemit); rotten to the core krejt i prishur, i keq gjer në palcë.

corespondent[kouris'pondënt] *n* drejt shkelës kurore.

cork[ko:k] *n,v* -*n* 1.tapë. 2. dru tape. -*vt* 1.mbyll me tapë, tapos. 2. *fig* përmbaj, frenoj.

cork oak *n* dru tape.

corkage['ko:kixh] *n* e drejtë sjelljeje pijesh alkoolike(në restorant, nga klienti).

corked['ko:kt] *adj* që i vjen era tapë(verë).

corker['ko:kë:] *n zhrg* 1.rrenë e madhe, gënjeshtër e trashë; histori e pabesueshme. 2.*sport* gjuajtje e shkëlqyer. 3.lojtar i përsosur. 4.copë, alamet femre.

corking['ko:king] *adj Br gj.fol* i shkëlqyer.

corkscrew[ko:k'skru:] *n* nxjerrëse/turjelë tapash.

corn I[ko:n] *n,v* -*n* 1.drithë. 2. *përmb* drithëra; grurë. 3.*amer* misër. 4.kokërr, kokrrizë. -*vt* 1.bëj pastërma, krip; corned beef pastërma. 2. grimcoj, kokrrizoj.

corn II[ko:n] *n* kallo.+tread on sb's corn i shkel në kallo, lëndoj, prek dikë.

cornball['ko:nboul] *n zhrg* 1.banal. 2. njeri i thjeshtë.

corn bread *n* bukë misri.

corncob ['ko:nkob] *n* 1.koçan misri.2.çibuk me koçan misri.

corner['ko:në:] *n,v* -*n* 1.kënd, qoshe.2.*sport* goditje këndi. 3.skutë. 4.skaj. 5.akaparim.+cut corner a)i bie/pres shkurt; b)shkurtoj shpenzimet; drive into a corner vë me shpatulla në mur; turn the corner kaloj gjendjen e vështirë; be in a tight corner e kam pisk. -*v* 1.mbërthej, zë ngushtë(dikë). 2.çoj/vë në qoshe. 3.e blej të gjithë sasinë, e akaparoj. 4.kthej, marr kthesën.

cornerstone['ko:nëstoun] *n* 1.gur i qoshes, gur i themelit. 2.bazë, themel.

cornet['ko:nit] *n* 1.*muz* kornetë. 2.kaush; kupë.

cornflour['ko:nflauë:] *n Br* miell misri.

cornflower['ko:nflouë:] *n* lule misri.

cornice['ko:nis] *n arkit* kornizë(kolone).

cornstarch['ko:nsta:ç] *n amer* miell misri.

cornucopia[ko:nju'koupië] *n* 1.briri i bollëkut. 2. *fig* bollëk.

corny['ko:ni] *adj* banal, i rëndomtë, i mërzitshëm; corny jokes shakara banale.

corolla[kë'rolë] *n bot* kurorë e lules.

corona[kë'rounë] *n* brerore; kurorë (e hënës etj).

coronal['korënël] *n* 1.kurorë(mbretërore). 2.kurorë(lulesh). 3.*attrib* i kurorës.

coronation[korë'neishën] *n* kurorëzim(i mbretit).

coroner['korënë:] *n* mjek ligjor, hetues.

corporal I['ko:përël] *adj* trupor; corporal punishment ndëshkim trupor, rrahje.

corporal II['ko:përël] *n usht* tetar.

corporate ['ko:përit] *adj* 1.i korporatës. 2. i përbashkët; i bashkuar.

corporation[ko:pë'reishën] *n* 1.korporatë. 2. *amer* shoqëri aksionare. 3. *fig* bark i madh.

corporeal[ko:'po:riël] *adj* trupor, fizik.

corps[ko:] n (pl corps) [ko:z] 1.usht korpus. 2.trupë baleti.

corpse[ko:ps] kufomë.

corpulence['ko:pjulëns] n trashësi(trupi).

corpulent['ko:pjulënt] adj i ngjallur, i shëndoshë.

corpus['ko:pës] n përmbledhje, korpus.

corpuscle ['ko:pʌsël] n 1.grimcë. 2. rruazë e gjakut; red/white corpuscles rruaza të kuqe/të bardha.

corral[ko'ra:l] n,v -n 1.vathë. 2. kamp rrethor me karro(për mbrojtje). 3.kurth(për kafshë). -vt 1.fus/mbaj në vathë. 2.rrethoj, kap. 3.ngre kamp rrethor me karro. 4.zhrg kap, rekrutoj (anëtarë).

correct[kë'rekt] adj,v -adj 1.i drejtë, i saktë. 2.i rregullt, korrekt. -vt 1.ndreq, rregulloj. 2. qortoj, korrigjoj(gabimet). 3.ndëshkoj. 4.luftoj, kuroj; correct a bad habit luftoj një zakon të keq.

correction[kë'rekshën] n ndreqje, korrigjim. 2. ndëshkim; qortim. 3.luftim, kurim.

corrective[kë'rektiv] adj korrektues, korrigjues.

correlate['korëleit] v 1.lidhen, kanë lidhje. 2.lidh, vendos lidhjet ndërmjet; correlate the conclusions with the facts lidh përfundimet me faktet.

correlation[korë'leishën] n lidhje reciproke; korrelacion.

correlative[ko'relëtiv] adj korrelativ, i lidhur reciprokisht.

correspond[koris'pond] vi 1.i përgjigjet, i korrespondon. 2.mbaj/kam letërkëmbim.

correspondence[koris'pondëns] n 1.përputhje, pajtim. 2.ngjashmëri. 3.letërkëmbim 4.letra, korrespondencë.

correspondence school n shkollë me korrespondencë.

correspondent[koris'pondënt] n 1.korrespondent. 2.partner në letërkëmbim.

corresponding[koris'ponding] adj 1.përgjegjës, korrespondues, përkatës. 2. letërkëmbyes.

corrida[kë'ridë] n ndeshje me dema.

corridor['korido:] n korridor.

corrigendum[kori'xhendëm] (pl corrigenda) n 1.gabim shtypi. 2. pl ndreqje gabimesh(fleta).

corrigible['korixhëbël] adj i ndreqshëm, i korrigjueshëm

corroborate[kë'robëreit] vt vërtetoj, konfirmoj.

corroboration[kërobë'reishën] n 1.vërtetim, pohim,konfirmim. 2.provë suplementare, konfirmuese.

corroborative[kë'robëreitiv] adj konfirmues.

corrode[kë'roud] v 1.brej, gërryej. 2.brehet, gërryhet. 3. fig prish, degradoj.

corrosion[kë'rouzhën] n 1.brejtje, korrozion. 2.ndryshk.

corrosive[kë'rousiv] adj,n -adj brejtës, gërryes. -n lëndë gërryese.

corrugate['korëgeit] v 1.rrudh; zhubros. 2.valë-zoj(llamarinën etj).

corrugated['korëgeitid] adj 1. i rrudhur, i zhubrosur. 2.i valëzuar; corrugated iron llamarinë e valëzuar; corrugated paper letër/karton i valëzuar.

corrugation[korë'geishën] n 1.rrudhje, zhubrosje. 2. rrudhë.

corrupt [kë'rʌpt] adj,v -adj 1. i blerë, i korruptuar. 2.i prishur, i degjeneruar. 3.e bastarduar (gjuhë). 4.i kalbur, i kalbëzuar, i prishur(mish etj). -v 1.blej, korruptoj. 2.prish, degjeneroj. 3.bastardoj. 4.prish(mishin etj).

corruptible[kë'rʌptëbël] adj i korruptueshëm.

corruption [kë'rʌpshën] n 1.prishje, korruptim. 2.bastardim(i gjuhës etj). 3.prishje, kalbëzim.

corruptive[kë'rʌptiv] adj korruptues.

corsage[ko:'sazh] n 1.jelek grash. 2.tufë e vockël lulesh.

corsair['ko:se:] n 1.korsar(kapiten anijeje saraçene). 2.pirat. 3.anije korsarësh, anije piratësh.

corse[ko:s] n poet trup, kufomë.

corselet['ko:slet] n gjoksore, korse.

corset['ko:sit] n korsé.

cortege [ko:'teizh] n 1.kortezh. 2.pasues, shoqërues; shpurë.

cortex['ko:teks] n 1.lëvore. 2.kore e trurit. 3. anat shtresë e jashtme(e një organi).

cortisone['ko:tizoun] n mjek kortizon.

corundum[kë'rʌndëm] n korund, zmeril.

coruscate['korëskeit] v shkëndijoj, vezulloj.

corvée['ko:vei] n angari.

corvette[ko:'vet] n det korvetë.

coryphee['korëfei] n balerin i parë.

cos [kos] n 1.mat kosinus. 2. sepse(shkurtim i because).

Cosa Nostra['kozë'nostrë] n Koza Nostra, mafia.

cosh[kosh] n,v zhrg -n çomage, stap. -vt qëlloj me çomage.

cosignatory['këu'signëtori] n bashkënënshkrues.

cosily['kouzili] adv rehat, në rehati.

cosine['kousain] n mat kosinus.

cosmetic[koz'metik] adj,n -adj kozmetik. -n artikuj kozmetike.

cosmic['kozmik] adj kozmik; cosmic dust pluhur kozmik; cosmic rays rreze kozmike.

cosmogonic[kozmë'gonik] adj kozmogonik.

cosmogony[koz'mogëni] n kozmogoni.

cosmography[koz'mogrëfi] n kozmografi.

cosmonaut['kozmëno:t] n kozmonaut.

cosmopolitan[kozmë'politën] n,adj -n 1.kozmopolit. 2.organizëm i përbotshëm. -adj kozmopolit.

cosmopolite[koz'mopëlait] n 1.kozmopolit. 2. kafshë a bimë kozmopolite.

cosmopolitism[kozmë'politizëm] n kozmopolitizëm.

cosmos['kozmos] n 1.kozmos, gjithësi. 2.rregull,

harmoni.

cost[kost] *n,v* -*n* 1.çmim, kosto; **the cost of living** kostoja e jetesës. 2. *pl* shpenzime. 3.pagesë, çmim; **at the cost of** duke paguar, me çmimin e; **at all costs, at any cost** me çdo kusht.

-*v* 1.kushton. 2.kërkon, kushton(kohë). 3.vlerësoj, llogaris koston.

Costa-Rica['kostë'rikë] *n gjeog* Kostarika.

costermonger['kostëmʌngë:] *n* shitës ambulant.

costive['kostiv] *adj* 1.kaps. 2. që të bën kaps.

costly ['kostli] *adj* 1. i kushtueshëm, i shtrenjtë. 2.që të kushton shtrenjtë; **a costly mistake** gabim që kushton shtrenjtë.

cost of living *n* kosto e jeteses.

costume['kostju:m] *n* 1.kostum. 2. veshje tradicionale.

costumer[kos'tjumë:] *n* qepës/shitës kostumesh.

cosy['kouzi] *adj* komod, i rehatshëm.

cot I[kot] *n* 1.katua, ahur. 2.*poet* kasolle.

cot II[kot] *n* 1.krevat fëmijësh. 2. shtrat portativ.

cotangent[kou'tænxhënt] *n mat* kotangjent.

cote[kout] *n* kafaz; kotec.

coterie['koutëri] *n* grup, rreth(njerëzish).

cotillion[kë'tiliën] *n muz* kadrilë.

cottage ['kotixh] *n* vilë; shtëpizë jashtë qytetit; shtëpi verimi.

cottage cheese *n* gjizë.

cottage hospital *n Br* spital i vogël.

cottage industry *n* 1.aktivitet prodhues shtëpijak. 2.artizanat.

cottage loaf *n Br* bukë shtëpie.

cottager['kotixhë:] *n* 1.*Br* fshatar, banor fshati. 2. *amer* pronar shtëpie verimi.

cotton['kotën] *n,v* -*n* 1.pambuk.2.fije pambuku. 3.pëlhurë pambuku. 4.*attr* (prej)pambuku, i pambuktë; **cotton goods** të pambukta, artikuj pambuku. + **bring up a child in cotton wool** e rris fëmijën me gjithë të mirat/si në pupla; **my legs feel like cotton wool** s'më mbajnë këmbët.

-*vi gj.fol* 1.pajtohem, jam i një mendje me. 2.shoqërohem me, miqësohem me; më pëlqen.

+**cotton on** kuptoj.

+ **cotton up** lajkatoj, marr me të mirë.

cotton batting *n* mbushje pambuku(për xhupa etj).

cotton cake *n* ushqim për kafshë (me bërsi pambuku).

cotton-picking *adj amer keq* i ndyrë; i dreqit.

cottonseed['kotnsi:d] *n* farë pambuku.

cottonseed oil *n* vaj pambuku.

cottontail['kotënteil] *n amer* lepur.

cotton wool *n* mbushje pambuku(për xhupa etj).

cottony['kotëni] *adj* 1.prej pambuku. 2. i butë, i pambuktë.

couch['kauç] *n,v* -*n* 1.divan. 2. *poet* krevat, shtrat.

-*v* 1.shtrij/shtrihem në divan. 2.shpreh(një mendim). 3.ul(heshtën). 4.rri shtrirë gati për sulm (kafsha).

cougar['kugë:] *n zool* kuguar, pumë.

cough[kof] *v,n* -*v* kollitem.

-*n* 1.kollitje. 2. kollë.

+**cough up** a) nxjerr me kollë; b) *zhrg* derdh paratë, paguaj.

could[kud] *pt* i **can**.

coulee['ku:lei] *n amer* prroskë.

couldn't['kudnt] = **could not**.

could've['kudëv] = **could have**.

coulomb['ku:lom] *n el* kulon.

coulter['koultë:] *n* thikë plori, disk para plugut.

council['kaunsël] *n* 1.këshill; **council of war** këshilli i luftës; **the municipal council** këshilli bashkiak. 2.mbledhje këshilli; konsultë. +**in council** a)në mbledhjen e këshillit; b)në konsultim, e mbledhur(familja).

councillor['kaunsëlë:] *n* anëtar këshilli, këshilltar.

counsel['kaunsël] *n,v* -*n* 1.këshillim; konsultë. 2. këshillë. 3.avokat.+**hold/take counsel** këshillohem, diskutoj; +**keep one's own counsel** mbaj të fshehtë.

-*vt* 1.këshilloj. 2.diskutoj.

counsellor ['kaunsëlë:] *n* 1. këshilltar, këshillues. 2.*amer* avokat. 3.mbikëqyrës, përgjegjës.

count I[kaunt] *v,n* -*vt* 1.numëroj. 2.njehsoj. 3.e quaj, e fus në hesap; **not to count a game** nuk e quaj një lojë. 4.përfshihet, merret parasysh; **the first race won't count** gara e parë nuk merret parasysh.5.ka vlerë, ka peshë; **people who count in the company** njerëz me peshë në shoqëri.

-*n* 1.numërim; njehsim. 2.*drejt* padi, akuzë. 3.pikë, çështje; **I disagree with him on two counts** nuk pajtohem me të në dy pika.. +**keep count of/loose count of sth** e di sa janë, nuk më kujtohet më diçka.

+**count in** përfshij.

+**count off** ndaj në grupe.

+**count on** a) mbështetem, var shpresat (te dikush); b)planifikoj, llogaris të; **you should count on spending at least $100** duhet të përgatitesh të shpenzosh të paktën 100 dollarë.

+**count out** a)përjashtoj, nuk përfshij; b)e shpall nokaut(boksierin).

count II[kaunt] *n* kont.

countenance['kauntënëns] *n,v* -*n* 1.shprehje e fytyrës. 2.fytyrë. 3.nxitje, miratim. 4.qetësi, vetëpërmbajtje. +**keep/loose countenance** ruaj qetësinë/nxehem, irritohem; **put out of countenance** vë në siklet, shqetësoj, e bëj t'i vijë turp.

-*vt* 1.mbështes. 2.pranoj, toleroj, miratoj.

counter I ['kauntë:] *n* 1. numëratore. 2. imitacion monedhe, pullë. 3.banak(lokali, shtëpie).

counter II['kauntë:] *adv,adj,v,n* -*adv* kundër; **run counter to** shkoj kundër; kundërshtoj.

-*v* 1.kundërshtoj(një plan etj). 2. ia kthej goditjen.

counter-['kauntë:] *pref* kundër.
counteract[kauntër'ækt] *vt* 1.kundërveproj. 2.neutralizoj(efektin).
counteraction[kauntër'ækshën] *n* 1.kundërveprim 2.neutralizim.
counter-attack['kauntërëtæk] *n* kundërsulm, kundërmësymje.
counterbalance['kauntëbælëns] *n,v* -*n* kundërpeshë.
-*v* 1.balancoj; kompensoj. 2.neutralizoj.
counterblast['kauntë:bla:st] *n* përgënjeshtrim, hedhje poshtë.
counterblow['kauntë:blou] *n* kundërgoditje.
countercharge['kauntëça:xh] *n drejt* kundërpadi.
countercheck['kauntë:çek] *n,v* -*n* 1.rikontroll, riverifikim. 2.pengesë.
-*vt* 1.rikontrolloj, riverifikoj. 2.pengoj.
counter cheque *n* çek bosh / i pambushur (që merret në një bankë apo në një dyqan).
counterclaim['kauntë:kleim] *n* kundërkërkesë.
counterclockwise['kauntë'klokwaiz] *adv,adj* kundër akrepave të sahatit.
countercurrent['kauntë:kërënt] *n,adv* -*n* rrymë e kundërt, kundërrymë.
-*adv* kundër rrymës
counter-espionage['kauntërespië'na:zh] *n* kundërspiunazh.
counterfeit['kauntë:fi:t] *v,n,adj* -*vt* 1.falsifikoj (para, piktura). 2.sajoj, bëj diçka të shtirë; she counter-feited a grief she did not feel ajo vuri një maskë pikëllimi të rremë.
-*n* falsifikim.
-*adj* 1.i falsifikuar. 2.i shtirë, i pretenduar.
counterfeiter['kauntë:fitë:] *n* falsifikues.
counterfoil['kauntë:foil] *n* kupon çeku, fature.
counter-intelligence ['kauntëri'ntelixhëns] *n* kundërzbulim.
counterirritant[kauntë:'iritënt] *n mjek* irritues sipërfaqësor, kundërirritues(për lehtësimin e një pezmatimi në thellësi).
countermand[kauntë:'ma:nd] *n* kundërurdhër, urdhër anulimi.
countermeasure['kauntë:'mezhë:] *n* kundërmasë.
countermissile['kauntë:misël] *n* kundërraketë.
counter-offensive['kauntërë'fensiv] *n* kundërsulm, kundërmësymje.
counter-offer['kauntë:'ofë:] *n* kundër-ofertë.
counterpane['kauntë:pein] *n* mbulesë, kuvertë.
counterpart ['kauntë:pa:t] *n* 1. person i ngjashëm. 2.homolog(në post shtetëror). 3.plotësues. 4.kopje(dokumenti).5.barasvlerës, ekuivalent.
counterplea['kauntë:pli:] *n* përgjigje, replikë.
counterplot['kauntë:plot] *n* kundërkomplot.
counterpoint['kauntë:point] *n* 1.*muz* a)kontrapunkt; b)melodi shoqëruese. 2.sfond, kontrast.
counterpoise['kauntë:poiz] *n,v* -*n* 1.drejtpeshim.

2.kundërpeshë.
-*vt* balancoj, shërbej si kundërpeshë.
counterproductive[kauntë:prë'dʌktiv] *adj* 1.antiproduktiv, i paleverdishëm.2.*fig* frenues, që nuk i shërben qëllimit.
counter-revolution['kauntërevë'lu:shën] *n* kundërrevolucion.
countersign['kauntë:'sain] *n,v* -*n* 1.kundërparrullë. 2.firmë e dytë.
-*v* kundërfirmos(për konfirmim).
counterstatement['kauntë:steitmënt] *n* kundërdeklaratë.
counterstroke['kauntë:strouk] *n* kundërgoditje.
countervail ['kauntë:'veil] *v* 1. kundërveproj. 2. kompensoj.
countervailing duties *n fin* taksë plotësuese.
counterweight['kauntë:weit] *n* kundërpeshë.
countess['kauntis] *n* konteshë.
counting-house['kauntinghaus] *n* zyrë llogarie.
countless['kauntlis] *adj* i panumërt.
countrified ['kʌntrifaid] *adj* fshatarak, i fshatarizuar.
countrify['kʌntrifai] *v* fshatarizoj, e detyroj të bëjë jetën e fshatit.
country['kʌntri] *n* 1.vend. 2.atdhe. 3.fshat; krahinë. 4.*attrib* fshatar, i fshatit. 5.fushë, tokë. 6.muzikë "kantri" (me motive fshati).
countryfolk['kʌntrifouk] *n* fshatarë, fshatarësi.
countryman ['kʌntrimën] *n* 1. bashkatdhetar. 2.fshatar.
countryside['kʌntrisaid] *n* fshat.
country-wide['kʌntriwaid] *adj* nga një skaj në tjetrin; i të gjithë vendit.
countrywoman['kʌntriwumën] *n* fshatare.
countship['kauntship] *n* 1.titulli i kontit. 2.kontë , territor i një konti.
county['kaunti] *n* qark.
coup[ku:] *n* 1.goditje e befasishme. 2.krim i organizuar mirë. 3.*pol* grusht shteti.
coup d'etat[ku:dei'ta:] *n* grusht shteti.
coupe[ku:p] *n* veturë dydyershe.
coupé[ku'pei] *n* 1.karrocë me kuaj. 2.veturë dydyershe.
couple['kʌpël] *n,v* -*n* 1.çift, dyshe. 2.çift(burrë e grua). 3.nja dy, ca, disa; a couple of days disa ditë.
-*v* 1.bashkoj, lidh . 2.çiftohem. 3.bëj çift. 4.*el* lidh, bashkoj.
coupler['kʌplë:] *n* 1.kanxhë për lidhjen e vagonave. 2.*el* bashkuese.
couplet['kʌplit] *n* 1.çift. 2.çift vargjesh, kuplet.
coupling['kʌpling] *n* 1.lidhje, bashkim. 2.kanxhë. 3.*el* bashkuese.
coupon['ku:pon] *n* kupon.
courage ['kʌrixh] *n* guxim, kurajë. + have the courage of one's convictions veproj sipas bindjeve të mia.

courageous[kë'reixhës] *adj* trim, guximtar, kurajoz.

courier['kurië:] *n* 1.korier. 2.ndërlidhës(agjent). 3.shoqërues turistësh.

course[ko:s] *n,v* -*n* 1.rrjedhë; **the course of events** rrjedha e ngjarjeve; **in the course of her daily work** gjatë punës së përditshme. 2.drejtim, kurs(i anijes). 3.shteg, rrugë. 4.varg, seri; **a course of lectures in history** një sërë leksionesh në histori. 5.kurs, lëndë. 6.shesh, vend(lojërash). 7.shtresë tullash, gurësh) në mur. 8.pjatë(e një dreke); **a dinner of five courses** darkë me pesë pjata të ndryshme.9.velë e poshtme. +**in due course** a)në kohën e duhur; b)pas pak; **in the course of** gjatë; gjatë zhvillimit të; **of course** natyrisht; sigurisht, pa dyshim; **of course not** sigurisht që jo.
-*v* 1.rrjedh. 2.gjuaj/ndjek me zagarë. 3.lëshoj zagarët.

courser['ko:së:] *n* 1.zagar. 2.kalë vrapi.

court[ko:t] *n,v* -*n* 1.oborr. 2.fushë, shesh(tenisi). 3.pallat mbretëror. 4.Oborri mbretëror. 5.*drejt* a)gjykatë; b)gjyq; c)trup gjykues. 6.ardhje rrotull(një femre), korte.+**hold court** pret, jep pritje(sovrani); **out of court** a)pa gjyq; privatisht; b)pa ndonjë rëndësi; **pay court to** i vij rrotull, i bëj korte.
-*v* 1.i vij rrotull, i bëj korte. 2.shoqërohen, dalin bashkë. 3.e kërkoj(rrezikun).

court card *n* mbret, damë, vale(letra bixhozi).

court circular *n Br* qarkore e përditshme e Oborrit.

courteous['kë:tjës, 'ko:t-] *adj* i sjellshëm, i njerëzishëm.

courteously['kë:tjësh] *adv* me mirësjellje.

courtesy['kë:tësi, 'ko:tësi] *n* 1.njerëzi, mirësjellje. 2.nderim; favor, nder; **by courtesy** si favor, si nder; **by courtesy/through the courtesy of** me lejën e.

courtesy call *n* vizitë kortezie/për mirësjellje.

courtesy car *n* veturë falas.

courtesy coach *n Br* udhëtim falas.

courtesy visit *n* shih **courtesy call**.

courtier['ko:tjë:] *n* 1. oborrtar. 2. person që bën korte.

courtly['ko:tli] *adj* i sjellshëm, elegant.

court-martial['ko:tma:shël] *n,v* -*n* gjyq ushtarak.
-*vt* nxjerr n; gjyq ushtarak.

courtship['ko:tship] *n* të ardhurit rrotull, korte.

courtyard['ko:tja:d] *n* oborr(brenda një godine).

cousin['kʌzën] *n* kushëri; kushërirë; farefis.

cove I[kouv] *n* 1.liman; gji i vogël(deti). 2.grykëderdhje përroi.

cove II[kouv] *n Br zhrg* tip, rob.

covenant['kʌvinënt] *n,v* -*n* marrëveshje; kontratë.
-*v* 1.angazhohem, marr përsipër(diçka). 2.merrem vesh, bie në ujdi(me dikë).

cover['kʌvë:] *v,n* -*v* 1.mbuloj. 2. fsheh. 3.mbroj; strehoj. 4.përshkoj(rrugë). 5.përfshin. 6.përballoj

(çmimin).7.siguroj(shtëpinë etj).8.*sport* mbuloj(një lojtar). 9.zëvendësoj(në detyrë).
-*n* 1.mbulesë; kapak, mbështjellëse. 2.mbrojtje, strehë. 3.maskim; mbulim; identitet i rremë. 4.*sport* mbulim(i një lojtari). 5.*Br* sigurim; **fire cover** sigurim nga zjarri. 6.*fin* siguri, garanci. 7.takëm ngrënieje(në tryezë). +**break cover** dal sheshit; **under cover** a)në fshehtësi; b)i maskuar.
+**cover in** mbush, mbuloj(hendekun, varrin).
+**cover over** mbuloj.
+**cover up** a)vesh; mbështjell mirë; b)vishem; mbështillem; c)*fig* (**for sb**) mbuloj(dikë), marr në mbrojtje; d)fsheh, maskoj.

cover-up['kʌvërʌp] *n fig* mbulim, maskim, përpjekje për ta mbyllur (çështjen).

coverage['kʌvërixh] *n* 1.*rad,tv* reportazh; mbulim, trajtim; **give full coverage to an event** e trajtoj gjerësisht një ngjarje. 2.*fin* sigurim.

coveralls['kʌvërollz] *n* kominoshe.

covered['kʌvë:d] *adj* i mbuluar, me kapak.

cover girl *n* femër tërheqëse, femër kopertine (reviste); fotomodele.

covering['kʌvëring] *n,adj* -*n* 1.mbështjellje, ambalazh. 2.shtresë(dëbore etj).
-*adj* 1.shpjegues; **covering letter** letër shoqëruese me shpjegime.

coverlet['kʌvë:lit] *n* mbulesë krevati, kuvertë.

coverlid['kʌvë:lid] *n* shih **coverlet**.

cover note *n Br* dëftesë/policë sigurimi.

cover story *n* 1.artikull kryesor(me ilustrim në kopertinë).2.mbulim; identitet i rremë(në spiunazh).

covert['kʌvë:t] *adj,n* -*adj* i fshehur, i mbuluar; i maskuar.
-*n* 1.strofkë; zabel. 2.vend i fshehtë.

covet['kʌvit] *vt* lakmoj.

covetous['kʌvitës] *adj* lakmues, lakmitar.

covey['kʌvi] *n* tufë (zogjsh).

cow I[kau] *n* 1.lopë. 2.femër(elefanti, dreri etj).

cow II[kau] *vt* frikësoj.

coward['kauë:d] *n* frikacak.

cowardice['kauë:dis] *n* frikë.

cowardly['kauë:rdli] *adj,adv* -*adj* frikacak,lalash.
-*adv* si frikacak.

cowboy ['kauboi] *n* 1. lopar. 2. *amer* kauboj. 3.njeri që nuk shtrohet në punë.

cow buffalo *n* buallicë.

cow college *n amer gj.fol* kolegj krahinor; shkollë bujqësore.

cower ['kauë:] *vi* 1.strukem; mblidhem kruspull (nga të ftohtit etj). 2.dridhem nga frika.

cow-girl['kaugë:l] *n* lopare.

cow hand *n* lopar.

cowherd['kauhë:d] *n* lopar.

cowl[kaul] *n* 1.mantel me kapuç. 2.kapuç. 3.*tek* kapak, kapuç. 4.çati oxhaku.

cowlick['kaulik] *n* cullufe e pashtruar(mbi ballë),

flokë 'të lëpirë nga viçi'.
cowman['kaumën] *n* fermer gjedhësh, blegtor.
cow parsley *n bot* majdanoz i egër.
cowpoke['kaupouk] *n amer* shih **cowboy.**
cowshed['kaushed] *n* stallë lopësh.
cowskin['kauskin] *n* lëkurë lope, vaqetë.
cowtown['kautaun] *n amer përb* qytet i humbur, fshat.
co-worker[kou'wë:kë:] *n* shok pune.
cox, coxswain[koks, 'koksën] *n det* timonier, drejtues lundre. 2.kryemarinar, nostrom.
coxcomb['kokskoum] *n* mendjefyçkë, spitullaq.
coy[koi] *adj* i drojtur, i turpshëm.
coyote['kojout] *n zool* kojotë, ujk i stepave të Amerikës.
cozen['kʌzën] *vt* mashtroj, gënjej; **cozen sb out of /into doing, sth** mashtroj dikë, i heq nga duart diçka/i mbush mendjen dikujt të bëjë diçka(në dëm të vetes).
cozy['kouzi] *adj* shih **cosy.**
cpm (shkurtim për **cycles per minute**) *tek* rrotullime në minutë.
crab I[kræb] *n* 1.gaforre. 2.*tek* çikrik.
crab II[kræb] *n,v* -*n* 1.mollë e egër. 2.grindavec.
-*v* 1.qahem, ankoj, kritikoj. 2.ndërhyj, prish(një marrëveshje).
crack[kræk] *n,v* -*n* 1.kërcitje, krismë. 2.plasë, plasaritje. 3.hajdut. 4.çast. 5.*zhrg* përpjekje. 6.*zhrg* shaka. 7.*fig* as. 8.*attr* i shkëlqyer.
-*v* 1.kris, plasaris. 2.kërcas. 3.ngjirret(zëri). 4.zbërthej(naftën në përbërësit e vet). 5.*zhrg* lëshohem, thyhem. 6.*zhrg* hap me thyerje(një kasafortë). 7.zbërthej, deshifroj(kodin). +**crack a bottle** hap një shishe, e pi; **crack a joke** bëj shaka; **get cracking** nisem pa vonesë; i futem punës.
+**crack down** marr masa të rrepta.
crackdown['krækdaun] *n* 1.masa energjike.2.masa shtypëse.
+**crack up** a)thyej, copëtoj; b)rrëshqas, lajthis; c)shqyhem së qeshuri.
crack-up['krækʌp] *n gj.fol* 1.shembje. 2.rrëzim (avioni). 3.përplasje; aksident. 4.*mjek* depresion nervor.
crack-brained['kræk'breind] *adj* i krisur.
cracked[krækt] *adj* 1.i çmendur, i krisur. 2.i plasaritur; i krisur(xhami etj). 3.i çjerrë(zë).
cracker['krækë:] *n* 1.biskotë e thatë. 2.fishekzjarr; kërcaskë. 3.thyerëse arrash. 4.varfanjak i bardhë. 5.shejtan, qerrata.
crackers['krækë:z] *adj Br zhrg* i krisur, i luajtur.
cracking['kræking] *n,adj,adv* -*n* 1.kreking(i naftës). 2.plasaritje.
-*adj* 1.*Br gj.fol* i klasit të parë; i shkëlqyer. 2.: **at a cracking pace** me të gjithë shpejtësinë.
-*adv Br gj.fol* shkëlqyeshëm; hata.
crackle ['krækël] *n,v* -*n* 1. kërcitje, kërcëllimë.

2.cërcëritje(në radio, telefon).
-*vi* kërcet, kërcëllon(zjarri).
crackling['krækling] *n* kërcëllimë, kërcitje.
cracknel['kræknël] *n* 1.biskotë e fortë. 2. cigaridhe, zhigla(derri).
crackpot['krækpot] *n* njeri i krisur.
cradle['kreidël] *v,n* -*vt* 1.përkund, vë në djep. 2.laj flori(në tigan) -*n* 1.djep. 2.tigan për larje floriri.
craft[kra:ft] *n,v* -*n* 1.zanat, zeje. 2.esnaf, shoqëri zejtarësh.3.aftësi mashtruese. 4.anije, avion.
-*vt* ndërtoj, prodhoj.
craftsman['kra:ftsmën] *n* zejtar, zanatçi; usta.
craftsmanship['kra:ftsmënship] *n* zejtari.
crafty['kra:fti] *adj* dinak; mashtrues.
crag[kræg] *n* shkëmb i thepisur, shkrep.
craggy['krægi] *adj* i thepisur.
cram[kræm] *v,n* -*v* 1.mbush, rras. 2.dëndem(së ngrëni). 3.*fig* mësoj me ngut.
-*n* 1.njohuri të mësuara me ngut. 2.njeri që mëson me ngut. 3.ngjeshje, dyndje.
cramp I[kræmp] *n,v* -*n* 1.ngërç, spazëm. 2.*pl* dhimbje barku.
-*v* mpin; **be cramped** mpihem.
cramp II[kræmp] *n, v* -*n* 1.shtrënguese, kllapë. 2.morsetë. 3.kufizim, pengesë.
-*vt tek* 1. shtrëngoj me kllapa. 2. *fig* ngushtoj; ngjesh. +**cramp one's style** *zhrg* e sforcoj veten, nuk sillem natyrshëm.
cramped [kræmpt] *adj* i imtë, shumë i dendur (shkrim).
crampon['kræmpën] *n* 1.çengel, kanxhë.2.pllakë me gozhdë(nën këpucë).
cranberry['krænbëri] *n* boronicë e kuqe.
crane[krein] *n,v* -*n* 1.lejlek. 2.*tek* vinç.
-*v* 1.zgjas qafën. 2.zgjat krahun(vinçi).
cranial['kreiniël] *adj* kafkor, i kafkës.
cranium['kreiniëm] *n* kafkë.
crank I[krænk] *n,v* -*n tek* manivelë.
-*vt* 1.lëviz me dorezë; ndez me manivelë. 2.rrotulloj.
crank II[krænk] *n Br gj.fol* njeri ekscentrik, njeri me fiksime; maniak.
crankshaft ['krænksha:ft] *n tek* kollodok, bosht me gunga.
cranky['krænki] *adj* 1.nevrik, ters(njeri). 2.i çuditshëm, ekscentrik. 3.i paqëndrueshëm; i lëkundshëm.
cranny['kræni] *n* e çarë, plasë.
crap[kræp] *n zhrg* 1.gjepur, broçkull.2.pleh, ndyrësi. 3.*vulg* mut.
crape[kreip] *n* 1.*teks* krep; tyl zie. 2.*amer* çartaqejf, ters.
crappy['kræpi] *adj* i ndyrë; muti(punë).
craps['kræps] *n amer* lojë zaresh.
crash I[kræsh] *n,v* -*n* 1.krismë, kërcitje. 2.rrëzim,

përplasje(avioni); përplasje(makinash). 3.dështim, falimentim; shembje; **a stock market crash** rënie e shpejtë e kursit të aksioneve. 4.*attrib* i vrullshëm, intensiv. + **go crash into the tree** ia vesh pemës.
-*v* 1.kris, gjëmon(bubullima). 2.rrëzohet me zhurmë, thyhet. 3.përplaset(makina, avioni); përplas (makinën etj). 4.bie, rrokulliset(çmimi); falimenton(firma). 5.*fig* hyj pa ftuar(në një festë). 6. *zhrg* fle, kaloj natën.
+**crash down/in** bie, shembet(çatia).
+**crash out** *zhrg* a)bie top në gjumë; b)jam i këputur, jam i mbaruar.
   crash II[kræsh] *n teks* pëlhurë e trashë/e ashpër.
   crash-dive ['kræshdaiv] *vi* 1. zhytet menjëherë (nëndetësja). 2.bie pingulthi, ngulet në tokë(avioni).
   crash helmet *n* kaskë.
   crashing['kræshing] *adj* : **a crashing bore** tip fort i mërzitshëm.
   crash landing *n* ulje e detyruar(e avionit).
   crass [kræs] *adj* 1. i trashë; i pagdhendur; i vrazhdë. 2.trashanik(gabim).
   crate[kreit] *n* arkë, kuti(për mallra).
   crater['kreitë:] *n* 1.krater. 2.gropë predhe.
   cravat[krë'væt] *n* 1.kravatë. 2.shall.
   crave['kreiv] *v* 1.dëshiroj, vdes(për diçka). 2.kërkoj, lutem.
   craven['kreivën] *adj,n* frikacak, lalash.
   craw[kro:] *n* 1.gushë(zogu). 2.stomak(kafshe); **it sticks in my craw** më ngec në fyt.
   crawfish['kro:fish] *n,v* -*n* 1.karavidhe. 2.karkalec deti i madh.
   crawl [kro:l] *v,n* -*v* 1.zvarritem, hiqem zvarrë. 2.eci këmbadoras.3.gëlon. 4.ngjethet(mishi).5.servilosem. 6.bëj not krol.
   -*n* 1.ecje e ngadaltë; zvarritje. 2.not krol.
   crawler['kro:lë:] *n përb* 1.servil, puthadorë. 2.veturë e ngadaltë.
   crawler lane *n Br au* korsi për makinat e ngadalta.
   crayfish['kreifish] *n* shih **crawfish**.
   crayon['krejën] *n* shkumës me ngjyrë.
   craze[kreiz] *v,n* -*vt* çmend.
   -*n* 1.çmenduri, lajthitje. 2.mani, modë.
   crazed['kreizd] *adj* i çmendur, i marrosur pas.
   crazily['kreizili] *adv* çmendurisht, marrëzisht.
   crazy['kreizi] *adj* 1.i çmendur. 2.maniak(për diçka). 3.e pasigurt, e lëkundur(urë). 4.ekstravagant.
   creak[kri:k] *v,n* -*vi* gërvin; kërcet.
   -*n* gërvimë, kërcitje.
   creaky['kri:ki] *adj* kërcitës, që gërvin.
   cream[kri:m] *n,v* -*n* 1.ajkë, mazë, kajmak.2.krem (për fytyrën). 3.*fig* ajka, lulja. 4.ngjyrë kremi. 5.pije e trashë.
   -*vt* 1.i heq ajkën, skremoj. 2.shkumohet. 3.zë ajkë.
   cream sauce *n* salcë e bardhë, beshamel.
   creamery['kri:mëri] *n* 1.punishte gjalpi.2.bulme-

tore, dyqan bulmeti.
   crease[kri:s] *n,v* -*n* zhubër, rrudhë.
   -*v* zhubros, rrudhos.
   creasy['kri:si] *adj* i zhubrosur, i rrudhosur.
   create[kri'eit] *vt* 1.krijoj. 2.shkaktoj, ngjall. 3.i jap një titull, e bëj.
   creation[kri'eishën] *n* 1.krijesë.2.krijim.3.vepër.
   creative[kri'eitiv] *adj* krijues.
   creativity[kriei'tivëti] *n* krijimtari, aftësi krijuese.
   creator[kri'eitë:] *n* 1.krijues.2.**The Creator** Zoti.
   creature['kri:çë:] *n* krijesë, qenie e gjallë.
   creche[kreish] *n* çerdhe fëmijësh.
   credence['kri:dëns] *n* besim; **attach/give credence to gossip** u besoj thashethemeve.2.krediciale; **letter of credence** letër kredenciale.
   credentials [kri'denshëlz] *npl dipl* letra kredenciale.
   credibility[kredi'bilëti] *n* besueshmëri.
   credible['kredëbël] *adj* i besuar, i besueshëm; **it hardly seems credible** duket e pabesueshme.
   credibly['kredëbli] *adv* në mënyrë të besueshme.
   credit['kredit] *n,v* -*n* 1.kredi, besim; **place credit in sth** i besoj, besoj në diçka. 2.kredi, mirëbesim;**get credit for a purchase** blej diçka në mirëbesim, veresije; **buy on credit** blej me kredi. 3.kredi, depozitë bankare; **have a credit of $1000** kam 1000 dollarë në libreze. 4.emër i mirë; **a man of credit** burrë i mirë. 5.nder, nderim; **this does you credit** kjo ju nderon. 6.*pl* listë e pjesëmarrësve(në një film, emision). +**give sb credit for** ia besoj; **on credit** me kredi, veresije.
   -*v* 1.besoj, i zë besë. 2.shtoj si depozitë(para në një llogari). 3.ia shënoj në libreze(provimin studentit). 4.i atribuoj; **credit sb with** ia njoh(meritën).
   creditable['kreditëbël] *adj* i lavdërueshëm, për t'u nderuar.
   creditably['kreditëbli] *adv* në mënyrë të lavdërueshme.
   credit card *n* kartë(letër)krediti.
   creditor['kreditë:] *n* huadhënës, kreditor.
   credo['kri:dou] *n* besim, kredo.
   credulity[kri'dju:lëti] *n* lehtëbesim.
   credulous['kredjulës] *adj* që beson lehtë; naiv.
   creed[kri:d] *n* 1.besim. 2.kredo.
   creek[kri:k] *n* 1.gji i ngushtë; mëngë lumi. 2.*amer* përrua.
   creep['kri:p] *v,n* -*vi* (**crept**) 1.zvarritem; kacavirrem. 2.eci këmbadoras. 3.lëviz ngadalë. 4.shket, zhvendoset. 5.ngjethem.
   -*n* 1.zvarritje. 2.*gjeol* shkarje. 3.*fiz* zbutje, shkrirje. 4.*pl* të ngjethura; **give sb the creeps** i fus të ngjethurat dikujt. 5.*zhrg* njeri i pakëndshëm, njeri i neveritshëm.
   creeper['kri:pë:] *n* 1.bimë kacavjerrëse. 2.kthetra (për t'u ngjitur). 3.zog i vogël. 4.*pl* tuta(për bebe).
   creepy['kri:pi] *adj* 1.kacavjerrës. 2.ngjethës.

cremate[kri'meit] *vt* djeg(kufomën).

cremation[kri'meishën] *n* djegie.

crematorium[kremë'to:riëm] *n* krematorium.

crematory['kremëtëri] *n* shih **crematorium.**

creosote['kri:ësout] *n* katran.

crepe[kreip] *n* 1.krep; tyl. 2.petull.

crept[krept] *pt,pp* e **creep.**

crescent['kresënt] *n,adj* -*n* 1.hënë e re; gjysmëhënë. 2.gjysmëhëna e islamit.

-*adj* 1.në trajtë gjysmëhëne. 2.rritës, në rritje.

crest[krest] *n,v* -*n* 1.lafshë, kaçirubë. 2.jele, krifë. 3.kreshtë(mali, dallge etj). 4.stemë.

-*v* 1.formon kreshtë. 2.kurorëzoj. 3.arrij majën.

crested['krestid] *adj* me kreshtë.

crestfallen['krestfo:lën] *adj* kokulur, kokëvarur.

cretin['kretin] *n* budalla, idiot.

crevasse[kri'væs] *n* çarje e thellë.

crevice['krevis] *n* plasë, e çarë(muri, shkëmbi).

crew I[kru:] *n,v* -*n* 1.ekuipazh(i anijes, avionit); **officers and crew** oficerët dhe ekuipazhi; **ground crew** personeli i shërbimit(në tokë). 2.skuadër, brigadë, grup punëtorësh. 3.*fig* turmë, tufë, bandë; **the whole crew came to our place for dinner** e gjithë banda na erdhi në shtëpi për darkë.

-*v* 1.pajis me ekuipazh. 2.punoj si anëtar i ekuipazhit.

crew II[kru:] *pt* e **crow** .

crew cut *n* qethje ballaboks.

crew neck *n* jakë e prerë.

crib I[krib] *n,v* -*n* 1.krevat fëmijësh. 2.grazhd, katua.3.koçek. 4.*ndërt* armaturë.5.*fig* kopje(në provim). 6.dhomëz, shtëpizë. 7.përkthim fjalë për fjalë.

-*v* 1.mbyll, rras. 2.kopjoj(në provim).

cricket I['krikit] *n* bulkth.

cricket II['krikit] *n amer* fron, stol.

cricket III['krikit] *n sport* 1.kriket. 2.*fig* ndershmëri, korrektesë.

crier['kraië:] *n* 1.kasnec, tellall. 2.qaraman.

crime[kraim] *n* 1.krim. 2.mëkat.

criminal['kriminël] *n,adj* -*n* kriminel.

-*adj* 1.kriminal. 2.penal.

criminality[krimi'nælëti] *n* kriminalitet.

criminally['kriminëli] *adv* 1.në mënyrë kriminale. 2.penalisht.

criminologist[krimi'nolëxhist] *n* kriminalist.

criminology[krimi'nolëxhi] *n* kriminalistikë.

crimp I[krimp] *n,v* -*n* rekrutues, mashtrues.

-*v* rekrutoj me forcë e mashtrim

crimp II[krimp] *v,n* -*vt* dredh flokët.

-*n* 1.dredhë, bukël. 2.përdredhje(e leshit). +**put a crimp in** *zhrg* pengoj.

crimson['krimzën] *adj,v* -*adj* i kuq i thellë.

-*v* skuqet (fytyra).

cringe[krinxh] *n,v* -*n* përulje, servilizëm.

-*vi* 1.mblidhem, strukem. 2.përulem, servilosem.

crinkle['krinkël] *n,v* -*n* rrudhë; ricë.

v 1.zhubros. 2.zhubroset.

cripple['kripël] *n,v* -*n* sakat, ulok.

-*v* 1.sakatoj. 2.gjymtoj, dëmtoj.

crisis['kraisis] *n* (*pl* **crises**) 1.*ek,mjek, polit* krizë; **come/draw to a crisis** i afrohem/shkoj drejt krizës. 2.ngjarje vendimtare; kulm.

crisp [krisp] *adj,v* -*adj* 1. i thyeshëm. 2.i acartë. 3.i freskët, gjallërues(ajër).4.kaçurrel, i dredhur. 5.i prerë(urdhër).

-*v* bëj të brishtë.

criss-cross['kriskros] *adj,adv,v* -*adj* i kryqëzuar, kryq.

-*adv* kryqas, tërthor, kryq.

-*v* 1.eci kryq. 2.heq vija kryq.

criterion[krai'tiëriën] *n* kriter.

critic['kritik] *n* 1.kritik. 2.kritizer.

critical['kritikël] *adj* 1.kritik. 2.i rrezikshëm, vendimtar. 3.*fiz* kritik; **critical mass** masë kritike.

criticism['kritisizëm] *n* kritikë.

criticise['kritisaiz] *v* 1.kritikoj. 2.i bëj kritikën.

critique[kri'ti:k] *n* 1.kritikë(letrare). 2.kritikë.

croak[krouk] *n,v* -*n* kuakje.

-*v* 1.kuak(bretkosa). 2.ndjell të keqen. 3.*zhrg* vdes, cof.

crochet['kroushei] *v* thur me grep.

crock[krok] *n* 1.enë balte, poçe. 2.*zhrg* shishe pije. 3.*zhrg* rrangallë; gërdallë; karakatinë.

crockery['krokëri] *n* poçeri, fajancë; enë balte.

crocodile['krokëdail] *n* krokodil.+**crocodile tears** lotë krokodili.

crone[kroun] *n* plakë e rrudhur.

crony['krouni] *n* mik, shok i ngushtë.

crook[kruk] *n,v,adj* -*n* 1.kërrabë, shkop bariu. 2.bisht, pjesë e kthyer, dorezë (çadre). 3.kthesë. 4.*fig* hajdut, mashtrues; **on the crook** pandershmërisht.

-*v* përkul, lakoj.

-*adj* 1.*zhrg* i keq, i pakëndshëm. 2.inatçi. 3.i sëmurë.

crooked ['krukid] *adj* 1. i përkulur, i kërrusur, i përdredhur. 2.i pjerrur, i shtrembër. 3.i pandershëm(politikan, marrëveshje).

croon[kru:n] *v,n* -*v* këndoj nën zë, murmuris.

-*n* këngë e lehtë, nën zë.

crooner['kru:në:] *n* këngëtar.

crop[krop] *n,v* -*n* 1.prodhim, të korra. 2.qethje, shkurtim. 3.gushë(zogu).4.tufë.5.dorezë kamzhiku.

-*v* 1.këpus majat e barit.2.qeth shkurt. 3.mbjell. 4.prodhon, jep prodhim; **the beans cropped well** fasulet prodhuan mirë.

+**crop out/up** del mbi tokë.

+**crop up** shfaqet, nxjerr krye(një problem etj).

cropper['kropë:] *n* 1.korrës. 2.kultivues, bujk. 3.bimë prodhuese. 4.dështim. + **come a cropper** a)dështoj; b)mbetem(në provim).

croquet['kroukei] *n* hokej mbi bar.

croquette[krou'ket] *n* qofte.

cross I[kros] *n,v,adj* -*n* 1.kryq; **make one's crosses** vë një kryq(në vend të firmës). 2.kryq(druri etj). 3.*fig* vuajtje, mundim; **take up one's cross** pranoj vuajtjet. 4.kryqëzim(racash etj). 5.shartim, martesë, hibrid. 6.*sport* goditje frenuese(në boks). +**take the cross** marr pjesë në kryqëzatë. -*v* 1.kapërcej, kaloj; **cross sb's path** takoj/ndesh dikë; **cross one's mind** më shkon ndër mend. 2.i vë kryq, e heq(një fjalë); **cross one's t's and dot one's i's** *fig* vë pikat mbi i-të. 3.kryqëzoj, vë njërën mbi tjetrën. 4.**cross oneself** bëj kryqin.5.ndesh (rrugës). 6.kundërshtoj, pengoj(planet). 7.kryqëzoj(raca të ndryshme etj). +**cross one's heart** bëj kryqin; **cross swords** ndeshem, përleshem; hyj në polemikë; **cross the floor** ndërroj parti(deputeti). -*adj* 1.inatçi, zemërak. 2.tërthor. 3.i kundërt, nga përballë(erë). 4.hibrid, i kryqëzuar.

crossbar['krosba:] *n* shtyllë horizontale, tërthore.

crossbeam['krosbi:m] *n* tërthorëse, traversë, binar.

crossbones ['krosbounz] *npl* shenja "rrezik vdekjeje".

crossbred['krosbred] *adj* i kryqëzuar, hibrid.

crossbreed['krosbri:d] *n,v* -*n* hibrid. -*v* hibridizoj.

cross-check['kroscek] *n* rikontrolloj, verifikoj.

cross-country['kroskʌntri] *adj* 1.jashtë, në natyrë; **cross-country race** kros në natyrë. 2.tejpërtej vendit.

crosscurrent['kroskʌrënt] *n* 1.rrymë ajri tërthore. 2.*fig* rrymë/tendencë e kundërt.

crosscut['kroskʌt] *n,v* -*n* 1.prerje tërthore. 2.rrugë diagonale. -*v* 1.pres tërthor. 2.eci tërthorazi.

cross-examination['krosigzæmi'neishën] *n* 1.*drejt* ripyetje(e dëshmitarit). 2.hetim i rreptë.

cross-examine['krosig'zæmin] *vt* ripyes; marr në pyetje.

cross-eyed['krosaid] *adj* vëngërosh, vangosh.

crosshatch['kroshæç] *v* vijëzoj kryq e tërthor(një figurë në letër).

crossing['krosing] *n* 1.kryqëzim, udhëkryq. 2.kalim, vendkalimi. 3.kalim, kapërcim(lumi etj).

cross-legged['kroslegd] *adj* këmbëkryq.

crossover['krosouvë:] *n* 1.venkalim. 2.mbikalesë (rrugore).

crosspatch['krospæç] *n gj.fol* njeri zemërak.

crosspiece['krospi:s] *n ndërt,tek* tërthore, traversë.

cross-purpose ['krospë:pës] *n* mosmarrëveshje; **at cross-purposes** a)duke keqkuptuar qëllimet e tjetrit; b)në keqkuptim e sipër.

crossquestion['kros'kwesçën] *v,n* -*vt* ripyes, rimarr në pyetje(dëshmitarin). -*n* pyetje.

crossrail['krosreil] *n* shih **crosspiece**.

crossroad['krosroud] *n* 1.*pl* udhëkryq. 2.rrugë kryqëzuese.

cross-stitch['krosstiç] *n* punë kryq(në qendisje).

crosswalk['kroswok] *n* kalim rruge me viza të bardha.

crossways['krosweiz] *adv* tërthorazi.

crosswise ['kroswaiz] *adv* tërthorazi.

crossword['krosvë:d] *n* fjalëkryq.

crotch[kroç] *n* bigëzim.

crotched[kroçt] *adj* i bigëzuar.

crotchet['kroçit] *n* 1.*muz* notë një e katërt. 2.trill. 3.gremç.

crotchety['kroçiti] *adj* kapriçioz..

crouch[krauç] *vi* 1.kruspullosem, mblidhem kruspull. 2.strukem. 3.përkulem.

croupier['krupië:] *n* krupier, punonjës i kazinos.

crow I[krou] *n,v* -*n* 1.kikiriki. 2.gugatje(e foshnjës). -*v* 1.këndon(gjeli). 2.gugat. 3.krekosem, mburrem.

crow II [krou] *n* 1.sorrë. 2.levë, qysqi. +**as the crow flies** në vijë të drejtë; në vijë ajrore; **crow's nest** vendvrojtim në direk; **eat crow** e bëj nga halli; **crow's-feet** rrudha në anët e syve.

crowbar['krouba:] *n* levë, qysqi.

crowd [kraud] *n,v* -*n* 1. turmë. 2.grup, shoqëri. 3.populli, turma. 4.grumbull, kapicë. -*v* 1.mblidhen, grumbullohen. 2.mbush, ngjesh. 3.mbingarkoj. 4.hyj me të shtyra.+**crowd on sail** hap shumë vela.

crowded['kraudid] *adj* 1. i mbushur plot.2.shumë ngjeshur.

crown[kraun] *n,v* -*n* 1.kurorë mbretërore. 2.**the crown** a)pushteti mbretëror; b)mbreti. 3.monark, mbret; mbretëreshë. 4.kurorë. 5.kreu, maja; **the crown of the head** maja e kokës. 6.kulmi, pika më e lartë. 7.kurorë e dhëmbit; këllëf dhëmbi. 8.koronë (monedhë = 5 shilinga). 9.*bot* kurorë e pemës. -*v* 1.kurorëzoj, i vë kurorën(mbretit etj). 2.nderoj, shpërblej. 3.i rri si kurorë, mbulon. 4.*fig* kurorëzoj (përpjekjet). 5.i vë këllëf(dhëmbit).6.*fig* godas në kokë.

Crown attorney *n* prokuror i mbretit, i shtetit.

crown prince *n* princ trashëgimtar.

crucial['kru:shjël] *adj* 1.vendimtar, kritik. 2.*anat* në formë kryqi. 3.rraskapitës, i ashpër.

crucifixion[kru:si'fikshën] *n* kryqëzim.

crucify['kru:sifai] *vt* 1.kryqëzoj. 2.mundoj, torturoj. 3.*fig* masakroj për fajet e një tjetri..

crude[kru:d] *adj* 1.i papërpunuar; i papastruar; **crude oil** naftë bruto. 2.i vrazhdë, i ashpër. 3.vulgar, pa takt. 4.lakuriq(e vërteta).

crudity['kru:diti] *n* vrazhdësi, vulgaritet.

cruel[kruël] *adj* 1.i egër, mizor. 2.torturues.

cruelty['kruëlti] *n* 1.mizori, egërsi. 2.akt mizor.

cruet['kru:it] *n* 1.shishe vaji e uthulle për tryezë. 2.takëm tryeze(për vaj e uthull).

cruise[kru:z] *v,n* -*v* 1.lundroj, dal në det. 2.ecën, bredh(taksia në kërkim të udhëtarëve). 3.udhëtoj me

shpejtësinë maksimale.
-*n* lundrim.
cruiser['kru:zë:] *n* 1.*det* kryqëzor. 2.mjet lëvizës (veturë, avion,lundër). 3.makinë policie. 4.udhëtar. 5.anije e madhe udhëtarësh.
crumb[krʌm] *n* 1.thërrime(buke).2.një grimë, një çikë; **a crumb of comfort** pak rehati.
crumble['krʌmbël] *v*1.thërmoj; shkërmoq.2.shkërmoqet, shkatërrohet. 3. *fig* bëhen pluhur e hi (shpresat).
crumbly['krʌmbli] *adj* i thërrmueshëm.
crummy['krʌmi] *adj zhrg* i mjerë, i pavlerë.
crumpet['krʌmpit] *n* kulaç.
crumple ['krʌmpël] *v* 1.zhubros; bëj shuk. 2.bie, merr fund; **the boxer crumpled to the floor** boksieri u shemb për tokë.
crunch[krʌnç] *v,n* -*v* 1.brej; përtyp. 2.kërcet; **our feet crunched the gravel** zhavorri kërciste nën këmbët tona.
-*n* 1.brejtje; përtypje. 2.kërcitje. +**when it comes to the crunch** *zhrg* kur vjen puna pisk.
crupper['krʌpë:] *n* nënbishte e kalit).
crusade['kru:'seid] *n,v* -*n hist* 1.kryqëzatë. 2.fushatë.
-*v* -**against/in** favour of/for marr pjesë në një kryqëzatë/fushatë(kundër/në favor të/për).
crush[krʌsh] *v* 1.shtyp, shtrydh; **crush grapes** shtrydh rrush. 2.zhubros, zhubroset(rroba). 3.dërrmoj, shpartalloj asgjësoj(shpresat).
+**crush in/into/through/past** çaj, futem me të shtyrë.
+**crush out** nxjerr(lëngun me shtrydhje).
+**crush up** e bëj pluhur.
-*n* 1.turmë e ngjeshur; **crush barrier** pengesë mbrojtëse(nga turma). 2.*zhrg* tërheqje, dëshirë e fortë; **get/have a crush on sb** më bie në kokë për dikë. 3.shtypje, shtrydhje. 4.lëng frutash.
crushing['krʌshing] *adj* shkatërrimtar, dërrmues.
crust[krʌst] *n,v* -*n* 1.kore(e bukës). 2.kore(e Tokës). 3.sipërfaqe e fortë(e akullit). 4.kore, dregëz. 5.*zhrg* pafytyrësi, kurajë.
-*v* zë kore.
crutch[krʌç] *n* 1.patericë. 2.mbështetëse(edhe *fig*). 3.shtrat(i pantallonave).
crux[krʌks] *n* 1.pikë e vështirë.2.thelbi.3.*astron* Kryqi i Jugut(yllësi).
cry[krai] *v* 1.thërras, bërtas; **cry with pain** bërtas nga dhimbja. 2.qaj. 3.bërtas, kërkoj me zë të lartë. 4.njoftoj, them me zë të lartë. 4.njoftoj , them me zë të artë; **cry the news all over the town** e hap lajmin në të gjithë qytetin.
+**cry down** nënçmoj, ia ul vlerat.
+**cry for** a)kërkoj, lutem; b)kam shumë nevojë për; **cry one's eyes/heart** qaj me dënesë; **give sb sth to cry for/about** e ndëshkoj dikë pse qan pa shkak; **cry for the moon** kërkoj qiqra në hell.

+**cry off** shkel një marrëveshje, nuk pranoj të bëj.
+**cry out** a)bërtas, ulërij; b)ankohem.
+**cry up** lëvdoj, mburr së tepërmi diçka.
-*n* 1.thirrje, britmë(gëzimi, frike, dhimbjeje etj). 2.qarje, të qarë; vaj. 3.thirrje, parrullë. 4.njoftim, shpallje(me zë). 5.lutje. 6.lehje e zagarëve.+**a far cry** a)larg prej; b)shumë ndryshe, ka shumë ndryshim nga; **in full cry** në ndjekje nga afër, këmbakëmbës; **much cry and little wool** fjalë shumë e punë pak; **within cry of** në një largësi nga ku dëgjohet.
crybaby['kraibeibi] *n* qaraman.
crying ['krajing] *adj* 1. britës; qarës. 2.fort i keq, serioz; flagrant; **crying injustice** padrejtësi sheshit; **a crying need for sth** nevojë e ngutshme për diçka. + **for crying out loud!** edhe kjo ishte mangët!; ky është kulmi!
crypt[kript] *n* dhomë e nëndheshme.
cryptical ['kriptikël] *adj* 1. i fshehtë. 2. i mistershëm. 3.i shkurtër, lakonik.
cryptically['kriptikëli] *adv* 1.në mënyrë të mistershme. 2.shkurt, në mënyrë lakonike.
crypto-['kriptou] *pref* i fshehtë; **crypto-communist** komunist i fshehtë.
cryptogram['kriptougræm] kriptogram.
crystal['kristël] *n,adj* -*n* 1.kristal. 2.xham sahati. 3.enë kristali; kristale. 4.kristal kuarci.
-*adj* 1.i kristaltë.2.shumë i pastër, i kulluar, kristal.
crystalline['kristëlain] *adj* 1.kristalor. 2.*fig* i kulluar, i kristaltë.
crystallization[kristëlai'zeishën] *n* kristalizim.
crystallize['kristëlaiz] *v* 1.kristalizoj, shndërroj në kristale. 2.*fig* kristalizoj, kthjelloj, i jap formë.
crystallographical[kristë'logrëfikël] *adj* kristalografik.
crystallography[kristë'logrëfi] *n* kristalografi.
cub [kʌb] *n* 1. këlysh. 2. i ri i pasjellshëm, visk, kërriç.
Cuba['kju:bë] *n gjeog* Kubë.
Cuban['kju:bën] *adj,n* -*adj* kuban.
-*n* kubanez.
cube [kju:b] *n,vt* -*n* 1.kub. 2.*mat* kub, fuqi e tretë.
-*vt* 1.ngre në kub. 2.pres në forma kubike.
cube root *n mat* rrënjë kubike.
cubic['kju:bik] *adj* 1.kubik, në trajtë kubi. 2.*mat* kubik.
cubical['kju:bikël] *adj* kubik, në trajtë kubi.
cubism['kju:bizëm] *n art* kubizëm.
cubist['kju:bist] *n,adj* -*n* art kubist, kubizëm.
-*adj* kubist.
cub reporter *n* reporter fillestar.
cuckold['kʌkëld] *n,v* -*n* brinar(burrë).
-*vt fig* i ve brirë.
cuckoo['kuku:] *n,adj* -*n* 1.qyqe.2.këngë e qyqes. 3.*zhrg* i krisur(njeri).

-adj zhrg i krisur; **go cuckoo** iki nga mendtë.

cucumber['kju:kʌmbë:] n trangull, kastracec.

+**cool as a cucumber** gjakftohtë, i përmbajtur.

cud[kʌd] n ushqim i ripërtypur.+**chew the cud** bluaj në mendje.

cuddle['kʌdël] v,n -v 1.mbaj në krahë/në prehër. 2.ngjishen pas njëri-tjetrit. 3.përqafoj.

-n përqafim.

cudgel ['kʌxhël] v,n -vt 1.qëlloj me shkop/me çomage. + **take up the cudgels for** mbroj, mbështes, luftoj për; **cudgel one's brains** vras mendjen.

-n çomage; shkop; kopaçe.

cue I[kju:] n,v -n 1.sugjerim, aluzion. 2.teatr sinjal, shenjë(për aktorin). 3.replikë, lojë(e aktorit). +**on cue** në çastin e duhur; **take one's cue from sb** marr shembull nga dikush.

-v 1.bëj një sugjerim. 2.i jap shenjë.

cue II[kju:] n1.stekë(bilardoje).2.radhë(njerëzish).

cuff I[kʌf] n 1.dorëz, kapak mënge, manshetë. 2. palë (e këmbëve të pantallonave). 3.qafë dorashke. 4.pranga. +**off the cuff** pa u përgatitur, spontanisht.; **on the cuff** me kredi.

cuff II[kʌf] n,v -n shuplakë.

-v 1.qëlloj lehtë.

cuff-link['kʌflink] n buton mansheti.

cuirass[kwi'ræs] n 1.mburojë, gjoksore. 2.koracë (e luftanijes).

cuisine [kwi:zi:n] n 1. mënyrë gatimi; kuzhinë. 2.ushqim. 3.kuzhinë, vend gatimi.

cuke[kju:k] n (shkurtim i **cucumber**) trangull.

cul-de-sac['kuldё'sæk] n rrugë pa krye, rrugë qorre, qorrsokak.

culinary['kʌlëneri, 'kjulëneri] adj i kuzhinës, i gatimit.

cull[kʌl] v,n -v 1.zgjedh.

-n gjëra bajate; mall i dobët.

culm[kʌlm] n 1.pluhur qymyri. 2.qymyr i dobët.

culminate['kʌlmëneit] v arrin kulmin.

culmination [kʌlmi'neishën] n 1.kulm, pikë kulmore. 2.kulmim; arritje e kulmit.

culpability[kʌlpë'bilëti] n fajësi.

culpable['kʌlpëbël] adj i fajshëm, fajtor.

culprit['kʌlprit] n 1.fajtor. 2.keqbërës.

cult[kʌlt] n 1.kult. 2.adhurim i tepruar, kult.

cultivable['kʌltëvëbl] adj e punueshme(tokë).

cultivate['kʌltëveit] vt 1.lëroj,kultivoj. 2.prashis. 3.përmirësoj, përsos(mjeshtërinë etj). 4.kultivoj, çoj përpara(artin, shkencën). 5.forcoj(miqësinë).

cultivated['kʌltëveitid] adj 1.i kultivuar. 2.i kulturuar.

cultivation[kʌltë'veishën] n 1.rritje, kultivim(i bimëve). 2.ngritje, formim, kulturë. +**under cultivation** nën kulturë, e mbjellë(toka).

cultivator['kʌltëveitë:] n 1.bujq kultivator.2.njeri i kulturës. 3.kultivues.

cultural['kʌlçёrёl] adj kulturor.

culture['kʌlçё:] n 1.kulturë. 2.kultivim(i tokёs). 3.biol kulturë, koloni(mikrobesh etj).

cultured ['kʌlçё:d] adj 1.i kulturuar. 2.artificial, jonatyral.

culvert['kʌlvё:t] n kanal nën rrugё, nёnkalesё ujrash.

cumber['kʌmbё:] v,n -vt 1.rёndoj, ngarkoj. 2.pengoj.

-n pengesё.

cumbersome['kʌmbё:sёm] adj 1.i rёndё, i pavolitshёm. 2.kaba.

cumulate['kjumjёleit] vt grumbulloj.

cumulative['kju:mjulёtiv] adj grumbullues.

cumulus['kjumjёlёs] n 1.re grumbullore. 2.pirg, grumbull.

cuneiform ['kjuniёfo:m] n,adj -n 1.shkrim kuneiform/nё trajtё kunjash/pyke.

-adj 1.nё formё pyke. 2.kuneiform(shkrim).

cunning['kʌning] adj,n -adj 1.i shkathёt. 2.dinak, finok. 3.amer tёrheqёs, i kёndshёm (foshnje).

-n 1.dinakёri. 2.shkathtёsi.

cup[kʌp] n,v -n 1.filxhan. 2.kupё; gotё. 3.sport kupё. 4.verё; pije.5.fig short, fat, risk.+**in one's cup** i dehur, i pirё.

-vt 1.mbledh(duart) si kupё. 2.shtie nё gotё.3.mjek i hedh kupa(dikujt).

cupboard['kʌbё:d] n 1.dollap rrobash.2.raft, bufe.

cupboard love n dashuri me interes.

cupcake['kʌpkeik] n kek i vockёl.

cupful['kʌpful] n njё filxhan; njё gotё.

Cupid['kju:pid] n perёndia e dashurisё.

cupidity[kju(:)'pidёti] n lakmi, etje(pёr diçka).

cupola ['kju:pёlё] n 1.kube, kupolё.2.amer verandё, qoshk.

cupping ['kʌping] n hedhje kupash (nё trup); **cupping glass** kupё(pёr mjekim).

cupreous['kju:priёs] adj 1.i bakёrt, me bakёr. 2.ngjyrё bakri, i kuqёrremtё.

cur[kё:] n 1.qen rrugёsh.2.fig njeri i paedukuar, i ulёt.

curable['kuёrёbёl] adj i mjekueshёm, i shёrueshёm..

curate['kjuёri] n ndihmёs famulltar.

curative['kjuёrёtiv] adj kurues, mjekues, shёrues.

curator[kjuё'reitё:] n pёrgjegjёs(muzeu etj).

curb[kё:b] n,v -n 1.buzё(trotuari). 2.fre(i kalit). 3.fig fre, pengesё; **put/keep a curb on one's anger** i vё fre inatit

-vt 1.mbaj nёn fre(kalin). 2.fig frenoj, kontrolloj (ndjenjat); **curb one's impatience** i vё fre padurimit.

curd[kё:d] n gjizё.

curdle ['kё:dёl] v pritet (qumёshti); **curdle the blood** tё ngrin gjakun, tmerron.

curdy['kё:di] adj i prerё, i mpiksur.

cure[kjuë:] *v,n* -*v* 1.mjekoj, shëroj(dikë). 2.heq, shërohem nga(një e keqe); **cure a bad habit** heq një zakon të keq. 3.ruaj, konservoj(mishin). 4.shërohem.
-*n* 1.mjekim, shërim. 2.kurë, periudhë mjekimi. 3.ilaç, bar; mjet shërues. 4.ruajtje, konservim.
curfew ['kë:fju:] *n* 1.*hist* shenjë, sinjal errësimi. 2.orë e mbylljes brenda(në shtëpi); orar(për fëmijët).
curio['kjuriou] *n* stringël, xhingël.
curiosity[kjuëri'osëti] *n* 1.kureshtje. 2.gjë e rrallë, kuriozitet. 3.anë interesante.
curious['kjuëriës] *adj* 1.kureshtar. 2.i rrallë, i çuditshëm.3.shumë i kujdesshëm.4.ekscentrik, allosoj.
curl [kë:l] *v,n* -*v* 1.dredh, përdredh; bëj kaçurrela(flokët). 2.përdridhet; bëhet lëmsh; mblidhet. 3.gjarpëron(përroi).
+**curl up** a)shtriqem, rehatohem; b)*fig* shembet, shkatërrohet.
-*n* 1.kaçurrel, bukël. 2.dredhje, përdredhje; **in curl** i dredhur.
curler['kë:lë:] *n* bigudi.
curlicue['kë:likju:] *n* 1.lulkë(shkrimi).2.figurë(në patinazh).
curling iron/tongs *n* shufër për dredhje flokësh.
curling-pins['kë:lingpins] *n* bigutina.
curly['kë:li] *adj* kaçurrel; i dredhur.
currant['kʌrënt] *n* stafidhe, rrush pa fara.
currency['kʌrënsi] *n* 1.monedhë; para. 2.përdorim; **pass out of currency** del nga përdorimi. 3.qarkullim.
currency market *n fin* treg financiar.
currency note *n* kartëmonedhë.
currency restrictions *n* kontroll i shkëmbimeve (të valutave).
currency unit *n* njësi monetare, monedhë.
current['kʌrënt] *n,adj* -*n* 1.rrymë, rrjedhë(ajri, uji). 2.rrymë elektrike. 3.rrjedhë e ngjarjeve, prirje.
-*adj* 1.i tanishëm, në vazhdim; **my current job** puna që kam tani. 2.i fundit, i kaluar. 3.i zakonshëm, i përhapur. 4.në qarkullim; **a rumour is current that** qarkullon një fjalë se.
currently['karëntli] *adv* aktualisht, tani, në këtë kohë.
curriculum[kë'rikjulëm] *n pl* **curricula** program mësimor, plan mësimor.
curriculum vitae[-'vitai] *n* biografi, përmbledhje paraqitëse(e formimit, përvojës së personit).
currier['kurië:] *n* lëkurëpunues, regjës lëkurësh.
curry I['kʌri] *n* mish etj me erëza.
curry II['kʌri] *vt* 1.regj lëkurën. 2.pastroj me kruese. + **curry favour with sb** ia kreh bishtin dikujt, lajkatoj.
currycomb['kʌrikoum] *n,v* kruese(për kalin).
-*vt* i kreh qimen(kalit).
curse[kë:s] *n,v* -*n* 1.sharje, mallkim.
-*v* 1.shaj. 2.mallkoj. +**be cursed with** jam i dënuar,

vuaj(një dënim).
cursed['kë:sid] *adj* 1.i mallkuar, i nëmur. 2.i urryer.
cursive['kë:siv] *adj,n* -*adj* kursiv.
-*n* shkrim kursiv.
cursory['kë:sëri] *adj* i përciptë, i nxituar.
curt[kë:t] *adj* 1.i shkurtër.2. i prerë.
curtail[kë:'teil] *vt* shkurtoj; zvogëloj; pakësoj.
curtailment[kë:'teilmënt] *n* shkurtim.
curtain['kë:tën] *n,v* -*n* 1.perde. 2.*teatr* perde. 3.*fig* mbulesë, mjegull. +**bring down the curtain on** i jap fund; **draw the curtain on/over** fsheh, mbuloj; **raise the curtain on** zbuloj, nxjerr më pah.
-*vt* 1.vë perde. 2.fsheh, mbuloj; **curtain off** ndaj me perde.
curtain call *n* rithirrje e aktorit në skenë.
curtain raiser *n teat* shfaqje e vogël paraprake.
curtain fire *n usht* perde zjarri.
curts(e)y['kë:tsi] *n,v* -*n* nderim, përkulje, kortezi.
-*vi* përkulem, nderoj.
curvature['kë:vëçë:] *n* lakim, përkulje, lakesë.
curve[kë:v] *v,n* -*v* 1.përkul, lakoj. 2.marr kthesë.
-*n* 1.vijë e lakuar. 2.kthesë(rruge). 3.*mat* lakore. 4.grafik, kurbë.
cushion['kushën] *n,v* -*n* jastëk(për mbështetje); shilte. 2.spond bilardoje.
-*v* 1.ulem mbi shilte. 2.i vë jastëk. 3.mbroj.
cushy['kushi] *adj* i rehatshëm, i ngrohtë; **a cushy job** punë e rehatshme.
cusp[kʌsp] *n* cep, majë.
cuspid['kʌspid] *n* dhëmb me majë, dhëmb qeni.
cuspidor['kʌspido:] *n amer* pështymore.
cussed['kʌsid] *adj* 1.kokëfortë. 2.*fig* i mallkuar.
custard['kʌstë:d] *n* krem karamel.
custodian[kʌs'toudjën] *n* 1.roje rojtar.2.kujdestar (i një fëmije). 3.pastrues, kujdestar.
custody['kʌstëdi] *n* 1.ruajtje; kujdestari. 2.arrestim; burgosje; **take into custody** arrestoj.
custom['kʌstëm] *n* 1.zakon. 2.klientelë. 3.*pl* doganë; taksë doganore. 4.*attrib* me porosi.
custom-built ['kʌstm'bilt] *adj* sipas kërkesës së blerësit, i bërë me porosi.
custom-made['kʌstëm'meid] *adj* me porosi(rroba).
customary['kʌstëmëri] *adj* i bërë zakon, i zakonshëm.
customer['kʌstëmë:] *n* 1.blerës, klient. 2.person, tip.
customs house *n* doganë.
customs['kʌstëms] *n* taksë doganore, doganë.
cut[kʌt] *v* (**cut**) 1.pres; ndaj; **cut in two** ndaj më dysh. 2.çaj(me sëpatë). 3.çan rrugë(lumi). 4.pritet; **stale bread cuts better** buka bajate pritet më mirë. 5.shkurtoj(shpenzimet). 6.qeth (flokët). 7.pres; i bie, kaloj; **cut accross the field** i bie përmes fushës. 8.e pres, i bie me të prerë(topit). 9.*fig* i mbaj qëndrim. 10.*fig* lë (orën e mësimit). 11.tret, hollon(benzina

grason). 12.pres(letrat e bixhozit). 13.shkurtoj (fjali-
min). 14.ndal; i jap fund (xhirimit).+**cut a disc/a
record** regjistroj një disk; **cut the ground from
under sb/sb's feet** ia prish të gjitha planet dikujt.
-*adj* 1.i prerë. 2.i ulur; **at cut prices** me çmime të
ulura. + **cut and dried** a)i rregulluar qysh më
përpara; b)i mërzitshëm.
-*n* 1.e prerë; e çarë, çarje. 2.kalim, kanal. 3.pjesë e
prerë. 4.mënyrë, stil, prerje(rrobash etj). 5.pakësim,
shkurtim,ulje(pagash, çmimesh). 6.*sport* gjuajtje me
të prerë. 7.lënie(e mësimit). 8.rënie shkurt, prerje(e
rrugës) shkurt. 9.*tipogr* klishe. 10.*fig* pjesë(fitimi).
11.prerje(e letrave).+**a cut above** *zhrg* ku e ku më
lart; **a short cut** rrugë e shkurtër/që pret shkurt.
+**cut across** i bie përmes.
+**cut back** a)kthehem mbrapsht befas; b)shkurtoj,
i pres majën(bimës); c) pakësoj, shkurtoj(prodhimin,
shpenzimet).
+**cut down** a)pres pemën; b) shkurtoj, pakësoj.
+**cut in** a)hyj papritmas; b)ndërhyj, ndërpres; c)hyj
në mes, ndaj(dy vallëzues); d) lidh, bashkoj.
+**cut off** a)heq,zhvoshk(lëkurën e drurit); b)ndërpres
(korentin); c)ndal befas; d)heq nga trashëgimi.
cut-off['kʌtof] *n*1.ndërprerje.2.rrugë që pret shkurt.
3.*pl zhrg* xhinse të shkurtuara.
+**cut out** a)heq, qëroj; b) i zë vendin, përzë; c)*zhrg*
ndërpres, heq dorë nga (ngacmimi); d) dal nga korsia
ime(me makinë).
cut-out['kʌtaut] *n el* çelës automatik.
+**cut up** a)copëtoj; b)*fig* vras, lëndoj; c)*zhrg*
mburrem, krekosem; **cut up rough** a)egërsohem;
b)nxjerr vështirësi; c)sillem shumë keq.
cut and thrust *n* 1.luftim trup me trup(me shpatë
etj). 2.hedhje e pritje(e debatit).
cutback['kʌtbæk] *n* shkurtim, ulje(e shpenzimeve,
çmimeve).
cute[kju:t] *adj* 1.*gj.fol* shih **acute**. 2.mendje-
mprehtë. 3.*amer* tërheqës, i lezetshëm.
cutler['kʌtlë:] *n* thikëpunues; thikëmprehës.
cutlery['kʌtlëri] *n* takëm(thikash,lugësh,pirunjsh).
cutlet['kʌtlit] *n* kotoletë.
cutpurse['kʌtpë:s] *n* hajdut, xhepist.
cut-rate['kʌtreit] *adj* me çmim të ulur; me çmim

të ulët, i lirë.
cutter['kʌtë:] *n* 1.prestar. 2.sandall, lundër. 3.ma-
kinë prerëse(mishi). 4.kaloshinë. 5.varkë shpëtimi.
6.anije patrullimi.
cutthroat['kʌtthrout] *n, adj* vrasës.
-*adj* 1.vrasës. 2.i pamëshirshëm, gjakatar.
cutting['kʌting] *n,adj* -*adj* 1.prerje, redaktim.
2.pjesë e prerë nga gazeta. 3.bisk, kalem.
-*adj* 1.therëse(vërejtje). 2.e akullt, që të pret(erë).
cuttlefish['kʌtëlfish] *n* sepje
cut-up['kʌtʌp] *n zhrg* karagjoz, klloun.
cutwater['kʌtwotë:] *n det* valëthyes.
cyanic['sajænik] *adj* 1.i kaltër. 2.*kim* cianik.
cycle['saikël] *n* 1.cikël. 2.varg i plotë. 3.*poet* cikël.
4.epokë. 5.*astron* fazë; periodë(e trupit qiellor). 6.*fiz*
cikël; rrotullim; rrugë(e pistonit).
-*v* 1.kryej një cikël. 2.ngas biçikletën.
cyclic['saikilik] *adj* ciklik; motoçiklist.
cyclist['saiklist] *n* çiklist.
cyclone['saikloun] *n* ciklon.
cyclopaedia[saiklë'pi:dië] *n* enciklopedi.
cyclopaedic[saiklë'pi:dik] *adj* enciklopedik.
Cygnus['signës] *n astron* Mjellma(yllësi).
cylinder['silindë:] *n* 1.*gjeom* cilindër. 2.*tek* cilin-
dër (motori). 3.*usht* mulli(revolveri).
cylindric (al)[si'lindrik(ël)] *adj* cilindrik.
cymbal['simbël] *n muz* pjatë, çapare.
cynic['sinik] *n* cinik.
cynical['sinikël] *adj* cinik, përbuzës.
cynicism['sinisizm] *n* cinizëm.
cypher['saifë:] *n* shih **cipher**.
cypress['saipris] *n* selvi, qiparis.
Cypriat['sipriët] *adj* qipriot.
Cyprus['saiprës] *n gjeog* Qipro.
Cyrillic[si'rilik] *adj* cirilik, i sllavishtes së vjetër
(alfabet).
cyst[sist] *n mjek* cist, kist.
czar[za:] *n* car.
Czech[çek] *n,adj* -*n* 1.çek. 2.gjuhë çeke, çekisht.
-*adj* çek.
Czech Republic *n gjeog* Republika Çeke.
Czechoslovakia[çekou'slouvækië] *n gjeog* Çeko-
sllovaki.

D

d, D[di:] *n* 1.d, shkronja e katërt e alfabetit anglez. 2.**D** nota "mjaftueshëm" (në shkollë). 3.numri romak 500.

d shkurtim për **dime; dollar; day; date; degree.**

dab I[dæb] *v,n* *-v* 1.çik, cek. 2.prek lehtë. 3.lyej. *-n* 1.prekje, cekje. 2.lyerje. 3.pak, një çikë.

dab II[dæb] *adj* usta, mjeshtër; **be a dab hand at sth** jam mjeshtër për diçka.

dabble ['dæbël] *v* 1.lag, njom. 2.llapashis. 3.bubërroj; merrem nga pak.

dabbler['dæblë:] *n përb* amator, diletant.

dace[deis] *n gj.fol* cirua.

dactylic[dæk'tilik] *adj* daktilik

dad[dæd] *gj.fol* baba.

daddy['dædi] *n gj.fol* babi.

dado['deidou] *n* fund muri (në dhomë).

daedal['di:dël] *adj poet* 1.mjeshtëror. 2.i ndërlikuar, si labirint.

daffodil['dæfëdil] *bot* bathër, badër.

daffy['dæfi] *adj fig* 1.kokëtrashë, trutharë.2.i krisur; i marrë.+**daffy on sb** i marrosur pas dikujt.

daft[da:ft] *adj* 1.i marrë. 2.kokëtrashë.

dagger['dægë:] *n,v* *-n* kamë; **look daggers at sb** e shoh dikë me inat.

-v qëlloj me kamë, i ngul thikën

dago ['deigou] *n përb* latino (person me origjinë spanjole, portugeze, italiane).

daguerreotype[dë'gerëtaip] *n fot* portret i fotografuar me një procedurë të hershme.

dahlia['deiljë] *n bot* gjeorgjinë.

daily['deili] *adv,adj,n* *-adv* përditë.

-adj i përditshëm; **a daily paper** gazetë e përditshme; **daily visits** vizita të përditshme.

-n 1.e përditshme(gazetë). 2.shërbyese(që vjen çdo ditë).

dainty['deinti] *adj,n* *-adj* 1.i hirshëm, i brishtë. 2.delikat, me shije të hollë. 3.i shijshëm.

-n gjë e shijshme, ushqim fort i këndshëm, delikatesë.

daiquiri['dækëri] *n* dakiri (koktej me rum, lëng limoni e sheqer).

dairy['deëri] *n* 1.baxho qumështi. 2.bulmetore. 3.fermë bulmeti.

dairying['deëring] *n* ekonomi qumështi; prodhim bulmeti.

dairymaid['deërimeid] *n* punëtore baxhoje.

dairyman ['deërimën] *n* 1. baxhaxhi. 2. punëtor ferme.

dais['dejis] *n* podium.

daisy['deizi] *n* 1.luleshqerrë, luledele.2.*zhrg* njeri i rrallë. 2.gjë e klasit të parë.

dale[deil] *n poet* luginë.

dally['dæli] *v* 1.humb kohën kot. 2.engledisem; luaj. 3.flirtoj, tregohem lozonjar.

dam I[dæm] *n* femër(kafshë).

dam II[dæm] *n,v* *-n* sfrat, digë.

-vt 1.ngre digë. 2.frenoj, përmbaj(lotët).

dam III[dæm] *adj,adv zhrg* *-adj* i dreqit; **one damn thing after another** punë dreqi si njëra dhe tjetra.

-adv 1.tepër, kiamet. 2.hiç, kurrgjë; **I know dam all about it!** unë s'di kurrgjë për këtë punë.

damage ['dæmixh] *n,v* *-n* 1.dëmtim; humbje, dëm. 2.*pl drejt* dëmshpërblim. 3.efekt i keq, dëm. 4.*zhrg* kosto; çmim; **what's the damage?** sa bën?

-vt dëmtoj.

damask['dæmësk] *n, adj, v* *-n* 1.*teks* damask. 2.metal i lazuar. 3.ngjyrë rozë.

-adj 1.prej damasku. 2.rozë, i trëndafiltë.

-v larzoj, zbukuroj me fije ari ose argjendi.

dame[deim] *n* 1.zonjë.2.grua plakë.3.*zhrg* femër.

damn[dæm] *v,n,adj,adv, interj* *-vt* 1.dënoj me vuajtjet e ferrit. 2.hedh poshtë, shpall të pavlerë(një libër etj). 3.bëj të dështojë, shkatërroj. 4.mallkoj. 5.provoj fajësinë. +**damn with faint praise** e zhvlerësoj duke i bërë një lavdërim të vakët.

-n 1.mallkim. 2.*zhrg* çikërrimë, grimë; **not to care a damn** s'e çaj kokën fare, asnjë grimë.

-adj,adv 1. fort, tepër, kiamet; **a damn good writer** shkrimtar fort i mirë.2.hiç, fare; kurrgjë; **that's damn all good/use** nuk vlen fare/asnjë dysh.

-interj zhrg dreq!, në djall! **damn it all!** në djall të vejë! **damn you!** të marrtë dreqi!

damnable['dæmnëbël] *adj* 1.i urryer, i mallkuar. 2.shumë i keq; **damnable weather** mot i ndyrë.

damnation [dæm'neishën] *n* 1.mallkim. 2.dënim, ndëshkim.

damned [dæmd] *adj, adv* *-adj* 1. i mallkuar. 2.*zhrg* i urryer, i ndyrë; **a damned lie** gënjeshtër e ndyrë. 3.*zhrg* i jashtëzakonshëm; **it was the damnedest thing I ever saw** ishte gjëja më e jashtëzakonshme që kam parë ndonjëherë.

-adv shumë; **he should be damned glad to get the job** ai duhet të jetë shumë i lumtur po ta zërë atë punë.

damp[dæmp] *n,v* *-n* 1.lagështi. 2.pikëllim; hije trishtimi.

-adj i lagësht, me lagështirë.

-v 1.lag, njom, spërkas(rrobat). 2.frenoj; shkurajoj. 3.mbys.

+damp down a)mbuloj(zjarrin); b)*fig* mbys (kritikën).

+damp off kalbëzohet.

dampen ['dæmpën] *v* 1.njom, lag. 2.shkurajoj; dobësoj.

damper['dæmpë:] *n* 1. *tek* kllapë, flutur, rregullues i ajrit. 2.shkurajues(person). 3.zhurmëmbytës.**+put a damper on** shtyp, ndrydh, mbys.

damp course *n* shtresë izoluese.

dance[da:ns] *v,n* *-v* 1.vallëzoj. 2.kërcej, hidhem.

+dance attendance on i rri tërë kujdesje(dikujt).

-n 1.vallëzim. 2.kërcim, valle. 3.mbrëmje vallëzimi. 4.hedhje.**+lead sb a dance** fus në telash dikë.

dance floor *n* shesh/pistë vallëzimi.

dance hall *n* sallë vallëzimi.

dancer['da:nsë:] *n* 1.kërcimtar, balerin. 2.vallëzues.

dandelion['dændilajën] *n* lule radhiqe.

dander['dændë:] *n gj.fol* zemërim.**+get sb's dander up** e zemëroj; e nxeh dikë.

dandle['dændël] *vt* 1.përkund, tund(në krahë). 2.ledhatoj, përkëdhel.

dandruff['dændrëf] *n* zbokth.

dandy['dændi] *n,adj* *-n* pispilluq, burrë tepër i kujdesur për pamjen.

-adj 1.i pispillosur, i veshur me kujdes të tepruar. 2.*fig* i shkëlqyer, i klasit të parë.

Dane[dein] *n* Danez.

danger['deinxhë:] *n* rrezik; **in danger** në rrezik; **out of danger** jashtë rrezikut.

dangerous['deinxhërës] *adj* i rrezikshëm.

dangle['dængël] *v* 1.var; lëkund; kolovis.2.i vardisem, i ngjitem. 3.ia tund para syve, e josh.

Danish['deinish] *adv,n* *-adv* danez.

-n gjuha daneze, danishtja.

dank[dænk] *adj* i lagësht; me lagështirë.

dapper['dæpë:] *adj* 1.i pastër; i mbajtur; i paqmë. 2.i gjallë, i zhdërvjellët; sqimatar.

dapple['dæpël] *v,n, adj* *-vt* laros, laracoj.

-n laraman.

-adj i larmë, larosh, larok.

dappled['dæpëld] *adj* larosh, laraman; me pulla.

darb[da:b] *n zhrg* njeri/gjë për së mbari.

dare [deë:] *v* (**dared, durst; dared**) 1. guxoj; **dare dive from the bridge** guxoj të hidhem nga ura. 2.përballoj, i bëj ballë; **dare the dangers of the Arctic** u bëj ballë rreziqeve të Arktikut. 3.marr në sy; **they wouldn't dare!** si mund ta bëjnë këtë?

4.sfidoj; **I dare you!** hë, po ta mbajti!**+I dare say** ma ha mendja, ka mundësi që.

daredevil['deë:devël] *adj* kokëkrisur.

daring['deëring] *n,adj* *-n* guxim i çmendur.

-adj kokëkrisur, i marrë, i krisur; guximtar.

dark [da:k] *adj,n* *-adj* 1. i errët. 2. i mbyllur, e errët(ngjyrë). 3.zeshkan; flokëzi. 4.i fshehtë; **he kept his past dark** ai e mbante të fshehtë të kaluarën e vet. 5.i keq, i ulët, i lig; **a dark deed** punë e ligë. 6.i zymtë; **dark days** ditë të zymta; **the dark side of things** ana e zymtë e gjërave. 7.i sertë, i ngrysur(vështrim). 8.e errët, e zhytur në injorancë (epokë); **Dark Ages** Mesjeta. 9.i vdekur, pa transmetim(stacion televiziv etj). **+keep dark** mbaj të fshehtë, nuk e bëj fjalë.

-n 1.errësirë. 2.muzg, natë, errësirë; **wait until dark** pres sa të ngryset. 3.ngjyrë e errët. 4.*fig* errësirë, padituri; **be in the dark** nuk di gjë; **keep sb in the dark** nuk i tregoj gjë, e mbaj të painformuar.

dark glasses *n* syze të errëta.

dark horse *n fig* sasi e panjohur.

darken['da:kën] *v* 1.errësoj. 2.errësohet.

darkling['da:kling] *adj* i zbetë, që mezi shquhet.

darkness['da:knis] *n* errësirë, terr.

darksome['da:ksëm] *adj* i errët, i zi.

darling['da:ling] *n,adj* *-n* i dashur, i shtrenjtë.

-adj i këndshëm, i hirshëm.

darn[da:n] *v,n* *-v* kap me pe, mbush një vrimë.

-n 1.mbushje me pe. 2.vend i kapur me penj.

dart[da:t] *n,v* *-n* 1.lëvizje e shpejtë, turrje. 2.shikim i shpejtë. 3.fjalë therëse. 4.shtizë; shigjetë.

-v 1.turrem si shigjetë; derdhem, lëshohem. 2.lëshoj, gjuaj. 3.hedh(një shikim).

Darwinism['da:winizëm] *n* darvinizëm.

dash[dæsh] *v,n* *-v* 1.hedh. 2.spërkas. 3.hidhem, turrem, sulem. 4.përplasem. 5.shkatërrohet, shkërmoqet; **our hopes were dashed** shpresat tona u shkërmoqën.

-n 1.spërkatje. 2.vrull, turrje. 3.përplasje. 4.frenim, dekurajim. 5.sasi e vogël, grimë. 6.garë shpejtësie e shkurtër. 7.goditje. 8.vizë lidhëse, shenja - . 9.energji, gjallëri.

+dash by nxitoj, kaloj me shpejtësi.

+dash off bëj/shkruaj shpejt e shpejt.

dashboard['dæshbo:d] *n* 1.parapritëse, baltëpritëse(e karrocës etj). 2.panel i aparaturave(të makinës, avionit).

dashing['dæshing] *adj* 1.i vrullshëm, energjik. 2. i dukur, i pashëm.

dastard['dæstë:d] *n* 1.frikacak. 2.i poshtër; dredharak.

data['deitë] *n pl* i **datum** të dhëna, fakte.

database['deitëbeis] *n kmp* bazë të dhënash.

data processing *n kmp* përpunim i të dhënave.

date I[deit] *n* hurmë Arabie.

dead

date II[deit] *n,v* -*n* 1.datë. 2.afat. 3.*amer* takim. 4.personi me të cilin ke takim; shoqërues; **who is your date for the dance?** me cilin do të vish në vallëzim? **+out of date** i dalë mode; jo në përdorim, i dalë nga qarkullimi; **to date** deri tani; **up to date** a)deri tani, deri sot; b)modern i kohës, në modë.
-*v* 1.i vë datën. 2.gjej datën,datoj (një fosil). 3.lë takim. 4.shoqërohem rregullisht, kam lidhje me(një person të seksit tjetër). 5.jam/bëhem i dalë mode. **+date from** i përket, e ka origjinën, është i kohës së.
dated['deitid] *adj* 1.i datës...2. i datuar, me datë. 3.i vjetëruar, i dalë nga përdorimi.
dateless['deitlis] *adj* 1.i padatuar; pa datë. 2.i pafund, i pakufizuar. 3.që s'mbahet mend. 4.i pavdekshëm.
date line *n* vija e ndërrimit të datës(meridiani 180°).
date of birth *n* datëlindje.
date stamp *n* vulë me datën.
dative['deitiv] *n,adj gram* -*n* rasë dhanore.
-*adj* dhanore.
datum['deitëm] *n pl* data shih data.
daub[do:b] *v,n* -*v* 1.bojatis, lyej keq. 2.përlyej, fëlliq. 3.shkarravis.
-*n* 1.shtresë(balte etj). 2.pikturë e dobët.
daughter['do:të:] *n* bijë, vajzë.
daughter-in-law['do:të:inlo:] *n* nuse e djalit.
daughterly['do:të:li] *adj* prej vajze, bijëror.
daunt[do:nt] *vt* shkurajoj, i heq kurajon.
dauntless['do:ntlis] *adj* i patrembur, trim.
daw[do:] *n* galë, sorrë.
dawdle ['do:dël] *v,n* -*v* rri kot, vras kohën; **don't dawle over your work!** mos rri kot po bëj punën.
-*n* 1.sorrollatje. 2.njeri që rri pa punë, dembel.
dawn [do:n] *n* 1.agim. 2.*fig* fillim, lindje; **the dawn of civilization** lindja e qytetërimit.
-*v* 1.agon, gdhin. 2.më shkrepëtin, më bëhet e qartë. 3.fillon, shfaqet.
day[dei] *n* ditë; **by day** ditën ; **the day after tomorrow** pasnesër; **the day before yesterday** pardje; **this day fortnight** si sot dy javë; **one day** një ditë (dikur në të kaluarën ose në të ardhmen); **some day** ndonjë ditë(në të ardhmen); **one of these days** së shpejti; **to a day, to the day** me saktësi, plot: **three years ago to a day** plot tre vjet më parë. **+call it a day** i jap fund (punës); **day by day** çdo ditë, ditë për ditë; **day in, day out** çdo ditë, ditë për ditë; **from day to day** ditë për ditë; **pass the time of the day** a)përshëndetem me dikë. 2.shkëmbej dy fjalë.
daybook['deibuk] *n* 1.ditar.2.*treg* libër llogarish.
day boy *n* nxënës i jashtëm, jokonviktor.
daybreak['deibreik] *n* agim.
day care centre/center *n* çerdhe fëmijësh.
day centre *n Br* qendër e specializuar për pleq e

handikapatë.
daydream['deidri:m] *n,v* -*n* ëndërr me sy hapur, fantazi.
-*v* fantazoj, shoh ëndrra me sy hapur.
daydreamer['deidri:më:] *n* ëndërrimtar.
day labourer *n* mëditës, punëtor ditor.
day letter *n* telegram jo i shpejtë.
daylight['deilait] *n* 1.dritë dielli; **in broad daylight** në mes të ditës. 2.ditë. 3.agim. 4.çiltërsi, mosfshehje. 5.hapësirë; shteg. **+see daylight** *fig* a)kuptoj; b)i avitem fundit(të mendimit).
dayliner['deilainë:] *n* tren ekspres dite.
daylong['deilong] *adj,adv* ditor, i një dite; gjithë ditën.
day nursery['deinë:sri] *n* çerdhe ditore.
day release *n* stazh; kualifikim në punë.
day release course *n Br treg,ind* kurs profesional me kohë të pjesshme.
day return *n Br* biletë vajtje-ardhje e vlefshme brenda ditës.
day school['deisku:l] *n* shkollë dite.
day shift *n* turn i parë.
dayspring['deispring] *n poet* agim.
daytime['deitaim] *n* ditë; **in the daytime** ditën, gjatë ditës.
day-to-day['deitëdei] *adj* i zakonshëm, i rregullt. i përditshëm; **on a day-to-day basis** përditë.
day trip *n* ekskursion njëditor.
daze[deiz] *v,n* -*v* 1.shushas, trullos. 2.verboj.
-*n* shushatje, trullosje; **in a daze** i trullosur.
dazzle['dæzël] *v,n* -*v* 1.verbohem(nga shkëlqimi, nga drita e diellit). 2.i marr mendtë.
-*n* 1.verbim; hutim. 2.shkëlqim verbues, hutues.
deacon['di:kën] *n* dhjak.
dead [ded] *adj,adv,n* -*adj* 1. i vdekur; e ngordhur(kafsha); e tharë(pema); **dead men tell no tales** më mirë të mos lësh dëshmitarë të gjallë; **wait for a dead man's shoes** pres t'i zë vendin. 2.pa jetë; **dead matter** materie jo e gjallë. 3.i amullt, i vdekur; **in the dead hours of the night** në orët e vdekura të natës; **be at/come to/reach a dead end** *fig* arrij në një pikë të vdekur, ngec. 4.e shuar, e vdekur(gjuhë). 5.i pandjeshëm, i mpirë(trup); **dead to the world** *fig* top në gjumë; **dead to all feelings of shame** i pacipë. 6.i plotë; i sigurt; **come to a dead stop** ndalem në vend; **a dead calm** qetësi e plotë; **go into/be in a dead faint** bie krejt pa ndjenja; **a dead loss** humbje e plotë; **a dead shot** nishantar i pagabueshëm; **a dead sleep** gjumë i thellë. 7.i mbaruar, që nuk punon; **the telephone went dead** telefoni u prish/nuk punonte. 8.e shpëlarë (ngjyrë). 9.i mekur(zë). 10.i mbaruar, i këputur(nga lodhja).
-*adv* 1.plotësisht, krejtësisht. 2.drejtpërdrejt.
-*n* 1.*pl* të vdekurit. 2.mesi, kulmi; **the dead of night** mesi i natës.

dead air *n* 1.shtresë ajri izoluese. 2.*rad, tv* periudhë boshe, pa transmetim.

deadbeat['ded'bi:t] *adj* i lodhur për vdekje, i rraskapitur.

deadcentre['dedsentë:] *n tek* pikë e vdekur.

dead duck *n fig* 1.njeri i mbaruar, i rraskapitur. 2.njeri i marrë fund, i flakur(nga puna etj).

deaden['dedën] *vt* heq, largoj; dobësoj; mpij.

deadend['ded'end] *n* rrugë pa krye, qorrsokak.

deadline['dedlain] *n* afat i fundit.

dead letter *n* ligj/rregull që nuk zbatohet.

deadlock['dedlok] *n* bllokim, ngecje; **be/come to a deadlock** ngec.

deadly['dedli] *adj* 1.vdekjeprurës. 2.i betuar.

deaf[def] *adj* i shurdhër. +**turn a deaf ear** bëj veshin e shurdhër.

deaf-and-dumb['defënd'dʌm] *adj* shurdhmemec.

deafen ['defën] *vt* 1. shurdhoj. 2. i çaj veshët, i shurdhoj veshët. 3.izoloj nga zhurmat.

deafening['defëning] *adj* shurdhues.

deaf-mute['defmju:t] *n,adj* shurdhmemec.

deal I[di:l] *v,n* - *v* (**dealt**) 1.kam të bëj (me). 2.merrem me. 3.veproj, sillem. 4.bëj tregti, blej e shes. 5.jap(një goditje).6.jap, shpërndaj. 7.ndaj (letrat).

-*n* 1.marrëveshje, ujdi. 2.plan; rregullim. 3.ndarje e letrave. 4.dorë(letrash). 5.sasi. +**a good/great deal** a)shumë, goxha; b)një pjesë e madhe; **a square deal** marrëveshje e ndershme.

+**deal out** shpërndaj.

deal II[di:l] *n* dërrasë pishe, bredhi.

dealer['di:lë:] *n* 1.tregtar. 2.ndarës(i letrave).

dealership ['di:lë:ship] *n* biznes; zonë biznesi; koncesion.

dealing['di:ling] *n* 1.ndarje.2.*pl* marrëdhënie tregtare. 3.*pl* sjellje, qëndrim. 4.tregti; **honest dealing** tregti e ndershme.

dealt[delt] *pt* dhe *pp* e **deal**.

dean[di:n] *n* 1.dekan.2.anëtari më i vjetër. 3.*dip* dekan i trupit diplomatik, ambasadori më i vjetër(në një vend).

deanery['di:nëri] *n* 1.dekanat. 2.pozitë e dekanit.

dear [dië:] *adj,adv,n,interj* -*adj* 1. i shtrenjtë; i dashur; i çmuar; **hold sb dear** e dua shumë. 2.i nderuar(në krye të një letre). 3.i shtrenjtë, i kushtueshëm(mall, dyqan).

-*adv* shtrenjt; **buy cheap and sell dear** blej lirë e shes shtrenjt.

-*n* 1.njeri i dashur; **isn't she a dear?** a nuk është një mrekulli? 2.i dashur, i shtrenjtë; **yes, dear** po, i dashur.

-*interj* **oh, dear!, dear me!** o zot!

dearly[dië:li] *adv* 1.shtrenjt. 2.shumë, tepër.

dearth[dë:th] *n* 1.mungesë, pakicë. 2.mungesë ushqimi, zi buke.

death[deth] *n* 1.vdekje. 2.mbarim, fund(i një pe-

randorie). 3.shuarje(e shpresave). 4.vrasje, gjakderdhje. +**at death's door** në prag të vdekjes; **be death on** krejt kundër; **do to death** a)vras; b)e bëj aq shpesh sa bëhet e mërzitshme; **put to death** vras, ekzekutoj.

deathbed['dethbed] *n* shtrat i vdekjes.

deathbell['dethbel] *n* kambanë e vdekjes.

deathblow['dethblou] *n* goditje vdekjeprurëse.

deathless['dethlis] *adj* i pavdekshëm.

deathly['dethli] *adv,adj* -*adv* 1.për vdekje. 2.së tepërmi.

-*adj* vdekjeprurës.

death-rate['dethreit] *n* vdekshmëri, përqindje e vdekjeve.

deathroll['dethroul] *n* listë e të vdekurve, e viktimave.

deathtrap['dethtræp] *n* 1.situatë tepër e rrezikshme. 2.ndërtesë në rrezik shembjeje.

deathwarrant['dethworënt] *n* urdhër për zbatimin e dënimit me vdekje.

deathwatch['dethwoç] *n* 1.rojë e të dënuarit me vdekje. 2.ai që përgjon të vdekurin. 3.*zool* bulkth.

débacle[dei'ba:kël] *n* 1.përmbysje. 2.shpartallim, shkatërrim. 3.çarje e akullit mbi lumë. 4.vërshim uji.

debar[di'ba:] *vt* ndaloj, heq(të drejtën).

debark [di'ba:k] *v* 1. zbres (nga anija, avioni). 2.shkarkoj, nxjerr në breg.

debarkation[di:ba:'keishën] *n* 1.shkarkim.2.zbarkim, zbritje.

debase [di'beis] *vt* 1.ul (cilësinë etj).2.ul vlerën(e parasë). 3.ul, turpëroj(veten).

debasement[di'beismënt] *n* poshtërim, ulje.

debatable[di'beitëbël] *adj* i diskutueshëm.

debate [di'beit] *v,n* -*v* 1.shqyrtoj. 2.diskutopj, rrah. 3.bluaj në mendje, peshoj.

-*n* debat; diskutim, rrahje mendimesh.

debater[di'beitë:] *n* diskutues.

debauch[di'bo:ç] *v,n* -*vt* prish, zvetënoj, korruptoj.

-*n* jetë e shthurur; zvetënim.

debauched[di'bo:çd] *adj* i shthurur, i zvetënuar.

debauchee[debou'çi:] *n* njeri i shthurur.

debauchery[di'bo:çëri] *n* shthurje, zvetënim.

debenture[di'bençë:] *n* 1.dëftesë pagimi dogane. 2.*fin* obligacion.

debilitate[di'bileteit] *vt* dobësoj, ligështoj.

debility[di'bilëti] *n* dobësi, pafuqi.

debit['debit] *v,n* - *n treg* debit, borxh.

-*vt* shënoj në debit(**against,to**).

debonair, debonaire[debëneë:] *adj* 1.elegant, me finesë. 2.gazmor. 3.i sjellshëm, galant.

debouch[di'bush] *vi* 1.dal. 2.derdhet, zbarkon.

debris['debri:] *n* 1.cifla; copëra. 2.mbeturina.

debt[det] *n* 1.borxh; **get/run into debt** zhytem në borxhe. 2.detyrim.

debt of honor *n* borxh bixhozi.

debtor['detë:] *n* borxhli, debitor.
debug [di:'bʌg] *vt* 1. *kmp* spastroj nga viruset (kompjuterin). 2.*fig* ftilloj, vë në rregull. 3.spastroj nga mikrofonët e përgjimit(dhomën etj).
debunk[di:'bʌnk] *vt gj.fol* 1.çmitizoj; demaskoj (dikë). 2.përgënjeshtroj. 3.diskreditoj.
debut['deibju:] *n* 1.debutim(në skenë). 2.dalje(në shoqëri).
débutante ['debju:ta:nt] *n* vajzë e porsadalë në shoqëri.
deca-['dekë-] *pref* dhjetë-
decade[dekeid] *n* dekadë, dhjetëvjeçar.
decadence['dekëdëns] *n* rënie, dekadencë.
decadent['dekëdënt] *adj,n* -*adj* dekadent.
-*n* dekadent.
decalogue['dekëlog] *n* Dhjetë Porositë e Moisiut.
decamp [di'kæmp] *vi* fryj, zhdukem, largohem fshehurazi.
decant[di'kænt] *v* zbraz, kulloj(verën).
decanter[di'kæntë:] *n* shishe qelqi, damixhanë.
decapitate[di'kæpiteit] *vt* i pres kokën.
decarbonize[di:'ka:bënaiz] *vt* shkarbonizoj.
decasyllabic['dekësi'læbik] *adj let* dhjetërrokësh.
decasyllable['dekë'silëbël] *n let* dhjetërrokësh.
decathlon[di'kæthlon] *n sport* dhjetëgarësh.
decay[di'kei] *v,n* -*vi* 1.kalbet. 2.kalb. 3.merr të tatëpjetën, shkatërrohet.
-*n* 1.kalbje. 2.rënie, shkatërrim; rrënim.
decayed[di'keid] *adj* 1.i prishur, i kalbur(dhëmb). 2.e rrënuar(godinë). 3.në rënie(qytetërim). 4.të shuara(shpresa).
decease[di'si:s] *n,v* -*n* vdekje.
-*v* vdes.
deceased[di'si:st] *adj* i ndjerë; **the deceased** i ndjeri.
decedent[di'si:dënt] *n amer drejt* i vdekur.
deceit[di'si:t] *n* 1.mashtrim. 2.gënjeshtër.
deceitful[di'si:tful] *adj* mashtrues.
deceive[di'si:v] *vt* gënjej, mashtroj.
deceiver[di'si:vë:] *n* gënjeshtar, mashtrues.
decelerate[di:'selëreit] *v* ul shpejtësinë.
December[di'sembë:] *n* dhjetor(shih edhe **July** për përdorimet).
decency['di:sënsi] *n* 1.mirësjellje, sjellje e njerëzishme. 2.*pl* rregulla të mirësjelljes.
decennial[di'seniël] *adj,n* -*adj* dhjetëvjeçar.
-*n* dhjetëvjetor, përvjetor i dhjetë.
decent['di:sënt] *adj* 1.i denjë, i përshtatshëm. 2.i hijshëm; për të qenë, si duhet.3.i arsyeshëm, jo i ashpër. 4.i veshur si duhet, në rregull.
decentralization[di:sentrëlai'zeishën] *n* decentralizim.
decentralize[di:'sentrëlaiz] *vt* decentralizoj.
deception[di'sepshën] *n* 1.mashtrim. 2.hile. 3. zhgënjim, iluzion.
deceptive[di'septiv] *adj* mashtrues, gënjeshtar.

deci-['desë-] *pref* (një) e dhjetë.
decide[di'said] *v* 1.vendos.
decided[di'saidid] *adj* 1.i dukshëm, i qartë. 2.i vendosur, i palëkundur.
decidedly[di'saididli] *adv* 1.përfundimisht. 2.në mënyrë të vendosur. 3.pa dyshim.
deciduous[di'sidjuës] *adj bot* gjetherënës.
decimal['desimël] *adj,n* -*adj* dhjetor.
-*n* 1.numër dhjetor. 2.presje dhjetore.
decimal fraction *n mat* numër dhjetor; numër dhjetor më i vogël se 1.
decimalize ['desimëlaiz] *vt* kthej në sistemin dhjetor.
decimal number *n* numër dhjetor.
decimal point *n mat* presje dhjetore.
decimate ['desëmeit] *vt* 1. vras, zhduk në masë. 2.dhjetoj, vras një në dhjetë veta.
decimation[desë'meishën] *n* 1.dhjetim. 2.vrasje, zhdukje në masë.
decimetre['desimi:të:] *n* decimetër.
decipher[di'saifë:] *vt* 1.deshifroj. 2.zbërthej diçka të paqartë.
decision [di'si:zhën] *n* 1. vendim. 2.vendosmëri. 3.zgjidhje (e një çështjeje të diskutueshme).
decisive[di'saisiv] *adj* 1.vendimtar. 2.i vendosur; **a decisive answer** përgjigje e vendosur.
deck[dek] *n,v* -*n* 1.kuvertë(urë e anijes).2.kat autobuzi. 3.pako letrash bixhozi.+**clear the deck(s)** gatitem për luftim; **on deck** gati për punë; **stack the deck** a)parapërgatis letrat(me hile); b)i dal përpara situatës, marr masa.
-*vt* 1.stolis, zbukuroj. 2.i vë kuvertë (lundrës).
deckhand['dekhænd] *n* detar i thjeshtë, marinar.
declaim [di'kleim] *v* 1. deklamoj, recitoj. 2. mbaj fjalim. 3.sulmoj me fjalë.
declamation[deklë'meishën] *n* 1.deklamim, recitim. 2.e folur me ton, me emocion.
declamatory[di'klæmëto:ri] *adj* deklamues; me emocion.
declaration[deklë'reishën] *n* 1.deklaratë. 2.deklaratë e të ardhurave/pasurive. 3.shpallje, shfaqje(e dashurisë).
declarative[di'klærëtiv] *adj* shih **declaratory**.
declaratory[dik'lærëto:ri] *adj* deklarativ.
declare[di'kleë:] *v* 1.njoftoj botërisht, shpall. 2.deklaroj; bëj një deklaratë. 3.shprehem, deklarohem (pro, kundër). 4.deklaroj(të ardhurat). +**declare for /against** shprehem në favor/kundër.
declassify[di'klæsëfai] *vt* nxjerr nga lista e dokumenteve sekrete.
declension[di'klenshën] *n* 1.*gram* lakim. 2.përkulje, pjerrje. 3.rënie, keqësim.
declination[deklë'neishën] *n* 1.përkulje, pjerrje. 2.refuzim me mirësjellje. 3.shmangie e gjilpërës magnetike. 4.shmangie nga standardi.
decline[di'klain] *v* 1.refuzoj, nuk pranoj; **decline**

an offer refuzoj një ofertë. 2.pjerret, priret, pjerrësohet(shpati). 3.bie, rrënohet; shpërbëhet(një komb etj). 4.*gram* lakoj. 5.perëndon(dielli). *-n* 1.rënie, ulje; **a decline in prices** rënie çmimesh. 2.keqësim, rënie, dobësim. 3.*fig* perëndim, mbarim. 4.tuberkuloz. 5.tatëpjetë, pjerrësirë. +**fall into a decline** a)pësoj rënie; b)vuaj nga tuberkulozi; **on the decline** në rënie.

declining[di'klaining] *adj,n* -*adj* në rënie. *-n* 1.mospranim, refuzim(ftese). 2.rënie(e një perandorie etj). 3.*gram* lakim.

declivitous[di'klivitës] *adj* i pjerrët.

declivity[di'klivëti] *n* pjerrësi; pjerrësirë, tatëpjetë.

decode['di:'koud] *vt* 1. deshifroj, çkodoj.2.*fig* kuptoj, zbërthej; shpjegoj, sqaroj.

decoding[di'kouding] *n kmp,tv* zbërthim, deshifrim.

decolo(u)r[di:'kʌlë:] *vt* çngjyros.

decolo(u)rant[di':kʌlërënt] *n,adj* -*n* çngjyrues. *-adj* çngjyrosës.

decolo(u)ration[di:kʌlë'reishën] *n* çngjyrim.

decolo(u)rize[di:'kʌlëraiz] *vt* çngjyros.

decompose [di:këm'pouz] *v* 1.shpërbëj, zbërthej. 2.dekompozohet, prishet, kalbet. 3.zbërthehet.

decomposition[di:kompë'zishën] *n* 1.shpërbërje, zbërthim. 2.kalbje, dekompozim.

decompress [dikëm'pres] *vt* 1. ul presionin. 2. shfryj.

decompression[dikëm'preshën] *n* shfryrje; ulje presioni.

decontaminate[di:kën'tæmëneit] *vt* dezinfektoj; degazoj.

decontrol[dikën'troul] *v,n* -*vt* heq kontrollin(e çmimeve). *-n* heqje e kontrollit.

décor['deiko:] *n* dekor.

decorate['dekëreit] *vt* 1.zbukuroj, stolis. 2.dekoroj, i jap medalje. 3.lyej, vesh me letër(muret).

decoration[dekë'reishën] *n* 1.zbukurim. 2.dekorim. 3.dekoratë. 4.lyerje, veshje(e mureve).

decorative['dekërëtiv] *adj* zbukurues, dekorativ.

decorator['dekëreitë:] *n* 1.dekorator; zbukurues. 2.bojaxhi.

decorous ['dekërës, di'ko:rës] *adj* i sjellshëm; i hirshëm; dinjitoz.

decorum[di'ko:rëm] *n* 1.mirësjellje, sjellje e kulturuar. 2.*pl* rregulla të mirësjelljes.

decoy[di'koi] *n,v* -*n* 1.karrem, zog artificial i përdorur si karrem për të tjerët. 2.kurth, grackë. 3. *fig* person a send që të fut në rrezik. *-vt* 1.ndjell, tërheq(gjahun). 2.fus në rrezik.

decrease[di:'kri:s] *v,n* -*v* 1.ul, pakësoj, zvogëloj. 2.ulet, pakësohet. *-n* 1.pakësim, zvogëlim. 2.ulje, masë e zvogëlimit.+**on the decrease** në rënie.

decree[di'kri:] *n,v* -*n* 1.dekret. 2.vendim.

-v 1.dekretoj. 2.urdhëroj; **fate decreed that** deshi fati që.

decrement['dekrimënt] *n* 1.pakësim. 2.humbje, firo.

decrepit[di'krepit] *adj* 1.i plakur, i thyer, i rënë (njeri, kafshë). 2.e vjetër, e rrënuar(shtëpi).

decrepitude[di'krepitju:d] *n* dobësim, rënie(nga plakja).

decretal[di'kri:tël] *n* dekret papnor.

decrial[di'krajël] *n* dënim, denoncim.

decriminalize[di:'krimënëlaiz] *vt* çpenalizoj(e heq një veprim keqbërës nga kategoria e shkeljeve penale).

decry[di'krai] *vt* 1.ia ul vlerat, nënçmoj. 2.dënoj, denoncoj.

dedicate['dedikeit] *v* 1.ia kushtoj(jetën etj).2.i kushtoj(një libër dikujt), ia dedikoj.

dedicated ['dedikeitid] *adj* 1.i përkushtuar(njeri). 2.*kmp* i specializuar.

dedication[dedi'keishën] *n* 1.devotshmëri; përkushtim. 2.dedikasë, kushtim.

deduce[di'dju:s] *vt* deduktoj, nxjerr një përfundim.

deduct[di'dʌkt] *vt* mat zbres, heq.

deduction [di'dʌkshën] *n* 1.zbritje, heqje. 2.madhësi e zbritur. 3.deduksion, përfundim.

deductive[di'dʌktiv] *adj* deduktiv.

deed [di:d] *n* 1.veprim. 2.bëmë. 3.kryerje, bërje. 4.dokument, akt(shitjeje). +**in deed** në fakt; në të vërtetë; faktikisht, aktualisht.

deem[di:m] *vt* mendoj, gjykoj, quaj; **he deemed it unwise** ai e quajti pa vend.

deep[di:p] *adj,adv* -*adj* 1.i thellë. 2.e thellë, e mbyllur, e errët(ngjyrë). 3.i ulët(zë). 4.i thellë (gjumë). 5.(**in**) i zhytur, i kredhur(në mendime). 6.i madh; i fshehtë; **he's a deep one** ai është njeri i fshehtë.

-adv 1.thellë. 2.vonë; **deep into the night** deri natën vonë.

-n 1.vend i thellë, thellësirë. 2.kulm, palcë; **the deep of winter** palca e dimrit. 3.*poet* **the deep** deti.+**deep down** në thelb; **deep in thought** i zhytur në mendime.

deepchested['di:pçestid] *adj* gjoksmadh.

deepen['di:pën] *v* 1.thelloj. 2.thellohet.

deep-freeze['di:p'fri:z] *v,n* -*vt* 1.ngrij(ushqime). 2.*fig* mbaj të ngrirë(një projekt), pezulloj. *-n* 1.ngrirës. 2.*fig* ngrirje, pezullim.

deep-laid['di:pleid] *adj* i planifikuar në fshehtësi.

deep-rooted['di:p'ru:tid] *adj* i rrënjosur; i ngulitur.

deep-seated['di:p'si:tid] *adj* 1.i rrënjosur. 2.i vendosur thellë.

deep-set['di:pset] *adj* 1.i vendosur thellë.2.i ngulitur.

deepwater['di:p'wotë:] *adj* i thellësisë (së detit).

deer[die:] *n* dre.

deerskin['diëskin] *n* lëkurë dreri.

deface[di'feis] v 1.zhgarravis.2.fshij, bëj të palexueshëm(mbishkrimin).

defacement[di'feismënt] n zhgarravitje, shëmtim.

de facto [di:'fæktou] adv, adj 1.në fakt, në të vërtetë. 2.de fakto, ekzistues(qeveri etj).

defalcate[di:'fælkeit] vt përvetësoj, shpërdoroj, vjedh(para).

defalcation[di:fæl'keishën] n 1.përvetësim, shpërdorim, vjedhje. 2.shumë e vjedhur.

defalcator[di:'fælkeitë:] n shpërdorues, përvetësues, vjedhës.

defamation[defë'meishën] n 1.përgojim, përfolje. 2.shpifje.

defamatory[di'fæmëto:ri] adj përgojues; shpifës.

defame[di'feim] vt shpif; përflas, përgojoj.

default[di'fo:lt] n,v -n 1.mosplotësim, mungesë. 2. mosparaqitje, mosardhje; **loose by default** humbas (garën) për mosparaqitje. 3.mospagim; ndërprerje e pagesave.+**in default of** në mungesë të. -vi 1.nuk përmbush detyrimin. 2.drejt a) nuk paraqitem në afat(në gjyq); b)humbas për mosparaqitje. 3.nuk paguaj në kohë.

defaulter[di'fo:ltë:] n 1.person që nuk paraqitet (në garë, në gjyq, në provim). 2.shpërdorues, përvetësues(parash).

defeat[di'fi:t] n,v -n disfatë, thyerje; mundje; **to admit defeat** pranoj humbjen, e quaj veten të humbur. -vt 1.mund. 2.prish, asgjësoj.

defeatism[di'fi:tizëm] n disfatizëm, qëndrim prej disfatisti.

defeatist[di'fi:tist] n disfatist.

defecate['defëkeit] vi dal jashtë, zbrazem, bëj nevojën.

defecation[defë'keishën] n të dalët jashtë.

defect [di'fekt] n,v -n 1.e metë, defekt. 2.cen. -vi dezertoj, braktis(vendin, një parti etj).

defection[di'fekshën] n shkelje e fjalës, tradhti; dezertim.

defective[di'fektiv] adj 1.me cen, i mangët; me të meta. 2.gram e gjymtë(folje). 3.i metë(njeri).

defence[di'fëns] n 1.mbrojtje. 2.mburojë, mbrojtëse. 3.sport mbrojtje; mbrojtës. 4.drejt a)mbrojtje, fjalë e mbrojtjes; b)mbrojtje, pala e paditur.

defence counsel n avokat mbrojtës.

defence expenditure n shpenzime për mbrojtjen, buxhet ushtarak.

defenceless[di'fenslis] adj i pambrojtur.

defenceman[di'fensmën] n sport mbrojtës.

defend [di'fend] vt 1.mbroj. 2.mbrohem. 3.drejt a)mbroj(në gjyq); b) kundërshtoj, mohoj(një akuzë).

defendant [di'fendënt] n drejt i pandehur; i paditur.

defender [di'fendë:] n 1. mbrojtës; kujdestar. 2.sport mbrojtës i titullit(kampion).

defense shih **defence**.

defending [di'fending] adj 1. sport mbrojtës. 2. drejt mbrojtës, i mbrojtjes(avokat).

defending champion n sport mbajtës i titullit kampion.

defensible[di'fensibël] adj 1.i mbrojtshëm.2.i justifikueshëm.

defensive[di'fensiv] adj 1.mbrojtës.2.për mbrojtje.

defer I[di'fë:] vt shtyj (afatin).

defer II [di'fë:] vi tërhiqem, hap rrugë, nënshtrohem; nderoj.

deference['defërëns] n nderim, respekt; **in deference to** nga respekti për.

deferent['defërënt] adj i respektueshëm.

deferential [defë'renshël] adj i sjellshëm, i respektueshëm.

deferential[defë'renshël] adj i sjellshëm, i respektueshëm.

deferment[di'fë:mënt] n shtyrje afati.

deferred[di'fë:d] adj 1.i shtyrë. 2.amer i përjashtuar nga shërbimi ushtarak.

defiance[di'fajëns] n kundërshtim i hapur; mosbindje; **in defiance of** a) në kundërshtim të hapur me; b) pa përfillur, duke injoruar.

defiant[di'fajënt] adj 1.provokues, sfidues.2.mospërfillës; kundërshtues. 3.armiqësor.

deficiency[di'fishënsi] n 1.mungesë. 2.mangësi. 3.e metë, cen.

deficient[di'fishënt] adj,n -adj 1.i mangët, i pamjaftueshëm. 2.i metë, me cen. -n i metë.

deficit['defisit] n deficit.

defier[di'fajë:] n sfidues.

defile I['di:fail] n,v -n 1.ngushticë, grykë(mali). 2.rrugë e ngushtë, shteg. -vi eci në njëshkolonë.

defile II[di'fail] vt 1.ndyj; fëlliq. 2.prish, korruptoj. 3.përdhos. 4.fig njollos(nderin).

defilement[di'failmënt] n 1.ndotje, fëlliqje. 2.prishje, korruptim. 3.ndotës.

define[di'fain] vt 1.përcaktoj; përkufizoj.2.shpjegoj. 3.karakterizoj.

definite ['defënit] adj 1.i përcaktuar. 2.i qartë, i saktë. 3.gram e shquar(nyjë).

definitely['defënitli] adv 1.padyshim, sigurisht. 2.kategorikisht.

definition[defë'nishën] n 1.përkufizim; përcaktim. 2.qartësi, saktësi.

definitive[di'finëtiv] adj përfundimtar; **definitive answer** përgjigje përfundimtare.

deflate[di'fleit] v 1.shfryj(gomën).2.fig shfryj, ia ul pretendimet (dikujt). 3.fin ul(çmimet); pakësoj (monedhën në qarkullim), luftoj inflacionin. 4.pakësohet.

deflation[di'fleishën] n 1.shfryrje. 2.pakësim. 3.ek deflacion. 4.gjeol shpëlarje(e shkëmbinjve nga era).

deflationary [di'fleishëneri] adj ek deflacioniste,

që ulin inflacionin(masa).

deflect[di'flekt] *v* 1.ndërroj drejtim; mënjanoj, shmang. 2.i shmangem(kritikës).

deflection [di'flekshën] *n* 1.devijim, shmangie. 2.madhësi/shkallë e shmangies. 3.kthim teposhtë.

deflower[di:'flauë:] *vt* 1.zhvirgjëroj. 2.prish.

defoliant[di'fouliënt] *n* kimikat gjetherrëzues.

defoliate[di'folieit] *v* zhvesh, i rrëzoj gjethet.

deforest[di:'forist] *vt* shpyllëzoj.

deform [di'fo:m] *vt* 1. shformoj; shtrembëroj. 2.shfytyroj, shëmtoj.

deformation[di:fo:'meishën] *n* 1.shformim; deformim; shtrembërim. 2.shfytyrim.

deformed[di'fo:md] *adj* i shformuar; i deformuar.

deformity [di'fo:miti] *n* 1. shformim, deformim. 2.cen, gjymtim. 3.shëmtim.

defraud[di'fro:d] *vt* 1.zhvas. 2.mashtroj.

defray[di'frei] *vt* paguaj; mbuloj(shpenzimet).

defrayal[di'frejël] *n* pagim; mbulim(i shpenzimeve etj).

defrost[di:'frost] *vt* 1.shkrij, i heq akullin. 2.ngroh (ushqimin).

defroster[di:'frostë:] *n* pajisje shkrirëse(në xhamat e makinave etj).

deft[deft] *adj* i shkathët, i zhdërvjellët; **deft fingers of a surgeon** duart e zhdërvjellta të kirurgut.

defunct[di'fʌnkt] *adj,n -adj* i vdekur, i ndjerë. **-n the defunct** i vdekuri.

defy[di'fai] *vt* 1.kundërshtoj, i kundërvihem. 2.i bëj ballë, duroj, rezistoj; **this strong fort defies capture** kjo fortesë u bën ballë sulmeve. 3.sfidoj; e ftoj të matet; **defy sb to do sth** ftoj(nxis) dikë të bëjë diçka. 4.nuk i bindem, nuk përfill; **defy the law** nuk respektoj ligjin.

degeneracy[di'xhenërësi] *n* degjenerim, zvetënim.

degenerate[di'xhenëreit] *adj,n,v -adj* 1.i prishur, i bastarduar. 2.i degjeneruar, i shthurur. **-n** 1.i degjeneruar. 2.bastard. **-vi** 1.degjeneroj; zvetënohem. 2.*biol* degjenerohet, humbet funksionin(një organ).

degeneration[dixhenë'reishën] *n* 1.degjenerim, zvetënim; bastardim. 2.*biol* degjenerim, humbje e funksionit.

degenerative[di'xhenërëtiv] *adj* degjenerues.

degradation [degrë'deishën] *n* 1.*usht* degradim. 2.rënie, degradim(i njeriut); prishje(e karakterit).

degrade[di'greid] *vt* 1.degradoj, ul në gradë. 2.*fig* prish, degradoj(njeriun). 3.*gjeol* rrëgjon(erozioni).

degraded[di'greidid] *adj usht,fig* i degraduar.

degrading[di'greiding] *adj* degradues.

degree[di'gri:] *n* 1.gradë(këndore, temperature). 2.shkallë; **by degrees** hap pas hapi, shkallë-shkallë; **to a degree** *gj.fol* a)së tepërmi; b)disi, në një farë shkalle; **to a high/the highest degree** a)intensivisht; b)në mënyrë të tepruar; **first-degree** serioze, e shkallës së parë(djegie, vrasje). 3.gradë shkencore,

titull. 4.*gram* shkallë; **superlative degree** shkallë sipërore. 5.*mat* shkallë, gradë(e variablit, ekuacionit).

degree course *n* program diplome(që të siguron diplomë).

degree mill *n amer përb* universitet i dobët, fabrikë diplomash.

dehorn[di:'ho:n] *vt* i heq brirët.

dehumanize[di:'hju:mënaiz] *v* çnjerëzoj, kafshëroj.

dehumidify[di:hju'midifai] *vt* thaj, i heq lagështinë.

dehydrate[di:'haidreit] *vt* i heq ujët, çujësoj, dehidratoj, thaj; **dehydrated vegetables** perime të thara.

dehydration[di:'haidreishën] *n* 1.çujësim, dehidratim, tharje. 2.humbje e lëngjeve(të organizmit).

de-ice[di:'ais] *vt* shkrij, heq akullin.

de-icer[di:'aisë:] *n* shkrirës akulli.

de-icing [di:'aising] *n* shkrirje akulli; **de-icing bomb** *aut* bombë kundër akullit.

deification[diifi'keishën] *n* hyjnizim, adhurim.

deify['di:ifai] *vt* 1.hyjnizoj. 2.adhuroj.

deign[dein] *v* denjoj, begenis.

deism ['di:izëm] *n* deizëm; besim te Zoti (jashtë feve).

deist['di:st] *n* deist.

deity['di:iti] *n* hyjni, perëndi.

deject[di'xhekt] *vt* brengos, hidhëroj, trishtoj.

dejected[di'xhektid] *adj* i brengosur, i trishtuar.

dejection[di'xhekshën] *n* brengosje, trishtim.

de jure [dei'xhuëri] *adv lat* drejt de jure; me ligj, ligjërisht.

delay[di'lei] *n,v -n* 1.vonesë. 2.shtyrje. **-v** 1.vonoj. 2.shtyj. 3.vonohem.

delayed-action[di'leidækshën] *adj* me veprim të vonuar.

delectable[di'lektëbël] *adj* i këndshëm, i kënaqshëm.

delectation[di:lek'teishën] *n* kënaqësi; argëtim.

delegacy['deligësi] *n* 1.delegim. 2.delegacion.

delegate['delëgeit; *n edhe* 'deligit] *v,n -vt* 1.delegoj(të drejta, kompetenca). 2.ngarkoj, dërgoj(dikë). **-n** delegat, përfaqësues.

delegation[deli'geishën] *n* 1.delegacion, dërgatë. 2.delegim, kalim i kompetencave.

delete[di'li:t] *vt* 1.shuaj, fshij. 2.prish, heq, i vë vizë.

deleterious[deli'tiëriës] *adj* i dëmshëm, dëmtues.

deletion[di'lishën] *n* 1.shuarje, fshirje. 2.prishje, heqje, pjesë e shuar.

deliberate[di'libëreit] *adj* 1.i paramenduar, i bërë me qëllim. 2.i kujdesshëm, i matur. 3.i ngadaltë dhe i vendosur, i qepur.

deliberation[dilibë'reishën] *n* 1.shqyrtim.2.diskutim, peshim. 3.maturi, kujdes.

deliberative[di'libërëtiv] *adj* 1.diskutues. 2.me të
trejtë vote.
delicacy['delikësi] *n* 1.brishtësi; hijeshi. 2.butësi,
jomësi(e lëkurës). 3.hollësi(gjykimi). 4.karakter
delikat(i një çështjeje).5.ndjeshmëri; finesë. 6.bukuri,
mbëlsi.
delicate['delikit] *adj* 1.i brishtë, i hijshëm. 2.i bu-
ë, i njomë. 3.i hollë. 4.delikat(problem). 5.i ndje-
hëm(instrument). 6.e lehtë(ngjyrë). 7.delikat (fëmi-
ë).8.i kujdesshëm(trajtim).9.i ndjeshëm, i prekshëm
njeri).
delicately['delikitli) *adv* 1.me delikatesë. 2.lehtë,
ëhtësisht. 3.hollë, imët. 4.hirshëm, hijshëm.
delicatessen[delikë'tesën] *npl* 1.ushqime të zgje-
lhura, prodhime gjysmë të gatshme. 2.dyqan
ushqimesh të zgjedhura.
delicious[di'lishës] *adj* 1.i shijshëm. 2.i lezetshëm
këndshëm, që të kënaq shpirtin.
delight[di'lait] *n,v* -*n* 1.gëzim. 2.kënaqësi; ëndje;
ake delight in gjej kënaqësi në.
-*n* 1.i jap kënaqësi, kënaq. 2.gjej kënaqësi, kë-
aqem.
delighted[di'laitid] *adj* 1.i kënaqur. 2.i gëzuar.
delightful[di'laitful] *adj* 1.i këndshëm. 2.gëzim-
jellës.
delightsome[di'laitsëm] *adj* 1.i këndshëm. 2.gë-
imsjellës.
delimit[di'limit] *v* caktoj kufijtë/caqet.
delimitation[dilimi'teishën] *n* caktim kufijsh.
delineate [di'linieit] *vt* 1. skicoj; përvijoj. 2.për-
hkruaj, parashtroj, formuloj.
delineation [dilini'eishën] *n* 1.skicim; përvijim.
.përshkrim, parashtrim, formulim.
delinquency[di'linkwënsi] *n* 1.gabim; faj; shkelje.
.kriminalitet; keqbërje.
delinquent[di'linkwënt] *n,adj* -*n* fajtor;shkelës.
eqbërës.
-*adj* 1.fajtor; shkelës. 2.i papaguar; që i ka kaluar
fati. 3.kriminal.
deliquesce['delëkwes] *vi* lëngëzohet, lagështohet.
deliquescence [delë'kwesëns] *n* lëngëzim, lagë-
htim.
deliquescent[delë'kwesënt] *adj* i lëngëzueshëm,
gështithithës, i lagështueshëm.
delirious[di'liriës] *adj* 1.në kllapi, në jerm, për-
art. 2.tepër i eksituar; i shfrenuar.
delirium[di'liriëm] *n mjek* 1.kllapi, përçartje, jerm.
.eksitim i madh, shfrenim.
delist[di'list] *vt* heq nga lista.
deliver[di'livë:] *vt* 1.shpërndaj; dorëzoj. 2.dërgoj.
.mbaj(një fjalim), jap(vendim). 4.jap(një goditje).
.shpëtoj, çliroj. 6.ndihmoj të lindë; **to be delivered**
f a child lind fëmijën. +**deliver oneself of** a)flas,
nxjerr; b)zbrazem, shkarkohem; **deliver up/over**
o) dorëzoj(një fortesë, gjënë e vjedhur).
deliverance[di'livrëns] *n* 1.shpëtim, çlirim. 2.opi-

nion, mendim, gjykim.
delivery [di'livëri] *n* 1. shpërndarje, dorëzim.
2.dërgesë. 3.dhënie, dorëzim. 4.mbajtje(fjalimi);
mënyrë të foluri. 5.shpëtim, çlirim. 6.lindje(fëmije).
7.mall i dorëzuar.
dell[del] *n* luginë e vogël(me pemë).
delouse[di'lauz] *vt* çmorris.
Delphic['delfik] *adj* 1.i Delfit. 2.i errët, i dykup-
timtë.
Delphic oracle *n* orakull i Delfit.
delphinium[del'finiëm] *n bot* zhabinë.
delta['deltë] *n* 1.germa greke d(Δ).2.*gjeog* del-
të(lumi).
delude[di'lu:d] *vt* mashtroj; gaboj; **delude oneself**
gënjej veten.
deluge['delju:xh] *n* 1.përmbytje; vërshim. 2.rre-
besh.
-*vt* 1.përmbys. 2.*fig* (**with**) mbys, e mbuloj me
(pyetje).
delusion[di'lu:zhën] *n* 1.mashtrim, gënjeshtër. 2.
iluzion. 3.*mjek* fiksim, ide fikse.
delusive[di'lu:siv] *adj* mashtrues; i rremë.
delve[delv] *v vjet* 1.gërmoj, rrëmih. 2.rrëmoj, gër-
moj, bëj kërkime.
demagnetize[di:'mægnëtaiz] *v* çmagnetizoj.
demagogic(al)[demë'goxhik(ël)] *adj* demagogjik.
demagogue['demëgog] *n* demagog.
demagogy['demëgoxhi] *n* demagogji.
demand['dimænd] *vt* 1.kërkoj(me forcë). 2.kër-
kon, ka nevojë për.
-*n* 1.kërkesë. 2.nevojë, kërkesë. +**on demand** me
t'u kërkuar.
demarcate['di:ma:keit] *vt* caktoj vijën e ndarjes
/kufirin.
demarcation[di:ma:'keishën] *n* ndarje, kufi, de-
markacion.
démarche['deima:sh] *n* përçapje, demarsh.
demean I[di'mi:n] *vt* ul, poshtëroj; **demean one-**
self ul veten.
demean II[di'mi:n] *v* sillem, veproj.
demeano(u)r[di'mi:në:] *n* sjellje, mënyrë të sjelluri.
demented[di'mentid] *adj* i çmendur, i luajtur.
demerit[di:'merit] *n* cen, mungesë. e metë.
demigod['demigod] *n* gjysmëperëndi.
demijohn['demixhon] *n* damixhanë.
demilitarization[di:militërai'zeishën] *n* çmilitari-
zim.
demilitarize[di:'militëraiz] *vt* çmilitarizoj.
demimonde['demimond] *n* shtresa e mantenutave.
demise [di'maiz] *v,n* -*v* 1.lë trashëgim. 2.jap me
qira(një pronë). 3.lë fronin(kur vdes); abdikoj, lë
fronin(së gjalli).
-*n* vdekje legale.
demission[di'mishën] *n* dorëheqje(nga posti).
demist[di'mist] *v* fshij(xhamat e veturës).
demobilization ['di:moubilai'zeishën] *n* çmobili-

zim.

demobilize[di:'moubilaiz] *vt* çmobilizoj.

democracy[di'mokrësi] *n* 1.demokraci.2.vend demokratik. 3.regjim demokratik, qeveri demokratike.

democrat ['demëkræt] *n* 1.demokrat. 2.anëtar i partisë demokratike(në SHBA). 3.karrocë me kuaj(me dy radhë ndenjësesh).

democratic[demë'krætik] *adj* demokratik.

democratically [demë'krætikëli] *adv* demokratikisht, në mënyrë demokratike.

democratization[dimokrëtai'zeishën] *n* demokratizim.

democratize[di'mokrëtaiz] *vt* demokratizoj.

démodé[deimou'dei] *adj* i dalë mode.

demographic[di:më'græfik] *adj* demografik.

demography[di:'mogrëfi] *n* demografi.

demolish [di'molish] *vt* 1.shkatërroj; shëmb; rrëzoj. 2.thyej. 3.hedh poshtë(argumentet).

demolishment[di'molishmënt] shih **demolition**.

demolition[demë'lishën] *n* shkatërrim, shembje.

demolition bomb *n* bombë shkatërruese.

demon['di:mën] *n* 1.*mit* demon. 2.*fet* djall, shpirt i keq. 3.njeri shumë i lig, mizor. 4.*fig* xhind(për punë).

demoniac[di'mouniæk] *adj,n* -*adj* 1.djallëzor.2.i xhindosur.
-*n* njeri i xhindosur.

demoniacal[di:më'najëkël] *adj* shih **demoniac**.

demonstrable['demënstrëbël] *adj* i provueshëm.

demonstrate['demënstreit] *v* 1.demonstroj, vërtetoj, provoj. 2.paraqes, konkretizoj, shpjegoj. 3.shfaq, tregoj haptas. 4.demonstroj, bëj demonstratë.

demonstration[demën'streishën] *n* 1.demonstrim, provë. 2.paraqitje, konkretizim. 3.shfaqje, manifestim. 4.demonstratë. 5.*mat* vërtetim.

demonstrative[di'monstrëtiv] *adj,n* -*adj* 1.demonstrativ. 2.shpjegues, ilustrues, konkretizues. 3.*gram* dëftor.
-*n* pronar(emër, mbiemër).

demonstrator['demënstreitë:] *n* demonstrues.

demoralization[dimorëlai'zeishën] *n* demoralizim.

demoralize [di'morëlaiz] *vt* 1.prish moralin. 2.demoralizoj, ligështoj. 3.pështjelloj.

demote[di'mout] *vt* ul në pozitë.

demotion[di'mou:shën] *n* ulje në pozitë.

demount[di'maunt] *vt* çmontoj.

demountable[di'mauntëbël] *adj* i çmontueshëm.

demulcent[di'mʌlsënt] *adj,n* -*adj* qetësues.
-*n* bar qetësues.

demur[di'më:] *v,n* -*vi* kundërshtoj; nxjerr kundërshtim.
-*n* 1.kundërshtim. 2.ngurrim.

demure [di'mjuë:] *adj* 1. serioz, i matur, i përmbajtur. 2.i shtirë, gjoja modest.

demurrage[di'mʌrixh] *n* 1.mosngarkim(i trenit,

anijes) në afat. 2.zhdëmtim për mosngarkim në afat.

den[den] *n,v* -*n* 1.strofull, strofkë. 2.*fig* strofkë; qoshe më vete. 3.barakë, kasolle. 4.çerdhe, strofull (keqbërësish).
-*vi* rri në strofkë, futem në strofkë; fshihem, strukem.

denationalize[di'næshënëlaiz] *vt* privatizoj, denacionalizoj, çshtetëzoj.

denaturalize[di'næçrëlaiz] *vt* 1.heq shtetësinë. 2.çnatyroj.

denaturation['di:neiçë'reishën] *n* çnatyrim, prishje e vetive natyrore.

denature[di'neiçe:] *v* 1.i ndërroj natyrën. 2.çnatyroj(alkoolin).

denatured[di'neiçë:d] *adj* i çnatyruar.

deniable[di'najëbël] *adj* i mohueshëm.

denial[di'naiël] *n* 1. mohim. 2. refuzim, mospranim. 3.vetëmohim.

denicotinize[di:ni'kotinaiz] *vt* heq nikotinën (duhanit).

denier I[di'najë:] *n* mohues.

denier II['denië:, dë'ni:] *n* 1.denir(njësi mase për hollësinë e mëndafshit= 1 g/9000 m fill). 2.pare, dinar(monedhë e lashtë evropiane).

denigrate['denigreit] *v* 1.denigroj, nxij, telendis. 2.nxij.

denigration [deni'greishën] *n* denigrim, nxirje, telendi.

denim['denëm] *n* 1.xhins.2.*pl* pantallona xhins.

denizen[denizën] *n* 1. banor. 2.ardhacak.3.bimë /kafshë e aklimatizuar.

Denmark['denma:k] *n gjeog* Danimarkë.

denominate[di'nomineit] *v,adj* -*vt* emëroj, emërtoj, quaj.
-*adj* emërtues; **7 m is a denominate number** 7 m është numër emërtues.

denomination[dinomë'neishën] *n* 1.emër, emërtim. 2.besim, kult, sekt. 3.vlerë(e monedhës).

denominator[di'nomëneitë:] *n mat* emërues.

denotation[di:nou'teishën] *n* 1.kuptim i saktë, literal. 2.shënim, tregim. 3.shenjë, simbol.

denote[di'nout] *vt* 1.tregon, është shenjë e. 2.do të thotë, shënon, paraqet.

denouement[dei'nu:ma:n] *n* përfundim, zgjidhje (e subjektit letrar).

denounce[di'nauns] *vt* 1.kallëzoj, denoncoj, akuzoj. 2. dënoj publikisht. 3.prish, shpall të pavlefshme (një marrëveshje).

dense[dens] *adj* 1.i dendur, i ngjeshur. 2.e thellë(paditur). 3.i trashë, kokëtrashë.

densely['densli] *adv* 1.dendur; **densely populated** me popullsi të dendur. 2. ngjeshur; **densely packed hall** sallë e mbushur plot e përplot.

denseness['densnis] *n* dendësi; ngjeshje.

density['densëti] *n* 1.dendësi; ngjeshje. 2.dendësi e popullsisë. 3.*fiz* dendësi, densitet, peshë specifike.

4.trashësi(e mendjes).
dent I[dent] *v,n* *-v* 1.bëj gropë, shtyp. 2.gropohet, shtypet (metali etj).
-n 1.gropë, vend i shtypur. 2.*fig* gjurmë, pasojë(e keqe).
dent II[dent] *n* 1.dhëmb(krehëri); dhëmbëz (ingranazhi). 2.e prerë, çallatë.
dental['dentël] *adj,n* *-adj* 1.dhëmbësh, për dhëmbë. 2dentar. 3.*gram* dhëmbor(tingull).
-n bashkëtingëllore dhëmbore.
dental floss *n* pe për të pastruar dhëmbët.
dental plate *n* protezë dhëmbësh.
dentate['denteit] *adj* 1.me dhëmbëza, me maja. 2.i dhëmbëzuar(gjeth).
denticare['dentë'ke:] *n* shërbime dentare (të paguara nga shteti).
dentifrice['dentëfris] *n* pastë dhëmbësh.
dentin(e)['dentin] *n* dentinë(e dhëmbit).
dentist['dentist] *n* dentist.
dentistry ['dentistri:] *n* dentari, profesion i dentistit.
dentition[den'tishën] *n* 1.dalje e dhëmbëve, formim i dhëmbëve. 2.dhëmbë, tërësi e dhëmbëve.
denture['dençë:] *n zak pl* **dentures**: protezë dhëmbësh.
denturist ['dençërist] *n* specialist protezash (për dhëmbë).
denudation[diniu:'deishën] *n* 1.zhveshje. 2.*gjeol* zhvesh, gërryej, shpëlaj(shkëmbin).
denunciation [dinʌnsi'eishën] *n* 1. dënim publikisht. 2.kallëzim, denoncim. 3.prishje (marrëveshjeje). 4.paralajmërim, kërcënim.
denunciator[di'nʌnsi'eitë:] *n* kallëzues, denoncues.
denunciatory[di'nʌnsiei'tëri] *adj* 1.dënues. 2.kallëzues, akuzues. 3.kërcënues.
deny[di'nai] *vt* 1.mohoj. 2.i mohoj, i refuzoj(një shërbim). 3.nuk pranoj, nuk e quaj timen(firmën).
+deny oneself ia mohoj vetes(diçka), bëj pa të; **deny oneself to** nuk u dal(njerëzve).
deodorant[di:'oudërënt] *n,adj* *-n* deodorant.
-adj erëheqës.
deodorize[di:'oudëraiz] *vt* heq erërat.
deoxidize[di:'oksëdaiz] *vt* çoksidoj.
depart[di'pa:t] *v* 1.iki, largohem, nisem. 2. shkëputem, largohem, shmangem(nga diçka). 3.iki nga kjo jetë, vdes.
departed[di'pa:tid] *adj,n* *-adj* 1.i vdekur. 2.i shkuar, i kaluar.
-n i vdekur, të vdekur.
department[di'pa:tmënt] *n* 1.seksion, sektor, degë. 2.fushë, sektor. 3.qark, krahinë.
departmental ['di:pa:t'mentël] *adj* 1. i ndarë në sektorë, në seksione. 2.shërbimi.
department store *n* dyqan i madh, mapo.
departure[di'pa:çë:] *n* 1.ikje, largim, nisje.2.shkë-

putje, largim, shmangie. 3.fillim i ri, zhvillim i ri. 4.vdekje.
depend[di'pend] *vi* 1.mbështetem, besoj te. 2.varem, jam i varur nga. 3.rri varur. **+it/that depends** varet (nga rrethanat); **depend upon it** ki besim, të jesh i sigurt.
dependability [dipendë'bilëti] *n* 1. varësi, mbështetje.2.besim.
dependable[di'pendëbël] *adj* i besueshëm, i besuar, i sigurt(person).
dependant[di'pendënt] *n* 1.vartësi.2.besim; mbështetje. 3.varësi(nga rrethanat). 4.mbështetje.
dependency [di'pëndënsi] *n* 1. vend në vartësi. 2.vartësi. 3.diçka e varur(nga diçka tjetër).
dependent[di'pendënt] *adj,n* *-adj* 1.vartësi.2.varësi. 3.varje. 4.*gram* e varur(fjali)
-n vartës, person në ngarkim.
depict[di'pikt] *v,n* *-vt* 1.vizatoj, pikturoj.2.gdhend, skalis.3.përshkruaj.
-n 1.vizatim. 2.përshkrim. 3.pikturë. 4.skulpturë.
depilate['depileit] *vt* heq qimet, rruaj(gjymtyrët etj).
depilatory[di'pilëto:ri] *adj,n* *-adj* qimeheqës.
-n preparat qimeheqës.
deplane[di'plein] *vi* i zbres avionit.
deplete[di'pli:t] *vt* zbraz, boshatis, sos, shter.
depletion[di'pli:shën] *n* zbrazje, boshatisje, sosje, shterim.
deplorable[di'plorëbël] *adj* 1.i vajtueshëm, për të ardhur keq. 2.i mjerë, i mjeruar.
deplore[di'plo:] *vt* vajtoj, qaj, mëshiroj (dikë, diçka).
deploy[di'ploi] *v* 1.shpalos; hap, pozicionoj (trupat). 2.shpërndaj(personelin, mjetet).
depolarization[di:poulërai'zeishën] *n* shpolarizim.
depolarize[di:'poulëraiz] *vt* shpolarizoj.
depone[di'poun] *vi* dëshmoj me shkrim, jap dëshmi.
deponent[di'pounënt] *n* 1.dëshmitar.2.*gram* folje pësore nga forma por veprore nga kuptimi.
depopulate[di'popjuleit] *vt* shpopulloj.
depopulation[dipopju'leishën] *n* shpopullim.
deport[di'po:t] *vt* 1.dëboj, deportoj.2.sillem, mbahem.
deportation[di:po:'teishën] *n* dëbim, deportim.
deportment [di'po:tmënt] *n* 1. sjellje, qëndrim. 2.mbajtje e trupit, qëndrim i hijshëm; mënyrë të ecuri.
deposal[di'pouzël] *n* shkarkim (nga posti).
depose [di'pouz] *v* 1. shkarkoj, heq (nga posti). 2.*drejt* dëshmoj; **depose to/that** dal dëshmitar, dëshmoj se.
deposit[di'pozit] *v,n* *-v* 1.lë, lëshon(fundërri), depoziton.2.lë.3.vë në bankë, depozitoj. 4.lë si depozitë/si kapar(para).
-n 1.depozitë, kapar, **money on deposit** para të de-

pozituara/të lëna si kapar; **deposit safe** kasafortë. 2.fundërri, fundërresë. 3.*gjeol* rezervë(minerali), shtresë. 4.depozitim.

deposit account *n Br* llogari me librezë.

deposit slip *n* dëftesë depozitimi.

depositary[di'poziteri] *n* 1.depozitues.2.depo, magazinë.

deposition[depë'zishën] *n* 1.shkarkim(nga posti). 2.*drejt* a)dalje, dëshmitar; b)dëshmi(me shkrim). 3.depozitim, fundërrim. 4.depozitë, shumë e depozituar.

depositor[di'pozitë:] *n* depozitues(parash).

depository[di'pozëto:ri] *n* depo, magazinë.

depot['dipou, 'depou] *n* 1.*amer* stacion autobuzi; stacion treni. 2.depo, magazinë. 3.*usht* pikë grumbullimi. 4.garazh.

deprave[di'preiv] *vt* prish, korruptoj; degjeneroj; **depraved tastes** shije të degjeneruara.

depraved[di'preivd] *adj* i korruptuar; i degjeneruar, i çoroditur.

depravity[di'prævëti] *n* 1.korruptim, prishje.2.veprim i keq.

deprecate['deprikeit] *vt* kundërshtoj, nuk miratoj, dënoj(luftën etj).

deprecation[depri'keishën] *n* kundërshtim, mosaprovim, dënim.

deprecatory ['deprëkëto:ri] *adj* 1. kundërshtues, mosaprovues. 2.*gj.fol* shfajësues.

depreciate[di'pri:shieit] *v* 1.zhvlerësoj; ul çmimin. 2. nënvleftësoj, nënçmoj. 3. humbet vlerat (një ushqim).

depreciation[dipri:shi'eishën] *n* 1.zhvlerësim; ulje çmimi. 2.nënvleftësim; përçmim. 3.humbje e vlerave.

depreciatory[di'pri:shiëto:ri] *adj* nënvleftësues, nënçmues.

depredation[deprë'deishën] *n* 1.grabitje, plaçkitje. 2.rrënim, shkatërrim, prishje.

depress[di'pres] *vt* 1.brengos, dëshpëroj, ligështoj. 2.ul, shtyp. 3.ul, pakësoj. 4.dobësoj.

depressant[di'presënt] *adj,n* -*adj* ligështues, qetësues.

-*n* (bar) qetësues.

depressed[di'prest] *adj* 1.i dëshpëruar, i trishtuar; i zymtë. 2.i ulur, i shtypur. 3.i rrëgjuar.

depressed area *n* rajon i rrënuar(nga varfëria, papunësia).

depression[di'preshën] *n* 1.rënie shpirtërore, ligështim; depresion. 2.ulje, shtypje. 3.rënie(e temperaturës etj). 4.*gjeog* ultësirë, pellg, gropë. 5.*ek* rënie ekonomike, krizë. 6.presion i ulët(atmosferik).

deprivation[depri'veishën] *n* 1.heqje, privim(i lirisë, të drejtave). 2.humbje.

deprive[di'praiv] *vt* 1.i heq, i marr me forcë. 2.e lë pa(bërë diçka), s'e lë të(bëjë diçka).

depth[depth] *n* 1.thellësi. 2.vend i thellë, thellë-

sirë. 3.mes(i pyllit etj); qendër, thellësi(e Tokës). 4.intensitet, forcë(e ngjyrës, ndjenjës). +**out of one's depth** a)thellë sa nuk prek dot fundin; b)në situatë tepër të vështirë.

depth bomb *n* bombë thellësie.

depth charge *n* bombë thellësie.

deputation[depju:'teishën] *n* 1.përfaqësim; delegim. 2.dërgatë, delegacion.

depute[di'pju:t] *vt* 1.delegoj, i kaloj(kompetencat etj).2.caktoj, dërgoj(dikë si zëvendës/si përfaqësues).

deputize['depjutaiz] *vi* 1.(for sb) zëvendësoj(dikë). 2.caktoj si zëvendës.

deputy['depjuti] *n* 1.zëvendësues, zëvendës.2.deputet.

deputy chairman *n* zëvendëskryetar.

deputy minister *n* zëvendësministër.

deracinate[di'ræsëneit] *vt* 1.shkul. 2.çrrënjos. 3.shpërngul, heq nga vendi.

derail[di'reil] *v* nxjerr nga binarët.2.del nga binarët, nga shinat(treni).

derange [di'reinxh] *vt* 1. çrregulloj; pështjelloj. 2.çmend, marros, luaj mendsh.

derangement[di'reinxhmënt] *n* 1.çrregullim, pështjellim. 2.çmendje, marrosje.

derby ['dë:bi] *n* 1.garë; ndeshje. 2.kapelë republikë.

derelict['derëlikt] *adj,n* -*adj* 1.i braktisur. 2.i rrënuar. 3.neglizhent.

-*n* anije e braktisur në det. 2.njeri i braktisur; gjë e braktisur.

dereliction['derë'likshën] *n* 1.neglizhencë në punë. 2.braktisje; lënie pas dore.

deride[di'raid] *vt* tall, vë në lojë, përqesh; përçmoj.

derision[di'rizhën] *n* 1.tallje, përqeshje; përçmim. 2.objekt talljeje.

derisive[di'raisiv] *adj* tallës, përqeshës; përçmues.

derisory[di'raisëri] *adj* 1.tallës, përqeshës. 2.për t'u tallur, i përçmuar.

derivation[derë'veishën] *n* 1.rrjedhje; origjinë, prejardhje(e fjalëve). 2.*gjuh* formim(i fjalëve me ndajshtesa), ndajshtesim. 3.*mat* derivim.

derivative[di'rivëtiv] *adj,n* -*adj* 1.i rrjedhur, i prejardhur.2.*fig* jo fort origjinale(vepër).

-*n* 1.fjalë e prejardhur. 2.*kim* nënprodukt. 3.*mat* derivat.

derive[di'raiv] *v* 1.përftoj, nxjerr(kënaqësi). 2.buron, rrjedh, e ka prejardhjen(nga). 3.*gram* formoj (fjalë). 4.i gjej burimin. 5.nxjerr përfundim. 6.*mat* derivoj.

derma['de:më] *n* 1.*anat* dermë. 2.lëkurë.

dermal['de:mël] *adj* i lëkurës.

dermatitis[de:më'taitis] *n mjek* dermatit, pezmatim i lëkurës.

dermatologist [de:më'tolëxhist] *n* mjek lëkure, dermatolog.

dermatology[de:më'tolëxhi] *n* dermatologji.

dermatosis[de:më'tousis] *n* sëmundje lëkure.
derogate['derëgeit] *v* 1.heq(meritën etj). 2.keqë-soj. 3.degjeneroj, prish.
derogation[derë'geishën] *n* 1.ulje, heqje, dobësim (i pushtetit etj). 2.keqësim. 3.degjenerim.
derogatory [di'rogëto:ri] *adj* 1. nënçmues, përçmues. 2.poshtërues.
derrick['derik] *n tek* 1.vinç. 2.kullë shpimi (nafte).
derring-do['dering'du:] *n* 1. guxim i dëshpëruar. 2.bëmë, vepër e guximshme.
derringer['derënxhë:] *n* kobure grykëshkurtër.
derv[deë:v] *n* gazoil.
dervish['de:vish] *n* dervish.
desalinate[di:'sælëneit] *vt* shkripëzoj.
descant[des'kænt, 'deskænt] *v,n* -*vt* 1.diskutoj, shqyrtoj, rrah. 2.*muz* ekzekutoj bashkërisht(disa melodi).
-*n muz* 1.melodi, melodi bazë, soprano. 2.këngë, melodi. 3.diskutim, shqyrtim, rrahje(e një problemi).
descend[di'send] *v* 1.zbres. 2.rrjedh, buron(nga). 3.zvogëlohen(numrat). 4.pjerret, zbret(rruga). 5.trashëgohet, kalon brez pas brezi(pasuria). 6.katandis, ul veten.
+**descend on/upon** derdhen, dynden(njerëz).
descendant [di'sendënt] *n,adj* -*n* 1.pasardhës. 2.pinjoll.
-*adj* zbritës.
descent [di'sent] *n* 1. zbritje. 2. pjerrësirë, shpat. 3.origjinë, prejardhje. 4.trashëgimi. 5.rënie, katandisje. 6.sulm, mësymje.
describe[di'skraib] *vt* 1.përshkruaj. 2.vizatoj, heq, përshkruaj(një figurë). 3.paraqes, cilësoj(dikë).
description[di'skripshën] *n* 1.përshkrim. 2.lloj; **of every description** të çdo lloji.
descriptive[di'skriptiv] *adj* 1. përshkrues. 2.des-kriptive(gjeometri, gjuhësi).
descry[dis'krai] *vt* shquaj, dalloj.
desecrate['desëkreit] *vt* përdhos.
desecration[desë'kreishën] *n* përdhosje.
desegregate[di:'segrigeit] *vt* heq dallimin(racial).
desensitize[di:'sensitaiz] *vt* bëj të pandjeshëm, i heq ndjeshmërinë.
desert['dezë:t] *n,adj* -*n* 1.shkretëtirë. 2.vend shterp.
-*adj* 1.i thatë, shterp. 2.i shkretë, i pabanuar.
desert[di'zë:t] *v* 1.braktis. 2.lë detyrën; dezertoj. 3.më lë, më ikën(guximi, shpresa).
desert(s)[di'zë:t(s)] *n* shpërblim, hakë; **get one's just deserts** marr hakën/atë që më takon.
deserted[di'zë:tid] *adj* 1.i shkretë(vend). 2.e braktisur(grua).
deserter[di'zë:të:] *n* dezertor.
desertion[di'zë:shën] *n* 1.braktisje. 2.lënie e detyrës; dezertim.
deserve[di'zë:v] *v* meritoj.

deserved[di'zë:vd] *adj* i merituar.
deservedly[di'zë:vidli] *adv* siç e meriton, me të drejtë.
deserving[di'zë:ving] *adj* 1.me meritë; që meriton. 2.i lavdërueshëm. 3.që meriton ndihmë/interesim.
desiccant['desëkënt] *n amer* lagështithithës.
desiccate['desëkeit] *v* 1.thaj, i heq ujët(ushqimeve). 2.*fig* thahem(shpirtërisht).
desiccation[desi'keishën] *n* tharje (e perimeve etj).
desiccator['desikeitë:] *n* tharës, pajisje tharëse.
desiderative[di'sidërëtiv] *adj n gram* dëshirore.
desideratum[disidë'reitëm] *n pl* -**ta** gjë e nevoj-shme/e kërkuar.
design[di'zain] *n,v* -*n* 1.skicë, vizatim, projekt. 2.dizenjo, figurë(e qilimit etj). 3.vizatim teknik. 4.punim artistik. 5.plan. 6.synim, qëllim; **by design** me qëllim, me dashje.
-*v* 1.skicoj, bëj projektin. 2.vizatoj. 3.bëj plan, përpunoj(në mendje). 4.kam qëllim, synoj. 5.paracaktoj.
designate['dezigneit] *v,adj* -*vt* 1.tregon, shënon, paraqet. 2.emëroj, caktoj(në një detyrë).
-*adj* i caktuar, i emëruar.
designation[dezig'neishën] *n* 1.shënim, paraqitje, përcaktim. 2.titull, emërtim. 3.caktim, emërim.
designedly[di'zainidli] *adv* me qëllim, me dashje, me paramendim.
designer[di'zainë:] *n* 1.dezinjator, vizatues, skico-graf. 2.konceptues; projektues; stilist, modelist(për veshje). 3.*teat* dekorator. 4.intrigant, komplotues.
designing[di'zaining] *n,adj* -*n* 1.vizatim, dizenjo. 2.projektim; modelim; stilizim.
-*adj* intrigant, komplotues.
desirability[dizajërë'bilëti] *n* dëshirueshmëri, dë-shirim; pëlqyeshmëri.
desirable[di'zairëbël] *adj* 1.i dëshiruar, i dëshi-rueshëm. 2.i këndshëm; i shkëlqyer.
desire[di'zajë:] *n,v* - *vt* 1.dua, dëshiroj. 2.kërkoj; **it leaves a lot to be desired** kjo lë shumë për të dëshiruar.
-*n* 1.dëshirë. 2.kërkesë, lutje. 3.gjë e dëshiruar. 4.dëshirë seksuale.
desirous[di'zajërës] *adj* (**of**) i dëshiruar (për).
desist[di'zist] *vi* pushoj, heq dorë, ndërpres.
desk[desk] *n* 1.tryezë pune.2.banak(hoteli, zyre). 3.*Br* arkë(në dyqan etj). 4.**the desk** sekretari e re-daksisë. 5.drejtori(e ministrisë së Jashtme).
desk blotter *n* mbështetëse letrash.
desk-bound['deskbaund] *adj* që rri ulur, sedentar.
desk clerk *n amer* sportelist.
desk job *n* punë zyre.
desk-top ['desktop] *adj* tavoline, që mbahet mbi tavolinë(pajisje, kompjuter).
deskill[di'skil] *vt* skualifikoj.
desolate[*adj* 'desëlët; *v* 'desëleit] *adj,v* -*adj* 1.i

braktisur, i rrënuar(vend). 2.i shkretë, i pabanuar (territor). 3.i vetmuar, i mjerë; fatkeq. 4.e mërzitshme, e zymtë(jetë).
-*vt* 1.rrënoj. 2.shkretoj. 3.pikëlloj, bëj fatkeq.
desolation[desë'leishën] *n* 1.rrënim, shkatërrim. 2.shkretim; shkreti. 3.vend i vetmuar, i izoluar. 4.dëshpërim, pikëllim, mjerim.
despair[di'speë:] *n,v* -*n* 1.dëshpërim, humbje shpresash. 2.dëshpërim, njeri/send dëshpërues.
-*vi* dëshpërohem, bie në dëshpërim, humbas çdo shpresë; **to dispair of doing sth** humbas çdo shpreë për të bërë diçka.
despairing[dis'peëring] *adj* i dëshpëruar; i pashpresë.
desperado['despë'radou] *n amer* kriminel i krisur, keqbërës i rrezikshëm.
desperate['despërit] *adj* 1.i pashpresë, i dëshpëruar. 2.i krisur, i papërmbajtur(kriminel). 3.serioz, i rrezikshëm(situatë). 4.i dëshiruar. 5.i skajshëm, ekstrem; **in desperate need of assistance** që ka nevojë të ngutshme për ndihmë.
desperation[despë'reishën] *n* 1.dëshpërim.2.kuturisje(nga humbja e shpresave).
despicable ['despikëbël] *adj* i urryer, i ndyrë, i përbuzshëm.
despise[di'spaiz] *vt* përbuz, përçmoj; urrej.
despite[di'spait] *n,prep* -*n* 1.fyerje, lëndim. 2.*vjet* përbuzje, përçmim. 3.*vjet* mëri.
-*prep* megjithë, pavarësisht nga. +**despite of, in despite of** pavarësisht nga.
despiteful[di'spaitful] *adj vjet* i mëritur, inatçi.
despitefully[di'spaitfuli] *adv* plot mëri.
despoil[di'spoil] *vt* plaçkis, grabis.
despoilment[di'spoilmënt] *n* plaçkitje, grabitje.
despoliation[dispouli'eishën] *n* plaçkitje, grabitje.
despond [di'spond] *v,n* -*vi* 1. humbas shpresat, më lë guximi, dëshpërohem.
-*n* 1.shkurajim; dëshpërim. 2.trishtim, pikëllim.
despondency [di'spondënsi] *n* 1. shkurajim; dëshpërim. 2.trishtim, pikëllim.
despondent[di'spondënt] *adj* i shkurajuar; i pashpresë; i dëshpëruar.
despot['despot, 'despët] *n* 1.tiran, shtypës. 2.despot, monark absolut. 3.prind/epror despotik.
despotic[des'potik] *adj* tiranik, despotik; shtypës.
despotism['despëtizëm] *n* despotizëm.
dessert[di'zë:t] *n* ëmbëlsirë, fruta(mbas gjellëve).
dessertspoon[di'zë:tspun] *n* lugë ëmbëlsire, lugë mesatare.
destination[desti'neishën] *n* 1.vendmbërritje, destinacion. 2.paracaktim, qëllim.
destine['destin] *vt* 1.paracaktoj, destinoj.2.do fati; **destined for** a)që shkon në, me destinacion në; b)i paracaktuar, i destinuar për.
destiny['destëni] *n* 1.fat, rrisk. 2.fati, e dhëna.
destitute['destëtju:t] *adj* 1.i varfër, skamës, nevoj-

tar. 2.(**of**) pa, që s'ka.
destitution [desti'tju:shën] *n* 1. varfëri e madhe, skamje, mjerim. 2.mungesë.
destroy[di'stroi] *vt* 1.shkatërroj, prish; rrëzoj; thyej. 2shpartalloj(armikun). 3.i jap fund, asgjësoj (shresat). 4.vras, zhduk. 5.asgjësoj, bëj të paefektshëm.
destroyer[di'stroië:] *n* 1.shkatërrues, shkatërrimtar. 2.*det* destrojer.
destructible[di'strʌktëbël] *adj* i shkatërrueshëm.
destruction[di'strʌkshën] *n* 1.shkatërrim, rrënim. 2.shkatërrues, asgjësues.
destructive[di'strʌktiv] *adj* 1.shkatërrues, shkatërrimtar; rrënues. 2.shkatërraq, që prish gjithçka (fëmijë). 3.që nuk ndihmon, jokonstruktive(kritikë).
desuetude['deswitju:d] *n* mospërdorim; **fall into desuetude** del jashtë përdorimit.
desultory['desëlto:ri] *adj* josistematik, me hope, i çrregullt(studim).
detach[di'tæç] *vt* 1.shkëpus; heq; liroj; veçoj. 2.ndaj mënjanë, shkëpus. 3.nis, dërgoj (një detashment).
detachable[di'tæçëbël] *adj* i heqshëm, i shkëputshëm, i ndashëm.
detached [di'tæçt] *adj* 1.i pavarur; i paanshëm (qëndrim). 2.i shkëputur, i veçuar.
detachment[di'tæçmënt] *n* 1.veçim, ndarje, shkëputje. 2.mënjanim. 3.paanësi; çinteresim. 4.*usht* a)repart, detashment; njësi; çetë; b)detyrë e posaçme; **on detachment** me detyrë të posaçme.
detail['diteil, di'teil] *n,v* -*n* 1.hollësi, imtësi, detaj. 2.detajim. 3.kopje(pikture). 4.*usht* njësi, grup (ushtarësh).+**go into detail** hyj në detaje, futem në hollësira; **in detail** me imtësi, me hollësi.
-*vt* 1.jap me hollësi, hyj në hollësira. 2.*usht* nis me detyrë të posaçme.+**details** të dhëna(personale).
detailed['di:teild, di'teild] *adj* i hollësishëm.
detain[di'tein] *vt* 1.mbaj, vonoj, pengoj. 2.ndaloj, mbaj në arrest. 3.*vjet* përmbaj.
detainee[di:'teini:] *n drejt* i ndaluar, i arrestuar.
detainment[di'teinmënt] *n* ndalim, arrestim.
detect[di'tekt] *vt* 1.zbuloj, diktoj. 2.*el* çmoduloj.
detectable[di'tektëbël] *adj* i zbulueshëm, i diktueshëm.
detection[di'tekshën] *n* 1.zbulim, diktim. 2.*el* çmodulim.
detective[di'tektiv] *n,adj* -*n* 1.detektiv. 2.zbulues, përgjues, detektiv privat.
-*adj* 1.me detektivë, policor(libër). 2.zbulues, për zbulim; detektues.
detector[di'tektë:] *n* 1.*el* detektor. 2.*el* çmodulues. 3.zbulues.
détente[de'ta:nt] *n pol* ulje e tensionit, detantë.
detention[di'tenshën] *n* 1. ndalim, arrest. 2. pengim, vonesë, vonim.
deter[di'të:] *vt* frenoj, pengoj, përmbaj.

detergent[di'të:xhënt] *n,adj* -*n* larës; pluhur larës; lëng larës.
-*adj* larës.
deteriorate[di'ti:rïëreit] *v* 1.keqësohet; dëmtohet. 2.keqësoj; dëmtoj, prish.
deterioration[di'ti:rïë'reishën] *n* 1.keqësim.2.dëmtim, prishje.
determent[di'te:mënt] *n* frenim, pengim.
determinable [di:'të:minëbël] *adj* 1.i përcaktueshëm. 2.i zbulueshëm.
determinant[di'të:minënt] *n,adj* -*n* 1.përcaktues. 2.*mat* përcaktor.
-*adj* larës.
determinate [di'të:minit] *adj* 1.i përcaktuar, i caktuar, i fiksuar. 2.i vendosur(njeri).
determination [ditë:mi'neishën] *n* 1. përcaktim, caktim, fiksim. 2.vendim. 3.gjetje, përcaktim. 4.përfundim, zgjidhje. 5.vendosmëri. 6.përkufizim.
determinative[di'të:minëtiv] *adj, n* -*adj* përcaktues, vendimtar.
-*n* faktor vendimtar.
determine[di'të:min] *v* 1.vendos, marr vendim. 2.caktoj, përcaktoj. 3.llogaris, gjej. 4.më bën të vendos; është vendimtar(një faktor). 5.fiksoj, paracaktoj. 6.përkufizoj, përcaktoj; kushtëzoj. 7.i jap fund, përfundoj. 8.përfundon, merr fund.
determined[di'të:mind] *adj* i vendosur.
determiner[di'të:minë:] *n gram* përcaktor(i emrit).
determinism[di'të:minizm] *n filoz* determinizëm.
determinist[di'të:minist] *n filoz* determinist.
deterrence[di'tërëns] *n* 1.frenim, zhbindje. 2.frenues, mjet zhbindës.
deterrent[di'terënt] *adj,n* -*adj* frenues, pengues, zhbindës.
-*n* frenues, mjet zhbindës.
detest[di'test] *vt* urrej, neveris.
detestable[di'testëbël] *adj* i urryer, i urrejtshëm, i neveritshëm.
detestation[dites'teishën] *n* 1.urrejtje, neveri, krupë. 2.gjë/person i urryer.
dethrone[di'throun] *vt* rrëzoj; çfronëzoj, heq nga froni.
dethronement[di'throunmënt] *n* rrëzim; çfronësim, heqje nga froni.
detonate['detouneit] *v* 1.shpërthej, pëlcas.2.shpërthen, pëlcet.
detonation[detë'neishën] *n* 1.shpërthim, plasje. 2.gjëmim.
detonator['detëneitë:] *n* 1.kapsollë; fitil. 2.lëndë plasëse.
detour[di'tuë:] *n* 1.rrugë anësore, devijim, kalim anash.2.mënyrë e tërthortë, dredhi, marifet.
detoxicate[di'toksëkeit] *vt* çhelmoj, detoksikoj, largoj helmet.
detoxication[ditoksë'keishën] *n* çhelmim, detok-

sikim, largim i helmeve.
detoxify[di'toksëfai] *vt* shih **detoxicate.**
detract[di'trækt] *vi* (-**from**) i heq, i marr, i pakësoj vlerën.
detraction[di'trækshën] *n* 1.heqje, marrje, pakësim. 2.ulje; përfolje(e dikujt).
detractive[di'træktiv] *adj* 1.pakësues, zvogëlues. 2.përçmues, ulës; përfolës, përgojues.
detractor[di'træktë:] *n* përgojues; vlerëmohues, denigrues.
detrain[di'trein] *v* 1.zbres nga treni.2.heq/zbres /largoj nga treni, shkarkoj.
detriment['detrimënt] *n* 1.dëm, dëmtim; **to the detriment of** në dëm të. 2.gjë e dëmshme.
detrimental[detri'mentël] *adj* i dëmshëm, dëmtues.
detritus[di'traitës] *n* 1.material i gërryer, i shpëlarë(nga shkëmbi). 2.llum, mbeturinë.
deuce I[dju:s] *n* 1.dysh(në letra, në zare).2.*sport* barazim 40-40(në tenis).
deuce II[dju:s] *interj,n* dreq; **what the deuce....?** ç'dreqin..? **deuce take it!** në dreq të shkojë! **there will be the deuce to pay** do të kemi telashe të mëdha.
deuced [dju:st, 'dju:sid] *adj,adv* kjamet; së tepërmi; i tepruar; **in a deuced hurry** në pikë të vrapit; me shumë nxitim.
deuterim[dju:'ti:ri:ëm] *n kim* hidrogjen i rëndë, deuterium; **deuterium oxide** ujë i rëndë.
devaluate[di'væljueit] *vt* zhvlerësoj, ul vlerën(e monedhës).
devaluation[di:vælju'eishën] *n* zhvlerësim (i monedhës).
devalue[di:'vælju:] *vt* shih **devaluate.**
devastate['devësteit] *vt* shkatërroj, rrënoj; shkretoj.
devastation[devë'steishën] *n* shkatërrim, rrënim; shkretim.
develop[di'velëp] *v* 1.zhvilloj. 2.zhvillohet.3.evoluon. 4. shndërrohet. 5. fitoj (një zakon, shprehi). 6.shtjelloj(një plan). 7.del, zbulohet(një fakt). 8.*fot* a)larje, zhvillim(i filmit); b)del, shfaqet(fotografia).
developer[di'velëpë:] *n* 1.sipërmarrës ndërtimesh urbane. 2.*fot* zhvillues.
development[di'velëpmënt] *n* 1.zhvillim. 2.përpunim(i një plani). 3.ecuri, rritje(e fëmijës). 4.ngjarje; lajm. 5.grup ndërtesash. 6.*fot* larje, zhvillim(filmi).
development road *n* rrugë për shfrytëzim(të burimeve natyrore).
deviance['di:viëns] *n* 1.shmangie, devijim.2.sjellje e panatyrshme(sidomos seksuale).
deviant['di:viënt] *adj,n* -*adj* i panatyrshëm, jonormal(qëndrim).
-*n* person me sjellje të panatyrshme, jonormale (sidomos seksuale).
deviate['di:vieit] *vi* 1.shmangem, largohem, devi-

joj. 2.largoj, devijoj, shmang.
deviation[di:vi'eishën] *n* shmangie, devijim.
deviationism[di:vi'eishënizm] *n* deviacionizëm.
deviationist[di:vi'eishënist] *n* deviator, deviacionist.
device[di'vais] *n* 1.pajisje, aparat,makinë, mekanizëm. 2.plan; marifet; mjet; shenjë, simbol; emblemë. 4.moto, devizë. +**leave to one's own devices** e lë të përpiqet vetë.
devil['devël] *n,v, interj -n* 1.dreq, djall, shejtan. 2.shpirt i keq, demon. 3.njeri i lig, mizor. 4.xhind, njeri shumë i shkathët. 5.i mjerë, fukara, i gjorë. 6.shkrimtar i padukshëm(që shkruan për të tjerë me pagesë). 7. makinë shqyese rreckash, letrash. +**between the devil and the deep blue sea** midis dy zjaresh; **devil of a** a)fort i vështirë; b)shumë, tepër; **give the devil his due** ki inatin, jepi hakun; **go to the devil** rrënohem, marr fund, degjeneroj; **raise the devil** *zhrg* tërboj dynjanë; **play the devil with** rrënoj, shkatërroj; **the devil to pay** na presin belara; **talk of the devil** përmend qenin, bëj gati shkopin.
-v 1.ngacmoj, ngas, cys, gërgas. 2.piperos; **devil ham** proshutë me piper djegës. 3.shqyej(rrecka et j) me makinë.
-interj **the devil!** dreq! ; dreqi ta hajë!; si dreqin?
devilfish['devëlfish] *n zool* 1.kandil deti gjigand. 2.oktapod. 3.rajë.
devilish['devëlish] *adj* 1.djallëzor. 2.i lig, mizor. 3.*gj.fol* shumë i madh, tepër; i tërbuar.
devil-may-care['devëlmeikeë:] *adj* i shkujdesur, i papërmbajtur.
devilment['devëlmënt] *n* 1.punë e mbrapshtë; sjellje e ligë. 2.kuturisje. 3.ligësi.
devil ray *n* shih **devilfish.**
devilry['devëlri] *n* shih **deviltry.**
devil's advocate *n* 1.*hist* zyrtar romak që luante rolin e kritikut. 2.kritik që del kundër një interesi të popullit, avokat i djallit.
devil's darning needle *n* pilivesë.
devil's food cake *n* kek me shumë çokollatë.
deviltry['devëltri] *n* 1.punë e mbrapshtë; sjellje e ligë. 2.kuturisje. 3.ligësi. 4.mizori.
devious['di:viës] *adj* 1.gjarpërues, që dredhon, që i vjen rrotull(rrugë). 2.dredharak, finok, dinak.
devise [di'vaiz] *v,n -v* 1. mendoj, shpik, sajoj. 2.*drejt* lë trashëgim, lë me testament.
-n drejt 1.lënie me testament. 2.testament. 3.pronë(e lënë trashëgim).
devisee[divai'zi:, devë'zi:] *n drejt* trashëgimtar.
deviser[di'vaizë:] *n* sajues; shpikës.
devisor[di'vaizë:, di'vaizo:] *n drejt* trashëgimlënës.
devitalization[di'vaitëlë'zeishën] *n* 1.dobësi, ligështim. 2.vrasje.
devitalize [di'vaitëlaiz] *vt* 1. ligështoj, dobësoj. 2.vras, i marr jetën.
devoid[di'void] *adj (-of)* pa, që i mungon; **devoid**

of humor pa humor.
devolution [devë'lu:shën]· *n* 1. dhënie, kalim, lëshim(kompetencash etj). 2.përparim(hap pas hapi). 3.*biol* degradim, degjenerim. 4.decentralizim, shpërqendrim(i pushtetit).
devolve[di'volv] *v* 1.kaloj, dorëzoj, transferoj(detyrën). 2.i kalon(prona etj). 3.më bie, më takon; më bie mbi supe(barra).
devote[di'vout] *vt* 1.i kushtoj; **devote oneself to** i kushtohem. 2.ndaj, vë në dispozicion të.
devoted[di'voutid] *adj* 1.besnik, i devotshëm. 2.i kushtuar, i dedikuar(diçkaje).
devotedly[di'voutidli] *adv* besnikërisht; me përkushtim.
devotee[devou'ti:] *n* 1.njeri i përkushtuar; tifoz. 2.ithtar, besnik i fesë.
devotion[di'voushën] *n* 1.besnikëri, devotshmëri, devocion. 2.kushtim(kohe); përkushtim. 3.adhurim; devocion(fetar). 4.*pl* lutje(fetare).
devotional[di'voushënël] *adj* lutjesh, për lutje(literaturë).
devour[di'vauë:] *vt* 1.ha(kafsha). 2.përlaj, gëllit (ushqimin). 3.përpin, përlan(zjarri). 4.*fig* përpij(një libër); thëthij(dikë).
devout [di'vaut] *adj* 1. besimtar, fetar. 2. i devotshëm, plot devocion. 3.serioz; i çiltër, i sinqertë (falenderim). 4.i përzemërt.
devoutly [di'vautli] *adv* 1. me zell, me pasion. 2.seriozisht.
dew[dju:] *n,v -n* vesë. *-vt* njom me vesë; lag.
dewclaw['djuklo:] *n* çapua.
dewdrop['dju:drop] *n* pikël vese.
dewlap['dju:læp] *n* lafshë(në gushë).
dew point *n* pikë e vesës.
dew-worm['dju:wë:m] *n* krimb toke.
dewy ['dju:i] *adj* 1. i njomur me vesë. 2.si vesë; freskues; që tretet si vesë. 3.i vesës.
dexter['dekstë:] *adj* i djathtë, në të djathtë.
dexterity[deks'terëti] *n* 1.zhdërvjelltësi(e trupit); shkathtësi(e duarve). 2.zgjuarësi.
dexterous['dekstërës] *adj* 1.i zhdërvjelltë, i shkathët. 2.i zgjuar, mendjemprehtë.
dextral['dekstrël] *adj* 1.i djathtë. 2.djathtosh, që përdor dorën e djathtë. 3.i përdredhur djathtas, me spira që shkojnë djathtas.
dextran['dekstræn] *n kim* dekstran(produkt bakterial i sheqerit që përdoret në serume).
dextrin(e) ['dekstrin] *n kim* dekstrinë(përdoret si zamkë).
dextrose['dekstrous] *n kim* dekstrozë.
dextrous['dekstrës] *adj* shih **dexterous.**
di-[dai] *pref* 1. dy; dy herë; dyfish. 2. trajtë e **dis** (përpara b,d,l,m,n,r,s,v,g,j). 3.trajtë e **dia** (përpara zanoreve, si psh: **diorama**).
dia-['dajë] *pref* mes ; tej; krejt.
diabetes [dajë'bi:tiz] *n mjek* diabet, sëmundje e

sheqerit.

diabetic['dajë'betik] *adj mjek* diabetik, me diabet.

diablerie[di'a:blëri:] *n* 1.magji. 2.djallëzi.

diabolic(al)[dajë'bolik(ël)] *adj* djallëzor.

diabolism[daj'æbëlizm] *n* 1.magji. 2.djallëzi; veprim djallëzor. 3.adhurim i djallit.

diachronic[dajë'kronik] *adj* diakronik; kronologjik.

diacritic(al)[dajë'kritikël] *adj* ,*n* -*adj* diakritik, dallues.

-*n* shenjë diakritike, shenjë dalluese.

diacritical mark *n gjuh* shenjë diakritike, shenjë dalluese(thekset e germave).

diadem['dajëdem] *n* 1.kurorë. 2.diademë.

diagnose['dajëgnouz] *vt* diagnostikoj, bëj diagnozën (e sëmundjes), përcaktoj(sëmundjen).

diagnosis[dajëg'nousis] *n* 1.diagnozë. 2.diagnostikim, përcaktim i sëmundjes.

diagnostic[dajëg'nostik] *adj* diagnostikues.

diagnostician[dajëgnos'tishën] *n* diagnostikues .

diagonal[daj'ægënël] *adj*,*n* -*adj* 1.diagonal. 2.i pjerrët, oblik.

-*n* 1.diagonale. 2.drejtim diagonal. 3.krah i pjerrët.

diagonally[daj'ægënëli] *adv* diagonalisht, skiç.

diagram['dajëgræm] *n* diagramë, skicë.

diagrammatic[dajëgrë'mætik] *adj* 1.në trajtë diagrame. 2.në vija të trasha, i skicuar.

dial['dajël] *n,v* -*n* 1.fushë(aparati, sahati). 2.disk telefoni(me numrat). 3.panel i stacioneve(në radio etj). 4.disk numerik(i bravës së kasafortës). 5.*zhrg* surrat.

-*vt* 1.i bie një numri(në telefon). 2.formoj kombinimin(e numrave në bravë).

dialect ['dajëlekt] *n* 1. dialekt. 2.gjuhë. 3.e folme, zhargon.

dialectal[dajë'lektël] *adj* dialektor.

dialectic[dajë'lektik] *n,adj* -*n* 1.dialektikë. 2.argumentim logjik.

-*adj* dialektik.

dialectical[dajë'lektikël] *adj* dialektik.

dialectician [dajëlek'tishën] *n* 1.logjicien. 2.dialektolog, studjues i dialekteve.

dialectics[dajë'lektiks] *n* dialektikë.

dialectologist[dajëlek'tolëxhist] *n* dialektolog, studjues i dialekteve.

dialectology[dajëlek'tolëxhi] *n* dialektologji, studim i dialekteve.

dialog['dajëlog] shih **dialogue.**

dialogue['dajëlog] *n,v* -*n* 1.dialog, bashkëbisedim. 2.dialog(në libër, film). 3.*polit* dialog, diskutim.

-*vi* bisedoj, dialogoj.

dial tone *n* fishkëllimë (e telefonit kur ngrihet receptori).

dialyse, dialyze ['dajëlaiz] *vt kim* bëj dializë; zbërthej, veçoj me dializë.

dialysis[daj'ælësis] *n* 1..*kim* dializë. 2. *mjek* hemodializë.

diamagnetic[dajëmæg'netik] *adj,n* -*adj* diamagnetik, që shtyhet nga magneti.

-*n* diamagnet, trup diamagnetik.

diameter[daj'æmitë:] *n mat* diametër(rrethi, sfere, cilindri).

diametric(al)[dajë'metrikël] *adj* 1.diametral, përgjatë diametrit. 2.i drejtpërdrejtë. 3.absolut. 4.krejt i kundërt.

diametrically[dajë'metrikëli] *adv* 1.si diametër. 2.drejtpërdrejt. 3.saktësisht. 4.krejtësisht, plotësisht.

diamond['daj(ë)mënd] *n* 1.diamant. 2.*tek* elmaz. 3.romb. 4.karo(në letrat e bixhozit).+**diamond cut diamond** betejë midis të barabartësh; **rough diamond** njeri me vlera, por i palëmuar.

diamond anniversary *n* përvjetor i diamantë (60-ose 75-vjetor).

diamondback['daimëndbæk] *n zool* gjarpër me zile.

diamond hitch *n* shtërngim (i ngarkesës së kafshës) në formë rombi.

diamond jubilee *n* jubile i diamantë (festim i 60-ose 75-vjetorit).

diamond wedding *n* martesë e diamantë, përvjetor i 60-të ose i 75-të i martesës.

diamond willow *m bot* shelg rombik(përdoret për ornamente).

diapason[dajë'peizën] *n* 1.*poet* harmoni. 2.melodi. 3.tingull muzikor i shumëfishuar. 4.gamë, shtrirje, diapazon.5.diapazon(vegël). 6.*muz* oktavë.

diaper['dajëpë:] *n* 1.*amer* pelenë; shpërgëj.2.motiv rombesh në pëlhurë. 3.pëlhurë e bardhë me motive rombike.

diaphragm['dajëfræm] *n* 1.*anat* diafragmë. 2.*tek* membranë. 3.*fot* diafragmë. 4.*mjek* diafragmë kontraceptive.

diarchy['daja:ki] *n* dyjarki, sundim i dy vetëve.

diarrh(o)ea[dajë'ri:ë] *n mjek* diarré, heqje barku, bark.

diary['dajëri] *n* ditar.

Diaspora[daj'æspërë] *n* 1.shpërndarja e çifutëve. 2.çifutë të përhapur në botë; diasporë(çifute). 3.diasporë(e një populli).

diathermic[dajë'thë:mik] *adj* diatermik.

diathermy[dajë'thë:mi] *n mjek* diatermi(mjekim nëpërmjet ngrohjes elektrike të indeve).

diatom['dajëtom] *n bot* algë njëqelizore.

diatomic[dajë'tomik] *adj kim* 1.dyatomik, me dy atome. 2.dyvalent.

diatonic[dajë'tonik] *adj muz* diatonik(tetëtonësh.

diatribe [dajë'traib] *n* sulm i ashpër (me fjalë); demaskim.

dib[dib] *n* 1.zar(qeramike).2.*pl* lojë me zare.3.*pl*

dibs *zhrg* a)të holla, para; b)pjesë(nga fitimi).

dibble['dibël] *n,v* -*n* kunj druri.

-vt 1.mbjell me kunj. 2.hap vrimë në tokë.

dib[dib] n 1.zar. 2.pl lojë me zare. 3.zhrg a)para; b)pjesë fitimi. 4.pl amer pjesë; e drejtë; **have dibs on sth** kam pjesë në diçka.

dice[dais] n,v -n 1.zar (bixhozi). 2.lojë me zare (bixhoz). 4.copa kubike ushqimi. +**no dice!** amer gj.fol në asnjë mënyrë!
-v 1.luaj me zare. 2.rrezikoj, luaj me rrezikun. 3.pres(karrota etj) në kube.
+**dice away** humbas, lë në zare.

dicey['daisi] adj 1.i pasigurt; me rrezik; në dorë të fatit. 2.shpërthyese(situatë).

dichotomy[dai'kotëmi] n 1.ndarje në dy pjesë. 2. bot zool ndarje boshtore. 3.klasifikim në dy grupe.

dichromate[dai'kroumeit] n kim dykromat, bikromat.

dichromatic [daikrou'mætik] adj 1.dyngjyrësh. 2.dikromatik, që dallon vetëm dy ngjyra.

dichromatism[dai'kroumëtizëm] n 1.dyngjyrësi. 2.dikromatizëm, paaftësi për të dalluar më shumë se dy ngjyra bazë.

dick[dik] n zhrg detektiv.

dickens['dikënz] n,interj -n dreq, djall.
-interj the dickens! hej, dreq!, dreq-o-punë!

dicker['dikë:] v,n -vi 1.bëj trambë. 2.bëj pazar.
-n pazar; shitje.

dickey['diki:] n 1.gjoks këmishe i heqshëm. 2.jakë e lartë. 3.grykashkë (fëmije). 4.jelek. 5.ndenjëse e karrocierit. 6.ndenjëse e pasme. 7.gomar.

dickie, dicky I['diki] n shih **dickey.**

dicky II['diki] adj Br 1.i squllët(përgjegjës etj). 2. i lëkundur, i dobët(shëndet). 3.e pasigurt; e paqëndrueshme(situatë).

dicotyledon[daikotë'li:dën] n bot bimë dythelbore.

dicta['diktë] pl i dictum.

dictate[v dik'teit; n 'dikteit] v,n -v 1.diktoj(një tekst), them me zë. 2.diktoj, urdhëroj; imponoj.
-n urdhër, udhëzim; **dictates of one's conscience** zëri i ndërgjegjes.

dictation[dik'teishën] n 1.diktim. 2.diktat.

dictator['dikteitë:, dik'teitë:] n 1.diktator. 2.diktues, ai që lexon diktimin.

dictatorial[diktë'to:riël] adj 1.diktatorial, 2.imponues, dominues, autoritar.

dictatorship[dik'teitë:ship] n 1.diktaturë. 2.autoritet absolut, imponim ekstrem.3.vend nën diktaturë.

diction['dikshën] n 1.mënyrë të shprehuri; stil. 2.shqiptim, diksion.

dictionary['dikshëneri] n fjalor.

dictum['diktëm] n 1.mendim zyrtar, opinion i kompetentëve. 2.thënie, sentencë.

did[did] pt e **do.**

didactic(al)[di'dæktik, dai'dæktik(ël)] adj 1.didaktik, mësimdhënës. 2.prej mësuesi. 3.mësimor.

didactics[di'dæktiks] n didaktikë, shkenca e mësimdhënies.

diddle['didël] vt gj.fol 1.mashtroj, i përlaj, ia hedh. 2.humb(kohë). 3.rrënoj.

didn't['didënt] v **did not.**

dido['daido] n gj.fol 1.rreng. 2.dredhi, djallëzi.

didst[didst] v vjet veta II njëjës e **did: thou didst** ti bëre.

die I[dai] n pl dies tek 1.stampë; klishe.2.madravidë.

die II [dai] pl dice zar; **the die is cast** zaret u hodhën.

die III[dai] vi 1.vdes. 2.ngordh. 3.mbaron; ndalet, pushon. 4.thahet, fishket(bima). 5.jam i etur, digjem /vdes për(diçka).6.humbet, harrohet(lavdia etj).+**die in one's bed** vdes nga sëmundja, nga pleqëria; **be dying for/to** vdes, jam i etur për/të; **die hard** qëndroj / rezistoj deri në fund; **die in harness** vazhdoj punën deri në fund të jetës.
+**die away/down** shuhet; fashitet.
+**die back** thahet (bima deri te rrënja).

dieback['daibæk] n sëmundje e bimëve, tharje.
+**die off** vdesin njëri pas tjetrit, deri tek i fundit.
+**die out** a)mbaroj pak nga pak, shuhem; b)pushon/ mbaron me gjithësej ; c)shuhet (një familje).

diecast['daikæst] adj i derdhur, i prodhuar me derdhje me presion.

diecaster['daika:stë:] n derdhës, formues.

die-casting['daika:sting] n 1.derdhje me presion. 2.detal i derdhur me presion.

die-hard['daiha:d] adj,n -adj i paepur.
-n 1.njeri i paepur. 2.politikan kokëfortë.

dielectric[daji'lektrik] adj,n el -adj jopërçues.
-n material jopërçues, dielektrik.

dieresis, diaeresis [daj'erësis] n gram dypikësh sipër zanoreve(p.sh **naïve**).

diesel['dizël] n 1.motor dizel, motor nafte.2.automjet me motor dizel. 3.attr për motorë dizel.

diesel engine, diesel motor n motor dizel.

diesel oil n naftë motorësh.

diesinker ['daisinkë:] n prodhues stampash, stampabërës.

diet I['dajët] n,v -n 1.dietë, ushqim. 2.dietë, regjim të ngrëni
-v 1.mbaj dietë. 2.vë në dietë (dikë).

diet II['daiët] n pol 1.asamble, kuvend.2.trup ligjvënës(në disa vende).

dietary['dajëtëri] adj,n -adj dietik, i dietës.
-n 1.dietë, regjim ushqimor(në burg, spital).

dietetic[dajë'tetik] adj dietik, diete.

dietetics[dajë'tetiks] n dietologji.

dietician, dietitian[dajë'tishën] n dietist, specialist diete.

differ['difë:] vi 1.ndryshoj, dalloj(nga).2.nuk pajtohem, kam tjetër mendim.

difference['difrëns] n 1.ndryshim; dallim. 2.mat diferencë, ndryshim; mbetje. 3.mospajtim, mosmarrëveshje. 4.kontradiktë, divergjencë. **+make a difference** a)bëj dallim(në trajtim); b)ka rëndësi, ndikon; **split the difference** a)ndaj përgjysmë ç'ka mbetur; b)bie në ujdi, bëj kompromis.

different['difrënt] *adj* 1.i ndryshëm, tjetërsoj. 2.i pazakonshëm.

differential[difë'renshël] *adj,n* -*adj* 1.i diferencuar. 2.i dallueshëm. 3.*mat* diferencial. -*n* 1.*mat* diferencial.2.tarifë e diferencuar.3.*aut* diferencial.

differential calculus *n mat* njehsim diferencial.

differentially[difë'renshëli] *adv* në mënyrë të diferencuar.

differentiate['difërenshiejt] *v* 1.dalloj. 2.bëj diferencim; diskriminoj. 3.diferencohet, ndryshon.4.*mat* diferencoj.

differentiation [difërenshi'eishën] *n* 1. dallim. 2.ndryshin, modifikim. 3.diferencim.

differently['difërëntli] *adv* 1.ndryshe; **to think differently** nuk pajtohem, nuk jam dakord. 2.në mënyrë të diferencuar.

difficult ['difëkëlt] *adj* 1. i vështirë, i zorshëm (problem). 2.i vështirë, i pashkueshëm(njeri).

difficulty['difikëlti] *n* 1.vështirësi.2.punë e rëndë. 3.telash. 4.vështirësi financiare. 5.pengesë. 6.mosmarrëveshje; grindje. **+in difficulties** në vështirësi (financiare etj); **make difficulties** a)krijoj telashe; b)nxjerr vështirësi, nxjerr kundërshtime.

diffidence ['difidëns] *n* pasiguri, druajtje, mosbesim te vetja.

diffident ['difidënt] *adj* i druajtur, pa besim te vetja.

diffract[di'frækt] *vt* zbërthej, shpërbëj(dritën).

diffraction[di'frækshën] *n fiz* 1.zbërthim, difraksion(i dritës). 2.difraksion(i valëve).

diffractive[di'fræktiv] *adj fiz* difraksioni, difraktues.

diffuse[v di'fju:z; *adj* di'fju:s] *v,adj* -*v* 1.përhap, shpërndaj. 2.*fiz* difuzon, përzihet. -*adj* 1.i përhapur; i shpërndarë; i papërqendruar. 2.i hapërdarë, fjalëshumë(shkrimtar).

diffusion[di'fju:zhën] *n* 1.përhapje; shpërndarje. 3.*fiz* shpërhapje, difuzion, përzierje(e gazeve, lëngjeve). 4.hapërdarje, hallakatje(me fjalë).

diffusive[di'fju:siv] *adj* 1.difuzues, shpërhapës.2.i përhapur; i shpërndarë. 3.i hapërdarë, fjalëshumë.

dig[dig] *v,n* -*v* (**dug**)1.gërmoj, mih, rrëmih.2.hap (gropë etj). 3.punoj(tokën). 4.shkul, nxjerr(patatet). 5.*fig* rrëmoj, kërkoj. 6.ngul, i ngul. 7.*zhrg* marr vesh.8.pëlqej(muzikën).

+dig in a)punoj rëndë; b)hap llogore; c)zë rrënjë, ngulem mirë(në një vend pune); d)ha me ëndje.

+dig into *gj.fol* punoj fort, i qepem.

+dig up a)nxjerr nga toka; b)gërmoj; c)gjej, zbuloj. -*n* 1.gërmin, rrëmihje.2.gërmim arkeologjik.3.shtytje, goditje. 4. vërejtjej therëse, sarkazmë.5.**digs** *pl*

gj.fol banesë, strehë.

digest[v di'xhest, dai'xhest; *n* 'daixhest] *v,n* -*v* 1.tres(ushqimin).2.tretet(ushqimi).3.përvetësoj, thith (njohuri). 3.përmbledh(literaturë). 4.duroj, honeps. 5.*kim* zbus, zbruj. -*n* 1.përmbledhje(ligjesh). 2.revistë përmbledhëse; koleksion.

digestibility[daixhestë'bilëti] *n* tretshmëri.

digestible[dai'xhestëbël] *adj* i tretshëm.

digestion[dai'xhesçën, di'xhesçën] *n* 1.tretje. 2.aftësi tretëse, tretshmëri. 3.përmbledhje.

digestive[dai'xhestiv, di'xhestiv] *adj* tretës. -*n* tretës.

digger['digë:] *n* 1.gërmues.2.mjet gërmimi.3.*gj.fol* australian; neozelandez.

diggings['digingz] *n pl* 1.vend gërmimesh; minierë. 2.material i gërmuar; gjetje. 3.*gj.fol* vend, strehë, banesë.

dight[dait] *vt* jet 1.vesh; stolis. 2.pajis.

digit['dixhit] *n* 1.gisht. 2.shifër.

digital['dixhëtël] *adj,n* -*adj* 1.i gishtave. 2.shifror, numerik. 3.me shifra, me numra(orë etj). -*n* tast(pianoje etj).

digital computer *n* kompjuter shifror.

digital watch *n* orë elektronike shifrore.

digitalis ['dixhëtælis] *n* 1. bar luletogëzi (për zemër), digjital. 2.*bot* luletogëz, lule gishti.

digitate['dixhëteit] *adj* 1.me gishta.2.*bot zool* gishtor, me zgjatime si gishta.

digitize['dixhëtaiz] *vt* shpreh(të dhënat) në trajtë shifrore.

dignified ['dignëfaid] *adj* dinjitoz, me dinjitet, fisnik.

dignify['dignëfai] *vt* 1.lartësoj, madhështoj, i jap dinjitet. 2. nderoj, i jap emër.

dignitary['dignëteri] *n* funksionar, dinjitar, person me post të lartë.

dignity ['dignëti] *n* 1. dinjitet, rëndësi; fisnikëri. 2.vlerësim/konsideratë/respekt për veten. 3.post, pozitë, titull. 4.*vjet* funksionar, dinjitar.

digraph['daigræf] *n gram* shkronjë dyshe (si *sh*, *th* etj).

digress[dai'gres, di'gres] *vi* largohem/dal nga tema.

digression[dai'greshën] *n* largim/dalje nga tema, digresion.

dihedral[dai'hi:drël] *adj,n* -*adj* 1.dyplanësh.2.*av* me krahë johorizontale. -*n* 1.kënd dy planesh.2.*av* kënd i krahut me aksin.

dike I[daik] *n,v* -*n* 1.digë, pendë, cfrat. 2.kanal, hendek uji.3.dhe i hedhur(nga gërmimi), ledh.4.mur i ulët dheu ose gurësh; rrugë e ngritur. 5.pengesë. -*vi* 1.ngre pendë, zë me digë. 2.kulloj; hap kanale kulluese.

dike II[daik] *n zhrg* lesbike(edhe **dyke**).

dikeland['daiklënd] *n* tokë nën nivelin e detit(e mbrojtur me diga).

diktat['dikta:t] *n* diktat.

dilantin[dai'læntin] *n mjek* dilantinë(bar kundër epilepsisë; edhe **dilantin sodium**).

dilapidated[di'læpëdeitid] *adj* i rrënuar, i rrëgjuar; e shkatërruar(godinë etj).

dilapidation [dilæpë'deishën] *n* rënim, rrëgjim; shpartallim.

dilatation[dailë'teishën] *n* 1.bymim.2.zgjerim, hapje(e bebëzave etj).

dilate[dai'leit, di'leit] *v* 1.bymej.2.bymehet.3.hapet, zgjerohet. 4.hap, zgjeroj. 5.flas/shkruaj me shumë hollësi; stërholloj.

dilated[dai'leitid, di'leitid] *adj* 1.i bymyer.2.i zgjeruar, i hapur.

dilation[dai'leishën, di'leishën] *n* 1.bymim.2.zgjerim, hapje. 3.pjesë e bymyer; pjesë e zgjeruar.

dilator [dai'leitë:, di'leitë:] *n* 1.zgjerues; bymyes. 2.*anat* muskul zgjerues. 3.*mjek* instrument për hapjen e plagëve etj.

dilatory ['dilëto:ri] *adj* 1. i ngadaltë, i javashtë. 2.ngadalësues, vonues.

dilemma[di'lemë] *n* mëdyshje, dilemë; **be in a dilemma** jam në mëdyshje; **place sb in a dilemma** e vë dikë përpara një dileme.

dilettante ['dilëta:nt, dilë'tænti] *n* 1. amator, artdashës. 2.diletant, amator, joprofesionist.

diletantism[dilë'tæntizm] *n* diletantizëm.

diligence I ['dilëxhëns] *n* 1. zell. 2. ngulm, përpjekje, ngulm, kujdes.

diligence II['dilëxhëns] *n* karrocë udhëtarësh..

diligent['dilëxhënt] *adj* 1.i zellshëm, punëtor. 2.i kujdesshëm, i rregullt, i ngulur.

dill[dil] *n bot* kopër.

dill pickle *n* tranguj turshi me kopër.

dilly ['dili] *n zhrg* njeri i rrallë, i shquar; gjë e rrallë, gjë e jashtëzakonshme.

dilly-dally['dili'dæli] *vi* çoj kohën dëm, rri kot, vij vërdallë, sorollatem.

dilute[di'lju:t, dai'lju:t] *v,adj* -*vt* 1.holloj(me ujë etj). 2.dobësoj, i ul efektin/vlerën. 3.hollohet. 4.dobësohet.

-*adj* i holluar; **dilute acid** acid i holluar.

dilution[di'lju:shën, dai'lju:shën] *n* 1.hollim.2.tretësirë e holluar.

diluvial[di'lju:viël, dai'lju:viël] *adj* 1.përmbytjeje, i përmbytjes. 2.llumor, akullnajor, prej mbetjeve të përmbytjes/akullnajës.

diluvian[di'lju:viën, dai'ljuviën] *adj* shih **diluvial**.

dim[dim] *adj* 1.i murrët, i mugët; i errët; i vrenjtur. 2.i turbullt, i paqartë(kujtim). 3.i turbulluar, i turbullt(shikim). 4.e errët, pa shumë shpresë(e ardhmja). 5.pa shkëlqim, i marrtë. 6.mosaprovues, negativ(qëndrim). +**take a dim view of** nuk e aprovoj; e shoh me mosbesim, me mosdëshirë.

-*v* 1.errësoj. 2.errësohet, venitet. 3.ul dritat, kaloj në dritat e shkurtra(të makinës).

+**dim out** errësoj, ul ndriçimin në minimum(në skenë).

dime[daim] *n* monedhë dhjetëcentëshe. +**a dime a dozen** *gj.fol* pa vlerë, pesë copë një lek; **dime novel** roman komercial, pa vlerë.

dimension[di'menshën, dai'menshën] *n* 1.përmasë, dimension.2.madhësi; shkallë; **a project of large dimensions** projekt me përmasa të mëdha. 3.element, tipar, karakteristikë.

dimensional[di'menshënël] *adj* përmasor, dimensional, i përmasave.

dimer['daimë:] *n kim* dimer, polimer dymolekular.

dimerous['dimërës] *adj* dypjesësh; dyanëtarësh.

dime store *n* dyqan artikujsh të përzier me çmime të ulëta.

diminish[di'minish] *v* 1.zvogëloj; pakësoj; ul.2. zvogëlohet; pakësohet; ulet, zbret(vlera, nxehtësia). 3.*muz* zvogëloj(intervalin) me gjysmë toni.

diminuendo[diminiu'endou] *n,adj,adv,v muz* -*n* 1.ulje graduale e zërit. 2.pasazh për t'u luajtur ulët.

-*adj,adv* ulët.

-*v* ul gradualisht.

diminution[dimë'nju:shën] *n* zvogëlim; pakësim; ulje.

diminutive[di'miniëtiv] *adj,n* -*adj* 1.i vogël, i vocërr; i imët, imcak. 2.zvogëlues.

-*n* 1.vogëlush. 2.vogëlsirë. 3.*gram* pjesëz zvogëluese(prapashtesë etj).

dimly ['dimli] *adv* 1. mugët, paksa (i ndriçuar). 2.turbull, jo qartë(kujtoj).

dimmer['dimë:] *n* 1.errësuese(drite).2.*aut* çelës i dritave të shkurtra(në makinë). 3.**dimmers** *pl* a)drita të shkurtra; b)drita parkimi.

dimple ['dimpël] *n,v* -*v* 1.gropëz (në faqe, në mjekërr). 2.gropëz, e thelluar, kanal.

-*v* 1.bën gropëza (shiu). 2.formojnë gropëza(faqet).

dimwit['dimwit] *n gj.fol* budallë; i trashë, leshko.

dimwitted ['dimwitëd] *adj* budalla; i trashë, leshko.

din[din] *n,v* -*n* poterë, zallahi.

-*v* 1. bëj poterë. 2. ia përsëris, e shurdhoj, i ha veshët.

dinar[di'na:r] *n* dinar(monedhë e disa vendeve).

dine[dain] *v* 1.ha darkë; ha drekë. 2.i jap, i shtroj (darkë a drekë).

+**dine out** ha jashtë.

diner['dainë:] *n* 1.drekues, darkues. 2.vagon-restorant. 3.lokal i vogël për të ngrënë(anës autostradave).

dinette[dai'net] *n* dhomë ngrënieje, dhomë buke.

ding[ding] *n,v* -*n* tringëllimë(e ziles).

-*v* 1.tringëllon, bie(zilja). 2.*fig* them papushim.

ding-a-ling ['dingëling] *n zhrg* budallë, rrotë, trap.

dingbat['dingbæt] *n zhrg* 1.budallë, trap; i krisur. 2.gjësend.

ding-dong['ding'dong] *n,adj* -*n* 1.tringëllimë,

tring-tring. 2.melodi e shkurtër(në hapje të një emisioni.

-adj 1.tringëllues. 2.e fortë, e ashpër(garë).

dinghy['dingi] n 1.lundër, barkë. 2.varkë shpëtimi. 3.anije e vogël me vela.

dingle['dingël] n luginë e thellë.

dingo ['dingou] n zool qen i egër i Australisë, dingo.

dingus['dingës] n zhrg gjësend.

dingy ['dinxhi] adj i pistë; i shëmtuar, i zymtë (hotel, qytet).

dining car n vagon-restorant.

dining hall n sallë ngrënieje; mensë.

dining room n dhomë ngrënieje.

dining table n tryezë buke.

dink[dink] n amer zhrg budallë, leshko.

dinky['dinki] adj zhrg 1.Br i vogël.2.amer hiç.

dinner['dinë:] n 1.drekë; darkë(vakti kryesor i ditës). 2.pritje me të ngrëna; drekë, darkë(e shtruar).

dinner jacket n smoking, xhaketë e errët ceremoniale.

dinner party n drekë, darkë , pritje.

dinner table n tryezë buke.

dinnertime['dinë:taim] n kohë e drekës/e darkës.

dinnerware['dinë:weë:] n takëme buke, takëme ngrënieje.

dinosaur['dainëso:] n zool dinosaur.

dint[dint] n,v -n gropë, shtypje, gropëz. +by dint of me anë të, në sajë të.

-v 1.bëj gropëz, shtyp. 2.gropëzohet, bëhet me gropëza.

diocese['dajësis, 'dajë'si:s] n dioqezë, territor i një peshkopi.

diode ['dajoud] n el 1.llampë me dy elektroda, diodë. 2.gjysmëpërçues.

dioxide[daj'oksaid, daj'oksid] n kim dyoksid.

dip[dip] v,n -v 1.zhys, kredh. 2.zhytem, kridhem. 3.ngjyej(rroba). 4.shpëlaj. 5.fus(dorën). 6.ul-e-ngre (flamurin). 7.bie, lëshohet pingulthi(zogu). 8.pjerret (rruga). 9.bën pikiatë(avioni). 10.zhytem, kridhem (në lexim).

+dip into rrëmoj(në një fushë).

+dip up nxjerr(me kovë etj).

-n 1.zhytje, kredhje. 2.ujë i nxjerrë(nga pusi etj). 3.qull, ushqim i lëngshëm(për t'u ngjyer). 4.rënie e beftë. 5.pjerrësi(e rrugës). 6. kredhje, fshehje(e diellit).7.astr rënie e horizontit.8.ulje, shmangie(e gjilpërës magnetike). 9.zhrg xhepist, hajdut xhepash.

diphtheria[dif'thiërië] n mjek difteri.

diphthong['difthong, 'dipthong] n gram diftong.

diploid ['diploid] adj,n -adj 1.dyfish, i dyfishtë. 2.biol diploid.

-n bërthamë/qelizë/organizëm diploid.

diploma[di'ploumë] n 1.diplomë; dëftesë shkollore. 2.dëshmi.

diplomacy[di'ploumësi] n 1.diplomaci. 2.takt, di-plomaci.

diplomat['diplomæt] n 1.diplomat. 2.njeri me takt, diplomat(fig).

diplomatic[diplë'mætik] adj 1.diplomatik. 2.me takt, diplomat(fig)

diplomatically[diplë'mætikëli] adv me diplomaci, në mënyrë diplomatike.

diplomatic bag n valixhe diplomatike.

diplomatic corps n trup diplomatik..

diplomatic immunity n imunitet diplomatik, paprekshmëri e diplomatit.

diplomatic relations n marrëdhënie diplomatike.

diplomatist[di'ploumëtist] n diplomat.

dipole['daipoul] n fiz 1.dipol. 2.antenë televizive.

dipper['dipë:] n 1.luhare, garuzhdë. 2.astr : Big Dipper Arusha e Madhe; Little Dipper Arusha e Vogël(yjësi). 3.zhytës.

dippy['dipi:] adj zhrg 1.i trashë, i metë. 2.mendjelehtë. 3.i dehur, i pirë.

dipsomania[dipsë'meinië] n alkoolomani.

dipstick['dip'stik] n shufër thellësimatëse, shufër niveli(vaji).

dipsy-do(o)['dipsi'du:] n zhrg 1.sport top beisbolli i shtrembër. 2.marifet, dredhi.

dipsy-doodle['dipsi'du:dël] n,v zhrg -n 1.sport shih dipsy-do. 2.lojtar i shkathët beisbolli. 3.mashtrues; mashtrim.

-vt mashtroj, ia hedh.

dire['dajë:] adj 1.i tmerrshëm, i frikshëm. 2.i skajshëm, ekstrem; e dështëruar(gjendje); urgjente (nevojë).

direct[di'rekt, dai'rekt] v,adj,adv -v 1.drejtoj; udhëheq(punën). 2.bëj regjinë. 3.porosis; urdhëroj. 4.tregoj rrugën, drejtoj. 5.adresoj(një letër). 6.i drejtohem(me fjalë). 7.drejtoj, kthej(në drejtim të).

-adj 1.i drejtë. 2.i drejtpërdrejtë. 3.i menjëhershëm. 4.i hapur, i çiltër, pa dredha. 5.i saktë; the direct opposite krejt e kundërta.

-adv drejt; drejtpërdrejt; pa ndërprerje; direct to London drejt e në/direkt në Londër.

direct current n rrymë e vazhduar.

direct discourse n ligjëratë e drejtë.

direction[di'rekshën] n 1.drejtim; udhëheqje(e punëve). 2.urdhër; porosi; +under the direction of nën drejtimin e.

directional[di'rekshënël] adj 1.i drejtimit; drejtimor. 2.rad i drejtuar(sinjal); drejtimgjetës(aparat).

direction finder n pajisje drejtimgjetëse.

directive[di'rektiv, dai'rektiv] n, adj -n direktivë.

-adj drejtues.

directly[di'rektli, dai'rektli] adv 1. drejt; drejtpërdrejt. 2.saktësisht, krejtësisht; directly opposite krejt e kundërt . 3.menjëherë, në çast, në vend.

direct object gram kundrinë e drejtë.

director[di'rektë:, dai'rektë:] n 1.drejtor; drejtues; shef.2.kin,rad, teat,tv regjisor. 3.gidë(turistike etj).

director general *n* drejtor i përgjithshëm.
director of admissions *n amer* kryesekretar, përgjegjës i zyrës së regjistrimeve(në universitete).
Director of Education *n Br* rektor akademie.
director of music *n usht* drejtues i bandës.
Director of Public Prosecution *n Br drejt* Prokuror i Përgjithshëm.
director of studies *n* udhëheqës teme / pune shkencore.
directory[di'rektëri] *n* 1.libër adresash; libër i telefonave, numerator telefonik. 2.libër udhëzimesh, udhëzues. 3.grup drejtorësh; drejtori.
direct tax *n* taksë direkte(mbi të ardhurat, pronat etj).
direful['dajë:fël] *adj* i frikshëm, i tmerrshëm.
dirge[dë:xh] *n* këngë vaji; muzikë e përmortshme.
dirham [dë'ræm] *n* dërhem (monedhë e disa vendeve arabe).
dirigible['dirixhëbl] *n,adj* -*n* dirizhabël, aerostat i drejtuar.
-*adj* i drejtueshëm.
dirk[dë:k] *n,v* -*n* kamë.
-*vt* qëlloj me kamë.
dirt[dë:t] *n* 1.baltë, pluhur; pisllëk. 2.dhe, tokë; **a dirt road** rrugë e pashtruar. 3.fjalë të ndyra. 4.ndyrësi, poshtërsi. 5.*fig* pleh, fundërrinë. + **eat dirt** lëpij ato që kam pështyrë.
dirt bike *n* motoçikletë për vende pa rrugë.
dirt-cheap['dë:tçi:p] *adj* xhaba, lirë fare.
dirt farmer *n gj.fol* bujk që e punon vetë tokën.
dirty['dë:ti] *adj,v* -*adj* 1.i ndotur, i pistë.2.e ndyrë, që të bën pis(punë). 3.e pakëndshme, e bezdisshme(punë). 4.e veshur, e paqartë(ngjyrë). 5.i ulët, i keq, i ndyrë(veprim). 6.banale, e ndyrë(shaka). 7.e keqe, me erë, me furtunë(kohë).
-*v* 1.ndyj, bëj pis. 2.bëhet pis, ndyhet.
dirty linen *n fig* të palara; **wash one's dirty linen in public** nxjerr të palarat në sy të botës.
dirty pool *n* sjellje/veprim i ulët, i pandershëm.
dis-[dis] *pref* 1.pa: **discontent** pakënaqësi.2.ç'; mos : **disagreement** mosmarrëveshje; **disarm** çarmatos.
disability[disë'bilëti] *n* 1.paaftësi (fizike); gjymtim. 2.*drejt* skualifikoj, paaftësoj.
disabled[dis'eibëld] *adj* i gjymtuar, sakat, i paaftë; handikapat.
disabuse [disë'bju:z] *vt* shpëtoj / çliroj nga iluzionet, i hap sytë.
disaccord[disë'ko:d] *v,n* -*vi* nuk pajtohem, nuk merrem vesh.
-*n* mosmarrëveshje.
disadvantage [disëd'væntixh] *n* 1.disavantazh, disfavor, pozitë e papëlqyeshme. 2.dëm; humbje.
disadvantaged[disëd'væntixhd] *adj* i varfër, i vuajtur, në gjendje të keqe.
disadvantageous [disædvën'teixhës] *adj* i dëm-

shëm, i pafavorshëm.
disaffected[disë'fektid] *adj* 1.jomiqësor. 2.jobesnik. 3.i pakënaqur.
disaffection[disë'fekshën] *n* 1.pakënaqësi.2.mosbesnikëri; dezertim.
disagree[disë'gri:] *vi* 1.nuk pajtohem, nuk merrem vesh. 2.hahem, zihem. 3.nuk honeps, nuk më bën mirë(një ushqim etj).
disagreeable[disë'gri:ëbël] *adj* 1.i pakëndshëm, i papëlqyeshëm. 2.ters, i paafrueshëm, nevrik.
disagreement['disëgri:mënt] *n* 1.mospajtim, mosmarrëveshje. 2.zënkë, grindje. 3.ndryshim, mospërputhje.
disallow[disë'lau] *vt* 1.nuk lejoj. 2.hedh poshtë, nuk miratoj.
disallowance[disë'lauëns] *n* 1.moslejim. 2.mospranim, mosmiratim, hedhje poshtë.
disappear[disë'pië:] *vi* 1.zhdukem, fshihem.2.humbas, zhdukem, pushoj së qeni.
disappearance[disë'piëröns] *n* 1.zhdukje, fshehje. 2.humbje, shuarje.
disappoint[disë'point] *vt* 1.lë të pakënaqur, zhgënjej. 2.dal fjale, s'mbaj premtimin. 3.kundërvihem, prish(planet).
disappointed[disë'pointid] *adj* i zhgënjyer; i mërzitur, **to be agreeably disappointed** gëzohem që nuk doli ashtu siç druaja.
disappointing [disë'pointing] *adj* zhgënjyes; i mërzitshëm, që të mërzit
disappointment[disë'pointmënt] *n* 1.zhgënjim.2. gjë/person që të zhgënjen. 3.gjë e papëlqyer; mërzi, bezdi.
disapprobation[disæprou'beishën] *n* mospranim, mosmiratim; hedhje poshtë.
disapproval[disë'pru:vël] *n* 1. mospranim, mosmiratim; mospëlqim. 2.kundërshtim, hedhje poshtë.
disapprove [disë'pru:v] *v* 1.nuk pranoj, nuk miratoj; nuk pëlqej. 2.hedh poshtë, kundërshtoj.
disapprovingly[disë'pru:vingli] *adv* në kundërshtim; me mospëlqim.
disarm[dis'a:m] *v* 1.çarmatos. 2.çarmatoset(një vend). 3.*fig* zbus, çarmatos(dikë). 4.çarmatos, zbërthej, çmontoj(një bombë).
disarrange[disë'reinxh] *vt* çrregulloj, prish, trazon(era flokët).
disarray[disë'rei] *n,v* -*n* 1.çrregullim; konfuzion, pështjellim; çorganizim. 2.çrregullim(i veshjes).
-*v* 1.çrregulloj; pështjelloj. 2.*vjet* zhvesh.
disassemble[disë'sembël] *vt* çmontoj; ndaj.
disassociate[disë'soushiejt] *vt* ndaj, veçoj.
disaster[di'za:stë:] *n* 1.fatkeqësi, katastrofë. 2.dështim.
disaster area *n* zonë e prekur nga fatkeqësia.
disastrous[di'za:strës] *adj* katastrofik, shkatërrimtar; i mynxyrshëm.
disavow[disë'vau] *vt* mohoj (një pohim të më-

parshëm); përgënjeshtroj.

disavowal [disë'vauël] *n* mohim, mospranim; përgënjeshtroj.

disband[dis'bænd] *v* 1.shkrij. 2.shkrihet (një organizatë etj). 3.shpërndahet(ushtria), çmobilizohet.

disbar[dis'ba:] *vt* i heq të drejtën e avokatisë.

disbelief[disbi'li:f] *n* mosbesim; mungesë besimi.

disbelieve[disbi'li:v] *v* nuk kam besim (tek), nuk i besoj.

disbranch[dis'bra:nç] *v* pres degët.

disburden[dis'bë:dën] *vt* 1.shkarkoj, i heq barrën. 2.shkarkohem, nxjerr jashtë(një shqetësim).

disburse[dis'bë:s] *v* 1.paguaj. 2.shpenzoj.

disbursement[dis'bë:smënt] *n* 1.pagim. 2.para të paguara, shpenzime.

disc[disk] *n,v* -*n* 1.disk, pllakë(gramafoni).2.disk (i hënës etj). 3.*bujq* disk lërimi.
-*v* diskoj, lëroj.

discard[dis'ka:d] *v,n* -*vt* 1.hedh, flak. 2.hedh, luaj(një letër). 3.*fig* flak, heq dorë nga(ide etj).
-*n* 1.hedhje tej, flakje. 2.gjë e hedhur, hedhurinë. 3.letër e hedhur, e luajtur(në bixhoz).

discern[di'së:n] *vt* shquaj, shoh qartë; dalloj; njoh.

discernible [di'së:nëbl] *adj* i dukshëm; i dallueshëm; i kapshëm, i ndieshëm.

discerning [di'së:ning] *adj* 1. mendjehollë, i mprehtë. 2.e hollë(shijë). 3.i mprehtë, zhbirues(vështrim).

discernment[di'së:nmënt] *n* 1.mprehtësi, mendjemprehtësi; depërtim. 2.njohje, dallim.

discharge [dis'ça:xh] *v,n* -*vt* 1.shkarkoj (anijen etj).2.zbraz(topin).3.lë, liroj, lëshoj, nxjerr(dikë nga burgu, spitali etj). 4.pushoj, shkarkoj(nga puna). 5.nxjerr, lëshon(plaga gjak). 6.derdhet(lumi). 7.*el* shkarkon.8.shlyej, paguaj(një borxh). 9.liroj nga detyrimi; përjashtoj. 10.kryej(detyrën). 11.*drejt* anuloj, pezulloj(një vendim). 12.heq, zbardh(ngjyrën e cohës).
-*n* 1.shkarkim. 2.zbrazje, shkrehje(e armës). 3.lirim, lëshim, nxjerrje(nga burgu, spitali). 4.dëshmi lirimi. 5.*el* shkarkesë; shkarkim elektrik. 6.nxjerrje, prurje(uji etj). 7.pagesë. 8.kryerje.

disc harrow *n bujq* lesë diskore.

disciple[dë'saipël] *n* 1.ndjekës, pasues, dishepull. 2.pasues i Krishtit, apostull.

disciplinary['disëplëneri] *adj* disiplinor.

discipline['disiplin] *n,v* -*n* 1.ushtrim, stërvitje. 2.disiplinë; rregull. 3.ndëshkim. 4.disiplinë, degë.
-*vt* 1.ushtroj, stërvis. 2.disiplinoj. 3.ndëshkoj.

disclaim[dis'kleim] *vt* 1.mohoj, hedhposhtë, s'e pranoj. 2.heq dorë, nuk pretendoj.

disclaimer[dis'kleimë:] *n* mohim, refuzim, hedhje poshtë(me shkrim).

disclose[dis'klouz] *vt* 1.hap, zbuloj. 2.bëj të ditur, ekspozoj.

disclosure[dis'klouzhë:] *n* 1.hapje, zbulim. 2.fakt(i

zbuluar).

disco['diskou] *n,v* -*n* 1.diskotekë. 2.muzikë diskoteke.
-*v* shkoj në diskotekë.

discography[dis'kogrëfi] *n* 1.klasifikim disqesh. 2.diskografi, studim i disqeve.

discoid['diskoid] *adj,n* -*adj* diskor, si disk.
-*n* objekt diskor.

discolo(u)r [dis'kʌlë:] *v* 1. çngjyros. 2. ndërron ngjyrë.

discolo(u)ration[diskʌlë'reishën] *n* 1.çngjyrosje. 2.pullë, vend i çngjyrosur.

discomfit[dis'kʌmfit] *vt* 1.shpartalloj, shkatërroj; mposht. 2.i prish planet, e bëj të dështojë. 3.turbulloj, ngatërroj, hutoj.

discomfiture[dis'kʌmfiçë:] *n* 1.shpartallim, shkatërrim, mposhtje. 2.prishje e planeve. 3.turbullim, hutim.

discomfort[dis'kʌmfë:t] *n,v* -*n* 1.parehati, siklet. 2.turbullim, hutim, shqetësim. 3.shkak shqetësimi.
-*vt* shqetësoj; sikletos.

discompose[diskëm'pouz] *v* 1.turbulloj, shqetësoj.2.çrregulloj.

discomposure[diskëm'pouzë:] *n* turbullim, shqetësim, siklet.

disconcert[diskën'së:t] *vt* 1.turbulloj, shqetësoj; hutoj. 2.përmbys, prish(planet).

disconcerted [diskën'së:tid] *adj* i turbulluar; i hutuar.

disconnect[diskë'nekt] *vt* 1.stakoj(nga korenti). 2.ndaj, veçoj.

disconnected[diskë'nektid] *adj* 1.i stakuar. 2. i ndarë, i veçuar. 3.i shkëputur, pa lidhje(bisedë etj).

disconnection [diskë'nekshën] *n* 1. *el* stakim. 2.ndarje, veçim.

disconnexion[diskë'nekshën] *n Br* shih **disconnection**.

disconsolate [dis'konsëlit] *adj* 1.i pashpresë; i dëshpëruar. 2.i pangushëllueshëm.

discontent[diskën'tent] *n,adj,v* -*n* pakënaqësi.
-*adj* i pakënaqur.
-*vt* bëj/lë të pakënaqur.

discontented[diskën'tentid] *adj* i pakënaqur.

discountentment[diskën'tentmënt] *n* pakënaqësi.

discontinuance [diskën'tiniuëns] *n* ndërprerje, ndalje.

discontinue[diskën'tiniu:] *v* 1.pushoj; ndërpres; i jap fund. 2.ndërpritet, ndalet. 3.*drejt* ndërpres (procesin) me kërkesë të paditësit.

discontinuity[diskonti'niuiti] *n* 1.*mat* pavazhdimësi. 2.*gjeol* zonë pavazhdimësie. 3.*let* mungesë lidhjeje logjike.

discontinuous[diskën'tiniuës] *adj* i ndërprerë; i shkëputur; i pavazhdueshëm.

discord ['disko:d] *n* 1.mosmarrëveshje; mospërputhje mendimesh. 2.marrëdhënie jomiqësore, grindje, prishje. 3.*muz* disonancë, paharmoni (ti-ngujsh). 2.mosmarrëveshje.

discordant[dis'ko:dënt] *adj* 1.jo në harmoni. 2.i papajtueshëm, i mospërputhshëm(mendim). 3.i vra-zhdë(tingull).

discotheque['diskëtek] *n* diskotekë, klub nate me muzikë vallëzimi.

discount['diskaunt] *v,n* -*vt* 1.zbres, bëj zbritje (nga shuma). 2.i vë një keficient, marr me rezervë (një pohim). 3.i dal përpara, bëj paraprakisht. 4.*fin* skontoj; mbaj/zbres interesin (gjatë pagesës, shitjes, huajtjes). 5.shes me ulje.
-*n* 1.zbritje. 2.interes i mbajtur paraprakisht+**at a discount** a)nën çmimin e rregullt, me ulje; b)i mbetur(mall).

discountenance[dis'kauntënëns] *vt* 1.nuk miratoj, kundërshtoj. 2.hutoj, shastis.

discount house *n* 1.dyqan me çmime të ulura. 2.firmë financiare që bën skontimi.

discount rate *n* tarifë skontimi.

discount store *n* dyqan me çmime të ulura.

discourage[dis'kʌrixh] *vt* 1.shkurajoj, dekurajoj, i heq besimin. 2.i kundërvihem, kundërshtoj, prap-soj. 3.e bëj të heqë dorë. 4.bëj të pakëndshme/të pavlerë.

discouragement[dis'kʌrixhmënt] *n* 1.shkurajim, dekurajim. 2.mosaprovim..

discourse[dis'ko:s] *n,v* -*n* 1.fjalim, ligjëratë.2.bi-sedë. 3.predikim.
-*vi* 1.mbaj fjalim/ligjëratë. 2.bisedoj, flas.

discourteous [dis'kë:tjës] *adj* i pasjellshëm, i pa-njerëzishëm, harbut.

discourtesy[dis'kë:tisi] *n* 1.panjerëzi, harbutëri. 2.veprim i pasjellshëm.

discover[dis'kʌvë:] *vt* 1.zbuloj; gjej, marr vesh. 2.*vjet* nxjerr, ekspozoj(një të fshehtë).

discoverer[dis'kʌvërë:] *n* zbulues.

discovery[dis'kʌvëri] *n* 1.zbulim. 2.gjë e zbuluar, gjetje. 3.*fig* talent i porsazbuluar, zbulim.

discredit[dis'kredit] *v,n* -*vt* 1.diskreditoj, zhvle-rësoj. 2.nuk besoj, nuk i zë besë. 3.turpëroj, e bëj me turp.
-*n* 1.diskreditim, zhvlerësim. 2.mosbesim. 3.turpë-rim; turp; **a discredit to the family** turpi i familjes.

discreditable[dis'kreditëbël] *adj* diskreditues, tur-përues.

discreet[dis'kri:t] *adj* 1.i matur; i përmbajtur; fja-lëpak. 2.i sjellshëm, me takt. 3.modest, pa shumë salltanete, jo për t'u dukur.

discrepancy[dis'krepënsi] *n* 1.mospërputhje, mos-pajtim. 2.mungesë lidhjeje.

discrepant [dis'krepënt] *adj* mospajtues; që ka mospërputhje; që nuk ka lidhje.

discrete[dis'kri:t] *adj* 1.i veçantë; i dallueshëm.2. prej pjesësh të veçanta. 3.i pavazhduar.

discretion[dis'kreshën] *n* 1.zgjedhje, liri veprimi.

2.maturi; mençuri; pjekuri.+ **leave sth to sb's discretion** ia lë dikujt në dorë(të zgjedhë, të ven-dosë).

discretionary[dis'kreshëneri] *adj* 1.i lirë për të ve-pruar. 2.i lënë në dorë të dikujt; **with discretionary powers** me kompetenca.

discriminate [dis'krimëneit] *v* 1. dalloj; **discrimi-nate between two things** shoh dallimin midis dy gjërave. 2.bëj dallime; diskriminoj.
+**discriminate against** diskriminoj.

discriminating[dis'krimëneiting] *adj* 1.që di të dallojë, me aftësi dalluese. 2.diskriminues, që bën dallime. 3.i diferencuar(tarifë doganore etj).

discrimination[diskrimë'neishën] *n* 1.dallim, di-ferencim; aftësi dalluese. 2.diskriminim, dallim me paragjykim.

discriminative[dis'krimënëtiv] *adj* 1.dallues, me aftësi dalluese. 2.diskriminues.

discriminatory[dis'krimënëtori] *adj* diskriminu-es; i njëanshëm.

discrown[dis'kraun] *vt* rrëzoj, shfronëzoj (mbre-tin).

discursive[dis'kë:siv] *adj* i hallakatur, pa lidhje (bisedë).

discus['diskës] *n* 1.*sport* disk. 2.hedhje disku.

discuss[dis'kʌs] *vt* 1.diskutoj; shqyrtoj. 2.shtjelloj.

discussant[dis'kʌsënt] *n* diskutant.

discussion [dis'kʌshën] *n* 1.diskutim; shqyrtim. 2.shtjellim(i një problemi).

disdain[dis'dein] *vt* 1.përçmoj, nënçmoj, përbuz. 2.nuk denjoj, nuk begenis; **disdain to notice** nuk përfill, bëj sikur s'e vë re; **disdain an offer** nuk për-fill një ofertë.

disdainful[dis'deinful] *adj* 1.përçmues, përbuzës. 2.shpërfillës, mospërfillës.

disease[di'zi:z] *n* 1.sëmundje. 2.*fig* sëmundje, dobësi.

diseased[di'zi:zd] *adj* 1.i sëmurë. 2. e çoroditur, e turbulluar(mendje).

desembark[disim'ba:k] *v* 1.zbres(nga anija, avio-ni); zbarkoj. 2.shkarkoj(nga anija etj).

disembarkation[disemba:'keishën] *n* 1.zbritje; zbarkim. 2.shkarkim.

disembarrass[disem'bærës] *vt* 1.çliroj, shpengoj. 2.heq qafe. 3.i heq turpin/druajtjen/sikletin.

disembody[disem'bodi] *vt* shkëpus nga trupi (shpirtin); **a disembodied spirit** fantazmë, shpirt.

disembowel[disem'bauël] *vt* i nxjerr zorrët, i shkul zorrët.

disenchant[disen'ça:nt] *vt* 1.çmagjeps, i heq ma-gjinë. 2.i heq iluzionet.

disencumber[disen'kʌmbë:] *vt* 1.çliroj nga barra, shkarkoj. 2.lehtësoj(nga brengat etj).

disenfranchise[disen'frænçaiz] *vt* shih **disfran-chise**.

disengage[disen'geixh] *vt* 1.çliroj, çangazhoj(nga

një detyrim. 2.shkëpus; liroj. 3.*usht* heq nga luftimi.

disengaged[disen'geixhd] *adj* 1.i lirë, jo i zënë (me punë); i paangazhuar(me takime). 2.i liruar, i shkëputur; i stakuar.

disengagement [disen'geixhmënt] *n* 1.mosangazhim(me punë etj). 2.shkëputje, stakim.

disentangle[disen'tængël] *v* 1.veçoj, çliroj; zgjidh. 2.shkoklavis.

disentanglement[disen'tængëlmënt] *n* 1.lirim, çlirim, zgjidhje, shpengim. 2.shkoklavitje.

disenthrone[disen'throun] *vt* shfronëzoj, rrëzoj.

disentwine[disen'twain] *vt* shih **disentangle**.

disestablish[dises'tæblish] *vt* i jap fund, prish(një lidhje).

disesteem[dises'ti:m] *v,n* -*v* përçmoj. -*n* përçmim.

disfavo(u)r[dis'feivë:] *n,v* -*n* 1.mospëlqim, mosmiratim. 2.:**be in disfavour with sb** shihem me sy të keq nga dikush. -*vt* 1.marr me sy të keq. 2.nuk miratoj, nuk pëlqej, nuk jam dakord me.

disfigure[dis'figë:] *vt* shfytyroj, shëmtoj.

disfigurement[dis'figë:mënt] *n* 1.shfytyrim, shëmtim. 2.cen, e metë.

disforest[dis'forist] *vt* shih **disafforest**.

disfranchise[dis'frænçaiz] *vt* 1.i heq qytetarinë. 2.i heq të drejtën e votimit. 3.i heq një të drejtë(një vendi, bashkësie etj).

disfranchisement[dis'frænçizmënt] *n*1.heqje e qytetarisë. 2. heqje e së drejtës së votimit. 3.heqje e një të drejte.

disgorge[dis'go:xh] *vt* 1.vjell. 2.derdh. 3.dorëzoj, kthej(gjënë e vjedhur).

disgrace[dis'greis] *n,v* -*n* 1.turpërim, humbje e nderit; turp. 2.opinion/sy i keq; **fall into disgrace with sb** më merr me sy të keq(dikush). -*vt* 1.turpëroj. 2.marr me sy të keq.

disgraceful [dis'gresful] *adj* i turpshëm, turpërues(gjest).

disgruntle [dis'grʌntël] *vt* mërzis; bëj të pakënaqur.

disgruntled[dis'grʌntëld] *adj* i mërzitur, i pakënaqur.

disguise[dis'gaiz] *v,n* -*vt* 1.maskoj. 2.fsheh, mbuloj; **disguise one's sorrow** fsheh vuajtjen. -*n* 1.maskim. 2.sende/veprime maskuese. 3.fshehje, mbulim.

disguisedly[dis'gaizdli] *adv* në mënyrë të maskuar.

disgust[dis'gʌst] *n,v* -*n* 1.neveri, të pështirë, krupë. 2.indinjatë, pakënaqësi. -*vt* 1.neveris, vështiros, fus krupën. 2.indinjoj.

disgusted[dis'gʌstid] *adj* 1.i neveritur. 2.*fig* i disgustuar; i lodhur; i veleritur.

disgusting[dis'gʌsting] *adj* i neveritshëm, që të fut krupë; i pakëndshëm.

dish[dish] *n,v* -*n* 1.pjatë.2.*pl* enë; **wash the dishes**

laj enët. 3.një pjatë ushqim. 4.gjellë, gatesë; ushqim. 5.*zhrg* person tërheqës.6.*zhrg* preferencë, kënaqësi. -*vt*1.hedh në pjatë(ushqimin), shpërndaj.2.bëj konkave(si pjatë). 3.paraqes bukur, stis(faktet). 4.jap, lëhoj,shpërndaj(komplimente). 5.*zhrg* ua hedh, i mund(kundërshtarët) .+**dish it out** *zhrg* ndëshkoj; qortoj, shaj.
+**dish out** shpërndaj.

dishabille[disë'bi:l] *n* 1.veshje e shkujdesur. 2.rrobë e veshur pa kujdes. 3.gjendje gjysmëzhveshur.

disharmony [dis'ha:mëni] *n* mungesë harmonie, disharmoni; mosmarrëveshje.

dishcloth[dish'kloth] *n* shtupë enësh.

dishearten[dis'ha:tën] *vt* shkurajoj, dëshpëroj.

dishevel[dë'shevël] *v* 1.zhubros(rrobat).2.shprish, shpupuris(flokët).

dishevelled[dë'shevëld] *adj* 1.e çrregullt, rrëmujë (pamje). 2.të shprishur, të shpupurisur (flokë).

dishful['dishful] *n* një pjatë(sasi).

dishonest[dis'onist] *adj* 1.i pandershëm; mashtrues. 2.me hile(lojë).

dishonesty [dis'onisti] *n* pandershmëri; veprim i pandershëm.

dishono(u)r[dis'onë:] *n,v* -*n* 1.çnderim, turpërim, turp. 2.gjë 3 turpshme. 3.mospagim, mosshlyerje. -*vt* 1.çnderoj, turpëroj. 2.nuk paguan(banka një çek etj).

dishono(u)rable [dis'onërëbël] *adj* 1.i turpshëm, çnderues, turpërues. 2.i turpëruar, i çnderuar

dishono(u)rably[dis'onërëbli] *adv* pandershmërisht.

dishpan ['dishpæn] *n* legen / lavaman për larje enësh.

dishrag[dish'ræg] *n* shtupë enësh.

dishwasher['dish'woshë:] *n* 1.pjatalarëse.2.makinë larëse enësh.

dishwater['dishwotë:] *n* ujë enësh.

dishy['dishi] *adj zhrg* e kolme, seksi, e këndshme, joshëse.

disillusion[disi'lu:zhën] *n,v* -*n* zhgënjim. -*vt* zhgënjej.

disillusionment [disi'lu:zhënmënt] *n* zhgënjim, diziluzion.

disincentive[disin'sentiv] *adj* zhbindës.

disinclination [disinklë'neishën] *n* mosdashje, pagatishmëri.

disincline[disin'klain] *v* 1.i heq gatishmërinë.2.tregohem mosdashës.

disinclined[disin'klaind] *adj* mosdashës, jo i gatshëm.

disinfect[disin'fekt] *vt* dezinfektoj.

disinfectant[disin'fektënt] *adj,n* -*adj* dezinfektues. -*n* dezinfektues, dezinfektant.

disinfection[disin'fekshën] *n* dezinfektim.

disingenuous[disin'xhenjuës] *adj* i pasinqertë, jo

i çiltër.

disinherit[disin'herit] *vt* përjashtoj nga trashëgimi, nuk i lë trashëgim.

disinheritance [disin'herëtëns] *n* përjashtim nga trashëgimia.

disintegrate [disintë'greit] *v* 1.shpërbëhet, copëtohet. 2.shpërbëj, copëtoj. 3.*fiz* zbërthej, shpërbëj, dezintegroj.

disintegration [disintë'greishën] *n* 1.shpërbërje, copëtim. 2.*fiz* zbërthim, shpërbërje.

disinter[disin'të:] *vt* 1.zhvarros; zhgropos. 2.zbuloj, nxjerr në dritë.

disinterest [dis'intrist] *n* çinteresim; mospërfillje, indiferencë.

disinterested[dis'intristid] *adj* 1.i painteres, bujar. 2.i ndershëm, i drejtë.

disinterment[disin'të:mënt] *n* 1.zhvarrim; zhgroposje. 2.gjetje, gjë e zbuluar.

disjoin[dis'xhoin] *vt* veçoj, ndaj, shkëpus.

disjoint[dis'xhoint] *vt* 1.shqyej(pulën).2.shkëpus. 3.ndaj, veçoj.

disjointed[dis'xhointid] *adj* 1.i shqyer. 2.i palidhur, pa lidhje(bisedë).

disjunction [dis'xhankshën] *n* ndarje, veçim, shkëputje.

disk[disk] *n,v* -*n* 1.disk, pllakë(gramafoni).2.*anat* disk ndërvertebror. 3.*kmp* disk; disketë. 4.*bujq* disk kultivatori.

-*vt bujq* diskoj.

dislike[dis'laik] *v,n* -*vt* nuk pëlqej, kam zët.

-*n* zët, mospëlqim, antipati.

dislocate['dislëkeit] *vt* 1. nxjerr nga vendi (kockën), ndrydh (gjymtyrën). 2. çrregulloj, përmbys (planet).

dislocation [dislo'keishën] *n* 1.ndrydhje, nxjerrje nga vendi. 2.çrregullim, përmbysje.

dislodge [dis'loxh] *vt* 1. zhvendos, largoj. 2. heq, shpërngul(dikë).

dislodgement[dis'loxhmënt] *n* 1.zhvendosje, largim. 2.shpërngulje(nga banesa).

disloyal[dis'lojël] *adj* i pabesë, tradhtar.

disloyalty[dis'lojëlti] *n* pabesi, tradhti.

dismal['dizmël] *adj* 1.i vrenjtur, i zymtë, i ngrysur. 2.i mjerë, i dëshpëruar.

dismantle [dis'mæntël] *vt* 1. çmontoj, zbërthej. 2.zhvesh, i heq pjesët.

dismast[dis'mæst] *vt* i heq direkët; thyen/rrëzon direkët(era.

dismay[dis'mei] *n,v* -*n* druajtje, drojë, frikë, ankth.

-*vt* trazoj, tremb, frikësoj.

dismember[dis'membë:] *vt* 1.shqyej, gjymtoj, i heq gjymtyrët. 2.*fig,pol* copëtoj, ndaj(një vend).

dismemberment[dis'membë:mënt] *n* 1.shqyerje, gjymtim, shkulje gjymtyrësh. 2.copëtim, ndarje(e një vendi).

dismiss[dis'mis] *vt* 1.liroj, lë të ikë. 2.shkarkoj, heq,

pushoj(nga puna). 3.heq nga mendja, largoj(një hall). 4.*drejt* nuk pranoj të shqyrtoj(një çështje).

dismissal[dis'misël] *n* 1.lirim, shpërndarje(e nxënësve. 2.heqje, pushim, shkarkim. 3.urdhër pushimi (nga puna).

dismission[dis'mishën] *n* shih **dismissal.**

dismount[dis'maunt] *v* 1.zbres; i zbres(biçikletës, kalit). 2. zbres, rrëzoj(nga kali). 3.çmontoj, heq nga bazamenti). 4.zbërthej, çmontoj.

disobedience[disë'bi:diëns] *n* mosbindje.

disobedient[disë'bi:diënt] *adj* i pabindur.

disobey[disë'bei] *vt* nuk i bindem; nuk i nënshtrohem; shkel, nuk zbatoj(ligjin etj).

disoblige[disë'blaixh] *vt* 1.nuk i bëj nder. 2.fyej.

disorder[dis'o:dë:] *n,v* -*n* 1.çrregullim, rrëmujë. 2.trazirë, rebelim. 3.sëmundje, çrregullim.

-*vt* 1.çrregulloj, bëj rrëmujë. 2.*mjek* çrregullon, dëmton(një organ).

disordered[dis'o:dë:d] *adj* 1.i çrregulluar, i trazuar. 2.i sëmurë, jo në rregull.

disorderly[dis'o:dë:li] *adj,adv* -*adj* 1.i çrregullt; i rrëmujshëm. 2.i padisiplinuar, që bën trazira(turmë). 3.*drejt* shqetësues, kundër rendit publik.

-*adv vjet* rrëmujshëm.

disorganize[dis'o:gënaiz] *vt* çrregulloj, çorganizoj, shthur.

disorient[dis'oriënt] *v* shih **disorientate.**

disorientate[dis'o:riënteit] *vt* 1.çorientoj. 2.ngatërroj; çorodis. 3.hutoj, shastis.

disown[dis'oun] *vt* 1.e mohoj, nuk e njoh si timen. 2.bëj hasha, zhbirëroj.

disparage[dis'pærixh] *vt* 1.nënçmoj. 2.ul, i ul vlerat. 3.diskreditoj.

disparagement [dis'pærixhmënt] *n* 1.nënçmim, nënvleftësim. 2.ulje, denigrim. 3.diskreditim.

disparaging[dis'pærixhing] *adj* i pagjindshëm, që s'të bën nder.

disparate ['dispërit] *adj* i tjetërllojshëm; i ndryshëm; i pangjashëm.

disparity[dis'pærëti] *n* pabarazi; ndryshim; kontrast, mospajtim.

dispart[dis'pa:t] *vt* veçoj; ndaj, pjesëtoj.

dispassion[dis'pæshën] *n* 1.mungesë pasioni, paragjykimi. 2.qetësi. 3.paanësi.

dispassionate[dis'pæshënit] *adj* 1.pa paragjykim. 2.i qetë, gjakftohtë. 3.i paanshëm.

dispatch, despatch[dis'pæç] *v,n* -*vt* 1.nis, dërgoj(dikë). 2.kryej, bëj shpejt. 3.i jap goditjen e fundit, vras. 4.*fig* ha, mbaroj. 5.largoj, përzë, heq qafe, i jap duart.

-*n* 1.nisje, dërgim(letre, korieri). 2.njoftim, mesazh, informacion. 3.shpejtësi. 4.vrasje. 5.agjenci transporti(mallrash).+**mention in dispatches** *usht* a)përmend dikë për trimëri; b)përmendje.

dispatch box, dispatch case *n* çantë zyrtare (për dokumente).

dispatcher[dis'pæçë:] *n* dispeçer.

dispatch rider *n* 1.*usht* korier. 2.shërbyes hoteli.

dispel[dis'pel] *vt* shpërndaj, largoj, davaris(frikën etj).

dispensable[dis'pensëbël] *adj* 1.i parëndësishëm, jo i domosdoshëm(person). 2.i tepruar(luks).

dispensary[dis'pensëri] *n* 1.farmaci(spitali).2.punishte barnash(në spital).

dispenation [dispen'seishën] *n* 1.dhënie, shpërndarje(lëmoshe). 2.sundim, qeverim. 3.sistem fetar. 4.përjashtim nga një detyrim(fetar); lejë e shkruar.

dispensatory[dis'pensëtori] *n* 1.udhëzues farmaceutik. 2.*vjet* farmaci spitali.

dispense[dis'pens] *v* 1.jap, shpërndaj(lëmoshë). 2.zbatoj, vë në zbatim(ligjin). 3.përgatis(barna). 4.përjashtoj (nga një detyrim). +**dispense with** a)bën të panevojshëm; heq qafe; b)bëj pa, s'ia kam nevojën.

dispenser[dis'pensë:] *n* 1.makinë automatike me monedhë(që nxjerr kafe, senduiçe etj). 2.shishe me sprej, bombolë me vrimë nxjerrëse.

dispeople[dis'pi:pël] *vt* shpopulloj.

dispersal[dis'pë:sël] *n* 1.shpërndarje.2.shpërhapje.

disperse[dis'pë:s] *v* 1.shpërndaj(turmën).2.shpërndahet(turma). 3.shpërndaj, jap (fletushka). 4.zhduk. 5.zhduket, humbet(e ënjtura). 6.*fiz* shpërbëj, zbërthej(dritën). 7.*kim* shpërhap(grimcat).

dispersion [dis'pë:shën] *n* 1. shpërndarje. 2.*fiz* shpërbërje, zbërthim. 3.*kim* dispersion, shpërhapje (e grimcave); tretësirë koloidale.

dispersive[dis'pë:siv] *adj fiz* shpërndarës; shpërhapës.

dispirit[di'spirit] *vt* 1.dëshpëroj. 2.ligështoj. 3. shkurajoj.

dispirited[di'spiritid] *adj* i shkurajuar; i dërrmuar.

dispiriting [di'spiriting] *adj* shkurajues, dëshpërues, dekurajues.

dispiteous[dis'pitiës] *adj* i pamëshirshëm.

displace[dis'pleis] *vt* 1.zhvendos, shpërngul; **displaced person** refugjat, i pastrehë. 2.zëvendësoj, i zë vendin. 3.heq nga posti.

displacement [dis'pleismënt] *n* 1. zhvendosje, shpërngulje. 2.vëllim uji i zhvendosur(nga anija). 3.vëllim i cilindrit(të motorit). 4.zëvendësim. 5.heqje nga posti.

display[dis'plei] *v,n -v* 1.ekspozoj, paraqes.2.tregoj, shfaq. 3.shpalos; hap(flamurin, gazetën). 4.*el* shfaq në formë vizuale (sinjalet). +**display one's ignorance** tregohem injorant.
-*n* 1.ekspozitë; paraqitje. 2.shfaqje(guximi etj). 3.dukje, krekosje. 4.*el* ekran. 5.*el* informacion(i nxjerrë në ekran).

display advertising *n* reklama.

displease[dis'pli:z] *vt* fyej, inatos; bezdis, irritoj.

displeasure[dis'plezhë:] *n* 1.pakënaqësi. 2.*vjet* shqetësim, bezdi. 3.*vjet* fyerje, lëndim.

disport[dis'po:t] *vt* (-**oneself**) argëtohem, zbavitem (në plazh etj).

disposable[dis'pouzëbël] *adj* 1.i disponueshëm, i lirë. 2.i hedhshëm, i flakshëm.

disposal [dis'pouzël] *n* 1. heqje, hedhje, flakje. 2.shitje. 3.zgjidhje(e vështirësisë). 4.rregullim, vendosje. 5.dhënie. 6.drejtim, kontroll(i punëve).+**at sb's disposal** në dispozicion të dikujt.

dispose [dis'pouz] *vt* 1.rregulloj, vendos, rendis, sistemoj. 2.ndreq, zgjidh(punët, problemet). 3.shtyj, nxis. 4.ekspozoj ndaj; **it disposes you to catching cold** kjo të bën të marrësh të ftohtë. + **dispose of** a)heq qafe, hedh; b)shes, heq duarsh; c)e ha, e pi; d)rregulloj, zgjidh(punë).

disposed[dis'pouzd] *adj* i prirur, i predispozuar; **disposed to** i prirur; **well-/ill-disposed towards sb** i prirur për mirë/për keq ndaj dikujt, me qëllime të mira/të këqija kundrejt dikujt.

disposition[dispë'zishën] *n* 1.natyrë(e njeriut); **a selfish disposition** natyrë egoiste. 2.prirje, gatishmëri. 3.rregullim, vendosje, renditje, sistemim. 4.ndreqje(e punëve), zgjidhje(e problemeve). 5.heqje qafe, flakje; shitje, heqje duarsh.

dispossess[dispë'zes] *vt* 1.*drejt* shpronësoj. 2. lë pa, i heq; **dispossess of** e lë pa(ndjenja).

dispossession [dispë'zeshën] *n* 1.shpronësim. 2. heqje, lënie pa.

dispraise [dis'preiz] *v,n -v* 1.kundërshtoj, nuk aprovoj. 2.shaj; dënoj.
-*n* 1.kundërshtim, mosaprovim. 2.sharje; dënim.

disprize[dis'praiz] *vt vjet* përbuz.

disproof [dis'pru:f] *n* 1. hedhje poshtë. 2.përgënjeshtrim.

diproportion[disprë'po:shën] *n* 1.shpërpjesëtim. 2.mungesë simetrie.

disproportional[disprë'po:shënël] *adj* 1. i shpërpjesëtuar. 2.i tepruar.

disproportionally [disprë'po:shnëli] *adv* 1. në shpërpjestim. 2.në mënyrë të tepruar; në mënyrë të pabarabartë.

disproportionate[disprë'po:shnit] *adj* 1.i shpërpjesëtuar. 2.i tepruar; **a disproportionate amount of time** më tepër kohë nga ç'duhet.

disproval[dis'pru:vël] *n* shih **disproof**.

disprovable[dis'pru:vëbël] *adj* i përgënjeshtrueshëm.

disprove [dis'pru:v] *vt* 1. hedh poshtë, rrëzoj. 2.përgënjeshtroj.

disputable[dis'pju:tëbël] *adj* i diskutueshëm; i pasigurt; me pikëpyetje.

disputant[dis'pju:tënt] *n* diskutues, diskutant.

disputation[dispju:'teishën] *n* 1.diskutim, debat. 2.grindje, polemikë.

dispute[dis'pju:t] *v,n -v* 1.diskutoj, polemizoj,

debatoj. 2.hahem, grindem. 3.hedh poshtë; kundërshtoj; vë në dyshim. 4.luftoj, kundërshtoj, i rezistoj. 5.konkuroj, përpiqem të fitoj. **+dispute against /with sb** hahem me fjalë me dikë. *-n* 1.diskutim, debat. 2.grindje; konflikt. **+beyond dispute** a)i padyshimtë, i padiskutueshëm; pa dyshim, pa diskutim; b)i zgjidhur; i vendosur; i sqaruar; **in dispute** në diskutim; **past all dispute** pa dyshim; **without dispute** s'ka vend për diskutim.

disqualification[diskwolëfë'keishën] *n* 1.skualifikim, përjashtim. 2.shkak skualifikimi.

disqualify [dis'kwolëfai] *vt* 1. skualifikoj, përjashtoj(nga gara, votimi etj). 2.bëj të paaftë, paaftësoj. 3.ndaloj, nuk e lejoj (të ngasë makinë etj).

disquiet [dis'kwajët] *v,n -vt* shqetësoj; alarmoj; turbulloj. *-n* shqetësim, trazim.

disquiteting[dis'kwajëting] *adj* shqetësues, turbullues.

disquitetude[dis'kwajëtju:d] *n* shqetësim, trazim.

disquisition[diskwë'zishën] *n* fjalim i gjatë.

disregard[disri'ga:d] *v,n -vt* 1.nuk përfill, nuk vë re, nuk marr parasysh.2.shpërfill, nuk tregoj kujdes, nënvleftësoj(dikë). *-n* 1.mospërfillje, shkujdesje. 2.shpërfillje, nënvleftësim(i dikujt); **disregard of a rule** mosrespektim i një rregulli.

disregardful[disri'ga:dful] *adj* mospërfillës, neglizhent, i pakujdesshëm; shpërfillës.

disrelish[dis'relish] *v,n -vt* nuk dua, nuk pëlqej. *-n* mospëlqim, neveri.

disremember[disri'membë:] *vt* harroj, nuk mbaj mend.

disrepair[disri'peë:] *n* gjendje e keqe(që ka nevojë për riparim); **be in bad disrepair** ka nevojë të ngutshme për riparim.

disreputable [dis'repjutëbël] *adj* 1.me emër të keq, famëkeq. 2.e parespektueshme(sjellje); i pandershëm(politikan). 3.i rrënuar; i vjetëruar.

disrepute[disri'pju:t] *n* diskreditim; emër i keq.

disrespect [disris'pekt] *n* 1. mungesë respekti, mosrespektim. 2.panjerëzi, harbutëri.

disrespectful[disris'pektful] *adj* 1.mosrespektues. 2.i pasjellshëm, harbut.

disrobe[dis'roub] *vt* zhvesh.

disrupt[dis'rʌpt] *vt* përçaj.

disruption[dis'rʌpshën] *n* përçarje.

disruptive[dis'rʌptiv] *adj* përçarës.

dissatisfaction[dissætis'fækshën] *n* pakënaqësi.

dissatisfactory[dissætis'fækshëri] *adj* i pakënaqshëm, i mërzitshëm.

dissatisfied[dis'sætisfaid] *adj* 1.i pakënaqur. 2.i mërzitur.

dissatisfy[dis'sætisfai] *vt* 1.nuk kënaq. 2.mërzis; i bëj të pakënaqur.

dissect[di'sekt] *vt* 1.pres, copëtoj. 2.hap, çaj (ku-

fomën); bëj autopsi. 3.shqyrtoj me imtësi, analizoj.

dissected[di'sektid] *adj* i çarë, me të çara(gjethe).

dissection [di'sekshën] *n* 1.çarje, hapje, autopsi. 2.shqyrtim i imët, analizë.

dissector [di'sektë:] *n* 1. person që bën autopsi. 2.vegël për autopsi.

dissemble [di'sembël] *v* 1. fsheh, nuk e tregoj (zemërimin). 2.fsheh qëllimet, tregohem hipokrit. 3.shtirem. 4.bëj sikur nuk shoh, injoroj.

disseminate [di'semëneit] *vt* shpërndaj; përhap (njohuri etj).

dissemination[di'semineishën] *n* përhapje, propagandim.

disseminator[di'semineitë:] *n* përhapës, propagandues.

dissention[di'senshën] *n* 1.mosmarrëveshje, grindje, polemikë. 2.ftohje, përçarje.

dissent[di'sent] *v,n -vi* 1.kam tjetër mendim; nuk pajtohem. 2.bëhem disident. *-n* mospajtim, mospërputhje mendimesh. 2.disidencë.

dissenter[di'sentë:] *n* 1.kundërshtar, disident. 2.*fet* sektar. 3.opozitar.

dissentient[di'senshënt] *adj,n -adj* kundërshtues, mospajtues. *-n* kundërshtar, disident.

dissertation[disë:'teishën] *n* dizertacion.

disservice[di'së:vis] *n* 1.keqtrajtim. 2.dëmtim.

dissever[di'sevë:] *vt* ndaj, veçoj.

dissidence ['disidëns] *n* mosmarrëveshje; mospajtim; disidencë.

dissident['disidënt] *adj* i papajtueshëm; disident. *-n* disident.

dissimilar [di'simëlë:] *adj* i pangjashëm; i ndryshëm.

dissimilarly[di'simëlë:li] *adv* ndryshe.

dissimilarity[disimë'lærëti] *n* pangjashmëri, mungesë ngjashmërie; ndryshim.

dissimilate[di'simëleit] *v* 1.bëj të pangjashëm. 2.bëhet i pangjashëm, ndryshon.

dissimilation [disimë'leishën] *n* 1. ndryshim, largim. 2.*biol* (zbërthim i lëndëve organike), katabolizëm. 3.*gram* shpërngjashmim (i tingujve), disimilim.

dissimilitude [disi'milëtju:d] *n* pangjashmëri; ndryshim.

dissimulate [di'simjuleit] *v* 1. fsheh, mbuloj. 2.fshihem, shtirem.

dissimulation[disimju'leitë:] *n* 1.fshehje; mbulim. 2.fshehje; shtirje. *-n* 1.fsheharak, tinëzar.2.shtijak, hipokrit; simulant.

dissipate['disëpeit] *v* 1.shpërndahet. 2.zhduket, davaritet (mjegulla). 3. davarit (dielli mjegullën). 4.prish, harxhoj, tres(paratë). 5.jepem pas qejfeve.

dissipated['disëpeitid] *adj* 1.plangprishës; i dhënë pas qejfeve; i shthurur. 2.i shpërndarë. 3. i humbur kot, i shpërdoruar.

dissipation[disë'peishën] *n* 1.shpërndarje; davaritje. 2.argëtim, dëfrim. 3.shthurje, çoroditje.

dissociate[di'soushiejt] *vt* 1.shkëpus, veçoj, ndaj; **dissociate oneself from** shkëputem nga. 2.*kim* disocioj, ndaj(molekulat etj).

dissociation[disousi'eishën] *n* 1.shkëputje, veçim, ndarje (nga). 2. *kim* a) disociim, ndarje në jone; b)zbërthim (në atome). 3.shkëputje e idesë.

dissociative[disoushi'eitiv] *adj* 1.shkëputës. 2.disociues.

dissolubility[disoljë'bilëti] *n* tretshmëri.

dissoluble[di'soljëbël] *adj* i tretshëm.

dissolute['disëlju:t] *adj* i shthurur, imoral.

dissolution[disë'lju:shën] *n* 1.prishje(e ortakërisë etj). 2.shpërndarje(e kuvendit). 3.shpërbërje(e një organizate). 4.prishje, shkatërrim, rrënim. 5.vdekje. 6.zbërthim, shpërbërje(e një lënde). 7.tretje. 8.tretësirë, lëng.

dissolve[di'zolv] *v* 1.tres. 2.tretet. 3.prish, i jap fund(ortakërisë). 4.shpërndaj(parlamentin). 5.humbet, tretet (ëndrra). 6. zgjidh, sqaroj. 7. zbërthej, shpërbëj. +**dissolved in tears** i mbytur në lotë.

dissonance['disënëns] *n* 1.disonancë, paharmoni(tingujsh). 2.mosmarrëveshje, mospajtim.

dissonant['disënënt] *adj* 1.joharmonik, i vrazhdë. 2.i papajtueshëm, i kundërt.

dissuade[di'sweid] *vt* zhbind, i kthej mendjen.

dissuasion[di'sweizhën] *n* zhbindje, kthim i mendjes.

dissuasive[di'sweisiv] *adj* zhbindës, që të kthen mendjen.

dissyllabic[disi'læbik] *adj* dyrrokësh.

dissyllable[di'silëbël] *n* dyrrokësh.

distaff['dista:f] *n* 1.furkë(leshi). 2.punët e gruas. 3.femër; seksi femër. 4.degë femërore e familjes.

  distaff side *n* anë e nënës, degë familjare e nënës.

distain[dis'tein] *v vjet* 1.çngjyros. 2.njollos. 3.*fig* njollos, çnderoj, turpëroj.

distal['distël] *adj anat* skajor, fundor.

distance [di'stëns] *n,v* -*n* 1. largesë, largësi, distancë. 2.rrugë e gjatë, largësi e madhe. 3.kohë, interval kohe. 4.*muz* interval ndërmjet dy toneve. 5.ftohtësi, rezervë, distancë. 6.thellësi, perspektivë(e tablosë). +**go the distance** *sport* a)luaj tërë ndeshjen(pa u ndërruar); b)rezistoj pa rënë nokaut; **keep at a distance** i rri larg, i rri ftohtë, i mbaj distancë; **keep one's distance** a)mbaj distancë, nuk i afrohem; b)ruaj distancën, nuk familjarizohem.

  -*vt* lë pas, ia kaloj.

distant['distënt] *adj* 1.i largët; **distant from** larg prej. 2.larg; **two kilometres distant** dy kilometra larg. 3.i largët(kushëri). 4. i ftohtë(qëndrim).

distaste[dis'teist] *n* mospëlqim, neveri.

distasteful[dis'teistful] *adj* i pakëndshëm, i papël-

qyeshëm.

distemper I[dis'tempë:] *n,v* -*n* 1.murtajë e qenve. 2.çrregullim, sëmundje. 3.trazim, shqetësim. -*vt* trazoj, shqetësoj.

distemper II [dis'tempë:] *n,v* -*n* 1.pikturim me tempera. 2.bojë tempera

distend[dis'tend] *v* 1.fryhet, mufatet. 2.fryj, mufas; **distended stomach** bark i fryrë.

distensible[dis'tensëbël] *adj* i fryshëm, i mufatshëm; i zgjerueshëm.

distension, -tion [dis'tenshën] *n* fryrje, mufatje; zgjerim.

distich['distik] *n poet* dyvargësh, distik; kuplet.

distil(l)[dis'til] *v* 1.distiloj. 2.nxjerr, gjej, zbuloj(të vërtetën). 3.pikon. 4.nxjerr pikë-pikë. 5.distilohet.

distillate ['distëlit] *n* 1.distilat, produkt distilimi (lëng). 2.ekstrakt, esencë.

distillation[distë'leishën] *n* distilim.

distilled[dis'tild] *adj* i distiluar.

distiller[dis'tilë:] *n* 1.prodhues pijesh; distilues. 2.distilator, aparat distilimi.

distillery[dis'tilëri] *n* distileri, fabrikë pijesh (alkoolike).

distinct[dis'tinkt] *adj* 1.i veçantë. 2.i dallueshëm. 3.i qartë(shkrim). 4.i dukshëm; i padyshimtë (avantazh).

distinction[dis'tinkshën] *n* 1.dallim. 2.ndryshim. 3.veçanti, veçori. 4.nderim, nder; **a mark of distinction** shenjë nderimi. 5.epërsi, shkëlqim. +**distinction without a difference** dallim i paqenë; ndryshim artificial; **draw/make a distinction between** bëj dallim ndërmjet.

distinctive[dis'tinktiv] *adj* 1. veçantë, i dallueshëm; karakteristik. 2.dallues.

distinctly[dis'tinktli] *adv* 1.qartë, dallueshëm. 2.dukshëm, pa dyshim.

distinguish[dis'tingwish] *v* 1.dalloj, shquaj. 2.e dallon, përbën ndryshimin. 3.bëj të njohur, të famshëm, dalloj; **distinguish oneself** dallohem, dal i dalluar. 4.veçoj, ndaj, klasifikoj.

distinguishable [dis'tingwishëbël] *adj* i dallueshëm; i veçuesheshëm.

distinguished[dis'tingwishd] *adj* 1.i shquar(artist). 2.i hijshëm, madhështor.

distort[dis'to:t] *vt* 1.shtrembëroj; shfytyroj.2.ndërroj, shtrembëroj(faktet).

distortion[dis'to:shën] *n* 1.shtrembërim (i së vërtetës). 2.shtrembërim, shfytyrim.

distract[dis'trækt] *vt* 1.shkëpus, i heq mendjen nga. 2.hutoj, shushas. 3.çmend, luaj mendsh, marros (nga frika etj).

distraction[dis'trækshën] *n* 1.hutim, shushatje, humbje e mendjes. 2.diçka që të heq vëmëndjen. 3.argëtim, zbavitje.4.çmenduri; **love sb to distraction** dua dikë deri në çmenduri, si i çmendur.

distrain[dis'trein] *vi* (-**upon**) *drejt* sekuestroj.

distraint[dis'treint] *n drejt* sekuestrim.
distraught [dis'trot] *adj* 1.i trallisur. 2.i shqetë-suar, i merakosur.
distress[dis'tres] *n,v -n* 1.shqetësim, ankth.2.fat-keqësi. 3.dhimbje, vuajtje. 4.rrezik, gjendje e dëshpëruar.
-vt 1.hidhëroj, pikëlloj. 2.shqetësoj. 3.tensionoj.
distress signal *n* sinjal rreziku.
distressed area *n* rajon i prekur rëndë nga pa-punësia.
distressful[dis'tresful] *adj* 1.pikëllues, hidhërues; i dhimbshëm. 2.i pikëlluar, i hidhëruar.
distressfully[dis'tresfuli] *adv* me pikëllim, pikë-llueshëm, me dhimbje.
distressing[dis'tresing] *adj* i hidhur, i dhimbshëm.
distribute [dis'tribju:t] *vt* 1. shpërndaj, ua ndaj. 2.hap, përhap(bojën). 3.ndaj, pjesëtoj. 4.klasifikoj, kategorizoj, grupoj.
distribution[distri'bju:shën] *n* 1.shpërndarje, dhë-nie. 2.përhapje. 3.marketing. 4.grupim, klasifikim, kategorizim.
distributive[dis'tribjutiv] *adj, n -adj* 1.shpërnda-rës. 2.*mat* distributiv.
-n gram fjalë shpërndarëse.
distributive curve *n ek* kurbë e shpërndarjes.
distributor[dis'tribjutë:] *n* 1.shpërndarës.2.firmë shpërndarëse.3.distributor(karburanti).
district['distrikt] *n* 1.qark, rreth. 2.rajon, krahinë.
district attorney *n amer* prokuror qarku.
district nurse *n* infermiere shtëpie.
distrust[dis'trʌst] *n,v -n* mosbesim; dyshim.
-vt nuk i besoj, nuk i zë besë; dyshoj.
distrustful[dis'trʌstful] *adj* mosbesues, dyshues; **distrustful of** nuk i besoj.
disturb[dis'të:b] *vt* 1.shqetësoj. 2.çrregulloj, nga-tërroj(shkresat etj). 3.trazoj.
disturbance[dis'të:bëns] *n* 1. shqetësim. 2. çrre-gullim, rrëmujë. 3.trazim, merak.
disulphide,-fide [dai'sʌlfid] *n kim* dysulfur, bi-sulfur.
disunion[dis'ju:niën] *n* 1.veçim, ndarje, shkëputje. 2.mosmarrëveshje, mospajtim.
disunite [disju:'nait] *v* 1. ndaj, veçoj, shkëpus. 2.ndahem, veçohem, shkëputem. 3.prish unitetin, përçaj.
disunity[dis'ju:niti] *n* mungesë uniteti, përçarje.
disuse[*vt* dis'ju:z; *n* dis'ju:s] *v,n -vt* nuk përdor më, nxjerr nga përdorimi.
-n mospërdorim.
disyllabic[disi'læbik] *adj* dyrrokësh.
disyllable [di'silëbël] *n gram* dyrrokësh, fjalë dy-rrokëshe.
ditch[diç] *n,v -n* hendek; kanal, vijë.
-v 1.hap kanal. 2.i bëj kanale. 3.hedh(makinën) në hendek. 4.ul(avionin) mbi ujë. 5.braktis avionin. 6.*zhrg* a)heq qafe; b)lë në baltë.

ditchdigger['diçdigë:] *n* 1.punëtor kanalesh.2.he-ndekhapës, ekskavator.
ditchdigging ['diç'diging] *n,adj -n* hapje kana-lesh.
-adj për hapje kanalesh, hendekhapës.
ditcher['diçë:] *n* hendekhapës; punëtor kanalesh.
dither ['didhë:] *v,n -vi* 1. ngurroj. 2. dridhem; druhem.
-n 1.ngurrim. 2.dridhje; drojë.
dithyramb ['dithëræm] *n* 1. poemë entuziaste. 2.fjalim/shkrim emocionues, ditiramb.
ditto['ditou] *n,adv,v,interj -n* 1.e njëjta gjë, idem. 2. shenja " për idem. 3.kopje, dublikatë.
-adv gj.fol si më sipër, po ashtu.
-vt 1.përsëris(ç'është thënë). 2.kopjoj. fotokopjoj, i bëj kopje.
-interj gj.fol dakord! +**say ditto to** aprovoj, bie dakord.
ditto mark *n* shenja idem ("), njëlloj(në tabela).
ditty['diti] *n* këngë e thjeshtë(e shkurtër).
ditty bag *n* qeskë (për penj, gjIlpërë etj).
ditty box *n* kutizë.
diuretic [dajë'retik] *adj,n -adj* diuretik, që nxit urinimin.
-n diuretik, bar për urinim.
diurnal[daj'ë:nël] *adj* 1.i përditshëm; ditor.2.dite, i ditës, ditor. 3.*zool bot* dite(kafshë), që çel ditën (lule). 4.njëditor, që zgjat një ditë.
diva ['di:vë] *n* këngëtare opere me famë, pri-madonë.
divagate['daivëgeit] *vi* bredh, endem.
divagation[daivë'geishën] *n* bredhje, endje.
divalent[dai'veilënt] *adj kim* dyvalent.
divan[di'væn, dai'væn] *n* 1.divan.2.dhomë duha-ni. 3.këshill(në Lindje).
divan bed *n* divan-shtrat.
dive[daiv] *v,n -vi* 1.zhytem, kridhem. 2.zbres. 3.fus dorën(në xhep). 4.bie në pikiatë(avioni). 5.zhy-tet(nëndetësja). 6.*fig* futem, kridhem, rrëmoj(në libra).
-n 1.zhytje, kredhje.2.zhytje(e nëndetëses); pikiatë (e avionit). 3.*gj.fol* mejhane, vend bixhozi.
dive-bomb['daivbom] *v* bombardoj nga pikiata.
dive bomber *n* bombardues nga pikiata.
diver['daivë:] *n* 1.zhytës.2.palombar.3.*zool* zhytër.
diverge [dai'vë:xh] *vi* 1.ndahen, degëzohen (rru-gët). 2.ndryshojnë(mendimet). 3.shmangem, devijoj. 4.*mat* divergjon, rritet pa kufi(vargu).
divergence[dai'vë:xhëns] *n* 1. shmangie. 2. mos-marrëveshje, divergjencë. 3.*mat* divergjim, divergjencë.
divergency[dai'vë:xhënsi] *n* shih **divergence**.
divergent [dai'vë:xhënt] *adj* 1.i ndryshëm, i ku-ndërt, i papajtueshëm(mendim). 2.divergjues; diver-gjent.
divers['daivë:z] *adj vjet* 1.disa. 2.të ndryshëm.

diverse[dai've:s] *adj* 1.i ndryshëm; i pangjashëm. 2.të shumllojshme, të ndryshme.

diversely [di've:sli] *adv* 1.ndryshe. 2.në shumë drejtime. 3.në mënyra të ndryshme.

diversification [daivë:sifi'keishën] *n* 1. shumëllojshmëri. 2.shumëfishim, zgjerim(i interesave, i veprimtarisë).

diversified [dai've:sifaid] *adj* i shumëllojshëm, i larmishëm.

diversify [dai've:sifai] *vt* 1.ndryshoj; i jap larmi. 2.shumëfishoj, zgjeroj(aktivitetin). 3.shpërndaj (investimet).

diversion[di've:xhën, dai've:zhën] *n* 1.tërheqje e vëmendjes, diversion. 2.argëtim, çlodhje, kalim kohe. 3.shmangie, devijim.

diversionary[di've:zhënëri] *adj* diversionist, vëmendjeheqës(veprim ushtarak).

diversity[di've:siti, dai've:siti] *n* 1.ndryshim i plotë, pangjashmëri. 2.larmi, shumëllojshmëri; diversitet; **diversity of opinion** diversitet mendimesh.

divert[di've:t, dai've:t] *vt* 1.i ndërroj drejtimin, devijoj(rrjedhën e ujit). 2.argëtoj, zbavis. 3.largoj (mendimet).

diverting[di've:ting, dai've:ting] *adj* 1.shmangës, devijues. 2.zbavitës, argëtues.

divertimento[di've:timentou] *n muz* 1.muzikë argëtuese. 2.variacion mbi një temë.

divertissement [divë:tis'ma:n] *n* 1.argëtim, zbavitje. 2.balet i shkurtër. 3.*muz* muzikë argëtuese midis akteve; këngë e valle të futura në operë.

divest[dai'vest] *vt* (**of**) 1.zhvesh. 2.i heq pushtetin, heq, shkarkoj. 3.(**oneself**) heq dorë(nga). 4.i heq, privoj(nga një e drejtë). 5.*drejt* i marr(pronën).

divide[di'vaid] *v,n* -*v* 1.ndahet (më dysh).2.ndaj (paratë, punën). 3.pjesëtoj; pjesëtohet. 4.veçoj. 5.përçaj. 6.shkallëzoj, gradoj(një instrument). -*n* rrip toke.

divided[di'vaidid] *adj* 1.i ndarë. 2.i çarë(gjeth).

divided highway *n* autostradë me ndarje në mes.

divided skirt *n* fund i qepur mes këmbëve.

dividend ['divëdend] *n* 1. *mat* i pjesëtueshëm. 2.para për t'u ndarë. 3.pjesë nga fitimi(i kompanisë).

divider[di'vaidë:] *n* 1.ndarës; pjesë ndarëse. 2.*pl* kompas.

divination [divë'neishën] *n* 1. parashikim i së ardhmes. 2.hamendje, parashikim.

divinatory[dë'vinëtori] *adj* parashikues.

divine [di'vain] *adj,n,v* -*adj* 1. i perëndishëm. 2.hyjnor, qiellor; i shenjtë.3.i zotit; (prej) perëndie. 4.shumë i këndshëm, i shkëlqyer, i mrekullueshëm. -*n* prift, teolog. -*v* 1.parashikoj, profetizoj. 2.marr me mend, zbuloj. 3.gjej, zbuloj(ujë, minerale).

divinely [di'vainli] *adv* 1. me hirin e zotit. 2. në mënyrë hyjnore.

diviner[di'vainë:] *n* parashikues, profetizues.

diving ['daiving] *n* 1.zhytje, plonzhon. 2.zhytje, kredhje(nën ujë).

divingboard['daivingbo:d] *n* trampolinë.

diving suit *n* kostum palombari.

divinity[di'vinëti] *n* 1.hyjni, perëndi; perëndeshë. 2.**the Divinity** Zoti. 3.karakter hyjnor, natyrë hyjnore. 4.teologji.

divisibility[divizë'bilëti] *n* pjesëtueshmëri.

divisible[di'vizëbël] *adj* 1.i ndashëm. 2.i plotpjesëtueshëm, i pjesëtueshëm.

division[di'vizhën] *n* 1.ndarje; shpërndarje(e punës etj). 2.pjesëtim. 3.sektor. 4.*usht* divizion. 5.vijë ndarëse, kufi. 6.mosmarrëveshje; përçarje.

divisional[di'vizhënël] *adj* 1.ndarës. 2.*usht* divizioni; **divisional commander** komandant divizioni.

divisive[di'vaisiv] *adj* 1.ndarës. 2.përçarës.

divisor[di'vaizë:] *n mat* pjesëtues; plotpjesëtues.

divorce[di'vo:s] *n,v* -*n* 1.divorc, ndarje, prishje martese. 2.veçim, ndarje(e kishës nga shteti). -*vt* 1.divorcoj, ndaj(gruan, burrin). 2.prish martesën, ndaj(një çift). 3.veçoj, ndaj, shkëpus(nga).

divorcé[divo:'sei] *n* burrë i ndarë.

divorcee[divo:'si:] *n* person(burrë, grua) i ndarë.

divorcée[divo:'sei] *n* grua e ndarë.

divorcement[di'vo:smënt] *n* divorc, ndarje.

divulge[dai'vʌlxh] *vt* 1.zbuloj, nxjerr(një të fshehtë). 2.bëj të njohur, shpall, publikoj.

divulgence [dai'vʌlxhëns] *n* zbulim; përhapje, shpallje, publikim.

divvy['divi:] *v,n* -*v* ndaj(me dikë). -*n* pjesë(nga ndarja). +**divvy up** ndajmë(pjesë) midis nesh.

dix[di:s] *n* dhjetëpikësh(në lojë me letra).

dixie['diksi] *n* kazan gjelle, kazan ushtrie.

Dixie ['diksi] *n* shtetet jugore të SHBA, shtetet konfederatiste.

dixieland['diksilænd] *n* stil xhazi i sertë.

dizen ['dizën, 'daizën] *vi* vishem me ngjyra të ndezura.

dizzily['dizili] *adv* marramendthi.

dizziness ['dizinis] *n* marramendje, kalamendje, marrje mendje.

dizzy['dizi] *adj,v* -*adj* 1.i trallisur, i trullosur. 2.i hutuar, i shushatur. 3.marramendës. 4.*gj.fol* idiot, pa mend; **what a dizzy thing to do!** ç'punë pa mend. -*vt* i marr mendtë, trallis.

djinn[xhin] *n* shih **jinn**.

DM(shkurtim për **Deutche Mark**) *n* markë gjermane.

DNA[dien'ei] *n* ADN, acid dezoksiribonukleik.

do I[du:] *v,n* -*v* 1.bëj; kryej. 2.përfundoj, mbaroj(një punë). 3.prodhoj. 4.shkaktoj. 5.veproj, sillem, punoj; **do wisely!** puno me mend! 6.rregulloj(flokët), laj(enët). 7.ia çoj, ia kaloj(me punë); eci, përparoj(në punë). 8.bën punë; mjafton; **this will do** mjafton; kjo na bën punë, është në rregull. 9.zgjidh(një enigmë). 10.gatuaj, bëj(gjellën). 11.përshkoj (distancë). 12.*fig* gënjej, mashtroj. 13.(në fjali pyetëse) a...? **do you like it?** (a) të pëlqen?; (për të theksuar): **I do want to go** po,dua të shkoj; (zëvendëson një folje tjetër): **my dog goes where I do** qeni im shkon ku shkoj unë; (në fjali mohuese, me **not**): **I do not think that**.... unë nuk mendoj se; (me ndjafolje si **hardly, rarely, little** etj): **rarely did she laugh** ajo rrallë qeshte.+do **badly/well by sb** keqtrajtoj/trajtoj mirë dikë; **how do you do?** si je? si dukesh? si ia çon?; **it isn't done** nuk është mirë, s'është punë që bëhet.

-n 1.*gj.fol* festë, festim; **they had a big do for us** ata bënë festë të madhe për ne. 2.ajo që duhet bërë; **does and don'ts** ç'duhet e ç'nuk duhet bërë.

+**do away with** a) heq(një rregull); b)vras.

+**do by** trajtoj; **do badly/well by sb** keqtrajtoj; trajtoj mirë; **be hard done by** keqtrajtohem, më bëhet padrejtësi.

+**do for** a)kujdesem për, i bëj punët e shtëpisë; b)*gj.fol* shkatërroj, rrënoj, i marr shpirtin.

+**do in** a)*gj.fol* shkatërroj, e vdes; b)rraskapis; **I'm all done in** jam krejt i mbaruar.

+**do (sb) out** mashtroj, ia hedh.

+**do (sth) out** pastroj, fshij; rregulloj.

+**do over** rilyej, rivesh me tapiceri(dhomën).

+**do (sth) up** a)restauroj, rinovoj; riparoj; b)ndryshoj, i ndërroj formën(kapelës); c)paketoj (libra); d)kopsis, lidh, mbërthej(fustanin etj); e)mbërthehet, kopsitet (fustani); f) *gj.fol* rraskapis.

+**do with** a)ia bëj, veproj; **what are we to do with this boy?** si do t'ia bëjmë me këtë djalë? **what did you do with my pencil?** ç'ma bëre lapsin? b) shkoj me, duroj, pajtohem me; **I can't do with him** atë nuk e duroj dot; nuk shkoj me të; c) (me **can, could**) dua, kam nevojë për; **you could do with a shave** ke nevojë për një të rruar; **have to do with** kam të bëj; kam lidhje me.

+**do without** bëj pa, heq dorë nga.

do II['dou] *n muz* do(nota).

do. shkurtim i **ditto.**

doable['du:ëbël] *adj* i bëshëm, që mund të bëhet.

dobbin['dobën] *n* fermë kuajsh.

Doberman['doubë:mën] *n* doberman(qen trupmadh, hollak, qimeshkurtër).

docent['dousënt] *n* 1.*amer* lektor, pedagog.2.ciceron(muzeu).

docile['dousail, 'dosail, 'dosël] *adj* 1. i bindur, i dëgjuar, i urtë. 2.i gatshëm për të mësuar, i shtruar.

docilely['dousailli] *adv* urtë; shtruar.

docility['dou'silëti] *n* urtësi, bindje.

dock I[dok] *n,v -n det* 1.dok. 2.dok lundrues. 3.dok i thatë.

-v 1.sjell(anijen) në dok. 2.futet (anija)në dok. 3.bëj bashkimin (e anijeve kozmike).

dock II[dok] *n,v -n* cung(i bishtit).

-vt 1.pres, shkurtoj(bishtin kafshëve). 2.*fig* shkurtoj, qeth(shpenzimet, pagat).

dock III[dok] *n* bankë e të pandehurit; **be in the dock** jam i akuzuar.

dock IV[dok] *n bot* lëpjetë.

dockage I['dokixh] *n* 1.*det* dok. 2.tarifë, pagesë për përdorimin e dokut. 3.futje(e anijeve) në dok.

dockage II['dokixh] *n* 1.prerje; cungim. 2.zbritje, prerje(e rrogës). 3.byk, papastërti.

docker['dokë:] *n* doker, punëtor doku.

docker II['dokë:] *n* prerës, cungues.

docket['dokit] *n,v -n* 1.listë e çështjeve gjyqësore. 2.listë e vendimeve gjyqësore. 3.rend dite. 4.etiketë me përmbajtjen e pakos.

-vt 1.fus në listë. 2. bëj listën. 3.etiketoj, i vë etiketë.

docklands['doklëndz] *n det* dok.

dockworker['dokwë:kë:] *n* doker.

dockyard['dokja:d] *n* kantier detar.

doctor['doktë:] *n,v -n* 1.mjek, doktor. 2.dentist. 3.doktor i shkencave. 4.*vjet* mësues, njeri i ditur. 5.pajisje mekanike për ndreqjen e defekteve.

-vt 1.mjekoj.2.*gj.fol* ushtroj mjekësinë. 3.falsifikoj(llogaritë). 4.holloj(rakinë, verën me ujë). 5.tredh (maçokun). 6.arnoj; meremetoj, riparoj.

doctoral['doktërël] *adj* doktorate, i doktoratës.

doctorate['doktërit] *n* doktoratë(gradë shkencore).

doctrinaire[doktrë'neë:] *adj, n -adj* teorik, doktrinar, jopraktik.

-n teoricien dogmatik.

doctrinal[dok'trainël, 'doktrinël] *adj* doktrinar, i doktrinës.

doctrine['doktrin] *n* 1.doktrinë.2.mësim.3.besim fetar.

docudrama[dokjë'dræmë] *n* film dokumentaro-artistik.

document ['dokjumënt] *n,v -n* 1. dokument. 2.dëshmi.

-vt 1.pajis me dokumente. 2.provoj me dokumente, vërtetoj, dokumentoj. 3.pajis me referenca, me burime(një shkrim). 4.demonstroj, ilustroj, konkretizoj.

documentary[dokju'mentëri] *adj,n -adj* 1.dokumentar, i dokumentur. 2.dokumentar(film).

-n 1.dokumentar(film). 2.libër, përmbledhje dokumentesh. 3.emision(radioteleviziv) dokumentar.

documentation[dokjumën'teishën] *n* dokumentim.

dodder I['dodë:] *vi* 1.tundem.2.dridhem. 3.eci duke u luhatur, s'më mbajnë këmbët.

dodder II['dodë:] *n bot* kuskutë.

dodecagon [dou'dekëgon] *n mat* dymbëdhjetë-faqësh.

dodge[doxh] *v,n -v* 1.lëviz, shmangem.2.i shma-

ngem, i bëj bisht(përgjegjësisë).
-*n* 1.shmangie e shpejtë. 2.*fig* mashtrim, dredhi.
3.*fig* plan, metodë; marifet.
dodger['doxhë:] *n* 1.mashtrues; dredharak; marifetçi. 2.njoftim i shtypur; reklamë.
dodgem['doxhëm] *n gj.fol* (= **dodge them**) makinë elektrike për fëmijët(te lodrat).
dodgy['doxhi] *adj* i dyshimtë(plan, biznes).
dodo['doudou] *n* 1.zog i rëndë jofluturues(specie e shuar). 2.*fig* person i modës së vjetër. 3.*fig* leshko, i trashë. +**dead as a dodo** i vajtur, pa shpresë.
doe[dou] *n* 1.drenushë. 2.lepurushe. 3.femër(e disa kafshëve).
doe-eyed['douajd] *adj* sylepurushkë, me sy të butë.
doer ['du:ë:] *n* njeri dinamik, njeri i punëve, jo i llafeve.
does[dʌz] veta e tretë njëjës e së tashmes së dëftores të foljes **do**.
doesn't['dʌzënt] *v* (= **does not**).
doeskin['douskin] *n* 1.lëkurë dreri. 2.kamosh.
doest['du:ist] *v vjet* **thou doest** = **you do**.
doeth ['du:ith] *v vjet* **he doeth** = **he does**.
doff[dof] *vt* 1.heq, zhvesh.2.heq, ngre kapelën(si përshëndetje). 3.heq qafe, flak.
dog[dog] *n,v* -*n* 1. qen. 2.mashkull (i qenit, ujkut, dhelprës etj).3.njeri i keq, qen. 4.*gj.fol* njeri, person, tip; **you are a lucky dog** je me fat, mor qen.5.*mek* kapëse,shtrënguese. 6.hekur oxhaku (për kërcunjtë).+**dog eat dog** njeriu për njeriun është ujk; **dressed like a dog's dinner** i veshur sipas fjalës së fundit të modës; **every dog has his day** secili e ka rriskun e vet; **give a dog a bad name and hang him** më mirë syri se nami; **go to the dogs** rrënohem, marr fund; **lead sb a dog's life** s'e lë rehat dikë, ia nxij jetën; **let sleeping dogs lie** mos e kërko belanë vetë; **love me, love my dog** po më deshe për mik, m'i duaj edhe miqtë; **a dog in the manger** njeri që s'të jep asnjë kleçkë për të kruar dhëmbët; **put on the dog** *gj.fol* shtirem; kapardisem; **teach an old dog new tricks** t'i mësosh qenit plak zanat të ri; **be the top dog** jam në krye, në komandë; **be the underdog** jam i detyruar të bindem.
-*vt* 1.ndjek këmba-këmbës(policia).2.sulmoj.3.fiksoj kërcunjtë në oxhak.
dogan['dougën] *n zhrg amer* katolik roman (veçanërisht me origjinë irlandeze).
dogcart['dogka:t] *n* 1.karrocë e vogël e tërhequr me qen. 2.karro e vogël dyrrotëshe.
dogcatcher['dogkæçë:] *n* kapës qensh rrugësh.
dog-cheap ['dogçi:p] *adj* i lirë fare, xhaba.
dogcollar['dogkolë:] *n* 1.jakë klerikësh. 2.qafore qeni.
dog days *n* ditë vape mbytëse.
doge['douxh] *n hist* doxh, kryegjyqtar(në Venedik).
dog-ear['dogië:] *n,v* -*n* kthim, palosje e faqes(së

librit).
-*vt* kthej faqen(për shenjë).
dog-eared ['dogië:d] *adj* 1.me faqe të kthyer, të palosur. 2.i vjetër, shumë i përdorur.
dogfight['dog'fait] *n,v* -*n* 1.ndeshje qensh. 2.luftim i ashpër. 3.ndeshje avionësh luftarakë.
-*vi* ndeshem, hyj në dyluftim.
dogged['dogid] *adj* 1.kokëfortë; këmbëngulës. 2.i paepur.
dogger ['dogë:] *n det* doger, anije peshkimi dydirekëshe.
doggerel['dogërël] *n* poezi e dobët.
doggie['dogi] *n* bubi(emër përkëdhelës për qenin).
doggo['dogou] *adv zhrg* pa u ndier; **lie doggo** rri pa nxjerrë zë.
doggone['doggon] *zhrg adj,adv* -*adj* dreq, i dreqit, i mallkuar.
-*adv* shumë, tepër.
doggy['dogi] *adj,n* -*adj* 1.qeni, prej qeni (erë). 2.*gj.fol* për t'u dukur.
-*n* shih **doggie**.
doghouse['doghaus] *n* stelë qeni; **be in the doghouse** *zhrg* më kanë me sy të keq.
dogleg['dogleg] *n,adj* -*n* kënd, kthesë e mprehtë.
-*adj* me kënd, i kthyer.
-*vi* kthen, përthyhet(rruga).
dogma ['dogmë] *n* 1. dogmë fetare. 2. doktrinë, besim. 3.dogmë; opinion strikt.
dogmatic[dog'mætik] *adj* 1.dogmatik, doktrinar. 2.dogmatik, i pakundërshtueshëm. 3.i paprovuar, i pavërtetuar.
dogmatical[dog'mætikël] *adj* shih **dogmatic.**
dogmatism['dogmëtizëm] *n* dogmatizëm.
dogmatist['dogmëtist] *n* njeri dogmatik.
dogmatize['dogmëtaiz] *v* flas si dogmatik.
do-gooder['du:'gudë:] *n gj.fol* njeri i mirë.
dog rose *n* trëndafil i egër.
dog's-ear['dogzië:] *n v* shih **dog-ear.**
dogsled['dogsled] *n* slitë e tërhequr me qen.
dogsledge['dogslexh] *n* shih **dogsled.**
Dog star *n astr* 1.Siriusi.2.Prokioni(emra yjesh).
dogsbody['dogzbʌdi] *n* shërbyes, shërbyese(që merret me gjithfarë punësh).
dog tag *n gj.fol* 1.pullë metalike(në qafore të qenit). 2.medalion identifikimi (i ushtarit).
dog team *n* qen që tërheqin slitën.
dog-tired['dogtajë:d] *adj* i lodhur për vdekje.
dog-train['dogtrein] *n* slitë e tërhequr me qen.
dogtrot['dogtrot] *n* trokth i lehtë.
dogwatch['dogwoç] *n* shërbim dyorësh në anije.
doh['dou] *n muz* do(notë).
doily['doili] *n* çentro(nën vazo, pjata etj).
doings['du:ingz] *n* 1.veprime; gjëra të bëra. 2.veprimtari shoqërore; sjellje në shoqëri.
doit ['doit] *n* 1. monedhë e vockël holandeze. 2.shumë e vogël. 3.çikë, grimë; **not to care a doit**

nuk më bëhet vonë asnjë çikë, s'më ha meraku, s'pyes.

do-it-yourself[duitjë:'self] *adj* për amatorë, për ta bërë vetë.

dojo['douxhou] *n* palestër për karate, xhudo etj.

doldrums['doldrëmz] *n* 1.*gjeog* brez ekuatorial i bunacës. 2.bunacë. 3.apati, trishtim.

dole I[doul] *n,v* -*n* 1.lëmoshë; ndihmë; bamirësi. 2.sasi e vogël. 3.ndihmë papunësie. 4.*vjet* rrisk, fat. +**be/go on the dole** jam me ndihmë, marr ndihmë (papunësie). -*vt* 1.shpërndaj në porcione të vogla, jap me pikatore. 2.ua ndaj të varfërve.

dole [doul] *n vjet* vuajtje; brengë, hidhërim.

doleful['doulful] *adj* i trishtuar, i brengosur, i hidhëruar.

dolesome['doulsëm] *adj vjet* shih **doleful**.

doll[dol] *n,v* -*n* 1.kukull. 2.*fig* bukuroshe, kukull. 3.*zhrg* person shumë tërheqës. -*v*(-**up**) vishem e stolisem.

dollar['dolë:] *n* dollar.

dollar crisis *n* krizë e dollarit, krizë monetare (mungesë valute).

dollar diplomacy *n gj.fol* diplomaci e dollarit (ndihmë financiare me interes).

dolled up ['doldʌp] *adj* i pispillosur, veshur e ngjeshur.

dollhouse['dolhauz] *n amer* teatër kukllash.

dollop['dolëp] *n,v* -*n* porcion. -*vt* lyej trashë(fetën e bukës).

dolly ['doli] *n* 1. kukull. 2. platformë e vogël me rrota. 3.*tv kin* platformë e lëvizshme(e aparatit, kamerës). 4.lokomotivë e vogël(për ndërtime). 5.pajisje për shpëlarjen e mineralit. 6.peshë, bllok i rëndë.

dolman['dolmën] *n* 1.pelerinë. 2.dolloma. 3.pelerinë ushtarake.

dolmen['dolmën] *n arkit* dolmen, monument parahistorik(si gur varri).

dolomite['dolëmait] *n gjeol* dolomit.

dolo(u)r['doulë:] *n poet* dhimbje; vuajtje; pikëllim.

dolorous ['dolërës] *adj* 1. i pikëlluar, i helmuar, i vuajtshëm. 2.i dhimbshëm

dolphin['dolfin] *n* 1.*zool* delfin. 2.bovë, pluskues udhëtregues(në det etj).

dolt[doult] *n* gdhë, i trashë.

-dom[dëm] prapashtesë fjalëformuese ; **kingdom** mbretëri; **martyrdom** të qenët martir.

domain [dou'mein] *n* 1.territor, zotërime. 2.tokë, pronë. 3.fushë, sferë.

dome [doum] *n* 1. *arkit* kubé. 2. kupë qiellore. 3.*zhrg* kokë. -*v* 1.mbuloj me kube. 2.e bëj si kube. 3.ngrihet, fryhet si kube.

domestic[dë'mestik] *adj,n* -*adj* 1.shtëpijak, shtëpie, i shtëpisë. 2.shtëpijake(kafshë); e zbutur. 3.i vendit, i brendshëm(lajm). 4.vendi(produkt).

-*n* shërbëtor, shërbyes. +**domestic appliances** pajisje elektroshtëpijake.

domesticate[dë'mestikeit] *vt* 1.zbus(kafshë). 2.e mësoj me jetën e shtëpisë, me jetën familiare. 3.fus, adoptoj(një fjalë a zakon të huaj).

domesticity[doumes'tisëti] *n* 1.shtëpia, jeta familiare. 2.dhëna pas jetës familjare. 3.*pl* çështje familjare.

domestic science *n* ekonomi shtëpijake.

domicile['domisail] *n,v* -*n* 1.banesë, vendbanim. 2.*drejt* banesë e përhershme. -*vi* banoj, jam me banesë.

domiciliary[dome'siliëri] *adj* i banesës.

dominance ['dominëns] *n* zotërim, mbizotërim; sundim.

dominancy['dominënsi] *n* shih **dominance**.

dominant ['dominënt] *adj,n* -*adj* 1. zotërues, mbizotërues; sundues.2.mbizotëruese(lartësi).3.*muz* dominant. -*n muz* dominante.

dominate['domëneit] *v* 1.zotëroj, mbizotëroj; sundoj. 2.zotëron, ngrihet mbi çdo gjë përreth.

domination [domë'neishën] *n* zotërim, mbizotërim; sundim.

domineer[domë'niё:] *vi* 1.sundoj si tiran; tiranizoj. 2.tregohem autoritar.

domineering[domë'niёring] *adj* autoritar, i plotfuqishëm.

dominie ['domëni] *n* 1. mësues shkolle. 2. *gj.fol* klerik.

dominion[dë'miniën] *n* 1. autoritet suprem, sundim, dominim. 2.*pol* dominion.

domino['dominou] *n* 1.domino. 2.gur dominoje. 3.maskë për pjesën e syve. 4.pelerinë dhe maskë sysh (për ballo me maska etj).

don I[don] *n* 1.zot, zotëri, don(titull). 2.zotëri spanjoll; spanjoll. 3.*Brit* pedagog. 4.*amer* përgjegjës konvikti. 5.*vjet* njeri i shquar.

don II[don] *vi* vesh; vishem.

donate['douneit, dou'neit] *vt* dhuroj, jap fal.

donation[dou'neishën] *n* 1.dhurim, dhënie.2.kontribut.

donator[dou'neitë:] *n* dhurues.

done[dʌn] *adj,v* -*adj* 1.i bërë, i kryer, i përfunduar. 2.*gj.fol* i rraskapitur, i mbaruar. 3.e bërë(gjella). 4.i përshtatshëm, siç duhet, i rregullt; **eating peas with a knife is not done** nuk është e hijshme të hash bizelet me thikë. -*v pp* e **do**. +**to get done with sth** mbaroj punë, i jap fund diçkaje.

donjon['donxhën] *n hist* kullë kështjelle.

donkey ['donki, 'dʌnki] *n* 1. gomar. 2.kokëderr. 3.hajvan, gomar. 4.makinë e vogël me avull.

donkey engine *n* makinë avulli e vogël(në anijet).

donkey's years *n gj.fol* kohë shumë e gjatë; **in donkey's years** qëkur s'mbahet mend.

donnish['donish] *adj* pedant; formal, zyrtar.

donor['dounë:] *n* dhurues; kontribues.

do-nothing['du:nʌthing] *n* 1.dembel, përtac; njeri që sorollatet. 2.frikaman, njeri që s'do të luajë nga e vjetra.

don't[dënt] shkurtim i **do not.**

doodle ['du:dël] *v,n* -*vi* shkarravis kot (me mendjen gjetiu).

-*n* shkarravinë.

doodlebug['du:dëlbʌg] *n* 1.*gj.fol* veturë e vogël. 2.pajisje naftëzbuluese. 3.*gj.fol* bombë reaktive (raketë e luftës II Botërore). 4.*amer* larvë milingone.

doohickey['du:hiki] *n gj.fol* 1.vegël. 2.vegël pa emër, gjësend.

doom[du:m] *n,v* -*n* 1.fat. 2.fatkeqësi, fat i keq; fund, vdekje.3.gjykim; dënim.4.*fet* gjyqi i fundit. 5.fundi i botës.

-*vt* 1.i vë vulën, vërtetoj(për keq). 2.destinoj, paracaktoj për të përfunduar keq. 3.dënoj.

doomsday ['du:mzdei] *n fet* fundi i botës; gjyqi i fundit.

door[do:] *n* 1.derë.2.derë, kanatë(dollapi, bufeje). 3.portë; **three doors down the street** tri shtëpi më poshtë. 4.*fig* hyrje, portë. +**close/shut/slam the door** ia pres rrugën, bëj të pamundur; **lay at the door of** ia lë në derë(fajin dikujt); **out of doors** jashtë, përjashta; **show sb the door** i tregoj derën dikujt; **next door** fqinj, ngjitur.

doorbell['do:bell] *n* zile e derës.

doorcase['do:keis] *n* kasë dere.

doorframe['do:freim] *n* shih **door-case.**

doorhandle['do:hændël] *n* dorezë dere.

doorkeeper['do:ki:pë:] *n* portier.

doorknob['do:nob] *n* dorezë dere.

doorknocker['do:nokë:] *n* çok, trakullore.

doorman['do:mën] *n* 1.portier. 2.rojë te porta.

doormat ['do:mæt] *n* 1.këmbësore, udhë (për të fshirë këpucët, para derës). 2.*gj.fol* njeri që e bën veten leckë.

doornail ['do:neil] *n* gozhdë me kokë të madhe; **dead as a doornail** i vdekur thes.

doorplate['do:pleit] *n* pllakëz metalike për emrin (në derë).

doorsill['do:sill] *n* prag dere.

doorstep['do:step] *n* prag i lartë, shkallare.

doorstop ['do:stop] *n* bllokues dere (që e mban hapur).

door-to-door['do:të'do:] *adj,adv* -*adj* derë-mëderë(shitje). 2.deri në shtëpi, nga dyqani në shtëpi(dorëzim malli).

-*adv* 1.derë më derë. 2.nga kreu në fund.

doorway['do:wei] *n* hapësirë dere.

dooryard['do:ja:d] *n* oborr.

doozer['du:zë:] *n zhrg* shih **doozy.**

doozy['du:zi] *n zhrg* 1.njeri i shquar.2.gjë e rrallë.

dope[doup] *n,v* -*n zhrg* 1.drogë, narkotik. 2.vaj,

graso, lubrifikant. 3.vernik. 4.*zhrg* fakte, të dhëna, informacion. 5.*zhrg* parashikim. 6.*zhrg* hajvan, rrotë, trap. 7. *zhrg* stimulues(për kuajt e garave).

-*v* 1.drogoj. 2.i jap narkozë. 3.përdor drogë. 4.*zhrg* planifikoj. 5.*zhrg* parashikoj.

dopester ['doupstë:] *n zhrg* pseudospecialist(për sport, politikë etj).

dope test *n* provë anti-doping(për atletët etj).

dop(e)y['doupi] *adj zhrg* 1.i droguar; i përgjumur, i topitur. 2.shumë i trashë.

dor[do:] *n* brumbull i madh.

dorm[do:m] *n gj.fol* shih **dormitory.**

dormant['do:mënt] *adj* 1.në gjumë; i përgjumur. 2.i fjetur, jo në aktivitet(vullkan).

dormer['do:më:] *n* 1.baxhë, gallustër, papafingo. 2.dritare papafingoje.

dormer window *n* shih **dormer.**

dormitory['do:mitori] *n* 1.dhomë fjetjeje. 2.fjetore. 3.konvikt.

dormouse['do:maus] *n* (*pl-*mice).

dorsal['do:sël] *adj* i shpinës, shpinor.

dory['dori] *n* barkë me rrema.

dosage['dousixh] *n mjek* 1.dozim. 2.dozë.

dose['dous] *n,v* -*n* 1.dozë(ilaçi). 2.porcion.

-*vt* dozoj, jap (barna) me dozë të caktuar.

doss[dos] *n,v zhrg* -*n* 1.shtrat në një fjetore të lirë. 2.fjetore e lirë. 3.gjumë.

-*vi* fle.

doss house *n* fjetore e lirë, bujtinë, han.

dossier['dosiei, 'dosië:] *n* dosje.

dot I[dot] *n,v* -*n* 1.pikë. 2.njollë e rrumbullakët. 3.*rad* tingull i shkurtër, pikë(në Mors). +**on the dot** *gj.fol* në çastin e duhur, tamam në kohë.

-*vt* 1.vë pikën(i-së). 2.bëj pika-pika, pikëzoj.

+**dotted about** të përhapura andej-këtej(lulet në fushë); **dot one's i's, dot the i's and cross the t's** *fig* sqaroj, vë pikat mbi i; **sign on the dotted line** pranoj pa ngurrim.

dot II[dot] *n* prikë.

dotage['doutixh] *n* rrjedhje, matufosje(në pleqëri); **be in one's dotage** jam bërë matuf.

dotard['doutë:d] *n* matuf.

dote[dout] *vi* 1.matufosem, rrjedh. 2.bëj si i marrosur(pas dikujt, diçkaje).

+**dote on/upon** jepem si i marrosur pas.

doting['douting] *adj* i marrosur pas, që adhuron.

dotted ['dotid] *adj* 1. me pika, pikalosh. 2.e pikëzuar, pika-pika(vizë). 3.*muz* (notë) me pikë (50% më e gjatë).

dotty ['doti] *adj* 1. *gj.fol* i matufosur, i rrjedhur. 2.*gj.fol* i lëkundur; i dobët. 3.*gj.fol* shumë entuziast, i fluturuar. 4.i mbuluar me pika.

double['dʌbël] *adj,adv,n,v* -*adj* 1.dyfish; i dyfishtë. 2.për dy vetë, dopio(krevat). 3.dypjesësh. 4.*fig* i dyfishtë(kuptim). 5.jo i çiltër, mashtrues, me dy faqe(njeri).

-adv 1.dyfish, dy herë më shumë. 2.çift; **sleep double** flemë çift. 3.nga dy(për krevat), dy nga dy. **-n** 1.dyfish. 2.kopje(e një personi). 3.kthesë e fortë. 4.kthim, prapsim. 5.dyfishim(i shumës që luhet). 6.dyshe, çift; **mixed doubles** çifte të përziera (lojtarësh). 7.vrap i lehtë, ecje e shpejtë; **at the double** me hap të shpejtuar; **on the double** a)shpejt; me vrap; b)në dyfishin e kohës. **-v** 1.dyfishoj. 2.dyfishohet, rritet dy herë. 3.dubloj, jam kopje(e dikujt). 4.zëvendësoj(dikë). 5.bëj dy punë; luaj dy role. 6.palos; përkul. 7.kthehem befas; prapsohem. 8.i bie rrotull. 9.dyfishoj shumën(që luhet). 10.kaloj në vrap të lehtë(nga ecja).+**have double standards** kam dy kute.
+**double back** a)palos më dysh; b)kthehem mbrapsht .
+**double up** a) palos, përthyej (kartmonedhën); b)mblidhem kruspull; c)mblidhemi(dy vetë) në një dhomë; d)shpejtoj hapin, kaloj në vrap.
double act *n* duet.
double-acting ['dʌbëlækting] *adj* me veprim të dyfishtë.
double agent *n* agjent i dyfishtë.
double-barrelled *adj* 1. dygrykësh, me dy tyta (pushkë). 2.për dy qëllime. 3.*fig* me dy kuptime.
double bass *n muz* kontrabas.
double bed *n* krevat dopio.
double bend *n Br aut* kthesë gjarpëruese, kthesë në formë S-je.
double bill *n kin* program dopio, dy filma në një seancë.
double boiler *n* dopio-tigan, tigan me dy kate, me dy funde.
double-breasted['dʌbël'brestid] *adj* dopiopet.
double-check['dʌbëlçek] *v,n* **-v** riverifikoj; kontrolloj dy heë.
-n riverifikim.
double-chin *n* palë në gushë, palë nën mjekërr.
double-cross['dʌbëlkros] *v,n -vt* tradhtoj, dal nga fjala.
-n tradhti.
double-dealer['dʌbël'di:lë:] *n* mashtrues, gënjeshtar, hipokrit; **be a double-dealer** bëj lojë të dyfishtë.
double-deck['dʌbëldek] *adj,v -adj* dykatësh, me dy nivele.
-vt e bëj dykatësh.
double-decker ['dʌbël'dekë:] *n* 1. autobus dykatësh. 2.sanduiç me tri feta.
double-dutch ['dʌbëldʌç] *n* gjuhë e pakuptueshme.
double-edged ['dʌbëlexhd] *adj* 1. me dy tehe; b)*fig* me dy presa, me dy kuptime, me nënkuptime(kompliment).
double-entry['dʌbëlentri] *n* regjistrim i dyfishtë (në librin e llogarive).

double-faced['dʌbël'feist] *adj* 1.me dy pamje, me dy aspekte. 2.me dy faqe, nga të dyja anët(pëlhurë, stof). 3.me dy fytyra, me dy faqe, hipokrit.
double feature *n* shfaqje dy filmash në një seancë.
double figures *n* numër me dy shifra, mbi dhjetë.
double-headed['dʌbël'hedid] *adj* 1.dyfish, i dyfishtë. 2.me dy koka, dykokësh. 3.me anë të mira e të këqija.
double-header ['dʌbël'hedë:] *n* 1.dy ndeshje të njëjta(beisbolli) brenda ditës. 2.tren me dy lokomotiva.
double indemnity *n* sigurim jete për dyfishin e shumës.
double-park['dʌbëlpa:k] *vi* parkoj krahas(makinës tjetër, kundër rregullave).
double-quick['dʌbëlkwik] *n,adj,adv,v* **-n** hap i shpejtuar.
-adj shumë i shpejtë.
-adv në mënyrë të përshpejtuar.
-vi marshoj me hap të shpejtë.
double star *n astr* yll dyfish, yll i dyfishtë.
doublet['dʌblit] *n* 1.xhaketë e ngushtë, me rrip në mes. 2.dyshe, çift. 3.*gram* secila prej dy fjalëve me origjinë të njëjtë.
double-take ['dʌbëlteik] *n* reagim i vonuar(ndaj një shakaje etj).
double-talk['dʌbëlto:k] *n* fjalë me dy kuptime.
double time *n* 1.pagesë dyfish (për punë të dielave). 2.hap i përshpejtuar.
double vision *n* shikim i turbulluar(dublim i figurave).
doubly['dʌbli] *adv* 1.dyfish; dy herë më shumë. 2.dy njëherësh, dy nga dy. 3.*vjet* me mashtrim, në mënyrë mashtruese.
doubt[daut] *v,n* **-v** 1.dyshoj. 2.nuk besoj; s'jam i sigurt. 3.druhem, druaj.
-n 1.dyshim, mosbesim.2.pasiguri.+**beyond doubt** sigurisht, padyshim; **in doubt** i pasigurt, jo i bindur; **no doubt** a)sigurisht, s'ka dyshim; b)mbase, ka të ngjarë; **without doubt** pa diskutim, me siguri.
doubtful['dautful] *adj* 1.i paqartë; i pasigurt; i dyshimtë. 2.dyshues, plot dyshim.
doubtless['dautlis] *adv* 1.sigurisht, me siguri. 2.ka të ngjarë.
douche[du:sh] *n,v* **-n** 1.dush. 2.sprej, spërkatje. 3.bombol, shishkë(për sprej).
-v 1.spërkas(me sprej). 2.bëj dush.
dough[dou] *n* 1.brumë. 2.*gj.fol* para.
doughboy['douboj] *n amer* këmbësor(ushtar).
doughnut ['dounʌt] *n* petull e ëmbël (në formë gjevreku).
doughty['dauti] *adj* trim, i fortë; i guximshëm.
doughy['doui] *adj* i butë, si brumë.
dour ['duë:] *adj* 1. i ashpër; i sertë. 2.i zymtë; i vrenjtur.

douse[daus] *vt* 1.fus në ujë, njom. 2.i hedh ujë, lag. 3.*gj.fol* shuaj, fik. 4.ul(velën) me ngut. 5.mbyll frengjinë.

dove I [dʌv] *n* 1.pëllumb. 2.**Dove** *fet* Fryma e shenjtë. 3.njeri i butë, paqësor; pëllumb.

dove II[douv] *v amer pt* e **dive.**

dovecot(e)[ˈdʌvkot, ˈdʌvkout] *n* kafaz pëllumbash.

dovetail[ˈdʌvteil] *n,v* *-n* 1.*tek* kllapë, thithë. 2.lidhje me thitha.

-v 1.lidh me thitha.2.*fig* puthiten; përputhen(faktet etj).

dowager[ˈdauëxhë:] *n* 1.trashëgimtare nga burri (pronash, titujsh). 2.zonjë e moshuar.

dowdy[ˈdaudi] *adj* 1.e modës së vjetër, pa shije (veshje). 2.i veshur pa shijë.

dowel[ˈdauël] *n,v* *-n* kunj.

-vt lidh, bashkoj me kunja.

dower[ˈdauë] *n,v* *-n* 1.*drejt* trashëgimi e vejushës. 2.*vjet* prikë. 3.dhunti, talent.

-vt pajis me prikë.

down I[daun] *adv,prep,adj,v,n* *-adv* 1.poshtë; teposhtë. 2.më tej; **hand down from father to son** e kaloj nga i ati te i biri; **from the manager down to...** nga përgjegjësi e poshtë, deri te...3.(me folje) **get down to work** futju punës; **write down** shënoj, regjistroj; **take down what I say** shkruaji ato që them unë. 4.në vend, aty për aty; në dorë; **pay part of the price down and the rest later** paguaj një pjesë të çmimit në dorë dhe kusurin më vonë. 5.fort; **boil down to a thick syrup** e ziej fort derisa të trashet.+**down with** a)ul poshtë; b)heq qafe; c)**down with!** poshtë!

-prep 1.poshtë, teposhtë, përposh; **walk down a street** eci teposhtë rrugës. 2.gjatë; nëpër; **going down town** drejt qendrës së qytetit.

-adj 1.i ulët. 2.që shkon poshtë. 3.i sëmurë, rënë; **(be) down with a cold** i sëmurë me të ftohtë. 4.i trishtuar, i rënë shpirtërisht; **down and out** a)i marrë fund, i mbaruar me gjithësej; b)nokaut. + **down on** *gj.fol* a)i nxehur me (dikë); b)sulmues, kritikues.

-vt 1.rrëzoj(kundërshtarin). 2.kaloj poshtë, gëlltis (ilaçin).

-n 1.ulje, zbritje, lëvizje teposhtë. 2.periudhë e keqe, tatëpjetë; **the ups and downs of life** të përpjetat dhe të tatëpjetat e jetës.3.*gj.fol* mëri, inat; **have a down on sb** ia kam inatin dikujt.

down II[daun] *n* 1.push(i zogjve); pupla. 2.krela, kaçurrela.

down III[daun] *n zak pl* bregore me bar.

downbeat[ˈdaun bi:t] *n,adj* *-n muz* lëvizje poshtë e shkopit të dirigjentit.

-adj 1.pesimist. 2.i ngeshëm, i shkujdesur.

downcast [ˈdaunka:st] *adj* 1.të ulur(sy). 2.i dëshpëruar, i vrarë shpirtërisht.

downcry[ˈdaunkrai] *vt amer zhrg* ul, denigroj.

downer[ˈdaunë:] *n zhrg* 1.qetësues(bar). 2.situatë

ligështuese. + **it's a real downer** kjo është vërtet e trishtueshme.

downfall [ˈdaunfo:l] *n* 1.rënie; shkatërrim, rrënim. 2.rrebesh(shiu); stuhi(bore).

downfallen[ˈdaunfolën] *adj* i rënë; i përmbysur; i rrënuar.

down-filled[ˈdaunfild] *adj* i mbushur me pupla.

downgrade [ˈdaungreid] *vt* 1.çrregulloj(punën). 2.degradoj, ul në gradë.

downhearted [ˈdaunˈha:tid] *adj* 1.i ligështuar, i shkurajuar. 2.i mërzitur.

downhill[ˈdaunhill] *adv,adj* *-adv* 1.teposhtë, tatëpjetë; **it's downhill all the way now** tani e tutje e kemi meze fare. 2.*fig* tatëpjetë, keq; **go downhill** merr tatëpjetën.

-adj 1.i tatëpjetë. 2.zbritës; për zbritje; **downhill skis** ski për zbritje. 3.*fig* i lehtë, pa probleme.

Downing Street *n* 1.rrugë qendrore e Londrës. 2.*fig* qeveria britanike.

download [ˈdaunloud] *kmp* transferoj, hedh(në kompjuter).

down-market [ˈdaunma:kit] *adj* 1. popullore, e thjeshtë(lagje). 2.i cilësisë së ulët(produkt).3.masiv; me tirazh të madh(gazetë).

down payment *n* kapar, paradhënie.

downplay[ˈdaunplei] *vt* minimizoj.

downpour[ˈdaunpo:] *n* rrebesh, shi i furishëm, shi me rrëshekë.

downright[ˈdaunrait] *adj,adv* *-adj* 1.i vërtetë; i tërë; **a downright thief** hajdut i vërtetë; **a downright lie** gënjeshtër e tëra. 2.e çiltër(përgjigje). 3.i drejtë, i çiltër(njeri).

-adv 1.krejt, plotësisht. 2.haptas. 3.vërtet.

downside[ˈdaunsaid] *n* dizavantazh.

downspout[ˈdaunspaut] *n* ulluk vertikal(shiu).

downstairs[ˈdaunsteë:z] *adv, adj,n* *-adv* 1.tatëpjetë shkallëve. 2.poshtë, në katin e poshtëm. 3.një kat më poshtë.

-adj i katit të poshtëm.

-n kati i poshtëm; katet poshtë.

downstream [ˈdaunstri:m] *adv* në drejtim të rrymës.

downtime[ˈdauntaim] *n* kohë joproduktive(e fabrikës).

down-to-earth[ˈdauntë'ë:th] *adj* praktik; realist; pragmatik; me këmbë në tokë.

downtown[ˈdauntaun] *adv,adj,n* *-adv* në qendër.

-adj i qendrës(së qytetit).

-n qendër e qytetit.

downtrod(den)[ˈdauntrod(ën)] *adj* 1.i shtypur; i tiranizuar. 2.i shkelur(me këmbë).

down under *adv* në Australi, matanë botës.

downward(s)[ˈdaunwë:d(z)] *adj,adv* 1.teposhtë, tatëpjetë. 2.në rënie, që ka marrë rrokullimën; **a downward trend in the economy** shenja të një rënieje ekonomike. 3.e poshtë, deri poshtë fzare(në hierarki).

downwind['daunwind] *adv* në drejtimin e erës.

downy['dauni] *adj* 1.me pupla; me push. 2.i butë, si push.

dowry['dauëri] *n* 1.prikë. 2.dhunti, talent.

doxy I['doksi] *n gj.fol* doktrinë, besim.

doxy II['doksi] *n zhrg* prostitutë; mantenutë.

doyley['doili] *n* shih **doily.**

doz. shih **dozen.**

doze [douz] *v,n* -*vi* dremis, kotem; bëj një sy gjumë.

-*n* një sy gjumë, dremitje.

dozen['dʌzën] *n* duzinë.+**dozens of** me qindra; **talk nineteen to the dozen** s'pushoj së foluri.

dozenth['dʌzënth] *adj* i dymbëdhjetë.

dozer['douzë:] *n gj.fol* buldozer.

dozy['douzi] *adj* i përgjumur; në gjumë.

dpt. shih **department.**

Dr. shih **doctor.**

drab I[dræb] *adj,n* -*adj* 1.pa shijë, monoton, i zymtë(qytet). 2.(ngjyrë)kafe e vrarë.

-*n* 1.ngjyrë kafe e vrarë. 2.uniformë kaki për stërvitje.

drab II[dræb] *n* 1.grua e pistë. 2.lavire, prostitutë.

drab III[dræb] *n* shih **dribs and drabs.**

drachm[dræm] *n* shih **dram.**

drachma['drækmë] *n* dhrahmi(monedhe greke).

Draco['dreikou] *n astr* Dragoi(yllësi).

draconian[drei'kouniën] *adj* i ashpër, mizor; drakonian.

draconic[drei'konik] *adj* shih **draconian.**

draft[dræft] *n,v* -*n* 1.rrymë ajri. 2.flutur, farfallë(ajrimi). 3.skicë, plan. 4.maket, bocet(i veprës). 5.grup i zgjedhur(personash). 6.*amer* seleksionim (për shërbim ushtarak). 7.rekrutë të thirrur. 8.tërheqje ngarkese. 9.mbledhje e rrjetës (në peshkim). 10.sasi peshku në rrjetë. 11.*fin* urdhërpagesë; çek. 12.*treg* firo, humbje. 13.thellësi lundrimi. 14.rrëkëllisje(e gotës). 15.gllënjkë. 16.birrë/verë fuçie.+**on draft** fuçie, nga fuçia(birrë, verë etj).

-*vt* 1.skicoj, hartoj në vija të trasha. 2.zgjedh(për një detyrë). 3.rekrutoj, thërras në shërbim ushtarak. 4.transferoj, lëviz(një punonjës).

draftdodger['dræft'doxhë:] *n* person që i shmanget shërbimit ushtarak.

draftee [dræf'ti:] *n* rekrut, person i thirrur nën armë.

draft horse *n* kalë karroce.

draftsman['dræftsmën] *n* 1.skicograf, dizenjator. 2.përpilues(dokumentesh), sekretar(në parlament, gjykatë). 3.vizatues, piktor, grafist.

draftsmanship['dræftsmënship] *n* 1.punë e skicografit, dizenjatorit. 2.vizatim, grafikë.

drafty['dræfti] *adj* me rryma ajri; **a drafty room** dhomë ku bën shumë korent.

drag[dræg] *v,n* -*v* 1.tërheq; zvarris. 2.zvarritet,

hiqet zvarrë. 3.ecën ngadalë, zvarritet(koha). 4.kërkoj fundin(e liqenit/lumit, me rrjetë, kanxhë etj). 5.*zhrg* heq, thith cigaren.+**drag one's feet /heels** *gj.fol* e zvarris(punën) me dashje.

-*n* 1.rrjetë, kanxhë(për kërkim fundi). 2.kërkim fundi; pastrim me dragë. 3.pengesë. 4.lesë, trinë. 5.karrocë e madhe. 6.fren. 7.rezistencë (e ajrit, ujit). 8. gjurmë (kafshe). 9. *zhrg* ndikim, influencë. 10.*zhrg* e thithur(e cigares). 11.*zhrg* mërzi, gjë e mërzitshme; person i mërzitshëm. 12.*zhrg* rrugë. 13.*zhrg* rroba grash të veshura nga një burrë. +**drag in** a)ngatërroj muhabetin; b)përzicj(dikë); c) bëj aluzion për.

+**drag down** marr me vete në greminë

+**drag on** zvarritet, zgjatet pa fund.

+**drag out** a)zgjas, zvarris(një çështje); b)shkul, nxjerr; **drag sth out of sb** i nxjerr diçka dikujt.

dragger['drægë:] *n* barkë peshkimi.

draggle['drægël] *v* 1.fëlliq, përbalt. 2.tërheq, zvarris përdhe. 3.mbetem pas, zvarritem.

dragline['dræglain] *n* 1.litar; kavo. 2.ekskavator.

dragnet['drægnet] *n* 1.rrjetë fundore(për fund deti, lumi etj).2.*fig* krehje,operacion i gjerë kërkimi(i policisë).

dragoman['drægëmën] *n* përkthyes(me gojë, në Lindje).

dragon['drægën] *n* 1.dragua.2.*zool* zhapik.3.*fig* njeri luftarak.

dragonfly['drægënflai] *n zool* pilivesë.

dragonade['drægëneid] *n* persekutim, ndjekje me ushtarë.

dragoon[drë'gu:n] *n,v* -*n usht* kalorës.

-*vt* shtyp/ndjek me kalorësi. 2.*fig* detyroj.

drag race *n* garë automobilash për shkëputje nga vendi.

dragster['drægstë:] *n* automobil për gara shkëputjeje nga vendi.

drain[drein] *v,n* -*v* 1.zbraz; kulloj, thaj.2.kullon, drenazhon(uji). 3.thahet(nga dielli, era). 4.shter, shteroj(burimet materiale, njerëzore). 5.pi me fund,e thaj(gotën).

-*n* 1.kullues, kanal, tubacion. 2.shterim; largim(i talenteve). 3.*gj.fol* gllënjkë. +**down the drain** humbur, dëm, në plehra.

drainage ['dreinixh] *n* 1. kullim, tharje, drenim. 2.drenazh, sistem drenazhimi.3.ujë që kullon. 4.zonë e drenazhuar.

drainage basin *n* rajon, pellg që kullon në një rrjet lumor.

drainer['dreinë:] *n* 1.drenues, punëtor drenazhimi. 2.enë kullimi.

drainpipe[drein'paip] *n* tub kullimi.

drake[dreik] *n* rosak.

dram [dræm] *n* 1. drem, njësi peshe në farmaci (=1.77 g). 2.gllënjkë(pije alkoolike). 3.grimë, çikë, sasi e vogël.

drama['dræmë, 'dra:më] *n* 1.*teat* dramë. 2.ngjarje dramatike, dramë.

dramatic[drë'mætik] *adj* 1.dramatik. 2.*fig* e beftë; eksituese; dramatike(ngjarje). 3.*fig* e tepruar, aktoreske(sjellje).

dramatical[drë'mætikël] *adj* shih **dramatic**.

dramatically [drë'mætikëli] *adv* dramatikisht, në mënyrë dramatike.

dramatics[drë'mætiks] *n* 1. dramaturgji. 2.*fig* emocion i shtirë, i tepruar; dramatizim i gjërave.

dramatist['dræmëtist]*n* dramaturg, autor dramash.

dramatization[dræmëtai'zeishën] *n* 1.dramatizim. 2.*fig* dramatizim, paraqitje me ngjyra emocionale(e fakteve).

dramatize['dræmëtaiz] *vt* 1.kthej në dramë, dramatizoj(një roman). 2.*fig* dramatizoj, paraqes me ngjyra emocionale(faktet).

dramatizer['dræmëtaizë:] *n* dramatizues.

dramaturge['dræmëtë:g] *n* dramaturg.

dramaturgic[dræmë'të:xhik] *adj* dramaturgjik.

dramaturgy['dræmëtë:xhi] *n* dramaturgji.

drank[drænk] *pt* e **drink.**

drape[dreip] *v,n* *-vt* 1.mbuloj me perde. 2.shtrij, var (një rrobë). 3.varet (një rrobë, cohë). 4. shtrij këmbët.

-n pl perde.

draper['dreipë:] *n* tregtar tekstilesh.

drapery['dreipëri] *n* 1.tregti tekstilesh. 2.tekstile, cohë, stof, pëlhurë. 3.*sh* perde.

drastic['dræstik] *adj* 1.energjik, i vrullshëm(person). 2.e ashpër, e rreptë, ekstreme(masë).

drastically['dræstikëli] *adv* 1.vrullshëm, energjikisht. 2.ashpër, rreptë, prerë.

draught[dra:ft, dræft] *n,v* shih **draft.**

draughtboard['dra:ftbo:d] *n* fushë dame.

draught horse *n* shih **draft horse.**

draughtsman['dra:ftsmën] *n* 1.skicograf, dezinjator. 2.gur dame.

draughty['dra:fti, 'dræfti] *adv* shih **drafty.**

draw[dro:, dro] *v* (**drew; drawn**) 1.tërheq. 2.heq, nxjerr(tapën). 3.nxjerr(ujë nga pusi). 4.nxjerr(koburen nga brezi). 5.marr, tërheq(rrogën). 6.shkaktoj, sjell. 7.avitem, shkoj te. 8.tërheq, josh. 9.heq; vizatoj (një skicë). 10.përshkruaj(personazhet). 11.hartoj, përpiloj(një dokument). 12.mbush, plotësoj(një çek). 13.(-**on**) tërheq nga banka. 14.thith, heq(oxhaku). 15.marr (frymë). 16. ecën, kalon (koha); **the day drew to a close** dita po mbaronte .17.barazoj(në një ndeshje). 18.tërheq, tendos(litarin. 19.tkurr, mbledh. 20.tkurret, mblidhet. 21.zhytet, kërkon thellësi (anija). 22.i nxjerr të brendshmet. 23.nxjerr(një përfundim). 24. fitoj me short. 25. zbraz (një liqen). +**draw to a close/to an end** mbaron; **be drawing** jemi/dalim barazim; **draw the line** vë kufirin; nuk e kaloj masën.

-n 1.tërheqje. 2.gjë tërheqëse, joshje. 3.barazim(në

ndeshje). 4.lotari; heqje lotarie. 5.short. 6.pjesë e hapshme e urës. 7.*gjeog* luginë, pellg ujëmbledhës.

+**draw away** prapsem, tërhiqem.

+**draw in** a)shkurtohet(dita); b)mbërrin, vjen (në stacion).

+**draw into** e përziej, e ngatërroj(dikë në diçka).

+**draw on/upon** thith (cigaren).

+**draw upon** a)shfrytëzoj(të dhëna); b)përdor, shfrytëzoj(rezervat).

+**draw out** a) e zgjas, e bëj tërkuzë; b)i nxjerr druajtjen, e bëj të flasë; c)zgjatet(dita); d)tërheq(para nga libreza).

+**draw up** a)bëj, hartoj(një plan, një kontratë); b)rri drejt; c)ndalet(makina).

drawback['dro:bæk] *n* 1.pengesë; disfavor, disavantazh. 2.rikthim i pagesës së doganës(për mallra të rieksportuara)

drawbridge ['dro:brixh] *n* urë lëvizëse, urë e ngritshme.

drawee[dro:'i:] *n* tërheqës i parave, marrës i mandatpagesës.

drawer[dro:'ë:] *n* 1.skicograf, dezinjator.2.lëshues i çekut. 3.tërheqës. 4.sirtar. 5.*pl* [dro:z] mbathje, brekë.

drawing['dro:ing] *n* 1.vizatim, të vizatuarit. 2.pikturë; vizatim.

drawing board *n* 1.dërrasë vizatimi. 2.fazë përgatitore.

drawingpin['dro:ingpin] *n* pineskë.

drawing room *n* 1.dhomë pritjeje, sallon. 2.kupe, e ndarë me shtretër(në tren).

drawl [dro:l] *v,n* *-v* i zgjas fjalët, i zvarris; **to drawl a lazy answer** nxjerr një përgjigje të zvarritur.

-n zgjatje, zvarritje e fjalëve.

drawn[dro:n] *v,adj* *-v pp* e **draw.**

-adj 1.e lëshuar(perde). 2.e varur, e lëshuar(fytyra).

drawn-out['dro:naut] *adj* i zgjatur.

drawstring['dro:string] *n* kordon; lidhëse.

dray[drei] *n,v* *-n* qerre; platformë me rrota(për ngarkesa të rënda).

-vt mbart me platformë, transportoj.

dread[dred] *v,n,adj* *-v* 1.druaj, i druhem. 2.frikësohem, trembem; tmerrohem.

-n 1.frikë; tmerr. 2.gjë e frikshme; person i frikshëm.

-adj i frikshëm.2.llahtarisës, imponues(perëndi etj).

dreadful ['dredful] *adj* 1. tmerrues, i frikshëm; llahtarisës, imponues. 2.*gj.fol* shumë i keq; fort i pakëndshëm(mot).

dreadfully['dredfuli] *adv* 1.në mënyrë të tmerrshme; me tmerr. 2.tepër, tmerrësisht.

dreadnought, - naught ['dredno:t] *n* luftanije e koracuar.

dream[dri:m] *v,n* *-v* (**dreamt, dreamed**) 1.shoh ëndërr; ëndërroj. 2.ëndërroj, shpresoj. 3.përfytyroj, imagjinoj.

-n 1.ëndërr. 2.ëndërrim, fantazi. 3.gjë fort e bukur, përrallë. 4. vegim, ëndërr me sy hapur. **+ like a dream** fjollë, mrekulli, pa probleme; **dream world** botë imagjinare.

+dream away e kaloj(kohën) me ëndrra.

+dream about/of ëndërroj për, shoh në ëndërr (shtëpinë etj).

+dream up gj.fol përftoj në mendje, përfytyroj, mendoj.

dreamboat ['dri:mbout] n zhrg 1. shpikje imagjinare, ide fantastike. 2.njeri shumë tërheqës, tip fantastik.

dreamer ['dri:më:] n 1.ëndërrues. 2.njeri ëndërrimtar, jopraktik.

dreamily['dri:mili] adv si në ëndërr.

dreamland['dri:mlænd] n 1.vend i parë në ëndërr. 2.vend i bukur, i dëshiruar; vend i ëndërruar. 4.gjumë; **in dreamland** në gjumë.

dreamt[dremt] pt,pp e **dream**.

dreamy ['dri:mi] adj 1. i turbullt, i vagët, si në ëndërr. 2.me ëndrra(gjumë). 3.ëndërrimtar(njeri). 4.përgjumës, i ëmbël, që të vë në gjumë(këngë). 5.gj.fol i këndshëm, tërheqës, i mrekullueshëm.

drearily ['drierili] adv 1.me zymtësi. 2. trishtueshëm.

dreariness ['drierinis] n 1. zymtësi; mërzi.2.trishtim.

dreary ['drieri] adj 1.i zymtë, i pakëndshëm, i mërzitshëm. 2.vjet i trishtuar, i vrarë. 3.jointeresant.

dredge I[drexh] n,v -n 1.dragë.2.rrjetë fundore. -v 1.pastroj, thelloj, gërryej(fundin e lumit, kanalit etj). 2.kap, peshkoj me rrjetë fundore. 3.fig mbledh, qëmtoj(fakte).

dredge II [drexh] vt spërkas, lyej me (miell, sheqer).

dredger[drexhë:] n 1.dragë. 2.anije me dragë.

dregs[dregz] npl 1.llum, fundërri; **drink/drain to the dregs** e pi gjer në fund, e pi me fund. 2.fig llum(i shoqërisë).

drench[drenç] v,n -vt 1.lag, qull, bëj qull. 2.i jap ilaç(kafshës).

-n 1.lagie, qullje. 2.dozë ilaçi(për kafshët). **+to be drenched in/with** bëhem qull nga.

dress[dres] n,v -n 1.fustan. 2.rroba; veshje.3.veshje zyrtare, për pritje; **a dress suit** kostum serioz. 4.fig petk (i pemëve), gjelbërim, gjethe. -v 1.vesh. 2.vishem. 3.vesh me, zbukuroj, stolis (dritaret etj). 4.përgatis, bëj gati,qëroj(kasapi pulën). 5.ndreq, kreh(flokët). 6.lidh, ndërroj(plagën).7.hyj në rresht,formoj rresht.8.regj, kruaj (lëkurën). 9.kashais (kalin). **+dress sb down** shaj, qortoj ashpër; **in full dress** me veshje ceremoniale.

+ dress up a)vishem e ngjishem, vesh rroba më të mira; b)maskohem, vishem tebdil.

dressage['dresixh] n stërvitje(e kalit).

dress circle n radhë e parë e galerisë(në teatër), galeri e parë.

dress coat n shih **smoking**.

dresser I ['dresë:] n 1.garderobist. 2. ndreqës vitrinash. 3.person që vishet shik.

dresser II['dresë:] n 1.komo. 2.raft enësh,bufe. 3.tryezë buke.

dressing['dresing] n 1.lidhje, fashim. 2.salcë(për sallatë, mish, peshk, etj).3.mbushje, kima(për gjeldetin etj). 4.pleh. 5.formacion(ushtarësh). 6.veshje, të veshurit. 7.ndreqje (e vitrinës).

dressing case n kuti tualeti.

dressing-down['dresingdaun] n sharje, qortim i ashpër.

dressing gown n robdeshambër, rrobë shtëpie.

dressing room n dhomë veshjeje(në teatër).

dressing table n tryezë tualeti, komodinë me pasqyrë.

dressmaker['dresmeikë:] n rrobaqepës.

dressmaking['dresmeiking] n rrobaqepësi; qepje rrobash.

dress parade n paradë ushtarake.

dress rehearsal n paradë ushtarake.

dress shirt n këmishë e mirë(për kostum).

dress suit n kostum serioz.

dressy['dresi] adj 1.serioze, zyrtare(veshje). 2.që i pëlqen të vishet mirë.

drest[drest] pt, pp e **dress**.

drew[dru:] pt e **draw**.

dribble['dribël] v,n -v 1.pikon, rrjedh pikë-pikë. 2.kullojnë(jargët). 3.sport eci me top, dribloj. -n 1.pikim; rrjedhje; kullim. 2.shi i lehtë, vesë shiu. 3.sport ecje me top, driblim.

dribbler['driblë:] n sport driblues.

driblet['driblit] n çikë, sasi e vogël.

dribs[dribz] npl çikëla; **in dribs and drabs** çikë e nga një çikë.

dried['draid] v,adj - pt,pp e **dry**. -adj 1.pluhur(qumësht,vezë). 2.të thatë(fruta). 3.e tharë(lule).

drier['draië:] adj,n -adj krahasore e **dry**. -n (edhe **dryer**) 1.tharës, lëndë tharëse(në vernik). 2.shih **dryer**.

drift[drift] v,n -v 1.e merr, e çon(era, rryma). 2.shkon pas rrjedhës(trapi). 3.eci pa drejtim, endem. 4.shkoj/lëviz pa qëllim, kuturu. 5.formon pirgje(bora nga era). **+drift into sth** e shoh veten diku(në një situatë); **drift apart** shkëputen (nga njëri-tjetri). -n 1.lëvizje. 2.drejtim, rrjedhë. 3.prirje, tendencë. 4.kuptim, domethënie. 5.borë e grumbulluar nga era, pirg(dëbore, rëre). 6.drurë etj që i merr rryma. 7.rrymë (detare etj). 8.shmangie nga kursi(prej erës, rrymës). 9.gjeol mbetje, depozitime(lumore, akullnajore). 10.tunel kalimi(në minierë).

+drift off qetësohem, zbutem

driftage['driftixh] n 1.ecje pas rrymës. 2.distancë

; përshkuar. 3.materiale që i merr uji; mbeturina të
xjerra në breg.
driftwood['driftwud] *n* drurë të sjellë nga lumi;
drurë të nxjerrë në breg.
drill I[dril] *n,v* -*n* 1.turielë; trapan. 2.stërvitje.
3.ushtrim. 4.udhëzim përdorimi. 5.kërmill që shka-
tërron midhjet.
-*vt* 1.shpoj, biroj. 2.stërvis. 3.ushtroj. 4.ushtrohem,
ëj ushtrime(gramatikore etj).
drill II[dril] *n,v* -*n* 1.makinë mbjellëse. 2.brazdë.
3.rreshta të mbjellë.
-*vt* mbjell me rreshta në brazda.
drill III[dril] *n* pëlhurë e sertë, xhins.
drill IV[dril] *n zool* babuin(lloj majmuni).
drilling I['driling] *n* 1.*tek* shpim. 2.ngrënie, fre-
im (i dhëmbit).
drilling II['driling] *n usht* stërvitje; manovra.
drilling platform *n* platformë shpimi(për naftë).
drilling rig *n* platformë shpimi(për naftë).
drillion['driljën] *n amer zhrg* miliarda; **a drillion
of dollars** me miliarda dollarë.
drillmaster['dril'mæstë:] *n* instruktor.
drily['draili] *adv* shih **dryly**.
drink[drink] *v,n* -*v*(**drank; drunk**) 1.pi. 2.thith
toka ujin). 3.pi pije (alkoolike). 4.ngre dolli, pi për
shëndetin e).
-*n* 1.pije. 2.pije alkoolike. 3.e pirë, të pirë me tepri.
4.*zhrg* deti, oqeani. + **be the worse for drink, be
under the influence of drink** jam i dehur, i pirë;
ake to drink jepem pas të pirit.
drink in thëthij, përpij(fjalët, tregimin).
drink down/off/up e pi me fund, e thaj.
drink to pi për nder të, pi për shëndetin e.
drink up pi me fund; mbaroj(gotën).
drinkable['drinkëbël] *adj,n* -*adj* i pishëm.
-*n* pije.
drink - driving, drunk - driving['drinkdraiving,
drʌnkdraiving] *n* ngarje(e makinës) në gjendje të
irë.
drinker['drinkë:] *n* pijanik, pijanec.
drinking ['drinking] *adj,n* -*adj* që pi; **a drin-
king man** njeri që pi.
-*n* pije.
drinking bout *n* e pirë.
drinking fountain *n* 1.shatërvan. 2.çezmë.
drinking-up time *n* koha para mbylljes së lokalit.
drinking water *n* ujë i pishëm.
drip[drip] *v,n* -*v* 1.pikon, bie pikë-pikë. 2.kulloj
tëri. 3.hedh pikë-pikë.
-*n* 1.pikim. 2.lëng që pikon. 3.strehë, e dalë. 4.*zhrg*
jeri i shpëlarë, pa kripë.+**to be dripping with** jam
ërë qull në.
drip-dry['drip'drai] *adj, v* -*adj* që nuk hekuro-
en(pas tharjes).
-*vt* lë të kulloje.
dripping['driping] *n* 1.lëng i kulluar, i pikuar.

2.lëng mishi të pjekur, yndyrë.
dripping pan *n* tavë për lëngun (e mishit që
piqet).
drive[draiv] *v,n* -*v* (**drove, driven**) 1.ngas (au-
tomjetin, kalin). 2.drejtoj, shtyj, çoj(kafshët në treg
etj). 3.shkoj me automjet. 4.shpie me makinë etj.
5.punoj, vë në lëvizje(një makineri).6.shpie, çon(era
retë etj). 7.lëviz, shkon (anija, reja). 8.ngul(go-
zhdën); fus(kunjin). 9.*fig* shtyj, nxis; **drive sb mad**
e çmend, e luaj mendsh. 10.mundoj, sforcoj.
11.shpoj, hap(tunel). 12.bëj, zhvilloj(biznes).13.shtyj
për më vonë. +**drive a hard bargain** nuk bie lehtë
në ujdi; **drive sth home** ngul mirë/fort në mendje;
let drive(at) i jap një goditje në, ia drejtoj në.
-*n* 1.udhëtim, një copë rrugë(me makinë). 2.rrugë.
3.*amer* rruginë private(nga rruga në oborr).
4.energji, vrull. 5.shtysë, nxitje. 6.përpjekje, fushatë.
7.goditje. 8.sulm, mësymje(ushtarake). 9.çuarje(e
kopesë diku). 10.transportim(lëndë druri) mbiujor.
11.kërcunj që i merr rryma. 12.*tek* transmision.
13.tunel me minierë.
+**drive at** nënkuptoj, dua të them; **what's he driv-
ing at?** ku kërkon të dalë ai?
+**drive away (at one's work)** i qepem keq, i futem
(punës) rëndshëm.
drive-in['draivin] *n* vend publik(kinema, super-
market etj) ku hyhet megjithë makinë.
drivel['drivël] *v,n* -*v* 1.lëshoj jargët, nxjerr jargë.
2.flas gjepura. 3.humbas kohën kot.
-*n* 1.jargë. 2.gjepura, pallavra, dokrra.
driveler['drivëlë:] *n* njeri që flet dokrra.
driven['drivën] *v,adj* -*v pp* e **drive**.
-*adj* që e merr era; i bërë pirg.
driver['draivë:] *n* 1.shofer. 2.makinist. 3.drejtues
energjik. 4.shkop golfi. 5.*tek* transmision.
drive shaft *n aut* bosht transmisioni.
driveway['draivwei] *n* 1.rrugë private(në oborr).
2.*amer* rrugë me pemë, rruginë.
driving['draiving] *adj,n* -*adj* 1.i furishëm(shi).
2.fshikulluese(erë).
-*n* ngarje(e makinës).
driving force *n* forcë lëvizëse.
driving instructor *n* instruktor i shkollës së
shoferave.
driving license *n* lejë, dëshmi aftësie, patentë
makine.
driving mirror *n* pasqyrë për shikim mbrapa.
driving school *n* kurs shoferësh.
driving test *n* provim për marrjen e dëshmisë,
provat e patentës.
drizzle['drizël] *v,n* -*vi* 1.veson, rigon, bie shi i
imët. 2.pikon, bien pikëla.
-*n* shi i imët, veson shi.
drizzling, drizzly['drizling, 'drizli] *adj* i imët.
drogue[dro:g] *n* 1.spirancë për det. 2.erëtreguese.

3.*av* kon-shenjë për ushtrime qitjeje. 4.parashutë (për kapsulën kozmike etj).

droll[droull] *adj,n,,v* -*adj* 1.zbavitës, për të qeshur. 2.qesharak, komik.
-*n* komik, karagjoz, bufon.
-*vi* bëj shakara; bëj karagjozllëqe.

drollery['droulëri] *n* 1.shaka, rreng. 2.humor; karagjozllëk.

dromedary['dromëderi] *n* gamile, deve e shpejtë me një gungë.

drone[droun] *v,n* -*v* 1.çoj kohën kot, sorollatem. 2.zukat, gumëzhin(bleta). 3.them/flas me zë të zvargur; këndoj me zë monoton.
-*n* 1.bletë mashkull. 2.dembel, njeri që rri kot. 3.avion/anije pa pilot (i/e telekomanduar). 4.zukamë, zukatje, gumëzhimë. 2.gyp gajdeje.

drool[dru:l] *v,n* -*vi* 1.jargëzoj, nxjerr jargë. 2.entuziazmohem me tepri.
-*n* 1.jargë. 2.*zhrg* gjepura, pallavra, dokrra.

droop[dru:p] *v,n* -*v* 1.varet (koka). 2. lëshohen (supet), ulen(qepallat). 3.*fig* ligështohem; trishtohem; zymtohem.
-*n* 1.përkulje. 2.lëshim, varje.

droopy['drupi] *adj* 1.i varur; i lëshuar. 2.i ligështuar; i trishtuar; i dëshpëruar.

drop[drop] *n,v* -*n* 1.pikë, pikël(uji etj). 2.grimë, çikë(lëngu). 3.*fig* pikëz, grimë(mirësie). 4.rënie, ulje (e çmimeve, e temperaturës). 5.gjatësi e rënies, rënie. 6.kuti postare për hedhjen e letrave. 7.lëshim, hedhje (bombash). 8.*pl* ilaç me pika. +**at the drop of a hat** a) kur jepet shenja; b)në çast, në vend; **a drop in the bucket** një pikë ujë në det, hiçgjë; **get/have the drop on** *zhrg* a)ia drejtoj(revolen) i pari; b)fitoj /kam avantazh(ndaj dikujt).
-*v* 1.bie(shiu). 2.hedh pikë-pikë(ilaç). 3.pikon. 4.bie, zbret shpejt/befas(çmimi). 5.lëshoj përdhe (një pako). 6.hedh përtokë, rrëzoj(kundërshtarin). 7.bie; vritem(në luftë). 8.shembem, bie(nga lodhja). 9.vras, godas(gjahun).10.perëndon(dielli).11.ul(zërin). 12.bie, kaloj(në koma etj). 13.përjashtoj(nga klubi). 14.heq(një germë). 15.ndalet, merr fund(grindja). 16.çoj; lë(një pusullë). 17.hedh(një fjalë). 18.shkon pas rrymës. 19.më lë, më ndalon(makina). 20.*sport* godas(topin). 21.*zhrg* humbas(ndeshjen).

+**drop back/behind** mbetem pas.
+**drop by/in/over** ndalem, kaloj(për një vizitë të shpejtë).
+**drop off** a)bie të fle; b)bie, pakësohet; c)ndalem, zbres(nga makina).
+**drop out** lë (shkollën).
+**drop through** merr fund; nuk flitet më për të.

drop-forge['dropfo:xh] *vt* rrah (hekurin e skuqur) me çekan.

drop-front['dropfrʌnt] *adj* e hapshme(tavolinë).

drop hammer *n* çekan pneumatik; presë.

drop-in centre['dropin] *n* 1.qendër ndihme/argë-

timi për të rinjtë. 2.qendër e ndihmës sociale.

drop kick *n* shkelmim i topit sapo prek tokën.

drop leaf *n* pjesë tryeze e hapshme.

droplet['droplit] *n* pikël, pikëz.

drop-off['dropof] *n* 1.pakësim, rënie(e shitjeve). 2.pjerrësirë, rrëpirë.

dropout ['dropaut] *n* 1. person që lë shkollën. 2.braktisje e studimeve, lënie e shkollës.

dropper['dropë:] *n* pikatore.

droppings['dropingz] *npl* 1.glasë. 2.bajga.

drop shot *n sport* gjuajtje rrafsh me rrjetën(në tenis).

dropsy ['dropsi] *n mjek* mbledhje uji (në trup), hidropizi.

dross[dros] *n* 1.zgjyrë. 2.mbeturinë, hedhurinë. 3.*fig* llum; skorje.

drought[draut] *n* 1.thatësirë. 2.mungesë e zgjatur(e një artikulli). 3.*vjet* etje.

drouth[drauth] *n* shih **drought.**

drove I[drouv] *pt* e **drive.**

drove II[drouv] *n* 1.tufë; kope. 2.turmë, grumbull njerëzish.

drover['drouvë:] *n* 1.drejtues i tufës. 2.tregtar bagëtish.

drown[draun] *v* 1.mbys(në ujë).2.mbytem.3.përmbyt. 4.mbys(zërin e dikujt). 5.shuaj (hidhërimin)
+**drown out** mbyt(zërin)

drowse[drauz] *v,n* -*v* 1.dremis, kotem. 2.përgjum, mpij. 3.përgjumem, topitem.
-*n* dremitje; përgjumje.

drowsily['drauzili] *adv* përgjumshëm; në gjumë

drowsy['drauzi] *adj* 1.i përgjumur. 2.që të vë në gjumë; topitës. 3.i shkrehur, inaktiv.

drub[drʌb] *vt* 1.kopanis, rrah me shkop; zhdëp 2.mund keqas, dërrmoj.

drubbing['drʌbing] *n* dru, dajak; kopanisje; **give sb a good/sound drubbing** i jap një dru të mirë dikujt.

drudge {drʌxh] *n,v* -*n* njeri që punon rëndë/që robtohet, hamall.
-*vi* robtohem, rropatem(në punë).

drudgery['drʌxhëri] *n* punë e rëndë, angari.

drug [drʌg] *n,v* -*n* 1. ilaç, bar. 2. qetësues, bar gjumi. 3.drogë, narkotik.
-*v* 1.drogoj, i jap drogë. 2.i hedh drogë, narkotiz (pijes). 3.*fig* deh(muzika).

drug abuse *n* përdorim droge.

drug addict *n* i droguar, narkoman.

drug addiction *n* narkomani; drogim.

druggist['drʌgist] *n* farmacist.

drug pedlar *n* rishitës droge.

drugstore ['drʌgsto:] *n* 1. barnatore, farmac 2.*amer* dyqan artikujsh të përzier(kozmetikë kartoleri, pije).

drum[drʌm] *n,v* -*n* 1.daulle, lodër. 2.tambur 3.tingull i daulles. 4.*tek* tambur, çikrik, rrotull. 5.en

në formë daulleje. 6.*anat* daulle e veshit, timpan.
+**beat the drums for sb** *gj.fol* përkrah fuqishëm /me të gjitha forcat dikë.
-*v* 1.i bie daulles. 2.trokas, çokas(tryezën me gisht). 3.*fig* fus me zor(një mësim në kokë). 4.gjëmon. 5.gumëzhin, zukat. +**drum out of** largoj, dëboj.
+**drum up** a)thërras, mbledh, grumbulloj(lojtarë); b)fitoj, siguroj(ndihmë) duke këmbëngulur.
drumbeat['drʌmbiːt] *n* e rënë daulleje.
drum brake *n* fren me tambur.
drum major *n* drejtues bande(muzikore).
drummer ['drʌmë:] *n* 1.lodërtar, daullexhi. 2.tamburist, baterist. 3.agjent shitjesh.
drumstick['drʌmstik] *n* shkop daulleje, thupër.
drunk[drʌnk] *v,adj,n* -*pp* e **drink.**
-*adj* 1.i dehur, i pirë; **get drunk** dehem. 2.*fig* i dehur(nga suksesi).
-*n zhrg* 1.pijanik, pijanec. 2.e pirë, orgji me të pira.
drunkard['drʌnkë:d] *n* pijanik, pijanec.
drunken['drʌnkën] *adj* 1.i pirë, i dehur. 2.pijanik, pijanec.
drunkometer[drʌn'komitë:] *n* matës i alkoolemisë nëpërmjet frymës.
druthers['drʌthë:z] *npl gj.fol* mundësi zgjedhjeje.
dry[drai] *adj,v,n* -*adj* 1.i thatë.2.i tharë.3.e shterur, që s'jep qumësht(lopë). 4.pa lot(e qarë). 5.i etur. 6.që të jep etje(punë). 7.*fig* therës, i hidhët(humor). 8.shterp, i mërzitshëm(fjalim). 9.që s'pi, abstinent. 10. i zhveshur, i pazbukuruar(fakt).
-*v* 1.thaj. 2.thahet.
-*n* kundërshtues i pijeve alkoolike.
+**dry out** a)thahet, teret; b)*gj.fol* kuroj/kurohem kundër alkoolizmit.
+**dry up** a)thahet, shteron(përroi etj); b)thahet, trashet(boja); c) *zhrg* e mbyll, e qep (gojën).
dry battery *n el* bateri e thatë.
dry cell *n* pilë e thatë.
dry-clean['drai'kliːn] *v* bëj pastrim të thatë, kimik.
dry cleaning *n* pastrim i thatë.
dry dock *n ndërt* dok i thatë (për ndërtim-riparim anijesh).
dryer [drajë:] *n* 1. makinë tharëse (rrobash etj). 2.tharëse rrobash. 3.tharës, lëndë tharëse.
dryfarming['draifaːming] *n* bujqësi e thatë(në toka pa ujë).
dry goods *n* kinkaleri.
dry law *n* ligj për ndalimin e pijeve alkoolike.
dryly, drily['draili] *adv* thatë, në mënyrë të thatë, pa emocion.
dry measure *n* masë për drithë, fruta : **1 bushel** = 1 shinik(=36.4 dm³).
dryness['drainis] *n* 1.thatësi(e tokës). 2.hidhësi(e humorit). 3.*fig* thatësi, shterpësi (e një diskutimi).
dry point *n* gërryerje e thatë, vizatim në bakër me gjilpërë.
dry rot *n* kalbëzim(i drurit) në të thatë.

dry run *n* 1.provë, praktikë. 2.*usht* stërvitje në qitje pa municion.
drystone ['draistoun] *adj* me gurë të thatë, pa llaç(ndërtim).
drywall['draiwol] *n* 1.pllakë shajak-allçie.2.ndërtim me pllaka shajak-allçie(i mureve të brendshme).
D.Sc. *n* (shkurtim për **Doctor of Science**) Doktor i Shkencave(titull).
dual['djuël] *adj,n* -*adj* 1.dysh. 2.dyfish; i dyfishtë. 3.*gram, mat* dyjar.
-*n gram* dual.
dual carriage way *n Br* rrugë me katër korsi /me katër kalime.
dual control *n* komandim i dyfishtë(i avionit).
dual nationality *n* dyshtetësi.
dual-purpose['djuël'pë:pës] *adj* me përdorim të dyfishtë.
dub I[dʌb] *vt* 1.pranoj kalorës, pagëzoj kalorës. 2.pagëzoj, i vë nofkë.3.lëmoj, kruaj(drurin, lëkurën).
dub II[dʌb] *n,v* -*n* njeri i ngathët. 2.lojtar i dobët.
-*vi* 1.luaj keq, dobët. 2.e djallos, e qullos(një punë).
dub III[dʌb] *v,n* -*vt* 1.shtyj. 2.i bie daulles.
-*n* 1.shtytje, shtysë. 2.rënie e daulles.
dub IV[dʌb] *v,n* -*vt* 1.dubloj(një film). 2.regjistroj(një disk).
-*n* zë i dublimit.
dubiety[dju:'bajëti] *n* 1.pasiguri, dyshim. 2.gjë e dyshimtë.
dubious['djubiës, 'du:biës] *adj* 1.i dyshimtë; i paqartë; i pasigurt. 2.i dyshimtë, i keq, jo i ndershëm. 3.dyshues; i pavendosur(of, about).
dubiously['du:biësli] *adv* me dyshim.
ducal['djukël, 'du:kël] *adj* dukal, i dukës.
ducat['dʌkët] *n* 1.dukat (monedhë e dikurshme). 2.*zhrg* biletë.
duchess['dʌçis] *n* dukeshë.
duchy['dʌçi] *n* dukat, territor i një duke.
duck I[dʌk] *n* 1.rosë. 2.mish rose. 3.*gj.fol* e dashur, zogëz. 4.*zhrg* bablok. + **lame duck** a)sakat, invalid; b)anije e rrëgjuar; c)firmë (tregtare) e rrënuar; **play ducks and drakes with one's money** i bëj paratë rrush e kumbulla.
duck II[dʌk] *v,n* -*v* 1.zhytem e dal, kridhem e dal(mbi ujë). 2.ulem, mblidhem, i shmangem (goditjes, shikimit). 3.përkulem befas. 4.*fig* i bëj bisht (përgjegjësisë).
+**duck out** *gj.fol* iki, ua mbath.
-*n* zhytje, kredhje.
duck III[dʌk] *n* 1.dok. 2.*pl* pantallona doku.
duck IV[dʌk] *n* makinë amfibe.
duckbill['dʌkbil] *n zool* ornitoring.
ducker['dʌkë:] *n* 1.rritës rosash. 2.gjahtar rosash.
ducking stool *n hist* fron torture.
duckling['dʌkling] *n* bibë, rikë.
duck soup *n zhrg* punë e lehtë, meze.
duct[dʌkt] *n* 1.*anat* kanal, gyp. 2.tub, tubacion;

kanal.

ductile['dʌktail] *adj* 1.i punueshëm, i butë(metal). 2.plastik, i epshëm(dyllë). 3.i urtë, i bindur, i dëgjueshëm.

ductility[dʌk'tilëti] *n* 1.butësi; epshmëri. 2.urtësi.

ductless gland *n anat* gjëndër me derdhje të brendshme(pa kanal).

dud[dʌd] *gj.fol n,adj* -*n* 1.gjë pa vlerë, gjëpogjë. 2.njeri pa vlerë, hiç. 3.predhë e paefektshme, që nuk pëlcet. 4.*pl* **duds** a) rroba; b)sende personale. -*adj* 1.i pavlerë(çek). 2.e paplasur(bombë).

dude[dju:d, du:d] *n amer* 1.tip, person. 2.spitullaq, dendi.

dude ranch *n* fermë për qejf/për turizëm.

dudgeon ['dʌxhën] *n vjet* inat, zemërim; **in high dudgeon** shumë i nxehur.

dudish['dʌdish] *adj* i spitulluar; prej spitullaqi.

due[dju:] *adj,n,adv* -*adj* 1.(-to) i duhur; **be due to(sb)** i takon. 2.i përshtatshëm, përkatës; **due punishment** ndëshkimi përkatës. 3.i nevojshëm; i mjaftë(kujdes). 4.i pritur; **the train is due at noon** treni pritet në mesditë. 5.për t'u paguar(një shumë). 6.e caktuar(datë). +**become due** duhet paguar; **fall due** ka datën, afatin(për t'u shlyer etj); **in due course** a)në kohën e duhur; b)me kohë, me kalimin e kohës; **due to** a)në sajë të; b)për shkak të.

-*n* 1.hak, ajo që më takon. 2.*pl* **dues** a)shumë për t'u paguar; tarifë; taksë; b)kuotë antarësie. +**give sb his due** i jap hakun, tregohem i drejtë me dikë.

-*adv* pikërisht, tamam; **due north** tamam në veri, pikërisht drejt veriut.

duel['dju:ël] *n,v* -*n* 1.dyluftim, duel. 2.*fig* duel, garë.

-*vi* bëj duel, hyj në dyluftim.

duel(l)ist['dju:ëlist] *n* dyluftues.

duenna['dju:enë] *n* kujdestare, guvernante(e një vajze).

duet[dju:'et, du:'et] *n muz* 1.këngë/pjesë muzikore për dy veta, duet. 2.dyshe interpretuesish, duet, çift.

duff I[dʌf] *n zhrg* prapanicë, mollaqe.

duff II[dʌf] *n* shih **dough.**

duff III[dʌf] *adj Br* hiç; pa vlerë.

duffle, duffel['dʌfël] *n* 1.dok i sertë. 2.çantë doku, çantë kampimi. 3.sende personale.

duffel bag *n* çantë shpine, çantë kampimi.

duffel coat *n* pelerinë.

duffel sock *n* mbështjellje e trashë për këmbët (nga të ftohtit).

duffer['dʌfë:] *n gj.fol* njeri i ngathët, trap, gdhë.

dug I[dʌg] *v pt,pp* e **dig.**

dug II[dʌg] *n* thithë e gjirit(të kafshëve).

dugout ['dʌg'aut] *n* 1. strehim, kamare, gropë (ushtari). 2.*sport* strehë, strehim(i lojtarëve rezervë). 3.pirogë, lundër e gdhendur në trung.

duke[dju:k] *n* 1.dukë. 2.*pl zhrg* duar; grushta.

dukedom['dju:kdëm] *n* 1.dukat(territor). 2.titull,

rang i dukës.

dulcet['dʌlsit] *adj* i ëmbël, i këndshëm(tingull).

dulcimer['dʌlsimë:] *n muz* xinge, këmbal, çembalo.

dull [dʌl] *adj,v* -*adj* 1. e topitur, jo e mprehtë, e mpirë(thikë). 2.i turbullt(shikim, ditë). 3.i ngathët (nga mendja), i trashë. 4.i mpirë, i topitur, i plogët (njeri). 5.i mërzitshëm; i lodhshëm(libër). 6.pa gjallëri, i avashtë(aktivitet). 7.jo e mprehtë, e shurdhër (dhimbje).

-*vt* 1.lehtësoj, topis(dhimbjen). 2.dobësoj, mpij, topis(ndjenjat). 3.zbeh, i heq shkëlqimin(ngjyrës).

dullard['dʌlë:d] *n* njeri i trashë, i avashtë.

dullish['dʌlish] *adj* i ngathët, i trashë.

dully['dʌli] *adv* në mënyrë trashanike; me ngathtësi.

duly['dju:li, 'du:li] *adv* 1.siç duhet, sipas rregullit. 2.sa duhet; mjaftueshëm. 3.kur duhet, në kohë.

dumb[dʌm] *adj* 1.memec, i pagojë. 2.i shtangur, pa gojë; **to be dumb with embarrassment** mbetem gojëkyçur nga sikleti. 3.i heshtur(dëshpërim, habi). 4.pa folur, gojëkyçur. 5.*gj.fol* i trashë, budallë(njeri); pa mend(punë).

dumbbell['dʌmbël] *n* 1.*sport* shtangë dore, dorak. 2.*zhrg* budallë, trap.

dumbfound['dʌmfaund] shih **dumfound.**

dumb show *n* pantomimë; gjeste.

dumbstruck['dʌmstrʌk] *adj* i shtangur, gojëhapur(nga habia).

dumdum['dʌmdʌm] *n* plumb dum-dum(që pëlcet në trup).

dumfound ['dʌmfaund] *vt* shtang, lë me gojë hapur.

dummy['dʌmi] *n,adj* -*n* 1.manekin. 2.maket; eksponat vitrine. 3.thithë, kapëz, biberon. 4.*fig* teveqel, i trashë. 5.imitacion; artikull kallp. 6.*sport* fintë. 7.*fig* vegël, mashë. 8.lojë me letra të hapura. 9.*polig* maket libri, reviste.

-*adj* 1.fals, imitacion. 2.*fig* vegël, bedel.

dump[dʌmp] *v,n* -*vt* 1.zbraz, derdh.2.hedh plehrat. 3.*ek* shes me çmime të ulura në sasi të mëdha, bëj damping. 4.*zhrg* braktis, lë, heq qafe(të dashurën, një kandidat). 5.*kmp* zbraz ekranin.

-*n* 1.vend për hedhje plehrash. 2.pirg plehrash, grumbull mbeturinash. 3.*usht* depo (municioni etj). 4.*zhrg* rrangallë, karakatinë(ndërtesë); vrimë, skutë, halë(qytet). +**to be down in the dumps** jam i mërzitur.

+**dump on** sulmoj, atakoj.

dump car, dump truck *n* kamion vetëshkarkues.

dumping ['dʌmping] *n* 1.zbrazje, shkarkim; **"no dumping"** ndalohet hedhja e mbeturinave; **dumping ground** plehërishtë, vend për hedhjen e plehrave. 2.*ek* damping.

dumpling ['dʌmpling] *n* 1.shuk buke. 2.buçkan, trashaluq.

dumps[dʌmps] *npl gj.fol* mërzi; **in the dumps** i mërzitur.

dumpy['dʌmpi] *adj* buçkan, trashaluq, shkurtalaq.

dun I[dʌn] *v,n -vt* i kërkoj borxhin; **a dunning letter** letër për kërkim borxhi.
-n 1.kërkesë borxhi, kërkesë pagese. 2.mbledhës borxhesh.

dun II[dʌn] *adj* i përhimë , i murrmë.

dunce[dʌns] *n* 1.fëmijë i avashtë; nxënës i dobët. 2.njeri i trashë.

dunderhead['dʌndë:hed] *n* kokëtrashë, gdhë.

dune[dju:n, du:n] *n* dunë, kodër rëre.

dune buggy *n* makinë për rrugë pa rrugë.

dung[dʌng] *n,v -n* bajgë, pleh kafshësh.
-v plehëroj, hedh pleh kafshësh.

dungarees ['dʌngëri:z] *n pl* 1. *Br* kominoshe. 2.*amer* xhins i trashë.

dungeon ['dʌnxhën] *n,v -n* 1.birucë, dhomë e nëndheshme. 2. kullë kështjelle.
-vt mbyll në birucë, burgos.

dunghill['dʌnghil] *n* 1.grumbull plehu. 2.*fig* njeri i neveritshëm. 3.vend i ndyrë.

dunk[dʌnk] *vt* 1.njom, ngjyej(në lëng). 2.*gj.fol* hedh në ujë(dikë).

dunnage['dʌnixh] *n* 1.sende personale; bagazhe. 2.mbulojë mbrojtëse(për ngarkesën e anijes).

duo['djuou] *n pl* **duos, dui** 1.*muz* duet. 2.*gj.fol* çift, dyshe.

duodenum[djuou'di:nëm] *n anat* duoden.

dupe[dju:p, du:p] *n,v -n* 1.dede, leshko, i humbur. 2.viktimë(mashtrimi).
-vt mashtroj; gënjej.

duper['dju:pë:, du:pë:] *n* mashtrues.

duple['dju:pël, du:pël] *adj* 1.i dyfishtë.2.*muz* dysh.

duplet ['dju:plit, 'du:plit] *n kim* duplet, çift elektronesh i përbashkët.

duplex['dju:pleks, 'du:pleks] *adj,n -adj* dyfish; i dyfishtë.
-n amer 1.dupleks, dy shtëpi me një çati. 2.secila nga dy shtëpitë me çati të përbashkët. 3.apartament me dy kate.

duplex apartment *n amer* apartament me dy kate.

duplicate[*adj,n* 'dju:plëkit; *v* 'djuplëkeit] *adj,n,v -adj* 1.identik, kopje(çelësa). 2.i dyfishtë, me dy pjesë të njëjta(mushkëritë).
-n 1.kopje identike, dublikatë(shkresë). 2.kopje(e një artikulli, sendi); **in dublicate** në dy kopje.
-vt 1.i bëj kopje, e kopjoj, e përsëris. 2.dyfishoj, dubloj.

duplication[dju:plë'keishën] *n* 1.bërje në dy kopje. 2.kopje, dublikatë.

duplicator['dju:plëkeitë:] *n* makinë fotokopjuese.

duplicity [dju:'plisëti] *n* 1. hipokrizi, dyfaqësi. 2.dredhi, mashtrim.

durability[dju:rë'bilëti] *n* qëndrueshmëri, fortësi,

jetëgjatësi.

durable['djuërëbël] *adj* i qëndrueshëm, i fortë, jetëgjatë.

duralumin[djur'æljëmin] *n* duralumin.

durance['dju:rëns] *n* burgim.

duration[dju:'reishën] *n* zgjatje, kohëzgjatje; **for the duration of** deri në mbarim të.

duress[dju:'res,du:'res] *n* 1.detyrim; **under duress** me detyrim. 2.burgim.

during ['dju:ring] *prep* gjatë; **during the day** gjatë ditës; **during recess** gjatë pushimit.

dusk [dʌsk] *n,v -n* 1.muzg. 2.mugëtirë, gjysmerrësirë.
-v 1.erret, bie muzgu. 2.errësoj.

duskily['dʌskili] *adv* mugët.

dusky['dʌski] *adj* i mugët, i errët; i turbullt, i paqartë.

dust[dʌst] *n,v -n* 1.pluhur.2.dhe.3.gjë pa vlerë. 4.rrëmujë, trazim. 5.plehëra. +**bite the dust** *zhrg* bie i vdekur; plagosem; **lick the dust** servilosem; **shake the dust off one's feet** largohem i nxehur; **throw dust in sb's eyes** i hedh hi syve, mashtroj, gënjej.
-vt 1.i marr pluhurat, fshij(mobiljet). 2.pluhuros, spërkas(bimët me helm).
+**dust off** shkund, i shkund pluhurin.

dustbin['dʌstbin] *n Br* kosh plehërash; kovë, fuçi plehërash.

dustbowl *n gjeol* tokë e shkretë, shkretëtirë pluhuri; krater me pluhur.

dustcart['dʌstka:t] *n Br* makinë e plehërave.

dust cover *n polig* këmishë, mbështjellëse(libri).

dust devil *n* vorbull ere.

duster['dʌstë:] *n* 1.leckë pluhurash. 2. *amer* përparëse. 3.shoshë. 4.spërkatëse(insekticidi). 5.*gj.fol* stuhi pluhuri.

dust jacket *n polig* këmishë, mbështjellëse(libri).

dustless ['dʌstlis] *adj* 1. pa pluhur. 2. që nuk bën pluhur, jopl/uhurosës.

dustman['dʌstmën] *n* plehraxhi, mbledhës plehërash.

dustpan['dʌstpæn] *n* kaci, qyrek.

dustproof['dʌstpru:f] *adj* kundër pluhurit, i papërshkueshëm nga pluhuri.

dustsheet['dʌstshi:t] *n* mbulesë, këllëf.

dust storm *n* stuhi pluhuri.

dustup ['dʌstʌp] *n zhrg* 1. përleshje, kacafytje. 2.trazirë.

dusty['dʌsti] *adj* 1.me pluhur, i pluhurosur. 2.i pluhurzuar, si pluhur. 3.i përhimë, i murrët.

Dutch [dʌç] *adj,n -adj* 1. holandez. 2. *vjet* gjerman. +**go Dutch** *gj.fol* paguajmë secili të vetat.
-n 1.*pl* holandezët. 2.*amer* holandezët e shtetit Pensilvenia. 3.*pl vjet* gjermanët(përfshirë holandezët). 4.holandisht, gjuha holandeze. +**beat the Dutch** *gj.fol* jam shumë i çuditshëm; lë nam;

double Dutch gjuhë e padeshifrueshme; **be in Dutch** *zhrg* i kam keq punët(me dikë).
Dutch courage *n gj,fol* trimëri nga pija.
Dutch door *n* derë dypjesëshe(poshtë dhe lart).
Dutchman['dʌçmën] *n* 1.holandez. 2.anije holandeze. 3.*gj,fol* gjerman.
Dutch treat *n gj,fol* darkë/festim ku paguan secili të vetat.
Dutch uncle *n gj,fol* kritizer, gojëhelm.
duteous['dju:tiës] *adj* i dëgjueshëm, i bindur.
dutiable['dju:tiëbël] *adj* i doganueshëm, që i nënshtrohet doganës.
dutiful ['dju:tiful] *adj* 1. i dëgjueshëm, i bindur. 2.me ndjenjën e detyrës.
duty['dju:ti, 'du:ti] *n* 1.detyrë; **it is my duty to** e kam për detyrë të. 2.punë, detyrë. 3.taksë doganore, doganë. 4.taksë. +**do duty for** shërbej në vendin e (dikujt), zëvendësoj; **in duty bound** e kam për detyrë, jam i detyruar; **off duty** jo në punë, i lirë; **on duty** në punë, në shërbim.
duty-bound['dju:ti' baund] *adj* i detyruar.
duty-free ['dju:ti'fri:] *adj* pa doganë, i padoganuar (mall); **duty-free shop** dyqan pa taksa doganore.
duvet['du:vei] *n* jorgan.
dwarf [dwo:f] *n,v* -*v* 1. xhuxh (i përrallave). 2.shkurtabiq(njeri,kafshë).
-*vt* 1.s'e lë të rritet. 2.eklipson, e bën të duket i vogël.
dwarfish['dwo:fish] *adj* shkurtabiq, xhuxh.
dwell[dwel] *vi* (**dwelt/dwelled**) 1.*let* rroj, jetoj, banoj.
+**dwell on/upon** ndalem, zgjatem(me fjalë).
dweller['dwelë:] *n* banor; **a city dweller** qytetar.
dwelling ['dweling] *n let* banesë, strehë; vendbanim.
dwelling place *n* vendbanim; banesë.
dwelt/dwelt *pt,pp* e **dwell.**
dwindle['dwindël] *vi* pakësohet; zvogëlohet; tkurret.
dwindling['dwindling] *adj* zvogëlues, që zvogë-

lohet; që pakësohet.
dye [dai] *n,v* -*n* 1. bojë. 2. ngjyrë. + **of deepest /blackest dye** i llojit më të keq, që s'bëhet më i lig.
-*v* 1.ngjyej, lyej, ngjyros.2.njollos, ngjyen(fruta rrobën). 3.ngjyroset, merr bojë. +**dye in the wool/in grain** ngjyros në gjendje të papërpunuar; **dyed-in-the-wool** *fig* a) i plotë, tërësor; b)i pandryshueshëm(politikan).
dyed[daid] *adj* i lyer, i ngjyer(flok).
dyeing['dajing] *n* lyerje; ngjyrim.
dyer['dajë:] *n* ngjyrues, punëtor ngjyrimi.
dyestuff['daistʌf] *n* lëndë ngjyruese, ngjyrues.
dying['dajing] *adj,n* -*adj* 1.që po vdes, në hekë. 2.në mbarim, që po merr fund.
-*n* vdekje.
dyke[daik] *n,v* shih **dike.**
dynamic[dai'næmik] *adj,n* -*adj* 1.dinamik. 2.aktiv, energjik, i gjallë, dinamik(person).
-*n* 1.*pl fiz* a)dinamikë; b)kinetikë; c) mekanikë . 2.*zak,pl* forcë lëvizëse, shtysë.
dynamical[dai'næmikël] *adj* dinamik.
dynamism['dainëmizëm] *n* gjallëri, energji, dinamizëm.
dynamite['dainëmait] *n,v* -*n* dinamit.
-*vt* 1.i vë dinamit, minoj(urën). 2.hedh në erë me dinamit.
dynamo['dainëmou] *n* 1.*el* dinamo, gjenerator. 2.person tepër energjik.
dynasty['dainësti, 'dinësti] *n* dinasti.
dysentery['disëntri] *n* dizanteri.
dysfunction [dis'fʌnkshën] *n* mosfunksionim, keqfunksionim (i organit).
dyspepsia[dis'pepsië] *n* mostretje, dispepsi.
dyspeptic[dis'peptik] *adj, n* -*adj* 1.dispeptik. 2.i zymtë, pesimist.
-*n* dispeptik.
dystrophy['distrëfi] *n mjek* 1.ushqim i parregullt, mosushqyerje. 2.distrofi, zhvillim difektoz (i një organi).
dz. shkurtim për **dozen.**

E

e,E [i:] 1.e,shkronja e pestë e alfabetit anglez. 2.*mat* numri *e* , baza e logaritmeve natyrore. 3.*fiz* erg(njësi e punës, energjisë).
E,E. 1.(**east**) lindje; lindor. 2.(**English**) anglisht.
ea. (**each**) çdo; secili.

each[i:ç] *adj,pron,adv* -*adj* çdo; secili; **each man** çdo njeri.
-*pron* 1.secili. 2.të gjithë; **we each have our work to do** të gjithë kemi nga një punë për të bërë.
-*adv* për shoq; **they cost ten cents each** ato

kushtojnë dhjetë centë copa; **each other** njëri -
-tjetrin, njëri-tjetrit.

eager['i:gë:] *adj* i etur; i dëshiruar; i paduruar; **to
be eager to do sth** nuk më pritet të bëj diçka.

eagerly['i:gë:li] *adv* me lakmi, etshëm; me padu-
rim.

eagerness['i:gë:nis] *n* etje; lakmi; padurim.

eagle['i:gël] *n* shqiponjë.

eagle-eyed['i:gëlaid] *adj* syshqiponjë.

eagle eye *n* 1. shikim i mprehtë. 2. përgjim; vë-
shtrim i ngulët.

eaglet['i:glit] *n* zog shqiponje.

ear I['ië:] *n* 1.vesh; **inner ear** vesh i brendshëm.
2.dëgjim.3.*muz* vesh(muzikor).4.vëmendje. 5.vegjë,
dorëz, vesh(i enës etj). +**be all ears** dëgjoj me
vëmendje; dëgjoj me etje; **believe one's ears** u be-
soj veshëve; **bend sb's ears** *zhrg* i flas gjatë dikujt;
by ear me vesh, pa nota(muzikore); **fall on deaf
ears** bie në vesh të shurdhër, s'ia var njeri; **go in one
ear and out the other** më hyn nga njëri vesh e më
del nga tjetri, s'më bën përshtypje; **have/keep an ear
to the ground** *gj.fol* mbaj vesh, përpiqem të marr
vesh ç'bëhet; **lend an ear** i vë veshin, dëgjoj; **play it
by ear** si t'i vijë, s'kam ndonjë plan(për të kaluar
pushimin); **turn a deaf ear** nuk ia var, bëj veshin të
shurdhër; **up to the ears** *gj.fol* i zhytur krejt, gjer
në grykë(me borxhe etj); **wet behind the ears** naiv,
pa përvojë.

ear II['ië:] *n,v* -*n* kalli(misri etj).
-*vi* lëshon kalli.

earache['iëreik] *n* dhimbje veshi.

eardrop['ië:drop] *n* vath, vëth.

eardrum['ië:drʌm] *n* daulle e veshit.

eared['ië:d] *adj* me veshë; **an one-eared dog** qen
me një vesh.

earflap['ië:flæp] *n* veshore, veshë(të kapelës).

earl['ë:l] *n* kont.

earlap['ië:læp] *n* 1. veshore, veshë (të kapelës).
2.llapë e veshit, vesh, bulë e veshit.

earldom['ë:ldëm] *n* 1.konte. 2.titull i kontit.

earlobe['ië:loubi] *n* llapë e veshit, bulë e veshit.

early ['ë:li] *adv,adj* -*adv* 1. herët, në të filluar.
2.herët, para kohe. 3.kohë përpara; në lashtësi. 4.së
shpejti, në të ardhmen e afërt. +**early on** me kohë,
që herët, që në krye.
-*adj* 1.i hershëm, i parakohshëm. 2.i parë, i fillimit;
in the early years vitet e para. 3.i hershëm, i lashtë.
4.i shpejtë, i së ardhmes së afërt; **an early reply** një
përgjigje e shpejtë.

earlier['ë:lië:] shkalla krahasore e **early** *adj, adv*
-*adj* 1.i mëparshëm. 2.më i hershëm.
-*adv* më herët; **earlier on** më herët; **as I mention-
ed earlier** siç e përmenda pak më përpara/më sipër.

earliest['ë:liëst] shkalla sipërore e **early** *adj,n*
-*adj* 1.i pari. 2.më i hershmi.
-*n* koha më e shpejtë; **at the earliest** sa më parë

që të jetë e mundur.

earliness['ë:linis] *n* hershmëri.

early bird *n* njeri që zgjohet herët/që mbërrin he-
rët(diku).

early retirement *n* pension i parakohshëm; dal-
je në pension para kohe.

earmark['ië:ma:k] *n,v* -*n* 1.damkë në vesh(të ba-
gëtisë). 2.shenjë, tipar dallues.
-*vt* 1.damkos(bagëtinë). 2.e dallon, e karakterizon.
3.rezervoj, lë mënjanë.

earmuffs['ië:mʌfs] *n* veshore, mbrojtëse për ve-
shët(nga të ftohtit).

earn[ë:n] *vt* 1.fitoj, marr, paguhem; **earn 50 doll-
ars a day** marr 50 dollarë në ditë. 2.meritoj, arrij me
meritë; **it earned her the respect of all** ajo e bëri
të meritonte respektin e të gjithëve.

earned income *n* të ardhura nga rroga.

earner['ë:në:] *n* 1.rrogëtar. 2.*Br gj.fol* punë me
bereqet, me leverdi; **a nice little earner** një punë
me fort leverdi.

earnest I ['ë:nist] *adj,n* -*adj* 1. serioz.. 2. i zell-
shëm; i vendosur. 3.i rëndësishëm, serioz(problem).
-*n* seriozitet, vendosmëri; **in earnest** a)seriozisht;
b)i zellshëm, serioz.

earnest ['ë:nist] *n* 1. kapar, paradhënie. 2.shenjë,
garanci.

earnest money *n* kapar, paradhënie.

earnings ['ë:nings] *npl* 1.rrogë, pagë. 2.fitime(të
firmës).

earnings-related *adj* në përpjestim me rrogën
(pension etj).

earphones['ië:founz] *n* kufje.

earpiece ['ië:pi:s] *n* 1.kufje, pjesë që vihet te veshi
(e receptorit telefonik etj). 2.llapë/bulë e veshit.

earplug['ië:plʌg] *n* shtupë për veshët.

earring['ië:ring] *n* vath, vëth.

earshot['ië:shot] *n* rreze dëgjimi; **out of earshot**
jashtë rrëzes së dëgjimit; **within earshot** aq sa e
kap veshi.

ear-splitting['ië:'spliting] *adj* shurdhues, që të çan
veshët.

earth[ë:th] *n,v* -*n* 1.Tokë, planeti Tokë. 2.botë;
rruzull i dheut. 3.sterë. 4.tokë, dhe. 5.strofkë, strofull
(nën dhe). 6.*el* tokëzim. +**come back to earth** heq
dorë nga ëndrrat; **down to earth** me këmbë në to-
kë, praktik; **on earth** dreqin , të shkretën; **how/what
on earth** si dreqin; si, të shkretën; çfarë dreqin; **run
to earth** a)ndjek deri sa e kap; b)kërkoj derisa ta
gjej; **cost the earth** kushton qimet e kokës.
-*v* 1.*el* tokëzoj. 2.mbuloj me dhe(fidanin). 3.e
ndjek deri në strofull.4.futet në tokë; fshihet në
strofull(dhelpra).

earthborn['ë:thbo:n] *adj* 1.i dalë nga toka; i mbi-
rë. 2.njerëzor; i vdekshëm.

earthbound['ë:thbaund] *adj* i kësaj toke.

earthen['ë:thën] *adj* 1.prej dheu. 2.prej qeramike,

prej balte të pjekur.

earthenware['ë:thënweë:] *n* 1.poçeri, prodhime balte. 2.baltë e pjekur

earthling['ë:thling] *n* 1.banor i tokës; krijesë nje-rëzore. 2.*fig* njeri me këmbë në tokë, realist.

earthly['ë:thli] *adj* 1.tokësor; i kësaj toke, i kësaj bote. 2.*gj.fol* i mundshëm; i përfytyrueshëm; **to have not an earthly chance** nuk kam kurrfarë shansi; **no earthly use** krejt i panevojshëm; pa pikë dobie.

earthnut['ë:thnʌt] *n* 1.frut i nëndheshëm, zhardhok. 2.bimë me zhardhokë, bimë tuberoze.

earthquake['ë:thkweik] *n* tërmet.

earth science *n* shkencat mbi Tokën(gjeografia, gjeologjia etj).

earth-shaking['ë:thsheiking] *adj* me rëndësi kolosale.

earth tide *n* baticë e tokës.

earthward(s)['ë:thwë:d(z)] *adv,adj* drejt tokës, për nga toka.

earthwork['ë:thwë:k] *n* 1.punime, gërmime, lëvizje dherash. 2.fortifikim, llogore; ledh.

earthworm['ë:thwë:m] *n* krimb toke.

earthy['ë:thi] *adj* 1.prej dheu. 2.si dhe. 3.tokësor, joshpirtëror. 4.i vrazhdë, pa finesë. 5.i natyrshëm, i thjeshtë.

ear trumpet *n* instrument dëgjimi, aparat dëgjimi(që vihet te veshi).

earwax['ië:wæks] *n* dyllë veshi.

ease [i:z] *n,v* -*n* 1. lehtësi. 2.rehati, shkujdesje. 3.shpengim, natyrshmëri. +**at ease** a)i pashqetësuar, rehat; b) qetësohu(qëndrim); **ill at ease** jo mirë, jo rehat, në siklet; **take one's case** rehatohem; çlodhem; **with ease** me lehtësi, pa mundim.

-*v* 1.lehtësoj; rehatoj. 2.liroj(rripin). 3.ul me kujdes (një ngarkesë). 4.ngadalësohet, çtensionohet. 5.*fin* ul interesin. 6.zbus(kufizimet). 7.ndreqet(problemi). 8.lehtësohet, zbutet(dhimbja). 9.pakësohet(shiu). 10.lirohet, i bie çmimi.

+**ease down** ul shpejtësinë, ngadalësoj.

+**ease in** ndërpres punën e rëndë, e ndal vrullin.

+**ease off/up** a)pakësoj; lehtësoj; b)liroj; **ease out** largohem qetësisht(nga puna, zyra).

casel['i:zël] *n* këmbalec(piktori etj).

easement['i:zmënt] *n* 1.lehtësim.2.lehtësi, komoditet. 3.*drejt* e drejtë mbi tokën e dikujt tjetër.

easily['i:zili] *adv* 1.lehtë, pa vështirësi. 2.rehat, në qetësi. 3.lirisht; lirshëm. 4.pa diskutim, pa dyshim; **she is easily the best** ajo është pa diskutim më e mira. 5.fare mirë, me shumë gjasë; **a war may easily begin** fare mirë mund të plasë lufta.

easiness ['i:zinis] *n* 1. lehtësi. 2. lirshmëri; shkujdesje; mospërfillje.

east[i:st] *n,adj,adv* -*n* 1.lindje. 2.**the East** a)pjesa lindore(e vendit); b)Lindja, Orienti; c)blloku lindor, vendet komuniste. +**the Far East** Lindja e Larg-

me; **the Middle East** Lindja e Mesme; **the Near East** Lindja e Afërme; **the East End** pjesa lindore e Londrës; **East Side** pjesa lindore(punëtore) e Nju-Jorkut.

-*adj* lindor; në lindje të; nga lindja e; **east of** në lindje të.

-*adv* drejt lindjes; në lindje; **to face east** sheh nga lindja.

eastbound['i:stbaund] *adj* që shkon drejt lindjes (anije).

Easter['i:stë:] *n,adj* -*n* *fet* pashkë.

-*adj* pashke, i pashkëve; **Easter music** muzikë pashke.

Easter egg *n* vezë pashke.

Easter Island *n gjeog* Ishulli i Pashkëve.

Easterly['i:stë:li] *adj,adv* 1.drejt lindjes; lindor; i lindjes. 2.nga lindja. +**in an easterly direction** në drejtim të lindjes.

eastern['i:stë:n] *adj* 1.drejt lindjes. 2.nga lindja. 3.në lindje, lindor. 4. lindor, oriental. 5. lindor, i bllokut lindor.

Eastern Church *n* 1.*hist* Kisha Lindore; Kisha Ortodokse.

Easterner['i:stë:në:] *n* banor i lindjes(së vendit), lindor.

easternmost['i:stë:nmoust] *adj* më lindori.

Eastertide['i:stë:taid] *n* kohë e pashkëve.

eastward['i:stwë:d] *adj,adv,n* -*adj* në lindje, drejt lindjes.

-*adv* drejt lindjes, për në lindje.

-*n* pikë lindore, drejtim lindor.

eastwardly ['i:stwë:dli] *adv,adj* 1. drejt lindjes. 2.nga lindja, lindor(erë).

eastwards ['i:stwë:dz] *adv* drejt lindjes, për në lindje.

easy['i:zi] *adj,adv* -*adj* 1.i lehtë, jo i vështirë.2.e lehtë, e shkujdesur, pa telashe(jetë). 3.i rehatshëm (kolltuk). 4.i rehatit, dembel(njeri). 5.i lehtë, po i ashpër(kusht). 6.i butë, jo strikt(njeri). 7.i lirshëm, i çlirët(qëndrim). 8.i shtruar, i qetë(hap. 9.i gjetshëm (mall). +**on easy street** në kushte të rehatshme.

-*adv* *gj.fol* 1.qetë, shtruar. 2.lehtë, me lehtësi.+**easy on sth** e marr me terezi, tregohem i matur(në pije); **take it easy** a)e marr shtruar, nuk lodhem shumë; b)mos u rrëmbe, mos e merr me vrull! **easier said than done** nga e thëna në të bërë, është në mes një det i tërë; me fjalë është e lehtë; **easy!** a)*usht* me hap të lehtë! b)ngadalë, kujdes!

easy chair *n* kolltuk.

easygoing['i:zigouing] *adj* 1.i shkujdesur(njeri). 2.e butë, tolerante(sjellje).

easy mark *n gj.fol* person i urtë, i nënshtruar.

eat[i:t] *v* (**ate; eaten**) 1.ha. 2.ha një vakt(drekë, darkë). 3.(*zak* me **up, through, into**) brej. 4.*fig* ha, bren, gërryen(meraku). +**eat its head off** nuk nxjerr as tagjinë e vet(kali); **eat one's heart out** vuaj në heshtje; dëshirOhem(për); **eat one's words** marr mbrapsht(fjalët); **eat out of sb's hand** jam krejt në dorë të dikujt.

+eat up a)e ha, e mbaroj(ushqimin); b)*gj.fol* mbaroj së ngrëni; c)përpij, thëthij.

eatable['i:tëbël] *adj,n* -*adj* i ngrënshëm.

-*n pl* ushqim.

eaten['i:tën] *pp* e eat.

eater['i:të:] *n* 1.hamës; a big eater hamës i madh. 2.frut mbas buke.

eatery['i:tëri] *n gj.fol amer* restorant.

eaves[i:vz] *npl* strehë çatie.

eavesdrop ['i:vzdrop] *vi* (-on) përgjoj, i dëgjoj ç'thotë.

eavestrough['i:vztrof] *n* ulluk çatie.

ebb[eb] *n,v* -*n* 1.zbaticë. 2.pakësim; dobësim; rënie. 3.pikë, nivel.

-*vi* 1.tërhiqet(ujët), bie(batica). 2.pakësohet; dobësohet; bie.

ebb and flow *n* 1.baticë-zbaticë. 2.ulje-ngritje(e veprimtarisë).

ebb tide *n* zbaticë.

ebonite['ebënait] *n* ebanit.

ebony['ebëni] *n* abanoz(dru).

ebullience[i'bʌljëns] *n* 1.gjallëri; shpërthim; entuziazëm. 2.harlisje.

ebullient [i'bʌliënt] *adj* 1. plot gjallëri, i papërmbajtur; shpërthyes, i zjarrtë. 2.i harlisur.

ebullition [ebë'lishën] *n* 1. zierje; shkumëzim. 2.shpërthim(ndjenjash).

eccentric[ik'sentrik] *adj,n* -*adj* 1.i çuditshëm, i pazakontë, allosoj, ekscentrik. 2.*mat* jashtëqendror, ekscentrik; jorrethore(orbitë). 4.*tek* jashtë qendre (rrotë).

-*n* 1.njeri i çuditshëm, ekscentrik. 2.*tek* jashtëqendror, gungë, rrotull me gungë.

eccentricity[eksen'trisëti] *n* 1.sjellje e çuditshme. 2.jashtëqendërsi. 3.*astr* shmangie e orbitës nga ajo rrethore.

ecclesiastic [ikli:zi'æstik] *adj,n* -*adj* kishëtar; klerikal.

-*n* klerik.

ecclesiastical[i'kli:ziæstikël] *adj* kishëtar; klerikal.

ECG[i:si:'xhi:] *n* elektrokardiogramë, ekagé.

echelon['eshëlon] *n,v* -*n* 1.skalion(trupash).2.nivel komande. 3.njësi(ushtarake).

-*vi* formoj skalion.

echo['ekou] *n,v* -*n* 1.jehonë, oshëtimë.2.imitim. 3.imitues. 4.*el* eko, jehonë(e radarit etj).

-*v* 1.kthen(zërin). 2.jehon(gjëmimi). 3.përsëris (fjalët); imitoj(veprimet).

echoic[e'kouik] *adj* 1.si jehonë.2.*gjuh* imitative, onomatopeike(fjalë).

éclair[i:'kler, ei'kler] *n* ekler, lloj paste.

eclectic[ek'lektik] *adj,n* -*adj* eklektik.

-*n* eklektik.

eclecticism[ek'lektisizëm] *n* eklektizëm.

eclipse[i'klips] *n,v* -*n* 1.*astr* eklips; **lunar eclipse** eklips i hënës. 2.*fig* eklipsim; rënie.

-*vt* 1.*astr* eklipson, zë, errëson. 2.*fig* eklipsoj, lë në hije, errësoj, zbeh(të tjerët).

ecliptic[i'kliptik] *n,adj astr* -*n* ekliptikë.

-*adj astr* 1.i ekliptikës. 2.i eklipsit.

ECM *n* (shkurtim për **European Common Market**) TPE(Tregu i Përbashkët Evropian).

eco-['i:kou] *pref* eko-; ekologjik, ambientor.

ecological[ekë'loxhikël] *adj* ekologjik.

ecologist [i:'kolëxhist] *n* ekolog, specialist i ekologjisë.

ecology[i:'kolëxhi] *n* ekologji.

economic[i:kë'nomik] *adj* 1.ekonomik, i ekonomisë. 2.kursimtar, i kursyer.

economical [i:kë'nomikël] *adj* 1.ekonomik, kursyes(motor). 2.ekonomik.

economically[i:kë'nomikëli] *adv* 1.me kursim, në mënyrë ekonomike. 2.ekonomikisht, nga pikëpamja ekonomike.

economics [i:kë'nomiks] *n* ekonomi, shkenca e ekonomisë.

economist[i:'konëmist] *n* 1.ekonomist.2.*vjet* kursimtar.

economize[i:'konëmaiz] *v* ekonomizoj, përdor me ekonomi; bëj kursime, ul shpenzimet.

economizer[i:'konëmaizë:] *n* 1.kursimtar, ekonomiqar. 2.*tek* pajisje ekonomizuese.

economy[i:'konëmi] *n* 1.ekonomi. 2.kursim, ekonomizim.

economy class *n* klasi ekonomik, klasi turistik (i lirë) në avion etj.

economy drive *n* fushatë kursimesh.

ecosystem['i:kousistëm] *n* ekosistem.

ecstasy['ekstësi] *n* ekstazë, dalldi.

ecstatic [eks'tætik] *adj* në ekstazë; i mahnitur, i dalldisur.

Ecuador['ekwëdo:] *n gjeog* Ekuador.

Ecuador(i)an[ekwë'do:riën] *adj,n* ekuadoras.

ecumenic(al) ['ekju'menik(ël)] *adj* 1. i përgjithshëm, universal. 2.i kishës së krishterë, i mbarë krishterimit.

eczema['eksëmë, ek'zi:më] *n mjek* ekzemë.

eddy ['edi] *n* 1.shtjellë, vorbull, shakullinë. 2.*fig* dallgë; valë(kundërshtimi).

edema[i'di:më] *n mjek* edemë, ënjtje.

Eden [i:'dën] *n* 1.*fet* kopshti i Adamit dhe Evës. 2.*fig* vend përrallor, parajsë.

edentate[i:'denteit] *adj* pa dhëmbë.

edge [exh] *n,v* -*n* 1. buzë, anë. 2. teh, presë. 3.mprehtësi. 4.*gj.fol* avantazh. **+on edge** a) i trazuar;i shqetësuar, i nervozuar, në ankth; b)i paduruar, në ankth; **set on edge** a)shqetësoj; nervozoj; b)bëj të paduruar, i shkaktoj ankth; **take the edge off** ligështoj.

-*vi* 1.mpreh. 2.i bëj anë/buzë/ bordurë. 3.lëviz pak

nga pak; eci. 4.*sport* fitoj me diferencë të vogël.

+**edge in** arrij të futem.

+**edge out** *gj.fol* fitoj me diferencë të vogël.

edged[exhd] *adj* me anë, me bordurë.

edgeways, edgewise ['exhveis, 'exhwaiz] *adv* a-nash, nga anët.

edging['exhing] *n* 1.shirit, zyrifa, buzinë, bordurë. 2.anë, buzë.

edgy ['exhi] *adj* 1. i mprehtë, me teh. 2.*fig* i paduruar; nevrik.

edible ['edibël] *adj,n* -*adj* i ngrënshëm. 2.*npl* sende ushqimore, ushqime.

edict['i:dikt] *n* dekret.

edification[edifi'keishën] *n*1.ngritje morale/shpirtërore. 2.udhëzim.

edifice['edëfis] *n* 1. ndërtesë, godinë, ngrehinë. 2.*fig* ngrehinë.

edify['edëfai] *vt* 1.ngre moralisht, shpirtërisht. 2.udhëzoj, mësoj.

edit *vt* 1.redaktoj.2.botoj.

edition[i'dishën] *n* 1.botim. 2.tirazh.

editor ['editë:] *n* 1.botues. 2.redaktor. 3.*tv* realizues.

editorial [edë'to:riël] *adj,n* -*adj* 1.redaksional. 2.botues, i botimeve.

-*n* kryeartikull.

editorialist[edë'to:riëlist] *n* shkrues kryeartikujsh.

editor-in-chief ['editë:in'çi:f] *n* 1. kryeredaktor. 2.drejtor shtëpie botuese.

EDP (shkurtim për **electronic data processing**) *n kmp* përpunim elektronik i të dhënave.

educable['edjukëbël] *adj* i edukueshëm; i shkollueshëm.

educate['edjukeit] *vt* 1.mësoj; shkolloj; kualifikoj. 2.edukoj.

education[edju:'keishën] *n* 1.arsimim, shkollim; mësim; kualifikim. 2.arsim, shkollë; kualifikim(i fituar). 3.edukim. 4.edukatë. 5.mësimdhënie; didaktikë.

educational[edju'keishënël] *adj* 1.mësimor; arsimor. 2.edukativ. 3.padagogjik.

educationally ['edju'keishënëli] *adv* 1. nga ana pedagogjike. 2.nga pikëpamja edukative.

educative[exhu'keitiv, 'exhukëtiv] *adj* 1.arsimor, mësimor. 2.edukues; edukativ.

educator[exhë'keitë:] *n* 1.mësues; edukator.2.pedagog, metodist.

educe[i'dju:s] *vt* nxjerr, deduktoj.

EEC (shkurtim për **European Economic Community**) BEE, Bashkimi Ekonomik Evropian.

EEG(shkurtim për **Electroencephalogram**) ezhé, elektroencefalogramë.

eel[i:l] *n* ngjalë; **as slippery as an eel** ngjalë, që rrëshqet si ngjalë.

eerie, eery['i:ri] *adj* 1.i frikshëm; i çuditshëm. 2.i druajtur; bestyt.

eerily['i:rëli] *adv* frikshëm, në mënyrë të frikshme.

efface[i'feis] *vt* 1.fshij, zhduk(një mbishkrim). 2.lë në hije, fsheh; **efface oneself** fshihem, nuk bie në sy.

effacement[i'feismënt] *n* fshirje, shuarje, zhdukje.

effect[i'fect] *n,v* -*n* 1.efekt, përfundim, rezultat; pasojë. 2.forcë, efekt. 3.ndikim, influencë. 4.përshtypje. 5.kuptim, domethënie. 6.*pl* pasuri; sende personale; plaçka. +**for effect** për t'u dukur; **give effect to** vë në veprim, aktivizoj; **in effect** a)në të vërtetë, në fakt; b)në funksionim; **into effect** në veprim; në fuqi; **of no effect** pa rezultat; pa dobi; **take effect** fillon të veprojë; aktivizohet; hyn në veprim; **to the effect** me qëllim; në kuptimin që.

-*vt* 1.bëj, kryej. 2.shkakton. 3.(rrallë) bëj, ndërtoj.

effective[i'fektiv] *adj,n* -*adj* 1.i efektshëm, me efekt. 2.në veprim, në fuqi; **become effective** hyn në fuqi(ligji). 3.real, i vërtetë; konkret. 4.mbresëlënës. 5.i dobishëm, i frytshëm, efikas. 6.*usht* efektiv, në shërbim aktiv.

-*n* 1.efektiv, trupa (ushtarake). 2.ushtarak.

effectively[i'fektivli] *adv* 1.në fakt, në të vërtetë, faktikisht. 2.me efekt, në mënyrë efikase.

effectiveness[i'fektivnis] *n* efektshmëri, efikasitet.

effectless [i'fektles] *adj* i paefektshëm, pa efekt; i pafrytshëm.

effector [ë'fektë:] *n anat* nerv transmetues impulsesh.

effectual [i'fekçuël] *adj* 1. i efektshëm, efikas, i frytshëm. 2.i vlefshëm, që e ruan vlerën.

effectually[i'fekçuëli] *adv* 1.në mënyrë të efektshme. 2.plotësisht, tërësisht.

effectuate [i'fekçueit] *vt* 1.shkaktoj. 2.bëj, kryej, përmbush.

effeminacy[i'feminësi] *n* zhburrëri, tipare prej femre; të qenët si femër, feminitet.

effeminate[i'feminit] *adj* si femër, i femërzuar, i zhburrëruar.

effendi[ë'fendi] *n* (turqizëm) zotëri, efendi.

efferent ['efërënt] *adj,n* -*adj* shpërndarës (enë gjaku).

-*n* nerv shpërndarës.

effervesce[efë:'ves] *v* 1.shkumëzon, flluskon(birra etj). 2.*fig* zien, s'përmbahet

effervescence[efë:'vesëns] *n* 1.shkumëzim, flluskim. 2.*fig* gjallëri, shend.

effervescent[efë:'vesënt] *adj* 1.shkumëzues, flluskues, bulëzues. 2.*fig* plot gjallëri, shend e verë.

effete [i'fi:t] *adj* i shteruar, shterp; i mbaruar, i rrënuar.

efficacious[efi'keishës] *adj* i frytshëm, i efektshëm, efikas.

efficacy['efikësi] *n* efektshmëri, efikasitet.

efficiency [i'fishënsi] *n* 1.efektshmëri, efikasitet. 2.prodhimtari, rendiment.

efficient[i'fishënt] *adj* 1.i efektshëm, i frytshëm, efikas. 2.prodhimtari, rendiment.

efficient[i'fishënt] *adj* 1.i efektshëm, i frytshëm, efikas. 2.i aftë, i zoti.

effigy['efixhi] *n* shembëlltyrë, figurë, portret.

effloresce[eflo'res] *v* lulëzon.

efflorescence[eflo:'resëns] *n* 1.lulëzim.2.*fig* lulëzim. 3.lulnajë.

efflorescent[eflo:'resënt] *adj* lulëzues, në lulëzim.

effluence['efluëns] *n* 1.rrjedhë. 2.derdhje, shkarkim.

effluent['efluënt] *adj,n* -*adj* rrjedhës; derdhës. -*n* 1.rrjedhë. 2.shkarkime, ujëra të ndotura(të fabrikës). 3.degë, degëzim(lumi etj).

effluvium[i'flu:viëm] *n* 1.erë e keqe; avull i ndotur. 2.aromë; avull.

effort ['efë:t] *n* 1. përpjekje, orvajtje. 2. arritje. +**make an effort** bëj përpjekje, përpiqem.

effortless['efë:tlis] *adj* i lehtë, i pamundimshëm.

effrontery[e'frʌntëri] *n* paturpësi, pafytyrësi; **have the effrontery to** kam paturpësinë të.

effulgence[i'fʌlxhëns] *n* shkëlqim, rrezëllim.

effulgent[i'fʌlxhënt] *adj* i shndritshëm, shndritës, rrezëllyes.

effuse[e'fju:z] *vi* derdh; zbraz; lëshoj.

effusion [i'fju:zhën] *n* 1. derdhje; rrjedhje. 2.*fig* shfrim.

effusive [i'fju:siv] *adj* 1. i shfrenuar, i papërmbajtur. 2.plot ndjenjë(njeri).

effusively[i'fju:sivli] *adv* plot ndjenja.

eft I[eft] *n zool* 1.salamandër e vogël. 2.hardhje, hardhucë.

eft II[eft] *adv vjet* përsëri, sërish, prapë.

eftsoon[eft'su:n] *adv vjet* 1.pak pas. 2.sërish.

e.g. (*lat* **exempli gratia)** për shembull.

egad[i:'gæd] *interj* për besë, për zotin.

egalitarian[i:gæli'tæriën] *n,adj* -*n* egalitarist. -*adj* egalitar, barazimtar.

egg I[eg] *n* 1.vezë. 2.*gj.fol* farë, embrion.3.*zhrg* bombë aviacioni. +**a bad egg** *gj.fol* farë e keqe, njeri pa vlerë; **in the egg** në vezë, i pazhvilluar; që në vezë; **have/put all one's eggs in one basket** rrezikoj gjithçka, i vë të gjitha vezët në një shportë; **as sure as eggs** si një e një që bëjnë dy; pa pikë dyshimi.

egg II[eg] *vt*(-**on**) nxis, cys, shtyj(dikë).

eggbeater [eg'bi:të:] *n* 1. rrahëse vezësh. 2.*zhrg* helikopter.

eggcup['egkʌp] *n* kupë për vezë(të zier).

egghead['eghed] *n gj.fol* intelektual i firaksur.

eggplant['egplænt] *n* patëllxhan.

eggshell['egshel] *n* lëvozhgë veze.

egg timer *n* 1.sahat me rërë.2.kohëmatës, kohëshënues.

egg whisk *n* kamzhik.

egg yolk *n* e verdhë veze.

eglantine['eglëntain] *n bot* trëndafil i egër.

ego['i:gou, 'egou] *n* 1.ego, uni; vetja. 2.*gj.fol* sqi-

më; egoizëm.

egocentric[egou'sentrik] *adj* egocentrik.

egoism['egouizëm] *n* egoizëm.

egoist['egouist] *n* egoist.

egoistic(al) [egou'istik(ël)] *adj* egoist.

egotism['egoutizëm] *n* egotizëm; kult i vetes, vetëkënaqësi.

egotistic(al)['egou'tistik(ël)] *adj* egoist; i vetëkënaqur.

egregious[i'gri:xhës] *adj* 1.tepër i keq; skandaloz. 2.i jashtëzakonshëm.

egress['i:gres] *n* 1.dalje. 2.rrugëdalje. 3.e drejtë për të dalë.

egret['i:gret, 'egret] *n zool* çafkë, gatë.

Egypt['i:xhipt] *n gjeog* Egjipt.

Egyptian[i:'xhipshën] *adj,n* egjiptian.

eh[ei] *interj* eh.

eider['aidë:] *n zool* rosë deti.

eiderdown ['aidë:daun] *n* 1. pupla. 2. jorgan me pupla.

eight[eit] *num* tetëmbëdhjetë.

eighteenth['eiti:nth] *adj* i tetëmbëdhjetë.

eightfold['eitfould] *adj* i tetëfishtë; tetëfish.

eighth['eitth] *adj* 1.i tetë. 2.*mat* (një) e tetë.

eighties['eiti:z] *npl* 1.vitet tetëdhjetë.2.të tetëdhjetat(moshë).

eightieth['eitiith] *adj* i tetëdhjetë.

eighty['eiti] *num* tetëdhjetë.

either['idhë:, 'aidhë:] *adj,pron,adv,conj* -*adj* çdonjëri(nga të dy); secili; cilido, kushdo; **she couldn't find either store** ajo nuk gjeti dot asnjërin nga të dy dyqanet; **either way** në çfarëdo mënyrë; **on either side** nga të dy anët.

-*pron* çdonjëri; secili; kushdo, cilido; **take either** merr kë të duash; **I don't like either of them** asnjëri nga ata s'më pëlqen.

-*adv* 1.gjithashtu jo; **I don't either** as unë nuk. 2.për më tepër, **and not so long ago either** dhe, për më tepër, jo shumë kohë përpara.

-*lidh* ose, o; **either mad or drunk** o i çmendur, o i pirë; **either come in or go out** ose hyrë, ose dil.

ejaculate[i'xhækjuleit] *v* 1. bërtas; lëshoj një fjalë. 2.derdh, nxjerr.

ejaculation[ixhækju'leishën] *n* 1.britmë, thirrje. 2.derdhje(e spermës etj).

ejaculatory [i'xhækjulëtori] *adj* 1. i thënë befas; britës. 2.derdhës, i derdhjes.

eject[i'xhekt] *vt* 1.nxjerr, derdh(lavë). 2.nxjerr jashtë, përzë; përjashtoj.

ejection[i'xhekshën] *n* 1.derdhje, nxjerrje. 2.material i nxjerrë(lavë etj).

ejection capsule *n* kabinë e shkëputshme, katapultë.

ejection seat, ejector seat *n* ndenjëse e shkëputshme/e parashutueshme.

ejectment [i'xhektmënt] *n* përjashtim, nxjerrje

jashtë.

ejector[i'xhektë:] *n* nxjerrës.

eke I[i:k] *vt vjet* shtoj; zmadhoj; zgjas, zgjatoj.

+**eke out** a)shtoj, plotësoj(rrogën); b)i zgjas jetën; c)e nxjerr njëfarësoj(jetesën).

eke II[i:k] *adv,conj vjet* 1.gjithashtu. 2.për më tepër.

EKG *n* (shkurtim për **Electrocardiogram**) ekagé, elektrokardiogramë.

ekistics[i'kistiks] *n* ikistikë, ekologji e bashkësive njerëzore.

el[]el] *n gj.fol* 1.hekurudhë ajrore(e ngritur nga toka). 2.profil L. 3.krah(ndërtese)në formë L.

elaborate[*adj* i'læbërit; *v* i'læbëreit] *adj,v* -*adj* 1.i përpunuar. 2.i hollësishëm. 3.i ndërlikuar. -*vt* 1.përpunoj. 2.shkruaj/flas me hollësi, shtjelloj imtësisht. 3.prodhoj.

elaborately[i'læbërëtli] *adv* 1.hollësisht, imtësisht. 2.me stil, në mënyrë të spitulluar.

elaboration[ilæbë'reishën] *n* 1.përpunim. 2.gjë e përpunuar.

elapse[i'læps] *vi* kalon, shkon(koha).

elastic[i'læstik] *adj,n* -*adj* 1.elastik. 2.i përshtatshëm, i ndryshueshëm. -*n* 1.llastik. 2.rrip, shirit gome.

elasticity[elæs'tisëti] *n* elasticitet(edhe *fig*).

elate[i'leit] *vt* 1.gëzoj, ngazëllej. 2.i ngre moralin. 3.bëj krenar, mbush me krenari.

elated [i'leitid] *adj* 1. i ngazëllyer. 2. optimist. 3.krenar.

elation[i'leishën] *n* ngazëllim, shend.

elbow ['elbou] *n,v* -*n* 1. bërryl. 2. *tek* bërryl. 3.kthesë, bërryl. +**at sb's elbow** afër, te dora; **out at the elbows** i rreckosur, shumë i varfër; **rub elbows with** përzihem me lloj-lloj njerëzish; **up to the elbows in** i zhytur thellë në. -*vt* 1.shtyj me bërryl. 2.hap rrugë me të shtyra, me bërryla.

elbow grease *n gj.fol* fuqi, energji.

elbow room, elbowroom ['elbourum] *n* vend i bollshëm, hapësirë.

eld [eld] *n vjet* 1. moshë e vjetër. 2.kohë të vjetra, kohë e dikurshme.

elder I['eldë:] *adj,n* -*adj* 1.më i madh(nga mosha); **my elder brother** vëllai më i madh. 2.më i parë, i një rangu më të lartë. 3.më i hershëm; i mëparshëm; **in elder times** dikur, në kohëra më të hershme. -*n* 1.i moshuar. 2.person më i madh në moshë. 3.i parë, paraardhës, stërgjysh. 4.plak(i fisit), kryetar.

elder II['eldë:] *n bot* shtog.

elderly['eldë:li] *adj,n* -*adj* në moshë, i moshuar, afër pleqërisë. -*n* the **elderly** pleqtë, të moshuarit, të vjetrit.

eldest['eldist] *adj* më i vjetri.

Elderado [eldë'reidou] *n* eldorado, vendi i bega-

tisë.

elect[i'lekt] *v,adj* -*vt* 1.zgjedh(me vota).2.zgjedh (midis disa gjërave).

-*adj* 1.i zgjedhur(në një post). 2.i zgjedhur, i parapëlqyer. 3.(si emër) *pl* **the elect** a)të zgjedhurit, elita; b)të zgjedhurit e perëndisë(për në parajsë).

election [i'lekshën] *n* 1.zgjedhje. 2.votime, zgjedhje; **election campaign** fushatë zgjedhjesh.

electioneer[i'lekshënië:] *v* bëj fushatë elektorale.

electioneering [ilekshë'niëring] *n* fushatë zgjedhjesh; propagandë elektorale.

elective[i'lektiv] *adj,n* -*adj* 1.i zgjedhur.2.elektoral, zgjedhjesh. 3.zgjedhës, me të drejtë vote. 4.*kim* që ka afinitet.5.jo i detyruar, fakultativ. -*n* lëndë fakultative.

elector[i'lektë:] *n* 1.zgjedhës.2.*amer pol* anëtar i grupit që zgjedh presidentin.

electoral[i'lektërël] *adj* 1.elektoral.2.i zgjedhësve.

electoral college *n* kolegjium elektoral, grup që zgjedh presidentin.

electoral register/roll *n* listë e zgjedhësve.

electorate[i'lektërit] *n* 1.zgjedhës, elektorat. 2.*hist* territor (në Perandorinë e Shenjtë Romake).

Electra complex *n* kompleks i Elektrës(i vajzës ndaj babait).

electric[i'lektrik] *adj,n* -*adj* 1.elektrik; **electric shock** goditje nga korenti; **electric shaver** makinë rroje elektrike. 2.i elektrizuar; **an electric atmosphere** atmosferë e elektrizuar. -*n gj.fol* 1. tren elektrik; elektromobil. 2.*vjet* lëndë e elektrizueshme(qelq, qelibar etj).

electrical[i'lektrikël] *adj* elektrik.

electrically[i'lektrikëlli] *adv* me korent.

electrical engineer *n* inxhinier elektrik.

electrical engineering *n* inxhinieri elektrike; elektroteknikë.

electric blanket *n* batanije me korent(për ngrohje).

electric brain *n* shih **electronic brain**.

electric chair *n* karrige elektrike(për ekzekutime).

electric eel *n* ngjalë me korent(që të jep goditje elektrike).

electric eye *n* celulë fotoelektrike.

electric field *n* fushë elektrike.

electric fire *n* ngrohës me korent, radiator elektrik.

electric guitar *n* kitarrë elektrike.

electrician[ilek'trishën] *n* elektricist.

electricity[ilek'trisëti] *n* elektricitet; korent.

electric light bulb *n* llampë elektrike, llampë ndriçimi.

electric ray *n zool* peshk elektrik (që të jep goditje elektrike).

electric shock *n* shkarkesë elektrike, goditje nga korenti; **electric shock therapy** elektroshok.

electric storm *n* 1.shtërngatë me vetëtima.2.stuhi

magnetike.
electrification *n* elektrifikim.
electrify[i'lektrifai] *vt* 1.elektrizoj, ngarkoj me elektricitet. 2.elektrifikoj. 3.*fig* elektrizoj, eksitoj.
electro-[i'lektrou] *pref* elektro-.
electrocardiogram[ilektrou'ka:diogræm] *n* elektrokardiogramë.
electrochemistry[ilektrou'kemistri] *n* elektrokimi.
electrocute[ilektrë'kju:t] *vt* ekzekutoj në karrige elektrike.
electrode[i'lektroud] *n fiz,el* elektrodë.
electroencephalogram[i'lektrouen'sefëlëgræm] *n* elektroencefalogramë, ezhé.
electrolysis[ilek'trolisis] *n fiz* elektrolizë.
electrolyte[i'lektrëlait] *n fiz* elektrolit.
electromagnet[ilektrou'mægnit] *n* elektromagnet.
electromagnetic[ilektroumæg'netik] *adj* elektromagnetik.
electromotor[ilektrë'moutë:] *n* 1.gjenerator rryme. 2.elektromotor.
electron[i'lektron] *n* elektron.
electronic brain *n* kompjuter, tru elektronik.
electronic[ilek'tronik] *adj* elektronik.
electronic data processing *n* përpunim elektronik i të dhënave.
electronic mail *n* postë elektronike.
electronics [ilek'troniks] *n* elektronikë.
electron microscope *n* mikroskop elektronik.
electroplate[i'lektroupleit] *vt* galvanizoj, vesh me shtresë metalike.
electroscope[i'lektrëskoup] *n fiz* elektroskop.
electrostatic[ilektrë'stætik] *adj* elektrostatik.
electrotherapy [ilektrou'therëpi] *n* elektroterapi, mjekim me anë të rrymës.
electrum[i'lektrëm] *n* aliazh ar-argjend(i përdorur në lashtësi).
eleemosynary[elë'mosineri] *adj* lëmoshe; për lëmoshë.
elegance['elëgëns] *n* elegancë, hijeshi.
elegancy['elëgënsi] *n* shih **elegance**.
elegant['elëgënt] *adj* 1.elegant, i hijshëm; me shijë. 2.*gj.fol* i shkëlqyer; i shkallës së lartë.
elegiac[eli'xhajëk] *adj* 1.elegjiak.2.i trishtuar, melankolik.
elegize['elëxhaiz] *vi* 1.shkruaj elegji. 2.vajtoj me këngë.
elegy['elëxhi] *n* elegji; poemë vajtimtare.
element ['elimënt] *n* 1. *kim* element. 2. element, pjesë përbërëse. 3.forcë e/element i natyrës(uji, toka, ajri, zjarri). 4.fushë veprimi. 5.njësi, formacion (ushtarak etj). 6.*pl* a)baza, njohuri themelore; b)forca të natyrës. +**to be in one's element** jam në fushën time.
elemental[elë'mentël] *adj* 1.i elementeve/forcave të natyrës. 2.i natyrshëm, natyror(instinkt). 3.i domosdoshëm, thelbësor. 4.elementar.

elementary[elë'mentëri] *adj* 1.fillestar, hyrës, paraqitës. 2.e thjeshtë(lëndë). 3.elementar. 4.fillor (arsim).
elementary school *n amer* shkollë fillore (6-,7-, ose 8-vjeçare).
elephant['elëfënt] *n* elefant.
elephantiasis[elëfæn'tajësis] *n mjek* elefantiazë (fryrje e këmbëve etj).
elephantine[elë'fæntain] *adj* 1.kaba, i rëndë, masiv. 2.prej elefanti.
elephant seal *n zool* fokë gjigande, fokë-elefant.
elevate['elëveit] *vt* 1.ngre lart. 2.gradoj.3.lartësoj (shpirtin). 4.ngazëllej.
elevated[elë'veitid] *adj,n* -*adj* 1.i ngritur; i lartë, në lartësi. 2.*fig* i lartë, fisnik, dinjitoz. 3.i ngazëllyer, në formë; krenar.
-*n gj.fol* hekurudhë ajrore.
elevated railway *n* hekurudhë ajrore, hekurudhë e ngritur nga toka.
elevation[elë'veishën] *n* 1.vend i ngritur, lartësi. 2.lartësi mbi nivelin e detit. 3.madhështi, fisnikëri, dinjitet; lartësi, nivel i lartë. 4.ngritje, ngjitje(në karierë). 5.ngritje lart. 6.*astr* lartësi mbi horizont, kënd lartësimi.
elevator['elëveitë:] *n* 1.ngritës, elevator. 2.ashensor. 3.depo drithi(ndërtesë). 4.*av* fletë horizontale (e bishtit të avionit).
elevator shaft *n* kullë ashensori.
eleven[i'levën] *num* 1. njëmbëdhjetë. 2. njëmbëdhjetëshe(skuadër).
eleventh[i'levënth] *adj* i njëmbëdhjetë.
eleventh hour *n* çasti i fundit; **at the eleventh hour** në çastin e fundit, kur s'mban më puna.
elf[elf] *n pl* **elves** 1.kukudh, karkanxholl. 2.njeri qerrata, shejtan.
elfish['elfish] *adj* qerrata, shejtan.
elicit[i'lisit] *vt* nxjerr, i nxjerr(një fjalë).
elide[i'laid] *vt* 1.ha(një rrokje në shqiptim). 2.harroj, lë jashtë(një paragraf). 3.injoroj.
eligibility[elixhë'bilëti] *n* pranueshmëri; përshtatshmëri; e drejtë për t'u zgjedhur.
eligible ['elixhëbël] *adj* 1. i zgjedhshëm. 2. i pranueshëm, që i plotëson kërkesat.
eliminate[i'limëneit] *vt* 1.heq, largoj, mënjanoj, eliminoj. 2.*mat* eliminoj, thjeshtoj. 3.*sport* eliminoj, nxjerr jashtë gare. 4.nxjerr(nga organizmi).
elimination[ilimi'neishën] *n* 1.largim, mënjanim, eliminim. 2.*mat* thjeshtim. 3.*sport* eliminim 4.*biol* nxjerrje, jashtëqitje, eliminim (i mbeturinave).
elision[i'lizhën] *n gram* apostrofim.
elite [i'li:t, ei'li:t] *n,adj* -*n* 1.elitë, ajkë. 2.madhësi gërme (në daktilografim : 12 germa/inç).
-*adj* 1.elitar. 2.i zgjedhur, i shquar.
elixir[i'liksë:] *n* 1.eliksir, bar çudibërës.2.ekstrakt bimor në alkool. 3.thelb; parim kryesor.
elk[elk] *n* 1.dre. 2.lëkurë dreri.

ell I[el] *n hist* masë gjatësie= 45 inç(=115 cm).

ell II[el] *n mat* elips.

ellipsis[i'lipsis] *n pl* **ellipses** 1.*gram* elipsë.2.shenja (....) (që tregon heqje teksti).

ellipsoid[i'lipsoid] *n,adj mat* -*n* elipsoid; sipërfaqe elipsoidale.

-*adj* elipsoidal.

elliptic(al)[i'liptik(ël)] *adj* 1.eliptik.2.tepër konciz, i errët(shkrim etj).

elm[elm] *n bot* vidh.

elocution[elë'kju:shën] *n* 1.gojëtari. 2.mënyrë të foluri(në publik).

elocutionist[elë'kju:shënist] *n* 1.gojëtar. 2.mësues i gojëtarisë.

elongate[i'longeit] *v,adj* -*v* 1.zgjas, zgjatoj.2.tërheq, shtrij.

-*adj* 1.i zgjatur, i zgjatuar. 2.i gjatë e i hollë.

elongation [i'longeishën] *n* 1. zgjatje; shtrirje. 2.zgjatim; vazhdim.

elope[i'loup] *vi* 1.iki me të dashurin, arratisem. 2.iki, arratisem(nga burgu).

elopement[i'loupmënt] *n* ikje, arrati; arratisje.

eloquence['elëkwëns] *n* gojëtari, elokuencë.

eloquent['elëkwënt] *adj* 1.gojëtar, i gojës, elokuent. 2.shprehës, domethënës(gjest).

eloquently['elëkwëntli] *adv* 1.me gojëtari, me elokuencë. 2.në mënyrë domethënëse.

else[els] *adj,adv* -*adj* 1.tjetër.2.tjetër, shtesë; **do you expect anyone else?** prisni ndokënd tjetër?

-*adv* 1.ndryshe; **how else can it be done?** si mund të bëhet ndryshe? 2.përndryshe; në mos po; **hurry, else you will be late** nxito, përndryshe do të vonohesh. +**anything else?** doni gjë tjetër?

everyone else gjithë të tjerët; **something else** diçka tjetër; **somewhere else** diku tjetër, gjetiu; **what else** çfarë tjetër; **who else** kush tjetër; **where else** ku tjetër, **or else** a)në mos po, përndryshe; b)ndryshe e ke keq; **you'd better return my bike, or else** bën mirë të ma kthesh biçikletën, ndryshe do të pendohesh.

elsewhere['elsweë:] *adv* gjetiu, gjetkë, tjetërkund.

elsewhither['elswidhë:] *adv vjet* gjetiu, gjetkë, tjetërkund.

elucidate[i'lu:sëdeit] *vt* sqaroj, shpjegoj; ndriçoj.

elucidation [ilu:së'deishën] *n* sqarim, shpjegim; ndriçim.

elude[i'lu:d] *vt* 1.shmang, mënjanoj(një kundërshtar). 2.evitoj, i shpëtoj(ndjekjes).

elusion[i'lu:zhën] *n* shmangje,mënjanim, evitim.

elusive [i'lu:siv] *adj* 1. i pakapshëm, i pakuptueshëm. 2.dredharak, bishtnues, rrëshqitës.

elusory [i'lu:sëri] *adj* i pakapshëm, i pakuptueshëm. 2.dredharak, bishtnues.

elver['elvë:] *n zool* ngjalë e vogël.

elves[elvz] *pl* i **elf**.

emaciate[i'meishiejt] *vt* dobësoj, tres, holloj.

emaciation[imeishi'ejshën] *n* dobësim, hollim.

emanate['emëneit] *v* 1.buron, zë fill. 2.nxjerr, lëshoj.

emanation [emë'neishën] *n* 1. burim, zanafillë. 2.produkt i nxjerrë; gaz i lëshuar.

emancipate[i'mænsëpeit] *vt* 1.çliroj.2.emancipoj.

emancipation [i'mænsipeishën] *n* 1. çlirim. 2.emancipim.

emasculate[*v* i'mæskjuleit; *adj* i'mæskjulit] *v,adj* -*vt* 1.tredh. 2.dobësoj, i ul efektin(fjalimit).

-*adj* 1.i tredhur. 2.i dobësuar, i feminizuar.

emasculation[imæskju'leishën] *n* 1.tredhje.2.dobësim.

embalm[im'ba:m] *vt* 1. balsamos. 2. ruaj në kujtesë, fiksoj në mendje. 3.aromatizoj; parfumoj, e bëj të kundërmojë.

embalmer[im'ba:më:] *n* balsamosës.

embalmment [im'ba:mënt] *n* balsamosje, balsamim.

embank[im'bænk] *vt* rrethoj me ledh, mbroj me pendë.

embankment[im'bænkmënt] *n* 1.breg i pjerrët, skarpat traseje, muraturë. 2.trase. 3.ledh, sfrat. 4.rrethim/mbrojtje me muraturë.

embargo[im'ba:gou] *n,v* -*n* 1.embargo detare, mbyllje e porteve të vendit. 2.embargo tregtare, kufizime tregtare. 3.*fig* kufizim, pengesë.

-*vt* 1.mbyll portet. 2.vë embargo tregtare, i bëj embargo.

embark[im'ba:k] *v* 1.hipi në anije, ia hipi anijes. 2.hipi në avion, tren etj; fus para(në një sipërmarrje). 3.fus, përziej (dikë në një punë).

embarkation[emba:'keishën] *n* 1.hipje në anije(e udhëtarëve). 2.ngarkim në anije(i mallrave).

embarrass[im'bærës] *vt* 1. shqetësoj, vë në siklet, vë në pozitë, turbulloj. 2.ngatërroj, ndërlikoj. 3.pengoj, vështirësoj. 4.fus në borxhe, rëndoj financiarisht.

embarrassed[im'bærëst] *adj* i sikletosur, i zënë ngushtë, në hall.

embarrassing[im'bærësing] *adj* sikletosës; i vështirë, i ngatërruar(problem).

embarrassment[im'bærësmënt] *n* 1.siklet, vënie në pozitë, turbullim. 2.turpërim, turp(i familjes).

embassador[em'bæsëdë:] *n* shih **ambassador**.

embassy ['embësi] *n* 1. ambasadë, përfaqësi diplomatike. 2.ndërtesë e ambasadës. 3.detyrë e ambasadorit. 4.dërgatë, delegacion. 5.mision i posaçëm; mesazh zyrtar.

embattle[im'bætël] *v* 1.përgatitem për betejë; hyj në formacion luftimi. 2.fortifikoj(një qytet).

embattled[im'bætëld] *adj* në vështirësi.

embay[em'bej] *vt* 1.fus në liman, strehoj(anijen). 2.mbyll; rrethoj.

embed[em'bed] *vt* 1.mbjell.2.ngulis, fiksoj, ngec. 3.ngulis, fiksoj në mendje.

embedded[im'bedid] *adj* 1.i ngulur(në shkëmb); i zhytur(në baltë). 2.i rrënjosur.

embellish[im'belish] *vt* 1.zbukuroj, stolis(shtëpinë etj). 2.*fig* zbukuroj, përpunoj (një tregim).

embellishment[im'belishmënt] *n* 1.zbukurim, stolisje. 2.*fig* zbukurim, shtesa.

ember ['embë:] *n* 1. thëngjill, prush. 2. *pl* hi i nxehtë me thëngjij.

embezzle[im'bezël] *vt* përvetësoj, vjedh(paratë e tjetrit).

embezzlement[im'bezëlmënt] *n* përvetësim, vjedhje, shpërdorim.

embezzler[im'bezlë:] *n* përvetësues, batakçi.

embitter [em'bitë:] *vt* 1.hidhëroj, dëshpëroj, helmoj.2.acaroj, zemëroj.

embittered[im'bitë:d] *dj* i acaruar, i zemëruar.

embitterment[im'bitë:mënt] *n* 1.hidhërim. 2.acarim, zemërim.

emblazon[im'bleizën] *v* 1.pikturoj me ngjyra të ndezura. 2.zbukuroj, stolis. 3.ngre në qiell, përjetësoj (në këngë).

emblazonry[im'bleizënri] *n* 1.stolisje, zbukurim. 2.stemë, emblemë.

emblem['emblëm] *n* 1.simbol. 2.stemë, emblemë kalorësiake. 3.skicë moralizuese.

emblematic(al) [emblë'mætik(ël)] *adj* simbolik; **emblematic of peace** simbol i paqës.

embodiment[im'bodimënt] *n* 1.mishërim, trupëzim. 2.personifikim, simbol.

embody [im'bodi] *vt* 1. mishëroj, personifikoj. 2.shpreh, materializoj(një ide). 3.përmbledh, sistemoj (kërkesa, kushte). 4.përfshij, fus.

embolden[im'bouldën] *vt* i jap guxim, trimëroj, inkurajoj.

embolism['embëlizëm] *n mjek* 1.bllokim ene gjaku, emboli. 2.dromcë gjaku të mpiksur; flluskë ajri.

embosom [im'bu:zëm] *vt* 1. rrethoj, mbështjell. 2.përqafoj; përkëdhel.

emboss[em'bos] *vt* shkruaj në reliev, stampoj.

embossed [em'bost] *adj* i gdhendur, në reliev; i stampuar.

embossment[em'bosmënt] *n* 1.shkrim në reliev, stampim. 2.figurë në reliev. 3.e dalë; gungë.

embouchure[ambu'shuë:] *n* grykëderdhje lumi.

embrace[im'breis] *v,n* 1.përqafoj, rrok në krahë. 2.përqafohem(me dikë). 3.përqafoj, përvetësoj (një ide). 4.kap, shfrytëzoj (rastin). 5.përfshij; përmban. 6.rrethon, qarkon.

-n 1.përqafim. 2.rrethim. 3.shoqërim, shkrirje.

embrasure [em'breizë:] *n* 1. frengji, mazgallë. 2.*arkit* hapësirë(dritareje).

embrocate['embrokeit] *vi* lahem e fërkohem(me melhem.

embrocation[embro'keishën] *n*1.fërkim me melhem. 2.melhem; vaj.

embroider[em'broidë:] *v* 1.qëndis. 2.*fig* zbuku-

roj, e qëndis(një histori).

embroiderer[em'broidërë:] *n* qëndistar.

embroidery[em'broidëri] *n* 1.qëndisje; qëndistari. 2.qëndismë. 3.*fig* zbukurim, ekzagjerim.

embroil[em'broil] *vt* 1.fus, ngatërroj, përziej(dikë në sherr). 2.bëj rrëmujë, ngatërroj(punët).

embroiler[em'broilë:] *n* ngatërrestar.

embroilment[em'broilmënt] *n* 1.ngatërrresë; ngatërrim. 2. sherr, grindje.

embrown[em'braun] *vt* nxij, i errësoj ngjyrën.

embryo['embriou] *n* 1.embrion. 2.*fig* fazë fillestare; **in embryo** në fazë fillestare, në embrion.

embryology[embri:'olëxhi] *n* embriologji.

embryonic[embri:'onik] *adj* 1.embrional. 2.i pazhvilluar, i papjekur, në fazë fillestare, në embrion.

embryology[embri:'olëxhi] *n* embriologji.

embryonic[embri:'onik] *adj* 1.embrional. 2. i pazhvilluar, i papjekur, në fazë fillestare.

emend[i'mend] *vt* korrigjoj, korrektoj(një tekst).

emendate['i:mendeit] *vt* shih **emend**.

emendation[i:men'deishën] *n* korrigjim, korrektim; përmirësim(i tekstit).

emerald['emerëld] *n,adj* -*n* 1.smerald. 2.ngjyrë smeraldi, jeshile e ndezur. 3.*polig* germa 6½ .

-*adj* jeshil i ndezur.

Emerald Isle *n poet* Irlanda.

emerge[i'më:xh] *vi* 1.del, shfaqet. 2.duket; bëhet i njohur, del në shesh. 3.lind, afirmohet(një artist).+it **emerges that** duket se, na del se.

emergence[i'më:xhëns] *n* shfaqje, dalje; buthtim.

emergency[i'më:xhënsi] *n* ngutësi, nevojë e ngutshme, urgjencë; **in an emergency** në rast urgjence, për një nevojë të ngutshme.

emergency brake *n* fren dore.

emergency exit *n* dalje sigurimi, dalje në rast rreziku.

emergency landing *n av* ulje e detyruar.

emergency service *n* 1.*mjek* urgjencë; pavion i urgjencës. 2.*aut* shërbim i ndërhyrjes në raste avarie në rrugë.

emergency services *npl* polici e ndërhyrjes së shpejtë.

emergent[i'më:xhënt] *adj* 1.që del, që shfaqet. 2.që fiton pavarësinë; në zhvillim(vend).

emeritus[i'merëtës] *adj* nderi; **professor emeritus** profesor nderi.

emersion[i'më:shën] *n* 1.shfaqje, dalje.2.pluskim.

emery['emëri] *n* zmeril.

emery board *n* limë thonjsh.

emery cloth *n* letër zmerile me beze.

emery paper *n* letër zmerile, zumpare.

emetic[i'metik] *adj,n* -*adj* që shkakton të vjellë. -*n* bar që nxit vjelljen.

emigrant['emigrënt] *n,adj* emigrues, emigrant.

emigrate['emigreit] *vi* emigroj, lë vendin, mërgoj.

emigration[emi'greishën] *n* emigrim, mërgim.

émigré['emëgrei] *n* 1.emigrant. 2.emigrant francez/rus(pas Revolucionit).

eminence['eminëns] *n* 1.emër, famë; **reach eminence as** bëj emër si. 2.vend i ngritur, lartësi. 3.*fet* Eminencë(titull për kardinalët).

eminence grise *n* këshilltar i fshehtë; sundimtar në prapaskenë.

eminent['eminënt] *adj* 1.i lartë, i shquar. 2.i dukshëm, i mirënjohur. 3.i lartë, i ngritur(vend). 4.i dalë, i kërcyer.

eminent domain *drejt n* e drejtë e shtetit për të vënë dorë mbi pronën private.

eminently['eminëntli] *adv* tepër shumë, sa më s'bëhet.

emir[e'mië:] *n* emir(sundimtar, guvernator, komandant ushtrak).

emirate[ë'mi:rit] *n* 1.rang i emirit. 2.emirat.

emissary['emisëri] *n* emisar, i dërguar(zakonisht i fshehtë).

emission[i'mishën] *n* 1.lëshim, emetim; rrezatim. 2.dritë, rrezatim.

emissive[i'misiv] *adj* emetues, rrezatues.

emit [i'mit] *vt* 1.lëshoj, emetoj; rrezatoj. 2.nxjerr (lavë). 3.nxjerr në qarkullim, emetoj(kartmonedhë). 4.lëshon(britma).

emitter[i'mitë:] *n* 1.*el* elektrodë emetuese(elektronesh), emiter. 2.lëndë radioaktive, rrezatues grimcash radioaktive.

emollient[i'moliënt] *adj,n* -*adj* 1.zbutës. 2.qetësues.

-*n* 1.zbutës(krem). 2.qetësues.

emolument[i'moljumënt] *n zak pl* pagë, rrogë.

emote[i'mout] *vi gj.fol* 1.veproj(në mënyrë të tepruar). 2.shfaq emocion.

emotion [i'moushën] *n* emocion; tronditje; mallëngjim; përmallim.

emotional[i'moushënël] *adj* 1.emocional. 2.i prekshëm, i ndieshëm(njeri). 3.prekës, mallëngjyes (fjalim).

emotionally [i'moushënëli] *adv* 1. me emocion. 2.emocionalisht, ngapikëpamja emocionale.

emotionless [i'moushënlis] *adj* i qetë, gjakftohtë, që s'e prish gjakun.

emotive [i'moutiv] *adj* 1.emocional, i ndjenjave. 2.nxitës; emocionues.

emperor['empërë:] *n* perandor.

emphasis['emfësis] *n* 1.theks, theksim(i një fjale etj). 2.rëndësi, theks; **lay/put emphasis on** e vë theksin te; nënvizoj.

emphasize['emfësaiz] *vt* 1.theksoj, e vë theksin mbi. 2.tërheq vëmendjen.

emphatic[em'fætik] *adj* 1.i theksuar, i shprehur me forcë. 2.i fryrë, bombastik(person). 3.shumë i dukshëm, i habitshëm(sukses).

emphatically[im'fætikëli] *adv* 1.prerazi, me forcë. 2.pa diskutim.

emphysema[emfi'si:më] *n mjek* emfizemë, fryrje e mushkërisë me ajër.

empire['empajë:] *n* 1.perandori.2.pushtet absolut; autoritet suprem.

empiric[em'pirik] *adj,n* -*adj* 1.empirik, eksperimental(shkencë). 2.empirik, nga përvoja(njohuri). -*n* 1.njeri pa njohuri teorike, empirik. 2.sharlatan.

empirical[em'pirikël] *adj* shih **empiric 1.**

empiricism[em'pirisizëm] *n* empirizëm.

emplacement[em'pleismënt] *n* 1.platformë, shtrat (topi). 2.vënie, vendosje. 3.pozicion(baterie).

emplane[em'plein] *v* 1.hipi në avion. 2.hipi dikë /ngarkoj diçka në avion,

employ[em'ploi] *v,n* -*vt* 1.punësoj, marr në punë; pajtoj. 2.përdor(vegla). 3.angazhoj, zë me punë. -*n* punë; punësim; **in the employ of the government** në punë të shtetit.

employe(e)[em'ploi:, emplo'i:] *n* punonjës; nëpunës.

employer[em'plojë:] *n* 1.punëdhënës.2.ndërmarrje, firmë. 3.përdorues.

employment [em'ploimënt] *n* 1.punësim, marrje në punë; **Minister of/Secretary for Employment** Ministër i Punës. 2.punë. 3.përdorim.

employment agency *n* zyrë pune, agjenci punësimi.

employment centre/office *n* agjencia punësimi.

employment exchange *n Br* Bursë e Punës.

Employment Service *n amer* Agjencia Kombëtare e Punës.

emporium[em'po:riëm] *n* 1.qendër tregtare; treg. 2.magazinë e madhe, mapo, supermarket.

empower[em'pauë:] *vt* 1.autorizoj, i jap fuqi të veproje. 2.lejoj, i jap mundësi të.

empress['empris] *n* perandoreshë.

emprise,-ize[em'praiz] *n vjet* aventurë; vepër e guximshme; bëmë.

emptily['emptili] *adv* bosh; kot.

emptiness['emptinis] *n* zbrazëti; boshllëk.

empty['empti] *adj,v,n* -*adj* 1.bosh, i zbrazët. 2.i lirë, i pazënë. 3.pa ngarkesë. 4.bosh, pa kuptim (kërcënim, fjalë). 5.i kotë, i zbrazët. 6.*gj.fol* i uritur, me barkun bosh. + **empty of** pa; që i mungon. -*v* 1.zbraz, boshatis; derdh. 2.zbrazet, boshatiset (salla). 3.derdhet, shkarkohet(kanali, lumi). -*n gj.fol* send i zbrazët; enë boshe.

empty-handed[empti'hændid] *adj* duarbosh, duarzbrazët.

empty-headed['empti'hedid] *adj* kokëbosh, pa tru në kokë.

empty set *n mat* bashkësi boshe.

empurpled[em'pë:pëld] *adj* ngjyrë vjollcë.

empyreal[em'piriël, empë'ri:ël] *adj* qiellor, hyjnor.

empyrean['empairiën, empë'ri:ën] *n,adj* -*n* qielli, kupa qiellore.

-*adj* qiellor, hyjnor.

emulate['emjuleit] *vt* 1.imitoj, përgjasoj.2.hahem, matem(me dikë).

emulation[emju'leishën] *n* garë, emulacion.

emulative['emjulëtiv] *adj* 1.imitues.2.garë emulacioni.

emulous ['emjulës] *adj* 1.që hahet, që matet, që bën garë. 2.ambicioz.

emulsify [i'mʌlsifai] *vt* përziej, emulsionoj (lëngje).

emulsion[i'mʌlshën] *n* 1. *kim* pezulli, emulsion. 2.*fot* shtresë fotosensibël.

enable[in'eibël] *vt* i jap mundësi; mundësoj.

enact [in'ækt] *vt* 1.miratoj (një projektligj), e bëj ligj. 2.dekretoj; urdhëroj. 3.interpretoj, luaj rolin e.

enactment[en'æktmënt] *n* 1.miratim.2.dekretim, ligj.

enamel[i'næmël] *n,v* -*n* 1.smalt. 2.vernik, llak. 3.smalt i dhëmbëve. 4.bojë smalti. 5.emalim. -*vt* 1.emaloj. 2.lyej, llakoj.

enamelware[i'næmëlweë:] *n* enë të emaluara.

enamo(u)r[en'æmë:] *vt* i zgjoj dashuri; magjeps.

enamo(u)red [en'æmë:d] *adj* i dashuruar; i magjepsur.

en block ['en'blok, 'an'blok] *adv* njëherësh, të gjithë njëherësh.

encamp [en'kæmp] *v* 1. fushoj; ngre kampin. 2.nxjerr në fushim.

encampment[in'kæmpmënt] *n usht* fushim.

encase[in'keis] *vt* shih **incase**.

encasement[in'keismënt] *n* shih **incasement**.

encephalic[ensë'fælik] *adj* i trurit, trunor.

encephalogram[en'sefëlëgræm] *n* encefalogramë, radiografi e trurit.

enchain[in'çein] *vt* 1.vë në pranga, lidh me zinxhirë. 2.*fig* gozhdoj, mbërthej.

enchant[in'çænt] *vt* 1.gëzoj, kënaq. 2.magjeps.

enchanting[in'çænting] *adj* 1.mahnitës, shumë i këndshëm. 2.magjepsës..

enchantment[in'çæntmënt] *n* 1.magjepsje. 2.magji. 3.kënaqësi; ngazëllim. 4.tërheqje, joshë; hir.

enchantress[en'çæntris] *n* 1.magjistare. 2.grua joshëse.

enchase [en'çeiz] *vt* 1. gdhend (një mbishkrim). 2.stolis, zbukuroj. 3.vë në kornizë; montoj.

enchilada[ençi'la:dë] *n* pite rolé.

encircle[en'së:kël] *vt* 1.rrethoj.2.i vij përqark (Hëna Tokës). 3.*usht* rrethoj.

encirclement[en'së:këlmënt] *n* rrethim.

enclave ['enkleiv] *n* enklavë, territor i mbyllur / i rrethuar.

enclose[en'klouz] *vt* 1.mbyll. 2.rrethoj(me mur, gardh). 3.bashkëmbyll(në zarf, pako).

enclosure[en'klouzë:] *n* 1.mbyllje.2.rrethim; mur, gardh. 3.vend i rrethuar. 4.material i bashkëmbyllur, letër etj. shtojcë në zarf.

encode[en'koud] *vt* kodoj, shifroj, shkruaj në shi-

fër.

encomium[en'koumiëm] *n* lëvdatë e tepruar, panegjirik.

encompass[en'kʌmpës] *vt* 1.rrethoj, gardhoj, qarkoj, mbyll. 2.përmban; përfshin.

encompassment[en'kʌmpësmënt] *n* rrethim, qarkim.

encore[ʌn'ko:] *interj,n,vt* -*interj* bis! edhe një herë! -*n* përsëritje, bis. -*vt* ftoj sërish në skenë, i kërkoj bis.

encounter[en'kauntë:] *v,n* -*vt* 1.ndesh, takoj befas. 2.ndesh në, has në(vështirësi). 3.gjendem përballë, ballafaqohem (me armikun). -*n* 1.takim, hasje.2.ndeshje(skuadrash).3.përleshje, luftim, ndeshje.

encourage[en'kʌrixh] *vt* 1.nxis, inkurajoj, i jap zemër. 2.ndihmoj, përkrah; favorizoj.

encouragement [en'kʌrixhmënt] *n* 1.inkurajim, nxitje. 2.nxitës, stimul.

encroach [en'krouç] *vt* 1. kalon kufirin (uji). 2.shkel, cënoj, dhunoj.

encroachment[en'krouçmënt] *n* 1.shkelje, cënim; uzurpim. 2.gjë e fituar me rrugë të paligjshme.

encrust[en'krʌst] *v* shih **incrust**.

encrustation [enkrʌs'teishën] *n* shih **incrustation**.

encumber[en'kʌmbë:] *vt* 1.pengoj, frenoj. 2.vështirësoj.3.rëndoj, ngarkoj; **encumber with a mortgage** ngarkoj(pronën) me hipotekë. 4.mbush (me), ngarkoj(dhomën me plaçka).

encumbrance[en'kʌmbrëns] *n* 1. pengesë. 2. barrë; bezdi. 3.vartës, person në ngarkim. 4.*drejt* hipotekë.

encyclical[en'siklëkël] *adj,n* -*adj* qarkullues, qarkore(letër). -*n* qarkore e Papës.

encyclop(a)edia[ensaiklë'pi:dië] *n* enciklopedi.

encyclop(a)edic[ensaiklë'pi:dik] *adj* enciklopedik.

encyclop(a)edist[ensaiklë'pi:dist] *n* enciklopedist, hartues enciklopedie.

encyst[en'sist] *v* formon kist.

end[end] *n,v* -*n* 1.fund, mbarim.2.anë, skaj.3.qëllim, objektiv(i një pune). 4.përfundim, rezultat. 5.rrënim, shkatërrim; fund, vdekje. 6.mbetje, mbeturinë, copë; bisht. +**at an end** në mbarim, në të mbaruar; **come/draw to an end** po mbaron; **at the end of the day** *fig* përfundimisht; më në fund; **end to end** kokë më kokë, njëri pas tjetrit; **jump/go off the deep end** *zhrg* veproj me ngut, pa u menduar; **at a loose end** i ngeshëm; **in the end** më në fund; **keep/hold one's end up** mbaj peshën që më takon; **make an end of** i jap fund, ndalem; **make both ends meet** a)rregullohem me aq sa kam; b)ia dal, e shtyj; **no end** *gj.fol* tepër, kjamet; **on end** radhazi, rresht, pa pushim; **put on end to** a) i jap

fund; b)vras; c)i jap duart.
-*v* 1.mbaron, e ka fundin. 2.ndal, përfundoj, mbaroj, i jap fund. 3.mbyll (kapitullin). 4.shkatërroj; vras. 5.ia kaloj, lë pas.

+**end up** përfundoj(në), bëhem; **end up in the water** përfundoj(bie) në ujë.

end-all[end'o:l] *n* fundi, mbarimi i gjithçkaje.

endanger [en'deinxhë:] *vt* rrezikoj, vë në rrezik; kërcënoj.

endear[en'diё:] *vt* e bëj të dashur, bëj ta duan; **endear oneself to sb** i hyj në zemër dikujt.

endearment[en'diё:mënt] 1.të hyrët në zemër, pëlqim. 2.fjalë të ёmbla; përkёdheli.

endeavo(u)r[en'devё:] *v,n* -*vi* përpiqem, orvatem, mundohem.

-*n* sёmundje e përhershme, sёmundje endemike (gjithmonё e pranishme).

ending['ending] *n* 1.fund, mbarim; pjesë e fundit. 2.vdekje, mbarim. 3.*gram* mbaresё.

endive['endaiv] *n bot* radhiqe; çikore.

endless['endlis] *adj* 1.i pafund, pa mbarim.2.i pashtershёm(burim). 3.pa anё e fund, i pakufishёm. 4.*tek* njёsh, i vazhduar, pa shkёputje(zinxhir).

endlessly['endlisli] *adv* 1.vazhdimisht, pa ndalim. 2.pambarimisht, sa të ha syri.+**endlessly patient** i duruar pa hesap.

end man *n* i fundit në radhë.

endmost['endmoust] *adj* më i fundit; më i largёti.

endocrine ['endoukrain, 'endoukrin] *adj,n* -*adj* me sekrecion të brendshёm, endokrine.

-*n* 1.gjёndёr endokrine. 2.sekrecion gjёndre endokrine.

end of steel *n* 1.fund i shinave. 2.qytet/stacion në fund të linjёs hekurudhore.

endogamy[en'dogёmi] *n* 1.martesё brenda fisit, endogami. 2.*bot* vetёpllenim(i bimёs).

end-on[end'on] *adj* fundor; **an end-on collision** përplasje fundore.

endorsation[endo:'seishёn] *n knd* miratim, mbёshtetje, përkrahje.

endorse[en'do:s] *vt* 1.nёnshkruaj, vёrtetoj(çekun nga prapa). 2.miratoj, mbёshtes, përkrah.

endorsee[endo:'si:] *adj* marrёs, përfitues(i çekut etj).

endorsement[en'do:smёnt] *n* 1.nёnshkrim, vёrtetim(i çekut nga prapa). 2.miratim, mbёshtetje, përkrahje.

endow [en'dau] *vt* 1. financoj, e mbaj me para. 2.pajis.

endowment[en'daumёnt] *n* 1.dhuratё; ndihmese. 2.dhunti, aftёsi. 3.dhurim, financim.

end product *n* produkt i gatshёm.

end result *n* rezultat përfundimtar.

endue[en'dju:] *vt* 1.pajis(natyra). 2.vesh; vё.

endurable[en'dju:rёbёl] *adj* i durueshёm.

endurance[en'dju:rёns] *n* 1.qёndresё, rezisten-

cё. 2.durim, përballlim(i vuajtjes etj). 3.jetёgjatёsi(e materialit); **endurance test** provё rezistence.

endure [en'djuё:] *v* 1. mban, qёndron, reziston. 2.duroj, përballoj; pёsoj.

enduring[en'djuёring] *adj* i qёndrueshёm.

endways['endweiz] *Br*, **endwise** ['endwaiz] *amer adv* 1.për së gjati. 2.drejt fundit. 3.në kёmbё, vertikalisht. 4.kokё më kokё, njёri pas tjetrit

enema['enimё] *n mjek* 1.klizmё. 2.aparat klizme.

enemy['enimi] *n,adj* - *n* 1.armik. 2.kundёrshtar. 3.dёmtues, shkatёrrues.

-*adj* armik, armiqёsor; kundёrshtar.

energetic[enё:'xhetik] *adj* energjik; i gjallё; plot vrull; aktiv.

energetically[enё:'xhetikёli] *adv* energjikisht; me vendosmёri.

energize['enё:xhaiz] *vt* i jap energji; aktivizoj, bёj aktiv.

energizer['enё:xhaizё:] *n* 1.*mjek* antidepresiv, bar gjallёrues. 2.bateri.

energy['enё:xhi] *n* 1.energji. 2.forcё; fuqi. 3.gjallёri.

enervate ['enё:veit] *vt* dobёsoj, ligёshtoj, plogёshtoj.

enervating['enё:veiting] *adj* dobёsues, ligёshtues, plogёshtues.

enervation[enё:'veishёn] *n* dobёsim, ligёshtim; plogёshti.

enfeeble[en'fi:bёl] *vt* dobёsoj, ligёshtoj.

enfilade['enfileid] *v,n usht* -*vi* hap zjarr anёsor.

-*n* zjarr anёsor.

enfold[en'fould] *vt* 1.mbёshtjell. 2.përqafoj, pushtoj.

enforce[en'fo:s] *vt* 1.zbatoj, imponoj(ligjin).2.detyroj, shtёrngoj. 3.theksoj, nёnvizoj.

enforcable [en'fo:sёbёl] *adj* i imponueshёm; i detyrueshёm.

enforcement [en'fo:smёnt] *n* 1.zbatim (i ligjit). 2.detyrim, shtёrngim.

enfranchise [en'frёnçiz] *vt* 1. i jap të drejtёn e votimit. 2.liroj, lё të lirё, çiliroj(nga sklavёria).

enfranchisement [en'frёnçizmёnt] *n* 1. dhёnie e sё drejtёs sё votimit. 2.çlirim(nga sklavёria).

engage [en'geixh] *v* 1. angazhoj, zё me punё. 2.zihem me punё, merrem me. 3.punёsoj, marr në punё, pajtoj. 4.rezervoj(dhomё). 5.zotohem, marr përsipёr, premtoj. 6.fejohem. 7.tёrheq(vёmendjen). 8.ingranohen. 9.ndeshem.

engaged [en'geixhd] *adj* 1.i zёnё (me punё). 2.i fejuar. 3.i pajtuar(nё punё). 4.luftues.

engagement[en'geixhmёnt] *n* 1.angazhim. 2.punёsim. 3.zotim, premtim. 4.fejesё. 5.takim. 6.punё. 7.luftim; betejё.

engaging [en'geixhing] *adj* joshёs, tёrheqёs; i hirshёm.

engender[en'xhendё:] *vt* sjell, lind, shkakton.

engine['enxhin] *n* 1.motor.2.lokomotivë.3.makinë; pajisje; makineri.
engine block *n aut* bllok i motorit.
engine driver *n Br hek* makinist.
engineer['enxhinië:] *n,v* -*n* 1.mekanik; makinist. 2.teknik, elektricist. 3.inxhinier. 4.*usht* xhenier. -*vt* 1.ndërtoj. 2.shpik, projektoj. 3.*fig* kurdis, sajoj.
engineering[enxhi'ni:ring] *n* 1.inxhinieri.2.*fig keq* sajime; manovrime.
engineering factory *n* repart ndërtimesh mekanike.
engineering industries *n* industri e pajisjeve.
engineering works *n* shih engineering factory.
engine house *n* stacion zjarrfikësish.
enginery['enxhinri] *n* makineri.
engine shed *n* shih engine house.
engine unit *n aut* bllok i motorit.
England['inglænd] *n gjeog* Angli.
English['inglish] *n,adj,v* -*n* 1.the English a)*pl* populli anglez, anglezët; b)kanadezë anglofonë. 2.anglishte.
-*adj* 1.anglez. 2.anglofon.
-*vt* shpreh/përkthej në anglisht.
English Channel *n gjeog* Kanali i La Manshit.
Englishman['inglishmën] *n* anglez.
Englishwoman['inglish'wumën] *n* angleze.
engorge[en'go:xh] *vt* 1.gllabëroj.2.gëlltis, kapërdij. 3.nginj.
engraft [en'græft] *vt* 1. shartoj. 2. *fig* rrënjos, ngulis.
engrave [en'greiv] *vt* 1.gdhend, skalis. 2.*polig* a)bëj klishé; b)shtyp me klishé. 3.*fig* gdhend, fiksoj (në kujtesë).
engraver[en'greivë:] *n* 1.gdhendës, skalitës.2.punëtor cinkografie; përgatitës klishesh.
engraving[en'greiving] *n* 1.cinkografi; përgatitje klishesh. 2.gravurë. 3.klishé.
engross[en'grous] *vt* 1.thëthij.2.kopjoj/shkruaj me gërma të mëdha. 3.blej gjithë sasinë, akaparoj.
engrossed[en'grousd] *adj* i thëthirë(në diçka).
engrosser[en'grousë:] *n* grosist; akaparues.
engrossing [en'grousing] *adj* tërheqës, që të bën për vete.
engulf[en'gʌlf] *vt* gëlltis, gllabëroj.
enhance [en'hæns] *vt* 1. zmadhoj, rris. 2. shtoj. 3.lartësoj.
enhanced[en'hænsd] *adj* i rritur, i zmadhuar; i shtuar; i lartësuar.
enhancement [en'hænsmënt] *n* 1. rritje, shtim. 2.përmirësim.
enigma[i'nigmë] *n* 1.gjë-a-gjëzë. 2.enigmë.
enigmatic[enig'mætik] *adj* enigmatik.
enigmatical [enig'mætikël] *adj* habitës; i çuditshëm; i mistershëm.
enjoin [en'xhoin] *vt* 1. urdhëroj, porosis; kërkoj. 2.*drejt* detyroj.

enjoy[en'xhoi] *vt* 1.shijoj, pëlqej; enjoy doing sth më pëlqen të bëj diçka. 2.gëzoj, kam(shëndet).
+enjoy oneself kënaqem, e kaloj mirë.
enjoyable[en'xhojëbël] *adj* 1.i shijueshëm.2.i kënaqshëm; i këndshëm.
enjoyably [enxhojëbli] *adv* këndshëm, kënaqshëm.
enjoyment[en'xhoimënt] *n* 1.shijim.2.gëzim; kënaqësi. 3.*drejt* ushtrim(i të drejtave); zotërim.
enkindle[en'kindël] *vt* 1.zgjoj, ngjall; nxis.2.ndriçoj. 3.ndez(pasionin).
enlace[en'leis] *v* 1.mbështjell, shtërngoj. 2.ndërthuren, ngërthehen.
enlarge[en'la:xh] *v* 1.zmadhoj, zgjeroj. 2.shtjelloj gjerësisht, trajtoj, zgjerohem(në një temë).
enlargement[en'la:xhmënt] *n* 1. zmadhim, zgjerim. 2.*fot* fotografi me zmadhim. 3.shtojcë, zgjerim.
enlighten [en'laitën] *vt* 1. ndriçoj, sqaroj (një çështje). 2.shkolloj, nxjerr nga paditruria.
enlightenment[en'laitënmënt] *n* 1. ndriçim i mendjes. 2.sqarim, ftillim.
Enlightenment *n* Iluminizëm.
enlist[en'list] *v* 1.*usht* rekrutoj, marr në shërbim. 2.futem në ushtri. 3.tërheq, angazhoj(në një veprimtari). 4.angazhohem; përkrah, mbështes.
enlister[en'listë:] *n* rekrutues.
enlisted man *n* rekrut, ushtar i thjeshtë.
enlistment[en'listmënt] *n* 1.rekrutim. 2.periudhë shërbimi.
enliven[en'laivën] *vt* gjallëroj, i jap gjallëri.
en masse[an'mæs] *adv* në grup, në masë, të gjithë bashkë.
enmesh[en'mesh] *vt* 1.kap në rrjetë. 2.ngatërroj, fus në vështirësi.
enmity['enmiti] *n* armiqësi; urrejtje.
ennoble[en'noubël] *vt* 1.e bëj fisnik, i jap titull fisnikërie. 2.fisnikëroj, lartësoj.
ennoblement[en'noubëlmënt] *n* fisnikërim.
ennui[ʌn'wi:] *n* mërzi.
enormity[i'no:mëti] *n* 1.poshtërsi, ndyrësi. 2.krim i shëmtuar. 3.shkallë, madhësi.
enormous[i'no:mës] *adj* 1.vigan, shumë i madh. 2.shumë i keq, skandaloz.
enormously [i'no:mësli] *adv* tepër, jashtë mase; pafundësisht.
enough [i'nʌf] *adj,n,adv,interj* -*adj* 1 mjaftë, mjaftueshëm; enough food ushqim i mjaftueshëm; more than enough më se i mjaftueshëm; enough is enough le të mos e teprojmë; that's enough of that! mjaft tani!
-*n* sasi e mjaftueshme.
-*adv* 1.mjaft; mjaftueshëm. 2.krejt, plotësisht; be willing enough jam krejt i gatshëm . 3.goxha, boll; well enough goxha mirë.
-*interj* mjaft!, lëre!
enounce[i'nauns] *vi* 1.shpall. 2.flas; shqiptoj.

enow[i'nau] *n,adj,adv* mjaft.

enquire[en'kwajë:] *v* shih **inquire**.

enquiry[en'kwairi] *n* shih **inquiry**.

enrage[en'reixh] *vt* tërboj, zemëroj keq.

enrapt[en'ræpt] *adj* i ngazëllyer.

enrapture[en'ræpçë:] *vt* 1.ngazëllej, kënaq. 2.rrëmbej; magjeps.

enregister[en'rexhistë:] *vt* regjistroj.

enrich[en'riç] *vt* 1.pasuroj. 2.i shtoj vlerat ushqyese. 3.e zgjeroj(një program).

enrichment[en'riçmënt] *n* 1.pasurim.2.pasurues.

enrol(l)[en'roul] *vt* 1.regjistroj, shënoj, fus në listë. 2.regjistrohem. 3.anëtarësoj. 4.antarësohem, bëhem anëtar. 5.*usht* rekrutoj.

enrol(l)ment[en'roulmënt] *n* 1.regjistrim. 2.kontigjent. 3.i regjistruar.

en route[an'ru:t] *adv* rrugës, gjatë rrugës.

ensample[en'sæmpël] *n vjet* shih **example**.

ensanguine[en'sængwin] *vt* njollos me gjak.

ensconce [en'skons] *vt* (**-oneself**) 1. strehohem, fshihem. 2.rehatohem, zë vend.

ensconced[en'skonst] *adj* i rehatuar, i rregulluar.

ensemble[ʌn'sʌmbël] *n* 1.tërësi.2.*muz* ansambël; shfaqje ansambli. 3.komplet rrobash; kostum. 4.efekt i përgjithshëm.

enshrine[en'shrain] *vt* 1.mbaj, ruaj. 2.ruaj(kujtime), ushqej(shpresa).

enshrinement[en'shrainmënt] *n* 1.mbajtje, ruajtje. 2.mbajtëse; strehë.

enshroud[en'shraud] *vt* mbuloj; zë; fsheh.

ensign ['ensain, 'ensën] *n* 1. flamur. 2. *amer det* nëntoger. 3.*hist Br* flamurtar. 4.stemë, shenjë(grade etj).

ensilage['ensilixh] *n* 1.silazhim. 2.silazh.

enslave[en'sleiv] *vt* sklllavëroj; nënshtroj; robëroj.

enslavement [en'sleivmënt] *n* sklllavërim; nënshtrim.

ensnare[en'snee:] *vt* zë në kurth, zë në grackë.

ensue[en'su:,en'sju:] *vi* 1.pason, vjen pas.2.rrjedh, shkaktohet(nga).

ensure[en'shuë:] *vt* 1.siguroj, bëj të sigurt. 2.më siguron, më jep, më sjell. 3.garantoj, mbroj(nga të ftohtit etj).

entail [en'teil] *v,n* -*vt* 1. kërkon, të detyron të; **what does the work entail?** në se konsiston kjo punë?.2.*drejt* lë trashëgim me kusht mostjetërsimi. -*n* kërkesë, detyrim. 2.*drejt* trashëgimi e patjetërsueshme.

entailment[en'teilmënt] *n* kërkesë, detyrim.

entangle [en'tængël] *vt* 1. ngatërroj, kokoleps. 2.përziej, ngatërroj, implikoj(dikë). 3.hutoj, turbulloj.

entangled[en'tængëld] *adj* 1.i ngatërruar, i kokolepsur. 2.i përzier, i implikuar, i ngecur keq(në një problem). 3.(**with sb**) i lidhur, në marrëdhënie dashurore(me dikë).

etanglement[en'tænglëmënt] *n* 1.ngatërrim, koko-

lepsje. 2.*usht* tel me gjemba, pengesë. 3.lidhje dashurore.

entente [ʌn'tʌnt] *n* 1. marrëveshje, mirëkuptim. 2.palë/qeveri në marrëveshje.

enter['entë:] *v* 1.hyj, futem.2.antarësohem, futem (në një parti etj). 3.fus, regjistroj(fëmijën në shkollë). 4.filloj, nis (një karierë). 5.përzihem, marr pjesë. 6.shënoj, shkruaj, shtyp(fjalë në listë etj).7.regjistroj, kaloj(anijen, ngarkesën) në doganë.

+**enter into** a)trajtoj; b)zhvilloj(bisedime).

enteric[en'terik] *adj anat* i zorrëve.

enteric fever *n mjek* tifo.

enteritis [entë:'raitis] *n mjek* enterit, pezmatim i zorrëve.

enter key *n kmp* tast i hyrjes/ i futjes (së të dhënave.

enterprise['entë:praiz] *n* 1.ndërmarrje, sipërmarrje. 2.projekt. 3.iniciativë. 4.ndërmarrje, qendër pune.

enterprise zone *n* rajon që merr subvencione shtetërore.

enterprising['entë:praizing] *adj* me iniciativë, i guximshëm, energjik.

entertain['entë:tein] *vt* 1.argëtoj, dëfrej, zbavis. 2.pres(miq). 3.jap pritje, ftoj(njerëz. 4.bluaj, përtyp (një mendim). 5.ushqej(shpresa). 6.zbavitem, dëfrehem, argëtohem.

entertainer['entë:teinë:] *n* 1.mikpritës, zot shtëpie. 2.artist kabareje.

entertaining['entë:teining] *adj,n* -*adj* 1.interesant, i këndshëm. 2.zbavitës, argëtues.

-*n* pritje; **to do a lot of entertaining** jap shumë pritje.

entertainment['entë:teinmënt] *n* 1.argëtim, dëfrim, zbavitje. 2.shfaqje. 3.mikpritje.

enthral(l) [en'thro:l] *v* 1. magjeps, bëj për vete. 2.skllavëroj.

enthral(l)ment[en'throlmënt] *n* 1.magjepsje. 2. skllavërim.

enthrone[en'throun] *vt* 1.vë në fron, kurorëzoj. 2.*fig* lartësoj, ngre lart, lavdëroj. 3.vesh me autoritet.

enthuse[en'thu:z, en' thju:z] *v gj.fol* 1.tregoj entuziazëm. 2.mbush me entuziazëm, entuziazmoj.

enthusiasm[en'thu:ziæzm] *n* entuziazëm.

enthusiast[en'thu:ziæst] *n* 1.entuziast. 2.amator. 3.sportdashës.

enthusiastic[enthu:ziæstik] *adj* 1.entuziast. 2.tifoz.

enthusiastically[enthu:zi'æstikëli] *adv* me entuziazëm, me zjarr.

entice[en'tais] *vt* tërheq, ndjell, josh.

enticement[en'taismënt] *n* 1.tërheqje, ndjellje, joshje. 2.joshë, karrem.

enticing [en'taising] *adj* joshës, ndjellës, ngashnjyes.

entire[en'taië:] *adj* 1.i tërë , i plotë, i gjithë.2.një cope. 3.*bot* pa dhëmbëza(gjethe). 4.i patredhur.

entirely [en'tajë:li] *adv* 1. plotësisht, tërësisht. 2.vetëm e vetëm, thjesht. 3.krejt, kryekëput.

entirety [en'tajë:ti] *n* 1. tërësi, plotësi.2. e tëra, e plota; **in its entirety** tërësisht, plotësisht; nga kreu në fund.

entitle[en'taitël] *vt* 1.titulloj, quaj. 2.i jap të drejtë të kërkojë. 3.autorizoj; **entitle sb to do sth** autorizoj dikë të bëjë diçka.

entitled[en'taitëld] *adj* 1.i titulluar, i quajtur. 2.i autorizuar, i lejuar; **to be entitled to do sth** jam i autorizuar të bëj diçka.

entitlement[en'taitëlmënt] *n* e drejtë.

entity['entiti:] *n* 1.qenie, ekzistencë. 2.entitet, diçka që ekziston.

entomb[en'tu:m] *vt* 1.varros. 2.mbyll, ndryj.

entombment[en'tu:mmënt] *n* 1.varrim.2.mbyllje, ndrymje.

entomologic(al)[entëmë'loxhik(ël)] *adj* entomologjik.

entomologist[entë'molëxhist] *n* entomolog.

entomology[entë'molëxhi] *n* entomologji.

entourage [ʌntu'ra:zh] *n* rreth, shoqëri; grup shoqëruesish,ndihmësish.

entr'acte[a:n'trækt] *n teat* antrakt, pushim midis akteve.

entrails ['entreilz] *npl* 1. të brendshme, të përbrendshme, rropulli. 2.zorrë. 3.pjesë të brendshme.

entrain[en'trein] *v* 1.hipi në tren. 2.ngarkoj.

entrance I['entrëns} *n* 1.hyrje, futje. 2.derë, portë, hyrje. 3.e drejtë hyrjeje. + **gain entrance to** fitoj të drejtën e hyrjes; pranohem(në universitet etj).

entrance II[en'træns] *vt* 1.kënaq së tepërmi, ngazëllej, rrëmbej. 2.trallis, emocionoj.

entrance examination *n* provim pranimi.

entrance fee *n* 1.çmim i biletës(në kinema, muze). 2.kuotë anëtarësie.

entrancing[en'trænsing] *adj* magjepsës, trallisës.

entrancement [en'trænsmënt] *n* ngazëllim, magjepsje, trallisje.

entranceway['entrënswei] *n* hyrje, rrugë kalimi.

entrant['entrënt] *n* 1.person që hyn. 2.anëtar i ri. 3.konkurues (në garë).

entrap [en'træp] *vt* 1. zë në kurth, zë në grackë. 2.ngatërroj, e zë ngushtë(të pandehurin).

entrapment [en'træpmënt] *n* 1. zënie në kurth. 2.ngatërrim, kapje në fjalë.

entreat [en'tri:t] *vt* lus, i përgjërohem, i përshpirtem.

entreatingly[en'tri:tingli] *adv* me përgjërim.

entreaty[en'tri:ti] *n* lutje, përgjërim.

entrench [en'trenç] *vt* 1. rrethoj me llogore, me transhe. 2.ngulis, rrënjos(në mendje etj). 3.shkel, dhunoj, cënoj(të drejtat).

entrenched[en'trençt] *adj* i ngulitur.

entrenchment[en'trençmënt] *n* 1.rrethim me llogore. 2.pozicion i mbrojtur me llogore. 3.llogore,

transhe.

entrepot[ʌntrë'pou] *n* 1.depo, magazinë. 2.qendër shpërndarjeje.

entrepreneur['ʌntrëprënë:] *n* sipërmarrës.

entrepreneurial[ʌntrëprë'neëriël] *adj* me iniciativë, i hedhur; me shpirt tregtari.

entresol ['entë:sol, 'ontrëso:l] *n* ndërkat(kat i ulët ndërmjet kateve I dhe II).

entropy ['entrëpi:] *n* 1.*fiz* entropi. 2. prirje për çrregullim(e gjithësisë).

entrust[en'trʌst] *vt* 1.i besoj, i lë në dorëzim. 2.ia lë në ngarkim.

entry['entri] *n* 1.hyrje, të hyrët, futje.2.derë, portë; hyrje. 3. zë, fjalë(në fjalor). 4.shënim(në ditar etj). 5.konkurues(në garë). 6.*drejt* zotërim(prone) duke hyrë brenda.7.deklarim i ngarkesës së anijes(në doganë). + **gain entry to** fitoj të drejtën e hyrjes në; **"no entry"**ndalohet hyrja.

entry examination *n* provim pranimi; konkurs.

entry fee *n* pagesë, çmim i biletës.

entry form *n* formular regjistrimi.

entry phone *n* portier elektronik (në hyrje të banesave); telefon i brendshëm.

entryway['entriwei] *n amer* hyrje.

entry word *n* zë, fjalë (në fjalor, katalog).

entwine[en'twain] *vt* 1.gërshetoj, ndërthur. 2.rrethon, mbulon(bima kacavjerrëse një shtëpi).

entwist[en'twist] *vt* përdredh bashkë.

enumerate[i'nji:mëreit] *vt* 1.rendis, emërtoj.2.numëroj. 3.regjistroj(votuesit).

enumeration[inju:më'reishën] *n* 1.renditje, emërtim; numërim. 2.listë.

enumerative[i'nju:mërëtiv] *adj* emërtues; numërues.

enumerator[inju:më'reitë:] *n* regjistrues.

enunciate[i'nʌnsieit] *v* 1.shqiptoj(fjalët).2.shpall, parashtroj.

enunciation[i'nʌnsiejshën] *n* 1.shqiptim, mënyrë shqiptimi. 2.shpallje, parashtrim(i një teorie).

enunciator[i'nʌnsieitë:] *n* parashtrues(i një teorie).

enure[in'juë:] shih **inure**.

enuresis[enië'ri:sis] *n mjek* mosmbajtje e urinës, urinim i pavullnetshëm.

envelop[en'velëp] *vt* 1.mbështjell; mbuloj. 2.rrethoj. 3.fsheh, mbuloj.

envelope ['envëloup] *n* 1. zarf. 2. mbështjellëse; mbulesë. 3.*biol* membranë, cipë; guaskë. 4.*mat* mbështjellëse. 5.ballomë.

envelopment [en'velëpmënt] *n* 1.mbështjellje. 2.mbështjellëse; mbulesë.

envenom[en'venëm] *vt* 1.helmoj. 2.*fig* mbush me urrejtje, helmoj.

enviable ['enviëbël] *adj* për t'u patur zili; i dëshirueshëm, i lakmueshëm.

enviably['enviëbli] *adv* me zili, me lakmi.

envious['enviës] *adj* ziliqar; plot zili.

enviously['enviësli] *adv* me zili.

environ[en'vairën] *vt* rrethoj, qarkoj.

environment [en'vairënmënt] *n* 1.mjedis, ambient rrethues. 2.ambienti, mjedisi natyror.

environmental [envairën'mentël] *adj* i mjedisit, ambiental.

environs[en'vairënz] *n* rrethina, periferi.

envisage [en'vizixh] *vt* 1.parashikoj. 2. përballoj, marr në sy. 3.përfytyroj, mendoj. 4.*vjet* shoh në sy.

envision[en'vizhën] *vt* përfytyroj, imagjinoj.

envoy I['envoi] *n* 1.lajmëtar, i dërguar. 2. i ngarkuar me punë(diplomati nën ambasadorin).

envoy II['envoi] *n* 1.strofë(në mbyllje të një poeme). 2.poshtëshënim(në një vepër letrare); kushtim.

envy['envi] *n,v* -*n* zili, smirë; **be green with envy** nxihem nga zilia; **be the envy of** më kanë zili. -*vt* kam zili(dikë); ia kam zili(diçka dikujt).

enwrap[en'ræp] *vt* mbështjell.

enwreathe[en'ri:th] *vt* rrethoj, mbështjell.

enzyme['enzim, 'enzaim] *n biol* enzimë.

eon['i:ën, 'i:on] *n amer* mijëra vjet; përjetësi.

epaulet(te)['epoulet] *n* spaletë.

ephemera[i'femërë] *n* 1.njeri a send jetëshkurtër.2.insekt jetëshkurtër, mizë maji(që rron 1-2 ditë). 3.ethe e shkurtër.

ephemeral [i'femërël] *adj* 1. jetëshkurtër; kalimtar, fluturak.2.njëditësh, që rron/zgjat vetëm një ditë.

ephemerid[i'femërid] *n zool* mizë maji, efemeridë(që rron 1-2 ditë).

epi-['epë, 'epi] *pref* mbi-; ndër-.

epic['epik] *adj,n* -*adj* epik; heroik. -*n* 1.poemë epike; epos. 2.*gj.fol* film madhështor.

epical['epikël] *adj* epik; heroik.

epically ['epikëli] *adv* me epizëm, në mënyrë epike.

epicene['episi:n] *adj* 1.*gram* a)njëgjinor, me një gjini të vetme(për të dyja sekset); b)pa gjini; dygjinor(emër). 2.pa seks; hermafrodit. 3.i feminizuar. -*n* 1.person pa seks; hermafrodit. 2.*gram* emër njëgjinor; emër pa gjini.

epicentre ['episentë:] *n* 1.epiqendër(e tërmetit). 2.qendër, pikë kryesore.

epicurean[epikjë'ri:ën] *n* 1.epikurian. 2.i dhënë pas qejfeve.

epidemic[epidemik] *adj,n* -*adj* epidemik. -*n* 1.epidemi. 2.*fig* përhapje e menjëhershme(e një mode etj).

epidemical[epi'demikël] *adj* epidemik.

epidemiology[epëdimi'o:lëxhi] *n* epidemiologji.

epidermis [epi'dë:mis] *n* 1. epidermë, shtresë e jashtme e lëkurës. 2.veshje e guaskës.

epigram['epigræm] *n* 1.epigram, shënim. 2.*poet* epigram.

epigraph['epigræf] *n* 1.epigraf, mbishkrim(në godinë, varre etj). 2.*let* citat, moto(në krye të një

libri, kapitulli).

epigraphy[e'pigrëfi] *n* 1.mbishkrime. 2.epigrafi (shkenca e interpretimit të mbishkrimeve).

epilepsy ['epilepsi] *n mjek* epilepsi, sëmundje e tokës.

epileptic[epi'leptik] *adj,n* -*adj* epileptik, me epilepsi. -*n* epileptik, i sëmurë me epilepsi.

epilog(ue)['epilog] *n* epilog.

episcopacy[i'piskëpësi] *n* peshkopatë.

episcopal[i'piskëpël] *adj* peshkopal, i peshkopit, ipeshkvnor.

episcopate[i'piskëpit] *n* peshkopatë.

episode['episoud] *n* episod; ndodhi, ngjarje.

episodic[epi'sodik] *adj* 1.episodik; rastësor. 2.*let* episodik, fragmentar.

epistle[i'pisël] *n* 1.letër(zyrtare).2.letër në vargje. 3.letrat e apostujve të Krishtit.

epistolary[i'pistëleri] *adj* epistolar; i letrave, i letërkëmbimit.

epistyle['epistail] *n ark* arkitra, kryetra.

epitaph['epitæf] *n* mbishkrim varri; epitaf.

epithet['epithet] *n* 1.epitet. 2.nofkë.

epitome[i'pitëmi] *n* 1.përmbledhje(e një vepre). 2.tip, shembull tipik, ekzemplar.

epoch ['i:pok, 'epëk] *n* 1.epokë, erë. 2.*fig* epokë; **mark a new epoch** shënon një epokë të re.

epochal ['epëkël, 'i:pokël] *adj* epokal, që bën epokë.

epoch-making['epëk'meiking] *adj* shih **epochal**.

epoxy[ep'oksi] *adj,n* -*adj* epoksid. -*n* rrëshirë epokside.

epsilon['epsilon] *n* germa ϵ, epsilon, *e* greke.

Epsom salts['epsëm 'solts] *npl* sulfat magnezi i hidratuar, kripë kundër kapsllëkut.

equability[ekwe'bilëti] *n* njëtrajtshmëri; pandryshueshmëri.

equable['ekwëbël] *adj* 1.i njëtrajtshëm, uniform; i pandryshueshëm. 2.i qetë, i patrazuar.

equal['i:kwël] *adj,n,v* -*adj* 1.i barabartë, i njëjtë. 2.i njëtrajtshëm. 3.i aftë, i përshtatshëm(për një punë). 4.*vjet* i drejtë, i paanshëm. -*n* i barabartë. -*vt* 1.barazoj(rekordin); barazohem(me dikë).2. bën, është baraz me.+**be equal to(sth)** jam në lartësinë e (diçkaje); **on equal terms** si të barabartë.

equality[i'kwolëti] *n* barazi.

equalization [i:kwëlai'zeishën] *n* barazim, rrafshim.

equalize['i:kwëlaiz] *vt* barazoj, rrafshoj.

equalizer[i:kwë'laizë:] *n* 1.barazues.2. *el* barazues tensionesh.

equal opportunities *n* shanse të barabarta (për punë).

equal sign *n* shenjë e barazimit(=).

equally['i:kwëli] *adv* 1.barabar; njëlloj. 2.në sas[...]

të barabarta, në mënyrë të barabartë. 3.gjithashtu, po ashtu.

equanimity[ekwë'nimëti] *n* qetësi, gjakftohtësi.

equatable[i'kweitëbël] *adj* i barazueshëm.

equate [i'kweit] *vt* 1. vë shenjën e barazimit, barazoj. 2.quaj të njëllojtë, trajtoj njëlloj. 3.bëj të barabartë. 4.rrafshoj, çoj në një mesatare.

equation [i'kweishën] *n* mat,kim,fiz barazim, e-kuacion.

equator[i'kweitë:] *n* gjeog,astr ekuator(tokësor, qiellor).

equatorial[ekwë'to:riël] *adj* ekuatorial.

equerry['ekwëri] *n* 1.oficer i oborrit.2.rojë personale(e mbretit etj).

equestrian[i'kwestriën] *adj,n* -*adj* 1.kalorësie, i kuajve. 2.në kalë, hipur në kalë, kaluar(statujë). -*n* kalorës.

equestrienne[ikwestri'en] *n* kalorëse.

equi-['i:kwi] *pref* baraz-; **equidistant** i barazlarguar.

equiangular[i:kwi'ængiëlë:] *adj* me kënde të barabarta.

equidistant[i:kwi'distënt] *adj* i barazlarguar.

equilateral [i:kwi'lætërël] *adj,n* -*adj mat* barabrinjës. -*n* 1.figurë barabrinjëse. 2.brinjë e barabartë me të tjerat.

equilibrant[i:'kwilibrënt] *n fiz* forcë ekuilibruese/ barazpeshuese.

equilibrate[i:kwi'laibreit] *vt* barazpeshoj, ekuilibroj.

equilibrium[i:kwi'libriëm] *n* 1.ekuilibër, barazpeshë. 2.qetësi shpirtërore.

equine['i:kwain] *adj,n* -*adj* i kalit, i kuajve; si kalë. -*n* kalë.

equinoctial[ikwë'nokshël] *adj,n* -*adj* 1.i ekuinokseve. 2.ekuatorial, pranë ekuatorit. -*n astr* 1.ekuator qiellor. 2.stuhi gjatë ekuinoksit.

equinoctial line *n astr* ekuator qiellor.

equinox['i:kwinoks} *n astr* ekuinoks, baraznatë.

equip[i'kwip] *vt* pajis; furnizoj; siguroj me.

equipage['ekwipixh] *n* 1.karrocë. 2.karrocë, kuaj e karrocier. 3.pajisje.

equipment[i'kwipmënt] *n* 1.pajisje, pajim, të pajisurit. 2.pajime, pajisje. 3.njohuri, aftësi, mjeshtri.

equipoise['i:kwipoiz] *n* 1.barazpeshim, barazpeshë, ekuilibër. 2.kundërpeshë, forcë ekuilibruese.

equitable['ekwitëbël] *adj* i drejtë; i paanshëm.

equitableness[e'kwitëbëlnis] *n* drejtësi; paanësi.

equitably['ekwitëbli] *adv* me drejtësi, me paanësi.

equities['ekwitiz] *npl fin* aksione të zakonshme.

equity['ekwiti] *n* 1.drejtësi, paanësi. 2.*fin* vlerë e mbetur(e pronës, pas shlyerjes së kreditorëve).

equivalence [i'kwivëlëns] *n* barasvlerë, ekuivalencë.

equivalent[i'kwivëlënt] *adj,n* -*adj* 1.i barazvlefshëm, ekuivalent, i njëvlershëm. 2.*kim* me të njëjtën valencë. -*n* 1.barasvlerës. 2.fjalë a shprehje me të njëjtën vlerë.

equivocal[i'kwivëkël] *adj* 1.i dykuptimshëm, ekuivok. 2.i pasigurt, i paqartë. 3.i dyshimtë, që të krijon dyshim.

equivocally[i'kwivëkli] *adv* 1.me dy kuptime, në mënyrë ekuivoke. 2.me pasiguri, me dyshim.

equivocate[i'kwivëkeit] *vi* flas me dy kuptime.

equivocation[ikwivë'keishën] *n* 1.të folur me dy kuptime. 2.shprehje e dykuptimshme.

er-[ë:] *suff* 1.-es,-ës; -ar,-as; **admirer** admirues; **villager** fshatar. 2.(formon shkallën krahasore të mbiemrave) më; **softer** më i butë.

era['iërë] *n* 1.erë, epokë. 2.periudhë.

eradicate[i'rædëkeit] *vt* 1.çrrënjos; zhduk.2.shkul (me gjithë rrënjë).

eradication[irædë'keishën] *n* çrrënjosje; zhdukje.

erase[i'reiz] *vt* 1.fshij, shuaj(me gomë). 2.kruaj, heq. 3.*fig* fshij, zhduk.

eraser[i'reizë:] *n* gomë (fshirëse).

erasure[i'reizhë:] *n* fshirje, shuarje(me gomë).

erbium['e:biëm] *n kim* erbium(element).

ere[er] *prep, conj vjet* -*prep* para. -*conj* 1.përpara. 2.para se, më fort.

erect[i'rekt] *adj,v* -*adj* 1.drejt, në këmbë, pingul. 2.të ngritura përpjetë(qimet). -*vt* 1.ngre(në këmbë). 2.ndërtoj, ngre(shtëpi). 3. montoj(një makineri).

erection[i'rekshën] *n* 1.ndërtim, ngritje(shtëpie). 2.ngrehinë, ndërtesë, konstruksion. 3.ngrehje. 4.penis i ngrehur.

erelong['e:long] *adv vjet* së shpejti.

eremite['erëmait] *n vjet* eremit, murg i vetmuar; vetmitar.

erewhile['erwail] *adv vjet* pak përpara, para pak kohe.

erg[ë:g] *n fiz* erg(njësi e punës).

ergo['ë:gou] *adv, conj* prandaj(latinizën).

ergometer[ë:'gomëtë:] *n* aparat për matjen e punës së muskujve, ergometër.

ergonomics[ë:gë'nomiks] *n* ergonomi, shkenca e mjedisit të punës.

ermine['ë:min] *n* 1.herminë, lloj kunadheje.2.gëzof hermine. 3.dinjitar i lartë; sundimtar.

erode [i'roud] *v* 1. gërryen, ha (uji shkëmbin). 2.hap, krijon(kanal,shtrat). 3.*fig* pakësoj, reduktoj(të drejtat etj). 4.gërryhet. 5.*fig* reduktohet.

erogenous zone[ë'roxhënës zoun] *n* zonë e eksitueshme (e trupit).

Eros['i:ros, 'eros] *n mit* Eros, perëndia e dashurisë.

erosion[i'rouzhën] *n* erozion, gërryerje.

erosive [i'rouziv] *adj* gërryes, që shkakton erozion.

erotic[i'rotik] *adj,n* -*adj* 1.dashuror, i dashurisë, erotik. 2.i ndjeshëm seksualisht; i dhënë pas seksit. -*n* person erotik.

erotica[i'rotikë] *n* art/letërsi erotike.

eroticism[i'rotisizm] *n* 1.erotizëm; temë erotike. 2.dëshirë seksuale.

err[ë:, eë:] *vi* 1.gaboj, bëj gabime.2.e kam gabim, jam i gabuar. 3.mëkatoj.

errand ['erënd] *n* 1. vajtje diku (për një porosi). 2.porosi. 3.qëllim(i vajtjes, i udhëtimit).

errand boy *n* 1.djalë që kryen porosira. 2.*gj.fol* njeri pa iniciativë.

errant['erënt] *adj* 1.endacak, bredharak. 2.i hallakatur, i çoroditur(mendim, qëndrim).

errantry ['erëntri] *n* endje e kalorësit (për aventura).

errata[e'ra:të] *n pl* shih **erratum**.

erratic[i'rætik] *adj,n* -*adj* 1.i çrregullt, i parregullt. 2.e hallakatur, e çoroditur(mendje). 3.i çuditshëm, i pazakontë(qëndrim). -*n* 1.*gjeol* popël e mbartur(nga ujët etj). 2.person i hallakatur.

erratically[i'rætikëli] *adv* në mënyrë të çrregullt /të hallakatur.

erratum [ë'reitëm, ë'ra:tëm] *n* 1. gabim shtypi /shkrimi. 2.*zak pl* **errata** ndreqje gabimesh

erroneous[ë'rouniës] *adj* i gabuar, i pasaktë.

erroneously[ë'rouniësli] *adv* gabim, gabimisht, në mënyrë të gabuar.

error['erë:] *n* 1.gabim.2.veprim i gabuar, mëkatë. 3.*sport* ndërhyrje e gabuar, faull. +**commit/make an error** bëj gabim; **in error** a)i gabuar, gabim; b)gabimisht.

ersatz['erzac, 'erzæc] *n* surogat, zëvendësues(i një produkti).

erst['ë:st] *adv vjet* dikur, më parë; kohë përpara.

erstwhile['ë:stwail] *adv,adj* -*adv vjet* më përpara, para ca kohe. -*adj* i mëparshëm, i kaluar, i dikurshëm.

eruct[i'rʌkt] *vi* vjell, nxjerr(vullkani tym, lavë etj).

eructate[i'rʌkteit] *v* shih **eruct**.

eructation[irʌk'teishën] *n* 1.nxjerrje, vjellje. 2.e vjellë; material i nxjerrë jashtë, lavë(vullkani).

erudite['eru:dait] *n* dijetar, njeri i ditur.

erudition[eru:'dishën] *n* dituri, erudicion.

erupt [i'rʌpt] *vi* 1.shpërthen (vullkani, pusi i naftës). 2.mbushet me puçrra(lëkura). 3.dalin, plasin (dhëmbët).

eruption[i'rʌpshën] *n* 1.shpërthim(vullkani etj). 2.nxjerrje, vjellje. 3.*mjek* shpërthim puçrrash, njollash. 4.dalje, plasje(e dhëmbëve). 5.*fig* shpërthim (dhune etj).

eruptive[i'rʌptiv] *adj,n* -*adj* 1.shpërthyes.2.*mjek* me shpërthim puçrrash(sëmundje). 3.*gjeol* shpërthimor(shkëmb). -*n gjeol* shkëmb shpërthimor.

erysipelas[eri'sipilës] *n mjek* të kuqtë e madh, erizipelë.

erythromycin [irithrou'maisin] *n mjek* eritromicinë.

escalade ['eskëleid] *n,v* -*n* ngjitje me shkallë (e mureve të kështjellës). -*v* ngjis me shkallë.

escalate['eskëleit] *vi* 1.rritet, shkallëzohet(konflikti etj). 2.ngjitet me shpejtësi(kostoja).

escalation[eskë'leishën] *n* 1.rritje, shkallëzim, intensifikim. 2.ngjitje e shpejtë.

escalator['eskëleitë:] *n* shkallë lëvizëse.

escalator clause *n* kusht indeksimi, kusht ndryshimi(i pagës, i së drejtës së autorit etj në kontratë).

escallop[es'kælëp] *n,v* -*n* skallop. -*vt* pjek(mishin) si skallop.

escapade['eskëpeid] *n* 1.ikje, arrati; thyerje e rregullave. 2.rreng. 3.aventurë, kuturisje.

escape[es'keip] *v,n* -*v* 1.iki, arratisem. 2.i shpëtoj, i shmangem(rrezikut, sëmundjes). 3.më del, më shpëton (një britmë etj). 4.më del nga mendja. + **escape narrowly** shpëtoj për qime; **escape notice** shpëtoj pa u vënë re. -*n* 1.ikje, arratisje. 2.shpëtim(nga kurthi). 3. qetësi, prehje. 4.rrjedhje, dalje, derdhje(lëngu, gazi).

escapee[iskei'pi:] *n* i arratisur.

escapement[es'keipmënt] *n* mekanizëm i karelit(të makinës së shkrimit).

escape route *n* 1.mënyrë arratisjeje (nga burgu). 2.dalje sigurimi(nga zjarri).

escape velocity *n fiz* shpejtësi e shkëputjes(nga gravitacioni).

escapism[es'keipizëm] *n* ikje/shkëputje nga realiteti.

escarp[es'ka:p] *n* shih **escarpment**.

escarpment[es'ka:pmënt] *n* 1.skarpatë, faqe e rrëpirët(e një fortese). 2.breg i thikët, rrëpirë.

escheat[es'çi:t] *n,v* -*n drejt* 1.kalim në pronësi të shtetit(kur s'ka trashëgimtarë). 2.pronë e kaluar në pronësi të shtetit. -*vt drejt* 1.ia kaloj shtetit(në pronësi).2.konfiskoj.

eschew[es'çu:] *vi* shmangem; shmang; i rri larg.

escort[esko:t] *n,v* -*n* 1.shoqërues, shpurë.2.shoqërues, shok, partner(i një femre). 3.anije/avionë shoqërimi, eskortë. 4.shoqërim(i dikujt). -*vt* 1.shoqëroj, përcjell, çoj. 2.i shërbej si eskortë.

escort agency *n* agjenci femrash shoqërimi.

escrow['eskrou, es'krou] *n drejt* dorëzani e besuar një të treti; **in escrow** e mbajtur nga një palë e tretë.

escudo[es'ku:dou] *n* 1.eskudo(monedhë portugeze). 2.skud(monedhë e dikurshme ari, argjendi).

esculent['eskjulënt] *adj* i ngrënshëm, për ushqim.

escutcheon[es'kʌçën] *n* 1.shqyt. 2.pllakë metalike(rreth vrimës së çelësit). 3.pllakë me emrin e anijes. +**blot on the escutcheon** njollë në biografi;

njollosje e emrit .

Eskimo['eskimou] *adj,n* -*adj* eskimez.
-*n* 1.eskimez. 2.gjuha eskimeze; **Eskimo dog** qen eskimez; **Eskimo pie** kasatë e veshur me çokollatë.

esophagus[i:'sofëgës] *n anat* ezofag, gurmaz.

esoteric[esë'terik] *adj* 1.i brendshëm, për të brendshmit. 2.personal, privat; i fshehtë; konfidencial.

Espana[es'pa:nia] *n gjeog* shih **Spain**.

especial[es'peshël] *adj* i posaçëm, special; i veçantë; i pazakontë; **of no especial value** pa ndonjë vlerë të veçantë.

especially[es'peshëli] *adv* 1.veçanërisht, sidomos. 2.kryesisht. 3.posaçërisht.

Esperanto[espë'ræntou] *n* esperanto(gjuhë).

espial[es'pajël] *n* 1.spiunim.2.vëzhgim, përgjim. 3.zbulim.

espionage[espië'na:zh] *n* spiunazh; spiunim.

esplanade['esplëneid] *n* shesh; shetitore.

espousal [es'pauzël] *n* 1. përqafim (i një kauze). 2.ceremoni fejese, martese. 3.*pl* a)fejesë; b)martesë; c)dasmë.

espouse[es'pauz] *vt* 1.martohem, marr për grua. 2.përqafoj(një fe).

espresso[es'presou] *n* ekspres, kafe ekspres; **espresso bar** kafene.

espy[es'pai] *vt* diktoj, shquaj, dalloj.

Esq. = Esquire.

Esquimau['eskëmou] *n* shih Eskimo.

esquire[es'kwaie:] *n* 1.*hist* shqytar.2.zotëri, zot. 3.zoti...; **John Murphy, Esquire =Mr John Murphy** Zoti Xhon Mërfi.

ess[es] *n* germa s.

-ess[is] *suff* femër; **lioness** luaneshë; **heiress** trashëgimtare.

essay ['esei] *n* 1. ese, sprovë, skicë. 2.detyrë me shkrim; temë diplome. 3.provë; përpjekje.

essay[e'sei] *v* provoj, përpiqem.

essayist['esejist] *n* eseist, autor esesh.

essence['esëns] *n* 1.thelb, esencë. 2.*kim* esencë. 3.parfum. 4.natyrë, tipar thelbësor. **+in essence** në thelb.

essential [ë'senshël] *adj,n* -*adj* 1.thelbësor. 2.i nevojshëm, i domosdoshëm. 3.bazë, themelor.
-*n* element i domosdoshëm; veti themelore; tipar kryesor; pjesë kryesore.

essential oil *n kim* esencë vajore, ekstrakt vajor(i bimëve).

essentials[ë'senshëls] *n* 1.artikuj të nevojës së parë. 2.thelb, esencë.

essentially [ë'senshëli] *adv* tërësisht, rrënjësisht; para së gjithash.

establish [i'stæblish] *vt* 1. ngre, krijoj, themeloj. 2.vë, vendos. 3.provoj, tregoj, vërtetoj. 4.fus, rrënjos(një zakon etj).

established[i'stæblisht] *adj* 1.i ngritur, i themeluar. 2.i provuar. 3.i rrënjosur.

established church *n* kishë kombëtare.

establishment[i'stæblishmënt] *n* 1.themelim, krijim, ngritje. 2.vënie, vendosje. 3.ndërmarrje; biznes; institucion. 4.*usht* efektiv, përbërje.

estate [i'steit] *n* 1.pronë. 2.pasuri e patundshme. 3.gjendje civile, fazë e jetës. 4.klasë, shtresë (shoqërore). **+real estate** pasuri e patundshme (tokë, shtëpi); **personal estate** pasuri e tundshme; **industrial estate** zonë industriale; **housing estate** zonë banimi.

estate agency *n* agjenci shitblerjeje pasurish të patundshme.

estate agent *n* agjent i shitjes së pasurive të patundshme.

estate car *n Br* veturë-kamionçinë.

esteem [i'sti:m] *v,n* -*vt* 1.nderoj, çmoj. 2.quaj, konsideroj.
-*n* nderim, respekt. **+hold sb in high esteem** e çmoj shumë dikë.

ester['estë:] *n kim* ester.

esthete['esthi:t, 'i:sthi:t] *n* estet.

esthetic[es'thetik, i:s'thetik] *adj* estetik.

esthetically [es'thetikëli, i:s'thetikëli] *adv* estetikisht, nga ana estetike.

esthetics[es'thetiks, i:s'thetiks] *n* estetikë.

Esthonia[es'thounië] *n gjeog* shih **Estonia**.

Esthonian[es'thouniën] *n,adj* shih **Estonian**.

estimable['estimëbël] *adj* 1.i respektueshëm, i denjë për respekt. 2.i vlerësueshëm, i llogaritshëm.

estimate ['estimit, 'estëmeit] *v* 1.vlerësoj, çmoj.2. llogaris afërsisht. 3.bëj preventivin.

estimation [esti'meishën] *n* 1.vlerësim, gjykim, mendim; **in my estimation** sipas mendimit tim. 2.nderim, respekt.3.llogaritje, vlerësim; preventivim.

estimator['estimeitë:] *n* 1.vlerësues. 2.preventivues.

estival['estivël] *adj* i verës, veror.

estivate['estiveit] *vi* 1.kaloj verën. 2.*zool* kalon verën në gjumë.

estivation[esti'veishën] *n zool* verim në gjendje gjumi.

Estonia[es'tounië] *n gjeog* Estoni.

Estonian[es'touniën] *adj n* -*adj* estonez.
-*n* 1.estonez. 2.estonisht, gjuha estoneze.

estop[es'top] *vt* drejt vjet ndaloj, pengoj.

estrange[es'treinxh] *vt* 1.ftoh, largoj; armiqësoj. 2.ndaj; i rri larg.

estranged[es'treinxhd] *adj* 1.i ndarë(çift).2.(burrë,grua) i lënë, i dëbuar.

estrangement[es'treinxhmënt] *n* 1.ndarje(e çiftit). 2.ftohje.

estray[es'trej] *n* bredhacak, endacak.

estrogen['estrëxhën] *n* estrogjen.

estuary['esçuëri] *n* 1.grykëderdhje e gjerë. 2.gotull, futje e detit në tokë.

et al.['etæl] *lat* **et alii** e të tjerë.

etc.(shkurtim i **et caetera**) *lat* etj, e të tjera.
etch[eç] *v* 1.gdhend me acid, bëj gravurë, bëj klishe. 2.*fig* rrënjos, ngulis (në mendje); **to be etched on one's memory** rrënjoset në kujtesë
etching['eçing] *n* 1.gdhendje me acid, zinkografi. 2.gravurë; klishe.
eternal [i:'të:nël] *adj* 1. i përjetshëm. 2. i përhershëm, i pambaruar. 3.i paluejtshëm, i patundshëm. 4.**the Eternal** Zoti.
Eternal City *n* Roma.
eternally[i:'të:nëli] *adv* 1.përjetësisht.2.përgjithmonë. 3.papushim; pafundësisht.
eternal triangle *n* treshe në konflikt(dy burra e një grua etj).
eternity[i:'të:niti] *n* 1.përjetësi. 2.pafundësi, pambarim. 3.jetë e përjetshme.
eternity ring *n Br* unazë martese.
eternization[i:të:nai'zeishën] *n* përjetësim.
eternize[i:'të:naiz] *vt* përjetësoj.
ethane['ethein] *n kim* etan.
ethanol['ethënoul] *n kim* alkool etilik.
ether['i:thë:] *n* 1. eter. 2. ajri i kulluar, qielli i pafund. +**over the ether** *rad* në valë, në transmetim e sipër.
ethereal[i'thi:riël] *adj* 1. i lehtë, i papeshë, eterik. 2.qiellor, jotoksor. 3.delikat, i brishtë.
etherization [i:thëri'zeishën] *n* 1.eterizim. 2.anestezi me eter.
etherize ['i:thëraiz] *vt* 1. vë në gjumë me eter. 2.shndërroj në eter.
ethic['ethik] *adj,n* -*adj* etik.
-*n* etikë.
ethical['ethikël] *adj* 1.etik, moral. 2.i moralshëm, korrekt.
ethics['ethiks] *n* 1.etikë; moral. 2.rregulla, etikë profesionale.
Ethiopia[i:thi'oupië] *n gjeog* Etiopi, Abisini.
Ethiop(ian)[i:thi'oup(iën)] *adj,n* -*adj* etiopian. -*n* etiopian. 2.*vjet* afrikan, zezak.
Ethiopic[i:thi'opik] *n,adj* -*n* etiopisht, gjuha etiopiane.
-*adj* etiopisht, abisinisht.
ethnic ['ethnik] *adj,n* -*adj* 1.etnik. 2.folklorik, kombëtar; **ethnic dances** valle kombëtare.
-*n* imigrant.
ethnical['ethnikël] *adj* shih **ethnic**.
ethnic cleansing *n* spastrim etnik.
ethnic minority *n* pakicë kombëtare, minoritet etnik.
ethnicaly['ethnikëli] *adv* etnikisht.
ethnicity[eth'nisëti] *n* karakter etnik.
ethnographer[eth'nogrëfë:] *n* etnograf.
ethnographic[ethnë'græfik] *adj* etnografik.
ethnography[eth'nogrëfi] *n* etnografi.
ethnologic(al)[ethnë'loxhik(ël)] *adj* etnologjik.
ethnologist[eth'nolëxhist] *n* etnolog.

ethnology[eth'nolëxhi] *n* etnologji.
ethyl['ethil] *n kim* etil.
ethyl alcohol *n kim* alkool etilik.
ethylene['ethili:n] *n kim* etilen.
etiquette['etëket] *n* 1.etiketë; rregulla mirësjelljeje. 2.etikë profesionale.
Etrurian[i'tru:riën] *adj,n* etrusk.
Etruscan[i'trʌskën] *n,adj* -*n* 1.etrusk, banor i Etrurisë së dikurshme. 2.gjuha etruske.
-*adj* etrusk.
etude[ei'tju:d, ei'tu:d] *n* 1.studim. 2.*muz* etyd.
etymological[etimë'loxhikël] *adj* etimologjik.
etymologist[eti'molëxhist] *n* etimolog.
etymology[eti'molëxhi] *n* etimologji(shkenca që studion prejardhjen e fjalëve).
eucalypt(us)[ju:kë'lipt(ës)] *n bot* eukalipt(us).
Euclidean [ju:'klidiën] *adj* euklidian, i Euklidit (gjeometri).
eulogize['ju:lëxhaiz] *vt* lavdëroj, ngre në qiell.
eulogist['ju:lëxhist] *n* lavdërues, panegjirist.
eulogy['ju:lëxhi] *n* 1.panegjirik, fjalim/shkrim lavdërues. 2.lavdërim i tepruar, ngritje në qiell.
eunuch['ju:nëk] *n* 1.eunuk. 2.burrë i tredhur.
euphemism['ju:fimizëm] *n* 1.eufemizm. 2.shprehje e butë(me mirësjellje).
euphony['ju:fëni] *n* eufoni, bukurtingëllim; i folur i harmonishëm.
euphoria[ju:'fourië] *n* eufori.
euphoric[ju:'fo:rik] *adj* euforik.
Eurasia ['juëreizjë] *n gjeog* Eurazi, kontinenti euro-aziatik.
eureka[ju:ri:kë] *interj* eureka!(e gjeta!).
Euro-['juërou] *pref* euro-.
Euro MP *n* deputet në Parlamentin Evropian, eurodeputet.
Eurocrat['juërëkræt] *n* eurofunksionar, funksionar i Bashkimit Ekonomik Evropian.
eurodollar['juërou'dolë:] *n* dollar amerikan i depozituar në Evropë, eurodollar.
Euromart['juërouma:t] *n* Bashkimi Ekonomik Evropian, BEE, TPE.
Europe['juërëp] *n gjeog* Evropë.
European[juërë'piën] *adj,n* -*adj* evropian.
-*n* 1.banor i Evropës, evropian. 2.banor me origjinë evropiane, i racës evropiane.
European Common Market *n* Bashkimi Ekonomik Evropian, BEE, Tregu i Përbashkët Evropian,TPE.
European Economic Comunity *n* shih **European Common Market**.
Europeanize[ju:rë'piënaiz] *vt* evropianizoj.
European Monetary System *n* Sistemi Monetar Evropian.
European Parliament *n* Parlamenti Evropian.
European plan *n* pagesë hoteli vetëm për fjetje(pa të ngrënë).

euthanasia[juthë'neizië] *n* 1.vdekje e lehtë.2.euthanazi, vdekje e vullnetshme(për t'u shpëtuar vuajtjeve).

ev *n fiz* elektronvolt.

evacuant[i'vækjuënt] *adj,n* -*adj mjek* shkarkues, jashtëqitës, purgativ.

-*n* purgativ, bar për të dalë jashtë.

evacuate[i'vækjueit] *vt* 1.zbraz, lë bosh, largohem nga (një vend). 2.heq, largoj, shpërngul(banorët etj). 3.zbraz(zorrët), dal jashtë.

evacution[ivækju'eishën] *n* 1.zbrazje, boshatisje. 2.heqje, largim, shpërngulje. 3.zbrazje, shkarkim.

evacuee[ivækju'i:] *n* i shpërngulur.

evade[i'veid] *vt* 1.shmang, i dredhoj. 2.i rrëshqas, ia hedh(ligjit).

evader[i'veidë:] *n* dredhues;bishtnues.

evaluate[i'væljueit] *vt* 1.vlerësoj, çmoj. 2.përcaktoj, llogaris(me mendje).

evaluation[ivælju'eishën] *n* vlerësim.

evaluative[ivælju'eitiv] *adj* vlerësues.

evaluator[ivælju'eitë:] *n* vlerësues, ekspert.

evanesce[evë'nes] *vi* tretet, zhduket, shuhet, venitet.

evanescence[evë'nesëns] *n* zhdukje, shuarje, tretje, venitje.

evanescent[evë'nesënt] *adj* jetëshkurtër, që venitet, kalimtar.

evangel [i'vænxhël] *n* 1.**Evangel** Ungjill. 2.lajm i mirë. 3.evangjelist.

evangelic[i:væn'xhelik] *adj* 1. i Ungjillit, ungjillor. 2.evangjelist. 3.protestante(kishë).

evangelical[i:væn'xhelikël] *adj* shih **evangelic.**

evangelism[i:'vænxhëlizëm] *n* evangjelizëm.

evangelist[i'vænxhëlist] *n* 1.evangjelist, ungjillor. 2.një nga të katër apostujt autorë të Ungjijve.

evaporate[i'væpëreit] *vi* 1.avullon. 2.*fig* zhduket, tretet, shuhet(shpresa etj). +**evaporated milk** qumësht i kondensuar.

evaporation[ivæpë'reishën] *n* 1.avullim. 2.zhdukje, tretje.

evaporator[ivæpë'reitë:] *n* aparat avullimi.

evasion[i'veizhën] *n* 1.shmangie, dredhim, bishtnim. 2.dredhi; justifikim.

evasive[i'veisiv] *adj* bishtnues, i paqartë, jo i prerë, evaziv.

evasively[i'veisivli] *adv* në mënyrë të paqartë, turbull, në mënyrë evazive.

evasiveness[i'veisivnis] *n* natyrë evazive, paqartësi.

eve [i:v] *n* 1. vigjilje. 2. prag, çaste para ngjarjes. 3.*poet* mbrëmje.

Eve[i:v] *n fet* Eva; **daughter of Eve** grua.

even I['i:vën] *adj,v,adv* -*adj* 1.i rrafshët, i sheshtë. 2.rrafsh me, në një nivel. 3.i njëjtë, i njëtrajtshëm, i rregullt. 4.i barabartë. 5.çift(numër). 6.fit e fit, i shlyer. 7.i qetë, i patrazuar. 8.i drejtë, i paanshëm(trajtim). +**be even** a)jam fit e fit, jam me

të miat. 2.jam i larë, e kam marrë hakun.

-*vt* 1.barazoj(rezultatin). 2.rrafshoj, barazoj (gjatësitë, nivelet).

-*adv* 1.barabar, njëlloj. 2.sapo, tamam; **she left even as you came** ajo iku sapo erdhe ti. 3.madje, bile. 4.krejt, krejtësisht. 5.qoftë edhe. 6.akoma, ende; **even better** akoma më mirë. +**break even** *gj.fol* dal me të miat, kam sa humbje, aq fitore; **even if** edhe sikur; edhe pse; **even so** megjithatë; **even though** megjithëse; **get even** a) dal me të miat; b)e marr hakun.

even II['i:vën] *n poet* mbrëmje.

evenfall['i:vënfo:l] *n poet* muzg.

even-handed ['i:vën'hændid] *adj* i paanshëm, i drejtë.

evening['i:vning] *n,adj,adv* -*n* 1.mbrëmje. 2.*fig* fund, muzg (i një epoke).

-*adj* mbrëmjeje.

-*adv pl* **evenings** mbrëmanet, në mbrëmje.

evening classes *n* shkollë nate.

evening dress *n* 1.fustan mbrëmjeje. 2.veshje serioze, kostum mbrëmjeje(për burra).

evening star *n* Ylli i mbrëmjes, planeti Afërditë.

evenly['i:vënli] *adv* 1.rregullisht. 2.barabar. 3.qetë, shtruar.

evenness[i:'vënnis] *n* 1.rregullsi. 2.barazi, barazpeshë, ekuilibër.

even number *n* numër çift.

evensong['i:vënsong] *n* 1.*fet* mbrëmësore, lutje e mbrëmjes. 2.*vjet* mbrëmje.

event [i'vent] *n* 1. ngjarje, ndodhi. 2. ngjarje e rëndësishme. 3.përfundim, rezultat. 4.garë, pikë e programit të garave.5.rast. +**at all events, in any event** në çdo rast, sidoqoftë; **in the event of** në rast se, po qe se(bie shi etj); **in the event that** në rast se, në qoftë se, po qe se.

even-tempered ['i:vën'tempë:d] *adj* i qetë, gjakftohtë, i përmbajtur.

eventful[i'ventful] *adj* 1.plot ngjarje. 2.i rëndësishëm.

eventide['i:vëntaid] *n poet* mbrëmje, muzg.

eventide home *n Br* shtëpi e pleqve.

eventual[i'vençuël] *adj* përfundimtar; **the eventual winner was David** më në fund fitues doli Davidi.

eventuality [ivençu'ælëti] *n* mundësi; rastisje, ngjarje e mundshme.

eventually [i'vençuëli] *adv* në fund, përfundimisht.

eventuate[i'ventjueit] *vi* ndodh, vjen si përfundim, rezulton.

ever['evë:] *adv* 1.ndonjëherë; **have you ever been to Paris?** ke qenë ndonjëherë në Paris? **I hardly ever see him** nuk e shoh pothuajse asnjëherë; **if ever** po qe se ndonjëherë. 2.gjithmonë; **as ever** si gjithmonë; **for ever** përgjithmonë. 3.(për të theksuar):**ever so** shumë; aq fort; **ever such** kaq, kaq shumë; tepër; **how ever?** si, pra? **why ever?** pse, pra? pse, të shkretën? +**for ever and a day** gjithmonë, përgjithmonë; **ever since** qëkur, qëkurse; që nga.

Everest['evërist] *n gjeog* Everest.

everglade['evë:gleid] *n* moçal.

evergreen['evë:gri:n] *adj,n* -*adj* 1.me gjelbërim të përhershëm. 2.jetëgjatë, i qëndrueshëm(shprese). -*n* 1. dru / kaçube me gjelbërim të përhershëm. 2.dru halor.

everlasting[evë:'la:sting] *adj,n* -*adj* 1.i përhershëm, i përjetshëm. 2.jetëgjatë, i qëndrueshëm. 3.tepër i zgjatur/i përsëritur; i mërzitshëm. -*n* 1.përjetësi.2.bimë zbukurimi me gjelbërim të përhershëm. 3.**the Everlasting** Zoti.

everlastingly[evë:'la:stingli] *adv* përjetësisht.

evermore[evë:'mo:] *adv* gjithmonë, përgjithmonë.

eversion[i'vë:zhën] *n* kthim mbrapsht, shpërveshje (e rrobës etj).

evert[i'vë:t] *vt* kthej mbrapsht, shpërvesh.

every ['evri] *adj* 1.çdo, cilido. 2.gjithë, i gjithë, i plotë; **show sb every consideration** i tregoj dikujt gjithë konsideratën time. +**every now and then** herë pas here; **every other (day)** çdo dy ditë, një herë në dy ditë; **every which way** *amer* kudo, ngado, nga të gjitha anët.

everybody['evribodi] *pron* çdonjëri, kushdo, cilido, secili; të gjithë.

everyday ['evridei] *adj* 1. i përditshëm. 2. e rëndomtë, për ditë jave(rrobë). 3.i zakonshëm, i rëndomtë(shkrimtar).

Everyman['evrimæn] *n* 1.*hist* personazh drame moralizuese. 2.njeri i zakonshëm.

everyone['evriuʌn] *pron* shih **everybody**.

everyplace['evripleis] *adv amer* shih **everywhere**.

everything['evrithing] *pron* gjithçka, çdo gjë. -*n* gjithçka e vyer; gjë shumë e rëndësishme; **it means everything to her** kjo është shumë e rëndësishme për të.

everywhere ['evriweë:] *adv* kudo, gjithandej, në çdo vend.

evict[i:vikt] *vt* 1.përzë, dëboj, nxjerr jashtë (qiraxhiun). 2.*usht* dëboj, zmbraps(armikun nga një pozicion).

eviction [i:'vikshën] *n* dëbim, përzënie, nxjerrje jashtë.

eviction notice *n* njoftim për t'u larguar.

evidence['evidëns] *n,v* -*n* 1.dëshmi, provë.2.*drejt* a)dëshmi; b)dëshmitar. 3.shenjë, tregues; **evidence of pleasure** shenjë kënaqësie. + **in evidence** i dukshëm, që bie në sy. -*vt* tregon, dëshmon, është shenjë e.

evident ['evidënt] *adj* i dukshëm; i qartë; i kuptueshëm.

evidential [evi'denshël] *adj* 1.dëshmie, prove; i

evidently ['evidëntli] *adv* 1. dukshëm, qartë, në mënyrë të dukshme. 2.me sa duket, siç duket.

evil['i:vël] *adj,n* -*adj* 1.i keq; i lig.2.mëkatar. 3.i dëmshëm, dëmtues. 4.fatkeq. 5.i keq, i njollosur (emër). -*n* 1.e keqe. 2.ligësi. 3.mëkat.4.fatkeqësi,mjerim ; **war is a great evil** lufta është një fatkeqësi e madhe. +**evil eye** sy i keq; **be the lesser of two evils** është e keqja më e vogël.

evildoer['i:vëldu:ë:] *n* 1.njeri i lig. 2.keqbërës.

evildoing['i:vëldu:ing] *n* 1.keqbërje. 2.ligësi.

evil-eyed['i:vëlaid] *adj* sykeq, që ka sy të keq, që merr mësysh.

evilly['i:vëli] *adv* me keqdashje.

evil-minded ['i:vël'maindid] *adj* dashakeq, i lig, me qëllime të këqija.

evilness['ivëlnis] *n* ligësi, keqdashje.

Evil One *n* Djalli, Dreqi, Shejtani.

evince[i'vins] *vt* 1.shfaq, tregoj(inatin etj).2.dëshmoj, provoj, tregoj(vlerat).

evincement [i'vinsmënt] *n* shfaqje, manifestim; dëshmim.

evincible[i'vinsibël] *adj* i provueshëm; i demonstrueshëm.

eviscerate[i'visëreit] *vt* 1.i nxjerr të brendshmet, rropullitë. 2.i heq diçka thelbësore (një vepre).

evocation[evou'keishën] *n* 1.ndjellje, shkaktim. 2.përjetim; zgjim(kujtimesh).

evocative [i'vokëtiv] *adj* 1. ndjellës, shkaktues. 2.përjetues; që zgjon.

evoke[i'vouk] *vt* ndjell, ngjall, zgjoj, evokoj.

evolution[i:vë'lu:shën] *n* 1.zhvillim, evolucion. 2.*usht* lëvizje trupash, manevër. 3.çlirim, përftim (nxehtësie). 4.*mat* nxjerrje e rrënjës.

evolutionary[evë'lu:shëneri] *adj* i zhvillimit; evolucionar.

evolutionist[evë'lu:shënist] *n* evolucionist.

evolve [i'volv] *v* 1. zhvilloj, përpunoj, shtjelloj. 2.*biol* zhvillohet, evoluon. 3.çliroj, nxjerr; përftoj.

evolvement[i'volvmënt] *n* zhvillim, evoluim.

ewe[ju:] *n* dele.

ewer['ju:ë:] *n* shtambë, kotruve.

ex [eks] *prep,n* -*prep treg* në dalje të, jashtë; **price ex factory** çmimi në dalje nga fabrika. -*n gj.fol* ish-burrë; ish-grua; ish-bashkëshort.

ex-[eks] *pref* 1.ish-. 2.pa-. 3.ish-. **ex**. shkurtim i **example, exercise** etj.

exacerbate[eks'æsë:beit] *vt* 1.keqësoj, acaroj, rëndoj(dhimbjen etj). 2.irritoj, ndez(ndjenjat etj).

exacerbation[egzæsë:'beishën] *n* 1.rëndim, keqësim. 2.irritim, ngacmim.

exact[eg'zækt] *adj,v* -*adj* 1.i saktë; i përpiktë. 2.i rreptë, rigoroz. -*vt* 1.kërkoj, i kërkoj. 2.kërkon, ka nevojë për; bën të nevojshme.

exacting[eg'zækting] *adj* 1.kërkues, ekzigjent.2.e vështirë, e mundimshme, me kërkesa(punë).
exaction [eg'zækshën] *n* 1. kërkesë, kërkim (me detyrim). 2.zhvatje, shkulje. 3.taksë, tarifë(për t'u paguar).
exactitude[eg'zæktëtju:d] *n* saktësi, përpikmëri.
exactly[eg'zæktli] *adv* 1.saktësisht, me saktësi, me përpikmëri. 2.pikërisht. 3.krejt e dejtë. +**not exactly what one expected** jo tamam siç pritej.
exactness[eg'zæktnis] *n* saktësi, përpikëri.
exact sciences *n* shkencat e sakta, shkencat ekzakte.
exaggerate[eg'zæxhëreit] *v* zmadhoj, ekzagjeroj; teproj.
exaggeration [egzæxhë'reishën] *n* zmadhim, ekzagjerim; teprim.
exalt [eg'zolt] *vt* 1. lavdëroj, ngre në qiell. 2.çoj peshë, ekzaltoj. 3.nderoj, i thur lavde.
exaltation[egzol'teishën] *n* 1.lavdërim; ekzaltim. 2.dehje, dalldi.
exam[eg'zæm] *n gj.fol* shih **examination**.
examination[egzæmë'neishën] *n* 1.kontroll, ekzaminim, këqyrje. 2.provim. 3.përgjigje me shkrim, provim me shkrim. 4.*drejt* pyetje(e dëshmitarit). +**pass one's /fail in an examination** kaloj/mbetem në provim; **take/go in for an examination** jap provim.
examination board *n* komision provimi.
examination paper *n Br* 1. temë provimi, tezë. 2.përgjigje(e provimit).
examine [eg'zæmin] *vt* 1.kontrolloj, ekzaminoj, këqyr. 2.marr në provim, i bëj provim. 3.*drejt* pyes (dëshmitarin).
examinee[egzæmi'ni:] *n* student, ai që jep provim.
examiner[eg'zæminë:] *n* pedagog, ai që merr në provim.
example[eg'zæmpël] *n* 1.shembull. 2.*fig* model, shembull. 3.ushtrim. 4.paralajmërim.+**for example** për shembull; **make an example of sb** e bëj shembull dikë(duke e ndëshkuar); **set an example** jap shembull, bëhem shembull; **without example** i pashembullt.
exasperate[eg'zæspëreit] *vt* irritoj, ia sjell në majë të hundës, ia plas shpirtin.
exasperating[egzæspë'reiting] *adj* irritues, që të ngre nervat, pezmatues.
exasperation[egzæspë'reishën] *n* irritim, nervozim; zemërim, tërbim.
Exc. = excellency.
ex cathedra[eks'kæthëdrë] me autoritet; i thënë me kompetencë.
excavate [ekskë'veit] *vt* 1.gërmoj. 2.nxjerr nga dheu, çgropos.
excavation[ekskë'veishën] *n* 1.gërmim.2.*pl* gërmime arkeologjike. 3.gropë, kanal; vend gërmimesh.
excavator [ekskë'veitë:] *n* 1.gërmues. 2.ekska-

vator.
exceed[ek'si:d] *vt* 1.kaloj, kapërcej, tejkaloj. 2.ua kaloj(të tjerëve).
exceeding [ek'si:ding] *adj,adv -adj* shumë i madh; i pazakonshëm; ekstrem.
-adv vjet shih **exceedingly**.
exceedingly [ek'si:dingly] *adv* tej mase, jashtëzakonisht, tepër, së tepërmi, sa s'thuhet.
excel[ek'sel] *v* 1.lë pas, ua kaloj.2.shkëlqej, dalloj, dallohem, shquhem; **to excel oneself** bëj më shumë se ç'pritej, kaloj parashikimet.
excellence['eksëlëns] *n* 1.epërsi. 2.përsosmëri, cilësi e shkëlqyer. 3.**Excellence** Shkëlqesi, Shkëlqesia Juaj.
excellency ['eksëlënsi] *n* 1. epërsi; përsosmëri. 2.**Excellency** Shkëlqesi.
excellent['eksëlënt] *adj* i shkëlqyer.
excelsior[ek'selsio:] *n amer* 1. tallash (për ambalazhim qelqurinash). 2.*polig* gërma 3-she.
except[ek'sept] *prep,conj,v -prep* veç, përveç, me përjashtim të.
-conj 1.*gj.fol* vetëm se; **except that I can't swim** vetëm se nuk di not. 2.përveçse; **except to visit his mother** përveçse për të parë të ëmën. 3.*vjet* në mos; **except you repent** në mos u pendofsh.
-vt përjashtoj, lë jashtë; **nobody excepted** pa përjashtim. +**except for** me përjashtim të.
excepted[ek'septid] *adj* i përjashtuar.
excepting[ek'septing] *prep,conj* përveç,duke përjashtuar.
exception[ek'sepshën] *n* 1.përjashtim; **with the exception of** me përjashtim të; **without exception** pa përjashtim. 2.rast i jashtëzakonshëm, përjashtim. 3.fyerje, lëndim; **take exception to** a)fyhem, prekem, lëndohem; b)protestoj, shpreh kundërshtim.
exceptionable[ek'sepshënëbël] *adj* i kundërshtueshëm; për t'u kundërshtuar.
exceptional[ek'sepshënël] *adj* i jashtëzakonshëm, i pazakontë; i veçantë.
exceptionally[ek'sepshënëli] *adv* 1.në mënyrë të veçantë. 2.jashtëzakonisht; **exceptionally clever** jashtëzakonisht i zgjuar.
excerpt[*n* 'eksë:pt; *v* ek'së:pt] *n,v -n* ekstrakt, fragment, pjesë; citat.
-vt shkëpus, nxjerr (një fragment); citoj.
excess[*n* ek'ses; *adj* 'ekses] *n,adj -n* 1.teprim. 2.tepri. 3.peshë e tepërt; tejkalim. 4.*pl* veprime të skajshme, teprime, ekstremizëm.
-attrib i tepërt, shtesë; **extra luggage** bagazh mbi peshë. +**be in excess of** tejkalon, kalon kapërcen; **to excess** me tepri.
excess baggage *n* bagazh mbi normativë.
excess fare *n Br* shtesë, tarifë shtesë.
excessive[ek'sesiv] *adj* i tepruar, jashtë mase, me tepri.
excessive[ek'sesiv] *adj* i tepruar, jashtë mase, te-

për i madh(çmim).

excessively[ek'sesivli] *adv* tepër, jashtë mase, me tepri.

excessiveness[ek'sesivnis] *n* tepri.

exchange[eks'çeinxh] *v,n* -*v* 1.këmbej, ndërroj, shkëmbej. 2.shkëmbej, jap e marr. 3.kthej mbrapsht (diçka të blerë). 4.thyej, këmbej(para, valutë). -*n* 1.këmbim, ndërrim, shkëmbim. 2.bursë (aksionesh etj). 3.thyerje, këmbim(valute). 4.tarifë këmbimi.5.kurs(i monedhës). 6.central(telefonik). +**in exchange(for)** në këmbim të; **bill of exchange** kambial; **the stock of exchange** bursë aksionesh, letrash me vlerë.

exchangeability[eksçeinxhë'bilëti] *n* shkëmbyeshmëri.

exchangeable [eks'çeinxhëbël] *adj* i këmbyeshëm, i shkëmbyeshëm.

exchange rate *n fin* normë shkëmbimi.

exchange reaction *n kim* reaksion këmbimi.

exchequer[eks'çekë:] *n* 1.thesar(i shtetit). 2.*gj.fol* financë; fonde. 3.**Exchequer** *Br* a)ministria e financave; b)fondet e qeverisë (britanike).

Exchequer Court *n* Gjyqi Federal (i Kanadasë).

excise I['eksaiz, ek'saiz] *n fin* taksë indirekte(për duhanin etj), taksë monopoli.

excise II[ek'saiz] *vt* heq, pres(një tumor etj).

excision[ek'sizhën] *n* heqje, prerje.

excitability[eksaitë'bilëti] *n* ngacmueshmëri; eksitueshmëri.

excitable[ek'saitëbël] *adj* i ngacmueshëm, i eksitueshëm; i irritueshëm.

excitant[ek'saitënt] *n,adj* -*n* 1.nxitës, stimulues. 2.*fig* lëng magnetizues.

-*adj* nxitës, stimulues; eksitues.

excitation[eksi'teishën] *n* 1.ngacmim, eksitim. 2.*fiz* eksitim.

excite[ek'sait] *vt* 1.ngacmoj, eksitoj; emocionoj. 2.ngjall, zgjoj(zili). 3.irritoj, egërsoj, cys, nxis. 4.stimuloj. 5.*el,fiz* eksitoj(bobinën, atomin).

excited [ek'saitid] *adj* 1.ngacmuar; i eksituar, i ndezur. 2.*el,fiz* i eksituar.

excitedly[ek'saitidli] *adv* në gjendje të eksituar.

exitement [ek'saitmënt] *n* 1. ngacmim, eksitim. 2.ndjesi, emocion.

exciter[ek'saitë:] *n* 1.ngacmues, irritues, eksitues. 2.*el* a)eksitues, krijues fushe magnetike; b)gjenerator valësh.

exciting [ek'saiting] *adj* 1. ngacmues, irritues. 2.rrëmbyes, pasionues, emocionues.

exclaim[eks'kleim] *v* bërtas, thërras; them me zë të lartë.

exclamation[eksklë'meishën] *n* 1.thirrje, britmë. 2.pasthirrmë.

exclamation mark/point *n* pikëçuditëse.

exclamatory [eks'klæmëtëri] *adj* thirrmor; me pasthirrma.

exclude[eks'klu:d] *vt* 1.lë jashtë, nuk lë të hyjë (drita). 2.përjashtoj, nuk pranoj. 3.i heq mundësinë, përjashtoj; **exclude all possibility of doubt** përjashtoj çdo mundësi për të dyshuar.

excluding[eks'klu:ding] *prep* duke përjashtuar, pa llogaritur, me përjashtim të.

exclusion[eks'klu:zhën] *n* përjashtim; **to the exclusion of** duke lënë mënjanë; me përjashtim të.

exclusive [eks'klu:siv] *adj,n* -*adj* 1.përjashtues, që përjashtojnë njëri-tjetrin. 2.i veçantë; **exclusive interest** interesim i veçantë. 3.i vetëm. 4.i kufizuar vetëm për disa (klub). 5. i zgjedhur, i shtrenjtë (dyqan); **exclusive of** duke përjashtuar, me përjashtim të.

-*n* 1.monopol. 2.botim i veçantë, i vetëm(i një artikulli).

exclusively[eks'klu:sivli] *adv* vetëm, ekskluzivisht, duke përjashtuar.

exclusivity[eksklu:'sivëti] *n* 1.përjashtueshmëri. 2.të drejta ekskluzive.; monopol.

excommunicate[ekskë'mju:nikeit] *vt* shkishëroj, përjashtoj nga famullia.

excommunication [ekskëmju:ni'keishën] *n* shkishërim.

excoriate[eks'ko:rieit] *vt* 1.zhvoshk, qëroj, i heq lëkurën. 2.*fig* sulmoj ashpër, kritikoj.

excrement['ekskrimënt] *n* jashtëqitje.

excrescence[eks'kresëns] *n* xhungë, bullungë(në trup, në bimët).

excreta[eks'kri:të] *npl* sekrecione të organizmit (urinë, djersë).

excrete[eks'kri:t] *vt* nxjerr, sekretoj(djersë etj).

excretion[eks'kreshën] *n* 1.sekretim, nxjerrje(nga trupi). 2.sekrecion.

excretive[eks'kretiv] *adj* sekretues.

excretory[eks'kri:tëri, 'ekskrëto:ri] *adj* sekretues.

excruciating [eks'kru:shieiting] *adj* torturues, shumë i dhimbshëm.

exculpate ['ekskëlpeit, eks'kʌlpeit] *vt* shfajësoj, nxjerr të pafajshëm.

exculpation['ekskël'peishën] *n* 1.shfajësim.2.justifikim, përligjje; ndjesë.

exculpatory[eks'kʌlpëtori] *adj* shfajësues.

excursion[eks'kë:shën] *n* 1.ekskursion, udhëtim në grup. 2.grup ekskursionistësh. 3.largim nga tema, digresion. 4.*vjet* inkursion, mësymje.

excursionist[eks'kë:shënist] *n* ekskursionist.

excursive[eks'kë:siv] *adj* jashtë teme, digresiv.

excusable [eks'kju:zëbël] *adj* i falshëm; i justifikueshëm.

excuse[eks'kju:z] *vt* 1.fal, nuk ia vë re. 2.justifikoj, përligj (fajin). 3.shfajësom; shërben si arsye. 4.liroj, përjashtoj(nga provimi). 5.çliroj (nga detyrimi). + **excuse oneself** a)kërkoj ndjesë; b)kërkoj leje për t'u larguar.

-*n* 1.falje, ndjesë. 2.përligjje, justifikim; shfajësim.

+ **in excuse of** për të përligjur; **without excuse** pa arsye(mungesë).

execrable ['eksikrëbël] *adj* 1. i urryer, i neveritshëm. 2.*gj.fol* shumë e keqe(shije).

execrably['eksikrëbli] *adv* urrejtshëm, me neveri; në mënyrë të neveritshme.

execrate['eksikreit] *vt* 1.urrej, kam krupë, më vjen neveri. 2.mallkoj.

execration[eksi'kreishën] *n* 1.urrejtje, neveri, krupë. 2.mallkim.

executant[ek'zekjutënt] *n* 1.zbatues. 2.*muz* ekzekutues, interpretues.

execute ['eksëkju:t] *vt* 1.zbatoj, kryej, përmbush. 2.zbatoj, ushtroj, vë në zbatim(ligjin). 3.ekzekutoj(të dënuarin). 4.prodhoj, bëj, përfundoj, realizoj(një vepër arti). 5.*muz* ekzekutoj, interpretoj, luaj.

execution[eksë'kju:shën] *n* 1.zbatim,kryerje, përmbushje(e detyrës etj). 2.ushtrim, zbatim(i ligjit. 3.*muz* ekzekutim, interpretim, lojë. 4.*drejt* ekzekutim(i të dënuarit). 5.*drejt* urdhër përmbarimi. +**put** /**carry sth into execution** vë në zbatim/përmbush diçka.

executioner [eksë'kju:shënë:] *n* xhelat; ekzekutues.

executive[eg'zekjutiv] *adj,n* -*adj* 1.ekzekutiv (komitet). 2.zbatues, ekzekutues(i ligjeve etj). -*n* 1.drejtues, administrator. 2.administratë. 3.pushtet ekzekutiv. 4.kryesi, komitet drejtues(i një partie).

executive director *n* kuadër i lartë(i një firme).

executive toy *n* pajisje (zyre) për kuadrot.

executor[eg'zekjutë:] *n* 1.zbatues testamenti, përmbarues. 2.zbatues, ekzekutues.

executrix[eg'zekjutriks] *n* 1.zbatuese testamentare, përmbaruese. 2.zbatuese, ekzekutuese.

exemplar[eg'zemplë:] *n* 1.shembull; model. 2.tip, shembull, rast tipik.

exemplary[eg'zemplëri] *adj* 1.shembullor; model. 2.tipik; karakteristik.

exemplification[egzemplëfë'keishën] *n* 1.ilustrim me shembull. 2.shembull.

exemplify[eg'zemplëfai] *vt* 1.tregoj, ilustroj me shembull. 2.bëhem shembull.

exempt [eg'zempt] *v,adj,n* -*vt* përjashtoj, çliroj, shkarkoj(nga një detyrim). -*adj* i përjashtuar, i çliruar, i shkarkuar; i lirë(nga). -*n* person i përjashtuar.

exemption [eg'zempshën] *n* përjashtim, çlirim, shkarkim; imunitet.

exercise['eksë:saiz] *n,v* -*n* 1. ushtrim; stërvitje. 2.detyra, ushtrime. 3.shfrytëzim, përdorim, ushtrim(i të drejtave). 4.kryerje(e funksioneve). 5.*pl* aktivitet, ceremoni. -*v* 1.ushtrohem, stërvitem, praktikohem. 2.përdor, shfrytëzoj (imagjinatën); ushtroj, tregoj (kujdes). 3.kryej, përmbush(detyrën). 4.ushtron(ndikim), ka si

pasojë. 5.preokupohem, shqetësohem.

exercise bike *n* biçikletë dhome(për ushtrime).

exercise book *n* 1.fletore detyrash. 2.libër ushtrimesh.

exerciser['eksë:saizë:] *n* ushtrues.

exert[eg'zë:t] *vt* 1.ushtroj, përdor(autoritetin etj). 2.përpiqem fort, bëj përpjekje; **exert oneself** mundohem, përpiqem.

exertion [eg'zë:shën] *n* 1. përpjekje. 2. përdorim, vënie në veprim; ushtrim.

exhalation[ekshë'leishën] *n* 1.frymënxjerrje. 2.avull; aromë; tym; ajër.

exhale[eks'heil] *v* 1.nxjerr frymë.2.nxjerr, lëshon (tym, avull, erë). 3.ngrihet, avullon, del(avull, erë).

exhaust [eg'zo:st] *vt* 1.zbraz, shter.2.sos, mbaroj (paratë). 3.rraskapit, këput. 4.rrënon(lufta). 5.heq, nxjerr(ajrin).6.shteron, ezauron(studimi). 7.del, largohet(tymi). 8.shfrytëzoj deri në fund(tokën); shtrydh. -*n* 1.marmitë, skapamento, tub i shkarkimit(të tymit). 2.tym(i makinës); avull shkarkimi.

exhausted[eg'zo:stid] *adj* 1.i përdorur, i vjetëruar, i mbaruar. 2.i rraskapitur, i këputur.

exhaustible[eg'zo:stibël] *adj* 1.i shterueshëm. 2.i shkarkueshëm.

exhausting[eg'zo:sting] *adj* rraskapitës.

exhaustion [eg'zo:sshën] *n* 1. shterim, shterje. 2.rraskapitje.

exhaustive [eg'zo:stiv] *adj* shterues, ezaurues, i plotë.

exhaustless[eg'zo:stlis] *adj* i pashtershëm.

exhibit [eg'zibit] *v,n* -*vt* 1. tregoj, shfaq. 2.paraqes, ekspozoj(prova, dëshmi). -*n* 1. shfaqje, ekspozim. 2. ekspozitë; eksponate. 3.provë materiale.

exhibiton [eksi'bishën] *n* shfaqje, ekspozim. 2.shfaqje. 3.eksponat. 4.ekspozitë.

exhibitionism[eksi'bishënizm] *n* 1.eksibicionizëm, mani për t'u dukur. 2.akt i pacipë, nxjerrje e organeve seksuale.

exhibitionist[eksi'bishënist] *n* 1.eksibicionist, maniak për t'u dukur. 2.njeri që del lakuriq në publik.

exhibitor[eg'zibitë:] *n* ekspozues; organizator ekspozite.

exhilarate[eg'ziëreit] *vt* 1.freskoj, gjallëroj. 2.gazmoj, ngazëllej.

exhilaration [egzilë'reishën] *n* gjallëri; gjallërim; ngazëllim.

exhilarative [eg'zilërëtiv] *adj* gjallërues; ngazëllyes.

exhort[eg'zo:t] *vt* 1.nxis, këshilloj, 2.paralajmëroj; porosis.

exhortation[egzo:'teishën] *n* 1. nxitje, këshillë. 2.paralajmërim; porosi. 3.fjalim, meshë me porosira.

exhortative[eg'zo:tëtiv] *adj* 1.nxitës, shtytës 2.paralajmërues; qortues.

exhortatory[eg'zo:tëtori] *adj* shih **exhortative**.
exhumation[eks-hju'meishën] *n* zhvarrim, zhvarrosje.
exhume[eks'hju:m, egz'ju:m] *vt* 1.zhvarros.2.zbuloj, nxjerr në shesh.
exigence['eksëxhëns] *n* shih **exigency**.
exigency[eg'zixhënsi] *n* 1.urgjencë. 2.*pl* kërkesa /nevoja urgjente. 3.rast urgjent, situatë e ngutshme.
exigent['eksixhënt] *adj* 1.i ngutshëm, urgjent, që s'pret. 2.kërkues; me shumë kërkesa.
exiguity[eksë'giuëti] *n* pakicë; vogëlsi.
exiguous[eg'zigiuës] *adj* i pakët, i vogël.
exile['egzail, 'eksail] *vt,n* -*vt* dëboj, syrgjynos. -*n* 1.dëbim, syrgjyn, mërgim me forcë. 2.i dëbuar, i syrgjynosur. 3.largim, mungesë e gjatë(nga vendi).
exiled['eksaild] *adj* i dëbuar, i syrgjynosur.
eximport ['eksimpo:t] *n* futbollist i huaj që fiton trajtim si vendas.
exist [eg'zist] *vi* 1. ekzistoj, jam. 2. rroj, jetoj. 3.ndodh, haset, ndeshet.
existence[eg'zistëns] *n* 1.ekzistencë, qenie.2.jetë, jetesë. 3.prani. + **in existence** ekzistues; **come into existence** lind; **lead a good existence** rroj mirë, bëj jetë të mirë.
existent[eg'zistënt] *adj* 1.ekzistues, real. 2.i pranishëm, i tanishëm.
existential [egzis'tenshël] *adj* 1.i qenësishëm. 2.ekzistencialist.
existentialism [egzis'tenshëlizëm] *n* ekzistencializëm.
existentialist [egzis'tenshëlist] *adj,n* ekzistencialist.
existing[eg'zisting] *adj* ekzistues.
exit['eksit, 'egzit] *n,v* -*n* 1.dalje; portë.2.ikje, dalje jashtë. 3.vdekje. -*vi* 1.dal.2.dal nga skena. 3.vdes.
exit poll *n Br* sondazh pas votimit.
exit visa *n* vizë daljeje.
ex libris[eks'li:bris] *lat* 1.nga biblioteka e (shënim në etiketë). 2.etiketë libri.
exodus['eksëdës] *n* 1.ikje, largim në masë, eksod. 2.**Exodus** *hist* eksodi i çifutëve nga Egjipti.
ex officio[eksë'fishiou] *lat* për shkak të detyrës.
exogamy[ek'sogëmi] *n* eksogami, martesë jashtë fisit.
exogenous[eks'oxhënës] *adj* i jashtëm, me burim nga jashtë(infeksion etj).
exonerate[eg'zonëreit] *vt* 1.shfajësoj, shpall të pafajshëm. 2.shkarkoj, çliroj(nga një detyrim).
exoneration [egzonë'reishën] *n* 1. shfajësim. 2.shkarkim, çlirim, lehtësim.
exonerative[eg'zonërëtiv] *adj* 1.shfajësues. 2.lehtësues, çlirues.
exorbitance[eg'zo:bitëns] *n* teprim, kalim i masës.
exorbitant[eg'zo:bitënt] *adj* i tepruar, shumë i lartë (çmim), jashtë mase.

exorbitantly [eg'zo:bitëntli] *adv* 1. me tepri; në mënyrë të tepruar. 2.jashtë mase.
exorcise ['ekso:saiz] *vt* 1.largoj(një shpirt të keq) me lutje etj. 2.çliroj(dikë) nga shpirti i keq.
exorcism ['ekso:sizëm] *n* ekzorcizëm, largim i shpirtit të keq, yshtje.
exorcist['ekso:sist] *n* yshtës.
exosphere ['eksousfië:] *n astr* ekzosferë, shtresa më e jashtme e atmosferës.
exoteric[eksë'terik] *adj* 1.për një rreth të gjerë, për publikun e gjerë; i hapur. 2.i jashtëm.
exotic[eg'zotik] *adj,n* -*adj* 1.i huaj, jo vendës.2.i çuditshëm, ekzotik,magjepsës. -*n* gjë ekzotike.
exotica[ek'zotikë] *npl* gjëra ekzotike.
exotic dancer *n* valltare që zhvishet.
expand[eks'pænd] *v* 1.zgjeroj, rris(prodhimin etj). 2.fryj(ballonën). 3.shtrij, hap, shpalos(zogu krahët). 4.(**on**) zgjerohem, shtjelloj më hollësisht. 5.rritet, shtohet(popullsia). 6.zhvillohet, zgjerohet(aktiviteti). 7.bymehet.
expandable[ek'spændëbël] *adj* i zgjerueshëm; i shtueshëm; i bymyeshëm.
expanse[ek'spæns] *n* hapësirë; sipërfaqe e paanë.
expansible [ek'spænsibël] *adj* i zgjerueshëm; i shtueshëm; i bymyeshëm.
expansile[ek'spænsail, ek'spænsil] *adj* 1.i shtirishëm; i zgjerueshëm. 2.ekspansiv. 3.bymyes.
expansion [ek'spænshën] *n* 1. shtrirje, zgjerim. 2.fryrje, bymim. 3.zmadhim, rritje. 4. përpunim, version i zgjeruar. 5.ekspansion, zgjerim kufijsh.
expansionary[ek'spænshëneri] *adj* 1.ekspansiv, që synon të shtrihet. 2.inflacionist.
expansionism [ek'spænshënizm] *n* ekspansionizëm, shtrirje.
expansionist[ek'spænshënist] *n* ekspansionist.
expansive [ek'spænsiv] *adj* 1. i zgjerueshëm. 2.i gjerë, i shtrirë. 3.zemërhapur, i çiltër.
ex parte['eks'pa:rti:] *lat* 1.drejt në interes të një pale. 2.partizan, përkrahës.
expatiate [eks'peishjeit] *vi* 1.shkruaj/flas gjerë e gjatë. 2.endem lirisht.
expatiation[ekspeishi'ejshën] *n* 1.shtjellim gjerë e gjatë. 2.bisedë e zgjatur, përshkrim i gjatë.
expatriate[*v* eks'pætriejt; *adj* eks'peitriit] *v,adj,n* -*vt* 1.dëboj, largoj nga vendi, syrgjynos. 2.mërgoj, mërgohem, lë vendin. 3.lë shtetësinë. -*adj* i larguar nga vendi, i mërguar. -*n* 1.i larguar, i syrgjynosur. 2.refugjat. 3.emigrant.
expatriation[ekspeitri'ejshën] *n* 1.dëbim, syrgjynosje. 2.largim nga vendi. 3.lënie e shtetësisë.
expect[ek'spekt] *vt* 1.shpresoj, pres.2.llogaris, quaj të drejtë. 3.*gj.fol* mendoj, ma merr mendja; **expect so** besoj se po. 4.pret fëmijë, është shtatzënë; **be expecting** është me barrë.
expectance[ek'spektëns] *n* shih **expectation**.

expectancy[ek'spektënsi] *n* 1.pritje; shpresë.2.parashikim; **life expectancy** jetëgjatësi e pritshme.
expectant[ek'spektënt] *adj,n* -*adj* në pritje, pritës.
expectant mother *n* grua shtatzënë.
-*n* pritës.
expectation[ekspek'teishën] *n* 1.pritje; shpresë. 2.besim; **it's my expectation that** besoj se, jam i mendimit që. 3.parashikim; **against/contrary to all expectations** kundër/jashtë çdo parashikimi; **in expectation of** në pritje të, me shpresën e.
expecting [eks'pekting] *adj gj.fol* shtatzënë, me barrë.
expectorant[ek'spektërënt] *adj,n* -*adj* gëlbazënxjerrës.
-*n* bar për nxjerrjen e gëlbazës.
expectorate [ek'spektëreit] *v* 1. nxjerr gëlbazë. 2.pështyj.
expectoration[ekspektë'reishën] *n* 1.nxjerrje gëlbaze. 2.gëlbazë.
expedience[ek'spi:diëns] *n* shih **expediency**.
expediency [ek'spi:diënsi] *n* 1.përshtatshmëri, të qenët i përshtatshëm. 2.interes, dobi personale; **prompted by expediency** i shtyrë nga interesi.
expedient [ek'spi:diënt] *adj,n* -*adj* 1. i përshtatshëm, i volitshëm, me vend. 2.i këshillueshëm, i dëshirueshëm, me dobi.
-*n* mjet, mënyrë, marifet.
expediently [ek'spi:diëntli] *adv* me vend; me dobi; siç duhet.
expedite['ekspidait] *vt* 1.shtyj përpara, ndihmoj, përshpejtoj(punët). 2.lehtësoj.
expedition[ekspi'dishën] *n* 1.ekspeditë. 2.grup që ndërmerr ekspeditën. 3.shpejtësi, gatishmëri.
expeditionary[ekspi'dishëneri] *adj* i ekspeditës; i dërguar; **expedition force** trupa ushtarake, dërgatë ushtarake.
expeditious [ekspë'dishës] *adj* i shpejtë, efektiv, me efekt të shpejtë.
expel [eks'pel] *vt* 1. dëboj, përzë; nxjerr jashtë. 2.përjashtoj(përgjithmonë).
expellant,-ent[ek'spelënt] *adj,n* -*adj* jashtëqitës.
-*n* bar për jashtëqitje.
expend[ek'spend] *vt* shpenzoj, prish, harxhoj.
expendable[ek'spendëbël] *adj,n* -*adj* 1.konsumi, i përdorshëm.2.i sakrifikueshëm; jo i domosdoshëm.
-*n zak pl* njerëz/gjëra jo të domosdoshme.
expenditure [ek'spendiçë:] *n* 1. shpenzim, harxhim. 2.shumë e shpenzuar, sasi e shpenzuar.
expense[ek'spens] *n* 1.shpenzim, kosto; **at the expense of** duke e paguar me, me çmimin e ; **at sb's expense** a) me shpenzimet e dikujt; b)*fig* në kurriz të dikujt. 2.humbje; sakrificë.
expensive [ek'spensiv] *adj* 1.i shtrenjtë, i kushtueshëm. 2.*fig* që kushton shtrenjt(gabim).
expensively[ek'spensivli] *adv* shtrenjt.

expensiveness[ek'spensivnis] *n* shtrenjtësi.
experience[ek'spiëriëns] *n,v* -*n* 1.përvojë, eksperiencë. 2.ngjarje. 3.njohuri, mjeshtri, përvojë profesionale.
-*vt* provoj, përjetoj, kaloj; ndiej.
experienced[ek'spiëriënst] *adj* me përvojë; i regjur; i sprovuar, ekspert; **to be experienced at/in sth** kam përvojë në diçka.
experiential [ek'spiëriënshël] *adj* i përvojës; i mbështetur në eksperiencë.
experiment[ek'sperëment] *v*ieksperimentoj, bëj eksperiment, bëj prova; **to experiment on/with** bëj eksperimente me.
experiment[ek'sperimënt] *n* 1.eksperiment, provë eksperimentale. 2.eksperimentim. +**carry out an experiment** bëj/kryej një eksperiment.
experimental[eksperë'mentël] *adj* eksperimental.
experimentally [eksperë'mentëli] *adv* eksperimentalisht, në mënyrë eksperimentale.
experimentalist [eksperë'mentëlist] *n* eksperimentues.
experimentation[eksperëmen'teishën] *n* eksperimentim.
experimenter[eksperë'mentë:] *n* eksperimentues.
expert['ekspë:t] *adj,n* -*adj* 1.ekspert, i zoti, i zanatit. 2.prej eksperti, prej specialisti(këshillë); **expert at sth/at doing sth** ekspert në diçka.
-*n* ekspert, specialist i aftë.
expertise[ekspë:'ti:z] *n* ekspertizë.
expertly['ekspë:tli] *adv* me kompetencë, me stil prej eksperti.
expiable['ekspiëbël] *adj* i shlyeshëm, që mund të shlyhet.
expiate['ekspieit] *vt* shlyej(fajin, gabimin); vë në vend(padrejtësitë).
expiation [ekspi'eishën] *n* 1. shlyerje, larje, fajshlyerje; pendim. 2. mjet shlyerjeje.
expiatory['ekspiëto:ri] *adj* shlyerës, fajshlyerës; ndreqës, që vë në vend.
expiration [ekspië'reishën] *n* 1. mbarim, përfundim. 2.frymënxjerrje. 3. mbarim, skadim afati.
expiratory[ek'spairëtori] *adj* frymënxjerrës.
expire [ek'spajë:] *vi* 1. i mbaron / i skadon afati. 2.nxjerr frymë. 3. vdes.
expiry[ek'spajëri] *n* skadim, mbarim afati.
expiry date *n* 1.datë e skadimit të afatit. 2.*drejt* datë e parashkrimit.
explain[ek'splein] *vt* 1.shpjegoj; sqaroj; shtjelloj. 2.interpretoj, shpjegoj(një ëndërr). 3.përligj, justifikoj (mungesën); jap një shpjegim; **wait! let me explain!** prisni, më lini të shpjegohem! +**explain away** justifikoj, përligj, shpjegoj; **explain oneself** a) bëj të qartë, shpjegohem; b)justifikohem, jap shpjegime.
explanation [eksplë'neishën] *n* 1. shpjegim, të shpjeguarit. 2.sqarim; justifikim.

explanatory[ek'splænətori] *adj* shpjegues, sqarues (shënim).

expletive[ek'spli:tiv] *adj,n* -*adj gram* mbushëse, formale(fjalë): *it* te **it is too bad**.
-*n* 1.pasthirrmë. 2.sharje, britmë. 3.fjalë mbushëse **(there, it)**.

explicable[ek'splikëbël, 'eksplikëbël] *adj* i shpjegueshëm; i sqarueshëm.

explicate['eksplikeit] *v* 1.shtjelloj, zhvilloj; analizoj. 2.shpjegoj, sqaroj.

explication[ek'splikeishën] *n* 1.shpjegim. 2.shtjellim; përshkrim i hollësishëm.

explicatory[ek'splikëtori] *adj* shpjegues.

explicit[ek'splisit] *adj* 1.i qartë, i shprehur qartë. 2.i çiltër. 3.i saktë.

explicitly[ek'splisitli] *adv* qartë; saktë; hapur.

explode[ek'sploud] *v* 1.shpërthen, pëlcet.2.shpërthej; hedh në erë. 3.ia plas(të qeshurit). 4.*fig* minoj, i vë minat, hedh në erë, rrëzoj(një teori). 5.shtohet pa kriter (popullsia).

exploded[ek'sploudid] *adj* i zbërthyer(pamje, vizatim).

exploder[ek'sploudë:] *n* plasës, detonator.

exploit [*n* 'eksploit; *v* eks'ploit] *n,v* -*n* bëmë, trimëri; arritje e guximshme.
-*vt* 1.shfrytëzoj; vë në shfrytëzim; përdor. 2.shfrytëzoj(dikë); nxjerr përfitim, përfitoj(prej).

exploitation[eksploi'teishën] *n* 1.përdorim, vënie në punë. 2.shfrytëzim.

exploitative[ek'sploitëtiv] *adj* shfrytëzues.

exploiter[ek'sploitë:] *n* shfrytëzues.

exploitive[ek'sploitiv] *adj* shfrytëzues.

exploration[eksplë'reishën] *n* 1.kërkim. 2.eksplorim.

explorative[ek'splorëtiv] *adj* 1.kërkimor. 2.eksplorues.

exploratory[ek'splorëtori] *adj* kërkimor; me qëllim eksplorimi.

explore[ek'splo:] *vt* 1.eksploroj, studioj(një rajon). 2.bëj kërkime. 3.shqyrtoj, hetoj(mundësitë etj). 4.ekzaminoj, prek me dorë, kontrolloj.

explorer [ek'splo:rë:] *n* 1. eksplorues; kërkues, gjurmues. 2.*mjek* sondë.

explosion[ek'splozhën] *n* 1. shpërthim, plasje, eksplozion. 2.shpërthim(të qeshurash etj). 3.shfrim (zemërimi etj).

explosive[eks'plouziv, -siv] *adj,n* -*adj* 1.shpërthyes, plasës, eksploziv. 2.shpërthyes (temperament, situatë). 3.*gram* shpërthyes(tingull).
-*n* 1.lëndë plasëse, eksploziv. 2.predhë; fishekzjarr; kallëp dinamiti.3.*gram* bashkëtingëllore shpërthyese.

explosively[ek'splouzivli] *adv* në mënyrë shpërthyese.

exponent[eks'pounënt] *n* 1.shpjegues; interpretues; përkrahës, mbrojtës i një teorie). 2.eksponent, drejtues(i një organizate). 3.shembull tipik, simbol.

4.*mat* tregues i fuqisë, eksponent.

exponential[ekspou'nenshël] *adj* eksponencial.

export[ek'spo:t, 'ekspo:t] *vt* eksportoj, nxjerr jashtë vendit.

export['ekspo:t] *n* 1.eksport, eksportim. 2.artikull eksporti; mallra të eksportuara. 3.*attr* eksporti, i eksportit.

exportation[ekspo:'teishën] *n* eksportim, eksport.

exporter[ek'spo:të:] *n* eksportues.

expose [ek'spouz] *vt* 1. zbuloj, lë zbuluar, lë pa mbrojtje. 2.nxjerr haptas, tregoj, zbuloj, nxjerr në shesh. 3.bëj të ditur, ekspozoj, demaskoj. 4.*fot* ekspozoj(filmin, letrën). 5.nxjerr jashtë, braktis (fëmijën).

exposer[eks'pouzë:] *n* ekspozues.

exposé[ekspou'zei] *n* paraqitje; ekspoze, kumtesë, referat.

exposed[eks'pouzd] *adj* 1.i zbuluar, i pambrojtur. 2.i hapët, jo i fshehtë. 3.*fot* i ekspozuar(në dritë).

exposition[ekspë'zishën] *n* 1.ekspozitë. 2.shpjegim, parashtrim,ekspozim(i një teorie). 3.fjalim /shkrim paraqitës.

expositor[ek'spozitë:] *n* shpjegues, interpretues, komentues.

expository[ek'spozëtori] *adj* shpjegues, paraqitës (shkrim etj).

ex post facto['eks'poust'fæktou] *lat* i bërë më pas; **an ex post facto law** ligj prapaveprues.

expostulate [eks'posçuleit] *vi* **(with sb on/about sth)** diskutoj, arsyetoj, hahem (me dikë për diçka).

expostulation[eksp=osçu'leishën] *n* kundërshtim, protestë; shfaqje pakënaqësie.

exposure [eks'pouzhë:] *n* 1. zbulim, demaskim, ekspozim. 2.ekspozim, qëndrim në prani të. 3.dalje në publik. 4.orientim(i shtëpisë). 5.*fot* a)kohë ekspozimit(në dritë); b)sasi drite(që bie në film).

exposure meter *n* ekspozimetër.

expound[eks'paund] *vt* 1. sqaroj, shpjegoj. 2. parashtropj, ekspozoj.

express[eks'pres] *v,adj,n* -*vt* 1.shpreh. 2.shfaq, tregoj.3.çoj ekspres(letër).4.shtrydh, nxjerr (lëngun).
-*adj* 1.i qartë, i prerë. 2. i posaçëm, i veçantë. 3.i saktë, i përpiktë. 4.ekspres, i shpejtë.
-*n* 1.mesazh i posaçëm. 2.ekspres, mjet ekspres (tren etj). 3.send i dërguar ekspres. 4.korier. 5.*attr* për udhëtim të shpejtë; **an express highway** autostradë. +**express oneself** shprehem.

expressible[eks'presibël] *adj* i shprehshëm, që mund të shprehet.

expression[eks'preshën] *n*1.shprehje, të shprehur. 2.shprehje, frazë, fjali. 3.shfaqje, shprehje(ndjenjash). 4.ekspresion, të shprehur me ndjenjë. 5.*mat* shprehje matematike. 6.shtrydhje, nxjerrje(lëngu).

expressionism [eks'preshënizëm] *n* ekspresionizëm.

expressionist[eks'preshënist] *n,adj* -*n* artist/ shkrimtar ekspresionist.
-*adj* ekspresionist.
expressionless[eks'preshënlis] *adj* pa shprehje (zë, fytyrë).
expressive [eks'presiv] *adj* 1. (of) që shpreh; expressive of joy që shpreh gëzim. 2.shprehës (mjet). 3.ekspresiv, plot shprehje(fytyrë etj).
expressively [eks'presivli] *adv* në mënyrë ekspresive.
expressiveness[eks'presivnis] *n* ekspresivitet, aftësi shprehëse.
expressly[eks'presli] *adv* 1.shprehimisht, qartë, shkoqur. 2.me qëllim, qëllimisht, kastile, nergut.
expressway[eks'preswei] *n* autostradë e shpejtë.
expropriate[eks'prouprieit] *vt* shpronësoj.
expropriation[eksproupri'eishën] *n* shpronësim.
expropriator[eks'proupriejtë:] *n* shpronësues.
expulsion[eks'pʌlshën] *n* 1.nxjerrje jashtë(e ajrit). 2.përjashtim, dëbim.
expulsive[eks'pʌlsiv] *adj* 1.shtytëse(aftësi). 2.dëbuese (masa).
expunge[eks'pʌnxh] *vt* shuaj, heq, fshij.
expurgate['ekspë:geit] *vt* spastroj, heq pjesë(nga një libër etj).
expurgation[ekspë:'geishën] *n* spastrim, heqje pjesësh(libri etj).
exquisite ['ekskwizit, eks'kwizit] *adj* 1. shumë i këndshëm. 2.shumë i shijshëm; shumë i mirë. 3.i shkëlqyer. 4.shumë i ndjeshëm(vesh muzikor). 5.e mprehtë, therëse(dhimbje).
exquisitely[eks'kwizitli] *adv* në mënyrë shumë të këndshme; me shumë ëndje.
ex-service[eks'së:vis] *adj* i liruar, në lirim, i çmobilizuar(ushtarak).
ex-serviceman[eks'së:vismën] *n* ushtarak në lirim, ish-ushtarak.
extant ['ekstënt, eks'tænt] *adj* ekzistues, që është ruajtur; some old charts are extant disa harta të vjetra janë ruajtur(deri sot).
extemporal[eks'tempërël] *adj* shih extemporaneous.
extemporaneous [ekstempë'reiniës] *adj* 1. i improvizuar, i atypëratyshëm, i çastit, i sajuar në vend. 2.improvizues, që nuk përgatitet(folës, orator).
extemporary[eks'tempëreri] *adj* shih extemporaneous.
extempore[eks'tempëri] *adv, adj* pa përgatitje, aty për aty, në mënyrë të papritur; i improvizuar, i papërgatitur, i çastit.
extemporize[eks'tempëraiz] *v* improvizoj, sajoj në çast.
extemporizer[eks'tempëraizë:] *n* improvizues.
extend[eks'tend] *v* 1.zgjas(dorën).2.zgjatet, shtrihet(plazhi).3.zgjas, shtyj(afatin). 4.zgjeroj(një oborr). 5.shtoj, zgjeroj(njohuritë). 6.zgjerohet; zgjatohet.

7.jap, ofroj(ndihmë etj). 8.sforcohem, mundohem. 9.vazhdon. 10.përfshin, kap; to extend to sb/sth përfshin dikë, diçka.
extendable[eks'tendëbël] *adj* që mund të zgjatet (marrëveshje, kontratë).
extended[eks'tendid] *adj* 1.i përhapur. 2.i shtrirë. 3.i zgjatur. 4.i zgjeruar. 5.i shtyrë, i zgjatur(afat).
extended-play[eks'tendid'plei] *adj* me dopiominutazh(disk).
extendible[eks'tendëbël] *adj* shih extensible.
extensible[eks'tensëbël] *adj* i zgjatshëm; i nxjerrshëm jashtë.
extensile[eks'tensail, eks'tensël] *adj* shih extensible.
extension[eks'tenshën] *n* 1.zgjatje, shtrirje (e dorës). 2.zgjatim, shtesë(e një godine). 3.telefon paralel. 4.shtyrje, zgjatje(afati).5.shkallë, gradë. 6.*mjek* tërheqje(e gjymtyrës së thyer, për ta futur në vend). 7.rritje, shtim(i pushtetit). 8.zgjerim(i ligjit). 9.*kmp* zgjatim(i emrit të skedës, fishës). 10.*el* kordon shtesë(me prizë e spinë).
extension cable *n* kabëll shtesë.
extension cord *n* kordon shtesë(për zgjatje linje).
extension ladder *n* shkallë e zgjatueshme(që zgjatet).
extensive[eks'tensiv] *adj* 1.i gjerë, shumë i shtrirë (park). 2.të gjera(njohuri). 3.gjithëpërfshirës, me ndikim të gjerë(ndryshim). 4.ekstensive(bujqësi).
extensively[eks'tensivli] *adv* shumë; fort, tepër; gjerësisht.
extensor [eks'tensë:] *n anat* muskul zgjatues, shtrirës.
extent [eks'tent] *n* 1. masë, shkallë, madhësi. 2.hapësirë, shtrirje, sipërfaqe. 3.përmasë. +to what extent? në ç'masë? to the extent that a)në atë masë që, për aq sa; b)deri aty sa, në atë shkallë sa; to a certain extent pjesërisht, deri në një farë mase, deri në njëfarë pike; to a large/great extent në një shkallë të madhe, në pjesën më të madhe; to some extent pjesërisht, në njëfarë shkalle.
extenuate[eks'teniuejt] *vt* 1.zbus, lehtësoj(fajin); justifikoj pjesërisht. 2.*vjet* holloj; dobësoj.
extenuating circumstances *n drejt* rrethana lehtësuese.
extenuation[eksteniu'ejshën] *n* 1.zbutje, lehtësim (i fajit). 2.justifikim i pjesshëm. 3.gjendje lehtësimi.
exterior [eks'tiërië:] *n,adj* -*n* 1. anë e jashtme(e njeriut). 2.pjesë/pamje e jashtme. 3.*kin* skenë jashtë. 4.*kin* film i xhiruar jashtë.
-*adj* i jashtëm. 2.që vjen nga jashtë; që ndodh jashtë.
exterior angle *n mat* kënd i jashtëm.
exterminate [eks'të:mëneit] *vt* asgjësoj, shfaros, shuaj.
extermination[ekstë:më'neishën] *n* shfarosje, asgjësim.

exterminator[eks'të:mineitë:] *n* shfarosës, asgjësues insektesh/minjsh.

external[eks'të:nël] *adj,n* -*adj* 1.i jashtëm(mur). 2.për përdorim të jashtëm(bar). 3.i jashtëm, i sipërfaqshëm, për sy e faqe(mirësjellje).4.i dorës së dytë, jothemelor (faktor). 5. e jashtme, ndërkombëtare (tregti, politikë). -*n* 1.pjesë e jashtme, anë e jashtme. 2.*pl* elementë të jashtëm, pamje e jashtme(veshje, sjellje etj); dukë.

external ear *n* vesh i jashtëm, llapë e veshit.

externality[ekstë:'nëlëti] *n* 1.jashtësi. 2.gjë/anë e jashtme.

externalize[eks'të:nëlaiz] *vt* i jap formë, formoj.

extinct[eks'tinkt] *adj* 1.i shuar, i zhdukur(lloj kafshësh etj). 2.i shuar, joaktiv(vullkan).

extinction [eks'tinkshën] *n* 1. shuarje, zhdukje(e një specieje).2.fikje, shuarje (e dritës). 3.zhdukje, shkrirje(e një organizate).

extinguish [eks'tinguish] *vt* 1. shuaj, fik (zjarrin, dritën). 2.zhduk, asgjësoj(shpresat). 3.errësoj, lë në hije, eklipsoj(dikë).

extinguisher [eks'tinguishë:] *n* 1.zjarrfikës. 2.fikës, bombol për shuarje zjarri.

extirpate ['ekstë:peit, eks'të:peit] *vt* 1. çrrënjos; shkatërroj; asgjësoj. 2.shkul(nga rrënjët).

extirpation[ekstë:'peishën] *n* 1.asgjësim, shkatërrim, shfarosje. 2.çrrënjosje,shkulje.

extirpatory[ek'stë:pëtori] *adj* 1.asgjësues, shfarosës. 2.çrrënjosës.

extol(l)[eks'toul] *vt* lavdëroj, ngre në qiell.

extort [eks'to:t] *vt* 1. zhvas, rrëmbej. 2.shkul(një premtim, pohim).

extortion [eks'to:shën] *n* 1. zhvatje, rrëmbim. 2.vënie çmimi tepër të lartë, rrjepje(e klientëve). 3.shkulje pohimi (me kërcënim, me shtërngim).

extortionary[eks'to:shëneri] *adj* 1.zhvatës, rrëmbyes. 2.detyrues, shtërngues.

extortionate [eks'to:shëneit] *adj* 1. kërcënues, shtërngues, me shantazh. 2.tepër i madh, i tepruar (çmim).

extortioner[eks'to:shënë:] *n* shantazhist, person që ushtron shantazh.

extortionist[eks'to:shënist] *n* shih **extortioner**.

extra['ekstrë] *adj,adv,n* -*adj* suplementar, shtesë, plotësues.
-*adv* 1.më tepër, plus. 2.tepër, së tepërmi.
-*n* 1.shtesë, shtojcë. 2.botim i posaçëm. 3.punonjës shtesë. 4.*kin* figurant.

extra- ['ekstrë-] *pref* jashtë-; **extraordinary** i jashtëzakonshëm.

extract [eks'trækt] *vt* 1. nxjerr; heq; shkul (një dhëmb). 2.nxjerr, ekstraktoj; shtrydh; distiloj. 3.i zhvas, i shkul(pagesën, pohimin). 4.nxjerr(një përfundim, kënaqësi etj). 5.zgjedh, shkëpus(një fragment libri). 6.*mat* nxjerr rrënjën, gjej rrënjën.

extract [eks'trækt] *n* 1. fragment, pjesë e shkë-

putur, ekstrakt(nga një libër etj). 2.*kim* ekstrakt; esencë.

extractable[eks'træktëbël] *adj* i nxjerrshëm; i shkëputshëm; i ekstraktueshëm.

extractible[eks'træktëbël] *adj* shih **extractable**.

extraction [eks'trækshën] *n* 1. nxjerrje; heqje; shkulje. 2.prejardhje, origjinë; **of Spanish extraction** me origjinë spanjole.

extractive[eks'træktiv] *adj* 1.nxjerrës; **extractive industry** industri nxjerrëse, industri minerare. 2.i nxjerrshëm; i ekstraktueshëm.

extractor[eks'træktë:] *n* 1.*tek* nxjerrës, ekstraktor. 2.*Br* ventilator, ajërnxjerrës.

extracurricular['ekstrëkë'rikjulë:] *adj* jashtë programit(shkollor).

extraditable['ekstrë'daitëbël] *adj* 1.i ekstradueshëm, i dorëzueshëm(person). 2.për të cilin ekstradohesh(krim).

extradite['ekstrëdait] *vt* ekstradoj, ia dorëzoj shtetit që e kërkon.

extradition[ekstrë'dishën] *n* ekstradim,dëbim,dorëzim(i kriminelit shtetit që e kërkon).

extrajudicial['ekstrëxhu:'dishël] *adj* drejt jashtëgjyqësor; jashtëligjor.

extralegal ['ekstrë'li:gël] *adj* jashtëligjor, jashtë kontrollit të ligjit

extramarital['ekstrë'mæritël] *adj* jashtëmartesor.

extramural ['ekstrë'mjuërël] *adj* 1.jashtëshkollor (aktivitet). 2.ndërshkollor (kampionat). 3.jashtë programit(të studimeve). 4.jashtë qytetit.

extraneous[eks'treiniës] *adj* 1.pa lidhje, jashtë teme, i kotë. 2.i jashtëm, i huaj(material).

extraordinarily[eks'tro:dënerili] *adv* 1.në mënyrë të jashtëzakonshme. 2.tepër, shumë, jashtëzakonisht.

extraordinary[eks"tro:dineri] *adj* 1.i pazakontë, i jashtëzakonshëm. 2.i posaçëm; jashtëzakonshëm (ambasador).

extraordinary envoy *n dip* i dërguar i posaçëm (post nën ambasadorin).

extraordinary general meeting *n* asamble e përgjithshme e jshtëzakonshme.

extrapolate[ek'stræpëleit] *v mat* ekstrapoloj, gjej me ekstrapolin(vlera të reja).

extrasensory[ekstrë'sensëri] *adj* jashtëndjesor, jashtë sferës së shqisave.

extrasensory perception *n* perceptim jashtëndjesor, telepati.

extraterrestrial['ekstrëtë'restriël] *adj,n* jashtëtokësor, banor i botëve të tjera.

extraterritorial['ekstrë'teri'toriël] *adj* 1.jashtëterritorial, jashtë kufijve territorialë. 2.*dip* jashtëterritorial, jashtë ligjeve të vendit(privilegjet e diplomatëve).

extra time *n Br sport* kohë shtesë; zgjatje e ndeshjes.

extravagance['eks'trævëgëns] *n* 1.prishje e shfrenuar, shpenzime të tepruara. 2.teprim; përrallisje. 3.ekstravagancë; marrëzi; veprim i paarsyeshëm.

extravagant[eks'trævëgënt] *adj* 1.dorëshpuar, prishaman. 2. i tepruar, i fryrë (reklamë, çmim etj). 3.ekstravagant, jashtë normave të zakonshme; i çuditshëm.

extravaganza[ekstrævë'gænzë] *n* 1.shfaqje(artistike). 2.fantazi, marrëzi.

extreme[eks'tri:m] *adj,n* -*adj* 1.i skajshëm, ekstrem(mendim, veprim). 2.shumë e ashpër (masë). 3.shumë i madh, shumë i fortë. 4.ekstremist. -*n* 1.*fig* ekstrem. 2.skaj. 3.shkallë e lartë, masë e madhe; **in the extreme** në shkallën më të lartë; sa s'ka ku të shkojë më. 4.*mat* gjymtyrë të skajshme (të një vargu numerik). +**go to extremes** shkoj në ekstrem; marr masa ekstreme.

extremely[eks'tri:mli] *adv* shumë, tepër; së tepërmi, jashtë mase.

extreme unction *n* *fet* vajim i fundit.

extremism[eks'tri:mism] *n* ekstremizëm.

extremist[eks'tri:mist] *n* ekstremist.

extremity [eks'tremëti] *n* 1. skaj, fund. 2. gjendje kritike. 3.kulm, shkalla më e lartë. 4.veprim ekstrem; masë ekstreme. 5.*pl anat* gjymtyrë.

extricable['ekstrikëbël] *adj* i çlirueshëm, i shpëtueshëm.

extricate['ekstrikeit] *vt* çliroj, nxjerr, shpëtoj(nga vështirësitë, ngatërresat).

extrication [ekstrë'keishën] *n* çlirim, shpëtim, nxjerrje (nga vështirësitë).

extrinsic [eks'trinsik] *adj* 1.jothelbësor, jo në natyrën e. 2.i jashtëm; **extrinsic stimulus** nxitje e jashtme.

extrinsically [eks'trinsikëli] *adv* 1. në mënyrë jo thelbësore. 2.së jashtmi.

extrovert ['ekstrëvë:t] *adj psik* i hapur, aktiv (person).

extrude[eks'tru:d] *vt* 1.shtrydh, nxjerr.2.formoj (metal, plastmas) me kalim nëpër formë. 3.nxjerr përpara, nxjerr jashtë(gjuhën etj).

extrusion [eks'tru:zhën] *n* 1. shtrydhje, nxjerrje (lëngu). 2.zgjatim, e dalë.

extrusive[eks'tru:ziv] *adj* shtrydhës, nxjerrës.

exuberance,-cy[eg'zu:bërëns,-si] *n* 1.bollëk, tepri. 2.harlisje; harbim. 3.gjallëri; ngazëllim.

exuberant [eg'zu:bërënt] *adj* 1.plot gjallëri, plot ngazëllim(mirëseardhje).2.i tepruar, i papërmbajtur. 3. i pasur, i bollshëm. 4.i harlisur, i harbuar (gjelbërim).

exuberantly[eg'zu:bërëntli] *adv* 1.plot gjallëri, plot ngazëllim. 2.me bollëk, me tepri. 3.harbueshëm.

exudation [eksjë'deishën] *n* 1. kullim, pikim. 2.djersë.

exude[eks'ju:d] *v* 1.pikon, kullon. 2.nxjerr pikëpikë. 3.rrezatoj, përhap.

exult[eg'zʌlt] *vi* ngazëllehem, gëzohem, ekzaltohem.

exultant[eg'zʌltënt] *adj* i ngazëllyer; triumfues.

exultation[egzʌl'teishën] *n* ngazëllim, ekzaltim; triumf.

exurb['eksë:b] *n* zonë jashtë qytetit, rrethinë.

exurban[eks'ë:bën] *adj* jashtë qytetit, i rrethinave.

eye[ai] *n,v* -*n* 1.sy. 2.shikim, pamje. 3.vështrim, vëzhgim.4.gjykim, këndvështrim, opinion, mendim. 5.vrimë(gjilpëre); filiqe; sy(i një vegle). 6.syth. 7.sy(i ciklonit). +**an eye for an eye** dhëmb për dhëmb; **be all eyes** jam gjithë sy e veshë; **before my very eyes** mu para syve të mi; **catch sb's eyes** i tërheq vëmendjen dikujt, i bie në sy; **clap/lay/set eyes on sb** i hedh sytë dikujt; **close one's eyes to sth** mbyll sytë para diçkaje, nuk vë re; **cry one's eyes out** ënjtem së qari; **eyes right!** shikimi djathtas!, radhimi djathtas!(në parakalim); **feast one's eyes on sth** s'ngopem së pari, shkrihem duke e parë; **have an eye for** jam njohës i mirë; **have an eye to** a)kujdesem për, i kushtoj vëmendje; b)vëzhgoj, s'ia ndaj sytë; **have one's eye on sb** nuk ia shqis sytë dikujt; **have one's eye on sth** diktoj/shquaj diçka; **in my eyes** për mua, për mendimin tim; **in the public eye** popullor, i njohur nga publiku; **keep an eye on** ruaj; kujdesem për; **keep one's eyes open for sth** përpiqem të gjej/të dalloj diçka; **make eyes at** shikoj me dashuri, me ëmbëlsi; **mind your eye** kujdes! ruhu! **my eye!** *zhrg* ç'na the!, ç'thua, more! **open sb's eyes** i hap sytë dikujt; **see eye to eye with** jam plotësisht në një mendje me; **set eyes on** shikoj, i hedh sytë; **shut one's eyes to** mbyll sytë para (diçkaje); **there is more to this than meets the eye** nuk është aq e thjeshtë sa ç'duket; **turn a blind eye to sth** e injoroj, nuk e përfill diçka; **(be) up to one's eyes in work** *Br* (jam) i mbytur në punë; **with an eye to** meqenëse, meqë; duke marrë parasysh. -*vt* vështroj, vëzhgoj; ia ngul sytë; **eye up** *Br* ia qep sytë.

eyeball['aibo:l] *n,v* -*n* kokërdhok. +**eyeball to eyeball** *gj.fol* sy në sy, ballëpërballë. -*v* *zhrg* ia ngul sytë.

eyebrow ['aibrau] *n* vetull. +**raise an eyebrow/ eyebrows** zgjoj/ngjall interesim; **raise an eyebrow /one's eyebrows** ngre vetullat, dukem i habitur.

eyebrow pencil *n* laps për vetullat.

eye-catcher['aikæçë:] *n gj.fol* diçka tërheqëse.

eye-catching ['ai'kæçing] *adj gj.fol* 1. i dukshëm, që bie në sy. 2.tërheqës.

eye contact *n* shikim; **avoid eye contact with sb** i shmangem vështrimit të dikujt.

eyedropper['aidropë:] *n* pikatore.

eyed[aid] *adj* 1.me sy. 2.sy-(në mbiemra të përbërë); **green-eyed** sygjelbër; **one-eyed** me një sy.

eyeful['aiful] *n* 1.sa kap syri. 2.*gj.fol* vështrim i mirë. 3.*zhrg* person tepër i pashëm.

eyeglass['aigla:s, 'aiglæs] *n* 1.thjerrëz; monokël.

2.kupë për larjen/mjekimin e syve. 3.synor, okular.
4.*pl* syze, gjyslykë(optike).
eyehole['aihoul] *n* 1.*anat* gropë e syrit. 2.vrimë
për të parë. 3.vrimë, filik.
eyelash['ailæ] *n* qerpik; qime qerpiku; **by an eye-**
lash për fije, për qime, për një çikë.
eyeless['ailis] *adj* pa sy, qorr.
eyelet ['ailit] *n* 1. vrimë; filik. 2.vrimë për të parë.
3.vrimëz, syçkë(në qëndisma).
eyelid['ailid] *n* kapak i syrit, qepallë.
eye-opener['ai'oupënë:] *n* 1.zbulim, gjë e re. 2.pije
për të prishur esëllin.
eyepatch['aipæt] *n* maskë për syrin.
eyepiece['aipi:s] *n fiz* synor, okular(teleskopi, mi-
kroskopi, dylbie).
eyeshade['aisheid] *n* 1.strehë(kapele). 2.rimel.
eyeshadow *n* rimel.

eyeshot['aishot] *n* fushë shikimi, largësi shikimi.
eyesight ['aisait] *n* 1. shikim, të pamë. 2. largësi
shikimi.
eye socket *n anat* gropë e syrit.
eyesore['aiso:] *n* shëmti, pamje që të vret sytë.
eyespot['aispot] *n* njollë shikimi, sy i pazhvilluar(i
organizmave të ulët).
eyestrain['aistrein] *n* lodhje e syve.
eyetooth['aitu:th] *n* dhëmb i syrit(dhëmbët e qenit-
të sipërmit). +**give one's eyeteeth for** jap gjithë
ç'kam, çfarë nuk do të jepja(për).
eyewash['aiwosh] *n* 1.solucion për larje/mjekim
sysh. 2.*zhrg* lajkatim, të larë e të lyer. 3.*zhrg* gjepur.
eyewitness['ai'witnis] *n* dëshmitar okular(që e ka
parë ngjarjen).
eyrie['airi:, 'i:ri:] *n* 1.fole(shqiponje, fajkoi etj).
2.shtëpi/kala në lartësi.

F

f,F[ef] 1. f, germa e gjashtë e alfabetit anglez.
2.notë pakaluese, nota 4.
F,F. shkurtim për **Fahrenheit; French; Friday;**
February.
fa[fa:] *n muz* fa.
fab[fæb] *adj zhrg* shih **fabulous.**
Fabian ['feibiën] *adj* lodhës, që e lodh kundër-
shtarin; **a Fabian policy** taktikë e lodhjes së ku-
ndërshtarit; **the Fabians** *Br* krahu i majtë(në po-
litikë).
Fabianism['feibiënizëm] *n pol* 1.fabianizëm, tak-
tikë e lodhjes së kundërshtarit. 2.socializëm i butë,
socializëm i moderuar(pa revolucion).
Fabian Society *n* shoqëria e Socializmit Refor-
mator.
fable['feibël] *n,v* -*n* 1.fabul, përrallëz. 2.gënje-
shtër, trillim. 3.legjendë, mit.
-*vi* shkruaj/tregoj fabula.
fabled['feibëld] *adj* 1.i shndërruar në fabul, le-
gjendar. 2.i sajuar, i trilluar.
fabric['fæbrik] *n* 1.cohë, pëlhurë; stof. 2.teksturë,
endje, cilësi. 3.*fig* strukturë(e shoqërisë); ndërtim.
fabricate['fæbrëkeit] *vt* 1. prodhoj, bëj; fabrikoj.
2. sajoj, shpik (historira etj). 3. falsifikoj (një
dokument).
fabrication [fæbrë'keishën] *n* 1. prodhim, fabri-
kim. 2.sajesë, shpikje, trillim. 3.falsifikim.
fabricator['fæbrikeitë:] *n* 1.sajues, trillues.2.pro-
dhues, fabrikues.

fabulist['fæbjulist] *n* fabulist, autor fabulash.
fabulous ['fæbjulës] *adj* 1. i pabesueshëm, i ha-
bitshëm; i tepruar(çmim). 2.përrallash, imagjinar
(objekt, kafshë). 3.mitik, legjendar. 4.*gj.fol* i shkël-
qyer, i mrekullueshëm.
fabulously ['fæbjulësli] *adv* 1. në mënyrë përra-
llore. 2.çuditërisht.
façade[fë'sa:d] *n* 1.ballë, fasadë. 2.pamje e jash-
tme, aparencë, fasadë(ndershmërie).
face[feis] *n,v* -*n* 1.fytyrë. 2.pamje; shprehje e fy-
tyrës, çehre. 3.gjest, ngërdheshje. 4.dukje, paraqitje,
aspekt. 5.faqe, sipërfaqe(e rruzullit). 6.anë e mbarë,
faqe. 7.fushë(sahati). 8.*mat* faqe. 9.*min* ballë(puni-
mesh). 10.dinjitet, prestigj, fytyrë. 11.paturpësi, pafy-
tyrësi; sy e faqe. +**face to** a)ballëpërballë;
b)personalisht; c) (**with**) pranë, në prani të; **in the**
face of a)në prani të, përpara, përballë; b)megjithë,
pa marrë parasysh; **loose face** turpërohem, më
nxihet faqja; **her face fell** u ngrys në fytyrë; **fly in**
the face of sth jam krejt kundër diçkaje; **it flies in**
the face of logic kjo s'ka ku të rrijë, kjo s'ka pikë
logjike; **make/pull a (long) face** var turinjtë; rri i
pizmosur, **put a good/brave face on** e mbaj veten,
nuk e jap veten; **have the face to** kam paturpësinë
të; **set one's face against** i kundërvihem; **show**
one's face dukem, shfaqem; **to sb's face** a) me
guxim; b) me paturpësi; c) sy te sy, faqe. + **face**
down *adv* a)përmbys(person); mbrapsht, përmbys
(objekt, letër bixhozi); **face up** *adv* a)në shpinë

(person); b) *drejt* (objekt); mbarë, zbuluar (letër bixhozi).
-v 1.rri përballë. 2.kthej fytyrën nga. 3.përballoj, i dal përballë. 4.vesh(murin me pllaka). 5.lëmoj(gurë të çmuar).
+face off *sport* hedh (topin) midis dy lojtarëve (gjyqtari).
+face up to i bëj ballë.
+face with ndesh.
face card *n* letër(bixhozi) me figurë(fant, çupë, mbret).
facecloth['feiskloth] *n Br* shtupë për t'u larë.
face cream *n* krem për fytyrë.
-faced[feisd] *adj* fytyrë-(në mbiemra të përbërë); **round-faced** fytyrërrumbullak.
faceless ['feislis] *adj* 1. pa faqe; pa fushë(sahat). 2.anonim; pa individualitet.
facelift['feislift] *n,v* *-n* 1.operacion plastik i fytyrës, tërheqje e lëkurës. 2.*gj.fol* rinovim, ripërtëritje. 3.restaurim.
-vt 1.rinovoj, përtërij. 2.restauroj.
face-off['feisof] *n sport* rivënie (e topit në lojë); rivënie mes dy lojtarësh.
face pack *n* maskë tualeti, maskë bukurie (për gratë).
face powder *n* pudër fytyre.
facer['feisë:] *n* 1. goditje në fytyrë. 2. ngecje, pengesë, vështirësi e papritur.
face-saving['feis'seiving] *adj* ndershpëtues, që të ruan dinjitetin.
facet['fæsit] *n,v* *-n* 1.faqe(guri të çmuar). 2.tipar; aspekt.
-vt bëj me faqe, punoj(gurin).
facetious[fë'si:shës] *adj* 1.shakaxhi, hokatar. 2.për shaka, i thënë me shaka, joserioz.
facetiously[fë'si:shësli] *adv* me shaka, për shaka.
face-to-face *adj* përballë, kundruall.
face value *n* 1.*fin* vlerë nominale(e kartëmonedhës etj). 2.kuptim formal, fjalë për fjalë; **take sth at face value** e marr diçka kallëp.
facia['feishi, 'feishë] *n* shih **fascia**.
facial ['feishël] *adj,n* *-adj* 1. i fytyrës, facial. 2.fytyre, për fytyrë.
-n *gj.fol* masazh fytyre; kozmetikë e fytyrës.
facile['fæsail] *adj* 1.i lehtë, jo i vështirë.2.i shkathët, i rrjedhshëm. 3. mendjelehtë; i lehtë; i cekët (gjykim etj). 4.*vjet* i butë, që lëshon pe.
facilitate[fë'siliteit] *vt* 1.lehtësoj, bëj më të lehtë. 2.ndihmoj.
facility[fë'silëti] *n* 1. lehtësi. 2. shkathtësi, aftësi; **have a facility for sth** kam aftësi për diçka. 3.*pl* pajisje; lehtësira. 4.*vjet* butësi(karakteri).
facing['feising] *adj,n* *-adj* përballë, kundruall; të kundërta(anë, faqe).
-n 1. veshje(e murit etj). 2. *pl* mansheta, jakë (me ngjyrë tjetër).

facsimile[fæk'simëli] *n,v* *-n* 1.faksimile, kopje, riprodhim. 2.telekopje, faks.
-vt kopjoj, riprodhoj.
fact[fækt] *n* 1.fakt; gjë që ka ngjarë, fakt i kryer. 2.e vërtetë, realitet. 3.veprim, akt (*zak* kriminal). 4.*drejt* provë, fakt. **+as a mater of fact, in fact, in point of fact** në të vërtetë, faktikisht; **the fact is** e vërteta është se... **to know (sth) for a fact** e di mirë (një gjë); **in fact** në të vërtetë; dhe me të vërtetë.
fact-finding['fæktfainding] *n* 1.hetim.2.*attr* hetimor.
faction ['fækshën] *n* 1. fraksion, grup i veçuar. 2.përçarje.
factional['fækshënël] *adj* fraksionist; përçarës.
factionalism['fækshënëlizëm] *n pol* fraksionizëm.
factious['fækshës] *adj* 1.fraksionist; përçarës. 2.i fraksionit; nga përçarja.
factitious[fæk'tishës] *adj* artificial, jo i natyrshëm, i krijuar vetë; **a factitious demand for an article** kërkesë artificiale(e krijuar) për një artikull.
factitive ['fæktitiv] *adj gram* faktikisht (folje, që merr kundrinë të drejtë).
fact of life *n* 1. realitet i jetës. 2. *pl gj.fol* informacion për aktivitetin seksual(të njeriut).
factor['fæktë:] *n,v* *-n* 1.faktor; element; rrethanë; veti. 2.*mat* faktor. 3.agjent, përfaqësues, komisioner. 4.bankë që blen borxhet e firmave të tjera. 5.*vjet* *biol* gjen.
-vt 1.*mat* faktorizoj. 2.blej borxhet e të tjerëve.
factorage['fæktërixh] *n* 1.shitblerje me komision (me përqindje fitimi).2.komision(përqindje) e agjentit(komisionerit).
factorial[fæk'toriël] *n,adj mat* *-n* faktorial, prodhim faktorial.
-adj faktorial.
factorize['fæktëraiz] *vt mat* faktorizoj, zbërthej në faktorë.
factory ['fæktëri] *n* 1. fabrikë; uzinë. 2.*hist* pikë /qendër tregtare.
factory farming *n* rritje industriale e kafshëve.
factory ship *n* anije-uzinë.
factotum[fæk'toutëm] *n* ekonom(i shtëpisë), shërbyes që merret me të gjitha.
fact sheet *n Br* broshurë.
factual['fækçuël] *adj* faktik, i bazuar në fakte.
factually['fækçuëli] *adv* faktikisht, mbështetur në faktet.
faculty['fækëlti] *n* 1.aftësi(fizike, mendore). 2.zotësi, dhunti.3.trup pedagogjik(universitar).4.fakultet. 5.profesion, anëtarë të një profesioni.
fad[fæd] *n* dalldi, trill, modë, mani.
faddish['fædish] *adj* i dhënë pas trilleve, manive; maniak, i dalldisur(pas diçkaje).
faddist['fædist] *n* maniak, i dalldisur.
faddy['fædi] *adj* tekanjoz, me teka, kapriçioz.
fade[feid] *v* 1.venitet, humbet shkëlqimin2.çngjy-

roset, i del boja.3.çngjyros. 4.fishket(lulja).5.zbehet, dobësohet(drita). 6.shuhet, meket(zëri). 7.fshihet, shuhet (nga kujtesa). 8. ftohet, fashitet (ndjenja). 9.zhduket, shuhet(buzëqeshja).

+fade away/out meket; fashitet; shuhet(zëri, inati, imazhi).

+fade in forcohet, qartësohet (figura).

faded['feidid] *adj* i zbërdhylët, i shpëlarë.

fade-in['feidin] *n tv,rad* forcim, qartësim(i zërit, figurës).

fadeless['feidlis] *adj* i përhershëm; që nuk zbërdhylet; që nuk shuhet.

fade-out['feidaut] *n tv,rad* dobësim, zbehje(e figurës), humbje(e zërit).

faeces *Br*, **feces** *amer* ['fi:si:z] *n pl* feçe, fekale, jashtëqitje.

faerie, faery['fejëri, 'feri] *vjet n,adj* -*n* 1.zanë, shtojzovalle. 2.vendi i zanave; vend përrallor.
-*adj* përrallor, i magjishëm.

fag I[fæg] *v,n* -*v* 1. lodhem, mundohem, punoj rëndshëm. 2.lodh, rraskapis. 3.*Br* i shërbej, i rri para-mbrapa(një nxënësi më të rritur).
-*n* 1.punë e rëndë, angari. 2.person që këputet në punë.. 3.*Br* yzmeqar, *gj.fol* zar(i një nxënësi më të rritur).

fag II[fæg] *n Br* cigare.

fag III[fæg] *zhrg* homoseksual, pederast.

fag end *n* 1.bisht, mbeturinë; bisht cigareje. 2.copë litari e zhdredhur.

fagged out *adj Br* i rraskapitur.

faggot,fagot['fægët] *n,v* -*n* 1.një krah me shkarpa. 2.tufë shufrash çeliku(për saldim). 3.qofte.
-*vt* bëj tufë.

faggot['fægët] *n zhrg* homoseksual, pederast.

faggoting['fægëting] *n* lloj punimi në qëndisje.

Fahrenheit ['færënhait] *adj* fahrenait (gradë); [x°F=(x-32 .5)°C].

faience[faj'Ʌns, fej'a:ns] *n* fajancë, qeramikë e glazuruar.

fail[feil] *v,n* -*v* 1.dështoj, nuk kam sukses.2.mbetem, nuk e kaloj(provimin, vitin shkollor).3.mbes në klasë, rrëzoj(nxënësin). 4.nuk bëhen, prishen(të lashtat). 5.shterojnë(rezervat). 6.harroj; neglizhoj(të bëj diçka). 7.nuk arrij(të kutoj). 8.lë në baltë. 9.ngecet, pëson avari (motori). 10. lëshohet, dobësohet, ligështohet. 11.dështoj, falimentoj.
-*n vjet* dështim. **+without fail** me siguri, pa dyshim, pa një pa dy.

failed['feild] *adj* i dështuar(artist etj).

failing['feiling] *n,prep* -*n* 1.dështim.2.e metë, dobësi, mangësi, defekt.
-*prep* në mungesë të; **failing this** në rast se kjo nuk ndodh; **failing John** po qe se Xhoni nuk gjendet.

fail-safe['feilseif] *adj* i siguruar nga avaritë.

failure['feiljë:] *n,adj* -*n* 1.dështim, mossukses.

2.mbetje(në klasë); rrëzim(në provim). 3.moskryerje, neglizhim. 4.prishje, dëmtim(i të korrave). 5.ligështim,dobësim, lëshim. 6.avari. 7.falimentim. 8.dështak, person i dështuar; dështim, punë/gjë e dështuar. **+heart failure** pushim zemre.

fain[fein] *vjet* 1.*adv* me dashje; me dëshirë.
-*adj* i gatshëm, që pranon. 2.i gatshëm, që ka dëshirë. 3.i etur, i dëshiruar.

faint[feint] *adj,n,v* -*adj* 1.i zbetë. 2.i dobët; i mekur(zë). 3.e vakët, e dobët(shpresë, përpjekje). 4.gati i zalisur. 5.i frikur, pa guxim.
-*n* zali, të fikët.
-*vi* 1.zalisem, më bie të fikët. 2.*vjet* ligështohem.

faintheart['feintha:t] *v vjet* frikaman; timid, njeri i druajtur.

faint-hearted['feint'ha:tid] *adj* i frikur, i druajtur; timid.

faintly['feintli] *adv* 1.turbull(kujtoj).2.dobët (ndriçon). 3.lehtë, paksa.

fair I['feë] *adj,adv,n* -*adj* 1.i drejtë, i paanshëm (gjykatës). 2.e ndershme, sipas rregullave(lojë). 3.i mirë, jo i keq, mjaft i mirë(zotërim, përfundim). 4.i favorshëm, premtues. 5.i çelët, i verdhë, bjond(flok, çehre). 6.i kthjellët, i hapët, i mirë(mot). 7.e bukur, e këndshme(femër, fjalë). 8.goxha i madh, i bollshëm(truall, pronë).9.i pastër, i kulluar(ujë); e pastër, pa gabime(kopje). 10.i qartë, i lexueshëm(shkrim). 11.e mbarë (erë). 12.i bukur (premtim). + **fair and square** *gj.fol* i ndershëm; i drejtë; **fair to middling** disi, çka, njëfarësoj.
-*adv* 1.ndershmërisht, me drejtësi. 2.drejtpërdrejt, drejt e; **the stone hit him fair on the head** guri e goditi drejt e në kokë.
- *n vjet* femër; e dashur. +**fair enough** në rregull, dakord.

fair II[fwë:] *n* 1.panair. 2.ekspozitë. 3.shitje bamirësie.

fair ball *n sport* gjuajtje e rregullt.

fair copy *n* kopje e pastër.

fair game *n* kafshë të lejuara për t'u gjuajtur.2.*fig* gjah i përshtatshëm, gjah i mirë(për shtypin etj).

fairground['feë:graund] *n* shesh panairi.

fair-haired['feë:heë:d] *adj* leshverdhë, me flokë të çelët, bjond.

fair-haired boy *n gj.fol* favorit.

fairish ['feërish] *adj* mjaft i mirë; mjaft i madh; goxha.

fairly['feë:li] *adv* 1. mjaft; **fairly sure** pothuajse i sigurt. 2.goxha. 3.me drejtësi, ndershmërisht. 4.disi, njëfarësoj. 5.vërtet. 6.qartë.

fair-minded ['feë:'maindid] *adj* i drejtë, i paanshëm.

fair-mindedly['feë:'maindidli] *adv* drejt, me drejtësi, me paanësi.

fairness['feë:nis] *n* drejtësi, paanësi; **in fairness to sb** për të qenë i drejtë me dikë.

fair play *n* 1.respektim i rregullave. 2.paanësi.

fair sex *n* seksi i bukur, femrat.

fair shake *n amer gj.fol* marrëveshje e ndershme; trajtim i drejtë.

fair-spoken['feë:'spoukën] *adj* fjalëmbël; i sjellshëm, i edukuar.

fairway['feërwei] *n* 1.rrugë e lirë.2.(në golf) vend me bar të qethur.

fair-weather['feë:'wedhë:] *adj* 1.për kohë të mirë. 2.që të lë në baltë(mik).

fairy['feëri] *n,adj* *-n* 1.zanë, shtojzovalle. 2.*zhrg* homoseksual, pederast.
-adj 1.zanash. 2.si zanë; e ëmbël, e magjishme.

fairyland['feërilænd] *n* 1.vendi i zanave. 2.vend i këndshëm, vend i magjishëm.

fairy tale *n* 1.përrallë me zana. 2.histori e trilluar, trillim, sajesë.

fait accompli[fetë'kompli:] *n* fakt i kryer.

faith ['feith] *n* 1. besim. 2.besim (te Zoti). 3.fe. 4.besnikëri, mirëbesim.5.premtim, betim(besnikërie).
+in bad faith pandershmërisht; **in faith** me të vërtetë!, për besë! **in good faith** ndershmërisht; sinqerisht; **break faith** shkel premtimin, s'e mbaj fjalën; **keep faith** mbaj fjalën.

faithful['feithful] *adj,n* *-adj* 1.i besës, i besuar. 2. besnik. 3. i vërtetë, i saktë (përshkrim). 4.*vjet* besimtar.
-n **the faithful** a)besimtarët; b)pasuesit, përkrahësit.

faithfully['feithfuli] *adv* 1.besnikërisht; **promise faithfully** jap fjalën se. 2.*Br* **Yours faithfully** juaji, me nderime(në mbyllje të një letre).

faithfulness['feithfulnis] *n* besnikëri.

faithless ['feithlis] *adj* 1.i pabesë. 2.i pasigurt, që s'i beson dot. 3.jobesimtar, i pafe.

faithlessness['feithlisnis] *n* 1.pabesi. 2.mungesë besimi.

faith healer *n* shërues, mjek popullor.

fake[feik] *v,adj,n* *-vt* 1.falsifikoj.2.simuloj.3.shtihem, hiqem; **fake an illness** hiqem si i sëmurë.
-adj i rremë, i falsifikuar.
-n 1.vepër e falsifikuar. 2.mashtrim; simulim. 3.mashtrues.

fakery['feikëri] *n* falsifikim; mashtrim.

fakir ['feikë:, fë'kië:] *n* 1. fakir, dervish. 2. asket indian, jogi.

Falange ['feilænxh, fa:'la:nga] *n* Falanga, partia frankiste (në Spanjë).

Falangist[fë'lænxhist] *n* falangist, anëtar i partisë frankiste.

falcate['fælkeit] *adj* i kthyer si drapër; gremçak.

falchion['folçën] *n* 1.*hist* jatagan.2.*poet* shpatë.

falcon['folkën, 'fælkën] *n zool* fajkua, skifter.

falconry['folkënri] *n* 1.gjueti me fajkoj. 2.stërvitje e fajkonjve.

falderal['foldërol] *n* 1.stringël, xhingël.2.gjepur,

broçkull. 3.refren pa kuptim, avaz.

fall[fo:l] *v,n* *-vi* (**fell, fallen**) 1.bie. 2.rrëzohem. 3.bie, varet(floku). 4.bie (humori). 5.dorëzohem, jepem. 6.bie, vritem; plagosem. 7.(në togje foljore); **fall asleep** më zë gjumi, bie në gjumë; **fall ill** bie i sëmurë; **fall in love** bie në dashuri. 8.qëllon, bie (data). 9.vjen, bie(nata). 10.i bie(shorti). 11.ndodh. 12.i bie në trashëgim. 13.ulet(niveli, çmimi). 14.prishet(çehrja). 15. pjerret(vendi). 16.rrëzohet (qeveria). **+fall flat** a)dështoj plotësisht; b) s'ka efekt; s'ka interes; **fall foul of/upon** a) ngatërrohem; b)grindem me; c)përplasen (anijet); **fall heir to** trashëgoj.
+fall across/ among ndesh, takoj, has.
+fall apart shembet; shpartallohet.
+fall away a)braktis, lë; b)keqësohet; c)përmbyset; prishet; d)hollohet; e)zhduket, tretet.
+fall back tërhiqem, zbrapsem;
+fall back on a)tërhiqem (për siguri); b)i drejtohem për ndihmë.
+fall behind mbetem pas.
+fall behind with jam i vonuar, s'paguaj në kohë.
+fall down on *gj.fol* dështoj.
+fall from a)*vjet* nuk merrem vesh; b)lë, braktis; c)heq dorë; **fall from grace** a)*gj.fol* humbas përkrahjen e; b)hyj në rrugën e mëkatit.
+fall in a)shembet, rrëzohet(çatia); b)*usht* hyj në rresht.
+fall in with a)ndesh, has; b)pajtohem(me një plan).
+fall off a)bie, pakësohet; b)keqësohet(shëndeti).
+fall on a)sulmoj; mësyj; b)bie(shikimi).
+fall out a)*usht* dal nga rreshti; b)prishem, ftohem(me një mik); grindem; c)ndodh, ngjet.
+fall short of a)dështoj; b)nuk barazoj.
+fall through dështon (plani).
+fall to a)nis sulmin; b)nis të ha, i futem; c)vete në vend; d)më bie, më takon.
+fall under gjendet(i klasifikuar) te.
+fall upon sulmoj.
-n 1.rënie; rrëzim. 2.reshje. 3.lartësi(e rënies). 4. ujëvarë, katarakt. 5.rënie,varje(e shamisë etj). 6.lëshim, epje. 7.rënie(nga posti). 8.përmbysje; shkatërrim. 9.ulje, pakësim. 10.pjerrësi, tatëpjetë. 11.vjeshtë. 12.*pl* a)ujëvarë, katarakt; b)makara(për ulje-ngritjen e varkës nga anija). 13.cullufe. **+ride for a fall** e kërkoj belanë vetë.

fallacious [fë'leishës] *adj* 1. i gabuar, i pasaktë. 2.mashtrues, gënjyes.

fallacy['fælësi] *n* 1.ide e gabuar, gabim. 2.falsitet; karakter zhgënjyes.

fallen['fo:lën] *v,adj* *-pp* e **fall**.
-adj 1.i rënë. 2.i rrëzuar përdhe(pemë). 3.i degraduar, i rënë. 4.i përmbysur, i shkatërruar. 5.**the fallen** *pl* të rënët, dëshmorët. 6.e rrudhur, e lëshuar(faqe).

faller['folë:] *n* sharrëtar.

fall fair *n amer* panair i vjeshtës.

fall guy *n zhrg amer* dash i kurbanit.

fallibility[fælë'bilëti] *n* gabueshmëri.

fallible['fælëbël] *adj* 1.i gabueshëm, që gabon. 2.i pasaktë, i rremë.

falling sickness *n* sëmundje e tokës, epilepsi.

falling star *n* yll që këputet, yll që bie, meteor.

falling[fo:ling] *adj* në rënie, që ulem(çmime).

fall-out['folaut] *n* 1.mbeturina radioaktive.2.efekt dytësor.

fallow I['fælou] *adj,n,v* -*adj* ugar.
-*n* tokë ugar. +**lie fallow** a)rri ugar; b)rri pasiv.
-*vt* lë ugar.

fallow II['fælou] *n,adj* -*n* ngjyrë e verdheme.

false[fo:ls] *adj,adv* -*adj* 1.i pavërtetë, i gabuar, i pasaktë. 2.i rremë, fals. 3.jobesnik(mik). 4.artificial (gur). 5.i pabazuar. 6.*muz* false(notë).
-*adv* 1.në mënyrë të gabuar.2.në mënyrë të shtrembër. 3.gjoja. +**play false** gënjej, mashtroj; ia hedh; tradhtoj.

false alarm *n* 1. alarm i rremë. 2. shqetësim pa bazë.

false bottom *n* fund i dyfishtë(i valixhes/sirtarit).

false colors *n* 1.flamur i një vendi tjetër(në anije). 2.pretekste mashtruese.

false face *n* maskë. +**put on a false face** *fig* vë maskë, sillem me hipokrizi.

falsehood ['fo:ls-hud] *n* 1. pavërtetësi, falsitet. 2.ide/teori e gabuar. 3.mashtrim. 4.gënjeshtër.

false pride *n* krenari boshe.

false ribs *n anat* brinjë të rreme(të palidhura me dërrasën e kraharorit).

false step *n* 1.hap i gabuar, pengim.2.gabim, gafë.

false teeth *n* dhëmbë të vënë, proteza.

falsetto[fol'seto] *n* 1.zë fals.2.këngëtar me zë fals /me zë koke.

falsework['folswë:k] *n* strukturë mbajtëse e përkohshme(në ura etj).

falsies['folsi:z] *npl gj.fol* sutienë me mbushje (sfungjeri etj).

falsification[folsëfë'keishën] *n* falsifikim.

falsifier['folsëfajë:] *n* falsifikues, falsifikator.

falsify['folsëfai] *vt* 1.falsifikoj. 2.shtrembëroj; bëj pohime të rreme. 3.nxjerr të rremë, hedh poshtë.

falsity['folsëti] *n* 1.falsitet, i të qenët i rremë. 2.mashtrim; gënjeshtër. 3.pabesi; tradhti.

falter['fo:ltë:] *v,n* -*v* 1.ngurroj, lëkundem; ligështohem. 2.çapitem, lëkundem, më merren këmbët. 3.belbëzoj, më merret goja.
-*n* 1.ngurrim; ligështim. 2.çapitje. 3.belbëzim; zë i mekur.

faltering['fo:ltëring] *adj* ngurrues.

fame[feim] *n* 1.nam, famë. 2.reputacion, emër.

famed[feimd] *adj* i famshëm, i njohur, me emër.

familial[fë'miljël] *adj* 1.i familjes. 2.i trashëguar;

në racë(tipar).

familiar[fë'miljë:] *adj,n* -*adj* 1.i njohur; i ditur; i zakonshëm(send, fytyrë). 2.(**with**) i familjarizuar, që e njeh; **he is familiar with French** ai e njeh frengjishten.3.i afërm, intim(mik).4.shoqëror, jozyrtar. 5.tepër i afruar, i paturp(tip).
-*n* 1.mik i ngushtë. 2.*hist* shërbyes i peshkopit. 3.*hist* oficier i Inkuizicionit.

familiarity[fëmili'ærëti] *n* 1.intimitet, afërsi, njohje nga afër. 2.sjellje e lirshme, shpengim, familjaritet. 3.gjest jozyrtar, gjest tepër i lirshëm.

familiarize[fë'miljëraiz] *vt* 1.njoh nga afër, familjarizohem(me).2.bëj të njohur, popullarizoj, fus në përdorim.

familiarization [fëmiljërai'zeishën] *n* njohje nga afër, familjarizim.

family['fæmëli] *n* 1.familje. 2.të afërm, rreth familjar. 3.farefis, fis. 4.derë, soj. 5.*biol* familje. 6.*attrib* i familjes; familjar; **a family man** njeri familjar, **in the family way** shtatzënë(grua).

family allowance *n* ndihmë financiare(për fëmijët).

family business *n* ndërmarrje familjare (dyqan etj).

family circle *n* rreth familjar.

family doctor *n* mjek i familjes.

family life *n* jetë familjare.

family man *n* 1.burrë me familje. 2.njeri familjar.

family name *n* mbiemër.

family planning *n* planifikim i familjes.

family skeleton *n* njollë e zezë e familjes, njollë në biografinë e familjes.

family tree *n* pemë gjenealogjike, trung familjar.

famine['fæmën] *n* 1.uri. 2.zi buke. 3.krizë(lënde djegëse etj).

famish['fæmish] *v* 1.jam i uritur, rroj në uri. 2.le pa ngrënë, ngordh urie. 3.ligështohem, tretem(nga uria); **be famished, be famishing** vdes urie, jam shumë i uritur.

famous['feimës] *adj* 1.i famshëm, famëmadh, me emër, me nam. 2.*gj.fol* i klasit të parë, i shkëlqyer.

famously['feimësli] *adv* shkëlqyeshëm; **to get on /along famously** shkoj shumë mirë (me dikë).

fan I[fæn] *n,v* -*n* 1.erashkë, freskore. 2.ventilator. 3.tifoz; admirues.
-*v* 1.bëj fresk, freskohem(me erashkë). 2.i fryj (zjarrit). 3.nxis, cys, fryj. 4.hapet(si freskore). 5.freskoj, flladis. 6.largoj bykun, hedh(drithin). +**fan out** hapen në formacion luftimi.

fanatic[fë'nætik] *n,adj* -*n* fanatik.
-*adj* 1.fanatik. 2.entuziast; tepër i zellshëm.

fanatically[fë'nætikëli] *adv* 1.me fanatizëm.2.me shumë entuziazëm.

fanaticism [fë'nætisizëm] *n* 1.fanatizëm. 2.zell i tepruar, ekstrem.

fancied ['fænsid] *adj* imagjinar, i imagjinuar, i

fantazuar.

fancier['fænsië:] *n* amator(lulesh, kafshësh); njohës.

fanciful ['fænsiful] *adj* 1. i çuditshëm; tuhaf. 2.ëndërrues, ëndërrimtar. 3.imagjinar, fantastik, joreal. 4.ekstravagant.

fan club *n* klub tifozësh.

fancy['fænsi] *n,v -n* 1.imagjinatë, fantazi; ëndërrim. 2.gjë e imagjinuar; ëndërr.3.dëshirë e çastit. 4.pëlqim; trill, tekë. +**take a fancy to sb** më bie në kokë për dikë; **take a fancy to sth** nis të pëlqej diçka; **take sb's fancy** i pëlqej dikujt, i hyj në qejf; **have a fancy for** pëlqej, dua.
-v 1.përfytyroj, imagjinoj. 2.them, mendoj, ma ha mendja.3.pëlqej, dua; më pëlqen, e kam qejf. +**fancy oneself** më pëlqen vetja.
adj 1.i hirshëm; i nivelit të lartë(vallëzim). 2.luksoz., i sofistikuar; i zbukuruar, i stolisur. 3.shumë të shijshme, të fisme(të ngrëna). 4.ekstravagant, tepër i lartë(çmim). 5.dekorative(bimë). +**fancy that!** pa shiko!; more! **fancy meeting you here!** sa çudi që po të takoj këtu!

fancy-ball['fænsibol] ballo me maska.

fancy dress *n* veshje tebdil, kostum për ballo me maska.

fancy-dress party *n* ballo me maska, maskaradë.

fancy-free ['fænsifri:] *adj* 1. i padashuruar, i palidhur me njeri. 2.i shkujdesur; i papërmbajtur.

fancy goods / articles *n* galanteri, artikuj kinkalerie.

fancy man *n zhrg* dashnor, parazit, burrë që e mban një femër(prostitutë).

fancy woman *n zhrg* mikeshë; mantenutë, prostitutë.

fancywork['fænsiwë:k] *n* qëndisje.

fane/fein *n vjet,poet* tempull; kishë.

fanfare['fænfeë:] *n* 1.fanfarë, pjesë e ekzekutuar me trumpeta etj. 2.*fig* trumbetim, aktivitet i zhurmshëm.

fang[fæng] *n* 1.çatall, dhëmb i madh(qeni, ujku etj). 2.thumb, dhëmb helmues(i gjarpërit). 3.dhëmb (piruni). 4.rrënjë(e dhëmbit).

fan heater *n* ajërngrohës, ngrohës me ajër, radiator me ajërfryrës.

fanlight['fænlait] *n* dritarëz gjysmërrethore mbi derë.

fan mail *n* letra nga tifozët/adhuruesit.

fanny['fæni] *n zhrg* mollaqe, prapanicë.

fanny pack *n amer* çantë.

fantail['fænteil] *n* 1.bisht palloi. 2.zog me bisht si erashkë. 3.*ark* konstruksion -erashkë.

fantasia[fæn'teizjë] *n muz* 1.fantazi. 2.potpuri.

fantasist['fæntësist] *n* autor fantazish/potpurish.

fantasize['fæntësaiz] *vi* fantazoj, thur ëndrra.

fantastic[fæn'tæstik] *adj* 1.fantastik; i parealizueshëm. 2. imagjinar, joreal. 3. i çuditshëm, ekstra-

vagant. 4.*gj.fol* i shkëlqyer; tepër i mirë. 5.tepër i lartë, astronomik(çmim). 6.i jashtëzakonshëm, përrallor.

fantastically[fæn'tæstikëli] *adv* 1.jashtëzakonisht, tepër. 2.në mënyrë përrallore.

fantastical[fæn'tæstikël] *adj* shih **fantastic**.

fantasy ['fæntësi] *n* 1. imagjinatë, fantazi; ëndërrim. 2.trill, tekë. 3.pjellë e imagjinatës, ëndërr, përfytyrim. 4.*muz* fantazi.

fanwise ['fænwaiz] *adv* si erashkë; hapur si erashkë.

FAO(Food and Agricultural Organization) *n* FAO, Organizata Botërore e Ushqimit(në OKB).

far[fa:] *adj,adv -adj* (**farther** ose **further; farthest** ose **furthest**) 1.i largët. 2.më i largët; i përtejmë; **the far side of the hill** ana e përtejme e kodrës; **the far right** *pol* e djathta ekstreme.
-adv 1.larg, tutje(në kohë ose hapësirë). 2.shumë; **far better** shumë më mirë. 3.thellë; vonë; **far into the night** deri natën vonë. +**as far as** për aq sa; deri te; **by far** ku e ku; pa dyshim; **far and away** ku e ku; pa dyshim; **far and near** kudo; **far and wide** kudo; në të katër anët; **far be it from me** larg qoftë; **far from it** aspak; në asnjë mënyrë; **far gone** a)shumë i sëmurë; b)krejt i krisur; c)i dehur tapë; d)i mbytur në borxhe; **far out** *zhrg* a)shumë i mirë; i shkëlqyer; b)shumë i avancuar; në avangardë; **go far** a)zgjat shumë, mban; b)eci, përparoj, bëj përpara; **go too far** e teproj, e kaloj kufirin; **how far** deri ku; deri në ç'shkallë; **in so far as** në atë shkallë që; **so far** a) deri tani, deri atëhere; b)deri në njëfarë mase; **so far as** a)aq larg sa; b)për aq sa; c)deri aty sa; **so far so good** deri tani mirë, deri këtu më rregull.

farad['færëd] *n fiz* farad(njësi e kapacitetit).

faraway['fa:rëwei] *adj* 1.i largët.2.i humbur, ëndërrues(vështrim).

farce[fa:s] *n,v -n* 1.shfaqje komike, komedi. 2.shfaqje banale, komedi, farsë; **the trial was a mere farce** gjyqi ishte një farsë fund e krye.
-vt krip(një shkrim me shakara).

farceur['fa:së:] *n* 1. autor komedish. 2. aktor komik. 3.shakaxhi, hokatar.

farcical['fa:sikël] *adj* 1.për të qeshur. 2.qesharak. 3.absurd.

far cry *adv* goxha larg.

fardel['fa:dël] *n vjet* barrë; deng.

fare [feë:] *n,v -n* 1. pagesë, tarifë, çmim bilete (udhëtimi). 2.udhëtar. 3.ushqim,e ngrënë.
-vi 1.ha, ushqehem. 2.ia kaloj, ia dal, çalltis; **fare well/badly** e vërtis mirë, çalltis/ndahem keq. 3.më qëllon, ndodh. 4.*vjet* shkoj, udhëtoj. +**bill of fare** listë gjellësh, meny.

Far East *n gjeol* Lindja e Largët.

fare stage *n Br* seksion.

farewell['feë:wel] *interj,n -interj* lamtumirë!, mirupafshim!; udha e mbarë!

-*n* 1.lamtumirë; **a farewell speech** fjalim lamtumire. 2.nisje, ikje; ndarje, përshëndetje; **bid farewell to** ndahem/përshëndetem me.

farfetched ['fa:'feçt] *adj* 1.i detyruar, nga zori, i sforcuar. 2.jo fort i besueshëm, i panatyrshëm.

far - flung ['fa:'flʌng] *adj* i përhapur, i gjerë, i shtrirë.

farina [fë'ri:në] *n* 1. miell i ashpër; irmik. 2. niseshte.

farinaceous[færë'neishës] *adj* miellzor.

farm[fa:m] *n,v* -*n* 1.fermë; ekonomi bujqësore. 2.fermë blegtorale. 3.*vjet* pagesë vjetore, rentë. 4.përjashtim nga taksat; taksë fikse; **a district in farm** krahinë me taksë fikse.
-*v* 1.kultivoj(një sipërfaqe toke). 2.merrem me bujqësi. 3.merrem me blegtori. 4.marr(tokë) me qira. 5.jap(tokë) me qira. +**farm out** a) zbres në kategori më të ulët(një sportist); b)jap, ia kaloj(dikujt tjetër) me nënqira(një sipërmarrje).

farm club, farm team *n sport* ekip që stërvit lojtarë për kategoritë më të larta.

farmer ['fa:më:] *n* 1. fermer; fshatar, bujk. 2.*hist* sipërmarrës taksash.

farmerette['fa:mëret] *n* punëtore ferme.

farm hand *n* punëtor ferme, argat.

farmhouse *n* shtëpi, banesë(në fermë).

farming ['fa:ming] *n* 1. bujqësi; blegtori. 2. *hist* dhënie në sipërmarrje e taksave.

farm labourer *n* punëtor ferme, argat.

farmland ['fa:mlænd] *n* 1.tokë bujqësore. 2.kullotë.

farmout ['fa:maut] *n* nënqira, kalim (një firme tjetër) me nënqira.

farmstead['fa:mstëd] *n* fermë(me gjithë godina).

farm system *n sport* sistem klubesh që stërvisin sportistë për kategoritë më të larta.

farm worker *n* punëtor ferme, argat.

farmyard ['fa:mja:d] *n* oborr ferme (midis godinave).

Far North *n gjeog* Veriu i Largët, Territoret Veriore(të Kanadasë).

far-off['fa:rof] *adj* 1.i largët. 2.i kaluar, i largët(në kohë).

far-out['fa:raut] *adj,interj* -*adj* i avancuar, avanguardist.
-*interj* ç'thua!(me kënaqësi).

farago[fë'reigou] *n* mishmash, lëmsh, rrëmujë.

far-ranging['fa:'reinxhing] *adj* 1.me rreze të gjatë veprimi(raketë). 2.i gjerë, i përgjithshëm(diskutim, kontroll).

far-reaching['fa:'ri:çing] *adj* me rëndësi të madhe; me ndikim të gjerë.

farrier['færië:] *n* 1.nallban 2.*vjet* mjek kuajsh; veteriner.

farriery['færiëri] *n* 1.mbathje kuajsh, zanat i nallbanit.2.punishte e nallbanit. 3.*vjet* kujdes për kuajt.

farrow I['færou] *n,v* -*n* 1.tufë gicash, pjellë e dosës. 2.pjellje(e dosës).
-*vi* pjell(dosa).

farrow III['færou] *adj* shterpë(lopë).

far-seeing['fa:'si:ing] *adj* 1.me sy të fortë, që sheh larg. 2.largpamës.

far-sighted['fa:'saitid] *adj* 1.*amer* hipermetrop, dritëgjatë(që shikon mirë në largësi). 2.largpamës; parashikues.

far-sightedly['fa:'saitidli] *adv* me largpamësi.

far-sightedness['fa:'saitidnis] *n* largpamësi.

fart[fa:t] *n,v* -*n* 1.pordhë. 2.*fig* hajvan.
-*vi* pjerdh.

farther['fa:dhë:] *adj,adv* -*adj* më i largët.
-*adv* 1.më larg, më tej. 2.më në thellësi. 3.veç kësaj; gjithashtu.

farthermost['fa:dhë:moust] *adj* më i largëti.

farthest ['fa:dhist] *adj,adv* -*adj* 1.më i largëti. 2.më i gjati(udhëtim).
-*adv* 1.në largësinë më të madhe, më larg se çdo gjë. 2.më shumë se gjithçka.

farthing['fa:dhing] *n* 1.*hist* monedhë baraz me çerek peni, aspër, grosh. 2.çikërrimë, gjë pa vlerë.

fasces['fæsiz] *n hist* tufë thuprash lidhur me një sëpatë (simbol autoriteti në Romën e lashtë).

fascia['fæshië] *n* 1.tabelë(dyqani). 2.panel i aparaturave(në makinë).

fascicle['fæsëkël] *n* 1.tufëz. 2.fashikull(libri).

fascinate ['fæsëneit] *vt* 1. magjeps; ngashnjej. 2.shtang, hipnotizoj.

fascinating['fæsëneiting] *adj* magjepsës, ngashnjyes.

fascination ['fæsëneishën] *n* magjepsje, ngashnjim.

fascinator ['fæsëneitë:] *n* 1. person magjepsës. 2.shall i gjatë grash.

fascism['fæshizëm] *n* fashizëm.

fascist['fæshist] *n,adj* -*n* fashist.
-*adj* fashist.

fashion['fæshën] *n,v* -*n* 1.mënyrë.2.modë.3.stil. 4.model, rrobe e modës. +**after/in a fashion** në njëfarë mënyre; njëfarësoj, disi; **set the fashion** nxjerr modën, diktoj modën.
-*vt* bëj, formoj, sajoj; i jap formë.

fashionable['feishënëbël] *adj* 1. i modës, në modë. 2.elegant.

fashionably['feishënëbli] *adv* sipas modës.

-**fashioned**['feishënd] *adj* i modës-; **old-fashioned** i modës së vjetër.

fashion desinger *n* stilist, konceptues mode(për veshjet, dekoracionet etj).

fashion show *n* paradë mode.

fast I [fæst] *adj,adv* -*adj* 1.i shpejtë. 2.që shkon para; **my watch is fast** ora ime shkon përpara. 3.e shkujdesur(jetë), i dhënë pas qejfeve(njeri). 4.i fortë, i sigurt. 5.i ngushtë, besnik(shok). 6.e qëndrueshme,

që nuk zbardhet(bojë). 7.e puthitur, që mbyllet mirë (derë, dritare). 8.*fot* i ndjeshëm(film).
-*adv* 1.shpejt. 2.fort, në mënyrë të sigurt. 3.puthitur. 4.krejt, plotësisht; **to be fast asleep** jam top në gjumë.+**play fast and loose** bëj hilera, mashtroj; luaj(me një vajzë); **stand fast** nuk zmbrapsem, s'tundem; **stick fast** a)s'tundem, nuk lëshoj pe; b)ngec, nuk bëj përpara.
fast II[fæst] *v,n* -*vi* asgjësoj, mbaj kreshmë. -*n* agjërim; kreshmë. + **break one's fast** prish esëllin.
fastback ['fæstbæk] *n* 1. mbulesë (automobili) e hapshme. 2.automobil me mbulesë të hapshme.
fast day *n* ditë agjërimi, ditë kreshme.
fasten['fæsën] *v* 1.mbyll, siguroj(derën). 2.mbërthej(fustanin etj). 3.lidh,fiksoj.4.vë, shtërngoj(rripin në makinë). 5.kapem, qepem; **to fasten on to sb/sth** kapem pas dikujt; i qepem diçkaje; **fasten on/upon** kap, mbërthej.
fastener ['fæsënë:] *n* 1. mbërthyes, shtërngues. 2.kapëse, mbërtheckë.3.tokëz(çante, fustani). 4.shul, lloz(dere).
fastening ['fæsëning] *n* 1. tokëz; mbërtheckë. 2.bravë
fastidious ['fæstnis] *n* 1. vend i sigurt; fortesë. 2.fortësi, qëndresë(e materialit).
fast food *n* ushqim i çastit.
fast-forward *n,v* -*n* ecje e shpejtë, përparim i shpejtë.
-*vt* vë në lëvizje të shpejtë, mbledh me shpejtësi (shiritin në magnetofon etj).
fast lane *n* korsi e shpejtë (në autostradë).+**life in the fast lane** jetë e rrezikshme.
fast-talk *n,v* -*v* e folur e butë, bindëse.
-*v* e fitoj davanë duke folur bindshëm.
fast time *n gj.fol* periudhë kursimi, ndriçimi.
fat [fæt] *n,adj* -*n* 1. dhjamë. 2. yndyrë. 3. *kim* yndyrna. +**pork fat** sallo; **chew the fat** *zhrg* bëj muhabet; **the fat is in the fire** është tepër vonë, puna ka shkuar thellë; **live off the fat of the land** kam gjithë të mirat.
-*adj* 1.i dhjamur, i majmë(mish). 2.pjellore, e majme(tokë). 3.fitimprurëse(punë). 4.i bollshëm, i begatë. 5.i shëndoshë, i fryrë(nga shëndeti). 6.i trashë, kokëtrashë. 7.*zhrg* i vogël, i pakët(shans). 8.i mirë, i majmë(fitim). +**a fat lot of good that did you!** *iron* lëre se ç'fitove!
fatal['feitël] *adj* 1.fatal, që shkakton vdekje, vdekjeprurës(aksident). 2.shkatërrimtar. 3.vendimtare (ditë). 4.i pandreqshëm(dëm).
fatalism ['feitëlizëm] *n* 1. fatalizëm. 2.nënshtrim ndaj fatit.
fatalist['feitëlist] *n* fatalist.
fatalistic[feitëʼlistik] *adj* fatalist; që i nënshtrohet fatit.
fatality[fëʼtæleti] *n* 1.ngjarje fatale; aksident me

vdekje; vdekje. 2.viktimë aksidenti. 3.natyrë vdekjeprurëse(e një sëmundjeje). 4.fatalitet, vullnet i fatit. 5.fatalizëm. 6.fatkeqësi.
fatally['feitëli] *adv* 1.seriozisht; rëndë. 2.për vdekje; **fatally ill** në gjendje të dëshpëruar, i sëmurë për vdekje.
Fatal Sisters *n mit* Fatat, Tre Zanat e jetës.
fat cat *n zhrg* person i fuqishëm, pasanik, pecogroso.
fate[feit] *n* 1.fat. 2.shans, short, risk. 3.e ardhme. 4.rrënim. 5.vdekje. 6.*mit* Fati; *pl* Fatat.
fated['feitid] *adj* 1.në dorë të fatit. 2.i paracaktuar, i destinuar(për diçka).
fateful['feitful] *adj* 1.në dorë të fatit. 2.vendimtar. 3.profetik. 4.fatal; shkatërrimtar; vdekjeprurës.
fathead['fæthed] *n zhrg* hajvan, kokëtrashë.
father['fa:dhë:] *n* 1. baba; atë. 2.stërgjysh, paraardhës, i parë. 3.themelues, shpikës, baba(i aviacionit etj). 4.*fet* Atë. 5.*hist* senator(në Romë). 6.*fet* Zoti, Ati ynë.
-*vt* 1.rris, kam(fëmijë). 2.bëj, krijoj. 3.pranoj atësinë; pranoj autorësinë.
Father Christmas *n* Plaku i Vitit të Ri.
father confessor *n* 1. prift tek i cili rrëfehen, rrëfyestar. 2.njeri i besuar.
fatherhood['fa:dhë:hud] *n* atësi.
father-in-law['fadhë:inlo:] *n* vjehërr.
fatherland['fa:dhë:lænd] *n* atdhe.
fatherless ['fa:dhë:lis] *adj* 1. jetim, pa baba. 2.që nuk i dihet atësia.
fatherly['fa:dhë:li] *adj* 1.atëror. 2.i dashur; prej babai, prindëror.
fathom['fædhëm] *n,v* -*n* pash detar(=183 cm).
-*v* 1.mas thellësinë, sondoj. 2. i hyj thellë, i shkoj deri në fund(një problemi).
fathomable ['fædhëmëbël] *adj* 1. i matshëm, i kuptueshëm.
fathomless['fædhëmlis] *adj* 1.pamatshëm, tepër i thellë. 2.i pakuptueshëm deri në fund.
fatigue[fëʼti:g] *n* 1.lodhje. 2.*tek* lodhje e metaleve. 3.*usht* ditë parku, pastrim. 4.*pl* rroba pune.
-*vt* 1.lodh. 2.*tek* lodh,dobësoj(metalin).
-*adj* lodhës.
fatling['fætling] *n* kafshë e ushqyer për majmëri.
fatten ['fætën] *v* 1. majm, ushqej për majmëri. 2.pasuroj, plehëroj(tokën). 3.majmet.
fattening['fætning] *adj* që të shëndosh.
fattish['fætish] *adj* disi i shëndoshë.
fatty['fæti] *adj,n* -*adj* 1.dhjamor.2.i yndyrshëm. -*n gj.fol* buf, bufalaq; buçko.
fatty acid *n* acid yndyror.
fatuity[faʼtjuiti] *n* vetëkënaqësi prej budallai; gomarí.
fatuous ['fæçuës] *adj* i fryrë, i vetëkënaqur, i trashë, gomar.
fatuously ['fætjuësli] *adv* me vetëkënaqësi, me

budallallëk.

faubourg['foubuë:] *n* 1.rrethinë, periferi.2.tingull qiellzor.

fauces['fo:si:z] *n anat* fund i qiellzës.

faucet['fo:sit] *n* 1.rubinet. 2.rakord(tubash).

fault[fo:lt] *n,v* -*n* 1.e metë, defekt.2.gabim.3.faj; përgjegjësi. 4.*gjeol* shkarje. 5.defekt elektrik. 6.*sport* gjuajtje e gabuar, faull. +**at fault** a)i gabuar; fajtor; b)i hutuar, me dy mendje; **find fault** ankohem; **find fault with** qortoj, kritikoj; **in fault** i gabuar, për t'u qortuar; **to a fault** tepër, shumë.

-*vt* 1.*sport* kryej gjuajtje të gabuar, bëj faull. 2.hedh poshtë, kritikoj. 3.*gjeol* shket, thyhet(shtresa, formacioni).

faultfinder['fo:lt'faindë:] *n* 1.kritizer; ankimtar. 2.*tek* gjetës defektesh.

faultfinding ['fo:lt'fainding] *adj,n* kritizer; ankimtar.

faultless['fo:ltlis] *adj* i pacen, i patëmetë.

faulty ['fo:lti] *adj* 1.me të meta, me cen. 2. i gabuar, me gabime.

faun [fo:n] *n mit* faun, qenie mitologjike, hyjni mitologjike, satir.

fauna['fo:në] *n* faunë, botë shtazore.

faux pas ['fo:'pa:] *n* shkarje, hap i gabuar; gafë, proçkë.

favo(u)r['feivë:] *n,v* -*n* 1. nder, favor. 2.miratim, pëlqim; simpati; **in favor**(që) pëlqehet; **out of favor** (që) nuk pëlqehet. 3.favorizim, përkrahje me anësi, hatër. 4.dhuratë. 5.letër. +**in favor of** a)në anën e, në mbështetje të; b)në favor të, në përfitim të; c)për t'u paguar (çeku); **in sb's favor** në favor të dikujt; **be in/out of favor with sb** kam/nuk kam përkrahjen e dikujt; **curry favor with sb** përpiqem të fitoj përkrahjen e dikujt; **do sb a favor** i bëj një nder dikujt.

-*vt* 1.i tregoj dashamirësi(dikujt). 2.pëlqej, miratoj. 3.mbështes, përkrah, mbaj anën e. 4.favorizoj, mbaj me hatër. 5.ndihmoj. 6.ngjan me, i shëmbëllen, duket si.

favo(u)rable['feivërëbël] *adj* 1.favorizues. 2.miratues. 3.i favorshëm, i mbarë, ndihmues. 4.premtues.

favo(u)red ['feivë:d] *adj* 1. i favorizuar, i privilegjuar, i mbajtur me hatër. 2.me avantazhe; me dhunti, i talentuar.

favo(u)rite['feivërit] *adj,n* -*adj* i parapëlqyer, i preferuar; shumë i dashur.

-*n* 1.favorit, person i preferuar. 2.gjë e preferuar, e pëlqyer; **be a favorite with everybody** pëlqehet nga të gjithë. 3.*sport* konkurues që mendohet se do të dalë i pari, fitues i parashikuar.

favo(u)ritism ['feivëritizëm] *n* favorizim, hatër, privilegjim.

fawn I [fo:n] *n,adj,v* -*n* 1. këlysh dreri, kaprolli. 2.ngjyrë e verdheme.

- *adj* i verdhemë; i murrmë.
-*v* pjell(drenusha).

fawn II[fo:n] *vi* 1.lëpihem, i servilosem(dikujt). 2.lëpihet, tund bishtin(qeni etj).

fay I[fei] *n* zanë.

fay II[fei] *n vjet* besë; **by my fay!** për besë!

faze[feiz] *vt gj.fol* shqetësoj, trazoj; merakos.

FBI [efbi'ai] **(Federal Bureau of Investigation)** *n* FBI, Byroja Federale e Hetimeve.

Fe *n kim* hekur.

fealty['fi:ëlti] *n hist* besnikëri; detyrim(ndaj feudalit).

fear['fië:] *n* 1.frikë. 2.rrezik; **there is no fear of our losing** nuk ka rrezik të humbasim. 3.merak, shqetësim, druajtje. +**for fear of** nga frika se mos, që të mos; **without fear or favor** me drejtësi, me paanësi.

-*v* 1.trembem, kam frikë. 2.i trembem, i druhem. 3.druaj se, merakosem, shqetësohem. +**to fear for sb/sth** merakosem për dikë/diçka.

fearful['fië:ful] *adj* 1.i frikshëm, frikësues, tmerrues. 2.i frikur, i trembur; që ka frikë. 3.*gj.fol* i ndyrë, shumë i keq(dimër).

fearfully ['fië:fuli] *adv* 1. frikshëm, me frikë, në mënyrë të frikshme. 2.shumë, tmerrësisht.

fearless['fië:lis] *adj* i patrembur, trim, guximtar.

fearlessness['fië:lisnis] *n* guxim, burrëri, trimëri.

fearsome['fië:sëm] *adj* 1.i frikshëm, frikësues. 2.i druajtur, që i trembet.

feasance ['fi:zëns] *n drejt* kryerje, plotësim (i një kushti, detyrimi).

feasibility [fi:zë'bilëti] *n* plotësueshmëri, kryerje, mundësi, realizueshmëri; **feasibility study** studim për mundësinë e realizimit.

feasible ['fi:zëbël] *adj* 1.i mundshëm, i realizueshëm; i zbatueshëm. 2.i besueshëm, i mundshëm (version). 3.i përshtatshëm.

feast[fi:st] *n,v* -*n* 1.gosti, banket.2.ushqim i rrallë/shumë i shijshëm. 3.kënaqësi, gjë e këndshme. 4.festë fetare.

-*v* 1.bëj gosti. 2.u shtroj gosti, pres. 3.kënaq, kullos(sytë).

feast day *n* ditë e shënuar, festë.

feat[fi:t] *n* vepër, bëmë.

feather['fedhë:] *n,v* -*n* 1.pupël, pendë. 2.kthim horizontal(i rremës). +**feather in one's cap** burim krenarie; **in feather** i mbuluar me pupla; **in fine /good/high feather** në humor të mirë, i ngazëllyer, i lumtur.

-*v* 1.mbuloj me pupla, stolis me pendë. 2.puplon, lëviz si puplat. 3.*det* kthej rremin horizontalisht. 4.*av* drejtoj fletët e helikës. 5.cik, prek lehtë(telin e violinës, frenat). +**feather one's nest** përfitoj nga rasti për t'u pasuruar.

feather bed *n* dyshek me pupla.

feather-bedding['fedhë:beding] *n* kërkesa të paarsyeshme (për paga etj).

featherbrain['fedhë:brein] *n* njeri pa mend, kaqol, karabush.

featherbrained['fedhë:breind] *adj* pa mend(punë); mendjelehtë, mendjefyçkë.

feathered['fedhë:d] *adj* 1.me pupla, i mbuluar me pupla. 2.i shpejtë(fluturim).

featheredged ['fedhërexhd] *adj* 1. me pupla, i mbuluar me pupla. 2.i shpejtë(fluturim).

featherstitch['fedhë:stiç] *n* punim zigzag(në qëndisje).

featherweight['fedhë:weit] *n,adj* -*n* 1.gjë e lehtë; person fort i lehtë.2.*sport* peshë e lehtë(boksier). 3.gjë e papërfillshme; person i parëndësishëm. -*adj* 1.shumë i lehtë. 2.i peshës së lehtë(boksier). 3.i parëndësishëm.

feathery['fedhëri] *adj* 1.me pupla, i mbuluar me pupla. 2.i butë; i lehtë pupël.

featly['fi:tli:] *adv vjet* 1.me shkathtësi. 2.si duhet. 3.me elegancë.

feature['fi:çë:] *n,v* -*n* 1.tipar(i fytyrës). 2.*pl* fytyrë. 3.tipar, veçori. 4.kryeartikull. 5.*rad, tv* emision i posaçëm. 6.*kin* film me metrazh të gjatë. -*v* 1.paraqet, përmban. 2.nxjerr/vë në pah. 3.luaj rol kryesor, **featuring James Dean** (film) me Xhon Dinin; në rolin kryesor: Xhon Din.4.(-**in**) jam në plan të parë.

featured['fi:çërd] *adj* 1.me tipare; **hard-featured** me tipare të ashpra. 2.i paraqitur, i reklamuar; në plan të parë.

feature film *n* film me metrazh të gjatë.

featureless['fi:çë:lis] *adj* pa tipare dalluese; që s'të lë përshtypje.

Feb=February.

febrifuge['febrifju:xh] *n* 1.bar kundër etheve, ulës temperature. 2.pije freskuese.

febrile ['fi:brail, 'fi:brël, 'febrail, 'febrël] *adj* në ethe; i ethshëm.

February['februëri] *n* shkurt(shih edhe **July**).

fecal['fi:kël] *adj* fekal, i jashtëqitjes.

feces['fi:si:z] *npl* feçe, fekale, jashtëqitje.

feckless['feklis] *adj* i kotë, i paefektshëm.

fecund['fi:kënd, 'fekënd] *adj* i frytshëm; prodhimtar; pjellore(mendje).

fecundity[fi'kʌnditi] *n* prodhimtari, pjellori.

fed I[fed] *pt, pp* e **feed**.

fed II[fed] *n zhrg* 1. funksionar i qeverisë federale. 2.*pl* **the feds** qeveria federale. 3.*amer* agjent /funksionar i FBI-së.

Fedayeen ['fedaji:n] *n* luftëtar çetash, fedai (në Egjipt).

federal['fedërël] *adj,n* -*adj* federal. -*n* federalist(në Luftën Civile në ShBA).

Federal Bureau of Investigation *n* Byroja Federale e Hetimeve, FBI.

federalism['fedërëlizëm] *n* federalizëm.

federalist['fedërëlist] *n* federalist.

federalize['fedërëlaiz] *vt* 1.federoj, bashkoj në një federatë. 2.vë nën kontrollin e qeverisë federale.

federalization[fedërëlai'zeishën] *n* 1.federim, bashkim në federatë. 2.federalizim, vënie nën kontrollin e qeverisë federale.

federate [*v* 'fedëreit; *adj* 'fedrit] *v,adj* -*v* 1.federohem, hyj në federatë. 2.federoj, fus në federatë. -*adj* i federuar.

federation[fedë'reishën] *n* 1.federim. 2.federatë, shtet federal. 3.lidhje, federatë (studentësh, sportistësh etj).

federative['fedërëtiv, fedë'reitiv] *adj* federativ.

fed up['fedʌp] *adj* i ngopur ; **to be fed up (with)** më ka ardhur në majë të hundës, s'e duroj dot.

fee[fi:] *n,v* -*n* 1.tarifë, pagesë (te mjeku, avokati etj). 2.*pl* **fees** pagesë për shkollim(në universitet etj).3.*hist* çiflig, pronë feudale.4.kuotë(anëtarësie). 5.çmim(i hyrjes). 6.*vjet* bakshish. +**hold in fee** kam pronësi të plotë(mbi).

-*vi* jap honorar, paguaj.

feeble['fi:bël] *adj* 1.i dobët, i pafuqishëm.2.e dobët, e paefektshme(përpjekje.) 3.i lehtë; i mekur.

feebleminded['fi:bël'maindid] *adj* i metë, debil.

feebleness['fi:bëlnis] *n* 1.dobësi, këputje.2.e metë, dobësi.

feebly['fi:bli] *adv* dobët.

feed [fi:d] *v,n* -*v* (**fed**) 1. ushqej; i jap ushqim. 2.ushqehet, ha(kafsha). 3.*tek* ushqej, furnizoj (makinerinë). 4.*sport* i pasoj, i jap pasa (shokut). +**fed up** *zhrg* a)i ngopur, i nginjur; b)i mërzitur; i lodhur; i neveritur(nga diçka); **feed on/upon** a)rroj në kurriz të; b)përfitoj (ndihmë etj) nga.

-*n* 1. ushqim për kafshë. 2. ushqim për foshnja. 3.*gj.fol* e ngrënë, të ngrëna. 4.furnizim, ushqim(i makinerisë). 5.mekanizëm furnizimi. 6.*sport* pasime, pasa.

feedback['fi:dbæk] *n* 1.*el* prapaveprim, reasgim, kthim informacioni,fidbek. 2.*gj.fol* reagim.

feedbag['fi:dbæg] *n* hejbe, trastë tagjie. +**put on the feedbag** *zhrg* ha, i futem të ngrënit.

feedbox['fi:dboks] *n* 1.arkë tagjie/silazhi. 2.kuti e mekanizmit të furnizimit.

feeder['fi:dë:] *n* 1.ushqyes. 2.furnizues, mekanizëm furnizimi. 3.degë (lumi); degëzim(rrugë). 4.*el* ushqyes, kabëll ushqimi. 5.biberon.

feeder line *n* 1.linjë furnizuese, linjë dytësore. 2.degëzim(tubaioni etj).

feeding bottle *n* shishe me biberon.

feedlot['fi:dlot] *n* shesh për ushqimin e bagëtisë.

feel [fi:l] *v,n* -*vi* (**felt**) 1. prek. 2. gjej me të prekur(rrugën). 3.mas(pulsin, temperaturën) me të prekur. 4.kërkoj; **to feel in one's pocket** kërkoj në xhep. 5.ndiej. 6.ndihem. 7.duket, jep përshtypjen; **the air feels cold** ajri duket i ftohtë. 8.më vjen keq, më dhimset; **to feel for all who suffer** më dhimb-

sen gjithë të vuajturit. 9.mendoj, besoj, them; **I feel that we will win** besoj se do të fitojmë+**feel like** *gj.fol* a)kam dëshirë për, do të doja; **I feel like an ice-cream** do të doja një akullore tani; b)duket se, duket sikur, sillet për; **it feels like rain** koha duket për shi; **feel out** zbuloj me marifet; **feel like doing (sth)** më vjen për të bërë (diçka); **it feels strange** duket e çuditshme; **I'm not feeling myself today** sot nuk jam fort në terezi(në qejf).
-*n* 1.ndjesi e të prekurit. 2.prekje. 3.ndijim. 4.*fig* atmosferë. +**to have a feel for sth** kam nuhatje për diçka.

feeler['fi:lë:] *n* 1.*zool* antenë(e insekteve). 2.sondazh; **put out feelers** bëj sondazhe.

feeling['fi:ling] *n*1.prekje, të prekur.2.ndijim, ndjesi; **a feeling of pain** ndijim i dhimbjes, ndjenjë dhimbjeje. 3.ndjeshmëri(fizike). 4.ndjenjë; emocion. 5.ndjeshmëri(shpirtërore), shpirt i ndieshëm. 6.keqardhje, dhimbsuri.7.mendim, opinion, parandjenjë. 8.*pl* sedër; **hurt (sb's) feelings** prek në sedër, e fyej(dikë); **no hard feelings!** s'ke pse zemërohesh, të mos mbajmë mëri!

fee-paying ['fi:'pejing] *adj Br* 1.private(shkollë). 2.i një shkolle private(nxënës).

fee simple *n drejt* pronë pa kufizime trashëgimie/shitjeje.

feet[fi:t] *n pl* i **foot**.+**carry off one's feet** a)entuziazmoj; b)i bëj përshtypje, prek; **sit at sb's feet** jam pasues/admirues i dikujt; **stand on one's own feet** jam i pavarur, eci me këmbët e mia.

fee tail *n drejt* pronë me kufizime trashëgimie.

feign[fein] *vt* 1.shtirem si, hiqem si.2.sajoj, trilloj (një justifikim). 3.*vjet* përfytyroj, imagjinoj.

feigned[feind] *adj* 1.i imagjinuar, joreal. 2.i shtirë, i simuluar. 3.i sajuar, i trilluar.

feint[feint] *n,v* -*n* 1.lëvizje mashtruese. 2.sulm i shtirë; goditje mashtruese, fintë(në boks). 3.shtirje, gjasmim.
-*vi* bëj fintë.

feisty['feisti] *adj zhrg* 1.plot vrull, energjik.2.luftarak; grindavec.

feldspar['feldspa:] *n gjeol* feldspat, shpat fushor.

felicitate[fë'lisiteit] *vt* (-**sb on sth**) uroj, përgëzoj (dikë për diçka).

felicitation[fë'lisiteishën] *n* urim, përgëzim.

felicitous[fë'lisitës] *adj* 1.i goditur, shumë i përshtatshëm. 2.i gojës, brisk nga goja. 3.i mbarë; fatlum.

felicity[fë'lisëti] *n* 1. lumturi. 2. fat, fatbardhësi. 3.gojëtari; aftësi shprehëse. 4.përgjigje e goditur; mendim i saktë.

feline['fi:lain] *adj,n* -*adj* 1.i familjes së maces. 2.prej maceje, tinëzare(lëvizje).
-*n* kafshë e familjes së maces(luani, tigri, pantera).

fell I[fel] *v pt* e **fall**.

fell II[fel] *v,n* -*vt* 1.rrëzoj, shemb përdhe(dikë).

2.pres(pemën). 3.palos, kthej anën(një rrobe me tegel).
-*n* 1.pemë të prera. 2.tegel me kthim buzësh.

fell III [fel] *adj* 1. i egër; mizor; i tmerrshëm. 2.vdekjeprurëse; rrëgjuese(sëmundje).

fell IV[fel] *n* lëkurë kafshe.

fell V[fel] *n* 1.moçalishtë. 2.kodër; mal.

fella['felë] *n zhrg* shih **fellow**.

fellah I['felë] *n pl* **fellahin** fshatar(në vendet arabe).

fellah II['felë] *n zhrg* shih **fellow**.

felloe['felou] *n* disk(i rrotës).

fellow ['felou] *n* 1. *gj.fol* burrë, djalë, person. 2.*gj.fol* shok, mik; i dashur.3.partner; ortak.4.anëtar (i një shoqate etj). 5.*attr* bashkë-; **fellow sufferer** bashkëvuajtës. 6.shoq, një tjetër si ai, kopje; **the world has not his fellow** nuk ia gjen shokun në botë. +**never mind, old fellow!** s'ka gjë, or mik! **fellow passenger** shok rruge, bashkudhëtar; **be hail-fellow-well-met (with sb)** e kam grurë (me dikë).

fellow feeling *n* simpati.

fellow man *n* person, njeri.

fellowship['felouship] *n* 1.shoqëri, miqësi. 2.pjesëmarrje. 3.shoqatë; korporatë. 4.vëllazëri. 5.anëtarësi, titull i anëtarit(të një kolegji, shoqërie). 6.bursë, ndihmë financiare(për pasuniversitarë).

fellow traveller *n* simpatizant(i një partie).

fells[fels] *n gjeog* shkorret, shkurrajë.

felly['feli] *n* shih **felloe**.

felon I['felën] *n,adj* -*n* keqbërës, kriminel.
-*adj vjet* i keq, i lig; mizor.

felon II['felën] *n mjek* pezmatim/infeksion i rrëzës së thoit.

felonious[fë'louniës] *adj* 1.keqbërës, kriminel. 2.i lig, shumë i keq.

felony['felëni] *n* krim.

felt I[felt] *v pt,pp* e **feel**.

felt II[felt] *n,v* -*n* 1.shajak; plis. 2. rrip transmisioni i tekstiltë.
-*vt* 1.bëj shajak. 2.vesh me shajak. 3. presoj(fibra).

felt pen *n* stilolaps me majë shajaku.

felucca[fë'lʌkë] *n det* fellukë, lloj anije.

fem. shih **female; feminine**.

female ['fi:meil] *n,adj* 1. femër; grua; vajzë. 2.femër(kafshë).
-*adj* 1.femër, femëror. 2.*tek* femër.

feminine ['feminin] *adj,n* -*adj* 1. femëror. 2.femrash; për femra.3.i femërzuar. 4.*gram* femëror, i gjinisë femërore.
-*n* 1.gjinia femërore. 2.femërorja, versioni femëror (i një fjale).

femininity[femë'niniti] *n* feminitet, femëri.

feminism['feminizëm] *n* feminizëm, lëvizje feministe.

feminist['feminist] *n* feminist, përkrahës, përkrahës i lëvizjes feministe.

femoral['femërël] *adj* i femurit, i këcirit.

femur ['fi:më:] *n anat* kërci, fyell (i këmbës), femur.

fen I[fen] *n Br* moçal, këetë.

fen II[fen] *n* monedhë kineze(=1/100 juan).

fence[fens] *n,v* -*n* 1. gardh; rrethojë. 2.mur rrethues. 3.shitblerës sendesh të vjedhura. 4.vend shitblerjeje sendesh të vjedhura. 5.*tek* rregullator(i lëvizjeve të një makine). +**mend one's fences** a)shoh interesat e brendshme(të vendit); b) i shtoj popullaritetin vetes; **on the fence** *gj.fol* me dy mendje.

-*v* 1.gardhoj, rrethoj. 2.mbaj larg, shmang, largoj (kundërshtarët). 3.bëj skermë. 4.shmangem, dredhoj. 5.blej e shes sende të vjedhura.

fencer['fensë:] *n* 1.ndreqës gardhesh. 2.skermist.

fencing['fensing] *n* 1.skermë. 2.dredhim, shmangie(në debat). 3.material për gardh. 4.gardhim, rrethim.

fend [fend] *v* 1. *vjet* mbroj. 2. qëndroj, rezistoj. +**fend for oneself** *gj.fol* i siguroj vetes; ia dal mbanë vetë; **fend off** shmang(një goditje); i shmangem, i dredhoj (një pyetjeje).

fender['fendë:] *n* 1.parafangë, baltëpritëse. 2.goditjezbutës(anës varkës). 3.parakolp. 4.rrjetë metalike, zjarrmbrojtëse(rreth oxhakut).

fenestration[fenis'treishën] *n* 1.tërësi e dritareve (të një ndërtese). 2.*mjek* operacion në kanalin e veshit.

fennel['fenël] *n bot* kopër.

fenny ['feni] *adj* 1. moçalor, kënetor. 2. që rritet /që rron në këeta.

feoff[fi:f] *n* shih **fieff**.

feral I['fi:rël] *adj* 1.e egër(kafshë). 2.i sertë, i egër.

feral II['fi:rël] *adj* 1.vdekjeprurës, fatal. 2.i zymtë; i përmortshëm.

ferment [*v* fë:'ment; *n* 'fë:ment] *v,n* -*v* 1. fermenton, fermentohet, thërmëtohet. 2.fermentoj, shkaktoj fermentim. 3.nxis, turbulloj, shkaktoj trazira. 4.trazohet, eksitohet(turma).

-*n* 1.maja, ferment, tharm. 2.*fig* trazirë, eksitim; tronditje; **in a ferment** në gjendje te trazuar.

fermentable[fë:'mentëbël] *adj* i fermentueshëm.

fermentation[fë:mën'teishën] *n* fermentim, tharmëtim.

fermented[fë:'mentid] *adj* i fermentuar, i tharmëtuar.

fermenter[fë:'mentë:] *n* fermentues.

fern[fë:n] *n bot* fier.

fernery['fë:nëri] *n* 1.fierishtë. 2.vazo me fier.

ferny['fë:ni] *adj* si fier; i mbuluar me fier.

ferocious[fë'roushës] *adj* i egër, egërsirë; mizor.

ferociousness[fë'roushësnis] *n* egërsi; mizori.

ferocity[fë'rosëti] *n* egërsi; sjellje e egër; mizori.

ferret['ferit] *n,v* -*n zool* qelbës.

-*v* 1.gjuaj me qelbës.2.*fig* nxjerr nga strofulla(keqbërësin). 3.gjej; zbuloj.

+**ferret out** a)zbuloj, bie në gjurmë të(një krimineli); b)rrëmoj, zhbiroj(një të fshehtë).

ferric['ferik] *adj kim* ferrik; **ferric oxide** oksid ferrik.

Ferris wheel *n* rrotë e madhe vertikale, karusel.

ferro-['ferou] *adj* hekur-, hekuror, ferror, ferro-.

ferrochromium [ferou'kroumiëm] *n* ferrokrom, hekurkrom.

ferroconcrete [ferou'konkri:t] *n* hekurbeton, ferrobeton.

ferrous['ferës] *adj kim* ferror.

ferruginous[fë'ruxhinës] *adj* 1.me hekur, hekurmbajtës. 2.ngjyrë ndryshku, i kuqërremë.

ferrule ['feru:l, 'ferël] *n* unazë metalike, kapuç metalik.

ferry['feri:] *n,v* -*n* 1.ferribot, anije-trap. 2.trap.

-*v* 1.transportoj/mbart me ferribot. 2.kaloj me ferribot. 3.transportoj me avion(nga një anë e lumit te tjetra, mbi ngushticë detare etj).

ferryboat['feribout] *n* ferribot, anije-trap.

ferryman['ferimën] *n* pronar ferriboti; punëtor ferriboti, lundërtar.

fertile ['fë:tail, 'fë:tël] *adj* 1. pjellor, i riprodhueshëm. 2. pjellore (tokë). 3. pjellore, femër (mendje). 4.*biol* e fekonduar(vezë).

fertility[fë:'tilëti] *n* pjellori, pjellshmëri.

fertilization[fë:tëlë'zeishën] *n* 1.plehrim(i tokës). 2.*biol* fekondim, mbarsje.

fertilize['fë:tëlaiz] *vt* 1.plehëroj; i hedh pleh.2.*biol* fekondoj.

fertilizer['fë:tëlaizë:] *n* pleh.

ferule I['feru:l, 'ferël] *n,v* -*n* thupër, vizore(për ndëshkim).

-*vt* fshikulloj, godas me thupër(në pëllëmbë).

ferule II['feru:l, 'ferël] *n* shih **ferrule**.

fervency ['fë:vënsi] *n* zjarr; vrull; zell i madh; entuziazëm.

fervent['fë:vënt] *adj* 1.i zjarrtë; entuziast.2.i nxehtë; shndritës.

fervid['fë:vid] *adj* 1.i zjarrtë; i përvëluar.2.i nxehtë; përvëlues.

fervo(u)r['fë:vë:] *n* 1.zjarr, entusiazëm. 2.nxehtësi, afsh.

fess, fesse[fes] *n* shirit(mespërmes mburojës).

festa['festë] *n* festë; ditë pushimi, ditë feste; festival.

festal['festël] *adj* festiv; feste; i gëzueshëm; gazmor.

fester['festë:] *v* 1.qelbëzohet (plaga). 2.shkakton qelbëzim. 3.prish, kab. 4.acarohet(grindja etj).

festival['festivël] *n* 1.festival. 2.festë. 3.festim.

festive['festiv] *adj* 1.festiv,feste. 2. gazmor, i gëzueshëm.

festively ['festivli] *adv* në mënyrë festive; si për

festë.

festivities[fes'tiviti:z] *npl* festime, festë e madhe.

festivity[fes'tivëti] *n* 1.festim, kremtim. 2.gëzim, argëtim. 3.festival.

festoon[fes'tu:n] *n,v* *-n* zbukurime, girlanda, vargje letrash me ngjyra.

-v zbukuroj, stolis me vargje letrash me ngjyra.

feta['fetë] *n* djathë i bardhë.

fetal, foetal['fi:tël] *adj* i fetusit, fetal; embrional.

fetch[feç] *v,n* *-v* 1. sjell, bie. 2. shkoj të marr. 3.sjell të ardhura, shitet mirë. 4.*gj.fol* tërheq, josh. 5.*gj.fol* qëlloj, ia vesh(me shuplakë). 6.lëshoj(rënkim, psherëtimë). 7.arrij në, kap(bregun). 8.merr drejtim, shkon(anija). +**fetch and carry** bëj punëra të vogla; **fetch up** mbërrij; ndalem.

-n 1.sjellje, prurje. 2.marifet, truk.

fetching['feçing] *adj gj.fol* tërheqës; joshës.

fete[feit] *n,v* *-n* festë; panair.

-vt festoj; organizoj festë(për dikë).

fetich['fetish, 'fi:tish] *shih* **fetish**.

fetid['fetid] *adj* i qelbur, me erë të keqe.

fetish['fetish, 'fi:tish] *n* 1.fetish, objekt adhurimi; hajmali. 2.mani, mendim i ngulët. 3.objekt manie seksuale. 4.idhull.

fetishism['fetishizëm] *n* 1.fetishizëm, adhurim. 2.mani seksuale.

fetishist['fetishist] *n* 1.idhulltar.2.maniak seksual.

fetlock ['fetlok] *n* 1. tufëz qimesh mbi thundër, xhufkë. 2.kyç i thundrës(së kalit).

fetor['fi:të:] *n* erë e rëndë, erë e qelbur.

fetter['fetë:] *n,v* *-n* 1. vargonj, zinxhirë (për këmbët). 2.*zak pl fig* pengesë, fre.

-vt 1.lidh me zinxhirë/me vargonj. 2.*fig* i lidh duart. 3.frenoj, përmbaj(zemërimin).

fettle ['fetël] *n* gjendje, formë; **in fine fettle** në formë shumë të mirë.

fetus, foetus['fi:tës] *n* fetus; embrion.

fend I[fju:d] *n,v* *-n* 1.armiqësi; gjakësi.2.grindje.

-vi jam në armiqësi, grindem.

feud II[fju:d] *n* çiflig, pronë feudale.

feudal['fju:dël] *adj* feudal.

feudalism ['fju:dëlizëm] *n* feudalizëm, sistem feudal.

feudalistic[fju:dël'istik] *adj* 1.feudal.2.pro-feudal.

feudality [fju:'dæliti] *n* 1. feudalizëm, sistem feudal.

feudalistic[fju:dël'istik] *adj* 1.feudal.2.pro-feudal.

feudality [fju:'dæliti] *n* 1.feudalizëm, sistem feudal. 2.çiflig, pronë feudale.

feudatory ['fju:dëto:ri] *adj,n* *-adj* 1. vasal (ndaj feudalit), me detyrime (ndaj feudalit). 2.në pronësi feudale.

-n 1.vasal. 2.çiflig, pronë feudale.

feudist['fju:dist] *n* person në gjak/në armiqësi.

fever['fi:vë:] *n,v* *-n* 1.ethe, zjarrmi. 2.sëmundje me zjarrmi; **scarlet fever** skarlatinë. 3.*fig* ethe, afsh,

zjarr; **at/to fever pitch** i eksituar, i papërmbajtur.

-vt eksitoj, i fus ethet.

fevered ['fi:vë:d] *adj* 1. me ethe, që ka zjarrmi. 2.*fig* i eksituar, i ethshëm, ndër ethe, i ndezur.

feverish['fi:vërish, 'fi:vrish] *adj* 1.me temperaturë, me pak zjarrmi. 2.i shkaktuar nga ethet(etje, ëndërr). 3.që të fut ethet(klimë). 4.*fig* i ethshëm, i eksituar.

feverous['fi:vrës] *adj* shih **feverish**.

fever pitch *n fig* 1.veprimtari e ethshme; gjendje e eksituar. 2.kulm.

fever-root['fivëru:t] *n* shih **feverwort**.

fever sore *n* plasaritje e buzëve(nga ethet).

feverwort['fivë:wë:t] *n bot* laverdhëz erëmirë, luleblete(bar mjekësor).

few[fju:] *adj,n* *-adj* pak; i pakët; **a man of few words** burrë që i ka fjalët të pakta; **no fewer than** jo më pak se, të paktën; **make the fewest mistakes** bëj minimumin e gabimeve.

-n 1.numër i vogël, pakicë; **a few of the boys** një numër i vogël djemsh. 2.**the few** pakica, një grup i vogël. +**quite a few, a good few** goxha, mjaft, një numër jo i vogël; **few and far between** të rrallë; **a few** disa; **not a few, some few** jo pak, goxha.

fez[fez] *n pl* **fezzes** qeleshe, feste, kësulë shajaku.

fiacre[fi'a:kë:] *n* karrocë, pajton.

fiance[fi:a:n'sei] *n* i fejuar.

fiancée[fi:a:n'sei] *n* e fejuar.

fiasco[fi'æskou] *n* fiasko, dështim.

fiat['fajët, 'fajæt, 'fi:æt] *n* 1.urdhëresë; dekret.2.leje, autorizim.

fib[fib] *n,v* *-n* rrenë, gënjeshtër e vockël.

-v rrej, gënjej, them një gënjeshtër.

fiber['faibë:] *n* shih **fibre**.

fiberglass['faibë:glæs] *n* shih **fibreglass.**

fibre ['faibë:] *n* 1.fibër(bimore, muskulore).2.fije, fill. 3.tkurrje, ind. 4.natyrë, karakter; **a strong moral fibre** një karakter i fortë moral.

fibreboard['faibë:bo:d] *n* pllakë e presuar.

fibreglass ['faibë:glæs] *n* 1. lesh xhami. 2.tekstil me fije qelqi. 3.xhamoplast, material plastik me fije xhami.

fibre optics *n* fibër optike; teknologji e transmetimit të figurës me anë të fibrave optike.

fibril['faibrël] *n* 1.fibër e vockël, fijëz.2.qime thithëse(në rrënjët).

fibrilate['faibrileit] *vi* 1.dridhet(muskuli). 2.ndahet në fijëza, fijëzohet.

fibrilation [faibri'leishën] *n* 1.fijëzim, ndarje në fijëza. 2.dridhje(muskulare). 3.rrahje të shpejta, dridhje të zemrës.

fibrin['faibrën] *n biol,kim* fibrinë(lloj proteine).

fibroid['faibroid] *adj* 1.fijor, fijëzor.2.*mjek* tumor fibroz.

fibrosis [fai'brousis] *n* mbirritje e indit fijëzor, fibrozë.

fibrositis[faibrë'saitis] *n* pezmatim i indit fijëzor, fibrozit.

fibrous['faibrës] *adj* fijor, fijëzor.

fibula['fibjulë] *n anat* kërci, fyell i këmbës.

fickle ['fikël] *adj* i ndryshueshëm (fat); i paqëndrueshëm(mik).

fickleness['fikëlnis] *n* ndryshueshmëri; paqëndrueshmëri

fiction['fikshën] *n* 1.letërsi artistike, prozë letrare. 2.trillim, sajim. 3.*drejt* konvencion, fakt fiktiv.

fictional['fikshënël] *adj* imagjinar; i sajuar, i trilluar; fiktiv, i rremë.

fictitious[fik'tishës] *adj* 1.joreal, imagjinar, i trilluar(personazh). 2.i rremë, fals.

fid[fid] *n* binar(përforcues).

fiddle ['fidël] *n,v* -*n* 1. *gj.fol* violinë. 2. parmak tryeze(në anijet). 3.*zhrg* mashtrim. +**fit as a fiddle** në formë të shkëlqyer; **play second fiddle** luaj rol dytësor; kaloj në plan të dytë.
-*v* 1.*gj.fol* i bie violinës, luaj në violinë. 2.bëj lëvizje nervoze, vërtis nëpër duar. 3.vij vërdallë, vërtitem. 4.ndërhyj, ngatërroj, pengoj. 5.*zhrg* mashtroj. + **fiddle about/around** 1.rri kot. 2.s'rri i qetë, s'më mban vendi.

fiddle-de-dee ['fidëldi:'di:] *n, interj* gjepur; gjepura!

fiddle-faddle ['fidël 'fædël] *n,interj,v* -*n* bisedë boshe, fjalë pa vlerë.
-*interj* gjepura!.
-*v* merrem me gjepura.

fiddlehead['fidëlhed] *n* zbukurim si kokë violine (në bash të anijes).

fiddleneck['fidëlnek] *n* shih **fiddlehead.**

fiddler['fidlë:] *n* violinist.

fiddlestick ['fidëlstik] *n* 1. hark violine. 2. gjë pa vlerë, vogëlsi.

fiddlestick['fidëlstik] *interj* gjepura!, marrëzira!

fidelity[fi'delëti] *n* 1.besnikëri.2.përpikmëri; saktësi. 3.cilësi transmetimi(e pajisjeve elektronike).

fidget ['fixhit] *v,n* -*v* 1. s'më zë vendi, lëviz. 2.trazoj; nervozoj.
-*n* 1.shqetësim, trazim. 2.njeri i shqetësuar, që s'rri i qetë. 3.nervozizëm.

fidgety['fixheti] *adj* i shqetësuar, i paqetë, nervoz.

fiduciary[fi'du:shjëri] *adj,n* -*adj* 1.i lënë në mirëbesim, i besuar(pronë etj). 2.letër(para); **fiduciary currency** kartëmonedhë.
- *n* administrator.

fie[fai] *interj* turp!, kjo është e turpshme!

fief[fi:f] *n* pronë feudale, çiflik..

field[fi:ld] *n,v* -*n* 1.fushë.2.çeltinë, lirishtë. 3.arë. 4.shesh(loje etj). 5.pellg, zonë; **a coal field** zonë qymyrmbajtëse. 6.shesh lufte, fushë beteje. 7.*sport* a)fushë sporti, terren; b)sporte, gara. 8.*fig* fushë, lëmë, sferë. 9.*fiz* fushë(elektrike, magnetike etj).

10.fushë pamjeje(e teleskopit etj). +**in the field** në terren; **field of vision** fushë pamjeje; fushëpamje; **play the field** a)*gj.fol* kam fushë veprimi të gjerë; b)*zhrg* shoqërohem/takohem me shumë persona të ndryshëm të seksit tjetër; **take the field** filloj ndeshjen/betejën/fushatën.
-*v* 1.nxjerr në fushë(lojtarë). 2.*gj.fol* përgjigjem si duhet, përballoj mirë(një pyetje). 3.mbroj(pozitën time).

field artillery *n* artileri fushore, artileri e lehtë.

field day *n* 1.ditë garash. 2.ditë stërvitjeje.3.ditë aktiviteti; ditë suksesesh.

fielder['fi:ldë:] *n sport* lojtar stopues(në beisboll).

field event *n* gara atletike.

field glasses *n* dylbi.

field gun *n usht* top.

field hockey *n* hokej mbi bar.

field hospital *n* spital fushor, spital i përkohshëm.

field jacket *n* xhaketë ushtarake.

field kitchen *n* kuzhinë fushore, kuzhinë e transportueshme.

field magnet *n* elektromagnet për krijim fushe.

fieldman *n* komisioner, agjent shitjesh; përfaqësues shtetëror, anketues.

field marshal *n usht* feldmareshall.

field mouse *n* mi arash.

field officer *n usht* oficer me gradë major ose kolonel.

field of fire *n usht* fushë qitjeje.

fieldpiece['fi:ldpi:s] *n usht* top.

fieldstone['fi:ldstoun] *n* gurë për ndërtim.

field test *n* provë te konsumatori (e një produkti të ri etj).

field-test['fi:ldtest] *vt* provoj, vë në provë(një mjet, një program).

field trial *n* 1. provë në kushtet e konsumatorit. 2.provë stërvitore për qentë e gjahut.

field trip *n* udhëtim/ekskursion studimor.

field work *n* kërkime në terren.

fieldwork['fi:ldwë:k] *n usht* fortifikime provizore.

fieldworker['fi:ldwë:kë:] *n* 1.punonjës kërkimor-shkencor(në terren). 2.anketues.

fiend[fi:nd] 1.djall, dreq; shpirt i keq. 2.njeri tepër i lig.3.**the Fiend** Djalli, Shejtani.4.*gj.fol* njeri shumë i dhënë(pas punës, lojës etj).

fiendish['fi:ndish] *adj* mizor; djallëzor.

fierce['fi:ë:s] *adj* 1.i egër, agresiv.2.e fortë, e fuqishme, e tërbuar(erë).3.i zjarrtë, i papërmbajtur(vrull). 4.*gj.fol* i padurueshëm(të ftohtë etj).

fiercely['fi:ë:sli] *adv* 1.egërsisht, me egërsi.2.fort, fuqishëm. 3.me zjarr.

fierceness['fi:ë:snis] *n* 1.egërsi. 2.fuqi, vrull. 3.*fig* zjarr.

fiery['fairi, 'fajëri] *adj* 1. i zjarrtë; në flakë. 2. e ndezur(ngjyrë). 3.i zjarrtë(fjalim); i flaktë(fjalim). 4.i

rëmbyer, i papërmbajtur(njeri). 5.përvëluese, përcë-
lluese(dhimbje). 6.djegës, pikant(ushqim).
fiesta [fi'estë] *n* 1. festë fetare; ditë shenjtorësh.
2.pushim, ditë feste.
fife[faif] *n,v* -*n* fyell; flaut.
-*vi* i bie flautit.
fifer['faifë:] *n* fyelltar; flautist.
FIFA ['fi:fë] *n* (Fédération Internationale de
Football Association) Federata Botërore e Futbo-
llit, FIFA.
fifteen['fif'ti:n] *n adj* pesëmbëdhjetë; **chapter fif-
teen** kreu i pesëmbëdhjetë.
fifteenth['fif'ti:nth] *adj,n* -*adj* i pesëmbëdhjetë.
-*n* një e pesëmbëdhjetë(thyesë).
fifth[fifth] *adj,n* -*adj* i pestë.
-*n* 1.një e pestë (thyesë). 2.*zhrg* shishe pije 1/5-
gallonëshe(=0.8 l).
fifth column *n* kolonë e pestë.
fifthly['fifthli] *adv* së pesti.
fifth wheel *n* gj.fol gjë e tepërt/e panevojshme;
person i tepërt.
fiftieth['fiftüith] *adj,n* -*adj* i pesëdhjetë.
-*n* një e pesëdhjetë(thyesë).
fifty['fifti] *n,adj* 1.pesëdhjetë.2.kartëmonedhë pe-
sëdhjetëdollarëshe. 3.*pl* **fifties** a)vitet pesëdhjetë;
b)të pesëdhjetat, mosha 50-59 vjeç. 4.pesëdhjetëshe.
fifty-fifty ['fifti'fifti] *adv,adj* gj.fol gjysmë-për-
gjysmë; barabar; **to have a fifty-fifty chance** kam
50 % shanse; ka shanse të barabarta; **go fifty-fifty
with sb, on a fifty-fifty basis** i ndajmë barabar.
fig I[fig] *n* 1.fik. 2.vogëlsirë, gjë pa rëndësi; **not
to care a fig for sth** nuk e çaj kokën fare për diçka.
fig II[fig] *n* gj.fol veshje; pajime. +**in full fig** ve-
shur e ngjeshur
fig.[fig] shkurtim i **figure; figurative; figurative-
ly.**
fight[fait] *v,n* -*v* (fought) 1.luftoj; bëj luftë.
2.ndeshem, përleshem. 3.grindem, hahem(me fjalë).
+ **fight back** i përgjigjem, rezistoj; **fight it out** lu-
ftoj deri në fund; **fight off** a)zmbraps (sulmin); b)
frenoj, ndal; kapërcej; **fight on** vazhdoj luftën;
vazhdoj të përleshem; **fight shy of** shmangem, nuk
përzihem.
-*n* 1.luftim; betejë; ndeshje, përleshje. 2.grindje,
zënie me fjalë. 3.shpirt luftarak; **show fight** rezistoj;
pranoj të përleshem.
fighter['faitë:] *n* 1.luftëtar. 2.boksier. 3.aeroplan
gjuajtës. 4.njeri luftarak.
fighter-bomber['faitë:'bomë:] *n av* gjuajtës-bom-
bardues.
fighter plane *n* aeroplan gjuajtës.
fighting['faiting] *n* 1.zënkë, rrahje, përleshje, nde-
shje. 2.*usht* luftim, betejë.
fighting chance *n* gj.fol shans për të fituar; **have
a fighting chance** kam një shans të vogël.
fighting cock *n* 1.gjel i stërvitur(për ndeshjet me

gjela). 2.gj.fol njeri sherrxhi.
figment['figmënt] *n* pjellë e imagjinatës; histori e
trilluar.
figurate ['figërit] *adj* 1. i formuar, i modeluar.
2.*muz* me zbukurime, me motive.
figuration[figiu'reishën] *n* 1.formë; trajtë. 2.for-
mim. 3.paraqitje simbolike, simbolizim. 4.zbukurim
me figura.
figurative['figërëtiv] *adj* 1.i figurshëm, figurativ.
2.me figura. 3.simbolik.
figuratively['figërëtivli] *adv* në mënyrë të figur-
shme.
figure ['figë:] *n,v* -*n* 1. shifër; numër; **put a fig-
ure on sth** numërtoj diçka, i vë numër. 2.shifër,
vlerë.3.siluetë, formë.4.figurë(gjeometrike etj).5.per-
sonalitet, figurë(e shquar). 6.shembëllim, personi-
fikim.7.portret; bust.8.ilustrim; skicë.9.motiv(zbuku-
rimi).10.figurë letrare.11.model; **figures** llogaritje;
be very good at figures ia them për llogaritje.
-*v* 1.llogaris, përdor shifra. 2.figuron, është i pra-
nishëm, bën pjesë. 3.tregoj me figura, paraqes me
diagramë. 4.ilustroj, paraqes me figura. 5.mendoj,
them, jam i mendimit. 6.gj.fol hahet, ka kuptim;
that figures kjo hahet. 7.përfytyroj, imagjinoj.
+**figure on** gj.fol a)gjej, llogaris; b)kuptoj, marr
vesh; gjej me mend.
figured['figë:d] *adj* 1.me zbukurime, me motive,
jo lisho. 2.i paraqitur me skicë; i ilustruar. 3.i rea-
lizuar artistikisht, i paraqitur(në bronz etj). 4.*muz* me
motive, me ornamente, me fioritura.
figurehead['figë:hed] *n* 1.*det* figurë e gdhendur
në bash. 2. drejtues kukull, drejtues formal, pa
autoritet.
figure of speech *n* shprehje e figurshme; figurë
letrare.
figure-skater *n* patinator artistik.
figure skating *n* patinazh artistik; balet në akull.
figurine[*Br* 'figëri:n, *amer* figië'ri:n] *n* figurinë;
statujëz.
Fiji['fi:xhi:] *n gjeog* Ishujt Fixhi.
filament['filëmënt] *n* 1. fijëz, fije e hollë. 2. fila-
ment(llampe). 3.*bot* pejzë.
filamentous[filë'mentës] *adj* 1.fijëzor, si tel.2.me
pejza.
filbert['filbë:t] *n bot* lajthi.
filch[filç] *vt* zhvas, përlaj.
file I[fail] *n,v* -*n* 1.dosje. 2.skedar. 3.*kmp* fishë,
skedë, dosje. 4.radhë, varg njerëzish). 5.*usht* çetë,
grup ushtarësh. 6.sirtar. 7.rresht, linjë. +**in file** njëri
pas tjetrit, në rresht, varg; **on file** të skeduara; të
futura në dosje.
-*v* 1. fus në dosje; skedoj. 2. ecin varg/njëri pas
tjetrit. 3.dërgoj(lajmin) me telefon.
file II[fail] *n,v* -*n* limë.
-*vt* ha me limë, limoj.
file clerk, filing clerk *n* arkivist, sekretar që me-

rret me dokumentet.
filename ['failneim] *n kmp* emër i fishës/i skedës /i dosjes.
filet[fi'lei] *n* 1.rrjetë me vrima katrore.2.fileto (peshku etj).
filial['filiël] *adj* birnor, bijëror.
filibuster['filibʌstë:] *n,v* *-n* 1.bllokim, pengim i miratimit(të një ligji në Parlament). 2.deputet sorollatës, pengues, obstruksionist. 3.luftues aventurier (kundër një vendi tjetër).
-vi pol bëj obstruksion, sorollas miratimin e ligjit.
filigree['filëgri:] *n,adj,v* *-n* 1.filigran, qëndismë me fije ari ose argjendi. 2.*fig* vizatime, lajle-lule(të ngricës në xhama).
-adj prej filigrani.
-v qëndis me fije ari, bëj filigrane.
filing cabinet *n* skedar.
filings['failingz] *npl* pluhur lime, tallash(hekuri, druri).
Filipine['filipi:n] shih **Philippine**.
Filipino [fili'pi:nou] *n,adj* filipinas.
fill[fil] *v,n* *-v* 1.mbush. 2.mbushet. 3.ngopem. 4.kryej, përmbush, plotësoj(porosi etj). 5.mbush dhëmbin. 6.marr në punë, plotësoj(një vend pune). 7.bëj punën e. +**fill the bill** *gj.fol* plotësoj nevojat; **be filling in time** bëj diçka ndërkohë.
+**fill in** a)mbush; b) plotësoj, mbush(formularin); c)azhurnoj me të dhënat, informoj.
+**fill out** a)zgjeroj; zgjerohet; fryhet; b)rrumbullakoset; rrumbullakos; c)plotësoj, mbush(formularin).
+**fill up** plotësoj, mbush plot.
-n 1.mbushje, material mbushës. 2.sasi e mjaftueshme; **eat/drink one's fill** ngopem së ngrëni/së piri; **have one's fill of sth** mërzitem me diçka, më vjen në majë të hundës.
filled[fild] *adj* 1.i mbushur(me gëzim etj). 2.me garniturë(meze).
filler['filë:] *n* 1.mbushës.2.vegël për mbushje(hinkë etj). 3.mbushje, material mbushës. 4.stuko.
filler cap *n* kapak serbatori; tapë rezervuari(karburanti).
fillet['filit] *n,v* *-n* 1.rrip koke. 2.shirit. 3.fileto(peshku etj).
-vt 1.lidh me rrip, vë rrip. 2.pres në fileta, pres feta-feta.
fill-in ['filin] *n* 1.zëvendësues, plotësues(person, send). 2.veprimtari në interval. 3.informacion i përmbledhur, azhurnim.
filling ['filing] *n* 1. mbushje, material mbushës; amalgamë. 2.*tekst* ind. 3.mbushje(me ujë etj).
filling station *n* pikë funizimi me karburant.
fillip['filëp] *v,n* *-v* 1.çokas(me gisht). 2.nxis, stimuloj.
-n 1.gjuajtje me gisht, çokitje. 2.nxitës, stimulues.
filly['fili] *n* 1.pelë e re. 2.*gj.fol* vajzë e hedhur.

film[film] *n,v* *-n* 1.shtresë e hollë, cipë.2.film fotografik.3.film(i xhiruar).4.fletë e hollë(metalike etj).
-v 1.vishet me cipë(lotësh etj). 2.filmoj, xhiroj. 3.filmohet, merret, xhirohet. 4.realizoj në film(një roman).
filmgoer['filmgouë:] *n* amator kinemaje.
filmic['filmik] *adj* i filmit, filmik.
filming['filming] *n* xhirim filmi.
filmmaker['film'meikë:] *n* prodhues filmash, producent; kineast.
filmmaking['film'meiking] *n* prodhim filmash; kinematografi.
film star *n* yll kinemaje.
filmstrip['filmstrip] *n* film fiks, xhirim pamjesh të njëpasnjëshme.
film studio *n* kinostudio.
filmy['filmi:] *adj* 1.shumë i hollë. 2.i veshur me cipë; i mbuluar.
filter['filtë:] *n,v* *-n* 1.kullore, filtër.2.pajisje filtrimi(ajri). 3.*fot* filtër.
-v 1.filtroj, kulloj. 2.depërton, filtron(uji në tokë).
filterable['filtërëbël] *adj* 1.i filtrueshëm.2.infiltrues, depërtues(virus).
filter lane *n Br* korsi e djathtë(e autostradës).
filter paper *n* letër filtri.
filter-tipped['filtë:'tipt] *adj* me filtër(cigare).
filth[filth] *n* 1.pisllëk, ndyrësi. 2.lapërdhi, fëlliqësi, ndyrësi.
filthy['filthi] *adj* 1.i pistë, i ndyrë, i fëlliqur. 2. lapërdhar, i fëlliqur, i turpshëm.
filtrable['filtrëbël] *adj* i filtrueshëm.
filtrate['filtreit] *v,n* *-vt* filtroj, kulloj.
-n filtrat, lëng i filtruar.
filtration[fil'treishën] *n* filtrim.
filtration station *n* stacion pastrimi uji.
fin[fin] *n* 1.pendë, fletë(peshku).2.fletë radiatori; fletë cilindri. 3.krah, fletë(avioni). 4.këmbalkë, fletëz gome(te këmba e zhytësit).
finagle[fi'neigël] *v gj.fol* 1.çalltis, çaj me shkathtësi. 2.mashtroj.
finagler [fi'neiglë:] *n* 1. njeri i shkathët. 2. mashtrues.
final['fainël] *adj,n* *-adj* 1.i fundit, përfundimtar. 2.definitiv, i pandryshueshëm.
-n 1.provim përfundimtar. 2.*pl* finale, ndeshje finale. 3.botim i fundit(i gazetës), botim i mbrëmjes.
+**final demand** paralajmërim i fundit.
finale[fë'næli, fë'na:li] *n* 1.*muz* finale. 2.pjesa e fundit; fundi.
finalist['fainëlist] *n* finalist.
finality[fai'nælëti] *n* 1.përfundim, mbyllje.2.fund, mbarim.
finalize ['fainëlaiz] *vt* përfundoj, i jap formë përfundimtare.
finally['fainëli] *adv* 1. më në fund. 2. përfundimisht.

finance['fainæns, fai'næns, fě'næns] *n* 1.financë. 2.*pl* financa, fonde; të ardhura.
-*vt* 1.financoj. 2.drejtoj financat e.
finance company *n* firmë financuese.
financial[fai'nænshěl] *adj* financiar.
financial adviser *n* këshilltar financiar, financier.
financially[fi'nænshěli] *adv* financiarisht; nga ana financiare.
financial year *Br*, **fiscal year** *amer n* vit financiar, vit fiskal.
financier[fainën'siё:, finën'siё:, fě'nænsiё:] *n Br* financier.
finback['finbæk] *n zool* balenë e kaltër.
finch[finç] *n zool* trishtil(zog).
find[faind] *v,n* -*v* (**found**) 1.gjej. 2.zbuloj, mësoj, marr vesh. 3.gjej,siguroj. 4.*drejt* konstatoj, shpall (fajtor). 5.kam; **the book found many readers** libri pati lexues të shumtë. +**find oneself** gjej veten; **find one's feet** a)merr këmbët, ngrihet të ecë (fëmija); b)mëkëmbem, marr veten; **find one's voice** më vjen/më kthehet zëri; **find out** marr vesh; zbuloj; gjej; mësoj.
-*n* 1.gjetje. 2.send i gjetur.
finder['faindě:] *n* 1.gjetës. 2.*kin* synor jashtë kamerës. 3. teleskop i vogël ndihmës (i atashuar me kryesorin).
finding['fainding] *n* 1.zbulim. 2.gjë e gjetur. 3.*pl* përfundim, konkluzion. 4.*pl* vegla, pajisje(artizani).
fine I [fain] *adj,adv,v* -*adj* 1. shumë; i mirë; i shkëlqyer; i përsosur. 2.i vockël; i imët; i hollë. 3.i mprehtë(teh). 4.i brishtë, delikat. 5.i stërholluar, elegant(sjellje). 6.me nivel(gjuhë). 7.i pashëm, i bukur. 8.i mirë, i kthjellët (mot). 9. i pastër, i papërzier, puro(ar).
-*adv gj.fol* shumë mirë; shkëlqyeshëm.
-*v* përsos; përsoset. +**one fine day** një ditë prej ditësh.
fine II[fain] *n,v* -*n* gjobë. +**in fine** a)më në fund; b)shkurt, me pak fjalë.
-*vt* gjobis, vë gjobë.
fine arts *n* artet e bukura, artet.
fine-drawn['faindro:n] *adj* 1.i holluar me tërheqje. 2.i imët, i hollë(dallim etj).
finely['fainli] *adv* 1.imët; hollë. 2.me finesë, me delikatesë. 3.shkëlqyeshëm, shumë bukur.
fineness['fainnis] *n* 1.përsosuri. 2.përqindje e arit /argjendit në aliazh.
finery['fainěri] *n* veshje e bukur; stolira.
fine-spun ['fainspʌn] *adj* 1.i holluar me tërheqje.2.shumë i hollë; shumë i mprehtë(gjykim etj).
finesse[fi'nes] *n,v* -*n* 1.finesë; mjeshtri. 2.zgjuarësi, shkathtësi. 3.dredhi.
-*vi* veproj me finesë; përdor shkathtësinë.
fine-toothed['fain'tutht] *adj* dhëmbëimët, i imët (krehër, sharrë). +**go over with a fine-toothed comb** kreh, kaloj në krehër, bëj kontroll të imët.

fine-tune ['faintju:n] *vt* 1. i bëj rregullim të imët. 2.*fig* ndreq imtësisht.
finger ['fingë:] *n* 1. gisht. 2.një gisht (masë afërsisht 2cm). 3.gjatësi gishti(aërsisht 11.5 cm). 4.gisht dorashke. +**burn one's fingers** gjej belanë; **have a finger in the pie** a)kam gisht; b)përzihem, ngatërrohem; **not to lay a finger on sb** nuk i prek asnjë qime, s'e ngas as me gisht; **not to lift a finger to help** as që tundem për ta ndihmuar; **point a finger /the finger at sb** i vë gishtin, akuzoj; **put one's finger on** vë gishtin mbi, tregoj pa gabuar; **put the finger on sb** *zhrg* caktoj për ta vrarë; **twist sb around one's little finger** e sjell në majë të gishtit, bëj si dua me dikë.
-*v* 1.prek me gishta.2.*muz* i bie, ekzekutoj. 3.qëroj, vjedh. 4.*zhrg* tregoj, kallëzoj. 5. zgjatet si gisht.
finger board *n muz* 1.qafë e violinës. 2.tastierë(e pianos, organos).
fingerhold['fingë:hould] *n* 1.kapje me gishta. 2.vend për ta kapur; vegjë. 3.*fig* mbështetje e dobët.
fingering['fingëring] *n* prekje(e instrumentit).
fingerling['fingë:ling] 1.peshk(në moshë të re). 2.vogëlimë; vogëlsirë.
fingermark['fingë:ma:k] *n* njollë gishtash.
fingernail['fingë:neil] *n* thua.
finger painting *n* pikturim me gishta.
finger post *n* tabelë treguese në formë gishti.
fingerprint['fingë:print] *n,v* -*n* gjurmë gishtash.
-*vt* i marr gjurmët/shenjat e gishtave.
fingertip['fingë:tip] *n* majë e gishtit. +**have sth at one's fingertips** e njoh/e di diçka në majë të gishtave.
finial['finiël] *n* 1.*ark* ornament në majë të çatisë etj. 2.pika më e lartë, kulmi.
finical['finikël] *adj* shih **finicky**.
finicking['finiking] *adj* shih **finicky**.
finicky['finiki] *adj* 1.nazeli, sqimatar. 2.mistrec, gërnjar, pedant.
finis['finis] *n lat* fund.
finish['finish] *v,n* -*v* 1.mbaroj, i jap fund. 2.përfundoj, çoj deri në fund(diçka). 3.përfundon, merr fund (gara). 4.harxhoj, sos, mbaroj. 5.*gj.fol* asgjësoj. 6.vras, i jap fund(kafshës së plagosur). 7.lëmoj, i jap dorën e fundit(një produkti).
-*n* 1.fund, mbarim. 2.përfundim, lëmim, dorë e fundit. 3.finesë, lëmim(në të sjellë). 4.punime të brendshme. 6.lustër, vernik. +**in at the finish** i pranishëm në fund.
+**finish off** a)përfundoj; b)asgjësoj; dërrmoj; vras.
+**finish up** a)përfundoj; b)harxhoj, sos, mbaroj.
+**finish with** a) përfundoj; b) prishem(me dikë); c)mbaroj punë(me një send të marrë hua).
finished['finisht] *adj* 1.i mbaruar, i mbyllur. 2.i përfunduar, i kryer. 3.*gj.fol* i dërrmuar, i rraskapitur, i marrë fund. 4.i çinteresuar; **be finished with sth** heq dorë nga diçka. 5.i lëmuar; i lustruar(produkt).

finisher['finishë:] *n* 1.lustrues. 2.dorë e fundit; lustër.

finishing line *n sport* vijë e finishit, mbërritje.

finishing school *n* shkollë private për vajza të reja(që i përgatit nxënëset për jetën në shoqëri).

finite['fainait] *adj,n -adj* 1.i fundëm, i kufizuar. 2. *mat* i fundëm (numër); e caktuar (madhësi). 3.*gram* i përcaktuar(në numër, vetë, kohë etj). *-n* madhësi e caktuar/e fundme.

fink [fink] *n zhrg* 1. spiun, hafije, informator. 2.grevëthyes. 3.tip i bezdisur.

Finland['finlënd] *n gjeog* Finlandë.

Finn[fin] *n* finlandez.

Finnish['finish] *adj,n -adj* finlandez. *-n* finlandisht, gjuha finlandeze.

finny['fini:] *adj* 1.plot peshk.2.me pendë, me fletë notimi.

fiord[fjo:d] *n* fjord, gji deti i ngushtë.

fir[fë:] *n* 1.*bot* bredh. 2.dru bredhi.

fire['faië:] *n,v -n* 1.zjarr.2.*fig* zjarr, pasion.3.zjarrmi, ethe. 4.*usht* zjarr, qitje me armë. +between two fires midis dy zjarresh; catch fire merr zjarr, ndizet; go through fire and water kaloj përmes rreziqesh të shumta; hang fire a)vonon qitjen (arma); b)zvarrisen, zhvillohen ngadalë(ngjarjet); c)vonohem; lay a fire përgatis zjarrim; on fire a)në zjarr, në flakë; b) i ndezur, i eksituar; play with fire luaj me zjarrin; set fire to i vë zjarrin; set on fire a) i vë zjarrin, djeg; b)ndez, eksitoj; take fire merr zjarr, digjet; under fire a)i vë zjarrin, djeg; b)ndez, eksitoj; take fire mer zjarr, digjet; under fire a)nën zjarrin(e armikut); b)i sulmuar; i kritikuar. *-v* 1.vë zjarr, ndez.. 2. merr zjarr, merr flakë, ndizet. 3.ushqej/furnizoj me lëndë djegëse(furrën etj). 4.pjek (tullat). 5.*fig* ndez(fantazinë). 6.qëlloj, shtie. 7.lëshoj (një raketë). 8.*gj.fol* pushoj(nga puna). +fire away *gj.fol* filloj, nis; vazhdoj, eci më tej. +fire up a)ndez(kaldajën, furrën); b)nxehem, marr zjarr; c)vë në punë, ndez(makinën).

fire alarm *n* 1.sinjal alarmi në rast zjarri. 2.sistem alarmi kundër zjarrit.

firearm['faië:ra:m] *n* armë zjarri.

fireball['faië:bo:l] *n* 1.lëmsh i zjarrtë; rrufe sferike. 2.meteor i ndritshëm. 3.këpurdhë e shpërthimit të bombës atomike. 4.*gj.fol* njeri energjik/entuziast /i zjarrtë.

firebar['faië:ba:] *n* skarë.

fireboat['faië:bout] *n* varkë me pajisje zjarrvënëse.

firebomb['faië:bom] *n,v -n* bombë djegëse. *-vt* qëlloj me bomba djegëse.

firebomber['faië:bomë:] *n* 1.sulmues me bomba djegëse. 2.avion për shuarje zjarri në pyje.

firebox['faië:boks] *n* furrë(e kaldajës).

firebrand['faië:brænd] *n* 1.urë zjarri.2.nxitës(trazirash), element turbullues.

firebreak['faië:breik] *n* zjarrndaluese, rrip pylli i

prerë.

firebrick['faië:brik] *n* tullë zjarrduruese.

fire brigade *n* 1.skuadër zjarrfikëse. 2.*Br* zjarrfikës; seksion i luftës kundës zjarreve.

firebug['faië:bʌg] *n gj.fol* maniak zjarrvënës, piroman.

fire chief *n amer* komandant i skuadrës zjarrfikëse.

fire clay *n* argjilë zjarrduruese.

fire company *n* grup i organizuar për shuarjen e zjarreve.

firecracker['faië:krækë:] *n* fishekzjarr.

firedamp['faië:dæmp] *n* gaz miniere, gaz shpërthyes.

fire department *n amer* zjarrfikës, seksion i luftës kundër zjarreve.

firedog['faië:dog] *n* hekur oxhaku(për kërcunjtë), desh zjarri.

fire drill *n* provë evakuimi(në rast zjarri).

fire-eater ['faië:ri:të:] *n* 1.zjarrgëlltitës (prestigjator). 2.*fig* sherrxhi, çakmak..

fire engine *n* makinë zjarrfikëse.

fire escape *n* dalje sigurimi.

fire extinguisher *n* fikës, bombol gazi zjarrfikës.

firefighter['faië:faitë:] *n* 1. zjarrfikës. 2. rojtar pyjesh që shuan zjarret

firefinder ['faië:faindë:] *n* instrument për lokalizimin e zjarreve(në pyje).

firefly['faië:flai] *n zool* xixëllonjë.

fireguard ['faië:ga:d] *n* 1. rrjetë rreth oxhakut. 2.rrip pylli i prerë.

firehall ['faië:ho:l] *n* 1.zyrat e seksionit të luftës kundër zjarrit. 2.ndërtesë e mjeteve zjarrfikëse.

fire insurance *n* sigurim kundër zjarrit.

fire irons *n* mashë, kaci etj, takëme zjarri.

fireless['faië:lis] *adj* joentuziast, i flashkët.

firelight['faië:lait] *n* ndriçim i zjarrit.

fire line *n* 1.rrip pylli i prerë. 2.ballë/vijë e parë e zjarrit(në pyll etj).

firelock *n* armë me strall.

fireman['faië:mën] *n* 1. zjarrfikës. 2.fokist; ndihmësmakinist(lokomotive).

fireplace['faië:pleis] *n* oxhak; vatër.

fire plug *n* hidrant, pikë furnizimi me ujë (për zjarrfikësit).

firepower ['faië:pauë:] *n* 1. *usht* fuqi e zjarrit. 2.aftësi qitëse.

fireproof['fjë:pru:f] *adj* i padjegshëm, zjarrduruese.

firereels['faië:ri:ls] *n amer* makinë zjarrfikëse.

fire sale *n* shitje objektesh të dëmtuara nga zjarri.

fire screen *n* rrjetë oxhaku.

fire ship *n* anije zjarrvënëse, anije me lëndë plasëse.

fireside['faië:said] *n,adj -n* 1.vend rreth vatrës. 2.shtëpi, vatër. 3.jetë familjare. *-adj* anës vatrës.

fire station *n* ndërtesë e zjarrfikësve; pikë zjarr-fikësish.

fire tower *n* kullë vrojtimi(në pyje).

firetrap['fajë:træp] *n* 1.ndërtesë pa siguri shpëti-mi. 2.ndërtesë e pasiguruar kundër zjarrit.

firetruck['fajë:trʌk] *n* parandalues zjarresh; zjarr-shues(në pyje etj).

firewater['fajë:wotë:] *n gj.fol* pije alkoolike e fortë.

firewood['fajë:wud] *n* dru zjarri.

firework['fajë:wë:k] *n* 1.fishekzjarr. 2.*pl* hedhje fishekzjarresh.

firing['fajëring] *n usht* qitje, batare.

firing line *n usht* 1.vijë e qitjes, vijë e zjarrit. 2. rresht ushtarësh në vijën e zjarrit. 3.ballë, front, vijë e parë(në konflikte, fushata etj).

firing range *n* 1.shesh për stërvitje në qitje.2.rre-ze e qitjes, largësi efektive e të shtënave.

firing squad *n* 1.skuadër pushkatimi. 2.togë pu-shkatarësh(në ceremonira).

firkin ['fë:kin] *n* 1.kade e vogël(bulmeti). 2.masë vëllimi(=40 l).

firm I[fë:m] *adj,v -adj* 1.i fortë; i ngurtë. 2.solid, i qëndrueshëm(lis). 3.i sigurt, i vendosur(hap). 4.i vendosur, i paepur(qëndrim, vullnet). 5.i prerë, i pa-luejtshëm(çmim).
-*v* forcoj; forcohet.
+**firm up** a)përforcoj; b)përforcohet; c)bëj definitive (marrëveshjen).

firm II[fë:m] *n* firmë, kompani.

firmament['fë:mëmënt] *n* qiell; kupë qiellore.

firmly['fë:mli] *adv* 1.fort. 2.në mënyrë të vendo-sur, me vendosmëri.

firmness['fë:mnis] *n* 1.fortësi. 2.qëndrueshmëri. 3.vendosmëri.

firn[fë:n] *n* bornajë, borë e ngrirë kokrrizore.

first[fë:st] *adj,adv,n -adj* 1.i parë. 2.*muz* i lartë, i parë(zë).+**for the first time** për herë të parë; **first name** emër, **at first sight** në shikim të parë; **first of all** pikësëpari, së pari, fillimisht; **first thing** puna e parë(që do të bëj), në fillim fare; **first thing in the morning** në mëngjes herët; **first things first** fi-llojmë me atë më kryesoren; **not to know the first thing about sth** nuk di kurrgjë/gjë prej gjëje për diçka.
-*adv* 1.në fillim; **children go first** në fillim/të parët fëmijët. 2.së pari, në radhë të parë. 3.për herë të parë; fillimisht. 4.më mirë, më përpara; **I'll go to jail first** më përpara/më mirë shkoj në burg (sesa...). +**first and foremost** para së gjithash, pikësëpari; **at first** së pari, në fillim, fillimisht; **at first hand** drejtpërdrejt, pa ndërmjetës, nga dorë e parë.
-*n* 1.i parë. 2.vend i parë(në garë). 3.fillim. 4.marsh i parë.5.*pl* artikuj të cilësisë së parë. +**from the first** nga fillimi, nga e para; **first and last** a)së bashku; në tërësi; b)qiratë e muajit të parë dhe të fundit; **from first to last** nga kreu në fund, fund e krye;

last in, first out kush punësohet i fundit, pushohet i pari; **first come, first served** sipas radhës, kush vjen i pari, mbaron punë i pari.

first aid *n* ndihmë e shpejtë.

first-aid kit *n* çantë e ndihmës së shpejtë.

first-born['fë:stbo:n] *adj,n -adj* i lindur i pari, i parëlindur, i parë.
- *n* fëmija i parë.

first-class ['fë:stklæs] *adj,adv -adj* 1.i klasit të parë, i cilësisë së lartë; i shkëlqyer. 2.*Br* shumë i mirë(student); (rezultat) "shumë mirë". 3.klasi i parë(vend, biletë). 4.me tarifë normale(postim).
-*adv* në klasë të parë.

first-class mail *n* postim me tarifë normale.

first cousin *n* kushëri i parë.

first day *n* e diel.

first-degree [fë:stdi'gri:] *adj* 1.*mjek* e gradës së parë(djegie). 2.*drejt* e shkallës së parë, me dashje (vrasje).

first finger *n* gisht tregues.

first fruits *n* 1.fruta të hershme. 2.frutet e para, rezultatet e para.

firsthand['fë:sthænd] *adj,adv* i drejtpërdrejtë; nga dorë e parë, direkt, nga burimi.

first lady *n* zonja e parë/më e lartë e vendit, gruaja e presidentit.

first language *n* gjuhë amëtare.

first lieutenant *n usht* toger.

firstling['fë:stling] *n* 1.i pari në llojin e vet. 2.pro-dukt i parë; rezultat i parë. 3.pjellë e parë, këlysh i parë.

firstly['fë:stli] *adv* së pari.

first mate *n* ndihmës, zëvendës.

first night *n* premierë.

first officer *n* ndihmës, zëvendës.

first-rate['fë:streit] *adj,adv -adj* 1.i klasit të parë. 2.*gj.fol* i shkëlqyer, shumë i mirë.
-*adv* shkëlqyeshëm.

first refusal *n* përparësi, prioritet.

firth[fë:th] *n* gji deti i ngushtë; grykëderdhje lumi.

fir tree *n* bredh.

fisc[fisk] *n* thesar i shtetit) ; financat.

fiscal['fiskël] *adj,n -adj* 1.financiar. 2.i thesarit.
-*n* prokuror.

fiscal year *n* vit fiskal, vit financiar.

fish [fish] *n,v -n pl* **fish** 1.peshk. 2. (në emra të përbërë) -deti; **jellyfish** kandil deti; **starfish** yll deti. 3.*fig* peshk, trap. 4.**the Fishes** *astr* Peshqit (yllësi).+**like a fish out of water** si peshku në zall; **drink like a fish** pi pa hesap; **have other fish to fry** kam punë të tjera për të bërë; **a pretty kettle of fish** gjendje rrëmuje të plotë.
-*v* 1.peshkoj, zë peshk. 2.(for) përpiqem ta kap. 3.kërkoj(në kuletë). 4.*fig* gjej, e peshkoj. 5.*fig* (for) gjuaj(për komplimente). +**fish in troubled waters** peshkoj në ujë të turbullt; **fish out** e gjuaj plotë-

sisht(një pellg), e vjel.

+**fish up/out** nxjerr(nga xhepi).

fish and chips *n* peshk me patate të skuqura.

fish eagle *n zool* zgalem.

fisher['fishë:] *n vjet* peshkatar.

fisherman['fishë:mën] *n* 1. peshkatar. 2. anije peshkimi.

fish-eye lens *n fot* objektiv ultra i gjerë.

fish factory *n* qendër e rritjes së peshkut.

fish farm *n* qendër e rritjes së peshkut.

fish fingers *Br*, **fish sticks** *amer npl* fileto peshku në formë shkopi.

fishfork['fishfo:k] *n* fuzhnjë.

fishhook['fishhuk] *n* grep peshkimi.

fishing['fishing] *n* peshkim; **go fishing** shkoj për peshkim.

fishing boat *n* anije/varkë peshkimi, peshkarexhë.

fishing ground *n* vend peshkimi.

fishing line *n* tojë, fill, filispanjë.

fishing pole, fishing rod kallam peshkimi.

fishing smack *n* anije e vogël peshkimi në det.

fishing tackle *n* takëme peshkimi.

fish line *n* shih **fishing line.**

fish meal *n* miell peshku.

fishmonger['fishmʌngë:] *n* tregtar peshku.

fishnet['fishnet] *n* 1.rrjetë peshkimi; **fishnet stockings/tights** geta.

fish oil *n* vaj peshku.

fishplate ['fishpleit] *n tek* pllakë bashkuese (për shinat).

fish pole *n* kallam peshkimi.

fishpond['fishpond] *n* pellg për peshq zbukurimi.

fish stick *n* fileto peshku të ngrira.

fish story *n gj.fol* tregim i ekzagjeruar.

fishtail['fishteil] *adj,v -adj* në formë bishtpeshku. *-v* 1.*av* lëviz bishtin majtas-djathtas(avioni, për të ulur shpejtësinë). 2.shket majtas-djathtas(fundi i veturës, gjatë frenimit etj).

fishwife['fishwaif] *n* 1.shitëse peshku. 2.grua gojëndyrë, sprijë e keqe.

fishy['fishi] *adj* 1.si peshk. 2. i peshkut , prej peshku. 3.plot peshq. 4.*gj.fol* i dyshimtë. 5.*fig* pa çehre; pa shprehje; i mërzitshëm.

fishily['fishili] *adv* në mënyrë të dyshimtë.

fissile['fisail, 'fisël] *adj* 1.i ndashëm. 2. *fiz* i zbërthyeshëm.

fission['fishën] *n* 1.ndarje, copëtim. 2.*biol* ndarje e qelizave.3.*fiz* ndaje e bërthamës, zbërthim i atomit.

fissionable['fishënëbël] *adj fiz* i ndashëm, i zbërthyeshëm.

fission bomb *n* bombë atomike.

fissure['fishë:] *n,v -n* 1.plasë, e çarë, çarje.2.ndarje, copëtim. *-vt* çaj; ndaj; copëtoj

fist[fist] *n* 1.grusht. 2.*gj.fol* dorë. 3.*gj.fol* shkrim dore.

fistful['fistful] *n* një dorë, një grusht.

fistic['fistik] *adj gj.fol* me grushta(zënkë).

fisticuffs ['fistikʌfs] *n* grusht, goditje me grusht; rrahje me grushta; **come to fisticuffs** fillojnë grushtat.

fistula['fistjulë] *n* 1.tub, gyp. 2.*mjek* fistul.

fistular['fistjulë:] *adj* 1.si tub, tubor; prej tubash. 2.fistular.

fit I[fit] *adj,v -adj* 1.i përshtatshëm. 2.i aftë. 3.i gatshëm, gati. 4.i shëndetshëm; **to keep fit** për të qenë në formë; **see/think fit** e shoh/e quaj me vend. *-v* 1.është i përshtatshëm; është me vend. 2.përshtas. 3.më shkon; më vjen tamam, më rri mirë. 4.pajis. 5.përgatis. 6.përputhet, ujdis, pajtohet(me faktet). *-n* përshtatje; ujdisje.

+**fit in** përshtas.

+**fit(sb, sth) out** pajis.

+**fit up** pajis.

fit II[fit] *n* 1.*mjek* krizë, goditje, atak. 2.shpërthim, moment(zemërimi). +**by fits and starts** në mënyrë të çrregullt; me hope; **have a fit** kaloj krizë; **be a good fit** rri tamam(rroba); **be a tight fit** është pak e ngushtë(rroba).

fitch[fiç] *n* 1.*zool* qelbës. 2.gëzof qelbësi.

fitchet, fitchew['fiçet, 'fiçu:] *n* shih **fitch.**

fitful['fitful] *adj* i çrregullt; me hope; i trazuar (gjumë).

fitfully['fitfuli] *adv* në mënyrë të çrregullt; me hope.

fitly['fitli] *adv* 1.në mënyrë të përshtatshme.2.në kohën e duhur.

fitter['fitë:] *n* 1.montues, montator. 2.ndreqës.

fitting['fiting] *adj,n -adj* i përshtatshëm; i duhur. *-n* 1.provë(e kostumit). 2.*pl* pajisje(shtëpijake etj).

five [faiv] *n,adj* 1. pesë. 2. kartëmonedhë pesëdollarëshe. 3.pesëshe.

fivefold['faivfould] *adj,adv -adj* 1.pesëfish.2.pesëpjesësh. *-adv* pesëfish, pesë herë

five-day week *n* javë pesëditëshe(pune).

fiver['faivë:] *n* 1.*Br* pesëstërlinëshe. 2.*amer* pesëdollarëshe, kartëmonedhë pesëdollarëshe.

fivepin['faivpin] *n* lojë me pesë birila.

five-year plan *n* plan pesëvjeçar.

five-star['faivsta:] *adj* me pesë yje(hotel); i shkëlqyer(trajtim.

fix[fiks] *v,n -v* 1.fiksoj, vendos. 2.caktoj, fiksoj (çmimin). 3.ngul(vështrimin) 4.tërheq(vëmendjen). 5.ngulis(në mendje). 6.shtanget, nguroset. 7.*fot* fiksoj. 8.ndreq, riparoj, rregulloj. 9.*gj.fol* vë në rregull, ujdis. 10.*gj.fol* blej, i jap ryshfet, bëj për vete. 11.*gj.fol* marr hakun, ia laj borxhin. 12.*kim* fiksohet; bëhet e qëndrueshme. *-n gj.fol* 1.gjendje e vështirë. 2.pozicion, koordinata(të anijes, avionit). 3.dallavere; korruptim.

4.ryshfet. 5.ndeshje e shitur. 6.dozë droge. **+be in a fix** jam në hall, e kam pisk; jam në mëdyshje.

+fix on/upon zgjedh, përcaktoj.

+fix up *gj.fol* a)ndreq, riparoj; b)rregulloj, vë në rregull; c)pajis.

fixable ['fiksëbël] *adj* 1.i ndreqshëm. 2.i fiksueshëm.

fixation[fik'seishën] *n* 1.fiksim; ngulitje.2.*fot* fiksim. 3.*kim* shterim, trashje. 4.fiksasion, ide fikse, mendim i ngulët.

fixative['fiksëtiv] *n,adj* -*n fot* fiksues. -*adj* fiksues.

fixed[fikst] *adj* 1.i fiksuar, i ngulët, i palëvizshëm. 2.i caktuar, i përcaktur, fiks. 3.i ndalur, që s'lëviz.4.i shtangët. 5.e shtirë(buzëqeshje). 6.e ngulët, fikse (ide). 7.e shitur,e trukuar(ndeshje, garë). 8.*kim* i paavullueshëm(acid).

fixed assets *n* pasuri të ngrira.

fixedly['fiksidli] *adv* 1.në mënyrë të pandryshuar. 2. ngultas(shikoj).

fixedness ['fiksidnis] *n* 1. fiksim; palëvizshmëri. 2.ngulmim.

fixed star *n astr* yll i palëvizshëm.

fixer['fiksë:] *n* 1.fiksues. 2.*gj.fol* ndërmjetës dallaveresh.

fixings['fiksings] *npl gj.fol* 1.pajisje. 2.përbërës, lëndë përbërëse, ingredientë.

fixity['fiksëti] *n* 1.qëndrueshmëri; palëvizshmëri. 2.gjë e fiksuar.

fixture['fiksçë:] *n* 1.orendi të fiksuara(në mur etj); instalime; pajisje. 2.punonjës i përhershëm. 3.garë e planifikuar, takim. 4.traditë.

fizz[fiz] *v,n* -*vi* vërshëllen, fishkëllen (pija e gazuar). -*n* 1.fishkëllimë e lehtë, vërshëllimë, shkumbëzim. 2.pije e gazuar, pije shkumbëzuese.

fizzle['fizël] *v,n* -*vi* 1.vërshëllen, fishkëllen (fishekzjarri). 2.*gj.fol* dështoj; **fizzle out** a)shuhet (zjarri); b)vërshëllen dobët(fishekzjarri); e) shuhet, tretet(entuziazmi, interesimi); d)përfundon me dështim. -*n* 1. vërshëllimë, fishkëllimë (e pijes). 2. *gj.fol* dështim.

fizzy['fizi] *adj* shkumëzuese(pije); vërshëllyes.

fjord[fjo:d] shih **fiord.**

FL(=**Florida**) *n gjeog* Florida.

flab[flæb] *n* dhjamë, shëndet i tepërt.

flabbergast['flæbë:gæst] *vt gj.fol* lë pa gojë, befasoj, shtang, mahnis.

flabby['flæbi] *adj* 1.i dobët, i ligështuar, i lëshuar. 2.i butë, i squllur, i lëshuar(mish).

flaccid ['flæksid] *adj* 1.i dobët, i squllët, i lëshuar (muskul, vullnet).

flaccidity[flæk'sidëti:] *n* dobësi,lëshim, squllje.

flack[flæk] *n,v* -*n zhrg* punonjës që merret me reklamën, me shtypin. 2.material për shtypin; reklama.

-*v* bëj reklamën, reklamoj; jap material për shtyp.

flacon[fla:'kon] *n* shishkë(parfumi etj).

flag I[flæg] *n,v* -*n* 1.flamur. 2.*pl* pupla/xhufkë në këmbët(e zogut). **+lower/strike one's flag** ul flamurin, dorëzohem. -*vt* 1.vë flamur; zbukuroj me flamurë. 2.jap shenjë me flamur(trenit për t'u ndalur etj). 3.komunikojnë me flamurë(anijet).

+flag down 1.e ndal me flamur, i nxjerr flamurin (trenit); b)i nxjerr dorën, i bëj shenjë të ndalet (taksisë etj).

flag II[flæg] *n bot* shpatore, luleshpatë.

flag III[flæg] *vi* 1.lodhem; ligështohet; dobësohet. 2.lëshohet, varet(bima).

flag IV[flæg] *n,v* -*n* plloçë. -*v* shtroj me plloça/me pllaka.

flagellant['flæxhëlënt] *n,adj* -*n* 1.fshikullues.2.i fshikulluar. 3. fanatik fetar që fshikullon veten. -*adj* fshikullues.

flagellate['flæxhëleit] *v,adj* -*v* fshikulloj, rrah me kamzhik. -*adj* 1.i hollë, i lakueshëm. 2.*bot* me degë zvarritëse. 3.*biol* me zgjatime(qelizë).

flagellation [flæxhë'leishën] *n* fshikullim, rrahje me kamzhik.

flagellum[flë'xhelëm] *n* 1.*biol* zgjatim; bisht. 2.kamzhik. 3.*bot* degë zvarritëse(që lëshon rrënjë).

flageolet['flæxhëlet] *n* fyell i vogël.

flagging I ['flæging] *adj* i varur, i lëshuar, i lodhur, i dobësuar.

flagging II['flæging] *n* 1.plloçë, pllakë guri. 2.trotuar me plloça.

flagitious[flë'xhishës] *adj* tepër i lig, paturpësisht i keq.

flagman ['flægmën] *n* 1. flamurtar. 2. sinjalizues (me flamur, fener etj).

flag officer *n det* kundëradmiral e lart.

flag of truce *n* flamur i bardhë(për dorëzim, armëpushim etj).

flagon ['flægën] *n* 1. brokë; shtambë, kotruve. 2.damixhanë.

flagpole['flægpoul] *n* shtizë flamuri.

flagrancy['fleigrënsi] *n* flagrancë.

flagrant['fleigrënt] *adj* 1.që duket sheshit, i pakundërshtueshëm. 2.skandaloz, flagrant.

flagrante delicto[flë'græntei di'liktou] *lat* në flagrancë, me presh në duar.

flagship['flægship] *n* 1.anije kryesore, anije e komandantit(të flotiljes). 2.*fig* produkti më i shitshëm.

flagstaff['flægstæf] *n* shtizë flamuri.

flag station, flag stop *n* vendqëndrim / ndalesë /stacion hekurudhor i rastit.

flagstone['flægstoun] *n* plloçë, pllakë guri.

flail[fleil] *v,n* -*vi* 1.rrah drithin. 2.rrah, zhdëp (dikë). -*n* rrahës drithi.

flair['fleë:] *n* 1.nuhatje, aftësi. 2.dhunti, prirje, talent.

flak[flæk] *n* 1.zjarr kundërajror.2.bateri kundërajrore. 3.*gj.fol* kritika të ashpra.

flake I[fleik] *n,v* -*n* 1.flok(dëbore). 2.fletë e hollë, fletëz, leskër.
-*vi* 1.bie flokë-flokë. 2.leskërohet, del peta-peta(boja). 3.formon flokë.
+**flake out** *zhrg* a)bie i rraskapitur; b)më bie të fikët.

flake II[fleik] *n* skarë për tharjen e peshkut.

flaky['fleiki] *adj* 1.peta-peta(mika). 2.që leskërohet, i ciflosshëm; i ciflosur. 3.flokë-flokë. 4.*gj.fol amer* i krisur, kokëkrisur.

flaky pastry *n* petë(byreku etj).

flambé[flam'bei] *vt* i hedh pije dhe i vë flakën(një pije/ushqimi të servirur).

flambeau['flæmbou] *n pl* -**beaux** 1.pishtar, flakadan. 2.qirimbajtëse, shandan.

flamboyance[flæm'bojëns] *n* madhështi, pompozitet; shkëlqim.

flamboyant[flæm'bojëns] *n* madhështi, pompozitet; shkëlqim.

flamboyant[flæm'bojënt] *adj* 1.plot shkëlqim; i ndezur. 2.flakërues. 3.pompoz, i fryrë.

flame[fleim] *n* 1.flakë. 2.flakërim, zjarr me flakë. 3.zjarr, pasion. 4.shkëlqim, ndriçim, dritë e fortë. 5.zell, vrull. 6.*gj.fol* e dashur.
-*vi* 1.digjet flakë. 2.*fig* ndizet. 3.ndrit, shkëlqen.
-*adj* i ndezur, ngjyrë portokalli e ndezur.
+**flame out/up/forth** shpërthen, merr zjarr.

flamen['fleimen] *n* prift romak.

flamenco[flë'menkou] *n* 1.valle spanjole me kastanjeta. 2.muzikë flamenko.

flame-out ['fleimaut] *n av* ngecje, fikje(e motorit reaktiv).

flameproof['fleimpru:f] *adj* 1.i pandezshëm. 2.i padjegshëm.

flame-resistant ['fleimrizistënt] *adj* i pandezshëm; zjarrdurues.

flame thrower *n usht* flakëhedhëse.

flaming ['fleiming] *adj* 1. flakërues, në flakë. 2.i ndritshëm, me shkëlqim. 3.*fig* i zjarrtë, i flaktë.

flamingo[flë'mingou] *n zool* zog flamingo.

flammability[flæmë'bilëti] *n* ndezshmëri.

flammable ['flæmëbël] *adj* i ndezshëm; i djegshëm.

flan [flæn] *n* 1. *Br* tortë. 2. copë metali për stampim(monedhash).

flange[flænxh] *n,v tek* -*n* fllanxhë.
-*v* i bëj fllanxhë.

flank[flænk] *n,v* -*n* 1.ije. 2.anë(mali, ndërtese). 3.*usht* krah(i ushtrisë).
-*vt* 1.i rri përbri, rrethoj. 2.i marr krahët, bëj krahmarrje.

flannel['flænël] *n,adj* -*n* 1.stof leshi i butë. 2.fa-

nellatë. 3.shtupë(për t'u larë). 4.tuta. 5.të brendshme leshi.
-*adj* prej fanellate.

flannelette['flænëlet] *n* fanellatë.

flap[flæp] *v,n* -*v* 1.rrah, përplas (krahët). 2. fëshfërin, valëvitet (perdja, flamuri). 3.valëvit (era flamurin). 4.fluturon(zogu). 5.godas, qëlloj, flakurij. 6.*zhrg* eksitohem; alarmohem.
-*n* 1.rrahje, përplasje(krahësh). 2.fëshfërimë. 3.goditje, flakurimë. 4.kapak(xhepi). 5.kënd, palë. 6.krah i lëvizshëm, nënkrah(i avionit). 7.*mjek* llapë(për transplant).

flapdoodle['flæpdudël] *n zhrg* gjepura.

flapjack['flæpxhæk] *n* petull.

flapper ['flæpë:] *n* 1. pallaskë. 2.zog i ri. 3.*gj.fol* vajzë e re.

flare[fleë:] *v,n* -*vi* 1. ndizet, flakëron. 2. hapet, zgjerohet. 3.rrëmbehet, marr zjarr.
-*n* 1.flakërim, shkrepje. 2.sinjal me dritë. 3.*fig* shpërthim. 4.raketë ndriçuese. 5.hapje, zgjerim në formë kambane. 6.palë valavitëse(e fundit).
+**flare up** nis/shtohet befas.

flarepot ['fleë:pot] *n* poçe me vajguri për sinjalizim.

flare-up['fleërʌp] *n* 1.flakërim, shpërthim flakësh. 2.*fig* shpërthim(inati, dhune).

flaring['fleëring] *adj* 1.flakërues. 2.që bie në sy; i ndezur. 3.që hapet, që zgjerohet(fund).

flash[flæsh] *n,v* -*n* 1.flakërim; shkrepëtimë. 2.*fig* shkrepje(idesh); rreze(shprese); çast(rrëmbimi).3.çast, moment.4.lajm i shkurtër, flesh. 5.shfaqje, demonstrim. 6.shirit me ngjyrë, dekoratë. +**flash in the pan** përpjekje e kotë, flakë kashte; **in a flash** sa hap e mbyll sytë. 5.shkrep(një mendim). 6.ndez e fik dritat(e makinës). 7.lëshoj sinjal. 8.hedh(vështrim). 9.shfaq, tregoj. +**flash by** kalon si shigjetë; **flash into one's mind** më shkrep në mendje.
-*adj* 1.vetëtitës; shkreptitës. 2.që bie shumë në sy. 3.*fot* me flesh(aparat).

flashback['flæshbæk] *n* kthim mbrapa; ngjarje e shkuar(në film, roman etj).

flashbulb ['flæshbʌlb] *n* llampë fleshi, llampë magnezi(e aparatit).

flash cube *n fot, kin* katërshe llampash fleshi.

flasher['flæshë:] *n* 1.*Br* dritë e vogël vezulluese(e makinës). 2.*Br* ekzibicionist, njeri që ka mani të zhvishet në publik.

flash flood *n* vërshim i menjëhershëm(i lumit).

flash gun *n fot* pajisje mbajtëse e llampës së fleshit.

flashing['flæshing] *n* qoshe metalike të ndërtesës (kundër lagështirës).

flashlight['flæshlait] *n* 1.dritë sinjalizimi, dritë vezulluese. 2.llampë elektrike dore, fener me bateri. 3.llampë fleshi.

flash point *n* 1.moment kritik. 2.pikë e ndezjes(e

flashy

karburanteve). 3.*fig* pikë e nxehtë, prag shpërthimi.

flashy['flæshi] *adj* 1.flakërues; shkreptitës. 2.që bie shumë në sy.

flask[flæsk] *n* 1.shishe laboratori, ballon.2.faqore. 3.termus. 4.*metal* formë rëre.

flat I[flæt] *adj,n* -*adj* 1.i rrafshtë, i sheshtë. 2.e shpuar, e shfryrë(gomë). 3.i prerë, kategorik. 4.i flashkët, në amulli(tregti). 5.monoton, i zvargur(ton, zë). 6.fiks, i prerë(çmim, tarifë). 7.që i ka dalë era /gazi, e amësht(pije). 8.e mbaruar(bateri). 9.me zë fals(këngëtar). 10.*muz* bemol(notë). 11.e marrtë (ngjyrë). **+that's flat** e kam seriozisht. -*n* 1.faqe, anë e rrafshët. 2.varkë me fund të rrafshët. 3.kuti e rrafshët. 4.*hek* vagon-platformë. 5.dekor teatri. 6.*gj.fol* gomë e rënë, e shfryrë. 7.rrafshinë. 8.moçalishtë. 9.*muz* bemol. -*adv* 1.me fytyrë, barkas. 2.drejt, rrafsh, horizontalisht. 3.tamam, plot; **two hours flat** plot dy orë. 4.krejt, plotësisht; **flat broke** trokë fare, pa një grosh në xhep. -*v* 1.rrafshoj. 2.rrafshohet; **fall flat** a)dështoj plotësisht; b)s'ka efekt; s'ka interes. **+flat out** rresht, pa ndërprerje; me shpejtësi maksimale.

flat II[flæt] *n Br* apartament.

flatboat ['flætbout] *n* maunë, anije lumore me fund të rrafshët.

flatbottomed ['flætbotëmd] *adj* me fund të rrafshët.

flatcar['flætka:] *n hek* vagon-platformë(për mallra)

flatchested ['flætçestëd] *adj* pa gjoks, gjoks-dërrasë(femër).

flatfish['flætfish] *n zool* peshk petashuq, shojzë.

flatfoot['flætfu:t] *n* 1.dystaban, shputë e rrafshët. 2.*zhrg* polic.

flat-footed ['flæt'fu:tid] *adj* 1. dystaban, këmbësheshtë. 2.*gj.fol* i prerë, i patundur; që s'ha pykë.

flatiron['flætajë:n] *n* hekur(për hekurosje).

flatlet['flætlit] *n Br* studio.

flatly ['flætli] *adv* 1. kategorikisht. 2. në mënyrë monotone. 3. zvargët.

flatmate ['flætmeit] *n Br* shok apartamenti (me të cilin ndan apartamentin).

flat rate *n* tarifë akordi, tarifë e fiksuar.

flatten['flætën] *v* 1.rrafshoj, sheshoj, dystoj.2.rrafshohet, sheshohet, dystohet. 3.shkatërroj, rrafshoj. 4.palos, shtrij përdhe, nxjerr nokaut. **+to flatten oneself against sth** përplasem fort pas diçkaje. **+flatten out** a)hapet, dystohet; b) *av* kthehet në pozicion horizontal.

flatter['flætë:] *vt* 1.ngre në qiell, mikloj, lajkatoj. 2.zbukuron, e tregon më të mirë se ç'është. 3.i bëj qejfin. 4.i jap kënaqësi, e nderoj. **+flatter oneself** a) kënaqem me vete; mburrem; b)i bëj qejfin vetes.

flatterer['flætërë:] *n* lajkatar.

flattering['flætëring] *adj* 1.lajkatues, miklues. 2.që rri mirë, që më ka hije(rrobë).

flattery['flætëri] *n* 1.lajkatim. 2.lakja.

flattish['flætish] *adj* gati i rrafshët.

flattop ['flættop] *n* 1. aeroplanmbajtëse. 2. qethje ballaboks dhe rrafsh në çaçkë.

flatulence['flætjulëns] *n* 1. gazra stomaku. 2. *fig* fryrje, pompozitet; kotësi, vanitet.

flatulent ['flætjulënt] *adj* 1.me gazra. 2.që krijon gazra(në stomak). 3.i fryrë, pompoz; vanitoz; bosh.

flatus['fleitës] *n* gazra(në stomak).

flatware ['flætweë:] *n* 1. takëme të ngrëni (thika, pirunj, lugë). 2.pjata.

flatways['flætweiz] *adv* nga ana e rrafshët, nga faqja.

flaunt [flo:nt] *v,n* -*v* 1. kapardisem, krekosem. 2.valon krenar, valëvitet(flamuri). -*n* 1.kapardisje, krekosje. 2.valavitje.

flautist['flo:tist] *n* flautist.

flavo(u)r['fleivë:] *n,v* -*n* 1.shije. 2.aromatizues (vanilje etj). 3.*fig* shije; atmosferë. 4.erë, aromë. -*vt* 1.i jap aromë(ushqimit). 2.*fig* zbukuroj, pasuroj (jetën).

flavo(u)ring ['fleivëring] *n* aromatizues (vanilje, kanellë etj).

flaw I[flo:] *n,v* -*n* 1.krisje, plasaritje. 2.cen, e metë, defekt. -*v* 1.kriset, plasaritet. 2.bëj me defekt.

flaw II[flo:] *n* shkulm ere; stuhi.

flawed[flo:d] *adj* 1.me të meta, defektoz (material). 2.me cene(karakter). 3.i çalë, që çalon(plan, diskutim).

flawless['flo:lis] *adj* pa cen, i patëmetë, i përsosur.

flax[flæks] *n* 1.*bot* li. 2.fije liri.

flaxen['flæksën] *adj* 1.prej liri, i linjtë. 2.i verdhë.

flaxseed['flækssi:d] *n* farë liri.

flay[flei] *vt* 1.rrjep. 2.shaj, telendis.3.grabis; mashtroj.

flayer['flejë:] *n* 1.rrjepës. 2.grabitës; mashtrues.

flea [fli:] *n* plesht. **+ flea in one's ear** a) sharje; telendi; b)aluzion, vërejtje therëse; **send sb away with a flea in his ear** i jap duart dikujt, e heq qafe dikë.

fleabite ['fli:bait] *n* 1. pickim pleshti. 2.*fig* bezdi, shqetësim i vogël.

flea-bitten['fli:bitën] *adj* 1.i pickuar nga pleshtat. 2.pullali(kalë).3.*gj.fol* i rrëgjuar; rrangallë; vjetërsirë.

flea market *n* treg vjetërsirash; treg antikash; pazar gjërash të lira.

fleck[flek] *n,v* -*n* 1. pullë, larë, shenjë; pikël. 2.grimë, grimcë; çikël. -*vt* pikëloj; spërkas me bojë; bëj pulla-pulla; **+flecked with** me pikëla.

flecked[flekt] *adj* me pikëla, pika-pika; larushan.

flection['flekshën] *n* 1.përkulje(e krahut).2.*gram* fleksion, eptim.

fled[fled] *pt,pp* e **flee.**

fledge[flexh] *v* 1.nxjerr pupla. 2.mbuloj me pupla.

fledg(e)ling['flexhling] *adj,n* -*adj* i ri, i krijuar rishtaz;; i ri, në moshë të re.
-*n* 1.zokth, zog i ri.2.axhami, i ri pa përvojë, *gj.fol* zog i ri.

flee[fli:] *v* 1.ua mbath, iki me vrap. 2.i largohem, i shpëtoj. 3.zhduket, humbet.

fleece[fli:s] *v,n* -*v* 1.qeth. 2.zhvas, i përlaj; grabis; mashtroj.
-*n* 1.lesh(i bagëtisë etj). 2.qethje, sasi e qethur. 3.shtëllungë, bashkë, flokë. 4.cohë me push. 5.push.

fleecy['fli:si] *adj* 1.shtëllungore, puplore(re).2.leshtor, leshtak. 3.i ;leshtë, prej leshi.

fleer[fli:ë:] *v,n* -*v* vë në lojë, ironizoj, tall.
-*n* tallje, ironizim.

fleet I[fli:t] *n* 1.flotë. 2.flotilje, eskadër. 3.autokolonë; park(automjetesh).

fleet II[fli:t] *adj* 1.i shpejtë.
-*vi* shpejtoj, lëviz shpejt.

fleeting ['fli:ting] *adj* 1.i shkurtër, i shpejtë; fluturak. 2.i rrufeshëm.

Fleet Street *n Br* 1.rrugë e vjetër në Londër(qendër e gazetave). 2.*fig* industria e gazetave.

Fleming['fleming] *n* flamand.

Flemish['flemish] *adj,n* -*adj* flamand.
-*n* gjuha flamande.

flense [flens] *vt* rrjep (balenën, fokën); i heq dhjamin.

flesh[flesh] *n,v* -*n* 1.mish. 2.shëndet, dhjamosje. 3.tul(i frutave). 4. trup. 5.fizik, aspekt fizik. 6.raca njerëzore. 7.qeniet e gjalla. 8.farefis, familje. 9.ngjyrë lëkure. +**in the flesh** 1.gjallë. 2.personalisht, vetë; **one's flesh and blood** njerëzit e mi, të mitë.
-*v* 1.shpoj, çaj(me thikë, shpatë). 2.ushqej(zagarin etj) me mish. 3.qëroj nga mishi, zhvoshk (lëkurën).4.plotësoj, përfundoj(një plan).
+**flesh out** vë mish, shëndoshem.

flesh and blood *n* 1.trupi.2.person, individ.3.natyrë njerëzore. 4.të afërm, familje; fëmijë; i afërm.

flesh-and-blood *adj* real, i vërtetë, prej vërteti (hero).

flesh-colo(u)red *adj* bojë mishi, rozë.

flesh-eating['flesh'i:ting] *adj* mishngrënës.

fleshly ['fleshli] *adj* 1. mërshor, i mishit, trupor. 2.sensual, epshor. 3.vdekëtar; njerëzor. 4.material, tokësor.

fleshpot ['fleshpot] *n* 1. *pl* kënaqësi materiale. 2.vend/lokal argëtimi, vend qejfesh.

flesh wound *n* plagosje e lehtë, plagë e sipërfaqshme.

fleshy ['fleshi] *adj* 1. me mish, me tul. 2. i shëndoshë; i dhjamosur. 3.mishtak; i tultë.

flew['flu:] *pt* e **fly II.**

flews[flu:z] *npl* buzë e dalë(e disa qenve).

flex [fleks] *v,n* -*vt* 1. përkul, lakoj. 2.mbledh-e-

liroj(muskulin).
-*n* 1.përkulshmëri, lakueshmëri. 2.përkulje; mbledhje muskuli. 3.*Br* kordon elektrik.

flexibility [fleksë'bilëti] *n* lakueshmëri, përkulshmëri, epshmëri.

flexible ['fleksëbël] *adj* 1. i lakueshëm, i përkulshëm, i epshëm. 2.i ndryshueshëm(plan); i epshëm (zë). 3.*fig* i butë, i shtruar; elastik.

flexible['fleksëbël] *adj* shih **flexible.**

flexion['flekshën] *n* 1.përkulje(trupi). 2.*gram* eptim, fleksion.

flexor['fleksë:] *n* muskul përkulës.

flextime['flekstaim] *n* orar elastik.

flexuous['fleksjuës] *adj* dredhor.

flexure ['flekshë:] *n* 1. përkulje, lakim. 2. kthesë, lakesë.

flibbertigibbet['flibë:tixhi:bit] *n* 1.llafazan.2.njeri i cekët.

flick[flik] *n,v* -*n* 1.goditje e lehtë. 2.çokë; stërqokë. 3.lëvizje e lehtë. 4.pllum, pëlltum(zhurmë e lehtë). 5.*zhrg* film.
-*vt* 1.godas lehtë, stërqok.2.fshik; fshikulloj.3.shtyp (butonin). 4.fluturoj lehtë-lehtë. +**flick through** shfletoj.

flicker I ['flikë:] *v,n* -*vi* 1. regëtin (flaka, drita). 2.dridhet, fërfëllon. 3.rrah(qerpikët, krahët).
-*n* 1.luhatje, regëtimë. 2.përflakje, shkëndijë. 3.rreze(shprese). 4.dridhje; rrahje, fërfëllim.

flicker II['flikë:] *n zool* qukapik.

flick knife *n* thikë me sustë.

flicks[fliks] *npl zhrg* kinema.

flier['flajë:] *n* 1.pilot, aviator. 2.ekspres(tren etj). 3.*zhrg* aventurë financiare. 4.*gj.fol* provë, sprovë. 5.fletushkë(reklame). 6.shkallare.

flight I[flait] *n* 1.fluturim.2.largësi fluturimi.3.tufë(zogjsh). 4.grup(avionësh). 5.udhëtim me avion. 6.lëvizje e shpejtë. 7.*fig* fluturim(i fantazisë). 8.shkallë, varg shkallaresh, palë shkallë.

flight II [flait] *n* 1. ikje, arrati. 2. arratisje (të burgosurish). +**put to flight** e bëj të marrë arratinë; **take to flight** marr arratinë, ua mbath.

flight attendant *n* stuardesë, personel shërbimi (në avion).

flight bag *n* çantë dore.

flight crew *n* ekuipazh i avionit, grup pilotësh.

flight deck *n* 1.kabinë e pilotimit. 2.pistë fluturimi (në aeroplan-mbajtëse), kuvertë e ulje-ngritjeve.

flightless['flaitlis] *adj* jofluturues.

flightpath ['flaitpæth] *n* 1. trajektore. 2. itinerar elektronik(në ekran).

flight sergeant *n* nënoficer aviacioni.

flighty['flaiti] *adj* 1.i fluturuar, me trille. 2.paksa i krisur.

flimflam['flimflæm] *n,v gj.fol* -*n* 1.gjepura, broçkulla, pallavra. 2.rreng, mashtrim.
-*vt* mashtroj; zhvas.

flimsy['flimzi] *adj,n -adj* 1.i hollë, i lehtë; i dobët, i brishtë(material). 2.i dobët, jo solid(ndërtesë etj). 3.joserioz, jobindës(argument, justifikim). *-n* 1.letër e hollë(e përdorur nga reporterët). 2.letër shtypi shumë e hollë.3.lajm(i dërguar nga reporteri).

flinch [flinç] *v,n -vi* 1. zmbrapsem, tërhiqem. 2.dridhem, fërgëlloj. **+to flinch from sth** i shmangem diçkaje. *-n* 1.zmbrapsje, strukje. 2.lojë me letra.

flinders['flində:s] *npl* copëra, çikëla; ashkla.

fling [fling] *v,n -v* (**flung**) 1.hedh, vërvis, flak; **fling oneself into an armchair** plasem në kolltuk; **fling oneself into the ground** plandosem përdhe; **fling in one's teeth** 1.ia përplas në fytyrë. 2.turrem vërvitem, lëshohem. 3.rras, plas(në burg). 4.hedh (krahët në qafë). 5.përplas. **+fling off** dal rrëmbimthi. *-n* 1.hedhje, flakje, vërtitje. 2.përplasje; shkelm. 3.hallakatje, jetë pa kokëçarje. 4.aventurë(dashurie). 5.valle e shpejtë.**+have/take a flight at** *gj,fol* a)përpiqem, orvatem; provoj; b)flas me përçmim.

flint [flint] *n* 1. gur stralli, strall. 2. gur çakmaku. **+have a heart of flint** jam zemërgur.

flint glass *n* qelq për thjerrëza.

flintlock['flintlok] *n* 1.pushkë me strall. 2.çark(i pushkës).

flint-stone['flintstoun] *n* gur ndërtimi.

flinty ['flinti] *adj* 1.prej stralli, me strall, i stralltë (shkëmb).2.i fortë gur.3.i fortë, i patundur, i paepur.

flip I[flip] *v,adj,n -v* 1.shtyj, hedh(me dy gishta). 2.hedh kokë-a-pilë(një monedhë). 3.shfletoj. 4.vërtis (diskun). 5.shtyp(tastin). 6.fryj(brumin).7. nxehem, inatosem. *-n* 1.goditje e lehtë; çokë; stërqokë. 2.kapërdimje, rrokullisje. *-adj gj.fol* mistrec, ngac; serbes, mospërfillës.

flip II[flip] *n* koktej i nxehtë me erëza.

flip-flop['flip'flop] *n* shoshone.

flippancy ['flipënsi] *n* 1.serbesllëk, mospërfillje. 2.sjellje pa respekt, të folur pa sajdi.

flippant['flipënt] *adj* 1.i çlirët, i shpenguar; serbes. 2.mospërfillës.

flippantly['flipëntli] *adv* serbes; me mospërfillje.

flipper['flipë:] *n* 1.pendë notimi, fletëz(e peshkut). 2.lopata këmbësh (të zhytësit). 3. *zhrg* dorë, përllëmbë.

flip side *n* faqe e mbrapme(e diskut të gramafonit).

flirt[flë:t] *v,n -v* 1.flirtoj, bëj flirt. 2.luaj me; përkëdhel(një ide). 3.tund(erashkën). 4.hedh përpjetë. *-n* 1.flirtues. 2.tundje / lëvizje e shpejtë. 3.hedhje (në ajër).

flirtation [flë:'teishën] *n* 1. flirt, dashuriçkë. 2.flirtim.

flirtatious[flë:'teishës] *adj* flirtues.

flit[flit] *vi* 1.fluturon, hidhet degë më degë(zogu).

2.kalon, shkon(nëpër mendje). **+fleet accross** më shkon nëpër mend.

flitch[fliç] *n* brinjë derri e tymosur.

flitter['flitë:] *v,n* shih **flutter**.

flivver['flivë:] *n zhrg* veturë e vockël, e lirë.

float[flo:t] *v,n -v* 1.pluskon; noton; rri pezull(në ujë, ajër). 2.shket(varka). 3.e mbaj mbi ujë. 4.mbuloj, mbyt(me ujë etj). 5.nxjerr në shitje(aksione). 6.krijoj, themeloj(një firmë). 7.hedh në qarkullim(një ide); nis, ndërmarr(një punë).8.hidhem, kaloj(nga një punë te tjetra). 9.mbart, transportoj(trungje mbi ujë). *-n* 1.tapë, pluskues(peshkimi). 2.fshikëz notimi(e peshkut).3.trap.4.*tek* galexhant, mbiujës.5.*av* ponton.6.lopatëz.7.platformë lëvizëse(në parada).8.*gjeol* a)depozitim; b)grimca pluskuese (minerali). 9.*pl teat* drita të paraskenës.

floatable['floutëbël] *adj* 1.pluskues, notues. 2.i transportueshëm mbi ujë.

floatage['floutixh] *n* 1.transport mbi ujë. 2.pjesë e mbiujshme(e anijes).

floatation[flou'teishën] *n* 1.krijim, themelim(i një firme). 2.pluskim.

floater['floutë:] *n* 1.notues, pluskues. 2.*gj.fol* njeri i pakararshëm, njeri që nuk zë vend. 3.sigurim (mobiljesh etj).

floating ['flouting] *adj* 1. pluskues, notues; lundrues. 2.i lëvizshëm, i pafiksuar. 3.qarkullues; në përdorim; i rrjedhshëm(fond). 4.*mjek* i zhvendosur (organ). 5.*tek* pa dridhje, pa vibrime, në gomina.

floating bridge *n* urë lundruese (prej trapesh, lundrash).

floating cargo *n* ngarkesë e anijes.

floating capital *n fin* kapital qarkullues.

floating debt *n* borxh i rrjedhshëm.

floating light *n* far lundrues.

floating line *n* vijë lundrimi(e anijes).

floating ribs *n anat* brinjë të pafiksuara(te dërrasa e kraharorit).

floating voter *n* zgjedhës i lëkundur, zgjedhës i pavendosur.

float plane *n* hidroplan, avion që ulet mbi ujë.

floatstone['floutstoun] *n* 1.gur për lëmimin e tullave.2.opal sfungjeror, gur(i çmuar)notues.

flocculent['flokjulënt] *adj* 1.flokëzor, flokë-flokë. 2.leshatak, pushatak.

flock I[flok] *n,v -n* 1.tufë, kope. 2.turmë. 3.*fet* grigjë. *-vi* mblidhet (tufa); grumbullohet (turma). **+flock to** mblidhen tufë.

flock II[flok] *n,v -n* 1.flok, tufëz. 2.mbeturina leshi(për mbushje). *-vt* 1.mbush me lesh. 2.vesh me lesh.

floe[flou] *n* 1.fushë akulli, akullishtë. 2.copë akulli lundrues.

flog[flog] *vt* 1.fshikulloj; rrah me kazhik. 2.*zhrg* shes; përpiqem të shes. **+flog a dead horse** rrah një ujë në havan, i bie legenit; **flog to death** e bëj tërkuzë, e teproj me argumente.

flogging['floging] *n* fshikullim, rrahje me kamzhik.

flood [flʌd] *n,v* -*n* 1. vërshim, përmbytje. 2.*fig* lumë(fjalësh); ortek, rrëke. 3.*fet* **the Flood** përmbytja e botës.4.baticë. +**in flood** mbushur plot, buzë më buzë.

-*v* 1.vërshon, përmbyt. 2.mbush plot e përplot. 3.mbytet në ujë(bodrumi, rruga). 4.*fig* derdhet, vërshon(drita e diellit). 5.e mbys(me kërkesa etj); **flood the market with sth** e mbys tregun me një mall; **flood back** kthehen tufa-tufa, vijnë turmë. 6.bukos(karburatorin). +**flood out** shpërngul (nga zona e përmbytur); **flood in** vërshojnë, vijnë me shumicë(kërkesat).

+**flood in** vërshojnë, vijnë me shumicë(kërkesat).

floodgates['flʌdgeits] *n* shluzë, ekluzë, portë(kanali etj).

flooding['flʌding] *n* përmbytje.

floodlight['flʌdlait] *n,v* -*n* 1.prozhektor. 2.tufë drite.

-*vt* ndriçoj me prozhektorë.

floodlit['flʌdlit] *adj* 1.me dritë prozhektori(ndeshje). 2.e ndriçuar, me drita(ndërtesë).

flood plain *n* fushë lymore(në brigjet e lumit).

flood tide *n* baticë.

floor[flo:] *n,v* -*n* 1.dysheme. 2.kat. 3.fund(deti etj). 4.e drejtë e fjalës. 5.*gj.fol* niveli më i ulët(i çmimeve etj). 6.*gjeol* shtrat, shtresë(minerali).

-*vt* 1.shtroj, i shtroj dysheme. 2.rrëzoj, hedh përdhe. 3.*gj.fol* mund. 4.*gj.fol* hutoj, shushas. +**take the floor** marr fjalën; **win the floor with sb** dal fitues ndaj dikujt(në një diskutim).

floorboard ['flo:bo:d] *n* 1. dërrasë e dyshemesë. 2.*pl* dysheme veture.

floor cloth *n* leckë dyshemesh, sargi.

floor hockey *n* hokei në sallë.

flooring ['flo:ring] *n* 1. dysheme. 2. dyshemetë(e një godine). 3.shtrim dyshemeje. 4.parket; pllaka.

floor lamp *n amer* lampadar.

floor price *n* çmim dysheme, çmim minimal(i vënë nga shteti).

floor show *n* shfaqje kabareje.

floorwalker ['flo:wëkë:] *n* mbikëqyrës dyqani /mapoje.

floozie, -zy['flu:zi] *n zhrg* femër e përdalë.

flop[flop] *v,n* -*v* 1.bie, plandoset. 2.lëshohem. 3.lëshoj, hedh. 4.kthej befas; ndërroj befas. 5.*gj.fol* dështon.

-*n* 1.rënie, plandosje, lëshim. 2.*gj.fol* dështim, fiasko.

flophouse['flophauz] *n amer* bujtinë, han.

floppy['flopi] *adj* 1.i flashkët, i lëshuar. 2.i lirë, i çlirët(lak).

floppy disk *n kmp* disketë.

flora['flo:rë] *n* 1.bimësi, botë bimore, florë. 2.*mit* perëndesha e luleve.

floral['flo:rël] *adj* 1.luleje, i lules.2.me lule(motiv).

Florence['florëns] *n gjeog* Firence.

Florence flask *n* 1.kashtore, damixhanë e mbështjellë. 2.*kim* ballon.

Florentine['flo:rënti:n] *adj,n* -*adj* fiorentin. -*n* fiorentinas, banor i Firences.

florescence[flo:'resëns] *n* 1.lulëzim. 2.kohë e lulëzimit.

florescent[flo:'resënt] *adj* i lulëzuar, në lule.

floret['flo:rit] *n* 1.lulkë. 2.tufëz(e lulelakrës).

floriculture['flo:rëkʌlçë:] *n* lultari, rritje e luleve.

florid['flo:rid] *adj* 1. i përskuqur; me ngjyrë, i feksur. 2.i zbukuruar, me lulka, i stolisur; ekstravagant.

Florida['flo:ridë] *n gjeog* Florida.

florin ['flo:rën] *n* 1.florint, monedhë e vjetër angleze(= 2 shilinga). 2.fiorintë, monedhë e artë fiorentine. 3.gulden, monedhë holandeze. 4.flori, monedhë floriri.

florist['flo:rist] *n* 1.lulerritës, lultar. 2.luleshitës.

floss[flos] *n,v* -*n* 1.push i mëndafshtë. 2.fill mëndafshi/pambuku për qëndisje, muliné. 3.pe për të kruar dhëmbët.

-*v* pastroj dhëmbët me pe.

flossy['flosi] *adj* 1.i mëndafshtë; si push. 2.*gj.fol* i stolisur; shik.

flotation [flo:'teishën] *n* 1. pluskim, notim. 2. lëshim në ujë. 3.themelim, krijim; fillim pune(i një ndërmarrjeje). 4.vënie në qarkullim.

flotilla [flo:'tilë] *n* 1. flotë e vogël, flotilje. 2. flotë anijesh të vogla.

flotsam['flotsëm] *n* mbeturina pluskuese të anijes së mbytur. +**flotsam and jetsam** a) mbeturina anijeje të mbytur, sende të nxjerra nga bregu; b)gjëra pa vlerë; c)njerëz pa plang e pa shtëpi; njerëz pa punë stabël.

flounce I['flauns] *v,n* -*vi* kthehem, kthej kokën. -*n* 1.kthim i trupit rrëmbimthi.2.kthim koke.3.turr. +**flounce out/off** dal i nxehur(nga dhoma).

flounce II[flauns] *n,v* -*n* dantellë, shirit dantelle. -*v* i vë dantellë.

floucing['flausing] *n* 1.dantellë.2.pëlhurë për dantellë.

founder I ['flaundë:] *v,n* -*vi* 1. rropatem; shllapuris, llapashis(ujët). 2.belbëzoj, ngec(në bisedë). -*n* 1.rropatje. 2.belbëzim, ngecje.

flaunder II['flaundë:] *n zool* shojzë.

flour ['flauë:] *n,v* -*n* 1.miell. 2.pluhur.

-*vt* 1.ngjyej me miell, pudros. 2.bluaj, e bëj miell.

flourish['flërish] *v,n* -*v* 1.lulëzoj.2.më shkon mbarë. 3.përparoj. 4.vringëlloj(armën). 5.demonstroj, shpalos.

-*n* 1.vringëllim; tundje, valëvitje. 2.lulka, lajle-lule. 3.demonstrim, shfaqje(ndjenjash etj). 4.shprehje për efekt. 5.lulëzim; mbrothësi.

flourishing['flʌrishing] *adj* 1.i lulëzuar, në lulëzim (kopsht). 2.i shëndetshëm. 3.i begatë; i mbarë.

flour mill *n* 1.makinë bloje, mulli. 2.fabrikë mielli; mulli.

floury['flauri] *adj* 1.miellzor, si miell; i miellt. 2.i ngjyer, i pudrosur me miell.

flout ['flaut] *n,v* -*n* 1. tallje, përqeshje. 2. fyerje; veprim përçmues.
-*v* 1.tallem(me), nuk përfill. 2.kundërshtoj; përçmoj.

flow[flo:] *v,n* -*vi* 1.rrjedh.2.derdhet.3.shket. 4.valëviten(flokët). 5.gëlon, është plot me. 6.ngrihet (ujët), vjen(batica).
-*n* 1.rrjedhë, rrjedhje(uji). 2.lumë(fjalësh). 3.shpejtësi(e rrymës). 4.rrëke, përrua. 5.ngritje(e ujit), ardhje(e baticës), baticë. 6.lëvizje, qarkullim (fondesh).
+**flow from** rrjedh, vjen(nga), rezulton.

flowage['flouixh] *n* 1.vërshim.2.përmbytje.3.ujëra. 4.shpejtësi e rrjedhjes.

flow chart *n* diagramë e rrjedhës së operacioneve, organigramë.

flower['flauë:] *n,v* -*n* 1.lule. 2.*fig* lule, ajkë(e rinisë). 3.lulëzim, kulm, lule(e jetës). 4.*fig* lulka, shprehje për efekt. 5.*kim* kristal si lule. +**in flower** në lule; **in full flower** në kulm(të karierës).
-*vi* 1.çel, lulëzon. 2.arrin kulmin. 3.zbukuroj me lule. 4.bëj të lulëzojë.

flowerbed['flauë:bed] *n* postat, lehe, vllajë.

flowered ['flauërëd] *adj* 1. me lule, në lule. 2. i mbuluar/i zbukuruar me lule.

floweret['flauërit] *n* 1.lule e vogël. 2.lulkë.

flower girl *n* luleshitëse.

flowerhead['flauë:hed] *n* lule shumëfishe.

flowering['flauë:ring] *adj,n* -*adj* në lule, me lule. -*n* lulëzim.

flowerpot['flauë:pot] *n* vazo, saksi.

flower show *n* ekspozitë lulesh.

flowery['flauëri] *adj* 1.me lule(pëlhurë).2.me lulka(stil).

flowing ['flouing] *adj* 1. që rrjedh, rrjedhës. 2. i rrjedhshëm(bisedë). 3.të lirshme(rroba).

flown['floun] *pp* e **fly.**

flu[flu:] *n gj.fol* rrufë; grip.

flub[flʌb] *v,n* -*vt* katranos(një punë).
-*n* katranosje; gabim.

fluctuate['flʌkçueit] *vi* 1.luhatet, ulet e ngrihet. 2.vjen valë-valë.

fluctuation [flʌkçu'eishën] *n* 1.luhatje, ulje-ngritje. 2.lëvizje valë-valë.

flue[flu:] *n* 1.qyngj, vrimë(oxhaku). 2.gyp (i instrumentit muzikor).

fluency['flu:ënsi] *n* 1.rrjedhshmëri(të foluri). 2.të folur/shkrim i rrjedhshëm.

fluent['flu:ënt] *adj* 1.i rrjedhshëm, i lirshëm(të folur). 2.i paqëndrueshëm; i pakapshëm.

fluently['flu:ëntli] *adv* rrjedhshëm, lirshëm.

flue pipe *n* gyp i zërit(në një instrument muzikor).

fluff[flʌf] *n,v* -*n* 1. push. 2. shkumë. 3. *zhrg* gabim, shkarje goje(në skenë, TV etj).
-*v* 1.shkriftoj(jastëkun).2.mbulohet me push.3.pluskon, rri pezull(si shkumë). 4.*zhrg* bëj gabim, më shket goja(në transmetim, skenë).

fluffy['flʌfi] *adj* 1.pushatak; si push. 2.si shkumë. 3.me gëzof(lodër).

fluid['flu:id] *adj,n* -*adj* 1.i lëngët; i gaztë; fluid. 2.rrjedhës. 3.i paqëndrueshëm, i ndryshueshëm.
-*n* rrjedhës, fluid; lëng; gaz.

fluidic[flu:'idik] *adj tek* hidraulik; me lëng; me ajër (sistem frenimi etj).

fluidity[flu:'idëti] *n* rrjedhshmëri, fluiditet; të qenët lëng ose gaz.

fluidize['flu:ëdaiz] *vt* lëngëzoj, pluhurzoj.

fluid ounce *n* masë vëllimi, = 0.03 l.

fluke I [flu:k] *n* 1.gremç (i spirancës). 2. kundërmajë(e fuzhnjës, shigjetës). 3.gjysmëbisht balene.

fluke II[flu:k] *n,v* -*n* 1.pikë për shans, stropio (në bilardo). 2.shans, fat.
-*v* 1.bëj një stropio. 2.fitoj rastësisht, më prin fati.

fluke III[flu:k] *n* 1. *mjek* këlbazë e dhenve.2.*zool* shojzë, peshk-plloçe.

fluk(e)y ['flu:ki] *adj* 1. *gj.fol* rastësor, i rastësishëm, me shans. 2.i paqëndrueshëm(mot).

flume [flu:m] *n* 1.luginë e ngushtë, grykë malore (me përrua). 2.kanal ujor.

flummery ['flʌmëri] *n* 1.puding. 2.lajkë, kompliment i zbrazët; gjepura, dokrra.

flummox ['flʌmoks] *vt gj.fol* ngatërroj; hutoj; shushas.

flung[flʌng] *pt,pp* e **fling.**

flunk [flʌnk] *v,n gj.fol* -*v* 1.mbetem, rrëzohem (në provim). 2.lë; mbes, rrëzoj(në klasë, në provim). 3.heq dorë.
-*n* dështim.
+**flunk out** a) përjashtoj; b)përjashtohem(nga shkolla).

flunkey['flʌnki] *n* 1.shërbëtor, lakë. 2.*fig* lajkatar, servil, lakë. 3.argat(ferme); ndihmëskuzhinier.

fluor['flu:o:] *n kim* fluorit(mineral).

fluoresce [flo'res, fluë'res] *vi* lëshon dritë, është fluoreshent.

fluorescence[flor'esëns, fluër'esëns] *n* 1.dritëlëshueshmëri, fluoreshencë. 2.dritë fluoreshente, ndriçim fluoreshent.

fluorescent[flor'esënt, fluër'esënt] *adj* dritëlëshues, fluoreshent.

fluoric[flu:'orik] *adj* fluoror.

fluoridate['fluorëdeit, 'flo:rëdeit] *vt* fluorizoj(ujin e pijshëm), i shtoj fluor.

fluoride['fluraid, 'floraid, 'fluëraid] *n kim* fluorur.

fluorine['fluri:n, 'flori:n, 'fluëri:n] *n kim* fluor(element).

fluorite ['flu:rait, 'florait, 'fluërait] *n kim* fluorit (mineral).

fluorspar['fluë:spa:, 'flo:spa:] *n kim* fluorit.

flurry['flëri] *n,v* *-n* 1.stuhi, shkulm ere, shqotë. 2.reshje e lehtë(shiu, bore). 3.trazim, shqetësim, turbullim.
-vt shqetësoj, turbulloj, trazoj.

flush I[flʌsh] *v,n* *-v* 1.skuqem(në fytyrë). 2.bëj të skuqet. 3.turret; rrjedh vrullshëm. 4.laj, shpëlaj(me zorrë uji. 5.heq ujët, thaj. 6.ngazëllej; mbush me krenari. 7.lëshon sythe(druri).
-n 1.skuqje. 2.çurgë. 3.ngazëllim. 4.buisje. 5.vrull, freski(rinore). 6. ndjenjë të nxehti, nxehtësi në trup.

flush II[flʌsh] *adj,adv,v* *-adj* 1.rrafsh, baraz., në një nivel. 2.plot, dinga(me). 3.i bollshëm, me bollëk. 4.dorëgjerë, bujar. 5.i begatë. 6.i skuqur. 7.i drejt-përdrejtë.
-adv 1.rrafsh, baraz, në një nivel. 2.drejtpërdrejt, drejt e në.
-vt rrafshoj, niveloj, barazoj.

flush III [flʌsh] *v* 1. ngrihet fluturim (shpendi). 2.ngre, çoj, tremb(gjahun zagari).

flush IV[flʌsh] *n* flosh(në poker).

fluster['flʌstë:] *v,n* *-vt* acaroj; trazoj.
-n acarim; trazim; nervozim.

flustered ['flʌstë:d] *adj* i shqetësuar, i trazuar; i nervozuar.

flute[flu:t] *n,v* *-n* 1.*muz* flaut. 2.*ark* kanal, hu-llizë.
-v 1.i bie flautit. 2.hullizoj.

fluted['flu:tid] *adj ark* me hulliza(kolonë).

fluting['flu:ting] *n ark* hullizim, pajisje me hulliza.

flutist['flu:tist] *n* flautist.

flutter['flʌtë:] *v,n* *-v* 1.valavitet 2.rreh krahët. 3.rreh(zemra). 4.fluron, fluturon lehtë-lehtë. 5.*fig* fërgëllon(turma). 6.trazoj, turbulloj. 7.shkoj-e-vij, vërtitem.
-n 1.valavitje. 2.rrahje krahësh. 3.rrahje zemre. 4.trazim, emocionim. 5.dridhje, vibrim.

fluvial['flu:vjël] *adj* lumor.

flux [flʌks] *n,v* *-n* 1. dyndje, vërshim. 2. baticë. 3.rrjedhje; rrjedhë. 4.që ndihmon bashkëshkrirjen e dy metaleve. 7.shpejtësi e rrjedhës, gradient.
-v 1.*mjek* zbraz, spastroj(organizmin me purgativ). 2.shkrij bashkë(dy metale). 3.kam diarre, më heq barku.

fluxion['flʌkshën] *n* 1.rrjedhje; rrjedhë.2.zbrazje, shkarkim. 3.*mat* diferencial.

fly I[flai] *n* 1.mizë. 2.karrem artificial. +**fly in the ointment** kleçkë; vogëlsirë që prish gjithçka; **there are no flies on him** atij nuk ia hedh dot.

fly II[flai] *v,n* *-v* (**flew**/ **flown**) 1.fluturoj.2.shket në ajër. 3.ngre(balonën). 4. ngas, drejtoj(avionin). 5.valëvis. 6.udhëtoj me avion. 7.transportoj me avion. 8.turrem, fluturoj. 9.ua mbath, marr arratinë. 10.ikën, kalon shpejt, fluturon(koha). +**fly in the face of** sfidoj, kundërvihem, kundërshtoj; **fly into**

a rage/temper nxehem, marr zjarr; **let fly** a)lëshoj, qëlloj me (shigjetë); b)lëshoj, nxjerr nga goja.
-n 1.palë; e çarë(në pantallona, fund etj). 2.fletë çadre(derë, tavan). 3.flamur. 4.*pl teat* hapësirë mbi skenë. 5.karrocë, pajton. +**on the fly** a)në ajër, fluturimthi (goditje e topit); b)pa u ndalur, pa e lënë punën.
+**fly at** i turrem, sulmoj.
+**fly in** a)çoj me avion; b)mbërrin(avioni); vjen me avion(udhëtari);
+**fly off** iki befas; **fly off the handle** xhindosem, s'di se ç'bëj.
+**fly out** a)çoj me avion; b)niset(avioni); c)niset me avion(udhëtari).
+**fly up** gradohem

flyaway['flajëwei] *adj* 1.fluturues, flurues.2.teka-njoz, plot trille. 3.për t'u transportuar me avion.

flyblown ['flaibloun] *adj* 1.i pështyrë nga mizat. 2.i prishur.

flyby['flaibai] *n* shih **flypast**.

fly-by-night['flaibai'nait] *adj,n* -*adj* i pasigurt, që nuk i zihet besë.
-n gj.fol 1.borxhli që fshihet. 2.njeri jo i besue-shëm; person i papërgjegjshëm.

fly-catcher['flaikæçë:] *n* zog insektegjuajtës.

flyer, flier ['flajë:] *n* 1.fluturues; send fluturues. 2.pilot. 3.ekspres(tren, autobus etj). 4.*zhrg* aventurë financiare.5.*gj.fol* sprovë; orvajtje. 6.fletushkë (reklame). 7.shkallare.

fly-fishing ['flaifishing] *n* peshkim me mizë (si karrem).

fly-in['flajin] *adj* me vend për ulje(avionësh).

flying ['flajing] *adj* 1. fluturues. 2. i shpejtë. 3. shkurtër, rrufe(vizitë). 4.valëvitës. +**with flying colors** me sukses; triumfator.

flying boat *n* hidroplan me trup si varkë.

Flying Dutchman *n mit* 1.Holandezi Fluturues. 2.anija e Holandezit Fluturues; ogur i keq.

flying field *n* pistë fluturimi.

flying fish *n* peshk fluturues.

flying machine *n* mjet fluturues.

flying officer *n* toger aviacioni.

flying saucer *n* disk fluturues.

flying spot *n tv* tufë drite shetitëse.

flying squad *n Br* forca të ndërhyrjes së shpejtë.

flying squirrel *n zool* ketër fluturues (me me-mbrana te këmbët).

flying visit *n* vizitë shumë e shkurtër/rrufe.

flyleaf ['flaili:f] *n* fletë e bardhë (në fillim dhe në fund të librit).

flyman['flaimën] *n teat* punëtor skene(në hapësi-rën mbi skenë).

flyover['flaiouvë:] *n* 1.mbikalese; xhade e ngritur. 2.manifestim festiv me avione.

flypaper['flaipeipë:] *n* letër mizashe, mizakapëse, kapëse mizash.

flypast['flaipæst] *n* manifestim festiv me avionë.
flysheet['flaishi:t] *n* perde krevati; baldakin.
fly spray *n* bar për miza, insektmbytës.
flyweight['flaiweit] *n sport* peshë mizë.
flywheel ['flaiwi:l] *n* volant.
FM['ef'em] 1.(shkurtim i **frequency modulation**) FM, modulim frekuence. 2.(shkurtim i **Field Marshal**) feldmarshall.
FO (shkurtim i **Foreign Office**) *n* Ministria e Jashtme e Britanisë.
foal [fo:l] *n,v -n* 1. visk, mëz. 2. kërriç, pulisht. +**in/with foal** barsë(pelë).
-vt pjell.
foam[fo:m] *n,v -n* 1.shkumë.2.jargë, shkumë nga goja. 3.sfungjer.
-vi 1.shkumëzon, formon shkumë. 2.shkumëzoj, nxjerr shkumë nga goja. 3.mbuloj me shkumë.
+**foam at the mouth** shkumëzoj nga inati.
foamlike['fo:mlaik] *adj* shkumëzor, si shkumë.
foam rubber *n* sfungjer.
foamy ['foumi] *adj* 1. i mbuluar me shkumë. 2. shkumëzor, prej shkume. 3.si shkumë; i shkumëzuar.
fob I[fob] *n* 1.xhep sahati, xhep i vogël(në pantallona). 2.zinxhir sahati, qostek. 3.medalion.
-n mashtrim, ngecje.
fob II[fob] *v,n -v* mashtroj, gënjej, ia hedh.
+**fob off** a)mashtroj, ia hedh; b)ia ngec, ia punoj.
fob watch *n* sahat xhepi.
focal ['foukël] *adj fiz* vatror, fokal; **focal length** largësi vatore.
focalize['foukëlaiz] *vt fot* vatërzoj, fokusoj, vë në fokus.
focus['foukës] *n pl* **focuses, foci** 1.vatër, fokus. 2.largësi vatrore, distancë fokale. 3.fokusim, vatërzim, vënie në fokus. 4.*fig* qendër e vëmendjes. 5.*mjek* vatër e sëmundjes.6.*mat* vatër e elipsit. +**in focus** i qartë, i dallueshëm; **out of focus** i paqartë, i turbullt(shembëllim).
-v 1.mbledh, përqëndroj(rrezet). 2.vatërzoj, fokusoj (shikimin). 3.qartësoj(shembëllimin). 4.përqëndrohem(në studim).
fodder['fodë:] *v,n -v* i jap tagji, tagjis(kuajt).
--n tagji, sanë.
foe[fou] *n let* armik.
foetus['fi:tës] *n* shih **fetus.**
fog[fog] *n,v -n* 1. mjegull. 2. mjegullirë. 3. turbullirë(e mendjes); **be in a fog** jam tym, e kam mendjen çorap.
-vt 1. mbuloj me mjegull. 2. errësoj, mjegulloj. 3. mbulohet nga mjegulla. 4. turbulloj, hutoj.
fog bank *n* masë mjegulle të dendur.
fogbound['fogbaund] *adj* i bllokuar nga mjegulla.
fogey['fougi] *n* njeri i humbur, pa iniciativë.
foggy['fogi] *adj* 1.i mjegulluar; i mjegullt. 2.*fig* i errët, i paqartë; i turbullt, i mjegullt. 3.i turbulluar; i

hutuar, në mëdyshje; **not to have the foggiest idea** s'kam asnjë ide.
foghorn ['fogho:n] *n* 1.bri / sirenë për kohë me mjegull. 2.zë i çjerrë.
fogy['fougi] *n* shih **fogey.**
foible['foibël] *n* 1.pikë e dobët. 2.dobësi karakteri, e metë, huq. 3.mani.
foil I['foil] *vt* 1.pengoj; zmbraps. 2.prish gjurmën.
foil II['foil] *n,v -n* 1.fletë metalike. 2.letër varaku. 3.kontrast. 4.*ark* zbukurim tip gjethi.
-vt 1.vesh me varak, mbështjell me varak. 2.nxjerr në pah. +**be a foil to/for** shërbej për të nxjerrë në pah.
foil III['foil] *n* 1.shpatë skerme. 2.*pl* skermë.
foist['foist] *vt* 1.ia ngec. 2.fus fshehurazi (një paragraf në përkthim).
fold ['fould] *v,n -v* 1.palos; përthyej; **fold one's arms** kryqëzoj krahët. 2.mbledh(krahët). 3.përqafoj, pushtoj. 4.mbështjell. 5.rrethoj. 6.*gj.fol* ndal; mbyll; i jap fund(një veprimtarie).
+**fold in** kthej(me pirun).
+**fold up** a)palos, mbledh(një çarçaf); b)mbyllet (lulja); c)dështon (plani).
-n 1.palë. 2.kanatë. 3.palosje. 4.*gjeol* falje, përkulje shtrese.
fold II['fould] *n,v -n* 1.vathë. 2.dele, tufë brenda në vathë. 3.shoqatë, kongregacion(fetar). +**return to the fold** kthehem në vathë.
-vt fus në vathë.
-fold['fould] *suff* 1.-fish; **tenfold** dhjetëfish, dhje-të herë më i madh. 2. -pjesësh; **manifold** i shumtë; i përbërë.
foldaway['foldë'wei] *adj* i palosshëm.
folder['fouldë:] *n* 1.mbulesë, mbështjellëse (shkresash); dosje. 2.broshurë.
folderol['foldërol] *n* shih **falderal.**
folding['folding] *adj* 1.e palosshme(tryezë).2.dyer fizarmonikë, dyer të palosshme.
folding doors *n* dyer të palosshme.
folding money *n gj.fol* kartëmonedhë.
foliaceous [fouli'eishës] *adj* 1. gjethor, si gjeth. 2.shtresor; petëzor.
foliage ['fouliixh] *n* 1. gjethnajë. 2.gdhendje/pikturim me motive gjethesh e lulesh.
foliate['foulieit] *v,adj -v* 1.lëshon gjethe, gjethon 2.ndaj fletë-fletë, peta-peta. 3.i jap formë gjethi. 4.zbukuroj me motive gjethesh.
-adj 1.me gjethe, i mbuluar me gjethe. 2.si gjethe.
foliation[fouli'eishën] *n* 1.gjethim, nxjerrje gjethesh. 2. zbukurim me motive gjethesh. 3.*gjeol* petëzim, shtresim.
folic acid['foulik] *n biol,kim* acid folik.
folio['fouliou] *n,v -n* 1.fletë dyshe, fletë e palosur. 2.libër me format të madh. 3.format libri madh. 4.*attr* me format të madh. 5.numër faqeje. 6 faqe dorëshkrimi. 7.kasë për letra. +**in folio** në

format të madh.
-vt numëroj fletët(e librit).
folk['fouk] *n,adj* -n 1.njerëz, popull; **city folk** banorë qyteti, qytetarë. 2.fis, tribu. 3.*pl* a)popull; b) *gj.fol* njerëz të familjes; të afërm, farefis. 4. muzikë pop, muzikë popullore moderne.
-*adj* 1.popullor, i popullit. 2.folklorik; popullore; pop(muzikë). +**hi there folks!** ngjatjejta juve!.
folk dance *n* 1. valle popullore. 2. muzikë popullore.
folklore['fouklo:] *n* folklor.
folkloric['fouklo:rik] *adj* folklorik.
folklorist['fouklo:rist] *n* folklorist.
folk music *n* 1.muzikë popullore, muzikë folkloristike. 2.muzikë pop, muzikë popullore moderne.
folknik ['fouknik] *n zhrg* amator i muzikës popullore.
folk-rock['foukrok] *n* muzikë rok-pop.
folk singer *n* këngëtar këngësh popullore.
folk song *n* këngë popullore; këngë popullore moderne.
folksy['fouksi] *adj gj.fol* 1.miqësor; shoqëror. 2.i thjeshtë, modest. 3.i shtirë, gjoja i thjeshtë.
folk tale *n* përrallë, rrëfenjë; gojëdhanë.
folkway['foukwei] *n* zakon, traditë.
follicle ['folikël] *n* 1. *anat* qeskë, gjëndërz. 2.*bot* bishtajë(teke), lëvozhgë. 3.*zool* fshikëz, mëshikëz.
follicular[fë'likjulë:] *adj* 1.si qeskë. 2.*mjek* zgavëror, që prek zgavrat.
follow['folou] *v,n* -v 1.ndjek, pasoj. 2.vjen, rrjedh si pasojë. 3.ndjek, vijoj,eci(nëpër një rrugë). 4.shoqëroj, i shkoj pas. 5. ndjek, zbatoj (një këshillë). 6.i bindem, pasoj(dikë).7.ndjek, shoqëroj(me sy). 8.ndjek fillin e (bisedës). 9. merrem me(një profesion). +**as follows** si vijon.
-*n* 1.ndjekje. 2.gjuajtje skoré(në bilardo).
+**follow out** çoj deri në fund; zbatoj deri në fund.
+**follow through** a)ndjek deri në fund; b)përfundoj, kryej deri në fund.
+**follow up** a)i qepem; b)çoj deri në fund; c)e çoj më tej, e përforcoj(një kërkesë).
follower ['folouë:] *n* 1.ndjekës, pasues. 2.përkrahës, mbështetës; nxënës, ithtar.
following['folouing] *n,adj* -n 1.suitë, shoqërues. 2.**the following** personat/artikujt që vijojnë.
-*adj* vijues, në vazhdim, që pason.
follow-through['folouthru:] *n* vazhdim logjik.
follow-up ['folouʌp] *n,adj* -n 1. ndjekje. 2. vazhdim.
-*adj* shoqërues, pasues.
folly['foli] *n* 1.budallallëk, marrëzi; sjellje pa mend. 2.punë pa mend, ndërmarrje aventureske.
foment[fou'ment] *vt* 1.nxis, ndez(trazira etj).2.vë kompresa të ngrohta(në plagë etj).
fomentation [foumën'teishën] *n* 1.nxitje. 2.vënie kompresash të ngrohta; kompresë e ngrohtë.

fomenter[fou'mentë:] *n* nxitës, inkurajues, shtytës.
fond[fond] *adj* 1.i dashur; ledhatues; **be fond of** dua shumë.2.i dhënë së tepërmi, i marrosur(pas). 3.*vjet* naiv, i marrë(besim).
fondant['fondënt] *n* fundan, krem sheqeri.
fondle['fondël] *vt* përkëdhel, ledhatoj.
fondly ['fondli] *adj* 1. me dashuri. 2.me marrëzi, me naivitet.
fondness ['fondnis] *n* dashuri; prirje, simpati; dhemshuri.
font I[font] *n* 1.legen me ujë për pagëzim, pagëzore. 2.*poet* burim
font II[font] *n* komplet germash, lloj germash.
food[fu:d] *n* 1.ushqim.2.haje, të ngrëna.3.artikull ushqimor. 4.*fig* ushqim; **that's food for thought** kjo të bën të mendosh.
food mixer *n* mikser, përzierës.
food poisoning *n* helmim nga ushqimi.
food processor *n* pajisje përpunuese ushqimesh, kombinat.
food stamp *n amer* tallon ushqimor(për të papunët).
foodstuffs ['fu:dstʌfs] *n* artikuj ushqimorë, ushqime.
fool [fu:l] *n,v* -n 1. budalla, idiot; i trashë. 2.*hist* loço, palaço(i oborrit). 3.njeri i mashtruar. +**make a fool of sb** e bëj qesharak dikë; **make a fool of oneself** bëhem gazi i botës; **play the fool** hiqem si budalla.
-*v* 1.bëj budallallëqe. 2.hiqem si budalla. 3.ia hedh, mashtroj.
+**fool about/around** a)bëj si budallë; b)luaj, tallem, humbas kohën kot; c)tradhtoj, nuk i rri besnik(gruas etj).
+**fool away** prish para kot.
+**fool with** përzihem me, ngatërrohem në.
foolery['fu:lëri] *n* budallallëk, veprim pa mend.
foolhardiness['fu:lha:dinis] *n* kokëkrisje, guxim i tepruar.
foolhardy['fu:lha:di] *adj* guxim tar, kokëkrisur.
foolish['fu:lish] *adj* 1.pa mend, prej budallai (veprim). 2.qesharak.
foolishly['fu:lishli] *adv* si budalla, me budallallëk, pa mend.
foolishness ['fu:lishnis] *n* budallallëk, gomarllëk, marrëzi.
foolproof['fu:lpru:f] *adj* 1.i sigurt, i pagabueshëm. 2.i thjeshtë, i kuptueshëm.
foolscap ['fu:lkæp] *n* letër shkrimi me format të madh.
fool's cap *n* 1.kësulë gaztori. 2.kësulë qesharake, kësulë e nxënësit të dobët.
fool's errand *n* punë pa mend.
fool's gold *n* mineral me pamje ari; pirit.
fool's paradise *n* fluturim, parajsë imagjinare.

foot[fu:t] *n,v* *n pl* **feet** 1.shputë, këmbë. 2.pu-
tër. 3.fund; rrëzë. 4.*usht* këmbësori. 5.fut, këmbë
(njësi gjatësie =30.5 cm; simboli: '). 6. i fundit në
listë. + **on foot** a)në këmbë, ngritur; b)në ecje; c)në
vazhdim, në veprim; **be back on one's feet** e marr
veten, shërohem; **get to one's feet** ngrihem në
këmbë; **have itchy feet** s'më rrihet në një vend, më
hanë këmbët për të ecur; **put one' best foot
forward** *gj.fol* a)bëj maksimumin; b)përpiqem të
bëj figurë të mirë; **put one's foot down** mbledh
mendjen, i jap fund hallakatjes; **put one's foot in it**
përzihem kot, gjej belanë vetë; **put one's feet up**
çlodhem; **be rushed off one's feet** s'kam kohë të
marr frymë; **set foot in** shkel, shkoj(diku); **stand
on one's own two feet** çalltis vetë, eci me këmbët e
mia; **under foot** a)pengesë nëpër këmbë; b)në dorë
të(dikujt).
   -*v* 1.eci. 2.vallëzoj. 3.shtoj. 4.i bëj shputën
(çorapes). 5.*gj.fol* paguaj(një faturë etj). +**foot it** e
bëj rrugën në këmbë; **foot the bill** paguaj faturën.
   footage ['fu:tixh] *n* 1. gjatësia në fut. 2.*kin* varg
figurash, sekuencë.
   foot-and-mouth disease *n mjek* sëmundje e gjë-
së së gjallë.
   football['fu:tbo:l] *n* 1.futboll amerikan. 2.*Br* fut-
boll. 3.top futbolli.
   footballer['fu:tbo:lë:] *n* futbollist, lojtar futbolli.
   footboard['fu:tbo:d] *n* 1.këmbalkë dërrase.2.ballë
krevati(te këmbët).
   footbrake['fu:tbreik] *n* fren këmbe.
   footbridge['fu:tbrixh] *n* urë këmbësorësh, pasarel.
   footed ['fu:tëd] *adj* 1. me këmbë, me fron (gotë).
2.(*suff*) -këmbësh; këmbë-; **swift-footed** këmbë-
shpejtë; **four-footed** katërkëmbësh.
   -**footer**(në mbiemra të përbërë): **six-footer** person
gjashtë këmbë i gjatë.
   footfall['fu:tfol] *n* 1.zhurmë hapash. 2.hapa.
   foot fault *n sport* faull, shkelje e vijës.
   footgear['fu:tgië:] *n* këpucë, sandale, çizme etj.
   foothills['fu:thilz] *n* kodrina (rrëzë malit).
   foothold ['fu:thould] *n* 1.pikëmbështetje (për kë-
mbën). 2.*fig* rrënjë, terren; **gain/get a foothold** gjej
mbështetje; fiton terren; zë rrënjë (një zakon etj).
   footing['fu:ting] *n* 1.pikëmbështetje(për këmbën).
2.pozicion i këmbëve, qëndrim.3.*fig* pozitë; kushte;
on an equal footing në pozita të barabarta.
4.marrëdhënie miqësore. 5.mbledhje gjetje e shu-
mës. 6.shumë, total. 7.ecje; shetitje; vallëzim. 8.*pl*
themele(të ndërtesës).
   footle['fu:tël] *v* 1.vërtitem kot, vras kohën. 2.bëj si
budalla.
   footless['fu:tlis] *adj* 1.pa këmbë.2.pa mbështetje;
i pabazë, i pathemeltë. 3.*gj.fol* i ngathët, i pazoti.
   footlet['fu:tlit] *n* çorape(grash) shumë e shkurtër.
   footlights ['fu:tlaits] *npl* 1. drita të paraskenës.
2.skena, teatri; profesioni i aktorit.

footling['fu:tling] *adj* i kotë, pa vlerë.
   footloose['fu:tlu:z] *adj* i lirë, i shpenguar.
   footman['fu:tmën] *n* 1.shërbëtor; pjesëtar i suitës.
2.*vjet usht* këmbësor.
   footmark['fu:tma:k] *n* gjurmë(këmbe).
   footnote['fu:tnout] *n* shënim në fund të faqes.
   footpace['fu:tpeis] *n* shpejtësi e ecjes.
   footpad['fu:tpæd] *n vjet* kusar, hajdut rruge.
   footpath['fu:tpæth] *n* 1.rrugë kalimtarësh, shteg.
2.vendkalim anës xhadesë.
   footpound['fu:tpaund] *n* paundfut(masë e ener-
gjisë).
   footprint['fu:tprint] *n* gjurmë(këmbe).
   footrace['fu:treis] *n* gara ecjeje.
   footrest['fu:trest] *n* mbështetëse këmbe.
   foot rule *n* vizore me gjatësi një këmbë.
   footsie ['fu:tsi:] *n gj.fol* këmbë; **play footsie** a)i
prek këmbën fshehurazi, cikem, fërkohem(nën
tryezë); b)flirtoj(me opozitën etj).
   footslog ['fu:tslog] *n* garë marshimi në terren të
vështirë.
   foot soldier *n usht* këmbësor.
   footsore['fu:tso:r] *adj* i lodhur nga këmbët, me
këmbët copë(nga të ecurit etj).
   footstalk['fu:tsto:k] *n bot* kërcell.
   footstep['fu:tstep] *n* 1.hap. 2.gjatësi hapi. 3.zhur-
më hapash. 4.gjurmë(këmbe). 5.shkallare, këmbë
shkalle. +**follow in sb's footsteps** eci në gjurmët e
dikujt.
   footstool['fu:tstu:l] *n* stol i vogël, mbështetëse kë-
mbësh, fron.
   footsure['fu:tshuë:] *adj* i sigurt; që nuk gabon.
   footway ['fu:twei] *n* 1.shteg, vendkalim këmbë-
sorësh. 2.trotuar, këmbësore.
   footwear['fu:tweë:] *n* këpucë, sandale, çizme etj.
   footwork['fu:twë:k] *n sport* lëvizjet e këmbëve.
   footworn['fu:two:n] *adj* 1.i ngrënë nga këmbët, i
sajuar nga të ecurit(shteg). 2.i këputur nga këmbët,
me këmbët copë.
   foozle ['fu:zël] *v,n* -*v sport* gjuaj ngathët; e ka-
tranos.
   -*n* 1.gjuajtje e dobët. 2.dështim.
   fop[fop] *n* pispilluq, kokëbosh, mendjefyçkë.
   foppery['fopëri] *n* 1.pispillosje.2.sjellje/veshje prej
pispilluqi.
   foppish['fopish] *adj* 1. i pispillosur. 2. prej pispi-
lluqi. 3.mendjefyçkë, vanitoz.
   for[fo:] *prep,conj* -*prep* 1.për, si, në vend të; **use
boxes for chairs** përdor kuti për/si karrige. 2.për, në
favor të; **vote for sb** votoj për dikë. 3.për, në emër
të; **act for one's client** vepron në emër të klientit,
përfaqëson(avokati). 4.për, me çmimin e; **five for
one dollar** pesë copë një dollar. 5.për, me qëllim që;
go for a walk dal për të shetitur; **look for a job**
shoh për/kërkoj punë. 6.për në; **he left for Boston**
u nis për në Boston. 7.për, i destinuar për; **books for**

children libra për fëmijë. 8.për, për shkak; **be punished for stealing** dënohem për vjedhje. 9.për, për nder të; **a party was given for her** u dha një pritje për nder të saj. 10.për, gjatë; **work for two hours** punoj(për) dy orë; **for life** për jetë, gjithë jetën; **for good** përgjithmonë; **for ever** përgjithmonë. 11.megjithë; **for all his faults, we like him still** me gjithë të metat që ka, ne prapë e duam. 12.për, me vlerën; **a cheque for $20** një çek 20 dollarë. 13.për, që i përgjigjet; **what is the French for book?** si i thonë librit në frengjisht? 14.për, në lidhje me; që i përket; **be young for one's age** dukem i ri për moshën që kam; **it's not for me to say** nuk më takon mua ta them. 15.nga, për shkak të; **for fear of** nga frika se mos. +**for all** megjithë; **for all that** pavarësisht nga(sa u tha, ndodhi); **as for me** sa për mua; **for instance, for example** për shembull; **once and for all** njëherë e mirë; **for my part** për mua, për sa më takon mua; **Oh! for...ah, të kisha..!** -*conj* se, sepse; **we can't go, for it is raining** nuk ikim dot, se po bie shi; **for all I know** me sa di unë; **for all I care** për sa më intereson mua.
forage['forixh] *n,v* -*n* 1.tagji, ushqim për kafshë. 2.kërkim; **go on a forage for supplies** dal për të kërkuar ushqim. -*v* 1.ushqej, i jap të hajë. 2.kërkoj, rrëmoj. 3.gjej. 4.marr ushqim. 5.plaçkis, bastis.
foramen[fo:'reimën] *n anat* vrimë, zgavër, hapësirë(brenda kockës etj).
forasmuch as['forëzmʌçæz] *conj* meqenëse, meqë, ngaqë; duke patur parasysh se.
foray['forei] *n,v* -*n* bastisje. -*v* bastis, plaçkis.
forbade[fë:'bæd, fë:'beid] *pt* e **forbid.**
forbear I [fo:'bëë:] *v* (**forbore; forborne**) 1.përmbahem; shmangem. 2.tregohem i duruar.
forbear II, forebear [fo:'bëë:] *n* stërgjysh, i parë.
forbearance [fo:'bëëräns] *n* 1. shmangje. 2.vetëpërmbajtje.
forbid[fë:'bid] *vt* (**forbade; forbidden**) 1.ndaloj; pengoj. 2.parandaloj; **God forbid!** larg qoftë!, mos e dhëntë Zoti! 3.përjashtoj, nuk lejoj të përdorë; **students are forbidden the office** studentët nuk lejohen në zyrë.
forbidden[fo:'bidën] *v,adj* -*v pp* e **forbid.** -*adj* i ndaluar; kundër rregullave; kundër ligjit, i kundërligjshëm.
forbidding [fë:'biding] *adj* 1. i frikshëm, frikësues; armiqësor. 2.i rrezikshëm, kërcënues; **the rock was forbidding** shkëmbi dukej i rrezikshëm.
forbore[fo:'bo:] *pt* e **forbear I.**
forborne[fo:'bo:n] *pp* e **forbear I.**
forby[fo:'bai] *prep, adv vjet* 1.përveç, përveçse. 2.afër, pranë. 3. veç kësaj.
force[fo:s] *n,v* -*n* 1.forcë; fuqi; energji. 2.dhunë; **to rule by force** sundoj me dhunë. 3. ekip, personel;

the office force personeli i zyrës. 4.*usht* forcë (ushtarake, policore). 5.*pl* forca(të armatosura), ushtri. 6.efekt. 7.vlefshmëri, efektshmëri(e ligjit). +**by force of** nëpërmjet, me anë të; **in force** a) në veprim, veprues. 2.me shumicë. -*vt* 1.detyroj, imponoj.2.bëj me forcë; marr me forcë. 3.i imponoj(pikëpamjet). 4.çaj rrethimin. 5.përdor dhunën; shtërngoj. +**force an entry into** hyj me forcë; **force sb to his knees** e gjunjëzoj dikë . +**force back** a)prapas(turmën); b)mposht, përmbaj (ndjenjat). +**force down** a)ha me zor; b)detyroj të ulet(avionin).
forced[fo:st] *adj* 1.i detyruar, **forced landing** ulje e detyruar(e avionit). 2.e sforcuar, nga zori (buzëqeshje).
forced march *n* marshim i sforcuar.
force-feed['fo:s'fi:d] *vt* 1.ushqej me zor.2.i imponoj(pikëpamje).
forceful ['fo:sful] *adj* 1. i fortë, i fuqishëm; energjik. 2. i efektshëm.
forceless['fo:slis] *adj* i flashkët, pa fuqi.
forcemeat['fo:smi:t] *n* mish i grirë.
forceps['fo:seps] *n mjek* pinca, forseps.
force pump *n* pompë lëngu.
forcible ['fo:sëbël] *adj* 1. me forcë, i dhunshëm (veprim). 2. i fuqishëm; i efektshëm. 3.bindës.
forcibly['fo:sëbli] *adv* 1.me forcë, me dhunë.2.fuqishëm, fort.
ford[fo:d] *n,v* -*n* va. -*vt* kaloj(lumin) në va.
fordable['fo:dëbël] *adj* i kalueshëm në va.
foredone[fo:'dʌn] *adj vjet* 1. i përdorur, i vjetruar. 2.i lodhur, i mbaruar.
fore I[fo:] *adj, adv,n* -*adj* i kreut, i fillimit. -*adv* në krye, në ballë, përpara. -*n* pjesë e përparme; ballë; bash(i anijes). +**to the fore** a) në vend të dukshëm; në plan të parë; b)gati; c)gjallë.
fore-[fo:] *pref* i përparmë; para-; **foreleg** këmbë e përparme(e kafshës); **foresee** parashikoj.
fore and aft *adv* nga kreu në fund, për së gjati (anijes).
fore-and-aft[fo:rënd'æft] *adj* gjatësor, në gjatësi, për së gjati.
forearm['fo:ra:m] *n* parakrah.
forearm[fo:r'a:m] *vt* 1.parapërgatis.2.armatos paraprakisht.
forebear['fo:bëë:] *n* shih **forbear II.**
forebode [fo:'boud] *vt* 1.paralajmëroj(stuhi).2.parandiej.
foreboder[fo:'boudë:] *n* paralajmërues.
foreboding[fo:'bouding] *n* 1.parashikim; paralajmërim. 2.parandiej.
forebrain['fo:brein] *n anat* tru i përparmë.
forecast['fo:kæst] *v,n* -*vt* (**forecast, forecasted**)

1.parashikoj. 2.paralajmëron. 3.i dal përpara; plani-fikoj.
-*n* 1.parashikim. 2.largpamësi.
forecaster ['fo:kæstë:] *n* 1.analist. 2.parashikues moti, meteorolog.
forecastle['fou:ksël, 'fo:kæsël] *n* 1.kuvertë e përparme. 2.kabinat e detarëve(në anijet e dikurshme tregtare).
forecheck['fo:çek] *n sport* markoj/blokoj kundërshtarin në zonën e vet.
foreclose[fo:'klouz] *v* 1.ndaloj; përjashtoj.2.*drejt* i heq të drejtën mbi pronën e vënë në hipotekë.
forecourt['fo:ko:t] *n* hajat i mbyllur(para një ndërtese).
foredoom [fo:'du:m] *vt* paradënoj, dënoj para kohe.
forefather ['fo:'fothë:] *n* paraardhës, stërgjysh, i parë.
forefinger['fo:fingë:] *n* gisht tregues.
forefoot['fo:fu:t] *n* 1.këmbë e përparme(e kafshëve). 2.pjesë e përparme e kallumës(së anijes).
forefront ['fo:frʌnt] *n* 1.ballë, vijë e parë, plan i parë. 2.pjesë e përparme.
forego I [fo:'gou] *vt* (**forewent; foregone**) paraprij.
forego II[fo:'gou] *vt* (**forewent; foregone**) lë, bëj pa, heq dorë nga; **forego the movies** heq dorë nga filmi.
foregoing ['fo:gouing] *adj* paraprirës; i mëparshëm.
foregone[fo:'gon] *pp* e **forego**.
-*adj* i mëparshëm; i kaluar; **foregone conclusion** rezultat i pashmangshëm; përfundim i ditur.
foreground ['fo:graund] *n* plan i parë; **in the foreground** në plan të parë; në vend të dukshëm; që bie në sy.
forehand ['fo:hænd] *adj,n* -*adj* me pëllëmbën përpara.
-*n* 1.*sport* goditje ballore(në tenis). 2.avantazh.
forehanded['fo:hændid] *adj* 1.i matur, i kursyer; parashikues. 2.i bërë me kohë; i hershëm; në kohën e duhur, i volitshëm.
forehead['fo:hed, 'fo:rid] *n* 1.ballë. 2.pjesë e përparme, ballinë.
foreign['fo:rin] *adj* 1.i jashtëm, i huaj(vend); **Foreign Office** Ministria e Jashtme britanike; **foreign trade** tregti e jashtme; **foreign language** gjuhë e huaj. 2.i huaj, që nuk i takon, që nuk e karakterizon; **sitting still is foreign to a child's nature** të ndenjurit pa lëvizur nuk është karakteristik për fëmijën. 3.*mjek* i huaj(send në sy).
foreign affairs *n* marrëdhënie me Jashtë; **Ministry of Foreign Affairs** Ministri e Punëve të Jashtme.
foreign-born['fo:rinbo:n] *adj* i lindur jashtë vendit.

foreign currency *n* monedhë e huaj, para e huaj, valutë.
foreigner['fo:rinë:] *n* 1.i huaj (person). 2.anije e huaj.
foreign exchange *n* këmbim; **foreign exchange markets** tregje valutore; **foreign exchange rates** kurs i këmbimit(të valutave).
foreign investments *n* investime të huaja.
foreign minister *n* ministër i Jashtëm, ministër i Punëve të Jashtme.
forejudge[fo:'xhʌxh] *vt* paragjykoj.
foreknow[fo:'nou] *vt* di qysh më parë; mësoj para kohe.
foreknowledge['fo:nolixh] *n* njohuri paraprake; të diturit para kohe.
forelady['fo:leidi] *n* kryepunëtore,brigadiere, përgjegjëse.
foreland['fo:lænd] *n gjeog* kep, hundë.
foreleg['fo:leg] *n* këmbë e përparme(e kafshëve).
forelock ['fo:lok] *n* baluke. + **take time by the forelock** s'e lë rastin të më shpëtojë, e shfrytëzoj rastin pa vonesë.
foreman['fo:mën] *n* 1.kryepunëtor, brigadier, përgjegjës. 2.kryetar i jurisë.
foremast['fo:mæst, 'fo:mëst] *n* direk i parë, direk i përparmë.
forementioned [fo:'menshënd] *adj* i lartpërmendur, i përmendur më parë.
foremost['fo:moust] *adj,adv* -*adj* 1.i parë.2.kryesor; drejtues. 3.më i shquari.
-*adv* përpara; **fall head foremost** bie me kokë.
+ **first and foremost** para së gjithash, së pari, pikësëpari, në radhë të parë.
forename['fo:neim] *n* emër, **name and forename** mbiemri dhe emri(emër e mbiemër).
forenoon['fo:nu:n] *n* paradrekë.
forensic[fë'rensik] *adj* mjeko-ligjor, mediko-legal. 2.ushtrim në argumentim.
forensic medicine *n* mjekësi ligjore.
foreordain[fo:ro:'dein] *vt* 1.urdhëroj paraprakisht. 2.paracaktoj.
foreordination[fo:ro:dë'neishën] *n* 1.urdhër paraprak. 2.paracaktim.
forepart['fo:pa:t] *n* pjesë e përparme.
forepassed[fo:'past] *adj* i kaluar.
forepaw['fo:po] *n* putër e përparme.
forepiece['fo:pi:s] *n* pjesë e parë, pjesë ballore.
forequarter ['fo:kwo:të:] *n anat* shpatull (qingji, viçi etj).
forereach[fo:'ri:ç] *vi* 1.parakaloj, lë pas.2.ia kaloj (dikujt në diçka).
forerun [fo:'rʌn] *vi* 1. paraprij. 2.paralajmëroj; shërbej si paralajmërim. 3.parashikoj.
forerunner['fo:rʌnë:] *n* 1.lajmëtar, kasnec. 2.paralajmërim, shenjë paralajmëruese. 3.pararendës; paraardhës, i parë, stërgjysh.

foresail['fo:seil, 'fo:sël] *n* 1.velë kryesore e direkut të parë. 2.velë e poshtme e direkut të parë.

foresee[fo:'si:] *vt* (**foresaw; foreseen**) parashikoj.

foreseeable]fo:'si:ëbël] *adj* i parashikueshëm; **in the foreseeable future** në një të ardhme të afërt.

foreshadow [fo:'shædou] *vt* kumton, lajmëron, paralajmëron; **black clouds foreshadow a storm** retë e zeza paralajmërojnë stuhi.

foreshank ['fo:shænk] *n* kofshë e përparme(e një mishi të therur).

foresheet ['fo:shi:t] *n* 1.litar i velës kryesore. 2.*pl* hapësirë e pjesës së përparme të varkës.

foreshore ['fo:sho:] *n* parabreg, breg që zbulohet nga zbatica.

foreshow[fo:shou] *vt* parathem; paralajmëroj; tregoj para kohe.

foresight ['fo:sait] *n* 1.parashikim, aftësi parashikuese. 2.largpamësi; maturi.

foresighted['fo:saitid] *adj* 1.largpamës; i kujdesshëm. 2.parashikues

foreskin['fo:skin] *n anat* lafshë(e penisit).

forest ['fo:rist] *n,v* -*n* 1.pyll. 2.drurë(pylli). 3.rezervat gjuetie. 4.*fig* pyll(direkësh në port). --*vt* pyllëzoj.

forestall [fo:'stol] *vt* 1. parandaloj, i dal përpara. 2.paraprij. 3.blej me kohë, akaparoj(mallin për t'i ngritur çmimin).

forestation[fo:ris'teishën] *n* 1.pyllëzim. 2.pylltari, kujdes për pyjet.

forestay['fo:stei] *n* litar/kabëll përforcues i direkut të parë.

forester['fo:ristë:] *n* 1.pylltar, specialist pyjesh. 2.pojak, rojtar pylli. 3.banor i pyllit.

forest preserve *n* rezervat pyjor, pyll i mbrojtur nga shteti.

forest ranger *n* pojak, rojtar pylli.

forestry['fo:ristri] *n* pylltari.

foretaste ['fo:teist] *n,v* -*n* shijim paraprak, parashijë; njohje paraprake. -*v* parashijoj, shijoj paraprakisht; njihem fillimisht.

foretell[fo:'tel] *vt* (**foretold**) 1.parathem; paratregoj. 2.parashikoj; profetizoj.

foreteller[fo:'telë:] *n* parashikues; profetizues.

forethought[fo:'thot] *n* 1.planifikim; shqyrtim paraprak. 2.largpamësi, maturi, përkujdesje, kujdesim.

foretoken[fo:'toukën] *n,v* -*n* shenjë, ogur. -*vt* paralajmëron, është shenjë e.

foretold[fo:'told] *pt,pp* e **foretell**.

foretop['fo:top] *n* platformë majë direkut të parë.

forever[for'evë:] *adv,n* -*adv* 1.përgjithmonë, përgjithnjë. 2.tërë kohës. -*n* përjetësi, një jetë e tërë; **he is taking forever to write that book** ai po harxhon një jetë të tërë duke shkruar atë libër.

forevermore[fër'evë:mo:] *adv* përgjithmonë.

forewarn[fo:'wo:n] *vt* paralajmëroj.

forewent[fo:'went] *pt* e **forego**.

forewing ['fo:wing] *n* krah i parmë (i insekteve).

forewoman['fo:'wu:mën] *n* 1.kryepunëtore, brigadiere, mbikqyrëse, përgjegjëse. 2.kryetare jurie.

foreword['fo:wë:d] *n* parathënie (libri).

forfeit['fo:fit] *v,n,adj* -*vt* humb, humbas. -*n* 1.gjobë, pagesë(si dënim). 2.konfiskim. -*adj* 1.i humbur; i paguar si gjobë. 2.i konfiskuar.

forfeiture ['fo:fiçë:] *n* 1.humbje. 2.gjobë. 3.konfiskim. 4.plaçkë e konfiskuar.

forfend[fo:'fend] *v vjet* shmang; parandaloj; pengoj.

forgather[fo:'gæthë:] *vi* 1.mblidhen, grumbullohen, takohen. 2.ndesh, has, takoj rastësisht. 3.shoqërohem; mbaj miqësi.

forgave[fë:'geiv] *pt* e **forgive**.

forge I [fo:xh] *n,v* -*n* 1. farkë. 2. farkëtari, kovaçanë. 3.furrë shkrirjeje. -*vt* 1.farkëtoj, punoj në kudhër. 2.*fig* krijoj, farkëtoj(miqësinë). 3.imitoj, falsifikoj(një firmë).

forge II [fo:xh] *vi* çaj, shkoj përpara, përparoj; **forge ahead** dal në krye.

forger['fo:xhë:] *n* 1.falsifikues, falsifikator. 2.farkëtues. 3.farkëtar.

forgery['fo:xhëri] *n* 1.falsifikim. 2.firmë e falsifikuar. 3.kopje e falsifikuar(pikture etj).

forget[fë:'get] *v* (**forgot; forgotten**) 1.harroj; nuk mbaj mend. 2.harroj, neglizhoj, lë pa bërë. 3.harroj të marr me vete(një send). +**forget oneself** a)harroj veten, punoj me vetëmohim; b)humbas kontrollin e vetes. +**forget it!** lëre, tani!

forgettable[fë:'getëbël] *adj* i harrueshëm.

forgetful[fë:'getful] *adj* 1.harraq. 2.i shkujdesur.

forget-me-not[fë:'getmi'not] *n bot* lule mosmëharro, lulemizë.

forging['fo:xhing] *n* 1.gjë e falsifikuar. 2.metal i farkëtuar.

forgivable[fë:'givëbël] *adj* i falshëm(gabim etj).

forgive [fë:'giv] *v* (**forgave; forgiven**) 1.fal; nuk mbaj mëri. 2.ia fal, e quaj të shlyer(një borxh).

forgiven[fë:'givën] *pp* e **forgive**.

forgiveness [fë:'givnis] *n* 1. falje, ndjesë. 2. gatishmëri për të falur, butësi, zemërbutësi.

forgiving[fë:'giving] *adj* që fal, shpirtbutë, zemërbutë.

forgo[fë:'gou] *vt* (**forwent; forgone**) shih **forego**.

forgone[fo:'gon] *pp* e **forgo**.

forgot[fë:'got] *pt* e **forget**.

forint['fo:rint] *n* fiorintë, monedhë hungareze.

fork[fo:k] *n,v* -*n* 1.pirun. 2.sfurk. 3.bigëzim, degëzim(rruge etj). -*vi* 1.bigëzohet, degëzohet. 2.ngre me sfurk(barin); punoj me sfurk. +**fork out/over/up** *zhrg* paguaj, derdh paratë; **fork out for sb** paguaj për ditë.

forked[fo:kt] *adj* 1.i degëzuar, i bigëzuar. 2.zigzag(vetëtimë). **+speak with a forked tongue** them gënjeshtra.

forklift['fo:klift] *n mek* pirun(për ngritje ngarke-sash).

forklift truck *n mek* shih **forklift.**

forlorn hope *n* 1.ndërmarrje e dëshpëruar; punë e dështuar. 2.*usht* detashment i vdekjes, repart aksionesh të rrezikshme.

form[fo:m] *n* 1.formë, trajtë. 2.formë trupi. 3.*tek* formë, kallëp. 4.mënyrë, metodë. 5.mënyrë të sjelluri; formalitet; konvencion. 6.formulim, konceptim (i një kontrate). 7.formular. 8.gjendje, trajtë. 9.lloj. 10.formë fizike, formë sportive; **in great form** në formë të shkëlqyer. 11.*gram* trajtë(e fjalës, e foljes). 12.klasë. 13.fron, stol i gjatë. 14.*polig* formë, bllok faqesh të radhitura. **+bad form** sjellje e keqe; **good form** sjellje e mirë.
-*n* 1.formoj. 2.formohet. 3.i jap trajtë; **form into** e bëj në trajtën e. 4. shndërrohet në; **water forms ice when it freezes** ujët bëhet akull kur ngrin. 5.formojnë, përbëjnë.6.krijoj, themeloj. 7.përvetësoj, ngulis(një zakon).8.*usht* rreshtohen, hyjnë në rresht. 9.merr formë(mendimi). **+true to form** në mënyrë tipike.

formal['fo:mël] *adj* 1.zyrtar, i ftohtë. 2.formal, formalist. 3.zyrtar, ceremonial(takim). 4.i lartë, i rafinuar(stil, të folur). 5.i rregullt; simetrik. 6.i formës, që ka të bëjë me formën. 7.i qartë, i prerë(formulim).

formalin['fo:mëlin] *n kim* formalinë.

formalism['fo:mëlism] *n* formalizëm.

formalist['fo:mëlist] *n* formalist.

formalistic[fo:mël'istik] *adj* formalist.

formality [fo:'mælëti] *n* 1.formalizëm, qëndrim zyrtar. 2.formalitet. 3.pedantizëm.

formalize ['fo:mëlaiz] *vt* 1. formalizoj, e bëj formale. 2.i jap një formë të caktuar.

formal logic *n* logjikë formale.

formally['fo:mëli] *adv* 1.formalisht. 2.në dukje, nga forma. 3.në mënyrë korrekte. 4.zyrtarisht. 5.në mënyrë ceremoniale; **be formally dressed** vishem në mënyrë zyrtare, si për ceremoni.

format['fo:mæt] *n,v* -*n* 1.format.2.kuadër, suazë. -*vt kmp* formatoj(disketën).

formation[fo:'meishën] *n* 1.formim. 2.përpunim (i planit, idesë). 3.*usht* formacion. 4.*gjeol* formacion.

formative ['fo:mëtiv] *adj* 1. formues, edukues. 2.*biol* formues, gjenerues(indesh etj). 3.*gram* fjalëformues.

former I['fo:më:] *adj,n* -*adj* 1.i parë, i mëparmë. 2.më i hershëm, i mëparshëm; i dikurshëm. 3.ish-; **former husband** ish-burrë; **former pupil** ish-nxënës.
-*n* i mëparshmi.

former II['fo:më:] *n* 1.formues. 2.*tek* formist.

formerly['fo:më:li] *adv* dikur, më parë; në të ka-

luarën.

form feed *n* ndërrim i faqes.

formic acid *n kim* acid formik, acid thnegëlor.

formidable['fo:midëbël] *adj* 1.i vështirë. 2.i frikshëm; mbresëlënës.

formless['fo:mlis] *adj* pa formë, i çrregullt.

form letter *n* tip, letër standard.

Formoza[fo:'mouzë] *n gjeog* Formoza.

form sheet *n sport* formular informues.

formula['fo:mjulë] *n pl* -**las, -lae**[-'li:, -'lai] 1.formulë, shprehje e ngurtësuar (si: **how do you do?**). 2.*kim* formulë kimike. 3.recetë, recepturë(gatimi). 4.përzierje ushqimore(për fëmijët). 5.*mat fiz* formulë; rregull i shkruar.

formulary ['fo:mjuleri] *n* 1. grup formulash. 2.shprehje e ngurtësuar, formulë. 3. *farm* libër recepturash.

formulate ['fo:mjuleit] *n* 1. formuloj, shpreh. 2.shpreh me formulë.

formulation [fo:mju'leishën] *n* 1. formulim. 2.shprehje me anë të një formule.

formulism['fo:mjulizëm] *n* 1.mbështetje në formula, formulizëm. 2.grup formulash.

fornicate['fo:nëkeit] *vi fet* mëkatoj, kurvëroj.

fornication [fo:në'keishën] *n fet* rënie në mëkat, kurvërim.

fornicator[fo:nëkeitë:] *n fet* mëkatar.

forsake[fo:'seik] *vt* (**forsook; forsaken**) 1.braktis, lë. 2.heq dorë nga (një zakon).

forsaken[fo:'seikën] *adj* i braktisur.2. *pp* e **forsake.**

forsook[fo:'su:k] *pt* e **forsake.**

forsooth [fo:'su:th] *adv vjet* në të vërtetë; me të vërtetë.

forswear[fo:'sweë:] *vt* (**forswore; forsworn**) 1.shkel betimin, s'e mbaj fjalën. 2.heq dorë solemnisht; betohem se heq dorë. 3. mohoj me betim.

fort[fo:t] *n* 1.kala; fortesë. 2.*hist* pikë tregtare e fortifikuar. **+hold the fort** bëj mbrojtje.

forte I[fo:t] *n* pikë e fortë, aftësi e veçantë.

forte II['fo:tei] *adj, adv n* -*adj,adv muz* i lartë, lart.
-*n* ton i lartë; pasazh me tone të larta.

forth[fo:th] *adv* 1.përpara; **from that day forth** që nga ajo ditë e tutje. 2.jashtë. 3.tutje, tej. **+and so forth** e të tjera, etj; **back and forth** para-mbrapa; poshtë e lart.

forthcoming['fo:thkʌming] *adj* 1.i ardhshëm; që po afron; **the forthcoming week** javën që vjen. 2.i gatshëm, i gjindshëm. 3.i disponueshëm, i ofrueshëm; **no answer was forthcoming** nuk pati përgjigje.

forthright['fo:thrait] *adj, adv* -*adj* i çiltër, i hapur. -*adv* 1.drejt përpara. 2. menjëherë.

forthwith[fo:th'with] *adv* menjëherë, në çast, aty për aty.

fortieth['fo:tiith] *adj* 1.i dyzetë. 2.një e dyzetë.
fortifiable[fo:të'fajëbël] *adj* i fortifikueshëm.
fortification['fo:tifi'keishën] *n* 1.fortifikim. 2.fortifikatë; vend i fortifikuar. 3.pasurim(i ushqimeve me vitamina etj).
fortified wine *n* verë likemash.
fortifier['fo:tëfajë:] *n* fortifikues.
fortify['fo:tëfai] *vt* 1.fortifikoj. 2.forcoj, përforcoj. 3.pasuroj(me vitamina etj).
fortitude['fo:titju:d] *n* guxim, qëndresë, burrëri.
fortnight['fo:tnait] *n* dyjavësh, dyjavor, pesëmbëdhjetëditësh.
fortnightly['fo:tnaitli] *adv,adj,n*   -*adv* një herë në dy javë.
-*adj* i përdyjavshëm, dyjavor.
-*n* botim(gazetë, revistë) i përdyjavshëm, organ dyjavor.
fortress['fo:tris] *n* kala; vend i fortifikuar; kështjellë.
fortuitous [fo:'tjuitës] *adj* i rastit, i rastësishëm, rastësor; i paparashikuar.
fortuity[fo:'tjuiti] *n* rastësi; shans.
fortunate['fo:çnit] *adj* 1.me fat, fatlum (person). 2.fatsjellës, fatlum(rast).
fortunately ['fo:çnitli] *adv* fatmirësisht, për fat të mirë, për fat.
fortune['fo:çën] *n* 1.pasuri. 2.fat, shans. 3.e ardhme, fat; **to tell sb's fortune** i hedh fall, i parashikoj të ardhmen dikujt. 4.fati, dora e fatit. 5.*pl* pasuri.
fortune hunter *n* njeri që kërkon të pasurohet përmjet martesës.
fortuneteller['fo:çëntelë:] *n* falltar, fallxhor, fatthënës.
forty['fo:ti] *n,adj* 1.dyzet.2.*pl* **forties** vitet dyzet; mosha 40-49 vjeç, të dyzetat.
forty-niner[fo:ti'nainë:] *n* arkërkues(në Kalifor-ni, më 1849).
forty winks *n* një sy gjumë.
forum['fo:rëm] *n* 1.*hist* shesh i qytetit; tregu(në Romë). 2.forum; tribunë; asamble. 3.sallë gjyqi; gjyq, gjykatë.
forward ['fo:wë:d] *adv,adj,v*   -*adv* 1. përpara. 2.në krye. 3.në pah. +**bring a meeting forward** afroj datën e mbledhjes; **put a watch forward** çoj orën përpara; **bring forward a new idea** parashtroj një ide të re; **come forward** ofrohem, marr përsipër(një detyrë); **backward(s) and forward(s)** para-mbrapa; poshtë e përpjetë.
-*adj* 1.i përparmë, i kreut; **the forward ranks** radhët e para. 2.i përparuar, i avancuar; **be forward for one's age** jam i avancuar për moshën që kam; **be well forward with one's work** kam ecur mirë ne punën. 3.i gatshëm, gati; **be forward with one's answer** e kam përgjigjen gati. 4. kokorosh; i paurpshëm. 5.i hershëm, i parakohshëm; **a forward winter** dimër i parakohshëm.6.afatgjatë(planifikim).

-*vt* 1.përcjell, dërgoj, nis, çoj; **please forward my mail to my new address** lutem ma përcillni postën në adresën e re. 2.avancoj, shtyj, çoj përpara(një projekt).
-*n sport* sulmues; lojtar i vijës së parë.
forwarding address *n* adresë e re(për përcjelljen e postës).
forwardness['fo:wë:dnis] *n* 1.gatishmëri.2.paturpësi, guxim.
forward pass *n* pas i gjatë (përpara).
forwards['fo:wë:dz] *adv* përpara.
fosse[fos] *n* hendek; kanal.
fossil['fosël] *n,adj* -*n* fosil.
-*adj* fosil; i prapambetur(mendim).
fossilize['fosëlaiz] *v* 1.fosilizoj.2.fosilizohet.3.vjetërohet.
foster['fostë:] *v,adj* -*vt* 1.ushqen, nxit.2.rris, edukoj; kujdesem për.
-*adj* 1.i birësuar; birësues. 2.pritjeje(shtëpi).
foster child *n* fëmijë i birësuar.
foster father *n* baba birësues.
fosterling['fostë:ling] *n* fëmijë i birësuar.
foster mother *n* nënë birësuese.
foster parent *n* prind birësues.
foudroyant[fu'drojënt] *adj* 1.shkreptitës; i rrufeshëm. 2.*mjek* galopant.
fought[fo:t] *pt,pp* e **fight.**
foul [faul] *adj,v,n,adv* -*adj* 1. i ndyrë, i pistë. 2.i urryer, i neveritshëm. 3.e turpshme(gjuhë). 4.i padrejtë; kundër rregullave. 5.i ngecur, i ngatërruar (litar). 6.i zënë(oxhak). 7.e keqe(kohë). 8.e kundërt (erë). 9.*gj.fol* shumë i pakëndshëm, i padurueshëm.
-*v* 1.ndyj, fëlliq, bëj pis. 2.çnderoj, fëlliq(emrin). 3.bëj faull. 4.godet, përplaset. 5.ngatërrohet, ngec. 6.zihet, bllokohet(tubi, kanali).
-*n* 1.parregullsi, veprim i padrejtë. 2. gjuajtje e gabuar.
-*adv* keq, ters; **go/fall/run foul of** a)ngec, plekset; b)ngatërrohem, gjej belanë(me dikë).
+**foul out** *sport* del jashtë(lojtari për faulle).
+**foul up** *gj.fol* katranos.
foulard [fu'la:d] *n* 1. cohë kravate. 2.kravatë. 3.shami.
foul ball *n* top jashtë fushe, gjuajtje e gabuar.
foul-mouthed['faul'mauthd] *adj* gojëndyrë.
foul play *n* 1.veprim keqdashës; shkelje. 2.tradhti. 3.dhunë.
foul shot *n sport* gjuajtje e lirë(në basketboll).
foul-up['faulʌp] *n zhrg* çrregullim, ngatërresë.
found I['faund] *pt,pp* e **find.**
found II['faund] *vt* 1.themeloj. 2.mbështes, bazoj. 3.ngre, krijoj.
found III['faund] *vt* 1.shkrij; derdh. 2.formoj(me derdhje).
foundation[faun'deishën] *n* 1.themel; bazament. 2.bazë, bazim. 3.themelim; krijim. 4.mbështetje,

bazim.5.institucion, fondacion.6.shtresë kremi bazë.
7.korse.

foundation garment *n* korse.

foundation stone *n* gur themeli; gur themeltar.

founder I['faundë:] *v* 1.mbytet, zhytet, fundoset (anija). 2.rrëzohet, shembet, pengohet(kali). 3.*fig* përmbyset, dështon(plani). 4.fundos(anijen). 5.rrëzoj (kalin).

founder II['faundë:] *n* themelues.

founder III['faundë:] *n* shkrirës.

founder member *n* anëtar themelues.

found-in['faundin] *n amer* person i arrestuar në një lokal kumari.

foundling['faundling] *n* foshnjë/fëmijë i braktisur.

foundry ['faundri] *n* 1. shkritore, fonderi. 2. derdhje, formim. 3.detal i derdhur.

fount['faunt] *n* 1.burim. 2.*fig* gurrë, burim(njohurish).

fountain ['fauntën] *n* 1. shatërvan. 2. çurgë uji. 3.burim. 4.*fig* gurrë, burim. 5.rezervë(boje, vaji etj).

fountainhead['fauntënhed] *n* 1.burim, krua. 2.*fig* burim, origjinë.

fountain pen *n* stilograf.

four[fo:] *n,adj* 1.katër. 2.katërshe. **+on all fours** a) mbi të katër këmbët; b)këmbadoras.

four flush *n* 1.(në letra) bojë manké(4 letra të një ngjyre). 2.*zhrg* pretendim i rremë, blof.

four-flusher ['fo:flʌshë:] *n zhrg* njeri i blofeve; person që mbahet për më tepër se ç'është.

fourfold['fo:fould] *adj,adv* -*adj* 1.i katërfishtë. 2.katërsh, katërpjesësh.
-*adv* katërfish.

four-footed['fo:fu:tid] *adj* katërkëmbësh, me katër këmbë.

four-four['fo:'fo:] *adj muz* katër të katërta.

four freedoms *n* katër liritë e njeriut(e fjalës, e jetesës, e besimit, e kurajës).

four-handed ['fo:hændid] *adj* 1. me katër duar. 2.për katër lojtarë.

Four-H club, 4-H club *n* klub edukativ për fëmijët fshatarë(për kultivimin e: **head, heart, hands, health**).

four-in-hand ['fo:rinhænd] *n* 1. kravatë e lidhur fjongo. 2.karrocë me katër kuaj. 3.katërshe kuajsh.

four-leaf clover *n bot* tërfil katërfletësh.

four-letter word *n* fjalë e ndyrë, fjalë turpe (njërrokëshe).

four of a kind *n* karé, katërshe(në poker).

four-masted['fo:ma:stid] *adj* katërdirekëshe.

fourscore['fo:sko:] *adj,n* tetëdhjetë.

four-seater['fo:'sitë:] *n* veturë katërvendëshe.

foursome['fo:sëm] *n* 1.katërshe, katër vetë. 2.lojë katërshe(dy nga dy). 3.katërshe lojtarësh.

four-square['fo:skweë:] *adj* 1.katror. 2.i patundshëm.

four-star['fo:sta:] *adj* me katër yje(hotel).

fourteen['fo:ti:n] *n,adj* katërmbëdhjetë.

fourteenth ['fo:ti:nth] *adj* 1. i katërmbëdhjetë. 2.(një) e katërmbëdhjetë(thyesë).

fourth[fo:th] *adj,n* -*adj* 1.i katërt. 2.*mat* (një) e katërt.
-*n* 1.i katërt.2.*mat* një e katërt.3.*aut* marsh i katërt.

fourth estate *n fig* pushteti i katërt, shtypi.

fourthly['fo:thli] *adv* së katërti.

four-way stop *n amer* kryqëzim me katër shenja stopi.

four-wheel drive *n* (**with ~**) me fuqi motorike në të katër rrotat(automobil).

four-wheeled['fo:wi:ld] *adj* 1.me katër rrota.2.me fuqi motorike në të katër rrotat.

fowl[faul] *n,v* -*n* 1.pulë; shpend shtëpijak; gjeldeti. 2.mish pule; mish gjeldeti.
-*vi* gjuaj shpezë të egra.

fowler['faulë:] *n* gjuetar shpezësh.

fowling piece *n* çifte e lehtë për shpendë.

fox[foks] *n,v* -*n* 1.dhelpër.2.gëzof dhelpre. 3.*fig* njeri dhelparak, dhelpër.
-*v* 1.*gj.fol* mashtroj, ia hedh me dhelpëri. 2.thartohet(birra). 3.njollos; zbërdhyl(faqet e librit). 4.gjuaj dhelpra. 5.hutoj, lë në mëdyshje.

foxglove['foksglʌv] *n bot* luletogëz, lulegishti.

foxhole['fokshoul] *n* strofull, llagëm.

foxhound['fokshaund] *n* zagar dhelprash.

foxhunt, ~hunting['fokshʌnt,-ing] *n* gjueti dhelprash.

foxtail['foksteil] *n* bisht dhelpre.

foxterrier ['foksterië:] *n* foksterier, zagar dhelprash.

fox trot *n muz* fokstrot.

foxy['foksi] *adj* 1.dhelparak, dinak.2.i zbërdhylët; i njollosur.

foyer['fojë:] *n* holl; sallon në hyrje.

Fra[fra:] *n fet* Vëlla.

fracas['freikës] *n* poterë, zënkë; kacafytje.

fraction['frækshën] *n* 1.*mat* thyesë; shprehje thyesore. 2.pjesëz, fraksion. 3.copë. 4.copëtim. 5.*kim* fraksion, nënprodukt. **+a fraction too big** pak më i madh se ç'duhet.

fractional ['frækshënël] *adj* 1. thyesor. 2. i pjesshëm. 3.shumë i vogël, i papërfillshëm. 4.*kim* fraksiones, zbërthimi(proces).

fractionate ['frækshëneit] *vt kim* ndaj, zbërthej fraksionoj.

fractious['frækshës] *adj* 1.grindavec, gërnjar. 2. rrëmbyer.

fracture['frækçë:] *v,n* -*vt* thyej(dorën etj).
-*n* 1.thyerje. 2.çarje(tubi).

frae[frei] *prep,adv* nga.

fragile['fræxhail] *adj* 1.i brishtë, i thyeshëm.2.delikat, i dobët.

fragility [frë'xhilëti] *n* 1. brishtësi; thyeshmëri. 2.delikatesë, dobësi.

fragment['frægmënt] *n,v -n* 1.copë, cifël.2.pje-së e shkëputur(bisede etj). 3.një pjesë(e punës).
-v 1.copëtoj; ndaj.2.copëtohet; ndahet.
fragmental[fræg'mentël] *adj* 1.i copëzuar; fragmentar; prej pjesësh të shkëputura. 2.*gjeol* copëzor, prej shkëmbinjsh më të vjetër(formacion).
fragmentation [frægmën'teishën] *n* copëzim; ndarje.
fragmentation bomb *n* bombë / granatë thërrmuese.
fragrance['freigrëns] *n* kundërmim, aromë, erë e këndshme.
fragrant ['freigrënt] *adj* kundërmues, erëmirë, aromatik.
frail [freil] *adj* 1.i dobët fizikisht, i brishtë, delikat(fëmijë). 2.e thyeshme, e dobët(degë). 3. me karakter të dobët, i dobët.
frailty['freilti] *n* 1.brishtësi, thyeshmëri.2.dobësi (karakteri), karakter i dobët. 3.veprim i dobët, gabim, faj, mëkat.
frame [freim] *n,v -n* 1.karkasë, skelet(godine). 2.strukturë. 3.trup; kallëp; **a man of heavy frame** burrë me trup kaba. 4.montim. 5.kornizë(dritareje). 6.skelet (syzash). 7. trajtë, formë. 8.kuadër (filmi). 9.*tv* imazh, figurë.
-v 1.modeloj, ndërtoj. 2.përpiloj, hartoj, formuloj (ligje). 3.kuadroj; vë në kornizë. 4.*zhrg* kurdis(një akuzë).
frame house *n* shtëpi prej dërrase.
frame of mind *n* 1.gjendje shpirtërore. 2.mënyrë të menduari.
frame-up['freimʌp] *n zhrg* 1.inskenim.2.kurdisje, akuzë e kurdisur/e trilluar.
framework['freimwë:k] *n* 1. karkasë, skelet (godine). 2.strukturë, sistem; konstrukt, konstruksion. 3.*fig* kuadër; **in the framework of** në kuadrin e. 4.degët kryesore(të pemës).
franc[frænk] *n* frang(monedhë e disa vendeve frankofolëse).
France[fræns] *n gjeog* Francë.
franchise['frænçaiz] *n,v -n* 1.*ek* e drejtë e posaçme, privilegj(i dhënë nga shteti për një biznes). 2.e drejtë votimi. 3.ekskluzivitet, e drejtë ekskluzive(për shitjen e mallrave të një firme etj).
-v 1.jap një të drejtë të posaçme. 2.jap ekskluzivitetin(për një mall).
Franciscan [fræn'siskën] *n,adj fet* françeskan, i urdhërit të françeskanëve.
francium['frænsiëm] *n kim* francium(element).
francization, -sation[frænsi'zeishën] *n* frankofonizim, kthim në frengjishtfolës, frengjizim.
francize, -ise['frænsaiz] *v* 1.frankofonizoj, frengjizoj, kthej në frengjishtfolës. 2.frengjizohem.
Franco-['frænkou] *adj* 1.franko-; **Franco-Prussian war** lufta franko-prusiane. 2. francez, frankofon, frengjishtfolës.

Francophile['frænkëfail] *n* filofrancez, frankofil, mik i Francës.
Francophone ['frænkëfoun] *n* frengjishfolës, frankofon.
franc-tireur[fra:nti'rë:] *n* 1.komit; këmbësor i lehtë çetash. 2.guerrilas; snaiper.
frangible['frænxhibël] *adj* i thyeshëm.
Franglais[fran'glei] *n* franglisht, frengjishte e përzier me anglisht.
frank I[frænk] *adj,v,n -adj* 1.i çiltër, i sinqertë. 2.i qartë; i hapur, pa dorashka.
-vt postoj pa pagesë.
-n 1.stampë postimi pa pagesë. 2.e drejtë postimi pa pagesë. 3.letër/pako e postuar pa pagesë.
frank II[frænk] *n gj.fol* shih **frankfurt(er)**.
frankfurt(er)['frænkfë:t(ë:)] *n* suxhuk Frankfurti.
frankincense['frænkinsëns] *n* temjan, kem.
Frankish['frænkish] *adj,n -adj* frank, i frankëve.
-n frankishte, gjuhë e frankëve.
frankly ['frænkli] *adv* hapur, çiltër, me çiltërsi, sinqerisht.
frankness['frænknis] *n* çiltërsi, sinqeritet.
frantic ['fræntik] *adj* 1. i tërbuar, i xhindosur, i egërsuar. 2.i furishëm, i harbuar. 3.*vjet* i çmendur, i marrosur.
frantically['fræntikëli] *adv* me tërbim, furishëm.
frappé[fræ'pei] *adj,n -adj* i ftohtë; i ngrirë.
-n 1.lëng frutash i ngrirë; pije e ngrirë. 2.ushqim i ngrirë.
fraternal[frë'të:nël] *adj* 1.vëllazëror. 2. shoqate, vëllazërie.
fraternally [frë'të:nëli] *adv* vëllazërisht, në mënyrë vëllazërore.
fraternity [frë'të:niti] *n* 1.klub studentor. 2.shoqatë; urdhër; vëllazëri. 3.miqësi, ndjenja vëllazërore.
fraternize['frætë:naiz] *vi* vëllazërohem, miqësohem.
fratricidal[frætrë'saidël] *adj* vëllavrasës.
fratricide['frætrësaid] *n* 1.vëllavrasje. 2.vëllavrasës.
fraud[fro:d] *n* 1.mashtrim, pandershmëri. 2.veprim mashtrues, rreng. 3.*gj.fol* mashtrues, njeri i futur, njeri me identitet të rremë.
fraudulence,-cy['froxhëlëns(i)] *n* mashtrim; pandershmëri.
fraudulent ['froxhëlënt] *adj* 1. mashtrues, i pandershëm. 2.hileqar.
fraught [fro:t] *adj* 1. plot, i mbushur; **fraught with** plot me. 2.*Br* i tensionuar(njeri); e vështirë (gjendje).
fray I[frei] *n* përleshje; grindje, poterë.
fray II [frei] *v* 1.hahen, grihen(mëngët); **frayed jeans** xhinse të ngrëna, të holluara. 2.cingrisen (nervat). 3.tensionohet, elektrizohet(atmosfera); **my nerves were frayed** isha i nevrikosur në kulm.
frazzle['fræzël] *adj* i rraskapitur, i dërrmuar.

freak[fri:k] *n,adj,v* -*n* 1.tekë e natyrës. 2.krijesë anormale; monstër. 3.*zhrg* entuziast; fanatik. 4.trill, kapriç.
-*adj* i çuditshëm, i pazakontë.
-*v* (**out**) 1.shpërthej(nga inati). 2.kapem nga paniku. 3.trullos, drogoj. 4.e bëj të hidhet përpjetë.
freakish['fri:kish] *adj* 1.i çuditshëm, i pazakontë. 2.plot trille.
freakout['fri:kaut] *n zhrg* trullosje, drogim.
freaky['fri:ki] *adj* 1.i çuditshëm, i pazakontë.2.plot trille. 3.*zhrg* ekstravagant.
freckle['frekël] *n,v* -*n* 1.prenkë, pikël.
-*v* 1.mbushet me prenka. 2.mbush me pikëla (dielli lëkurën).
freckled ['frekëld] *adj* me prenka, me pikëla, pikalosh.
freckly['frekli] *adj* pikalosh, pika-pika.
free[fri:] *adj,adv,v* -*adj* 1.i lirë; **feel free!** të lutem! **set free** liroj, lë të lirë. 2.i liruar, i lëshuar. 3.i shpenguar. 4.i lirë, i pazënë. 5.pa pagesë, falas; **free of charge** pa pagesë. 6.i hapur, i lirë(port). 7.i lejuar, i papenguar(për të folur). 8.bujar. 9.i bollshëm. 10.i çiltër, i sinqertë. 11.*kim* i lirë, i palidhur(oksigjen). +**free and easy** i çlirët, që nuk pyet shumë për rregullat; **free from/of** pa, që nuk ka; **free with (money)** dorëlirë; **make free with sth** nuk pyes shumë, e përdor pa teklif; **make sb free** i lë dorë të lirë dikujt; **set free** lë të lirë, liroj; lëshoj.
-*adv* 1.falas, pa pagesë. 2.lirshëm, çlirët.
-*vt* 1.liroj, lë të lirë; çliroj. 2.shpengoj, liroj(nga ngecja). 3.shkarkoj, shfajësoj.
-**free**[fri:] *adj,adv* pa-; **smoke-free** pa tym duhani.
freebie['fri:bi] *n zhrg* dhuratë; bakshish.
freeboard['fri:bo:d] *n* 1.lartësi nga toka(e shasisë së automobilit). 2.*det* lartësi mbi ujë(e kuvertës).
freeboot['fri:bu:t] *vi* plaçkis, merrem me pirateri.
freebooter['fri:bu:të:] *n* pirat.
freebooting['fri:bu:ting] *n* pirateri, kusari në det.
freeborn['fri:bo:n] *adj* i lirë, i lindur i lirë.
free city *n* qytet-shtet.
freedman['fri:dmën] *n* ish-skllav, skllav i liruar.
freedom['fri:dëm] *n* 1.liri; **freedom of speech** liri e fjalës. 2.liri veprimi; përdorim i lirë. 3.çiltërsi; shpengim. +**freedom from** përjashtim nga; **use/take freedoms with sb** sillem lirisht me dikë.
freedom fighter *n* partizan/luftëtar i lirisë.
freedom of the seas *n* liri e lundrimit në ujërat jashtëterritoriale.
free enterprise *n* sipërmarrje e lirë, iniciativë e lirë.
free fall *n fiz* rënie e lirë.
free-for-all[fri:fër'o:l] *adj,n* -*adj* i hapur për këdo.
-*n* garë e hapur për të gjithë; diskutim i gjerë, i hapur.
free gift *n* mall falas(për blerësit).

free hand *n* dorë e lirë, kartë e bardhë.
freehanded['fri:'hændid] *adj* bujar, i gjerë; dorëlirë.
freehold['fri:hould] *n drejt* 1.pronë (tokë) e trashëgueshme. 2. pronësi me të drejtë trashëgimi.
freeholder['fri:houldë:] *n* pronar toke.
free house *n* tavernë, kabare.
free kick *n sport* gjuajtje/goditje e lirë.
freelance['fri:læns] *n,adj,v* -*n* 1.shkrimtar / artist i lirë, i pavarur. 2.*hist* mercenar. 3.luftëtar / ithtar i një kauze.
-*adj* i pavarur(artist etj).
-*vi* punoj i pavarur.
free-lancer ['fri:lænsë:] *n* shkrimtar/artist i pavarur.
freeload['fri:loud] *vi zhrg* 1.shkoj për qyl(në një pritje etj). 2.rri parazit.
freeloader['fri:loudë:] *n* qylaxhi; parazit.
freely['fri:li] *adv* 1.bujarisht; pa bërë hesap. 2.lirisht.
freeman['fri:mën] *n* njeri i lirë; qytetar, shtetas.
free-market economy *n* ekonomi e tregut të lirë.
freemason['fri:meisën] *n* frankmason, mason.
freemasonry ['fri:meisënri] *n* 1.masoneri, frankmasoneri. 2.simpati e natyrshme.
free on board *adv* (që dorëzohet) pa pagesë në tren, anije etj.
free port *n* 1. port i lirë, port i hapur. 2. port pa taksa doganore.
free post['fri:poust] *n* transport i paguar.
free press *n* shtyp i lirë.
free sample *n* mostër falas.
freesia['fri:zië] *n bot* zambak, shpatore.
free speech *n* liri e fjalës.
free-spoken['fri:spoukën] *adj* e pafiksuar në mur (orendi).
freestone ['fri:stoun] *n* 1. gur i butë (që pritet). 2.bërthamë(fruti). 3.frut me bërthamë që shqitet; **freestone peaches** pjeshkë shklesë.
freestyle['fri:stail] *adj,n* -*adj sport* i lirë, i stilit të lirë.
-*n* garë në stil të lirë.
freethinker ['fri:'thinkë:] *n* mendimtar i lirë; besimtar jofanatik.
free thought *n* besim i lirë, bindje (fetare) të pavarura.
free trade *n* 1.tregti e lirë(pa doganë suplementare), shkëmbim i lirë. 2.tregti pa taksa, pa kufizime.
freetrader['fri:'treidë:] *n* 1.*hist* tregtar i pavarur gëzofësh. 2.përkrahës i tregtisë së lirë.
free verse *n let* varg i lirë.
freeway['fri:wei] *n amer* autostradë pa pagesë.
freewheel['fri:'(h)wi:l] *n,v* -*n* 1.*aut* stakues transmisioni. 2.çlirues kondrapedali(te biçikleta).
-*vi* ecën pa gaz(makina); ecën palëvizur pedalet (biçikleta).

freewheeling['fri:'hwi:ling] *adj aut* 1.me stakues (transmisioni, kondrapedali). 2.i pavarur.

free will['fri:wil] *n* vullnet i lirë; liri zgjedhjeje; vendim i pavarur; **of one's own free will** me dashje, pa detyrim.

free world *n* "bota e lirë", vendet jokomuniste.

freeze[fri:z] *v,n -v* (**froze; frozen**) 1.ngrin, bëhet akull.2.ngrij, bëj akull.3.bën ngricë.4.ngrin, vdes nga të ftohtit. 5.mërdhij, ngrij. 6.ftohem, tregohem i akullt. 7.ngrij nga frika, shtangem. 8.fiksoj, ngrij (çmimet). 9.*fin* ngrij, bllokoj(fonde). 10.mpij me injeksion.

-n 1.ngricë; periudhë ngrice. 2.ngrirje, bllokim (pagash etj).

+**freeze on to** *gj.fol* kapem fort pas.

+**freeze out** *gj.fol* largoj, ftoh.

+**freeze over/up** ngrin.

freeze-dry['fri:zdrai] *vt* thaj(ushqimet) me ngrirje të shpejtë, liofilizoj.

freezer['fri:zë:] *n* 1.ngrirës, konxhelator, sëndyk frigoriferik. 2.pajisje që bën akullore.

freeze-up['fri:zʌp] *n* kohë e ngrirjes së lumenjve etj.

freezing['fri:zing] *adj,n -adj* i ngrirë, i akullt, shumë i ftohtë.

-n pikë/temperaturë e ngrirjes; **freezing point** pikë e ngrirjes.

freight[freit] *n,v -n* 1.ngarkesë(mallrash).2.transport mallrash; **air freight** transportim me avion. 3.pagesë/tarifë transporti. 4.mallra tranzit.

-vt 1.ngarkoj. 2.bart, transportoj.

freightage['freitixh] *n* 1.transport mallrash.2.tarifë transporti. 3.ngarkesë.

freight car *n* vagon mallrash.

freighter['freitë:] *n* anije mallrash; avion mallrash.

French[frenç] *adj,n -adj* 1.francez, frëng. 2.kanadez francez.

-n 1.francez. 2.frengjishte, gjuhë franceze.

French Canada *n* 1.kanadezët francezë. 2.zona franceze e Kanadasë; Kebeku.

French Canadian *n* 1.kanadez francez. 2.frengjishte e Kanadasë.

French chalk *n* shkumës rrobaqepësi.

French cuff *n* manshetë me lidhëse.

French doors *n* derë-dritare.

French dressing *n* salcë për sallatë.

French fries *n* patate të skuqura.

Frenchie['frençi] *n zhrg* kanadez francez.

French leave *n* 1.largim(nga pritja) pa njoftuar. 2.ikje pa rënë në sy; largim nxitimthi.

Frenchman ['frençmën] *n* 1.francez. 2.kanadez francez.

French toast *n* feta të ngjyera në vezë dhe të skuqura.

French windows *n* shih **French doors**

frenetic[frë'netik] *adj* i furishëm, i tërbuar, i

harbuar.

frenetically[frë'netikëli] *adj* furishëm,me tërbim.

frenzied['frenzi:d] *adj* i tërbuar, i ndërkryer.

frenzy ['frenzi] *n* 1. valë, furi. 2. eksitim, harbim. 3.ngjarje e shpeshtë. 4.shpeshtësi.

frequency band *n* 1.*rad* bandë, brez gjatësish vale. 2.*tv* kanal.

frequency modulation *n rad* modulim frekuence.

frequent[*adj* 'fri:kwënt; *v* fri'kwent] *adj* 1.i dendur, i shpeshtë; i herëpashershëm. 2.i rregullt, i zakonshëm(vizitor).

- vt frekuentoj, vizitoj rregullisht.

frequentative[fri'kwentëtiv] *adj,n gram -adj* përsëritës.

-n folje përsëritëse.

frequenter[fri'kwentë:] *n* vizitor i rregullt.

frequently['fri:kwëntli] *adv* shpesh; në mënyrë të përsëritur; herë pas here.

fresco['freskou] *n,v -n* 1.pikturim në mur. 2.pikturë muri, afresk.

-vi pikturoj në mur, bëj afreske.

fresh [fresh] *adj* 1. i freskët, i porsabërë; i porsambërritur. 2.i ri, i kohëve të fundit. 3.i ëmbël, jo i kripur(ujë). 4.i freskët, taze, i njomë(mish etj). 5.i gjallë, i shëndetshëm, plot freski. 6.i këndshëm, i freskët, freskues(fllad).7.pa përvojë. 8.*zhrg* tepër i afruar, i pacipë. +**get fresh with sb** tregohem i paturp me dikë.

freshen ['freshën] *v* 1. freskoj, përtërij (bojën e mureve).2.forcohet (era).

+**freshen up** a)freskohem; b)ndreq pamjen e jashtme.

fresher['freshë:] *n Br zhrg* rishtar(nxënës); ushtar i ri, krut.

freshet['freshit] *n* 1.vërshim (lumi). 2.ujë i ëmbël që derdhet në det.

freshette[fre'shet] *n* studente e vitit të parë.

freshly['freshli] *adv* rishtas, tani vonë, s'ka pak.

freshman ['freshmën] *n* 1. student i vitit të parë. 2.fillestar, rishtar.

freshness['freshnis] *n* 1.freski. 2.origjinalitet.

freshwater['freshwotë:] *adj* 1.i ujërave të ëmbla. 2.i padalë në det(detar).

fret I[fret] *n,v -n* 1.shqetësim, merak. 2.qaravitje. 3.pakënaqësi; qejfprishje.

-v 1.shqetësohem. 2.grindet (foshnja). 3.shqetësoj. 4.i prish qejfin. 5.brej; kruaj.

fret II[fret] *n,v -n* motiv me vija e kënde.

-v zbukuroj me motive(drurin, me prerje/sharrim).

fret III[fret] *n muz* tast kitarre.

fretful['fretful] *adj* 1.qaraman, i grindur(fëmijë). 2.i trazuar(gjumë). 3.me shkulme(erë); me tallaz, i trazuar(det).

fret saw *n* sharrë e hollë me trup U.

fretted['fretid] *n* me motive zbukurimi.

fretwork['fretwë:k] *n* zbukurim me gdhendje etj.
Freudian['froidiën] *adj,n* frojdian, frojdist; **Freudian slip** gabim, lapsus.
Fri.(shkurtim i **Friday**) *n* e Premte.
friability[fraje'bilëti] *n* shkriftësi, thërmueshmëri.
friable['frajëbël] *adj* i shkrifët, i thërmueshëm.
friar['frajë:] *n* murg.
friary ['frajëri] *n* 1.manastir(burrash). 2.vëllazëri (murgjish).
fricassee[frikë'sii] *n* frikasé.
fricative ['frikëtiv] *adj,n gram* -*adj* fërkimore (bashkëtingëllore).
-*n* bashkëtingëllore fërkimore.
friction ['frikshën] *n* 1.fërkim. 2.*fig* mosmarrëveshje, grindje, fërkim.
frictional['frikshënël] *adj* i fërkimit; nga fërkimi.
Friday['fraidei, 'fraidi:] *n* 1.e Premte. 2.*fig* shërbyes besnik.
fridge[frixh] *n gj.fol* frigorifer.
fridge-freezer ['frixh'fri:zë:] *n* frigorifer-konxhelator, frigorifer-ngrirës.
fried[fraid] *adj* i skuqur.
fried cake *n* petull.
friend[frend] *n* 1.mik; mike; shok; shoqe. 2.përkrahës, mbështetës. +**be friends with** e kam mik, jam mik me; **make friends with** miqësohem me, lidh miqësi me.
friend at court *n* mik me influencë.
friendless['frendlis] *adj* pa miq, pa shokë.
friendly ['frendli] *adj* 1.miqësor (gjest). 2. mik (vend). 3.pa të keq(kritikë). 4.i dashur, i afruar. 5.i favorshëm, ndihmues; **be friendly with sb** tregohem miqësor me dikë.
-*adv* miqësisht; si mik.
friendly society *n Br* shoqatë ndihmash.
friendship['frendship] *n* miqësi.
fries[fraiz] *npl* patate të skuqura.
frieze I[fri:z] *n ark* frizë.
frieze II[fri:z] *n* cohë e leshtë
frig[frig] *n gj.fol* frigorifer.
frigate['frigit] *n det* fregatë(anije luftimi).
frigate bird *n zool* fregatë(zog detar).
fright [frait] *n,v* -*n* 1. frikë; lemeri; **take fright** frikësohem. 2.shëmtirë, lugat; dordolec.
-*vt poet* frikësoj.
frighted['fraitid] *adj* i frikësuar; i lemerisur.
frighten ['fraitën] *v* 1. tremb; frikësoj; lemeris, i kall frikën. 2.frikësohem.
frightened['fraitënd] *adj* i frikësuar; i lemerisur.
frightening['fraitëning] *adj* frikësues.
frightful['fraitful] *adj* 1.i frikshëm, i lemerishëm; i tmerrshëm; tmerrues; **a frightful thunderstorm** shtërngatë e tmerrshme. 2.i shëmtuar, për faqe të zezë. 3.*gj.fol* i stërmadh.
frightfully['fraitfuli] *adv* 1.tepër, tmerrësisht shumë. 2.frikshëm, me tmerr.

frigid['frixhid] *adj* 1.i akullt, shumë i ftohtë. 2.*fig* i ftohtë, i akullt(trajtim, pritje). 3.i ftohtë, frigjid (seksualisht).
frigidity[fri'xhidëti] *n* 1.ftohtësi. 2.*mjek* ftohtësi seksuale, anafrodizi.
frill[fril] *n,v* -*n* 1.frudë(fustani, jake). 2.*gj.fol* lulkë; lajle-lule. 3. kreshtë(zogu, kafshe); **put on frills** pispillosem.
-*v* 1.i bëj fruda. 2.formon frudë(fundi).
frilly['frili] *adj* 1.me fruda; si frudë. 2.me xhingla.
fringe [frinxh] *n,v* -*n* 1.thekë(peshqiri etj). 2.balluke si thekë.3.anë, periferi; ekstrem.4.*attr* dytësor, sekondar; **fringe issues** çështje të dorës së dytë. 5.*attr* anësor, periferik.
-*vt* 1.i bëj anë. 2. rrethoj, kufizoj, i rri anash.
fringe benefit *n* përfitime suplementare (jashtë rrogës).
fringe land *n* toka të largëta.
fringe theatre *n* teatër avanguardist.
frippery['fripëri] *n* 1.rroba të lira.2.stringla, xhingla. 3.ekspozim i fryrë, mbajtje me të madh.
frisbee['frizbi:] *n* disk plastmasi për lojë, frisbi.
frisk[frisk] *v* 1.hidhem, lodroj. 2.*zhrg* kontrolloj në trup. 3.*zhrg* i vjedh, i qëroj(diçka dikujt).
frisky['friski] *adj* lodrues; i gjallë, i hedhur.
frith[frith] *n* shih **firth**.
fritter I['fritë:] *v,n* -*v* 1.prish, harxhoj. 2.thërmoj; **fritter away** prish kot.
-*n* copë; çikël.
fritter II['fritë:] *n* pite; byreçkë.
fritz['fric] *n zhrg* : **on the fritz** i prishur; **the TV is on the fritz** televizori është i prishur/nuk punon.
frivolity [fri'voëti] *n* 1. kotësi. 2. mendjelehtësi. 3.sjellje mendjelehtë.
frivolous['frivëlës] *adj* 1.mendjelehtë, joserioz.2.i papërfillshëm, pa vlerë; pa rëndësi.
friz(z)[friz] *v,n* -*vt* dredh, bëj kaçurela.
-*n* flokë kaçurela.
frizzle I['frizël] *v,n* -*vt* dredh, bëj kaçurrela.
-*n* 1.dredhje(e flokëve). 2.kaçurrel.
frizzle II ['frizël] *v,n* -*v* 1. fërgoj fort, cingaris. 2.cërcërin, cërcëret(vaji në tigan).
-*n* cërcëritje.
frizzly['frizli] *adj* kaçurrel, i dredhur(flok).
frizzy['frizi] *adj* shih **frizzly.**
fro[frou] *adv* 1.nga. 2.tëhu, mbrapsht; **to and fro** para-mbrapa; tutje-tëhu, poshtë e lart.
frock[frok] *n,v* -*n* 1.fustan. 2.rasë, veladon.
-*v* 1.vesh fustan. 2.*fig* vesh me autoritet fetar.
frock coat *n* pallto.
frog I[frog] *n* 1.bretkocë. 2.*hek* degëzim/kryqëzim shinash. 3.*amer zhrg* francez, kanadez francez.
+**frog in one's throat** ngjirje e zërit.
frog II[frog] *n* 1.tokëz fustani. 2.lak në brez(për shpatën).
frog kick *n sport* bretkocë.

frogman['frogmën] *n* zhytës.

frogmarch['frogma:rç] *vt* vë përpara me duar të lidhura(të arrestuarin).

frogspawn['frogspo:n] *n* vezë bretkoce.

frolic['frolik] *n,v,adj* -*n* 1.rreng, shaka. 2.lodra; festim.

-*vi* bëj lojëra, zbavitem.

-*adj* i gëzueshëm; argëtues; plot gjallëri.

frolicsome['froliksëm] *adj* i gëzueshëm, dëfryes; plot gjallëri.

from[from, frʌm] *prep* 1.prej; **made from clay** prej balte. 2.nga, prej; **from the mountain** nga mali.3.nga shkaku i, nga; **from a sense of duty** nga ndjenja e detyrës. 4.(kohë) nga, prej; **from 2 pm** nga ora 2 mbasdite. 5.(ndryshim) nga, prej(dikujt, diçkaje). 6.sipas, duke gjykuar nga; **speak from personal experience** flas duke u nisur nga përvoja personale; **from what you're saying** nga sa po thua.

frond[frond] *n* gjethe e çarë(e palmës etj).

front [frʌnt] *n,adj* -*n* 1. ballë, anë e përparme. 2.*usht* front. 3.sferë, plan, rrafsh, front; **on the domestic front** në planin e brendshëm. 4.*meteo* front atmosferik. 5.forca(shoqërore), front. 6.sy e faqe; **have the front to do sth** kam paturpësinë/sy e faqe të bëj diçka. 7.*gj.fol* fasadë, paraqitje. 8.ballë. 9.fytyrë. +**in front of** përballë, përpara.

-*adj* 1.i përparmë(dhëmb). 2.e parë(faqe); **front cover** kapak(i librit); **front page** frontespis(i librit).

-*v* 1.është përballë; ka pamjen nga, bie në(dritarja). 2.përball, i dal ballëpërballë, i kundërvihem.3.shërbej si fasadë(për dikë tjetër). 4. *tv* paraqet(programi).

-*adv* përpara; **eyes front!** shikimi, para!

frontage['frʌntixh] *n* 1.fasadë, ballinë. 2.vitrinë(e dyqanit).

frontage road *n* rrugë për hyrje në autostradë.

frontal['frʌntël] *adj, n* -*adj* 1.ballor, i ballit. 2.i përparmë, ballor, frontal.

-*n* kocka e ballit.

frontally['frʌntëli] *adv* 1. nga përpara . 2. frontalisht.

front bench *n* 1.rreshtat e parë (në parlament). 2.kryetarët e partive; drejtuesit e partive.

front bencher *n* drejtues, anëtar drejtues (i një partie).

front-end loader *n tek* makinë vetëngarkuese; karkalec.

front desk *n* banak sportelisti(në hotel etj).

front door *n* portë kryesore, hyrje.

frontier[fron'tië:, 'frontië:, frʌn'tië:] *n* 1.kufi.2.toka të largëta. 3.kufij, zonë e pashkelur(e shkencës etj).

frontiersman[fron'tië:zmën] *n* banor i zonave kufitare.

frontispiece ['frʌntispi:s] *n* 1. frontespis (libri). 2.*ark* ballinë.

frontlet ['frʌntlit] *n* 1. rrip zbukurimi (në ballë).

2.ballë kafshe.

front line *n usht* vijë e parë, vijë e frontit.

front man *n* 1. përfaqësues, zëdhënës. 2.*tv* prezantues. 3.*fig* person-fasadë.

front matter *n polig* lëndë hyrëse(parathënia, pasqyra e lëndës).

front-page['frʌntpeixh] *adj,v* -*adj* i rëndësishëm, për faqe të parë(artikull).

-*vt* vë në faqen e parë; nënvizoj, i jap rëndësi(një lajmi).

front room *n* sallon, holl.

front-runner['frʌntrʌnë:] *n* pretendent(për të fituar garën).

front-wheel drive *n* fuqi motorike në rrotat e para.

frost[frost] *n,v* -*n* 1.ngricë; mot i akullt.2.brymë. 3.ftohtësi(e sjelljes). 4.*zhrg* dështim.

-*v* 1.mbuloj me brymë; mbulohet nga bryma. 2.mbuloj me krem(ëmbëlsirën). 3.prish, dëmton (ngrica).

+**frost over/up** ngrin.

frostbite['frostbait] *n,v* -*n* morth, vend i lënduar nga të ftohtit.

-*v* e kap morthi, lëndohet nga ngrica(një pjesë e trupit).

frostbitten['frostbitën] *adj,v* -*adj* i lënduar nga ngrica, i kapur nga morthi.

-*pp* e **frostbite**.

frost boil *n* vend i gufuar në rrugë, asfalt i mufatur(nga ngrica).

frosted['frostid] *adj* 1.i mbulur me brymë(xham). 2.akulli(xham). 3.me krem(ëmbëlsirë). 4.i ngrirë.

frost-hardy['frost'ha:di] *adj* kundër ngricës, i qëndrueshëm ndaj ngricës.

frost heave *n* shih **frost boil.**

frosting['frosting] *n* 1.krem ëmbëlsirash. 2. përpunim për ta bërë të marrtë(xhamin, metalin).

frostline['frostlain] *n* thellësi e ngrirjes së tokës.

frostwork['frostwë:k] *n* lule ngrice(në xham).

frosty['frosti] *adj* 1.i ftohtë, i akullt(mëngjes). 2.i mbuluar me brymë (xham). 3. i veshur, i mbuluar. 4.i ftohtë, jomiqësor.

froth[frot] *n,v* -*n* 1.shkumë.2.jargë; shkumë nga goja. 3.gjëra pa rëndësi, vogëlsira; fjalë boshe.

-*vi* 1.nxjerr shkumë, shkumëzon. 2.mbulohet me shkumë. 3.shkumëzoj.

frothy['frothi] *adj* 1.shkumor, si shkumë; i shkumëzuar. 2.i lehtë, i parëndësishëm, bosh.

frou-frou ['fru:'fru:] *n* 1.fëshfërimë (e rrobave). 2.*gj.fol* fruda.

froward['frouwë:d] *adj* i pashtruar, i shfrenuar.

frown[fraun] *n,v* -*n* 1.mbledhje/rrudhje vetullash.

-*vi* 1.rrudh vetullat 2.tregoj pakënaqësi; shfryj.

+**frown on** nuk miratoj, kundërshtoj.

frowzy ['frauzi] *adj* 1. i lënë pas dore; i pistë. 2.kutërbues; i mykur.

froze[frouz] *pt* e **freeze.**

frozen['frouzën] *v,adj* -*pp* e **freeze.**

-*adj* 1.i ngrirë. 2.i akullt, shumë i ftohtë. 3.i lënduar nga ngrica, i kapur nga morthi. 4.*fig* i ngrirë, i shtangur(nga frika etj). 5.*fig* i ftohtë, i akullt (qëndrim). 6.*drejt* e bllokuar(pasuri). 7.*fin* i ngrirë, i fiksuar, i pandryshuar(çmim, etj).

fructiferous[frʌk'tifërës] *adj bot* frytbartës.

fructification[frʌktifë'keishën] *n* 1.*bot* frytëzim, formim fryti. 2.fryt.

fructify['frʌktëfai] *v* 1.bëj pjellor. 2.bëhet pjellor. 3. lidh fryt.

frugal['fru:gël] *adj* 1.i lirë; i thjeshtë(ushqim). 2.i kursyer, i përkorë(person, regjim).

frugality[fru:'gælëti] *n* kursim; përkorë.

fruit[fru:t] *n,v* -*n* 1.frutë. 2.*bot* fryt. 3.*fig* fryt, rezultat.

-*vi* jep fruta; lidh kokrra.

fruitage['fru:tixh] *n* 1.lidhje frytesh.2.frutë; fruta. 3.*fig* fryt, rezultat.

fruitcake ['fru:tkeik] *n* 1. kek me arra e rrush të thatë. 2.*zhrg* njeri i çuditshëm, allosoj.

fruit cup *n* fruta të grira, koktej frutash.

fruiterer['fru:tërë:] *n* tregtar frutash; pemëshitës.

fruit fly *n zool* mizë uthulle.

fruitful ['fru:tful] *adj* 1. pjellor. 2. *fig* i frytshëm, produktiv, frytdhënës.

fruitfully['fru:tfuli] *adv* në mënyrë të frutshme.

fruition[fru:'ishën] *n* 1.realizim, përmbushje.2.lidhje frutesh.

fruitless ['fru:tlis] *adj* 1. i pafrytshëm, i padobishëm. 2.*fig* shterp.

fruit machine *n Br* automat me monedhë.

fruit ranch *n* frutore, pemishtë.

fruit sugar *n* sheqer frutash; sheqer kallami.

fruit tree *n* pemë frutore.

fruitwood['fru:twu:d] *n* dru pemësh frutore(për gdhendje etj).

fruity['fru:ti] *adj* 1.me shije/erë frute. 2.*fig* i pasur; tërheqës(tregim).

frumenty['fru:mënti] *n* hashure me qumësht.

frump[frʌmp] *n* femër kaba, femër pa shijë.

frumpish['frʌmpish] *adj* shih **frumpy.**

frumpy ['frʌmpi] *adj* pa shijë; trashamane; rrangallë; i leckosur.

frustrate ['frʌstreit] *vt* 1. asgjësoj, prish, dëmtoj (planet etj). 2.mund; pengoj(kundërshtarin). 3.irritoj, mërzis.

frustrated['frʌstreitid] *adj* 1.i dështuar(artist). 2.i irrituar, i mërzitur. 3.e kotë, e pashpresë(përpjekje, dashuri).

frustration [frʌs'treishën] *n* 1. mërzitje, irritim. 2.dështim, zhgënjim.

frustum['frʌstëm] *n gjeom* trung koni.

fry I[frai] *v,n* -*v* 1.skuq, fërgoj, tiganis. 2.fërgohet, skuqet.

-*n* 1.të skuqura. 2. pritje me ushqime të fërguara.

fry II[frai] *n* 1.peshk i vogël. 2.cironkë, sardele. 3.këlysh.4.fëmijë.5.*fig* gjë/person pa rëndësi; peshk i vogël.

fryer ['frajë:] *n* 1. zog pule(për fërgim). 2.tigan i thellë.

frying pan *n* tigan. +**out of the frying pan into the fire** nga shiu në breshër.

fry pan, frypan *n* tigan.

fuck [fʌk] *v zhrg* kryej aktin seksual; **fuck off!** zhduku!qërohu! **fuck you!** ndyrësirë!

fucking['fʌking] *adj* i dreqit, i mutit(në sharje).

fuddle['fʌdël] *vt* 1.deh, bëj tapë.2.ngatërroj, hutoj.

fuddy-duddy['fʌdi'dʌdi] *n gj.fol* person demodé.

fudge I[fʌxh] *n* krem karamel, qumështor.

fudge II[fʌxh] *n,interj,v* -*n* 1.shtojcë e çastit të fundit. 2.bëj bisht. 3.sajoj, trilloj. 4.mashtroj.

fuel ['fju:ël] *n,v* -*n* 1. lëndë djegëse, karburant. 2.lëndë ushqyese(për organizmin). 3.*fig* benzinë; ushqim.

-*v* 1.furnizoj me karburant. 2.furnizohem. 3.*fig* ushqej; i hedh benzinë(zjarrit).

fuel pump *n aut* pompë ushqimi.

fuel tank *n aut* serbator, rezervuar karburanti.

fugitive ['fjuxhitiv] *adj* 1. i arratisur, i ikur. 2. kalimtar, i çastit, jetëshkurtër. 3.pa vlerë, që nuk mbetet(vepër). 4.i ndryshueshëm, i lëvizshëm.

fugue[fju:g] *n muz* fugë.

-**ful** [ful] *suff* -plot; **careful** i kujdesshëm, plot kujdes.

fulcrum['fʌlkrëm] *n* pikëmbështetje; bosht, strumbull.

fulfil(l)[ful'fil] *vt* 1.përmbush; plotësoj; kryej; **fulfill a need** plotëson një nevojë. 2. përfundoj (një kontratë).

fulfil(l)ment [ful'filmënt] *n* 1. përmbushje; plotësim; kryerje. 2.përfundim. +**a feeling of fulfillment** ndjenjë kënaqësie të plotë.

full I[ful] *adj,adv,n* -*adj* 1.i mbushur, plot me. 2.i plotë, plot; **a full hour** një orë plot. 3.maksimal; i plotë; **in full bloom** në lulëzim të plotë; **at full speed** me gjithë shpejtësinë. 4.i mbushur, i nginjur. 5.fort, fare; **to know full well** e di fort mirë. 6.e ngarkuar, e zënë plotësisht(ditë). 7. e rrumbullt (fytyrë). 8.mishtake(buzë). 9.e gjerë(rrobë, mëngë). 10.i hutuar pas, i thëthirë.

-*adv* 1.krejt, plotësisht. 2.në maksimum. 3.drejt e; **full in the face** drejt e në fytyrë,

-*n* e tërë, plotësi; **to the full** plotësisht; **in full** a) plotësisht, deri në fund; b)pa shkurtime; **write one's name in full** shkruaj emrin e plotë.

full II[ful] *vt* dërstiloj(cohën).

fullback['fulbæk] *n sport* mbrojtës.

full blast *gj.fol* me të gjithë shpejtësinë; me gjithë fuqinë; me kapacitet të plotë.

full-blooded['ful'blʌdid] *adj* 1.i racës, prej race të

pastër. 2.i fuqishëm, energjik.

full-blown['ful'bloun] *adj* 1. e çelur (lule); në lulëzim.2.i zhvilluar plotësisht; i pjekur.

full-bodied['ful'bodi:d] *adj* e fortë, e trashë; me aromë(verë).

full dress *n* veshje serioze, veshje zyrtare.

full-dress ['fuldres] *adj* 1. zyrtare (pritje). 2. shterues, ezaurues, i plotë(raport, dskutim).

fuller['fulë:] *n* dërstilar.

fuller's earth *n* përzierje(si baltë) për pastrim rrobash, vaji.

full-face['fulfeis] *adj* nga përpara, përballë.

full-fashioned['ful'fæshënd] *adj* i puthitur, që rri pas trupit.

fullfledged ['ful'flexhd] *adj* 1. i zhvilluar plotësisht. 2.i diplomuar, me diplomë.

full-grown['ful'groun] *adj* i rritur, i pjekur.

full house *n* 1.*teat* sallë e mbushur plot. 2.ful(në poker).

full-length['ful'length] *adj* 1.i gjithë trupit, në këmbë(portret). 2.deri në dysheme(perde, dritare). 3.i gjatë, standard(roman, cigare, pallto).

full moon *n* hënë e plotë.

full-mouthed['ful'mauthd] *adj* 1.me të gjithë dhëmbët. 2.me plot gojën.

full nelson *n sport* kapje nga prapa(me pëllëmbët e kyçura në zverk të kundërshtarit).

fullness ['fulnis] *n* plotësi, plotshmëri. + **in the fullness of time** në kohën e duhur, me kohë.

full-page['fulpeixh] *adj* në tërë faqen.

full-rigged ['ful'rigd] *adj* 1.me të gjithë direkët e velat. 2.plotësisht i pajisur.

full sail *adv* 1.me të gjitha velat të hapura. 2.me të gjithë fuqinë.

full-scale ['ful'skeil] *adj* 1. në madhësi natyrore. 2.tërësor, gjithëpërfshirës; në shkallë të gjerë.

full-size(d) ['ful'saizd] *adj* 1.në madhësi natyrore. 2.i rritur, në moshë madhore. 3.*aut amer* e madhe(veturë).

full stop *n* pikë(shenjë pikësimi). + **full stop!** *Br* dhe pikë!

full swing *n* 1. zhvillim i plotë; aktivitet i vrullshëm. 2.me energji ,me gjithë fuqinë.

full-throated['ful'throutid] *adj* bërtitës, ulëritës; zëlartë.

full-time ['fultaim] *adj, adv* me kohë të plotë; tetorësh(punë, punonjës).

full time *n Br sport* mbarim i ndeshjes.

full up *adj* 1.i mbushur, plot (autobus). 2. i ngopur, i nginjur.

fully['fuli] *adv* 1.plotësisht, tërësisht, krejtësisht. 2.të paktën; **it was fully three hours before they could reach her** u deshën të paktën tri orë që ata ta gjenin.

fulminant['fʌlminënt] *adj* 1. i rrufeshëm. 2.*mjek* galopant.

fulminate['fʌlmëneit] *v,n* -*n* 1.shkrepëtin, vetëtin; bubullin.2.*fig* shpërthej në sulme, sulmoj ashpër. 3. shpërthen. 4. *mjek* zhvillohet me vrull (sëmundja).

-*n* 1.lëndë plasëse, eksploziv. 2.fulminat, kripë e acidit fulminik.

fulmination[fʌlmë'neishën] *n* 1.shpërthim i fuqishëm. 2.denoncim me forcë; ndalim/kundërshtim i ashpër.

fulminic acid *kim* acid fulminik.

fulness['fulnis] *n* shih **fullness.**

fulsome['fulsëm] *adj* 1.i tepruar, i bezdisur(lavdërim). 2.i bollshëm, i begatë(prodhim). 3.*vjet* i neveritshëm.

fulmarole ['fjumëroul] *n gjeol* fumarolë, oxhak vullkanik.

fumble['fʌmbël] *v,n* -*v* kërkoj kuturu.2.bëj shkel-e-shko. 3.*sport* nuk e kap topin, humbas pasin.

-*n* 1.kërkim i ngathët, kuturu. 2.*sport* humbje e pasit.

fume[fju:m] *n,v* -*n* 1.tym; gaz; avull; **acid fumes** avuj acidi. 2.*fig* gjendje irritimi, humor i keq; **be in a fume** jam me kacabuj.

-*v* 1.tymos; lëshon avuj; nxjerr gaz. 2.tymoj, mbuloj me tym. 3.turfulloj, shfryj nga inati. 4.shpërthen në tym.

fumed oak *n* dru ahu i tymosur (në avuj amoniaku).

fumigate ['fjumëgeit] *vt* tymoj, mbuloj me tym (pemët, kundër parazitëve).

fumigation[fju:më'geishën] *n* tymim, tymosje(e pemëve).

fumigator ['fju:mëgeitë:] *n* 1. tymues, spërkatës (punonjës). 2.pajisje tymuese.

fun[fʌn] *n,v,attr* -*n* 1.argëtim, kënaqësi, dëfrim. 2.burim argëtimi.

-*attr gj.fol* qesharak; **he became a figure of fun** ai u bë qesharak. + **for fun, in fun** me shaka, për shaka, si lojë; **make fun of, poke fun at** vë në lojë; qesh me, tallem.

-*vi* sillem me shaka.

function['fʌnkshën] *n,v* -*n* 1.funksion; punë; destinacion. 2.pritje, ceremoni. 3.*mat* funksion.

-*vi* 1.punon, funksionon. 2.shërben(si).

functional['fʌnkshënël] *adj* 1.funksional, punues veprues. 2. me funksion, funksionale (arkitekturë, veshje). 3.*mjek* funksional, që prek funksionin(e një organi).

functional illiterate *n* praktikisht analfabet.

functionally['fʌnkshënëli] *adv* nga ana funksionale; në mënyrë funksionale.

functionary ['fʌnkshëneri] *n* zyrtar, funksionar, nëpunës i lartë.

fund[fʌnd] *n,v* -*n* 1.fond. 2.rezervë(informacioni). 3.*pl* mjete financiare; **run out of funds** më shterojnë mjetet financiare.

-vt 1.financoj. 2.mbledh, grumbulloj, depozitoj.

fundament['fʌndëmënt] *n* (*zak* me shaka) bythë, prapanicë.

fundamental[fʌndë'mentël] *adj,n* -*adj* 1.theme-lor, bazë. 2.rrënjësor. 3.kryesor(qëllim).

-*n* 1.parim bazë; ligj themelor. 2.*muz* nota bazë (më e ulët) e një teli. 3.*fiz* përbërësja me gjatësi vale më të madhe.

fundamentalism [fʌndë'mentëlizëm] *n* funda-mentalizëm fetar, zbatim fjalë për fjalë i porosive të shenjta(të Biblës, Kuranit); lëvizje fundamentaliste.

fundamentally [fʌndë'mentëli] *adv* rrënjësisht, krejtësisht, thellësisht.

funeral['fju:nërël] *n,adj,attr* -*n* 1. ceremoni va-rrimi. 2.procesion varrimi, kortezh, vargan(i pjesë-marrësve).3.*attr* varrimi; i përmortshëm; **funeral march** marsh i përmortshëm.

-*adj* i zymtë, i përmortshëm.

funeral director *n* sipërmarrësh varrimesh.

funeral home *n* ndërmarrje varrimesh; sallë homazhesh.

funeral parlo(u)r *n* sallë homazhesh.

funerary ['fju:nëreri] *adj* varrimi; **funerary urn** urnë për hirin e të vdekurit.

funereal[fju:ni:riël] *adj* 1.varrimi. 2.i trishtuar; i zymtë; i përmortshëm, i përzishëm.

fun fair *n* 1.panair bamirësie. 2.*Br* park lojërash.

fungal['fʌngël] *adj,n* -*adj* kërpudhor.

-*n* kërpudhë, këpurdhë.

fungi['fʌngai, 'fʌngi:, 'fʌnxhi:] *n pl* i **fungus**.

fungicidal[fʌnxhë'saidël] *adj* këpurdhëvrasës(lë-ndë).

fungicide['fʌnxhësaid] *n* këpurdhëvrasës(lëndë).

fungoid ['fʌngoid] *adj* këpurdhëngjashëm; sfun-gjeror.

fungous['fʌngës] *adj* 1. këpurdhëngjashëm; sfun-gjeror. 2.me rritje të shpejtë; jetëshkurtër. 3.kër-pudhor, i shkaktuar nga kërpudhat(sëmundje).

fungus ['fʌngës] *n* 1. *bot* këpurdhë, kërpudhë. 2.*mjek* sëmundje kërpudhore e lëkurës.

funicular [fju:'nukjulë:] *adj* me kabllo, me litar; **funicular railway** teleferik.

funk [fʌnk] *n,v* -*n gj.fol* 1. lemeri; panik. 2. lë-shim, rënie shpirtërore. 3.frikash, frikacak.

-*v* 1.trembem, kam frikë. 2.strukem; shmangem. 3.tremb, frikësoj.

funky I ['fʌnki] *adj* 1.i shokuar, në panik. 2. i lë-shuar, i rënë shpirtërisht.

funky II['fʌnki] *adj gj.fol* 1.*muz* melankolik. 2.i çuditshëm, ekscentrik; **funky clothes** veshje ekstra-vagante.

funnel['fʌnël] *n,v* -*n* 1. hinkë. 2.oxhak metalik (lokomotive, anijeje). 3.tubacion.

-*v* 1.drejtoj, kanalizoj. 2.drejtohet, kanalizohet.

funny['fʌni] *adj,n* -*adj* 1.për të qeshur, komik; zbavitës. 2.argëtues, i këndshëm(për të tjerët).

3.*gj.fol* i çuditshëm; **that's funny** kjo është e çuditshme, është për t'u çuditur. 4.dredharak, ma-shtrues(veprim).

-*npl gj.fol* faqe me skica komike(në gazetë etj); skica komike, karikatura.

funny bone *n* 1.*anat* kockë e bërrylit ku kalon nervi. 2.*fig* sens humori; **it struck my funny bone** ajo më bëri të qeshja

funny farm *n* çmendinë.

fun run *n* fushatë për mbledhje fondesh derë më derë.

fur[fë:] *n,v* -*n* 1.gëzof, lesh(i kafshëve); qime. 2.gëzof, lëkurë kafshe. 3.cipë, lëmashk(në gjuhë, nga sëmundja).

-*v* 1.vesh me gëzof; i vë gëzof(jakës). 2.zë cipë, zë lëmashk(gjuha). 3.mbush me listela, vesh me listela (murin, para suvatimit). +**make the fur fly** *gj.fol* bëj sherr, kacafytem; krijoj belara.

furbelow['fë:bilou] *n,v* -*n* kind.

-*vt* i bëj kinde(fustanit etj).

furbish['fë:bish] *vt* 1. lustroj, shkëlqej. 2.përtërij (njohuritë), freskoj.

fur brigade *n* karvan gëzofësh(me slita etj).

furcate['fë:keit, 'fë:kit] *adj* i bigëzuar, i degëzuar.

fur coat *n* pallto gëzofi, peliçe.

furfural['fë:fëræl] *n* tanin.

furious['fju:riës] *adj* 1.i tërbuar; i xhindosur. 2.i egër. 3.i ethshëm.

furiously['fju:riësli] *adv* 1.me tërbim; me egërsi. 2.si ndër ethe. 3.me ritëm të çmendur.

furl[fë:l] *v,n* -*v* 1.mbledh, ul(velat).2.palos; mbyll (çadrën).

-*n* 1.mbledhje, ulje; mbyllje; palosje. 2.rul, rulon (letre etj).

furlong['fë:long] *n* furlong, 1/8 miljie(= 200m).

furlough['fë:lou] *n,v* -*n* lejë, liridalje(për ushtarët). -*vt* i jap lejë.

furnace['fë:nis] *n* 1.stufë; kaldajë; furrë ngrohje-je(godinash). 2.*tek* furrë, furrnaltë, furrë shkrirjeje. 3.*fig* vend i nxehtë, furrë. 4.test/provim i rëndë.

furnish['fë:nish] *vt* 1.mobiloj; pajis.2.jap, siguroj, furnizoj.

furnished['fë:nishd] *adj* i mobiluar(apartament).

furnisher['fë:nishë:] *n* furnizues, furnitor.

furnishings ['fë:nishings] *npl* 1. orendi, mobilje; pajisje shtëpie. 2.veshje, rroba; artikuj veshmbath-jeje.

furniture['fë:niçë:] *n* 1.orendi, mobilje.2.*vjet* pa-jime, takëme. 3.pajisje, aparatura, vegla. 4.*polig* mbushës(për anët e bardha të faqes etj).

furniture polish *n* dyllë(parketi etj).

furor ['fju:ro:] *n* 1.shpërthim, brohori(e turmës). 2.vrull, frymëzim. 3.tërbim, xhindosje. 4.bujë.

furore['fju:ro:r, fju:'rori:] *n* 1.bujë. 2.skandal.

furred[fë:d] *adj* 1.me qime, me gëzof. 2.i veshur me gëzof. 3.me cipë, me lëmashk, e veshur(gjuha).

furrier ['fërië:] *n* 1. tregtar gëzofesh. 2. gëzoftar, gëzofpunues.

furriery['fëriëri] *n* gëzoftari; gëzofra.

furring['fëring] *n* gëzoftari; gëzofra.

furring['fëring] *n* 1.gëzof për veshje.2.veshje me listela(e mureve etj). 3.listela.

furrow['fërou] *n,v* *-n* 1. brazdë. 2. hulli, kanal. 3.rrudhë.
-*vt* 1. hap brazda; bën kanal (rrota e makinës). 2.rrudh, rrudhos.

furry['fëri] *adj* 1.prej gëzofi. 2.i mbuluar me qime/me gëzof(kafshë). 3.i mveshur, me cipë.

further ['fë:dhë:] *adj,v* *-adj* i mëtejshëm; i përtejmë; **on the further side** në anën e përtejme. 2.më tepër, tjetër, **have you any further need of me?** keni më nevojë për mua?
-*adv* 1.më tej, më tutje. 2.më tepër. 3.për më tepër; veç kësaj; **he said further that he...** për më tepër tha se ai...
-*vt* ndihmoj; shtyj përpara, çoj më tej; nxis. +**further to** në vijim të.

furtherance['fë:dhërëns] *n* 1.përkrahje, mbështetje. 2.përparim; çuarje përpara; nxitje.

furthermore['fë:dhë:mo:] *adv* veç kësaj; gjithashtu; për më tepër.

furthermost['fë:dhë:moust] *adj* 1.më i largëti.2.i shkallës më të lartë.

furthest['fë:dhist] *adj,adv* 1.më larg; më i largëti. 2.në shkallën më të lartë; i shkallës më të lartë.

furtive['fë:tiv] *adj* 1.i fshehtë; i bërë vjedhurazi. 2.vjedharak, dinak, tinëzar.

furtively['fë:tivli] *adv* fshehurazi, vjedhurazi; tinëz; me dinakëri.

furtiveness['fë:tivnis] *n* fshehtësi; tinëzi;dinakëri

furuncle['fjuë:rʌnkël] *n mjek* lungë, i thatë.

fury['fjuëri] *n* 1.tërbim, xhindosje. 2.furi; egërsi. 3.njeri i papërmbajtur. 4.vrull, furi. 5.*mit* **Furies** Furitë, perënditë e hakmarrjes. +**like fury** *gj.fol* me forcë; me vrull; me një frymë.

fuse I[fju:z] *n,v* *-n* 1. fitil (dinamiti). 2. kapsollë (predhe).
-*vt* 1.i vë fitil. 2.i vë kapsollë.

fuse II[fju:z] *n,v* *-n el* siguresë.
-*v* 1.shkrij(metalin). 2.ngjis(dy metale). 3.bashkoj, bashkëshkrij(dy metale). 4.fiket(drita); **the lights have fused** dritat u fikën, se u dogj siguresa.

fusee[fju'zi:] *n* 1.shkrepëse që ndizet nga era.2.raketë sinjalizimi, sinjal me dritë(në hekurudhat).

fuse-box ['fju:zboks] *n* kuti e siguresave.

fused['fju:zd] *adj* (prizë) me siguresë.

fuselage['fju:zëlazh] *n* trup i avionit.

fusibility[fju:zë'bilëti] *n* shkrishmëri.

fusible['fju:zëbël] *adj* i shkrishëm.

fusiform ['fjuzëfo:m] *adj* boshtak, në formë boshti (për tjerrje).

fusil['fju:zël] *n* pushkë me strall.

fusileer[fju:zë'lië:] *n hist* pushkatar, mosketjer.

fusillade [fju:zë'leid] *n,v* *-n* 1. breshëri (të shtënash). 2.mori, breshëri(pyetjesh).
-*v* qëlloj me breshëri.

fusion ['fju:zhën] *n* 1. shkrirje, bashkëshkrirje (metalesh). 2.përzierje, bashkim. 3.masë e shkrirë. 4.*fiz* shkrirje, bashkim, fuzion(bërthamor); **fusion bomb** bombë termobërthamore.

fusionist['fjuzhënist] *n* pjesëmarrës në një shkrirje fraksionesh.

fuss[fʌs] *n,v* *-n* 1.bujë, zhurmë e kotë. 2.trazirë. 3.ankesa. +**make a fuss** bëj zhurmë për vogëlsira; **make a fuss of sb** më ç'ti bëj, kujdesem me tepri për dikë.
-*v* 1.merrem me çikërrima. 2.nervozoj; bezdis; shqetësoj. +**fuss over(sb)** më ç't'i bëj(dikujt).

fusspot['fʌspot] *n* njeri që merret me çikërrima; mistrec.

fussy ['fʌsi] *adj* 1.i bezdisshëm, gërnjar. 2.i ngarkuar(fustan). 3. e bezdisur, plot yçkla(punë).

fustian['fʌsçën] *n,adj* *-n* 1.cohë e rëndë(si doku xhins). 2.të folur i fryrë, fjalë bombastike.
-*adj* i fryrë, bombastik.

fusty['fʌsti] *adj* 1.bajat; i mykur. 2.*fig* i vjetëruar, i mykur, që i ka ikur koha.

futile ['fju:tail, 'fju:tël] *adj* 1. i pavlerë, i padobishëm, i kotë. 2.i parëndësishëm, i papërfillshëm. 3.i përciptë, i sipërfaqshëm.

futility[fju:'tilëti] *n* 1. kotësi, padobi. 2. papërfillshmëri. 3.gjë pa vlerë, veprim i kotë.

future['fju:çë:] *n,adj* *-n* 1. e ardhme; e nesërme; ardhmëri. 2.shanse për sukses, e ardhme(e një personi. 3.*gram* e ardhme, koha e ardhme. +**in future, in the future** në të ardhmen.
-*adj* i ardhshëm, i pritshëm. 2.*gram* e ardhme (kohë).

futureless['fju:çë:lis] *adj* pa të ardhme.

future perfect *n gram* e ardhme e përparme.

futures['fju:çë:z] *npl fin* transaksione me afat

futurism ['fju:çërizëm] *n* futurizëm (në art, politikë).

futurist['fju:çërist] *n,adj* futurist.

futuristic [fju:çër'istik] *adj* futurist, që trajton të ardhmen.

futurity [fju:'tju:rëti] *n* 1. e ardhme, ardhmëri. 2.ngjarje e ardhshme.

fuzee[fju'zi:] *n* shih **fusee.**

fuzz [fʌz] *n,v* *-n* 1.push; qime. 2. *zhrg :* **the fuzz** polici.
-*v* 1.pushëzoj. 2.pushëzohet

fuzzy['fʌzi] *adj* 1.pushatak, prej pushi, me push. 2.i turbullt, i mjegulluar(shikim); i paqartë(mendim).

fwy(=free way) *n* autostradë.

Fy(= Fiscal Year) *n* vit fiskal, vit financiar.

FYI(= For your information) për dijeninë tuaj.

fylfot['filfot] *n* kryq i thyer.

G

g,G[xhi:] g, shkronja e shtatë e alfabetit anglez.

g (= gram) n gram.

G zhrg (= grand) Br mijëshe, një mijë sterlina; amer një mijë dollarë.

GA (=Georgia) n gjeog Xhorxhia.

gab[gæb] n,v gj.fol -n llafe, llogje, muhabet kot. +have the gift of the gab jam brisk nga goja; stop your gab! lërini llafet!, qepeni!
-vi llomotis, dërdëllis.

gabardine['gæbë:di:n] n 1.gabardinë(stof). 2.pallto gabardine.

gabble['gæbël] v,n -v bërbëlis, flas rrëmujshëm.
-n të folur rrëmujshëm, bërbëlitje.

gabby['gæbi] adj gj.fol llafazan.

gaberdine['gæbë:di:n] n pallto gabardine.

gabfest['gæbfest] n gj.fol 1.bisedë e gjatë; b)mbledhje, diskutim.

gabion ['geibiën] n ndërt cilindër / kosh me gurë (për prita, mbrojtje).

gable['gæbël] n 1.pjesë muri nën kulm. 2.zbukurim trekëndësh mbi derë.

gable roof n çati me majë, çati me një kulm.

gaby['geibi] n gj.fol leshko; budalla.

gad I[gæd] v,n -v 1.endem, vij vërdallë. 2.s'rri në një vend.
-n 1.bredhje. 2.bredharak.

gad II[gæd] n,v -n 1.hosten, barominë.
-vt 1.shpoj me hosten. 2.çaj gurë, thyej shkëmbin me barominë.

gadabout['gædëbaut] n gj.fol bredharak.

gadfly['gædflai] n 1.zool zekth. 2.fig mokth, njeri i bezdisur.

gadget['gæxhit] n gj.fol pajisje e vockël; vegël kuzhine; xhingël.

gadgetry ['gæxhëtri] n 1. vegla, xhingla, pajisje. 2.prodhim xhinglash.

Gaea ['xhië] n mit perëndesha e tokës, nëna e titanëve.

Gael[geil] n 1.malësor skocez. 2.kelt.

Gaelic ['geilik] adj,n -adj gaelik, i malësorëve skocezë.
-n gaelisht, gjuha gaelike.

gaff[gæf] n,v -n 1.kanxhë, gremç.2.mamuze gjelash luftimi. 3.fig bezdi. 4.zhrg mashtrim, rreng, dredhi.
-vt 1.kap(peshkun) me kanxhë. 2.fig 1.mashtroj, ia punoj. 2.rregulloj me hile(zaret etj). +blow the gaff zhrg nxjerr një të fshehtë; stand the gaff zhrg qën-

droj, duroj(një ndëshkim, një vështirësi).

gaffe[gæf] n gafë.

gaffer ['gæfë:] n gj.fol 1. plak. 2. Br padron, bos; kryepunëtor.

gag[gæg] n,v -n 1.shtupë për të zënë gojën. 2.fig censurë, pengim i lirisë së fjalës. 3.shaka; ; rreng; batutë. 4.pol mbyllje diskutimi(në parlament).
-v 1.mbyll/i zë gojën(me shtupë). 2.fig i mbyll gojën, bukos. 3.them shakara. 4.shtërngohem për të vjellë.

gaga['ga'ga] adj zhrg 1.i krisur, i lajthitur.2.i marrosur, i shfrenuar(nga entiziazmi). +go gaga over sth bëj si i marrë pas diçkaje.

gage I [geixh] n,v -n 1. sfidë, ftesë për dyluftim. 2.peng.
-v lë peng.

gage II[geixh] n,v shih gauge.

gaggle['gægël] n 1.tufë patash. 2.gj.fol grumbull njerëzish.

gagman['gægmën] n autor batutash komike.

gaiety['geiëti] n 1.gaz, gëzim. 2.argëtim. 3.shkëlqim, finesë(e veshjes).

gaily['geili] adv 1. gëzueshëm, me gëzim. 2. me shkëlqim, me finesë.

gain [gein] v,n -v 1. fitoj; arrij; shtie në dorë; siguroj. 2.fitoj; përfitoj. 3.përmirësohem; the sick child is gaining fëmija i sëmurë po e merr veten. 4.arrij, kap, zë; gain the shore kap bregun.5.shkon përpara(ora). +gain the upper hand dal fitues, mund; gain in weight shtoj në peshë.
-n 1.fitim; përfitim. 2.pasurim. 3.rritje, shtim. 4.el përforcim(sinjali). 5.pl fitime, të ardhura.
+gain on a)i afrohem, e arrij; b)ia kaloj; c)hyn më brenda, përparon(deti në brigjet).

gainer ['geinë:] n 1. fitues; përfitues. 2. sport hedhje me salto(nga trampolina).

gainful['geinful] adj fitimprurës, me fitim.

gainfully['geinfuli] adv me fitim.

gainsay [gein'sei] vt 1.vjet mohoj, vë në dyshim (faktet). 2.kundërshtoj, i kundërvihem(me fjalë).

gainst[genst, geinst] prep,conj(=against) kundër.

gait[geit] n ecje, të ecur; vrap, vrapim.

gaited['geitid] adj me ecje-; heavy-gaited me një të ecur të rëndë.

gaiters['geitë:s] n 1.dollakë. 2.këpucë me qafa pa lidhëse.

gal[gæl] n gj.fol vajzë.

gal.[gæl] (=gallon) n gallon(Br = 4,54 l; amer

= 3.78 l).

gala['geilë, 'gælë) *n* 1.festë; festim. 2.*attr* festiv.

galactic[gë'læktik] *adj astr* galaktik; i galaktikave; i Galaktikës.

galactic cluster *n astr* grumbullim galaktikash.

Galapagos Islands [gë'læpëgës] *n gjeog* Ishujt Galapagos.

galaxy['gæleksi] *n* 1. *astr* galaktikë. 2. **Galaxy** Kashta e Kumtrit. 3.*fig* plejadë.

gale [geil] *n* 1. tufan, stuhi; erë e fortë. 2. *poet* fllad. 3.*fig* shpërthim(të qeshurash).

galena[gë'li:në] *n min* galenë, sulfur plumbi.

Galicia[gë'lishië] *n gjeog* Galici.

gal(l)iot['gæliët] *n* 1.galerë e lehtë. 2.lundër e rëndë holandeze.

gall I[go:l] *n* 1.vrer, tëmth. 2.*vjet* fshikëz e tëmthit. 3.gjë e hidhur, helm, vrer. 4.*fig* vrer, urrejtje. 5.*gj.fol* guxim, paturpësi.

gall II[go:l] *v,n* -*v* 1.bëj plagë, zdërvij. 2.bëhet plagë(lëkura), zdërvihet. 3.*fig* nxeh, inatos, irritoj.
-*n* 1.plagë, zdrëmë. 2.*fig* ngacmim, irritim.

gall III[go:l] *n bot* xhungë, tumor(në bimët).

gallant ['gælënt, gë'lænt] *adj,n* -*adj* 1. fisnik; trim, guximtar. 2.madhështor, i hijshëm. 3.elegant. 4.i sjellshëm, galant.
-*n* 1.*vjet* njeri i modës, njeri që vishet shik. 2.fisnik, trim, guximtar.3.person galant/i sjellshëm me femrat. 4.dashnor.

gallantry ['gælëntri] *n* 1. shpirt fisnik; guxim, trimëri. 2.sjellje galante(me femrat). 3.*vjet* pamje gazmore.

gall bladder, gallbladder['go:lblædë:] *n* fshikëz e tëmthit.

galleass ['gæliæs] *n det vjet* galeacë, galerë tredirekëshe.

galleon['gæliën] *n det vjet* galion, galerë spanjolle e madhe.

gallery ['gæleri] *n* 1. ballkon, galeri (teatri, kishe). 2.shikues të galerisë.3.dëgjues, sallë, auditor. 4.sallë, holl. 5.hajat, verandë. 6.tunel, galeri(miniere). 7.galeri artesh. +**play to the gallery** *gj.fol* u prish mendjen dëgjuesve.

galley['gæli] *n* 1.*det vjet* galerë. 2.kuzhinë anijeje /avioni.3.*polig* gale faqosësi, tabaka radhimi.4.bocë e parë(në tabaka).

galley proof *n polig* bocë e parë, bocë në kolonë.

galley slave *n* 1. *hist* i dënuar me punë në galerë. 2.hamall.

galliard['gælië:d] *n* 1.valle gazmore. 2. *vjet* kavalier, kalorës trim.

gallic['gælik] *adj kim* galik, i galiumit.

Gallic['gælik] *adj* 1.gal, i galëve. 2.francez.

gallicism['gælisizëm] *n* 1.*gram* galicizëm, fjalë a shprehje frënge. 2.tipar francez.

gallicize['gælësaiz] *v* frengjizoj; frengjizohet.

galligaskins[gælë'gæskinz] *npl* 1.kilota.2.dollakë.

---

galling['go:ling] *adj* poshtërues.

gallipot['gælipot] *n* poçe, vorbë.

gallium['gæl-iëm] *n kim* galium(element).

gallivant ['gælivænt] *vi* 1. bredh, endem. 2. livadhis, zabranis(me femra).

gallnut['go:lnʌt] *n* xhungë(në bimët).

gallon['gælën] *n* gallon, masë lëngjesh(*Br* =4,54 l; *amer* = 3,78 l).

galloon [gë'lu:n] *n* gajtan, kordon (ari, argjendi, mëndafshi).

gallop['gælop] *n,v* -*n* 1.galop, vrapim me të katra. 2.*fig* vrull, ritëm i shpejtë.
-*vi* 1.ecën me galop. 2.ngas(kalin) me galop. 3.nxitoj, ngutem.

gallous['gæles] *adj,kim* i galiumit.

gallows ['gælouz] *n* 1. trekëmbësh (për varje). 2.krah mbështetës. 3.varje. +**cheat the gallows** i shpëtoj dënimit me vdekje.

gallows bird *n gj.fol* njeri që e ka hak të varet, kriminel.

gallstone['gollstoun] *n* gur thëmbthi.

Gallup poll *n* sondazh i opinionit publik.

galop['gælëp] *n,v* -*n muz* galop(valle).
-*vi* kërcej galop.

galore[gë'lo:] *adv* me bollëk, me tepri.

galosh[gë'losh] *n* galloshe.

galumph[gë'lʌmf] *vi* eci rëndë.

galvanic[gæl'vænik] *adj* galvanik.

galvanization[gælvënai'zeishën] *n* galvanizim.

galvanize['gælvënaiz] *vt* 1.galvanizoj. 2.*fig* nxis, elektrizoj.

galvanometer[gælvë'nomitë:] *n* galvanometër.

gam[gæm] *n zhrg* këmbë.

gambit['gæmbit] *n* 1.hapje(në shah).2.lëvizje rrezikuese(në shah).

gamble ['gæmbël] *v,n* -*v* 1.luaj kumar. 2.rrezikoj, luaj me fatin. 3.vë bast.
-*n* 1.kumar, bixhoz; vënie basti. 2.rrezikim.
+**gamble away** lë në bixhoz.

gambler['gæmblë:] *n* kumarxhi, bixhozçi.

gambling['gæmbling] *n* 1.kumar, bixhoz.2.rrezikim.

gambol['gæmbël] *n,v* -*n* lodrim.
-*vi* hidhem, lodroj.

gambrel ['gæmbrël] *n* 1. *anat* nyjë e këmbës së pasme(të kalit). 2.çati me çy pjerrësi(në secilën anë).

gambrel roof *n* çati me çy pjerrësi (në secilën anë), çati me thyerje të pjerrësisë.

game I [geim] *n,adj,v* -*n* 1. lojë, lodër. 2. lodër (fëmijësh). 3.*fig* lojë(politike etj). 4.*fig* profesion, aktivitet.5.gjah, kafshë gjahu. 6.mish gjahu. 7.*fig* hile, dredhi, marifet. +**ahead of the game** në fitore; **be off one's game** luaj keq; **be on one's game** luaj mirë; **beat sb at their own game** mund dikë në fushën e vet; **give the game away** zbuloj/tregoj një të fshehtë; **make game of sb** tallem me dikë, vë në

lojë dikë; **play the game** respektoj rregullat; **the game is up** *gj.fol* plani dështoi, davaja është e humbur; **none of your games!** lëri hilet! **what's your game?** ç'lojë luan ti?
-*adj* 1.i gjuetisë; **game laws** rregullat e gjuetisë. 2.trim, i guximshëm. 3.i gatshëm, i patrembur; **be game for any adventure** jam i gatshëm për çdo aventurë. +**die game** vdes si trim, vdes duke luftuar.
-*vi* luaj kumar.
game II[gaim] *adj gj.fol* 1.i çalë, ulok. 2.e vrarë (këmbë).
game bag *n* çantë gjahu.
game bird *n* shpend gjahu.
gamecock ['geimkok] *n* gjel i stërvitur, gjel për ndeshje.
gamekeeper['geimki:pë:] *n* rojtar pylli(që kujdeset për kafshët e egra).
gamely ['geimli] *adv* 1. me guxim, trimërisht. 2.vullnetarisht, me dashje.
game (p)reserve *n* rezervat gjuetie.
games[geimz] *npl* 1.edukim fizik, fizkulturë.2.lojëra, gara.
gamesmanship ['geimzmënship] *n* zotësi për të fituar(mbi kundërshtarët politikë etj).
gamesome['geimsëm] *adj* sportiv; lojcak.
gamester['geimstë:] *n* kumarxhi, bixhozçi.
gamin ['geimën] *n* 1.çunak, djalë rrugësh. 2. vocërrak. 3.*attr* çilimi, aguridh, i papjekur.
gaming['geiming] *n* kumar, bixhoz.
gamma['gæmë] *n* gama(germa greke γ).
gamma rays *n fiz* rreze gama.
gammer['gæmë:] *n vjet* plakë.
gammon I ['gæmën] *n,v* -*n Br gj.fol* gjepura, dokrra.
-*vt* 1.them dokrra, shes përralla. 2.mashtroj, gaboj.
gammon II['gæmën] *n* 1.kofshë derri. 2.proshutë.
gammy['gæmi] *adj Br gj.fol* i çalë, çalaman.
gamut ['gæmët] *n* 1. *muz* shkallë muzikore. 2.*fig* gamë, spektër, shtrirje.
gamy ['geimi] *adj* 1. si mish gjahu. 2. i guximshëm. 3.tepër i guximshëm, skandaloz(stil vepër).
gander['gændë:] *n* 1.patok.2.*fig* leshko, torollak, teveqel. 3.*zhrg* vështrim; **take a gander at** i hedh një sy.
gandy dancer['gændi] *n* punëtor hekurudhe (mirëmbajtës).
gang[gæng] *n,v* -*n* 1.bandë.2.grup; skuadër, brigadë(punëtorësh). 3.komplet(veglash).
-*vi* 1.formoj bandë. 2. sulmoj me bandë.
gangland['gænglænd] *n* botë e krimit.
gangling['gængling] *adj* shtrembaluq; stërhell.
ganglion['gængliën] *n anat* 1.nyjë nervore; gjëndër(limfatike). 2.*fig* nyjë, qendër.
gangly['gængli] *adj* shih **gangling**.
gangplank ['gængplænk] *n* urë e lëvizshme(në anije), pasarel.

gangrene['gængri:n] *n,v* -*n mjek* gangrenë.
-*vi* gangrenizohet.
gangrenous['gængrinës] *adj* i gangrenizuar.
gangster['gængstë:] *n* gangster, bandit.
gangsterism ['gængstërizm] *n* gangsterizëm; akt banditesk.
gangway['gængwei] *n,interj* -*n* 1.shteg, rruginë, vendkalim.2.*det* shkallë/urë e lëvizshme, pasarel(në anije).
- *interj* hap rrugën!, bëj mënjanë!
gannet['gænit] *n zool* zog deti.
gantry['gæntri] *n* 1.vinç-urë. 2.kullë mbështetëse (për raketat).
gaol ['xheil] *n Br* shih **jail.**
gaoler['xheilë:] *n Br* shih **jailer.**
gap [gæp] *n* 1.e çarë, çarje, vrimë(në mur, gardh etj). 2.boshllëk, vend bosh, zbrazëti. 3.*fig* hendek, mospërputhje(pikëpamjesh). 4.shteg; grykë. +**bridge /close/fill/stop a gap** ndreq një të metë, mbyll një të çarë; **generation gap** mospajtim i brezave.
gape [geip] *v,n* -*vi* 1. hapet. 2.hap gojën, shqyej gojën. 3.shoh me habi, mbetem me gojë hapur.
-*n* 1.çarje e gjerë. 2.hapje goje. 3.vështrim i habitur. 4.**the gapes** a)varg gogësimash; b)sëmundje e shpezëve.
garage[gë'ra:zh, 'gærixh] *n,v* -*n* 1.garazh. 2.pikë /njësi riparimi automjetesh.
-*vt* fus/mbaj në garazh.
garage sale *n* shitje(sendesh shtëpijake) në oborr /në garazh të shtëpisë.
garb [ga:b] *n,v* -*n* 1. veshje, rrobë. 2. pamje e jashtme.
-*v* 1.vishem. 2.vesh.
garbage ['ga:bixh] *n* 1. mbeturina të kuzhinës. 2.plehra, mbeturina. 3.*fig* pleh, gjë pa vlerë.
garbage can *n* kovë plehrash, kazan plehrash.
garbage collector *n* plehrambledhës, plehraxhi.
garbage truck *n* makinë e plehrave.
garble['ga:bël] *vt* 1.cungoj; shtrembëroj(një lajm). 2.ngatërroj pa dashje.
garbled['ga:bëld] *adj* i ngatërruar.
garden['ga:dën] *n,attr,v* -*n* 1.kopsht. 2. park.
-*attr* i rëndomtë. +**lead up/down the garden path** *gj.fol* çorientoj.
-*vi* punoj në kopsht.
gardener['ga:dnë:] *n* kopshtar; amator kopshti.
gardenia[ga:'dinië] *n bot* gardenia.
gardening['ga:dning] *n* kopshtari.
garden party *n* pritje në ajër të pastër, pritje e shtruar jashtë.
garden shears *n* gërshërë krasitjeje.
gargle['ga:gël] *v,n* -*v* 1.bëj gargarë.2.gargaris, gargalis.
-*n* 1.lëng për gargarë. 2.gargalisje; gurgullimë.
gargoyle['ga:goil] *n* 1.kokë ulluku; sylynjar. 2.*fig* shëmtirë, kukudh.

garish['gerish, 'gærish] *adj* 1.tepër i ndezur. 2.që bie shumë në sy.

garland['ga:lënd] *n,v* -*n* 1.kurorë. 2.përmbledhje, buqetë(poezish etj). 3.lak litari (në direk). -*vt* 1.bëj kurorë. 2.i vë kurorë.

garlic['ga:lik] *n* hudhër.

garlicky['ga:liki] *adj* që vjen erë hudhër.

garment['ga:mënt] *n,v* -*n* 1.hambar, koçek.2.rezervë, sasi malli. -*vt* 1.fus në hambar, grumbulloj, vë rezervë. 2.fitoj.

garnet ['ga:nit] *n,adj* -*n* 1.granat (gur i çmuar). 2.e kuqe e thellë. -*adj* i kuq.

garnish['ga:nish] *n,v* -*n* 1.garniturë(e ushqimit). 2.zbukurim; garniturë. -*vt* 1.i vë garniturë.2.zbukuroj.3.*drejt* paralajmëroj.

garnishee [ga:nish'i:] *v,n* -*v* 1. i mbaj paratë; i marr pronën(për shlyerje borxhi). 2.njoftoj punëdhënësin(t'i mbajë pagën borxhliut). -*n drejt* mbajtës i parave/pronës(së borxhliut).

garnishment['ga:nishmënt] *n* 1.zbukurim, stolisje. 2.*drejt* a)njoftim për mbajtje page a prone(të borxhliut); b)thirrje në gjyq.

garniture['ga:niçë:] *n* 1.zbukurim. 2.garniturë.

garret['gærit] *n* 1.trapazan, çardak. 2.dhomë nën çati.

garrison['gærisën] *n,v* -*n* 1.garnizon.2.vë trupa, ngre garnizon.

garrote[gë'rot, gë'rout] *n,v* -*n* 1.ekzekutim me mbytje. 2.qafore metalike(për mbytje). 3.mbytje(me tel etj). -*vt* 1.ekzekutoj me mbytje. 2. mbys.

garrulity[gë'ru:lëti] *n* llafazanëri.

garrulous['gærjulës] *adj* llafazan, fjalëshumë.

garter['ga:të] *n* 1.llastik çorapesh.2.llastik për mëngët.

gas[gæs] *n,v* -*n* 1.gaz. 2.gaz i djegshëm. 3.*amer* benzinë. 4.gazra(stomaku). 5.*zhrg* fjalë boshe, mburrje. 6.*zhrg* argëtim. -*v* 1.gazoj. 2.furnizoj me gaz.3.nxjerr gazra. 4.përdor gazin (policia). 5.mburrem, vras të trasha. 6.argëtoj. +**step on the gas** i jap gaz(makinës); rris shpejtësinë. +**gas up** furnizoj(makinën) me benzinë.

gasbag ['gæs'bæg] *n* 1. bombol gazi. 2. *zhrg* llafazan.

gas burner *n* pipth gazogjeni.

gas chamber *n* dhomë gazi(për ekzekutime).

gasconade[gæskën'eid] *n,v* -*n* mburrje, lëvdatë. -*vi* mburrem, lëvdohem.

gas cooker *n* stufë me gaz.

gas cylinder *n* bombol gazi.

gaseous['gæsiës] *adj* i gaztë.

gas fire *n* kaldajë me gaz për ngrohje.

gas fitter *n* mirëmbajtës i pajisjeve me gaz.

gas gauge *n amer* aparat furnizimi me benzinë.

gash[gæsh] *n,v* -*n* çarje, plagosje(me thikë etj). -*vt* çaj, plagos.

gas helmet *n* maskë kundërgaz.

gasify['gæsëfai] *vt* gazoj, shndërroj në gaz.

gas jet *n* 1.pipth gazogjeni. 2.flakë gazi.

gasket['gæskit] *n* 1.*tek* rondele; guarnicion; fasho (pistoni). 2.copë litari.

gaslight['gæslait] *n* 1.ndriçim me gaz.2.pipth gazogjeni.

gas main *n* tubacion gazi i nëndheshëm.

gasman ['gæsmæn] *n* 1. kontrollor i harxhimit të gazit, faturues. 2.prodhues-shitës gazi. 3.instalues pajisjesh gazi. 4.inspektor miniere.

gas mask *n* kundërgaz, maskë kundërgaz.

gasohol['gæsëho:l] *n* përzierje benzinë-alkool(për automobila).

gasoline[gæsë'li:n] *n* benzinë.

gasometer [gæs'omitë:] *n* gazmatës, gazometër, kontator gazi.

gas oven *n* 1. sobë gatimi me gaz. 2. dhomë gazi (për ekzekutime).

gasp[gæsp] *n,v* -*n* dihatje; gulçim. +**at the last gasp** a)në agoni; b)pa frymë(nga habia etj). 4.*fig* dëshirohem(për).

gas pedal *n amer* pedal i gazit.

gasper['gæspë:] *n zhrg* cigare.

gasping['gæsping] *adj Br* i etur, i vdekur nga etja.

gasser ['gæsë:] *n* 1. gazues. 2. pus gazi natyror. 3.*zhrg* sukses i madh.

gas station *n* pikë furnizimi, stacion benzine, distributor.

gas stove *n* shih **gas cooker**.

gassy['gæsi] *adj* 1.me gaz. 2.i gaztë; si gaz. 3.*fig* bosh; i fryrë, mburracak.

gas tank *n amer aut* serbator benzine.

gastric['gæstrik] *adj* i stomakut, gastrik.

gastric juice *n* lëng i stomakut, lëng gastrik.

gastritis[gæs'traitis] *n mjek* gastrit.

gastronomy[gæs'tronëmi] *n* art i të gatuarit, gastronomi.

gat[gæt] *n vjet zhrg* kobure.

gate[geit] *n* 1.portë. 2. hyrje(godine). 3. tra postblloku. 4.kangjella. 5.valvul. 6.shumë e arkëtuar nga shikuesit. +**get the gate** më përzënë, pushohem (nga puna); **give the gate to** a)përzë, pushoj; b) *sport* nxjerr jashtë fushe(një lojtar).

gatecrash ['geitkræsh] *vi* hyj pa ftuar; hyj pa biletë.

gatecrasher['geitkræshë:] *n* vizitor i paftuar.

gatehouse['geithaus] *n* 1.portineri; kabinë e portierit. 2.impiant i daljes(në një rezervuar).

gatekeeper['geitki:pë:] *n* rojtar, portier.

gatepost['geitpoust] *n* shtyllë e portës, kolonë.

gateway['geitwei] *n* 1.portë. 2.hyrje. 3.*fig* rrugë, portë, kyç.

gather ['gædhë:] *v,n* -*v* 1. mbledh, grumbulloj.

2. mblidhen, grumbullohen. 3.fiton (shpejtësi). 4.mbledh veten; gjej forca. 5.kuptoj, nxjerr përfundimin. 6. rrudh / ngrys (vetullat). 7. mbledh (plaga). +**gathered to one's fathers** i vdekur e i varrosur.
-*n* 1.palë, rrudhë(e rrobës). 2.tkurrje.
+**gather up** a)mbledh; b)ngjesh, rras.
gathering ['gædhëring] *n* 1.grumbullim. 2.mbledhje, takim. 3.*mjek* puçër me qelb.
GATT(= **General Agreement on Tariffs and Trade**) *n* GATT, Marrëveshja e Përgjithshme për Tregtinë dhe Tarifat.
gauche['goush] *adj* i ngathët; i patakt.
gaucherie['goushëri:] *n* 1.ngathtësi; mungesë takti. 2.veprim pa takt; lëvizje e ngathët.
gaucho['gauçou] *n* kauboj i Amerikës së Jugut.
gaud[go:d] *n* stringël, stoli pa vlerë.
gaudy['go:di] *adj* pa shijë, pa finesë.
gauge['geixh] *n,v* -*n* 1.masë, standard, shkallë. 2.instrument matës. 3.madhësi; nxënësi; kalibër; diametër. 4.gjerësi e shinave.
-*vt* mas(me instrument). 2.vlerësoj, çmoj.
gauger ['geixhë:] *n* 1. kontrollor. 2. aparat matës. 3.doganier.
Gaul[go:l] *n* 1.*gjeog* Gali. 2.gal. 3.francez..
gaunt [go:nt] *adj* 1. thatanik, i tharë, kockë e lëkurë. 2.i pikëlluar; i shkretë.
gauntlet I ['go:ntlit] *n* 1.dorezë kalorësi(e veshur me metal). 2.dorashkë pune. +**take up the gauntlet** a)pranoj sfidën; b)marr në mbrojtje; **throw down the gauntlet** sfidoj, ftoj në duel.
gauntlet II ['go:ntlit] *n hist* ndëshkim me rrahje (nga dy rreshta njerëzish). +**run the gauntlet** a)kaloj mes dy rreshtave njerëzish që godasin; b)kryej pa përfillur rreziqet. 3.sulmohem me kritika.
gauze[go:z] *n* 1.pëlhurë e hollë; garzë. 2.mjegull e lehtë.
gauzy['go:zi] *adj* i lehtë, i hollë.
gave[geiv] *pt* e **give**.
gavel['gævël] *n* çekan ankandi.
gawk[go:k] *n,v* -*n* 1.ngathalaq. 2.guak.
-*vi gj.fol* vështroj si guak.
gawky['go:ki] *adj* i ngathët, ngathalaq; guak.
gay [gei] *adj,n* -*adj* 1. gazmor, i gëzueshëm. 2.plot shkëlqim, i qeshur(mjedis). 3.me kënaqësira (jetë). 4.*zhrg* homoseksual.
-*n zhrg* homoseksual.
gayety['gejëti] *n* shih **gaiety**.
gayly['geili] *adv* shih **gaily**.
gaze[geiz] *v,n* -*vi* vështroj ngultas, ia ngul sytë.
-*n* vështrim i ngulët.
gazebo[gë'zi:bou] *n* shtëpi verimi, belvedere.
gazelle[gë'zel] *n zool* gazelë.
gazette[gë'zet] *n,v* -*n* 1.gazetë. 2.buletin, gazetë zyrtare.
-*vt* nxjerr në gazetë, publikoj, shpall në gazetën zyrtare.

gazetteer[gæzë'tië:] *n* 1.fjalor emrash gjeografikë, manual gjeografik. 2.bashkëpunëtor i gazetës. 3.botues zyrtar.
G.B(= **Great Britain**) *n gjeog* Britani e Madhe.
GDP(=**gross domestic product**) *n* PKB, produkt kombëtar bruto.
gear['gië:] *n,v* -*n* 1.*tek* ingranazh, rrotë me dhëmbë. 2.mekanizëm; **steering gear** mekanizëm drejtimi, mekanizëm i timonit.3.funksionim; **get out of gear** çakordohet. 4.pajime, takëme. 5.marsh(i makinës etj). +**in gear** a)në marsh; b)në punë, në funksionim; **out of gear** i stakuar, jo në marsh; **shift gears** ndërroj marshin.
-*v* 1.ingranoj. 2.punojnë, ingranohen. 3.pajis. 4.fus në marsh. 5.përshtas, vë në varësi.
+**gear up** përgatitem(të bëj diçka).
gearbox['gië:boks] *n* kuti e shpejtësisë.
gearing['giëring] *n* 1.grup ingranazhesh. 2.pajisje me ingranazhe.
gear lever, gear stick, gear shift *n* levë e marsheve.
gear wheel *n* ingranazh, pinjon, rrotë me dhëmbë.
gee I[xhi:] *interj*(shkurtim i Jesus!) o zot!
geek[gi:k] *n zhrg* 1.prestigjator cirku. 2.njeri allosoj, trap.
geese[gi:s] *n pl* i **goose**.
geezer['gi:zë:] *n zhrg* babush, plakush.
geisha['geishë] *n* geishë, vajzë shoqërimi; valltare (japoneze).
gel[xhel] *n,v* -*n* xhel, lëng i mpiksur.
-*vi* mpikset.
gelatin(e)['xhelëtin] *n* xhelatinë.
gelatinous[xhë'lætinës] *adj* xhelatinoz.
geld[geld] *vt* tredh.
gelding['gelding] *n* kafshë e tredhur.
gelid['xhelid] *adj* i ftohtë akull, i akullt.
gem[xhem] *n,v* -*n* 1.gur i çmuar, xhevahir. 2.*fig* perlë. 3.kek.
-*vt* stolis me xhevahirë.
geminate['xhemëneit] *n,adj* -*n* 1.dyfishoj. 2.çiftoj. 3.dyfishohet. 4.çiftohet.
-*adj* i çiftuar, i dubluar.
gemination [xhemë'neishën] *n* 1. dyfishim. 2.çiftim, dublim.
Gemini['xhemëni] *n* Binjakët(yllësi e Zodiakut).
gemma['xhemë] *n bot* syth, mugull.
gemmation[xhe'meishën] *n bot* mugullim, nxjerrje sythash.
gemstone['xhemstoun] *n* gur i çmuar.
gen[xhen] *n* 1.informacion i hollësishëm. 2.informoj hollësisht.
gendarme['zhʌnda:m] *n* 1.xhandar. 2.polic.
gender['xhendë:] *n* 1.*gram* gjini. 2.*gj.fol* seks, gjini.
gene[xhi:n] *n* gen, gjen.

genealogical[xhinië'loxhëkël] *adj* gjenealogjik.
genealogy[xhini'ælëxhi] *n* 1. gjenealogji. 2. prejardhje. 3.studim i prejardhjes.
genera['xhenërë] *pl* i **genus**.
general ['xhenërël] *adj,n* -*adj* 1.i përgjithshëm; **general welfare** mirëqenie e përgjithshme. 2.i gjithanshëm; **general interest** interesim i gjithanshëm. 3.i papërcaktuar; **in a general way** në një mënyrë të papërcaktuar. 4.përmbledhës; përgjithësues; **general term** term përmbledhës. 5.i zakonshëm; **the general reader** lexuesi i zakonshëm, lexuesi i gjerë. 6.kryesor, krye-; **the general manager** kryepërgjegjës; drejtor i përgjithshëm.
-*n* 1.gjeneral. 2.komandant ushtarak. 3.*vjet* njerëzit, publiku. +**in general** a)në përgjithësi, përgjithësisht; b)zakonisht, shumicën e kohës.
General Assembly *n* Asamble e Përgjithshme e OKB-së.
general election *n* zgjedhje të përgjithshme.
general knowledge *n* kulturë e përgjithshme.
generalissimo [xhenërë'lisëmou] *n* gjeneralisim; kryekomandant.
generality ['xhenë:'ræliti] *n* 1. pohim i përgjithshëm, fjalë të përgjithshme. 2.përgjithësi. 3.parim i përgjithshëm. 4.shumica, pjesa më e madhe.
generalization [xhenërëli'zeishën, xhenërëlai'zeishën] *n* 1.përgjithësim. 2.pohim/rregull/mendim i përgjithshëm.
generalize['xhenërëlaiz] *v* 1.përgjithësoj. 2.shtrij, zbatoj gjerësisht. 3.flas në përgjithësi.
generally['xhenërëli] *adv* 1.përgjithësisht, gjerësisht, në tërësi. 2.zakonisht, si rregull, në shumicën e rasteve. 3.në përgjithësi, pa hollësira (flas).
General of the Army *n* gjeneral Armate.
general practice *n* 1. mjekësi e përgjithshme. 2.klinikë e mjekësisë së përgjithshme.
general practitioner *n* mjek i përgjithshëm, patolog.
general-purpose *adj* i gjithanshëm.
general staff *n usht* shtab i përgjithshëm.
general store *n* dyqan artikujsh të përzier.
generate ['xhenëreit] *vt* 1. prodhoj, jap, nxjerr. 2.lind, pjell. 3.*mat* heq, përftoj(një vijë, figurë).
generation[xhenër'eishën] *n* 1.brez, brezni, gjeneratë.2.lindje; pjellje. 3.prodhim, përftim.4.*mat* heqje (vije), përftim(figure).
generative['xhenërëtiv] *adj* 1.lindës. 2.prodhues.
generator['xhenëreitë:] *n* 1.*el* gjenerator.2.gazogjen. 3.ideator, prodhues.
generatrix[xhenë'reitriks] *n mat* përftuese.
generic[xhë'nerik] *adj* 1. gjinisor, gjinie. 2. i përgjithshëm, jo i veçantë.
generosity[xhenë:r'osëti] *n* 1.bujari, zemërgjerësi. 2.fisnikëri. 3.veprim fisnik.
generous ['xhenërës] *adj* 1. bujar, zemërgjerë. 2.fisnik. 3.i bollshëm. 4.plot aromë(verë).

generously['xhenërësli] *adv* 1.bujarisht. 2.me fisnikëri.
genesis ['xhenësis] *n* 1. zanafillë, gjenezë; lindje; krijim. 2.**Genesis** libri i parë i Biblës.
genetic[xhë'netik] *adj* 1.i zanafillës. 2.gjenetik.
genetically [xhë'netikëli] *adv* 1.për nga origjina. 2.gjenetikisht.
genetic engineering *n* gjenetikë e aplikuar.
genetics[xhë'netiks] *n* 1.gjenetikë. 2.formim gjenetik(i individit etj).
Geneva Convention *n dip* Konventa e Gjenevës.
genial['xhi:niël] *adj* 1.i dashur, i përzemërt; i qeshur, gazmor. 2.i ngrohtë, jetëdhënës; i butë(mot, klimë).
geniality[xhi:ni'ælëti] *n* 1.përzemërsi; dashamirësi. 2.butësi; ngrohtësi.
genially['xhi:niëli] *adv* 1. përzemërsisht.2.me butësi; me ngrohtësi.
genic['xhenik] *adj biol* i geneve; gjenetik.
genie['xhi:ni] *n* xhind.
genii['xhi:nii:] *pl* i **genius**.
genital['xhenëtël] *adj* gjenital.
genitals['xhenëtëls] *n* organe gjenitale.
genitive['xhenëtiv] *adj,n* -*adj* gjinore(rasë).
-*n* 1.rasa gjinore. 2.fjalë në rasën gjinore.
genius ['xhi:niës] *n pl* **geniuses, genii** 1. gjeni, aftësi gjeniale. 2.gjeni, njeri gjenial. 3.*fet* engjëll mbrojtës. 4.shpirt; xhind.
genocide ['xhenësaid] *n* gjenocid, shfarosje në masë.
Genoa['xhenouë] *n gjeog* Gjenova.
genre['zhʌnrë] *n* lloj; gjini; stil, zhanër.
genre painting *n* pikturë zhanri, pikturë me tematikë jetësore.
gens[xhenz] *n pl* **gentes**['xhenti:z] fis, klan, soj.
gent[xhent] *n gj.fol* shih **gentleman**.
genteel [xhen'ti:l] *adj* 1. i shoqërisë së lartë. 2. i edukuar, i sjellshëm. 3.i modës , elegant, shik. 4.pseudoaristokrat.
gentian ['xhenshën] *n bot* sanëz, agnushe, bar zemre.
gentian violet *n kim* anilinë vjollcë, gentian violet(ngjyrues).
gentile['xhentail] *adj,n* 1. joçifut. 2. jomysliman. 3.pagan.
gentility [xhen'tiliti] *n* 1.aristokraci, klasë e lartë. 2.finesë, fisnikëri. 3.pseudofinesë.
gentle['xhentël] *adj,v* -*adj* 1.i butë; i urtë.2.i ulët (zë). 3.e ëmbël, e butë(pjerrësi, ngrohtësi). 4.miqësor, i dashur. 5.fisnik, nga derë e mirë. 6.i mirë; i nderuar. 7.i sjellë, i edukuar.
-*vt* qetësoj, marr me të mirë.
gentlefolk['xhentëlfouk] *npl* fisnikëri, aristokraci.
gentleman ['xhentëlmën] *n* 1. fisnik, aristokrat. 2.njeri i nderuar, zotëri.
gentlemanlike['xhetëlmënlaik] *adj* shih **gentle-**

manly.

gentlemanly['xhentëlmënli] *adj* fisnik, bujar; prej zotërie.

gentleman's agreement *n* marrëveshje e pashkruar.

gentleness['xhentëlnis] *n* butësi, mirësi.

gentlewoman['xhentëlwumën] *n* 1.fisnike, aristokrate. 2.grua e nderuar, zonjë. 3.shoqëruese e një dame të lartë.

gently['xhentli] *adv* 1.me butësi, me të butë, butësisht. 2.me mirësi, me kujdes. 3.butë, ëmbël(zbret rruga).

gentry ['xhentri] *n* 1. zotërinjtë, pronarët, shtresa poshtë aristokracisë. 2. klasë, shtresë, kategori shoqërore.

genuflect ['xheniuflekt] *vi* gjunjëzohem, bie në gjunjë.

genuflection[xheniu'flekshën] *n* gjunjëzim.

genuine ['xheniuin] *adj* 1.i vërtetë, prej vërteti.2.i çiltër, i sinqertë, jo i shtirë.

genus ['xhi:nës, 'xhenës] *n pl* **genera, genuses** 1.*biol* gjini. 2.lloj; klasë.

geo-['xhi:ou] *pref* gjeo-, tokësor; **geomagnetism** gjeomagnetizëm, magnetizëm tokësor.

geocentric[xhiou'sentrik] *adj* gjeocentrik, me Tokën si qendër.

geode['xhioud] *n gjeol* shkëmb i zgavërt.

geodesy[xhi:'odësi] *n* gjeodezi.

geographer[xhi:'ogrëfë:] *n* gjeograf.

geographic(al)[xhië'græfik(ël)] *adj* gjeografik.

geographical mile *n* milje detare.

geography[xhi:'ogrëfi] *n* gjeografi.

geologic(al)[xhi:ë'loxhik(ël)] *adj* gjeologjik.

geologist[xhi:'olëxhist] *n* gjeolog.

geology[xhi:'olëxhi] *n* gjeometër.

geometrical(al)[xhië'metrik(ël)] *adj* gjeometrik.

geometry[xhi:'omëtri] *n* gjeometri.

geophysics[xhiou'fiziks] *n* gjeofizikë.

geopolitics[xhiou'polëtiks] *n* gjeopolitikë.

Georgia['xho:xhië] *n gjeog* 1.Gjeorgji. 2.Xhorxhia (në SHBA).

geranium[xhi'rejniëm] *n bot* barbarozë.

geriatric [xheri'ætrik] *adj* 1. *mjek* gjeriatrik. 2.i rrëgjuar(plak). 3.i vjetër, i rrënuar.

geriatrics[xheri'ætriks] *n mjek* gjeriatri, shkenca e moshës së thyer, gjerontologji.

germ[xhë:m] *n* 1. mikrob. 2.*biol* embrion; farë, syth. 3.*fig* zanafillë, embrion, fillesë.

german['xhë:mën] *adj* 1.(vëlla, motër)me të njëjtët prindër. 2.kushëri i parë.

German['xhë:mën] *n,adj* -*n* 1.gjerman. 2.gjermanisht.
-*adj* gjerman.

germane [xhë:'mein] *adj* i lidhur ngushtë; **not germane to the discussion** pa lidhje me diskutimin.

Germanic[xhë:'mænik] *n,adj* -*n* gjuhët gjerma-

nike(anglishtja, gjermanishtja, holandishtja, danishtja, suedishtja, norvegjishtja etj).
-*adj* 1.gjermanike. 2.gjerman.

germanium[xhë:'mejniëm] *n kim* germanium (element).

German measles *n mjek* rubeolë.

German shepherd *n* qen stani gjerman.

German silver *n* aliazh zink-nikel-bakër.

germicide ['xhë:mësaid] *n* mikrobebrasës, germicid.

germinal['xhë:mënël] *adj* embrional.

germinate ['xhë:mineit] *v* 1. mbin (fara). 2. buis, formohet(një ide).

germ warfare *n* luftë bakteriologjike.

gerontology[xherën'tolëxhi] *n* shih **geriatrics**.

gerrymander['xherimændë:] *v,n* -*vt* manipuloj zgjedhjet.
-*n pol* manipulim i zgjedhjeve(gjatë caktimit të zonave elektorale).

gerund['xherënd] *n gram* 1.përcjellore. 2.emër foljor.

gerundial[xhë:rʌndiël] *adj* përcjellore.

gest [xhest] *n vjet* 1. tregim në vargje. 2.përrallë, rrëfenjë. 3.bëmë.

gestation[xhes'teishën] *n* 1.shtatzani.2.*fig* ngjizje e një plani etj).

gesticulate[xhes'tikjuleit] *vi* bëje gjeste.

gesticulation[xhestikju'leishën] *n* 1.bërje gjestesh. 2.gjest.

gesture ['xhesçë:] *n,v* -*n* 1. gjest. 2. veprim për efekt, shtirje.
-*vi* bëj gjeste, i bëj shenjë; **to gesture/towards sb** ia bëj me shenjë dikujt.

get[get] *v* (**got; got, gotten**) 1.marr; fitoj; **get first prize** fitoj/marr çmimin e parë. 2.mbërrij; shkoj; **get home** shkoj në shtëpi; **your letter got here yesterday** letra jote mbërriti dje. 3.kap, marr; **get a cold** marr një të ftohur. 4. e bëj të; **get one's hair cut** qethem. 5.*gj.fol* duhet, më duhet të; **we have got to win** ne duhet të fitojmë. 6.bëhem; **get old** plakem; **get sick** sëmurem. 7.jam; **don't get nervous** mos ji nervoz. 8.(at, to) mbërrij. 9.bind; **I got him to speak** e binda të fliste. 10. përgatis; **will you help me get dinner?** do të më ndihmosh të përgatis darkën? 11.nis, filloj; **get talking about sth** nis të flas për diçka. 12.kam; **he has got black hair** ai ka flokë të zinj. 13.*gj.fol* qëllon, e merr; **the bullet got him in the arm** plumbi e mori në krah. 14.*gj.fol* vras. 15.mërzis, bezdis. 16.*gj.fol* kuptoj.+**I don't get what you mean** nuk e marr vesh ku e ke fjalën; **get the upper hand** dal fitues, mund; **get wind of sth** marr vesh diçka; **get the worst of it** dështoj, humbas.

+**get about** a)shkoj andej-këtej; b)përhapet, bëhet i njohur.

+ **get across(to)** *gj.fol* a) i them, i jap të kuptojë;

b)më bëhet e qartë, i bie në të.

+**get after** a)shaj; b)shtyj, nxis.

+**get ahead** bëj përpara, kam sukses.

+**get along** a)iki, largohem; b)përparoj; c)arrij të; d)bëhet i njohur, përhapet; c)ia gjej anën; d)gënjej, mashtroj.

+**get at** a)arrij; b)gjej, zbuloj, marr vesh; c)dua të them; d) kritikoj, shaj.

get-at-able[get'æbël] *adj* i arritshëm.

+**get away** a) iki, largohem; b)arratisem, shpëtoj c)iki me pushime; d)niset(makina); **get away with** *gj.fol* dal pa lagur, s'pësoj gjë.

getaway ['getë'wei] *n,gj.fol* 1. ikje, largim; arrati. 2.nisje, fillim(i garës). 3.*aut* nisje, ndezje(motori).

getaway car *n* makinë gangsterësh(për arratisje).

+**get back** a)kthehem; b)marr veten; c)largohem; **get back at** *zhrg* marr hak; **get back to** a)i rikthehem (punës); b)marr prapë(në telefon).

+**get behind** a)mbështes, përkrah; b)nuk i përmbahem afatit.

+**get by** *gj.fol* a)kaloj; b)ia dal, çalltis; c)shpëtoj pa u kapur, e hedh.

+**get (sb) down** ligështoj, dëshpëroj.

+**get down to** a)filloj; b) arrij te.

+**get even** a)lahem, ia marr hakun; b)rifitoj ato që kam humbur, vë në vend.

+**get in** a) hyj; b) vë, fus; c) mbërrij; d) miqësohem, afrohem(**with**).

+**get into** a) marr vesh; b) shtie në dorë; c)bie në (hall), më gjen(belaja).

+**get it** *gj.fol* e ha, e pësoj.

+**get off** a)zbres nga, dal nga; b)heq, zhvesh; c)ndahem me pak, ndahem mirë; d) ndihmoj të ikë; e)niset; f)nxjerr, lëshoj; g)them, shpreh, lëshoj(një shaka); h) mbaj(fjalim).

+**get on** a)hipi në, ia hipi; b) vë, vesh; c)përparoj; d)çalltis; e) ia dal, arrij; f) bie në ujdi.

+**get on to** a)mësoj, e kap; b)komunikoj me.

+**get out** a)dal; b)nxjerr; c)iki; d)shpëtoj; e)ndihmoj të shpëtojë; f)bëhet i njohur; g) publikoj; h)marr vesh, zbuloj.

+**get over** a)marr veten, përmirësohem; b)kapërcej; c) *zhrg* bëj të qartë; d)*zhrg* ia dal mbanë.

+**get over with** i jap fund(një të keqeje).

+**get set** gatitem, përgatitem, bëhem gati.

+**get there** ia dal mbanë.

+**get through** a)i shkoj deri në fund; përfundoj; b)kryej me sukses; c)lidhem(me telefon); d)merrem vesh(me dikë).

getter['getë:] *n* 1.marrës.2.lëndë aktive(për pastrimin e gazeve). 3.mish i helmuar(për shfarosjen e ujqve).

+**get together** *gj.fol* a)mbledh; b)mblidhem; c)bie në ujdi.

get-together['gettëgedhë:] *n* mbledhje e ngushtë; takim miqsh.

+**get up** a)ngrihem, zgjohem; b)çohem, ngrihem në këmbë; c)përgatis; rregulloj; d)vishem; e)vazhdoj.

+**get up to** sajoj, ngatërroj, përgatitem të bëj.

get-together['gettë'gedhë:] *n* mbrëmje, festë.

get-up['get'ʌp] *n gj.fol* 1. stil, mënyrë të veshuri. 2.fustan, kostum.

get-up-and-go ['get'ʌpën'gou] *n,adj gj.fol* -*n* energji; iniciativë. -*adj* plot iniciativë, energjik, i kuturisur.

gewgaw['giu:go:] *n* xhingël, stringël.

geyser['gaizë:, 'geizë:] *n,v* -*n* 1.geizer. 2.*Br* ngrohës uji. -*vi* shpërthen si geizer.

Ghana['ga:në] *n gjeog* Gana.

ghastly['gæstli] *adj,adv* -*adj* 1.i kobshëm(krim). 2.i zbetë, i verdhë dyllë. 3.*gj.fol* tronditës (dështim). -*adv* në mënyrë të kobshme. +**feel/look ghastly** jam në një gjendje/kam një çehre të tmerrshme.

gherkin['gë:kin] *n* trangull i vogël(për turshi).

ghetto['getou] *n* 1.geto, zonë e veçuar(e qytetit). 2.*hist* lagje e çifutëve. +**ghetto blaster** radiokasetofon i madh portativ.

ghost[goust] *n,v* -*n* 1.fantazëm, hije. 2.*fig* hije (buzëqeshjeje). 3.*gj.fol* shkrimtar fantazëm. 4.*tv* figurë e dubluar. +**give up the ghost** vdes, jap shpirt. -*vi* 1.*gj.fol* shkruaj për të tjerë. 2.ndjek si hije.

ghostly['goustli] *adj* 1.i zbehtë, si fantazëm.2.*vjet* shpirtëror, fetar.

ghost writer *n* shkrimtar fantazmë (që shkruan për të tjerë).

ghoul[gu:l] *n* 1.vampir. 2.grabitës varresh. 3.njeri makabër.

ghoulish ['gu:lish] *adj* i neveritshëm; i kobshëm; makabër.

G.I, GI = *adj,n* -*adj* 1. (=**Government issues**) standard. 2.të miratuara nga qeveria(këpucë, uniformë etj). - *n* ushtar.

giant['xhajënt] *n,adj* -*n* vigan, gjigand. -*adj* vigan, gjigand.

giant cedar *n bot* kedër i kuq.

giantess['xhajëntis] *n* vigane, gjigande, femër gjigande.

giant powder *n* lëndë plasëse e ngjashme me dinamitin.

giaour['xhaur] *n* kaurr.

gibber['xhibë:, 'gibë:] *v,n* -*v* çuçuris; dërdëllis. -*n* dërdëllisje, llomotitje; çuçurisje.

gibberish ['xhibërish, 'gibërish] *n* çuçuritje; dërdëllisje; gjuhë e pakuptueshme.

gibbet['xhibit] *n* 1.trekëmbësh. 2. shtyllë(ku vareshin kriminelët pas ekzekutimit). -*vt* 1.var në shtyllë. 2.ekspozoj në publik(për ndëshkim). 3.var, ekzekutoj me vrje.

gibbon['gibën] *n zool* gibon(lloj majmuni).

gibbous['gibës] *adj* 1.i fryrë, i dalë. 2.gungaç.

gibe, jibe[xhaib] *n,v* -*n* tallje, shpoti.
-*vi* tallem , shpotis.
giblets['xhiblits] *npl* të brendshme shpendi.
Gibraltar[xhi'bro:ltë:] *n gjeog* Gjibraltar.
giddily['gidili] *adv* marramendthi.
giddiness['gidinis] *n* marramenth, marramendje, trallisje.
giddy ['gidi] *adj* 1. marramendës. 2. i trallisur. 3.mendjelehtë, firifiu. +**feel giddy** më vjen mendja rrotull.
gift[gift] *n* 1. dhuratë. 2.dhurim. 3.dhunti, prirje; **a gift for painting** prirje për pikturë.
gifted['giftid] *adj* me prirje; i talentuar.
giftwrap['gift'ræp] *v,n* -*vt* mbështjell bukur (dhuratën).
-*n* letër dekorative (për dhurata).
gig I[gig] *n* 1.kaloshinë. 2.lundër, barkë.
-*vi* udhëtoj me kaloshinë.
gig II[gig] *n zhrg* angazhim për një natë(i një këngëtari etj).
gig III[gig] *n,v* -*n* fuzhnjë.
-*vt* gjuaj(peshkun) me fuzhnjë.
gigantic[xhai'gæntik] *adj* 1.gjigand.2. vigan, madhështor (projekt).
gigantism[xhai'gæntizëm] *n* 1.madhësi anormale, gjigantizëm. 2. *mjek* gjigantizëm, rritje anormale e organizmit.
giggle['gigël] *v,n* -*vi* qesh nën hundë, ngërdheshem.
-*n* qeshje nën hundë, ngërdheshje.
giglet['giglit] *n knd* vajzë mendjelehtë.
gigolo['xhigëlou] *n* shoqërues i paguar i një femre.
gigot['xhigët] *n* kofshë dashi; kofshë viçi.
gild I[gild] *vt* 1.praroj, laj në ar. 2.shkëlqej, praroj. +**gild the lily** zbukuroj/lavdëroj diçka pa qenë nevoja.
gild II[gild] shih **guild**.
gilding ['gilding] *n* 1. shtresë ari, cipë ari; varak i verdhë. 2.*fig* pamje e jashtme mashtruese.
gill [gil] *n,v* -*n* 1. *zool* verza (të peshkut). 2.*pl* gushë.
-*vt* 1. kap peshkun nga verzat. 2. qëroj, pastroj (peshkun).
gill net *n* rrjetë vertikale (ku ngecin peshqit nga verzat).
gillyflower['xhili'flauë:] *n bot* sheboje.
gilt[gilt] *adj,n* -*adj* i praruar, i larë në ar.
-*n* cipë praruese. +**gilt on the gingerbread** kallaj mbi flori, zbukurim pa vend.
gilts[gilts] *n fin* investime të sigurta.
gilt-edged ['giltexhd] *adj* 1. me anët të praruara. 2.*fin* shumë i mirë, shumë i sigurt(investim).
gimbals ['xhimbëlz, 'gimbëlz] *n* pajisje për të mbajtur një objekt në pozicion horizontal(p.sh busullën e anijes).
gimcrack['xhimkræk] *n* stringël, xhingël.

gimlet I['gimlit] *n* turjelë dore.
gimlet II['gimlit] *n* koktej me xhin e lëng limoni.
gimlet-eyed['gimlit'ajd] *adj* symprehtë, zhbirues.
gimme['gimi] *gj.fol* (= **give me**) më jep.
gimmick['gimik] *n* 1. *zhrg* marifet.2.dredhi, mashtrim.
gin I[xhin] *n* xhin(pije).
gin II[xhin] *n,v* -*n* 1.makinë zhveshëse pambuku. 2.kurth, grackë.
-*vt* 1.zhvesh pambukun. 2.zë në grackë, kap në kurth.
gin III[gin] *vi* (**gan**) *vjet, poet* filloj, nis.
ginger['xhinxhë:] *n,adj,v* -*n* 1.xhenxhefill. 2.*fig* gjallëri, vrull. 3. ngjyrë e kuqërreme.
-*adj* i kuqërremë.
-*vt* gjallëroj; nxis.
ginger ale *n* limonadë me xhenxhefill.
ginger beer *n* pije freskuese me xhenxhefill të fermentuar.
gingerbread *n* bukë xhenxhefilli; kek me xhenxhefill.
gingerly['xhinxhë:li] *adj,adv* -*adj* shumë i kujdesshëm.
-*adv* me shumë kujdes.
gingham['gingëm] *n* pëlhurë e stampuar(me kutira e viza).
gingival['xhinxhivël, xhin'xhaivël] *adj* i mishrave të dhëmbëve.
ginseng ['xhinseng] *n bot* xhensen, bar mjekësor me aftësi gjallëruese.
gipsy['xhipsi] shih **gypsy**.
giraffe[xhi'ræf] *n zool* gjirafë.
girandole ['xhairëndoul] *n* 1. shandan dekorativ. 2.çurgë uji rrotulluese. 3.fishekzjarr rrotullues.
gird I[gë:d] *vt* (**girt, girded**) 1.mbërthej me rrip. 2.rrethoj. 3.(**oneself**) gatitem për veprim. 4. vesh; pajis.
gird II[gë:d] *v,n* -*vi* tallem, shpotis.
-*n* tallje, shpoti.
girder['gë:dë:] *n* tra horizontal, tra mbajtës.
girdle['gë:dël] *n,v* -*n* 1.brez, rrip mesi. 2.rrethojë. 3.korse. 4.unazë në trung(me zhvoshkje të lëvores).
-*vt* 1.rrethoj. 2.vë brez.3.bëj një unazë(në trung të pemës).
girl [gë:l] *n* 1.vajzë; vajzë e re.2.shërbyese.3.*gj.fol* e dashur.
girlfriend ['gë:lfrend] *n* 1. e dashur; mikeshë. 2.shoqe.
girlhood['gë:lhu:d] *n* vajzëri, çupëri.
girlie['gë:li] *n gj.fol* vajzë; grua; **girlie magazine** revistë erotike.
girlish['gë:lish] *adj* 1.vajze, prej vajze; për vajza. 2.vajzëror.
girt I[gë:t] *pt,pp* e **gird**.
girt II[gë:t] *v* 1.vë brez, mbaj rrip. 2.shtërngoj me rrip.

girth[gë:th] *n,v -n* 1.perimetër, rreth(i trungut etj). 2.nënbarkëz, qingël.
-vt 1.i mas perimetrin. 2.shtërngoj me rrip.
gist[xhist] *n* thelb, esencë.
give [giv] *v,n -v* (**gave**; **given**) 1. jap. 2.dorëzoj. 3.përcjell, transmetoj(një mesazh). 4.fal, dhuroj, jap. 5.paguaj. 6. lëshoj (një britmë).7. mbaj (leksion). 8.shkaktoj(shqetësim). 9.jepet, dorëzohet; **the lock gave when he battered the door** brava nuk mbajti kur ai e shkelmoi derën. 10. bie, shikon nga. +**give and take** shkëmbej, bëj trambë; **give or take** me afërsi, poshtë-lart; **give birth** lind; pjell; **give chase (to)** ndjek; **give ear (to)** dëgjoj, i vë veshin; **give ground** tërhiqem, zmbrapsem; **give one his due** i jap hakun; **give oneself airs** kapardisem, ngrefosem; **give sb best** pranoj epërsinë e dikujt; **give way** a)tërhiqem, sprapsem; b)çahet(akulli); c)këputet (litari); **give way to** a)i lë rrugë; b)i lë vendin; c)i dorëzohem, i jepem; d) i bëj lëshime.
-n epje; përkulshmëri, elasticitet.
+**give away** *gj.fol* a)dhuroj, fal; b)nxjerr, tregoj(një të fshehtë).
+**give back** kthej, dorëzoj(një libër).
+**give in** a)dorëzohem; b)dorëzoj, jap.
+**give (it) to** *gj.fol* a)ndëshkoj, rrah; b)shaj, qortoj.
+**give off** a)lëshon(erë); b)nxjerr(tym) ; c)prodhon (nxehtësi)
+**give out** a)lëshon(erë); b)shpërndaj; c)njoftoj, shpall, bëj të njohur; d) shteron, mbarohet; e)ngecet (makina).
+**give over** a) dorëzoj; b)ndaloj; pushoj.
+**give up** a)dorëzoj; b)dorëzohem; c)heq dorë(nga), lë; d)pres shpresat; e)i kushtohem.
give-and-take ['givën'teik] *n* 1. lëshime të dyanshme. 2.hidh-e-prit, shaka pa të keq.
giveaway['givëwei] *n gj.fol* 1.nxjerrje pa dashje(e të fshehtës); ekspozim; kallëzim. 2.*tv,rad* shfaqje me dhënie çmimesh.
given['givën] *adj,v,prep -adj* 1.i caktuar, i dhënë, i fiksuar(afat). 2.i njohur, i ditur, i dhënë(numër). 3.(**to**) i prirur, i dhënë pas.
-pp e give.
-prep **given that** duke ditur që.
given name *n* emër (i personit).
gizzard['gizë:d] *n* 1.*anat* katëk (i shpendit). 2.*fig* fyt, grykë; **it sticks in my gizzard** nuk e honeps dot, s'më pëlqen aspak.
glabrous ['gleibrës] *adj* pa qime, pa push, i lëmuar.
glacé[glæ'sei] *adj* 1.i sheqerosur. 2.i ngrirë. 3.i lëmuar, me shkëlqim.
glacial ['gleishël] *adj* 1. i akullt, prej akulli. 2.akullnajor, i akullnajave. 3.*fig* i ftohtë, i akullt.
glaciate['gleishieit] *v* 1.mbuloj me akull. 2.ngrj, akulloj. 3.ngrin.
glaciation[glæsi'eishën] *n* akullim.

glacier['gleishë:] *n* akullnajë.
glad I [glæd] *adj* 1.i gëzuar; i lumtur; i kënaqur. 2.i gëzueshëm; i kënaqshëm; **glad news** lajme të gëzueshme.3.i gatshëm; **I'd be glad to help you** jam gati t'ju ndihmoj. 4.gazmor, i qeshur.
glad II[glæd] *n gj.fol bot* gladiolë.
gladden['glædën] *v* 1.gëzoj. 2.lëndinë.
gladiator['glædieitë:] *n* gladiator.
gladiola[glædi'oulë] *n bot* gladiolë.
gladiolus[glædi'oulës] *n bot* shpatore, shpatëz, luleshpatë; gladiolë.
gladly['glædli] *adv* me gëzim; me kënaqësi.
gladness['glædnis] *n* gëzim; kënaqësi.
glad rags *n zhrg* rrobat e mira.
gladsome['glædsëm] *adj* 1.i gëzuar, i qeshur, gazmor. 2.i këndshëm, i kënaqshëm, gëzimdhënës.
glair[gleë:] *n* e bardhë veze.
glaive[gleiv] *n vjet* shpatë, pallë.
glamo(u)r['glæmë:] *n* magjepsje; magji; joshë.
glamo(u)rous['glæmërës] *adj* magjepsës; joshës.
glance [glæns] *n,v -n* 1. shikim i shpejtë; **at a glance** me një shikim; **at first glance** në shikim të parë; **cast/take a glance** hedh një shikim/një sy. 2.vezullim, shkrepje. 3.shmangie. 4.aluzion kalimthi.
-vi 1.shikoj, i hedh një shikim. 2.vezullon, shkreptin. 3.shket, shmanget. 4.bëj një aluzion kalimthi.
gland[glænd] *n anat* gjëndër.
glanders['glændë:z] *n mjek* kërrnjotë(e kuajve etj).
glandular['glænxhulë:] *adj* i gjëndrave, gjënderor.
glare I ['gleë:] *n,v -n* 1. shkëlqim verbues. 2. shikim i rreptë.
-v 1.shkëlqen fort, lëshon ndriçim verbues. 2.i shoh me inat, i ngul sytë me rreptësi.
glare II[gleë:] *n,adj -n* sipërfaqe e lëmuar, e ndritshme.
-adj i ndritshëm, i lëmuar.
glaring['glering] *adj* 1.i shndritshëm, verbues.2.e ndezur(ngjyrë). 3.i dukshëm(gabim).
glary['gleri] *adj* shih **glaring**.
glass[glæs] *n,v -n* 1.xham, qelq. 2.gotë. 3.*pl* sy-ze.4.*pl* dylbi.5.xham dritareje etj. 6.pasqyrë.7.barometër. 8.*attr* prej qelqi; e qelqit(industri). +**see through rose-colored glasses** jam tepër optimist.
-v 1.(-**in**) mbyll me xhama(verandën). 2.i vë xham. 3.pasqyron. 4.bëhet i xhamtë, qelqëzohet.
glass blower *n* fryrës qelqi, punues qelqi.
glass cutter *n* 1.xhamaxhi, prerës xhamash. 2.elmaz.
glassful['glæsful] *n* një gotë(sasi).
glasshouse['glæshauz] *n* serrë.
glassine[glæ'si:n] *n* letër xhami, letër paketimi gati e tejdukshme.
glassware['glæsweë] *n* qelqe, qelqurina.
glass wool *n* lesh xhami.
glasswork ['glæswë:k] *n* 1. prodhim xhami; pro-

dhim artikujsh qelqi. 2.artikuj qelqi, qelqurina. 3.vënie xhamash(në dritare).

glassy['glæsi] *adj* 1.i qelqtë, i xhamtë; i tejdukshëm. 2.i ngrirë, pa shprehje(shikim).

glaucoma[glo'koumë] *n mjek* glaukomë.

glaucous['glo:kës] *adj* 1.i blertë në të kaltër, ngjyrë gurkali. 2.i veshur me pluhur të bardhë.

glaze[gleiz] *v,n -v* 1.i vë xham (dritares). 2.zmaltoj(porcelanin). 3.bëhet i lëmuar, bëhet si qelq. *-n* 1.zmalt. 2.glazurë.

glazer, glazier ['gleizë:, 'gleizë:] *n* xhamaxhi, xhamtar, xhamavënës.

glazing ['gleizing] *n* 1. vënie xhamash. 2.xham (dritaresh etj). 3.glazurë. 4.zmalt.

gleam[gli:m] *n,v -n* 1.dritë e dobët. 2.refleks, vezullim. 3.rreze, shkëndijë(shprese). *-vi* 1.shndrit, shkëlqen, feks. 2.vezullon. 3.shfaqet befas; duket për një çast.

glean [gli:n] *v* 1. mbledh kallëzat (e mbetura). 2.qëmtoj, grumbulloj pak nga pak(informata etj).

glebe[gli:b] *n* 1.poet dhe; tokë; fushë. 2.ngastër e priftit.

glee[gli:] *n* 1.gaz; kënaqësi. 2.këngë polifonike.

gleeful ['gli:ful] *adj* plot gaz, gazmor, shend e verë.

gleeman['gli:mën] *n vjet* këngëtar; rapsod.

gleesome['gli:sëm] *adj* shih **gleeful**.

glen[glen] *n* luginëz, lugore.

glib[glib] *adj* 1.tepër i çlirët, brisk(nga goja). 2.i cekët, i pamenduar(argumentim).

glibly['glibli] *adv* tepër lehtë.

glide [glaid] *v,n -v* 1. shkas, rrëshqas. 2. kalon, rrjedh(koha). 3.shket në ajër, zbret ëmbël(avioni). *-n* 1.rrëshqitje. 2.shkarje në ajër, zbritje e ëmbël(e avionit). 3.gram gjysmëzanore. 4.paftë metalike /plastike (në këmbët e orendive, për t'i shtyrë me lehtësi).

glider['glaidë:] *n* avion pa motor.

glim[glim] *n zhrg* dritë; llampë; qiri.

glimmer ['glimë:] *n,v -n* 1.dritëz; vezullim. 2.ide e turbullt. 3.grimë, fije(shprese etj); **a glimmer of hope** një fije shpresë. *-vi* 1.ndrit lehtë, regëtin, vezullon. 2.shfaqet, duket paksa.

glimmering['glimëring] *n* shih **glimmer** 1.

glimpse [glimps] *n* 1. shikim i shpejtë. 2.paraqitje e shkurtër. 3.shfaqje e lehtë. +**at a glimpse** në shikim të parë; **catch a glimpse of sth** ma zë syri diçka..

glint[glint] *v,n -vi* shndrit, shkëlqen; vezullon, xixëllin. *-n* 1.refleks; vezullim, shkëlqim. 2.shkreptimë, xixë(sysh).

glissade [gli'sæd, gli'sa:d] *n,v -n* rrëshqitje, shkarje. *-vi* shkas, rrëshqas.

glisten['glisën] *vi* shndrit, shkëlqen, ndrit.

glister['glistë:] *v,n vjet* shndrit, shkëlqen, ndrit.

glitter['glitë:] *v,n - vi* 1.shndrit, shkëlqen; vezullon, xixëllin. 2.mbulohet me akull. *-n* 1.shndritje, shkëlqim; vezullim, xixëllim. 2.fig shkëlqim. 3.cipë akulli.

glittery['glitëri] *adj* vezullues, xixëllues; shndritës.

gloaming['glouming] *n* mugëtirë, muzg.

gloat[glout] *vi* vështroj ngultas; përpij me sy, shoh me lakmi; **gloat over sth** ngazëllehem me diçka.

global['gloubël] *adj* 1.botëror, i të gjithë rruzullit. 2.global. 3.rruzullor, i rrumbullt. +**global warming** ngrohje e planetit.

globate['gloubeit] *adj* i rruzullt, i rrumbullt, rruzullor.

globe['gloub] *n,v -n* 1.rruzull, sferë. 2.rruzull tokësor, botë, tokë. 3.glob gjeografik. 4.poç. *-vt* mbledh lëmsh; bëj rruzull.

globe-trotter ['gloub'trotë:] *n* njeri i shetitur, udhëtar i përhershëm.

globose ['gloubous] *adj* i rrumbullt, sferik, rruzullor.

globular['globjulë:] *adj* shih **globose**.

globule['globju:l] *n* rruazë, pikëz.

globulin['globjulin] *n biol* globulinë.

glomerate ['glomërit] *adj* i mbledhur lëmsh, i rruzullt.

glomerule['glomëru:l] *n* rruzull.

gloom [glu:m] *n,v -n* 1. terr, errësirë. 2.trishtim, mërzi. 3.pamje e ngrysur, zymti. *-vi* 1.errësohet. 2.mërzitem, trishtohem. 3.ngrysem, zymtohem.

gloomily['glu:mili] *adv* 1.trishtueshëm, me mërzi. 2.i mërzitur, i trishtuar; i zymtë.

gloria['glo:rië] *n* 1. këngë lavdi perëndisë. 2. brerore, kurorë drite. 3.cohë çadre.

glorification [glo:rëfë'keishën] *n* 1. madhërim, mbulim me lavdi.2.zbukurim.3.Br gj.fol festim.

glorified [glo:rëfaid] *adj* i fryrë, i zbukuruar; **it's just a glorified swimming pool** s'është veçse një pishinë e rëndomtë.

glorify['glo:rëfai] *vt* 1.lavdëroj, thur lavde, lartësoj; ngre lart. 2.nderoj; adhuroj.

glorious['glo:riës] *adj* 1.i lavdishëm.2.i shkëlqyer. 3.madhështor. 4.i këndshëm; shumë i mirë.

glory ['glo:ri] *n,v -n* 1. lavdi. 2. shkëlqim; madhështi. +**go to glory** vdes; **in one's glory** gj.fol shumë i kënaqur. *-vi* krenohem, ngazëllehem. +**glory in** kënaqem, shijoj.

gloss I [glos] *n,v -n* 1. lustër, shkëlqim. 2. fig shkëlqim i rremë, aparencë. *-vt* lustroj, i jap lustër; **gloss over** e lustroj, mbuloj (një gabim).

gloss II[glos] *n,v -n* 1.shpjegim, shënim, sqarim, koment. 2.fjalorth. 3.përkthim brenda tekstit.

-*vt* komentoj, sqaroj, vë shënim.

glossary['glosëri] *n* fjalorth.

glossy['glosi] *adj* i shkëlqyer, me shkëlqim.
-*n* fotografi në letër lustër.

glossy magazine *n* revistë luksi.

glove [glʌv] *n* dorezë, dorashkë; **fit like a glove** i bie tamam; **be hand in glove with sb** jam i lidhur ngushtë/bythë e brekë me dikë; **handle with kid gloves** e trajtoj me shumë kujdes.

glove puppet *n Br* kukull, marionetë.

glow [glou] *n,v* -*n* 1. shkëlqim, ndriçim. 2. përflakje; flakërim. 3.ngrohtësi; kuqëlim(i fytyrës); çehre e shëndetshme. 4.ndjenjë; hov.
-*vi* 1.skuq, ndrit, shkëlqen, feks. 2.digjet, përvëlon. 3.*fig* jam i etur, digjem(për); shkëlqen(nga gëzimi).

glower['glauë:] *v,n* -*vi* shoh me inat; ngrysem.
-*n* shikim me inat.

glowing['glouing] *adj* 1.i përflakur, flakërues. 2.i ndritshëm. 3.i përskuqur. 4.*fig* i gjallë, me ngjyra të ndezura(përshkrim).

glowworm['glouwë:m] *n* xixëllonjë(larvë), larvë ndriçuese.

gloze[glouz] *vi* zbus, mbuloj(gabimin).

glucose['glu:kous] *n* glukozë.

glue[glu:] *n,v* -*n* tutkall; zamkë; qiriç.
-*vt* 1.ngjis(me zamkë etj). 2.lidh, bashkoj, fiksoj; shtërngoj. 3.ngul, qep(vështrimin).

gluey['glu:i] *adj* 1.ngjitës, si zamkë. 2.me zamkë, i lyer me zamkë.

glum[glʌm] *adj* i zymtë, i pikëlluar, i trishtuar.

glumly['glʌmli] *adv* zymtë, trishtueshëm.

glut[glʌt] *vt* 1.nginj, ngop. 2.dynd, mbush së tepërmi.
-*n* 1.ngimje, ngopje. 2.dyndje, mbytje(e tregut me mall).

glutinous['glu:tinës] *adj* ngjitës.

glutton I['glʌtën] *n* llupës, hamës, grykës; njeri i panginjur.

glutton II['glʌtën] *n zool* volverin(mishngrënës i familjes së nuselalës).

gluttonous ['glʌtënës] *adj* 1.llupës, grykës; i pangopur. 2.lakmitar.

gluttony['glʌtëni] *n* grykësi, pangopësi.

glycerin['glisërin] *n* glicerinë.

glucerol['glisëro:l] *n* glicerinë.

glycol['glaiko:l] *n kim* glikol(tretës).

gm(shkurtim i **gram**) gram, g.

GMT(**=Greenwich Mean Time**) orë e Grinuiçit, GMT.

gnarl[na:l] *n,v* -*n* nyjë, gungë(në dru).
-*vt* përdredh; gungoj.

gnarled[na:ld] *adj* 1.me nyje, me gunga, me bullunga(dru). 2.i ashpëruar, me kallo(dorë).

gnash[næsh] *v* 1.kërcëllij(dhëmbët).2.kafshoj me forcë.

gnat[næt] *n zool* harrje, mizë e vockël.+**strain at**

a gnat ngecem për punë yçkëlash.

gnaw [no:] *v* 1. brej (një kockë). 2. shpoj me dhëmbë(një vrimë). 3.*fig* ha, bren(ndërgjegjen); **gnaw away at sb** ia ha shpirtin dikujt.

gnome [noum] *n* kukudh, karkanxholl; xhuxh i shëmtuar.

gnomic['noumik] *adj* me sentenca, me aforizma.

gnomon ['noumon] *n* 1. tregues, kunj (i orës diellore). 2.*gjeom* pjesë e mbetur e paralelogramit(kur i hiqet një paralelogram më i vogël).

GNP(**=Gross National Product)** *n* Produkt Kombëtar Bruto, PKB.

gnu[nu:, niu:] *n zool* antilopë.

go[gou] *v* (**went; gone**) 1.shkoj; **we went by bus** ne shkuam me autobus; **go shopping** shkoj për të bërë pazaret. 2.iki, largohem; **I have to go** duhet të iki; **let's go!** ikim! **what time does the train go?** kur niset treni? 3.bëhem; jam; **go hungry** më merr uria; **go unpunished** shpëtoj pa u ndëshkuar; **go mad** çmendem; **go grey** thinjem. 4.ikën, kalon (koha). 5.zhvillohet; **go well/badly** shkon mirë/keq; **how is it going?** si duket puna? 6.ecën, punon; **the car won't go** makina nuk ecën. 7.(qëllim, vendim); **be going to do sth** do të bëj diçka; **it's going to rain** do të bjerë shi; **it's not going to be easy** nuk do të jetë e lehtë. 8.bie(zilja, sirena). 9.harxhohet; **all the money goes for food and rent** të gjitha paratë shkojnë për ushqimin dhe qiranë. 10.i jepet; **go to** i kalojnë, i jepen. 11.hiqet qafe, zhduket; **he'll have to go** ai duhet të qërohet; **everything must go** i gjithë malli duhet të shitet.12.digjet, prishet(sigureca etj). 13.bie, humbet(shikimi, dëgjimi). 14.shkon, ujdis me(një ngjyrë, model etj). 15.e ka vendin, i takon; **the plates go in the cupboard** pjatat e kanë vendin në bufe. 16.*mat* pjesëtohet, hyn; **three into two won't go** treshi te dyshi nuk hyn.17.thotë(kënga etj); **as the saying goes** siç thotë ajo fjala e popullit. 18.(në këshilla) ruhu, kujdes se mos; **now don't go catching a cold** kujdes mos marrësh ndonjë të ftohtë. 19.vete; **you've gone and done it now!** ama, të bukur punë vajte e bëre! 20.bën(kafsha); **the dog went "woof"**qeni bëri "ham". 21.i drejtohem; **go to court** i drejtohem gjyqit. 22. vdes; **his wife went first** e para vdiq e shoqja. 23.*fig* gëlltis, duroj, honeps; **I can't go tea** nuk e duroj dot çajin. +**as people/things go** duke patur parasysh të tjerët/të tjerat; **go all out** bëhem copë, përpiqem me të gjitha forcat.
-*n* 1.ikje, vajtje. 2.*gj.fol* vrull, energji.3.gjendje e punëve. 4.*gj.fol* modë, stil. 5.*gj.fol* provë, përpjekje; **let's have another go at this problem** le t'i kthehemi edhe njëherë këtij problemi. 6.sukses. 7.*gj.fol* ujdi, marrëveshje; **it's a go** u morëm vesh. +**have a go!** jepi! provoje! **it's my go** e kam unë radhën; **be on the go** jam në lëvizje, jam në aktivitet; **no go** *gj.fol* punë që s'bëhet; e pamundur; gjë pa vlerë.

+**go about** a)merrem me, jam i zënë me; b)lëviz tutje-tëhu; c)kthehem, ndërroj drejtim.

+**go ahead** a)vazhdoj; b)përparoj, bëj përpara.

+**go along** a)bie dakord; bashkëpunoj; b)përparoj; vazhdoj; **as you go along** aty për aty, në vend; **go along with** mbështes, përkrah(një plan); ndjek (dikë).

+**go around** a) vij vërdallë, dal e bredh; b)shoqërohem(me dikë); c)qarkullon(një fjalë); d)ka për të gjithë.

+**go at** a)sulmoj; b)*fig* i futem, i turrem(ushqimeve).

+**go back** a)kthehem; rikthehem; b)tërhiqem, zmbrapsem ; c) e ka fillimin, shkon deri tek; daton; d) i rikthehem(diçkaje); **go back to a subject** i kthehem sërish një teme; e)shtrihet.

+**go back on** a)anuloj(vendimin); b)nuk mbaj, shkel (premtimin); ha fjalën; c) tradhtoj, pres në besë (mikun).

+**go before** ndodh më përpara.

+**go by** a)shkon, kalon(koha); b)nisem nga, udhëhiqem nga.

+**go down** a)ulet, bie(çmimi); b) pranohem; pritem; **go down badly** më presin keq; c) perëndon (dielli) ; d)shfryhet (balloni); e)zbret.

+**go down with** më zë(një sëmundje).

+**go for** a)përpiqem të kap; b)zgjedh; c)më tërheq; d)turrem, sulem; e) vlen; **does this go for me too?** a vlen kjo edhe për mua? f)përkrah, mbështes.

+**go in** futem, hyj.

+**go in for** a)marr pjesë; b)paraqitem(në provim); c)përpiqem të bëj; d)futem në (një profesion); e) shijoj; jepem pas.

+**go into** a)*mat* hyn(te një numër); b)hetoj, shqyrtoj; c)hyj në(një profesion); d)hyj në(një profesion); d)hyj në hollësira, shtjelloj; e)filloj të; **go into a rage** filloj të nxehem.

+**go in with** bashkohem me; marr pjesë në.

+**go it** *gj.fol* eci shpejt, shpejtoj.

+**go it alone** e bëj vetë; veproj i pavarur.

+**go off** a) iki, largohem; b) shkrehet (pushka); c)ngec, nuk punon; d)bie (zilja); e) prishet(ushqimi); f)fiket(drita); ndërpritet(ngrohja); g)ngjet, ndodh.

+**go off with** marr.

+**go on** a)ndodh, ngjet, zhvillohet; b)zë të punojë; c)shkoj përpara; d)vazhdoj(të bëj); e)shkoj gjetiu; f)flas pa pushim; **go on abou sth** s'pushoj së foluri për diçka; g)mbështetem në, nisem nga.

+**go on at** ngacmoj.

+**go one better** a)ia kaloj; b)e shtoj(bastin).

+**go out** a)dal; b)dal shetitje; c)fiket(cigarja etj). d)del nga moda; e) shoqërohem(me dikë); f)bëj grevë.

+**go over** a)shqyrtoj, verifikoj; b)rishikoj; rilexoj; c)ribëj; d)ia dal mbanë; e)ndërroj parti; f)*zhrg* zhdëp në dru.

+**go over to** a)kaloj në(diçka tjetër); b)ndërroj parti; c) *rad, tv* ndërroj kanal.

+**go round** a)mjafton për të gjithë; b)vërtitet.

+**go through** a)provoj, kaloj; vuaj, pësoj; b)harxhoj, shpenzoj; c)kontrolloj, hetoj; d)lexoj(një listë); e)kaloj, pranohem.

+**go through with** i shkoj deri në fund.

+**go together** shoqërohem vazhdimisht.

+**go towards** kontribuoj për.

+**go under** a)zhytem, fundosem; b)rrënohem, falimentoj, marr fund.

+**go up** a)ngjitem; b)rritet(çmimi); c)ngrihet(godina); d)pëlcet, shpërthen; e) (**in flames**) merr zjarr.

+**go with** a)shoqëroj; b)shkon, është në harmoni me; **go without** bëj pa, s'kam nevojë për(diçka).

+**let go** a)lë, lëshoj; b)heq dorë; c)ia var.

+**let oneself go** a)nuk përmbahem; b)ia var vetes.

+**to go** a)mbeten; **there are only two days to go** kanë mbetur edhe dy ditë; b)*amer* për ta marrë me vete; **she ordered two hamburgers to go** ajo porositi dy hamburger për t'i marrë me vete.

goad[goud] *v,n* -*vt* nxis, shtyj.
-*n* 1.hosten. 2.nxitje, shtytje.

go-ahead ['gouë'hed] *n gj.fol* 1. ecje përpara; ambicje. 2.leje për të vazhduar, dritë jeshile. 3.*attr* ambicioz. 4.*attr* lejues.

goal [goul] *n* 1.*sport* a)portë; b)gol; **to score a goal** shënoj një gol. 2.vijë e mbërritjes, finish. 3.qëllim, synim, pikësynim. +**keep goal, play in goal** jam portier.

goalie['gouli:] *n sport* portier.

goalkeeper['goul'ki:pë:] *n sport* portier.

goal line *n sport* vijë fatale, vijë e portës.

goalless ['goullis] *adj* pa gola (ndeshje); **goalles draw** ndeshje pa gola.

goal-mouth['goulmauth] *n sport* zonë e portierit.

goal tender *n sport* portier.

goalpost['goulpost] *n sport* shtyllë(e portës).

goat[gout] *n* 1.dhi. 2.dash kurbani. 3.**Goat** *astr* Bricjapi(yllësi). +**act the goat** luaj rolin e budallait; **get sb's goat** e nxeh dikë.

goatee[gou'ti:] *n* mjekërz me majucë.

goatherd['gout-hë:d] *n* dhiar, bari dhish.

goatskin['goutskin] *n* lëkurë dhie.

gob I[gob] *n gj.fol* copë; shuk; thelë.

gob II[gob] *n amer gj.fol* marinar(amerikan).

gobbet['gobit] *n* copë, thelë; shuk.

gobble I['gobël] *vt* 1.kullufis, llufis, llup. 2.*gj.fol* (**up**) gëlltis, kapërdij.

gobble II['gobël] *v,n* -*vt* bëj si gjeldeti.
-*n* këngë e gjelit të detit.

gobbledygook ['gobëldi'gu:k] *n gj.fol* 1. shkrim /fjalim i stërzgjatur; gjepur, llomotitje. 2.zhargon i fryrë.

gobbler['goblë:] *n* gjel deti.

go-between [goubi'twi:n] *n* ndërmjetës; shkues,

mbles.

goblet['goblit] *n* kupë, gotë me fron.

goblin['goblën] *n* kukudh, shpirt i keq.

gobsmacked ['gobsmækt] *adj Br* gojëhapur, i habitur.

gocart, go-cart ['gouka:t] *n* 1. karrocë fëmijësh. 2.kosh me rrota(për fëmijë). 3.karrocë e lehtë. 4.makinë garash me fuqi të vogël.

god[god] *n fet* 1.zot, perëndi. 2.hyjni; my God!, God in Heaven! O zot! for God's sake për hir të zotit!, në paç perëndi!; thank God! lavdi zotit!, shyqyr! gods *Br* galeria e sipërme(në teatër).

god-awful['god'o:fël] *adj zhrg* i tmerrshëm, i lenerishëm.

godchild['god'çaild] *n* famull, fijan.

goddamn['godæm] *adj,interj* -adj i mallkuar, i dreqnuar.
-interj ta hajë dreqi!

goddaughter['goddo:të:] *n* famulle, fijane.

goddess ['godis] *n* 1. perëndeshë; hyjni. 2. femër magjepsëse.

go-devil['goudevël] *n* 1.vagon, platformë.2.vagon për gurë. 3.pajisje çbllokimi tubash.

godfather['god'fʌdhë:] *n* nun.

godforsaken[godfë:'seikën] *adj* 1.i zymtë, i pikëlluar. 2.i prishur, krejt i zvetënuar. 3.i braktisur nga zoti.

god-given [godgivën] *adj* 1. i dhënë nga zoti. 2.i mirëpritur, i bekuar.

godhead ['godhed] *n* 1. zot. 2. hyjni, natyrë hyjnore.

godhood['godhu:d] *n* hyjni, natyrë hyjnore.

godless['godlis] *adj* 1.i pafe. 2. i lig, i keq.

godlike ['godlaik] *adj* 1. i perëndishëm, hyjnor. 2.për zotat; prej perëndie.

godly['godli] *adj* 1. i devotshëm, besimtar. 2. *vjet* ayjnor; i perëndishëm.

godmother['god'mʌdhë:] *n* ndrikull.

godparents['god'peërënts] *npl* nuni dhe ndrikulla, nunët.

god's acre *n* varrezë në oborr të kishës; varrezë.

godsend ['godsend] *n* dhuratë nga perëndia, fat, mësmet.

godson['godsʌn] *n* famull.

godspeed['godspi:d] *n* krahë të lehtë(urim).

goggle['gogël] *v,n* -vi 1.zgurdulloj(sytë).2.shqyej ytë, shikoj me sy të zgurdulluar. 3. mbetem me gojë apur, shtangem nga habia.
-n zak pl syze mbrojtëse, syze saldatori.

goggle-eyed['goglaid] *adj* syçakërritur, me sy të gurdulluar.

go-go dancer['gougou'dænsë:] *n* kërcimtare kaareje.

going['going] *n,adj* -n 1.ikje, largim. 2.ecje, kaim; that was good going shpejt u bë. 3.kushte, jendje(e rrugës).

-adj 1.lëvizës; veprues; punues, funksionues. 2.që shkon, vajtës. 3.ekzistues, aktual. +be going to do të; be going on po afron, është pothuaj; it is going on four o'clock është pothuajse ora katër.

going concern *n* firmë/kompani e suksesshme.

going-over['gouing ouvë:] *n* 1.*gj.fol* shqyrtim tërësor; studim i plotë. 2.*zhrg* a)sharje; b)rrahje.

goings-on['goingzon] *n* 1.veprime, qëndrime, sjellje. 2.ngjarje, zhvillime.

goitre['goitë:] *n mjek* strumë, gushë.

go-kart['gouka:t] *n* makinë e vogël garash.

Golconda[gol'kondë] *n mit* minierë ari, burim pasurie.

gold[gould] *n,adj* -n 1.ar, flori. 2.monedhë ari. 3.para, pasuri. 4.ngjyrë ari.
-adj 1.i artë, i florinjtë; gold coin monedhë ari. 2.i verdhë, ngjyrë ari, i artë; i praruar.

goldbeater['gould'bi:të:] *n* arpunues, argjendar.

goldbrick['gouldbrik] *v,n zhrg* -v 1. mashtroj. 2.hi-qem i sëmurë.
-n simulant; bishtnues.

gold brick *n gj.fol* gjë kallpe.

gold digger *n* 1. arkërkues. 2. *zhrg* grua aventuriere.

gold dust *n* pluhur ari.

golden['gouldën] *adj* 1.artë, i florinjtë, prej floriri. 2.i praruar, ngjyrë ari. 3.i verdhë, bjond(flok). 4.*fig* i çmuar, i rrallë; a golden opportunity një shans i rrallë. 5.i pesëdhjetë(përvjetor).

Golden Age *n mit* epoka e artë.

Golden Fleece *n mit* bashka e artë.

golden mean *n fig* e mesmja e artë, rruga e mesme.

golden rule *n fig* rregull e artë.

golden wedding *n* martesë e artë, 50-vjetori i martesës.

goldfield['gouldifi:ld] *n* zonë armbajtëse.

gold-filled['gouldfild] *adj* i larë me ar.

goldfinch['gouldfinç] *n zool* peshk i kuq.

goldfish['gouldfish] *n zool* peshk i kuq.

goldilocks]'gouldiloks] *n* bjond, leshverdhë(sidomos vajzë).

gold leaf *n* fletë ari.

gold mine *n* minierë ari.

gold-plate['gouldpleit] *vt* vesh me ar, laj me ar.

gold rush *n* vërshim arkërkuesish.

goldsmith['gouldsmith] *n* arpunues, argjendar.

gold standard *n fin* standard i arit, ekuivalencë(e monedhës) në ar.

golf[golf] *n,v* -n sport golf.
-vi luaj golf.

golf course *n* shesh/terren golfi.

golfer['golfë:] *n* lojtar golfi.

golf links *n* shih golf course.

Golgotha['golgëthë] *n* 1.*hist* Golgotë, vend i kryqëzimit të Krishtit. 2.vend varrimi.

golliwog ['goliwog] *n* kukull lecke me fytyrë të

zezë.

golly['goli] *interj gj.fol* hej, dreq!; ç'bela!

gonad['gounæd, 'gonæd] *n anat* herdhe; vezore.

gondola['gondëlë] *n* 1.gondolë. 2.vagon mallrash i hapur. 3.kosh dirizhabli. 4.kabinë teleferiku.

gondolier[gondë'lië:] *n* gondolier.

gone[gon] *adj,v* -adj 1. i ikur, i larguar. 2. i humbur; **a gone case** çështje e humbur. 3.i vdekur. 4.i harxhuar. 5.i rrënuar; i dështuar; plot ndjenjë. +**far gone** a)shumë i avancuar; b)i zhytur thellë, i ngatërruar keq; **gone on** *gj.fol* i dashuruar pas. -*vi pp* e **go**.

goner['gonë:] *n gj.fol* njeri i mbaruar; i vdekur; i rrënuar; njeri i pashpresë.

gonfalon['gonfëlën] *n* banderolë, flamur i varur në shtizë horizontale.

gong[gong] *n* 1.gong. 2.kimbal, xinge.

gonorrhea[gonë'ri:ë] *n mjek* gonorré.

goo[gu:] *n zhrg* lëndë e trashë, ngjitëse.

good[gu:d] *adj,n* -adj (**better; best**) 1.i mirë; **be good at sth** jam i zoti në diçka; **it feels good to** është mirë të, është gjë e mirë kur; **it's good for you** kjo të bën mirë. 2.i dashur, i sjellshëm; bujar; **be good enough to do sth** kam mirësinë të bëj diçka; **be good!** rri urtë! rri i qetë! 3.i bukur, i këndshëm. 4.i dobishëm.5.i bollshëm, goxha; **a good while** një copë herë të mirë. +**as good as** pothuaj, praktikisht; **the day is as good as over** dita pothuaj ka mbaruar; **good and** *gj.fol* shumë, tepër; **she was good and angry** ajo ishte fort e nxehur; **good for** a)në gjendje për të (bërë/jetuar); b)që mund të paguajë; c)që vlen; **good for you!** fort bukur! **give as good as one gets** ia laj borxhin, s'ia lë mangët; **make (sth) good** a)kompensoj; zhdëmtoj, paguaj për (një dëm); b)kryej; plotësoj; mbaj(një premtim); c)ia dal, arrij të; d)kam sukses; e)provoj, vërtetoj; **it was good of you to** bëtë mirë që; **in good spirits** në humor të mirë; **good works** vepra bamirësie. -*n* 1.e mirë; përfitim; **common good** e mira e përgjithshme. 2.anë e mirë(e një njeriu). 3.gjë e mirë. 4.njerëz të mirë. +**for good, for good and all** përgjithmonë; përfundimisht; në mënyrë të përhershme; **it's no good** kjo nuk ia vlen; është e kotë; **will this be any good?** a del gjë nga kjo? **to the good** në dobi/në favor të; **be up to no good** përgatis diçka jo të mirë; kam qëllime të këqija.. 5.*pl* mallra, artikuj. +**come up with/deliver the goods** *Br* e mbaj fjalën.

good afternoon *interj* mirëdita!

goodbye, good-bye['gu:d 'bai] *interj* mirupafshim!

good day *interj* 1.mirëdita. 2.ditën e mirë.

good deal *adv,n* -adv shumë; **a good deal more than I expected** shumë më tepër se ç'shpresoja. -*n gj.fol* ujdi fitimprurëse.

good evening *interj* 1. mirëmbrëma. 2. natën e mirë.

good-for-nothing['gudfë:'nothing] *adj* 1.pa vlerë; i padobishëm. 2.njeri pa vlerë, hiç.

good-hearted ['guď'ha:tid] *adj* zemërmirë, bujar.

good-heartedly ['guď'ha:tidli] *adv* përzemërsisht.

good-humoured ['guď'hjumë:d] *adj* i gëzuar, gjithë humor, i këndshëm.

goodish['gudish] *adj gj.fol* 1.shumë i mirë. 2.goxha, mjaft; **a goodish amount of work** goxha punë.

good-looker['guď'lukë:] *n gj.fol* njeri i pashëm.

good-looking['guď'luking] *adj* i pashëm; tërheqës.

good looks *n* paraqitje, pamje e këndshme.

goodly['gudli] *adj* 1.mjaft, goxha. 2.*vjet* a)shumë i mirë, i shkëlqyer; b)i pashëm, tërheqës.

goodman ['gudmën] *n vjet* 1. zot shtëpie; burrë. 2.titull një shkallë më i ulët se "**gentleman**".

good morning *interj* mirëmëngjes.

good-natured['gud'neiçë:d] *adj* i dashur, i përzemërt, me mirësi.

good-naturedly['gud'neiçë:dli] *adv* përzemërsisht, me mirësi.

goodness ['gudnis] *n,interj* -n 1. mirësi; shpirtmirësi. 2.virtyt. 3.dashuri, miqësi. 4.vlerë. -*interj* **my goodness!** o zot! **for goodness sake!** për hir të Zotit!; paç perëndi! **thank goodness!** lavdi Zotit!

good night *interj* natën e mirë.

goods[gudz] *npl* 1.sende personale. 2.mallra, artikuj. 3.tekstil, cohë. 4.*zhrg* gjëra të nevojshme(për të bërë diçka). 5.*Br* ngarkesë. +**catch with the goods** a)kap me presh në dorë; b)kap në flagrancë; **deliver the goods** bëj atë që duhet, përmbush detyrimin; **get/have the goods on** *zhrg* marr vesh diçka jo të mirë për.

Good Samaritan *n fet* njeri i mirë, njeri i gjindshëm.

good-sized['guď'saizd] *adj* i gjerë; i bollshëm.

good speed *interj* të vaftë mbarë.

good train *n* tren mallrash.

good-tempered['guď'tempë:d] *adj* 1.i mirë, i shkueshëm; gazmor, i qeshur(person). 2.i këndshëm (takim, diskutim).

good turn *n* veprim miqësor; nder, favor, e mirë

goodwife['gudwaif] *n vjet* 1.zonjë shtëpie. 2.titull një shkallë më poshtë se"**lady**".

good will *n* 1.dashamirësi, mirëdashje. 2.miratim gatishmëri; vullnet i mirë. 3.emër i mirë(i firmës).

goody I ['gudi] *n,interj, adj* -n (zak pl) 1. sheqerka, ëmbëlsira. 2.mrekullira, gjëra të këndshme. -*interj* bukur!; sa mirë!. -*adj* me mirësi të shtirë.

goody II['gudi] *n* plakë e varfër.

goody-goody ['gudi'gudi] *n* njeri me mirësi të shtirë.

goof[gu:f] *n,v -n zhrg* 1.budallë, sylesh. 2.gafë, gabim trashanik.
-*vi* 1.bëj gafë. 2.(**up**) katranos(një punë).
+**goof off** vërdallisem, vërtitem pa punë; i bëj bisht punës.
goofball ['gufbol] *n zhrg* 1. tabletë qetësuese; tabletë narkotizuese. 2.njeri i krisur.
goofy['gufi] *adj gj.fol* budallë, i trashë, sylesh.
googol ['gu:gël] *n* numër shumë i madh, 10 në fuqi 100.
goon [gu:n] *n zhrg* 1. ndërmjetës batakçi (midis punëtorëve dhe punëdhënësve). 2.budallë, leshko.
goose[gu:s] *n,v -npl* **geese** 1.patë. 2.mish pate. 3.*fig* leshko; bibë. 4.hekur rrobaqepësi. +**cook sb's goose** *gj.fol* ia prish planet, ia heq shanset dikujt; **kill the goose that lays the golden eggs** sakrifikoj përfitimet e ardhshme për hir të një nevoje të çastit.
-*vi zhrg* 1.pickoj befas në vithe. 2. i jap gaz befas(motorit).
gooseberry['gu:sberi] *n* 1.*bot* kullumbri. 2.*Br* i tretë, person i tepërt; **play goosberry** mbaj qiriun, jam i tepërt.
goose flesh *n* mornica, puprriza.
gooseherd['gushë:d] *n* ruajtës patash.
gooseneck['gusnek] *n* mbajtëse/suport i lakuar.
goose pimples *n* shih **goose flesh.**
goose step *n* hap i shtrirë.
Gordian knot *n* nyjë gordiane; **cut the Gordian knot** zgjidh një problem shqetësues me një veprim të shpejtë.
gore I[go:] *n* gjak i derdhur; gjak i mpiksur.
gore II[go:] *vt* plagos, çaj(me brirë).
gore III[go:] *n* ngastër toke e mbetur(nga trojet e ndërtimit).
gorge[go:xh] *n,v -n* 1.grykë mali, luginë e thellë. 2.e ngrënë me babëzi. 3.ushqim në stomak. 4.neveri, indinjatë. 5.bllok(shkëmbor, akulli) që zë kalimin. 6.*vjet* gurmaz, fyt.
-*vi* 1.ha me babëzi, dëndem. 2.ngjesh, dënd, rras, mbush.
gorgeous['go:xhës] *adj* i shkëlqyer, madhështor; hyjnor.
gorget['go:xhit] *n* 1.mburojë për grykën. 2.gjoksore, mbulesë për grykën dhe gjoksin(për femrat).
gorilla[gë'rilë] *n* 1.*zool* gorillë. 2.*zhrg* person i fuqishëm brutal, rojë personale, trim.
gormand['go:mënd] *n* shih **gourmand.**
gormandize ['go:mëndaiz] *vi* ha me babëzi, llup, llufis.
gorse[go:s] *n bot* gjineshtër.
gory['go:ri] *adj* 1.i gjakosur, i përgjakur, i mbytur në gjak. 2.i përgjakshëm, i dhunshëm.
gosh [gosh] *interj* epo, çudi! **by gosh!** ta marrë dreqi!
gosling['gozling] *n zool* bibë.
go-slow['gouslou] *n gj.fol* 1.ndryshim i ngadaltë.

2.ngadalësim, ulje ritmi.
gospel['gospël] *n* 1.fjala e Krishtit, mësimet e shenjta. 2.ungjill. 3.*gj.fol* besim i plotë, dogmë. 4.e vërtetë absolute.
gossamer['gosëmë:] *n,adj -n* 1.fije merimange. 2.cohë e hollë. 3.rrobë/pëlhurë që nuk fut ujë.
-*adj* i hollë e i lehtë.
gossan ['gosën] *n min* shkëmb i rrëgjuar, mineralmbajtës.
gossip['gosip] *n,v -n* 1.thashetheme, përgojosje. 2.llafazan, thashethemaxhi. 3.*vjet* shok, mik. 4.*vjet* nun; ndrikull.
-*vi* marr nëpër gojë, merrem me thashetheme.
+**gossip column** lajme të shkurtra(në gazetë).
gossiper['gosipë:] *n* llafazan, thashethemaxhi.
gossipmonger['gosipmʌngë:] *n* shih **gossiper.**
gossipy['gosipi] *adj* thashethemexhi, çuçurjar, llafazan.
gosson[go'su:n] *n Br* djalë, djalë shërbimi.
got[got] *pt,pp* e **get.**
Gotama, Gautama['gotëmë] *n* Buda.
Goth[goth] *n* 1.got. 2.barbar, vandal.
goth[goth] *n* 1.got. 2.barbar, vandal.
Gothic ['gothik] *n,adj -n* 1. stil gotik. 2.gjuhë e gotëve, gotisht. 3.shkrim gotik.
-*adj* 1.gotik. 2.barbar. 3.mesjetar.
gotta['gotë] =**got to.**
gotten['gotën] *amer pp* e **get.**
gouache[gwash] *n* 1.guash(bojë uji opake).2.pikturë në guash.
gouge[gauxh] *n,v -n* 1.daltë konkave, daltë e lugët.2.ulluk, kanal i gdhendur(në dru).3.*gj.fol* rreng; mashtrim.
-*v* 1.gdhend, gërryej(me daltë). 2.i nxjerr(sytë). 3.*gj.fol* ia punoj, mashtroj.
goulash['gu:læsh] *n* gulash.
gourami['gurëmi] *n zool* peshk dekorativ.
gourd [go:d, gu:ë:d] *n bot* 1.kungull uji. 2.pagure (prej kungulli).
gourmand['guë:mënd] *n* 1.llupës, hamës. 2.qejfli të ngrëni.
gourmet ['gu:mei] *n* ekspert verërash dhe ushqimesh, gustator.
gout[gaut] *n mjek* cermë, përdhes.
gout[gu:] *n* shijë.
gouty['gauti] *adj* 1.e enjtur nga cerma. 2.i shkaktuar nga cerma.
govern['gʌvë:n] *v* 1.sundoj; qeveris; drejtoj.2.përcaktoj, ndikoj. 3.frenoj, kontrolloj. 4.*gram* kërkon (një rasë të caktuar etj).
governable['gʌvë:nëbël] *adj* 1. i qeverisshëm. 2.i kontrollueshëm.
governance ['gʌvë:nëns] *n* qeverisje; sundim; kontroll; drejtim.
governess ['gʌvë:nis] *n* guvernante, kujdestare fëmijësh.

government['gʌvë:nmënt] *n* 1.qevei. 2.sistem qeverisjeje. 3.qeverisje, qeverim, drejtim, sundim. 4.territor i qeverisur. **+government stock** fonde shtetërore.

governmental[gʌvë:n'mentël] *adj* qeveritar, i qeverisë.

Goverment House *n amer* 1.rezidencë e Guvernatorit(në provinca).

governor['gʌvë:në:] *n* 1.guvernator.2.drejtor, kryetar, anëtar i kryesisë(së një shoqate, etj). 3.*tek* rregullator shpejtësie.

governor general *n* guvernator i përgjithshëm, përfaqësues i Kurorës(britanike).

Govt., govt.(shkurtim i **government**) *n* qeveri.

gowan['gouën] *n bot* luleshqerrë.

gown[gaun] *n* 1.fustan.2.bluzë(mjeku).3.rasë, togë, mantel(gjykatësi).4.robdeshambër; këmishë nate.

gownsman ['gaunzmën] *n* 1. gjykatës. 2. klerik. 3.profesor universiteti.

goy[goi] *n pl* **goyim** 1.joçifut. 2. çifut që nuk i bindet ligjit.

grab [græb] *v,n* -*v* 1. kap, rrëmbej. 2. zhvas. 3.*gj.fol* kap, mbërthej(keqbërësin).

-*n* 1.kapje, rrëmbim. 2.gjë e rrëmbyer. 3.*tek* pajisje mbërthyese; kanxhë. **+make a grab at/for sth** hidhem të kap diçka.

grabber['græbë:] *n* rrëmbyes, zhvatës.

grab bag *n* 1. shportë e shansit (ku mund të kapësh një artikull kuturu). 2.*gj.fol* artikull i çfarëdoshëm.

grace [greis] *n,v* -*n* 1. hir, hijeshi; bukuri; nur. 2.elegancë.3.falje, përdëllim.4.hir i perëndisë.5.lutje (para ose pas buke). 6.mirësi, favor; shtyrje afati. 7.vlerë, meritë. 8.hirësi(titull). **+have the grace to** kam mirësinë të; **be in sb's bad/good graces** më ka me sy të keq/me sy të mirë; **with bad grace** pa qejf, pa dëshirë; **with good grace** me qejf, me dëshirë.

-*vt* 1.hijeshoj, zbukuroj. 2.nderoj, i bëj nder.

graceful ['greisful] *adj* i hijshëm, i hirshëm; i këndshëm.

gracefully['greisfuli] *adv* me hijeshi, plot hir.

graceless ['greislis] *adj* 1. i pahijshëm, jo i bukur. 2.i pasjellshëm, harbut.

grace note *n muz* notë ornamentale.

gracious['greishës] *adj, interj* -*adj* 1.i këndshëm, mëshirëplotë; i butë.

-*interj* **good gracious!** o Zot!

graciously['greishësli] *adv* 1.me mirësjellje; me dashamirësi. 2.plot hir.

grad.[græd] shkurtim i **graduate; graduated.**

gradation [grë'deishën] *n* 1. ndryshim gradual, shkallëzim. 2.*zak pl* hap, fazë, shkallë; nëndarje, ngjyrim. 3.klasifikim, ndarje.

grade[greid] *n,v* -*n* 1.klasë, vit(në shkollë).2.fazë, shkallë. 3.klasë, kategori. 4.kalibër. 5.notë. 6.**the**

grades *amer* shkolla fillore. 7.pjerrësi(e rrugës).+**at grade** në të njëjtin nivel; **down grade** a) që zbret, në zbritje; b) në keqësim; **make the grade** a) ngjis të përpjetën; b) kapërcej vështirësi; **up grade** a) në ngjitje; b) në përmirësim.

-*v* 1.ndaj, klasifikoj. 2.vlerësoj, i vë notë. 3.përmirësoj racën, kryqëzoj. 4.rrafshoj, niveloj(truallin). 5.kalon në, shndërrohet.

grade crossing *n* kryqëzim në të njëjtin nivel (i rrugës me hekurudhën).

grader ['greidë:] *n* 1.makinë niveluese.2.*amer* nxënës i shkollës fillore, fillorist.

grade school *n amer* shkollë fillore.

gradient['greidiënt] *n,adj* -*n* 1.pjerrësi(e rrugës). 2.pjesë e pjerrët(e rrugës). 3.*fiz* gradient, shpejtësi ndryshimi; lakore e shpejtësisë së ndryshimit(të temperaturës etj).

-*adj* 1.i pjerrët; ngjitës; zbritës. 2.ecës; hap pas hapi.

gradual['grædjuël] *adj* gradual, shkallë-shkallë.

gradually ['grædjuëli] *adv* gradualisht, shkallëshkallë, dalëngadalë, pak nga pak.

graduand ['græxhuænd] *n amer* student në prag të diplomimit.

graduate[*v* 'græxhueit; *n* edhe 'græxhuit] *v,n* -*v* 1.diplomohem, mbaroj shkollën. 2.diplomoj. 3.shkallëzoj, i bëj shkallëzime(termometrit). 4.shkallëzoj, ndaj në etapa; klasifikoj, kategorizoj(taksat etj). 5.ndryshoj gradualisht.

-*n* 1.i diplomuar. 2. enë e shkallëzuar. 3.*attr* që ka marrë një diplomë, i diplomuar.

graduation[grædju'eishën] *n* 1.diplomim, marrje diplome. 2.ceremoni e dhënies së diplomave. 3.shkallëzim, shënim i ndarjeve(për matje). 4.shkallë, shkallëzim, ndarje. 5.ndryshim gradual; ndarje në faza.

graffiti [grë'fiti] *npl* mbishkrime, vizatime në mure.

graft I [græft, gra:ft] *v,n* -*v* 1. shartoj. 2.*mjek* transplantoj, bëj transplatim(organesh etj). 3.shartohet.

-*n* 1.shartesë, kalem. 2.pemë e shartuar. 3.shartim. 4.*mjek* organ/ind i transplantuar.

graft II [græft, gra:ft] *n,v* -*n* 1. ryshfet, mitë. 2.marrje ryshfeti.

-*v gj.fol* marr rryshfet; bëj dallavere.

grafter['græftë:, 'gra:ftë:] *n* ryshfetçi; batakçi.

graham['grejëm] *n* miell i pasitur.

grain [grein] *n,v* -*n* 1. kokërr (drithi). 2. drithë. 3.drithëra.4.grimcë, kokrrizë.5.njësi mase,=0,065 g. 6.grimë, çikë; **a grain of truth** një grimcë të vërtete. 7.vizime, ujëra(të mermerit, drurit etj). 8.syprinë e ashpër e lëkurës.9.shtresëzim, strukturë(e gurit). 10.karakter, natyrë. 11.*fot* granë, kokrrizim(i filmit).

-*v* 1.kokrrizohet. 2.vizatoj imitacion të ujërave(të mermerit, drurit). 3.regj, zhvesh(lëkurën nga qimet).

+it goes against the grain kjo bie ndesh me parimet.
grain alcohol *n* alkool drithërash.
grained[greind] *adj* 1.me ujëra, me vizatime. 2.e regjur, me qime të hequra(lëkurë).
grain elevator *n* depo drithi.
grainfield['greinfi:ld] *n* arë drithi.
graining['greining] *n* imitacion(i ujërave të mermerit, drurit etj).
gram[græm] *n* gram.
gramercy['græmë:si] *interj vjet* 1.shumë faleminderit. 2.heu!, çudi!
grammar['græmë:] *n* gramatikë.
grammarian[græ'meëriën] *n* gramatikan.
grammar school *n* 1.*amer* shkollë e ciklit të lartë të fillores. 2.*Br* shkollë e mesme, lice.
grammatical[græ'mætikël] *adj* 1.gramatikor.2.sipas gramatikës, me gramatikë; **grammatical English** anglishte korrekte.
grammatically[græ'mætikëli] *adv* me gramatikë, sipas rregullave.
gramme[græm] *n Br* gram.
grampus ['græmpës] *n* 1.delfin. 2.balenë e vogël agresive.
granary ['grænëri] *n* 1. depo drithi, hambar, drithnik, grunar. 2.*fig* hambar, zonë drithërash.
grand [grænd] *adj,n* -*adj* 1. i madh. 2. i fisëm, fisnik. 3.i shkëlqyer. 4.i madh(prijës); i parë, kryesor. 5.shumë i mirë, shumë i këndshëm; **a grand time** një periudhë e shkëlqyer.
-*n* 1.*zhrg* një mijë dollarë, mijëshe. 2.piano e madhe.
grandad, granddad ['grændæd] *n* babagjysh, gjysh, babamadh.
grandam['grændæm] *n vjet* 1.gjyshe. 2.plakë.
grandame['grændeim] *n* shih **grandam.**
grandaunt['grændænt] *n* tezemadhe; hallëmadhe (teze/hallë e babait ose nënës).
grandchild['grændçaild] *n* nip, mbesë.
granddaughter['grændo:të:] *n* mbesë.
grand duchess *n* 1.grandukeshë. 2.princeshë(ruse).
grand duke *n* grandukeshë, dukë i madh; princ.
grandee [græn'di:] *n* 1. fisnik i lartë(në Spanjë). 2.dinjtar, person me rëndësi.
grandeur['grænxhë:] *n* madhështi; fisnikëri; dinjitet; shkëlqim.
grandfather['grændfa:dhë:] *n* gjysh. 2.stërgjysh, paraardhës.
grandfather clock *n* sahat i madh në karkasë druri.
grandiloquence[græn'dilëkwëns] *n* fjalë të mëdha, fjalë bombastike.
grandiloquent[græn'dilëkwënt] *adj* fjalëmadh, i fryrë, bombastik.
grandiose ['grændious] *adj* 1. madhështor, i madhërishëm. 2.i fryrë. 3.ekstravagant.
grandiosely['grændiousli] *adv* 1.me madhështi. 2.në mënyrë të fryrë.
grand jury *n drejt* juri e posaçme, juri paraprake(që vendos për ta çuar çështjen në gjyq ose jo).
grand larceny *n amer* vjedhje e madhe(mbi një shumë të caktuar).
grandma ['grænma:, 'græma:, 'grændma:] *gj.fol* gjyshe.
grand master *n* 1. *hist* kryekalorës, kryetar i urdhrit. 2.*sport* mjeshtër i madh(në shah).
grandmother ['grænmʌdhë:] *n* 1.gjyshe. 2.stërgjyshe, paraardhëse.
grandnephew['grænnefju:] *n* stërnip.
grandniece['grænni:s] *n* stërmbesë.
grand opera *n muz* operë, dramë muzikore.
grandpa['grænpa:] *n gj.fol* gjysh.
grandparent['grænpærënt] *n* gjysh; gjyshe.
grand piano *n* piano me bisht.
grandsire['grænsair] *n vjet* 1.gjysh. 2.stërgjysh, paraardhës.3.plak.
grandson['grænsʌn] *n* nip.
grandstand ['grændstænd] *n sport* tribunë qendrore.
granduncle['grændʌnkël] *n* dajamadh; xhaxhamadh, dajë/xhajë i babait ose i nënës.
grange [greinxh] *n* 1.fermë bashkë me godinat. 2.*amer* shoqatë fermerësh.
granger ['greinxhë:] *n* 1. fermer, bujk, fshatar. 2.anëtar i shoqatës së fermerëve.
granite['grænit] *n* granit.
graniteware['grænitweë:] *n* enë të emaluara.
granitic [græ'nitik] *adj* granitor, graniti, prej graniti.
grannie, granny['græni] *n gj.fol* 1.gjyshe.2.plakë. 3.njeri gërnjar, njeri tekanjoz.
grannie knot *n* nyjë e lidhur mbrapsht, nyjë e keqe.
grant[grænt] *v,n* -*v* 1.jap(lejë); plotësoj(një kërkesë). 2.jap, akordoj(borxh, bursë etj). 3.pranoj, pohoj, e quaj; **I grant that you are right** e pranoj se ke të drejtë. 4.jap, ia kaloj, ia njoh(një të drejtë etj); **take sb for granted** e quaj se ma ka borxh(ndihmën); **take sth for granted** e quaj se më takon; e quaj si të vërtetë; **it is taken for granted that** duket e natyrshme/normale që, kuptohet vetiu se.
-*n* 1. dhuratë; diçka e dhënë. 2.e drejtë e akorduar. 3.falje, dhënie, dhurim. 4.bursë. 5.subvencion, ndihmë financiare.
granter['grænte:] *n* dhënës; dhurues; akordues.
grantee[græn'ti:] *n* marrës, përfitues.
grantor['grænte:, grænto:] *n* shih **granter.**
granular['grænjulë:] *adj* kokërrizor, kokërrzor, i grimcuar.
granulate['grænjuleit] *v* 1.kokërrzoj. 2.ashpërsoj

(sipërfaqen).

granulated ['grænjuleitid] *adj* 1. i kokërrizuar, kokrrizor. 2.ashpërim. 3.sipërfaqe e ashpër. 4.kore(e plagës).

granule['grænju:l] *n* grimcë, kokrrizë.

grape[greip] *n* 1.rrush. 2.verë. 3.bojëvjollcë.

grapefruit['greipfru:t] *n bot* grejpfrut.

grape picking *n* vjelje rrushi.

grape sugar *n* sheqer frutash, glukozë.

grapevine ['greipvain] *n* hardhi. +**on the grapevine** vesh më vesh.

graph[græf, gra:f] *n,v* -*n* grafik, diagramë. -*v* ndërtoj grafik.

graphic['græfik] *adj* 1.i gjallë, jetësor(përshkrim). 2.grafik(art). 3.grafike(paraqitje), me diagramë. 4.i shkruar; shkrimor, i shkrimit.

graphical['græfikël] *adj* grafik..

graphically ['græfikli] *adv* 1.grafikisht, me diagramë. 2.me pikturë, nëpërmjet vizatimit.3.në mënyrë të gjallë.

graphic arts *n* artet grafike.

graphics['græfiks] *n* grafikë; **computer graphics** infografi, vizatim me kompjuter.

graphite['græfait] *n* grafit.

graphology[græfolëxhi] *n* grafologji, analizë e karakterit nëpërmjet shkrimit.

grapnel['græpnël] *n* 1.kanxhë, çengel.2.spirancë, kanxhë treshe.

grapple['græpël] *v,n* -*v* 1.kap, shtërngoj; kapem fort, mbërthehem. 2.luftoj, përfytem. 3.përdor kanxhën, kërkoj me çengel.
-*n* 1.kapje, mbërthim. 2.kanxhë.

grappling iron *n* kanxhë.

grasp [græsp] *v,n* -*v* 1.kap, mbërthej, shtërngoj (me dorë). 2.*fig* kap, s'e lë të më shpëtojë(rastin). 3.rrok, kuptoj. +**grasp at** a)përpiqem ta kap; b) kapem pas, s'e lë të më ikë(rasti).
-*n* 1.kapje, mbërthim, shtërngim. 2.zotërim, shtënie në dorë. 3.të kuptuar, rrokje, përvetësim.

grasping ['græsping] *adj* i etur, i dëshiruar, lakmitar.

grass [græs,gra:s] *n,v* -*n* 1.bar; barishte. 2.bimë me kërcell. 3.lëndinë, oborr me bar. 4.kullotë. 5.*zhrg* marihuanë. +**at grass** a)në kullotë; b)pa punë; i ngeshëm; **go to grass** a)kullot, shkon të kullosë; b)bëj pushim; **let the grass grow under one's feet** humbas kohën; humbas shanset; **put/send turn out to grass** a)çoj në kullotë; b) *gj.fol* nxjerr në pension.
-*v* 1.mbjell me bar. 2.ushqej me bar. +**grass on sb** kallëzoj dikë.

grass hockey *n* hokei mbi bar.

grasshopper['græshopë:] *n* 1.karkalec. 2.një lloj kokteji(mente, kakao, ajkë qumështi).

grassland['græslænd] *n* lëndinë, kullotë; stepë.

grass roots *npl* 1.bazë, organizatë bazë, seksion(i

një partie). 2.shtresë dheu sipërfaqësore. 3.fillesë, burim.

grass snake *n zool* gjarpër i padëmshëm, gjarpër uji; bullar.

grass widow *n* 1.grua që s'e ka burrin pranë. 2. grua e ndarë.

grassy['græsi] *adj* 1.me bar. 2.si bar, barishtor.

grate I [greit] *n,v* -*n* 1. skarë (qymyri). 2. vatër. 3.skarë dritareje, hekura. 4.*min* sitë, skarë minerali. -*v* i vë skarë.

grate II[greit] *v* 1.bezdis, irritoj. 2.kërcëllij (dhëmbët). 3.kërkëllin. 4.grij(djathë). 5.*vjet* heq me të fërkuar, kruaj.

grateful ['greitful] *adj* 1. mirënjohës. 2 .i këndshëm; i mirëpritur.

gratefully['greitfuli] *adv* 1.me mirënjohje.2.këndshëm; dëshirueshëm.

gratefulness['greitfulnis] *n* 1.mirënjohje. 2.dëshirueshmëri.

grater['greitë:] *n* rende.

gratification[grætëfë'keishën] *n* 1. kënaqje, plotësim(dëshirash). 2.gjë e këndshme, kënaqësi.

gratify['grætëfai] *vt* 1.kënaq, jap kënaqësi. 2.plotësoj, përmbush(një dëshirë).

grating I['greiting] *n* skarë, hekura(dritareje).

grating II['greitng] *adj* 1.i pakëndshëm; bezdisës; irritues. 2.çjerrës, i vrazhdë(zë).

gratis['greitis] *adv,adj* falas, pa para, gratis.

gratitude['grætëtju:d] *n* mirënjohje.

gratuitous[grë'tjuitës] *adj* 1.falas, pa para, gratis. 2.paarsye, pa shkak; i panevojshëm.

gratuitously [grë'tjuitësli] *adv* 1. falas, pa para, gratis. 2.pa arsye, pa shkak; pa qenë nevoja.

gratuity[grë'tjuëti] *n* 1.bakshish. 2.shpërblim në para(ushtarakëve të liruar)

gratulate['græçuleit] *v vjet* 1.përshëndes. 2.përgëzoj, uroj.

gratulatory ['græçëlëtori] *adj vjet* përgëzues, urues.

gravamen [grë'veimën] *n pl* -**mina** 1. ankesë. 2.*drejt* pjesa më e rëndë e akuzës.

grave I[greiv] *n* 1. varr. 2. pllakë varri. 3.vdekje. +**make sb turn over in his grave** bëj diçka tepër të papëlqyer për atë që ka vdekur; **having one foot in the grave** me një këmbë në varr; **secret as the grave** e fshehtë e madhe.

grave I [greiv] *adj,n* -*adj* 1. i rëndësishëm; madhor; me peshë(vendim). 2.serioz, i rëndë; kërcënues(problem). 3.i rëndë, solemn. 4.i zymtë i errët. 5.*gram* i rëndë, jo i mprehtë(theks).
-*n* theks i rëndë.

grave III[greiv] *v vjet* 1.gdhend, skalis.2.stampoj thellë. 3.fiksoj fort.

grave IV [greiv] *vt det* lyej me katran (fundin e anijes).

grave V [greiv] *adj,adv muz* solemn; i ngadaltë

(temp).

grave clothes *n* qefin.

grave digger['greivdigë:] *n* varrmihës.

gravel['grævël] *n,v* -*n* 1.zhavorr.2.rrugë e shtruar me zhavorr. 3.gurë (në veshka, në tëmth). -*vt* 1.shtroj me zhavorr. 2.shastis, hutoj.

gravelly ['grævëli] *adj* 1. me shumë zhavorr. 2. i ashpër, si zhavorr. 3.i vrazhdë, i çjerrë, i ashpër(zë).

graven['greivën] *adj,v* -*adj* 1.i gdhendur, i skalitur. 2.i stamposur. 3.i fiksuar fort. -*pp* e **grave III.**

graven image *n* 1.statujë. 2.idhull.

graver['greivë:] *n* 1.daltë për gdhendje. 2.gdhendës, skalitës.

gravestone['greivstoun] *n* gur varri.

graveyard['greivja:d] *n* 1.varrezë.2.oborr për sende të papërdorshme. 3.*zhrg* turn i tretë.

graveyard shift *n* turn i tretë.

gravid['grævid] *adj* shtatzënë.

gravidity[gre'vidëti] *n* shtatzani.

gravimeter [grë'vimitë:] *n* rëndesëmatës, instrument matës i rëndesës.

gravimetry[grë'vimëtri] *n* gravimetri, matje e peshës; matje e dendësisë.

gravitate ['græviteit] *vi* 1. lëviz për shkak të rëndesës. 2.bie në fund, fundërron. 3.priret, tërhiqet nga.

gravitation [grævi'teishën] *n* 1.*fiz* rëndesë, gravitacion, tërheqje e gjithësishme. 2.lëvizje për shkak të rëndesës. 3.fundërrim, zhytje, rënie në fund. 4.prirje, tërheqje(e njerëzve drejt një vendi).

gravitational[grævi'teishënël] *adj* i rëndesës, gravitacional.

gravity ['greiviti] *n* 1.*fiz* rëndesë, gravitet, tërheqje e gjithësishme; **centre of gravity** qendër e rëndesës. 2.seriozitet, solemnitet; qëndrim i rëndë. 3. seriozitet, rëndim(i situatës).

gravure ['grævjuë:] *n* 1. gravurë, fotogravurë, gdhendje klisheje me anë të fotografimit.2.gravurë, riprodhim me klishe.

gravy['greivi] *n* 1.salcë me lëng mishi.2.lëng mishi. 3.*zhrg* fitim i lehtë, fitim i paparashikuar, qar.

gravy train *n zhrg* gjendje e favorshme për fitime të shpejta.+**ride a gravy train** a)realizoj fitime të lehta; b)bëj jetë pa telashe.

gray[grei] *adj* shih **grey.**

graze I[greiz] *v,n* -*v* 1.kullot (bagëtia). 2.kullos; ruaj(bagëtinë). -*n* kullotje.

graze II [greiz] *v,n* -*v* 1.çik, cek, fshik, prek. 2.gërvisht, zhvoshk(lëkurën). -*n* 1.çikje, fshikje, prekje. 2.plagë e lehtë, gërvishtje.

grazier['greizë:] *n* rritës bagëtish për treg.

grazing['greizing] *n* bar; kullotë.

Gr.Br.(=**Great Britain**) *n gjeog* Britani e Madhe.

grease[gri:s] *n,v* -*n* 1.sallo, lyrë, dhjamë(i shkrirë). 2.lyrësues, graso. 3.yndyrë(e leshit, e flokëve). 4.lesh i palarë. +**in grease, in pride/prime of grease** e gatshme për t'u gjuajtur(kafshë). -*vt* 1.lyej me yndyrë(trupin notari etj). 2.lyrësoj, lubrifikoj. 3.*zhrg* jap ryshfet, ia lyej qerren.

grease cup *n tek* vajnik, kuti vaji/grasoje.

grease gun *n tek* grasator, lyrësues tip pistolete.

greaser['gri:së:] *n* 1.lyrësues, punëtor lubrifikimi. 2.*amer zhrg* meksikan, latinoamerikan.

greasepaint['gri:s'peint] *n* grim, makiazh i yndyrshëm.

greaseproof paper['gri:spru:f] *n Br* letër e sulfurizuar.

greasy['gri:zi] *adj* 1.i lyrosur; me yndyrë, me lyrë, me graso. 2.i yndyrshëm(ushqim). 3.i rrëshqitshëm (asfalt). 4.*fig* fjalëshumë, që të lan e të lyen.

greasy spoon *n zhrg* restorant i lirë, mejhane.

great[greit] *adj,n* -*adj* 1.i madh; **a great crowd** turmë e madhe. 2.i shquar, i famshëm, i madh(artist etj). 3.kryesor. 4.bujar, fisnik. 5.*gj.fol* shumë i mirë, i shkëlqyer; **have a great time** e kaloj shumë mirë, i shkëlqyer. 6.*gj.fol* shumë i zoti, ekspert; **he's great at skiing** është skiator i përkryer. 7.stër; **great-grandmother** stërgjyshe. +**go great guns** *zhrg* turrem, sulem me gjithë shpejtësinë. -*n zak pl zhrg* personalitet, njeri i madh, figurë e shquar. +**great!** mrekulli!

Great Bear *n astr* Arusha e Madhe (yllësi).

great circle *n gjeog* rreth i madh; ekuator.

greatcoat['greitkout] *n* pallto; kapotë.

Great Dog *n astr* Qeni i Madh(yllësi).

great-grandchild[greit'grænçaild] *n* stërnip; stërmbesë.

great-grandfather [greit'grændfa:dhë:] *n* stërgjysh.

great-grandmother[greit'grændmʌdhë:] *n* stërgjyshe.

great-grandson[greit'grændsʌn] *n* stërnip.

great-hearted['greitha:tid] *adj* 1.zemërgjerë, bujar. 2. trim, i patrembur.

greatly['greitli] *adv* shumë, tepër , së tepërmi.

Great Mogul *n hist* Mongoli i Madh, perandori i Delit, sundimtari i Indisë(në mesjetën e vonë).

great-nephew['greitnefju:] *n* stërmbesë.

great-uncle['greitʌnkl] *n* dajamadh, xhaxhamadh, dajë/xhajë i nënës ose babait.

Great War *n hist* Lufta e Madhe, Lufta I Botërore.

Grecian['gri:shën] *adj,n* -*adj* 1.grek. 2.i Greqisë së Lashtë. +**Grecian nose** hundë e drejtë, hundë greke. -*n* 1.grek. 2. njohës i gjuhës dhe letërsisë greke.

Grecophile['gri:koufil, 'gri:koufail] *n* grekofil.

greed[gri:d] *n* lakmi, makutëri; (për ushqim) babëzi.

greedily['gri:dili] *adv* me lakmi, me makutëri; me babëzi.

greediness['gri:dinis] *n* lakmi, makutëri; babëzi.

greedy['gri:di] *adj* lakmitar, makut; i babëzitur.

Greek [gri:k] *n,adj* -*n* 1.grek. 2.greqisht, gjuhë greke; **ancient Greek** greqishte e vjetër; +**it's Greek to me** këtë s'e marr vesh.
-*adj* 1.grek. 2.greko-ortodoks.

Greek cross *n* kryq grek(me krahë të njëjtë).

Greek fire *n hist* zjarr grek, lëndë zjarrvënëse(e përdorur në Bizant).

Greek gift *n* dhuratë mashtruese.

green[gri:n] *n,adj,v* -*n* 1.e gjelbër, ngjyrë jeshile. 2.rroba ngjyrë jeshile. 3.lëndinë, fushë me bar; kullotë. 4.gjelbërim.
-*adj* 1.jeshil, i gjelbër. 2.i gjelbëruar, i jeshiluar. 3.i gjallë, i fuqishëm. 4. i papërpunuar. 5.i papjekur (frut).6.i papërvojë, axhami.7.leshko, i humbur, naiv. 8.e freskët(plagë). 9.i zverdhur(në fytyrë, nga frika, xhelozia etj).
-*v* 1.jeshiloj. 2.jeshilon, jeshilohet, bleron.

greenback['gri:nbæk] *n amer* kartëmonedhë; para letër, dollarë.

green beans *n* barbunja, mashurka, fasule të njoma.

green card *n* 1.*Br* kartë jeshile(lejë qarkullimi e makinës).2.*amer* lejë qëndrimi.3.*amer* kartë jeshile (për veprime bankare automatike).

greenery['gri:nëri] *n* 1.gjelbërim, blerim. 2.vend i gjelbëruar. 3.serrë.

green-eyed ['gri:naid] *adj* 1. sygjelbër, me sy jeshilë. 2.*fig* ziliqar, xheloz.

greengrocer['gri:ngrousë:] *n Br* perimeshitës; shitës frutash, pemëshitës.

greengrocery['gri:ngrousëri] *n Br* dyqan fruta-perimesh.

greenhorn ['gri:nho:n] *n gj.fol* 1. rishtar, njeri pa përvojë. 2.naiv, leshko. 3.*amer* imigrant.

greenhouse['gri:nhaus] *n* serrë; **greenhouse effect** efekti serrë.

greening['greening] *n* mollë gjelbëroshe.

greenish['gri:nish] *adj* gjelbërosh.

greenkeeper ['gri:nki:pë:] *n* mirëmbajtës i terreneve të golfit.

Greenland['gri:nlænd] *n gjeog* Grenlandë.

Greenlander['gri:nlændë:] *n* grenlandez.

green light *n gj.fol* 1.dritë jeshile(e semaforit). 2.*fig* lejë, dritë jeshile.

green manure *n* pleh i gjelbër, pleh i padekompozuar.

green onions *n* qepë të njoma.

Green Party *n* Parti e të Gjelbërve, Parti Ekologjike.

greenroom['gri:nru:m] *n* dhonë e aktorëve.

greenstone['gri:nstoun] *n gjeol* nefrit.

green salad *n* sallatë jeshile.

green stuff *n* perime.

Greenwich mean time *n* ora sipas Grinuiçit, ora GMT.

greenwood['gri:nvu:d] *n* pyll në gjelbërim.

greet [gri:t] *vt* 1. përshëndes. 2. pres, mirëpres. 3.ndesh(vështrimin); shpaloset.

greeting['gri:ting] *n* 1.përshëndetje; mirëseardhje. 2.*pl* urime.

greeting(s) card *n* kartolinë/kartëpostale urimi.

gregarious[grë'geëriës] *adj* 1.që rron në tufë(kafshë). 2.i shoqërueshëm.

Gregorian calendar[grë'go:riën] *n* kalendar gregorian, kalendari i sotëm.

gremlin['gremlën] *n* kukudh, shpirt i keq.

grenade[grë'neid] *n* 1.*usht* granatë, bombë dore. 2.shishe dardhake me kimikate (që hidhet për shuarjen e zjarrit etj).

grenadier[grënë'diё:] *n usht* granatahedhës; granatier, ushtar i këmbësorisë.

grenadine['grenëdi:n] *n* shurup shege.

grew[gru:] *pt* e **grow**.

grewsome['gru:sëm] *adj* shih **gruesome**.

grey[grei] *adj,n,v* -*adj* 1.gri, bojëhiri, i hirtë, i përhimtë. 2.i thinjur(flok). 3. i vjetër; i lashtë. 4. i zymtë, i vrenjtur(mot, ditë). 5.*fig* ndërmjetës, i papërcaktuar.
-*n* 1.bojë hiri, gri.2.veshje bojëhiri.3.kalë i përhimë.
-*v* ngjyej bojëhiri; bëhet gri, përhimet.

greybeard['greibiё:d] *n* plak.

grey eminence *n fig* eminencë gri, këshilltar i fshehtë.

grey-haired['greiheё:d] *adj* flokëthinjur, thinjosh.

greyheaded ['grei'hedid] *adj* kokëbardhë, flokëthinjur, thinjosh.

greyhound['greihaund] *n* zagar, langua.

greying, graying ['grejing] *adj* që ka filluar të thinjet.

greyish['grejish] *adj* i përhimë, si në gri.

grey matter *n* 1. ind trunor, tru. 2.*gj.fol* zgjuarësi, mend, intelekt.

grey mullet['mʌlit] *n zool* qefull.

grid[grid] *n* 1.skarë, grilë hekuri, hekura. 2.*usht* rrjet koordinativ(në hartë, planshetë). 3.*el* pllakë plumbi, elektrodë(e akumulatorit). 4.*el* rrjetë, grilë(e llampës katodike). 5.rrjet elektrik. 6.*teat* sistem ndriçimi mbi skenë; sistem komandimi dekoresh.

griddle['gridël] *n,v* -*n* tigan, pllakë për pjekje.
-*vt* fërgoj; pjek.

griddlecake['gridëlkeik] *n* petull; kulaç.

gridiron['gridaiё:n] *n* 1.skarë(për pjekje). 2.rrjetë (hekuri etj). 3.fushë futbolli. 4.*teat* sistem ndriçimi /komandimi dekoresh(mbi skenë).

grid leak *n el* rezistencë e madhe(në llampat).

grid road *n amer* rrugë paralele me rrjetin(e meridianeve dhe paraleleve) gjeografik.

grief [gri:f] *n* 1. pikëllim, hidhërim. 2. fatkeqësi

shkak pikëllimi. +come to grief a)kam telashe; b)dështoj; good grief! o perëndi!

grievance['gri:vëns] n 1.ankesë. 2.bezdi; zemërim.

grieve [gri:v] v 1. hidhërohem, pikëllohem, brengosem. 2.hidhëroj, brengos, pikëlloj.

grievous ['gri:vës] adj 1. i padurueshëm, i rëndë. 2.mizor. 3.pikëllues, brengosës. 4.i brengosur, i hidhëruar, i pikëlluar.

grifter['griftë:] n zhrg mashtrues, batakçi, hileqar.

grig [grig] n 1. ngjalë e vogël. 2. karkalec; bulkth. 3.njeri i qeshur.

grill[gril] n,v -n 1.skarë(pjekjeje). 2.qofte skare; mish i pjekur. 3. restorant me mishra të pjekura. -v 1.pjek(në skarë). 2.pjek në diell, djeg. 3.amer marr në pyetje pa pushim, i marr shpirtin(të pandehurit).

grille[gril] n grilë, rrjetë hekurash.

grilled[grild] adj i pjekur në skarë, i skarës(mish, qofte).

grillroom ['grilru:m] n restorant me mishra të pjekura.

grim [grim] adj 1. i pamëshirshëm. 2. i ashpër, i sertë, i rreptë. 3.i palëkundur(vendim). 4.i zymtë (mjedis). 5.i shëmtuar, i zymtë(lajm). 6.i vranët, i trishtuar(mot, ditë). 7.makabër(shaka).

grimace[gri'meis] n,v -n grimasë, ngërdheshje. -vi ngërdhesh fytyrën, ngërdheshem, bëj grimasa.

grimalkin [grë'mælkin] n 1. mace. 2. plakë gërnjare.

grime[graim] n,v -n zhul, zgjyrë. -vt ndyj, fëlliq, ndot.

grimly['grimli] adv ashpër, me ashpërsi.

grimy['graimi] adj i ndotur, i fëlliqur, tërë zhul.

grin[grin] v,n -v 1.zgërdhihem, zbardh dhëmbët. 2.miratoj me buzagaz. 3.kërvesh buzët, nxjerr dhëmbët, ngërdheshet(qeni). -n 1.buzagaz, buzëqeshje. 2.zgërdheshje, zbardhje dhëmbësh. 3.kërveshje, ngërdheshje.

grind[graind] v,n -v (ground) 1.bluaj. 2.dërrmoj, shtyp. 3.mpreh. 4.përplas(këmbën); kërcëllij (dhëmbët). 5.vërtis(mullirin e kafes).6.studioj rëndshëm. -n 1.bluarje. 2.kërkëllimë. 3.gj.fol studim i fortë; punë e rëndë.4.punë angari, bezdi.5.njeri që studion rëndshëm.

grinder ['graindë:] n 1.mulli (kafeje etj). 2. blues (person).3.mprehës.4.makinë mprehëse.5.dhëmballë.

grindstone['grain(d)stoun] n gur mprehës, grihë.

+have/keep/put one's nose to the grindstone punoj rëndë, nuk ngre kokë nga puna.

gringo['gringou] n gj.fol i huaj, i racës së bardhë; amerikan(në vendet latinoamerikane).

grip[grip] n,v -n 1.kapje, mbërthim, shtërngim. 2.mbajtje, kapje(e raketës së tenisit). 3.mjet kapës, vegël shtërnguese. 4.dorezë(valixheje etj). 5.mënyrë

shtërngimi dore. 6.valixhe e vogël; çantë udhëtimi. 7.sundim, kontroll(i vetes etj). 8.rrokje(me mend). 9.dhimbje, sëmbim. 10.punëtor skene. +come to grips with (sb, sth) a)kapem, përleshem, mbërthehem(me dikë). b)i qepem(një problemi). -v 1.kap, mbërthej, shtërngoj, rrok. 2.fig mbërthen (lexuesin). +lose one's grip e humbas, hutohem, ngec.

gripe [graip] v,n -v 1. gj.fol ankohem, qahem. 2.sëmbon. 3.vjet kap, mbërthej. 4.ndiej dhimbje, më sëmbon. 5.vjet shtyp; zhys në mjerim. -n 1.gj.fol ankesë, qarje. 2.sëmbim; zak pl dhimbje barku. 3.vjet kapje, mbërthim. 4.vjet sundim, kontroll.

grippe[grip] n mjek grip.

gripping ['griping] adj rrëmbyes, që të rrëmben, pasionues.

gripsack['gripsæk] n valixhe e vogël, çantë udhëtimi.

grisly['grizli] adj i frikshëm, tmerrues, ngjethës, i lemerishëm.

grist [grist] n 1. drithë për blojë. 2. miell, drithë i bluar. +it's all grist to the mill for him kjo çon ujë në mulli të tij.

gristle['grisël] n 1.kërc; dell. 2.nerva.

gristly['grisli:] adj 1.kërcor. 2.nervor.

grist mill n mulli drithi.

grit [grit] n,v -n 1. rërë, dhe (në spinaq). 2. guriçka, çakëll. 3.pluhur(në sy). 4.kruajtje, aftësi gërryese(e zumparasë etj). 5.gj.fol kurajë, qëndresë, këllqe. -vt 1.kërcëllij. 2.mbuloj me zhavor. 3.kërkëllin.

grits [grits] npl 1. miell i bluar trashë, bollgur. 2.kaçamak, mëmëligë.

gritty['griti] adj 1.ranor; prej rëre i zhavorr. 2.gj.fol guximtar, kurajoz.

grizzle I ['grizël] n,adj,v -n 1.flokë të thinjur, thinja. 2.parukë. 3.ngjyrë gri. 4.kafshë e përhime. -adj i përhimë; i thinjur. -v 1.përhij. 2.thinjet.

grizzle II['grizël] vi grindet, qaravitet(foshnja).

grizzled['grizëld] adj 1.i përhimë.2.i thinjur, flokëthinjur.

grizzly['grizli] adj,n -adj i thinjur. -n 1.ari i përhimë. 2.min skarë hekuri(për veçimin e mineralit).

groan[groun] n,v -n rënkim; ankim. -v 1.rënkoj.2.shpreh me ankim, ankoj.3.vuaj shumë. 4.është mbushur, e mbingarkuar(tryeza).

groat[grout] n Br shumë e vockël parash.

groats[grouts] n drithë i zhveshur; bollgur.

grocer['grousë:] n shitës ushqimesh, bakall.

grocery['grousëri] n 1. ushqimore, dyqan ushqimesh. 2. artikuj ushqimorë, ushqime. 3.tregti ushqimesh.

groceteria [grousë'ti:rië] n ushqimore me vetëshërbim.

grog[grog] *n* 1.grog(pije me rum).2.pije alkoolike e fortë.

groggy['grogi] *adj gj.fol* 1.që i merren këmbët. 2.i pirë, i dehur.

grogshop['grogshop] *n Br* pijetore.

groin['groin] *n* 1.*anat* ijë. 2.*ark* vijë takimi e dy kubeve.

grommet ['gromit] *n* 1. filiqe metalike. 2.lak litari (për kapjen e velës).

groom [gru:m] *n,v* -*n* 1.kudestar kuajsh. 2.dhëndërr. 3. *Br* oficer në oborrin mbretëror. 4. *vjet* shërbëtor.

-*vt* 1.kujdesem për kuajt. 2.pastroj. 3.përgatis, stërvis(dikë).

groomsman['gru:mzmën] *n* shoqërues i dhëndrrit, nun(në martesë).

groove[gru:v] *n,v* -*n* 1.ulluk, lug, rruvijë. 2.gjurmë, brazdë(rrote). 3.rutinë, zakon. +in the groove *zhrg* a)e luajtur ëmbël, mjeshtrisht(muzikë); b)i shkëlqyer; i shkëlqyeshëm.

-*vt* 1.hap kanal, bëj ulluk. 2.*zhrg* (on) ngazëllehem.

groovy['gru:vi] *adj zhrg* 1.në modë; pasionues.2.i mrekullueshëm, magjepsës.

grope[group] *v,n* -*v* 1.gjej rrugën me të prekur ; kërkoj me duar. 2.kërkoj kuturu.

-*n* kërkim me të prekur, kërkim kuturu.

groschen['groushën] *n* grosh(monedhë austriake).

gross [grous] *adj,n,v* -*adj* 1. i plotë, i tërë. 2. *ek* bruto(të ardhura). 3.i dukshëm, flagrant(gabim). 4.i vrazhdë, trashanik, vulgar. 5.i trashë, kaba. 6.i dendur(pyll). 7.i përgjithshëm; në vija të trasha. 8.serioz, i rëndë(veprim).

-*n* 1.shumë totale, shumë bruto. 2.njësi mase (=144), dymbëdhjetë dyzina. +in the gross a)në tërësi; në pjesën më të madhe, përgjithësisht; b)me shumicë(shitje).

-*vi* fitoj bruto, realizoj një fitim bruto.

grossly ['grousli] *adv* tepër, së tepërmi; **grossly unjust** jashtëzakonisht e padrejtë.

gross national product *n ek* produkt kombëtar bruto, PKB, produkt i përgjithshëm kombëtar.

grossness['grousnis] *n* 1.tërësi, plotësi.2.trashësi. 3.vrazhdësi.

gross profit *n* fitim bruto.

gross ton *n* ton britanik(=1,02 ton).

gross weight *n* peshë totale.

grosz[grosh] *n* grosh(monedhë polake).

grot[grot] *n poet* shih **grotto**.

grotesque[grou'tesk] *adj,n* -*adj* 1.i çuditshëm, i panatyrshëm. 2.qesharak, absurd, grotesk.

-*n* pikturë e çuditshme (me kombinime të panatyrshme), grotesk.

grotto['grotou] *n* 1.shpellë. 2. varr/faltore në formë shpelle.

grotty ['groti] *adj zhrg* i pakëndshëm, i bezdisshëm; i shëmtuar.

grouch[grauç] *v,n gj.fol* -*vi* nxehem; ankohem. -*n* 1.njeri i ngrysur, gërnjar. 2.pakënaqësi, ankesë, turivarje.

grouchy['grauçi] *adj gj.fol* gërnjar, turivarur. i pakënaqur.

ground I[graund] *n,adj,v* -*n* 1.dhé, tokë.2.shesh. 3.vend, terren. 4.bazë; arsye. 5.sfond. 6.*pl* fundërri, llum(i kafes). 7.*el* tokëzim. 8.fushë; aerodrom; terren. 9.oborr, kopsht. +above ground gjallë; break ground a)gërmoj; lëroj; b)filloj ndërtimin; break new ground a)e bëj për herë të parë; b)e bëj në një mënyrë të re; cover ground a)përshkoj(një distancë); b)udhëtoj; c)bëj një sasi(pune etj); cut the ground from under sb's feet ia rrëzoj argumentet dikujt para kohe; fall to the ground dështoj; jepem; from the ground up plotësisht, tërësisht, nga kreu në fund; gain ground a) bëj përpara, përparoj; b)fiton terren, përhapet; give ground tërhiqem; nënshtrohem; hold one's ground mbaj pozitat, nuk lëshoj pe; lose ground a)tërhiqem, hap rrugë; b)prapsem, dorëzoj, heq dorë; c)humbas terren; on the grounds of për shkak të; me arsyen se; run into the ground *gj.fol* e teproj; shift one's ground ndërroj qëndrim; ndryshoj taktikë; stand one's ground ruaj pozitat, nuk lëshoj pe, nuk jepem.

-*adj* 1.në tokë, pranë tokës. 2.përdhes.

-*v* 1.lëshoj përdhe, ul në tokë. 2.prek në fund, ndesh në cekëtinë. 3.ngulis fort, vë mbi themele të shëndosha. 4.i jap bazat(e një lënde). 5.i vë sfond. 6.*el* tokëzoj. 7.nuk lë të ngrihet, bllokoj në tokë (avionin). 8.arsyetoj, argumentoj, bazoj.

ground II[graund] *pt,pp* e **grind**.

ground crew *n* 1.personel teknik(për mirëmbajtjen e avionëve). 2.grup mirëmbajtësish (terrenesh sportive).

groundfish['graundfish] *n* peshk i fundit të detit.

ground floor *n* 1.kat përdhes, kat i poshtëm.2.fillim, taban. 3.*gj.fol* pozita më e mirë(në një ujdi).

ground glass *n* 1. xham i qorruar, xham i patejdukshëm. 2.pluhur xhami.

groundhog['graundhog] *n zool* urith.

ground-in ['graundin] *adj* i rrënjosur(zhul).

grounding['graunding] *n* njohuri themelore; njohje me rrënjë.

groundless['graundlis] *adj* 1.pa arsye. 2.pa bazë, i pathemeltë.

groundling['graundling] *n* 1.bimë/kafshë që rron në tokë. 2.peshk funddeti. 3.lexues/shikues pa shije.

groundnut['graundnʌt] *n* kikirik.

ground plan *n* 1.plan / projekt i godinës. 2.plan fillestar, plan themelor.

ground rent *n* taksë toke, taksë trualli; qera e tokës.

ground rules *n* rregulla bazë.

groundsheet['graundshi:t] *n* letër e papërshkueshme nga uji, shtrojë.

groundsill ['graundsil] *n* sofat(dere); prag; pjesë e poshtme e karkasës.

groundsman ['graundsmën] *n* kujdestar terreni sportiv.

ground swell *n* 1.valë tërmeti.2.dallgë të mëdha (nga stuhia, tërmeti). 3.shtim, rritje, intensifikim.

ground waters *n* ujra nëntokësore.

ground wire *n el* fije/tel/kabëll tokëzimi.

groundwork['graundwë:k] *n* themel; bazament.

group[gru:p] *n,v -n* 1.grup, tufë, grumbull.2.kategori, grup. 3.*usht* njësi ajrore, grup luftarak aviacioni.

-v 1.grupoj, mbledh. 2.grupohen, mblidhen. 3.klasifikoj, ndaj në grupe.

group captain *n Br* kolonel i forcave ajrore.

groupie['gru:pi] *n zhrg* 1.tifoze kompleksesh muzikore; shoqëruese ekipesh sportive. 2.tifoz i sëmurë, tifoz i qepur(pas ekipit).

grouping['gru:ping] *n* grupim; ndarje në grupe.

grouse I[graus] *n zool* thëllëzë.

grouse II[graus] *v,n gj.fol -v* qahem, ankohem; grindem, sherrosem, bëj shamatë.

-n 1.qarje, ankesë. 2.ankues; gërnjar.

grouser I['grausë:] *n gj.fol* njeri që ankohet, qaraman; gërnjar.

grouser II['grausë:] *n* 1.shtyllë e ngulur në fund lumi etj. 2.sistem kanxhash te rrotat e traktorit (kundër rrëshqitjes).

grout[graut] *n,v -n* llaç i hollë, fino.

-vt mbush(plasat); suvatoj me fino.

grove[grouv] *n* korije, zabel; pemishtë.

grovel['grovël, 'grʌvël] *vi* 1.bie barkas, i puth këmbën(dikujt). 2.prehem në llum, zhgrryhem, kënaqem me ndyrësira.

groveller['grovëlë:] *n* puthadorë, sahanlëpirës.

grow[grou] *v* (grew; grown) 1.rritem.2.jeton, gjendet, kultivohet. 3.shtohet, rritet(fama). 4.bën; bëhet; grow cold bën ftohtë; grow rich pasurohem, bëhem i pasur. 5.rris, kultivoj. 6.lë(të rritet); grow a beard lë mjekërr. 7.zhvilloj.

+grow on/upon a)zë rrënjë, rrënjoset një zakon; b)më rrëmben, më pushton.

+grow out zhduket.

+grow out of a)s'më bëjnë(këpucët, rrobat); b)heq dorë(nga një zakon), e pres.

+grow up a)rritem; arrij moshën madhore; piqem; b)zhvillohet; lind; grow up! mos bëj si fëmijë!

grower['grouë:] *n* 1. rritës, kultivues. 2.bimë që rritet; a quick grower bimë me rritje të shpejtë.

growing pains *n* 1.dhimbje të rritjes(në fëmijëri, në rini). 2.telashet e diçkaje të re.

growl [graul] *v,n -v* 1. hungëroj. 2. ankohem, shfryj. 3.gjëmon, buçet, uturin.

-n 1.hungërimë. 2.ankesë, shfryrje. 3.gjëmim, uturimë.

growler['graulë:] *n* 1.hungërues.2.njeri që shfryn, që ankohet. 3.akull notues.

grown[groun] *adj,v -adj* i rritur; i pjekur.

-pp e grow.

grown-up['grounʌp] *adj,n -adj* 1.i rritur. 2.për të rritur.

-n i rritur.

growth[grouth] *n* 1.rritje; zhvillim. 2.shtim; *ek* rritje(ekonomike). 3.bimë, bimësi. 4.tumor.

growth rate *n ek* rritje, ritme të rritjes ekonomike.

grub[grʌb] *n,v -n* 1.*zool* larvë. 2.argat, njeri i robëtuar. 3.*zhrg* ushqim.

-v 1.gërmoj, rrëmih. 2.shkul, çrrënjos. 3.pastroj; shpyllëzoj.4.robtohem, punoj rëndë.5.rrëmoj, kërkoj. 6.*zhrg* ha.

grubber['grʌbë:] *n* argat; rrëmihës.

grubby['grʌbi] *adj* 1.pis, i pistë, i palarë. 2.i keq, i nevertishëm, i nevritshëm; i përçmuar. 3.i krimbur.

grubstake ['grʌbsteik] *n,v -n* 1. furnizim (me ushqim, para etj) i kërkuesit. 2.marrëveshje për ndarjen e fitimeve(nga kërkimet). 3.dyqan furnizimesh(me artikuj të përzier, ushqime etj).

-v furnizoj, pajis me ushqime etj(një kërkues ari etj).

grudge[grʌxh] *n,v -n* mëri; armiqësi, zët. +bear a grudge against ia kam inatin, e kam zët, s'e shoh dot me sy.

-vt 1.e kam zët, s'e duroj dot. 2.ia kam zili(diçka dikujt). +grudge sb sth a)e kam halë në sy për shkak të diçkaje; b)ia jap pa qejf, më dhimbset (diçka); grudge doing sth e bëj kundër dëshirës, e bëj nga zori.

grudging['grʌxhing] *adj* qejfprishur, mosdashës.

grudgingly ['grʌxhingli] *adv* pa qejf, kundër dëshirës, nga zori.

gruel['gruël] *n,v -n* qull, llapa.

-vt gj.fol rraskapis, këpus, mundoj.

gruel(l)ing['gruëling] *adj,n -adj* rraskapitës, torturues.

-n punë rraskapitëse; veprim torturues.

gruesome ['gru:sëm] *adj* 1. i tmerrshëm, i frikshëm, lemerisës. 2.i neveritshëm, indinjues.

gruff[grʌf] *adj* 1.i ngjirur, i trashë(zë). 2.i ashpër, i vrazhdë. 3.ters, nopran.

grumble['grʌmbël] *v,n -v* 1.shfryj, ankohem, qahem; gërnjosem. 2.gjëmon, uturin. 3.gurgullon, këndon(stomaku).

-n 1.shfryrje, ankesë; qarje, gërnjë. 2.gjëmim, uturimë. 3.gurgullim(i stomakut).

grumbler['grʌmblë:] *n* gërnjar, qaraman.

grumbling['grʌmbling] *n* 1.ankim, qaravitje.2.uturimë, gjëmim.

grumbly['grʌmbli] *adj* ankimtar,i qaravitur, qara

man.

grumpy ['grʌmpi] *adj* ters,nopran, idhnak, zemërak.

grungy['grʌnxhi] *adj zhrg* i pistë, i ndyrë, i përçmuar(han etj).

grunt [grʌnt] *n,v* -*n* 1. hungërimë; murmurimë 2.*zool* peshk hungërues.

-*vi* 1.hungëroj. 2.murmurij, them nëpër dhëmbë.

G-string['xhistring] *n* 1.*muz* tel i solit. 2.breçka. 3.*tv* transmetim me një tel.

Gt.Br.(=**Great Britain**) *n gjeog* Britani e Madhe.

gtd.(= **guaranteed**) *adj* i garantuar.

Guam[gwa:m] *n gjeog* Guam.

guano['gwanou] *n* 1.pleh zogjsh.2.pleh artificial(i prodhuar nga peshku).

guarantee[gærën'ti:, gerën'ti:, ga:rën'ti:] *n* 1.dorëzani, garanci. 2.dorëzanë, garant. 3.person të cilit i jepet garancia, i siguruar, i garantuar. 4.peng, dorë. 5.siguri; premtim.

-*vt* 1.garantoj, siguroj, bëhem/hyj dorëzanë. 2.siguroj(jetën, pasurinë). 3.premtoj, jap siguri.

guarantor['gærënto:] *n* dorëzanë, garant.

guaranty['gærënti] *n,v* -*n* 1.dorëzani, garanci, siguri. 2.peng; sigurim.

-*vt* siguroj, garantoj, bëhem/hyj dorëzanë.

guard[ga:d] *v,n* -*v* 1.ruaj; bëj rojë; kam në kujdes.2.mbroj.3.kontrolloj, frenoj(gojën).4.marr masa (ndaj). +**guard against** ruhem nga , ruhem se mos.

-*n* 1. rojë. 2. ruajtje; **keep guard over** ruaj, kam në ruajtje. 3.truprojë; gardë. 4.mbrojtje. 5.*sport* mbrojtës. 6.*Br* mashinist, drejtues treni. 7.*Br* **the Guards** Garda mbretërore. +**off guard** gafil, zbuluar, i papërgatitur; në befasi; **on guard** në pozicion, i përgatitur, në rojë; **stand guard** bëj/jam rojë.

guarded ['ga:did] *adj* 1. i ruajtur, i mbrojtur, i siguruar. 2.i kujdesshëm, i vëmendshëm, syhapët.

guardedly['ga:didli] *adv* me kujdes, me vigjilencë.

guardhouse ['ga:dhaus] *n* 1. burg garnizoni, godinë për burgimin e ushtarëve. 2.vendrojë, truprojë.

guardian ['ga:diën] *n,adj* -*n* 1. kujdestar; tutor. 2.mbrojtës, ruajtës.

-*adj* mbrojtës; **a guardian angel** engjëll mbrojtës.

guardianship ['ga:diënship] *n* kujdestari, tutori, tutelë; përkujdesje.

guardrail['ga:dreil] *n* parmak, rrethojë mbrojtëse.

guardroom ['ga:dru:m] *n* 1. dhomë e truprojës. 2.dhomë burgimi për ushtarët.

guardsman ['ga:dzmën] *n* 1. rojë. 2. ushtar i Gardës.

guard's van *Br* vagon i shefit të trenit.

Guatemala[gwa:të'ma:lë] *n gjeog* Guatemala.

guava['gwa:vë] *n bot* guajava, frut i vendeve tropikale.

gubernatorial [giu:bë:në'to:riël] *adj amer* i gu-

vernatorit, guvernatorial.

guck[gʌk] *n gj.fol* llum.

gudgeon ['gʌxhën] *n* 1.*zool* mustak. 2.cironkë, peshk i vogël. 3.sylesh, leshko, torollak.

guerdon['gë:dën] *n,v poet* -*n* shpërblim.

-*vt* shpërblej.

Guernsey['gë:nzi] *n* 1.*gjeog* Gërnzi(ishull britanik). 2.lopë xhersi. 3.pulovër xhersi.

guerrilla[gë'rilë] *n* 1.luftëtar, guerilas.2.luftë partizane, guerile; **urban guerilla** anëtar i njësiteve guerile(në qytet); **guerrilla warfare** luftë partizane, luftë guerile.

guess [ges] *v,n* -*v* 1. gjej me mend, hamendësoj, marr me mend. 2. mendoj, them, supozoj; besoj; kujtoj. +**guess at sth** gjej/zbuloj(me mend) diçka; **keep sb guessing** e lë në padijë dikë, nuk i tregoj; **I guess so** besoj/them se po; **guess what** e gjen dot?; e di se çfarë(ka ndodhur)?

-*n* 1.hamendje, supozim. 2.zbulim, marrje me mend. +**take a guess** përpiqem të gjej me mend; **it's anybody's guess** një zot e di; kush e merr vesh?

guesstimate[*n* 'gestëmët; *v* 'gestëmeit] *n,v zhrg* -*n* hamendje, vlerësim me hamendje.

-*vt* vlerësoj me hamendje, llogaris kuturu, ia fus në tym.

guesswork['geswë:k] *n* hamendje, pandehmë, supozim; pasiguri.

guest[gest] *n,adj,v* -*n* 1.mysafir, mik, i ftuar.2.vizitor, joanëtar. 3.klient, bujtës(në hotel etj). +**be my guest!** *gj.fol* rrini si në shtëpinë tuaj; me gjithë qejf; ju lutem! **guest of honor** i ftuar nderi.

-*adj* 1.për miq, e mysafirëve(dhomë etj). 2.i ftuar (lektor etj).

-*vi* jam mysafir; jam i ftuar.

guest room *n* dhomë e miqve.

guff[gʌf] *n gj.fol* muhabet kot, gjepura.

guffaw[gʌ'fo:] *n,v* -*n* e qeshur me poterë, gajasje.

-*vi* ia plas të qeshurit, gajasem.

guidance ['gaidëns] *n* 1.udhëheqje; drejtim. 2.udhëzues. 3.drejtim pedagogjik, këshillim. 4.*av* rregullim itinerari.

guide[gaid] *v,n* -*v* 1.udhëheq, prij; drejtoj. 2.komandoj, kontrolloj, drejtoj(punën).

-*n* 1.udhërrëfyes, shoqërues, ciceron.2.*tek* rregullator. 3.udhëzues(libër), manual. 4.drejtim, udhëheqje; **under the guidance of** nën drejtimin e.

guideboard ['gaidbo:d] *n* tabelë rrugore, shenjë rrugore.

guidebook ['gaidbuk] *n* udhëzues, manual, gidë (turistike).

guided missile *n* raketë e telekomanduar.

guide dog *n* qen i stërvitur, qen shoqërues për të verbrit.

guidelines['gaidlainz] *n* 1 direktiva, porosi.

guidepost['gaidpost] *n* shtyllë me tabelë rrugore.

guide rope *n* 1.litar drejtimi. 2.litar komandimi(i

ballonit).

guide word *n* kokë e gjallë(në krye të faqes, në fjalorë etj).

guiding ['gaidiŋ] *adj* drejtues, udhëzues (parim etj).

guidon['gaidën,'gaidon] *n* 1.flamurkë sinjalizimi. 2.*usht* sinjalizues(ushtar).

guild [gild] *n* 1. shoqëri, shoqatë. 2. *hist* esnaf, gildë.

guilder['gildë:] *n* gulden(monedhë holandeze).

guildhall ['gildhol] *n* 1. godinë e shoqatës. 2.bashki, ndërtesë e bashkisë

guildsman['gildsmën] *n* 1.anëtar shoqate.2.esnaf.

guile[gail] *n* mashtrim, dredhi, rreng.

guileful['gailful] *adj* mashtrues; dredharak.

guileless ['gaillis] *adj* i çiltër, i ndershëm, i padjallëzuar.

guillotine['gilëti:n] *n* 1.gijotinë. 2.tranxhë për prerje letre.

-*vt* 1.i pres kokën. 2.pres(letër) në tranxhë.

guilt[gilt] *n* 1.faj, ndjenjë faji.2.veprim i fajshëm; kundërvajtje.

guiltless['giltlis] *adj* i pafajshëm.

guilty['gilti] *adj* fajtor, me faj.

guimpe[gimp, gæmp] *n* bluzë nën fustan.

guinea['gini] *n Br hist* gini, monedhë ari (=21 shilinga).

Guinea['gini] *n gjeog* Guine.

guinea fowl *n zool* pulë afrikane.

guinea pig *n zool* 1.derr indi.2.kavje, kafshë eksperimentale. 3.person i testuar, objekt testimi.

guise[gaiz] *n* 1.veshje.2.paraqitje, pamje.3.pamje e shtirë, shtirje; maskë; **under the guise of friendship** nën maskën e miqësisë.

guitar[gi'ta:] *n* kitarë.

guitarist[gi'ta:rist] *n* kitarist.

gulch[gʌlç] *n* grykë malore; prroskë.

gulden['guldën] *n* gulden(monedhë holandeze).

gulf[gʌlf] *n* 1.gji deti(i madh). 2.humnerë. 3.*fig* çarje, prishje(midis miqsh etj). 4.vorbull, gjeratore, gjir; **Gulf Stream** Golfstrim, rryma e Gjirit (të Meksikës).

gull I[gʌl] *n zool* pulëbardhë; çafkë.

gull II [gʌl] *v* 1. gënjej, mashtroj. 2.leshko, naiv, sylesh.

gullery['gʌlëri] *n* vend ushqimi për pulëbardhat.

gullet['gʌlit] *n* 1.*anat* gurmaz, gabzherr, ezofag. 2.fyt.

gullibility[gʌlë'bilëti] *n* mashtrueshmëri; të qenit leshko.

gullible['gʌlëbël] *adj* leshko, sylesh, naiv, që mashtrohet lehtë.

gully['gʌli] *n,v* -*n* 1.prroskë; hon, grykë e thellë. 2.vijë, kanal; gropë(nga shirat).

-*vt* hap kanal, bëj ulluqe.

gulp[gʌlp] *v,n* -*v* 1.kapërdij, llufis, gëlltis. 2.*fig*

përmbaj, gëlltis(një gulçim).3.gulçoj, dihas, më zihet fryma.

-*n* 1.gëlltitje. 2.gllënjkë, gërrqe; kafshatë e madhe.

gum I [gʌm] *n,v* -*n* 1. rrëshirë; lëng pemësh. 2.rrëshirë; kauçuk. 3.çamçakiz. 4.zamkë, ngjitës. 5.gomë, llastik. 6.dru kauçuku. 7.*tek* rezinë.

-*v* 1.ngjis. 2.lëshon/prodhon rrëshirë. 3.ngjit; bëhet ngjitës.

+**gum up** *zhrg* prish, nxjerr jashtë përdorimit; katranos.

gum II[gʌm] *n anat* mish i dhëmbëve.

gum arabic *n* gomë arabike(nga akaciet).

gumbo ['gʌmbou] *n* 1. bamje. 2. supë me bamje. 3.tokë baltore, dhé ngjitës.

gumboil ['gʌmboil] *n mjek* pezmatim i mishit të dhëmbëve.

gumboots['gʌmbu:ts] *n* çizme llastiku.

gumdrop['gʌmdrop] *n* sheqerkë.

gummy['gʌmi] *adj* 1.ngjitës. 2. i gomuar. 3.që lëshon rrëshirë(dru).

gumption['gʌmpshën] *n gj.fol* 1.iniciativë, energji. 2.shkathtësi; mendjemprehtësi. 3.gjykim i shëndoshë, prakticizëm. 4.vendosmëri, kurajë.

gumshoe['gʌmshu:] *n,v* -*n* 1.galloshe.2.*pl* këpucë basketbolli/tenisi, atlete. 3.*amer zhrg* detektiv.

-*vi zhrg* eci pa u ndier, lëvrij në fshehtësi.

gum tree *n* dru kauçuku; pemë rrëshinore.

gumwood['gʌmwu:d] *n* dru i pemëve rrëshinore.

gun I[gʌn] *n,v* -*n* 1.armë. 2.pushkë. 3.top. 4.revole. 5.shkrepje, e shtënë. 6.*zhrg* bandit. 7.gjahtar. 8.*tek* pistoletë; grasator. 9.*zhrg* person i rëndësishëm; pecogroso.+ **beat/jump the gun** a)nisem para kohe(në gara); b)veproj para kohe; **give it the gun** *gj.fol* marr hov, shpejtoj papritmas; **it blows great guns** fryn erë e tërbuar; **stick to one's guns** qëndroj në timen, nuk lëshoj pe; **under the gun** *gj.fol* në pozitë të vështirë.

-*v* 1.gjuaj i armatosur. 2.shtie, qëlloj(mbi dikë).

+**gun sb down** e qëlloj dikë. 3.(for) i qepem (sulmoj). 4.përpiqem fort. 5.i jap gaz, marr vrull(me makinë).

gun barrel *n* tytë.

gunboat['gʌnbout] *n* luftanije e vogël, kanonierë.

gun carriage *n* shtrat topi.

guncotton['gʌnkotën] *n* nitrat celuloze, piroksilinë(lëndë plasëse).

gundog['gʌndog] *n* zagar, langua, qen gjahu.

gunfight['gʌnfait] *n* ndeshje me armë.

gunfire['gʌnfajë:] *n* zjarr, të shtëna.

gunge[gʌnxh] *n* lëndë ngjitëse.

gung-ho['gʌnghou] *adj zhrg* i ethshëm; plot energji, i papërmbajtur, entuziast.

gunk[gʌnk] *n* lëndë ngjitëse; llum.

gunk hole *n amer* pellg i thellë, vend i mirë për peshkim.

gunlock['gʌnlok] *n* çark(i pushkës).

gunman['gʌnmën] *n* 1.*amer* bandit. 2.pushkatar i zoti.

gunner['gʌnë:] *n* 1.artilier. 2.komandant i topave (në anije). 3.gjuetar; pushkatar.

gunnery['gʌnëri] *n* 1.shkencë e artilerisë.2.qitje e artilerie. 3.topa, artileri.

gunning ['gʌning] *n* 1.qitje (me pushkë, top etj). 2.gjueti me pushkë.

gunny['gʌni] *n* 1.pëlhurë kërpi. 2.thes kërpi.

gunny sack *n* thes kërpi; çantë kërpi.

gun pit *n usht* vendvendosje e topave, pozicion i topave.

gunpoint ['gʌnpoint] *n* shenjestër, thep; **at gunpoint** nën kërcënimin e pushkës/revoles, në thep të pushkës.

gunpowder['gʌnpaudë:] *n* barut.

gunroom['gʌnru:m] *n* 1é.armaturë, sallë ku mbahen armët. 2.*det* sallë e oficerëve të rinj(në luftanije).

gunrunner ['gʌnrʌnë:] *n* kontrabandist armësh, trafikant armësh.

gunrunning ['gʌnrʌning] *n* kontrabandë/trafik armësh.

gunshot['gʌnshot] *n* 1.e shtënë. 2.qitje. 3.largësi e qitjes, një e shtënë(pushke, topi).

gunsight['gʌnsait] *n* shenjestër.

gunslinger['gʌnslingë:] *n zhrg* shih **gunman**.

gunsmith ['gʌnsmith] *n* armëtar, armëpunues.

gunstock['gʌnstok] *n* qytë pushke, karkasë druri e pushkës.

gurgle['gë:gël] *v,n* -*v* 1.gurgullon. 2.gugat, gurgurin(fëmija).

-*n* 1.gurgullimë; llokoçitje. 2.gugatje, gurgurimë.

gurnard['gë:në:d] *n zool* gushëkuq deti.

guru ['gu:ru:, gu:'ru:] *n* mësues feje; këshilltar shpirtëror.

gush [gʌsh] *v,n* -*vi* 1. derdhet vrullshëm; shpërthen(gjaku, nafta); çurgon. 2.*gj.fol* flas pa u përmbajtur, shprehem me një lumë fjalësh.3.shkrehem(në lotë). 4.më shkon gjaku rrëke.

-*n* 1.shkulm, shpërthim(gjaku etj). 2.*gj.fol* shpërthim(inati). 3.çurg, rrëke. 4.*gj.fol* i folur i papërmbajtur, entuziazëm i tepruar.

gusher['gʌshë:] *n* 1.pus nafte shpërthyes, pus me fontanë. 2.*gj.fol* fjalaman, njeri i papërmbajtur; sentimental.

gushing ['gʌshing] *adj* 1. shpërthyes; që derdhet çurg. 2.i papërmbajtur, fjalëshumë; sentimental.

gushy ['gʌshi] *adj* i papërmbajtur, fjalëshumë, sentimental.

gusset['gʌsit] *n* 1.fortesë(në rroba).2. *tek* pllakëz përforcuese.

gussy['gʌsi] *v zhrg* stolisem, zbukurohem, pispillosem.

gust[gʌst] *n* 1.shkulm(ere). 2.rrebesh (shiu). 3.shpërthim(tymi). 4.*fig* shpërthim, furi(zemërimi);

vrull(entuziazmi).

gusto['gʌstou] *n* 1.shijë, shijim. 2.pëlqim, dëshirë.

gusty ['gʌsti] *adj* 1. i stuhishëm; me rrebesh; me shkulme. 2.e hazdisur(e qeshur); shpërthyes.

gut[gʌt] *n,v,adj* -*n* 1.zorrë. 2.*pl* të brendshme. 3.zorrë miu, kordë(kafshësh, për qepje në kirurgji etj). 4.kanal i ngushtë, gyp; ulluk. 5.*pl gj.fol* a)guxim, kurajë, këllqe; **have no guts** nuk kam këllqe; b)thelb(i problemit); c) pjesë kryesore, zemër (e makinës). 6.*zhrg* surrat; **hate sb's guts** nuk ia shoh dot surratin dikujt, s'e duroj dot.

-*vt* 1.heq të brendshmet, pastroj.2.shkatërron, djeg, përlan(zjarri).

-*adj zhrg* bazë, kryesor, jetësor(problem).

gutsy['gʌtsi] *adj zhrg* i guximshëm, trim, kurajoz.

gutter['gʌtë:] *n,v* -*n* 1. ulluk (shiu). 2. kanal, hendek(anës rrugës). 3.**the gutter** lagje e ndyrë, lagje e varfër. 4.*polig* anë të bardha të dy fletëve pasuese.

gutter journalism *n* gazetari rruge.

gutter press *n* shtyp i sensacioneve.

-*v* 1.formon kanale. 2.hap kanale/ulluqe.

guttersnipe['gʌtë:snaip] *n gj.fol* 1.fëmijë rrugësh, rrugaç. 2.njeri i paedukuar.

guttural ['gʌtërël] *adj,n* -*adj* i fytit, i grykës. 2.grykor, i ashpër(zë).

-*n gram* tingull grykor.

guv[gʌv] *n Br* shef.

guy I[gai] *n* 1.tip, person; burrë; djalosh. 2.shok; shoqe. 3.*Br* spitullaq, gagarel.

-*v gj.fol* ngacmoj, vë në lojë.

guy II[gai] *n,v* -*n* litar/kavo sigurimi.

-*vt* siguroj/fiksoj me litar/me kavo.

Guyana[gaj'ænë] *n gjeog* Guajanë.

guy rope *n* litar sigurimi; litar tende/çadre.

guzzle['gʌzël] *vt* 1.përlaj, gllabëroj, përpij, dëndem (së piri). 2.shklluq.

gym[xhim] *n* 1.palestër. 2.gjimnaz.

gymnasium[xhim'neizjëm] *n* 1.palestër. 2.gjimnaz, shkollë e mesme e përgjithshme.

gymnast['xhimnæst] *n* gjimnast.

gymnastic[xhim'næstik] *adj* gjimnastikor, gjimnastike.

gymnastics[xhim'næstiks] *npl* gjimnastikë.

gym shoes *n* këpucë atlete, këpucë të lehta.

gymslip['xhimslip] *n Br* bluzë gjimnastike, gjimnastiorkë.

gyn(a)ecological[gainëkë'loxhëkël] *adj* gjinekologjik.

gyn(a)ecologist[gainë'kolëxhist] *n* gjinekolog.

gyn(a)ecology[gainë'kolëxhi] *n* gjinekologji.

gyp[xhip] *v,n zhrg* -*vt* mashtroj, ia hedh.

-*n* 1.mashtrim. 2.mashtrues, batakçi.

gypsum['xhipsëm] *n* gips; allçi.

gypsum board *n* pllakë zdrukthi me allçi.

Gypsy['xhipsi] *n* 1.cigan, arixhi. 2.gjuhë cigane. 3.endacak.

gyrate ['xhajëreit] *vi* vërtitem, rrotullohem, vij qark.

gyration[xhai'reishën] *n* vërtitje, rrotullim.

gyratory['xhairëto:ri] *adj* rrotullues.

gyrocompass['xhairoukʌmpës] *n* xhirobusull, busull xhiroskopike(që tregon polin gjeografik).

gyropilot['xhairoupailët] *n* xhiropilot, pilot automatik, pajisje automatike drejtimi avioni.

gyroscope['xhairëskoup] *n* xhiroskop.

gyve[xhaiv] *n,v* -*n* 1.pranga. 2.vargonj, hekura, zinxhirë(për këmbët).

-*vt* i vë prangat ; lidh me vargonj.

h,H [eit] *n* 1. h, germa e tetë e alfabetit anglez. 2.simbol i fortësisë së lapsit.

h shkyrtim për hour; hecto.

H shkurtim për hydrogen; henry; heroin.

ha[ha:] *interj* 1.hop!; aha!. 2.ha-ha (e qeshur).

ha shkurtim për hectare.

habeas corpus ['heibiës'ko:pës] *lat drejt* urdhër për sjelljen (e të pandehurit) para trupit gjykues; e drejtë e daljes në gjyq.

haberdasher['hæbë:dæshë:] *n* 1.shitës artikujsh për burra. 2.çikrrimtar.

haberdashery['hæbë:dæshëri] *n* 1.artikuj të imët, kinkaleri. 2.dyqan kinkalerie, kinkaleri.

habergeon['hæbë:xhën] *n* 1.parzmore e shkurtër pa mëngë. 2.parzmore e gjatë.

habiliment [hë'bilimënt] *n* 1. *pl* veshje, rroba. 2.fustan; petk.

habit ['hæbit] *n,v* -*n* 1. zakon. 2. natyrë, prirje. 3.petk, rasë. 4.huq, ves. 5.*vjet* veshje. +out of habit për forcë zakoni; be in/get into the habit of e kam/e bëj zakon të; take the habit bëhem murg. -*v* vesh.

habitable['hæbitëbël] *adj* i banueshëm.

habitancy['hæbitënsi] *n* banim.

habitant ['hæbitënt] *n* 1. banor. 2. *amer* fermer frankofon(i Kanadasë).

habitat['hæbitæt] *n* 1.vendbanim, banesë.2.mjedisi ku jeton (kafsha, bima).

habitation[hæbi'teishën] *n* 1.banesë, vendbanim; shtëpi. 2.banim.

habit-forming['hæbitfo:ming] *adj* vesformues; që krijon një zakon.

habitual [hë'biçuël] *adj* 1.i bërë zakon; për forcë zakoni(buzëqeshje). 2.i rregullt(lexues). 3.i zakonshëm, i rëndomtë, i shpeshtë(fenomen).

habitually[hë'biçuëli] *adv* zakonisht, rëndom; si rregull.

habituate[jë'biçueit] *vt* 1.mësoj, ia bëj zakon.

2.*amer* shkoj shpesh(në një vend), frekuentoj.

habituation [hëbiçu'eishën] *n* të bërët zakon, familjarizim.

habitude['hæbitju:d] *n* 1.gjendje shpirtërore, humor; gjendje fizike. 2.zakon.

habitué[hëbiçuei] *n* frekuentues i rregullt.

hacienda [ha:si'endë] *n* fermë e madhe, çiflig; shtëpi fshati.

hack I[hæk] *v,n* -*v* 1.pres keq e keq(një pemë). 2.hap shteg me kosore, pres shkurret(për të hapur rrugë). 3.*zhrg* duroj; hack it in this business e ha këtë lloj pune. 4.kollitem. 5.*sport* bëj faull, godas në krah(lojtarin me top, në basketboll).

-*n* 1.prerje keq e keq(me sëpatë). 2.vegël prerëse (sëpatë, kosore etj). 3.kollë e thatë. 4.*sport* faull, goditje në krah.

hack II [hæk] *n,v,adj* -*n* 1. karrocë me qera. 2.*gj.fol* taksi. 3.punoj si shkrues.

-*adj* 1.i marrë me qira. 2.e bërë për para(punë). 3.me mëditje. +hack into *kmp* shfrytëzoj në mënyrë të paligjshme; hack through hap rrugë.

hackamore['hækëmo:] *n* kapistër.

hacker['hækë:] *n kmp* pirat informatik.

hackie['hæki] *n amer* shofer taksie.

hacking['hæking] *n* pirateri informatike.

hacking cough *n* kollë e thatë.

hackle ['hækël] *n,v* -*n* 1. krehër për li e kërp. 2.pupla me zverk, kashylytë.3.qime zverku(të qenit); with hackles up i hakërryer. +raise the hackles *gj.fol* krijoj dyshim; ngjall zemërim. -*v* kreh(li, kërp).

hackle II['hækël] *vt* pres keq e keq; gjymtoj.

hackle fly *n* mizë artificiale(për peshkim).

hackman['hækmën] *n* 1.shofer. 2.karrocier.

hackney['hækni] *n,adj* -*n* 1.kalë. 2. karrocë me qira.

-*adj* 1.me qira. 2.për t'u dhënë me qira. 3.i pajtuar.

-*v* përdor shumë shpesh, e bëj të zakonshme.

hackney cab, hackney carriage *n* 1.karrocë me qira. 2.taksi.

hackneyed['hækni:d] *adj* i përdorur shpesh, i konsumuar; i rëndomtë.

hacksaw['hækso:] *n* sharrë hekuri.

hackwork ['hækwë:k] *n* 1.punë rutinë e shkrimtarit të pajtuar. 2.punë rutinë, punë e bezdisshme, angari.

had [hæd, hëd, ëd] *pt, pp* e **have**. **+you had better leave** do të bëje më mirë të ikje.

haddock['hædëk] *n zool* merluc.

Hades ['heidi:z] *n* 1.*mit* a)banesa e të vdekurve, streha e nëndheshme, bota tjetër; b) perëndia e botës së përtejme, Hadesi. 2.*pl gj.fol* ferri.

hadn't['hædënt] (= **had not**) *pt* e **have not**.

hadst[hædst] *vjet* veta II njëjës e *pt* të **have**, = **you had**.

haema- *suff* shih **hema**.

hafnium['hæfniëm] *n kim* hafnium, Hf(element).

haft[hæft] *n,v* -*n* dorezë(thike, shpate etj). -*v* i vë dorezë.

hag[hæg] *n* 1.shtrigë. 2.plakë e keqe, cofëtirë.

haggard['hægë:d] *adj* i drobitur, i mbaruar, i leqendisur, i dërrmuar.

haggis['hægis] *n* plënc i mbushur qingji.

haggle ['hægël] *v,n* -*vi* 1.bëj pazar, haem për çmimin. 2.sakatoj, gjymtoj, pres keq. -*n* pazar, debat.

hagiographer [hægi'ogrëfë:] *n* 1. shkrimtar subjektesh fetare. 2.autor biografish shenjtorësh.

hagiology[hægi'olëxhi] *n* 1.letërsi kushtuar shenjtorëve. 2.listë e shenjtorëve.

hagridden['hægridën] *adj* i shqetësuar, i munduar(si ai që i kanë bërë magji shtrigat).

hah(ha:) *interj* ha! ha!

hahnium['ha:niëm] *n kim* hahnium, Ha(element kimik artificial, i paqëndrueshëm).

hail I[heil] *v,n,interj* -*v* 1.përshëndes, përgëzoj, brohoras(fituesin).2.quaj, shpall.3.i thërras, i bërtas. -*n* 1.përshëndetje, brohoritje. 2.thirrje me zë të lartë; **within hail** aq larg sa mund të dëgjohet. -*interj* përshëndetje!; mirësevjen! **+hail fellow well met** shumë miqësisht. **+hail from** vij nga.

hail II[heil] *n,v* -*n* 1.kokërr breshëri. 2.breshër. 3.breshëri, mori, lumë; **a hail of bullets** breshëri plumbash. -*vi* 1.bie breshër. 2.bien si breshër, i derdhen përsipër(kritikat etj). **+hailed out** i shkatërruar nga breshëri.

hailstone['heilstoun] *n* kokërr breshri.

hailstorm['heilsto:m] *n* stuhi breshri.

hair[heë:] *n* 1.flok; qime, lesh(te kafshët). 2.*bot* push(i bimëve). 3.*fig* fije, grimë, qime. **+get in sb's hair** bezdis; nxeh; **let one's hair down** nuk vë re, sillem shpenguar; **not turn a hair** s'më luan

qerpiku, s'ma bën tërr syri; **make sb's hair stand on end** ia ngre qimet përpjetë dikujt; **split hairs** e ndaj qimen katërsh, hyj në hollësira të tepruara; **to a hair** pikë për pikë, fije e për pe.

hairbreadth['heë:bredth] *adj,n* -*adj* fort i ngushtë; fare afër. -*n* fije, qime; **have a hairbreadth escape** shpëtoj për qime.

hairbrush['heë:brʌsh] *n* furçë flokësh.

haircloth ['heë:kloth] *n* çull, mbulesë (me qime kali, lesh deveje etj).

haircut ['heë:kʌt] *n* 1. qethje. 2. e qethur, model flokësh.

hairdo['heëdu:] *n* krehje, e krehur, model flokësh; bërje me forma.

hairdresser['heë:dresë:] *n* floktar; berber.

hairdressing['heë:dresing] *n* 1.qethje; rregullim i flokëve. 2. profesion i floktarit.

hairdryer['heë:drajë:] *n* tharëse flokësh.

haired[heë:d] *adj* me flokë; **curly-haired** flokëdredhur, kaçurrel.

hair gel *n* xhel flokësh.

hairgrip['heë:grip] *n Br* kapëse flokësh.

hairless['heë:lis] *adj* pa flokë, tullac, tullë.

hairline['heë:lain] *n* 1.vijë e flokëve, ndarje e flokëve. 2.vijë shumë e hollë. 3.*attr* tepër e hollë, sa një qime floku (plasaritje).

hairline fracture *n* krisje.

hair net *n* rrjetë për flokë.

hairpiece['heë:pi:s] *n* parukë; tufë flokësh të rremë.

hairpin['heë:pin] *n* 1.karficë. 2.kthesë e plotë. -*adj* në formë karficë; **a hairpin bend** kthesë U, kthesë në formë U-je, kthesë e fortë.

hair-raising['heë:reizing] *adj* i frikshëm, rrëqethës.

hair's-breadth *n* shih **hairbreadth**.

hair remover *n* qimeheqës.

hair restorer *n* locion rigjenerues flokësh.

hair shirt *n* korse e ashpër me qime kali (për dënim).

hair slide *n Br* kapëse flokësh.

hairsplitter['heë:splitë:] *n* njeri micgun, njeri që kapet pas çdo vogëlsire.

hairsplitting['heë:spliting] *n,adj* -*n* micgunësi, kapje pas vogëlsirave; dërdëllisje. -*adj* tepër i hollë; që hyn në imtësira fare të vogla.

hairspray['heë:sprei] *n* llak flokësh.

hairspring['heë:spring] *n* qime(sahati).

hairstyle['heë:stail] *n* krehje, model flokësh.

hairstylist['heë:stailist] *n* floktar.

hair trigger *n* këmbëz(pushke) tepër e ndieshme.

hair-trigger['heë:trigë:] *adj* 1.me këmbëz shumë të ndieshme (pushkë, revole). 2.*fig* shpërthyes (temperament), çakmak(njeri).

hairy ['heëri] *adj* 1. me flokë; leshtor, leshatak.

2.*zhrg* e vështirë, shqetësuese(situatë). 3.*zhrg* i frikshëm, i rrezikshëm, rrëqethës.

Haiti['heiti] *n gjeog* Haiti.

Haitian['heishën] *adj,n* -*adj* haitian.
-*n* 1.haitian.2.gjuha haitiane(me bazë frengjishten).

hakapik ['hækëpik] *n* kanzhë-fuzhnjë (për gjuajtjen e fokave).

hake[heik] *n zool* merluc.

hakim[hë'ki:m] *n* 1.mjek, heqim.2.sundimtar; guvernator. 3.gjykatës.

halcyon['hælsiën] *adj,n* -*adj* 1.i qetë, i paqmë. 2.i lumtur; parajsor.
-*n mit* zog që qetëson dallgët.

hale I[heil] *adj* i fortë; i shëndetshëm. +**hale and hearty** në formë shumë të mirë; shend e verë.

hale II[heil] *vt* 1.tërheq me forcë, zvarris.2.shtërngoj, detyroj të shkojë.

haler['ha:lë:] *n* haler(monedhë çeke, =1/100 e koronës).

half [*Br* ha:f, *amer* hæf] *n,adj,adv,pron* -*n pl* **halves**) 1.gjysmë. 2.*sport* pjesë(loje). 3.*sport* gjysmëmbrojtës. +**do things by halves** i lë gjërat në mes/përgjysmë.
-*adj* 1.gjysmak; **a half-truth** gjysmë-e-vërtetë. 2.i i përgjysmuar; përgjysmë; gjysmë; **half an hour** gjysëm ore; **half-French** gjysmë-frëng, francez përgjysmë.
-*adv* 1.përgjysmë; **half and half** gjysmëpërgjysmë.2.pjesërisht.3.pothuaj; **half-dead** gati i vdekur; **half past ten** dhjetë e gjysmë(ora); **half after ten** *amer* dhjetë e gjysmë(ora); **it's half past** është .... e gjysmë/e tridhjetë minuta. +**by half** ku e ku(më i mirë etj); **not half!** ç'thua!
-*pron* gjysma; **half of them** gjysma e/prej tyre; **I wrote half of it** kam shkruar gjysmën; **not half** a) fare pak; b)aspak, fare.

half-and-half['hæfënd'hæf] *adj,adv,n* -*adj* gjysmëpërgjysmë.
-*adv* përgjysmë, në dy pjesë të barabarta, barabar.
-*n* 1. përzierje qumësht me ajkë. 2. *Br* pije e përzier(dy lloje birrash etj).

half-assed['hæfæst] *adj zhrg* i paaftë, i pazoti; i pafrytshëm; i paefektshëm.

halfback['hæfbæk] *n sport* gjysmëmbrojtës.

half-baked['hæfbeikt] *adj* 1.i pagatuar mirë, i papjekur, i gjallë.2.*gj.fol* i papërfunduar, i pambaruar. 3.*gj.fol* i papërvojë, i cekët.

halfblood['ha:fblʌd] *n* 1.racë e përzier; metis. 2. gjysmë-vëlla; gjysmë-motër, motër/vëlla prej babe /nëne.

half boot *n* çizme të shkurtra.

half-breed['hæfbri:d] *n,adj* -*n* 1.person me racë të përzier.2.metis.
-*adj* 1.i kryqëzuar, i përzier. 2.metis(racë e bardhë + amerindian).

half-brother['hæfbrʌdhë:] *n* vëlla prej babe/nëne.

half-caste['hæfkæst] *n* person me prindër racash të ndryshme(e bardhë + aziatike), euroaziat.

half cock *n* çark (pushke) i ngrehur, por në siguresë. +**go off at half cock** a)shtie para kohe; b)flas pa u menduar; e nis keq.

halfday['hæfdei] *n* gjysmë dite.

half-hearted['hæfha:tid] *adj* pa qejf, pa entuziazëm, me gjysmë zemre.

half-heartedly['hæfha:tidli] *adv* pa qejf, pa entuziazëm, me gjysmë zemre.

halfhour['hæfauë:] *n,attr* -*n* 1.gjysmë ore.
-*attr* 30-minutësh, prej gjysmë ore, gjysmëorësh; **a half-hour wait** një pritje prej gjysmë ore.

half-hourly['hæfouë:li] *adv* çdo gjysmë ore.

half-life['hæflaif] *n fiz* gjysmë-jetë, periudhë gjysmëzbërthimi.

half-length ['hæflength] *adj* (pallto) e shkurtër, treçerekëshe.

half-light['hæflait] *n* mugëtirë; gjysmëhije.

half-mast['hæfma:st] *n,v* -*n* gjysmëlartësi; at/to half-mast në gjysmështizë(flamuri).
-*vt* ul(flamurin) në gjysmë shtize.

half measure *n* masë gjysmake, masë e paefektshme.

half moon *n* 1.gjysmëhënë.2.gjysmëhënëz(në flamur etj).

half note *n muz* notë 2/4.

halfpence['heipëns] *n pl* i **halfpenny**.

halfpenny['heipëni] *n* gjysmëpeni(monedhë britanike).

half-price['hæfprais] *adj* me gjysmë çmimi.

half rest *n muz* interval(pushimi) 2/4.

half sister *n* motër prej nëne ose prej babe.

halfsole *n* gjysmë.

half-staff ['hæfstæf] *n,v amer* -*n* shih **halfmast**.

half step *n muz* gjysmëton.

half term *n* pushime në gjysmë të trimestrit.

half time *n* 1. *sport* pushim ndërmjet dy pjesëve (të lojës). 2. orar(pune) i reduktuar(përgjysmë).

half tone *n muz* gjysmëton.

half-tone['hæftoun] *n* 1.*poligr* përgatitje klisheësh. 2.klishe; fotografi e realizuar me klishe. 3.gjysmëton, ton i ndërmjetmë; gjysmëterr.

half-truth ['hæftru:th] *n* gjysmë-e vërtetë, e vërtetë gjysmake.

halfway['hæfwei] *adj,adv* -*adj* 1.i ndërmjetmë, në gjysmëdistancë(stacion). 2.gjysmake, të paefektshme(masa).
-*adv* 1.në gjysmë të rrugës; në gjysmë të distancës së kërkuar. 2.në gjysmë të intervalit(të kohës). +**meet sb halfway** bëj kompromis me dikë, lëshojmë pe reciprokisht.

halfway house *n* 1.bujtinë në gjysmë të rrugës; vendpushim gjatë rrugës. 2.strehë e përkohshme(për ish-të burgosurit ose të sëmurët psiqikë të liruar).

half-wit['hæfwit] *n* 1.njeri gjysmak (me të meta mendore), njeri mendjeshkurtër. 2.budalla, i lënë nga mendtë.

half-witted ['hæfwitid] *adj* 1. mendjeshkurtër, i metë. 2.budallë, i lënë nga mendtë.

half-yearly['hæfjë:li] *adj* gjashtëmujor, simestral.

half yearly *adv* çdo gjashtë muaj.

halibut ['hælibët] *n zool* shojzë e Atlantikut Verior.

halidom(e) ['hælidom] *n vjet* 1. vend i shenjtë, tempull, altar. 2.gjë e shenjtë, relikë e shenjtë.

halite['hælait, 'heilait] *n* kripë guri.

halitosis [hælë'tousis] *n mjek* frymë me erë të keqe.

hall[ho:l] *n* 1.korridor, hyrje; sallon; paradhomë. 2.sallë. 3.ndërtesë publike; **town hall** bashki. 4.godinë shkollore. 5.vilë fshati. +**live in hall** jetoj në qytetin e studentit.

hallelujah[hælë'lu:jë] *interj,n* -*interj* aleluja; zoti qoftë lëvduar.

-*n* lavd për perëndinë.

hallmark['ho:lma:k] *n* 1.vulë, damkë(në arturina, për të treguar pastërtinë e metalit). 2.*fig* vulë, shenjë dalluese.

hallo(a)[hë'lou] shih **hello.**

halloo[hë'lu:] *interj,n* -*interj* hyja!(për të ndërsyer langonjtë). 2.thërras, i bëj zë(dikujt).

hallow I ['hælou] *v* 1. shenjtëroj; bëj të shenjtë. 2.nderoj si të shenjtë.

hallow II[hë'lou] shih **halloo.**

hallowed['hæloud] *adj* 1.i shenjtë, i shenjtëruar. 2.i nderuar, i respektuar.

Halloween['hælou'i:n] *n* vigjilia e Ditës së Gjithë Shenjtorëve.

hallstand ['holstænd] *n* varës e rrobash, portmanto.

hallucinate[hë'lu:sineit] *vi* kam vegime, kam haluçinacione.

hallucination[hëlu:si'neishën] *n* 1.shajni, vegulli, haluçinacion. 2.përshtypje e rreme, iluzion.

hallucinatory [hë'lu:sënëto:ri] *adj* 1. shajnie, haluçinant. 2.iluziv, i rremë.

hallucinogen[hë'lu:sinëxhën] *n* bar / ilaç haluçinant.

hallway ['holwei] *n* 1. korridor, hyrje. 2.sallon, paradhomë.

halo['heilou] *n,v* -*n* 1.brerore, kurorë drite(rreth Hënës etj). 2.*fig* aureolë, rreth drite(i shenjtorëve). 3.*fig* shkëlqim, lavdi.

-*vt* rrethoj me brerore.

halogen['hælëxhën] *n kim* halopgjen.

haloid['hæloid] *adj,n kim* -*adj* 1.kripë; si kripë. 2.halogjenur.

halt I[ho:lt] *v,n,interj* -*v* 1.ndalem, ndaloj.2.ndal. -*n* ndalim, ndalesë; qëndrim. +**call a halt to sth** i jap fund diçkaje; **come to a halt** a)ndalon(makina);

b)ndërpritet (puna); **grind to a halt** a)ndalem; b)bie (puna).

-*interj* ndal!

halt II [ho:lt] *v,adj,n* -*vi* 1. ngurroj, lëkundem, jam në mëdyshje. 2.*fig* çalon, ngec(puna). 3.*vjet* çaloj, jam ulok.

-*adj* vjet i çalë; ulok.

-*n vjet* 1.çalim. 2.person i çalë, ulok. 3.ngurrues.

haltingly['holtingli] *adv* 1.duke çaluar. 2.në mënyrë të çalë. 3.në mëdyshje.

halter['ho:ltë:] *n,v* -*n* 1.kapistër. 2.lak; litar për varje. 3.varje, vdekje në litar.

-*vt* 1 vë kapistër(kalit); lidh me litar(lopën).

halva(h)[ha:l'va:, 'ha:lva] *n* hallvë; hallvasi.

halve [ha:v, hæv] *vt* 1. ndaj përgjysmë, ndaj më dysh, ndaj barabar. 2.shkurtoj, përgjysmoj(kohën).

halves [ha:vz, hævz] *n pl* i **half.** + **by halves** a)pjesërisht, jo plotësisht; b)me gjysmë zemre, pa dëshirë; **go halves** ndajmë barabar.

halyard['hæljë:d] *n det* litar(i velës, flamurit etj).

ham [hæm] *n,v* -*n* 1. proshutë. 2. kofshë(derri etj). 3.*anat* pjesa prapa gjurit. 4.*gj.fol* a)aktor me gjeste të tepruara; b)njeri artificial, i shtirë. 5.*gj.fol* radioamator.

-*vi* e teproj; reagoj në mënyrë të tepruar.

Hamburg['hæmbë:g] *n gjeog* Hamburg.

hamburg['hæmbë:g] *n* shih **hamburger.**

hamburger['hæmbë:gë:] *n* 1.hamburger, qofte e sheshtë. 2.mish viçi i grirë.

hamburg steak *n* hamburger, qofte e sheshtë.

ham-fisted['hæmfistid] *adj* i ngathët, duartharë.

hamlet['hæmlit] *n* katundth, fshat i vogël.

hammer['hæmë:] *n,v* -*n* 1.çekiç, çekan.2.*tek* çekan pneumatik.3.*muz* çekiç(i pianos).4.çok(i ziles). 5.rrahës(te pushka).6.*sport* çekiç. +**come/go under the hammer** shitet në ankand; **hammer and tongs** me sa mund, me gjithë fuqinë.

-*v* 1.godas(me çekiç). 2.ngul(gozhdë). 3.qëlloj, grushtoj. 4.arrij me shumë përpjekje. 5.dërrmoj, shpartalloj. 6.ngulis me zor.

+**hammer at** ngulem në punë, i qepem.

+**hammer away** a)ngulem në punë; nuk i ndahem; b)i vardisem, i qepem(me një kërkesë).

+**hammer sth into sb** ia ngul në kokë diçka.

+**hammer out** a) rrah (me çekiç), i jap formë; b)shtyp, petëzoj; c)bëj me shumë përpjekje; d)sqaroj, përpunoj.

hammer lock *n sport* kapje(në mundje) me përdredhje të krahut prapa shpinës.

hammock['hæmëk] *n* hamak, shtrat i varur.

hammy['hæmi] *adj* artificial, i shtirë, me gjeste të tepruara(aktor).

hamper I ['hæmpë:] *n* 1. shportë(për ushqime). 2.*amer* kanistër(për rroba).

hamper II ['hæmpë:] *vt* pengoj; frenoj; vështirësoj.

hamster['hæmstë:] *n zool* lloj brejtësi.

hamstrings ['hæmstrings] *n,v* -*n* 1. leqe (të këmbëve). 2.tejzë e gjurit(te kofshët).

-*vt* 1.gjymtoj, i pres tejzat. 2.paralizoj.

hand[hænd] *n,v* -*n* 1.dorë.2.akrep, shigjetë, tregues. 3.punëtor. 4.detar, marinar. 5.*zak pl* a)kontroll, zotërim; **in my hands** në zotërimin tim, në duart e mia; b)ngarkim, përgjegjësi. 6.*fig* gisht, rol, pjesëmarrje; **have no hand in the matter** s'kam gisht në atë punë. 7.anë, krah; **at my left hand** në të majtë time. 8.burim(i një lajmi etj). 9.shkrim, stil. 10. nënshkrim, firmë. 11.aftësi, zotësi, mjeshtri. 12.person.13.duartrokitje. 14.premtim martese. 15.dorë(letrash, në lojë). 16.lojtar(në lojë me letra). +**all hands** a)i gjithë ekipazhi; b)*gj.fol* të gjithë anëtarët, i gjithë grupi; **at first hand** nga përvoja, nga një njohje e drejtpërdrejtë; **at hand** a)afër, pranë; b)gati; **at second hand** nga burim i tërthortë, nga dorë e dytë; **at the hand(s) of** nga duart e; **bear a hand** ndihmoj, i jap një dorë; **by hand** me dorë (i bërë); **change hands** ndërron zot; **clean hands** mospërlyerje(në një krim); **eat out of one's hands** ndjek /pasoj dikë, i nënshtrohem autoritetit të dikujt; **force sb's hand** a)e detyroj të bëjë diçka; b)e bëj të tregojë ç'ka ndër mend të bëjë; **from hand to mouth** në zgrip, me të keq; **give a hand** ndihmoj, i jap një dorë; **hand and/in glove with** bythë e brekë me (dikë); **hand in hand** dorë për dore; sëbashku; **hands down** lehtë, me lehtësi; **hand to hand** nga afër, trup me trup(luftim); **have one's hands full** jam shumë i zënë, s'mbaj dot më; **in hand** a) nën kontroll; b)në zotërim; c)në shqyrtim; d) në proces,duke u bërë; **join hands** bëhemi ortakë; b)martohemi; **keep one's hands in** nënshtrohem, ruaj formën; **lay hands on** a)vë dorë mbi, marr, rrëmbej; b)ndaloj, arrestoj; c)sulmoj; dëmtoj; d)bekoj duke prekur; **lend a hand** ndihmoj; **on the one/the other hand** nga njëra anë/nga ana tjetër; **out of hand** a)jashtë kontrollit, i papërmbajtur; b)menjëherë, në vend, aty për aty; pa ngurrim; c)i mbaruar, i marrë fund; **show one's hand** hap letrat, zbuloj qëllimet; **sit on one's hand** *gj.fol* 1.duartrokas dobët(pa entuziazëm); b)rri kot, s'bëj asgjë; **take a hand** marr pjesë, e provoj; **take in hand** a)marr në dorë, bëj zap, fus nën kontroll; b) filloj të merrem(me një çështje); **tie sb's hands** ia lidh duart dikujt, e bllokoj, s'e lë të bëjë diçka; **to hand** a) afër, pranë; b)në dorë të, në zotërim; **try one's hand** provoj të bëj, provoj aftësinë, provoj veten; **turn one's hand to** merrem me, i kthehem(një pune), i përvishem; **wait on hand and foot** shërbej me zell; **wash one's hands of** i laj duart nga, s'përgjigjem më për.

-*vt* 1.jap, i zgjas(diçka).2.i dorëzoj.3.ndihmon, shoqëron(portieri i hotelit klientin).

+**hand down** a) ia kaloj, transmetoj; b)*drejt* shpall, jap(një vendim etj).

+**hand in** dorëzoj, jap.

+**hand it to** *gj.fol* ia lë në dorë, njoh si epror.

+**hand on** ia kaloj, ia pasoj, kaloj dorë më dorë.

+**hand out** ndaj, shpërndaj.

+**hand over** a)ia kthej, ia dorëzoj; b)ia kaloj, ia lë (përgjegjësinë); c)ia kaloj stafetën.

-*adj* dore.

handbag ['hændbæg] *n* 1. kuletë, çantë grash. 2.çantë udhëtimi.

handball ['hændbo:l] *n sport* 1.hendboll. 2.top hendbolli.

handbarrow['hændbærou] *n* 1.tezgë, vig.2.karrocë dore.

handbell['hændbel] *n* kambanë me dorezë.

handbill['hændbil] *n* njoftim/reklamë e shtypur.

handbook['hændbuk] *n* 1.manual, doracak. 2.gidë turistike. 3.libër/regjistër i basteve.

hand brake *n* fren dore.

handbreadth ['hændbredth] *n* dorë, gjerësi dore (në matje).

handblower['hændblouë:] *n* tharëse duarsh.

handcar ['hændka:] *n* vagonetë(që vihet në lëvizje me një levë).

handcart['hændka:t] *n* karrocë dore.

handclap['hændklæp] *n* përplasje duarsh.

handcraft['hændkræft] *n,v* -*n* zeje.

-*vt* bëj me dorë, bëj me punë dore.

handcuff['hændkʌf] *n,v* -*n zak pl* prangë.

-*vt* i vë/i hedh prangat.

-**handed**['hændid] *adj fjalëformues* 1.me dorë, me duar. 2.dorë-, që përdor dorën; **left handed** mëngjërash, sallak. 3.me akrepa; **a two-handed clock** orë me dy akrepa.

handful['hændful] *n* 1.një dorë, një grusht.2.sasi e vogël, një grusht(njerëzish). 3.*gj.fol* person i vështirë; gjë e zorshme.

hand grenade *n* granatë, bombë dore.

handgrip['hændgrip] *n* 1.shtërngim dore.2.dorezë, dorëz.

handgun['hændgʌn] *n* revole.

hand-held ['hændheld] *adj* që mbahet në dorë, dore(pajisje).

handhold['hændhould] *n* vend për të vënë duart.

handicap['hændi'kæp] *n,v* -*n* 1.pengesë; e metë, defekt. 2.avancë ose disavantazh(që u jepet disa pjesëmarrësve në një garë).

-*vt* 1.pengoj, i sjell vështirësi. 2.*sport* i jap avancë ose disavantazh.

handicapped['hændikæpd] *adj* me të meta; i pazhvilluar, i metë.

handicraft ['hændikræft, -'kra:ft] *n* 1.punë dore; mjeshtri, zeje. 2.zejtari, zeje, artizanat. 3.artikull zejtarie.

handicraftsman ['hændikræftsmën] *n* zejtar, artizan.

handiwork['hændiwë:k] *n* 1.punë dore. 2.punë e

bërë vetë. 3.prodhim vetiak.

handkerchief ['hænkë:çi:f] *n* 1.shami hundësh. 2.shami koke, rubë.

handle['hændël] *n,v* -*n* 1.dorëz, dorezë. 2.bisht, vegjë. 3.rast, dorë e lirë, mundësi. 4.*zhrg* emër, titull, ofiq. +**fly off the handle** *zhrg* nxehem, marr zjarr; nuk përmbahem; **handle to one's name** *zhrg* titull, ofiq. -*vt* 1.prek, zë, kap; lëviz me dorë. 2.trajtoj, merrem me(njerëz). 3.u bëj ballë(situatave). 4.sillet, reagon; manovrohet(makina). 5.tregtoj, shes. +**handle well /badly** është i manovrueshëm/i pamanovrueshëm.

handlebar(s)['hændëlba:(z)] *n* timon.

handler['hændlë:] *n* 1.mbajtës; manovrues.2.trainer; stërvitës; **baggage handler** mbartës bagazhesh.

handling charges *n* shpenzime administrimi.

hand lotion *n* kolonjë për duart.

hand luggage *n* bagazh dore, bagazhe të lehta.

handmade['hændmeid] *adj* i bërë me dorë.

handmaid(en)['hæn(d)meid(ën)] *n* 1. shërbyese. 2.shoqëruese.

hand-me-down ['hændmidaun] *gj.fol* 1.*adj* i përdorur(nga të tjerë). -*n* 1.send i përdorur(veshje etj). 2.rroba të lira.

hand organ *n muz* organo dore(me dorezë rrotulluese).

handout['hændaut] *n* 1. lëmoshë (ushqim). 2.reklamë; njoftim(në gazetë). 3.shënime të shtypura, prospekt.

handover['hændouvë:] *n* 1. kthim (i një sendi të huajtur).2.dorëzim,kalim(pushteti).3.dorëzim stafete.

handpicked['hænpikt] *adj* 1.i mbledhur(i vjelur) me dorë. 2.i zgjedhur me kujdes. 3. i zgjedhur me hatër, i zgjedhur me hile.

handrail['hændreil] *n* parmak.

hansaw['hændso:] *n* sharrë dore.

handsel['hænsël] *n,v* -*n* 1.dhuratë (për një festë etj). 2.pagesa e parë; pare sefte(në një dyqan). 3.përvojë e parë, pagëzim(në një punë etj). -*vt* 1.jap dhuratë, i dhuroj. 2.nis, filloj; përuroj. 3.bëj sefte, provoj i pari.

handset['hændset] *n* receptor telefoni.

handshake['hændsheik] *n* shtërngim duarsh, dhënie dore.

hands-off['hændsof] *adj* mosndërhyrës.

handsome['hændsëm] *adj* 1.i pashëm; i bukur.2.i mirë, i majmë(fitim).3.bujar(shpërblim).4.i hirshëm, i këndshëm.

handsomely['hænsëmli] *adv* 1.bujarisht, me bujari. 2.bukur.

handspike['hændspaik] *n* levë.

hands-on['hændzon] *adj* 1.praktik(trainim).2.kërkues(epror).

handspring['hændspring] *n* salto mbi duar.

handstand ['hændstænd] *n* qëndrim mbi duar;

vertikale.

hand-to-hand ['hæntëhænd] *adj,adv* nga afër; trup me trup(luftim).

hand-to-mouth['hæntëmauth] *adj* me të keq, në shtërngesë.

hand to mouth *adv* në pasiguri, në shtërngesë, duke e shtyrë me të keq.

handwork['hændwë:k] *n* punë(e bërë) me dorë.

handwoven['hændwouvën] *adj* 1.i endur në vegjë. 2.i thurur me dorë.

handwriting ['hændraiting] *n* 1. shkrim dore. 2.shkrim, kaligrafi, lloj shkrimi.

handwritten[çhændritën] *adj* i shkruar me dorë.

handy['hændi] *adj* 1.i volitshëm, praktik, i dobishëm, i përdorshëm; i përshtatshëm; **come in handy** më volit.

handyman['hændimæn] *n* njeri duarartë, njeri që i zë dora gjithçka.

hang[hæng] *v* (**hung**) 1.var. 2.varet. 3.ekzekutoj me varje. 4.ekzekutohem me varje. 5.ul, var(kryet). 6.fiksoj. 7.ngjis(në mur). 8.varet, është në varësi të. 9.ngurroj, lëkundem. 10.vërtitem pa punë. 11.rri pezull. +**hang it!** lëre, dreqin!

+**hang about/around** vërdallisem, sorollatem, sillem kot.

+**hang back** a)stepem; b)mbetem pas; jam i prapambetur.

+**hang on** a)kapem fort(pas diçkaje); b)nuk e ndahem, nuk e lëshoj; nuk tundem; c)varet nga; d)nuk lë të më shpëtojë asnjë fjalë.

+**hang out** a)var(rrobat); b)përkulem(në dritare); c)*zhrg* rroj; rri.

+**hang over** a) kërcënon, rri mbi kokë; b)*gj.fol* mbetet, tepron.

+**hang together** a) rrimë bashkë; b)qëndron, është i besueshëm.

+**hang up** a) var(në varëse); b) mbyll telefonin, ul receptorin; c)vonoj, shtyj; frenoj; **hang up on sb** ia mbyll telefonin dikujt, ia lë bisedën në mes. -*n* 1.mënyrë varjeje. 2.kuptim; marifet. +**get the hang of** *gj.fol* a) ia gjej anën (diçkaje) ; b) ia nxjerr kuptimin, ia gjej domethënien; **give/care a hang** merakosem, e çaj kokën.

hanger['hængë:] *n* 1.strehë; barakë. 2.hangar (aeroplani).

hangdog['hængdog] *adj* veshvarur, i turpëruar; prej qeni të rrahur.

hanger['hængë:] *n* 1.varëse. 2.vesh, vegjë, hallkë. 3.jatagan, shpatë e shkurtër detarësh.

hanger-on['hængë:on] *n* 1.pasues; njeri i varur. 2.parazit; sahanlëpirës, laro. 3.frekuentues i rregullt.

hang glider *n* deltaplan, pajisje fluturimi individuale.

hang gliding *n* fluturim i lirë, rrëshqitje në ajër (me deltaplan).

hanging['hænging] *n,adj* -*n* 1.varje në litar (ek-

zekutim). 2.*shpesh pl* gjëra që varen(perde etj).
-*adj* 1.i dënueshëm me varje. 2.i varur(diku). 3.në lartësi; në shpat.

hangman['hæŋmën] *n* xhelat.

hangout ['hæŋgaut] *n zhrg* 1. strehë, strofull. 2.vendtakim(keqbërësish).

hangover['hæŋgouvë:] *n gj.fol* 1.gjellë e mbetur; të mbetura. 2.turbullirë, dhimbje koke(nga të pirët).

hang-up['hæŋʌp] *n zhrg* kompleks, frenim; fiksim.

hank[hæŋk] *n* 1.shkul, çile, torkë. 2.çikrik/lëmsh peri.

hanker['hæŋkë:] *v* digjem, dëshirohem, jam i etur.

hankering['hæŋkëriŋ] *n* dëshirim, etje.

hanky, hankie['hæŋki] *n* shami hundësh.

hanky-panky['hæŋki'pæŋki] *n zhrg* dallavere, batakçillëk.

Hanoi[hæ'noi] *n gjeog* Hanoi.

hanse[hæns] *n hist* gildë, esnaf(i një qyteti mesjetar).

hansom cab['hænsëmkæb] *n* kaloshinë.

hap[hæp] *n,v* -*n* fat, shans.
-*vi* ndodh, rastis, qëllon.

haphazard['hæphæzë:d] *n,adj,adv* -*n* rastësi, rastisje; **happen at haphazard** ndodh për rastësi; është me të rastisur.
-*adj* i rastit, i rastësishëm; kuturu.
-*adv* me të rastisur, për rastësi; kuturu; **take a card haphazard** tërheq një letër kuturu.

haphazardly['hæphæzë:dli] *adv* rastësisht, aksidentalisht.

hapless['hæplis] *adj* i pafat; fatkeq.

haply['hæpli] *adv vjet* 1.mbase, ndoshta.2.rastësisht , për rastësi.

happen['hæpën] *vi* 1.ndodh, ngjet. 2.qëllon, rastis. 3.kam shansin. 4.(to) pëson. +**as it happens** qëllon që, rastësisht.
+**happen on/upon** a)ndesh, has rastësisht; b) gjej rastësisht.
+**happen to** i ndodh, pëson.

happening['hæpniŋ] *n* ndodhi, ngjarje; rastisje, rast.

happenstance ['hæpënstæns] *n* dorë e fatit, rastësi.

happily['hæpili] *adv* 1.në lumturi.2.fatmirësisht, lumturisht, për fat të mirë. 3.si duhet, me vend.

happiness['hæpinis] *n* 1.lumturi.2.fatmirësi. 3.të qenët me vend.

happy['hæpi:] *adj* 1.i lumtur, i kënaqur, shend e verë. 2. fatmadh, me fat. 3.me vend, i qëlluar.

happy-go-lucky['hæpigou'lʌki] *adj,adv* -*adj* i shkujdesur, që s'e vret shumë.
-*adv* pa e vrarë mendjen, ku rafsha mos u vrafsha.

harakiri[hærë'ki:ri] *n* vetëvrasje japoneze(me çarje barku).

happy hunting ground *n* parajsë(e indianëve të

Amerikës).

harangue [hë'ræŋ] *n,v* -*n* 1. e folur e zhurmshme. 2.llogo, fjalim bombastik.
-*v* flas i fryrë, mbaj llogo.

harass['hærës, hë'ræs] *vt* 1.bastis, sulmoj.2.trazoj, ngacmoj, i bie në qafë.

harassment['hærësmënt, hë'ræsmënt] *n* 1.ngacmim, rënie në qafë.2.shqetësim.

harbinger['ha:binxhë:] *n,v* -*n* lajmëtar, pararendës; shenjë paralajmëruese.
-*v* paralajmëroj, njoftoj.

harbo(u)r ['ha:bë:] *n,v* -*n* 1. skelë, liman, port. 2.strehë.
-*v* 1.strehoj; fsheh. 2.strehohem, fshihem. 3.*fig* ruaj, ushqej(në mendje).

harbour master *n* kapiten i portit.

harbo(u)rage ['ha:bërixh] *n* 1. skelë, liman. 2.strehë.

hard [ha:d] *adj,adv* -*adj* 1.i fortë (shkëmb). 2. i vështirë, i rëndë(problem). 3.i ashpër, i rëndë (sëmundje). 4.i sertë, i rreptë, i pashpirt.5.i vrazdë, i pakëndshëm. 6.i zellshëm, i palodhur(punëtor). 7.e fuqishme, e fortë(stuhi). 8.i rëndë, me kripëra(ujë). 9. e fortë, me shumë alkool(pije). 10.*fig* i vëretë, i pamohueshëm, real(fakt). 11.*gram* e fortë(bashkëtingëllore). 12.i fortë(narkotik, drogë). 13.e fortë(monedhë). 14.*pol Br* ekstrem; **hard left/right** e majta /e djathta ekstreme. +**hard and fast** i rreptë, strikt, i pandryshueshëm; **hard of hearing** i rënduar nga veshët, gati shurdh; **hard put to it** në gjendje fortë të vështirë, i zënë pisk; **hard up** *gj.fol* ngushtë; nevojtar.
-*adv* 1.fort; me forcë. 2.me zor, me vështirësi. 3.ashpër, rëndë; **taxes bear hard upon people** taksat u bien rëndë njerëzve. 4. me këmbëngulje, fort, energjikisht; **try hard** përpiqem fort. 5.me dhunë; fuqishëm. 6. seriozisht; me qëllim. 7.gjer në fund, krejtësisht. +**hard by** afër, pranë; **be hard pushed/put/pressed to do** e kam të vështirë ta bëj; **feel hard done by** ndihem i keqtrajtuar(prej).

hardback['ha:dbæk] *n,adj polig* -*n* kopertinë e fortë, lidhje speciale, kapak kartoni.
-*adj* me lidhje speciale, me kapakë kartoni(libër).

hardbitten['ha:d'bitën] *adj* kokëfortë; i paepur.

hardboard['ha:dbo:d] *n* fajazit, fletë fibre.

hardboiled['ha:dboild] *adj* 1.i zier fort. 2.*gj.fol* i sertë, i paepur.

hardbound ['ha:dbaund] *adj* me lidhje speciale, me kapakë kartoni(libër). 2. libër me lidhje speciale.

hard cash *n* 1.monedha metalike.2.para të thata, para në dorë.

hard cider *n* cidër i fermentuar(me alkool).

hard coal *n* antracit.

hard core *n* bërthamë; thelb; pjesë qendrore.

hard-core ['ha:dko:] *adj* 1. i rëndë; pornografik (film). 2.*fig* i qepur, i ngulur.

hardcover['ha:dkʌvë:] *adj,n polig -adj* me lidhje speciale.
-n libër me lidhje speciale.
hard currency *n fin* monedhë/valutë e fortë.
hard drugs *n* droga të forta.
harden['ha:dën] *v* 1.forcoj; ngurtësoj. 2.forcohet; ngurtësohet. 3.kalis(çelikun). 4.mpikset, ngrin (betoni etj). 5.a)bëhet i pashpirt, ashpërsohet; b)kalis, forcoj(trupin). 7.ngrihet(çmimi etj).
hardened['ha:dënd] *adj* i regjur(kriminel).
hardener['ha:dënë:] *n* farkëtar.
hardening['ha:dning] *n* 1.forcim; ngurtësim.2.kalitje.3.*fig* ashpërsim.
hard-featured['ha:dfi:çë:d] *adj* i sertë, me tipare të egra, i vrazhdë.
hard-fisted['ha:dfi:stid] *adj* i sertë, me tipare të egra, i vrazhdë.
hard hat *n,adj -n* 1.kaskë.2.*gj.fol* punëtor ndërtimi, minator.
-adj konservator, i ngurtë.
hardhead['ha:dhed] *n* 1.njeri praktik, pragmatist; finok. 2.*zool* troftë liqeni.
hard-headed ['ha:d'hedid] *adj* 1. praktik, realist; pragmatist; finok. 2. kokëngjeshur, kokëfortë.
hard-hearted ['ha:d'ha:tid] *adj* i pandjeshëm, pa zemër, i pashpirt, zemërgur.
hard-hitting ['ha:d'hiting] *adj* i ashpër, i rreptë (raport).
hardihood['ha:dihud] *n* guxim, trimëri; paturpësi.
hardiness['ha:dinis] *n* 1.qëndresë; forcë.2.guxim, trimëri.
hardily['ha:dili] *adv* trimërisht, me guxim.
hard labour *n* punë e detyruar.
hard line *n* qëndrim i ashpër. **+hard lines!** s'ke shans!
hard-line['ha:dlain] *adj* i bindur, i patundur.
hard-liner ['ha:dlainë:] *n* përkrahës i rrugës së ashpër.
hardly ['ha:dli] *adv* 1. mezi. 2.jo fort, jo aq. 3.zor se, vështirë se; **he will hardly come now** zor se vjen tani. 4.me mundim, me përpjekje. 5.ashpër, me ashpërsi. 6.sapo. 7.thuajse. **I had hardly reached there when....**thuajse kisha arritur kur... **+this is hardly the time for complaints** tani s'është aspak koha për t'u ankuar.
hardness['ha:dnis] *n* 1.fortësi. 2.vështirësi.
hardnosed['ha:dnozd] *adj gj.fol* praktik, pa ndjenja; i pashpirt.
hardpan['ha:dpæn] *n* dhe i fortë, taban(i tokës).
hard pressed *attr* i shtërnguar, nën trysni.
hard put *attr* 1.i rënduar nga taksat. 2.i pazoti, jo në gjendje.
hardrock ['ha:drok] *n,adj amer -n* 1.shkëmb i fortë. 2.*zhrg* njeri i fortë.
-adj zhrg i fortë.
hard sauce *n* krem(ëmbëlsirash).

hard sell *n gj.fol* shitje agresive, reklamë intensive(e mallrave).
hardship['ha:dship] *n* 1.vuajtje, mundim. 2.mjerim, varfëri.
hard sledding *n* gjendje e keqe; vështirësi.
hardtack['ha:dtæk] *n* biskotë e fortë, galetë.
hard-up ['ha:dʌp] *adj* ngushtë, kripë, me xhepin bosh.
hardware['ha:dweë:] *n* 1.artikuj metalikë. 2.*usht* pajisje të rënda ushtarake. 3.*kpm* pjesë mekanike /elektronike, material strukturor(i kompjuterit).
hardwood['ha:dwu:d] *n* 1.dru i fortë. 2.drurë me gjethe të gjera.
hardworking ['ha:dwë:king] *adj* punëtor, i zellshëm në punë.
hardy ['ha:di] *adj* 1. i fortë, i fuqishëm. 2. i qëndrueshëm; rezistente(bimësi). 3.trim, i guximshëm. 4.i çartur, kokëkrisur.
hare[heë:] *n,v -n* lepur.
-vi turrem, vrapoj.
+hare off (after sb) turrem pas/në ndjekje të dikujt.
harebell['heë:bel] *n bot* zymbyl.
harebrained['heë:breind] *adj* mendjelehtë, karafil, mendjefyell.
harelip['heë:lip] *n mjek* buzë të shtrembëra, buzë si të lepurit.
harelipped['heë:lipd] *adj* buzëlepur.
harem['herëm] *n* harem.
haricot['hærikou] *n* fasule.
hark[ha:k] *vi* dëgjoj.
+hark back a)daton, e ka fillimin; b)kthehem sërish(te një temë).
harken['ha:kën] shih **hearken.**
harlequin['ha:likwin] *n* 1.palaço, arlekin, bufon. 2.*attr* shumëngjyrësh; laraman.
harlequinade[ha:lëki'neid] *n* 1.pantonimë. 2.palaçollëqe.
harlot ['ha:lët] *n* prostitutë; grua e përdalë, kurvë.
harlotry['ha:lëtri] *n* prostitucion, kurvëri.
harm [ha:m] *n,v -n* 1. dëm; dëmtim. 2. e keqe; **what harm is there in borrowing sth?** ç'të keqe ka të marrësh borxh diçka?
-vt 1.dëmtoj. 2.cënoj. 3.lëndoj. **+to mean no harm by sth** e bëj diçka pa të keq; **there is no harm in it** s'vjen ndonjë e keqe nga kjo; **be out of harm's way** jam në vend të sigurt; është i siguruar; **come to no harm** nuk pëson gjë.
harmful ['ha:mfël] *adj* 1. i dëmshëm; dëmtues 2.lëndues.
harmfully['ha:mfëli] *adv* në mënyrë të dëmshme
harmless['ha:mlis] *adj* 1.i padëmshëm, i parrezikshëm. 2.i pafajshëm.
harmlessly['ha:mlisli] *adv* 1.pa dëm, pa bërë dëm. 2. pa shkaktuar viktima.
harmonic [ha:'monik] *n,adj -n* 1. *muz* harmonikë. 2.notë.

-*adj* 1. *muz* harmonik. 2.muzikor. 3.*fiz, mat* harmonik.

harmonica[ha:'monikë] *n* harmonikë, saze dore.

harmonically[ha:'monikëli] *adv* harmonikisht, në mënyrë harmonike..

harmonics[ha:'moniks] *n muz* harmoni.

harmonious[ha:'mouniës] *adj* 1.i harmonishëm; në harmoni. 2.muzikal, i ëmbël(tingull).

harmoniously[ha:'mouniësli] *adv* harmonishëm, në harmoni.

harmonist['ha:mënist] *n* harmonist, sazexhi.

harmonium [ha:'mouniëm] *n muz* harmonium (instrument).

harmonization[ha:mënai'zeishën] *n* harmonizim.

harmonize, -ise['ha:mënaiz] *v* 1.harmonizoj.2.harmonizohen.

harmony['ha:mëni] *n* 1.harmoni.2.muzikë.3.harmonizim.

harness['ha:nis] *n,v* -*n* 1.takëm, pajime(të kalit). 2.rripa(të djepit). 3.*vjet* parzmore. +**in harness** në zgjedhë, në punën e zakonshme.
-*vt* 1.mbrej (kalin). 2.shfrytëzoj (energjinë e ujit). 3.*vjet* i vë parzmore(kalit).

harp[ha:p] *n,v* -*n* 1.harpë. 2.*zool* lloj foke.
-*vi* luaj në harpë, i bie harpës.
+**harp on** dërdëllis, i bie të njëjtit avaz.

harpist['ha:pist] *n* harpist, interpretues në harpë.

harpoon[ha:'pu:n] *n,v* -*n* fuzhnjë, kamaqe.
-*vt* gjuaj me fuzhnjë.

harpsichord['ha:psëko:d] *n muz* klaviçembal.

harpy['ha:pi:] *n* 1.*mit* harpi, përbindësh me krahë, me kokë gruaje. 2.*fig* lubi.

harquebus['ha:kwëbës] *n hist* arkebuz, armë zjarri primitive.

harridan['hæridën] *n* plakë gërnjare, telendare.

harrier I['hærië:] *n* 1.zagar lepuri. 2.vrapues, maratonist.

harrier II['hærië:] *n* 1.plaçkitës, kusar.2.*zool* fajkua.

harrow['hærou] *n,v* -*n* lesë.
-*vt* 1.lesoj. 2.lëndoj; plagos. 3.bezdis, ngacmoj, shqetësoj. 3.mundoj.

harrowing ['hærouing] *adj* 1. mundues, i padurueshëm. 2.pikëllues, shpirtcopëtues.

harry['hæri] *vt* 1.bastis, plaçkis.2.trazoj, ngacmoj, shqetësoj.

harsh [ha:sh] *adj* 1. i ashpër, i vrazhdë; i papëlqyeshëm(zë, pamje, klimë etj). 2.i sertë, i pashpirt (njeri). 3.vulgare(shprehje).

harshly['ha:shli] *adv* ashpër, me ashpërsi, vrazhdë.

harshness ['ha:shnis] *n* 1. ashpërsi, vrazhdësi. 2.vulgaritet; pamje që të vret sytë.

hart[ha:t] *n zool* dre i rritur.

hartebeest ['ha:tëbi:st] *n zool* lloj antilope e Afrikës.

hartshorn ['ha:tsho:n] *n* 1. ujë amoniakor. 2.krip-ëra aromatike. 3.tretësirë aromatike amoniakore(për të sjellë në vete nga të fikëtit).

harum-scarum ['herëm'skerëm] *adj,adv,n* -*adj* i papërmbajtur, kokëkrisur.
-*adv* pa çarë kokë; si i marrë.
-*n* njeri i papërmbajtur.

harvest['ha:vist] *n* 1.korrje. 2.kohë e të korrave. 3.të korra; prodhim. 4.*fig* përfundim, pasojë; fryt.
-*vt* 1.korr. 2.vjel. 3.mbledh prodhimin. 4.*fig* vjel frutet; pësoj.

harvestable ['ha:vëstëbël] *adj* 1. për t'u korrur. 2.për t'u vjelë.

harvester['ha:vistë:] *n* 1.korrës; vjelës. 2.makinë korrëse.

harvest home *n* 1.mbarim i korrjeve. 2.festë e të korrave.

has [hæz, hëz, ëz] *v* veta III njëjës e tashme e **have.**

has-been ['hæzbi:n] *n gj.fol* njeri i vajtur, i përnduar.

hash I [hæsh] *n,v* -*n* 1. tasqebap. 2. përzierje. 3.rrëmujë, mishmash. +**make a hash of** e bëj mishmash; **settle sb's hash** *gj.fol* ia mbyll gojën; ia ndreq samarin dikujt.
-*vt* 1.pres në çikla, grij. 2.bëj rrëmujë, ngatërroj, bëj lesheli. 3.*gj.fol* tregoj me hollësi; rishikoj tërësisht.

hash II[hæsh] *n zhrg* hashish.

hasheesh, hashish['hæshish] *n* hashish.

hasn't['hæzënt] = **has not.**

hasp[hæsp] *n* bravë, mbërtheckë(sëndyku etj).

hassle['hæsël] *n,v gj.fol* 1.sherr, debat. llafe.2.telash, bezdi.
-*v* 1.bëj sherr, hahem. 2.bezdis, shqetësoj; sulmoj.

hassock['hæsëk] *n* 1.shilte. 2.një krah bar.

hast[hæst] *vjet* = **you have**).

hastate['hæsteit] *adj* heshtak, si kokë heshte.

haste [heist] *n,v* -*n* 1. ngut, nxitim; shpejtësi. 2.nxitim i tepruar. +**in haste** a)me ngut; shpejt; b)pa u menduar, me shumë nxitim; **make haste** shpejtoj, nxitoj.
-*v poet* nxitoj.

hasten['heisën] *v* 1.ngus, nxitoj, shpejtoj. 2.ngutem, nxitohem.

hastener['heisënë:] *n* letër/pusullë shoqëruese(për shpejtimin e një porosie, pagese etj).

hastily['heistli] *adv* ngutshëm, me ngut, nxitimthi.

hastiness['heistinis] *n* ngutje, nxitim.

hasty ['heisti] *adj* 1. i ngutur, i nxituar; i shpejtë (takim). 2.i nxituar, i papeshuar(vendim). 3.nevrik, që merr zjarr shpejt.

hasty pudding *n* mëmëligë, kaçamak.

hat[hæt] *n,v* -*n* 1.kapelë. 2.kësulë. +**hat in hand** me temena; **take off one's hat to** i heq kapelën dikujt, respektoj dikë; **talk through one's hat** ia fus kot, flas kodra pas bregu; **throw one's hat into the**

ring hyj në garë(elektorale etj); **under one's hat** *gj.fol* në fshehtësi, vetëmevete; për vete.
-*vt* i vë kapelë.

hatband['hætbænd] *n* shirit i kapelës.

hatch I [hæç] *v,n* -*v* 1.çel (zogj). 2.ngroh vezët (klloçka). 3.del nga veza(zogu). 4.kurdis(një plan). -*n* 1.çelje zogjsh. 2.klloçitje. 3.zogj të çelur. 4.kurdisje; plan i kurdisur.

hatch II [hæç] *n* 1. kapak (i hambarit të anijes). 2.kapanxhë(nëdysheme, çati).

hatch III [hæç] *v,n* -*vt* vizoj, mbush me vija paralele(një pjesë vizatimi). -*n* vizim, mbushje me vija paralele.

hatchback ['hæçbæk] *n* 1. derë e pasme e hapshme(veture).2.veturë me derë të pasme të hapshme.

hatchel['hæçël] *n,vt* -*n* krehër për li, kërp etj. -*vt* 1.kreh(lirin, kërpin.). 2.bezdis; mundoj; torturoj me pyetje.

hatchery ['hæçëri] *n* 1. vend për klloçitje. 2. rezervuar për shumëzimin e peshkut.

hatchet['hæçit] *n* 1.nagaçe, sakicë. 2.tokmak, sëpatë luftimi. **+bury the hatchet** bëj paqë; **dig up the hatchet** ngjesh armët, nis luftën.

hatchet job *n* fjalim agresiv, sulm me fjalë; **do a hatchet job on sb** e shkatërroj dikë.

hatchet man *n gj.fol* 1.sharës i paguar. 2.vrasës i paguar.

hatching ['hæçing] *n* mbushje me vija paralele, vizim.

hatchway['hæç'wei] *n* shih **hatch II.**

hate[heit] *v,n* -*vt* 1.urrej. 2.nuk pëlqej, kam zët. -*n* 1.urrejtje. 2.gjë e urryer; objekt urrejtjeje.

hateful['heitful] *adj* 1.i urryer, i urrejtshëm.2.plot urrejtje, urryes.

hatefully['heitfuli] *adv* 1.me urrejtje.2.në mënyrë të urryer.

hatful['hætful] *n* 1.një kapelë(sasi), sa mban(nxë) një kapelë. 2.sasi e madhe.

hath[hæth] *v vjet* veta III njëjës e tashme e **have.**

hatless ['hætlis] *adj* kokëjashtë, kokëzbuluar, pa kapelë.

hatpin['hætpin] *n* kapëse, karficë kapele.

hatrack['hætræk] *n* varëse kapelash.

hatred['hætrid] *n* urrejtje.

hatter['hætë:] *n* 1.kapelabërës. 2.kapelashitës.

hat trick *n* 1.*sport* tre gola nga një lojtar(në hokei). 2.*gj.fol* tri fitore radhazi.

haubergeon['hëbë:xhën] II shih **habergeon.**

hauberk['hë:bë:k] *n* parzmore e gjatë.

haughtiness ['ho:tinis] *n* mendjemadhësi; arrogancë.

haughty['ho:ti] *adj* 1. mendjemadh. 2.kryelartë. 3.arrogant.

haul[ho:l] *v,n* -*v* 1.tërheq. 2.çoj, bart. 3.ndërron drejtim(era). 4.del në breg(toka).**+haul on/to wind** lundroj më afër drejtimit të erës. -*n* 1.tërheqje. 2.bartje. 3.ngarkesë, barrë. 4.largësi transportimi, rrugë. 5.sasi e kapur(peshku etj). **+haul off** a)shmang(anijen); b) heq, largoj; c)*gj.fol* hap krahun(për të goditur). **+haul up** a)kthej (anijen) më afër drejtimit të erës; b)ndërroj kursin(e anijes).

haulage['ho:lixh] *n* 1.transportim, bartje(me kamion). 2.forcë tërheqëse. 3.tarifë transporti.

haulage contractor *n* sipërmarrës transporti rrugor.

haulier *Br,* **hauler** *amer*['ho:lë:] *n* sipërmarrës transporti rrugor.

haulm[ho:m] *n* 1.kërcell. 2.kashtë.

haunch[ho:nç] *n* 1. ijë, këllk. 2. këmbë e pasme (kafshe). 3.kofshë(mishi).

haunt[ho:nt] *v,n* 1. viziton shpesh, nuk ndahet (fantazma në një shtëpi). 2.frekuentoj, shkoj dendur. 3.fanitet, shfaqet(një kujtim). -*n* 1. vend që vizitohet dendur, limer. 2. vend ushqimi, vend ku pijnë ujë(kafshët). 3.fantazmë hije.

haunted ['ho:ntid] *adj* 1. i frekuentuar nga fantazmat, me fantazma(shtëpi). 2.i turbulluar, i përhumbur; i shqetësuar(vështrim).

haunting['ho:nting] *adj* i pashqitur, i bezdisshëm.

hautboy['houboi, 'ouboi] *n muz* oboe.

hauteur[hou'të:] *n* mendjemadhësi, kryelartësi.

Havana[hë'vænë] *n* 1.*gjeog* Havanë. 2.puro Havane.

have[hæv, hëv, ëv] *v,* -*v* 1. kam; zotëroj; **have got** kam; **I've got flu** jam me grip. 2.mbaj. 3.bëj,detyroj; **have sb do sth** e detyroj dikë/e nis dikë të bëjë diçka; **have one's hair cut** qethem, pres flokët. 4.**(to)** duhet; **have to eat** duhet të ha; **have got to** duhet, kam për të(bërë). 5.marr; kap, zë; **have a seat** zini vend, uluni. 6.kam, provoj(një dhimbje). 7.pohoj, afirmoj. 8.di, kuptoj; **he has no Latin** ai nuk ia thotë nga latinishtja. 9.*gj.fol* kam në dorë, zë ngushtë(dikë); **you have him there** aty e ke në dorë. 10.*zhrg* mashtroj, ia hedh; **I think I've been had** mendoj se ma kanë hedhur. 11.lind; bëj (fëmijë). **+have had it** *zhrg* s'mundem më, më ka ardhur në majë të hundës); b) humbas, më ikën nga duart; **have nothing on** s'kam kurrfarë epërsie mbi; **have to** duhet; **have to do with** a)kam lidhje me, kam të bëj me; b)jam shoqërues; **the haves and the have nots** të kamurit dhe të skamurit; **have better /rather/as soon** bëj mirë të; parapëlqej të; **you had better go now** bën mirë të ikësh tani; **she had as soon not do it herself** më mirë të mos e bëntë vetë.

+have at sulmoj(në skermë).

+have down ftoj: **we are having her down for a week** e kemi ftuar të kalojë disa ditë tek ne.

+have in a) fus brenda(dikë); b) sjell(mjekun).

+**have** it a) e sjell(fati, rasti): **as luck would have it** fati deshi që; b)fitoj , korr fitore; c)ha dru; d)gjej, zbuloj; **I have it!** e gjeta!; e) *gj.fol* e shoh veten (pisk, për bukuri).

+**have** it **in for** *gj.fol* ia kam inatin; përpiqem t'ia marr hakun;

+**have** it **out** luftoj/diskutoj deri në fund.

+**have off**: *Br* **have it off with sb** *zhrg* mbaroj punë me dikë.

+**have** it **out** e sqaroj problemin(me fjalë); e zgjidh punën (me grushta).

havelock ['hævlok] *n* shami koke e bardhë (mbi kapelë).

haven['heivën] *n,v* -*n* 1. liman. 2. strehë, vend i sigurt.
-*vt* strehoj, siguroj.

have-not['hævnot] *n gj.fol* 1.varfanjak. 2. vend i varfër.

haven't ['hævënt] = **have not**.

haversack['hævë:sæk] *n* çantë shpine.

havoc['hævëk] *n* rrënim, shkatërrim, kërdi. +**play havoc with** shkretoj, bëj kërdinë; shkatërroj, rrënoj (shëndetin); prish, shpartalloj(planet).

haw I[ho:] *n bot* murriz..

haw II[ho:] *interj,n* -*interj* ngecje (midis fjalëve), belbëzim.
-*vi* ngec, belbëzoj.

haw III[ho:] *interj,n,v* -*interj* hy!, hyja!
-*n* urdhër(kalit) për kthim majtas.
-*vt* kthej majtas.

Hawaii[hë'waii:] *n gjeog* Havai.

Hawaian[hë'vaijën] *n,adj* -*n* 1.havajan, banor i ishujve Havai. 2.gjuha havajane.
-*adj* havajan.

hawk I[ho:k] *n,v* -*n* 1.fajkua. 2.*fig* njeri agresiv, njeri luftarak; njeri grabitqar.
-*v* 1.gjuaj me fajkoj. 2.turrem si fajkua.

hawk II[ho:k] *v* 1.shes çikërrima; bëj tregti derë më derë. 2.bëj reklamë me të thirrur. 3.shpërndaj (një raport); hap fjalë.

hawk III[ho:k] *v,n* -*vi* qëroj grykën.
-*n* qërim gryke.

hawker I['ho:kë:] *n* tregtar shetitës, shitës ambulant, pramatar.

hawker II['ho:kë:] *n* gjuetar me fajkoj.

hawkeyed ['ho:kaid] *adj* syfajkua, syskifter, syshqiponjë.

hawking['ho:king] *n* gjueti me fajkoj.

hawkish['ho:kish] *adj* luftarak.

hawse[ho:z] *n* pjesë e anijes ku del spiranca.

hawser['ho:zë:] *n det* pallamar, cimë.

hawthorn['hothë:n] *n bot* murriz.

hay[hei] *n,v* -*n* 1.bar i thatë, sanë. 2.bar gati për t'u korrur. +**hit the hay** *zhrg* bie të fle; **make hay** a)korr bar/jonxhë etj; b) *gj.fol* përfitoj nga rasti; **make hay while the sun shines** hekuri rrihet sa

është i nxehtë.
-*v* 1.korr bar. 2.i jap sanë, u shtroj bar(kafshëve).

haycock['heikok] *n* kapule, pirg bari.

haycoil['heikoil] *n* shih **haycock.**

hay fever *n* alergji/rrufë nga bari.

hayfield['heifild] *n* livadh, luadh.

hayfork['heifo:k] *n* 1.sfurk.2.makinë barngritëse.

hayloft['heiloft] *n* plevicë bari.

haymaker['heimeikë:] *n* 1.përpunues bari(për tharje). 2.makinë tharëse bari. 3.*sport* goditje e fortë nga poshtë(në boks).

haymow['heimou] *n* 1.vend për barin(në plevicë). 2.mullar bari në plevicë.

hayrick['heirik] *n* shih **haystack.**

hayseed['heisi:d] *n* 1.farë bari.2.byk.3.*zhrg* fshatar, bujk, fermer.

haystack['heistæk] *n* mullar bari.

haywire ['heiwaië:] *n,adj* -*n* tel për lidhje dengjesh bari.
-*adj* i prishur; i ngatërruar. 2.i trazuar, i çoroditur. 3.*zhrg* e keqe, e dobët(punë). +**go haywire** a)çoroditem, lajthis, luaj nga fiqiri; b) prishet(makina).

hazard['hæzë:d] *n,v* -*n* 1.rrezik. 2.rastësi, shans. 3.lojë me zare. +**at all hazards** me çfarëdo rreziku, pavarësisht nga rreziqet.
-*vt* 1.rrezikoj, vë në rrezik. 2.guxoj, marr në sy, rrezikoj.

hazardous['hæzë:dës] *adj* i rrezikshëm, me rrezik.

hazard warning light *n Br* drita lajmëruese të makinës(avarie, aksidenti).

haze I[heiz] *n* 1.perde tymi; vel mjegulle. 2.mjegullim, turbullirë(në kokë).

haze II [heiz] *vt* 1.detyroj, i imponohem. 2.*amer* vë përpara, çoj(bagëtinë).

hazel ['heizël] *n,adj* -*n* 1. lajthi. 2. bojë kafe e gjelbëreme, bojë lajthie.
-*adj* bojëlajthi.

hazelnut['heizëlnʌt] *n* lajthi(kokër).

hazily ['heizili] *adv* turbull, në mënyrë të mjegulluar; si në mjegull.

haziness['heizinis] *n* mjegullim, turbullim.

hazy ['heizi] *adj* 1. i mjegulluar; me tym. 2.*fig* i turbullt, i mjegullt, i errët; **hazy ideas** mendime të turbullta; ide të mjegulluara.

HB simbol për fortësinë mesatare të lapsave.

H-bomb['eiçbom] *n* bombë me hidrogjen.

he[hi:, i:, i] *pron,n* -*pron* ai.
-*n* mashkull; **it's a he** është mashkull.

He *kim* simbol i heliumit, He(element).

H.E.(= **His Excellency**) Shkëlqesia e Tij.

head[hed] *n,adj* -*n* 1.kokë; krye. 2.krye(i faqes etj). 3.fillim, krye(i një vargu njerëzish. 4.*pl* **heads** anë e parme(e monedhës), kokë. 5.krye, kryetar, prijës; komandant; drejtues. 6.kokë (bagëti); **ten head of cattle** dhjetë krerë gjedhë. 7.kokë lakër.

8.kokë krevati, ballë. 9.mendje, tru, intelekt; **have a wise head** e kam kokën plot. 10.kre, kapitull. 11. forcë; **gather head** forcohet(një aktivitet). 12.*det* bash(i anijes). +**come to a head** formon majë, është gati të shpërthejë(puçrra); b) mbërrin në pikën kulmore(kriza); **eat one's head off** a)ha me tepri; b)s'ia vlen ta mbash me ushqim; **give sb his head** lë dikë në qejf të vet; **go to one's head** a)më bie në kokë(pija); b) më rritet mendja; **hang one's head** ul kokën me turp; **head over heels** a) me salto; b)me turr, me ngut, vrullshëm; c)tërësisht, kokë e këmbë; **heads up!** hap sytë!, kujdes!; **hide one's head** ul kokën i turpëruar; **keep one's head** rri i qetë, nuk rrëmbehem; **keep one's head above water** a)rri mbi ujë, pluskoj; b)*fig* dal mbi ujë, u shpëtoj telasheve; **lay heads together** a)këshillohemi; mblidhemi kokë më kokë; b) kurdisim diçka, komplotojmë; **lose one's head** rrëmbehem, humbas gjakftohtësinë; **make head** bëj përpara, përparoj; **make head or tail of** kuptoj, marr vesh, i jap dum; **on/upon one's head** me kokën time; nën përgjegjësinë e vet ; **out of/off one's head** i luajtur, i marrosur; **over sb's head** a)jashtë forcave të tij; b) duke e kapërcyer, në një instancë më të lartë; **put heads together** a)këshillohemi, mblidhemi kokë më kokë; b)kurdisim diçka, komplotojmë; **take it into one's head** a)më shkon në mendje, më thotë koka;b)kam në plan; **talk sb's head off** flas pambarim, ia bëj kokën dhallë; **turn sb's head** ia rrit mendjen, ia merr mendjen; **heads or tails?** kokë a pilë?

-*adj* 1.i kreut. 2.që vjen nga përpara(erë). 3.drejtues, udhëheqës. 4.koke, i kokës.

-*v* 1.kryesoj, jam në krye. 2.drejtoj, e çoj nga. 3. (for) drejtohem për në. 4. udhëheq, drejtoj(një punë etj). 5. nxjerr kokë, piqet(një puçërr). 6.ia pres kokën.

+**head off** a)kthej, i kthej drejtimin(kopesë); b) parandaloj, i dal përpara.

+**head on** me kokë (përplasem).

headache['hedeik] *n* 1.dhimbje koke.2.*gj.fol* kokëçarje.

headband['hed'bænd] *n* 1.rrip koke; jetull.2.gjysmërreth elastik, mbajtëse kufjesh(te veshët). 3.shirit dekorativ(në libra etj).

headboard['hedbo:d] *n* kokë/ballë krevati.

head boy *n* nxënës anëtar i këshillit të shkollës.

headcheese['hedçi:z] *n* xhelatinë derri(koke dhe këmbësh).

head compte *n fin* llogari(në bankë).

headdress['heddres] *n* shami koke.2.krehje, model flokësh.

headed ['hedid] *adj* 1. me kokë; **bald-headed** tullac. 2.me kokë(faqe libri).

header['hedë:] *n* 1.makinë për vënien e fundeve (të vozave). 2.*gj.fol* hedhje/zhytje me kokë. 3.*ndërt* tullë e vënë tërthor(në mur). 4.*ndërt* arkitra. 5.*sport*

goditje (e topit) me kokë.

headfirst['hedfë:st] *adv* 1.me kokë(hidhem, bie). 2.me turr, me vrull.

headforemost['hedfo:most] *adv* shih **headfirst**.

headframe['hedfreim] *n min* armaturë.

head gate *n* 1.portë e sipërme(e shluzës).2.portë shkarkimi(e sfratit).

headgear['hedgië:] *n* 1.kësulë, kapelë.2.palldëme (kali).

headhunt ['hedhʌnt] *n* rekrutoj(në radhët e konkurentëve).

heading ['heding] *n* 1. krye, pjesë e sipërme. 2. *polig* kokë e gjallë(në libër).3.titull; nëntitull; temë.

headlamp['hedlæmp] *n* 1.llampushkë(në ballë të kaskës). 2.fener, dritë e parme(e makinës, lokomotivës).

headland['hedlænd] *n* kep, hundë toke.

headless ['hedlis] *adj* 1. pa kokë. 2. pa krye, pa drejtues. 3.pa tru, i trashë.

headlight['hedlait] *n* 1.dritë e përparme(e makinës etj). 2.dritë direku.

headline['hedlain] *n,v* -*n* 1.titull artikulli(gazete). 2.*polig* kokë e gjallë(në libër). 3.*pl* reklamë, publicitet. +**make headlines** pushtoj faqet e para të gazetave.

-*vt* titulloj, i vë titull.

headlock['hedlok] *n sport* kapje nga koka e kundërshtarit(në mundje).

headlong ['hedlong] *adv,adj* 1.kokëngulthi, me kokë.2.me vrull, me turr.3.pa u menduar, nxitimthi.

headman['hedmæn, 'hedmën] *n* prijës, udhëheqës, kryetar.

headmaster['hedmæstë:] *n* drejtor shkolle.

headmistress['hedmistris] *n* drejtoreshë shkolle.

headmost['hedmoust] *adj* i parë; në krye, në ballë.

head office *n* zyrë qendrore(e kompanisë).

head of steel *n* 1.fund i linjës hekurudhore.2.qytet/stacion i fundit.

head-on ['hed 'on] *adj,adv* ballëpërballë, ballore (përplasje).

headphone['hedfoun] *n* telefon i fiksuar në kokë.

headpiece['hedpi:s] *n* 1.kaskë; helmetë. 2.kapelë. 3.telefon koke. 4.*fig* tru, mend, intelekt. 5.*polig* zbukurim në krye të faqes.

headquarters ['hedkwo:të:z] *n* 1. qendër, zyrat qendrore(të një firme). 2.*usht* shtatmadhori, shtab i përgjithshëm.

headrest['hedrest] *n* mbështetëse për kokën.

headroom['hedru:m] *n* hapësirë, lartësi(ure etj).

headset['hedset] *n* kufje.

headship['hedship] *n* kryesi, drejtim.

headshrinker['hedshrinkë:] *n zhrg* psikiatër.

headsman['hedzmën] *n* xhelat(që pret koka).

headstall['hedstol] *n* kapistër.

headstand['hedstænd] *n* vertikale me kokë.

head star *n* avancë në nisje(të garës); avantazh.

epërsi, fillim i hershëm(i stërvitjes etj).

headstock['hedstok] *n tek* mandrinë(e tornos).

headstone['hedstoun] *n* 1.gur varri.2.gur i qoshes (në një ndërtesë).

headstream['hedstri:m] *n* burim kryesor(i një përroi, lumi).

headstrong['hedstrong] *n* 1.kokëfortë, kokëngjeshur. 2.i nxituar, i paarsyeshëm(veprim).

head teacher *n* drejtor shkolle.

head tone *n muz* 1.zë koke. 2. notë e lartë.

headwaiter['hedweitë:] *n* kryekamerier.

headway['hedwei] *n* 1.ecje,lëvizje përpara. 2.përparim, progres. 3.hapësirë(në hyrje të një ndërtese); lartësi(ure), hapësirë(nën urë).4.interval kohe(ndërmjet dy autobuzave, trenave etj të një linje).

head wind *n* erë ballore (nga përpara), erë e kundërt.

headword['hedwë:d] *n* fjalë kryesore; fjalë kyç(e një fraze); fjalë-titull(në fjalor).

headwork['hedwë:k] *n* punë mendore.

heady ['hedi] *adj* 1. i rrëmbyer, i nxituar. 2. trullosës, që të bie në kokë.3.*fig* trallisës, marramendës, dehës.

heal[hi:l] *v* 1.shëroj.2.shërohem.3.shërohet; mbyllet; përthahet(plaga). 4.çliroj, shpëtoj(nga një e keqe). 5.shpëtoj, qetësohem(nga telashet).

+**heal up** mbyllet, përthahet.

healer['hi:lë:] *n* 1.shërues. 2.bar, ilaç.

healing['hi:ling] *n,adj* -*n* shërim.
-*adj* shërues.

health [helth] *n, interj* -*n* 1. shëndet; gjendje shëndetësore. 2.shëndet, dolli; **drink a health to the bride** ngre një dolli për nusen.

-*interj* **your health!** shëndeti yt!, (e ngre)për shëndetin tënd!

healthful['helthful] *adj* i shëndetshëm, i mirë për shëndetin.

health food *n* produkte dietetike, prodhime natyrore.

health hazard *n* rrezik për shëndetin.

healthily['helthili] *adv* shëndoshë.

healthiness['helthinis] *n* shëndet, të qenët i shëndetshëm.

Health Service *n* Sigurimet Shoqërore.

health visitor *n Br* infermiere shtëpie.

healthy['helthi] *adj* 1.i shëndetshëm. 2.i shëndoshë. 3.i mirë për shëndetin, i shëndetshëm, shëndetdhënës.

heap[hi:p] *n,v* -*n* 1.grumbull, pirg, turrë.2.*gj.fol* shumë, sasi e madhe, një tog; **in a heap** grumbull, mbledhur kapicë.

-*vt* 1.grumbulloj, mbledh tog, bëj kapicë. 2.*fig* e mbush(me dhurata); e mbuloj(me lëvdata); **heap scorn on sb** e mbuloj dikë me përçmim. 3. ia mbush me majë (pjatën).

heaps *npl* pirg, mal, kapicë; **heaps of money** një

mal me para.

hear['hië:] *v,interj* -*v* (**heard**) 1. dëgjoj. 2. i vë veshin; mbaj vesh. 3.dëgjoj shpjegimet e dikujt(në gjyq etj). 4.mësoj, marr vesh; **did you hear about her husband?** e more vesh për të shoqin?

+**hear from** a)marr vesh, mësoj; b) ha qortime.

+**hear out** dëgjoj/mbaj vesh gjer në fund; **have heard of** kam dëgjuar të flitet; **hear tell** dëgjoj të thuhet, ka fjalë se; **will not (won't) hear of it!** s'dua të dëgjoj më për këtë punë; mos më fol më për këtë!; nuk pranoj, nuk lejoj

-*interj* **hear! hear! hear!** ashtu, po!; të lumtë!

heard[hë:d] *pt,pp* e **hear.**

hearer['hi:rë:] *n* dëgjues.

hearing ['hi:ring] *n* 1. dëgjim. 2. *drejt* dëgjim, shqyrtim, seancë shqyrtimi; gjykim(i çështjes në gjyq). 3. largësi dëgjimi; **within hearing** në një largësi prej ku dëgjohet. +**get a fair hearing** gjykohem me paanësi.

hearing aid *n* aparat dëgjimi, audiofon(për shurdhët).

hearken['ha:kën] *n vjet* mbaj vesh, i vë veshin, dëgjoj me vëmendje.

hearsay['hië:sei] *n* fjalë, thashetheme.

hearsay evidence *n drejt* dëshmi e mbështetur në fjalë të dëgjuara.

hearse[hë:s] *n* makinë varrimi.

heart[ha:t] *n* 1.zemër. 2.gjoks, krahëror. 3.*fig* shpirt, ndjenja, zemër. 4.guxim, kurajë, zemër. 5. mes, qendër, brendësi. 6. pjesë kryesore, thelb. 7.kupë (në lojë me letra). +**after one's own heart** si ta do zemra; **at heart** thellë në shpirt; me të vërtetë; **break the heart of** ia copëtoj shpirtin; ia thyej zemrën; **by heart** përmendsh; **eat one's heart out** e kam shpirtin plagë; **from one's heart** nga zemra, me çiltërsi; me gjithë shpirt; **get to the heart of** i hyj brenda, ia marr vesh të fshehtat; **have one's heart in one's boots/mouth** më ngrin gjaku, jam me gjak të ngrirë, më shkon zemra te thembra; **have one's heart in the right place** jam njeri me zemër; **have the heart** a) kam kurajë, kam guximin(të bëj diçka); b)jam i pashpirt, kam zemër të, ma bën zemra të(refuzoj); **heart and soul** me mish e me shpirt; **heart of gold** zemërflori, shpirt njeriu; **in one's heart of hearts** në thelb të shpirtit; **lay to heart** a)mbaj/ruaj në kujtesë; b) mendoj seriozisht; **lose heart** humbas guximin; **near one's heart** në zemër; **take heart** marr zemër; **take to heart** prekem thellë; e marr shumë seriozisht; **to one's heart's content** sa më do zemra; **wear one's heart on one's sleeve** jam shumë i çiltër, flas me zemër të hapur; **with all one's heart** a)me çiltërsi; b)me kënaqësi; me gjithë shpirt.

heartache['ha:teik] *n* dhimbje, pikëllim, dëshpërim.

heart attack *n* krizë zemre.

heartbeat['ha:tbi:t] *n* rrahje zemre.

heartbreaking['ha:tbreiking] *adj* shpirtcopëtues, që të copëton zemrën.

heartbroken['ha:tbroukën] *adj* shpirtkëputur, zemërplasur, zemërthyer.

heartburn['ha:tbë:n] *n* urth, djegësirë stomaku.

heartburning['ha:tbë:ning] *n* zili, xhelozi, smirë.

hearten['ha:tën] *vt* 1.i jap zemër, inkurajoj.2.ngazëllej, gëzoj.

heartening['ha:tëning] *adj* inkurajues.

heart failure *n* 1.ndalim zemre. 2.pushim zemre.

heartfelt['ha:tfelt] *adj* i çiltër; i përzemërt.

hearth[ha:th] *n* 1.vatër. 2.shtëpi, vatër familjare. 3.*tek* farkë.

hearthrug ['ha:thrʌg] *n* shtrojë buzë vatrës; rrogoz.

hearthside['ha:thsaid] *n* 1.anë e vatrës. 2.shtëpia, vatra familjare.

hearthstone['ha:thstoun] *n* 1. plloçe guri(për vatër). 2.shtëpi, vatër familjare.

heartily['ha:tili] *adv* 1.çiltërsisht, miqësisht, përzemërsisht. 2.me gjithë shpirt, me gjithë zemër. 3.me oreks, me kënaqësi, me shijë. 4.shumë, tërësisht, plotësisht.

heartiness['ha:tinis] *n* çiltërsi, përzemërsi.

heartland ['ha:tlænd] *n* 1. zonë qendrore. 2. qendër, zemër.

heartless ['ha:tlis] *adj* 1. i pashpirt, zemërgur; pa zemër. 2.*vjet* i flashkët; joguximtar.

heartrending ['ha:trending] *adj* shpirtcopëtues, dëshpërues.

heartsease['ha:tsi:z] *n* 1.qetësi shpirtërore. 2.*bot* vjollcë, lule panse.

heart-searching['ha:tsë:çing] *n* marrje në pyetje.

heartsick ['ha:tsik] *adj* i pikëlluar, zemërvrarë, shpirtcopëtuar.

heartsore ['ha:tso:] *adj* i dëshpëruar, i vrarë në shpirt.

heartstricken['ha:tstrikën] *adj* 1.i dëshpëruar. 2. i trembur, në ankth.

heartstrings['ha:tstringz] *n* telat e zemrës, ndjenjat më të thella.

heartthrob ['ha:tthrob] *n* 1. rrahje zemre. 2.*fig* idhull.

heart-to-heart['ha:ttë'ha:t] *adj,n* -*adj* i hapur, i çiltër, i përzemërt.
-*n* bisedë me zemër të hapur.

heartwarming ['ha:two:ming] *adj* ngushëllues, që të ngroh zemrën.

heart-whole['ha:thoul] *adj* 1.i patrazuar, i parënë në dashuri. 2.i përzemërt, i çiltër.

heartwood['ha:twu:d] *n* zemër/palcë e drurit.

hearty['ha:ti] *adj,n* -*adj* 1.i përzemërt, i çiltër. 2.i fuqishëm, i shëndetshëm(plak). 3.kumbuese(e qeshur), me gjithë shpirt. 4.i bollshëm; i paqmë (ushqim).

-*n* 1.shok i mirë(marinar). 2.njeri tepër i përzemërt (me përzemërsi të shtirë).

heat [hi:t] *n* 1. nxehtësi. 2. temperaturë. 3. vapë. 4.ngrohtësi(shpirtërore). 5.zjarr, shpërthim(inati etj); pezm. 6.kulm; **in the heat of fight** në kulm të përleshjes. 7. *zhrg* trysni, torturë. 8.xhiro e parë(në gara vrapimi). 9.afsh seksual(te gjitarët). 10.*tek* nxehje(e furrës). +**in heat** në afsh, gati për ndërtim. -*v* 1.nxeh; ngroh. 2.nxehet; ngrohet. 3.ndez, nxis. 4.ndizem, marr flakë, eksitohem.

heat barrier *n av* barrierë e nxehjes, shpejtësi kufi (e avionit, për shkak të fërkimit me ajrin).

heated ['hi:tid] *adj* i nxehtë, i zjarrtë (diskutim); shumë i gjallë(njeri).

heatedly['hi:tidli] *adv* plot zjarr, nxehtësisht.

heater['hi:të:] *n tek* ngrohës, pajisje ngrohëse.

heat exhaustion *n mjek* kapitje, këputje nga nxehtësia (e mjedisit).

heath[hi:th] *n* 1.*bot* shqopë. 2.shqopishtë, shkorret, shkurrajë.

heath-cock['hi:thkok] *n zool* gjel i egër.

heathen['hi:dhën] *n,adj* -*n* 1.pagan, idhulltar. 2.i pafe; barbar.
-*adj* 1.pagan. 2.i pafe; i paqytetëruar, barbar.

heathendom ['hi:dhëndëm *n* 1.idhulltari. 2.vend /popull pagan.

heathenish['hi:dhënish] *adj* pagan.

heathenism['hidhënizëm] *n* 1.paganizëm, idhulltari. 2.mungesë feje/qytetërimi; barbari.

heather['hedhë:] *n bot* shqopë.

heathery ['hedhëri] *adj* 1. shqope, prej shqope. 2.me shqopë(vend).

heating['hi:ting] *n* ngrohje; sistem ngrohjeje.

heat rash *n* puçrra nga nxehtësia.

heat-resistant['hi:t ri'zistënt] *adj* nxehtësidurues, i qëndrueshëm ndaj nxehtësisë.

heat shield *n av* veshje speciale zjarrduruese (e hundës së anijes kozmike).

heatstroke['hi:tstrouk] *n mjek* goditje nga nxehtësia.

heat wave *n* valë e nxehtë, mot i nxehtë, periudhë e gjatë vape.

heave[hi:v] *v,n,interj* (hove; heaved) 1.ngre me forcë. 2.hedh, flak (spirancën). 3. tërheq(litarin). 4.nxjerr, lëshoj(një psherëtimë).5.ulet e ngrihet(deti). 6.gufon, fryhet; ngrihet. 7.gulçon. 8.përpiqem të vjell. 9.shfaqet; **a ship hove in sight** një anije u shfaq në horizont. +**heave to** a)ndal(anijen); b) ndalet(anija).
-*n* 1.e ngritur, ngritje. 2.*gjeol* zhvendosje horizontale (shtrese).
-*interj* **heave ho!** eej-up!, jepi! (gjatë xjerrjes së spirancës).

heaven['hevën] *n* 1.qiell, parajsë.2.zoti, perëndia; **the will of heaven** vullneti i zotit. 3.*fig* parajsë. 4.*zak pl* kupë qiellore. +**for heaven's sake!** për atë

qiell!; **good heavens!** o perëndi! **move heaven and earth** e kthej përmbys, s'lë gjë pa bërë.
heavenly['hevënli] *adj* 1.parajsor, hyjnor, qiellor; i shenjtë. 2.i mrekullueshëm, qiellor; i shkëlqyer. 3.qiellor(trup).
heavenward(s)['hevënwë:d(z)] *adv* drejt qiellit.
Heaviside layer ['hevi:said] *n* jonosferë; shtresë e mesme e jonosferës.
heavily['hevili] *adv* 1.rëndë(ulem). 2.rëndshëm, thellë(në borxh). 3.me tepri(pi). 4.me zhurmë, rëndë (marr frymë).
heaviness['hevinis] *n* 1.rëndesë. 2.intensitet.
heavy['hevi] *adj,n,adv* -*adj* 1.i rëndë. 2.i bollshëm, i tepruar, i rëndë(gjumë, shi, e ngrënë). 3.që e tepron, që pi shumë; **heavy smoker** duhanxhi që pi me tepri. 4.i papërballueshëm, i rëndë(tatim). 5.i rënduar(ajër). 6.i zymtë, i keq(lajm). 7.serioz(rol). 8.i vranët, i ngrysur(mot). 9.i ngathët, i rëndë(hap). 10.i thellë, i fuqishëm(gjëmim).11.*usht* e rëndë(artileri). 12.*fiz* i rëndë(izotop). +**heavy with child** me barrë, shtatzënë.
-*n* 1.gjë e rëndë; njeri i rëndë. 2.*fig* a)i keqi, personazhi negativ; b)aktor që luan personazhe negative.
-*adv* rëndë; rëndshëm. +**hang heavy** nuk kalon (koha), kalon me mërzi.
heavy-armed['hevi'a:md] *adj* i armatosur rëndë (tank), me armatim të rëndë.
heavy-duty ['hevi'dju:ti] *adj* rezistent, i fortë (aparat, mjet).
heavy-footed['hevi'fu:tid] *adj* me hap të rëndë; që ecën rëndë.
heavy goods vehicle *n* kamion-maunë, kamion i rëndë.
heavy-handed['hevi'hændid] *adj* 1.i ngathët. 2.i vrazhdë, i pashpirt.
heavy water *n fiz* ujë i rëndë.
heavyweight['heviweit] *n,adj* -*n* 1.*sport* peshë e rëndë. 2.*gj.fol* njeri shumë i rëndësishëm, pecogroso.
-*adj* i peshës së rëndë.
hebdomadal[heb'domëdël] *adj* i përjavshëm.
Hebraic[hi'breijik] *adj* hebraik, çifut.
Hebrew ['hi:bru:] *n,adj* -*n* 1.çifut, izraelit. 2.hebraishte(gjuhë).
-*adj* 1.çifut, izraelit. 2.hebraike(gjuhë).
Hebrides['hebridi:z] *n gjeog* Hebride(ishujt).
hecatomb['hekë'toum, 'hekë'tu:m] *n* 1.*hist* flijim i 100 demave njëherësh. 2.*fig* kasaphanë, kërdi.
heck[hek] *interj,n gj.fol* dreq; **heck! I forgot** ta hajë dreqi, harrova!; **what/where/why the heck....?** ç'/ku/pse dreqin...? ; **a heck of a nice guy** tip shumë simpatik, njeri që s'e ka shokun; **a heck of a lot of people** njerëz për kjamet, një mori njerëzish.
heckle['hekl] *vt* ndërpres, i bëj pyetje të pakënd-

shme, i marr shpirtin me pyetje(folësit).
hectare['hekta:] *n* hektar.
hectic['hektik] *adj,n* -*adj* 1.i ethshëm, plot tension. 2.i ndezur, i përskuqur, me zjarrmi. 3.me ethe. 4.tuberkuloz.
-*n* zjarrmi; përskuqje nga ethet.
hecto-['hektou] *pref* njëqind, hekto.
hectograph['hektëgræf] *n* hektograf, makinë shumëfishimi. 2.shumëfishoj, nxjerr kopje.
hector['hektë:] *n,v* -*n* mburravec.
-*v* 1.trajtoj me arrogancë. 2.veproj në mënyrë autoritare.
he'd[hi:d, i:d, id] = **he had; he would.**
hedge [hexh] *n,v* -*n* 1. gardh me shkurre. 2. pengesë; kufi. 3.mjet mbrojtës.
-*vi* 1.gardhoj, rrethoj me gardh. 2.bishtnoj, i bëj bisht përgjigjes. 3.(*in*) a) kufizoj, rrethoj; b)pengoj, frenoj.
hedgehog['hexhhog] *n* 1.*zool* iriq.2.*usht* a)pengesë me tel me gjemba. 3.zonë e rrethuar me tel me gjemba.
hedge-hop['hexhhop] *vi* fluturoj(me avion) shumë ulët.
hedgerow['hexhrou] *n* bordurë me pemë.
heed[hi:d] *v,n* -*vt* i vë veshin; mbaj parasysh.
-*n* vëmendje; **pay heed to sb** i kushtoj vëmendje; **take heed of sth** mbaj parasysh diçka.
heedful ['hi:dful] *adj* i kujdesshëm; i vëmendshëm.
heedless['hi:dlis] *adj* i shkujdesur, i pavëmendshëm.
heehaw['hi:'ho:] *n,v* -*n* 1.ioo!(pallmë gomari). 2.e qeshur me zhurmë.
-*vi* 1.pëllet(gomari). 2.qesh me zhurmë.
heel I [hi:l] *n,v* -*n* 1. thembër. 2. takë(këpuce). 3.thundër e pasme. 4.anë, thembër të çyrekut të bukës. 5.*gj.fol* qelbanik, kërmë. +**at heel** ngjitur, nga pas; **heel, boy!** këtu! eja këtu!(qenit); **be at sb's heels** i qepem dikujt, e ndjek këmba-këmbës; **dig one's heels** in ngul këmbë si mushka; **down at the heel(s)** a)të ngrëna (këpucët); b)i rrënuar; **drag one's heel(s)** a)zvarris me qëllim; b)pranoj nga zori; c)punoj pa qejf; **kick up one's heels** i çoj dafrungë, bëj qejf; **lay by the heels** rras në burg; ndëshkoj në publik; **out at the heels** a)me thembra të ngrëna; b)i leckosur, i rrëgjuar; **show a clean pair of heels** ua mbath këmbëve, fryj; **take to one's heels** ua mbath, fryj; **to heel** a)nga pas, ngjitur; b)nën kontroll, duke ua mbledhur(këmbët në një këpucë); **turn on one's heels** kthehem mbrapsht.
-*v* 1.ndjek këmba-këmbës. 2.u vë taka(këpucëve). 3.shpoj(kalin) me thembra. 4.i shkon pas(qeni të zotit). 5.kërcej mbi thembra. 6.*sport* godas me fundin e stapit(në golf). +**be well heeled** jam dinga në para.
heel II[hi:l] *v,n* -*v* anohet, priret(anija).

-*n* anim, pjerrje.

heeled[hi:ld] *adj* 1.me thembër. 2.*zhrg* a)me para, i kamur; b)me revole, i armatosur.

heeler['hi:lë:] *n* 1.këpucar, ballomatar. 2.*amer* pasues, lake (i një politikani).

heelpiece['hi:lpi:s] *n* takë, thembër(këpuce).

heeltap ['hi:ltæp] *n* 1.shollë take. 2.pije e mbetur në fund të gotës, fund.

heft[heft] *n,v gj.fol* -*n* 1.masë,;rëndesë, peshë. 2.*vjet* pjesa më e madhe.
-*v* 1.peshoj në dorë. 2. ngre.

hefty ['hefti] *adj gj.fol* 1. i rëndë. 2. trupmadh, i fuqishëm(person). 3.i paqmë, i majmë(shpërblim).

hegemony [hi'xhemëni, 'hexhëmouni] *n* hegjemoni, dominim.

Hegira [hi'xhairë, 'hexhërë] *n* 1.hixhra, syrgjyn i Muhametit. 2.epoka myslimane. 3.*fig* arrati.

heifer['hefë:] *n* mëshqerrë.

heigh[haj, hej] *interj* 1.ej!, hej!. 2.heu!(habi).

heigh-ho ['haj'hou, 'hej'hou] *interj* 1. heu! (habi). 2.uf!(mërzi, lodhje).

height [hait] *n* 1.lartësi. 2.shtat, gjatësi (trupore). 3.lartësi mbi nivelin e detit. 4.breg, kodër, lartësi. 5.majë, kulm; **at the height of his fame** në kulmin e lavdisë; **it's the height of fashion** është moda e fundit.

heighten['haitën] *vt* 1.ngre.2.shtoj, rris, zmadhoj. 3.nxjerr në pah.

height of land *n* 1.vend i ngritur, lartësi. 2.shtoj, rris, zmadhoj. 3.nxjerr në pah.

heinous['heinës, 'hi:nës] *adj* i urryer, i neveritshëm; rrëqethës.

heir[eë:] *n* trashëgimtar.

heir apparent *n drejt* trashëgimtar i paracaktuar (psh djali i parë).

heiress['eëris] *n* trashëgimtare.

heirloom['eë:lu:m] *n* plaçkë e vyer e familjes.

heirship['eë:ship] *n* e drejtë trashëgimie; trashëgimi.

heist[haist] *v,n zhrg* -*v* vjedh; grabis.
-*n* vjedhje, grabitje.

held[held] *pt,pp* e **hold**.

helical['helikël] *adj* spiral.

helices['helisi:z] *npl* i **helix**.

helicon['helëkon] *n muz* bastubë spirale.

helicopter['helëkoptë:] *n,v* -*n* helikopter.
-*vi* udhëtoj me helikopter.

heliocentric[hi:liou'sentrik] *adj* heliocentrik, me Diellin në qendër.

heliogram ['hi:liëgræm] *n* heliogramë, mesazh i transmetuar.

heliograph['hi:liëgræf] *n,v* -*n* heliograf.
-*v* heliografoj; transmetoj/komunikoj me heliograf.

heliotherapy[hi:liou'therëpi] *n* helioterapi, kurim me dritë dielli.

heliotrope ['hi:liëtroup] *n,adj* -*n* 1. *bot* bimë

dielldashëse; valerianë. 2.purpur, ngjyrë purpuri. 3.gur gjysmë i çmuar.
-*adj* i purpurt.

heliotype[hi:lië'taip] *n* 1.heliotip. 2.heliotipi.

heliport['helëpo:t] *n* heliport, fushë helikopterësh.

helium['hi:liëm] *n kim* helium(element).

helix['hi:liks] *n pl* **helices, helixes** 1.spirale, dredhë. 2.*ark* ornament spiral. 3.helikoid.

hell [hel] *n,interj* 1.ferr, skëterrë (edhe fig). 2.*gj.fol* sharje, telendi; ndëshkim; **give hell to sb** e bëj telendi. 3.tepër, kjamet; **a hell of a lot of** pa hesap, kjamet; **have a hell of a time** ia çoj dafrungë, e kaloj për shtatë palë qejfe; **run like hell** vrapoj si i marrë; **it hurts like hell** dhemb për kjamet. +**all hell was let loose** po bëhej kjameti; **come hell or high water** të dalë ku të dalë; **through hell and high water** sido që të vijë puna; **go hell for leather** vrapoj si i çmendur.; **like hell** a)fort, rëndshëm (punoj); b) *zhrg* **like hell he is going to use my car!** as të mos i shkojë mendja se do të përdorë makinën time! **just for the hell of it** thjesht sa për të provuar; **oh hell!** ta marrë dreqi! **play hell with sth** e çoj në djall; **raise hell** krijoj trazira; **to hell with it/him /her!** në djall të vejë! **what/where/why the hell...?** çfarë/ku/pse dreqin, pse të shkretën...?
-*interj* **Hell!** There goes another fuse hej,dreq, u dogj prap sigureca.

he'll[hi:l] shkurtim i **he will, he shall**.

hellbent['hel'bent] *adj,adv zhrg adj* i vendosur, që do me çdo kusht; **be hellbent on sth/on doing sth** dua me do kusht diçka/të bëj diçka.
-*adv* me çdo kusht, pa derman.

Hellene['heli:n] *n* helen, grek.

Hellenic[he'li:nik] *adj* helenik, grek.

Hellenistic[heli:'nistik] *adj* helenistik.

Hellenize['helënaiz] *vt* helenizoj.

heller I['helë:] *n* heler(monedhë çeke).

heller II['helë:] *n zhrg* dreq, shejtan kalama; tip i prapë.

hellery['helëri] *n zhrg* 1.djallëzi. 2.prapësi.

hellfire['helfajë:] *n* 1.zjarr i skëterrës. 2.dënim me vajtje në skëterrë.

hellhole ['helhoul] *n gj.fol* vend i ndyrë, strofull, vrimë.

hellhound['helhaund] *n* 1.*mit* Cerberi, rojtari i ferrit. 2.*fig* njeri mizor.

hellion['heljën] *n gj.fol* dreq, shejtan kalama; tip i prapë.

hellish ['helish] *adj* 1.skëterror, i skëterrshëm. 2.djallëzor.

hello[he'lou, hë'lou] *interj,n,v* -*interj* 1.tungjatjeta. 2.alo. 3.hej, ej.
-*n* përshëndetje; thirrje habie; thirrje për të tërhequr vëmendjen.
-*v* thërras.

helm I[helm] *n* 1.timon(anijeje).2.drejtim, udhëheqje.

helm II[helm] *n,v* -*n* helmetë; kaskë.
-*vi* vë helmetë, mbaj kaskë.

helmet['helmit] *n* 1.helmetë; kaskë.2.përkrenare.

helmeted['helmitid] *adj* me helmetë; me kaskë.

helminth ['helminth] *n zool* krimb zorrësh, parazit, nematod.

helmsman['helmzmën] *n* timonier(në anije).

helot['helët] *n hist* 1.skllav (në Spartë). 2. skllav; bujkrob.

helotry['helëtri] *n* 1.skllevër. 2.skllavëri; bujkrobëri.

help [help] *v,n* -*v* 1. ndihmoj; i jap ndihmë. 2.lehtëson, përmirëson(ilaçi). 3.shmang; përmbahem; **he can't help yawning** nuk i mban dot gogësimat. 4.(oneself) marr(diçka për të ngrënë a për të pirë); **he helped himself to a piece of cake** ai mori një copë kek; **help sb to beer** i zgjas birrën dikujt, i shtie birrë. +**can't help being ugly** nuk ka ç'ti bëjë shëmtisë së vet; **cannot help but** s'e kam në dorë, nuk mund të mos; **it can't be helped** s'ke ç'i bën, nuk bëjmë dot më asgjë. -*n* 1.ndihmë. 2.mbështetës, përkrahës. 3.ndihmës. 4.shërbyese; shërbyes; grua shërbimi(ditore). +**be beyond help** jam në një gjendje të pashpresë; **there's no help for it** nuk ke ç'i bën më. +**help out** ndihmoj; i jap një dorë; **so help me (God)!** Zoti më ndihmoftë; për atë Zot, që flas të vërtetën.

helper['helpë:] *n* ndihmues; ndihmës; asistent.

helpful['helpful] *adj* 1.i gjindshëm(person). 2. ndihmues, që ndihmon. 3.i dobishëm(send, këshillë); **you have been very helpful** na ndihmuat shumë.

helpfully['helpfuli] *adv* njerëzishëm, me njerëzi.

helping['helping] *n* 1.porcion, racion. 2. pjesë.

helpless ['helplis] *adj* 1. i pazoti, i paaftë. 2. pa mbrojtje, pa përkrahje; **a helpless old lady** një plakë e gjorë.

helplessly ['helplisli] *adv* 1. me duar të prera, në pamundësi për të ardhur në ndihmë. 2.pa u përmbajtur dot; **laugh helplessly** qesh me të madhe, s'e mbaj dot të qeshurit.

helpline['helplain] *n* linjë telefonike për të kërkuar ndihmë.

helpmeet['helpmi:t] *n* shih **helpmate**.

helter-skelter ['heltë:'skeltë:] *adv,n,adj* -*adv* në rrëmujë, pa parë i pari të dytin. -*n* 1.rrëmujë, hallakatje.2.tobogan, rrëshqitëse, sajë me patina. -*adj* i rrëmujshëm, i hallakatur(veprim).

helve[helv] *n* bisht(sëpate, çekiçi).

hem I[hem] *n,v* -*n* 1.buzë, anë, palë, e kthyer(e rrobës). 2.anë, buzë. -*vt* 1.i kthej anën, i bëj palë. 2.rrethoj, kufizoj. +**hem in/around/about** a)rrethoj nga të katër anët; b)gardhoj, bllokoj, burgoj.

hem II[hem] *n,interj,v,adj* -*n,interj* hëm, hm. -*vi* bëj hm. +**hem and haw** ngurroj, përtypem.

he-man['hi'mæn] *n,adj gj.fol* -*n* burrë i vërtetë. -*adj* i fortë; mashkull.

hematite ['hemëtait] *n gjeol* hematit(mineral hekuri).

hematology[hi:më'tolëxhi] *n mjek* hematologji.

hemiplegia[hemi'pli:xhië] *n* paralizë e njërës anë të trupit.

hemisphere['hemisfië:] *n* 1.*gjeog* gjysmërruzull, hemisferë. 2.*astr* hemisferë qiellore; kupë qiellore.

hemline['hemlain] *n* buzë, anë, palë, e kthyer; tegel.

hemlock['hemlok] *n bot* kukutë.

hemmer['hemë:] *n* këmbëz(e makinës qepëse) për kthim buzësh.

hemoglobin[hime'gloubin] *n mjek* hemoglobinë.

hemophilia[hime'filië] *n mjek* hemofili.

hemorrhage['hemërixh, 'hemrixh] *n,v mjek* -*n* gjakrrjedhje, hemorragji. -*vi* kam hemorragji, më shkon gjak.

hemorrhoids ['hemëroidz] *n mjek* hemorroide, majasëll.

hemp[hemp] *n* 1.*bot* kërp. 2.fije kërpi. 3.drogë e nxjerrë nga kërpi(hashish, marihuanë etj).

hempen['hempën] *adj* kërpi, prej kërpi.

hemstitch['hemstiç] *n* azhur, urjezë. -*v* bëj azhur.

hen[hen] *n* 1.pulë. 2.femër(e disa kafshëve).

hen-and-chickens['henënd'çikënz] *n* bimë kacavjerrëse(me kërcej rrënjëleshues).

henbane['henbein] *n bot* shtarë.

hence [hens] *adv,interj* -*adv* 1. kështu që, prandaj. 2.prej këtu, që këtu. 3.si sot, pas; që sot e tutje; **a year hence** si sot një vit, pas një viti. 4.që këtej (rrjedh). -*interj* ik!, tutje! +**hence with!** *vjet* hiqma!, largoje!

henceforth['hensfo:th] *adv* (që) tani e tutje, paskëtaj.

henceforward [hens'fo:wë:d] *adv* shih **henceforth.**

benchman['hençmën] *n* 1.këlysh, laro, lakë.2.pasues, ndihmës, ithtar.

hencoop['henku:p] *n* kotec, qymez.

hen-hearted['henha:tid] *adj* zemërpulë.

henhouse['henhauz] *n* kotec, qymez.

henna['henë] *n,adj,v* -*n* këna.

hennery['henëri] *n* pulari.

hen party *n gj.fol* mbrëmje argëtimi vetëm me femra.

henpecked['henpekt] *adj gj.fol* i sunduar nga gruaja(burrë).

henry['henri] *n el,fiz* henri.

hep[hep] *adj zhrg* 1.i mirinformuar, i ftilluar. 2.i avancuar.

hepatic[hi'pætik] *adj,n* -*adj* 1.*mjek* hepatik, i mëlçisë. 2.si mëlçi(nga ngjyra etj).
-*n* 1.ilaç për mëlçinë. 2.myshk.
hepatitis [hepë'taitis] *n mjek* hepatit, mahisje e mëlçisë.
hepcat['hepkæt] *n zhrg* 1.amator i muzikës sving. 2.instrumentist svingu.
heptagon['heptëgon] *n gjeom* heptagon, shtatëkëndësh.
her[hë:, ë:] *pron,adj* -*pron* atë; asaj; **I saw/gave her** e pashë atë/i dhashë asaj; **speak to her** foli asaj; **think of her** mendo për të; **if I were her** po të isha si ajo/në vend të saj; **she had a book with her** ajo kishte një libër me vete; **I'm older than her** unë jam më i moshuar se ajo.
-*adj* (i,e,të) saj; **her brother** vëllai i saj; **her children** fëmijët e saj.
Hera['hi:rë] *n mit* Hera, kryeperëndesha(gruaja e Zeusit).
herald['herëld] *n,v* -*n* 1.lajmëtar, kasnec, kumtar. 2.*fig* lajmëtar, paralajmërues.
-*vt* 1.njoftoj, lajmëroj. 2.*fig* lajmëroj, paralajmëroj (ardhjen e). 3.përshëndes, brohoras.
heraldry['herëldri] *n* heraldikë, shkenca e stemave/emblemave.
herb[hë:b, ë:b] *n* 1.bimë barishtore, barishte.2.bar mejkësor. 3.erëz, barishte kuzhine.
herbaceous[hë:'beishës] *adj* barishtor.
herbage['hë:bixh] *n* 1.bar; barishte. 2.gjelbërim, gjethe.
herbal['hë:bël] *adj,n* -*adj* barishtor; bari.
-*n* manual i barërave(mjekësore etj).
herbarium[hë:'beriëm] *n* 1.herbarium, koleksion bimësh të thara. 2.sallë/godinë herbariumi.
herbicide['hë:bisaid] *n* barvrasës, herbicid.
herbivore ['hë:bivo:] *n* barngrënës, kafshë barngrënëse.
herbivorous[hë:'bivërës] *adj* barngrënës.
herby ['hë:bi:] *adj* 1. me bar, me barishte (vend). 2.barishtor, bari, si bar.
herculean[hë:kje'liën] *adj* 1.shumë i fortë; shumë trim; herkulian. 2.shumë e madhe, shumë e rëndë(përpjekje, punë).
herd[hë:d] *n,v* -*n* 1.kope, tufë. 2.turmë. 3.bari.
-*v* 1.mbledh, tufëzoj. 2. mblidhet në tufë. 3.kullos, përçoj(kopenë). +**herd together** mblidhen, grumbullohen.
herder['hë:dë:] *n* shih **herdsman**.
herdsman['hë:dsmën] *n* bari.
here[hië:] *adv* 1.këtu; **come here!** eja këtu! **over here** këtu; këtej; në këtë anë; **here she comes** ja ku po vjen. 2.i pranishëm, prezent, këtu(në apel). 3.në këtë botë, në këtë jetë. +**here and there** 1.aty-këtu; andej këtej. 2.herë pas here; **here below** në këtë botë; në këtë jetë; **here goes!** hopa! ja, shikoni! **here's to** për shëndetin e; **here, there and every-**

where nga të katër anët; **here you are!** urdhëro, ja ku e ke; **neither here nor there** jashtë teme, pa interes; pa rëndësi.
hereabout(s)['hiërëbaut(s)] *adv* këtu afër, këndej, rrotull.
hereafter [hiër'æftë:] *adv,n* -*adv* 1. këtej e tutje, sot e tutje, në të ardhmen. 2.në jetën e përtejme.
-*n* 1.e ardhmja. 2.jeta pas vdekjes.
hereat[hiër'æt] *adv vjet* 1.kur ndodhi kjo; në këtë kohë. 2.për këtë arsye.
hereby [hië:'bai] *adv* nëpërmjet kësaj; në këtë mënyrë; **I hereby certify that** nëpërmjet kësaj unë vërtetoj se.
hereditable[hi'reditëbël] *adj* i trashëgueshëm.
hereditary [hi'redëteri] *adj* 1. i trashëguar.2.trashëgues. 3.i trashëgueshëm; trashëgimor.
heredity [hi'redëti] *n* trashëgim, trashëgimi; trashëgueshmëri.
herein [hiër'in] *adv* 1. këtu në këtë (libër, dokument). 2.në këtë çështje; në këtë mënyrë; **it is herein that the difference lies** në këtë pikë qëndron ndryshimi.
hereinafter [hiërin'æftë:] *adv* më poshtë, më tej (në këtë dokument).
hereinto[hiër'intu:] *adv* 1.në këtë vend. 2.në këtë çështje.
hereof[hiër'ov] *adv* 1.për këtë.2.nga kjo, prej kësaj, që këtej.
hereon[hiër'on] *adv* 1.mbi këtë. 2.menjëherë pas kësaj.
heresy['herësi] *n* herezi.
heretic['herëtik] *n,adj* -*n* heretik.
-*adj* heretik.
hereto[hië:'tu:] *adv* 1.për më tepër, veç kësaj. 2.te kjo; te ky vend.
heretofore[hië:të'fo:] *adv* para kësaj(kohe); deri tani.
hereunder[hië:'ʌndë:] *adv* 1.më poshtë, këtu më poshtë, në vazhdim. 2.në përputhje me këtë.
hereupon[hië:rë'pon] *adv* 1.prandaj, pra, dhe kështu. 2. menjëherë pas kësaj.
herewith[hië:'with, hië:'widh] *adv* 1.me këtë, tok me. 2.nëpërmjet kësaj; nëpërmjet kësaj.
heritability[heritë'bilëti] *n* trashëgueshmëri.
heritable['heritëbël] *adj* 1.i trashëgueshëm. 2.që mund të trashëgojë.
heritage['heritixh] *n* trashëgimi; trashëgim.
heritage centre *n* muze.
hermaphrodite[heë:'mæfrëdait] *adj,n* hermafrodit.
hermetic[heë:'metik] *adj* 1.hermetik, i papërshkueshëm.2.*poet* hermetike, e padeshifrueshme(poezi).
hermetical [hë:'metikël] *adj* hermetik, i papërshkueshëm.
hermetically [hë:'metikëli] *adv* hermetikisht, në mënyrë hermetike.

hermit ['hë:mit] *n* 1. vetmitar, oshënar, jeremi. 2. mbëlsirë me arra e rrush të thatë.
hermitage['hë:mitixh] *n* 1.vend i vetmuar. 2.strehë oshënari.
hernia['hë:nië] *n mjek* hernie; dhjamë, dhjamth.
hero['hirou] *n* 1.hero.2.*fig* idhull, hero, yll(në art, sport). 3. hero, personazh kryesor. 4.*mit* hero, gjysmëperëndi.
heroic[hi'rouik] *adj,n* -*adj* 1.heroik. 2.i jashtëzakonshëm, tepër i guximshëm. 3.tepër i madh. -*n* 1.poemë epike. 2.*pl* gjuhë e lartë; gjuhë e fryrë; reprime/gjeste për efekt.
heroic age *n* periudhë legjendare(e një kombi).
heroical[hi'rouikël] *adj* shih **heroic 1.**
heroically[hi'rouikëli] *adv* heroikisht.
heroin['herouin] *n* heroinë(drogë).
heroine['herouin] *n* 1.heroinë.2.*let* heroinë, personazh kryesor femër. 3.*mit* gjysmëperëndeshë.
heroism['herouizm] *n* heroizëm.
heron['herën] *n zool* gatë, çafkë.
herpes['heë:pi:z] *n mjek* urdhje.
herring['hering] *n zool* harengë; cëragë; **red herring** a)harengë e tymosur; b)*fig* karrem, mjet për të tërhequr vëmendjen.
herringbone ['heringboun] *n* 1. kurriz peshku. 2.vendosje zig-zag(e tullave).
herringbone stitch *n* qëndismë kurrizpeshku.
herring choker *n zhrg amer* person nga provinat atlantike(të Kanadasë).
hers[hë:z] *pron* i saji; e saja; të sajët; të sajat.
herself[hë:'self, ë:'self] *pron* 1.veten; vetes(së saj); **he asked herself** ajo pyeti veten. 2.vetë; ajo vetë; **he did it (all) by herself, she herself did it** ajo e bëri (krejt) vetë. 3.ajo e zakonshmja; **she is not herself today** sot ajo duket sikur është tjetër njeri, sot diçka nuk shkon tek ajo.
hertz[hë:ts] *n pl* **hertz** herc, Hz.
he's[hi:z] = **he is; he has.**
hesitance ['hezitëns] *n* ngurrim, mëdyshje; dyhim; lëkundje; pavendosmëri.
hesitancy['hezitënsi] *n* shih **hesitance.**
hesitant ['hezitënt] *adj* ngurrues, në mëdyshje; i ëkundur, i pavendosur.
hesitantly['hezitëntli] *adv* shih **hesitatingly.**
hesitate['hezëteit] *vi* 1.ngurroj, lëkundem, jam në mëdyshje, hezitoj. 2.ngec, më merret goja. +**don't hesitate to ask me** më pyet pa frikë, mos u druaj.
hesitatingly['hezëteitingli] *adv* 1.me ngurrim, në mëdyshje, me dy mendje. 2.duke ngecur, duke iu marrë goja.
hesitation [hezë'teishën] *n* ngurrim, mëdyshje; lëkundje, pavendosmëri; dyshim.
Hesperus['espërës] *n* ylli i mbrëmjes, Afërdita.
hessian['heshën] *n* pëlhurë kërpi(për çanta).
hest[hest] *n vjet* urdhëroj.
hetaera[hi'ti:rë] *n* kurtizane(në Greqinë e Lashtë).

hetaira[hi'tairë] *n* shih **hetaera.**
hetero- ['hetërou] *pref* (fjalëformuese) tjetër- ; -ndryshëm.
heterogeneous[hetërou'xhi:niës] *adj* heterogjen; me përbërje të larmishme/të ndryshme; i përzier; johomogjen.
heterosexual[hetërë'sekshuël] *adj,n* -*adj* 1.*biol* seksndryshëm, heteroseksual; seksesh të ndryshme. 2.i rregullt, me prirje seksuale për seksin tjetër (person).
-*n* person heteroseksual(me prirje seksuale normale).
het up['hetʌp] *adj* i acaruar, i nevrikosur.
heuristic[hju:'ristik] *adj* 1.udhëheqës, orientues, ndihmues(arsyetim).2.zhbiruese; deduktive(metodë).
hew[hju:] *v* (**hewed/hewn**) 1.pres(me sëpatë, me shpatë). 2.latoj(gurë). 3.çaj/hap rrugë me shpatë. 4.i përmbahem; **the newspaper hews strictly to the party line** gazeta i qëndron besnike vijës së partisë.
hewn[hju:n] *pp* e **hew.**
hex[heks] *n,v* -*n* 1.shtrigë, magjistare. 2.magji. -*vt* magjeps, i bëj magji.
hexagon['heksëgën] *n mat* gjashtëkëndësh.
hexagonal[heks'ægënël] *adj mat* gjashtëkëndësh, gjashtëkëndor.
hexameter[hek'sæmëtë:] *n let* hekzametër, gjashtëmetrik(varg); poezi me vargje gjashtëmetrike.
hexangular [heks'ængiëlë:] *adj* gjashtëkëndor, gjashtëkëndësh.
hexapod['heksëpod] *n* insekt.
hexastitch ['heksëstik] *n let* strofë gjashtëvargëshe.
hey[hej] *interj* ej!,hej!
heyday['heidei] *n* kulm, lulëzim.
hi[hai] *interj* tungjatjeta!
HF(= high frequency) frekuencë e lartë, HF.
HI(= Hawai) *n gjeog* Havai.
hiatus [haj'eitës] *n* 1. vend bosh; zbrazëti, boshllëk. 2.*gram* hiat, pauzë(ndërmjet dy zanoreve).
hiatus hernia *n mjek* hernie hiatale.
hibernal[hai'bë:nël] *adj* dimëror.
hibernate['haibë:neit] *vi* 1.bie në gjumë, dimëron (kafsha). 2.prehem, lëshohem, bie në letargji.
hibernation [haibë:'neishën] *n* dimërim, letargji, gjumë dimëror.
Hibernian[hai'bë:niën] *n,adj* irlandez.
hiccough, hiccup['hikʌp, 'hikëp] *n,v* -*n* lemzë. -*vi* më zë lemza.
hic jacet [hik'xheisit] 1.*lat* këtu prehet. 2.epitaf, mbishkrim në gur varri.
hick[hik] *n,adj zhrg* -*n* 1.bujk, fshatar, katundar. 2.njeri i thjeshtë.
-*adj* 1.fshatar. 2.i thjeshtë; i pagdhendur, malok.
hickey ['hiki] *n gj.fol* 1. qukë; njollë. 2. gjësend; xhingël; vegël pa emër.

hickory['hikëri] *n bot* arrë amerikane.
hid[hid] *pt,pp* e **hide.**
hidalgo[hi'dælgou] *n* fisnik spanjol.
hidden['hidën] *adj,v -adj* 1.i fshehtë, sekret 2.*fig* i fshehtë, i mistershëm; **hidden meaning** kuptim i fshehtë.
-pp e **hide.**
hide I[haid] *v,n -v* (**hid, hidden**) 1.fsheh. 2.fshihem. 3.mbaj të fshehtë; **I've got nothing to hide** s'kam gjë për të fshehur; **hide one's light under a bushel** nuk e tregoj talentin; **she doesn't hide her light under a bushel** nuk është se tregohet modeste.
-n skutë, vend i fshehtë.
+**hide away** a)fshihem (**from**, nga); b)fsheh.
hideaway ['haidëwei] *n* 1. skutë, vend fshehjeje. 2.vend i qetë, vend i izoluar.
+**hide out/up** rri i fshehur.
hide II [haid] *n,v -n* 1. lëkurë kafshe. 2. lëkurë (njeriu). +**neither hide nor hair** gjë prej gjëje.
-v gj.fol rrah.
hide-and-seek['haidën'si:k] *n* kukafshehthi(lojë).
hidebound['haibaund] *adj* 1.i ligur, kockë e lëkurë. 2.*fig* mendjengushtë, kokëfortë.
hideous['hidiës] *adj* 1.i shëmtuar, i neveritshëm. 2.i tmerrshëm, i urryer(krim).
hideout ['haidaut] *n* çerdhe, strofull; vend i izoluar.
hid(e)y-hole['haidi'houl] *n* shih **hideaway.**
hiding I['haiding] *n* fshehje.
hiding II['haiding] *n* rrahje.
hiding-place['haidingpleis] *n* vend i fshehtë, skutë.
hie[hai] *vi vjet* nxitoj, shkoj shpejt.
hierarchic(al)[hajë:r'a:kik(ël)] *adj* hierarkik.
hierarchy['hajë:ra:ki] *n* hierarki.
hieratic[hajë:r'ætik] *adj* 1.i kastës së priftërinjve. 2.hieratik, hieroglifik(shkrim).
hieroglyph['hajërëglif] *n* hieroglif.
hieroglyphic[hajërë'glifik] *n,adj -n* 1.hieroglif. 2.simbol i fshehtë. 3.gërmë a fjalë e palexueshme.
-adj 1.hieroglifik. 2.simbolik.
hi-fi['hai'fai] *adj,n* shih **high-fidelity.**
higgle['higël] *v* bëj pazar, bahem(për çmimin).
higgledy-piggledy['higëldi:'pigëldi:] *n,adv,adj -n* rrëmujë.
-adv në rrëmujë, rrëmujshëm, lesh-e -li.
-adj i rrëmujshëm.
high[hai] *adj,adv,n -adj* 1.i lartë; i ngritur; **high cheekbones** mollëza të ngritura. 2.nga lartësia (kërcim, hedhje). 3.i lartë, epror(nënpunës). 4.e fortë (erë). 5.e madhe(shpejtësi). 6.*muz* i lartë; i mprehtë (tingull, zë). 7.kulmor; **high summer** kulmi i verës. 8.i shtrenjtë(mall).9.i prishur, me erë(mishi).10.kryelartë; i fryrë(qëndrim). 11.*zhrg* në qejf, i pirë. 12.i lartë(marsh). 13.*biol* i zhvilluar, i lartë(organizëm).
+**at high tide/water** gjatë baticës; **be on one's high**

horse mburrem, shes mend.
-adv 1.lart. 2.në shkallë të lartë. 3.në masë të madhe. +**fly high** e vras lart; **high and dry** a)jashtë ujit; b)larg dallgëve; c)krejt vetëm, pa ndihmë; **high and low** kudo, nga të katër anët; **act high and mighty** shes mend; **run high** a)nxehen(gjakrat); b)ngrihet(batica).
-n 1.presion i lartë(atmosferik). 2.marsh i lartë 3.pikë e lartë, nivel i lartë. 4.*zhrg* eufori. +**from on high** a) nga lartësia; b)nga lart; c)nga qielli; **on high** a)në lartësi; në erë; b)në qiell, në parajsë.
highball['haibo:l] *n,v -n amer* 1.uiski me akull i gazuar. 2.*hek* sinjal për vazhdim.
-v zhrg 1.ia shkel(gazit). 2.punoj me ngarkesë.
highborn['haibo:n] *adj* prej dere të lartë.
highboy['haiboi] *n* komo.
highbred ['haibred] *adj* 1. (prej) race, i racës. 2. edukuar, i lëmuar.
highbrow['haibrau] *n,adj gj.fol* intelektual.
high-class['haiklæs] *adj* i klasit(hotel etj); i dorës së parë.
high-colo(u)red ['haikʌlë:d] *adj* 1. me ngjyrë të thellë; i ndezur. 2.i kuq; i përskuqur, i kuqëluar.
High Commission *n* 1. ambasadë (e vendeve të Komonuelthit te njëri-tjetri). 2.komisar i lartë.
High Court *n* Gjykatë e Lartë.
higher['hajë:] *adj* i lartë; **higher education** arsim i lartë.
higher mathematics *n* matematikë e lartë.
higher-up['hajë:'ʌp] *n gj.fol* njeri me pozitë.
highfalutin(g) [haifë'lu:ting] *adj gj.fol* i fryrë pompoz, bombastik.
high-fidelity['haifë'delëti] *adj,n -adj* i cilësisë së lartë(riprodhim zëri).
-n riprodhim i cilësisë së lartë(i zërit).
highflier['haiflajë:] *n* ambicioz; njeri i fryrë.
high-flown ['haifloun] *adj* 1.ekstravagant. 2.elokuent; bombastik.
high-flying['haiflajing] *adj* ambicioz.
high-grade ['haigreid] *adj,n,v -adj* i cilësisë së lartë.
-n copa metali; mineral i pasur.
-v vjedh copa ari(nga miniera).
high-handed['hai'hændid] *adj* despotik; autoritar
high hat *n* kapelë e zezë e lartë.
high-hat['hai'hæt] *v zhrg* shoh nga lart, trajtoj me shpërfillje.
highjack['haixhæk] shih **hijack.**
high jinks *n* argëtim i potershëm; orgji.
high jump *n sport* kërcim së larti. +**be for the high jump** e kam hak një qortim.
highland['hailënd] *n* malësi, vend malor.
highlander['hailëndë:] *n* malësor.
high-level['hailevël] *adj* i nivelit të lartë.
high life *n* jetë luksoze.
highlight['hailait] *n* 1.dritë(e pikturës).2.refleks

flokëve). 3.numër kryesor; pjesa më interesante.
-vt 1.nënvizoj. 2.theksoj, nxjerr në pah. 3.dritësoj
(një pikturë).
highlights npl refleks(i flokëve).
highlighter (pen)['hai'laitë:] n laps për nënvizime
(me ngjyra).
highline['hailain] n shih **highliner.**
highliner['hailainë:] n det 1.anija që zë sasinë më
të madhe të peshkut. 2.kapiten i anijes më rezul-
tative.
highly ['haili] adv 1.tepër, shumë, së tepërmi;
highly paid i paguar shumë mirë; **highly spiced
dishes** gjellë shumë pikante; **highly specialized**
tepër i specializuar; **highly strung** tepër i ndjeshëm,
hipersensibël. 2.me konsideratë, me nderim; **speak
highly of** flas shumë mirë për; **think highly of sb**
kam shumë konsideratë për dikë. 3.me çmim të lartë.
High Mass n fet meshë e kënduar.
high-minded['hai'maindid] adj 1.fisnik, i virtyt-
shëm. 2.vjet krenar.
highness['hainis] n 1.lartësi. 2.**Your Highness**
Lartësia Juaj.
high noon n mesditë.
high-pitched['haipiçt] adj 1.i mprehtë; i lartë(zë,
tingull). 2.e pjerrët, me majë(çati). 3.i fortë, i spikatur
(ndjenjë, emocion).
high-powered['hai'pauë:d] adj 1.i fuqishëm(mo-
tor); intensive(bisedime). 2.i nivelit të lartë; i rëndë-
sishëm(aktivitet). 3.dinamik,energjik (person).
high-pressure['hai'preshë:] adj,v -adj 1.në pre-
sion të lartë(gaz). 2.e presionit të lartë atmosferik
(zonë). 3.agresive, me reklamë të fortë(shitje). 4.me
tension(punë).
-vt nxis, detyroj.
high-priced['haipraist] adj i shtrenjtë.
high-ranking['hai'rænking] adj i rangut të lartë.
high-rise ['hairaiz] adj,n -adj shumëkatësh, me
shumë kate(ndërtesë).
-n ndërtesë shumëkatëshe, kullë; **highrise block**
ndërtesë e lartë, grataçiel.
high risk adj i rrezikshëm, me shkallë të lartë rre-
ziku.
highroad ['hairoud] n 1. rrugë kryesore; xhade.
2.fig rrugë e lehtë, rrugë e shtruar.
high school n shkollë e mesme.
high seas n oqean; det i hapur(jashtë ujërave terri-
toriale).
high season n kulm i sezonit.
high-sounding['haisaunding] adj i fryrë, bomba-
stik.
high-speed['haispi:d] adj 1.shumë i shpejtë(tren).
2.fot me shpejtësi të madhe marrjeje(aparat).
high-spirited ['hai'spirëtid] adj plot vrull, ener-
gjik, shumë i gjallë.
high spot n pikë e fortë(fig).
high street n Br rrugë kryesore.

high-strung['haistrʌng] adj 1.shumë i ndjeshëm.
2.nevrik.
hight[hait] pt,pp vjet i quajtur.
hightail ['haiteil] vi zhrg iki me vrap, ua mbath;
hightea n Br çaj, vakt i çajit(vonë pasdite).
hightech ['haitek] adj i teknologjisë së lartë, i
avancuar, modern.
high technology n teknologji e lartë, e avancuar.
high-tension['hai'tenshën] adj i tensionit të lartë,
me tension të lartë.
high-test ['haitest] adj 1.që kalon prova të forta,
që plotëson kërkesa të larta. 2.e avullueshme në
temperatura të ulëta(benzinë).
high tide n 1.baticë, kulm i baticës. 2.pikë kul-
more, kulm.
high time n 1.momenti i fundit, bash koha, koha
kur s'mban më. 2.gj.fol kohë e shkëlqyer, kohë e
kaluar gëzueshëm(në një festë etj).
high-toned['hai'tound] adj 1.muz me tone të lar-
ta. 2.me karakter, dinjitoz. 3.gj.fol elegant, i modës.
high treason n tradhti e lartë.
high water n 1.kulm i baticës. 2.niveli më i lartë
i ujit.
high-water mark n 1. niveli më i lartë i ujit (në
liqen etj). 2.pika më e lartë.
highway['haiwai] n 1.rrugë kryesore, rrugë e ma-
dhe. 2.autostradë. 3.fig vijë e drejtë, rrugë e drejt-
përdrejtë(drejt një qëllimi).
Highway Code n Rregullore e Qarkullimit Rru-
gor.
highwayman ['haiweimën] n hist kusar, hajdut
rrugësh.
hijack['haixhæk] v,n -v 1.ndal në rrugë (një ka-
rrocë, makinë për ta plaçkitur). 2.plaçkis. 3.rrëmbej,
marr me forcë kontrollin(e një avioni etj); i ndryshoj
kursin.
-n pirateri ajrore, rrëmbim(avioni).
hijacker ['haixhækë:] n rrëmbyes, devijues(avio-
ni).
hi-jinks['haixhinks] n argëtim i potershëm, orgji.
hike [haik] v,n gj.fol -v 1. eci, udhëtoj më kë-
mbë; bëj një marshim. 2.ngre, rris(çmimet). +go
hiking bëj një ekskursion në këmbë.
-n 1.udhëtim më këmbë; marshim, ekskursion.
2.rritje, ngritje(çmimesh).
hilarious [hi'leriës] adj 1. i gëzueshëm, gazmor.
2.për së qeshur, shumë zbavitës.
hilarity [hi'lærëti] n shpërthim gazi, të qeshura,
kukurisje.
hill[hil] n,v -n 1.kodër. 2.pirg(dheu). 3.breg, lar-
tësi. 4.**the Hill** gj.fol Parlamenti(kanadez). +**as old
as the hills** i vjetër sa bota; **be over the hill** jam nga
fundi i jetës; **up hill and down dale** poshtë e lart.
-vi bëj pirg.
hillbilly['hilbili] n,adj -n katundar, malok.
-adj gdhë, i pagdhendur.

hillock['hilok] *n* kodrinë, sukë.
hillside['hilsaid] *n* shpat kodre, brinjë.
hilltop['hiltop] *n, adv* -*n* majë e kodrës.
-*adv* majë kodrës.
hilly ['hili] *adj* 1. kodrinor. 2. i pjerrët, si breg, i rrëpirë.
hilt[hilt] *n* dorezë(thike, shpate). +**up to the hilt** tërësisht, plotësisht.
him[him] *pron* 1.atë; atij; **give him** i jap; **speak to him** i flas (atij). 2.vetë; **with him** me vete.3.ai; if **I were him** të isha si ai; **it's him** është ai; **older than him** më i moshuar se ai.
Himalayas[himë'lejëz] *n gjeog* Himalajet.
himself [him'self] *pron* 1. vetë; **he did it himself** ai e bëri vetë; **all by himself** krejtësisht vetë, vetë fare; **he asked himself** ai pyeti veten. 2.ai vetë, ai i zakonshmi; **he feels himself again** ndihet prap ai që ka qenë; **he's not himself today** sot ka diçka që nuk shkon tek ai.
hind I[haind] *adj* e pasme, e prapme(këmbë).
hind II[haind] *n* drenushë.
hindbrain['haindbrein] *n anat* tru i pasmë.
hinderI['hindë:] *vt* pengoj; vështirësoj; vonoj.
hinderII['hindë:] *adj* i pasmë, i prapmë.
hindermost['hindë:moust] *adj* i fundit, më i largëti; më i pasmi.
Hindi['hindi:] *n* indisht, gjuhë indiane.
hindmost['haindmoust] *adj* shih **hindermost**.
Hindoo['hindu:] shih Hindu.
hindquarter ['haindkwo:të:] *n* kofshë e pasme (mishi).
hindrance ['hindrëns] *n* 1. pengesë; pengues. 2.pengim.
hindsight['haindsait] *n gj.fol* mend pas kuvendit; **with the benefit of hindsight** i prerë për të dhënë mend pas kuvendit.
Hindu ['hindu] *n,adj* -*n* 1. indian. 2. besimtar i fesë hindu.
-*adj* indian.
Hindustani[hindu:'sta:ni] *n* gjuhë e Indisë Veriore.
hinge[hinxh] *n,v* -*n* 1.menteshë, çivi. 2.nyjë, artikulacion. 3.*fig* parim kryesor, faktor përcaktues; thelb. +**off the hinges** i xhindosur.
-*v* 1.kap me mentesha. 2.(**on, upon**) varet(nga). 3.varet/vërtitet në mentesha.
hinged[hinxhd] *adj* me menteshë; i çernieruar.
hinny['hini] *n zool* mushkë.
hint[hint] *n,v* -*n* 1.shenjë(paralajmëruese). 2.aluzion, e thënë tërthorazi. 3.grimë; **a hint of garlic in the soup** një grimë hudhër në supë. 4.e dhënë, informatë.
-*v* 1.jep shenjë, paralajmëron. 2.lë të kuptohet, bëj aluzion, hedh fjalën. +**hint at/that** e hedh fjalën, lë të kuptohet.
hinterland ['hintë:lænd] *n* 1. brendësi e vendit. 2.zonë e thellë; humbëtirë.

hintingly['hintingli] *adv* tërthorazi, duke e hedhur fjalën.
hip I [hip] *n* 1. këllk, ijë. 2. *pl* ijë, legen. 3.*ndërt* kulm çatie. +**on the hip** në disfavor, në gjendje të pavolitshme.
hip II[hip] *adj zhrg* që ndjek modën, i spitulluar.
hip III[hip] *n bot* frut i tërndafilit të egër.
hipbone['hipboun] *n anat* këllk, gallgan.
hip flask *n* faqore.
hipped[hipt] *adj zhrg* me fiksime.
hippie, hippy['hipi] *n zhrg* hipi.
hippo['hipou] *n gj.fol* hipopotam.
Hippocratic oath[hipë'krætik'outh] *n* betim i Hipokratit, betim i mjekut.
hippodrome['hipëdroum] *n* hipodrom; arenë garash me kuaj.
hippopotamus[hipë'potëmës] *n zool* hipopotam.
hip roof *n* çati e pjerrët.
hipster['hipstë:] *n zhrg* 1.njeri i avancuar, person mospërfillës për normat shoqërore. 2. amator xhazi.
hip wader *n* çizme mushamaje deri te këllqet.
hircine['hë:sain] *adj vjet* 1.dhije; i dhive.2.epshor.
hire['hajë:] *v,n* -*vt* 1.pajtoj(në punë). 2. marr me qira. 3.jap me qira.
-*n* 1.qira. 2.mëditje. 3.pajtim në punë. +**for hire** jepet me qira; **on hire** me qira.
+**hire out** pajtohem(në punë).
hired assassin *n* vrasës i paguar.
hireling['hajë:ling] *n* 1.mëditës. 2.njeri i paguar, mercenar.
hire-purchase ['haië:'pë:çis] *n* blerje me këste, blerje me kredi.
hirsute['hë:sju:t] *adj* i kërleshur, tërë lesh.
his[hiz; iz] *adj,pron* -*adj* i(e) tij; të tij; të tija; **his children** fëmijët e tij.
-*pron* i tiji, e tija; të tijtë; të tijat; **a friend of his** një shok i tiji; **this is his** kjo është e tija.
hiss[his] *v,n* -*v* 1.fërshëllej. 2.fishkëllej, përzë me fishkëllima(një aktor nga skena).
-*n* fërshëllimë, fishkëllimë.
hist[hist] *interj* shët!, mbaj vesh!
historian[his'to:riën] *n* 1.historian. 2.kronikan.
historic[his'to:rik] *adj* 1.historik, me rëndësi historike. 2.real, që i takon historisë.
historical [his'torikël] *adj* 1. historik, me rëndësi historike. 2.real, i bazuar historikisht.
historically[his'torikëli] *adv* historikisht.
historiographer[histo:ri'ogrëfë:] *n* historiograf.
historiography[histo:ri'ogrëfi] *n* historiografi.
history['histëri] *n* 1.histori. 2.e kaluar. 3.shkenca e historisë. 4.anamnezë. 5.libër historie. +**go down in history** hyn në histori, e merr historia; **make history** bëj epokë; **you are history** ke marrë fund.
hit[hit] *v* 1.godas, qëlloj. 2.(*zak* me **on, upon**) ndesh, has në, gjej, zbuloj. 3.godet, prek(një fatkeqësi). 4.shkrep(një mendim). 5.shënon, arrin(një nivel).

6.sulmoj, kritikoj. **+hit below the belt** ia bëj me hile, i jap një goditje të pandershme; **hit (sb) a blow** i jap një goditje(dikujt); **hit or miss** kuturu; **hit the books** u kthehem studimeve; **hit the mark** *fig* godas në shenjë; **hit the roof/the ceiling** *fig* hidhem përpjetë; **then it hit me** pastaj i rashë në të; **hit the papers** më merr gazeta; **hit the bottle** jepem pas të pirit; **hit the hay/the sack** bie në shtrat, shkoj të fle.
-*n* 1.goditje. 2.*sport* gjuajtje, goditje. 3.*muz, teat* sukses; **be a hit** kam shumë sukses; **this song is a big hit** kjo këngë ka sukses të madh; **she's a hit with everyone** ajo është e suksesshme me të gjithë. 4.shans, fat. 5.*fig* sulm, kritikë.
+hit it off *gj.fol* shkoj mirë, e gjej gjuhën(me dikë).
+hit off imitoj.
+hit on a)ndesh, has, gjej; b)*amer* i qepem(një femre).
+hit out a)godas, qëlloj; b)sulmoj, kritikoj.
hit-and-run['hitën'rʌn] *adj* që bën aksident dhe nuk ndalet(shofer); **hit-and-run driver** shofer faqezi.
hitch[hiç] *v* 1.ngre, tërheq lart. 2.lidh, kap(kalin pas një shtylle). 3.ngec, kapet(diku). 4.lëviz me kërcime të shkurtra. 5.çapitem, eci çalë-çalë. 6.*gj.fol* ndal një makinë, bëj autostop. **+get hitched** *zhrg* i vë kular qafës, martohem; **hitch a lift** ndaloj një makinë.
-*n* 1.pengesë; vështirësi, avari; **technical hitch** vështirësi teknike; **without a hitch** si në vaj, pa kurrfarë pengese. 2.kapje, fiksim. 3.kërcim i shkurtër, hop. 4.çalim, çapitje. 5.nyjë(litari). 6.autostop. 7.*zhrg* periudhë(shërbimi në ushtri etj).
hitchhike['hiçhaik] *v,n* -*vi* bëj autostop, ndal një makinë të rastit.
-*n* autostop.
hitchhiker['hiçhaikë:] *n* person që udhëton me makina të rastit.
hitching post *n* shtyllë për të lidhur kuajt.
hither['hidhë:] *adv,adj* -*adv* këtu; këtej; **hither and thither, hither and yon** andej-këtej.
-*adj* i këndejmë, i këtejshëm; që është më afër.
hithermost['hidhë:moust] *adj* më i afërti.
hitherto[hidhë:'tu:] *adv* deri tani; deri sot.
hitherward(s)['hidhë:wë:d(z)] *adv* për këtu, për këndej.
hit list *n zhrg* listë e atyre që do të vriten.
hit man *n zhrg* vrasës i paguar.
hit-or-miss ['hitë:'mis] *adj* i hallakatur, i shkujdesur; kuturu; **in a hit-or-miss fashion** kuturu; **it's hit-or-miss whether...** s'i dihet fare nëse...
hit parade *n* hit-paradë, paradë e të suksesshmëve.
hitter['hitë:] *n sport* gjuajtës.
Hittite['hitait] *adj,n* 1.hitit. 2.hititisht.
hive[haiv] *n,v* -*n* 1.zgjua, koshere. 2.*fig* zgjua,

vend që zien nga njerëzit. 3.*fig* luzmë.
-*v* 1.fus në zgjua. 2.rezervoj, lë për të ardhmen. 3.rrojmë ngucur.
hives[haivz] *n mjek* urtikarie.
ho[hou] *interj* 1.ej!, hej! 2.oho! oh!
hoar[ho:] *adj* shih **hoary.**
hoard [ho:d] *n,v* -*n* 1. gjë e vënë mënjanë, rezervë. 2.rrangulla.
-*v* vë mënjanë; krijoj rezerva.
hoarding['ho:ding] *n* 1.rrethim, gardh me dërrasa. 2.*Br* stendë; tabelë.
hoarfrost['ho:frost] *n* brymë.
horhound['ho:haund] shih **horehound.**
hoarse[ho:s] *adj* i ngjirur(zë).
hoary ['hori] *adj* 1. i thinjur, i zbardhur (flok). 2.flokëthinjur(person). 3.shumë i vjetër, i lashtë.
hoary-headed['ho:ri'hedid] *adj* kokëthinjur, flokëthinjur.
hoax[houks] *n,v* -*n* rreng; shaka.
-*v* i punoj një rreng, vë në lojë, tallem; **he hoaxed me into believing that** ai më bëri ta besoja se.
hob I[hob] *n* 1.anë vatre. 2.kunj.
hob II[hob] *n* shih **hobgoblin.**
hobble ['hobël] *v,n* -*v* 1. çaloj. 2. i vë pengojcë (kalit). 3.pengoj.
-*n* 1.çalim, ecje çalë-çalë, çapitje. 2.pengore, pengojcë.
hobbledehoy['hobëldihoi] *n* djalosh i ngathët.
hobbleskirt['hobëlskë:t] *n* fund grash i ngushtë te gjuri.
hobby['hobi:] *n* hobi, punë/aktivitet për të kaluar kohën, punë qejfi.
hobbyhorse ['hobi:ho:s] *n* 1.kalë druri kolovitës (lodër). 2.temë e preferuar, avaz i përhershëm.
hobgoblin['hobgoblën] *n* 1.*mit* vitore. 2.lugat, gogol.
hobnail ['hobneil] *n* prokë, gozhdë me kokë (për këpucët).
hobnob['hobnob] *v gj.fol* 1.shoqërohem, miqësohem. 2.pi(me dikë). **+hobnob with** përzihem me.
hobo['houbou] *n* endacak.
hock I[hok] *n* 1.nyjë e gjurit e këmbës së pasme (te katërkëmbëshit). 2.nyjë e këmbës së shpendit.
hock II[hok] *n* verë e bardhë e Rinit.
hock III[hok] *n,v zhrg* -*n* peng, lënie peng. **+in hock** a)peng, i lënë peng; në dorë të tjetërkujt; b)borxh; në borxh; **out of hock** a) i nxjerrë nga pengu; b)i dalë nga borxhi.
-*v* lë peng.
hockey['hoki] *n sport* hokej; **ice hockey** hokej mbi akull; **hockey stick** stap hokeji.
hockshop['hokshop] *n gj.fol* dyqan pengjesh.
hocus['houkës] *v* 1.i punoj një rreng; mashtroj; vë në lojë. 2.shushas me drogë; i fus drogë në pije.
hocus-pocus ['houkës'poukës] *n* 1.marifet, truk. 2.fjalë boshe; fjalë mashtruese. 3.abrakadabra, fjalë

pa kuptim(për magji).

hod[hod] *n* 1.govatë(llaçi).2.kovë qymyri.

hod carrier *n* punëtor llaçi, furnizues me llaç (i muratorit).

hodgepodge['hoxhpoxh] *n* turli; mishmash.

hoe[hou] *n,v* *-n* shatë.

-v punoj me shatë; prashis.

hog[hog] *n,v* *-n* 1.derr i tredhur. 2.*gj.fol* derr njeri, zhvatës, gopc. +**go the whole hog** i shkoj/e çoj deri në fund.

-v zhrg zhvas, pushtoj; **hog the road** e ngas (makinën) në mes të rrugës, zë gjithë rrugën.

hogback['hogbæk] *n* shpinë me kurriz, kurriz i dalë.

hoggish['hogish] *adj* egoist; lakmitar; i ndyrë.

hoggishly['hogishli] *adv* me lakmi, me pangopësi.

hoggishness['hogishnis] *n* lakmi, pangopësi; egoizëm.

hogshead['hogz-hed] *n* 1.vozë, fuçi(e madhe). 2. masë lëngjesh(254 l).

hogwash['hogwosh] *n* 1.lëtyrë. 2.*zhrg* gjepura, profka.

hog-wild ['hogwaild] *adj zhrg* i ndërkryer, i tërbuar, i xhindosur.

hoi polloi[hoipë'loi] *n* vulg, njerëz të rëndomtë.

hoist['hoist] *v,n* *-vt* ngre lart(flamurin, ngarkesa). *-n* 1.ngritje. 2.çikrik, parangë; pajisje ngritëse. 3.ashensor për ngarkesa. 4.sinjal me flamur.

hoity-toity['hoiti:'toiti:] *adj,n* *-adj* 1. i fryrë; i kapardisur. 2.mendjelehtë, i fluturuar. *-n* qëndrim i fryrë, kapardisje.

hokey-pokey['houki:'pouki:] *n* 1.rreng; marifet, truk. 2.akullore e lirë.

hokum['houkëm] *n zhrg* 1.gjepura; fryrje, mburrje. 2.shakara të çastit(në një shfaqe).

hold I[hould] *v,n* *-v* (**held**) 1.mbaj. 2.shtërngoj, kap, mbërthej, mbaj të palëvizshme. 3.mban, mbahet, qëndron; **the dike held during the flood** diga mbajti mirë gjatë përmbytjes. 4.përmbaj, e mbaj, frenoj; **hold my breath** mbaj frymën. 5.mbaj në ruajtje, ruaj. 6.mbaj, përmbush(premtimin). 7.mbroj, nuk dorëzoj(një fortesë). 8.nxë, merr. 9.zhvilloj, mbaj (një konferencë).10.zë, rri në(një zyrë). 11.mendoj, besoj, kujtoj. 12.qëndron, mbetet në fuqi(një rregull). 13.vazhdon, mban(moti). 14.e quan, e konsideron, e shpall(fajtor). +**hold one's own** mbahem, ruaj pozitën; **hold at bay** gozhdoj në vend; **hold dear** quaj të shtrenjtë, çmoj shumë; **hold in contempt/esteem** shoh me përçmim/me nderim; **hold the line** rri në pritje, mos e mbyll(telefonin); **hold a view** jam i mendimit se; **hold one's tongue** mbaj gojën, e qep; **there is no holding him** s'ka burrë që e mban; **what does the future hold** çfarë na ka ruajtur e ardhmja? **hold sb responsible** e quaj përgjegjës dikë.

-n 1.mbajtje; kapje; **grab/seize hold of sth/sb** kap

/shtërngoj diçka/dikë. 2.pikëmbështetje(në alpinizëm); vend për t'u kapur. 3.kapëse, mbajtëse. 4.vonesë, shtyrje. 5.pezullim. 6.ndikim, forcë imponuese. 7.*sport* lloj kapjeje(në mundje). 8.*muz* shenjë pauze. 9.qeli burgu. 10.*vjet* fortesë; kala. +**get hold of sb** vihem në lidhje/kontakt me dikë; **get hold of oneself** përmbahem, e mbaj veten; frenohem; **have a hold over sb** kam shumë ndikim mbi dikë; **lay/take hold of** a)kap, rrëmbej; b)shtie në dorë.

+**hold back** a)frenoj, përmbaj; b)e mbaj brenda(të fshehtën); c)mbaj, nuk jap(paratë).

+**hold down** a)mbaj të nënshtruar; b) *zhrg* e mbaj, s'e lëshoj(një punë).

+**hold forth** a)flas, predikoj; trumbetoj; b)ofroj, propozoj.

+**hold in** *gj.fol* a)mbaj brenda; b)përmbaj, frenoj; **hold oneself in** përmbahem.

+**hold off** a)e mbaj larg; b)zmbraps(sulmin); c)lë të presë(një vizitor); d)nuk bie (shiu).

+**hold on** *gj.fol* a)kapem(pas), nuk lëshoj, mbahem; shtërngoj fort; b)vazhdoj; c)**hold on!** prit!, ndalu pak!

+**hold out** a)zgjat, vazhdon, mban(rezerva e ujit); b)zgjas, shtrij(dorën); c)nuk jepem, qëndroj, rezistoj; d)ofroj; e) *zhrg* fsheh, nuk tregoj.

+**hold over** a)mbaj më gjatë, vazhdoj(shfaqjen e një filmi); b)shtyj(afatin), lë për më vonë.

+**hold up** a)mbështes, mbaj(që të mos bjerë); b)ngre(duart lart); c)mbaj, vonoj(dikë); d)bllokoj, ngadalësoj(trafikun); e)sulmoj(dikë); grabis(bankën).

+**hold with** a) bëhem me, përkrah; b)bie në ujdi me; c)miratoj.

hold II[hould] *n* hambar(i anijes).

holdall['houldol] *n* çantë udhëtimi.

holdback['houldbæk] *n* 1.pengesë. 2.pengim.

holder['hould:] *n* 1.mbajtës, zotërues. 2.qiramarrës. 3.pronar(toke etj). 4. mbajtëse(lapsash etj). 5.mbajtës (i procesverbalit, i një rekordi etj).

holdfast['houldfæst] *n* mbajtëse, gremç; varëse.

holding['houlding] *n* 1.pronë; tokë. 2.*pl* aksione, tituj, letra me vlerë. 3.mbajtje, kapje, bllokim(i kundërshtarit në lojë).

holding company *n* kompani zotëruese aksionesh kompanish të tjera, holding.

holdout['houldaut] *n gj.fol* 1.rezistues, kundërshtues(person, grup). 2.kundërshtim, mospranim; qëndresë.

holdover['houldouvë:] *n* 1.i mbetur(nga viti i kaluar etj). 2.punonjës që e mban postin jashtë afatit.

holdup['houldʌp] *n* 1.grabitje. 2.pengesë, vonesë. 3.bllokim(trafiku).

hole[houl] *n,v* *-n* 1.vrimë, birë. 2.çarje(në digë). 3.gropë (në rrugë). 4.zgavër. 5. strofull (kafshe). 6.skutë, vrimë e ndyrë.7.*gj.fol* defekt, pikë e dobët(e një argumenti). 8.batak, vështirësi(financiare). +**be in a hole** e kam pisk; **burn a hole in one's pocket**

boshatis xhepat; **hole in the heart** *mjek* vrimë në
zemër; **get sb out of a hole** e nxjerr nga belaja; **in
the hole** në borxh, në batak; **make a hole in** a)m'i
ha paratë, m'i boshatis xhepat; b) i gjej një të çarë
(argumentit); **pick holes in** i gjej të meta; kritikoj.
-*v* 1.biroj, shpoj, i hap vrima. 2.fus në gropë(topin).
+**hole out** e fus(topin) në gropë.
+**hole up** a)futet në strofull; b)*zhrg* fshihem, zhdu-
kem nga qarkullimi.
   hole-and-corner['houlënd'ko:në:] *adj gj.fol* 1.i
fshehtë, klandestin. 2. nën dorë.
   hole-in-the wall['houlindhëwol] *adj gj.fol* 1.i pa-
përfillshëm; gjëpogjë. 2.i leckosur; i ndotur.
   holey['houli] *adj* vrima-vrima , me vrima.
   holiday['holidei] *n,v* -*n* 1.ditë pushimi. 2.ditë fe-
ste. 3.*pl* pushime; **holidays with pay** pushime të
paguara; **be on holidays** jam me pushime. 4.*attr*
pushimi, pushimesh, për pushime; **holiday season**
sezon pushimesh. 5.*attr* feste. 6.ditë e shenjtë, e
kremte; festë fetare.
   -*vi* kaloj pushimet; **holiday in the tropics** i kaloj
pushimet në vendet tropikale.
   holiday-maker['holidei'meikë:] *n* pushues.
   holier-than-thou['holië:dhën'dhau] *gj.fol* 1.*adj* i
kënaqur, i vetëkënaqur.
   holiness['houlinis] *n* 1.shenjtëri.2.**Holiness** Shenj-
tëri(titull i Papës).
   Holland['holënd] *n gjeog* Holandë.
   Holland gin *n* shih **Hollands.**
   Hollands['holëndz] *n* xhin i fortë holandez.
   holler['holë:] *v,n gj.fol* -*vi* thërras, bërtas.
   -*n* thirrje, britmë.
   hollo[hë'lou, ho'lou] *interj,v* -*interj* 1.njatjeta!.
2.oho!(ngazëllim)
   -*v* përshëndes, ngjatjetoj.
   holloa[hë'lou, ho'lou] shih **hollo.**
   hollow ['holou] *adj,n* -*adj* 1. bosh, i zbrazët;
i zgavërt, fyl. 2.të futura(faqe). 3.i thelluar(vend). 4.i
mbytur(zë). 5.*fig* bosh, pa bukë(fjalë, premtim); i
shtirë, fals, i rremë(gëzim, fitore). 6.bosh, i uritur
(bark).
   -*n* 1.gropë(në rrugë). 2.zgavër(në metal). 3.lugi-
nëz, lugore, fushëgropë.
   -*adv gj.fol* krejtësisht, plotësisht; **we beat their
team hollow** e bëmë fërtele ekipin e tyre.
   hollow-eyed['holouaid] *adj* 1. me sy të futur, sy-
zgavruar. 2. me sy të nxirë, me sy të thëthirë(nga
pagjumësia).
   hollowness['holounis] *n* boshësi.
   hollow out['holouaut] *v* gërmoj; gërryej.
   holly['holi] *n bot* ashe.
   hollyhock['holihok] *n bot* mëllagë.
   holm I [houm] *n* 1. ngastër toke buzë përroit.
2.ishullth.
   holm II [houm] *n bot* ah me gjelbërim të për-
hershëm.

holm oak *n* shih **holm II.**
   Hollywood['holiwu:d] *n* 1.*gjeog* Hollivud(qytet).
2.industria amerikane e filmit.
   holocaust ['holëko:st] *n* 1.theror, fli, flijim. 2.as-
gjësim total. 3.**the Holocaust** masakrimi i miliona
çifutëve nga nazistët.
   hologram['holëgræm] *n* hologramë, fotografi me
tre dimensione.
   holograph ['holëgræf] *adj,n* -*adj* i shkruar me
dorën e vet(testament etj).
   -*n* dokument/dorëshkrim i shkruar me dorë.
   holography [hë'logrëfi] *n* holografi, fotografim
tre-dimensional.
   holster['houlstë:] *n* këllëf revoleje.
   holus-bolus['houlës'boulës] *adv gj.fol* gjithë një-
herësh; tërësisht, me gjithësej.
   holy['houli] *adj* i shenjtë; **the Holy Ghost** Shpirti
i shenjtë; **Holy Father** Ati i Shenjtë, Papa; **Holy
Land** Toka e Shenjtë, Palestina; **Holy See** Selia e
Shenjtë, papati; **holy water** ujë i bekuar; **Holy Writ**
Bibla.
   Holystone ['houlistoun] *n* 1. gur i butë ranor (për
fërkim dërrasash). 2.*det* fërkoj kuvertën me gur të
butë.
   homage['homixh] *n,v* -*n* 1.nderim; homazh; **pay
homage to sb** nderoj kujtimin e dikujt, bëj homazh.
2.*hist* blatim besnikërie e nënshtrimi(ndaj feudalit).
   home[houm] *n,v* -*n* 1.shtëpi; **it's a home away
from home** je si në shtëpinë tënde. 2.familje, vatër
familjare; **come from a broken home** i kam pri-
ndërit të ndarë; **come from a good home** jam nga
familje e mirë. 3.vendlindje. 4.strehë, banesë. 5.*biol*
habitat, mjedis(ku jeton). 6.strehë publike(për pleq,
të sëmurë etj). 7.*adv* në shenjë; në destinacion;
drive a nail home ngul një gozhdë deri në fund;
his words struck home fjalët e tij qëlluan në
shenjë. 8.*attr* amëtar; i vendit; **home country** vend
amëtar, vendlindje; **home economics** ekonomi
shtëpijake. +**at home** a)në shtëpi; në vendlindje; b)si
në shtëpinë time; lirshëm; c)mikpritës; d)pritje;
bring home to ia bëj të qartë; ia theksoj; **come home
to** i bie në të, e kuptoj; **home free** *gj.fol* i sigurt në
fi-tore; **hit home** qëllon në shenjë; **be home and
dry** shpëtoj, dal shëndoshë e mirë; **se sb home**
shoqëroj /përcjell dikë në shtëpi; **tell sb a few home
truths** i them dikujt atë që meriton.
   -*v* 1.shkoj në shtëpi. 2.çoj në shtëpi. 3.kam shtëpi.
4.strehoj, fus në shtëpi. +**home(in) on** drejtohet në
shenjë(nëpërmjet radarit etj).
   homebred['houmbred] *adj,n* -*adj* 1.i rritur në
shtëpi, shtëpie. 2.i papërpunuar, i palëmuar, i
thjeshtë.
   -*n zhrg sport* lojtar vendas.
   homebrew['houmbru:] *n* 1.pije alkoolike e bërë në
shtëpi; birrë shtëpie. 2.*amer zhrg* lojtar vendas;
vendas.

homecoming['houmkʌming] n 1.kthim në shtëpi. 2.festë e përvitshme për ish-studentët(e një universiteti).

home economics n ekonomi shtëpijake.

homeland['houmlænd] n atdhe, mëmëdhe.

homeless ['houmlis] adj,n -adj i pastrehë, pa shtëpi.
-n i pastrehë.

homelike['houmlaik] adj 1.si shtëpi. 2. i ngrohtë, familjar.

home loan n hua për blerje shtëpie.

homely['houmli] adj 1.i rëndomtë, i shpëlarë, jo i pashëm. 2. i thjeshtë; i zakonshëm, i përditshëm. 3.i ngrohtë, familjar, mikpritës (ambient). 4. praktike (këshillë).

homemade ['hoummeid] adj shtëpie, i bërë në shtëpi.

homemaker ['hoummeikë:] n amvisë, zonjë shtëpie.

homemaking['hoummeiking] n qeverisje e shtëpisë.

home movie n film amatorësh.

Home Office n Br Ministri e Punëve të Brendshme.

homeopathy [houmi'opëthi] n homeopati (mjekim me barna që shkaktojnë simptoma të po asaj sëmundjeje).

home-owner['houmounë:] n pronar shtëpie.

homer ['houmë:] n zhrg 1. gjyqtar që favorizon ekipin vendas. 2.lojtar i mirë në ndeshjet brenda(në fushën e tj).

homeroom['houmru:m] n 1.klasë e përhershme (në fillore). 2.klasë kryesore(ku mblidhen nxënësit orën e parë).

home rule n 1.autonomi(vendi, krahine).2.vetëqeverisje lokale.

homesick['houmsik] adj i mallkuar, i përmalluar për shtëpi/vendlindje.

homesickness['houmsiknis] n mall për atdhe/për shtëpi.

homespun ['houmspʌn] adj,n -adj 1. i dredhur me dorë. 2.fig i palëmuar, i thjeshtë; **homespun manners** sjellje e thjeshtë.
-n cohë e thurur vetë.

homestead['houmsted] n,v -n 1.fermë me godina, shtëpi ferme. 2.ngastër toke e dhënë nga shteti.
-vi marr tokë nga shteti.

homesteader['houmstedë:] n ardhacak që merr tokë nga shteti.

home straight, home stretch n 1.pjesë e fundit e korsisë(në gara). 2.fazë finale.

hometown['houmtawm] n 1.qytet i lindjes.2.qytet ku banon.

homeward(s)['houmwë:d(z)] adj,adv drejt shtëpisë; i kthimit(udhëtim).

homework['houmwë:k] n 1.detyra shtëpie.2.punë shtëpie. 3.punë përgatitore, lexim paraprak.

homey['houmi] adj gj.fol i rehatshëm, si në shtëpi.

homicidal[homë'saidël] adj 1.vrasës, vdekjeprurës. 2.i vrasjes, i vrasjeve(seksion etj).

homicide['homësaid] n 1.vrasje. 2.vrasës.

homily ['homëli] n 1. predikim. 2.fjalim/shkrim moralizues.

homing['houming] adj vetëkërkuese(raketë etj); **homing pigeon** pëllumb-korier; pëllumb postar.

hominy['homëni] n bollgur misri; **hominy grits** mëmëligë, kaçamak.

homo I['houmou] n pl **homines** njeri.

homo II['homou] n qumësht i paskremuar i homogjenizuar.

homo-['houmou] pref homo-.

homogeneous [houmë'xhi:niës] adj 1. i njëjtë; i ngjashëm, i afërt; **homogeneous interests** interesa të njëjta. 2.i njëtrajtëshëm, homogjen. 3.njëfarësh, i një fare. 4.mat i bashkëmatshëm; i njëshkallëshëm; i të njëjtave përmasa.

homogenize[hë'moxhënaiz] vt 1.bëj homogjen. 2. homogjenizoj(qumështin), grimcoj imët(që të mos zërë ajkë).

homologous [hou'molëgës] adj homolog; korrespondues.

homologue['homëlog] n 1. homolog (organ etj). 2.homolog, person korrespondues(si rang, funksion).

homonym['homënim] n gram homonim.

homosexual[houmë'sekshuël] adj,n homoseksual.

homosexuality [houmësekshju'ælëti] n homoseksualizëm.

honcho['honçou] n zhrg bos, shef, kapo.

Honduras[hon'djuërës] n gjeog Honduras.

hone[houn] n,v -n grihë.
-v mpreh në gur.

honest['onist] adj 1. i ndershëm.2.i hapur, i sinqertë (qëndrim). 3.i papërzier, i rregullt, pa hile (mall). +**to be quite honest with you** të të them të drejtën.

honestly['onistli] adv 1.ndershmërisht, me ndershmëri. 2.me çiltërsi, haptas.

honesty['onisti] n ndershmëri; **in all honesty** që të jemi krejt të sinqertë, të të flas fare hapur.

honey['hʌni] n,v -n 1.mjaltë. 2.ëmbëlsi. 3.gj.fol i(e) dashur, shpirt. 4.një mrekulli; shpirt njeriu; **he's a honey** ai është shpirt njeriu; **this is a honey of a boat** kjo varkë është një mrekulli.
-v 1.ëmbëlsoj; i hedh mjaltë. 2.flas me ëmbëlsi; lajkatoj.

honey bag n zhrg qese plastike për të dalë jashtë (në wc).

honeybee['hʌnibi:] n bletë.

honey bucket n zhrg kovë plastike për të dalë jashtë(në wc).

honeycomb['hʌnikoum] n,v -n 1.huall, fashuall.

2.*fig* krimb, gërryej; **honey-combed with crime** i gërryer nga krimet(qytet).

honeydew ['hʌnidju:] *n* 1.nektar. 2.mjaltë insektesh gjethengrënëse.

honeyed, honied['hʌni:d] *adj* 1.i ëmbëlsuar me mjaltë; i mbushur me mjaltë. 2.i ëmbël mjaltë. 3.*fig* i sheqerosur.

honeymoon['hʌnimu:n] *n,v* -*n* 1.muaj mjalti. 2.periudhë fillestare. -*vi* bëj muajin e mjaltit.

honeymooner['hʌnimu:në:] *n* i porsamartuar që bën muajin e mjaltit.

honeysuckle ['hʌnisakël] *n bot* dorëzonjë, lulemustak.

Hong Kong['hon'kong] *n gjeog* Hongkong.

honk[honk] *n,v* -*n* 1.gagaritje(e patave).2.e rënë borie(makine). -*vi* 1.gagarit(pata). 2.i bie borisë(së makinës).

honker['honkë:] *n zool* patë kanadeze.

honky['honki] *n amer zhrg* nofkë fyese për të bardhët.

honky-tonk ['honkitonk] *n zhrg* 1.pijetore, mejhane. 2.klub nate i rëndomtë.

Honolulu['honë'lu:lu:] *n gjeog* Honolulu.

hono(u)r['onë:] *n,v* -*n* 1.nder.2.nderim, respekt; **in honor of** për nder të; **on my honor!** për nder! **(in) honor bound** i detyruar moralisht. 3.çmim, shpërblim, titull nderi; **get first-class honors in French** marr çmimin e parë në frengjisht. 4.zotëri (titull); **Your Honor** a)Zoti gjykatës; b)*amer* Zoti kryetar i bashkisë. +**be on/upon one's honors** kam dhënë fjalën e nderit; **do honor to** a)nderoj, i shfaq nderim; b)nderoj, e bëj që të nderohet(vendin); **do the honors** u bëj nder miqve, nderoj të ftuarit. -*vt* 1.nderoj, respektoj. 2.i bëj nder, nderoj (me një çmim etj). 3.kryej detyrimet; paguaj në afat.

hono(u)rable ['onërëbël] *adj* 1. i nderuar. 2. me nderime. 3.i ndershëm. 4.i respektueshëm, për t'u nderuar. 5.i nderuari(titull për deputetët etj).

hono(u)rably['onërëbli] *adv* 1.me nderim. 2.me ndershmëri.

honorarium [onë'reriëm] *n pl* -**rariums, raria** honorar, shpërblim, pagesë.

honorary['onëreri] *adj* nderi; **honorary member** anëtar nderi; **honorary debt** borxh nderi(pa dëftesa etj).

honorific[onër'ifik] *adj,n* -*adj* nderues. -*n* titull nderimi(**Sir** etj).

hono(u)rs course *n* program shtojcë(specializimi, në universitet).

hono(u)rs degree *n* diplomë specializimi.

hono(u)rs list *n* listë e personave që u jepen tituj nderi(nga mbretëresha).

hono(u)r system *n* sistem mirëbesimi, mungesë mbikëqyerjeje(e punonjësve).

hooch[hu:ç] shih **hootch.**

hood I[hud] *n,v* -*n* 1.kapuç. 2.kapak. 3.mbulesë e mbledhshme(e makinës etj). 4.mbulesë e motorit, kofano(e makinës). -*vt* mbuloj me kapak, vë kapak.

hood II [hud, hu:d] *adj* 1. me kapak. 2.në formë kapaku. 3.me kapakë të rënë(sy). 4.me maskë, fytyrëmbuluar(bandit).

hoodlum ['hu:dlëm] *n gj.fol* 1. rrugaç, huligan. 2.keqbërës, kriminel.

hoodoo['hu:du:] *n,v* -*n* 1.shtyllë shkëmbore, kolonë natyrore. 2.*gj.fol* jam ters, sjell tersllëk.

hoodwink['hud'wink] *vt* 1.*vjet* i lidh sytë. 2.mashtroj, ia hedh, heq për hunde.

hoof [hu:f] *n,v* -*n pl*-**s,-ves** 1. thundër. 2.shputë këmbe(e kafshëve thundrake). 3.*zhrg* këmbë, shputë. +**on the hoof** e gjallë, në këmbë(kafshë). -*v* (-**it**) 1.*gj.fol* eci. 2.*zhrg* vallëzoj. 3.godet me thundër.

hoofbeat['hu:fbi:t] *n* zhurmë thundrash.

hoofed[hu:ft] *adj* me thundra, thundrak.

hoofer['hu:fë:] *n zhrg* valltar profesionist.

hook [huk] *n,v* -*n* 1. çengel, kanxhë. 2.grep; gremç. 3.kurth, grackë. 4.togëz. 5.drapër. 6.dredhë, kthesë (rruge). 7.mbërthim, kapje. 8.mbajtëse (telefoni); **off the hook** i ngritur(receptori).9.*sport* goditje e shpejtë (në boks).+**by hook or by crook** me çdo mjet, në çdo mënyrë; **get sb off the hook** e shpëtoj dikë; **get the hook** *zhrg* pushohem nga puna; **off the hook** *gj.fol* i çliruar, pa telashe; **on one's own hook** *gj.fol* në pavarësi, i pavarur; **he fell for it hook, line and sinker** e hëngri kallëp, ia punuan paq. -*v* 1.kap, mbërthej. 2.fiksohet, bashkohet, shtërngohet. 3.kap me gremç. 4. kap peshk me grep. 5.përkulet, bën dredhë(lumi). 6.ia punoj(me dredhi). 7.*gj.fol* vjedh. 8.*sport* i jap një goditje të shkurtër(në boks). +**hook it** *zhrg* ua mbath; **be hooked on** jepem i tëri pas; **be hooked on cocaine** jam kokainoman. +**hook up** a)mbërthej(fustanin); b)lidh me kanxhë (vagonat); c) *el* lidh, vë në prizë; d)montoj, bashkoj (pjesët e një aparature).

hooka(h)['hukë] *n* nargjile.

hook and eye *n* mbërthecke, mashkull-e-femër.

hooked[hu:kt*/ adj* 1.i përkulur, si grep, gremçak. 2.me gremç(mbërthecke). 3.i punuar me grep. 4.i droguar, narkoman.

hooker I ['hukë:] *n* 1. kapës, mbërthyes. 2. *gj.fol* vjedhës, brac. 3.pije; një gotë(uiski etj). 4.*zhrg* prostitutë.

hooker II['hukë:] *n* 1.lundër peshkimi. 2.anije e tipit të vjetër.

hookey['huki] *n amer.* **play hookey** vidhem nga shkolla, sillem rrugëve.

hook-nosed['hu:knouzd] *adj* hundësqep.

hookup['hukʌp] *n* bashkim, montim(i pjesëve të një aparature).

hooky['huki] shih **hookey.**
hooligan['hu:ligën] n vagabond, rrugaç, huligan.
hooliganism['hu:ligënizm] n rrugaçëri, huliganizëm.
hoop [hu:p] n,v -n 1. rreth metalik, rreth fuçie. 2.rreth për të luajtur; rreth zhuponi.
-vt shtërngoj me rrathë(fuçinë).
hooper['hu:pë:] n vozabërës, vozaxhi.
hoopla['hu:pla:] n zhrg 1.zhurmë, poterë. 2.bujë, reklamë e bujshme. 3.lojë me rrathë.
hoop skirt n zhupon, fund me zhupon.
hooray[hu'rei] interj,n, v -interj,n urra.
-vi thërras, brohoras, pres me urra.
hoosegow['hu:sgau] n zhrg burg.
hoot [hu:t] n 1. britmë kukuvajke. 2.vërshëllimë. 3.ulërimë(e sirenës). 4.e rënë(e borisë). 5.poterë, britma mospëlqimi. 6.gj.fol grimë, çikë; **not to give a hoot** nuk e çaj kokën aspak; **not to be worth a hoot** nuk vlen asnjë dysh. 7.gj.fol gjë qesharake.
-vi 1.këlthet(kukuvajka). 2.lëshoj britma mospëlqimi; dëboj (nga skena etj); vërshëllej (një aktor). 3.fishkëllen(sirena); bie(boria).+**hoot with laughter** ia plas të qeshurit.
hootch[hu:ç] n zhrg pije alkoolike; uiski i keq.
hooter['hu:të:] n 1.sirenë.2.bori(makine).3.hundë e madhe, hundëpatëllxhan.
hooves['hu:vz] pl e **hoof.**
hop I[hop] v,n -vi 1.hidhem, kërcej. 2.hov, lëviz me kërcime të shkurtra(zogu). 3.kapërcej(gardhin). 4.gj.fol i hipi, i kërcej(autobusit etj). 5.gj.fol kapërcej me avion. +**hop it!** zhrg ikë!, zhduku!
-n 1. hedhje; kërcim; hov. 2. gj.fol fluturim me aeroplan. 3.mbrëmje vallëzimi.+**catch sb on the hop** e zë gafil, e kap në befasi dikë.
+**hop in!** hidhu!; ngjitu!, hipë!
+**hop off/out** zbres, hidhem nga(treni, shtrati).
hop II[hop] n,v -n 1.bot sumbullare, kulpër e butë. 2.pl lule kulpre të thara(për aromatizimin e birrës).
-v aromatizoj me lule kulpre.
hope[houp] n,v -v 1.shpresë. 2.njeri shpëtimtar. 3.diçka e shpresuar. 4.vjet besim. +**be past/beyond all hope** jam krejt pa shpresë; **lose hope** bie në dëshpërim, humbas shpresat; **what a hope!, some hope(s)!** merre me mend! **in the hope of** me shpresë se; **pin one's hopes on sth** i var shpresat tua diçka.
-v shpresoj, kam shpresë; besoj që; uroj që; **hope that** shpresoj që; **hope to do sth** shpresoj të bëj diçka; **hope for the best** uroj që të bëhet më e mira; **I hope so** ashtu besoj; **I hope not** nuk besoj; **hope against hope** mbaj shpresa të kota.
hope chest n sënduk i vajzës së pamartuar.
hopeful['houpful] adj,n -adj 1.shpresues, optimist, shpresëplotë(person). 2.shpresëdhënës, i mirë(lajm, situatë). 3.premtues(i ri, e ardhme); **I'm**

hopeful that she'll manage to come kam shumë shpresë se ajo do të vijë.
-n shpresues, njeri që rron me shpresa.
hopefully['houpfuli] adv me shpresë, me optimizëm; **look hopefully at sb** shikoj dikë plot shpresë; **hopefully he will recover** kemi shpresë se do të përmirësohet.
hopefulness ['houpfulnis] n shpresë, optimizëm; besim në të ardhmen.
hopeless['houplis] adj 1.pa shpresë.2.i pashpresë, që nuk jep shpresa; **a hopeless illness** sëmundje e pashërueshme. 3.i pamundur, i parealizueshëm (projekt). 4. i dëshpëruar, pa zgjidhje(rast). 5.i pandreqshëm, i pashërueshëm(pijanik). 6.e keqe, e dështuar(punë). +**I'm hopeless at it** s'ia them fare për këto punë; **it's hopeless trying to convince her** është e kotë të përpiqesh për ta bindur.
hopelessly['houplisli] adv 1.pa shpresë, me shpresa të humbura. 2.keq, rëndë(i ngatërruar). 3.tepër (vonë). 4.krejtësisht, kokë e këmbë; **I'm hopelessly confused/lost** jam krejt i çoroditur/i humbur; **hopelessly in love** i dashuruar marrëzisht.
hopelessness ['houplesnis] n pafuqi, pamundësi (për të bërë diçka); mungesë shprese.
hopped-up ['hoptʌp] adj zhrg 1. i ngazëllyer. 2.i eksituar(nga droga); në qejf. 3.i mbingarkuar, i sforcuar(motor).
hopper['hopë:] n 1.karkalec.2.plesht.3.tek hinkë, bunker, gorgull.
hopscotch['hopskoç] n lojë fëmijësh me kërcime, lojë petash, lojë vërrithi.
horde[ho:d] n,v -n 1.turmë; luzmë. 2.hordhi.
-vi 1.mblidhen turmë; rrojnë në turmë. 2.vij si hordhi. +**hordes of** një luzmë, një mori.
horizon[hë'raizën] n 1.horizont.2.fig fushëpamje, horizont (i mendimit etj). 3.gjeol shtresë, grup shtresash.
horizontal [horë'zontël] adj,n -adj 1.horizontal. 2.i rrafshët. 3.i pjesshëm, që përfshin nivele të njëjta (organizim); **horizontal union** sindikatë e punonjësve të një profesioni apo profili.
-n vijë horizontale, plan horizontal.
horizontal bar n sport hekur gjimnastikor.
horizontally[horë'zontëli] adv horizontalisht.
hormone['ho:moun] n mjek hormon.
horn[ho:n] n 1.bri(kafshe).2.attr prej briri, i brirtë.3.bri gjahu.4.bori(makine etj).5.muz korno.6.cep, kep, hundëz(toke etj). 7.bri i hënës. +**draw/pull in one's horns** a)e mbledh dorën (kursej); b)i ul perdet, prapsem; **on the horns of a dilemma** midis dy të këqijave; këndej keq, andej për dreq.
-v godas me brirë.
+**horn in** zhrg përzihem, futem, ngatërrohem.
hornbeam['ho:nbi:m] n bot shkozë.
hornblende['ho:nblend] n gjeol hornblendë (mineral).

horned[ho:nd] *adj* me bri, me brirë.
hornet['ho:nit] *n zool* grenxë.+**stir up a hornet's
nest** trazoj folenë e grenxave.
horn of plenty *n* bri i bollëkut.
hornpipe ['ho:npaip] *n* 1. valle detarësh.2. fyell
druri si bri.
horn-rimmed['ho:nrimd] *adj* me skelet briri.
horny ['ho:ni] *adj* 1. i brirtë, brinor. 2. i rrëgjyrtë,
me kallo. 3.me bri, me brirë. 4.*zhrg* epshor.
horologe['horëlouxh] *n* kohëmatës; sahat; orë di-
ellore.
horology [ho:'rolëxhi] *n* kohëmatje (shkencë). 2.
art i ndërtimit të sahatëve.
horoscope['horëskoup] *n* horoskop; **cast a horo-
scope** parashikoj të ardhmen.
horoscopy [ho:'roskëpi] *n* 1. gjetje e horoskopit.
2.pozicion i planetëve(veçanërisht në momentin e
lindjes së personit).
horrendous [ho:'rendës] *adj* i tmerrshëm, i frik-
shëm, lemerisës.
horrible ['horibël] *adj* 1. i tmerrshëm, i frikshëm,
i lemerishëm. 2. i urryer, tronditës(krim). 3.*gj.fol*
tepër i pakëndshëm, i përçudnuar.
horribly['horibli] *adv* në mënyrë të frikshme; për
tmerr.
horrid['ho:rid] *adj* 1.i tmerrshëm, i frikshëm, i le-
merishëm. 2.*gj.fol* shumë i pakëndshëm; i ndyrë
(mot).
horrific[ho:'rifik] *adj* tmerrues, lemerisës, i llah-
tarshëm.
horrify['ho:rëfai] *vt* 1.tmerroj, lemeris, i kall da-
tën. 2.*gj.fol* trondis thellë.
horror['ho:rë:] *n* 1.tmerr, llahtarë, lemeri.2.krupë,
neveri; **the horror** *gj.fol* a)drithma (nga tmerri);
b)ligështim; mërzi, sëndisje. +**in horror** i tmerruar;
to one's horror për tmerr.
horror film *n* film me tmerre.
horror-struck ['ho:rë:strʌk], **horror - stricken**
['ho:rë:'strikën] *adj* i tmerruar, i llahtarisur.
hors-d'oeuvre[o:'dë:vr] *n* antipastë.
horse[ho:s] *n* 1.kalë. 2.*sport* kalë(gjimnastikor).
3.kalë(në shah).4.kalorës, ushtar i kalorësisë. 5.ka-
luç. +**a horse of a different color** diçka tjetër, tjetër
gjë; b hold one's horsesb përmbahem, e mbaj veten;
on one's high horse *gj.fol* duke u mburrur; me
arrogancë; **the horses mouth** burimi fillestar, bu-
rim i mirinformuar; **to horse!** mbi kuaj!
-*v* 1.pajis me kuaj, 2.eci kaluar. 3.*zhrg* deklamoj;
+**horse about/around** *zhrg* bëj marrëzira; gjej
belanë.
horse-and-buggy [ho:sën'bʌgi] *adj* i dalë mode;
i vjetëruar.
horseback['ho:sbæk] *n,adv* -*n* kurriz kali.
-*adv* kaluar, mbi kalë.
horsecar['hou:ska:] *n* 1.karrocë me kalë. 2.karro-
cë për transportim kuajsh.

horseflesh ['ho:sflesh] *n* 1. kuaj vrapimi. 2. mish
kali.
horsefly['ho:sflai] *n zool* zekth.
horsehair['ho:sheë:] *n* qime kali.
horsehide['ho:shaid] *n* lëkurë kali.
horse latitudes *n gjeog* gjerësi të bunacës, gjerësi
afërekuatoriale.
horse laugh *n gj.fol* gajasje.
horseman['ho:smën] *n* kalorës.
horsemanship['ho:smëmship] *n* kalërim; art i ka-
lorësisë.
horsemeat['ho:smi:t] *n* mish kali.
horse opera *n* uestern, film kaubojs.
horseplay['ho:splei] *n* lojëra të shfrenuara.
horsepower['ho:spauë:] *n* kalë-fuqi.
horse-racing ['ho:sreising] *n* gara me kuaj, hipi-
zëm.
horseradish['ho:srædish] *n bot* rrepë; rrikë.
horse sense *n* gjykim i shëndoshë; mendje prak-
tike.
horseshoe['ho:sshu:] *n,v* -*n* 1. patkua. 2.*attr* në
formë patkoi.
-*vt* i mbath patkonj.
horse show *n* gara vrapimi me kuaj.
horse-trader ['ho:streidë:] *n* 1. tregtar kuajsh.
2.xhambaz, tregtar i regjur.
horsewhip['ho:swip] *n,v* -*n* kamzhik.
-*vt* fshikulloj, qëlloj me kamzhik.
horsewoman['ho:swumën] *n* 1.kalorëse.2.amazo-
në. 3.njohëse e kuajve.
hors(e)y['ho:si] *adj* 1.prej kali, si kalë(pamje). 2.i
dhënë pas kuajve. 3.*zhrg* kaba, gërdallë.
hortative['ho:tëtiv] *adj,n* këshillues, nxitës.
hortatory['ho:tëto:ri] *adj* nxitës, këshillues.
horticulture['ho:tëkʌlçë:] *n* kopshtari, hortikultu-
rë.
horticulturist [ho:të'kʌlçërist] *n* kopshtar, horti-
kultor.
hosanna[hou'zænë] *interj,n* -*interj* 1.lavdi zotit.
2.lëvdatë, adhurim.
hose [houz] *n,v* -*n* 1. çorape. 2. tub gome, zorrë,
markuç. 3.*vjet* gete, kalca.
-*v* 1.(**down**) ujis; lag me ujë.2.*zhrg* ia lag, ia hedh;
mashtroj.
hosier['houzë:] *n* bërës/shitës artikujsh të thurur;
çorapeshitës.
hosiery['houzëri:] *n* 1.artikuj të trikotuar; çorape.
2. tregti trikotazhesh.
hospice['hospis] *n* 1.bujtinë; strehë për udhëtarë.
2.azil.
hospitable['hospitëbël] *adj* 1.mikpritës, dërëçelë, i
pritur. 2.i gjerë, i hapur(ndaj ideve të reja).
hospital ['hospitël] *n* 1. spital; **in (the) hospital** i
shtruar. 2.*attr* spitali, spitalor.
hospitality[hospi'tælëti] *n* mikpritje, mirëpritje.
hospitality suite *n amer* sallë çlodhjeje me pije etj

(gjatë konferencave).
hospitalization[hospitëli'zeishën] *n* shtrim në spital.
hospitalize['hospitëlaiz] *vt* shtroj në spital.
Hospitaller ['hospitëlë:] *n* 1.*hist* kalorës i Urdhrit të Spitalorëve. 2.anëtar urdhrash fetarë në mbrojtje të të sëmurëve; bamirës.
host[houst] *n,v* -*n* 1.zot shtëpie; mikpritës.2.bujtinar, hanxhi; hotelxhi. 3.*biol* bartës, organizëm strehues(i parazitit). 4.*rad,tv* prezantues, konferencier.5.*attr* pritës; **host country** vend pritës. +**reckon without one's host** i bëj hesapet pa hanxhiun. -*v* 1.pres(mysafirë); strehoj. 2.drejtoj programin.
host II [houst] *n* 1. mori, shumicë; **for a whole host of reasons** për një varg arsyesh. 2.ushtri.
host III[houst] *n fet* oste; naforë.
hostage['hostixh] *n* 1.peng(njeri);**take sb hostage** mbaj peng dikë. 2.të qenët peng, mbajtje peng. 3.siguri, garanci. +**give hostages to fortune** kam ç'humbas.
hostel['hostël] *n* 1.konvikt.2.bujtinë; hotel.3.strehë, azil; **youth hostel** hoteli i të rinjve.
hostelling ['hostëling] *n* : **go (youth) hostelling** kaloj pushimet në hotelin e rinisë.
hostelry['hostëlri] *n* bujtinë; hotel.
hostel school *n* shkollë me konvikt.
hostess ['hostis] *n,v* -*n* 1. zonjë shtëpie; mikpritëse. 2.bujtinare, hotelxheshë, hanxheshë. 3.shoqëruese e klientëve. 4.stjuardesë.
-*v* pres(miq); strehoj.
hostile['hostail, 'hostël] *adj* 1.armik, kundërshtar. 2.armiqësor. 3.i pafavorshëm; e ashpër(klimë).
hostility[hos'tilëti] *n* 1.armiqësi. 2.gjendje lufte. 3.kundërshtim, rezistencë. 4.*pl* luftime, veprime ushtarake.
hostler['oslë:, 'hoslë:] *n* kujdestar kuajsh(në han).
hot[hot] *adj* 1.i nxehtë; **get hot under the collar** nxehem, ndizem, marr zjarr; **be/get into hot water** kam/futem në telashe; **you are getting hot!** *fig* nxire!, shkrepe! 2.i zjarrtë, i flaktë(temperament). 3.djegës (piper). 4.i freskët, taze(lajm), **get a hot tip for** kam një informatë të sigurt për.5.i qepur, që s'të ndahet; **in hot pursuit** këmba-këmbës. 6.*el* i ngarkuar.7.radioaktive(mbeturina).8.e hapur, e gatshme, në punë(linjë telefonike). 9.*zhrg* i vjedhur(send); **these diamonds are hot** këto diamante janë të vjedhura.10.*zhrg* i kërkuar nga policia.11.*zhrg* që ka shanse për të fituar; i pathyeshëm(ekip). +**be all hot and bothered** s'më zë vendi vend; jam shumë i nxehur, jam tym; **be in the hot seat** kam një post shumë delikat; **be pretty hot at maths** *gj.fol* ia them në matematikë; **make it hot for sb** *gj.fol* ia nxij jetën dikujt.
-*adv* nxehtë. +**be hot on the heels of sb** i qepem dikujt këmba-këmbës; **be hot on sb's trail** jam në gjurmë të dikujt; **blow hot and cold** lëkundem, lu-

hatem.
hot air *n zhrg* fjalë boshe; fryrje.
hotbed ['hotbed] *n* 1. shtrat i nxehtë (për bimë). 2.*fig* vatër, shtrat.
hotblooded['hotblʌdid] *adj* 1.gjaknxehtë.2.kokëndezur, i nxituar, i papërmbajtur. 3.pasionant, i pasionuar; i zjarrtë.
hotbox['hotboks] *n tek* kushinetë e tejnxehur.
hot cake *n* petull. +**go/sell like hot cakes** a) shiten në çast, shiten si simitet; b)kërkohen shumë.
hotchpotch['hoçpoç] *n* turli, mishmash.
hot dog *n* 1.suxhuk, salsiçe.2.senduiç me suxhuk të nxehtë, hotdog.
hotel[hou'tel] *n* 1.hotel; **hotel industry** industri hoteliere. 2.*amer gj.fol* birrari; pijetore.
hotel de ville[outeldë'vi:l] *n* bashki.
hotelier[hou'teljei, hou'teljë:] *n* pronar hoteli; përgjegjës hoteli.
hotfoot ['hotfu:t] *adv,v gj.fol* -*adv* me shumë ngut.
-*vi* sulem, nxitoj; **we hotfooted it out to the airport** nxituam sa mundëm për në aeroport.
hothead['hothed] *n* 1.njeri gjaknxehtë. 2.i rrëmbyer, i nxituar, i papërmbajtur.
hothouse['hothaus] *n* 1.serrë. 2.*attr fig* delikat, i brishtë; **a hothouse creature** një krijesë e brishtë.
hotline, hot-line['hotlain] *n* 1.linjë direkte (ndërlidhjeje). 2.*rad,tv* lidhje direkte me teleshikuesin etj). 3.linjë e posaçme e pandërprerë(24-orëshe).
hotliner['hotlainë:] *n rad,tv* drejtues emisioni me komunikim të drejtpërdrejtë me dëgjuesit/shikuesit.
hot pepper *n* spec djegës.
hot plate *n* 1. sobë gatimi portative. 2. furnelë elektrike; ngrohës gjelle. 3.pllakë metalike (mbi sobë).
hot potato *n zhrg* punë e ngatërruar, punë dreqi.
hotpot ['hotpot] *n Br* mish i shterur (në lëngun e vet).
hotpress['hotpres] *n tek* presë në të nxehtë.
hot rod *n zhrg* automobil rrangallë(i sajuar për t'u dukur ekstravagant).
hot seat *n* 1. *zhrg* karrige elektrike. 2. gjendje e pakëndshme. 3.karrige e sikletshme(e viktimës së një interviste). +**be in the hot seat** bombardohem me pyetje.
hotshot['hotshot] *n zhrg* njeri brisk nga goja, hazërxhevap.
hot spot *n* 1.*pol* zonë e nxehtë. 2.lokal i modës. 3.rajon me radioaktivitet.
hot springs *n* burim ujrash termale, llixhë.
hotspur['hotspë:] *n* njeri i papërmbajtur.
hot-tempered ['hottempë:d] *adj* gjaknxehtë; nevrik.
hot up ['hotʌp] *v* 1. rëndohet; ndizet (atmosfera). 2.nxehet, ngrohet(festa). 3.shpejtoj hapin. 4.i bëj ndryshime(makinës së vjedhur).

hot war *n* luftë reale.

hot water *n gj.fol* bela; telashe; be in / get into hot water gjej belanë, i hap telashe vetes.

hot-water bottle *n* borsë, shishe me ujë të nxehtë.

hot-wire['hotwajë:] *v* ndez(makinën) duke bërë lidhje të shkurtër.

hough[hok] shih hock I.

hound [haund] *n,v -n* 1. zagar, langua. 2. qen. 3.*zhrg* njeri i qepur; gjuajtës lajmesh/autografesh. 4.*fig* zagar, laro. +follow the hounds, ride to hounds gjuaj kaluar.
-*vt* 1.ndjek(policia). 2.i kërkoj me ngulm, bezdis pa pushim. 3.përndjek.
+hound down e nxjerr nga strofulla.
+hound out e shkul nga.

hour ['auë:] *n* 1. orë; at 30 km an hour me (shpejtësi) 30 km në orë; on the hour në orët e plota; in the early/small hours në orët e para të mëngjesit. 2.kohë, çast; lunch hour kohë e drekës. 3.orë mësimi. 4.ditë, moment, aktualitet, e sotme; the man of the hour njeriu i ditës; questions of the hour çështje aktuale. 5.orar, periudhë, interval, kohë; visiting hours koha e vizitave; our school hours are 9 to 4 orarin e shkollës e kemi 9 deri në 4. +hours and hours me orë të tëra; after hours koha pas punës, pas mbarimit të orarit; pas mbylljes (së dyqanit); in an evil hour në një kohë të mbrapshtë, në një çast të keq; keep early/late /regular hours bie/ngrihem herët/vonë; bëj jetë të rregullt.

hour circle *n* meridian

hourglass['auë:glæs] *n* orë me rërë.

hour hand *n* akrep i orëve.

hourly['auë:li] *adj,adv -adj* 1.njëorësh; i përorshëm(emision). 2.një herë në një orë, i përçdoorshëm(autobus etj). 3.për orë, me orë(pagë). 4.i shpeshtë, i dendur.
-*adv* 1.çdo orë; orë për orë; nga një moment në tjetrin; we expected him hourly e prisnim nga një çast në tjetrin. 2.shumë shpesh; dendur; pa pushim.

house[*n* haus; *v* hauz] *n,v -n* 1.shtëpi; ndërtesë. 2.familje; njerëzit e shtëpisë; banorët. 3.strehë, banesë. 4.godinë; dhomë, sallë; the engine house salla e motorëve.5.*pol* Dhomë; the House of Commons Dhoma e Komuneve; House of Parliament Godina e Parlamentit, Parlamenti. 6.*teat* sallë; auditor; "house full" "biletat u shitën"; in the front of the house në sallë, ndërmjet shikuesve; the second house shfaqja e dytë. 7.firmë; dyqan; lokal. 8.derë, dinasti, familje. 9.urdhër fetar. +bring down the house *gj.fol* fitoj duartrokitje të stuhishme; clean house a)vë rregull në shtëpi; b)e nxjerr ndërmarrjen nga telashet; keep house qeveris shtëpinë; (be) on the house (është) falas, pa para, e paguar nga pronari/nga firma; put /set one's house in order vë rregull në punët e mia.
-*vt* 1.strehoj; vendos, sistemoj, rregulloj me banim.

2.siguroj.

house arrest *n* arrest shtëpie.

houseboat['hausbout] *n* varkë-shtëpi, lundër e banuar.

housebound['hausbaund] *adj* i mbyllur në shtëpi (nga sëmundja etj).

housebreaker ['hausbreikë:] *n* vjedhës shtëpish (me thyerje).

housebreaking['hausbreiking] *n drejt* dhunim banese, futje me dhunë, thyerje.

housebroken['hausbroukën] *adj amer* i mësuar, që nuk ndyn në shtëpi(qen, mace etj).

housecoat ['hauskout] *n* rrobë shtëpie, robdeshambër.

house doctor *n* mjek i brendshëm(që banon në spital, në një konvikt etj).

housefly['hausflai] *n* mizë e zakonshme shtëpie.

household ['haushould] *n* 1. familje, njerëzit e shtëpisë; banorët. 2.shtëpi, vatër, ekonomi e shtëpisë. 3.*attr* shtëpijak, i shtëpisë. 4.*attr* i njohur, i ditur; it's a household world *fig* është një emër i njohur nga të gjithë; shprehje e njohur.

householder['haushouldë:] *n* 1.zot shtëpie; banor /njeri i shtëpisë. 2.kryetar familjeje, kryefamiljar.

housekeeper ['hauski:pë:] *n* grua shtëpie; grua shërbimi; amvisë.

housekeeping['hauski:ping] *n* 1. mbajtje/qeverisje e shtëpisë. 2.drejtim/administrim i firmës; housekeeping money shpenzimet e mbajtjes së shtëpisë.

housemaid['hausmeid] *n* shërbyese, shërbëtore.

housemaster['hausmæstë:] *n* drejtor konvikti.

house of cards *n* kështjellë prej rëre.

house of correction *n* shkollë korrektimi.

house of God *n* shtëpi e zotit, faltore; tempull.

House of Lords *n* *pol Br* Dhoma e Lartë, Dhoma e Lordëve.

House of Representatives *n* Dhoma e Ulët, Dhoma e Përfaqësuesve.

house party *n* 1. pritje e organizuar në shtëpi. 2.të ftuar(në shtëpi).

house physician shih house doctor.

house-proud['hauspraud] *adj* i marrosur/maniak pas shtëpisë.

houseroom['hausrum] *n* dhomë; I wouldn't give it houseroom s'e fus kurrë në shtëpi edhe të ma falin.

house-to-house ['haustë'haus] *adj,adv* derë më derë(fushatë), shtëpi më shtëpi(kërkim etj).

housetop['haustop] *n* çati.

house-trained ['haustreind] *adj* i mësuar, i stërvitur, që nuk ndyn nëpër shtëpi(qen, mace).

housewares ['hausweë:z] *npl* pajisje shtëpie.

housewarming['hauswo:ming] *n* festë me rastin e hyrjes në shtëpi të re.

housewife[hauswaif] *n pl* -wives 1.amvisë, grua shtëpie. 2.*pl* ['hʌzif] kuti penjsh e gjilpërash.

housework['hauswë:k] *n* punë shtëpie.
housing I ['hauzing] *n* 1. strehim, sigurim banese.
2.shtëpira. 3.strehë. 4.shasi, karkasë (makinerie).
housing II ['hauzing] *n* mbulesë zbukurimi(nën
shalën e kalit).
housing association *n* shoqëri ndërtimesh.
housing conditions *n* kushte banimi.
housing estate *n* lagje/zonë banimi.
hove[houv] *pt,pp* e **heave.**
hovel ['hovël, 'hʌvël] *n* 1. kolibe, stelë. 2. strehë,
tendë(në oborr).
hover['hovë:, 'hʌvë:] *vi* 1.rri pezull(zogu).2.rri në
pritje. 3.*fig* luhatem, s'jam as këtej as andej. +**hover
about/around** vij vërdallë; **hover on the brink of
disaster** jam në buzë të greminës.
hovercraft['hovë:kraft] *n* automjet / mjet lundru-
es me jastëk ajri.
how[hau] *adv* si; në ç'mënyrë; **how is school?** si
duket shkolla, si vete me shkollën? **how is it that..?**
si shpjegohet që..? **how are you?** si jeni? **how do
you do?** gëzohem(që u njohëm); **how about going
for a drink?** ç'thoni, a nuk dalim ta pijmë nga një?
2.sa; **how much** sa ; **how long** sa kohë; që kur; **how
many** sa; **how often** sa shpesh; **how lovely!** sa
bukur! **how kind of you!** jeni shumë i sjellshëm!
3.çfarë; me ç'kuptim; **how do you mean?** si e ke
këtë, çfarë do të thuash? +**how come** *gj.fol* pse?,
për ç'arsye?; si ka mundësi që? **how now?** ç'ishte
kjo?, ç'do të thotë kjo? **how so?** e pse kështu? **how
then?** e pastaj?, ç'do të thuash me këtë?
howbeit[hau'biit] *adv vjet* sidoqoftë; megjithatë.
however [hau'evë:] *conj,adv -conj* megjithatë;
prapseprap; mirëpo, por.
-adv sido që, në çfarëdo mënyrë që; sado që; **how-
ever cold it is** sado ftohtë që të bëjë; **however did
you do it?** si dreqin e bëre? **however that may be**
sido që të jetë.
howitzer['hauitsë:] *n usht* obus(lloj topi).
howl[haul] *v,n -v* 1.ulëroj. 2.rënkoj; gulçoj; vaj-
toj. 3.ia plas, çahem(së qeshuri). 4.përzë me ulërima
(një folës).
-n 1.ulërimë; piskamë. 2.rënkim; gulçim; vajtim.
3.britmë, thirrmë; **howls of laughter** të gajasura.
4.diçka që të shkul gazit.
+**howl down** e mbys me ulërima, ia mbyll gojën me
të bërtitura.
howler['haulë:] *n* 1.ulëritës. 2.*gj.fol* gafë, gabim
trashanik, diçka qesharake.
howsoever ['hausou'evë:] *adv* 1.sado, në çfarëdo
shkalle/mase. 2.sido, sido që të jetë, në çfarëdo
mënyre; me çdo mjet.
hoyden['hoidën] *n* vajzë e hedhur, vajzë si djalë,
çapkëne.
Hoyle['hoil] *n* manual lojërash me letra; **accord-
ing to Hoyle** sipas rregullave, me korrektësi.
hp(= **horsepower**) *n fiz* kalë-fuqi.

HQ (= **headquarters**) *n* shtab; shtatmadhori;
qendër.
hr(= **hour**) *n* orë.
hub[hʌb] *n* 1.bucelë(e rrotës). 2.*fig* qendër, nyjë;
hub airport aeroport i rëndësishëm.
hubble['hʌbël] *n* gungëz.
hubbub['hʌbʌb] *n* poterë, shamatë.
hubcap['hʌbkæp] *n* kapak bucele, kapak i diskut
të rrotës.
hubris['hju:bris] *n* kryelartësi, arrogancë.
huckaback['hʌkëbæk] *n* cohë e ashpër për pesh-
qirë.
huckleberry ['hʌkëlberi] *n bot* boronicë, rrush
mali.
huckster['hʌkstë:] *n,v -n* 1.çikrrimtar.2.shitës she-
titës, pramatar. 3.*amer* njeri që merret me reklamat.
4.tregtar micgun.
-vi shes çikërrima; shes derë më derë.
huddle['hʌdël] *v,n -v* 1.mblidhen, grumbullohen.
2.rras, ngjesh. 3.mblidhem, kruspullosem.
-n 1.turmë.2.pirg.3.grumbullim(lojtarësh).4.*gj.fol*
mbledhje e fshehtë. 5.rrëmujë.
+**huddle up** tulatem, mblidhem.
hue I[hju:] *n* ngjyrim; ngjyrë.
hue II [hju:] *n* e thirrur, britmë; **hue and cry**
a)protestë e fortë, poterë; b)kushtrim kundër hajdu-
tit; c) ndjekje e keqbërësit.
huff[hʌf] *n,v -n* zemërim, pizmosje.
-v 1.zemëroj; fyej. 2.shfryj.
huffy['hʌfi] *adj* 1.i fyer; i pizmosur. 2.i prekshëm,
që lëndohet lehtë.
hug[hʌg] *v,n -vt* 1.përqafoj. 2.shtërngon, mbër-
then me këmbët e parme(kafsha). 3.cek, i rri afër
(varka bregut). 4.*fig* përqafoj, ruaj, përkrah(një
mendim).
-n 1.përqafim. 2.shtërngim, kapje(në mundje).
huge[hju:xh] *adj* 1.vigan, i stërmadh. 2.i pamatë
(oreks). 3.i bujshëm(sukses).
hugely['hju:xhli] *adv* pa masë.
hugeness['hju:xhnis] *n* stërmadhësi; pamatësi.
hugger-mugger['hʌgë:mʌgë:] *n,adj,adv gj.fol -n*
rrëmujë; çrregullim.
-adj i rrëmujshëm; i hallakatur.
-adv rrëmujshëm, me rrëmujë.
Huguenot['hju:gënot] *n* protestan francez; kalvi-
nist.
huh[hʌ] *interj* 1.heu!2.uh!(përçmim).3.hë? hëh?
(pyetje).
hula['hju:lë] *n* valle havajane, kërcim hula.
hula hoop *n* kërcim hulahup, kërcim hula me
rreth plastik në vithet.
hulk[hʌlk] *n,v -n* 1.anije karakatinë; karkasë ani-
jeje rrangallë.2.anije -burg.3.anije kaba.4.njeri/send
kaba; **a great hulk of a man** njeri-shtazë.
-v 1.jam kaba; është i pamanovrueshëm. 2.eci si
avdall.

hulking ['hʌlking] *adj* kaba, si elefant; i ngathët, avdall.

hull I[hʌl] *n,v* -*n* lëvore; byk.
-*vt* qëroj, heq lëvoren, zhvesh.

hull II [hʌl] *n,v* -*n* trup (i anijes, avionit); **hull down** larg në horizont(anija).
-*vt* qëlloj në trup(anijen, me silur etj).

hullabaloo ['hʌlëbëlu:] *n* poterë, rrapëllimë, rropamë.

hullo[hë'lou] shih **hello.**

hum [hʌm] *v,n* -*v* 1. zukat, gumëzhin (insekti). 2.këndoj nën zë. 3.bën zhurmë, zukat(motori). 4.bëj hm(në mëdyshje). 5.lëvrij, bubrroj, jam aktiv. +**hum and haw** jam në mëdyshje; i përtyp fjalët.
-*n* 1. zukamë, gumëzhimë. 2. këngë nën zë (me hundë). 3.zhurmë(e motorit). 4.hm,hëm.

human ['hju:mën] *adj* 1. njerëzor; **human being** qenie njerëzore. 2.i njerëzishëm.

humane[hju:'mein] *adj* humanitar, njeridashës; i njerëzishëm, shpirtmirë.

humanely [hju:'meinli] *adv* njerëzishëm, me humanizëm.

humanism ['hju:mënizëm] *n* 1. humanizëm. 2. shkenca humane; kulturë letrare.

humanist['hju:mënist] *n* 1.humanist. 2.studjues i shkencave humane.

humanistic[hju:mën'istik] *adj* humanist; i humanizmit.

humanitarian[hju:mæni'teriën] *adj,n* -*adj* 1.humanitar, njeridashës, bamirës. 2.humanitarist.
-*n* 1.njeri humanitar. 2.*filoz* humanitarist.

humanities[hju:'mænëti:s] *n* 1.shkencat humane. 2.kultura greko-latine.

humanity[hju:'mænëti] *n* 1.njerëzim, raca njerëzore. 2.njerëzi, sjellje e njerëzishme, humanizëm.

humanize ['hju:mënaiz] *vt* njerëzoj, bëj njeri; bëj të njerëzishëm.

humankind['hju:mënkaind] *n* njerëzim, racë njerëzore.

humanly ['hju:mënli] *adv* njerëzishëm, me njerëzi, me humanizëm.

humanoid ['hju:mënoid] *adj,n* -*adj* njeringjashëm, me tipare njerëzore.
-*n* 1. paraardhës i njeriut, majmun njeringjashëm. 2.qenie e ngjashme me njeriun.

human rights *n* të drejta të njeriut.

humble['hʌmbël] *adj,v* -*adj* 1.modest, i thjeshtë (vendbanim). 2.i përulur, kokulur(njeri). 3.plot nderim; **in my humble opinion** për mendimin tim modest.+**a man of humble origin** njeri nga shtresë e ulët.
-*vt* përul, ul, poshtëroj; **humble oneself** ul veten.

humblebee['hʌmbëlbi:] *n* greth.

humble pie *n* byrek me të brendshmet e gjahut.
+**eat humble pie** a)bëj me përdhunë, i them derrit dajë; b)lëpij atë që kam pështyrë; kërkoj ndjesë.

humbug['hʌmbʌg] *n,v* -*n* 1.mashtrues, batakçi. 2.mashtrim. 3.shtirje. 4.gjepura, broçkulla.
-*vt* mashtroj, ia hedh.

humbugger['hʌmbʌgë:] *n* mashtrues.

humdinger['hʌmdingë:] *n zhrg* gjë e rrallë.

humdrum ['hʌmdrʌm] *adj,n* -*adj* monoton, i mërzitshëm; banal, i rëndomtë.
-*n* 1. rutinë, punë monotone. 2. bisedë e mërzitshme. 3.njeri i mërzitshëm.

humeral['hju:mërël] *adj* 1.i krahut. 2.i supit; afër supit.

humerus['hju:mërës] *n anat* kockë e krahut.

humid['hju:mid] *adj* i lagësht, me lagështi.

humidex['hju:mideks] *n* tregues i parehatisë fizike(për shkak të temperaturës dhe lagështisë).

humidification[hju:midëfë'keishën] *n* lagështim, shtim lagështie.

humidifier [hju:'midëfajë:] *n* lagështues, pajisje për ruajtjen e lagështisë së ajrit.

humidify[hju:'midëfai] *vt* lagështoj.

humidity[hju:'midëti] *n* lagështi(e ajrit).

humidor ['hju:mido:] *n* enë lagështiruajtëse (për duhanin etj).

humiliate[hju:'milieit] *vt* poshtëroj; turpëroj.

humiliating [hju:'miliejting] *adj* poshtërues; i turpshëm.

humiliatingly [hju:'milieitingli] *adv* në mënyrë poshtëruese.

humiliation [hju:'mili'eishën] *n* poshtërim; turpërim.

humiliatory [hju:mili'eitëri] *adj* poshtërues; turpërues.

humility [hju:'milëti:] *n* përulje; nënshtrim; përvuajtje.

humming['hʌming] *adj* 1.zukatës, gumëzhitës.2.i gjallë.

hummingbird['hʌmingbë:d] *n zool* kolibër(zog).

hummock ['hʌmëk] *n* 1.kodrinë, bregore.2.gungë, bregël akulli.

hummocky ['hʌmëki] *n* 1. si kodër. 2. brigjebrigje.

humo(u)r['hju:më:] *n,v* -*n* 1.humor. 2.ndjenjë humori. 3. gjendje shpirtërore, humor; **be in a good/bad humor** pa humor; i pakënaqur; i nxehur; **sense of humor** ndjenjë humori, humor.
-*vt* 1.plotësoj tekat, kënaq, i bëj qejfin. 2.përshtatem; i shkoj pas qejfit.

humoresque['hju:mëresk] *n* pjesë muzikore e lehtë e gazmore.

humorist ['hju:mërist] *n* 1. humorist (shkrimtar). 2.shakatar; njeri me ndjenjën e humorit.

humorless['hju:më:lis] *adj* pa humor, pa ndjenjën e humorit.

humorous['(h)ju:mërës] *adj* me humor; për të qeshur; argëtues.

humorously ['hju:mërësli] *adv* plot humor, në

mënyrë humoristike.

humorsome['hju:më:sëm] *adj* tekanjoz, me trille, kapriçioz.

hump[hʌmp] *n,v* *-n* 1.gungë. 2.pirg; breg; kodrinë. **+be over the hump** më e keqja kaloi.
-vt 1. e bën kurrizin gungë, ngrefoset (macja). 2.*zhrg* përpiqem, bëj përpjekje.

humpback['hʌmpbæk] *n* 1.gungaç, kurrizo.2.balenë me gungë. 3.salmon i kuq.

humpbacked ['hʌmpbækd] *adj* gungaç, kurrizdalë.

humped['hʌmpt] shih **humpbacked**.

humph[hʌmpf] *interj* hm-hm(dyshim, përçmim).

humpy ['hʌmpi] *adj* me gunga, gunga-gunga; si gungë, i gungët.

humus['hju:mës] *n* humus.

Hun [hʌn] *n* 1. *hist* hun. 2. barbar. 3. *gj.fol* gjerman, ushtar gjerman. 4.*amer* thëllëzë hungareze.

hunch[hʌnç] *v,n* *-v* 1.gungoj, bëj gungë. 2.kërrus; përkul. 3.hov, hidhem pupthi.
-n 1.gungë; xhungë. 2.*gj.fol* dyshim, hamendje. 3.thelë; fetë; copë. **+have a hunch that** kam përshtypjen se; **be acting on a hunch** shkoj me nuhatje.

hunchback['hʌnçbæk] *n* 1.gungaç.2.kurriz i dalë.

hunchbacked['hʌnçbækt] *adj* gungaç, kurrizdalë.

hundred['hʌndrëd] *n* 1.njëqind, qind. 2.kartmonedhë 100-dollarëshe. **+live to be a hundred** rroj njëqind vjet; **they came in their hundreds** vinin me qindra.

hundredfold['hʌndrëdfould] *adj,adv,n* i njëqindfishtë; njëqindfish; qindfish.

hundredth['hʌndrëdth] *adj,n* *-adj* i njëqindtë. *-n* një e qindta.

hundredweight['hʌndrëdweit] *n* njësi peshe: 1.*Br* = 50.7 kg. 2.*amer* =45.3 kg.

hung[hʌng] *pt,pp* e **hang**.

Hungarian [hʌn'geëriën] *adj,n* *-adj* hungarez. *-n* 1.hungarez. 2.hungarishte.

Hungarian partridge *n* thëllëzë hungareze.

Hungary['hʌngëri] *n gjeog* Hungari.

hunger['hʌngë:] *n,v* *-n* 1.uri.2.(**for**)*fig* etje, dëshirë. **+hunger strike** grevë urie.
-vi 1.kam uri, jam i uritur. 2.*fig* (**after, for**) jam i etur për, vdes nga dëshira për. 3.*vjet* vdes urie.

hungrily['hʌngrili] *adv* 1.me uri.2.*fig* në mënyrë të ethshme, me etje.

hungry['hʌngri] *adj* 1.i uritur; **be hungry** kam uri, jam i uritur; **go hungry** vuaj urie. 2.*fig* i etur (**for**). 3.e varfër(tokë).

hunk[hʌnk] *n gj.fol* copë, thelë; fetë e trashë.

hunker['hʌnkë:] *vi* ulem galiç.

hunkers['hʌnkë:s] *npl* vithe.

hunky I['hʌnki:] *adj zhrg* në rregull; shëndoshë e mirë.

hunky II['hʌnki:] *n zhrg* imigrant hungarez.

hunky-dory ['hʌnki'do:ri] *adj zhrg* në rregull, çka, i kënaqshëm.

hunt [hʌnt] *v,n* *-v* 1. gjuaj; shkoj për gjueti; **go hunting** shkoj për gjueti; **hunt for** gjuaj për. 2.kërkoj gjahun. 3.ndjek, përzë; persekutoj. 4.kërkoj të gjej; **hunt in the bag for the keys** kërkoj në çantë për çelësat; **hunt through drawers** kërkoj nëpër sirtarë.
-n 1.gjueti, gjah. 2.grup gjuetarësh. 3.kërkim me ngulm; **I've had a hunt for that book** s'kam lënë vend pa e kërkuar atë libër; **tiger hunt** gjueti tigrash.

+hunt down a)gjej, zbuloj; b)nxjerr nga strofulla, s'i ndahem(gjahut).

+hunt out/up kërkoj me ngulm; gjej.

hunter['hʌntë:] *n* 1.gjuetar, gjahtar.2.langua, qen gjahu; kalë gjuetie. **+bargain hunter** njeri që gjuan rastin; **autograph hunter** mbledhës autografesh.

hunting['hʌnting] *n,adj* *-n* gjueti, gjah.
-adj gjuetie, gjahu; **hunting lodge** kasolle gjahtarësh.

hunting case *n* sahat xhepi me kapakë.

hunting ground *n* 1. vend gjuetie. 2.*fig* parajsë (e lëkurëkuqve).

hunting horn *n* bri gjahtarësh.

hunting lodge *n* kasolle/kolibe gjahtarësh.

huntress['hʌntris] *n* gjahtare, gjuetare.

huntsman['hʌntsmën] *n* gjahtar, gjuetar.

hurdle ['hë:dël] *n* 1.rrethojë, parmak, gardh. 2.*pl sport* vrapim me pengesa. 3.*fig* pengesë, vështirësi. 4.*Br hist* kafaz shufrash për transportimin e kriminelëve.
-vt 1. kapërcej, kërcej sipër (një pengese). 2. *fig* kaloj(një vështirësi). 3.rrethoj, gardhoj.

hurdler['hë:dlë:] *n* vrapues në garat me pengesa.

hurdy['hë:di:] *n amer hist zhrg* kërcimtare(në kampet e minatorëve).

hurdy-gurdy['hë:di'gë:di] *n* organo dore me manivelë.

hurdy-gurdy girl *n* shih **hurdy**.

hurl [hë:l] *v,n* *-vt* 1. hedh, flak. 2. i lëshoj; **hurl abuse/insults at sb** e sulmoj me fyerje dikë.
-n hedhje, flakje.

hurly-burly['hë:li'bë:li] *n* poterë, shamatë.

hurrah[hë'ra:, hë'rë:] *interj,n,v* *interj,n* urra!
-vi brohoras, pres me urra.

hurray[hë'rei] shih **hurrah**.

hurricane ['hërikein] *n* 1. tufan, stuhi, uragan. 2.*fig* stuhi(duartrokitjesh).

hurricane deck *n* kuvertë e sipërme.

hurricane lamp *n* fener.

huried['hëri:d] *adj* 1.i nxituar, i bërë me ngut. 2.i ngutshëm, që s'pret.

hurriedly['hëridli] *adv* me ngut, nxitimthi.

hurry ['hëri] *v,n* *-v* 1.nxitoj, shpejtoj, ngutem. 2.ngus, nxitoj(dikë). 3.përshpejtoj(ngjarjet); **he won't**

be hurried nuk mund ta ngusim; **hurry one's lunch** e ha drekën me ngut.
-*n* ngut, nxitim, ngutje; **be in a hurry** jam me ngut, nxitohem; **are you in a hurry for this?** e ke me ngut këtë? **what's the hurry?** pse nxiton?; pse të ngutemi?, ç'ngut kemi? **he won't do that again in a hurry** nuk e ka aq të lehtë ta bëjë edhe njëherë.
+**hurry along** eci me ngut.
+**hurry away/off** a)iki me nxitim, largohem me shpejtësi; b)dërgoj/nis me ngut.
+**hurry on to** kaloj me shpejtësi në/te.
+**hurry up** a)nxitoj, nxitohem; b)punoj/e bëj me ngut; **hurry him up will you!** thuaji ta bëjë shpejt!
hurry-scurry, hurry-scurry ['hëri'skëri] *n,adj, adv* -*n* hyrja-byrja, tollovi, nxitim i rrëmujshëm.
-*adj,adv* nxitimthi e rrëmujshëm.
hurt[hë:t] *v* (**hurt**) 1.vret, lëndon(këpuca).2.vras, plagos(dorën). 3.kam dhimbje, më dhemb. 4.dëmton, cënon. 5.*fig* prek, lëndoj; **hurt sb's feelings** lëndoj dikë.
-*n* 1.lëndim, plagë, e vrarë. 2.dëmtim, cënim. 3.*attr* a)e vrarë(këmba etj); b)*fig* i lënduar, i prekur.
hurtful['hë:tful] *adj* 1.i dëmshëm, dëmtues. 2.lëndues; prekës.
hurtle['hë:tël] *v,n* -*v* 1.ikën vetëtimthi.2.kalon me poterë/me rropamë(treni); **he hurtled down the stairs** u lëshua si shigjetë teposhtë shkallëve. 3.(**against, together**) përplaset.
-*n* 1.ikje vetëtimthi. 2.rrapëllimë. 3.përplasje.
husband['hʌzbënd] *n,v* -*n* 1.burrë, bashkëshort. 2.*vjet* përgjegjës, administrator.
-*vt* 1.administroj, qeveris me kursim, kursej. 2.*vjet* punoj(tokën); rris(bimë).
husbandly['hʌzbëndli] *adv* si burrë, si bashkëshort.
husbandman['hʌzbëndmën] *n vjet* bujk, fermer.
husbandry['hʌzbëndri] *n* 1.administrim, kursim, ekonomisje. 2.bujqësi, ekonomi bujqësore.
hush[hʌsh] *v,n,interj* -*v* 1.heshit, pushoj. 2.qetësoj, pushoj (fëmijën). +**hush up!** qepe!
-*n* heshtje; qetësi
-*interj* shët! shsht!
+**hush up** a)kaloj në heshtje(një fakt); b)mbyll(një skandal); c) ia qep gojën(dikujt).
hush-hush['hʌsh'hʌsh] *adj gj.fol* i fshehtë, sekret (plan).
hush money *n* ryshfet (për t'i mbyllur gojën dikujt).
husk I [hʌsk] *n,v* -*n* 1. lëvore; lëvozhgë; cipë (e farës, e frutit). 2.byk, gozhutë.
-*vt* zhvesh(orizin); heq lëvoren, qëroj(arrat).
husk II[hʌsk] *n* ngjirje (e zërit).
husky I['hʌski] *adj* 1.i ngjirur(zë). 2.i tharë(fyt). 3. me lëvore. 4. si kashtë. 5. i lidhur, i fuqishëm (person).
husky II ['hʌski] *n* 1. qen eskimez. 2. *amer zhrg*

a)eskimez; b)gjuhë eskimeze.
hussar[huza:] *n* husar, ushtar i kalorësisë së lehtë.
hussy ['hʌsi, 'hʌzi] *n* 1. vajzë e pasjellshme, vajzë e pafytyrë. 2.grua e pacipë; femër e përdalë.
hustings['hʌstingz] *n Br* 1.platformë elektorale. 2.procedurë zgjedhjesh.
hustle ['hʌsël] *v,n* -*v* 1. nxitoj, ngutem. 2.ngus. 3.nxjerr, largoj me ngut. 4.shtyj, ndjek me të shtyra (dikë). 5.*fig* luaj duart, veproj pa humbur kohë. 6. *zhrg* i bëj presion(blerësit).+ **have to hustle things along** duhet të veprojmë më me shpejtësi, duhet të tundemi vendit.
-*n* 1.nxitim, ngutje, ngut. 2.shtyrje, përzënie me të shtyra. 3.*gj.fol* veprime energjike. 4.trazirë.
+**hustle in/out** a) hyj/dal me ngut; b)nxjerr/fus me ngut(dikë).
hustler['hʌslë:] *n* 1.njeri energjik, njeri i veprimit. 2.*zhrg* mashtrues, batakçi. 3.*zhrg* femër e përdalë, zuskë rrugësh.
hut [hʌt] *n* 1. kasolle, kolibe. 2. bun, shtëpizë(në mal). 3.*usht* barakë.
hutch [hʌç] *n,v* -*n* 1. kotec; kafaz (lepujsh etj). 2.arkë, sënduk. 3.raft me xhama, bufe(qelqurinash etj). 4.dollap në mur(për enë).
-*v* 1.vë/mbaj në raft. 2.fus/mbaj në kafaz.
huzza[hë'za:] *interj,n* urra; brohori.
hwan[wan] *n* monedhë koreane, uan.
hyacinth['hajësinth] *n* 1.*bot* zymbyl. 2.*min* hiacint(lloj zirkoni). 3.ngjyrëblu në vjollcë.
hyaline ['hajëlin, hajë'lain] *adj,n* *adj* i xhamtë, qelqor; i tejdukshëm.
-*n* diçka e tejdukshme.
hyalite['hajëlait] *n min* **hialit**(lloj opali).
hyaloid ['hajëloid] *adj* i qelqtë; i tejdukshëm; kristalor.
hybrid['haibrid] *n,adj* -*n* 1.*biol* hibrid. 2.pjellë e përzier.
-*adj* 1.hibrid. 2.me origjinë të përzier.
hybridization [haibride'zeishën] *n* hibridizim, kryqëzim.
hybridize['haibridaiz] *vt* kryqëzoj; krijoj hibride.
hydra['haidrë] *n* 1.*zool* hidër. 2.*mit* hidër, kulçedër. 3.*astr* Hidra(yllësi). 4.*fig* e keqe e vazhdueshme.
hydrangea[hai'dreinxhë] *n bot* luleborë.
hydrant ['haidrënt] *n* hidrant, dalje ujësjellësi mbi tokë.
hydrate['haidreit] *n,v kim* -*n* hidrat, kripë e ujësuar.
-*v* 1.ujësoj, hidratoj. 2.ujësohet, hidratohet.
hydration[hai'dreishën] *n kim* ujësim, hidratim.
hydraulic [hai'dro:lik] *adj* 1.hidraulik; që punon me ujë. 2. e ngurtësueshme në ujë (çimento). 3.hidraulik(inxhinier).
hydraulics[hai'dro:liks] *n* hidraulikë.
hydric['haidrik] *adj* i hidrogjenit; me hidrogjen, i

hidrogjenizuar.

hydro-['haidrou] *pref fjalëformues* 1.hidro, ujor; **hydrometer** ujëmatës, kontator uji. 2.hidrogjeno-, -hidrik; **hydrocloric** klorhidrik.

hydro['haidrou] *n amer* 1.energji elektrike hidrocentralesh, hidroenergji. 2.korent, energji elektrike (për konsumatorët). 3.**Hydro** Kompania e Shpërndarjes së Energjisë Elektrike, "Elektriku".

hydrocarbon[haidrou'ka:bën] *n kim* hidrokarbur.

hydrocephalic,-ous[haidrëse'fælik; haidrou'sefëlës] *adj* i prekur nga hidrocefalia.

hydrocephalus[haidrou'sefëlës] *n mjek* hidrocefali (grumbullim lëngjesh në kafkë, zmadhim i kokës).

hydrochloric[haidrë'klo:rik] *adj kim* klorhidrik.

hydrocyanic[haidrousaj'ænik] *adj kim* cianhidrik.

hydrodynamic [haidroudai'næmik] *adj* hidrodinamik.

hydrodynamics [haidroudai'næmiks] *n* hidrodinamikë.

hydroelectric[haidroui'lektrik] *adj* hidroelektrik.

hydroelectricity [haidrouilek'trisëti] *adj* hidroenergji, energji hidroelektrike.

hydrofluoric [haidrouflu:'orik] *adj kim* fluorhidrik.

hydrofoil[haidrëfoil] *n* 1.fletë e nënujshme(e motoskafit). 2.aliskaf(motoskaf me fletë të nënujshme).

hydrogen['haidrëxhën] *n kim* hidrogjen; **hydrogen peroxide** ujë i oksigjenuar.

hydrogenate ['haidrëxhëneit] *vt* hidrogjenizoj (vajrat bimore).

hydrogenation[haidrëxhë'neishën] *n* hidrogjenizim.

hydrogenize ['haidrëxhënaiz] *vt* shih **hydrogenate.**

hydrography[hai'drogrëfi] *n* 1.hidrografi. 2.sistem ujor(i një rajoni).

hydrolysis[hai'drolësis] *n kim* hidrolizë.

hydropathy[hai'dropëthi] *n mjek* hidropati (mjekim me ujë).

hydrophobia [haidrë'foubië] *n mjek* 1.frikë nga uji, hidrofobi. 2.*mjek* tërbim.

hydroplane['haidrëplein] *n av* hidroplan.

hydrosphere['haidrësfië:] *n* 1.hidrosferë, rezerva ujore e rruzullit tokësor. 2.avulli i ujit në atmosferë.

hydrotherapy[haidrou'therëpi] *n* shih **hydropathy.**

hydrous['haidrës] *adj* e ujësuar(kripë).

hydroxide[hai'droksid,-aid] *n kim* hidroksid(bazë, acid).

hyena[hai'i:në] *n zool* hienë.

Hygeia[hai'xhië] *n mit* perëndesha e shëndetit.

hygiene['haixhi:n] *n* higjienë.

hygienic[hai'xhi:nik, hai'xhenik] *adj* higjenik.

hygroscopic[haigrë'skopik] *adj* lageshtithithës.

Hymen['haimën] *n mit* perëndia i martesës.

hymen['haimën] *n anat* cipë e virgjërisë.

hymeneal[haimë'niël] *adj,n* -*adj* martese, martesor.

-*n* këngë dasme.

hymn[him] *n,v* -*n* himn.

-*v* i thur himne, himnizoj.

hymnal['himnël] *n* libër himnesh fetare.

hymnary['himnëri, 'himneri] shih **hymnal.**

hype[haip] *n,v zhrg* -*n* 1.reklamë e tepruar.2.narkoman.

-*vt* 1.(up) bëj shumë reklamë. 2.eksitoj, nxis; gjallëroj.

hyper ['haipë:] *adj zhrg* i eksituar, që s'e mban vendi.

hyper-['haipë:] *pref fjalëformues* mbi-, tej-, tepër; **hypersensitive** tepër i ndjeshëm; **hypersonic** përtejzanor, supersonik.

hyperacidity [haipërë'sidëti] *n* hiperaciditet, aciditet i tepruar.

hyperactive ['haipë:r'æktiv] *adj* tepër aktiv; me aktivitet të tepruar.

hyperbola[hai'pë:bëlë] *n mat* hiperbolë(vijë gjeometrike).

hyperbole[hai'pë:bëli:] *n let* hiperbolë(figurë letrare).

hyperbolic[haipë:'bolik] *adj* 1.i zmadhuar, i ekzagjeruar, hiperbolik. 2.*mat, let* hiperbolik.

hyperbolically[haipë:'bolikëli] *adv* në mënyrë të ekzagjeruar, hiperbolikisht.

hypercritical[haipë:'kritikël] *adj* kritizer, kritikues me tepri.

hypersensitive[haipë:'sensëtiv] *adj* tepër i ndjeshëm.

hypersonic[haipë:'sonik] *adj* përtejzanor, supersonik (mbi 5 herë më i shpejtë se zëri).

hypertension[haipë:'tenshën] *n mjek* hipertension, tension tepër i lartë.

hypertrophy[hai'pë:trëfi] *n,v mjek* -*n* hipertrofi.

-*vi* rritet tej mase, hipertrofizohet.

hyphen['haifën] *n,v* -*n* vizë ndarëse; vizë lidhëse.

-*vt* shkruaj me vizë ndarëse; lidh me vizë.

hyphenate['haifëneit] *vt* bashkoj me vizë lidhëse; shkruaj me vizë ndarëse.

hypnosis[hip'nousis] *n* hipnozë.

hypnotherapy [hipnou'therëpi] *n mjek* hipnoterapi, mjekim me hipnozë.

hypnotic[hip'notik] *adj,n* -*adj* 1.hipnotik, i hipnozës. 2.i hipnotizueshëm lehtë. 3.gjumësjellës, gjumëndjellës.

-*n* 1.njeri i hipnotizueshëm me lehtësi; person i hipnotizuar. 2.mjet gjumësjellës.

hypnotism['hipnëtizëm] *n* 1.hipnotizim. 2.studim i hipnozës.

hypnotist['hipnëtist] *n* hipnotizues.

hypnotize ['hipnëtaiz] *vt* 1. hipnotizoj. 2.*gj.fol* marr mendtë, hipnotizoj.

hypnotizer['hipnëtaizë:] *n* hipnotizues.
hypo I['haipou] *n kim* kripë fiksuese(në fotografi), hiposulfit.
hypo II['haipou] *n gj.fol* injeksion nën lëkurë.
hypo-['haipë, 'hipë] *pref fjalëformues* nën-, hipo-.
hypocrisy[hi'pokrësi] *n* hipokrizi.
hypocrite['hipëkrit] *n* hipokrit.
hypocritical['hipë'kritikël] *adj* hipokrit; i pasinqertë, i shtirë.
hypodermic[haipë'dë:mik] *adj,n* -*adj* 1.i nënlëkurës, nën lëkurë. 2.për injektime nën lëkurë; i injektuar nën lëkurë.
  -*n* 1.bar i injektuar nën lëkurë. 2.shiringë për injeksione nën lëkurë.
hypophysis [hai'pofësis] *n* hipofizë, gjëndër e hipofizës.

hypotenuse[hai'potëniu:z] *n mat* hipotenuzë.
hypothermia [haipou'thë:mië] *n* hipotermi, temperaturë tepër e ulët e organizmit.
hypothesis[hai'pothësis] *n pl* -**ses**[-si:z] *n* hipotezë; teori.
hypothesize[hai'pothësaiz] *v* 1.ngre një hipotezë. 2.supozoj, hamendësoj.
hypothetic(al)[haipë'thetikël] *adj* 1.hipotetik; i supozuar. 2.i kushtëzuar(pohim). 3.i dhënë pas hipotezave(dijetar).
hysteria[his'tiërië, his'terië] *n* 1.histeri(sëmundje). 2.gjendje histerike.
hysteric[his'terik] *adj,n* -*adj* histerik.
  -*n* histerik, tip histerik.
hysterical[his'terikël] *adj* histerik.
hysterics[his'teriks] *n* gjendje histerike.

I

i, I[ai] *n* i, shkronja e nëntë e alfabetit anglez.
I[fë:st] *adj* i parë.
I[ai] *pers pron* unë; **I'll do it** do ta bëj unë.
iamb['ajæmb] *n let* jamb.
IATA(= **International Air Transport Association**) Shoqëria Ndërkombëtare e Transportit Ajror, SHNTA.
iatrogenic [ajætrë'xhenik] *adj* e shkaktuar nga mjeku/mjekimi(sëmundje).
Iberian[ai'bi:riën] *n,adj* -*n* 1.iberik. 2.gjuhë iberike. 3.spanjol; portugez. 4.*hist* banor i Iberisë së Lashtë(në jug të Kaukazit).
  -*adj* iberik.
ibid.(= *lat* **ibidem**) po aty.
icarian[i'keriën] *adj* i krisur, i pamatur.
ice[ais] *n,adj* -*n* 1.akull.2.kasatë; akullore. 3.krem ëmbëlsire. 4.*zhrg* diamante. 5.*fig* ftohtësi. +**break the ice** *fig* thyej akullin; hedh hapin e parë; **cut no ice** *gj.fol* nuk ka shumë efekt, s'bën shumë përshtypje; **keep sth on ice** e lë mënjanë, e pezulloj (një plan); **skate on thin ice** jam në fije të perit.
  -*adj* akulli, prej akulli; i akullt.
  -*v* 1.ftoh me akull; i vë akull. 2.ngrij, bëj akull. 3.ngrin, bëhet akull. 4.mbuloj me krem (ëmbëlsirën).
+**ice over/up** a)ngrin (lumi); b)vishen me akull (xhamat).
ice age *n gjeol* periudhë e akullnajave.
iceberg ['aisbe:g] *n* ajsberg. +**tip of the iceberg** *fig* maja e ajsbergut.

iceboat['aisbout] *n* 1.varkë me slita. 2.akullthyese (anije).
icebound['aisbaund] *adj* 1.e ngecur në akull(anije). 2.i bllokuar nga akulli(port).
icebox['aisboks] *n* 1.sënduk akulli(për ushqimet). 2.frigorifer.
icebreaker['aisbreikë:] *n* akullthyese(anije).
ice bridge *n* 1.rrugë mbi akull (në liqen etj). 2.urë prej akulli(mbi lumë etj).
icecap['aiskæp] *n* kësulë akulli, mbulesë akulli e përhershme.
ice cream[ais'kri:m] *n* akullore.
ice cube *n* copë akulli(për pijet).
iced[aist] *adj* 1.i ftohur me akull. 2.i mbuluar me akull. 3.i mbuluar me krem.
ice field *n* akullishtë, pllakë e madhe akulli(në det, mbi tokë).
ice fishing *n* peshkim mbi akull (duke hapur një vrimë).
ice hockey *n sport* hokej mbi akull.
icehouse['aishaus] *n* 1.depo akulli. 2.depo ushqimesh të ruajtura në akull. 3.shtëpi me blloqe akulli /dëbore.
Iceland['aislënd] *n gjeog* Islandë.
Icelander['aislændë:] *n* islandez.
iceman['aismën] *n* shitës/shpërndarës akulli.
ice pack *n* 1. masë akujsh notues. 2.qeskë me a-kull (për kompresë).
ice-skate['aisskeit] *vi* rrëshqas mbi akull.
ice storm *n* shi i akullt.

ichor I['aiko:] *n mit* gjak i perëndive.

ichor II['aiko:] *n* lëng plage.

icicle ['aisikël] *n* 1. hell akulli, ehull, akullishtë. 2. *gj.fol* njeri i ftohtë.

icing['aising] *n* krem ëmbëlsirash.

icon, ikon ['aikon] *n* 1. ikonë, konizmë. 2.portret; tablo.

iconoclast [ai'konëklæst] *n* 1. ikonathyes, ikonoklast. 2.*fig* kundërshtues i besimeve/institucioneve ekzistuese.

iconography[aikë'nogrëfi] *n* ikonografi, art i ikonave.

icteric [ik'terik] *n,adj mjek -n* 1. i sëmurë nga verdhëza. 2.ilaç kundër verdhëzës.

-adj ikterik, i verdhëzës.

icterus ['iktërës] *n* 1. *mjek* verdhëz, ikter. 2.*bot* zverdhje(e gjetheve nga të ftohtit etj).

ictus ['iktës] *n* 1.*let* theks i vargut. 2.*mjek* goditje(në tru etj).

icy['aisi] *adj* 1.i akullt. 2.i veshur me akull(xham, rrugë). 3.prej akulli. 4.i ftohtë, i akullt(vështrim etj).

id.(= *lat* idem) si më sipër, njëlloj.

ID Card ['ai'di:ka:d] *n* letërnjoftim; dokument personal identifikimi.

I'd[aid] shkurtim i **I would; I should; I had** .

idea [ai'dië] *n* 1. ide; mendim; opinion. 2.qëllim; plan. 3.hamendje. 4.*pl* njohuri, mendim krijues. +**get ideas into one's head** shkoj me mendjen se, ushqej shpresa të kota; **the very idea!** hajde mendje, hajde!, ç'na the! **what's the big idea?** ç'kujton se po bën? **that's the idea** ja këtu ta kam fjalën; ja, kjo është; **if that's your idea of a joke** mos kujto se na bëre për të qeshur?; shaka e quan këtë?

ideal[ai'di:ël] *n,adj -n* ideal; model i përkryer.

-adj 1.ideal, i përkryer, i përsosur. 2.joreal, imagjinar, ideal(projekt, botë). 3.ëndërrimtar, jopraktik. 4.ideor; ideologjik. +**be ideal for** është i përkryer për.

idealism [ai'diëlizëm] *n* 1. idealizëm. 2.mungesë realizmi.

idealist[ai'diëlist] *n* idealist.

idealistic[aidië'listik] *adj* 1.idealist.2.jorealist, jopraktik(person).

idealistically[aidië'listikëli] *adv* në mënyrë idealiste, me idealizëm.

ideality[aidi'ælëti] *n* 1.të qenët ideal; përsosmëri. 2.aftësi idealizuese. 3.diçka ideale/imagjinare.

idealization [aidiëlai'zeishën, ai'diëli'zeishën] *n* idealizim.

idealize[ai'diëlaiz] *vt* idealizoj.

ideally[ai'diëli] *adv* 1.në mënyrë të idealizuar; teorikisht, në teori. 2.në mënyrë ideale; përsosmërisht.

ideation[aidi'eishën] *n* ideim, konceptim; formim idesh.

idem['aidem, 'idem] *pron,adj* po ai, i njëjti.

identic(al) [ai'dentik(ël)] *adj* 1. i njëjtë; identik, i njënjëshëm. 2.nga e njëjta vezë(binjakë).

identically[ai'dentikli] *adv* identikisht, krejt njëlloj.

identification [ai'dentifi'keishën] *n* 1.identifikim; njëjtësim. 2.dokument identifikimi, dokument personal.

identify[ai'dentifai] *v* 1.identifikoj; njëjtësoj.2.quaj të njëjtë, vë shenjën e barazimit. 3.(with) lidhem (me), përfshihem(në).

identikit[ai'dentikit] *n* identikit, skicë e përafërt (e fytyrës së kriminelit).

identity[ai'dentëti] *n* 1.identitet, të qënit vetja jote; **conceal one's identity** fshihem pas një emri tjetër. 2.ngjashmëri e plotë, njëjtësi; **identity of interests** interesa të njëjta. 3.*mat* identitet. +**a case of mistaken identity** gabim identifikimi.

identity card *n* letërnjoftim.

identity disc *n* pllakëz identifikimi, numër për njohje; medalion(i ushtarit).

identity papers *n* dokumente identifikimi.

identity parade *n amer* seancë identifikimi(e një personi të dyshimtë, duke e ballafaquar me një varg personash).

ideogram['idiëgræm] *n* ideogram; hieroglif.

ideograph['idiëgræf] *n* shih **ideogram.**

ideological[aidië'loxhëkël] *adj* ideologjik.

ideologically[aidië'loxhikëli] *adv* ideologjikisht.

ideologue['aidiëlog, 'idiëlog] *n* ideolog.

ideologist[aidi'olëxhist] *n* ideolog.

ideology[aidi'olëxhi, 'idi'olëxhi] *n* ideologji.

idiocy ['idiësi] *n* 1. *mjek* idiotësi. 2. veprim prej idioti. 3. marrëzi, budallallëk.

idiolect ['idioulekt] *n* dialekt, mënyrë të foluri(e një personi).

idiom['idiëm] *n* 1.shprehje(idiomatike), idiomë. 2.e folme, dialekt. 3.mënyrë të foluri, gjuhë(e vendit); **in the French idiom** në gjuhën frënge.

idiomatic[idië'mætik] *adj* idiomatik.

idiosyncrasy[idië'sinkrësi] *n* veçanti, origjinalitet, shije personale.

idiot['idiët] *n* 1. idiot. 2. budallë, hajvan; **he was an idiot to refuse**...ai u tregua budallë që nuk pranoi...

idiotic[idi'otik] *adj* idiot, prej idioti.,

idiotically [idi'otikëli] *adv* si idiot; si hajvan; me idiotësi.

idle['aidël] *adj,v -adj* 1.i plogët, dembel, përtac. 2.që s'punon, e ndalur(makinë). 3.i papunë(njeri). 4.bosh, i kotë(kërcënim, dëfrim).

-v 1.rri kot; rri pa punë. 2.punon bosh(makina). 3.(away) çoj dëm, e shkoj kot(kohën). 4.lë pa punë (dikë). +**in one's idle moments** në kohën e lirë.

idleness['aidëlnis] *n* 1.përtaci; plogështi, limonti. 2.papunësi.

idler['aidlë:] *n* 1.përtac, dembel.2.*tek* mekanizëm i nxjerrjes në regjim pune pa ngarkesë. 3.rrotë /ingranazh që lëviz bosh(pa ngarkesë).

idle wheel *n tek* ingranazh ndërmjetës, ingranazh transmetues.

idly['aidli] *adv* me përtaci; më nge; **stand idly by** rri duarkryq.

idol['aidël] *n* 1.idhull, perëndi i rremë.2.*fig* idhull, objekt adhurimi.

idolater[ai'dolëtë:] *n* 1.idhulltar. 2.adhurues.

idolatry[ai'dolëtri] *n* 1.idhulltari. 2.adhurim.

idolize ['aidëlaiz] *vt* 1. hyjnizoj, e bëj idhull. 2.adhuroj.

idyl(l)['aidël, 'idël] *n* 1.*let* idil. 2.*fig* idil, roman dashurie. 3.jetë e lumtur.

idyllic[ai'dilik, i'dilik] *adj* idilik.

i.e.(*lat* id est) dmth, pra, që do të thotë.

if[if] *conj,n -conj* 1.në qoftë se, nëse, po qe se, në rast se. 2.nëse; **I wonder if he will go** nuk di nëse do të shkojë. 3.edhe pse, sidoqë; **I am determined to do it if it takes all week** jam i vendosur ta bëj, sidoqë mund të(pa le të) më hajë gjithë javën. 4.sa herë që, kurdo që; **if we are in Albania, we always go to the Riviera** sa herë shkojmë në Shqipëri, gjithmonë shkojmë edhe në Rivierë. +**as if** sikur, thua se; **as if by chance** si rastësisht; **if not** përndryshe; **if only** qoftë edhe; **if only for a few minutes** qoftë edhe vetëm për disa minuta; **if only I could** sikur të mundja, veç të kisha mundësi; **if so** po të jetë kështu.

-n kusht; pikëpyetje; sikur; **there are a lot of ifs and buts** janë shumë sikur-e dhe por-e; **it isn't as if they were poor** jo se janë të varfër; **it's/that's a big if** është me shumë pikëpyetje.

iffy['ifi] *adj gj.fol* 1.ngurrues, i pavendosur.2.i pasigurt, me rrezik; **an iffy proposition** një propozim me rrezik.

igloo['iglu:] *n* banesë eskimeze, shtëpi prej bore.

igneous['igniës] *adj* 1.zjarri, i zjarrit. 2.*gjeol* vullkanik(shkëmb).

ignite [ig'nait] *v* 1. ndez; i vë zjarr. 2.nxeh fort. 3.ndizet, merr flakë.

igniter[ig'naitë:] *n* ndezës.

ignition[ig'nishën] *n* 1.ndezje; vënie zjarri. 2.marrje flakë. 3.ndezje(e makinës); **switch on the ignition** luaj/shtyp çelësin/butonin e ndezjes; **ignition key** çelësi i ndezjes. 4.pajisje ndezëse(e raketës).

ignoble [ig'noubël] *adj* 1. i ulët, i poshtër, i përbuzshëm. 2.e thjeshtë, e sërës së ulët(familje).

ignominious[ignë'miniës] *adj* 1.i turpshëm, çnderues, poshtërues. 2.i përbuzshëm.

ignominy['ignëmini] *n* 1.turpërim, çnderim, poshtërim. 2.sjellje e turpshme.

ignoramus[ignë'reimës] *n* injorant; i paditur.

ignorance['ignërëns] *n* injorancë; padituri.

ignorant['ignërënt] *adj* 1.injorant; i paditur.2.nga paditುria; prej injoranti(vërejtje). 3.në padijeni; **be ignorant of (sth)** a)jam i paditur(në një fushë); b)nuk kam dijeni për(një fakt).

ignore[ig'no:] *vt* 1.nuk përfill, injoroj. 2.nuk marr parasysh, mbyll sytë përpara (diçkaje).

iguana[i'gwa:në] *n zool* iguanë(hardhucë gjigande).

ikon['aikon] *shih* **icon**.

iktas['ikta:s] *n amer* sende, gjëra , plaçka.

il-[il] *pref* jo-,i-; **illegal** joligjor, ilegal.

ileum['iliëm] *n anat* ileum, pjesa e poshtme e zorrës së hollë.

ilex['aileks] *n bot* ashe.

iliac['iliæk] *adj anat* çapokor, i çapokut.

Ilion['iliën] *n poet* Troja e lashtë.

ilium['iliëm] *n anat* çapok.

Ilium['iliëm] *n poet* Troja e lashtë.

ilk[ilk] *adj,n -adj vjet* i njëjti.

-n gj.fol lloj, soj; **of that ilk** a)i të njëjtit vend; b)me të njëjtin emër; c)i po atij lloji.

ill[il] *adj,n,adv -adj* 1.i sëmurë. 2.i keq,i dëmshëm; **an ill deed** punë e keqe. 3.e mbrapshtë, e kundërt(erë). 4.i ashpër; i pashpirt. +**ill at ease** në siklet; **fall/be taken ill** bie i sëmurë, sëmurem.

-n 1.sëmundje. 2.e keqe; dëm; shqetësim, telash.

-adv 1. keq, në mënyrë të dëmshme.2. mbrapsht, ters; **fare ill** s'më ecën, më shkon ters. 3.keq, me fjalë të këqia; **speak/think ill of sb** flas/mendoj keq për dikë. 4.me vështirësi, me zor; **we can ill afford to lose him/to buy it** nuk na lejohet ta humbasim atë njeri; nuk i kemi mundësitë për ta blerë. +**take ill** sëmurem; bie i sëmurë; **take sth ill** e marr për keq diçka, fyhem.

I'll[ail] = **I will**.

ill.(=**illustration; illustrated**) ilustrim; i ilustruar.

ill-advised ['ilëdvaizd] *adj* i pamenduar, i papeshuar, i papjekur(plan, vërejtje).

ill-bred['ilbred] *adj* i paedukuar, i paedukatë, i pasjellshëm; i pagdhendur.

ill breeding *n* mungesë edukate, sjellje e keqe; vrazhdësi.

ill-considered['ilkën'sidë:d] *adj* i papeshuar, i pamenduar; i papërshtatshëm.

ill-defined['ildi'faind] *adj* i paqartë, i papërcaktuar mirë; i turbullt.

ill-disposed['ildis'pouzd] *adj* jomiqësor, jomirëdashës; keqdashës; **be illdisposed towards sb** e kam zët/me sy të keq dikë.

illegal[i'li:gël] *adj* 1. i paligjshëm; ilegal. 2. i ndaluar(veprim).

illegality [ili'gælëti] *n* 1. paligjshmëri, të qenët i paligjshëm. 2.veprim i kundërligjshëm, kundërvajtje.

illegally [i'li:gëli] *adv* kundër ligjit, në mënyrë të paligjshme.

illegibility [ilexhë'bilëti] *n* palexueshmëri, padeshifrueshmëri.

illegible[i'lexhëbël] *adj* i palexueshëm, i pakuptueshëm(shkrim).

illegitimacy[ilë'xhitimësi] *n* paligjshmëri, të qenët

i paligjshëm.

illegitimate[ilë'xhitimët] *adj* 1.i paligjshëm(fëmijë); jashtë martese. 2.i kundërligjshëm, i paligjshëm (veprim). 3.i palogjikshëm.

ill fame *n* nam i keq.

ill-fated['il'feitid] *adj* 1.i pafat, fatkeq. 2.ogurzi, i mbrapshtë, i zi.

ill-favoured ['il'feivë:d] *adj* 1.i shëmtuar, i pahijshëm. 2.i pakëndshëm.

ill feeling *n* 1.mëri, mllef. 2.mosbesim.

ill-fitting['il'fiting] *adj* që nuk rri mirë(rrobë).

ill-founded['il'faundid] *adj* 1.i pabazuar, pa bazë (dyshim). 2.pa baza të shëndosha, i pakonsoliduar (besim).

ill-gotten['il'gotën] *adj* i pandershëm(fitim).

ill health *n* shëndet i keq.

ill humo(u)r *n* humor i keq, gjendje shpirtërore e keqe.

ill-humo(u)red ['il'hju:më:d] *adj* zemërak; i pakëndshëm.

illiberal[i'libërël] *adj* 1.mendjengushtë, i ngushtë; me paragjykime. 2.dorështërnguar, kurnac. 3.i pakulturuar; i paedukuar.

illicit[i'lisit] *adj* 1.i ndaluar, i palejueshëm. 2.i paligjshëm, i jashtëligjshëm, i kundërligjshëm.

illicitly [i'lisitli] *adv* 1.në mënyrë të palejueshme. 2.në mënyrë të paligjshme.

illimitable[i'limitëbël] *adj* i pakufishëm, i pafund, i paanë.

illimatably[i'limitëbli] *adv* pa kufi; në mënyrë të pakufizuar.

illiteracy [i'litërësi] *n* 1. anafalbetizëm. 2. dobësi drejtshkrimore.

illiterate [i'litërit] *adj,n* -*adj* 1. analfabet; i pashkollë. 2.me dobësi drejtshkrimore(nxënës). 3.pa kulturë(shkrim).

-*n* analfabet; njeri pa shkollë.

ill-judged ['ilxhʌxhd] *adj* i pamenduar, i papeshuar; i nxituar(vendim).

ill-mannered['il'mænë:d] *adj* i pasjellshëm; i paedukuar; i pagdhendur.

ill nature *n* vrazhdësi, ashpërsi; inat; mëri.

ill-natured['il'neiçë:d] *adj* i ashpër, i vrazhdë; zemërak.

illness['ilnis] *n* 1.sëmundje. 2.gjendje e keqe shëndetësore.

illogical [i'loxhëkël] *adj* 1.i palogjikshëm, jashtë logjikës. 2.i paarsyeshëm, pa vend.

illogically[i'loxhikëli] *adv* pa logjikë; pa arsye.

ill-omened['il'oumënd] *adj* 1.ogurzi. 2.fatkeq.

ill-spent ['ilspent] *adj* i shpërdoruar, i harxhuar kot.

ill-starred['il'sta:d] *adj* 1.i pafat, fatkeq. 2.shkatërrimtar.

ill-suited['il'sju:tid] *adj* 1.i pagoditur, që nuk shkojnë(çift). 2.i papërshtatshëm(për diçka).

ill temper *n* shih **ill nature**.

ill-tempered['il'tempë:d] *adj* shih **ill-natured**.

ill-timed ['il'taimd] *adj* i papërshtatshëm; i pakohë; i pavend.

ill-treat[il'tri:t] *vt* keqtrajtoj; keqpërdor.

ill treatment *n* keqtrajtim; keqpërdorim.

ill turn *n* 1.veprim keqdashës. 2.kthesë për keq, keqësim.

illume[i'lu:m] *poet* shih **illuminate**.

illuminant[i'lu:minënt] *adj, n* ndriçues.

illuminate [i'lu:mineit] *vt* 1. ndriçoj, i jap dritë. 2.sqaroj, ftilloj, ndriçoj(një çështje). 3.zbukuroj me drita. 4.zbukuroj, ilustroj(librat). 5.mësoj, i ndriçoj mendjen. 6.bëj të shquar.

illumination[ilu:mi'neishën] *n* 1.ndriçim. 2.ditë. 3.sqarim, ftillim, ndriçim(i një çështjeje). 4.zbukurim me drita(i rrugëve etj). 5.ilustrim, zbukurim(i librave). 6.*fig* ndriçim i mendjes, zdritje.

illuminative[i'lu:minëtiv, i'lu:mëneitiv] *adj* ndriçues.

illuminator[ilu:më'neitë:] *n* 1. ndriçues. 2.pajisje ndriçimi.

illumine[i'lu:min] *vt* 1.ndrit, ndriçoj. 2.*fig* feks, gjallëron, ndrit(buzëqeshja fytyrën).

ill-usage['il'ju:sixh, -'ju:zixh] *n* keqtrajtim; trajtim mizor.

ill-use[*v* il'ju:z; *n* 'il'ju:s] *v,n* -*vt* keqtrajtoj; trajtoj mizorisht.

-*n* keqtrajtim; trajtim mizor.

illusion [i'lu:zhën] *n* 1. iluzion; **optical illusion** iluzion optik. 2.shpresë e kotë, gënjim i vetes; **be under an illusion** gënjej veten, ushqej një shpresë të kotë; kujtoj, kam përshtypjen se.

illusionist[i'lu:zhënist] *n* 1.iluzionist, prestigjator, mjeshtër lojërash shpejtësie. 2.njeri me iluzione, ëndërrimtar.

illusive[i'lu:siv] *adj* iluzor, i rremë, i gënjeshtër, bosh.

illusively[i'lu:sivli] *adv* në mënyrë të gënjeshtër.

illusory[i'lu:sëri] *adj* shih **illusive**.

illustrate ['ilëstreit] *vt* 1. ilustroj, sqaroj (me shembuj). 2.ilustroj, pajis me ilustrime(vizatime).

illustration[ilës'treishën] *n* 1.ilustrim, figurë, skicë. 2.shpjegim, sqarim me shembuj, konkretizim. 3.ilustrim, pajisje me ilustrime.

illustrative [i'lʌstrëtiv, ilës'treitiv] *adj* ilustrues; sqarues, shpjegues, konkretizues.

illustrator['ilëstreitë:] *n* ilustrues(librash etj).

illustrious [i'lʌstriës] *adj* i famshëm, i shquar, i ndritur; **an illustrious deed** vepër e ndritur.

ill will *n* keqdashje; armiqësi; urrejtje.

Illyria[i'lirië] *n gjeog,hist* Iliri.

Illyrian[i'liriën] *adj,n* ilir.

I'm[aim] shkurtim i **I am**.

im- [im] *pref* jo-, pa-, im-; **immobility** palëvizshmëri; **immoral** imoral.

image['imixh] *n,v* -*n* 1.shembëlltyrë, shembëllim, figurë; pasqyrim; **mirror image** shembëllim në pasqyrë; **be the very/the spiting image of sb** jam kopje e dikujt. 2.përfytyrim, imazh, ninëz. 3.shëmbëllesë, figurë; portret; shatore. 4.*let* figurë letrare. 5.*fot,tv* figurë, shembëllim. 6.personalitet, figurë publike. 7.imazh(i një vendi). -*vt* 1.përfytyroj; marr me mend; imagjinoj. 2.pasqyron. 3.përshkruaj, paraqes.

imagery['imixhri] *n* 1.shembëlltyrë, figurë, gjë e imagjinuar. 2.gjuhë e figurshme. 3.portrete; shatore.

imaginable[i'mæxhinëbël] *adj* i përfytyrueshëm, i imagjinueshëm; i mundshëm.

imaginary [i'mæxhinëri] *adj* imagjinar, i përfytyruar; joreal.

imagination [imæxhë'neishën] *n* 1. imagjinatë, fantazi; përfytyrim. 2.pjellë e fantazisë; **it's all in your imagination** është thjesht pjellë e imagjinatës tënde; **use your imagination!** hë, vrite pak mendjen!; përdor ca fantazi!

imaginative[i'mæxhënëtiv, i'mæxhëneitiv] *adj* 1. imagjinar, i përfytyruar. 2.me fantazi(njeri).

imagine[i'mæxhën] *vt* 1. përfytyroj, imagjinoj. 2.hamendësoj, supozoj, marr me mend. 3.mendoj, kujtoj; **she imagined sb was watching her** ajo kujtonte se dikush po e vëzhgonte.

imam[i'ma:m] *n* imam; hoxhë.

imbalance [im'bælëns] *n* 1. çekuilibër, mungesë ekuilibri.2.*mjek* mosbalancim(i aktivitetit muskular).

imbalm[im'bom, im'ba:m] *vt* balsamoj.

imbecile['imbësil] *adj,n* 1.i metë; budalla. 2.teveqel, torollak; pa mend; **an imbecile question** një pyetje idiote.

imbecility[imbë'silëti] *n* 1.*mjek* të qenët i metë. 2.gomari, marrëzi, budallallëk.

imbed[im'bed] *vt* shih **embed**.

imbibe[im'baib] *vt* 1.pi. 2.thith(bima ujin). 3.*fig* ngulis në mendje, përvetësoj.

imbricate[*v* 'imbrëkeit; *adj* 'imbrëkit] *v,adj* -*vi* vihen mbi njëra -tjetrën, shkelin(tjegullat). -*adj* si tjegulla; të mbuluara pjesërisht nga njëra-tjetra.

imbricated['imbrëkeitid] *adj* të mbuluara pjesërisht nga njëra-tjetra.

imbroglio[im'brouljou] *n* 1.gjendje e vështirë, gjendje e ndërlikuar. 2.keqkuptim; ngatërresë, lëmsh.

imbrue[im'bru:] *vt* njollos, lyej, zhyej.

imbue [im'bju:] *vt* 1. mbush (mendjen e dikujt). 2.nginj, mbush me lagështi. 3.zhys në bojë, ngjyej.

IMF(= **International Monetary Fund**) *n* FMN, Fondi Monetar Ndërkombëtar.

imitable['imitëbël] *adj* i imitueshëm, i përgjasueshëm.

imitate['imëteit] *vt* 1.imitoj, shkërbej, përgjasoj; kopjoj(shkrimin etj). 2.gjasoj, dukem si; **plastic often imitates wood** shpesh materialet plastike

duken si dru.

imitation[imë'teishën] *n* 1.imitim, shkërbim.2.kopjim, riprodhim; falsifikim. 3.*attr* artificial, imitacion; **imitation leather** imitacion lëkure.

imitative['imëteitiv] *adj* 1.imitues, imitativ. 2.joreal.

imitator['imëteitë:] *n* imitues.

immaculate [i'mækjulit] *adj* 1.i panjollë, i papërlyer, krejt i pastër. 2.i patëmetë; i paqortueshëm. 3.i pamëkatë. 4.*biol* pa pikëla, pa lara.

Immaculate Conception *n fet* Ngjizja e Papërlyer.

immanent['imënënt] *adj* imanent; i brendshëm.

immaterial [imë'tiëriël] *adj* 1. i parëndësishëm; i papërfillshëm. 2.jomaterial; shpirtëror; jolëndor.

immature[imë'çuë:] *adj* 1.i papjekur, i paarrirë, i pabërë. 2.*fig* i papjekur. 3.i parakohshëm. 4.i pazhvilluar, i parritur.

immaturity[imë'çu:rëti] *n* papjekuri(edhe *fig*).

immeasurable [i'mezhërëbël] *adj* i pamatë, i pamatshëm, i pafund.

immediacy[i'mi:diësi] *n* 1.menjëhershmëri, karakter i menjëhershëm. 2.rëndësi e menjëhershme.

immediate [i'mi:diët] *adj* 1. i menjëhershëm. 2 .i drejtpërdrejtë, direkt; **in immediate contact** në kontakt të drejtpërdrejtë. 3.më i afërt, ngjitur; **my immediate neighbour** fqinji ngjitur me mua. 4.i tanishëm, i sotëm(projekt etj).

immediately [i'mi:diëtli] *adv,conj* -*adv* 1. menjëherë; pa vonesë; fill. 2.ngjitur, pa gjë ndërmjet. 3.drejtpërdrejt, drejtpërsëdrejti.

-*conj* sapo.

immedicable[i'medikëbël] *adj* 1.i pashërueshëm. 2.*fig* i pandreqshëm.

immemorial ['imë'mo:riël] *adj* i stërlashtë, që s'mbahet mend. +**from time immemorial** që kur s'mbahet mend; gjysh stërgjysh, denbabaden.

immense[i'mens] *adj* 1.i pafund, i paanë; vigan; shumë i madh. 2.*zhrg* shumë i mirë, i shkëlqyer.

immensely[i'mensli] *adv* pafundësisht; tepër shumë, jashtëzakonisht, tejet; pa masë.

immensity[i'mensëti] *n* 1.pafundësi. 2.hapësirë e pafund. 3.mori.

immerge[i'më:xh] *v* shih **immerse**.

immerse [i'më:s] *vt* 1. zhys. 2. pagëzoj (duke e zhytur në ujë). 3.*fig* thëthin(në punë); zhys(në borxhe).

immersed[i'më:sd] *adj* 1.i zhytur. 2.*fig* i zhytur, i kredhur.

immersible[i'më:sëbël] *adj* që mund të zhytet pa dëm, i zhytshëm(në ujë etj).

immersion[i'më:zhën] *n* 1.zhytje. 2.pagëzim.

immersion heater *n* shufër elektrike(për ngrohje uji).

immigrant['imëgrënt] *n,adj* -*n* imigrant, ardhës, i ardhur.

-*adj* i ardhur, imigrues.
immigrate['imëgreit] *vi* imigroj, vij(në një vend).
immigration[imë'greishën] *n* 1.imigrim.2.imigrantë.
imminence['imënëns] *n* 1.afërsi, të qenët i afërt (në kohë). 2.kërcënim, rrezik i afërm; pashmangshmëri.
imminent['imënënt] *adj* 1.i afërt, i shpejtë. 2.kërcënues, i pashmangshëm.
imminently['imënëntli] *adv* 1.shumë shpejt, së afërmi. 2.pashmangshmërisht.
immiscible[i'misëbël] *adj* i përzieshëm.
immobile [i'moubil, -bail] *adj* 1. i paluejtshëm, i fiksuar. 2.i palëvizshëm, që s'lëviz. 3.i pandryshueshëm.
immobility[imou'bilëti] *n* palëvizshmëri.
immobilize [i'moubilaiz] *vt* ngujoj, bllokoj, gozhdoj.
immoderate[i'modërit] *adj* 1.i tepruar. 2.i papërmbajtur; i papërkorë.
immoderately[i'modëritli] *adv* 1.me tepri.2.pa u përmbajtur, pa masë.
immoderateness [i'modëreitnis] *n* 1. teprim. 2. mospërmbajtje.
immodest[i'modist] *adj* 1.i pacipë. 2.mburracak, i fryrë.
immodesty[i'modisti] *n* 1.mungesë modestie; pacipësi. 2.mburrje, fryrje.
immolate[i'mouleit] *vt* 1.flijoj, bëj fli.2.sakrifikoj.
immolation[imë'leishën] *n* flijim, fli.
immolator['imëleitë:] *n* flijues.
immoral [i'mo:rël] *adj* 1. imoral, i pamoralshëm. 2.i keq, i gabuar(veprim).
immorality[imë'rælëti] *n* 1.imoralitet.2.ves.3.veprim i pamoralshëm.
immortal[i'mo:tël] *adj,n* -*adj* 1.i pavdekshëm; i përhershëm. 2.hyjnor. 3.i paharrueshëm.
-*n* 1.njeri i pavdekshëm. 2.*pl* perënditë.
immortality[imo:'tælëti] *n* 1.pavdekësi, pavdekshmëri, përjetësi. 2.famë e përhershme.
immortalize[i'mo:tëlaiz] *vt* përjetësoj, bëj të pavdekshëm.
immovability[imu:vë'bilëti] *n* palëvizshmëri; patundshmëri.
immovable[i'mu:vëbël] *adj,n* -*adj* 1.i paluejtshëm; i patundshëm. 2.i palëvizshëm, që s'lëviz. 3.i paepur, i patundur, i papërkulur. 4.i pandjeshëm, i pashpirt.
-*n pl* pasuri e patundshme/e paluejtshme.
immune[i'mju:n] *adj* 1.(**to, from, against**) i imunizuar. 2.i shkarkuar, i liruar, i përjashtuar(nga një detyrim).
immunity [i'mju:nëti] *n* 1.*mjek* imunitet. 2.përjashtim, shkarkim, lirim. 3.paprekshmëri, imunitet (diplomatik).
immunization[imjunai'zeishën] *n* imunizim.

immunize['imjënaiz] *vt mjek* imunizoj.
immure[i'mju:ë:] *vt* 1.burgos, rras brenda.2.mbyll brenda.
immutability[imju:të'bilëti] *n* pandryshueshmëri.
immutable[i'mju:tëbël] *adj* i pandryshueshëm.
immutably[i'mju:tëbli] *adv* në mënyrë të pandryshueshme.
imp[imp] *n* 1.djallush. 2.shejtan kalama.
impact[*n* 'impækt; *v* im'pækt] *n,v* -*n* 1.ndeshje, përplasje. 2.efekt; ndikim i fuqishëm; përshtypje e fortë(e një libri etj).
-*vt* rras, ngjesh, fus.
impacted[im'pæktid] *adj* 1.i fiksuar, i bllokuar; i ngulitur. 2.i ngjeshur, i rrasur.
impair[im'peë:] *vt* keqësoj; dëmtoj; dobësoj.
impaired [im'peë:d] *adj* 1. *drejt* jo në gjendje, i paaftë. 2.i dëmtuar; i dobësuar(shikim etj).
impaired driving *n amer* ngarje (e makinës) në gjendje aftësie jo të plotë.
impairment[im'peë:mënt] *n* 1.dëmtim.2.dëm; cënim.
impale[im'peil] *vt* 1.shpoj, çaj.2.ngul me pineskë (miza, flutura). 3.ndëshkoj me ngulje në hell. 4.*fig* gozhdoj.
impalpable [im'pælpëbël] *adj* 1.i paprekshëm, i pandjeshëm(me prekje). 2.*fig* i pakapshëm, i pakuptueshëm.
impanel[im'pænël] *vt* 1. vë në listë. 2.përzgjedh (jurinë).
imparadise[im'pærëdais] *vt* 1.çoj në parajsë, lumturoj. 2.shndërroj në parajsë.
impart[im'pa:t] *vt* 1.jap; **impart an air of elegance** i jap një paraqitje elegante. 2.them, kumtoj, bëj të njohur.
impartial[im'pa:shël] *adj* i paanshëm; i drejtë.
impartiality[impa:shi'ælëti] *n* paanësi, objektivitet.
impassability [impæsë'bilëti] *n* pakalueshmëri, pamundësi kapërcimi.
impassable[im'pæsëbël] *adj* i pakalueshëm; i pakapërceyeshëm.
impasse [im'pæs] *n* 1.rrugë pa krye, rrugë qorre. 2.*fig* gjendje pa rrugëdalje, rrugë pa krye.
impassibility[im'pæsëbilëti] *n* 1.gjakftohtësi.2.pandjeshmëri, mungesë ndjenjash.
impassible [im'pæsëbël] *adj* 1.gjakftohtë. 2.i pandjeshëm. 3.i pacënueshëm.
impassioned[im'pæshënd] *adj* i flaktë, i zjarrtë, i pasionuar; **impassioned speech** fjalim i zjarrtë.
impassive [im'pæsiv] *adj* 1. i paemocionuar; pa shprehje(fytyrë). 2.i qetë, gjakftohtë; apatik. 3.i pandjeshëm.
impasto [im'pa:stou] *n* pikturim me shtresa të trasha boje.
impatience[im'peishëns] *n* padurim.
impatient [im'peishënt] *adj* 1. i paduruar(**to do**

sth) . 2.në ankth, që s'i pritet. 3.e nxituar(përgjigje).
+impatient of që nuk duron; që nuk pranon;
mosdashës.
impatiently[im'peishëntli] *adv* pa durim, me pa-
durim.
impeach [im'pi:ç] *vt* 1. vë në dyshim; **impeach
sb's character** vë në dyshim karakterin e dikujt. 2.
padis, akuzoj. 3.gjykoj (një nënpunës) për shpër-
dorim.
impeachable[im'pi:çëbël] *adj* 1.i akuzueshëm.2.i
diskutueshëm, që mund të vihet në dyshim.
impeachment[im'pi:çmënt] *n* 1.vënie në dyshim.
2.paditje, nxjerrje para gjyqit.
impeccability[impekë'bilëti] *n* përsosuri.
impeccable[im'pekëbël] *adj* 1.pa cen, i patëmetë.
2.i pamëkatë, i panjollë, i paqortueshëm.
impecunious[impi'kju:niës] *adj* i varfër, pa para,
xhepshpuar.
impedance[im'pi:dëns] *n el* impedancë, rezisten-
cë e dukshme.
impede[im'pi:d] *vt* pengoj, nxjerr pengesa.
impediment[im'pedimënt] *n* 1.pengesë; bllokim.
2.cen, e metë(në të folur). 3.*drejt* pengesë për lidhje
martese.
impedimenta[impedi'mentë] *npl* 1.pajisje, mate-
riale udhëtimi. 2.plaçka, bagazhe. 3.*drejt* pengesa
ligjore.
impel[im'pel] *vt* 1.nxit, shtyn, detyron.2.shtyj,çoj,
lëviz.
impellent[im'pelënt] *adj,n* -*adj* shtytës, nxitës,
detyrues; lëvizës.
-*n* forcë shtytëse; shtytës(person).
impeller[im'pelë:] *n* 1.shtytës; forcë shtytëse. 2.
fletë helike; helikë pompe.
impend[im'pend] *vi* 1.afrohet, përgatitet(të ndo-
dhë). 2.kërcënon, rri mbi krye, vjen rrotull(një
rrezik).
impendent[im'pendënt] *adj* shih **impending**.
impending[im'pending] *adj* 1.i afërt, që pritet, që
vjen rrotull. 2.kërcënues, i pashmangshëm. 3.që rri
varur mbi kokë(shkëmb).
impenetrability[impenëtrë'bilëti] *n* papërshkue-
shmëri.
impenetrable[im'penëtrëbël] *adj* 1.i papërshku-
eshëm, i padepërtueshëm; i pakalueshëm(pyll). 2.*fig*
i pakuptueshëm, i padeshifrueshëm, i pazbërthye-
shëm. 3.*fig* i mbyllur, i pandikueshëm(person).
impenitence[im'penitëns] *n* mospendesë.
impenitent[im'penitënt] *adj* i papenduar, që nuk
pendohet.
imperative[im'perëtiv] *adj,n* -*adj* 1.i domosdo-
shëm. 2.urgjent. 3.esencial, thelbësor. 4.urdhërues,
komandues(ton). 5.*gram* urdhërore.
-*n* 1.porosi; urdhër. 2.*gram* a)mënyrë urdhërore;
b)folje në urdhërore.
imperator [impë'reitë:] *n* 1. sundimtar suprem.

2.*hist* a)gjeneral fitimtar; b)perandor.
imperceptible [impë:'septëbël] *adj* 1. i pandje-
shëm, i padukshëm; shumë i lehtë; gradual. 2.i
paperceptueshëm.
imperceptibly [impë:'septëbli] *adv* në mënyrë të
pakapshme.
imperfect [im'pë:fikt] *adj,n* -*adj* 1.i papërkryer;
me të meta; i papërsosur; i mangët. 2.i paplotë.
3.*gram* e pakryer(kohë).
-*n gram* (kohë) e pakryer; folje në të pakryerën.
imperfection [impë:'fekshën] *n* 1. papërsosuri,
mospërkryerje. 2.cen, e metë; defekt.
imperforate[im'pë:fërit, - fëreit] *adj* pa vrima.
imperial [im'pi:riël] *adj,n* -*adj* 1. perandorak.
2.madhështor, i madhërishëm; suprem.3.më i madh;
më i mirë. 4.britanik(sistem masash).
-*n* 1.mjekërr. 2.format letre 58,4 x 78,7 cm.
imperial gallon *n* gallon britanik(= 4.55 l).
imperialism[im'pi:riëlizëm] *n* imperializëm.
imperialist[im'pi:riëlist] *n,adj* imperialist.
imperialistic[impi:rië'listik] *adj* imperialist.
imperil[im'peril] *vt* vë në rrezik, rrezikoj.
imperious[im'pi:riës] *adj* 1.arrogant, autoritar,
urdhërues, dominues. 2.i ngutshëm, urgjent, i do-
mosdoshëm.
imperiously [im'pi:riësli] *adv* me autoritet, me
arrogancë.
imperishability[imperishë'bilëti] *n* pavdekshmë-
ri; pashkatërrueshmëri.
imperishable[im'perishëbël] *adj* i pavdekshëm; i
pashkatërrueshëm.
imperium[im'pi:riëm] *n* 1.sundim, pushtet.2.*drejt*
autoritet shtetëror.
impermanence[im'pë:mënëns] *n* përkohshmëri.
impermanent[im'pë:mënënt] *adj* i përkohshëm.
impermeability[impë:mië'bilëti] *n* papërshkuesh-
mëri.
impermeable [im'pë:miëbël] *adj* i papërshkue-
shëm.
impersonal[im'pë:sënël] *adj* 1.jo i përveçëm; i pa-
përcaktuar. 2.objektiv, jopersonal(gjykim). 3.jofry-
mor. 4.*gram* pavetor.
impersonally[im'pë:sënëli] *adv* pa zënë në gojë
njeri; në mënyrë të paadresuar.
impersonality [impë:së'nælëti] *n* 1. objektivitet,
qëndrim jo personal. 2.forcë pa emër, faktor i
papërcaktuar.
impersonal pronoun *n gram* përemër pavetor
(it, one etj).
impersonate[im'pë:sëneit] *vt* 1.shtirem si, bëhem
si. 2.luaj rolin e. 3.mishëroj, personifikoj.
impersonation [impë:së'neishën] *n* 1. imitim.
2.mishërim, personifikim.
impersonator[im'pë:sëneitë:] *n teat* imitues.
impertinence [im'pë:tinëns] *n* 1.paturpësi; pafy-
tyrësi. 2.mungesë lidhjeje; mospërkatësi. 3.veprim i

paturp.

impertinency[im'pë:tinënsi] *n* shih **impertinence.**

impertinent[im'pë:tinënt] *adj* 1.i paturp, i pacipë, i pafytyrë. 2.pa vend, pa lidhje.

impertinently[im'pë:tinëntli] *adv* 1.me paturpësi. 2.pa vend, pa lidhje; jashtë teme.

imperturbability[impë:të:bë'bilëti] *n* patrazueshmëri, qetësi, gjakftohtësi.

imperturbable [impë:'të:bëbël] *adj* i patrazuar; gjakftohtë, i patrazueshëm.

imperturbably[impë:'të:bëbli] *adv* pa u trazuar, me qetësi, pa e prishur gjakun.

impervious[im'pë:viës] *adj* 1.i papërshkueshëm. 2.*fig* indiferent, mospërfillës, moskokëçarës.

imperviousness[im'pë:viësnis] *n* 1.papërshkueshmëri. 2.*fig* mospërfillje, moskokëçarje.

impetuosity[impeçu:'osëti] *n* 1.vrull; zjarr, energji. 2.rëmbim, gjaknxehtësi. 3.nxitim, ecje me ngut.

impetuous[im'peçu:ës] *adj* 1.i vrullshëm; energjik. 2.i rrëmbyer. 3.i fuqishëm, i shpejtë.

impetuously[im'peçu:ësli] *adv* vrullshëm; vrik; rrëmbyeshëm.

impetus['impëtës] *n* 1.shtysë, impuls; nxitje; forcë shtytëse. 2.*fig* shtysë, nxitje, stimul.

impiety[im'pajëti] *n* 1.mungesë besimi(te zoti). 2.mungesë respekti.

impinge[im'pinxh] *vi* 1.(on)godas, qëlloj.2.shkel, cënoj(të drejtat).

impingement[im'pinxhmënt] *n* 1.goditje.2.shkelje, cënim.

impious ['impi:ës, im'pajës] *adj* 1.jobesimtar. 2.i paditur, profan.

impish['impish] *adj* 1.i djallëzuar. 2.shejtan, çamarrok.

implacability [im'plækë'biliti] *n* 1.mosqetësim, pashtrueshmëri. 2.egërsi, mizori.

implacable[im'plækëbël] *adj* 1.i paqetësueshëm. 2.i pashuar(zemërim). 3.i papajtueshëm, që s'të fal. 4.i egër, mizor.

implant[*v* im'plænt; *n* 'implænt] *v,n* -*vt* 1.ngulis, rrënjos(në mendje). 2.fus, fiksoj. 3.mbjell, ngul (fidanë). 4.*mjek* shartoj, transplantoj.

-*n* 1.*mjek* shartesë, transplant. 2.*mjek* gjilpërë radioaktive(që futet në trup).

implantation [implæn'teishën] *n* 1. ngulitje, rrënjosje. 2.futje, fiksim. 3.mbjellje(fidanësh). 4.*mjek* shartim, transplantim.

implausibility[implozi'bilëti] *n* papranueshmëri, mosmbështetje.

implausible[im'plo:zibël] *adj* i papranueshëm, i pambështetur, i pabazë.

implement[*n* 'implëmënt; *v* 'implëmënt] *n,v* -*n* 1.vegël. 2.mjet; instrument.

-*vt* 1.pajis me mjete/me vegla. 2.zbatoj; kryej, përmbush; vë në jetë(urdhërat etj).

implementation[implëmen'teishën] *n* 1. pajisje me vegla/me mjete. 2.zbatim; kryerje, përmbushje; vënie në jetë.

implicate['implëkeit] *vt* 1.ngatërroj, përziej, implikoj(dikë në një krim etj). 2.nënkupton; sjell si pasojë. 3.*vjet* gërshetoj, ndërthur.

implication [impli'keishën] *n* 1. ngatërrim, ndërlikim, përzierje, implikim, pjesëmarrje. 2.aludim; nënkuptim, nëntekst; the implication of your remark is that... me vërejtjen tuaj ju aludoni se...; by implication në mënyrë të heshtur, tërthorazi.

implicit[im'plisit] *adj* 1.i padyshimtë, i patundur; i plotë(besim). 2.i nënkuptuar, i heshtur(miratim); i vetëkuptueshëm. 3.*mat* i pashtjellur(funksion).

implicitly[im'plisitli] *adv* 1.pa dyshim; absolutisht. 2.heshturazi; në mënyrë të vetëkuptueshme.

implied [im'plaid] *adj* i nënkuptuar, i heshtur, i vetëkuptuar.

impliedly[im'plaidli] *adv* heshturazi; në mënyrë të vetëkuptueshme.

implode[im'ploud] *v* 1.shpërthej.2.shpërthen, pëlcet.

implore[im'plo:] *v* lus; (i) lutem; (i)përgjërohem.

imploring[im'plo:ring] *adj* lutës; i përgjëruar.

imporingly [im'plo:ringli] *adv* me lutje; me përgjërim.

implosion[im'plouzhën] *n* shpërthim, pëllcitje.

imply[im'plai] *vt* 1.lë të kuptohet, nënkuptoj; aludoj, e hedh fjalën. 2.përfshij, nënkuptoj, sjell(si pasojë); it implies a lot of work kjo nënkupton goxha punë.

impolite[impë'lait] *adj* i pasjellshëm; i paedukuar, i panjerëzishëm.

impolitely[impë'laitli] *adv* pa edukatë; vrazhdë; në mënyrë të panjerëzishme.

impoliteness [impë'laitnis] *n* panjerëzi, mungesë mirësjelljeje; harbutëri.

impolitic[im'polëtik] *adj* e pakëshillueshme, e gabuar.

imponderable[im'pondërëbël] *adj* 1.i papeshueshëm. 2.*fig* i pamatshëm, i panjohshëm; i paparashikueshëm.

import[*n* 'impo:t; *v* im'po:t, 'impo:t] *n,v* -*n* 1.importim. 2.mallra importi. 3.kuptim, domethënie. 4.rëndësi; a matter of great import çështje me shumë rëndësi. 5.*sport* lojtar i blerë.

-*vt* 1.importoj. 2.do të thotë, nënkupton, shpreh. 3.ka rëndësi; është me pasojë; vlen.

importance [im'po:tëns] *n* rëndësi; attach great importance to sth i jap shumë rëndësi diçkaje; be of great/little importance ka shumë/pak rëndësi.

important[im'po:tënt] *adj* 1.i rëndësishëm; it is important that është e rëndësishme të.., ka rëndësi që... 2.me pozitë, i rëndësishëm(person); try to look important përpiqem t'i jap rëndësi vetes.

importantly [im'po:tëntli] *adv* 1. i fryrë, duke i

dhënë rëndësi vetes. 2.me rëndësi; **but, more importantly**... por, çka është më e rëndësishme...
importation['impo:'teishën] *n* 1.importim.2.mall i importuar.
importer[im'po:të:, 'impo:të:] *n* importues.
importunate[im'po:çënit] *adj* 1.i qepur, i ngjitur, i bezdisshëm. 2.i ngutshëm.
importunately [im'po:çënitli] *adv* 1. me këmbëngulje, në mënyrë të bezdisshme, duke t'u ngjitur. 2.me ngut.
importune[impo:'tju:n] *vt* bezdis, i qepem; kërkoj me ngut.
importunely[impo:'tju:nli] *adv* shih **importunately**.
importunity [impo:'tju:niti] *n* këmbëngulje, qepje; të qenët i bezdisshëm(me kërkesa).
impose[im'pouz] *v* 1.i vë, ngarkoj me(gjobë, taksa). 2.imponohem. 3.imponoj(pikëpamje etj). 4.*polig* faqos.
+**impose on/upon** a)abuzoj me; përfitoj nga, shfrytëzoj; b)mashtroj, ia hedh.
imposer[im'pouzë:] *n* 1.imponues.2.shfrytëzues; mashtrues.
imposing[im'pouzing] *adj* madhështor; hijerëndë.
imposition [impë'zishën] *n* 1. imponim, detyrim. 2.tatim; taksë. 3.taksë e padrejtë. 4.rënie në qafë; shfrytëzim. 5.mashtrim. +**it's a bit of an imposition** kësaj i thonë të kërkosh pak si tepër.
impossibility [imposi'bilëti] *n* pamundësi; gjë e pamundur.
impossible[im'posibël] *adj,n* -*adj* 1.i pamundur; **it is impossible for me to do that** e kam të pamundur ta bëj. 2.i parealizueshëm(plan, detyrë). 3.e pabesueshëm(histori). 4.i padurueshëm(njeri, gjendje). -*n* 1.e pamundur, gjë e pamundur; **demand the impossible of sb** i kërkoj dikujt të bëjë të pamundurën. 2.pamundësi.
impossibly [im'posibli] *adv* 1.keq, në mënyrë të padurueshme(sillem, veproj). 2.tepër, jashtëzakonisht(vonë, i vështirë).
impost I [im'poust] *n* 1. taksë doganore. 2. taksë; tatim. 3.ngarkesë (e kalit në gara).
impost II['im'poust] *n ark* kre kolone.
impostor[im'postë:] *n* 1.i vetëquajtur.2.mashtrues, batakçi.
imposture[im'posçë:] *n* mashtrim(duke ndërruar emrin etj).
impotence['impëtëns] *n* 1.pafuqi; dobësi. 2.pazotësi, paaftësi. 3.*mjek* paaftësi(seksuale), impotencë.
impotency['impëtënsi] *n* shih **impotence**.
impotent ['impëtënt] *adj* 1. i pafuqi, i dobët. 2. i pazoti, i paaftë. 3.*mjek* i paaftë, impotent, lakoç.
impound[im'paund] *vt* 1.mbyll(në vathë).2.marr, vë në ruajtje ligjore; konfiskoj. 3.mbledh, grumbulloj(ujin në rezervuar).
impoverish [im'povërish] *vt* 1. varfëroj, rrënoj.

2.shkretoj, shterroj(pasuritë natyrore). 3.*fig* zbeh, ligështoj.
impoverished[im'povërisht] *adj* i varfëruar; i rrënuar; i shkretuar.
impoverishment [im'povërishmënt] *n* varfërim; rrënim.
impower[im'pauë:] shih **empower**.
impracticability[impræktikë'bilëti] *n* 1.pazbatueshmëri. 2.papërdorshmëri.
impracticable[im'præktikëbël] *adj* 1.i pazbatueshëm; i parealizueshëm(plan, propozim). 2.i papërdorshëm(rrugë etj). 3.*vjet* i pashtrueshëm.
impractical [im'præktikël] *adj* 1. jopraktik. 2.joreal, jorealist(plan).
imprecate ['imprëkeit] *vt* (on) hedh (mallkimin); nëm.
imprecation[imprë'keishën] *n* mallkim, nëmë.
imprecator['imprëkeitë:] *n* mallkues, nëmës.
imprecise[impri'sais] *adj* i papërpiktë; i pasaktë.
imprecision[impri'sizhën] *n* pasaktësi.
impregnability[impregnë'bilëti] *n* pathyeshmëri, pasulmueshmëri.
impregnable [im'pregnëbël] *adj* i pathyeshëm; i pasulmueshëm, i parrëzueshëm(argument).
impregnate[im'pregneit] *v,adj* -*vt* 1.mbars; ndërzej. 2.*bot* pllenoj. 3. ngij, ngop; mbush. 4.*fig* frymëzoj; mbush mendjen.
-*adj* 1.i mbarsur. 2.i pllenuar. 3.i nginjur(me lagështi etj). 4.i frymëzuar.
impregnation[impreg'neishën] *n* 1.mbarsje; ndërzim. 2.*bot* pllenim. 3.ngimje, ngopje.
impresario[imprë'seriou] *n* sipërmarrës (koncertesh etj).
imprescriptible [impri:'skriptëbël] *adj* i padhunueshëm, i pamohueshëm(e drejtë).
impress I [*v* im'pres; *n* 'impres] *v,n* -*vt* 1. bëj përshtypje, i lë përshtypje(të mirë). 2.ngulis, fiksoj (në mendje). 3.stampoj. 4.vulos, i vë vulë. +**impress sth on sb** ia bëj të qartë diçka dikujt.
-*n* 1. vulë. 2. *fig* gjurmë, mbresë; shenjë; përshtypje.
impress II [im'pres] *vt* 1. konfiskoj, vë dorë mbi. 2.fus në shërbim ushtarak, rekrutoj. 3.sjell për të përdorur.
impressible[im'presibël] *adj* shih **impressionable**.
impression[im'preshën] *n* 1.përshtypje, mbresë; **be under the impression / have the impression that** kam përshtypjen se; **my words made no impression on him** fjalët e mia nuk patën asnjë efekt tek ai. 2.ide; **have a vague impression that** më duket sikur. 3.gjurmë; tragë. 4.*mjek* formë allçie(e dhëmbëve, për protezë). 5.*polig* botim, tirazh i plotë; kopje libri.
impressionable[im'præshkëbël] *adj* 1.i ndikueshëm; **impressionable age** moshë në të cilën njeriu

ndikohet lehtë. 2.i prekshëm, i ndjeshëm.

impressionism[im'preshënizm] *n muz,let,art* impresionizëm.

impressionist[im'preshënist] *n* 1.impresionist (piktor etj). 2.imitues.

impressionistic[impreshë'nistik] *adj* 1.impresionist (art). 2.që jep vetëm një përshtypje të shpejtë.

impressive [im'presiv] *adj* 1. i rëndësishëm (person). 2.madhështor, mbresëlënës (godinë etj).

impressment [im'presmënt] *n* 1.konfiskim. 2.mobilizim, angazhim(njerëzish).

imprimatur['impri'meitë:] *n* 1.leje botimi; liçensë shtypi. 2.sanksionim, miratim.

imprimis[im'praimis] *adv lat* së pari; fillimisht; në radhë të parë.

imprint[*n* 'imprint; *v* im'print] *n,v -n* 1.gjurmë (këmbe).2.*fig* vulë, shenjë, gjurmë.3.sigël e botuesit. *-vt* 1.stampoj, vulos, i vë vulë. 2.i jap (një të puthur). 3.ngulis, fiksoj(në mendje).

imprison [im'prizën] *vt* 1. burgos, fus në burg. 2.mbyll, ndryj.

imprisonment[im'prizënmënt] *n* 1.burgim, burgosje. 2.mbyllje, ndrymje.

improbability [improbë'bilëti] *n* pamundësi, pangjashmëri.

improbable[im'probëbël] *adj* 1.i pamundshëm, i pagjasë, që ka pak të ngjarë. 2.i pabesueshëm (histori).

improbably [im'probëbli] *adv* vështirë, me pak shanse(për të ngjarë).

impromptu[im'promptju:] *adj,adv,v -adj* i improvizuar, i papërgatitur.
-adv spontanisht, aty për aty.
-n improvizim i çastit; fjalim i papërgatitur.

improper[im'propë:] *adj* 1.i pahijshëm; i pavend. 2.i pasaktë, i gabuar. 3.i papërshtatshëm.

improperly [im'propë:li] *adv* 1.pa vend, jo si duhet; në mënyrë të pahijshme. 2.gabim, në mënyrë të pasaktë.

improper faction *n mat* thyesë e përzier(më e madhe se 1).

impropriety[imprë'prajëti] *n* 1.pasaktësi.2.sjellje e pahijshme. 3.të qenët pa vend/i papërshtatshëm.

improve[im'pru:v] *v* 1.përmirësoj. 2.rris(prodhimin, pagat); **improve one's chances of success** shtoj mundësitë për të patur sukses. 3.përmirësohem; **improve with age/use** përmirësohem me kalimin e moshës/në saje të ushtrimit. 4.bonifikoj, mbarështroj(tokën, pronën).
+improve on/upon a)shtoj, rris(ofertën); b)ia kaloj(dikujt); c)përmirësoj; **I can't improve on my offer to you** nuk të bëj dot një ofertë më të mirë.

improvement [im'pru:vmënt] *n* 1. përmirësim. 2.rritje e vlerës, vlerësim. 3.mbarështrim(i tokës). 4.*pl* ndërtime anekse(të një trualli).

improvidence [im'providëns] *n* mosparashikim;

shkujdesje(për të ardhmen).

improvident[im'providënt] *adj* mosparashikues; i shkujdesur, që s'mendon për të ardhmen.

improvisation[imprëvai'zeishën] *n* 1.improvizim. 2.sajesë, gjë e improvizuar.

improvise['imprëvaiz] *v* 1.improvizoj(një këngë, fjalim etj). 2.sajoj si mundem.

imprudence[im'pru:dëns] *n* pamaturi, pakujdesi; mendjelehtësi.

imprudent[im'pru:dënt] *adj* i pamatur, i pakujdesshëm; i nxituar.

imprudently [im'pru:dëntli] *adv* pa u matur, pa kujdes; në mënyrë të nxituar; me mendjelehtësi.

impudence ['impjëdëns] *n* 1.paturpësi. 2.sjellje e paturpshme; fjalë të turpshme.

impudent['impjëdënt] *adj* i paturp, i pacipë, i pafytyrë.

impudently ['impjëdëntli] *adv* me paturpësi, paturpësisht.

impugn [im'pju:n] *vt* 1.vë në dyshim. 2.kundërshtoj, hedh poshtë, rrëzoj.

impulse ['impʌls] *n* 1.shtysë, shtytje, forcë shtytëse. 2.*fig* shtytje, nxitje; hov, vrull. 3.*fiz* impuls. 4.*el* ngacmim, impuls.

impulsion[im'pʌlshën] *n* 1.nxitje, shtytje.2.shtysë. 3.vrull, hov.

impulsive[im'pʌlsiv] *adj* 1.i hedhur, i rrëmbyer, impulsiv(njeri). 2.i menjëhershëm, impulsiv, i pakontrolluar(veprim).

impunity [im'pju:nëti] *n* mosndëshkim, mosdënim; padënueshmëri; **with impunity** pa u ndëshkuar.

impure [im'pju:ë:] *adj* 1. i papastër, i ndotur. 2.i përzier, jo i pastër(ar etj).3.*fig* i shthurur, i papastër, i fëlliqur.

impurity [im'pjurëti] *n* 1. papastërti, ndotje.2. papastërtira(në ujë etj).

imputation[impjë'teishën] *n* 1.fajësim, ngarkim me përgjegjësi. 2.akuzë.

impute[im'pju:t] *vt* ia ngarkoj, ia vesh; ia vë fajin; **impute one's failure to laziness** ia vë fajin përtacisë për dështimin.

in[in] *prep,adv ,adj,n -prep* 1.(vend) në; **in my hand** në dorë; **in here** këtu; **in there** atje; **in England, in the United States** në Angli, në SHBA. 2.(kohë) në, më; **in May** në maj; **in 1990** 1990, në vitin 1990; **in the spring** në pranverë; **in the daytime** ditën; **in the past** në të kaluarën; **in years** prej vitesh. 3.(kohëzgjatje) brenda; për; **in 3 days** për 3 ditë, brenda 3 ditësh; **I will return the book in a month** do ta kthej librin për një muaj/pas një muaji. 4.(mënyrë) me; në; **in a whisper** me pëshpërimë, duke pëshpëritur; **in English** (në) anglisht; **in ink** me bojë; **in writing** me shkrim; **in person** vetë, personalisht; **in small quantities** në sasi të vogla; **pay in dollars** paguaj me dollarë; **in part**

pjesërisht; **dressed in white** veshur me (rroba)/në të bardha; **the man in the hat** burri me kapelë; **carved in wood** i gdhendur në dru. 5.(rrethana) në; **in the sun** në diell; **in the rain** në shi; **in (the) darkness** në errësirë; **in all weathers** në çdo lloj kohe; 4 **meters in height/length** 4 metra i lartë/i gjatë; **a rise in prices** rritje e çmimeve. 6.(gjendje) në; nga; **in tears** në lotë; **in a rage** i xhindosur; **lame in the left leg** i çalë nga këmba e majtë; **in secret** në fshehtësi. 7.(me shifra) në; **one person in ten** një në dhjetë vetë; **20 pence in the pound** njëzet peni një stërlinë; **in twos** dy nga dy. 8.(me njerëz) te(k); **in children** te fëmijët; **she has it in her to succeed** ajo i ka aftësitë për të dalë me sukses; **in him** tek ai, në personin e tij. 9.(profesion) në; **be in teaching** jam mësues, punoj në arsim; **be in publishing** merrem me botime; **be in the army** jam ushtarak, shërbej në ushtri. 10.(veprim) duke; **in saying this** duke thënë këto fjalë; **in crossing the street** duke kapërcyer rrugën, ndërsa po kapërcente rrugën. +**in that** sepse, ngaqë.

-*adv* brenda; **be in** jam brenda(në shtëpi, zyrë); **ask sb in** ftoj dikë të hyjë, i them të hyjë; **be in and out of work** hyj e dal nga puna, nuk zë vend në një punë. +**be in for sth** e kam të sigurt; s'e shmang dot; **we're in for a storm** po vjen rrotull stuhia; **be in for trouble** më presin telashe; **have it in for sb** ia kam inatin dikujt; **be in on** marr pjesë; jam në dijeni; kam gisht(në një plan, për një të fshehtë); **day in, day out** ditë për ditë; **my luck is in** e kam shansin me vete; **in with** a)miqësor me; b)ortak me.

-*adj* që është brenda.

-*n* 1.*gj.fol* a) mjet, mënyrë për t'u futur, kyç; b)të njohur, marrëdhënie të mira (me dikë). 2. **ins** *pl* grupi/klika në fuqi/në pushtet. +**ins and outs** a)kthesat dhe përdredhjet(e rrugës); b)imtësitë, yçklat (e zanatit etj).

in- I[in] *pref* jo-, pa-; **inability** paaftësi, pazotësi; pamundësi.

in- II[in] *pref* në, brenda-; **inbreeding** kryqëzim brenda llojit.

inabsentia[inæb'senshë] *lat* në mungesë.

inaccessibility [inëksesë'bilëti] *n* paarritshmëri; paafrueshmëri; pakalueshmëri.

innaccessible[inëk'sesëbël] *adj* 1.i paarritshëm; i pakalueshëm, i pashteg. 2.i pakapshëm.

inaccuracy[in'ækjurësi] *n* 1.pasaktësi, mungesë saktësie. 2.mungesë saktësie. 3.gabim, pasaktësi.

inaccurate[in'ækjurit] *adj* i pasaktë, me gabime; i gabuar.

inaccurately[in'ækjuritli] *adv* me pasaktësi; gabim.

inaction[in'ækshën] *n* plogështi, mosveprim; papunësi.

inactive[in'æktiv] *adj* mosveprues, joaktiv, pasiv; i plogësht.

inactivity [inæk'tivëti] *n* mosveprim, pasivitet; pritmëni; papunësi.

inadequacy[in'ædikwësi] *n* pamjaftueshmëri; papërshtatshmëri, të qenët pa vend.

inadequate [in'ædikwit] *adj* i pamjaftueshëm; i papërshtatshëm; **he felt quite inadequate** nuk ndihej aspak në nivelin e duhur.

inadequately[in'ædikwitli] *adv* 1.pamjaftueshëm. 2.pa vend.

inadmissibility[inëd'misëbilëti] *n* papranueshmëri.

inadmissible [inëd'misëbël] *adj* 1. i palejueshëm. 2.i papranueshëm.

inadvertence['inëd'v:tëns] *n* 1.pavëmendje; shkujdesje. 2.hutim; gabim pa dashje, pakujdesi.

inadvertent[inëd'vë:tënt] *adj* 1.i pavëmendshëm, i shkujdesur. 2.i paqëllimtë, pa dashje, nga hutimi (gabim, faj).

inadvertently[inëd'vë:tëntli] *adv* nga pakujdesia; pa dashje.

inadvisability [inëd'vaizë'biliti] *n* pakëshillueshmëri, të qenët i pakëshillueshëm.

inadvisable[inëd'vaizëbël] *adj* i pakëshillueshëm; i pamatur, pa vend.

inalienability[ineiliënë'bilëti] *n* patjetërsueshmëri.

inalienable[in'eiliënëbël] *adj* i patjetërsueshëm.

inalterable[in'oltërëbël] *adj* i pandryshueshëm, i qëndrueshëm.

inane[in'ein] *adj,n* -*adj* 1.i pamend, pa kuptim; **an inane thing to do** punë pa mend. 2.*vjet* bosh, i zbrazët.

-*n vjet* zbrazëti.

inanimate[in'ænëmit] *adj* 1.i pajetë(shkretëtirë). 2.*fig* pa jetë, pa shprehje(fytyrë).

inanition[inë'nishën] *n* 1. zbrazëti.2.dobësi, ligështim, drobitje(nga uria).

inanity[in'ænëti] *n* 1.budallallëk, marrëzi, idiotësi. 2.punë pa mend, fjalë pa kuptim. 3.zbrazëti.

inapplicability[inæplikë'bilëti] *n* pazbatueshmëri.

inapplicable[in'æplikëbël] *adj* 1.i pazbatueshëm. 2.i papërshtatshëm.

inapposite [in'æpëzit] *adj* i papërshtatshëm; pa lidhje.

inappreciable ['inë'pri:shiëbël] *adj* i pakapshëm, i padukshëm; tepër i imët.

inappropriate [inë'proupriit] *adj* i papërshtatshëm, pa vend.

inapt [in'æpt] *adj* 1. i paaftë, i pazoti. 2 .i papërshtatshëm.

inaptitude[in'æptitju:d] *n* 1.paaftësi.2.papërshtatshmëri.

inarticulate[ina:'tikjulit] *adj* 1.i paqartë, i pakuptueshëm(të folur). 2.memec, i pagojë(njeri, kafshë). 3.*zool* i panyjëtuar, pa artikulacione.

inartistic [ina:'tistik] *adj* 1. joartistik. 2. i patalentuar, pa shpirt artisti.

inasmuch as ['inæz'mʌçæz]   *adv* meqenëse,

përderisa; ngaqë.

inattentive[inë'tentiv] *adj* i pavëmendshëm; i pakujdesshëm; mospërfillës, i shkujdesur.

inattentively [inë'tentivli] *adv* pa vëmendje; me mospërfillje.

inaudible[in'odibël] *adj* i padëgjueshëm, i pakapshëm, që s'dëgjohet.

inaudibly[in'odibli] *adv* dobët, pa u ndier.

inaugural[in'ogiërël] *adj,n* -*adj* përurimi, inaugurimi(ceremoni).

-*n* fjalim përurimi.

inaugurate [in'ogiëreit] *vt* 1. përuroj, inauguroj. 2.vë në post, i bëj ceremoninë e emërimit. 3.hap, çel, shënon fillimin e(një epoke të re).

inauguration[in'ogië'reishën] *n* 1.përurim, inaugurim. 2.ceremoni emërimi. 3.fillim, hapje, çelje(e një epoke).

inauspicious[inos'pishës] *adj* 1.jo i mbarë, i pafavorshëm, i pavolitshëm. 2.i pafat. 3.që nuk ndjell mirë; ogurzi.

in-between['inbi'twi:n] *adj,adv,n* -*adj* 1.i ndërmjetëm. 2.asnjanës.

-*adv* ndërmjet.

-*n* ndërmjetës.

inboard['inbo:d] *adv,n* -*adv* brenda, në anije.

-*n* motobarkë me motor në trup.

inborn ['in'bo:n] *adj* i natyrshëm, i lindur, prej vetiu.

inbound['in'baund] *adj* i drejtuar përbrenda.

inbred ['in'bred] *adj* 1. i natyrshëm, i lindur, prej vetiu.2.njëgjakës, i një gjaku; **inbred family** familje me shumë martesa brenda fisit.

inbreed['in'bri:d] *vt* 1.kryqëzoj brenda fisit/brenda familjes(te kafshët). 2.njëgjakësi.

Inca['inkë] *n* inkas, banor i lashtë i Perusë.

incalculable [in'kælkjulëbël] *adj* 1. i pallogaritshëm; i panumërt. 2.i paparashikueshëm; i pasigurt.

in camera [in'kæmërë] *adv* 1.*drejt* me dyer të mbyllura, në rreth të ngushtë(gjykim, shqyrtim).2.në fshehtësi.

incandescence[inkën'desëns] *n fiz* inkandeshencë, skuqje, zbardhje(e filamentit).

incandescent [inkën'desënt] *adj* 1.*fiz* inkandeshent, i skuqur, i zbardhur(nga nxehja). 2.i ndritshëm, ndriçues.

incantation[inkæn'teishën] *n*1.yshtje, magji.2.fjalë/formulë magjike.

incapability[inkeipë'bilëti] *n* paaftësi, pazotësi.

incapable[in'keipëbël] *adj* i paaftë, i pazoti; jo në gjendje; **incapable of** a)i pazoti për; b)i papranueshëm ligjërisht; c)që nuk jep mundësi; **a question incapable of solution** problem pa zgjidhje.

incapacitate[inkë'pæsëteit] *vt* 1. paaftësoj, bëj të paaftë; nuk i lejoj të. 2.skualifikoj, bëj të papranueshëm (për një post etj), i heq të drejtën për.

incapacity['inkë'pæsiti] *n* 1.paaftësi, pazotësi; pa-

fuqi. 2.*drejt* paaftësi ligjore, skualifikim.

incarcerate[in'ka:sër'eit] *vt* burgos.

incarceration [inka:sër'eishën] *n* burgosje, burgim.

incarnadine [in'ka:nëdain] *adj,v* -*adj* 1. i kuq gjak. 2.bojë mishi.

-*v* përskuq.

incarnate[*adj* in'ka:nit; *v* in'ka:neit] *adj,v* -*adj* 1.i mishëruar. 2.*bot* ngjyrë mishi.

-*vt* 1.mishëroj, personifikoj. 2.trupëzoj, i jap formë.

incarnation[inka:'neishën] *n* 1. mishërim, personifikim. 2.trupëzim.

incase[in'keis] *vt* 1.fus(në arkë). 2.mbuloj, mbyll brenda.

incasement [in'keismënt] *n* futje; mbyllje, mbulim.

incautious[in'ko:shës] *adj* i pakujdesshëm; i shkujdesur, moskokëçarës; i nxituar, i rrëmbyer.

incendiary[in'sendiëri] *adj,n* -*adj* 1.zjarrvënës. 2.ndezës, djegës(material). 3.*fig* turbullues, nxitës.

-*n* 1.zjarrvënës. 2.element turbullues, nxitës trazirash. 3.bombë djegëse.

incense I ['insens] *n* 1.temjan. 2. aromë, parfum. 3.kënaqësi.

incense II[in'sens] *vt* zemëroj, tërboj.

incentive[in'sentiv] *n* 1.nxitje, stimul. 2.*attr* nxitës, stimulues.

inception[in'sepshën] *n* fillim, zanafillë.

inceptive [in'septiv] *adj,n* -*adj* 1.fillues, nisës, fillestar. 2.*gram* që shpreh fillim veprimi.

-*n gram* fjalë që shpreh fillim veprimi.

incertitude[in'së:titju:d] *n* 1.pasiguri. 2.dyshim.

incessant [in'sesënt] *adj* i vazhdueshëm, i pareshtur, i pandërprerë.

incest['insest] *n* incest.

incestuous[in'sesçuës] *adj* 1.incesti(marrëdhënie). 2.fajtor për incest.

inch[inç] *n,v* -*n* 1.inç, poliç(= 2,54 cm).2.grimë, çikë; **he would not yield an inch** dalngadalë; shkallë-shkallë; pak nga pak; **every inch** në çdo mënyrë; plotësisht; **within an inch of** shumë afër, fare pranë.

-*vi* lëviz ngadalë, eci pak nga pak.

+**inch along** zvarriset.

inchmeal ['inç'mi:l] *adv,adj* -*adv* pak nga pak, mengadalë. +**by inchmeal** pak nga pak, mengadalë.

-*adj* shumë i ngadaltë.

inchoate[in'kouit] *adj* 1.i porsafilluar; në një fazë të hershme. 2.jo i plotë; i pazhvilluar.

inchoative[in'kouëtiv] *adj,n* -*adj* shih **inchoate**.

-*n* fjalë që shpreh fillim veprimi.

inchworm['inçwë:m] *n* larvë fluture.

incidence ['insëdëns] *n* 1.ndodhje, inçidencë.2. shkallë, numër(i rastisjeve). 3.pjerrësi, rënie; **angle of incidence** kënd i rënies.

incident['insidënt] n 1.incident; ngjarje, ndodhi. 2.let veprim, episod. -adj 1.i mundshëm; i lidhur me, karakteristik për. 2.fiz rënës, që bie(rreze).

incidental[insi'dentël] adj,n -adj 1.i lidhur me, karakteristik për. 2.i dorës së dytë, dytësor. 3.i rastësishëm, rastësor, i rastit. -n pl gjëra të rastit; shpenzime të rastit.

incidentally [insi'dentëli] adv 1. si në paranteza, me që ra fjala. 2.rastësisht; aksidentalisht.

incidental music n muzikë shoqëruese(filmi etj), muzikë sfondi.

incinerate[in'sinëreit] v 1.shkrumboj, bëj shkrumb e hi. 2.shkrumbohet, bëhet hi.

incineration[insinë'reishën] n shkrumbim, djegie.

incinerator[in'sinër'eitë:] n 1.furrë djegieje(plehrash etj). 2.kremator.

incipience [in'sipiëns] n fillim, zanafillë, fazë filestare.

incipient[in'sipiënt] adj fillestar, i porsanisur; emprional.

incise[in'saiz] vt 1.pres. 2.gdhend, skalis.

incised[in'saizd] adj 1.i prerë; i çarë.2.i gdhendur, skalitur. 3.bot me buzë/anë të çara(gjethe).

incision[in'sizhën] n prerje; çarje.

incisive[in'saisiv] adj 1.i mprehtë.2.fig i mprehtë, i herës.

incisor[in'saizë:] n dhëmb prerës.

incitation[insai'teishën] n nxitje, shtytje.

incite[in'sait] vt nxis, shtyj; ndërsej.

incitement[in'saitmënt] n nxitje, shtytje.

incivility[insi'vilëti] n 1.vrazhdësi, mungesë miësjelljeje. 2.veprim i pasjellshëm, harbutllëk.

inclemency[in'klemënsi] n ashpërsi, egërsi.

inclement [in'klemënt] adj 1. me shi; me stuhi (mot). 2.i ashpër, i egër.

inclination[inklë'neishën] n 1.prirje, parapëlqim, referencë (for). 2.tendencë (to). 3. ulje, përkulje (e okës). 4.pjerrje, pjerrësi. 5.mat pjerrësi(e një vije).

incline[in'klain] v,n -v 1.prirem, jam i prirur të. 2.anoj, pjerr. 3.përkul, ul(kokën). 4.pjerret, anohet.

incline one's ear i vë veshin, mbaj vesh. -n 1.pjerrësi. 2.shpat.

inclined [in'klaind] adj 1. i prirur, i gatshëm. 2. i jerrët; inclined plane plan i pjerrët.

inclinometer[inkli'nomitë:] n pjerrësimatës.

inclose[in'klouz] v shih enclose.

include[in'klu:d] vt 1.përfshij.2.përmban. +including this one duke përfshirë edhe këtë.

inclusion[in'klu:zhën] n 1.përfshirje. 2.gjë e përshirë.

inclusive [in'klu:ziv] adj 1. i përfshirë, inkluziv; ages 1-10 inclusive faqet 1-10, përfshirë faqen 10. 2.gjithëpërfshirës; make an inclusive list of our expenses bëj një listë me të gjitha shpenzimet ë ke bërë. +inclusive of duke përfshirë, duke futur.

inclusively [in'klu:zivli] adv duke përfshirë, inkluzivisht.

incog.[in'kog] adj,adv,n gj.fol incognito.

incognito [in'kognitou] adv,n -adv inkonjito, fshehurazi; remain incognito ruaj fshehtësinë, nuk tregoj emrin e vërtetë. -n 1.person që s'tregon emrin. 2.gjendje inkonjito, fshehje e emrit.

incoherence [inkou'hi:rëns] n 1. shkriftësi, mosngjitje. 2.mungesë lidhjeje logjike, moskoherencë. 3.kundërthënie, kontradiktë. 4.të folur pa lidhje/i hallakatur.

incoherency[inkou'hi:rënsi] n shih incoherence.

incoherent['inkou'hi:rënt] adj 1. i shkrifët, i palidhur(material). 2.pa lidhje(logjike), i ngatërruar.

incombustibility [inkëmbʌstë'bilëti] n padjegshmëri, të qenët i padjegshëm.

incombustible[inkëm'bʌstëbël] adj,n -adj i padjegshëm; zjarrdurues. -n lëndë e padjegshme.

income['inkʌm] n e ardhur; fin të hyra.

income tax n taksë mbi të ardhurat; income tax return deklaratë për të ardhurat.

incoming['inkʌming] adj,n -adj 1.hyrës; që vjen (qiramarrës). 2.që pason, pasues. -n ardhje (e baticës).

incommensurable[inkë'menshërëbël] adj 1.i pabashkëmatshëm. 2.mat pa plotpjesëtues të përbashkët. 3.i pakrahasueshëm.

incommensurate['inkëmenshërit] adj 1.shpërpjesëtimor, jo në përpjestim(me).2.i pabashkëmatshëm.

incommode[inkë'moud] vt shqetësoj, trazoj.

incommodious [inkë'moudiës] adj 1.i parehatshëm; i papërshtatshëm. 2.i ngushtë.

incommodity[inkë'moudëti] n parehati.

incommunicable[inkë'mjunikëbël] adj i pakomunikueshëm;i patregueshëm.

incommunicado[inkëmju:ni'ka:dou] adj i izoluar, pa mundësi komunikimi(i burgosur).

incommunicative[inkë'mju:nikëtiv] adj jokomunikues.

incomparable[in'kompërëbël] adj i pakrahasueshëm; i pashoq.

incompatibility['inkëm'pætibël'] adj 1.i papajtueshëm; që nuk shkon.2.i mospërputhshëm.3.që bëjnë reaksion, që nuk mund të merren njëherësh(barna).

incompetence[in'kompëtëns] n 1.pazotësi, paaftësi. 2.drejt paaftësi ligjore, jokompetencë.

incompetent[in'kompëtënt] adj,n -adj 1.i pazoti, i paaftë. 2.drejt i paaftë ligjërisht. -n person i paaftë; njeri jokompetent.

incomplete[inkëm'pli:t] adj 1.i paplotë.2.i papërfunduar; i mangët; gjysmak.

incompletely [inkëm'pli:tli] adv 1. jo plotësisht. 2.me mangësi.

incompliant['inkëm'plaiënt] adj i paepur, i papajtueshëm.

incomprehensibility [inkomprihensi'bilëti] *n* pakuptueshmëri, padeshifrueshmëri, pamundësi për të kuptuar.

incomprehensible [inkompri'hensëbël] *adj* i pakuptueshëm.

incomprehensibly [inkompri'hensibli] *adv* në mënyrë të pakuptueshme.

incomprehension[inkompri'henshën] *n* moskuptim; pakuptimësi.

incompressible [inkëm'presibël] *adj* i pangjeshshëm, i pandrydhshëm.

incomputable [inkëm'pjutëbël] *adj* i panjehsueshëm.

inconceivable [inkën'si:vëbël] *adj* 1. i papërfytyrueshëm. 2.i pabesueshëm.

inconceivably[inkën'si:vëbli] *adv* 1.në mënyrë të papërfytyrueshme. 2.në një shkallë të pabesueshme.

inconclusive ['inkën'klu:siv] *adj* jobindës; jopërfundimtar; jovendimtar.

incongruity [inkën'gru:iti] *n* 1. mospajtim, mospërputhje. 2.mospërshtatje; të qenët pa vend.

incongruous [in'kongruës] *adj* 1. i papërshtatshëm, i papajtueshëm, jo në harmoni(me). 2.pa vend.

inconsequence [in'konsikwëns] *n* 1. inkonsekuencë, mungesë lidhjeje logjike. 2.mospërkatësi, mungesë lidhjeje(me çështjen).

inconsequent [in'konsikwënt] *adj* 1. inkonsekuent, pa logjikë, pa lidhje logjike(argument). 2.jashtë teme, pa lidhje(vërejtje). 3.që bie në kundërshtim me veten (person), i paqëndrueshëm (në fjalë).

inconsequential [inkonsi'kwenshël] *adj* 1. i parëndësishëm, pa peshë. 2.i paqëndrueshëm; i papeshuar.

inconsiderable [inkën'sidërëbël] *adj* i papërfillshëm, i parëndësishëm.

inconsiderate [inkën'sidërit] *adj* 1. i pakujdesshëm, i pavëmendshëm(ndaj të tjerëve). 2.i panjerëzishëm. 3.i pamenduar; i shkujdesur. +be inconsiderate to sb tregohem mospërfillës me dikë.

inconsistency [inkën'sistënsi] *n* 1.mungesë konsekuence, mospajtim, mospërputhje (e veprimeve). 2. paqëndrueshmëri. 3.çrregullsi(në punë). 4.kontradiktë(e pohimeve).

inconsistent[inkën'sistënt] *adj* 1.i papajtueshëm, në kundërshtim(me). 2.kontradiktor. 3.i parregullt, i paqëndrueshëm; jo i njëtrajtëshëm.

inconsolable [inkën'soulëbël] *adj* i pangushëllueshëm.

inconsonant [in'konsënënt] *adj* i paharmonishëm; i papajtueshëm.

inconspicuous[inkën'spikjuës] *adj* 1.që nuk ta zë syrin; që s'bie në sy. 2.e lehtë(ngjyrë). 3.i thjeshtë, modest(njeri).

inconstancy [in'konstënsi] *n* paqëndrueshmëri,

ndryshueshmëri.

inconstant [in'konstënt] *adj* i paqëndrueshëm, i ndryshueshëm; i lëvizshëm.

incontestable [inkën'testëbël] *adj* i padiskutueshëm, që s'mund të vihet në dyshim, i pakundërshtueshëm, i pamohueshëm.

incontinence [in'kontinëns] *n* 1. mospërmbajtje, mungesë vetëpërmbajtjeje. 2.padlirësi, lëshim, shthurje. 3.*mjek* mosmbajtje(e urinës etj).

incontinent[in'kontinënt] *adj* 1.i papërmbajtur; i papërkorë. 2. i shthurur, i lëshuar. 3.*mjek* i pakontrolluar(urinim etj).

incontrovertible[inkontrë'vë:tëbël] *adj* i padiskutueshëm, i pakundërshtueshëm.

inconvenience[inkën'vi:niëns] *n,v* -*n* 1.parehati, vështiësi, telash. 2.shqetësim, trazim; bezdi. -*vt* bezdis, shqetësoj, i hap telash.

inconvenient [inkën'vi:niënt] *adj* 1. i papërshtatshëm; i parehatshëm. 2.i bezdisshëm; shqetësues.

inconvertible[inkën'vë:tibël] *adj* i pakonvertueshëm, i pakëmbyeshëm(para).

incorporate[*v* in'ko:përeit; *adj* in'ko:përit] *v,ad*, -*vt* 1.përfshij, përmbaj. 2.inkorporoj, aneksoj; shkri (ndërmarrje). 3.formoj korporatë. 4.trupëzoj, konkretizoj(mendimet).

-*adj* i bashkuar; i inkorporuar; i shkrirë.

incorporation [inko:pë'reishën] *n* 1. përfshirje përmbajtje; futje. 2.korporatë; inkorporim.

incorporator[in'ko:përeitë:] *n* 1.krijues korporate 2.anëtar fillestar i korporatës.

incorporeal[inko:'po:riël] *adj* jo material; shpirtëror.

incorrect[inkë'rekt] *adj* 1. i gabuar, i pasaktë. 2. parregullt; i pasjellshëm; i pahijshëm.

incorrectly[inkë'rektli] *adv* 1.gabim.2.në mënyrë të pahijshme.

incorrectness[inkë'rektnis] *n* 1.gabim, pasaktësi 2.moskorrektesë; sjellje e pahijshme.

incorrigible[in'ko:rixhibël] *adj* i pandreqshëm, pakorrigjueshëm. 2. njeri i pandreqshëm.

incorrupt[inkë'rʌpt] *adj* 1.i pakorruptuar, i nder shëm. 2.i paprishur. 3.i pandryshuar, i padëmtua (tekst).

incorruptible[inkë'rʌptibël] *adj* 1.i pakorruptue shëm, i ndershëm. 2.i paprishshëm, i padëmtueshëm

increase [*v* in'kri:s; *n* 'inkri:s] *v,n* -*v* 1.shto rris, zmadhoj. 2.rritet, zmadhohet; shtohet.

-*n* 1.rritje,shtim; zmadhim. 2.shumëzim, prodhim pasardhësish. 3.pjellë, pasardhës, shtesë. +on th **increase** në rritje.

increasingly[in'kri:singli] *adv* gjithnjë e më shu më.

incredibility[inkredi'bilëti] *n* pabesueshmëri, mu ngesë

incredible[in'kredibël] *adj* 1. i pabesueshëm. 2. jashtëzakonshëm, i habitshëm.

incredibly[in'kredibli] *adv* 1.në mënyrë të pabe-
ueshme. 2.jashtëzakonisht.
incredulity[inkrë'dju:liti] *n* mosbesim; dyshim.
incredulous [in'krexhëlës] *adj* 1. mosbesues; dy-
hues. 2.i pafe, që s'beson.
increment['inkrëmënt] *n* 1. shtim, rritje.2. shtesë.
3.*mat* shtesë(e variablit, e funksionit).
incriminate [in'krimineit] *vt* 1. akuzoj, fajësoj.
2.implikoj, bëj bashkëfajtor.
incrimination [in'krimi'neishën] *n* fajësim, ngar-
im me faj, akuzim.
incriminatory[in'kriminë'to:ri] *adj* fajësues, aku-
ues.
incrust[in'krʌst] *v* 1.formon kore.2.vesh, mvesh,
nbulon. 3.praroj, laj me ar.
incrustation[inkrʌs'teishën] *n* 1.formim koreje.
2.veshje; prarim. 3.kore.
incubate['inkjëbeit] *v* 1.ngroh(vezët); rri klloçkë.
2.ngrohet, është në inkubacion (veza). 3.*mjek* është
ë periudhë inkubacioni.
incubation[inkju'beishën] *n* 1.ngrohje(e vezëve).
.mjek periudhë inkubacioni, inkubacion.
incubator['inkjubeitë:] *n* 1.inkubator. 2.*fig* për-
atitës, përftues(trazirash etj).
incubus['inkjubës] *n* 1.*fet* shpirt i keq. 2. ankth,
akth.
incudes[in'kju:di:z] *n pl* i **incus**.
inculcate[in'kʌlkeit, 'inkʌlkeit] *vt* ngulis, rrënjos,
gul në mendje.
inculcation[inkʌl'keishën] *n* ngulitje, rrënjosje.
inculpate[in'kʌlpeit, 'inkʌlpeit] *vt* 1.fajësoj, ngar-
oj me faj, i vë faj. 2.implikoj, bëj bashkëfajtor.
incumbency [in'kʌmbënsi] *n* qenie në detyrë;
bajtje posti.
incumbent[in'kʌmbënt] *adj* 1.që mbështetet, që
ëshon(mbi). 2.që i bie, që i takon(për detyrë). 3.në
etyrë, titullar. +**it's incumbent on him** kjo është
etyra e tij, i takon atij.
incunabula[inkju'næbjulë] *npl* 1.fillimet, zana-
lla. 2.librat e shtypur para vitit 1500, librat e parë.
incur [in'kë:] *vt* 1. ngjall, shkaktoj (zemërim).
.marr(një detyrim; hyj(në borxh). 3.pësoj(humbje).
incurability[inkjuërë'bilëti] *n* pashërueshmëri.
incurable[in'kjuërëbël] *adj* i pashërueshëm.
-*n* person me sëmundje të pashërueshme.
incurious [in'kjuëriës] *adj* 1.jokureshtar.2.i pavë-
endshm; mospërfillës. 3.pa interes, që nuk sjell gjë
re.
incursion [in'kë:zhën, in'kë:shën] *n* 1. inkursion,
dm i papritur, mësymje serioze. 2.dyndje,
ërmbytje.
incursive[in'kë:siv] *adj* mësymës.
incurve['inkë:v] *n sport* gjuajtje e lakuar.
incus['inkës] *n anat* kudhër e veshit.
indebted [in'detid] *adj* në borxh, borxhli, i dety-
ar(ndaj).

indebtedness[in'detidnis] *n* 1.mbetje borxh; dety-
rim. 2.borxh, shumë e mbetur borxh.
indecency[in'di:sënsi] *n* 1.paturpësi. 2.turp, gjë e
turpshme.
indecent [in'di:sënt] *adj* i pahijshëm; i paturp-
shëm; i turpshëm.
indecent assault *n drejt* mësymje me qëllim për-
dhunimi.
indecent exposure *n drejt* veprime të turpshme
në vende publike.
indecipherable[indi'saifërëbël] *adj* i padeshifrue-
shëm , i pazbërthyeshëm; i palexueshëm.
indecision[indi'sizhën] *n* pavendosmëri.
indecisive ['indi'saisiv] *adj* 1. i pavendosur; ngu-
rrues. 2.jovendimtar.
indeclinable[indi'klainëbël] *adj gram* i palakue-
shëm.
indecorous [in'dekërës, indi'ko:rës] *adj* i papër-
shtatshëm; i pahijshëm; pa vend.
indecorum[indi'ko:rëm] *n* 1.pahijshmëri.2.sjellje
e pahijshme.
indeed[in'di:d] *adv* 1.në të vërtetë; me të vërtetë;
realisht; vërtet; **I feel, indeed I know...** e ndiej, në
fakt e di....; **there are indeed mistakes** ka me të
vërtetë gabime; **it is indeed difficult** është vërtet
e vështirë. 2.sigurisht; **yes indeed** sigurisht; **are
you coming? indeed I am** do të vish? sigurisht;
isn't that right? indeed it is a s'është kështu? që
ç'ke me të.
indefatigable[indi'fætigëbël] *adj* i palodhur, i pa-
lodhshëm, i paepur.
indefeasible [indi'fi:zëbël] *adj* i pamohueshëm, i
paluejtshëm.
indefensible[indi'fensëbël] *adj* 1.i pambrojtshëm
(pozicion). 2.i papërligjshëm, i pajustifikueshëm (ve-
prim).
indefinable[indi'fainëbël] *adj* i papërcaktueshëm,
i papërkufizueshëm.
indefinite [in'definit] *adj* 1. i paqartë, i turbullt
(plan, përgjigje). 2.e papërcaktuar; e pakufizuar(ko-
hë). 3.*gram* a)e pashquar, joshquese(nyjë); b)i
pakufishëm(përemër).
indelible [in'delibël] *adj* 1. që nuk del, e paheq-
shme (njollë). 2.kopjativ(laps). 3.*fig* i pashlyeshëm
(kujtim).
indelicacy [in'delikësi] *n* mungesë takti; sjellje e
vrazhdë.
indelicate[in'delikit] *adj* 1.pa takt; i vrazhdë; har-
but. 2.i pahijshëm.
indemnification[indemnifi'keishën] *n* zhdëmtim,
dëmshpërblim.
indemnify[in'demnifai] *vt* 1.zhdëmtoj, dëmshpër-
blej. 2.siguroj(nga dëmtimi).
indemnity[in'demniti] *n* 1.zhdëmtim, dëmshpër-
blim. 2.sigurim.
indent I[*v* in'dent; *n* edhe 'indent] *v,n* -*v* 1.dhë-

mbëzoj. 2.formon dhëmbëzime. 3.fus më brenda, nxjerr në kryeradhë. 4.porosis(një mall).

-n 1.dhëmbëzim. 2.kërkesë për furnizim. 3.porosi (mallrash).

indent II[in'dent] *vt* shtyp, bëj gropë; stampoj.

indentation [inden'teishën] *n* 1. dhëmbëzim. 2.e prerë, dhëmb. 3.kryeradhë, nxjerrje në kryeradhë.

indention[in'denshën] *n* 1. kryeradhë.2.dhëmbëzim.

indenture [in'dençë:] *n,v* -*n* 1. marrëveshje me shkrim, kontratë. 2.*pl* kontratë stazhi.

-vt pajtoj me kontratë.

independence[indi'pendëns] *n* pavarësi.

independency [indi'pendënsi] *n* 1. pavarësi. 2. vend/territor i pavarur.

independent [indi'pendënt] *adj* i pavarur; i mëvetësishëm; **of independent means** i pavaur nga ana financiare; **ask for an independent opinion** kërkoj mendimin e një pale të tretë.

independently[indi'pendëntli] *adv* në mënyrë të pavarur.

indescribable[indis'kraibëbël] *adj* i papërshkrueshëm.

indestructibility[indistrʌktë'bilëti] *n* pathyeshmëri.

indestructible[indis'trʌktëbël] *adj* i pashkatërrueshëm, i pathyeshëm.

indeterminable[indi'të:minëbël] *adj* 1.i papërcaktueshëm. 2.i pazgjidhshëm, i pavendosshëm.

indeterminate[indi'të:minit] *adj* 1. i papërcaktuar. 2.i paqartë, i errët.

indetermination[inditë:mi'neishën] *n* 1. pacaktueshmëri. 2.gjendje e papërcaktuar.

index ['indeks] *v,n* -*vt* 1. pajis me tregues(librin etj). 2.fus në tregues. 3.hartoj treguesin. 4.*fin* indeksoj(çmimet etj).

-n 1.tregues, indeks(i librit). 2.shenjë, tregues. 3.gisht tregues.4.shigjetëz, shenjë treguese.5.numër, tregues. 6.*mat* a)tregues i fuqisë, eksponent; b)tregues i rrënjës. 7.*fin* indeks(i çmimeve, i kostos së jetesës).

index card *n* skedë.

indexation[indek'seishën] *n fin* indeksim.

index finger *n anat* gisht tregues.

index-link['indeks'link] *vt* indeksoj në përputhje me koston e jetesës.

India['indië] *n gjeog* Indi.

India(n) ink *n* bojë kine.

Indiaman['indiëmën] *n hist* anije tregtare që bënte tregëtinë me Indinë.

Indian['indiën] *adj,n* 1.indian. 2.indian i Amerikës, amerindian, lëkurëkuq.

Indian agent *n* funksionar (kanadez.) i ngarkuar me çështjet e amerindianëve.

Indian club *n* shkop i fryrë(në formë shisheje).

Indian corn *n* misër.

Indian devil *n* karkanxholl; shpirt i keq.

Indian file *n gj.fol* dhurues joserioz (që ta merr mbrapsht dhuratën kur prishet me ty).

Indian ink *n* bojë kine.

Indian list *n knd* 1.regjistër zyrtar i lëkurëkuqve. 2.*gj.fol* listë e personave të ndaluar me ligj që të blejnë pije alkoolike. +**be on the Indian list** a)jam i ndaluar me ligj të blej pije alkoolike; b)*fig* jam në listën e zezë.

Indian meal *n* gjellë me misër.

Indian Ocean *n gjeog* Oqeani Indian.

Indian summer *n* verë në mes të vjeshtës, vjeshtë si verë.

India paper *n* letër e hollë.

india rubber *n* 1.kauçuk. 2.gomë(për të fshirë).

indicate['indëkeit] *vt* 1.tregoj(rrugën, temperaturën). 2.shfaq, tregoj(ndjenjat). 3.*mjek* a)sugjeron (operacion etj); b)dëshmon(praninë e sëmundjes).

indication[indë'keishën] *n* 1.tregim, të treguarit(e rrugës etj). 2.shenjë; e dhënë. 3.vlerë, tregim(i aparatit).

indicative [in'dikëtiv] *adj,n* -*adj* 1. tregues, dëftues; dëshmues. 2.*gram* dëftor.

-n *gram* 1.mënyrë dëftore. 2.folje në dëftore.

indicator['indëkeitë:] *n* 1.tregues, shigjetëz.2.aparat matës. 3.*kim* lakmues, indikator.

indices['indësi:z] *n pl* i **index**.

indict[in'dait] *vt* akuzoj, padis.

indictable[in'daitëbël] *adj* që i kalohet gjyqit; **indictable offense** krim(për të cilin arrestohesh).

indictment[in'daitmënt] *n* 1.padi, aktpadi.2.akuzë.

indifference[in'difrëns] *n* 1.mospërfillje, shpërfillje, indiferencë. 2.moskokëçarje, mungesë rëndësie; **where I eat is a matter of indifference to me** për mua s'ka fort rëndësi vendi se ku ha.

indifferent[in'difrënt] *adj* 1.mospërfillës, shpërfillës, indiferent. 2.moskokëçarës. 3.i paanshëm, neutral. 4.i parëndësishëm. 5.çka, i njëfarësojshëm (loj tar). 6.i rëndomtë, pa shumë vlerë. 7.*kim* asnjanës neutral.

indifferently [in'difrëntli] *adv* 1. me shpërfillje 2.pa dallim; barabar. 3.njëfarësoj, disi. 4.dobët, jo mirë.

indigence['indixhëns] *n* varfëri, skamje.

indigeneous[in'dixhënës] *adj* 1.vendës, indigjen i vendit, rrënjës. 2.i lindur, prej natyre.

indigent ['indixhënt] *adj* i varfër, i vobektë skamnor.

-n varfanjak, skamnor, skamës.

indigently['indixhëntli] *adv* varfërisht.

indigestible[indi'xhestëbël] *adj* i patretshëm; që s'tretet mirë(ushqim).

indigestion[indi'xhesçën] *n* mostretje; keqtretje(e ushqimit), dispepsi.

indignant[in'dignënt] *adj* i zemëruar, i indinjuar

indignation[indig'neishën] *n* zemërim, indinjatë

indignity[in'dignëti] *n* përulje; keqtrajtim; fyerje

indigo['indigou] *n* 1.llullaq. 2. ngjyrë llullaqi.

indirect[indi'rekt, indai'rekt] *adj* 1.i tërthortë, jo i drejtpërdrejtë, indirekt. 2.dytësor, anësor(efekt). 3.e tërthortë(përgjigje). 4.*gram* e zhdrejtë(ligjëratë). 5.i pandershëm, i dyshimtë, i tërthortë(veprim, metodë).

indirectly[indi'rektli] *adv* tërthorazi.

indirect discourse *n gram* ligjëratë e zhdrejtë.

indirection[indi'rekshën, indai'rekshën] *n* 1.veprim i tërthortë; metodë e tërthortë. 2.pandershmëri; mashtrim.

indirect object *n gram* kundrinë e zhdrejtë.

indirect tax *n fin* taksë indirekte / e tërthortë (e përfshirë në çmim).

indiscernible[indi'së:nëbël] *adj* i padallueshëm; i pakapshëm.

indiscreet[indis'kri:t] *adj* i pamatur, i patakt; pa vend.

indiscretion[indis'kreshën] *n* 1.pamaturi, mungesë takti. 2.veprim pa vend.

indiscriminate [indis'kriménit] *adj* 1. i rrëmujshëm. 2.që nuk bën dallim, që merr mbarë e mbrapsht.

indispensability[indispensë'bilëti] *n* domosdoshmëri.

indispensable [indis'pensëbël] *adj* i domosdoshëm.

indispensably[indis'pensëbli] *adv* domosdo, patjetër, medoemos.

indispose [indis'pouz] *vt* 1.ia prish qejfin, ia heq dëshirën, ia thyej vullnetin. 2.sëmur lehtë. 3.çaftësoj; bëj të papërshtatshëm.

indisposed[indis'pouzd] *adj* 1.i sëmurë lehtë, pa qejf. 2.qejfprishur, mosdashës, jo i gatshëm.

indisposition[indispë'zishën] *n* 1.sëmundje e lehtë, trazim. 2.mosdashje, pagatishmëri, mospëlqim.

indisputable [indis'pju:tëbël] *adj* i padiskutueshëm; i padyshimtë.

indisputably[indis'pju:tëbli] *adv* pa diskutim; pa dyshim.

indissoluble[indi'soljubël] *adj* 1.i patretshëm.2.i pazbërthyeshëm. 3.i paprishshëm, i qëndrueshëm.

indistinct[indis'tinkt] *adj* 1.i padallueshëm, i paqartë. 2.i turbullt.

indistinctly[indis'tinktli] *adv* turbull, vagët.

indistinguishable[indis'tingwishëbël] *adj* i padallueshëm.

indite[in'dait] *vt* hartoj.

indium['indiëm] *n kim* indium(element).

individual[indi'vidjuël] *n,adj* -*n* person; individ. -*adj* 1.i veçantë, i veçuar. 2.vetjak, personal; për një person. 3.individual.

individualism [indi'vidjuëlism] *n* 1.individualizëm. 2.individualitet.

individualist[indi'vidjuëlist] *n* individualist.

individuality [individju'ælëti] *n* 1. individualitet. 2.personalitet.

individualize[indi'vidjuëlaiz] *vt* 1.shquaj, dalloj, veçoj. 2.individualizoj.

individually[indi'vidjuëli] *adv* individualisht; veç e veç; veç nga të tjerët.

indivisibility [indivizi'bilëti] *n* 1. pandashmëri. 2.*mat* papjesëtueshmëri.

indivisible[indi'vizëbël] *adj* 1.i pandashëm.2.*mat* i papjesëtueshëm.

indivisibly[indi'vizëbli] *adv* pandashmërisht.

Indochina['indou'çainë] *n gjeog* Indokinë.

Indo-Chinese['indouçai'ni:z] *adj,n* -*adj* indokinez. 2.gjuhë kino-tibetiane.

indoctrinate [in'doktrineit] *vt* indoktrinoj, i mësoj, i fus në kokë.

Indo-European['indoujurë'pi:ën] *adj,n* -*adj* indoevropian. -*n* 1.gjuhët indoevropiane. 2.gjuha e lashtë indoevropiane; gjuha ariane. 3.indoevropian.

Indo-Germanic['indouxhë:'mænik] *adj,n* shih **Indo-European.**

Indo-Iranian ['indouai'reiniën] *adj,n* -*adj* indoiranian. -*n* gjuhët indoiraniane.

indolence['indëlëns] *n* përtaci, plogështi, përtesë, mefshtësi.

indolent ['indëlënt] *adj* i flashkët, i mefshët; i plogët; përtac.

indomitable [in'domitëbël] *adj* i pathyeshëm, i paepur, i pamposhtur.

Indonesia['indou'ni:zjë] *n gjeog* Indonezi.

Indonesian['indou'ni:zjën] *adj,n* -*adj* indonezian. -*n* 1.indonezian. 2.gjuha indoneziane.

indoor['indo:] *adj* shtëpie(pantofla, lule); që luhet brenda, në salla të mbyllura(sport); e brendshme, e mbyllur(pishinë); shtëpijak(aktivitet); e ambienteve të brendshme(fotografi).

indoors['indo:z] *adv* brenda, në shtëpi; në sallë të mbyllur. + **go indoors** hyj brenda.

indorse[in'do:z] *v* shih **endorse.**

indraft['indræft] *n* dyndje, vërshim në brendësi.

indrawn[in'dro:n] *adj* 1.i dyndur. 2.i shqetësuar. 3.i mbyllur në vetvete.

indubitable [in'dju:bitëbël] *adj* i sigurt, i padyshimtë.

indubitably[in'dju:bitëbli] *adv* padyshim, me siguri.

induce [in'dju:s] *vt* 1. bind, shtyj, nxis. 2. sjell, shkakton. 3.*el* induktoj, krijoj(rrymë etj). 4.arrij me arsyetim.

inducement[in'dju:smënt] *n* shtytje, nxitje, shtytsë; shkas.

induct[in'dʌkt] *vt* 1.paraqes; vendos(në një post). 2.*amer* fus në ushtri, rekrutoj. 3.e mësoj, e fus në temë.

inductance[in'dʌktëns] *n el* induktancë.

inductee[in'dʌkti:] *n* rekrut, njeri që përgatitet të hyjë në ushtri.

inductile[in'dʌktail] *adj* i paepshëm, i papërkulshëm.

induction[in'dʌkshën] *n* 1.*el* induksion. 2.induksion, gjykim përgjithësues. 3.përfundim (logjik). 4.emërim, vënie në post. 5.thithje(e lëndës djegëse në cilindër).

inductive[in'dʌktiv] *adj* 1.induktiv(arsyetim).2.*el* induktiv, induksioni.

inductivity[indʌk'tivëti] *n fiz* induktivitet.

inductor[in'dʌktë:] *n el* induktor.

indulge[in'dʌlxh] *v* 1.kënaq, plotësoj(dëshirën). 2.i plotësoj dëshirat; i shkoj pas qejfit; llastoj. +**indulge in** jepem pas.

indulgence[in'dʌlxhëns] *n* 1.kënaqje, përmbushje, plotësim(dëshirash). 2.favor; lëshim; privilegj. 3.ves. 4.butësi, zemërgjerësi.

indulgent [in'dʌlxhënt] *adj* i butë; tolerues, jokërkues; zemërgjerë.

indurate [*v* 'indju:'reit; *adj* 'indjurit] *v,adj* -*v* 1. ngurtësohet. 2. bëhet i pandjeshëm. 3. bëj të pandjeshëm. -*adj* 1.i ngurtësuar. 2.i pandjeshëm; i ngurtë.

induration['indju:'reishën] *n* 1.ngurtësim. 2.ngurosje e ndjenjave.

industrial[in'dʌstriël] *adj* industrial; i industrisë; i punës; në punë(aksident); **industrial estate/park** zonë industriale; **industrial unrest** trazira sindikale.

industrialist[in'dʌstriëlist] *n* 1.industrialist. 2.punëtor i industrisë.

industrialization[indʌstriëli-/lai'zeishën] *n* industrializim.

industrialize[in'dʌstriëlaiz] *vt* industrializoj.

industrious[in'dʌstriës] *adj* i zellshëm, punëtor .

industriously[in'dʌstriësli] *adv* me zell, pa përtuar.

industry ['indëstri] *n* 1.industri. 2.fushë (biznesi, aktiviteti). 3.punë sistematike. 4. zell(në punë), përpjekje.

indwelling[in'dweling] *adj* që banon brenda (në një institucion etj).

inebriate [*v* in'i:brieit; *n,adj* in'i:briit] *vt,n* -*vt* deh. -*n* pijanik, sarhosh. -*adj* 1.pijanec. 2.i pirë, i dehur.

inebriated[in'i:briejtid] *adj* i pirë, i dehur.

inebriation[ini:bri'eishën] *n* dehje.

inebriety[ini'brajëti] *n* dehje.

inedible[in'edible] *adj* i pangrënshëm, që nuk hahet.

ineducable[in'edjukëbël] *adj* i paedukueshëm.

ineffable[in'efëbël] *adj* 1.i parrëfyeshëm, i patregueshëm, tepër i madh. 2.për të mos u treguar, që nuk thuhet.

ineffaceable[inë'feisëbël] *adj* 1.i pashlyeshëm.2.e

paheqshme(njollë).

ineffective[inë'fektiv] *adj* 1.i paefektshëm; i padobishëm. 2.i pafrytshëm, i pasuksesshëm.

inefficacious [inefi'keishës] *adj* 1.i paefektshëm; i padobishëm. 2.i pafrytshëm, i pasuksesshëm.

inefficacy[in'efikësi] *n* paefektshmëri.

inefficient[inë'fishënt] *adj* 1.i paefektshëm.2.i paaftë.

inelastic [ini'læstik] *adj* 1. joelastik; i papërkulshëm, i paepshëm. 2.*fig* i ngurtë; i paepur.

inelegance[in'elëgëns] *n* mungesë elegance.

ineligible[in'elixhibël] *adj* i papërshtatshëm, i pazgjedhshëm; **be ineligible for/to do sth** nuk fitoj të drejtën për të bërë diçka.

ineluctable[ini'lʌktëbël] *adj* i pashmangshëm.

inept[in'ept] *adj* 1.i papërshtatshëm; i pavend. 2.i ngathët, i paaftë. 3.absurd, i marrë(mendim).

ineptitude [in'eptitju:d] *n* 1. absurditet, marrëzi, idiotësi. 2.veprim/vërejtje pa vend/e marrë.

inequality[ini'kwolëti] *n* 1.pabarazi.2.parregullsi, parrafshësi (e një sipërfaqeje). 3.*mat* mosbarazim.

inequation[ini'kweishën] *n mat* inekuacion.

inequitable[in'ekwitëbël] *adj* i padrejtë(gjykim).

inequity[in'ekwiti] *n* 1.padrejtësi, anësi. 2.veprim i padrejtë.

ineradicable[ini'rædikëbël] *adj* i paçrrënjosshëm.

inert [in'ë:t] *adj* 1.i palëvizshëm; i mpirë. 2.i ploget, i flashkët. 3.*kim* inert, i plogët; **inert gases** gaze të plogëta.

inertia[in'e:shë] *n* 1.plogështi; amulli. 2.*fiz* inerci, plogëti.

inertia reel seat belt *n* rrip sigurimi me çikrik.

inescapable[inis'keipëbël] *adj* i pashmangshëm, që s'i shpëton dot.

inestimable[in'estimëbël] *adj* i pallogaritshëm; i paçmueshëm.

inevitability[inevitë'bilëti] *n* pashmangshmëri.

inevitable[in'evitëbël] *adj* i pashmangshëm; i ditur, i parashikuar.

inexact[inig'zækt] *adj* i pasaktë, jo i përpiktë, me gabime.

inexactness [inig'zæktnis] *n* pasaktësi, mugesë përpikërie.

inexcusable[iniks'kju:zëbël] *adj* i pafalshëm; i pajustifikueshëm.

inexhaustible[inig'zostëbël] *adj* 1.i pashtershëm; i pafund. 2.i palodhshëm.

inexorable [in'eksërëbël] *adj* 1. i paepur, i patundur. 2.i papërkulur, i pamëshirshëm.

inexpedient [inik'spi:diënt] *adj* 1. i pakëshillueshëm. 2.i papërshtatshëm; jopraktik; pa mend.

inexpensive[inik'spensiv] *adj* i lirë, jo i kushtueshëm, me çmim të ulët.

inexperience[inik'spi:riëns] *n* papërvojë, mungesë përvoje.

inexperienced [inik'spi:riënst] *adj* i papërvojë; i

pamësuar.

inexpert [in'ekspë:t] *adj* i pamësuar, i pakualifikuar.

inexpiable[in'ekspiëbël] *adj* i pashlyeshëm(faj).

inexplicable[inik'splikëbël] *adj* i pashpjegueshëm.

inexpressible[inik'spresëbël] *adj* i pashprehshëm.

inexpressive [inik'spresiv] *adj* 1. joshprehës, i shpëlarë(stil). 2.pa shprehje(fytyrë).

in extenso[inik'stensou] *adv* plotësisht, në tërësi.

inextinguishable[inik'stingwishëbl] *adj* i pashuejtshëm.

in extremis [inik'stri:mis] *adv* në agoni, në të mbaruar.

inextricable[in'ekstrikëbël] *adj* 1.i pazgjidhshëm, i koklavitur.2.i pashmangshëm, që s'i shpëton dot.

infallibility[infælë'bilëti] *n* pagabueshmëri.

infallible[in'fælëbël] *adj* i pagabueshëm.

infamous['infëmës] *adj* 1.i ulët, i poshtër; i turpshëm; për faqe të zezë. 2.famëkeq.

infamy ['infëmi] *n* 1. çnderim, turp, faqe e zezë. 2.poshtërsi, pandershmëri. 3.veprim i ulët.

infancy ['infënsi] *n* 1. foshnjëri. 2. hapat e parë, fillimet. 3.*drejt* moshë e mitur.

infant['infënt] *n,adj* -*n* 1.foshnjë; fëmijë. 2.*drejt* i mitur.

-*adj* 1. foshnjor. 2. *fig* fillestar. + **infant school** kopsht fëmijësh; arsim parashkollor, foshnjore.

infanta [in'fæntë] *n* vajzë e mbretit (të Spanjës, Portugalisë).

infante[in'fæntei] *n* djalë i mbretit(jo trashëgimtar i fronit).

infanticide[in'fæntësaid] *n* 1.vrasje foshnje.2.foshnjëvrasës.

infantile ['infëntail, 'infëntël] *adj* 1.foshnjor; fëminor; **infantile disease** sëmundje foshnjore. 2.fëmijëror, prej fëmije, foshnjarak (qëndrim). 3.*fig* fillestar, në zanafillë.

infantile paralysis *n mjek* poliomielit.

infantilism [in'fæntëlizëm] *n mjek* infantilizëm, mbetje tiparesh fëminore tek i rrituri.

infantine['infëntain, 'infëntin] *adj* foshnjarak, fëmijëror, prej fëmije.

infantry['infëntri] *n usht* këmbësori.

infantryman['infëntrimën] *n usht* këmbësor.

infarct['infa:kt] *n mjek* infarkt.

infarction[in'fa:kshën] *n mjek* 1.bllokim, pamjaftueshmëri furnizimi me gjak. 2.infarkt.

infatuate [*v* in'fæçueit; *adj* in'fæçuit] *v,adj* -*vt* 1.ia marr mendtë, budalleps. 2.bëj për vete, magjeps.

-*adj* i marrosur, i dhënë tërësisht pas; i magjepsur.

infatuated[in'fæçu:eitid] *adj* shih **infatuate**.2.

infatuation [infæçu:'eishën] *n* 1. prishje nga mendtë; magjepsje, marrosje. 2.pasion, dashuri e verbër.

infect[in'fekt] *vt* 1.*mjek* infektoj, moleps. 2.*fig* infektoj, ua ngjis, moleps. 3.*fig* infektoj, ndikoj me

shembullin tim.

infection[in'fekshën] *n* 1.*mjek* infeksion; infektim. 2.sëmundje ngjitëse. 3.*fig* injektim, ndikim.

infectious[in'fekshës] *adj* 1.*mjek* infektues, ngjitës, molepsës. 2.*fig* ngjitës; **an infectious laugh** e qeshur ngjitëse.

infective[in'fektiv] *adj* shih **infectious**.

infelicitous [infe'lisitës] *adj* 1. i papërshtatshëm. 2.i pafat, fatkeq, i mjerë.

infelicity ['infe'lisëti] *n* 1.papërshtatshmëri. 2.fatkeqësi. 3.vërejtje pa vend.

infer[in'fë:] *vt* 1.nxjerr përfundim, konkludoj. 2. dëshmon, tregon, flet për; **ragged clothing infers poverty** të veshurit keq tregon varfëri.

inference['infërëns] *n* 1.nxjerrje përfundimi, konkludim. 2.përfundim, konkluzion.

inferior [in'fië:rië] *adj,n* -*adj* 1. i dobët(mall). 2.më i ulët; më i keq. 3.inferior; **feel inferior** e ndiej veten më poshtë(se dikush), ndihen inferior. 4. depror, me gradë më të ulët. 5.*anat* i poshtëm(nofull, gjymtyrë etj). 6.*zool* më i ulët(organizëm).

-*n* vartës, depror.

inferiority[infiëri'o:rëti] *n* 1.inferioritet, të qenët më ulët. 2.prapambetje(teknologjike etj). 3. cilësi e ulët(e mallit).

inferiority complex *n mjek* kompleks inferioriteti.

infernal[in'fë:nël] *adj* 1.skëterror, i skëterrshëm. 2.*gj.fol* i tmerrshëm, i tërbuar; i urryer.

infernal machine *n* bombë/eksploziv për atentat.

inferno [in'fë:nou] *n* 1. ferr, skëterrë. 2. *fig* ferr, tmerr.

infertile[in'fë:tail, in'fë:tël] *adj* 1.jopjellor; joprodhues. 2. shterp.

infertility[infë:'tilëti] *n* 1.papjellori; varfëri.2.shterpësi.

infest [in'fest] *vt* mbush(me); gëlon (këneta nga mushkonjat).

infestation[infes'teishën] *n* gëlim; mbushje me, pllakosje.

infidel['infëdël] *adj,n* -*adj* 1.i pafe. 2. i pabesë.

-*n* i pafe; femohues.

infidelity[infë'delëti] *n* 1.të qenët i pafe.2.pabesi; shkelje e besnikërisë bashkëshortore.

infield['infi:ld] *n* ngastra pranë godinave(të fermës).

infighting['infaiting] *n* luftë e brendshme.

infiltrate [in'filtreit, 'infil'treit] *v* 1.depërtoj. 2.kulloj, filtroj.

infiltration[infil'treishën] *n* 1.depërtim.2.filtrim, kullim.

infinite['infënit] *adj,n* -*adj* 1.i pakufi, i pafund, i paanë. 2.*mat* infinit.

-*n* 1.pafundësi. 2.*mat* infinit. 3.**the Infinite** Perëndia.

infinitely ['infënitli] *adv* 1.pafundësisht. 2.*gj.fol* shumë, tepër, jashtëzakonisht.

infinitesimal[infinë'tesëmël] *adj,n -adj* 1.jashtë-zakonisht i vogël, i papërfillshëm. 2.*mat* pambarimisht e vogël(madhësi).

-*n mat* madhësi pambarimisht e vogël.

infinitive [in'finëtiv] *n gram* paskajore, mënyrë paskajore.

infinitude[in'finëtju:d] *n* pafundësi.

infinity[in'finëti] *n* 1. pafundësi. 2. sasi e pafundme. 3.përjetësi, kohë e pafundme. 4.*mat* madhësi e pafundme, numër i pafund. +to infinity pafundësisht.

infirm[in'fë:m] *adj* 1.i dobët, pafuqishëm; shëndetlig. 2.i paqëndrueshëm, i ligështuar. 3.i pavendosur; i lëkundur.

infirmary[in'fë:mëri] *n* infermieri.

infirmity [in'fë:mëti] *n* 1.dobësi, pafuqi. 2.sëmundje. 3.dobësi karakteri, cen.

inflame [in'fleim] *v* 1.*fig* ndez; irritoj. 2. nxis. 3.irritohem. 4.*mjek* pezmatohet, malcohet.

inflamable[in'flæmëbël] *adj* 1.ndezshëm, i djegshëm. 2.*fig* shpërthyes, që merr zjarr shpejt (temperament).

inflammation [inflë'meishën] *n* 1.*mjek* malcim, pezmatim. 2.ndezje, marrje flakë.

inflammatory[in'flæmë'to:ri] *adj* 1.nxitës, i zjarrtë (fjalim). 2.malcues, pezmatues, mahisës; acarues.

inflate[in'fleit] *v* 1.fryj(me ajër etj). 2.*fig* fryhem, krekosem. 3.*fin* fryj(çmimet); inflacionoj(monedhën), krijoj inflacion.

inflation[in'fleishën] *n* 1.fryrje. 2.*fig* fryrje, krekosje. 3.*fin* inflacion.

inflationary[in'fleishëneri] *adj* inflacionist.

inflect [in'flekt] *vt* 1. ndryshoj, moduloj (zërin). 2.*gram* lakoj; eptoj; zgjedhoj. 3.përkul, lakoj.

inflection[in'flekshën] *n* 1.ndryshim, modulim(i zërit). 2.*gram* lakim; eptim; zgjedhim. 3.përkulje, lakim. 4.kthesë, lakesë.

inflexibility[infleksë'bilëti] *n* shtangësi; papërkulshmëri(edhe *fig*).

inflexible[in'fleksëbël] *adj* 1.i papërkulur, i paepur. 2.i pandryshueshëm. 3.i papërkulshëm, i shtangët(çelik).

inflexion[in'flekshën] *n Br* shih inflection.

inflict[in'flikt] *vt* 1.i jap një dackë.2.i shkaktoj(vuajtje). 3.i vë(taksë). +inflict a wound on sb plagos dikë.

infliction[in'flikshën] *n* 1. shkaktim (vuajtjesh); vënie(taksash). 2.vuajtje; taksë; goditje; ndëshkim.

inflorescence[inflo:'resëns] *n bot* 1.lulëzim. 2.lulesë; tufë lulesh.

inflorescent [inflo:'resënt] *adj* i lulëzuar, në lulëzim.

inflow['inflou] *n* 1.hyrje, ardhje, derdhje(brenda). 2.prurje, sasi e ardhur.

influence['influëns] *v,n -vt* ndikoj, ushtroj ndikim, influencoj(mbi).

-*n* 1.ndikim (on, with, upon, over); have influence with sb kam ndikim mbi dikë; he was under the influence of drink ishte paksa i pirë. 2.*el* induksion.

influential [influ:'enshël] *adj* 1. me ndikim të madh, me influencë (person). 2. ndikues, që ka rezultat.

influenza[influ:'enzë] *n mjek* grip.

influx ['inflʌks] *n* 1. dyndje, vërshim, ardhje masive(njerëzish).2.grykëderdhje, vend-derdhje(i degës së një lumi).

info['infou] *n zhrg* informacion.

infold[in'fould] *v* shih enfold.

inform[in'fo:m] *vt* 1.njoftoj, vë në dijeni. 2.informoj; (against, on) kallëzoj, denoncoj. 3.frymëzoj. +keep sb informed mbaj dikë në korent(të ngjarjeve).

informal[in'fo:mël] *adj* 1.i thjeshtë, jozyrtar, pa ceremonira(person); jozyrtar, joformal(qëndrim, ton). 2.bisedor, i gjuhës së folur. +"dress informal" "nuk kërkohet veshje ceremoniale"(në ftesa).

informality[info:'mælëti] *n* 1.thjeshtësi, mungesë zyrtarizmi, mungesë formalizmi. 2.ton/stil bisede; ton familiar. 3.karakter jozyrtar (i një takimi etj).

informally[in'fo:mëli] *adv* pa ceremoni; në mënyrë jozyrtare; visit a hospital informally bëj një vizitë private në spital; I have been informally told that jam njoftuar në mënyrë jozyrtare se.

informant[in'fo:mënt] *n* informator, agjent.

information [infë:'meishën] *n* 1.informacion, të dhëna, njoftime, informatë. 2.informim. 3.zyrë informacioni; sportel i informacionit. 4.kallëzim, denoncim. +a piece of information informatë, e dhënë; give sb information about/on sth i jap dikujt të dhëna për diçka.

information bureau *n* zyrë informacioni.

information desk *n* zyrë informacioni.

information processing *n* përpunim i të dhënave/i informacionit.

information science *n* shkenca e informacionit.

information technology *n* informatikë.

informational [infë:'meishënël] *adj* informues; udhëzues; informativ.

informative[in'fo:mëtiv] *adj* shih informational. +she wasn't very informative ajo nuk na tha ndonjë gjë të madhe.

informed [in'fo:md] *adj* i mirinformuar, i informuar; në dijeni; an informed guess hipotezë e bazuar, supozim/hamendje jo pa bazë.

informer [in'fo:më:] *n* 1. informator, kallëzues; turn informer kallëzoj bashkëpunëtorët. 2.informues, mbledhës informacioni.

infra['infrë] *adv,prep lat* poshtë, nën.

infraction[in'frækshën] *n* shkelje(ligji); kundërvajtje.

infrangible[in'frænxhëbël] *adj* 1.i pathyeshëm.2.

i pashkelshëm(rregull).

infrared[infrë'red] *adj fiz* infrakuq, infra i kuq.

infrastructure [infrë'strʌkçë:] *n* infrastrukturë, elementë themelorë(të strukturës); sektor i shër-bimeve.

infrequence[in'fri:kwëns] *n* shih **infrequency.**

infrequency[in'fri:kwënsi] *n* rrallësi, padenduri.

infrequent[in'fri:kwënt] *adj* i rrallë.

infrequently[in'fri:kwëntli] *adv* rrallë, rrallëherë.

infringe[in'frinxh] *vt* 1.shkel(ligjin). 2.(**on,upon**) shkel, dhunoj, nëpërkëmb(të drejtat).

infringement[in'frinxhmënt] *n* 1.shkelje(e ligjit). 2.shkelje, dhunim, nëpërkëmbje, cënim(i të drejtave).

infuriate[in'fju:rieit] *vt* xhindos, tërboj, egërsoj.

infuriation [infju:ri'eishën] *n* xhindosje, tërbim, egërsim.

infuse[in'fju:z] *vt* 1. mbush me, injektoj; i ngjall (besim, guxim etj). 2.zbruj, zhys në lëng(për t'i nxjerrë esencat).

infusible [in'fju:zëbël] *adj* i pashkrishëm, i pa-tretshëm.

infusion[in'fju:zhën] *n* 1.zbrujtje, zhytje në lëng. 2.ekstrakt, infuzion, çaj.

infusorian [infjë'so:riën] *n biol* infuzor, kafshë njëqelizore.

-ing[ing] *suff* fjalëformuese; **thinking** mendim, të menduar; duke menduar; që mendon.

ingenious [in'xhi:niës] *adj* 1. i zgjuar; i hollë; i mprehtë; mendjefemër. 2.i bërë me mjeshtri; mjeshtëror.

ingeniously [in'xhi:niësli] *adv* 1. me zgjuarsi. 2.mjeshtërisht.

ingenuity [in'xheniuëti] *n* 1.zgjuarsi , mendje-mprehtësi; mjeshtri. 2.punë e bërë mjeshtërisht; veprim i menduar hollë.

ingenuous[in'xheniuës] *adj* 1.i çiltër, i sinqertë, i patëkeq, i padjallëzuar. 2.i thjeshtë, i natyrshëm.

ingest [in'xhest] *v* 1. ha. 2. *fig* tres, përvetësoj, kapërdij.

ingle['ingël] *n* 1.vatër. 2.zjarr(në vatër).

inglenook['ingëlnu:k] *n* qoshe anës vatrës.

inglorious[in'glo:riës] *adj* 1.i palavdishëm; i turp-shëm. 2.i padëgjuar, pa emër, pa famë.

ingot['ingët] *n* kallëp, lingotë, shufër(ari etj).

ingraft[in'græft] *v* shih **engraft.**

ingrain [*v* in'grein; *n, adj* 'in'grein] *v,n,adj -vt* 1.ngulis, fiksoj. 2.*fig* rrënjos. 3.ngjyej(fillin).

-n fill i ngjyer.

-adj 1.i ngjyer(fill). 2.prej filli të ngjyer.

ingrained['in'greind] *adj* 1.i ngjyer(fill).2.i ngur-tësuar(zhul). 3.i rrënjosur, i ngulitur(mendim).

ingrate[in'greit] *n,adj -n* mosmirënjohës.

-adj *vjet* mosmirënjohës.

ingratiate [in'greishiejt] *vt* bëj për vete, i hyj në zemër, marr me të mirë.

ingratitude[in'grætëtju:d] *n* mosmirënjohje.

ingredient [in'gri:diënt] *n* përbërës, element për-bërës.

ingress['ingres] *n* 1.hyrje; mundësi hyrjeje(diku). 2.lejehyrje.

in - group ['in'gru:p] *n* grup i mbyllur, rreth i ngushtë.

ingrowing ['ingrouing] *adj* që rritet përbrenda.

ingrown['ingroun] *adj* shih **ingrowing; ingrown toenail** thua i hyrë në mish.

inguinal['ingwënël] *adj* i ijës.

ingulf[in'gʌlf] *v* shih **engulf.**

inhabit [in'hæbit] *vt* jetoj (në); banoj (në); **bad thoughts inhabited his mind** në kokë i qenë mbledhur mendime të këqia.

inhabitable[in'hæbitëbël] *adj* i banueshëm.

inhabitant[in'hæbitënt] *n* banor.

inhalant[in'heilënt] *n,adj -n* 1.ilaç që merret me thithje. 2. pajisje për thithje ilaçi.

-adj për thithje.

inhalation[inhë'leishën] *n* 1.pravullim, thithje me hundë(eteri etj). 2.ilaç që merret me thithje.

inhalator ['inhëleitë:] *n* aparat / pajisje për thithje ilaçi.

inhale[in'heil] *v* 1.thith(gaz, tym duhani). 2.thith ilaçin me hundë. 3.marr frymë.

inhaler[in'heilë:] *n mjel* inhalator, aparat për thi-thje ilaçi.

inharmonic[inha:'monik] *adj* i paharmonishëm; jomuzikal.

inharmonious[inha:'mouniës] *adj* 1.joharmonik; i paharmonishëm. 2.i mospërputhshëm.

inhere [in'hië:] *vi* ekziston, është i pranishëm, është i qenësishëm.

inherence[in'hiëröns] *n* qenësi.

inherent[in'hiërënt, in'herënt] *adj* i qenësishëm, i pandarë; i brendshëm; i lindur; **inherent honesty** ndershmëri e lindur.

inherently [in'hiërëntli] *adv* në mënyrë të qenë-sishme; në vetvete; prej natyre; **inherently lazy** dembel prej natyre.

inherit[in'herit] *v* trashëgoj.

inheritable [in'heritëbël] *adj* i trashëgueshëm. 2.që mund të trashëgojë.

inheritance[in'heritëns] *n* 1.trashëgim, të trashë-guarit(e diçkaje). 2.trashëgimi, e drejtë trashëgimie. 3.gjë e trashëguar, trashëgim, trashëgimi.

inheritance tax *n* taksë trashëgimie.

inheritor[in'heritë:] *n* trashëgues, trashëgimtar.

inhibit [in'hibit] *vt* ndaloj, pengoj, frenoj; nuk le-joj; ndaloj me ligj..

inhibition[inhi'bishën, inhi'bishën] *n* 1. ndalim, frenim, pengim, moslejim. 2. frenim i brendshëm.

inhibitive[in'hibëtiv] *adj* frenues, pengues.

inhibitor[in'hibëtë:] *n* 1.frenues, pengues. 2.*kim* agjent frenues(i reaksionit).

inhibitory[in'hibëto:ri] *adj* frenues, pengues.
inhospitable[in'hospitëbël] *adj* 1.jomikpritës. 2.i shkretë, që nuk ofron strehë(vend).
inhospitality[inhospë'tælëti] *n* mungesë mikpritjeje.
inhuman[in'hju:mën] *adj* 1.çnjerëzor; mizor. 2.të papranueshme(kushte banimi). 3.jonjerëzor, mbinjerëzor(durim).
inhumane[inhju'mein] *adj* i panjerëzishëm.
inhumanity[inhju'mænëti] *n* 1.natyrë çnjerëzore; mizori; vrazhdësi. 2.vepër çnjerëzore.
inimical [in'imëkël] *adj* 1. jomiqësor; armiqësor. 2.i papajtueshëm, në kundërshtim, i dëmshëm.
inimitable[in'imëtëbël] *adj* 1.i paimitueshëm. 2.i papërsëritshëm, i pashoq.
iniquitous[in'ikwëtës] *adj* i padrejtë; i lig.
iniquity[in'ikwëti] *n* 1.padrejtësi e madhe; ligësi. 2.veprim i padrejtë.
initial [i'nishël] *adj,n,v* -*adj* i parë, fillestar, i fillimit; më i hershëm.
-*n* 1.iniciale, gërmë e parë e emrit. 2.iniciale(të emrit e mbiemrit).
-*v* shënoj inicialet(si firmë), sigloj.
initially[i'nishëli] *adv* fillimisht, në fillim.
initiate[i'nishieit] *v,n* -*vt* 1.nis, filloj. 2.ndërmarr (një reformë); **initiate proceedings against sb** hedh në gjyq dikë. 3.fus, pranoj(në një shoqatë etj). 4.njoh me të fshehtat(e punës).
-*n* rishtar.
initiation[inishi'eishën] *n* 1.nisje, fillim. 2.futje, pranim; **initiation ceremony** rit i pranimit.
initiative[i'nishiëtiv] *n* nismë, iniciativë; **on one's own initiative** me iniciativën e vet; **take the initiative** marr iniciativën.
initiator[i'nishiejtë:] *n* iniciator, nismëtar.
initiatory[i'nishiëto:ri] *adj* nismëtar, iniciator.
inject [in'xhekt] *vt* 1. fus; mbush me lëng. 2.*mjek* injektoj. 3.lëshoj, bëj(një vërejtje).
injection [in'xhekshën] *n* 1.futje (lëngu). 2.injektim. 3.*mjek* injeksion, gjilpërë.
injudicious [inxhu:'dishës] *adj* i pamenduar; pa mend, pa vend; i pamatur.
injunction[in'xhʌnkshën] *n* 1.urdhër.2.*drejt* vendim gjyqësor, ndalim me ligj.
injure['inxhë:] *vt* 1.vras, lëndoj, plagos.2.dëmtoj. 3. prek, lëndoj(sedrën); fyej.
injurious[in'xhu:riës] *adj* 1.dëmtues; i dëmshëm. 2.i padrejtë. 3. lëndues; fyes.
injury ['inxhëri] *n* 1. dëmtim, dëm. 2.vrarje, plagosje. 3.padrejtësi; fyerje. +**escape without injury** nuk pësoj gjë, shpëtoj mirë.
injustice [in'xhʌstis] *n* padrejtësi; veprim i padrejtë. +**do sb an injustice** i bëj një padrejtësi dikujt.
ink[ink] *n,v* -*n* bojë shkrimi; bojë shtypi; **in ink** i shkruar me bojë.

-*vt* i vë bojë; bëj me bojë.
inkling['inkling] *n* 1.ide e vagët; **have an inkling of** kam një ide të përafërt për. 2.aluzion; **give sb an inkling that** i jap të kuptojë dikujt se.
inkstand['inkstænd] *n* mbajtëse boje dhe penash; shishe boje, kallamar.
inkwell['inkwel] *n* shishe boje, kallamar.
inky['inki] *adj* 1.i errët, i zi; **inky shadows** hije të zeza. 2.i ngjyer me bojë, i njollosur; i shënuar me bojë. 3. boje.
inlaid['in'leid] *adj,v* -*adj* i veshur me, i zbukuruar me.
-*pt,pp* e **inlay**.
inland[*adj* 'inland; *n,adv* 'inlænd, 'inlënd] *adj, n,adv* -*adj* i brendshëm, në brendësi(qytet, det). 2.i vendit, i brendshëm, kombëtar(tregti, shërbim).
-*n* brendësi e vendit.
-*adv* brenda, në brendësi; drejt brendësisë (së vendit).
in-law['in'lo, 'in'lou] *n gj.fol* i afërm nëpërmjet lidhjesh martesore.
inlay['in'lei] *v,n* -*vt* vesh, zbukuroj(me motive në syprinë).
-*n* 1. aplikacion, zbukurim. 2. mbushje dhëmbi. 3.shartesë.
inlet['inlet, 'inlët] *n* 1.*gjeog* gji, gatull; gji deti, gjuhëz deti. 2.*tek* hyrje, grykë.
in loco parentis[in'loukoupë'rentis] *lat* në vend të prindit; si prind.
inly['inli] *adv poet* 1.së brendshmi; përbrenda. 2.tërësisht; thellësisht.
inmate ['inmeit] *n* 1. bashkëvuajtës, i burgosur. 2.pacient(spitali psikiatrik). 3.banor, bujtës.
in memoriam['inmë'mo:riëm] *lat* në kujtim të.
inmost ['inmoust] *adj* 1. më i thellë. 2. më intim, më i fshehtë(dëshirë etj).
inn[in] *n* 1.han, bujtinë. 2.hotel. 3.tavernë.
innards['inë:ds] *npl gj.fol* 1.të përbrendshme; organe të brendshme. 2.pjesë të brendshme, mekanizma(të një makine etj).
innate[i'neit, 'ineit] *adj* i lindur, prej natyre(talent etj).
innately[i'neitli] *adv* së brendshmi.
inner['inë:] *adj* 1.i brendshëm. 2.intim, personal. 3.i ngushtë, i mbyllur(rreth njerëzish).
inner city *n* qendër, pjesë e vjetër e qytetit.
inner ear *n anat* vesh i brendshëm.
innermost['inë:moust] *adj* shih **inmost**.
inner tube *n* kamerdare.
inning['ining] *n* 1.*sport* radhë e gjuajtjeve(e një ekipi). 2.*pol* radhë, shans, periudhë(e një partie në fuqi etj).
innkeeper['inki:pë:] *n* hanxhi, bujtinar.
innocence['inësëns] *n* 1.pafajësi.2.çiltërsi; dëlirësi; naivitet.
innocency['inësënsi] *n* shih **innocence**.

innocent['inësënt] *adj,n* -*adj* 1.i pafajshëm. 2.i patëkeq, i padëmshëm(argëtim); i pastër, i dëlirë; i çiltër, i padjallëzuar; naiv. 3.(of) që i mungon, i lirë nga; a room innocent of all adornment një dhomë pa kurrfarë stolisjesh.
-*n* 1.njeri i padjallëzuar. 2.*vjet* leshko, teveqel.
innocuous[i'nokjuës] *adj* 1.i padëmshëm; i parrezikshëm (ilaç). 2. joarmiqësor, jofyes (qëndrim, vërejtje).
innovate['inëveit] *vt* 1.përtërij, risoj.2.sjell diçka të re; shpik.
innovation[inë'veishën] *n* 1.ndryshim. 2.risi; novacion. 3.rinovim; përtëritje.
innovative['inëveitiv] *adj* novator; rinovues.
innovator['inëveitë:] *n* novator.
innuendo['inju:endou] *n* aluzion, insinuatë, fjalë e hedhur.
Innuit['inuit, 'iniëwit] *n,adj* eskimez.
innumerable[i'niumërëbël] *adj* i panumërt; i panumërueshëm.
innumerably [i'nu:mërëbli] *adv* pa fund, pafundësisht shumë.
inoculate [in'okjë'leit] *vt* 1. vaksinoj. 2.shtie, fus (bakterie etj). 3.*fig* i fus në kokë(mendime).
inoculation[inokjë'leishën] *n* 1. vaksinim.2.*mjek* inokulim, injektim.
inoffensive[inë'fensiv] *adj* 1.i padëmshëm. 2.joarmiqësor, jofyes.
inoperable [in'opërëbël] *adj* 1.*mjek* i paoperueshëm. 2.i pazbatueshëm, jopraktik(plan).
inoperative[in'opërëtiv, inopë'reitiv] *adj* i paefektshëm; jofunksional; mosveprues.
inopportune[in'opë:tju:n] *adj* 1.i pakohë, në kohë të papërshtatshme. 2.i pavend.
inordinate[in'o:dënit] *adj* i tepruar; tepër i madh; an inordinate amount of time një kohë tepër e gjatë.
inorganic [ino:'gænik] *adj kim* inorganik, joorganik.
inpatient[in'peishënt] *n* i shtruar (në spital).
input['input] *n,v* -*n* 1.futje, hyrje. 2.*el* ushqim; hyrje.3.*kmp* të dhëna, informacion i futur.4.ndihmë, ndihmesë.
-*vt kmp* fus të dhëna.
inquest ['inkwest] *n* 1. hetim gjyqësor. 2. juri. 3.hetim.
inquietude[in'kwajëtju:d] *n* shqetësim; ankth.
inquire [in'kwair] *v* 1.pyes, kërkoj të marr vesh; inquire sth of sb pyes dikë për diçka. 2.hetoj, bëj hetime; inquire into sb's past hetoj mbi të kaluarën e dikujt.3.interesohem; inquire after sb's health interesohem për shëndetin e dikujt.
inquiring [in'kwajëring] *adj* 1. kureshtare (mendje). 2.pyetës(vështrim).
inquiry[in'kwajëri] *n* 1.pyetje, kërkim të dhënash; "Inquiries" "Informacioni"(tabelë); on inquiry he

found that pasi pyeti mori vesh se; make inquiries about sth informohem për diçka. 2.hetim; committee of inquiry komision hetimor; hold an inquiry into sth bëj hetime për diçka; inquiry desk/office zyrë informacioni. 3.pyetje.
inquisition[inkwë'zishën] *n* 1.hetim zyrtar; hetim gjyqësor. 2.the Inquisition *hist* Inkuizicion. 3.pyetje intensive, marrje në pyetje.
inquisitive[in'kwizëtiv] *adj* 1. kureshtar, që bën shumë pyetje. 2.tepër kureshtar, që fut hundët.
inquisitor [in'kwizëtë:] *n* 1. hetues. 2. gjyqtar i Inkuizicionit, inkuizitor. 3.hetues i sertë.
inquisitorial[inkwizë'to:riël] *adj* 1.i inkuizicionit. 2.hetimor. 3.tepër kureshtar.
in re[in'ri:, in'rei] *lat* në lidhje me.
inroad [in'roud] *n* 1. mësymje, sulm, inkursion. 2.*pl* bastisje, kërdi; make inroads into i bie me top, bëj kërdinë, batërdis(paratë, rezervat).
inrush['inrʌsh] *n* vërshim, dyndje.
insane[in'sein] *adj* 1. i çmendur, i marrë. 2.*drejt* i papërgjegjshëm, i sëmurë mendor. 3.*fig* i marrë (plan, veprim).4.për të çmendurit; an insane asylum, an asylum for the insane çmendinë. +drive sb insane e luaj nga mendtë dikë.
insanely[in'seinli] *adv* si i çmendur; çmendurisht.
insanitary[in'sænëteri] *adj* i pashëndetshëm; johigjenik.
insanity[in'sænëti] *n* 1.*mjek* sëmundje mendore. 2.*drejt* papërgjegjshmëri. 3. marrëzi, çmenduri.
insatiable[in'seishëbël] *adj* i pangopur; e pashuar (etje).
insatiate[in'seishiit] *adj* shih insatiable.
inscribe [in'skraib] *vt* 1.shkruaj, gdhend. 2.i kushtoj(një vepër dikujt). 3.*fig* gdhend, skalis, rrënjos (në mendje). 4.fus në listë, përfshij. 5.*mat* brendashkruaj.
inscription[in'skripshën] *n* 1. mbishkrim. 2. kushtim, dedikasë. 3.gdhendje, shkrim. 4.futje në listë, regjistrim. 5.*mat* brendashkrim.
inscrutability[inskrutë'bilëti] *n* padepërtueshmëri; mister, enigmë.
inscrutable[in'skru:tëbël] *adj* 1.i padepërtueshëm, i panjohshëm(tip). 2.i fshehtë, enigmatik, i padeshifrueshëm(vështrim, fytyrë).
insect['insekt] *n* 1.insekt, kandër.2.*fig* njeri i përçmuar, vemje.
insecticide [in'sektësaid] *n* insektmbytës, insekticid.
insectivore [in'sektëvo:] *n* insektngrënëse(kafshë, bimë).
insectivorous[insek'tivërës] *adj* inseketngrënës.
insecure ['insi'kjuë:] *adj* 1. i pasigurt; i pasiguruar(nga rreziqet). 2.i pasigurt në vetvete; i lëkundur; i trembur.
insecurity[insi'kjuëriti] *n* 1. pasiguri. 2. gjë e pasigurt.

inseminate[in'semëneit] *vt* 1.mbars; ndërzej; pllenoj. 2.mbjell, hedh farën. 3.*fig* ngulis, fus(ide).
insemination[insemë'neishën] *n* 1.mbarsje, ndërzim; pllenim. 2.mbjellje, farëzim. 3.mgulitje, futje (idesh).
insensate [in'senseit, in'sensit] *adj* 1.pa ndjesi, jo i gjallë(send). 2.i pandjeshëm, pa ndjenja; i egër, mizor, i pashpirt. 3.pa kuptim, pa mend, idiot (veprim).
insensibility[insensë'bilëti] *n*1.pandjeshmëri.2.pavetëdijë, humbje ndjenjash. 3.moskokëçarje, indiferencë.
insensible[in'sensëbël] *adj* 1.i pandjeshëm, që s'ka ndjesi. 2.i pavetëdijshëm, pa ndjenja. 3.i padallueshëm, i lehtë, i paperceptueshëm(ndryshim).
insensitive [in'sensëtiv] *adj* 1.i pandjeshëm (person). 2.i ftohtë, indiferent ndaj(veprim, qëndrim).
insensitiveness[in'sensëtivnis] *n* pandjeshmëri.
insensitivity[in'sensëtivëti] *n* pandjeshmëri.
insentient [in'senshiënt] *adj* i pandjeshëm; pa ndjesi, i pajetë.
inseparability[insepërë'bilëti] *n* pandashmëri.
inseparable[in'sepërëbël] *adj* i pandashëm; i pashkëputshëm.
inseparably [in'sepërëbli] *adv* në mënyrë të pandashme.
insert [*v* in'së:t; *n* 'insë:t] *v,n* -*vt* 1. fut, shtie. 2.përfshij, shtoj(një paragraf etj).
-*n* shtesë, fashikull-shtojcë(në gazetë etj).
insertion [in'së:shën] *n* 1. futje, shtënie. 2. përfshirje, shtim. 3.shtojcë; reklamë e futur(në gazetë). 4.garniturë tantelle etj(në fustan).
in-service['in'së:vis] *adj* kualifikimi të brendshëm; **in-service courses for civil servants** kurse kualifikimi për nëpunësit shtetërorë.
inset['inset, *v* edhe in'set] *v,n* -*vt* vë një shtojcë, shtoj.
-*n* 1.suazë, kuadrat, skicë e veçuar(në një faqe libri etj). 2.garniturë dantelle; shtesë për zbukurim(në një rrobë).
inshore ['insho:] *adj,adv* 1. bregdetar, pranë bregut. 2.nga deti, drejt bregut(erë).
inside['in'said] *n,adj,adv,prep* -*n* 1.brendësi; pjesë /anë e brendshme, e brendshme. 2.*pl gj.fol* rropulli, të përbrendshme. 3.*gj.fol* i brendshëm, njeri i brendshëm; rreth i ngushtë(njerëzish). +**be inside out** është mbrapsht; **turn sth inside out** e kthej për së prapi diçka; **know sth inside out** e di me rrënjë një gjë; e njoh vendin me pëllëmbë.
-*adj* 1.i brendshëm; **an inside paint** bojë për muret e brendshme. 2.*gj.fol* i brendshëm, nga brenda; **inside information** informacion nga brenda; **inside story** histori e fshehtë. 3.*gj.fol* i futur(agjent); **an inside job** vjedhje/grabitje e organizuar nga brenda; **an inside man** njeri i futur. 4.i tërhequr, afër qendrës; **inside forward** gjysmësulmues.

-*adv* brenda. +**be inside** *gj.fol* jam brenda, jam i burgosur.
-*prep* brenda, në; **inside the church** në kishë ; **he is inside the record** është brenda kohës së rekordit, po thyen rekordin; **inside of a week** *gj.fol* brenda javës, në më pak se një javë.
insider['insaidë:] *n* njeri i brendshëm; person që është në brendësi të punëve.
inside track *n* .*sport* korsi e brendshme. 2.*gj.fol* pozitë/gjendje e favorshme.
insidious[in'sidiës] *adj* 1.tinëzar, i fshehtë.2.i djallëzuar; i pabesë, mashtrues.
insight['insait] *n* 1.mprehtësi, mendjehollësi.2.vështrim, depërtim. 3.ndriçim i papritur, zbulim.
insignia[in'signië] *npl* 1.shenjë dalluese; simbol; stemë, emblemë. 2.*usht* distinktiv, shenjë dalluese(e aviatorëve, tankistëve etj).
insignificance [insig'nifikëns] *n* 1. mungesë rëndësie, parëndësi. 2.mungesë kuptimi.
insignificant [insig'nifëkënt] *adj* 1. i parëndësishëm, e shumë vlerë. 2.pa peshë, pa ndikim. 3.i pakuptimtë, i pakuptim.
insincere[insin'sië:] *adj* i pasinqertë, i shtirë; hipokrite(sjellje).
insincerity [insin'siërëti] *n* paçiltërsi, mungesë sinqeriteti; shtirje; hipokrizi.
insinuate[in'siniueit] *vt* 1.lë të kuptohet, e hedh fjalën. 2.shtie, fus me marifet, ngjall(një dyshim etj).
+**insinuate oneself into the confidence of sb** arrij të fitoj besimin e dikujt.
insinuation[insiniu'eishën] *n* 1.futje dhelpërisht. 2.insinuatë, hedhje fjale.
insipid [in'sipid] *adj* 1. pa shijë, i zbarët. 2.*fig* i shpëlarë; i pakripë, i palezetshëm, bajat.
insipidity[insë'pidëti] *n* 1.amështi. 2.gjë e shpëlarë, gjë pa lezet.
insist[in'sist] *v* këmbëngul, ngul këmbë; ngulmoj.
insistence[in'sistëns] *n* 1.këmbëngulje; ngulmim. 2.ngulmueshmëri.
insistency[in'sistënsi] *n* shih **insistence**.
insistent[in'sistënt] *adj* 1.këmbëngulës, ngulmues; që s'të ndahet. 2.i pareshtur, i vazhdueshëm (trokitje etj).
in situ[in'saitju, in'si:tu] *lat* në vendin e vet; në pozicion.
insobriety[insë'brajëti] *n* dehje.
insofar[insou'fa:, insë'fa:] *adv* aq sa; **insofar as** për aq sa, në atë masë që.
insole['insoul] *n* shtrojë, taban(i këpucës).
insolence ['insëlëns] *n* 1. pafytyrësi, paturpësi. 2.sharje, fjalë e rëndë.
insolent['insëlënt] *adj* i paturp, i pacipë, i pafytyrë; fyes.
insolubility[insoljë'bilëti] *n* 1.patretshmëri.2.pazgjidhshmëri.
insoluble [in'soljë'bël] *adj* 1.i patretshëm. 2.i pa-

zgjidhshëm.

insolvable[in'solvëbël] *adj* i pazgjidhshëm; i pashpjegueshëm.

insolvency[in'solvënsi] *n drejt* paaftësi paguese; falimentim.

insolvent[in'solvënt] *adj,n* -*adj* i paaftë të paguajë; i falimentuar.

-*n* person i falimentuar.

insomnia[in'somnië] *n* pagjumësi.

insomniac[in'somniæk] *n,adj* -*n* person që vuan nga pagjumësia.

-*adj* i pagjumësisë; me pagjumësi.

insomuch[insou'mʌç] *adv* për aq sa, mesa.

insouciance [in'su:siëns] *n* shkujdesje, mospërfillje, moskokëçarje.

insouciant[in'su:siënt] *adj* i shkujdesur, mospërfillës, moskokëçarës.

inspect[in'spekt] *vt* 1.shqyrtoj; këqyr, kontrolloj. 2.inspektoj. 3.*usht* kaloj në rivistë(trupat).

inspection[in'spekshën] *n* 1.këqyrje, kontrollim, kontroll. 2.inspektim. 3.*usht* kalim në rivistë.

inspector[in'spektë:] *n* 1.kontrollues, kontrollor. 2.inspektor. 3.oficer policie, inspektor; **inspector of taxes** punonjës i policisë financiare.

inspiration[inspë'reishën] *n* 1.frymëzim; **have a sudden inspiration** më shkrep një ide gjeniale. 2.burim frymëzimi, frymëzues. 3.këshillë, sugjerim. 4.ide frymëzuese.

inspirational [inspë'reishënël] *adj* 1. frymëzues. 2.i frymëzuar.

inspire[in'spajë:] *vt* 1.frymëzoj.2.ngjall, shkaktoj (besim etj). 3.mbush me(dyshim etj).

inspired [in'spajë:d] *adj* i frymëzuar; **in an inspired moment** në një çast frymëzimi.

inspiring[in'spajring] *adj* frymëzues.

inspiringly[in'spairingli] *adv* me frymëzim.

inspirit[in'spirit] *vt* gjallëroj; nxis; jap zemër.

inspissate[in'spiseit] *vt* ntrash, mpiks, kondensoj.

inst.[inst] në vazhdim; **the 10 th inst** më datë 10 të këtij muaji.

instability [instë'bilëti] *n* 1. paqëndrueshmëri; ndryshueshmëri. 2.lëkundshmëri, pasiguri.

install [in'stë:l] *vt* 1. vë, vendos, caktoj, emëroj. 2.*tek* instaloj. 3.(oneself) zë vend; vendosem.

installation [instë'leishën] *n* 1. vënie, vendosje. 2.pajisje e instaluar. 3.instalim. 4.*usht* pikë, repart (ushtarak).

instal(l)ment II[in'sto:lmënt] *n* 1.vënie, vendosje. 2.instalim. 3.zënie vend.

instal(l)ment plan *n* metodë pagese me këste.

instance['instëns] *n,v* -*n* 1.shembull. 2.rast; **in this/that instance** në këtë/atë rast; **in the first instance** në radhë të parë. 3.kërkesë; **he came at instance** erdhi meqë e kërkuan. +**for instance** për shembull.

-*v* 1.marr si shembull. 2. bëj shembull.

instant['instënt] *n,adj* -*n* 1.çast; **in an instant** në çast; **this instant** këtë çast, menjëherë; **the instant** sapo.

-*adj* 1.i menjëhershëm. 2.i ngutshëm, urgjent (veprim). 3.i çastit; **instant coffee** kafe e çastit(e tretshme). 4.i muajit në vazhdim; **the 5 th instant** më datë 5 të këtij muaji.

instantaneous [instën'teiniës] *adj* i menjëhershëm, i çastit; i rrufeshëm.

instanter[in'stæntë:] *adv* menjëherë, aty për aty, në çast.

instantly['instëntli] *adv* menjëherë, aty për aty, në çast.

instate[in'steit] *vt* 1.vë, vendos. 2.caktoj, emëroj. 3.instaloj.

in statu quo[in'steitju:'kwou, in'stæçu:'kwou] *lat* në statukuo, në gjendje të pandryshuar.

instead[in'sted] *adv* 1.në vend të; **if you are not going, I shall go instead** po nuk vajte ti, vete unë në vendin tënd. 2.më mirë; **don't take me, take him instead** mos më merr mua, merr më mirë atë. +**instead of** në vend të; në vend që; **instead of studying, she read a story** në vend që të mësonte, ajo lexoi një tregim.

instep['instep] *n* 1.*anat* trinë(e këmbës), qafë e këmbës. 2.qafë e çorapes.

instigate ['instëgeit] *vt* 1. nxis, cyt, shtyj. 2. i jap shtytje, vë në lëvizje, hedh(ide të reja).

instigation[instë'geishën] *n* nxitje, cytje, shtytje; **at the instigation of** me nxitjen e.

instigator['instëgeitë:] *n* nxitës, shtytës.

instil(l)[in'stil] *vt* 1.rrënjos, fus në mendje pak nga pak. 2. hedh/fus pikë-pikë, pikoj.

installation['instë'leishën] *n* 1.futje pikë-pikë.2.diçka e futur pikë-pikë.

instinct I['instinkt] *n* 1.instinkt; **by instinct** instinktivisht, me instinkt. 2.prirje, dhunti; nuhatje.

instinct II [in'stinkt] *adj* i mbushur me, plot me; **instinct with life and beauty** plot jetë e bukuri(tablo).

instinctive[in'stinktiv] *adj* instinktiv, i pavetëdijshëm, i vetvetishëm.

institute[instë'tju:t] *n,v* 1.institut; shkollë. 2.zakon, parim, ligj. 3.*drejt* përmbledhje parimesh.

-*vt* 1.krijoj, themeloj. 2.nis, filloj(hetime).3.ngre (padi), ndërmarr(një proces).

institution[instë'tju:shën] *n* 1.institucion; organizëm. 2.zakon, rregull. 3.themelim, ngritje, krijim. 4.gjë e njohur; fytyrë e njohur.

insitutional [instë'tju:shënël] *adj* 1. institucional. 2.paraprake, për të bërë emër(reklamë).

institutionalize['instë'tju:shënël'aiz] *vt* 1.institucionalizoj, ligjëroj; zyrtarizoj. 2.mbyll në një institucion(shëndetësor, në burg etj).

instruct[in'strʌkt] *vt* 1.mësoj, i jap mësim. 2.udhëzoj, instruktoj; porosis. 3. njoftoj, informoj, i bëj të ditur, vë në dijeni.

instruction[in'strʌkshën] *n* 1.mësim, mësimdhënie. 2.*zak pl* porosi, urdhëra. 3.udhëzim, instruksion; **instruction book** manual përdorimi.

instructive [in'strʌktiv] *adj* 1. udhëzues, instruktues. 2. mësimdhënës, edukativ; i vlefshëm; **an instructive experience** përvojë e vlefshme.

instructor [in'strʌktë:] *n* 1. mësues; instruktor. 2.ndihmës-pedagog, asistent.

instrument['instrëmënt] *n,v* -*n* 1.vegël, mjet, instrument; pajisje, aparat. 2.*muz* vegël muzikore, instrument. 3.*fig* vegël, mjet. 4.*drejt* dokument ligjor(kontratë etj). +**fly on instruments** *av* drejtoj fluturimin me ndihmën e instrumenteve, -*vt* 1.pajis me instrumente/me aparatura. 2.*muz* aranzhoj, orkestroj.

instrumental[instrë'mentël] *adj,n* -*adj* 1.ndihmues, i dobishëm; **be instrumental in (doing) sth** kam rol të rëndësishëm në diçka/në bërjen e diçkaje. 2.*muz* instrumentale(muzikë).3.me mjete, me aparate, me instrumente(drejtim etj). -*n* pjesë muzikore.

instrumentalist [instrë'mentëlist] *n muz* instrumentist.

instrumentality [instrëmën'tælëti] *n* 1. dobi, dobishmëri. 2.mjet, mënyrë; **by the instrumentality of** me anën e, nëpërmjet.

instrumentation[instrëmen'teishën] *n* 1.*muz* orkestrim. 2.përdorim instrumentesh; pajisje me aparate matëse.

instrument board *n* panel i instrumenteve (të fluturimit, të makinës etj).

instrument flying *n av* drejtim me instrumente (pa shikim të terrenit).

instrument panel *n* shih **instrument board**.

insubordinate [insë'bo:dënit] *adj,n* -*adj* i pashtruar, i panënshtruar; i pabindur. -*n* njeri i pabindur.

insubordination [insëbo:dë'neishën] *n* mosbindje; rebelim.

insubstantial [insëb'stænshël] *adj* 1. i brishtë, i dobët. 2.joreal, i paqenë, imagjinar.

insufferable[in'sʌfërëbël] *adj* i padurueshëm, tepër i rëndë(ofendim).

insufficiency[insë'fishënsi] *n* 1.pamjaftueshmëri. 2.mungesë. 3.*mjek* pamjaftueshmëri, insufiçensë.

insufficient[insë'fishënt] *adj* i pamjaftueshëm; i mangët; i pakënaqshëm(shpjegim).

insular['insëlë:] *adj* 1.ishullor, i ishullit; **insular people** banorë ishujsh. 2.*fig* mendjengushtë, i kufizuar; **insular attitude** ngushtësi mendore, qëndrim mendjengushtë.

insularity[insju'lærëti] *n* 1.veçim, izolim, mbyllje. 2.mendjengushtësi, mundësi e kufizuar.

insulate['insëleit] *vt* 1.*el* veçoj, izoloj.2.*tek* izoloj termikisht. 3.veçoj, shkëpus.

insulating tape *n* nastro izolant, shirit izolues.

insulation[insë'leishën] *n* 1.veçim, izolim. 2.izolim termik. 3.veçim, shkëputje. 4.material izolues, izolant.

insulator['insëleitë:] *n tek* izolant; izolator, veçor, veçues.

insulin['insjulin, 'insëlin] *n mjek* insulinë.

insult[*v* in'sʌlt; *n* 'insʌlt] *v,n* -*vt* fyej, ofendoj. -*n* fyerje, ofendim.

insuperable[in'supërëbël] *adj* i pakapërcyeshëm, i pakalueshëm.

insupportable ['insë'po:tëbël] *adj* 1. i padurueshëm. 2.i papërligjshëm.

insurable [in'shu:rëbël] *adj* i sigurueshëm, që mund të sigurohet.

insurance[in'shu:rëns] *n* 1.sigurim(i pasurisë etj); **fire insurance** sigurim në rast zjarri. 2.shoqëritë e sigurimeve. 3.shumë e sigurimit. 4.këst, pagesë për sigurimin. 5.kontratë sigurimi. +**take out insurance (against)** sigurohem(kundër, ndaj); **insurance company** firmë/kompani sigurimesh.

insure[in'shuë:] *vt* 1.siguroj(pronën, jetën). 2.blej /shes kontratë sigurimi. 3.marr masa sigurimi. +**be insured for $ 50,000** sigurohem për një shumë prej 50.000 dollarësh.

insured[in'shuë:d] *n* i siguruar.

insurer [in'shuë:rë:] *n* sigurues; shoqëri/agjenci sigurimesh.

insurgence[in'së:xhëns] *n* kryengritje; rebelim.

insurgent [in'së:xhënt] *n,adj* -*n* kryengritës; rebel. -*adj* kryengritës; i rebeluar.

insurmountable[insë:'mauntëbël] *adj* i pakapërcyeshëm.

insurrection[insë'rekshën] *n* kryengritje; rebelim; revoltë.

insurrectionary[insë'rekshëneri] *adj* kryengritës; i rebeluar.

insurrectionist [insë'rekshënist] *n* kryengritës; rebel.

insusceptible [insë'septëbël] *adj* 1.i pandjeshëm, që nuk preket. 2.i pandikueshëm.

intact [in'tækt] *adj* i pacënuar, i paprekur, i padëmtuar.

intaglio[in'tæliou, in'taliou] *n* 1.gdhendje, skalitje; prerje. 2.gur i çmuar i skalitur. 3.*polig* intaljo (metodë shtypi).

intake['inteik] *n* 1.*tek* hyrje, futje(e ajrit, gazit, ujit etj). 2.sasi; numër. 3. konsum, harxhim(ushqimi). 4.ngushtim tubi; pikë ngushtimi.

intangible[in'tænxhëbël] *adj* 1.i paprekshëm. 2.i pakapshëm, i pakuptueshëm; i turbullt. 3.jomateriale (pasuri).

integer['intëxhë:] *n* 1.*mat* numër i plotë. 2.tërësi; gjë e plotë.

integral ['intëgrël, in'tegrël] *adj,n* -*adj* 1.përbë-

rës; thelbësor. 2.i plotë, i tërë. 3.*mat* integral.
-*n* 1.tërësi; numër i plotë. 2.*mat* integral.
integral calculus *n mat* njehsim integral.
integrate ['intëgreit] *v* 1.njësoj, harmonizoj(përpjekjet). 2.bashkoj, shkrij. 3.përfshij, integroj(njerëz në një shoqëri). 4.bashkohen, shkrihen. 5.*mat* integroj, gjej integralin.
integrated['intëgreitid] *adj* me shkrirje të racave, pa dallime(shkollë); **integrated personality** person i ekuilibruar.
integrated circuit *n el* qark i integruar.
integration[intë'greishën] *n* shkrirje, bashkim, integrim; **racial integration** integrim racial, shkrirje /bashkëpunim i racave të ndryshme.
integrative ['intëgreitiv] *adj* shkrirës, bashkues, integrues.
integrity [in'tegrëti] *n* 1. pastërti, ndershmëri. 2.plotësi; tërësi. 3.origjinalitet, mosbastardim(i një teksti). 4.*drejt* tërësi, integritet.
intellect ['intëlekt] *n* 1. intelekt, mendje. 2. inteligjencë e lartë; aftësi mendore e lartë. 3.kokë e madhe, mendje e ndritur.
intellection [intë'lekshën] *n* 1. arsyetim, gjykim, mendim. 2.ide; perceptim.
intellectual[intë'lekçuël] *adj,n* -*adj* 1.mendor, i mendjes. 2.intelektual. 3.kulturore(interesa).
-*n* intelektual.
intellectualism [intë'lekçuëlizëm] *n* intelektualizëm.
intelligence[in'telëxhëns] *n* 1. inteligjencë, intelekt, mençuri, zgjuarësi. 2.dije, informacion. 3.zbulim; **Intelligence Service** Shërbimi i Fshehtë.
intelligence quotient *n* koeficient i inteligjencës.
intelligence test *n* test për matjen e intelektit.
intelligent[in'telëxhënt] *adj* i zgjuar, i mençur.
intelligentsia[intelë'xhentsië] *n* inteligjencie; intelektualët.
intelligible [in'telëxhëbël] *adj* i kuptueshëm, i kapshëm, i qartë.
intemperance [in'temprëns] *n* 1.mospërmbajtje; teprim. 2.teprim në të pirë.
intemperate [in'tempërit] *adj* 1.i papërmbajtur; i tepruar. 2.që pi me tepri. 3.e ashpër(klimë).
intend [in'tend] *vt* 1. kam ndër mend, dua, kam nijet. 2.caktoj, destinoj; **it was intended as a compliment** e kisha për kompliment. 3.nënkuptoj, dua të them; **did you intend that?** këtë doje të thoje?; **I intended no harm** nuk u nisa për keq.
intendancy[in'tendënsi] *n* 1.administratë.2.punë e intendentit/administratorit.
intendant [in'tendënt] *n* 1.administrator, përgjegjës, intendent.
intended [in'tendid] *adj,n* -*adj* 1. i menduar, i parashikuar, i paracaktuar. 2.i ardhshëm.
-*n gj.fol* bashkëshort i ardhshëm; grua e ardhshme.
intense[in'tens] *adj* 1.i madh, i fortë(të ftohtë etj).

2.i gjallë, i thellë(interes, entuziazëm). 3.i zjarrtë.
intensification[intensifi'keishën] *n* 1.shtim, rritje, intensifikim. 2.shpeshtim, dendësim; thellim.
intensifier[in'tensëfajë:] *n fot* kimikat për rritjen e kontrastit(në film).
intensify [in'tensëfai] *v* 1.shtoj, rris, intensifikoj; shpeshtoj, dendësoj; thelloj. 2.shtohet, rritet, intensifikohet; shpeshtohet, dendësohet; thellohet.
intensity[in'tensëti] *n* forcë, fuqi, intensitet; shpeshtësi; thellim.
intensive [in'tensiv] *adj* 1. i fortë, intensiv. 2. i shpeshtë, i dendur. 3.i përshpejtuar(kurs). 4.i vrullshëm; i gjallë. +**intensive care** reanimacion.
intensive care unit *n* repart i reanimacionit.
intent I[in'tent] *n* 1.qëllim, synim. 2.kuptim, domethënie; **what is the intent of these words** çfarë do të thuash me këto fjalë? +**to all intents and purposes** praktikisht, në të vërtetë.
intent II[in'tent] *adj* 1.i përqendruar, i ngulur; i zhytur, i përhumbur; **be intent on sth** jam i përqendruar në diçka. 2.i vendosur; **be intent on doing sth** jam i vendosur për të bërë diçka.
intention[in'tenshën] *n* 1.qëllim, synim; **have no intention of going** nuk kam aspak ndër mend të iki; **with the best of intentions** me qëllimet më të mira. 2.*pl gj.fol* qëllime serioze(për martesë).
intentional[in'tenshënël] *adj* i qëllimshëm; i paramenduar; me qëllim; **it wasn't intentional** ishte pa dashje, nuk e kisha me qëllim.
intentionally[in'tenshënëli] *adv* enkas, qëllimisht; me paramendim; **I didn't do it intentionally** nuk e bëra me dashje.
inter-['intë:] *pref* 1.bashkë-. 2.ndër-.
interact[intë:'ækt] *vi* bashkëveproj; ndërveproj.
interaction[intë:'ækshën] *n* bashkëveprim; ndërveprim.
interactive[intë:'æktiv] *adj* bashkëveprues, ndërveprues.
inter alia['intë:'eilië] *lat* ndër të tjera, ndërmjet të tjerash.
inter-American ['intërë'merëkën] *adj* ndëramerikan.
interblend[intë:'blend] *v* 1.përziej. 2.përzihen.
interborough ['intë:berou] *adj* 1. ndërqytetës. 2.ndërmjet lagjesh.
interbreed['intë'bri:d] *vt* kryqëzoj.
intercalary[in'të:këleri] *adj* 1.i futur në kalendar (29 shkurti). 2.i brishtë(vit). 3.i ndërfutur, i ndërkallur.
intercalate[in'të:këleit] *vt*1.fus/shtoj në kalendar. 2.ndërfus, ndërkall, fus ndërmjet.
intercede[intë:'si:d] *vi* ndërhyj, ndërmjetësoj; **intercede with the authorities for a pardon** ndërhyj pranë autoriteteve për falje.
intercallular[intë:'seljëlë:] *adj* ndërqelizor.
intercept[intë:'sept] *v,n* -*v* 1.kap, zë në rrugë(një

korier, një avion). 2.ndërpres; pengoj(një arratisje etj). 3.ndërpret(boshtin).

-*n mat* ordinatë; abcisë.

interception [intë:'sepshën] *n* 1. kapje, zënie në rrugë. 2.ndërprerje; pengim.

interceptor [intë:'septë:] *n* ndërprerës, interceptues(avion etj).

intercession ['intë:'seshën] *n* 1. ndërhyrje; ndërmjetësim. 2.lutje, peticion.

intercessory[intë:'sesëri] *adj* ndërhyrës; ndërmjetësues.

interchange[intë:'çeinxh] *v,n* -*vt* 1.shkëmbej (letra, dhurata). 2.ndërkëmbej, u ndërroj vend(dy gjërave). 3.alternoj, zëvendësoj.

-*n* 1.shkëmbim(idesh). 2.ndërkëmbim, ndërrim vendi. 3.alternim, zëvendësim. 4.kryqëzim shumëdrejtimësh, gjeth tërfili(në autostrada).

interchangeability[intë:çeinxhë'bilëti] *n* këmbyeshmëri; alternueshmëri.

interchangeable[intë:'çeinxhëbël] *adj* i këmbyeshëm, i ndërkëmbyeshëm.

intercity train *n* tren ekspres.

interclass ['intë:klæs] *adj* ndërmjet orëve të mësimit.

intercollegiate[intë:kë'lixhit] *adj* ndëruniversitar, ndërshkollor, ndërkolegjial(aktivitet).

intercolonial [intë:kë'louniël] *adj* ndërkolonial, ndërmjet kolonive.

intercom ['intë:'kom] *n gj.fol* interfon, telefon i brendshëm(i një godine, anije etj)(shkurtim i **intercommunication system**).

intercommunicate[intë:kë'mju:nëkeit] *vi* hyj në lidhje, komunikoj, lidhem, merem vesh(me dikë).

intercommunication [intë:këmju:në'keishën] *n* 1.komunikim, lidhje. 2.ndërlidhje.

interconnect[intë:'kënekt] *v* 1.lidh, vë në kontakt, ndërlidh. 2.lidhem, ndërlidhem.

intercontinental[intë:kontë'nentël] *adj* ndërkontinental.

intercourse ['intë:ko:s] *n* 1.komunikim.2.marrëdhënie; shkëmbime. 3.marrëdhënie seksuale.

intercross['intë:kros] *v biol* 1. kryqëzoj. 2. kryqëzohet.

interdepartmental ['intë:di:pa:t'mentël] *adj* 1. ndërdikasterial, ndërministror. 2.ndërsektorial, ndërseksional.

interdependance(-y)['intë:di'pendëns(-i)] *n* ndërvarësi, varësi e ndërsjelltë.

interdependent[intë:di'pendënt] *adj* i ndërvarur.

interdict ['intë:dikt] *vt* ndaloj, nuk lejoj; i heq të drejtën.

-*n* 1.ndalim, moslejim; heqje e të drejtës. 2.*fet* privim. 3.*amer* person që nuk lejohet të blejë pije alkoolike.

interdiction [intë:'dikshën] *n* ndalim, moslejim; heqje e së drejtës.

interest ['intrist, 'intërist] *n* 1. interes; interesim; **have/take an interest in sth** interesohem për diçka; **be of interest to sb** i intereson dikujt; **lose interest in sth** humbas interesin për diçka. 2.interes, dobi, e mirë; **in my own interest** në interesin tim, në dobi time; **have a vested interest in sth** jam direkt i interesuar; **in the public interest** në dobinë e përgjithshme, në dobi të të gjithëve. 3.*fin* interes; **at an interest of 6%** me 6 % interes; **lend at interest** jap hua me përqindje; **interest rate** përqindje e interesit.

-*vt* i interesoj, i ngjall interes; **interest oneself in sth** interesohem për diçka; **be interested in doing sth** interesohem të bëj diçka.

interested['intrestid] *adj* i interesuar; **interested party** palë e interesuar.

interest-free['intrist'fri:] *adj* pa interes(hua).

interesting['intristing] *adj* interesant; tërheqës.

interface['intë:feis] *n,v* -*n* 1.sipërfaqe ndarëse. 2.zonë ndërveprimi.

-*vt* 1.vë në kontakt. 2.fus në bashkëveprim. 3.i vë fortesë(jakës, kravatës etj).

interfacing['intë:feising] *n* fortesë (jake, kravate etj).

interfere [intë:'fië:] *vt* 1. ndërhyj, përzihem (**in sth**). 2.(**with sth**) pengoj, vështirësoj. 3.bie ndesh. 4.*fiz* ndërhyn, interferon.

interference[intë:'fi:rëns] *n* 1.ndërhyrje, përzierje. 2.pengesë.3.*fiz* ndërhyrje, interferencë.4.*sport* ndërhyrje e gabuar.

interferon[intë:'fi:ron] *n biol* interferon.

interfold[intë:'fould] *n* palos së bashku.

interfuse[intë:'fju:z] *v* 1.shkrihen te njëri-tjetri(dy materiale). 2.shkrij bashkë.

interglacial [intë:'gleishël] *adj,n* -*adj* periudhë ndërakullnajore.

interim ['intërim] *adj,n* -*adj* i përkohshëm, provizor.

-*n* ndërkohë; **in the interim** ndërkohë, në këtë interval kohe.

interior[in'ti:rië:] *adj,n* -*adj* 1.i brendshëm. 2.në brendësi(të vendit). 3.personal; i fshehtë; i brendshëm(problem).

-*n* 1.brendësi, pjesë e brendshme. 2.brendësi e vendit. 3.fotografi brenda. 4.punët e brendshme.

Department of the Interior Ministria e(Punëve të) Brendshme.

interior angle *n mat* kënd i brendshëm.

interior design *n* mobilim i brendshëm(i shtëpive, zyrave).

interject[intë:'xhekt] *vt* ndërkall, fus.

interjection[inte:'xhekshën] *vt* ndërkall; fus.

interjection['intë:'j'intë:'xhekshën] *n* 1.futje, ndërkallje. 2. vërejtje / frazë / fjalë e futur. 3.*gram* pasthirrmë.

interlace[intë:'leis] *v* 1.gërshetoj, thur, pleks.2.gërshetohet, thuret, plekset.

interlard[intë:'la:d] *vt* i jap larmi, kripos(fjalimin me shakara).

interleaf ['intë:li:f] *n* ndërfletë, fletë e bardhë(në libër).

interline[intë:'lain] *vt* 1.fus(fraza) midis radhëve. 2.i vë kanavacë, i vë një copë brenda astarit.

interlinear[intë:'linië:] *adj* 1.i futur midis radhëve(përkthim). 2.me dy versione në gjuhë të ndryshme në radhë të alternuara(tekst).

interlining['intë:'laining] *n* astar suplementar(midis stofit dhe astarit).

interlink[intë:'link] *vt* lidh bashkë, bashkoj.

interlock[intë:'lok] *vt* bashkoj, puthis; ngërthej.

interlocutor[intë:'lokjëtë:] *n* bashkëbisedues.

interlocutory [intë:'lokjëto:ri] *adj* 1. bisedor. 2. i futur në mes të bisedës(anekdotë etj). 3.*drejt* i bërë gjatë padisë; jopërfundimtar.

interlope[intë:'loup] *v* përzihem, ngatërrohem, fus hundët.

interloper['intë:loupë:] *n* furacak, i huaj, i futur.

interlude['intë:lu:d] *n* 1.ndërkohë, interval.2.*teat* pushim midis akteve. 3.*muz* intermexo.

interlunar [intë:'lu:në:] *adj* ndërhënor, ndërmjet hënës së vjetër dhe të re.

intermarriage[intë:'mærixh] *n* 1.martesë e përzier(midis personave nga fe/raca/shtresa të ndryshme). 2.martesë brenda fisit.

intermarry[intë:'mæri] *v* 1.lidhen me krushqi(familje, fise etj). 2.bëj martesë brenda fisit.

intermeddle [intë:'medël] *vi* ndërhyj, përzihem, ngatërrohem.

intermediary[intë:'mi:dieri] *n,adj* *-n* 1.ndërmjetës. 2.mjet. 3.fazë e ndërmjetme.
-adj 1.ndërmjetës, ndërmjetësues. 2.i ndërmjetëm.

intermediate [intë:'midiit] *adj,n,v* *-adj* i ndërmjetëm; **an intermediate course in English** kurs anglishteje i nivelit mesatar.
-n 1.automobil mesatar. 2.ndërmjetës.3.*kim* produkt i ndërmjetëm (i reaksionit).
-vi ndërmjetësoj.

interment[in'të:mënt] *n* varrim.

intermezzo [intë:'mecou, -'mexou] *n muz,teat* intermexo.

interminable[in'të:mënëbël] *adj* i pafund, i stërzgjatur(fjalim etj).

interminably[in'të:mënëbli] *adj* pafundësisht, pa mbarim.

intermingle[intë:'mingël] *v* 1.përziej.2.përzihem, pleksem.

intermission[intë:'mishën] *n* 1.ndërprerje, pushim; pauzë. 2.intermexo.

intermit [intë:'mit] *v* 1.ndërpres. 2.i herëpashershëm; me hope, me ndërprerje.

intermix[intë:'miks] *v* 1.përziej, trazoj.2.përzihet, trazohet.

intermixture[intë:'miksçë:] *n* 1.përzierje. 2.masë e përzier.

intermontane[intë:mon'tein] *adj* mes malesh.

intermuscular [intë:'mʌskjëlë:] *adj* ndërmuskulor, brenda muskulit.

intern I[*v* in'të:n; *n* 'intë:n] *v,n* *-vt* internoj.
-n i internuar.

intern II['intë:n] *n,v* *-n* mjek praktikant.
-vi punoj si stazhier.

internal [in'të:nël] *adj* 1.i brendshëm. 2.për përdorim të brendshëm(barna). 3.brenda vendit, i brendshëm; **internal disturbances** trazira të brendshme.

internal-combustion engine *n* motor me djegie të brendshme.

internal medicine *n* mjekësi e sëmundjeve të brendshme, mjekësi e përgjithshme.

internally[in'të:nëli] *adv* 1.nga brenda; së brendshmi; **bleed internally** kam hemorragji të brendshme; **"not to be taken internally"** "për përdorim të jashtëm". 2.brenda vendit.

international [intë:'næshënël] *adj,n* *-adj* ndërkombëtar; internacional; **international date line** vijë e ndryshimit të datës; **International Monetary Fund** Fondi Monetar Ndërkombëtar.
-n 1.Internacionale(komuniste,socialiste etj).2.*sport* takim ndërkombëtar. 3.lojtar i ekipit kombëtar.

Internationale [intë:'næshënël] *n* hymni i Internacionales, Internacionale.

internationalism[intë:'næshënëlizm] *n* internacionalizëm.

internationalist[intë:'næshënëlist] *n* internacionalist.

internationalization [intë:næshënëlai'zeishën] *n* ndërkombëtarizim.

internationalize[intë:'næshënëlaiz] *vt* 1.ndërkombëtarizoj. 2.fus nën kontroll ndërkombëtar.

interne['intë:n] *n* shih **intern II**.

internecine [intë:'ni:sën, -'ni:sain, -'nesi:n] *adj* 1.shkatërrimtar, vdekjeprurës. 2.vëllavrasës, reciprokisht shkatërrimtar.

internee[intë:'ni:] *n* i internuar.

internist ['intë:nist, in'të:nist] *n* mjek i përgjithshëm.

internment[in'të:nmënt] *n* internim.

internship['intë:nship] *n* stazh si mjek praktikant.

interoceanic[intë:roushi'ænik] *adj* ndëroqeanik.

interpellate[intë:'peleit, in'të:peleit] *vi pol* bëj interpelancë, interpeloj.

interpellation[intë:pë'leishën] *n pol* interpelancë.

interphone ['intë:foun] *n* interfon, interkom, telefon i brendshën.

interplanetary[intë:'plænëteri] *adj* ndërplanetar.

interplay['intë:plei] *n,v* *-n* bashkëveprim; ndërveprim, veprim i ndërsjelltë.
-vi bashkëveproj; ndërveproj.

interpol['intë:poul, -pol] *n* Interpol, polici ndërkombëtare.

interpolate[in'të:pëleit] *vt* 1.ndërshtie; fus (fjalë, paragrafe). 2.*mat* ndërfus, interpoloj, fus terma të rinj(në një varg etj).

interpolation[intë:pë'leishën] *n* 1.ndërfutje, futje, shtim. 2.*mat* interpolim.

interpose[intë:'pouz] *v* 1.fus ndërmjet, ndërkall. 2.ndërhyj, bëj një ndërhyrje. 3.ndërmjetësoj, ndërhyj (në një mosmarrëveshje).

interposition [intë:pë'zishën] *n* 1.ndërfutje. 2.gjë e ndërfutur. 3.ndërhyrje; ndërmjetësim.

interpret[in'të:prit] *v* 1.shpjegoj, interpretoj.2.komentoj. 3.interpretoj, luaj(një rol). 4.përkthej gojarisht.

interpretation[intë:prë'teishën] *n* 1.shpjegim, ftillim. 2. komentim. 3. lojë, interpretim (roli). 4.përkthim gojor.

interpretative [in'të:prëteitiv, in'të:prëtëtiv] *adj* 1.shpjegues, sqarues, ftillues. 2.interpretues.

interpreter[in'të:prëtë:] *n* përkthyes gojor, interpret.

interpretive[in'të:prëtiv] *adj* shih **interpretative**.

interracial[intë:'reishël] *adj* ndërracial, ndërmjet racash te ndryshme.

interregnum[intë:'regnëm] *n* 1.interval ndërmjet dy mbretërimeve. 2.periudhë pa qeveri/pa sovran. 3.periudhë amullie; pauzë.

interrelate['intë:ri'leit] *vt* lidh, krijoj lidhje, ndërlidh.

interrelated['intë:ri'leitid] *adj* i ndërlidhur; të lidhur reciprokisht.

interrogate [in'terëgeit] *vt* 1.pyes, i bëj pyetje. 2.marr në pyetje.

interrogation[interë'geishën] *n* 1.pyetje.2.marrje në pyetje, të pyetur.

interrogation mark/point *n gram* pikëpyetje .

interrogative [intë'rogëtiv] *adj,n* -*adj* 1. pyetës (vështrim, ton). 2.*gram* pyetës(përemër).
-*n gram* fjalë pyetëse; përemër pyetës.

interrogator[in'terëgeitë:] *n* person që merr në pyetje.

interrogatory[intë'rogëto:ri] *adj,n* -*adj* pyetës.
-*n* pyetje, varg pyetjesh.

interrupt[intë'rʌpt] *v* 1.ndërpres. 2.ndal, frenoj. 3.pengoj(pamjen). 4.ndërhyj(në bisedë).

interruption['intë'rʌpshën] *n* 1.ndërprerje.2.pengim. 3.ndërprerës; pengesë. 4.ndërhyrje.

interscholastic[intë:skë'læstik] *adj* ndërshkollor, midis shkollave.

intersect [intë:'sekt] *v* 1.ndërpres. 2.ndërpritet; kryqëzohet.

intersection [intë:'sekshën] *n* 1. *mat* ndërprerje (vijash); prerje(bashkësish). 2.kryqëzim (rrugësh).

intersession[intë:'seshën] *n* ndërsezon, sezon i shkurtër mësimor(në fund të pranverës).

interspace['intë:speis] *n,v* -*n* ndërmjetësirë, hapësirë ndërmjet.
-*vt* 1.ndaj, veçoj. 2. zë hapësirën e ndërmjetme.

intersperse[intë:'spë:s] *vt* 1.zbukuroj, larmoj(oborrin me lule). 2.shpërndaj, hedh, fus aty-këtu.

interstate['intë:steit] *adj* ndërshtetëror (autostradë).

interstellar[intë:'stelë:] *adj* ndëryjor(udhëtim, hapësirë).

interstice[in'të:stis] *n* plasë, e çarë; ndërmjetësirë.

interstitial['intë:'stishël] *adj* ndërmjetësor, intersticial(gjëndër etj).

intertidal[intë:'taidël] *adj* ndërbaticor, ndërmjet baticës dhe zbaticës.

intertribal[intë:'traibël] *adj* ndërfisnor, ndërmjet fisesh; brendafisnor.

intertwine [intë:'twain] *v* 1.gërshetoj; ndërthur. 2.gërshetohet; ndërthuret.

intertwist [intë:'twist] *v* 1. përdredh; gërshetoj. 2.përdridhen; gërshetohen.

interurban[intë:'ë:bën] *adj* ndërqytetës, interurban, ndërmjet qytetesh.

interval['intë:vël] *n* 1.interval, ndërkohë; **sunny intervals** kthjellime. 2.ultësirë midis kodrash; fushë buzë lumi. +**at intervals** a)kohë pas kohe, herë pas here, me intervale; b) aty-këtu.

intervale[intë:'veil] *n* ultësirë midis kodrash, fushë buzë lumi.

intervene[intë:'vi:n] *vi* 1.futet në mes, ndërfutet; **in the intervening years** në vitet që kaluan. 2.ndërhyj; ndërmjetësoj.

intervention[intë:'venshën] *n pol,mjek* ndërhyrje.

interventionist[intë:'venshënist] *n*1.*pol* intervencionist. 2.*mjek* ndërhyrës, mjek që është për ndërhyrje/për operacion.

interview['intë:vju:] *n,v* -*n* 1.takim, bisedë ballëpërballë(për të marrë dikë në punë). 2. intervistë.
-*vt* intervistoj, marr në intervistë.

interviewer['intë:'vjuë:] *n* intervistues.

interweave[intë:'wi:v] *vt* (-**wove, -weaved; woven, wove, weaved**) ndërthur, gërshetoj, mpleks.

intestacy[in'testësi] *n drejt* mungesë testamenti, vdekje pa lënë testament.

intestate[in'testeit, in'testit] *adj,n* -*adj* 1.që s'ka lënë testament. 2.i palënë me testament.
-*n* njeri që vdes pa lënë testament.

intestinal[in'testinël] *adj* i zorrëve.

intestine[in'testin] *n,adj* *n* 1.zorrë; **small/large intestine** zorrë e hollë/e trashë. 2.*pl* zorrët; të përbrendshmet, rropullitë.
-*adj* i brendshëm, brenda vendit; **intestine strife** luftë civile.

inthrone[in'throun] *v* shih **enthrone**.

intimacy['intëmësi] *n* 1.miqësi e ngushtë, afërsi, intimitet. 2.veprim/akt intim. 3.marrëdhënie intime (seksuale).

intimate I['intëmit] *adj,n* -*adj* 1.i afërt, i ngushtë, intim. 2.nga afër(njoh). 3.personal, intim (ditar etj). 4.i brendshëm, i thellë, shpirtëror.
-*n* shok i ngushtë, mik.

intimate II['intëmeit] *vt* 1.aludoj, lë të kuptohet. 2.njoftoj; vë në dijeni.

intimation [intë'meishën] *n* 1. aludim, aluzion, nënkuptim, e thënë tërthorazi. 2.njoftim; vënie në dijeni; shpallje.

intimidate [in'timëdeit] *vt* tremb, frikësoj, kërcënoj, kanosem.

intimidation [intimë'deishën] *n* frikësim, kërcënim, kanosje.

into['intu:, 'intë] *prep* 1.në, brenda; **go into town** shkoj në qytet; **put sth into a box** fus diçka në kuti; **get into the car** futem/hipi në makinë. 2.në (për ndryshim gjendjeje); **translate sth into Albanian** përkthej diçka në shqip; **burst into tears** shpërthej në lotë; **change marks into dollars** këmbej markat me dollarë; **he is really into jazz** ai është i apasiouar pas xhazit.3.*mat* te; **2 into 10 goes five times** dyshi te dhjeta hyn pesë herë; **divide 5 into 20** pjesëtoj 20-ën me pesë.

intolerable[in'tolërëbël] *adj* i padurueshëm.

intolerance[in'tolërëns] *n* 1.intolerancë, moslejim, mospranim. 2.mosdurim.

intolerant[in'tolërënt] *adj* 1. jotolerant, moslejues, mospranues. 2.që nuk duron; **intolerant of criticism** që nuk e duron kritikën.

intonation[intou'neishën] *n* 1.këngëzim, recitim me zë kënge. 2.intonacion(i zërit); ton.

intone[in'toun] *v* 1.këngëzoj, recitoj me zë kënge (psalme etj). 2.shqiptoj me një ton të caktuar, intonoj. 3.xjerr tinguj muzikorë, marr(një notë etj).

in toto['in'toutou] *lat* në tërësi, plotësisht.

intoxicant[in'toksëkënt] *adj,n* -*adj* dehës.
-*n* pije dehëse.

intoxicate [in'toksëkeit] *vt* 1. deh, trullos. 2. *fig* deh, trallis. 3.helmoj.

intoxicated [in'toksëkeitid] *adj* 1.i pirë, i dehur. 2.*fig* i dehur, i trallisur. + **become intoxicated** dehem.

intoxicating[in'toksëkeiting] *adj* 1. dehës. 2. *fig* trallisës.

intoxication[intoksë'keishën] *n* 1.dehje.2.*fig* trallisje, ekzaltim. 3.helmim.

intra-['intrë-] *pref* brenda-; **intravenous** brendavenor, në venë(injeksion).

intractability[intræktë'bilëti] *n* kokëfortësi.

intractable[in'træktëbël] *n* kokëfortësi.

intractable[in'træktëbël] *adj* 1. kokëfortë, kokëngjeshur; i vështirë, i zorshëm(njeri). 2.i vështirë, i pazgjidhshëm(problem). 3.e kurueshme (sëmundje).

intrados[in'treidos] *n ark* lakesë e brendshme(e një harku, kubeje).

intramural[intrë'mju:rël] *adj* 1.i brendshëm, bre-nda mureve. 2.brendashkollor(aktivitet).

intransigence(-y)[in'trænsëxhëns(i)] *n* papajtueshmëri; rreptësi.

intransigent[in'trænsëxhënt] *adj,n* -*adj* i papajtueshëm, që nuk bën lëshime; i rreptë.
-*n* njeri që s'bën lëshime.

intransitive [in'trænsëtiv] *adj gram* jokalimtare (folje).

intrauterine [intrë'ju:tërën, -'jutërain] *adj* brendauteror, brenda uterusit; **intrauterine device** pajisje kundër mbetjes shtatzënë(që vendoset në uterus).

intravenous[intrë'vi:nës] *adj* brendavenor, intravenoz, në venë(injeksion).

intrench[in'trenç] shih **entrench**.

intrepid [in'trepid] *adj* i patrembur, guximtar, trim me fletë.

intrepidity[intrë'pidëti] *n* guxim, trimëri.

intricacy['intrikësi] *n* 1.ndërlikim, koklavitje; kompleksitet. 2.lëmsh, ngatërresë.

intricate['intrëkit] *adj* i ndërlikuar, i koklavitur.

intrigue[in'tri:g] *n,v* -*n* 1.intrigë. 2.*teat,let* intrigë.3.dashuriçkë; dashuri e fshehtë.
-*v* 1.kurdis një intrigë, intrigoj. 2.ngjall kureshtje (më)intrigon.

intrinsic[in'trinsik] *adj* i brendshëm; vetjak; thelbësor.

intro-['intrë] *pref* brenda-

introduce[intrë'dju:s] *vt* 1.fus,shtie. 2.fus; vë në jetë; përhap(një metodë, një term të ri). 3.paraqes. 4.njoh(me), ia bëj të njohur. 5.nis, filloj(bisedën).

introduction[intrë'dʌkshën] *n* 1.futje në përdorim. 2.njohje, paraqitje, prezantim. 3.hyrje, parathënie(libri).4.tekst hyrës, hyrje(në një shkencë).

introductory[intrë'dʌktëri] *adj* 1.hyrës, paraqitës. 2.paraprak; **an introductory offer** ofertë e parë(për hedhje të mallit në treg).

introspection [intrë'spekshën] *n* introspeksion, analizë e vetvetes.

introspective[intro'spektiv] *adj* introspektiv, vetanalizues.

introversion [intrë'vë:zhën] *n* introversion, mbyllje në vetvete.

introvert['intrëvë:t] *adj,n* i mbyllur; njeri i mbyllur.

intrude[in'tru:d] *v* 1.ndërhyj, përzihem.2.imponoj (mendimet e mia). +**intrude on sb** bezdis dikë, i qepem dikujt.

intrusion[in'tru:zhën] *n* 1.ndërhyrje, futje pa ftuar. 2.imponim(i mendimeve). 3.pushtim, zënie(toke). 4.*gjeol* ndërfutje.

intrusive[in'tru:siv] *adj* 1.i bezdisshëm, bezdisës. 2.*gjeol* i ndërfutur.

intrust[in'trʌst] shih **entrust**.

intuit[in'tju:ët] *v* kuptoj, kap, gjej me intuitë.

intuition[intju:'ishën] *n* intuitë.

intuitional[intju:'ishënël] *adj* intuitiv.

intuitive[in'tjuëtiv] *adj* intuitiv.

intuitively[in'tjuëtivli] *adv* intuitivisht, me intuitë.

Inuit ['inu:it, 'injëwit] *adj,n* -*adj* eskimez. -*n pl* eskimezët.

Inuk['inu:k] *n pl* **Inuit** eskimez.

inundate['inëndeit] *vt* 1.përmbyt.2.mbuloj, mbys (me kërkesa etj).

inundation[inën'deishën] *n* përmbytje; vërshim.

inure[in'juë:] *v* 1.mësoj, ambientoj. 2.hyn në veprim.

invade [in'veid] *vt* 1. pushtoj. 2. dyndem në. 3.shkel, dhunoj(të drejtat).

invader[in'veidë:] *n* pushtues.

invalid I ['invalid] *n,adj,v* -*n* 1. invalid. 2. i sëmurë. -*adj* 1.i sëmurë, i paaftë.2.invalidësh, për invalidë. -*vt* 1.dobësoj, çaftësoj. 2.liroj, nxjerr invalid.

invalid II [in'vælid] *adj* i pavlefshëm, i paefektshëm(dokument etj).

invalidate [in'vælëdeit] *vt* zhvlerësoj, bëj të pavlefshëm.

invalidism['invëlidizm] *n* invaliditet.

invalidity [invë'lidëti] *n* pavlefshmëri, paefektshmëri.

invaluable [in'væljuëbël] *adj* i paçmueshëm, tepër i çmuar.

invariability[inverië'bilëti] *n* pandryshueshmëri; qëndrueshmëri.

invariable[in'veriëbël] *adj* i pandryshueshëm; i qëndrueshëm.

invasion[in'veizhën] *n* 1.pushtim.2.shkelje; ndërhyrje; cënim (i jetës private).

invective[in'vektiv] *v* sharje, të shara, sulm; fjalë fyese.

inveigh [in'vei] *v* 1. shaj, sulmoj me fjalë. 2.(**against**) shfryj, ankohem(kundër).

inveigle [in'veigël] *vt* josh, ia mbush mendjen, mashtroj, i hedh hi syve.

invent [in'vent] *vt* 1. shpik. 2. trilloj, sajoj(një justifikim etj).

invention[in'venshën] *n* 1.shpikje; të shpikurit. 2.aftësi shpikëse. 3.sajesë, trillim, histori e sajuar.

inventive[in'ventiv] *adj* 1.shpikës.2.pjellore(mendje); mendjefemër(njeri).

inventor[in'ventë:] *n* shpikës.

inventory ['invënto:ri] *n,v* -*n* 1. inventar, listë artikujsh. 2.mall gjendje(në magazinë). -*v* bëj inventar, inventarizoj.

inverness[invë:'nes] *n* pelerinë pa mëngë.

inverse[in'vë:s, 'invë:s] *adj,n* -*adj* i anasjelltë, i përkundërt, invers. -*n* 1.e anasjelltë. 2.e kundërt; **evil is the inverse of good** e keqja është e kundërta e së mirës.

inversely[in'vë:sli] *adv* anasjelltas.

inversion[in'vë:zhën] *n* 1.anasjellje.2.anasjellë, e anasjelltë.

inversion layer *n meteo* shtresë ajri e anasjelltë(më e ngrohtë se shtresa nën të).

invert [in'vë:t] *vt* 1. kthej përmbys. 2.ndërroj vendet, anasjell. +**in inverted commas** në thonjëza.

invertebrate[in'vë:tëbreit] *n,adj* -*n* jovertebror, jokërbishtor. -*adj* 1.*biol* jovertebror, jokërbishtor. 2.*fig* i pakarakter, pa bosht.

invest[in'vest] *v* 1.investoj, vë para.2.harxhoj (kohë, energji), investoj. 3.vesh, mbulon, rrethon (errësira). 4.mvesh me, i jap(pushtet). 5.*usht* rrethoj(një qytet).

investigate[in'vestë'geit] *vt* 1.hetoj.2.shqyrtoj, studioj(mundësitë).

investigation[in'vestë'geishën] *n* 1.hetim.2.shqyrtim, studim; kërkim.

investigative [in'vestëgeitiv] *adj* 1. hetues, hetimor. 2.shqyrtues, kërkues.

investigator [in'vestëgeitë:] *n* hetues, gjurmues; **private investigator** detektiv privat.

investigatory[in'vestëgeitëri] *adj* shih **investigative**.

investiture[in'vestëçuë:, in'vestëçë:] *n* 1.emërim; veshje me pushtet, vënie në post. 2.veshje e jashtme; veshje.

investment[in'vestmënt] *n* 1.investim(kapitalesh). 2.kapital i investuar. 3.rrethim(me ushtri). 4.veshje me pushtet; emërim.

investor[in'vestë:] *n* investitor, investues.

inveteracy[in'vetërësi] *n* rrënjosje(e një zakoni).

inveterate[in'vetërit] *adj* 1.i vendosur, i regjur, i pandreqshëm; **an inveterate smoker** duhanxhi i vendosur. 2.i rrënjosur thellë, që ka lëshuar rrënjë (zakon).

invidious [in'vidiës] *adj* 1. i urryer; i papëlqyeshëm. 2. i padrejtë, indinjues(veprim).

invigilate[in'vixhëleit] *vt* mbikëqyr(studentët në provim).

invigorate[in'vigëreit] *vt* 1. fuqizoj, forcoj. 2. jap zemër. 3.gjallëroj, nxis.

invigorating[in'vigëreiting] *adj* 1. fuqizues, forcues. 2.zemërdhënës. 3.gjallërues, nxitës.

invigoration[invigë'reishën] *n* 1.fuqizim, forcim. 2. nxitje, inkurajim. 3.gjallërim.

invigorative [in'vigëreitiv] *adj* shih **invigorating**.

invincibility[invinsë'bilëti] *n* pathyeshmëri.

invincible [in'vinsëbël] *adj* 1.i pathyeshëm, i pamposhtshëm; i papërkulur. 2.i pakapërcyeshëm (vështirësi).

in vino veritas[in'vi:nou'verëtæs] *lat* ç'ka barku nxjerr bardhaku.

inviolability [invajë'bilëti] *n* paprekshmëri, padhunueshmëri; shenjtëri.

inviolable [in'vajëlëbël] *adj* 1. i paprekshëm, i

shenjtë. 2.i padhunueshëm, i pacënueshëm, i paarritshëm.

inviolate [in'vajëlit] *adj* i paprekur, i pacënuar, i padhunuar.

invisibility [invizë'bilëti] *n* padukshmëri.

invisible [in'vizëbël] *adj,n* *-adj* 1.i padukshëm. 2.që nuk bie në sy, i padallueshëm(arnim). *-n* 1.qenie e padukshme. 2.*pl fin* eksport-importe të padukshme; **insurance, freight, royalties etc are invisibles** sigurimet, shpenzimet e transportit, të drejtat e autorit etj janë eksport-importe të padukshme; **invisible ink** bojë simpatike, bojë e padukshme.

invisibly [in'vizëbli] *adv* në mënyrë të padukshme; pa rënë në sy.

invitation [invë'teishën] *n* 1.ftesë.2.grishje, dërgim ftese. 3.thirrje. 4.ndjellje, joshje. +**by invitation only** vetëm me ftesë; **at sb's invitation** me ftesë të dikujt.

invite [in'vait] *v,n* *-vt* 1. ftoj, i bëj / i çoj ftesë. 2.grish, kërkoj me lutje; **the author invited our opinion of his novel** autori na kërkoi/na grishi të jepnim mendimin tonë për romanin e tij. 3.thërras, i dërgoj fletëthirrje. 4.jep shkas; **the letter invites some questions** letra jep shkas për disa pyetje. 5.josh, ndjell.

-n zhrg ftesë.

+**invite out (to dinner etc)** ftoj (për darkë etj) jashtë/në restorant;

+**invite over** ftoj në shtëpi.

inviting [in'vaiting] *adj* joshës; tërheqës; që të fton.

invocation [invë'keishën] *n* 1. lutje. 2. thirrje e shpirtrave. 3.fjalë magjike. 4.*drejt* kërkim dëshmish /provash nga një çështje tjetër.

invoice ['invois] *n,v* *-n* 1.faturë.2.ngarkesë mallrash të faturuara.

-vt faturoj; **invoice sb for goods** i dërgoj dikujt faturën për mallin.

invoke [in'vouk] *vt* 1.i lutem, lus(zotin). 2.lutem, kërkoj. 3.*fig* ngjall, zgjoj(ndjenja).

involuntarily [in'volënterëli] *adv* padashur, pa dashje; në mënyrë të pavullnetshme.

involuntary [in'volënteri] *adj* 1.i pavullnetshëm, pa dashje. 2.i paqëllimshëm. 3.i pavetëdijshëm (veprim).

involute ['invë'lu:t] *adj,n,v* *-adj* 1.i koklavitur, i ndërlikuar. 2.i mbështjellë në vetvete; i përdredhur, spiral. 3.*bot* me anë të mbledhura përbrenda(gjethe).

-n mat mbështjellëse.

-vi mbështillet, përdridhet.

involution [invë'lu:shën] *n* 1.ngatërrim, ndërlikim; kompleksitet. 2.*mat* ngritje në fuqi. 3.*biol* degjenerim. 4.*bot* mbledhje e anëve përbrenda.

involve [in'volv] *vt* 1. përfshij. 2. prek, ndikoj në (interesat). 3.fus, ngatërroj, implikoj. 4.ndërlikoj,

koklavis. 5.angazhoj, tërheq vëmendjen e. 6.mbështjell, përdredh. 7.*fig* mbështjell, mbuloj(me dyshime). 8.*mat* ngre në fuqi. +**become/get involved with sb** lidhem me dikë, bëhem me dikë; **it involves a lot of trouble** kjo sjell me vete/presupozon një sërë telashesh.

involved [in'volvd] *adj* 1.i ndërlikuar, i koklavitur; kompleks. 2.i përzier, i implikuar, pjesëmarrës, që ka gisht. 3.i lidhur, në marrëdhënie të ngushta me; **he doesn't want to get involved** ai nuk ka dëshirë të krijojë lidhje të ngushta.

involvement [in'volvmënt] *n* 1.përzierje, implikim, pjesëmarrje. 2.lidhje (shpirtërore); **the extent of one's involvement** shkallë e implikimit (në një çështje); **financial involvements** detyrime financiare. 3.kompleksitet.

invulnerability [invʌlnërë'bilëti] *n* pacënueshmëri, paprekshmëri.

invulnerable [in'vʌlnërëbël] *adj* 1.i paprekshëm, i pacënueshëm. 2.i pakundërshtueshëm, i parrëzueshëm(argument).

inward ['inwë:d] *adj,adv* *-adj* 1. i brendshëm. 2.nga brenda, për brenda. 3.*fig* shpirtëror, i brendshëm. 4.i qenësishëm; thelbësor.

-adv 1.brenda, për nga brendësia; **a passage leading inward** shteg që të çon brenda. 2.në mendje, brenda vetes, në shpirt.

inwardly ['inwë:dli] *adv* 1.brenda, përbrenda.2.së brendshmi. 3.në mendje, në shpirt, brenda vetes. 4.fshehurazi, pa e bërë veten.

inwards [*adv* 'inwë:ds; *n* 'inë:ds] *adv,n* *-adv* 1.brenda, përbrenda.

-npl zhrg të përbrendshme, rropulli.

inweave [in'wi:v] *v* 1. thur bashkë; ndërthur. 2.ndërthuret.

inwrought [in'ro:t] *adj* 1.me lajle.2.i futur, i shkuar. 3.i përzier.

iodide ['ajëdaid] *n kim* jodur.

iodine ['ajëdin, 'ajëdain] *n kim* jod; **tincture of iodine** tinkturë jodi, jodio.

iodize ['ajëdaiz] *vt* jodizoj, jodoj; **iodized salt** kripë e joduar.

ion ['ajën, 'ajon] *n fiz,kim* jon.

Ionian [aj'ouniën] *adj,n* *-adj* jonian, i detit Jon. *-n* jonian(banor i lashtë i pellgut të Jonit).

Ionian Sea *n gjeog* Deti Jon.

ionic [aj'onik] *adj fiz,kim* jonik, i joneve.

Ionic [aj'onik] *n,adj* *-n* e folme e jonianëve. *-adj* jonian.

ionium [aj'ouniëm] *n kim* jonizim; ndarje në jone; disocim, shpërbashkim.

ionize ['ajënaiz] *vt* jonizoj; ndaj në jone; disocioj, shpërbashkoj.

ionosphere [aj'onësfië:] *n astr* jonosferë.

iota [aj'outë] *n* 1. germa **i** e alfabetit grek, jota. 2.*fig* grimë, çikë; **not an iota of truth** asnjë grimë vërtetësie.

IOU['ai'ou'ju:] *n* dëftesë borxhi(=**I owe you**).

ipecacuanha [ipëkækju'ænë] *n bot* ipekakuanë (bar mjekësor purgativ).

ipso facto['ipsou'fæktou] *lat* nga vetë fakti, për vetë faktin.

IQ(= **intelligence quotient**) *n* koeficient i inteligjencës.

ir-[i] *pref* jo-, pa-, mos-.

Irak[i'ra:k] *n* shih **Iraq**.

Iraki[i'ra:ki] *n* shih **Iraqi**.

Iran[i'ra:n] *n gjeog* Iran.

Iraq[i'ra:k] *n gjeog* Irak.

Iraqi[i'ra:ki] *adj,n* irakian.

irascibility[iræsë'bilëti] *n* gjaknxehtësi.

irascible [i'ræsëbël] *adj* gjaknxehtë, idhnak, zemërak..

irate['aireit, ai'reit] *adj* i zemëruar, i xhindosur, i nxehur.

ire[air] *n* zemërim, tërbim.

ireful['airfël] *adj* i nxehur, i xhindosur.

Ireland['aië:lënd] *n gjeog* Irlandë.

iridescent [irë'desënt] *adj* i ylbertë, shumëngjyrësh.

iridium[i'ridiëm] *n kim* iridium(element).

iris['airis] *n* 1.*anat* iridë(e syrit). 2.*bot* shpatore. 3.lule zëmbaku. 4.*mit* perëndi e ylberit. 5.ylber.

Irish['airish] *adj,n* -*adj* irlandez.

-*n* 1.**the Irish** populli irlandez. 2.gjuha irlandeze, irlandisht.

Irishman['airishmën] *n* irlandez.

Irish Sea *n gjeog* Deti i Irlandës.

irk [ë:k] *vt* lodh; mërzis; bezdis; **it irks us to wait...** është e bezdisshme të presësh.

irksome['ë:ksëm] *adj* i lodhshëm; i mërzitshëm; i bezdisshëm.

iron['aië:n] *n,adj,v* -*n* 1.hekur; **a will of iron** vullnet i hekurt; **strike while the iron is hot** hekuri rrihet sa është i nxehtë. 2.hekur për hekurosje. 3.*zhrg* kobure. 4.fuzhnjë. 5.*pl* pranga, hekura. +**have too many irons in the fire** mbaj shumë kunguj nën sqetull.

-*adj* i hekurt, prej hekuri.

-*v* 1.hekuros. 2.hekuroset; **this dress irons well** ky fustan mban hekur mirë. 3.(**out**) sheshoj, zgjidh (një mosmarrëveshje). 4.vë në pranga.

Iron Age *n* epoka e hekurit.

ironbound['aië:nbaund] *adj* 1. i sertë; i papërkulshëm. 2.shkëmbor, i gurtë.

ironclad['aië:nklæd] *adj,n* -*adj* 1. i koracuar; i veshur me pllaka hekuri. 2.*fig* e pandryshueshme, e paanulueshme(kontratë).

-*n* koracatë.

Iron Curtain *n hist pol* Perde e Hekurt, zonë e ndikimit sovjetik.

ironfisted['aië:n'fistid] *adj* i pamëshirshëm, des-

---

potik.

iron hand *n fig* dorë e hekurt.

iron-handed['aië:n'hændid] *adj* i rreptë, me dorë të hekurt.

ironic [ai'ronik] *adj* 1. ironik; për ironi (veprim, ndodhi). 2.ironik, që flet me ironi.

ironical[ai'ronikël] *adj* shih **ironic**.

ironically [ai'ronikëli] *adv* ironikisht, mne ironi; për ironi.

ironing board *n* dërrasë hekurosjeje.

ironing ['aië:ning] *n* hekurosje, hekur; **do the ironing** bëj hekur, hekuros rrobat.

ironist['airënist] *n* shkrimtar ironik.

iron lung *n mjek* mushkëri artificiale, mushkëri mekanike.

ironmonger['aië:n'mʌngë:] *n Br* tregtar hekurishtesh; tregtar prodhimesh metalike; **ironmonger's (shop)** dyqan prodhimesh metalike.

ironmongery['aië:n'mʌngëri] *n* 1.hekurishte.2.artikuj metalikë. 3. tregti artikujsh metalikë.

ironsides['aië:n'saidz] *n* 1.njeri i fortë.2.luftanije e koracuar, koracatë.

ironsmith['aië:nsmith] *n* hekurpunues, kovaç.

ironstone['aië:nstoun] *n* mineral hekuri.

ironware['aië:nweë:] *n* prodhime hekuri; artikuj metalikë.

iron-willed['aië:n'wild] *adj* me vullnet të hekurt.

ironwood['aië:nwu:d] *n* dru i fortë, dru i rëndë.

ironwork ['aië:nwë:k] *n* 1. punime hekuri. 2. *pl* uzinë metalurgjike, uzinë siderurgjike.

ironworker ['aië:n'wë:kë:] *n* 1. hekurpunues. 2.montator, ndërtues strukturash metalike.

irony ['airëni] *n* ironi; **it's one of life's ironies** është një ironi e fatit.

Iroquois['irëkwo] *n* irokez; populli irokez(amerindian).

irradiance [i'reidiëns] *n* ndriçim; shkëlqim; rrezatim.

irradiant [i'reidiënt] *adj* ndriçues; i ndritshëm, plot shkëlqim.

irradiate[i'reidieit] *vt* 1.ndriçoj; mbush me shkëlqim. 2.shpërndaj, rrezatoj. 3.trajtoj me rrezatim, rrezatoj.

irradiation[ireidi'eishën] *n* 1.ndriçim; shkëlqim. 2.rrezatim. 3.rreze; dritë. 4.*fig* ndriçim(i mendjes).

irrational[i'ræshënël] *adj* 1.i paarsyeshëm. 2.me mendje të turbulluar. 3.*mat* irracional.

irrationality[iræshën'ælëti] *n* 1.mungesë arsyeje. 2.gjë e paarsyeshme; gjë absurde.

irreclaimable[irek'leimëbël] *adj* i parikthyeshëm; i parifitueshëm.

irreconcilable[irekon'sailëbël] *adj,n* i papajtueshëm.

irrecoverable[iri'kʌvërëbël] *adj* 1.i pakthyeshëm, i pazëvendësueshëm. 2.i pandreqshëm.

irredeemable[iri'di:mëbël] *adj* 1.i pazëvendësue-

shëm, i parikthyeshëm.2.e pakthyeshme në mone-
dhë (kartëmonedhë). 3.i pandreqshëm, i pashpresë.
irredentism[iri'dentizm] *n pol* irredentizëm.
irredentist[iri'dentist] *n pol* irredentist.
irreducible[iri'dju:sëbël] *adj* 1.i pazvogëlueshëm.
2.i pashndërrueshëm.
irrefragable[i'refrëgëbël] *adj* i papërgënjeshtrue-
shëm, i pakundërshtueshëm.
irrefutable [i'refjutëbël] *adj* i pakundërshtue-
shëm, që s'mund të hidhet poshtë.
irrefutably[i'refjutëbli] *adv* në mënyrë të padis-
kutueshme, pa diskutim.
irregular [i'regiëlë:] *adj,n adj* 1. i parregullt; i
çrregullt. 2.jo i njëtrajtshëm; joharmonik, josimetrik.
3.*drejt* i parregullt(qëndrim). 4.*usht* që s'bën pjesë
në trupat e rregullta. 5.*gram* e parregullt(folje).
-*n* ushtar që nuk bën pjesë në ushtrinë e rregullt.
irregularity [iregië'lærëti] *n* 1. parregullsi, çrre-
gullsi. 2.veprim i parregullt; shkelje.
irrelevance[i'relëvëns] *n* 1.mungesë lidhjeje(me
çështjen).2.diçka që s'ka lidhje/që s'i përket çështjes.
irrelevancy[i'relëvënsi] *n* shih **irrelevance**.
irrelevant[i'relëvënt] *adj* 1.që s'lidhet, që s'ka të
bëjë me çështjen; i parëndësishëm; **if he has the
qualifications, his age is irrelevant** po qe se e ka
kualifikimin e duhur, mosha s'ka të bëjë. 2.i pavend;
jashtë teme; **a question about economics is irrele-
vant in a music lesson** në një mësim muzike pye-
tjet për ekonominë janë pa vend.
irreligion [iri'lixhën] *n* 1. mungesë feje, afetari.
2.ndjenjë antifetare.
irreligious[iri'lixhës] *adj* 1.jofetar, afetar, i pafe.
2.antifetar.
irremediable[iri'mi:diëbël] *adj* i pandreqshëm; i
pashërueshëm.
irremovable[iri'mu:vëbël] *adj* i paheqshëm; i pa-
largueshëm.
irreparable[i'repërëbël] *adj* i pandreqshëm.
irreplaceable [iri'pleisëbël] *adj* i pazëvendësue-
shëm.
irrepressible[iri'presëbël] *adj* i papërmbajtshëm,
i pandalshëm.
irreproachable [iri'prouçëbël] *adj* i paqortue-
shëm, i patëmetë; që s'ka të sharë.
irresistible [iri'zistëbël] *adj* i papërmbajtshëm, i
papërballueshëm.
irresolute [i'rezëlu:t] *adj* 1.i pavendosur, i lëku-
ndur, ngurrues. 2.i pasigurt në vetvete.
irresolution[irezë'lu:shën] *n* pavendosmëri; ngu-
rrim, lëkundje.
irrespective [iri'spektiv] *adj* (**of**)pavarësisht(nga);
irrespective of the weather/of age pavarësisht
nga koha/nga mosha.
irresponsibility [irisponsë'bilëti] *n* papërgjegj-
shmëri, mungesë përgjegjësie.
irresponsible [iri'sponsëbël] *adj* 1. i papërgjegj-

shëm; që tregon mungesë përgjegjësie(veprim). 2.që
s'përgjigjet përpara askujt, që nuk jep llogari
(diktator).
irretrievable [iri'tri:vëbël] *adj* i pazëvendësue-
shëm; i parikthyeshëm(në gjendjen e mëparshme).
irreverence[i'revërëns] *n* mungesë respekti.
irreverent[i'revërënt] *adj* i parespektueshëm, që
nuk ka respekt.
irreversibility[irive:së'bilëti] *n fiz* pakthyeshmëri.
irreversible ['iri'vë:sëbël] *adj fiz* i pakthyeshëm
(proces).
irrevocable[i'revëkëbël] *adj* i paanulueshëm, i pa-
prapësueshëm, i prerë(vendim).
irrigable['irëgëbël] *adj* i ujitshëm.
irrigate['irëgeit] *vt* 1.ujis. 2.*mjek* shpëlaj.
irrigation[irë'geishën] *n* ujitje.
irrigator['irëgeitë:] *n* 1.ujis.2.*mjek* irrigator, shpë-
larës.
irritability[irëtë'bilëti] *n* ngacmueshmëri; acarue-
shmëri.
irritable ['irëtëbël] *adj* 1. gjaknxehtë, idhnak.
2.*mjek* i pezmatueshëm, i ngacmueshëm.
irritant['irëtënt] *n,adj* -*n* ngacmues.
-*adj* ngacmues, irritues.
irritate['irëteit] *vt* 1.ngacmoj, ngas, cingris, acaroj.
2.*mjek* ngacmoj, irritoj. 3.*biol* ngacmoj; stimuloj.
irritation[irë'teishën] *n* 1.ngacmim, cingrisje, aca-
rim.2.*mjek* ngacmim, irritim; gjendje acarimi.
irritative ['irëteitiv] *adj* 1. ngacmues, cingrisës,
acarues. 2.nga irritimi; **an irritative fever** ethe nga
irritimi.
irrupt [i'rʌpt] *vt* 1.hyj me forcë; futem befas, tu-
rrem. 2.dynden, gëlojnë(njerëz, kafshë); shpërthen,
vërshon.
irruption[i'rʌpshën] *n* 1.hyrje me dhunë, turrje.
2.dyndje, gëlim; vërshim.
irruptive [i'rʌptiv] *adj* shpërthyes, vërshues; që
dyndet.
is[iz] (shih **be**) është; **as is** siç është, në gjendjen
që është(një makinë që shitet).
isinglass ['aizinglæs] *n* 1. xhelatinë peshku(për
zamkë). 2.fletë mike.
Islam ['islëm, is'la:m] *n* 1. Islam. 2.popujt musli-
manë. 3.qytetërimi islamik. 4.vendet islamike.
Islamic [is'læmik, is'la:mik] *adj* 1.islamik. 2.mu-
sliman.
Islamism['islëmizëm] *n* islamizëm.
islamize['islëmaiz] *vt* islamizoj.
island['ailënd] *n,v* -*n* 1.ishull. 2.ngastër pylli në
stepë; vend i ngritur në kënetë. 3.*anat* grup qelizash
specifike.
-*vi* shndërroj në ishull.
islander['ailëndë:] *n* banor ishulli, ishullor.
isle[ail] *n* 1.ishullth, ishull i vogël. 2.ishull(*poet*).
islet['ailit] *n* ishullth, ishull i vogël.
isn't['izënt] (=**is not**) nuk është.

iso-['aisë] *pref* baraz-, një-.

isobar['aisë'ba:] *n* 1.*gjeog, meteor* izobarë. 2.*fiz, kim* atome të ndryshme me peshë atomike të njëjtë.

isogonic [aisë'gonik] *adj mat* me kënde të njëjta, barazkëndësh.

isolate['aisëleit] *vt* 1.veçoj, izoloj.2.*kim* përftoj në gjendje të pastër, veçoj.

isothermal [aisë'thë:mël] *adj* izotermik; me temperaturë të njëjtë.

isotope['aisëtoup] *n fiz,kim* izotop.

Israel['izreil, 'izriël] *n gjeog* Izrael.

Israeli[iz'reili] *adj,n* -*adj* izraelit, i Izraelit. -*n* izraelit.

Israelite[iz'ri:ëlait] *n,adj* çifut, izraelit.

issuance ['ishuëns] *n* lëshim, dhënie; emetim; nxjerrje.

issue['ishu:] *n,v* -*n* 1.çështje, problem; **political issue** problem politik; **the real/main issue is whether...** gjithë puna është të dimë nëse...; **confuse/obscure the issue** i ngatërroi gjërat; **avoid the issue** i shmangem diskutimit; **make an issue of sth** e bëj problem diçka. 2.lëshim, dhënie(lejesh, pasaportash); emetim(pullash, kartëmonedhash); shpërndarje(racionesh); **these coins are a new issue** këto monedha i përkasin një emetimi të ri. 3.numër, botim(gazete, reviste); **back issues** numra të kaluar /të vjetër. 4.përfundim; **the issue of the game** përfundimi/rezultati)i ndeshjes. 5.pasardhës, fëmijë; **die without issue** vdes pa lënë pasardhës. 6.fitim; prodhim. 7.dalje, rrjedhje(gjaku etj). +**at issue** në diskutim, në shqyrtim; **face the issue** i dal për zot situatës, bëj atë që duhet; **join issue** marrim pozicione të kundërta(në një diskutim); **make an issue** e bëj problem; **take issue** nuk pajtohem, nuk jam dakord; **I must take issue with your over...** nuk jam aspak dakord me ty për...

-*v* 1.botoj, nxjerr. 2.lëshoj(leje, pasaportë, dokument). 3.emetoj(pulla, kartëmonedha). 4.shpërndaj (racione). 5.nxjerr në shitje(bileta). 6.jap, lëshoj(një urdhër). 7.bëj(një deklaratë). 8.del; rrjedh(gjaku etj).

isthmus['ismës] *n gjeog* istëm.

it[it] *pron* 1.ai; ajo; **give it to me** ma jep; **in it** tek ai; tek ajo; **I doubt it** kam dyshim për këtë. 2.(si kryefjalë me folje pavetore): **it is snowing** po bie borë; **it's six o'clock** është ora gjashtë; **how far is it?** sa larg është? **it's two hours on the train** është dy orë me tren; **I like it here** më pëlqen këtu; **it was kind of you** u treguat shumë i sjellshëm; **who is it?** kush është? **it's me** jam unë; **what is it?** si është puna? **that's it!** a)ashtu është!, pikërisht!; b)kaq ishte; c) mjaft! **I am against it/(all) for it** jam kundër, jam dakord (plotësisht); **she beat it back to town** ajo iku/u kthye në qytet.

Italian [i'tæliën] *adj,n* -*adj* italian; i italishtes (fjalor, mësues); i Italisë(mbret).

-*n* 1.italian. 2.italisht, gjuhë italiane.

Italianize[i'tæliënaiz] *vt* italianizoj.

italic[i'tælik] *adj,n* -*adj polig* kursiv(shkrim). -*n pl* 1.germa korsive, shkrim korsiv; **in italics** me (germa) korsive. 2.gjuhë latine.

Italy['itëli] *n gjeog* Itali.

itch [iç] *n,v* -*n* 1. kruarje, e kruar. 2. **the itch** zgjebja. 3.dëshirë e fortë, ngasje; **have an itch to do sth** më hipën për të bërë diçka.

-*vi* 1.më kruhet, më ha; **my leg itches** më ha këmba. 2.s'më pritet sa, mezi pres të; **he itched to know our secret** ai digjej të merrte vesh të fshehtën tonë.

itchy['içi] *adj* të kruari(ndjenjë); **my leg is itchy** më kruhet këmba. + **I've got itchy feet** s'më mban vendi, s'më rrihet; **have itchy fingers** s'më rrinë duart rehat(vjedh).

it'd['itëd] = **it would**; **it had**.

item ['aitëm] *n,adv* -*n* 1. artikull, send, gjë. 2. lajm; **the main item of news** lajmi më i rëndësishëm. 3.zë i veçantë(në një llogari, faturë). 4.pikë, çështje. 5.numër(në program).

-*adv* si edhe, gjithashtu.

itemize['aitëmaiz] *vt* specifikoj, shënoj/them/ numëroj një nga një.

iterate['itëreit] *vt* përsëris, ritheksoj.

iteration[itër'eishën] *n* përsëritje, ritheksim.

iterative['itërëtiv, 'itëreitiv] *adj* përsëritës; plot përsëritje.

itinera(n)cy[ai'tinërënsi, i'tinërënsi] *n* 1.udhëtim vend më vend. 2.grup predikuesish/gjykatësish shetitës. 3.punë zyrtare në terren.

itinerant[ai'tinërënt, i'tinërënt] *adj,n* -*adj* shetitës , ambulant.

- *n* njeri që udhëton vazhdimisht.

itinerary[ai'tinëreri, i'tinëreri] *n,adj* -*n* 1.itinerar, plan udhëtimi, rrugë e ndjekur/për t'u ndjekur. 2.shënime/ditar udhëtimi. 3.udhëzues/manual udhëtimi.

-*adj* udhëtimi.

itinerate[ai'tinëreit, i'tinëreit] *vi* udhëtoj vend më vend, endem.

it'll['itël] = **it will**; **it shall**.

its[its] *adj,pron* -*adj* i tij; i saj; i vet; e vet; **the dog hurt its leg** qeni vrau këmbën.

-*pron* i tiji; i saji; i veti; e vetja; **a dog's kennel is its and its alone** kolibja e qenit është e tija dhe vetëm e tija.

it's[its] = **it is**; **it has**.

itself[it'self] *pron* vetë; **the land itself** toka vetë; **the horse hurt itself** kali u vra(u plagos).

I've[aiv] = **I have**.

ivied['aivi:d] *adj* i mbuluar me luledredhkë(mur).

ivory ['aivëri] *n* 1. fildish. 2. ngjyrë fildishi. 3.*pl zhrg* a)taste pianoje; b)zare; c)bila, gurë bilardoje; d)dhëmbë.

-*adj* 1.i fildishtë, prej fildishi. 2.bojëkrem, ngjyrë fildishi.

ivory black *n* e zezë fildishi, ngjyrë e zezë e thellë.
ivory nut *n bot* arrë fildishi.
ivory tower *n fig* kullë e fildishtë.
ivy['aivi:] *n bot* 1.dredhkë. 2.bimë kacavjerrëse.

Ivy League *n amer* Lidhja e universiteteve kryesore verilindore të SHBA .
iwis['iwis] *adv vjet* sigurisht; vërtet.
izzard['izë:d] *n vjet* germa z; **from A to izzard** nga kreu në fund; plotësisht.

J

j, J[xhei] j, shkronja e dhjetë e alfabetit anglez.
Ja(= **January**) *n* janar.
jab[xhæb] *v,n* -*v* 1. ngul. 2.shpoj. 3.jap një goditje të shkurtër(në boks). +**jab a finger at sb** akuzoj dikë duke e treguar me gisht; **jab at sb** godas dikë, i jap goditje dikujt.
-*n* 1.goditje e mprehtë, shpim(me bërryl). 2.goditje e shkurtër(në boks). 3.shpim.
jabber ['xhæbë:] *v,n* -*v* 1. dërdëllis, llomotis. 2.murmuris, flas nëpër dhëmbë.
-*n* 1.dërdëllitje. 2. murmurimë.
jacinth ['xheisinth] *n* jasint, lloj zirkoni (gur i çmuar).
jack[xhæk] *n,v* -*n* 1.*tek* krik.2.djalë; burrë.3.detar. 4.fant(në letra). 5.*det* flamur; flamurkë (sinjalizimi). 6.pirun i gjatë(për të kthyer mishin). 7.gomar. 8. lepur i egër. 9.prizë. 10.fener(për gjueti peshku etj). 11.*zhrg* para; **have you got any jack?** të ndodhen para me vete?+**every man jack** të gjithë, secili.
-*vt* 1.(**up**) ngre me krik. 2.*gj.fol* (**up**) ngre(çmimet etj). 3.(**in**) lëshoj; heq dorë. 4.gjuaj(peshk etj) me fener.
jackal['xhækël, 'xhækol] *n* 1.*zool* çakall.2.*fig* argat, zezak, hamall i tjetrit.
jackanapes ['xhækëneips] *n* njeri i fryrë; njeri i pafytyrë.
jackass['xhæk'æs] *n* 1.gomar.2.*fig* hajvan, gomar.
jackboot['xhækbu:t] *n* çizme ushtarake.
jackdaw['xhækdo:] *n zool* stërqokë, cirikokë, galë.
jacket ['xhækit] *n,v* -*n* 1.xhaketë. 2.lëvore. 3.veshje e jashtme. 4.mbulesë kopertine, xhaketë (libri).
-*vt* vesh, mbështjell; i vesh xhaketë.
jackhammer['xhækhæmë:] *n tek* çekan pneumatik dore, pistoletë.
jack-in-the-box['xhækindhë'boks] *n* djall që del nga kutia(lodër).
jackknife ['xhæknaif] *n,v* -*n* 1.biçak, sojak. 2.hedhje me kokë/me palosje(nga trampolina).

-*vi* 1.mbyll, palos(si biçak). 2.hidhem(nga trampolina) me palosje. 3.përplaset(rimorkio me kabinën, gjatë frenimit).
jacklight['xhæklait] *n* fener gjuetie.
-*vi* gjuaj me fener(peshk etj).
jack of all trades *n* mjeshtër, specialist për gjithçka.
jackpot['xhækpot] *n* 1. çmim i parë. 2. shumë e grumbulluar (në tryezën e lojës, në poker). 3.fitim i madh. +**hit the jackpot** a)fitoj një dorë të mirë parash; b)më bie shansi.
jackrabbit['xhækræbit] *n* lepur i egër trupmadh.
jackscrew['xhæk'skru:] *n tek* krik.
jack tar *n zhrg* detar.
jacquard[xhë'ka:d] *n* zhakard(tekstil).
jacuzzi[xha'ku:zi] *n* xhakuci, vaskë e madhe, pishinë dhome.
jade I [xheid] *n* 1.*gjeol* nefrit (gur i çmuar). 2.e gjelbër(ngjyrë).
-*adj* 1.prej nefriti. 2. i gjelbër.
jade II[xheid] *n,v* -*n* 1.kalë ngordhalaq, gërdallë. 2.*përb* femër, xhadë.
-*vt* 1.lodh, kapis. 2. vel.
jaded[xheidid] *adj* 1.i lodhur, i kapitur; **a jaded appearance** çehre e lodhur. 2. i velur.
jadeite['xheidait] *n gjeol* zhadeit(lloj nefriti).
jag I [xhæg] *n,v* -*n* 1. thep, kep. 2. dhëmbëz (sharre).
-*vt* 1.dhëmbëzoj, çatalloj. 2.pres/gris keq.
jag II[xhæg] *n* 1.ngarkesë e vogël, barrë. 2.*zhrg* gjendje dehjeje, çakërrqejf.3.*zhrg* lëshim, hallakatje.
jagged ['xhægid] *adj* 1. dhëmbë-dhëmbë, i dhëmbëzuar. 2.thepa-thepa(shkëmbinj).
jaguar['xhægwa:, 'xhægiua:] *n zool* jaguar.
jail[xheil] *n,v* -*n* 1.burg. 2.burgim. +**break jail** arratisem nga burgu.
-*vt* burgos; **be jailed for 5 years** dënohem me 5 vjet burg.
jailbird['xheilbë:d] *n zhrg* i burgosur; njeri i dë-

nuar disa herë.

jailbreak['xheilbreik] *n gj.fol* arratisje nga burgu.

jailer, jailor['xheilë:] *n* rojtar burgu, gardian.

jalopy[xhë'lopi] *n* karakatinë, veturë rangallë.

jalousie[zhælu'zi:] *n* grilë dritaresh.

jam I [xhæm] *v,n -v* 1.bllokoj. 2.pengoj. 3.ngec. 4.zhurmoj, i bëj zhurmë(një radiostacioni), bllokoj; **streets jammed with cars** rrugë të zëna nga makinat; **the telephone lines are jammed** linjat telefonike janë të zëna; **jam one's brakes on** frenoj papritmas. 5.fus me forcë; rras; ngjesh; **jam one's hat on one's head** ngjesh kapelën në kokë; **he jammed his finger in the door** i zuri gishtin dera. 3.ngec, bllokohet(një mekanizëm).

-n 1.bllokim(trafiku); lëmsh(makinash); turmë(njerëzish).2.gjendje e vështirë; telash; pisk; **be in/get into a jam** e kam pisk, gjej belanë; **get sb out of jam** nxjerr nga belaja dikë.

jam II[xhæm] *n* reçel; marmelatë. +**you want jam on it!** shumë kërkon! s'ke të ngopur! **that's money for jam!** të(e) paguajmë për të ndenjur kot.

Jamaica[xhë'meikë] *n gjeog* Xhamaika.

Jamaica mignonette *n* këna.

Jamaican[xhë'meikën] *adj,n* xhamaikan.

jamb[xhæm] *n* anë(dere, dritareje, oxhaku).

jamboree[xhæmbë'ri:] *n zhrg* orgji.

jam-packed['xhæmpækt] *adj gj.fol* i mbushur dinga, i ngjeshur fort.

jam session *n* koncert me improvizime xhazi.

jangle['xhæŋgël] *v,n -v* 1.bëj zhurmë, bëj poterë. 2.zihem, grindem. 3.cingris; tendos(nervat).

-n 1.zhurmë, poterë. 2.grindje, zënkë, sherr.

janissary['xhænëseri] *n hist* jeniçer.

janitor ['xhænëtë:] *n* 1. rojë; portier. 2. pastrues (godine).

janizary['xhænëzeri] *n* shih **janissary**.

January['xhæniueri] *n* janar.

Japan[xhë'pæn] *n gjeog* Japoni.

Japanese[xhæpë'ni:z] *adj,n -adj* japonez.

-n 1.japonez. 2.japonisht, gjuhë japoneze.

jape[xheip] *n,v -n* shaka; tallje.

-v bëj shaka; tallem.

japonica[xhë'ponëkë] *n bot* kamelje.

jar I[xha:] *n* 1.vorbë, poçe. 2.qyp.

jar II [xha:] *v,n -v* 1. tund, shkund. 2.rrapëllin, kërcet. 3.acaroj, cingris(nervat). 4.*fig* ndeshen, përplasen, nuk pajtohen(mendimet); **jar with** nuk pajtohem me.

-n 1.tundje, shkundje. 2.rropamë. 3.tronditje; acarim nervash. 4.grindje, zënkë; ndeshje.

jar III[xha:] *n* kthesë. +**on the jar** gjysmë e hapur(derë).

jargon['xha:gën] *n* 1. zhargon; e folme, gjuhë(e një profesioni etj). 2.të folur pa kuptim, llomotitje; gjuhë e ngatërruar.

jasmine['xhæsmën] *n bot* jasemin.

jasper['xhæspë:] *n* kuarc i kuq(gur i çmuar).

jaundice['xhondis] *n* 1.*mjek* verdhëz, të verdhët. 2.*fig* errësim i arsyes(nga smira, xhelozia).

jaunt[xho:nt] *n,v -n* shetitje, ekskursion.

-vi shetis për zbavitje, bëj ekskursion

jaunty['xho:nti] *adj* 1. i gjallë, plot gjallëri, gazmor, i shkujdesur. 2.elegante(kapelë). +**at a jaunty angle** i vetëkënaqur, me kapelën mbi sy.

Java['xha:vë] *n gjeog* Java.

javelin ['xhævlën, 'xhævëlin] *n sport* 1. shtizë; **throw the javelin** bëj hedhje shtize.

Javel water *n* ujë zhaveli, ujë me klor(zbardhues, dezinfektues).

jaw[xho:] *n,v -n* 1.*anat* nofull.2.*pl gjeog* grykë.3.*pl tek* nofulla(të morsës).4.*pl zhrg* llogje, llafe.

-vi zhrg 1.merrem me llafe; marr nëpër gojë. 2.shaj; i nxjerr bishta.

jawbone['xho:boun] *n anat* kockë e nofullës.

jawbreaker ['xho:breikë:] *n zhrg* 1. kek i fortë. 2.fjalë e zorshme(në të shqiptuar). 3.*tek* makinë për copëtim minerali.

jay[xhei] *n zool* 1.grifshë, grizhlemzë(edhe *fig*). 2.*zhrg* hajvan, leshko.

jaywalk['xheiwok] *vi gj.,fol* eci jashtë rregullave (në rrugë).

jazz [xhæz] *n,v -n* 1. xhaz, muzikë xhazi; **jazz band** orkestër xhazi. 2.*zhrg* gjepura, dërdëllisje; **I'm tired of all that jazz about...** s'i duroj dot tërë ato dëngla për...

-vi 1.luaj muzikë xhazi. 2.(**up**) *zhrg* gjallëroj; zbukuroj.

jazzy['xhæzi] *adj* 1. xhazi. 2. *gj.fol* i papërmbajtur; i potershëm; **jazzy clothes** rroba/veshje të ndezura/tërë xhingla.

jealous['xhelës] *adj* 1.xheloz. 2.ziliqar. 3.tepër i kujdesshëm, xheloz(për lirinë e fituara etj).

jealously ['xhelësli] *adv* 1. me xhelozi. 2. me zili. 3.me shumë kujdes.

jealousy['xhelësi] *n* 1.xhelozi. 2.zili.

jean[xhi:n] *n* 1.dok i fotë, dok xhins. 2.*pl* xhinse, pantallona xhins.

jeep[xhi:p] *n aut* xhips, xhip.

jeer [xhië:] *v,n -v* 1. tall; përqesh; shpotis; thumboj; **jeer at sb** vë në lojë dikë. 2. fishkëllej, zë me vërshëllima.

-n 1.tallje; shpoti. 2.*pl* fishkëllima, vërshëllima.

jeering['xhiëring] *adj* tallës; shpotitës; thumbues.

-n 1.fjalë therëse, tallje, shpoti. 2.fishkëllima, vërshëllima.

jeeringly['xhiëringli] *adv* me tallje, me shpoti; me përqeshje.

Jehovah[xhi'houvë] *n* Zoti.

Jehovah's Witnesses *n* Dëshmitarët e Jehovait (sekt fetar antikishëtar).

jehu['xhi:hju, 'xheihju] *n gj.fol* shofer që e nget shpejt.

jejune[xhi'xhu:n] *adj* 1.pa vlerë, i paushqyeshëm. 2.bajat, jointeresant. 3.naiv; i thjeshtë.

jell [xhel] *vi* 1. mpikset, ngjizet, trashet. 2. *gj.fol* merr formë, merr trajtë(një plan).

jellied ['xhelid] *adj* 1.i mpiksur, xhelatinoz. 2.të ngjyera me xhel(fruta etj).

jelly['xheli] *n* 1.pelte, xhelatinë(frutash). 2.xhelatinë.
-*vi* mpikset, xhelatinizohet.

jellyfish['xhelifish] *n* 1.*zool* kandil deti, meduzë. 2.*gj.fol* njeri pa bosht, njeri i ngordhur.

jennet['xhenit] *n* 1.kalë spanjol trupvogël.2.gomaricë.

jenny['xheni] *n* 1.çikrik; qerthull, shtjellës.2.*zool* femër(kafshë, zog).

jeopardize['xhepë:daiz'] *vt* rrezikoj, vë në rrezik.

jeopardy ['xhepë:di] *n* rrezik; **put one's life in jeopardy** vë jetën në rrezik.

jeremiad[xherë'majæd] *n* rënkim, ankim; vajtim.

Jeremiah [xherë'majë] *n* 1. *hist* profeti Jeremi. 2.njeri pesimist.

jerk I[xhë:k] *n,v* -*n* 1.tërheqje; hedhje përpjetë; hovje. 2.dridhje muskuli. 3.*zhrg* leshko, trap.
-*v* 1. tërheq, shkul. 2. shtyj; flak. 3. lëviz me hope. 4.flas me hove.

jerk II[xhë:k] *vt* thaj në diell(mishin).

jerkin['xhë:kin] *n* jelek, zhilé.

jerkwater ['xhë:kwotë:] *adj,n gj.fol* -*adj* 1.i largët, i humbur(qytet). 2.i vogël, i parëndësishëm, i papërfillshëm.
-*n hist* tren linjash sekondare.

jerky I ['xhë:ki] *adj* me të hovura, troshitës (udhëtim).

jerky II['xhë:ki] *n* rripa pastërmaje kau.

jeroboam [xherë'bouëm] *n* 1.shishe vere njëgallonëshe(4,55 l). 2.gallon(Br 4.55l; *amer* 3.8 l). 3.damixhanë.

jerry['xheri] *n zhrg* 1.ushtar gjerman. 2.gjerman.

jerry-built ['xheribilt] *adj* i ndërtuar keq e keq, shkel-e-shko.

jerry-can['xherikæn] *n zhrg* bidon metalik (benzine etj).

jersey['xhë:zi] *n* 1.tekstil i thurur; trikotazh. 2.fanellë. 3.lopë xhersi.

jest[xhest] *v,n* -*vi* 1.bëj shaka.2.vë në lojë, qesh (me dikë).
-*n* 1.shaka. 2.vënie në lojë; ngacmim; tallje; **in jest** me shaka; për shaka.

jester['xhestë:] *n* 1.shakatar. 2.*hist* bufon.

jestingly['xhestingli] *adv* me shaka.

Jesu['xhi:zju, 'xhi:su:] *n poet* Jezu Krishti.

Jesuitic[xhezju'itik] *adj* prej jezuiti; intrigant, hipokrit, jezuit(*fig*).

Jesus, Jesus Christ['xhi:zës'kraist] *n* Jezu Krishti.

jet I[xhet] *n,v* -*n* 1.rrymë gazi/lëngu; curril, çurgë; shkulm. 2.çep, lëfyt, pipëz. 3.motor reaktiv.

4.avion reaktiv.
-*vi* 1.del me forcë, shfryn. 2.udhëtoj/transportoj me avion reaktiv.

jet II[xhet] *n min* gagat, qelibar i zi.

jet-black['xhet'blæk] *adj* i zi sterrë.

jet engine *n* motor reaktiv.

jet lag *n* efekt / ndjenjë lodhjeje dhe përgjumjeje (për shkak të kapërcimit të zonave orare me avion).

jetliner['xhetlainë:] *n* avion reaktiv udhëtarësh.

jet plane *n* aeroplan reaktiv.

jet-propelled ['xhetprë'peld] *adj* 1. me reaksion (avion). 2.i shpejtë, energjik.

jetsam ['xhetsëm] *n* 1.ngarkesë që hidhet në det (nga anija në rrezik). 2. sende të nxjerra në breg nga dallga. 3.hedhurina.

jet set *n* shoqëri e lartë, udhëtarë pasanikë.

jettison['xhetësën] *v,n* -*vt* 1.hedh ngarkesa për të lehtësuar (anijen, avionin). 2.flak, hedh.
-*n* 1.hedhje ngarkese për lehtësim. 2.sende të hedhura; hedhurina.

jetty ['xheti] *n* 1. bankinë, mol, skelë. 2. pendë, cfrat, ledh.

Jew[xhu:] *n,attr* çifut, izraelit.

jewel ['xhuël] *n,v* -*n* 1.gur i çmuar, xhevahir. 2.*fig* xhevahir.
-*vt* stolis me xhevahire.

jeweller['xhuëlë:] *n* argjendar.

jewellery ['xhuëlri] *n* stoli; xhevahirë; arturina; **a piece of jewellery** gur i çmuar.

jewelry['xhuëlri] *n amer* shih **jewellery.**

Jewess['xhu:is] *n* çifute, izraelite.

Jewish ['xhu:ish] *adj,n* -*adj* 1. çifut, izraelit. 2.jidish.
-*n* gjuha jidish(e çifutëve evropianë).

Jewry['xhu:ri] *n* 1.çifutëria, çifutët. 2.geto çifute.

J.H.S. = **Junior High School** shkollë e mesme e ulët(klasat 7,8,9).

jib I[xhib] *n det* flok, velë e përparme trekëndëshe. +**cut of one's jib** *gj.fol* pamje e jashtme(e njeriut).

jib II[xhib] *vt* i ndërroj kursin anijes; kthej velën.

jib III [xhib] *v,n* -*vi* nuk ecën, ngec në vend, s'bën çap(kali).
-*n* kalë kryeneç.

jib IV[xhib] *n* krah vinçi.

jibe I['xhaib] *vt* shih **jib II.**

jibe II[xhaib] *v* shih **gibe.**

jibe III[xhaib] *vi gj.fol* ujdis, pajtohem; merrem vesh.

jiffy['xhifi] *n gj.fol* çast, grimë; **in a jiffy** sa hap e mbyll sytë; **wait a jiffy** prit një minutë.

jig I[xhig] *n,v* -*n* valle e shpejtë, zhigë. +**the jig is up** *zhrg* mori fund gjithçka; s'kemi më shans; **in jig time** shpejt, fët e fët.
-*v* 1.kërcej zhigë. 2. hidhem, hov, tundem. 3.luaj një valle të shpejtë.

jig II[xhig] *n* 1.grep flutur. 2.gjuaj me grep flutur.
jigger I['xhigë:] *n* 1.takëme litarësh e çikrikësh(në anije). 2.velë e vogël. 3.direk i pasmë. 4.*gj.fol* vegël, ashtushe. 5.gotëz pijesh. 6.vagonetë me levë(në hekurudha.
jigger II['xhigë:] *n* plesht i vogël.
jigger mast *n* direk i pasmë.
jiggery-pokery['xhigëri'poukëri] *n zhrg* mashtrim.
jiggle['xhigël] *v,n* -*vt* tund, shkund lehtë.
-*n* tundje, shkunde e lehtë.
jigsaw ['xhigso:] *n* sharrë e hollë (për prerje të lakuara).
jigsaw puzzle *n* lojë me bashkim pjesësh figure.
jig time *n* ritëm zhige, ritëm i shpejtë.+**in jig time** shpejt, nxitimthi.
jill [xhil] *n vjet* 1. grua; vajzë. 2. e dashur; grua, bashkëshorte.
jilt[xhilt] *v,n* -*v* lë, braktis, i jap duart(të dashurit).
- *n* femër që i kthen shpinën të dashurit.
Jim Crow['xhim'krou] *n amer* 1.diskriminim i zezakëve. 2.*zhrg* zezak.
jim-dandy['xhim'dændi] *adj,n gj.fol -adj* i shkëlqyer; mrekulli.
-*n* send/person i shkëlqyer.
jim-jams['xhimxhæms] *n zhrg* 1.kllapi nga dehja. 2.frikë; ngjethje, të ngjethura.
jimmy['xhimi:] *n,v* -*n* levë hajduti.
-*vt* hap me levë(derë, dritare).
jingle['xhingël] *n,v* -*n* 1.tringëllimë. 2.vargje kënge për reklamë.
-*v* tringëllij.
jingly['xhingli] *adj* tringëllues.
jingo['xhingou] *n,adj* shovinist.
jingoism['xhingouizm] *n* shovinizëm.
jinker['xhinkë:] *n amer* shpirt i keq.
jinni, jinnee[xhi'ni:] *n pl* jinn xhind.
jinx[xhinks] *n,v zhrg* -*n* ters, sykeq, këmbëzi.
-*vi* sjell ters.
jitney ['xhitni] *n zhrg* 1.autobus i lirë. 2.monedhë 5-centëshe.
jitter ['xhitë:] *vi gj.fol* jam nervoz; jam i shqetësuar.
jitters ['xhitë:s] *n pl zhrg* frikë, emocion; ankth; **have the jitters** më hyjnë drithmat.
jittery['xhitëri] *adj gj.fol* nervoz; i shqetësuar.
jive[xhaiv] *n zhrg* 1.xhaz i shpejtë, sving. 2.kërcim sving. 3.shprehjet më të fundit në zhargon. 4.muhabet amatorësh të svingut.
job[xhob] *n,v* -*n* 1.punë; **make a bad/good job** bëj punë të keqe/të mirë; **that's not my job** ajo s'është puna ime. 2.detyrë; **he's only doing his job** ai bën thjesht detyrën; **I had the job of telling him** unë kisha për detyrë t'i thoja. 3.punë, vend pune; **look for a job** kërkoj punë; **part-time/full-time job** punë me orar të pjesshëm/të plotë; **be out of a job**

jam pa punë. 4.gjë; përfundim, rezultat; bëmë; **it's a good job that** u bë mirë që; **give sth up as a bad job** heq dorë nga një gjë që s'ia vlen; **that's just the job**!tamam ajo që duhej! **a good job too!** edhe kjo na duhej! he was caught doing a bank job e kapën tek përpiqej të bastiste bankën; **that car is a nice little job** ajo makinë është një perlë e vërtetë. 5.*attr* pune, për punë; **job centre** zyrë pune; **job creation scheme** projekt për krijimin e vendeve të reja të punës; **go job-hunting** dal për të kërkuar punë. +**on the job** në detyrë, në punë.
-*v* 1.blej me shumicë për rishitje. 2.u jap punë, shpërndaj punë. 3.shpërdoroj postin, bëj shpërdorime. 4.bëj punë të rastit.
jobber['xhobë:] *n* 1.rishitës, komisioner. 2.shpërdorues posti; nënpunës i korruptuar. 3.punëtor me copë.
jobholder['xhob'houldë:] *n* i punësuar.
jobless['xhoblis] *adj,n* i papunë.
job lot *n* parti malli, sasi mallrash të ndryshme.
jock[xhok] *n zhrg* 1.atlet; sportdashës. 2.brekë të shtërnguara (sportistësh).
jockey['xhoki] *n* xhokej, kalorës në garat me kuaj.
-*v* 1.ngas kalin në garë. 2.mashtroj; ia hedh.
jock-strap['xhokstræp] *n* brekë të shtërnguara për sportistët.
jocose[xhou'kous] *adj* shakatar, i këndshëm, argëtues.
jocosity[xhou'kousëti] *n* shaka; argëtim.
jocular ['xhokjëlë:] *adj* shakatar, shakaxhi; gazmor, i gëzueshëm.
jocund['xhokënd] *adj* gazmor, i gëzuar.
joe[xhou] *n zhrg* shok; tip; **a good joe** njeri i mirë.
joe-job ['xhouxhob] *n gj.fol* punë angari, punë e mërzitshme.
jog I [xhog] *v* 1.tund, shkund, qëlloj lehtë. 2.freskoj(kujtesën). 3.shtyj; **jog sb into doing sth** shtyj dikë të bëjë diçka. 4.eci, vazhdoj. 5.bëj ecje, stërvitem.
-*n* 1.tundje, shkundje, goditje e lehtë. 2.freskim(i kujtesës). 3.ecje e shtruar. +**jog along** ecën(puna).
jog II[xhog] *n,v* -*n* 1.e dalë; e futur; **a jog in the wall** gropë/bark në mur. 2.kthesë, bërryl(rruge).
-*vi* merr kthesë, formon bërryl(rruga).
joggle I ['xhogël] *v,n* -*vt* tund, godas lehtë(me bërryl).
-*n* tundje, goditje e lehtë.
joggle II['xhogël] *n,v* -*n* kunj lidhës; kllapë.
-*vt* lidh me kllapë/me thitha.
jog trot *n* 1.ecje e shtruar. 2.zvarritje(e punëve).
john[xhon] *n gj.fol* vaskë we-je.
join[xhoin] *n,v* -*n* lidhje, bashkim; qepje, tegel.
-*v* 1.bashkoj, lidh. 2.*fig* bashkoj; **join forces with** bashkoj forcat me, bashkohem me. 3.futem(në), bashkohem(me), anëtarësohem , shkruhem(në); **join the army** futem në ushtri; **join a queue** futem në

radhë; **join in marriage** lidhemi me martesë, martohemi. 4.shkoj me, shoqërohem, bashkohem me; **may I join you?** a mund të vij edhe unë? **will you join me in a drink?** a mund t'ju ofroj diçka për të pirë? **I'll join you later** ju kap më vonë. 5.bashkohen,shkrihen në një(lumenjtë, rrugët). **+join battle** hyj në luftim. **+join in** futem, marr pjesë. **+join on** a)fiksoj, lidh, bashkoj; b)futem në radhë. **+join up** shkruhem ushtar, hyj në ushtri.

joiner['xhoinë:] *n* 1.bashkuese. 2.marangoz, mobilier. 3.*gj.fol* njeri që futet në gjithfarë shoqatash etj.

joinery['xhoinëri] *n* zdrukthtari, mobilieri.

joint[xhoint] *adj,n,v* -*adj* i përbashkët (veprim, punë); kolektive(përgjegjësi); i përzier(komision); **joint ownership** bashkëpronësi; **joint account** llogari bankare e përbashkët(në dy emra).
-*n* 1.bashkim, lidhje, vend bashkimi.2.mënyrë bashkimi, lloj lidhjeje. 3.*anat* nyjë, kyç, artikulacion. 4.*Br* copë mishi(për të pjekur). 5.*zhrg* mejhane; vend; godinë. 6.*zhrg* cigare me marihuanë. **+out of joint** a)i dalë nga vendi; i shkëputur; b)jashtë përdorimit; të gjendje të keqe.
-*vt* 1.lidh, bashkoj me kllapa/me thitha. 2.ndaj, copëtoj(një pulë etj).

jointly['xhointli] *adv* bashkë, së bashku, bashkarisht; **own sth jointly** e kemi diçka bashkarisht.

joint-stock company *n* shoqëri aksionare.

jointure ['xhoinçë:] *n drejt* pasuri e dhënë gruas nga burri.

joist[xhoist] *n* tra.

joke[xhouk] *n* shaka, hokë; tallje; lojë; rreng; **tell a joke** tregoj një barceletë; **what a joke!** hajde shaka, hajde!; ama, e bukur shaka! **the joke is that...** e bukura është se...; **the joke is on you** sidoqoftë, ti del i humbur; **it's gone beyond a joke** nuk është më shaka; **play a joke on sb** i punoj një rreng dikujt; **he can't take a joke** nuk ha shaka; **I don't see the joke** s'e marr vesh këtë shaka.
-*vi* tallem, bëj shaka; **you must be joking!** ç'thua!; bën shaka?+**crack a joke** them diçka për të qeshur, lëshoj një batutë; **no joke** punë serioze.

joker['xhoukë:] *n* 1.shakatar, hokatar. 2.*zhrg* tip; person; **who does that joker think he is?** kush kujton se është ky farë tipi? 3.xhol(në letra). 4.rreng. 5.*gj.fol* yçkël, frazë e errët(në një kontratë etj).

jollification[xholëfë'keishën] *n* festim; hare.

jollity['xholëti] *n* gaz, hare; argëtim, festim.

jolly['xholi] *adj,adv,vt,n* -*adj* 1.i gëzueshëm, gazmor. 2.*gj.fol* i këndshëm, tërheqës.
-*adv* shumë, fort; tepër, së tepërmi; **you've jolly well got to** duhet ta bësh patjetër; **he's jolly lucky!** është shumë me fat; **jolly good!** fort mirë!, mrekulli!
-*vt* 1.i bëj qejfin; e mbaj gjallë. 2.ngacmoj, tall.
-*n zak pl zhrg* qejf, kënaqësi; argëtim.

jolly boat *n* varkë e vogël(në anije).

jolt[xhoult] *v,n* -*v* 1.tund, shkund. 2.hov, kërcen, hidhet përpjetë, tronditet(makina). 3.*fig* shtyj, nxis.
-*n* 1.tundje, shkundje. 2.kërcim; tronditje.3.*fig* tronditje; befasim.

Jordan['xho:dën] *n gjeog* 1.Jordani. 2.lumi Jordan.

Jordanian[xho:'deiniën] *adj,n* jordanez.

jorum['xhorëm] *n* kupë.

josh[xhosh] *v,n zhrg* -*vt* ngas, ngacmoj me të qeshur.
-*n* ngacmim, tallje.

joss[xhos] *n* idhull kinez.

joss house *n* tempull kinez.

joss stick shkop temjani.

jostle['xhosël] *v,n* -*v* 1.shtyj, vë përpara, ngjesh. 2.shtyhet; ngjeshet(turma).
-*n* shtytje; ngjeshje.

jot[xhot] *n,v* -*n* çikë, grimë; **I do not care a jot** s'më bëhet vonë fare.
-*vt* (**down**) shënoj, mbaj shënim.

jotter['xhotë:] *n* bllok shënimesh.

jottings['xhotings] *n* shënime.

joual[zhwa:l] *n* frengjishte e keqe/dialektike(në Kanada).

joule[xhaul, xhu:l] *n fiz* xhaul(njësi e energjisë).

jounce[xhauns] *v,n* -*vi* hidhem, kërcej, hov.
-*n* hedhje, kërcim, hov.

journal['xhë:nël] *n* 1.ditar; libër shënimesh; protokoll(mbledhjeje). 2.gazetë; revistë.3.libër llogarish. 4.*tek* qafë e boshtit lëvizës.

journalese[xhë:nël'i:z] *n* stil gazetaresk; zhargon gazetarësh, gjuhë gazete.

journalism['xhë:nëlizëm] *n* 1.gazetari.2.publicistikë, periodikë.

journalist['xhë:nëlist] *n* gazetar.

journalistic [xhë:nël'istik] *adj* gazetarie, gazetaresk.

journey ['xhë:ni] *n,v* -*n* udhëtim; **the outward /return journey** udhëtim i vajtjes/ardhje.
-*vi* udhëtoj, bëj një udhëtim.

journeyman['xhë:nimën] *n* 1.kallfë. 2.punëtor i kualifikuar; usta.

joust[xhaust,xhʌst, xhust] *n hist* dyluftim kalorësish me ushta.
-*vi* bëj dyluftim me ushta.

Jove [xhouv] *n* 1.*mit* Jupiteri, kryeperëndia (Zeusi). 2.planeti Jupiter. **+by Jove!** për besë!

jovial['xhouviël] *adj* gazmor, i qeshur; i gëzueshëm.

joviality[xhouvi'ælëti] *n* gaz, hare.

jowl['xhaul, 'xhoul] *n* 1.nofull; nënnofull. 2.faqe. 3.palë(në gushë).

joy[xhoi] *n* gaz, hare; lumturi; **jump for joy** hidhem përpjetë nga gëzimi; **I wish you joy of it!** të bëftë mirë! **no joy!** sëke ç'i bën; **did you have any**

joyful

joy? bëre gjë?, ia dole mbanë?, nxore gjë?

joyful['xhoifël] *adj* 1.i gëzuar; i lumtur. 2.i gëzueshëm, gazmor(lajm. 3.plot gaz(vështrim).

joyless['xhoilis] *adj* 1.i trishtuar, i ngrysur. 2.jopremtues, i zymtë(parashikim).

joyous['xhojës] *adj* shih **joyful**.

joyride['xhoiraid] *n* xhiro me makinë; **go for a joyride** bëj një xhiro me makinë.

joystick['xhoistik] *n av* timon.

Jr.(= **Junior**) *adj* I Riu.

jubilance['xhu:bëlëns] *n* ngazëllim, galdim, gëzim i madh.

jubilant['xhu:bëlënt] *adj* i ngazëllyer, i hareshëm, plot hare.

jubilation[xhubë'leishën] *n* 1.ngazëllim, galdim. 2.festim, kremtim.

jubilee['xhu:bëli:] *n* 1.jubile, përvjetor. 2.festim, kremtim. 3.ngazëllim; gëzim i madh.

Judah['xhu:dë] *n* fisi i judejve(fisi më i madh çifut).

Judaic[xhu'dejik] *adj* çifut, i çifutëve.

Judaism['xhu:dejizm] *n* judaizëm, besim çifut.

Judas['xhu:dës] *n* 1.*hist* Juda. 2.tradhëtar, judë.

judge[xhʌxh] *n,v* -*n* 1.gjykatës. 2.gjyqtar, arbitër. 3.vlerësues, njohës; **he's no judge of character** ai nuk di t'i njohë njerëzit; **I'm no judge of wines** nuk jam njohës i verërave.

-*v* 1.gjykoj.2.vlerësoj; **I judge it to be right** unë e gjykoj të drejtë, e quaj me vend; **as far as I can judge** me sa e gjykoj unë, për mendimin tim.

judg(e)ment['xhʌxhmënt] *n* 1.gjykim. 2.vendim gjyqi; **pass judgement(on)** jap një vendim. 3.vlerësim, mendim; **in my judgement** për mendimin tim; **against my better judgement** kundër bindjes sime, duke e ditur mirë që e kisha gabim. 4.kritikë, dënim(i diçkaje). 5.*fet* dënim, ndëshkim perëndie.

judgemental[xhʌxh'mentël] *adj* i gjykimit.

judicatory['xhu:dëkëtori] *adj,n* -*adj* gjykimor; gjyqësor.

-*n* 1.gjykim, dhënie drejtësie. 2.gjyq.

judicature['xhu:dëkëçë:, 'xhu:dëkëçuë:] *n* 1.dhënie drejtësie. 2.juridiksion; kompetencë. 3.trup gjykues. 4.gjyq.

judicial[xhu:'dishël] *adj* 1.gjyqësor, i gjyqit. 2.i paanshëm; **a judicial mind** një mendje e paanshme, person i paanshëm. 3.kritik.

judiciary[xhu'dishieri] *n,adj* -*n* 1.drejtësi, organe të drejtësisë. 2.gjykatësit.

-*adj* gjyqësor.

judicious[xhu:'dishës] *adj* i matur, i mençur, i urtë, me mend; **a judicious historian** një historian i matur.

judo['xhu:dou] *n sport* xhudo(luftim japonez).

jug [xhʌg] *n,v* -*n* 1.brokë, kanë; ibrik; gjym. 2.*zhrg* burg.

-*vt zhrg* rras brenda, burgos.

juggernaut['xhʌgë:no:t] *n* kamion i rëndë, maunë.

juggle['xhʌgël] *v* 1.bëj lojra xhakthtësie. 2.bëj marifete. 3.manovroj, luaj si xhongler. 4.mashtroj; manipuloj.

-*n* 1.lojë xhongleri. 2.mashtrim; rreng; manipulim.

juggler['xhʌglë:] *n* 1.xhongler.2.mashtrues, sharlatan.

jugglery['xhʌglëri] *n* 1.shkathtësi, zhdërvjelltësi xhongleri. 2.mashtrim.

Jugoslavia[ju:gou'slævië] *n gjeog* shih **Yugoslavia**.

jugular['xhʌgiëlë:, 'xhu:giëlë:] *adj,n anat* -*adj* zgjedhor, jugular.

-*n* venë zgjedhore, venë e qafës.

juice[xhu:s] *n* 1.lëng(frutash, mishi etj). 2.*zhrg* korent. 3.*zhrg* benzinë.

juicer['xhu:së:] *n* shtrydhëse frutash e perimesh.

juicy ['xhu:si] *adj* 1.me lëng, plot lëng. 2.interesant, pikant(tregim).

jukebox['xhu:kboks] *n gj.fol* xhuboks, gramafon me monedhë.

Julian['xhu:liën] *adj* julian, i Jul Qezarit; **Julian Calendar** kalendari julian.

July [xhu'lai] *n* korrik; **the first of July** një korrik; **(on) the thirtieth of July** më 30 korrik; **in July, in the month of July** në korrik, në muajin korrik; **at the end/beginning of July** në fund/fillim të korrikut; **in the middle of July** në mes të korrikut; **during July** gjatë korrikut; **in July of next year** në korrik të vitit të ardhshëm; **each/every July** çdo korrik; **July was very hot this year** sivjet korriku bëri shumë vapë.

jumble['xhʌmbël] *v,n* -*vt* ngatërroj, bëj rrëmujë; përziej.

-*n* rrëmujë, lëmsh; **jumble sale** shitje(artikujsh të ndryshëm) për qëllime bamirësie.

jumbo['xhʌmbou] *n,adj gj.fol* -*n* vigan, gjigand.

-*adj* shumë i madh, vigan; **jumbo eggs** vezë gjigande, vezë tepër të mëdha.

jumbo-jet ['xhʌmbou'xhet] *n* avion reaktiv gjigand.

jump[xhʌmp] *v,n* -*v* 1.kapërcej(hendekun); **jump the rails** del nga shinat(treni). 2.shpërfill, shkel, i shpëtoj; **jump bail** *drejt* arratisem/zhdukem në kohën që jam liruar me kusht(në liri të përkohshme). 3.sulmoj, i hidhem(dikujt). 4.hidhem, kërcej, hov; **jump into a taxi** hidhem në taksi, i kërcej taksisë; **jump up and down** hidhem pupthi; **there's no need to jump down my throat** s'ke pse më hidhesh në grykë mua; **jump to one's feet** hov përpjetë, ngrihem sakaq; **I almost jumped out of my skin!** sa s'më ra të fikët. 5.ngrihem befas (çmimet).6.nxitoj; **jump to conclusions** nxjerr përfundime të nxituara; **jump at the offer** e pranoj ofertën në çast; **jump a claim** rrëmbej një tokë të pretenduar nga dikush tjetër; **jump the track** del nga shinat(treni).

-n 1.kërcim; **in/at one jump** me një të kërcyer; **long/high jump** kërcim së gjati /së larti. 2.largësi e kërcyer. 3.hedhje përpjetë(nga emocioni). 4.ngritje/hipje e beftë(e çmimeve etj). 5.*pl gj.fol* nervozizëm, gjendje nervoze. +**get/have the jump on** *zhrg* fitoj/kam epërsi mbi; **on the jump** *gj.fol* në këmbë, shumë i zënë me punë.
+**jump about** hidhem pupthi.
+**jump at** *fig* e kap fluturimthi. +**jump over sth** kapërcej diçka.
+**jump in/out** hidhem brenda; hov përjashta;.
+**jump on** *zhrg* shaj, kritikoj, sulmoj, i hidhem, i sulem.
+**jump over sth** kapërcej diçka.
+**jump to it!** shpejto!, hidhu!
jumped-up['xhʌmptʌp] *adj fig* i fryrë, hundëpërpjetë, fodull.
jumper I['xhʌmpë:] *n* 1.*sport* kërcyes. 2.slitë. 3. insekt që lëviz me kërcime. 4. *el* urë, tel i shkurtër bashkues.
jumper II['xhʌmpë:] *n* 1.*Br* bluzë; pulovër. 2. *amer* xhaketë pune. 3.*pl* palaçeta.
jumper cables *n el* kabllo/fije për ndezjen e makinës(nëpërmjet një baterie tjetër).
jumping jack *n* lodër që bën kërcime.
jumpjet ['xhʌmpxhet] *n* avion me ngritje vertikale.
jumpmaster['xhʌmpmæstë:] *n av* instruktor parashutistësh.
jump-off['xhʌmpof] *n* 1.nisje, fillim gare.2.fillim sulmi. 3.*sport* shtesë loje(në rast barazimi). 4.*attr* nisjeje(bazë, pikë).
jump-start ['xhʌmpsta:t] *vt* ndez me të shtyrë (makinën, motorin).
jumpsuit['xhʌmpsu:t] *n* kominoshe.
jumpy['xhʌmpi] *adj* 1.hovës, kërcyes. 2.nervoz.
junction ['xhʌnkshën] *n* 1. kryqëzim(rrugësh). 2.bashkim(lumenjsh). 3.nyjë hekurudhore. 4.vendtakim, pikë bashkimi.
juncture ['xhʌnkçë:] *n* 1.çast; rrethana; **at this juncture** pikërisht në këtë çast, në këto rrethana. 2.krizë. 3.bashkim.
June[xhu:n] *n* qershor(shih edhe **July**).
jungle['xhʌngël] *n* 1. xhungël. 2.lëmsh, masë e kokolepsur. 3.*fig* xhungël. 4. *zhrg* kamp / strehë endacaku.
junior['xhu:nië:] *adj,n* -*adj* 1.I Riu; **Ted Parker, Junior** Ted Parker, I Riu. 2.i ri, i ulët; **a junior officer** oficer i ri. 3.më i ri(në moshë). 4.i të rinjve, për të rinj(kampionat, veshje). 5.më i vonë.
-n 1.person më i ri(në moshë); **he is 3 years my junior/my junior by 3 years** ai është 3 vjet më i ri/më i vogël se unë. 2.person me gradë më të ulët,

vartës. 3.*amer* student i vitit të parafundit.
junior college *n* kolegj me programin e 1-2 viteve të para të universitetit.
junior high school *n* shkollë para-e-mesme(me klasat 7, 8, 9).
junior minister *n* ministër që s'bën pjesë në qeveri.
junior school *n Br* shkollë fillore.
junior size *n* masë për të reja (këpucësh, veshjesh).
juniper['xhu:nëpë:] *n bot* dëllinjë.
junk I[xhʌnk] *n* 1.vjeturina, rrangullina; hedhurina. 2.pastërma. 3.litar i vjetër për hasra. 4.*zhrg* drogë, narkotik.
-vt flak tutje, hedh, flakurij.
junk II[xhʌnk] *n* barkë me vela me fund të sheshtë, xhonkë(kineze).
junk dealer *n* shitblerës vjetërsirash.
junker['xhʌnkë:] *n* veturë rrangallë.
junket['xhʌnkit] *n* 1.qumësht i prerë me sheqer. 2.udhëtim pa paguar; **go on a junket (go junketing)** zdërhallem. 3.gosti, piknik. 4.*gj.fol* udhëtoj kot me paratë e shtetit/të firmës.
-vi 1.bëj gosti; dal për piknik. 2.udhëtoj për qejf.
junk food *n* 1.ushqim i gatshëm pa vlerë.2.*pl fig* poshtërsira, ndyrësira.
junkie['xhʌnki] *n zhrg* 1.i droguar. 2.shitës droge.
junk mail *n* reklama të dërguara me postë.
junkman['xhʌnkmën] *n* shitblerës vjetërsirash.
junkshop ['xhʌnkshop] *n* dyqan vjetërsirash, dyqan gjërash të përdorura.
junky['xhʌnki] *adj gj.fol* i vjetër, i përdorur; i lirë, pa vlerë(send).
junta['hu:ntë, 'xhuntë, 'xhʌntë] *n pol* 1.juntë. 2. fraksion; grup rebelësh.
junto['xhuntou] *n pol* fraksion; grup kundërshtarësh, rebelë.
Jupiter['xhupëtë:] *n* 1.*mit* Jupiteri, krueperëndia (Zeusi). 2.*astr* Jupiter.
jural['xhu:rël] *adj* 1.i ligjit; ligjor. 2.i të drejtave dhe detyrimeve.
juridical[xhu'ridikël] *adj* 1.i drejtësisë; juridik. 2. gjyqësor. 3.ligjor.
jurisconsult[xhu:riskën'sʌlt] *n* jurist.
jurisdiction [xhu:ris'dikshën] *n* 1.juridiksion.2. autoritet, pushtet. +**it falls/comes within/outside our jurisdiction** është brenda/jashtë kompetencës sonë.
jurisprudence ['xhu:ris'pru:dëns } *n* 1.jurisprudencë, shkenca e drejtësisë, drejtësia.2.sistem ligjesh, drejtësi.
jurist['xhu:rist] *n* jurist.
juristic[xhu'ristik] *adj* juridik, i drejtësisë.
juror['xhu:rë:] *n* anëtar jurie.
jury I ['xhu:ri] *n* 1. *drejt* juri. 2.juri (festivali, garash etj).

jury II['xhu:ri] *adj* i përkohshëm; zëvendësues.
juryman['xhu:ri:mën] *n* anëtar jurie.
just I[xhʌst] *adj,adv* -*adj* 1.i drejtë; i rregullt, pa hile; **a just price** çmim i rregullt. 2.i merituar, me vend(shpërblim). 3.i ligjshëm(pretendim, kërkesë). 4.me bazë, me shkak (kundërshtim). 5.i rregullt, i saktë(përshkrim). 6.e saktë(peshë).
-*adv* 1.pikërisht, tamam; **just here/there** tamam këtu/atje; **just then** tamam atëherë; **it's just what I wanted** është pikërisht ajo që doja; **it costs just $30** kushton vetëm 30 $; **come just as you are** eja kështu siç je; **that's just it!/the point!** pikërisht!, tamam ashtu! **he likes everything just so** ai e do gjithçka në vendin e vet. 2.sapo, tani sapo; **just now** tani, këtë çast; tani sapo; **I've just seen him** sapo e pashë; **just this minute** tani, në çast; **the book is just out** libri sapo ka dalë, sapo është botuar; **we were just going** sapo do të iknim, po bëheshim gati të dilnim; **I was just about to phone** po matesha të telefonoja.3.vetëm; thjesht; **just the two of us** vetëm ne të dy; **it's just 3 o'clock** s'është më shumë se ora 3; **just for a laugh** thjesht për të qeshur; **it's just around the corner** është mu te cepi, sa të kalosh qoshen e rrugës; **just a minute!**, **just one moment!** një minutë!, prit pak! 4.thjesht; mjaft që; **I just can't imagine** thjesht nuk arrij ta mendoj; **it's just that I don't like it** thjesht nuk më pëlqen; **it's just one of those things** kështu e ka jeta; **just ask someone the way** mjafton të pyesësh dikë për rrugën. 5.pak, paksa; **just before 2 o'clock** pak para orës 2; **just to the left** paksa majtas. 6.(në krahasime) po aq; **just as good/well** po aq i mirë/po aq mirë. 7.(me urdhërore) pak; **just imagine!** mendo pak! **just look at this mess!** shiko ç'rrëmujë! **just let me get my hands on him!** veç në mos e kapsha! veç në mos më rëntë në dorë! 8.(emfatike) vërtet; **that's just fine!** është vërtet/fare mirë! **do you like whisky? -don't I just!** të pëlqen uiski? - oj, të pëlqyer! 9.(në shprehje): **I've just about had enough of this noise!** më ka ardhur në majë hundës

kjo poterë! **it's just as well you didn't go** fati yt që/bëre mirë që nuk shkove; **not just yet** akoma /ende jo; **just in case** se nuk i dihet, për çdo rast; **I'd just as soon not go** do të doja më mirë të mos shkoja.
justice['xhʌstis] *n* 1.drejtësi; **bring sb to justice** çoj/nxjerr dikë përpara drejtësisë. 2.e drejtë, hakë, vërtetësi, paanësi; **in justice to her, she didn't** për të qenë të drejtë me të, ajo nuk....**this biography doesn't do him justice** kjo biografi nuk thotë të vërtetën për të; **do justice to a meal** e vlerësoj një gjellë siç duhet. 3.arsye, e drejtë; **with justice** më të drejtë. 4.gjykatës; **Justice of the Peace** gjykatës i paqit. 5.gjyq i paqit, gjyq i pajtimit. +**do oneself justice** jap maksimumin.
justifiable['xhʌstëfajëbël] *adj* i justifikueshëm, i përligjshëm.
justifiably['xhʌstëfajëbli] *adv* me të drejtë, në mënyrë të ligjshme, me arsye.
justification[xhʌstëfë'keishën] *n* përligjje, justifikim; arsye; **in justification of/for** me arsyen se; si përligjje për.
justify ['xhʌstëfai] *vt* përligj, justifikoj, arsyetoj; **am I justified in thinking that..?** a kam të drejtë të mendoj se..?
jut[xhʌt] *v,n* -*vi* del jashtë, zgjatet.
-*n* e dalë; pjesë e dalë.
jute[xhu:t] *n bot* jutë.
juvenescence[xhuvë'nesëns] *n* rinim; rini.
juvenescent[xhuvë'nesënt] *adj* i rinuar; rinor.
juvenile['xhuvënail, 'xhu:vënël] *adj,n* -*adj* 1.i ri (në moshë), rinor. 2.për të rinj(libra); te të rinjtë (kriminalitet).
-*n* 1.i ri riosh. 2. libër për të rinjtë.
juvenile court *n* gjykatë për të rinjtë.
juvenilia[xhu:vë'nilië] *npl* krijimtari e hershme(e moshës fëminore).
juxtapose[xhʌkstë'pouz] *vt* vë përbri, pranëvë.
juxtaposition[xhʌkstëpë'zishën] *n* 1.pranëvënie, vënie përbri. 2.pranëqëndrim.

K

k, K[kei] *n* k, germa e 11-të e alfabetit anglez.
K [kei] shkurtim për *lat* **Kalium; kelvin; karat; kilo.**
Kaaba['ka:bë] *n* Qabé.

kaftan['kæftën, ka:f'ta:n] *n* kaftan.
kale[keil] *n* 1.lakër jeshile. 2.*zhrg* para, të holla.
kaleidoscope[kë'laidëskoup] *n* kaleidoskop.
Kanaka[kë'nækë] *n* havajan.

kangaroo[kængë'ru:] *n zool* kangur.

kangaroo court *n* gjyq i parregullt, gjyq i sajuar.

kaolin(e)['kejëlin] *n* kaolinë.

karat['kærët] *n* karat.

karate[kë'ra:ti] *n* karaté(lloj mundjeje).

karst[ka:st] *n* 1.*gjeol* formacion karstik, shkëmb gëlqeror. 2.*attr* karstik, gëlqeror.

kart[ka:t] *n* makinë e vogël garash e hapur.

kayak['kajæk] *n* kajak, kaike.

kedge [kexh] *v,n* -*vt* tërheq(anijen) me litarin e spirancës.
-*n* spirancë e vogël për tërheqjen e anijes.

keel[ki:l] *n,v* -*n* 1.*det* kil, karenë, kallumë, shka-llë; **on an even keel** a) *det* horizontalisht , me zhytje të njëtrajtshme(të anijes); b)*fig* në rregull, pa probleme(punët).2.*poet* anije.3.fund, bark(avioni).
-*v* 1.përmbys(varkën). 2.përmbyset, rrëkëllehet (varka).
+**keel over** a)përmbyset, kthehet përmbys; b)rrëzon; c)*gj.fol* më bie të fikët.

keen I[ki:n] *adj* 1.i mprehtë(thikë etj). 2.therë-s; fshikulluese, që të pret(erë). 3.i hollë, i mprehtë (dëgjim). 4.i mirë(oreks). 5.i fortë; i gjallë(konkurim, interesim). 6.e thellë(kënaqësi). 7.i ashpër(luftim). 8.depërtues(shikim, mendje). 9.*Br* entuziast, i etur (lojtar etj); **keen set** i etur, i pasionuar. +**be keen on sth** jam i apasionuar pas; **I'm not keen on going** nuk më bëhet të shkoj.

keen II[ki:n] *n,v* -*n* vajtim për të vdekurin.
-*v* qaj, vajtoj.

keenly ['ki:nli] *adv* 1.fort, thellësisht, thellë; **feel sth keenly** e ndiej thellë diçka. 2.në mënyrë depër-tuese; **look at sb keenly** ia ngul vështrimin dikujt. 3.me entuziazëm.

keenness ['ki:nnis] *n* 1.mprehtësi. 2.pasion, inte-resim, entuziazëm.

keep[ki:p] *v,n* -*v* (kept) 1.mbaj; **keep the change** mbaje kusurin; **he keeps to himself** ai rri mënjanë, nuk përzihet; **keep oneself fit** e mbaj veten në for-më; **he has kept his looks** ende duket i pashëm; **keep sb waiting** e lë dikë të presë; **keep him at it!** aty mbaje, le të vazhdojë! **keep the engine running** e mbaj motorin ndezur; **I'll keep you to your prom-ise** do të të detyroj ta mbash premtimin; **keep sth from sb** ia mbaj të fshehur diçka dikujt; **keep it to yourself/sth from sb** ia mbaj të fshehur diçka dikujt; **keep it to yourself/under your hat** mbaje për vete, mos ia thuaj njeriu. 2.vë mënjanë; ruaj; **keep it somewhere safe** ruaje në një vend të sigurt; **"keep in a cool place"** "të ruhet në vend të freskët". 3.mbyll, mbaj mbyllur; **keep sb in prison** mbaj të burgosur dikë. 4.ndal; pengoj; mbaj gjatë; **what kept you?** pse u vonove? **you're keeping me from my work** nuk po më lë të punoj; **keep one's children from school** nuk i çoj fëmijët në shkollë. 5.plotësoj, respektoj, i përmbahem; **keep an appointment**

respektoj takimin, nuk mungoj në takim. 6.kam, mbaj, rris (bagëti, pula).7.mbaj me, i plotësoj nevo-jat; **earn enough to keep oneself** fitoj sa për të mbajtur veten; **keep sb in food and clothing** mbaj dikë me ushqim e veshje. 8.mbaj(ditar, llogaritë); **keep a record/note of sth** mbaj shënim diçka. 9.vazhdoj; rri; **keep(to the) left/right** vazhdo/rri majtas/djathtas;**keep straight on!** vazhdo drejt! **keep doing sth** vazhdoj të bëj diçka; **keep going!** jepi! forca! **keep at sb** nuk i ndahem dikujt; **keep at it!** jepi, vazhdo! **keep still/quiet** rri urtë, e qep gojën; **keep together** rrimë bashkë; **keep to one's bed** rri në shtrat; **keep to oneself** rri mënjanë. 10.përmba-hem, frenohem, frenoj veten; **keep from doing sth** përmbahem, nuk bëj diçka. 11.mbahem(me shë-ndet); **how are you keeping?** si je? a mbahesh? **she is keeping better** ajo po bëhet më mirë. 12.pret (puna); **this business can keep** kjo punë pret.
-*n* 1.strehë e ushqim; **he earns his keep** ai fiton sa për strehë e ushqim. 2. kullë kryesore, pirg kryesor(i kështjellës). +**for keeps** a)për t'ia futur xhepit (fitim); b)përgjithmonë. +**keep alive** mbaj gjallë, ruaj; **keep the ball rolling** mbaj gjallë bisedën; **keep body and soul together** mbaj frymën gjallë, e shtyj me të keq; **keep a cool/level head** ruaj gjakftohtë-sinë; **keep one's feet** ruaj drejtpeshimin, nuk rrëzo-hem; **keep one's head** rri i qetë, s'e humb pusullën. +**keep away** a)largoj; b) (**from**) pengoj(nga shkolla etj); c) prapsem.
+**keep back** prapsem, bëj mbrapa.
+**keep down** a) ul, pakësoj (çmimet, shpenzimet); b) përmbaj, frenoj, ndrydh (zemërimin); c) resht, qetë-soj(qenin); d) shuaj(kryengritjen); e) e mban (ush-qimin u sëmuri, nuk e vjell; f)ngel në klasë; **he was kept down a year** ngeli një vit; g)zbres; rri poshtë.
+**keep in** a)mbaj në shtëpi(një fëmijë të sëmurë); b)mbaj në shkollë; c)fus brenda(barkun); d) (**with sb**) mbaj miqësi (me dikë).
+**keep off** a)heq, largoj; **keep your hands off!** hiqi duart! mos prek!"**keep off the grass"** mos shkelni mbi bar; **if the rain keeps off** po nuk ra shi.
+**keep on** a)vazhdoj; **don't keep on so!, don't keep on about it!** mjaft më!, lëre, të shkretën! b)mbaj (kapelën në kokë); c) mbaj ndezur(dritën).
+**keep out** a)nuk e fut(të ftohtit); b) nuk e lë; **keep sb out of trouble** nuk e lë dikë të ngatërrohet në sherre/telashe; c)mos hyrë; **"keep out"** "ndalohet hyrja"; **you keep out of this!** ti mos u përziej! **keep time** mbaj ritmin; eci me hap të rregullt.
+**keep up** a) mbaj lart, mbaj gjallë (kurajën, shpre-sat); b) lë pa gjumë; **the noise kept me up all night** zhurma më la pa gjumë gjithë natën; c)ruaj, vazhdoj (traditën, letërkëmbimin); d) ushtroj, mbaj gjallë(një gjuhë të huaj); **keep up the good work!** ashtu, të lumtë! **keep it up!** vazhdo kështu! **he'll never keep it up** nuk ka për t'ia dalë mbanë; e) mbaj, mirëmbaj

(pronën); f)nuk mbetem prapa; **keep up with the times** eci me hapin e kohës; **keep up with the Joneses** *gj.fol* nuk mbetem prapa fqinjëve.

keeper['ki:pë:] *n* 1.mbajtës; mbajtëse.2.rojë.3.kujdestar; mbrojtës(i dikujt). 4.*sport* portier. 5.bujtinar. 6.kllapë, kapëse.

keeping['ki:ping] *n* 1.mbajtje; mirëmbajtje; **in the keeping of** nën kujdesin e; **in safe keeping** në dorë të sigurt. 2.ruajtje, konservim. 3.festim,kremtim; **the keeping of Thanksgiving Day** festim i Ditës së Uratave. 4.pajtim, harmoni; **in/out of keeping with** në harmoni/në stonim me.

keepsake['ki:pseik] *n* kujtim, dhuratë për kujtim.

keg[keg] *n* bucelë, fuçi e vogël.

kelp[kelp] *n bot* leshterik.

kelt, Keltic[kelt, 'keltik] shih **Celt, Celtic.**

kelvin['kelvin] *n fiz* gradë Kelvin.

ken [ken] *n,v* -*n* 1. fushë shikimi. 2.sferë njohurish; **beyond/outside our ken** jashtë sferës së dijeve tona.
-*v skoc* di.

kennel['kenël] *n,v* -*n* 1. kolibe, stelë (qeni). 2.*pl* vend për rritjen e qenve. 3.tufë qensh, lukuni.
-*vt* mbaj në stelë, mbyll në kolibe.

keno['ki:nou] *n* lojë kumari me numra.

Kenya['kenië] *n gjeog* Kenia.

kepi['kepi] *n* kasketë cilindrike.

kept[kept] *pt,pp* e **keep.**

kerb[kë:b] *n Br* buzë trotuari.

kerchief ['kë:çif] *n* 1.shami koke. 2.shami hundësh.

kerf[kë:f] *n* 1. e prerë, prerje (me sëpatë, sharrë etj). 2.copë e prerë, copë e sharruar.

kern(e)[kë:n] *n* 1.*vjet Br* këmbësor i lehtë(irlandez, skocez). 2.fshatar irlandez.

kernel['kë:nël] *n* 1.thelb(arre, fare). 2.kokërr (drithi). 3.*fig* thelb(i problemit etj).

kerosene['kerësi:n] *n* vjaguri.

kestrel['kestrël] *n zool* sokol.

ketch[keç] *n* lloj anijeje me vela.

ketchup['keçëp] *n* salcë domatesh me erëza.

kettle ['ketël] *n* ibrik; çajnik. +**that's a different kettle of fish** kjo është punë tjetër; ndryshon puna; **a fine/nice/pretty kettle of fish** rrëmujë e madhe; lëmsh hesapi.

kettledrum['ketëldrʌm] *n* daulle.

key I [ki:] *n,adj* -*n* 1.çelës, kyç. 2.hapëse, grep (kutie konservash). 3.*tek* çelës. 4.*fig* kyç, zgjidhje(e problemit). 5.person kyç. 6.kunj. 7.*muz* çelës(i solit etj). 8.*poet* notë, ton. +**be in/off key** mbaj tonalitetin/stonoj; **change key** ndryshoj tonalitetin.
-*adj* kryesor, kyç.
-*vt* 1.kyç, mbyll, ndryj. 2.*tek* shtrëngoj me çelës; fiksoj me kunj. 3.*muz* akordoj(pianon).
+**key up** i jap zemër, inkurajoj.

key II[ki:] *n* shkëmb nënujor.

keyboard['ki:bo:d] *n* tastierë.

keyed [ki:d] *adj* 1. *muz* me çelësa (instrument). 2.*muz* i akorduar. 3.*tek* i shtërnguar me çelës. 4.*ark* me gurkyç(qemer). +**be all keyed up** jam tepër nervoz.

keyhole['ki:houl] *n* vrimë e çelësit.

keynote['ki:nout] *n,v* -*n* 1.*muz* notë dominuese, notë bazë. 2.*fig* ide kryesore, kyç.
-*vi* mbaj fjalimin kryesor(në një konferencë); jap tonin.

keynote speech *n* fjalim kryesor.

keystone['ki:stoun] *n* 1.*ark* gurkyç qemeri. 2.*fig* parim bazë; ide qendrore.

kg (= **kilogram**) *n* kg, kilogram.

khaki['ka:ki, 'kæki] *adj,n* -*adj* kaki(ngjyrë). -*n* 1.ngjyrë kaki. 2.stof kaki. 3.uniformë kaki.

khan I[ka:n] *n hist* han (titull mongol).

khan II[ka:n] *n* han, bujtinë.

khedive[kë'di:v] *n hist* kediv, nënmbret.

kibbutz[ki'bu:tz] *n* kibuc, qendër banimi bashkiake; kooperativë buqësore (në Izrael).

kibitz['kibits] *vi zhrg* jap këshilla të pakërkuara.

kibitzer['kibitsë:] *n zhrg* 1.spektator në një lojë letrash. 2.njeri që fut hundët, njeri që jep këshilla pa i kërkuar kush.

kibosh['kaibosh, ki'bosh] *n zhrg* 1.batakçillëk 2. gjepura. +**put the kibosh on** shtyp, shuaj; i jap fund.

kick[kik] *v,n* -*v* 1.shkelmoj, gjuaj me shkelm; **kick sth out of the way** largoj me shkelm diçka që më zë rrugën. 2.gjuaj me këmbë(topin); shënoj (gol). 3.zmbrapset, zbythet(pushka etj). 4.*gj.fol* ankohem, qahem, kundërshtoj. 5.*zhrg* heq dorë(nga një ves), shpëtoj; **kick a habit** shpëtoj nga një ves.
-*n* 1.shkelmim. 2.zmbrapsje, zbythje(e armës). 3. *zhrg* ankesë, qarje; kundërshtim. 4.*zhrg* kënaqësi, ngazëllim; **get a kick out of gambling** shkrihem pas kumarit; **do sth for kicks** bëj diçka për kënaqësi.5.*zhrg* nxitje; efekt; **he needs a kick in the pants** ai e do me hosten. 6.interesim, hutim(pas diçkaje); **she is on a pop music kick** është hutuar pas muzikës pop.

+**kick about/around** *gj.fol* a)të del përpara(një send, person); b) sillem vërdallë; c)luaj me(një top etj).

+**kick back** *gj.fol* a)prapset, kërcen mbrapsht; b) paguaj si haraç; c)zmbrapset, zbythet(arma);d)rikthej (topin); pasoj.

+**kick down** zë me shkelma, hedh përtokë me shkelma; **kick the bucket** kthej patkonjtë, cof.

+**kick in** *zhrg* a)vdes, cof; b)paguaj, derdh paratë; **kick sb's teeth in** i thyej turinjtë/dhëmbët dikujt .

+**kick off** *a)sport* vë topin në lojë; b) *zhrg* nis, filloj; c) *zhrg* vdes.

+**kick out** *gj.fol* nxjerr përjashta, përzë; **kick out at** e zë me shkelma (dikë).

+**kick up** *zhrg* shkaktoj; filloj; **kick up a row/a din** bëj poterë; krijoj rrëmujë; **kick up a fuss about /over sth** hap fjalë për diçka.

kickback['kikbæk] *n gj.fol* 1.pagesë haraçi; haraç. 2. reagim i beftë, kundërshtim i papritur.

kicker['kikë:] *n* 1.*gj.fol* motor motobarke. 2.*zhrg* rreng, kurth.

kickoff['kikof] *n* 1.*sport* shkelm i parë, fillim i lojës. 2.*gj.fol* nisje, fillim; hapje (e një aktiviteti).

kickshaw ['kiksho:] *n* 1. gjë e shijshme, gatesë e rrallë. 2.stringël.

kid I[kid] *n* 1.kec.2.mish keci.3.lëkurë keci. 4.*pl* dorashka shevroje. 5.*gj.fol* kalama, fëmijë; çunak; çupulinë.

kid II[kid] *zhrg* 1.bëj shaka; **I'm only kidding** e kam me shaka; **no kidding!** pa shaka! 2.ngacmoj, luaj me (dikë); **kid sb on/about sth** tallem me dikë për diçka. 3.gënjej, mashtroj; **don't kid yourself!** mos gënje veten!

kid-glove['kid'glʌv] *adj* 1.me dorashka shevroje. 2.*gj.fol* i kujdesshëm, delikat; **this job requires a kid-glove approach** kjo punë kërkon delikatesë. **kid gloves** *n* dorashka shevroje. + **handle with kid gloves** trajtoj me delikatesë.

kidnap['kidnæp] *vt* rrëmbej(një person).

kidnapper['kidnæpë:] *n* rrëmbyes(personash).

kidnapping['kidnæping] *n* rrëmbim(personi).

kidney['kidni:] *n* 1.*anat* veshkë. 2.*fig* lloj, takëm, kallëp; **assassins, terrorists and people of that kidney** vrasës, terroristë dhe njerëz të këtij kallëpi.

kidney bean *n* fasule e kuqe.

kidney machine *n* veshkë artificiale.

kidskin['kidskin] *n* lëkurë keci, shevro.

kill[kil] *v,n* -*v* 1.vras; **kill two birds with one tone** me një gur vras dy zogj. 2.i jap fund (thashethemeve).3.zhduk(erën e keqe, besimin).4.heq, shuaj(një paragraf etj). 5.rrëzoj(një projektligj). 6.shkatërroj, dëmtoj rëndë(tokën). 7.çoj dëm, humbas, vras kohën). 8.fik, shuaj(motorin). 9.*gj.fol* i marr shpirtin, e vdes; **my sore foot is killing me** ma mori hpirtin këmba që kam vrarë.
-*n* 1.vrasje. 2.kafshë gjahu e vrarë. 3.avion i rrëzuar.

kill off a)shfaros; b)*fig* eliminoj, shuaj.

killer['kilë:] *n* 1.vrasës; kriminel.2.*zhrg* arrë e forë, gjë fort e vështirë. 3.*zool* balenë vrastare.

killing['kiling] *adj,n* -*adj* 1.vrasës; shkatërrimar, mbytës. 2.rraskapitës; **ride at a killing pace** eci ne një shpejtësi rraskapitëse. 3.*gj.fol* tepër për të qeshur.
-*n* 1.sukses financiar i bujshëm. 2.vrasje.

killjoy['kilxhoi] *n* lezetprishës, ters njeri.

kiln[kiln] *n,v* -*n* 1.furrë (gëlqereje, tullash).2.thaës, punishte tharëse drithi.
-*vt* pjek; thaj në furrë.

kilo['ki:lou] *n* kilogram.

kilo-['kilou] *pref* mijë-, njëmijë-, kilo-; **kilohertz**

kiloherc, një mijë herc.

kilogram['kilëgræm] *n* kilogram.

kilometre['kilëmi:të:, kë'lomëtë:] *n* kilometër.

kilowatt['kilëwot] *n* kilovat.

kilowatt hour *n* kilovat-orë.

kilt[kilt] *n,v* -*n* 1.fustanellë. 2.fund grash.
-*vt* mbledh, ngre(fundin).

kilter['kiltë:] *n gj.fol* gjendje pune; rregull; **be out of kilter** nuk punon mirë.

kimono[kë'mounë] *n* kimono; robdeshambër.

kin[kin] *n,adj* -*n* 1. familje, njerëz të afërt. 2. të afërm, farefis; **next of kin** njeriu më i afërt; **of kin** farefis; krushqi.
-*adj* i afërm; farefis; krushk.

kind I[kaind] *adj* 1.i mirë; i dashur; i sjellshëm; bujar.2.i gjindshëm; i përzemërt; **kind words** fjalë të përzemërta. +**would you be kind enough to...?, would you be so kind as to...?** a do të keni mirësinë të...? **it's very kind of you (to do)** po tregoheni shumë i sjellshëm(që po...); **thank you for the kind loan of your car** ju faleminderit që patët mirësinë të më huani makinën tuaj.

kind II [kaind] *n* 1. lloj, soj; **all kinds of things** gjithëfarësoj gjërash; **some kind of plant** një lloj bime; **he is not the kind of person to...** ai nuk është nga ata që..; **what kind of an answer is that/do you call that?** ç'përgjigje është kjo?, përgjigje i thua kësaj? **something of the kind** diçka e tillë/e këtij lloji; **nothing of the kind!** aspak!; në asnjë mënyrë! **they're two of a kind** ata janë shumë të ngjashëm. 2.racë. 3.natyrë, tip, karakter; **after one's/its kind** sipas natyrës/karakterit të vet; **in kind** a)në natyrë (pagesë); b)*fig* me të njëjtën monedhë, në po atë mënyrë(ia kthej; c)në karakter, përsa i takon natyrës /tipit; **kind of** *gj.fol* disi; pothuaj; **I kind of thought this would happen** pothuajse e kisha parashikuar, e prisja që të ndodhte kështu; **she looked kind of worried** ajo dukej disi e shqetësuar; **of a kind** a)njëlloj, të njëjtë; b)njëfarësoj; **two boxes and a board made a table of a kind** dy arka dhe një dërrasë sajonin njëfarë tryeze.

kindergarten['kindë:ga:tën] *n* 1.kopsht fëmijësh. 2.vit parashkollor.

kindhearted['kaind'ha:tid] *n* zemërmirë, shpirtmirë, i mirë.

kindheartedly ['kaind'ha:tidli] *adv* përzemërsisht, me mirësi.

kindle['kindël] *v* 1.ndez; i vë zjarr. 2.ndizet, merr flakë. 3.*fig* ngjall, nxis, ndez(urrejtje etj). 4.tronditem. 5.ndrit, shkëlqen(fytyra).

kindliness ['kaindlinis] *n* 1.shpirtmirësi, përzemërsi, mirësi. 2.gjest dashamirës.

kindling ['kindling] *n* 1. dru, shkarpa. 2. ndezje (zjarri).

kindly ['kaindli] *adj, adv* -*adj* i sjellshëm, i dashur, i ëmbël.

-*adv* 1.me mirësi, ëmbëlsisht; këndshëm. 2.ju lutem, kini mirësinë; **will you kindly get your feet off the chair!** ju lutem, hiqni këmbët nga karrigia! **kindly wait a moment!** prisni një minutë, ju lutem!
kindness ['kaindnis] *n* 1. mirësi, dashamirësi; ëmbëlsi, mirësjellje. 2.nder, mirësi, favor; **do sb a kindness** i bëj një nder dikujt.
kindred['kindrid] *n,adj* -*n* 1.i afërm, fis, farefis, gjak. 2.familje, njerëz të afërt.
-*adj* 1. farefis, i afërm. 2. i ngjashëm; **dew, frost and kindred facts of nature** vesa, bryma dhe dukuri të ngjashme me këto.
kine[kain] *n vjet* lopë; gjedhë.
kinematics[kinë'mætiks] *n* kinematikë.
kinescope['kinëskoup] *n* kineskop, ekran (televiziv).
kinetic[ki'netik] *adj,n* -*adj* kinetik, lëvizor.
-*n* (-s) *pl* kinetikë.
kinfolk['kinfouk] *n* shih **kinsfolk.**
king[king] *n* 1.mbret. 2.(në shah) mbret; (në damë) damë; (në letra) mbret.
kingdom ['kingdëm] *n* 1. mbretëri. 2.botë, mbretëri; **animal kingdom** mbretëria e kafshëve; **the Kingdom of Heaven** Mbretëria e Qiellit; **till Kingdom come** deri ditën e Gjyqit të Fundit.
kingfisher['kingfishë:] *n zool* bilbil uji.
kingly['kingli] *adj,adv* -*adj* mbretëror; prej mbreti(kurorë), qëndrim).
-*adv* si prej mbreti.
king post *n* tra vertikal i çatisë.
kingship['kingship] *n* mbretërim.
king-size['kingsaiz] *adj* 1.tepër i madh(senduiç). 2.më i gjati, shumë i gjatë(cigare); **king-size cigarettes/bed** cigare të gjata; shtrat i madh.
kink [kink] *n,v* -*n* 1. përdredhje, mbështjellje (e litarit). 2.dredhë, onde(e flokëve). 3.ngërç, ngërth. 4.trill, tekë; ves.
-*vi* përdridhet; formon leqe.
kinky['kinki] *adj* 1.i përdredhur,;me leqe; me onde, i dredhur(flok). 2.*zhrg* tuhaf, i çuditshëm, allosoj. 3.pervers, me shije të panatyrshme (seksuale).
kinsfolk(s)['kinzfouk(s)] *n* familje; të afërm; farefis.
kinship ['kinship] *n* 1. lidhje familjare. 2. lidhje. 3.afri, ngjashmëri.
kinsman['kinsmën] *n* i afërm; kushëri.
kinswoman['kinzwumën] *n* e afërme; kushërirë.
kiosk[ki:'osk, 'kajosk] *n* 1.qoshk(gazetash etj); kioskë; kabinë(telefonike); strehë(në stacion autobusi). 2.kabinë, shtëpi verimi.
kipper['kipë:] *n* 1.cironkë e tharë/e tymosur. 2. *zhrg* a)person; b)kalama; c)anglez.
kirk [kë:k] *n Br* 1.kishë. 2.**the Kirk** kisha kombëtare skoceze.
kirsch[kirsh] *n* vishnjak(pije), liker vishnje.
kirtle['kë:tël] *n vjet* 1.fund; fustan. 2.xhakaventë.

kiss[kis] *v,n* -*v* 1.puth, i jap një të puthur; **kiss sl goodbye** ndahem me dikë me të puthura. 2.cek, prek lehtë, lëmon(era majat e pemëve). 3.pij, lëpij he **kissed away her tears** ai ia piu lotët me buzë.
-*n* 1.puthje, e puthur. 2.sheqerkë.
kit I[kit] *n* 1. çantë veglash, kuti veglash. 2. paji me; takëm; vegla; **shaving kit** vegla rroje; **first-aid kit** pajime të ndihmës së shpejtë.3.*sport* uniformë 4.pjesë(për t'u montuar); **kitchen units in kit form** pjesë pajisjesh kuzhine për t'u montuar. 5.*ush* pajime personale. +**the whole kit and caboodle** *gj,fol* i gjithë grupi(i njerëzve); të gjitha(plaçkat), me laçkë e me plaçkë.
kit II[kit] *n,v* -*n zool* 1.këlysh. 2.kotele.
-*vi* pjell këlyshë.
kitbag['kitbæg] *n* çantë ushtarake; çantë sporti.
kitchen['kiçën] *n* kuzhinë; **a kitchen table** trye zë kuzhine; **take everything but the kitchen sink** marr me vete një arsenal të tërë.
kitchener['kiçënë:] *n* sobë gatimi, stufë kuzhine
kitchenette[kiçë'net] *n* aneks kuzhine, kthinë gatimi.
kitchen garden *n* bahçe, kopësht perimesh.
kitchenmaid['kiçënmeid] *n* ndihmëskuzhiniere, pjatalarëse.
kitchen police *n amer usht* 1.shërbim në kuzhinë. 2.ushtarë të dënuar me punë në kuzhinë.
kitchenware['kiçënweë:] *n* enë(gatimi).
kite[kait] *n,v* -*n* 1.balonë. 2.*zool* qift. 3.*det* ve lë e sipërme. 4.njeri grabitqar; batakçi. 5.*zhrg* avior i Luftës II Botërore.
-*vi* 1.*gj.fol* fluturon si balonë, noton në ajër. 2 mbledh para me mashtrim.
kith [kith] *n* miq. +**kith and kin** miq e kushë rinj.
kitsch [kiç] *n* 1. stringla, sende zbukurimi të lira 2.art/letërsi pa vlera.
kitten['kitën] *n*1.kotele.2.këlysh(lepuri etj). +**have a kitten/kittens** *zhrg* tronditem.
kittenish['kitënish] *adj* 1.si kotele. 2.si koketë.
kitty I['kiti:] *n* 1.(në poker) shumë e vënë. 2.fond i grumbulluar, fond i përbashkët.
kitty-corner ['kiti:ko:në:] *adj, adv* diagonalisht përballë.
kiwi['ki:wi:] *n* 1.*zool* kivi, apteriks, zog pa krahë 2.*bot* kivi(frutë). 3.*gj.fol* neozelandez.
KKK(= Ku Klux Klan) *n* Kuklusklani.
Klan[klæn] *n* shih **Ku Klux Klan.**
klaxon['klæksën] *n* bori makine.
kleenex['kli:neks] *n* pecetë letre, klineks.
kleptomania[kleptë'meinië] *n* kleptomani, man e të vjedhurit.
kleptomaniac[kleptë'meiniæk] *n* kleptoman.
klutz[klʌts] *n zhrg* njeri kaba; njeri i pagdhendur
km(= **kilometre**) *n* kilometër.
knack[næk] *n*1.aftësi, zotësi; shkathtësi. 2.zakon

shprehi; huq. 3.truk, marifet; **there's a knack to doing this** kjo(punë) ka një marifet për t'u bërë.

knapsack['næpsæk] *n* çantë shpine.

knave[neiv] *n* 1.batakçi, kopuk. 2.(në letra) fant.

knavery['neivëri] *n* pandershmëri, mashtrim, batakçillëk.

knavish ['neivish] *adj* i pandershëm, mashtrues, prej batakçiu.

knead[ni:d] *vt* 1.mbruj, gatuaj, punoj(brumin). 2. bëj masazh.

knee[ni:] *n,v* *-n* gju; **on one's knees** në gjunjë; **on one's hands and knees** këmbadoras; **go down on one's knees to sb** i bie në gjunjë dikujt. *-vt* qëlloj me gju.

knee breeches *n* kilota të gjata.

kneecap['ni:kæp] *n,v* *-n* 1.*anat* kupë e gjurit. 2.gjunjëse. *-vt* qëlloj(dikë) te gjuri, plagos në gju.

knee-deep['ni:di:p] *adj* deri te gjuri(i lartë).

kneel[ni:l] *vi* gjunjëzohem, bie në gjunjë; ulem në gjunjë, përgjunjem.

kneeler['ni:lë:] *n* 1.i gjunjëzuar. 2.jastëk; stol(për të vënë gjunjët).

kneepad['ni:pæd] *n* gjunjëse.

kneepan['ni:pæn] *n anat* kupë e gjurit.

knell[nel] *n,v* *-n* 1.kambanë vdekjeje. 2. shenjë e kobshme, ogur i zi. 3.zë vajtimtar. *-v* 1.i bie kambanës ngadalë. 2. tingëllon kobshëm. 3. vajton.

knelt[nelt] *pt,pp* e **kneel.**

knew[niu:, nu:] *pt* e **know.**

knickerbocker['nikë:bokë:] *n* 1.amerikan me origjinë holandeze. 2.banor i Njujorkut, njujorkez. 3.*pl* kilota burrash.

knickers['nikë:z] *npl* kilota burrash.

knick-knack['niknæk] *n* xhingël, stringël.

knife [naif] *n,v* *-n pl* **knives** thikë; kamë; *tek* thikë, teh prehës. +**be on a knife edge** a)mbahet në fije të perit; b)rri si mbi gjemba; **get one's knife into sb** e kam halë në sy dikë. *-vt* 1.pres; çaj; ther; **knife sb to death** ther dikë me thikë. 2.pret(era). 3.*zhrg* përpiqem t'ia ha kokën me dinakëri.

knife edge *n* teh thike.

knifesharpener ['naif'sha:pnë:] *n tek* mprehëse thikash(pajisje).

knifing['naifing] *n* ndeshje me thika.

knight [nait] *n* 1. *hist* kalorës. 2.fisnik, kalorës (edhe *fig*). 3.kalë(në shah).

knight-errant['nait'erënt] *n hist, let* kalorës endacak, kalorës i arratisur.

knighthood['nait-hud] *n* 1.kalorësi. 2.*usht* kalorësi. 3.*fig* fisnikëri, kalorësi.

knightly['naitli] *adj,adv* *-adj* fisnik, bujar, kalorësiak. *-adv* me fisnikëri, me kalorësi.

knit[nit] *v* (**knitted; knit**) 1.thur(triko etj). 2. bashkoj, ndërthur. 3.ngjitet, bashkohet(kocka e thyer). 4.rrudh vetullat, vrenjtem.

knitted['nitid] *adj* i thurur, i punuar me shtiza.

knitting['niting] *n* 1.thurje; punë me shtiza. 2.gjë e thurur; trikotazh.

knitting machine *n* makinë trikotazhi.

knitting needle *n* shtizë çorapesh.

knitwear['nitweë:] *n* trikotazhe.

knives[naivz] *n pl* i **knife.**

knob[nob] *n* 1.gungë, xhungë.2.dorezë(dere etj). 3.çelës, dorezë(televizori etj). 4.copë(gjalpi etj). 5.kodër e rrumbullakosur.

knobbed[nobd] *adj* 1.me gunga , me xhunga. 2.me dorezë.

knobbed[nobd] *adj* 1.me gunga, me xhunga. 2. me dorezë.

knobb(l)y['nob(l)i] *adj* 1.me nyje(dru). 2.i dalë, me gungë(gju). 3.i rrumbullt.

knock[nok] *v,n* *-v* 1.qëlloj, godas(me grusht, me çokë); **knock sb on the head** qëlloj dikë në kokë. 2. përplas; **knock one's head on/against sth** përplas kokën pas diçkaje. 3.trokas; **knock on the door** trokas në derë. 4.kërcet, kërkëllin; **the engine is knocking** motori kërkëllin. 5.*zhrg* kritikoj; qortoj. *-n* 1.goditje.2.përplasje.3.trokitje; **I heard a knock** dëgjova një trokitje. 4.zhurmë, kërcitje(në motor). 5.kritikë e ashpër.

+**knock about/around** *gj.fol*a)endem, bredh; b)vërtitet; **it's knocking around here** diku këtu rrotull është; c) qëlloj pareshtur; keqtrajtoj;

+**knock back** a) shklluq, rrëkëllej; b)zhvas, përlaj; **it knocked me back $100** m'i përlau 100 dollarë.

+**knock down** a)shemb, rrëzoj(një ndërtesë; b)hedh në tokë, rrëzoj(kundërshtarin); c)pres(pemën); d) shkallmoj(derën); e)ul(çmimin); f)shpall të shitur(një send në ankand); **you could have knocked me down with a feather!** mbeta i shtangur në vend; g)çmontoj(një mobilje);

+**knock in** ngul(një gozhdë).

+**knock off** a)ul, zbres; **knock off $20, knock $20 off the price** zbres 20 dollarë nga çmimi; b)lë/ndal punën; c)bëj shpejt e shpejt, e hedh tutje; d)përlaj, qëroj, vjedh; e)lë shakull, palos; **knock it off!** lëre!, mjaft, më!

+**knock out** a)hutoj, shushas, shtang; b)*sport* nxjerr nokaut, nxjerr jashtë luftimit(kundërshtarin); c)shkul, nxjerr(një gozhdë); d) thyej(dhëmbët).

+**knock over** a)rrëzoj, shemb, hedh përtokë.6.shtyp, përplas(një kalimtar).

+**knock together** a)përplas me njëri-tjetrin; b)mbërthej me ngut.

+**knock up** a)i jap lart(levës); b)i nxjerr gjumin(me trokitje në derë); c)lodh, rraskapis; d) *zhrg* lë me barrë.

knockabout['nokë'baut] *n,adj* *-n* 1.anije e vogël

me velë. 2.*Br* lojëra të potershme.
-*adj* i zhurmshëm, i potershëm.
knocker['nokë:] *n* çok, rrahës(i derës).
knock-knees['nokni:z] *n* gjunjë të lakuar nga brenda.
knockout['nokaut] *n,adj* -*n* 1.*sport* nokaut.2.goditje dërrmuese. 3.*zhrg* a)sukses, ngjarje e madhe; b)person shumë i suksesshëm.
-*adj* dërrmues.
knockout competition *n Br* garë/kampionat me eliminim.
knockup['nokʌp] *n sport* gjuajtje topash(në tenis).
knoll[nol] *n* bregore; kodrinë.
knot[not] *n,v* -*n* 1.nyjë. 2.lëmsh, ngatërrim(i fijes). 3.fjongo. 4.gdhë, nyjë(e drurit); bullungë, gungë.5.*det* nyjë detare; milje detare. 6.*fig* problem, vështirësi.
-*v* 1.lidh nyjë. 2.bëj thekë. 3.formon xhungë.4.ngatërroj, bëj lëmsh.
knotted['notid] *adj* me nyje.
knotty['noti] *adj* 1.me nyje, plot nyje.2.i vështirë, i ngatërruar(problem).
knout[naut] *n,v* -*n* kamzhik.
-*vt* fshikulloj, rrah me kamzhik.
know [nou] *v,n* -*v* (**knew**; **known**) di; **get to know sth** marr vesh diçka; **he knows what he's talking about** ai di se ç'flet; **there's no knowing what may happen** s'i dihet se ç'ndodh; **he's known to have been there** dihet se ai ka qenë aty; **know sth backwards** e di diçka në majë të gishtave. 2.njoh; **know sb by name/by sight** e njoh dikë vetëm si emër/për fytyrë; **get to know sb** njihem me dikë; **I don't know him to speak to** nuk kam muhabet me dikë; **I knew it** e dija. 3.dalloj, shquaj, njoh; **he knows a good painting when he sees one** ai di ta njohë pikturën e mirë; **know the difference between** e dalloj ndryshimin ndërmjet; **know right from wrong** e dalloj të mirën nga e keqja. 4.*vi* di; jam në dijeni; **as far as I know** me sa di unë; **we'll let you know** do të të vëmë në dijeni; **how should I know** e nga ta di unë; **no, not that I know** me sa di unë, jo; **there's no (way of) knowing** nuk ke nga ta dish; **it's not easy, you know** ti e kupton, s'është e lehtë; **you ought to know better (than to..)** duhej ta kuptoje vetë se nuk bëhej kështu; **you know best** askush s'e di më mirë se ti. 5.njoh, jam njohës i mirë i. +**know what is what** *gj.fol* jam i informuar mirë.
-*n* dijeni. +**be in the know** jam në dijeni; kam të dhëna nga brenda.
knowable['nouëbël] *adj* i njohshëm.
know-all ['nouol] *n zhrg* njeri që shet dije, "kokë e madhe".
know-how ['nouhau] *n gj.fol* njohuri, aftësi, njohuri teknike.
knowing ['nouing] *adj* 1. i mirinformuar. 2. i

mprehtë; finok. 3.mirëkuptimi(vështrim).
knowingly['nouingli] *adv* 1.me qëllim, me dashje; me vetëdije. 2.në marrëveshje, me mirëkuptim.
know-it-all['nouito:l] *n zhrg* shih **know-all**.
knowledge ['nolixh] *n* 1.njohje. 2.njohuri; dituri; **have a working knowledge of Albanian** kam njohuri praktike të gjuhës shqipe; **have a thorough knowledge of sth** e njoh me rrënjë diçka, kam njohuri të plota për diçka. 3.dijeni; **have no knowledge of** nuk kam asnjë dijeni për; **not to my knowledge** me sa di unë, jo; **without my knowledge** pa dijeninë time; **to (the best of) my knowledge** me sa di unë; **it is common knowledge that...** dihet mirë se..; **it has come to my knowledge that...** kam marrë vesh se.
knowledgeable ['nolixhëbël] *adj gj.fol* 1. i mirinformuar. 2.i dokumentuar.
known[noun] *adj* 1.i njohur, i ditur. 2.i mirënjohur.
know-nothing['nounʌthing] *n* i paditur, injorant.
knuckle['nʌkël] *n,v* -*n* 1.nyjë, noçkë, çok i gishtit). 2.nyjë e gjurit(e kafshëve). 3.*pl* grusht hekuri, dorezë hekuri.
-*v* shtyp me noçka.
+**knuckle down** *gj.fol* a)i futem seriozisht; punoj rëndë; b)nënshtrohem; bëj lëshim, lëshoj pe.
+**knuckle under** nënshtrohem, dorëzohem.
knuckleduster['nʌkëldʌstë:] *n* grusht hekuri, dorezë hekuri.
knucklehead['nʌkëlhed] *n zhrg* kokëgdhë, kokëtrashë.
knurl[në:l] *n* nyjë; gungë, bullungë.
knurly['në:li] *adj* me bullunga(dru).
KO, K.O.['kei'ou] (= **knockout**) *n,v* -*n* nokaut.
-*vt* nxjerr nokaut; **be KO'd** dal/bie nokaut.
kola ['koulë] *n bot* kola; **kola nut** farë kole (aromatizues).
kook[ku:k] *n zhrg* njeri allosoj, tuhaf.
kooky, kookie ['ku:ki:] *adj zhrg* allosoj, tuhaf, i çuditshëm; **kooky clothes** rroba allosoj.
Koran[ko'ra:n, ko'ræn] *n* Kuran.
Korea[kë'rië] *n gjeog* Kore.
Korean[kë'riën] *adj,n* -*adj* korean.
-*n* 1.korean. 2.gjuhë koreane.
kowtow ['koutau] *v,n* -*v* përulem, bëj temena; nderoj.
-*n* përulje, temena.
krona['krounë] *n* kron, koronë (monedhë suedeze, islandeze).
krone ['krounë] *n* koronë(monedhë daneze, norvegjeze, austriake).
kudos['ku:dos] *n gj.fol* lavdi, famë, prestigj.
Ku Klux Klan['ku:'klʌks'klæn] *n* Kuklusklan.
kulak[ku:'la:k] *n* kulak.
kumiss ['ku:mis] *n* kumis, pije prej qumështi pele/deveje të fermentuar.

kummel['kimël, 'kʌmël] *n* kumel(liker).
kung fu['kung'fu:] *n* kung-fu (art luftimi kinez).
Kurd[kë:d, ku:d] *n* kurd.

Kurdish['kë:dish, 'ku:dish] *adj,n* -*adj* kurd.
-*n* gjuhë kurde, persishte e kurdëve.
kw(= kilowatt) *n* kilovat.

L

l,L[el] 1, germa e 12-të e alfabetit anglez.
l. shkurtim i litre; lira; left.
la[la:] *n muz* la.
lab[læb] *n gj.fol* shih laboratory.
label['leibël] *n,v* -*n* 1.etiketë. 2.emërtim.
-*vt* 1.etiketoj, i ngjis etiketë; a bottle labelled 'poison' një shishe me etiketën"helm". 2.*fig* quaj, etiketoj, klasifikoj.
labial ['leibiël] *adj, n* -*adj* 1. i buzëve, buzor.
2. *gram* buzor(tingull).
-*n gram* tingull buzor.
labile['leibail, 'leibël] *adj* i ndryshueshëm, i paqëndrueshëm.
lability [lë'bilëti] *n* ndryshueshmëri, paqëndrueshmëri.
labo(u)r ['leibë:] *n,v* -*n* 1.punë; detyrë; hard labor *drejt* punë e detyruar; labor of love punë për kënaqësi. 2.fuqi punëtore; klasë punëtore. 3.*attr* laburist; i punës; Labor Party Parti Laburiste; Parti e Punës. 4.*mjek* lindje, proces i lindjes; be in labor i fillojnë dhimbjet e lindjes.
-*v* 1.punoj; labor at lodhem, mundohem(me një punë); sforcohet(motori). 2.shtjelloj imtësisht, ngul këmbë(në një çështje). 3.(under) bie pre e, jam viktimë e; labor under a delusion jam viktimë e e një iluzioni. 4.*mjek* është duke lindur gruaja.
laboratory ['læbrëto:ri, lë'bo:rëtri] *n* laborator.
Labo(u)r Day *n amer* Dita e Punës, Festa e Punë-torëve(e hëna e parë e shtatorit).
labo(u)red['leibë:d] *adj* 1.i mundimshëm, i zorshëm (frymëmarrje). 2.i përpunuar, i ndërlikuar, i rëndë(stil).
labo(u)rer ['leibërë:] *n* punëtor; mëditës; argat; punëtor krahu.
laborious[lë'bo:riës] *adj* 1.i mundimshëm, i lodhshëm, i vështirë. 2.i zellshëm, punëtor.
labo(u)rite ['leibërait] *n* laburist, anëtar i Partisë Laburiste.
labo(u)r party *n* parti punëtore.
labo(ur)-saving['leibë:'seiving] *adj* lehtësues; racionalizues.
labo(u)r union *n* sindikatë punëtorësh.

Labrador['læbrëdo:] *n gjeog* Labrador.
labyrinth['læbërinth] *n* 1.labirint.2.gjendje /çështje fort e ngatërruar. 3.*anat* veshi i brendshëm.
lace[leis] *n,v* -*n* 1.dantellë, ojnë. 2.lidhëse(këpucësh etj).3.gajtan, kordon(ari, argjendi).
-*v* 1.lidh, shtërngoj me lidhëse. 2.stolis me gajtanë. 3.ndërthur, gërshetoj. 4.larmoj, larushoj. 5.*gj.fol* fshikulloj; rrah. 6.i shtoj pak pije(kafes etj).
+lace into a)sulmoj; b)kritikoj ashpër.
lace-up me lidhëse.
lacerate[*v* 'læsëreit; *adj* 'læsërit] *v,adj* -*vt* 1.gërvisht; shqyej, çjerr. 2.*fig* cingris(nervat); lëndoj.
-*adj* 1.dhëmbë-dhëmbë. 2.i çjerrë; i grisur.
laceration[læsër'eishën] *n* 1.gërvishtje; çjerrje.2.grisje.
lacework['leiswë:k] *n* dantellë.
laches['læçiz] *n drejt* neglizhencë e dënueshme.
lachrymal['lækrimël] *adj,n* -*adj* i lotëve.
-*npl anat* gjëndrat e lotëve.
lachrymator ['lækrimeitë:] *n* gaz lotsjellës.
lachrymatory['lækrëmëto:ri] *adj* lotues, lotsjellës.
lachrymose ['lækrëmous] *adj* i përlotur; vajtues, vajtimtar.
lacing['leising] *n* 1.lidhëse; kordon; gjalmë.2.gajtan. 3.*gj.fol* fshikullim; rrahje.
lack[læk] *v,n* -*v* 1.mungon, është mangët; be lacking mungon, s'ka; he lacks for nothing atij s'i mungon asgjë; he is lacking in confidence atij i mungon vetëbesimi, ai s'është i sigurt te vetja. 2.më mungon, s'kam; we lack the time to do it nuk kemi kohë për atë punë.
-*n* mungesë, pamjaftueshmëri; for/through lack of për/në mungesë të, nga mungesa e; there is no lack of money paratë janë(nuk mungojnë).
lackadaisical [lækë'deizëkël] *adj* i lëshuar, i plogët; i çinteresuar; i tërhequr.
lackaday['lækëdei] *interj vjet* ah, të shkretën!
lackey['læki:] *n,v* -*n* 1.shërbëtor. 2.*fig* lakë, laro.
-*vi* 1.shërbej. 2.servilosem.
lacking ['læking] *adj,prep* -*adj* 1.i mangët; be lacking mungon. 2.*gj.fol* i metë nga trutë, hajvan.

-*prep* pa; në mungesë të; **lacking anything better, use what you have** në mungesë të diçkaje më të mirë, përdor ato që ke.
lacklustre ['læklʌstë:] *adj* 1.i marrët, pa shkëlqim. 2.pa gjallëri, pa interes.
laconic [lë'konik] *adj* lakonik, fjalëpakë; i përmbledhur, konçiz.
laconically[lë'konikli] *adv* shkurt, përmbledhtaz, me pak fjalë.
laconism['lækënizëm] *n* 1.lakonizëm, të shprehur përmbledhtaz. 2.shprehje lakonike.
lacquer['lækë:] *n,v* -*n* 1.llak; vernik. 2.artikuj të llakuar. 3.llak flokësh.
-*vt* llakoj; lyej me vernik.
lactate I['lækteit] *n kim* laktat, kripë e acidit laktik.
lactate II['lækteit] *vi* 1.prodhon qumësht. 2.mëkoj, ushqej me gji.
lactation[læk'teishën] *n* 1.mëkim, ushqim me gji, sisë. 2.prodhim/sekretim qumështi.
lacteous['læktiës] *adj* qumështi, qumështor.
lactic acid *n kim* acid laktik.
lacuna[lë'kju:në] *n* 1.boshllëk, vend bosh(në një letër). 2.*biol* zgavër.
lacy['leisi] *adj* 1.prej dantelle. 2.si gjethe fieri.
lad[læd] *n* 1.djalë, djalosh; çun, çunak; **come on, lads!** jepi, djema! 2.*gj.fol* burrë; njeri, tip; mik; **he's a bit of a lad** është një tip që i pëlqen të zdërhallet; **a drink with the lads** një gotë me shokët.
ladder ['lædë:] *n,v* -*n* 1. shkallë; **rope ladder** shkallë litari. 2.*fig* rang, shkallë, mjet për t'u ngjitur lart; **social scale** shkallë shoqërore; **ladder of succes** rrugë e suksesit. 3.syth i liruar, fije e dalë(në triko etj).
-*v* 1.del fija. 2.i nxjerr gojët(çorapeve).
laddie ['lædi] *n Br* 1.djalosh. 2.njeri, burrë.
lade [leid] *v* (**laded; laden, laded**) 1. ngarkoj. 2.zbraz, marr me qepshe(supën). 3.ngarkohem, marr ngarkesë.
laden['leidën] *adj,v* -*adj* i ngarkuar; **fully laden** i ngarkuar plotësisht.
-*pp* e lade.
lading['leiding] *n* 1.ngarkim. 2.ngarkesë; **bill of lading** policë-ngarkese.
ladle['leidl] *n,v* -*n* qepshe, garuzhdë, luhare.
-*vt* 1.zbraz me qepshe. 2.*fig* shpërndaj(këshilla). 3.nxjerr(para).
lady['leidi] *n* 1.zonjë; **the lady of the house** zonja e shtëpisë; **young lady** zonjëz; zonjushë; **be a ladies' man** jam gruar, jam qejfli femrash. 2.grash, i grave, për gra; **ladies' room** banjë/wc/dhomë tualeti për gra; **where is the Ladies'?** ku është banja e grave? 3.*attr* femër, grua; **lady doctor** doktoreshë, mjeke; **lady friend** shoqe. 4.Shënmëri; **Our Lady** Zonja jonë Shënmëri. 5.grua(bashkëshorte). 6.zonjë e lartë.
ladybird['leidibë:d] *n* shih **ladybug.**

ladybug['leidi:bʌg] *n zool* mollëkuqe.
lady-in-waiting ['leidi:in'weiting] *n* shoqëruese (e një zonje të lartë).
lady-killer['leidikilë:] *n zhrg* gruar, donzhuan.
ladylike['leidilaik] *adj* 1.i edukuar, prej zonje (qëndrim). 2.për zonja(veshje), dinjitoze. 3.i shquar, i edukuar(person).
ladylove['leidilʌv] *n* e dashur.
ladyship ['leidiship] *n* zonjë; **her Ladyship the Countess** zonja konteshë.
lag I [læg] *v,n* -*vi* 1.mbetem pas; jam prapa; **we lag behind in infrastructure** jemi prapa me infrastrukturën. 2.dobësohet, lëshohet.
-*n* 1.prapambetje; mbetje pas; vonesë. 2.interval kohe, ndërkohë. 3.i fundit(në garë).
lag II[læg] *n,v* -*n* 1.material izolues, veshje izoluese. 2.rreth fuçie.
-*vt* izoloj, vesh me material izolues.
lag III [læg] *n gj.fol:* **old lag** klient i vjetër (i policisë), keqbërës i mirënjohur.
lager ['la:gë:] *n* birrë e çelët, birrë verdhoshe; **lager lout** i ri sherrxhi.
laggard ['lægë:d] *n,adj* -*n* njeri i ngathët; i prapambetur.
-*adj* i javashtë, i ngathët; i prapambetur.
lagging['læging] *n* 1.material izolues.2.armaturë (miniere etj).
lagoon[lë'gu:n] *n gjeog* lagunë.
laic['lejik] *adj,n* laik.
laid[leid] *v,pp,pt* e **lay** I .
-*adj* e vizuar(letër).
+**laid up** a)i rezervuar, i vënë mënjanë; b)*gj.fol* mbyllur, i ngulur(në shtrat etj); c)i çmontuar.
laid-back['leid'bæk] *adj zhrg* i qetë, i patrazuar.
lain[lein] *pp* e **lie II.**
lair[leë:] *n* strofkë, strofull.
laird[leë:d] *n Br* pronar tokash(në Skoci).
laity['leiti] *n* pronar tokash(në Skoci).
laity['leiti] *n* 1.laikë. 2.populli, mileti.
lake I[leik] *n* 1.liqen.
lake II[leik] *n* 1.ngjyrues bojë vishnje. 2.pellg (zifti, nafte).
lake dweller *n hist* banor i liqeneve.
lakefront ['leikfrʌnt] *n* 1. tokë/pronë buzë liqeni. 2.lagje buzë liqeni.
laker['leikë:] *n* 1. banor/punëtor liqeni. 2. lundër liqeni. 3.*amer* peshk liqeni.
lake trout *n* troftë liqeni.
lam [læm] *n zhrg* : **on the lam** a) në arrati; b) i fshehur.
lama['la:më, 'læmë] *n* prift budist, lama.
lamb[læm] *n,v* -*n* 1.qingj.2.mish qingji.3.lëkurë qingji.4.*fig* fëmijë i pafaj.5.*zhrg* naiv.6.spekulator pa përvojë; **like a lamb** a)urtë e butë, si qingj; b)naiv, që gënjehet lehtë.
-*vi* pjell qingj.

lambaste[læm'beist] *vt zhrg* 1.rrah, zhdëp. 2.shaj rëndë.

lambent['læmbënt] *adj* 1.flakërues, luhatës.2.lojcak.

lambkin['læmkin] *n* qingj(edhe *fig*).

Lamb of God *n fet* Qengji i Perëndisë, Krishti.

lambrequin['læmbrëkin] *n* perde e shkurtër (sipër); mbulesë sergjeni.

lambskin ['læmskin] *n* 1. lëkurë qingji. 2.pergamenë.

lame[leim] *adj,v* -*adj* 1.i çalë. 2.i mpirë, i ngrirë(krah). 3.*fig* i dobët, i varfër, i çalë, që çalon (argument etj).
-*v* 1.sakatoj, gjymtoj. 2.sakatohem, gjymtohem.

lame duck *n* 1.*amer* kandidat i dështuar.2.*gj.fol* sakat, i gjymtuar.

lamely['leimli] *adv fig* në mënyrë të çalë; në mënyrë jobindëse.

lameness['leimnis] *n* çalim.

lament[lë'ment] *v,n* -*v* 1.qaj, vajtoj. 2.dëshpërohem, pikëllohem. 3.qahem(over sth) për diçka.
-*n* 1.qarje, vajtim; vaj. 2.keqardhje.

lamentable ['læmëntëbël] *adj* 1. i vajtueshëm; i dhimbshëm. 2. i dobët, i vajtueshëm(interpretim).

lamentation[læmën'teishën] *n* 1.vajtim, vaj. 2.*pl* libri i vajtimit(nga Bibla).

lamina['læmënë] *n* petë, fletë.

laminar['læmënë:] *adj* petëzor; fletë-fletë.

laminate [*v* 'læmëneit; *n,adj* 'læmënit] *v,n* -*vt* 1.ndaj fletë-fletë. 2.petëzoj. 3.vesh me fletë.
-*adj* i petëzuar; petëzor.
-*n* fletë plastike.

laminated[læmë'neitid] *adj* i petëzuar.

lamination[læmë'neishën] *n* petëzim.

lamp[læmp] *n* 1.llampë(ndriçimi).2.llambë(alkooli). 3.*zhrg* sy, llampatinë.

lampblack['læmpblæk] *n* blozë.

lamplight['læmplait] *n* dritë llampe.

lamplighter['læmplaitë:] *n* 1.ndezëz fenerësh rrugorë. 2.pishtar(për ndezje fenerësh).

lampooner, -poonist [læm'pu:në:, -nist] *n* pamfletist, autor satirash.

lamppost['læmppoust] *n* shtyllë dritash rrugore.

lampshade['læmpsheid] *n* abazhur.

lance[læns] *n,v* -*n* 1.ushtë, heshtë, shtizë. 2.*mjek* bisturi.
-*vt* 1.shpoj me heshtë. 2.*mjek* çaj me bisturi.

lance-bombardier['lænsbombë:dië:] *n* artilier.

lance-corporal['lænsko:përël] *n* tetar.

lanceolate['lænsiëleit] *adj* heshtake(gjethe).

lancer['lænsë:] *n hist* heshtar.

lancers['lænsë:z] *n* valle me çifte.

lance-sergeant['lænssa:xhënt] *n* tetar në rol reshteri.

lancet['lænsit] *n* 1.*mjek* bisturi, rreshter.2.frengji; qemer heshtak.

land[lænd] *n,v* -*n* 1.tokë; **go/travel by land** udhëtoj me rrugë tokësore; **dry land** stere; **work on the land** punoj tokën; **live off the land** rroj me bujqësi. 2.pronë; truall; **own land** zotëroj troje. 3.vend; **throughout the land** në të gjithë vendin; **be in the land of the living** jam me të gjallët. +see **how the land lies** *fig* bëj sondazhe.
-*v* 1.zbret, ulet(avioni,zogu). 2.zbarkoj(nga anija). 3.bie; përfundon në; **the bomb landed on the building** bomba ra mbi ndërtesë; **the hat landed in my lap** kapela përfundoi në prehërin tim; **land on one's feet** a)bie në këmbë; b)*fig* dal pa u lagur, s'pësoj gjë. 4.shkarkoj(mallin). 5.zbres(udhëtarët). 6.jap; **land a blow on sb** i jap një goditje dikujt. 7.hedh, flak; **it landed him in jail** kjo e çoi në burg; **land sb in debt/trouble** fus dikë në borxh/në bela. 8.*gj.fol* kap, marr; **land a job** kap një punë. +**get landed with (sth/sb)** më bie për pjesë (diçka, dikush); **I got landed with him** më ra mua të rrija me të; **I got landed with the job** më ngeci mua ajo punë.3.*attr* toke; tokësor; **land forces** forca tokësore.

landau ['lændo:, 'lændau] *n* karrocë udhëtarësh, llandon.

land bank *n* troje, rezervë trojesh.

land-banking['lændbænking] *n* blerje trojesh për t'i mbajtur rezervë.

land breeze *n* erë që fryn nga toka në det.

landed['lændid] *adj* 1.me tokë, që zotëron tokë.2. tokash (pronë). 3. i pranuar (si imigrant); **landed immigrant** imigrant i pranuar.

landfall['lændfo:l] *n* 1.ndeshje në tokë(pas një lundrimi, fluturimi). 2.zbarkim

landfill['lændfil] *n* 1.groposje (plehrash). 2.vend groposjeje plehrash.

landform['lændfo:m] *n* trajtë/konture të tokës.

landgrave['lændgreiv] *n hist* kont; princ, kryezot (në Gjermani).

landholder['lændhouldë:] *n* zotërues toke; pronar tokash.

landing['lænding] *n* 1.zbarkim; dalje në breg. 2. pranim zyrtar(i imigrantit). 3.vend uljeje; vend zbarkimi. 4.ulje(e avionit). 5.sheshpushim(shkallësh). 6.vendgrumbullim trungjesh. 7.skelë, mol.

landing craft *n* mjet(varkë etj) zbarkimi.

landing field *n* fushë aeroplanësh.

landing gear *n* pajisje uljeje(rrota, pontone).

landing net *n* karriq, rrjetë me bisht.

landing stage *n* platformë lundruese (ngarkimshkarkimi).

landing strip *n* pistë ulje-ngritjeje avionësh, aerodrom i përkohshëm.

landlady ['lændleidi] *n* 1. pronare (ndërtese, tokash të dhëna me qira); qiradhënëse. 2.bujtinare, zonjë hoteli.

landless['lændlis] *adj* i patokë.

landline['lændlain] *n* kabëll nëntokësor.

landlocked['lændlokt] *adj* 1.i mbyllur(gji). 2. që jeton në ujra të brendshme.

landlord['lændlo:d] *n* 1.pronar(ndërtese, tokash); qiradhënës. 2.bujtinar, hotelxhi.

landlubber['lændlʌbë:] *n* njeri i pamësuar me detin.

landmark['lændma:k] *n* 1.pikë referimi. 2.*fig* piketë. 3.gur kufiri.

land mine *n* minë tokësore.

land office *n amer* zyrë e kadastrës, kadastër.

landowner['lændounë:] *n* pronar tokash.

land-poor['lændpuë:] *adj* i varfëruar nga taksat e tokës.

landscape['lændskeip] *n,v* -*n* 1.peizazh, pamje. 2.tablo, peizazh.
-*vt* zbukuroj(truallin).

landscape gardener *n* lulishtar.

landshark['lændsha:k] *n* spekulator tokash.

landslide['lændslaid] *n* 1.*gjeol* shkarje toke. 2. *pol* lumë votash.

landsman['lændsmën] *n* 1. njeri i tokës; punëtor stereje. 2.detar pa përvojë.

landward(s) ['lændwë:d(z)] *adj,adv* drejt tokës, për nga toka.

land wind *n* erë që fryn nga toka.

lane[lein] *n* 1.rrugicë; rruginë; shteg. 2.korsi(rruge, piste). 3. linjë(ajrore, detare); **shipping lane** rrugë detare.

language['læŋgwixh] *n* 1.gjuhë; të folur, e folme; **use bad language** përdor fjalë të këqija; **watch your language** mbaj gjuhën!, kujdes kur flet! 2. *attr* gjuhësor; **language studies** studime gjuhësore; **language degree** diplomë në gjuhësi. 3.formulim, mënyrë të shprehuri; **the language of the contract** formulim i kontratës.

languid ['læŋgwid] *adj* 1. i dobët, i lëshuar, i këputur. 2.mospërfillës, indiferent. 3.i ngathët, pa gjallëri.

languish['læŋgwish] *vi* 1.dobësohet, lëshohet; fishket(lulja). 2.vuaj, lëngoj. 3.bie, dobësohet (vigjilenca). 4.dëshirohem, digjem(për diçka). 5.brengosem, hidhërohem(për dikë).

languishing['læŋgwishing] *adj* 1.i lëshuar.2.i djegur, i dëshiruar(për diçka). 3.lëngues, molitës. 4.i kapitur, i venitur.

languishment['læŋgwishmënt] *n* 1.lëshim; kapitje, venitje. 2.dëshirim. 3.lëngim.

languor['læŋgë:] *n* 1.dobësi, ligështi; këputje; kapitje. 2.indiferencë. 3.butësi. 4.qetësi; heshtje. 5.plogështi.

lank[læŋk] *adj* 1.hollak; i thatë; gjatosh(trup). 2.i drejtë, i rëndë(flok).

lanky['læŋki] *adj* hollak, stërhell.

lanolin(e)['lænëlin] *n kim* lanolinë, yndyrë leshi.

lantern['læntë:n] *n* 1.fener. 2.far, fanar. 3.kësulë kupole; gallustër.

lanyard['lænië:d] *n* litar i shkurtër(për shkrehjen e topit).

Laos['laus] *n gjeog* Laos.

Laotian[lei'oushën, la:'oushën] *adj,n* laosian.

lap I[læp] *n* 1.*anat* prehër; **live in the lap of luxury** rroj në luks. 2.kind, palë.

lap II[læp] *v,n* -*v* 1.vë njëra mbi tjetrën. 2. shkelin njëra mbi tjetrën(tjegullat). 3.kapërcen, shtrihet. 4.(**around**) mbështjell (rreth vetes etj). 5.(**in**)mbështillem(me).6.rrethoj, mbyll.7.*sport* lë një xhiro pas.
-*n* 1.mbështjellje. 2.shkelje (e tjegullave). 3.*sport* xhiro; etapë.

lap III [læp] *v,n* -*v* 1.lëpin (macja, qeni); pi me gjuhë. 2.llokoçitet, përplaset lehtë, lëpin(vala). +**lap against** lëpin(flaka).
-*n* 1.pirje me gjuhë. 2.lëpirje; llokoçitje.
+**lap up** a)pi me gjuhë; b)*gj,fol* përlaj.

lapboard['læpbë:d] *n* tabaka dërrase(që mbahet në prehër).

lap dog *n* qenush, kone.

lapel[lë'pel] *n* jakë xhakete.

lapful['læpful] *n* një prehër.

lapidary['læpëderi] *n,adj* -*n* kujunxhi, gurpunues, gdhendës gurësh të çmuar.
-*adj* 1.i gdhendur në gur. 2.monumental, madhështor.

lappet['læpit] *n* 1.palë, kind. 2.*anat* llapë, palë. 3.llapë e veshit.

lap robe *n* batanije për këmbët.

lapse[læps] *n,v* -*n* 1.gabim i lehtë; shkarje e gjuhës; **a lapse of memory** lodër e kujtesës. 2.shkarje (morale). 3.rënie, kthim prapa. 4.kalim(kohe), interval. 5.përfundim, skadim(i kontratës; **the lapse of the lease** përfundim i kontratës së qirasë.
-*vi* 1.gaboj.2.shkas, shthurem.3.bie, përfundon; **lapse in ruin** rrënohet; **lapse into bad habits** fitoj zakone të këqia; **lapse into one's old ways** përfundon si përpara; **lapse into unconsciousness** humbas ndjenjat; **lapse into silence** hesht, bie në heshtje. 4.ikën, kalon, largohet(interesimi, koha). 5.përfundon, mbaron, skadon(afati, kontrata).

laptop (computer) *n* kompjuter portativ(që mbahet në prehër etj).

lapstrake['læpstreik] *adj,n* -*adj* si kurriz peshku, me fletë/pllaka që shkelin njëra mbi tjetrën.
-*n* lundër me ndërtim kurrizpeshku.

lapstreak['læpstri:k] shih **lapstrake**.

lapsus linguae ['læpsës'lingwi] *lat* shkarje e gojës/e gjuhës, lapsus.

larboard['la:bë:d] *n,adj* -*n* bord i majtë(i anijes).
-*adj* i majtë, i bordit të majtë.

larcenous['la:sënës] *adj* vjedhës.

larceny['la:sëni] *n* vjedhje.

larch[la:ç] *n bot* larsh.

lard[la:d] *n,v* -*n* sallo, dhjamë derri, ushuj.
-*vt* 1.i hedh dhjamë.2. *fig* larushoj, pasuroj, krip

(fjalimin me batuta).

larder['la:dë:] *n* 1.depo ushqimesh, qilar. 2.rezer-
vë ushqimesh, zahiré.

lares['la:ri:z] *npl mit* shpirtra mbrojtës të shtëpisë.

large[la:xh] *adj,n* -*adj* i gjerë; i madh(vend, tur-
më, shumë parash, kafshë); **grow larger** zmadho-
het; **have a large meal** ha rëndshëm; **on a large
scale** në shkallë të gjerë; **as large as life** dora vetë,
ai i tëri.

-*n* : **at large** a)i lirë, në liri; b)plotësisht; me hollë-
si; c)tërësisht, në përgjithësi; **the people at large
want peace** populli në përgjithësi kërkon paqen;
the world at large e gjithë bota; **by and large** për-
gjithësisht; **in large, in the large** në një shkallë të
gjerë.

large-hearted ['la:xh'ha:tid] *adj* zemërgjerë,
shpirtmadh.

large intestine *n anat* zorrë e trashë.

largely['la:xhli] *adv* 1.kryesisht, në një shkallë të
madhe. 2.shumë, në sasi të madhe.

largeness['la:xhnis] *n* madhësi.

large-scale ['la:xhskeil] *adj* i gjerë; në shkallë të
gjerë.

largess(e)['la:xhis] *n* 1.bujari. 2.dhuratë bujare.

largish['la:xhish] *adj* mjaft i madh.

lariat['læriët] *n* 1.laso; litar me lak(për ta hedhur).
2.litar për të lidhur kalin.

lark I[la:k] *n zool* laureshë.

lark II[la:k] *n,v gj.fol* -*n* shaka; rreng; **for a lark**
për shaka.

-*v* zbavitem; luaj rrengje.

+**lark about/around(with)** zbavitem, luaj(me).

larrup['lærëp] *vt gj.fol* rrah, zhdëp.

larva['la:vë] *n pl* **larvae** vemje, larvë.

larval ['la:vël] *adj* 1.larvor; në gjendje larve. 2.e
fjetur, e pazhvilluar(sëmundje).

laryngitis[lærën'xhaitis] *n mjek* laringjit, pezma-
tim i fytit.

larynx['lærinks] *n anat* gurmaz, laring.

lasagna[lë'za:nië] *n* llazanja.

lascivious [lë'siviës] *adj* 1.epshor, epsharak, plot
epsh.2.epshndjellës.

laser['leizë:] *n fiz* 1.lazer, aparat lazer.2.*attr* lazer;
laser beam rreze lazer.

lash I[læsh] *n,v* -*n* 1.kamzhik, fshikull. 2.goditje
me kamzhik, fshikullim. 3.qepallë.

-*v* 1.fshikulloj, rrah me kamzhik. 2.tund(bishtin).
3. rreh, valëvit (era velat). 4.qëllon, godet, shkelmon
(kali). 5.sulmoj, shaj.

+**lash out** *fig* fshikulloj, sulmoj ashpër.

lash II[læsh] *vt* lidh me litar.

+**lash down** a)siguroj me litar; b)zhaurin (shiu, lu-
mi).

+**lash out** 1.(**at/against sb/sth**) i jap goditje (dikujt
/diçkaje); b)(**on sth**) shpenzoj pa hesap(për diç-ka).

lashing I ['læshing] *n* 1. fshikullim, rrahje me

kamzhik. 2.*fig* fshikullim, sharje. 3.*pl* një mal me,
një mori.

lashing II['læshing] *n* litar.

lass[læs] *n* 1.vajzë. 2. e dashur.

lassie['læsi:] *n* shih **lass.**

lassitude['læsëtju:d] *n* lodhje, kapitje; plogështi.

lasso[læ'su:, 'læsou] *n,v* -*n* lak, litar me lak.

-*vt* kap me lak, i hedh lakun.

last I [læst, la:st] *adj,adv,n* -*adj* 1. i fundit; **the
last page** faqja e fundit; **last but one, second last**
i parafundit; **the last thing I expected** gjëja që nuk
e prisja. 2.i shkuar, i kaluar, i fundit; **last night**
mbrëmë; **the last two years** dy vitet e fundit; **the
night before last** parmbrëmë. 3. shumë i madh;
tepër; **a letter of last importance** një letër tepër e
rëndësishme. 4. i vetmi që ka mbetur; **spend one's
last dollar** prish dollarin e fundit.

-*adv* 1.në fund, pas gjithë të tjerëve; **he arrived
last** ai mbërriti i fundit. 2.së fundi; për herë të
fundit; **when I last saw them** kur i pashë për herë
të fundit; **last but not least** e fundit, por jo më pak
e rëndësishmja.

-*n* i fundit; fundi; **he was the last to arrive** ai qe
i fundit që erdhi; **the last of the sugar** sheqeri i
fundit, fundi i sheqerit; **each one better than the
last** njëri më i mirë se tjetri; **see the last of sth** shoh
përfundimin e diçkaje; **we shall never hear the last
of it** s'i dihet nëse do ta marrim vesh si shkoi ajo
punë. +**at(long) last** (më) në fund; **breathe one's
last** vdes, jap shpirt; **see the last of** s'e shoh më; **to
the last** gjer tek i fundit.

last II[læst, la:st] *vi* 1.vazhdon; mban, zgjat; **it
lasts 3 hours** zgjat tre orë; **this material will last
(for) years** ky stof rron me vite; **he didn't last long
in the job** ai nuk rezistoi gjatë në atë punë; **it's too
good to last, it can't last** është aq e bukur sa s'ka
sesi të zgjasë aq shumë. 2.mban, mjafton; **while our
money lasts** sa të na mbajnë paratë; **it will last you
a lifetime** do të të mjaftojë për gjithë jetën; **he
won't last the winter** nuk do ta hedhë dot dimrin
gjallë.

last III[læst, la:st] *n,v* -*n* kallëp(këpucësh).+**stick
to one's last** shoh punën time.

-*vt* fus(këpucët) në kallëp.

last-ditch ['læstdiç] *adj* i fundit; më rezistenti;
last-ditch survivors of the attack të fundit që
mbetën gjallë pas sulmit.

lasting['læsting] *adj* i qëndrueshëm; i zgjatur; re-
zistent; i përhershëm; **to his lasting shame** për turp
të zotit.

Last Judgment *n fet* Gjyqi i Fundit, Gjyqi i Pe-
rëndisë.

lastly ['læstli] *adv* më në fund; së fundi; si përfu-
ndim.

last-minute['læst'minit] *adj* i çastit të fundit.

last name *n* mbiemër.

last offices *n* shërbimet e fundit(për të vdekurin).

last straw *n* pika e fundit/që e mbush kupën.

last word *n* 1.fjala e fundit. 2. *gj.fol* moda e fundit; modeli i fundit; fjala e fundit e shkencës/e teknikës.

Las Vegas['læs'veigës] *n gjeog* Las Vegas.

latch[læç] *n.v -n* reze dere; shul. **+on the latch** mbyllur me reze, e pakyçur.

-vt mbyll me reze, i vë rezen/shulin(derës).

+latch on a)kapem; i qepem; b) e kap(idenë).

latchet[læçit] *n* lidhëz, rrip(sandalesh etj).

latchkey['læçki:] *n* çelës porte.

latchstring ['læçstring] *n* gjalmë(për të hapur rezen e derës).

late[leit] *adj,adv -adj* 1. i vonuar; **be 20 minutes late** jam dhjetë minuta vonë; **make sb late** e vonoj dikë; **be late with one's work** jam prapa me punën; **late delivery** dorëzim me vonesë(i mallit). 2.i vonë; **keep late hours** rri deri në orët e vona; **at this late stage** në këtë pikë ku ka arritur puna; **she is in her late fifties** është afër të gjashtëdhjetave. 3.i ndjeri; **the late Mr James** i ndjeri zoti Xhejms. 4.ish-; **our late Prime Minister** ish-kryeministri ynë. **+of late** kohët e fundit, tani vonë.

-adv 1.vonë, me vonesë; **leave 5 minutes late** iki 5 minuta më vonë; **better late than never** më mirë vonë se kurrë. 2.vonë; **late in life** në moshë të thyer; nga fundi i jetës; **late in 1990** nga fundi i 1990-ës. 3.(tani) së fundi; **as late as 1995** jo më larg se më 1995-ën; **of late** kohët e fundit, tani vonë.

latecomer['leitkʌmë:] *n* i vonuar.

lately['leitli] *adv* kohët e fundit, tani së fundi; **till lately** deri para pak kohësh.

latency['leitënsi] *n* gjendje latente, zhvillim i fshehtë.

lateness['leitnis] *n* vonesë.

latent ['leitënt] *adj* i fshehtë, i heshtur, latent; **a latent infection** infeksion i pashfaqur; **a latent talent** talent i fshehur.

lateral['lætërël] *adj,n -adj* anësor.

-n 1. pjesë anësore. 2. *gram* tingull anësor. 3. *min* tunel anësor. 4.*sport* pasim anash.

laterally['lætërëli] *adv* anash.

latex ['leiteks] *n bot* lëng qumështor, qumësht (i fikut etj).

lath[læth] *n* 1. qepër; flugëz, listelë. 2. rrjetë teli (për suva.).

lathe[leidh] *n tek* torno.

lather['leidhë:] *n,v -n* 1.shkumë sapuni. 2. shkumë djerse(e kalit). 3.*gj.fol* çakërdisje; siklet.

-v 1.shkumoj, mbuloj me shkumë; sapunis(fytyrën).2.mbytet në djersë(kali).3.*gj.fol* rrah, fshikulloj.

lathing['læthing] *n* veshje me listela.

lathwork['læthwë:k] *n* shih **lathing**.

Latin['lætën] *n,adj -n* 1.latinisht, gjuhë latine. 2. latin. 3. katolik.

-adj 1.latin. 2.latinisht. 3.katolik roman.

Latin America *n gjeog* Amerikë Latine.

Latinism['lætën'izëm] *n* latinizëm, shprehje latine.

Latino-American['læ'ti:nëu'ëmerëkën] *n,adj* latino-amerikan.

latish ['leitish] *adv,adj -adv* mjaft vonë; paksa vonë.

-adj mjaft i vonë; paksa i vonuar.

latitude['lætitju:d] *n* 1.*gjeog* gjerësi.2.liri veprimi.

latrine[lë'tri:n] *n* nevojtore.

latter ['lætë:] *adj* 1. i fundit, i vonë; **the latter years of his life** vitet e fundit të jetës. 2.i mëpasmë; më i fundit; i dytë; **of the two, the latter is better** nga të dy, i dyti është më i mirë.

latterday['lætë:dei] *adj* i kohëve të fundit, modern.

latterly['lætë:li] *adv* kohët e fundit.

lattice ['lætis] *n,v -n* rrjetë teli, thurrimë; rrjetë shufrash/listelash.

-v vë thurrimë, rrethoj me rrjetë.

Latvia['lætvië] *n gjeog* Letoni.

Latvian['lætvien] *adj,n -adj* leton, letonez.

-n 1.leton. 2. letonisht.

laud[lo:d] *v,n -vt* lavdëroj, lëvdoj, mburr.

-n 1.lëvdatë, lavdërim.2.*fet* himn, lavd; psalm.

laudable['lodëbël] *adj* i lavdërueshëm, për t'u lëvduar.

laudanum['lodënëm] *n* tretësirë opiumi.

laudatory['lodëtori] *adj* lavdërues.

laugh[læf, la:f] *v,n -v* qesh;

+laugh at/about sth qesh me diçka; **laugh to oneself** qesh me vete; **laugh up one's sleeve** qesh nën hundë; **laugh sb to scorn** tallem me dikë.

+laugh off e marr me të qeshur; **laugh one's head off** fikem gazit, shkulem së qeshuri; **laugh on the other/wrong side of one's face/mouth** kaloj nga gazi në vaj.

-n qeshje, e qeshur; **get/raise a laugh (from sb)** e bëj për të qeshur(dikë); **do sth for a laugh** bëj diçka për shaka/për të qeshur; **good for a laugh** zbavitës; **we'll see who has the last laugh** qesh mirë kush qesh i fundit.

laughable['læfëbël] *adj* qesharak, për të qeshur.

laughing['læfing] *adj,n -adj* 1.që qesh. 2. që të bën të qeshësh; **laughing gas** *kim,usht* gaz gazmor; **this is no laughing matter** nuk është shaka kjo; **laughing stock** karagjoz; gaz i botës.

-n e qeshur.

laughter['læftë:, 'la:ftë:] *n* e qeshur, qeshje, të qeshura; **roar with laughter** qesh me të madhe.

launch I[lo:nç] *v,n -v* 1.lëshoj në ujë (anijen); nis (një avion); hedh, lëshoj (një raketë). 2.fus (në një punë), e ndihmoj të fillojë (një aktivitet). 3.hidhem, lëshohem. 4.i futem, nis(një aktivitet).

-n lëshim; hedhje.

+launch forth/out i hyj, i futem(një pune etj); nis,

filloj.

launch II[lo:nç] *n det* motobarkë, benzinatë.
launching['lo:nçing] *n* lëshim(i anijes, i varkës së shpëtimit etj).
launching['lo:nçing] *n* lëshim(i anijes, i varkës së shpëtimit etj).
launching pad *n* platformë/shesh lëshimi(rakete).
launder['londë:] *v* 1.laj e hekuros. 2.lahet; **cotton fabrics launder well** pëlhurat e pambukta lahen mirë.
launderette[londë'ret] *n* lavanderi(e automatizuar), pastërti.
laundress['londris] *n* rrobalarëse(grua).
laundromat['londrëmæt] *n* lavanderi/pastërti me vetëshërbim.
laundry['londri:] *n* 1.pasërti, lavanderi. 2.rroba, lëvere. 3.larje-hekurosje rrobash; **do the laundry** laj rrobat.
laundryman['londri:mën] *n* punëtor pastërtie.
laundrywoman ['londri:wumën] *n* rrobalarëse, punëtore pastërtie.
laureate['lo:riit] *adj,n* -n 1.i lauruar; i kurorëzuar.2.i shquar, i nderuar.
-*n* poet zyrtar (i një vendi).
laurel['lo:rël] *n* 1.*bot* dafinë. 2.*pl* a)kurorë dafinash; b)nderime; famë; fitore. +**look to one's laurels** kujdesem për të ruajtur famën/emrin; **rest on one's laurels** *fig* fle mbi dafina.
laurelled['lo:rëld] *adj* 1.i kurorëzuar. 2.i nderuar.
lava['lævë, 'la:vë] *n gjeol* 1.lavë. 2.shkëmb lave të ngurtësuar.
lavabo[lë'va:bou, lë'veibou] *n* 1.lavaman. 2.koritë lulesh në mur.
lavatory['lævëtri, 'lævëto:ri] *n* 1.nevojtore. 2.lajtore, banjë. 3.lavaman.
lavatory paper *n* letër higjenike.
lave[leiv] *v poet* 1.lahem. 2.lëpin(brigjet përroi).
lavender ['lævëndë:] *n,adj* -n 1. ngjyrë purpur i zbetë. 2.*bot* trumzë e butë, livando.
laver['leivë:] *n vjet* legen.
lavish['lævish] *adj,v* -*adj* 1.bujar, dorëgjerë. 2.i bollshëm. 3.i gjerë, luksoz(apartament); i madh, i tepruar(shpenzim). +**be lavish with one's gifts** shpenzoj pa hesap për dhurata.
-*vt* shpenzoj pa hesap; derdh pa kursim; **lavish praise on sb** e mbuloj dikë me lëvdata; **lavish care upon sb** përkujdesem së tepërmi për dikë.
lavishly['lævishli] *adv* 1.pa kursim, me tepri. 2.në mënyrë luksoze.
law[lo:] *n* 1.ligj; **against the law** kundër ligjit; **by law** me ligj.2.e drejtë; **criminal law** e drejtë penale; **civil law** e drejtë civile. 3.drejtësi; **study law** studioj për drejtësi; **law school** fakultet i drejtësisë; **law student** student në drejtësi. 4.ndjekje ligjore. 5.rregull, normë. 6.përfaqësues i ligjit; polic. 7.parim, ligj(në shkencat). +**go to law** i drejtohem

gjyqit; **lay down the law** a)jap urdhëra, bëj ligjin; b)shaj; **read law** studioj për drejtësi; **take the law into one's hands** bëj vetëgjyqësi, e vë vetë të drejtën në vend.
law-abiding['lo:ëbaiding] *adj* që zbaton ligjet, që i bindet ligjit.
lawbreaker['lo:breikë:] *n* shkelës i ligjit.
lawbreaking['lo:breiking] *n,adj* -*n* shkelje e ligjit.
-*adj* që shkel ligjin, i kundërligjshëm.
law court *n* gjykatë.
lawful['lo:fël] *adj* 1.ligjor, legal. 2. i ligjshëm.
lawfully['lo:fëli] *adv* ligjërisht; në mënyrë të ligjshme.
lawless ['lo:lis] *adj* 1. i paligjshëm, i kundërligjshëm. 2.i pakontrollueshëm; i papërmbajtur; **a lawless mob** turmë e shfrenuar. 3.pa ligje(qytet).
lawmaker['lo:meikë:] *n* ligjvënës; deputet, parlamentar.
lawmaking['lo:meiking] *n,adj* -*n* vënie/nxjerrje ligjesh.
-*adj* ligjvënës.
lawn I[lo:n] *n* lëndinë, fushë/oborr me bar të prerë.
lawn II[lo:n] *n* batist, pëlhurë e hollë.
lawn mower *n* makinë kositëse bari.
lawsuit ['lo:'su:t] *n* çështje, gjyq; proces; **bring a lawsuit against sb** hedh në gjyq dikë, hap proces kundër dikujt.
lawyer['lo:jë:] *n* avokat; jurist.
lax[læks] *adj* 1. i lëshuar (qëndrim). 2.i shkujdesur. 3.tolerues, jokërkues; **be lax about/on punctuality** nuk i jap rëndësi përpikmërisë. 4.i pasaktë, i turbullt.
laxative['læksëtiv] *adj,n* pastrues, laksativ.
laxity, laxness ['læksëti, 'læksnis] *n* 1. lëshim; shthurje. 2. shkujdesje; mospërfillje. 3.tolerim, butësi, mungesë kërkese.
lay I[lei] *v* 1.vë, vendos. 2.shtroj(qilimin). 3.instaloj. 4.bën, pjell(vezë). 5.përgatis(zjarrin). 6.ngre (kurth). 7.shtroj(tryezën). 8.zhduk, shpërndaj (dyshimet). +**lay the facts/one's proposals before sb** ia parashtroj faktet/dyshimet dikujt; **be laid down with the flu** zë shtratin me grip; **be laid to rest** varro-sem; nuk know where to lay one's hands **on sth** s'di si ta fus në dorë diçka; **lay oneself open to attack/criticism** ekspozoj veten ndaj sulmeve /kritikave; **lay to one's oars** u mëshoj rremave; **lay a course** *det* marr një drejtim.
+**lay about** mësyj gjithandej.
+**lay aside/by** vë mënjanë.
+**lay down** a)deklaroj; formuloj; **lay down the law** bëj ligjin; b)jap(jetën), sakrifikoj; c)*zhrg* braktis, lë, heq dorë nga; d)vë mënjanë; e)vë(para për bast); f)përvijoj, skicoj, hedh në hartë.
+**lay for** *gj.fol* i zë pritë; rri në përgjim.
+**lay in** vë mënjanë, rezervoj.

+**lay into** a) *gj.fol* rrah, i turrem; b)*zhrg* shaj, i derdhem(me të shara).

+**lay low** përul.

+**lay off** a)pezulloj(nga puna); b)vë/lë mënjanë; c) *zhrg* ndalem, pushoj, çlodhem; d)lë të qetë; **lay off him!** lëre të qetë! **lay off it!** mjaft, më! *-n* 1.pozicion. 2.kushte kontrate.

+**lay on** a)furnizoj(me); b)ofroj; vë në dispozicion; c) jap(një goditje), qëlloj; **lay it on thick** *gj.fol* lajkatoj, lëvdoj me tepri.

+**lay open** a)zhvesh; ekspozoj; **lay oneself open to** ekspozohem ndaj; b)çaj, hap(plagën, lungën).

+**lay out** a)përhap, shpërndaj; b)hartoj, sajoj, bëj(një plan); c)vizoj(terrenin sportiv); d) *zhrg* shpenzoj; e) *zhrg* hedh përtokë, palos(kundërshtarin; **lay oneself out** bëhem copë, përpiqem shumë.

+**lay over** ndalem, bëj një ndalesë.

+**lay to** a)ia hedh fajin, akuzoj; b)qëndron kundër erës(anija).

+**lay up** a)vë mënjanë, ruaj, kursej; b)bllokoj, ngujoj (në shtrat); c)nxjerr në dok(anijen).

lay II[lei] *pt* e **lie II.**

lay II[lei] *adj* 1.laik. 2.profan, jo i zanatit.

lay IV[lei] *n* 1.poezi; tekst kënge.2.këngë; melodi.

layabout['lejëbaut] *n* dembel, përtac.

layer['lejë:] *n,v* *-n* ndërresa, rroba(të foshnjës).

lay figure *n* 1. model anatomik. 2. *fig* person i parëndësishëm; kukull.

layman['leimën] *n* 1.laik. 2.njeri jo i zanatit.

layoff ['lejof] *n* pezullim, pushim i përkohshëm (nga puna).

layout['lejaut] *n* 1.shpërndarje; shtrim(i tryezës). 2.plan urbanistik. 3.*polig* faqosje.

layover['lejouvë:] *n vjet* 1.lebroz.2.njeri i rrëgjuar.

lazar['læzë:] *n vjet* 1.lebroz. 2.njeri i rrëgjuar.

lazaret(te)[læzë'ret] *n* 1.*hist* spital i izoluar për leprozët. 2.karantinë(ndërtesë anijeje). 3.*det* depo ushqimesh(në anije).

laze[leiz] *vi* 1.përtoj, jam përtac.2.(**about, around**) sillem kot.

laziness['leizinis] *n* përtaci; përtesë.

lazy ['leizi] *adj* 1. përtac, dembel. 2.i javashtë, i zvarritur.

lazybones['leizibounz] *n* dembel, bjerraditë.

lb.(shkurtim i *lat* **libra**; *angl* **pound**)[paund] *n* paund (= 454 g).

lbs(= **pounds**) *npl* paunde.

lea[li:] *n* fushë me bar; lëndinë; kullotë.

leach[liç] *v,n* *-v* 1. kulloj; filtroj. 2. tret, shpëlan (uji kripërat). 3.shpëlahet, humbet kripërat.

-n enë kullimi.

lead I [li:d] *v,n* *-v* (**led**) 1. çoj, shpie; shoqëroj; drejtoj, udhëheq; **he is easily led** ai është nga ata që influencohen. 2.ndjek(një rrugë). 3.drejtoj, jam në krye(të një partie, lëvizjeje etj); kryesoj, prij, udhë-

heq; **lead the field** jam në krye. 4.e bëj të, e shtyj(të bëjë diçka); **lead sb to believe that** e bëj dikë të besojë që; **it led me to the conclusion that** kjo më çoi në përfundimin se. 5.çon në; sjell si pasojë; **one thing led to another** e para solli të dytën. 6.çon, nxjerr (rruga); **where does this door lead?** ku të nxjerr kjo portë? +**lead the way** jam në krye, prij. *-n* 1.drejtim, udhëheqje; shembull; **follow sb's lead** ndjek shembullin e dikujt. 2.krye; **take the lead** dal në krye. 3.*sport* avantazh; distancë; pikë; **have a lead of 6 metres** jam 6 metra përpara të tjerëve. 4.dorë(për nisur lojën me letra). 5.*kin* a)rol kryesor; b) aktor kryesor. 6. rrip (për qenin etj). 7.udhëzim, sugjerim. 8.damar(minerali).9.*el* linjë. 10.fillim artikulli (gazete); faqe e parë (reviste, gazete).

+**lead away** heq, largoj.

+**lead back** kthej mbrapsht.

+**lead off** a)çoj, shpie; b)nis, filloj; c)nxjerr; niset nga; **a street leading off the main road** një rrugë që shkëputet nga rruga kryesore.

+**lead on** a)tall, vë në lojë; b)shtyj, nxis.

+**lead up to** çoj; hap rrugë për te; **what's all this leading up to?** ku do të na çojë kjo punë?

lead II [led] *n,v* *-n* 1. plumb(metal). 2. grafit(i lapsit). 3. plumbç, thellësimatës. 4.plumb (pushke). 5.*polig* interlinjë, distancues(rreshtash). 6.*pl* pllaka plumbi për çati. 7.*attr* plumbi, prej plumbi, prej plumbi; **lead pipe** tub plumbi; **lead poisoning** helmim nga plumbi.

-vt 1.*polig* fus interlinja. 2. mbuloj/vesh me pllaka plumbi. 3.glazuroj(poçeri) me glazurë plumbi.

leaded ['ledid] *adj* 1. me plumb (benzinë). 2.me kuadrate(xham vetrate).

leaden ['ledën] *adj* 1.plumbi, prej plumbi. 2.i rëndë plumb. 3.shtypës, mbytës(ajër). 4.i zymtë(qiell). 5.i plumbtë, ngjyrë plumbi.

leader['li:dë:] *n* 1.drejtues, kryetar(ekipi, ekspedite).2.udhëheqës, kryetar(partie etj).3.kalë/qen prijës. 4.kryeartikull. 5.*amer* dirigjent. 6.artikull joshës(për blerësit). 7.kryesues gare.

leadership['li:dë:ship] *n* 1.udhëheqje; drejtim.2. aftësi drejtuese. 3.grup drejtues, udhëheqje(e një partie etj).

lead-free['ledfri:] *adj* pa plumb(benzinë).

lead-in['li:din] *n* 1.tel antene; kabëll antene(TV). 2.hyrje, parathënie.

leading I['li:ding] *adj* 1.i kreut, prijës(në gara, në slita). 2.kryesor, kryesues; drejtues. 3.*teat* kryesor (aktor); **leading light** personazh i planit të parë, figurë e shquar. +**leading question** pyetje tendencioze, pyetje sugjestive.

leading II['leding] *n* 1. mbulesë/karkasë plumbi. 2.*polig* interlinja, distancues.

leading article *n* kryeartikull, artikull redaksional.

leading question *n* pyetje tendencioze, pyetje sugjestive.
leading strings *n* 1.rripa për foshnjën (kur mëson të ecë). 2. varësi, mbikëqyrje(si për fëmijët).
lead pencil *n* laps plumbi, laps grafiti, laps.
leaf[li:f] *n,v* -*n pl* **leaves** 1.gjethe, fletë(peme); **in leaf** me gjethe. 2.petël, petal(luleje). 3.fletë(letre); **take a leaf from sb's book** *fig* ndjek shembullin e dikujt; kopjoj dikë; **turn over a new leaf** hap një faqe të re, filloj nga e para. 4.kanatë(dere). 5.kapak tavoline
-*v* 1.gjethon, çel gjethe. 2.shfletoj.
leafage['li:fixh] *n* gjethe; gjethnajë
leaf bud *n bot* syth.
leafless['li:flis] *adj* pa gjethe, i zhveshur.
leaflet ['li:flit] *n* 1.fletëpalosje(reklamash etj). 2. trakt. 3.gjeth i ri.
leafy['li:fi] *adj* 1.plot gjethe, i mbuluar me gjethe. 2.gjethor, si gjethe.
league I[li:g] *n* 1.lidhje, ligë; bashkim, shoqatë; **in league with** tok me; në aleancë me. 2.*sport* kampionat, kategori. 3.nivel, klasë, kategori; **they're not in the same league** ata nuk janë të të njëjtit nivel.
-*vi* bashkohem, lidhem(me), formoj një ligë.
league II[li:g] *n vjet* legë(rreth 5 km).
League of Nations *n* Lidhja e Kombeve.
leaguer I['li:gë:] *n,v vjet* -*n* 1.rrethim. 2.kamp i ushtrisë rrethuese.
-*vt* rrethoj(një kështjellë).
leaguer II['li:gë:] *n* anëtar i lidhjes/i ligës.
leak[li:k] *n,v* -*n* 1.vrimë, plasë, pikë; **a leak in a roof** pikë e çatisë; **a leak in a tire** vrimë kamerdareje.2.pikim; rrjedhje; shfryrje.3.dalje, dekonspirim(i të dhënave). 4.*el* shkarkim, humbje(e rrymës).
-*vi* 1.pikon; rrjedh; shfryn, del(ajri). 2.fut ujë(këpuca, varka). 3.hyn, rrjedh brenda(uji në bodrum etj). 4.*fig* del në shesh, përhapet(lajmi).5.lëshon, e rrjedh (ena ujin). 6.nxjerr, përhap(një të fshehtë etj).
+**leak away** humbet, shpërdorohet.
+**leak into** depërton, futet(një agjent).
leakage['li:kixh] *n* 1.pikim; rrjedhje; shfryrje, dalje(ajri). 2.përhapje, dalje, nxjerrje(e një lajmi). 2.humbje; shpejtësi e rrjedhjes; sasi e humbur.
leakproof ['li:kpru:f] *adj* i mbyllur mirë, që nuk rrjedh; hermetik.
leaky['li:ki] *adj* 1.që rrjedh, që pikon; i shpuar. 2.që fut ujë(këpucë, lundër).
lean I[li:n] *v,n* -*v* 1.priret, përkulet, anohet(pema etj). 2.mbështetet; **lean against me** mbështetu pas meje. 3.mbështes(në mur). 4.*fig* mbështetem, varem(nga dikush). 5.anoj, prirem (nga); **lean to (wards) the left/right** *pol* kam prirje të majta/të djathta.6.(on)*gj.fol fig* mëshoj;ushtroj presion (mbi).
-*n* anim.

+**lean back** mbështetem në.
+**lean forward** përkulem përpara.
+**lean out of** zgjatem përjashta, nxjerr trupin nga (dritarja etj).
+**lean over** a)përkulem; b)*fig* i zgjas dorën; **lean over backwards to help sb** *fig* bëhem copë për dikë.
lean II[li:n] *adj,n* -*adj* 1.i dobët, pa mish(kalë). 2.i ligët, pa dhjamë(mish). 3.e varfër(dietë); i dobët, i pakët(prodhim); të këqija(korrje).
-*n* mish pa dhjamë.
leaning['li:ning] *n,adj* -*n* prirje, tendencë.
-*adj* i pjerrët, i anuar; **the Leaning Tower of Pisa** Kulla e Pjerrët e Pizës.
leant[lent] *pt,pp* e **lean I.**
lean-to['li:ntu:] *n* 1.ndërtesë e mbështetur(pas një tjetre). 2.tendë; strehore; hangar.
leap [li:p] *n,v* -*n* 1. hedhje, kërcim; **by leaps and bounds** me hapa vigane.2.distancë e hedhjes /kërcimit .+**leap in the dark** veprim i bërë kuturu, hap i pamenduar.
-*v* (**leaped; lept**) 1.hidhem, kërcej.2.vjen(një mendim), shkon (nëpër mend); **an idea leaped to her mind** i shkrepi në mendje një ide. 3.kapërcej (një gardh, hendek). +**leap to one's feet** brof në këmbë; **leap for joy** hidhem përpjetë nga gëzimi; **leap at an offer** e pranoj menjëherë një propozim; **my heart leapt** m'u drodh zemra.
+**leap out at(sb)** i hidhem/i turrem dikujt.
leapfrog['li:p'frog] *n,v* -*n* lojë kalakiç.
-*vi* 1.i hipi kalakiç. 2.mënjanohem, shmangem.
leapt[lept, li:pt] *pt,pp* e **leap.**
leap year *n* vit i brishtë.
learn[lë:n] *v* (**learned, learnt**) 1.mësoj, studioj; nxë; **learn French** mësoj frengjisht. 2.mësoj përmendsh(një poezi). 3.marr vesh, mësoj; marr njoftim; **we were sorry to learn that** na erdhi keq kur morëm vesh se; **I think he's learnt his lesson** mendoj se mori një mësim të mirë. 4.nxjerr përfundim; **you learn from your mistakes** pësimi bëhet mësim.
learned ['lë:nid] *adj* 1. i ditur, i mësuar , i shkolluar(njeri). 2.me nivel, me kulturë(libër).
learned borrowing *n* huazim termi shkencor, term i huazuar.
learner ['lë:në:] *n* 1. fillestar, rishtar. 2. nxënës; **slow learner** nxënës i dobët; **he is a learner driver** ai po mëson të ngasë makinën.
learning['lë:ning] *n* 1.mësimta, të nxënit, përvetësim.2. dijeni, dituri.
learnt[lë:nt] *pt, pp* e **learn.**
leary['li:ri:] shih **leery.**
lease['li:s] *n,v* -*n* 1.kontratë qiraje; **on lease** me qira. 2.periudhë qiramarrjeje; afat i qirasë. 3.pronë e lëshuar me qira. +**new lease on life** shans për një jetë të re.
-*v* 1.jap/lëshoj me qira. 2.marr me qira. 3.jepet me

qira.

leasehold['li:s-hould] *n* 1.kontratë qiraje(afatgjatë).2.pronë e dhënë me qira.

leaseholder['li:s-houldë:] *n* qiramarrës.

leash[li:sh] *n,v* -*n* 1.rrip, zinxhir(për qenin).2. treshe (qensh etj); **a leash of hounds** treshe zagarësh. **+hold in leash** mbaj nën fre.

-*vt* lidh, mbaj lidhur.

least[li:st] *adj,n* -*adj* (sipërore e **little**) më i pakëti, më i vogli; **the least bit of dirt** papastërtia më e vogël; **not in the least bit interested** (nuk jam) aspak i interesuar; **whatever costs the least money** atë që kushton më pak nga të gjitha, më të lirën; **that's the least of my worries** është gjëja që më shqetëson më pak nga të gjitha.

-*n* më e pakëta; **it's the least one can do** kjo është më e pakëta që mund të bëhet; **to say the least** për të mos thënë më tepër; **at least** të paktën; **at the very least** më e pakëta fare; **not in the least** aspak.

-*adv* shumë pak; më pak; **the least expensive car** makina që kushton më pak(më e lira); **she's least able to afford it** ajo është personi i fundit që mund t'ia lejojë vetes këtë; **least of all** me akoma më pak unë, unë sidomos jo.

least common denominator *n mat* emëruesi më i vogël i përbashkët.

least common multiple *n mat* shumëfishi më i vogël i përbashkët.

least ways['li:stweiz] *adv gj.fol* shih **leastwise**.

leastwise ['li:stwaiz] *adv gj.fol* 1.të paktën. 2.sidoqoftë.

leather['ledhë:] *n,v* -*n* 1.lëkurë. 2.*attr* (prej) lëkure. 3.artikull lëkure.

-*vt* 1.vesh me lëkurë. 2.*gj.fol* fshikulloj, rrah me rrip.

leatherette [ledhë:'ret] *n* imitacion lëkure, lëkurë artificiale.

leathern['ledhë:n] *adj* 1.i lëkurtë, si lëkurë. 2.prej lëkure, lëkure(artikull).

leatherneck['ledhë:nek] *n amer zhrg* marins amerikan.

leathery['ledhëri] *adj* si lëkurë.

leave I[li:v] *v* (**left**) 1.iki; largohem; **we leave tonight** ne ikim sonte; **he left the house** ai u largua nga shtëpia; **leave the country** largohem/iki nga vendi. 2.lë; **I left a book on the table** lashë një libër mbi tryezë. 3.lë; lë trashëgim. 4.nisem; **the train is leaving in 10 minutes** treni niset për 10 minuta. 5.dal(nga dhoma, nga spitali); **leave school** mbaroj shkollën. 6.i lë, i besoj, i dorëzoj; **leave it to me!** ma lërë mua këtë punë! **let's leave it at that** le ta lëmë me kaq; **leave it with me** ma dorëzo /beso mua. 7.mbetet; **how many are (there) left?** sa kanë mbetur? **nothing was left for me (to do) but to...**mua s'më mbetej tjetër veçse të... **+leave go of sth** e lëshoj diçka; **leave to chance** e lë në dorë të

fatit, ia lë rastësisë; **leaves much to be desired** lë shumë për të dëshiruar; **leave in peace** lë të qetë; **take it or leave it!** në daç merre, në daç lërе!; në daç pranoje, në daç jo.

+leave about /around lë andej-këtej.

+leave alone lë të qetë.

+leave behind a)lë pas; b)harroj.

+leave in lë, nuk prek, nuk trazoj.

+leave off a)lë pa vënë (kapakun); lë fikur(dritën); b)lë në mes, ndërpres(diçka).

+leave on lë pa hequr (kapakun); lë ndezur(dritën).

+leave out a) lë jashtë, harroj(të shkruaj një fjalë); kapërcej(një fjalë etj në lexim); b) mënjanoj, përjashtoj(dikë).

+leave over shtyj, spostoj për më vonë.

leave II[li:v] *n* 1.leje; miratim. 2.pushim, largim, leje(nga puna etj). **+by your leave** me lejën tuaj; po qe se më lejoni; **on leave** me lejë(nga puna); **take leave of** i lë lamturirën; **take one's leave of sb** ndahem me dikë/nga dikush; **have you taken leave of your senses?** u çmende? , të ka ikur mendja?

leave III[li:v] *vi* gjethon, çel gjethe(pema).

leaven ['levën] *n,v* -*n* 1. maja; farë buke. 2. *fig* tharm. 3.*fig* notë, element(shprese, humori).

-*vt* 1.fryn, bën(brumin) të vijë. 2.*fig* spërkas(me); i shtoj(një fije shprese).

leave of absence *n* leje për t'u larguar(nga puna).

leaves[li:vz] *n pl* i **leaf**; **leave II**.

leave-taking['li:vteiking] *n* ndarje; lamtumirë.

leavings['li:vingz] *npl* të mbetura nga dreka, darka); mbeturina.

Lebanese[lebë'ni:z] *adj,n* libanez.

Lebanon['lebënën] *n gjeog* Liban.

lecher['leçë:] *n* njeri epsharak.

lecherous['leçërës] *adj* epshor, epsharak.

lechery['leçëri] *n* lapërdhi, shthurje.

lectern['lektë:n] *n,v* -*n* pupitër; këmbalkë për librat(në kishë).

lecture ['lekçë:] *n,v* -*n* 1.leksion; fjalë; **deliver /give a lecture on** mbaj një fjalë në lidhje me; jap/mbaj një leksion për. 2.predikoj, jap udhëzime. 3.qortoj. 4.jam pedagog i; **lecture in sth** jam pedagog i një lënde.

lecture hall, lecture theatre *n* sallë leksionesh; sallë konferencash.

lecturer['lekçërë:] *n* 1.lektor. 2.pedagog universiteti.

led[led] *pt,pp* e **lead I.**

ledge [lexh] *n* 1.pervaz; sergjen; **window ledge** parvaz dritareje, prag/pezul dritareje. 2.buzë shkëmbi. 3.shtresë/masë xeherori.

ledger['lexhë:] *n* libër i llogarive.

ledger line *n muz* vijë shtesë e pentagramit (lart ose poshtë).

lee[li:] *adj,n* -*adj* 1.i mbrojtur nga era. 2.nga ana që s'e zë era. 3.në drejtimin për ku fryn era.

-n 1.strehë. 2.anë e mbrojtur nga era. 3.drejtim i erës.

leech I[li:ç] n 1.zool shushunjë. 2.fig gjakpirës, shushunjë; rrodhe. 3.vjet mjek.
-vt 1.vë shushunja. 2.vjet mjekoj; shëroj.

leech II[li:ç] n det anë e palidhur e velës.

leek[li:k] n bot pras.

leer[li:ë:] n,v -n 1.shikim vëngër; shikim i keq. 2.shikim nepsqar.
-vi 1.shoh shtrembër, shoh me keqdashje. 2. shikoj me lakmi.

leery['li:ri] adj gj.fol 1.syhapët; dyshues. 2.i trembur. 3.dinak; tinëzar.

lees[li:z] n llum, fundërri. +**drink to the lees** e pi deri në fund kupën e hidhërimit.

lee shore n breg për ku fryn era .

leeward['li:wë:d, 'lu:ë:d] adj,adv,n det -adj,adv 1. nga ana që s'e zë era 2.në drejtimin për ku fryn era.
-n ana që s'e rreh era.

leeway['li:wei] n 1.lundrim me erën anash. 2.hapësirë rezervë; rezervë sigurie. 3.mundësi/liri veprimi; **give sb a great deal of leeway** i jap dikujt liri veprimi të madhe.

left I[left] adj,adv,n -adj 1.i majtë; **a left turn** kthesë në të majtë. 2.pol i majtë, majtist.
-adv majtas, në të majtë, nga e majta; **turn left** kthehem majts.
-n 1. e majtë; **on/to my left** nga e majta ime. 2.pol e majtë; krah i majtë. 3.goditje me të majtën (në boks).

left II[left] pt,pp e **leave I.**

left face n kthim majtas.

left-hand ['left-hænd] adj 1.i majtë. 2.me/për dorën e majtë.

left-handed ['left'hændid] adj 1.mëngjarash, sallak. 2.me/për dorën e majtë. 3.që shkon majtas; **a left-handed screw** vidë me filetë majtas. 4.i ngathët. 5.fig i dyshimtë, i pasinqertë; **a left-handed compliment** kompliment jo i çiltër.

left-hander['left'hændë:] n 1.mëngjarash,sallaks. 2.goditje me të majtën.

leftist['leftist] adj,n pol -adj i majtë, i së majtës. -n i majtë, majtist.

leftism['leftizëm] n pol majtizëm.

leftover['leftouvë:] n,adj -n të mbetura(nga dreka etj); mbeturinë.
-adj i mbetur.

left-wing ['leftwing] adj pol i majtë, i së majtës, majtist.

left wing n pol krah i majtë, e majtë.

leg [leg] n,v -n 1.këmbë. 2. këmbëz (pantallonash, karrigeje etj). 3.etapë, pjesë, fazë(e udhëtimit). 4.mat brinjë anësore(e trekëndëshit).+**give a leg up** gj.fol ndihmoj, i jap një dorë; **have not a leg to stand on** gj.fol s'ka ku të kapet, s'ka kurrfarë justi-

fikimi; **(be) on one's last legs** gj.fol (jam) i mbaruar, s'di si qëndroj në këmbë; **pull sb's leg** vë në lojë /tallem me dikë; **shake a leg** zhrg a)nxitoj, tundem vendit. 2.vallëzoj, kërcej; **stretch one's legs** gj.fol bëj një shetitje, shmpij këmbët.
-vt e bëj (rrugën) në këmbë; e marr me vrap; **we had to leg it** u detyruam ta merrnim në këmbë.

legacy['legësi] n 1.trashëgim, trashëgimi. 2.traditë, zakone të trashëguara, trashëgimi kulturore.

legal ['li:gël] adj 1. i ligjit, i drejtësisë, juridik; **legal knowledge** njohuri juridike, njohje e ligjeve; **member of the legal profession** avokat, jurist. 2.gjyqësor, **take legal action/proceedings against sb** hap proces gjyqësor kundër dikujt. 3.i ligjshëm; ligjor; legal; **legal currency** monedhë e ligjshme; **legal adviser** këshilltar ligjor.

legal aid n ndihmë ligjore/juridike falas.

legalese[li:gël'i:z] n zhargon juridik.

legality[li'gælëti] n ligjshmëri.

legalization[li:gëlai'zeishën] n ligjësim, legalizim, vërtetim(i një dokumenti, vendimi).

legalize['li:gëlaiz] vt ligjëroj, ligjësoj, legalizoj, bëj të ligjshme.

legally ['li:gëli] adv ligjërisht, brenda ligjit, sipas ligjit; nga ana ligjore.

legal tender n monedhë/para e ligjshme.

legate['legit] n 1. përfaqësues i Papës. 2.ambasador; përfaqësues; i dërguar.

legatee[lege'ti:] n trashëgues, trashëgimtar.

legation[li'geishën] n legatë, përfaqësi (diplomatike).

legend['lexhënd] n 1.legjendë, gojëdhanë. 2.gurrë popullore, epos. 3.mbishkrim(në monedha). 4.legjendë(e hartës, diagramës etj).

legendary['lexhënderi] adj legjendar.

legged [legd, 'legid] adj me këmbë; -këmbësh; **a four-legged stool** stol katërkëmbësh.

leggings['legingz] n dollakë.

leggy['legi] adj këmbëgjatë.

leghorn['legho:n] n 1.pulë leghorn, pulë për vezë. 2.kashtë për thurje. 3.kapelë kashte.

legibility[lexhë'bilëti] n qartësi leximi, lexueshmëri.

legible['lexhëbël] adj i lexueshëm, i qartë.

legion ['li:xhën] n 1. legjion, ushtri. 2.fig mizëri, mori.

legionary['li:xhëneri] adj,n legjionar.

legionnaire['li:xhëner] n 1.hist anëtar i Legjionit të Huaj Francez. 2.ushtar, legjionar.

Legion of Honour n hist Legjioni i Nderit(i themeluar nga Buonaparti).

legislate['lexhisleit] vi 1.nxjerr ligje. 2.detyroj me ligj.

legislation[lexhis'leishën] n 1.nxjerrje ligjesh. 2. ligje, legjislacion; **a piece of legislation** ligj.

legislative['lexhisleitiv] adj 1.ligjvënës; legjislativ;

legislative body organ ligjvënës. 2.i ligjësuar, i detyruar me ligj.

legislator ['lexhisleitë:] *n* ligjvënës; anëtar parlamenti.

legislature ['lexhisleiçër] *n* 1.organ ligjvënës. 2. godinë e parlamentit.

legit[lë'xhit] *adj zhrg* shih **legitimate**.

legitimate[*adj* lë'xhitëmit; *v* lë'xhitëmeit] *adj, v -adj* 1.i ligjshëm, legjitim; **legitimate heir** trashëgimtar i ligjshëm; **legitimate right** e drejtë legjitime. 2.i arsyeshëm, i pranueshëm, i përligjur; **a legitimate reason for absence** arsye e pranueshme për të munguar. 3.logjik, i logjikshëm(përfundim). *-vt* 1.ligjëroj, i jap fuqi ligjore. 2.përligj.

legitimize [lë'xhitëmaiz] *vt* ligjëroj, i jap fuqi ligjore.

legman['legmæn] *n* person/reporter që mbledh dëshmi në vendin e ngjarjes.

legume['legiu:m, li'giu:m] *n bot* 1.fasule, bathë. 2.bimë bishtajore.

leguminous[li'giumënës] *adj bot* bishtajore(bimë).

lei[lei] *n* kurorë(lulesh, gjethesh).

leister['li:stë:] *n* fuzhnjë peshkimi.

leisure['lezhë:, 'li:zhë:] *n,adj -n* nge, kohë e lirë; **a life of leisure** jetë e rehatshme; **do it at your leisure** bëje me nge. +**at leisure** a) i lirë, i ngeshëm; b)pa ngut, më nge; **at one's leisure** kur më vjen për mbarë.
-adj e lirë, e pazënë(kohë); **in one's leisure time** në kohën e lirë.

leisured['lezhë:d, 'li:zhë:d] *adj* i ngeshëm.

leisurely['lezhë:li, 'li:zhë:li] *adv* pa ngut, më nge.

leitmotif, -tiv['laitmou'ti:f] *n* laitmotiv, temë kryesore.

lek[lek] lek (monedhë e Shqipërisë).

leman['lemën] *n vjet* 1.i dashur; dashnor. 2.dashnore.

lemon ['lemën] *n,adj* 1.*bot* limon. 2.*zhrg* kufkë, gjë pa vlerë. 3.pije freskuese, limonadë.
-adj limon, bojëlimoni.

lemonade['lemëneid] *n* limonadë.

lemon squeezer *n* shtrydhëse limonash.

lend [lend] *vt* (**lent**) 1.huaj, jap hua.2.jep, shton; **the curtain lends charm to the window** perdja i jep bukuri dritares. +**lend a hand** i jap një dorë, ndihmoj(dikë); **lend itself to** (i)përshtatet; **lend an ear to sb/sth** ia vë veshin dikujt/diçkaje; **lend oneself to** i futem, jepem pas; **don't lend yourself to foolish schemes** mos u merr me plane të marra.

lending library *n* bibliotekë publike.

lending rate *n fin* interes i huasë.

lend-lease['lend'li:s] *n* hua-qira(sistem huadhënieje në këmbim të një shërbimi apo furnizimi materialesh).

length [length] *n* 1.gjatësi; **2 metres in length**
me gjatësi 2 metra; **what length is it?**, **what is its length?** ç'gjatësi ka? **for what length of time?** për sa kohë? **2 hours in length** i gjatë 2 orë(koncert etj). 2.kohëzgjatje, kohë; **the length of a visit** koha e vizitës. 3.gjatësi trupore(e kalit, varkës, makinës etj në garë). +**at arms length** larg, në distancë; **at full length** sa gjatë gjerë; **at length** a) më në fund; b)hollësisht, me të gjitha imtësitë; **fall full length** bie sa gjatë gjerë, plandosem; **go to any length** bëj gjithçka, bëj ç'është e mundur.

lengthen['lengthën] *v* 1.zgjas, zgjatoj. 2.zgjatem, zgjatohem. 3.shtyj, zgjas(udhëtimin).

lengthways ['lengthweiz] *adv,adj* shih **lengthwise.**

lengthwise ['lengthwaiz] *adv, adj* për gjatësi, së gjati.

lengthy ['lengthi] *adj* i gjatë; i stërzgjatur, i pafund.

lenience, -ency['li:niëns, -ënsi] *n* butësi, shpirtbutësi.

lenient ['liniënt] *adj* i butë, shpirtbutë; i mëshirshëm, i lehtë(dënim).

lenitive['lenëtiv] *adj,n -adj* lehtësues; zbutës; qetësues.
-n mjek 1.qetësues. 2. pastrues, laksativ i lehtë.

lenity['lenëti] *n* butësi; mëshirë.

lens[lenz] *n* 1.thjerrëz, lente. 2.*anat* kristalin(i syrit). 3.synor, okular.

lent[lent] *pt, pp* e **lend.**

Lent[lent] *n fet* kreshmët e mëdha.

lentil['lentël] *n bot* thjerrëz.

Leo['liou] *n astr* Luani(yllësi).

leonine['li:ënain] *adj* i luanit; luanor, si luan, prej luani.

leopard['lepë:d] *n zool* leopard.

leotard ['li:ëta:d] *n* 1.kominoshe pa këmbë, ngjitur pas trupit. 2.*pl* geta.

leper['lepë:] *n* lebroz, i gërbulur.

leprosy['leprësi] *n mjek* lebër, lebrozë, gërbulë.

leprous['leprës] *adj* lebroz, i gërbulët.

lesbian['lezbiën] *adj,n* lezbike.

lesbianism['lezbiënizëm] *n* lezbinizëm, homoseksualizëm midis femrash.

lesion['li:zhën] *n* 1.dëm, dëmtim. 2.*mjek* lëndim, dëmtim, plagë.

less[les] *adj,adv,prep -adj* (shkalla krahasore e **little**) 1.më i pakët, më pak; më i vogël; **have less time to spare** më mbetet më pak kohë; **of less importance** me rëndësi më të vogël; **3 is less than 5** treshi është i vogël se pesa; **the less you read the less you learn** sa më pak të lexosh aq më pak mëson; **we see less of them now** tani shihemi më rrallë me ta; **can't you let me have it for less?** s'mund të ma ulësh pak çmimin? **the less said about it the better** sa më pak të flasim për të, aq më mirë është; **it's nothing less than a disaster** është tamam fatkeqësi. 2.më i ulët, më i parëndësishëm; **no less a person than** një person jo më pak i rëndësishëm se. +**more or less** a)disi; pak a shumë; b)afërsisht, rreth; **the cost is 30 leks, more or less** kushton 30 lekë afërsisht.

-*adv* më pak; **go out less** dal më rrallë; **less and less** gjithnjë e më pak; **still less** akoma më pak; **none the less** njëlloj, po aq.

-*prep* pa; **a year less two weeks** një vit pa dy javë.

lessee[le'si:] *n* qiramarrës.

lessen ['lesën] *v* 1.pakësohet; zvogëlohet.2.pakësoj; zvogëloj. 3.minimizoj, zvogëloj me dashje.

lesser['lesë:] *adj* më i pakët, më i vogël; **to a lesser extent/degree** në një shkallë më të ulët; **the lesser of two evils** e keqja më e vogël(ndër dy të këqia).

lesson]'lesën] *n,v* -*n* mësim; **give a lesson in** jap mësim në(një lëndë); **teach sb a lesson** *fig* i jap një mësim dikujt; **it taught him a lesson** i shërbeu si mësim.

-*vt* i jap një mësim.

lessor['leso:, le'so:] *n* qiradhënës.

let[lest] *conj* 1.se mos; **be careful lest you fall from that tree** ki kujdes se mos biesh nga pema. 2.që të mos; **lest we forget** që të mos harrojmë.

  let I[let] *v* (**let**) 1.lejoj; lë; **let me have a look** më lër të hedh një sy; ma trego; **let him alone/be** lëre të qetë; **let sb past** lë/lejoj dikë të kalojë. 2.lë të dalë; **let blood from people to lessen a fever** u marr gjak të sëmurëve për t'u ulur temperaturën. 3.le të; **let us/let's** go! ikim!, shkojmë!; **let them wait** le të presin; **let that be a warning to you!** le të të bëhet mësim për të ardhmen! 4.lëshoj, jap me qira;+ **"To let"** "jepet me qira"; **let go** a)lëshoj; liroj; lë të lirë; b) braktis, heq dorë nga.

+**let down** a) zgjas; ul palën(e fustanit); b)shfryj (gomën); c) lëshoj(flokët); d)ngadalësoj, ia var (punës); e)zhgënjej; f)lë në baltë; g)përul, poshtëroj.

+**let in** a)fut (ujë këpuca, çatia); b)fus brenda, lë të hyjë(dikë).

+**let in for** a)lë shteg për; b)i krijoj, i shkaktoj; **what have you let yourself in for?** çfarë telashi i ke hapur vetes?

+**let (sb) in on (a secret)** i zbuloj(dikujt një të fshehtë).

+**let loose** liroj, lëshoj, çliroj, lë të lirë.

+**let off** a) çliron, lëshon, nxjerr(avull); b)çliroj nga një barrë; c)shpërthej; hedh(fishekzjarre); d)zbres (udhëtarët); e)lë të ikë; **let sb off lightly** e lë dikë ta kalojë lehtë; **let off steam** *fig* shfryj, nxjerr dufin;.

+**let on** a)them; tregoj, shfaq: **let on one's surprise** e tregoj habinë; b)lë të kuptohet; pretendoj se, bëj sikur: **she let on that she didn't see me** ajo bëri sikur s'më pa; **let oneself go** s'e përmbaj më veten.

+**let out** a)nxjerr; b)përhap(një lajm), nuk mbaj(një

të fshehtë); c)(**oneself**) dal; d)zgjeroj(një rrobë); e)jap me qira.

+**let up** *gj.fol* a)heq dorë, pushoj; b)qetësohet(moti); c) ngre.

let II[let] *v,n* -*v* (**letted; let**) *vjet* pengoj.

-*n* 1.*vjet* pengesë. 2.*sport* faull. +**without let or hindrance** pa kurrfarë pengese.

let down['letdaun] *n* 1.ngadalësim.2.*gj.fol* zhgënjim. 3.poshtërim.

lethal['li:thël] *adj* vdekjeprurës; **a lethal dose** dozë që shkakton vdekjen.

lethargic[lë'tha:xhik] *adj* 1.letargjik.2.*fig* i fjetur, i përgjumur, i topitur.

lethargy['lethë:xhi] *n* 1. *mjek* letargji. 2. *fig* përgjumje, topitje, plogështi.

let's[lets] (= **let us**) le të.

Lett[let] *n* leton, banor i vendeve baltike.

letter ['letë:] *n,v* -*n* 1.germë, shkronjë; **small /capital letters** shkronja të vogla/të mëdha, kapitale. 2.letër. 3.dokument zyrtar. 4.formulim besnik; **to keep the letter of the law but not the spirit** i përmbahem formulimit por jo frymës së ligjit. 5.*pl* a)letërsi; b)kulturë letrare, letra; **man of letters** njeri i letrave; letrar; shkrimtar, autor. +**to the letter** me saktësi, ekzakt; fjalë për fjalë; **covering letter** letër shoqëruese/shpjeguese.

-*vt* shënoj me germa; gdhend një mbishkrim.

letterbomb['letë:bom] *n* zarf me bombë, letër--bombë.

letterbox['letë:boks] *n* kuti e letrave/e postës(në derë).

letter carrier *n* postier.

lettered['letë:d] *adj* 1.me inciciale, i shënuar me germa. 2.i shkolluar, i mësuar; që di shkrim e këndim. 3.i letrave, me kulturë letrare.

letterhead['letë:'hed] *n* 1.kokë(emër, mbiemër, adresë etj në krye të letrës). 2.letër me kokë.

lettering['letëring] *n* 1.germa; mbishkrim.2. shënim me germa.

letter of application *n* kërkesë me shkrim.

letter of credit *n fin* letërkredit, kartë krediti.

letter of introduction *n* letër rekomandimi.

letter-perfect['letë:'pë:fikt] *adj* i saktë deri në imtësi, i përpiktë.

letterpress['letë:pres] *n* tekst i shtypur.

letter press *n* 1.*polig* presë, makinë shtypi, makinë tipografike. 2.tekst i shtypur.

letters patent *n* lejë zyrtare me shkrim.

Lettish['letish] *adj,n* -*adj* letonez; leton.

-*n* letonisht, gjuhë e popujve balltike.

lettuce['letis] *n bot* marule, sallatë marule.

letup['letʌp] *n gj.fol* pakësim; pushim, ndërprerje; **without a letup** pa pushim.

leu['liu] *n,pl* **lei**[lei] lei (monedhë e Rumanisë).

leucocyte, leukocyte['lu:kësait] *n mjek* rruazë e bardhë, leukocit.

leuk(a)emia[lu:'ki:mië] *n mjek* leukemi.
lev[lef] *n pl* **leva** [levë] levë (monedhë e Bullgarisë).
Levantine[lë'væntin, 'levëntain, 'levënti:n] *n,adj hist -n* 1.levantin, banor i Levantit(Mesdheu Lindor). 2.anije levantine.
-adj levantin, i Levantit. +**levantine** përlhurë e fortë mëndafshi(prodhim i Levantit).
levee I['levi:] *n* ledh, cfrat, argjinaturë.
levee II['levi:,le'vi:] *n* 1.pritje ceremoniale gjatë ditës. 2.*hist* pritje mëngjesore(e aristokratëve etj).
level ['levël] *adj,n,v -adj* 1.i rrafshët, i sheshtë. 2. horizontal, pa pjerrësi. 3.njëlloj i lartë, rrafsh me; **the table is level with the windowsill** tryeza është rrafsh me pragun e dritares. 4.*gj.fol* i qetë, i patrazuar, **keep a level head** ruaj gjakftohtësinë. 5.barabar, njëlloj(në rang, pagë etj). 6.maksimal; **a level spoonful** lugë e mbushur rrafsh(në maksimum); **I'll do my level best** do të bëj maksimumin/gjithë ç'kam në dorë.
-n 1.nivel; **above/at/below sea level** mbi/në/nën nivelin e detit; **take a level** nxjerr nivelin, niveloj. 2.vend i rrafshët, rrafshinë. 3.lartësi, nivel; **to a level of two metres** në lartësinë dy metra. 4.shkallë, gradë. 5.*fig* nivel; sferë; **talks at ministerial level** bisedime në nivel ministrash; **come down to sb's level** *fig* e ul veten në nivelin e dikujt. 6.nivelator, nivelmatës, nivel(me flluskë ajri). +**find one's level** gjej vendin që më takon; **on the level** *gj.fol* a)i ndershëm, i rregullt(person, ofertë); b)ndershmërisht, pa hile(punoj).
-v 1. rrafshoj, sheshoj, niveloj.2.(off, out) bëhet i rrafshët/horizontal(shtegu).3.shkatërroj, bëj rrafsh. 4.i drejtoj(pushkën, një thumb); **she levelled a rebuke to the speaker** ajo i drejtoi një vërejtje folësit.
+**level off/out** bëhet i rrafshët/horizontal(shtegu, trualli); b)stabilizohen (çmimet); c)fluturon në kuotë (avioni).
+**level with** *zhrg* i them të vërtetën, tregohem i çiltër(me dikë).
level crossing *n* kalim në nivel, kryqëzim i rrugës me hekurudhën.
level-headed['levël'hedid] *adj* i ekuilibruar, i arsyeshëm, i qetë.
lever['li:vë:, 'levë:] *n* levë; ngritës.
-vt 1.ngre me levë. 2.*fig* shtytje; **exert leverage on sb** shtyj/nxis dikë, ushtroj ndikim te dikush.
leveret['levërit] *n zool* lepurush.
leviathan[lë'vajëthën] *n* 1.kafshë deti vigane(në Bibël). 2.anije vigane. 3.*fig* kolos, vigan.
levis['li:vaiz] *n* pantallona xhins(me tegela të spikatur e me përçina).
levitate['levëteit] *v* 1.ngre në ajër. 2.ngrihet /pluskon në ajër.
levitation[levë'teishën] *n* ngritje në ajër.

levity['levëti] *n* mendjelehtësi.
levy['levi] *v,n* *-v* 1.vë(taksa). 2.rekrutoj(ushtarë), mbledh(trupa). 3.sekuestroj. +**levy war on** nis luftë kundër.
-n 1.vënie(taksash). 2.rekrutim(ushtarësh). 3.para nga taksat. 4.trupa të grumbulluara.
lewd[lu:d] *adj* 1.lapërdhar, i turpshëm, i fëlliqur. 2.*vjet* i paditur, injorant.
lexical['leksëkël] *adj gram* leksikor.
lexicographer[leksë'kogrëfë:] *n* leksikograf; hartues fjalorësh.
lexicography[leksë'kogrëfi] *n* leksikografi.
lexicologist[leksë'kolëxhist] *n* leksikolog.
lexicology[leksë'kolëxhi] *n* leksikologji.
lexicon ['leksëkën, leksë'kon] *n* 1.fjalor. 2.fond fjalësh, fjalor(i një shkrimtari). 3.leksik, pasuri/fond fjalësh i një gjuhe.
liability[lajë'bilëti] *n* 1.prirje, të qenët i prekshëm (nga sëmundjet etj). 2. detyrim; përgjegjësi. 3.*pl* borxhe. 4.barrë; pengesë; dizavantazh.
liable ['lajëbël] *adj* 1.i prirur; **glass is liable to break** xhami është i theyshëm. 2.i rrezikuar, i prekshëm(nga sëmundjet etj). 3.përgjegjës(për). 4.i detyruar; **be liable for military service** jam i detyruar të kryej shërbimin ushtarak. +**be liable to get cross-shot** mund të nxehem, mund të më qëllojnë; **be liable to colds/to a fine** mund të marr të ftohtë/të ha një gjobë.
liaise[li:'eiz] *vi* (**with**) mbaj lidhje(me).
liaison [li:'eizon, li:'ë'zon] *n* 1. lidhje, koordinim. 2.*usht* ndërlidhje. 3.lidhje dashurore. 4.*gram* shqiptim i bashkëtingëllores fundore, lidhëzim.
liaison committee *n* këshill/komitet koordinues.
liaison officer *n* oficer ndërlidhës.
liana [li'a:në, li:'ænë] *n bot* lianë (bimë kacavjerrëse).
liane[li'a:n] *n* shih **liana**.
liar ['lajë:] *n* gënjeshtar, rrenacak.
liard['lië:d, li'a:, li'a:d] *n amer bot* plep i Veriut.
libel['laibël] *n,v -n* shpifje.
-vt shpif kundër; botoj shpifje(kundër dikut).
libel(l)er['laibëlë:] *n* shpifës.
liberal['libërël] *adj,n -adj* 1.bujar; **a liberal donation** dhuratë bujare. 2.i bollshëm; **a liberal supply of coal** rezervë e bollshme qymyri. 3.i gjerë (botëkuptim etj). 4.liberal.
-n 1.liberal. 2.anëtar i partisë Liberale.
liberal arts *n* shkencat shoqërore.
liberal education *n* arsimim në shkencat shoqërore.
liberalism['libërëlizëm] *n* 1.liberalizëm. 2.bujari. 3.gjerësi(botëkuptimi).
liberalist['libërëlist] *n* liberal.
liberality[libër'ælëti] *n* 1.bujari. 2.dhuratë. 3.gjerësi (e mendjes), horizont.
liberalize ['libërëlaiz] *v* liberalizoj; liberalizohem.

liberate['libĕreit] vt 1.çliroj. 2.kim çliron, nxjerr.
liberation[libĕ'reishĕn] n 1.çlirim. 2.emancipim; women's liberation emancipim i gruas.
liberator['libĕreitĕ:] n çlirues, çlirimtar.
Liberia[lai'bi:riĕ] n gjeog Liberi.
Liberian[lai'bi:riĕn] adj,n liberian.
libertarian[libĕ:'teriĕn] n libertar, përkrahës i lirisë së mendimit e të veprimit.
libertine ['libĕ:ti:n] n 1.njeri i shthurur. 2.hist skllav i liruar, njeri i lirë. 3.attr i shthurur, prej njeriu të shthurur.
liberty ['libĕ:ti] n 1.liri; pavarësi(politike). 2.liri (veprimi, mendimi, e fjalës, e shtypit etj). 3.liri e tep - ruar, paturpësi. +at liberty a)i lirë; b)i lejuar; you are at liberty to make any choice të lejohet të zgjedhësh ç'të duash; c) i pazënë(me punë). +take liberties (with) a)sillem lirshëm/pa respekt (me dikë); b)abuzoj me(faktet); what a liberty! si guxon?, si ia lejon vetes?
libidinous [lĕ'bidĕnës] adj epshor, epsharak; lapërdhar.
libido[lĕ'bi:dou] n 1.epsh, dëshirë seksuale, libido. 2.energji(mendore, emocionale).
Libra['laibrĕ] n astr Peshorja(yllësi); be a Libra i përkas Peshores(kam lindur nën yllësinë e Peshores).
librarian[lai'breriĕn] n bibliotekar .
library ['laibreri, - brĕri] n bibiliotekë; library science bibliotekari.
librettist[li'bretist] n libretist, autor libreti.
libretto[li'bretou] n libret, tekst (opere).
Libya['libiĕ] n gjeog Libi.
Libyan['libiĕn] adj,n -adj libian.
-n 1.libian.2.gjuha(e lashtë) libiane.
lice[lais] pl i louse.
licence, amer license['laisĕns] n 1.lejë; liçensë; patentë; dëshmi; driving/driver's licence dëshmi aftësie, patentë shoferi; import licence liçensë për të importuar; under licence me lejë. 2.liri e tepruar; poetic licence liri poetike.3.attr i targës; licence number numër targe; licence plate targë makine.
license['laisĕns] vt 1.pajis me dëshmi/me patentë. 2.lejoj, autorizoj; a doctor is licensed to practice medicine mjeku është i autorizuar të ushtrojë mjekësinë.
licensed['laisĕnst] adj i pajisur me lejë/dëshmi /patentë/liçensë; a licenced restaurant/premise restorant/lokal i lejuar të tregtojë pije alkoolike.
licensee['laisĕnsi:] n person i pajisur me lejë/dëshmi/patentë/liçensë.
licentiate[lai'senshii:t, lai'senshieit] vt 1.person i pajisur me liçensë. 2.liçenciat(gradë shkencore poshtë doktoratit).
licentious[lai'senshës] adj 1.i shthurur, i lëshuar. 2.vjet i pabindur, që shkel ligjet.

lichen['laikĕn] n bot liken.
lich-gate['liçgeit] n portik me strehë(në oborr të kishës).
licit['lisit] adj i rregullt, i ligjshëm, i lejuar.
lick [lik] v,n -v 1.lëpij. 2.përpin(flaka). 3.gj.fol rrah. 4.gj.fol mund(dikë); mposht(një vështirësi). +lick into shape e bëj të përdorshëm/të paraqitshëm; lick sb's boots fig i lëpij këmbët dikujt. -n 1.lëpirje. 2.gjollë kripe. 3.gj.fol goditje. 4.gj.fol çikë, grimë; not to do a lick of work s'bëj asnjë lek punë. 5.shans; you'll get your licks in later do të të kthehet shansi më vonë. 6.gj.fol shpejtësi; vrik; at a great lick me vrik; a lick of paint një dorë bojë; a lick and a promise një spastrim rrënjësor.
lickerish['likĕrish] adj vjet 1.sqimatar në ushqim. 2.lakmitar. 3.epsharak.
lickety-split['likĕtisplit] adv gj.fol sa hap e mbyll sytë, me vrik.
licking['liking] n gj.fol 1.rrahje; shuplaka. 2.disfatë; dështim.
lickspittle['likspitĕl] n lajkatar, sahanlëpirës.
licorice['likĕrish] n bot jamball.
lictor['liktĕ:] n hist liktor, ndëshkues publik.
lid[lid] n 1.kapak. 2.qepallë, kapak i syrit. 3.zhrg kapelë, kësulë.4.gj.fol fre; put the lid on gambling i vë fre kumarit. +flip one's lid zhrg shqetësohem së tepërmi; take the lid off sth fig nxjerr në shesh diçka.
lidless['lidlis] adj 1.pa kapak. 2.pa qepalla. 3.poet syçelë, syhapët.
lido['li:dou] n Br 1.pishinë. 2.plazh.
lie I[lai] n,v -v rrenë , gënjeshtër; mashtrim; lie detector zbulues i gënjeshtrave, makinë e së vërtetës. +give the lie to a)quaj gënjeshtar(dikë); b)përgënjeshtroj, ia nxjerr rrenën në shesh.
-v (present p lying) gënjej. +lie oneself out of a difficulty dal nga situata duke gënjyer.
lie II [lai] v,n -v (lay; lain; lying) 1. rri shtrirë, shtrihem; prehem; he lay where he had fallen ai prehej aty ku kishte rënë; lie still rri pa lëvizur; lie in bed rri në shtrat; lie low fig rri në hije; fshihem. 2.ndodhet, gjendet; shtrihet; the town lies in a valley qyteti gjendet në një luginë. 3.qëndron, konsiston, ekziston; the cure lies in education shpëtimi qëndron te shkollimi; where does the difficulty/the difference lie? ku qëndron vështirësia /ndryshimi? 4.më takon, më përket; the fault lies with him faji është i tiji/i takon atij.
-n 1.shtrirje; drejtim; vendndodhje. 2.vendqëndrim i kafshës. +lie of the land a)konture/tipare të vendit; b)gjendje, situatë.
+lie about/around hallakaten (gjërat); sorollatem, sillem kot.
+lie back shtrihem.
+lie down shtrihem; take sth lying down fig pranoj diçka me përulësi.

+**lie in** rri në shtrat, nuk çohem.
+**lie off** *det* rri jo fort larg.
+**lie over** shtyhet për më vonë.
+**lie to** *det* qëndron kundër erës(anija).
lief[li:f] *adv vjet* me dëshirë; **I'd as lief stay here** rri me gjithë qejf.
liege[li:xh] *n hist* 1.zot feudal. 2.vasal; **liege lord** zot feudal.
liegeman['li:xhmën] *n* 1.vasal. 2.pasues besnik.
lien [li:n, 'li:ën] *n drejt* pengim(prone) si garanci pagese.
lieu[lu:] *n vjet* vend; **in lieu of** në vend të.
lieutenant [lef'tenënt; *amer* lu:'tenënt] *n* 1. zëvendës; **gang leader's lieutenants** zëvendësit e kapobandës. 2. *usht* toger.
lieutenant-colonel *n* nënkolonel.
lieutenant-general *n* gjeneral-lejtnant.
lieutenant-governor *n* zëvendësguvernator.
life[laif] *n pl* lives 1.jetë; **life on earth** jeta mbi tokë; **a matter of life and death** çështje jete a vdekje; **come to life** ringjallem. 2.jetëgjatësi; ekzistencë; mënyrë jetese; **during the life of this government** gjatë ekzistencës së kësaj qeverie; **be sent to prison for life** dënohem me burgim të përjetshëm; **in early life** në rini; **in later life** me kalimin e viteve; **how's life?** si ia çoni, si jetoni? **that's life** kështu e ka jeta; **a danger to life and limb** rrezik për vdekje; **not on your life!** kurrën e kurrës! 3.gjallëri, jetë; **put/breathe new life into(sb)/(an area)** frymëzoj/gjallëroj(dikë); i jap jetë/përtërij(një rajon); **the life and soul of the party** shpirti/qendra e festës. 4.person, vetë, njeri; **three lives were lost in the fire** tre persona gjetën vdekjen nga zjarri. 5.jetëshkrim, biografi; **have you read the life of Van Gogh?** e ke lexuar jetëshkrimin e Van Gogut? 6.natyrë, jetë; realitet; **paint from life** pikturoj nga natyra/nga jeta; **true to life** besnik ndaj realitetit. +**as large/as big as life** a)në madhësi natyrore; b)vetë, personalisht; **for dear life** me të katra, për të shpëtuar kokën; **for life** a)për jetë(burgim); b)për të shpëtuar kokën; **for the life of me (him/her)** *gj.fol* të më(ta) vrasësh se(e mbaj mend etj); **see life** *gj.fol* e njoh jetën; **take life** vras; **take one's own life** vras veten; **to the life** saktë; përsosurisht; njëlloj si modeli; **upon my life!** për fjalë të nderit!
life belt *n* gomë/brez shpëtimi.
lifeblood[laif'blʌd] *n* 1.gjak; lëng jetësor. 2.gjak i ri(i një organizate).
lifeboat['laifbout] *n* varkë shpëtimi.
lifebuoy['laifboi] *n* gomë/brez shpëtimi.
lifeguard ['laifga:d] *n* kujdestar plazhi / pishine, notar rojë.
Life Guards *n* gardë mbretërore(e Anglisë).
life insurance *n* sigurim i jetës.
life jacket *n* jelek shpëtimi.
lifeless['laiflis] *adj* 1.i pajetë; i vdekur. 2.i shkretë,

pa jetë(planet). 3.i flashkët(njeri). 4.i shpëlarë, i zbarët(stil).
lifelike['laiflaik] *adj* si i gjallë(portret).
lifeline ['laiflain] *n* 1.*det* litar shpëtimi. 2.kavo /kabëll palombari.
lifelong['laiflong] *adj* i përjetshëm, i tërë jetës.
life preserver *n* brez/gomë/jelek shpëtimi.
lifer['laifë:] *n zhrg* i dënuar me burgim të përjetshëm.
lifesaver['laifseivë:] *n* 1.kujdestar/rojë plazhi, notar rojë. 2.*fig* shpëtim, shpëtimtar.
life-size['laifsaiz] *adj* në madhësi natyrore.
life span *n* jetëgjatësi.
lifestyle['laifstail] *n* mënyrë/stil jetese.
lifetime['laiftaim] *n* 1.jetë; **in my lifetime** gjatë jetës sime; **the chance of a lifetime** shans i vetëm, shans që të vjen vetëm një herë në jetë; **it seemed a lifetime** na u duk(se kishte kaluar) një jetë e tërë. 2.*attr* i tërë jetës.
lift [lift] *v,n* -v 1. ngre, çoj; **lift one's head** ngre kokën. 2.heq(një kufizim etj). 3.ngre(zërin, moralin, në përgjegjësi). 4.mbledh, nxjerr nga toka(patate etj). 5.*gj.fol* vjedh; **lift things from a store** vjedh gjëra në dyqan. 6. shlyej, paguaj (hipotekën). 7. ngrihet. 8.shpërndahet (mjegulla).
-*n* 1.ngritje; forcë ngritëse. 2.lartësi e ngritjes. 3. mbartje me makinë. 4.*Br* ashensor. 5.e ngritur, breg. 6.ngritje humori. +**give sb a lift** marr dikë në makinë, çoj dikë me makinë.
+**lift down** kthej(njëgotë).
+**lift off** a)heq; b)niset, ngrihet(helikopteri, raketa).
+**lift out** a)nxjerr; b)largoj, evakuoj(trupat).
+**lift up** ngre.
liftoff['liftof] *n* ngritje,nisje(e avionit, raketës).
ligament['ligëmënt] *n anat* pejzë, tejzë, ligament.
ligate['laigeit] *vt* lidh; qep(një enë gjaku).
ligature ['ligëçë:, 'ligëçuë:] *n,v* -n 1.*mjek* pe, fill (për qepje plagësh). 2.lidhje, bashkim. 3.*muz* vizë bashkuese(e notave). 4.*polig* bashkim germash.
-*vt mjek* qep (plagën).
light I[lait] *n,adj,v* -n 1.dritë; **at first light** në të aguar; **you're(standing) in my light** më ke zënë dritën; **against the light** kundër dritës. 2.*fig* qartësi, ftillim, dritë; **in the light of** në dritën e; **cast /shed/throw light on** hedh dritë mbi, sqaroj; **according to one's lights** sipas aftësive mendore. 3.njohuri; informacion; pikëpamje. 4.aspekt. 5.dritë (makine), fener; **turn the light on/off** ndez /fik dritën; **rear lights** dritat e pasme; **traffic lights** fener trafiku, semafor. 6.zjarr, flakëz; **pilot light** flakëz sigurimi(në sobat me gaz); **have you a light?** a ke zjarr?, ke gjë për të ndezur cigaren? **put a light to sth** i vë flakë diçkaje. +**bring to light** zbuloj, nxjerr në pah; **come to light** del në shesh, ekspozohet; **in the light of** duke marrë parasysh; në dritën e; nga pikëpamja e; **see the light (of day)** a)lind;

b)del në pah, bëhet e ditur; c)publikohet; botohet; d)pendohem, pranoj gabimin, vë mend; e) *fet* kthehem në fe tjetër; **strike a light** bëj dritë.
-adj 1.i ndriçuar, me dritë(ambient). 2.i ndritshëm, i kthjellët. 3.i çelët, i hapët, i zbetë; **light hair** flokë të çelët.
-v 1.ndriçoj, ndrit(dhomën).2.ndez(dritën).3. ndrit, shkëlqen, ndriçohet. 4.ndez(qiriun, cigaren). 5.ndizet, merr flakë.
+**light up** a)ndizet(llampa); b)ndrit(fytyra); c)ndez (cigaren); d) *fig* sqaroj, ftilloj, kthjelloj.
light II[lait] *adj,adv* *-adj* 1.i lehtë(si peshë). 2.e pangarkuar, e lehtë(veshje). 3.i lehtë, jo i vështirë. 4.zbavitës, joserioz(lexim etj). 5.i parëndësishëm. 6.i lëshuar, moskokëçarës. 7.pa shumë alkool(birrë etj). 8.*usht* i lehtë, jo shumë i pajisur; **light cavalry** kalorësi e lehtë. +**light in the head** a)i hutuar, që i merren mendtë; b)mendjelehtë; c)i krisur; **make light of sth** e marr me lehtësi diçka, nuk i jap rëndësi diçkaje; **make light work of sth** e bëj diçka me shumë lehtësi; **be light on one's feet** kam të ecur të lehtë.
-adv 1.lehtë, lehtësisht, me lehtësi. 2.me pak bagazhe.
light III [lait] *vi* (**lighted; lit**) 1. zbres (nga kali). 2.ulet, ndalet(zogu). 3.ndesh, has; **light upon a familiar face** ndeshin(sytë) në një fytyrë të njohur. 4.bie papritur.
+**light into** *zhrg* 1.sulmoj. 2.shaj, qortoj.
+**light out** *zhrg* iki befas, largohem me ngut.
light-armed['lait'a:md] *adj* i armatosur lehtë.
lighten I['laitën] *v* 1.ndriçoj. 2.ndriçohet. 3.zbeh, çel. 4.çelet, zbardhet, zverdhet(floku). 5.vetëtin.
lighten II['laitën] *v* 1.lehtësoj(peshën, taksat). 2. *fig* lehtësoj, çliroj. 3.*fig* lehtësohet, çlirohet (shpirti); çelet(fytyra).
lighter I['laitë:] *n* 1.çakmak. 2.ndezës.
lighter II['laitë:] *n,v* *-n* maunë, lundër e sheshtë (për shkarkim anijesh).
-vt mbart me maunë; shkarkoj(anijen).
lightface ['laitfeis] *n polig* gërma të drejta (normale).
lightfingered ['lait'fingë:d] *adj* 1.i shkathët nga duart, duarshkathët. 2.që ka dorë, që vjedh.
light-foot(ed) ['lait'fut(id)] *adj* këmbëlehtë, që ecën pa u ndier.
light-headed ['lait'hedid] *adj* 1.i trullosur, që i merren mendtë. 2.mendjelehtë.
light-hearted['lait'ha:tid] *adj* 1.i shkujdesur; gazmor. 2.i lehtë(diskutim).
light heavyweight *n sport* peshë e rëndë e parë (76-81 kg).
light horse *n usht* kalorësi e lehtë.
lighthouse['lait-haus] *n* far, fanar.
light infantry *n usht* këmbësori e lehtë.
lighting ['laiting] *n* 1.ndriçim. 2.ndezje. +**light-**

ing-up time ora e ndezjes së dritave.
lightly ['laitli] *adv* 1.lehtë, butë.2.lehtësisht, paksa. 3.pa e prishur terezinë; shkujdesshëm; **take bad news lightly** nuk e prish gjakun nga lajmet e këqija. +**get off lightly** ndahem paq, e hedh pa shumë telashe.
light-minded['lait'maindid] *adj* mendjelehtë.
lightness I['laitnis] *n* 1.ndriçim(i qiellit). 2.çehre /ngjyrë e çelët(e lëkurës etj).
lightness['laitnis] *n* 1.peshë e lehtë, të qenët i lehtë. 2.butësi, lehtësi(e dënimit). 3.shkujdesje, gazmend. 4.mendjelehtësi, mungesë serioziteti.
lightning ['laitning] *n* 1. vetëtimë, shkreptimë. 2. *attr* rrufe, i rrufeshëm; **a lightning decision** një vendim i rrufeshëm; **lightning attack** sulm rrufe. +**like greased lightning** i shpejtë si rrufeja.
lightning bug *n zool* xixëllonjë.
lightning conductor *n* rrufepritës.
lightning rod *n* rrufepritës.
lightproof ['laitpru:f] *adj* i papërshkueshëm nga drita.
lights [laits] *npl* mëlçitë e bardha, mushkëritë(e bagëtive).
lightship['laitship] *n* anije-fanar; far lundrues.
lightsome ['laitsëm] *adj* 1. i shkathët, i zhdërvjellët. 2.i shkujdesur; i gëzuar. 3.mendjelehtë.
lights-out['laitsaut] *n* errësim, shuarje e dritave.
lightweight ['laitweit] *n,adj* *-n* 1. *sport* peshë e lehtë(58-60 kg). 2.*fig* person pa peshë/i parëndësishëm.
-adj i lehtë; i peshës së lehtë.
light-year ['laitjië:] *n astr* vit-dritë.
ligneous['ligniës] *adj* drusor; i drunjtë.
lignite['lignait] *n min* linjit.
ligroin['ligrouin] *n* benzinë.
likable['laikëbël] *adj* i pëlqyeshëm; i këndshëm; tërheqës.
like I[laik] *prep,adj.conj,n,adv,v* *-prep* 1.si; **very like each other** ngjajnë shumë; **a house like mine** një shtëpi si e imja; **people like that** njerëz të tillë; **what's he like?** ç'tip është ai? **what's the weather like?** si është koha? **it's not like him to do that** nuk është ai nga ata që mund ta bëjë këtë; **that's more like it** kështu është më mirë; **it happened like this** ndodhi kështu; **like father like son** si i ati dhe i biri, dardha nën dardhë bie.2.si për; **feel like ...** më vjen për të..; **I feel like a cup of coffee** sikur më pihet një kafe; **it looks like rain** koha është si për shi. +**like crazy, like mad** *gj.fol* shumë, me tërbim (**walk, work**); **nothing like** jo aq; **it's nothing like as hot as it was** nuk është aq vapë sa ç'ishte; **as like as not** ka(shumë) të ngjarë; **something like** pak a shumë.
-adj i ngjashëm; **in like cases** në raste të tilla; **rabbits, mice and like creatures** lepuj, minj e krijesa të ngjashme me to. 2.*vjet* ka mundësi; **he is**

sick and like to die ai ёshtё i sёmurё dhe duket se do tё vdesё.

-conj *gj.fol* 1.siç; **like we used to (do)** siç bёnim ne. 2.sikur, **it looks like we'll have to** duket sikur do tё na duhet tё.

-n shoq; diçka e ngjashme; **we will not see his like again** nuk do t'ia gjejmё mё shoqin; **they had never seen the like before** kurrё s'u kishte zёnё syri diçka tё atillё. +**and the like** e tё tjera si kёto, etj.

-adv 1.*gj.fol* ka tё ngjarё; **like enough it will rain** ka shumё tё ngjarё qё tё bjerё shi.2.*vjet* njёlloj;po aq.

-v *vjet* krahasoj.

like I[laik] *v,n* **-vt** 1.pёlqej; **I like swimming /hats** mё pёlqen noti/kapelet; **which do you like best?** cili/cila tё pёlqen mё shumё? **well, I like that!** *gj.fol* e bukur kjo! 2.dua, dёshiroj; **I should like to know why** do tё doja tё dija pёr ç'arsye; **would you like me to wait outside?** doni qё tё pres pёrjashta? **as you like** si tё duash; **if you like** po tё duash; **whenever you like** kur tё duash.

-n pl likes shije, preferenca.

likeable['laikёbёl] *shih* **likable.**

likelihood['laiklihu:d] *n* mundёsi, gjasё; **in all likelihood** sipas tё gjitha gjasave, ka shumё mundёsi; **there is little likelihood that** si zor qё, vёshtirё se.

likely['laikli] *adj,adv* **-adj** 1. i mundshёm; **a likely explanation** njё shpjegim i mundshёm; **the likeliest time** koha mё e mundshme. 2.i pritshёm; **it is likely to be hot tomorrow** nesёr pritet tё bёjё nxehtё. 3.i pёrshtatshёm; **a likely place to fish** njё vend i pёrshtatshёm pёr peshkim. 4.premtues; **a likely boy** djalё premtues.

-adv ka tё ngjarё; **most/very likely they've lost it** ka shumё mundёsi ta kenё humbur; **not likely!** as mos tё tё shkojё nёpёr mend!

like-minded['laik'maindid *ad* i tё njёjtit mendim.

liken['laikёn] *vt* pёrqas; krahasoj.

likeness['laiknis] *n* 1.ngjashmёri, ngjasim. 2.pamje, paraqitje; **in the likeness of** duke u paraqitur si, nёn pamjen e.

likewise['laikwaiz] *adv* 1.njёlloj, nё tё njёjtёn mёnyrё; **do likewise** bёj/vepro njёlloj. 2.gjithashtu, si edhe; **a painter, and likewise a writer** piktor, gjithashtu edhe shkrimtar.

liking ['laiking] *n* 1.pёlqim, dёshirё, shijё(pёr diçka). 2.simpati; **have a liking for sb** kam simpati /dobёsi pёr dikё; **take a liking to** fitoj simpati pёr.

lilac['lailёk] *n,adj* **-n** 1.*bot* lilak, jargavan.2. ngjyrё jargavani.

-adj ngjyrё jargavani.

Lilliputian[lilё'pju:shёn] *adj,n* **-adj** shumё i vockёl, liliput.

-n xhuxh; liliput.

lilt[lilt] *n* kadencё.

lily['lili] *n bot* zambak; **lily of the valley** drekёz, luledrekёs. +**gild the lily** praroj zambakun, pёrpi-

qem tё zbukuroj diçka tё pёrkryer.

lily-livered['lililivё:d] *adj* zemёrlepur, frikash.

lima bean['laimё'bi:n] *n bot* fasule pllaqi.

limb[lim] *n* 1.gjymtyrё; krah(zogu).2.degё.3.pjesё; pjesёtar. +**out on a limb** a)nё pozitё tё keqe; b)si i huaj; **tear limb from limb** shqyej; **go out on a limb** vё veten nё rrezik.

limber['limbё:] *adj,v* **-adj** i pёrkulshёm, elastik, i epur; i zhdёrvjellёt.

-vi shkrythem.

limbo['limbou] *n* 1.*fet* limb, vendi i tё harruarve. 2.harresё, braktisje; **be left in limbo** lihet nё harresё. 3.burg.

lime I[laim] *n,v* **-n** gёlqere; **quick lime** gёlqere e pashuar.

-vt gёlqeroj(tokёn).

lime II[laim] *n* 1.*bot* limon i athёt. 2.limonadё.

lime III[laim] *n bot* bli.

limeade['laimeid] *n* limonatё.

limekiln['laimkil(n)] *n* furrё gёlqereje.

limelight['laimlait] *n* 1.dritё e fortё(nga gёlqerja e nxehur). 2.*fig* qendёr e vёmendjes; **be in the limelight** jam nё qendёr tё vёmendjes.

limerick['limёrik] *n* poemth humoristik pesёvargёsh.

limestone['laimstoun] *n* gur gёlqeror.

limewater['laimwotё:] *n* ujё gёlqereje, hidroksid kalciumi.

limey['laimi] *n,adj zhrg* **-n** 1.anglez. 2.ushtar /detar anglez. 3.anije angleze.

-adj anglez.

limit['limit] *n,v* **-n** 1.cak, kufi; **reach the limit of one's patience** mё soset durimi. 2.*mat* limit. 3. *pl* zonё, territor. +**he is the limit!** ai kalon çdo kufi! **well, that's the limit!** epo , ky ёshtё kulmi!

-vt kufizoj, vё cak; **limit oneself to a few remarks** kufizohem me disa vёrejtje tё pakёta; **I limit myself to 10 cigarettes a day** mjaftohem me 10 cigare nё ditё.

limitation [limё'teishёn] *n* 1. kufizim; **he has /knows his limitations** ai ka/i njeh kufizimet e veta. 2.*drejt* periudhё parashkrimi.

limitative['limёteitiv] *adj* kufizues.

limited['limёtid] *adj,n* **-adj** 1.i kufizuar, i pakёt; **to a limited extent** deri nё njёfarё mase; **a limited edition** botim nё tirazh tё vogёl. 2.*ek* aksionar; **limited company** (shkurt **Ltd**) shoqёri aksionare. 3.ekspres(tren, autobus).

-n tren/autobus ekspres, tren/autobus i shpejtё me pak ndalesa.

limited-access [limёtid'ёkses] *adj* me pak pika hyrjeje(autostradё).

limited liability company *n* shoqёri(aksionare) anonime.

limitless['limitlis] *adj* i pakufi, i pakufishёm; i pafund.

limn[lim] *v* 1.pikturoj. 2.portretizoj(me fjalë).

limo['limou] *gj.fol* shih **limousine.**

limousine [limë'zi:n] *n* 1.limuzinë, veturë e madhe luksoze. 2.mikrobus.

limp I[limp] *n,v* -*n* çalim.
-*vi* 1.çaloj. 2.ecën me mundim; **the ship limped home** anija u kthye në port me vështirësi.

limp II[limp] *adj* 1.i butë; i squllur. 2.i varur, i lëshuar; i squllët; **let your arm go limp** lëshoje/lëre të lirë krahun.

limpid['limpid] *adj* i kthjellët, i kulluar, i qartë.

limpidity[lim'pidëti] *n* kthjelltësi, qartësi.

limy['laimi] *adj* gëlqereje; gëlqeror.

linage['lainixh] *n* numër rreshtash në faqe.

linchpin['linçpin] *n mek* kunj, kiavetë, kopile.

lindane['lindein] *n kim* lindan(insekticid).

linden['lindën] *n bot* bli.

line I[lain] *n* 1.vijë; vizë; **draw a line under sth /through sth** nënvizoj diçka/i heq vizë diçkaje, heq dorë nga diçka. 2.fill; spango; litar. 3.tel. 4.fildispanjë, tojë(peshkimi). 5.*el* linjë; **the line went dead** lidhja u ndërpre; **hold the line, please** mos e mbyllni(telefonin), ju lutem; **be on the line** jam në telefon. 6.rresht; radhë; **stand in line** rri në/mbaj radhë; **fall onto line with sb/sth** i përshtatem dikujt /diçkaje; **step out of line** *fig* gaboj. 7.linjë, drejtim; **line of vision** vijë shikimi; **line of inquiry** drejtim i hetimeve; gjurmë; **line of attack** a) *usht* plan i sulmit; b) *fig* plan veprimi; **in the line of duty** brenda funksioneve të veta, brenda detyrës; **line of argument** linjë e arsyetimit; **line of research** sektor i kërkimeve; **line of interest** sferë e interesave; **it's not my line** nuk është specialiteti im; **take the line that** jam i mendimit se; **toe/follow the party line** i përmbahem vijës së partisë; **along the same lines** a)të të njëjtit tip; b)në të njëjtën mënyrë; **on the right lines** në rrugë të mbarë, në drejtimin e duhur. 8.rresht; varg; **drop me a line** më shkruaj dy rreshta/dy gisht letër. 9.linjë (hekurudhore); rrugë detare; shoqëri lundrimi.10.*fig* rrugë, ecuri; **reach /come to the end of the line** janë gati për t'u prishur(marrëdhëniet). 11.*ek* linjë, sektor; **a new line in cosmetics** një sektor i ri artikujsh kozmetikë. 12.rrudhë, vijëz(në lëkurë).13.*pl* a)konture, përvijim, trajtë; b)strukturë; c) *teat* pjesë,dialog(i aktorit); d)frerë; e)*gj.fol* certifikatë martese. 14.varg(makinash). 15.prejardhje, linjë familjare. 16.*usht* a)vijë e parë, front; b)rreshtim(i trupave). 17.kufi shtetëror; **the line** ekuatori. 18.*zhrg* histori e fryrë, ekzagjerim. 19. 1/12 e inçit(afërsisht 2 mm). +**all along the line** a)në çdo pikë; kudo; b)që nga fillimi; **bring into line** bind; **come into line** bie dakord; bindem; **get/have a line on** *gj.fol* informohem/kam dijeni për; **in line** a)në një rresht; b)në ujdi, në marrëveshje; c)gati; d)në renditje; **next in line** ai që vjen më pas; **on a line** barabar; rrafsh; **on the line** ndër-

mjet; as mish as peshk; **put sth on the line** rrezikoj diçka; **out of line** në mosmarrëveshje; pa vend(vërejtje); **read between the lines** lexoj midis radhëve.
-*v* 1.vizoj. 2.mbushur me rrudha(fytyrën). 3.rendis, rreshtoj. 4.vihen në varg(makinat).
+**line up** rreshtoj, fus në radhë; **have you got anyone lined up for the job?** ke fiksuar ndonjërin për këtë vend pune? **have sth lined up** kam diçka në plan/në program.

line II[lain] *vt* 1. i vë astar. 2. mbush; **line one's pockets (with money)** mbush xhepat (me para); **the streets were lined with people** rrugët ishin mbushur me njerëz.

lineage I['liniixh] *n* 1.prejardhje. 2.familje; racë.

lineage II['lainixh] *n* shih **lineage.**

lineal['liniël] *adj* 1.në vijë të drejtë, i drejtpërdrejtë(pasardhës). 2.trashëgimor. 3.linear.

lineally['liniëli] *adv* në vijë të drejtë, drejtpërdrejt.

lineament['liniëmënt] *n* tipar, karakteristikë.

linear['linië:] *adj* 1.vijor, vizor; me viza. 2.*mat* linear; vijëdrejtë, drejtvizor. 3.i gjatë e i hollë.

lineation[lini'eishën] *n* përvijim.

lined[laind] *adj* 1.me viza, e vizuar(fletë). 2.e rrudhur, me rrudha(fytyrë). 3.me astar(rrobë).

lineman['lainmën] *n* 1.fillshtrues, fillrojtës, punëtor linjash (telefonike, elektrike).2.*sport* sulmues.

linen['linën] *n* 1. pe liri. 2. pëlhurë liri. 3. *pl* çarçafë. 4.*pl* mbulesë tryeze; peceta. +**wash one's dirty linen in public** nxjerr në shesh të palarat e familjes.

line of battle *n usht* formacion luftimi.

line of duty *n* shërbim, detyrë; **in the line of duty** në detyrë, gjatë shërbimit.

line of fire *n* 1.vijë e qitjes. 2.pozicion i rrezikshëm.

line of force *n fiz* vijë force.

liner I['lainë:] *n* 1.anije/avion i linjës. 2.vizues. 3. *sport* gjuajtje horizontale.

liner II['lainë:] *n* astar; **dustbin liner** qeskë e koshit të plehrave.

linesman['lainzmën] *n* 1.fillshtrues, fillrojtës, punëtor linjash. 2.*sport* vijërojtës, gjyqtar anësor.

line(-)up['lainʌp] *n* 1.rresht njerëzish.2.*sport* rreshtim, formacion.

-**ling**[ling] *suff* i vogël; këlysh; **duckling** bibë.

linger['lingë:] *v* 1.ngurroj; vonoj. 2.sorollatem, e marr shtruar. 3.mbetet(në mendje), nuk shqitet.
+**linger on a subject** zgjatem në një temë.

lingerie['lænzhëri] *n* të brendshme grash.

lingering['lingëring] *adj* 1.i qëndrueshëm, që nuk hiqet(kundërmim); i vazhdueshëm, që s'të shqitet (dyshim). 2.këmbëngulës(vështrim). 3.e ngadaltë (vdekje).

lingo['lingou] *n* zhargon.

lingua franca]'lingwë'frænkë] *n* 1.gjuhë hibride; gjuhë surrogate. 2.*fig* mjet komunikimi.

lingual['lingwël] *adj,n* -*adj* 1.i gjuhës. 2.*gram*

gjuhor, i prodhuar me gjuhë(tingull). 3.gjuhësor.
-*n gram* tingull gjuhor.

linguist['lingwist] *n* 1.gjuhëtar; filolog.2.2.poliglot.

linguistic[lin'gwistiks] *n* gjuhësi, linguistikë.

liniment['linëmënt] *n* vaj për fërkim.

lining['laining] *n* 1.veshje e brendshme; **with a tin lining** me një shtresë kallaji. 2.astar.

link I[link] *n, v* -*n* 1. hallkë (zinxhiri). 2. togëz; **cuff links** kopsa manshetash. 3.*fig* hallkë lidhëse. 4.lidhje, marrëdhënie; **cultural links** marrëdhënie kulturore. 5.masë gjatësie = 20 cm. 6.lidhje kimike.
-*vt* lidh, bashkoj. +**link arms with sb** i fus krahun dikujt.
+**link up** a)takohem; b)bashkohen; c)shkrihen në një (linjat hekurudhore).

link II[link] *n* pishtar.

links[links] *npl* terren, fushë(sporti); **golf links** fushë golfi.

linkup['linkʌp] *n* 1.lidhje. 2.nyjë(rrugore).3.*rad, tv* lidhje, ndërlidhje.

lino, linoleum['lainou, li'nouliëm] *n* linoleum.

linotype['lainëtaip] *n polig* linotip.

linseed['linsi:d] *n* farë liri; **linseed oil** vaj liri.

linsey['linzi:], **linsey-woolsey**[-'wulzi:] *n* pëlhurë e ashpër leshi-pambuku ose leshi-liri.

lint[lint] *n mjek* garzë.

lintel['lintël] *n tek* arkitra.

lion['lajën] *n* 1.*zool* luan. 2.*fig* njeri i fuqishëm; njeri i shquar.3.**Lion** *astr* Luani(yllësi). +**beard the lion in his den** sfidoj dikë në shtëpinë/zyrën e vet; **get/take the lion's share** marr pjesën e luanit; **put one's head in the lion's mouth** vë veten në rrezik; **twist the lions tail** ngacmoj folenë e grerëzave.

lioness['laiënis] *n* luaneshë.

lion-hearted['laiën'ha:tid] *n* trim, zemërluan.

lip[lip] *n,v* -*n* 1.buzë. 2.grykë, buzë, cik(broke, gote). 3.*fig* pafytyrësi. 4.*muz* pipth(instrumenti).
+**hang on the lips of sb** e dëgjoj dikë me adhurim; **keep a stiff upper lip** nuk më bën syri tërr, s'më dridhet qerpiku; **my lips are sealed** s'del gjë nga goja ime.
-*v* 1.prek/cik me buzë. 2.murmuris.

lipids['lipëds] *n kim,mjek* lipide.

lipped[lipt] *adj* me buzë; **thin-lipped** buzëhollë.

lippy['lipi:] *adj zhrg* i paturp, i pafytyrë.

lip-read['lipri:d] *v* kuptoj nga lëvizjet e buzëve.

lip-service['lipsë:vis] *n* premtime boshe, shërbim me fjalë; **that was just lip-service on her part** atë e tha sa për formë; **he pays lip-service to socialism but...** ai hiqet si socialist por...

lipstick['lipstik] *n* të kuq buzësh.

liquefaction [likwe'fækshën] *n* lëngëzim, lëngështim.

liquefy['likwëfai] *v* 1.lëngëzoj, lëngështoj. 2. lëngëzohet.

liquescent[li'kwesënt] *adj* që shkrin/lëngëzohet.

liqueur[li'kjuë:, li'kë:] *n* liker.

liquid['likwid] *n,adj* -*n* 1.lëng. 2.*gram* tingull lëngëzor.
-*adj* i lëngët, i lëngshëm. 2.i kthjellët, i kulluar. 3. *gjuh* lëngëzor. 4.*fin* likuid.

liquid air *n* ajëri lëngët.

liquidate ['likwëdeit] *v* 1. shlyej, likuidoj (një borxh). 2.kryej pagesat. 3.zhduk, asgjësoj(kundërshtarin). 4.kthej në para.

liquidation[likwë'deishën] *n* 1.shlyerje, likuidim. 2.zhdukje, shfarosje, asgjësim.

liquidity[li'kwidëti] *n* 1.lëngshmëri, të qenët lëng, gjendje e lëngët. 2.*fin* likuiditet.

liquor['likë:] *n* 1.pije(alkoolike). 2.lëng.

lira['li:rë] *n* lirë(monedhë e Italisë, e Turqisë).

lisp[lisp] *v,n* -*vi* flas si thuthuq.
-*n* thuthuqësi; **with a lisp** si thuthuq.

lisper['lispë:] *n* thuthuq, shushuq.

lissom(e) ['lisëm] *adj* 1.i shkathët, i zhdërvjellët. 2.i hajthëm.

list I[list] *n,v* -*n* 1.listë. 2.listë e çmimeve.
-*v* 1.fus në listë. 2.*vjet* regjistroj.

list II[list] *n* anë, buzë e cohës.

list III[list] *n,v det* -*n* anim, pjerrje(e anijes).
-*vi* anohet, priret(anija).

list IV[list] *vi vjet* 1.më pëlqen; **it lists me not to speak** s'më pëlqen të flas. 2.dua, dëshiroj.

list V[list] *vi vjet poet* dëgjoj; mbaj vesh.

listed building *n* ndërtesë që mbrohet si monument kulture.

listen['lisën] *vi* 1.dëgjoj. 2.i vë veshin.
+**listen in** a)përgjoj bisedën(telefonike); b)dëgjoj radion.
+**listen out for (the car/your name)** mbaj vesh se mos vjen makina/se mos dëgjoj emrin tim; **listen to reason** ha arsye.

listener['lisënë:] *n* 1.dëgjues. 2.*usht* përgjues.

listless['listlis] *adj* i flashkët; i topitur; apatik.

list price *n* çmim i katalogut.

lists [lists] *n hist* log, mejdan; arenë. +**enter the lists** dal në mejdan; marr pjesë/futem në garë.

lit[lit] *pt,pp* e **light** I dhe **light** III.

litany['litëni] *n* 1.*fet* litani. 2. varg përsëritjesh, përsëritje e mërzitshme.

liter['li:të:] *n* litër.

literacy['litërësi] *n* shkrim e këndim; **literacy campaign** luftë kundër analfabetizmit.

literal ['litërël] *adj* 1. i fjalëpërfjalshëm. 2.i mirëfilltë, i drejtpërdrejtë (kuptim, përkthim). 3. prozaik (tip). 4.i saktë, pa zmadhime. 5.shkronjar.

literally['litërëli] *adv* 1.fjalë për fjalë. 2.vërtet, në kuptimin e plotë të fjalës; **it was literally impossible to work** ishte vërtet e pamundur të punoje.

literary['litëreri] *adj* letrar.

literate['litërit] *adj,n* -*adj* 1.që di shkrim e këndim. 2.njeri i shkolluar.

literati[litë'ra:ti, litë'reiti] *npl* njerëz të ditur; njerëz të letrave.

literatim [litë'reitim] *adv* gërmë për gërmë; ekzakt siç shkruan.

literature['litërëçë:, 'litërëçuë:] *n* 1.letërsi; **French literature** letërsia franceze. 2.materiale, literaturë; **the literature of stamp collecting** literatura e filatelisë. 2.lënda e letërsisë(në shkollë).

lithe[laidh] *adj* i shkathët, i zhdërvjellët; **lithe of body** me trup të zhdërvjellët.

lithesome['laidhsëm] *adj* 1.i gurtë, shkëmbor. 2. *mjek* i gurëve(të veshkës).

lithium['lithiëm] *n kim* litium(element).

lithography[li'thogrëfi] *n polig* litografi.

Lithuania[lithju'einië] *n gjeog* Lituani.

Lithuanian[lithju'einiën] *adj,n* -*adj* lituanez. -*n* 1.lituanez. 2.lituanisht.

litigant ['litëgënt] *adj,n* ndërgjyqës, i angazhuar në një proces gjyqësor.

litigate['litëgeit] *vi* 1.bëj gjyq(me dikë). 2.mbroj në gjyq; kërkoj me gjyq.

litigation[litë'geishën] *n* 1.çështje(gjyqësore).2. dalje në gjyq.

litigious[lë'tixhës] *adj* 1.i gjyqeve, që bën vazhdimisht gjyqe(person). 2.i gjykueshëm, i diskutueshëm në gjyq(problem).

litmus['litmës] *n kim* lakmus; **litmus paper** letër lakmusi.

litre['li:të:] *n* litër.

litter['litë:] *n,v* -*n* 1.mbeturina.2.sende të shpërndara pa rregull. 3.rrëmujë, çrregullim. 4.pjellë, kélyshë të një barku. 5.shtrojë kashte. 6.vig; barelë. -*v* 1.mbush me, hedh andej-këtej. 2.bëj rrëmujë. 3. pjell(dosa etj). 4.i shtroj kashtë.

litter basket, litter bin *n* kosh letrash/plehërash.

litterbug, litter lout ['litë:bʌg] *n* njeri që hedh plehra përdhe.

little['litël] *adj, adv,n* -*adj* (**less, lesser; least**) 1. i vogël. 2.i paktë; pak; **little hope** shpresa të pakëta; **little money** pak para. 3. i shkurtër (udhëtim, pushim); **it's only a little way to the station** stacioni nuk është larg. 4.*fig* mendjengushtë, mediokër, shpirtvogël. +**for a little while** për pak kohë.

-*adv* 1.pak; paksa; **a little-known town** qytet pak i njohur; **a little longer** pak më gjatë; **a little more** edhe pak, edhe ca; **he travels little** ai udhëton pak /rrallë. 2. pothuaj aspak; **we little know what will happen** nuk dimë fare ç'do të ndodhë; **little does he know that...** ai nuk e kupton se..

-*n* një çikë; **add a little** hidh një çikë; **move a little to the left** spostohu një çikë majtas; **we did what little we could** bëmë aq sa mundëm.+**in little** me pakicë; në një masë të vogël; **little by little** pak nga pak; gradualisht; **make little of** nuk i jap rëndësi; **not a little** shumë, goxha; **think little of** a)nuk e vlerësoj, e quaj pa vlerë; b)nuk ngurroj, nuk

matem shumë.

Little Bear *n astr* Arusha e Vogël(yllësi).

Little Dog *n astr* Qeni i Vogël(yllësi).

little people *n* zanat.

littoral['litërël] *adj,n* -*adj* bregdetar; i bregut. -*n* bregdet.

liturgic(al)[li'të:xhëk(ël)] *adj* liturgjik.

liturgy['litë:xhi:] *n fet* liturgji.

livable ['livëbël] *adj* 1. i papërshtatshëm, i banueshëm(vend). 2.që ia vlen të jetohet.

live I [liv] *v* 1.jetoj; jam gjallë; gjalloj. 2.mbijetoj, mbetem gjallë; **live through the war** mbetem gjallë gjatë luftës. 3.mbahem me, rroj me; **live on one's income/on meat and potatoes** rroj me të ardhurat që kam/me mish e patate. 4.banoj. 5.kaloj jetën; jetoj; **live the part** *teat* e jetoj rolin.

+**live down (sth)** i bëj të tjerët ta harrojnë(një turp që kam bërë).

+**live in** a)jam konviktor; b)i sigurohet strehë e ushqim(shërbyesit).

+**live it up** *zhrg* e shijoj jetën plotësisht.

+**live off** rroj me(peshk); jetoj me shpenzimet e(prindërve).

+**live on** rroj me(rrogën); e shtyj, vazhdoj të jetoj.

+**live out** 1) jam i jashtëm/jokonviktor; b) nuk rron në shtëpi(shërbyesi); c)mbijetoj, mbetem gjallë; **live out one's days/life** kaloj vitet e fundit.

+**live up to** a) i përmbahem (parashikimit) jam në lartësinë e duhur :**the film didn't live up to our expectations** filmi nuk doli siç e prisnim; **you live and learn** sa të rrosh do të mësosh; **long live!** rroftë!

live II [laiv] *adj,adv* -*adj* 1.i gjallë. 2.i ndezur (thëngjill). 3.*fig* i gjallë, plot gjallëri. 4.*gj.fol* aktual (problem). 5.i drejtpërdrejtë(transmetim, emision). 6.*tek* lëvizës, i lëvizshëm(bosht).7.*el* me rrymë, nën tension. 8.në punë, që funksionon(telefon). 9.e paplasur(predhë). +**he is a live wire** *fig* ai është shpuzë i gjallë.

-*adv* direkt, drejtpërdrejt nga salla(transmetim).

liveable['livëbël] *adj* shih **livable**.

-**lived** [laivd, livd] *suff fjalëformues* jetë-; **short--lived** jetëshkurtër.

livelihood['laivlihud] *n* jetesë, mjete jetese; **earn one's livelihood** nxjerr jetesën, fitoj/nxjerr bukën e gojës.

liveliness['laivlinis] *n* gjallëri.

livelong ['livlong, 'laivlong] *adj* i gjithë; **she is busy the livelong day** ajo është e zënë tërë ditën e ditës.

lively['laivli:] *adj,adv* -*adj* 1.i gjallë, aktiv, energjik. 2.nxitës. 3.e ndezur, e feksur(ngjyrë). 4.gazmore, e gjallë(bisedë).

-*adv* me gjallëri.

liven['laivën] *v* (**up**) gjallëroj; gjallërohet(biseda).

liver['livë:] *n anat* mëlçi.

liverish['livërish] *adj gj.fol* idhnak.

liverwurst['livë:wë:st] *n* sallam me mëlçi.
livery['livëri:] *n* 1.livré; petk. 2.mbajtje kuajsh. 3. stallë kuajsh. 4.mbajtje makinash/varkash etj(për t'i dhënë me qira).
liveryman['livërimën] *n* 1.person me livré.2.mbaj tës kuajsh.
lives[laivz] *pl* i **life.**
livestock['laivstok] *n* bagëti, gjë e gjallë.
live wire *n* 1.tel nën tension. 2.*fig* njeri i gjallë, shpuzë.
livid['livid] *adj* 1.i irnosur, i murrëtyer, i nxirë. 2.i plumbtë, i hirtë. 3.i zbehtë. 4.i skuqur, i nxirë(nga inati. 5.e mavijosur(plagë).
living['living] *adj,n* -*adj* 1.i gjallë; që jeton; **the greatest living pianist** pianisti më i madh i gjallë; **within living memory** me sa mbahet mend. 2.i fortë, i fuqishëm, i gjallë(besim). 3.shumë i ngjashëm, krejt si i gjallë; **a living picture** tablo e gjallë; **the living image of her mother** gjallë e ëma, kopje e gjallë e së ëmës. 4.jetese; **living conditions** kushte jetese. 5.i mjaftueshëm për të jetuar; **a living wage** rrogë e mjaftë për jetesë.
-*n* 1.rrojtje, jetesë, të jetuarit. 2.*pl* të gjallët, bota e të gjallëve. 3.jetesë, mjete jetese; **what do you do for a living?** si e nxjerr jetesën? **standard of living** nivel i jetesës.4.mënyrë jetese, jetë; **a healthy living** jetë e shëndetshme.
living quarters *n* banesë.
living room *n* dhomë ndenjieje.
living wage *n* rrogë/pagë e mjaftueshme për jetesë.
lizard['lizë:d] *n zool* hardhucë, hardhje.
llano['la:nou, 'lænou] *n* fushë pa pemë.
lo[lou] *interj* hap sytë! kujdes! ruhu!
load[loud] *n,v* -*n* 1.ngarkesë, barrë; peshë. 2.*el* ngarkesë elektrike. 3.*pl gj.fol* shumë; plot; sasi e madhe; **we have loads of food** kemi ushqime sa të duash. 4.*fig* barrë, peshë, telash. 5.*usht* mbushje(e topit). 6.*zhrg* dozë pijeje(për të dehur).
-*v* 1.ngarkoj; **load grain** ngarkoj drithë; **load a ship** ngarkoj anijen. 2. ngarkohet anija etj). 3.*fig* mbush me(lëvdata). 4.ia shtoj peshën, e rëndoj; **load lice** u shtoj peshë zareve(për hile). 5.*usht* mbush (armën).
+**load down** rëndoj; ngarkoj(me borxhe, telashe).
loaded ['loudid] *adj* 1. i ngarkuar. 2. e mbushur (armë). 3.i rënduar me plumb(bastun etj).4.*zhrg* i rrumbullosur, i pirë. 5.*zhrg* i krimbur në para. 6. *gj.fol* sugjestive(pyetje).
loadstar['loudsta:] shih **lodestar.**
loadstone['loudstoun] shih **lodestone.**
loaf I[louf] *n pl* **loaves** 1.çyrek, franxhollë, bu-kë.2.copë(mishi etj). 3.pirg/masë sheqeri.
loaf II[louf] *vi* (**about, around**) rri kot, rri pa pu-në, ngarrit.
loafer['loufë:] *n* 1.njeri që rri kot, bjerraditë.2.*pl*

mokasine.
loam[loum] *n,v* -*n* dherishte, tokë pjellore.
-*vt* mbush me dhe të shkrifët.
loamy['loumi] *adj* pjellor, i shkrifët(dhé).
loan[loun] *n* 1.hua.2.huadhënie, dhënie hua; ma-rje hua. +**on loan** a)hua; b) i dhënë, i dalë(libri nga biblioteka); c)i transferuar përkohësisht (nëpunës).
loan shark *n gj.fol* fajdexhi.
loanword['lounwë:d] *n gjuh* fjalë e huajtur, hua-zim.
loath[louth] *adj* ngurrues, pa qejf; **nothing loath** i gatshëm; me dëshirë, me gatishmëri.
loathe [loudh] *v* urrej; kam zët; ndiej neveri për; **loathe doing sth** e kam zët të bëj diçka .
loathing['loudhing] *n* neveri; zët; urrejtje; **it fills me with loathing** më ngjall neveri.
loathly I['loudhli] *adj* shih **loathsome.**
loathly II ['loudhli] *adv* pa qejf, pa dëshirë, nga zori.
loathsome['loudhsëm] *adj* i neveritshëm, i urry-er, neveritës.
loaves[louvz) *pl* i **loaf I.**
lob[lob] *v,n* -*vt* hedh(topin).
-*n* top i lartë(në tenis).
lobby['lobi] *n* 1.hajat; hyrje; holl, paradhomë. 2. *pol* lob, grup ndikues.
lobbyist ['lobiist] *n* lobist, person që ndikon te parlamentarët.
lobe[loub] *n anat* bulë e veshit; vrigull, lob (tru-nor).
lobster['lobstë:] *n zool* karavidhe, karkalec deti i madh.
lobule['lobju:l] *n anat* lob i vogël, lobth.
local['loukël] *adj,n* -*adj* 1.lokal, krahinor.2.i ku-fizuar(në një vend), i lokalizuar; **local pain** dhimbje e lokalizuar. 3.urban, i zonës(autobus).
-*n* 1.urban, autobus/tren për lokalin kudo. 2.banor i vendit. 3.lajm nga vendi. 4.*Br* bar, bufe.
local color *n* kolorit i vendit.
locale[lou'kæl] *n* vend; vendndodhje.
local government *n* pushtet lokal.
localism['loukëlizëm] *n* lokalizëm.
locality[lou'kælëti] *n* lokalitet; vendbanim; afërsi rrethina; **sense of locality** aftësi për t'u orientuar(në një vend).
localization [loukëlai'zeishën] *n* lokalizim, kufi-zim.
localize['loukëlaiz] *vt* 1.lokalizoj, kufizoj, izoloj.2. përcaktoj vendndodhjen.
local option *n pol* e drejtë lokale(për të marrë një vendim).
locate['loukeit, lou'keit] *vt* 1.vë, vendos, instalo (dyqanin etj). 2.zë vend, vendosem. 3.gjej/përcakto vendndodhjen. +**be located** ndodhet, gjendet.
location [lou'keishën] *n* 1.vendosje, instalim. 2 vend, pozicion.3.ngastër, truall, vend. 4.*kin* terren

mjedis; **be on location in Spain** xhiroj mjediset e jashtme në Spanjë; **film shot on location** film i xhiruar jashtë/në terren.
locative['lokëtiv] *adj,n* -*adj* vendore(rasë).
-*n* rasë vendore.
loch[lok , loh] *n skoc* 1.liqen. 2.gji deti i mbyllur.
loci['lousi:, 'louki:] *pl* i **locus**.
lock I[lok] *n,v* -*n* 1.bravë; **under lock and key** i kyçur. 2.ekluzë, portë(në kanale ujore). 3.çark (pushke).4.bllokues timoni; **on full lock** me të gjithë timonin, me timonin deri në fund(kthesë). 5.*sport* kyç(lloj kapjeje). +**lock, stock, and barrel** *gj.fol* me gjithësej, me laçkë e me plaçkë; tërësisht. -*v* 1.kyç, mbyll me çelës. 2.mbyll(dikë diku), e kyç brenda. 3.*tek* bllokoj; **lock the steering mechanism** bllokoj timonin. 4. ngec (anija). 5. mbyllet, kyçet. 6.bllokohet.
+**lock away** a)siguroj, vë në vend të sigurt(sende me vlerë); b) mbyll brenda(keqbërësin); c)fus në çmendinë.
+**lock in** mbyll brenda(dikë).
+**lock out** lë jashtë(dikë); heq(nga mendja, nga puna).
+**lock up** a) siguroj, mbyll mirë; b)rras brenda (keqbërësin); c) mbyll në çmendinë; d)bllokoj (fondet); e) mbyllem/kyçem brenda.
lock II[lok] *n* 1.krelë, kaçurrel, bukël. 2.*pl* flokë. 3.torkë(leshi etj).
lockage ['lokixh] *n* 1.ndërtim/funksionim ekluzash. 2.kalim(i anijes) nëpër ekluzë. 3.disnivel, uljengritje e realizuar nga ekluza. 4.tarifë/pagesë për kalim nëpër ekluzë.
locker['lokë:] *n* dollap/sirtar me kyç.
locket['lokit] *n* medalion.
lockjaw['lokxho:] *n* tetanos.
lockout['lokaut] *n* mbyllje e fabrikës(nga pronari), lokaut.
locksmith['loksmith] *n* bravandreqës, çelësabërës.
lockup['lokʌp] *n* 1.burg. 2. qeli.
locomotion[loukë'moushën] *n* lëvizje, zhvendosje, bartje.
locomotive [loukë'moutiv] *n,adj* -*n* lokomotivë. -*adj* lëvizës; lëvizor.
locum tenens[loukëm'ti:nënz] *n lat* zëvendësues; zëvendës.
locus['loukës] *n pl* **loci** *lat* 1.vend. 2.*mat* vend gjeometrik. 3.*biol* pozicion i një geni.
locust['loukëst] *n* 1.*zool* karkalec. 2.*bot* akacie e bardhë. 3.*amer* gjinkallë.
locution[lou'kju:shën] *n* 1.*gram* lokucion, shprehje. 2.stil, mënyrë të foluri.
lode[loud] *n min* damar (minerali).
lodestar['loudsta:] *n* 1.*astr* yll orientues; Ylli Polar. 2.*fig* parim udhëheqës.
lodestone['loudstoun] *n* 1.*min* magnetit, oksid hekuri magnetik. 2.forcë tërheqëse, magnet, joshë.

lodge[loxh] *v,n* -*v* 1.banoj, jetoj. 2.strehoj. 3.jap (dhomë) me qira. 4.ngec, ndalon(diku). 5.ngul(një plumb). 6.vë, depozitoj(para në bankë). 7.paraqes (ankesë me shkrim). -*n* 1.bujtinë; hotel. 2.shtëpizë, kabinë(në male etj). 3.kabinë(e rojes, portierit). 4.lozhë(masonësh); degë(shoqate, klubi). 5.strofull(kastori, vidre). 6.tendë, çadër; kasolle(indianësh).
lodgement['loxhmënt] shih **lodgment**.
lodger['loxhë:] *n* qiraxhi(me dhomë).
lodging['loxhing] *n* 1.strehë, banesë.2.*pl* dhomë /dhoma me qira(në një shtëpi); dhomë e mobiluar.
lodging house *n* shtëpi me dhoma të lëshuara me qira.
lodg(e)ment['loxhmënt] *n* 1.paraqitje, depozitim (ankese etj). 2.depozitim(dheu). 3.*usht* a)pozicion i pushtuar; b)llogore në terren të pushtuar.
loess['louis, lës] *n* lës, lym.
loft[loft] *n,v* -*n* 1.nënçati, papafingo, trapan. 2. dhomë me papafingo. 3.galeri(në kishë etj).
-*vt* godas topin në lartësi(në golf).
lofty['lofti] *adj* 1.shumë i lartë(mal etj). 2.i lartë, fisnik(qëllim); superior; përçmues (qëndrim).
log I[log] *n,v* -*n* 1.trung; kërcu. 2.ditar i anijes; dokument udhëtimi (i avionit etj). 3.*det* pluskues shpejtësimatës.
-*vt* 1.pres trupa(në pyll). 2.shënoj në ditar(të anijes). 3.përshkoj(distancë); arrij(shpejtësi në lundrim).
log II[log] *n mat* logaritëm.
logarithm['logërithm] *n mat* logaritëm.
logarithmic(al)[logë'rithmik(ël)] *adj mat* logaritmik.
logbook['logbuk] *n* 1.ditar udhëtimi(i anijes, avionit). 2.ditar udhëtari.
log cabin *n* kabinë/kasolle/shtëpizë me trungje.
loge[loxh, louzh] *n teat* lozhë.
log fire *n* zjarr me kërcunj.
logger ['logë:] *n* 1.sharrëxhi. 2.makinë për ngarkim trupash.
loggerhead['logë:hed] *n* 1.*vjet* gdhë, kokëtrashë. 2.*zool* breshkë uji. +**be at loggerheads(with sb)** kam mosmarrëveshje, grindem (me dikë).
loggia['loxhë,'lo:xha] *n teat* lozhë.
logging['loging] *n* prerje-transportim trupash.
logic['loxhik] *n* 1.logjikë. 2.arsyetim; arsye.
logical ['loxhëkël] *adj* 1.logjik. 2. i logjikshëm, i arsyeshëm.
logically['loxhikëli] *adv* logjikisht, me logjikë.
logistics [lë'xhistiks] *n* logjistikë, planifikim operacioni(ushtarak etj); organizim.
logjam['logxhæm] *n* 1.grumbullim trupash mbi ujë.2.bllokim.
logo['lougou] *n* shenjë dalluese; markë.
logorrhea[logë'ri:ë] *n* lumë fjalësh.

logrolling['logrouling] *n* 1.rrokullisje trupash.2. *fig* shkëmbim favoresh politike.

logy['lougi:] *adj gj.fol* i rënduar, i lëshuar, pa qejf.

loin[loin] *n* 1.filetë(mishi). 2.*anat, zak pl* ije, këllqe, kryqe. **+gird up one's loins** shtërngohem, gatitem për veprim.

loincloth['loinkloth] *n* pece rreth këllqeve, përparje.

loiter ['loitë:] *vi* 1.sillem kot, rri kot.2.vërtitem, sorollatem.

loll [lol] *v* 1.var(gjuhën); varet(gjuha). 2.(**about, around**) shtrihem më nge; **loll against/back on sth** mbështetem pas, rehatohem.

lollipop,lollypop['lolipop] *n* gjel sheqeri, sheqerkë me shkop(si bisht).

lolly['loli] *n* 1.gjel sheqeri. 2.akullore(me shkop). 3.*zhrg* para, të holla.

London['lʌndën] *n gjeog* Londër.

Londoner['lʌndënë:] *n* londinez.

lone[loun] *adj* 1.i vetmuar, i vetëm. 2.e veçuar, e izoluar(shtëpi). 3.në vetmi(jetë). 4.i pamartuar; i ve.

loneliness['lounlinis] *n* vetmi

lonely ['lounli] *adj* 1.i vetmuar; **feel lonely** ndihem i vetmuar.2.i veçuar, i izoluar.3.e shkretë(rrugë).

loner['lounë:] *n gj.fol* vetmitar, njeri i tërhequr.

lonesome['lounsëm] *adj* 1.i vetmuar. 2.i shkretë. 3.i vetëm.

lone wolf *n* vetmitar, njeri i tërhequr.

long I[long] *adj,adv,n* -*adj* 1.i gjatë; **it is 2 metres long** është 2 metra i gjatë; **get longer** zgjatet; **long jump** kërcim së gjati. 2.(në kohë) i gjatë; **for a long time** për një kohë të gjatë; **3 hours long** që zgjat 3 orë ; **have a long memory** kam kujtesë të mirë, mbaj mend gjatë; **take a long look at sth** e këqyr diçka me imtësi. 3.i zgjatur, i ngadaltë; **it's been a long day** dita s'kishte të sosur. **+in the long run** në fund të fundit; **it's a long shot** ka shumë pak shanse/mundësi; **pull a long face** var turinjtë. -*adv* 1.gjatë, për shumë kohë; **I shan't be long** nuk vonohem shumë; do të mbaroj shpejt; **all night long** gjithë natën; **stay for long** rri gjatë; **long before** shumë më përpara; **long before now** kohë më parë, prej kohe; **before long** së shpejti; pas pak; **he's long since departed** ai ka kohë që ka ikur; **how long is it since you saw them** ? sa kohë ke që s'i ke parë? **long ago** shumë kohë më parë, ka shumë kohë; **how long ago?** prej sa kohësh?, sa kohë ka që? **as long ago as 1990** qysh në vitin 1990; **he no longer comes** ai nuk vjen më; **so long as, as long as** a) sa kohë që; b)me kusht që; **so long!** mirupafshim! **don't be long!** mos u vono! **it won't take long** nuk vonohemi; nuk zgjat shumë. 2.prej kohe, qëkur; **I've long believed that** prej kohe kam kujtuar se. -*n* : **the long and the short of it is** that që t'i bi-

em shkurt; shkurt muhabeti.

long II [long] *vi* dua shumë; dëshirohem/digjem për; **long for sb/sth** e dua shumë dikë/diçka; **long to do sth** jam i dëshiruar për të bërë diçka.

long-awaited['longë'weitid] *adj* i shumëpritur.

longboat['longbout] *n* varkë e madhe(në anije).

longbow ['longbou] *n* hark i gjatë(për shigjetë). **+draw the longbow** vras të trasha, shes dëngla.

long-distance ['long'distëns] *adj* 1.interurbane (bisedë telefonike). 2.i distancave të gjata; **long-distance runner** vrapues i distancave të gjata.

long dozen *n gj.fol* trembëdhjetë.

long-drawn ['longdro:n] *adj* i zgjatur, që zgjat shumë.

long-drawn-out['long'dro:naut] *adj* i stërzgjatur, pa fund.

longevity[lon'xhevëti] *n* jetë e gjatë; jetëgjatësi.

longhair['longheë:] *n,adj* -*n* 1.intelektual; njeri i artit. 2.hipi.

-*adj* për njerëzit e artit; **longhair music** muzikë klasike.

longhaired['longheë:d] *adj* 1.flokëgjatë(njeri). 2. leshtor, qimegjatë(kafshë).

longhand['longhænd] *n* shkrim i zakonshëm.

longheaded ['long'hedid] *adj* 1.kokëgjatë.2.mendjehollë.

longhorn ['longho:n] *n zool* brigjatë(racë gjedhi).

longhouse['longhaus] *n* kasolle indianësh e gjatë (për disa familje).

longing ['longing] *n,adj* -*n* dëshirë e madhe, dëshirim; mall.

-*adj* i dëshiruar, i malluar.

longingly ['longingli] *adv* me shumë dëshirë; me mall.

longish ['longish] *adj* paksa i gjatë, që vjen si i gjatë.

longitude['lonxhëtju:d] *n,gjeog* gjatësi (gjeografike)

longitudinal [lonxhë'tju:dënël] *adj* 1. gjatësor. 2.*gjeog* i gjatësisë, gjatësie.

longjohns ['longxhonz] *npl gj.fol* brekë të gjata.

longline['longlain] *n* tojë e gjatë me shumë grepa.

longliner['longlainë:] *n* anije që peshkon me toja të gjata.

long-lived['longlivd] *adj* jetëgjatë, që rron gjatë.

long-lost ['longlost] *adj* i humbur prej kohësh; i humbur naga sytë.

long-playing [long'plejing] *adj* 33-xhirosh(disk gramafoni).

long-range['longreinxh] *adj* 1.afatgjatë (parashikim, plan). 2.me rreze të gjatë veprimi(raketë). 3.me qitje të largët(top).

longshore ['longsho:] *adj* 1. i dokerëve. 2. i portit (punëtor).

longshoreman ['longsho:mën] *n* doker, punëtor porti(ngarkim-shkarkimi).

long shot *n gj.fol* 1.bast i vështirë. 2.punë me rre-zik. 3.skenë/filmim nga larg. +**not by a long shot** asfare; sigurisht që jo.

longsighted['long'saitid] *adj* 1.dritëgjatë, presbit. 2.largpamës.

longstanding ['longstænding] *adj* i kahershëm, i vjetër, i lashtë.

long-suffering ['longsʌfëring] *adj,n* -*adj* i shu-mëvuajtur, shumë i duruar.
-*n* durim i madh.

long suit *n* pikë e fortë, diçka ku njeriu shkëlqen, tipar dallues; **patience is not her long suit** ajo nuk shquhet për durim.

long-term['longtë:m] *adj* 1.afatgjatë; **take a long-term view of sth** e shoh diçka me largpamësi. 2.me afat të gjatë skadimi(marrëveshje, hua).

long ton *n* ton britanik (rreth 1,02 ton).

long-tongued['longtʌngd] *adj* 1.gjuhëgjatë.2.fja-laman, llafazan.

longueur[loun'gë:] *n* 1.kohë e lodhshme. 2.pjesë e mërzitshme(në libër, film).

long underwear *n* brekë të gjata, benavrekë.

long ways['longweiz] *adv* (për) së gjati; në gjatësi.

long-winded['longwindid] *adj* 1.me frymëmarrje të fuqishme(vrapues). 2.i lodhshëm, fjalëshumë, që të mbyt me fjalë.

longwise['longwaiz] *adv* shih **longways.**

loo I[lu:] *n* lojë letrash.

loo II[lu:] *n Br gj.fol* nevojtore.

look [luk] *v,n* -*v* 1.shoh, shikoj; **look this way** shiko këndej ; **I'll look and see** do vete të shoh; **look who is here!** shiko kush qenka! **look the other way** *fig* bëj sikur nuk shoh. 2.shqyrtoj, i kushtoj vëmen-dje; **you must look at all the facts** duhet t'i marrësh në shqyrtim të gjitha faktet. 3.kërkoj; **look everywhere for one's keys** kërkoj gjithandej për çelësat. 4.shikon, bie(nga); **my room looks onto the garden** dhoma ime bie/shikon nga kopshti. 5.du-kem si; e tregoj(moshën); **he doesn't look his age** ai nuk tregon moshë. 6.duket; ngjan; **she looks like her sister** ajo ngjan me të motrën; **you don't look yourself** nuk më dukesh në formë; **it looks all right to me** mua më duket në rregull; **you're looking well** më dukesh mirë me shëndet; **it looks good on you** të shkon, të rri mirë; **it looks like rain** vjen rrotull për shi; **it looks as if/as though** duket sikur, më duket se. 7.vështroj, ia ngul sytë; **look sb straight in the eye/full in the face** e vështroj dikë drejt e në sy/në fytyrë; **look where you're going!** hap sytë ku shkel/ku vete! **look one's best** jam krejt në formë.

+**look after** a) merrem me; b)kujdesem për: **he doesn't look after himself** ai ia ka varur vetes.

+**look alive** nxitoj.

+**look around** shoh përqark; kërkoj me sy.

+**look at** shqyrtoj, i kushtoj vëmendje; **it isn't much**

to look at s'ka ndonjë gjë të veçantë; **I wouldn't even look at the job** as që e çoj nëpër mend të in-teresohem për atë vend pune.

+**look away** i heq sytë (nga).

+**look back** a)sjell ndër mend, kujtoj të kaluarën; b)kthej kokën pas; c) rishikoj: **he's never looked back** ai s'e ka kthyer ndonjëherë kokën prapa; ka ecur vetëm përpara; ka qenë gjithmonë në ngjitje; **look back on** rikujtoj(një ngjarje etj).

+**look daggers** shoh me inat.

+**look down** a)ul sytë, shikoj poshtë; b)(**on**) shoh nga lart poshtë, shoh me përçmim.

+**look for** a) kërkoj(të gjej); b)pres, jam në pritje të; **we'll look for you tonight** të presim sonte.

+**look forward** a)pres, shpresoj: **I'm looking for-ward to his visit/the film** mezi e pres vizitën e tij/ta shoh atë film; (në fund të një letre): **I'm looking forward to hearing from you** jam në pritje të letrës suaj; b) parashikoj, pres; **we have to look forward to a bad winter** duhet të parashikojmë një dimër të ashpër.

+**look in** i bëj një vizitë të shkurtër; **she said she'd look in on her way back** ajo tha se do të hidhej njëherë këndej kur të kthehej.

+**look into** shqyrtoj, hetoj: **I'll look into the matter** do ta shikoj/hetoj këtë çështje.

+**look on** a)rri e vështroj; b)quaj, konsideroj.

+**look oneself** dukem mirë: **she still doesn't look herself** akoma s'e ka marrë veten.

+**look out** a)shikoj për, kërkoj me sy; b) (**for**) hap sytë se mos; **look out!** kujdes! c)gjej, zbuloj.

+**look over** a)hedh një sy; b)hetoj, këqyr, shqyrtoj, kontrolloj(një dokument).

+**look through** a)shoh përmes (mikroskopit); shoh nga (dritarja); b)shqyrtoj; i hedh një sy; c)rishikoj.

+**look up** a)ngre sytë; b)respektoj(dikë); c)përmirë-sohet(koha,gjendja);**things are looking up** gjendja po rregullohet; d)kërkoj(një të dhënë diku); e)i vete(dikujt), vizitoj.

-*n* 1.shikim; vështrim; **let me have a look** lermë t'i hedh një sy; **have a look round the town** i hedhim një sy qytetit; **give sb a dirty look** i hedh një vështrim të rreptë dikujt. 2.kërkim; **have a look of despair** me pamje të dëshpëruar; **by the look of things** si po duket puna, siç duken bathët; **by the look of him** po ta shikoje nga pamja e tij; **good looks** bukuri, paraqitje; **keep one's good looks** e ruaj bukurinë, vazhdoj të jem i pashëm; **you can't go by looks** paraqitja e jashtme të gënjen. 4.modë; **leather look** moda e veshjeve prej lëkure.

look-alike['lukë'laik] *n* kopje, sozi.

looker['lukë:] *n* 1.shikues. 2.*zhrg* njeri i pashëm, person tërheqës.

looker-on['lukë:'on] *n* shikues, spektator, i pranishëm.

looking glass *n* pasqyrë.

look-in['lukin] *n* 1.shikim i shpejtë. 2.shans, mundësi; **not to get a look-in** nuk kam as mundësinë më të vogël/asnjë shans.

lookout['lukaut] *n* 1.vëzhgim; vigjilencë; **keep a lookout** bëj rojë; **be on the lookout for sth** jam në kërkim të diçkaje. 2.rojë; vëzhgues. 3.vendrojë; pikë vrojtimi. 4.perspektivë, ardhmëri; **it's a grim/poor lookout** perspektiva s'është fort e këndshme. 5.*gj.fol* punë, problem; **that's his lookout!** kjo është puna e tij!

look-see['luksi:] *n zhrg* kërkim/hetim i shpejtë.

loom I[lu:m] *n* vegjë, avlëmend, tezgjah.

loom II[lu:m] *vi* shquhet turbull, përvijohet; **the ship loomed through the fog** anija u shfaq përmes mjegullës.+**loom large** është i pashmangshëm; është shqetësues(një problem).

loon[lu:n] *n* 1.i krisur. 2.leshko, budallë.

loony['lu:ni] *adj,n zhrg* -*adj* i krisur, i luajtur. -*n* i marrë, i çmendur.

loop[lu:p] *n,v* -*n* 1.lak. 2.filiqe, thile. 3.bërryl (lumi, rruge).
-*vt* 1.bëj lak. 2.lidh/shtërngoj me lak. 3.ia kaloj litarin përqark(një shtylle). 4.*av* kthehet vertikalisht (avioni); **loop the loop** bëj salton mortale.

loophole ['lu:phoul] *n* 1. frengji, mazgallë. 2.*fig* shteg, e çarë(brenda ligjit etj).

loose[lu:s] *adj,v,adv,n* -*adj* 1.i lirë, i liruar, jo i fiksuar(dhëmb); që bie(suva).2.të lëshuar(flokë).3.e zgjidhur(lidhëse). 4.e shqitur, e pangjitur(fletë). 5.e gjerë rrobë). 6.i lirë(stil, përkthim). 7.e shthurur (disiplinë, jetë). 8.e pazënë, e paangazhuar(kohë); **loose funds** fonde të lira.
-*vt* 1.liroj(dikë). 2. zgjidh(qenin etj). 3.ngadalësoj (punën). 4.(off) lëshoj(shigjetën); shkrep(pushkën); **loose the dogs on/at sb** i ndërsej qentë dikujt.
-*adv* lirshëm. +**break loose** a)shkëpus; shkëputem (nga); b)iki, arratisem; c) *zhrg* e kthej përmbys, nuk përmbahem(në një festë); **cast loose** a)zgjidh; b) ndaj, veçoj; **cut loose** iki, arratisem; **get loose** zgjidhet, lirohet(kafsha); **let loose** liroj, lë të lirë, lëshoj; **set/turn loose** lë të lirë, lëshoj.
-*n* liri. +**on the loose** a)i lirë, në liri; i çpenguar; b)i papërmbajtur; c)i larguar pa lejë.

loose change *n* të vogla, të holla, monedha.

loose connection *n el* fije që bën masë.

loose covers *n* këllëf, mbulesë(kolltuku etj).

loose end *n* 1.cep që varet. 2. hollësi e papërfunduar; **there are still a few loose ends to tie up** kanë mbetur ende dhe ca gjëra të vogla për të përfunduar/sistemuar. +**be at a loose end** a) nuk di ç'të bëj; b)jam i papunë.

loose-fitting['lu:sfiting] *adj* i gjerë(petk).

loose-jointed ['lu:s'xhointid] *adj* shih **loose-limbed**.

loose-leaf['lu:sli:f] *adj* me fletë të pangjitura(bllok etj); **loose-leaf binder/folder** *polig* mbledhës (fletësh, fashikujsh).

loose-limbed['lu:slimb] *adj* i shkathët, i zhdërvjellët.

loosely['lu:sli] *adv* 1. lirshëm, çlirët. 2. me afërsi, afërsisht.

loosen['lu:sën] *v* 1.liroj(kravatën). 2.lirohet. +**loosen up** a)bëj nxemje; b)shtendosem.

loose-tongued ['lu:s'tʌngd] *adj* 1.gojështhurur. 2. llafazan, fjalëshumë.

loot[lu:t] *n,v* -*n* 1.pre, plaçkë. 2.*zhrg* para.
-*v* plaçkis(dikë); bëj plaçkë, bëj pre; **go looting** merrem me grabitje.

looter['lu:të:] *n* plaçkitës, kusar.

lop I [lop] *vt* 1.pres(një copë djathë). 2.krasis; i pres degët.

lop II[lop] *vi* 1.varet, rri varur. 2.bie, rrëzohet.

lope [loup] *v,n* -*vi* (**along, off**) vrapon me kërcime(kafsha).
-*n* vrapim me kërcime.

lop-eared['lopië:d] *adj* veshvarur(qen, lepur).

lopsided['lopsaidid] *adj* 1.i shtrembër, i anuar. 2. *fig* e shtrembër(pikëpamje).

loquaqious [lou'kweishës] *adj* fjalëshumë; muhabetçi.

loquacity[lou'kwæsëti] *n* llafazanëri.

lord[lo:d] *n,v* -*n* 1. zotëri, zot. 2. feudal. 3.**the Lord** a)Zoti; b)Krishti.4.*Br* lord.5.**the Lords** Dhoma e Lordëve(dhoma e lartë në Parlamentin Britanik). 6.*vjet* burrë, bashkëshort. +**the Lord's prayer** lutja Ati ynë; **my Lord** Shkëlqesia Juaj; zoti gjykatës; **good Lord!** o perëndi!
-*vt* : **lord it over sb** i imponohem dikujt, sillem me dikë si zotëri i madh.

lordly['lo:dli] *adj,adv* -*adj* 1.madhështor; fisnik. 2.arrogant; kryelartë.
-*adv* prej zotërie; me kryelartësi.

lordosis[lo:'dousis] *n pl* -**ses** *mjek* përkulje e shpinës.

Lord's Day *n* e Diel.

lordship['lo:dship] *n* 1.rang i lordit.2.sundim.3.zotërim.4.zot, imzot; **your Lordship** Shkëlqesia Juaj; Imzot.

lore [lo:] *n* 1.dije, njohuri; **weather lore** njohuri për kohën. 2.tradita.

lorgnette [lo:'njet] *n* syza pa bishta; dylbi teatri (me dorëz të gjatë).

lorn [lo:n] *adj* 1. i braktisur. 2. *vjet* i humbur; i rrënuar.

lorry['lori] *n* 1.vagon mallrash (pa sponde). 2.*Br* kamion.

lory['lori] *n zool* papagall i vogël i Australisë.

lose [lu:z] *v* (**lost**) 1.humb, humbas; **get lost** humbet; **get lost!** zhduku! **there were no lives lost** nuk pati të vrarë/të vdekur; **you've got nothing to**

lose nuk humbet gjë; **lose one's way** humb rrugën; **lose weight** bie në peshë; **lose one's pursuers** u shpëtoj ndjekësve.2.*sport* humbas (ndeshjen, lojën); **they lost by 3 goals to 1** ata humbën 1:3; **lose to sb** humbas kundër dikujt, mundem nga dikush. 3.mbetet prapa(ora); **the clock is losing /loses 10 minutes every day** ora mbetet(shkon) mbrapa /mbetet 10 minuta mbrapa në ditë. 4.shkakton humbje; **that mistake lost us the game** ai gabim na bëri ta humbisnim lojën. 5.nuk e kap, më ikën(treni etj). 6.çoj dëm (kohën, një shans). +**lose oneself** a)marr rrugë të shtrembër; b)zhytem, humbas në (mendime).
+**lose out** dështoj.
loser['luːzë:] *n* 1.humbës; **bad loser** lojtar i keq. 2.i humbur, dështak.
losing['luːzing] *adj* e humbur(lojë, betejë).
losings['luːzingz] *npl* humbje.
loss[los] *n* 1.humbje; **heavy losses** *usht* humbje të rënda; **without loss of life** pa viktima, pa humbje në njerëz. 2.*sport* humbje, disfatë. 3.humbje financiare; **sell sth at a loss** shes diçka me humbje. 4.*el* humbje në linjë. +**be at a loss for words** nuk gjej dot fjalët; **be at a loss to do sth** nuk jam në gjendje të bëj diçka, nuk di si t'ia bëj.
loss leader *n* artikull që shitet me humbje(për të tërhequr blerësit).
lost[lost] *v,adj* -*pt,pp* e **lose**.
-*adj* 1.i humbur; **lost children** fëmijë që kanë humbur. 2. i zhdukur, i humbur nga sytë. 3.e humbur(lojë, betejë). 4.e çuar dëm, e humbur kot(kohë). 5.i rrënuar. 6.i përhumbur. 7.i zhytur, i humbur(në mendime). +**get lost!** *zhrg* zhduku!, qërohu! **lost to** a)i humbur për dikë (shans); b)i pandjeshëm ndaj; që nuk e ka (ndjenjën e detyrës); **give sth up for lost** e quaj të humbur diçka, e qaj; **my advice/joke was lost on him** ai nuk e dëgjoi këshillën/nuk e kuptoi shakanë time.
lost cause *n* sipërmarrje e dështuar.
lost sheep *n fet* dele e humbur; person që ka dalë nga rruga e drejtë.
lot[lot] *n,adv,v* -*n* 1.sasi, shumicë; **a lot of money/books** shumë para/libra.2.*pl gj.fol* shumë, plot; **lots of money** shumë para; **lots of people** njerëz plot. 3.pjesë; grup; sasi(votash etj). 4.ngastër, truall. 5.kinostudio. 6.short; **draw lots** hedh short. 7.pjesë(e ndarë me short). 8.fat; **a happy lot** fat i mbarë. +**cast/draw lots** hedh short; **cast/throw in one's lot with** bëhem ortak me; ndaj fatin me (dikë).
-*adv* : **lots** *gj.fol* shumë; **this table is lots nicer than that one** kjo tryezë është shumë më e bukur se ajo tjetra.
-*vt* ndaj në ngastra.
loth[louth] shih **loath**.
lotion['loushën] *n* locion, lëng(për fërkim etj).
lottery['lotëri] *n* 1.lotari. 2.*fig* fat, lotari; **the lot-**

tery of life rrisku i secilit.
lotto['lotou] *n* tombol(lojë me numra).
lotus['loutës] *n bot* zambak uji.
lotus-eater['loutës'iːtë:] *n* ëndërrimtar, dembel.
loud[laud] *adj,adv* -*adj* 1.i lartë, i fortë (zë). 2.i zhurmshëm. 3.kërkues, këmbëngulës(në kërkesa). 4.*gj.fol* vulgare(veshje).
-*adv* fort, me zë të lartë.+**out loud** a)me zë të lartë(lexoj); b)me germa të stërmëdha(pankartë); **for crying out loud!** *zhrg* ky është kulmi!; edhe kjo na duhej!; lëre, dreqin! **loud and clear** shumë qartë.
loud-hailer[laud'heilë:] *n* megafon.
loudish['laudish] *adj* disi i fortë/i lartë.
loudly['laudli] *adv* 1.fort, me zë të lartë.2.me poterë, me zhurmë. 3.me gërma të stërmëdha.
loudmouth['laudmauth] *n zhrg* llafazan, poterexhi.
loudmouthed['laudmautht] *adj* i zhurmshëm; që bërtet fort, poterexhi.
loudspeaker['laud'spiːkë:] *n* altoparlant.
lough[loh] *n* (irlandisht) 1.liqen. 2.gji deti i mbyllur.
lounge[launxh] *v,n* -*vi* rri kot, rri pa punë, ngarrit; s'tundem vendit.
-*n* 1.sallon, dhomë ndenjieje. 2.sallë pritjeje. 3. ngarritje, hallavitje.
lounge bar *n* bar me shërbim në tryeza.
lounge suit *n* kostum burrash.
loupe[luːp] *n* lupë.
louse[laus] *n,v* -*n pl* lice . 1. *zool* morr. 2. *zhrg* kërmë, qelbanik; krimb.
-*v* : **lose up** katranos, e qelb.
lousy ['lauzi] *adj* 1.*zhrg* i keq, i varfër, i pakët (shpërblim). 2.*zhrg* i ndyrë, i fëlliqur(batakçi). 3.*zhrg* i krimbur; **lousy with money** i krimbur në para. 4.i mbushur me morra; morrash. +**feel lousy** ndihem për ibret; **be a lousy cook** s'ia them fare për të gatuar.
lout[laut] *n* gdhë, harbut.
loutish['lautish] *adj* i pagdhendur, harbut.
louvre, louver['luːvë:] *n* 1. dritare me grila 2.frengji ajrimi.
lovable['lʌvëbël] *adj* i dashur; i adhurueshëm.
love[lʌv] *n,v* -*n* 1.dashuri; **love at first sight** dashuri me shikimin e parë. 2.i(e) dashur. 3.pëlqim; dëshirë; dashuri(për librat etj). 4.të fala; **send one's love to sb** i çoj/bëj të fala dikujt. 5.(në tenis) zero; **love all** zero-zero; **30-love** 30 me zero. +**fall in love** bie në dashuri; **for love** a) pa pagesë; b)për qejf; jo për para; **for the love of** për hir të; për shkak të; **in love** i dashuruar, i rënë në dashuri; **make love (to sb)** a)bëj dashuri, bëj seks me dikë; b)i vij rrotull(një femre); **not for love or money** për asgjë në botë; në asnjë mënyrë; **there is no love lost between them** nuk e durojnë dot njëri-tjetrin.
-*vt* 1.dua, dashuroj. 2.dashuroj, jam në dashuri me.

3.bëj dashuri. 4.pëlqej; **love swimming/to swim** më pëlqen noti/të notoj; **I'd love to come** do të më pëlqente shumë të vija.
love affair *n* dashuri, lidhje dashurore, marrëdhënie.
love apple *n vjet* domate.
lovebird['lʌvbë:d] *n* 1.*zool* papagall afrikan, papagall i dashur. 2.*fig pl* të dashuruar.
love child *n* fëmijë i paligjshëm.
loveless ['lʌvlis] *adj* 1.i padashuruar. 2.që nuk dashuron; pa dashuri.
loveliness['lʌvlinis] *n* të qenët i dashur/i këndshëm /i dashur.
lovelock['lʌvlok] *n* cullufe.
lovelorn['lʌvlo:n] *adj* që vuan nga dashuria; i braktisur(nga e dashura).
lovely['lʌvli] *adj* 1.i bukur. 2.i këndshëm(zë). 3.e mirë(kohë, aromë). +**have a lovely time** kënaqem, e kaloj shumë mirë; **it's been lovely seeing you** takimi me ju ishte një kënaqësi.
love match *n* martesë me dashuri.
lover['lʌvë:] *n* 1.dashnor; dashnore.2.*pl* të dashuruar. 3.amator, i apasionuar pas.
love seat *n* kolltuk dyvendësh.
lovesick['lʌvsik] *adj* që vuan nga dashuria.
loving['lʌving] *adj* i dashuruar; i përzemërt, i dashur.
loving cup *n* kupë me dy a disa doreza/vegja(që kalohet dorë më dorë).
lovingly['lʌvingli] *adv* me përzemërsi; me dashuri.
low I[low] *adj,adv,n* -*adj* 1.i ulët(mur); **the river is low** niveli i lumit ka rënë.2. i pakët, në mbarim; **supplies were low** rezervat ishin në të mbaruar; **we are low in flour** nuk jemi mirë me miellin, po na mbaron mielli. 3.i ulët, i dobët(zë). 4.i ulët (çmim).5.e ulët(prejardhje, pozitë).6.i dobët, shëndetlig. 7.jo i mirë, i pafavorshëm(opinion). 8.i keq (humor). 9.i ulët, i ndyrë(rreng). 10. e vrazhdë, vulgare(gjuhë, shoqëri). 11.i hapur, dekolte(fustan).
-*adv* 1. ulët; poshtë; **the sun sank low** dielli u zhyt nën horizont. 2.në të sosur; **supplies are running low** rezervat po shterin.3.në mënyrë të ulët, poshtërsisht. + **lay low** përmbys; rrëzoj; **lie low** *gj.fol* rri i fshehur, nuk ndihem, nuk bëhem i gjallë.
-*n* 1.*met* zonë e presionit të ulët. 2. nivel i ulët; **reach an all-time low** arrij nivelin më të ulët.
low II[lou] *v,n* -*vi* pëllet, bulurin(gjedhi).
-*n* pallje, pëllitje, bulurimë.
lowboy['louboi] *n* dollap i ulët me sirtarë.
lowbred ['loubred] *adj* i vrazhdë, i pagdhendur, vulgar.
lowbrow['loubrau] *n,adj gj.fol* -*n* njeri pa kulturë.
-*adj* pa prirje intelektuale.
Low Countries *n* Vendet e Ulëta, Beneluksi (Bel-

gjikë, Hollandë, Luksemburg).
lowdown['loudaun] *n zhrg* fakte, e vërtetë; **give sb the lowdown on sth** i bëj të njohura faktet dikujt.
low-down['lou'daun] *adj gj.fol* i ulët, i ndyrë.
lower I['louë:] *v,adj,adv,n* -*v* 1.ul, zbres(flamurin etj). 2.ul, pakësoj(zërin, çmimin). 3.ulet(dielli). 4.ul në gradë. 5.poshtëroj. 6.vrenjtet qielli. 7.(**at sb**) shikoj kërcënueshëm(dikë).
-*adj* më i ulët.
-*adv* më ulët.
-*n* pamje kërcënuese, vrenjtje, ngrysje.
lower case *n polig* germa të vogla.
Lower Chamber *n pol* Dhomë e Ulët, Dhomë e Përfaqësuesve.
Lower House shih **Lower Chamber**.
lowering ['lauëring] *adj* 1.i vrenjtur(qiell). 2.*fig* i ngrysur, i vrenjtur.
lowermost['louë:moust] *adj* më i ulëti.
lower regions *n fet* ferri.
lower world *n fet* 1.ferri. 2.toka.
lowest common denominator *n mat* emëruesi më i vogël i përbashkët.
Low German *n gjuh* 1. gjuha gjermanike e Vendeve të Ulëta dhe e Gjermanisë Veriore. 2.të folmet gjermanoperëndimore(burimi i anglishtes, holandishtes etj)
low-key['louki:] *adj* i përmbajtur, i matur, i moderuar.
lowland['loulænd] *n gjeog* 1.ultësirë. 2.**the Lowlands** zonat e ulëta të Skocisë.
Low Latin *n* latinishte e vonë, latinishte e Mesjetës.
lowlife['loulaif] *n,adj zhrg* -*n* 1.keqbërës; kriminel. 2.njerëz imoralë; lagje e keqe.
-*adj* 1.imoral; keqbërës. 2.i pagdhendur, i rëndomtë.
lowliner['loulainë:] *n* anije peshkimi me rezultate të dobëta.
lowly['louli] *adj,adv* -*adj* 1.i ulët(rang etj). 2.modest, i thjeshtë; i përulur.
-*adv* me urtësi, me përulësi, përulësisht.
low-minded [lou'maindid] *adj* mendjengushtë; vulgar.
low-necked['lounekt] *adj* dekolte, i hapur(fustan).
low-paid['loupeid] *adj* i paguar pak/keq.
low-pitched['loupiçt] *adj* 1.*muz* bas(instrument). 2.jo shumë e pjerrët(çati).
low-rise['louraiz] *adj,n* -*adj* me pak kate, e ulët.
-*n* jo shumë e pjerrët(çati).
low-spirits *n* trishtim; rënie shpirtërore, demoralizim.
low tide *n* 1.zbaticë. 2.niveli më i ulët(i diçkaje).
low water *n* 1.niveli më i ulët i ujit (në liqen, lumë). 2.zbaticë.
low-water mark *n* 1.shenjë që tregon nivelin më

ë ulët të ujit. 2.nivel minimal, pikë më e ulët(e tiçkaje).

lox I[loks] *n* feta salmoni të tymosur.

lox II[loks] *n* oksigjen i lëngët.

loyal['lojël] *adj* besnik; që e mban fjalën, i besës.

loyally['lojëli] *adv* besnikërisht.

loyalist['lojëlist] *n pol* luajalist, besnik ndaj regjimit.

loyalty['lojëlti] *n* besnikëri.

lozenge['lozinxh] *n* 1.*mjek* hape, tabletë. 2.*mat* 'omb.

LP (= **long-playing record**) *n* disk me 33 xhiro më minutë.

LSD (= **lysergic acid diethylaminde**) *n* LSD, drogë e fuqishme.

LT (= **lieutenant**) *n* toger.

Lt.-Col (= **lieutenant-colonel**) *n* nënkolonel.

Ltd. (= **Limited**) shih **limited.**

Lt.Gen.(= **lieutenant general**) *n* gjeneral-leitnant.

lubber['lʌbë:] *n* njeri kaba, gallof.

lube[lu:b] *n gj.fol* shih **lubrication.**

lubricant['lu:brëkënt] *n,adj* -*n* lyrësues, lubrifikant.

-*adj* lyrësues, lubrifikues.

lubricate ['lu:brëkeit] *vt* lyrësoj, lubrifikoj; vajis, grasatoj.

lubrication[lu:brë'keishën] *n* lyrësim, lubrifikim; vajisje; grasatim.

lubricator ['lu:brëkeitë:] *n* 1.lubrifikues(person). 2.*tek* vajisëse, vajnicë; grasator.

lubricity [lu:'brisëti] *n* 1.rrëshqitshmëri, mosfërkim.2.shkathtësi, zhdërvjelltësi. 3.paturpësi, gojështhurje.

lucent['lu:sënt] *adj vjet* 1.i shndritshëm.2.i kulluar; i tejdukshëm.

lucid ['lu:sid] *adj* 1.i qartë (udhëzim). 2.i ndritshëm. 3.i kthjellët(nga mendja). 4.i kulluar; i tejdukshëm.

lucidity[lu:'sidëti] *n* kthjelltësi, qartësi(e artikullit etj).

lucidly['lu:sidli] *adv* kthjellët, qartë.

Lucifer['lu:sëfë:] *n* 1.*fet* Djalli. 2.planeti Afërdië, Ylli i Mëngjesit. 3.**lucifer** shkrepëse që ndizet lehtë.

luck[lʌk] *n* fat. 2.fat i mirë; fatmirësi. +**bad luck!** farë tersi! **as luck would have it** siç deshi fati; **be down on one's luck** nuk kam fat; **be in luck** jam me fat; kam shans; **be out of luck** jam pa fat, s'më cën; **better luck next time!** të shkoftë mbarë në të ardhmen! **have got the luck of the devil** kam një fat të habitshëm; **have the luck to** kam fatin të; **it's the luck of the draw** është punë fati/lotarie; **no such luck!** ku ma gjen! **try one's luck** provoj shansin; **with any luck** me pak fat; **worse luck** fatkeqësisht, për fat të keq.

luckily['lʌkëli] *adv* fatmirësisht, për fat të mirë.

luckless['lʌklis] *adj* i pafat.

lucky['lʌki] *adj* 1.me fat, me shans. 2.fatlum, fatsjellës. 3.për shans, i rastësishëm; **it was a lucky guess** ishte thjesht punë shansi; **you lucky thing!**, **lucky you!** lum ti!

lucky charm *n* hajmali, nuskë; send që sjell fat.

lucrative['lu:krëtiv] *adj* fitimprurës, i fitimshëm.

lucre['lu:kë:] *n* para; **filthy lucre** para të ndyra.

lucubration[lu:kjë'breishën] *n* 1.studim natën vonë. 2.studim i mundimshëm.

ludicrous['lu:dëkrës] *adj* qesharak; absurd.

luff[lʌf] *vt* (**the helm**) kthej anijen me bash nga era.

lug I[lʌg] *vt* 1.heq zvarrë, zvarris. 2.*det* ngre velat në stuhi.

lug II[lʌg] *n* 1.vesh. 2.vegjë, e dalë. 3.*zhrg* avdall, gdhë.

lug III[lʌg] *n det* velë me 4 cepa.

lug IV[lʌg] *n zool* krimb deti, karrem.

luge[lu:zh] *n* sajë e vogël.

luger['lu:gë:] *n* revole automatike(e shek XIX).

luggage ['lʌgixh] *n* 1.bagazh, plaçka udhëtimi. 2. valixhe, çanta për bagazhet.

luggage rack *n* vend për bagazhet(në tren); portbagazh(në makinë), bagazh.

luggage van *n* furgon, kamionçinë për bagazhet.

lugger['lʌgë:] *n det* lundër me vela 4-cepëshe.

lugs[lʌgz] *n* veshore(e kapeles, kokores).

lugsail['lʌgseil] *n* velë 4-cepëshe.

lugubrious[lu'gu:briës] *adj* i trishtuar; i ngrysur, i zymtuar.

lugworm['lʌgwë:m] *n zool* krimb deti, karrem.

lukewarm ['lu:kwo:m] *adj* 1.i vakët. 2.*fig* i vakët, joentuziast.

lull[lʌl] *v,n* -*v* 1. vë në gjumë, nanuris; **lull a baby to sleep** vë foshnjën në gjumë. 2.qetësoj. 3.qetësohet(era). 4.*fig* vë në gjumë; **be lulled into a false sense of security** gënjej veten, bëj sikur gjithçka është në rregull.

-*n* qetësim, reshtje kohështkurtër.

lullaby['lʌlëbai] *n* ninull, këngë djepi.

lumbago[lʌm'beigou] *n mjek* lumbago, dhimbje mesi.

lumbar['lʌmbë:] *adj anat* i mesit.

lumber I ['lʌmbë:] *n,v* -*n* 1.lëndë druri. 2. rrangulla, rraqe, orendi të vjetra.

-*vt* 1.bëj/pres lëndë druri.2.zë vendin me rrangulla.

lumber II['lʌmbë:] *vi* (**about, along**) ecën rëndë; **lumber past** parakalon me poterë(kamioni).

lumbering['lʌmbëring] *n* prerje lënde drusore.

lumberjack['lʌmbë:xhæk] *n* 1.sharrëtar, druvar. 2.*amer zool* grifshë.

lumberman ['lʌmbë:mën] *n* 1. sharrëtar, druvar. 2.tregtar lënde druri.

lumberyard['lʌmbë:ja:d] *n* fushë lënde drusore.

luminary ['lu:mëneri] *n* 1. *astr* trup qiellor ndriçues(dielli, hëna etj). 2.*fig* i kthjellët, i qartë.

lummox['lʌmëks] *n gj.fol* leshko; gdhë.

lump I[lʌmp] *n,v* *-n* 1.copë. 2.plis (dheu). 3. kokërr, tokël, petë(sheqeri). 4.gungë, xhungë, bullungë. 5.shumë, sasi. 6.*fig* trung, gdhë. 7.*pl gj.fol* dajak, kërbaç(në shtyp).

-v 1.bëj kokla. 2.bëhet kokël. 3.mbledh bashkë, bëj njësh.

lump II[lʌmp] *vt gj.fol* pajtohem me; duroj.

lumper['lʌmpë:] *n* hamall.

lumpish['lʌmpish] *adj* 1.kaba, i rëndë.2.i ngathët. 3.i trashë, kokëtul.

lump sugar *n* peta/tokla sheqeri.

lump sum *n* shumë e madhe, shumë e majme, një dorë para.

lumpy ['lʌmpi] *adj* 1.me kokla(qull etj).2.me plisa. 3.kaba, e rëndë(kafshë). 4.i trazuar, me valë (ujët e liqenit).

lunacy['lu:nësi] *n* çmenduri, marrëzi; **it's sheer lunacy!** kjo është fund e krye marrëzi.

lunar['lu:në:] *adj* 1.i hënës, hënor.2.si hënëz, drapëror.

lunar month *n astr* muaj hënor (29,5 ditë).

lunate['lu:neit] *adj* drapëror, në formë hënëze.

lunatic['lu:nëtik] *n,adj* *-n* 1.i çmendur, i luajtur. 2.budalla.

-adj 1.i çmendur, i luajtur. 2. budalla, idiot.

lunatic fringe *n gj.fol* elementë me zell prej të çmenduri, krah ekstremist(i një lëvizjeje etj).

lunch[lʌnç] *n,v* *-n* drekë; **have lunch** ha drekë.

-vi ha drekë.

luncheon['lʌnçën] *n* drekë.

luncheon meat *n* sallam mortadelë.

luncheon voucher *n* tallon/bono ushqimore.

luncheonette[lʌnçë'net] *n* restorant ku hahet drekë, kafeteri.

lunchroom['lʌnçru:m] *n* 1.restorant. 2.mensë.

lune[lu:n] *n* hënëz.

lunette[lu:'net] *n ark* hënëz; dritare në formë hënëze.

lung[lʌng] *n anat* mushkëri.

lunge I[lʌnxh] *n,v* *-n* hedhje, lëvizje e beftë.

-vi hidhem, zgjatem.

lunge II[lʌnxh] *n,vt* *-n* 1.litar për kuaj. 2.stërvitje kuajsh. 3.shesh i rrethuar(për stërvitjen e kuajve).

-vt stërvis kalin.

lurch I [lë:ç] *n,v* *-n* anim(i anijes, avionit); hedhje, kërcim(i makinës).

-vi anohet, kthehet(anija, avioni); hidhet befas, hov (makina para përmbysjes).

lurch II[lë:ç] *n vjet* mundje(në lojë), zero pikë. **+leave in the lurch** lë në baltë.

lurcher ['lë:çë:] *n* 1. xhepist; vjedhës, hajdut. 2. gjuetar i paligjshëm, kundravajtës. 2.qen, zagar(për gjueti të paligjshme).

lure[lu:ë:] *n,v* *-n* 1.tërheqje, joshje(e detit). 2. jo-

shë; karrem.

-vt 1.tërheq, josh; tundoj. 2.josh me karrem; **lure sb into a trap** fus në kurth dikë.

lurid['lu:rid] *adj* 1.i përflakur(perëndim). 2.e ndezur(ngjyrë). 3.i bujshëm, sensacional; skandaloz (lajm). 4.tmerrues, ngjethës(krim, përshkrim). 5.i zbetë; i nxirë në fytyrë.

lurk[lë:k] *vi* 1.rri në përgjim, zë pritë. 2.fshihem, rri i fshehur. 3.*fig* bën strehë, rron(dyshimi).

luscious['lʌshës] *adj* 1. i shijshëm; oreksndjellës. 2.joshëse, epshndjellëse(femër).

lush I[lʌsh] *adj* 1. i harlisur, i shëndetshëm(bar). 2.i bollshëm. 3.i stolisur, me zbukurime(përshkrim).

lush II[lʌsh] *n,v zhrg* *-n* 1.pijanik, alkoolist.2.pije alkoolike.

-vi pi.

lust[lʌst] *n,v* *-n* 1.epsh. 2.dëshirë e ethshme, etje e pashuar.

-vi jam i etur /i djegur(për); **lust for/after** e dëshiroj(një femër); jam i etur(për pushtet).

luster['lʌst:] shih **lustre**.

lusterware['lʌstë:weë:] *n* porcelan me shkëlqim.

lustful['lʌstful] *adj* plot epsh; epshor.

lustral['lʌstrël] *adj* 1.*fet* i ceremonisë së pastrimit. 2.i përpesëvjetshëm, që ndodh çdo pesë vjet.

lustrate['lʌstreit] *vt fet* pastroj, purifikoj(altarin etj).

lustre, amer luster['lʌstë:] *n,v* *-n* 1.shkëlqim; lustër. 2.*fig* formë, shkëlqim. 3.porcelan.

-vt shkëlqej, lustroj.

lustrous ['lʌstrës] *adj* i shndritshëm, me shkëlqim, vezullues.

lustrum['lʌstrëm] *n* 1.*hist, fet* ceremoni pastrimi (që bëhej në Romë çdo 5 vjet). 2.pesëvjeçar.

lusty['lʌsti] *adj* i fuqishëm, i shëndetshëm.

lute[lu:t] *n muz* llautë, udë.

lux[lʌks] *n fiz* luks(njësi e ndriçimit).

luxate['lʌkseit] *vt* nxjerr nga vendi(një kockë).

luxe[luks, lʌks, lyks] *n* luks.

Luxembourg['lʌksëmbë:g] *n gjeog* Luksemburg

luxuriance[lʌg'zhu:riëns] *n* 1. harlisje. 2. begati 3.stërhollim.

luxuriant[lʌg'zhu:riënt] *adj* 1.i harlisur, i buisur 2.e dendur, shtëllungë(mjekërr). 3.i pasur, i begatë 4.i stërholluar(stil).

luxuriate[lʌg'zhu:rieit] *vi* 1.prehem, kënaqem. 2 harliset(bimësia).

luxurious [lʌg'zhu:riës] *adj* 1. luksoz. 2.madhë shtor(drekë). 3.qejfli, shkapërdar.

luxury['lʌkshëri, 'lʌgzhëri] *n* 1.luks.2.artikull luksi

lyceum[lai'siëm, 'laisiëm] *n* sallë leksionesh.

lye[lai] *n kim* sodë kaustike.

lying I['lajing] *adj,n* *-adj* 1.i gënjeshtërt, i rremë *-n* gënjim, të gënjyer; rrena.

lying II['lajing] *pp* e **lie II.**

lying-in['lajingin] *n* lehoni.

lymph[limf] *n anat* limfë.

lymphatic[lim'fætik] *adj,n* -*adj* 1.*anat* limfa-tik.2.i ngathët, i squllët.
-*n* enë limfatike.
lymph gland, lymph node *n* nyjë limfatike.
lynch[linç] *vt* linçoj, vras pa gjyq.
lynching['linçing] *n* linçim.
lynx [links] *n zool* rrëqebull, luqerbull; mace e egër.
lynxeyed['linksaid] *adj* symprehtë, me sy prej ma-ceje.
Lyra['lairë] *n astr* Lira(yllësi).
lyre[lair] *n muz* lirë.
lyrebird['lajë:bë:d] *n zool* pallua.
lyric['lirik] *n,adj* -*n*1.poezi lirike.2.*pl* tekst kënge. -*adj*1.lirik.2.kënge, për t'u kënduar.3.melodioz (zë).
lyrical['lirëkël] *adj* 1.entuziast, plot emocion. 2.li-rik. +**be/become lyrical about sth** rrëmbehem /flas me emocion për diçka.

M

m, M[em] m, shkronja e 13-të e alfabetit anglez.
M shkurtim për **mega; mark; motorway; metre; mile; million.**
m shkurtim për **minute; masculine; married; month.**
M. shkurtim për **Monday; Monsieur; Master.**
ma[mo,ma:] *n gj.fol* mama, nënë.
M.A. shkurtim për **Master of Arts.**
ma'am[mæm, ma:m] *n gj.fol* zonjë.
macabre[më'ka:brë, më'ka:bë:] *adj* i llahtarshëm; i vdekjes, mortor.
macadam[më'kædëm] *n* 1.makadam, çakëll me serë(për shtrim rrugësh). 2. xhade e asfaltuar.
macadamize [më'kædëmaiz] *vt* shtroj, asfaltoj (rrugën).
macaroni[mækë'rouni] *n pl* -**is, -ies** makarona.
macaroon[mækë'ru:n] *n* amaretë(lloj biskote).
mace I[meis] *n* 1.skeptër. 2.skeptërmbajtës. 3.to-puz, çomangë.
mace II[meis] *n* arrëmyshk, arxhiviz(erëz).
Macedonia[mæsi'dounië] *n gjeog* Maqedoni.
Macedonian [mæsi'douniën] *adj,n* -*adj* maqe-don, maqedonas.
-*n* maqedonisht.
macerate['mæsëreit] *v* 1.zbus, zbruj, njom.2.tres (ushqimin). 3.hollohet.
maceration [mæsë'reishën] *n* zbutje, zbrujtje (e ushqimit); tretje.
machete[më'sheti:, më'çeti:] *n* satër, hanxhar.
Machiavellian[mækië'veliën] *adj* makiavelik; di-nak e i pabesë.
machinate['mækëneit] *v* kurdis, sajoj, fabrikoj; intrigoj.
machination [mækë'neishën] *n* kurdisje, makina-cion; intrigë.
machine [më'shi:n] *n,v* -*n* 1.makinë.2.*pol* apa-rat, makinë. 3.mekanizëm.

4.makinë/automat me monedhë. 5.veturë; automjet; avion.
-*vt* 1.punoj në makinë; prodhoj me makinë. 2.qep me makinë.
machine gun *n* mitraloz.
machine-made [më'shi:nmeid] *adj* i bërë/i pro-dhuar me makineri.
machinery [më'shi:nëri] *n* 1.makina, makineri.2. mekanizëm(i orës). 3.*fig* makinë(shtetërore), aparat (gjyqësor etj).
machine shop *n* oficinë; repart mekanik.
machine tool *n* makinë metalprerëse.
machinist[më'shi:nist] *n* 1.makinist, drejtues ma-kinash metalprerëse. 2.mekanik; riparues makinash. 3.punëtor makine qepëse. 4.mashinist, trenist.
machismo[ma:'çi:zmou] *n* agresivitet mashku-llor; mashkullorësi.
Mach number *n av* numër i Mahut, raport i shpejtësisë përkundrejt shpejtësisë së zërit.
macho['ma:çou] *adj,n* -*adj* i fortë, i fuqishëm; agresiv.
-*n* 1. mashkull agresiv. 2.burrëri, mashkullorësi, virilitet.
mackerel['mækërël] *n zool* skumbri(peshk).
mackerel sky *n* qiell i larzuar(me re të vockla).
mackinaw['mækëno:] *n* 1.xhakaventë e rëndë le-shi. 2.batanije e trashë. 3.*amer* maunë, lundër e madhe me fund të rrafshët.
mac(k)intosh ['mækëntosh] *n* 1.mushama; par-desy fëshfëshe. 2.cohë që nuk fut ujë; mushama.
macro-['mækrou] *pref* makro-.
macrocosm['mækrëkozëm] *n* gjithësi, univers.
mad [mæd] *adj* 1. i çmendur, i marrë; **go mad** marrosem, çmendem; **drive sb mad** e luaj mendsh dikë; **like mad** si i luajtur. 2.i tërbuar, i xhindosur. 3.*fig* i çmendur, i marrë, i pamend(projekt). 4.*fig* i marrosur (pas dikujt / diçkaje). 5. i tërbuar (qen etj).

+**mad as a hatter/as a March hare** i çmendur krejt.

Madagascar[mædë'gæskë:] *n gjeog* Madagaskar.

Madam ['mædëm] *n pl* **madams, mesdames** [mei'da:m] *n* 1.zonjë; **Madam Chairman** zonja kryetare. 2.padrone, mbajtëse shtëpie publike.

madame ['mædëm] *n pl* **mesdames**[mei'da:m] zonjë(për gratë e martuara).

madcap['mædkæp] *adj,n* -*adj* i krisur, i kuturisur.
-*n* njeri i krisur.

madden['mædën] *vt* 1.marros, çmend. 2.xhindos; i ha shpirtin.

maddening['mædning] *adj* acarues, që të pëlcet.

madding ['mæding] *adj* 1.i marrosur. 2.marrosës; xhindosës.

made[meid] *v,adj* -*pt,pp* e **make.**
-*adj* 1.i bërë. 2. i formuar. 3.i ndërtuar. 4.i shpikur; i prodhuar. 5.*gj.fol* i suksesshëm.

made-to-measure ['meidtë'mezhë:] *adj* (i bërë) sipas masës(së klientit).

made-to-order['meidtë'o:dë:] *adj* (i bërë) me porosi.

made-up['meidʌp] *adj* 1.i montuar; i përgatitur. 2.i shpikur; i sajuar, i trilluar(tregim). 3.i makijuar, me makijazh.

madhouse['mædhaus] *n* 1.çmendinë. 2.*fig* çmenduri.

madly['mædli] *adv* 1.çmendurisht. 2.me tërbim. 3.me marrëzi, me budallallëk.

madman['mædmæn, 'mædmën] *n* i marrë, i çmendur.

mad money *n gj.fol* para rezervë, pare xhepi për çdo rast.

madness['mædnis] *n* marrëzi, çmenduri.

madrepore['mædrëpo:] *n* shkëmb koralor.

madrigal['mædrëgël] *n* 1. tekst kënge, poezi lirike.2. këngë.

madrilene['mædrëlën] *n* supë me lëng mishi.

madwoman ['mæd'wumën] *n* e marrë, e çmendur.

maelstrom['meilstrëm] *n* 1.vorbull i madh, gjeratore. 2.*fig* trazim i fuqishëm, vorbull.

Mae West['mei'west] *n* jelek shpëtimi për aviatorë.

Mafia['ma:fië] *n* Mafia; grup mafioz.

mafioso[ma:'fjousou] *n* mafioz.

magazine[mægë'zi:n] *n* 1.revistë.2.karikator(i pushkës, automatikut).3.*usht* depo municioni. 4.depo. 5.*tek* magazinë, dhomë.

mage[meixh] *n vjet* magjistar.

magenta [më'xhentë] *n,adj* -*n* 1.bojë e kuqepurpur. 2.ngjyrues i kuq.
-*adj* i purpurt.

maggot['mægët] *n zool* vemje, krimb.

Maghreb['ma:grëb] *n gjeog* Magreb.

magic['mæxhik] *n,adj* -*n* 1.magji; **like magic** si

me magji. 2.numër shpejtësie. 3.*fig* magji, forcë tërheqëse(e muzikës etj).
-*adj* 1.magjik. 2.i magjishëm; i mbinatyrshëm; **magic carpet** qilim fluturues; **magic wand** shkop magjik.

magical['mæxhëkël] *adj* 1.magjik.2.i mistershëm, i pashpjegueshëm.

magic eye *n* sy magjik; celulë fotoelektrike.

magician [më'xhishën] *n* 1.magjistar.2.prestigjator.

magic lantern *n* aparat projektimi me diapozitivë, epidioskop.

magisterial[mæxhis'ti:ëriël] *adj* 1.autoritar; i pushtetshëm; dominues. 2.gjyqësor.

magistrate['mæxhistreit, 'mæxhistrit] *n* gjyqtar, gjykatës; **magistrates court** gjykatë e shkallës së ulët/e shkallës së parë.

magma['mægmë] *n gjeol* magmë.

magnanimity [mægnë'nimëti] *n* shpirtmadhësi, zemërgjerësi.

magnanimous[mæg'nænëmës] *adj* shpirtmadh; zemërgjerë.

magnate['mægneit] *n* magnat, manjat(industrialist i fuqishëm).

magnesia[mæg'ni:zhë] *n gjeol,kim* dyoksid magnezi.

magnesium [mæg'ni:ziëm] *n kim* magnez, magnezium.

magnet['mægnit] *n* magnet(edhe *fig*).

magnetic[mæg'netik] *adj* 1.magnetik.2.i magnetizueshëm. 3.*fig* tërheqës.

magnetic field *n fiz* fushë magnetike.

magnetic mine *n* minë e nënujshme me magnetizuar.

magnetic needle *n* gjilpërë magnetike.

magnetic pole *n* 1. pol i magnetit. 2.**Magnetic Pole** *gjeog* Poli Magnetik i Tokës.

magnetic tape *n* shirit magnetik (në magnetofonë, videoregjistrues, kompjuter).

magnetism['mægnëtizëm] *n* 1.magnetizëm. 2.*fig* forcë tërheqëse, magnetizëm.

magnetite ['mægnëtait] *n gjeol* magnetit, oksid hekuri i zi.

magnetize['mægnëtaiz] *vt* 1.magnetizoj. 2.*fig* bëj për vete, magnetizoj(sallën).

magneto[mæg'ni:tou] *n tek* magnetë.

magnific[mæg'nifik] *adj vjet* 1. madhështor. 2. i fryrë, pompoz.

magnification[mægnëfë'keishën] *n* 1. zmadhim. 2.kopje e zmadhuar.

magnificence[mæg'nifësëns] *n* madhështi.

magnificent [mæg'nifësënt] *adj* 1.madhështor, i madhërishëm.2.i shkëlqyer(rast).3.i lartë, fisnik(ideal, qëllim).

magnifier['mægnëfajë:] *n* zmadhues(xham).

magnify['mægnëfai] *vt* 1.zmadhoj; **magnifying**

glass xham zmadhues, thjeréz, lente. 2.përforcoj (zërin). 3.*fig* zmadhoj, ekzagjeroj, fryj(faktet). 4.*vjet* ngre lart, lëvdoj, lartësoj.

magniloquent[mæg'nilëkwënt] *adj* 1.fjalëmadh, bombastik. 2.mburracak.

magnitude['mægnëtju:d] *n* 1.madhësi, gjerësi. 2. rëndësi. 3.*astr* madhësi (yjore). 4.magnitudë(e tër-metit). +**of the first magnitude** me rëndësi të madhe, i dorës së parë.

magnolia[mæg'noulië] *n bot* manjolia.

magpie['mægpai] *n* 1.laraskë, grizhël. 2.llafazan.

Magyar['mægia:] *adj,n   -adj* 1.hungarez. *-n* 1.hungarez. 2. hungarisht.

mahogany[më'hogëni] *n* mogan, dru i kuq.

maid[meid] *n* 1.vajzë. 2.shërbyese. 3.virgjëreshë.

maiden ['meidën] *n,adj   -n* 1. vajzë, çupë. 2.vir-gjëreshë. *-adj* 1.vajzëror. 2.beqare; **maiden aunt** teto e pa-martuar; lëneshë; **maiden name** mbiemër para martesës/i vajzërisë. 3.i parë, inaugurimi; **maiden speech** diskutim për herë të parë(në parlament).

maidenhair['meidënheë:] *n bot* fierlis.

maidenhead ['meidënhed] *n* 1.himn. 2.*vjet* vaj-zëri; virgjëri.

maidenhood['meidënhud] *n* vajzëri, vashëri.

maidenly['meidënli] *adj* 1. vajzëror; vajzërishte. 2.i thjeshtë, modest.

maid-in-waiting ['meidin'weiting] *n* zonjushe shoqërimi(e mbretëreshës, princeshës).

maid of all work *n* shërbyese që bën çdo punë.

maid of hono(u)r *n* 1.kumbare e nuses. 2.zonju-she shoqërimi(e mbretëreshës, princeshës).

maidservant['meidsë:vënt] *n* shërbyese, shërbë-tore.

mail I[meil] *n,v   -n* 1.letra, gazeta etj, postë. 2. postë, zyrë postare; **by mail** me postë; **mailing list** listë adresash; **mailing train** tren i postës; **mail van** furgon postar. *-vt* çoj me postë, postoj.

mail II[meil] *n* 1.gjoksore metalike. 2.zhguall (breshke).

mailbox['meilboks] *n* kuti postare.

mailed['meild] *adj* 1.me gjoksore metalike. 2.me zhguall; i koracuar.

mailed fist *n* forcë ushtarake; agresion ushtarak.

mailer['meilë:] *n* 1.postues. 2.enë mbrojtëse me-talike(për harta etj).

mailman['meilmæn] *n* postier.

mail order *n* porosi(për mallra) me postë; **mail-order firm/house** firmë që shet me korespondencë.

mailshot['meilshot] *n* fushatë reklamash me postë.

maim[meim] *vt* gjymtoj, sakatoj.

main[mein] *adj,n   -adj* kryesor; **the main thing to remember is** kryesorja që s'duhet harruar është; **by main force/strength** me gjithë forcën. *-n* 1.tubacion kryesor. 2.*el* linjë kryesore; **it works**

by battery or from the mains punon edhe me bateri, edhe me korent. 3.*poet* det i hapur; oqean. 4.*vjet* sterë.+**in the main** në tërësi, kryesisht; **with might and main** me sa kam fuqi.

main clause *n gram* fjali kryesore.

main course *n* pjatë kryesore(në një darkë etj).

main drag *n zhrg* rrugë kryesore e një qyteti.

mainland ['meinlænd] *n* stere; kontinent; **the Greek mainland** Greqia kontinentale(pa ishujt).

mainline['meinlain] *vt zhrg* injektoj (drogë) drejt e në venë.

mainly ['meinli] *adv* kryesisht; në pjesën më të madhe.

mainmast['meinmæst] *n* direk kryesor.

mainsail['meinseil] *n* velë kryesore.

mainspring[meinspring] *n* 1. zemberek (ore). 2. *fig* faktor, nxitës.

mainstay['meinstei] *n* 1.*det* litar përforcues për-gjatë direkut.2.*fig* mbështetje kryesore, shtyllë(e ekipit etj).

mainstream['meinstri:m] *n* 1. rrymë qendrore (e lumit). 2.*fig* rrjedhë e përgjithshme (në art).

maintain [mein'tein] *vt* 1. mbaj; mbaj në këmbë; vazhdoj; **if the improvement is maintained** po qe se përmirësimi vazhdon. 2.mirëmbaj. 3.mbaj finan-ciarisht(familjen). 4.mbroj(një pikëpamje). 5.pohoj; them; **he maintained that** ai thoshte se.

maintenance['meintenëns] *n* 1.mbajtje(e familj-es etj). 2.mirëmbajtje. 3.mjete jetese: **the farm provides a maintenance** ferma siguron jetesën. 4.*drejt* pension familjar(për gruan, fëmijët).

maintop['meintop] *n det* shesh/platformë në ma-jë të direkut.

maisonette[meizë'net] *n* apartament me dy kate.

maize[meiz] *n,adj   -n* misër. *-adj* i verdhë.

majestic[më'xhestik] *adj* madhështor, i madhëri-shëm.

majesty ['mæxhisti:] *n* 1. madhështi. 2.**Majesty** Madhëri; **Her Majesty** Madhëria e saj, Mbretëresha.

majolica[më'xholëkë] *n* majolikë.

major['meixhë:] *adj,n,v   -adj* 1.më i madh; kry-esor; **the major share of the profits** pjesa më e madhe e fitimeve. 2.i madh; i rëndësishëm; **a major poet** poet i madh; **a major operation** operacion i rëndësishëm. 3.*drejt* madhor, në moshë madhore. 4.*muz* maxhor. *-n* 1.*usht* major. 2.*drejt* person madhor, person në moshë ligjore. 3. fushë, degë, specialitet(studimesh universitare). 4.*sport* **the majors** ligat sportive kryesore. *-vi* studioj, laurohem, diplomohem; **major in ma-thematics** studioj për matematikë.

majordomo [meixhë:'doumou] *n* kryeshërbëtor, ekonom; maxhordom.

majority[më'xhorëti] *n,attr   -n* 1.shumicë; pjesa

më e madhe. 2. *drejt* moshë madhore. 3.gradë /rang i majorit. +**vast majority** shumicë dërrmuese; **have a majority holding** jam aksionist kryesor.

-*attr* 1.me shumicë votash. 2.e shumicës, e mazhorancës(qeveri).

major road *n* rrugë kryesore, rrugë që ka të drejtën e kalimit.

make[meik] *v,n* -*v* (**made**) 1.bëj. 2. prodhoj; krijoj; ndërtoj; hartoj, përpiloj; **make a poem** bëj /shkruaj një poezi; **made in Albania** prodhuar në Shqipëri; **what one is made of** prej çfarë brumi është; **made for each other** krijuar për njëri-tjetrin. 3.bëj, shkaktoj, detyroj; **make trouble** shkaktoj shqetësime; **make sth difficult** e bëj të vështirë diçka; **make sb wait** e bëj/detyroj dikë të presë; **what makes you think that?** ç'të shtyn të mendosh kështu? **make sth do, make do with sth** rregullohem/kryej punë me diçka. 4.fitoj; realizoj(fitime); pësoj (humbje); **make a profit / a loss of $1000** realizoj një fitim/pësoj një humbje prej 1000 dollarësh.5.(it)arrij të; **they made (it to) the finals** ata arritën të futen në finale; **make it in life** ia dal mbanë në jetë; **can you make it for 2 o'clock?** arrin dot në ora 2? **make port** mbërrin në port(anija). 6.çoj drejt suksesit; **this film made her** ky film e bëri të shquar; **make or break sb** është suksesi ose rrënimi i dikujt. 7.bën, është baraz me; **3 x 5 make 15** 3 x 5 bëjnë 15; **he made a good husband** ai u bë një bashkëshort i mirë. 8.e quaj, e çmoj, e konsideroj; **how far do you make it to the city?** sa larg mendon se është qyteti prej këtu? **what do you make of this?** si e quan ti këtë? **what do you make of her?** si të duket ajo? 9.shkoj, drejtohem për në; **make towards the door** drejtohem nga dera. 10.ecën, nxjerr, bën(rrugë makina etj); **some cars make 200 km per hour** disa makina nxjerrin 200 km në orë. +**make as if** bëj sikur; **make fast** shtërngoj fort; **make fun of** tallem, vë në lojë; **make good** a)arrij të, ia dal të; b)provoj: **can you make your claims good?** mund t'i provosh pretendimet e tua? **make it** *gj.fol* a)arrij të, ia dal mbanë; b) *zhrg* bëj dashuri, bëj seks; **make like** *gj.fol* a) imitoj; luaj rolin e; b) bëj punën e; **make believe** bëj/hiqem si; **make time** shkoj me shpejtësi; **make free (with)** përdor sipas qejfit(gjënë e huaj); **make haste** nxitoj; **make light of** nënçmoj, nënvleftësoj; **make no bones about sth** nuk ngurroj, nuk e zgjas, nuk i përtoj.

-*n* 1.model(rrobe). 2.markë; **what make of car is this?** çfarë marke është kjo makinë? 3.natyrë, karakter. 4.bërje, të bërët. 5.sasi, prodhim. +**on the make** *gj.fol* në përpjekje për fitim/sukses.

+**make after** ndjek, i bie pas;

+**make away** iki, fryj; **make away with** a)heq qafe; b)vras, qëroj; c)përlaj, fryj me gjithë paratë.

+**make for** a) drejtohem nga / për tek; b) mësyj, i

sulem; c)sjell, shkakton.

+**make off** iki, fryj; **make off with** përlaj; marr pa lejë.

+**make out** a)mbush, plotësoj(një formular); b) nxjerr, tregon: **that makes him out most selfish** kjo gjë e nxjerr shumë egoist; c)kuptoj, i bie në të: **how do you make that out?** nga e nxjerr ti këtë? d) shquaj, dalloj; e)*gj.fol* e nxjerr, ia dal; f) (**that**) lë të kuptohet(se).

+**make over** a)ndryshoj; ribëj; b)ia lë, ia kaloj në pronësi.

+**make up** a)bëj, përgatis(një listë, një pako); **make the books up into a parcel** i bëj librat pako; b)kompensoj; zëvendësoj; c)shpërblej; d)ndreqem me(dikë), pajtohem; e)grimohem, vë makijazh; f)plotësoj; g)*polig* faqos; h)përbën; **girls make up most of the class** vajzat përbëjnë shumicën në klasë; **make up for** zëvendësoj, kompensoj; **make up one's mind** vendos; **make up to** lajkatoj, përpiqem t'i fitoj zemrën.

make-beleive['meikbili:v] *n,adj* -*n* 1.shtrirje; **it's just make-beleive** a) është sa për sy e faqe; b)është i sajuar/përrallë (tregimi). 2.shtijak.

-*adj* 1.i shtirë. 2. i sajuar.

maker[meikë:] *n* 1. prodhues. 2. Krijuesi, Perëndia.

make-ready ['meikredi] *n polig* përgatitje e formës.

makeshift['meikshift] *n,adj* -*n* zëvendësues, diçka e improvizuar.

-*adj* i rastit, i improvizuar.

makeup['meikʌp] *n* 1.përbërje. 2.formacion, përbërje(e ekipit). 3.formim, natyrë. 4.veshje; makijim(i aktorit). 5.*polig* faqosje.

makeweight['meikweit] *n* shtesë, peshë plotësuese.

makework['meikwë:k] *n,adj* -*n* 1.punë të kota. 2.gjetje pune për të papunët.

-*adj* për punë të kota.

making['meiking] *n* 1.prodhim. 2.formim(i personit). 3.*fig* brumë. 4.*pl* cigare të bëra vetë/të dredhura. +**in the making** në proces formimi; i papërfunduar.

mal-[mæl] *pref* keq-.

malachite ['mælëkait] *n gjeol* malakit, karbonat bakri.

maladjusted [mælë'xhʌstid] *adj* i papërshtatur.

maladjustment[mælë'xhʌstmënt] *n* mospërshtatje.

maladminister [mælëd'ministe:] *vt* keqadministroj.

maladministration[mælëdminis'treishën] *n* keqadministrim.

maladroit[mælë'droit] *adj* i ngathët, duartharë.

malady ['mælëd i] *n* pafuqi, dobësi, të qenët pa qejf.

malaria[më'lerië] *n* 1.*mjek* malarie. 2.*vjet* ajër i keq, duhmë.

malark(e)y[më'la:ki] *n zhrg* gjepur, broçkull.

Malay[më'lei] *n,adj* -*n* 1.malajas, maleizian. 2. gjuha maleiziane.

-*adj* maleizian.

Malay(si)a[më'lei(zi)ë] *n gjeog* Malaizi.

Malay(si)an[më'lei(zi)ën] *n adj* maleizian, malajas.

malcontent ['mælkëntent] *adj,n* i pakënaqur; rebel.

male[meil] *adj,n* -*adj* 1.mashkull; **male nurse** infermier. 2.mashkullor, prej mashkulli(zë). 3.burrash (kor). 4.*tek* mashkull.

-*n* mashkull.

malediction[mælë'dikshën] *n* keqbërje; krim.

malefactor['mælëfæktë:] *n* keqbërës; kriminel.

maleficence[më'lefësëns] *n* dëm; e keqe.

maleficent[më'lefësënt] adj i dëmshëm, dëmprurës; i keq.

malevolence[më'levëlëns] *n* keqdashje, dashakeqësi.

malevolent[më'levëlënt] *adj* keqdashës; i lig.

malformation [mælfo:'meishën] *n anat* keqformim, cen.

malformed [mæl'fo:md] *adj* i shformuar, defektoz.

malfunction[mæl'fʌnkshën] *n,v* -*n* keqfunksionim; mosfunksionim.

-*vi* punon keq; nuk funksionon.

malice['mælis] *n* 1.keqdashje, ligësi, shpirtligësi. 2.*drejt* qëllim i keq; **I bear him no malice** s'kam ndonjë mëri për të; **malice aforethought** *drejt* paramendim.

malicious [më'lishës] *adj* 1. keqdashës, i lig. 2. *drejt* me qëllim të keq. + **malicious gossip** dashaligësi.

maliciously[më'lishësli] *adv* 1.me keqdashje, me ligësi. 2. *drejt* me qëllim të keq.

malign[më'lain] *v,adj* -*vt* flas keq; shpif për; përgojoj.

-*adj* 1.i keq, i dëmshëm. 2. i lig, keqdashës. 3.i rrezikshëm. 4.*mjek* i keq, malinj(tumor).

malignance,-cy[më'lignëns,-si] *n* 1.keqdashje; ligësi. 2.*mjek* natyrë malinje(e sëmundjes).

malignant [më'lignënt] *adj* 1. i lig, i keq, dashakeq, shpirtlig. 2.*mjek* e keqe(sëmundje); malinj (tumor). 3.tepër i dëmshëm.

malignity[më'lignëti] *n* 1.shpirtligësi; urrejtje. 2. rrezikshmëri, natyrë e dëmshme.

malinger[më'lingë:] *n* simulant.

mall[mo:l] *n* 1.rrugë me hije; shëtitore. 2.qendër tregtare, kompleks dyqanesh.

malleable ['mæliëbël] *adj* 1. i farkëtueshëm, i petëzueshëm. 2.*fig* i epshëm, i lakueshëm; i adaptueshëm.

mallet['mælit] *n* 1.çekiç druri. 2.stap loje(kroket, polo).

malnutrition[mælnju:'trishën] *n* mosushqim, paushqyerje.

malodorous [mæl'oudërës] *adj* me erë të keqe, kutërbues.

malpractice [mæl'præktis] *n* 1.neglizhencë(e mjekut). 2. shpërdorim(detyre).

malt [mo:lt] *n,v* -*n* 1.malt(elbi etj, për birrë). 2. *gj.fol* birrë.

-*vt* maltoj, e bëj malt(elbin etj).

Malta['mo:ltë] *n gjeog* Maltë.

Maltese [mol'ti:z] *n,adj* -*n* 1.maltez. 2.gjuhë e Maltës. 3.mace malteze.

-*adj* maltez, i Maltës.

maltreat[mæl'tri:t] *vt* keqtrajtoj; nëpërkëmb.

maltreatment[mæl'tri:tmënt] *n* keqtrajtim; marrje nëpër këmbë.

malt sugar *n kim* maltozë.

malversation [mælvë:'seishën] *n* abuzim, korrupsion.

mam(m)a ['momë, 'ma:më, më'ma:] *n gj.fol* mama, mami; mëmë, nënë.

mamma['ma:më] *n* gjëndër qumështi, sisë.

mammal['mæmël] *n zool* sisor, gjitar.

mammoth ['mæmëth] *n zool* mamuth, elefant parahistorik.

-*adj* vigan.

mammy['mæmi] *n* 1.*gj.fol* mama; mëmë, nënë. 2.*amer hist* tajë zezake.

man[mæn] *n pl* **men** 1. burrë. 2. njeri. 3. punonjës; punëtor. 4.shërbëtor. 5.ushtar. 6.burrë; dashnor. 7.gur(shahu). +**act the man** qëndroj si burrë, tregoj guxim; **as one man** si një trup i vetëm; njëzëri; **be one's own man** a) jam zot i vetes; b)e sundoj veten; **man and boy** që nga rinia; **to a man** të gjithë, pa përjashtim; **come on, man!** jepi,forca! **good man!** ashtu, të lumtë!

-*vt* 1.plotësoj me ekipazh.2.caktoj njeri(për të shërbyer); **the telephone is manned all day** ka një njeri te telefoni gjatë gjithë ditës; **man the guns!** *usht* tek topat! 3.përgatis (veten).

-*interj gj.fol* mor zot!, or burrë! **man, what a player!** hajde lojtar, hajde1

man about town *n* njeri i klubeve, njeri i qejfeve.

manacle['mænëkël] *n,v* -*n zak pl* pranga, hekura.

-*vt* 1.prangoj, i vë hekurat. 2. frenoj.

manage['mænixh] *v* 1.drejtoj; administroj. 2.arrij të, ia dal mbanë; **he managed not to get his feet wet** ia doli t'i shpëtonte këmbët pa i lagur; **$10 is the most I can manage** nuk vë dot më shumë se 10 dollarë; **can you manage 11 o'clock?** a vjen(shkon) dot në ora 11? 3.rregullohem, e nxjerr(jetesën); **how do you manage?** si ia del? **I have to manage on $**

100 më duhet të rregullohem me 100 dollarë. 4.ia gjej anën(dikujt). 5.di të përdor(një vegël etj).

manageable['mænixhëbël] *adj* 1.i përdorshëm; i manovrueshëm. 2.i arsyeshëm, i butë(njeri).

management['mænixhmënt] *n* 1.drejtim; administrim. 2.drejtori; administratë; drejtuesit; **management and workers** drejtuesit dhe punëtorët.

management consultant *n* këshilltar administrativ.

manager ['mænixhë:] *n* 1.drejtor; administrator; përgjegjës. 2.*sport* drejtues ekipi; menazher.

managerial[mænë'xhi:riël] *adj* drejtues(post, aftësi).

man-at-arms['mænët'a:mz] *n hist* kalorës i rëndë.

manchet['mænçit]*n vjet* franxhollë, bukë e bardhë.

manciple['mænsëpël] *n* furnitor(konvikti, shkolle etj), ekonom.

mandarin['mændërin] *n* 1.*bot* mandarinë. 2.*hist* mandarin, funksionar i lartë(në Kinë).

mandatary['mændëteri] *n* 1.*pol* vend që ka mandatin mbi një vend tjetër. 2.*drejt* person i pajisur me mandat; kujdestar.

mandate['mændeit] *n* 1.mandat. 2.urdhër(zyrtar, gjyqësor). 3.*pol* e drejtë, autorizim, mandat(i kryeministrit etj). 4.kujdestari. 5.vend nën kujdestari. -*vt* 1.vë nën kujdestari(një vend). 2.bëj të detyrueshëm.

mandatory ['mændëto:ri] *adj,n* -*adj* i detyrueshëm; urdhërues, detyrues. -*n* 1.vend kujdestar. 2.person me mandat.

mandible['mændëbël] *n* nofull(insekti etj).

mandolin['mændëlin] *n* mandolinë.

mandragora[mæn'drægërë] *n* shih **mandrake**.

mandrake['mændreik] *n bot* madërgonë.

mandrel, mandril['mændrël] *n,tek* mandrinë.

mane[mein] *n* krifë, jele.

man-eater['mæn'i:të:] *n* 1.tigër/peshkaqen njeringrënës.2.kanibal.3.*gj.fol* femër seksualisht agresive.

manful['mænfël] *adj* burrëror, trim, guximtar.

manganese['mængëni:z] *n* manganez, mangan.

mange[meinxh] *n* zgjebe e qenve.

manger['meinxhë:] *n* koritë(për bagëtinë).

mangle I['mængël] *n* 1.copëtoj,dërrmoj.2.*fig* sakatoj, interpretoj keq.

mangle II['mængël] *n,v* -*n* shtrydhëse, makinë shtrydhëse(rrobash). -*vt* shtrydh.

mangonel['mængënël] *n hist* katapultë(për hedhje gurësh).

mangy['meinxhi] *adj* 1.i zgjebosur, me zgjebe.2. i ndyrë, i qelbur.

manhandle['mænhændël] *vt* 1.keqtrajtoj, trajtoj me ashpërsi. 2.lëviz me dorë.

manhood['mænhu:d] *n* 1.burrëri. 2.virilitet, mashkulloësi, forcë burri. 3. burrat.

manhunt['mænhʌnt] *n* kërkim i organizuar i një

krimineli.

mania['meinië] *n* mani; dëshirë e tepruar.

maniac['meiniæk] *n* maniak.

manic['mænik, 'meinik] *adj,n* maniak.

manicure['mænëkjuë:] *n,v* -*n* manikyr. -*vt* lyej/bëj me manikyr.

manifest ['mænëfest] *adj,v,n* -*adj* i qartë, i dukshëm. -*vt* 1.shfaq, manifestoj. 2.provoj, tregoj qartë. 3. *det* regjistroj, shënoj në listën e mallrave. -*n* 1.listë mallrash, policë-ngarkesë(e anijes). 2.listë udhëtarësh(në avion).

manifestation[mænëfes'teishën] *n* 1.shfaqje; paraqitje. 2.*pol* manifestim.

manifesto[mænë'festou] *n pol* manifest.

manifold['mænëfould] *adj,n,v* -*adj* 1.i shumëfishtë. 2.i shumanshëm; i shumëllojshëm. 3.i shpërndarë, që bën shumë gjëra njëherësh; shumëfunksionësh. -*n* 1.kolektor(tub).2.tub shkarkimi; **exhaust manifold** marmitë, gyp shkarkimi, skapamento.3.kopje. -*vt* 1.shumëfishoj. 2.bëj shumë kopje.

manikin ['mænëkin] *n* 1. burrë i vogël; xhuxh. 2. manekin.

manil(l)a [më'nilë] *n* 1. kërp Manile. 2. letër kërpi. 3.litar kërpi.

man in the street *n* njeriu i zakonshëm.

manipilate [më'nipjëleit] *vt* 1.përdor; jap e marr (me leva, vegla etj). 2. *fig* manipuloj(dikë). 3.ndryshoj, falsifikoj(shifra, fakte).

manipulation[mënipjë'leishën] *n* 1. përdorim. 2. *fig* manipulim. 3.ndryshim, falsifikim.

manipulative [më'nipjëlëtiv] *adj* 1.manipulues. 2.i manipuluar.

mankind ['mænkaind] *n* 1.njerëzim, racë njerëzore. 2.burrat.

manlike ['mænlaik] *adj* 1.njeringjashëm(majmun). 2.burrash, për burra. 3.burrëror; mashkullor.

manliness ['mænlinis] *n* virilitet, burrëri, forcë mashkulli.

manly ['mænli] *adj* 1.burrëror, prej burri. 2.burrash; mashkullor.

man-made['mænmeid] *adj* i bërë nga njeriu; jonatyror; artificial.

manna['mænë] *n* 1.*fet* manë. 2. ushqim shpirtëror.

mannequin['mænëkin] *n* manekin.

manner['mænë:] *n* 1. mënyrë; **in such a manner that** në mënyrë që; **in such a manner as to** në mënyrë të atillë që, me qëllim që. 2.sjellje; qëndrim; **I don't like his manner** s'më pëlqen sjellja e tij. 3.*sh* zakone; mënyrë të sjelli; sjellje e mirë; **bad manners** edukatë e keqe; **she has no manners** ajo s'di të sillet. 4.lloj, soj; **what manner of person was he?** ç'lloj njeriu ishte ai? **all manner of birds** lloj-lloj zogjsh. +**by all manner of means** në asnjë

mënyrë, kurrsesi; **in a manner of speaking** si të thuash; **as to the manner born** si ta kishte në gjak.
mannered['mænë:d] *adj* 1. me sjellje (të mirë, të keqe); **a well-mannered child** fëmijë i sjellshëm.2.i shtirë, me sjellje artificiale.
mannerism ['mænërizëm] *n* 1.manierizëm (në art). 2.mënyrë e veçantë, zakon.
mannerless['mænë:lis] *adj* me sjellje të këqija.
mannerly ['mænë:li] *adj,adv* -*adj* i sjellshëm, i edukuar.
-*adv* me mirësjellje.
mannish['mænish] *adj* 1. burrërishte, prej burri; **she has a mannish style of dress** ajo ka një mënyrë të veshuri prej burri.
manoeuvre [më'nu:vë:] *n,v* -*n* 1. *usht* manovër. 2.*fig* manovrim.
-*v* 1.*usht* bëj manovra. 2.manovroj. 3.punoj/veproj me marifet; **he manoeuvred himself into a job** ai e kapi me shkathtësi një vend pune.
man of God *n* 1.njeri i zotit; shenjtor; profet. 2. klerik, njeri i kishës.
man of lettres *n* 1.shkrimtar. 2.njeri i letrave.
man of the world *n* njeri me përvojë; njeri praktik.
man-of-war ['mænëv'wo:] *n pl* **men-of-war** luftanije.
manometer[më'nomëtë:] *n* 1.manometër. 2.aparat tensioni gjaku.
man on horseback *n* ushtarak popullor që sfidon qeverinë.
manor['mænë:] *n* 1.*hist* çiflik me saraje. 2.pronë e madhe. 3. shtëpi e madhe; saraj.
manor house *n* banesë feudali; saraj.
manpower['mænpauë:] *n* fuqi punëtore.
manse[mæns] *n* shtëpi prifti; famulli.
manservant ['mænsë:vënt] *n pl* **menservants** shërbëtor.
mansion['mænshën] *n*shtëpi e madhe, vilë; pallat.
man-sized ['mænsaizd] *adj* 1. për burra, i bollshëm. 2.*gj.fol* burrash(punë).
mantle ['mæntël] *n,v* -*n* 1.mantel. 2. mbulesë, mbulojë. 3.*gjeol* mantel(i Tokës).
-*v* 1.mbuloj; mbështjell. 2.mbulohet, vishet me. 3. skuqem.
man-to-man['mæntë'mæn] *adj,adv* -*adj* 1.i çiltër, i hapur, i sinqertë; i ndershëm; **si burri burrit.** 2.*sport* një-për-një, secili-të-vetin(mbulim i kundërshtarit).
-*adv* ndershmërisht; me çiltërsi.

mantua['mænçu:ë] *n* manto; mantel.
manual ['mæniuël] *adj,n* -*adj* 1. dore; krahu (punë). 2.dore, që lëvizet me dorë, joautomatike(levë e marsheve etj).
-*n* 1.manual, udhëzues. 2.tastierë.
manufactory[mænië'fæktëri] *n* fabrikë.
manufacture[mænië'fækçë:] *n,v* -*n* 1.prodhim, fabrikim. 2.artikull i prodhuar.
-*vt* 1. bëj; prodhoj. 2. përpunoj(në). 3.sajoj, shpik (prova, dëshmi).
manufacturer[mænië'fækçërë:] *n* 1.prodhues. 2. fabrikant.
manumission[mænië'mishën] *n* çlirim nga skllavëria.
manumit[mænië'mit] *vt* çliroj nga skllavëria, i jap lirinë.
manure [më'niuë:] *n,v* -*n* pleh; pleh kafshësh, pleh organik.
-*vt* plehëroj.
manuscript['mæniëskript] *n,adj* -*n* dorëshkrim.
-*adj* në dorëshkrim.
many['meni] *adj* (**more; most**) shumë; **too many books** shumë libra; **as many as** si nja ; **many a man** shumë njerëz; **twice as many** dy herë aq; **how many?** sa? +**a good many** një numër mjaft i madh; **a great many** një numër shumë i madh; one **too many** një më tepër se (ç'duhet); **the many** a)shumica e njerëzve; b) njerëzit e zakonshëm, masa e njerëzve.
manyplies ['meniplaiz] *n anat* stomak i tretë (i përtypësve).
many-sided ['menisaidid] *adj* 1. i shumanshëm. 2.shumëfaqësh.
map[mæp] *n,v* -*n* hartë(gjeografike, qiellore, rrugore).+**off the map** *gj.fol* pa rëndësi, jashtë deferit; **put on the map** *gj.fol* nxjerr në pah, bëj të mirënjohur.
-*vt* 1.bëj hartën e; shënoj/vë në hartë. 2.planifikoj (punën).
maple['meipël] *n* 1. *bot* panjë. 2.dru panje.
maple leaf *n* 1.gjeth panje. 2. emblemë e Kanadasë.
maple syrup *n* shurup panje.
maquette[mæ'ket] *n* maket; bocet.
maquis[ma:'ki:] *n pl* **maquis** 1.kaçube, drizë. 2.**Maquis** a)lëvizje e Rezistencës(në Francë); b)luftëtar i Rezistencës.
mar[ma:] *vt* 1.shëmtoj. 2.dëmtoj; gjymtoj.
marathon ['mærëthon] *n* 1. maratonë. 2. garë e gjatë.
maraud[më'ro:d] *vi* plaçkis, bëj pre;dal për të bërë pre.
marble['ma:bël] *n* 1.mermer. 2. *attr* i mermertë. 3.zar, rruzull. 4.*pl* lojë me rruzuj. 5.*pl zhrg* mend, dërrasa; **has he got all his marbles?** mos ka ndonjë dërrasë mangët?

marcel[ma:'sel] *n,v* *-n* onde.
-vt bëj flokët me onde.
march I[ma:ç] *v,n* *-vi* 1. marshoj. 2. vë përpara
(polici). 3. ecën, bën përpara, avancon.
-n 1.marshim. 2.*muz* marsh. 3. rrjedhë, zhvillim
ngjarjesh. **+on the march** në marshim; **steal a
march on** ia kaloj pa rënë në sy.
march II[ma:ç] *n* brez kufitar; kufi.
March[ma:ç] *n* mars(shih edhe **July**).
marchioness['ma:shënis] *n* markezë.
marchpast['ma:çpæst] *n* parakalim, paradë.
mare[meë:] *n* 1. pelë. 2. gomaricë. 3.femër(e një
kafshe).
mare's-nest['meë:znest] *n* 1.rreng. 2.*gj.fol* gjen-
dje rrëmuje. **+find a mare's nest** kap qiellin me
dorë.
mare's-tail['meë:zteil] *n* 1.bisht kali.2.re puplore.
margarin['ma:xhërin] *n* shih **margarine**.
margarine['ma:xhërin] *n* margarinë.
marge[ma:xh] *n gj.fol* margarinë.
margin[ma:xhën] *n,v* *-n* 1.anë; buzë (liqeni). 2.
anë e pashkruar, marzh(i letrës). 3.tepricë; diferen-
cë; rezervë; **allow a margin of 15 minutes when
one wants to catch a train** lë një rezervë prej 15
minutash kur dua të kap trenin. 4.*fin* diferencë në
kosto/çmim.5.*ek* cak i efektshmërisë(së një biznesi).
6.cak, kufi.
-v 1.lë hapësirë anash(faqes). 2.*ek* caktoj cakun e
efektshmërisë.
marginal['ma:xhënël] *adj* 1.i shkruar anës faqes.
2.kufitar, anësor(pyll). 3.i pakët, i padobishëm
(informacion etj). 4.*ek* minimal(fitim), që mbulon
vetëm shpenzimet.
marginal seat *n pol* vend (në parlament etj) i fi-
tuar me një shumicë minimale votash.
marginally['ma:xhënëli] *adv* paksa(më shumë).
marginalia[ma:xhë'neilië] *n pl* shënime në anë të
faqes.
marigold['mærëgould] *n bot* kumak.
marihuana, marijuana[mærë'wa:në] *n* 1.*bot*
kërp. 2.marihuanë.
marina [më'ri:në] *n* buzë uji, mol (për lidhje var-
kash, furnizim etj).
marinade[mærë'neid] *n,v* *-n* marinadë.
-vt vë në marinadë, bëj turshi.
marinate['mærëneit] *vt* marinoj, bëj turshi/mari-
nadë.
marine [më'ri:n] *adj,n* *-adj* 1. detar, i detit, deti
(kafshë, bimë). 2.i lundrimit; detar(ligje, kantier).
-n 1.flotë; **marchant/mercantile marine** flotë
detare tregtare. 2.*usht* ushtar i marinës, marins.
3.tablo me skenë detare. **+tell that to the marines!**
gjej ndonjë tjetër t'ia hedhësh!
mariner['mærënë:] *n* detar, marinar.
marionette[mærië'net] *n* 1.kukull. 2.marionetë.
marital ['mærëtël] *adj* 1.martesor, i martesës. 2.

bashkëshortor(detyrim).
maritime['mærëtaim] *adj* 1. bregdetar. 2. detar; i
lundrimit.
marjoram['ma:xhërëm] *n bot* manxuranë, borzi-
lok.
mark I[ma:k] *n,v* *-n* 1.shenjë; gjurmë. 2.tregues,
shenjë(rrugore, pikësimi etj). 3.*fig* tregues, shenjë
(mençurie, respekti); **it bears the mark of genius**
kjo tregon gjenialitet; **as a mark of my gratitude**
në shenjë mirënjohjeje. 4.kryq(në vend të firmës;
make one's mark vë një kryq. 5.notë(në shkollë);
bad/good marks nota të mira/të këqija; **he failed
by 2 marks** ngeli për dy nota; **full marks for try-
ing!** një "bravo" për përpjekjen që bëre! 6.markë
(prodhimi). 7.shenjë, objektiv; **be wide of the mark**
godas larg shenjës. 8.*sport* vijë e nisjes, start; **on
your marks!** nëpër vende! **be quick off the mark
(in doing sth)** *fig* nuk humbas kohë; **up to the
mark** a)në formë; b)në lartësinë e duhur. 9.*fig*
gjurmë, ndikim; **leave one's mark** lë gjurmën time
(në diçka që bëj). 10.*gj.fol* leshko, kaqol, viktimë(e
hajdutëve etj). 11.*vjet* cak, kufi. **+beside the mark**
a) jo në shenjë; b) jashtë teme; **hit the mark** a) ia
dal mbanë; b) qëlloj në shenjë, i bie në të; **make
one's mark** kam sukses; bëhem i famshëm; **miss
the mark** a)nuk ia dal mbanë; b) nuk qëlloj në
shenjë, nuk i bie në të; **of mark** i rëndësishëm, i
shquar, i famshëm; **wide of the mark** jashtë teme,
pa lidhje; larg së vërtetës.
-vt 1.shënoj; i vë shenjë; lë shenjë. 2.etiketoj, u vë
etiketa. 3.tregoj, bëj të qartë; **the qualities which
mark a good player** cilësitë që dëshmojnë për
/karakterizojnë një lojtar të mirë. 4.i vë veshin, i
kushtoj vëmendje; **mark my words!** vëru veshin
fjalëve të mia! 5.*sport* mbuloj, markoj. 6.shënoj,
regjistroj. 7. përlyhem, njollosem. 8.përzgjedh, selek-
sionoj, zgjedh(dikë).
+mark down a) mbaj shënim, shkruaj, shënoj; b)ul
çmimin, shënoj çmimin e ulur.
+mark off/out a)ndaj me vizë; përvijoj/shënoj
kufijtë; b)spontoj; c)zgjedh, caktoj(për ngritjen në
përgjegjësi); d) dalloj; karakterizoj.
+mark out for ndaj mënjanë, caktoj për.
+mark up a) bëj shenja, gërvisht(tryezën); b) ngre
çmimin; shënoj çmimin e rritur.
mark II[ma:k] *n* markë(monedhë gjermane).
marked [ma:kt] *adj* 1. me shenjë. 2. i dukshëm
(ndryshim; i ndieshëm; i qartë.
markedly['ma:kidli] *adv* dukshëm; qartë.
marked man *n* personi nën vëzhgim.
marker['ma:kë:] *n* 1.shënues. 2.pikëshënues.
3.shenjë për faqen e librit.
market['ma:kit] *n,v* *-n* 1.treg, pazar; **open
market** treg i lirë; **be on the market for** dal në
pazar për të blerë(diçka). 2.shitblerje, tregti; **be on
the market** është në shitje; **come on (to) the mar-**

ket nxirret për shitje, hidhet në treg. **+play the
market** luaj në bursë; **price out of the market** vë
çmime tepër të larta, humbas blerësit.
-*vt* 1.shes; hedh/nxjerr në treg. 2.blej.
marketability[ma:kitë'bilëti] *n* tregtueshmëri, af-
tësi për t'u shitur, mundësi shitjeje.
marketable['ma:kitëbël] *adj* i shitshëm, i tregtu-
eshëm.
market day *n* ditë pazari.
market garden *n* kopsht perimesh për treg.
marketing ['ma:kiting] *n* marketing; planifikim-
organizim i shitjes.
marketplace ['ma:kitpleis] *n* 1.shesh pazari, pa-
zar, treg. 2.treg, botë e tregut.
market price *n* çmim i shitjes.
market research *n* studim/sondim i tregut.
market value *n* çmim i shitjes.
marketing['ma:kiting] *n* 1.shenjë; shenja. 2.*pl* la-
ra, ngjyrime(të gëzofit); shenja(të qarkullimit rru-
gor). 3.korrigjim(i provimit, detyrës).
markka['ma:kka:] *n* markë(monedhë finlandeze).
marksman['ma:ksmën] *n* qitës, snajper.
markup['ma:kʌp] *n* 1.ngritje çmimi. 2.diferencë
e çmimit me koston.
marl[ma:l] *n* 1.argjilë për çimento. 2.*poet* tokë.
marmalade['ma:mëleid] *n* marmelatë.
marmoreal[ma:'mo:riël] *adj* 1.i mermertë, prej
mermeri. 2.si mermer.
marmot['ma:mët] *n zool* marmot(lloj brejtësi).
marocain['mærëkein] *n* krepdeshin(lloj cohe).
maroon I[më'ru:n] *adj,n* gështenjë(ngjyrë).
maroon II[më'ru:n] *v,n* -*vt* 1.braktis në një ishull
a vend të shkretë. 2.lë në një pozitë të vështirë.
-*n* 1.skllav i arratisur. 2.njeri i braktisur.
marplot['ma:plot] *n* planeprishës.
marque[ma:k] *n* markë(automobili etj).
marquee[ma:'ki:] *n* 1.çadër, tendë. 2 strehë porte.
marquess['ma:kwis] *n Br* markez.
marquetry ['ma:këtri:] *n* zbukurim, dekoracion
mobiljesh.
marquis['ma:kwis, ma:'ki:] *n* markez.
marquise[ma:'ki:z] *n* 1.markezë. 2.unazë me gur
vezak. 3.strehë porte.
marriage['mærixh, 'merixh] *n*1.martesë; jetë mar-
tesore. 2.dasmë, martesë.
marriage certificate/lines *n* certifikatë martese.
marriageable ['mærixhëbël] *adj* në moshë mar-
tese.
marriage portion *n* prikë.
married['mærid] *adj* 1.i martuar. 2.martesor; ba-
shkëshortore(jetë).
married name *n* mbiemër pas martesës.
married quarters *n usht* banesa për ushtarakët
e martuar.
marrow['mærou] *n* 1.palcë(e kockave). 2.palcë e
drurit. 3.*fig* thelb-.

marrowbone['mærouboun] *n* 1.kockë me palcë.
2.*pl* a)gjunjët; b) shenjë "rrezik vdekje"(dy kocka të
kryqëzuara).
marry ['mæri] *v* 1. martohem. 2. marr për burrë;
marr për grua. 3.martoj; **he married his daughter
off to a...** ai e martoi vajzën me një...
Mars[ma:sh] *n* moçal, moçalishtë, kënetë.
marshal['ma:shël] *n* 1.marshall. 2.*amer* mjeshtër
ceremonish. 3.punonjës policie, ruajtës i rendit.
-*vt* 1.rendis. 2.rreshtoj në formacion luftimi; **mar-
shalling yard** pikë/stacion seleksionimi.
marsh gas *n* gaz kënete.
marshland['ma:shlænd] *n* moçalishtë.
marshmallow['ma:shmælou] *n* 1.*bot* alté, takër,
mullagë uji. 2.karamele qumështi.
marshy['ma:shi] *adj* moçalor, kënetor.
marsupial[ma:'su:piël] *n,adj,zool* marsupial.
mart[ma:t] *n* treg, pazar, qendër tregtare.
marten['ma:tën] *n zool* shqarth, kunadhe.
martial ['ma:shël] *adj* 1.ushtarak; luftarak; i luf-
tës. 2.*fig* luftarak, trim.
martial law *n* ligj i luftës, ligj i gjendjes së luftës.
Martian['ma:shën] *adj,n* marsian.
martin['ma:tën] *n zool* babil, bregcë(zog).
martinet[ma:të'net] *n* njeri strikt/që imponon di-
siplinë të rreptë.
martingale['ma:tëngeil] *n* 1.rrip freri. 2.*det* litar
i velit të parmë.
martini[ma:'ti:ni] *n* martini(lloj kokteji).
martyr['ma:të:] *n,v* -*n* 1.martir, dëshmor. 2.njeri
që vuan, viktimë; **be a martyr to arthritis** vuaj
shumë nga artriti.
-*vt* martirizoj; torturoj, mundoj.
martyrdom['ma:të:dëm] *n* vuajtje, mundim; mar-
tirizim; therorizim.
marvel['ma:vël] *n,v* -*v* çudi, mrekulli (e natyrës,
shkencës); **you're a marvel!** je fenomenal! **it's a
marvel to me how he does it** nuk arrij ta kuptoj se
si e bën ai këtë.
-*vi* mahnitem, mrekullohem; bëj çudi; **marvel at
(sth)** mbetem i mahnitur(nga diçka).
marvel(l)ous['ma:vëlës] *adj* 1.mahnitës; i jashtë-
zakonshëm. 2.i shkëlqyer, i mrekullueshëm.
Marxian['ma:ksiën] shih **Marxist**.
Marxism['ma:ksizëm] *n* marksizëm.
Marxist['ma:ksist] *adj,n* marksist.
Mary['meri:] *n hist fet* Shën-Mëri.
masc. (= **masculine**) *adj* mashkull; mashkullor.
mascara[mæs'kærë] *n* bojë për qerpikët.
mascot['mæskët] *n* nuskë, hajmali; ogurmirë.
masculine['mæskjëlin] *adj,n* -*adj* 1.mashkullor.
2.i fuqishëm, prej burri; burrëror. 3.*gram* mash-
kullor(emër, gjini).
-*n gram* gjini mashkullore; emër/mbiemër/përemër
mashkullor.
masculine rhyme *n let* rimë fundore, rimë ku rro-

kjet e fundit janë të theksuara.

masculinity[mæskjë'linëti] *n* mashkullorësi.

maser ['meizë:] *n fiz* mazer, përforcues mikrovalësh.

mash[mæsh] *n,v* *-n* 1.qull, masë e butë. 2.qull himesh(për kafshët. 3.pure.
-vt rrah, bëj si qull.

mashed potatoes *n* pure patatesh.

mask[mæsk] *n,v* *-n* 1.maskë(edhe *fig*); **under a mask of friendship** nën maskën e miqësisë. 2.maskë kundërgaz; maskë oksigjeni.
-vt 1. maskoj, mbuloj me maskë (fytyrën). 2. *fig* fsheh, mbuloj(zemërimin etj).

masked['mæskt] *adj* 1. me maskë, i maskuar. 2. *fig* i fshehur, i pashfaqur.

masked ball *n* ballo me maska.

masochism['mæsëkizëm] *n* mazoshizëm.

masochist['mæsëkist] *n* mazoshist.

mason['meisën] *n* 1.murator. 2.mason.

Mason jar *n* poçe qelqi(për turshi etj).

masonry ['meisënri] *n* 1.punë e muratorit, ndërtim. 2.mur, muraturë. 3.masoneri.

masque [mæsk] *n* 1. *hist* shfaqje dramatike me maska.2.ballo me maskë.

masquerade['mæskëreid] *n,v* *-n* maskaradë(edhe *fig*); shtirje, maskim.
-vi 1.marr pjesë në një maskaradë. 2.maskohem.

mass I[mæs] *n,attr,v* *-n* 1.masë; lëmsh; grumbull; tufë. 2.shumicë, pjesa më e madhe.3.*attr* masiv, në masë; **mass buying** blerje me shumicë; **mass protest** protestë masive. 4.sasi, vëllim; madhësi. 5.*fiz* masë. 6.gur peshe. 7.**the masses** masat, populli.
+**in the mass** në tërësi; në pjesën më të madhe.
-v 1.grumbulloj. 2.mblidhen(retë); grumbullohen, përqendrohen(trupat, turma).

Mass, mass II[mæs] *n fet* meshë.

massacre['mæsëkë:] *n,v* *-n* masakër, kërdi.
-vt masakroj, bëj masakër/kërdi.

massage[më'sa:zh, më'sa:xh] *n,v* *-n* masazh, fërkim.
-vt i bëj masazh, fërkoj.

masseur[mæ'së:, ma:'së:] *n* masazhist.

masseuse[mæ'së:z, ma:'së:z] *n* masazhiste.

massif['mæsif, ma:'si:f] *n gjeol* masiv.

masive['mæsiv] *adj* 1. masiv; i madh; i rëndë. 2. mbresëlënës, imponues. 3.në masë; i gjerë, në shkallë të gjerë.

massively ['mæsivli] *adv* në masë; në shkallë të gjerë.

mass market *n* tregu i gjerë, popullsia në tërësi.

mass media *n* mas-media, mjetet e komunikimit masiv.

mass meeting *n* mbledhje e përgjithshme; miting.

mass number *n fiz* numër i masës(i izotopit).

mass-produce *n* prodhoj në masë/në seri.

mass production *n* prodhim në seri.

massy ['mæsi] *adj poet* masiv; i madh; i rëndë; i vëllimshëm.

mast I[mæst] *n* 1.*det* direk. 2. shtyllë; kullë (antene). 3.shtizë flamuri. +**before the mast** (shërbej) si marinar i thjeshtë.

mast II [mæst] *n* lende(lisi)/gështenja etj të rëna përdhe.

mastectomy[mæ'stektëmi] *n* heqje/operim gjiri.

master['mæstë:] *n,attr,v* *-n* 1.pronar, zot; padron; **be one's own master** s'kam njeri mbi krye, jam zot i vetes; **be master of the situation** jam zot i situatës, e zotëroj gjendjen. 2.zot shtëpie. 3.kapiten anijeje. 4.mësues. 5.mjeshtër(në pikturë, muzikë). 6.ekspert, mjeshtër i mbaruar(në një profesion); usta. 7.**the Master** Krishti.8.zoti(titull për të rinjtë).9.*attr* kryesor; **a master plan** plan global, masterplan, strategji globale.10.*tek* shabllon, model, formë. 11.fitimtar. 12. çelës kopil. 13. *attr* mjeshtëror, prej mjeshtri.
-vt 1.zotëroj; shtie në dorë; nënshtroj. 2.kontrolloj (emocionet). 3.njoh me themel, zotëroj(një mjeshtri, teori etj).

master -at-arms ['mæstë:ët'a:mz] *n* kryepolic i anijes.

master bedroom *n* dhomë kryesore.

master builder *n* 1.arkitekt.2.zbatues projekti; sipërmarrës ndërtimi; kryemjeshtër.

master disk *n kmp* disk shfrytëzimi.

masterful['mæstë:ful] *adj* 1.autoritar, imponues; dominues. 2.mjeshtëror, prej mjeshtri(interpretim, punë).

master key *n* çelës kopil(që hap të gjitha dyert e një ndërtese).

masterly['mæstë:li] *adj,adv* *-adj* mjeshtëror, prej mjeshtri.
-adv mjeshtërisht, përsosurisht.

mastermind['mæstë:maind] *n,v* *-n* tru, organizator, drejtues(i një projekti, i një grabitjeje).
-vt konceptoj dhe drejtoj(një projekt etj).

Master of Arts *n* 1.gradë e Kandidatit të Shkencave humanitare. 2.Kandidat i Shkencave humanitare, Master.

masterpiece ['mæstë:pi:s] *n* 1. punë mjeshtërore, vepër arti e përkryer. 2. kryevepër.

Master of Science *n* 1. gradë e Kandidatit të Shkencave. 2.Kandidat i Shkencave, Master.

mastership['mæstë:ship] *n* 1.mjeshtri. 2.zotërim. 3.sundim, pushtet. 4.mësuesi.

master stroke *n* lëvizje prej mjeshtri; arritje mjeshtërore.

mastery['mæstëri] *n* 1.zotërim, kontroll. 2.fitore; epërsi. 3.mjeshtri.

masthead ['mæsthed] *n* 1. kre direku. 2. kokë e gazetës.

mastic ['mæstik] *n* 1. rrëshirë, mastikë. 2. stuko. 3.llaç.

masticate['mæstëkeit] *vt* 1.përtyp.2.ngjesh, shtyp, bëj brumë, bluaj.

masticator ['mæstëkeitë:] *n* 1. kafshë përtypëse. 2.makinë grirëse.

mastiff['mæstif] *n* qen rojë.

masturbate['mæstë:beit] *vi* masturbohem.

masturbation[mæstë:'beishën] *n* masturbim.

mat I[mæt] *n,v* -*n* 1.hasër, rrogoz.2.qilim;udhëz. 3.fshirëse këmbësh. 4. çentro(nën vazo etj). -*v* 1.shtroj hasër/qilim.2.pleksen, kokëlohen(flokët e lagur).

mat II[mæt] *adj,n* -*adj* mat, pa shkëlqim. -*n* bojë mat.

match I[mæç] *n* 1.shkrepëse; **put a match to sth** i vë flakën/shkrepësen diçkaje. 2.fitil(baruti etj).

match II[mæç] *n,v* -*n* 1.shoq, i barabartë (me dikë, me diçka); **be a match/no match for sb** ia dal /s'ia dal dot dikujt; i bëj/s'i bëj dot ballë dikujt; **meet one's match** bie në usta. 2.çift; **make a good match** janë një çift i ujdisur. 3.martesë. 4. ndeshje. 5. kandidat për martesë. -*v* 1. i gjej shokun; përshtas, harmonizoj; çiftoj; **they are well matched** ata janë një çift i ujdisur. 2.shkon(me), ujdis(me); **his tie matches his shirt** kravata i shkon me këmishën. 3.i përgjigjet, krahasohet, barazohet; **the results did not match our hopes** përfundimet nuk iu përgjigjën shpresave tona. 4.kundërvë, ballafaqoj. 5.martohem(me).

matchbox['mæçboks] *n* kuti shkrepësesh.

matchless['mæçlis] *adj* i pashoq, i paarritshëm.

matchmake['mæçmeik] *vi* bëj krushqi, bëj mbleseri.

matchmaker I['mæçmeikë:] *n* 1.mbles.2. organizues ndeshjesh.

matchmaker II['mæçmeikë:] *n* prodhues shkrepësesh.

matchmaking['mæçmeiking] *n* 1.mbleseri. 2.organizim ndeshjesh.

matchmaking['mæçmeiking] *n* 1.mbleseri. 2.organizim ndeshjesh.

matchwood ['mæçwud] *n* 1.dru për shkrepëse 2. ashkla.

mate I[meit] *n,v* -*n* 1.shok (pune); mik, shok. 2. ndihmës. 3.*zool* femër; mashkull. 4.grua, bashkëshorte; burrë, bashkëshort.5.*det* kapiten i dytë/i tretë. -*vt* 1.*zool* 1.çiftoj, bëj çift. 2.çiftohen, bëhen çift.

mate II[meit] *n,v,interj* -*n* mat. -*vt* bëj mat. -*interj* mat!

mater['meitë:] *n Br gj.fol* nënë.

material [më'tiëriël] *n,adj* -*n* 1. material, lëndë; **bulding materials** materiale ndërtimi. 2.stofë, cohë. 3.informacion, fakte, material. 4.*fig* brumë; **he is university material** ai ka brumë për studime të larta. -*adj* 1.material. 2.materialist. 3.i rëndësishëm, thel-

bësor; **a material factor in success** faktor thelbësor për suksesin; **a material witness** dëshmitar kyç /kryesor.

materialism[më'ti:riëlizëm] *n* 1.materializëm. 2. të qenët materialist.

materialist [më'ti:riëlist] *n* 1. materialist. 2.njeri që s'pyet për ndjenja a nevoja shpirtërore, materialist.

materialistic[mëti:riël'istik] *adj* materialist.

materialize[më'tiriëlaiz] *v* 1.realizohet, materializohet, bëhet fakt(një plan etj). 2.materializoj, konkretizoj(një ide). 3.shfaqet; **so far he hasn't materialized** deri tani nuk është dukur këndej.

materially [më'ti:riëli] *adv* 1. materialisht, fizikisht, nga ana materiale.2.shumë, së tepërmi.3.thelbësisht, në thelb.

materiel[mëti:ri'el] *n* materiale, pajisje.

maternal [më'të:nël] *adj* 1.amnor, prej nëne. 2. nga ana e nënës, nga nëna(kushërinj).

maternity[më'të:nëti] *n,adj* -*n* amësi. -*adj* mëme; **maternity dress** fustan për gra shtatzëna.

maternity home/hospital *n* shtëpi lindjeje, maternitet.

math[mæth] *n gj.fol amer* matematikë.

mathematical [mæthë'mætëkël] *adj* 1.matematik. 2.i saktë, ekzakt.

mathematician[mæthëmë'tishën] *n* matematikan.

mathematics[mæthë'mætiks] *n* matematikë.

matriarchal[meitri'a:kël] *adj* matriarkal.

matrices['meitrësi:z] *n pl* i **matrix**.

matricide['meitrësaid] *n* 1.mëmëvrasje.2.mëmëvrasës.

matriculate[më'trikjëleit] *vi* regjistrohem, pranohem(në universitet).

matriculation[mëtrikjë'leishën] *n* 1.provim pranimi(në universitet). 2.regjistrim, pranim.

matrimonial [mætrë'mouniël] *adj* martese, martesor; bashkëshortor.

matrimony['mætrëmouni] *n* 1.martesë.2.jetë bashkëshortore.

matrix['meitriks, 'mætriks] *n* 1.amë, matricë; burim. 2.formë(për derdhje). 3.mitër.

matron['meitrën] *n* 1.grua e martuar; e ve, vejushë. 2. ekonome. 3. kryeinfermiere. 4. kryegardiane (burgu).

matronly['meitrënli] *adj* prej zonje; dinjitoze.

matt(e)[mæt] *adj,n* shih **mat II**.

matted II['mætid] *adj* i lyer me bojë mat.

matter['mætë:] *n* 1. lëndë; material; **coloring matter** ngjyrues; **advertising matter** reklama; **inanimate matter** lëndë pa jetë; **printed matter** materiale të shtypura; **reading matter** material për lexim/për të lexuar. 2.*mjek* qelb. 3.përmbajtje. 4.çështje; **money matters** çështje financiare; **the matter in hand** çështja në fjalë; **and to make matters**

worse dhe si të mos mjaftonte kjo; **a matter of great concern** diçka shumë shqetësuese; **it's no laughing matter** nuk është për të qeshur; **a matter of a few days/dollars** punë ditësh/dava ca pak dollarësh; **in the matter of** përsa i përket; **it's a matter of opinion** është çështje pikëpamjesh. 5. rëndësi; **no matter when** s'ka rëndësi se kur; **no matter!** s'ka rëndësi!, s'prish punë! 6.vështirësi, problem; **something is the matter with the lights** se ç'ka diçka që nuk shkon me ndriçimin; **as if nothing was the matter** si të mos kishte ndodhur gjë. 7.bazë, arsye(për ankim etj). 8.*polig* lëndë, material, tekst. +**as a matter of fact** në të vërtetë; **for that matter** veç kësaj; porse; për sa i takon; **as a matter of course** natyrisht; automatikisht; siç pritet; **no matter** a)s'ka rëndësi; s'prish punë; b)pavarësisht se; **no matter who** cilidoqoftë; **no matter how** s'ka rëndësi se si.
-*vi* ka rëndësi; **it doesn't matter** s'ka rëndësi; **why should it matter to me?** ç'më intereson mua?

matter-of-fact['mætërëv'fækt] *adj* 1.praktik(njeri, qëndrim). 2.asnjanës, neutral(zë, ton). 3.që mbetet te faktet; jo krijues; pa fantazi.

matting['mæting] *n* hasër, rrogoz; shtrojë; qilim lecke.

mattock['mætëk] *n* kazmë.

mattress['mætris] *n* dyshek.

maturate ['mæçureit] *vi* 1.nxjerr qelb; zë qelb. 2.piqet.

maturation [mæçu'reishën] *n* 1.nxjerrje qelbi; qelbëzim.2.pjekje.

mature[më'çu:ë:] *adj,v* -*adj* 1.i pjekur; i arrirë (frut). 2.*fig* i pjekur(gjykim etj). 3.i stazhionuar, i bërë(djathë, verë). 4.që i ka ardhur afati(huasë për t'u paguar).
-*v* 1.piqet, bëhet (fruti). 2.*fig* piqet(njeriu). 3.*fig* e pleqëroj, e pjek mirë(një plan, ide). 4.mbush afatin; bëhet e pagueshme, për t'u shlyer(hua).

maturity[më'çu:rëti] *n* 1.pjekje; fazë e pjekjes. 2. *fig* pjekuri. 3.mbushje afati(për t'u shlyer).

matutinal[më'tju:tënël] *adj* mëngjesor.

maudlin['mo:dlën] *adj* 1.qaraman, i qaravitur. 2. sentimental, i lëshuar (nga pija).

maul[mo:l] *v,n* -*vt* shqyen, copëton(tigri etj).
-*n* çekiç i rëndë, varé.

maunder['mo:ndë:] *vi* 1.flas në tym.2.lëviz kuturu, veproj si në jerm.

mauser['mauzë:] *n* mauzer(pushkë, revole).

mausoleum[mosë'li:ëm] *n* mauzolé.

mauve[mouv, mo:v, mov] *n,adj* ngjyrë jargavani.

maverick ['mævërik] *n* 1. viç i padamkosur. 2. *amer* person pa parti.3.*gj.fol* rebel; element që veçohet nga tufa.

maw[mo:] *n* 1.gojë; grykë(e bishës). 2. stomak (zogu, kafshe). 3.*fig* mokër.

mawkish['mo:kish] *adj* 1.i pështirë. 2. sentimen-

tal me tepri

maxilla[mæk'silë] *n pl* **maxillae** *zool* nofull(e sipërme).

maxillary['mæksëleri] *adj* i nofullës, nofullor. 2. nofull.

maxim['mæksëm] *n pl* i **maximum.**

maximize ['mæksëmaiz] *vt* rris / shtoj në maksimum.

maximum['mæksëmëm] *n,adj* -*n pl* -**mums, -ma** 1.maksimum. 2.*mat* vlerë maksimale, maksimum(i funksionit); pikë maksimumi(e kurbës).
-*adj* maksimal; më i madh.

may [mei] *modal v* (**might**) 1. (lëjë, mundësi) mund; mundem; **you may enter** mund të hyni; **he might come** mund edhe të vijë; **be that as it may** sidoqë të jetë; **you may well ask!** këtë dua të marr vesh edhe unë! **if I may say so** pse më lejohet të them; **may I?** ka mundësi? **might I suggest that...?** a mund t'ju sugjeroj që...? **we may/might as well go** më mirë po ikim; **as you might expect** siç mund të pritej. 2.(dëshirë, urim): **may you be happy** qofsh i lumtur; **may God bless you!** Zoti të bekoftë! 3.(aftësi) mundem.

May[mei] *n* maj(shih edhe **July**).

Maya['ma:jë] *n* 1. maja, populli maja. 2. gjuha e majave(e vendasve të Amerikës Qendrore, Meksikës).

maybe['meibi] *adv* ndoshta, mbase.

Mayday['meidei] *n* sinjal ndërkombëtar fatkeqësie (në anije, avionë).

May Day *n* Një Maji.

Mayfair['meifeë:] *n* 1.lagje moderne e Londrës, Mejfer. 2.shoqëria mondane e Londrës.

mayfly['meiflai] *n* mizë maji (insekt jetëshkurtër si pilivesë).

mayhap['meihæp] *adv,vjet* mbase, ndoshta.

mayn't ['mejënt] = **may not.**

mayonnaise[mejë'neiz] *n* majonezë.

mayor['mejë:, 'meë:] *n* kryetar bashkie.

maze[meiz] *n* 1.labirint. 2.hutim; pështjellim.

mazuma[më'zu:më] *n zhrg* para.

mazy['meizi] *adj* i koklavitur, si labirint.

McCoy [më'koi] *n* : **the real McCoy** person i vërtetë; send prej vërteti.

Mcintosh ['mækëntosh] *n* mollë mekintosh (dimërore, e kuqe).

M.D.(*lat* **Medicinae Doctor**) *n* Doktor në Mjekësi.

me [mi:] *pron pers* (dhanore, kallëzore e I) mua; **give me the book** ma jep librin; **give it to me** ma jep mua; **it's me** jam unë; **can you hear me?** a më dëgjon?

mead I[mi:d] *n poet* shih **meadow.**

mead II[mi:d] *n* pije alkoolike nga fermentimi i mjaltit.

meadow['medou] *n* livadh, kullotë.

meagre, *amer* **meager**['mi:gë:] *adj* 1.i varfër, i
pakët.2.i hollë, thatanik.3.i dobët, i mangët.
meal I[mi:l] *n* 1.vakt.2.ushqim; e ngrënë.
meal II[mi:l] *n* miell misri; bollgur.
meal ticket *n* 1.tallon ushqimi.2.*zhrg* ai që të mban
me bukë.
mealtime['mi:l'taim] *n* vakt, kohë e ngrënies.
mealy['mi:li] *adj* 1.i miellt; si miell.2.i lyer në
miell.3.i zbetë.4.dredhues, bishtnues, që e vërtit
fjalën.
mealy-mouthed ['mi:li'mauthd] *adj*   dredhues,
bishtnues, që e vërtit fjalën.
mean I[mi:n] *vt* (**meant**) 1.dua të them; ka kupti-
min. 2.tregon.3.kam ndër mend; kam qëllim; kam
qëllime, kam predispozitë (të mirë, të keqe). 4.pa-
racaktoj, destinoj. +**mean well** kam qëllime të mira,
jam dashamirës; **mean business** e kam seriozisht.
mean II[mi:n] *adj* 1.kurnac.2.i keq, i ulët; i posh-
tër.3.i rëndomtë, mediokër; **she is no mean sing-
er** ajo është këngëtare e mirë. 4.i shëmtuar. 5.
zhrg i zoti.
mean III[mi:n] *adj, n* -*adj* mesatar; i ndërmje-
tëm; **you mean thing!** çfarë njeriu!
-*n* 1.mesatare; **above the mean** mbi mesataren.
2.*pl* mjet; mënyrë; **find a means of doing sth** gjej
mënyrën për të bërë diçka.3.*fin* mjete, burime;
private means të ardhura; **live within one's means**
jetoj brenda mundësive. +**by all means** sigurisht; pa
dyshim; **by any means** me çdo kusht, në çdo
mënyrë; **by means of** me anë të, nëpërmjet; **by no
means** në asnjë mënyrë; **means to an end** mjet për
të arritur qëllimin.
meander[mi'ændë] *v, n* -*v* 1. dredhon; gjarpëron.
2.endem, sillem, vërtitem.3.*fig* shmangem, dal nga
tema.
-*n* 1.dredhë; gjarpërim.2.endje, sorollatje.
meaning['mi:ning] *n,adj* -*n* kuptim; domethënie.
+ **do you get my meaning?**e kupton ku e kam
fjalën?
-*adj* domethënës, kuptimplotë.
meaningful['mi:ningfël] *adj* shprehës, kuptimplo-
të, domethënës.
meaningless['mi:ninglis] *adj* pa kuptim.
meanness['mi:nnis] *n* 1.kopraci. 2.poshtërsi.3.me-
diokritet.
means[mi:ns] *npl* shih **mean II** 2.
meant['ment] *pt,pp* e **mean I.**
meantime['mi:n'taim] *n,adv* -*n* interval,ndërkohë;
in the meantime ndërkohë.
-*adv* ndërkohë.
meanwhile['mi:nwail,-hwail] *adv, n* -*adv* 1.ndër-
kohë.2.ndërkaq, në këtë kohë.
-*n* interval, ndërkohë
measles['mi:zëls] *n mjek* fruth.
measly['mi:zli] *adj* 1.me fruth. 2.*zhrg* i pakët; i
dobët; i pavlerë.

measurable['mezhërëbël] *adj* i matshëm.
measure['mezhë:] *v,n* -*vl*.mas.2.ka përmasa; **the
book measures 17 X 25 cm** libri ka përmasa 17 X
25 cm.3. i marr masat (klientit).4.*fig* çmoj, vle-
rësoj.5.përshtas. + **for good measure** shtesë, më
tepër; **I've got her measure** e di sa vlen; **measure
one's length** bie sa gjatë gjerë; **measure off** mas;
measure out a)ndaj me masë/me llogari; b)shpër-
ndaj me kujdes; **measure swords** a)luftoj me shpa-
të;b)mas forcat ; bëj duel; **measure up** është në
lartësinë e duhur.
-*n* 1.masë; përmasë. 2.matje. 3.metër shirit. 4.enë
me masë, masë.5.njësi matëse.6.kufi, shkallë, masë;
beyond measure jashtë mase; **in great measure** në
një shkallë të lartë.7.*pl* masa; **take measures** marr
masa. + **in a measure** në një farë mase; pjesërisht;
take one's measure mas forcat e mia, vlerësoj
veten.
measured['mezhë:d] *adj* 1.i rregullt; uniform.2.rit-
mik.3.i matur, i kujdesshëm.
measureless ['mezhë:lis] *adj* i pamatë, i paanë; i
pafund.
measurement ['mezhë:mënt] *n* 1. matje.2. masë;
përmasë; **take sb's measures** i marr masat dikujt.
meat [mi:t] *n* 1. mish. 2.ushqim, të ngrënë; **meat
and drink** të ngrënë e të pirë.3.tul (i frutit).4.*fig*
thelb.5..*zhrg* diçka me interes. +**this is meat and
drink** to them kjo për ta është kënaqësi.
meatball['mi:tboll] *n* qofte.
meaty ['mi:ti] *adj* 1.mishi, prej mishi.2.me mish,
plot mish.3.*fig* me brumë (libër etj).
Mecca['mekë] *n* 1.*gjeog* Meka.2.*fig* tempull.
mechanic[më'kænik] *n* mekanik; **motor mechan-
ic** motorist.
mechanical [më'kænëkël] *adj* 1.mekanik; **mechan-
ical engineering** a)inxhinieri mekanike; b)industri
mekanike.2.*fig* mekanik(lexim etj).
mechanically[më'kænikëli] *adv* 1.në mënyrë me-
kanike, me makineri.2.*fig* mekanikisht.
mechanician['meke'nishën] *n* mekanik.
mechanics[më'kæniks] *n* 1.mekanikë.2.mekani-
zëm.3.*fig* teknikë (e të shkruarit etj).
mechanism['mekënizëm] *n* mekanizëm (edhe *fig*).
mechanist['mekënist] *n* 1.mekanicist.2.mekanik.
mechanization['mekënai'zeishën] *n* mekanizim.
mechanize ['mekënaiz] *vt* 1.mekanizoj.2.*usht* mo-
torizoj (trupat).
medal['medël] *n* medalje; dekoratë.
medallion[më'dæliën] *n* 1.medalion.2.skicë, okie-
lë (në libër).
medallist['medëlist] *n* 1.medaljepunues. 2.i deko-
ruar; mbajtës medaljeje.
meddle['medël] *vi* ndërhyj, përzihem.
meddlesome['medëlsëm] *adj* ngatërrestar, që fut
hundët.
media ['mi:diё] *n, pl* i **medium** mjetet e komuniki-

mit masiv, mediat.

mediaeval['mi:di'i:vĕl] shih **medieval**.

medial ['mi:diĕl] *adj* 1. i mesit, mesor.2.mesatar. 3.mediokĕr; i rĕndomtĕ.

median['mi:diĕn] *adj, n* -*adj* 1.i mesit.2.mesatar. -*n mat* 1. e mesme; mesatare.2.brez ndarĕs i autostradĕs.

mediate['mi:dieit] *v, adj* -*v* ndĕrmjetĕsoj; hyj si ndĕrmjetĕs.

- *adj* ndĕrmjetĕs; i ndĕrmjetĕm.

mediation['mi:di'eishĕn] *n* ndĕrhyrje; ndĕrmjetĕsim.

mediator['mi:dieitĕ:]*n* ndĕrmjetĕs, ndĕrmjetĕsues.

mediatory['mi:diĕ'tori] *adj* ndĕrmjetĕsues.

medic ['medik] *n gj.fol* 1.mjek, doktor.2.student i mjekĕsisĕ.

medical['medĕkĕl] *adj,n* -*adj* mjekĕsor; i mjekĕsisĕ; **medical examination** vizitĕ mjekĕsore.

-*n* vizitĕ mjekĕsore.

medicament[mĕ'dikĕmĕnt] *n* bar, ilaç.

medicare['medĕ'keĕ:] *n amer* asistencĕ mjekĕsore pĕr pleqtĕ.

medicate['medĕ'keit] *v* mjekoj.

medicated['medĕ'keitid] *adj* i mjekuar.

medication ['medĕkeishĕn] *n* 1. mjekim. 2.barna, ilaçe.

medicinal[mĕ'disĕnĕl] *adj* mjekues, mjekĕsor.

medicine['medĕsĕn] *n* 1.bar, ilaç.2.mjekĕsi. + **take one's medicine** gjej atĕ qĕ kĕrkoj.

medicine cabinet/chest *n* dollap/kuti ilaçesh.

medicine man *n* shtrig, magjistar.

medico['medĕ'kou] *n*1.mjek.2.student i mjekĕsisĕ.

medieval['mi:di'i:vĕl] *adj* mesjetar, i mesjetĕs.

mediocre['mi:di'oukĕ:] *adj* mediokĕr.

mediocrity['mi:di'okrĕti] *n* mediokritet.

meditate ['medĕ'teit] *v* 1. meditoj, pĕrsiat, bie nĕ mendime.2.kam ndĕr mend, synoj.

meditation['medĕ'teishĕn] *n* meditim, pĕrsiatje.

meditative['medĕ'teitiv] *adj* meditues, pĕrsiatĕs.

Mediterranian ['medĕtĕ'reiniĕn] *adj* mesdhetar, i Mesdheut.

medium['mi:diĕm] *adj,n pl* -**diums, dia** -*adj* mesatar; i mesĕm; **medium waves** *rad* valĕ tĕ mesme. -*n* 1.mes.2.mjet(edhe *fig*).3.mjedis.4.mesatare.

medium-sized['mi:diĕm'saizd] *adj* mesatar.

medley['medli] *n,adj* -*n* pĕrzierje.

-*adj* i pĕrzier.

medulla[mĕ'do:lĕ] *n pl* **medullae** 1.palcĕ.2.palcĕ e drurit.

medusa[mĕ'dju:sĕ, mĕ'du:zĕ]*n zool* kandil deti.

meed[mi:d] *n poet* hakĕ, shpĕrblim.

meek[mi:k] *adj* i butĕ, i duruar, i urtĕ, i bindur.

meekly ['mi:kli] *adv* urtĕ, me bindje.

meet I[mi:t] *v,n* -*v*1.takoj; ndesh; i lĕ takim (dikujt); **meet sb off the train** pres dikĕ te treni; **meet sb's eyes / gaze** shoh dikĕ drejt nĕ sy; **more**

than meets the eye mĕ shumĕ se ç'duket nĕ pamje tĕ parĕ.2.njihem (me dikĕ); **pleased to meet you!** gĕzohem qĕ u njohĕm!3.ndesh, gjej; **meet one's death** gjej vdekjen. 4. plotĕsoj, kĕnaq; shlyej; pĕrballoj; **meet the expenses** pĕrballoj shpenzimet. **meet the eye/the ear** shihet/dĕgjohet; **meet up with** *gj.fol* takoj; **meet with** a)has;gjej; b)pĕsoj; c)flas me, takohem me.

- *n* takim (sportiv).

meet II[mi:t] *adj vjet* i duhur; i pĕrshtatshĕm.

meeting['mi:ting] *n* 1.takim (me dikĕ).2.mbledhje, takim; **call a meeting** bĕj mbledhje.3.vendtakim.

meetly['mi:tli] *adv* siç duhet; nĕ mĕnyrĕ tĕ pĕrshtatshme.

mega-['megĕ] *pref* 1.i madh; **megalith** gur imadh. 2.mega-, milion-; **megavolt** njĕ milion volt.

megacycle['megĕ'saikĕl] *n* megaherc, njĕ milion herĕ.

megahertz['megĕ'heĕ:c] *n* megaherc.

megalomania['megĕlou'meiniĕ] *n* megallomani.

megaphone['megĕ'foun] *n* megafon, altoparlant.

megaton['megĕ'tôn] *n* megaton.

megrim['mi:grim] *n vjet* 1.migrenĕ.2.tekĕ, trill. 3. *pl* rĕnie shpirtĕrore, lĕshim.

melancholia['melĕn'kouliĕ] *n* melankoli.

melancholic ['melĕn'koulik] *adj* melankolik, i trishtuar.

melancholy['melĕn'koli] *n,adj* -*n* melankoli, trishtim.

-*adj* 1. i trishtuar; melankolik; **a melancholy fact** njĕ fakt i trishtuar.2.i zymtĕ; dĕshpĕrues.

meliorate['mi:liĕ'reit] *v* pĕrmirĕsoj; pĕrmirĕsohet.

mellifluous[mĕ'lifluĕs] *adj* i ĕmbĕl, i rrjedhshĕm (tĕ folur).

mellow ['melou] *adj,v* -*adj* 1. i pjekur, i arrirĕ (frut).2.e bĕrĕ (verĕ).3.i butĕ, i ĕmbĕl (ton).4.e pasur, pjellore(tokĕ).5.*fig* i pjekur(njeri).6.çakĕrrqejf.

-*v* piqet; zbutet.

melodic[mĕ'lodik] *adj* melodioz, i ĕmbĕl; melodik.

melodious[mĕ'loudiĕs] *adj* melodioz, i ĕmbĕl.

melodrama['melĕ'dræmĕ] *n let* melodramĕ.

melody['melĕdi] *n* 1.melodi.2. muzikalitet.

melon['melĕn] *n* pjepĕr. + **cut/split a melon** *zhrg* u ndaj pjesĕ nga fitimi.

melt[melt] *v,n* -*v* 1.shkrij; shkrihet.2.tres; tretet.3. davariten(retĕ).4.*fig* tretet, firon(pasuria).5.*fig* humbet, zhduket; **he melted away into the crowd** ai humbi nĕ mes tĕ turmĕs. +**melt down** shkrij;shkrin.

-*n* 1.shkrirje.2.masĕ metali e shkrirĕ.

melting['melting] *adj* 1.qĕ shkrin.2.i butĕ(zĕ, shikim).

melting point *n* pikĕ e shkrirjes.

melting pot *n* 1.poçe pĕr shkrirje.2.*fig* kazan, pĕrzierje racash tĕ ndryshme. + **be in the melting pot** ĕshtĕ ende nĕ diskutim.

member['membĕ:] *n* anĕtar; **member of staff** mĕsues; pedagog; **member of the staff** punonjës; **member of parliament** deputet; **member countries** vende anëtare.

membership['membë:ship] *n* 1.anëtarësi.2.numër anëtarësh; anëtarë. +**membership card** kartë anëtarësie.

membrane['membrein] *n* membranë,cipë, lëmesë.

memento[më'mentou] *n* përkujtesë; kujtim.

memo['memou] *n gj.fol* shih **memorandum.**

memoir['memwa:] *n* 1.biografi, jetëshkrim; shënime biografike.2.përkujtesë, promemorie.3.*pl* kujtime; autobiografi.

memorable['memërëbël] *adj* 1.i paharrueshëm.2. i dukshëm, që bie në sy.

memorandum['memë'rændëm] *n pl* -**dums, -da** 1.*dip* memorandum.2.shënim; përkujtesë.

memorial[më'mo:riël] *n,adj* -*n* 1.përmendore,monument.2.përkujtim; **as a memorial to** në kujtim të; **War memorial** monument i dëshmorëve. 3.pllakë përkujtimore.4.libëlkushtuardiçkajekronikë.5.përkujtesë, raport.

-*adj* përkujtimor.

memorialize [më'mo:riël'aiz] *v* 1. përkujtoj. 2. bëj një peticion, paraqes memorandum.

memorize['memëraiz] *vt* fus në kujtesë, mësoj përmendsh.

memory['memëri] *n* 1.kujtesë; **loss of memory** humbje e kujtesës, amnezi; **to the best of my memory** me sa më kujtohet. 2. kujtim; **in memory of** në kujtim të; **to the memory of** për kujtim të.

men[men] *n pl* i **man.**

menace['menis] *n,v* -*n* kërcënim; rrezik.

-*vt* kërcënoj.

menacing['menising] *adj* kërcënues.

menacingly['menisingli] *adv* kërcënueshëm.

menagerie[më'næxhëri] *n* 1. kafshë të egra.2. kopsht zoologjik.

mend[mend] *v,n* -*v* 1. ndreq, riparoj, meremetoj. 2.përmirësoj; **mend one's ways** përmirësoj sjelljen; **mend matters** irregullojpunët.3.përmirësohem, bëhem më mirë.4.ushqej(zjarrin me dru).

-*n* 1.vend i riparuar. 2.ndreqje, riparim; **on the mend** në përmirësim.

mendacious[men'deishës]*adj* 1.gënjeshtar,mashtrues. 2.i rremë, jo i vërtetë.

mendacity[men'dæsëti] *n* 1.të gënjyer, rrejtje.2.gënjeshtër, rrenë.

mendicant['mendëkënt] *adj,n* -*adj* lypës, që lyp. -*n* lypës, lypsar; murg që rron me të lypur.

mending['mending] *n* ndreqje, riparim, meremetim; rregullim.

menfolk['menfouk] *n*1.njerëz.2.burrat(e familjes).

menial['mi:niël] *adj,n* -*adj* 1.vartëse(pozitë).2.e ulët, për shërbëtorë(punë).3.poshtërues.

meningitis['menin'xhaitis] *n mjek* meningjit.

meniscus[më'niskës] *n pl* -**cuses,-ci** 1.menisk. 2.thje-

rrëz konkavo-konvekse, menisk.

menopause['menë'poz] *n mjek* menopauzë.

menses['mensiz] *n pl mjek* perioda, menstruacione.

men's room *n amer* banjat, wc e burrave.

menstruate['menstrueit] *vi* mjek është me periodat(gruaja).

menstruation [menstru'eishën] *n mjek* menstruacion.

mensurable['menshërëbël] *adj* i matshëm.

menswear['menzweë:] *n* veshje burrash.

mental['mentël] *adj* 1.mendor; **mental illness** sëmundje mendore; **have a mental block about sth** nuk arrij të kuptoj diçka. 2. intelektuale (punë). 3.psikik; **mental patient** i sëmurë psikik; **mental defective** me të meta mendore; **mental hospital** spital psikiatrik..

mentality[men'tælëti] *n* 1.mendje, aftësi mendore. 2.mentalitet, mendësi; botëkuptim.

mentally['mentëli] *adv* mendërisht, nga mendtë; **be mentally ill** jam i sëmurë nga ana mendore.

mention['menshën] *v,n* -*v* përmend, zë në gojë; **need hardly mention that** s'është nevoja të them që; **not to mention, without mentioning** papërmendur, pa llogaritur; **don't mention it!** s'ka përse!

- *n* përmendje, zënie në gojë; **make mention of** përmend; flas për.

mentor['mentë:] *n* këshilltar besnik.

menu ['meniu] *n* 1. meny , listë gjellësh. 2 .*kmp* meny.

meow[mi'ou] *n,v* -*n* mjau, mjaullimë.

-*vi* mjaullin.

mercantile['më:këntail] *adj* tregtar.

mercenary ['më:së'neri] *adj,n* -*adj* 1.mercenar.2. (që punon) vetëm për para; i shitur.

-*n* mercenar.

mercer['më:së:] *n Br* tregtar tekstilesh.

merchandise['më:çëndaiz] *n,v* -*n* mallra.

-*vt* komercializoj.

merchant ['më:çënt] *n ,adj* -*n* tregtar; shitës, dyqanxhi.

-*adj* tregtar; **merchant navy** marinë tregtare.

merchantman['më:çëntmën] *n pl* -**men** anije tregtare.

merciful['më:sifël] *adj* i mëshirshëm.

mercifully['më:sifëli] *adv* fatmirësisht.

merciless['më:silis] *adj* i pamëshirshëm

mercurial[më:'kju:riël] *adj,n* -*adj* 1.i gjallë, i hedhur, i shpejtë.2.i ndryshueshëm(temperament, humor). 3.i zhivës; me zhivë.

- *n* bar me përbërje zhive.

mercury ['më:kjuri] *n* 1. zhivë, merkur.2.shtyllë e zhivës(në barometër).3.**Mercury** *mit* a) perëndia e zanateve;b)*astr* planeti Merkur.

mercy['më:si] *n* 1.mëshirë; **at the mercy of** në mëshirën e; **have mercy on sb** kam mëshirë për dikë. 2.fat; bekim; **it's a mercy that** është fat i madh që.

mercy killing *n* vdekje e kërkuar, eutanazi.

mercy seat *n* fron i perëndisë.

mere I [miё:] *adj* thjesht, vetёm, veçse; **she's a mere secretary** ajo ёshtё thjesht sekretare; **the mere sight of him irritates me** edhe pamja e tij mё irriton.

mere II[miё:] *n poet* liqen i vogёl; gjol, pellg.

merely['miё:li] *adv* thjesht, vetёm; vetёm kaq.

meretricious[merё'trishёs] *adj* i rremё, artificial.

merge [mё:xh] *v* 1.shkrij; bashkoj.2.shkrihen; bashkohen; **merge into /with** shkrihen nё njё, bёhen njёsh.

merger['mё:xhё:] *n* ek shkrirje; bashkim(firmash).

meridian [mё'ridiёn] *n, adj* -*n* 1.*gjeog, astr* meridian.2.*astr* kulmim.3.*fig* kulm, pikё kulmore. -*adj* mё i lartё; mё i madh.

meridional[mё'ridiёnёl] *adj,n* -*adj* 1.jugor, i jugut.2.meridional; pёrgjatё meridianit. -*n* banor i Jugut.

meringue[mё'ræng] *n* 1.vezё e rrahur, marengё.2. kajmaklie.

merino[mё'rinou] *n* 1.dele e racёs merinos. 2.lesh merinos.

merit['merit] *n* meritё; vlerё; **treat a case on its merits** e gjykoj njё çёshtje me objektivitet.

meritocracy[merё'tokrёsi] *n* meritokraci, elitё me meritё.

meritorious[merё'to:riёs] *adj* i merituar; qё meriton.

merl(e)[mё:l] *n poet* mёllenjё.

merlin['mё:lin] *n zool* fajkua..

mermaid['mё:meid] *n mit* sirenё.

merriment ['merimёnt] *n* gaz, gazmend, gёzim; argёtim.

merry['meri] *adj* i gёzuar, nё qejf; gazmor; **Merry Christmas!** Gёzuar Pashkёt! + **make merry** bёj qejf, argёtohem.

merry-andrew['meri'ændru] *n* klloun; bufon.

merry-go-round['merigou'raund] *n* karusel, rrotullame.

merrymaker['meri'meikё:] *n* festues; njeri gazmor.

merrymaking['meri'meiking] *n,adj* -*n* 1. festim. 2.dёfrim, argёtim. -*adj* gazmor, argёtues; festues, festiv.

merrythought['merithot] *n zool* shpor, parzёm.

mesa['meisё] *n amer* kodёr e rrafshёt.

mescal[mes'kæl] *n* 1.meskal, pije alkoolike.2.*bot* agave.

mescaline['meskёli:n] *n* meskalinё(lloj droge).

mesh[mesh] *n,v* -*n* 1.vrimё (site, rrjete).2.rrjetё; **wire mesh** rrjetё metalike, rrjetё teli.3.*tek* kapje, ingranim. + **in mesh** tё kapur, tё ingranuar. -*v* 1.kap me rrjetё.2.bie nё rrjetё.3.*tek* ingranohen.

mesmeric[mes'merik] *adj* hipnotik.

mesmerize['mesmёraiz] *vt* hipnotizoj.

Mesopotamia[mesёpё'teimiё] *n gjeog* Mesopo-

tami.

mess[mes] *n,v* -*n* 1.rrёmujё, çrregullim; **be in a mess** ёshtё rrёmujё; **make a mess** bёj rrёmujё, bёj lёmsh.2.prishje, shkatёrrim; **make a mess of one's career** i prish karierёn vetes; **make a mess of the exam** e katranos provimin.3.telash, bela; **be/get oneself in a mess** e kam pisk, fus veten nё bela. 4. *usht* mensё.5.porcion, racion(ushqimi).6.ushqim jo i mirё. -*v* 1.prish, bёj pis(librin).2.ngatёrroj, çrregulloj, bёj rrёmujё.3.dёmtoj, prish(karierёn etj).4.ha me tё tjerё, ha nё mensё. + **mess about/around** a)sorollas (dikё); ngatёrroj(planet); b)bёj rrёmujё; çoj kohёn dёm, sorollatem. c)vё nё lojё, zbavitem (me dikё); **just messing around** s'po bёj ndonjё gjё; **mess up** bёj lёmsh; bёj helaq(rrobat); shpuprris(flokёt).4. prish(planet);**mess with** pёrzihem, ngatёrrohem me.

message ['mesixh] *n* 1. njoftim, lajm, lajmёrim. 2.mesazh. 3. mision. +**get the message** e marr vesh ku rreh çekani.

messenger ['mesёnxhe:] *n* lajmёtar, kumtar, lajmёs; korier.

mess hall *n* sallё mense, mensё.

Messiah[mё'sajё] *n* 1.profet; Mesi.2.*fig* shpёtimtar. 3.Jezu Krishti.

messman['mesmёn] *n,pl* kamarier nё anije.

messmate['mesmeit] *n* shok tryeze(nё mensё).

messy['mesi] *adj* 1. helaq; pis. 2.rrёmujё. 3. i bёrё keq, i katranosur.

met[met] *pt,pp* e **meet.**

meta-['metё] *pref* 1.tej-, pёrtej-; pas-.2.ndёr-.

metabolism [mё'tæbёlizёm] *n biol* metabolizёm, shkёmbim i lёndёve.

metal ['metёl] *n,v* -*n* 1.metal.2.*attr* metalik. 3.çakёll; **metal road** rrugё e shtruar me çakёll.4.*fig* brumё. -*v* shtroj me çakёll.

metal fatigue *n tek* lodhje e metaleve.

metallic[mё'tælik] *adj* metalik.

metalliferous [metёl'ifёrёs] *adj* metalmbajtёs(mineral).

metallize[metёlaiz] *vt* 1.vesh me metal.2.bёj metalik, metalizoj.

metallurgic(al)[metё'lё:xhёk(ёl)] *adj* metalurgjik.

metallurgist['metёlё:xhist, mё'tælё:xhist] *n* metalurg.

metallurgy['metёlё:xhi, mё'tælё:xhi] *n* metalurgji.

metalwork['metёlwё:k] *n* 1.sende metalike.2.pёrpunim metalesh.

metalworker ['metёlwё:kё:] *n* pёrpunues metalesh.

metalworking['metёlwё:king] *n* pёrpunim metalesh.

metamorphose[metё'mo:fouz] *v biol* 1.ndryshoj, i ndryshoj formёn.2.pёsoj metamorfozё.

metamorphosis [metё'mo:fёsis] *n biol,fig* metamorfozë.

metaphor['metëfë:] *n let* metaforë.

metaphoric(al)['metë'fo:rëkël] *adj* metaforik.

metaphysic(al)('metë'fizëkël] *adj* metafizik.

metaphysics['metë'fiziks] *n* metafizikë.

metastasis[më'tæstësis] *n mjek* metastazë.

mete I[mi:t] *vt* 1.u ndaj, u shpërndaj, u jap pjesë. 2.*poet* mas. + **mete out punishment** ndëshkoj.

mete II[mi:t] *n* 1.kufi.2.gur kufiri.

meteor['mi:tië:] *n astr* meteor.

meteoric ['miti'o:rik] *adj* 1. meteorik.2.atmosferik; **meteoric phenomena** dukuri atmosferike.

meteorite['mi:tiërait] *n astr* meteorit.

meteorologic(al)[mi:tiërë'loxhëkël] *adj* meteorologjik.

meteorologist[mi:tiër'olëxhist] *n* meteorolog.

meteorology[mi:tiër'olëxhi] *n* meteorologji.

meter I['mi:të:] *n* metër.

meter II['mi:të:] *n,v* -*n* sahat, kontator; **electricity/gas meter** sahat elektriku, kontator gazi. -*vt* mas me kontator, mas harxhimin. -**meter** *suff* -matës; **speedometer** shpejtësimatës.

methane['methein] *n kim* metan.

methinks[mi'thinks] *v vjet* më duket.

method['methëd] *n* 1.metodë; mënyrë, sistem; **method of payment** mënyrë pagese.2.logjikë.

methodic(al) [më'thodëkël] *adj* metodik, sistematik.

methodically [më'thodikëli] *adv* metodikisht, sistematikisht.

methodology ['methë'dolëxhi] *n* metodologji; sistem procedurash/metodash.

methyl['methël] *n kim* 1.metil. 2.*attr* metilik; **methyl alcohol** alkool metilik.

meticulous[më'tikjëlës] *adj* tepër i përpiktë; pedant; që s'i shpëton asgjë.

metre I , *amer* **meter**['mi:të:] *n* metër.

metre II['mi:të:] *n let, muz* metër, metrikë.

metre-stick ['mi:të:'stik] *n* metër druri, rrigë metalike.

metric(al) ['metrik(ël)] *adj* 1.metrik; **go metric** përdor sistemin metrik të masave. 2.*let* metrik; në vargje.

metrication [metrë'keishën] *n* kalim në sistemin metrik.

metric ton *n* ton.

metro['metrou] *n gj.fol* 1.pushtet lokal i metropolit.2.zonë e metropolit.

metropolis [më'tropëlis] *n* 1.metropol. 2.qendër kryesore, qytet i madh.3.*fet* seli e mitropolitit.

metropolitan[metrë'polëtën] *adj,n* -*adj* metropolitan, i metropolit. -*n* 1.banor i metropolit.2.*fet* kryepeshkop, mitropolit.

mettle['metël] *n* 1.temperament; humor. 2.guxim, shpirt. + **be on one's mettle** jam gati të jap maksi-

mumin; **show/prove one's mettle** tregoj për se jam i zoti.

mettlesome['metëlsëm] *adj* guximtar; plot vrull, plot zjarr.

mew I[mju:] *n,v* -*n* mjau, mjaullimë. -*vi* mjaullin.

mew II[mju:] *n,v* -*n* 1.kafaz.2.strehë; strofull. -*vt* 1.mbyll në kafaz.2.ndryj; fsheh.3.*vjet* ndërron puplat etj.

mew III[mju:] *n zool* pulëbardhë.

mewl[mju:l] *vi* qaravitet(fëmija); rënkoj.

mews[mju:z] *n* stallë; **mews flat** stallë e shndërruar në apartament.

Mexican['meksëkën] *n,adj* meksikan.

Mexico['meksëkou] *n gjeog* Meksikë.

mezzanine['mezë'ni:n] *n* 1.kat i ndërmjetmë.2.*teat* lozhë e poshtme.

mezzo['mecou, 'mezou] *adj,n* -*adj* 1.*muz* meso-, mexo-, gjysmë-.2.*gj.fol* mexosoprano. -*n gj.fol* mexosoprano.

mezzo-soprano['mecousë'prænou] *n,adj muz* mexosoprano.

MHz shkurtim për **megahertz**.

mi[mi:] *n muz* mi.

mi. shkurtim për **mile**.

miaow, miaou shih **meow**.

miasma[maj'æzmë, mi'æzmë] *n pl* -**mas, -mata** 1. duhmë e helmët. 2.*fig* atmosferë mbytëse; ambient infektues.

mica['maikë] *n gjeol* mikë.

mice[mais] *npl* i **mouse**.

mickey['miki] *n zhrg* 1.tabletë droge; pije me drogë.2.*amer* gjysmë shisheje me pije.3.plasës, detonator. +**take the mickey of sb** vë në lojë dikë.

mickey finn['miki:'fin] *n zhrg* shih **mickey 1**.

Mickey Mouse['miki'mauz] *adj* pa vlerë, i parëndësishëm; joserioz; **Mickey Mouse courses** kurse (mësimore) joserioze.

mickle['mikël] *adj,adv,n* shumë.

micro-['maikrou] *pref* 1.mikro-; mikroskopik.2.i miliontë; **microsecond** një e miliontë e sekondës.

microbe['maikroub] *n* mikrob.

microbiology['maikroubaj'olëxhi] *n* mikrobiologji.

microchip['maikrouçip] *n kmp el* mikroqark i integruar, çip.

microcomputer ['maikroukom'pju:të:] *n* mikrokompjuter, mikroordinator.

microcosm['maikrou'kozëm] *n* mikrobotë.

microfilm['maikrou'film] *n,v* -*n* mikrofilm. -*v* mikrofilmoj.

micrometer['maikrou'mi:të:] *n* mikrometër.

micrometre['maikrou'mi:të:] *n* mikron.

micron['maikron] *n* mikron.

Micronesia['maikrou'ni:zhië] *n gjeog* Mikronezi.

microorganism ['maikrou'o:gënizëm] *n* mikroorganizëm.

microphone['maikrěfoun] *n* mikrofon.

microprocessor['maikrou'prousesě:] *n kmp* mikroprocesor.

microscope['maikrěskoup] *n* mikroskop.

microscopic(al) [maikrě'skopě(kěl)] *adj* mikroskopik.

microsecond['maikrou'sekěnd] *n* mikrosekondě.

microsurgery['maikrě'sě:xhěri] *n* mikrokirurgji.

microwave['maikrou'weiv] *n* 1.mikrovalě.2.*gj.fol* furrě me mikrovalě.

microwave oven *n* furrě me mikrovalě.

mid-[mid] *pref* mes-; gjysmě-; **mid-winter** mes i dimrit; **mid-height** gjysmělartěsi.

mid [mid] *adj,prep*   -*adj* i mesit; ně mes tě; **in mid journey** ně mes tě udhětimit; **in mid air** pezull; **in one's mid thirties** ně tě tridhjetat.
-*prep poet* midis; ndërmjet.

midair['mideě:] *n* 1.qiell; ajěr; **in midair** ně ajěr; něqiell tě hapur.2.*fig* pasiguri; dyshim; **the contract is still in midair** kontrata ěshtě ende e pasigurt.3. *attr* ně ajěr; **a midair collision** pěrplasje ně ajěr.

Midas ['maiděs] *n fig* njeri i zoti pěr tě běrě para. + **the Midas touch** zotěsi pěr tě běrě para.

midbrain['midbrein] *n anat* tru i mesěm.

midday['mid'dei] *n* 1.mesditě; **at midday** ně drekě, ně mesditě.2.*attr* i mesditěs; **the midday meal** drekě.

midden['miděn] *n* 1.pirg guaskash e kockash parahistorike.2.pirg mbeturinash.

middle['miděl] *adj,n*   -*adj* 1.i mesit; qendror; 2. mesatar, i mesěm; **middle size** madhěsi mesatare.3.i ndërmjetmě.4.i mesěm; i mesjetěs; **Middle English** anglishte e mesjetěs.
-*n* 1.mes; **be in the middle of reading sth** jam ně mes tě leximit.2.bel, mes.

middle age *n* moshě e mesme, moshě mesatare.

middle-aged['miděl'eixhd] *adj* me moshě mesatare.

Middle Ages *n* Mesjetě.

midlebrow['midělbrau] *n* njeri me zgjuarěsi mesatare.

middle class *n* klasě e mesme.

Middle East *n gjeog* Lindje e Mesme.

middleman['midělmæn] *n pl* -men 1.ndërmjetěs. 2. rishitěs, dorě e dytě(tregtar).

middle management n kuadro drejtues tě mesěm.

middlemost ['midělmoust] *adj* i mesit; mě afěr mesit.

middle name *n* eměr i dytě(i personit).

middle-of-the-road['midělěvdhě'ro:d] *adj* i moderuar, joekstremist, joekstrem.

middle school *n* cikěl i parě i shkollěs sě mesme.

middleweight *n sport* peshě e mesme; boksier i peshěs sě mesme.

middling['midling] *adj,n,adv* -*adj* mesatar.

-*n pl* produkte mesatare.
-*adv* deridiku; mjaft; çka.

middy ['midi] *n pl* -ies 1.bluzě marinari.2.*gj.fo* něnoficer marine.

Mideast['mid'i:st] *n gjeog amer* Lindje e Mesme

midfield['mid'fi:ld] *n sport* mesfushě.

midge[mixh] *n* 1.*zool* harrje, mushicě; mizě e vo gěl.2.1.xhuxh; rrumaduc.3. kafshěz.

midget ['mixhit] *n,adj* -*n* xhuxh, xhuxhmaxhuxh -*adj* 1. i vockěl.2.*sport* pěr tě vegjěl.

midland['midlěnd] *n* brenděsi, pjesě qendrore (e vendit).

midmost['midmoust] *adj* i mesit; mě afěr mesit.

midnight ['midnait] *n* mesnatě; **at midnight** ně mesnatě. + **burn the midnight oil** punoj/studioj de ri natěn voně.

midpoint['midpoint] *n* mes, pikě mesi.

midriff['midrif] *n anat* 1.diafragmě.2.mes, bark.

midship['midship] *adj* ně mes tě anijes.

midshipman['midshipměn] *n* něnoficer marine.

midst[midst] *n,prep* -*n* mes; **in our midst** midi nesh, ně mes toně; **in the midst of** a)ně mes tě(tur měs); b)gjatě(shfaqjes).
-*prep* midis, mes, ndërmjet.

midsummer['mid'sʌmě:] *n* mes i verěs.

midtown['midtaun] *n* qenděr e qytetit.

midway['midwei] *adv,adj,n*   -*adv/adj* ně mes/ně gjysmě tě rrugěs.
-*n* rrugě/korsi e mesit.

midweek[mid'wi:k] *n* mesjavě.

Midwest[mid'west] *n gjeog* Perěndim i Mesěm.

midwife['midwaif] *n pl*-wives mami.

midwinter[mid'wintě:] *n* mes i dimrit.

midyear['midjě:] *adj,n* -*adj* i mesit tě vitit.
-*n pl gj.fol* provimet e mesit tě vitit.

mien[mi:n] *n* qěndrim; měnyrě tě sjelli.

miff[mif] *n,v gj.fol* -*n* sherr, grindje e vockěl.
-*v* fyhem; grindem.

might I [mait] *pt* e **may**; **it might be better t** **wait** mbase ěshtě mě mirě tě presim; **you migh** **well be right** ti mbase ke tě drejtě; **I might hav** **guessed** duhej tě mě kishte shkuar mendja.

might II[mait] *n* forcě, fuqi; **with might and** **main, with all one's might** me tě gjitha forcat, m gjithě fuqině.

mightily['maitěli] *adv*1.fuqishěm, fort, fuqimisht 2.tepěr, shumě, sě tepěrmi.

mightiness['maitinis] *n* fuqi, forcě.

mightn't['maitěnt] =**might not**.

might've['maitěv] = **might have**.

mighty['maiti] *adj,adv* -*adj* 1.i fuqishěm.2.i gje rě, i madh.
-*adv* tepěr, shumě.

migraine['maigrein,'mi:grein] *n mjek* migreně.

migrant['maigrěnt] *n,adj* -*n* shtegtar, shtegtues
-*adj* shtegtar, shtegtues.

migrate['maigreit, mai'greit] vi 1.shpërngulem.2.
shtegtojnë(zogjtë).
migration[mai'greishën] n 1.shpërngulje.2.shteg-
tim.
migratory['maigrëtri] adj 1.shtegtues, shtegtar.2.
bredhës.
mike[maik] n gj.fol mikrofon.
mil[mil] n mil, njësi gjatësie (=0.001 inç).
mil. shkurtim për military; million etj.
milady[mi'leidi] n 1.Zonjë.2.zonjë angleze.
milch[milç] adj që jep qumësht, qumështi (lopë).
mild[maild] adj 1.i butë(dënim, mot).2.i urtë, i bu-
të(njeri).3.e lehtë(pije, cigare,sëmundje).
mildew['mildju:] n myk.
mildly['maildli] adv butë; lehtë; shtruar; paksa. +
to put it mildly më e pakëta që mund të thuhet; pa
e tepruar.
mild-mannered['maild'mænë:d] adj i matur, i qe-
të, i shtruar.
mildness['maildnis] n butësi.
mile[mail] n 1.milje.2.pl tepër, shumë; be miles
away është shumë larg; be miles better është një-
qind herë/ku e ku më mirë.
mileage['mailixh] n 1.kilometrazh i përgjithshëm
(i makinës). 2.rrugë, largësi e përshkuar. 3. dietë
udhëtimi.4.fig fitim, përfitim.
mileometer[mail'omitë:] n matës kilometrazhi.
milepost['majlpoust] n tabelë/gur kilometrik.
milestone['majl'stoun] n 1.gur kilometrik(anës rru-
gës).2. fig moment historik, piketë.
milieu[mi:'ljë:] n mjedis, ambient.
militancy ['milëtënsi] n shpirt luftarak; militanti-
zëm.
militant['milëtënt] adj, n   -adj militant; luftarak.
-n militant; njeri luftarak.
militarily['milë'terëli] adv ushtarakisht.
militarism['milëtërizëm] n 1. militarizëm.2.shpirt
luftarak.
militarist['milëtërist] n 1.militarist.2.ekspert ushta-
rak.
militaristic['milëtë'ristik] adj militarist.
militarize ['milëtëraiz] vt militarizoj; militarized
zone zonë e militarizuar.
military ['militëri] adj ushtarak; military police
polici ushtarake,polici e ushtrisë; military training
stërvitje ushtarake.2.npl ushtarakët, ushtria.
militate['milëteit] vi 1.militoj, punoj në favor të. 2.
(against) veproj kundër.
militia[më'lishë] n milici, forca rezerviste.
militiaman[më'lishëmën] n milic, rezervist.
milk [milk] n,v   -n 1.qumësht; powdered milk
qumësht pluhur.2.lëng/qumësht i bimëve. + it's no
good crying over spilt milk ç'u bë, u bë; ç'u bë,
nuk zbhëhet.
-v 1.mjel.2.jep qumësht(lopa etj).3.fig mjel, zhvas.
milk bar n bulmetore, dyqan bulmetrash; banak

i bulmetrave.
milk chocolate n çokollatë me qumësht.
milker['milkë:] n 1.mjelës,-e.2.makinë mjelëse.3.
lopë/dele qumështi.
milk float, amer milk truck n furgon/kamionçinë
e bulmetshitësit, makina e qumështit.
milking['milking] n mjelje.
milk-churn['milkçë:n] n bidon qumështi.
milkmaid['milkmeid] n mjelëse.
milkman['milk'mæn]n shitës/shpërndarës qumësh-
ti.
milk shake n ajkë qumështi e rrahur.
milksop['milksop] n qullash; burracak.
milk tooth n dhëmb qumështi.
milkweed['milkwi:d] n bot qumështore, ryell.
milk-white adj i bardhë qumësht.
milky['milki] adj 1.i bardhë qumësht, qumështor.2
qumështi, me qumësht.3.fig i butë; timid.
    Milky Way n astr Udha e Qumështit, Kashta e
Kumtrit.
mill I[mil] n,v   -n 1.mulli; coffee mill mulli kafe-
je.2.fabrikë mielli.3.fabrikë, uzinë; paper mill fabri-
kë letre.4.zhrg zënie me grushta. + go through the
mill a)fitoj përvojë;b)kaloj një periudhë të vështirë.
-v 1. bluaj. 2. petëzoj (metale). 3.dhëmbëzoj(anët e
monedhave).4.prodhoj, fabrikoj.+mill about/a-
round lëvrin, mizëron(turma).
mill II[mil] n mil, 0.001 dollar, 0.1 cent.
milldam ['mildæm] n 1.pritë për ujët e mullirit.
2.pellg.
millenial[më'leniël] adj mijëvjeçar.
millenium [më'leniëm] n 1. mijëvjeçar. 2. (the) e
ardhmja e lumtur.
millepede['milëpi:d] n zool shumëkëmbësh.
miller['milë:] n mullis, mullixhi.
millet['milit] n bot mel.
milliard['miljë:d, 'milja:d] n miliard.
millibar['milë'ba:] n meteo milibar.
milligram(me)['milëgræm] n miligram.
millilitre, amer -liter['milë'litë:] n mililitër.
millimetre, amer-meter['milë'mi:të:] n milimetër.
milliner['milinë:] n kapelabërës; kapelashitës.
millinery['milëneri] n 1.kapelet e një gruaje. 2.ka-
peleri për gra.
milling['miling] n 1.bluarje.2.prodhim, fabrikim.3.
dhëmbëzim i anëve të monedhave.
million['miliën] n 1.milion.2.fig shumë, një mori.
millionaire ['milië'neë:] n milioner; njeri shumë i
pasur.
millionfold['miliënfould] adv, adj njëmilionfish.
millionth['miliënth] adj, n 1.i njëmilionti.2.mat një
e milontë.
millpond['milpond] n pellg për ujët e mullirit.
+the sea is like a millpond deti është të vaj.
millrace['milreis] n vijë mulliri.
mill rate n fin tarifë e taksave bashkiake.

millstone 432

millstone ['milstoun] *n* 1.mokër, gur mulliri. 2. *fig* barrë e rëndë.
mill wheel *n* rrotë mulliri.
millwork ['milwë:k] *n* 1. dyer e dritare; artikuj zdrukthtarie.2.punë fabrike.
millwright['milrait] *n* 1.ndërtues mullinjsh; konstruktor makinash bloje.2.*tek* remontier.
milometer['mailomitë:] shih **mileometer.**
milord[mi'lo:d] *n* 1.Zot, Zotëri, Imzot.2.zotëri.
milquetoast['milktoust] *n* njeri tepër timid.
milt[milt] *n zool* spermë e peshqve.
mime[maim] *n,v* -*n*1.pantomimë.2.mimikë.3.mim, aktor që interpreton me mimikë. 4.*hist* farsë, shfaqje komike.
-*v* komunikoj me mimikë.
mimeograph['maimië'græf] *n,v*   -*n* shaptilograf.
-*v* shaptilografoj.
mimetic [mi'metik, mai'metik] *adj* 1.imitues.2.i imituar, jo i vërtetë(aksion etj).3.i mimikës; me mimikë.
mimic['mimik] *v,n,adj* -*v* 1.imitoj(për shaka); përqesh.2.përngjasoj, i ngjaj.
-*n* imitues(aktor).
i imituar, joreal.2.imitues.
mimosa[mi'mousë, mi'mouzë] *n bot* mimozë.
minacious[mi'neishës] *adj* kërcënues.
minaret['minëret] *n* minare.
minatory['minëtori] *adj* kërcënues.
mince[mins] *v,n* -*v* 1.pres, grij. 2. flas me kujdes të tepruar.3.eci me delikatesë. + **not to mince one's words** nuk i ha fjalët, i bie drejt; **not to mince matters** flas hapur, i them gjërat troç.
-*n* 1.mish i grirë.2.fruta të grrira.
mincemeat ['minsmi:t] *n* 1.fruta të grira.2.mish i grirë. + **make mincemeat of** *fig* grij; shpartalloj.
mince pie *n* byrek me mish të grirë; palaçinka.
mincer['minsë:] *n* makinë grirëse; makinë mishi.
mincing['minsing] *adj* tepër i sjellshëm; fort elegant.
mind[maind] *n,v* -*n* 1.mendje; **a case of mind over matter** fitore e mendjes mbi lëndën; **give one's mind to sth** përqendrohem në diçka.2.zgjuarësi, intelekt.3.njeri mendjendritur; **one of Albania's finest minds** një nga mendjet më të ndritura të Shqipërisë.4.arsye; **be out of/lose one's mind** humbas arsyen.5.mendim, mendje, opinion; **be still of the same mind** nuk kam ndryshuar mendim.6.qëllim, mendje; dëshirë **have sth in mind** kam diçka në mendje; **have a good mind to do sth** ekam ndarë mendjen për të bërë diçka, e kam qëllim ta bëj diçka. + **bear in mind** sjell ndër mend; **be in/of two (many) minds** jam me dy mendje; **bring/call to mind** kujtoj, rikujtoj, sjell ndër mend; **change one's mind** ndërroj mendim; **give sb a piece of one's mind** i flas me inat dikujt; **have a mind of one's own** kam mendjen time, di të men-

doj me kokën time; **have a mind to** kam ndër mend; **have half a mind** e kam   njëfarë mendjeje (të bëj diçka); **have in mind** a) kujtoj, sjell ndër mend; b)mendoj, marr në shqyrtim;c) kam ndër mend; **make up one's mind** e ndaj mendjen, vendos; **pass/ put out of mind** harrohet; harroj; **set one's mind on** e dëshiroj me zjarr; **give one's mind** them hapur mendimin tim; **take one's mind off** e largoj mendjen nga; **to one's mind** për   mendimin tim.
-*v* 1.i kushtoj vëmendje, tregoj kujdes; i vë veshin; i jap rëndësi; **please mind the steps!** kujdes shkallët! **never mind!** mos ki gajle!; s'prish punë, s'ka rëndësi; **mind your own business!** shiko punën tënde! **mind your language!** mbaj gojën! **never mind him** mos ia vër veshin atij.2.kujdesem për; **mind the baby** ki kujdes fëmijën.3.i bindem; **mind your parents** bindju prindërve.4merakosem, jam kundër; **I don't mind** për mua s'ka rëndësi; **I wouldn't mind a cup of tea** nuk jam kundër për një gotë çaj; **would you mind opening the door?** ke ndonjë kundërshtim sikur ta hapnim derën? +**mind the store** *gj.fol* kujdesem për; kontrolloj.
mind-bending['maind'bending] *adj* i jashtëzakonshëm; marramendës.
minded ['maindid] *adj* 1. me mendje.., mendje-; **fair-minded** i paanshëm; **high-minded** mendjendritur.2.i prirur; **I am minded to stay home** them të rri në shtëpi; **an industrially minded nation** vend që synon drejt industrializimit.
minder['maindë:] *n* rojë personale.
mindful ['maindful] *adj* i ndërgjegjshëm për; **mindful of your advice** duke patur parasysh këshillën tënde.
mindless ['maindlis] *adj* 1.pa mend, budallë. 2.i shkujdesur.
mind reader *n* lexues / zhbirues i mendimeve; **I'm not a mind reader** unë nuk jam fallxhor.
mindset['maindset] *n* mënyrë e shikimit të gjërave.
mind's eye *n* përfytyrim, imagjinatë.
mine I [main] *pron* imi; imja; të mitë; të miat; **a friend of mine** një shoku im; **these are mine** këto janë të miat.
mine II[main] *n,v*   -*n* 1.minierë; **work down the mines** punoj në minierë.2.*fig* minierë, burim i pashtershëm.3.*usht* minë; **lay mines** vë mina; minoj.
-*v* 1.nxjerr(qymyr etj).2.gërmoj nën dhe, hap tunele.3.*usht* minoj.4.*fig* minoj(planet).
mine detector *n* minazbulues.
mine field *n* fushë e minuar.
mine layer *n* minavënës.
miner['mainë:] *n*1.minator.2.*usht* minavënës(ushtar).
mineral['minërël] *n* 1.mineral, xeheror.2.*pl* pije të gazuara.3.*attr* minerar; mineral; **mineral water** ujë mineral; ujë i gazuar; **mineral resources** burime

minerare.

mineralization['minĕrĕlai'zeishĕn] *n* mineralizim.

mineralize['minĕrĕlaiz] *vi* mineralizohet.

mineralogy['minĕr'olĕxhi] *n* mineralogji.

minesweeper['main'swi:pĕ:] *n* dragaminĕ,anije minaheqĕse.

minethrower['main'throuĕ:] *n* minahedhĕse.

mingle['mingĕl] *v* 1.pĕrziej.2.pĕrzihem.3.shoqĕrohem(me).

mini['mini] *n gj.fol* 1.minifund.2. minibus.

mini-['mini] *pref* mini-.

miniature['min(i)ĕçĕ:] *n* 1.miniaturĕ(piktur.2.model i vogĕl, model nĕ miniaturĕ(i diçkaje). 3.nĕ miniaturĕ. + **in miniature** nĕ shkallĕ tĕ zvogĕluar; nĕ miniaturĕ.

miniature camera *n fot, kin, tv* minikamerĕ (qĕ pĕrdor film tĕ ngushtĕ).

miniaturize['minĕçĕ'raiz] *vt* miniaturizoj, zvogĕloj shumĕ.

minibike['minibaik] *n* motoçikletĕ e vogĕl.

minibus['minibʌs] *n* minibuz., mikrobuz.

minicar['minika:] *n* miniveturĕ.

minify['minifai] *vt* minimizoj.

minim ['minĕm] *n* 1. minim (njĕsi mase = 0,06 cm³). 2.sasi shumĕ e vogĕl.3.diçka fort e vogĕl.

minima['minĕmĕ] *n pl* i **minimum.**

minimal['minimĕl] *adj* minimal, mĕ i vogli.

minimize['minimaiz] *vt* minimizoj.

minimization['minimĕ'zeishĕn] *n* minimizim.

minimum ['minimĕm] *n pl* -**mums, -ma** 1.minimum. 2.*attr* minimal. +**reduce to a minimum** çoj /ul nĕ minimum.

minimum wage *n* pagĕ minimale e garantuar.

mining['maining] *n* 1.punime minerare;shfrytĕzim minierash.2.*usht* minim, vĕnie minash.3.*attr* minierash, miniere; **a mining camp** kamp minatorĕsh.

minion['miniĕn] *n* 1.pasues i bindur; puthadorĕ.2. favorit, i pĕrkĕdhelur(i eprorĕve).3.*polig* gĕrma tĕ vogla, gĕrma 7-she.

miniskirt['miniskĕ:t] *n* minifund.

minister['ministĕ:] *n,v* -*n* 1.ministĕr.2. *dip* ministĕr,nĕnambasador.3.*fet* pastor, prift .4 *fig* i dĕrguar(i perĕndisĕ).5.*vjet* shĕrbyes.

-*v* 1.(to) u shĕrbej(tĕ sĕmurĕve etj).2.ndihmoj. 3.*vjet* furnizoj, i siguroj.

ministerial ['mini'sti:riĕl] *adj* 1.ministror. 2.ekzekutiv. 4.*fet* pastorial.

minister plenipotentiary *n pl* -**ters** *dip* ministĕr fuqiplotĕ.

minister without portfolio *n* ministĕr pa portofol.

ministrant ['ministrĕnt] *adj,n* shĕrbyes, person shĕrbimi.

ministration['mini'streishĕn] *n* shĕrbim (pĕr tĕ sĕmurĕt etj).

ministry ['ministri] *n* 1.ministri.2.ministra,kabinet. 3.priftĕrinj, pastorĕ.4.shĕrbim, shĕrbesĕ.

mink[mink] *n zool* vizon(lloj shqarthi).

minor['mainĕ:] *adj,n,v* -*adj* 1.mĕ i vogĕl; mĕ i pakĕt.2.i vogĕl, i pakĕt; i parĕndĕsishĕm.3.*drejt* i mitur, nĕ moshĕ jomadhore.4.*muz* minor.

-*n* 1 *drejt* i mitur.2.lĕndĕ dytĕsore, lĕndĕ plotĕsuese (nĕ universitet).

-*v* marr si lĕndĕ plotĕsuese(nĕ universitet).

minority [mĕ'no:rĕti] *n* 1.pakicĕ. 2.*pol* minoritet, pakicĕ(kombĕtare, fetare etj).3.*drejt* mituri, moshĕ jomadhore.

minster['minstĕ:] *n* 1.kishĕ manastiri.2.katedrale, kryekishĕ.

minstrel['minstrĕl] *n hist* poet muzikant, menestrel.

mint I [mint] *n bot* mendĕr, dhiozmĕ, nenexhik

mint II [mint] *n,v* -*n* 1.vend ku priten paratĕ. 2. *gj.fol* dorĕ e mirĕ(parash).3.punishte. 4.*attr* fringo, kĕrr e re(monedhĕ). + **in mint condition** nĕ gjendje tĕ shkĕlqyer, e re fringo(veturĕ etj).

-*v* 1.pres; stampoj (monedha, medalje). 2.bĕj, prodhoj, nxjerr.

mintage['mintixh] *n* 1.prerje, stampim(monedhash etj).2.stampĕ.

minuend['minjuend] *n mat* i zbritshĕm.

minuet['miniuet] *n muz* minuet, valle e ngadaltĕ.

minus['mainĕs] *prep,n,adj* -*prep* pa, minus.

-*n* minus, shenja - .

-*adj mat* 1. e zbritjes (shenjĕ).2.negativ; **a minus quantity** madhĕsi negative. 3.minus, nĕn zero; **minus 20 degrees** 20 gradĕ nĕn zero.

minuscule[mi'nʌskju:l, 'minĕskju:l] *adj,n* -*adj* 1. i vockĕl, shumĕ i vogĕl.2.me germa tĕ vogla.

-*n* germĕ e vockĕl; germĕ e vogĕl(jokapitale).

minute I['minit] *n* 1.minutĕ; **it is 10 minutes past three** ĕshtĕ ora tre e dhjetĕ.2.çast; **in a minute** kĕtĕ çast, ja tani; **for a minute** njĕ hop, pĕr njĕ çast; **I won't be a minute** a) erdha, nuk vonohem; b) ja mbarova; **the minute he arrives** sapo tĕ vijĕ. 3.*mat* minutĕ kĕndore.4.promemorje,pĕrkujtesĕ.5.*pl* protokoll, procesverbal. + **up to the minute** (mĕ) i fundit; mĕ moderni, i fjalĕs sĕ fundit (aparat etj).

minute II[mai'niu:t] *adj* 1. i vockĕl, shumĕ i vogĕl (ndryshim etj). 2. i imĕt, i hollĕsishĕm (pĕrshkrim, udhĕzim); **in minute detail** hollĕsisht, me imtĕsi, fill e pĕr pe.3.i parĕndĕsishĕm, i papĕrfillshĕm.

minute hand *n* akrep i minutave.

minutely[mai'niutli] *adv* 1.nga pak; nĕ shkallĕ tĕ vogĕl.2.me imtĕsi, hollĕsisht.

minuteness[mai'niutnis] *n* 1.vogĕlsi.2.skrupulozitet, kujdes i madh, pĕrpikĕri.

minutiae[mi'niushii] *npl* imtĕsira, hollĕsira.

minx[minks] *n* vajzĕ e pacipĕ, vajzĕ e hedhur.

miracle ['mirĕkĕl] *n* mrekulli; çudi; **by a miracle by some miracle** çuditĕrisht, si pĕr mrekulli; **work miracles** bĕj çudira; **a miracle of patience** njĕ shembull durimi.

miraculous[më'rækjëlës] *adj* i mbinatyrshëm. 2. çudibërës.3.i mrekullueshëm.

mirage[më'ra:zh] *n* 1.vegim, mirazh.2.*fig* iluzion.

mire['maië:] *v,n* -*v* 1.ngec në baltë.2.fëlliq, ndot me baltë.3.ngec, bllokohem.4.*fig* fus në batak.. -*n* 1.baltë, llucë.2.batak; moçal.

mirk[më:k] shih **murk.**

mirror ['mirë:] *n,v* -*n* 1.pasqyrë. 2.*fig* shembull model. -*v* 1.pasqyroj (edhe fig).

mirth[më:th] *n* gaz, të qeshura.

mirthful['më:thful] *adj* i qeshur, gazmor; i gëzuar.

mirthless['më:thlis] *n* i trishtuar, i zymtë.

miry['mairi] *adj* 1.me baltë, baltak.2.i pistë, i ndotur.

mis-[mis] *pref* 1.keq-.2.mos.

misadventure[misëd'vençë:] *n* 1.fatkeqësi; aksident.2.fat i keq.

misanthrope['misënthroup] *n* mizantrop.

misanthropist[mis'ænthrëpist] *n* mizantrop.

misapplication[misæplë'keishën] *n* keqpërdorim; keqzbatim.

misapply[misë'plai] *vt* keqpërdor; keqzbatoj.

misapprehend[misæpri'hend] *vt* keqkuptoj.

misapprehension [misæpri'henshën] *n* keqkuptim; moskuptim. + **be under a misapprehension** gabohem.

misappropriate [misë'prouprieit] *vt* përvetësoj shpërdoroj.

misappropriation[misëproupri'eishën] *n* 1.shpërdorim, përvetësim.2.keqpërdorim.

misbecome[misbi'kʌm] *vi* nuk shkon; nuk përshtatet.

misbegotten[misbi'gotën] *adj* 1.i jashtëligjshëm, bastard(fëmijë).2.i dobët, i mjerueshëm(projekt).

misbehave[misbi'heiv] *vi* sillem keq.

misbehavio(u)r[misbi'heivië:] *n* sjellje e keqe.

misbelief[misbi'li:f] *n* besim i gabuar.

misc shkurtim për **miscellaneous.**

miscalculate [mis'kælkjëleit] *v* llogaris keq, i bëj llogaritë gabim.

miscalculation [miskælkju'leishën] *n* llogaritje e gabuar.

miscarriage[mis'kærixh] *n* 1.dështim.2.*mjek* dështim, abort.3.mosmbërritje(e një letre).

miscarriage of justice *n drejt* gabim gjyqësor.

miscarry[mis'kæri] *vi* 1.dështon (plani). 2.*mjek* dështon(gruaja).3.nuk mbërrin(letra).

miscellaneous[misë'leiniës] *adj* 1.i përzier, i llojllojshëm (koleksion).2.të ndryshme(sende).3.i shumanshëm(shkrimtar etj).

miscellany[misë'leini] *n* 1.koleksion.2.përmbledhje, antologji.

mischance[mis'çæns] *n* fat i keq, shans i keq; by **some mischance** për fat të keq.

mischief['misçif] *n* 1.dinakëri, dhelpëri.2.çapkënë-

ri, shejtani.3.ligësi, keqdashje.4.dëm; lëndim.5.çapkën, trazovaç, mistrec. +**get into mischief** sajoj një ngatërresë; **full of mischief** çapkën, çamarrok; **do oneself a mischief** i bëj keq vetes.

mischief-maker['misçif'meikë:] *n* ngatërrestar.

mischief-making['misçif'meiking] *n,adj* -*n* futje në ngatërresa, shqetësim. - *adj* ngatërrestar.

mischiveous['misçëvës] *adj* 1.shejtan, qerrata; dinak, i djallëzuar.2.mistrec, i prapë(kalama); ngacmues, dhelparak(vështrim).3.i dëmshëm, dëmtues; mischiveous rumors ligësi, dashaligësi.

misconceive[miskën'si:v] *v* kuptoj keq, keqkuptoj.

misconception [miskën'sepshën] *n* ide e gabuar; kuptim i shtrembër.

misconduct[*n* mis'kondʌkt; *v* miskën'dʌkt] *n,v* -*n* 1.sjellje e keqe.2. *drejt* shkelje kurore. 3.drejtim i keq(i punëve). -*vi* 1.sillem keq.2.drejtoj keq(punët).

misconstruction['miskën'strʌkshën] *n* keqinterpretim.

misconstrue[miskën'stru:] *vt* keqinterpretoj.

miscount[mis'kaunt] *vt,n* -*vt* llogaris gabim. -*n* llogaritje e gabuar.

miscreant[mis'kriënt] *adj,n* -*adj* 1.i poshtër; i zvetënuar.2.*vjet* jobesimtar; heretik. -*n* 1.zuzar, kopuk, maskara.2.*vjet* heretik.

miscue[mis'kju:] *n,v* -*n* 1.gjuajtje e dobët (në bilardo).2.*gj.fol* gabim. -*v* 1.bëj një gjuajtje të gabuar.2.*teat* ndërhyj gabim.

misdate[mis'deit] *vt* i vë datën gabim, datoj gabim.

misdeal[mis'di:l] *vt,n* -*vt* ndaj gabim(letrat e lojës). -*n* ndarje e gabuar(e letrave).

misdeed[mis'di:d] *n* keqbërje; prapësi; krim.

misdemean[misdi'mi:n] *vi* sillem keq.

misdemeano(u)r[misdi'mi:në:] *n* 1.keqbërje, prapësi. 2.*drejt* kundërvajtje.

misdirect[misdë'rekt] *vt* 1.drejtoj keq; keqorientoj. 2.adresoj gabim(një letër).

misdirection[misdë'rekshën] *n* 1.keqorientim. 2. drejtim i gabuar; adresë e gabuar.

misdo[mis'du:] *vi* e bëj keq, e bëj gabim.

misemploy['misëm'ploi] *vt* keqpërdor.

miser['maizë:] koprac, kurnac.

miserable['mizërëbël] *adj* 1.i mjerë; fatkeq.2. i varfër, i mjerueshëm.3.për të ardhur keq; i turpshëm.

miserly['maizë:li] *adj* dorështrënguar, kurnac, koprac.

misery['mizëri] *n* 1.mjerim, varfëri.2.trishtim; vuajtje,dhimbje.3.fatkeqësi.4.*gj.fol* njeri i bezdisshëm; njeri i mbaruar. + **make sb's life a misery** ia bëj jetën ferr dikujt, ia nxij jetën.

misfeasance[mis'fi:zëns] *n drejt* keqzbatim, kequshtrim; shpërdorim posti.

misfire[mis'faië:] *vi,n* -*vi* 1.nuk shkrep(arma).2. dështon(plani).3.nuk ka sukses, nuk ndez(shakaja).

4.bën zhurmë, kollitet(motori).
-n mosshkrepje(e armës).
misfit[mis'fit] *n,vi* -n 1.mospërshtatje.2.njeri që nuk përshtatet.
-*vi* nuk përshtatet, nuk ujdis.
misfortune[mis'fo:çën] *n* 1.fat i keq.2.fatkeqësi.
misgive[mis'giv] *v* krijoj mosbesim/ndruajtje.
misgiving[mis'giving] *n* mosbesim; dyshim;ndruajtje.
misgovern[mis'gʌvë:n] *vt* keqqeveris, keqadministroj.
misgovernment[mis'gʌvë:nmënt] *n* keqqeverisje; keqadministrim.
misguide[mis'gaid] *vt* drejtoj gabim, çoj në rrugë të gabuar.
misguided[mis'gaidid] *adj* i shkujdesur; pa mend; i gabuar.
mishandle [mis'hændël] *vt* 1.përdor pa kujdes. 2. trajtoj pa kujdes.3.keqadministroj, drejtoj keq.
mishap['mishæp, mis'hæp] *n* incident, bela.
mishear[mis'hië:] *vt* (**misheard**) keqkuptoj, dëgjoj shtrembër.
mishmash['mishmæsh] *n* mishmash, çorbë.
misinform[misin'fo:m] *vt* keqinformoj.
misinformation ['misinfo:'meishën] *n* keqinformim.
misinterpret['misin'të:prit] *vt* keqinterpretoj, keqkuptoj.
misinterpretation['misintë:pri'teishën] *n* keqinterpretim, keqkuptim.
misjudge[mis'xhʌxh] *vt* gjykoj shtrembër; vlerësoj gabim.
misjudg(e)ment [mis'xhʌxhmënt] *n* 1.gjykim i keq, gabim gjyqësor.2.gjykim/vlerësim i gabuar.
mislay[mis'lei] *vt* (**mislaid**) nuk gjej dot(diçka që e kam lënë diku).
mislead[mis'li:d] *vt* (**misled**) çorientoj; fus në rrugë të gabuar; mashtroj.
misleading[mis'li:ding] *adj* çorientues, që të gabon; mashtrues.
mismanage[mis'mænixh] *vt* keqadministroj, drejtoj keq.
mismanagement[mis'mænixhmënt] *n* keqadministrim, drejtim i keq.
mismatch[v mis'mæç; *n* 'mismæç] *v* nuk shkojnë, nuk ujdisin.
-*n* mosujdisje, diçka që nuk shkon.
misnomer[mis'noumë:] *n* 1.emër/term i gabuar.2. gabim emërtimi(në një dokument).
misplace[mis'pleis] *vt* 1.vë gabim. 2.s'di ku e vë (diçka).3.çoj dëm(dashurinë, besimin).
misplay[mis'plei] *n,v* -n interpretim i gabuar(i rolit).
-*vi* interpretoj gabim.
misprint[mis'print] *v,n* -*v* shtyp gabim.
-*n* gabim shtypi.

misprize[mis'prize] *vt* nënçmoj, nënvleftësoj.
mispronounce['misprë'nauns] *vt* shqiptoj gabim, shqiptoj keq.
mispronounciation['misprënʌn'sieishën] *n* keqshqiptim.
misquotation['miskwou'teishën] *n* citim i gabuar.
misquote[mis'kwout] *vt* citoj gabim.
misread[mis'ri:d] *vt* (**misread**) 1.lexoj keq. 2. keqkuptoj, keqinterpretoj, kuptoj shtrembër.
misrepresent['misrepri'zent] *vt* paraqes ndryshe, krijoj një përshtypje të gabuar(te të tjerët).
misrule[mis'ru:l] *n,v* -n 1.keqqeverisje.2.çrregullim.
-*v* qeveris keq.
miss I[mis] *v,n* -v 1.dal bosh, nuk qëlloj në shenjë. 2.më ikën, më shpëton, nuk e kap(trenin, lajmin etj).3.humbas, e lë të më shpëtojë(rasti).4.i shpëtoj(goditjes).5.ndiej/vë re mungesën e(çelësave etj).6.më merr malli, ndiej mungesën e(dikujt).7. nuk punon, nuk ndez(motori). +**miss out** kapërcej, lë jashtë; **miss out** on humbas, lë të më shpëtojë; **be missing out on life** nuk e shijoj jetën si duhet.
-*n* 1.mosgoditje në shenjë.2.moskapje, mosarritje.+ **it was a near miss** më shpëtoi për një qime; **give sth a miss** e lë të kalojë diçka, nuk ia vë veshin.
miss II [mis] *n* 1.vajzë e re, zonjushë. 2.**Miss** Zonjushë. +**Miss World 1995** Mis Bota 1995.
missal['misël] *n* meshar, libër lutjesh.
missay[mis'sei] *v* (**missaid**) *vjet* 1.flas keq për, përgojoj.2.flas gabim; them gabim.
misshape[mis'sheip] *vt* shformoj, deformoj; e bëj keq.
misshapen[mis'sheipën] *adj* i shformuar, i deformuar; i shtrembër.
missile['misail, 'misël] *n* 1.predhë; shigjetë; plumb. 2.raketë.
missing['mising] *adj* i humbur; që mungon; **missing person** person i zhdukur.
mission['mishën] *n* 1.mision, detyrë; **on a mission to sb** me mision pranë dikujt.2.*dip, fet* mision, përfaqësi(diplomatike etj).
missionary['mishëneri] *n fet* misionar; **missionary zeal** zell prej misionari.
mission furniture *n* mobilje të rënda, të thjeshta.
missis['misëz] *n* shih **missus**.
missish['misish] *adj knd* tepër i kujdesshëm, prej zonjusheje(qëndrim).
Mississipi['misi'sipi] *n gjeog* Misisipi.
missive['misiv] *n* mesazh i shkruar, letër.
Missouri[mi'zuëri] *n gjeog* Misuri.
misspell [mis'spel] *vt* gaboj drejtshkrimin (e një fjale)
misspend [mis'spend] *vt* prish / shpenzoj kot; **a misspent youth** rini e çuar dëm.
misstate[mis'steit] *vt* paraqes shtrembër.
misstatement[mis'steitmënt] *n* deklaratë /pohim i

gabuar.

misstep[mis'step, 'misstep] *n* 1. hap i gabuar.2.gabim; gjykim i gabuar.

missus ['misëz] *n gj.fol* grua; **ask the missus about that** pyesni gruan për këtë.

missy['misi] *n gj.fol* zonjushëz.

mist[mist] *n,v* -*n* 1.mjegull. 2.*fig* perde, mjegull, errësirë; **lost in the mist of time** i humbur në errësirën e kohërave.3.perde (lotësh).

-*vi* 1.mjegullon, zë, errëson(pamjen).2.(**over, up**) mjegullohet, vishet(xhami).3.*fig* mjegullohet.

mistakable[mis'teikëbël] *adj* i keqkuptueshëm.

mistake[mis'teik] *n,v* -*n* 1.gabim. 2.keqkuptim; **make a mistake** bëj një gabim; **my mistake!** është faji im; **by mistake** gabimisht; **in mistake for** duke e ngatërruar me; **and no mistake** me siguri; pa pikë dyshimi: **she is pretty and no mistake** ajo është e bukur, ç'i do fjalët; **make no mistake about it** rri i qetë, mos e vrit mendjen.

-*v* (**mistook; mistaken**) 1.keqkuptoj, e marr gabim (një vërejtje).2.gaboj, ngatërroj(rrugën); gabohem (për kohën); marr tjetër për tjetër(një person); **mistake Jim for John** e marr Xhimin për Xhonin; **if I'm not mistaken** nëse s'gaboj.

mistaken[mis'teikën] *adj* 1.i gabuar. 2.i zhgënjyer (në lidhje me dikë).

mistaken identity *n* ngatërrim personi.

mistakenly[mis'teikënli] *adv* gabimisht.

mister['mistë:] *n* 1.zoti ...2.zotëri; **Hey, mister!** Zotëri!3.*gj.fol* burrë, bashkëshort; **how is your mister today?** si duket sot yt shoq?

mistime[mis'taim] *v* gaboj në kohë.

mistletoe['misël'tou] *n bot* veshtull.

mistook[mis'tuk] *pt* e **mistake**.

mistral ['mistrël, mis'tra:l] *n* erë e ftohtë veriu, murlan.

mistranslate[mis'trænsleit] *vt* përkthej gabim.

mistranslation[mistræns'leishën] *n* përkthim i gabuar.

mistreat[mis'tri:t] *vt* keqtrajtoj.

mistreatment[mis'tri:tmënt] *n* keqtrajtim.

mistress['mistris] *n* 1.zonjë, padrone(për shërbyesit).2.e zonja(e qenit etj).3.mjeshtre.4.dashnore, metresë.5.*vjet* e dashur.6.mësuese; instruktore.7.*vjet* Zonjë (zëvendësuar nga **Mrs**['misëz]).

mistrial [mis'trajël] *n drejt* gjykim i pavlefshëm; gjykim i papërfunduar.

mistrust[mis'trʌst] *v,n* -*v* s'i zë besë, nuk i besoj; dyshoj në(forcat e mia etj).

-*n* mungesë besimi; mosbesim.

mistrustful[mis'trʌstful] *adj* mosbesues; dyshues.

misty['misti] *adj* 1.i mjegulluar; me mjegull(ajër). 2. i turbullt, mjegullor(objekt).3.*fig* i mjegullt, i vagëlluar, i errët(mendim).

misunderstand ['misʌndë:'stænd] *v* (**misunderstood**) keqkuptoj, marr vesh gabim.

misunderstanding['misʌndë:'stænding] *n* 1.keqkuptim; kuptim i gabuar.2.mosmarrëveshje.

misunderstood['misʌndë:'stu:d] *adj* i pakuptuar, i vlerësuar gabim(fëmija nga prindët).

misusage [mis'ju:zixh] *n* 1. përdorim i gabuar. 2. keqtrajtim, trajtim i ashpër.

misuse[mis'ju:z] *v,n* -*vt* 1.përdor gabim. 2.shpërdoroj; keqpërdor.

mite[mait] *n,adv* -*n* 1.*zool* morr bimësh.2.grimë. 3.çilimi, vocërrak.4.kacidhe, qindarka.

-*adv gj.fol* paksa, një çikëz.

mitigate['mitëgeit] *v* 1.zbus,lehtësoj.2.zbutet, lehtësohet.

mitigating['mitëgeiting] *adj* zbutës, lehtësues; **mitigating circumstances** rrethana lehtësuese.

mitigation['mitë'geishën] *n* zbutje, lehtësim.

mitigative['mitë'geitiv] *adj* zbutës, lehtësues.

mitre, *amer* **miter**['maitë:] *n* 1. mitër, kësulë klerikësh.2.*tek* kllapë 45-gradëshe.

mitt[mit] *n* 1.dorashkë pa gishta.2.dorashkë sportive(në beisboll).3.*zhrg* dorë.

mitten['mitën] *n* dorashkë pa gishta.

mix [miks] *v,n* -*vl* 1.përziej.2.përzihem; pleksem me; **mix with all sorts of people** pleksem me llojlloj njerëzish; **they just don't mix** thjesht nuk shkojnë bashkë.3.përzihen(dy lëngje).4.(**up**) ngatërroj; **get the facts mixed** ngatërroj faktet; **don't mix me up, I'm counting** mos më ngatërro, se po bëj llogaritë. + **mix in** përfshij, fus; **mix up** a)përgatis (një koktej, ilaç); b)ngatërroj, bëj lëmsh; c)(**with**) ngatërroj me, e marr për(dikë a diçka tjetër);d)(**in**) fus, ngatërroj(në një punë të keqe): **get oneself mixed up with some shady characters** pleksem me ca tipa të dyshimtë.

-*n* 1.përzierje.2.*gj.fol* ngatërresë, lëmsh.3.produkt ushqimor gjysmë i gatshëm(për tortë etj).4.pije freskuese për përzierje(me pije alkoolike).5.shtresë, klasë(shoqërore).

mixed[mikst] *adj* i përzier; **mixed company** shoqëri e përzier; **mixed weather** kohë e paqëndrueshme; **it's a mixed blessing** është një gjë e mirë me një të keqe nga pas; **it's a mixed bag** njerëz/sende lloj-llojësh.

mixed doubles *n sport* ndeshje me çifte të përziera (në tenis).

mixed farm *n* fermë bujqësore-blegtorale.

mixed metaphor *n let* metaforë që nuk qëndron.

mixed number *n mat* thyesë e përzier.

mixed train *n* tren mallrash dhe udhëtarësh.

mixer ['miksë:] *n* 1.mikser, makinë për rrahje vezësh etj. 2.betonierë.3.njeri i shoqërueshëm.4.pije freskuese(që u hidhet pijeve alkoolike).

mixer tap *n* robinet përzierës (uji të ftohtë e të ngrohtë).

mixing bowl *n* tas i madh.

mixture ['miksçë:] *n* 1.përzierje.2.*mjek* përgatesë

preparat.

mix-up['miks'ʌp] *n gj.fol* 1.rrëmujë, lëmsh.2.për-leshje.

mizzen(mast)['mizën('mæst)] *n* direk i dytë.

mm shkurtim për **millimetre** mm, milimetër.

MM., **MM** *pl* zotërinj.

Mme shkurtim për **Madame**.

mnemonic [ni'monik] *adj,n* -*adj* i kujtesës; që ndihmon kujtesën.

-*n* mjet që ndihmon kujtesën.

moan[moun] *n,v* -*n* 1.rënkim, ofshamë.2.ulëri-më (e erës), uturimë.3.ankim; qaravitje.

-*vi* 1.rënkoj, ofshaj.2.qaj, vajtoj(humbjen e një të afërmi).3.ulërin, uturin.4.qahem, ankohem.

moat[mout] *n* hendek i thellë(që rrethon një kala).

mob[mob] *n,v* -*n* 1.turmë, grumbull njerëzish.2. turmë e irrituar.3.*zhrg* bandë keqbërësish.4.**the mob** mileti, populli i thjeshtë, turma.

-*vi* 1.mblidhen, grumbullohen.2.turret, sulmon (turma).

mobcap['mobkæp] *n* kësulë amvise.

mobile['moubail, 'moubël, 'moubi:l] *adj* 1.i lëviz-shëm; lëvizës; **are you mobile today?** ke ndonjë mjet për të lëvizur sot? **applicants must be mobile** kandidatët duhet të jenë të gatshëm për të udhëtuar. 2.i ndryshueshëm.

mobile home *n* shtëpi mbi rrota, shtëpi-autobus.

mobile library *n* bibliotekë lëvizëse, bibliobus.

mobile shop *n* tregtar shetitës.

mobile unit *n* repart i ndërhyrjes së shpejtë.

mobility[mou'bilëti] *n* 1.lëvizshmëri.2.gatishmëri për të udhëtuar.

mobilization['moubilë'zeishën, 'moubilai'zeishën] *n* mobilizim.

mobilize['moubëlaiz] *v* 1.*usht* mobilizoj; përgatis për luftë.2.mobilizoj, vë në lëvizje.3.mobilizohem.

mobster['mobstë:] *n zhrg* gangster, kriminel.

moccasin['mokësën] *n* mokasine.

moccasin telegraph *n* 1. dërgim mesazhesh me korier(indian).2.*gj.fol* vesh më vesh.

mocha['moukë] *n* 1.kafe moka.2.lëkurë qingji(për doreza).3.ngjyrë kafe e errët.

mock[mok] *v,n* -*v* 1.tall, qesëndis; përqesh.2.imi-toj.3.s'ia var, injoroj.4.zhgënjej. + **mock at** vë në lojë (dikë).

-*n* 1.tallje, qesëndisje; përqeshje.2.objekt talljeje. 3.*attr* i rremë, surrogat; i simuluar, gjoja; **mock bat-tle** beteje e simuluar. +**make mock of sb** qesëndis.

mockery['mokëri] *n* 1.tallje, përqeshje.2.objekt tall-jeje.3.kopje e keqe, imitim i dobët.4.marrje nëpër këmbë.+ **make mockery of** qesëndis.

mocking[moking] *adj* tallës, përqeshës.

mock sun *n astr* diell i rremë.

mock-up['mok'ʌp] *n* maket.

modal['moudël] *adj,n* -*adj gram* modal,mënyror.

modality[mou'dælëti] *n* 1.*gram* modalitet.2.mëny-rë, metodë.

mode I[moud] *n* 1.mënyrë.2.*gram* mënyrë.3.mjet (transporti).

mode II[moud] *n* modë(të veshuri)

model['moudël] *n, v* -*n* 1. model, maket. 2.tip,mo-del (veture etj). 4. shembull, model. 5. fotomodel. 6. manekin.7.*attr* shembull, model.

-*v* 1.formoj, modeloj.2.bëj sipas një modeli; **model oneself on sb** marr dikë si shembull. 3.pozoj, shër-bej si fotomodel.4.shërbej si manekin.

modelling['moudëling] *n* modelim.

moderate[*adj,n*'modërit;*v*'modër'eit] *adj* 1.i matur, i përkorë.2.e butë(klimë).3.mesatare(të ardhura). 4. i arsyeshëm(çmim, kërkesë). 5.e dobët, modeste (ci-lësi).6.mesatar, jo i lartë(fitim).

-*n pol* i moderuar.

-*v* 1.zbus.2.zbutet(klima etj).3.pajtoj, zbus gjakrat.

moderately['modërëtli] *adv* jo fort; pak a shumë; njëfarësoj.

moderation['modër'eishën] *n* 1.përkorë, përmbaj-tje.

2.zbutje(e klimës etj).3.butësi; mungesë dhune. + **in moderation** me masë, me karar(pi).

moderator [modë'reitë:] *n* 1.kryesues, kryetar (i mbledhjes, komisionit të provimit etj).2.ndërmjetës, ndërmjetësues.3.*fiz* material ngadalësues(i reaksio-nit bërthamor).

modern['modë:n] *adj,n* -*adj* modern; i kohës, bashkëkohor; **all modern conveniences** të gjitha komoditetet.

-*n* 1.njeri i kohës.2. autor modern.

modernism['modë:nizëm] *n* modernizëm.

modernist['modë:nist] *n* 1.modernist. 2.njeri mo-dern, njeri i kohës.

modernistic['modë:'nistik] *adj* modernist; modern.

modernity[më'dë:nëti] *n* karakter modern.

modernization['modë:në'zeishën] *n* modernizim; rinovim.

modernize['modë:naiz] *v* 1. modernizoj.2.moder-nizohem.

modern languages *n* gjuhët moderne.

modest['modist] *adj* 1.modest, i thjeshtë; me cipë, kokulur.2.i pakët, i ulët, i arsyeshëm(çmim etj). 3. i përmbajtur, i përkorë, pa teprime.

modestly ['modistli] *adv* modest; thjesht, pa teprime.

modesty['modisti] *n* modesti, thjeshtësi, krye ultësi + **in all modesty** me thjeshtësinë më të madhe.

modicum['modëkëm] *n* sasi e vogël; **a modicum of** një minimum.

modification[modëfë'keishën] *n* modifikim, ndry-shim.2.ulje, pakësim.

modifier['modëfajë:] *n gram* cilësor; përcaktor.

modify['modëfai] *vt* 1.modifikoj, i bëj ndryshime. 2.zbus; ul, pakësoj(kërkesat etj).3.*gram* cilëson; për-cakton.

modish['moudish] *adj* i modës; elegant.

modiste[mou'di:st] *n* rrobaqepës/kapelabërës për gra; tregtar veshjesh për gra.

modulate['modjuleit] *vt* 1. rregulloj; ul(zërin).2.*el* moduloj, përndryshoj (valët e radios).

modulation['modju'leishën] *n* 1.rregullim, ulje(e zërit).2.*el* modulim, përndryshim(i frekuencës etj).

module['modju:l] *n* 1.njësi matëse.2. *ark,tek* modul.

modulus['modjëlës] *n mat* vlerë absolutë, modul.

modus operandi['moudësopër'ændi] *lat* metodë, mënyrë të vepruari, mënyrë pune.

modus vivendi['moudësvi'vendi] *lat* 1.mënyrë të jetuari.2.ujdi, marrëveshje e përkohshme.

mogul I['mougʌl, mou'gal] *n* 1.*hist* mongol; perandor mongol.2.manjat(financiar).

mogul II['mougël] *n* pirg bore.

mohair['mouheë:] *n* lesh angora.

Mohammed[mou'hæmid] *n* Muhameti.

Mohammedan [mou'hæmëdën] *adj,n* muhamedan, musliman.

Mohammedanism[mou'hæmidënizëm] *n* muslimanizëm, isalmizëm.

Mohawk ['mouhok] *adj,n* mohok(indian i Kanadasë).

Mohican [mou'hi:kën] *adj,n* mohikan (indian i SHBA-së).

moiety['mojëti] *n* 1.gjysmë.2.një pjesë.

moil[moil] *v,n* -*vi* punoj rëndë, rropatem. -*n* 1.punë e rëndë, rropatje.2.shqetësim; rrëmujë.

moist[moist] *adj* 1. i lagët; i lagësht.2.me lagështi.3.i përlotur.

moisten['moisën] *v* 1.njom, lag.2.njomet, laget.3. përlotem.

moisture['moisçë:] *n* lagështi, lagështirë.

molar['moulë:] *n,adj* -*n* dhëmballë. -*adj* bluajtës.

molasses[më'læsiz] *n* melasë.

mold[mould] shih **mould**.

Moldavia[mʌl'deivië] *n gjeog* Moldavi.

mole I[moul] *n zool* urith.

mole II[moul] *n* nishan; qukë.

mole III[moul] *n* 1.pendë, sfrat.2.*det* mol, skelë.

mole IV[moul] *n kim,fiz* mol.

molecular[më'lekjulë:] *adj* molekular.

molecule['molëkju:l] *n* 1.molekulë. 2.*gj.fol* grimë.

molehill['moulhil] *n* pirg dheu(nga milingonat). + **make a mountain out of a molehill** e bëj mizën buall.

moleskin['moulskin] *n* 1.lëkurë urithi.2.*teks* lëkurë djalli; *pl* rroba prej lëkurë djalli.

molest[më'lest] *vt* 1.ngacmoj, ngas; bezdis.2.i bie në qafë(një femre).

molestation['moules'teishën] *n* ngacmim; rënie në qafë.

moll[mol] *n zhrg* 1.partnere e një krimineli.2.pros-

titutë.

mollification['moulifi'keishën] *n* zbutje, qetësim .

mollify['molifai] *vt* zbus, qetësoj.

mollusc, mollusk['molësk] *n zool* butak, molusk.

molly-coddle['molikodl] *v,n* -*vt* llastoj, përkëdhel. -*n* kanakar, i përkëdhelur.

Molotov cocktail *n* shishe me benzinë.

molten['moultën] *adj* i shkrirë(metal, shkëmb).

molybdenum[më'libdënëm] *n kim* molibden.

mom[mom, mʌm] *n gj.fol* nënë; mama.

moment['moumënt] *n* 1.çast, moment; minutë; **in a moment** në çast; (**at**) **any moment, any moment now** nga një çast në tjetrin; **for the moment** tani për tani, hë për hë; **in a moment** në çast; ja, tani; **one moment!, wait a moment!** një minutë!, prit pak! it won't take a moment është punë minute; **I shan't be a moment** nuk vonohem, erdha.2.rëndësi; **a matter of moment** çështje me rëndësi.3.*fiz* moment. + **moment of truth** çast vendimtar.

momenta[mou'mentë] *n pl* i **momentum**.

momentarily['moumën'terëli] *adv* 1.për një çast, një hop.2.nga çasti në çast; nga një çast në tjetrin.

momentary['moumën'teri] *adj* i çastit; i menjëhershëm; i shkurtër, kalimtar.

momently['moumëntli] *adv* 1.çdo çast, minutë për minutë.2.për një çast.

momentous[moku'mentës] *adj* shumë i rëndësishëm, madhor(problem, vendim).

momentum[mou'mentëm] *n pl* -**tum**, -**ta** 1.*fiz* moment.2.*fig* vrull; shpejtësi. + **gather/gain momentum** a)*fiz* fiton shpejtësi; b)*fig* fiton terren.

Momus['moumës] *n* 1.*mit* perëndia e shpotisë.2. kritizer.

Mon. shkurtim për **Monday**.

monad['monæd, 'mounæd] *n* 1.*fil* monadë.2.*kim* atom/radikal njëvalent.3.*biol* njëqelizor.4.njësi.

monadnock[më'nædnok] *n* shkëmb i vetmuar.

monarch['monë:k] *n* monark, sovran.

monarchal[më'na:kël] *adj* mbretëror.

monarchic(al)[më'na:kik(ël)] *adj* monarkik.

monarchism['monë:kizëm] *n* monarkizëm.

monarchist['monë:kist] *adj,n* monarkist.

monarchy['monë:ki] *n* monarki; mbretëri.

monastery['monësteri] *n* manastir.

monastic[më'næstik] *adj,n* -*adj* 1.manastiri, i manastirit.2.prej murgu; **monastic life** jetë murgu.

Monday['mʌndi, 'mʌndei] *n* e hënë; **on Monday** të hënën; **every other Monday** të hënë, një herë në dy javë; **next Monday** të hënën tjetër(në të ardhmen); **the Monday before** të hënën e kaluar; **the following Monday** të hënën tjetër(në të kaluarën); **Monday morning** të hënën në mëngjes; **the Monday film** filmi i së hënës; **have a Monday appointment** kam një takim të hënën.

monetary['monëteri, 'mʌnitëri]*adj* 1.monetar; **monetary unit** monedhë, para (e një vendi).2.në para;

a monetary reward shpërblim në të holla.

money['mʌni] *n* 1.para; të holla; pasuri; **paper money** pare letër, kartëmonedhë; **I've got no money left** s'më ka mbetur asnjë grosh; **earn good money** fitoj mirë; **I'm not made of money** nuk notoj në para; **there's money in it** ka para ajo punë. + **be in the money** notoj në para; **for my money** *gj. fol* për mua, për mendimin tim; **get one's money's worth** i prish paratë me vend, nuk e hedh paren kot; **it's money for jam/old rope** janë para të fituara pa mundim; **make money** fitoj, bëj para; vë pasuri; **that's the one for my money!** për këtë jam gati të vë bast.

moneybags['mʌni'bægz] *n zhrg* pasanik.

moneybox['mʌniboks] *n* kuti kursimi, kumbara.

moneychanger['mʌni'çeinxhë:] *n* shkëmbyes parash, kambist.

moneyed['mʌnid] *adj* që ka para;, i kamur; paralli.

moneylender['mʌni'lendë:] *n* huadhënës; fajdexhi.

money-maker['mʌni'meikë:] *n* 1.person që fiton mirë.2.punë me leverdi; produkt fitimprurës.

money-making['mʌni'meiking] *n,adj -n* vënie parash, fitim parash.
-adj 1.fitimprurës.2.që nxjerr para(person).

money market *n* treg monetar.

money order *n* mandat-pagesë, mandapostë.

money-spinner *n gj.fol* minierë ari.

money supply *n fin* rezervë e parasë, masë monetare.

-monger['mʌngë:,'mongë:] *suff* 1.-shitës; **fishmonger** shitës peshku. 2.-përhapës, -tjerrës; **scandalmonger** përhapës skandalesh.

Mongol['mongël, 'mongol, 'mongoul] *n,adj -n* 1. mongol.2.mongolisht.3.aziatik.
-adj 1.mongol.2.aziatik.

Mongolian[mon'gouliën] *n,adj -n* 1.mongol.2. mongolisht.3.mongoloid.
-adj mongol.

Mongolic [mon'golik] *n* 1.mongolisht.2.mongoloid.

mongolism['mongëlizëm] *n mjek* mongolizëm.

Mongoloid['mongël'oid] *adj,n* 1.aziatik, mongoloid.2.*mjek* mongoloid.

mongoose['mongu:s] *n zool* mangustë.

mongrel ['mongrël, 'mʌngrël] *adj,n* bastard; qen bastard.

moniker, monicker['monikë:] *n gj.fol* 1.emër.2. nënshkrim, firmë.3.iniciale; shenjë identifikuese.

monism['monizëm, 'mounizm] *n* monizëm.

monist['monist] *n* monist.

monition [mou'nishën] *n* 1. paralajmërim, shenjë rreziku.2.këshillim.

monitor['monitë:] *n,v -n* 1.përgjegjës grupi, kujdestar klase. 2.*tv,rad* monitor.3.vëzhgues (transmetimi).
-vt 1.*rad, tv* vëzhgoj (emisionin). 2.*fiz* mas rreza-

timin.3.jam kujdestar(i klasës).

monitory['monë'tori] *adj,n -adj* paralajmërues; këshillues; qortues.

monk[mʌnk] *n* murg.

monkey['mʌnki] *n,v -n* 1.majmun.2.*gj.fol* çamarrok, majmun, shejtan.
-v gj.fol ngacmoj, luaj me.

monkey bars *n sport* shkallë suedeze.

monkey business *n gj.fol* 1.shejtanllëqe.2.punë e fëlliqur, batakçillëk.

monkey jacket *n* xhaketë e ngushtë detarësh.

monkey nut *n* kikirik.

monkeyshines['mʌnki'shainz] *npl gj.fol* shejtanllëqe; rrengje.

monkey wrench *n tek* çelës anglez.

monkish['mʌnkish] *adj* prej majmuni

mono-['mounou] *pref* një-, mono-.

monochord['monëko:d] *adj* 1.*muz* harmoni.2.marrëveshje, harmoni.

monochromatic ['monëkrou'mætik] *adj* njëngjyrësh, monokromatik.

monochrome ['monëkroum] *n* pikturë njëngjyrëshe.

monocle['monëkël] *n* monokël, syze teke.

monogamy[më'nogëmi] *n* monogami.

monogram['monëgræm] *n* monogram.

monograph['monëgræf] *n,v -n* monografi.
-v shkruaj monografi.

monolingual['monë'lingwël] *adj* njëgjuhësh; në një gjuhë(bisedë); që flet vetëm një gjuhë.

monolith['monëlith] *n* 1.bllok guri.2.monument, statujë njëcopëshe.3.organizatë solide.

monolithic[monë'lithik] *adj* 1.njëcopësh, njëbllokësh.2.monolite(organizatë).

monologue['monëlog] *n let,teat* monolog.

monoplane ['monëplein] *n* aeroplan me një palë krahë, monoplan.

monopolist[më'nopëlist] *n* monopolist.

monopolize[më'nopëlaiz] *vt* 1.monopolizoj.2.*fig* përqendroj në duart e mia, okupoj tërësisht.

monopoly[më'nopëli] *n* 1.monopol.2.*fig* zotërim tërësor.

monorail['monëreil] *n* hekurudhë me një shinë.

monosyllable['monë'silëbël] *n* fjalë njërrokëshe.

monotheism['monë'thiizm] *n* monoteizëm.

monotone ['monëtoun] *n* monotoni; **in a monotone** me zë monoton.

monotonous [më'notënës] *adj* 1.monoton, i njëtrajtshëm, i zvargët(zë).2.*fig* monoton, i mërzitshëm.

monotony[më'notëni] *n* monotoni, njëtrajtshmëri; palarmishmëri.

monotype['monëtaip] *n,v polig -n* monotip.
-v radhis me monotip.

monovalent['monë'vælënt] *adj kim* njëvalent.

monoxide[mon'oksaid, -'oksid] *n kim* njëoksid.

monsoon[mon'su:n] *n meteor* muson.
monster['monstë:] *n,adj* *-n* 1.përbindësh.2. kolos.
-adj vigan, gjigant, i stërmadh.
monstrosity [mon'strosëti] *n* 1.përbindësh.2.përçudnim, shëmti, llahtari.
monstrous['monstrës] *adj,adv* *-adj* 1.i stërmadh, përbindshor. 2.i përçudnuar. 3.tmerrrues, i llahtarshëm, i përbindshëm.
-adv gj.fol tepër; jashtëzakonisht, tmerrësisht.
montage[mon'ta:zh] *n* montazh.
Montenegrin ['monti'ni:grin] *adj,n* malazias, malazez.
Montenegro['monti'nigrou] *n gjeog* Mali i Zi.
month[mʌnth] *n* muaj; **in the month of July** në muajin korrik; **300 dollars a month** 300 dollarë në muaj; **which day of the month is it?** me sa jemi sot?, sa është data sot? **every month** çdo muaj, muaj për muaj.
monthly['mʌnthli] *adj,adv,n* *-adj* 1.mujor, i muajit.2.i përmuajshëm.
-adv 1.një herë në muaj.2.çdo muaj.
-n revistë e përmuajshme.
monument['moniumënt] *n* përmendore, monument.
monumental[moniu'mentël] *adj* 1.monumental.2. *fig* madhështor, monumental, i shquar.
moo[mu:] *n,v* *-n* pallje, pallmë, pëllitje; muu.
-vi pëllet, bën muu(lopa).
mooch[mu:ç] *v zhrg* 1.sillem, vërtitem; vidhem.2. vjedh.3.lyp.
mood I [mu:d] *n* 1.gjendje shpirtërore, humor; **what kind of mood are you in?** si je me humor? **she is in one of her moods** është me ato të vetat, i kanë hipur xhindet; **I'm in no mood to argue** nuk kam aspak qejf të grindem.2.*gj.fol* humor i keq; mërzi.
mood II[mu:d] *n gram* mënyrë.
moody['mu:di] *adj* 1.me humor të ndryshueshëm. 2. me humor të rënë.3.i zymtë, i ngrysur.
moon[mu:n] *n,v* *-n* 1.hënë; **full/new moon** hënë e plotë/ e re; **by the light of the moon** në dritë të hënës; **once in a blue moon** një herë në hënëz; **be over the moon** fluturoj, jam shumë i gëzuar.2.*astr* satelit, hënë(e një planeti).3.dritë hëne.
-vi sillem vërdallë si i hutuar.
mooncalf['mu:nkæf] *n* leshko; hutaq.
moonless['mu:nlis] *adj* pa hënë(natë).
moonlight['mu:nlait] *n,v* *-n* 1.dritë hëne, hënë; a **moonlight night** natë me hënë.2.*attr* nate, natën.
-vi gj.fol bëj punë të dytë(natën).
moonquake['mu:nkweik] *n* tërmet në Hënë.
moonrise['mu:nraiz] *n* lindje e hënës.
moonshine['mu:nshain] *n* 1.dritë hëne.2.gjepura, dokrra.3.*gj.fol* pije alkoolike kontrabandë.
moonshiner['mu:nshainë:] *n gj.fol* 1.prodhues pijesh alkoolike kontrabandë.2.njeri që punon në mënyrë të paligjshme(natën).

moonstruck['mu:nstrʌk] *adj* i rrjedhur, i lënë.
moony['mu:ni] *adj* 1.hënor, i hënës.2.si hënëz,draperor.3.i përhumbur; i shastisur.
moor I [muë:, mo:] *n* shkorret, shkurrajë, shqopishtë.
moor II[muë:, mo:] *vt* 1.lidh, siguroj(anijen). 2. sigurohet(anija).
Moor[muë:, mo:] *n* maur, arabo-berber.
moorings['mo:ringz] *npl det* 1.pallamarë.2. vend akostimi.
moorland['muë:lænd] *n* shkorret, shkurrajë, shqopishtë.
moose[mu:s] *n pl* **moose** dre brilopatë.
moosebird['mu:sbë:d] *n zool* grifshë, grishlemzë.
moosemilk['mu:smilk] *n zhrg* 1.rum me qumësht. 2. pije alkoolike shtëpie.
moot[mu:t] *adj,v,n* *-adj* i dyshimtë, i diskutueshëm; **moot point** çështje e diskutueshme.
-vt 1.ngre, shtroj(një problem).2.shqyrtoj, diskutoj.
-n kuvend.
mop I[mop] *n,v* *-n* 1.leckë, shtupë dyshemesh.2. *gj.fol* postiqe(flokësh).
-vt 1.laj me leckë.2.fshij; **mop one's face** fshij fytyrën nga djersa. + **mop up** a)mbaroj, përfundoj; b)*usht* spastroj mbeturinat e armikut.
mop II [mop] *v,n* *-v* përqesh.+ **mop and mow** përqesh.
-n përqeshje.
mope[moup] *v,n* *-vi* rri i trishtuar, mërzitem.
-n njeri i trishtuar.
moped['mouped] *n* biçikletë me motor.
mopish['moupish] *adj* i trishtuar, i mërzitur.
moppet['mopit] *n gj.fol* fëmijë.
mop-up['mopʌp] *n gj.fol* 1.fshirje, pastrim. 2.*usht* spastrim.
moquette[mou'ket] *n* moket.
moraine[mo'rein] *n gjeol* morenë.
moral['mo:rël] *adj,n* *-adj* 1.i moralshëm; me moral.2.moral(problem).3.morale(përkrahje).
-n 1.*pl* moral; parime morale; karakter; **a man of loose morals** njeri i shthurur.2.mësim, moral(i fabulës).
moral certainty *n* siguri, mundësi e plotë.
morale[mo'ra:l] *n* moral, kurajë, moral i lartë.
moralist['mo:rëlist] *n* moralist.
moralistic[morël'istik] *adj* 1.moralizues.2.i moralit.
morality[më'rælëti] *n* 1.moralitet, të qenët i moralshëm.2.virtyt.3.moral, parime morale.4.mësim morali.
morality squad *n* seksion policie që mbulon kumarin dhe prostitucionin, seksion i krimeve morale.
moralize [mo:rëlaiz] *v* 1.moralizoj.2.i ngre moralin.
morally['morëli] *adv* moralisht.
moral philosophy *n* etikë.

moral support *n* mbështetje morale.
morass [më'ræs] *n* 1.moçal, kënetë. 2. *fig* batak; lëmsh; rrëmujë.
moratorium[morë'to:riëm] *n* drejt,fin moratorium.
moray['mo:rei, mo'rei] *n zool* morenë, ngjalë e egër.
morbid ['mo:bid] *adj* 1.i sëmurë; patologjik.2.i frikshëm, ngjethës(përshkrim).
morbidity[mo:'bidëti] *n* 1.gjendje e sëmurë.2.së-mundshmëri(e popullsisë).
mordant['mo:dënt] *adj,n* -*adj* 1.therës, sarkastik. 2.*kim* fiksues(i ngjyrave). -*n* 1.fiksues.2.acid.
more[mo:] *adj* (krahasore e **much, many**),*n,adv* -*adj* më, më shumë; **many more people** shumë më tepër njerëz; **have no more money** s'kam më para; **a few more weeks** edhe disa javë akoma; **the more fool you for going there** u tregove akoma më budalla që shkove; **more than 20** më shumë se 20; **a little more** edhe pak; **there's no more** s'ka më; **and what's more** dhe për më tepër. -*n* : **all the more** shumë më tepër; **the more you give him** sa më shumë që i jep; **the more the better** sa më shumë njerëz, aq më mirë është. -*adv* më; **more easily** më lehtë; **more difficult** më i vështirë; **more and more** gjithnjë e më shumë; **be no more** ka vdekur; **more or less** pak a shumë; afërsisht; **it will more than meet the demand** do ta tejkalojë kërkesën; **once more** edhe një herë akoma; **no more, not any more** jo më; **any more** më.
moreover [mor'ouvë:] *adv* gjithashtu; veç kësaj; për më tepër.
mores['mo:ri:z] *npl* doke, zakone.
Moresque[më'resk] *adj* maur, mauritanez.
morgue[mo:g] *n* 1.morg.2.arkivë(e gazetës).
moribund['morëbʌnd] *adj* në agoni, duke vdekur.
Mormon['mo:mën] *n fet* mormon.
morn[mo:n] *n poet* ag; mëngjes.
morning ['mo:ning] *n* 1.mëngjes; **tomorrow morning** nesër në mëngjes; **on Sunday morning** të dielën në mëngjes; **in the morning** në mëngjes. 2.*attr* i mëngjesit, mëngjesor; **morning dress** frak. 3.*fig* agim(i jetës).
morning coat *n* frak.
morning sickness *n mjek* të përziera mëngjesore. (te gratë shtatzëna).
morning star *n astr* Ylli i Mëngjesit, Afërdita.
Moroccan[më'rokën] *adj, n* maroken.
Morocco[më'rokou] *n gjeog* Marok.
morocco[më'rokou] *n* lëkurë keci, shevro.
moron['mo:ron] *n* 1.*mjek* i metë.2.*gj.fol* trap, rrotë, hajvan.
morose[më'rous] *adj* i ngrysur, i zymtë, vramuz.
morpheme['mo:fi:m] *n gram* morfemë.
morphia['mo:fië] *n* morfinë.

morphine['mo:fi:n] *n* morfinë.
morphologic(al)[morfë'loxhik(ël)] *adj gram* mor-fologjik; i formës; strukturor.
morphology[mo:'folëxhi] *n biol,gram,gjeog* morfologji.
morrow['mo:rou] *n vjet* e nesërme; **on the morrow** të nesërmen; **good morrow** *vjet* mirëmëngjes.
Morse code['mo:s koud] *n* alfabet mors.
morsel['mo:sël] *n* 1.kafshatë.2.copë.3.*fig* llokëm.
mortal['mo:tël] *adj,n* -*adj* 1.i vdekshëm.2.i vdekjes.3.mortor(mëkat);vdekjeprurëse(plagë).4.për vdekje(armik).5.i skajshëm, shumë i madh, ekstrem. -*n* 1.vdekëtar.2.njeri.
mortality[mo:'tælëti] *n* vdekshmëri.
mortally['mo:tëli] *adv* 1.për vdekje.2.rëndë, së tepërmi.
mortal sin *n fet* mëkat mortor.
mortar I['mo:të:] *n,v* -*n* llaç.
-*vt* suvatoj; ndreq me llaç.
mortar II["mo:të:] *n* 1.havan.2.*usht* mortajë.
mortgage['mo:gixh] *n,v* -*n* peng; hipotekë.
-*vt* lë peng.
mortgagee['mo:gi'xhi:] *n* pengmbajtës, kreditor.
mortgager,-gor['mo:gixhë:] *n* penglënës, debitor.
mortician[mo:'tishën]*n amer* sipërmarrës varrimi.
mortification[mo:tifë'keishën] *n* 1.turp, turpërim. 2. prekje në sederr; përulje.3.ndrydhje e vetes.4.*mjek* gangrenë.
mortify ['mo:tëfai] *v* 1. turpëroj; poshtëroj. 2. ndrydh mposht(dëshirat, epshet).3.*mjek* gangrenizohet; shkakton gangrenizim.
mortise['mo:tis] *n,v* -*n* kllapë, fole.
-*vt* kllapos, bashkoj me kllapë.
mortmain['mo:tmein] *n drejt* zotërim i patjetërsueshëm.
mortuary['mo:tjuëri] *n,adj* -*n* morg.
-*adj* i përmortshëm.
mosaic[mou'zejik] *n* mozaik.
Mosaic law *n* ligj i Moisiut, ligj i çifutëve.
Moses['mouziz, 'mouzis] *n hist* Moisiu, udhëheqësi i çifutëve
mosey['mouzi] *vi zhrg* sorollatem, sillem kot.
Moslem['mozlëm, 'moslëm] *n,adj* musliman.
mosque[mosk] *n* xhami.
mosquito[mës'ki:tou] *n* mushkonjë; **mosquito net** rrjetë kundër mushkonjave.
mosquito hawk *n zool* pilivesë.
moss[mos] *n bot* myshk.
mossback['mosbæk] *n zhrg* njeri i mykur.
mossy['mosi] *adj* me myshk; si myshk.
most[moust] *adj* (sipërore e **many, much**), *pron, adv* -*adj* i shumti; shumica, pjesa më e madhe; **most of the time** shumicën e kohës; **he has got the most money** ai ka më shumë para nga të gjithë; **most children** shumë fëmijë, shumica e fëmijëve; **for the most part** në pjesën më të madhe.

-pron i shumti, e shumta etj; **most of it/of them** pjesa më e madhe, shumica; **do the most you can** bëj sa të mundesh; **at (the) most, at the very most** e shumta, të shumtën; shumë-shumë, maksimumi; **make the most of sth** e shfrytëzoj diçka në maksimum; **make the most of it!** përfito!, mos e lër rastin!

-adv 1.më; shumë, tepër; **the most difficult** më i vështiri; **most easily** me lehtësinë më të madhe; më me lehtësi; **most likely** shumë e mundshme, ka shumë të ngjarë.2.*gj.fol amer* pothuaj; **we go there most every day** ne shkojmë atje pothuaj çdo ditë.

-most[moust] *suff* më i; **furthermost** më i largëti.

mostly['moustli] *adv* në pjesën më të madhe; kryesisht; përgjithësisht, në përgjithësi.

mot[mou] *n* batutë, vërejtje e zgjuar.

mote I[mout] *n* grimcë pluhuri.

mote II[mout] *v vjet* mund.

motel[mou'tel] *n* motel, hotel ku hyhet me makinë.

moth[moth] *n zool* 1.flutur nate.2.molë, tenjë (rrobash).

mothball['mothbol] *n,v* *-n* bar mole, naftalinë. + **in mothballs** a)në ruajtje; b)i pezulluar(plani). *-vt* 1.vë në ruajtje.2.pezulloj; shtyj për më vonë.

moth-eaten['mothi:tën] *adj* 1.i ngrënë nga mola.2. i vjetëruar; i dalë mode.

mother I['mʌdhë:] *n,v* *-n* 1.nënë, mëmë; **mother's help** dado, tajë. 2.*attr* a)femër; **mother squirrel** ketër femër; b) nëne (dashuri). 3.*fig* shkak, burim. 4.kryemurgeshë. 5.grua e moshuar. 6.*attr* amëtar. *-vt* 1.rris, kujdesem për; llastoj(fëmijën).2.lind; pjell.3.krijoj.

mother II['mʌdhë:] *n* këmishë e uthullës.

mother country *n* 1.vend amëtar, vend i lindjes.2. metropol(i kolonive).

motherhood['mʌdhë:'hu:d] *n* 1.amësi.2.nënat.

mother-in-law['mʌdhërin'lo:] *n* vjehërr.

motherland['mʌdhë:lænd] *n* mëmëdhe, atdhe.

mother lode *n* damar kryesor(ari).

motherly ['mʌdhë:li] *adj* 1.prej nëne.2.i dashur, i dhimbsur.

mother-of-pearl['mʌdhërëv'pë:l] *n* sedef.

Mother's Day *n* Dita e Nënave (e diela e dytë e majit).

mother superior *n* kryemurgeshë.

mother tongue *n* gjuhë amëtare.

mother wit *n* zgjuarësi prej natyre; mprehtësi.

mothproof ['mothpru:f] *adj* i siguruar kundër molës.

mothy['mothi] *adj* i ngrënë nga mola.

motif[mou'ti:f] *n let,muz* motiv.

motile['moutail, 'moutël] *adj biol* me aftësi lëvizore.

motility[mou'tilëti] *n biol* lëvizshmëri.

motion['moushën] *n,v* *-n* 1.lëvizje; **set in motion** vë në lëvizje; **be in motion** është në lëvizje;punon (makina). 2.gjest.3.*pol* mocion; propozim.4.(**bowel**) zbrazje(e zorrëve). *-v* i bëj shenjë(dikujt).

motionless['moushënlis] *adj* i palëvizshëm, që nuk lëviz.

motion picture *n* film.

motivate['moutëveit] *vt* 1.shtyj, nxis.2.motivoj, arsyetoj(një veprim etj).

motivation[moutë'veishën] *n* 1. shkak, arsye. 2. motivim, përligjie.

motivational [moutë'veishënël] *adj* motivues; shtytës, nxitës.

motive['moutiv] *n,adj* *-n* 1.arsye, shkak, shkas, motiv; **from the best motives** me qëllimet më të mira.2.*let,muz* motiv. *-adj* shtytës; lëvizës.

motive power *n* 1.forcë lëvizëse.2.fuqi motorike e përgjithshme(e një linje hekurudhore).

motley['motli] *adj* 1.lara-lara, laraman.2.i llojllojshëm, i shkartisur.

motor['moutë:] *n,v* *-n* 1.motor.2.*gj.fol* makinë, veturë.3.*fig* forcë lëvizëse. *-v* 1.udhëtoj me makinë.2.çoj me makinë.

motorbike ['moutë:baik] *n gj.fol* motoçikletë e lehtë.

motorboat['moutë:bout] *n* motoskaf.

motorbus['moutë:bʌs] *n* autobus.

motorcade['moutë:keid] *n* varg makinash.

motorcar *n* automobil, makinë, veturë.

motorcoach *n* autobus.

motorcycle['moutë:saikël] *n* motoçikletë; triçikël.

motorcyclist['moutë:saiklist] *n* motoçiklist.

motor home *n* shtëpi mbi rrota, shtëpi lëvizëse.

motor hotel / inn *n* hotel për automobilistë.

motoring['moutëring]*adj,n* *-adj* 1.automobilistik (aksident).2.trafiku(kundërvajtje).3.automobilash (revistë). + **the motoring public** automobilistët. *-n* shetitje me makinë.

motorist['moutërist]*n* automobilist,shofer makine.

motorize['moutëraiz] *vt* motorizoj.

motor lodge *n* motel.

motorman['moutë:mën] *n* shofer autobusi; makinist metroje.

motor scooter *n* skuter, motocikletë me rrota të vogla.

motor vehicle *n* automjet.

motorway['moutërwei] *n Br* autostradë.

mottle['motël] *v,n* *-vt* laracoj. *-n* laracim; model lara-lara.

mottled['motëld] *adj* 1.lara-lara, i laracuar.2.i larmë; i shumëngjyrshëm.

motto['motou] *n* 1.moto, parullë.2.mbishkrim varri.

moue[mu:] *n* ngërdheshje.

mould I, *amer* **mold**[mould] *n,v* *-n* 1.*met* formë

lerdhjeje; kallëp, model.
-*vt* 1.formoj, modeloj.2.*fig* formoj, mbruj, brumos.
mould II, *amer* **mold**[mould] *n,v* -*n* myk.
-*vi* zë myk, myket.
mould III, *amer* **mold**[mould] *n* humus, tokë e
asur.
mouldboard, *amer* **moldboard** ['mouldbo:d] *n*
vesh plugu.
moulder I, *amer* **molder**['mouldë:] *vi* 1.thërmohet
djathi); shkërmoqet.2. rrënohet(ndërtesa).
moulder II, *amer* **molder**['mouldë:] *n* formues,
modelist.
moulding, *amer* **molding**['moulding] *n* 1.detal i
lerdhur. 2.ornamente druri/allçie anash tavanit.
mouldy, moldy['mouldi] *adj* 1.i mykur.2.bajat; me
rë myku.
moult, molt[moult] *v,n* -*v zool* ndërron puplat/ qi-
men/lëkurën.
-*n* ndërrim i puplave etj.
mound[maund] *n,v* -*n* 1.pirg dheu; grumbull gu-
ësh.2.breg, kodrinë.3.tumë, kodërvarr.
-*v* bëj pirg.
mount I[maunt] *v,n* -*v* 1.ngjis(shkallët), ngjitem.
*.*rritet, ngjitet, hipën(çmimi).3.hipi në kalë.4. fik-
oj, montoj(një tablo). 5.*teat* vë në skenë.6.bëj ro-
ë.7. ndërmarr(një sulm).
-*n* 1.kalë i shaluar.2.kalërim.3.ngjitje, hipje.4.mbaj-
ëse, kornizë; skelet.5.bazament, piedestal.6.shasi.
mount II[maunt] *n poet* mal, kodër e lartë.
mountain['mauntën] *n* 1.mal. 2.*attr* mali(ajër, bi-
mësi).3.pirg, mal(me gjëra).+ **make a mountain**
out of a molehill e bëj mizën buall, e bëj qimen tra.
mountain cat *n zool* 1.koguar. 2.rrëqebull, luqer-
pull.
mountain chain *n* vargmal.
mountaineer[mauntë'nië:] *n,v* -*n* 1.malësor. 2.al-
pinist.
-*vi* ngjitem në male.
mountaineering['mauntë'ni:ring] *n* alpinizëm.
mountain goat *n zool* dhi e egër.
mountain lion *n zool* koguar.
mountainous['mauntënës] *adj* 1.malor(vend).2.*fig*
stërmadh, vigan.
mountain range *n* vargmal.
mountain sickness *n* sëmundje e lartësisë.
mountainside['mauntënsaid] *n* shpat mali.
mountaintop['mauntëntop] *n* majë mali.
mountebank ['mauntë'bænk] *n* sharlatan; mash-
rues.
mounted ['mauntid] *adj* 1.kaluar, majë kalit.2.gati
ër luftim(top).3.i pajisur me mjete(fotograf).
mountie['maunti:] *n gj.fol* polic mbi kalë.
mounting['maunting] *n* mbajtëse; kornizë.
mourn[mo:n] *v* 1.qaj, vajtoj(dikë). 2.pikëllohem;
mbaj zi; **mourn for sb** mbaj zi për dikë.
mourner ['mo:në:] *n* përcjellës(i të vdekurit).

mournful['mo:nful] *adj* 1.i trishtuar, i pikëlluar.2.i
ngrysur, i zymtë.
mourning ['mo:ning] *n,adj* -*n* 1. zi; **in mour-**
ning në zi.2.rroba zije; **wear mourning** vishem në
të zeza; vishem për zi.
-*adj* zije(rroba).
mourning band *n* shirit zije(në krah).
mouse[*n* maus; *v* mauz] *n pl* **mice** 1.mi.2.*fig* njeri
i strukur, timid. 3.*kmp* mi.
-*vi* 1.gjuan për minj.2.eci/kërkoj vjedhurazi.
mouser['mauzë:] *n* gjahtar minjsh.
mousetrap['maustræp] *n* çark minjsh.
moustache['mʌstæsh, mës'tæsh] *n* mustaqe.
mous(e)y['mausi] *adj* i strukur, i druajtur, timid.
mouth [*n* mauth; *v* maudh] *n* 1.gojë; **shut your**
mouth! mbylle!, qepe! 2.grykë(lumi, thesi etj).3.
ngërdheshje.4.vetë, persona, gojë(për të ushqyer).
+**down in the mouth** *gj.fol* i rënë, i lëshuar, i dësh-
përuar; **have a big mouth** e kam gjuhën të gjatë;
shoot off one's mouth *zhrg* flas mbarë e prapë,
flas larë palarë; **the horse's mouth** burimi i mirë-
filltë, vetë personi(që është në dijeni).
-*vt* 1.shqiptoj, lëshoj fjalët. 2.flas me gojëtari.3
ngërdheshem.
-**mouthed**[mauthd, mautht] *adj* gojë-; me gojë të..
close-mouthed gojëkyçur.
mouther[mauthë:] *n gj.fol* llafazan.
mouthful['mauthful]*n* 1.kafshatë, çapë.2.një çikë
gjë.3.*zhrg* pohim i rëndësishëm.
mouthless['mauthlis] *adj* i pagojë, pa gojë.
mouth organ *n muz* harmonikë, saze goje.
mouthpiece ['mauthpi:s] *n* 1.pipëz, pipth (instru-
menti). 2.gojëz(e frerit).3.zëdhënës.
mouth-to-mouth ['mauthtë'mauth] *adj* gojë-më-
gojë(frymëdhënie).
mouthwash['mauthwosh] *n* gargarë(lëngu).
mouth-watering['mauth'wotëring] *adj* që të bën të
të lëshojë goja lëng.
mouthy['mauthi, 'maudhi] *adj* i fryrë, bombastik.
mouton['mu:ton] *n* lëkurë qingji.
movability[muvë'bilëti] *n* lëvizshmëri.
movable['mu:vëbël] *adj,n* -*adj* 1.i lëvizshëm.2.
e tundshme(pasuri).3.e ndryshueshme(datë).
-*n* 1.orendi e lëvizshme.2.*pl* drejt pasuri e tund-
shme.
move[mu:v] *v,n* -*v*1.lëviz, zhvendos.2.transportoj.
3.transferoj; **move house** ndërroj shtëpi, mbartem.
4.shtyj, nxis(dikë); **he will not be easily moved** ai
s'tundet lehtë nga e vetja.5.prek;**be moved** prekem;
move sb to tears e bëj për të qarë dikë; **move sb to**
anger ia hipi nervat dikujt.6.paraqes, parashtroj,
hedh (një propozim). 7.lëviz, luaj vendit; zhvendo-
sem; qarkulloj; **move!** tundu!, luaj vendit! **let's**
move! nisemi! **move freely** a)qarkulloj lirisht; b)ka
xhoko(detali).8.mbartem, ndërroj shtëpi; **move to a**
new house hyj në shtëpi të re.9.veproj; **God moves**

in mysterious ways Zoti vepron në ca mënyra të mistershme.10.ndërhyj; bëj përçapje +**move about /around** a)zhvendos, spostoj; b)sillem, vërtitem; c) udhëtoj; d)s'më ze vendi vend; **move along** spostohem; qarkulloj; **move away** a) largoj, shpërndaj; b)transferoj;c)zhvendos;d)largohem;e)ndërroj shtëpi; **move back** a) kthej në vend; b) kthehem; c)prapsoj; shtyj (turmën); d) tërheq(trupat); e) tërhiqem; **move down** a) ul, zbres; b) prapsoj;c)ulem poshtë, zbres; d) degradohem, ulem në gradë; **move forward** a) çoj përpara, avancoj; b)hedh në sulm; c)afroj, hershoj, avancoj(datën);d) përparoj; **move heaven and earth** e kthej përmbys, nuk lë gjë pa bërë; **move in** a) fus(policinë); b) fus brenda (mobiljet); c) hyj në shtëpi të re; d) ndërhyj, ndërmjetësoj; **move off** a) heq; b) iki, largohem; c)nisem; **move on** a) çoj përpara(orën); b) shtyj, vë përpara (turmën); c) (**to**) kaloj në; d)lëviz, qarkulloj; **move out** a)nxjerr; b)dal,largohem; c)tërheq(trupat); d) tërhiqen (trupat); e) transferohem; **move over** a) zhvendos; b) zhvendosem; **move up** a) ngre; b)gradoj; ngre në përgjegjësi; c)përparoj; d)rris, ngre (tarifat etj); e)gradohem; ngrihem në përgjegjësi. -*n* 1.lëvizje; **be on the move** a)jam në lëvizje; b)jam i angazhuar me punë. 2.(në shah etj) lëvizje; **it's my move** është radha ime. 3.hap, veprim; **what's the next move?** po tani, ç'do të bëjmë? **there was a move to oust him from** u bë një tentativë për ta përjashtuar nga.4.transferim.5.ndërrim shtëpie, shpërngulje.

moveable['mu:vëbël] *adj* shih **movable**.

movement ['mu:vmënt] *n* 1.lëvizje. 2.*pol* lëvizje, aksion; veprimtari.3.*mjek* zbrazje e zorrëve.4.*let* veprim, aksion.

mover['mu:vë:] *n* transportues mobiliesh.

movie ['mu:vi:] *n gj.fol* film; **go to the movies** shkoj në kinema; **movie camera** kinoaparat.

moviegoer['mu:vi:'gouë:] *n gj.fol* amator filmash.

movie star *n* yll kinemaje.

moving['mu:ving] *adj* 1.i lëvizshëm; lëvizës; **moving stircase** shkallë lëvizëse(në metro etj).2.për transportim plaçkash(shpenzime, agjenci).3.prekës (tregim etj).

moving picture *n* film.

mow I[mou] *vt* 1.kosis.2.*fig* vras në masë, kosis.

mow II[mau, mou] *n* 1.plevicë; kullë bari.2.mullar.

mow III(mou, mau] *n vjet* ngërdheshje.

mowing['mouing] *n* 1.kositje. 2.bar i kositur. 3.lëndinë.

moxie['moksi] *n zhrg* 1.guxim, kurajë.2.përvojë; marifet; mjeshtri.

mozzarella['mozë'relë] *n* djathë i butë(për pica).

MP shkurtim për **Member of Parliament** *n* deputet.

Mr, Mr.['mistë:] shkurtim i **mister** *n* 1.zoti; **Mr Roberts** zoti Roberts. 2.zotëri; **you dropped your**

wallet, mister ju ra kuleta, zotëri.

Mrs, Mrs.['misiz] shkurtim i **mistress** *n* 1.zonja; **Mrs Holman** zonja Holman.2.zonjë.

Ms, Ms.[miz] shkurtim i **Miss** ose **Mrs** *n* zonjë; zonjushë; **Ms Ross** Zonjusha Ros.

M.S. shkurtim për **Master of Science** *n* Kandidat i Shkencave.

much [mʌç] *adj, pron, adv* (**more, most**) -*adj, pron* 1.shumë; **how much is it?** sa kushton kjo? he isn't up to much ai nuk vlen kushedi se çfarë; **that wasn't much of a party** s'ishte gjë kjo festë; **we don't see much of each other** nuk para shihemi shpesh me njëri-tjetrin.2.aq, kaq; **three times as much sugar** tri herë aq sheqer; **as much as you need** aq sa të nevojitet; **he thought as much** e priste këtë; **the problem is not so much of money as time** nuk është puna aq te paratë sesa te koha; **so much for all my hard work** e gjithë ajo punë për hiçgjë; **too much** tepër; **how much?** sa? **that's (a bit) too much!** sikur u teprua tani! **the job is too much for me** s'e ha dot këtë punë. -*adv* 1.shumë; **I like it so much** më pëlqen shumë; **it doesn't much matter** nuk ka shumë rëndësi; **much to my surprise** për habinë time; gjë që më habiti shumë; **however much I try** sado që përpiqem; **much as he would like to come** megjithëse ka shumë dëshirë të vijë.2.shumë më; **much the tallest** më i gjati ku e ku; **she would much rather go** do ti pëlqente shumë më tepër të shkonte.3.gati, pothuaj; **they're much the same** ata janë pothuaj njëlloj. + **make much of** i jap shumë rëndësi; **be not much of a** nuk është kushedi se çfarë.

muchness['mʌçnis] *n*: **be much of a muchness** janë pothuaj njëlloj.

mucilage['mju:sëlixh] *n* ngjitës, zamkë.

mucilaginous['mju:së'læxhënës] *adj* ngjitës.

muck[[mʌk] *n,v* -*n* 1.pisllëk, ndyrësi, lerë.2.pleh. 3.baltë.4.*min* dhé.5.*fig* rrëmujë, lëmsh; ndyrësi. -*vt* 1.ndyj, bëj pis, ndot.2.*min* heq dheun(nga xeherori). + **muck about/around** a)sillem kot, vras kohën; b)rrekem, rropatem; **muck sb about** ia vështirësoj jetën dikujt; **muck in** bëhemi bashkë; **muck out** pastroj(stallën etj); **muck up** *gj.fol* ngatërroj; prish.

mucker['mʌkë:] *n* 1.*zhrg* njeri vulgar. 2.*min* pastrues dherash.

muckrake['mʌkreik] *v fig gj.fol* gjuaj për skandale.

muckraking['mʌk'reiking] *n fig* gjueti skandalesh.

mucky['mʌki] *adj* 1.me baltë, i përbaltur.2.i pistë, i ndotur, i fëlliqur.

mucus['mju:kës] *n mjek* mukozë.

mud[mʌd] *n,v* -*n* 1.baltë; llucë.2.*fig* shpifje.3.*fig* punë dreqi; punë e ndyrë. + **clear as mud** i errët; i pakuptueshëm; **sling mud at sb** *fig* hedh baltë mbi dikë.

-*v* përbalt, mbuloj me baltë.

muddle['mʌdël] *v,n* -*v* 1.ngatërroj, bëj lëmsh /lesh e li.2.hutoj, shastis. 3.turbulloj (ujët). 4.hutohem,shastisem.

+**muddle along/on** eci kuturu; **muddle through** ia dal njëfarësoj.

-*n* ngatërresë; çrregullim, pështjellim; **make a muddle of** e katranos.

muddle-headed ['mʌdël'hedid] *adj* i hutuar, i shastisur.

muddler['mʌdlë:] *n* 1.ngatërrestar.2.njeri që ia del mbanë njëfarësoj.3.shkopth plastik, përzierës(pijesh).

muddy['mʌdi] *adj,v* -*adj* 1.i përbaltur, me baltë.2. i turbullt, i errët(ngjyrë etj).3.*fig* i turbullt, i errët, i paqartë; i ngatërruar.

-*vt* turbulloj(ujët).

mudflap['mʌdflæp] *n* parafangë, baltëpritës.

mudflat['mʌdflæt] *n* qafore, lavër, rrip qeni.

mudguard['mʌdga:d] *n* parafangë, baltëpritës.

mudpack ['mʌdpæk] *n* maskë balte (për kozmetikë).

mud room *n* paradhomë për këpucët.

mudslinging['mʌd'slinging] *n* sharje, nxirje e kundërshtarit (me shpifje).

muff[mʌf] *n,v* -*n* 1.këllëf gëzofi për duart, manshon. 2.ngathtësi(në lojë).3.katranosje(e një pune).

-*vt* 1. tregohem i ngathët, e qullos. 2.katranos(një punë); **muff it** e qelb fare.

muffin['mʌfën] *n* 1.simite; kifle.2.kek.

muffle ['mafël] *vt* 1.mbështjell. 2. mbështillem, mbulohem; vishem.3.mbys zërin(edhe *fig*).

muffler ['mʌflë:] *n* 1.shall. 2.*aut* zhurmëmbytës, silenciator.

mufti['mʌfti] *n* 1.rroba civile.2.*fet* myfti.

mug[mʌg] *n,v* -*n* 1.kupë, krikëll, gotë e madhe, bardhak.2.*zhrg* turi; gojë.3.*zhrg* gangster, huligan.

-*v* 1.sulmoj, plaçkis.2.fotografoj(keqbërësin policia). 3.*zhrg* ngërdheshem, bëj poza.

+ **mug up (on)** studioj mirë.

mugger['mʌgë:] *n* grabitës, plaçkitës.

mugging['mʌging] *n* sulm, plaçkitje.

muggins['mʌgins] *n gj.fol* gdhë, torollak, leshko.

muggy['mʌgi] *adj* mbytës, me zagushi(mot).

mug-up['mʌgʌp] *n* vakt i lehtë.

mugwump['mʌgwʌmp] *n amer pol* i pavarur.

Muhammad[mu'hæmëd] *n* Muhamet.

mukluk['mʌklʌk] *n amer* shoshone me lëkurë foke.

mulatto[më'lætou, mju:'lætou] *n* mulat.

mulberry['mʌlberi] *n* 1.*bot* man.2.e kuqe e errët.

mulct[mʌlkt]*v,n* -*v* 1.qëroj, përlaj(diçka).2.gjobis.

-*n* gjobë; dënim.

mule I[mju:l] *n* 1.*zool* mushkë.2.*gj.fol* kokëmushkë, kokëderr.3.*tek* makinë tjerrëse.

mule II[mju:l] *n* papuçe grash.

mule deer *n zool* dre veshgjatë (i Amerikës Veri-

ore).

mule-skinner['mju:l'skinë:] *n gj.fol* shih **muleteer**.

muleteer[mjulë'tië:] *n* mushkar.

mulish['mju:lish] *adj* kokëmushkë, kokëfortë.

mulishly ['mju:lishli] *adv* me kokëfortësi; si mushkë.

mull I[mʌl] *vi gj.fol* **(over sth)** vras mendjen(për diçka).

mull II [mʌl] *vt* nxeh, forcoj (verën etj me erëza, sheqer etj).

mull III[mʌl] *n teks* muslin, burynxhyk.

mullah['mʌlë, mu:lë] *n fet* mullá.

mulled[mʌld] *adj:* **mulled wine** verë djegëse (nga erëzat).

mullein['mʌlën] *n bot* lëpushkë.

mullet['mʌlit] *n zool* 1.qefull(shih edhe **grey mullet**).2.barbun(shih edhe **red mullet**).

mulligan['mʌlëgën] *n zhrg* çorbë.

multi-['mʌlti] *pref* shumë-.

multicellular[mʌlti'selju:lë:] *adj* shumëqelizor.

multicolo(u)red['mʌltikʌlë:d] *adj* shumëngjyrësh.

multicultural[malti'kʌlçërël] *adj* shumëkulturësh.

multifarious [mʌltë'feriës] *adj* shumëfarësh, i shumëllojshëm.

multifold['mʌltëfould] *adj* i shumëfishtë.

multiform['mʌltëfo:m] *adj* shumëformësh.

multilateral[mʌlti'leitërël] *adj* 1.i shumanshëm.2. *pol* shumëpalësh.

multilingual[mʌlti'linguël] *adj* shumëgjuhësh; në disa gjuhë.

multimedia[mʌlti'mi:diё] *adj* me pjesëmarrjen e disa mediave.

multimillionaire['mʌltimilië'neë:] *n* multimilioner.

multinational[mʌlti'næshnël] *adj ,n* -*adj* shumëkombësh.

-*n fin* shoqëri shumëkombëshe.

multiparous[mʌl'tipërës] *adj biol* shumëpjellësh, që pjell më shumë se një pasardhës njëherësh.

multiple['mʌltëpël] *adj,n* -*adj* 1.i shumëfishtë; **a multiple crash** përplasje, karambol.2.të shumta; **multiple interests** interesa të shumta.

-*n* 1.*mat* shumëfish.2.*Br* supermarket, dyqan i madh.

multiplex['mʌltëpleks] *adj* i shumëfishtë.

multiplex cinema *n* kinema me shumë salla.

multiplicand['mʌltëplë'kænd] *n mat* i shumëzueshëm.

multiplication['mʌltëplë'keishën] *n* shumëzim.

multiplication sign *n* shenja e shumëzimit.

multiplication table *n* tabela e shumëzimit.

multiplicity[mʌltë'plisëti] *n* mori; shumëllojshmëri.

multiplier['mʌltëplaië:] *n mat* shumëzues.

multiply ['mʌltëplai] *v* 1.*mat* shumëzoj. 2.shtoj, shumëfishoj.3.shtohet, shumëzohet(bima etj).

multipurpose [mʌlti'pë:pës] *adj* shumëshërbimësh, i përdorshëm për shumë qëllime.

multiracial[mʌlti'reishël] *adj* shumëracësh.

multistage['mʌltisteixh] *adj* shumëfazësh.

multistor(e)y[mʌlti'sto:ri] *adj,n* -*adj* me disa kate, shumëkatësh.
-*n* parking me shumë kate.

multitude ['mʌltëtju:d] *n* 1.mori; mizëri. 2.(the) turma, mileti.

multitudinous[mʌltë'tju:dënës] *adj* i morishëm; mizëri.

mum I[mʌm] *adj,interj* -*adj* gojëkyçur. + keep **mum** (about sth) nuk e hap gojën (për diçka); **mum's the word!** sakën se e hap gojën!
-*interj* qepe!

mum II[mʌm] *n gj.fol* mama.

mum III[mʌm] *vi* vë maskë.

mum IV[mʌm] *n gj.fol bot* krizantemë.

mumble['mʌmbël] *v,n* -*v* 1. murmuris, flas mbyturazi. 2.përtypem.
-*n* murmurimë.

mumbo jumbo ['mʌmbou'xhʌmbou] *n* 1.gjuhë e pakuptueshme; dërdëllisje.2.ritual i pakuptim.3.objekt kulti pa kuptim.

mummer['mʌmë:] *n* 1.person me maskë.2.aktor.

mummery['mʌmëri] *n* shfaqje/ceremoni boshe.

mummify['mʌmëfai] *vt* balsamoj, mumifikoj.

mummy I['mʌmi] *n* 1.mumje.2.njeri i fishkur.

mummy II['mʌmi] *n gj.fol* mama.

mumps[mʌmps] *n mjek* shyta.

munch[mʌnç] *v* përtyp; mbllaçis.

mundane ['mʌndein, man'dein] *adj* 1. i zakonshëm; i përditshëm; i rëndomtë. 2.i kësaj bote; tokësor.

municipal[mju:'nisëpël] *adj* bashkiak; komunal, i komunës; lokal(pushtet).

municipality[mju'nisë'pælëti] *n* komunë.

munificence [mju:'nifësëns] *n* 1.bujari e madhe, dorëgjerësi.2.madhësi, bollëk.

munificent [mju:'nifësënt] *adj* tepër bujar, dorëgjerë.

muniment['mju:'nëmënt] *n* 1.*drejt* dëshmi, dokument(pronësie, titulli etj).2.*vjet* mbrojtje.

munition[mju:'nishën] *n,v* -*n zak pl* municion.
-*vt* furnizoj me municion.

mural['mju:rël] *adj,n* -*adj* muri, mural.
-*n* pikturë murale, afresk.

murder['më:dë:] *v,n* -*vt* 1.vras.2.*fig* masakroj, sakatoj, gjymtoj.
-*n* 1.vrasje; **commit murder** bëj vrasje.2.*fig* torturë, mundim, ferr; **it was murder!** ishte për të luajtur mendsh! +**murder will out** vrasja zbulohet, del në shesh; **scream blue murder** çirrem, thërras me të madhe; **he gets away with murder** atë s'e gjen gjë kurrë; ai del gjithmonë pa u lagur.

murderer['më:dërë:] *n* vrasës.

murderess['më:dëris] *n* vrasëse.

murderous['më:dërës] *adj* vrasës; vrastar.

muriatic acid[mju:ri'ætik] *n kim* acid klorhidrik.

murk[më:k] *n,adj* -*n* errësirë, terr.
-*adj poet* i errët; i zymtë.

murky['më:ki] *adj* 1.i errët.2.i dendur(tym).3.*fig* i errët, i paqartë.

murmur['më:më:] *n,v* -*n* 1.murmurimë, murmuritje; **without a murmur** pa bërë zë, pa pipëtirë. 2. shushurimë; gurgullimë; fëshfërimë.
-*vi* 1.murmurij.2.shushurin; gurgullin; fëshfërin. 3. ankohem nëpër dhëmbë.

murrain['mërën] *n mjek zool* murtajë.

muscat['mʌskæt, 'mʌskët] *n* 1.*bot* rrush muskat.2. verë muskat.

muscatel[mʌskë'tel] *n* verë muskat.

muscle['mʌsël] *n,v-n* 1.muskul; **he never moved a muscle** ai s'u tund vendit fare.2.*fig* forcë, energji. 3.*gj.fol* ndikim, pushtet.
-*vi gj.fol* çaj, hap rrugë me forcë; **he muscled his way** ai çau me forcë; **muscle in on sth** bëj çmos për t'u përzier në një punë.

muscle-bound['mʌsël'baund] *adj* i mpirë.

muscleman['masëlmæn] *n* 1.*gj .fol* tip muskuloz. 2.*zhrg* tip i dhunshëm; gangster.

Muscovite['mʌskëvait] *n,adj* 1.moskovit, banor i Moskës.2.rus.3.*min* mikë e zakonshme.

muscular['mʌskjëlë:] *adj* 1.muskulor, i muskujve. 2.muskuloz.

musculature['mʌskjëlëçë:] *n* muskulaturë.

muse I[mju:z] *vi* 1.mendoj, meditoj, bie në mendime. 2.rri mendueshëm; flas mendueshëm.

muse II[mju:z] *n mit, poet* muzë.

musette[mju:'zet]*n* 1.melodi baritore.2.gajde.3.çantë e vogël supi.

musette bag *n* çantë e vogël supi(për ushqime etj).

museum[mju:'ziëm] *n* muzeum, muzé.

mush I [mʌsh] *n amer* 1.kaçamak, qull me miell misri.2.qull, masë e butë.3.*gj.fol* sentimentalizëm; bisedë boshe.

mush II[mʌsh] *n,v* -*n* udhëtim me slitë.
-*v* 1.ngas qentë(e slitës).2.eci pas slitës.

mushroom['mʌshru:m] *n,v* -*n* këpurdhë.
-*vi* 1.rritet me shpejtësi(qyteti).2.mbijnë si këpurdha (shtëpitë).

mushroom cloud *n* re e bombës atomike.

mushy['mʌshi] *adj* 1.i skullët, si brumë.2.*gj.fol* i sheqerosur; tepër sentimental.

music['mju:zik] *n* muzikë; **face the music** *gj.fol* dëgjoj avazin, ndiej pasojat; **set to music** i bëj muzikën, vë në nota.

musical ['mju:zikël] *adj,n* -*adj* muzikor; **he is very musical** a)ai është shumë i dhënë pas muzikës; b)ai është shumë i talentuar për muzikë.
-*n* operetë; film muzikor.

musicale[mju:zë'keil] *n* mbrëmje muzikore.

musicality[mju:zë'kælëti] *n* 1.mjeshtri muzikore.2.

muzikalitet.
music box *n muz* karijon, sahat me muzikë.
music drama *n* operë.
music hall *n* teatër variete.
musician[mju:'zishën] *n* muzikant.
music stand *n muz* pupitër, pult.
musicologist[mju:zë'kolëxhist] *n* muzikolog.
musing['mju:zing] *adj* ëndërrues; i menduar.
musk[mʌsk] *n* myshk, misk(lëndë aromatike).
muskeg['mʌskeg] *n* moçal, kënetë; batak.
musket['maskit] *n hist* mushqetë, breshanë; push-
kë e shkurtër.
  musketeer[mʌskëtië:] *n hist* mushqetar, moske-
tier; pushkatar.
musketry['mʌskitri] *n* 1.mushqeta.2.qitje me mu-
shqetë; ushtrim me pushkë.3.mushqetarë, push-
katarë.
muskmelon['mʌskmelën] *n* pjepër erëmirë.
muskox['mʌskoks] *n amer* gjedh i madh i Veriut.
muskrat['mʌskræt] *n zool* mi uji, ondatër.
musky['mʌski] *adj* erëmyshk.
Muslim['mʌzlëm, 'mʌslëm] *n,adj* shih **Moslem.**
muslin['mʌzlën] *n teks* muslinë, burynxhyk.
  muss[mʌs] *v,n gj.fol* - *vt* (**up**) rrudhos, zhubra-
vis, tutëloj(rrobat); shprish(flokët).
-n çrregullim, rrëmujë.
mussel['mʌsël] *n zool* midhje.
Mussulman['mʌsëlmën] *n vjet* shih **Moslem.**
  mussy['mʌsi] *adj gj.fol* 1.i trazuar; i rrëmujshëm.
2.i rrudhosur, i zhubrosur.
  must I[mʌst; mëst] *v,n,adj* -*v* duhet; **if you must**
po qe se je i detyruar të; **there must be a reason**
duhet të ketë një arsye; **I must say** të them të
drejtën; **it must be hot up there** duhet të jetë
nxehtë atje lart.
-n detyrim, diçka e detyruar; **this trip is a must** ky
udhëtim është i detyrueshëm.
-adj i nevojshëm; i domosdoshëm; i detyrueshëm;
a must item një artikull i domosdoshëm.
must II[mʌst] *n* musht.
must III[mʌst] *n,v* -*n* myk.
-v 1.myk.2.myket.
mustache['mʌstæsh, mës'tæsh] *n* mustaqe.
mustachio[mës'ta:shou] *n* shih **mustache.**
mustang['mʌstæng] *n amer* kalë i egër.
mustard['mʌstë:d] *n* mustardë.
mustard gas *n kim* iprit(gaz helmues).
  muster ['mʌstë:] *v,n* -*v* 1.mbledh, grumbulloj;
muster up strength mbledh forcat.2.mblidhen.
+**muster in** rekrutoj; **muster out** pushoj, shkarkoj,
dëboj.
-n 1.mbledhje, grumbullim(njerëzish).2.thirrje;
apel.3.listë e pjesëmarrësve. + **pass muster** kalon
kontrollin, miratohet.
mustn't['mʌsënt] **must not.**
musty['mʌsti] *adj* 1.i mykur; me erë myku.2.bajat;

i vjetëruar, që i ka kaluar koha.3.*fig* i squllur, i
ngordhur.
mutability[mju:të'bilëti] *n biol* ndryshueshmëri.
mutable['mju:tëbël] *adj* 1.i ndryshueshëm.2.i pa-
qëndrueshëm(njeri).
mutant['mju:tënt] *adj,n biol* mutant; varietet i ri.
mutate['mju:teit, mju'teit] *vi biol* 1.pëson ndryshi-
me.2.përfton ndryshime.
mutation[mju:'teishën] *n* 1.ndryshim.2.*biol* ndry-
shim, mutacion.3.varietet i ri.
mutatis mutandis[mju:'teitis mju:'tændis] *lat* me
ndryshimet e nevojshme.
mute[mju:t] *adj,n,v* -*adj* 1.i heshtur, pa zë. 2. me-
mec, pa gojë.3.*gram* e pazëshme(zanore).
-n 1.memec.2.*gram* zanore/bashkëtingëllore e pa-
zëshme.3.*muz* sordinë.
-v mbys zërin, shurdhoj(instrumentin).
mutilate['mju:tëleit] *vt* 1.gjymtoj, sakatoj.2.*fig* cu-
ngoj, gjymtoj.
mutilation[mju:të'leishën] *n* gjymtim, sakatim; cu-
ngim.
mutineer[mju:të'nië:] *n* kryengritës.
mutinous['mju:tënës] *adj* 1.kryengritës. 2.i pabin-
dur.
mutiny['mju:tëni] *n,v* -*n* kryengritje, rebelim.
-vi ngre krye, rebelohem.
mutt [mʌt] *n zhrg* 1.qen, qen bastard. 2.leshko,
hajvan.
mutter['mʌtë:] *v,n* -*v* 1.murmuris. 2.pëshpëris.
3.hungëroj.
-n 1.murmurimë.2.pëshpërimë.3.hungërimë.
mutton['mʌtën] *n* mish deleje/dashi; **mutton chop**
a)kotoletë dashi; b)*pl* baseta të gjera.
mutual['mju:çuël] *adj,n* -*adj* 1.i ndërsjellë, i dy-
anshëm, reciprok; **to our mutual satisfaction** i
kënaqshëm për të dy palët.
2.*gj.fol* i përbashkët.
-n 1.shoqëri sigurimesh e përbashkët.2.fond i për-
bashkët.
muzzle['mʌzël] *n,v* -*n* 1.turi.2.gojëz(për qentë).
3.grykë(e armës). + **put a muzzle on** *fig* i zë gojën
(dikujt, një gazete).
-vt 1.i vë gojëz(qenit).2.*fig* i mbyll gojën, s'e lë të
flasë.
muzzleloader['mʌzël'loudë:] *n* pushkë që mbushet
nga gryka.
my[mai] *adj,interj* -*poss adj* im; ime; të mi; të
mia; **my dear fellow** mik i dashur.
-interj gj.fol 1.ua!, heu! **My! what a big dog!**
Heu, çfarë qeni vigan! 2.ç'thua,more! **Accident, my**
eye! aksident, the?Bah!
myocardial infarction [majë'ka:dial] *n mjek* in-
farkt i miokardit.
myopia[mai'oupië] *n mjek, fig* miopi.
myopic[mai'opik] *adj* miop, dritëshkurtër.
myriad['miriëd] *n,adj* -*n* 1.mori, pafundësi.2.*vjet*

dhjetë mijë.
-adj 1.të panumërt.2.të llojllojshëm, të gjithfarësoj-
shëm.
myriapod['miriëpod] *n zool* shumëkëmbësh.
myrmidon['më:mëdon] *n fig* vegël qorre.
myrrh[më:] *n kim* mirë(lëndë aromatike).
myrtle['më:tël] *n bot* mërsinë.
myself [mai'self] *pron pl* **ourselves** 1.*refl* vetë; **I**
hurt myself u vrava; **I told myself** thashë me ve-
te. 2.(për përforcim) vetë, unë vetë; **I did it (all)**
by myself e bëra krejt vetë; **sorry, I'm not myself**
today më fal, po sot s'jam në vete fare.
mysterious[mis'tiëriës] *adj* i mistershëm, misteri-
oz, i fshehtë.
mysteriously[mis'tiëriësli] *adv* në mënyrë të mis-
tershme.
mystery I['mistëri] *n* 1.e fshehtë; mister; fshehtësi.
2.tregim etj policor.

mystery II['mistëri] *n vjet* 1.zanat, mjeshtri. 2.es-
naf, gildë.
mystery tour *n* udhëtim surprizë.
mystic['mistik] *adj,n* -*adj* 1.mistik.2.enigmatik; i
mistershëm.
-*n* mistik.
mystical['mistëkël] *adj* mistik.
mysticism['mistësizëm] *n* misticizëm.
mystification[mistëfë'keishën] *n* mistifikim.
mystify['mistëfai] *vt* 1.hutoj, shastis. 2.mistifikoj;
bëj të mistershme.
mystique[mis'ti:k] *n* 1.mistikë.2.magjepsje.
myth[mith] *n* 1.mit.2.mitologji, mite.
mythic['mithik] *adj* mitik.
mythical['mithikël] *adj* 1.mitik.2.imagjinar, i sa-
juar.
mythological[mithë'loxhëkël] *adj* mitologjik.
mythology[mi'tholëxhi] *n* mitologji.

N

n, N[en] n, shkronja e 14-të e alfabetit anglez.
n shkurtim për **nano**(njësi e sistemit SI).
n. shkurtim për **name; noun; neuter; nomina-**
tive; new; number; net.
N shkurtim për **nitrogen; north, northern;**
noun; newton.
N. shkurtim për **north, northern; new; Novem-**
ber; National; Navy.
Na shkurtim për **sodium** (*lat* **natrium**).
N.A. shkurtim për **North America; not applica-**
ble.
nab [næb] *vt* 1.kap, mbërthej (dikë). 2.arrestoj.
nabob ['neibob] *n* 1.*hist* qeveritar krahine(në In-
di). 2.pasanik; person i fuqishëm.
nacelle[në'sel] *n* 1.*tek* dhomë e motorit.2.kabinë e
ekipazhit(në avion).
nacre['neikë:] *n* sedef.
nadir['neidë:] *n* 1.*astr* nadir.2.*fig* pika më e ulët.
nae[nei] *adj,adv* jo(skocisht).
nag I [næg] *v,n* -*v* 1.mërzis, bezdis; ngacmoj,
ngas; cys. 2.qahem, ankohem.
-*n* gërnjar.
nag II[næg] *n gj.fol* 1.kalë plak, gërdallë.2.mëz.
nagging['næging] *adj,n* -*adj* 1.qaraman; gërnjar.
2.e bezdisur, e qepur, që s'të ndahet(dhimbje etj).3.
torturues, sfilitës(mendim).

-*n* qaravitje, ankime.
naiad['najæd, 'nejæd] *n mit* najadë, floçkë, nuse e
ujërave.
nail[neil] *n,v* -*n* 1.thua; **bite one's nails** ha tho
njtë. 2.gozhdë. + **hard as nails** a)i fortë fizikisht
b) i pamëshirshëm, i pashpirt; **hit the nail on the**
head *gj.fol* qëlloj në shenjë; i bie në të; **on the nai**
aty për aty, në vend, sakaq.
-*vt* 1.gozhdoj, mbërthej me gozhdë. 2.*gj.fol* fikso
3.*gj.fol* kap, mbërthej; përlaj.4.*fig* vë me shpatull
pas murit.
+ **nail down** a)gozhdoj; b)*gj.fol* siguroj, shtie n
dorë.
nailbrush['neilbrʌsh] *n* furçë thonjsh.
nailfile['neilfail] *n* limë thonjsh.
naïve, naive[nai'i:v] *adj* naiv, i patëkeq, i padjallë
zuar.
naïvete, naivete, naivety [na'i:vtei, na'i:vti:] *n* na
ivitet, padjallëzi; çiltërsi.
naked['neikid] *adj* 1.i zhveshur, lakuriq. 2.i zhve
shur(dru, mal etj).3.*fig* e pambuluar, lakuriq(e vë
tetë). + **naked eye** sy i lirë, sy i zhveshur.
namby-pamby ['næmbi'pæmbi] *adj,n* -*adj* pa kr
pë, i palezetshëm(person, bisedë).
-*n* 1.bisedë/shkrim i dobët.2.njeri pa kripë.
name [neim] *n,v* -*n* 1.emër; **what's your name**

si të quajnë? **go by/under the name of** e quaj veten, qarkulloj me emrin; **know sb only by name** e njoh dikë vetëm për emër/nga emri; **take sb's name and address** i marr dikujt të dhënat(emër e adresë); **put one's name down for (tickets etc)** shkruaj emrin në listë për(bileta etj); regjistrohem (në një kurs etj). 2.titull (libri). 3.nam, emër, reputacion, famë; **he has a name for being honest** ai është me nam për ndershmëri.4.person i njohur, personalitet; **he's a big name in show business** është figurë e shquar në botën e artit të skenës. + **call sb names** fyej/shaj dikë; **in name only** sa për emër, sa për formë; **in the name of** a) në emër të; b) për hir të; **to one's name** në emrin tim(vë para). -*vt* 1.quaj, i vë emrin; pagëzoj(anijen etj). 2.përmend, zë në gojë. 3. i gjej emrin, identifikoj. 4. nxjerr në pah,shpalos(argumente etj). 5.fiksoj,jap, caktoj(një çmim). 6.emëroj, caktoj.

name-calling['neimkoling] *n* sharje; shpifje, përgojim.

name day *n* ditë e emrit; ditë e pagëzimit.

name-dropping['neimdroping] *n* përmendje emrash të shquar(në bisedë etj); **he's always name-dropping** ai përmend gjithë kohës emra personash të shquar.

nameless['neimlis] *adj* 1.pa emër; i paemërtuar. 2.i panjohur, anonim(autor).3.që s'i vë dot emër. 4.i pagjuar, që s'ta nxë goja(krim).

namely['neimli] *adv* domethënë, që do të thotë.

nameplate['neimpleit] *n* pllakëz metalike(në derë).

namesake['neimseik] *n* adash, emnak.

Namibia[na:'mibië] *n gjeog* Namibi.

nan(a)[næn(ë)] *n Br gj.fol* mike, mikeshë, e dashur.

nankeen[næn'ki:n] *n* nankin, pëlhurë pambuku e verdhë.

nanny['næni] *n* 1.*gj.fol* dado, dadë, kujdestare fëmijësh. 2.*zool* dhi.

nanny goat *n zool* dhi.

nano-['nænou, 'nænë] *pref* nano-, një e miliardtë.

nanook['nænu:k] *n amer zool* ari polar.

nap I [næp] *n,v* -*n* gjumë i shkurtër, dremitje; **have/take a nap** marr një sy gjumë. -*vi* dremis, kotem, marr një sy gjumë; **catch sb napping** e zë gafil dikë.

nap II [næp] *n,v* -*n* push (i stofit); **against the nap** kundër qimeve. -*v* i ngre/i nxjerr pushin(stofit).

napalm ['neipom, 'neipa:m, 'næpom] *n kim* napalm.

nape[neip] *n* zverk.

napery['neipëri, 'neipri] *n* takëme shtrimi tryeze, mbulesa e peceta.

naphtha['næfthë] *n* solvent; vajguri.

naphthalene['næfthëli:n] *n* naftalinë.

napkin ['næpkin] *n* 1. pecetë. 2. pelenë, skutinë;

ndrizë.

napoleon[në'pouliën] *n* napolon(flori).

nappie, nappy['næpi] *n* 1.pjatë frutash.2.pelenë, skutinë.

narcissism[na:'sisizëm] *n* narcisizëm, adhurim i sëmurë i vetvetes.

narcissus[na:'sisës] *n bot* narcis.

narcosis[na:'kousis] *n mjek* narkozë.

narcotic[na:'kotik] *n,adj* -*n* narkotik, lëndë narkotike. -*adj* narkotik,narkotizues; gjumëndjellës.

nares['neri:z] *n pl* vrima/fejza të hundës.

narg(h)ile['na:gëli:] *n* nargjile.

narrate[næ'reit,'næreit, 'nereit] *vt* tregoj, rrëfej.

narration[næ'reishën] *n* 1.të treguarit, tregim.2. tregim, rrëfenjë.

narrative['nærëtiv, 'nerëtiv] *n,adj* -*n* 1.tregim, kallëzim, rrëfim. 2.tregimtari, art i të treguarit. -*adj* tregimtar.

narrator [næ'reitë:, 'næreitë:, 'nereitë:] *n* 1.tregimtar. 2.folës, lexues i tekstit(të një filmi etj).

narrow['nærou, 'nerou] *adj,n,v* -*adj* 1.i ngushtë. 2.i pakët, i kufizuar, i ngushtë(rreth miqsh). 3.minimal,i vogël(avantazh). 4.i kujdesshëm, i hollësishëm (hetim). + **have a narrow escape** shpëtoj për qime; **have a narrow mind** jam mendjengushtë; **live in narrow circumstances** jetoj në zgrip. -*n pl* **narrows** *gjeog* ngushticë, pjesë e ngushtë(e lumit, luginës etj). -*v* 1.ngushtoj(edhe *fig*); **narrow the field down to 2 candidates** e ngushtoj zgjedhjen në dy kandidatë. 2.ngushtohet(rruga etj).3.kufizohet, ngushtohet, pakësohet(mundësia etj).

narrow-gauge ['nærougeixh] *adj* e ngushtë, me binarë të ngushtë(hekurudhë).

narrowly['nærouli] *adv* 1.për pak, për qime; **narrowly miss hitting sb** për pak sa nuk e shtyp dikë (me makinë).2.me përpikëri, me rreptësi(zbatoj).

narrow-minded ['nærou'maindid] *adj* mendjengushtë(person); i kufizuar, i ngushtë(horizont).

narrow squeak *n gj.fol* shpëtim për një qime.

narwhal ['na:wël] *n zool* balenë trupvogël e Arktikut.

nary['neri] *adj gj.fol* hiç, kurrgjë.

NASA shkurtim për **National Aeronautics and Space Administration** Enti Kombëtar i Aeronautikës dhe Hapësirës(i SHBA).

nasal['neizël] *adj,n* -*adj* 1.i hundës.2.*gram* hundor.

-*n gram* tingull hundor, hundore.

nasalize['neizëlaiz] *vt gram* hundorësoj, nazalizoj.

nascent['næsënt, 'neisënt] *adj* 1.që po lind; që po zë fill. 2.*kim* i lirë, i palidhur(element).

nastily['næstili, 'na:stili] *adv* 1.në mënyrë të papëlqyeshme. 2.me keqdashje, me dashaligësi.

nastiness['næstinis, 'neistinis] *n* keqdashje; ligësi.

nasturtium[nës'tershëm] *n bot* purqark.
nasty ['næsti, 'na:sti] *adj* 1.i keq, i pakëndshëm (kundërmim). 2.i papëlqyeshëm, i keq(mot, temperament). 3.i lig; i ndyrë; i ulët, i poshtër(rreng,person). 4.serioz, i rrezikshëm(aksident). 5.i koklavitur, i bezdisshëm(problem).6.i fëlliqur, i ndyrë, banal (film etj). + **turn nasty** keqësohet(gjendja); **give sb a nasty look** shikoj vëngër dikë; **he's a nasty piece of work** është qen e bir qeni; **what a nasty mind you have!** sa i lig që tregohesh! **have a nasty time of it** e kaloj keq.
natal['neitël] *adj* i lindjes; *poet* amëtar.
natality[nei'tælëti] *n* lindshmëri, numër lindjesh.
natant['neitënt] *adj* notues, pluskues.
natatorial [neitë'to:riël] *adj* notues(shpend).
natatorium [neitë'to:riëm] *n* pishinë (*zak* e mbyllur).
natatory['neitëto:ri] *adj* shih **natatorial**.
nath(e)less['neithlis, 'næthlis] *adv, prep vjet* - *adv* megjithatë, prapseprap.
-*prep* pavarësisht.
nation['neishën] *n* 1.komb; vend. 2.popull, fis.
national['næshnël] *adj,n* -*adj* 1.kombëtar; **national anthem** himni kombëtar.2.shtetëror.
-*n* qytetar, shtetas.
National Assembly *n* Asamble Kombëtare.
national grid *n Br* rrjeti elektrik i vendit.
National Guard *n* Roja Kombëtare(ushtria amerikane e përbërë nga vullnetarë).
National Heritage Minister *n Br* Ministri i Kulturës dhe i Sporteve.
National Insurance *n Br* 1.Sigurimet Shoqërore. 2. pagesë për sigurimet shoqërore.
national service *n usht* shërbim ushtarak.
nationalism['næshnëlizm] *n* nacionalizëm.
nationalist['næshnëlist] *n, adj* nacionalist.
nationalistic[næshnë'listik] *adj* nacionalist.
nationality [næsh'næliti] *n* 1.kombësi.2.shtetësi, nënshtetësi.
nationalization[næshnëlai'zeishën] *n* shtetëzim; nacionalizim.
nationalize ['næshnëlaiz] *vt* shtetëzoj; nacionalizoj.
nationally['næshnëli] *adv* 1.si komb; nga pikëpamja kombëtare.2.në të gjithë vendin, në shkallë kombëtare.
nationhood['neishënhu:d] *n* ekzistencë kombëtare.
nation-wide['neishënwaid] *adj* gjithëkombëtar, në shkallë vendi.
native['neitiv] *n,adj* -*n* vendës; indigjen,autokton (banor i një kolonie).
-*adj* 1. i lindjes; amëtar; **native language** gjuhë amëtare; **native land** vendlindje, atdhe.2.anas, vendës, rrënjës; i vendit; **native to** me prejardhje nga; **native plant** bimë e vendit.3.i lindur, i natyr-

shëm, prej vetiu(talent etj).4.autokton(banor). 5.i lirë, natyror, në gjendje të pastër(bakër, ar). + **go native** asimilohet, bëhet njësh me vendësit.
native-born['neitivbo:n] *adj* i lindur(në një vend); **be a native-born Italian** jam italian i lindur.
nativity[në'tivëti] *n* 1.**Nativity** a)lindja e Krishtit; b) Krishtlindje. 2.lindje. 3.horoskop.
NATO['neitou] shkurtim për **North Atlantic Treaty Organization** NATO, Pakti i Atlantikut të Veriut.
natron['neitron] *n kim* karbonat natriumi natyror.
natter['nætë:] *v,n* -*vi* 1.flas, bëj muhabet; llomotis. 2.flas nëpër dhëmbë, shfryj.
-*n* llafe, muhabet; **have a natter** bëj një dorë muhabet.
natty['næti] *adj* krëk(uniformë); shik(person).
natural['næçrël] *adj,n* -*adj* 1.i natyrshëm; natyror; prej natyre; natyral; **die a natural death** ka një vdekje natyrale; **it's natural to be tired** është e natyrshme të lodhesh.2.normal; **it seemed the natural thing to do** dukej diçka krejt normale.3.i lindur, prej natyre(talent). 4.*drejt* i paligjshëm, natyral (fëmijë). 5.*mat* natyror(numër).
-*n* 1.gjë e natyrshme.2.*vjet* gjysmak nga mendtë.3. *gj.fol* tip i lindur/i prerë(për një punë); **he is a natural!** ai është i prerë për atë punë! 4.*muz* bekuadër. 5.*gj.fol* sukses i sigurt.
natural gas *n* gaz natyror.
natural history *n* histori natyre.
naturalism['næçrëlizm] *n art, fil* natyralizëm.
naturalist['næçrëlist] *n* natyralist, biolog.
naturalization['næçrëlai'zeishën] *n* 1.natyralizim(i personit).2. aklimatizim, përshtatje(e bimës).
naturalize['næçrëlaiz] *v* 1.natyralizoj (dikë), i jap shtetësinë.2.aklimatizoj(një bimë).
natural law *n* ligj i natyrës.
naturally ['næçrëli] *adv* 1.prej natyre, prej vetiu; **my hair is naturally curly** flokët e mi janë kaçurrela prej vetiu. 2.natyrshëm (sillem,flas).3.natyrisht.
naturalness['næçrëlnis] *n* natyrshmëri(në sjellje).
natural number *n mat* numër natyror.
natural philosophy *n* fizikë.
natural resources *n* burime natyrore, pasuri natyrore.
natural sciences *n* shkenca të natyrës.
natural selection *n biol* seleksionim natyror.
nature['neiçë:] *n* 1.natyrë; **paint from nature** pikturoj drejt nga natyra. 2.karakter,natyrë; tipare; **it's not in his nature to do that** nuk e ka për natyrë të bëjë të tilla gjëra. 3.lloj, tip; **something in the nature of an apology** njëfarë ndjese.4.realitet; **true to nature** besnik ndaj realitetit.
-**natured**['neiçë:d] *adj suff* me karakter të; **ill-natured** me karakter të keq; keqdashës.
naught [no:t] *n* hiç, hiçgjë; **come to / go for**

naught shkon dëm(puna).

naughtily['no:tili] *adv* keq; me keqdashje(sillem, flas).

naughtiness['no:tinis] *n* keqdashje; dashaligësi.

naughty ['no:ti] *adj* 1.i keq; i pabindur, i prapë, i mbrapshtë(fëmijë). 2.i tepruar, pa vend(shaka).

nausea['nozië, 'no:zië, 'no:shë] *n* 1.*mjek* të përzier, të pështjellë.2.neveri, krupë, të pështirë.

nauseate['no:zieit, 'no:sieit] *vt* 1.*mjek* ndiej të përzier.2.*fig* pështirosem, ndiej krupë.

nauseous['no:ziës, 'no:shës] *adj* 1.pështjellues, që të shkakton të përzier.2.*fig* i pështirë, i neveritshëm.

nautical['no:tëkël] *adj* detar, i lundrimit; **nautical mile** milje detare(= 1852 m).

naval['neivël] *adj* 1.detar; **naval base** bazë detare .2.i marinës, i flotës; **naval forces** flotë luftarake; **naval officer** oficer i marinës.

naval stores *n* materiale për ndërtim anijesh.

nave I['neiv] *n ark* anijatë, nef.

nave II['neiv] *n tek* bucelë(e rrotës).

navel['neivël] *n anat* kërthizë.

navigability[nævëgë'bilëti] *n* lundrueshmëri, të qenët i lundrueshëm.

navigable ['nævëgëbël] *adj* 1.i lundrueshëm (lumë). 2.në gjendje lundrimi(anije). 3.i drejtueshëm (ballon).

navigate['nævëgeit] *v* 1.drejtoj(anijen, avionin). 2. përshkoj, lundroj nëpër(det etj). 3.transportoj me rrugë ujore. 4.*fig* orientohem, gjej rrugën.

navigation[nævë'geishën] *n* 1.lundrim.2.shkenca e lundrimit.

navigational[nævë'geishënël] *adj* i lundrimit.

navigator['nævëgeitë:] *n* 1.*det* timonier, oficer i drejtimit. 2.lundërtar, eksplorator.

navvy['nævi] *n Br* punëtor krahu(rrugësh etj).

navy['neivi] *n* 1.flotë ushtarake detare.2.ngjyrë blu.

navy bean *n* fasule.

navy blue *n* blu e thellë.

nay[nei] *adv* 1.*vjet* jo.2.madje, jo vetëm...por; **we are willing, nay, eager to meet her** ne jemi gati, madje të etur për ta takuar.

Nazi['næci, 'na:ci] *n,adj* nazist.

nazification['næcifi'keishën] *n* nazifikim.

nazify['næcifai] *vt* nazifikoj.

Nazism['næcizëm, 'na:cizëm] *n* nazizëm.

N.B., n.b. shkurtim për *lat* **nota bene** vini re. Ne shkurtim për **Neon.**

Neanderthal[ni'ændë:ta:l, ni'ændë:tho:l] *adj* i neandertalit; **Neanderthal man** njeri i neandertalit.

neap tide[ni:ptaid] *n* baticë minimale.

Neapolitan[nië'politën] *adj* napolitan.

near [nië:] *adv, adj, prep, v -adv* 1. afër, pranë; **Christmas is drawing near** po afrojnë Krishtlindet. 2.gati, pothuaj; **near crazy with fright** gati i narrosur nga frika. + **come near** gati sa nuk(e bëj

diçka); **near at hand** a) pranë, ku ma kap dora; b) së afërmi, së shpejti; **near to tears** gati për t'ia shkrepur të qarit; **that's near enough** mjaft, mirë është; **nowhere near full** do edhe shumë akoma për t'u mbushur.

-adj 1.i afërt(në hapësirë, në kohë). 2.i shkurtër; **the nearest way** rruga më e shkurtër; **in the near future** në një të ardhme të afërt.3.i afërt, i ngushtë (kushëri, mik). 4.*sport* i ngushtë(rezultat); **it was a near finish** mbërritën pothuaj në një kohë. 5.për qime; **that was a near miss** a) *sport* për pak sa nuk shënoi; b) shpëtuan për qime pa u përplasur; **he had a near miss with that car** për pak u përplas me atë makinë; **that was a near thing** shpëtuam mirë. 6.i majtë, i anës së majtë(kalë, rrotë). 7.dorështrënguar.

-prep afër, pranë; **near the door** afër derës; **near midnight** aty nga mesnata; **somewhere near here** diku këndej, këtu rrotull.

-vt afrohem, i shkoj afër; **the ship neared the land** anija iu afrua tokës; **the building is nearing completion** ndërtesa është në të mbaruar.

nearby[*adv* nië:'bai; *adj* 'nië:bai] *adv, adj* afër, pranë; **they live nearby** ata rrojnë këtu/aty pranë; **they live in a nearby house** ata rrojnë te shtëpia fqinjë.

Near East *ngjeog* Lindje e Afërme.

nearly['nië:li] *adv* 1.pothuaj, gati; **I nearly missed the train** gati sa s'më iku treni; **did you win? - very nearly!** fitove? - për pak! **not nearly** jo aspak; **it's not nearly ready** s'është gati gjëkundi, s'është aspak gati. 2.nga afër; **that concerns you very nearly** (çështje) që të intereson drejtpërdrejt.

nearmiss ['nië:'mis] *n* 1.shpëtim për qime(nga një rrezik). 2.mosgoditje në shenjë për një qime.

nearness['nië:nis] *n* afërsi.

nearside['nië:said] *n* anë e majtë(e korsisë së djathtë); anë e djathtë(e korsisë së majtë).

nearsighted[nië:'saitid] *adj* dritëshkurtër, miop.

nearsightedness [nië:'saitidnis] *n* dritëshkurtësi, miopi.

neat I[ni:t] *adj* 1.i pastër; i rregullt(send, njeri). 2.i mbajtur mirë. 3.i kujdesshëm(person, punë). 4.i qartë(shkrim).5.mjeshtëror, i bërë me zgjuarësi. 6.shqeto, e papërzier(pije). 7.*zhrg* i këndshëm, i shkëlqyer.

neat II[ni:t] *n vjet* gjedhë; qe.

neaten['ni:tën] *vt* pastroj; vë në rregull.

neatherd['ni:thë:d] *n vjet* çoban lopësh.

neatly ['ni:tli] *adv* 1.me kujdes.2.qartë(shkruaj). 3. mjesh-trisht; **neatly put** e bërë mirë.

neatness['ni:tnis] *n* 1.rregull. 2.aftësi, mjeshtri.

neb[neb] *n* (skocisht) 1.sqep.2.turi, feçkë.3.gojë; hundë(njeriu).4.majë, skaj.

nebula['nebjëlë] *n* 1.*astr* mjegullnajë, nebulozë.2. *anat* njollë(në korne).

nebular['nebjëlë:] *adj* mjegullnajor, nebular.

nebulosity [nebjë'losëti] *n* 1.mjegullim. 2.lëndë mjegullore, mjegullnajë.

nebulous['nebjëlës] *adj* 1.i mjegullt, i errët, i paqartë. 2.mjegullnajor, nebular.

necessarily ['nesë'serëli] *adv* detyrimisht; medoemos, domosdo; **not necessarily** nuk është e thënë, s'është e domosdoshme.

necessary['nesë'seri] *adj,n* -*adj* i nevojshëm; i duhur; i detyrueshëm, i domosdoshëm; **if necessary** po qe nevoja; **the necessary qualifications** cilësitë e duhura; **it is necessary for you to go** ti duhet të shkosh.
-*n* 1.sende të nevojës së parë; **necessaries of life** sende të domosdoshme. 2.gjë e nevojshme, domosdoshmëri; **do the necessary** bëj atë që duhet. 2.pare, para; **have you the necessary?** i ke paratë?

necessitate [në'sesëteit] *vt* kërkon, do, bën të nevojshme; **the broken leg necesitated an operation** këmba e thyer duhej operuar.

necessitous[në'sesëtës] *adj* skamës, nevojtar, shumë i varfër.

necessity [në'sesëti] *n* 1.nevojë; domosdoshmëri; **of necessity** nga nevoja, nga halli; **from/out of necessity** nga nevoja, nga e keqja; **in case of necessity** në rast nevoje. 2. gjë e domosdoshme, nevojë jetike; **the bare necessities** nevojat më të ngutshme, minimumi i domosdoshëm.3.varfëri, skamje.

neck[nek] *n,v* -*n* 1.*anat* qafë; **break one's neck** a) thyej qafën/zverkun; b)*fig* rraskapitem, mundohem; **have a stiff neck** më ka ngrirë qafa; **be up to one's neck in work** jam i mbytur në punë; **be in it up to one's neck** jam brenda kokë e këmbë. 2.grykë, qafë(e shishes). 3.qafë, grykë, jakë(e rrobës). 4.*gjeog* rrip toke, istëm. 5.qafë e dhëmbit. + **get it in the neck** *zhrg* e ha/e pësoj keq; **neck and neck** a) krah për krah, në një rresht; b)baraz, njësoj, kokë më kokë(në finish); **(in this) neck of the woods** *gj.fol* këndej pari, këtyre anëve; **neck or nothing** i fus në lojë të gjitha; o i lë, o fitoj; **risk one's neck, stick one's neck out** vë jetën në rrezik; **win by a neck** fitoj me një diferencë të vogël(në garë).
-*vi zhrg* puthem, ngalasem(me dikë).

neckband['nekbænd] *n* grykë, qafë, jakë.

neckcloth['nekkloth] *n* shall.

neckerchief['nekë:çif] *n* shall.

necklace['neklis] *n* gjerdan.

neckline['neklain] *n* kavaturë(e jakës).

neckpiece['nekpi:s] *n* shall; qafore gëzofi.

necktie['nektai] *n* kravatë.

neckwear['nekweë:] *n* shalle; kravata.

necro-['nekrë] *pref* vdekje-, i vdekur.

necrology [ne'krolëxhi] *n* 1.listë e personave të vdekur së fundi. 2.njoftim vdekjeje; nekrologji.

necropolis [ne'kropëlis] *n* varrezë; *ark* nekropol.

necrosis [ne'krousis] *n mjek* vdekje qelizash, nekrozë.

nectar['nektë:] *n* 1.*bot* nektar. 2.pije e këndshme. 3. *mit* ushqim perëndish.

nectarine[nektër'i:n] *n bot* pjeshkë pa push.

need [ni:d] *n,v* -*n* 1.nevojë; **be in/have need of** kam nevojë për; duhet; **feel in need of** ndiej nevojën e; **if need be** po qe nevoja , në rast nevoje; **in case of need** në rast nevoje; **in times of need** në momente të vështira; **there's no need to worry** s'ke pse shqetësohesh, mos ki merak; **what need is there to buy it?** ç'nevojë ke(kam,kemi, keni) ta blesh? 2.nevoja, kërkesa; **my needs are few** kërkesat e mia janë të pakëta; **$100 will meet my immediate needs** 100 dollarë më mjaftojnë për nevojat më të ngutshme. 3.skamje, varfëri.
-*v* 1.kam nevojë për; më duhen; **I need a lot of money** më duhen shumë para; **all that you need**gjithçka që të nevojitet; **the report needs no comment** raporti s'ka nevojë për shpjegime. 2.duhet, është nevoja, nevojitet; **he need not go** nuk është nevoja të shkojë; **you only need to ask** mjafton të pyesësh; **it needed a meeting to alter things** u desh një mbledhje për t'i ndryshuar gjërat; **it need not follow that** nga kjo nuk rrjedh detyrimisht se; **it need not happen** s'është e thënë që të ndodhë; **they need watching/ to be watched** ata duhen mbajtur në mbikëqyrje. 3.jam nevojtar; **give to those that need** jepuni nevojtarëve.

needful[['ni:dful] *adj* i nevojshëm.

needle['ni:dël] *n,v* -*n* 1.gjilpërë; **look for a needle in haystack** kërkoj gjilpërën në kashtë. 2.grep(për thurje). 3.gjilpërë gramafoni. 4.shigjetë, akrep, gjilpërë(aparati matës). 5. *mjek* injeksion, gjilpërë 6.*bot* halë (pishe etj).7.shtyllë, obelisk. + **he give me the needle** ai më ngre nervat.
-*vt* 1.ngacmoj, i ngre nervat. 2.cys; **they needled him into loosing his temper** ata e cytën derisa i sosën durimin. 3.qep/shpoj me gjilpërë. 4.forcoj (një pije duke i shtuar alkool).

needlefish['ni:dëlfish] *n zool* peshk-shtizë.

needlecord['ni:dëlko:d] *n* lloj kadifeje.

needlepoint['ni:dëlpoint] *n* punë me grep.

needler['ni:dlë:] *n gj.fol* njeri që të cingris nervat.

needless['ni:dlis] *adj* i panevojshëm; i kotë; **needless to say they didn't keep their promises** s'është nevoja të thuhet që ata nuk i mbajtën premtimet.

needlessly['ni:dlisli] *adv* pa qenë nevoja; më kot.

needle valve *n tek* valvul-gjilpërë.

needlewoman ['ni:dëlwumën] *n* qëndistare; rrobaqepëse.

needlework ['ni:dëlwë:k] *n* punë me grep; qëndsje; qepje me dorë.

needn't['ni:dënt] = **need not**.

needs ['ni:dz] *adv* detyrimisht, medoemos; **a soldier needs must go where duty calls** ushtari duhet të shkojë medoemos ku e thërret detyra.

needy['ni:di] *adj* nevojtar, skamës, shumë i varfër.

ne'er[neë:] *adv poet* kurrë.

ne'er-do-well['neë:du'wel] *n,adj* -*n* njeri i pazoti, njeri i pahajër.
-*adj* i pazoti, i pahajër; që s'e ke për gjë.

nefarious[ni'feriës] *adj* i lig, i ulët, i poshtër.

nefariously[ni'feriësli] *adv* poshtërsisht.

nefariousness[ni'feriësnis] *n* poshtërsi.

negate[ni'geit] *vt* 1.mohoj. 2.shfuqizoj, anuloj.

negation [ni'geishën] *n* 1. mohim. 2. e kundërt, mungesë.

negative['negëtiv] *adj,n,v* -*adj* 1.negativ, mohues (përgjigje, qëndrim).2.*mat,fiz* negativ(numër, ngarkesë). 3.*mjek* negative, pa simptoma(analizë etj). *gram* mohor.
-*n* 1.mohim; **a firm negative** mohim i prerë; **answer in the negative** përgjigjem negativisht.2. *fot* negativ(film).3.*el* pol negativ.4.*gram* trajtë mohore.
-*vt* 1.nuk pranoj, hedh poshtë, rrëzoj; votoj kundër. 2.shfuqizoj, anuloj; neutralizoj.

negatively['negëtivli] *adv* negativisht; në mënyrë mohuese.

negativism['negëtivizëm] *n* negativizëm, qëndrim mohues, prirje për të kundërshtuar.

neglect[ni'glekt] *v,n* -*vt* 1.shpërfill, braktis(miqtë); lë pas dore, ia var(punës etj). 2.harroj(të bëj), lë pa bërë. 3.lë të më shpëtojë(rasti).

neglectful[ni'glektful] *adj* i shkujdesur, mospërfillës, neglizhent.

negligee['neglë'zhei] *n* petk dhome(grash).

negligence['neglixhëns] *n* pakujdesi; moskokëçar je; shkujdesje; mospërfillje; **through negligence** për pakujdesi.

negligent['neglixhënt] *adj* 1.i pakujdesshëm;moskokëçarës.2.mospërfillës;i shkujdesur (gjest, sjellje).

negligible['neglixhëbël] *adj* i papërfillshëm, i parëndësishëm(problem).

negotiable [ni'goushëbël] *adj* 1. i tregtueshëm, i shkëmbyeshëm(mall); i transferueshëm, që mund t'i kalohet një tjetri(çek). 2.i kalueshëm, i kapërcyeshëm (lumë, rrugë).

negotiate[ni'goushieit] *v* 1.diskutoj; zhvilloj bisedime. 2.përfundoj(një marrëveshje etj); tregtoj, kontraktoj. 3.kaloj, kapërcej(pengesë, lumë, vështirësi).

negotiation[nigoushi'eishën] *n* bisedime; **enter into negotiations with sb** hyj në bisedime me dikë.

negotiator[ni'goushieitë:] *n* ndërmjetës, zhvillues bisedimesh.

Negress['nigris] *n* zezake.

Negrito [ni'gri:tou] *n* negrito, zezak trupvogël i Oqeanisë, Filipineve dhe Azisë Juglindore.

negritude['negrëtju:d] *n* zezakëri, të qenët zezak.

Negro['nigrou] *adj,n* zezak.

Negroid'ni:groid] *adj,n* 1.afrikan.2.negroid, i racës së zezë.

negus['ni:gës] *n* pije me verë, sheqer, limon etj.

neigh[nei] *n,v* -*n* hingëllimë. -*vi* hingëllin.

neighbo(u)r['neibë:] *n,v* -*n* 1.fqinj. 2.*attr* fqinj. 3. *fig* qenie njerëzore, i afërm.
-*vi* 1.jam fqinj me. 2.jam miqësor me.

neighbo(u)rhood['neibë:hu:d] *n* 1.lagje, mëhallë; zonë e afërt, fqinjësi. 2.fqinjët. 3.fqinjëri, marrëdhënie fqinjësie të mirë.4.afërsi; **in the neighborhood of** a)në afërsi të; b)rrotull, afërsisht.

neighbo(u)ring['neibëring] *adj* fqinj, i afërt; kufitar.

neighbo(u)rliness['neibë:linis] *n* përzemërsi; fqinjësi e mirë.

neighbo(u)rly['neibë:li] *adj* i përzemërt, miqësor.

neither['ni:dhë:, 'naidhë:] *conj,adj,pron* -*conj* as; **neither you nor I will go** as ti as unë nuk do të shkojmë; **if you aren't going, neither am I** po qe se ti nuk shkon, as unë nuk shkoj; **that's neither here nor there** *fig* kjo s'hahet fare, kjo s'hyn gjëkundi.
- *adj;pron* asnjë; asnjëri; **on neither side** nga asnjëra anë; **neither story is true** asnjë nga të dyja historitë nuk është e vërtetë; **neither of them has any money** asnjëri prej tyre nuk ka para.

nelson['nelsën] *n sport* kapje me duart pas zverkut të kundërshtarit(në mundje).

nemesis['nemësis] *n* 1.*mit* Nemesi, perëndesha e hakmarrjes. 2.ndëshkim i drejtë.3.ndëshkues.

neo-['ni:ou] *pref* neo-, i ri; **neo-Nazi** neonazist.

neoclassic(al)[ni:ou'klæsik(ël)] *adj* neoklasik.

neodymium[ni:ou'dimiëm] *n kim* neodim(metal i rrallë).

neofascism[ni:ou'fæshizëm] *n* neofashizëm.

neofascist[ni:ou'fæshist] *adj,n* neofashist.

neolithic[nië'lithik] *adj gjeol* neolitik, i neolitit.

neologism[ni'olëxhizëm] *n gram* neologjizëm.

neomycin[ni:ou'maisën] *n mjek* neomicinë (antibiotik).

neon['ni:on] *n kim* neon; **neon sign** tabelë (dyqani) me neon.

neonate['ni:ëneit] *n* i porsalindur, foshnjë disaditëshe.

neoNazism[ni:ou'næcizëm] *n* neonazizëm.

neophyte['ni:ëfit] *n* 1.*fet* rishtar, neofit .2.fillestar, rishtar.

neoplasm['ni:ëplæzëm] *n mjek* tumor; rritje anormale e një indi, neoplazëm.

Neozoic[ni:ë'zouik] *n gjeol* Neozoik.

Nepal[ni'po:l] *n gjeog* Nepal.

Nepalese[nepë'li:z] *adj,n* nepalez, nepalas.

Nepali[ni'po:li] *n* gjuha nepaleze.

nepenthe[ni'penthi] *n hist* bar i harresës(pije qetësuese).

nephew['nefju:, 'nevju:] *n* nip(nga vëllai a motra).

nephrite['nefrait] *n kim, gjeol* nefrit

nephritic [ni'fritik] *adj* 1. i veshkave.2.*mjek* nefritik.

nephritis[ni'fraitis] *n mjek* nefrit.

nepotism['nepëtizëm] *n pol* nepotizëm, favorizim i të afërmve.

Neptune['neptju:n, 'neptu:n] *n* 1.*astr* Neptun(planet). 2.*mit* Neptuni, perëndia e deteve. 3.*fig* oqeani.

neptunium[nep'tu:niëm] *n kim* neptun(element).

nereid['ni:riid] *n mit* nimfë deti.

nervation[në:'veishën] *n anat,bot* nervaturë.

nerve[në:v] *n,v* -*n* 1.*anat* nerv. 2. *pl* nerva, krizë nervash; **he suffers from nerves** ai vuan nga nervat; **a fit of nerves** krizë nervash. 3.*bot* nervaturë, damarë (gjetheje). 4.forcë, vullnet, energji. 5.guxim, kurajë; vetëpërmbajtje; **a man of nerve** njeri që s'i mungon guximi; **loose one's nerve** e humbas guximin.6.*gj,fol* pafytyrësi, paturpësi; **he hadn't the nerve to do it** nuk pati kurajë/ fytyrë ta bënte. + **get on sb's nerves** i ngre nervat dikujt; **he's got a nerve!** atij nuk i skuqet faqja; **strain every nerve** tendos të gjitha forcat.

-*vt* (**oneself**) tendosem, mbledh të gjitha forcat.

nerve cell *n* qelizë nervore.

nerve center *n* 1.qendër nervore.2.*fig* qendër nevralgjike.

nerveless['në:vlis] *adj* 1.i lëshuar, i pafuqi, i dobët. 2.i lëkundur, i stepur.

nerve-racking, nerve-wracking['në:v'ræking] *adj* cingrisës, nervozues.

nervous['në:vës] *adj* 1.*anat* nervor; **nervous system** sistem nervor.2.nervoz, nevrik; i nervozuar, i acaruar; i shqetësuar, i emocionuar; **be nervous about flying** kam frikë të udhëtoj me avion; **be a nervous wreck** i kam nervat copë.3.i fortë, i fuqishëm.

nervously ['në:vësli] *adv* 1.me nervozizëm.2.me ankth.

nervousness['në:vësnis] *n* 1.nervozizëm.2.shqetësim, ankth.

nervure['në:vjuë:] *n biol* 1.damarë(të gjethes). 2. nervaturë(e krahut të insektit).

nervy['në:vi] *adj* 1.*zhrg* i pafytyrë, i pacipë.2.kurajoz, i vendosur. 3.nervoz, nevrik. 4.*vjet poet* i fortë, i fuqishëm.

nescience['neshëns, 'neshiëns] *n* padije, injorancë.

ness[nes] *n gjeog* kep.

nest[nest] *n,v* -*n* 1.çerdhe, fole. 2.*fig* strofull .3. *gj,fol* bazë raketash.

-*vi* 1.ngre fole, bëj çerdhe.2.mbledh bashkë (karriget).

nest egg *n* 1.vezë që lihet në kotec. 2. *fig* shumë parash të vëna mënjanë.

nestle['nesël] *v* 1.shtriqem, rehatohem(në kolltuk etj).2.ngjesh/shtrëngoj në krahë(fëmijën).3.ngre fole; strehohet në fole.

nestling['nestling] *n* 1.zogth. 2.*fig* fëmijë, i vogël.

net I[net] *n,v* -*n* 1.rrjetë; **fish net** rrjetë peshkimi; **hair net** rrjetë për flokët. 2.rrjet. 3.kurth, grackë.4. tyl; **net curtains** perde tyli.

-*vt* 1.peshkoj, kap me rrjetë. 2.thur rrjetë.

net II[net] *adj,n,v* -*adj* 1.neto; **net gain/profit** fitim neto. 2.përfundimtar, final(rezultat).

-*n* peshë neto; fitim neto.

-*vt* 1. nxjerr, sjell (fitim). 2. fitoj.

nether['nedhë:] *adj* i poshtëm, i ulët; **nether regions** rajonet e poshtme.

Netherlands['nedhë:lændz] *n gjeog* Holandë.

Netherlander['nedhë:lændë:] *n* holandez.

nethermost['nedhë:moust] *adj* më i ulëti.

netting['neting] *n* 1.rrjetë.2.tyl.3.thurje rrjetash.

nettle['netël] *n,v* -*n bot* hithër.

-*vt* 1.qëlloj me hithër. 2.*fig* ngacmoj, acaroj; **he is easily nettled** është tip që preket shpejt.

network ['netwë:k] *n,v* -*n el, tv, fig* rrjet; **network of roads** rrjet rrugor; **spy network** rrjet spiunazhi.

-*vt* 1.*rad,tv* transmetoj .2.*kmp* fus në një rrjet, lidh.

neuralgia[niu:'rælxhë] *n mjek* nevralgji.

neurasthenia[niu:rës'thi:nië] *n mjek* nevrasteni, krizë nervash.

neuritis[niu:'raitis] *n mjek* neurit, pezmatim nervi.

neurologist[niu:'rolëxhist] *n* neurolog.

neurology[niu:'rolëxhi] *n mjek* neurologji.

neuron(e)['niu:ron, -roun] *n anat* neuron.

neurosis[niu:'rousis] *n mjek* neurozë.

neurotic[niu:'rotik] *adj,n* -*adj* 1.neurotik, i neurozës. 2.*gj.fol* i çoroditur nga mendtë.

-*n* tip neurotik.

neuter['niu:të:] *adj,n,v* -*adj* 1.*gram* asnjanës. 2. *biol* i pagjinishëm, pa gjini.3.*fig* i paanshëm; neutral.

-*n* 1.*gram* a)gjini asnjanëse; b)fjalë e gjinisë asnjanëse.2.insekt/lule pa gjini.3.kafshë shtëpijake e tredhur.

-*vt* tredh; i heq vezoret.

neutral[niu:trël] *adj,n* -*adj* 1.asnjanës, neutral (vend, person).2.i papërcaktuar.3.i pangjyrë, i përhimë. 4.*kim,el* asnjanës; pa ngarkesë. 5.*biol* i pagjinishëm, pa seks.

-*n* 1.person/vend asnjanës.2.*aut* pozicion afolio/pa ingranim marshi.

neutrality[niu:'trælëti] *n* asnjanësi, neutralitet; qëndrim asnjanës.

neutralize['niu:trëlaiz] *vt kim,el* asnjanësoj, neutralizoj.

neutral vowel *n gram* "ë" e pazëshme.

neutrino[niu:'tri:nou] *n fiz* neutrino.

neutron ['niu:tron] *n fiz* neutron; **neutron bomb** bombë me neutron.

never['nevë:] *adv* 1.kurrë, asnjëherë; **never again** kurrë më; **never ever** kurrë ndonjëherë. 2.aspak; në asnjë mënyrë, as që; **she never slept a wink** as që mbylli sy; **he never so much as smiled** as që e vuri buzën në gaz; **you never did!** bah, ç'thua! **well I never!** s'më besohet! kujt ia merrte mendja! **+ never mind** a) mos ia vër veshin, mos u mërzit; b) nuk ka rëndësi, s'prish punë; **never so** sado që(të përpiqet). **never-ending**['nevër'ending] adj i pafund, që s'ka të mbaruar.

nevermore ['nevë:mo:] adv kurrë më, asnjëherë.
never-never['nevë:'nevë:] adj,n -adj gj.fol 1.imagjinar, iluzor. 2.i papërfytyrueshëm, jobindës. -n Br zhrg blerje me kredi.
nevertheless['nevë:dhë'les] adv megjithatë, sidoqoftë; prapseprap.
new[niu:, nu:] adj,adv -adj 1.i ri; **new idea/house** ide/shtëpi e re; **as good as new** si e re; **new potatoes** patate të reja; **what's new?** ç'të reja kemi? **he's new to this job** ai është i ri në këtë punë; **Happy New Year!** Gëzuar Vitin e Ri! 2.tjetër, i ndryshëm; **he is a new man now** është bërë tjetër njeri, ka ndryshuar krejt; **turn over a new leaf** filloj një jetë të re. 3.i mëtejshëm, shtesë; **new information** informacion i mëtejshëm.
-adv 1.rishtas, së fundi; **new-mown hay** bar i kositur rishtas. 2.sërish.
New Age n Era e Re.
new blood n fig gjak i ri.
newborn['niu:bo:n] adj i porsalindur.
New Brunswick[niu'brʌnswik] n gjeog Nju Brunsvik.
New Caledonia[-kæli'dounië] n gjeog Kaledonia e Re.
newcomer['niu:kʌmë:] n i porsaardhur.
New Delhi n gjeog Nju Deli.
newel['niu:ël] n shtyllë parmaku; shtyllë qendrore (e shkallëve spirale).
New England n gjeog Nju Inglend, Anglia e Re.
newfangled['niu:fængëld] adj ultramodern.
new-fashioned[niu:'fæshënd] adj i modës së fundit.
new-found['niu:faund] adj i kohës së fundit.
Newfoundland[niu:'faundlënd] n gjeog Njufaundlend, Toka e Re.
New Greek n greqishte e re.
New Jersey[-'xhë:si] n gjeog Nju Xhërsi.
New Jerusalem n fig parajsa.
new-laid['niu:leid] adj e freskët (vezë).
New Latin n latinishte e vonë.
newly['niu:li] adv 1. së fundi, kohët e fundit, rishtas. 2.sërish, rishtas. 3.në një mënyrë të re.
newlywed['niu:liwed] adj i porsamartuar.
New Mexico n gjeog Nju Meksiko.
new moon n astr hënë e re.
newness['niu:nis] n risi, të qenët i ri.
New Orleans['niu:'o:liënz] n gjeog Nju Orliins.
news[niu:z, nu:z] n sing 1.lajm; të reja; emision i lajmeve(në Radio,TV); **a piece of/an item of news**

lajm; artikull (në gazetë); **have you heard the news?** i dëgjove lajmet? **what's your news?** ç'të reja kemi nga ti? **I've got news for you!** e more vesh lajmin e fundit? **they are in the new** fig i ka marrë gazeta; **home/foreign news** lajme nga vendi/ nga bota. **+ break the news** bëj të njohur, jap një lajm.
news agency n agjenci lajmesh.
newsagent['niu:zeixhënt] n gazetashitës.
newsboy['niu:zboi] n gazetashitës(shpërndarës).
newscast['niu:zkæst] n,v -n emision i lajmeve, lajmet.
-v jap/transmetoj lajmet.
newscaster'[niu:z'ka:stë:] n rad, tv folës, paraqitës (programi).
news conference n konferencë shtypi.
newsdealer['niu:zdi:lë:] n amer shih **newsagent.**
newsflash['niu:zflæsh] n lajm i fundit.
newshound['niu:z'haund] n gj.fol reporter.
newsletter['niu:zletë:] n buletin informativ.
news magazine n revistë informative.
newsman['niu:zmæn] n 1.gazetashitës; gazetashpërndarës. 2.gazetar.
newsmonger['niu:zmʌngë:] n thashethemexhi.
newspaper['niu:zpeipë:] n gazetë.
newspaperman['niu:zpeipë:'mæn] n gazetar.
newspeak['niu:spi:k] n gjuhë e dykuptimshme.
newsprint['niu:zprint] n letër gazete.
newsreel['niu:zri:l] n kinoditar.
newsroom['niu:zru:m] n1.redaksi(gazete).2.studio e lajmeve(radio, tv).
newsstand['niu:zstænd] n qoshk gazetash.
New Style n Kalendari i Ri, kalendari gregorian.
newsworthy['niu:zwë:dhi] adj interesant, i rëndësishëm, që e vlen të njoftohet.
newsy['niu:zi] adj,n -adj gj.fol plot të reja, i pasur në lajme.
-n gazetashitës; gazetashpërndarës.
newt[niu:t] n zool triton.
New Testament n fet Dhjata e Re (pjesa II e Biblës).
newton['niu:tën] n fiz njuton(njësi e forcës).
New World n gjeog Bota e Re, hemisfera perëndimore.
New York['niu:'jo:k] n gjeog Nju Jork.
New Zealand['niu:'zi:lænd] n gjeog Zelanda e Re.
New Zealander['niu:'zi:lëndë:] n neozelandez.
next [nekst] adj,prep,adv,n -adj 1.tjetër, pranë; **get off at the next stop** zbrit te stacioni tjetër. 2.pasues, vijues; **next page** faqja që vijon; **who's next?** kush e ka radhën? 3.i ardhshëm, tjetër; **next month** muajin e ardhshëm; **the next day** ditën tjetër, të nesërmen; **this time next year** si sot një vit.
-prep pranë; **next the church** pranë kishës; **next to** a) ngjitur me; **next to the skin** në mish, në trup (fanellë); b)pothuaj, afërsisht; **next to impossible**

pothuaj e pamundur; **next to nothing** pothuaj fare; **there's next to no news** s'ka pothuaj asnjë lajm.
-*adv* pastaj, pas kësaj; **what will you do next?** çfarë do të bësh pastaj? **when you next see him** kur ta shohësh herën tjetër; **what next?** e pastaj? **the next best thing would be** puna më e mirë do të ishte; **the next to last** i parafundit.
-*n tjetri;* **next please!** tjetri, ju lutem! kush e ka radhën? **the next to speak is Ted** radhën për të folur e ka Tedi.

next door['neks'do:] *adv,n,adj* -*adv* afër, pranë, ngjitur me; **next door to us** afër nesh, ngjitur me ne, te shtëpia fqinjë; **the man next door** burri që banon ngjitur me ne.
-*n* shtëpia ngjitur; **from next door** nga fqinjët.
-*adj* **next-door** fqinj, ngjitur; **next-door neighbor** fqinji ngjitur me ne.
next of kin *n* kushëri i parë.
nexus['neksës] *n pl* **nexus** 1.lidhje.2.varg, seri.
Ni *n kim* Nikel.
N.I. shkurtim për **Northern Ireland** *n gjeog* Irlanda e Veriut.
niacin ['naiësin] *n kim* acid nikotinik.
Niagara[nai'ægrë] *n gjeog* Niagara.
nib[nib] *n* 1.majë pene.2.majë.3.sqep.
nibble['nibël] *v,n* -*v* 1.brej; ha çikë-çikë; cimbis. 2.kafshon lehtë, nduk (peshku).3.*fig* joshem, bie në grep.
nibs[nibz] *n*: **his/her nibs** zotëria e tij, zotëria e saj (me qesëndi).
Nicaragua['nikë'ræegiuë] *n gjeog* Nikaragua.
nice[nais] *adj* 1.i këndshëm, i mirë; tërheqës, i bukur; i hijshëm; **she's a nice woman** është grua e hijshme; **did you have a nice time?** e kaluat këndshëm? u kënaqët? **it's nice here** është bukur këtu. 2.i sjellshëm, i lëmuar; **have nice manners** jam i sjellshëm; **that's not nice** nuk është mirë kështu. 3.(me qesëndi) e bukur; **that's a nice thing to say!** të bukur fjalë na the! **you've got us into a nice mess!** na fute në një ngatërresë që mos pyet! 4. goxha; **nice long holida ys** pushime goxha të gjata; **nice and early** mjaft herët; **it's nice and warm here** është mjaft ngrohtë këtu. 5.i hollë; i mprehtë (vesh, gjykim). 6.fin, delikat.7.buzëhollë, sqimatar.
nice-looking['naisluking] *adj* i pashëm, i bukur.
nicely['naisli] *adv* 1.mirë; bukur; **that will do nicely** kjo mbaron punë për bukuri. 2.me mirësjellje.
nicety['naisëti] *n* 1.saktësi, përpikëri; **to a nicety** në mënyrë të përkryer, tamam siç duhet. 2.delikatesë. finesë; **a question of some nicety** çështje delikate.
niche[niç] *n*1.kamare(në mur).2.*fig* vend i ngrohtë, qoshe e ngrohtë.
nick[nik] *n,v* -*n* 1.e prerë, e thelluar; çallatë, qokë,rruvijë.2.*Br zhrg* burg; **in the nick** në burg, brenda. 3.gjendje; **in bad/good nick** në gjendje të keqe/të mirë. + **in the nick of time** tamam në kohë.

-*vt* 1.pres, gdhend, qok, çallatoj; gërvisht.2.*gj.fol* vjedh, qëroj, përlaj.3.*Br zhrg* kap, mbërthen (policia).4.fshik, gërvisht, plagos lehtë.5.*fig* i bie në të, i bie në kokë.
nickel['nikël] *n,v* -*n* 1.*kim* nikel; **nickel plate** 2.*amer* monedhë pesëcentëshe; pesë centë.
-*vt* nikeloj.
nickel-plate['nikëlpleit] *vt* nikeloj.
nick-nack['nik'næk] *n* shih **knick-knack.**
nickname['nik'neim] *n,v* -*n* nofkë, ofiq.
-*vt* i vë nofkë.
nicotine['nikë'ti:n] *n* nikotinë.
niece[ni:s] *n* mbesë (nga vëllai, motra).
nifty['nifti] *adj zhrg* 1. shik, elegant. 2. i zgjuar, i hollë.
Niger['naixhë:] *n gjeog* Niger.
Nigeria[nai'xhiërië] *n gjeog* Nigeri.
Nigerian[nai'xhiëriën] *n,adj* nigerian.
niggard['nigë:d] *adj,n* kurnac, koprac, dorështërnguar.
niggardly['nigë:dli] *adj,adv* -*adj* 1.i kursyer, kurnac, koprac, dorështërnguar. 2.i pakët, i vogël, i kursyer(shpërblim).
-*adv* me kursim, me kopraci.
nigger['nigë:] *n zhrg* zezak(me përbuzje).
niggle['nigël] *v* tregohem micgun; merrem me çikërrima.
niggling['nigling] *adj* 1.i papërfillshëm(detaj).2. i vazhdueshëm, i pashqitshëm(dyshim, dhimbje).3. micgun, pedant, që kërkon halën ne përpeq(tip).
nigh[nai] *adv,adj vjet* -*adv* 1.afër, pranë; **dawn was nigh** ishte ndaj të gdhirë. 2.gati, pothuaj; **nigh dead with fear** si i vdekur nga frika.
-*adj* i afërt.
night[nait] *n* natë; mbrëmje; **all night long** gjithë natën; **at night, by night** natën; **good night!** natën e mirë! **in the night, during the night** gjatë natës; **last night** mbrëmë; **Monday night** të hënën mbrëma; **the night before** një natë më përpara; **the night before last** parmbrëmë; **spend the night** kaloj natën. 2.*adv* **nights** natën, netëve, gjatë natës; **work nights** punoj natën/në turnin e natës. 3.*gjumë;* **have a good/bad night** fle mirë/ keq; **have a late night** bie të fle vonë. 4.*attrib* nate, i natës; **night flight** fluturim nate; **night life** jetë nate; **night school** shkollë nate/ e mbrëmjes. + **in the dead of night** në mes të natës; **make a night of it** festoj deri natën vonë, e gdhij.
night bird *n* zog nate (edhe *fig*).
nightcap['naitkæp] *n* 1.skufje nate.2.pije para gjumit.3.*gj.fol sport* gara e fundit e programit.
nightclub['naitklʌb] *n* lokal/klub nate.
nightcrawler['naitkro:lë:] *n amer* krimb toke.
nightdress['naitdres] *n* këmishë nate.
nightfall['naitfo:l] *n muzg,* të ngrysur.
nightgown['naitgaun] *n* këmishë nate.

nightie['naiti:] *n gj.fol* këmishë nate.
nightingale['naitën'geil] *n zool* bilbil.
night letter *n* telegram i lirë(jo shumë i shpejtë).
night light *n* dritë nate(për të sëmurët etj).
nightlighting['naitlaiting] *n* gjueti me fener.
nightlong['naitlong] *adj,adv* *-adj* që zgjat gjithë natën.
 -adv gjithë natën.
nightly['naitli] *adj,adv* *-adj* 1. nate, i natës. 2.i përnatshëm.
 -adv 1.çdo natë, natë për natë. 2.natën.
nightmare['naitmeë:] *n* 1.ëndërr e keqe, makth.2. *fig* pamje e frikshme.
nightmarish['nait'merish] *adj* i ankthshëm, i frikshëm.
night owl *n gj.fol* zog nate, njeri që rri natën vonë.
night porter *n* rojë nate.
night school *n* shkollë nate, shkollë mbrëmjeje.
nightshade['naitsheid] *n bot* shprohë, helmarinë.
nightshift['naitshift] *n* turn nate.
nightshirt['naitshë:t] *n* këmishë nate(burrash).
nightspot['naitspot] *n gj.fol* lokal nate, klub nate.
nightstick['naitstik] *n amer* shkop polici.
nighttime['nait'taim] *n* natë.
night watch *n* 1.shërbim roje natën.2.rojë nate.
night watchman *n* rojë nate.
nihil['naihil] *n lat* hiç.
nihilism['naiëlizëm] *n pol, filoz* nihilizëm.
nihilist['naiëlist] *n* 1.*pol, filoz* nihilist. 2.terrorist.
Nike['naiki, 'ni:kei] *n mit* perëndesha e fitores.
nil[nil] *n* 1.hiç, zero. 2.*Br sport* zero.
nimble['nimbël] *adj* 1. i shkathët, i zhdërvjellët, i shkrydhët.2.i mprehtë, mendjemprehtë, i zgjuar.
nimbostratus[nimbou'streitës] *n pl -ti meteo* re e zezë, re e ulët, re shiu.
nimbus['nimbës] *n* 1.brerore.2.re shiu.
nincompoop['ninkëmpu:p] *n* budallë, leshko.
nine[nain] *n* 1.nëntë; **nine times out of ten** *fig* shpesh, java shtatë ai tetë. 2.*attr* i nëntë. 3.nëntëshe. 4.**the Nines** Muzat. + **dressed (up) to the nines** *gj.fol* veshur shik; me veshje serioze; **nine days' wonder** ngjarje interesante/tronditëse.
ninefold['nainfould] *adj,adv* *-adj* 1.i nëntëfishtë. nëntëpjesësh.
 -adv nëntëfish.
nineteeen['nain'ti:n] *n* 1.nëntëmbëdhjetë.2.*attr* i nëntëmbëdhjetë. + **talk nineteen to the dozen** flas papushim, grij tërë kohës.
nineteenth['nain'ti:nth] *adj,n* *-adj* i nëntëmbëdhjetë.
 -n 1.i nëntëmbëdhjeti. 2.*mat* një e nëntëmbëdhjetë.
ninetieth['naintiith] *adj,n* *-adj* i nëntëdhjetë.
 -n 1.i nëntëdhjeti. 2.*mat* një e nëntëdhjetë.
ninety['nainti] *n* 1.nëntëdhjetë. 2.*pl* **nineties** vitet nëntëdhjetë.
ninny['nini] *n* budallë, leshko, sylesh.

ninth[nainth] *adj,n* *-adj* i nëntë.
 -n 1.i nënti. 2.*mat* një e nëntë.
niobium[nai'oubiëm] *n kim* niob(element).
nip I [nip] *v,n* *-v* 1.pickon; thumbon; kafshon. 2. krasis.3.prish,dëmton(ngrica bimët).4.të pret (era).5.*fig* qeth, frenoj(shpenzimet etj). + **nip sth in the bud** zhduk/prish diçka që në rrënjë; **nip inside** futem brenda për një çast; **nip down/out/up** hidhem një vrap poshtë/jashtë/lart; **nip round to the shop** hidhem një herë nga dyqani.
 -n 1.pickim; thumbim; kafshim.2.të ftohtë, ngricë; **there's a nip in the air** të pret të ftohtit.3.kutërbim. 4.çapë. + **nip and tuck** rrotë më rrotë(në garë).
nip II[nip] *n,v* *-n* gllënjkë; gotëz.
 -v pi nga pak, e kthej nga një.
nipper['nipë:] *n* 1.pickues; kanxhë gaforreje. 2. *gj.fol* çunak, kalama. 3.*pl* pinca.
nipple['nipël] *n* 1.*anat* thith, thimth. 2.biberon.
Nipponese[nipë'ni:z] *adj,n* japonez.
nippy['nipi] *adj* 1.therës, që të pret(të ftohtë, erë). 2.kutërbues(djathë).
nirvana[në:'va:në] *n fet* liri shpirtërore; çlirim.
Nisei['ni:'sei] *n* amerikan me prindër japonezë.
Nissen hut['nisënhʌt] *n usht* kabinë/barakë llamarine.
nit I[nit] *n zool* thërrijë.
nit II[nit] *n Br gj.fol* i metë, torollak, teveqel, trupeshk.
nitchie['niçi] *n amer* 1.*zhrg* indian.2.mik(midis indianëve).
nit-pick['nitpik] *vi* tregohem kritizer, kërkoj qimen në vezë.
nit-picking['nitpiking] *n* micgun, kritizer.
nitrate ['naitreit] *n,v* *-n kim* nitrat; pleh kimik azotik.
 -vt nitrifikoj; trajtoj me nitrate.
nitre['naitë:] *n kim* nitrat potasiumi; nitrat natriumi.
nitric ['naitrik] *adj kim* nitrik; **nitric acid** nitrik.
nitrify['naitrëfai] *v* 1.nitrifikoj.2.trajtoj me nitrate.
nitrogen['naitrëxhën] *n kim* azot.
nitroglycerin(e)[naitrë'glisërin] *n kim* nitroglicerinë.
nitrous['naitrës] *adj kim* 1.i azotuar.2.i nitratuar, me nitrate.
nitrous oxide *n kim* gaz nitror, gaz gaztor.
nitty-gritty ['niti'griti] *n gj.fol* thelb, realitet, fakt; **let's get down to the nitty-gritty** le të vijmë te thelbi i çështjes.
nitwit['nitwit] *n zhrg* budallë, trutharë.
nix [niks] *n,interj,v zhrg* *-n,interj* 1.jo.2.hiç.
 -vt hedh poshtë, kundërshtoj, vë veton.
nixie['niksi] *n mit* nimfë.
N.J. shkurtim për **New Jersey.**
N.M. shkurtim për **New Mexico.**
no [nou] *n,adj,adv* *-n* 1.jo. 2.mospranim; votë

kundër; **I won't take no for an answer** nuk pranoj kundërshtim.

-adj 1.asnjë; **have no friends** nuk kam miq; **there is no more coffee** s'ka më kafe; **no other man askush** tjetër; **no two men think alike** nuk gjen dot dy vetë që të mendojnë njëlloj; **it's no trouble** nuk ka problem; **it is of no interest to him** nuk është i interesuar; **"no smoking"** " ndalohet duhani"; **there's no denying it** nuk ke si e mohon.2.aspak, asfare; **he's no fool** ai s'është aspak budalla; **she's no beauty** s'është ndonjë bukuroshe.

-adv 1.jo.2.jo aspak; **it is no small matter** nuk është aspak çështje e thjeshtë; **in no uncertain terms** me fjalë krejt të qarta; **there is no such thing** një gjë e tillë nuk ekziston.3.jo më; **I can stand it no longer** nuk e duroj dot më; **there were no less/ fewer than** ishin jo më pak se; **she wants to become a doctor, no less** ajo kërkon të bëhet mjeke, hiç më pak!

No shkurtim për **Nobelium**.

No. shkurtim për a) **north; northern;** b)(edhe **no.**) **number.**

no-account['nouë'kaunt] *adj,n gj.fol*   *-adj* jo i mirë, pa vlerë.

-n njeri pa rëndësi; njeri kot, që s'e ke për gjë.

Noah ['nouë] *n mit fet* Noe, Nuhu; **Noah's Ark** barka e Noes.

nob[nob] *n zhrg* 1.kokë.2.*fig* pasanik, peco; njeri me pozitë.

nobby['nobi] *adj zhrg* 1.shik, elegant.2.i klasit të parë .

nobelium[nou'biliëm] *n kim* nobelium(element).

Nobel prize *n* çmim Nobel.

nobility[nou'bilëti] *n* 1.*hist* fisnikë, bujarë,fisnikëri.2.*fig* fisnikëri, bujari; shpirtmadhësi.

noble['noubël] *adj,n*   *-adj* 1.*hist* fisnik, prej dere të lartë; **of noble birth** prej dere të lartë.2.*fig* fisnik,bujar; shpirtmadh; i fisëm; **a noble deed** vepër fisnike.3.*fig* i shkëlqyer, madhështor; **a noble sight** pamje madhështore.4.*kim* fisnik(metal), i pandryshkshëm; inert, i plogët(gaz).

-n 1.*hist* fisnik.2.monedhë e vjetër angleze(= 1/3 e sterlinës).

nobleman['noubëlmën] *n hist* fisnik, bujar.

noblewoman['noubëlwumën] *n hist* fisnike, bujare.

nobly['noubli] *adv* fisnikërisht, me bujari.

nobody['noubʌdi, 'noubëdi] *pron,n*   *-pron* askush, asnjeri; **nobody else** askush tjetër; **I met nobody** nuk takova kërkend.

-n hiç, zero, kurrkush; **he's a nobody** ai s'është kurrkushi.

nock[nok] *n,v*   *-n* dhëmbëz, e prerë(e harkut).

-v mbështes shigjetën te e prera e harkut.

no-claim bonus *n* shpërblim.

nocturnal[nok'të:nël] *adj* nate, i natës.

nocturnally[nok'të:nëli] *adv* 1.natën.2.çdo natë.

nocturne['noktë:n] *n* 1.*muz* nokturn.2.skenë nate (në pikturë).

nod[nod] *v,n*   *-v* 1.tund kokën.2.miratoj me kokë; **they nodded their agreement** ata miratuan duke tundur kryet.3.var kryet; jam përgjumësh; **nod off** kotem, dremis, kotullohem.

-n 1.tundje e kokës.2.miratim me kokë. + **give sb a nod** i tund kokën dikujt; i jap miratimin dikujt.

nodal['noudël] *adj* nyjor.

nodding['noding] *adj* e lehtë, e rastit; **have a nodding acquaintance with sb** kam një njohje të rastit /një të përshëndetur me dikë.

noddle['nodël] *n gj.fol* kokë, kaptinë.

noddy['nodi] *n* budallë.

node[noud] *n* 1.*anat* gungë, xhungë, vend i fryrë. 2.*bot* nyjë, gdhë.3.*fiz,mat* nyjë, pikë nyjë.

nodular['noxhëlë:] *adj biol* i nyjëtuar; me gunga.

nodule['noxhu:l] *n* 1.*anat* gungëz, fryrje e lehtë.2. *bot* zhardhok i vogël.3.rruzull, copëz.

noël[nou'el] *n*1.këngë krishtlindjeje.2.Krishtlindje.

no-fault['noufo:lt] *adj* pa lidhje me shkaktarin e aksidentit(sigurim makine).

noggin ['nogën] *n* 1. bardhak i vogël. 2. një gotëz pije.3.*gj.fol* kokë, kaptinë.

no-go area *n Br* zonë e ndaluar.

no-holds-barred['nou'houldzba:d] *adj* 1.pa kufizime, pa rregulla(ndeshje, zënie).2.e plotë, deri në fund(përpjekje).

nohow['nouhau] *adv gj.fol* assesi, kurrsesi, në asnjë mënyrë.

noise [noiz] *n,v*   *-n* 1.zhurmë; poterë; **make a noise** bëj zhurmë; **his wife is making a noise about moving** e shoqja po i kërkon që të ndërrojnë shtëpi. 2.*rad,tv* zhurmë, ndërhyrje. + **a big noise** njeri me pozitë.

-vt vjet përhap fjalë.

noiseless['noizlis] *adj* i qetë, që s'bën zhurmë; i heshtur.

noisemaker['noizmeikë:] *n* 1.rrakatake, zhurmëbërës(në festa).2.poterexhi.

noisily['noizili] *adv* zhurmshëm, me zhurmë.

noisome['noisëm] *adj* 1.kutërbues, i qelbur; i neveritshëm.2.i dëmshëm.

noisy['noizi] *adj* i zhurmshëm(qytet); zhurmëmadh, poterexhi(kalama); **stop being noisy!** mos na bëj poterë!

nomad['nomëd] *n,attr* 1 nomad, shtegtar. 2.endacak.

nomadic[nou'mædik] *adj* nomad, shtegtues.

no-man's-land ['noumænzlænd] *n* tokë e askujt; rrip toke midis palëve ndërluftuese.

nomenclature[nou'menklëçe:] *n* emërtesë.

nominal['nomënël] *adj,n*   *-adj* 1.sa për emër, formal; **nominal head of the club** teorikisht kryetari i klubit. 2. fare i vogël, simbolik (çmim etj). 3.emëror

(listë).4.personal, në emrin e.
-*n gram* fjalë/shprehje emërore.
nominally ['nominëli] *adv* 1.sa për emër, forma-
lisht.2.emër për emër; sipas emrave.
nominate['nomëneit] *vt* 1.caktoj/propozoj si kan-
didat.2.emëroj(në një post).
nomination[nomë'neishën] *n* 1.caktim, propozim
(i kandidatit).2.emërim.3.zënie në gojë, thirrje emri.
nominative['nomënëtiv] *adj,n* -*adj* emëror.
-*n gram* 1.rasë emërore.2.fjalë në rasën emërore.
nominee['nomëni:] *n* kandidat.
non-[non] *pref* jo-, mos-; pa-.
nonacceptance [nonæk'septëns] *n* mospranim,
refuzim.
nonage['nonixh, 'nounixh] *n* 1.*drejt* mituri, moshë
e mitur.2.fazë e hershme.
nonagenarian[nonëxhë'neriën] *adj,n* nëntëdhje-
tëvjeçar.
nonaggression[nonë'greshën] *n* mossulmim.
nonaligned[nonæ'laind] *adj pol* i paangazhuar.
nonalignment[nonë'lainmënt] *n pol* mosanga-
zhim.
nonappearance[nonë'pi:rëns] *n* mosparaqitje.
non-attendance[nonë'tendëns] *n* mosparaqitje;
mosfrekuentim.
nonce[nons] *n,adj* -*n* rast i vetëm; for the nonce
për momentin; për rastin.
-*adj* rastësor, i rastit; **nonce use** përdorim i rastit.
nonchalance['nonshëlʌns] *n* shpërfillje, mospër-
fillje.
nonchalant['nonshëlënt] *adj* shpërfillës, mospër-
fillës, moskokëçarës.
non-com['nonkom] *n gj.fol* nënoficer.
noncommissioned officer *n* nënoficer.
noncommital[nonkë'mitël] *adj* 1.evazive, e paqartë
përgjigje). 2.që nuk angazhohet, i përanshëm.
noncompetitive[nonkëm'petitiv] *adj* jokonkuru-
es, i pabazuar në konkurencë.
noncompliance[nonkëm'plaiëns] *n* mospajtim;
mospëlqim; mospranim.
non compos mentis[non'kompës'mentis] *lat drejt*
o plotësisht në gjendje(mendore).
nonconductor[nonkën'dʌktë:] *n* jopërçues.
nonconformist[nonkën'fo:mist] *n fet,pol* jokon-
formist.
noncooperation ['nonkouopë'reishën] *n* mosba-
shkëpunim.
nondescript ['nondëskript] *adj,n* -*adj* i papër-
shkrueshëm, i paklasifikueshëm , i papërcaktueshëm;
faredo.
-*n* njeri dokudo.
none[nʌn] *pron, adv* -*pron* 1.askush, asnjëri; as-
një; **none of them** asnjëri prej tyre. 2. asgjë; aspak
kurrfarë; **she has none of her mother's beauty** ajo
ka asgjë nga bukuria e së ëmës; **none of that!**
njaft! **he would have none of it** ai nuk deshi të

dinte asgjë; **none other than** jo kush tjetër, pikërisht.
-*adv* aspak, fare; **it's none too cold** nuk është edhe
aq ftohtë; **and none too soon!** dhe ishte tamam
koha! **he is none the worse for his experience** nuk
duket se e ka ndier atë që kaloi.
nonentity[non'entëti] *n* 1.diçka që nuk ekziston.2.
mosqenie, inekzistencë.3.gjë pa rëndësi; person pa
rëndësi, hiç, kurrkushi.
nonessential [nonë'senshël] *adj,n* -*adj* jothelbë-
sor, jo i domosdoshëm.
-*n* person/send jo i domosdoshëm.
nonesuch['nʌnsʌç] *n* person/send unik (që s'e ka
shokun).
nonetheless[nʌndhë'les] shih **nevertheless.**
nonfeasance [non'fi:zëns] *n lat drejt* moskryerje,
mosbërje.
nonfiction[non'fikshën] *n* letërsi dokumentare.
nonflammable[non'flæmëbël] *adj* i pandezshëm.
nonfulfil(l)ment[nonful'filmënt] *n* mosplotësim.
nonintervention['nonintë:'venshën] *n* mosndër-
hyrje.
noniron[non'airën] *adj* që nuk hekuroset(rrobë).
nonmetal['nonmetël] *n kim* jometal.
nonmetallic[nonmë'tælik] *adj kim* jometalor.
nonmember['non'membë:] *n* joanëtar.
no-no['nounou] *n gj.fol* diçka e ndaluar; punë që
s'bëhet.
nonpartizan[non'pa:tëzën] shih **non-party.**
nonparty[non'pa:ti] *adj* jopartiak; i pavarur.
nonpayment[non'peimënt] *n* mospagim.
non-performance['nonpë:'fo:mëns] *n* moskryerje.
nonperson['nonpë:sën] *n* person i injoruar(nga qe-
veria etj).
nonplus[non'plʌs, 'nonplʌs] *v,n* -*vt* hutoj, shu-
shas; **be nonplussed** mbetem i hutuar, hutohem.
-*n* hutim, shushatje.
nonproductive[nonprë'dʌktiv] *adj* 1.joprodhues.
2.i palidhur me prodhimin.
nonprofit[non'profit] *adj* pa qëllim fitimi.
nonproliferation['nonprëlifë'reishën] *n* mosshu-
mim, mospërhapje.
nonresident[non'rezidënt] *n* 1.person që nuk ba-
non, jobanues.2.klient i rastit(në hotel).
nonscheduled[non'skexhu:ld] *adj* jashtë progra-
mit, i paplanifikuar.
nonsense ['nonsens, 'nonsëns] *n* gjepur, marrëzi,
budallallëk; **nonsense!, what nonsense!** gjepura!
that's a piece of nonsense kjo është marrëzi; **stand
no nonsense (from sb)** nuk lejoj të më marrin nëpër
këmbë.
nonsensical[non'sensëkël] *adj* absurd, pa kuptim.
nonshrink['nonshrink] *adj* i patkurrshëm; që nuk
hyn(pëlhurë).
nonskid['nonskid] *adj* kundër rrëshqitjes(goma).
nonslip['nonslip] shih **non-skid.**
nonsmoker['non'smoukë:] *n* 1.person që nuk pi

duhan.2.*hek* ndarje/kupé ku nuk pihet duhan.
nonsmoking['non'smouking] *adj* 1.qé nuk pi du-
han. 2.ku nuk lejohet duhani(zoné).
  nonstarter[non'sta:té:] *n* 1.gjé e dështuar; this is
a **nonstarter** kjo s'ka asnjé shans pér sukses. 2.*sport*
pjesémarrés qé nuk niset(né garé).
  nonstop ['nonstop] *adj, adv* -*adj* 1. i vazhdue-
shém, pa ndalesé(udhétim etj); direkt(fluturim). 2.qé
nuk mbyllet, 24-orésh(lokal etj).
  -*adv* pa ndérprerje, pa ndalim; direkt, drejtpérdrejt;
fly nonstop to Toronto udhétoj me avion direkt pér
né Toronto.
  nontaxable[non'tæksébél] *adj* i patatueshém.
  nontoxic[non'toksik] *adj* johelmues, jotoksik.
  nontransferable['nontrænz'feérébl] *adj* e papér-
kalueshme, e patransferueshme(proné etj).
  non-U *adj Br vjet* vulgar, i réndomté.
  nonunion['non'ju:nién] *adj* 1.i pasindikuar. 2.qé
nuk i njeh sindikatat.
  nonviolent[non'vajélént] *adj* jo i dhunshém.
  nonvoter[non'vouté:] *n* abstenues.
  nonwhite [non'wait, non'hwait] *adj,n*   -*adj* me
ngjyré, jo i racés sé bardhé.
  -*n* person me ngjyré.
  noodle['nu:dél] *n* 1.hajvan, budallé.2.*zhrg* koké.
  noodles['nu:délz] *n pl* makarona peta, jufka.
  nook[nuk] *n* 1.qoshe, cep; **every nook and cran-
ny** qoshe mé qoshe, cep mé cep.2.vend i fshehté;
strehé e sigurt.
  noon[nu:n] *n* mesdité; **at noon** né mesdité, né dre-
ké; **noon hour** kohé e drekés.
  noonday['nu:ndei] *n* shih **noon**.
  no one, no-one['nou'wʌn] *pron* askush, asnjeri.
  nooning ['nu:ning] *n* 1.pushim i drekés. 2.dreké
(vakt). 3.mesdité.
  noontide['nu:ntaid] *n* mesdité.
  noontime['nu:ntaim] *n* mesdité.
  noose ['nu:s] *n,v*   -*n* 1.lak; **the noose** dénim me
varje.2.gracké, kurth.
  -*vt* 1.béj lak.2.kap me lak; fus né kurth.
  nope[noup] *adv gj.fol* jo.
  nor[no:, né:] *conj* as; dhe as; **nor do I** as uné(nuk
e béj) (shih edhe **neither**).
  Nordic['no:dik] *adj,n* nordik.
  norm[no:m] *n* 1.normé, standard; model.2.rregull,
normé.3.mesatare, normé(pune).
  normal['no:mél] *adj,n*   -*adj* 1.i rregullt, i zakon-
shém, normal; **it's perfectly normal to be left-
handed** éshté krejt normale té jesh sallak. 2. *mat*
pingul, normal.3.*kim,mjek* normal..
  -*n* 1.normé, gjendje normale; **ten kilograms above
normal** dhjeté kilograma mbi normé. 2.*mat* pingule,
normale; plan pingul.
  normalcy['no:mélsi] *n* gjendje normale.
  normality[no:'mæléti] *n* gjendje normale.
  normalize['no:mélaiz] *vt* normalizoj, kthej né gje-

ndje normale.
  normally['no:méli] *adv* rregulisht, normalisht; za-
konisht.
  normal school *n* shkollé normale, shkollé qé pér-
gatit mésues té fillores.
  Norman['no:mén] *adj,n* 1.banor i Normandisé.2.
hist norman.
  normative['no:métiv] *adj* 1.normativ.2.ligjor.
  Norse[no:s] *adj,n*   -*adj* 1.norvegjez.2.skandinav.
  -*n* 1.norvegjez. 2.*hist* skandinav. 3.skandinavishte
/norvegjishte e vjetér.
  Norseman['no:smén] *n hist* skandinav; viking.
  north[no:th] *n,adj,adv*   -*n* 1.*gjeog* veri; **to the
north of** né veri té.2.Veri (i vendit), pjesé veriore.
  -*adj* verior, i veriut(eré etj); **North Africa** Afrika
Veriore.
  -*adv* drejt veriut, nga veriu, né veri; **sail north** lu-
ndroj drejt veriut; **the building faces north** ndértesa
sheh nga veriu; **north of the border** né veri té
kufirit.
  North America *n gjeog* Amériké Veriore / e Ve-
riut.
  northbound ['no:thbaund] *adj* qé shkon/udhéton
drejt veriut; **northbound carriageway** xhadeja e
veriut.
  North Country *n gjeog* 1.pjesa veriore e Ameri-
kés sé Veriut. 2. Veri i Anglisé.
  northeast['no:thi:st] *adj,n,adv*   -*adj* verilindor, i
verilindjes; nga verilindja; drejt verilindjes.
  -*n* drejtim verilindor; verilindje.
  -*adv* 1.drejt verilindjes. 2.né verilindje. 3.nga veri-
lindja.
  northeaster[no:th'i:sté:] *n* eré e forté e verilindjes.
  northeasterly['no:th'i:sté:li] *adj,adv* 1.nga verilin-
dja.2.drejt verilindjes.
  northeastern['no:th'i:sté:n] *adj* verilindor, i veri-
lindjes; nga verilindja; drejt verilindjes.
  northeastward['no:th'i:stwé:d] *adv,adj,n*   -*adv,
adj* 1.drejt verilindjes.2.verilindor; nga verilindja.
  -*n* verilindje.
  northeastwardly['no:th'i:stwé:dli] *adj,adv*   -*adj*
1.drejt verilindjes. 2.nga verilindja(eré).
  -*adv* drejt verilindjes.
  northeastwards['no:th'i:stwé:dz] *adv* 1.drejt verili
ndjes.2.nga verilindja.
  norther['no:dhé:] *n* eré e forté verilindore.
  northerly['no:dhé:li] *adj,adv*   -*adj* 1.verior, drejt
veriut.2.veriu, nga veriu(eré).
  -*adv* 1.drejt veriut.2.nga veriu.
  northern['no:dhé:n] *adj* 1.drejt veriut.2.nga veriu
3.verior, i veriut(vend etj).
  northerner['no:dhé:né:] *n* banor i veriut.
  northern lights *n astr* agim polar.
  northernmost['no:dhé:nmoust] *adj* mé veriori.
  northland['no:thlænd] *n* vend verior; Veri i largét
  Northman['no:thmén] *n* 1.norvegjez.2.skandina

evropianoverior.
North Pole *n gjeog* Pol i Veriut.
North Star *n astr* Ylli Polar.
northward['no:thwë:d] *adv,adj,n* -*adv* drejt veriut, për në veri; **northward of** në veri të.
-*adj* verior, që sheh nga veriu.
-*n* veri, drejtim i veriut.
northwardly['no:thwë:dli] *adj,adv* -*adj* 1.drejt veriut.2.veriu, nga veriu(erë).
-*adv* drejt veriut; për në veri.
northwards['no:thwë:dz] *adv* drejt veriut, për në veri.
northwest['no:thwest] *adj,n,adv* -*adj* 1.veriperëndimor; i veriperëndimit. 2. drejt veriperëndimit. 3.nga veriperëndimi.
-*n* 1.veriperëndim. 2. pjesë veriperëndimore (e vendit).
-*adv* 1.drejt veriperëndimit.2.nga veriperëndimi.3. në veriperëndim.
northwester[no:th'westë:] *n* erë veriperëndimi.
northwesterly[no:th'westë:li] *adj,adv* 1.drejt veriperëndimit.2.nga veriperëndimi, veriperëndimore (erë).
northwestern[no:th'westë:n] *adj* veriperëndimor.
northwestward(s) ['no:th'westwë:d(z)] *adv,adj* nga veriperëndimi; drejt veriperëndimit; veriperëndimor.
northwestwardly['no:th'westwë:dli] *adj, adv* veriperëndimor, drejt veriperëndimit; nga veriperëndimi.
Norway['no:wei] *n gjeog* Norvegji.
Norway pine *n* pishë e kuqe.
Norwegian[no:'vi:xhën] *adj,n* 1.norvegjez. 2.norvegjisht.
nor'wester[no:'westë:] *n* gozhup mushamaje.
nose[nouz] *n,v* -*n* 1.hundë; **speak through one's nose** flas me hundë; **blow one's nose** shfryj hundët; **my nose is bleeding** më shkon/më rrjedh gjak nga hunda.2.nuhatje; **a dog with a good nose** qen me nuhatje të fortë.3.*fig* nuhatje.4. kiç(anijeje); hundë (avioni); noçkë(kafshe). + **count noses** numëroj të pranishmit; **follow one's nose** a)eci drejt përpara; b) eci me nuhatje; c)drejtohem me instinkt; **lead by the nose** e heq/tërheq për hunde; **look down/turn up one's nose at** *gj.fol* shoh me përçmim; **on the nose** a)me saktësi; b)bindshëm; **pay through the nose** e paguaj si frëngu pulën; **poke one's nose into** fus hundët; **put sb's nose out of joint** *gj.fol* a)fitoj përkrahjen e dikujt; b)prish planet/shpresat; **under one's nose** nën hundë, përpara hundës; sheshit.
-*vi* 1.nuhas, gjej me nuhatje.2.*det* çan përpara (anija).3.(**about, around**) sillem, vërtitem; (**for, into, out**) zhbiroj, kërkoj; fus hundët.
nose bag *n* trastë tagjie(për kalin).
noseband['nouzbænd] *n* rrip kapistre.
nosebleed['nouzbli:d] *n* gjak nga hundët.
nosed[nouzd] *adj* me hundë-; **long-nosed** hundë-

gjatë.
nosedive['nouzdaiv] *n,v* -*n* 1.*av* pikiatë, zbritje kulmore.2.*fig* rënie marramendëse.
-*vi* 1.*av* zbret pingul, bie në pikiatë.2.*fig* pëson një rënie marramendëse(çmimi).
nosegay['nouzgei] *n* tufë lulesh, buqetë.
noseguard['nouzga:d] *n* pjesë e parme e kaskës.
nosepiece['nouzpi:s] *n* 1.rrip kapistre.2.pjesë e përparme e kaskës.3.hundë/urë e syzeve.
nosey['nouzi] *adj gj.fol* kureshtar; që fut hundët.
nosey parker *n Br gj.fol* kureshtar i sëmurë.
nosh[nosh] *n,v zhrg* -*n* ushqim, gjësend për të mbllaçitur.
-*vi* mbllaçis.
nostalgia[nos'tælxhi(ë)] *n* mall; nostalgji, mall për të kaluarën.
nostalgic[nos'tælxhik] *adj* nostalgjik.
nostril['nostrël] *n* vrimë hunde; fejzë.
nostrum['nostrëm] *n* 1.bar popullor.2.*fig* mjet shërues; zgjidhje e shkëlqyer.
nosy['nouzi] *adj* shih **nosey**.
not [not] *adv* nuk; jo; mos; **it's not too late** nuk është shumë vonë; **I hope not** shpresoj që jo; **not yet** ende jo; **not that I don't like her** jo se s'më pëlqen ajo; **I asked him not to come** i thashë të mos vinte.
nota bene ['noutë'bi:ni, 'noutë'beni] *lat* (shkurtimisht **N.B.** ose **n.b.**) vini re.
notability[noutë'bilëti] *n*1.të qenët i shquar.2.njeri i shquar; person i rëndësishëm.
notable['noutëbël] *adj,n* -*adj* 1.i shquar; i rëndësishëm.2.për t'u përmendur, e shënuar(ngjarje).
notably['noutëbli] *adv* 1.veçanërisht.2.ndieshëm, në një masë të konsiderueshme.
notarial[nou'teriël] *adj* noterial.
notarize['noutëraiz] *vt* noteroj, noterizoj, vërtetoj te noteri.
notary['noutëri] *n drejt* noter.
notary public *n drejt* noter.
notation[nou'teishën] *n* 1.shënim; koment.2.vënie shënimesh.3.sistem shenjash; simbole.
notch[noç] *n,v* -*n* 1.e prerë(si V), dhëmbëz.2.vrimë(e rripit).3.grykë(malore).4.nivel, shkallë.
-*vt* 1.dhëmbëzoj, i bëj një të prerë; i hap vrimë. 2. mbaj shënim duke bërë të prera(në një copë dru).
note[nout] *n,v* -*n*1.shënim; **take/make notes** mbaj shënime; **make a note of** shkruaj, e mbaj shënim.2.*dip* notë.3.vërejtje, koment; shënim(në fund të faqes).4.pusullë, letër e shkurtër.5.*muz* notë. 6.cicërimë zogu; këngë; melodi.7.ton(zëri). 8.rëndësi; vlera.9.dorë, dëftesë.10.*fin* letër me vlerë; kartëmonedhë +**compare notes** shkëmbej mendime/përshtypjet; **of note** a)i shquar; i madh; b) i përmendur; për t'u përmendur; **strike the right note** them/bëj diçka me vend; **strike the wrong note** *fig* stonoj; **take note of sth** i vë veshin, i kushtoj vë-

mendje diçkaje.

-vt 1.(down) shënoj, shkruaj, e mbaj shënim. 2.vërej, i kushtoj vëmendje.3.përmend; tërheq vëmendjen ndaj.

notebook['noutbuk] *n* bllok/fletore shënimesh.

noted['noutid] *adj* i shquar, i famshëm, i njohur.

notepaper['noutpeipë:] *n* letër shkrimi.

noteworthy ['noutwë:dhi] *adj* i rëndësishëm, i shquar; për t'u përmendur.

nothing['nʌthing] *n,adv* -*n* 1.asgjë, asnjë gjë.2. hiç. 3.*fig* gjë pa vlerë; kurrkushi, hiç.4.*mat,sport* zero. + **come to nothing** përfundon në hiç; **for nothing** a) falas, gratis; b) më kot, pa dobi; c) pa arsye, kot fare; **have nothing on** jam zhveshur; **he is nothing if not careful** është veçanërisht i kujdesshëm; **I can do nothing about it** nuk kam ç'i bëj kësaj pune; **I can make nothing of it** a) nuk e marr vesh fare; b) nuk më hyn në punë, nuk ka ç'më duhet; **a mere nothing** një hiç, zero me xhufkë; **nothing doing!** s'ke ç'i bën! **nothing less than** hiç më pak se, tamam aq; **to say nothing of** pa përmendur, për të mos zënë me gojë; **think nothing of it!** aspak!, ç'thua! **to think nothing of** a)s'e quaj gjë, s'e kam zor; b)s'ma mbush syrin, s'i jap rëndësi; **whisper sweet nothings to sb** i çuçuris në vesh dikujt.

-*adv* aspak, fare; **it was nothing like as nice as we thought** s'ishte aspak aq e bukur sa e kujtonim.

nothingness['nʌthingnis] *n* 1.mosqenie, të qenët një hiç. 2.mosvlerë, të qenët pa vlerë.3.gjë pa vlerë.4. pavetëdijë.

notice['noutis] *n,v* -*n* 1.vëmendje, vrojtim; **escape one's notice** i shpëton vëmendjes, kalon pa u vënë re; **take no notice of sb/sth** nuk ia var, nuk ia vë veshin.2.lajmërim,njoftim,paralajmërim; **advance/ previous notice** njoftim paraprak, njoftim me kohë; **give sb notice** njoftoj dikë për pushim nga puna; pushoj dikë nga puna; **give/hand in one's notice** jap dorëheqjen, njoftoj se lë punën; **a week's notice** njoftim një javë para kohe; **at short notice** (duke njoftuar) pak para kohe; **at a moment's notice** menjëherë, në çast; **serve notice** njoftoj; informoj; **until further notice** deri në një njoftim të ri.3. njoftim, shpallje, lajmërim; **put a notice in the paper** nxjerr njoftim në gazetë. 4.shkrim, artikull, kritikë në shtyp.

-*vt* 1.vërej, vë re, konstatoj.2.përmend, i referohem.

noticeable['noutisëbël] *adj* 1.i dukshëm, që bie në sy; **noticeable improvement** përmirësim i dukshëm.2.*vjet* i rëndësishëm, që vlen të përmen-det.

noticeably['noutisëbli] *adv* mjaft, në një masë të konsiderueshme.

notice board *n* stendë afishimi, tabelë shpalljesh.

notification['noutëfë'keishën] *n* 1.njoftim.2.informim.3.shpallje.

notify['noutifai] *vt* njoftoj; informoj; denoncoj(një vjedhje etj në polici).

notion ['noushën] *n* 1. ide; **I have no notion of what he means** s'e marr vesh fare ku e ka fjalën. 2. pjëpamje, mendim, opinion.3.mendje, qëllim; **he has no notion of risking his money** nuk ka ndër mend t'i rrezikojë paratë.4.prirje; dëshirë.5.*pl* çikërrima, kinkalerira.

notional ['noushënël] *adj* 1.idesh, opinionesh. 2. imagjinar, joreal.

notoriety [noutë'rajëti] *n* 1.nam i keq.2.të qenët i njohur botërisht.3.person i mirënjohur, njeri i shquar.

notorious[nou'to:riës] *adj* 1.me damkë, i njohur , famëkeq.2.i mirënjohur i dëgjuar.

notoriously [nou'to:riësli] *adv* botërisht, sheshit, gjerësisht.

notwithstanding[notwith'stænding] *prep, conj,adv* -*prep* pamvarësisht nga(çmimi i lartë).

-*conj* pamvarësisht se.

-*adv* megjithatë.

nougat['nu:gët,'nu:ga] *n* nuga (ëmbëlsirë).

nought[not] *n,adv* -*n* 1.zero.2.hiç, hiçgjë, asgjë. -*adv* vjet aspak; në asnjë mënyrë.

noun[naun] *n gram* emër.

nourish ['nʌrish, 'nërish] *vt* 1.ushqej. 2.*fig* mbaj gjallë, ushqej(shpresa).

nourishing ['nʌrishing] *adj* ushqyes; i ushqyeshëm.

nourishment['nʌrishmënt, 'nërishmënt] *n* 1.ushqim.2.ushqyerje.

nova['nouvë] *n astr* yll i ri.

novel I['novël] *adj* 1.i ri, i një lloji të ri.2.novator, origjinal.

novel II['novël] *n* roman.

novelette[novë'let] *n* novelë, roman i shkurtër.

novelist['novëlist] *n* romancier, autor romanesh.

novelize['novëlaiz] *vt let* romanizoj, shndërroj në roman.

novella[nou'velë, nou'vela] *n* novelë.

novelty['novëlti] *n* 1.gjë e re, risi.2.*pl* **novelties** artikuj të rinj(lodra, stringla).

November [nou'vembë:] *n* nëntor.(shih **July** për përdorimet).

novena[nou'vi:në] *n fet* lutje nëntëditëshe.

novice['novis] *n* 1.fillestar, rishtar.2.*fet* rishtar.

novitiate, noviciate [nou'vishiit] *n* 1.periudhë stazhi.2.rishtar.

now[nau] *adv,n,conj* -*adv* 1.tani, tashti; menjëherë, këtë çast; **just now** a) tani, në këtë çast; b) sapo, s'ka pak; **right now** tani, menjëherë.2.tashmë; **they won't be long now** zëre se erdhën tashmë; **by now** tashmë.3.sot; **long before now** kohë më parë; **in five days from now** pas pesë ditësh; **from now on** sot e tutje; **until now, up to now** deri tani; deri më sot.4.(emfatike) epo; tani; **now then!** e pra! **now then, no more quarrelling** mjaft tani me sherre; **well now, look who it is!** shiko pak kush na qenka! **be careful now!** kujdes, pra!hap sytë, të thashë! +

now and again, now and then herë pas here, herë-herë.

-*n* e sotmja, e tashmja.

nowadays['nauëdeiz] *adv,n* -*adv* sot; në këto ko-hë, në ditët tona.

-*n* koha e sotme.

noway ['nouwei] *adv* në asnjë mënyrë.

no way *adv zhrg* në asnjë mënyrë, e pamundur; no way could he pass the exam like that! ishte e pa-mundur që ta merrte provimin ashtu!

noways['nouweiz] *adv* në asnjë mënyrë.

nowhere['nouweë:] *adv* kurrkund, asgjëkundi.

nowise['nouwaiz] *adv* në asnjë mënyrë; aspak.

noxious['nokshës] *adj*1.i dëmshëm; helmues.2.*fig* çorodtës, degjenerues, korruptues.

nozzle['nozël] *n* 1. *tek* çyçë, pipth; grykë (tubi). 2.*zhrg* hundë.

Np shkurtim për Neptunium.

N.P. shkurtim për Notary Public.

nth[enth] *adj mat* i n-të. + to the nth degree /power a)në një shkallë çfarëdo; b)*gj.fol* në shkallën më të lartë, ku nuk mban më.

nt.wt. shkurtim për net weight.

nuance[niu:a:ns, 'niu:a:ns] *n* 1.ngjyrim, nuancë.2. *fig* nuancë.

nub[nʌb] *n* 1.gungë, xhungë.2.copë.3.*gj.fol* thelb.

nubbin ['nʌbën] *n*1.copëz. 2.kalli misri i vogël.3. frut i pazhvilluar.

Nubia['niu:bië] *n hist gjeog* Nubi(në Afrikën Veri-lindore).

nubile ['niu:bail, 'nu:bël] *adj* në moshë martese, e pjekur seksualisht(vajzë).

nuclear['niu:klië:] *adj fiz* bërthamor; atomik.

nuclear fuel *n* karburant bërthamor.

nuclear power *n* energji bërthamore.

nuclear reactor *n* reaktor bërthamor.

nucleate ['niu:klieit; 'niu:kliit] *v,adj bot* -*vi* for-mojnë bërthamë.

-*adj* me bërthamë.

nuclei['niu:kliai] *n pl* i nucleus.

nucleus['niu:kliës] *n bot, biol, fiz, kim* bërthamë.

nude[niu:d] *adj,n* -*adj* i zhveshur; lakuriq.

-*n* 1.nudo, figurë lakuriqe.2.njeri i zhveshur; in the nude zhveshur, lakuriq.

nudge[nʌxh] *v,n* -*vt* 1.shtyj lehtë; cik me bërryl.2. nxis, shtyj.3.i afrohem; she is nudging forty ajo po u afrohet të dyzetave.

-*n* shtytje e lehtë.

nudism['niu:dizëm] *n* nudizëm; kult i lakuriqësisë.

nudist['niu:dist] *n* nudist, person që i pëlqen të ecë zhveshur.

nudity['niu:diti] *n* lakuriqësi.

nugatory['niu:gëto:ri] *adj* 1.i pavlerë; pa rëndësi. 2.pa forcë, i pafuqishëm.3.i paefektshëm; pa dobi.

nugget['nʌgit] *n* 1.copëz.2.grimë e çmuar.

nuisance['niu:sëns] *n* bezdi, gjë e papëlqyer; njeri i bezdisur; make a nuisance of oneself bëhem i be-zdisshëm.

nuisance ground *n* vend për hedhjen e plehërave.

nuke[niu:k] *n zhrg* 1.armë bërthamore. 2.reaktor bërthamor.

null[nʌl] *adj* 1.i pafektshëm, i pavlefshëm; null and void *drejt* pa forcë ligjore, pa vlerë.2.pa rëndë-si; i padobishëm; pa kuptim.3.hiç, zero.

nullification[nʌlëfi'keishën] *n* 1.*drejt* shfuqizim.2. pezullim, anulim; zhvlerësim.

nullify['nʌlëfai] *vt* 1.*drejt* shfuqizoj, bëj të pavlef-shëm. 2. pezulloj, anuloj; zhvlerësoj.

nullity['nʌlëti] *n* 1.pavlefshmëri, të qenët pa kup-tim.2.hiç, zero.3. gjë pa vlerë; ligj i shfuqizuar.

numb[nʌm] *adj,v* -*adj* i mpirë; my leg has gone numb më është mpirë këmba; numb with fear i shtangur nga frika.

-*vt* mpij(edhe *fig*).

number ['nʌmbë:] *n,v* -*n* 1.sasi, numër(sendesh etj); beyond number, without number pa hesap, sa s'numërohen dot; a fair number of një numër i mirë/i madh(njerëzish etj); we were 20 in number ishim gjithësej 20 vetë; one of their number njëri prej tyre.2.numër (telefoni, shtëpie etj); wrong number keni gabuar numrin(në telefon); opposite number e kundërta (e dikujt); his number is up! *gj.fol* i ka ardhur fundi! 3.numër(gazete, reviste). 4.këngë; pjesë muzikore. 5.*gram* numër.6.*pl* a) arit-metikë; b)shumë, mori: numbers were turned away shumë nuk u pranuan; c) epërsi numerike.

-*vt* 1.numëroj.2.fus,përfshij; number sb among one's friends e fus dikë te miqtë e mi, e quaj mik.3.a)janë, bëjnë, arrijnë në; we numbered 5 in all ishim gjithësej pesë; b)ka, numëron; the city numbers a million inhabitants qyteti numëron një milion banorë. 4. fiksoj, kufizoj; his days are numbered i ka ditët të numëruara.5.i vë numër, nu-mërtoj(faqet e librit).

numberless['nʌmbë:lis] *adj* 1.i panumërt, i pafund, i pallogaritshëm.2.pa numër(faqe, shtëpi).

number one *pron gj.fol* 1. vete; he worries too much about number one ai merakoset më shumë se ç'duhet për veten e vet.2.*fig* i pari, më i miri.

number plate *n* targë(makine).

numbness['nʌmnis] *n* mpirje.

numbskull['nʌmskʌl] *n* leshko, budallë, trupeshk.

numerable['niu:mërëbël] *adj* i numërueshëm.

numeral ['niu:mërël] *n* 1.shifër, numër. 2.*gram* numëror.

numerate [*v* 'niu:mëreit; *adj* 'niu:mërit] *v,adj* -*v* numërtoj.

-*adj* që di të numërojë.

numeration[niu:më'reishën] *n* 1.numërim; lloga-ritje.2.shprehje e numrit me fjalë.

numerator['niu:měreitë:] *n* 1.*mat* numěrues.2.numěrues, llogaritës(i votave etj); numěratore.

numeric(al) [niu:'merik(ël)] *adj* numerik; **in numerical order** në rend numerik; **numerical value** vlerë numerike.

numerology[niu:më'rolëxhi] *n* numerologji, parashikim i së ardhmes me ndihmën e numrave.

numerous['niu:měrës] *adj* i shumtë, në numër të madh.

numismatics[niumiz'mætiks] *n* numizmatikë, studimi i monedhave e medaljeve.

numskull ['nʌmskʌl] *n gj.fol* gdhë, leshko, trutharë.

nun[nʌn] *n* murgeshë.

nuncio['nʌnshiou] *n* ambasador i Papës.

nunnery['nʌnëri] *n* manastir, kuvend(grash).

nunny bag *n amer* çantë shpine lëkure.

nuptial['nʌpshël , 'nʌpçël] *adj* ,*n* -*adj* martese, martesor; dasme.

-*n pl* dasmë; ceremoni martese.

nurse[në:s] *n,v* -*n* 1.infermiere; **male nurse** infermier.2. kujdestar(-e) fëmijësh.

-*vt* 1.kujdesem për, i shërbej(të sëmurit). 2.ushqej, i jap gji (fëmijës).3.mjekoj, luftoj(një sëmundje). 4. *fig* ushqej(shpresa).5.shtrëngoj, mbaj në gji.

nurs(e)ling['në:sling] *n* 1.foshnjë gjiri.2.pacient, i sëmurë.

nursemaid['në:smeid] *n* kujdestare fëmijësh.

nursery['në:sëri] *n* 1.dhomë fëmijësh.2.çerdhe fëmijësh.3.shkollë infermierësh.4.fidanishte.

nurserymaid['në:srimeid] *n* kujdestare fëmijësh.

nurseryman['në:srimën] *n* rritës fidanash.

nursery rhyme *n* vjershë për fëmijë.

nursery school *n* kopsht/çerdhe fëmijësh.

nursing home *n* 1.shtëpi pleqsh; qendër për të sëmurë kronikë.2.*Br* spital privat.

nurture['në:çë:] *n,v* -*n* 1.rritje; edukim.2.ushqim.

-*vt* 1.rris; edukoj.2.ushqej.

nut [nʌt] *n,v,adj* -*n* 1.arrë; lajthi; bajame. 2.*tek* dado.3.*zhrg* kokë, kaptinë, rradake; **he is off his nut** s'është në rregull nga trutë. 4.*zhrg* njeri i krisur.

5.*zhrg* tifoz i sëmurë, i marrosur pas. +**hard nut to crack** *fig* arrë e fortë, problem i vështirë; **nuts!** gjepura!, profka!

-*vt* mbledh arra.

-*adj* **nuts** *zhrg* i krisur, i luajtur; **he is nuts** ai është i krisur; **be nuts about sb** jam marrosur pas dikujt; **go nuts** marrosem, luaj nga fiqiri.

nutcracker['nʌtkrækë:] *n* 1. thyerëse arrash (vegël).2..*zool* zog që ushqehet me arra, lajthi etj.

nuthouse['nʌthaus] *n zhrg* çmendinë; spital psikiatrik.

nutlet['nʌtlit] *n* 1.arrëz.2.bërthamë(pjeshke etj).

nutmeat['nʌtmi:t] *n* thelb, bukë(arre etj).

nutmeg['nʌtmeg] *n bot* arrëmyshk, arxhiviz.

nutrient['niu:triënt] *n,adj* -*n* lëndë ushqyese.

-*adj* ushqyes; i ushqyeshëm.

nutriment['niu:trëmënt] *n* ushqim.

nutrition [niu:'trishën] *n* 1.ushqim. 2.të ushqyer, proces i të ushqyerit.

nutritional[niu:'trishënël] *adj* i të ushqyerit.

nutritious[niu:'trishës] *adj* i ushqyeshëm, me vlera ushqyese.

nutritive['niu:trëtiv] *adj* 1.i të ushqyerit(proces).2.i ushqyeshëm, me vlera ushqyese.

nutshell['nʌtshel] *n* 1.lëvozhgë arre. 2.*fig* grimë, çikë; **in a nutshell** shkurt, me pak fjalë; **to put it in a nutshell** që t'i biem shkurt, për të mos e zgjatur.

nutting['nʌting] *n* mbledhje arrash, lajthish etj.

nutty['nʌti] *adj* 1.me arra(ëmbëlsirë).2.*zhrg* i krisur; i luajtur.3.*zhrg* i marrosur pas.

nuzzle['nʌzël] *v* 1.rrëmon me hundë.2.nuhat, zgjat hundën.

N.Y. shkurtim për **New York.**

nylon['nailon] *n* 1.nailon.2.*pl* çorape nailoni.3.*attr* prej nailoni.

nymph[nimf] *n mit* nimfë.

nymphet['nimfët] *n* çupkë tërheqëse.

nymphomania[nimfë'meiniё] *n mjek* nimfomani, dëshirë seksuale e pakontrolluar(te femra).

nymphomaniac[nimfë'meiniёk] *n* nimfomane.

N.Z. shkurtim për **New Zealand.**

O

o,O[ou] *n* o, shkronja e 15-të e alfabetit anglez.

O[ou] 1. shih **oh.**2.shkurtim për **Oxygen.**

o' [ë, ou] *prep* 1.(**of**) i; **man-o'-war** luftanije. 2.(**on**) mbi.

o shkurtim për **ohm.**

oaf[ouf] *n* gdhë, njeri i trashë.

oafish['oufish] *adj* i pagdhendur, i trashë.

oak[ouk] *n* 1.*bot* lis. 2.*attr* lisi, prej dru lisi.

oaken['oukën] *adj vjet poet* lisi, prej dru lisi.

oakum['oukëm] *n det* shtupë litari të zhdredhur.

oar[o:] *n,v* -*n* 1.rrem, lopatë.2.rremtar, vozitës. + **put one's oar in** përzihem, fus hundët; **rest on one's oars** lë punën, bëj pushim.

-*vi* vozis, u jap rremave.

oarlock['o:lok] *n* mbështetëse e rremit.

oarsman['o:zmën] *n* rremtar, vozitës.

OAS, O.A.S. (shkurtim për **Organization of American States**) OAS, Organizata e Shteteve Amerikane.

oasis[ou'eisis, 'ouësis] *n pl* **oases** oaz.

oat [out] *n bot* tërshërë. + **feel one's oats** *zhrg* a) ndihem i shkrythët; b) ndihem i kënaqur; **sow one's wild oats** bëj marrëzirat e të riut.

oatcake['outkeik] *n* kulaç me miell tërshëre.

oaten['outën] *adj* tërshëre; prej mielli tërshëre.

oath[outh] *n*1.be, betim; **on oath, under oath** me betim; **put sb on/under oath** e vë në be dikë, e detyroj dikë të betohet; **take the oath** betohem; **swear on oath/on one's oath** betohem solemnisht. 2.sharje; nëmë.

oatmeal['outmi:l] *n* 1.miell tërshëre; bollgur.2.qull tërshëre.

oats[outs] *n bot* tërshërë.

obduracy ['obdiërësi] *n* 1.kokëfortësi.2.ngurtësi, shpirtngurtësi.

obdurate['obdiërit] *adj* 1.kokëfortë; i ngurtë. 2.zemërgur.

obedience[ou'bi:diëns] *n* bindje; **in obedience to your orders** sipas urdhërave tuaja.

obedient[ou'bi:diënt] *adj* i bindur, i dëgjueshëm; **be obedient to sb** i bindem dikujt.

obediently[ou'bi:diëntli] *adv* pa fjalë, me bindje.

obeisance[ou'beisëns, ou'bi:sëns] *n* 1.përkulje në shenjë nderimi.2.nderim, homazh.

obelisk['obëlisk] *n* obelisk.

obese[ou'bi:s] *adj* i dhjamosur, i ngjallur, i trashur.

obesity[ou'bisëti] *n* trashje, dhjamosje, shëndoshje.

obey [ou'bei] *v* 1.bindem. 2.zbatoj, u bindem (urdhrave, ligjeve).

obfuscate['obfʌskeit] *vt* 1.turbulloj, errësoj (mendjen). 2.errësoj.

obituary[ou'biçuëri] *n,adj* -*n* nekrologji; lajmërim vdekjeje.

-*adj* vdekjeje, nekrologjik; **obituary notice** lajmërim vdekjeje.

object [*n* 'obxhikt, 'obxhekt; *v* ob'xhekt] *n,v* -*n* 1.send, gjë, objekt.2.objekt; **object of ridicule** objekt talljeje.3.synim, qëllim, objektiv; **with this object in view** me këtë pikësynim; **what's the object of doing that?** për ç'qëllim duhet bërë kjo? 4.*gram*

kundrinë; **direct/indirect object** kundrinë e drejtë/ e zhdrejtë.

-*v* kundërshtoj; i kundërvihem; protestoj; hedh poshtë; **if you don't object** po qe se nuk ke ndonjë kundërshtim; **do you object to my smoking?** të shqetësoj po të pi duhan?

object glass *n fot* objektiv(i aparatit etj).

objectify[ëb'xhektëfai] *vt* konkretizoj(mësimin etj).

objection [ëb'xhekshën] *n* kundërshtim; vërejtje; **make/raise an objection** kundërshtoj; bëj vërejtje; **are there any objections?** ka ndonjë vërejtje/kundërshtim?

objectionable [ëb'xhekshënëbël] *adj* 1.antipatik (person).2.e pakëndshme(erë, aromë).3.e pahijshme (sjellje).4.e dënueshme, e palejueshme (gjuhë).

objective [ëb'xhektiv] *n,adj* -*n* 1.synim, pikësynim, qëllim; objektiv.2.objekt, gjë konkrete.3.*gram* rasë kallëzore ose dhanore.4.*fot* objektiv.

-*adj* 1.objektiv(realitet).2.*fig* i paanshëm, objektiv (gjykim etj).3.*gram* kallëzor; dhanor.

objectively[ëb'xhektivli] *adv* objektivisht; me objektivitet, me paanësi.

objectivity['obxhëk'tivëti] *n* objektivitet, të qenët objektiv/ i paanshëm.

object lesson *n* 1.mësim tregues. 2.ilustrim, konkretizim.

objector[ëb'xhektë:] *n* kundërshtues, kundërshtar.

objurgate['obxhë:geit] *vt* qortoj ashpër, shaj.

objurgatory[ob'xhë:gëto:ri] *adj* qortues.

oblate ['obleit, ob'leit] *adj* i shtypur në polet (rruzull).

oblation[ob'leishën] *n fet* blatim, dhuratë.

obligate['oblëgeit] *vt* detyroj(moralisht, ligjërisht).

obligation [oblë'geishën] *n* 1.detyrim, shtrëngim. 2.zotim, angazhim, detyrim, kushte të marrëveshjes; **pay an obligation** shlyej një detyrim; **be under no obligation to do** s' kam ndonjë detyrim për ta bërë ; **meet/fail to meet one's obligations** përmbush /nuk përmbush detyrimet që kam.

obligatorily[ëb'ligë'torili] *adv* me detyrim, në mënyrë të detyrueshme.

obligatory [ëb'ligëtori, 'oblëgëtori] *adj* i detyrueshëm, i detyruar.

oblige[ë'blaixh] *vt* 1. detyroj, shtrëngoj; **the law obliges everybody to** ligji detyron cilindo që të. 2. *fig* bëj borxhli, fus në detyrim(dikë); **be obliged to sb for sth** i jam borxhli dikujt për diçka; **much obliged!** ju jam shumë mirënjohës!, jua di për nder!3.i bëj nder; **kindly oblige me by closing the door** a do të kini mirësinë ta mbyllni derën? **anything to oblige!** me kënaqësi!, e kam për kënaqësi t'ju shërbej!

obligee[oblë'xhi:] *n drejt* 1.palë ndaj së cilës ke një detyrim; kreditor.2.palë që ka detyrime.

obliging[ëb'laixhing] *adj* i gjindshëm që bën nder, i mirësjellshëm.

obligingly[ĕb'laixhingly] *adv* me mirësjellje.
oblique[ĕb'li:k] *adj,n,v* -*adj* 1.i pjerrët.2.*mat* këndngushtë(trekëndësh).3.i tërthortë; i errët, i paqartë.4.*gram* e zhdrejtë(rasë). -*n* vizë e pjerrët. -*vi* zbret/ngjitet/shkon pjerrtas.
oblique angle *n mat* kënd jo i drejtë.
obliquity [ĕb'likwëti] *n* 1. pjerrje, pjerrësim.2. *fig* dredhim; rrugë e shtrembër.
obliterate[ĕb'litëreit] *vt* 1. shuaj, fshij. 2. zhduk, prish.
obliteration[ĕb'litë'reishën] *n* 1.shuarje, fshirje.2. zhdukje, prishje.
oblivion[ĕb'liviën] *n* harresë; **fall/sink into oblivion** lihet në harresë; harrohet.
oblivious[ĕb'liviës] *adj* harraq, i pavëmendshëm; që nuk di; **oblivious of/to** i pandërgjegjshëm për.
oblong['oblong] *adj,n* -*adj* 1.i zgjatur.2.*mat* drejt-këndësh.
- *n* drejtkëndësh.
obloquy['oblëkwi] *n* 1.qortim publik; diskreditim. 2. turp, turpërim.
obnoxious[ĕb'nokshës] *adj* 1.i neveritshëm, i padu-rueshëm, shumë i pakëndshëm(njeri,sjellje).2.i dëm-shëm; i padurueshëm, kutërbues (tym, avull).
oboe['oubou] *n muz* oboe(instrument).
oboist['ouboist] *n muz* oboist.
obscene[ĕb'si:n, ob'si:n] *adj* 1.i pahijshëm, i turp-shëm; i fëlligët.2.i paturpshëm, ofendues.
obscenity[ĕb'senëti, ĕb'si:nëti] *n* 1.pahijshmëri, të qenët i turpshëm.2.fëlligësi, gjë e turpshme/e fëlligët.
obscurantism[ĕb'skiu:rëntizëm] *n* obskurantizëm.
obscurantist[ĕb'skiurëntist] *adj,n* obskurantist.
obscuration['obskjë'reishën] *n* errësim; fshehje, mbuilim; turbullim, ngatërrim.
obscure[ĕb'skiuë:] *adj,v* -*adj* 1.i errët, i turbullt, i paqartë.2.*fig* i humbur(fshat etj).3.i errët, i mugët. -*vt* 1.zë pamjen, mbuloj; fsheh.2.*fig* errësoj.
obscurely[ĕb'skiuë:li] *adv* 1.errët.2.*fig* në mënyrë të errët.
obscurity[ĕb'skiu:rëti] *n* 1.errësirë, terr.2.*fig* pikë e errët; paqartësi.3.*fig* mungesë fame, anonimat.
obsequies['obsëkwi:z] *n pl* ceremoni varrimi, rite varrimi.
obsequious[ĕb'sikwiës] *adj* lajkatar, servil.
observable[ĕb'zë:vëbël] *adj* 1.i dallueshëm, që shi-het me lehtësi.2.respektoj, zbatoj(një rit etj).
observably [ĕb'zë:vëbli] *adv* në mënyrë të duk-shme /të dallueshme.
observance[ĕb'zë:vëns] *n* 1.zbatim, respektim.2.rit, ritual; **religious observances** rite fetare.3.rregull, zakon.4.vëzhgim, vrojtim.
observant[ĕb'zë:vënt] *adj* 1.i vëmendshëm, vëzh-gues.2.i kujdesshëm, që u vë veshin(rregullave etj).
observation[ob'zë:'veishën] *n* 1.vrojtim, vëzhgim.
powers of observation aftësi vëzhguese. 2. mbikë-

qyrje; **be/keep in observation** jam/mbaj nën mbi-këqyrje; **escape observation** i shpëtoj mbikëqyrjes. 3.vërejtje.
observational ['obzë:'veishënël] *adj* vëzhgimor, vrojtimi.
observation post *n* pikë vrojtimi.
observatory[ĕb'zë:vëtori] *n* observator.
observe[ĕb'zë:v] *v* 1.vrojtoj, vëzhgoj; studioj. 2. vërej, vë re. 3.vërej, bëj një vërejtje, them. 4.zbatoj; respektoj; mbaj(qetësi etj).
observer[ĕb'zë:vë:] *n* 1.vërejtës; mbikëqyrës. 2. res-pektues; zbatues; mbajtës(i agjërimit etj).3.vëzhgues, i ftuar(në një konferencë etj).
observing[ĕb'zë:ving] *adj* shih **observant.**
obsess[ĕb'ses] *vt fig* pushton, i ha shpirtin(një me-ndim etj); **be obsessed by sth** më është ngulur në mendje diçka.
obsession[ĕb'seshën] *n* ankth, ide e ngulët; mani; **his obsession about cleanliness** mania e tij për pas-tërtinë.
obsessional[ĕb'seshënël] *adj* i ngulët, që s'të shqitet nga mendja.
obsessive[ĕb'sesiv] *adj* shih **obsessional.**
obsidian[ob'sidian] *n min* xham vullkanik.
obsolescence['obsë'lesëns] *n* vjetrim, dalje nga për-dorimi; të qenët demodé.
obsolescent['obsë'lesënt] *adj* 1.që po del nga përdo-rimi; që po del nga moda.2.*biol* në zhdukje e sipër, me zhvillim të pakët(organ).
obsolete['obsëli:t] *adj* 1.që s'përdoret më, i dalë nga përdorimi, i vjetëruar. 2.i dalë mode.
obstacle['obstëkël] *n* pengesë; **be an obstacle to** është pengesë për; **put an obstacle in the way of sb** i nxjerr pengesë dikujt, pengoj dikë.
obstacle race *n sport* vrapim me pengesa.
obstetric(al)[ob'stetrik(ël)] *adj mjek* obstetrik.
obstetrician[obstë'trishën] *n* mjek obstetër.
obstetrics[ob'stetriks] *n mjek* obstetrikë.
obstinacy['obstinësi] *n* kokëfortësi.
obstinate ['obstënit] *adj* 1. kokëfortë, kokëngje-shur. 2. rezistente, e qëndrueshme(kollë etj); **as ob-stinate as a mule** kokëmushkë.
obstreperous[ĕb'strepërës] *adj* 1.i zhurmshëm, i potershëm.2.i çrregullt, i rrëmujshëm; i pashtruar.
obstruct[ĕb'strʌkt] *vt* 1.zë, bllokoj, mbyll rrugën. 2.pengoj, zë pamjen; **obstruct sb's view** i zë pam-jen dikujt.
obstruction[ĕb'strʌkshën] *n* 1.pengesë.2.pengim; **cause an obstruction** zë rrugën, pengoj kalimin.
obstructionism[ĕb'strʌkshënizëm] *n pol* obstruk-sionizëm.
obstructive[ĕb'strʌktiv] *adj* pengues.
obtain[ĕb'tein] *v* 1.fitoj, siguroj, shtie në dorë; **ob-tain a prize** fitoj një çmim.2.përdoret, është në për-dorim; **different rules obtain in different schools** në shkolla të ndryshme zbatohen rregulla të ndry-

shme.

obtrude[ëb'tru:d] v 1.imponoj; **obtrude one's opinions on others** u imponoj të tjerëve mendimet e mia. 2. imponohem; hyj pa ftuar. 3.nxjerr(kokën breshka).

obtrusion[ëb'tru:zhën] n 1.imponim.2.diçka e imponuar.

obtrusive[ëb'tru:siv] adj 1.furacak, që futet pa ftuar (në bisedë). 2.tepër e ndezur(ngjyrë). 3.i imponuar, që kërkon t'u imponohet të tjerëve. 4.që të vret sytë. 5.shpuese, therëse(aromë). 6.e dalë(pjesë).

obtuse[ëb'tju:s, ëb'tu:s] adj 1.i topitur, pa majë.2. mat i gjerë(kënd).3.fig i trashë, që s'ia pret fort.4. mjek i mpirë, i topitur(dëgjim etj).

obverse[n 'obvë:s; adj ob'vë:s, 'obvë:s] n,adj   -n 1. anë e mbarë (e monedhës, medaljes etj).2.anë e përparme; fasadë.3.barazvlerës, ekuivalent.
    -adj 1.e mbarë; e parme(anë).2.i barazvlershëm, ekuivalent. 3.që ngushtohet në bazë.

obvert[ob'vë:t] vt 1.kthej nga(një objekt).2.shndërroj (një pohim) në mohimin e të kundërtës së vet.

obviate['obvieit] vt shmang, mënjanoj; parandaloj (një rrezik etj).

obvious['obviës] adj i qartë, i kapshëm; i dukshëm, evident; **it's obvious that** është e qartë se; **he is the obvious man for the job** duket qartë se ai është personi adapt për këtë punë; **the obvious thing to do is** puna më me mend do të ishte; **make it obvious that** tregoje hapur/sheshit se.

occasion[ë'keizhën, ou'keizhën] n,v -n 1.rast; **on occasion** me raste, herë pas here; **on that occasion** në atë rast.2.ngjarje, rast i posaçëm; **it was quite an occasion** ishte ngjarje me rëndësi; **on the occasion of** me rastin e; **rise to the occasion** tregohem në lartësinë e duhur.3.arsye, shkak; **there was no occasion for it** nuk kishte arsye për një gjë të tillë. 4.shans, rast; **if you ever have occasion to be in Albania** po të rastisi ndonjëherë të shkosh në Shqipëri. + **improve the occasion** shfrytëzoj rastin.
    -vt shkaktoj, bëhem shkak për; jap shkas për.

occasional[ë'keizhënël] adj 1.i rastit, rastësor; i herëpashershëm; **she likes an occasional cigarette** i pëlqen nga një cigare herë pas here. 2. posaçërisht për rastin; për raste të veçanta.

occasionally[ë'keizhënëli] adv herë pas here, ngandonjëherë; me raste; **very occasionally** fort rrallë, nganjëherë në të rrallë.

occident['oksëdënt] n 1.**Occident** Perëndimi. 2. gjeog perëndim.

occidental[oksë'dëntël] adj,n   -adj 1.Perëndimor, i Perëndimit.2.gjeog perëndimor.
    -n Perëndimor.

occlude[ok'lu:d] v 1.zë, bllokoj, mbyll.2.mbyll brenda; lë jashtë. 3.kim përthith, absorbon. 4.anat mbyllen mirë, përputhen(dhëmbët e sipërm dhe të poshtëm).

occlusion[o'klu:zhën] n 1.zënie, bllokim, mbyllje.2. anat mbyllje e mirë, përputhje(e dhëmbëve).

occult[o'kʌlt, 'okʌlt] adj,n   -adj 1.i fshehtë, i mistershëm; i padukshëm.2.magjik, jashtë ligjeve të natyrës, okult; **astrology and alchemy are occult sciences** astrologjia dhe alkimia janë shkenca okulte. -n **the occult** shkencat okulte.

occultation['okʌl'teishën] n 1.astr fshehje, mbulim (i trupave qiellorë).2.zhdukje, humbje nga sytë.

occultism[o'kʌltizëm] n okultizëm, studim i shkencave okulte.

occupancy['okjupënsi] n 1.zotërim(toke etj). 2.zënie, mbajtje(e një shtëpie etj).

occupant['okjupënt] n 1.mbajtës, titullar(i një posti). 2.udhëtarë(në anije etj). 3.banues, qiramarrës.

occupation['okju'peishën] n 1.punë, profesion, detyrë; **he's a teacher by occupation** ai është me profesion mësues. 2.pushtim. 3.zënie(e shtëpisë prej banorëve).

occupational [okju'peishënël] adj profesionale (sëmundje).

occupational therapy n mjek ergoterapi, mjekim nëpërmjet ushtrimeve fizike në punë.

occupy['okjupai] vt 1.zë, merr(kohë); **be occupied with sth/in doing sth** jam i zënë me diçka; **keep one's mind occupied** e mbaj trurin në punë.2.zë, përfshin(sipërfaqe,vend).3.pushtoj.4.mbaj(një post).5. banoj, zë(një shtëpi).

occur[ë'kë:] vi 1.ndodh, ngjan; **occur again** përsëritet. 2.paraqitet(rasti). 3.ndeshet, haset. 4.vjen ndër mend; **did it occur to you to close the window?** a të shkoi ndër mend të mbyllje dritaren?

occurrence [ë'kërëns] n 1.rastisje, zhvillim (i një dukurie).2.ngjarje, ndodhi, dukuri; **an everyday occurrence** dukuri e përditshme.

ocean['oushën] n 1.oqean. 2. fig mori, pafundësi; **oceans of** një mori.

ocean bed n gjeog fund i oqeanit.

ocean cruise n udhëtim përmes oqeanit.

ocean-going['oushën'gouing] adj transoqeanik (vapor).

ocean greyhound n anije e shpejtë transoqeanike.

oceanic[oushi'ænik] adj oqeanik.

oceanography['oushë'nogrëfi] n oqeanografi.

Oceanus[ou'shiënës] n mit 1.perëndia e deteve, Oqeani.2.lumi Oqean.

ocelate['osëleit] adj shih **ocellated**.

ocellated['osëleitid] adj laraman, pulla-pulla(si pendët e palloit).

ocellus[ou'selës] n pl **ocelli** 1.sy insekti.2.pullë, pikël(si te pendët e palloit).

ochre, amer **ocher**['oukë:] n,adj okër, ngjyrë okër.

o'clock[ë'klok] (shkurtim për **of the clock**) ora; **at 10 o'clock** në ora dhjetë; **at twelve o'clock** a) në mesditë; b) në mesnatë.

Oct. shkurtim për **October.**

octagon['oktëgon] *n mat* tetëkëndësh.

octagonal[ok'tægënël] *adj mat* tetëkëndësh.

octahedral['oktë'hi:drël] *adj mat* tetëfaqësh.

octahedron['oktë'hi:drën] *n mat* tetëfaqësh.

octane ['oktein] *n kim* oktan; **high-octane petrol** benzinë me oktan të lartë, benzinë e pasur.

octane number *n* numër oktanesh (tregues i cilësisë së benzinës).

octave['oktiv, 'okteiv] *n* 1.*muz* oktavë.2.tetëshe.3.*let* oktet, tetëvargësh, strofë tetëvargëshe.

octet(te)[ok'tet] *n* 1.*muz* oktet.2.*let* tetëvargësh, oktet.3.tetëshe.

octillion[ok'tiliën] *n* oktilion: a)1 me 27 zero pas (SHBA, Kanada, Francë); b) 1 me 48 zero pas (Angli, Gjermani).

octo-, octa-, oct- *pref* tetë-; **octopus** *zool* tetëkëmbësh, oktapod.

October[ok'toubë:] *n* tetor (për përdorimet shih **July**).

octogenarian['oktëxhë'nëriën] *n,adj* tetëdhjetëvjeçar; në të tetëdhjetat.

octopod['oktëpod] *n zool* tetëkëmbësh, oktapod.

octopus ['oktëpës] *n zool* tetëkëmbësh, oktapod (edhe *fig*).

octoroon[oktë'ru:n] *n* person me 1/8 gjak afrikan.

ocular['okjulë:] *adj,n* -*adj* 1.*anat* i syrit.2.në trajtë syri.3.i parë me sy(fakt).

-*n fiz* synor, okular.

ocularist['okjulërist] *n* prodhues sysh artificialë; mjek që vë sy artificialë.

oculist['okjulist] *n* mjek sysh, okulist.

OD['ou'di:] *n,v zhrg* (shkurtim për **overdose**) -*n* mbidozë, dozë tepër e lartë droge.

-*vi* marr mbidozë(droge).

odalisque, odalisk['oudëlisk] *n* skllave haremi.

odd[od] *adj* 1.*mat* tek(numër).2.tek, i mbetur tek (vëllim, dorashkë etj).3.i mbetur; **a few odd dollars in her purse** ca pak dollarë të mbetur në kuletë; **if you have the odd minute** po qe se ke një çast të lirë; **the odd man/one out** përjashtimi; tipi i veçantë; rasti i veçantë.4.i rastit; **do odd jobs around town** bëj punë të rastit nëpër qytet. 5.e ca; **30-odd kilometres** 30 e ca kilometra. 6.i çuditshëm; **how odd!** sa e çuditshme! **he says some odd things** ai thotë ca gjëra të çuditshme.7.i largët, i veçuar.

oddball ['odbol] *n,adj zhrg* tip i çuditshëm, njeri allosoj.

oddity ['odëti] *n* 1.gjë e çuditshme, çudi.2.njeri i çuditshëm, tip më vete.3.çudi, veçanësi, të qenët i çuditshëm.

oddly ['odli] *adv* çuditërisht, për çudi; **oddly enough he is right** çuditërisht ai ka të drejtë; **they are oddly similar** kanë një ngjashmëri të çuditshme.

odd-man-out['odmæn'aut] *n* 1.tip i veçantë, tip më vete.2.person i mbetur jashtë(grupit).3.person i caktuar me short. 4.hedhje në short.

oddment ['odmënt] *n* gjë e mbetur; *pl* stok (në magazinë).

odds[odz] *n* 1.shanse (në baste); gjasë, mundësi; **the odds on the horse are 5 to 1** shanset për këtë kalë janë 5 me 1; **the odds are in his favor** ka mjaft shanse të fitojë; **succeed against all odds** fitoj kundër të gjitha parashikimeve; **the odds are that** mundësitë janë që.2.avantazh(që i jepet pjesëmarrësit më të dobët në një garë); avancë.3.ndryshim; **it makes no odds when he goes** s'ka rëndësi se kur ikën; **what's the odds?** e ç'ndryshim ka? 4.mospajtim, mosmarrëveshje; **be at odds with sb over sth** nuk pajtohem/ sherrosem me dikë për diçka. **+odds and ends** mbetje, mall i mbetur; mbeturina.

odds-on ['odzon] *adj* që pritet të fitojë, që i ka shanset; **odds-on favorite** favoriti kryesor, pretenduesi kryesor.

ode[oud] *n let* ode.

odious['oudiës] *adj* i urrejtshëm; i neveritshëm.

odium['oudiëm] *n* 1.urrejtje; neveri.2.nëmë.

odometer[ou'dométë:] *n aut* rrugëmatës, odometër.

odontology ['oudon'tolëxhi] *n mjek* odontologji; dentari.

odo(u)r['oudë:] *n* 1.erë, aromë, kundërmim; kutërbim.2.nam, emër, **be in bad odor with sb** kam emër të keq te dikush.3.*fig* shijë.

odoriferous ['oudë'rifërës] *adj* erëmirë, aromatik, kundërmues.

odorous['oudërës] *adj* shih **odoriferous**.

odour['oudë:] *n* shih **odor**.

Odysseus[ou'disiës] *n mit* Odiseu, Ulisi.

Odyssey['odësi] *n let* "Odisea".

Oedipus['i:dëpës, 'edëpës] *n mit* Edipi.

o'er['o:ë:] *prep, adv* shih **over**.

oesophagus[i:'sofëgës] *n* shih **esophagus**.

of[ʌv, ov, ëv] *prep* 1.i, e , të; **a friend of mine** një mik i imi.2.nga ana e; **that was very kind of you** u treguat shumë i sjellshëm.3.(përbërje) prej; me; **a house of bricks** shtëpi prej tullash; **a house of six rooms** shtëpi me gjashtë dhoma.4.(përkthehet me rrjedhoren): **a cry of joy** britmë gëzimi; **loss of appetite** humbje oreksi; **free of charge** falas, pa pagesë; **smelling of onions** që mban era qepë; **that idiot of a director** ai hajvan drejtori.5.i; **the city of Tirana** qyteti i Tiranës. 6.nga, prej(një vendi); **north of Rome** në veri të Romës.7.për, në lidhje me; **think well of sb** mendoj mirë për dikë; **what of it?** pastaj, çfarë? 8.(cilësim) i,e; **the hour of prayer** ora e lutjeve. 9.(autorësi) i, e, të; **the writings of Noli** veprat e Nolit.10.nga, prej, si pasojë e, nga shkaku i; **die of grief** vdes nga hidhërimi; **of necessity** nga nevoja.11.(prejardhje) nga, prej; **of a good family** nga familje e mirë.12.gjatë; **of late years** vitet e fundit, gjatë viteve të fundit. 13.(për orën) pa, para; **ten minutes of eight** tetë pa dhjetë. 14. për nga (mosha); **eighteen years of age** me moshë 18 vjeç.

15. (partitiv) nga, prej; **three of us** tre nga ne; **1 kilogram of flour** 1 kilogram miell.
off[of] *prep,adv,adj,interj* -*prep* 1.nga; **a button is off his shirt** i ka ikur një kopsë nga këmisha. 2.larg prej, nga; **you are off the road** je larguar nga rruga. 3.afër, pranë; **the ship anchored off Durres** anija ankoroi afër Durrësit.4.me ndihmën e , në sajë të; **he lived off his parents** rronte në kurriz të prindërve.
-*adv* 1.hequr; **with his hat off** me kapelën hequr.2. prerë, stakuar; shuar; **electricity is off** korenti është prerë; **the game was called off** loja u ndërpre. 3.larg; **Christmas is only two weeks off** Krishtlindjet janë vetëm dy javë larg; **it's a long way off** është shumë larg.4.(nisje) ikur; **go off on a journey** iki për udhëtim; **he is off to Europe tonight** niset sonte për në Evropë; **I must be off** duhet të iki; **off we go** ikim, nisemi. 5.pushim, pa punë; **an afternoon off** një mbasdite pushim; **he's off sick** s'ka ardhur se është sëmurë; **take three days off** marr tri ditë pushim. 6.pakësuar; hequr; **20% off** me 20% ulje(çmimi); **off with those wet clothes!** hiqi ato rroba të lagura! + **off and on, on and off** herë pas here; **right off, straight off** aty për aty, menjëherë, sakaq.
-*adj* 1.i anulluar; **our trip to Italy is off** udhëtimi për në Itali u anullua.2.i prerë(korenti).3.i sosur, i mbaruar; **the chicken is off** mishi i pulës mbaroi (në restorant).4.pushimi, pa punë; **off hours** orë pushimi.5.në gjendje(financiare); **be well/badly off** jam mirë/keq nga gjendja; **the less well off** më të skamurit; **you'd be better off staying where you are** do bëje më mirë të rrije siç je; **how are you off for cash?** si je me para? 6.çka, jo fort i mirë; **an off season for fruit** stinë jo fort e mirë për frutat.7.i mundshëm; **come on the off chance that** vij me një fije shpresë se mos.8.i gabuar; **your figures are way off** shifrat e tua janë krejt gabim.9.i largët; **the off side of the building** ana e përtejme e ndërtesës.10.i anës së djathtë; **the off wheel** rrota e djathtë.11.nga ana e detit.
-*interj* tutje!largohu! **off with...!** a)hiqe atë(kapelë etj)! b) prite, preje! c) hiqma! largoje!
offal['ofël] *n* 1.përbrendësa, rropulli.2.hedhurina, plehra.
off-and-on['ofën'on] *adj,adv gj.fol* -*adj* i ndërprerë; i herëpashershëm.
-*adv* me ndërprerje; herë pas here.
offbalance[of'bælëns] *adj,adv* -*adj* 1.i paqëndrueshëm, i lëkundur.2.i papërgatitur, i beftë.
-*adv* 1.me pasiguri.2.në befasi, gafil.
offbeat['ofbi:t] *adj gj.fol* i pazakontë; i çuditshëm; origjinal, allosoj.
offcast['ofcæst] *adj,n* -*adj* i flakur, i përzënë.
-*n* 1.gjë e flakur.2. njeri i përzënë.
off-centre, amer off-center [of'sentë:] *adj* jashtë

qendre, jashtëqendror.
off-chance['ofçæns] *n* shpresë e vagët; **on the off-chance of seeing him** me një fije shpresë se mos e takoja; **për çdo rast, nëse e takoja.**
off-colo(u)r['ofkʌlë:] *adj* 1.i çngjyrosur.2.pa vend; **an off-color joke** një shaka pa vend.3.pa qejf; **feel off-color** nuk ndihem fort mirë.
off-cut['ofkʌt] *n* rrëzim.
off duty *adj* jo në shërbim; që nuk është rojë (mjek).
offence, amer offense[ë'fens, ou'fens, 'oufens] *n* 1.kundërvajtje, shkelje(e ligjit, rregullit); **it is an offence to** është e ndaluar të.2.keqbërje; krim; **commit an offence** kryej një krim.3.fyerje; **give offence to sb** fyej dikë; **take offence at sth** fyhem për diçka.4.*usht* sulm.5.*sport* sulm, repart i sulmit.
offenceless[ë'fenslis] *adj* 1.josulmues. 2.jofyes.
offend [ë'fend] *v* 1.fyej. 2.cenon; bie ndesh me; **it offends my sense of justice** kjo bie ndesh me konceptin tim për drejtësinë; **offend against** bie ndesh me.3.mëkatoj; bëj keq.4.shkel(ligjin, rregullin).
offended[ë'fendid] *adj* i fyer.
offender[ë'fendë:] *n*1.fyes.2.shkelës, kundërvajtës.
offending[ë'fending] *adj* shkaktar.
offense shih **offence**.
offensiveness[ë'fensivnis] *n* natyrë sulmuese.
offensive[ë'fensiv] *adj,n* -*adj* 1.fyes.2.i pakëndshëm, i papëlqyeshëm.3.sulmues.
-*n usht, sport* mësymje; sulm; **go over to/take the offensive** kaloj në sulm.
offer['ofë:] *v,n* -*v* 1.ofroj, jap; **offer sth to sb** i ofroj/i jap diçka dikujt. 2.tregohem i gatshëm; **he offered to help us** ai u tregua i gatshëm të na ndihmonte. 3.paraqes(një ide etj); **offer resistance** paraqes rezistencë.4.paraqitet; **if the opportunity offers** po u paraqit rasti.5.tregoj, shfaq.
-*n* 1.ofertë; propozim; **an offer of marriage** propozim për martesë; **an offer of $50.000 for the house** një ofertë prej 50.000 dollarësh për shtëpinë. 2.përpjekje; synim.
offering ['ofëring] *n* 1.ofrim; propozim; ofertë. 2. blatë, dhuratë.3.fli.
off-guard['ofga:d] *adj* gafil, i papërgatitur.
offhand[*adv* of'hænd; *adj* 'ofhænd] *adv,adj* -*adv* aty për aty, në çast, në vend; menjëherë.
-*adj* 1.i çastit, i atypëratyshëm.2.jozyrtar, bisedor.3. i pasjellshëm; harbut.
off-handed['ofhændid] *adj* shih **offhand**.
office ['ofis] *n* 1.zyrë. 2.detyrë, post; ofiq; **be appointed to the office of Minister of Education** emërohem në postin e ministrit të Arsimit; **be in office, hold office** a) jam në detyrë, mbaj postin; b) është në fuqi/në pushtet(një parti).3.punë, detyrë. 4.personel i zyrës.5.dikaster; ministri.6.mirësi, kujdes; **through the good offices of a friend** me ndih-

mën e një mikut të vet.7.*fet* shërbesë; meshë.8.*pl Br* shërbimet, mjediset e shërbimeve(në një shtëpi të madhe).

office boy *n* korier zyre.

officeholder['ofis'houldë:] *n* nëpunës; zyrtar; funksionar.

officer['ofësë:] *n,v* -*n* 1.*usht* oficer; **officers' mess** mensë e oficerëve.2.zyrtar, nëpunës, punonjës; **police officer** punonjës i policisë; oficer policie.3.funksionar.

officer cadet *n* student shkolle ushtarake; kadet.

officer of the day *n* oficer rojë.

official[ë'fishël, ou'fishël] *n,adj* -*n* 1.zyrtar; nëpunës. 2.drejtues(klubi, organizate).

-*adj* zyrtar; **official representative** përfaqësues zyrtar.

officialdom[ë'fishëldëm] *n* 1.nëpunësi.2.zyrtarët; nëpunësit.

officialese[ë'fishël'i:z] *n* gjuhë zyrash, stil i fryrë.

officialism[ë'fishëlizëm] *n* stil i ngurtë zyrtar; zyrtarizëm.

officially[ë'fishëli] *adv* 1.zyrtarisht. 2.në parim.

official receiver *n* drejt përmbarues(në raste falimentimi).

officiate[ë'fishieit] *vi* 1.kryej detyrën e; **officiate as Mayor** kryej funksionin e Kryetarit të Bashkisë. 2.*fet* kryej shërbesën; mbaj meshë; **officiate at a marriage** celebroj një martesë.

officinal[ë'fisënël] *adj,n* -*adj* 1.i gatshëm(ilaç). 2. mjekësore(bimë).

-*n* ilaç i gatshëm (në farmaci).

officious[ë'fishës, ou'fishës] *adj* 1.i gjindshëm, që ndihmon(të tjerët).2.furacak, që fut hundët, tepër i zellshëm.

offing['ofing] *n* 1.horizont.2.pozicion larg bregut; **in the offing** a) që shihet nga bregu; b) që ta kap syri; c)jo larg; d)i pritshëm; në perspektivë.

offish['ofish] *adj gj.fol* distant, i paafrueshëm, i rezervuar(njeri).

off-key['of'ki:] *adj* 1.*muz* fals, që stonon.2.*gj.fol* pa vend.

off-license [of'laisëns] *n* dyqan me lejë për shitje pijesh alkoolike.

off-limits[of'limits] *adj amer usht* i ndaluar (territor).

off-line['oflain] *adj kmp* e jashtme(pajisje).

offload['ofloud] *vt* shkarkoj.

off-peak['of'pi:k] *adj* 1.jashtë pikut (periudhë kohe). 2.me çmim të reduktuar(biletë); e reduktuar, me zbritje(tarifë).

offprint[*n* 'ofprint; *v* of'print] *n,v* -*n* botim më vete (i një tregimi nga gazeta etj).

-*vt* nxjerr si botim më vete.

off-putting['ofputing] *adj* 1.i pakëndshëm, që i tëhuan njerëzit. 2.jo e ngrohtë(pritje).

off sales *n pl Br* shitje pijesh alkoolike(për t'i marrë me vete).

offscourings['ofskauringz] *npl* 1.plehra; mbeturina. 2.*fig* llum, njerëz pa vlerë.

off-screen['ofskri:n] *adj,adv* 1.që nuk del në ekran (koment etj). 2.i paangazhuar në kinematografi apo televizion(artist etj).

off-season['ofsi:zën] *n,adj* -*n* sezon i vdekur.

-*adj* jashtë sezonit; **off-season hotel rates** pagesë hoteli për periudhën jashtë sezonit.

offset[*v* ofset; *n* 'ofset] *v,n* -*vt* 1.kompensoj, balancoj; **the better roads offset the greater distance** rritja e distancës kompensohet nga cilësia më e mirë e rrugëve.2.*polig* shtyp në ofset.

-*n* 1.kompensim; balancim.2.*bot* bisk dytësor. 3. *polig* ofset, shtyp ofset. 4.*ark* e dalë, dhëmb(në mur). 5.*tek* kthesë, bërryl(tubi etj).

offshoot['ofshu:t] *n* 1.*bot* bisk dytësor, filiz, lastar anësor.2.*fig* degë, degëzim (i një familjeje etj).

offshore['of'sho:] *adj,adv* 1.nga toka(erë). 2.pranë bregut(peshkim, ishull).

offside['ofsaid] *adj* 1. *sport* jashtë loje.2.i jashtëm, i anës së jashtme; *aut* (në Angli) i djathtë; (në vendet e tjera) i majtë.

offspring['ofspring] *n* 1.pinjoll; pasardhës.2.pjellë, këlysh.3.*fig* pasojë, rezultat.

off-stage['ofsteixh] *adj* në prapaskenë.

off-street['ofstri:t] *adj* larg rrugëve, jashtë rrugëve (parkim).

off-the-cuff['ofdhë'kʌf] *adj,adv* -*adj* i papërgatitur, i çastit, spontan(fjalim etj).

-*adv* aty për aty, spontanisht.

off-the-record['ofdhë'rekë:d] *adj,adv* -*adj* jozyrtar; jashtë protokollit.

-*adv* në mënyrë konfidenciale.

off-track ['of'træk] *adj* jashtë shtegut.

off-the-wall ['ofdhë'wol] *adj gj.fol* tuhaf, i çuditshëm, allosoj.

off-white ['of'whait] *n,adj* krem, e bardhë e vrarë.

off-year['ofjië:] *n* vit jo i mbarë, vit i dobët,vit i keq.

oft[oft] *adv vjet* shpesh, dendur.

often['ofën, 'oftën] *adv* shpesh, dendur; **as often as not** të shumtën e herës; **more often than not** gati përherë; **every so often** a) (kohë)herë-herë, nganjëherë; b) (rrugë)rregullisht, me intervale të rregullta; **how often ?** një herë në sa kohë?

oftentimes['of(t)ëntaimz] *adv* shpesh.

ofttimes['oftaimz] *adv poet* shpesh.

ogee[ou'xhi:, 'ouxhi] *n* vijë në formë S-je.

ogive['ouxhaiv, ou'xhaiv] *n ark* 1.hark i mprehtë; 2.diagonale kubeje.

ogle['ougël] *v,n* -*vt* ha/përpij me sy; shoh me lakmi.

-*n* vështrim me lakmi.

ogre['ougë:] *n* 1.katallan, gogol, bubë.2.*fig* njeri i frikshëm.

oh[ou] *interj* Oh! O! **Oh Mary, look!** Shiko, Meri!

ohm[oum] *n fiz* om.

oho[ou'hou] *interj* oh, ah; oho!

oil[oil] *n,v -n* 1.vaj; **fried in oil** i skuqur në vaj.2. naftë; vajguri.3.(shpesh **oils)** bojëra vaji.4.pikturë në vaj.5.*attr* vaji; me vaj; i naftës; **oil gauge** tregues i (nivelit të) vajit; **oil industry** industri e naftës; **oil painting** pikturë në vaj; **she's no oil painting** s'është ndonjë bukuri e rrallë. +**pour oil on troubled waters** qetësoj ujërat/gjakrat; **strike oil** a) ndesh në naftë; b)më bie sëpata në mjaltë. *-v* 1.vajis; **oil the wheels** *fig* i lyej rrotën(dikujt), i jap ryshfet.2.shkrin(gjalpi).3.lajkatoj; i jap ryshfet.

oil-bearing['oil'beëring] *adj* naftëmbajtëse(zonë).

oil burner *n tek* furrë me naftë; anije/makinë që punon me naftë.

oilcake['oilkeik] *n* bërsi(liri, pambuku etj) për kafshët.

oilcan['oilkæn] *n* vajnik, vajisëse.

oilcloth['oilkloth] *n* mushama; pëlhurë e gomuar.

oil colo(u)r *n* 1.bojë vaji.2.pikturë në vaj.

oiler['oilë:] *n* 1.vajisës.2.vajnik.3.rezervuar vaji.4. *pl* veshje e papërshkueshme nga uji; mushama.

oil field *n* fushë nafte, zonë naftëmbajtëse.

oilman['oilmën] *n* naftëtar.

oil of vitriol *n kim* acid sulfurik.

oil paint *n* bojë vaji.

oil painting *n* pikturë me bojëra vaji, pikturë në vaj.

oilpaper['oilpeipë:] *n* letër vaji, letër e papërshkueshme nga uji.

oil sand *n* formacion naftëmbajtës.

oilskin['oilskin] *n* 1.mushama, cohë e papërshkueshme nga uji.2.*pl* kominoshe mushamaje.

oilstone['oilstoun] *n* gur për mprehje.

oil tanker *n* anije naftëmbajtëse, anije-çisternë.

oil well *n* pus nafte.

oily['oili] *adj* 1.vaji(erë etj).2.me vaj(sallatë).3.i vajisur; i lyer me vaj.4.i lëmuar, i rrëshqitshëm. 5. *fig* e sheqerosur, tepër e lëmuar(sjellje, buzëqeshje).

ointment['ointmënt] *n* pomadë, melhem, krem.

OK, O.K.['ou'kei] *adj,adv,v,n gj.fol -adj,adv* në rregull; mirë; siç duhet; **the film was OK** filmi nuk ishte i keq; **are you OK for money?** je mirë me para? **it's OK with/by me** për mua është në rregull; unë jam dakord; **that may have been OK last year** kjo mund të ketë qenë e pranueshme vjet. *-vt* 1.miratoj, aprovoj.2.nënshkruaj, vistoj(një çek). *-n* miratim, aprovim; visto; **the Minister gave us his OK** ministri na e dha miratimin.

okay['ou'kei] *shih* **OK**.

Okie['ouki:] *n amer gj.fol* punëtor ferme endacak.

okra['oukrë:] *n bot* bamje.

old[ould] *adj,n -adj* 1.i vjetër; **an old debt** borxh i vjetër; **an old friend of mine** një miku im i vjetër.2.plak, i vjetër, i moshuar; **old folk(s)** pleqtë; **grow old/older** plakem, moshohem.3.me moshë, i madh; vjeç; **how old are you?** sa vjeç je? **a nine year-old boy** një djalë 9-të vjeçar; **he's old enough to know better!** për moshën që ka duhej të tregohej më i pjekur.4.i mëparshëm, i dikurshëm, i shkuar; **the old edition** botimi i mëparshëm; **in the old days** dikur, një herë e një kohë; **it's not as good as my old one** nuk është si ai që kisha më përpara. 5.*gj.fol* (si përforcues): **we had a high old time** e kaluam mjaft bukur; **any old thing will do** çfarëdo qoftë, na bën punë; **I say, old man/old boy!** dëgjo, or mik! 6.i mirënjohur, i zakonshëm; **good old Bill** Billi ynë i dashur; **an old excuse** justifikimi i zakonshëm. *-n* 1.kohë e shkuar, dikur; **the heroes of old** kreshnikët e dikurshëm; **in days of old** në kohërat e shkuara, qëmoti. 2.**the old** pleqtë, të moshuarit.

old age *n* pleqëri.

old country *n* mëmëdheu, atdheu i parë, vendi i origjinës(për imigrantët).

olden['ouldën] *adj poet* i vjetër, i shkuar.

Old English *n* anglishte e vjetër, anglishte e mesjetës.

old fashioned *n* koktej i gazuar me uiski, sheqer e birrë.

old-fashioned['ould'fæshënd] *adj* 1.i modës së vjetër, i dalë mode, i vjetëruar.2.i prapambetur, konservator.

old-fogey, old-fogy['ould'fougi] *adj* demodé, i prapambetur, i mykur.

old guard *n fig* garda e vjetër, konservatorët.

old hand *n* mjeshtër, specialist, ekspert.

Old Harry *n* Djalli.

old hat *n gj.fol* 1.i mirënjohur; i vjetër; dora jonë. 2.i dalë mode; i vjetëruar.

oldie['ouldi] *n gj.fol* gjë e vjetër; person i vjetër; **the band played some oldies** orkestra mori disa nga ato të vjetrat.

oldish['ouldish] *adj* disi i vjetëruar.

old-line['ouldlain] *adj* 1.prapanik; konservator.2. i qëmotshëm.

old maid *n* 1.nënole, vajzë e mbetur.2.tip i qaravitur, gërnjar, qibar i madh. 3.lloj loje me letra.

old-maidish[ould'meidish] *adj* prej nënoleje; gërnjar, tepër qibar.

Old Man of the Sea *n fig* njeri/send tepër i bezdisshëm, që s'të shqitet.

old master *n* piktor i madh klasik, mjeshtër i madh.

old moon *n astr* hënë e vjetër.

Old Nick *n* Djalli.

Old Saxon *n* gjermanishte e Mesjetës.

old school *n fig* të vjetrit, konservatorët.

Old Style *n* kalendari i vjetër, kalendari julian.

Old Testament *n* Dhjata e Vjetër(pjesa I e Biblës).

old-time['ouldtaim] *adj* i qëmotshëm, i hershëm, i dikurshëm.

old-timer['ould'taimë:] *n gj.fol* 1.veteran.2.njeri i modës së vjetër.

old wives' tale *n* përralla me mbret.

old-womanish [ould'wumĕnish] *adj* gërnjar; prej plakaruqeje.

old-world['ouldwë:ld] *adj* 1.i qëmotshëm, i lashtë,i stilit të vjetër.2.i Botës së Vjetër(evropian, i pellgut të Mesdheut etj).3.i lashtësisë.

Old World *n* Bota e Vjetër(përjashtuar Amerika dhe Australia).

oleander [ouli'ændë:] *n bot* landër, marshalloje, helmës.

oleo['ouliou] *n vjet* margarinë.

O level *n Br* diplomë kolegji.

olfaction[ol'fækshën] *n* nuhatje; të nuhaturit.

olfactory[ol'fæktëri] *adj,n   -adj* i nuhatjes.
-n organ i nuhatjes.

oligarchy['olë'ga:ki] *n* 1.*hist* oligarki.2.pakicë në pushtet, klikë sunduese.

olive['oliv] *n* 1.ulli; **olive oil** vaj ulliri; **olive branch** *fig* a)degë e ullirit (simbol i paqës); b) fëmijë.2.*attr* ngjyrë ulliri; **olive green** ngjyrë kaki.3.dru ulliri.

Olympia[ou'limpië] *n hist* shesh i olimpiadave(në Greqinë e Lashtë).

Olympiad[ou'limpiëd] *n* olimpiadë.

Olympian [ou'limpiën] *adj,n   -adj* 1.i perëndishëm, hyjnor.2.*fig* madhështor, suprem, olimpik;
Olympian calm qetësi olimpike.
-n 1.*mit* perëndi.2.pjesëmarrës në olimpiada.

Olympic[ou'limpik] *adj,n   -adj* 1.*hist mit* i Olimpit, i malit Olimp.2.olimpik; **Olympic games** lojëra olimpike.
-n pl **Olympics** Lojërat Olimpike.

Olympus[ou'limpës] *n fig* parajsë.

Oman[ou'ma:n] *n gjeog* Oman.

ombudsman[om'bʌdzmën] *n* funksionar i ngarkuar me mbrojtjen e të drejtave të qytetarëve.

omega[ou'megë] *n* 1.omega. 2.*fig* fund, mbarim; **alpha and omega** fillimi e mbarimi.

omelet(te)['om(ë)lit] *n* omëletë.

omen['oumën] *n,v   -n* ogur, shenjë.
-vt paralajmëron, është ogur.

ominous['ominës] *adj* ogurzi, kërcënues.

ominously['ominësli] *adv* kërcënueshëm.

omission[ou'mishën] *n* harrim; lënie jashtë, kapërcim.

omit[ou'mit] *vt* 1.lë jashtë, kapërcej.2.harroj, nuk bëj, lë pas dore.

omnibus['omnëbʌs] *n* 1. *vjet* omnibus, autobus. 2. përmbledhje(veprash, shkrimesh).

omnifarious['omnëfeëriës] *adj* i shumllojshëm, i gjithëfarësojshëm.

omnipotence[om'nipëtëns] *n* plotfuqishmëri.

omnipotent[om'nipëtënt] *adj,n   -adj* i plotfuqishëm.
-n the **Omnipotent** Zoti.

omnipresence['omnë'prezëns] *n* gjithëprani, kudondodhje.

omnipresent[omnë'prezënt] *adj* i gjithëpranishëm, i kudondodhshëm.

omniscient[om'nisiënt, om'nishënt] *adj* i gjithëdijshëm.

omnium-gatherum['omniëm'gædhërëm] *n* grumbullim sendesh gjithëfarësh.

omnivorous[om'nivërës] *adj* 1.që ha gjithçka.2.*fig* i dhënë pas gjithçkaje; që gëlltit gjithçka(lexues).

on [on] *prep,adv,adj   -prep* 1. (vend) mbi; në; **hanging on the wall** varur në mur; **on page 3** në faqen 3; **on the left** në të majtë, nga ana e majtë; **the house is on the main road** shtëpa është në rrugën kryesore; **I haven't any money on me** s'kam para me vete.2.(kohë) në, më; **on Monday** të Hënën; **on July 28** më 28 Korrik; **on a day like this** në një ditë si kjo; **a week on Tuesday** të Martën një javë; **on his arrival** gjatë mbërritjes së tij; **on seeing her** me ta parë.3.për, mbi, në lidhje me; **a book on animals** një libër për kafshët. 4.(gjendje, kushte) me; në; **on half pay** me gjysmë pagese; **on purpose** me qëllim; **on duty** me detyrë, në detyrë.5.drejt, në drejtim të; ndaj; **march on the capital** marshoj drejt kryeqytetit; **an attack on the government** sulm ndaj qeverisë. 6.për; **go on an errand** shkoj për të kryer një porosi; **be away on business** kam ikur me/për punë; **be on holiday** jam me pushime.7.(mënyrë; mjet) më, në; me; **on foot** më këmbë; **on the plane/the train** me avion /tren; **on the phone** në telefon; **on television** në televizion; **play on the piano** luaj në piano.8.(varësi) me; **be on heroin** drogohem me heroinë, marr heroinë; **live on vegetables** rroj me perime; **the car runs on petrol** makina punon me benzinë; **be on $2,000 a month** fitoj 2.000 dollarë në muaj; **be on social security** jam(rroj) me ndihmë sociale. 9.në, mbi; **based on fact** mbështetur në fakte. 10.përkundrejt, në krahasim me; **prices are up on last month's** çmimet janë ngritur në krahasim me muajin e kaluar.11.për llogari të; **have it on me** qeras unë; **this round is on me** kjo radhë(qerasjeje) është për llogarinë time.12.nga; mbi; **interest on investments** të ardhura/interesa nga investimet; **a tax on alcohol** taksë mbi pijet alkoolike.13.(anëtarësi) në; **be on a committee** jam anëtar i një komiteti.

-adv 1.sipër, përsipër; **the walls are up and the roof is on**; muret janë ngritur dhe çatia është vënë përsipër; **screw the lid on tightly** shtrëngoje mirë kapakun.2.veshur; mbathur; **put one's boots on** vesh/mbath këpucët; **what's he got on?** çfarë ka veshur?3.(kohë, vazhdimësi): **from that day on** nga ajo ditë e tutje; **it was well on in the evening** ishte mbrëmje vonë; **it was well on in October** kishte ditë që kishte hyrë tetori; **well on into the night** natën vonë; **go on** vazhdoj; **read on** vazhdoj të lexoj; **and so on** e kështu më tutje/me radhë; **later on** më vonë; **on and off** herë po, herë jo; herë-herë; **on**

and on pa pushim, pa ndalim.4.në punë; ndezur; hapur; **turn the gas on** hape gazin. 5.qepur; **be on at sb to (do sth)** i qepem dikujt për të bërë diçka; **what are you on about?** çfarë do të thuash?, ku e ke fjalën? 6.hipur; **on to, onto** a)majë (tavolinës etj); b)në; **get onto the bus** hipi në autobus; c)në, te; **stick sth onto the page 12** ngjis diçka te faqja 12; d)në gjurmë të; **I'm onto him** i kam rënë në gjurmë; e) në kontakt me; **get onto the factory** lidhu me uzinën.

-*adj* i ndezur; i hapur; i filluar; **the light is on** drita është e ndezur; **the meeting is still on** mbledhja vazhdon ende; **the program is on in a minute** programi fillon për një minutë; **there's a good film on at the cinema** jepet një film i mirë në kinema; **I've got something on tonight** jam i zënë sonte.2.: **you're on!** dakord! **that's not on** *gj.fol* as që mund të bëhet fjalë për këtë.

once[wʌns] *adv,conj,adj* -*adv* 1.një herë; **once a week** një herë në javë; **once or twice** nja dy herë; **just this once** vetëm këtë herë.2.dikur; **once upon a time** një herë e një kohë; dikur; **I knew her once** e kam njohur dikur.3.ndonjëherë; **if the facts once become known** po qe se këto gjëra merren vesh ndonjëherë. 4.njëherësh; **at once, all at once** a)menjëherë; b)njëherësh : **everybody shouted at once** bërtitën të gjithë njëherësh; **for once** të paktën një herë. + **once and again** vazhdimisht, herë pas here; **once (and) for all** një herë e mirë; **once in a while** herë pas here, nganjëherë.

-*conj* pasi, sapo; **once you cross the river** pasi/sapo kalon lumin; **once he had finished he left** ai iku sapo mbaroi.

-*adj* i dikurshëm; **a once powerful nation** një vend dikur i fuqishëm; **a once friend** një mik i dikurshëm.

once-over['wʌnsouvë:] *n gj.fol* shikim i shpejtë; **give sb the once-over** i bëj një vlerësim të shpejtë dikujt; **give sth the once-over** i hedh një sy diçkaje.

oncological[onkë'loxhëkël] *adj mjek* onkologjik.

oncologist[on'kolëxhist] *n* mjek onkolog.

oncology[on'kolëxhi] *n mjek* onkologji.

oncoming['onkʌming] *adj,n* -*adj* 1.i afërt, që afron (rrezik etj).2.që vjen përballë.

-*n* afrim, ardhje; **the oncoming of the storm** afrimi i stuhisë.

one [wʌn] *n,adj,pron* -*n* 1. një, 1; njësh; **what does the one in the margin mean?** ç'kuptim ka njëshi në anë të faqes? **in ones and twos** nga pak. 2.gjë; person; **I gave him the one he wanted** i dhashë atë që donte; **at one** në një mendje; **I for one am not going** unë për vete nuk shkoj; **one and all** të gjithë; **one after the other** njëri pas tjetrit; **one up on** *gj.fol* një avantazh mbi/ndaj. 3.as(në letra). 4.monedhë 1-dollarëshe.

-*adj* 1.një; ndonjë; **one day he will be sorry** një

ditë do të pendohet.2.i njëjtë; **they held one opinion** ata kishin të njëjtin mendim; **it is one and the same thing** është e njëjta gjë.3.i vetëm, i përbashkët; **in one voice** njëzëri.4.njëfarë; **one Bill Smith** njëfarë Bill Smith. + **all one** krejt njëlloj; **it is all one to me whether you stay or go** për mua s'ka pikë rëndësie nëse rri apo ikën; **one or two** nja dy.

-*pron* 1.njëri, njëra; **one of the books** njëri nga librat; **one another** njëri-tjetrin.2.cilido; njeriu; **one must work hard to acheive success** njeriu duhet të punojë fort për të patur sukses; **one never knows** asnjëherë s'i dihet.3.i njëjti; **they were one and the same** ata ishin i njëjti person.

one-armed['wʌn'a:md] *adj* me një dorë; dorac. + **one-armed bandit** *gj.fol* makinë me monedhë(në kazino).

one-celled['wan'seld] *adj* njëqelizor.

one-eyed['wʌn'aid] *adj* me një sy.

one-horse['wʌn'ho:s] *adj* 1.me një kalë (karrocë etj). 2.*gj.fol* i vogël; i parëndësishëm; **a one-horse town** qytet i vogël.

one-legged['wʌn'legd] *adj* me një këmbë.

one-man['wʌn'mæn] *adj* 1.personal, vetiak(rregull, ekspozitë).2.njëvendëshe(makinë, kabinë).3.i drejtuar nga një person i vetëm(biznes, dyqan); **oneman band** orkestër me një njeri, njeri-orkestër; **it's a one-man band** *fig gj.fol* e gjithë puna mbahet mbi shpatullat e një njeriu.4. besnik; **one-man woman** grua besnike; **one-man dog** qen besnik.

oneness['wʌnnis] *n* 1.njësi, të qenët një.2.njëjtësi, të qenët i njëjtë.3.njësi, unitet.4.harmoni.

one-night stand *n* 1.*teat* shfaqje e vetme.2.*gj.fol* kontakt seksual i rastit.

one-off[wʌn'of] *adj,n Br gj.fol* -*adj* i jashtëzakonshëm; unik.

-*n* fakt i jashtëzakonshëm.

one-piece['wʌnpi:s] *adj* njësh, të bashkuara(rroba banje).

onerous['onërës] *adj* e rëndë(barrë, përgjegjësi); e vështirë, e mundimshme(punë, detyrë).

oneself[wʌn'self] *pron* 1.vete; **one should ask oneself** njeriu duhet të pyesë veten; **keep sth for oneself** e mbaj diçka për vete; **talk to oneself** flas me vete; **say to oneself** them me vete.2.vetë; **do sth by oneself** e bëj diçka vetë; **see for oneself** shikoj vetë. +**be oneself again** e marr veten, bëhem ai që kam qenë.

one-shot[wʌn'shot] *adj amer gj.fol* i vetëm; unik.

one-sided[wʌn'saidid] *adj* 1.i njëanshëm, i padrejtë(gjykim, vendim).2.e pabarabartë(ndeshje).3.me një anë; në një anë.

one's self *n* vete, vetvete.

onestep['wʌnstep] *n* kërcim/vallëzim "njëhapësh".

one-time['wʌntaim] *adj* i shkuar; ish-.

one-to-one['wʌntё'wʌn] *adj* një për një; individual; **on a one-to-one basis** mbi baza individuale.

one-track['wʌntræk] *adj gj,fol* e kufizuar(mendje).

one-upmanship [wʌn'ʌpmënship] *n gj,fol* arti i të qenit në krye.

one-way['wʌnwei] *adj* 1.me një drejtim(rrugë).2. vetëm për vajtje(biletë).

ongoing ['ongouing] *adj* në vazhdim; në zhvillim; **an ongoing social problem** problem social i vazh-dueshëm.

onion['ʌniën] *n* qepë; **fried onions** qepë të skuqu-ra. + **know one's onions** ia di yçkëlat punës.

onionskin['ʌniënskin] *n* 1.cipë qepe.2.letër e hollë e tejdukshme.

on-line['onlain] *adj kmp* i lidhur; në linjë.

onlooker['onlukë:] *n* shikues, spektator.

onlooking['onluking] *n* shikim, soditje.

only['ounli] *adj,adv,conj* -*adj* 1.i vetëm; **an only son** djalë i vetëm; **this is the only road along the shore** kjo është e vetmja rrugë përgjatë bregut; **your only hope is** shpresa jote e vetme është; **you are the only one who** ti je i vetmi që.2.më i miri; **as far as she is concerned, he is the only writer** për të ai është shkrimtari më i mirë.

-*adv* vetëm; **only one choice** vetëm një mundësi (zgjedhje); **I'm only the porter** unë jam thjesht portieri; **he only touched it** ai vetëm sa e preku; **I'd be only too pleased to help** do të isha shumë i lumtur t'ju ndihmoja; **it's only too true** është krejt e vërtetë; **if only wars would cease!** do të doja t'u jepej fund luftërave.

-*conj* 1.vetëm se; **only I didn't have the money** vetëm se nuk i kisha paratë.2.porse; megjithatë; mirëpo; **we camped there, only the water was not fit to drink** ne u ngulëm aty, mirëpo uji nuk bënte për të pirë.

onomatopoeia[onëmætë'pi:ë] *n gram* onomatopé, tingullimitim.

onomatopoe(t)ic ['onëmætë'pi:ik, -pou'etik] *adj gram* onomatopeik, tingullimitues.

o.n.o.(shkurtim për **or nearest offer**) ose për çmi-min më të afërt që ofrohet(në njoftimet në gazetë për artikuj që ofrohen për shitje).

onrush['onrʌsh] *n* dyndje, vërshim, mësymje; va-lë, dallgë; **an onrush of water** vërshim uji; **an on-rush of emotion** një valë emocioni.

onset['onset] *n* 1.sulm,mësymje.2.fillim; mbërritje, ardhje(e dimrit, e pleqërisë etj).

. **onshore**['onsho:] *adj,adv* 1.drejt tokës, nga deti (erë).2.në tokë, në breg, e bregut(patrullë).

onside['onsaid] *adj,adv sport* brenda vijës, brenda rregullave.

on-site['onsait] *adj* në vend(kontroll).

onslaught['onslot] *n* sulm i furishëm.

Ontario[on'teëriou] *n gjeog* Ontario.

on-the-job *adj* në punë(stazh, kualifikim).

on-the-spot *adj* në vend(inspektim etj).

onto['ontu: ; 'ontë] *prep* 1.në, mbi; **onto the roof**

mbi çati; **get onto a horse** ia hipi kalit.2.*gj,fol* në dijeni të; brenda; **are you onto your new job yet?** i ke hyrë brenda/ia ke marrë dorën punës së re? **we're onto his tricks** ua kemi pirë lëngun marifeteve të tij; **be onto sb** i kam rënë në gjurmë dikujt; **be onto sth** kam zbuluar diçka, jam në rrugë të drejtë; **be onto a good thing** kam gjetur Amerikën; **I'll get onto him about it** do t'i flas unë për këtë.

ontogenesis [ontë'xhenësis] *n biol* ontogjenezë, proceset e rritjes së organizmit.

onus ['ounës] *n* 1. barrë; **the onus is on him to prove it** i takon atij ta provojë.2.përgjegjësi; **to shift the onus for sth onto sb** ia vë fajin/ia ngarkoj për-gjegjësinë dikujt për diçka.

onward(s)['onwë:d(z)] *adv, adj* 1.përpara; **con-tinue an onward course** vazhdoj të eci përpara.2.e tutje; **from the 15th century onwards** nga shek 15 e tutje.

onyx['oniks] *n min* oniks(lloj kuarci).

oodles ['u:dëlz] *n pl gj,fol* morí, lumë; **oodles of money** para me grushte.

oof[uf] *interj* obobo!

oops[ups, u:ps] *interj* oh!, uh!, ah!

ooze I[u:z] *v,n* -*v* 1.pikon; rrjedh nga pak; hyn(uji në këpucë).2.*fig*(away) tretet, zhduket, avullon (shpresa etj).

-*n* pikim; rrjedhje.

ooze II[u:z] *n* llum; lym.

oozy I['u:zi] *adj* që pikon; që rrjedh.

oozy II['u:zi] *adj* baltak, me lym(fund liqeni etj).

op[op] *n* shih **op art**.

opacity[ou'pæsëti] *n* 1.patejdukshmëri.2.perde(në sy).

opal['oupël] *n min* opal(gur i çmuar); **black opal** opal blu/jeshil i errët; **milk opal** opal ngjyrë qumë-shti; **fire opal** opal i kuq-portokalli.

opalescence[oupël'esëns] *n* opaleshencë, vezullim i shumëngjyrshëm.

opaque [ou'peik] *adj* 1.i patejdukshëm, opak. 2.i errët, pa shkëlqim.3.*fig* i errët, i pakuptueshëm. 4.*fig* i trashë, trung, pa mend.

opaque projector *n* projektues figurash/teksti në mur.

op art *n* (shkurtim për **optical art**) art optik(që krijon përshtypjen e thellësisë e të lëvizjes nëpërmjet figurave gjeometrike komplekse).

op.cit. (shkurtim për *lat opere citato*) në veprën e cituar.

OPEC['oupek] *n* (shkurtim për **Organization of Petroleum Exporting Countries**) OPEK.

open['oupën] *adj,n,v* -*adj* 1.i hapur; **half/wide /slightly open** i hapur përgjysmë/ krejt/paksa; **welcome with open arms** pres me krahë hapur; **keep open house** *fig* e mbaj shtëpinë hapur; **open day** dita e hapjes.2.bosh, e lirë, e pazënë (kohë); **have an open hour** kam një orë të lirë.3.i hapur, i lirë, publik, për këdo; **open meeting** mbledhje e hapur; **the only course still open** i vetmi kurs që ka ende pranime.5.*gj.fol* i lirë, pa kufizime(ndaj alko-olit, bizhozit etj).6.e hapur, e pavendosur, pezull (çë-shtje); **leave the matter open** e lë çështjen të ha-pur.7.i kalueshëm; i lundrueshëm(rrugë, lumë).8.i lirë, i papenguar; **an open view** pamje e lirë; **open to temptation** i ekspozuar ndaj ngasjeve.9.*fig* i çiltër, i hapur; **be open with sb** jam i çiltër me dikë; **in open revolt** në revoltë të hapur.10.*gram* e hapur (zanore, rrokje). 11.dorëhapur, bujar; **give with an open hand** tregohem dorëhapur.12.*el* i hapur, jo në punë(qark).13.*pol* i hapur, i mbrojtur me ligje ndërkombëtare(qytet). + **open to** a) i gatshëm për; b) i prirur për, i ekspozuar ndaj; c)i hapur/i lirë për. **-n** 1.**the open** a)mjedis përjashta; ajër i pastër; **out in the open** jashtë; në ajër të pastër; në det të hapur; b)dijeni/njohje e përgjithshme; **come into the open** merret vesh nga të gjithë.2.hapje.3.garë e hapur për këdo. **-v** 1.hap(derën, kapakun, pakon, etj).2.vë në punë, hap(një dyqan etj).3.fillon, nis, hapet(shkolla, bisedimet, seanca etj).4.del, ka dalje(salla etj).5.çaj, hap rrugë, shteg).6.*fig* i hap(sytë dikujt).7.shpalos, zbuloj,ekspozoj.8.shthuren(radhët).9.hapet(plaga), çahen(retë). **+open out** a) hapet; b) hap; shpalos; **+open up** a) çel(lulja); b)hap(dyqani); c)hap zjarr; d) hap tregjet(e vendit); e)zhvilloj(një vend). **open-air**['oupëneë:] *adj* jashtë, në natyrë(aktivitet). **open-and-shut**['oupënën'shʌt] *adj gj.fol* i qartë, i dukshëm, i padyshimtë(rast që gjykohet). **open-cast**['oupënka:st] *adj* sipërfaqësor, në qiell të hapur, mbi tokë(punim minerar). **open door** *n* 1.liri hyrjeje, pranim i pakushtëzuar.2. *pol* politikë e dyerve të hapura. **open-end**['oupënend] *adj* që lejon rishikim/ndryshim(hipotekë). **open-ended**['oupën'endid] *adj* 1.pa fund(enë).2.i hapur(diskutim); që lejon rishikim(marrëveshje). **opener**['oupënë:] *n* 1.hapëse(shishesh, konservash etj).2.*gj.fol* loja e parë/e hapjes.3.**openers** letra të mjaftueshme për të hyrë në lojë. + **for openers** *zhrg* si fillim. **opened-eyed**['oupënaid] *adj* 1.me sy të hapur nga habia.2.*fig* syhapët, syçelë, vigjilent.3.me sy hapur (ëndërr). **open-face**['oupënfeis] *adj* (senduiç) pa shtresë të sipërme. **open-faced**['oupënfeist] *adj* 1.pa shtresë të sipërme.2.i zbuluar.3.pa kapak(sahat).4.i çiltër ngapamja.5.i ndershëm, zemërhapur. **open-handed**['oupën'hændid] *adj* dorëhapët, bujar. **open-hearted**['oupën'ha:tid] *adj* 1.i çiltër, i hapur, i parezervuar, zemërhapur.2.dorëgjerë, bujar.

open house *n* 1.pritje e lirë për këdo.2.ditë e lejuar për vizitë nga publiku. + **keep an open house** ofroj ushqim(ose edhe strehim) të gjithëve. **opening**['oupëning] *n* 1.hapje, e hapur, çarje, e çarë; vrimë.2.fillim, pjesë e parë, hyrje.3.ceremoni përurimi.4.vend(pune) i lirë.5.shans,mundësi, moment i favorshëm.6.premierë(filmi).7.*attr* i hapjes; i përurimit(fjalim etj). **opening hours** *n* orar pune(i dyqanit etj). **opening night** *n* premierë. **opening time** *n* ora e hapjes(së dyqanit, lokalit etj). **open letter** *n* letër e hapur. **open-line**['oupënlain] *adj rad tv* i gjallë, në lidhje direkte me dëgjuesit/shikuesit(emision). **openly**['oupënli] *adv* 1.hapur, botërisht.2.haptas, çiltërsisht. **open market** *n* treg i lirë. **open marriage** *n* martesë moderne, martesë e lirë (me liri lidhjesh dashurore për bashkëshortët). **open-minded**['oupën'maindid] *adj* i gjerë, pa paragjykime. **open-mouthed** ['oupën'maudhd, -'mautht] *adj* gojëhapur. **open-necked**['oupën'nekt] *adj* jakëzbërthyer. **openness**['oupënnis] *n* çiltërsi, sinqeritet. **open-plan**['oupënplæn] *adj* pa parete ndarëse. **open prison** *n* burg i hapur. **open question** *n* çështje e(mbetur) hapur. **open sandwich** *n* fetë buke e lyer, senduiç me një shtresë. **open season** *n* stinë e lirë për gjueti. **open secret** *n* e fshehtë që e dinë të gjithë. **open shop** *n* ndërmarrje e hapur(ku nuk ka monopol të sindikatës për punësimin e njerëzve). **Open University** *n Br* Qendra Kombëtare e Arsimimit në Distancë/me Korrespondencë. **open water** *n* koha e çlirimit nga akujt(në lumenj, liqene etj). **openwork**['oupënwë:k] *n* zbukurime(në cohë, metal etj). **opera I**['opërë] *n muz* 1.operë.2.teatër i operës. **opera house** opera, teatri i operës. **opera II**['oupërë] *n pl* i **opus**. **operable**['opërëbël, 'oprëbël] *adj mjek* i operueshëm (tumor etj). **opera glasses** *n* dylbi teatri. **operand**['opërænd] *n mat* madhësi. **operate** ['opëreit] *v* 1.punon, funksionon.2.vë në punë, drejtoj(një makineri).3.drejtoj(një ndërmarrje). 4.veproj, punoj,ndikoj(në diçka).5.vepron, bën efekt (ilaçi).6.*mjek* operoj, bëj operacion; **operate on an injured person** operoj një të plagosur.7. *usht* operon, kryen veprime luftarake. **operatic**['opër'ætik] *adj* operistik; **operatic music** muzikë operistike. **operation**[opë'reishën] *n* 1.punë, veprim, funksionim.2.*mjek* operacion, operim; **have/undergo an operation for appendicitis** operohem nga apendisiti. 3.*usht* operacion (luftarak). 4.*mat* veprim. **+bring/put into operation** a)vë në veprim; b)fus në veprim, bëj të hyjë në fuqi(një ligj); **come into operation** a)hyn në veprim; b)hyn në fuqi(ligji).

operational [opë'reishënël] *adj* 1.veprues. 2.që punon, në gjendje pune(makineri).3.*usht* operativ.

operative['opërëtiv, 'opëreitiv] *adj,n* -*adj* 1.në fuqi, në veprim(ligj, masa).2.operativ; i prodhimit (sektor).3. *mjek* i operacionit; kirurgjik. -*n* 1.makinist, drejtues makinerie.2.detektiv privat; agjent i fshehtë.

operator['opëreitë:] *n* 1.makinist, drejtues makinerie. 2.centralist; operator; radist. 3.pronar/ drejtues ndërmarrjeje.4.*gj.fol* skile, dhelpër. 5.spekulator. 6.*mat* operator.

operetta[opë'retë] *n* operetë.

ophidian[ou'fidiën] *n,adj* -*n* gjarpër. -*adj* prej gjarpri.

ophthalmic[of'thælmik] *adj* i syrit.

ophthalmology[ofthæl'molëxhi] *n mjek* okulistikë.

opiate['oupiit, 'oupieit] *n,adj* -*n* 1. opiat; lëndë që përmban opium.2.bar gjumësjellës. -*adj* 1.që përmban opium.2.gjumësjellës.

opine[ou'pain] *v* mendoj, jam i mendimit; shpreh mendimin(se).

opinion[ë'piniën, ou'piniën] *n* 1.mendim,opinion; **in my opinion** për mendimin tim; **it's a matter of opinion** është e diskutueshme, çështje opinionesh;**be of the opinion that** jam i mendimit se; **ask sb`s opinion** i kërkoj dikujt mendimin e tij.2.gjykim; vlerësim; **form an opinion of sth** krijoj një mendim për diçka; **have a high opinion of sb** e vlerësoj shumë dikë; **have a poor opinion of sb** nuk e vlerësoj dikë; **seek a second opinion** këshillohem me një mjek tjetër.

opinion poll *n* sondazh i opinionit publik.

opinionated[ë'piniëneitid] *adj* kokëfortë, kokëngjeshur; dogmatik.

opinionative[ë'pinië'neitiv] *adj* shih **opinionated**.

opium['oupiëm] *n* opium.

oponent[ë'pounënt] *n, adj* kundërshtar.

opportune['opë:tju:n] *adj* i volitshëm, i përshtatshëm; i zgjedhur; me vend; i duhur; **at a most opportune moment** në çastin më të përshtatshëm; **be opportune** vjen/bëhet/ndodh në çastin e duhur.

opportunely['opë:tju:nli] *adv* me vend; siç duhet.

opportunism[opë:'tju:nizëm] *n* oportunizëm.

opportunist[opë:'tju:nist] *n, adj* oportunist.

opportunity [opë:'tju:nëti] *n* rast, mundësi; **have the opportunity to do/of doing sth** më jepet rasti të bëj diçka; **take the opportunity to do/of doing sth** shfrytëzoj rastin/përfitoj nga rasti për të bërë diçka; **at the earliest opportunity** sapo të paraqitet rasti; **opportunities for promotion** mundësi për të

bërë karierë.

opposable[ë'pouzëbël] *adj* 1.i kundërshtueshëm.2. i kundërvënshëm; që mund të nxirret përballë.

oppose[ë'pouz] *vt* 1.kundërshtoj, i kundërvihem.2. ballafaqoj, krahasoj.3.kundërvë, nxjerr përballë.

opposed [ë'pouzd] *adj* 1. i kundërt; i papërputhshëm; **opposed characters** karaktere të kundërta.2.i kundërvënë; i ballafaquar; **as opposed to** në krahasim me.

opposite['opëzit, 'opsit] *adv,adj,prep,n* -*adv* përballë; **they live directly opposite** ata rrojnë tamam përballë. -*adj* 1.përballë(shtëpi); **on the opposite page** në faqen përballë.2.i kundërt(drejtim, skaj, pikëpamje etj); **the opposite sex** seksi tjetër. -*prep* përballë; **opposite the church** përballë kishës. -*n* e kundërta; **quite the opposite!** krejt e kundërta!

opposition[opë'zishën] *n* 1.kundërshtim; qëndresë, rezistencë; **offer opposition to the police** i kundërshtoj policisë.2.kontrast, kundërshtim; **his views are in opposition to mine** pikëpamjet e tij bien në kundërshtim me të miat.3.*pol* opozitë; **be in opposition** jam në opozitë.4.kundërshtar; palë kundërshtare; **defeat the opposition** mund kundërshtarin.5.kundërvënie, pozicion i përkundërt.6. drejtim i kundërt.

oppress[ë'pres, ou'pres] *vt* 1.shtyp(popullin).2.rëndon, mundon; **fear oppressed his spirits** frika e mundonte.

oppression[ë'preshën] *n* 1.shtypje; thundër; tirani. 2. brengë.

oppressive [ë'presiv] *adj* 1.shtypës; tiranik.2.i rëndë,i i padurueshëm; mundues, brengosës.

oppressor[ë'presë:] *n* shtypës, tiran.

opprobrious[ë'proubriës] *adj* i përçmuar, i përbuzur(emër, veprim).

opprobriously[ë'proubriësli] *adv* me përçmim, me përbuzje.

opprobrium[ë'proubriëm] *n* përçmim, përbuzje.

opt[opt] *vt* (**for**) zgjedh, bëj një zgjedhje, vendos; **opt out of** dal nga, largohem nga(një aleancë etj).

optative['optëtiv] *adj,n gram* -*adj* dëshiror. -*n* mënyrë dëshirore; folje në dëshirore.

optic['optik] *adj,n* -*adj* optik, i syrit, i të pamit. -*n gj.fol* sy.

optical['optëkël] *adj* optik, pamor, i syrit, i të pamit.

optician[op'tishën] *n* syzabërës; syzashitës.

optics['optiks] *n* optikë.

optimal['optëmël] *adj* optimal, më i favorshëm; më i volitshëm.

optimism['optëmizëm] *n* optimizëm.

optimist['optëmist] *n* optimist.

optimistic[optë'mistik] *adj* optimist.

optimistically[optë'mistikëli] *adv* me optimizëm.

optimize['optëmaiz] *vt* rris në maksimum; bëj optimal; **optimize the effect of** rris në maksimum efektin e.

optimum['optëmëm] *n,adj*   *-n* optimum; nivel optimal.

-adj optimal, më i favorshëm; më i volitshëm; **optimum temperature** temperaturë optimale.

option ['opshën] *n* 1.mundësi/e drejtë zgjedhjeje; **imprisonment without the option of bail** burgim pa të drejtë lirimi të përkohshëm.2. zgjedhje, të zgjedhurit.3.variant, alternativë.4.lëndë(mësimore) fakultative. + **hold an option on sth** kam të drejtën e blerjes me një çmim të caktuar(brenda një kohe të caktuar).

optional['opshënël] *adj* me të drejtë zgjedhjeje, jo i detyrueshëm, fakultativ; **an optional extra** pajisje; orendi.

optometrist[op'tomëtrist] *n* okulist, mjek optometër.

optometry[op'tomëtri] *n mjek* optometri(matje e mprehtësisë së të pamit).

opulence['opjëlëns] *n* pasuri, kamje, begati.

opulent['opjëlënt] *adj* i pasur, i kamur, i begatë.

opus['oupës] *n pl* **opera, opuses** *muz* vepër (letrare, muzikore).

or I[o:] *conj* ose, o; apo; a; **30 or so** nja 30; **three or four** hours tri a katër orë; **coffee or tea?** kafe apo çaj? **either the blue or the white** o bluja o e bardha.2.ndryshe, përmdryshe; **hurry, or you'll be late** nxito, ndryshe do të vonohesh; or **else** ndryshe, përmdryshe: **do it or else!** ta bësh patjetër! **or rather** ose, më mirë/më saktë.

or II[o:] *prep, conj vjet* më përpara; më tepër.

oracle['o:rëkël] *n* 1.orakull, fatthënës; profet. 2.fatthënie, profeci.

oracular[o:'rækjëlë:] *adj* 1.profetik.2.shumë i mençur.

oral['o:rël] *adj,n*   *-adj* 1.gojor.2.i gojës.3.*mjek* që merret nga goja(bar).

-n provim me gojë.

orally['o:rëli] *adv* 1.gojarisht.2.*mjek* nga goja.

orange['orënxh] *n,adj*   *-n* 1.*bot* portokall(frut, pemë).2.bojë portokalli.3.pije freskuese me lëng portokalli.

-adj bojëportokalli.

orangeade['o:rin'xheid] *n* pije freskuese me lëng portokalli.

orange pekoe *n bot* çaj i zi Indie.

orangoutan(g) [o:'rængu:tæn(g)] *n zool* orangutang.

orate[o:'reit] *vi gj.fol* mbaj fjalim, ligjëroj.

oration[o:'reishën] *n* fjalim, fjalë, ligjëratë; **funeral oration** fjalë e lamtumirës(në varrim).

orator ['o:rëtë:] *n* orator, gojëtar; mbajtës fjalimi, folës.

oratorical[orë:'torëkël] *adj* oratorik, gojëtarie.

oratorio[orë'to:riou] *n muz* oratorio.

oratory I ['o:rëtori] *n* 1.oratori, gojëtari.2.gjuhë e zgjedhur.

oratory II['o:rëtori] *n fet* dhomë/sallë lutjesh.

orb[o:b] *n,v*   *-n* 1.rruzull; trup qiellor.2.rruzull me gurë të çmuar(simbol i pushtetit mbretëror).3.*poet* kokërdhok, sy.

-v 1.bëj rreth; bëj rruzull.2.*vjet poet* rrethoj.

orbicular[o:'bikjëlë:] *adj* 1.sferik, i rruzullt. 2.rrethor, diskor.

orbit ['o:bit] *n,v*   *-n* 1.*astr* orbitë. 2.ecuri. 3.*anat* gropë e syrit.

-v 1.vjen përqark; lëviz në orbitë.2.nxjerr në orbitë (një satelit).

orbital['o:bëtël] *adj* i orbitës.

orchard['o:çë:d] *n* pemishtë.

orchestra['o:kistrë] *n* 1.orkestër.2.*teat* platé.

orchestral[o:'kestrël] *adj* orkestral; i orkestrës.

orchestrate['o:kistreit] *vt muz* orkestroj, përpunoj për orkestër, aranzhoj.

orchestration [o:kis'treishën]   *n muz* orkestrim, aranzhim.

orchid['o:kid] *n* 1. *bot* orkidé. 2.ngjyrë purpuri.

ordain[o:'dein] *vt* 1.urdhëroj, dekretoj; **it was ordained that** *fig* ishte shkruar që. 2.*fet* shuguroj,dorëzoj(prift).

ordeal[o:'diël] *n* prove e rëndë; përvojë e hidhur.

order['o:dë:] *n,v* 1.rend, renditje; **in alphabetical order** në rend alfabetik; **in order of merit** sipas meritave. 2.rregull; **in order** në rregull, çës duhet; **in working order** në gjendje pune; **be out of order** është jashtë përdorimit, nuk është në rregull, është i prishur.3.rregull, disiplinë; **keep order** vë rregull /disiplinë; **keep children in order** i mbaj fëmijët nën zap. 4.urdhër; **by order of** me urdhërin e; **on the orders of** nën urdhërat e; **be under orders to do sth** kam urdhër për të bërë diçka; **give/take orders** jap/marr urdhër; **obey orders** u bindem/u nënshtrohem urdhërave;**order of the day** rend i ditës.5. rregulla; procedurë; **a point of order** çështje procedure; **order!** qetësi! **call sb to order** i tërheq vëmendjen dikujt; **is it in order for me to...?** a më lejohet që...?6.porosi; **be on order** është porositur; **ask for a repeat order** e përsëris porosinë; **made to order** bërë me porosi; **place an order for sth with sb** porosis diçka te dikush; *fin* **to the order of** t'i paguhet(dikujt çeku) 7.Urdhër(fetar etj). + **in order that** në mënyrë që, me qëllim që; që të; **in order to** për të, me qëllim që; **in short order** shpejt, pa vonesë; **of the order of** në kufijtë e, i rendit të; **on the order of** sipas modeli të; **out of order** a)jo në rregull; b)i prishur, që s'punon mirë; **to order** me porosi.

-v 1.urdhëroj(dikë).2.porosis(drekën etj).3.rregulloj, vë në rregull. 4. vendos, caktoj; **the authorities ordered it otherwise** autoritetet e vendosën ndry-

she. 5.*fet* shuguroj, dorëzoj(prift). + **order about /around** jap urdhëra; çoj(dikë) andej-këtej.

ordered['o:dë:d] *adj* 1.i rregullt; i mbajtur mirë.2. *mat* i renditur(çift numrash).

orderly['o:dë:li] *adj,n* -*adj* 1.i rregullt, me sistem. 2.i disiplinuar, i shtruar.3.rojë, i shërbimit; **orderly officer** oficer rojë. -*n* 1.*usht* ordinancë; korier.2.*mjek* sanitar.

ordinal['o:dënël] *adj,n* -*adj* rendor; rreshtor. -*n* 1.numër rendor.2.*fet* libër i ceremonive kishëtare.

ordinance['o:dënëns] *n*1.dispozitë, urdhëresë, dekret; ligj. 2. *fet* ceremoni fetare.

ordinarily[o:dë'nerëli] *adv*1.zakonisht; rregullisht. 2.në masën e zakonshme, si zakonisht.

ordinary['o:dëneri] *adj,n* -*adj* 1.i zakonshëm; **in the ordinary way** në mënyrën e zakonshme; **in ordinary use** që përdoret zakonisht; **në përdorim të gjerë.**2.i zakonshëm, mesatar, i përditshëm; **the meal was very ordinary** gjella ishte krejt e zakonshme; **the ordinary Canadian** kanadezi i zakon shëm; **an ordinary person** njeri i zakonshëm.3.i rëndomtë; **the speech was ordinary** fjalimi ishte i rëndomtë. -*n* 1.*vjet* a)gjellë me çmim fiks; b)bujtinë; sallon ndenjieje(bujtine).2. e zakonshmja; **in ordinary** në shërbim të rregullt; **out of the ordinary** ndryshe nga zakonisht.3.titullar(i një posti).

ordinary seaman *n usht* detar i thjeshtë, marinar. **ordinate**['o:dënit, 'o:dëneit] *n mat* ordinatë. **ordination**[o:dë'neishën] *n fet* shugurim, dorëzim (prift).

ordnance['o:dnëns] *n usht* 1.artileri; topa.2. armatime; material luftarak.

ordure ['o:xhë:] *n* 1.jashtëqitje; bajgë; pleh. 2. *fig* ndyrësi; fjalë të ndyra.

ore [o:] *n* xheror, mineral; **copper ore** mineral bakri.

oregano[ë'regënou] *n bot* rigon.

Orestes[o:'resti:z] *n mit* Oresti.

organ['o:gën] *n* 1.*anat* organ.2.*muz* organo.3.*muz* saze; **mouth organ** saze.4.organ, organizëm, forum. 5.gazetë; revistë; organ.

organdy, organdie['o:gëndi:] *n teks* tafta.

organ grinder *n* organist(me organo dore).

organic[o:'gænik] *adj* 1.*anat* organik, i organit.2.i koordinuar, me lidhje të brendshme, organik, i organizuar; **an organic part of the film** pjesë organike e filmit. 3.*kim* organik; **organic fertilizer** pleh organik; **organic beef** mish lope natyral(pa përdorim kimikatesh në ushqim etj).

organism ['o:gënizëm] *n* 1.*biol* organizëm. 2.*pol* organ, organizëm.

organist['o:gënist] *n* organist.

organization ['o:gënë'zeishën, 'o:gënai'zeishën] *n* 1.organizatë;organizëm; shoqatë; klub. 2.organizim.

organizational['o:gënë(-gënai)'zeishënël] *adj* organizativ; i organizatës.

organization man *n* njeri konformist, tip strikt.

organize ['o:gënaiz] *vt* 1.organizoj (një ekspeditë etj).2.vë në rregull, sistemoj.3.*gj,fol* përgatitem, bëhem gati; **please wait, I'm not organized yet** prit pak, të lutem, se nuk jam gati.4.*pol* organizoj, fus në sindikatë; **get organized** hyj në sindikatë.

organized['o:gënaizd] *adj* i organizuar.

organized labor *n* punëtorë të sindikuar.

organizer['o:gënaizë:] *n* organizues, organizator.

orgasm['o:gæzëm] *n* 1.orgazëm.2.*fig* dalldi.

orgiastic[o:xhi'æstik] *adj* i shfrenuar, i shthurur.

orgy['o:xhi] *n* orgji, zdërhallje; shfrenim.

oriel['o:riël] *n* dritare e dalë nga muri.

orient['o:riënt] *n,adj,v* -*n* 1. **the Orient** Lindja, Orienti.2.*poet,gjeog* lindje.3.shkëlqim, vezullim.4. perlë shumë e çmuar. -*adj* 1.i Lindjes, oriental. 2.plot shkëlqim, vezullues. -*vt* 1.vë/ndërtoj me fytyrë nga lindja. 2. kthej nga, orientoj.3.i gjej drejtimin/orientimin.4.*fig*(**oneself**) orientohem.

oriental[o:ri'entël] *adj,n* -*adj* oriental, i Lindjes. -*n* oriental.

orientate['o:riënteit] *vt* shih **orient**.

orientation['o:rien'teishën] *n* 1.orientim.2.*fig* prirje. 3.*biol* aftësi orientimi(e zogjve etj).

orienteer['o:riën'tië:] *vi* orientohem, gjej drejtimin.

orienteering['o:riën'ti:ring] *n sport* lojë orientimi.

orifice['o:rëfis] *n* hapje; çarje; vrimë.

oriflamme['o:rëflæm] *n hist* flamur beteje.

origin['o:rëxhin] *n* 1.burim, zanafillë, fillesë.2.prejardhje, origjinë(familjare).3.*mat* origjinë(e koordinatave). 4.*pl* prejardhje, origjinë.

original[ë'rixhënël] *adj,n* -*adj* 1 i hershëm, i parë(banor).2.origjinal(tregim etj).3.krijues, shpikës (person). -*n* 1.origjinal(dorëshkrim etj).2.gjuhë e origjinalit; **read an author in the original** lexoj një autor në origjinal.3.tip më vete, njeri i veçantë.

originality[ërixhë'nælëti] *n* origjinalitet.

originally [ë'rixhënëli] *adv* 1. me prejardhje, nga origjina.2.fillimisht, në fillim.3.në mënyrë origjinale.

originate[ë'rixhëneit] *v* 1. filloj, nis, i jap rrugë. 2.(**from**) rrjedh, vjen, e ka prejardhjen(nga); **originate in** e ka zanafillën në.

origination[ërixhë'neishën] *n* lindje, nisje, zanafillë.

originative[ë'rixhënëtiv, ë'rixhëneitiv] *adj* krijues, shpikës, me mendje pjellore.

Orion[o:'rajën] *n* 1.*mit* Orioni.2.*astr* Orioni(yllësi).

orison['o:rëzën] *n vjet, poet* lutje.

orlon['o:lon] *n* orlon(lloj fijeje akrilike).

ormolu['o:mëlu:] *n* lloj bronzi(imitacion floriri).

ornament ['o:nëmënt] *n,v* -*n* 1.zbukurim. 2.*pl* sende që përdoren në kishë.3.stoli.

-*vt* zbukuroj; stolis.

ornamentation ['o:nëmen'teishën] *n* 1.zbukurim; stolisje.2.zbukurime, stoli.

ornate[o:'neit] *adj* 1.me zbukurime, me ornamente (orendi etj).2.i stërholluar, me lajle-lule(stil).

ornery['o:nëri] *adj gj.fol* idhnak, zemërak, i sertë.

ornithology[o:në'tholëxhi] *n zool* ornitologji (studimi i zogjve).

  orotund['o:rëtʌnd] *adj* 1.i fuqishëm, tingëllues (zë). 2.i fryrë, bombastik.

orphan['o:fën] *n,v* -*n* 1.jetim, bonjak.2.*attr* jetim; për jetimë; **an orphan home** jetimore. -*vt* lë jetim.

orphanage ['o:fënixh] *n* 1.jetimore, shtëpi fëmijësh. 2.bonjakëri, të qenët jetim.

Orpheus['o:fiës, 'o:fjës] *n mit* Orfeu.

orris['o:ris] *n bot* shpatore.

orrisroot ['o:risru:t] *n* rrënjë shpatoreje(përdoret për parfume).

ortho-['o:thë] *pref* drejt-; -ndreqës; orto-.

orthodontist ['o:thë'dontist] *n mjek* ortodont, dentist.

orthodox['orthëdoks] *adj* 1.*fet* ortodoks.2.siç e do zakoni; tradicional; konvencional; **the orthodox Christmas dinner** dreka tradicionale e Krishtlindjeve.3.e ngulitur; doktrinare(pikëpamje etj).

orthodoxy['o:thëdoksi] *n* 1.*fet* ortodoksi.2.zbatim /respektim i bindjeve të pranuara.

orthogonal[o:'thogënël] *adj mat* këndrejtë, drejtkëndor, ortogonal.

orthographic[o:thë'græfik] *adj* drejtshkrimor, ortografik.

orthography[o:'thogrëfi] *n* drejtshkrim, ortografi.

orthop(a)edic [orthë'pi:dik] *adj mjek* ortopedik; **orthopedic shoes** këpucë ortopedike.

orthopedics[orthë'pi:diks] *n mjek* ortopedi.

orthopedist[orthë'pi:dist] *n mjek* ortoped(mjek).

oscar['oskë:] *n* çmimi Oskar(në kinematografi).

oscillate['osileit] *v* 1.lëkund, luhat.2.lëkundem, luhatem.3.*fig* luhatem, ngurroj.

oscillation[osë'leishën] *n* lëkundje, luhatje.

oscillator['osëleitë:] *n el* lëkundës, oshilator.

oscillatory['osël'ëtori] *adj* lëkundës, luhatës.

oscillograph ['osëlëgræf, ë'silëgræf] *n fiz* oshilograf, regjistrues lëkundjesh.

oscilloscope [ë'silëskoup] *n fiz* oshiloskop, lëkundjematës.

osculate ['oskjëleit] *v* 1.puth.2.ngjitem me.3.*mat* përputhen(dy plane, vija).

osculation[oskjë'leishën] *n* 1.puthje.2.*mat* përputhje.

osier['ouzhë:] *n bot* 1.shelg.2.thupër shelgu.

Osmanli[os'mænli] *adj,n* osman, otoman.

osmium['ozmiëm] *n kim* osmium(element).

osmosis[oz'mousis] *n kim* osmozë.

osprey['ospri, 'osprei] *n zool* fajkua deti.

osseous['osiës] *adj* eshtak, kockor.

ossification[osëfë'keishën] *n* kockëzim, eshtërim.

ossify['osëfai] *vi* kockëzohet, eshtërohet.

ossuary['osjueri, 'oshueri] *n* urnë; kubé (për kockat e të vdekurve).

ostensible[os'tensëbël] *adj* i pretenduar; i shtirur; i sipërfaqshëm, sa për sy e faqe; i ashtuquajtur; i rremë.

ostensive[os'tensiv] *adj* 1.shih **ostensible**.2.i qartë, i dukshëm.

ostentation[osten'teishën] *n* demonstrim, paraqitje e qëllimshme(për t'u dukur).

ostentatious[ostën'teishës] *adj* për t'u dukur, mburravec.

ostentatiously[ostën'teishësli] *adv* me mburrje, për të shitur mend.

osteology[osti'olëxhi] *n mjek* 1.osteologji, anatomi e kockës. 2.strukturë kockore.

osteopathy[osti'opëthi] *n mjek* osteopati.

ostmark['ostma:k] *n* markë gjermanolindore.

ostracism ['ostrësizëm] *n* tëhuajtje, izolim (nga shoqëria).

ostracize['ostrësaiz] *vt* tëhuaj, izoloj(nga shoqëria).

ostrich['ostriç] *n zool* struc.

Ostrogoth['ostrëgoth] *n hist* ostrogot.

O.T. shkurtim për **Old Testament** Dhjata e Vjetër.

  other['ʌdhë:] *adj,pron,adv* -*adj* 1.tjetër; **I have no other books with me** s'kam libra të tjerë me vete; **the other one** tjetri; **the other day** të nesërmen.2.i ndryshëm; **I would not have him other than he is** nuk do ta doja ndryshe nga ç'është. + **every other day** çdo dy ditë, një herë në dy ditë; **none other than** jo kush tjetër, por vetë..; **the other day/night** së fundi, tani së fundi.

  -*pron* tjetri; **the others** të tjerët; **one after the other** njëri pas tjetrit; **somebody or other** dikush; ndokush; **one or other of them** ndonjëri prej tyre; **of all others** më shumë se gjithë të tjerët.

  -*adv* ndryshe; **I can't do other than go** duhet të shkoj, s'bëj dot ndryshe; **somewhere or other** diku.

otherwise['ʌdhë:waiz] *adv,adj,conj* -*adv* 1.ndryshe; **it cannot be otherwise** s'ka sesi të jetë ndryshe; **except where otherwise indicated** përveç rasteve kur thuhet ndryshe; **she was otherwise engaged** ishte e angazhuar gjetiu.2.në kushte të tjera; përndryshe; **I should otherwise have forgotten** të qe për mua, do ta kisha harruar.

  -*adj* i ndryshëm; **it might have been otherwise** mund të kishte qenë edhe ndryshe.

  - *conj* përmdryshe; në mos po; **come at once, otherwise you will be too late** eja menjëherë, përndryshe do të jetë tepër vonë.

other world *n fet* bota tjetër, jeta e përtejme.

otherworldly['ʌdhë:wë:ldli] *adj* 1.i botës tjetër, i përtejmë.2.i çuditshëm; i mbinatyrshëm.

otiose['oushious, 'outious] *adj* 1.i ngeshëm, në prehje.2.i kotë, i paefektshëm; i tepërt.

otologist[ou'tolëxhist] *n mjek* otolog, otojatër, mjek për veshë.

otology[ou'tolëxhi] *n mjek* otologji, otojatri.

Ottawa['otëvë] *adj,n* otavas, anëtar i fisit otava.

otter['otë:] *n zool* vidër, lundër; gëzof vidre.

ottoman['otëmën] *n,adj* -*n* 1.minder.2.otoman, osman; turk.

-*adj* otoman, osman; turk.

ouch[auç] *interj* of!, oh! uf!(kur vritesh).

ought I[o:t] *v* duhet; **children ought to obey their parents** fëmijët duhet t'u binden prindërve; **you ought to go and see it** bën mirë të shkosh e ta shohësh; **that ought to be enough** them se kjo mjafton; **they ought to have arrived by now** ata duhej të kishin mbërritur tashmë.

ought II[o:t] *n* hiç, zero

ought III[o:t] *n,adv* diç, diçka; **for ought I know** me sa di unë.

ounce I[auns] *n* ons(njësi mase = 28.35 g).

ounce II[auns] *n zool* leopard i dëborës.

our[au:, aë:, auë:] *adj* ynë, jonë; **our house** shtëpia jonë; **our brothers** vëllezërit tanë.

Our Lady *n fet* Shën Mëria.

ours[au:z, aë:z, auë:z] *pron* yni, joni; **that car is ours** ajo makinë është jona.

ourself [au:'self, aë:'self, auë:'self] *pron* ne vetë (nënkupto 'unë vetë').

ourselves [au:'selvz, aë:'selvz, auë:'selvz] *pron pl* 1.ne , vetë ne; **we ourselves are responsible** e kemi vetë përgjegjësinë; **we did it all by ourselves** e bëmë vetë, me duart tona.2.vetes; veten; **we came to ourselves** erdhëm në vete; **we cook for ourselves** ne gatuajmë vetë(për veten tonë).

oust [aust] *vt* përzë, nxjerr përjashta; përjashtoj; heq; i vë bërrylin.

ouster['austë:] *n* përzënie; përjashtim; heqje(e një të drejte etj); *fig* bërryl.

out[aut] *adv,adj,n,prep,v,interj* -*adv* 1.jashtë; **he is out** ai ka dalë, nuk është në shtëpi etj; **be out and about again** ngrihem sërish në këmbë; **have a night out** kaloj një natë jashtë; **out here** këtu jashtë; **the journey out** rruga e vajtjes; **the ball is out** topi ka dalë jashtë(loje); **speak out loud!** ngrije zërin! **out with it!** nxirre ç'ke për të thënë! zbrazu! 2.larg; tutje; **he's out in China** ka ikur në Kinë; **two days out from Durres** dy ditë rrugë larg nga Durrësi; **out to sea** në det të hapur.3.*fig* **be out** a) jam pa ndjenja; b)jam në grevë; c)*sport* përjashtohem, eliminohem; d)është/ka dalë jashtë mode; e)del, lind (dielli); f)çelin(lulet); g)del, zbulohet (e fshehta); h) del, botohet(libri); i)shuhet, fiket(drita, zjarri); **the tide is out** është zbaticë; **before the month is out** para se të dalë/të mbarojë muaji; **be out in one's reckoning by** gaboj në llogaritje me..; **she was not far out** nuk ishte gabuar shumë; **they are out for all they can**

get ata përpiqen të nxjerrin sa më shumë përfitim; **he is out to make money** ai përpiqet të fitojë para; **they are out to get me** ata e kanë vendosur të më qërojnë. + **out and away** ku e ku: **he is out and away the best** ai është ku e ku më i mirë se gjithë të tjerët; **out and out** krejtësisht; **out of** a) nga, që brenda: **he came out of the house** ai erdhi që brenda shtëpisë; **copy sth out of a book** kopjoj diçka nga një libër; b)jashtë(qytetit etj): **go out of sight** zhduket nga sytë; **out of danger** jashtë rrezikut; **feel out of it** ndihem i përjashtuar; c) pa; **we are out of coffee** mbetëm pa kafe, na u mbarua kafeja; **be cheated out of one's money** m'i përlajnë paratë me mash trim; d)prej: **be made out of cotton** është prej pambuku; e)nga, ndërmjet: **out of this group** nga ky grup; **one out of ten people** një në dhjetë vetë; f)nga, prej, për shkak të: **out of curiosity** nga kure shtja; **get out of hand** del jashtë kontrollit.

-*adj* 1.i jashtëm; periferik; **an out district** lagje e jashtme. 2.i pazakontë; **an out size** masë(rrobash) jo e zakonshme.

-*n* 1.gjë e gabuar.2.diçka e harruar.3.sebep, justifikim; **have an out for stealing** kam një justifikim që vjedh. 4.*sport* nxjerrje jashtë loje. + **at outs, on outs** në mosmarrëveshje, në sherr.

-*prep* 1.nga, që nga; **go out the door** dal nga dera. 2.*gj.fol* nëpër, përmes, gjatë; **drive out Regent Street** jepi/ec nëpër rrugën Rixhënt.

-*vi* 1.del, zbulohet; **murder will out** vrasja del në shesh.2.shuaj, fik; **please out the fire** të lutem, shuaje zjarrin.

-*interj vjet* turp! **out upon you!** turp të kesh!

out-[aut] *pref* jashtë-; **outgoing** që del. 2.tej-; **outnumber** tejkaloj(në numër).

outage['autixh] *n* ndërprerje(e korentit, e punës etj).

out-and-out['autën'aut] *adj* fund e krye, kokë e këmbë; plotësisht, i tëri.

outback ['autbæk] *n* 1.thellësia e vendit. 2.vend i pabanuar.

outbalance[aut'bælëns] *vt* ia kaloj, tejkaloj.

outbid[aut'bid] *vt* bëj një ofertë më të lartë se.

outboard ['autbo:d] *adj,adv,n* -*adj,adv* jashtë bordit.

-*n* 1.motor jashtë bordit.2.varkë me motor jashtë bordit.

outbound['autbaund] *adj* i drejtuar për nga jashtë.

outbrave[aut'breiv] *vt* 1.i bëj ballë.2.ia kaloj në trimëri.

outbreak['autbreik] *n* 1.shpërthim(inati, epidemie). 2.trazirë, shpërthim, rebelim.

outbuilding['autbilding] *n* ngrehinë anekse.

outburst['autbë:st] *n* shfrim, shpërthim(të qeshurash etj).

outcast['autkæst] *n,adj* -*n* i flakur, i dëbuar.

-*adj* i flakur, i përzënë; i pastrehë.

outclass[aut'klæs] *vt* ia kaloj, e lë pas.

outcome['autkʌm] *n* përfundim, rezultat.

outcrop['aut'krop] *n,v* -*n* 1.dalje(në sipërfaqe).2. pjesë e dalë.

-*vi* del në sipërfaqe.

outcry['autkrai] *n* 1.britmë, thirrje, e bërtitur.2.protestë, kundërshtim i fortë.

outdated[aut'deitid] *adj* i dalë mode, i vjetëruar.

outdid[aut'did] *pt* e **outdo**.

outdistance[aut'distëns] *vt* lë prapa, ia kaloj(në garë).

outdo[aut'du:] *v* (-**did**, -**done**) ia kaloj; **he was not to be outdone** ai nuk donte të mbetej pas të tjerëve.

outdoor['autdo:] *adj* jashtë shtëpisë; **outdoor games** lojëra jashtë, në natyrë.

outdoors[aut'do:z] *adv,n* -*adv* jashtë, përjashta.

-*n* ajër i pastër, natyrë; **in the outdoors** jashtë, në ajër të pastër.

outdoorsy[aut'do:zi] *adj* që i pëlqen ajri i pastër.

outer['autë:] *adj* 1.i jashtëm; **outer ear** veshi i jashtëm.2.i largët, periferik, i jashtëm; **outer suburbs of the city** lagjet e jashtme/periferitë e qytetit; **outer space** hapësira kozmike.

outermost ['autë:moust] *adj* më i largët, më periferik.

outface [aut'feis] *vt* 1.i bëj ballë, sfidoj. 2.detyroj (dikë) të ulë sytë.

outfall['autfol] *n* grykë, derdhje(përroi, kanali).

outfit['autfit] *n,v* -*n* 1.pajime, takëme, mjete.2.kostum, veshje.3.grup; repart; organizatë.

-*v* pajis; furnizoj.

outfitter['autfitë:] *n* 1.dyqan; **gentleman's outfitter** dyqan veshjesh për burra; **sports outfitter** dyqan artikujsh sportivë. 2.*amer* shoqërues (ekspedite).

outflank[aut'flænk] *v* 1.i marr krahët(armikut).2. zë pisk, ia hedh(kundërshtarit).

outflow['autflou] *n* rrjedhje, rrjedhë; vërshim.

outfox[aut'foks] *vt* ua hedh, u shpëtoj(ndjekësve).

outgo['autgou] *n* shpenzime, të dala.

outgoing ['autgouing] *adj* 1.që niset(tren etj). 2. që lë postin(president etj).3.i shoqërueshëm, miqësor.

outgoings['autgouingz] *npl* shpenzime, të dala.

outgrow[aut'grou] *vt* (**outgrew**; **outgrown**) 1.nuk më bëjnë më, më rrinë të vogla(rrobat).2.heq dorë nga, shpëtoj nga(një zakon).3.rritet më shpejt se, ia kalon, tejkalon.

outgrowth['autgrouth] *n* 1.rezultat, produkt, zhvillim.2.lastar, filiz.3.dalje, çelje(e gjetheve).

outguess[aut'ges] *vt* ia marr në kthesë(dikujt).

outhouse['authaus] *n* 1.wc jashtë shtëpisë. 2.ndërtesë anekse.

outing['auting] *n* shetitje, e dalë; ekskursion.

outland['autlænd] *adj,n* -*adj* 1.*vjet* i huaj.2.i largët, periferik.

-*n* 1.*vjet* vend i huaj.2.toka periferike(të një prone).

outlander['autlændë:] *n* i huaj.

outlandish [aut'lændish] *adj* 1. ekzotik; i çuditshëm; për të qeshur.2.i huaj; i panjohur.

outlast[aut'læst] *vt* rroj më gjatë, lë pas.

outlaw['aut'lo] *n,v* -*n* 1.bandit, keqbërës, kriminel.2.njeri i nxjerrë jashtë ligjit.3.kalë i pashtruar.

-*vt* 1.nxjerr jashtë ligjit(dikë).2.shpall të paligjshme (luftërat etj).3.parashkruaj, shpall të pavlefshëm(një borxh).

outlay[*n* 'autlei; *v* aut'lei) *n,v* -*n* 1.shpenzim, harxhim.2.shumë e shpenzuar.

-*vt* shpenzoj.

outlet['autlet] *n* 1.rrugë daljeje, dalje, shkarkim. 2. grykëderdhje(e lumit).3.treg(për një produkt); **retail outlet** pikë shitjeje.4.*amer el* prizë.5.*attr tek* shkarkimi.

outlier['autlajë:] *n* 1.pjesë e shkëputur.2.person i veçuar/i shkëputur.3.*gjeol* formacion i ekspozuar.

outline['autlain] *n,v* -*n* 1.kontur.2.skicë.3.profil, përvijim.4.ide e përgjithshme, skicë-ide.

-*vt* 1.konturoj; skicoj.2.përvijoj.3.bëj një skicë-ide, planifikoj në vija të trasha.

outlive[aut'liv] *vt* lë pas, jetoj më gjatë se.

outlook['autluk] *n* 1.pamje.2.perspektivë; parashikim.3.pikëpamje; opinion; botëkuptim.4. kullë/ pikë vrojtimi.

outlying['autlajing] *adj* i largët; periferik.

outmanoeuvre['autmë'nu:vë:] *vt* ia hedh.

outmode[aut'moud] *vt* nxjerr nga moda.

outmoded[aut'moudid] *adj* i dalë mode.

outmost['autmoust] *adj* shih **outermost**.

outnumber[aut'nʌmbë:] *vt* ia kaloj në numër.

out-of-bounds['autëv'baundz] *adj,adv* 1.*sport* jashtë loje(pozicion).2.jashtë vijës së lejuar.

out-of-date['autëv'deit] *adj* 1.i dalë mode, jashtë mode. 2.i skaduar, që i ka kaluar afati (dokument). 3.e vjetëruar, e kapërcyer(teori etj).4.i harruar, që i ka kaluar koha(zakon).

out-of-doors['autëv'do:z] *adj,adv* jashtë, përjashta.

out-of-the-way ['autëvdhë'wei] *adj* 1.i largët; i veçuar; i vetmuar; i futur, i thellë.2.i rrallë; i pazakontë; i paparë.

out-of-town['autëv'taun] *adj* jashtë qytetit, periferik.

outpace['aut'peis] *vt* lë pas, ia kaloj(edhe *fig*).

outpatient['autpeishënt] *n* pacient i jashtëm.

outplay[aut'plei] *vt* luaj më mirë se, ia kaloj.

outpoint[aut'point] *vt* fitoj më shumë pikë.

outport['autpo:t] *n* liman i vogël.

outpour[*n* 'autpo:; *v* aut'po:] *n,v* -*n* 1.derdhje.2. *fig* zbrazje, shfrim(ndjenjash etj).

-*vt* derdh.

outpouring['autpo:ring] *n* 1.derdhje.2.*fig* zbrazje, shfrim.

output['autput] *n* 1. prodhim. 2. rendiment. 3. *fig* shfrim; shpërthim(energjish etj).4. *kmp* informacion i nxjerrë (nga kujtesa).

outrage['autreixh] *n,v* -*n* 1.mizori, dhunë; veprim i dhunshëm; **bomb outrage** atentat me bombë. 2. shkelje, nëpërkëmbje; krim; **an outrage against humanity** krim kundër njerëzimit.3.fyerje; cenim; **it's an outrage!** ky është turp!
-*vt* 1.fyej; **be outraged by sth** fyhem keq nga diçka.2.shkel, cenoj, dhunoj.

outrageous [aut'reixhës] *adj* 1.fyes; i pahijshëm; **it's outrageous that** është skandaloz fakti që...2.i tepruar, tepër i lartë(çmim).3.ekstravagante(rroba). 4.mizor(krim).

outrageously[aut'reixhësli] *adv* 1.në mënyrë fyese / të pahijshme.2.në mënyrë ekstravagante.3.mizorisht.4.tmerrësisht(shtrenjt).

outran[aut'ræn] *pt* e **outrun**.

outrance[u'tra:ns] *n* teprim i skajshëm.

outrange[aut'reinxh] *vt* ia kaloj (për nga rrezja e veprimit etj).

outrank[aut'rænk] *vt* ia kaloj në gradë, kam gradë më të lartë.

outreach[*v* aut'ri:ç; *n* 'autri:ç] *v,n* -*vt* 1. ia kaloj, lë prapa.2.*poet* shtrij, zgjas(krahun).
-*n* 1.shtrirje.2.kufi, cak.

outride[aut'raid] *vt* 1.ia kaloj në vrap.2.*det* i qëndron stuhisë(anija).

outrider ['autraidë:] *n* pararendës, udhërrëfyes; eskortë, shoqërues(me motoçikletë).

outrigger ['autrigë:] *n* krah, bilancier (paralel me varkën, për ta mbrojtur nga përmbysja).

outright['autrait] *adv,adj* -*adv* 1.njëherësh; plotësisht, tërësisht.2.në vend, aty për aty.3.me para në dorë(blej).4.haptas(qesh).5.pastër, në mënyrë të padyshimtë(fitoj ndeshjen).6.kategorikisht, prerë.
-*adj* 1.i plotë (dështim). 2.i drejtpërdrejtë; i prerë (kundërshtim). 3.i menjëhershëm. 4.i njohur, me damkë(mashtrues).

outrun [aut'rʌn] *vt* (**outran; outrun**) 1.lë pas, ia kaloj(në vrap).2.*fig* kapërcen; shkëputet nga.

outsell[aut'sel] *vt* ia kalon në shitje, shitet më tepër.

outset ['autset] *n* fillim, nisje; **at the outset** në fillim, në krye; **from the outset** që në fillim.

outshine[aut'shain] *vt* 1.shkëlqen më shumë se.2. *fig* ia kaloj, shkëlqej mbi(të tjerët).

outshoot [*v* aut'shu:t; *n* 'autshu:t] *v,n* -*v* 1.qëlloj më mirë se.2.rritet me shpejtësi(filizi).
-*n* 1.e dalë; kep.2.lastar, filiz.

outside ['aut'said] *n,adj,adv,prep* -*n* 1. pjesë e jashtme; anë e jashtme; **from the outside** nga jashtë.2.pamje e jashtme; **judging from the outside** po të nisesh nga pamja e jashtme. **+ at the (very) outside** e shumta; **it will take me one week, at the outside** kjo do të më hajë një javë të shumtën;

outside in së prapthi(këmisha etj).
-*adj* 1.i jashtëm; **the outside lane** korsia e jashtme (e rrugës); **outside people** njerëz nga jashtë (ndërmarrjes etj); **get an outside opinion** marr një mendim nga persona jo të brendshëm.2.maksimal, ekstrem, i skajshëm; **what is your outside estimate?** cili është vlerësimi yt maksimal? 3.i pakët, i vogël; pak i mundshëm; **an outside chance** një mundësi e vogël.
-*adv* jashtë; përjashta; **seen from outside** po ta shohësh nga jashtë.
-*prep* 1.jashtë; **outside the house** jashtë shtëpisë.2. përveç; **outside of Bob** përveç Bobit; **no interests outside his job** asnjë interes tjetër përveç punës së tij.3.përtej; **it's outside my experience** kjo del jashtë kufijve të përvojës sime.

outsider[aut'saidë:] *n* 1.i huaj; person që nuk bën pjesë(në një grup etj).2.*sport* pjesëmarrës pa shanse për të fituar.

outsize['autsaiz] *adj,n* -*adj* jashtë mase; tepër të mëdha (rroba); **outsize department** reparti i veshjeve jashtë mase.
-*n* artikull/veshje jashtë masave të zakonshme.

outskirts['autskë:ts] *npl* 1.lagje të jashtme, periferi. 2.anë, skaj(i pyllit).

outsmart[aut'sma:t] *vt* jam më i zgjuar se, *zhrg* e vë më majë të gishtit.

outspoken['autspoukën] *adj* i çiltër, i hapur, i sinqertë, me zemër të hapur(njeri, kritikë).

outspread[*adj* 'autspred; *v* aut'spred] *adj,v* -*adj* i shtrirë, i hapur; **with outspread wings** me krahët të shtira/të shpalosura(zog).
-*vt* shtrij, hap,shpalos(krahët).

outstanding[aut'stænding] *adj* 1.i shquar, i mirënjohur.2.i dukshëm, i dalë, i spikatur(tipar).3.i pashlyer, i papaguar(borxh, faturë).4.i pazgjidhur, i mbetur pezull(problem).5.e pambaruar, e mbetur pezull(punë).

outstandingly[aut'stændingli] *adv* 1.dukshëm. 2. jashtëzakonisht.

outstay[aut'stei] *vt* 1.rri më shumë se ç'duhet, e kaloj masën.2.rri më gjatë se të tjerët. **+ outstay one's welcome** shpërdoroj mikpritjen e dikujt.

outstretched ['autstreçt] *adj* i shtrirë, i hapur, i shpalosur; **welcome sb with outstretched arms** pres dikë me krahë hapur.

outstrip[aut'strip] *vt* ia kaloj, lë pas(edhe *fig*).

outtalk[aut'tok] *vt* flas më mirë se; e bëj ta mbyllë gojën.

outvote[aut'vout] *vt* mund/rrëzoj me vota.

outward(s)['autwë:d(z)] *adj,adv* -*adj* 1.për nga jashtë(lëvizje); i vajtjes(udhëtim); **on the outward journey** gjatë rrugës së vajtjes. 2. e jashtme (pamje). 3.i sipërfaqshëm (ndryshim).
-*adv* jashtë; për nga jashtë; **with the lining out-**

wards me astarin nga jashtë.2.tutje; **outwards bound** për të ikur; në nisje.

outwardly['autwë:dli] *adv* 1.së jashtmi; për nga jashtë.2.nga pamja e jashtme.

outwear[aut'weë:] *v* (**-wore; -worn**) 1. vesh më gjatë se.2.vjetërohet, grihet(rroba).3.s'më bëjnë më (rrobat).

outweigh [aut'wei] *vt* 1.peshoj më shumë se, ia kaloj në peshë.2.ia kaloj, vlej më shumë, kam më shumë peshë(*fig*).

outwit[aut'wit] *vt* ia hedh, jam më finok se.

outwork[*n* 'autwë:k; *v* aut'wë:k] *n,v* -*n* fortifikime të jashtme.

-*vt* punoj më mirë/më shpejt, ia kaloj në punë.

outworn[*adj* 'autwo:n; *v* aut'wo:n] *adj,v* -*adj* 1.i vjetëruar, i grirë, i konsumuar.2.i dalë mode, i vjetëruar, i kapërcyer.

-*v pp* e **outwear**.

ouzo['u:zou] *n* uzo.

ova['ouvë] *n pl* i **ovum.**

oval['ouvël] *adj,n* -*adj* vezak, oval; eliptik.

-*n* figurë ovale; send vezak.

ovally['ouvëli] *adv* në formë vezake.

ovary['ouvëri] *n anat, bot* vezore.

ovate['ouveit] *adj* vezak.

ovation[ou'veishën] *n* brohoritje, ovacion.

oven['ʌvën] *n* furrë.

ovenproof['ʌvënpru:f] *adj* që i qëndron nxehjes në furrë(pjatë).

ovenware['ʌvënweë:] *n* pjata që futen në furrë.

over['ouvë:] *prep,adv,adj,n* -*prep* 1.mbi, majë; **over my head** mbi kokë; **his speech went over my head** *fig* fjalimi i tij s'më hyri fare në kokë; **the bridge over the river** ura mbi lumë.2.sipër; **he is over me** ai është sipër meje, e kam epror; **have an advantage over sb** kam një avantazh ndaj dikujt. 3.përtej, matanë; **the store over the road** dyqani përballë; **the house over the river** shtëpia matanë lumit; **go over the wall** kalon matanë murit. 4.kudo, anembanë; **all over the world** anembanë botës; **I've got mud all over my shoes** i kam këpucët tërë baltë. 5.mbi, më se; **over 100** mbi 100; **5% over last year** 5% më shumë se vitin e kaluar.6.gjatë; **over the last few months** gjatë këtyre muajve të fundit; **over the spring** gjatë pranverës; **over dinner** gjatë darkës; **how long has he been over it?** sa kohë i ka ngrënë ajo punë? 7. nëpërmjet, në; **we heard it over the radio** e dëgjuam në radio.8.mbi, për, në lidhje me; **they fell out over money** u hëngrën për punë parash.

-*adv* 1.sipër, përsipër; **cover it over with sand** mbuloje me rërë; **the cliff hung over** shkëmbi varej mbi kokat tona.2.matanë, përtej; **go over to the enemy** kaloj në anën e armikut; **drive over to the other side of the city** hidhem (me makinë) nga ana

tjetër e qytetit; **over here** këtu; **over there** atje, aty; **over in Greece** në Greqi; **over against the wall** aty te muri; **she is over from Italy for a few days** ka ardhur nga Italia për disa ditë; go over to the store for me shko deri te dyqani të më blesh diçka; **hand the money over** dorëzo paratë.3.poshtë, përmbys; **fall over** rrëzohem; **he hit me and over I went** ai më qëlloi dhe unë u rrëzova.; **turn sth over** vërtis diçka;**turn over a page** kthej faqen. 4.sërish, përsëri; **four times over** katër herë rresht; **do an assignment over** e bëj detyrën sërish; **start all over again** e nis edhe një herë nga e para; **several times over** disa herë radhazi; **tell sth over and over** e them diçka për të njëqindtën herë.5.mbaruar; **it's all over between us** midis nesh ka mbaruar gjithçka; **the winter is over** dimri mbaroi; **the rain is over** shiu pushoi.6.tepër, **he is not over intelligent** ai s'është fort i zgjuar.7.fund e krye; tej e tej; tejpërtej; **read the newspaper over** e lexoj gazetën nga kreu në fund; **the world over** në të gjithë botën; **I ache all over** më dhemb i gjithë trupi; **that's him all over** është ai i tëri.8. gjatë, tërë kohës; **stay over till Sunday** rri deri të dielën.9.mbetur, tepruar; **is there any wine over?** ka mbetur më verë? 10.më tepër; **persons of 60 and over** personat 60 vjeç e lart. + **over again** edhe njëherë; përsëri; **over against** a) kundrejt, përballë; pas(murit etj);b)në kontrast, në ndryshim nga; **over and above** veç, përveç; **over and over** pa pushim, prap e prap; **over and out** (në radiondërlidhje) mbarova, fund; **(get sth) over with** /**over and done with** e mbaroj/e përfundoj diçka.

-*adj* 1.i sipërm. 2.i mbaruar, i përfunduar; **the game is over** loja mbaroi.

-*n* shumë(parash) e dalë tepër.

over-['ouvë:] *pref* mbi-, tej-; shumë-; **overtime** kohë (pune) jashtë orarit; **overuse** përdorim i tepruar; **overcrowded** i tejmbushur; **overdose** mbidozë.

overact[ouvë:r'ækt] *vi* recitoj me emocion të tepruar.

overactive[ouvër'æktiv] *adj* tepër aktiv.

overage['ouvërixh] *n* tepricë(parash, mallrash).

overall[ouvër'o:l] *adj,adv,n* -*adj* i përgjithshëm; i plotë; **overall length** gjatësi e përgjithshme; **overall estimate** vlerësim i përgjithshëm.

-*adv* në përgjithësi.

-*n pl* kominoshe.

overarch[ouvë:'a:ç] *vt* 1.harkoj, përkul.2.mbulon, formon kube përsipër.

overarm['ouvër'a:m] *adj,adv* me krahun lart, me hark(gjuajtje).

overawe[ouvër'o:] *vt* frikësoj, tmerroj; i ngjall respekt.

overbalance[ouvë:'bælëns] *v* 1.ia kaloj, kapërcej.2. humbas drejtpeshimin.3.prish drejtpeshimin.

overbear[ouvë:'bcë:] *vt* (**-bore; -borne**)1.mposht. 2.përmbys.

overbearing [ouvë:'beëring] *adj* autoritar, imponues, prepotent.

overbid[ouvë:'bid] *vt* (**-bid; -bid, -bidden**) ofroj më tepër, bëj një ofertë më të lartë.

overblouse['ouvë:blauz] *n* bluzë që mbahet jashtë (sipër fundit).

overblown[ouvë:'bloun] *adj* 1.e çelur në maksimum (lule).2.*fig* i fryrë, pompoz.

overboard ['ouvë:bo:d] *adv* jashtë bordit; **fall overboard** bie në ujë (nga anija). + **go overboard** rrëmbehem; **go overboard for sth** marrosem pas diçkaje; **throw overboard** heq qafe; flak tutje.

overbook[ouvë:'buk] *vt* shes/rezervoj më shumë bileta nga ç'kam vende.

overburden[v ouvë:'bë:dën; *n* 'ouvë:bë:dën] *v,n* -*v* mbingarkoj.
-*n* 1.mbingarkesë.2.*gjeol* mbishtresim; zhavor, mbushje(në shtratin e lumit).

overcame[ouvë:'keim] *pt* e **overcome**.

overcast['ouvë:kæst] *adj,v,n* -*adj* 1.i vrenjtur, i mbuluar me re.2.*fig* i vrenjtur, i ngrysur, i zymtë.
-*v* 1. vrenjtet, vranësohet.2.ildis buzët(e tegelit).
-*n* vranësirë.

overcharge[v ouvë:'ça:xh; *n* 'ouvë:ça:xh] *v,n* -*vt* 1.ngre çmimin; marr më shumë se çmimi.2.mbingarkoj; mbush më tepër se ç'duhet.
-*n* 1.çmim i ngritur.2.mbingarkesë.

overcloud[ouvë:'klaud] *v* 1.vrenjtet, vranësohet.2. vrenjt, mbulon me re.3.*fig* vrenjtet, ngryset.

overcoat['ouvë:kout] *n* pardesy; pallto.

overcome[ouvë:'kʌm] *vt* (**-came; -come**) 1.kapërcej(vështirësi).2.mund, mposht(kundërshtarin, frikën etj).3.*fig* dërrmoj; **be overcome by the heat/by remorse** rraskapitem nga nxehtësia/më mbyt pendimi.

overcompensate[ouvë:'kompënseit] *v* (**for sth**) e nxjerr(inatin) gjetiu; shpaguhem(për diçka).

overconfident[ouvë:'konfidënt] *adj* me besim të tepruar, i fryrë.

overcrowded[ouvë:'kraudid] *adj* i mbipopulluar; i mbushur plot e përplot.

overdo[ouvë:'du:] *vt* (**-did; -done**) 1.e teproj me, shkoj tepër larg.2.pjek më tepër se ç'duhet, tejpjek.3. lodh, rraskapis.

overdose[*n* 'ouvë:dous; *v* ouvë:'dous] *n* mbidozë, dozë tepër e madhe.
-*vt* i jap mbidozë.

overdraft['ouvë:dræft] *n fin* mbitërheqje (parash nga banka), tërheqje e një shume më të madhe nga ç'është depozita; shumë e mbitërhequr; llogari e zbuluar.

overdraw[ouvë:'drou] *v* 1.tërheq nga banka më shumë se ç'kam depozitë.2.e teproj; ekzagjeroj.

overdress[v ouvë:'dres; *n* 'ouvë:dres] *v,n* -*v* e teproj në të veshur, pispillosem.
-*n* veshje sipër një veshjeje tjetër.

overdrive['ouvë:draiv] *n aut* superxhiro, shpejtësi tepër e madhe në marshin më të lartë.

overdue['ouvë:dju:] *adj* 1.që i ka kaluar afati(i pagesës, i kthimit të librit).2.i vonuar; **the plane is overdue** avioni është me vonesë.

overeat[ouvër'i:t] *vi* (**-ate; -eaten**) ha më tepër se ç'duhet.

overestimate[ouvë:'estëmit, -meit] *v,n* -*vt* mbivlerësoj.
-*n* mbivlerësim.

overexertion[ouvërig'zë:shën] *n* tejlodhje, rraskapitje, sforcim.

overfill[ouvë:'fil] *vt* tejmbush.

overflight['ouvë:flait] *n* fluturim mbi një territor.

overflow[v ouvë:'flou; *n* 'ouvë:flou] *v,n* -*v* 1.vërshon, del nga shtrati(lumi).2.përmbyt. 3.derdhet. 4.mbushet plot e përplot.
-*n* 1.vërshim.2.përmbytje.3.derdhje. 4.vrimë shkarkimi.

overgrow[ouvë:'grou] *vi* (**-grew; -grown**) 1.rritet mbi, mbulon.2.rritet shpejt.3.mbin, del(filizi).

overgrown[ouvë:'groun] *adj* shumë i rritur, shumë i madh.

overgrowth['ouvë:grouth] *n* 1.rritje tepër e shpejtë; tejrritje.2.bimësi që mbulon diçka.

overhand['ouvë:hænd] *adj,adv,n* -*adj,adv* 1.me hark, me krahun e shtrirë lart(gjuajtje).2.me trinën e dorës lart/nga jashtë.
-*n sport* gjuajtje me hark.

overhang[v ouvë:'hæng; *n* 'ouvë:hæng] *v* 1.i del/i rri përsipër.2.kërcënon, rri mbi kokë(rreziku).
-*n* pjesë e dalë.

overhaul[v ouvë:'ho:l; *n* 'ouvë:ho:l] *v,n* -*vt* 1.i bëj kontroll(makinës etj).2.arrij, kap(dikë).
-*n* kontroll i përgjithshëm.

overhead[*adv* ouvë:'hed; *adj,n* 'ouvë:hed]*adv,adj, n* -*adv* lart; sipër; mbi kokë; në lartësi; në qiell.
-*adj* 1.ajror(kabëll)2.e ngritur, në lartësi(xhade). 3.i përgjithshëm.
-*n pl* shpenzime të përgjithshme.

overhear[ouvë:'hië:] *vt* (**overheard**) dëgjoj padashur, më kap veshi.

overheat[ouvë:'hi:t] *v,n* -*vi* tejnxehet(makina etj)
-*n* tejnxehje.

overhung[*adj* 'ouvë:hʌng; *v* ouvë:'hʌng] *adj,v* -*adj* 1.i varur, pezull.2.e dalë(nofull e sipërme).
-*v pt,pp* e **overhang**.

overjoyed[ouvë:'xhoid] *adj* i mbushur me gëzim, i ngazëllyer.

overkill['ouvë:kil] *n* 1.*usht* potencial bërthamor më i madh nga ç'duhet.2.*fig* bërje me tepri.

overladen[ouvë:'leidën] *adj* i mbingarkuar.

overland['ouvë:lænd] *adj,adv* me rrugë tokësore.
overlap[*v* ouvë:'læp; *n* 'ouvë:læp] *v,n* -*vi* 1.mbivendosen; mbulojnë/shkelin mbi njëra-tjetrën (tjegullat).2.*fig* përputhen, koincidojnë.
-*n* shkelje(e tjegullave).
overlay[*v* ouvë:'lei; *n* 'ouvë:lei] *v,n* -*vt* (overlaid) 1.vë njëra mbi tjetrën.2.vesh(me shtresë); praroj.
-*n* 1.mbulim; mbulesë.2.veshje, shtresë, cipë. 3. fletë transparente me të dhëna(që vihet sipër një projekti, harte etj).
overleaf['ouvë:'li:f] *adv* prapa, nga prapa.
overleap['ouvë:'li:p] *vt* kapërcej, i kaloj përsipër.
overlie['ouvë:'lai] *v* (-lay; -lain) 1.shtrihem përsipër.2.i zë frymën, mbys.
overload[*v* ouvë:'loud; *n* 'ouvë:loud] *v,n* -*vt* mbingarkoj.
-*n* mbingarkesë.
overlook['ouvë:'luk] *vt* 1.nuk vë re, nuk shoh.2.nuk e vë re, nuk i jap rëndësi, e kaloj, e fal(një gabim). 3. sheh mbi(rrugë); ka pamje nga(shtëpia). 4.mbikëqyr; drejtoj.
overly ['ouvë:li] *adv* tepër, me tepri, së tepërmi; overly sensitive to criticism tepër i ndieshëm ndaj kritikës.
overmanning [ouvë:'mæning] *n* fuqi punëtore e tepërt.
overmaster['ouvë:'mæstë:] *vt* mposht; kapërcej.
overmatch['ouvë:'mæç] *vt* ia kaloj, lë pas.
overmuch['ouvë:mʌç] *adj,adv,n* -*adj,adv* tepër, jashtë mase.
overnice['ouvë:nais] *adj* i bezdisshëm, i mërzitshëm.
overnight[*adv* ouvë:'nait; *adj,n* 'ouvë:nait] *adv, adj, n* -*adv* 1.gjatë natës, natën; stay overnight rri një natë, rri për të fjetur; overnight travel udhëtim natën.2.menjëherë; brenda ditës. 3. një natë përpara(përgatitem).
-*adj* 1.i një nate; për një natë.2.i një nate përpara.
-*n* e mbrëmshmja, nata përpara.
overpaid[ouvë:'peid] *adj* i paguar më shumë se ç'duhet.
overparticular[ouvë:pë:'tikjulë:] *adj* tepër pedant, që kërkon qimen në vezë.
overpass[*n* 'ouvë:'pæs; *v* ouvë:'pæs] *n,v* -*n* mbikalesë, urë, rrugë mbitokësore.
-*v* 1.kaloj përsipër, kaloj matanë.2.nuk vë re, fal.
overpay[ouvë:'pei] *vt* paguaj më tepër se ç'duhet.
overplay[ouvë:'plei] *vt* 1.luaj/interpretoj në mënyrë të tepruar.2.mbivlerësoj.
overpluss['ouvë:plʌs] *n* 1.tepricë; shtesë.2.shumë e madhe.
overpopulate[ouvë:'popjuleit] *vt* mbipopulloj.
overpower[ouvë:'pauë:] *vt* 1.kapërcej; mposht.2. mbizotëroj.
overpowering[ouvë:'pauëring] *adj* 1.mbytës(ajër,

nxehtësi).2.e shfrenuar, e papërmbajtur(dëshirë).
overprice[ouvë:'prais] *vt* i vë çmim tepër të lartë.
overprint[*v* ouvë:'print; *n* 'ouvë:print] *v,n* -*vt* 1. shtyp material shtesë.2.*fot* e nxjerr(fotografinë) të errët.
-*n* 1.material i mbishtypur.2.pullë e vulosur.
overproduction [ouvë:prë'dʌkshën] *n* prodhim i tepërt, mbiprodhim; superprodhim.
overproof ['ouvë:pru:f] *adj* më i fortë se alkooli normal.
overquailified[ouvë:'kwolifaid] *adj* i superkualifikuar, me kualifikim më të lartë se ç'kërkohet.
overrate[ouvë:'reit] *vt* mbivlerësoj.
overreach[ouvë:'ri:ç] *vt* 1.arrij tepër larg.2.ia kaloj; ia hedh.3.mashtroj. + overreach oneself dështoj; e pësoj nga pangopësia; bie brenda me këmbët e mia.
overreact[ouvë:ri'ækt] *vi* reagoj në mënyrë të tepruar; nxehem pa vend.
override[ouvë:'raid] *vt* (-rode; -ridden) 1.nuk përfill. 2.nxjerr të pavlefshëm. 3.shkel, marr nëpër këmbë (ligjin etj). 4.ia kaloj(dikujt). 5.rraskapis (kalin).
overriding [ouvë:'raiding] *adj* 1.mbizotërues (faktor). 2.thelbësor, absolut.
overripe[ouvë:'raip] *adj* i tejpjekur, i pjekur shumë.
overrule[ouvë:'ru:l] *vt* 1.hedh poshtë(planin). 2.ia kaloj(dikujt).
overrun[*v* ouvë:'rʌn; *n* 'ouvë:rʌn] *v,n* -*v* (-ran; -run) 1.mbush me. 2. gëlon nga. 3.*usht* pushtoj. 4. tejkaloj(kohën e caktuar).5.zgjatet(mbledhja).5.mbart (rreshta, shifra).
-*n* 1.mbartje.2.shumë e mbartur; mbetje.
oversea(s)[*adv* ouvë:'si:z; *adj* 'ouvë:si:z] *adv, adj* -*adv* jashtë (shtetit); visitors from overseas vizitorë nga jashtë, të huaj; travel overseas udhëtoj jashtë shtetit.
-*adj* i huaj; i jashtëm; overseas trade tregti e jashtme.
oversee[ouvë:'si:] *vt* (-saw; -seen) mbikëqyr; drejtoj(punëtorët).
overseer['ouvë:sië:] *n* 1.mbikëqyrës; përgjegjës. 2. *amer* kryetar i këshillit bashkijak.
oversell[ouvë:'sel] *vt* 1.shes me tepri.2.*gj.fol* i bëj shumë presion blerësit.
oversexed[ouvë:'sekst] *adj* epshmadh, me oreks të madh seksual.
overshadow[ouvë:'shædou] *vt* 1.*fig* lë në hije, eklipsoj(dikë). 2.hedh hije mbi, errësoj.
overshoe['ouvë:shu:] *n* galloshe.
overshoot[ouvë:'shu:t] *vt* (-shot) 1.*av* del nga pista (avioni).2.dal përtej; qëlloj përtej shenjës.
overshot[*adj* 'ouvë:shot; *v* ouvë:'shot] *adj,v* -*adj* 1.që punon me ujë(rrotë mulliri). 2.e dalë(nofull).
-*v* pt,pp e overshoot.
oversight['ouvë:sait] *n* 1.harresë, pavëmendje; due to an oversight për shkak të një harrese. 2.mbikë-

qyrje, vëzhgim.

oversimplify[ouvë:'simplëfai] vt thjeshtëzoj, minimizoj(rëndësinë e problemit).

oversize['ouvë:saiz] adj,n -adj më i madh se masa e zakonshme; shumë i madh.

-n veshje etj jashtë masës normale.

overskirt['ouvë:skë:t] n fund i dytë(mbi të parin).

oversleep[ouvë:'sli:p] vi (**overslept**) fle më gjatë se ç'duhet, ngrihem vonë.

overspend [ouvë:'spend] vi (**overspent**) kaloj shpenzimet, shpenzoj tepër; **he has overspent by 100 dollars** ka harxhuar 100 dollarë më tepër.

overspill[ouvë:'spil] n popullatë e tepërt; **an overspill town** qytet satelit, qytet i krijuar nga popullsia e tepërt e një qyteti tjetër.

overspread[ouvë:'spred] vi përhapet; shpërndahet.

overstaffed[ouvë:'sta:ft] adj i mbingarkuar me personel.

overstate[ouvë:'steit] vt teproj, zmadhoj, ekzagjeroj.

overstatement[ouvë:'steitmënt] n zmadhim, ekzagjerim.

overstay [ouvë:'stei] v rri më shumë se ç'duhet; **overstay one's welcome** shpërdoroj mikpritjen e dikujt.

overstep[ouvë:'step] vt kaloj, kapërcej.

overstock ['ouvë:stok] n rezervë/furnizim më i madh se ç'duhet.

overstrain[ouvë:'strein] vt stërmundoj.

overstrung ['ouvë:'strʌng] adj i tendosur; tepër nervoz; tepër i ndieshëm.

overstuff [ouvë:'stʌf] vt ngjesh/mbush më shumë se ç'duhet.

overstuffed[ouvë:'stʌft] adj i mbushur mirë(kolltuk).

overt['ouvë:t, ou'vë:t] adj i hapur, i dukshëm, publik(veprim).

overtake[ouvë:'teik] v (**-took; -taken**) 1.arrij, kap, zë. 2.parakaloj, lë pas, kaloj. 3.zë në befasi, gjen belaja).

overtax[ouvë:'tæks] vt 1.fin mbitatoj, tatoj më tepër se ç'duhet. 2.fig mbingarkoj, sforcoj; **overtax oneself** sforcohem, kërkoj jashtë forcave të mia.

overthrow[ouvë:'throu] v,n -vt(-threw;-thrown) 1.rrëzoj, përmbys(qeverinë). 2.i jap fund(skllavërisë). 3.plandos, hedh përtokë. 4. e hedh (topin) më larg se ç'duhet.

-n 1.dështim(i planeve).2.rrëzim, përmbysje(e regjimit). 3.sport gjuajtje tepër larg, pas tepër i gjatë.

overtime[ouvë:'taim] n,adv,adj,v -n 1.kohë/punë jashtë orarit.2.pagë për punë jashtë orarit; **they don't pay overtime** ata nuk paguajnë për punë jashtë orarit. 3.sport shtesë loje.

-adv,adj jashtë orarit; **overtime parking** parkim jashtë orës së caktuar.

-vt i lë shumë kohë; mbaj më gjatë se ç'duhet.

overtired[ouvë:'taië:d] adj i rraskapitur, tepër i lodhur.

overtone['ouvë:toun] n 1.muz ngjyrim. 2.fig notë (zemërimi etj në zë).

overtook[ouvë:'tu:k] pt e **overtake**.

overtop [ouvë:'top] v 1.ngrihem mbi, jam më lart se. 2.fig ia kaloj(dikujt).

overtrain [ouvë:'trein] vt sport i bëj stërvitje të sforcuar.

overture['ouvë:çuë:, 'ouvë:çë:] n1.muz uverturë.2. zak pl përçapje; propozime; **make overtures to sb** a)tregoj frymë pajtimi ndaj dikujt; b)bëj hapa afrimi (me një femër).

overturn[v ouvë:'të:n; n 'ouvë:të:n] v,n -vt 1.përmbys, kthej përmbys(varkën etj). 2.rrëzoj, përmbys (qeverinë).

overuse[ouvë:'ju:z] vt shpërdoroj; abuzoj me.

overvalue[ouvë:'vælju:] vt mbivlerësoj.

overview ['ouvë:vju:] n vështrim i përgjithshëm; shqyrtim i shkurtër.

overwatch[ouvë:'woç] vt mbikëqyr, vëzhgoj.

overweening[ouvë:'wi:ning] adj i fryrë, i vetëkënaqur, mendjemadh.

overweigh[ouvë:'wei] vt 1.tejkaloj, ia kaloj(në peshë, rëndësi etj).2.rëndoj; mbingarkoj; shtyp.

overweight[adj,n 'ouvë:weit; v ouvë:'weit] adj,n,v -adj 1.shumë i shëndoshë(person).2.më i rëndë se ç'duhet(bagazh).

-n mbipeshë.

-vt ia kaloj (në peshë, rëndësi etj).

overwhelm[ouvë:'welm, -'hwelm] vt 1. dërrmoj, shpartalloj(kundërshtarin). 2.fig mbys (me kërkesa etj). 3.fig mbyt, dërrmon; (pikëllimi etj); rrëmben, pushton; **be overwhelmed** prekem thellë; shtan gem. 4.përmbyt(dallga lundrën).

overwhelming [ouvë:'welming] adj 1.dërrmuese (shumicë etj). 2.i thellë; i fuqishëm; **overwhelming impression** përshtypje shumë e thellë. 3.mbizotërues, dominues

overwork[n 'ouvë:wë:k; v ouvë:'wë:k] n,v -n 1. punë rraskapitëse.2.punë tepër, punë suplementare.

-v 1.stërmundohem, rraskapitem në punë.2.stërmundoj.3.gj.fol bëhem bajat fig, e teproj, e konsumoj jashtë mase(një batutë etj). 4.zbukuroj nga jashtë.

overwrought[ouvë:'ro:t] adj 1.shumë të tendosura (nerva); tepër i eksituar; i rraskapitur. 2. i zbukuruar, me ornamente. 3.i stërholluar.

overzealous[ouvë:'zelës] adj tepër i zellshëm.

oviform['ouvifo:m] adj vezak, në formë veze.

ovine['ouvain, 'ouvin] adj deleje.

ovoid['ouvoid] adj,n -adj vezak.

-n send vezak; trup vezak.

ovulation[ovjë'leishën] n biol ovulacion.

ovule['ouvju:l] n biol vezë e paformuar, ovul.

ovum['ouvëm] *n pl* ova *biol* vezë.
owe[ou] *vt* 1 .i kam borxh, i detyrohem; to what do I owe the honour of..? kujt i detyrohem për nderin e..? you owe it to yourself to come duhet të vish për të mirën tënde.2.jam në borxh; he is always owing for sth ai është gjithmonë borxh për diçka. 3. ia ruaj, ia kam në xhep(inatin, mërinë).
owing ['owing] *adj* borxh, për të paguar; how much is owing to you now? sa të kanë borxh tani?+owing to për shkak të; në sajë të.
owl[oul] *n zool* kukuvajkë; hut; buf.
owlish['oulish] *adj* prej bufi(vështrim).
own[oun] *adj,pron,v* -*adj* i vet; their own i tyre, i vet; with my own hands me duart e mia.
-*pron* i veti; her (very) own e vetja, pronë e saja; can I have it for my (very) own? a mund ta mbaj të gjithën për vete? a style all his own një stil krejt më vete; a place of one's own një vend krejt për vete; be on one's own jam më vete; përgjigjem vetë për vete; come into one's own a)shtie në dorë atë që më përket; b)e tregoj veten; marr çfarë meritoj; get one's own back ia kthej me të njëjtën monedhë; hold one's own qëndroj në timen, nuk lëshoj pe.
-*vt* 1.kam, zotëroj; jam pronar i; does anybody own this book? është i ndonjërit ky libër? she acts as if she owns the place ajo sillet si të ishte e para e vendit/pronarja; you don't own me! nuk të kam padron! 2.pranoj, pohoj; own one's guilt e pranoj fajin.3.njoh si timin; his father will not own him i ati nuk pranon ta njohë për djalë.
+own up to pohoj, pranoj (fajin, krimin).
owner['ounë:] *n* pronar, zotërues, i zoti.

ownership['ounë:ship] *n* pronësi; it's under new ownership ka tjetër pronar.
ox[oks] *n pl* oxen dem, ka; buall.
oxbow['oksbou] *n* 1 .zgjedhë(e kaut). 2.bërryl, kthesë U (e lumit).
oxcart['okska:t] *n* qerre.
oxen['oksën] *n pl* i ox.
oxford['oksfë:d] *n* këpucë sheshe me lidhësa.
oxford cloth *n* oksford(pëlhurë për këmisha).
oxidation[oksë'deishën] *n kim* oksidim.
oxide['oksaid, 'oksid] *n kim* oksid.
oxidize['oksëdaiz] *vi kim* oksidohet; ndryshket.
Oxon. shkurtim për Oxonian; Oxfordshire; Oxford.
Oxonian[oks'ouniën] *adj,n* -*adj* i Universitetit të Oksfordit(në Angli).
-*n* 1.i diplomuar nga Universiteti i Oksfordit. 2. oksfordas, banor i Oksfordit.
oxygen['oksëxhën] *n kim* oksigjen.
oxygenate['oksëxhëneit] *vt kim* oksidoj; trajtoj me oksigjen, oksigjenoj.
oxygenize['oksëxhënaiz] *vt* shih oxygenate.
oxygen mask *n* maskë oksigjeni(për aviatorët etj)
oxyhydrogen torch *n tek* kanelë oksihidrogjenike (për saldim).
oyster['oistë:] *n* 1. *zool* goce deti. 2.*gj.fol* njeri gojëkyçur, tip i pashoqërueshëm.3.*fig* diçka që mund t'i nxjerrësh përfitim.
oyster farm *n* vivar për rritjen e gocave të detit.
oz. shkurtim për ounce(s).
ozone['ouzoun] *n* 1 .*kim* ozon.2.*gj.fol* ajër i pastër.
ozoniferous[ouzë'nifërës] *adj* me ozon.

P

p, P[pi:] *n* p, shkronja e 16-të e alfabetit anglez. + mind your p's and q's kujdes kur flet.
p shkurtim për penny; pence; pico-.
p. shkurtim për page; participle; part; past; peso; peseta; pint; population; penny; pence.
P shkurtim për phosphorus; pawn; power.
P. shkurtim për pastor; president; priest; prince.

pa[po, pa:] *n gj.fol* baba, babi.
p.a. shkurtim për participal adjective; per annum.
Pa shkurtim për protactinium(element kimik).
Pa., PA shkurtim për Pensylvania.
P.A. shkurtim për press agent; private account.
pabulum ['pæbjëlëm] *n* 1.ushqim. 2.*fig* ushqim

shpirtëror; ushqim për mendjen.

Pac. shkurtim për **Pacific.**

pace I[peis] *n,v* *-n* 1. ritëm; **at a good pace** a)me hap të shpejtë; b) me ritëm të kënaqshëm(punë); **at a slow pace** mengadalë. 2.hap. 3.ecje, të ecur. + **keep pace with** eci/shkoj krahas me; **keep pace with events** ndjek rrjedhën e ngjarjeve, mbahem në korent të zhvillimeve; **put sb through his paces** vë në provë dikë; **set the pace** a) i jap ritmin (garës etj); b) u jap shembull, shërbej si model për të tjerët. *-v* 1.mas me hapa; **pace sth off/out** mas diçka me hapa. 2.vete-vij, eci tutje-tëhu. 3.caktoj ritmin. 4. stërvis kalin.

pace II['peisi,'pa:çe] *prep* mender zotërisë suaj.

pacemaker['peismeikë:] *n* 1.*sport* mbajtës i ritmit. 2.*mjek* peismeikër, stimulues kardiak.

pacer['peisë:] *n* shih **pacemaker.**

pacesetter['peissetë:] *n* 1.*sport* udhëheqës i garës. 2.avangardë.

pacha[pë'sha:, 'pæshë, 'pa:shë] *n* pashá.

pachyderm ['pækëdë:m] *n* 1.*zool* pakiderm (elefant, hipopotam,rinoceront).

pacific[pë'sifik] *adj* 1.paqësor; paqedashës; i qetë. 2.*gjeog* **Pacific** Paqësori.

pacifically[pë'sifikëli] *adv* paqësisht, në paqë.

pacificate[pë'sifëkeit] *vt* paqtoj; qetësoj.

pacification[pæsëfë'keishën] *n* paqësim, paqëtim; qetësim.

pacificatory[pë'sifëkëto:ri] *adj* paqtues; qetësues; pajtues.

pacifier ['pæsëfaië:] *n* 1.paqtues; pajtues. 2.biberon, kapëz, kapë.

pacifism['pæsëfizëm] *n* pacifizëm.

pacifist['pæsëfist] *adj,n* pacifist.

pacifistic[pæsë'fistik] *adj* pacifist.

pacify['pæsëfai] *vt* 1.qetësoj, resht, pushoj (foshnjën). 2.*usht* shtroj, qetësoj(popullatën).

pack I[pæk] *n,v* *-n* 1.deng. 2.pako.3.grup (hajdutësh); varg(gënjeshtrash). 4.kope, tufë(qensh). 5.një palë (letrash bixhozi).6.bandazh, pece, kompresë.7. sasi, prodhim(i konservuar). 8.paketë(cigaresh).

-v 1.mbledh, fus, paketoj(plaçkat). 2.ngjesh, rras (njerëzit); mbush(sallën). 3.ngjishen, rrasen. 4.paketoj, ambalazhoj. 5.hermetizoj. 6.ngarkoj(kafshën).7. *gj.fol* mbaj(revole).8.*gj.fol* mbaj, përballoj.9.*fig* mbush (jurinë) me njerëzit e mi. + **send packing** i jap duart, përzë.

+ **pack in** a) prishet (ora, makina); b) lë, lëshoj, heq dorë; **pack it in!** lëre, mos e zgjat.

+**pack off** largoj, nis.

+**pack up** *gj.fol* a)ngec,prishet, nuk punon; b) shkon me të shumtët, vdes; c) mbledh plaçkat; ambalazhoj.

package['pækixh] *n,v* *-n* 1.pako; deng. 2.paketë. 3.ambalazh. 4.*fig* paketë(ligjesh etj).

-vt ambalazhoj; paketoj.

package deal *n* grup/paketë propozimesh.

package holiday *n* pushime të organizuara/në grup.

packager['pækixhë:] *n* paketues, ambalazhues.

packaging['pækëxhing] *n* 1.ambalazh. 2.paketim, ambalazhim.

pack animal *n* kafshë barre, kafshë ngarkese.

packer['pækë:] *n* 1.paketues, ambalazhues. 2.makinë paketimi/ambalazhimi.

packet['pækit] *n* 1.paketë; pako; qeskë (me kikirik etj); **make a packet** *fig* bëj një dorë para; **that must have cost a packet** *gj.fol* kjo duhet të ketë kushtuar goxha para.2.lundër e postës.

packet boat *n* lundër e postës.

packing['pæking] *n* 1.paketim, ambalazhim; **do one's packing** mbledh plaçkat, përgatis bagazhet. 2.material ambalazhi, ambalazh.3.konservim. 4.mbushje, material hermetizues.

packing house *n* repart/punishte ambalazhimi.

pack mule *n* mushkë ngarkese.

pack rat *n* 1.*zool* mi pylli. 2.*fig* njeri rraqexhi(që mbledh rraqe pa vlerë).

packsack['pæksæk] *n* çantë shpine.

pack strap *n* rrip për shtrëngimin e ngarkesës.

packthread ['pækthred] *n* spango; pe i fortë për thasë.

pack train *n* vargan kafshësh barre, karvan.

pact[pækt] *n* pakt, marrëveshje.

pad I[pæd] *n,v* *-n* 1.mbushje, vatë.2.jastëk, shilte. 3.shalë kali.4.putër.5.gjeth zambaku uji. 6.bllok shënimesh.7.tampon boje/vule.8.shesh lëshimi raketash.. 9.*zhrg* vend fjetjeje, strehë, fole.

-v 1.mbush, i vë vatë. 2.mbush(shkrimin), zgjas kot. 3.*gj.fol* shtoj artificialisht, rrumbullakos (faturën).

pad II[pæd] *v,n* *-vi* shkel lehtë, eci tinëzisht.

padding ['pæding] *n* 1.mbushje, material mbushës.2.*fig* ballast, fjalë të panevojshme.

paddle I['pædël] *n,v* *-n* 1.rrem i shkurtër, lopatë dore(që nuk mbështetet te buza e varkës). 2.fletë lopate/turbine. 3.vozitje.4.pallë(për shkundje rrobash).

-v 1.vozis. 2.*gj.fol* qëlloj(me pallë, me shuplakë).

paddle II ['pædël] *v* 1.llokoçis(ujët me këmbë a me duar). 2.eci këmbëzbathur në ujë.

paddleboat['pædëlbout] *n* lundër/anije me rrotë (me lopata).

paddle wheel *n* rrotë me lopata(e anijeve të hershme).

paddock['pædëk] *n* 1.luadh, livadh. 2.shesh stërvitjeje për kuajt.

paddy['pædi] *n* 1.oriz(i pazhveshur). 2.orizore.

paddy wagon *n zhrg* makinë e burgut.

padlock['pædlok] *n,v* *-n* dry.

-vt ndryj, mbyll me dry.

padre['pa:drei] *n* 1.atë(prift).2.kapelan.

paean['pi:ën] *n* himn.

pagan['peigën] *n,adj* 1.pagan.2.i pafe.

paganism['peigënizëm] *n* paganizëm, besime pagane; fe pagane.

page I[peixh] *n,v* -*n* faqe(libri etj; edhe *fig*). -*vt* numërtoj, u vë numra(faqeve).

page II[peixh] *n,v* -*n* 1.shërbyes, shkarth. 2.korier, sekretar, shpërndarës mesazhesh(në parlament). 3.pazh.
-*vt* thërras(dikë në mikrofon); njoftoj(me korier).

pageant['peixhënt] *n* 1.paradë.2.korté, procesion. 3.shfaqje përkujtimore. 4.maskaradë.

pageantry['peixhëntri] *n* shfaqje madhështore; salltanet, madhështi, shkëlqim.

pageboy['peixhboi] *n* 1.*Br* shoqërues(në martesë). 2.pazh. 3.model flokësh si të pazhit.

pagination[pæxhë'neishën] *n* 1.numërtim (i faqeve). 2.numër faqesh.

pagoda[pë'goudë] *n* pagodë, faltore.

paid[peid] *adj,v* -*adj* 1.i paguar; me pagesë .2.i shlyer(borxh).
-*pt,pp* e **pay**.

pail[peil] *n* 1.kovë. 2.një kovë(sasi).

pain[pein] *n,v* -*n* 1.dhimbje.2.vuajtje shpirtërore; dëshpërim. 3.*pl* a) kujdes, merak, dert; b) dhimbje të indjes. 4.*vjet* ndëshkim.+ **be at pains** përpiqem, bëj çmos; **be in pain** vuaj; kam dhimbje; **on/under pain of death** me rrezik për t'u dënuar me vdekje; **be a (real) pain in the neck** *zhrg* jam tepër i bezdisshëm; **take pains** tregohem i kujdesshëm.
-*vt* shkakton vuajtje; dhemb.

pained[peind] *adj* 1.i sëndisur, i mërzitur, i lënduar. 2.e vuajtur(fytyrë).

painful['peinfël] *adj* 1.i dhimbshëm; lëndues; i bezdisshëm. 2.i vështirë.

painfully['peinfëli] *adv* 1.me mundim. 2.me dhimbje. + **it was painfully clear that** ishte krejt e qartë se...

painkiller['peinkilë:] *n* qetësues, dhimbjeheqës (bar).

painless['peinlis] *adj* pa dhimbje, i padhimbshëm.

painstaking['peinzteiking] *adj* tepër i kujdesshëm; përpiktë; i saktë; skrupuloz.

painstakingly ['pein'steikingli] *adv* me shumë kujdes.

paint[peint] *n,v* -*n* bojë.
-*vt* 1.lyej, bojatis (shtëpinë). 2.pikturoj. 3.*fig* përshkruaj, pikturoj, portretizoj; **paint black** përshkruaj me ngjyra të errëta, nxij(dikë); **paint the town red** *fig* e kthej përmbys, zdërhallem.

paintbox[peintboks] *n* kuti bojërash(për pikturë).

paintbrush['peintbrʌsh] *n* furçë; penel.

painter I['peintë:] *n* 1.piktor.2.bojaxhi.

painter II['peintë:] *n det* ballamar, litar lundre.

painting['peinting] *n* 1.pikturë, tablo.2.pikturë, të

pikturuarit. 3.lyerje, bojatisje(shtëpie).

pair[peë:] *n,v* -*n* 1. palë (këpucësh); **a pair of trousers/of scissors** një palë pantallona, një palë gërshërë. 2.çift(kuajsh). 3.çift(bashkëshortësh, kërcimtarësh). 4.çift, per(në poker).
-*v* 1.çiftoj.2.çiftohen.3.martohem me. 4.bashkohen (kafshët). + **pair off** a)gjej burrë/grua; b)(**with sb**) bëhem çift(me dikë); **pair up** bëhemi çift, ndahemi dy nga dy.

paisley['peizli] *n teks* kashmir.

pajamas[pë'xhemës, pë'xha:mës] *n* shih **pyjamas**.

Pakistan[pa:ki'sta:n] *n gjeog* Pakistan.

Pakistani[pæki'stæni] *adj,n* pakistanez.

pal[pæl] *n,v* gj.fol -*n* shok, mik; bashkëpunëtor.
-*v* shoqërohem(me dikë).

palace['pælis] *n* pallat.

palaestra[pë'lestrë] *n* 1.*hist* palestër.2.shkollë mundjeje.

palanquin, palankeen[pælën'ki:n] *n* palankin, vig për persona të lartë.

palatable['pælëtëbël] *adj* i këndshëm, i shijshëm; i pëlqyeshëm.

palatal['pælëtël] *adj,n* qiellzor; tingull qiellëzor.

palatial[pë'leishël] *adj* madhështor; luksoz.

palaver[pë'lævë:, pë'la:vë:] *n,v* -*n* 1.bisedime. 2. gjepura, pallavra.. 3.lajka.
-*vi* 1.flas. 2.lajkatoj.

pale I[peil] *adj,v* -*adj* 1.i zbetë; **grow/turn pale** zbehem. 2.e lehtë, e çelët(ngjyrë).3. *fig* e dobët, pa potencë(politikë).
-*v* 1.zbehet.2.zbeh.

pale II[peil] *n,v* -*n* 1.dërrasë/hu gardhi. 2.rrethojë; gardh.3.territor i mbyllur, zonë.4.*fig* cak, kufi lejuar; **be beyond the pale** kaloj çdo kufi; **outside the pale of the society** jashtë normave shoqërore.
-*vt* rrethoj me hunj, gardhoj.

paleface['peilfeis] *n* i bardhë(njeri).

paleo-['peilië] *pref* i vjetër, paleo-.

paleolithic[peilië'lithik] *adj hist gjeol* i paleolitit, i kohës së vjetër të gurit.

paleontology[peilion'tolëxhi] *n* paleontologji.

Palestine['pæləstain] *n gjeog* Palestinë.

Palestinian[pælë'stiniën] *adj,n* palestinez.

palette['pælit] *n* 1.paletë(piktori).2.gamë ngjyrash.

palfrey['polfri] *n vjet, poet* kalë për zonja.

paling['peiling] *n* 1.hu/dërrasë gardhi.2.gardh dërrasash, rrethojë, pahi.

palisade['pæliseid] *n,v* -*n* 1.rrethojë, gardh mbrojtës.2.dërrasë rrethoje.3.*pl* varg shkëmbinjsh.
-*vt* rrethoj, gardhoj.

palish['peilish] *adj* disi i zbetë.

pall I[po:l] *n* 1.mbulesë ,velenxë(arkivoli, varri). 2.*fig* re e zezë(tymi).

pall II[po:l] *vi* 1.bajatet, bëhet i mërzitshëm.2.humbet lezetin.3.velem, ngopem.

palladium [pë'leidiëm] *n kim* palad, paladium (element).

pallbearer['po:lberë:] *n* qivurmbajtës.

pallet I['pælit] *n* 1.dyshek kashte.2.shtrat i keq.

pallet II['pælit] *n* 1.spatul druri(e poçarit). 2.*mek* dhëmbëz. 3.lopatëz, kaci. 4.paletë(piktori).

palliasse[pæl'jæs, 'pæljæs] *n* dyshek kashte.

palliate ['pælieit] *vt* 1.lehtësoj (sëmundjen); zbus, qetësoj(dhimbjen).2.zbus(një faj).

palliative ['pæliëtiv] *adj,n* lehtësues; qetësues; zbutës.

pallid['pælid] *adj* i zbetë; pa çehre.

pallor['pælë:] *n* zbehje; zverdhje(nga frika etj).

pally['pæli] *adj gj,fol* mik, i afruar(me dikë).

palm I [pom, pa:m] *n,v* -n 1.pëllëmbë. 2.pallë, shesh(i rremit). 3.dorë (masë gjatësie, = 10 cm).
+**grease the palm of sb** ia lyej rrotën dikujt, mitos; **have an itchy palm** më ha dora për para; **have sb in the palm of one's hand** e kam në dorë dikë.
-*vt* 1.fsheh në pëllëmbë. 2.cek me pëllëmbë; **palm sth off on sb** ia ngop dikujt, ia ngec diçka në dorë dikujt.

palm II[pom, pa:m] *n* 1.palmë.2.*fig* fitore; triumf.
+**bear/carry off the palm** dal fitimtar; **yield the palm to** ia njoh fitoren(dikujt tjetër).

palmer I['pomë:, 'pa:më:] *n* pelegrin, haxhi, shtegtar që kthehet nga Toka e Shenjtë.

palmer II['pomë:, 'pa:më:] *n* fsheharak.

palmist['pomist. 'pa:mist] *n* falltar, kiromant.

palmistry['pomistri, 'pa:mistri] *n* fall me anë të vijave të pëllëmbës, kiromanci.

palm oil *n* vaj palme.

palmy['pomi, 'pa:mi] *adj* 1.plot palma.2.i begatë; i lulëzuar.

palooka[pë'lu:kë] *n zhrg* 1.boksier i keq.2.njeri pa tru, gallof.

palpability [pælpë'bilëti] *n* 1.të qenët i dukshëm, evident. 2.prekshmëri.

palpable['pælpëbël] *adj* 1.i qartë, i dukshëm, evident (gabim). 2.i prekshëm.

palpably['pælpëbli] *adv* 1.qartë,dukshëm, në mënyrë të dukshme.2.në të prekur.

palpate ['pælpeit] *vt mjek* prek, vizitoj me të prekur.

palpitate ['pælpëteit] *vi* 1.rreh (zemra). 2.dridhet (trupi).

palpitation[pælpë'teishën] *n* 1.rrahje(zemre). 2. dridhje; drithërimë.

palsy['polzi] *n,v* -*n* paralizë.
-*vt* paralizoj.

palter['poltë:] *vi* 1.dredhoj në fjalë, nuk jam i çiltër. 2.luaj, nuk e marr seriozisht.3.mashtroj, ia hedh.

paltry['po:ltri] *adj* 1.i parëndësishëm; i pavlerë. 2. i vogël, i papërfillshëm.

pampas['pæmpëz, 'pampa:s] *n* fushë e gjerë, stepë.

pamper ['pæmpë:] *vt* llastoj, përkëdhel; ia lëshoj frerët.

pamphlet['pæmflit] *n* 1.broshurë. 2.*let* pamflet.

pamphleteer[pæmfli'tië:] *n,v* -*n* pamfletist.
-*vi* shkruaj pamflete.

pan I[pæn] *n,v* -n 1.tigan.2.tavë.3.pjatë (peshoreje). 4.*zhrg* fytyrë. 5.*gjeol* taban(i tokës).
-*vt* 1.skuq, tiganis; pjek në tavë.2.laj në tigan(rërën për flori).3.*gj.fol* kritikoj ashpër.
+**pan out** *gj.fol* a) nxjerr; b)*fig* ia dal mbanë.

pan II[pæn] *vi fot* panoramoj.

pan- [pæn] *pref* gjithë-, mbarë-; **Pan-American** mbaramerikan.

panacea [pænë'sië] *n fig* ilaç për të gjitha të këqijat.

panache[pë'næsh, pë'na:sh] *n* 1.pupël(në kapelë). 2.stil.

Panama['pænëma:] *n gjeog* Panama; **Panama Canal** Kanali i Panamasë.

panama['pænëma:] *n* kapelë kashte burrash, panama.

Panamanian[pænë'meiniën] *adj,n* panamez.

Pan-American[pænë'merëkën] *adj* panamerikan, mbaramerikan, i gjithë Amerikës.

panbroil['pænbroil] *vt* skuq me pak yndyrë.

pancake['pænkeik] *n* petull.

pancake landing *n av* ulje nga pozicioni horizontal.

panchromatic[pænkrou'mætik] *adj fot* pankromatik, i ndieshëm ndaj të gjitha ngjyrave(film).

pancreas['pænkriës] *n anat* pankreas.

pancreatic[pænkri'ætik] *adj* pankreatik, i pankreasit.

panda['pændë] *n zool* panda.

panda car *n Br* makinë policie.

pandect['pændekt] *n* 1.kod; përmbledhje ligjesh. 2.përmbledhje, antologji.

pandemic[pæn'demik] *adj* pandemike, që prek gjithë popullatën(sëmundje).

pandemonium[pændë'mouniëm] *n* rrëmujë, poterë, gjullurdi.

pander['pændë:] *n,v* -*n* kodosh; ndërmjetës për kënaqjen e veseve.
-*vi* ndihmoj; përmbush; kënaq dëshirat e.

pane[pein] *n* 1.xham(dritareje).2.faqe, anë.

panegyric[pænë'xhirik] *n* panegjirik; lëvdatë entuziaste.

panel['pænël] *n,v* -*n*1.*ndërt* panel.2.tablo, kuadër. 3.listë e jurisë, juri.4.*tek* panel drejtimi/komandimi. 5.grup pjesëmarrësish(në një emision).
-*vt* vesh me panele.

panel beater *n* karrocier.

panel discussion *n* debat ekspertësh, tryezë e rrumbullakët.

panel game *n* lojë në televizion.

panelist ['pænëlist] *n* pjesëmarrës në një emision (televiziv).

panelling['pænëling] *n* veshje(muresh) me dërrasa.

panel pin *n* gozhdë pa kokë.

panel truck *n* kamionçinë.

panfish['pænfish] *n* peshq të vegjël për të skuqur.

pan-fry['pænfrai] *vt* skuq, tiganis.

pang[pæng] *n* 1.sëmbim, e therur. 2.brerje(e ndërgjegjes); **without a pang** pa pikë keqardhjeje; **feel the pangs of hunger** më gërryen uria; **a pang of guilt** një ndjenjë faji.

panhandle I['pænhændël] *n* 1.bisht tigani.2.*gjeog* rrip toke, gjuhëz.

panhandle II['pænhændël] *vi gj.fol* lyp rrugëve.

panhellenic[pænhë'lenik] *adj* panhelenik, i të gjithë grekëve.

panic['pænik] *n,adj,v* -*n* 1.panik; **get into a panic about sth** më kap paniku për diçka; **throw into a panic** mbjell/përhap panik(te njerëzit); **push/press hit the panic button** *gj.fol* e humbas torruan(në një rast urgjence). 2.*zhrg* diçka shumë argëtuese.

-*adj* i shkaktuar nga paniku; **it was panic stations** ishte një panik i përgjithshëm.

-*vi* 1.e humbas torruan, më kap paniku; **don't panic!** mos u tremb! mos u shqetëso! 2.shkaktoj pa-nik. 3.*zhrg* argëtoj së tepërmi.

panicky['pæniki] *adj* 1.i pushtuar nga paniku, i lemerisur. 2.alarmant; që përhap panik(gazetë etj). 3.i diktuar nga paniku(vendim).

panic-monger['pænikmongë:] *n* njeri alarmant

panic-stricken['pænikstrikën] *adj* i pushtuar nga paniku.

pannier['pænië:] *n* 1.shportë; kosh; barrë, ngarkesë (në kurriz të kafshës). 2.kosh(për zhupon).

pannikin['pænikin] *n* 1.sahan; çanak.2.kupë metalike.

panocha[pë'nouçë] *n* 1.sheqer bojë kafe(i Meksikës). 2.sheqerkë prej sheqeri bojë kafe.

panoplied['pænëpli:d] *adj* i armatosur, me të gjitha takëmet(kalorës).

panoply['pænëpli:] *n* veshje kalorësi; takëme luftimi(të kalorësit).

panorama[pænë'ræmë] *n* 1.panoramë, peisazh.2. *fig* vështrim tërësor, panoramë.

panoramic[pænë'ræmik] *adj* panoramik.

panpipe['pænpaip] *n* instrument muzikor prej një vargu kallamash me gjatësi të ndryshme.

pansy['pænsi] *n* 1. *bot* manushaqe tringjyrëshe; lule kujtimi. 2.*zhrg* homoseksual; mashkull si femër.

pant[pænt] *v,n* -*vi* 1.gulçoj, marr frymë me zor. 2. flas me gulç.3.jam i etur, digjem për(diçka). 4.regëtin, dridhet.

-*n* 1.gulçim, gulç. 2.rrapëllimë(e motorit etj).

pantalets, pantalettes [pæntë'lets] *npl* brekë të gjata (femrash).

pantaloon[pæntë'lu:n] *n* 1.klloun.2.*pl vjet* pantallona ngjitur pas trupit.

pantheism['pænthiizëm] *n* panteizëm.

pantheist['pænthiist] *n* panteist.

pantheistic[pænthi'istik] *adj* panteist.

pantheon['pænthion, pæn'thiën] *n* 1. Panteoni (tempull romak). 2.tempull.3. perënditë e një populli. 4. panteon, varrezë e njerëzve të shquar të kombit. 5.*fig* panteon, njerëz të shquar.

panther['pænthë:] *n zool* 1.panterë.2.kougar; xhaguar.

pantie ['pænti] *n* 1.brekë, mbathje grash me këmbëza. 2.korsé.

pantie-girdle['pæntigë:dël] *n* korsé.

panties['pænti:z] *npl* 1.brekë, mbathje grash me këmbëza. 2.mbathje fëmijësh me këmbëza.

pant leg *n* këmbë pantallonash.

pantograph['pæntëgræf] *n tek* pantograf.

pantomime ['pæntëmaim] *n* pantomimë, lojë(aktori) me gjeste.

pantry['pæntri] *n* dollap/depo ushqimesh.

pants[pænts] *npl* 1.*Br* brekë, mbathje.2.*amer* pantallona. + **catch sb wiht his pants down** e zë gafil dikë.

pantsuit ['pæntsu:t] *n* kostum grash(xhaketë e pantallona).

panty['pænti] *n* shih **pantie**.

panty hose *n* geta.

pantywaist ['pæntiweist] *n* 1.kominoshe fëmijësh të shkurtra. 2.*zhrg* mashkull si femër.

panzer['pænzë:] *adj* i koracuar; **panzer division** divizion tankesh.

pap[pæp] *n* 1.llapa, ushqim fëmijësh.2.*fig* material për kalamaj.

papa['popë, 'pa:pë] *n* babi, baba.

papacy['peipësi] *n* 1.papat, pushtet i Papës. 2.periudhë e sundimit të një pape.

papal['peipël] *adj* i Papës, papnor.

paper['peipë:] *n,adj,v* -*n* 1.letër; **a piece /a sheet of paper** një copë/një fije letër. 2.dokument; letër e shkruar; **identity papers** dokumenta (letërnjoftim etj). 3.gazetë; **it was in the paper** kishte dalë në gazetë; **write to the papers** u shkruaj gazetave.4. provim me shkrim. 5. relacion; kumtesë. 6.dorë, dëftesë borxhi.7.kartëmonedhë. 8.letër për veshje muresh.

-*adj* 1.prej letre.2.për letra, letrash(kapëse etj). 3.i hollë, si letër.4.me anë letrash(fushatë etj).5.teorik, në letër(fitim).

-*v* 1.vesh me letër(muret). 2.*zhrg* fus pa biletë.+ **paper over the cracks** sheshoj mosmarrëveshjet.

paperback ['peipë:bæk] *n,adj* -*n* libër me lidhje të thjeshtë; libër xhepi.

-*adj* me lidhje të thjeshtë, me kapak të hollë.

paperboard['peipë:bo:d] *n* karton.
paperbound['peipë:baund] *adj* me kapak të hollë.
paperboy['peipë:boi] *n* gazetashitës; shpërndarës gazetash..
paperclip ['peipë:klip] *n* kapëse letrash.
papergirl['peipë:gë:l] *n* gazetashitëse; shpërndarëse gazetash.
paperhanger ['peipë:hængë:] *n* tapicier, veshës muresh me letër.
paper knife *n* thikë për fletët (e librit).
papermaker['peipë:meikë:] *n* prodhues letre.
papermaking['peipë:meiking] *n* prodhim letre.
paper money *n* kartëmonedhë, para letër.
paper profits *n* fitime teorike, fitime në letër.
paperweight['peipë:weit] *n* peshë për të mbajtur letrat.
paperwork ['peipë:wë:k] *n* punë me shkresa; shkresurina.
papery['peipëri] *adj* i hollë, si letër.
papeterie ['pæpëtri] *n* sende shkrimi(letra, zarfa).
papilla[pë'pilë] *n pl* **-pillae** *anat, bot* puprri.
papilloma [pæpë'loumë] *n anat* lyth, lez., nishan; tumor beninj, papilomë.
papist['peipist] *n,adj* katolik .
pappy['pæpi] *adj* i squllët, si llaç.
paprika[pæp'ri:kë, 'pæprëkë] *n* 1.spec i kuq. 2.piper i kuq.
Papua['pæpjuë] *n gjeog* Papuazi.
Papuan['pæpjuën] *adj,n* papuas.
papyrus[pë'pairës] *n* 1. *bot* papirus, kallam i butë i Nilit. 2.letër papirusi, papirus.3.dorëshkrim në papirus.
par[pa:] *n,adj* **-n** 1.barazi; nivel i barabartë; **be on a par with sb** jam në një nivel me dikë.2.mesatare; shkallë mesatare; nivel mesatar; sasi/gjendje normale; **be below par** nuk jam në formë; **that's par for the course** është gjë normale; **be above /below par** është mbi/nën normë. 3.*fin* vlerë nominale(e aksionit etj).
-adj 1.mesatar. 2. normal. 3.në një nivel.
para-['pærë] *pref* 1. pranë-, afër-; tej-, përtej-;para-. 2.parashutist; **paratrooper** ushtar parashutist.
parable[pærëbël] *n let* parabolë, tregim i thjeshtë ilustrues.
parabola[pë'ræbëlë] *n mat* parabolë.
parabolic[pærë'bolik] *adj mat,let* parabolik.
parachute['pærëshu:t] *n,v* **-n** parashutë.
-v 1.hedh me parashutë.2.hidhem me parashutë. 3.*pol* sjell një kandidat(nga jashtë).
parachutist['pærëshu:tist] *n* parashutist.
parade[pë'reid] *n,v* **-n** 1.paradë, parakalim; **be on parade** parakalojnë(trupat).2. shesh parade; shetitore.3.*fig* ekspozim, demonstrim.4.paradë; **fashion parade** paradë mode.
-v 1.parakaloj; marshoj; **parade through the town**

marshoj përmes qytetit.2.demonstroj, ekspozoj; **parade about/around** krekosem, kapardisem. 3.*usht* kaloj në rivistë(trupat).
paradigm ['pærëdaim, 'pærëdim] *n* 1. shembull; model. 2.*gram* paradigmë.
paradisaical[pærëdë'seikël] *adj* parajse, parajsor.
paradise['pærëdais] *n* parajsë(edhe *fig*).
paradisiacal[pærëdë'sajëkël] *adj* shih **paradisaical.**
paradox['pærëdoks] *n* 1.paradoks.2.thënie e gabuar, thënie kontradiktore. 3.njeri kontradiktor.
paradoxical[pærë'doksëkël] *adj* paradoksal; kontradiktor.
paraffin(e)['pærëfin] *n,v* **-n** 1.parafinë; **paraffin wax** parafinë e ngurtë.2.*Br* vajguri; **paraffin lamp** llambë me vajguri.
-vt parafinoj.
paragon['pærëgon] *n* 1.model, shembull i përkryer. 2.diamant pa cen.
paragraph['pærëgræf] *n,v* **-n** 1.paragraf; **begin a new paragraph** dal kryeradhë. 2.shënim (gazete etj). 3.shenjë e kryeradhës.
-vt 1.ndaj në paragrafe. 2.shkruaj një shënim(në gazetë etj).
Paraguay['pærëgwai] *n gjeog* Paraguaj.
Paraguayan[pærë'gweiën] *adj,n* paraguajas.
parakeet['pærëki:t] *n zool* papagall trupvogël.
paralactic[pærë'læktik] *adj astr* paralaktik.
parallax['pærëlëks] *n astr* paralaks.
parallel['pærëlel] *adj,n,v* **-adj** 1.(**with, to**) paralel (me).2.i ngjashëm; korrespondues.
-n 1.*mat* paralele; plan paralel. 2.*gjeog* paralel. 3. ngjashmëri; krahasim; paralele; **draw a parallel between** bëj një krahasim ndërmjet. 4.*el* lidhje në paralel.
-vt 1.i shkon paralelisht, është paralel me.2.heq paralelisht.3.i ngjan; barazohet me; **parallel sth for** e marr/e pranoj diçka për; e barazoj me. 4.krahasoj.
parallel bars *n sport* paralele.
parallelepiped[pærëlelë'paipid] *n mat* paralelopiped.
parallelism['pærëlelizëm] *n* 1.paralelizëm, të qenët paralele. 2.*fig* ngjashmëri; paralelizëm, krahasim.
parallelogram [pærë'lelëgræm] *n mat* paralelogram.
paralyze['pærëlaiz] *vt* 1.*mjek* paralizoj. 2. *fig* paralizoj, bëj të paefektshëm. 3.shtang.
paralysis[pë'rælësis] *n* 1.*mjek* paralizë.2.*fig* paralizim, blokim; shtangie.
paralytic[pærë'litik] *adj,n* paralitik, i paralizuar.
paramedic['pærëmedik] *n* pacient i trajtuar nga personeli ndihmës mjekësor.
paramedical [pærë'medëkël] *adj* paramjekësor, ndihmës (personel).
parameter[pë'ræmëtë:] *n* 1.*mat* parametër.2.fak-

tor kufizues.

paramilitary['pærë'milëteri] *adj* paraushtarak.

paramount['pærëmaunt] *adj,n* -*adj* i epërm, i lartë, suprem; **of paramount importance** me rëndësi kapitale. -*n* kryezot.

paramour['pærëmuë:] *n* dashnor; dashnore.

paranoia[pærë'noië] *n mjek* paranojë.

paranoiac[pærë'noiëk] *adj,n mjek* paranojak.

paranoid['pærënoid] *adj,n* paranojak; mosbesues.

paranormal [pærë'no:mël] *adj* tejnormal, i mbinatyrshëm, i pashpjegueshëm shkencërisht.

parapet['pærëpet] *n* 1.mur i ulët, ledh.2.parapet (ure, ballkoni etj).

paraphernalia[pærëfë:'nelië] *n* 1.sende personale.2.vegla; takëme.

paraphrase['pærëfreiz] *n,v* -*n* parafrazë. -*vt* parafrazoj.

paraplegia[pærë'pli:xhië] *n mjek* paraplegji, paralizë e gjymtyrëve të poshtme.

parapsychology[pærësai'kolëxhi] *n* parapsikologji(studim i dukurive mendore si telepatia etj).

parasite['pærësait] *n biol, fig* parazit.

parasitic(al)[pærë'sitik(ël)] *adj* parazit.

parasol['pærësol] *n* çadër dielli.

paratrooper['pærëtru:pë:] *n* ushtar parashutist.

paratroops['pærëtru:ps] *npl* trupa parashutiste.

paratyphoid[pærë'taifoid] *n mjek* paratifo.

parboil['pa:boil] *vt* 1.i jap një valë, ziej pak (gjellën). 2.tejnxeh.

parcel['pa:sël] *n,v* -*n* 1.pako.2.sende të paketuara. 3.ngastër, parcelë.4.grup; tufë; kopé. +**be part and parcel of** është pjesë përbërëse e. -*vt* paketoj, bëj pako. + **parcel out** ndaj në pjesë.

parcel post *n* shërbim postar i pakove.

parch[pa:ç] *vt* 1.i jep etje, i than gojën.2.thahet.3. i thahet goja. 4.thaj(në të nxehtë); përcëlloj.

parched [pa:çt] *adj* 1.e tharë(toka). 2.i etur; **I'm parched!** m'u tha goja! u dogja për ujë!

parchment ['pa:çmënt] *n* 1. pergamenë. 2. dorëshkrim në pergamenë.

pard I[pa:d] *n vjet* leopard; panterë.

pard II[pa:d] *n zhrg* partner; shok.

pardon ['pa:dën] *n,v* -*n* 1.ndjesë; falje; **I beg your pardon** ju kërkoj ndjesë. 2.*drejt* falje; **general pardon** falje e përgjithshme, amnisti. 3.*drejt* do-kument faljeje. 4.indulgjencë, falje nga Papa. -*vt* 1.fal, ndjej.2.*drejt* fal(një keqbërës).3.**pardon!** më falni! **pardon?** si thatë, ju lutem?

pardonable['pa:dënëbël] *adj* i falshëm.

pardoner['pa:dënë:] *n* 1.njeri që fal. 2.*hist* shitës indulgjencash.

pare[peë:] *vt* 1.krasis. 2.qëroj(frutin). 3.*fig* (**down**) shkurtoj(shpenzimet).

paregoric[pærë'go:rik] *adj,n* -*adj* qetësues.

-*n* bar qetësues.

parent['perënt] *n* 1.prind. 2.burim, shkak. 3.*attr* mëmë; **parent company** firma/kompania mëmë.

parentage['perëntixh] *n* 1.prejardhje, origjinë; linjë familjare. 2.atësi; mëmësi, amësi; të qenët prind.

parental[pë'rentël] *adj* prindëror; prej prindi.

parentally[pë'rentëli] *adv* si prind.

parenteral[pë'rentërël] *adj mjek* 1.i marrë jo nga goja(ilaç); me injeksion.2.që gjendet jashtë zorrëve.

parenthesis[pë'renthësis] *n pl* -**theses** 1.parantezë, shprehje në kllapa. 2.kllapë; **in parentheses** në kllapa.

parenthetic(al)[pærën'thetik(ël)] *adj* 1.cilësues; shpjegues. 2.në kllapa.

parenthood['perënt'hu:d] *n* të qenët prind.

paresis[pë'ri:sis, 'pærësis] *n mjek* parezë, paralizë lëvizore.

pariah[pë'rajë] *n* 1.njeri i flakur nga shoqëria. 2. varfanjak, shtresë e ulët.

parish['pærish] *n* 1.famulli.2.komunë.3.qark.

parishioner[pë'rishënë:] *n* 1.anëtar i famullisë.2. banor i komunës.

Parisian[pë'rizhën] *adj,n* parizian.

parity['pærëti] *n* barazi, paritet.

park[pa:k] *n,v* -*n* 1.park. 2.kopsht(rreth shtëpisë). 3.vend parkimi, parking(makinash). -*v* 1.parkoj(makinën).2.*gj.fol* lë, vë.

parka['pa:kë] *n* gëzof me kapuç(eskimezësh).

parkade[pa:'keid] *n* parking shumëkatësh.

parking ['pa:king] *n* 1.parking. 2.parkim; **"no parking"** "ndalohet parkimi".

parking lights *n aut* drita parkimi.

parking lot *n* vend parkimi, parking.

parking meter *n* kohëmatës parkimi.

parking ticket *n* fletë-gjobë për parkim në vend të ndaluar.

parkland['pa:klænd] *n* park.

park ranger *n* rojë-mirëmbajtës parku.

parkway['pa:kwei] *n amer* rruginë parku.

parlance['pa:lëns] *n* të folur, mënyrë të foluri; **in legal parlance** me gjuhën e ligjeve, me terminologji ligjore.

parlay['pa:lei, 'pa:li:] *n ,v* -*n* varg bastesh. -*vt* vë baste të njëpasnjëshme.

parley['pa:li:] *n,v* -*n* bisedime. -*vi* zhvilloj bisedime.

parliament ['pa:lëmënt] *n* parlament; **get into parliament** zgjidhem deputet.

parliamentarian[pa:lëmen'teriën] *n* deputet, anëtar i parlamentit.

parliamentary[pa:lë'mentëri] *adj* parlamentar.

parlo(u)r ['pa:lë:] *n* 1.sallon; dhomë pritjeje.2.lokal; **ice-cream parlor** lokal/dyqan akulloresh; **beauty parlor** lokal kozmetike.

parlous['pa:lës] *adj,adv* vjet -*adj* 1.i rrezikshëm.

2. finok; i zgjuar.
-*adv* tepër, jashtëzakonisht.
parochial[pë'roukiël] *adj* 1.famullor, famullie. 2. *fig* provincial; mendjengushtë, i ngushtë; i kufizuar.
parochialism[pë'roukiëlizëm] *n* provincializëm; botëkuptim i ngushtë.
parochial school *n* shkollë që mbahet nga kisha.
parodist['pærëdist] *n* parodist, autor parodish.
parody ['pærëdi] *n,v* -*n* 1.parodi. 2.*fig* imitim i keq.
-*vt* 1.parodizoj, imitoj me qesëndi.
parole[pë'roul] *n,v* - *n* 1.*drejt* lirim me kusht; **on parole** i liruar para kohe për sjellje të mirë; **break one's parole** shkel kushtet e lirimit për sjellje të mirë. 2.fjalë e nderit, premtim .
-*vt drejt* liroj me kusht.
parotid[pë'rotid] *adj anat* pranë veshit; **parotid gland** gjëndër parotide, gjëndër e pështymës (përpara veshit).
paroxysm['pærëksizëm] *n mjek* 1.krizë, atak; konvulsion. 2.*fig* dalldi; shpërthim(zemërimi etj).
parquet [pa:'kei, 'pa:kei] *n,v* -*n* 1.parket.2.*teat* platé.
-*vt* shtroj me parket.
parquetry['pa:kitri] *n* parket.
parr[pa:] *n zool* salmon në moshë të re.
parricidal[pærë'saidël] *adj* atëvrasës.
parricide['pærësaid] *n* 1.atëvrasje; vrasje e prindit; vrasje e të afërmit.2.atëvrasës; vrasës i prindërve; vrasës i të afërmve.
parrot['pærët] *n zool, fig* papagall.
parry['pæri] *vt* 1.i shmangem, i bëj bisht, i dredhoj (pyetjes, goditjes etj). 2.i kundërpërgjigjem, ia kthej mbrapsht.
-*n* shmangie, bishtnim, dredhim.
parse[pa:s, pa:z] *vt* i bëj analizë gramatikore fjalisë, një fjale).
parsec['pa:sek] *n astr* parsek.
parsimonious [pa:së'mouniës] *adj* kursimtar; dorështrënguar.
parsimoniously[pa:së'mouniësli] *adv* me kopraci.
parsimony['pa:sëmouni] *n* kursim; kopraci.
parsley['pa:sli] *n bot* majdanoz.
parsnip['pa:snip] *n bot* pastinak.
parson['pa:sën] *n* pastor; famullitar.
parsonage['pa:sënixh] *n* shtëpi e famullitarit.
part[pa:t] *n,v,adj,adv* -*n* 1.pjesë; **what part do you like best?** cila pjesë të pëlqen më shumë? 2.*tek* pjesë ndërrimi.3.pjesë, hise(e punës, fitimit).4. anë; **take sb's part** mbaj anën e dikujt.5.*teat* rol. 6.vijë ndarëse e flokëve.7.*muz* zë.8.vend, rajon, zonë; **in these parts** në këto zona.9. *gram* pjesë e ligjëratës. +**for my part** për sa më takon mua; **for the most part** në pjesën më të madhe; shumica; **in good part** për mirë, në mënyrë miqësore (e marr diçka); **in**

part pjesërisht, në njëfarë mase; **on sb's part, on the part of sb** nga ana e dikujt, nga dikush; **part and parcel** pjesë përbërëse; element i domosdoshëm; **take part** marr pjesë.
-*v* 1.ndaj.2.shpërndaj(turmën).3.ndahen(nga njëritjetri).4.ndaj me vizë(flokët). + **part from** largohem nga (dikush); ndahem me (dikë): **they parted friends** u ndanë si miq; **part with** heq dorë nga (diçka), lë, lëshoj nga dora.
-*adj* i pjesshëm; **part-time job** punë me kohë të pjesshme/me orar të reduktuar; **part owner** bashkëpronar; **part payment** paradhënie.
-*adv* pjesërisht; në njëfarë mase.
partake[pa:'teik] *v* (**partook; partaken**) 1.ha/pi ca shoqëroj në tryezë. 2.marr një pjesë/një copë. 3.(**in**) marr pjesë(në një aktivitet). 4.ngjan disi, ka diçka të përbashkët me.
parterre [pa:'te:] *n* 1. *teat* platé. 2. lehe, vllajë (lulesh).
Parthenon['pa:thënon] *n* Partenoni (në Athinë).
partial['pa:shël] *adj* 1.i pjesshëm.2.i padrejtë, që mban anë.3.(**to**) i dhënë pas, i prirur ndaj; **be partial to sports** jam i dhënë pas sportit.
partiality[pa:shi'ælëti] *n* 1.anë, mbajtje ane.2. pëlqim, dëshirë për.
partially ['pa:shëli] *adv* 1. pjesërisht. 2. padrejtësisht, me anësi.
participant[pa:'tisipënt] *n,adj* pjesëmarrës.
participate[pa:'tisipeit] *vi* (**in**) marr pjesë (në).
participation[pa:tisi'peishën] *n* pjesëmarrje.
participator[pa:tisi'peitë:] *n* pjesëmarrës.
participial [pa:ti'sipiël] *adj gram* pjesor; **participial noun** emër pjesor, emër foljor.
participle['pa:tisipël] *n gram* pjesore.
particle['pa:tikël] *n* 1.grimcë, grimë; copëz. 2.parashtesë; prapashtesë. 3.pjesëz. 4.*fiz* grimcë elementare.
particle board *n tek* pllakë zdrukthi.
parti-colo(u)red [pa:të'kʌlë:d] *adj* larosh, i lyer me ngjyra të ndryshme.
particular[pë:'tikjëlë:] *adj,n* -*adj* 1.i veçantë; i posaçëm; **pay particular attention** i kushtoj vëmendje të posaçme; **for no particular reason** jo për ndonjë gjë; **a particular friend of mine** një shoku im i ngushtë.2.kërkues, që nuk kënaqet lehtë; **he is not particular** ai nuk pyet, kënaqet me çdo gjë.3.i hollësishëm(raport).
-*n* hollësi, imtësi; të dhëna; **full particulars** të dhëna të plota. +**in particular** në veçanti; veçanërisht.
particularity[pë:tikjë'lærëti] *n* 1.veçanti; të qenët i veçantë. 2.kujdes i veçantë. 3.vëmendje ndaj hollësi rave. 4.tipar i veçantë. 5.moskënaqje me çdo gjë, të qenët i zgjedhur.
particularize[pë:'tikjëlëraiz] *v* 1.trajtoj në imtësi,

specifikoj. 2. jap të dhëna të veçanta; përmend me emër; paraqes një për një.
particularly[pë:'tikjëlë:li] *adv* 1.veçanërisht, sidomos. 2.në mënyrë të posaçme.3.hollësisht, me imtësi.
parting['pa:ting] *n,adj* -*n* 1.ikje, nisje, largim. 2. ndarje, shkëputje; **we have reached the parting of the ways** rrugët tona këtu ndahen. 3.e ndarë, vizë(e flokëve).
-*adj* 1.lamtumire(puthje). 2.i fundit, para nisjes; **her parting words** fjalët e fundit të saj; **parting shot** batutë e fundit. 3.ndarës, shkëputës.
partisan['pa:tëzæn] *n,adj* 1.partizan, përkrahës.2. guerrilas, partizan.
partisanship['pa:tëzënship] *n* partishmëri; besnikëri partiake.
partition[pa:'tishën] *n,v* -*n* 1.ndarje në pjesë; copëzim.2.pjesë,copë.3.mur ndarës; parapet, ndarje. -*vt* 1.ndaj; copëzoj. 2.ndaj, veçoj (me mur etj).
partitive['pa:tëtiv] *n,adj* -*n gram* përemër i pakufishëm veçues.
-*adj gram* veçues, ndarës.
partizan shih **partisan**.
partly['pa:tli] *adv* pjesërisht; në njëfarë mase.
partner['pa:tnë:] *n,v* -*n* 1.partner; shok. 2.bashkëpunëtor. 3.ortak. 4.bashkëshort. 5.pjesëtar.
-*v* bëhem partner i; lidhem me.
partnership ['pa:tnë:ship] *n* 1.ortakëri; **go into /form a partnership with** bëhem ortak me, krijoj firmë të përbashkët me. 2.bashkëpjesëmarrje.
partridge['pa:trixh] *n* thëllëzë.
partridgeberry['pa:trixhberi] *n bot* rrush thëllëze.
part song *n muz* këngë me disa zëra.
part-time['pa:t'taim] *adj,adv* -*adj* i pjesshëm, i reduktuar; me orar të reduktuar(punonjës, punë).
-*adv* me orar të reduktuar(punoj).
parturient[pa:'tju:riënt] *adj* 1.barsë, për të pjellë. 2.*fig* i mbarsur me ide.
parturition[pa:tjë'rishën] *n* pjellje.
party['pa:ti] *n,v* -*n* 1.*pol* parti. 2.grup; ekip; **a party of travellers** një grup udhëtarësh.3.*usht* skuadër. 4.festë, festim; pritje, mbrëmje argëtimi; **a birthday party** festim i ditëlindjes; **dinner party** darkë. 5.*drejt* palë; pjesëmarrës; **be a party to a crime** jam i përzier në një krim. 6.*gj.fol* person. 7. *attr* partiak, i partisë.
-*v* jap në pritje; marr pjesë në një festim.
party line *n* vijë e partisë.
party-liner ['pa:tilainë:] *n* anëtar besnik i një partie.
party wall *n drejt* mur ndarës, mur i përbashkët (ndërmjet dy pronave).
parvalue *n fin* vlerë nominale.
parvenue['pa:vëniu:] *n* person i ngritur rishtas(në pozitë shoqërore etj), honxhobonxho.

pascal[pæs'kæl] *n fiz* paskal.
paschal['pæskël] *adj* i Pashkëve.
pasha['pæshë, po'sha:, 'pa:shë] *n* pashà.
pasquinade [pæskwë'neid] *n* pamflet satirik, paskuin.
pass[pæs] *v,n* -*v* 1.kaloj; **pass through** kaloj për/përmes.2.parakaloj; lë pas; **pass out of sight** zhdukem nga sytë; **pass into oblivion** harrohem, kridhem në harresë.3.quhet, pranohet, hahet; **he could pass for twenty** atë mund ta marrësh për njëzetvjeçar; **what passes for art these days** çfarë nuk mbahet për art në këto kohëra; **let sth pass** e lë të kalojë diçka.4.ikën, kalon(koha); kaloj(kohën); **pass the time of day with sb** shkëmbej përshëndetjen e zakonshme me dikë.5.zhduket, kalon, pushon(dhimbja).6.del(nga mendja).7.kaloj(provimin). 8.ndodh, ngjet; **all that passed between us** gjithçka që ndodhi midis nesh; **should it come to pass that...** sikur të qëllojë që...9.rri "pas" (në poker etj).10.çoj, kaloj(dorën mbi ballë). 11.miratoj. 12. miratohet. 13. mbaron, vdes; **pass in peace** vdes i qetë. 14.shndërrohet(uji në akull).15.qarkullon (parja etj). +**bring to pass** kryej; detyroj; i jap shkas; **come to pass** ndodh, ngjet; **pass away** a)mbaron; b)vdes; **pass by** nuk vë re; shpërfill; **life has passed him by** nuk ka jetuar në të vërtetë, s'ka bërë jetë për të qenë; **pass down** ia kaloj, i transmetoj; **pass off** a) iki, largohem; b) ngjet; kryhet;c)pranohet, hahet; merret për; **pass on** a)ia kaloj,pasoj; kalon dorë më dorë; b)vdes; **pass out** a)*gj.fol* më bie të fikët, humbas ndjenjat; b)dorëzoj, shpërndaj(provimet); **pass over** a)nuk vë re; shpërfill; lë mënjanë; b)vdes; c)hedh në kosh(një kërkesë); **pass through** kaloj përmes(qytetit, vështirësive); **pass up** a) lë, heq dorë nga; b) s'përfitoj nga.
-*n* 1.kalim. 2.lejekalim, lejë. 3.kartë, abonè. 4.*sport* pas, pasim.5.notë "kalueshëm"; **get a pass in English** marr "kalueshëm" në anglisht.6.gjendje; **things have come to a strange pass** kanë ardhur kohë të çuditshme. 7.lëvizje mashtruese; dredhi.8. shteg. 9. "pas"(në poker etj).10.*gj.fol* përçapje, tentativë, hap afrimi(me një femër).
passable['pæsëbël] *adj* 1.çka, njëfarësoj; i kënaqshëm; **his English is passable** anglishtja e tij është njëfarësoj.2.i kalueshëm, i kapërcyeshëm(shteg). 3.e qarkullueshme(monedhë). 4.i miratueshëm (ligj etj).
passably ['pæsëbli] *adv* çka, njëfarësoj;disi, mjaftueshëm.
passage['pæsixh] *n* 1.kalim; **with the passage of time** me kalimin e kohës.2.korridor.3.lejë kalimi; lejëkalim.4.pasazh, fragment.5.udhëtim; lundrim. 6.biletë udhëtimi.7.miratim (ligjesh).8.shkëmbim goditjesh; **passage of arms** zënie.
passageway['pæsixhwei] *n* kalim, vendkalim; korridor.
passbook['pæsbuk] *n* librezë kursimi;librezë banke.

passenger ['pæsĕnxhĕ:] *n* udhĕtar; **passenger train** tren udhĕtarĕsh.

passer-by['pæsĕ:'bai] *n* kalimtar.

passing['pæsing] *adj,n* -*adj* 1.kalimtar; qĕ kalon pranĕ. 2.jetĕshkurtĕr, kalimtar(fenomen). 3.i rastit.4. kaluese(notĕ).

-*n* 1.kalim; ikje, zhdukje, humbje(e zakoneve); **with the passing of the years** me kalimin e viteve; **in passing** kalimthi. 2.vendkalim; mjet kalimi.

passion['pæshĕn] *n* 1.pasion. 2.zemĕrim, xhindosje. 3.*hist fet* **the Passion** mundimet e Krishtit.

passionate['pæshĕnit] *adj* 1.i zjarrtĕ, i pasionuar, me pasion. 2.pasionant, plot temperament.

passionately ['pæshĕnitli] *adv* plot pasion; me zjarr.

passionflower['pæshĕnflauĕ:] *n bot* lulesahati.

passionless['pæshĕnlis] *adj* i qetĕ, i pĕrmbajtur, pa pasion.

passive['pæsiv] *adj,n* -*adj* 1.pasiv. 2.i nĕnshtruar. 3.*gram* pĕsor.4.*kim* joaktiv, i plogĕt, inert(gaz). -*n gram* 1.trajtĕ pĕsore, pĕsore. 2.folje nĕ pĕsore.

passively ['pæsivli] *adv* 1. nĕ mĕnyrĕ pasive.2. *gram* nĕ (trajtĕ) pĕsore.

passive resistance *n* rezistencĕ pasive.

passivity[pæ'sivĕti] *n* pasivitet, mosveprim.

passkey ['pæski:] *n* çelĕs kopil, çelĕs qĕ i hap tĕ gjitha dyert.

Passover['pæsouvĕ:] *n* Pashkĕ e çifutĕve.

passport ['pæspo:t] *n* pasaportĕ; **a passport to** *fig* kyçi pĕr.

password['pæswĕ:d] *n* parullĕ.

past[pæst] *adj,n,prep,adv,v* -*adj* 1.i shkuar, i kaluar, i mbaruar; **our troubles are past** telashet tona mbaruan.2.i kaluar(vit etj); **for some time past** prej disa kohĕsh.3.ish-; **a past president** njĕ ish-president.4.*gram* e shkuar(kohĕ).

-*n* 1.e kaluar; kohĕ e shkuar; **it's a thing of the past** ĕshtĕ diçka qĕ i takon tĕ kaluarĕs; **in the past** nĕ tĕ kaluarĕn. 2.e kaluar, biografi; **a man with a past** njeri me tĕ kaluar(tĕ dyshimtĕ etj); **our country's past** e kaluara e vendit tonĕ.3.*gram* koha e shkuar.

-*prep* 1.pĕrpara, pranĕ; **go past the school** kaloj pĕrpara shkollĕs.2.pĕrtej, matanĕ; **just past the church** sa kalon kishĕn.3.(pĕr orĕn) e; **half past three** tre e gjysmĕ; **at twenty past five** nĕ pesĕ e njĕzet.4.kaluar, kapĕrcyer, tej; **he is past fifty** i ka kaluar tĕ pesĕdhjetat; **it's past belief** ĕshtĕ krejt e pabesueshme; **I'm past caring** nuk pyes mĕ pĕr asgjĕ; **be past it** ka marrĕ fund(dikush); ĕshtĕ bĕrĕ pĕr nĕ plehra(send); **I wouldn't put it past her to do it** nuk do tĕ habitesha aspak sikur ta bĕnte.

-*adv* kaluar; **go/walk past** kaloj; **dash/run past** kaloj me vrap; **the years flew past** fluturuan vitet.

-*v vjet pp* e **pass.**

pasta['pæstĕ, 'pa:stĕ] *n* 1.brumĕ. 2.makarona.

past absolute *n gram* kohĕ e shkuar, preterit.

paste[peist] *n,v* -*n* 1.brumĕ.2.qiriç.3.pulpĕ; **tomato paste** salcĕ domatesh. 4.gur i çmuar artificial. 5.pelte.

-*vt* 1.ngjis (me qiriç etj).2.*zhrg* ia ngjesh turinjve.

pasteboard ['peistbo:d] *n* 1.karton. 2.*attr* a)prej kartoni; b)i rremĕ.3.*zhrg* biletĕ; abone.

pastel[pæs'tel, 'pæstel] *n* pastel.

pasteurization [pæsçĕrĕ'zeishĕn] *n* pasterizim (i qumĕshtit etj).

pastil(le)['pæstĕl, pæs'ti:l] *n* 1.hape, tabletĕ, pilulĕ. 2.pastel.

pastime['pæstaim] *n* kalim kohe; argĕtim.

past master *n* mjeshtĕr i mbaruar.

pastor['pæstĕ:] *n* pastor, prift protestan.

pastoral['pæstĕrĕl] *adj,n* -*adj* 1.baritor, fshatarak. 2.*fet* pastoral.

-*n* 1. baritore(poezi, tablo etj). 2.*fet* letĕr e peshkopit.

past participle *n gram* pjesore e shkuar.

past perfect *n gram* e kryer e plotĕ.

pastrami[pĕs'tra:mi] *n* pastĕrma; mish viçi i tymosur.

pastry['peistri] *n*1.brumĕ ĕmbĕlsirash.2.pastĕ; tortĕ; ĕmbĕlsirĕ.

past tense *n gram* kohĕ e shkuar.

pasturage['pæsçĕrixh] *n* 1.bar.2.kullotĕ.3.kullotje.

pasture['pæsçĕ:] *n,v* -*n* 1.kullotĕ.2.bar. -*v* 1.kullos(kafshĕt).2.kullot(kafsha).

pasty I['peisti] *adj* 1.i squllĕt, si brumĕ. 2.e zverdhur, e prishur(çehre).

pasty II['peisti] *n pl* **pasties** byrek me mish/peshk.

pat I [pæt] *v,n* -*v* 1.rrah, qĕlloj lehtĕ; cek. 2.eci lehtĕ.

-*n* 1.rrahje(e shpatullave); cekje; pĕrkĕdhelje(e kafshĕs).3.copĕz(gjalpi etj). + **pat on the back** lĕvdatĕ, kompliment.

pat II[pæt] *adj,adv* -*adj* e saktĕ, me vend (pĕrgjigje).

-*adv* saktĕ, si duhet, me vend, nĕ kohĕn e duhur; **know sth pat** *gj.fol* e di/e kam diçka nĕ majĕ tĕ gishtave; **stand pat** *gj.fol* nuk luaj vendit, nuk bĕj asgjĕ.

Patagonia[pætĕ'gouniĕ] *n gjeog* Patagoni.

patch[pæç] *n,v* -*n* 1.arnĕ.2.fashĕ, bandazh(mbi sy etj).3.njollĕ.4.vel fytyre.5.copĕ toke, ngastĕr. +**through a bad patch** kaloj njĕ periudhĕ tĕ keqe; **it's not a patch on the other one** s'i vjen as te maja e kĕmbĕs.

-*vt* i vĕ arnĕ, arnoj; **patch together** bĕj shkel-e-shko.

+**patch up** a)sajoj; rregulloj; meremetoj; b)qetĕsoj (grindjen).

patch pocket *n* xhep pĕrsipĕr, xhep nga jashtĕ.

patchwork['pæçwë:k] n 1.cohë mozaik.2.qepje coprash në trajtë mozaiku.3.*fig* mozaik.
patchy ['pæçi] adj 1.me ulje-ngritje, me hope. 2. copa-copa, si me arna.3.fragmentare (njohuri).
pate[peit] n 1.toç, tepe e kresë; kokë.2.tru.
pâté[pa:'tei] n paté.
patella[pë'telë] n 1.*anat* kupë e gjurit.2.kupë.
paten['pætën] n pjatë; pllakë metalike.
patency['peitënsi] n durim.
patent['pætënt, 'peitënt] n,adj,v -n 1.patentë(për një shpikje etj). 2.shpikje.3.privilegj qeveritar.
-adj 1.i patentuar.2.i qartë, i dukshëm.
-vt patentoj, marr patentë(për një shpikje).
patentee[pætën'ti:] n mbajtës patente.
patently ['peitëntli, 'pætëntli] adv 1. qartë; dukshëm. 2.haptas, hapur.
patent medicine n ilaç i miratuar.
pater['peitë:] n Br gj.*fol* baba.
paterfamilias[pætë:fë'miliës] n kryetar familjeje, baba.
paternal[pë'të:nël] adj 1.atëror.2.nga babai; paternal aunt hallë; a paternal inheritance diçka e trashëguar nga babai.
paternalism[pë't:ë:nëlizëm] n pol paternalizëm.
paternity[pë'të:nëti] n 1.atësi; paternity suit gjyq për njohje atësie.2.prejardhje nga babai.
path[pæth, pa:th] n 1.shteg.2.rruginë.3.*fig* rrugë, mënyrë.4.orbitë; itinerar.
pathetic[pë'thetik] adj 1.prekës; për të ardhur keq. 2.i përçmuar; i përbuzshëm.
pathetical[pë'thetikël] adj shih pathetic.
pathetically[pë'thetikëli] adv 1.për të ardhur keq; në mënyrë prekëse. 2.fort, tepër, kiamet; pathetically thin kockë e lëkurë; a pathetically inadequate answer përgjigje që të pret krahët; përgjigje për të lënë mendjen.
pathfinder['pæthfaindë:] n rrugëzbulues.
pathless['pæthlis] adj i pashkelur; pa rrugë.
patho-['pæthë] pref sëmundje-; pathogen sëmundjeshkaktues.
pathologic[pæthë'loxhik] adj shih pathological.
pathological[pæthë'loxhikël] adj 1.patologjik.2.i sëmurë; pathological condition gjendje e sëmurë. 3.fiks, i ngulët, patologjik; a pathological hatred of cats urrejtje patologjike për macet.
pathologically [pæthë'loxhikëli] adv patologjikisht, nga ana patologjike.
pathologist[pæ'tholëxhist] n (mjek) patolog.
pathology[pæ'tholëxhi] n patologji.
pathos['peithos] n patos; ndjenjë e fuqishme.
pathway['pæthwei] n udhë, rrugë, shteg.
-pathy[pëthi] suff 1.-pati; telepathy telepati, ndërkomunikim me mendje.2.sëmundje; neuropathy neuropati, sëmundje nervore.3. mjekim; osteopathy osteopati, mjekim i sëmundjeve nëpërmjet mani-

pulimit të kockave e muskujve.
patience ['peishëns] n 1.durim; loose one's patience humbas durimin.2.përpjekje, këmbëngulje. 3.*Br* pasjans(lojë letrash).
patient['peishënt] adj,n -adj 1.i duruar, i durueshëm; be patient with sb tregohem i duruar me dikë. 2.këmbëngulës; patient research kërkime këmbëngulëse.
-n i sëmurë, pacient.
patina ['pætënë] n 1.cipë e gjelbërt (e bakrit, e bronzit).2.prarim(që merr druri nga koha). 3.*fig* shkëlqim(i suksesit etj).
patio['pætiou] n verandë; oborr.
patois ['pætwa:, pa:'twa:] n 1.dialekt, e folme krahinore.2.zhargon.
patriarch['peitri:a:k] n 1.*fet* patrik.2.*hist* kryetar familjeje/fisi, patriark.3.*fig* baba, themelues.
patriarchal[peitri'a:kël] adj patriarkal.
patriarchate['peitria:kit] n 1.*fet* post i patrikut.2. patriarkat, qark nën juridiksionin e patrikut. 3. patriarkat, sistem patriarkal(i familjes, fisit); familje patriarkale.
patriarchy['peitria:ki] n1.sistem patriarkal.2.familje patriarkale.
patriate['peitrieit] vt i kthej vendit të drejtat(e vetëqeverisjes etj).
patrician[pë'trishën] n,adj -n hist patric, fisnik, aristokrat.
-adj fisnik, aristokratik.
patricide['pætrësaid] n 1.atëvrasje.2.atëvrasës.
patrimonial [pætrë'mouniël] adj trashëgimor, i trashëguar.
patrimony['pætrëmouni] n 1.trashëgim; trashëgimi nga babai/nga të parët. 2.pronë kishe/manastiri.
patriot['peitriët, 'pætriët] n atdhetar, patriot.
patriotic [peitri'otik] adj atdhetar, atdhedashës, patriotik, patriot.
patriotism['peitriëtizëm] n atdhetari, patriotizëm.
patristic[pë'tristik] adj i kishës së hershme, i etërve të kishës.
patrol[pë'troul] v,n -v patrulloj; patrol up and down vete-vij.
-n 1.patrullë.2.patrullim; vrojtim (nga avioni); be on patrol patrulloj.
patrol car n makinë policie.
patrol leader n komandant i patrullës.
patrolman[pë'troulmën] n 1. amer polic i zonës.2. punonjës i ndihmës rrugore.
patrol wagon n makinë e të burgosurve.
patron['peitrën] n,adj -n 1.përkrahës (i arteve), mecenat.2.bamirës.3.shenjtor mbrojtës, pajtor.4.klient i rregullt(hoteli).
-adj mbrojtës, përkrahës(engjëll).
patronage ['peitrënixh] n 1.mbrojtje, përkrahje; under the patronage of nën mbrojtjen e .2.kliente-

lë. 3.nder, mirësi; bamirësi.

patroness['peitrënis, 'pætrënis] *n* 1.mbrojtëse, për-krahëse.2.shenjtore mbrojtëse.

patronize ['peitrënaiz, 'pætrënaiz] *vt* 1. përkrah, marr në mbrojtje. 2.frekuentoj(një dyqan, kinema etj).3.trajtoj (një fëmijë) nga pozita e të rriturit, begenis.

patronizing['pætrënaizing] *adj* begenisës.

patron saint *n* engjëll mbrojtës.

patronymic[pætrë'nimik] *n* patronim, emër/mbi-emër i rrjedhur nga emri i babait ose i një paraar-dhësi.

patroon[pë'tru:n] *n amer* pronar toke.

patten['pætën] *n* nënkëpucë druri(me takë).

patter I ['pætë:] *v,n -vi* 1. rreh, troket (shiu në xham).2.vrapoj, derdhem(teposhtë shkallëve). *-n* trokitje(e breshërit etj).

patter II['pætë:] *n,v -n* 1.e folur e shpejtë; shkath-tësi në të folur.2.e folur në zhargon. *-vt* shqiptoj shpejt e shpejt, recitoj(një lutje).

pattern['pætë:n] *n,v -n* 1.model; motiv, dizenjo. 2.*fig* model; **behaviour models** mënyra të sjelli. 3.mostër, kampion. 4.stil. 5.*tek* model, kallëp. *-vt* 1.modeloj; bëj sipas modelit; **model a dress on** qep një fustan sipas modelit të.2.*fig* kopjoj, i për-ngjaj; **model oneself on sb** marr dikë si model.

pattern book *n* katalog. libër modelesh.

patternmaker['pætë:nmeikë:] *n* modelist.

patty['pæti] *n pl* **patties** 1.byreçkë. 2.qofte. 3.ë-mbëlsirë, sheqerkë.

paucity['po:sëti] *n* pakicë; numër i pakët; sasi e pakët.

paunch [po:nç] *n* 1.bark. 2.mullë, bark i dalë. 3.plënc.

paunchy['po:nçi] *adj* barkalec, barkmadh.

pauper['po:pë:] *n* varfanjak; i varfër, i vobektë.

pauperism['po:përizëm] *n* varfëri, mjerim.

pauperize ['po:përaiz] *vt* varfëroj, shndërroj në varfanjak.

pause[po:z] *v,n -vi* ndalem, pushoj, bëj një pauzë; **pause for breath** pushoj pak për të marrë frymë. *-n* 1.heshtje, pushim; ndalesë. 2.shenjë pikësimi.

pave[peiv] *vt* shtroj(rrugën). + **pave the way for** i hap rrugën, përgatis terrenin për.

pavement ['peivmënt] *n* 1. shtrojë rruge; shtrim rruge. 2.rrugë e shtruar.3.*Br* këmbësore, trotuar.

pavilion[pë'viliën] *n* 1.pavijon.2.shatorre, tendë.3. ngrehinë panairi. *-vt* ngre një tendë/shatorre.

paving['peiving] *n* 1.shtrim.2.material për shtrim rruge.3.rrugë e shtruar; trotuar.

paw[po:] *n,v -n* 1.putër.2.*gj.fol* dorë e stërma-dhe, putër. *-vt* 1.qëllon me putër.2.kapem pas, mbërthej.3.prek me dorë, i fus duart(një femre).

pawl[po:l] *n tek* arpion.

pawn I[po:n] *v,n -vt* lë peng. *-n* 1.peng; **leave/put sth in pawn** lë diçka peng. 2.garanci.

pawn II[po:n] *n* 1.ushtar(në shah).2.*fig* gur shahu; **be sb's pawn** jam gur shahu për dikë.

pawnbroker['po:nbroukë:] *n* pronar dyqani pen-gjesh, pengmbajtës.

pawnshop['po:nshop] *n* dyqan pengjesh.

pay I[pei] *v,n,adj -v* **(paid)** 1.paguaj; **how much did you pay for it?** sa pagove për të? **a badly paid worker** punëtor i paguar pak; **that's what you're paid for** për këtë paguhesh; **pay one's way** *fig* a) paguaj pjesën që më takon; b)i mbulon shpezimet (kompania);**pay the penalty** *fig* paguaj pasojat; **pay dividends** jep dividende, paguan fitime(kompania); **put paid to** a)prish(planin); b)pengoj(udhëtimin); **pay a debt** paguaj/kthej borxhin.2.jap; ofroj; i ku-shtoj; bëj; **pay attention** i kushtoj vëmendje; **pay compliments** i bëj komplimente; **pay a visit** i bëj një vizitë.3.ia vlen, leverdis; **it pays me to** ia vlen të; **it wouldn't pay me to take that job** nuk më intere-son ta pranoj atë punë;**the business doesn't pay** ajo punë s'është me fitim; **it pays to advertise** reklama është diçka që ia vlen.4.*fig* paguaj, vuaj pasojat; shpaguaj; **be paid for it with his life** e pagoi me kokë; **I'll make you pay for this!** këtë do të ma pa-guash!5.*det* liroj, lëshoj(litarin). +**pay as you go** shlyej detyrimet siç i takon; +**pay back** a)kthej/shlyej borxhin; b)*fig* ia kthej me të njëjtën monedhë; c) marr hakun; e bëj të ma paguajë; **pay in** derdh, depozitoj; **pay off** a)paguaj plotësisht, shlyhem me dikë; **pay sth off in instalments** e shlyej diçka me këste; b)e marr ha-kun; c)u paguaj para banditëve, paguaj haraç; d)pushoj, i jap duart(nga puna); e)jep fryte, fun-ksionon(një plan,dredhi); **pay out** a)nxjerr para nga xhepi, paguaj; b)*det* liroj, lëshoj(litar). +**pay up** paguaj, shlyej. *-n* 1.pagesë; pagë, rrogë; **be in sb's pay** paguhem nga dikush, jam në shërbim të dikujt.2.shpagim; shpërblim.3.pagim.4.*attr* me para, me pagesë; **pay telephone** telefon me monedhë/me pagesë. *-adj* i pasur, që ia vlen; **a pay lode** damar i pasur.

pay II[pei] *vt det* **(payed)** lyej me katran(fundin e anijes, litarët etj).

payable ['pejëbël] *adj* 1. për t'u paguar (faturë, borxh). 2.i pagueshëm. 3.fitimprurës.

payday['peidei] *n* ditë rrogash.

pay dirt *n* 1.mineral që e vlen të nxirret.2.*gj.fol* diçka fitimprurëse.

payee[pe'jii] *n* i paguari, personi që paguhet/për t'u paguar.

payer['pejë:] *n* pagues.

paying['pejing] *adj* 1. që paguan; **paying guest**

bujtës që paguan, pensioner.2.fitimprurës(aktivitet).
payload['peiloud] *n* 1.ngarkesë që sjell fitim. 2. ngarkesë e çmuar(e raketës).
paymaster['peimæstë:] *n* pagator, arkëtar.
payment['peimënt] *n* 1.pagim.2.pagesë; shumë e paguar.3.*fig* shpërblim; shpagim.
paynim['peinim] *n,adj vjet* 1.pagan. 2.mysliman; saraçen.
pay-off['peiof] *n* 1.pagim i rrogave. 2.ditë e rrogave. 3.*gj.fol* shpërblim, fitim; pjesë(fitimi), hise.4.*zhrg* kulm(i tregimit etj).5.faktor vendimtar.
pay phone *n* telefon me monedhë.
payroll['peiroul] *n* 1.listë pagash, bordero.2.listë e personelit.3.paga(të ndërmarrjes).
pc. shkurtim për **piece; price.**
p.c. shkurtim për **percent; postcard; petty cash.**
P.C. shkurtim për **Police Constable; Progressive Conservative; Privy Council; Past Commander.**
pct. shkurtim për **percent.**
pd. shkurtim për **paid.**
Pd shkurtim për **Palladium.**
P.D. shkurtim për **per diem; Postal District;** *amer* **Police Department.**
PDT shkurtim për **Pacific Daylight Time.**
pea [pi:] *n* bizele; **green peas** bizele të njoma; *fig* **like as two peas** krejt njëlloj, si dy pika uji.
peace[pi:s] *n,interj -n* 1.paqë; **sign the peace** nënshkruaj paqën; **be at peace with sb** jam në paqë me dikë.2.qetësi; **peace of mind** mendje e qetë, mungesë telashesh.3.rend publik; **keep the peace** a)ruan rendin(policia); b)respektoj rregullat, s'e prish rendim; c)*fig* ul gjakrat, qetësoj ujërat. +**at peace** a)në paqë, jo në gjendje lufte; b)në qetësi, i qetë; **hold /keep one's peace** hesht, nuk flas; **keep the peace** ruaj rendin ; **make peace** a) vendos paqën (midis dy vendeve); b)pajtoj(dy persona etj).
-interj 1.qetësi! 2.(përshëndetje)qofsh mirë!
peacable['pi:sëbël] *adj* 1.paqëdashës.2.i qetë; paqësor.
peaceful['pi:sfël] *adj* 1.i qetë, i patrazuar; **a peaceful day** ditë e qetë. 2.paqësor.
peacefully ['pi:sfëli] *adv* në paqë; qetësisht; pa dhunë.
peacekeeping['pi:s'ki:ping] *adj,n -adj* paqëtues; paqëruajtës.
-v ruajtje e paqës.
peaceloving['pi:s'lʌving] *adj* paqësor; paqëdashës.
peacemaker['pi:smeikë:] *n* ndërmjetësues; pajtues.
peace offering *n* 1. propozim për paqë. 2. *fet hist* blatim.
peace officer *n* ruajtës i rendit publik.
peace pipe *n* çibuk i paqës(te lëkurëkuqtë).
peacetime['pi:staim] *n* kohë paqe, paqë.
peach I[pi:ç] *n* 1.pjeshkë. 2.*attr* ngjyrë

pjeshke.3.*gj.fol* njeri/send i dashur; **she is a peach** ajo është shpirt.
peach II[pi:ç] *vi zhrg* tregoj, kallëzoj; spiunoj.
peachy['pi:çi] *adj* 1.si pjeshkë.2.*zhrg* i shkëlqyer, i mrekullueshëm.
peacock['pi:kok] *n,v* -*n* 1.*zool* pallua.2.*fig* tip i fryrë, karabush.
-vi fryhem si pallua.
peacock blue *n* ngjyrë gurkali.
pea green *n* ngjyrë bizele.
peahen['pi:hen] *n* femër e palloit.
pea jacket *n* xhakaventë detarësh.
peak [pi:k] *n,v* -*n* 1.majë, kreshtë(mali).2.mal i vetmuar, shkëmb.3.*fig* kulm, majë; vlug; pik; **the peak of a career** maja e karierës.4.*attr* kulmor, maksimal, i pikut; **peak hours** orët e pikut(të trafikut etj); **peak output** prodhim maksimal. 5.majë; maju-cë(e mjekrrës etj).6.strehë(e kapelës). 7.*gjeog* kep.
-v 1.*det* ngre, drejtoj(velën).2.arrin kulmin.
peaked I[pi:kt, 'pi:kid] *adj* 1.me majë.2.me strehë (kasketë).
peaked II['pi:kid] *adj* i thatë, i zbetë, i prishur(në fytyrë); i rrëgjuar, i rënë(nga shëndeti).
peaky['pi:ki] *adj* i rënë, i pafuqishëm; **I'm feeling a bit peaky** ndihem si i këputur.
peal [pi:l] *n,v* -*n* 1.tringëllim (kambanash). 2.gjëmim; kumbim; **peals of laughter** gajasje.
-vi 1.tringëllin. 2.ia plas(të qeshurit).
peanut['pi:nʌt] *n* kikirik; **peanut butter** gjalpë kikiriku. + **it's just peanuts** s'është ndonjë gjë, punë çikërrimash.
pear[peë:] *n* dardhë.
pearl[pë:l] *n,adj,v* -*n* 1.perlë; **pearl diver** peshkatar perlash.2.*fig* perlë, margaritar, xhevahir, gjë e rrallë.3.sedef.4.*polig* gërmë 5-pikëshe. + **cast pearls before swine** ku di derri ç'është nderi; ku di dhia ç'është tagjia.
-adj 1.i margaritartë; e kaltër e çelët.2.pikëla-pikëla.
-vt 1.gjuaj për perla. 2.stolis me perla/me sedef. 3. shndërroj në pikëla.
pearlash['pë:læsh] *n kim* karbonat potasiumi.
pearl barley *n bot* elb i zhveshur/i qëruar.
pearl grey *n* e kaltër e hirtë.
pearly['pë:li] *adj* 1.i margaritartë.2.i sedeftë.
peasant ["pezënt] *n* 1.fshatar; **peasant farmer** bujk, fermer. 2.*attr* fshatar; fshatarak; i fshatit; **peasant life** jetë fshati; **peasant dress** veshje fshatarake, rroba fshati.
peasantry['pezëntri] *n* fshatarësi.
peas(e)cod['pi:zkod] *n* bishtajë bizeleje.
pea soup *n* 1.supë bizelesh.2.shih **peasouper.**
peasouper [pi:'su:pë:] *n* 1. *zhrg* kanadez francez, kebekas.2.*gj.fol* mjegull e dendur.
peat[pi:t] *n* torfë.

peav(e)y['pi:vi] *n* kanxhë(për shtytjen e trungjeve në ujë).

pebble['pebël] *n,v*   -*n* 1.guralec, gur zalli, haliç.2. syprinë (lëkure, letre) e ashpër.3.suva e ashpër.+**you are not the only pebble in the beach** ka edhe të tjerë si ti, nuk je ti i vetmi. -*vt* 1.ashpëroj lëkurën.2.gjuaj me guralecë.

pebbly['pebli] *adj* me guralecë, i mbuluar me gurë zalli.

pecan['pi:kæn, pi'kæn] *n amer* arrë amerikane(me kokrra si ulli).

peccadillo[pekë'dilou] *n* faj/mëkat i lehtë.

peck I[pek] *n* 1.masë drithi(= 9,1 dm³). 2.*fig* shumë, një mal; **a peck of trouble** një mal me telashe.

peck II[pek] *v,n*   -*v* 1.çukit; hap me sqep (qukapiku).2.*gj.fol* ha maja-maja, çukas.3.*gj.fol* puth nxitimthi.4.qortoj. + **peck at** a)çukit; b)*gj.fol* ha maja-maja, çukas; c)nuk i ndahem, kritikoj papushim. -*n* 1.çukitje.2.vrimë, e çukitur.3.*gj.fol* e puthur nxitimthi.

pecker['pekë:] *n* 1.qukapik. 2.*Br zhrg* guxim, kurajë; **keep your pecker up!** mos e lësho veten!

pecking order *n* shkallë hierarkike.

peckish['pekish] *adj Br gj.fol* disi i uritur; **feel a bit peckish** më gërryen stomaku.

pecten['pektën] *n* perde syri(te zogjtë dhe zvarranikët).

pectoral['pektërël] *adj,n*   -*adj* 1.i gjoksit, i kraharorit.2.që bën mirë për mushkëritë. -*n* bar për mushkëritë.

peculate['pekjëleit] *v* përvetësoj, vjedh, shpërdoroj.

peculation [pekjë'leishën] *n* përvetësim, vjedhje, shpërdorim.

peculator [pekjë'leitë:] *n* përvetësues, vjedhës, shpërdorues.

peculiar[pi'kju:lië:] *adj* 1.i çuditshëm; i pazakontë. 2.i veçantë; karakteristik; **peculiar to** karakteristik për, **a phrase peculiar to her** shprehje tipike e saja.

pecularity[pikju:li'ærëti] *n* 1.veçanti, veçori, veti, karakteristikë.2.tipar i çuditshëm.

pecularly[pi'kju:lië:li] *adv* 1.veçanërisht. 2.çuditërisht.

pecuniary[pi'kju:nieri] *adj* parash, paraje, në para.

pedagog(ue)['pedëgog] *n* 1.*vjet* mësues.2.mësues pedant/mendjengushtë.

pedagogic(al)[pedë'goxhik(ël)] *adj* pedagogjik.

pedagogy['pedëgoxhi] *n* 1.mësuesi, mësimdhënie. 2.pedagogji.

pedal[*n,v* 'pedël; *adj* 'pedël,'pi:dël] *n* këmbëz, pedal; **pedal bin** kovë plehrash me këmbëz. -*v* shtyp pedalin; pedaloj, ngas(biçikletën). -*adj zool* i këmbës.

pedant['pedënt] *n* pedant; mësues pedant.

pedantic[pi'dæntik] *adj* pedant.

pedantically[pi'dæntikëli] *adv* me pendantizëm.

pedantry['pedëntri] *n* pedantizëm, pedanteri.

pedate['pedeit] *adj* 1.me këmbë.2.si këmbë, këmbak.

peddle ['pedël] *v* 1.shes në mënyrë ambulante. 2. shes me pakicë.3.jap e marr; përhap(thashetheme).

peddler ['pedlë:] *n* 1. çikërrimtar, shitës shetitës, pramatar.2.shpërndarës droge.

pederast['pedëræst] *n* pederast.

pederasty ['pedëræsti] *n* pederasti, marrëdhënie homoseksuale me djem.

pedestal['pedistël] *n* 1.piedestal(edhe *fig*).2. bazament; **put sb on a pedestal** ngre në qiell dikë, e bëj idhull.

pedestrian[pë'destriën] *n,adj*   -*n* këmbësor. -*adj* 1.këmbësor.2.*fig* mediokër, pa fantazi; i ngathët (stil).

pedestrianism[pë'destriënizëm] *n* ecje në këmbë.

pediatric[pi:di:'ætrik] *adj* pediatrik.

pediatrician[pedië'trishën] *n* (mjek) pediatër.

pediatrics[pi:di:'ætriks] *n mjek* pediatri.

pedicab ['pedikæb] *n* makinë/karrocë trirrotëshe me pedale.

pedicel['pedësël] *n bot* kërcell.

pedicure['pedikjuë:] *n* pedikyrë, kozmetikë e këmbëve.

pedicurist ['pedikju:rist] *n* pedikyrist, specialist pedikyre.

pedigree ['pedëgri:] *n* 1. prejardhje, gjenealogji, trung familjar.2.*gram* prejardhje, origjinë(e fjalës). 3.racë, linjë racore(e kafshës).4.*attr* prej race të pastër(kafshë).

pedigreed ['pedëgri:d] *adj* që i dihet prejardhja (kafshë).

pedlar['pedlë:] *n* shih **peddler.**

pedological I[pedë'loxhëkël] *adj* i studimit të fëmijëve.

pedological II[pedë'loxhëkël] *adj* i studimit të tokave, pedologjik.

pedologist I[pe'dolëxhist] *n* studiues i botës së fëmijëve.

pedologist II [pe'dolëxhist] *n* studiues i tokave, pedolog.

pedology I[pë'dolëxhi] *n* studim i botës së fëmijëve.

pedology II[pë'dolëxhi] *n* studim i tokave, pedologji.

pedometer[pi'domëtë:] *n* hapamatës, pedometër.

pedunculate[pi'dʌnkëlit] *adj bot* me vriguj/vile.

pee[pi:] *v,n zhrg*   -*vi* pshurr, shurros, urinoj. -*n* 1.shurrë, urinë.2.pshurrje, shurrim, urinim.

peek[pi:k] *v,n*   -*vi* shikoj vjedhurazi; përgjoj. -*n* shikim vjedhurazi; përgjim; **have/take a peek at** i hedh një shikim vjedhurazi.

peel I[pi:l] *n,v*   -*n* lëkurë, lëvore, lëvozhgë, cipë (e

frutit etj).
-v 1.qëroj, i heq lëvoren.2.rrjep, zhvesh(trungun).
3.bie, zhvoshket(lëkura).4.*gj.fol* zhvishem.
+**peel away** a)bie, rripet, zhvoshket(lëkura); b)pla-saritet(piktura); c)shqitet(veshja e murit); d)heq (am-balazhin).
+**peel back** heq.
+**peel off** a)bie, rripet, zhvoshket; b)zhvishem. +
keep one's eyes peeled *gj.fol* hap sytë, tregohem i kujdesshëm.
peel II[pi:l] *n* lopatë furrtari.
peelings['pi:ling] *n* lëkura, lëvozhga(patatesh etj).
peen[pi:n] *n,v* -*n* mykë(e çekiçit).
-*vt* godas me mykën e çekiçit.
peep I[pi:p] *v,n* -*vi* 1.shikoj vjedhurazi. 2.përgjoj.
3.*fig* nxjerr kryet, del, shfaqet.
-*n* 1.shikim vjedhurazi.2.përgjim.3.vrimë për të përgjuar.4.*fig* çelje, zbardhje(e ditës).
peep II[pi:p] *n,v* -*n* 1.cicërimë; piskamë. 2.pipë-timë; **we haven't heard a peep out of them** ata as që kanë hapur gojë.
-*vi* 1.cicërin; piskat.2.pipëtin.
peeper['pi:pë:] *n* 1.bretkosë që lëshon piskama. 2.*gj.fol* sy.
peephole['pi:phoul] *n* vrimë për të përgjuar; vrimë çelësi.
peeping ['pi:ping] *adj* përgjues; **Peeping Tom** përgjues, njeri që përgjon femrat kur zhvishen.
peer I[pië:] *n* 1.shok, i barabartë ; **it is hard to find his peers** nuk ia gjen kollaj shokun.2.per(titull fisnikërie).
peer II[pië:] *vi* 1.(**at**) shikoj nga afër.2.del, shfa-qet, nxjerr kryet(dielli nga retë etj).
peerage['pi:rixh] *n* 1.titull i perit.2.perët(fisnikët) e vendit.
peer group *n* 1.grup-moshë.2. sërë.
peerless['pië:lis] *adj* i pashoq.
peeve [pi:v] *v,n* *gj.fol* -*v* mërzis, bezdis, shqetë-soj, acaroj.
-*n* bezdi.
peeved[pi:vd] *adj* i acaruar, i sëkëlldisur.
peevish ['pi:vish] *adj* idhnak, zemërak, gërnjar.
peewee ['pi:wi:] *n* 1.vogëlush. 2.vogëlimë, gjë e vockël.3.*sport* para-të-rinj(lojtarë të moshës 8-12 vjeç).
peg[peg] *n,v* -*n* 1.kunj.2.kapëse rrobash. 3.kan-xhë,vjegë, varëse(kapele etj).4.*fig* hap; shkallë. 5.go-tëz, gllënjkë(pije).6.*fig* pretekst, kunj. + **take sb down a peg** ia ul hundën dikujt, i tregoj vendin.
-*vt* 1.mbërthej, kap(me kapëse).2.fiksoj(me kunj).3. piketoj, vë piketa.4.(**away**) ngulem në punë.5.mbaj fikse, stabilizoj(çmimet).6.*gj.fol* hidhem, ngutem.
+**peg out** *gj.fol* ngordh, cof.
Pegasus['pegësës] *n* *astr* *mit* Pegasi.

pegboard['pegbo:d] *n* dërrasë me kunja.
peg leg *n* 1.këmbë druri.2.*gj.fol* këmbac, njeri me këmbë druri.
peg top *n* fugë.
peignoir [pein'wa:, 'peinwa:] *n* penjuar, robdë-shambër.
pejorative [pi'xhorëtiv, 'pi:xhëreitiv] *adj gram* përbuzës, përçmues.
Pekin[pi:'kin] *n* rosë pekineze.
pekinese[pi:ki'ni:z] *n* qen pekinez.
pekoe['pi:kou] *n* çaj i zi.
pelage['pelixh] *n* gëzof; qime, lesh(kafshe).
pelagic[pë'læxhik] *adj* i detit të hapur; oqeanik.
pelf[pelf] *n* para; pasuri(në kuptimin e keq).
pelican['pelëkën] *n* pelikan.
pelisse[pë'li:s] *n* peliçe.
pelagra[pë'lægrë] *n* *mjek* pelagër.
pellet ['pelit] *n* 1.lëmsh, topth(buke,balte etj). 2.pi-lulë. 3.plumb; saçme.
pelletize['pelëtaiz] *vt* kokëloj, shndërroj në toptha.
pellicle['pelëkël] *n* cipë, membranë.
pell-mell, pellmell ['pel'mel] *adv,adj,n* -*adv* 1. mbarë e prapë, rrëmujë, lesh-e-li. 2.nxitimthi.
-*adj* i rrëmujshëm; i bërë me ngut.
-*n* rrëmujë, lëmsh.
pellucid[pë'lu:sid] *adj* 1.i tejdukshëm, transpa-rent. 2.i kulluar(ujë).3.*fig* i qartë, i kthjellët.
Peloponesus[pelëpë'ni:sës] *n* *gjeog* Peloponez.
pelt I[pelt] *v,n* -*v* 1.mësyj, sulmoj me(gurë etj).2. bie me vërtik(shiu).3.nxitoj.4.*fig* bombardoj(me pye-tje).
-*n* 1.mësymje; bombardim.2.vrull, vërtik.
pelt II[pelt] *n* lëkurë kafshe, gëzof.
peltry['peltri] *n* gëzofë, lëkurë.
pelvic['pelvik] *adj* *anat* i legenit, i komblikut.
pelvis['pelvis] *n* *anat* legen, komblik.
pemmican ['pemëkën] *n* *amer* mish i copëtuar përzier me dhjamë.
pen I[pen] *n,v* -*n* 1.majë pene.2.penë.3.stilograf; stilolaps.4.*fig* penë, aftësi për të shkruar; **pen name** pseudonim.
-*vt* shkruaj; **pen a few lines to a friend** i shkruaj dy gisht letër një miku.
pen II[pen] *n,v* -*n* 1.vathë; stallë.2.kotec. 3.rre-thojë, vend i mbyllur. 4.*det* dok i mbyllur. 5.*amer* *gj.fol* burg.
-*vt* mbyll(në vathë, kotec etj).
pen III[pen] *n* *zhrg* shtëpi korrektimi.
pen IV[pen] *n* mjellmë.
penal['pi:nël] *adj* 1.penal.2.i dënueshëm;**penal offense** veprim i dënueshëm (me ligj). 3.ndëshkimor.
penal labor *n* *drejt* punë e detyruar.
penalize ['pi:nëlaiz] *vt* 1.dënoj, ndëshkoj. 2.*drejt* shpall të dënueshëm me ligj.

penalty['penëlti] *n* 1.dënim, ndëshkim; gjobitje.2. dizavantazh.3.*sport* penallti; **penalty area** zonë e rreptësisë; **penalty kick** gjuajtje e penalltisë.

penance['penëns] *n fet* pendesë, ndëshkim i vetvetes; **do penance for** bëj pendesë për.

penates[pë'na:ti:z] *n fet* perëndia mbrojtëse e shtëpisë.

penchant['pençënt] *n* prirje, dëshirë, dobësi(për).

pence[pens] *n pl* i **penny**.

pencil ['pensël] *n,v* -*n* 1. laps, kalem; **pencil sharpener** mprehëse lapsash. 2.shkumës me ngjyrë. 3.penel.4.rreze/vija konvergjuese.5.*fig* penë, talent(i shkrimtarit).

-*vt* shkruaj; vizoj; shënoj.

pend[pend] *vi* mbetet pezull, mbetet e pazgjidhur.

pendant['pendënt] *n,adj* -*n* 1.varëse; stringël. 2. zbukurim i varur(në tavan).3.mbajtëse, ganxhë.

-*adj* i varur, që varet.

pendent['pendënt] *adj,n* -*adj* 1.i varur, që varet. 2.kërcënues, që rri mbi kokë.3.i mbetur pezull.

-*n* shih **pendant** *n*.

pending['pending] *adj,prep* -*adj* i mbetur pezull, i pazgjidhur; **the agreement was pending** marrëveshja kishte mbetur pezull.

-*prep* 1.në pritje të; deri te; **pending his return** deri sa të kthehet ai. 2.gjatë; **pending the investigation** gjatë hetimit.

pendragon[pen'drægën] *n hist Br* kryeprijës.

pendulous['penxhëlës] *adj* 1.i varur, i lëshuar.2.i varur pezull.

pendulum['penxhëlëm, 'pendjëlëm] *n fiz* lavjerrës.

peneplain ['pi:nëplein] *n* zonë malore e rrafshuar nga erozioni.

penetrability [penëtrë'bilëti] *n* përshkueshmëri, depërtueshmëri.

penetrable['penëtrëbël] *adj* i përshkueshëm, i depërtueshëm.

penetrate ['penëtreit] *v* 1. hyj, futem. 2.përshkoj, depërtoj.3.*fig* i hyj brenda, kuptoj, marr vesh. 4.prek; i bëj përshtypje.

penetrating['penëtreiting] *adj* 1.i mprehtë, shpues, therës(zë).2.zhbirues, depërtues(vështrim).3.që hyn në thellësi, depërtues(ilaç). 4.mendjemprehtë.

penetration[penë'treishën] *n* 1.depërtim.2.thellësi depërtimi.3.*fig* zhbirim; mprehtësi.

penetrative ['penëtreitiv] *adj* 1. depërtues. 2. i mprehtë; zhbirues.

penguin['pengwin] *n zool* pinguin.

penholder['penhouldë:] *n* 1.bisht pene.2.mbajtëse penash.

penicillin[peni'silin] *n* penicilinë.

peninsula [pen'insëlë, pen'insjëlë] *n gjeog* gadishull.

peninsular[pen'ins(j)ëlë:] *adj* gadishullor.

penis['pi:nis] *n anat* penis, organ seksual i mashkullit.

penitence['penëtëns] *n* 1.pendesë, ndëshkim (për fëmijët). 2.pendim.

penitent['penëtënt] *adj,n* -*adj* i penduar. -*n* 1.i penduar.2.*fet* pendestar.

penitential[penë'tenshël] *adj,n* -*adj* pendese, pendimi.

-*n* 1.pendestar. 2.*fet* libër pendesash.

penitentiary[penë'tenshëri] *n,adj* -*n pl* -ries burg. -*adj* 1.i dënueshëm(me ligj). 2.ndëshkimor;disiplinor (masë).3.pendimi, pendese.

penknife['pennaif] *n pl* -knives biçak, brisk xhepi.

penman['penmën] *n pl* -men 1.njeri me shkrim të bukur.2.shkrimtar, autor.

penmanship['penmënship] *n* 1.bukurshkrim.2.stil shkrimi.

pen name *n* pseudonim(i shkrimtarit).

pennant ['penënt] *n* 1. flamur sinjalizimi. 2.*sport* flamur i garave.

pennate['peneit] *adj* me krahë, me fletë; me pupla.

penni['peni] *n* peni(monedhë e Finlandës).

pennies['peniz] *npl* i **penny**.

penniless['penilis] *adj* pa para, trokë.

pennon['penën] *n* flamur me majë.

Pennsylvania[pensël'veinië] *n gjeog* Pensilvania.

penny['peni] *n pl* **pennies, Br** pence 1.*Br* peni. 2.*amer* cent. + **a pretty penny** *gj.fol* një dorë e mirë parash; **I wouldn't give him a penny** unë s'do t'i jepja asnjë grosh; **not to have a penny to one's name** s'kam një grosh për bё; **not to be a penny the wiser** vazhdoj të mos marr vesh kurrgjë; **he turns up like a bad penny** e ke gjithë kohës nëpër këmbë; **turn an honest penny** nxjerr para me djersë; **they are two (ten) a penny** janë pesë copë një lek, s'kanë pikë vlere; **a penny for your thoughts** për çfarë po mendon? **and then the penny dropped** pastaj i rashë në tё.

penny-pinching['peni:'pinçing] *adj,n* kurnac, dorështrënguar.

pennyweight['peniweit] *n* njësi mase = 1,56 g.

penny-wise['peni'waiz] *adj* i shtrënguar/i kursyer në gjëra të vogla; **penny-wise and pound-foolish** i shtrenjtë në krunde e i lirë në miell.

pennyworth['peniwë:th] *n* 1.një grosh.2.një çikëz.

penology[pi:'nolëxhi] *n* penologji, shkenca e trajtimit të tё burgosurve.

pen pal *n* shok letërkëmbimi.

pensile['pensail, 'pensël] *adj* 1.i varur, që varet; që rri pezull.2.që ngre çerdhe të varur(zog).

pension I ['penshën] *n,v* -*n* pension; **pension scheme** sistem pensionesh; **old-age pension** pension pleqërie.

-*vt* i jap pension; **pension off (sb)** nxjerr në pension (dikë).

pension II['pan'sjon] *n* 1.pension, hotel familiar. 2. strehë e ushqim.

pensionary['penshëneri] *n,adj* pensionist.

pensioner['penshënë:] *n* pensionist.

pensive['pensiv] *adj* 1.i menduar, i zhytur/i rënë në mendime.2. i trishtuar.

pensively['pensivli] *adv* mendueshëm.

pensiveness['pensivnis] *n* rënie/zhytje në mendime.

penstock ['penstok] *n* 1.vijë mulliri; qyngj uji. 2. portë uji.

pent[pent] *adj,v* -*adj* (**in,up**) i mbyllur brenda(në shtëpi etj). -*v pt,pp* e **pen.**

pentagon ['pentëgon] *n* 1.*mat* pesëkëndësh. 2. **Pentagon** *amer* Pentagoni; Ministria e Mbrojtjes.

pentagonal [pen'tægënël] *adj mat* pesëkëndësh, pesëkëndor.

pentahedron[pentë'hi:drën] *n mat* pesëfaqësh.

pentathlon[pen'tæthlën] *n sport* pesëgarësh.

Pentecost['pentëkost] *n fet* Rrëshaja.

penthouse['pent'haus] *n* 1.apartament nën çati. 2. anë çatie e pjerrët.3.barakë/godinë anekse.

pent-up['pentʌp] *adj* i mbyllur; i ndryrë; **pent-up feelings** ndjenja të ndryra/të fshehura thellë.

penult[pi'nʌlt, 'pi:nʌlt] *n gram* rrokje parafundore.

penultimate [pi'nʌltëmit] *adj,n* -*adj* 1. i parafundit. 2.*gram* parafundor. -*n* rrokje parafundore.

penumbra[pi'nʌmbrë] *n pl* -**brae** gjysmëhije.

penurious[pi'niu:riës] *adj* 1.i varfër, i mjerë.2.dorështrënguar, i kursyer.

penury['peniëri] *n* varfëri, mjerim, skamje.

peon ['pi:on, 'pi:ën] *n* 1.argat; punëtor krahu(në Amerikën Latine).2.punëtor; shërbyes; ushtar këmbësor (në Indi).

peony['pi:ëni] *n bot* lulegjake, bozhure.

people['pi:pël] *n,v* -*n* 1.njerëz; **old people** të moshuar, pleq; **young people** të rinj; **some people** disa,ca njerëz; **what do you people think?** po ju, çfarë mendoni? **you of all people should..** ti më shumë se kushdo tjetër duhej të..; **people say that...** njerëzia thonë se....2.banorë; **people of Tirana** banorët e Tiranës, tiranasit; **country people** banorë fshati; fshatarë; **town people** banorë qyteti, qytetarë.3.popull; **the people** populli; **people at large** njerëzit, publiku, populli; **a man of the people** njeri i thjeshtë/nga populli.4.popullsi; kombësi.5.familje; të afërm; **my people** njerëzit e mi, të afërmit. -*vt* populloj; **be peopled with** popullohet nga.

pep[pep] *n,v gj.fol* -*n* vrull, gjallëri; **pep pill** tabletë stimuluese; **pep talk** fjalë inkurajimi.

-*vt*(**up**) gjallëroj(një mbrëmje argëtimi); i jap zemër (dikujt); ndreq, forcoj(një pije).

pepper['pepë:] *n,v* -*n* 1.piper; **black/red/white pepper** piper i zi/ i kuq/ i bardhë(erëz).2.spec; **green /red peppers** speca jeshilë/të kuq; **hot/sweet peppers** speca djegës/padjegës. -*vt* 1.piperos, i hedh piper.2.ngjyej, mbuloj me.3. *fig* mbys, bombardoj me.

   pepper -and -salt ['pepërën'solt] *adj* me cirka (bardh-e-zi); **a peper-and-salt coat** xhaketë me cirka.

pepperbox['pepë:boks] *n* shishkë piperi, piperore.

peppercorn['pepë:ko:n] *n* piper(i zi) kokërr.

peppergrass['pepë:græs] *n bot* groshël.

peppermint ['pepë:mint] *n* 1.karamele mente.2. *bot* mendër.

pepperpot['pepë:pot] *n* shishkë piperi, piperore.

peppery ['pepëri] *adj* 1.me piper, i piperosur, me spec.2.*fig* me spec, therës.3.*fig* idhnak, zemërak, gjaknxehtë.

pep pill *n gj.fol* tabletë stimuluese.

peppy['pepi] *adj zhrg* plot vrull, energjik.

pep rally *n gj.fol* mbledhje përkrahjeje.

pepsin['pepsin] *n kim mjek* pepsinë.

pep talk *n* fjalë nxitëse, fjalim inkurajues(i trainerit etj).

peptic ['peptik] *adj mjek* peptik; i tretjes; **peptic ulcer** ulçerë peptike.

per[pee:, pë:] *prep* 1.për, në; **$10 per person** 10 dollarë për njeri; **$5 per dozen** 5 dollarë dyzina; **per capita** për frymë; **per annum** në vit; **per week** në javë.2.me, me anë të, nëpërmjet; **sent per messenger** dërguar me korier.3.sipas; **calculated per number of persons** llogaritur sipas numrit të personave; **as per instructions** sipas udhëzimeve.

peradventure[pe;rëd'vençë:] *adv,n* -*adv vjet* mbase, ndofta. -*n* rast.

perambulate [për'æmbjeleit] *v* 1. eci nëpër / përmes. 2.shkel, kontrolloj(vendin).

perambulator[për'æmbjeleitë:] *n* 1.karrocë fëmijësh.2.shetitës.

percale[pë:'keil, pë:'kæl] *n teks* perkal.

perceive[pë:'si:v] *vt* 1.ndiej, kap(me sy, vesh, nuhatje etj). 2.*fig* nuhas, marr me mend; dalloj.

percent, per cent [pë:sent] *n* 1.përqind; **a five percent disount** një zbritje çmimi prej pesë përqind.2.*gj.fol* përqindje; **a large percent of the crop** një përqindje e madhe e të vjelave.

percentage[pë:'sentixh] *n* 1.përqindje; **on a percentage basis** në përqindje. 2.interes; komision; pjesë(fitimi); **get a percentage on all sales** marr një përqindje(fitimi)/një komision nga të gjitha shitjet. 3.*zhrg* përfitim, fitim.

percentile[pë:'sentail] *n* përqindësh, nivel në përqindje; **at the sixtieth percentile** te 60 përqindëshi.
percept['pë:sept] *n* perceptim; marrje me mend.
perceptibility[pë:septë'bilëti] *n* perceptueshmëri.
perceptible[pë:'septëbël] *adj* i perceptueshëm.
perceptibly[pë:'septëbli] *adv* dukshëm.
perception [pë:'sepshën] *n* perceptim; **one's perception of a situation** mënyrë individuale e të shikuarit të gjërave.
perceptive[pë:'septiv] *adj* i hollë, i mprehtë; mendjehollë.
perceptively[pë:'septivli] *adv* hollë; me mprehtësi.
perceptual[pë:'sepçuël] *adj* perceptimor.
perch I[pë:ç] *n,v* -*n* 1.purtekë; degë.2.*fig* pozitë e lartë.3.purtekë, masë gjatësie = 5 m.
-*v* 1.ulet, rri(zogu në degë).2.vendos në lartësi.3.zë vend në lartësi, ngrihet(fshati në mal).
perch II[pë:ç] *n pl* perch, perches *zool* sharr - mak (peshk).
perchance[pë:'çæns] *adv* vjet, *poet* ndofta, mbase.
percipience[pë:'sipiëns] *n* perceptim.
percipient[pë:'sipiënt] *adj,n* -*adj* i mprehtë, i hollë; nuhatës.
-*n* njeri i mprehtë.
percolate['pë:këleit] *v* 1.kulloj, filtroj; **percolated coffee** kafe e filtruar.2.kullon, filtron(kafeja etj).3. përshkon, kalon përmes(uji).4.*fig* del, hapet(lajmi).
percolator['pë:këleitë:] *n* kafetierë me filtër, zierëse-filtruese kafeje.
percussion[pë:'kʌshën] *n* 1.goditje, rrahje. 2.*muz* vegla me perkusion / me goditje. 3.*mjek* trokitje, çokitje (në gjoks etj).
percussion cap *n* kapsollë.
per diem[pë:'di:ëm, pë:'daiëm] *lat* 1.në ditë; për ditë. 2.shumë ditore(të hollash).
perdition[pë:'dishën] *n* 1.humbje e shpirtit; mallkim, vdekje e përjetshme. 2.ferr. 3.*vjet* humbje e plotë.
peregrinate['perëgrëneit] *v* udhëtoj; shtegtoj.
peregrin(e)['perëgri:n] *adj,n* -*adj* 1.shtegtues. 2. *vjet* i huaj, i ardhur nga jashtë.
-*n* skifter shtegtar.
peregrination [perëgri'neishën] *n* udhëtim; shtegtim.
peregrinator[perëgri'neitë:] *n* udhëtar; shtegtar.
peremptory [për'emptëri] *adj* 1.i rëndë, autoritar (mësues).2.i prerë, i pakundërshtueshëm (urdhër); përfundimtar(vendim).
permptorily[për'emptorili] *adv* prerazi.
perennial[për'eniël] *adj,n* -*adj* 1.i përhershëm, i vazhdueshëm, i përjetshëm.2.gjithëvjetor.3.*bot* shumëvjeçare (bimë).
-*n* bimë shumëvjeçare.
perfect[*adj,n* 'pë:fikt; *v* pë:'fekt] *adj,v,n* -*adj* 1.i përsosur, i përkryer; i shkëlqyer; **a perfect day for** walking ditë e shkëlqyer për shetitje.2.i mbaruar,shumë i zoti.3. i plotë, që s'i mungon gjë; **he is a perfect stranger to me** ai është krejt i panjohur për mua.4.*gram* e kryer; **present perfect** (koha) e kryer; **future perfect** e ardhme e përparme.
-*vt* 1.përkryej, përsos.2.kryej, përfundoj, plotësoj.
-*n gram* koha e kryer.
perfectibility[pë:fektë'bilëti] *n* përkryeshmëri.
perfectible[pë:'fektëbël] *adj* i përkryeshëm, i përsosshëm.
perfection [pë:'fekshën] *n* 1.përsosmëri. 2.gjë e përkryer.3.përkryerje, përsosje, perfeksionim. + **to perfection** në mënyrë të përkryer, përsosurisht.
perfectionism [pë:'fekshënizëm] *n* synim drejt përsosmërisë.
perfectionist[pë:'fekshënist] *n* 1.njeri që s'kënaqet lehtë.2.perfeksionist, njeri që beson në jetën e panjollë.
perfectly['pë:fiktli] *adv* 1.përsosmërisht, në mënyrë të përkryer.2.krejtësisht, plotësisht; **he knows perfectly well** ai e di fort mirë, është plotësisht në dijeni.
perfect number *n mat* numër i përkryer(= me shumën e faktorëve të vet).
perfecto[pë:'fektou] *n* puro e trashë(me majë nga të dy anët).
perfect participle *n gram* pjesore e shkuar (psh having written).
perfervid[pë:'fë:vid] *adj fig* tepër i nxehtë, i zjarrtë.
perfidious[pë:'fidiës] *adj* i pabesë, besëthyes.
perfidiously[pë:'fidiësli] *adv* pabesisht.
perfidiousness[pë:'fidiësnis] *n* pabesi.
perfidy['pë:fidi] *n* pabesi; tradhti; poshtërsi.
perfoliate[pë:'fouliit] *adj bot* pa bisht, ngjitur në kërcell(gjethe).
perforate [*v* 'pë:fëreit; *adj* 'pë:fërit] *v,adj* -*vt* 1.shpoj; **perforated ulcer** ulçerë e shpuar.2.biroj; **perforated line** vijë bira-bira(në letër).
-*adj* i shpuar; i biruar.
perforation[pë:fë'reishën] *n* 1.shpim; birim.2.vijë bira-bira(në letër); dhëmbëzim (i pullave postare).
perforator['pë:fëreitë:] *n* shpues; pajisje biruese.
perforce [pë:'fo:s] *adv* nga halli, nga nevoja; me detyrim, dashur padashur.
perform [pë:'fo:m] *v* 1.bëj; kryej (detyrën); **form an operation** *mjek* bëj një operacion. 2.përmbush, plotësoj, mbaj(premtimin).3.luaj, interpretoj, ekzekutoj.4.sillem.5.funksionon, punon (makina); **a car that performs really well** makinë tepër efikase.
performance[pë:'fo:mëns] *n* 1.kryerje; përmbushje. 2.përfundim.3.rendiment, efektshmëri(e makinës etj). 4.lojë, interpretim, ekzekutim; **they gave a splendid performance** interpretimi i tyre ishte i

shkëlqyer; **the team put up a good performance** skuadra zhvilloi një lojë shumë të bukur. + **what a performance!** ç'janë këto skena që na bën? sa shumë po e zgjat!

performer[pë:'fo:më:] *n* interpretues; artist.

perfume['pë:fju:m, pë:'fju:m] *n,v* -*n* 1.aromë, kundërmim.2.parfum.

-*vt* parfumoj.

perfumer [pë:'fju:më:] *n* prodhues/shitës parfumesh; parfumier.

perfumery [pë:'fju:mëri] *n* 1.parfume, produkte parfumerie.2.dyqan parfumesh, parfumeri. 3.punishte parfumesh.

perfunctorily[pë:'fʌnkçërili] *adv* 1.sa për formë, për të kaluar radhën.2.mekanikisht.

perfunctory[pë:'fʌnkçëri] *adj* 1.i sipërfaqshëm, i përciptë, sa për formë(kontroll).2.mekanik(gjest).

perfuse[pë:'fju:z] *v* spërkas, stërpik; derdh përsipër.

pergola['pë:gëlë] *n* pjergull.

perhaps [pë:'hæps] *adv* ndofta, ndoshta, mbase, kushedi; **perhaps so/not** ndofta po/jo.

peri['pi:ri] *n mit* perri.

peri-['peri, 'perë] *pref* 1.rreth-.2.afër-, pranë-.

pericardial[perë'ka:diël] *adj* 1.i perikardit. 2.rreth zemrës.

pericardium[perë'ka:diëm] *n anat* perikard, cipë e zemrës.

perigee['perëxhi:] *n astr* perigjé.

peril['perël] *n,v* -*n* rrezik; rrezikim; **at your peril** nën përgjegjësinë tënde.

-*vt* rrezikoj, vë në rrezik.

perilous['perëlës] *adj* i rrezikshëm, plot rreziqe.

perilously['perilësli] *adv* rrezikshëm, me rrezik.

perimeter[pë'rimëtë:] *n*1.*mat* perimetër.2.*attr* rrethues; **perimeter wall** mur rrethues.

period ['pi:riëd] *n,interj* -*n* 1. periudhë; stad; **at that period** në atë kohë, në atë periudhë(të jetës etj)..2. *amer sport* pjesë loje.3.kohë, epokë; **period furniture** orendi të kohës.4.orë(mësimi). 5.*gram* pikë.6.*mjek* periodë, menstruacion; **period pains** dhimbje të periodave.7.fund, mbarim.

-*interj gj.fol* dhe pikë! dhe mbaroi!

periodic [pi:ri'odik] *adj* periodik, i herëpashershëm.

periodical[pi:ri'odikël] *adj,n* -*adj* i herëpashershëm; periodik(botim etj).

-*n* botim/organ periodik.

periodically [pi:ri'odikëli] *adv* periodikisht; herë pas here.

periodicity[pi:rië'disëti] *n* periodicitet.

periodic law *n kim* ligj periodik.

periodic table *n kim* tabelë periodike, sistem periodik i elementeve.

periodontal [pi:rië:'dontël] *adj mjek* peridontal, i

mishrave të dhëmbëve.

peripatetic[perëpë'tetik] *adj,n* 1.shetitës, lëvizës. 2.*filoz* peripatetik.

peripheral[pë'rifërël] *adj* 1.periferik.2.*fin* anësor, margjinal.3.*fig* i vogël, i dorës së dytë.

periphery[pë'rifëri] *n pl* -ries 1.kontur, perimetër. 2.periferi, rrethina; lagje të jashtme.

periphrasis[pë:'rifrëzis] *n* perifrazë.

periscope['perëskoup] *n* periskop.

perish['perish] *v* 1.mbaroj, vdes. 2.prishet, merr fund; kalbet(fruti etj).

perishable['perishëbël] *adj,n* -*adj* që prishet, i prishshëm.

-*n pl* ushqime delikate(që prishen shpejt).

peristyle['perëstail] *n* varg kolonash; hapësirë e rrethuar me kolona.

peritonitis[perëtë'naitis] *n mjek* peritonit.

periwig['perëwig] *n* parukë.

periwinkle ['perëwinkël] *n* 1.*bot* mëtrik. 2.*zool* kërmill deti.

perjure['pë:xhë:] *vt drejt* bëj dëshmi të rreme.

perjuried ['pë:xhë:d] *adj* 1.e rreme(dëshmi).2.i rremë (dëshmitar).

perjury ['pë:xhëri] *n drejt* dëshmi e rreme; **commit perjury** bëj dëshmi të rreme.

perk I[pë:k] *vt* 1.ngre(kokën, bishtin). 2.ngrefos; **be all perked out in** kapardisem me(rrobat e reja).

+ **perk up** a)e marr veten; b)gjallërohem; c)ngreh veshët.

perk II[pë:k] *v gj.fol* 1.filtroj, kulloj(kafen).2.ecën mirë, është në lëvizje(ekonomia).

perk III[pë:k] *n gj.fol* përfitim; **enjoy perks** kam përfitime, gëzoj favore.

perky['pë:ki] *adj* 1.i gjallë, gazmor.2.i pacipë, i pafytyrë.

perm[pë:m] *n,v gj.fol* -*n* permanent(i flokëve).

-*vt* bëj permanent; **have one's hair permed** i bëj flokët permanent.

permanence['pë:mënëns] *n* vazhdimësi, qëndrueshmëri.

permanency ['pë:mënënsi] *n* 1.vazhdimësi, qëndrueshmëri. 2.gjë e përhershme/e qëndrueshme.

permanent ['pë:mënënt] *adj,n* -*adj* i qëndrueshëm, i përhershëm; **permanent job** punë e rregullt /e përhershme.

-*n gj.fol* permanent(i flokëve).

permanent married quarters *n* banesë shtetërore për familjet e ushtarakëve.

permanent press *n* presim(i tekstileve).

permanent tooth *n* dhëmb i përhershëm.

permanent wave *n* permanent(i flokëve).

permanganate[pë:'mængëneit] *n kim* permanganat.

permeability [pë:mië'bilëti] *n* përshkueshmëri, depërtueshmëri.

permeable['pë:miëbël] *adj* i përshkueshëm, i depërtueshëm.

permeate['pë:mieit] *v* 1.përshkoj, depërtoj. 2.përhap.3.përhapet.

permeation[pë:mi'eishën] *n* 1.përshkim, depërtim. 2.përhapje.

permissible[pë:'misëbël] *adj* i lejueshëm(veprim); i pranueshëm(qëndrim, sjellje); **it is not permissible to do that** kjo është e palejueshme.

permission [pë:'mishën] *n* lejë; lejim; autorizim; **with your permission** po qe se më lejoni; **give sb permission to do sth** i jap lejë dikujt të bëjë diçka.

permissive[pë:'misiv] *adj* tolerant, i butë, që lejon.

permit [*v* pë:'mit; *n* 'pë:mit, pë:'mit] *v,n* -*v* lejoj; **permit sth to take place** lejoj të bëhet diçka; **permit of** lejoj, pranoj; **weather permitting** po na lejoi koha, po qe se mban koha.

-*n* 1.lejë(me shkrim); autorizim; lejëkalim; **fishing permit** lejë peshkimi; **building/export permit** lejë ndërtimi/liçensë eksporti.2.lejë, lejim.

permutation[pë:mjë'teishën] *n* 1. ndryshim, ndërrim. 2.*mat* permutacion.

permute[pë:'mju:t] *vt* ndryshoj renditjen.

pernicious[pë:'nishës] *adj* 1.i dëmshëm, dëmtues; shkatërrues.2.*mjek* fatal, shumë i rrezikshëm.

pernickety [pë:'nikëti] *adj gj.fol* 1.e lodhshme që do durim(punë).2.pedant, që kërkon qimen në vezë.

perorate['perëreit] *vi* 1.mbyll fjalimin.2.flas gjatë, mbaj fjalim, ligjëroj.

peroration[perë'reishën] *n* përmbledhje, përmbyllje (e fjalimit), konkluzion.

peroxide[për'oksaid] *n,v* -*n* kim 1.peroksid .2.ujë i oksigjenuar.

-*vt* zbardh(flokët) me ujë të oksigjenuar.

perpendicular [pë:pën'dikjëlë:] *adj, n, mat* -*adj* 1.pingul, perpendikular.2.thikë(shkëmb).

-*n* 1.pingule, perpendikulare.2.pozicion pingul.

perpetrate['pë:pëtreit] *vt* bëj, kryej(diçka të keqe).

perpetration[pë:pë'treishën] *n* bërje, kryerje(krimi etj).

perpetrator['pë:pëtreitë:] *n* autor(i krimit etj).

perpetual[pë:'peçuël] *adj* 1.i përjetshëm, i përhershëm.2.i vazhdueshëm, i pandërprerë.

perpetual calendar *n* kalendar i përhershëm(për gjetjen e ditës për çfarëdo date të kaluar apo të ardhme).

perpetually[pë:'peçuëli] *adv* përherë, gjithmonë; përjetësisht.

perpetuate[pë:'peçueit] *vt* përjetësoj.

perpetuity[pë:pë'tju:ëti] *n* 1.përjetësi; **in perpetuity** përjetë, në përjetësi.2.*drejt* zotërim i përhershëm.

perplex[pë:'pleks] *vt* 1.hutoj, shastis; **a perplexing attitude** qëndrim hutues. 2.ndërlikoj.

perplexed[pë:'plekst] *adj* i hutuar, i shushatur; në mëdyshje.

perplexedly[pë:'pleksëdli] *adv* hutueshëm.

perplexing[pë:'pleksing] *adj* hutues, shushatës.

perplexity[pë:'pleksëti] *n* hutim, shushatje.

perquisite['pë:kwëzit] *n* 1.përfitim, prerogativë. 2. bakshish.

perry['peri] *n* perri, raki dardhe.

per se[pë:'si:, pë:'sei] *adv* në vetvete; prej vetiu.

persecute ['pë:sëkju:t] *vt* 1.ndjek, keqtrajtoj, persekutoj.2.bezdis, i bie në qafë.

persecution[pë:së'kju:shën] *n* 1. ndjekje, keqtrajtim, persekutim; **persecution complex** mani persekutimi.2.bezdisje.

persecutor['pë:sëkju:të:] *n* ndjekës, persekutues.

Perseus['pë:siës, 'pë:sjus] *n* mit astr Perseu.

perseverance[pë:së'vi:rëns] *n* ngulmim, këmbëngulje, ngulm.

persevere[pë:së'vië:] *vi* ngulmoj, këmbëngul.

persevering[pë:së'vi:ring] *adj* ngulmues, këmbëngulës; i ngulur(në punë etj).

perseveringly[pë:së'vi:ringli] *adv* me ngulm, me këmbëngulje.

Persia['pë:shë] *n gjeog* Persi.

Persian['pë:zhën] *adj,n* -*adj* persian; persik; **Persian cat** mace persiane; **Persian Gulf** Gjiri Persik.

-*n* 1.persian, pers.2.persisht, gjuhë persiane.

persiflage['pë:sëfla:zh] *n* bisedë e lehtë; hoka, shakara.

persimmon[pë:'simën] *n* hurmë japoneze.

persist[pë:'sist] *vi* 1.ngulmoj, këmbëngul; **persist in doing sth** vazhdoj të bëj diçka, nuk heq dorë. 2.vazhdon (shiu, zhurma etj).3.përsëris papushim, mbaj të njëjtin avaz.

persistence [pë:'sistëns, pë:'zistëns] *n* 1.ngulmim, këmbëngulje. 2.kokëfortësi, kryeneçësi.3.zgjatje, vazhdim(i sëmundjes etj).

persistency [pë:'sistënsi, pë:'zistënsi] *n* shih **persistence**.

persistent[pë:'sistënt, pë:'zistënt] *adj* 1.ngulmues, këmbëngulës.2.i qëndrueshëm, i vazhdueshëm, që zgjat; **persistent delinquent** *drejt* keqbërës i pandreqshëm.3.*bot* ,*zool* i qëndrueshëm, i përhershëm.

persistently[pë:'sistëntli] *adv* 1.me këmbëngulje. 2. vazhdimisht; në mënyrë të qëndrueshme.

person['pë:sën, 'pë:sn] *n* 1.person, njeri, vetë, individ; **any person who wishes** kushdo që ka dëshirë; **a person to person call** telefonatë me lajmthirrje. 2.*drejt* person fizik. 3.*gram* vetë; **third person** veta e tretë.4.figurë, person. + **on/about one's person** me vete(para); në trup(armë); **in person** vetë, personalisht.

persona[pë:'sounë] *n pl* -**nae** [ni:, nai] 1.personalitet, tip, person, karakter; **display a different persona** manifestoj një tjetër tip/karakter; **persona non grata** *dipl* person i padëshirueshëm.2.*pl* persona-

zhe(të veprës).
personable ['pë:sënëbël] *adj* i hijshëm, i pashëm, tërheqës.
personage['pë:sënixh] *n* 1.figurë, personalitet, njeri i shquar.2.person.3.personazh.
persona grata *n lat* person i pranueshëm.
personal['pë:sënël] *adj,n* -*adj* 1.personal; vetiak; **personal assistant** sekretar personal; **personal belongings** sende personale; **make a personal appearance** paraqitem personalisht, shkoj vetë(në një takim); **a personal question** pyetje pa takt(për gjëra personale); **one's personal habits** manitë e vockla të secilit; **don't get personal!** të mos futemi në gjëra personale!2.e rezervuar, personale(letër). 3.*gram* vetor; **personal pronoun** përemër vetor. 4.*drejt* e tundshme; private(pasuri).
-*n* shkrim i shkurtër (gazete) për dikë; **personal column** rubrikë e njoftimeve personale.
personal call *n* lidhje(telefonike) me lajmthirrje.
personal effects *n* sende personale.
personal equation *n* prirje individuale, tip i njeriut.
personality[pë:së'nælëti] *n* 1.personalitet; individualitet.2.*pl* gjëra personale; **let's not indulge in personalities** t'i lëmë mënjanë komentet personale.2. figurë, personalitet, njeri i shquar.
personality cult *n pol* kult i individit.
personalize ['pë:sënëlaiz] *vt* 1.personalizoj, individualizoj; i vë emrin tim(sendeve të mia).2.personifikoj.
personalized['pë:sënëlaizd] *adj* 1.i personalizuar, i individualizuar, për dikë.2. personal,vetiak.
personally ['pë:sënëli] *adv* 1.personalisht, vetë; **the minister personally** vetë ministri.2.për vete; **personally I think that ...** unë për vete mendoj se...; **don't take what he said personally** mos i merr si për veten tënde ato që tha ai.
personalty ['pë:sënëlti] *n drejt* pronë personale, pasuri e tundshme.
persona non grata *n lat dipl* person i padëshirueshëm.
personate['pë:sëneit] *vt* 1.luaj, interpretoj(rolin e). 2.personifikoj, mishëroj.3.*drejt* personizoj (dikë), shitem si dikush tjetër.
personation[pë:së'neishën] *n* 1.*drejt* personizim, përvetësim i emrit të dikujt tjetër.2.personifikim, mishërim.
personification [pë:'sonëfë'keishën] *n* personifikim, mishërim; **a miser is the personification of greed** kopraci është mishërimi i makutërisë.
personify[pë:'sonëfai] *vt* mishëroj, personifikoj.
personnel[pë:së'nel] *n* 1.personel.2.*amer* seksioni i kuadrit/i personelit; **personnel department** seksioni/zyra/drejtoria e kuadrit; **personnel officer** punonjës i kuadrit.

perspective [pë:'spektiv] *n* 1.*fiz* perspektivë; pamje përpara, në distancë.2.*fig* perspektivë; e ardhme; **see/look at sth in perspective** e shoh diçka në perspektivë.3.pah; **put the problem in perspective** e nxjerr në pah problemin.
perspex['pë:speks] *n* pleksiglas.
perspicacious [pë:spë'keishës] *adj* i mprehtë, i hollë (gjykim); mendjemprehtë, mendjehollë(person).
perspicacity[pë:spë'kæsëti] *n* mprehtësi(gjykimi); mendjemprehtësi, mendjehollësi.
perspicuity [pë:spë'kju:ëti] *n* qartësi, kthjelltësi (mendimesh).
perspicuous[pë:'spikjuës] *adj* i qartë, i kthjellët.
perspicuously [pë:'spikjuësli] *adv* me qartësi, kthjelltësisht.
perspiration[pë:spë'reishën] *n* 1.djersë.2.djersitje.
perspire[pë:'spajë:] *vi* djersij, dërsij, djersitem.
persuade[pë:'sweid] *vt* bind, i mbush mendjen; **they persuaded me not to** ata ma mbushën mendjen për jo; **I am persuaded that..** jam i bindur që..
persuasible [pë:'sweisëbël] *adj* që bindet, që ha arsye.
persuasion [pë:'sweizhën] *n* 1. bindje, përpjekje për të bindur(dikë).2.besim i patundur, bindje.3.(me shaka) lloj, soj.
persuasive[pë:'sweiziv] *adj* bindës(argument); që të bind, që ta mbush mendjen(person).
persuasively[pë:'sweizivli] *adv* bindshëm, në mënyrë bindëse.
pert[pë:t] *adj* 1.i pacipë, i pafytyrë; hazër-xhevap, i pærespektueshëm(fëmijë etj). 2.*gj.fol* i gjallë, i hedhur. 3.ekstravagante(kapelë).
pertly['pë:tli] *adv* pa ndruajtje, me pacipësi.
pertain[pë:'tein] *vi* i përket, i takon; lidhet me; i shkon për shtat.
pertinacious [pë:të'neishës] *adj* 1.i paepur, ngulmues, i palëkundur. 2.kokëfortë, kokëderr.3.i qëndrueshëm, që s'të shqitet(kollë etj).
pertinacity[pë:të'næsëti] *n* ngulmim, këmbëngulje; kokëfortësi, kokëderrësi.
pertinence ['pë:tënëns] *n* lidhje(me çështjen); të qenët me vend(i përgjigjes).
pertinency['pë:tinënsi] *n* shih **pertinence**.
pertinent ['pë:tinënt] *adj* 1.i lidhur(me çështjen); përkatës.2.me vend.
perturb[pë:'të:b] *vt* turbulloj, trazoj; shqetësoj.
perturbation [pë:të:'beishën] *n* turbullim, trazim; shqetësim.
perturber[pë:'të:bë:] *n* turbullues;faktor shqetësues.
perturbing [pë:'të:bing] *adj* turbullues, trazues; shqetësues.
peruke[pë'ru:k] *n* parukë.
Peru[pë:ru:] *n gjeog* Peru.
perusal[pë'ru:zël] *n* lexim.

peruse [pë:'ru:z] *vt* 1.lexoj; lexoj me vëmendje.2. shqyrtoj; kontrolloj.

Peruvian [pë'ru:viën] *adj,n* peruan; **Peruvian - bark** lëvore e drurit të kininës.

pervade [pë:'veid] *vt* 1.mbush, pushton(një ndjenjë, erë, atmosferë).2.përhapet, përshkon.

pervasion[pë:'veizhën] *n* përhapje(e erës etj).

pervasive[pë:'veiziv] *adj* depërtues, që përhapet.

perverse [pë:'vë:s] *adj* 1. i mbrapshtë, i pabindur (fëmijë).2.i keq, i lig; i pandreqshëm.3.i çoroditur, i gabuar(gjykim).4.i zvetënuar, i çoroditur.

perversion[pë:'vë:shën] *n* 1.*mjek* çoroditje, zvetënim; prirje kundër natyrës.2.shtrembërim, falsifikim(i drejtësisë).

perversity [pë:'vë:sëti] *n* 1. mbrapshti, prapësi. 2. shpirt kundërshtimi.3.zvetënim, çoroditje.

pervert[*v* pë:'vë:t; *n* 'pë:vë:t] *v,n -vt* 1.prish, zvetënon, çorodit.2.shtrembëron kuptimin; **pervert the course of justice** i ndërroj kursin drejtësisë. 3.përdor për keq.

-*n* njeri i prishur/i zvetënuar/i degjeneruar.

pervious['pë:viës] *adj* 1.i përshkueshëm (nga uji etj).2.*fig* i hapur; i ndikueshëm.

peseta[pë'seitë] *n* pesetë(monedhë e Spanjës).

pesky['peski] *adj gj.fol* i mërzitshëm, i bezdisshëm; shqetësues.

peso['peisou] *n* pezo(monedhë e disa vendeve latinoamerikane dhe e Filipineve).

pessimism['pesëmizëm] *n* pesimizëm.

pessimist['pesëmist] *n* pesimist; ndjellazi.

pessimistic[pesë'mistik] *adj* pesimist; ndjellakeq, ndjellazi.

pessimistically[pesë'mistikëli] *adv* me pesimizëm.

pest[pest] *n* 1.*zool* insekt/kafshë e dëmshme.2.*fig* e keqe, murtajë; bela.3.*vjet* murtajë.

pest control *n mjek* dizinfektim.

pester ['pestë:] *vt* bezdis, mërzis; **be pestered by flies** më bezdisin mizat.

pesthouse['pesthaus] *n vjet* spital infektiv.

pesticide['pestësaid] *n* pesticid.

pestiferous[pes'tiferës] *adj* 1.infektues, sëmundjesjellës. 2.*fig* molepsës.3.*gj.fol* bezdisës.

pestilence ['pestëlëns] *n* 1.murtajë.2.*fig* e keqe, murtajë, kolerë.

pestilent['pestëlënt] *adj* 1.vdekjeprurëse, e rrezikshme (sëmundje). 2.*fig* molepsës; shkatërrimtar. 3. bezdisës, shqetësues.

pestilential[pestë'lenshël] *adj* shih **pestilent**.

pestle['pesël] *n,v* -*n* shtypës(havani etj).

-*vt* shtyp, dërrmoj, thërmoj.

pet I[pet] *n,adj,v* -*n* 1.kafshë shtëpie(qen, mace etj); manar.2.*fig* fëmijë i përkëdhelur, manar; **teacher's pet** i përkëdheluri i mësuesit.

-*adj* 1.i përkëdhelur, manar; **pet name** emër përkëdhelës.2.*gj.fol* i veçantë, i posaçëm; **a pet aver-**sion antipati e veçantë.

-*vt* 1.përkëdhel, llastoj.2.(seksualisht)fërkoj, lëmoj.

pet II[pet] *n* pakënaqësi, ankim, gërnjë.

peta-['petë] *pref* peta-, një kadrilion(= 10 në fuqi të 15-të).

petal['petël] *n bot* petël, petal; **six-petalled** gjashtë petëlsh, me gjashtë petale(lule).

petard[pi'ta:d] *n* llokum / kallëp dinamiti. + **hoist with one's petard** i vrarë me dorën e vet(duke dashur t'i bëjë keq tjetrit).

petcock['petkok] *n tek* valvul; robinet.

peter ['pi:të:] *vi gj.fol* (**out**) pakësohet, shteron; mbaron.

petiole['petioul] *n bot* bisht i gjethes.

petit['peti:] *adj* drejt i vogël; **petit larceny** vjedhje e vogël.

petit bourgeois[pëti:bu:zh'wa:] *n* 1.mikroborgjez. 2.mikroborgjezi, borgjezi e vogël.

petite [pë'ti:t] *adj* vogëlushe, imcake (femër).

petition[pë'tishën] *n,v* -*n* 1.peticion, kërkesë. 2.lutje.

-*v* 1.kërkoj, bëj kërkesë; **petition for divorce** paraqes kërkesë për ndarje.2.lutem.

petitioner[pë'tishënë:] *n* kërkues; lutës.

petit jury *n amer drejt* juri.

petit mal[pëti'mæl, pti'ma:l] *n mjek* epilepsi,sëmundje e tokës.

petrel['petrël] *n zool* zgalem.

petri dish *n kim* pjatë petri.

petrifaction[petrë'fækshën] *n* ngurtësim, ngurim, ngurosje.

petrification [petrëfë'keishën] *n* shih **petrifaction**.

Petrified Forest *n gjeog* Pylli i Ngurtë(në Arizona të SHBA).

petrify ['petrëfai] *vt* 1. nguros, ngurtësoj. 2.*fig* shtang; **petrified with fear** i shtangur nga frika.

petro-['petrou] *pref* 1.petro-;shkëmb-, i shkëmbit; 2.naftë-; **petrochemistry** petrokimi, kimi e naftës.

petrodollar ['petrou'dolë:] *n zak pl* petrodollarë, dollarë nga shitja e naftës.

petroglyph['petrëglif] *n* gdhendje/mbishkrim në shkëmb.

petrograph ['petrë'græf] *n* pikturë/mbishkrim në shkëmb.

petrography [pi'trogrëfi] *n gjeol* petrografi (përshkrim-klasifikim i shkëmbinjve).

petrol['petrël] *n* benzinë; **petrol station** pikë furnizimi me karburant.

petroleum[pe'trouliëm] *n* naftë; **petroleum jelly** vazelinë.

petrology[pi'trolëxhi] *n gjeol* petrologji, gjeologji e shkëmbinjve.

petticoat ['peti:kout] *n* 1.këmishë nate . 2.fund; zhupon.3.*zhrg* vajzë; grua.4.*attr* femëror, femrash;

petticoat government qeveri femrash.

pettifog ['petifog] *vi* 1.përdor metoda të ulëta. 2. merrem me vogëlsira.

pettifogging ['petifoging] *adj* 1.i papërfillshëm, i vockël.2.pedant, që merret me vogëlsira.3.mashtrues, batakçi; **a pettifogging lawyer** avokat batakçi.

pettifogger['petifogë:] *n* 1.avokat batakçi; mashtrues.2.pedant.

pettish['petish] *adj* gërnjar, qaraman.

petty['peti] *adj* 1.i vogël, i parëndësishëm, i papërfillshëm(telash etj).2.i ngushtë; mendjengushtë.3.i ulët, i vogël(nëpunës).

petty cash *n* të vogla; fond parash të vogla.

petty jury *n* shih **petit jury**.

petty larceny *n* drejt vjedhje e vogël.

petty officer *n* nënoficer i marinës.

petulance['peçulëns] *n* 1.të qenët idhnak, irritueshmëri.2.gërnjosje, qaravitje, humor i keq.

petulancy['peçulënsi] *n* shih **petulance**.

petulant['peçulënt] *adj* idhnak, gërnjar.

pew [pju:] *n* fron, stol, bankë(në kishë); **take a pew!** *gj.fol* ulu!, zër vend!

pewee['pi:wi:] *n zool* zog i vogël mizangrënës.

pewter ['pju:të:] *n* 1.lloj fakfuni, lidhje kallaji me plumb.2.enë kallaji.

pfennig['pfenig] *n* pfenig(1/100 e markës).

pH *kim* pehash.

Ph shkurtim për **phenyl**.

phaeton['fejëtën] *n* 1.karrocë për udhëtarë, pajton. 2.automobil i hapur.

phalanx ['fælængs] *n pl* **phalanxes, phalanges** 1.hist usht falangë.2.grup, trupë.3.anat kockë e gishtit.

phallic['fælik] *adj mit* falik; mashkullor.

phallus['fæløs] *n pl* **phalli**['fælai] organ seksual i mashkullit; simbol i forcës mashkullore.

phantasm['fæntæzëm] *n* fantazmë, hije.

phantasmagoria[fæntæzmë'go:rië] *n* fantazmagori.

phantasy['fæntësi] *n* fantazi.

phantom['fæntëm] *n* fantazmë, hije, vegim; pjellë e fantazisë, iluzion; **a phantom of a government** qeveri - fantazmë.

pharaoh['feërou] *n* faraon.

pharisaic[færë'seik] *adj* 1.prej fariseu.2.fig hipokrit, me dy faqe.

pharisaical[færë'seikël] *adj* shih **pharisaic**.

Pharisee['færësi] *n* 1.hist fet farise(anëtar i një sekti çifut tepër strikt).2.hipokrit, besimtar i zellshëm për sy e faqe.3.njeri që i sheh të tjerët nga lart.

   pharmaceutic(al) [fa:më'su:tik(ël)] *adj,n* -*adj* farmaceutik.

   -*n* bar, ilaç.

pharmaceutics[fa:më'su:tiks] *n* farmaceutikë, farmaci.

pharmacist['fa:mësist] *n* farmacist.

pharmacological ['fa:mëkë'loxhëkël] *adj* farmakologjik.

pharmacologist['fa:më'kolëxhist] *n* farmakolog.

pharmacology['fa:më'kolëxhi] *n* farmakologji.

pharmacy ['fa:mësi] *n* 1.farmaceutikë, farmakologji, farmaci.2.farmaci, dyqan ku shiten ilaçe.

   pharyngeal[fë'rinxhiël] *adj,n anat* -*adj* i faringut, i fytit, faringal; grykor.

   -*n gram* tingull grykor.

   pharyngitis[færin'xhaitës] *n mjek* faringjit, pezmatim i fytit.

pharynx['færinks] *n anat* faring, fyt.

   phase[feiz] *n,v* -*n* 1.fazë; shkallë; periudhë, etapë; **be going through a phase** kaloj një fazë /periudhë të vështirë.2.tek, el, astr fazë; **be out of phase** është jashtë faze, është i sfazuar.

   -*vt* fus gradualisht; sinkronizoj; **phased withdrawal** tërheqje graduale. + **phase in** fus/zbatoj gradualisht; **phase out** heq/mënjanoj gradualisht.

Ph.B. shkurtim për lat **Philosophiae Baccalaureus** I Diplomuar në Filozofi.

Ph.D.['pi:eiç'di:] shkurtim për lat **Philosophiae Doctor** Doktor në Filozofi, Doktor i Shkencave (përveç drejtësisë, mjekësisë dhe teologjisë).

pheasant['fezënt] *n zool* fazan.

phenobarbitone, -tal [fi:nou'ba:bëtoun, -tol] *n mjek* fenobarbital, luminal.

phenol['fi:nol] *n kim* fenol.

phenomena[fë'nomënë] *npl* i **phenomenon**.

phenomenal[fë'nomënël] *adj* 1. i fenomenit, i dukurisë.2.i jashtëzakonshëm, i hatashëm, fenomenal.

phenomenally[fë'nomënëli] *adv* në mënyrë të jashtëzakonshme.

phenomenon[fë'nomënën] *n pl* -**na** 1.dukuri, fenomen.2.fig gjë e jashtëzakonshme; njeri i jashtëzakonshëm, fenomen.

phew[fju:] *interj* phu!; uh!, uf!

phial['fajël] *n* shishkë(ilaçesh etj).

Phi Beta Kappa['faib(e)itë'kæpë] *n* shoqata/ shoqëria Fi Beta Kapa(e studentëve më të mirë).

philander[fë'lændë] *vi* flirtoj, bëj dashuriçka.

philanderer[fë'lændërë:] *n* gruar, feminist.

philanthropic (al) [filën'thropik(ël)] *adj* filantropik; bamirës.

philanthropist[fë'lænthrëpist] *n* filantrop; bamirës.

philanthropy[fë'lænthrëpi] *n* filantropi; bamirësi.

philatelic[filë'telik] *adj* filatelik.

philatelist[fë'lætëlist] *n* filatelist.

philately[fë'lætëli] *n* filateli.

philharmonic[fila:'monik] *adj* filarmonik.

Philippic [fë'lipik] *n* 1.hist Filipikat(fjalimet e Demostenit kundër Filipit të Maqedonisë).2.fig sulm i hidhur me fjalë.

Philippine['filëpi:n] *adj gjeog* filipine; **Philippine Islands** Ishujt Filipine.

Philippines['filëpi:ns] *n gjeog* Filipinet, Ishujt Filipine.

Philistia[fë'listië] *n* 1.*hist, gjeog* Filisti(atdheu i filistinëve). 2.*fig* vend për njerëz pa kulturë.

Philistine[fë'listën, 'filëstain, 'filësti:n] *n,adj* 1.*hist* filistin.2.*fig* mendjengushtë,antikulturë, filistin.

philological[filë'loxhëkël] *adj* filologjik.

philologist[fë'lolëxhist] *n* filolog.

philology[fë'lolëxhi] *n* filologji.

philomel['filëmel] *n poet* bilbil.

philosopher [fë'losëfë:] *n* filozof; **philosopher's stone** gur filozofik(i alkimistëve).

philosophic(al)[filë'sofik(ël)] *adj* filozofik; prej filozofi.

philosophize[fë'losëfaiz] *vi* filozofoj.

philosophy[fë'losëfi] *n pl* **-phies** filozofi; **her philosophy of life** motoja e saj në jetë.

philtre['filtë:] *n* pije magjike; pije e dashurisë.

phlebotomy [fli'botëmi] *n mjek* flebotomi, hapje vene.

phlegm[flem] *n* 1.gëlbazë. 2.plogështi, ngadalësi; indiferencë, moskokëçarje; gjakftohtësi.

phlegmatic(al)[fleg'mætik(ël)] *adj* i plogët, i javashtë, flegmatik; indiferent, moskokëçarës; i qetë, gjakftohtë.

phlogiston[flou'xhistën] *n hist* flogjiston, elementi që gjoja shkakton ndezjen).

-phobe[foub] *suff* -fob, mosdashës; **Anglophobe** anglofob, që u druhet anglezëve.

phobia['foubië] *n mjek* fobi, frikë, drojë; **have a phobia about sth** kam fobi për diçka; kam atipati /urrejtje për diçka.

-phobia['foubië] *suff* -fobi; **claustrophobia** klaustrofobi, frikë e sëmurë nga vendet e mbyllura.

Phoebus['fi:bës] *n* 1.*mit* Apolloni, perëndia i diellit.2.*poet* Dielli.

Phoenician [fë'nishën] *n,adj hist* -*n* 1.fenikas. 2.gjuhë fenikase.

-*adj* fenikas, i fenikasve.

phoenix['fi:niks] *n mit* zogu feniks.

phone[foun] *n,v gj.fol* shih **telephone**.

phoneme['founi:m] *n gram* fonemë.

phonetic[fë'netik] *adj gram* fonetik.

phonetically[fë'netikli] *adv* fonetikisht, nga pikëpamja fonetike.

phonetics[fë'netiks] *n gram* fonetikë.

phon(e)y['founi] *adj,n gj.fol* -*adj* 1.i rremë, kallp; **phoney war** gjoja luftë.2. hipokrit, i pasinqertë.

-*n* 1.mashtrues, sharlatan.2.shtinjak.

phonic['fonik] *adj* 1.zanor, fonik; akustik.2.fonetik.

phonics['foniks] *n fiz* fonikë, akustikë.

phonogram['founëgræm] *gram* fonogram, simbol fonetik.

phonograph['fonëgræf] *n* gramafon.

phonographic [founë'græfik] *adj* 1.gramafoni, i gramafonit.2.fonografik; stenografik.

phonography[fou'nogrëfi] *n* fonografi; stenografi, shkrim me shkurtime.

phonology[fou'nolëxhi] *n gram* fonologji.

phooey['fu:i] *interj zhrg* phu!, uf!

phosgene['fosxhi:n] *n kim usht* fosgjen.

phosphate['fosfeit] *n kim* fosfat.

phosphide['fosfaid] *n kim* fosfur.

phosphite['fosfait] *n kim* fosfit.

phosphor ['fosfë:] *n* 1.lëndë fosforeshente.2.*poet* Ylli i Mëngjesit, Afërdita.

phosphorescence[fosfë'resëns] *n* fosforeshencë.

phosphorescent[fosfë'resënt] *adj* fosforeshent.

phosphoric[fos'fo:rik] *adj kim* fosforik.

phosphorous['fosfërës] *adj kim* fosforor.

phosphorus['fosfërës] *n kim* fosfor.

photo['foutou] *n gj.fol* shkurtim i **photograph** fotografi; **photo finish** *sport* fotofinish.

photo-['foutou] *pref* foto-; dritë-; **photometry** fotometri, dritëmatje.

photocopier['foutë'kopië:] *n* makinë fotokopjimi, fotokopjuese.

photocopy['foutëkopi] *v,n* -*vt* fotokopjoj.

-*n* fotokopje.

photoelectric ['foutoui'lektrik] *adj* fotoelektrik; **photoelectric cell** *sy* elektronik, celulë fotoelektrike.

photo finish *n sport* fotofinish.

photoflash lamp *n fot* llampë fleshi, flesh (i aparatit fotografik).

photogenic[foutë'xhenik] *adj* 1.fotozhenik.2.*biol* dritëlëshues; fosforeshent; lumineshent.

photograph['foutë'græf] *n,v* -*n* fotografi; **take a photograph of** nxjerr në fotografi.

-*vt* fotografoj, nxjerr në fotografi.

photographer[fë'togrëfë:] *n* fotograf.

photographic[fotë'græfik] *adj* fotografik.

photography[fë'togrëfi] *n* fotografi.

photometer[fou'tomëtë:] *n* fotometër; *fot* ekspozimetër.

photon['fouton] *n fiz* foton.

photoplay['foutëplei] *n* film.

photosensitive[foutë'sensëtiv] *adj* i ndieshëm ndaj dritës, dritëndieshëm.

photosphere ['foutësfië:] *n astr* fotosferë(e Diellit).

photostat['foutëstæt] *n ,v* -*n* fotokopje.

-*vt* fotokopjoj.

photosynthesis[foutë'sinthësis] *n biol* fotosintezë.

phototropism [fou'totrëpizëm] *n bot* prirje (e bimës) për t'u kthyer nga drita.

phototype['foutëtaip] *n* 1.*polig* klishé.2.riprodhim nga klisheja.

phrasal['freisël] *adj gram* frazore, e shprehur me frazë(folje).

phrase[freiz] *n,v* -*n* frazë, grup fjalësh, shprehje, togfjalësh; thënie.
-*vt* shpreh.

phrasebook ['freizbuk]*n* libër bisedimesh.

phraseological[freizië'loxhëkël] *adj gram* frazeologjik.

phraseology[freizi'olëxhi] *n gram* 1.frazeologji.2. e folur, mënyrë të foluri.

phrasing['freizing] *n* mënyrë të foluri.

phratry['freitri] *n hist* vëllazëri, fis, familje.

phrenetic[fri'netik] *adj* shih frenetic.

phrenology[fri'nolëxhi] *n* frenologji(teoria e varësisë së tipit të njeriut nga forma e kafkës).

phthisis['thaisis] *n mjek* tuberkuloz i mushkërive.

physic['fizik] *n,v vjet* -*n* 1.bar, ilaç.2.mjekësi.
-*v* i jap ilaç; shëroj.

physical['fizëkël] *adj* 1.fizik, trupor; physical examination vizitë mjekësore; physical exersises /jerks shtrime fizike, gjimnastikë; physical education edukatë fizike,fizkulturë; physical training ushtrime trupore.2.fizik; material; physical impossibility pamundësi materiale. 3.i fizikës, fizik; physical science a) fizikë; b)shkenca fizike(fizikë, kimi, gjeologji, astronomi etj).

physically['fizikëli] *adv* fizikisht.

physician[fë'zishën] *n* mjek.

physicist['fizësist] *n* fizikan.

physics['fiziks] *n* fizikë.

physio-['fiziou] *pref* fizio-.

physiognomy[fizi'onëmi] *n* fizionomi, tipare, fytyrë; pamje.

physiological[fizië'loxhëkël] *adj* fiziologjik.

physiologically[fizië'loxhikëli] *adv* fiziologjikisht.

physiologist[fizi'olëxhist] *n* fiziolog.

physiology[fizi'olëxhi] *n mjek* fiziologji.

physiotherapist[fizië'therëpist] *n* fizioterapeut.

physiotherapy[fizië'therëpi] *n mjek* fizioterapi.

physique[fë'zi:k] *n* trup, shtat,fizik.

phyto-['faitou] *pref* fito-, i bimëve.

phytoplankton [faitë'plænktën] *n bot* fitoplankton, bimë mikroskopike.

pi I[pai] *n* 1.*mat* numri pi.2.p greke, pigrek.

pi II[pai] *n,v* -*n* 1.gërma shtypi rrëmujë. 2.rrëmujë, çorbë.
-*vt* përziej, shkartis pa rregull.

piano[pi'ænou] *n,adj,adv muz* -*n* piano.
-*adj,adv* butë, lehtë.

piano accordion *n* fizarmonikë.

pianoforte[piænë'fo:ti] *n* piano.

piastre[pi'æstë:] *n* pjastër(monedhë e Egjiptit, Libanit, Sudanit, Sirisë).

piazza[pi'æcë, pi'æzë] *n* 1.shesh publik.2.verandë. 3.*amer* qendër tregtare.

pica['paikë] *n polig* germë 12-she.

picador['pikëdo:] *n* pikador.

picaresque[pikë'resk] *adj let* pikaresk, aventurash batakçinjsh.

picaroon[pikë'ru:n] *n,v* -*n* 1.batakçi; kusar; bandit. 2.pirat.3.anije pirate.
-*vi* merrem me kusari/me pirateri.

picayune[pikë'ju:n] *adj* i vockël, i pakët.

piccalilli['pikëlili] *n* turshi djegëse turli.

piccolo['pikëlou] *n muz* pikolo, flaut oktavin.

pick I [pik] *v,n* -*v* 1.zgjedh; pick a winning horse zgjedh një kalë me shanse për të fituar; pick one's way through e zgjedh rrugën.2.mbledh, këpus(lule).3.gërmoj.4.kruaj, pastroj(dhëmbët etj); pick a bone kruaj një kockë.5.hap me tel(një bravë). 6.qëroj, përlaj; pick sb's pocket ia pastroj xhepat dikujt.7.rrjep, shpuploj(pulën).8.çukit(zogu).9.*fig* ha maja-maja, me naze. + pick sb's brains ia vjedh mendimin dikujt; pick and choose zgjedh me kujdes.
+pick at a)tërheq(batanijen); b)ha nga pak; c)*gj.fol* i qepem, i gjej kleçka; pick holes in sth i gjej pikat e dobëta diçkaje; pick off a)heq(lëvoren), qëroj; b)këpus, mbledh(lule); c)qëlloj njërin pas tjetrit; +pick on a)*gj.fol* i qepem; b)*gj.fol* bezdis; ngacmoj; c)i bie në qafë; shfrytëzoj; d)zgjedh; pick one's way/steps shoh ku shkel; hap sytë mirë.
+pick out a)zgjedh; b)dalloj, veçoj; c)i jap dum, kuptoj; d)gjej(në hartë etj); pick over a)kontrolloj me kujdes; b)parapërgatis.
+pick up a)marr; kap, ngre (nga toka); b)mbledh (forcat etj); c)peshkoj, kap (rastin); d)ia marr dorën(një instrumenti etj); e)marr, hipi(dikë në makinë, autobus etj); f)marr (diçka që kam lënë diku); g)marr veten, përmirësohem; h)rri gjej; i)kap (një stacion në radio, tv); j)shtoj shpejtësinë; k)ndreq.ujdis, terezis; l)vazhdoj.+pick up where you left off vazhdo aty ku e le.
-*n* 1.zgjedhje; take your pick! zgjidh ç'të duash! 2.balli, ajka, pjesa më e mirë; it's the pick of the bunch është më i miri nga të gjithë.3.të vjela; sasi e mbledhur.

pick II[pik] *n* 1.kazmë.2.kleçkë dhëmbësh.

pickaback['pikëbæk] *adv* kalakiç, kaliqafë.

pickaninny['pikënini] *n amer përb* 1.kulish zezaku. 2.kalama.

pickax(e)['pikæks] *n* kazmë.

picked[pikt] *adj* 1.i qëruar, gati.2.i zgjedhur.

picker['pikë:] *n* 1.mbledhës; vjelës. 2.vegël për mbledhje. 3.makinë zhveshëse(pambuku etj).

pickerel['pikërël] *n zool* mlysh.

picket ['pikit] *n,v* -*n* 1.hu.2.kunj; piketë.3.rojë; post roje.4.(grevistësh) piketë; picket line varg grevistësh, piketë.
-*v* 1.rrethoj me hunj, gardhoj; piketoj.2.lidh(kalin)

pas hurit. 3.vë rojë. 4.rrethoj me grevistë(fabrikën); rri piketë(grevisti).

picket ship *n* anije patrullimi me radar.

pickings['pikingz] *npl* 1.sasi e mbledhur; vjelje. 2. mbeturina. 3. fitime të pandershme; gjëra të vjedhura.

pickle['pikël] *n,v* *-n* 1.turshi.2.shëllirë.3.*gj.fol* bela, telash; **be in a pickle** më ka gjetur belaja.4.*tek* banjë kimike për heqjen e skorjeve.

-vt 1.vë turshi.2.pastroj skorjet në banjë kimike.

pickled['pikëld] *adj* 1. turshi, marinadë. 2. i rrumbullosur, tapë.

pick-me-up['pikmiʌp] *n* pije; tonik.

pickpocket['pikpokit] *n* hajdut xhepash, xhepist.

pick-up['pikʌp] *n* 1.marrje(e diçkaje).2.*gj.fol* ngritje, përmirësim.3.nxitim,shpejtim.4.i njohur i rastit. 5.kapje(topi).6.dorezë gramafoni.7.*rad,tv* a)marrje; b)*el* marrës; sistem ritransmetimi. 8.kamionçinë.

pick-up truck *n* kamionçinë.

picky['piki] *adj gj.fol* i vështirë(tip).

picnic ['piknik] *n,v* *-n* 1.piknik; **go on a picnic** shkoj për piknik.2.*zhrg* përvojë e këndshme; punë e lehtë; **it was no picnic** nuk ishte punë e lehtë, nuk ishte shaka.

-vi shkoj për piknik.

picnicker['piknikë:] *n* pjesëmarrës në piknik.

picnic shoulder/ham shpatull derri e tymosur.

pico- ['pi:kë, 'paikë] *pref* piko-, një e triliontë (=1/1000 miliard).

picric acid['pikrik] *n kim* acid pikrik.

pictograph['piktëgræf] *n* skicë, simbol.

pictorial[pik'to:riël] *adj,n* *-adj* 1.i ilustruar, me figura(botim). 2.piktoresk, i gjallë (përshkrim). 3.pikture(vepër).

-n revistë e ilustruar.

picture ['pikçë:] *n,v* *-n* 1.pikturë, tablo, kuadër.2. fotografi; riprodhim; **take a picture of sb** nxjerr në fotografi dikë.3.*fig* tablo; përfytyrim; ide; **have a clear picture of the problem** kam një ide të qartë për problemin; **the other side of the picture** *fig* ana e pasme e medaljes.4.*fig* gjë e bukur, pikturë; **his face was a picture** veç t'ia shikoje fytyrën! 5. kopje; model; mishërim; **she is the picture of her mother** ajo është kopje e së ëmës, është gjallë e ëma; **he looked the picture of health** ishte mishërimi i njeriut të shëndetshëm; **she was a picture of despair** ishte mishërimi i dëshpërimit. 6.film; **go to the pictures** shkoj në kinema.7.përshkrim i gjallë. 8.*tv* figurë(në ekran). 9.*gj.fol* gjendje, tablo; **the unemployment picture** tabloja e papunësisë; **paint a black picture of the future** jap një tablo të zymtë të së ardhmes; **overall picture** tablo e përgjithshme, kuadër i përgjithshëm; **put sb in the picture** e njoh dikë me gjendjen; **be out of the picture** nuk jam në korent/në dijeni; **get the picture** e kam të

qartë.

-vt 1. pikturoj. 2.përfytyroj; marr me mend. 3.përshkruaj (me fjalë).

picture book *n* libër me ilustrime.

picture frame *n* kornizë.

picture gallery *n* galeri artesh.

picture hat *n* kapelë grash(strehëgjerë).

picture postcard *n* kartolinë.

picturesque [pikçë'resk] *adj* 1.piktoresk, interesant, i bukur. 2.i gjallë(përfytyrim).

picture tube *n el,tv* tub katodik; ekran televiziv.

picture writing *n* shkrim ideor, shprehje e ideve me skica etj.

piddle ['pidël] *v,n* *-vi* 1.e katranos(një punë).2. pshurr, shurroj.

-n gj.fol shurrë, urinë.

piddling['pidling] *adj* i vockël, i parëndësishëm.

pidgin['pixhën] *n* gjuhë surrogate, zhargon i sajuar, **pidgin English** anglishte e bastarduar.

pie I[pai] *n* 1.(me fruta) shtrudel.2.tortë.3.byrek. 4. *zhrg* gjë e lehtë, meze; **as easy as pie** meze fare, si bukë e djathë; **pie in the sky** ëndrra në diell.

pie II[pai] *n* (shkurtim i **magpie**) laraskë, grizhël.

pie III[pai] *n,v* shih **pi II**.

piebald['paibo:ld] *adj,n* *-adj* pullali, laraman, larosh, lara-lara.

-n kalë pullali.

piece[pi:s] *n,v* *-n* 1. copë; **a piece of bread/land** /**wood** një copë bukë/tokë/dru; **be sold by the piece** shitet me copë; **piece work** punë me copë. 2.pjesë; **made all in one piece** me një pjesë, njëco-pësh; **piece by piece** pjesë-pjesë, pak nga pak; **be in pieces** është i ndarë në pjesë, i çmontuar.3.gjë, send; përbërës, element; person, vetë; **a 21-pieces tea set** komplet çaji me 21 elementë; **a four-piece band** orkestër me katër veta; **a piece of furniture** mobilje; **a piece of clothing** rrobë, veshje; **a piece of advice** këshillë; **a piece of news** lajm. 4. monedhë; **a five-cent piece** monedhë 5-centëshe. 5.rast, shembull; **a piece of nonsense** punë pa mend. 6.*muz art* pjesë; vepër; **a piano piece** pjesë për piano.7.*usht* top.8.*teks* top(stofi etj).9.gur(shahu, dame).10.një kafshatë bukë, senduiç(midis vakteve).11.*gj.fol* femër. + **come/fall to pieces** shkatërrohet; **go to pieces** a)copëtohet, thyhet; b)*fig* marr fund; **of a piece** i njëllojtë me; **piece of one's mind** *gj.fol* a)një mendje, mendim; b)qortim, e sharë; **piece together** ngre nga e para, rindërtoj; **speak one's piece** jap mendimin tim.

-v 1.ribëj; ndreq. 2.bashkoj, riformoj.3.ha midis vakteve.

pièce de résistance [pjesdërezis'ta:ns] *n* 1.pjatë kryesore(e mënysë).2.elementi kryesor(i një koleksioni).

piecemeal['pi:smi:l] *adv,adj* *-adv* 1.pjesë-pjesë,

pak nga pak. 2.copë-copë; në copa.
-*adj* e bërë pjesë-pjesë(punë etj).
piecework['pi:swë:k] *n* punë me copë.
pieceworker['pi:swë:kë:] *n* punëtor me copë.
piecrust['paikrʌst] *adj* me anë të kthyera si të byrekut (tryezë).
pied[paid] *adj* 1.laraman, lara-lara, larosh.2.me pikla.3.veshur me ngjyra të ndryshme.
pier[pië:] *n* 1.skelë, urë bregëzimi/akostimi.2.valëpritës, valëthyes. 3. këmbë ure. 4. mur i plotë (pa dritare).
pierce[pië:s] *v* 1.shpoj.2.përshkon(malin tuneli).3. *fig* i hyj brenda, kuptoj.4.*fig* çan; **have one's ears pierced** më shurdhon(dikush, diçka) nga veshët, më çan veshët.
piercing['pië:sing] *adj* 1.i mprehtë, depërtues (tingull, vështrim etj). 2.therëse(britmë, dhimbje).3. që të than, që të pret(erë, të ftohtë).
pier glass *n* pasqyrë(e madhe) muri.
pietism['pajëtizëm] *n* 1.besimtari e thellë.2.besim i shtirë, pseudobesim.
piety['pajëti] *n* 1.besim i thellë; devocion. 2.nderim /respekt për prindët.
piffle['pifël] *n gj.fol* gjepura, broçkulla, pallavra.
piffling['pifling] *adj gj.fol* i papërfillshëm, i vogël, i parëndësishëm.
pig[pig] *n,v* -*n* 1.*zool* derr, derrkuc.2.mish derri. 3. *gj.fol* njeri i ndyrë, derr njeri.4.*tek* metal i derdhur, kallëp metali; **pig iron** gizë. + **buy a pig in a poke** blej derr në thes; **make a pig of oneself** dëndem, ha e pi si derr.
-*v* 1.pjell(dosa). 2.*gj.fol* : **pig it** rroj me të keq.
+**pig out** shqepem, dëndem së ngrëni/së piri.
pigeon['pixhën] *n* 1.pëllumb. 2.shenjë fluturuese (për ta qëlluar). 3.*zhrg* leshko, torollak. + **that's your pigeon** kjo është punë për ty.
pigeon-chested ['pixhënçestid] *adj* me gjoks të mprehtë(si zogjtë).
pigeon hawk *n zool* fajkua.
pigeon-hearted ['pixhënha:tid] *adj* frikacak, zemërpulë.
pigeonhole['pixhënhoul] *n,v* -*n* 1.kafaz pëllumbash.2.e ndarë, sirtar.
-*vt* 1.fus/mbyll në sirtar .2.klasifikoj(dokumente). 3. *fig* rras në një qoshe, injoroj(një kërkesë).
pigeon-toed['pixhëntoud] *adj* me shputat përbrenda.
piggery ['pixhëri] *n* 1.stallë derrash. 2.fermë derrash.
piggish['pigish] *adj* 1.makut, i pangopur.2.i ndyrë.
piggishly ['pigishli] *adv* 1.me makutëri, me pangopësi.2.pis, si derrat.
piggishness['pigishnis] *n* 1.makutëri, pangopësi.2. ndyrësi.
piggy['pigi] *n* gic, derrkuc.

piggyback['pigi:bæk] *n,adv,v* -*n* 1.mbajtje kaliqafë/ kalakiç.2.transportim me rimorkio të sheshtë/me platformë.
-*adv* 1.kaliqafë, kalakiç.2.me platformë.
-*vt* transportoj me platformë.
piggy bank *n* kuti kursimi, kumbara.
pig-headed ['pighedid] *adj* kokëderr, kokëngjeshur.
pigheadedness['pighedidnis] *n* kokëderrësi.
pig iron *n tek* gizë; kallëpë gize.
pig latin *n* zhargon kalamajsh, e folur e bastarduar.
piglet['piglit] *n* gic, derrkuc.
pigment['pigmënt] *n* 1.pigment, ngjyrues i fortë.2. *biol* pigment(i lëkurës etj).
pigmentation [pigmën'teishën] *n* pigment; pigmentim.
pigmy['pigmi] *n* shih **pygmy**.
pignut['pignʌt] *n bot* arrë amerikane.
pigpen['pigpen] *n* thark, stallë derrash(edhe *fig*).
pigskin['pigskin] *n* 1.lëkurë derri.2.*gj.fol* top futbolli.
pigsty['pigsti] *n* stallë derrash(edhe *fig*).
pigtail ['pigteil] *n* 1.bishtkali, bishtalec.2.duhan i dredhur.
pike I [paik] *n* 1.ushtë, shtizë, heshtë.2.majë; thumb.
pike II[paik] *n zool* mlysh.
pike III[paik] *n amer* autostradë me pagesë.
pikeman['paikmën] *n* ushtar, heshtar.
pikepole['paikpoul] *n* ushtë, shtizë, kanxhë.
piker['paikë:] *n zhrg* cingun, dorërrudhur.
pikestaff ['paikstæf] *n* stap me majë; shkop udhëtari.
pilaf(f)[pi'la:f] *n* shih **pilau**.
pilaster[pë'læstë:] *n ndërt* shtyllë, kolonë.
pilau, pilaw[pi'lou, pi'læu] *n* pilaf.
pilchard['pilçë:d] *n zool* sardele.
pile I[pail] *n,v* -*n* 1.pirg; stivë; turrë; grumbull; **in a pile** pirg, stivë, grumbull.2.*fig* mal; mori; **a pile of** një mal, një mori; **piles of** shumë, një mori; **he made a pile on that deal** nxori një dorë të mirë parash nga ajo punë.3.turrë drush.4.bina; grup ndërtesash. 5. reaktor bërthamor.6.*el* pilë; bateri.
-*v* 1.stivoj; grumbulloj; bëj turrë. 2.(**up**)mblidhen, grumbullohen; **a lot of work had piled up** ishte grumbulluar tërë ajo punë.3.(**in, into, out, off**) dyndem, turrem; **pile in!** hipë! **pile into a car** rrasemi në një veturë; **pile off a bus** turren/zbresin nga autobusi; **pile it on** *gj.fol* e teproj, dramatizoj; **pile work on sb** e ngarkoj/e ngjesh me punë dikë.
pile II[pail] *n,v* -*n ndërt* shtyllë, drushtë, pilotë.
-*v* vë shtylla; ngul pilota.
pile III[pail] *n* push(qilimi, stofe, etj).

pileated ['pailieitid] *adj* me lafshë, me kaçirubë (zog).

piled[paild] *adj* me push.

pile driver *n tek* shtylangulës, batipal.

piles[pailz] *n mjek* hemorroide, majasëll.

pile-up['pailʌp] *n gj.fol* 1.karambol, përplasje disa makinash.2.grumbull, turmë.

pilfer['pilfë:] *v* vjedh.

pilferage['pilfërixh] *n* vjedhje e vogël, braci.

pilferer['pilfërë:] *n* vjedhës, hajdut, brac.

pilgrim ['pilgrëm] *n* 1.pelegrin; haxhi.2.udhëtar, shtegtar.

pilgrimage ['pilgrëmixh] *n* 1.pelegrinazh; haxhillëk.2.udhëtim i gjatë.

piling ['pailing] *n* 1. shtylla të ngulura. 2.platformë mbi shtylla.

pill [pil] *n,v* -*n* 1.hape, tabletë, pilulë. 2.hape kundër shtatzanisë; **be on the pill** pi hape rregullisht(gruaja).3.*zhrg* top beisbolli; top golfi.4. *fig* gjë e hidhur. 5.*zhrg* tip i mërzitshëm.

-*vi* mbledh kokla; **this sweater is pilling badly** pushi i trikos është bërë kokla-kokla.

pillage['pilixh] *v,n* -*v* grabis, plaçkis.

-*n* grabitje, plaçkitje.

pillar['pilë:] *n* 1.shtyllë, kolonë; **a pillar of smoke** shtëllungë tymi.2.*fig* mbështetje, shtyllë; **a pillar of the church** një nga shtyllat e kishës. + **be driven from pillar to post** shkoj sa majtas djathtas.

pillar-box['pilë:boks] *n* kuti postare vertikale.

pillared['pilë:d] *adj* me shtylla.

Pillars of Hercules *n gjeog* shtyllat e Herkulit.

pillbox ['pilboks] *n* 1. kuti hapesh. 2.*usht* fortinë, bunker.3.kapelë pa strehë.

pillion['piliën] *n* ndenjëse e pasme (e motoçikletës);

ride pillion ulem prapa (në motoçikletë); **pillion passenger** pasagjer prapa.

pillory['pilëri] *n,v* -*n* 1.*hist* shtyllë ndëshkimi. 2.*fig* vënie në shtyllën e turpit, ekspozim para publikut.

-*vt* 1.*hist* vë në shtyllën e ndëshkimit. 2.*fig* ekspozoj në publik, vë në shtyllën e turpit.

pillow['pilou] *n,v* -*n* jastëk.

-*vi* mbështetet.

pillowcase['piloukeis]*n* këllëf jastëku.

pillowslip['pilouslip] *n* këllëf jastëku.

pillose['pailous] *adj* pushatak; leshtor.

pilot['pailët] *n,v* -*n* 1.*av* pilot.2.*det* pilot; timonier. 3.drejtues.4.*tv* program eksperimental, emision i parë i një serie.5.*attr* pilot, model, pararojë; **a pilot project** projekt pilot.

-*vt* 1.*av*, *det* pilotoj, drejtoj.2.udhëheq, drejtoj.

pilotage['pailëtixh] *n* 1.pilotim.2.tarifë pilotimi.

pilot boat *n* anije pilote.

pilot biscuit, pilot bread *n* galetë.

pilot house *n det* kabinë e timonierit.

pilot light *n* flakëz gazi e përhershme(e sobës).

pilot officer *n av* nënoficer aviacioni.

pilsner['pilsënë:] *n* birrë pilsner.

pimple['pimpël] *n* puçërr.

pimpled['pimpëld] *adj* me puçrra.

pimply['pimpli] *adj* me puçrra.

pin [pin] *n,v* -*n* 1.gjilpërë me kokë. 2. karficë, mbërtheckë; kapëse. 3.*usht* gjilpërë. 4.*mek* kunj, bashkues.5.e therur.6.*gj.fol* këmbë.7.*sport* tuç(në mundje).8.*fig* çikërrimë. + **on pins and needles** si mbi gjemba; **as neat as a new pin** a)si i ri; b)i patëmetë, që s'ka të sharë; **you could have heard a pin drop** nuk ndihej as miza; **for two needles** për pak, për një qime.

-*vt* 1.kap me gjilpërë/me karficë.2.hedh me shpatulla në tokë; hedh tuç. 3.*fig* gozhdoj. +**pin sb against a wall** vë dikë me shpatulla pas murit.

+**pin down** a)ngul(në një punë); b)fiksoj; **pin sb down to a date** detyroj dikë të caktojë një datë; **pin sb down to a promise** e detyroj dikë të mbajë premtimin; **pin sb down about his beliefs** e bëj dikë të thotë çfarë mendon; **I can't quite pin it down** nuk i jap dot dum, nuk e marr vesh.

+**pin on** a)*gj.fol* ia ngec, ia ngarkoj: **pin a crime on sb** ia ngarkoj dikujt një krim; b)mbështes: **pin one's hopes on sth** i mbështes shpresat te diçka; **pin up** a)ngjis në mur; b)kap (flokët me kapëse, cohën me gjilpëra).

PIN[pin] (shkurtim për **personal identification number**) kod personal(i llogarisë bankare).

pinafore['pinëfo:] *n* 1.përparëse.2.*Br* rasë.

pince-nez['pænsnei] *n* syze pa bishta, pensné.

pincers ['pinsë:z] *n* 1.darë, pinca.2.*usht* darë. 3. *zool* kanxha(të gaforres).

pinch[pinç] *v,n* -*v* 1.pickoj, cimbis. 2.shtrëngon, vret (këpuca).3.*fig* shtrëngoj, ia mbledh.4.jam i kursyer, e shtrëngoj paranë; **pinch and scrape** kursej kudo.5.*zhrg* kap,arrestoj.6.*zhrg* vjedh, qëroj.

-*n* 1.pickim, cimbisje.2.shtrëngim, vrarje(e këpucës etj).3.një çikë, një majë(kripë etj).4.*fig* shtrëngesë, ngushticë; **the pinch of hunger** sikleti i urisë.5. nevojë, hall.6.*zhrg* arrestim.7.*zhrg* vjedhje.

+**at a pinch** po qe nevoja; **feel the pinch** e kam pisk; **if it comes to the pinch** po qe se vjen puna, po e patëm pisk.

pinchbeck ['pinçbek] *n,adj* -*n* 1. lidhje bakërzink (imitacion ari).2.imitacion.

-*adj* i rremë, artificial, imitacion.

pinched[pinçt] *adj* 1.i rrudhur, i hequr(në fytyrë) **pinched with cold** i mbledhur nga të ftohtit; **pinched with hunger** i gërryer nga uria.2.ngushtë **pinched for money/for space** ngushtë për para/ për vend.

pinchers['pinçë:z] *n* shih **pincers.**
pinchhit ['pinçhit] *vi* zë vendin e shokut; gjuaj (topin) në vend të shokut.
pinchpenny['pinçpeni] *adj,n* *gj.fol* kurnac, dorë-rrudhur.
pincushion['pinkʌshën] *n* jastëçkë gjilpërash.
pindling['pindling] *adj gj.fol* i tharë, i ligur.
pine I[pain] *n* pishë; dru pishe.
pine II [pain] *vi* 1.digjem, jam i etur(për); **pine for sb/sth** digjem për dikë; jam i etur për diçka. 2.tretem, ligem, thahem; **pine away** tretem.
pineal['piniël] *adj* 1.*anat* pineale(gjëndër), pishore. 2.si boçe, në trajtë boçeje.
pineapple['painæpël] *n bot* ananas.
pinecone['painkoun] *n* boçe pishe.
pine needle *n* halë pishe.
pinery['painëri] *n* 1.pishnajë, pyll pishe. 2. plantacion ananasi.
pine tar *n* katran pishe.
pin(e)y['paini] *adj* pishe, pishash; i mbuluar me pishë.
pinfeather['pinfedhë:] *n* pupëlz.
pinfold['pinfould] *n,v* -*n* vathë.
-*vt* mbyll në vathë.
ping[ping] *n,v* -*n* fishkëllimë(e plumbit).
-*vi* fishkëllen.
ping-pong['pingpong] *n sport* pingpong.
pinhead ['pinhed] *n* 1.kokë gjilpëre. 2.*fig* çikërrimë. 3.*gj.fol* hajvan, budallë.
pinheaded['pinhedëd] *adj gj.fol* pa mend(punë).
pinhole['pinhoul] *n* vrimëz; vrimë.
pinion I["piniën] *n,v* -*n* 1.fletë, pendë(zogu). 2. *poet* krah.
-*vt* 1.i pres krahët(zogut).2.lidh(dikë); i lidh duart.
pinion II['piniën] *n tek* pinjon, rrotëz, ingranazh i vogël.
pink I[pink] *n,adj* -*n* 1.bojë trëndafili, rozë.2. *bot* karafil i kuq.3.*fig* kulm, lule; **in the pink of health** në kulm të shëndetit.4.*gj.fol pol* i majtë, i kuq, simpatizant i së majtës.
-*adj* 1.trëndafili, rozë; **turn pink** skuqem.2.*gj.fol pol* i kuq, me prirje të majta.3.*gj.fol* a)tepër i lëmuar; b)i shkëlqyer.
pink II[pink] *vt* 1.shpoj, çaj(me thikë,shpatë etj). 2.dhëmbëzoj, pres zigzag(stofin).3.zbukuroj; stolis.
pink III[pink] *n det* lundër e rrafshët me vela.
pinkeye['pinkai] *n mjek* përskuqje e syve, koniunktivit akut.
pinkie I['pinki] *n gj.fol* gishti i vogël.
pinkie II['pinki] *n* shih **pink III.**
pinking shears *n* gërshërë për prerje(stofi) zigzag.
pinkish['pinkish] *adj* rozë e çelët, trëndafili.
pinko['pinkou] *n,adj zhrg pol* i kuq, i majtë.
pin money *n* para të vogla, pare xhepi.
pinna['pinë] *n* 1.*zool* krah, fletë.2.llapë e veshit.

pinnace['pinis] *n* 1.varkë shpëtimi(e anijes).2.skunë e vogël, lundër me vela.
pinnacle['pinëkël] *n,v* -*n* 1.*ark* majë, kikël. 2.majë, kikë, majëmal.3.*fig* kulm, majë; **at the pinnacle of her fame** në kulmin e famës.
-*vt* i bëj majë(godinës etj).
pinnate['pineit, 'pinit] *adj bot* pendor, gjethependor.
pinnated grouse *n zool* pulë e stepës.
pinpoint ['pinpoint] *n,v* -*n* 1.majë gjilpëre.2.pikëz, çikëz.3.*attr* tepër i përpiktë.4.*attr* i vockël, i imët.
-*vt* 1.gjej me saktësi(në hartë).2.lokalizoj saktë (problemin).
pinprick ['pinprik] *n,v* -*n* 1.shpim me gjilpërë. 2. irritim i lehtë.
-*vt* shpoj me gjilpërë.
pinstripe ['pinstraip] *n* 1.vijëz, hullizë.2.cohë me vija. 3.rrobë me vija.
pint [paint] *n* pintë, masë lëngjesh(*Br* = 0,57 l; *amer* = 0,47 l).
pintail['pinteil] *n zool* 1.rosë amerikane.2.thëllëzë.
pintle['pintël] *n* kunj, gjilpërë.
pinto['pintou] *adj,n* -*adj* laraman, larosh.
-*n* kalë pullali.
pint-sized['pintsaizd] *adj gj.fol* i vogël.
pinup['pinʌp] *n* fotografi në mur(e një personi të adhuruar).
pinwheel['pinwi:l] *n* helikë letre/plastike e ngulur në shkop; fishekzjarr rrotullues.
pinworm['pinwë:m] *n* krimb zorrësh, parazit.
piny ['paini] *adj* me pisha, veshur me pyll pishe (mal).
pioneer[pajënië:] *n,v* -*n* 1.ardhës i parë, pionier, banor i parë i një vendi të pabanuar.2.nismëtar, pionier.3.*usht* xhenier.
-*vt* jam i pari, hap rrugë për të tjerët.
pious['pajës] *adj* 1.fetar, besimtar.2.fanatik, i stërfalë.3.*vjet* i respektuar, i devotshëm(ndaj prindërve).
+ **a pious hope** shpresë e kotë.
pip I[pip] *n* 1.farë, bërthamë.2.*zhrg* yll; kumbull
pip II[pip] *n* 1.sëmundje e pulave.2.*gj.fol* sëmundje e lehtë(e njerëzve); **give sb the pip** irritoj; sëkëlldis; i fus krupën dikujt.
pip III[pip] *n* 1.pikë(e zareve, e gurëve të dominosë).2.*usht* yll(në spaletë).3.sinjal zanor; sinjali "pip" i radios.
pip IV[pip] *vi* 1.cicërrin, pingrron.2.del nga veza (zogu).
pipe[paip] *n,v* -*n* 1.tub, gyp; **pipes** tubacion. 2. *muz* fyell; **pipes, bag pipes** gajde.3.llullë, çibuk; **smoke a pipe** pi duhan me llullë; **put that in your pipe and smoke it** *gj.fol* s'ke ç'i bën; do s'do ti, kjo

kështu është.4.fuçi vere.5.*det* bilbil i nostromit.
-*v* 1.çoj/transportoj me tubacione. 2.pajis me tuba. 3.(**in**) transmetoj(muzikë, fjalim).4.i bie fyellit. 5.çirem, këndoj me zë të çjerrë.6.i fryj bilbilit; thërras (marinarët). + **pipe down** *zhrg* hesht, e qep; pushoj së qari; **pipe up** a)fillon(muzika); b)*zhrg* flas, e hap sqepin.

pipe clay *n* argjilë/deltinë e bardhë.

pipe dream *n* *gj.fol* ëndërr në diell.

pipefish['paipfish] *n zool* peshk-tub, peshk me feçkë.

pipeful['paipful] *n* një llullë(duhan).

pipeline ['paiplain] *n,v* -*n* 1.naftësjellës, gazsjellës, tubacion nafte.2.*fig* linjë komunikimi/informimi 3.rrjedhë materialesh në konvejer. + **it's in the pipeline** prite se po vjen.
-*vt* 1.çoj/transportoj me tubacione.2.pajis me tuba.

pipeliner['paiplainë:] *n* mirëmbajtës naftësjellësi.

piper['paipë:] *n* fyelltar; gajdexhi. +**he who pays the piper calls the tune** qejfi paguhet.

pipette[pi'pet, pai'pet] *n kim* pipetë, tubth.

pipe wrench *n tek* çelës tubash, çelës hidraulik.

piping['paiping] *n,adj* -*n* 1.tubacion; sistem tubash.2.material për tuba.3.*muz* e rënë fyelli; melodi me gajde.4.kuakje(e bretkosave).5.gajtan, kordon.
adj i mprehtë, i çjerrë, këlthitës. + **piping hot** i nxehtë valë, tepër i nxehtë.

pipkin['pipkin] *n* vorbë, poçe.

pippin['pipin] *n* mollë rënë.

pipsqueak['pipskwi:k] *n zhrg* 1. këllcacë, tym gazetash, gjë pa rëndësi.2. njeri pa rëndësi.

piquancy ['pi:kënsi] *n* djegësirë, shijë djegëse, të qenët pikant.

piquant['pi:kënt] *adj* 1.djegës, pikant.2.*fig* i kёndshëm; nxitës; pikant, interesant; **a piquant bit of news** një lajm interesant.

pique[pi:k] *n,v* -*n* inat; pakënaqësi, sedër e lënduar; **she left the party in a pique** ajo u largua e sëndisur nga mbrëmja .
-*vt* 1.inatos; i lëndoj sedrën, fyej.2.zgjoj, nxis (kureshtjen). + **pique oneself on/upon** krenohem, mburrem.

piracy['pairësi] *n* 1.pirateri.2.shkelje e të drejtave të autorit. 3.*gj.fol* grabitje, mashtrim në çmim.

piragua[pë'ra:gwë] *n* shih **pirogue**.

piranha[pi'ra:niё] *n* piranë(peshk tepër grykës).

pirate['pairit] *n,v* -*n* 1.pirat, kusar i deteve.2.anije piratësh.3.shkelës/vjedhës i së drejtёs së autorit. 4.posedues radiostacioni/stacioni televiziv të paligjshëm.
-*vi* 1.grabis, plaçkis, kusëroj(në det).2.shkel/vjedh të drejtën e autorit.

piratical[pai'rætёkël] *adj* pirat, piratesk.

pirogue[pë'roug] *n* 1.kanoe, sul, trupicë, pirogë.

2. maunë e rrafshët dydirekëshe.

pirouette['piruet] *n,v* -*n* piruetë, rrotullim(mbi majat e gishtave).
-*vi* bëj piruetë, rrotullohem.

piscatorial[piskë'to:riël] *adj* peshkimi, peshkata-rie.

piscatory['piskёto:ri] *adj* shih **piscatorial**.

Pisces['paisi:z, 'pisi:z, 'piski:z] *n astr* Peshqit(yllësi).

piscine['pisain, 'pisin] *adj* peshku, i peshqve.

pish[pish, psh] *interj, n* pës, pёsh(përçmim).

pismire['pismair] *n vjet* thnegёl, milingonë.

piss[pis] *v,n* -*vi zhrg* shurroj, pshurr, urinoj.
-*n* 1.shurrë.2.shurrim, pshurrje, urinim.

pistachio[pis'tæshiou] *n bot* fёstёk.

pistil['pistёl] *n bot* pistil.

pistol['pistёl] *n* revole, pistoletë, revolver.

pistole [pis'toul] *n hist* pistolë (monedhё e vjetёr spanjole prej ari).

piston['pistёn] *n tek* piston; **piston engine** motor me pistona; **piston ring** fashollastikë, unazë (metalike) pistoni; **piston rod** bjellë.

pit I[pit] *n,v* -*n* 1.gropë e thellë.2.krater(në hënё).3.pus(miniere); minierё qymyri; gurore; **work down the pit** punoj në minierë.4.*tek* gropë(për riparimin e makinёs nga poshtё).5.*anat* gropëz, vrajё(nё lëkurё).6.sqetull.7.fund; **pit of the stomach** fund i stomakut.8.*Br teat* pjesa e fundit e platesё, vendet e lira; vendi ku rriorkestra.9.**the pit** *fig* ferri.
-*vt* 1.lё shenja, vret lija.2.kundёrvё; vё përballë; vё tё ndeshen(qen, gjela etj); **pit one's wits against sb** matem me dikё.

pit II[pit] *n,v* -*n* bёrthamё.
-*vt* qёroj bёrthamat(e frutave).

pitapat['pitёpæt] *adv, n* tik-tak; **go pitapat** rreh (zemra).

pitch I [piç] *v,n* -*v* 1.hedh, flak; **be pitched off one's horse** bie nga kali.2.ngre me sfurk(barin).3. *sport* gjuaj(topin).4.ngre(tendёn).5.bie, rrёzohem. 6.lёkundet bash ndё kiç(anija).7.*muz* intonoj.8.mbaj (shёnime).9.*fig* ngre; **pitch one's aspirations too high** synoj tepёr lart; **pitch it too strong** e teproj. +**pitch in** *gj.fol* i futem punёs. +**pitch into** *gj.fol* turrem, sulem; i futem, i pёrvishem. +**pitch on/upon** zgjedh; pёrzgjedh.
-*n* 1.hedhje, flakje.2.*fig* pikё, nivel, shkallё; ritёm; **I can't keep working at this pitch** nuk punoj dot mё me ketё ritёm; **at its highest pitch** nё shkallёn mё tё lartё; nё kulmin e vet; **his anger reached such a pitch that** inati i tij arriti nё atё shkallё sa 3.lartёsi (e zёrit); *muz* intonacion; ton.4.lartёsi. 5.reklamё. 6.vendqёndrim.7.pjerrёsi.8.*tek* hap(i ingranazhit); largёsi, distancё.9.shesh loje.10.lёkundje(e avionit, anijes). + **make a pitch for** *gj.fol* bёj njё ofertё.

pitch II[piç] *n,v* -*n* 1.katran.2.zift, pisë. 3.rrëshi-
ë bimore; terpentinë.
-*vt* lyej me katran.
pitch-black['piçblæk] *adj* i zi pisë, blozë.
pitch-dark['piçda:k] *adj* i zi sterrë; it was pitch-
dark in the room në dhomë ishte errësirë e plotë.
pitched battle *n usht* 1.betejë fushore.2.luftim i
gër, luftim trup-me-trup.
pitcher I['piçë:] *n* kanë, brokë.
pitcher II ['piçë:] *n sport* gjuajtës(i topit në beis-
boll).
pitchfork['piçfo:k] *n,v* -*n* sfurk, cfurk.
-*vt* ngre(barin) me sfurk.
pitchman ['piçmën] *n gj.fol* 1.çikërrimtar, shitës
odrash.2.*zhrg* agjent reklamash tepër i qepur.
pitchy['piçi] *adj* 1.rrëshinor.2.ngjitës.3.i zi.
piteous ['pitiës] *adj* i gjorë, i mjerë, për t'u dhimb-
sur.
piteously['pitiësli] *adv* për t'u dhimbsur; për të qa-
ë hallin.
pitfall['pitfol] *n* grackë, kurth(edhe *fig*).
pith [pith] *n* 1.*zool, bot* palcë; pjesë e bardhë e
ëenlëkurës (së agrumeve). 2.*fig* thelb. 3.*fig* vrull,
energji; forcë.
pithead['pit'hed] *n* hyrje/grykë/krye pusi(miniere).
pith helmet *n* kapelë dielli si helmetë (prej palce
druri).
pithy ['pithi] *adj* 1.i fuqishëm, me brumë(arsye-
im)e mprehtë(vërejtje); i saktë(raport).2.lëkurëtrashë
portokall etj).
pitiable ['pitiëbël] *adj* 1.i gjorë, i mjerë, për t'u
dhimbsur. 2.i përçmuar, i përbuzshëm.
pitiful ['pitifël] *adj* 1. për të ardhur keq, për t'u
dhimbsur. 2.i përçmuar, i vajtueshëm, i keq; pitiful
performance interpretim tepër i dobët. 3.*vjet* i
dhimbsur, i mëshirshëm.
pitifully['pitifëli] *adv* për të ardhur keq; në mënyrë
të përçmuar.
pitiless['pitilis] *adj* i pamëshirshëm; mizor.
piton ['pi:ton, pi'ton] *n* 1.gozhdë alpinizmi.2.majë
e mprehtë(mali, shkëmbi).
pittance ['pitëns] *n* 1.pagë e vogël / qesharake.2.
shumë e vogël/e papërfillshme.
pitter-patter['pitë'pætë:] *n* trokëllimë; tak-tak.
pituitary[pë'tju:ëteri] *adj,n anat* -*adj* hipofizar, i
hipofizës; pituitary body/gland hipofizë.
- *n* hipofizë, gjëndërr e hipofizës.
pit viper *n zool* gjarpër me zile.
pity['piti] *n,v* -*n* 1.keqardhje; mëshirë; feel pity
for sb më vjen keq për dikë; have/take pity on sb
ndiej mëshirë për/ e mëshiroj dikë; for pity's sake!
për atë zot!, në ke perëndi!2.gjynah, mëkat, arsye për
të ardhur keq; what a pity! sa keq! it's a pity that
you can't go është gjynah që nuk vete dot.
-*vt* tregoj keqardhje; mëshiroj.

pitying['pitiing] *adj* 1.i dhembshur; i mëshirshëm.
2.i mjerueshëm, i vajtueshëm, për të ardhur keq.
pityingly['pitiingli] *adv* 1.me keqardhje.2.në më-
nyrë të vajtueshme.
pivot['pivët] *n,v* -*n* 1.*tek* bosht, aks.2.*fig* strum-
bullar, bosht.3.*sport* lojtar i qendrës, qendër.
-*v* 1.lidh/bashkoj me bosht/strumbull.2.vërtitet,
rrotullohet; pivot on one's heels bëj prapaktheu.
pivotal['pivëtël] *adj* 1.bosht, boshtor.2.*fig* shumë i
rëndësishëm, strumbullar, qenësor, kryesor.
pixie, pixy['piksi] *n mit* zanë; qipull, thopërç.
pixilated ['piksëleitid] *adj* allosoj, i çuditshëm; i
krisur.
pizza['pi:cë] *n* pica; pizza pie pica.
pizzazz[pë'zæz] *n zhrg* 1.gjallëri, energji. 2.shkël-
qim, elegancë.
pizzeria[pi:cë'ri:ë] *n* piceri.
placable['plækëbël] *adj* i butë, i urtë, i duruar; to-
lerant.
placard[*n* 'plæka:d; *v* plæ'ka:d, 'plæka:d] *n,v* -*n*
afishe, njoftim, lajmërim.
-*vt* ngjis afishe; njoftoj, lajmëroj.
placate['plækeit, plæ'keit] *vt* qetësoj, fashis, zbus.
place[pleis] *n,v* -*n* 1.vend; from place to place
nga një vend në tjetrin; this is no place for her nuk
është vend për të ky; all over the place kudo.2.qy-
tet; fshat; krahinë; it's only a small place është
thjesht fshat; place of birth vendlindje. 3.vendba-
nim, banesë, shtëpi; his place in the country shtë-
pia e tij në fshat; come to our place ejani nga ne, na
dilni nga shtëpia.4.pjesë, vend; a sore place on my
leg një vend i lënduar te këmba.5.faqe, vend(në
libër); find/lose one's place gjej/humbas faqen ku
isha(në lexim).6.*fig* arsye, rast, vend; the remark is
quite out of place vërejtja është krejt pa vend; there
was no place for such discussion nuk ishte
rasti/vendi për një diskutim të tillë.7.vend, karrige
(në kinema etj); lay an extra place for sb shtoj një
karrige për dikë(te një tryezë).8.vend pune; find a
place for sb in the firm i gjej një vend dikujt në
kompani/firmë. 9. punë, detyrë; it is not my place to
find fault nuk është puna ime të gjej të meta.
10.rrugëz; shesh; market place sheshi i tregut; 250
Pit Place Rruga Pit, nr 250.11.pozitë shoqërore,
rang, vend; know one's place e di ku e kam vendin;
put sb in his place i tregoj vendin dikujt.12.vend
(në klasifikim); take second place in the exam/race
dal i dyti në provim; zë vendin e dytë në garë.
13.radhë; in the first/second place në radhë të
parë/të dytë, së pari/së dyti. + give place to a)i bëj
vend; b)i lë vendin:his anger gave place to remorse
inati i la vendin pendimit; go places a)bredh nëpër
botë, udhëtoj;b) *zhrg* çaj, bëj përpara, drejt suksesit;
in place a)në vendin e vet, në vendin e duhur; b)në
rregull, siç duhet; in place of në vend të: water in

place of milk ujë në vend të qumështit; **out of place**
a) jo në vendin e vet; b)pa vend, i papërshtatshëm;
take place ndodh, ngjet, zhvillohet.
-*v* 1.vë, vendos; **place it on the ground** vëre për-
dhe.2.vë në rregull; sistemoj; **be better placed than
a year ago** jam sistemuar më mirë se para një viti;
awkwardly placed a)në vend të keq(dyqan); b)në
pozitë të vështirë (person).3.përcaktoj qartë, identi-
fikoj, i bie në të; **I remember his name, but I can-
not place him** ia mbaj mend emrin, por nuk i bie
fort në të se cili është.4. vë/caktoj në një punë/post.
5.lidh(bast, kontratë).6.vë, vendos, i gjej vend; **place
a book with a publisher** gjej një botues për një
libër; **place sth in sb's hands** i lë në dorë diçka di-
kujt; **he could place 20 people** ai mund të fusë në
punë 20 veta; **place an order with sb for sth** poro-
sis diçka te dikush, bëj një porosi për diçka te dikush.
7.a)klasifikohem, renditem ndër të parët; b) dal i
dyti(në garë, provim etj).
   placebo[plë'si:bou] *n* 1.*mjek* hapje e padëmsh-
me.2.*fig* qetësues.
   place holder *n mat* shifra zero(në një numër).
   placeman['pleismën] *n Br* funksionar.
   place mat *n* shtrojë/pecetë tryeze për një person.
   placement['pleismënt] *n* 1.vendosje.2.gjetje vendi
pune.3.*sport* shkelm ridërgimi.
   place name *n* emër vendi, emër gjeografik.
   placenta[plë'sentë] *n anat* shtrat i fëmijës, placen-
të.
   placer['pleisë:] *n* rezervë ranore me përmbajtje ari.
   placer mining *n* përftim ari me shpëlarje.
   placid['plæsid] *adj* i qetë, i patrazuar; **a placid lake**
liqen i patrazuar.
   placidity[plë'sidëti] *n* qetësi; paqë.
   placket['plækit] *n* e çarë(e fustanit te jaka etj).
   plagiarism['pleixhërizëm] *n* plagjiaturë.
   plagiarist['pleixhërist] *n* plagjiat.
   plagiarize ['pleixhëraiz] *vt* bëj plagjiaturë, vjedh
idetë, veprën e tjetërkujt).
   plague [pleig] *n,v* -*n* 1.murtajë(edhe *fig*). 2.së-
mundje epidemike.3.*fig* mjerim, fatkeqësi; ndëshkim
nga perëndia. 4.shqetësim.
-*vt* 1.pllakos(me sëmundje, fatkeqësi).2.shqetësoj,
torturoj; mërzis, bezdis; **plague sb with questions**
mërzis dikë me pyetje; **stop plaguing me for money**
mjaft më bezdise duke më kërkuar para.
   plagu(e)y ['pleixhi] *adj gj.fol* shqetësues; bezdi-
sës.
   plaid[plæd] *n* pled, cohë e leshtë skoceze.
   plain[plein] *adj,adv,n* -*adj* 1.i qartë, i dukshëm;
as plain as a pikestaff/as the nose on your face e
qartë si një e një që bëjnë dy; **make one's feelings
plain** shpjegohem më së miri; **do I make myself
plain?** je i qartë? 2.i çiltër, i hapur; **plain dealing**
çiltërsi, sinqeritet; **I shall be plain with you** do të të

flas hapur; **in plain language/English** shkurt, troç.
3.i thjeshtë, shqeto; lisho; **plain fabric** tekstil një-
ngjyrësh/lisho; **plain chocolate** çokollatë që shkrin
në gojë; **plain flour** miell i zakonshëm; **in plain
clothes** i veshur civil, pa uniformë; **the plain truth**
e vërteta lakuriq; **he's a plain man** është njeri i
thjeshtë; **it's just plain commonsense** është thjesht
punë gjykimi të shëndoshë; **it'll be plain sailing
from now on** tani e tutje gjithçka do të shkojë si në
vaj.4.i rëndomtë, jo i pashëm.5.*vjet* i rrafshët, i she-
shtë.
-*adv* 1.thjesht. 2.plotësisht. 3.qartë; **I can't put it
plainer than that** s'e shpreh dot më qartë se kaq.
-*n* 1.*gjeog* fushë, rrafshinë.2.punim drejt(në thurje).
   plain-clothes['plein'klouz, 'plein'kloudhz] *adj* civil,
pa uniformë; **plain-clothes man** detektiv i fshehtë,
polic i veshur civil.
   plainly['pleinli] *adv* 1.qartë.2.hapur, haptas(flas).
3. thjesht, me thjeshtësi(vishem).
   plainsman['pleinzmën] *n* fusharak..
   plainsong['pleinsong] *n* muzikë vokale kishëtare.
   plain-spoken['pleinspoukën] *adj* i çiltër, i hapur, i
sinqertë.
   plaint [pleint] *n* 1.*vjet* qarje, ankim.2.*drejt* padi;
ankesë.
   plaintiff['pleintif] *n drejt* paditës.
   plaintive['pleintiv] *adj* 1.vajtues, i përvajshëm(zë,
këngë). 2.ankimtar.
   plaister['pleistë:] *n,v vjet* shih **plaster**.
   plait [pleit, plæt] *n,v* -*n* 1.gërshet.2.palë(në rrobë).
-*vt* 1.thur gërshet.2.i bëj pala.
   plan[plæn] *n,v* -*n* 1.plan; program; **draw up a
plan** bëj një plan, hartoj një program; **go according
to plan** shkon sipas planit; **have you got any plans
for tomorrow?** ke ndonjë plan/program për nesër?
2.skicë, projekt.3.plan, planimetri(e qytetit).
-*vt* 1.organizoj(një grabitje).2.planifikoj, mendoj;
kam nder mend se; **plan on sth/on doing
sth** mendoj të bëj diçka; **how long do you plan to
stay?** sa kohë mendon të rrish? 3.skicoj; projektoj; a
well-planned town qytet me planimetri të rregullt.
   planchete[plæn'shet] *n* planshetë.
   plane I [plein] *n,adj,v* -*n* 1. rrafsh, plan. 2.*fig*
plan, nivel; **on a high plane** në nivel të lartë; **on the
intellectual plane** në planin intelektual.3. aeroplan.
-*adj* i rrafshët, plan; **plane figures** figura plane;
plane geometry gjeometri plane/e planit/në plan.
-*vi* 1.shket ne ajër(avioni).2.shket mbi ujë(moto-
barka).3.udhëtoj me avion.
   plane II[plein] *n,v* -*n* zdrukth.
-*vt* zdrukthoj, zdrugoj, ha me zdrukth.
   plane III[plein] *n bot* rrap, çinar.
   planeload['pleinloud] *n* ngarkesë e avionit.
   planer ['pleinë:] *n* 1.zdrugues, zdrukthëtar.2.*tek*
plan, makinë zdruguese.

planet['plænit] *n* planet.

planetarium[plænë'teriëm] *n astr* planetar.

planetary['plænëteri] *adj* 1.*astr* planetar, i planeteve.2.tokësor, i Tokës.3.*aut* planetar. 4.bredhës.

planetoid['plænëtoid] *n* planet i vockël, planetoid.

planetree['pleintri:] *n bot* rrap, çinar.

plangent['plænxhënt] *adj* 1.kumbues.2.këlthitës.

plank[plænk] *n,v* -*n* 1.dërrasë(e trashë).2.*pol* pikë kryesore, bosht(i programit).3.*fig* mjet shpëtimi. + **walk the plank** shkoj drejt vdekjes.
-*vt* 1.vesh/mbuloj me dërrasa.2.pjek/shërbej mbi dërrasë(biftekun).3.(**down**)*gj.fol* vë me forcë,plas përdhe.4.(**down, out**) *gj.fol* paguaj në vend/në çast.

planking['plænking] *n* 1.shtrim/veshje me dërrasa .2.dërrasa; shtrojë dërrasash.

plankton ['plænktën] *n biol* plankton, mikroorganizma ujore.

planner ['plænë:] *n* planifikues; projektues; **city planner** urbanist.

plano-concave[pleinou'konkeiv] *adj* plan-konkav, i rrafshlugët.

plane-convex[pleinou'konveks] *adj* plan-konveks, i rrafshmysët.

plant [plænt] *n,v* -*n* 1. bimë. 2.fidan; **cabbage plants** fidana lakre.3.impiant; **the heating plant** impianti/sistemi i ngrohjes.4.uzinë, fabrikë; **the whole plant is on strike** e gjithë fabrika është në grevë.5.kompleks ndërtesash; **the college plant** kompleksi i ndërtesave të kolegjit.6.*zhrg* dredhi, kurth.7.*gj.fol* provë materiale e vendosur për komprometim.8.*fig* karrem.
-*vt* 1.mbjell(pemë, kopshtin). 2.hedh rasat(peshku etj).3.vë; ngul; **plant guards** vë roje; **plant one's feet firmly apart** ngul këmbët fort në dysheme.4. ngul, themeloj(një koloni, qytet).5.ngul, ngulis, rrënjos(parime etj); **plant an idea in sb's mind** i ngul një ide në kokë dikujt.6. ngec, (ia) fus fshehurazi; **plant sth on sb** i fus fshehurazi diçka dikujt (për ta komprometuar).7. jap(një të puthur). 8. vë (një bombë).9.*zhrg* jap një goditje.10.*zhrg* fsheh.

plantain['plæntën] *n bot* gjethe delli.

plantar ['plæntë:] *adj anat* i shuallit, i shputës; **plantar warts** lythe në shputë.

plantation [plæn'teishën] *n* 1.plantacion.2.ngulim, vendbanim.

planter['plæntë:] *n* 1.plantator.2.makinë mbjellëse. 3.mbjellës, -e. 4.shtrat/lehë lulesh. 5.arkë/saksi e madhe(për lule).6.*amer* sipërmarrës peshkimi.7.ardhës i hershëm, kolon.

plant kingdom *n* bota bimore.

plant louse *n* morr bimësh.

plant pot *n* vazo lulesh, saksi.

plaque[plæk] *n* 1.pllakëz metalike(në derë). 2.stemë.3.*mjek* pllakë bakteriale(në dhëmbë). 4.*mjek* pullë(në lëkurë).

plash[plæsh] *v,n* shih **splash**.

plasm(a) ['plæzm(ë)] *n* 1.*biol* plazmë(e gjakut). 2 *fiz*.plazmë.3.*biol* protoplazmë.4.hirrë(e qumështit).5. kuarc i gjelbërt.

plaster['plæstë:] *n,v* -*n* 1.llaç; suva.2.allçi; **with the leg in plaster** me këmbën në allçi.3.leukoplast.
-*vt* 1.suvatoj.2.ndyj, ngjyej, kallajis; mbuloj; llangos (këpucët me baltë; **plaster a wall with posters** e mbuloj murin me afishe.3.sheshoj, shtroj(flokët). 4.vë në allçi, vë në jaki.

plasterboard ['plæstë:bo:d] *n* karton i imprenjuar me allçi.

plaster cast *n* jaki, allçi.

plastered['plæstë:d] *adj zhrg* i rrumbullosur, tapë.

plasterer['plæstërë:] *n* suvatues.

plastering['plæstëring] *n* suva.

plaster of Paris *n* allçi.

plastic['plæstik] *n,adj* -*n* plastmas, lëndë plastike; **plastic bag** qese plastmasi; **plastics industry** industri e materialeve plastike.
-*adj* 1.plastik; **plastic arts** artet plastike; **plastic surgery** kirurgji plastike; **plastic substances** lëndë plastike.2.prej plastmasi; **plastic bullet** plumb plastmasi.3.*fig* i ndikueshëm.4.*fig* i rremë, fals; artificial; **plastic food** ushqim artificial; **a plastic hero** pseudohero.

plastic explosive *n* lëndë plasëse.

plasticine['plæstisi:n] *n* plastelinë.

plasticity['plæs'tisëti] *n* plasticitet.

plasticize['plæstësaiz] *v* 1.bëhet plastik.2.përpunoj (pëlhurën) me material plastik, gomoj.

plastron['plæstrën] *n* parzmore metalike/lëkure.

plat I[plæt] *n,v* -*n* 1.hartë; plan.2.ngastër toke.
-*vt* skicoj, hedh në plan/në hartë.

plat II[plæt] *n,v* -*n* gërshet.
-*vt* thur gërshet.

plate[pleit] *n,v* -*n* 1.pjatë; **a plate of meat and potatoes** një pjatë me mish e patate.2.gjellë; meze; **cold plate** meze e ftohtë.3.tabaka; pjatancë;dhisk(në kishë). 4.arturina; enë argjendi; **silver plate** enë argjendi.5.pllakë metalike; *aut* targë.6.koracë.7.pllakëz (me mbishkrim, figurë etj).8.*polig* lastër. 9.fletë(libri) e ilustruar.10.*gjeol* pllakë kontinentale.11.bazë (plastike) e projeksionit e pjatancës dentare.12.*el* anodë. 13.*ndërt* qepër.14.*sport* kupë. + **hand sb sth on a plate** ia jap gati/llokum dikujt diçka; **have a lot on one's plate** jam deri në grykë me punë.
-*vt* 1.galvanizoj; nikeloj; kromoj; argjendoj; praroj, vesh me ar.2.koracoj, vesh me pllaka.3.*polig* nxjerr në lastër.

plateau['plætou] *n pl* -**s**, -**x** 1.*gjeog* pllajë, rrafshnaltë.2.*fig* periudhë qetësie; nivel konstant.

plated['pleitid] *adj* i nikeluar; i kromuar; i argjenduar; i praruar.

plate glass *n* xham i trashë i lëmuar(për pasqyra).

platelet['pleitlit] *n anat* pllakëz e gjakut.
plateful['pleitful] *n* një pjatë.
platen['plætën] *n* 1.pllakë(e presës tipografike etj).
2.rul(i makinës së shkrimit).
platform['plætfo:m] *n* 1.platformë, shesh(stacioni
etj); **platform ticket** biletë hyrjeje në stacion.2. podi-
um.3.*fig pol* platformë, program.4.supertakë, shtresë
suplementare(sholle, gome).
platform rocker *n* karrige/kolltuk lëkundës.
plating['pleiting] *n* 1.cipë/veshje metalike.2.vesh-
je me pllaka metalike.
platinum['plætënëm] *n* platin.
platinum blond *n* i përhimë, i argjendtë, i platintë.
platinum blonde *n* bjonde e zbërdhylët, bjonde
me flokë si të përhime.
platitude['plætëtju:d] *n* 1.banalitet, rëndomësi. 2.
shprehje banale.
platitudinous[plætë'tju:dënës] *adj* banal, i rëndo-
mtë.
platonic[plë'tonik] *adj* platonike(dashuri); idealist,
jopraktik.
platoon [plë'tu:n] *n* 1.*usht* togë. 2.grup. 3.*sport*
ekip, skuadër.
platter['plætë:] *n* pjatë e madhe, pjatancë.+ **on a
platter** *gj.fol* pa mundim, llokum.
plaudit ['plo:dit] *n* 1.duartrokitje. 2.*pl* brohoritje,
lëvdata.
plausibility[plozë'bilëti] *n* gjasi, besueshmëri.
plausible['plo:zëbël] *adj* i besueshëm; bindës.
plausibly['plo:zëbli] *adv* bindshëm; në mënyrë të
besueshme.
play[plei] *n,v* -*n* 1.lojë, lodër; **be at play** luaj. 2.
radhë, tur(në lojë).3.shaka, lojë; **do/say sth in play**
bëj/them diçka me /për shaka. 4.dramë, pjesë teatra-
le komedi; **television play** komedi televizive.5.*sport*
lojë, ndeshje; **be in/out of play** është në lojë/jashtë
loje. 6.*tek* hapësirë; lëvizje, xhoko. 7.veprim; **foul
play** veprim i pandershëm. 8.funksionim, punë (e
makinës). 9.bixhoz.
-*v* 1.luaj; **play at tennis** luaj tenis; **play a joke/a
trick on sb** i luaj/i punoj një rreng dikujt; **play with
fire** luaj me zjarrin; **they are just playing at it** ata
nuk po e marrin seriozisht; **what are you playing
at?** çfarë dreqin po sajon? **don't play games with
me** mos u tall me mua.2.endet; **a smile played on
his lips** një buzëqeshje i endej ndër buzë.3.luaj,
interpretoj.4.bëj gjoja, hiqem si; **play cowboys** bëjnë
si kauboj(kalamajtë); **play at soldiers** luajnë "u-
shtarçe"; **play sick** hiqem si i sëmurë.5.i bie(një
pjese); këndon, punon(radioja); **the radio is play-
ing too loudly** radio e ka zërin shumë të lartë; **play
(on) the piano** i bie pianos, luaj në piano.6.hedh,
luaj(një letër, në lojë me letra).7. luaj kumar; vë ba-
ste; **play for money** luaj me para. 8.e lodh(peshkun
e rënë në grep).

+**play about/around(with)** a)argëtohem, zbavitem;
luaj me; b) përkëdhel, ushqej(një ide).
+**play along** a)(with)bëj lojën e(dikujt); b)bëj sikur
e mbështes (një ide).
+**play sb along** e mbaj me fjalë dikë.
+**play back** rikthej, dëgjoj sërish(shiritin, diskun).
play down minimizoj, ia ul vlerën.
+**play into sb's hands** bëj lojën e dikujt.
+**play off** a)kundërvë, vë njërin kundër tjetrit;
b)*sport* zhvilloj ndeshje shtesë.
+**play on/upon** a)*sport* vazhdoj lojën; b)*muz* vazh-
doj t'i bie; c)luaj me: **play on sb's nerves** luaj me
nervat e dikujt, ia ngre nervat dikujt; d)shfrytëzoj
(mirësinë e dikujt etj).
+**play out : be played out** a)jam i rraskapitur, jam
i mbaruar, b)është i konsumuar (argumenti, shakaja).
+**play through** i bie, luaj në.
+**play up** a)shfrytëzoj, vë në punë, përfitoj nga; b)
bën naze(makina, fëmija); ngacmon(ulçera); c)i bëj
keq (dikujt); d)zmadhoj, ekzagjeroj.
+**play up to** *zhrg* lajkatoj, përpiqem ta bëj për vete.
playact['pleiækt] *vi*1.hiqem si, bëj gjoja.2.luaj, in-
terpretoj.
playback ['pleibæk] *n* ridëgjim(i kasetës, diskut);
rishikim(i videokasetës).
playbill['pleibil] *n* afishe; program shfaqjeje.
playboy ['pleiboi] *n* pleiboj, pasanik i dhënë pas
qejfeve.
play-by-play['pleibai'plei] *adj* i drejtpërdrejtë tran-
smetim ndeshjeje); i hollësishëm(përshkrim).
play dough *n amer* plastelinë.
playdown['pleidaun] *n sport* shih **playoff**.
player['pleje:] *n*1.*sport* lojtar.2.*muz* instrumentist.
3.*teat* aktor.4.aparat; **record player** gramafon.
player piano *n* piano automatike.
playfellow['plei'felou] *n* shok loje.
playful['pleifël] *adj* 1.lojcak(qen); lozonjar, i gja-
llë.2.shakatar; me shaka(vërejtje).
playfully['pleifëli] *adv* me shaka, jo seriozisht.
playgoer['pleigouë:] *n* amator teatri.
playground['pleigraund] *n* shesh/park lojërash.
playhouse ['pleihaus] *n* 1.teatër. 2.shtëpizë lojë-
rash(për kalamaj).
playing cards *n* letra loje, letra bixhozi.
playing field *n* shesh lojërash, fushë loje.
playmate['pleimeit] *n* shok loje.
playoff['plejof] *n sport* lojë shtesë; ndeshje shtesë
(në rast barazimi me pikë).
play on words *n* lojë fjalësh.
playpen['pleipen] *n* kosh, kafaz(për fëmijë të ve-
gjël).
playroom['pleirum] *n* dhomë lojërash(për fëmijë).
plaything['pleithing] *n* lodër(dhe *fig*).
playtime['pleitaim] *n* pushim(në shkollë).
playwright['pleirait] *n* dramaturg.

plaza ['plæzë, 'pla:zë] *n* 1.qendër tregtare.2.shesh publik(në qytet).

plea [pli:] *n* 1. lutje, kërkim, lypje (mëshire etj). 2. shfajësim, justifikim; arsye, shkak; **on the plea of** me shkakun se.3.*drejt* deklarim; **enter a plea of not guilty** deklarohem i pafajshëm, pretendoj për pafajësi; **put forward a plea of self-defense** pretendoj se kam vepruar për vetëmbrojtje.

pleach [pli:ç] *vt* thur, gërshetoj(degët e hardhisë).

plead [pli:d] *v pt,pp* **pleaded,** *amer* **pled** 1.*drejt* mbroj; **plead sb's case** mbroj dikë në gjyq, marr përsipër mbrojtjen e dikujt; **plead sb's cause** *fig* mbaj anën e dikujt, marr në mbrojtje dikë.2.nxjerr si shfajësim; **plead insanity** *drejt* nxjerr si shfajësim paaftësinë mendore.3.*drejt* deklarohem; **plead guilty** *drejt* pranoj fajin, deklarohem fajtor. 4.lutem, lyp; kërkoj; **plead for sth** a)lyp/kërkoj diçka; b)flas në favor të diçkaje; **plead with sb (to do sth)** i lutem dikujt(të bëjë diçka).

pleader ['pli:dë:] *n drejt* deklarues(në gjyq).

pleading ['pli:ding] *n, adj* -*n* lutje. -*adj* lutës.

pleadings ['pli:dingz] *npl drejt* deklarime(të palëve në gjyq).

pleasance ['plezëns] *n vjet* 1.vend i bukur, kopsht. 2. kënaqësi.

pleasant ['plezënt] *adj* 1.i këndshëm; i dashur, i shkueshëm(person).2.i mirë, i bukur(mot).

pleasantly ['plezëntli] *adv* përzemërsisht; me kënaqësi; **I'm pleasantly surprised** është një surprizë e këndshme për mua.

pleasantness ['plezëntnis] *n* përzemërsi; ëmbëlsi.

pleasantry ['plezëntri] *n* 1.shaka; humor.2.fjalë të ngrohta;komplimente; **exchange pleasantries** shkëmbejmë fjalët e rastit.

please [pli:z] *v* 1.lutem; **come in, please** hyni, ju lutem.2.kënaq, i jap kënaqësi; **a gift that is sure to please** një dhuratë që me siguri do t'i japë kënaqësi; **he did it just to please me** ai e bëri thjesht për të më bërë qejfin.3.dua,pëlqej, dëshiroj; **do what you please** bëj ç'të duash; **please yourself!** si të duash! + **be pleased** a)kënaqem; b)dua, më pëlqen; **I will be pleased to go** do të më pëlqente të shkoja; **if you please** po deshe; me lejën tuaj, po të më lejoni; **he wanted 20, if you please!** kërkonte 20, miku! **please God!** dashtë Zoti!

pleased [pli:zd] *adj* 1.i kënaqur; i lumtur; **pleased to meet you!** gëzohem që u njohëm! **we are pleased to inform you that...** kemi kënaqësinë t'ju njoftojmë se...

pleasing ['pli:zing] *adj* 1. tërheqës, simpatik(person). 2.i kënaqshëm, i pëlqyeshëm, që të jep kënaqësi (lajm etj).

pleasingly ['pli:zingli] *adv* kënaqshëm, pëlqyeshëm.

pleasurable ['plezhërëbël] *adj* i pëlqyeshëm, (shumë) i kënaqshëm.

pleasure ['p ezhë:] *n* 1.kënaqësi; qejf; **with pleasure** me kënaqësi; **my pleasure!, the pleasure is mine!** ju lutem!, kënaqësia është imja!(gjatë shkëmbimit të përshëndetjeve, falenderimeve etj); **may I have the pleasure?** a mund t'ju ftoj për këtë vallëzim? **that trip was for pleasure** ishte një udhëtim për qejf.2.dëshirë, pëlqim, vullnet; **at sb's pleasure** sipas pëlqimit të dikujt; **what is your pleasure in this matter?** cila është dëshira juaj në lidhje me këtë? + **take pleasure** kënaqem, ndiej kënaqësi.

pleasure boat *n* anije për shetitje, jaht.

pleasure-loving ['plezhë:'lʌving] *adj* i dhënë pas qejfeve, qejfli.

pleat [pli:t] *n,v* -*n* 1.palë(fundi etj). -*vt* i bëj pala.

pleb [pleb] *n* shih **plebeian**.

plebe [pli:b] *n* student i ri(në shkollë ushtarake).

plebeian [pli'bi:ën] *n,adj* -*n* 1.*hist* plebé, njeri i vegjëlisë.2.njeri i pagdhendur/vulgar. -*adj* 1.i vegjëlisë, plebé.2.i pagdhendur, vulgar.

plebiscite ['plebësait, 'plebësit] *n pol* plebishit, referendum.

plebs [plebz] *n hist* plebejtë, vegjëlia.

pled [pled] *pt,pp* e **plead**.

pledge [plexh] *n,v* -*n* 1.peng, garanci; **leave sth as a pledge** lë diçka si garanci.2.premtim, zotim; **be under a pledge of secrecy** jam zotuar të ruaj fshehtësinë.3.shenjë, kujtim; **as a pledge of love** në shenjë dashurie.4.dolli, shëndet.5.*amer* rishtar, student në periudhë prove(para pranimit në një shoqatë). + **take the pledge** *gj.fol* jap fjalën se heq dorë nga pija.

-*vt* 1.premtoj, marr zotim; **pledge sth/to do sth** premtoj diçka/të bëj diçka; **pledge support for sb** marr në ngarkim dikë.2.vë në be, i marr fjalën; **pledge sb to secrecy** i marr fjalën dikujt se do ta ruajë të fshehtën.3.lë peng.4.ngre një shëndet/dolli.

pledgee [ple'xhi:] *n* pengmarrës.

pledger ['plexhë:] *n* penglënës.

Pleiades ['pli:ëdi:z, 'plajëdi:z] *n astr* Plejada(yllësi).

Pleistocene ['plaistësi:n] *n gjeol* pleistocen, epoka e akullnajave.

plenary ['pli:nëri, 'plenëri] *adj* 1.i plotë; absolut. 2.*pol* plenar, i të gjithë anëtarëve(sesion).

plenipotentiary ['plenëpë'tenshëri] *adj,n* -*adj* i plotfuqishëm, fuqiplotë. -*n* ambasador/përfaqësues fuqiplotë.

plenitude ['plenëtju:d] *n* 1.plotësi; tërësi; kulm. 2. bollëk.

plenteous ['plentiës] *adj* shih **plentiful**.

plentiful ['plentëfël] *adj* i bollshëm; **be in plentiful supply** është me bollëk.

plentifully ['plentifëli] *adv* boll, me bollëk.

plenty['plenti] *n,adj,adv* -*n* bollëk; **in plenty** me bollëk, me shumicë; **land of plenty** vendi i bollëkut; **plenty of** shumë, një mori; **I've got plenty of time to..** kam boll kohë për të..
-*adj* i mjaftueshëm; i bollshëm; **five dollars will be plenty** pesë dollarë janë të mjaftueshëm.
-*adv gj.fol* krejt, fare, plotësisht; **plenty good enough** fare mirë, fort mirë.

plenum ['pli:nëm, 'plenëm] *n* 1.*pol* plenum, mbledhje plenare.2.hapësirë e mbushur.3.plotësi.

pleonasm['pli:ënæzëm] *n let* pleonazëm.

plethora['plethërë] *n* 1.bollëk. 2.*mjek* vërshim gjaku. **plethoric**[ple'thorik] *adj* 1.i mbingarkuar, i tejmbushur.2.i fryrë; i ënjtur.

pleura['plu:rë] *n anat* pleurë.

pleurisy['plu:rësi] *n mjek* pleurit.

plexiglass['pleksëglæs] *n* pleksiglas.

plexus['pleksës] *n* 1.*anat* pleksus, sistem nervash; **solar plexus** pleksus solar.2.rrjet.

pliability[plajë'bilëti] *n* epje, përkulshmëri.

pliable ['plajëbël] *adj* 1.i epshëm, i përkulshëm.2. *fig* i përpunueshëm; elastik, që lëshon pe.

pliancy['plajënsi] *n* shih **pliability**.

pliant['plajënt] *adj* shih **pliable**.

plicate['plaikeit] *adj* i palosur si freskore.

pliers['plajë:z] *npl tek* pinca.

plight I[plait] *n* gjendje e vështirë, ngushticë; **the country's economic plight** gjendja e vështirë ekonomike e vendit.

plight II [plait] *v,n* - *vt* premtoj; **plight one's troth** a)*vjet* jap fjalën; b)premtoj për martesë.
-*n* premtim(solemn).

plimsoll['plimsol] *n Br* këpucë tenisi.

plink[plink] *v,n* -*v* 1.tingëllin, tringëllin.2.gjuaj (në shenjë).
-*n* tringëllimë.

plinth[plinth] *n ndërt* plintë; bazë(shtyllë); bazament.

PLO (shkurtim për **Palestine Liberation Organization**) Organizata për Çlirimin e Palestinës.

plod [plod] *v* 1.eci rëndë; çapitem me zor. 2.*fig* mundohem, dergjem në punë; **plod away at sth** i qepem diçkaje; **we must plod on** duhet të mbledhim forcat e të vazhdojmë.

plodder ['plodë:] *n* njeri i qepur, ngulmues, mundac, *fig* peshkop(pas librave).

plonk I [plonk] *vt* lëshoj rëndë; përplas, plandos, plas përdhe.

plonk II[plonk] *n Br gj.fol* verë e lirë.

plop[plop] *n,v,adv* -*n* pllum, pëlltum.
-*vi* bie pëlltum (guri në ujë); lëshohet, dystohet (njeriu në ndenjëse).
-*adv* pëlltum, pllum.

plosive['plouziv, 'plousiv] *adj,n gram* shpërthyes.

plot I[plot] *n,v* -*n* ngastër, copë toke; **a vegetable plot** kopësht perimesh.
-*vt* ndaj në ngastra.

plot II[plot] *n,v* -*n* 1.komplot, përbetim.2.*let, tea* subjekt, intrigë.3.hartë; skicë; planimetri.
-*v* 1.komplotoj, intrigoj.2.skicoj; bëj hartën e, hedh në hartë.3.shënoj(temperaturën etj), hedh në diagramë.4.*mat* a)përcaktoj vendndodhjen (e një pike) b)ndërtoj (vijën duke bashkuar pikat); c)paraqes grafikisht, ndërtoj grafikun (e ekuacionit).

plotter['plotë:] *n* komplotist, i përbetuar.

plough, *amer* **plow**[plau] *n,v* -*n* 1.plug, parmendë. 2.borëheqëse(makinë).3.**the Plough** *astr* Arusha e Madhe.
-*vt* 1.lëroj, plugoj.2.çan(anija).3.*fig* kridhem, zhytem (në libra).4.(**up**) shkul, çrrënjos.5.hap brazda, lë gjurmë(koha).6.rrëzoj (në provim).

+plough back riinvestoj.

+plough into *gj.fol* a)dyndet, hyn me forcë; b)i futem, i përvishem.

+plough under mund, vë përfund, dërrmoj.

+plough up lëroj.

ploughboy, plowboy['plauboi] *n*1.lërues, pendar. 2.djalë fshati.

ploughman, plowman['plaumën] *n* 1.lërues, pendar. 2.punëtor ferme; **ploughman's lunch** drekë e thjeshtë.

ploughshare['plausheë:] *n* plor.

plow[plau] *n* shih **plough**.

ploy [ploi] *n* 1.*gj.fol* dredhi, marifet, manovrim.2. *Br gj.fol* dëfrim, argëtim.

pluck [plʌk] *v,n* -*v* 1.këpus(lule).2.pickoj; *muz* bëj picikato.3. shpuploj, rrjep(pulën etj); shkul (qimet); **pluck one's eyebrows** shkul vetullat.4.(**at**) nduk, tërheq; **pluck at sb's sleeve** tërheq dikë për mëngë.5.*zhrg* grabis, qëroj. +**pluck up one's spirits /courage** marr zemër, mbledh forcat.
-*n* 1.pickim; ndukje.2.kuraje, zemër, guxim; **it took pluck to...** duhej guxim që të...3.të brendshme, përbrendësa.

pluckily['plʌkili] *adv* me guxim, me kurajë.

plucky['plʌki] *adj* trim, guximtar, i guximshëm.

plug [plʌg] *n,v* -*n* 1.tapë; shtupë.2.prizë.3.*aut* kandele.4.hidrant.5.*gj.fol* reklamë; **give sb/sth a plug** i bëj reklamë dikujt/diçkaje.6.duhan i ngjeshur (për të përtypur).7.*gj.fol* kalë i keq, gërdallë.9.karrem(për peshkim).
-*v* 1.mbyll, tapos.2.mbush(dhëmbin).3.(**in, into**) fus në prizë(një aparat elektrik); futet në prizë, merr korent.4.*zhrg* godas, qëlloj.5.*gj.fol* dergjem në punë. 6.*gj.fol* reklamoj, i bëj reklamë.

+plug away (at sth) i qepem diçkaje.

+plug in fus në prizë; futet në prizë, merr korent.

plug hat *n gj.fol* kapelë e lartë burrash.

plughole['plʌghoul] *n* vrimë shkarkimi.

plug-in['plʌgin] *n,adj* -*n* prizë.

-*adj* që vihet në prizë; **a plug-in light fixture** dri-ë/abazhur që punon me korent.

plug-ugly['plʌgʌgli] *n zhrg* kodosh, rufian.

plum[plʌm] *n,adj* -*n* 1.kumbull.2.*fig* gjë shumë mirë, llokum; **a real plum of a job** një punë që ta nuthësh. -*adj* 1. bojëvishnje. 2.*fig* i shkëlqyer.

plumage['plu:mixh] *n* pupla, pendë.

plumb [plʌm] *n,adj,adv,v* -*n* plumbç; **out of plumb, off plumb** jo pingul, jo në plumbç. -*adj* 1.pingul, vertikal.2.*gj.fol* i plotë; tërësor. -*adv* 1.pingul, vertikalisht, në plumbç.2.*gj.fol* plo-ësisht; në mënyrë tërësore. -*vt* 1.mas thellësinë; provoj me plumbç.2.*fig* i shkoj deri në fund, zbërthej; sondoj. + **plumb in** lidh me ubacionin e ujit(makinën larëse).

plumbago[plʌm'beigou] *n* grafit.

plumb bob *n* plumbç(pa fill).

plumber['plʌmë:] *n* hidraulik.

plumbing['plʌming] *n* 1.punë/zanat i hidraulikut. 2.sistem hidraulik(i godinës); pajisje hidraulike.

plumb line *n* fill i plumbçit.

plume[plu:m] *n,v* -*n* 1.pupël, pendë.2.xhufkë, tu-fë(në kapelë).3.shtëllungë(tymi). + **in borrowed plumes** *fig* pispillosur me gjëra të marra borxh. -*vt* 1.i vë pupla. 2.çukit / lëmon pendët (zogu). +**plume oneself on** mburrem, krenohem me.

plummet['plʌmit] *v,n* -*vi* 1.zhytet, kridhet, bie pi-ngul(zogu); lëshohet në pikiatë(avioni).2.bie befas (çmimi, temperatura, morali). -*n* plumbç; peshë.

plummy ['plʌmi] *adj* 1.kumbullash (aromë); me kumbulla(kek).2.*gj.fol* i mirë, i dëshirueshëm.3.i plo-të(zë).

plumose['plu:mous] *adj* me pupla; puplor.

plump I [plʌmp] *adj,v* -*adj* 1.i kolmë, i mbushur. 2.*fig* e fryrë(kuletë). -*vt* 1.mbush mirë(jastëkët etj).2.mbushet, shëndo-shet, buçkoset.

plump II[plʌmp] *v,n,adv,adj* -*v* 1.plandosem, bie rëndë.2.(**down**) lëshoj nga dora, plandos përdhe(den-gun).3.(**down**)*gj.fol* derdh, paguaj në vend. 4.*gj.fol* a)(**into**)futem, rrasem; (**out of**) dal vrik. +**plump for** jam për, përkrah fort; **plump up** rrah, shkund (dy-shekët etj). -*n gj.fol* plandosje; rrëzim; pëlltum. -*adv* 1.rëndë; befas.2.drejt, troç. -*adj* i drejtpërdrejtë, i hapët, troç.

plumy['plu:mi] *adj* 1.me pupla, me pendë.2.pup-lor.

plunder['plʌndë:] *v,n* -*v* grabis, plaçkis; përlaj. -*n* 1.plaçkë, pré. 2.grabitje, plaçkitje.

plunderer['plʌndërë:] *n* grabitës, plaçkitës, kusar.

plunge [plʌnxh] *v,n* -*v* 1.zhys; kredh; fus.2.*fig* zhys, hedh(në luftë, në errësirë); **be plunged into**

gloom by the news bie në të zeza nga lajmet e këqia; **plunge oneself into debt** mbytem në borxhe. 3. fu-tem; zhytem; **plunge into the crowd** futem në mes të turmës.4. ngul: **plunge a dagger into sb's chest** i ngul thikën në gjoks dikujt.5.bie(çmimi, kur-si).6.*zhrg* luaj kumar rëndshëm. -*n* 1.zhytje, kredhje.2.vend për t'u zhytur.3.notim.

plunger['plʌnxhë:] *n* 1.pompë lavamanesh.2.*tek* plunzher. 3.zhytës. 4.*zhrg* kumarxhi/spekulator i pa-përmbajtur.

plunging['plʌnxhing] *adj* e thellë, shumë e hapur (jakë); tepër dekolté.

plunk[plʌnk] *v,n,adv* -*vt* 1.i bie(një teli të instru-mentit).2.plas, plandos(librat mbi tryezë). -*n* plasje, plandosje; pëlltum. -*adv* plluq, pëlltum, si thes. +**plunk down** derdh(paratë), paguaj. +**plunk for** *gj.fol* mbroj, përkrah, votoj për.

pluperfect['plu:pë:fikt] *n,adj gram* e kryer e plotë.

plural['plu:rël] *adj,n* -*adj* 1.i shumëfishtë; **hav-ing plural citizenship** që ka disa shtetësi (per-son). 2.*gram* shumës, në numrin shumës. -*n gram* shumës; **in the plural** në shumës.

pluralism ['plu:rëlizëm] *n* 1. *pol* pluralizëm.2. mbajtje e disa detyrave/posteve (kishëtare).

pluralistic[plu:rë'listik] *adj* pluralist.

plurality[plu:'rælëti] *n* 1.*pol* shumicë relative (vo-tash).2.shumicë; mori; numër i madh.

pluralize ['plu:rëlaiz] *v* bëj shumës; shprehem në numrin shumës.

plurally['plu:rëli] *adv* në shumës.

plus[plʌs] *prep, adj,n,conj* -*prep* dhe, plus; **two plus three** dy edhe tre, dy plus tre; **intelligence plus experience** zgjuarësi dhe përvojë. -*adj* 1.plus, dhe më tepër; **his mark is B plus** ka marrë (notën) B plus.2.e mbledhjes(shenjë).3.*mat* pozitiv, më i madh se zero; **a plus quantity** madhë-si pozitive.4.shtesë, mbi-; **plus value** mbivlerë.5.*el* pozitiv, i ngarkuar pozitivisht. -*n* 1.shenja +, plus.2.shtesë; fitim.3.madhësi pozi-tive.4.*fig* veti pozitive, plus. -*conj* si dhe, gjithashtu.

plus fours *n* kilota, pantallona sportive deri te gjunjët, pantallona golfi.

plush[plʌsh] *n,adj* pelush. -*adj* 1.prej pelushi.2.luksoz.

plushy['plʌshi] *adj* 1.si pelush, i kadifenjtë.2.luk-soz (apartament etj).

Pluto['plu:tou] *n mit, astr* Plutoni.

plutocracy[plu:'tokrësi] *n* plutokraci.

plutocrat['plu:tëkræt] *n* plutokrat.

plutocratic[plu:të'krætik] *adj* plutokratik.

Plutonian [plu:'touniën] *adj* plutonik, skëterror, i ferrit.

Plutonic[plu:'tonik] *adj* 1.plutonik, skëterror, i ferrit.2.*gjeol* plutonik, i shkëmbinjve të thellësisë.

plutonium[plu:'touniëm] *n kim* plutonium, pluton.

pluvial['plu:viël] *adj* shiu, i shiut.

pluviometer[plu:'vjomëtë:] *n meteo* shimatës.

pluvious['plu:viës] *adj* me shi; shiu.

ply I [plai] *v* 1.punoj me, përdor(një vegël).2.ush-troj (një mjeshtri).3.*fig* mbys, bombardoj(me pyetje etj). 4.dend; **ply sb with drink** s'pushoj së ofruari pije dikujt.5.i bie kryq-e-tërthor, shkon e vjen nëpër (lumë anija); **ply for hire** vete-vij në pritje të klientëve; **ply between** bën rregullisht udhëtimin (ndërmjet dy vendeve).

ply II[plai] *n* 1.shtresë(e kompensatës).2.fill, fije(e kordonit).

plywood['plajwu:d] *n* kompensatë.

p.m. shkurtim për *lat* a) **post meridiem** pas-dite,mbasdreke; b)**post mortem** pas vdekjes.

P.M. shkurtim për **Prime Minister** kryeministër; **post meridiem** pasdite.

P/N, p/n shkurtim për **promissory note** dëftesë borxhi.

pneumatic[niu:'mætik] *adj* 1.pneumatik, që pu-non me ajër të ngjeshur; **pneumatic drill** çekiç pneumatik.2.që fryhet(me ajër); **pneumatic tire** go-më makine.

pneumatics [niu:'mætiks] *n fiz* pneumatikë, fizikë e gazeve.

pneumonia[niu:'mounië] *n mjek* pneumoni, e fto-hur.

pneumothorax [niu:mou'thoræks] *n mjek* pneu-matoraks.

poach I[pouç] *vt* ziej; **poached egg** vezë e zier pa lëvozhgë(direkt në ujë të valuar).

poach II[pouç] *v* 1.hyj pa lejë; gjuaj/peshkoj pa le-jë(në pronën e dikujt).2.*gj.fol* qëroj, përlaj; i vjedh idenë.3.shkel, bëj këmbë-këmbë(truallin e butë). 4.më zhytet këmba në baltë.5.llaçkavis. + **poach on sb's preserves** fus hundët në punët e tjetrit.

poacher['pouçë:] *n* gjuetar pa lejë.

pock[pok] *n,v* -*n* puçër; e vrarë lije.

-*v* 1.biron, bën gropa-gropa(lëkurën lija).2.hapet si farë e keqe.

pocket['pokit] *n,v* -*n* 1. xhep; **breast pocket** xhep i brendshëm; **have sb in one's pocket** *fig* e kam në xhep dikë.2.*attr* xhepi, i vockël; **pocket calculator** kalkulatriçe, makinë llogaritëse xhepi. 3.gropë, xhep(i tavolinës së bilardos).4.vend i futur, xhep(nëshkëmb etj).5.*gjeol* depozitim, xhep (mine-rali).6.*av* xhep/gropë ajri, zbrazëti. + **be in pocket** jam me fitim; **be out of pocket** shpenzoj, nxjerr para nga xhepi; humbas: **be $20 in/out of pocket** dal me 20 dollarë fitim/humbje; **go through/pick sb's pocket** i spastroj xhepat dikujt; **line one's pocket** i mbush xhepat mirë, bëj para.

-*vt* 1.fus/vë në xhep.2.rrethoj, mbyll(dikë diku). 3.

ndrydh, përmbaj; **pocket one's pride** e ndrydh sed rën, e frenoj veten.4.gëlltis(fyerjen). 5.përlaj, përve tësoj(paratë).6.fus(bilën) në gropë.

pocketbook ['pokitbuk] *n* 1.libër xhepi. 2.kuletë portofol.3.bllok shënimesh.4.çantë dore, kuletë.5.*fig* xhep, mundësi financiare; **too expensive for her pocketbook** tepër i shtrenjtë për xhepin e saj.

pocketful['pokitful] *n* një xhep(sa nxë xhepi).

pocketknife['pokitnaif] *n* brisk xhepi, biçak.

pocket money *n* pare xhepi.

pocket-size['pokit'saiz] *adj* i vogël, xhepi.

pockmark['pokma:k] *n,v* -*n* gropëz(në lëkurë); e vrarë lije.

-*vt* mbush me vrima/gropëza(lëkurën).

pockmarked['pokma:kt] *adj* me gropëza, me vri-ma; e vrarë lije(fytyrë).

pod I[pod] *n,v* -*n* 1.*bot* bishtajë.2.*tek* mbulesë, mbështjellëse. 3. *av* e ndarë, rezervuar(nën krah).

-*vi* prodhon/lidh bishtaja

pod II[pod] *n* 1.tufëz zogjsh.2.tufë e vogël bale-nash/fokash.

podagra[pë'dægrë] *n mjek* podagër, cermë e këm-bës, përdhes.

podgy['poxhi] *adj* trashaluq, rrumaduc.

podiatrist[pou'dajëtrist] *n mjek amer* pedikyrist.

podiatry[pë'dajëtri] *n mjek amer* pedikyrë, mje-kim i shputave(kallove etj).

podium['poudiëm] *n* 1.podium.2.*ndërt* bazament, xokol(muri).

podzol['podzol] *n gjeol* podzol, tokë e shpëlarë e zonave subpolare.

poem['pouëm] *n* poemë.

poesy['pouësi:] *n vjet* poezi.

poet['pouit] *n* poet.

poetaster['pouitæstë:] *n* pseudopoet, poet i keq.

poetess['pouitis] *n* poete, poeteshë.

poetic[pou'etik] *adj* poetik(edhe *fig*).

poetical[pou'etëkël] *adj* poetik.

poetics[pou'etiks] *n* poetikë.

poetry['pouitri] *n* poezi.

pog(e)y ['pouxhi] *n,adj* -*n amer zhrg* 1.ndihmë materiale për të papunët, lëmoshë.2.zyrë e ndihmës. 3.banesë për të varfër. +**on the pogey** në ndihmë, me ndihmë(nga shteti).

-*adj* varfanjakësh, i falur(send); **pogey boots** çizme të falura(nga ndihma sociale).

pogrom[pou'grom, 'pougrëm] *n* pogrom, masakër.

poignancy['poiniënsi] *n* mprehtësi; intensitet, for-cë (e dhimbjes etj). + **the poignancy of the speech** karakteri prekës i fjalimit.

poignant['poiniënt] *adj* 1.therës; prekës; nxitës; **poignant story** tregim prekës; **poignant criticism** kritikë therëse.2.djegës, pikant.

point[point] *n,v* -*n* 1.*gram,mat,gjeog* pikë; **dec-imal point** presje dhjetore; **5 point 6** 5 presje 6; 5

pikë 6; **from all points of the compass** nga të katër anët e botës. 2.vend; çast; shkallë; pikë; **the point where we turned around** vendi ku u kthyem; **at that point** në atë çast; **up to a point** deri në njëfarë pike/ shkalle; **from that point on** që nga ai çast; **boiling/freezing point** pikë e vlimit/e ngrirjes; **point of view** pikëpamje.3.majë(gjilpëre, lapsi etj); **on points** në majë të gishtave(balet); **at the point of a gun** nën kërcënimin e grykës së pushkës. 4.*sport, fin* pikë; **win on points** fitoj (ndeshjen) me pikë. 5.detaj, hollësi; **answer a question point by point** i përgjigjem pyetjes me hollësi.6.tipar, veti; **one's good points** vetitë e mira të dikujt.7.kuptim; thelb; çështje, argument;qëllim; **I missed the point of his talk** nuk e mora vesh ku e kishte fjalën; **I don't see /get the point** s' e kap, nuk i bie në të për se është fjala; **that's the whole point!** pikërisht!, kjo është e gjitha! **get off the point** dal nga tema; **keep/stick to the point** nuk dal nga tema; **make one's point** paraqes argumentet e mia; **miss the whole point** nuk marr vesh kurrgjë. 8.*gjeog* kep. 9.*polig* pikë. 10.*Br* hek vend shkëmbimi binarësh. 11.*Br el* prizë. 12.*aut pl* points platina. + **at the point of** pranë, afër, gati në: **at the point of death** afër vdekjes; **beside the point** jashtë teme; pa vend; **in point** me vend; në fjalë: **the case in point** çështja në fjalë; **in point of** që i përket, në lidhje me; **in point of fact** në të vërtetë, ç'është e vërteta, në fakt; **make a point** bind të tjerët; **make a point of (doing sth)** i jap rëndësi të veçantë; **on the point of (doing sth)** gati duke, në të(ikur etj); **strain/stretch a point** a)e shkel, bëj një përjashtim(nga rregulli); b)kaloj kufirin, e teproj; **to the point** me vend, i përshtatshëm. -*v* 1.vë pika, pikësoj.2.theksoj, i jap forcë. 3.drejtoj (revolen, zorrën e ujit); tregoj me gisht; **point the car at the garage door** drejtoj makinën për te porta e garazhit; **point one's finger at sb** tregoj me gisht dikë.5.tregon, të çon tek; **everything points to him being guilty** të gjitha faktet tregojnë se ai është të fajtor; **this points to the fact that** kjo flet për atë se...; **the signboard points north** shigjeta në tabelë tregon veriun.6.*ndërt* mbush me llaç(hapësirat midis tullave).7.*mjek* formon majë(puçrra). 8.mpreh (lapsin).

+**point off** shënoj me pika, pikëzoj; **point out** tregoj, nxjerr në pah; përmend.

+**point up** theksoj, nënvizoj, nxjerr në pah.

point-blank ['point'blænk] *adj,adv* -*adj* 1.nga afër(gjuajtje); **at point-blank range** nga afër.2.e drejtpërdrejtë, direkte, e befasishme (pyetje).3.i prerë, kategorik(refuzim). -*adv* 1.drejt e në trup, nga afër(qëlloj me revole etj). 2.prerë, prerazi(refuzoj).

point duty *n* shërbim i rregullimit të trafikut.

pointed['pointid] *adj* 1.i mprehtë; me majë.2.*fig* e mprehtë(vërejtje); i dukshëm, i spikatur; i theksuar; **in a pointed manner** në mënyrë sinjifikative.

pointedly['pointidli] *adv* me ton plot nënkuptim.

pointer ['pointë:] *n* 1.tregues; shigjetë; akrep(sahati etj). 2.shkop, stekë(për të treguar vendet në hartë etj).3.langua, zagar.4.*gj.fol* sugjerim; këshillë; **give sb some pointers on** i jap dikujt disa këshilla për.5. shenjë, e dhënë; **it was a pointer to the guilty man** ishte një e dhënë që të çonte te fajtori.

pointilist['pwantëlist] *n* piktor puantilist(që pikturon me njollëza pikësore).

point lace *n* punë(dantellë) me grep.

pointless['pointlis] *adj* i kotë; pa kuptim.

point of honour *n* çështje nderi, punë sedre.

point of order *n pol* çështje proceduriale.

point of view *n* pikëpamje.

poise[poiz] *n,v* -*n* 1.qëndrim, mbajtje e trupit. 2. drejtpeshim, ekuilibër; vetëpërmbajtje. -*vt* 1.drejtpeshoj, ekuilibroj. 2. ruaj drejtpeshimin; marr qëndrim, qëndroj; **poise yourself on your toes** qëndro në majë të gishtave; **be poised to attack, for the attack** jam gati për sulm.

poison['poizën] *n,v,adj* -*n* helm(edhe *fig*); **they hate each other like poison** e urrejnë njëri-tjetrin për vdekje; **what's your poison?** çfarë pi ti? -*vt* helmoj(edhe *fig*); **poison sb's mind against sb** hedh helm te dikush për dikë/kundër dikujt. -*adj* i helmët, helmues; **poison gas** gaz helmues; **poison arrow** shigjetë me helm.

poisoning['poizëning] *n* helmim; **die of poisoning** vdes nga helmi.

poison ivy *n bot* urth kanadez, dredhëz Kanadaje.

poisonous['poizënës] *adj* i helmët, helmues(edhe *fig*); **poisonous ideas** mendime shumë të dëmshme; **poisonous tongue** fjalë plot helm; **poisonous coffee** kafe e pështirë.

poison-pen['poizënpen] *n* letër e ndyrë/fyese/kërcënuese; letër anonime.

poke I[pouk] *v,n* -*v* 1.shpoj; **poke sb in the ribs** shpoj dikë në brinjë(me bërryl etj).2.fus; **poke one's head in the window** fus kokën nga dritarja. 3.trazoj (zjarrin me mashë).4.*gj.fol* qëlloj, godas, ia vesh(me grusht).5.*fig* fus hundët.6.hap, shpoj (vrimë).

+**poke about/around** gërmoj(nëpër sirtarë etj); këqyr, bubrroj(nëpër dyqan); **poke along** eci me përtesë, zvarritem: **poke along at 40 kilometers per hour** zvarritem me 40 km në orë; **poke out** a)i nxjerr (syrin); b)del, shpërthen (dhëmbi). -*n* 1.shpim, goditje(me bërryl); shtytje.2. trazim (i zjarrit).3.njeri i ngathët; përtac.4.strehë kapele.

poke II[pouk] *n* thes. + **buy a pig in a poke** blej derr në thes.

poke III[pouk] *n* kapelë me strehë, kasketë.

pokelogan ['pouklougën] *n amer* pellg me ujë të ndenjur.

poker I['poukë:] *n* mashë; shkullojë.

poker II['poukë:] *n* poker (lojë bixhozi).

poker face *n* fytyrë e padeshifrueshme, fytyrë pokeristi; njeri i padepërtueshëm.

pok(e)y I['pouki] *adj* 1.i ngathët, i ngordhur (kalë).2. i vogël, i ngushtë(vend).3.i keq, i dobët (prodhim).

pok(e)y II['pouki] *n zhrg* burg.

pokily['poukily] *adv* 1.me ngathtësi, si i ngordhur. 2. ngushtë, rrasur e plasur.

pol[pol] *n zhrg* politikan.

Polack['poulok, 'poulæk] *n* 1.(me përçmim) *zhrg* polak, amerikan me origjinë polake.2.*vjet* a)polak; b)mbreti i Polonisë.

Poland['poulënd] *n gjeog* Poloni; **in Poland** në Poloni.

polar['poulë:] *adj* 1.*gjeog, fiz* polar; **polar wind** erë polare; **polar orbit** orbitë polare(e satelitit).2.*kim* i jonizueshëm.3.*fig* i kundërt; **good and evil are polar elements** e mira dhe e keqja janë kategori të kundërta.

polar bear *n* ari i bardhë, ari polar.

polar front *n meteo* front atmosferik polar.

Polaris[pou'læris] *n astr* Ylli Polar.

polarity[pou'lærëti] *n fiz, kim, pol* polaritet.

polarization['poulërë'zeishën, - rai'zeishën] *n fiz, kim, pol* polarizim.

polarize['poulëraiz] *v* 1.polarizoj.2.polarizohet.

Polaroid['poulëroid] *n* Polaroid(markë filmash e aparatesh fotografike); **Polaroids** syze me xham Polaroid.

polder['poldë:] *n* vend kënetor i mbyllur me pendë.

pole I[poul] *n,v* *-n* 1.shtyllë; **telephone pole** shtyllë telefoni. 2.shtizë (flamuri). 3.hu (gardhi). 4.tub, shkop (perdesh).5.shufër; shtagë.6.purtekë(njësi matëse = 5 m).7.njësi sipërfaqeje(= 25 m²).

-vt shtyj me shtagë(varkën në lumë).

pole II [poul] *n gjeog, astr, fiz, fig* pol; **North/South Pole** Poli i Veriut/i Jugut; **Pole Star** Ylli polar; **poles apart** *fig* krejt të kundërt; në antipode.

Pole[poul] *n* polak.

poleaxe['poulæks] *n,v* *-n* hanxhar.

-vt qëlloj/vras me hanxhar.

polecat['poulkæt] *n* 1.*zool* qelbës.2.*fig amer* njeri i keq/i neveritshëm.

polemic[pë'lemik] *n,adj* *-n* polemikë.

-adj polemizues.

polemical[pë'lemëkël] *adj* polemizues.

polemicist[pë'lemësist] *n* polemist.

polemist[pë'lemist] *n* polemist.

polestar ['poulsta:] *n* 1.*astr* Ylli Polar.2.*fig* parim udhëheqës.3.*fig* qendër(interesi etj).

pole vault[vo:lt] *n sport* kërcim me shkop.

pole-vault['poulvo:lt] *vi sport* kërcej me shkop.

police [pë'li:s] *n,v* *-n* polici; forca policore; **join the police** futem në polici.

-vt ruaj(rendin); mbaj nën kontroll(tifozët në stadium); patrulloj(nëpër rrugë).

police constable, police officer *n* polic.

police court *n drejt* gjyq i policisë, gjyq me juridiksion të kufizuar.

police dog *n* qen policie.

police force *n* polici, forca të policisë.

police inspector *n* oficer policie, inspektor policie.

policeman[pë'li:smën] *n* polic.

police record *n* dosje(e personit) në polici; **have a police record** kam dosje në polici, kam precedentë penalë.

police state *n* shtet policor.

police station *n* rajon policie(i një qyteti, lagjeje).

police superintendent *n* shef i rajonit të policisë.

policewoman[pë'li:swumën] *n* police.

policy I ['polësi] *n* 1.politikë; linjë veprimi; **it's a matter of policy** është çështje parimesh; **foreign policy** politikë e jashtme.2.mençuri; maturi; zhdërvjelltësi; **bad policy** mungesë mençurie.

policy II ['polësi] *n* policë, dëshmi, dëftesë; **insurance policy** policë sigurimi; **take out a policy** lidh /nënshkruaj një kontratë sigurimi.

policyholder['polësi:'houldë:] *n* i siguruar.

poliomyelitis, polio['poulioumajë'laitis, 'poliou] *n mjek* poliomielit.

polish ['polish] *v,v* *-v* 1.lustroj; shkëlqej.2.merr lustër; **this leather polishes well** kjo lëkurë merr mirë lustër.3.(**away, off**) fshij, heq me furçë. 4.*fig* (**up**) lëmoj, përmirësoj(një dorëshkrim etj); rafinoj, perfeksionoj(sjelljen). + **polish off** *gj.fol* u jap fund (pijeve); u jap rrugë(punëve).

-n 1.lustër, krem, xhelá(këpucësh).2.dyllë (mobiliesh).3. shkëlqim; **have a very high polish** ka shumë shkëlqim.4.manikyr(thonjsh).5. finesë, elegancë.6.lustrim; **give sth a polish** i jap një të lustruar.

Polish['polish] *adj,n* *-adj* polak, polonez.

-n 1.polak.2.polonisht.

polished['polisht] *adj* 1.i lëmuar(gur); i lustruar. 2.*fig* i lëmuar; i rafinuar; elegant.

Politburo[pë'litbju:rou] *n pol* Byro Politike(në disa vende ish-komuniste).

polite[pë'lait] *adj* 1.i sjellshëm, i edukuar; **it's not polite to do that** nuk është edukatë/nuk e lejon edukata të veprosh kështu; **be polite to sb** tregohem i sjellshëm me dikë.2.i lëmuar, me finesë.

politely[pë'laitli] *adv* 1.me edukatë; njerëzisht. 2. me finesë.

politeness[pë'laitnis] *n* mirësjellje, edukatë, njerëzi, sjellje e hijshme.

politic['polëtik] *adj* 1.i mençur, me mend.2.i hollë,

finok, dinak.

political [pë'litëkël] *adj* politik; **political offence** krim politik; **political economy** ekonomi politike; **political asylum** strehim politik; **political prisoner** i burgosur politik.

politically [po'litikli] *adv* politikisht.

politician [polë'tishën] *n* 1.politikan.2.burrë shteti.

politicize [pë'litësaiz] *v* 1.politizoj(zgjedhësit,problemet). 2.bëj politikë, flas për politikë.

politicization [pë'litësai'zeishën] *n* politizim.

politick ['polëtik] *vi* bëj politikë; bëj propagandë (për të marrë vota).

politico [pë'litikou] *n gj.fol përb* politikan.

politics ['polëtiks] *n* 1.politikë; **talk politics** flas për politikë; **go into politics** merrem me politikë.2. bindje, opinion; **what are his politics?** çfarë bindjesh ka, me cilën anë është ai?

polity ['polëti] *n* 1.organizatë politike.2.qeveri.3.sistem qeverimi.4.shtet.

polka ['poulkë] *n,v* -*n muz* polka.
-*vi* kërcej polka.

polka dot *n* pikël(në qëndisje).

polka-dotted ['poulkëdotid] *adj* me pikla(basme).

poll [poul] *n,v* 1. votim, votime; zgjedhje; **take a poll on sth** votoj për/hedh në votë diçka; **a defeat at the polls** humbje në zgjedhjet/në votime. 2.qendër votimi; **go to the polls** a)shkoj të votoj; b)shpall zgjedhjet(qeveria).3.vota; **they got 40% of the poll** ata morën 40% të votave.4.votues; pjesëma-rrje në votim; **there was a poll of 90%** pati një pjesëmarrje prej 90%.5.listë zgjedhësish.6.sondazh; **take a poll** bëj një sondazh(në publik).7.kokë, tepe.   -*vt* 1.marr(vota); **poll a record vote** marr një nu-mër rekord votash.2.votoj, hedh votën.3.bëj son-dazh(të opinionit publik).4.pres,   shkurtoj   (brirët); qeth(leshin); krasis(degët).

pollen ['polën] *n bot* pjalm, polen, endëz.

pollinate ['polëneit] *vt* pllenoj, polenizoj.

pollination [polë'neishën] *n* pllenim, pjalmim.

polling ['pouling] *n* votim, votime; **polling has been heavy** pati një pjesëmarrje të lartë në votimet.

polling booth *n* kabinë votimi.

polling station *n* qendër votimi.

polliwog ['poliwog] *n zool* fulterëz, larvë bretkose.

pollster ['polstë:] *n* sondues(i opinionit publik), or-ganizues sondazhi.

poll tax *n* taksë lokale, taksë votimi.

pollutant [pë'lu:tënt] *n* ndotës(atmosferik etj).

pollute [pë'lu:t] *vt* 1.ndot (ajrin etj).2.*fig* përdhos; prish, shthur, zvetënoj.

pollution [pë'lu:shën] *n* 1. ndotje. 2.ndotës.3.*fig* përdhosje; njollosje; prishje, shthurje.

pollywog ['poliwog] *n* shih **polliwog**.

polo ['poulou] *n sport* 1.polo(lojë "futbolli" mbi kuaj). 2.vaterpolo("futboll" në ujë).

polonaise [polë'neiz] *n muz* 1.poloneze(valle, mu-zikë).2.xhaketë grash; **polo neck sweater** fanellë me jakë të lartë; triko me jakë golf.

polonium [pë'louniëm] *n kim* polonium.

poltroon [pol'tru:n] *n* frikacak, frikash, burracak.

poly- ['poli] *pref* shumë-, poli-; **polyglot** shumë-gjuhësh(fjalor etj).

poly ['poli] *n Br* shkurtim për **polytechnic**.

poly bag *n Br* çantë/qese plastmasi.

polychrome ['polikroum] *adj,n* -*adj* polikromatik, me shumë ngjyra.
-*n* 1.punim artistik në disa ngjyra.2.kombinim disa ngjyrash.

polyclinic [poli'klinik] *n* poliklinikë.

polyester [poli'estë:] *n kim,teks* poliester.

polyethylene [poli'ethëli:n] *n kim* polietilen.

polygamist [pë'ligëmist] *n* poligamist; poligam (person me disa bashkëshortë njëherësh).

polygamy [pë'ligëmi] *n* poligami.

polyglot ['poliglot] *adj,n* -*adj* 1.poliglot, që njeh di-sa gjuhë.2.disagjuhësh, në disa gjuhë(fjalor).
-*n* 1.poliglot, njeri që njeh disa gjuhë.2.libër i shkru-ar në disa gjuhë.3.përzierje e disa gjuhëve.

polygon ['poligon] *n mat* shumëkëndësh.

polygonal [pë'ligënël] *adj* shumëkëndësh.

polygraph ['poligræf] *n* 1.poligraf; detektor gënje-shtrash.2.pantograf i shumëfishtë(që bën disa kopje njëherësh).3.*fig* shkrimtar llafeshumë.

polyhedron [poli'hi:drën] *n mat* shumëfaqësh, poli-edër.

polymath ['polimæth] *n* dijetar, person me njohuri enciklopedike.

polymer ['polimë:] *n kim* polimer.

polymerization [polimerë'zeishën] *n kim* polime-rizim.

polymerize ['polimëraiz, pë'limëraiz] *vt kim* poli-merizoj.

Polynesia [poli'ni:zië] *n gjeog* Polinezi.

Polynesian [poli'ni:zhën] *adj,n* -*adj* polinezian, i Polinezisë.
-*n* 1.polinezian, banor i ishujve të Polinezisë. 2.gju-hë e polinezianëve.

polynomial [poli'noumiël] *n, adj mat* -*n* polinom.
-*adj* polinomial.

polyp ['polip] *n zool, mjek* polip.

polyphonic [poli'fonik] *adj muz* polifonik, shumë-zërash.

polyphony [pë'lifëni] *n muz* polifoni.

polysyllabic [polisë'læbik] *adj gram* shumërro-kësh.

polysyllable ['poli'silëbël] *n gram* fjalë shumërro-keshe.

polytechnic [poli'teknik] *adj,n* -*adj* politeknik.
-*n Br* shkollë(e lartë) politeknike.

polytheism ['polithiizëm] *n* politeizëm, besim në

disa zotër.

polytheist['polithiist] *n* politeist.

polytheistic[polithi'istik] *adj* politeist.

polythene *Br*, **polyethylene** *amer* ['polithiin; po-li'e thëliin] *n kim* polietilen.

polythene bag *n* qese plastmasi.

polyurethane[poli'juërithein] *n kim* poliuretan.

polyvalence [poli'vælëns] *n* 1. *kim* polivalencë. 2. *mjek* spektër i gjerë veprimi(i vaksinës).

polyvalent[poli'veilënt] *adj* 1.*kim* polivalent, me shumë valenca.2.*mjek* me spektër të gjerë veprimi(vaksinë).

polyvinyl[poli'vainël] *adj kim* polivinilik.

polyvinyl chloride *n kim* polivinilklorid, PVC.

pom[pom] *n zhrg* (i Australisë) anglez.

pomace['pʌmis] *n* 1.pulpë molle.2.bërsi.

pomade[po'meid] *n* melhem, pomadë.

pomander [pë'mændë:] *n* kokërr/rruzull lëndësh aromatike.

pome[poum] *n* frut i familjes së mollës(mollë, dardhë, f tua).

pomegranate['pomgrænit] *n* shegë.

Pomeranian[pomë'reiniën] *adj,n gjeog -adj* po-meranez, i Pomeranisë.
-n 1.pomeranez, banor i Pomeranisë.2.qen pome-ranez(i vogël e leshgjatë).

pommel['pomël, 'pʌmël] *n,v* *-n* 1.kokë, mollëz (bastuni etj). 2.hundëz, pjesë e ngritur(e shalës së kalit).
-vt rrah, zhdëp me grushta.

pomology[pë'molëxhi] *n* pemëtari, kultivim i fru-tave.

pomp[pomp] *n* madhështi, salltanet, shkëlqim; po-hë, bujë.

pompom, pompon['pompom; 'pompon] *n* xhuf-kë, tufëz(në kapelë, këpucë etj).

pom-pom['pompom] *n* mitraloz kundërajror.

pomposity [pom'posëti] *n* madhështi; salltanet; shkëlqim; pompozitet.

pompous ['pompës] *adj* 1.i fryrë, tërë salltanet; pompoz(fjalim, stil etj).2.i kapardisur, i fryrë.

poncho['ponçou] *n* ponço, velenxë(me vrimë për kokën); mushama(e çiklistëve etj).

pond[pond] *n* liqen i vogël, hurdhë, pellg.

ponder['pondë:] *v* mendoj; bluaj në mendje; pe-shoj; **ponder on/over sth** vras mendjen për diçka; bluaj në mendje/sjell ndër mend diçka.

ponderable ['pondërëbël] *adj* 1. i peshueshëm; i matshëm.2.i vlerësueshëm, që mund të çmohet.

ponderosity[pondë'rosëti] *n* rëndesë, peshë.

ponderous['pondërës] *adj* 1.i rëndë(shumë).2.ka-ba. 3.*fig* i peshuar, me peshë(fjalë, gjykim).

ponderousness ['pondërësnës] *n* shih **pondero-sity**.

pond lily *n* zambak uji.

pong[pong] *n,v Br gj.fol -n* erë e keqe, kutërbim.
-vi bie erë të keqe, kutërbon, qelb.

pone[poun] *n amer* bukë misri.

pongee [pon'xhi:] *n* pëlhurë mëndafshi e ver-dheme.

poniard['ponië:d] *n* shish, kamë.

pontifex['pontëfeks] *n* shih **pontiff**.

pontiff['pontif] *n* 1.Papë.2.peshkop.3.prift i lartë; kryeprift.

pontifical[pon'tifëkël] *adj,n* *-adj* 1.papnor, i pa-pës.2.peshkopal.3.*fig* i fryrë; i kapardisur; pompoz. *-n* zak *pl* veshje ceremoniale(e peshkopëve, kardi-nalëve)

pontificate[pon'tifëkeit; pon'tifëkit] *n,v* *-n* ponti-fikat, post i Papës, peshkopit.
-vi 1.predikoj; mbaj meshë.2.*fig* (**about, on**) predi-koj.

pontil['pontël] *n* tub/kallam(çeliku) i qelqfryrësit.

pontoon [pon'tu:n] *n* 1.lundër fundrrafshët; trap. 2. ponton, platformë lundruese.3.mbështetëse të hi-droplanit(që e mbajnë mbi ujë).

pontoon bridge *n* urë lundruese, urë e përkoh-shme mbi trape/lundra.

pony['pouni] *n* 1.kalush, kalë i vogël.2.*gj.fol* go-tëz.3.*zhrg* kalë vrapimi.4.përkthim fjalë-për-fjalë.

pony express *n amer hist* shërbim postar me ko-rierë mbi kuaj.

ponytail['pouniteil] *n* bishtkali(model flokësh).

pony-trekking['pouni'treking] *n* shetitje/ekskursi-on me kuaj.

pooch[pu:ç] *n zhrg* qen.

pood[pu:d] *n* pud(masë ruse = 16,4 kg).

poodle['pu:dël] *n* qen qimedredhur.

poof [pu:f] *n,interj* *-n Br* (përbuzëse) pederast pasiv.
-interj uf!(përçmim, neveri).

pooh[pu:h] *interj, n* uf!(përçmim, neveri).

Pooh-Bah['pu:'ba:] *n* 1.tip i fryrë.2.person me di-sa nëpunësi të dorës së dytë.

pooh-pooh[pu:'pu:] *v,interj* *-vt* përçmoj; qesën-dis; tallem, vë në lojë(dikë).
-interj uf!(përçmim).

pool I[pu:l] *n* 1.pellg(uji, gjaku).2.vaskë.3.pishinë.

pool II[pu:l] *n,v* *-n* 1.bilardo(me 16 bila).2.arkë e përbashkët, fond i përbashkët.3.(të poker etj) tokë (shuma e grumbulluar në tryezë).4.rezervë(të ho-llash, mallrash, fuqie punëtore); burim(idesh,përvo-je).5.ekip(specialistësh); **typing pool** sektori i dakti-lografisë, daktilografistët.6.park(makinash).7. lloto-sport, lloto; **do the football pool** luaj në lloto.7.*ekon* shoqëri, ortakëri; koncern; *amer* trust.
-vt 1.mbledh, grumbulloj; bashkoj(paratë, përpjek-jet etj).2.formoj ekip; bëj ortakëri, ngre një shoqëri.

poolroom['pu:lru:m] *n* sallë bilardoje.

poop I[pu:p] *n,v* *-n* 1.kuvertë e pupës, kuvertë e

pasme(e anijes).2.*vjet* pupë.

-*vt* mësyn(dallga) mbi pupë.

poop II[pu:p] *v zhrg* rraskapis; rraskapitem; **the last dance pooped me out** kërcimi i fundit më këputi fare.

pooped[pu:pt] *adj gj.fol* i këputur, i rraskapitur, i mbaruar.

poor[puë:] *adj,n*   -*adj* 1.i varfër, i vobekët; **as poor as a church mouse** trokë, pykë në diell.2.i shkretë, i gjorë; për të ardhur keq; **the poor child hurt himself** u vra/u lëndua fëmija i shkretë; **it's a poor thing when...** është për të ardhur keq kur... **you poor thing!** i gjori ti! **you poor fool!** hajde budallë, hajde!3.i keq (shëndet, kuzhinier etj); i dobët (rezultat, të korra); e varfër(tokë); i pakët (shans); **be poor at maths** jam i dobët në matematikë; **be a poor traveller** nuk para i duroj udhëtimet; **be a poor loser** nuk e përballoj me dinjitet humbjen; **have a poor chance of recovery** ka pak shanse të përmirësohet.

-*npl* **the poor** të varfërit, varfanjakët.

poor box *n* kuti ndihmash për varfanjakët.

poorhouse['puë:haus] *n hist* strehë vorfnore.

poor law *n hist* ligj i ndihmës për të varfërit.

poorly['puë:li] *adv,adj*   -*adv* 1.keq; dobët; varfërisht; **a poorly furnished apartment** apartament i mobiluar varfërisht; **a poorly paid job** punë e paguar keq/pak.2.në varfëri; **be poorly off** jam ngushtë nga gjendja.

-*adj gj.fol* pa qejf, jo fort mirë nga shëndeti; **I feel /I'm a bit poorly today** sot s'para ndihem mirë.

poor relation *n* kushëri i varfër.

poorness['puë:nis] *n* rëndomësi, mediokritet.

poor-spirited ['puë:'spirëtid] *adj* 1. i varfër nga shpirti.2.i strukur, i frikur; i ngordhur, pa iniciativë.

pop I[pop] *v,n,adv*   -*v* 1.plas, pëlcet, bën puf (tollumbaci, misri kokoshkë etj). 2.bëj pufka, pjek kokoshka.3.kërcen, kërcet (tapa e shishes).4.ia beh, hyj befas; dal papritmas; hidhem(për diku); **he just popped upstairs** u ngjit lart për një çast; **let's pop round to Mark's** kalojmë pak nga Marku; **pop to the shop** hidhem një vrap nga dyqani.5. dalin jashtë, zgurdullohen(sytë); **her eyes popped with surprise** zgurdulloi sytë nga habia. 6.rras, fus me shpejtësi(diçka në gojë etj); *zhrg* dëndem(me drogë etj). 7.vesh, hedh (krahëv etj). 8.*gj.fol* qëlloj, shtie. 9. nxjerr; **he popped his head out of the window** ai nxori kokën nga dritarja.+ **pop the question** *gj.fol* i propozoj për martesë.

+**pop in** hidhem një vrap(diku).

+**pop off** *zhrg* a)kris e iki; b)palosem, më zë gjumi; c)cof, vdes, kruspullosem; d)ia plas, s'e mbaj më(një ankesë etj).

+**pop up** shfaqem, ia beh.

-*n* 1.kërcitje; puf; **go pop** kërcet(tapa etj).2.krismë

(arme).3.pije freskuese me gaz.

pop II[pop] *adj,n zhrg*   -*adj* popullor.

-*n* pop(muzikë, art).

pop II[pop] *n gj.fol* babi, babá.

pop art *n* art pop.

popcorn['popko:n] *n* kokoshka, pufka(misri).

pope[poup] *n* papë.

popeye['poupai] *n* sy i dalë.

popeyed['poupaid] *adj* me sy të dalë, sygërdoq.

popinjay ['popinxhei] *n* 1.llafazan, njeri bosh. 2. *vjet* papagall.

popish['poupish] *adj përb* prej pape.

poplar['poplë:] *n* plep.

poplar bluff *n amer* plepishtë.

poplin['poplën] *n teks* puplin.

popover['popouvë:] *n* kek; qahije e ëmbël.

popper ['popë:] *n* 1.pjekëse kokoshkash.2.sustë, pullë, sumbull.

poppet ['popit] *n* 1.*tek* mbyllëse vertikale, valvul zbritëse.2.*fig* vogëlushe, shpirt.

poppy['popi] *n,adj*   -*n* lulëkuqe.

-*adj* bojëlulëkuqe.

Poppy Day *n Br* Dita e Dëshmorëve.

poppycock['popikok] *n gj.fol* gjepura, dokrra.

popsicle['popsëkël] *n* akullore me lëng frutash.

pop singer *n* këngëtar (i muzikës) pop.

populace['popjëlis] *n* popull, masë; vegjëli.

popular ['popjëlë:] *adj* 1.që gëzon dashurinë e të gjithëve, popullor (**with**, me).2.i popullit; popullor; i thjeshtëzuar, i vulgarizuar; **popular science** shkencë e vulgarizuar; **popular music** muzikë popullore. 3.i kërkuar (produkt, artikull); i suksesshëm; **a popular song** këngë e suksesshme; **a popular colour** ngjyrë në modë.4. i përhapur, i gjerë(opinion etj); **by popular request** me kërkesën e masave të gjera.

popularity[popjë'lærëti] *n* popullariteti.

popularization['popjëlërai'zeishën] *n* 1.popullarizim; përhapje në masë.2.thjeshtëzim, vulgarizim.

popularize['popjëlëraiz] *vt* 1.e bëj popullor(dikë); bëj të modës, popullarizoj(një produkt, këngë etj). 2.vulgarizoj, thjeshtëzoj(për masat).

popularizer['popjëlë'raizë:] *n* popullarizues; vulgarizues(i një libri shkencor etj).

popularly['popjëlë:li] *adv* 1.gjerësisht, nga të gjithë; **the defendant was popularly believed to have been guilty** i akuzuari konsiderohej fajtor nga të gjithë njerëzit.2.popullorçe.

popular vote *n* vota e popullit, të gjithë votuesit.

populate['popjëleit] *vt* populloj; **densely populated** shumë i populluar, me popullsi të dendur.

population[popjë'leishën] *n* 1.popull, popullatë.2. popullim.3.*zool* popullatë.

population explosion *n* shpërthim demografik, rritje e furishme e popullsisë.

pop-up['popʌp] *adj* 1.automatik(pjekës).2.me figura që shpalosen(libër).

populous['popjëlës] *adj* i populluar dendur, shumë i populluar.

porage['porixh] *n* shih **porridge**.

porcelain['po:sëlin, 'po:slën] *n* 1.porcelan.2.enë/ artikuj porcelani.3.*attr* prej porcelani.

porch[po:ç] *n* 1.hyrje, sallon(në hyrje të godinës). 2.verandë; hajat.3.oborr para kishës.

porcine['po:sain, 'po:sën] *adj* derri, i derrit.

porcupine['po:kjëpain] *n zool* ferrëgjatë(lloj brejtësi si iriq).

porcupine fish *n* peshk-iriq, peshk gjëmbaç.

pore I[poë:] *vi* (**over**) 1.zhytem(në lexim, studim); studioj/shqyrtoj nga afër. 2.bie në të thella, meditoj. 3.*vjet* vështroj ngultas.

pore II[poë:] *n anat,bot* pore, vrimëz.

pork[po:k] *n* 1.mish derri; **pork chop** bërxollë derri.2.*zhrg amer* pare e shtetit(që përdoret për qëllime politike).

pork barrel *n zhrg amer* pare e shtetit.

porker['po:kë:] *n* derr majmërie.

porkpie['po:kpai] *n* 1.byrek me mish derri të grirë. 2.kasketë.

porky ['po:ki] *adj* 1.derri; si derr. 2.i dhjamosur, i shëndoshë.

porn[po:n] *n zhrg* pornografi.

pornographer[po:'nogrëfë:] *n* prodhues artikujsh pornografikë.

pornographic[po:në'græfik] *adj* pornografik.

pornography[po:'nogrëfi] *n* pornografi.

porosity[po:'rosëti] *n* porozitet.

porous['po:rës] *adj* poroz.

porousness['po:rësnis] *n* porozitet.

porphyry['po:fëri] *n gjeol* porfir.

porpoise['po:pës] *n zool* 1.derr deti; balenë grabitqare. 2.delfin.

porridge['po:rixh] *n* qull(tërshëre etj).

porringer['porënxhë:] *n* pjatë e vogël supe.

port I[po:t] *n* 1.port, skelë, liman; **come into port** hyn në port(anija).2.qytet-port.3.pikë hyrjeje(në një shtet), pikë doganore. 4.*fig* strehë; **any port in a storm** *fig* nevoja të detyron.5.*attr* i portit, portual.

port II[po:t] *n,v det,av* -*n* bord i majtë, anë e majtë; **to port** nga e majta, majtas; **port cabin** kabinë e(anës së) majtë; **on the port side** në anën e majtë (të anijes, avionit).

-*vi* kthehet/anohet majtas(anija, avioni).

port III[po:t] *n det* 1.dritare anësore e rrumbullakët.2.frengji(në anije, mur etj) për topat.3.kapak frengjie. 4.*tek* dritare ajrimi; e hapur, dalje, vrimë shkarkimi(avulli, uji etj).

port IV[po:t] *n,v* -*n* 1.qëndrim; mbajtje(e kokës, trupit).2.mbajtje(e pushkës) krahaqafë.

-*vt* mbaj krahaqafë.

port V[po:t] *n* porto(lloj vere).

portability[po:të'bilëti] *n* mbartshmëri, të qenët i mbartshëm, transportueshmëri.

portable['po:tëbël] *adj,n* -*adj* 1.i mbartshëm, i transportueshëm, portativ; dore; **a portable TV set** televizor portativ.2.*fin* i transferueshëm.

-*n* 1.radio dore; magnetofon portativ.2.klasë anekse (në oborr të shkollës).

portable pension *n* pension i transferueshëm, të drejta pensioni të transferueshme.

portacrib['po:tëkrib] *n amer* kosh(për foshnjat).

portage[po:'ta:zh, 'po:tixh] *n,v* -*n* 1.mbartje, transportim.2.tarifë tansporti.

-*vt* mbart, transportoj.

portal['po:tël] *n arkit* 1.portal. 2.portë/hyrje(tuneli).

portal-to-portal pay *n* pagë për kohën e rrugës (vajtje-ardhje nga porta e ndërmarrjes te vendi i punës).

Port-au-Prince[po:tëu'prins] *n gjeog* Port-o-Prins.

port authority *n* drejtori e portit.

porte-cochere [po:tkou'sheë:] *n* hajat, hyrje(ku ndalen karrocat a makinat).

portcullis[po:t'kʌlis] *n* grilë me shufra hekuri(për mbylljen e hyrjes së kështjellës etj).

port-monnaie['po:tmʌni] *n* kuletë, portofol.

portend[po:'tend] *vt* kumton, lajmëron, paralajmëron (stuhi etj).

portent['po:tënt] *n* shenjë, ogur, paralajmërim.

portentous[po:'tentës] *adj* 1.ogurzi, ndjellakeq.2.i habitshëm, i jashtëzakonshëm(veprim).3.i fryrë, që i jep rëndësi vetes.

porter I['po:të:] *n* hamall.

porter II['po:të:] *n* 1.portier, derëtar(hoteli etj).2. (në tren, avion) kamerier, shërbyes kabine.

porter III['po:të:] *n* birrë e zezë.

porterhouse['po:të:haus] *n* filetë kau.

porterhouse steak *n* shih **porterhouse**.

portfolio[po:t'fouliou] *n* 1.çantë(studenti). 2.dosje, mbajtëse aktesh.3.*pol* portofol, post ministri.4.*fin* portofol, aksione, tituj.

porthole['po:thoul] *n* 1.*det* dritare anësore, dritare kabine.2.frengji(në mur, në anët e anijes) për topat.

portico['po:tikou] *n ark* portik; hajat.

portiere[po:'tjeë:] *n* perde dere.

portion['po:shën] *n,v* -*n* 1.pjesë.2.porcion,racion (ushqimi).3.*drejt* pjesë(pasurie, trashëgimie). 4.prikë.5.*fig* short, risk, fat.

-*vt* 1.ndaj në pjesë, pjesëtoj.2.*drejt* i jap pjesën/prikën etj.

Portland cement *n* çimento portland.

portly['po:tli] *adj* 1.i shëndoshë, i mbushur, i bëshëm.2.*fig* i rëndë, hijerëndë.

portmanteau [po:t'mæntou] *n Br* baule, çantë udhëtimi për rroba.

portmanteau word *n gjuh* fjalë e përngjitur (psh

smog =smoke + fog).
port of call *n* 1.*det* port i ndërmjetëm, ndalesë(e anijes gjatë rrugës).2.*fig* vend(gjatë udhëtimit).
port of entry *n* pikë hyrjeje, pikë doganore.
portrait['po:trit, 'po:treit] *n* 1.portret.2.*let* portret, portretizim, përshkrim; **portrait painter** portretist.
portraitist['po:treitist] *n* portretist.
portraiture ['po:trëçë:, 'po:trë'çuë:] *n* 1.*let* përshkrim, portretizim.2.*pikt* bërje portretesh, mjeshtrie portretistit.3.portret; portrete.
portray [po:'trei] *vt* 1.*let* përshkruaj, portretizoj. 2. pikturoj; i bëj portretin, paraqes.3.*teat* interpretoj, luaj rolin e.
portrayal[po:'trejël] *n pikt, let* 1.portretizim, paraqitje, përshkrim.2.portret.
Portugal['po:tjugël] *n gjeog* Portugali.
Portuguese['po:çugi:z, po:çu'gi:z] *n,adj* -*n* 1.portugez.2.portugalisht, gjuhë portugeze.
-*adj* portugez.
Portuguese man-of-war *n* kandil deti.
pose I[pouz] *n,v* -*n* 1. qëndrim, pozicion; pozë; **strike a pose** marr pozë. 2.*fig* pozë, sjellje e shtirë; **it's only a pose** është e gjitha pozë; **take the pose of being an invalid** shtihem si i paaftë fizikisht.
-*v* 1.pozoj(për portret etj).2.fiksoj, vë në një pozicion të caktuar(objektin).3.hiqem, shtihem; **pose as a policeman** hiqem si polic. 4.bëj, paraqes, parashtroj; **pose a question** shtroj/bëj një pyetje.
pose II[pouz] *vt* hutoj, çorodis, shushas.
Poseidon[pë'saidën] *n mit* Poseidoni, perëndia i detit.
poser I['pouzë:] *n* pozues.
poser II ['pouzë:] *n* problem çoroditës/shushatës; pyetje e vështirë.
poseur['pozë:,*fr* pou'zë:] *n* njeri pozant, tip i shtirë.
posh [posh] *adj gj.fol* 1.për të qenë, për së mbari (lagje).2.elegant, shik(person, veshje, hotel, automobil etj).3.*Br* i shtresës së lartë.
posit['pozit] *vt* parashtroj; shtroj parimisht.
position[pë'zishën] *n,v* -*n* 1.pozicion; vend, vendndodhje; **be in/out of position** është/nuk është në vendin e duhur/e vet; **in a comfortable position** në një pozicion të rehatshëm; **in a reclining position** pjerrtas; e anuar(karrigia); gjysmë-i-shtrirë(njeriu). 2.*sport* vend, pozicion(në formacion); **what position do you play?** në çfarë pozicioni luan ti? 3. vend pune; post; **a position of trust** vend(pune) i besuar. 4.pozitë; gjendje; rang; **be raised to the position of captain** gradohem kapiten; **a man in his position** një njeri me një pozitë të atillë; **be in a position to do sth** jam në gjendje/e kam mundësinë për të bërë diçka; **be in no position to criticize** nuk më takon mua të bëj kritika; **put oneself in sb's position** e vë veten në vendin e dikujt.5.qëndrim; pikëpamje; **what is your position on this question?** cili është qëndri-

mi yt në këtë çështje? **take up a position on sth** marr/mbaj një qëndrim në lidhje me diçka.
-*vt* 1.vë në vend, rregulloj.2.*usht* vendos në pozicion. + **position oneself** zë vend.
positional[pë'zishënël] *adj* i pozicionit; pozicional.
positive ['pozëtiv] *adj,n* -*adj* 1.i sigurt, i padyshim të, i pamohueshëm; i vërtetë; **there is positive evidence that...**ka prova të sigurta se..; **he's a positive nuisance** ai është i padurueshëm,është një bezdi e vërtetë;**are you quite positive?**je plotësisht i sigurt? **I'm absolutely positive I put it back** jam krejt i sigurt se e vura në vend; **to my positive knowledge he...** nuk kam pikë dyshimi se ai...**are you sure? positive yes** je i sigurt? plotësisht! **positive progress has been made** është bërë një përmirësim i dukshëm; **it's a positive pleasure to do it** është vërtet kënaqësi të bësh një gjë të tillë; **he is a positive fool** është hajvan i tëri.2.i prerë, kategorik; **a positive refusal** kundërshtim i prerë.3.tepër i sigurt në vetvete; **her positive manner annoys people** sjellja e saj tepër e sigurt i bezdis njerëzit; **she is a very positive person** ajo është e zonja e vetes.4.pohues; pozitiv; **a positive answer** përgjigje pozitive;**positive attitude** qëndrim pozitiv; **we need some positive thinking** kemi nevojë për mendime konstruktive; **think positive!** mendo për mirë!, tregohu optimist! 5.*el, mat,mjek* pozitiv(numër, ngarkesë, analizë, rezultat etj).6.*gram* pohore(trajtë).
-*n* 1.*el* pol pozitiv.2.*gram* pohore(trajtë); **in the positive** në trajtën pohore.3.*mat* numër pozitiv, madhësi pozitive.4.*fot* pozitiv.
positively ['pozëtivli] *adv* 1.pozitivisht.2.prerazi, në mënyrë të prerë.3.konkretisht(ndihmoj); **think positively** mendoj për mirë/në mënyrë konstruktive.4.*gj.fol* krejtësisht, plotësisht(i bindur etj).
positivism['pozëtivizëm] *n filoz* pozitivizëm.
positron['pozëtron] *n fiz* pozitron.
posse['posi] *n amer* grup vullnetarësh të armatosur (në ndihmë të policisë).
possess[pë'zes] *vt* 1.zotëroj, posedoj, kam; **possess oneself of sth** shtie në dorë diçka; **all I possess** gjithë ç'kam; **be possessed of** kam në zotërim, posedoj; **possess one's soul, possess oneself in patience** armatosem me durim.2.kam; **it possesses several advantages** kjo ka disa të mira. 3.pushton(zemërimi, djalli etj); **like one possessed** si i xhindosur/i shkalluar; **be possessed with/by jealousy** më mundon xhelozia; **whatever can have possessed you?** ç'të zuri?, ç'pate?4.*vjet* marr; fitoj.
possessed[pë'zest] *adj*1.i pushtuar nga djalli; i xhindosur, *vjet* i djemnuem.2.i pajisur; **be possessed of great courage** jam i pajisur me guxim. 3.gjakftohtë, që e sundon veten, i qetë, i patrazuar.
possession[pë'zeshën] *n* 1.zotërim, posedim; pro-

nësi; **in possession of** në zotërim të, zot i, posedues i; **get possession of** shtie në dorë; **have sth in one's possession** kam diçka në zotërim/në pronësi; **take possession of a house** marr në pronësi një shtëpi; *sport* **get/have possession of the ball** zotëroj topin; **be in full possession of one's senses** jam krejt i kthjellët nga mendtë; **a house with vacant possession** shtëpi që mund të zihet menjëherë.2.pronë; pasuri; mall e gjë.3. vend/territor në zotërim. 4.vetëpërmbajtje.

possessive[pë'zesiv] *adj,n* -*adj* 1.i posedimit(instinkt).2.zotërues, posedues(karakter); **she is very possessive** ajo është një natyrë shumë dominuese; **be possessive about/towards sb** tregohem tepër dominues ndaj dikujt.3.*gram* pronor.
-*n gram* 1.pronor(emër, përemër); **possessive case** rasë gjinore.
possessive adjective *n gram* mbiemër pronor.
possessive pronoun *n gram* përemër pronor; mbiemër pronor.

possessor [pë'zesë:] *n* zotërues, posedues, pronar; **she is the proud possessor of a piano** ajo është e lumtur/krenohet që ka një piano.

posset ['posit] *n* pije e nxehtë me qumësht, birrë (ose verë) dhe erëza.

possibility[posë'bilëti] *n* 1.mundësi; shanse; **within the bounds of possibility** në kufijtë e së mundurës; **it's a distinct possibility** ka shumë mundësi; **if by any possibility** po qe se rastësisht, nëse ka ndonjë mundësi; **there is no possibility of their leaving** nuk ka asnjë mundësi që të ikin; **there is some/not much possibility of success** ka ca/nuk ka shumë shanse për sukses; **there is a possibility that I might come** nuk është krejt e pamundur që të vij. 2.rast; kandidaturë; **we must allow for the possibility that they may refuse** duhet të parashikojmë edhe rastin që ata mund të mos pranojnë; **she is a possibility for the job** ajo është një kandidaturë/kandidate e mirë për atë vend pune.3. perspektivë; **it's got possibilities!** duhet parë kjo punë!, ka perspektivë!

possible['posëbël] *adj,n* -*adj* i mundshëm, i mundur; **the only possible candidate** i vetmi kandidat i mundshëm; **it is possible that.../to...** ka mundësi që/që të...; **if it's at all possible** po qe se ka sadopak mundësi; **it will be possible for you to..** ti mund të...; **if possible** po qe e mundur; **as far as possible** me sa është e mundur; **as soon as possible** sa më shpejt(që të jetë e mundur); **what possible excuse can you have for...?** si mund ta justifikosh...?
-*n* 1.kandidat i mundshëm; **a list of possibles for the job** një listë e kandidatëve të mundshëm për atë vend pune/për atë punë; **a possible for next Sunday's match** kandidat për të luajtur në ndeshjen e së dielës.2.rezultat i shkëlqyer / 100%; **the marksman**

scored a possible on one target qitësi i mori të gjitha pikët e mundshme.

possibly ['posëbli] *adv* 1.(pohore)me sa është e mundur; aq sa kam në dorë; **all she could possibly do** gjithë ç'kishte në dorë; **as often as I possibly can** aq shpesh sa të kem mundësi; **if I possibly can** mjaft që të mos jetë e pamundur; **could you possibly..?** a ke mundësi të..2.(mohore) kurrsesi, në asnjë mënyrë; **I cannot possibly come** nuk mundem në asnjë mënyrë të vij; **how can I possibly allow it?** si mund ta lejoj unë një gjë të tillë? **it can't possibly be true!** s'është e mundur!, kjo s'është e vërtetë! 3.ndoshta, mbase, mundet; **possibly they have gone already** mbase kanë ikur tani.

possum ['posëm] *n zool* oposum. + **play possum** shtihem si i vdekur; bëj sikur jam në gjumë.

post I[poust] *n,v* -*n* 1.shtyllë; hu; **hitching post** shtyllë/hu për të lidhur kuajt.2.*sport* (**finishing/ starting**) pikë nisjeje, start; pikë mbërritjeje, finish (i garës); **be left at the post** *fig* mbetem në bisht.
-*vt* 1.(*zak* me **up**)ngjis, vë; ngul(shpallje; tabelë); "**post no bills**" "ndalohet ngjitja e shpalljeve". 2.njoftoj, shpall; **post a ship(as) missing** e shpall të humbur një anije.

post II[poust] *n,v* -*n* 1.post, vend(pune), ofiq, detyrë; **take up one's post** marr detyrën; **a post as a manager** një vend drejtori.2.*usht* post, vendrojë; **at one's post** në postin e vet(ushtari); **forward post** post i përparuar, avanpost.3.*usht* bori, sinjal; **last post** bori e   mbrëmjes; (në funerale) marsh i lamtumirës.
-*vt usht* 1.vë (rojë); **post guards at the door** vë roje te dera.2.çoj, caktoj në një repart.

post III[poust] *n,v,adv* -*n* 1.postë; zyrë poste; kuti poste; **send by post** çoj me postë; **I put it in the post yesterday** e postova dje; **take sth to the post** çoj diçka në postë.2.postë, letra(pako etj) të ardhura; **the post is lifted/collected at 8 a.m.** posta merret/ letrat merren (nga postieri) në ora 8 paradite; **has the post been/come yet?** ka ardhur posta sot? **is there any post for me?** ka ndonjë letër etj për mua? 3.postim; **post and packing** tarifë/pagesë e amballazhimit dhe e dërgimit.4.*vjet* postier. 5.format (letre) 40 X 50 cm.
-*vt* 1.çoj me postë, postoj; hedh në postë.2.udhëtoj me karrocë poste; *fig* udhëtoj me ngut, nxitoj. 3.informoj; **keep posted on current events** mbahem në korent të ngjarjeve, informohem për çdo gjë.4.*fin* fus/shënoj/kaloj (në librin e llogarive).
-*adv* me postë; me shpejtësi.

post-[poust] *pref* pas-, post-; **post-1990** pas 1990-ës, pas vitit 1990; **post-impressionist** post- impresionist(art).

postage['poustixh] *n* tarifë postare.
postage rates *n amer* tarifë postare.

postage stamp *n* pullë poste.
postal['poustël] *adj* postar.
postal card *n* shih **postcard**.
postal charges *n* tarifë postare.
postal code *n* kod postar(që i përgjigjet ndarjes zonale të qytetit); **the postal code of Mr. Smith is H3P 2K5.**
postal order *n* mandat postar, mandapostë.
postal services *n* shërbimi postar, postat.
postal station *n* zyrë poste, postë(lagjeje etj).
postal vote *n* votim me korespondencë.
postal worker *n* punonjës i postave; postier, letërshpërndarës.
postbag ['poustbæg] *n* 1.*Br* thes i letrave.2.letra, postë(që ka mbërritur).
post bellum *n lat* pas lufte.
post box *n* kuti poste.
postboy['poustboi] *n* 1.postier, letërshpërndarës. 2.karrocier, grahës kuajsh karroce(hipur mbi kalë).
postcard['poustka:d] *n* kartolinë; kartëpostale.
post chaise['poustsheiz] *n hist* karrocë udhëtimi.
postcode['poustkoud] *n Br* kod postar(shih edhe **postal code**).
postdate [poust'deit] *vt* 1.pasdatoj, i vë një datë të mëvonshme.2.pason(diçka tjetër), vjen më pas(si datë).
posted['poustid] *adj* 1.me shtylla.2.i informuar, në korent të gjërave.
poster ['poustë:] *n* 1.afishe; pllakat; reklamë. 2. ngjitës afishesh.
poste restante['pëust'resta:nt] *n* postë restante, postë në pritje.
posterior[pos'tiërië:] *adj,n* -*adj* 1.i pasmë, i prapmë.2.i mëpasmë; i mëvonshëm.
-*n gj.fol* prapanicë.
posterity[pos'terëti] *n* 1.brezat e ardhshëm.2.pasardhës(të dikujt).
postern['poustë:n, pos'të:n] *n,adj* -*n* 1.derë/portë e mbrapme.2.deriçkë.
-*adj* e pasme; e vockël(derë).
post exchange *n amer* dyqan për ushtarakët, dyqan i repartit.
postgraduate[poust'græxhuit] *n,adj* -*n* student pasuniversitar; student i ciklit të doktoratit.
-*adj* pasuniversitar; i doktoratit.
postfree['poust'fri:] *adj,adv* pa pagesë dërgimi.
posthaste ['poust'heist] *adv* me shumë shpejtësi, me shumë nxitim; fluturimthi.
post horse *n hist* kalë poste(kalë i marrë me qira për një etapë të udhëtimit).
posthumous['posçumës] *adj* 1.i lindur pas vdekjes së babait(fëmijë).2.*let* postum, i botuar pas vdekjes së autorit.3.postume, pas vdekjes(famë).
posthumously['posçumësli] *adv* pas vdekjes.
postie['pousti:] *n gj.fol* postier, letërshpërndarës.

postil(l)ion[pous'tiliën] *n* karrocier, grahës kuajsh karroce(hipur në kalë).
posting['pousting] *n* 1.postim, dërgim me postë. 2. *Br* emërim; **he got a posting to Madrid** u caktua /u emërua në Madrid.
postlude['poustlu:d] *n* 1.*muz* postlud, pjesë mbyllëse.2.*fig* mbyllje, fund(i një epoke etj).
postman['poustmën] *n* postier, letërshpërndarës.
postmark ['poustma:k] *n,v* -*n* vulë e postës.
-*vt* i vë vulën postare(zarfit etj).
postmaster['poustmæstë:] *n* përgjegjës poste.
Postmaster General *n* Ministër i Postave dhe Telekomunikacioneve; Drejtor i Përgjithshëm i Postë-Telekomunikacioneve.
postmeridian[poustmë'ridiën] *adj* i pasditës.
post meridiem[poustmë'ridiëm] *adv lat* pasdite, mbasdite, pas dreke (shkurtimisht: **P.M.** ose **p.m.**).
postmistress['poustmistris] *n* përgjegjëse poste.
postmortem[poust'mo:tëm] *adj,n* -*adj* pas vdekjes; **postmortem examination** autopsi.
-*n* autopsi; **hold a postmortem** bëj një autopsi; **carry out a postmortem on** i bëj autopsinë.
postnatal[poust'neitël] *adj* i paslindjes.
post-obit[poust'oubit] *n,adj* -*n* dëftesë borxhi(që do të shlyhet pas vdekjes së një personi nga i cili borxhliu pret të marrë një trashëgim).
-*adj* që zbatohet pas vdekjes së dikujt.
post office *n* 1.postë; zyrë e postës.2.zyrë e vogël postare(në një cep të një dyqani të madh).
post-operative[poust'opërëtiv] *adj mjek* pas operacionit(infeksion etj).
postpaid ['poustpeid] *adj* me tarifë postare të paguar.
postpone [pous'poun] *vt* shtyj, lë për më vonë; **postpone sth for a week/until Saturday** e shtyj diçka një muaj, e lë për të shtunën.
postponement[pous'pounmënt] *n* shtyrje(e afatit).
postpositive [poust'posëtiv] *adj,n gram* që vjen pas emrit(cilësor).
postprandial[poust'prændiël] *adj* pas drekës; pas darkës; **postprandial speeches** fjalimet e rastit pas drekës/darkës.
postrider['poustraidë:] *n hist* person/postier që udhëton me kuaj poste.
postscript ['pousskript] *n* 1.poshtëshënim(në letër).2.passhkrim; pasthënie; epilog.
postulant['posçëlënt] *n* kërkues, kandidat, personi që ka bërë lutje(për diçka).
postulate[*n* 'posçëlit; *v* 'posçëleit] *n,v* -*n* postulat.
-*vt* 1.marr si të mirëqenë; pranoj si postulat. 2.kërkoj, bëj lutje për.
posture ['posçë:] *n,v* -*n* 1.qëndrim, mbajtje e trupit; pozicion.2.*fig* qëndrim, sjellje; **his posture is very bad** qëndrimi i tij është shumë i keq.3.gjendje, situatë; **in the present posture of public affairs**

në gjendjen që janë sot punët/që është sot vendi.
-*v* 1.pozoj, marr një pozë.2.vë (në një pozicion të caktuar).3.*fig* pozoj, marr poza, shtihem.

posturing['posçëring] *n* pozë, shtirje.

postwar['poustwo:] *adj* i pasluftës.

posy ['pouzi] *n* 1.lule. 2.buqetë.3.*vjet* mbishkrim (brenda rrethit të unazës).

pot [pot] *n,v* -*n* 1.(gatimi) kusi, tenxhere; **pots and pans** kusi e tenxhere.2.(çaji) çajnik, ibrik. 3. (kafeje) ibrik.4.(prej balte) vorbë, poçe. 5.vazo; kavanoz. 6.kosh, shportë(për kapje karavidhesh etj). 7. *gj. fol* shumë e majme(parash); **pots of money** para me thes.8. (në bixhoz) pot, shumë e vënë njëherësh. 9.*zhrg* marihuanë, drogë.10.*zhrg* bark i dalë, plëndës, mullë. + **go to pot** shkatërrohem, rrënohem; **keep the pot boiling** *gj.fol* a)nxjerr jetesën; b)i vë punët në vijë.
-*vt* 1.vë në vazo(lule, fidan).2.fus në kavanoz (reçelin).3.qëlloj,vras(rosën etj).4.fus në gropë(bilën e bilardos).

potable['potëbël] *adj* i pijshëm.

potash['potæsh] *n kim* 1.potasë.2.potasium.3.kripë potasiumi.4.hidroksid potasiumi.

potassium[pë'tæsiëm] *n kim* kalium, potasium.

potassium permanganate *n kim* permanganat potasiumi.

potation [pou'teishën] *n* 1.pirje, të pirët.2.e pirë (sidomos pijesh alkoolike).

potato [pë'teitou] *n pl* -**es** patate; **mashed potatoes** pure patatesh.

potato beetle *n* buburrecë e patates, vrug i patates.

potato bug *n* shih **potato beetle**.

potato chips *n amer* 1.çipse (fletë të holla patatesh të skuqura, që hahen te ftohta).2.patate të skuqura.

potato crisps *n Br* çipse(shih **potato chips 1**).

potbellied['potbeli:d] *adj* 1.barkmadh, barkalec.2.i fryrë, me bark(send).

potbelly['potbeli] *n* bark i dalë, mullë.

potboiler ['potboilë:] *n gj.fol* vepër arti e bërë thjesht për para.

potbound ['potbaund] *adj* : **this plant is potbound** vazoja nuk bën më për këtë bimë.

potboy['potboi] *n* ndihmëskamarier(në bar), gotalarës.

pot cheese *n amer* gjizë.

potency['poutënsi] *n* fuqi, forcë(e ilaçit, argumentit etj); potencë, virilitet.

potent['poutënt] *adj* 1.i fortë, i efektshëm(ilaç,pije).2.i fuqishëm.3.viril, potent, i aftë seksualisht (mashkull).

potentate['poutënteit] *n* sundimtar i fuqishëm.

potential [pë'tenshël] *adj,n* -*adj* 1.i mundshëm, potencial; **a potential danger** rrezik i mundshëm.

2.(energji) potenciale.3.*fig* i fuqishëm(burrë shteti).
-*n* 1.mundësi; **have potential** ka të ardhme(firma, personi); **have/show great potential as...** premton shumë për...2.*el* potencial.

potential energy *n* energji potenciale.

potentiality[pëtenshi'ælëti] *n* mundësi, rezerva.

potentially [pë'tenshëli] *adv* në mundësi, potencialisht; **it is potentially dangerous** kjo mund të jetë me rrezik.

potentiate[pë'tenshieit] *vt* fuqizoj, forcoj.

potentiometer[pëtenshi'omëtë:] *n el* voltmetër.

potful['potful] *n* sasi e madhe; **he made a potful of money on that deal** ai bëri një dorë të mirë parash në atë tregti.

pothead ['pothed] *n amer* 1.balenë trupvogël. 2. *zhrg* i droguar, person i dhënë pas marihuanës.

pother['podhë:] *n,v* -*n* trazirë, rrëmujë; poterë.
-*vt* shqetësoj, trazoj; bëj rrëmujë.

potherb ['potë:b, 'pot'hë:b] *n* 1. barishte, perime barishtore(spinaq etj).2.erëz(majdanoz etj).

potholder['pothouldë:] *n* pece.

pothole ['pothoul] *n* 1.gropë(në rrugë, në shtrat të lumit). 2. shpellë e nëndheshme. 3.*amer* batak. 4. *amer* rezervuar, pellg/liqen artificial.

pothole trout *n amer* troftë e kultivuar në pellgje artificiale.

potholer ['pothoulë:] *n* speleolog, studiues shpellash.

potholing['pothouling] *n* eksplorim shpellash.

pothook['pothuk] *n* 1.çengel, kanxhë(në oxhak). 2.gremç(për të hequr kusinë nga zjarri).3.gremç, vizë në formë S-je(kur mësojmë të shkruajmë).

pothouse['pothaus] *n* tavernë, pijetore; mejhane.

pothunter ['pothʌntë:] *n* gjuetar që shkel rregullat; person që gjuan për të nxjerrë jetesën.

potion['poushën] *n* bar, ilaç, lëng, ekstrakt.

potlatch['potlæç] *n,v amer* -*n* 1.*hist* festim me shkëmbim dhuratash(tek indianët).2.festim me lojëra e valle; festë, mbrëmje argëtimi.
-*vi* 1.festoj.2.jap, dhuroj.

potluck ['potlʌk] *n* ushqim, të ngrëna; **take potluck** a)ha ç'më japin, ha ç'të gjej; b)marr ç'më del përpara; luaj me qarin.

potpie['potpai] *n* 1.byrek me mish.2.çorbë me droçka brumi.

potpourri [poupu'ri:, pou'puri:] *n* 1.lule të thara dhe erëza.2. *muz* potpuri.

pot roast *n* rosto (e zier në tenxhere të mbyllur).

potsherd['potshë:d] *n* copë vazoje të thyer.

pot shot *n* e shtënë kuturu; **take a pot shot at sth** qëlloj pa u matur.

pottage['potixh] *n* supë e trashë, çorbë.

potted ['potid] *adj* 1. i konservuar; në kavanoza (mish, peshk, perime etj).2.në vazo(lule).3.i kondensuar(qumësht).4.*zhrg* i dehur, i pirë, i rrumbullosur, tapë.

potter I['potë:] *n* poçar, vorbabërës.

potter II['potë:] *vi*(*amer* **putter**)1.sillem, vërtitem, sorollatem; **potter round the shops** vërtitem dyqaneve.2.bubërroj, merrem nga pak me punë; **potter about in the garden** bubërroj nëpër kopësht.

potter's field *n* varrezë e të varfërve.

potter's wheel *n* çark, rrotë e poçarit.

pottery ['potëri] *n* 1.fabrikë qeramike, punishte poçerie.2.artikuj qeramike, enë balte; **a piece of pottery** qeramikë; artikull/enë balte.3.qeramikë; poçari (arti, mjeshtria).

pottle ['potël] *n* 1.*vjet* masë lëngjesh = 2,2 l. 2.poçe /brokë 2,2- litërshe.

potty I['poti] *n gj.fol* oturak(për bebet).

potty-trained['poti'treind] *adj* i pastër, imësuar, që e bën nevojën në oturak.

potty II['poti] *adj* 1.i vockël, i papërfillshëm.2.*Br zhrg* i krisur, i lajthitur; **it's driving me potty** kjo po më luan nga mendtë; **be potty about sth** marrosem pas diçkaje.

pouch[pauç] *n,v* -*n*1.qese, qeskë(duhani). 2.çantë (postieri).3. kuletë. 4.*anat* xhep, trastë (e kangurit etj).5.vezme, gjerdan(fishekësh).6.*dip amer* valixhe diplomatike. 7.*anat* qeskë(nën sy).

- *v* formon qeskë.

pouchy['pauçi] *adj* si qese; me qeska.

pouf, pouff, pouffe[pu:f] *n* 1.pufe.2.flokë të fryrë (grash).3.cullufe.4.*Br gj.fol* pederast pasiv.

poulard[pu'la:d] *n* pulë majmërie(që i janë hequr vezoret).

poult[poult] *n* zogë; zog gjeldeti; zog fazani.

poulterer['poultërë:] *n* tregtar shpendësh, shpendshitës.

poultice['poultis] *n,v mjek* -*n* llapë, kataplazëm, sinapizëm.

-*vt* i vë llapë/kataplazëm/sinapizëm.

poultry['poultri] *n*: shpendë(shtëpijakë).

poultry farm *n* pulari; fermë shpendësh.

poultry farming *n* rritje shpendësh.

pounce I[pauns] *v,n* -*vi* 1.hidhet, vërvitet, i turret (bisha presë); sulet, lëshohet(skifteri). 2. *fig* turrem; **he pounced on my offer of help** ai s'priti ta nxirrja mirë nga goja fjalën se mund ta ndihmoja.

-*n* 1.hedhje, kërcim, vërvitje, turr; sulm i beftë.2. kthetër, çapua.

pounce II[pauns] *n,v* -*n* pudër(për tharjen e bojës së shkrimit në letër); pudër kopjative.

-*vt* pudros, shkëlqej me pudër(pergamenën).

pound I[paund] *n* 1.paund, funt, libër(njësi peshe = 454 g; për metalet e gurët e çmuar = 373 g).2.sterlinë, lirë; **one pound sterling** një sterlinë; **a one-pound note** kartëmonedhë 1-sterlinëshe.3.lirë turke, libaneze, sudaneze, egjiptiane, qipriote etj).

pound II [paund] *v,n* -*v* 1.qëlloj, godas.2.u bie

---

fort (tasteve të pianos, makinës së shkrimit etj); **he was pounding the piano** u binte tasteve si i çmendur; **pound out a letter on the typewriter** shtyp me tërbim një letër në makinë.3.rreh (dallga). 4. bombardoj, rrah me artileri. 5.shtyp(piperin), rrah(mishin, brumin).6.copëtoj; **pound sth (down) to pieces/to a pulp/to a powder** e grij, e copëtoj/e bëj pelte/e bëj pluhur diçka.7.rreh (zemra).8.bie, gjëmon (daullja).9. përplaset, shkapetet(dallga pas bregut).

-*n* 1.goditje; rrahje. 2.kërcitje; gjëmim.

+**pound at/on** a)trokas, i bie me grusht (portës); b) i turrem me grushta, i derdhem dikujt.

+**pound in/out** hyj/dal me hapa të rëndë; **pound the beat** a)bën xhiron e zakonshme (polici); b)*fig* jam polic i thjeshtë; c)*fig amer* mas rrugët duke kërkuar punë.

pound II [paund] *n* 1.vathë e bashkisë, qendër grumbullimi kafshësh të humbura(qen,mace etj).2. park grumbullimi makinash(të hequra nga bashkia për kundërvajtje në parkim).3.qerthull; vend izolimi.

poundage I ['paundixh] *n* 1.taksë/komision për çdo sterlinë ose funt(peshë).2.peshë në funt/paund.

poundage II ['paundixh] *n* 1.mbyllje në vathë(e kafshëve të humbura).2.pagesë për nxjerrjen nga vatha(të kafshës së humbur).

poundal['paundël] *n fiz* njësi force = 0,138 N.

pound cake *n* trishkë (ëmbëlsirë me masa të barabarta mielli, sheqeri e gjalpi).

pounder I['paundë:] *n* thërmues; shtypës(brumi).

-**pounder II**['paundë:] *n* (gjë) (disa-)funtëshe; **we caught a five-pounder in the lake yesterday** dje kapëm një (peshk) pesë-funtësh në liqen.

pound-foolish['paund'fu:lish] *adj* shkapërdar, dorëshpuar, **penny-wise and pound-foolish** i shtrenjtë në krunde e i lirë në miell.

pound sterling *n* sterlinë(monedhë e Britanisë së Madhe).

pour[po:, poë:] *v,n* -*v* 1.(**away, off**)derdh; zbraz, hedh; **let me pour you a drink** a të të hedh një gotë? **pour money into a project** hedh/investoj para në një projekt.2.derdhet; zbrazet; **the crowd poured out of the church** turma u derdh përjashta nga kisha; **come pouring in** a)futet me shkulme(uji); b) vërshojnë, vijnë me shumicë(letrat, njerëzit, makinat); **the sweat is pouring off you** je mbytur në djersë; **it's pouring (with rain)** po bie shi me rrëshekë.

-*n* 1.derdhje; zbrazje.2.shi i madh, shi me shtëmba.

+**pour in (capital)** investoj (kapitale).

+**pour out** a)hedh(një pije), mbush(një gotë); b)derdh (qumështin e prishur etj), zbraz (shishen etj); c)shfrej(dufin), shfaq(ndjenjat); zbraz(dertet, ankesat, një histori); **it never rains but it pours** e keqja s'vjen kurrë vetëm; **pour it on** *gj.fol* a)shkrij gjithë energjitë; b)*sport* e batërdis kundërshtarin(me gola etj).

pourboire[puë:'bwa:] *n fr* bakshish.

pout I[paut] *v,n -vi* 1.var buzët; var turinjtë, shfaq pakënaqësi.2.ënjtet, fryhet; del jashtë.

-n 1.varje e buzëve/e turinjve.2.zymtim, vrerosje.

pout II[paut] *n zool* peshk-mace.

pouter['pautë:] *n* 1.njeri turivarur.2.pëllumb i butë.

pouty['pauti] *adj gj.fol* turisëz, që var turinjtë.

poverty['povë:ti] *n*1.varfëri, skamje; **die in poverty** vdes i varfër; **live in poverty** jetoj në skamje; **the poverty of the soil** mospjelloria /shterpësia e tokës. 2.mungesë, mangësi; **poverty of ideas/resources** mungesë idesh/burimesh (natyrore, financiare).

poverty-stricken ['povë:ti'strikën] *adj* i skamur; trokë, pa një dysh.

P.O.W. shkurtim për **prisoner of war** rob lufte.

powder['paudë:] *n,v -n* 1.pluhur.2.(fytyre etj) pudër.3.barut. + **keep one's powder dry** *gj.fol* e mbaj barutin të thatë, rri në gatishmëri; **take a powder** *zhrg* iki, fryj, ua mbath; **he took a powder as soon as things got rough** ai fryu sapo u keqësua gjendja. *-vt* 1.bëj pluhur, pluhuroj, shtyp.2.pluhurohet.3.pluhuros; spërkas me pluhur.4.pudros(fytyrën).

powder blue *n* e kaltër(ngjyrë).

powder burn *n* djegje(në trup) nga baruti.

powder compact *n* pudërmbajtëse, kuti pudre.

powdered['paudë:d] *adj* i bërë pluhur, i pluhurzuar.

powdered milk *n* qumësht pluhur.

powdered sugar *n amer* sheqer pluhur.

powder flask *n hist* qese baruti; kuti baruti.

powder horn *n* bri për mbajtje baruti.

powder keg *n* 1.bucelë/fuçi baruti. 2.*fig* fuçi baruti, rrezik shpërthimi.

powder magazine *n* depo baruti.

powder puff *n* pufkë pudre, tufël puplash për pudrosje (fytyre).

powder room *n* banjë, dhomë tualeti(për gratë).

powdery['paudëri] *adj* 1.pluhuror, si pluhur. 2.i pluhurosur, i mbuluar me pluhur.3.i thërmueshëm, i pluhurzueshëm(dhé etj).

powdery snow *n* borë e imët.

power['pauë:] *n,v,adj -n* 1.forcë, fuqi.2.mundësi; aftësi; **all the help in my power** gjithë ndihmën që kam mundësi(të të jap); **he has great powers of concentration** ai ka aftësi të mëdha për t'u përqendruar; **it's beyond my power(s)** kjo është jashtë mundësive të mia.3.pushtet, autoritet, fuqi (ligjore), kompetencë; **be in power** jam në pushtet; **the powers that be** ata që kanë pushtetin; **Parliament has power to declare war** Parlamenti ka fuqi për të shpallur luftë.4.*pol* fuqi, shtet.5.*fiz* energji; fuqi; **cut off the power** ndërpres energjinë; **more power to your elbow!** o burra, jepi!, zoti ta shtoftë inatin!

6.*mek* mekanizëm i thjeshtë.7.*mat* fuqi; **a to the power (of) 3** a në fuqi të tretë, a³.8.fuqi, zmadhim(i teleskopit etj).9.*zak* **powers** perëndia, hyjnitë.

-vt jap/furnizoj me energji; **a boat powered by a motor** varkë me motor, motobarkë; **powered by jet engines** me motorë reaktivë.

-adj 1.me motor; **power steering** servotimon. 2.elektrik, me korent(trapan etj).3.korenti, energjie elektrike (konsum, linjë etj).

powerboat['pauë:bout] *n* motobarkë.

power brakes *n aut* servofren.

power cable *n* kabëll elektrik.

power cut *n Br* prerje/ndërprerje korenti.

power dive *n av* pikiatë me shtytje motorike.

power drill *n* trapan elektrik/me korent.

power-driven ['pauë:drivn] *adj* 1.me motor.2.me korent, elektrik.

powerful['pauë:ful] *adj* 1.i fuqishëm; i fortë (fizikisht).2.*fig* i fuqishëm(fjalim, aktor); i jashtëzakonshëm, i shkëlqyer(film etj).

powerfully ['pauë:fëli, 'pauë:fli] *adv* fort, fuqishëm; **be powerfully built** kam trup të fuqishëm.

power game *n* luftë për pushtet.

powerhouse['pauë:haus] *n* 1.central elektrik.2.*fig* person/ekip tepër dinamik; **a powerhouse of new ideas** *fig* burim i pashtershëm idesh të reja.

powerless ['pauë:lis] *adj* i pafuqishëm; i dobët; i paaftë; **be powerless in a matter** nuk kam kompetenca për një problem.

powerlessly['pauë:lisli] *adv* me pafuqi; **they looked on powerlessly** ata rrinin spektatorë.

power line *n* linjë e tensionit të lartë.

power loom *n* tezgjah(që punon) me korent/me avull/me ujë.

power mower *n* makinë për kositjen e barit.

power of attorney *n drejt* prokurë.

power pack *n el amer* bllok ushqimi.

power plant *n amer* 1.central elektrik.2.*aut* motor, grup i motorit.

power point *n Br* prizë elektrike.

power politics *n pol* politikë e forcës.

power saw *n* sharrë elektrike.

power sharing *n pol* ndarje e pushtetit.

power squadron *n* shoqatë e pronarëve të jahteve.

power station *n* central elektrik.

power steering *n aut* servotimon.

power structure *n pol* 1.ndarje e pushteteve. 2. njerëzit në pushtet.

power workers *n* punonjës të centraleve elektrike.

powwow['pauwau] *n,v -n* 1.kuvend i lëkurëkuqve.2.*fig* bisedë kokë më kokë.

-vi fig mbaj kuvend, kuvendoj.

pox[poks] *n mjek* 1.li. 2.sifilis. + **a pox on him!** *vjet* plasja i rëntë!

pozzolan(a), pozzuolana['pocëlën, pocë'la:në] *n* 1.*hist* hi vullkanik(përdorej për llaç).2.*miner* pucolan.

pp. shkurtim për **pages; past participle;** *muz* **pianissimo.**

p.p. shkurtim për *lat* **per procurationem** (me prokurë).

ppd. shkurtim për **prepaid; postpaid.**

ppr., p.pr. shkurtim për **present participle.**

P.P.S., p.p.s. shkurtim për *lat* **post postscriptum** (pasposhtëshënim, poshtëshënim i dytë); *Br* **Parliamentary Private Secretary.**

PQ *knd* shkurtim për **Parti Québécois**(Partia e Kebekut); **Province of Québéc**(Provinca e Kebekut).

PR shkurtim për *gjeog* **Puerto Rico.**

P.R., PR shkurtim për **public relations; proportional representation.**

praam[pra:m] *n* shih **pram I.**

practicability [præktëkë'bilëti] *n* 1.zbatueshmëri, realizueshmëri.2.kalueshmëri, mundësi kalimi(në një rrugë).

practicable ['præktëkëbël] *adj* 1.i zbatueshëm, i realizueshëm; **a practicable idea** një ide e realizueshme.2.i përdorshëm, i kalueshëm(shteg, rrugë).

practical ['præktëkël] *adj* 1. praktik; **he's very practical** ai është shumë praktik.2.i përdorshëm, praktik, i volitshëm; i realizueshëm; **for all practical purposes** për qëllime praktike; **a practical plan** plan i realizueshëm.3.faktik, i vërtetë; **a practical defeat** disfatë e vërtetë, praktikisht disfatë.4.që ushtron zanatin, që punon vetë; **a practical farmer** fermer që punon vetë.

practicality[præktë'kælëti] *n* 1.të qenët praktik. 2. realizueshmëri, zbatueshmëri.3.çështje praktike.

practical joke *n* shaka në kurriz të dikujt, rreng.

practical joker *n* hokatar, rrengaxhi.

practically['præktikëli] *adv* 1.gati, pothuaj, praktikisht; **we're practically home** pothuajse mbërritëm në shtëpi.2. në fakt, në të vërtetë, efektivisht; **they practically ran the show** shfaqjen e drejtonin ata në fakt. 3.në mënyrë praktike, me sens praktik.

practical nurse *n* infermiere pa diplomë, ndihmësinfermiere.

practice['præktis] *n* 1.praktikë; **in/into practice** në praktikë; **put sth into practice** vë në jetë diçka. 2.zakon; **it is the practice in Albania to...** në Shqipëri është zakoni që; **it's common practice** është bërë zakon; **it's not my practice to do so** unë nuk e kam zakon ta bëj këtë/të veproj kështu; **make a practice of going** ose **make it a practice to go** e bëj zakon që të shkoj.3.ushtrim; stërvitje; *teat* provë; **she didn't do her practice yesterday** dje ajo nuk i bëri ushtrimet; **target practice** ushtrim në qitje; **she does 3 hours' piano exercise a day** ajo ushtrohet në piano 3 orë në ditë; **football practice** stër-

vitje në fushë; **be out of practice** nuk kam bërë stërvitje, më ka zënë "ndryshku"; **practice makes perfect** noti mësohet në det.4.praktikë, profesion, punë; **go into practice** ose **set up in practice as a doctor/lawyer** (filloj të)ushtroj profesionin e mjekut/avokatit; **he is in practice in New York** ai e ka klinikën/ zyrën në Nju Jork.5.pacientë; klientelë; biznes; **he has a small/large practice** ai ka një numër të madh/të vogël pacientësh (mjeku); ai ka një klientelë të madhe/të vogël(avokati); **the dentist sold his practice** dentisti e shiti biznesin. 6.*drejt* procedurë.7.*attr* stërvitor, për t'u ushtruar.

practice exam/test provim pa notë.

practice teacher *n* kandidat-mësues.

practice teaching *n* praktikë pedagogjike.

practicum['præktëkëm] *n pl* **-cums**, **-ca** 1.punë laboratorike; praktikë(e studentëve).2.manual i praktikave laboratorike, praktikum.

practise, *amer* **practice**['præktis] *v* 1.praktikoj, ushtroj; praktikohem, ushtrohem; **practise playing the piano, practice on the piano** ushtrohem në piano; **practice law/medicine** ushtroj avokatinë/ mjekësinë; **I practised my English on her** e praktikoja anglishten me të.2.e kam si rregull/ e bëj zakon të; ndjek, zbatoj; shfaq, tregoj; **practise patience** tregoj durim; **practice charity** shfaq dhembshuri, tregohem përdëllimtar; **practise what you preach** zbatoj ato që thua/që predikon; **practice a method** ndjek një metodë.3. punoj si; **practise as a lawyer/a doctor** punoj si(jam)avokat/doktor; **my son practises in Canada** im bir punon si avokat /mjek/dentist në Kanada.4.*sport* stërvis; stërvitem.5. *vjet* intrigoj; komplotoj.6.*vjet* shfrytëzoj,përfitoj nga.

practised, *amer* **practiced**['præktist] *adj* 1.i sprovuar, i mësuar, me përvojë(shofer etj); **with a practised eye** me sy specialisti.2.prej mjeshtri (interpretim etj).3.me damkë(gënjeshtar).4. i mësuar me praktikë(zanat etj).

practising, *amer* **practicing**['præktising] *adj*1.që e ushtron profesionin(avokat etj).2.i rregullt (besimtar).3.aktiv(homoseksual).

practitioner [præk'tishënë:] *n* 1.profesionist(artist).2.mjek; **medical practitioner** mjek.

praetor['pri:të:, 'pri:to:] *n hist* pretor, gjykatës ilartë.

praetorian[pri'to:riën] *adj,n* -*adj hist* pretorian. -*n* 1.pretor, gjykatës i lartë. 2.rojë personale(e një komandanti ushtarak, e perandorit).

pragmatic(al) [præg'mætik(ël)] *adj* 1.pragmatik; praktik (njeri).2.shtetëror; shoqëror (aktivitet). 3.dogmatik.4.jozyrtar.5.i futur(tip).

pragmatic sanction *n* dekret perandorak.

pragmatism ['prægmëtizëm] *n* 1.prakticizëm, të qenët praktik.2.*filoz* pragmatizëm.

pragmatist['prægmëtist] *n* 1.njeri praktik. 2.*filoz*

pragmatist.

prairie['preri] *n* preri, stepë.

prairie chicken *n zool* gjel i egër, gjelegër.

prairie dog *n zool* qen prerie(një lloj brejtësi si ketër, që e bën strofullën nën dhe).

prairie oyster *n* 1.vezë që gëlltitet e gjallë ose me uthull(si ilaç).2.herdhe bualli(e gatuar).

prairie schooner *n* karrocë e mbuluar.

prairie wolf *n zool* ujk i stepës, kojotë.

praise[preiz] *n,v* -*n* 1.lëvdatë, lavdërim; **speak in praise of sb/sth** lavdëroj dikë/diçka.2.himn perëndisë; **praise be!, praise be to God!** Zoti qoftë lëvduar!, lavdi Zotit! + **damn with faint praise** i bëj një lavdërim të vakët, bëj sikur e lavdëroj; **sing the praise/praises of (sb/sth)** ngre në qiell(dikë,diçka).

-*vt* lavdëroj, lëvdoj; i thur lavde(zotit); **praise sb for sth/ for doing sth** lavdëroj dikë për diçka/për çka ka bërë.

praiseworthily['preizwë:dhili] *adv* në mënyrë të lavdërueshme.

praiseworthy['preizwë:dhi] *adj* i lavdërueshëm, për t'u lëvduar.

praline['pra:li:n] *n* kek me arra a bajame.

pram I[præm] *n Br* karrocë fëmijësh.

pram II[præm] *n* varkë me fund të rrafshët.

prance[præns] *v,n* -*vi* 1.ngrihet qirithi; hidhet,lodron (kali). 2.ngre kalin qirithi(kalorësi). 3.eci kapardisur, krekosem, kapardisem.4.kërcej, hidhem pupthi.

-*n* 1.kërcim.2.ngritje qirithi.3.krekosje, kapardisje.

prank I[prænk] *n* 1.rreng, shaka pa zarar, lojë; **a student prank** shaka studentësh; **play a prank on sb** i luaj një rreng/ ia punoj dikujt.2.harbim rinie, çapkënllëk.

prank II[prænk] *v* 1.stolis, zbukuroj, vesh bukur. 2. nxjerr në pah; mburrem, kërkoj të dukem.

prankish['prænkish] *adj* 1.shakatar, hokatar(tip). 2.për lojë, me shaka(veprim).

prankster['prænkstë:] *n* shakatar, hokatar, rrengaxhi.

praseodymium[preiziou'dimiëm] *n kim* praseodim(element).

prat[præt] *n zhrg* vithe; bisht; prapanicë, mollaqe.

prate [preit] *v,n* -*vi* grij kot, dërdëllis, llomotis; **prate on about sth** flas kodra pas bregu, s'pushoj së dërdëllisuri.

-*n* dërdëllisje, llomotitje.

pratfall ['prætfol] *n zhrg* 1.plandosje, rrëzim me mollaqe(i kllounit etj).2.gafë, qorollisje.

prattle['prætël] *v,n* -*vi* 1.dërdëllis, turtullis, llomotis, grij sallatë.2.ciçërin (foshnja).3.flet shatrapatra, fillon të flasë(fëmija).

-*n* 1.dërdëllisje, llomotitje.2.ciçëritje(e foshnjës).3. gurgullimë(e rrëkesë).

prawn[pro:n] *n,v* -*n zool* karkalec deti i kuq.

-*vi* gjuaj për/kap karkaleca deti.

prawn coctail *n* sallatë me karkaleca deti; majonezë karkalecash deti.

praxis['præksës] *n pl* **praxises, praxes** 1.praktikë, zbatim(i një shkence).2.zakon, praktikë e ngulitur.

pray[prei] *v* 1.i falem(zotit).2.lutem; **pray to God** i lutem zotit;**(for)** lutem (për dikë/diçka), lyp, kërkoj; **pray for forgiveness/for rain** i lutem zotit të më falë/lus zotin të bjerë shi.3.*vjet* ju lutem, të lutem; **pray be seated** uluni, ju lutem; **what good is that, pray?** *iron* a s'më thua, të lutem, ç'na duhet kjo? 4.lus; **I pray you** të lutem; **he prayed God to help him** ai i lutej zotit ta ndihmonte.

prayer[preë:] *n* 1.lutje; **say one's prayers** them lutjet, lutem(zotit); **our prayers were granted** lutjet na u pranuan/plotësuan.2.dëshirë; urim; **it's our earnest prayer that...** urojmë me gjithë shpirt që...3.*amer gj.fol* shans; **he didn't have a prayer** ai s'kishte as shansin më të vogël.

prayer book *n fet* libër lutjesh; Lutjesore.

prayerful['preë:fël] *adj fet* 1.i devotshëm, që lutet rregullisht.2.serioze(kërkesë).

prayer mat *n* qilim për lutje(i muslimanëve).

prayer meeting *n fet* seancë lutjesh.

prayer rug *n* shih **prayer mat.**

praying['preing] *n,adj* -*n* lutje.

-*adj* lutës; në formë lutjeje, me lutje.

praying mantis *n zool* murgeshë.

pre-[pri:] *pref* para-, pre-; **pre-glacial** paraakullnajor; **pre-1944** para 1944-ës.

preach [pri:ç] *v* 1.*fet* predikoj; mbaj(meshë).2.*fig* predikoj; i bëj moral, jap këshilla, rekomandoj; **preach at sb** i bëj moral dikujt; **preach to the converted** *fig* përpiqem të bind ata që janë bindur me kohë, i bie legenit.

preacher ['pri:çë:] *n* predikues, predikator; *amer* prift protestant, pastor.

preachify['pri:çëfai] *vi gj.fol* predikoj, u mbaj moral, moralizoj.

preaching['pri:çing] *n* 1.predikim.2.*përb* dërdëllisje.

preachment['pri:çmënt] *n* 1.predikim, të predikuarit.2.fjalim/predikim i lodhshëm.

preachy['pri:çi] *adj gj.fol* moralizues, që i pëlqen të predikojë.

preamble['pri:æmbël] *n* 1.hyrje, parashtresë(e një ligji etj).2.parathënie(libri).

prearrange[prië'reinxh] *vt* paracaktoj, paravendos,parapërgatis; **a prearranged signal** sinjal i caktuar që përpara; **a prearranged meeting place** vend mbledhjeje i fiksuar/planifikuar me kohë.

prearrangement [prië'reinxhmënt] *n* paracaktim; planifikim, parapërgatitje.

preassigned [prië'saind] *adj* i caktuar që përpara; **preassigned seats** vende të ndara me kohë.

prebend['prebënd] *n* 1.*fet* pagë, shpërblim(i klerikut).2.klerik me pagë.

prebendary['prebënderi] *n* klerik me pagë.

precarious [pri'keriës] *adj* 1.i pasigurt, me rrezik (investim, jetë).2.i dyshimtë, i pabazuar (konkluzion).

precariously[pri'kæriësli] *adv* me/në pasiguri, në gjendje pasigurie; në mënyrë të pasigurt/të dyshimtë.

precaution[pri'koshën] *n* masë paraprake; përkujdesje; parashikim; **as a precaution**për siguri, si masë paraprake; **take precautions** marr masa; **take the precaution of doing** kujdesem paraprakisht të bëj.

precautionary[pri'koshëneri] *adj* paraprak, parandalues; **as a precautionary measure** si masë parandaluese.

precede[pri'si:d] *vi* 1.paraprij. 2. jam epror, kam gradë më të lartë; **a major precedes a captain** majori është më lart(në gradë) se kapiteni.

precedence['presedëns, pri'si:dëns] *n* 1.paraprirje. 2. përparësi, prioritet; shkallë më e lartë rëndësie; gradë më lartë; **have/take precedence over sb** jam më lart(në gradë/rëndësi) sesa dikush; **this question must take precedence over the others** kësaj çështjeje i duhet dhënë përparësi mbi të tjerat.

precedency['presëdensi, pri'si:dënsi] *n* shih **precedence**.

precedent[*n* 'presëdënt, 'pri:sëdënt; *adj* pri'si:dënt, 'presëdënt] *n,adj* -*n* rast i mëparshëm, rast i kaluar, rast i ngjashëm; *drejt* precedent; **without precedent** pa precedent; i pangjarë ndonjëherë; *drejt* **act as /form a precedent** përbën një precedent; **set/ create a precedent** krijon një precedent.

-*adj* shih **preceding**.

preceding [pri'si:ding] *adj* i mëparshëm; paraardhës; i mësipërm(paragraf); **the preceding day** një ditë më përpara, të djeshmen e asaj dite.

precentor[pri'sentë:] *n fet* drejtues kori(në kishë).

precept['pri:sept] *n* rregull, normë; këshillë morale, porosi.

preceptor[pri'septë:] *n* mësues, edukator.

preceptorial[prisep'toriël] *adj* prej mësuesi.

precession[pri:'seshën] *n* preçedencë, përparësi.

precinct ['pri:sinkt] *n* 1.*zak pl* zonë, hapësirë, territor(i shkollës etj); **pedestrian precinct** ishull trafiku, zonë për këmbësorët.2.*zak pl* kufi.3.*amer* qark, sektor (policie); zonë (elektorale).4.**the precincts** rrethinat; lagjet e jashtme.

precinct captain *n amer* 1.*pol* shef seksioni i partisë në lagje.2.shef i rajonit të policisë të lagjes.

precinct cop *n amer* polic i lagjes.

precinct station *n amer* rajon policie i lagjes.

precinct worker *n amer* aktivist politik i lagjes.

preciosity[preshi'osëti] *n* spitullim; panatyrshmëri; manierizëm.

precious['preshës] *adj,adv,n* -*adj* 1.i çmuar, me vlerë; **don't waste precious time arguing** mos e humb kot kohën e çmuar me diskutime. 2. i dashur, i shtrenjtë; **your precious daughter** *iron* vajza jote e shtrenjtë.3.i spitulluar; i panatyrshëm, i shtirë. 4.*gj.fol* shumë i madh, i plotë; **a precious mess** rrëmujë e plotë.

-*adv* *gj.fol* shumë, tepër, fort; **precious little money** shumë pak para; **precious few** fort pak.

-*n* i dashur, shpirt; **my precious!** shpirti im!

preciously['preshësli] *adv* 1.shtrenjt.2.së tepërmi. 3.me kujdes të tepruar; me pedantizëm.

precious metal *n* metal i çmuar.

precious stone *n* gur i çmuar, xhevahir.

precipice ['presëpis] *n* 1.greminë, humnerë, hon; **fall over a precipice** bie në greminë.2. *fig* humnerë.

precipitance[pri'sipëtëns] *n* nxitim, ngutje; rrëmbim.

precipitancy[pri'sipëtënsi] *n* shih **precipitance**.

precipitant [pri'sipëtënt] *n, adj* -*n kim* agjent fundërrues, precipituos.

-*adj* 1.i beftë; shumë i shpejtë; i papritur (ndryshim).2.i ngutur, i nxituar, i rrëmbyer(veprim,njeri).

precipitate[pri'sipëteit; *adj*: pri'sipëtit] *v,adj,n* -*v* 1.shpejtoj, përshpejtoj(krizën etj).2.hedh, lëshoj teposhtë(një gur në mal).3.*kim* e bën të fundërrojë; fundërron, precipiton. 4.*meteo* kondenson(i ftohti avujt); kondenson, kondensohet.

-*adj* 1.i beftë; shumë i shpejtë; i papritur.2.i ngutur, i nxituar, i rrëmbyer; **precipitate actions** veprime të nxituara.

-*n kim* fundërresë, precipitat.

precipitately[pri'sipëtitli] *adv* nxitimthi, me ngut, me nxitim, rrëmbyeshëm.

precipitation[prisipë'teishën] *n* 1. shpejtim, përshpejtim(i ngjarjeve).2.nxitim, ngutje; vrull, rrëmbim. 3.hedhje, lëshim teposhtë(i një sendi).4. rënie, rrokullisje, gremisje.5.*kim* fundërrim, precipitim.6. fundërresë, precipitat.7.*meteo* reshje; shi; borë; sasi reshjesh.

precipitous [pri'sipëtës] *adj* 1. i rrëpirë, i thikët; **precipitous cliffs** shkëmbinj thikë.2.i ngutur, i rrëmbyer (njeri); i pamenduar(veprim).

precipitously[pri'sipitësli] *adv* thikë.

précis ['preisi, prei'si] *n, v* -*n* përmbledhje (libri, fjalimi, artikulli etj).

-*vt* përmbledh, i bëj një përmbledhje.

precise[pri'sais] *adj* 1. i saktë; **the precise sum** shuma e saktë.2.i kujdesshëm(shkrim).3. skrupuloz; pedant(njeri).4.pikërisht, tamam; **he gave me that precise book** ai më dha tamam atë libër.

precisely[pri'saisli] *adv* me saktësi, saktësisht; pikërisht; qartë;... **he said very precisely** ...tha ai qartë e shkoqur; **at 10 o'clock precisely** në ora 10 fiks, pikërisht në orën 10; **he said precisely**

nothing ai nuk tha absolutisht asgjë; **precisely!** pikërisht!, tamam ashtu është!

preciseness [pri'saisnis] *n* saktësi; përpikëri.

precision[pri'sizhën] *n* saktësi, precizion.

precision instruments *n* instrumente precize /të saktësisë së lartë.

precision-made[pri'sizhën'meid] *adj* preciz, i saktësisë së lartë, i precizionit të lartë.

preclude [pri'klu:d] *vt* 1. parandaloj, i dal para; pengoj, bëj të pamundur; **we are precluded from doing that** e kemi të pamundur ta bëjmë këtë. 2.s'i jap shkas, ia pres rrugën(dyshimit, keqkuptimit).

preclusion[pri'klu:zhën] *n* pengim, pamundësim; pengesë, pamundësi.

preclusive[pri'klu:siv] *adj* pengues, ndalues.

precocious[pri'koushës] *adj* 1.me zhvillim të parakohshëm, i pjekur para kohe(fëmijë).2.i hershëm, që piqet herët(frut).

precociously[pri'koushësli] *adv* para kohe.

precociousness[pri'koushësnis] *n* 1.zhvillim i parakohshëm.2.hershmëri(e frutit).

precocity[pri'kosëti] *n* 1.zhvillim i parakohshëm, pjekuri e parakohshme(e fëmijës).2.hershmëri(e frutit).

precognition[pri:kog'nishën] *n* 1.njohje paraprake; dijeni prej kohe.2.*drejt* pyetje paraprake e dëshmitarëve; dëshmi paraprake.

preconceive[pri:kën'si:v] *vt* formoj një ide/opinion që më parë; paramendoj.

preconceived[pri:kën'si:vd] *adj* i formuar që më parë(mendim); i paramenduar(plan); **preconceived idea** ide e formuar paraprakisht; paragjykim, paramendim.

preconception[pri:kën'sepshën] *n* paragjykim.

preconcert[pri:kën'së:t] *vt* rregulloj/merrem vesh që më parë.

preconcerted [pri:kën'së:tid] *adj* i paravendosur, i rregulluar që më parë(plan etj).

precondition [pri:kën'dishën] *n,v* -*n* parakusht, kusht paraprak
-*vt* 1. i vë kusht(dikujt); kushtëzoj(një marrëveshje etj). 2. parapërgatis.

precook[pri:'ku:k] *vt* pjek/ziej paraprakisht.

precursor[pri:'kë:së:] *n* 1.pararendës, paraardhës. 2.shenjë paralajmëruese.

precursory[pri:'kë:së:ri] *adj* 1.paraprake(vërejtje). 2. paralajmërues.

pred. shkurtim për **predicate**.

predacious[pri:'deishës] *adj* grabitqar.

predate [pri:'deit] *vt* 1.paradatoj, i vë një datë më të hershme(letrës etj).2.paraprin, vjen më përpara .

predation [pri:'deishën] *n* 1.pré; bërje pré. 2.*vjet* plaçkitje, grabitje.

predator ['predëtë:] *n* 1.grabitqar, kafshë grabitqare. 2.plaçkitës, grabitës, kusar.

predatory['predëto:ri] *adj* 1.grabitqar(kafshë).2. grabitës, plaçkitës(njeri); **predatory tramps** endacakë që plaçkisin njerëzit rrugëve.3.lakmitar, grabitqar(vështrim etj).

predecessor['pri:dësese:, 'predësesë:] *n* 1.paraardhës, pararendës.2.*vjet* stërgjysh, i parë.

predestinate[pri:'destëneit] *vt* paracaktoj; *fet* i paracaktoj fatin.

predestination[pri:destë'neishën] *n* 1.*fet* fat, caktim i fatit.2. paracaktim.

predestine[pri:'destën] *vt* paracaktoj; *fet* i caktoj fatin; **predestined to failure/to rule** i paracaktuar të dështojë; i caktuar nga fati për të sunduar.

predetermination['pri:ditë:mi'neishën] *n* 1.caktim paraprak/që më parë, paracaktim.2.*filoz,fet* paravendosje, predeterminim.

predetermine[pri:di'të:mën] *vt* 1. caktoj paraprakisht/që më parë(orën e mbledhjes etj).2.*filoz, fet* paravendos, predeterminon.

predicable['predëkëbël] *adj* i pohueshëm.

predicament[pri'dikëmënt] *n* gjendje e papëlqyer, gjendje e vështirë; gjendje e rrezikshme; **I'm in a real predicament!** a)nuk di fare nga t'ia mbaj; b)e kam shumë pisk; më është zënë koka me derë!

predicate[*n,adj* 'predëkit; *v* 'predëkeit] *n,adj,v* -*n* 1.*gram* kallëzues.2.*filoz* atribut.
-*adj gram* kallëzuesor, atributiv.
-*vt* 1.pohoj.2.presupozon.3.(**on, upon**) mbështes; **this is predicated on the fact that...** kjo mbështetet në faktin që...

predication[predë'keishën] *n* pohim.

predicative['predëkeitiv, pri'dikëtiv] *adj* 1.pohues. 2.*gram* kallëzuesor.

predict [pri'dikt] *vt* parashikoj, parathem; **the weather office predicts rain for tomorrow** shërbimi meteorologjik parashikon shi për nesër.

predictability[pri'diktë'bilëti] *n* parashikueshmëri, mundësi parashikimi.

predictable[pri'diktëbël] *adj* i parashikueshëm.

predictably[pri'diktëbli] *adv* siç mund të parashikohet/të pritet; **predictably, she didn't arrive** siç mund të pritej, ajo nuk erdhi.

prediction[pri'dikshën] *n* 1.parashikim; **weather prediction** parashikimi i motit.2.profeci.

predictive[pri'diktiv] *adj* parashikues; profetik.

predigest[pri:dai'xhest, pri:di'xhest] *vt* 1.paratres, i bëj tretje paraprake(ushqimit); **predigested food** ushqim i tretur pjesërisht.2. thjeshtëzoj, divulgoj.

predigestion['pri:dai'xhesçën, 'pri:di'xhesçën] *n* tretje e pjesshme paraprake.

predilection['pri:dë'lekshën, 'predë'lekshën] *n* pëlqim; parapëlqim, preferencë; **have a predilection for sth** parapëlqej/preferoj diçka.

predispose['pri:dis'pouz] *vt* 1.përgatis shpirtërisht, parapërgatis, predispozoj; **he is predisposed to be**

generous to his friends ai është i prirur për të qenë bujar me shokët.2.(**to**) ekspozoj, predispozoj(ndaj); **a cold predisposes a person to other diseases** një e ftohur e ekspozon njeriun ndaj/u çel rrugën sëmundjeve të tjera.3.nxjerr nga dora, heq, lëshoj.

predisposition['pri:dispë'zishën] *n* (**to, to do sth**) prirje, predispozicion(për, për të).

predominance[pri'doménëns] *n* epërsi, superioritet; mbizotërim.

predominant[pri'doménënt] *adj* 1.më i lartë se, superior ndaj.2.më i shpeshtë, mbizotërues.

predominantly[pri'dominëntli] *adj* kryesisht; më të shumtën; në pjesën më të madhe; në shumicën e rasteve.

predominate[pri'doméneit] *vi* (**over**) mbizotëroj, predominoj; kam epërsi(ndaj).

predominatingly [pri'domë'neitingli] *adv* shih **predominantly**.

predominator[pri'doméneitë:] *n* mbizotërues.

preemie['pri:mi] *n amer mjek gj.fol* fëmijë i lindur para kohe, shtatanik.

preeminence [pri:'eménëns] *n* epërsi; përparësi; **the preeminence of Shakespeare among the playwrights of his day** epërsia e Shekspirit ndaj dramaturgëve bashkëkohës.

preeminent [pri:'eménënt] *adj* i shquar; i lartë; **preeminent scientist** shkencëtar i shquar.

preeminently [pri:'eménëntli] *adv* jashtëzakonisht; tepër lart.

pre-empt,preempt[pri:'em(p)t] *vt* 1.zë/shtie në dorë(para tjetrit; që përpara); përvetësoj; **they preempted control of the negotiations** ata futën në dorë drejtimin e bisedimeve.2.zëvendësoj, i zë vendin; **that program was pre-empted by...** ai program u zëvendësua nga...3.*amer* (**land, painting**) fitoj të drejtën e blerësit të parë, kaparos, akaparoj.

pre-emption, preemption [pri:'em(p)shën] *n* 1.zënie, shtënie në dorë(para të tjerëve; që përpara); përvetësim .2.zëvendësim, zënie vendi. 3.*ek* e drejtë e blerësit të parë(veçanërisht për blerjen e truallit shtetëror të zënë nga dikush); kaparosje, akaparim.

pre-emptive, preemptive [pri:'em(p)tiv] *adj* 1. përvetësimi, përvetësues.2.*ek* kaparimi, akaparimi (e drejtë); **preemptive right** *fin* përparësi e aksionarit për blerje aksionesh të reja.3.parandalues; mbrojtës (masë, sulm).

pre-emptively, preemptively[pri:'em(p)tivli] *adv* me përparësi.

preen[pri:n] *v* 1.pastron/lëmon pendët(zogu me sqep). 2.ndreqem, rregullohem(para pasqyrës).3.*fig* (**on sth, on doing sth**) mburrem, krenohem, krekosem; ngazëllej; **she preens herself on her dancing skills** ajo krenohet me aftësitë e veta në vallëzim.

pre-establish['pri:is'tæblish] *vt* paravendos; para-

caktoj.

preexist [pri:ig'zist] *v* ekzistoj përpara (diçkaje); paraprij(diçka).

preexistence['pri:ig'zistëns] *n* jetë e mëparshme, paraekzistencë.

preexistent['pri:eg'zistënt] *adj* i mëparshëm, ekzistues(institucion etj).

prefab['pri:fæb] *n gj.fol* shtëpi e parafabrikuar, shtëpi e smontueshme.

prefabricate[pri:'fæbrëkeit] *vt* 1.parafabrikoj. 2. parapërgatis; sajoj; **a prefabricated excuse** justifikim i sajuar.

prefabrication['pri:'fæbrë'keishën] *n* 1.parafabrikim.2.parapërgatitje; sajim.3.sajesë.

preface['prefis] *n,v* -*n* parathënie(libri); hyrje (fjalimi).

-*vt* 1.i bëj një parathënie(librit); e filloj(fjalimin) me; **he prefaced this by saying..** ai e nisi me fjalët.. 2.paraprin(diçka); vjen përpara(një shkrimi etj).

prefaded[pri:'feidid] *adj* i shpëlarë, i zbardhylur paraprakisht(xhins etj).

prefatory['prefëto:ri, 'prefëtri] *adj* 1.hyrës, nistor (shkrim, pjesë etj).2.paraprake(vërejtje).

prefect ['pri:fekt] *n* 1. prefekt. 2. kujdestar klase (nxënës); përgjegjës grupi(student).

prefecture['pri:fekçë:] *n* 1.prefekturë.2.seli e prefektit.

prefer[pri:'fe:] *vt* 1.parapëlqej,pëlqej më shumë, preferoj; **prefer coffee to tea** pëlqej më shumë kafen nga çaji; **prefer singing to dancing** më pëlqen më shumë të këndoj sesa të kërcej; **I prefer to go by car** preferoj ta bëj rrugën me makinë; **I prefer you to leave at once** do të doja më mirë të ikje menjëherë; **I would prefer not to (do it)** më mirë jo, më mirë të mos(e bëja); **preferred size** madhësi e rekomanduar/e aprovuar(e pakove në postë etj). 2.parashtroj, paraqes, ngre; **prefer a complaint against sb** paraqes ankesë kundër dikujt.3. (*sidomos fet*) ngre në pozitë; gradoj.

preferable['pref(ë)rëbël] *adj* më i pëlqyeshëm, i parapëlqyer, i preferuar; **it is preferable to refuse** është më mirë mos me pranue/të mos pranosh.

preferably ['pref(ë)rëbli] *adv* më mirë; me preferencë.

preference ['pref(ë)rëns] *n* 1.parapëlqim, preferencë; përparësi; **what is your preference?**çfarë preferoni? **my preference is for..**, **I have a preference for..**unë parapëlqej, kam preferencë për.. **in preference to (sth)** më shumë sesa(diçka); **give preference to sb/sth** i jap preferencë dikujt/ diçkaje; **give A preference over B** i jap A-së përparësi ndaj B-së.2.*ek* status i kombit më të favorizuar.

preference shares *n Br fin* aksione të privilegjuara, aksione me përparësi.

preference stock *n Br fin* shih **preference shares**.

preferential [prefë'renshël] *adj* 1.i privilegjuar, i favorizuar, favorizues(trajtim, tarifë, kushte). 2.zgjedhës, preferencial(votim, tregti etj).
preferentially [pref(ë)'renshëli] *adv* me preferencë; në mënyrë favorizuese.
preferential shop *n* ndërmarrje favorizuese (që favorizon anëtarët e sindikatës në punësim etj).
preferential voting *n pol* votim zgjedhës, votim preferencial.
preferment[pri'fë:mënt] *n* 1.ngritje në përgjegjësi; gradim; **seek preferment (in the army)** kërkon gradim(ushtaraku).2.paraqitje, parashtrim(ankese, kërkese etj).
preferred stock *n fin* aksione të privilegjuara, aksione me përparësi.
prefiguration['pri:figë'reishën] *n* 1.paraqitje, shëmbëllim; prototip.2.parafytyrim; parashikim.
prefigurative ['pri:'figërëtiv] *adj* paraqitës; parafytyrues.
prefigure [pri:'figë:] *vt* 1.paraqes, shëmbëllej. 2. parafytyroj; parashikoj.
prefix[*n* 'pri:fiks; *v* 'pri:fiks, pri:'fiks] *n,v gram* -*n* parashtesë.
-*vt* 1.parashtesoj, i vë parashtesë.2.i vë përpara; **we prefix "Mr."** **to a man's name** emrit të një burri i vëmë përpara "Mr.".
preflight ['pri:'flait] *adj* (i) përpara nisjes/ngritjes (së avionit).
preform['pri:fo:m] *vt* paraformoj.
prefrontal[pri:'frontël] *adj* paraballor.
preggers['pregë:z] *adj gj.fol* shtatzënë, me barrë.
pregnable ['pregnëbël] *adj* i sulmueshëm; i pushtueshëm.
pregnancy['pregnënsi] *n* 1.shtatzani, barrë; kohë e barrës; **pregnancy test** analiza të shtatzanisë (ekzaminim për konstatimin e mbetjes me barrë).2. *fig* pasuri, thellësi(gjykimi, idesh etj).
pregnant ['pregnënt] *adj* 1.shtatzënë (-zanë), me barrë(gruaja); barsë(kafsha); **four months pregnant** katër muajshe me barrë.2.*fig* plot , i mbarsur (me ide); **a mind pregnant with ideas** mendje pjellore.3.kuptimplotë(heshtje).
preheat ['pri:'hi:t] *vt* ngroh paraprakisht, parangroh; **preheated oven** furrë e ngrohtë.
prehensile [pri'hensail, pri'hensël] *adj zool* që kapet, për t'u mbajtur(pas një dege etj); **prehensile tail** bisht i përdorshëm për t'u kapur.
prehistoric(al)['pri:his'torik(ël)] *adj* parahistorik, prehistorik.
prehistory[pri:'hist(ë)ri] *n* prehistori.
prejudge[pri:'xhʌxh] *vt* paragjykoj (një çështje); gjykoj/dënoj para kohe.
prejudg(e)ment[pri:'xhʌxhmënt] *n* paragjykim; dënim para kohe.
prejudice['prexhëdis] *n,v* -*n* 1.paragjykim; **their**

prejudices against doctors paragjykimet e tyre kundër/ndaj mjekëve.2.*drejt* dëm; pasojë; **to the prejudice of** në dëm të; **without prejudice to** pa cenuar, pa dëmtuar.3.armiqësi(ndaj një race, feje.
-*vt* 1.predispozoj; **the unpleasant experience prejudiced him against lawyers** përvoja e papëlqyer i krijoi atij një predispozitë të keqe ndaj avokatëve; **prejudice sb in favour of sb/sth** predispozoj dikë në favor të dikujt/diçkaje.2. dëmtoj, cenoj; **this may prejudice their interests** kjo mund t'i dëmtojë interesat e tyre.
prejudiced ['prexhëdist] *adj* 1.plot/me paragjykime (njeri). 2. i paraformuar; i njëanshëm (opinion, raport etj); i prirur, i predispozuar; **he is / is not prejudiced in that matter** ai nuk tregohet i njëanshëm në lidhje me atë çështje; **be prejudiced against/in favour of sb/sth** jam i prirur për mirë/për keq ndaj dikujt /diçkaje.
prejudicial [prexhe'dishël] *adj* (to) i dëmshëm, dëmtues(për).
prejudicially[prexhë'dishëli] *adv* me paragjykim; në mënyrë të njëanshme.
prelacy ['prelësi] *n fet* 1. post prelati.2. prelatët (e kishës).3.kastë drejtuese e kishës.
prelate['prelit] *n fet* prelat; klerik i lartë.
pre-law[pri:'lo:] *adj,n amer* -*adj* përgatitor për studime në drejtësi.
-*n* program përgatitor për studime në drejtësi.
prelim['pri:lim] *n* (shkurtim i **preliminary**) 1. provim paraprak.2.*sport* (garë/ndeshje) eliminatore.
preliminarily[pri'limë'nerëli] *adv* paraprakisht.
preliminary[pri'limëneri] *adj,prep,n* -*adj* paraprak; i parë, fillestar(stad, fazë); **preliminary estimate** preventiv paraprak; **preliminary hearing** *drejt* seancë paraprake.
-*prep* (**to**) përpara; para se; **preliminary to sth** përpara diçkaje; **preliminary to doing sth** para se me ba/të bësh diçka.
-*n* 1.masë paraprake; hap i parë; fazë përgatitore; **as a preliminary to joining the armed forces** si hap i parë për t'u futur në ushtri.2.*pl dip* bisedime /marrëveshje paraprake.
preliterate[pri:'litërit] *adj* paraletrare, pa gjuhë të shkruar(shoqëri, kulturë).
prelude['prelju:d, 'pri:lu:d] *n,v* -*n* 1.*muz* prelud. 2.*fig* hyrje, parathënie, paralajmërim, prelud.
-*vl* .*muz* hap, shërben si prelud.2.*fig* paralajmëron, shënon fillimin.
premarital[pri:'mæritël, pri:'meritël] *adj* paramartesor, para martese.
premature [pri:më'çuë:, premë'çuë:, 'pri:mëçuë:, 'premëçuë:] *adj* 1.i parakohshëm(vendim, lindje etj). 2.i nxituar; **you are being a little premature** po tregohesh pak/disi i nxituar.
prematurely[pri:më'çuë:li, premë'çuë:li] *adv* para

kohe; **prematurely bald/grey/lined** me flokë të rëna(tullac) /i thinjur/i rrudhur para kohe.

pre-med[pri:'med] *n,adj*   *-n* 1.*Br* (shkurtim i **premedication**) paramjekim, mjekim paraprak.2.*amer* (= **premedical program**) arsim/program përgatitor për studime në mjekësi.

  -adj (shkurtim *amer* i **premedical**) përgatitor/që përgatitet për studime në mjekësi(arsim, program /student); **pre-med student** student që bën një vit përgatitor para studimeve në mjekësi.

premedical[pri:'medëkël] *adj* që përgatitet të studiojë për mjekësi(student).

premeditate[pri:'medëteit]*vt* paramendoj; **premeditate a murder** paramendoj/planifikoj një vrasje.

premeditated[pri:'medëteitid] *adj* i paramenduar, me paramendim.

premeditatedly[pri:'medëteitidli] *adv* me paramendim.

premeditation[pri:'medë'teishën] *n* paramendim.

premenstrual[pri:'menstruël] *adj mjek* i para periodave, paramenstrual (tension).

premier['pri:mii:, 'pri:mjë:, pri'mië:, 'premië:] *n,adj* *-n* kryeministër.

  -adj 1.i parë; i dorës së parë; kryesor; **of premier importance** me rëndësi kryesore.2.i parë, më i hershëm.

premiere, -ère[pri'mië:, 'premjeë:, prë'mjeë:] *n,v* *kin,teat* *-n* 1.premierë, shfaqje e parë.2.aktor i parë, aktor kryesor.

  -v 1.shfaq për herë të parë, i bëj premierën(filmit, dramës); **the film was premiered in Montreal** premiera e filmit u dha në Montreal.2.shfaqet për herë të parë; **the film is premiering at the festival tonight** filmi shfaqet sonte për herë të parë në festival.3.del për herë të parë në rol kryesor(aktori).

premiership['pri:mjë:ship, pri'mii:ship] *n* 1. rang/ post/detyrë e kryeministrit.2.parësi; rang më i lartë.

premise [*n* 'premës; *v* pri'maiz, 'premës] *n,v* *-n* 1.*filoz* premisë; kusht paraprak, parakusht; **on the premise that.** me kusht që, duke vënë si kusht që... 2.*pl* drejt hyrje, preambul.3.*pl* drejt pronë.4.*pl* godinë; shtëpi (bashkë me anekset e truallin); **business premises** lokale tregtie; **on the premises** brenda lokalit, në ndërtesë; **get off/leave the premises** dal përjashta, largohem nga godina/nga lokali.

  -vt paraqes si hyrje; përmend paraprakisht.

premium['pri:miëm] *n,adj* *-n* 1.shpërblim; çmim; **give premiums to sales representatives** u jap shpërblim agjentëve të shitjes.2.*fin* ngritje, shtesë (çmimi, page); **sell sth at a premium** shes me ngritje; **pay a premium to get first-quality goods** paguaj një shtesë për të marrë mall të cilësisë së parë. 3.*fin* prim, këst sigurimi.4.*treg* dhuratë; mall me çmim të ulur(që i jepet klientit).5.*fin* prim, mbivlerë, vlerë suplementare(mbi vlerën nominale); **fetch a**

premium shitet me ngritje/mbi vlerën nominale; **sell at a premium** shes(shiten) me fitim/mbi vlerën nominale (aksione).6.*amer* benzinë super. + **be at a premium** *treg, fig* është shumë i kërkuar; **set/put a premium on (a person, an event)** i jap shumë rëndësi(dikujt, një ngjarjeje).

  -adj i cilësisë së lartë; i shkallës së lartë.

premium bond *n Br* bono llotarie, obligacion (shtetëror) që të lejon të marrësh pjesë në një llotari.

premium deal *n treg* ofertë speciale.

premium fuel *Br,* **premium gasoline** *amer* *n* benzinë super.

premium price *n* çmim tepër i lartë.

premolar[pri:'moulë:] *n* paradhëmballë.

premonition[pri:më'nishën, premë'nishën] *n* 1. parandjenjë e keqe; **have a premonition that..** kam parandjenjën se...2.paralajmërim, shenjë.

premonitory[pri'monëto:ri] *adj* paralajmërues.

prenatal[pri:'neitël] *adj* 1.për gratë shtatzëna; **prenatal classes** mësime për gratë shtatzëna.2.i paralindjes, para lindjes.

prentice['prentis] *n vjet* nxënës, çirak.

preoccupation [pri:okjë'peishën] *n* shqetësim, merak, preokupim; fiksim, ide e ngulët; **his preoccupation with money** meraku i madh që ka për paratë.

preoccupied[pri:'okjëpaid] *adj* (**by, with** për) i shqetësuar, i merakosur, mendjengritur.

preoccupy[pri:'okjëpai] *vt* 1.shqetësoj, merakos; i ngre mendjen.2.zë që përpara/ para të tjerëve.

preordain [pri:o:'dein] *vt* 1.ndreq/rregulloj/ftilloj që përpara; paravendos. 2.paracaktoj, predestinoj; **be preordained to do sth** jam i paracaktuar të bëj diçka.

preordination [pri:o:dë'neishën] *n* rregullim/ftillim që përpara; parapërgatitje.

prep[prep] *n, adj,v gj.fol* *-n* (shkurtim i **preparation, preparatory**) 1.detyra (shkollore); studim (i mbikëqyrur). 2.*amer mjek* përgatitje (e të sëmurit).

  -adj Br përgatitor; **prep school** shkollë fillore private.

  -v amer 1.(**for sth**) përgatitem për diçka). 2.hyj në vit përgatitor(për në universitet).

prep. shkurtim i **preposition; preparatory**.

prepack[pri:'pæk] *vt treg* parapaketoj(mallrat).

prepackage[pri:'pækixh] *n treg* parapaketim.

prepaid[pri:'peid] *adj* i parapaguar; (zarf) me tarifë postare të paguar; **carriage prepaid** *treg* transporti i paguar.

preparation[prepë'reishën] *n* 1.përgatitje; **in preparation** në përgatitje e sipër; **make preparations (for sth)** bëj përgatitje, përgatitem(për diçka); **in preparation for** me pikësynimin për.2.*kim, mjek* preparat, përgatesë.3.*Br* detyra(shkollore).

preparative[pri'pærëtiv] *adj,n* -*adj* përgatitor.
-*n* fazë përgatitore; proces përgatitor; përgatitje.
preparatory[pri'pærëto:ri, pri'perëtëri] *adj* 1.përgatitor(punë etj).2.paraprak; **preparatory measures** masa paraprake; **preparatory to sth/to doing sth** para diçkaje, para bërjes së diçkaje.
preparatory school *n* 1.*Br* shkollë fillore private. 2.*amer* licé privat.
prepare[pri'peë:] *v* 1.përgatis; **prepare the way for sth** përgatis terrenin për diçka; **prepare sb for bad news** e përgatis dikë për një lajm të keq. 2. përgatitem; **prepare for a journey** përgatitem për një udhëtim; **prepare for war** bëj përgatitje për luftë.
prepared[pri'peë:d] *adj* 1.i parapërgatitur(fjalim, përgjigje).2.i gatshëm(ushqim).3.gati, në gatishmëri, i përgatitur(për diçka); i gatshëm(për të ndihmuar).
preparedness [pri'per(i)dnis] *n* gatishmëri; **in a state of preparedness** *usht* në gjendje gatishmërie, në gatishmëri.
prepay[pri:'pei] *vt* (**prepaid**) parapaguaj.
prepayment[pri:'peimënt] *n* parapagim.
prepense [prë'pens] *adj drejt* i paramenduar, me paramendim; me dashje; **malice prepence** veprim(i keq) me paramendim.
preponderance[pri'pondërëns] *n* 1.epërsi.2. shumicë; mbizotërim, epërsi numerike.
preponderant[pri'pondërënt] *adj* 1.mbizotërues. 2.më i shumtë, në shumicë.
preponderate[pri'pondëreit] *v* 1.(over) kam epërsi (ndaj); mbizotëroj.2.*vjet* peshon më shumë.3.*vjet* varet (nga pesha), përkulet.
preposition[prepë'zishën] *n gram* parafjalë.
prepositional[prepë'zishënël] *adj gram* parafjalor; **prepositional phrase** shprehje parafjalore.
prepossess[pri:pë'zes] *vt* 1.bëj për vete, tërheq.2. ndikoj, influencoj.3.merakos, preokupoj.
prepossessing[pri:pë'zesing] *adj* tërheqës, i këndshëm, i pëlqyeshëm; që lë përshtypje të mirë.
prepossession[pri:pë'zeshën] *n* paragjykim; parandjenjë e mirë.
preposterous[pri'postërës] *adj* qesharak, absurd, i pavend, i paarsyeshëm.
preposterously [pri'postërësli] *adv* pa vend, në mënyrë absurde/qesharake.
preposterousness [pri'postërësnis] *n* absurditet, marrëzi.
prepotency[pri:'potënsi] *n* 1.prepotencë.2.*biol* aftësi e madhe transmetuese(tiparesh).
prepotent[pri:'potënt] *adj* 1. prepotent.2.*biol* tepër i aftë gjenetikisht.
prepuce['pri:pju:s] *n* lafshë.
prerecord [pri:ri'ko:d] *vt* regjistroj paraprakisht; **prerecorded broadcast** emision i regjistruar; **prerecorded cassette** kasetë me muzikë/e regjistruar.
prerequisite [pri:'rekwëzit] *n, adj* -*n* 1.kusht pa-

raprak, kërkesë e domosdoshme.2.*amer* lëndë e kërkuar paraprakisht(për të vazhduar një program shkollor të mëtejshëm).
-*adj* i kërkuar, i domosdoshëm.
prerogative[pri'rogëtiv] *n, adj* -*n* e drejtë e posaçme, privilegj, prerogativë; **the government's prerogative of coining money** e drejta e qeverisë për të nxjerrë monedhë.
-*adj* që ka/që ushtron një privilegj/prerogativë.
presage[*n* 'presixh; *v* pri'seixh] *n,v* -*n* 1.shenjë, ogur, paralajmërim.2.parandjenjë.
-*vt* 1. kumtoj, lajmëroj, paralajmëroj; **presage a storm** paralajmëron stuhi. 2.parandiej, kam parandjenjë; **presage a disaster** parandiej një fatkeqësi.
presbyter['prezbëtë:, 'presbëtë:] *n* 1.prift, meshtar. 2.besimtar i kishës prezbiteriane, prezbiterian
Presbyterian ['prez(/s)bëti:riën] *n,adj fet* prezbiterian.
presbytery ['prez(/s)bëteri] *n* 1. këshill (administrativ) i kishës.2.prezbiteri, famulli.3.seli/ banesë e priftit.
preschool ['pri:sku:l] *adj* 1.parashkollor (aktivitet etj). 2.i moshës parashkollore(fëmijë).
preschooler['pri:sku:lë:] *n amer* parashkollor, fëmijë i moshës parashkollore.
prescience ['pri:shiëns, 'preshiëns] *n* parashikim; parandjenjë.
prescient['pri:shiënt, 'preshiënt] *adj* parashikues; që di qysh përpara.
prescribe [pri'skraib] *vt* 1.urdhëroj; porosis; kërkoj; këshilloj; rekomandoj; **do what the law prescribes** bëj siç e kërkon ligji; **what do you prescribe?** çfarë më këshillon ti? **prescribed books** vepra të futura/të përfshira në program. 2.*mjek* jap(ilaçe); këshilloj(pushim, dietë); lëshoj recetë; **prescribe for boils** lëshoj recetë për lunga. 3.*drejt* a)parashkruaj; parashkruhet; b)kërkoj të drejtën mbi diçka(pas një kohe të gjatë përdorimi a posedimi).
prescript[*n* 'pri:skript; *adj* edhe pri'skript] *n, adj* -*n* urdhër; porosi.
-*adj* i porositur; i këshilluar; i rekomanduar.
prescription [pri'skripshën] *n* 1.urdhër; porosi; rekomandim. 2.recetë; **make out/write out/fill a prescription** bëj një recetë; **only available on /it's only on prescription** jepet vetëm me recetë.3.ilaçe; **did you use up the whole prescription?** i pive të gjitha ilaçet? **prescription charges** pagesë për ilaçet. 4. *drejt* e drejtë /titull mbi diçka (pas një përdorimi a posedimi për shumë kohë).
prescriptive [pri'skriptiv] *adj* 1.urdhërues; udhëzues.2.normativ. 3.*drejt* i ligjëruar për shkak përdorimi.
presence['prezëns] *n* 1.prani; **in the presence of** në prani të, përpara(dikujt, diçkaje).2.paraqitje, pamje; **a man of noble presence** një burrë me pamje

fisnike; **lack presence** nuk kam paraqitje, nuk bëj figurë(në skenë etj).3.person i pranishëm. **+saving your presence** mender teje/mender jush, më falni për shprehjen.

presence chamber *n* sallë pritjesh(e mbretit etj).

presence of mind *n* mendjekthjelltësi, mendjeshkathtësi.

present I['prezënt] *adj,n*   *-adj* 1.i pranishëm; **be present at** jam i pranishëm në; marr pjesë në; **those present** të pranishmit.2.i tanishëm, aktual; ekzistues; i dhënë; **the present prices** çmimet aktuale; **at the present moment/day/time** në momentin aktual, sot, në këtë kohë; **her present husband** burri që ka tani; **in the present case/circumstances** në këtë rast, në rrethanat ekzistuese.3.*gram* i tashëm.

-n 1.e sotme, e tashme; **at present** tani, në këtë çast, aktualisht; **for the present** tani për tani, hë për hë, sot për sot; **up to the present** deri tani, deri më sot.2. *gram* e tashme, kohë e tashme. + **by these presents** përmes këtyre fjalëve; nëpërmjet këtyre dokumenteve; **there's no time like the present!** punën e sotme mos e lër për nesër! **live in the present** a)e shijoj jetën; b)rroj sot për nesër, nuk e vras shumë mendjen.

present II[*v* pri'zent; *n* 'prezënt] *v,n* *-vt* 1.paraqes (lutje, kërkesë, prova); **present oneself for an interview** paraqitem për një bisedë/në një takim. 2.jap, dorëzoj(çmim, diplomë).3.dhuroj; **present sb with sth, present sth to sb** i dhuroj diçka dikujt. 4.shfaq, tregoj, jap, paraqes(një pamje, një pjesë teatrale etj); **present the news** *rad,tv* jap/lexoj lajmet; **presenting John Belushi as...** *kin* me Xhon Belushin në rolin e... 5.njoh, prezantoj(dy persona); **may I present Miss...** më lejoni t'ju prezantoj zonjushën...6.i kthej, i tregoj(profilin); i drejtoj (armën). + **present arms!** për nder armë!

-n dhuratë; **get (sth) as a present** e kam dhuratë (diçka); **make sb a present of sth** i dhuroj / ia bëj dhuratë diçka dikujt.

presentable[pri'zentëbël] *adj* 1. i paraqitshëm, i hijshëm; i rregullt (nga pamja); **make oneself presentable** rregullohem, ndreq pamjen. 2. i denjë për t'u dhuruar/për t'u dorëzuar(send).

presentably[pri'zentëbli] *adv* hijshëm; në rregull (nga pamja).

presentation [prezën'teishën] *n* 1.dhënie (çmimi etj); dhurim; **make the presentation** bëj dorëzimin (e çmimeve, medaljeve etj). 2.dhuratë. 3.paraqitje; **on presentation of this ticket** me paraqitjen e kësaj bilete. 4.*rad,tv,teat* shfaqje; dhënie(emisioni). 5.paraqitje, prezantim; njohje. 6.ceremoni përcjelljeje (për dikë që del në pension).7.ekspozim, parashtrim (disertacioni etj).

presentation box, presentation case *n* *treg* kuti -dhuratë.

presentation copy *n* *treg* mostër falas, artikull i dërguar falas(klientit); kopje e dhuruar nga autori.

present-day['prezënt'dei] *adj* i sotëm, i kohës, aktual.

presentee[prezën'ti:] *n* 1.dhuratëmarrës, marrës dhurate.2.i prezantuar; person që i paraqitet sovranit.

presenter [pri'zentë:] *n* *Br* *rad,tv* paraqitës, prezantues, konferencier, folës, spiker.

presentiment[pri'zentëmënt] *n* parandjenjë.

presently['prezëntli] *adv* 1.*Br* së shpejti, pas pak. 2.*amer* tani, në këtë kohë. 3.*vjet* sakaq, menjëherë.

presentment [pri'zentmënt] *n* 1.shfaqje, spektakël. 2.paraqitje; parashtrim; përshkrim. 3.*drejt* deklaratë e jurisë.

present participle *n* *gram* pjesore e tashme.

present perfect *n* *gram* (koha) e kryer.

preservable [pri'zë:vëbël] *adj* 1.i ruajtshëm. 2. i konservueshëm.

preservation[prezë:'veishën] *n* 1.ruajtje; mbajtje (e qetësisë,paqës,dinjitetit); **in good preservation** i ruajtur/i mbajtur mirë(objekt). 2.konservim.

preservative[pri'zë:vëtiv] *n,adj* *-n*1.ruajtës, mjet ruajtës/mbrojtës.2.konservues, lëndë konservuese (ushqimesh).

-adj ruajtës, mbrojtës; konservues.

preserve [pri:'zë:v] *v, n* *-vt* 1.ruaj, mbroj (traditat, sytë etj). 2.mbaj(qetësinë, veten); mirëmbaj(objekte); **he is well preserved** ai është mjaft i mbajtur. 3.ruaj, konservoj(ushqimet).4. mbroj, shpëtoj; **preserve me from that!** zoti më ruajtë nga kjo!

-n 1.rezervat(gjuetie), zonë e mbrojtur(kafshësh, peshqish, bimësh).2.*zak pl* a) *Br* reçel; komposto; konservë (frutash, perimesh); salcë; **plum preserves** komposto kumbullash(konservë).3.*fig* territor, fushë; **that's his preserve** kjo është fusha e tij.

preserver[pri'zë:vë:] *n* shpëtues(person); **life preserver** gomë shpëtimi.

preserving[pri'zë:ving] *adj* konservues; **preserving pan** vazo reçeli.

preset[pri:'set] *vt* rregulloj/fiksoj paraprakisht.

preshrunk[pri:'shrʌnk] *adj* që nuk hyn(pëlhurë).

preside [pri'zaid] *vi* (**to, at, over**) drejtoj, kryesoj (mbledhjen); drejtoj, i rri mbi krye(punës).

presidency ['prezëdënsi] *n* 1. presidencë (detyrë, periudhë). 2.*amer ek* kryesi, drejtim(i firmës).

president ['prezidënt] *n* 1.*pol* president. 2. president, drejtor i përgjithshëm(firme).3. kryetar(shoqate etj). 4.*amer* rektor (universiteti).

president-elect *n* *Br* *pol* president i zgjedhur(por që nuk ka filluar ende nga detyra).

presidential [prezë'denshël] *adj* presidencial; i presidentit; **presidential elections** zgjedhje presidenciale; **presidential adviser** *amer* këshilltar personal i presidentit.

presidentially[prezë'denshëli] *adv* si president.

presidium [pri'sidiëm] *n pol* presidium, kryesi (e Kuvendit Popullor).
President of the Board of Trade *n Br* Ministër i Tregtisë.
press [pres] *v, n -v* 1.shtyp (sustën); **press the button to ring the bell** i bie ziles. 2.shkel (këmbë-zën). 3.shtrydh (limonin). 4.shtrëngoj; **press sb to one's heart** shtrëngoj dikë në gji. 5.hekuros (rrobat). 6.shtyj(një send).7.*fig* shtyj, nxis; detyroj; **press sb to do/into doing sth** shtyj/detyroj dikë të bëjë diçka; **press sth on sb** i kërkoj me ngulm dikujt të pranojë diçka; kërkoj t'i imponoj dikujt(një mendim etj); **press sb for an answer** i kërkoj përgjigje me insistim dikujt; **press one's opponent** i qepem kundërshtarit; **press home an advantage** shfrytëzoj plotësisht një avantazh; **press the point** insistoj në një pikë/çështje; **press sb into service** detyroj dikë të punojë; **press sth into service** fus në përdorim /shfrytëzoj diçka; **be pressed for money /time** jam ngushtë me para; nuk kam kohë; **I'm really pressed today** sot jam i mbytur në punë. 8.*drejt* paraqes, bëj; **press charges against sb** ngre padi kundër dikujt. 9.bezdis, shqetësoj. 10.ngulmoj; **press ahead/forward/on (with sth)** vazhdoj, nuk i ndahem (diçka-je). 11. shtyhet, dyndet(turma).12.*fig* shtrëngon, nuk pret(koha etj).
+**press ahead** shih **press on**.
+**press back** a)shtyj(turmën); b)i jap formën që kishte(kutisë, me një të shtypur).
+**press down** i mëshoj.
+**press for (sth)** bëj presion për /për të arritur (diçka).
+**press in** fus, ngul.
+**press on** vazhdoj, nuk heq dorë.
+**press out** a) shtrydh, i nxjerr lëngun; b) sheshoj, zhduk(rrudhën me hekur).
- n 1.shtypje. 2.*fig* presion; **the press of many duties** presioni i punëve të shumta. 3.*tek* presë; **trouser press** mbajtëse pantallonash(që i mban të hekurosura). 4.tork, trokull(për ullinj, rrush). 5. hekurosje, hekur; **give a press to one's trousers** u shkoj një hekur pantallonave.6.*polig* makinë shtypi), presë stampimi; repart i makinerisë; shtyp, shtypje(librash); **go to press** shkon/futet në shtyp (libri, gazeta); **be in the press** është në shtyp, po shtypet; **pass sth for press** miratoj për shtyp /kaloj në shtyp diçka.7.shtyp; gazeta; **be in the press** ka dalë në gazetë (një lajm etj); **member of the press** përfaqësues i shtypit, gazetar; **yellow/gutter press** shtyp i verdhë, shtyp i sensacioneve; **are any of the press present?** kanë ardhur gazetarët? **get a good /bad press** *fig* kam nam të mirë/të keq(në shtyp). 8. turmë.9.dyndje; ngut; **in the press to get out** gjatë ngutjes për të dalë jashtë.10.raft(librash, rrobash). 11. zhubër, rrudhë.

press agency *n* agjenci shtypi.
press agent *n* agjent për reklamat.
press attaché *n* atashé shtypi.
press baron *n* bos/manjat i shtypit.
press box *n* kabinë e përfaqësuesve të shtypit (në stadiume etj).
press button *n* buton, sumbull.
press clipping, press cutting *n* e prerë/prerje /copë e prerë nga gazetat
press conference *n* konferencë shtypi.
press-corrector['preskë'rektë:] *n* korrektor teknik.
press gallery *n* 1.lozhë e shtypit; podium i shtypit (në Parlament). 2.reporterë që ndjekin punimet e parlamentit.
press-gang['presgæng] *n,v -n hist* rekrutues me dhunë/me dredhi(për ushtrinë).
-vt fig fus me zor; detyroj; **press-gang sb into doing sth** i bëj presion dikujt/detyroj dikë të bëjë diçka.
press hold *n sport* mbështetje, pikëmbështetje(në alpinizëm).
pressing ['presing] *adj, n -adj* 1. i ngutshëm, urgjent, që s'pret(problem etj). 2.këmbëngulës, ngulmues (person, kërkesë etj); **he was very pressing** ai nguli këmbë shumë.
-n hekurosje, hekur; **the dress needs a good pressing** fustani e do një hekur të mirë.
press lord *n* shih **press baron**.
pressman ['presmën] *n* 1. tipograf - makinist. 2. gazetar.
pressmark ['presma:k] *n* numër vendi (i librit në bibliotekë).
press photographer *n* fotoreporter.
press release *n* komunikatë shtypi.
press report *n* reportazh.
press run *n amer* tirazh(i gazetës, revistës).
press secretary *n amer* zëdhënës(i Presidencës); drejtor shtypi, zëdhënës(i Ministrisë).
press stud *n Br* sustë mashkull-e-femër.
press-up['presʌp] *n sport* ngritje me forcën e kra-hëve; pompë; **do press-ups** bëj pompa.
pressure['preshë:] *n,v -n* 1.*fiz, tek* trysni, shtypje, presion; **high/low pressure** presion i ulët/i lartë; *tek* **at full pressure** me presion maksimal; **a pressure of 10 kg to the square cm** një shtypje prej 10 kg/cm². 2.*fig* nxitje, shtytje; shtrëngim, detyrim; presion; **be under pressure from sb to give up smoking** më bën presion dikush për të lënë du hanin; **put pressure on sb** i bëj presion dikujt.3. tension; **pressure of work** tensioni i punës; **work at high /full pressure** punoj nën tension të madh. 4.*el* tension, forcë elektromotore.
-vt i bëj presion; **pressure sb to do/into doing sth** i bëj presion dikujt /detyroj dikë të bëjë diçka.
pressure cabin *n av* kabinë nën presion.

pressure-cook['preshë:'kuk] *vt* ziej me presion.
pressure cooker *n* tenxhere me presion.
pressure gauge *n tek* manometër.
pressure group *n fig pol* grup presioni, lob.
pressure point *n anat* pikë(vend) për matjen e tensionit arterial.
pressurization [preshërai'zeishën] *n* 1.*av* mbajtje (e kabinës) në presion normal. 2. vënie nën presion.
pressurize['preshëraiz] *vt* 1.*av* mbaj(kabinën) në presion normal.2.vë nën presion të lartë. 3.*fig* shtyj, i bëj presion(dikujt).
press view *n* para-premierë.
presswork['preswë:k] *n* punë me presë.
prestidigitation['prestë'dixhë'teishën] *n* art i prestigjiatorit.
prestidigitator['prestë'dixhë'teitë:] *n* prestigjiator.
prestige[pres'ti:zh, pres'ti:xh] *n* 1.prestigj; autoritet; rëndësi; emër i mirë.2.*attr* i cilësisë së lartë.
prestigious[pres'tixhës] *adj* me prestigj, me autoritet; i rëndësishëm; i cilësisë së lartë.
prestissimo[pres'tisëmou] *adv, adj, n muz* shumë shpejt; shumë i shpejtë; pasazh shumë i shpejtë.
presto['prestou] *adv, adj, n muz* shpejt; i shpejtë; pasazh i shpejtë.
prestressed concrete *n ndërt* beton(betonarmé) i paranderur.
presumable[pri'z(j)u:mëbël] *adj* i supozueshëm, që mund të merret me mend; i mundshëm, që ka të ngjarë.
presumably[pri'z(j)u:mëbli] *adv* ka të ngjarë; me sa duket; **presumably she did it** mendoj se/për mendimin tim ajo duhet ta ketë bërë; **you are presumably her boyfriend** ti je me sa duket shoku/i dashuri i saj.
presume[pri'z(j)u:m] *v* 1.them se, marr me mend, mendoj, supozoj; *drejt* konsideroj, quaj; **the law presumes innocence until guilt is proved** ligji të quan të pafajshëm derisa të të provohet fajësia; **you are presuming rather a lot** si shumë supozime bën. 2.marr guximin, provoj; i lejoj vetes; **may I presume to tell you what to do?** a më lejon të të sugjeroj se çfarë duhet të bësh? 3.(on, upon) përfitoj nga, shpërdoroj, abuzoj me; **presume on sb's friendship** abuzoj me miqësinë e dikujt; **you presume too much!** sikur po e tepron, or mik! më duket se u njohëm pak si tepër! **I hope I'm not presuming** a)nuk dua t'ju bezdis; b)(kur kërkojmë diçka) nuk dua të përfitoj nga bujaria juaj.
presumedly[pri'z(j)u:midli] *adv* me sa duket; siç mund të merret me mend; ka të ngjarë.
presumption[pri'zʌmpshën] *n* 1.supozim, hamendje, pandehmë; **the presumption is that...**mund të mendohet se.. **there is a strong presumption that...** gjithçka të shtyn të besosh se...2.mundësi, gjasë. 3.guxim i tepruar, paturpësi; teprim; mendje-

madhësi, fodullëk; **it is presumption to ask for a four-day week** të kërkosh 4 ditë punë në javë do të thotë ta teprosh; **if you'll excuse my presumption** në qoftë se më lejoni; më falni për guximin.
presumptive [pri'zʌmptiv] *adj* 1.i supozuar; i mundshëm, që ta ha mendja; **heir presumptive** *drejt* trashëgimtar i parashikuar.2.*drejt* e nxjerrë me supozim(provë, dëshmi).
presumptively[pri'zʌmptivli] *adv* 1.me supozim; hipotetikisht.2.ka të ngjarë; me sa duket.
presumptuous[pri'zʌmpçuës] *adj* mendjemadh, hundëpërpjetë; fodull; i paturp, i pacipë.
presumptuously[pri'zʌmpçuësli] *adv* me mendjemadhësi; me paturpësi.
presumtuousness [pri'zʌmpçësnis] *n* shih **presumption 3**.
presuppose[pri:së'pouz] *vt* 1.marr me mend, supozoj; kujtoj, pandeh. 2.parakupton, nënkupton, presupozon; **a fight presupposes fighters** sherri nënkupton sherrxhinj.
presupposition[pri:sʌpë'zishën] *n* 1.supozim; pandehmë. 2.parakuptim, nënkuptim, presupozim.
pre-tax['pri:'tæks] *adj fin* para taksave; i patatuar.
pre-teen[pri:'ti:n] *adj, n* paraadoleshent, i moshës 10-12 vjeç.
pretence, *amer* **pretense**[pri'tens, 'pri:tens] *n* 1. shtirje; **his pretence of sympathy** keqardhja e tij e shtirë; **under pretence of (doing sth)** duke u hequr sikur(po bëj diçka); **make a pretence of knowing the answer** bëj gjoja sikur e di përgjigjen; **it's all (a) pretence** është e gjitha skenë; bën thjesht teatër. 2.pretendim; **she makes no pretence to learning** ajo nuk ka ndonjë pretendim për të qenë e ditur.3. pretekst, arsye, shkak; **on/under the pretence of doing sth** me shkakun se po merrej me diçka.
pretend[pri'tend] *v* 1.shtirem, hiqem, bëj gjoja; **she's pretending she can't hear us** ajo bën sikur nuk na dëgjon dot; **pretend concern/ignorance/illness** hiqem si i merakosur/i paditur/i sëmurë; **let's stop pretending!** mjaft luajtëm teatër! **I was only pretending!** e kisha me shaka!2.pretendoj(that se); **I don't pretend to know everything about it** nuk pretendoj se di gjithçka për këtë çështje. 3.përpiqem, provoj; **I cannot pretend to judge between them** as që më shkon mendja të futem midis të dyve.
pretended[pri'tendid] *adj* i pretenduar, gjoja.
pretendedly[pri'tendidli] *adv* gjoja sikur.
pretender[pri'tendë:] *n* 1.njeri që shtihet.2.pretendues, pretendent.
pretense[pri'tens, 'pri:tens] *n* shih **pretence**.
pretension [pri'tenshën] *n* 1. pretendim (për diçka); **have no pretensions to sth/to being sth** nuk kam pretendime për diçka; nuk pretendoj se jam diçka. 2. shtirje; dëshirë për t'u dukur.
pretentious [pri'tenshës] *adj* 1. me pretendime

(njeri, libër etj).2.për t'u dukur.

preterit(e)['pretërit] *n gram* preterit, e kaluar, kohë e shkuar; e kryer e thjeshtë.

pretermit ['pri:të:'mit] *vt* 1. lë jashtë, harroj(një paragraf etj). 2. nuk vë re, lë të kalojë(një gabim).

preternatural ['pri:të:'næçërël] *adj* 1. jonormal, anormal, i panatyrshëm. 2.i mbinatyrshëm.

pretest[*n* 'pri:test; *v* pri:'test] *n,v* -*n* paraprovim, paratestim, test paraprak.

-*vt* u bëj paraprovim, paratestoj(studentët).

pretext['pri:tekst] *n* pretekst, arsye, shkas, shkak (i rremë); **as a pretext for not doing it** si shkas për të mos e bërë; **on/under the pretext of doing sth** me pretekstin se po bën diçka.

pretor['pri:të:] *n hist* pretor, gjykatës i lartë.

prettify['pritëfai] *vt* zbukuroj; pispillos(fëmijën).

prettily['pritili] *adv* bukur.

pretty['priti] *adj,n,adv,v* -*adj* 1.i bukur(fëmijë, lule, muzikë etj); tërheqëse, e pashme, e bukur (femër); i këndshëm; **it wasn't a pretty sight** nuk ishte ndonjë pamje e këndshme. 2.*iron* i mjaftë, i konsiderueshëm, goxha; **it'll cost you a pretty penny!** kjo do të të kushtojë goxha! **you've made a pretty mess of it!** lëre, se e katranose! 3.tepër i brishtë/delikat.4.*vjet* trim, i guximshëm. + **sitting pretty** *zhrg* mirë nga gjendja; me goxha pozitë.

-*n* 1.bukurosh; bukuroshe.2.gjë e bukur.

-*adv* 1.mjaft; goxha; fort, shumë; **pretty late** mjaft vonë; **pretty well!** jo keq! 2.pothuaj(-se), thuaj se, gati; **they've pretty well finished** ata pothuajse kanë mbaruar; **I'm pretty nearly better** pothuajse jam shëruar; **it's pretty much the same thing** është gati/pothuaj/praktikisht e njëjta gjë.

-*vt* **pretty up** *gj.fol* zbukuroj.

pretty-pretty['priti'priti] *adj përb* si tepër i bukur.

pretzel['precël] *n* gjevrek.

prevail [pri'veil] *vi* 1. ekziston; është i përhapur; **the situation which now prevails** gjendja ekzistuese; **that custom still prevails** ai zakon është ende i përhapur. 2.mbizotëron; **sadness prevailed in our minds** në mendjet tona sundonte trishtimi. 3.(**against, over**) triumfoj, dal fitimtar (ndaj, mbi). 4.(**on, upon**) bind, i mbush mendjen; **prevail (up)on sb to do sth** i mbush mendjen dikujt të bëjë diçka; **can I prevail on you to..?** a mund të të kërkoj që...? a pranon që..?

prevailing[pri'veiling] *adj* 1.ekzistues, aktual; i kohës; i sotëm; **prevailing market rate** kursi i tregut. 2.i përhapur, në përdorim.3.mbizotërues, sundues, dominues. 4.*drejt* fitues; **the prevailing party** pala fituese.

prevailingly[pri'veilingli] *adv* kryesisht; në masën /në pjesën më të madhe.

prevalence['prevëlëns] *n* 1.përhapje; popullaritet. 2.mbizotërim.

prevalent['prevëlënt] *adj* 1.ekzistues; i përhapur. 2.mbizotërues, sundues.

prevaricate[pri'værikeit] *vi* dredhoj, bishtnoj, i bie rrotull, nxjerr bishta; e dredh, e lakadredh; gënjej.

prevarication[priværi'keishën] *n* dredhim, bishtnim; dredhje; gënjeshtër.

prevent[pri'vent] *vt* 1.parandaloj(zjarret, aksidentet, krimet). 2.pengoj, ndaloj(dikë, diçka); **prevent sb from doing sth/sb's doing sth** pengoj/nuk lejoj dikë/diçka të bëjë një gjë; **I couldn't prevent the door from closing** nuk munda ta mbaja derën që të mos mbyllej.

preventable [pri'ventëbël] *adj* i shmangshëm, i evitueshëm, i mënjanueshëm.

preventative[pri'ventëtiv] *adj* shih **preventive**.

preventible[pri'ventëbël] *adj* shih **preventable**.

prevention [pri'venshën] *n* parandalim; **fire prevention** masa për parandalimin e zjarreve.

preventive [pri'ventiv] *adj ,n* -*adj* parandalues; mbrojtës; **preventive measures** masa parandaluese.

- *n* parandalues, mjet mbrojtës.

preventively[pri'ventivli] *adv* në mënyrë/për qëllime parandaluese.

preventive war *n pol* luftë agresive gjoja me qëllime parandaluese.

preview ['pri:vju:] *n,v* -*n* 1.shikim paraprak; inspektim. 2.*kin, teat* parapremierë; shikim i pjesshëm paraprak(i filmit, shfaqjes); *tv, rad* vështrim i shkurtër; **a preview of today's main events** një vështrim i shkurtër rreth ngjarjeve kryesore të ditës. + **give sb a preview of sth** *fig* i jap dikujt një ide paraprake për diçka.

- *vt* shikoj paraprakisht.

previous ['pri:viës] *adj* 1.i mëparshëm; **the previous day** të djeshmen, një ditë përpara; **previous experience** përvojë e mëparshme; **on previous occasions** më përpara; **have no previous convictions** *drejt* e kam dosjen penale të pastër. 2.*gj.fol* i nxituar; i parakohshëm; **don't be too previous about inviting him** mos u trego kaq i nxituar për ta ftuar; **this seems somewhat previous** kjo duket pak si e parakohshme. + **previous to** përpara; **previous to her departure she...** përpara se të nisej/para nisjes ajo..

previously['pri:viësli] *adv* më parë; më përpara; dikur, tashmë; **I had not met him previously** nuk e kisha takuar ndonjëherë.

previous question *n pol* paraçështje, çështje kalimi në votim(në lidhje me çështjen kryesore).

prevision [pri:'vizhën] *n* 1.parashikim; prognozë. 2.profeci; parandjenjë.

previsional [pri:'vizhënël] *adj* parashikues.

prewar['pri:wo:] *adj* i paraluftës.

prex [preks], **prexie, prexy**['preksi] *n amer zhrg* drejtor(kolegji); rektor(universiteti).

prey[prei] *n,v* -*n* 1.pre; gjah; **beast/bird of prey** kafshë/zog grabitqar; **fall a prey to** bie pre e(edhe *fig*). 2.*fig* viktimë, pre; **be a prey to (illness, nightmares)** më pllakos sëmundja; më pushtojnë ankthet. -*vi* (**on, upon**) 1.bëj pre; gjuaj; **cats prey on mice** macja gjuan minj. 2.grabis, plaçkis(dikë). 3.mundon (ankthi); dëmton(shëndetin); ngacmon(nervat); **sth is preying on her mind** diçka e mundon në shpirt.

priapic[praj'æpik] *adj* shih **phallic.**

price [prais] *n,v* -*n* 1. çmim; **what is the price of..?** sa kushton..? **the price in leks** çmimi në lekë; **price exclusive of...** çmim që nuk përfshin..**fall in price** (ose **go down**) i bie çmimi, lirohet; **rise in price** (ose **go up**) i ngrihet/i hipën çmimi, shtrenjtohet; **prices have advanced/eased** çmimet janë ngritur/ulur; **get a good price for sth** e shes diçka me një çmim të mirë; **pay top prices for sth** e blej diçka me çmim të lartë, paguaj mirë për diçka; **pay a high price for sth** e paguaj shtrenjt diçka (edhe *fig*); **at a reduced price** me çmim të ulur, me zbritje. 2.*fig* çmim; kusht; **the country regained its independence, but at a price** vendi e rifitoi pavarësinë, por e pagoi shtrenjt; **it's a small price to pay for it** *fig* s'është veçse një sakrificë e vogël; **at any price** me çdo kusht, me çfarëdo çmimi; **not at any price** për asgjë në botë. 3.vlerë; **beyond / without price** i paçmuar; që s'ka të paguar; **set/put a price on sth** çmoj/vlerësoj diçka; i vë një çmim diçkaje; **you can't put a price on it** nuk ka të çmuar; **put a price on sb's head** caktoj një shpërblim për kokën e dikujt (e një krimineli etj). 4.kuotë, vlerë, shumë (në bastet); **what price are they giving on that horse?** sa e ka kuotën ai kalë?, sa fiton po të vësh bast për atë kalë? + **what price all his promises now?** ç'na thua tani për/sa vlejnë tani premtimet e tij? **what price he'll change his mind?** me sa e vëmë që ka për të ndërruar mendje?

-*vt* i vë/caktoj çmimin; i shënoj çmimin, i vë etiketën; kërkoj(si çmim); **be priced at £10/too high /too low** kushton 10 sterlina; ka çmim tepër të lartë/tepër të ulët.

+**price down** ia ul çmimin.

+**price out** konkuroj, ia zë tregun; **Italian shoes have priced ours out (of the market)** këpucët italiane i kanë konkuruar plotësisht tonat; **the French have priced us out of that market** çmimet e ulëta të francezëve na detyruan të largoheshim nga ai treg.

+**price up** ia rris çmimin.

price bracket *n ek* gamë e çmimeve.

price cut *n* ulje çmimi, zbritje.

price cutting *n* ulje e çmimeve.

price earning ratio *fin* fitim neto për aksion.

price escalation *n fin* ngritje e vrullshme e çmimeve.

price escalation clause *n drejt* nen për rishikimin e çmimeve.

price fixing *n* 1.kontroll mbi çmimet(i qeverisë). 2.*përb* rregullim i çmimeve(nga firmat).

price freeze *n* blokim i çmimeve.

priceless ['praislis] *adj* 1. i paçmueshëm; tepër i çmuar. 2.*fig* që s'ka të paguar; që s'ka të çmuar.

price limit *n* kufi i sipërm i çmimit, çmim tavan.

price list *n* tarifë, çmimet aktuale.

price range *n* gamë e çmimeve; **in the medium price range** me një çmim mesatar.

price-rigging *n përb* rregullim i çmimeve (nga firmat).

price ring *n fin* kartel që vendos çmimet.

prices index *n fin* indeks i çmimeve.

price support *n ek amer* politikë e garantimit të çmimeve(të produkteve bujqësore).

price tag *n* 1.etiketë e çmimit. 2.*fig* çmim; **it's got a heavy price tag** çmimi është tepër i lartë, është shumë shtrenjt; **what's the price tag on that house?** sa kërkojnë për atë shtëpi?

price ticket *n* etiketë e çmimit.

price variation clause *n drejt* nen për rishikimin e çmimeve.

price war *n* konkurencë përmes uljes së çmimeve.

pricey['praisi] *adj Br gj.fol* i shtrenjtë, i kushtueshëm; **a bit too pricey for me** pak i shtrenjtë për xhepin tim.

prick[prik] *n,v* -*n* 1.shpim.2.vrimë, shenjë shpimi. 3.majëz. 4. sëmbim, therje, dhimbje e mprehtë; **pricks of conscience** brejtje e ndërgjegjes. + **kick against the pricks** bëj qëndresë të kotë, i bëj dëm vetes.

-*v* 1.shpoj; **prick a hole in sth** i shpoj një vrimë diçkaje; **prick one's finger with/on sth** shpoj gishtin me/te diçka. 2.shkaktoj dhimbje. 3.më ther, më dhemb, më sëmbon. 4.ngreh, ngre(veshët qeni).5. shpoj kalin(me mamuze). 6. *vjet* nxis, cys, shpoj (dikë).

+**prick out** a)transplantoj; b)shënoj(me të shpuar).

+**prick up** ngrihet: **prick up one's ears** ngreh veshët(edhe *fig*).

pricker['prikë:] *n* 1.*usht* kalorës i lehtë.2.gjemb.

prickle ['prikël] *n, v* -*n* 1.gjemb (bime, kafshe). 2.sëmbim, therje; drithmë(frike).

-*v* 1.shpohem; më shpon; më sëmbon. 2.shpoj.

prickly['prikli] *adj* 1. me gjemba (bimë, kafshë). 2.e sertë, që të shpon(mjekërr). 3.i ashpër(lesh). 4. që të shkakton kruajtje. 5.*fig* nevrik, gjaknxehtë (njeri).6.*fig* me spec(pyetje).

prickly heat *n mjek* puçërrim (nga djersa).

prickly pear *n bot* fik deti.

pricy['praisi] *adj* shih **pricey.**

pride[praid] *n, v* -*n* 1. kryelartësi, fodullëk; **false pride** kotësi, vanitet; **his pride was hurt** ai u prek

në sedër; **she has too much pride to ask for help** është tepër fodulle për të kërkuar ndihmë.2.krenari; **his pride in his family** krenaria për familjen e vet; **take (a) pride in arriving on time** krenohem që jam i përpiktë në takime; **have/take pride of place** më jepet vendi i nderit. 3.lule, lulëzim; **in the pride of youth** në lule të rinisë. 4.(luanësh) tufë.
-*vt* : **pride oneself (up)on (doing) sth** krenohem /mburrem me diçka (që bëj).

prideful['praidfël] *adj* krenar.

pries[prais] *n pl* i **pry** 2.

priest[pri:st] *n* prift; klerik.

priestess['pi:stis] *n* priftëreshë.

priesthood ['pri:sthu:d] *n* priftëri; të qenët prift; **enter the priesthood** bëhem prift.

priestly['pri:stli] *adj* priftëror, prej prifti.

prig[prig] *n* moralist; formalist; tip i fryrë; **don't be such a prig!** mos na shit moral! mos na u hiq si shenjtor! **what a prig he is!** ç'e di veten ky njeri?

priggery['prigëri] *n* 1.pedantizëm; formalizëm.2. fryrje, vetëkënaqësi.

priggish['prigish] *adj* 1.pedant, skrupuloz.2.i fryrë, i vetëkënaqur.

priggishness['prigishnis] *n* 1.pedantizëm; formalizëm.2.vetëkënaqësi.

prim[prim] *adj* 1.i karfosur, si i ngrirë; qibar (njeri).2.krëk(fustan).3.i rregullt, i pastër, pa cen (kopësht, shtëpi).4.korrekt(qëndrim); e ngrirë(buzëqeshje); e kujdesshme(shprehje).

primacy ['praimësi] *n* 1. parësi, vend i parë(nga rëndësia etj). 2.*fet* rang i primatit/kryepeshkopit. 3.supremaci e Papës.

primadonna ['pri:më'donë] *n* 1.*teat* primadonë, këngëtare e parë(në opera). 2.*fig* tip idhnak, njeri që merr zjarr sakaq.

prima facie ['praimë'feishi] *adv, adj* -*adv* në pamje të parë.
-*adj drejt* legjitim(në pamje të parë); **have a prima facie case** a)*drejt* paraqes një çështje të bazuar(në pamje të parë); b)lë përshtypjen se kam të drejtë; **prima facie evidence** prova të pranueshme.

primal ['praimël] *adj* 1.parak, zanafillës; i hershëm; primitiv.2.kryesor, themelor, parësor.

primarily['praimerëli,prai'merëli] *adv* 1.kryesisht, në radhë të parë; në thelb.2. fillimisht, në origjinë.

primary['praimeri, 'praimëri] *adj,n* -*adj* 1.i parë, parësor, primar; **primary meaning of a word** kuptimi i parë i një fjale.2.bazë, themelor. 3.kryesor, thelbësor; **of primary importance** me rëndësi të dorës së parë; **primary cause** shkak kryesor. 4.*el* primar(qark); **primary winding** pështjellim primar. 5.fillor(arsim); i fillores(mësues).
-*n* 1.diçka e dorës së parë.2.shkollë fillore.3. ngjyrë bazë.4.*zool* pendë kryesore.5.*astr* planet kryesor(që ka satelitë).6.*amer* a) komision elektoral(i partisë);

b)zgjedhje e kandidatëve (për poste qeveritare etj, nga një forum partiak).

primary accent *n gram* shih **primary stress**.

primary cell *n el* pilë elektrike.

primary coil *n el* bobinë primare; pështjellim primar(i transformatorit).

primary colo(u)r *n* ngjyrë bazë.

primary debtor *n fin* borxhli kryesor.

primary deposits *n fin* depozita faktike.

primary education *n* arsim fillor.

primary election *n pol amer* zgjedhje e kandidatëve(për poste qeveritare etj, nga një forum partiak).

primary industries *n ek* sektori primar.

primary producer *n ek* prodhues (i angazhuar) në sektorin primar.

primary product *n ek* produkt bazë.

primary road *n* rrugë kryesore, xhade.

primary school *n* shkollë fillore.

primary stress *n gram* theks kryesor(i fjalës).

primary teacher *n* mësues i fillores.

primary tense *n gram* kohë bazë.

primate['praimit] *n* 1.*fet* primat; kryepeshkop.2. *zool* primat.

prime I [praim] *adj, n* -*adj* 1.parësor; kryesor; themelor; **of prime importance** me rëndësi themelore.2.i parë, fillestar. 3.i dorës së parë; i shkëlqyer, i zgjedhur (mish etj); **of prime quality** i zgjedhur, i cilësisë më të lartë; **in prime condition** në gjendje të shkëlqyer (sportist, veturë, mall, fruta). 4.*mat* a)prim(numër); b)pa pjesëtues të përbashkët; **2 is prime to 9** 2-shi dhe 9-ta nuk kanë pjesëtues të përbashkët.
-*n* 1.*fig* kulm; lulëzim, lule; **in the prime of life, in one's prime** në lule të jetës; **be past one's prime** nuk jam më në ngjitje, s'jam më ai i pari.2.*fig* ajkë. 3.fillim(pune); pjesë e parë. 4.pranverë. 5.rini. 6.*mat* numër prim.7.minutë(e gradës). 8.*muz* tonik; unison.

prime II[praim] *vt* 1.përgatis, bëj gati. 2.i vë kapsollën(predhës); mbush me barut(topin). 3.mbush me ujë(pompën). 4.i jap dorën e parë(të bojës). 5.pajis / furnizoj me të dhëna; **he arrived well primed** ishte i mirinformuar.

prime meridian *n gjeog* meridian i parë, meridian i Grinuiçit.

prime minister, **P.M.** *n* kryeministër.

prime mover *n fiz, tek* forcë lëvizëse.

prime number *n mat* numër prim.

primer I['praimë:] *n* 1.tekst elementar /për fillestarë. 2.abetare.

primer II ['praimë:] *n* 1.përgatitës. 2. *usht* mbushës.3.kapsollë, ndezës. 4.dorë e parë(e bojës).5.sumbull/buton pompimi fillestar(për ndezjen e motorit), buton spillimi.

prime rate *n fin, ek* kurs bazë, kurs favorizues.

prime time *n rad, tv* koha më e mirë, orët e para

të mbrëmjes; emisionet që ndiqen më shumë.

primeval['praɪ'mi:vël] *adj* i hershëm, i lashtë; i di-kurshëm; i qëmotshëm, i kahershëm; **in its prime-val state** në gjendjen e vet të hershme; **primeval forests** pyje të virgjëra.

priming['praɪmɪŋ] *n* 1.pompim paraprak(benzi-ne në motor); mbushje fillestare(e pompës me ujë etj, për fillim pune).2.mbushje baruti, ndezës, kapso-llë.3.dorë e parë(boje); mbushës, nënshtresë(allçie).

primitive['prɪmɪtɪv] *adj,n* -*adj* 1.primitiv.2.i pa-rë, fillestar; i hershëm; **primitive Christians** të krishterët e parë. 3.i thjeshtë (sistem, mënyrë). 4.i dalë mode, i vjetër, i kohës së Nuhut. -*n* 1.artist i vjetër/i pararilindjes.2.pikturë e her-shme.3.njeri i lashtë, njeri primitiv. 4.*mat* primitivë. 5.*gram* fjalë-burim.

primitively['prɪmɪtɪvli] *adv* 1.në mënyrë primiti-ve. 2.fillimisht, në krye të herës.

primitivism['prɪmɪtëvɪzëm] *n* primitivizëm.

primogenitor ['praɪmë'xhenëtë:] *n* 1.paraardhës; stërgjysh.2.paraardhës i parë/më i hershëm.

primogeniture [praɪmë'xhenëçë: , -çuë:] *n drejt* 1.parëlindje; parëbirni.2.tagër/e drejtë trashëgimie e fëmijës së parë.

primordial [praɪ'mo:diël] *adj* 1. i qëmotshëm, i kahershëm, i lashtë; primitiv.2.fillestar; i parë; **primordial laws** ligjet e para.

primordially[praɪ'mo:diëli] *adv* në kushtet filles-tare; në fillim.

primp[prɪmp] *vi* pispillosem.

primrose ['prɪmrouz] *n,adj* -*n* 1. *bot* aguliçe e verdhë, lule pranvere, poleskë.2.e verdhë e çelët. -*adj* 1.i verdhemë.2.*fig* i këndshëm, si lule.

primrose path *n fig* mënyrë e këndshme; rrugë e kënaqësisë.

primula['prɪmjulë] *n bot* aguliçe.

primus['praɪmës] *n* 1.primus, furnelë me vajguri. 2.*fet* **Primus** primat; peshkop.

primus stove *n* furnelë me vajguri.

prince[prɪns] *n* 1.princ; **the princes of this world** të mëdhenjtë e kësaj bote. 2.*amer fig* tip shik.

Prince Albert *n* pallto dopiopet.

prince consort *n* princ bashkëshort, burrë i mbretëreshës.

princedom ['prɪnsdëm] *n* principatë.

princeling['prɪnslɪŋ] *n* princush.

princely['prɪnsli] *adj* 1.princëror; mbretëror.2.*fig* bujar, fisnik.3.*fig* madhështor; luksoz; si për princër; **a princely salary** rrogë princërish.

Prince of Darkness *n* Mbreti i Errësirës, Djalli, Satanai.

prince of the blood *n* princ nga familje mbre-tërore.

Prince of Wales *n Br* Princ i Wellsit, trashëgimtar i fronit.

prince regent *n* princ regjent, princ mëkëmbës.

prince royal *n* princ trashëgimtar (djali i parë).

princess['prɪnsis, 'prɪnses] *n* princeshë.

princess royal *n* princeshë mbretërore, vajzë e parë e sovranit.

principal['prɪnsëpël] *adj,n* -*adj* kryesor; theme-lor; parësor. -*n* 1.kryetar, kre; shef. 2.drejtor(shkolle). 3.*fin* kre-rë, kapital; **principal and interest** krerët dhe in-teresat. 4.kryeinstrumentist. 5.*teat* aktor kryesor, protagonist; rol kryesor. 6.*drejt* mandatues, lëshues mandati. 7.*drejt* fajtor kryesor, doras, autor(i krimit). 8.*fin* dorëzanë, garant(për pagimin e një borxhi).

principal boy *n Br teat* hero rinor.

principal clause *n gram* fjali kryesore.

principal violin *n muz* violinë e parë.

principality [prɪnsë'pælëti] *n* 1.principatë.2.push-tet suprem.

principally ['prɪnsëpli, 'prɪnsëpëli] *adv* kryesisht; në pjesën më të madhe.

Principal Meridian *n gjeog* Meridian i Parë.

principalship['prɪnsëpëlship] *n* kryesi, drejtorllëk.

principate['prɪnsëpeit] *n* 1.kryevend.2.principatë.

principle['prɪnsëpël] *n*1.parim; **based on the prin-ciple that** mbështetur në parimin që; **make it a principle to do sth** e kam parim të bëj diçka; **a man of principle(s)** njeri parimor, burrë me parime të shëndosha.2.ligj, parim(i shkencës).3.metodë. 4.bu-rim, zanafillë.5.përbërës, lëndë përbërëse; **the bitter principle in a drug** përbërësi i hidhur i ilaçit. + **as a matter of principle, on principle** si parim; parimisht; **in principle** në parim.

principled ['prɪnsëpëld] *adj* parimor (njeri, vep-rim); me parime të shëndosha(njeri).

prink[prɪnk] *vi* shih **primp**.

print[prɪnt] *v,n* -*v* 1.*polig* shtyp; shtypet; **the book is printing now** libri po shtypet.2.botoj; **he has had several books printed** atij i janë botuar disa libra. 3.shkruaj me gërma shtypi (kur plotësoj një for-mular). 4.*kmp* printoj, nxjerr një kopje të shtypur. 5.*fig* ngulis, fiksoj(në mendje). 6.*fot* riprodhoj; stampoj; **print money** shtyp/stampoj kartëmone-dhë; **it's a license to print money** *ek fig* kësaj i thonë t'i lësh rrugë të lirë inflacionit.7.*teks* stampoj. +**print off** a)shtyp; b)*fot* stampoj, riprodhoj. +**print out** *kmp* printoj, shtyp, nxjerr një kopje të shtypur. -*n* 1.gjurmë; tragë; mbresë; **take sb's prints** i marr dikujt gjurmët e gishtave.2.gërma, shkronja(shtypi); **in small/large print** me gërma të vogla/të mëdha; 3.tekst i shtypur; **read the fine print before you sign** lexoni tekstin me shkronja të vogla para se të nënshkruani.4.shtyp; **the print is poor** nuk është ndonjë shtyp i qartë; **it was there in cold print!** *fig* ishte e shkruar e zezë mbi të bardhë! 5.botim; **rush**

into print nxitohem ta botoj(shkrimin, librin); **she got into print at last!** ajo ia doli të botojë më në fund! 6.riprodhim; stampë; gravurë. 7. pëlhurë e stampuar; fustan i stampuar. 8.*fot* riprodhim, fotografi. 9.*polig* stampë; klishe. 10.*kmp* kopje e shtypur(nga printeri).**+ in print** a)i shtypur; b)në shitje(libër); **out of print** i shitur, i mbaruar (libri).

printable['printëbël] *adj* 1.i shtypshëm, që mund të shtypet. 2.i botueshëm, që e vlen të botohet.

printed ['printid] *adj* 1.i shtypur (tekst); **printed matter/papers** materiale të shtypura; **the power of the printed word** fuqia e/pushteti i fjalës së shkruar. 2.i stampuar(tekstil). 3.me kokë(letër shkrimi). 4.*el* i stampuar.

printed circuit *n el* qark i stampuar.

printer['printë:] *n* 1.tipograf.2.stampues(person). 3.*polig* makinë shtypi.4.*teks* makinë/pajisje stampimi. 5.*kmp* printer, pajisje shtypi.

printer's devil *n* nxënës-tipograf, çirak.

printer's error *n* gabim shtypi.

printer's ink *n* bojë shtypi.

printer's reader *n* korrektor.

printing['printing] *n* 1.*polig* shtypje; shtyp; tipografi.2.*fot, teks* stampim. 3.shtypshkrim; tekst i shtypur. 4.shkrim me germa shtypi. 5.germa shtypi. 6.tirazh.

printing frame *n fot* pajisje stampimi.

printing house *n* shtypshkronjë.

printing ink *n* bojë shtypi.

printing office *n* shtypshkronjë.

printing press *n polig* makinë shtypi, presë tipografike.

printing works *n* shtypshkronjë.

printmaker['printmeikë:] *n* gdhendës.

printout['printaut] *n kmp* kopje e shtypur.

printshop ['printshop] *n* 1. shtypshkronjë. 2.dyqan arti(gravurash.etj).

printworks['printwë:ks] *n* fabrikë stampimi.

prior I['prajë:] *adj* 1.i mëparshëm; **prior to** para (se); më përpara; **prior to his leaving** para se të ikte. 2.paraprak; **without prior notice** pa njoftim paraprak, pa paralajmërim. 3.më i hershëm; prioritar; **have a prior claim to sth** *drejt* kam të drejtën e përparësisë mbi diçka.

prior II['prajë:] *n fet* i parë kuvendi; kryemurg; igumen.

prior restraint *n amer drejt* privim të drejte administrimi.

prioress ['prajëris] *n fet* e parë kuvendi, kryemurgeshë, madre.

priority[praj'o:rëti] *n* 1.përparësi, prioritet, preçedencë; **have /take priority over sth** ka/fiton përparësi mbi diçka; **housing must be given first/top priority** strehimi duhet të vihet në plan të parë; **be low on the priority list** nuk hyn në gjërat më të

domosdoshme/më urgjente; **you must get your priorities right** ti duhet ta përcaktosh mirë se kush ka më shumë rëndësi për ty.2.e drejtë kalimi; preçedencë(në trafik). 3.parësi, të qenët më i hershëm.

priory['prajëri] *n fet* manastir, kuvend.

prise, *amer* **prize**[praiz] *vt* ngre/hap/heq me forcë; i bëj levë; **prise sth open** hap diçka me forcë; **prise a lid off/up** hap kapakun duke i bërë levë.

prism['prizëm] *n gjeom, tek* prizëm.

prismatic [priz'mætik] *adj* 1.prizmatik. 2.ngjyrangjyra.

prismatic colo(u)rs *n* ngjyrat e ylberit.

prison['prizën] *n,v* -*n* burg; **go to prison for 10 years** dënohem me 10 vjet burg; **send sb to prison for 10 years** dënoj dikë me 10 vjet burg; **prison life** jetë burgu. **+ break prison** arratisem nga burgu; **cast/put sb to prison** rras/fus në burg dikë.

prison authorities *n* administrata e burgut.

prison-breaker ['prizën'breikë:] *n* i arratisur nga burgu.

prison-breaking['prizën'breiking] *n* arratisje nga burgu.

prison camp *n* kamp të burgosurish.

prison governor *n* drejtor burgu.

prisonlike['prizënlaik] *adj* si burg.

prison officer *n* mbikëqyrës, gardian burgu.

prison van *n* makinë e burgut (e të burgosurve). -*vt* burgos.

prisoner['priz(ë)në:] *n* 1.i arrestuar. 2.i burgosur; **hold sb prisoner** mbaj të burgosur dikë. 3.*usht* rob; **take sb prisoner** zë rob dikë.

prisoner at the bar *n drejt* i paditur, i akuzuar.

prisoner of conscience *n* i burgosur i ndërgjegjes, i burgosur politik.

prisoner of war *n* rob lufte.

prissy['prisi] *adj* 1.nazeqar, buzëhollë.2.si femër. 3.micgun; mistrec; shumë kërkues.

pristine ['pristi:n, 'pristën, 'pristain] *adj* 1.origjinal, i fillimit; **the colors keep their pristine freshness** ngjyrat ruajnë freskinë e fillimit. 2.i pacenuar, i paprishur, i patëmetë, i virgjër.

prithee['pridhi:] *interj vjet* të lutem.

privacy['praivësi] *n* 1.vetmi; intimitet, jetë private; **her desire for privacy** dëshira e saj për të ndenjur në vetmi; dëshira për të ruajtur jetën e saj private(artistja); **he was looking for privacy** përpiqej të gjente një qoshe të qetë; **in the privacy of his own home** në intimitetin e shtëpisë së vet. 2.fshehtësi; **she told me in strictest privacy** ai më tha në fshehtësinë më të madhe.

Privacy Act *n drejt* ligj për mbrojtjen e jetës private (të qytetarëve).

private['praivit] *adj,n* -*adj* 1.privat; personal; vetiak; **private letter** letër personale; **private proper-**

ty/ house pronë/shtëpi private; room with private bath(room) dhomë me banjë më vete; private opinion mendim personal; private matter/affair çështje personale; in his private life në jetën private; in his private capacity personalisht, si person privat; have private means kam pasuri timen; for private reasons për arsye personale; for her private use për nevojat e veta, për përdorim personal. 2.konfidencial, për një rreth të mbyllur; i fshehtë; this matter is strictly private kjo është një çështje tepër konfidenciale; he's a very private person ai është njeri tepër i mbyllur; have private information that... di nga burim i fshehtë se; for your private information për dijeninë tënde, në mënyrë jozyrtare; midis nesh; in his private thoughts në mendimet e tij të fshehta; private drawer sirtar i fshehtë. 3.i veçuar, i vetmuar; some private corner një qosh i veçuar. 4.i thjeshtë; a private citizen një qytetar i thjeshtë.
-n 1.usht ushtar i thjeshtë; Private Ross! Ushtar Ross! private 1st class amer tetar.2.pl anat organe gjenitale. + in private a)në brendësi, brenda vetes; b)veçmas, jo në publik; c)privatisht, jozyrtarisht: may I speak to you in private? a mund të bisedojmë pak veçmas?
    private agreement n drejt marrëveshje miqësore, marrëveshje mirëkuptimi.
    private detective/investigator n detektiv privat.
    privateer [praivë'tië:] n, v -n 1. anije piratësh. 2.pirat.
    -vi merrem me pirateri.
    privateersman [praivë'tië:zmën] n detar/oficer anijeje piratësh.
    private enterprise n ek 1. ekonomi private. 2. ndërmarrje private
    private eye n gj.fol detektiv privat.
    'private fishing' 'ndalohet peshkimi' .
    private health insurance n sigurim shëndetësor nga agjenci private.
    private hearing n drejt gjyq me dyer të mbyllura.
    private hotel n hotel i vogël.
    private joke n shaka për një rreth të ngushtë.
    privately['praivitli] adv 1.privatisht; në veçanti, veçmas; jopublikisht; may I speak to you privately? a mund të bisedojmë pak mënjanë? the committee sat privately komiteti bëri një mbledhje me dyer të mbyllura.2.në fshehtësi; brenda vetes; privately she was against the project thellë në vetvete ajo ishte kundër projektit. 3.personalisht; jozyrtarisht. 4.me mësues privat; në shkollë private; be privately educated marr mësime private; mësoj në shkollë private.
    private (medical) practice n klinikë private.
    private member n pol deputet i thjeshtë; a private member's bill projektligj i propozuar nga

një deputet i thjeshtë.
    private parts n anat organe gjenitale.
    private patients n klientelë private(e mjekut).
    private performance n teat shfaqje pa publik.
    private place n qosh i vetmuar, vend i qetë.
    private pupil n nxënës që merr mësime private.
    private secretary n sekretar privat.
    private showing n kin shfaqje(filmi) private.
    private study n Br sallë studimi.
    private teacher, private tutor n mësues privat.
    private view n art ditë e hapjes(së ekspozitës).
    private wedding n martesë pa publik të gjerë.
    privation[prai'veishën] n 1.privim, heqje, humbje (e të drejtave etj). 2.mungesa, sakrifica.
    privative['privëtiv] adj,n gram -adj mohues.
    -n parashtesë/prapashtesë mohuese.
    privet['privit] n bot voshtër, ligustër; privet hedge gardh ligustrash.
    privilege['privëlixh] n,v -n privilegj; e drejtë e posaçme; pol prerogativë; have the privilege of doing sth gëzoj privilegjin e bërjes së diçkaje.
    -vt :be privileged to do sth gëzoj privilegjin/kam nderin të bëj diçka.
    privileged ['privëlixhd] adj 1. i privilegjuar; the privileged few pakica e privilegjuar.2.konfidencial, për një rreth të ngushtë; privileged information informacion konfidencial.
    privily['privëli] adv në fshehtësi; në mënyrë konfidenciale.
    privy['privi] adj,n -adj 1.konfidencial, i fshehtë; privy to në dijeni të.2.vjet i fshehur.
    -n banjë, WC.
    Privy Council n Br Këshill i Kurorës(mbretërore).
    privy councillor n këshilltar i Kurorës.
    privy seal n Br vulë e vogël(e kabinetit të Mbretëreshës.
    prize I [praiz] n,adj -n çmim; win first prize marr çmimin e parë(në shkollë etj); fitoj çmimin e madh(të llotarisë); the Nobel Prize Çmimi Nobel.
    -adj 1.fitues çmimi, që fiton çmim; he grows prize tomatoes ai kultivon domate për konkursin (e prodhimeve bujqësore).2.i shkëlqyer; i shquar; his prize horse kali i tij më i mirë; he is a prize idiot ai është budallë me gjithë rroba. 3. trofé.
    prize II[praiz] n det trofé (lufte); anije e kapur; make a prize of kap, shtie në dorë(një anije).
    prize III [praiz] vt çmoj, vlerësoj; most prized possession gjëja më e çmuar.
    prize IV[praiz] vt shih prise.
    prize court n gjyq(ndërkombëtar) i trofeve të luftës (detare).
    prize fight n sport ndeshje / takim boksierësh profesionistë.
    prize fighter n boksier profesionist.
    prize fighting n boks profesionist.

prize-giving['praizgiving] *n* ndarje/dhënie e çmimeve.

prize list *n* listë e laureatëve(të një çmimi).

prize money *n* 1. *sport* çmim, para të dhëna si çmim. 2.*det* para nga shitja e trofeve.

prize ring *n sport* 1.ring (boksi). 2. boks profesionist.

prizewinner['praizwinë:] *n* 1. fitues çmimi; laureat. 2.fitues llotarie.

prizewinning ['praizwining] *adj* 1.fituese (biletë llotarie). 2.fitues çmimi(libër etj).

pro I[prou] *adv, n -adv* pro, për, në favor të, në anën e.

-n (votë) pro; **the pros and cons** protë dhe kundrat.

pro II [prou] *n, adj gj.fol -n* 1. profesionist; specialist. 2.prostitutë.

pro-[prou] *pref* 1.para-. 2.filo-; pro-; -dashës; **pro-French** filofrëng; **pro-Moscow** prosovietik. 3.zëvendës-; **proconsul** zëvendës-konsull, guvernator (në Romën e Lashtë).

proa['prouë] *n det* lundër me bilancier.

pro-am['prou'æm] *adj sport* profesionisto-amator.

pro-abortionist[prouë'bo:shënist] *n* partizan i lirisë së abortimit.

probability [probë'bilëti] *n* 1.mundësi, gjasë; **in all probability** sipas të gjitha gjasave; ka të ngjarë; **the probability is that...** ka shumë mundësi/të ngjarë /shanse që...2.*mat* probabilitet.

probable['probëbël] *adj,n -adj* 1.i mundshëm, që ka të ngjarë, që ka gjasë; **it is probable/hardly probable that...** ka të ngjarë /ka pak të ngjarë që...2.i besueshëm; **his explanation did not sound very probable** shpjegimi i tij nuk m'u duk fort i besueshëm.

-n kandidat i mundshëm; **one of the probables for the job** një nga kandidatët më të mundshëm për këtë vend pune.

probably['probëbli] *adv* me sa duket; ka të ngjarë që; mundet që; **he probably forgot** me sa duket ka harruar; **very probably, but...** ka shumë të ngjarë, por...

probate['proubeit, 'proubit] *n,adj,v drejt -n* 1.homologim; verifikim zyrtar(i një testamenti); **grant probate of a will** homologoj një testament. 2.kopje e homologuar(e testamentit).

-adj homologimi; **probate court** gjyq për homologim(testamenti).

-vt homologoj; verifikoj zyrtarisht(një testament).

probation[prou'beishën] *n* 1.provë, stazh.2.kohë/ periudhë prove. 3.*drejt* lirim me kusht; **be on probation** a) *drejt* jam i liruar me kusht; b)jam në provë/në stazh.

probational[prou'beishënël] *adj* shih **probationary**.

probationary[prou'beishënëri] *adj* 1.stazhi, prove. 2.i liruar me kusht; në stazh, në provë.

probationer[prou'beishënë:] *n* 1.stazhier(në punë, polici).2.*fet* rishtar.3.*drejt* i liruar me kusht.

probation officer *n drejt* mbikëqyrës gjyqësor, mbikëqyrës i të liruarit me kusht.

probative['proubëtiv] *adj* 1.provues, dëshmues. 2.testues; për testim.

probe[proub] *v,n -vt* 1.këqyr, kontrolloj; sondoj. 2.eksploroj(hapësirën). 3.(into) hyj, depërtoj(në); zhbiroj, hetoj; **the policeman kept probing him** polici vazhdonte ta zhbironte.

-n 1.shqyrtim, kontroll. 2.*mjek, astr* sondë. 3)*drejt* hetim.

prober['proubë:] *n* sondues; hetues.

probie ['proubi:] *n gj.fol* infermier stazhier.

probing ['proubing] *adj,n -adj* 1. zhbirues, depërtues (vështrim).2.e hollë(pyetje).3.i thelluar(studim, hetim).

-n 1.*mjek* sondim; sondazh. 2.*fig* zhbirim, hetim.

probingly['proubingli] *adv* në mënyrë zhbiruese.

probity['proubëti] *n* ndershmëri, korrektesë, drejtësi.

problem['problëm] *n* 1.problem; çështje e vështirë; **the housing problem** problemi i/kriza e strehimit; **have problems with the car** kam probleme me makinën; **he had no problem in meeting her** nuk e pati të vështirë ta takonte; **her daughter is a problem** e bija është bërë problem; **what's the problem?** si është puna? **no problem!** s'ka problem! gjithçka në rregull! 2.ves; **have a drinking problem** kam vesin e të pirit. 3.*mat* problemë; **solve a problem in physics** zgjidh një problemë fizike. 4.*attr* problematik, i vështirë; **a problem child** fëmijë i vështirë.

problematic(al) [problë'mætik(ël)] *adj* 1. problematik, i vështirë, i ngatërruar. 2. i dyshimtë, i diskutueshëm, i pasigurt; **it is problematic whether...** nuk është i sigurt nëse..

problematically[problë'mætikëli] *adv* në mënyrë të diskutueshme/të pasigurt.

pro bono publico[prou'bounou'pʌblëkou] *lat* për të mirën e përgjithshme.

proboscis[prou'bosis] *n zool* 1.feçkë (elefanti). 2.thimth (insekti). 3.*përb* hundë e madhe.

procaine['proukein] *n kim* prokainë (anestezik).

procedural [prë'si:xhërël] *adj* procedure, procedural.

procedure[prë'si:xhe:] *n* 1.mënyrë veprimi, veprim, rregull; **what's the procedure?** çfarë duhet bërë/të bëj/të bëjmë? **the correct/normal procedure is to apply to...**rregulli është që t'i drejtohesh...**cashing a cheque is a simple procedure** thyerja e çekut është një veprim i thjeshtë. 2.*adm, drejt* procedurë, praktikë; **order of procedure** rregullat e procedimit, procedurë.

proceed[v prë'si:d, prou'si:d; n 'prousi:d] v,n   -vi 1.vazhdoj; eci, lëviz; **proceed with your story** vazhdo me tregimin; **let's proceed to the next item** kalojmë/hidhemi në pikën tjetër; **cars should proceed slowly** makinat duhet të ecin/lëvizin me ngadalë.2.bëhet, zhvillohet; **the trial may proceed** gjyqi mund të zhvillohet; **things are proceeding according to plan** gjërat po ecin/po bëhen/po shkojnë sipas planit.3. bëj; veproj; **he proceeded to light his pipe** ai mori të ndizte llullën; **I'm not sure how to proceed** nuk e kam të qartë se ç'duhet të bëj. 4.(**from**) rrjedh, vjen, buron; **heat proceeds from fire** nxehtësia vjen nga zjarri. 5.(**to**) ngjitem, ngrihem, gradohem; **proceed to office manager** bëhem përgjegjës zyre. 6.drejt ngre padi; **proceed against sb** hedh në gjyq dikë.

-n zak pl shumë, para; të ardhura; drejt,fin **proceeds from insurance** zhdëmtimi i paguar nga kompania.

proceeding [prë'si:ding] n mënyrë veprimi; verim; sjellje; **a dubious proceeding** veprim i dyshimtë; **the safest proceeding would be to wait** una më e mirë do të ishte të prisnim.

proceedings[prë'si:dingz] npl 1.ceremoni.2.mblehje, seancë; punime.3.debat, diskutime; **record all the proceedings** mbaj procesverbalin. 4. akte, proesverbale; **Proceedings of the Geographical Society** Aktet e Shoqatës së Gjeografëve.5.drejt nasa; **legal proceedings** gjyq, proces gjyqësor; **take legal) proceedings against sb** ngre gjyq/hap proces kundër dikujt.

proceeds['prousi:dz] npl shih **proceed** n.

process I['prouses, 'proses] n,v,adj   -n 1.proces; operacion; **the whole process** i gjithë procesi /operacioni; **he is in the process of moving to..** ai po transferohet në../po shkon me shtëpi në...**it's a slow/a long process** është proces i ngadaltë/i gjatë; ig kjo ha mjaft kohë. 2.metodë; **devise a process or controlling weeds** zbuloj një metodë për lufimin e barërave të këqia. 3.drejt a) thirrje në gjyq; **serve a process on sb** njoftoj dikë të paraqitet në gjyq; b)gjyq, proces; ndjekje ligjore; **bring a process against sb** hap gjyq kundër dikujt, hedh në gjyq dikë. + **be in process** a)është në proces(libri etj); b) zhvillohet(diskutimi); c)është në ndërtim (godina); **in the process of removal to/ of cleaning** gjatë ransferimit për në/gjatë pastrimit; **in the process of ime** me kohë, me kalimin e kohës.

-vt 1.përpunoj(ushqime, lëndë të para). 2.fot zhviloj dhe stampoj(filmin).3.kmp përpunoj (informaionin); kaloj në makinë(shiritin). 4.adm merrem me, shqyrtoj(dokumente etj).5.treg kryej, përmbush, plotësoj; **in order to process your order** për ta ryer porosinë tuaj.

-adj i përpunuar; **process(ed) cheese** djathë i shkrirë.

process II[prë'ses] vi ecim, shkojmë vargan; marr pjesë në një procesion.

process control n tek komandim/rregullim i procesit (të punës).

processing['prousesing] n1.përpunim(të dhënash, ushqimesh). 2.fot zhvillim e stampim(filmi). 3.shqyrtim, evadim(shkresash etj).

processing rack n fot platformë zhvillimi.

processing unit n kmp përpunues informacioni.

procession[prë'seshën] n vargan, varg(njerëzish, makinash); procesion, kortezh.

process printing n polig shtyp 4-ngjyrësh.

process-server ['prousës'së:vë:] n drejt përfaqësues i ngarkuar me marrjen e njoftimeve.

processional[prë'seshënël] adj,n   -adj kortezhi. -n 1.muzikë kortezhi. 2.libër himnesh.

processor['prousesë:, 'prosesë:] n 1.kmp procesor, përpunues informacioni.2.pajisje përpunuese (ushqimesh). 3.përpunues (person).

proclaim[prë'kleim] vt 1.shpall; deklaroj; **proclaim sb king** shpall dikë mbret; **proclaim war /the independence** shpall luftë/pavarësinë; **proclaim that** deklaroj se. 2.shfaq; **proclaim one's love** (i) shfaq dashurinë. 3.zbuloj, nxjerr në shesh; **his expression proclaimed his guilt** shprehja e fytyrës tregonte qartë fajësinë e tij. 4.drejt a)nxjerr jashtë ligjit(dikë); b)zbatoj masa shtrënguese ndaj(një vendi).

proclamation[proklë'meishën] n shpallje; thirrje; njoftim; **a proclamation was issued to announce..** u nxor një shpallje për të njoftuar...

proclivity[prou'klivëti] n prirje, tendencë.

proconsul[prou'konsël] n hist1.zëvendës-konsull, guvernator(në Romën e Lashtë). 2.guvernator (kolonie angleze, franceze). 3.majmun prehistorik.

procrastinate [prou'kræstëneit] vt shtyj (për më vonë); vonoj, zvarris, varrakas (një punë).

procrastination [prou'kræstë'neishën] n shtyrje (afati); vonim, zvarritje(e një pune).

procrastinator [prou'kræstë'neitë:] n zvarritës (i punëve).

procreate['proukrieit] vt nxjerr në dritë, lind; krijoj; pjell.

procreation [proukri'eishën] n nxjerrje në dritë, lindje, bijim; krijim; pjellje.

procreative ['proukrieitiv] adj që lind, që nxjerr në dritë; krijues; pjellës.

proctor ['proktë:] n, v   -n 1. drejt (person) i ngarkuar, i autorizuar, fuqiplotë. 2.kujdestar(shkolle, universiteti); mbikëqyrës (gjatë provimeve, studimit). -vi mbikëqyr(gjatë provimit).

procumbent [prou'kʌmbënt] adj 1.i shtrirë përmbys; i plandosur. 2.bot i shtrirë përdhe(kërcell).

procurable [prë'kjuërëbël] *adj* i gjetshëm, që mund të sigurohet; **it is easily procurable** është diçka që mund ta sigurosh me lehtësi.

procuration[prokju'reishën] *n* 1.gjetje, sigurim (i diçkaje). 2.*drejt* dhënie prokure, autorizim (i dikujt).

procurator ['prokjëreitë:] *n drejt* (person) i ngarkuar, i autorizuar, i pajisur me prokurë; administrator(i punëve të dikujt).

Procurator Fiscal *n Br* Prokuror i Shtetit (në Skoci).

procure[prë'kjuë:] *vt* 1.gjej, siguroj; **procure sb a copy/a copy for...** i siguroj një kopje...2. shkaktoj; **procure sb's death** vë njerëz për të vrarë dikë. 3.i gjej një femër(dikujt); merrem me kodoshllëk.

procurement[prë'kjuë:mënt] *n* gjetje, sigurim.

procurer [prë'kjuërë:] *n* ndërmjetës, kodosh, rufian.

procuress [prë'kjuëris] *n* pronare bordelli; ndërmjetëse, kodoshe.

Procyon['prousion] *n astr* Prokioni(yll).

prod [prod] *v,n* -*v* 1.shtyj lehtë (me gisht, me shkop); vë gishtin(në hartë). 2.*fig* nxis, shtyj; **prod sb into doing sth** nxis dikë të bëjë diçka; **he has to be prodded along** atë duhet ta shtysh.

-*n* 1.shtytje e lehtë; shpuarje (me bërryl). 2.shkop me majë, bodec. 3.*fig* shtytje, nxitje.

prodigal ['prodëgël] *adj,n* -*adj* 1.prishaman; shkapërdar; shpërdorues; plangprishës. 2.i pakursyer, dorëlëshuar(në lëvdata etj). 3.i penduar.

-*n* 1.njeri shkapërdar, plangprishës. 2.i penduar, që kthehet në vathë(*fig*); djali plangprishës (i Biblës).

prodigious [prë'dixhës] *adj* 1.i mrekullueshëm, i jashtëzakonshëm. 2.i stërmadh, i paanë.

prodigiously[prë'dixhësli] *adv* për mrekulli, mrekullisht.

prodigy['prodëxhi] *n* 1.mrekulli; **prodigies of valor** shembuj të rrallë trimërie; **child prodigy, infant prodigy** fëmijë-çudi, talent i jashtëzakonshëm. 2.ogur, shenjë e mirë.

produce [*v* prë'd(j)u:s; *n,adj* 'prodju:s, 'proudu:s] -*v* 1.prodhoj.2.krijoj, bëj(një vepër); shkruaj(libër). 3.përgatis, gatuaj(gjellën). 4.jap(ide); *fin* jep(fitim); **his shares produce a yield of 10%** aksionet e tij japin një fitim prej 10%. 5.krijoj, ngjall, zgjoj (interesim); **this produced a stir** kjo shkaktoi sensacion. 6.pjell; lind; nxjerr në dritë. 7.nxjerr, tregoj; paraqes (prova); **one can't suddenly produce 1000 dollars!** njeriu s'i ka në xhep 1000 dollarë në çdo kohë! 8. *kin, teat* vë në skenë; bëj, xhiroj(film).9.shkaktoj, i jap shkas. 10.jep fryte; sjell(rezultate). 11.*mat* zgjas(një drejtëz); shtrij(një plan).

-*n* 1.*bujq* prodhim, prodhime, produkte. 2.fruta-perime.

-*adj* fruta-perimesh; **they own a produce market** ata kanë një treg fruta-perimesh.

producer [prë'd(j)u:së:] *n* 1.*bujq, ind* prodhues. 2.*kin,teat, tv* regjizor. 3.*tek* gjenerator. 4.*attr* gjeneratori.

producer gas *n tek* gaz gjeneratori/gazogjeni.

producer goods *n ek* produkte, artikuj të prodhuar.

producible[prë'djusëbël] *adj* i prodhueshëm.

product['prodëkt] *n* 1.prodhim; produkt; **finished product** produkt përfundimtar.2.*fig* fryt, pjellë; **the product of his imagination** pjellë e fantazisë së tij. 3.*mat* prodhim.

production[prë'dʌkshën] *n* 1.prodhim; **put into /take out of production** fus në prodhim, nxjerr (heq)nga prodhimi.2.paraqitje, tregim(dokumentesh, bilete). 3. *teat,kin,tv* a)vënie në skenë; xhirim; realizim; b) vepër e realizuar; shfaqje; film; program

production line *n ek* linjë prodhimi /montimi; konvejer.

production manager *n* drejtor prodhimi.

production model *n* artikull i serisë; produkt standard.

production number *n tv, kin* numër spektakolar(në mbyllje të aktit etj).

productive[prë'dʌktiv] *adj* 1.prodhues, prodhimi (aktivitet); **be productive of sth** prodhon diçka; 2.produktiv(shkrimtar); i frytshëm, frytdhënës; pjellore(tokë); **have a very productive day** kam një ditë mjaft të mbarë.

productivity[proudʌk'tivëti] *n* prodhimtari, aftësi prodhuese; rendiment.

productivity agreement *n Br* marrëveshje për kohën e punës.

productivity bonus *n* shpërblim për rendiment të lartë.

proem['prouem] *n* hyrje; parathënie.

prof[prof] *n gj.fol* profesor.

Prof. shkurtim për **professor**.

profanation[profë'neishën] *n fet* blasfemim; përdhosje.

profanatory [prë'fænëtori] *adj fet* blasfemues; përdhosës.

profane [prë'fein, prou'fein] *adj,v* -*adj* 1. laik; jofetar; profan. 2.i parespektueshëm; blasfemues; përdhosës.

-*vt* përdhos; përlyej, ndyj.

profanity [prë'fænëti] *n* 1. karakter laik /jofetar /profan.2.blasfemi; sakrilegj; përdhosje.

profess[prë'fes] *v* 1.shfaq, tregoj, shpreh; shpall, deklaroj, pohoj; **profess oneself satisfied** tregohem i kënaqur; **profess total ignorance** pohoj se nuk di kurrgjë; **I do not profess to be an expert** nuk pretendoj/nuk them se jam ekspert. 2.ushtroj(profesionin e); **profess law/medicine** ushtroj profesionin e avokatit/mjekut. 3.jap leksione.

professed[prë'fest] *adj* 1.i shpallur, i deklaruar, që ka dalë hapur(fashist etj).2.i vetëquajtur, i vetë-shpallur, që pretendon se është. 3.*fet* që ka bërë kushtet(rregulltar).

professedly [prë'fesidli] *adv* 1.haptas, me gojën e vet; sipas atij vetë. 2.gjoja, kinse, gjasme; medemek.

profession [prë'feshën] *n* 1. profesion; zanat, mjeshtri; **the profession** aktorët; **the professions** profesionet e lira; **by profession** me profesion (mjek, avokat etj). 2.njerëzit e profesionit/zanatit; **the medical profession** a)profesioni i mjekut, mjekësia; b)mjekët. 3.shprehje, shfaqje, pohim; **the professions of love/of friendship** shfaqje dashurie /miqësie.

professional[prë'fesh(ë)nël] *adj,n* -*adj* 1.profesional(formim, aftësi). 2.profesionist(boksier, politikan etj); i karierës (diplomat, oficer); **a professional man** profesionist; **turn/go professional** *sport* bëhem profesionist(lojtar etj). 3.i kualifikuar (punëtor); specialist, ekspert; **take professional advice** i drejtohem specialistit.
-*n* profesionist; njeri i zanatit; specialist, ekspert.

professionalism [prë'fesh(ë)nëlizëm] *n* profesionalizëm.

professionalize[pro'fesh(ë)nëlaiz] *v* 1.bëhem profesionist. 2.shndërroj në profesion.

professionally [prë'fesh(ë)nëli] *adv* 1. si profesionist(luaj). 2.për profesion; për shkak të profesionit; në kuadrin e profesionit; **I only know him/know him only professionally** e njoh vetëm si koleg pune, kam vetëm marrëdhënie pune me të; **be professionally qualified** jam i diplomuar.

professor[prë'fesë:] *n* 1.*Br, amer* profesor (titullar). 2.*amer* mësues. 3.*amer iron* maestro, mjeshtër.4.besues, besimtar i deklaruar.

professorate [prë'fesërit]*n* profesorat(rang,trupë).

professorial [profe'so:riël, proufë'-] *adj* 1. prej profesori(ton). 2.pedagogjik; mësimor(trup).

professorship[prë'fesë:ship] *n* rang/detyrë/pozitë profesori.

proffer['profë:] *v,n* -*vt* 1.ofroj; propozoj. 2.bëj (vërejtje). 3.zgjas (dorën). 4.paraqes(ngushëllimet). 5.jap(këshilla).
-*n* ofertë; ofrim; propozim.

proficiency[prë'fishënsi] *n* aftësi, zotësi, kompetencë, mjeshtri; njohuri.

proficient [prë'fishënt] *adj,n* -*adj* i aftë, i zoti, kompetent, me përvojë(**in** në, për).
-*n* ekspert.

profile ['proufail, 'proufi:l] *n, v* -*n* 1.profil; **in profile** në profil.2.skicë, përvijim. 3.*fig* përshkrim; paraqitje. + **keep a low profile** *fig* përpiqem të mos bie në sy, tregohem i matur; **keep a high profile** a)vazhdoj të jem në plan të parë(në shtyp, tv); b)qarkulloj shumë, bie shumë në sy(rrugëve etj).
-*vt* 1.i bëj profilin, paraqes në profil(një godinë etj). 2.*fig* portretizoj, i bëj portretin(dikujt). 3.paraqes (gjendjen).

profit['profit] *n,v* -*n* 1.fitim; **anticipated profit** fitim i pritshëm; **make a profit out of sth/on sth** nxjerr fitim nga diçka; **sell sth at a profit** shes me fitim diçka; **profit and loss account** llogari e fitimeve dhe humbjeve; **show/yield a profit** sjell fitim. 2.*fig* përfitim; fitim; fryt; **with profit** me fitim, i frytshëm; **turn sth to profit** nxjerr përfitim nga diçka.
-*v* 1.(**by/from sth**) fitoj/përfitoj/nxjerr përfitim nga diçka. 2.jep fitim; **it will profit him nothing** ai s'do të nxjerrë asgjë nga kjo.

profitability[profëtë'bilëti] *n* leverdi, frytshmëri; *treg* rentabilitet.

profitable['profëtëbël] *adj* 1.fitimprurës, i leverdisshëm. 2.*fig* me përfitim, i dobishëm; **a very profitable half-hour** një gjysmë-orë mjaft e dobishme.

profitableness['proftëbëlnës] *n* shih **profitability**.

profitably ['profitëbli] *adv* 1. *treg* me fitim.2. *fig* me përfitim; në mënyrë të dobishme(kaloj kohën).

profiteer [profi'tië:] *n, v* -*n* përfitues; matrapaz. spekulator, spekulant.
-*vi* spekuloj, bëj/merrem me spekulime.

profiteering[profi'tiëring] *n* spekulim.

profitless ['profitlis] *adj* pa fitim, jofitimprurës, i paleverdisshëm; *fig* i pafrytshëm; i padobishëm.

profitlessly['profitlisli] *adv* 1.pa fitim, pa leverdi. 2.*fig* pa fryt; pa dobi.

profit-making['profit'meiking] *adj* me qëllim fitimi(organizatë, shoqëri); **non-profit-making organization** organizatë që nuk ndjek qëllime fitimi.

profit margin *n fin* marzh fitimi, fitim, diferencë e çmimit të shitjes me koston.

profit-seeking['profit'si:king] *adj* me qëllim fitimi (aktivitet, organizatë).

profit sharing ['profit'shæring] *n ek* ndarje e fitimeve, pjesëmarrje(e punonjësve) në fitimet.

profit-sharing scheme *n ek* sistem i ndarjes së fitimeve(midis punëdhënësit dhe punonjësve).

profit squeeze *n* shtrëngesë në ndarjen e fitimeve; pakësim i fitimeve.

profit taking *n fin* shitje aksionesh me fitim.

profligacy['proflëgësi] *n* 1.shthurje, lëshim; ves. 2.plëngprishje.

profligate['proflëgit] *adj,n* -*adj* 1.i shthurur, i lëshuar; me vese. 2.e keqe(sjellje). 3.plëngprishës.

pro forma['prou'fo:më] *adj,n,adv* -*adj* formal; i sipërfaqshëm, sa për formë.
-*n* 1.faturë tip. 2. letër tip, letër e formuluar paraprakisht.
-*adv* sipas rregullave.

pro forma invoice *n* faturë tip.

pro forma letter *n* letër tip.

profound [prë'faund] *adj* i thellë (edhe *fig*); **a profound sigh/sleep/despair/thinker** psherëtimë (e)/gjumë /dëshpërim /mendimtar i thellë.

profoundly[prë'faundli] *adv* thellë; thellësisht.

profoundness[prë'faundnis] *n* thellësi.

profundity [prë'fʌndëti] *n* 1.thellësi. 2.thellësirë, vend i thellë.

profuse[prë'fju:s] *adj* 1.i bollshëm, i tepruar, i pafund; **profuse thanks** falënderime pa fund. 2.dorëlëshuar, shkapërdar. 3.e harlisur(bimësi).

profusely[prë'fju:sli] *adv* 1.me bollëk; me tepri; pa fund. 2.pa kursyer(lëvdatat etj).

profusion [prë'fju:zhën] *n* 1.bollëk; mori; **in profusion** me shumicë; pa hesap. 2.shkapërderdhje, prishje pa hesap.

prog[prog] *n Br tv* emision, program.

progenitor [prou'xhenëtë:] *n* paraardhës, i parë, stërgjysh.

progeniture [prou'xhenëçë:] *n* 1.lindje; përftim, krijim. 2.pasardhës, pinjoll; pjellë.

progeny['proxhëni] *n* fëmijë; pasardhës, stërnipër, pinjoj; skotë, soj.

prognathous['prognëthës, prog'neithës] *adj* nofulldalë.

prognosis[prog'nousis] *n pl* **-noses** *mjek* parashikim; prognozë.

prognostic[prog'nostik] *adj, n* -*adj* paralajmërues.

-*n* 1.shenjë, paralajmërim. 2.parashikim.

prognosticate[prog'nostëkeit] *vt* parashikoj.

programable['prougræmëbël] *adj kmp* i programueshëm.

programmatic[prougrë'mætik] *adj* programatik.

programme , *amer* **program**['prougræm, -grëm] *n,v* -*n* 1.*pol,kmp* program; *rad,tv* program; emision; transmetim; stacion, kanal. 2.plan, program; **what's the program for today?** ç'plan kemi për sot?

-*vt* 1.programoj; bëj programin; planifikoj; parashikoj (të bëj). 2.*kmp* programoj.

programme editor *n rad,tv* redaktor i emisionit.

programmed learning *n* studim i programuar.

programme music *n* muzikë me përmbajtje/me subjekt.

programmer['prougræmë:] *n kmp* programues (person); programator(pajisje).

programming,(edhe **computer** ~) ['prougræming] programim; **programming language** *kmp* gjuhë programimi.

progress[*n* 'prougres, 'progres; *v* prë'gres] *n,v* -*n* 1.progres, përparim; ngritje, rritje; zhvillim; përmirësim; **in progress** në vazhdim; **make progress** përparoj, bëj përparim; shënoj rritje; **the progress of events** zhvillimi i ngjarjeve. 2.avancim, ecje përpara.

-*vi* 1.përparoj, bëj përparime; shënon progres. 2.va-

zhdon, zhvillohet; **as the match progressed** ndërsa vazhdonte ndeshja. 3.(**towards**) eci, shkoj (drejt, për në).

progression[prë'greshën] *n* 1.ecje përpara, avancim.2.*mat* progresion; **in arithmetical /geometrical progression** në progresion aritmetik/gjeometrik.

progressive [prë'gresiv] *adj ,n* -*adj* 1.rritës, në rritje, progresiv (taksë). 2.që avancon(sëmundje). 3.përparimtar, progresiv, progresist(mendim, politikë, parti). 4. *gram* paravajtëse, progresive (kohë e foljes).

-*n* 1.*pol etj* përparimtar, progresist. 2.*gram* kohë progresive; folje në kohë progresive.

progressively[prë'gresivli] *adv* progresivisht, gradualisht, hap pas hapi, shkallë-shkallë.

progressiveness[prë'gresivnis] *n* të qenët progresist.

progressivism[prë'gresivizëm] *n pol* progresivizëm.

progressivist[prë'gresivist] *n, adj* përparimtar, progresist.

progresivity[prougre'siviti] *n* shih **progressiveness**.

prohibit[prou'hibit, prë'hibit] *vt* 1.ndaloj, nuk lejoj; **prohibit sb from doing sth** nuk lejoj dikë të bëjë diçka; **'smoking prohibited'** 'ndalohet duhani'. 2. pengoj; **my health prohibits my bying a car** nuk blej dot makinë për shkak të shëndetit.

prohibition[proué'bishën] *n* 1.ndalim, moslejim. 2.ndalim me ligj(i pijeve alkoolike etj). 3.*hist amer* **Prohibition** Prohibicioni(vitet e ndalimit të pijeve alkoolike).

prohibitionist[proué'bishënist] *n* prohibicionist, përkrahës i ndalimit të pijeve alkoolike.

prohibitive[prou'hibëtiv] *adj* 1.ndalues; pengues. 2.frenues(çmim, taksë).

prohibitory[prou'hibëto:ri] *adj* shih **prohibitive**.

project [*n* 'prouxhekt, 'proxhekt; *v* prë'xhekt] *n.v* -*n* 1.projekt; plan (**to do, for doing**). 2.(**on**)studim, detyrë, punë kërkimore(e studentit). 3. ndërmarrje, sipërmarrje; punime. 4.*amer* (edhe **housing** ~)bllok (banesash); lagje; qytezë.

-*v* 1.planifikoj; projektoj; bëj projektin; **project costs from ...** llogaris koston duke u nisur nga...,bëj preventivin. 2. hedh, flak; lëshoj(gurë, hije etj); **project a rocket into space** hedh një raketë në hapësirë. 3.*ndërt* nxjerr jashtë, zgjas(një pjesë të godinës); del jashtë, zgjatet; spikat. 4.*kin* projektoj, shfaq në ekran. 5.*mat* projektoj(një figurë). 6.*psik* nxjerr në pah(personalitetin). 7.lëshoj(zërin).

projectile[prë'xhektil] *n,adj* -*n* 1.predhë. 2.raketë. 3.gur(i gjuajtur).

-*adj* 1.i gjuajtshëm, i flakshëm. 2.shtytëse(forcë). 3.që mund të nxirret përpara/të zgjatet(nofull etj).

projection[prë'xhekshën] *n* 1.e dalë, pjesë e dalë;

cep, majë. 2.dalje; ngritje(mbi sipërfaqe). 3.hedhje, flakje; lëshim. 4.*fin* preventiv. 5.*kin* projektim, shfaqje(filmi).

projection booth/room *n kin* kabinë/dhomë projektimi.

projectionist[prë'xhekshënist] *n* 1.*kin* operator.2. *tv* kameraman.

projective [prë'xhektiv] *n mat* projektive (gjeometri).

projector[prë'xhektë:] *n* 1.*kin* aparat projektimi. 2.prozhektor. 3.projektues, autor projekti.

prolapse['proulæps] *n,v* -*n mjek* rënie, shkarje (organi), prolaps.

prolate['prouleit] *adj* elipsoidal, vezak.

prole[proul] *n zhrg* proletar.

proletarian[proulë'teriën] *adj,n* proletar.

proletariat [proulë'teriët] *n* proletariat; *fig* klasë punëtore.

proliferate[prë'lifëreit] *vi biol, fig* shtohet, shumohet, riprodhohet, shumëzohet; përhapet me shpejtësi.

proliferation [prëlifë'reishën] *n* shtim, shumim, riprodhim, shumëzim; përhapje e shpejtë.

proliferous[prë'lifërës] *adj* që shtohet/që përhapet me shpejtësi.

prolific[prë'lifik] *adj* 1.shumëpjellëshe, e shtueshme(kafshë); që lind shpesh, me shumë fëmijë (grua).2.shumë prodhues(kopësht).3.*fig* pjellor(tru); prodhimtar(shkrimtar).

prolificacy[prë'lifëkësi] *n* 1.shumueshmëri; pjellori. 2.*fig* prodhimtari.

prolifically [prë'lifikëli] *adv* me shumicë.

prolix[prou'liks, 'prouliks] *adj* fjalëshumë, i stërzgjatur.

prolixity[prou'liksëti] *n* stërzgjatje; fjalë të shumta; ujë(*fig*).

prologue['proulog] *n let,fig* prolog; hyrje.

prolong[prë'long] *vt* zgjas; zgjatoj.

prolongation[proulon'geishën] *n* 1.zgjatje(në kohë); shtrirje(në hapësirë). 2.zgjatim; shtojcë.

prolonged [prë'longd] *adj* i gjatë, i zgjatur(në kohë); **prolonged absence** mungesë e gjatë; **prolonged leave of absence** pushim i zgjatur; **prolonged sick leave** mungesë e gjatë për arsye shëndetësore.

prom[prom] *n gj.fol* 1.*Br* shkurtim i **promenade**. 2.mbrëmje vallëzimi (nxënësish, studentësh).

promenade [promi'na:d, prome'neid] *n, v* -*n* 1. shetitje. 2.shetitore; buzë deti, bregdet; rruginë(në park). 3.korridor (në teatër). 4.vallëzim; kadril. 5.*amer* mbrëmje vallëzimi (nxënësish, studentësh). -*v* 1.shetis. 2.nxjerr shetitje, shetis(dikë). 3.i bie lart e poshtë(bulevardit).

promenade concert *n* koncert me muzikë klasike me vende në këmbë.

promenade deck *n det* kuvertë e sipërme për shetitje.

Prometheus[prë'mi:thiës, prë'mithjus] *n mit* Prometeu.

prominence['promënëns] *n* 1.pjesë e dalë; cep; e ngritur. 2.spikatje; dominim; rëndësi; **come into prominence** *fig* dal në skenë.

prominent['promënënt] *adj* 1.i dalë(cep, dhëmb etj); të ngritura(mollëza). 2.i spikatur, i dukshëm; **put sth in a prominent position** vë diçka në vend të dukshëm. 3.me peshë, me rëndësi, i rëndësishëm. 4.i mirënjohur, i shquar; **be prominent in the field of...** jam i shquar në fushën e...

prominently ['promënëntli] *adv* dukshëm; në plan të parë; **his name figured prominently in the case** u fol shumë për të në atë çështje.

promiscuity[promis'kju:ëti] *n* 1.përzierje; *fig* turli, çorbë. 2.*përb* imoralitet, shthurje(seksuale).

promiscuous[prë'miskjuës] *adj* 1.i përzier; i turlisojshëm; *fig* çorbë, çorap, lëmsh.2.i shthurur, imoral, që s'bën dallim, që i merr mbarë; **she is very promiscuous** ajo është krejt e lëshuar, shkon me kë t'i dalë përpara.

promiscuously [prë'miskjuësli] *adv* 1. rrëmujshëm, lëmsh, çorap. 2.në mënyrë imorale.

promiscuousness[prë'miskjuësnis] *n* shih **promiscuity**.

promise['promis] *n,v* -*n* 1.premtim;fjalë; **make sb a promise** i jap një premtim dikujt; **break/carry out** ose **keep one's promise** shkel/mbaj premtimin ose fjalën. 2.shenjë/shpresë suksesi; **a young man of promise** një djalosh që premton mjaft; **show promise** jep shenja të mira.
-*v* 1.premtoj; jap fjalën; zotohem; **promise sb to do sth** i premtoj dikujt të bëj diçka; **promise sb sth** ose **promise sth to sb** i premtoj diçka dikujt; **promise sb the earth/the moon** ia bëj fushë me lule dikujt. 2.jap shpresë, jap shenja të mira, premtoj; **promise well** premton shumë; flet për mirë.

Promised Land *n* 1.*mit* Toka e Premtuar. 2.*fig* parajsë; vend i lumturisë.

promising['promising] *adj* premtues; që premton; që jep shenja të mira; **it doesn't look very promising** s'më duket mirë kjo punë.

promisingly['promisingli] *adj* mbarë, në mënyrë premtuese; **it began quite promisingly** fillimi u duk mjaft i mbarë.

promissory['promëso:ri] *adj* premtues; shpresëdhënës; **promissory note** dëftesë borxhi.

promo['proumou] *n amer treg gj.fol* reklamë; publicitet.

promontory['promënto:ri, 'promëntri] *n* 1.*gjeog* kep. 2.*anat* e dalë, gungë.

promote[prë'mout] *vt* 1.gradoj, ngre në pozitë; **be promoted (to) colonel** ose **to the rank of colonel**

gradohem kolonel. 2.ngjis/kaloj një shkallë më lart; **the team was promoted to the second division** skuadra u ngjit në kategorinë e dytë. 3.nxis, i jap shtysë(tregtisë etj); vë në qarkullim, reklamoj(një artikull); përkrah, ndihmoj të fillojë(një firmë, një fushatë).

promoter[prë'moutë:] *n* 1.nxitës, përkrahës. 2.reklamues. 3.themelues(firme etj).

promotion[prë'moushën] *n* 1.gradim, ngritje në pozitë; **get promotion** gradohem.; **promotion prospects/opportunities** mundësi për t'u graduar /për të ecur përpara.2.përkrahje, mbështetje(e paqës); shtytje, çuarje përpara(e fushatës). 3.reklama. 4.*amer* kalim klase.

promotional[prë'moushënël] *adj* reklamues, reklame(material); publicitar.

prompt[prompt] *adj,adv,v,n -adj* 1.i shpejtë, në kohë.2.i menjëhershëm, i atypëratyshëm; **be prompt to do sth** jam i gatshëm për të bërë diçka; **be very prompt** jam shumë i përpiktë(në orar).

-adv plot, fiks, ekzakt; **at 2 o'clock prompt** në ora 2 fiks.

-vt 1.nxis, shtyj (dikë); **it prompts the thought that...** kjo të bën të mendosh se...2.*teat* (i) them me zë të ulët, (i) pëshpëris(aktorit).

-n 1.nxitje, shtytje. 2.*teat* replikë (e suflerit); **give sb a prompt** ia pëshpëris replikën dikujt. 3.*kmp* (mesazh në ekran) komandë; **prompt sign** shenjë (shigjetë) për dhënien e komandës. 4.*treg* a)afat pagese; b) kontratë për afatin e pagesës.

prompt box *n teat* gropë/kabinë e suflerit.

prompter['promptë:] *n* sufler.

prompting ['prompting] *n* nxitje, shtytje; **do sth at sb's/without any prompting** bëj diçka me nxitjen e dikujt/pa shtytje nga ndokush.

promptitude['promptëtju:d] *n* 1.shpejtësi; gatishmëri; zell. 2.përpikëri.

promptly['promptli] *adv* 1.me shpejtësi; me gatishmëri, pa ngurruar; menjëherë, në vend; **pay promptly** paguaj pa vonesë/brenda afatit. 2.me përpikëri; fiks, tamam në kohë. 3.aty për aty, sakaq.

promptness['promptnis] *n* shih **promptitude**.

prompt side *n teat* a)*Br* majtas skenës; b)*amer* djathtas skenës; **off prompt side** a)*Br* djathtas skenës; b)*amer* majtas skenës.

promulgate['promëlgeit, prou'mʌlgeit] *vt* 1. *drejt* shpall; nxjerr(një dekret). 2.përhap(dituri etj).

promulgation[proumʌl'geishën] *n* 1.*drejt* shpallje; nxjerrje(ligji etj). 2.përhapje.

promulgator['promëlgeitë:, prou'mʌlgeitë:] *n* 1. shpallës; nxjerrës(ligji etj). 2.përhapës.

prone[proun] *adj* 1.i shtrirë; përmbys. 2.(to) i prirur(për); **be prone to illness** sëmurem kollaj; **be prone to believe** jam i prirur të besoj; **be accident-prone** nuk më ndahen aksidentet.

proneness['prounnis] *n* 1.prirje, tendencë; predispozitë, preferencë(për diçka). 2.pozicion shtrirë.

prong [prong] *n, v -n* 1.dhëmb (piruni, sfurku etj); **a four-pronged fork** pirun me katër dhëmbë. 2.degë(kërrabe, lumi etj). 3.bri, degëzim(briri).

-vt shpoj (me pirun); i ngul (sfurkun, bririn).

pronged[prongd] *adj* me dhëmbë; me degëzime.

pronghorn (antelope) ['prongho:n] *n zool* antilopë amerikane.

pronominal [prë'nominël, prou'nomënël] *adj gram* përemëror.

pronoun['prounaun] *n gram* përemër.

pronounce[prë'nauns] *v* 1.shqiptoj. 2.shpall, deklaroj; **pronounce sb unfit to drive** e deklaroj dikë të paaftë për të ngarë makinë; **pronounce sentence** *drejt* jap vendimin. 3.shprehem; **pronounce in favor of/against/on sth** shprehem në favor të/ kundër/rreth diçkaje.

pronounceable [prë'naunsëbël] *adj* i shqiptueshëm.

pronounced[prë'naunst] *adj* 1.i theksuar (përmirësim, cen). 2.i saktë; i prerë(mendim etj).

pronouncedly [prë'naunsidli] *adv* në mënyrë të theksuar; në një shkallë të lartë.

pronouncement[prë'naunsmënt] *n* 1.shpallje; deklarim. 2.opinion; vendim.

pronto['prontou] *adv gj.fol* sakaq, menjëherë, në vend, aty për aty.

pronunciation[prënʌnsi'eishën] *n* shqiptim.

proof[pru:f] *n,adj,v -n* 1.provë; dëshmi; argument; fakt; **proof of identity** dëshmi identiteti; **have proof that** kam prova/fakte se; **as proof of, in proof of** si provë për; **give/show proof of courage** tregoj guxim. 2. provë; eksperiment; **put sb/sth to the proof** vë në provë dikë/diçka. 3.bocë; **read /correct the proofs** korrigjoj bocat, bëj korrekturën. 4.gradacion(i alkoolit); **over/under proof** nën/mbi gradacionin normal; **what proof is this whisky?** sa gradësh është ky uiski? **70° proof** 40° në vëllim.

-adj 1.i sprovuar; i siguruar; i sigurt(ndaj); **be proof against sth** jam i siguruar ndaj diçkaje. 2.mesatarisht e fortë, normale, standard(pije alkoolike).

-vt bëj të papërshkueshëm nga uji; gomoj(çantën).

-proof [pru:f] *suff* i mbrojtur, i sigurt (nga); **fire-proof** i siguruar nga zjarri; **bullet-proof** i pashpueshëm nga plumbi(jelek etj).

proofread ['pru:fri:d] *v* korrigjoj bocat, i bëj korrekturën(librit).

proofreader ['pru:fri:dë:] *n* korrektor teknik, korrektor bocash.

proofreading['pru:fri:ding] *n* korrekturë bocash.

proof sheets *n* boca.

proof spirit *n* alkool 57° në vëllim.

prop I[prop] *v,n -vt (zak me up)* 1. fiksoj; mbështes (shkallët); i vë mbështetëse. 2.*fig* përkrah, mbështes.

-n 1.mbështetëse, pajandër. 2.*fig* mbështetje, përkrahje; krah.

prop II[prop] *n gj.fol teat* objekte skene.

prop III[prop] *n gj.fol* helikë.

propaganda [propë'gændë] *n* 1. propagandë. 2. *attr* propagandistik.

propagandism [propë'gændizëm] *n* propagandizëm; propagandë.

propagandist[propë'gændist] *n* propagandist.

propagandize[propë'gændaiz] *v* 1.bëj propagandë. 2.propagandoj(diçka); i bëj propagandë(dikujt).

propagate['propëgeit] *v* 1.përhap(një teori etj). 2. shtoj, shumoj, shumëzoj, riprodhoj. 3.shtohet, shumohet, shumëzohet, riprodhohet.

propagation[propë'geishën] *n* 1.përhapje. 2.shumim, shumëzim, riprodhim.

propane['proupein] *n kim* propan.

propel [prë'pel] *vt* 1.shtyj; **propel sb /sth along** shtyj/vë përpara dikë/diçka. 2.vë në lëvizje(varkën, makinën etj).

propellant [prë'pelënt] *n* 1. karburant raketash; eksploziv predhe. 2.shtytës; ngarës, vënës në lëvizje.

propellent[prë'pelënt] *adj,n* -*adj* shtytës; që vë në lëvizje.

-n shih **propellant.**

propeller[prë'pelë:] *n* helikë.

propeller shaft *n* 1. *av* bosht i helikës. 2. *aut* bosht transmisioni.

propelling pencil *n Br* portaminë, stilolaps me maja grafiti.

propensity [prë'pensëti] *n* prirje, tendencë e natyrshme(for, to do).

proper['propë:] *adj,adv* -*adv* 1.i përshtatshëm (mjet etj); i duhur; me vend; **the proper time** koha e përshtatshme; çasti i duhur; **in the proper way** siç duhet; **it isn't proper to...** nuk është mirë të... 2.*gj.fol* i vërtetë; i mbaruar; i përkryer; i tërë; **it's a proper nuisance** është një bezdi e vërtetë; **in the proper sense of the word** në kuptimin e vërtetë të fjalës; **chemistry proper** kimia në kuptimin e plotë /e vërtetë/e ngushtë të fjalës; **in Tirana proper** në Tiranë brenda; **he is a proper fool** është budallë i tëri. 3.(to) i vet; vetiak; tipik(për). 4.*vjet* i pashëm. 5. *mat* e rregullt; **proper fraction** thyesë e rregullt(më e vogël se 1). 6.*gram* i përveçëm(emër).

-adv *Br gj.fol* a)si duhet(flas, sillem); b)fort, shumë; **it's proper cruel!** është tepër mizore!

properly['propë:li] *adv* 1.në rregull; siç duhet; **behave/speak properly** sillu/folë siç të ka hije.2. me të drejtë; me vend; **he very properly refused** ai me të drejtë nuk pranoi; **properly speaking** të themi të drejtën; në të vërtetë.3.vërtet; plotësisht; **I was properly ashamed** më erdhi vërtet turp; **she told him properly what she thought of him** ajo ia tha

troç se ç'mendim kishte për të.

proper noun, proper name *n gram* emër i përveçëm.

propertied['propë:ti:d] *adj* i kamur; pronar.

property['propë:ti] *n* 1.pronë; **it is common property** a)është pronë e të gjithëve; b)*fig* (that..) të gjithë e dinë(se..); **a man of property** njeri i kamur. 2.prona, toka; **to own property** kam prona. 3.shtëpi. 4.veti, cilësi, tipar, karakteristikë; **soap has the property of removing dirt** sapuni ka vetinë që e heq zhulin. 5.*pl teat, kin,tv* rekuizitë; objekte skene; butafori.

property developer *n* sipërmarrës ndërtimesh.

property insurance *n* sigurim i banesës.

property law *n drejt* ligj për pronat.

property man/manager *n teat* rekuizitier; butaforist.

property market/mart *n* treg i pasurive të patundshme.

property mistress *n teat* rekuizitiere; butaforiste.

property owner *n* pronar toke/trualli.

property settlement *n amer drejt* ndarje e pasurisë(në rast divorci).

property tax *n* taksë trualli, taksë për tokën, vergji.

prophecy['profësi] *n* profeci.

prophesy ['profësai] *v* 1.parathem, parashikoj. 2. profetizoj.

prophet['profit] *n fet, fig* profet; parashikues; **the Prophet** Muhameti; **the Prophets** a)21 librat e pjesës II të Biblës çifute; b)16 librat e Dhjatës së Vjetër.

prophetess['profitis] *n fet,fig* profete, profeteshë; parashikuese.

prophetic [prë'fetik] *adj* profetik; parashikues; paralajmërues.

prophetically [prë'fetikëli] *adv* profetikisht, në mënyrë profetike.

prophylactic[proufë'læktik] *ad,n* -*adj mjek etj* profilaktik, parandalues; mbrojtës.

-n 1.bar /mjekim profilaktik. 2.masë mbrojtëse. 3.*amer* prezervativ.

prophylaxis [proufë'læksis] *n mjek* profilaksi; mjekim/trajtim parandalues.

propinquity[prë'pinkuiti] *n* 1.afërsi(në kohë, hapësirë). 2.*afri*, gjini, lidhje gjaku. 3.*fig* ngjashmëri, afri; përputhje(idesh etj).

propitiate [prë'pishieit] *vt* 1.zbus, qetësoj, resht (inatin). 2.marr me të mirë; bëj për vete. 3.pajtoj.

propitiation [prëpishi'eishën] *n* 1. zbutje, qetësim. 2.marrje me të mirë. 3.pajtim. 4.zbutës, qetësues.

propitiatory[prë'pishiëto:ri] *adj* zbutës, qetësues ; pajtues.

propitious[prë'pishës] *adj* 1. i përshtatshëm, i volitshëm. 2. i favorshëm, i mbarë; premtues.

propitiously[prë'pishësli] *adv* 1.në mënyrë të përshtatshme/të volitshme. 2.mbarë.

proponent[prë'pounënt] *n* partizan, ithtar.

proportion [prë'po:shën] *n,v* -*n* 1.përpjesëtim, proporcion; raport; **in due proportion** në përpjesëtimin e duhur; **out of proportion to one another /with sth** në shpërpjesëtim me njëra-tjetrën /me diçka; **in proportion as** dora-dorës që; **get sth out of proportion** *fig* e teproj; **in proportion to what he earns** në krahasim/në raport me çka fiton; **sense of proportion** *fig* ndjenjë e masës. 2.pjesë; përqindje; **in equal proportions** në pjesë të barabarta; **a certain proportion of the staff** një pjesë e personelit, një përqindje e caktuar e personelit. 3.*pl* madhësi, shtrirje; përmasa, dimensione. 4. *mat* përpjesëtim, proporcion.

-*vt* përpjesëtoj, ruaj përpjesëtimin; **well-proportioned** i rregullt, me proporcione të rregullta.

proportionable[prë'po:shënëbël] *adj* në përpjesëtim të rregullt; i përpjesshëm.

proportional [prë'po:shënël] *adj, n* -*adj* i përpjesshëm, proporcional, në përpjesëtim(**to** me).

-*n mat* gjymtyrë e proporcionit.

proportionally [prë'po:shnëli] *adv* përpjesëtimisht, proporcionalisht; në përpjesëtim me.

proportional representation *n pol* sistem proporcional (zgjedhjesh).

proportionate[prë'po:shënit] *adj,v* -*adj* shih **proportional**.

-*vt* shih **proportion** *v* .

proportionately [prë'po:shënitli] *adv* shih **proportionally**.

proportioned[prë'po:shënd] *adj* i përpjesëtuar si duhet, i rregullt; i harmonishëm.

proposal[prë'pouzël] *n* 1.ofertë. 2.(**for sth, to do sth**) propozim; sugjerim. 3.propozim martese. 4.*pl drejt* projekt.

propose [prë'pouz] *v* 1.propozoj; sugjeroj; **propose doing sth/that sth should be done** propozoj të bëhet diçka; **she proposes that we go by train** ajo propozon të shkojmë me tren; **propose sb for a job/as** (ose **for**) **chairman** propozoj dikë për një vend pune/për kryetar. 2. e ngre(dollinë); **propose sb's health** ngre një shëndet për dikë. 3.vendos; bëj ndër mend; **propose sth/doing sth/to do sth** vendos të bëj diçka. 4.propozoj martesë; bëj propozim (për martesë); **propose marriage to sb** i propozoj martesë dikujt.

proposer[prë'pouzë:] *n adm,pol* 1.autor i propozimit /projektit. 2. dorëzanë, garant (për anëtarësim në një klub etj).

proposition [propë'zishën] *n,v* -*n* 1.propozim; sugjerim; **make sb a proposition** i bëj një propozim dikujt. 2.pohim. 3.*mat* teoremë. 4.*treg* ofertë. 5.*gj.fol*

punë, çështje, problem; **that's quite another/a different proposition** kjo është krejt punë tjetër; **the reading alone is quite a /is a big proposition** edhe vetë leximi është goxha punë/problem më vete; **it's a tough proposition** s'është aspak punë e lehtë; **he's a tough proposition** është kockë e fortë ai, s'e kemi të lehtë me të. 6.*gj.fol* kërkesë e ulët(për marrëdhënie seksuale).

-*vt* e ftoj për seks, *zhrg* ia kërkoj.

propound[prë'paund] *vt* 1.parashtroj, paraqes(një ide, teori). 2.shtroj, ngre(një problem).

proprietary [prë'prajëteri] *adj, n* -*adj* 1.që ka zot, që ka pronar. 2.i regjistruar; i patentuar; i liçensuar(produkt etj). 3.të pronarit(detyra etj).

-*n* 1.pronar. 2.grup pronarësh. 3.pronësi. 4.*amer hist* i pronësuar nga shteti(britanik). 5.preparat farmaceutik.

proprietary article *n treg* artikull/produkt me markë të regjistruar.

proprietary brand *n treg* markë e fabrikës.

proprietary colony *n amer hist* pronë e akorduar nga shteti.

proprietary hospital *n amer mjek* spital privat.

proprietary medicine *n* preparat farmaceutik.

proprietary name *n treg* emër i regjistruar / i depozituar.

proprietary rights *n drejt* e drejtë pronësie.

proprietor[prë'prajëtë:] *n* pronar.

proprietorship[prë'prajëtë:ship] *n* pronësi.

proprietress[prë'prajëtris] *n* pronare.

propriety [prë'prajëti] *n* 1. hije; sjellje e hijshme; lezet; mirësjellje; edukatë. 2.*pl* norma, rregulla të mirësjelljes; **observe the proprieties** respektoj normat. 3.drejtësi, korrektësi(e qëndrimit, e shprehjes).

propulsion[prë'pʌlshën] *n* shtytje; forcë shtytëse; **jet propulsion** shtytje me reaksion.

propulsive[prë'pʌlsiv] *adj* shtytës.

propylaeum [propë'li:ëm] *n* portë; hyrje(tempulli etj).

propylene['proupëli:n] *n kim* propilen.

pro rata[prë'reitë] *adv lat* proporcionalisht, përpjesëtimisht.

prorate[prë'reit] *vt* ndaj /shpërndaj proporcionalisht.

prorogation [prourë'geishën] *n* ndërprerje e punimeve të parlamentit.

prorogue [prou'roug] *v* 1. *pol* ndërpres /shtyj punimet. 2.shtyj afatin.

prosaic[prou'zejik] *adj* 1.prozaik. 2.*fig* prozaik, i rëndomtë.

prosaically [prou'zeikëli] *adv* në mënyrë të rëndomtë/prozaike.

proscenium [prou'shi:niëm] *n pl* **-nia**[-niё] *teat* 1.paraskenë. 2.perde.

proscribe[prou'skraib] *vt* 1.ndaloj; dënoj; quaj të

dënueshëm; **the church used to proscribe cardplaying** kisha e ndalonte lojën me letra. 2.nxjerr jashtë ligjit. 3.i ndaloj hyrjen (diku); dëboj.

proscription[prou'skripshën] *n* 1.ndalim; dënim. 2.nxjerrje jashtë ligjit. 3.dëbim.

proscriptive[prou'skriptiv] *adj* 1.ndalues; dënues. 2.dëbues.

prose [prouz] *n ,v* *-n* 1.prozë. 2.*attr* në prozë. 3.*fig* bisedë pa lezet/e rëndomtë. 4.*attr* i rëndomtë; pa fantazi. 5.përkthim nga gjuha amtare(në shkollë). *-vi* shkruaj në mënyrë të rëndomtë.

prosecute ['prosëkju:t] *vt* 1.*drejt* a) ndjek penalisht; b)çoj(çështjen) në gjyq. 2.kryej, zhvilloj (një hetim etj). 3.vazhdoj, ndjek, çoj më tej.

prosecution[prosë'kju:shën] *n* 1.*drejt* ndjekje penale; proces gjyqësor; padi; **you are liable to prosecution if...** ndiqesh penalisht po qe se...; **three prosecutions for theft** tri procese gjyqësore për vjedhje. 2.*drejt* palë paditëse; akuzë; **witness for the prosecution** dëshmitar i akuzës. 3.kryerje, zbatim; zhvillim, ndjekje; **in prosecution of his plan** në zbatim të planit të vet.

prosecutor ['prosëkju:të:] *n* 1.prokuror; **public/crown prosecutor** prokuror.2.*drejt* paditës. 3.ndjekës, zbatues.

proselyte['prosëlait] *n,v* *-n* prozelit, i kthyer(në fe/besim/bindje tjetër). *-v* 1.ndërroj fe/besim/bindje. 2.kthej(dikë) në fe /besim/bindje tjetër.

proselytism['prosëlitizëm] *n* prozelitizëm, kthim në fe/besim/bindje tjetër.

proselytize['prosëlëtaiz, 'prosëlaitaiz] *v* shih **proselyte** *v*.

proseminar [prou'semina:] *n amer* seminar për studentat e vitit të tretë.

prosit['prousit] *interj* gëzuar!, për shëndetin tënd!

prosodic['prosëdik] *adj let* prozodik.

prosody['prosëdi] *n let* prozodi.

prospect ['prospekt; *v* edhe prë'spekt] *n,v* *-n* 1.pamje. 2.perspektivë. 3.*fig* e ardhme, perspektivë; shpresë; mundësi; **have sth in prospect** kam diçka në plan; **future prospects** perspektivë, e ardhme(e dikujt, e vendit); **be faced with the prospect of losing** rrezikoj të humbas; **the job has no prospects** ky vend pune nuk premton gjë për të ardhmen; **the deal seemed quite a good prospect** marrëveshja dukej mjaft premtuese; **he is a good prospect for..** ai është shpresa e... *-v* kërkoj; bëj kërkime; **prospect for gold, prospect a region for silver** kërkoj për flori, bëj kërkime në një zonë për argjend.

prospecting[prë'spekting] *n min* kërkim(e).

prospective[prë'spektiv] *adj* 1.i mundshëm(blerës etj). 2.i ardhshëm(dhëndër, legjislaturë etj).

prospectively[prë'spektivli] *adv* 1.me gjasë. 2.në të ardhmen.

prospector ['prospektë:, prë'spektë:] *n* kërkues; **gold prospector** kërkues ari.

prospectus[prë'spektës] *n* reklamë; prospekt(libri,reviste).

prosper ['prospë:] *vi* 1.rregullohem nga gjendja. 2.lulëzon, përparon(firma); shkon mbarë(biznesi). 3.çoj përpara; i sjell sukses.

prosperity [pros'perëti] *n* mirëqenie; lulëzim; mbarësi, mbrothësi; përparim.

prosperous ['prospërës] *adj* 1. i begatë, i lulëzuar(qytet); në gjendje të mirë(person); i mbarë(vit); i suksesshëm (aktivitet, afarist). 2.e shëndetshme (fytyrë). 3.i favorshëm, i mbarë(mot).

prosperously['prospërësli] *adv* mbarë.

prostate['prosteit] *n anat* prostatë; **have a prostate operation** operohem nga prostati.

prosthesis['prosthësis, pros'thi:sis] *n mjek* protezë (këmbe, dhëmbi, syri).

prosthetic[pros'thetik] *adj* protetik, proteze.

prostitute['prostëtju:t] *n,v* *-n* 1.prostitutë, femër e përdalë, lavire. 2.mashkull i përdalë. 3.*fig* njeri që shitet. *-v* 1.kurvëroj. 2.shes(nderin, talentin). 3.*fig* shitem.

prostitution [prostë'tiu:shën] *n* 1. prostitucion; kurvërim. 2.*fig* shitje.

prostrate ['prostreit] *v,adj* *-vt* 1.shtrij përdhe, rrëzoj, hedh; **prostrate oneself** bie përmbys, plandosem. 2.(oneself) bie në gjunj, gjunjëzohem; **prostrate oneself before sb** i bie në gjunjë dikujt. 3.*fig* rrëzoj, dërrmoj; **the news prostrated her** lajmi e dërrmoi krejt. *-adj* 1.i shtrirë; përmbys. 2.i gjunjëzuar, në gjunjë. 3.*fig* i dërrmuar, i rraskapitur, i kapitur.

prostration [pros'treishën] *n* 1. rrëzim; hedhje përmbys. 2.gjunjëzim, rënie në gjunjë. 3.*fig* dërrmim, rraskapitje, molisje, kapitje.

prosy['prouzi] *adj* prozaik; i rëndomtë, pa shijë.

protactinium[proutæk'tiniëm] *n kim* protaktin (element).

protagonist [prou'tægënist] *n* 1. hero/personazh kryesor(i romanit, filmit etj). 2.*fig* protagonist.

protean['proutiën, prou'tiën] *adj* i ndryshueshëm; i paqëndrueshëm.

protect[prë'tekt] *vt* 1.(**from, against**) mbroj; ruaj (nga). 2.*fin* përkrah, favorizoj(nëpërmjet taksave).

protectingly[prë'tektingli] *adv* për mbrojtje; duke e ruajtur.

protection [prë'tekshën] *n* 1.mbrojtje; ruajtje; **be under sb's protection** jam nën mbrojtjen e dikujt. 2.përkrahje.3.mjet mbrojtës. 4.*ek* masa proteksioniste; sistem favorizimi i prodhimit të vendit. 5.lejëkalim; pasaportë. 6.*gj.fol* haraç (shih **protection money**).

protection money *n* haraç (që i paguhet mafias /gangsterëve për të lënë të qetë).

protection racket *n* vjelje parash me frikësim.

protectionism [prë'tekshënizëm] *n ek* proteksionizëm.

protectionist[prë'tekshënist] *n,adj* proteksionist.

protective[prë'tektiv] *adj* 1.mbrojtës; ruajtës. 2.*ek* proteksioniste(masa, tarifa).

protective colo(u)ring/coloration *n zool* mimetizëm, kamuflim.

protective custody *n* drejt ndalim për qëllime mbrojtjeje, marrje në mbrojtje.

protectively[prë'tektivli] *adv* me një gjest/ton prej mbrojtësi.

protector [prë'tektë:] *n* 1. mbrojtës. 2. *tek* mjet mbrojtës; pajisje mbrojtëse. 3.*Br hist* regjent.

protectorate[prë'tektërit] *n pol* protektorat.

protégé ['proutëzhei] *n* person i favorizuar/nën mbrojtjen e dikujt.

protein['prouti:n, 'proutiin] *n kim* proteinë.

pro tem.['prou'tem], **pro tempore**['prou'tempëri] *lat adv,adj* *-adv* përkohësisht.

-adj i përkohshëm.

protest [*n* 'proutest; *v* prë'test, prou'test, 'proutest] *n,v* *-n* protestë; kundërshtim; **in protest** në shenjë kundërshtimi; **make a protest** bëj një protestë, protestoj; **do sth under protest** bëj diçka kundër dëshirës.

-v 1.protestoj; kundërshtoj; **protest against/about** protestoj kundër/për; **protest to sb** protestoj pranë dikujt; **protest a decision** kundërshtoj një vendim. 2.pohoj; deklaroj solemnisht; **protest one's innocence** ngul këmbë në pafajësinë time. 3.*fin* kthej mbrapsht, nuk pranoj(një çek etj).

protestant['protistënt] *adj, n* 1. *fet* **Protestant** protestant. 2.protestues.

Protestantism['protistëntizm]*n fet* protestantizëm.

protestation[protis'teishën] *n*1.deklaratë solemne. 2.protestë.

protester[prë'testë:] *n* 1.protestues; kundërshtues. 2.demonstrues.

proto-['proutë] *pref* proto-.

protocol['proutëkol] *n dip etj* protokoll.

proton['prouton] *n fiz* proton.

protoplasm['proutëplazëm] *n biol* protoplazëm.

prototype['proutëtaip, 'proutoutaip] *n* prototip.

protozoan[proutë'zouën] *n,adj biol* protozoar.

protract[prou'trækt] *vt* 1.zgjas(vizitën etj). 2.zgjatoj, shtrij. 3.*mat* heq(një kënd).

protracted[prë'træktid] *adj* i zgjatur; i zgjatuar; i zgjatur përpara.

protractile [prou'træktail, -'træktël] *adj* i zgjatshëm, i zgjatueshëm; që zgjatet përpara.

protraction [prou'trækshën] *n* zgjatje, zgjatim; nxjerrje përpara.

protractor[prou'træktë:] *n mat* raportor.

protrude [prou'tru:d, prë'tru:d] *v* 1. nxjerr (gju-

hën); zgjas përpara. 2.zgjatet, del përpara, del përjashta.

protrudent[prou'tru:dënt] *adj* shih **protruding**.

protruding[prou'tru:ding, prë'tru:ding] *adj* i dalë; i kërcyer; i spikatur.

protrusion [prou'tru:zhën] *n* 1.zgjatje; nxjerrje përpara. 2. e dalë; thep.

protrusive[prou'tru:siv] *adj* shih **protruding**.

protuberance [prou'tjubërëns, prë-] *n* 1.e dalë; e ngritur; gungë. 2.*anat* xhungë. 3.*astr* protuberancë.

protuberant [prou'tjubërënt, prë-] *adj* i dalë; i kërcyer.

proud [praud] *adj* 1.krenar, kryelartë; ballëlartë; **be proud to do sth** e kam për nder të bëj diçka; **be as proud as a peacock** fryhem si gjel, kapardisem; **it was a proud day for us when...** e ndiem veten mjaft krenarë ditën që...; **that's nothing to be proud of!** këtu s'ka vend për mburrje. 2.madhështor(qytet); e shkëlqyer(anije etj). 3.(gozhdë, vidë) që i del maja. + **do oneself proud** nuk i kursej asgjë vetes; **do sb proud** a)ia shtroj dikujt me të gjitha të mirat; b)i bëj shumë ndere dikujt.

proud flesh *n* puprriza në lëkurë(gjatë shërimit të plagës).

proudly['praudli] *adv* 1.me krenari, plot krenari.2. me kryelartësi; me fodullëk, me mendjemadhësi. 3.plot madhështi; plot shkëlqim.

provable['pru:vëbël] *adj* i provueshëm, i vërtetueshëm.

prove[pru:v] *v* (**proved; proved, proven**) 1.provoj, vërtetoj; **that proves her innocence/her innocent** kjo provon pafajësinë e saj/e nxjerr atë të pafajshme. 2.del, rezulton; **I was proved right in the end** në fund doli se kisha patur të drejtë; **prove (to be) useful** rezulton i dobishëm; **if it proves (to be) otherwise** po qe se del ndryshe.3.tregoj; **prove oneself honest** tregohem/jap prova se jam i ndershëm. 4.vë në provë, provoj, testoj. 5.*drejt* homologoj, njoh zyrtarisht(një testament).6.lë të vijë (brumin); vjen(brumi). 7.*drejt, fin* **prove a debt** nxjerr me borxh(gjatë falimentimit).

proven['pru:vën] *pp* e **prove**.

provenance['provënëns] *n* burim, prejardhje, origjinë.

Provençal[pro:va:n'sa:l, 'provën'sæl] *adj,n* *-adj* provansal, nga Provansa.

-n 1.provansal(banor). 2.dialekt i Provansës.

provender['provëndë:] *n* 1.ushqim i thatë për kafshë. 2.*gj.fol* ushqim, haje.

provenience[prou'vi:niëns] *n* shih **provenance**.

proverb['provë:b] *n* 1.proverb, fjalë e urtë. 2.*fig* shembull tipik.

proverbial[prë'vë:biël] *adj* proverbial(edhe *fig*).

provide[prë'vaid] *v* 1. siguroj; furnizoj; pajis (me); jap; **provide sb with sth/sth for sb** pajis dikë me diçka; i siguroj diçka dikujt; **be provided with** pajisem me; **you must provide your own pencil** lapsin duhet ta kesh vetë(në provim); **the Lord will provide** Zoti do të na ndihmojë.2.*drejt* parashikon (ligji); **unless otherwise provided** në mungesë të dispozitave të tjera; **the treaty does not provide for that** traktati nuk e parashikon këtë. 3.(**for**) kujdesem(për); marr masa (për); (**against**) ruhem (nga); ndaloj; parandaloj; **we'll see you well provided** do të kujdesemi që mos të të mungojë asgjë.

provided[prë'vaidid] *conj* me kusht që, nëse, po qe se; **provided that** me kusht që; **provided it doesn't rain** po qe se nuk bie shi; **provided always that...** *drejt, adm* me të vetmen rezervë që..., gjithnjë me kushtin që...

providence['providëns] *n* 1.*fet* providencë, ndihmë e zotit, provani. 2.maturi; parashikim, largpamje. 3.**Providence** Zoti, Perëndia.

provident['provëdënt] *adj* 1.i matur, parashikues, largpamës. 2.i kursyer, kursimtar.

provident fund *n Br* fond rezervë.

providential[provë'denshël] *adj* 1.fatlum; i shumëpritur; si i rënë nga qielli. 2.hyjnor, providencial.

providentially[provë'denshëli] *adv* si me porosi; si me magji; si i rënë nga qielli.

providing[prë'vaiding] *conj* shih **provided**.

province['provëns] *n* 1. krahinë, provincë; **in the provinces** në krahinë. 2.*fig* fushë; specialitet; kompetencë; **it is not within my province** është jashtë fushës sime. 3.*fet* peshkopatë, ipeshkvi.

provincial[prë'vinshël] *adj,n* -*adj* 1.provincial, krahinor; lokal. 2.*përb* provincial, i ngushtë. -*n* 1.banor i krahinës. 2.*përb* provincial, njeri i ngushtë. 3.*knd* polic province (anëtar i forcave policore të një province).

provincialism [prë'vinshëlizëm] *n* 1.provincializëm, mendjengushtësi. 2.*gjuh* lokalizëm, shprehje krahinore.

provinciality [prëvinshi'ælëti] *n* krahinorizëm, karakter krahinor.

provincial judge *n drejt* gjyqtar, gjykatës.

provision[prë'vizhën] *n,v* -*n* 1. *drejt* kusht, dispozitë, klauzolë; **with the provision that...** me kushtin që...2.furnizim; pajisje; sigurim.3.*pl* rezervë (ushqimesh); **get/lay in provisions** vë rezerva, grumbulloj ushqime. 4.përgatitje; masa; **make provisions for one's future/a journey** mendoj për të ardhmen; bëj përgatitje për udhëtim. 5.*fin* financim; fonde. -*vt* furnizoj; pajis.

provisional[prë'vizhënël] *adj,n* -*adj* i përkohshëm, provizor; i kushtëzuar; **provisional driving /driver's license** dëshmi aftësie/patentë provizore. -*n* pullë poste e përkohshme.

provisionally[prë'vizhënëli] *adv* 1.përkohësisht.

2.me kusht.

provision merchant *n* tregtar /shitës artikujsh ushqimorë.

proviso[prë'vaizou] *n* kusht; klauzolë; **with the proviso that...** me kushtin që.

provisory[prë'vaizëri] *adj* 1. i kushtëzuar. 2.i përkohshëm.

provocateur[provoka'të:] *n* provokator.

provocation [provë'keishën] *n* 1. provokim; **under provocation** në përgjigje të një provokimi. 2. ngacmim.

provocative[prë'vokëtiv] *adj,n* -*adj* 1.provokues. 2.ngacmues, zemërues; **you're trying to be provocative** ti po kërkon sherr. 3.nxitës, shkaktues. -*n* ngacmues.

provocatively [prë'vokëtivli] *adv* 1. në mënyrë provokuese /irrituese. 2. në mënyrë joshëse /ngashnjyese.

provoke[prë'vouk] *vt* 1.provokoj. 2.zemëroj, irritoj, ngacmoj; **provoke sb/sb's anger/sb to anger** irritoj/zemëroj dikë. 3.nxis; shkaktoj, zgjoj; **it provoked him to action** ajo e nxiti të vepronte; **provoke laughter** shkaktoj të qeshura.

provoker [prë'voukë:] *n* 1. provokator. 2. nxitës, shkaktues.

provoking[prë'vouking] *adj* irritues, ngacmues, acarues, bezdisës.

provokingly[prë'voukingli] *adv* në mënyrë irrituese/ngacmuese.

provost['provëst] *n* 1. *Br* rektor (kolegji); *amer* dekan(fakulteti). 2.*skoc* kryetar bashkie. 3.*fet* dekan.

provost guard *n usht* polici ushtarake.

provost marshal *n* shef i policisë ushtarake (të një rajoni).

prow[prau] *n det* bash, ballë(i anijes).

prowess['prauis] *n* 1.aftësi, shkathtësi, zhdërvjelltësi. 2.trimëri; bëmë.

prowl[praul] *v,n* -*vi* (edhe me **about, around**) vij rrotull, sillem vërdallë; bredh(kafsha për pre, etj). -*n* ardhje rrotull; bredhje; pretim; **on the prowl** vërdallë; në kërkim të presë.

prowl car *n amer* makinë policie.

prowler ['praulë:] *n* endacak, vagabond, njeri që vjen vërdallë(për të vjedhur etj).

prowling['prauling] *adj* 1.endacak, bredharak. 2. në lëvizje, bosh, në kërkim të klientëve(taksi).

proximal['proksëmël] *adj* i afërt, pranë origjinës.

proximate['proksëmit] *adj* 1. i afërt; pasues. 2. i ardhshëm. 3.i përafërt(njehsim).

proximately ['proksëmitli] *adv* 1.afër, pranë.2. afërsisht.

proximity[prok'simëti] *n* afërsi; **in proximity to, in the proximity of** në afërsi të.

proximity fuse *n usht* djegore.

proximo ['proksëmou] *adv treg* muajin e ardhshëm; **on the 1st proximo** më datë 1 të muajit që vjen.

proxy['proksi] *n* drejt 1.prokurë, autorizim. 2. i autorizuar, i ngarkuar, i besuar; person i pajisur me prokurë. 3.përfaqësim; **marriage by proxy** martesë në mungesë të dhëndrit(ku dhëndri përfaqësohet nga një person i ngarkuar).

prude[pru:d] *n* puritan, njeri tepër i matur.

prudence ['pru:dëns] *n* 1.urtësi, maturi. 2.ekonomi, kursim.

prudent ['pru:dënt] *adj* 1. i urtë, i matur; i kujdesshëm; i arsyeshëm. 2.ekonomiqar, kursimtar.

prudential[pru'denshël] *adj* shih **prudent**.

prudently['pru:dëntli] *adv* 1.me urtësi, me maturi. 2.me kursim, me ekonomi.

prudery ['pru:dëri] *n* modesti e tepruar; puritanizëm.

prudish['pru:dish] *adj* puritan, tepër i matur; që skandalizohet lehtë.

prune I[pru:n] *n* 1.kumbull e thatë, oshaf. 2.*zhrg* njeri avdall, trap.

prune II[pru:n] *vt* 1.krasis. 2.*fig* (edhe me **away, down**) qeth, shkurtoj, cungoj (një dorëshkrim). 3.pres, heq.

pruning['pru:ning] *n* krasitje.

pruning hook *n* shtagë me gremç për krasitje.

pruning shears *n* gërshërë krasitjeje.

prurience['pru:riëns] *n* epsh; neps.

pruriency['pru:riënsi] *n* shih **prurience**.

prurient['pru:riënt] *adj* epshor, nepsqar.

Prussia['prʌshë] *n gjeog* Prusi.

Prussian['prʌshën] *adj,n* prusian.

Prussian blue *n* blu e Prusisë, blu e thellë.

prussic acid['prʌsik] *n kim* acid prusik.

pry I[prai] *v,n* -*v* tregohem kureshtar, fus hundët; **pry into a secret** përpiqem të zbuloj një të fshehtë.

-*n* njeri tepër kureshtar.

pry II[prai] *v,n* -*vt* 1.ngre/lëviz me forcë; i bëj levë. 2.*fig* shkul, nxjerr me darë(një të fshehtë).

-*n* levë.

prying['prajing] *adj* tepër kureshtar, që fut hundët.

P.S. [pi:'es] *n* (shkurtim i **postscript**) poshtëshënim, P.S.

psalm[som, sa:m] *n fet* psalm.

psalmbook['sombuk, 'sa:mbuk] *n* libër i psalmeve.

psalmist['somist, 'sa:mist] *n* 1.autor psalmesh.2.*fet* **the Psalmist** mbreti David.

psalmody['somëdi, 'sa:mëdi] *n* 1.psalje, të kënduar psalmesh. 2.psalme.

psalter['so:ltë:] *n* psalter, libër psalmesh.

psaltery['so:ltëri] *n hist muz* psalter(vegël).

psephology[së'folëxhi] *n pol* studim i zgjedhjeve.

pseud[sju:d] *n gj.fol* 1.pseudointelektual. 2.snob.

pseud.[sju:d] shkurtim i **pseudonym**.

pseudo['su:dou] *adj* i rremë, i falsifikuar; i shtirë.

pseudo-['su:dou] *pref* pseudo-.

pseudonym['su:dënim] *n* pseudonim.

pseudonymous [su:'donëmës] *adj* i shkruar me pseudonim(libër etj).

p.s.f. shkurtim për **pounds per square foot.**

pshaw[sho:] *interj* phu!

psi[sai, si:] *n* dukuri psikike/psikologjike(telepati, parashikim etj).

psych(e)[saik](shkurtim i **psychoanalyse**) *v gj.fol* 1.marr me mend, parashikoj. 2.(edhe me **out**) tremb, hutoj, shastis; **that doesn't psych me** kjo nuk më bën kurrfarë përshtypjeje. 3.(edhe me **up**) përgatis psikologjikisht.

+**psych out** a)lëshohem, shkrehem; b)dërrmoj; tremb; shastis; c)*amer* analizoj, zbërthej: **psych sb out** ia zbuloj lojën dikujt.

+**psych up** përgatis psikologjikisht.

psyche['saiki] *n psik* psikikë.

psychedelia[saikë'di:lië] *npl amer* objekte psikadelike; atmosferë psikadelike.

psychedelic [saikë'delik] *adj,n* -*adj* psikadelik, halucinogjen, shushatës, drogues; **psychedelic music** muzikë halucinante; **a psychedelic pink miniskirt** minifund rozë që të lëbyr sytë.

-*n* 1.drogë psikadelike. 2.narkoman(që përdor droga psikadelike).

psychiatric[saiki'ætrik] *adj mjek* psikiatrik.

psychiatrist[sai'kajëtrist, si'kajëtrist] *n* psikiatër.

psichiatry[sai'kajëtri, si'kajëtri] *n mjek* psikiatri.

psychic['saikëk] *adj,n* -*adj* 1.psikik; mendor; **illness due to psychic causes** sëmundje me bazë psikike.2.metapsikik, paranormal, i mbinatyrshëm (fenomen); telepatik; parashikues; **I'm not psychic** unë nuk jam fallxhi.

-*n* medium; njeri me aftësi telepatike të spikatura.

psychical['saikëkël] *adj* shih **psychic** *adj*.

psycho['saikou](shkurtim i **psychopath(ic), psychotic**) *n, adj zhrg* psikopat, i sëmurë mendor.

psycho-['saikou] *pref* psiko-.

psychoanalyze[saikou'ænëlaiz] *vt mjek* trajtoj me psikanalizë.

psychoanalysis['saikouë'nælësis] *n mjek* psikanalizë.

psychoanalyst['saikou'ænëlist] *n mjek* psikanalist.

psychoanalytic(al)['saikou'ænë'litëk(ël)] *adj mjek* psikanalitik.

psychologic(al)[saikë'loxhik(ël)] *adj* psikologjik.

psychologically[saikë'loxhikëli]*adv* psikologjikisht.

psychological moment *n* 1.moment psikologjik. 2.çast kritik.

psychological warfare *n* luftë psikologjike.

psychologist[sai'kolëxhist] *n* psikolog.

psychology[sai'kolëxhi] *n* psikologji.

psychomotor[saikou'moutë:] *adj mjek* psikomotor.

psychopath['saikëpæth] *n mjek* psikopat, i sëmurë mendor, i sëmurë psikik.

psychopathic[saikë'pæthik] *adj mjek* psikopatik; me çrregullime mendore.

psychopathy[sai'kopëthi] *n mjek* psikopati, çrregullim mendor; sëmundje psikike.

psychosis, -ses[sai'kousis] *n mjek* psikozë, formë e rëndë sëmundjeje nervore.

psychosomatic[saikousë'mætik] *adj mjek* psikosomatik, mendorotrupor.

psychotherapist[saikou'therëpist] *n* mjek psikoterapeut.

psychotherapy[saikou'therëpi] *n mjek* psikoterapi.

psychotic[sai'kotik] *adj,n mjek* -*adj* psikotik, me psikozë; me çrregullime mendore.

-*n* i sëmurë mendor, njeri me çrregullime mendore.

psy-war['saiwo:] *n amer* luftë psikologjike.

PT[pi:'ti:] shkurtim i **physical training**.

pt shkurtim i **pint; part; point; preterite; past tense**.

PT boat *n amer usht* motobarkë silurmbajtëse.

Pte *usht* shkurtim i **Private**.

P.T.O.[pi:ti:'ou] shkurtim i **please turn over** vazhdon (letra në faqen tjetër).

Ptolemaic ['tolë:'mejik] *adj astr* i Ptolemeut (sistem).

Pu *n kim* Plutonium(element).

pub[pʌb] *n,v gj.fol* -*n* birrari, pijetore, bar; **go on a pub crawl, go pub-crawling** u bie qark pijetoreve.

-*vi* hyj/pi nëpër pijetore.

puberty['pju:bë:ti] *n mjek* pubertet, moshë e pjekurisë seksuale.

pubescence[pju:'besëns] *n* 1.fillim i pubertetit. 2.*bot,zool* push(te bimët, insektet); pushësi.

pubescent[pju:'besënt] *adj* 1.që ka hyrë në moshën e pubertetit. 2. pushlor, pushbutë.

pubic ['pju:bik] *adj anat* pubik, mbivetor, i mbivetes.

pubis['pju:bis] *n anat* pubis, kockë e mbivetes.

public ['pʌblik] *adj,n* -*adj* 1.publik; **public park** park publik. 2.i përgjithshëm; **in the public interest** me interes të përgjithshëm, në interes të të gjithëve. 3.shoqëror; **public life** jetë shoqërore; **be in the public eye** jam person i mirënjohur. 4. shtetëror; kombëtar. 5.i hapur; **his public support of...** mbështetja e hapur që ai i bëri...; **go public** *treg* nxjerr aksionet në treg. 6.ndërkombëtar; **public law** e drejtë ndërkombëtare. 7.botor; komunal; **public works** punime botore. + **notary public** *drejt* noter.

-*n* 1.publik; popull; **in public** në publik, në popull; hapur, haptas. 2.shikues, spektatorë, njerëz, publik; **the sporting public** sportdashësit.

public access channels *n amer tv* kanale televizive të hapura për publikun.

public address system *n* sistem transmetimi zëri (në salla konferencash).

public affairs *n* çështje shtetërore, punët e shtetit.

publican ['pʌblëkën] *n* 1. *Br* barist, pronar pijetoreje. 2.*hist* tagrambledhës.

public analyst *n pol* analist zyrtar.

publication[pʌblë'keishën] *n* 1.botim; vepër e botuar. 2.aktivitet botues. 3.publikim, shpallje.

public bar *n* bar.

public convenience *n* banjë publike, WC.

public contracts *n* porosi/kontrata shtetërore.

public debt *n* borxh kombëtar.

public defender *n amer drejt* avokat i ndihmës ligjore.

public domain *n* pronë/pasuri e shtetit. + **in the public domain** në përdorim publik, i pambrojtur nga e drejta e autorit.

public examination *n* provim në shkallë vendi.

public enemy *n* armik nr 1 i shoqërisë.

public figure *n* personalitet shoqëror; person i njohur në shoqëri.

public footpath *n* rrugë publike për kalimtarët.

public funds *n* a) fonde shtetërore; b) letra me vlerë shtetërore.

Public Health Service *n* Drejtori e Higjenës.

public house *n* 1.*Br* kafene, kafe; bar; birrari.2. bujtinë; hotel.

public holiday *n* festë kombëtare, ditë feste.

public housing *n amer* banesa sociale, banesa të subvencionuara nga shteti.

public housing project *n amer* qytezë me banesa sociale.

publicist['pʌblësist] *n* 1.*drejt* ekspert i së drejtës publike ndërkombëtare. 2.*let* publicist, gazetar. 3.agjent reklamash.

publicity[pʌb'lisëti] *n* 1.publicitet.2.*treg* reklamë.

publicity agency *n* agjenci reklamash.

publicity agent *n* agjent reklamash.

publicize['pʌblësaiz] *vt* 1.publikoj, bëj të njohur publikisht. 2.i bëj publicitet; reklamoj.

public lavatory *n* banjë publike, WC.

public law *n* e drejtë qytetare.

public lending right *n Br* shpërblim i autorit për të drejtën e huazimit të veprës së tij nga biblioteka.

public library *n* bibliotekë publike.

public limited company *n fin* shoqëri/kompani me përgjegjësi të kufizuar.

public loan *n* hua shtetërore.

publicly ['pʌblikli] *adv* publikisht, botërisht, hapur, haptas; në publik.

publicly-owned['pʌblikli'ound] *adj ek* shtetëror; i shtetëzuar.

public money *n* pare e shtetit.

public opinion poll *n* sondim i opinionit publik.

public ownership *n ek* pronësi shtetërore; shtetëzim, nacionalizim; **take sth into public ownership** shtetëzoj diçka.

Public Prosecutor *n* Prokuror i Shtetit; Prokurori.

public purse *n* të ardhura të shtetit.

public relations *n* lidhje/marrëdhënie me jashtë /me botën e jashtme; lidhje me publikun.

Public Record Office *n Br* Arkiv i Shtetit.

public relations officer *n* shef /drejtor për marrëdhëniet me jashtë/për lidhjet me publikun.

public room *n* dhomë ndenjieje etj(e dallueshme nga dhomat e gjumit).

public school *n* 1.*Br* shkollë e mesme private.2. *amer* shkollë shtetërore.

public sector *n ek* sektor shtetëror.

public sector borrowing *n ek* hua shtetërore.

public securities *n fin* letra me vlerë shtetërore.

public servant *n* nëpunës shteti; funksionar.

public service *n* 1.administratë shtetërore.2.shërbim komunal; shërbime publike. 3.punë shteti; **school teachers are in the public service** mësuesit e shkollave janë në punë të shtetit.

public service corporation *n amer* shërbim publik joshtetëror.

public service vehicle *n Br* mjet transporti publik.

public speaker *n* orator.

public speaking *n* oratori, art i gojëtarisë.

public spirit *n* ndjenjë qytetarie.

public-spirited['pʌblik'spirëtid] *adj* i përkushtuar, me ndjenjë qytetarie.

public stock *n* letra me vlerë shtetërore.

public television *n amer* televizion edukativ(jo komercial).

public transport *n* transport publik.

public utility *n* shërbim publik/komunal; kompani e angazhuar në shërbime publike.

public welfare *n* asistencë sociale dhe shëndetësore.

public works *n* punime botore.

publish ['pʌblish] *v* 1. botoj; nxjerr nga shtypi; **just published** i porsadalë nga shtypi; **published monthly** botim i përmuajshëm; **to be published** pritet të dalë nga shtypi.2.botohet, del; **the newspapers here publish every weekday** këtu gazetat dalin çdo ditë jave. 3.publikoj, bëj të njohur; **don't publish your faults** mos vër tellallin për gabimet e tua.

publishable['pʌblishëbël] *adj* i botueshëm.

publisher['pʌblishë:] *n* 1.botues.2.shtëpi botuese.

publishing['pʌblishing] *n* 1. botime, industri e librit; **he's in publishing** ai punon në botimet. 2.botim(proces). 3.botim(libër, revistë etj).

publishing company *n* firmë botuese, shtëpi botuese.

publishing house *n* shtëpi botuese.

PUC, P.U.C. shkurtim i **Public Utilities Commission** Komisioni i Shërbimeve Komunale.

puce[pju:s] *n,adj* purpur; kafe e errët.

puck I[pʌk] *n mit* qipull, thopërç.

puck II[pʌk] *n* top hokeji(petashuq).

pucker ['pʌkë:] *v, n* -*v* (edhe me **up**) 1. rrudh, rrudhos, mbledh (buzët, vetullat, copën gjatë qepjes). 2.rrudhet, rrudhoset, mblidhet.

-*n* rrudhë, palë.

puckish['pʌkish] *adj* shejtan, qerrata, çapkën.

pudding ['puding] *n* 1.ëmbëlsirë; buding; **what's for pudding?** çfarë kemi për ëmbëlsirë? **steamed pudding** qumështor; **black pudding** kurmagjak, gjake; **rice pudding** syltiash, sytliaç. 2.salsiçe. 3. *fig* gjë e butë, llapa. 4.*përb* trashaluq, bufalaq.

pudding-face['pudingfeis] *n fig përb* turipetull; kokëtul, kaqol.

pudding-head['pudinghed] *n fig përb* ngalakaq.

pudding-stone ['pudingstoun] *n gjeol* puding, konglomerat.

puerile['pjuërajl, 'pjuërël] *adj* fëmijëror; foshnjor; foshnjarak.

puerility[pjuë'rilëti] *n* 1.çilimillëk, kalamallëk, punë fëmijësh. 2. punë pa mend.

puerperal[pju:'ë:përël] *adj* i lehonisë; **puerperal fever** ethet e lehonisë.

Puerto Rican ['pwe:tou'rikën] *adj, n* portorikas, portorikan.

Puerto Rico['pwe:tou'rikou] *n gjeog* Porto Riko.

puff[pʌf] *v, n* -*v* 1. shfryj, nxjerr; **puff (out) smoke** nxjerr tym.2.(edhe me **out, up**) fryj(faqet, velat etj); **his eyes were puffed up** sytë i kishte të fryrë/të enjtur. 3.gulçoj; **be puffed out** mbetem pa frymë.4.tymos; **puff (away) at/on one's pipe** nxjerr shtëllunga tymi nga llulla; **puff in/out** hyn në stacion/del nga stacioni duke lëshuar fjolla tymi (treni). 5.*fig* (edhe me **up**) ngre në qiell, lavdëroj.

+**puff away** shfryj; gulçoj.

+**puff out** a)fryhen(velat); b)nxjerr, lëshoj(tym, avull); c)fryj; d)mburr fort, ngre në qiell.

-*n* 1.frymë; **be out of puff** mbetem pa frymë. 2. duhi, duhmë; gulç(ere); gulçim. 3.shtëllungë (tymi). 4.pufe (pudre). 5.fryrje; ënjtje. 6.lëmsh (flokësh etj). 7.tortë me krem. 8.mburrje, lëvdim, ngritje në qiell; reklamë e fryrë. 9.palë/mëngë e fryrë.

puff adder *n zool* nëpërkë fishkëllyese(që e fryn trupin kur do të sulmojë).

puffball['pʌfbo:l] *n bot* këpurdhë sferike.

puffbox['pʌfboks] *n* kuti pudre.

puffed[pʌft] *adj* 1. (edhe -**out**) pa frymë, që gulçon.2.i fryrë; **puffed sleeves** mëngë të fryra.

puffed-up['pʌftʌp] *adj* 1.i fryrë, i gufmuar; i ënjtur. 2.*fig* i fryrë, i ngrefosur. 3.i fryrë me ajër.

puffer ['pʌfĕ:] *n* 1. *gj. fol* çuf-çuf, tren. 2. *zool* peshk-glob.

puffery['pʌfĕri] *n* fryrje, mburrje e tepruar; reklamë e fryrë.

puffin['pʌfĕn] *n zool* zog deti.

puff pastry, *amer* **puff paste** *n* brumë sfoliat.

puffy['pʌfi] *adj* 1.i fryrë, i mufatur, i ënjtur.2.*fig* i fryrë, i ngrefosur. 3.gulçues.

pug I[pʌg] *n,v* -*n* argjilë, deltinë.
-*vt* 1.zë, vesh me baltë. 2.mbruj, ngjesh, gatuaj (argjilën).

pug II[pʌg] *n* 1.*zool* karlin, qen trupvogël hundështypur.2.hundë e shtypur.

pugilism['pju:xhĕlizĕm] *n* boks.

pugilist['pju:xhĕlist] *n* boksier.

pugilistic[pju:xhĕ'listik] *adj* boksi, i boksit.

pugnacious[pʌg'neishĕs] *adj* luftarak; i gatshëm për sherr.

pugnaciously [pʌg'neishĕsli] *adv* gati për sherr, me ton prej grindaveci.

pugnacity[pʌg'næsĕti] *n* gatishmëri për sherr.

pug nose *n* hundë e shtypur.

pug-nosed ['pʌgnouzd] *adj* hundështypur, hundëçip.

puisne['pju:ni] *adj,n* -*adj drejt* 1.i mëvonshëm; pasues(hipotekë). 2.anëtar, i thjeshtë(gjykatës). -*n drejt* anëtar i Gjykatës së Lartë.

puissance['pju:ĕsĕns, 'pwisĕns] *n* fuqi; forcë.

puissant ['pju:ĕsĕnt, 'pwisĕnt] *adj* i fuqishëm; i fortë.

puke[pju:k] *n,v zhrg* -*n* 1.e vjellë, vjellje.2.*amer përb* batakçi.
-*vi* vjell; **it makes you puke** *fig* të bën për të vjellë.

pukka['pʌkë] *adj* 1.i mirë; i besueshëm.2.i shkëlqyer. 3.i shtresës së lartë.

pulchritude['pʌlkrĕtju:d] *n* bukuri.

pule[pju:l] *vi vjet* qaravitem, grindem; pingërroj.

pull [pul] *v,n* -*v* 1.tërheq (derën, litarin); shkel (këmbëzën); **pull the door open/shut** hap/mbyll derën duke e tërhequr. 2.heq zvarrë, zvarris(slitën etj); **the car is pulling to the left** makina(timoni) pret(tërheq) nga e majta.3.shqyej, kap për(flokësh etj); **pull (a toy) to bits/to pieces** e shqyej/e bëj copash(një lodër). 4.nxjerr(verën nga fuçia, thikën nga këllëfi etj). 5. shkul; këpus(barërat, qepët etj). 6.tërheq(muskulin), këpus(mish). 7.(for) vozis; **pull for the shore** vozis drejt bregut. 8.pi, thith(toka ujët, druri bojën etj). 9.(at) thith (puron); heq (llullën). 10.*gj.fol* bëj, sajoj; **don't pull any tricks** se mos na bësh ndonjë rreng. 11.*polig* nxjerr(një bocë). 12.përmbaj, kursej; **he didn't pull any punches** ai nuk i kurseu goditjet. + **pull sb's leg** vë në lojë dikë; **pull strings for sb** luaj gurët për dikë; **pull one's weight** bëj pjesën(e punës) që më takon.

+**pull about/around** a) keqpërdoroj (diçka); b)

keqtrajtoj (dikë); c)tërheq nga pas.

+**pull along** tërheq pas vetes; **pull oneself along** zvarritem, çapitem me zor.

+**pull apart** a) zbërthej; ndaj ; copëtoj; shkëpus; b)zbërthehet, smontohet; c)*fig* rrëmoj; kthej përmbys(shtëpinë); d)*fig* kritikoj ashpër, e bëj copash.

+**pull away** a)niset(treni, makina); b)(**from**) shkëputem, u largohem (ndjekësve); c) (**on**) u mëshoj (rremave).

+**pull back** a) tërheq mbrapsht; b) hap (perdet); c)tërhiqem, prapsem(edhe *usht*).

+**pull down** a)ulet, zbret; b)ul(perden); c)rrëzoj, hedh përtokë(kundërshtarin); d)shemb, prish(një ndërtesë); e)*fig* rrëzoj(qeverinë); vë poshtë, rrëzon, dobëson (sëmundja); f)më ul mesataren(nota e keqe); g)*amer* fitoj; sjell fitime(dyqani etj).

+**pull for** *gj.fol* ndihmoj, i vij në ndihmë.

+**pull in** a) mbërrin; ndalet (makina); (**at the station**) hyn në stacion (treni); b)mbledh(litarin, tojën); c)fus, tërheq brenda(dikë në makinë, barkun përbrenda); d)*gj.fol* rras brenda, arreston(policia); e)ndal (kalin); f)fitoj; sjell fitime(dyqani etj).

pull-in ['pulin] *n Br* 1) parking, vend parkimi (i vogël). 2)kafe, kafene(buzë rrugës).

+**pull off** a)heq(dorëzat, kapelën, kapakun); shqis (amballazhin); b)*zhrg* realizoj, nxjerr në krye, çoj deri në fund: **she didn't pull it off** nuk i doli gjë.

pull-off['pulof] *n amer* parking, vend parkimi.

+**pull on** a)vë(kapelën); b)vesh(pallton).

+**pull out** a) heq(gjembin); shkul,heq(dhëmbin); b) nxjerr(koburen); nxjerr përjashta(dikë); c)*usht* tërheq (trupat); d)tërhiqem, zmbrapsem; e)niset, ikën(makina, treni); shmangem, spostohem: **we pulled out to overtake** ne u shmangëm për të parakaluar.

pull-out['pulaut] *n,adj* -*n* 1.shtojcë e heqshme (brenda revistës). 2.*usht* tërheqje(trupash). -*adj* 1.i heqshëm(fashikull). 2.i hapshëm(sergjen).

pull-out bed *n* krevat i hapshëm; divan-leto.

+**pull over** a)shmanget, del anash rrugës(makina) b)tërheq, zvarris; afroj; çoj(tek): **pull the chair over to the window** afroj karrigen te dritarja; c)hedh/kaloj matanë(murit etj); d)rrëzoj, përmbys.

+**pull through** a)kalon matanë(litari); b)*fig* ia hedh paq(sëmundjes, një vështirësie); e marr veten; ia bëj mbanë; c)hedh/kaloj matanë(litarin etj); d)*fig* nxjerr nga balta(dikë).

+**pull together** a)(**oneself**) mbledh(veten); b)*fig* bashkëpunoj, kooperoj; harmonizohem(me të tjerë).

+**pull up** a)tërheq lart; ngre(çorapet etj); b)shkul (barërat);c)ndal (kalin); ndalon(policia); d)ndaloj, ndalem; e)(**with**) arrij, kap (të tjerët); f)*fig* qortoj, shaj.

pull-up['pulʌp] *n* 1.*Br* shih **pull-in**. 2.*sport* tërheqje, ngritje me forcën e krahëve(në unaza etj).
-*n* 1.tërheqje(e magnetit etj). 2.*fig* joshë, tërheqje.

3.ndukje(nga mënga etj). 4.ndikim, influencë; **she has some pull with the manager** *gj.fol* asaj i shkon fjala te drejtori. 5.thithje, heqje(e çibukut etj). 6.hurbë, gllënjkë; **take a pull at the bottle** e kthej njëherë (shishen). 7.dorezë(sirtari); kordon(abazhuri, perdesh etj).8.përpjekje, mundim(për ngjitje në mal etj).

pullet['pulit] *n zool* zogë.

pulley['puli] *n mek* rrotull, makara; karrukull; pulexhë.

Pullman['pulmën] *n hek* 1.pullman, vagon-sallon. 2.vagon-shtrat, vagon për fjetje.

Pullman car *n* shih **Pullman 2**.

Pullman carriage *n* shih **Pullman 1**.

pullover['pulouvë:] *n* pulovër.

pullring['pulring] *n* unazë, vesh(për hapjen e kapakut etj).

pullulate['pʌljëleit] *vi* 1.çelin(sythat); mbijnë(farët). 2.shtohen, shumohen. 3.gëlon, mizëron.

pulmonary['pʌlmëneri] *adj* pulmonar, i mushkërive.

pulp[pʌlp] *n,v* -*n* 1. tul, mish (i frutit). 2.*anat* pulpë(e dhëmbit). 3.brumë për letër. 4.qull, masë e butë; **be crushed to a pulp** bëhet përshesh. 5.*fig* shtyp dekadent, botime të dobëta. -*vt* 1.ziej fort, bëj llapa. 2.shndërroj në brumë, çoj në karton(libra etj). 3.u heq tulin(frutave).

pulpit['pʌlpit] *n* 1.katedër(në kishë). 2.kleri.

pulpwood['pʌlpwud] *n* 1.brumë letre. 2.dru i butë(për letër).

pulpy['pʌlpi] *adj* i butë; i tultë; si brumë.

pulsar['pʌlsaë:] *n astr* pulsar.

pulsate['pʌlseit] *vi* 1.rreh, regëtin (zemra). 2.dridhet; vibron(zëri).

pulse I [pʌls] *n, v* -*n* 1.*anat* puls; rrahje; **feel / take sb's pulse** i mas pulsin dikujt.2.*fiz* impuls, shtysë; dridhje, vibrim. 3. *fig* fërgëllim, drithmë; emocion. 4.*fig* puls, jetë(e vendit etj). -*vi* rreh, pulson, regëtin; dridhet; vibron.

pulse II[pʌls] *n* perime bishtajore(fasule, bizele, thjerrëza etj).

pulsejet['pʌlsxhet] *n av* motor reaktiv me çurkë ajri.

pulverization[pʌlvërai'zeishën] *n* pluhurzim, pulverizim.

pulverize['pʌlvëraiz] *v* 1.pluhurzoj, pulverizoj. 2. pluhurzohet, bëhet pluhur. 3.*fig* bëj pluhur e hi.

pulverizer['pʌlvëraizë:] *n* pluhurzues; pompë pluhurosëse.

puma['pju:më] *n zool* pumë.

pumice['pʌmis] *n,v* -*n miner* shkumë deti, shtuf.

pumice stone *n miner* shih **pumice**.

pummel ['pʌmël] *vt* 1.rrah /zhdëp me grushta. 2. shkryth, shkrifëroj(me masazh).

pummelling['pʌmëling] *n* 1.grushta; **take a pummelling** a)ha grushta, zhdëpem në grushta; b)*sport*

mundem keq; c)sulmohem /kritikohem ashpër. 2.shkrythje(me masazh).

pump I[pʌmp] *n,v* -*n* pompë; **petrol pump** pompë/distributor benzine. -*vt* 1.pompoj; fryj(ajër); **pump a tank dry** e boshatis rezervuarin me pompë; **pump air into a tyre** fryj gomën. 2.*fig* mbush, dend, pompoj(dikë); **pump facts into sb's head** ia mbush kokën dikujt me fakte; **pump sb full of lead** *zhrg* i rras një plumb dikujt, ia ha kokën. 3.*fig* i shkul/i zhvas/ i nxjerr të dhëna dikujt; **pump sb for information** i shkul të dhëna dikujt; **pump the figures out of sb** ia nxjerr shifrat me zor dikujt. 4.tund, shkund; **she pumped my hand vigorously** ajo ma shkundi dorën me forcë. 5.rreh (zemra). 6.rrjedh; del çurgë (benzina, gjaku).

+**pump in** a)fus, pompoj(ujë etj); b)injektoj; c)*fig* fus, hedh(para në një projekt).

+**pump out** nxjerr me pompë; **pump out sb's stomach** i bëj lavazh stomaku dikujt.

+**pump up** fryj(gomën).

pump II [pʌmp] *n* këpucë pa lidhësa; këpucë baleti.

pump attendant *n Br* pompist.

pump house, pumping station *n* stacion pompimi.

pump priming *n ek* rritje, gjallërim i ekonomisë.

pump room *n* sallë e pirjes së ujit(në llixhat).

pump-water['pʌmpwotë:] *n* ujë çezme, ujë rubineti.

pumpernickel ['pʌmpë:nikël] *n* bukë thekre e zezë.

pumpkin ['pʌmpkin] *n* kungull; kungullujës; **pumpkin pie** byrek me kungull.

pumpkinseed['pʌmpkinsi:d] *n zool* peshk-hënëz.

pun[pʌn] *n,v* -*n* lojë fjalësh. -*vi* bëj lojë fjalësh, luaj me fjalë.

punch I [pʌnç] *v,n* -*vt* 1.qëlloj me grusht; grushtoj(topin etj). 2. kullos(tufën) -*n* 1.grusht; grushtim; gjuajtje. 2.*fig* forcë; **a story with no punch to it** tregim pa forcë.

punch II[pʌnç] *n,v* -*n tek* 1.shpues; hapëse vrimash; pinca biruese. 2.(në metal) shënues, pikues, punson. -*vt* 1.shpoj; biroj. 2.shënoj, pikoj.

punch III[pʌnç] *n* ponç(pije).

punch(ing) bag *n* dardhë boksi; thes (lëkure) me rërë.

punchball['pʌnçbo:l], **punching ball** 1.*Br* dardhë boksi. 2.*amer* pançboll, beisboll pa stap.

punchbowl['pʌnçboul] *n* kupë e madhe ponçi.

punch-drunk['pʌnçdrʌnk] *adj* i trullosur; i shushatur, i hutuar.

puncheon I['pʌnçën] *n* 1.binar i latuar. 2.pikues argjendari.

puncheon II['pʌnçën] *n* vozë/fuçi me/për pije.
punch(ed) card *n* letër e biruar, letër me vrima.
punch line *n* batutë e fundit (e shakasë); fund, mbyllje(e fjalimit).
punchy ['pʌnçi] *adj gj.fol* 1. dinamik, energjik (njeri). 2.therëse(vërejtje). 3.i trullosur, i shushatur.
punctilio[pʌnk'tiliou] *n* formalitet; etiketë.
punctilious[pʌnk'tiliës] *adj* 1.i përpiktë, skrupuloz. 2.tepër i kujdesshëm(në rregullat e etiketës).
punctual['pʌnkçuël] *adj* 1.i përpiktë në orar.2.pikësor.
punctuality[pʌnkçu:'ælëti] *n* përpikëri në orar.
punctually['pʌnkçjuëli] *adv* me përpikëri; në kohë, në orar; it will end **punctually at 10** mbaron në orën 10 fiks; the bus arrived **punctually** autobusi erdhi në orar.
punctuate['pʌnkçueit] *vt* 1. i vë shenjat e pikësimit.2.*fig* ndërpres(fjalimin etj). 3.*fig* theksoj.
punctuation [pʌnkçu:'eishën] *n* pikësim; shenja pikësimi; **punctuation mark** shenjë pikësimi.
puncture['pʌnkçë:] *n,v* -*n* 1.vrimë, birë.2.shpim, shpuarje; **have a puncture** më shpohet goma.
-*v* 1.shpoj; biroj. 2.çaj, hap(lungën). 3.shpohet(goma); birohet.
pundit['pʌndit] *n* ekspert, kompetent; autoritet.
pung[pʌng] *n hist* slitë e tërhequr me kuaj.
pungency ['pʌnxhënsi] *n* 1. athtësi; djegësirë. 2. shijë pikante.
pungent ['pʌnxhënt] *adj* 1. i athët. 2. që të ther hundët(tym). 3.djegës; pikant. 4.*fig* therëse(kritikë, vërejtje). 5.*fig* i mprehtë; nxitës(për mendjen).
pungently ['pʌnxhëntli] *adv* në mënyrë therëse, me ton therës.
Punic ['pju:nik] *adj* 1.punik, kartagjenas. 2.*fig* i pabesë.
punish['pʌnish] *vt* 1.dënoj, ndëshkoj; **punish sb for sth/for doing sth** dënoj dikë për diçka/pse ka bërë diçka. 2.*fig gj.fol* stërmundoj(kalin, motorin).3.*fig* përlaj(biftekun); shkund, thaj(shishen e rakisë).
punishable['pʌnishëbël] *adj* i dënueshëm, i ndëshkueshëm, për t'u dënuar; **be punishable by life imprisonment** dënohet (një krim) me burgim të përjetshëm.
punishing['pʌnishing] *n,adj* -*n* dënim; ndëshkim. +**take a punishing** përlahet (bifteku); shkon në fund, thahet (shishja e rakisë).
-*adj* rraskapitës, dërrmues.
punishment['pʌnishmënt] *n* 1.dënim; ndëshkim; **take one's punishment** marr ndëshkimin, vuaj dënimin. 2.*gj.fol* trajtim i ashpër; keqtrajtim; **take a lot of punishment** a)ha ca të mira(boksieri); b)nuk mbahet mirë(mobilia); stërmundohet(makina).
punitive ['pju:nëtiv] *adj* ndëshkues, ndëshkimor; **punitive measures** masa ndëshkuese.
punitive damages *n drejt* zhdëmtim tepër i lartë (frikësues).
punitory['pju:nëtori] *adj* shih **punitive**.
punk I[pʌnk] *n* 1.dru i kalbur; eshkë. 2.barut me djegie të ngadaltë(për fishekzjarre).
punk II[pʌnk] *n,adj* -*n* 1.*zhrg* axhami, viç i palëpirë. 2.*zhrg* rrugaç, huligan. 3.gjepur, broçkull. 4. muzikë pank; pank (muzikant, amator). 5.*vjet* prostitutë.
-*adj* 1.*zhrg* i dobët(mall), pa vlerë; pleh. 2.(muzikë) pank; **punk rock** rrok pank, pankrrok. 3.*amer gj.fol* pa qejf, jo mirë(nga shëndeti).
punka(h)['pʌnkë] *n* ventilator(në tavan).
punnet['pʌnit] *n Br* kuti kartoni, shportëz.
punster['pʌnstë:] *n* hokatar, njeri që luan me fjalë.
punt I[pʌnt] *v, n* -*v* shkelmoj (topin) para se të bjerë në tokë.
-*n* shkelmim (i topit) në ajër.
punt II[pʌnt] *n,v* -*n* lundër gjahtarësh, varkë e vogël me fund të sheshtë(që shtyhet me shtagë).
-*v* 1.shtyj(lundrën) me shtagë/me drang. 2.lundroj me lundër gjahtarësh.
punt III[pʌnt] *vi* 1.vë bast. 2.luaj kumar.
punter I ['pʌntë:] *n* lundërtar (me lundër gjahtarësh).
punter II[['pʌntë:] *n* bastevënës; kumarxhi.
punty['pʌnti] *n* shtagë e qelqpunuesit.
puny['pju:ni] *adj* 1. i vockël; i dobët. 2. i vogël; i papërfillshëm, i parëndësishëm. 3.hollak; imcak; i brishtë(person). 4.e dobët, e vajtueshme(përpjekje).
pup[pʌp] *n,v* -*n* 1.qenush, kone. 2.këlysh (ujku, dhelpre etj). 3.*fig* axhami, buzëqumësht.
-*vi* pjell(këlyshë).
pup tent *n* çadër e vogël/teke.
pupa['pju:pë] *n pl* **pupae** *biol* krizalidë, nimfë, larvë fluture.
pupil I['pju:pël] *n* nxënës.
pupil nurse *n Br* infermier/-e në kurs kualifikimi.
pupil teacher *n Br* mësues stazhier/praktikant.
pupil II['pju:pël] *n anat* bebe e syrit, bebëz.
puppet ['pʌpit] *n* 1. kukull; **puppet show** teatër kukullash.2.*fig* kukull, marionetë; **puppet government** qeveri kukull.
puppeteer [pʌpë'tië:] *n* aktor me kukulla; kukllabërës.
puppetry ['pʌpitri] *n* 1.bërje kukullash. 2.shfaqje me kukulla.
puppy['pʌpi] *n* shih **pup** *n*.
puppy fat *n* trashje/dhjamosje foshnjore.
puppy love *n* dashuri fëmijërore (midis adoleshentësh).
purblind['pë:blaind] *adj* 1. dritëshkurtër. 2. i verbër. 3.*fig* i trashë, budallë, sylesh.
purchase ['pë:çës] *v, n* -*vt* 1. blej. 2.marr si shkëmbim.
-*n* 1.blerje. 2.gjë e blerë. 3.kapje, shtrëngim; **get a**

purchase on a rock kapem pas/ gjej mbështetje te një shkëmb. 4.mjet kapjeje.

purchase money, purchase price *n* çmim i blerjes.

purchase order *n* porosi për blerje.

purchase tax *n Br* taksë blerjeje.

purchaser['pë:çësë:] *n* blerës.

purchasing['pë:çësing] *n* 1.*treg* blerje.2.*attr* blerës, blerjeje; **purchasing officer** agjent blerjesh; **purchasing power** fuqi blerëse.

pure[pjuë:] *adj* 1. i pastër, i papërzier; **pure gold** ar i pastër; **a pure Albanian family** familje shqiptare brez pas brezi; **pure wool jumper** pulovër golf thjesht lesh.2.i pastër, i dëlirë; **pure hands** duar të pastra.3.i saktë, korrekt, i pastër; **pure French** frengjishte e pastër. 4.i thjeshtë; **it's madness pure and simple** është thjesht marrëzi; **by pure chance** thjesht për rastësi. 5.teorik, thjesht teorik; **pure mathematics** matematikë teorike(jo e zbatuar).

purebred ['pjuë:bred] *adj, n*   -*adj* prej race të pastër.

purée[pju:'rei, 'pju:rei] *n* puré.

purely ['pjuë:li] *adv* 1. pastër. 2. tërësisht, krejt, krejtësisht. 3.thjesht; vetëm e vetëm; **purely by chance** thjesht rastësisht. 4.dëlirësisht, pafajësisht.

pure-minded['pjuë:'maindid] *adj* i kthjellët, mendjekthjellët.

purgation[pë:'geishën] *n* 1.*fet* pastrim, larje(mëkatesh).2.*pol* spastrim.3.*mjek* dalje jashtë, shkarkim.

purgative ['pë:gëtiv] *n, adj mjek* -*n* purgativ, amel.

-*adj* purgativ, shkarkues, pastrues.

purgatory ['pë:gëto:ri] *n fet* purgator; **it was purgatory for me** *fig* ishte një ferr i vërtetë për mua.

purge[pë:xh] *v,n* -*v* 1.pastroj; pastrohem.2.*mjek* zbraz, shkarkoj(zorrët). 3.*fet* shlyej, laj(mëkatet). 4. *pol* spastroj. 5.*drejt* shfajësoj, nxjerr pa faj(dikë); hedh poshtë(akuzën); paguaj, shlyej(krimin); **purge an offence** vuaj dënimin për një faj/krim që kam bërë.

-*n* 1.pastrim. 2.*mjek* purgativ, amel. 3.*pol* spastrim.

purification[pju:ërëfë'keishën] *n* pastrim, dëlirje (edhe *fig*).

purifier['pju:rëfajë:] *n* pastrues; **air purifier** pastrues ajri.

purify['pju:rëfai] *vt* pastroj, dëlir(edhe *fig*).

purism['pjuërizëm] *n gjuh, art* purizëm.

purist['pjuërist] *n gjuh, art* purist.

puritan['pjuërëtën] *adj,n fet* puritan.

puritanic(al)[pjuërë'tænik(ël)] *adj* puritan.

puritanism['pjuërëtënizëm] *n fet* puritanizëm.

purity['pjuërëti] *n* pastërti; dëlirësi (edhe *fig*).

purl I[pë:l] *v,n* -*vi* gurgullon.

-*n* gurgullimë.

purl II [pë:l] *v, n*   -*vt* 1. punoj mbrapsht (me shtiza). 2.*vjet* thur me gajtan/ me fije ari(argjendi).

-*n* 1.punim mbrapsht(me shtiza). 2.bordurë(anash qëndizmës). 3.gajtan/shirit me fije ari.

purlieu ['pë:lu:] *n* 1.rrip toke buzë pyllit. 2.vend pushimi. 3.(edhe *pl*) rrethinë.

purlin(e)['pë:lën] *n ndërt* tra horizontal në kulm të çatisë.

purloin[pë:'loin] *vt* vjedh, përlaj.

purple['pë:pël] *n,adj,v* -*n* 1. ngjyrë vjollcë, ngjyrë manushaqe; purpur. 2.**the purple** rrobë e purpurt (e kardinalit). 3.rang/post i kardinalit.

-*adj* 1.vjollcë, manushaqe; i purpurt; **go purple (in the face)** mavijosem (në fytyrë). 2.fisnik, mbretëror. 3.*let* retorik; i stërholluar(shkrim). +**turn purple** *fig* nxihem në fytyrë, tërbohem nga inati.

-*v* 1.ngjyej manushaqe; mavijos. 2.marr ngjyrë vjollcë; mavijosem.

Purple Heart *n amer usht* Medalje e të Plagosurve në Luftë.

purple heart *n farm zhrg* hapje lumturuese, bar çudibërës.

purple passage/patch *n let,muz* pjesë/pasazh për bujë.

purplish['pë:plish] *adj* si në vjollcë, paksa manushaqe.

purport[*v* pë:'po:t, 'pë:po:t, 'pë:pë:t; *n* pë:'po:t] *v,n* -*vt* 1.pretendoj; **purport to be...** hiqem si, paraqitem si...2.lë të kuptohet; nënkupton; **purport that...** lë të kuptohet se...

-*n* 1.kuptim; domethënie. 2.qëllim.

purpose['pë:pës] *n,v*   -*n* 1.qëllim; synim, pikësynim; **have a purpose in life** kam një qëllim në jetë; **for/with the purpose of doing...** për të bërë, me qëllim që të bëj..; **for our purposes** për qëllimet tona; **for the purposes of the meeting** për nevojat e mbledhjes. 2.destinacion; **what is the purpose of this machine?** për se shërben kjo makinë? 3.(edhe **sense of ~**) vendosmëri; **have great strength of purpose** jam shumë i vendosur; kam vullnet të fortë. + **on purpose** me qëllim, qëllimisht, me dashje; **to little purpose** pa shumë dobi; **to no purpose at all** kot fare, pa kurrfarë dobie; **to some purpose, to good purposes** me dobi, jo më kot; **to /not to the purpose** në/jo në kohën e duhur.

-*vi* kam ndër mend; synoj; kam qëllim.

purpose-built['pë:pësbilt] *adj* i ndërtuar posaçërisht.

purposeful['pë:pësful] *adj* 1.i vendosur, që di se ç'do(njeri); plot vendosmëri(gjest). 2.i qëllimshëm; i menduar, me domethënie(veprim).

purposefully['pë:pësfëli] *adv* me qëllim; me dashje; me synim të caktuar.

purposefulness['pë:pësfulnis] *n* vendosmëri; këmbëngulje.

purposeless['pë:pëslis] *adj* 1.i pavendosur, që s'ka synime, që s'di ç'kërkon(njeri). 2.i paqëllimtë; i kotë (veprim).

purposely['pë:pësli] *adv* qëllimisht, me qëllim,me dashje; **purposely vague** qëllimisht i errët(pohim).

purposive['pë:pësiv] *adj* 1.i përdorshëm; funksional; i dobishëm. 2.i qëllimshëm, me dashje.

purr[pë:] *n,v* -*n* kerrmëz, gërhimë(e maces). -*vi* kerrnjon, gërhet, nxjerr kerrmëza(macja).

purse[pë:s] *n,v* -*n* 1.kuletë. 2.*amer* çantë dore. 3.para, të holla, fond; *sport* çmim(në para). 4.*fig* xhep, qese, mundësi financiare. + **it's beyond my purse** nuk është për xhepin tim; **hold/tighten the purse string** mbaj hesapet(e shtëpisë etj); e shtrëngoj mirë qesen.

purser['pë:së:] *n* arkëtar(i anijes etj).

purse-proud ['pë:spraud] *adj* krenar që jam i pasur.

purse seine *n det* rrjetë peshkimi(që mbahet nga dy lundra).

pursuance[pë:'suëns] *n* ndjekje; kryerje(e punëve); **in pursuance of (one's duty)** gjatë kryerjes së, në zbatim të (detyrës).

pursuant[pë:'su:ënt] *adj* 1.(-**to**) pasues, vijues, në vijim të. 2. në përputhje me.

pursue [pë:'s(j)u:] *vt* 1. ndjek, i qepem; jam në kërkim të; **he won't stop pursuing her** ai nuk i ndahet asaj; **pursue pleasure/ an objective** kërkoj të gjej kënaqësi; kam një objektiv.2.vazhdoj, ndjek; ushtroj(studimet, një profesion etj). 3.bezdis, i qepem; **pursue a person with questions** i qepem dikujt me pyetje.

pursuer[pë:'s(j)u:ë:] *n* ndjekës.

pursuit[pë:'s(j)u:t] *n* 1.ndjekje. 2.kërkim(i kënaqësive); **go in pursuit of sb/sth** vihem në ndjekje të dikujt/në kërkim të diçkaje; **in hot pursuit** këmba-këmbës.3.punë; aktivitet; kalim kohe; **scientific pursuits** kërkime shkencore.

pursuit plane *n av* gjuajtës(avion).

pursuivant ['pë:swëvënt] *adj* 1.ndihmës-korier. 2.ndjekës, pasues; shërbyes.

pursy ['pë:si] *adj* 1.që gulçon, që i merret fryma. 2.i ngjallur, i dhjamosur, i shëndoshë.

purulence['pju:r(j)ëlëns] *n* qelbëzim; qelb.

purulency['pju:r(j)ëlënsi] *n* shih **purulence**.

purulent ['pju:r(j)ëlënt] *adj* 1. i qelbëzuar, me qelb.2.*fig* i kalbur, i prishur; i korruptuar.

purvey[pë:'vei] *vt* (**sth to sb**) furnizoj (dikë me diçka), i siguroj(diçka dikujt).

purveyance[pë:'vejëns] *n* furnizim(me ushqime etj).

purveyor[pë:'vejë:] *n* furnizues, furnitor.

purview ['pë:vju:] *n* 1.*drejt* nene (të ligjit); fushë /sferë veprimi; shtrirje, kompetencë (e ligjit).2.kompetenca (të komitetit). 3. spektër (i filmit, librit).

pus[pʌs] *n* qelb.

push [push] *v, n* -*v* 1. shtyj; **push the door open/shut** hap/mbyll derën me një të shtyrë; **push sb outdoors** nxjerr jashtë dikë duke e shtyrë; **push past sb** shtyj dikë për të hapur rrugë; **push into a bus** futem/hipi në autobus duke shtyrë. 2.hedh, lëshon (rrënjë pema).3.shtyp(butonin), shkel(sustën). 4.*fig* detyroj, shtrëngoj; nxis; i imponohem(dikujt); **push sb into doing sth/to do sth** detyroj/nxis dikë të bëjë diçka; **don't push me too far!** mjaft më!, mos kërko më tepër prej meje! **that's pushing it a bit** *gj.fol* më ngadalë!, sikur po e tepron! **be (rather) pushed for sth** jam(pak si) ngushtë me diçka, sikur s'po kam mjaft..., sikur s'po më dalin /mjaftojnë...**I'm really pushed today** sot s'kam fare kohë.5.*fig* imponoj(pikëpamjet). 6.nuk heq dorë nga, i mëshoj (një kërkese). 7.*fig* mbështes(një kandidat). 8. reklamoj shumë(një produkt). 9.shtrij, zgjeroj(pushtimet); avancoj, çoj më tej: **don't push your luck!** mos luaj me fatin! **he's pushing 60** ai po shkon drejt të gjashtëdhjetave. + **push home** a)çoj deri në fund (sulmin); b)shfrytëzoj deri në fund(një epërsi).

+**push about/around** *fig gj.fol* trajtoj ashpër/me arrogancë/me përçmim; i imponohem(dikujt): **stop pushing me around!** mjaft m'u qepe me urdhra!, lëmë rehat!

+**push along** a)iki, ua mbath; b)ecën(makina): **the car was pushing along at 60** vetura po ecte me nja 60 km të mira në orë; c)shtyj(dikë, diçka); d)*fig* shpejtoj(punën).

+**push aside** a)largoj, shtyj mënjanë, heq nga rruga; b)*fig* hedh poshtë.

+**push away** a)shtyj, largoj; b)refuzoj, nuk pranoj (një dhuratë).

+**push back** a)hedh pas(cullufen); b)heq, largoj (jorganin); c)hap(perdet); d)zmbraps, zbyth(kundërshtarin); e)*fig* frenoj, përmbaj, ndrydh(një dëshirë).

+**push down** a)shtyp, ul(butonin, kunjin); b)shtyj, rrëzoj(dikë); c)rras, ngjesh(librat në arkë).

+**push forward** a)shtyhem përpara; (**oneself, one's way**) çaj përpara, hap rrugë; b)*fig* (**oneself**) nxjerr (veten) në pah.

+**push in** a)(edhe ~ **one's way in**) hyj me forcë; b) *fig* ndërhyj; përzihem, fus hundët; c)fus(gishtin, leckën për të fshirë); d)shtyp(butonin); e)shtyj(dikë); f)fus përbrenda(buzët e kutisë së kartonit).

+**push off** a)*det* dal në det, largohem nga bregu; b) iki, ua mbath; **push off!** ikë!, zhduku! c)hiqet, shkëputet(pjesa e sipërme); d)heq(kapakun); e)shtyj, hedh nga; f)largoj/shkëputes(lundrën) nga bregu.

+**push on** a)vazhdoj, shkoj deri; b)vazhdoj(të bëj); c)vë në vend, mbyll(kapakun); d)*fig* nxis, shtyj.

+**push out** a)(edhe ~ **one's way out**) çaj, hap rrugë, futem; b)del, mbin(bisku); çel, del nga veza(zogu);

c)flak, hedh jashtë; d)nxjerr(tapën); e)*fig* heq, largoj, përzë(dikë); **push the boat out** dal në det; *fig* e lag, e festoj; f)*bot* nxjerr(bisqe); lëshon(rrënjë).

+push over a)hap rrugë: **she pushed her way over towards him** ajo çau përmes turmës për tek ai; b)shtyj; rrëzoj; hedh; përmbys.

pushover['pushouvë:] *n zhrg* 1.gjë e lehtë, meze fare; **it was a pushover** ishte shumë e lehtë, ishte lojë kalamajsh; **he was a pushover** a)u rrah paq; b)ia hodhën paq, e hëngri i gjori;c)u bind pa bërë zë.

+push through a)(edhe ~ **one's way through**) çaj, hap rrugë; b)fus(dorën, shkopin); c)*fig* përfundoj nxitimthi(një marrëveshje); kaloj/miratoj(një vendim a ligj) shpejt e shpejt.

+push to mbyll(me të shtyrë); shtyj(për ta mbyllur).

+push up a)ngre(dorën, çelësin); b)heq(syzat); c) *fig* ngre, rris, shtoj(çmimet, taksat, shitjet, shpejtësinë); **push up the total to over 1000** e çoj shumën totale në më tepër se 1000.

pushup *n sport* pompë, ulje-ngritje.

- n 1.shtytje; e shtyrë, shtysë; **give sb/sth a push** i jap një të shtyrë dikujt/diçkaje; *Br fig* **give sb the push** a)flak jashtë dikë, i jap duart dikujt(nga puna); b)e lë dikë(të dashurin); **she got the push** a)atë e pushuan; b)atë e la i dashuri; *amer fig* **when push comes to shove** në rastin më të keq. 2.vrull, energji; iniciativë; **he's got plenty of push** ai është shumë dinamik. 3.*fig* përpjekje; fushatë; sulm; **a push on sales, a sales push** fushatë për shtimin e shitjeve; **at a push** në rast nevoje, po e patëm pisk; nga zori, nga e keqja; **if/when it comes to the push** në çastin kritik. 4.*usht* mësymje, sulm; **make a push to...** hidhem në sulm drejt...

pushball['pushbo:l] *n* top i madh i rëndë(1,8 m); lojë me të shtyrë topi.

push-bike['pushbaik] *n Br* biçikletë.

push button *n* sumbull, buton.

push-button['pushbʌtën] *adj* me komandim automatik; **push-button controls** komandim automatik.

pushcart['pushka:t] *n* karrocë e lehtë që shtyhet me dorë.

push chair *n Br* karrocë fëmijësh.

pusher['pushë:] *n* 1.*zhrg* shpërndarës droge, shitës droge. 2.karierist, arrivist. 3.*av* avion me helikë prapa.

pushful ['pushful] *adj keq* 1. arrivist; i futur; që do të duket(person). 2.arrogante(sjellje).

pushing['pushing] *adj* 1.energjik, dinamik. 2..*keq* arrivist; i futur; që do të duket. 3.arrogante(sjellje).

pushover['pushouvë:] *n shih* **push-over**.

pushpin['pushpin] *n* gjilpërë me kokë, karficë.

push-pull circuit *n el* qark pushpull.

pushy['pushi] *adj shih* **pushful**.

pusillanimity[pju:së̈lë'nimëti] *n* frikë; ligështi.

pusillanimous [pju:së'lænëmës] *adj* frikaç, frikacak, zemërlepur.

puss I[pus] *n* 1.mace; **puss,puss!** pss,pss! 2.vajzë, çupë, miushe, zoçkë; **sly puss** koketë.

puss II[pus] *n zhrg* fytyrë, surrat; gojë.

pussy I ['pusi] *n, adj* -n 1. mace, mackë, maç. 2. push. 3.*zhrg* organi gjenital i femrës. 4.*zhrg* akti seksual.

-*adj* pushatak, tërë push.

pussycat['pusikæt] *n* 1.mace, mackë, maç.2.*amer gj.fol* zoçkë, miushkë.

pussyfoot ['pu:sifut] *v, n gj.fol* -*vi* 1. eci pa u ndier / në majë të gishtave. 2.*fig* tregohem i matur/i ndruajtur.

-*n* njeri tepër i matur.

pussyfooting['pu:sifuting] *adj* tepër i matur/i kujdesshëm/i ndruajtur.

pustular['pʌsçëlë:] *adj mjek* me puçrra të qelbëzuara.

pustulate[v 'pʌsçëleit] *adj* 'pʌsçëlit] *v,adj* -*vi* zë puçrra, mbushem me puçrra.

-*adj* me puçrra të qelbëzuara.

pustulation [pʌsçë'leishën] *n* puçërrzim, dalje puçrrash.

pustule ['pʌsçul, 'pʌstju:l] *n* puçërr; puçërr me qelb.

put[put] *v,n,adv* -*v* (put) 1.vë, vendos; **put sth on the table/beside the window/over there/in its proper place** vë diçka mbi tryezë/pranë dritares /atje/në vendin e vet; **put one's signature to sth** nënshkruaj diçka; **put money on a horse** vë para (bast) për një kalë; *fig* **she put all her energy into her career** ajo i vuri të gjitha forcat në shërbim të karierës së vet; *fig* **put one's confidence in sb/sth** i zë besë dikujt/diçkaje.2.hedh, shtie, fus; **put sugar in one's tea** i hedh sheqer çajit; **put coal on the fire** i hedh qymyr zjarrit; **put sb on to/off a team** fus dikë në ekip; heq dikë nga ekipi; *fig* **put sb in a mess** fus në bela dikë. 3. fus; ngul; **put one's finger right in sb's eye** i fus gishtin në sy dikujt; **put a bullet/a knife into sb** i ngul një plumb/thikën dikujt. 4.vë/bëj (dikë) të; shkaktoj; **put sb to some trouble** e vë në siklet dikë; i shkaktoj bezdi dikujt; **put sb to dig the garden** vë dikë të punojë kopështin. 5.(me parafjalë) : **put one accross/over sb** ia hedh dikujt; **put sb off his food/off his work** i pres oreksin dikujt; e lë pa punë dikë; **put sb against sb** ia kundërvë dikë dikujt; **put sb through an examination** e fus në provim dikë; **really put sb through it** e bëj dikë të kalojë një provë të vështirë.6.shpreh; them; paraqes(një argument etj); **as he would put it** po të përdorim fjalët e tij; siç do ta formulonte ai; **can you put it another way?** a mund ta shprehësh pak më ndryshe? **to put it bluntly** ta themi troç; **how would you put it in your language / in**

English? si do ta shprehje/përktheje këtë në anglisht/në gjuhën tënde? **it was put to me in no uncertain terms that...** ma bënë të qartë se...**I put it to you that...** unë them se...8.caktoj; vlerësoj; **put the loss at $10,000** e vlerësoj humbjen 10.000 dollarë; **I'd put her/her age at 50** unë do t'i jepja 50 vjeç. 9.*det* : **put into port** hyn në port(anija); **put to sea** del në det(anija).
-*n* hedhje.
-*adv* në vend, pa lëvizur; **stay put** nuk luaj vendit.
+**put about** a)*det* ndërron drejtim(anija); kthej (anijen); b)përhap(fjalë); c)shqetësoj, bezdis.
+**put across** a)përçoj, transmetoj(ide etj); b)afirmoj; **she can't put herself across** ajo nuk arrin ta nxjerrë veten në pah/ta afirmojë veten; c)interpretoj(një këngë); d)ia dal mbanë/në krye, përfundoj(një marrëveshje etj); **he tried to put it (ose one) across to me** ai u përpoq të ma punonte/të ma hidhte.
+**put apart** *fig* dalloj, veçoj(dikë nga të tjerët).
+**put around** nxjerr, përhap(një fjalë etj).
+**put aside** a)lë mënjanë; b)heq, largoj(dyshimet etj); c)vë mënjanë, lë rezervë, ruaj, kursej.
+**put away** a)heq; lë mënjanë; b)heq, largoj (dyshimet etj); c)*zhrg* përlaj(ushqim, pije); d)*zhrg* vras (një kafshë për t'ia sosur vuajtjet); e)mbyll(në çmendinë); rras(në burg); f)lë peng; g)*vjet* lë, ndaj(gruan,burrin).
+**put back** a)vë në vend, kthej ku ishte; b)vonoj, frenoj(zhvillimin etj); **this has put us back 5 years** kjo na la 5 vjet prapa; c)shtyj(afatin); d)ngadalësoj (prodhimin); e)kthej mbrapa(orën); *fig* : **you can't put the clock back** kohën nuk e kthen dot mbrapsht, nuk kthehesh dot mbrapa; f)*det* kthehet, hyn(anija në port).
+**put by** lë/vë mënjanë; ruaj(për më vonë).
+**put down** a)*av* ulet(avioni); ul(avionin); b)ul, lëshoj përdhe(një send, fëmijën); *fig* lëshoj nga dora(librin); **put me down at the corner over there** më zbrit(nga makina) aty te qoshja; c)mbyll (çadrën); ul(tendën); d)paguaj kapar, parapaguaj; derdh; e)shtyp, shuaj(revoltën); mbys (kritikën); i jap fund, heq(një zakon etj); f)*fig* i mbyll gojën (dikujt); g)injoroj; përul(dikë); h)shënoj; shkruaj; regjistroj; **I'll put you down for the next vacancy** do të ta vë emrin në listë për ndonjë vend që mund të lirohet; i)atribuoj, quaj si shkak; **he puts it all down to the fact that...** ai e shpjegon gjithë këtë punë me faktin se...j)quaj, konsideroj; **put sb down as a complete fool/as about fifty** e konsideroj dikë krejt hajvan; i jap si nja 50 vjet dikujt; k)*Br* vras, i jap fund(për ta shpëtuar nga vuajtjet).
   put-down['put'daun] *n* injorim; përulje; denigrim.
+**put forth** a)nxjerr, lëshon(gjethe, rrënjë); b)zgjas (dorën); c)hedh(një ide); bëj(propozim, përpjekje); d)përhap(fjalë, lajme); e)nisem për(në det).
+**put forward** a)parashtroj; paraqes(një teori,

arsye); b)shpreh(mendim); propozoj(një plan); c)vë (kandidaturën); **put oneself/sb forward for the job** dal kandidat/propozoj dikë për vendin vakant/postin; d)avancoj(orarin, takimin); çoj përpara(orën).
+**put in** a)*det* ndalet(anija diku); strehohem; b)fus(diçka diku); c)fus, përfshij(një paragraf etj); d)paraqes(dokument, kërkesë etj); **put in for a loan** bëj kërkesë për hua/kredi; **drejt put in a plea** ngre një padi; e)propozoj(dikë për një punë);f)*pol* zgjedh; caktoj; g)harxhoj/i kushtoj(kohë); **I've put in a lot of time on it** kam harxhuar goxha kohë për këtë.
+**put in for** a)vë kandidaturën(për një post, vend pune); b)bëj kërkesë për(shtëpi, ngritje rroge).
+**put off** a)*det* ikën, niset, ngre spirancën(anija); **the ship put off for Italy** anija u nis për në Itali; b)shtyj, lë për më vonë(një punë etj); c)largoj, heq qafe; **put sb off with an excuse** largoj dikë duke gjetur një arsye; d)i heq dëshirën; i prish mendjen; **put sb off their food** ia heq dikujt dëshirën për të ngrënë; **she is not easily put off** asaj nuk ia pret dot lehtë vrullin; **the smell of this meal quite puts me off** era e kësaj pijeje ma pret oreksin krejt; e)heq (kapelën), zhvesh(palton); f)zbres(udhëtarin); g)fik, shuaj(dritën, radion).
+**put on** a)vesh(një rrobë); vë(kapelën); b)shtoj; **put on weight** shtoj në peshë; rris(shpejtësinë etj); c) marr(pamjen); hiqem/shtihem si;**he's just putting it on** e ka thjesht maskë; kërkon thjesht të hiqet sikur; d)gënjej, mashtroj; **you're only putting me on!** ti po ma hedh; e)organizoj; vë në skenë(shfaqje etj); f)shfaq(ndjenja); g)nxjerr, shërbej(ushqim); h)lidh (me dikë në telefon): **put me on to Mr...** me lidh me zotin.., më jep zotin..; i)ndez(radion, kaloriferin etj); j)mbaj(frena); k)çoj përpara(orën); l)vë bast; m)kallëzoj(në polici); n)rekomandoj, sugjeroj(një mjek etj); **Bill put me on to you** Billi më drejtoi te ti; **what put you on to it?** kush ta shtiu në mendje këtë punë?
   put-on['put'on] *adj,n* -*adj* i shtirë.
-*n* komedi, farsë; sajesë.
+**put out** a)*det* del, niset, largohet(anija); **put out from Vlora** largohet nga Vlora; b)nxjerr jashtë (karrigen, topin nga fusha); hedh, flak(sende); c)përzë, përjashtoj(dikë); d)*fig* heq, shkul(një mendim); e)*det* nxjerr në det; hedh në ujë(lundrën e re); f)zgjas (dorën); shtrin(rrënjët); g)shpërndaj(letrat, takëmet në tryezë etj); h)shuaj, fik(dritën, cigaren etj); i)ngatërroj, hutoj; bezdis, shqetësoj; ndërpres(dikë); j)nxjerr nga vendi(krahun, këmbën); k)botoj(një libër); publikoj(një lajm); bëj, lëshoj(thirrje, deklaratë); l)shpenzoj; m)jap hua, vë (para); **put $ 1000 at 10%** vë 1000 dollarë me 10%; n)përdor, shfrytëzoj.
+**put over** shih **put across**.
+**put through** a)përfundoj(marrëveshje); kryej(një

punë); ia dal mbanë; marr(vendim); arrij të miratoj(një propozim); b)realizoj(një lidhje telefonike); lidh; **put me through to Mr..**më lidh me zotin...

+**put together** a)vë bashkë; bashkoj; b)montoj; c) hartoj; kompozoj; d)sajoj; **she put together a good lunch** ajo arriti të sajonte një drekë të mirë; e)krijoj (një dosje me dokumente).

+**put up** a)(**at**) ndalem, vendosem, zë vend(në hotel); kaloj një natë(diku); b)(**for**)dal kandidat(për); c)ngre(dorën, flamurin, tendën, jakën); hap(çadrën); **put them up!** duart lart! d)vë, ngjis(afishe); var (diçka në mur); **put a ladder up against the wall** vë shkallën te muri; e)ngre, ndërtoj; f)lëshoj (raketë); g)rris, shtoj, ngre(taksat, çmimet, kërkesat); h)paraqes, bëj(propozim, rezistencë); propozoj(si kandidat); **put sth up for sale/auction** nxjerr diçka në shitje/në ankand; i)siguroj(fonde); ofroj (shpërblim); financoj, vë(para); **how much can you put up?** sa mund të vësh? j)përgatis(ilaçe, senduiçe); rezervoj, ambalazhoj; k)strehoj, i siguroj dhomë (dikujt në hotel); l)nxis, shtyj(dikë); m)vë në dijeni/në korent(të diçkaje); n)*gj.fol* kurdis(një kurth etj).

put-up['putʌp] *adj* i sajuar, i kurdisur.

+**put upon** shfrytëzoj; i bie në qafë; **he is put upon** atë e shfrytëzojnë, përfitojnë nga mirësjellja e tij.

+**put up with** duroj, pajtohem me; **he has a lot to put up with** ai ka një mal me telashe.

putative['pju:tëtiv] *adj* i supozuar, i hamendsuar, i quajtur si i tillë.

putdown ['putdaun] *n gj.fol* 1.injorim, përçmim(i dikujt). 2.përgjigje injoruese; shprehje përçmimi.

put-put ['pʌt'pʌt] *n,v* -*n* 1. bëp-bëp, përr-përr (zhurmë motori të lehtë).2.motobarkë, motoçikletë. 3.motor i vockël.

-*vi* punon me motor të vockël; bën përr-përr.

putrefaction [pju:trë'fækshën] *n* kalbje, kalbëzim;prishje.

putrefy['pju:trëfai] *vi* kalbet, kalbëzohet, dekompozohet; prishet.

putrescence[pju:'tresëns] *n* gjendje kalbëzimi.

putrescent[pju:'tresënt] *adj* në kalbje, duke u prishur.

putrid['pju:trid] *adj* 1.i kalbur; i prishur; i qelbur. 2.*fig* i kalbur, i prishur, i zvetënuar; i neveritshëm..

putridity[pju:'tridëti] *n* 1.gjendje kalbëzimi; kalbëzim. 2.kalbësirë, gjë e kalbur.

putsch[puç] *n pol* puç, grusht shteti.

putt[pʌt] *n,v sport* -*n* gjuajtje e lehtë(në golf).

-*v* godas lehtë(topin e golfit).

puttee['pʌti, pʌ'ti:] *n* 1.dollakë. 2.kambale.

putter I['pʌtë:] *vi* vij rrotull, merrem nga pak me punë(shih edhe **potter**).

putter II['pʌtë:] *n* 1.lojtar golfi. 2.stap golfi.

putting green *n sport* pjesë e fundit e terrenit të

golfit(afër gropës).

putty['pʌti] *n,v* -*n* 1.stuko. 2.bojëhiri e çelët.

-*vt* stukoj.

putty knife *n* thikë xhamaxhiu.

puzzle['pʌzël] *n,v* -*n* 1.enigmë, mister; **she is a real puzzle to me** ajo është krejt mister për mua. 2.mëdyshje, pasiguri; **I'm in a puzzle about what to do** nuk di fare si të bëj. 3.gjëzë, gjë-a-gjëzë; rebus; fjalëkryq; **puzzle book** libër lojërash. 4.problem i vështirë.

-*v* 1.hutoj; **I'm puzzled to know why** nuk arrij të kuptoj për ç'arsye. 2.lë në mëdyshje / pasiguri; **I'm puzzled about what to say** nuk di ç'të them.3.(**over**, **about**) vras mendjen(për të kuptuar).

+**puzzle out** a)zgjidh(një problem); sqaroj(një mister); zbërthej, deshifroj(një shkrim); b)gjej, zbuloj (zgjidhjen, përgjigjen); c)kuptoj(sjelljen, veprimin e dikujt).

puzzled ['pʌzëld] *adj* i hutuar; në mëdyshje, në pasiguri.

puzzlement[pʌzëlmënt] *n* hutim.

puzzler['pʌzlë:] *n* enigmë; problem i vështirë, *fig* arrë e fortë.

puzzling['pʌzling] *adj* i çuditshëm, i pashpjegueshëm; i mistershëm(veprim, mekanizëm).

PVC[pi:vi:'si:] *n kim* polivinilklorid, PVC.

PW[pi:'dablju:] *n amer usht* rob lufte(shkurtim i **prisoner of war**).

p.w. (shkurtim i **per week**) në javë.

PX [pi:'eks] *n amer usht* (shkurtim i **post exchange**) dyqan për ushtarakët, dyqan reparti.

pygmy['pigmi] *n,adj* -*n* 1.pigmé. 2.*fig* xhuxh, shkurtabiq, shkurtalaq; piskuriq.

-*adj* xhuxh, shkurtalaq, rrumaduc.

pyjamas, pajamas [pë'xhæmëz, pë'xha:mëz] *n* 1.pizhama.2.çitjane.

pylon['pailon] *n* 1.*av* kullë drejtimi. 2.shtyllë e tensionit të lartë. 3.këmbë ure. 4.portik.

pylorus[pai'lo:rës] *n anat* pilor, portë e stomakut.

pyorrh(o)ea [pajë'rië] *n mjek* piorré, qelbëzim i mishrave të dhëmbëve.

pyramid['pirëmid] *n,v* -*n gjeom* piramidë.

-*v* 1.formoj/formon piramidë. 2.ngre/rris(pagat etj) gradualisht. 3.*amer fin* shtoj(operacionet financiare); **to pyramid winnings** shumëfishoj paratë, spekuloj duke riinvestuar fitimet e realizuara.

pyramidal[pë'ræmëdël] *adj* piramidor, piramidal.

pyre[pajë:] *n* turrë e druve(për djegien e heretikëve etj); turrë (drush etj).

Pyrex['paireks] *n* pireks, qelq zjarrdurues.

pyretic[pai'retik] *adj mjek* piretik, i etheve; etheshkaktues; me ethe.

pyrite['pairait] *n min* pirit, sulfur hekuri.

pyrites[pai'raiti:z, 'pairaits] *n kim* sulfure.

pyro-['pajërou] *pref* piro-, zjarr-.

pyrography[pai'rogrëfi] *n* pirografi, vizatim me djegie(në dru etj).

pyrohy[perou'hei, pirou'hei] *npl* byreçka.

pyromania[pajrë'meinië] *n mjek* piromani, mani e zjarrvënies.

pyromaniac [pajrë'meiniæk] *n* piroman, maniak zjarrvënës.

pyrotechnic [pajrë'teknik] *adj,n* -*adj* piroteknik, fishekzjarresh; **pyrotechnic display** fishekzjarre.

-*n* -**s** 1.piroteknikë. 2.fishekzjarre. 3.*fig* shfaqje e bujshme.

Pyrrhic victory *n* fitore e kushtueshme, fitore (si) e Pirros.

python['paithon, 'paithën] *n zool* piton(gjarpër).

pythoness ['paithënis] *n* 1. *mit* orakulle e Delfit. 2.profete; falltare.

pyx[piks] *n* 1.*fet* arkë e bukës së kungimit.2.arkë e mostrave të monedhave.

Q

q,Q[kju:] *n* q, shkronja e 17-të e alfabetit anglez.

q. shkurtim për **quart; quarterly.**

Q. shkurtim për **Queen; question; quarterly.**

Q.C.[kju:'si:] *n Br* drejt (shkurtim për **Queen's Counsel**) avokat i Kurorës.

Q.E.D.[kju:i;'di:] *mat* Ç.D.V., "çfarë deshëm të vërtetonim".

qintar[kin'ta:r] *n* qindarkë, 1/100 Lek..

Q.M., QM shkurtim për **quartermaster**.

q.t.[kju:'ti:] *n zhrg* (shkurtim për **quiet**) i heshtur; **on the q.t.** në qetësi, në heshtje, pa u ndier; në fshehtësi të madhe.

qua[kwei, kwa:] *adv* si; në cilësinë e.

quack I[kwæk] *n,v* -*n* ga-ga; gagaritje.

-*vi* gagarit(rosa, foshnja).

quack II[kwæk] *n, adj* -*n* 1. mjek sharlatan, xherah. 2.mashtrues, sharlatan.

-*adj* 1.sharlatanësh. 2.i rremë, i sajuar.

quackery['kwækëri] *n* sharlatanizëm; mashtrim.

quad I[kwod] *n Br* oborr i brendshëm(kolegji etj).

quad II[kwod] *n gj.fol* katërshe.

quad III[kwod] *n polig* kuadrat, spacio e gjerë.

quad IV [kwod] *adj,n gj.fol el* katërfonik; katërfoni.

quadrangle['kwodrængël] *n* 1. *mat* katërkëndësh. 2.oborr i brendshëm. 3.ndërtesa që mbyllin një oborr të brendshëm.

quadrangular[kwod'rængiulë:] *adj mat* katërkëndësh, katërkëndor.

quadrant['kwodrënt] *n* 1.çerekrrethi, kuadrant.2.

astr,det kuadrant, lartësimatës.

quadraphonics, quadrophony [kwodrë'foniks, kwod'ræfëni] *n el* katërfoni.

quadrat['kwodrët] *n polig* kuadrat, spacio e gjerë.

quadrate [*adj, n* 'kwodrit; *v* 'kwodreit] *adj, n, v* -*adj* katror; drejtkëndor.

-*n* katror; drejtkëndësh.

-*vi* merrem vesh, bie në ujdi.

quadratic[kwod'rætik] *adj,n mat* -*adj* në katror; i gradës/shkallës së dytë.

-*n* ekuacion i gradës së dytë.

quadrature['kwodrë'çuë:, 'kwodrëçë:] *n* 1.kuadrim; vënie në skuadër. 2.*mat* gjetje e sipërfaqes, kuadraturë.

quadrennial [kwod'reniël] *adj* 1. i përkatërvjetshëm. 2.katërvjeçar; për katër vjet.

quadrennially[kwod'reniëli] *adv* çdo katër vjet.

quadrilateral [kwodrë'lætërël] *adj,n mat* katërbrinjësh.

quadrille[kwë'dril] *n* kadril(vallëzim).

quadrillion[kwod'riliën] *n* kadrilion(= 10 në fuqi 15 në SHBA, Kanada, Francë; = 10 në fuqi 24 në Angli, Gjermani).

quadroon[kwod'ru:n] *n* metis me ¼ gjak afrikan.

quadruped ['kwodrëped] *n, adj zool* katërkëmbësh.

quadruple['kwodrëpël, kwod'ru:pël] *adj,adv,n,v* -*adj* 1.i katërfishtë, katërfish.2.katërpalësh.3.katërpjesësh.

quadruplet

-*adv* katërfish; katër herë më shumë.

-*n* katërfish.

-*v* 1.katërfishoj. 2.katërfishohet.

quadruplet[kwod'ru:plit, 'kwodrëplit] *n* 1.katërnjak. 2.katërshe.

quadruplex ['kwodrëpleks] *adj* katërfish; i katërfishtë.

quadruplicate[*adj, n* kwod'ru:plëkit; *v* kwod'ru:plëkeit] *adj,n,v* -*adj* katërfish.

-*n* kopje e katërt, një ndër katër kopjet.

-*vt* katërfishoj.

quadruplication [kwodru:plë'keishën] *n* 1.katërfishim. 2.katërfish.

quaestor ['kwestë:, 'kwi:stë] *n* 1.*hist* kuestor, ruajtës i thesarit të shtetit. 2.kuestor; prokuror.

quaff[kwof, kwæf] *v,n* -*vi* shklluq, pi me fund.

-*n* shklluqje.

quag[kwæg, kwog] *n* baltinë, baltovinë; moçalishtë.

quagmire ['kwægmajë:] *n* 1. baltinë, baltovinë; moçalishtë. 2.*fig* llum; batak.

quail I[kweil] *n zool* shkurtë.

quail II[kweil] *vi* trembem, frikësohem, ligështohem; **her heart/spirit quailed** e la guximi.

quaint [kweint] *adj* 1. i çuditshëm, origjinal, më vete, allosoj. 2.piktoresk..

quake [kweik] *v,n* -*vi* dridhem (**with** nga); **she was quaking** ajo dridhej e tëra.

-*n* tërmet(shkurtim i **earthquake**).

Quaker['kweikë:] *n* kuaker(ithtar i një sekti protestant).

qualification[kwolëfë'keishën] *n* 1.aftësi, kompetencë; kualifikim; **we doubt her qualification to teach music** nuk na duket se është në gjendje të japë mësime muzike. 2.*pl* diploma, tituj; liçensë, dëshmi; kërkesa (për një vend pune); **what are your qualifications?** çfarë formimi ke?; çfarë diplomash /dëshmish profesionale ke? **paper/formal qualifications** diploma; tituj; dëshmi kualifikimi profesional. 3.kufizim, kusht, rezervë; **accept a plan with qualifications** e pranoj një plan me rezervë/me disa kushte/kufizime. 4.*gram* cilësim.

qualified['kwolëfaid] *adj* 1.i aftë, kompetent, i kualifikuar; me diplomë; me dëshmi aftësie; i lejuar, që ka të drejtë të; **she was not qualified for that job** ajo nuk i përmbushte kushtet/kërkesat për atë punë; **they are not qualified to vote** ata nuk e kanë të drejtën për të votuar. 2.i kushtëzuar; me rezervë; **it was a qualified success** ishte një sukses i pjesshëm; **qualified praise** vlerësim pozitiv me njëfarë rezerve. 3.i modifikuar, i zbutur.

qualifier['kwolëfajë:] *n gram* cilësor.

qualify['kwolëfai] *v* 1.aftësoj, i jap aftësi/mundësi; kualifikoj; lejoj, autorizoj; **qualify sb to do sth/for sth** aftësoj dikë për të bërë diçka/për diçka. 2.mo-

difikoj; zbus(qëndrimin); vë një rezervë; vë kusht, kufizoj; nuancoj; **you should qualify that remark** duhet ta zbutësh pak atë vërejtje. 3.përshkruaj; cilësoj(edhe *gram*); **he hardly qualifies as a poet** atë zor se mund ta quash poet. 4.diplomohem; siguroj / kam titujt (dëshmitë) e duhur(a); **qualify for a job** përmbush kërkesat për një punë. 5.*sport* kualifikohet(skuadra). 6.*drejt* bën të aftë; jep fuqi ligjore.

qualifying ['kwolëfajing] *adj* 1.kaluese(notë). 2.pranimi(test, provim). 3.*sport* kualifikimi; **qualifying heat** eliminatore, ndeshje kualifikimi.4. *drejt* prove, stazhi(periudhë). 5.*fin* : **qualifying shares** aksione garancie. 6.*gram* cilësues, cilësor.

qualitative ['kwolëtëtiv] *adj* cilësor; cilësie; **qualitative analysis** *kim* analizë cilësore.

qualitatively['kwolëtëtivli] *adv* cilësisht, si cilësi, nga ana cilësore.

quality['kwolëti] *n* 1.cilësi, kualitet; **of good/high /the best quality** i një cilësie të mirë/të lartë; i cilësisë më të lartë; **of poor/bad/low quality** i një cilësie të dobët/ të keqe/të ulët; **this wine has quality** kjo është verë me kualitet; **quality control** kontroll i cilësisë. 2.veti, cilësi; dhunti; **she has real quality** ajo ka klas; **artistic qualities** dhunti artistike.3.karakter, natyrë; pozitë; **in the quality of a lawyer** në cilësinë e avokatit, si avokat. 4.rang shoqëror; pozitë e lartë. 5.njerëz të rangut (të lartë). 6.*attr* i cilësisë së lartë; i mirë; **the quality papers** shtypi serioz.

qualm[kwom, kwa:m] *n* 1.brejtje (e ndërgjegjes; skrupuj(moralë); **do sth without a qualm** bëj diçka pa më vrarë fare ndërgjegja. 2.shqetësim; dyshim, pasiguri; ndruajtje; ngurrim; **she had some qualms about his future** ajo kishte njëfarë pasigurie për të ardhmen e tij. 3.të përzier, trazirë(stomaku).

qualmish ['kwomish, 'kwa:mish] *adj* 1. i shqetësuar; i pasigurt. 2.në luftë me ndërgjegjen. 3.me përziera, me stomak të prishur.

quandary ['kwond(ë)ri] *n* vështirësi; mëdyshje, dilemë; **be in a quandary about/as to/over what to do** nuk di si të bëj.

quanta['kwontë] *n, pl* i **quantum**.

quantify['kwontëfai] *vt* përcaktoj sasinë, vlerësoj nga ana sasiore.

quantitative['kwontëteitiv, 'kwontitëtiv] *adj* 1.sasior; **quantitative analysis** analizë sasiore. 2.i matshëm.

quantity['kwontëti] *n* 1.sasi.2.sasi e madhe; shumicë; **buy flour in quantity** blej miell në sasi të madhe; **books in quantity** libra me shumicë. 3.*fiz, mat* madhësi.

quantity surveyor *n ndërt* gjeometër; preventivues.

quantum['kwontëm] *n pl* **quanta** *fiz* kuant.

quantum leap/jump *n* 1.*fiz* kërcim(i elektronit) në një nivel të ri energjitik. 2.*fig* hop(në teknologji).

quantum mechanics *n fiz* mekanikë kuantike.

quantum number *n fiz* numër kuantik.

quantum theory *n fiz* teori e kuanteve.

quarantine ['kwoːrëntiːn] *n ,v -n* karantinë; **in quarantine** në karantinë.

-vt vë/mbaj në karantinë.

quark[kwaːk] *n fiz* kuark.

quarrel I['kworël] *n,v -n* 1.grindje, zënie; sherr; prishje; **start/pick a quarrel with sb** hap sherr me dikë. 2. *fig* kundërshtim, mospranim; **I have no quarrel with you** s'kam ndonjë gjë me ty/kundër teje.

-vi hahem; grindem, zihem; prishem(**with sb, over/about sth** me dikë, për diçka). 2.*fig* jam kundër, nuk pranoj, nuk pëlqej; **I cannot quarrel with that** s'kam ç'them për këtë.

quarrel II ['kworël] *n* 1. shigjetë. 2.copë xhami rombike(për dritare). 3.daltë gurgdhendësi.

quarrelling, *amer* **quarreling** ['kworëling] *n,adj -n* grindje, zënkë; shamatë.

-adj që grinden.

quarrelsome ['kworëlsëm] *adj* sherret, grindës, gërnjar, shamatar.

quarrier['kworiëː] *n* punëtor guroreje.

quarry I['kwoːri] *n,v -n* gurore.

-v 1.nxjerr gurë. 2.shfrytëzoj(një gurore).

quarry II['kwori] *n* pre; gjah; *fig* **the detectives lost their quarry** policët i humbën gjurmat e atij që ndiqnin.

quarryman['kworimën] *n* punëtor guroreje.

quarry tile *n* pllakë guri; **quarry-tiled floor** dysheme e shtruar me pllaka guri.

quart[kwoːt] *n* kuart, çerek galloni(*Br* = 1,136 l; *amer* = 0,946 l).

quartan['kwoːtën] *adj,n -adj* i përkatërditshëm.

-n ethe periodike(që përsëritet çdo të katërtën ditë).

quarter['kwoːtëː] *n,v -n* 1.çerek, një e katërt; **a quarter full/empty** e mbushur deri në çerek/deri në treçerek; **for (a) quarter (of) the price** për çerekun e çmimit. 2.çerek ore; **a quarter to 3,** *amer* **a quarter of 3** 3 pa (një) çerek; **a quarter past 5,** *amer* **a quarter after 5** 5 e një çerek. 3.tremujor, trimestër; **pay by the quarter** paguaj me këste tremujore. 4.*amer, knd* çerek dollari, 25 centë. 5. (peshë) kuortër(*Br* = 28 funt, ose 12,7 kg; *amer* 25 paund, ose 11,34 kg). 6.drejtim, anë; **in what quarters is the wind?** nga fryn era? *det* **on the port/starboard quarter** nga ana e majtë /e djathtë(e anijes); **from all quarters** nga të katër anët; **at close quarters** nga afër. 7.*fig* vend; **report sth to the proper quarters** njoftoj(për)diçka aty ku duhet; **in responsible quarters** te personat e auto-

rizuar. 8.lagje. 9.*pl* banesë; shtëpi; *usht* kazermë; (strehim i përkohshëm) kamp; **we're living in very cramped quarters** jemi shumë ngushtë me shtëpi. 10.mëshirë; falje; **cry/give quarter** lyp mëshirë; jap falje. 11.*muz* notë ¼. 12. *sport* çereklojë.

-v 1.ndaj katërsh. 2.strehoj, vë, vendos. 3.rri; jetoj (diku). 4.çaj/copëtoj në katërsh(qingjin etj).

quarterback ['kwoːtëːbæk] *n, v amer sport -n* qendërmbrojtës, organizator loje.

-v 1.organizoj lojën. 2.*fig* drejtoj.

quarter day *n adm* ditë e parë e tremujorit.

quarterdeck['kwoːtëːdek] *n det* kuvertë e pasme; kuvertë e oficerëve.

quartered['kwoːtëːd] *adj* 1.i ndarë më katërsh/në çerekë. 2.me dhoma, me kthina banimi. 3.i sharruar së gjati në katërsh(trung).

quarter final *n sport* çerekfinale.

quarter-hour['kwoːtëː'auë:] *n* çerek ore; çerek (në fushë të sahatit).

quartering ['kwoːtëring] *n* 1.ndarje në katërsh. 2.*usht* kazermim; strehim, ndarje (e ushtarëve) nëpër baraka etj.

quarter light *n aut* xham i vogël anësor (për qarkullimin e ajrit).

quarterly['kwoːtëːli] *adj,adv,n -adj* tremujor, i tremuajshëm, trimestral.

-adv çdo tre muaj, një herë në tremujor.

-n botim tremujor.

quartermaster ['kwoːtëːmaːstëː] *n* 1. *usht* intendent; shkrues. 2.*det* timonier.

quarter mile *n sport* vrapim çerek milje (400 - metërsh).

quartern ['kwoːtëːn] *n* 1.çerek. 2.*Br* çerek pinte (= 0,142 l).

quarter note *n muz* notë çerekëshe.

quartersaw ['kwoːtëːsoː] *vt* sharroj (trungun) në katërsh(së gjati).

quarter section *n* ngastër katrore rreth 65 ha.

quarter sessions *n drejt* 1.seanca tremujore. 2. gjyq i instancës së lartë.

quarter window *n amer aut* xham i vogël anësor (shih edhe **quarter light**).

quartet(te)['kwoːtet] *n muz* kuartet; katërshe(njerëzish).

quarto ['kwoːtou] *n polig* 1.faqe çerekëshe, format çerek tabaku. 2. libër me format çerek tabaku.

quartz[kwoːc] *n min* kuarc.

quartzite['kwoːcait] *n min* shkëmb kuarcor.

quasar['kweisaː, 'kweizaː] *n astr* kuazar.

quash I[kwosh] *vt* 1.prish, anuloj, shfuqizoj(një vendim etj). 2.hedh poshtë(propozimin).

quash II [kwosh] *vt* shtyp, shuaj (protestën, kryengritjen etj).

quasi ['kwaːzi] *adj, adv -adj* 1.në dukje, jo i vërtetë. 2.gjysmak.

-adv 1.gjoja; jo tamam. 2.pjesërisht; disi; pothuaj, gati.

quasi- ['kwa:zi] *pref* gati-, pothuaj-; **quasimarriage** gati-martesë.

quaternary[kwë'teë:nëri] *adj,n* -adj gjeol,kim, mat katërsor.

-n 1.katërshe; katër. 2.*gjeol* Q- Katërsor, Kuaternar.

quatrain['kwotrein] *n* strofë, poezi katërvargëshe.

quatrefoil['kætë:foil, 'kætrëfoil] *n* katërfletësh..

quaver['kweivë:] *v,n* -v 1.dridhet(zëri). 2.këndoj /them me zë të dredhur.

-n 1.dridhje zëri. 2.*muz* notë tetëshe.

quavering['kweivëring] *adj,n* -adj i dredhur; **in a quavering voice** me zë të dredhur.

-n dridhje.

quaveringly['kweivëringli] *adv* me zë të dredhur.

quavery['kweivëri] *adj* shih **quavering** *adj*.

quay[ki:] *n* skelë; mol, kalatë; **at/alongside the quay side** në mol.

quean[kwi:n] *n*1.*vjet* femër e pacipë.2.grua e përdalë; kurvë. 3.*zhrg* mashkull-femër, homo.

queasiness ['kwi:zinis] *n* të përzier, trazirë (stomaku).

queasy['kwi:zi] *adj* 1.që të jep të përzier(ushqim). 2.i trazuar(stomak). 3.delikat nga stomaku(njeri); gati për të vjellë; **be/feel queasy** më vjen për të vjellë. **+ have got a queasy conscience** s'e kam ndërgjegjen të pastër.

Quebec[kwi'bek] *n gjeog* 1.Kebék.2.*attr* kebékas; **Quebec French** frengjishte e Kebekut, kebekuá.

Quebec(k)er[kwi'bekë:] *n* kebékas, banor i Kebekut.

Quebecois[kebe'kwa] *n* kebékas.

queen[kwi:n] *n,v* -n 1.mbretëreshë(edhe *fig*); **she was queen to** James II ajo ishte gruaja e Xhejmsit II; *iron* **Queen Anne's dead!** lëre se na çudite! *drejt* **turn Queen's evidence** dëshmoj kundër bashkëpunëtorëve të mi. 2.amë, matkë, parëz (e bletëve). 3.(shah) mbretëreshë, damë. 4.(letra) damë, çupë. 5.*zhrg* mashkull-femër, homoseksual, pederast pasiv, homo.

-vt 1.sillem si mbretëreshë; **to queen it** mbahem me të madh; **to queen it over sb** trajtoj dikë nga lart poshtë.

queen bee *n* shih **queen** 2.

queen consort *n* mbretëreshë, grua e sovranit.

queendom['kwi:ndëm] *n* 1.mbretëri.2.rang mbretëreshe.

queen dowager *n* mbretëreshë e ve.

queen mother *n* nënë mbretëreshë.

queenly['kwi:nli] *ad,adv* -adj (prej) mbretëreshe.

-adv si mbretëreshë; si prej mbretëreshe.

queen post *n ndërt* trerë të shkurtër vertikalë të çatisë.

queen regent *n* 1.mbretëreshë regjente. 2.mbretëreshë.

Queen's Bench *n Br drejt* Gjykata e Lartë.

Queen's Counsel *n Br drejt* avokat i Kurorës.

Queen's highway *n* rrugë publike.

queer [kwië:] *adj,v,n* -adj 1.i çuditshëm; i veçantë; **a queer fellow** tip i çuditshëm; **a queer customer** *përb* tip më vete. 2. *gj.fol* i krisur; allosoj; **queer in the head** *fig* i krisur; me një dërrasë mangët. 3.*gj.fol* i dyshimtë, jo fort në rregull; **there's something queer going on here** këtu ka diçka të dyshimtë.4.*zhrg* i rremë, fals, kallp; pa vlerë; **queer money** para kallpe. 5.jo mirë, pa qejf, i pamundur; **feel queer** nuk ndihem fort mirë. 6.*Br zhrg* homoseksual, homo. **+ be queer for sth** *amer fig* jam i marrosur pas diçkaje, bëj si i marrë për diçka.

-vt *zhrg* prish, katranos; **queer sb's pitch** i bëj hatanë dikujt, ia çoj në dreq gjithçka dikujt.

-n 1.*gj.fol* njeri i çuditshëm; tip allosoj. 2.*përb* pederast, homo; lesbike.

queer-bashing['kwië:'bæshing] *n* mësymje kundër homoseksualëve.

queerly ['kwië:li] *adv* në mënyrë të veçantë / të çuditshme.

queerness['kwië:nis] *n* veçanësi, të qenët i çuditshëm.

queer-sounding ['kwië:'saunding] *adj* i çuditshëm(emër etj).

quell[kwel] *vt* 1.shtyp, shuaj(kryengritjen etj). 2. i jap fund(dyshimit); mposht(frikën). 3.*fig* dërrmoj, shpartalloj(dikë me vështrim etj).

quench[kwenç. *vt* 1.shuaj(zjarrin, etjen). 2.kalis (çelikun). 3.*fig* mbys, ftoh(shpresat, entuziazmin).

quenchless ['kwençlis] *adj* i pashuehëm, i pashuar, që s'ka të shuar.

quern[kweë:n] *n* 1.mulli dore(për drithë).2.mulli piperi.

querulous['kwerëlës] *adj* 1.ankimtar; qaraman.2. idhnak, zemërak, gërnjar.

query ['kwiëri] *n,v* -n 1.pyetje. 2.dyshim, pikëpyetje; **this raises a query about...** kjo nxjerr një pikëpyetje në lidhje me...3.*gram* pikëpyetje.

-vt 1.pyes, bëj pyetje; **query whether** kërkoj të di nëse.2.i vë pikëpyetje, vë në dyshim; **I query that!** dyshoj fort për këtë!

quest[kwest] *n,v* -n 1.kërkim; **in quest of** në kërkim të; për të kërkuar. 2.objekt kërkimi.

-vi (for) kërkoj(për).

question ['kwesçën] *n,v* -n 1.pyetje; **ask sb a question, put a question to sb** i bëj një pyetje dikujt.2.dyshim; pikëpyetje; **beyond (all) question, without question, past question** pa (pikë) dyshim(i), pa fjalë; **there is no question but that this is much worse** s'ka kurrfarë dyshimi se kjo është shumë më e keqe. 3.çështje, problem, punë; **that's**

another question kjo është punë tjetër; **it is a question of time** është çështje kohe. 4.propozim. 5.votim; **put sth to the question** hedh në votë diçka. 6.hetim, marrje në pyetje. **+ beside the question** jashtë teme; **call in question** vë në dyshim; **in question** a)në fjalë, në diskutim(problemi etj); b)në dyshim, në pikëpyetje; **out of the question** i pamundur; që s'bëhet fjalë; -*vt* 1.pyes, i bëj pyetje(dikujt). 2.marr në pyetje; hetoj. 3.vë në dyshim; **question whether** dyshoj se.

questionable['kwesçënëbl] *adj* 1.i pasigurt, i diskutueshëm, i dyshimtë . 2.*fig* i dyshimtë, jo fort i ndershëm.

questionably['kwesçënëbli] *adv* në mënyrë të diskutueshme; me dyshim.

questioner ['kwesçënër] *n* 1. pyetës; njeri që të ndërpret me pyetje. 2.person që merr në pyetje.

questioning ['kwesçëning] *adj, n* - *adj* pyetës (vështrim). -*n* pyetje; marrje në pyetje.

question mark *n* pikëpyetje(edhe *fig*).

questionmaster ['kwesçën'ma:stë:] *n* drejtues i pyetjeve; *rad, tv* drejtues emisioni.

questionnaire[kwesçë'neë:] *n* anketë, pyetësor; formular(me pyetje).

question time *n pol* seancë pyetjesh (drejtuar ministrave në parlament).

queue[kju:] *n,v* -*n* 1.radhë; **stand in a line, form a line** rri në radhë, zë radhë, mbaj radhë; **ticket queue** radhë për bileta.2.gërshet, bishtalec (burrash). -*vi* (edhe -**up**) rri në radhë, zë/mbaj radhë; **they lined up for an hour** ndenjën një orë në radhë.

queue-jump ['kju:xhʌmp] *vi* nuk respektoj radhën, futem pa radhë.

quibble['kwibël] *n,v* 1.stërhollim, lojë me fjalë; bishtnim; **that's just a quibble** kësaj i thonë të luash me fjalë. 2.debat, ngrënie me fjalë. -*vi* stërholloj, luaj me fjalë; i bëj bisht(përgjigjes); merrem me çikërrima, bëj cic-mic.

quibbler['kwiblë:] *n* micgun.

quibbling['kwibling] *adj,n* -*adj* bishtnues; micgun. -*n* stërhollim, lojë me fjalë; bishtnim.

quick [kwik] *adj,n,adv* -*adj* 1.i shpejtë; i atypëratyshëm, i çastit, i menjëhershëm; **be quick!** shpejto!, nxito! **at a quick pace** me hap të shpejtë; **quick march!** *usht* para,marsh! **quick reply** përgjigje e menjëhershme; **be quick to take offense** fyhem për hiçgjë; **do you fancy a quick one?** e do një gotë?, pimë diçka? 2.i gjallë; i mprehtë; **a quick wit** mendje e mprehtë; **be quick in school** *gj.fol* jam zhivë me mësime; **have a quick eye/ear** kam sy /vesh të mprehtë. 3. i nxituar, i paduruar; **have a quick temper** marr zjarr menjëherë. 4.*vjet* i gjallë, që jeton. + **be quick with child** *vjet* është me barrë.

-*n* 1.*anat* mish(nën thonj); **bit one's nails down to the quick** brej thonjtë me dhëmbë gjer në mish. 2.*fig* sedër; pikë delikate; **cut /sting sb to the quick** prek në sedër/lëndoj dikë. 3.*vjet* i gjallë; **the quick and the dead** të gjallët dhe të vdekurit. -*adv* shpejt; vrik; **come quick!; quick, over here!** shpejt këtu! **as quick as lightning/as a flash** si rrufeja.

quick-acting ['kwik'ækting] *adj* me veprim të shpejtë(ilaç).

quick-assembly furniture *n* mobilje të montueshme.

quick bread *n* bukë/biskota me brumë që vjen në çast.

quicken['kwikën] *v* 1.shpejtoj(hapin); shpejtohet (pulsi); **the pace quickened** ritmi u shpejtua. 2.*fig* zgjoj, ngjall; zgjohet, ngjallet(interesi); nxis; nxitet; hap; hapet(oreksi).

quick-freeze['kwik'fri:z] *vt* fus(ushqimet) në ngrirje të shpejtë.

quickie['kwiki] *n gj.fol* 1.gjë e bërë shpejt-e-shpejt. 2.pyetje-rrufé. 3. gotë e kthyer rrëmbimthi. 4. *kin* dokumentar/film i shkurtër i xhiruar shpejt-e-shpejt.

quicklime['kwiklaim] *n* gëlqere e pashuar.

quickly ['kwikli] *adv* shpejt; vrik; me ngut; pa vonesë, në çast; **as quickly as you can** sa të mundesh me shpejt.

quick march! *n usht* për marshim, para!

quickness['kwiknis] *n* 1.shpejtësi. 2.mprehtësi(e mendjes, shikimit etj).

quicksand['kwiksænd] *n* rëra të lëvizshme; rërë thithëse.

quickset ['kwikset] *n* bimë (murriz etj) e mbjellë për gardh; gardh me bimë.

quick-setting['kwik'seting] *adj* me mpiksje/ngrirje të shpejtë (pelte, çimento).

quicksilver['kwiksilvë:] *n,adj* -*n* zhivë. -*adj fig* tepër i gjallë, zhivë(temperament).

quickstep['kwikstep] *n* 1. fokstrot (vallëzim). 2. hap i shpejtë; hap marshimi.

quick-tempered ['kwik'tempë:d] *adj* idhnak, zemërak, nevrik, çakmak.

quick time *n* ecje e shpejtë(rreth 5,5 km/orë).

quickwater['kwik'wotë:] *n* rrymë, pjesë lumi me rrymë.

quick-witted['kwik'witid] *adj* mendjehollë, mendjemprehtë; hazër-xhevap.

quid I[kwid] *n* duhan për të mbllaçitur; diçka që mbllaçitet.

quid II[kwid] *n Br zhrg* (lirë) sterlinë.

quidnunc ['kwidnʌnk] *n* llafazan; thashethemaxhi; tip që fut hundët kudo.

quid pro quo ['kwid'proukou] *lat* kompensim; **it's a quid pro quo (for)** është në këmbim të, është si kompensim(për), është në bazë reciprociteti.

quiescence[kwaj'esëns, 'kwiesëns] *n* qetësi; amulli; pasivitet.

quiescent[kwaj'esënt, 'kwiesënt] *adj* i qetë; i palëvizshëm; i amullt; pasiv.

quiet['kwajët] *adj,v,n,adv* -*adj* 1.i qetë, i palëvizshëm; **keep/stay quiet** rri i qetë; nuk luaj vendit. 2.i heshtur; **be/keep quiet!** rri urtë!, hesht!, pusho! 3.i ulët, i lehtë(zë, volum, kollë); **keep the radio quiet** ia ul zërin radios. 4.i urtë, i qetë(kalama); i butë, i shtruar(temperament). 5.e lehtë, e qetë(ngjyrë). 6.i qetë, i patrazuar; **lead a quiet life** bëj jetë të qetë; **sleep with a quiet mind** bëj gjumë të patrazuar. 7.i fshehtë; intim; i maskuar; **have a quiet wedding** martohem pa bujë; **keep it quiet** mbaje për vete, mos e bëj fjalë; **have a quiet word with sb** i kam nja dy fjalë me dikë.
-*v* 1.qetësoj; resht(foshnjën).2.qetësohem; pushon (era).
-*n* 1.qetësi; heshtje; **read in quiet** lexoj në qetësi. 2.fshehtësi; **on the quiet** në fshehtësi; pa bujë; në mirëbesim.
-*adv* qetë, qetësisht, në qetësi; heshturazi, në heshtje.
+quiet down a)qetësohet; pushon; resht; b)qetësoj; resht.

quieten['kwaitën] *vt* qetësoj; resht.
+quieten down qetësohet; pushon; resht.

quietly['kwajëtli] *adv* qetësisht; pa zhurmë; në heshtje, heshturazi; pa zë; pa bujë; në fshehtësi.

quietness['kwajëtnis] *n* shih **quietude**.

quietude['kwajëtju:d] *n* qetësi; heshtje; prehje.

quietus[kwa'ji:tës] *n* 1.fund, shuarje; heqje qafe; **give an ugly rumour its quietus** i jap fund një thashethemi të shëmtuar. 2.*fig* mbarim, fund, vdekje. 3.*drejt* shlyerje, larje(borxhi).

quiff[kwif] *n Br* (edhe ~ **of hair**) tufëz, cullufe; (në majë të kokës)xhufkë.

quill [kwil] *n* 1.pendë, pupël; kallam i puplës; pendë pate. 2.gjemb(iriqi).

quilt[kwilt] *n,v* -*n* 1.jorgan.2.mbulesë krevati e trashë; velenxë.
-*vt* 1.mbush(me pambuk etj). 2.mbush me tegela; qep në formë nuskash.

quilted['kwiltid] *adj* 1.i mbushur(jorgan etj). 2. i qepur me tegela, me llokma.

quilting['kwilting] *n* 1.mbushje; qepje në formë nuskash. 2.material për mbushje.

quin[kwin] *n Br* shkurtim për **quintuplet**.

quince[kwins] *n* ftua; **quince jam** reçel ftoi.

quincentenary[kwin'sentinëri] *n* pesëqindvjetor.

quincunx['kwinkunks] *n* pesëshe në formë katrori(si pesa te guri i tavllës).

quinine[kwi'ni:n] *n* kininë.
quinine water *n* ujë i gazuar aromatik.

quinquennial[kwin'kweniël] *adj,n* -*adj* pesë-vjeçar.
-*n* pesëvjeçar; pesëvjetor.

quinquereme ['kwinkwëri:m] *n det hist* pesërremëshe.

quinsy['kwinzi:] *n mjek* angjinë, bajamet.

quint[kwint] *n gj.fol* shih **quintuplet**.

quintal['kæntël, 'kwintël] *n* 1.kuintal(=100 kg). 2. *knd* kuintal kanadez(= 50,8 kg peshë peshku; = 45,4 kg masë).

quintessence [kwin'tesëns] *n* kuintesencë; thelb (edhe *fig*).

quintessencial[kwintë'senshël] *adj* 1.thelbësor.2. i kulluar; i përkryer.

quintet(te)[kwin'tet] *n* 1.*muz* kuintet. 2.pesëshe; grup pesë vetësh.

quintillion[kwin'tiliën] *n* kuintilion(= 10 në fuqi 18 në SHBA, Kanada, Francë; = 10 në fuqi 30 në Britani, Gjermani, etj).

quintuple[kwin'tju:pël, 'kwintëpël] *adj,v,n* -*adj* 1.i pesëfishtë; pesësh, pesëpjesësh. 2.pesëfish.
-*v* pesëfishoj; pesëfishohet.
-*n* pesëfish.

quintuplet[kwin'tju:plit, 'kwintëplit] *n* 1.pesënjak, secili nga pesë fëmijët e lindur njëherësh. 2.pesëshe; grup pesë vetësh.

quip[kwip] *n,v* -*n* 1.batutë e mprehtë. 2.thumb, fjalë me thumb. 3.lojë fjalësh. 4.gjë e çuditshme.
-*v* 1.hedh batuta; hedh thumba. 2.bëj lojë fjalësh.

quire I[kwajë:] *n* 1.fashikull, 16-faqësh; **book in quires** libër në fashikuj. 2.një dorë fletësh(24-25 fije letre).

quire II[kwajë:] *n vjet* kor.

quirk[kweë:k] *n* 1.gjë e çuditshme; sjellje e çuditshme; *fig* tekë, trill, kapriçio; **it's just one of her quirks** është thjesht një nga "çudirat" e saj; **by a/by some quirk of fate** nga një tekë e fatit. 2.lajle-lule, shkrolë, bisht(gjatë shkrimit); sigël.

quirky['kweë:ki] *adj* 1.i çuditshëm, allosoj, tuhaf, më vete. 2.tekanjoz, me trille.

quirt[kweë:t] *n,v amer* -*n* kamzhik.
-*vt* fshikulloj, qëlloj me kamzhik.

quisling['kwizling] *n pol* kuisling, bashkëpunëtor me armikun.

quit[kwit] *v,adj* -*v* (**quit/quitted**) 1.ndaloj, ndalem; pushoj së(bëri diçka); **quit fooling!** mjaft me këto budallallëqe! **quit stalling!** *amer gj.fol* mos e zgjat më!, e bëre tërkuzë! 2.lë; ndërpres; braktis; (punën, shkollën); heq dorë(nga); **quit one's job** lë punën(për fare); jap dorëheqjen; **quit work** le /ndërpres punën; **quit smoking** lë duhanin; **he quits too easily** ai dorëzohet/e humbet kurajën shumë kollaj.3.iki, largohem(nga); **give a tenant notice to quit** i çoj njoftim qiramarrësit për t'u larguar. 4.shlyej, heq qafe(borxhin).
-*adj* (**of**) i çliruar (nga).

quitclaim['kwitkleim] *n,v* -*n* 1.heqje dorë nga kërkesa. 2.dokument dorëheqjeje(nga njö kërkesë). -*v* heq dorë nga kërkesa/pretendimi.

quite[kwait] *adv* 1.krejt, krejtësisht, plotësisht,fare, tërësisht; **quite so!** (edhe *iron*)ashtu, posi!; pikërisht!; krejt e vërtetë; **I can quite believe that...** e besoj plotësisht se...**I quite understand** e kuptoj fort mirë; **I don't quite see why...** nuk e marr vesh fare përse...**it isn't quite what I wanted** nuk është aspak ajo që doja unë; **that's not quite right** nuk është krejt e saktë. 2.vërtet, me të vërtetë; **she is quite a beauty** ajo është vërtet grua e bukur. 3.mjaft; disi; në njëfarë mase, njëfarësoj, deri diku; **quite good** jo fort i keq; çka, mirë; **quite a long time** një kohë mjaft e gjatë; **I quite like the idea** ideja më pëlqen njëfarësoj. + **quite a** a)mjaft, goxha; **quite a few/a lot** mjaft/goxha; b)*gj.fol* mjaft /goxha i mirë; alamet; **he's quite a guy** është goxha burrë/njeri/djalë! **that's quite a car you have** alamet veture kjo e jotja!

quits[kwits] *adj* barabar; fit e fit; i larë(me dikë); **be quits with sb** jam i larë/fit e fit me dikë. + **call it quits** i jap fund, e lë me aq; **we finally had to call it quits and go home** më në fund na u desh t'i jepnim fund(shetitjes etj) e të ktheheshim në shtëpi; **cry quits** e lëmë barazim, e quajmë fit e fit; i japim fund grindjes.

quittance['kwitëns] *n vjet fin* 1.kuitancë; dëftesë shlyerjeje borxhi/pagese. 2.pagesë; shlyerje; çlirim nga(borxhi, detyrimi).

quitter['kwitë:] *n gj.fol përb* frikash, lalash, njeri që të lë hijen.

quiver I['kwivë:] *v,n* -*vi* 1.dridhem; rreh (zemra); **quiver with fear** dridhem nga frika. -*n* dridhje; drithmë; rrahje.

quiver II['kwivë:] *n* farashë, kukurë, këllëf i shigjetave.

qui vive[ki:'vi:v] *n* përgjim; beft; **on the qui vive** në përgjim, në beft, në gatishmëri, veshngrehur; **qui vive?** kush kalon?

quixotic[kwik'sotik] *adj* 1.kalorësiak, bujar, vetëmohues. 2.vegimtar; donkishotesk.

quixotically[kwik'sotikëli] *adv* si donkishot, në një mënyrë donkishoteske/prej donkishoti.

quixotism['kwiksëtizm] *n* donkishotizëm.

quiz [kwiz] *n, v* -*n* 1.*rad, tv* konkurs radiofonik /televiziv.2.lojë me pyetje-përgjigje (në gazetë etj). 3.*amer* provim i shpejtë, test i shkurtër; pyetje-rrufé; **a quiz in history** test i shpejtë në histori. 4.*vjet* hokatar. -*vt* 1.pyes, mbys me pyetje. 2.*amer* i bëj një provim të shpejtë. 3.*vjet* tallem me, ngacmoj(dikë).

quiz kid *n amer* fëmijë i jashtëzakonshëm, fëmijë-çudi.

quizmaster['kwizmæstë:] *n rad,tv* drejtues konkursi.

quiz program(me) *n rad,tv* konkurs, lojë radiofonike/televizive.

quiz show *n* shih **quiz program(me)**.

quizzical['kwizëkël] *adj* 1.i çuditshëm; tuhaf. 2. i hutuar. 3. pyetës; shpotitës, qesëndisës, ironik; ngacmues; tallës; **a quizzical smile** buzëqeshje ironike.

quizzically['kwizikëli] *adv* 1.me tallje, me shpoti, me qesëndi. 2.hutueshëm, si i shushatur.

quod[kwod] *n Br zhrg* burg, birucë; **he has been in quod** ai ka qenë brenda.

quoin[kwoin] *n* 1. qoshe, qosh, cep (muri); gur qosheje. 2.pykë.

quoit[kwoit] *n* 1.rreth, unazë (hekuri, gome etj). 2.*pl* lojë me rrathë(që hidhen te një hu).

quondam['kwondæm] *adj* i dikurshëm, i një herë e një kohe.

Quonset hut['kwonsit hʌt] *n amer* barakë konset (barakë metalike cilindrike e parafabrikuar).

quorum ['kwo:rëm] *n adm* kuorum, numër i domosdoshëm anëtarësh; **we have not got a quorum** nuk plotësohet numri i nevojshëm i pjesëmarrësve.

quota['kwoutë] *n* 1.pjesë. 2.kuotë; sasi e caktuar; numër i lejuar; kontingjent(njerëzish).

quotable['kwoutëbël] *adj* i citueshëm; që vlen të citohet.

quotation[kwou'teishën] *n* 1.citim. 2.citat. 3.*fin* kurs. 4.*treg* vlerësim, caktim çmimi; çmim.

quotation marks *n gram* thonjëza; **open/close the quotation marks** hap/mbyll thonjëzat.

quote [kwout] *v,n* -*v* 1.citoj; **quote from the Bible** citoj nga Bibla.2.përmend; tregoj; i referohem; **quote sb as an example** sjell dikë si shembull; **don't cite me** mos më përmend mua, mos thuaj që ta thashë unë. 3.*treg* vë çmimin, caktoj një çmim; **quote a price on a home** caktoj një çmim për një shtëpi. 4.vë në thonjëza. -*n* 1.citat. 2.koment, deklaratë(për shtypin). 3. *pl* thonjëza.

quoth[kwouth] *v vjet* tha; **quoth he** tha ai.

quotidian[kwou'tidiën] *adj,n* -*adj* i përditshëm. -*n* ethe e përditshme/ditore.

quotient['kwoushënt] *n* 1.*mat* herës. 2.koeficient; **intelligence quotient** koeficient i zgjuarësisë, tregues i intelektit.

Quran[ku'ra:n, kë'ra:n] *n* Kuran.

q.v. shkurtim për **quod vide** *lat* (*të cilën shihe*) shih(filan fjalë).

R

r,R[aː, aë:, aːr] *n* r, shkronja e 18-të e alfabetit anglez; **the three R's** tri bazat e arsimit (**reading, writing, arithmetics**).

r shkurtim për: **ratio; radius; restricted:** *kin* a)*Br* shpërndarje e kufizuar(vetëm për klubet); b)*amer* i ndaluar(film) për moshat nën 17 vjeç; **right; river; resistance.**

r. shkurtim për: **railway; ruble; rupee; road; rare; residence; retired; ratio.**

R. shkurtim për: **River; Republican; Railway; Road; Rex**(*lat* për mbret, mbretëreshë); **Radical.**

Ra[raː] *n* 1.*mit* perëndia Ra, perëndia Diell(për e-gjiptianët e lashtë). 2.*kim* Radium(element).

R.A.[aːr'ei] *n* shkurtim për: *Br* **Royal Academy; Royal Academician** akademik, anëtar i Akademisë Mbretërore; **rear-admiral.**

R.A.A.F.[aːrejej'ef] *n* shkurtim për **Royal Australian Air Force.**

rabbet['ræbit] *n,v* -*n* 1.kanal, kllapë(në dru). 2.lidhje me kllapë.
-*vt* 1.pres në formë kllape. 2.lidh me kllapë.

rabbi['ræbai] *n* rabin, prift çifut.

rabbit['ræbit] *n,v* -*n* 1.*zool* lepur; **wild rabbit** lepur i egër. 2.mish lepuri; gëzof lepuri. 3.*fig gj.fol* xhore, tapë; *sport* lojtar i dobët.
-*vi* 1.gjuaj për lepuj; **go rabbiting** dal për lepur. 2. *Br* (~ **on; go ~ ing on**) llomotis, s'pushoj së foluri (për); **rabbit on about** e tjerr fort gjatë, s'kam të mbaruar.

rabbit burrow, rabbit hole *n* strofull lepuri.

rabbit ears *n amer* antenë "veshë lepuri", antenë e brendshme në formë V-je.

rabbit hutch *n* kafaz lepujsh.

rabbit punch *n sport* goditje në zverk(në boks).

rabbit warren *n* 1.pyll me lepuj. 2.*fig* labirint.

rabble ['ræbël] *n* 1.turmë e rrëmujshme. 2.*përb* **the rabble** turma, vulgu.

rabble-rouser['ræbëlrauzë:] *n* element turbullues, demagog.

rabid['ræbid] *adj* 1.*mjek* i tërbuar. 2.*fig* i shfrenuar, i tërbuar; fanatik; i egër, i papërmbajtur(inat).

rabidly['ræbidli] *adv* me tërbim; si i tërbuar; me fanatizëm.

rabies['reibi:z] *n mjek* tërbim, hidrofobi.

rac(c)oon[rë'kuːn] *n zool* rakun (lloj brejtësi si mi).

race I[reis] *n,v* -*n* 1.*sport* garë(vrapimi, shpejtë-

sie); **the races** vrapimet me kuaj; **the arms race** gara e armatimeve; **400-metres race** vrapim 400 metërsh, katërqindësh. 2.rrymë uji. 3.kanal(uji); *tek* kanal, ulluk.4.*fig* ecje, rrjedhë.
-*v* 1.bëj garë, hahem me; **race against sb** bëj garë me dikë; **I'll race you to school!** e bëjmë "kush t'ia kalojë" deri te shkolla? 2.i jap shpejtësi, i jap gaz (makinës); ia shkel; **race the engine** i jap gaz në maksimum. 3.nxitoj, shpejtoj; vrapoj; **race in/out** hyj/dal rrëmbimthi; **race across the road** kapërcej rrugën me vrap. 4.rreh fort/me shpejtësi(pulsi); punon me tërbim, merr superxhiro(motori).

race II[reis] *n* 1.racë; **the human race** raca një-rëzore. 2.*biol* lloj; varietet.

race card *n* program i garave (të vrapimit me kuaj).

racecourse['reiskoːs] *n* pistë vrapimesh me kuaj, hipodrom; pistë garash(me makina).

racegoer['reisgouë:] *n* amator i garave me kuaj/ me makina.

racehorse['reis'hoːs] *n* kalë vrapimi; kalë garash.

raceme['ræsiːm] *n* vile, vesh, bistak.

racer['reisë:] *n* 1.vrapues. 2.kalë vrapimi. 3.maki-në/jaht garash. 4.biçikletë për gara.

race relations *n* marrëdhënie ndër-raciale.

race riot *n* përleshje ndër-raciale.

racetrack ['reistræk] *n amer* pistë /stadium për gara (me kuaj, makina etj).

raceway['reiswei] *n* pistë/korsi vrapimi(për kuaj, makina).

rachis['reikis] *n pl* **rachises, rachides** 1.*bot* kër-cell(i bistakut). 2.*zool* kallam(i puplës). 3.shtyllë kurrizore.

rachitic[rë'kitik] *adj mjek* rakitik.

rachitis[rë'kaitis] *n mjek* rakitizëm, rakit.

racial['reishël] *adj* 1.racor; racial; **racial minorities** pakica raciale. 2.ndër-racial; **racial tensions** acarime ndër-raciale.

racialism['reishëlizm] *n* racizëm.

racialist['reishëlist] *n* racist.

racially['reishëli] *adv* nga pikëpamja raciale.

raciness['reisi:nis] *n* 1.vrull; gjallëri; afsh.2.*fig let* guxim, të qenët (e veprës) i guximshëm.

racing['reising] *n* garë shpejtësie; **motor racing** garë me makina; **horse-racing** gara/vrapime me kuaj.

racing bicycle *n* biçikletë garash/çiklistësh.

racing car *n* makinë garash.

racing cyclist *n* çiklist; motoçiklist.

racing driver *n* shofer garash, pjesëmarrës në gara automobilistike.

racing man *n* amator i garave me kuaj/me makina.

racing yacht *n* jaht garash.

racism['reisizm] *n* racizëm.

racist['reisist] *adj,n* racist.

rack I [ræk] *n,v* -*n* 1. mbajtëse (librash, ushqimesh etj); varëse(rrobash, kapelash etj); raft; sergjen(në dyqane). 2.zgarë (biçiklete). 3.vend bagazhi(në tren, autobus). 4.grazhd; shtreth, mbajtëse sane. 5.*hist* këmbalec, rrotë (mjet torture). 6.*fig* mundim; vuajtje; tension. 7.*tek* kremalierë. 8.trekëndësh(për bilat e bilardos). + **on the rack** në vuajtje të madhe, në torturë.

-*vt* mundoj, torturoj; dërrmoj(edhe *fig*); **racked by remorse** i munduar nga pendimi. + **rack one's brains** shtrydh trutë; **rack up** *gj.fol* mbledh, grumbulloj.

rack II[ræk] *n* rrënim, shkatërrim, shpartallim; **go to rack and ruin** shkon drejt rrënimit, rrënohet; e merr lumi (ndërtesën, biznesin, dikë).

rack III[ræk] *n* galop(i kalit).

rack IV[ræk] *n* re të hallakatura.

rack V [ræk] *n* nënshpatull (te mishi i derrit, dashit, viçit etj).

racket I['rækit] *n,v* -*n* 1.zhurmë, poterë, shamatë; gjullurdi; **make a racket** bëj poterë. 2.mashtrim; dallavere; kontrabandë; krim i organizuar; vjelje parash me shantazh; **the stolen car racket** kontrabanda e makinave të vjedhura; **he is in on the racket** ai është brenda, ai është e përzier në atë punë. 3.*fig gj.fol* punë, zanat; **what's your racket?** me se merresh? + **stand the racket** a)duroj, rezistoj, e përballoj tensionin; b)paguaj, derdh paratë.

-*vi* 1.bëj poterë. 2.ia çoj fjollë, bëj jetë.

racket II['rækit] *n sport* 1.raketë(tenisi etj). 2.*pl* tenis në gjysmë fushe(me gjuajtje në mur), tenis muri. 3.*knd* raketa bore(për të ecur mbi borë).

racketeer['rækë'tië:] *n,v* -*n* mashtrues; dallaveraxhi; kontrabandist; shantazhist.

-*vi* nxjerr para me mashtrim/me shantazh.

racketeering['rækë'tiëring] *n* mashtrim; shantazh; kontrabandë; krim i organizuar; banditizëm.

rackety['rækëti] *adj* 1.i zhurmshëm, i potershëm, zhurmëmadh. 2.i shfrenuar, me gjullurdi(argëtim).

racking['ræking] *adj* torturues, i padurueshëm.

raconteur[rækon'teë:] *n* tregimtar, mjeshtër për të treguar (historira, gazmore).

racquet['rækit] *n* shih **racket II** .

racquetball ['rækitbo:l] *n sport* tenis muri (shih **racket II** 2).

racy['reisi] *adj* 1.i gjallë, i zhdërvjellët; i zjarrtë, plot pasion (rrëfim, stil). 2.pikant. 3.i veçantë, origjinal; i fisëm. 4.i çlirët, i guximshëm(tregim).

rad[ræd] *n gj.fol* radiator, kalorifer.

radar['reidë:] *n el* radar; **by radar** me radar.

radar trap *n* radar i policisë rrugore (pajisje për kapjen e tejkaluesve të shpejtësisë së lejuar).

raddle[rædël] *n,v* -*n* okër.

-*vt* ngjyej në okër; shënoj(bagtinë) me okër.

raddled['rædëld] *adj* (fytyrë) e mprehtë; me tipare të spikatura(person).

radial ['reidiël] *adj ,n* -*adj* 1.rrezor, radial; sipas rrezes. 2.*anat* i radiusit, i rrezorit.

-*n* gomë(makine) me skelet rrezor.

radial engine *n av* motor në formë ylli.

radial tire *n* shih **radial** *n*.

radian['reidiën] *n mat* radian.

radiance ['reidiëns] *n* (edhe *fig*) ndriçim, shkëlqim; rrezatim; rrezëllim.

radiancy['reidiënsi] *n* shih **radiance**.

radiant['reidiënt] *adj,n* -*adj* (edhe *fig*) ndriçues, i ndritshëm; rrezatues; rrezatimi; vezullues; **radiant smile** buzëqeshje rrezëllitëse; **be radiant with health/with joy** më ndrit lëkura nga shëndeti; shkëlqej nga gëzimi.

-*n fiz,astr* qendër, radiant; *mat* radian.

radiant energy *n fiz* energji rrezatimi.

radiant heating *n tek* ngrohje direkte / me rrezatim.

radiate ['reidieit] *v, adj* -*v* (edhe *fig*) rrezaton, përhap, lëshon; **radiate enthusiasm/happiness** përhap entuziazëm; rrezatoj lumturi.

-*adj bot* rrezor, në formë rrezesh(petale).

radiation[reidi'eishën] *n* 1.rrezatim. 2.energji rrezatimi. 3.rrezatim radioaktiv. 4.mjekim me rreze radioaktive. 5.kaloriferë; **find out how much radiation the building needs** llogaris për sa kaloriferë ka nevojë godina.

radiation sickness *n* sëmundje e rrezeve.

radiation treatment *n* radioterapi, mjekim me rreze.

radiator['reidiejtë:] *n* 1.kalorifer. 2.*aut* radiator. 3.rrezatues; lëshues; emetues.

radical['rædëkël] *adj,n* -*adj* 1.rrënjësor; i plotë; **radical change** ndryshim rrënjësor. 2.*pol* radikal; majtist. 3.*bot* rrënjor, i rrënjës. 4.*mat* i rrënjës.

-*n* 1.*pol* radikal. 2.*kim* radikal. 3.*mat* shenjë e rrënjës; rrënjë. 4.*gram* rrënjë. 5.*fig* bazë, themel.

radicalism['rædikëlizm] *n pol* radikalizëm.

radically ['rædikëli] *adv* rrënjësisht, në mënyrë rrënjësore.

radices['rædisi:z] *n pl* i **radix**.

radicle['rædëkël] *n bot* rrënjëz.

radii['reidi:aj] *n pl* i **radius**.

radio['reidiou] *n,adj,v* -*n* 1.radio; **hear sth on**

the radio dëgjoj diçka në radio; **put the radio on/off** ndez/fik radion. 2.*el* radiofoni; radiotelegrafi; radio; **send a message by radio** çoj një njoftim me radio. 3.*gj.fol* mesazh(i dërguar me radio); radiogram. 4.Radio, qendër transmetimi.
-*adj* radiofonik; radioje, i radios.
-*v* dërgoj(njoftim) me radio; **radio for help** kërkoj ndihmë nëpërmjet radios.

radio-['reidiou] *pref* radio-; radioaktiv; **radiotherapy** radioterapi; **radioisotope** izotop radioaktiv.

radioactive['reidiou'æktiv] *adj* radioaktiv; **radioactive waste** mbetje radioaktive.

radioactivity['reidiouæk'tivëti] *n* radioaktivitet.

radio announcer *n* folës, spiker.

radio astronomy *n* radioastronomi.

radio beacon *n av, det* radiofar, radioshenjë.

radio broadcast *n* emision radiofonik/në radio.

radiocab['reidiou'kæb] *n* radiotaksi(taksi e pajisur me radiotransmetues).

radio car *n* veturë-radio, makinë transmetuese.

radiocarbon['reidiou'ka:bën] *n kim* karbon radioaktiv.

radio contact, radiocommunication *n* lidhje me radio, komunikim me radio, radiondërlidhje.

radio control *n* teledrejtim, telekomandim, komandim me radio.

radiocontrolled['reidioukën'tro:ld] *adj* i telekomanduar, i komanduar me radio.

radio direction finding *n* radiogonometri, radioorientim.

radioelement ['reidiou'elëmënt] *n kim* element radioaktiv.

radio engineer *n* inxhinier elektronik.

radiogram ['reidiogræm] *n* 1.radiogram. 2.*mjek* radiografi. 3.*Br* radiogramafon.

radiograph['reidiogræf] *n,v* -*n* radiografi.
-*vt* i bëj radiografi.

radiographer [reidi'ogrëfë:] *n* teknik radiolog.

radiography[reidi'ogrëfi] *n mjek* radiografi.

radio link *n* lidhje me radio.

radiolocation['reidioulo'keishën] *n usht* radiolokacion.

radiolocator['reidioulo'keitë:] *n usht* radiolokator.

radiological['reidiou'loxhëkël] *adj* radiologjik.

radiologist[reidi'olëxhist] *n* mjek radiolog.

radiology[reidi'olëxhi] *n* radiologji.

radioman['reidiou'mæn] *n* 1.radist. 2.punonjës i Radios.

radio operator *n* radist.

radiophone['reidioufoun] *n* radiotelefon.

radio play *n* radiodramë, pjesë teatrale në radio.

radio program(me) *n* emision radiofonik.

radioscopy[reidi'oskëpi] *n mjek* radioskopi.

radio set *n* radio, aparat radioje.

radiosonde ['reidiousond] *n* radiosondë, radiotransmetues meteorologjik.

radio source, radio star *n astr* radioburim.

radiostation['reidiou'steishën] *n* transmetues radiofonik;pikë transmetimi; radiostacion.

radiotelegraph [reidiou'telëgræf] *n,v* -*n* radiotelegram, radiogram.
-*v* telegrafoj me radio.

radiotelephone['reidiou'telëfoun] *n,v* -*n* radiotelefon.
-*v* telefonoj me radio.

radio telescope *n astr* radioteleskop.

radiotherapy['reidiou'therëpi] *n* radioterapi.

radio van *n rad, tv* studio lëvizëse.

radio wave *n* valë radio.

radish['rædish] *n bot* rrepkë, rrepë.

radium ['reidiëm] *n kim* radium(element); **radium treatment** mjekim me rreze radiumi, radiumoterapi.

radius ['reidiës] *n pl* **radii, radiuses** 1.*mat, fig* rreze; **within a radius of 100 km** në një rreze prej 100 km. 2.*anat* radius, kocka e brendshme e parakrahut.

radix['reidiks] *n pl* **radices, radixes**['reidësi:z] 1.*gjuh* rrënjë; burim; prejardhje. 2.*mat* bazë(e një sistemi njehsimi).

radon['reidon] *n kim* radon(element radioaktiv).

RAF[a:rej'ef, ræf] *n Br* shkurtim për **Royal Air Force.**

raffish['ræfish] *adj* 1. i pagdhendur; vulgar. 2.i shthurur, i lëshuar.

raffle['ræfël] *n,v* -*n* llotari, tombola.
- *vt* (*zak* me **off**) vë (një send) në llotari.

raft I [ræft] *n, v* -*n* 1. trap. 2. trungje që transportohen mbi ujë. 3.pirg akujsh notues.
-*vt* 1.transportoj me trap. 2.lidh bashkë(trungjet) 3.bëhen pirg(shtresat e akujve notues).

raft II[ræft] *n gj.fol* mori, luzmë; pirg.

rafter I['ræftë:, 'ra:ftë:] *n ndërt* mahi; gërshërëz.

rafter II['ræftë:, 'ra:ftë:] *n* transportues trungjesh (mbi ujë).

raftsman['ræftsmën, 'ra:ftsmën] *n* trapar.

rag I [ræg] *n* 1.leckë, rreckë; **a rag doll** kuku lecke; **a rag to wipe the floor** leckë dyshemesh; **b (dressed) in rags** jam (i veshur) me rrecka, jam rreckosur; **in rags and tatters** krejt i rreckosur. 2 *fig* grimë, dromcë. 3.*fig* fletushkë, paçavure. 4.*ame* pecetë higjienike.

rag II[ræg] *v,n zhrg* -*v* 1.shaj. 2.ngacmoj; tall; punoj një rreng.
-*n* 1.sharje. 2.ngacmim; shaka; tallje; **for a rag** pë shaka, për t'u tallur.3.festë studentësh me qëllim bamirësie; **rag week, the rag** java e festimeve stu dentore(për qëllime bamirësie).

ragamuffin ['rægë'mʌfën] *n* 1. djalë rrugësh. 2

eckaman, rreckaman.

ragbag ['rægbæg] *n* 1.thes me lecka. 2.*fig* çorbë, urli.

rag doll *n* kukull lecke.

rage[reixh] *n,v* -*n* 1.zemërim, inat, tërbim; furi; **e in/fly into a rage** jam i nxehur, i inatosur, i ërbuar, nxehem, inatosem, tërbohem; **put sb into a age** e nxeh/ e tërboj dikë; **a fit of rage** valë zemërimi. 2. modë; bujë; **it's all the rage** bën bujë. **.***gj.fol* vrull, entuziazëm; pasion. -*vi* 1.nxehem keq, tërbohem(**against sb** me dikë). **.**bën kërdinë(zjarri, sëmundja etj).

ragged['rægid] *adj*1.i leckosur, i rreckosur, zhelan njeri). 2. copë e çikë (rroba). 3. e ngrënë (mëngë). **.**dhëmbë-dhëmbë, me skërka(shkëmb). 5.i shpri-hur, i shakmisur, drizë(gëzof, qime).6.i shkalafitur. -**on the ragged edge** buzë greminës; **on the agged edge of poverty** i varfër ku s'mban më, copë **:** trokë; **run oneself ragged** *amer* rraskapitem.

raggle-taggle['rægëltægël] *adj gj.fol* i rreckosur, zhelan; i mbajtur keq, çapaçul.

raging['reixhing] *adj,n* -*adj* 1.i tërbuar, që zien nga inati); **be in a raging temper, be raging mad** hkumbëzoj nga inati. 2.e pashuar(etje). 3.e padu-ueshme, mizore(dhimbje); **raging fever** ethe të orta. 4.e shfrenuar, e tërbuar (stuhi). -*n* tërbim; shfrenim; furi; **the raging of the sea** uria e detit.

raglan['ræglën] *n,adj* -*n* pardesy me mëngë reg-an. -*adj* reglan; **raglan sleeves** mëngë reglan.

rag man, rag picker *n Br* leckambledhës; mble-dhës vjeturinash.

ragout[ræ'gu:, 'rægu:] *n* ragú, mish me perime.

ragtag['rægtæg] *n fig* llum; **ragtag and bobtail** lumi i shoqërisë.

ragtime['rægtaim] *n muz* regtajm(stil xhazi).

ragtop ['rægtop] *n amer aut* veturë e hapur/me nbulesë të heqshme.

rag trade *n gj.fol* tregti/industri e rrobave të gat-hme.

ragweed['rægwi:d] *n bot* ambrozie.

rah[ra:] *interj amer* urra!; të lumtë!

rah-rah [ra:'ra:] *adj amer* entuziast; i shfrenuar.

raid[reid] *n,v* -*n* 1.*usht* sulm, mësymje; inkur-:ion; **air raid** inkursion ajror, bombardim nga ajri. **:.**bastisje(e policisë). 3.grabitje; plaçkitje; **bank raid** :rabitje banke. -*vt* 1.*usht* sulmoj, mësyj; *av* bombardoj. 2.bastis policia). 3.grabis; plaçkis. 4.*fig* mësyj, bëj pre në kopshtin e tjetrit); zbraz, boshatis(frigoriferin).

raider['reidë:] *n* 1.bandit, keqbërës. 2.sulmues; *av* ombardues; **raiders** *usht* grup luftimi për veprime ë shpejta, komando.

rail I[reil] *n,v* -*n* 1.tra, binar, shul , fushak.2. *det*

gardhënor. 3.parmak; hekur(në autobus). 4.*ndërt* parapet(ballkoni etj). 5.*pl* gardh; rrethojë. 6.drushtë, shufër hekuri; tub(për varje peshqiri). 7.*hek* shinë, binar; hekurudhë; **go off the rails** a)del nga shinat; b)*fig* dal nga binarët, marr rrugë të shtrembër; c)çoroditem, e humbas torruan; **send/travel by rail** dërgoj /udhëtoj me tren. -*vt* i vë parmakë. +**rail in** rrethoj, gardhoj. +**rail off** ndaj/mbyll/veçoj me gardh.

rail II [reil] *vi* shaj, mallkoj, ia vë fajin; **rail at** /against sb** nuk i lë gjë pa thënë dikujt.

railcar['reilka:] *n hek* motovagon, autodrezinë.

railcard['reilka:d] *n* aboné treni; **family railcard** aboné treni familjare.

railhead['reilhed] *n* 1.fund i shinave.2.stacion fun-dor. 3.*usht* pikë grumbullimi rezervash.

railing['reiling] *n* 1.parmak; rrethojë; parapet.2.*pl* kangjella.

raillery['reilëri] *n* 1.ngacmim; shaka. 2.vërejtje pa të keq.

railroad['reilroud] *n,v amer* -*n* hekurudhë. -*vt* 1.çoj/transportoj me tren.2.punoj në hekurudhë. 3. *fig* kaloj / miratoj shpejt-e-shpejt (një ligj etj). 4.*fig* detyroj; i imponohem; **railroad sb into doing sth** detyroj dikë të bëjë diçka pa i lënë kohë të mendohet. 5.*zhrg* çoj në burg pa prova.

railroading ['reilrouding] *n* 1. ndërtim hekuru-dhash. 2.miratim me nxitim. 3.*fig* ngutje, detyrim.

railway ['reilwei] *n* hekurudhë; shina, binarë; sistem hekurudhor; **railway crossing** kryqëzim xhadeje me hekurudhën, kalim në nivel.

railway carriage *n* vagon treni.

railway engine *n* lokomotivë.

railway line *n* 1.linjë hekurudhore. 2.shina, bina-rë treni, hekurudhë.

railwayman ['reilweimën] *n* punonjës i hekuru-dhave.

railway network *n* rrjet hekurudhor.

railway yard *n* depo stacioni hekurudhor.

raiment['reimënt] *n* veshje, rroba.

rain [rein] *n, v* -*n* 1.shi; **in the rain** në shi; **it looks like rain** koha është për shi; **(come) rain or shine** sido që të jetë koha; në daç shi, në daç diell; *fig* sido që të ngjasë. 2.*fig* rrebesh, bataré. 3.*pl* stina e shirave. -*v* 1.bie shi; **the rain's on** shiu vazhdon, bie akoma; *fig* **it's raining cats and dogs/buckets** *gj.fol* po bie shi me gjyma/ me shtëmba/me rrëshekë; **it never rains but it pours** e keqja nuk vjen kurrë vetëm. 2.derdhen, rrëshqasin(lotët). +**rain down** bien breshëri(plumbat. gurët). +**rain off,** *amer* **rain out** anulohet(ndeshja etj) për shkak të shiut.

rain belt *n gjeog* zonë e shirave, brez i shirave.

rainbow['reinbou] *n* 1.ylber.2.*zool* troftë e ylbertë.
rainbow trout *n zool* troftë e ylbertë.
rain check *n* 1.biletë për një ndeshje / shfaqje tjetër (në rast anulimi për shkak të shiut). 2.*treg* pusullë e vlefshme për një datë të mëvonshme(që të jep të drejtë të blesh një mall me çmimin e ulët që ka aktualisht). +**I'll take a rain check** *amer fig* e lëmë për një herë tjetër.
raincoat['reinkout] *n* pardesy fëshfëshe, mushama.
raindrop['reindrop] *n* pikë shiu.
rainfall ['reinfo:l] *n* 1. shi, reshje shiu; **a light rainfall** shi i lehtë.2.sasi reshjesh.
rain forest *n* pyll tropikal i brezit të shirave.
rain gauge *n meteo* shimatës.
rain hood *n* kapuç.
rainless['reinlis] *adj* i thatë, pa shi(mot).
rainmaking['reinmeiking] *n* shi artificial.
rainproof['reinpru:f] *adj,v* -*adj* i papërshkueshëm nga shiu.
-*vt* gomoj, bëj të papërshkueshëm nga uji.
rainstorm['reinsto:m] *n* stuhi shiu, rrebesh shiu.
rainwater['reinwo:të:] *n* ujë shiu.
rainwear['reinweë:] *n treg* veshje kundër shiut.
rainy['reini] *adj* 1.me shi(ditë, mot); i shirave (sezon). 2.i lagur, qull. 3.shiu(re).
rainy day *n fig* ngushticë, vështirësi; **save for a rainy day** vë mënjanë për ditë të vështira.
raise[reiz] *v,n* -*vt* 1.ngre; çoj; ngre/ vë në këmbë; **raise dust** ngre pluhur; **raise the curtain** *teat* ngre /hap perden; **raise the eyebrows** ngre vetullat; ngrys vetullat; **raise one's hat to sb** a)i ngre kapelën dikujt(përshëndes); b)*fig* i heq kapelën dikujt; **raise one's hand/fist to sb** i vë dorë / i tregoj grushtin dikujt; **raise the people to revolt** ngre popullin në kryengritje; **raise the level** ngre nivelin; **raise the statue** ngre në këmbë statujën; **raise a sunken ship** ngre mbi ujë një anije të fundosur.2.rris, shtoj, ngre (rrogat, çmimet, etj); **raise one's voice** a)ngre zërin, flas me zë të lartë; b)*fig* ngre tonin, nxehem; **raise sb's hopes** i ngjall shpresat dikujt. 3.ngjall, ringjall; **raise sb from the dead** ringjall/sjell sërish në jetë dikë. 4.ngre në përgjegjësi; gradoj; **raise a salesman to manager** e ngre dikë nga shitës në përgjegjës. 5. shkaktoj; krijoj; **raise a laugh** shkaktoj të qeshura; **raise difficulties** krijoj vështirësi; **raise suspicion** krijoj dyshime. 6.bëj të ditur; përmend; paraqes, ngre (një çështje, problem). 7.rris(fëmijë); mbaj(kafshë); kultivoj(drithëra). 8. ndërtoj (një monument). 9. mbledh (fonde, ushtri); **raise a loan** a)(qeveria) shpall një hua, lëshon obligacione huaje; b)(personi) merr/siguron një hua.10.heq, i jap fund(rrethimit, bllokadës). 11.(në poker)shtoj, hedh në tryezë, relan soj; **I'll raise you ten** edhe dhjetë të tjera(mbi ato të tuat). 12.kontaktoj(dikë përmes radios, kompjuterit). 13.ngre, çon (zagari lepurin). 14. fryn, e bën të vijë

(brumin majaja). +**raise Cain /the devil/hell /mischief/the roof** *zhrg* bëj namin; e kthej përmbys.
-*n* 1.ngritje, rritje, shtesë(page). 2.(në poker) shtim, relansim. 3.vend i ngritur.
+**raise up** ngre; **raise oneself up on one's elbows** ngrihem mbi bërryla.
raiser['reizë:] *n* 1. rritës; kultivues. 2. mbledhës (fondesh etj).
raisin['reizën] *n* rrush i thatë, stafidhe.
rajah['ra:xhë] *n* raxha, princ, sundimtar.
rake I[reik] *n,v* -*v* 1.krehër, rashqel, grabujë; capë. -*v* 1.pastroj me krehër(oborrin); mbledh me rashqel (gjethet, barin); **rake the fire** trazoj/përpush zjarrin; **rake the stones off the lawn** pastroj lëndinën nga gurët. 2.punoj/shkrif tokën(me krehër/me capë). 3. *fig* rrëmoj, gërmoj, kontrolloj, kreh(*fig*); **rake among / through** gërmoj/rrëmoj nëpër; **rake one's memory** rrëmoj në kujtesë; **rake the newspapers for news about the accident** rrëmoj në gazetat për të gjetur lajme rreth aksidentit. 5.*fig* grij, kosis, korr (me mitraloz).
+**rake in** mbledh(para); siguroj(fitim).
+**rake out** shuaj(zjarrin duke e përpushur).
+**rake over** a) shkriftoj (tokën); b) *fig* rrëmoj (në kujtesë).
+**rake up** a)shpurris, trazoj(zjarrin); b)mbledh me krehër, c)*fig* gërmoj, rrëmoj; **rake up sb's past** rrëmoj në të kaluarën e dikujt.
rake II[reik] *n* i shthurur; qejfli, imoral.
rake III[reik] *n* pjesë/faqe e pjerrët; *aut* shpinë(e ndenjëses).
rakehell['reikhel] *n vjet* i shthurur, imoral.
rake-off['reikof] *n zhrg* fitim; pjesë fitimi, komision(*zak*) i paligjshëm).
rakish I['reikish] *adj* 1. skiç, mënjanë; **with a hat set at a rakish angle** me kapelën mbi sy. 2.e derdhur(formë); i hedhur(trup). 3. elegante; e zhdërvjellët, e shpejtë(lundër).
rakish II['reikish] *adj* i shthurur, i lëshuar, imoral.
rakishly['reikishli] *adv* (sillem)në mënyrë të shthururr; (vishem) me mospërfillje, pa kujdes.
rallentando [ra:len'ta:ndou] *adj ,adv, n muz adj,adv* i ngadalësuar(ritëm); duke ngadalësuar.
-*n* ngadalësim; pasazh me ritëm të ngadalësuar.
rally I['ræli] *v,n* -*v* 1.mbledh, grumbulloj(trupa, forcat); **rally opinion within the party** siguroj mbështetje brenda partisë. 2.mblidhen, bashkohen, grumbullohen. 3.*fig* shtrëngojmë radhët; **rally to the support of sb** shtrëngojmë radhët rreth dikujt. 4.marr veten, përmirësohem. 5.*fin* rigjallërohet (tregu, bursa). 6.*sport* shkëmbej gjuajtje (me kundërshtarin në tenis).
-*n* 1.përmirësim, marrje e vetes. 2.mbledhje; grumbullim. 3.shkëmbim gjuajtjesh(në tenis).
rally II[ræli] *vt* ngacmoj, shpotis, vë në lojë pa të

keq.

+rally round *fig* i vij në ndihmë.

rallying point *n usht, pol* pikë grumbullimi.

RAM[ræm] *n kmp* (shkurtim për **random access memory**) kujtesë e gjallë, RAM.

ram [ræm] *n, v - n* 1. *zool, astr* dash. 2. *tek* tokmak; dash hidraulik; *hist, det* dash. *-vt* 1. godet, mësyn me bash (anija); **the truck rammed the lamppost** kamioni shkoi e u përplas pas shtyllës. 2.fus, rras; ngjesh; ngul; **ram a bolt into the wall** fus me forcë vidën në mur. 3.*fig* kaloj, miratoj me përdhunë/me imponim/me zor(një ligj etj); **ram sth into sb's head** i ngul në kokë diçka dikujt.

+ram down a)rrah, ngjesh(tokën); b)ngul(shtylla); c)rras; **his hat rammed down over his ears** me kapelën të rrasur deri te veshët.

+ram in ngul, fus me forcë.

Ramadan[ræmë'da:n] *n fet* ramazan.

ramble['ræmbël] *v,n* *-vi* 1.bredh, shetis, vij vërdallë. 2.*fig* hidhem degë më degë, flas/shkruaj pa lidhje, shpërndahem(në bisedë),hallakatem; **ramble on for half an hour** grij kot për gjysmë ore. 3.përhapet, merr dhenë(hardhia etj). *-n* shetitje e gjatë; ekskursion.

rambler['ræmblë:] *n* 1.shetitës; ekskursionist. 2. trëndafil kacavjerrës.

rambling['ræmbling] *adj,n* *-adj* 1.pa lidhje, i hallakatur (fjalim, raport); i shpërndarë (person). 2. i ndërtuar pa plan(qytet); plot të hyra e të dala(shtëpi). *-n* dërdëllitje, kodra pas bregu.

rambunctious[ræm'bʌnkshës] *adj* (edhe **rumbustious**) i potershëm, i rrëmujshëm(kalama).

ramekin, ramequin['ræmëkin] *n* 1. porcion(ushqimi). 2.pjatë e vogël(për furrë).

ramification[ræmëfë'keishën] *n* 1.degëzim. 2.degë, degëzim.3.*fig* shtrirje, zgjerim.

ramify['ræmëfai] *v* 1.degëzoj. 2.degëzohet.

ramjet['ræmxhet] *n* motor reaktiv pa kompresor.

rammer['ræmë:] *n tek* tokmak; dash hidraulik.

ramp I[ræmp] *n* 1.pjerrësirë (në rrugë); **"ramp"** "disnivel"(tabelë rrugore). 2.platformë hidraulike(në garazhe). 3.*av* shkallë e lëvizshme; **approach /boarding ramp** shkallë e lëvizshme(për të hipur e zbritur nga avioni). 4.*Br zhrg* mashtrim; **it's a ramp** ky është mashtrim, kjo është vjedhje në mes të ditës.

ramp II[ræmp] *vi* turrem andej-këtej, nuk mbahem; tërbohem; harbohem.

rampage[*n* 'ræmpeixh; *v* ræm'peixh, 'ræmpeixh] *n,v* *-n* tërbim; turr; **be/go on the rampage** a)tërbohet, turret me tërbim(kafsha); b)plaçkis; rrënoj. *-vi* tërbohem; harbohem; nuk mbahem.

rampageous[ræm'peixhës] *adj* i papërmbajtur; i rrëmujshëm; i tërbuar.

rampancy ['ræmpënsi] *n* 1. harlisje(e bimës). 2.

harbim, tërbim.

rampant['ræmpënt] *adj* 1.e harlisur (bimë). 2.i papërmbajtur, i shfrenuar; **be rampant** bën kërdinë (sëmundja); sundon, mbretëron(dhuna, korrupsioni). 3.i zemëruar, i egërsuar.4. i ngritur mbi këmbët e pasme, qirithi.

rampart ['ræmpa:t] *n* 1. ledh dheu; stom. 2. *knd* breg lumi i thikët. 3.*fig* mburojë; mbrojtje.

rampike['ræmpaik] *n amer* dru i vdekur, pemë e shkrumbuar(nga zjarri).

ramrod ['ræmrod] *n* 1.thupër (pushke). 2.harbi (topi).

ramshackle['ræmshækl] *adj* 1.e rrëgjuar, e shkallmuar, e rrënuar, karakatinë(ndërtesë). 2.e shkatërruar, e shpartalluar(makineri); **a ramshackle old car** veturë rangallë.

ran[ræn] *pt* e **run**.

ranch [rænç] *n, v* *-n* 1. fermë. 2. *amer* banesë indianësh; kamp/vendbanim indianësh. *-v* punoj në fermë; drejtoj fermën.

rancher['rænçë:] *n* 1.pronar ferme, fermer.2.punëtor ferme; kauboj.

rancherie['rænçëri:] *n knd* kamp/vendbanim indianësh.

ranch hand *n* punëtor ferme.

ranch house *n* 1.shtëpi ferme.2. shtëpi e madhe njëkatëshe. 3.banesë/godinë e madhe indianësh.

ranchman['rænçmën] *n* shih **rancher**.

rancid['rænsid] *adj* i prishur, i samtuar, i hidhëruar (gjalpë etj); shpuese(erë).

rancidity[ræn'sidëti] *n* prishje, hidhërim, samtim, mykje; amëz.

ranco(u)r['rænkë:] *n* inat i fshehtë, mëri, mllef.

rancorous ['rænkërës] *adj* inatçi, mllefqar; hakmarrës.

R and D, R & D (shkurtim për **research and development**) kërkim-zhvillim.

random['rændëm] *adj,n* *-adj* 1.i rastit, i rastësishëm; i zgjedhur me shans. 2.kuturu, në tym; qorr (plumb). *-n* rastësi; **at random** kuturu, me të qëlluar; **chosen at random** i zgjedhur me të qëlluar; **hit out at random** qëlloj në tym, të dalë ku të dalë; **walk about at random** bredh pa qëllim, iki nga të më çojnë këmbët.

random access *n kmp* futje e rastësishme(futje e informacionit pa ndonjë varësi nga përmbajtja).

random access memory, RAM *n kmp* kujtesë e gjallë, RAM.

randy['rændi] *adj Br* 1.në afsh; me epsh; epshor. 2.i eksituar, i papërmbajtur.

rang[ræng] *pt* e **ring**.

range[reinxh] *n,v,adj* *-n* 1.shtrirje, kufij; gamë; **a range of new products** një varg produktesh të reja; **the range of prices** kufijtë e çmimeve. 2.trevë,

territor; vendbanim(kafshësh, bimësh). 3.rreze veprimi; largësi shikimi(e teleskopit); **range of vision** fushë pamjeje; **be out of range** *fig* është jashtë mundësive të mia, s'më arrin dora gjer aty. 4.*fig* sferë, fushë. 5.*usht* largësi qitjeje(e topit); pavarësi fluturimi (e avionit); **at a range of** në distancën, në një largësi prej; **within firing range** brenda zonës së zjarrit. 6. poligon qitjeje; (në panair) qoshk për qitje. 7.*amer* kullotë. 8.bredhje, shetitje. 9.vargmal. 10.radhë, drejtim; **in range with** në një vijë me.11.rang; rend. 12.sobë gatimi.
-*v* 1.shtrihet; lëviz; ndryshon, varion(çmimi etj); **prices ranging from 5 to 10 leks** çmime që lëvizin nga 5 në 10 Lekë; **the search ranged over the whole city** studimi u shtri në tërë qytetin. 2.endem, bredh, shetis; **animals ranging through the forest** kafshë që vërtiten në të gjithë pyllin. 3.ka rreze veprimi/largësi qitjeje; **range over 40 km** ka një rreze veprimi prej 40 km. 4.rendis, rreshtoj, vë në radhë; **range oneself on the side of** *fig* renditem në anën e...5.klasifikoj, përfshij. 6.përshkoj(një vend). 7.drejtoj nga(teleskopin, topin). 8.haset, ndeshet(një bimë etj).
-*adj* kullote.
rangefinder['reinxhfaindë:] *n usht,det,fot* largësimatës, telemetër.
ranger['reinxhë:] *n* 1.shetitës; endacak. 2.rojtar pylli.3.*amer* polic në kalë. 4.*amer* udhërrëfyes; vëzhgues.
rangette[rein'xhet] *n* sobë e vogël gatimi.
rangy['reinxhi] *adj amer* shtatderdhur.
rank I[rænk] *n,v* -*n* 1.rresht, radhë; varg; **taxi rank** *Br* radhë taksish, vendqëndrim taksish; **break ranks** prish rreshtin.2.*pl usht* a)ushtarët e thjeshtë; b)masa; anëtarët e thjeshtë; **other ranks** nënoficerët dhe ushtarët; **the rank and file** a)ushtarët; b)*fig* masa, njerëzit e thjeshtë; **the rank and file of the party** anëtarët e thjeshtë të partisë, masa e anëtarëve; **reduce sb to the ranks** degradoj dikë; **close ranks** *usht,fig* shtrëngoj radhët. 3.*usht* gradë; **reach the rank of colonel** arrij gradën e kolonelit. 4.shtresë, klasë; radhë, sërë, kategori; rang; **people of all ranks** njerëz nga gjithfarë shtresash; **a man of rank** person i rangut të lartë; **a second-rank actor** aktor i dorës së dytë.
-*v* 1.radhis, rreshtoj, vë në radhë. 2.*fig* rendis, klasifikoj; **I rank him among the great/as one of the best** unë e rendis atë te njerëzit e mëdhenj/ e konsideroj si një nga më të mirët. 3.*fig* renditet, hyn në (radhën e); **she ranks among my friends** ajo bën pjesë në miqtë e mi; **be ranked high/low in class** klasifikohem te më të mirët/më të dobëtit e klasës.4.*usht* jam epror; ia kaloj në gradë; **the ranking officer** oficeri me gradën më të lartë.
rank II[rænk] *adj* 1.i lartë, i fuqishëm(bar); e har-

lisur(bimësi).2.tepër pjellore; e mbushur me bimësi (tokë); **rank with weeds** mbushur me barëra të këqija. 3.e rëndë(erë); me erë të rëndë(mish, duhan). 4.i pagdhendur; i neveritshëm(njeri).5.*fig* i spikatur, i theksuar; i plotë; ekstrem; flagrant; me brirë; **rank ingratitude** mosmirënjohje e padëgjuar; **rank lie/nonsense** gënjeshtër/budallallëk me brirë; **he is a rank beginner** ai është krejt fillestar; **a rank traitor** tradhtar i ndyrë.
ranker['rænkë:] *n usht* 1.ushtar i thjeshtë. 2.oficer i dalë nga radhët e ushtarëve.
ranking['rænking] *adj* 1. i pari, më i madhi(poet i kohës etj). 2.*usht* epror, me gradën më të lartë (oficer). 3.*fig* i dorës së parë, i klasit (të lartë).
rankle['rænkël] *vi* e kam peng, më mundon, më ha, më bren; brengosem; **it rankled with her** ajo ishte e brengosur; atë e mundonte inati.
rankness['rænknis] *n* 1.harlisje(e bimësisë). 2.erë e rëndë; samti.
ransack['rænsæk] *vt* 1.plaçkis, grabis; bastis(një qytet etj). 2.rrëmoj, bubrroj, kërkoj, kontrolloj imtësisht(sirtarët, një dosje); shtrydh(trurin), rrëmoj (në kujtesë).
ransom ['rænsëm] *n, v* -*n* 1. shpërblesë, haraç; **hold sb to ransom** kërkoj shpërblesë për dikë(që e mbaj peng); *fig* **be held to ransom** e kam litarin në fyt, e kam thikën në grykë. 2.lirim me shpërblesë; *fig* çlirim, shpëtim.
-*vt* 1.liroj me shpërblesë. 2.paguaj për lirimin(e dikujt). 3.shpengoj, nxjerr nga pengu. 4.*fig* çliroj.
rant[rænt] *v,n* -*vi* 1.flas me ton të fryrë, deklamoj. 2.(edhe ~ **on**) flas përçart/kodra pas bregu. 3. ulërij, bërtas; **rant (and rave) at sb** i ulërij/i çirrem dikujt.
-*n* 1.fjalim i fryrë; deklamim. 2.hallakatje, përçartje. 3.çirrje, tërsëllëmë.
ranting['rænting] *n,adj* -*n* dëngla, *zhrg* pordhë.
- *adj* i fryrë, deklamues.
rap I [ræp] *n, v* -*n* 1.goditje e lehtë; kërcitje; trokitje(në derë). 2.*amer zhrg* fajësim; dënim; burgim; **beat the rap** i shpëtoj/i dribloj burgut; **hang a murder rap on sb** ia ngec dikujt një vrasje; **take the rap** paguaj dëmin; e ha dënimin; **get the rap for sth** ha burg për diçka.3.*amer zhrg* muhabet, llogje; bisedë e shkurtër.
-*v* 1.trokas; godas; **rap sb over the knuckles** a)i bie gishtave dikujt; b)*fig* ia shkul veshët dikujt.2.*fig* shaj; qortoj; fajësoj; dënoj. 3.*amer zhrg* bëj muhabet, bëj llogje.
+**rap out** a)them prerë/prerazi; b)lëshoj(një sharje etj); c)komunikoj me trokitje(spiritualistët).
rap II[ræp] *n gj.fol* çikë, grimë; **I don't care a rap** nuk e çaj kokën fare.
rapacious [rë'peishës] *adj* 1.grabitës, plaçkitës. 2. lakmitar, i pangopur; i etur. 3.*zool* grabitqar.

rapaciously [rë'peishësli] *adv* me lakmi, me pangopësi.

rapacity[rë'pæsëti] *n* lakmi, pangopësi, grykësi.

rape I[reip] *n,v* -*n* 1.përdhunim. 2.*fig* dhunim. 3.*vjet* rrëmbim.

-*vt* 1.përdhunoj. 2.*fig* dhunoj; prish.3.*vjet* rrëmbej.

rape II[reip] *n bot* kolzë; **rape oil** vaj kolze.

rape III[reip] *n* bërsi rrushi; musht.

rapeseed['reipsi:d] *n* farë kolze; **rapeseed oil** vaj kolze.

rapid['ræpid] *adj, n* -*adj* 1.i shpejtë; i menjëhershëm; **rapid deployment force** *usht* trupa për ndërhyrje; **rapid growth** rritje e shpejtë. 2.i rrëmbyer(lumë).

-*n zak pl* **rapids** rrëmbesë, pragje(të lumit).

rapid-fire['ræpid'fajë:] *adj* 1.me qitje të shpejtë. 2.*fig* i shpejtë, i vrullshëm.

rapidity[rë'pidëti] *n* shpejtësi; rrëmbim, nxitim.

rapidly['ræpidli] *adv* shpejt, me shpejtësi.

rapid transit *n amer* metro.

rapier ['reipi:ë:] *n* shpatë e vogël, shpatë dueli; shpatë skerme.

rapine['ræpi:n] *n* rrëmbim; vjedhje, grabitje.

rapist['reipist] *n* përdhunues.

rappel[ræ'pel, rë'pel] *n sport* zbritje dulfer (në alpinizëm).

rapport [ræ'po:t, ræ'po:] *n* lidhje, raport, marrëdhënie.

rapscallion[ræp'skæliën] *n* faqezi; kopuk; zuzar.

rapt [ræpt] *adj* 1.i thellë (interes); e përqendruar (vëmendje). 2.i humbur, i kredhur, i zhytur; **rapt in thought** i zhytur në mendime. 3.i ngazëllyer; i mahnitur, i dalldisur; **rapt smile** buzëqeshje e ngazëllyer; **rapt with wonder** i mrekulluar, i mahnitur.

raptor['ræptë:] *n* shpend grabitqar.

raptorial[ræp'to:riël] *adj* grabitqar, preje(shpend).

rapture ['ræpçë:] *n* ngazëllim; magjepsje; dalldi, ekstazë; **be in** (ose **go into**) **raptures over/about** magjepsem/mrekullohem nga(diçka); dalldisem pas (dikujt).

rapturous['ræpçërës] *adj* i ngazëllyer; i dalldisur; e furishme, entuziaste(duartrokitje).

rapturously ['ræpçërësli] *adv* me ngazëllim; me dalldi; me entuziazëm.

raquet[rei'ket] *n knd* raketa bore(për të ecur mbi borë).

rare I[reë:] *adj* 1.i rrallë; **a rare event** ngjarje e rrallë; **with very rare exceptions** me shumë pak përjashtime. 2.i rralluar(ajër); **grow rare(r)** rrallohet, pakësohet(ajri, bimësia, vizitat). 3.*fig* i shkëlqyer, i rrallë; **have a rare old time** ia kaloj shkëlqyeshëm.

rare II[reë:] *adj* i pjekur paksa, i kuq nga brenda (bifteku).

rarebit['reë:bit] (edhe **Welsh** ~) *n* bukë e thekur me djathë të shkrirë.

rare earth *n kim* tokë e rrallë, mineral metalesh të rralla.

rarefaction[rerë'fækshën] *n* rrallim(i ajrit etj).

rarefy ['rerëfai] *v* 1. rralloj. 2. rrallohet. 3.rafinoj; pastroj.

rarely['reë:li] *adv* 1.rrallë, rrallëherë, më të rrallë. 2.si rrallëherë; jashtëzakonisht mirë; shkëlqyeshëm.

rareness['reë:nis] *n* rrallësi, të qenët i rrallë.

raring ['rering] *adj gj.fol* i paduruar, i etur; **be raring to go** nuk më pritet sa të iki.

rarity['rerëti] *n* 1.rrallësi, të qenët i rrallë. 2.gjë e rrallë; **snow is a rarity in Tirana** bora është gjë e rrallë në Tiranë. 3.rrallim, rrallësi(e ajrit).

rascal['ræskël] *n* 1.mashtrues; horr, kopuk, zuzar, maskara. 2.*fig* shejtan; mistrec; qerrata.

rascality[ræs'kælëti] *n* 1.mashtrim; maskarallëk. 2.shejtani(e fëmijës etj).

rascally['ræskëli] *adj* 1.mashtrues, i pandershëm; **a rascally man** tip mashtrues, kopuk. 2.i ulët(rreng), prej maskarai; **rascally habits** sjellje e ulët.

rash I[ræsh] *adj* i nxituar, i pamatur; tepër i hedhur, kokëkrisur(njeri); i papeshuar, i pamenduar (mendim, premtim); **in a rash moment** në një çast entuziazmi; **it was rash of her to...** u tregua tepër e pamatur që...

rash II[ræsh] *n* 1. *mjek* shpërthim puçrrash; (nga ushqimi) urtikarie; (nga fruthi) njolla/pulla të kuqe. 2.*fig* vërshim, lumë; **a rash of angry letters** një lumë letrash proteste.

rasher['ræshë:] *n Br* fetë e hollë proshute.

rashness['ræshnis] *n* rrëmbim, nxitim, ngutje; pamaturi; kuturisje.

rasp[ræsp] *v,n* -*v* 1.gërvin. 2.çirrem; **rasp out a command** jap një urdhër me zë të çjerrë. 3.gërryej, ha me rrashpë. 4.*fig* acaroj; cingëris.

-*n* 1.limë e ashpër, rrashpë. 2. rende. 3.gërvimë; çirrje (e zërit).

raspberry ['ræzberi] *n* 1.*bot* mjedër, manaferrë e butë. 2. vishnje, bojëvishnje. 3.*zhrg* pff; gjest përçmimi; **blow a raspberry** lëshoj një "pff!"; flas me qesëndi.

raspberry bush, raspberry cane *n* mjedër, manaferrë e butë(pema).

rasping ['ræsping] *adj,n* -*adj* kërkëllitës, kërcëllitës, kërcitës; i ashpër, i çjerrë(zë).

-*n* kërkëllimë; kërcitje; gërvimë.

raspy['ræspi] *adj* 1.i ashpër, i çjerrë(zë).2.idhnak, zemërak, nevrik(njeri).

rat[ræt] *n,v* -*n* 1.mi. 2.*zhrg* njeri i ulët, qelbanik, fëlliqësirë, mi gjirizi; hafije, spiun; horr, kopuk; **you rat!** qelbanik! **rats!** *Br* (mosbesim) mos more!; gjepura!; (irritim) ta hajë dreqi! 3.jastëk i vockël(nën flokë). +**smell a rat** *gj.fol* nuhas diçka që nuk shkon, nuk më vjen erë e mirë.

-vt 1.gjuaj minj. 2.*fig* lë në baltë, braktis; **rat on sb** lë në baltë dikë. 3.kallëzoj, spiunoj(shokët).

ratable['reitëbël] *adj* 1.i vlerësueshëm(objekt).2.i tatueshëm, i taksueshëm; **ratable value** vlerë e tatueshme.

ratch[ræç] *n* shih **ratchet**.

ratcatching['rætkæçing] *n* kapje minjsh, shfarosje e minjve.

ratchet['ræçit] *n tek* arpion; çikrik me arpion.

ratchet wheel *n tek* rrotë e dhëmbëzuar me arpion.

rate I[reit] *n,v* *-n* 1.përqindje; **rate of interest** *fin* përqindje e interesit; **birth/death rate** përqindje e lindjeve/e vdekjeve. 2.*fin* tarifë; çmim; normë; kurs; **postage rates** tarifa postare; **a reduced rate for children** tarifë e ulur/e reduktuar për fëmijët; **rate of exchange** kurs i këmbimit; **insurance rates** këste të sigurimit. 3.shpejtësi; ritëm; **at a rate of, at the rate of...** me një shpejtësi prej, me shpejtësinë...**pulse rate** rrahje të pulsit; **at a terrific rate** me shpejtësi skëterre; **at the rate you're going...** me ritmet që po ecën ti... 4.*Br fin* taksë lokale, taksë bashkiake; **a penny off/on the rates** një ulje/rritje e taksës bashkiake prej 1%. 5.klasë, kategori. +**at any rate** sidoqoftë; për çdo rast; në çfarëdo rrethanash; **at that/this rate** në atë/këtë rast; në këto kushte/rrethana; po qe ashtu/kështu.

-v 1.vlerësoj, çmoj; **rate the house as worth $100,000** e vlerësoj shtëpinë 100 000 dollarë. 2.quaj, konsideroj, mbaj si; **she is rated as one of the richest women** ajo mbahet/atë e mbajnë si një nga gratë më të pasura. 3.ia nënshtroj taksimit; **a house rated at $1000 per annum** shtëpi që e ka taksën bashkiake 1000 dollarë në vit. 4.meritoj, kam hak; vlej; **he rates a pass (mark)** e ka hak një notë kaluese. 5.klasifikohem, renditem; **rated A** i klasifikuar ndër më të mirët(produkt).

rate II[reit] *vt* shaj, qortoj, kërdis.

rateable['reitëbël] *adj* shih **ratable**.

rate-capping['reitkæping] *n Br* kufizim, caktim tavani (për taksat bashkiake).

rate collector *n Br* tagrambledhës i bashkisë.

ratepayer['reitpejë:] *n Br* taksapagues (i taksave bashkiake).

rate rebate *n Br* ulje e taksave bashkiake.

rather ['ra:dhë:] *adv, interj* *-adv* 1.(parapëlqim) më mirë; **I'll rather have this** po marr më mirë këtë; **rather than wait, I...** në vend që të pres, më mirë... **I would much rather...** do të më përqente shumë më tepër të...**he would rather wait there than..** ai kishte për borxh të rrinte e të priste sesa... **I'd rather you didn't come** do të doja më mirë të mos kishe ardhur; **I'd rather not** më mirë jo.2.më fort, më tepër; **this is rather for your parents to decide** për këtë u takon më tepër të vendosin pri-

ndërit e tu. 3. më saktë; **or rather** ose më saktë; madje, për të qenë më të saktë. 4.disi; pak si; në njëfarë shkalle; paksa; mjaft; **she's rather a nice person, she's a rather nice person** ajo është njeri mjaft i mirë; **it's rather more complicated than you think** është pak më e ndërlikuar sesa kujton ti; **rather too difficult for me** pak si tepër i vështirë për mua; **rather a lot** mjaft, goxha. 5.përkundrazi; **he is no better today; rather he is worse** ai nuk është më mirë sot; përkundrazi, është më keq.

-interj gj.fol sigurisht!; posi jo!; ç'e pyet!; që ç'ke me të!

rathskeller['ra:tskelë:] *n* tavernë, lokal me pije (zakonisht në bodrum).

ratification[rætëfë'keishën] *n pol* ratifikim, miratim.

ratify['rætëfai]*vt pol* ratifikoj, miratoj(traktat etj).

rating I['reiting] *n* 1.vlerësim. 2.*pl tv* : **audience /TV ratings** tregues i dëgjimit/shikimit(të një kanali); **have a high rating, get good ratings** a) ndiqet shumë(një program); gëzon simpatinë e publikut(një person). 3.*Br fin* taksë bashkiake. 4.klasifikim. 5.koeficient; rezultat, notë; **a rating of 90% in English** një rezultat prej 90% në anglisht. 6.*det* detar/marinar i thjeshtë; **the ratings** marinarët dhe nënoficerët. 7.rang, shkallë, klasë (në marinë).

rating II['reiting] *n* sharje, qortim, vërejtje.

ratio['reishjou] *n* raport; përpjesëtim, proporcion; **in the ratio of 3 to 1** në raportin 3 me 1; **inverse / indirect ratio** përpjesëtim i zhdrejtë; **in direct ratio to** në përpjesëtim të drejtë me.

ratiocinate[ræshi'oseneit, ræti'oseneit] *vi* arsyetoj; *përb* stërholloj.

ratiocination[ræshiosë'neishën, rætio--] *n* arsyetim; *përb* stërhollim.

ration['ræshën, 'reishën] *n,v* *-n* 1.racion; **it's off the ration** nuk është më me racion/i racionuar; **be on short rations** e kam ushqimin me racion; **ration book, ration card** triska; tallon. 2.porcion. 3.*pl* ushqime.

-vt 1.(edhe ~ **out**) racionoj(ushqimin etj). 2.furnizoj në mënyrë të racionuar; **their family was rationed to 1 kg of bread** familjes së tyre i caktuan 1 kg bukë.

rational['ræshënël, 'ræshnël] *adj* 1. i arsyeshëm, me arsye; **it wasn't very rational of her to go there** nuk ishte punë me mend nga ana e saj që shkoi atje. 2.*mjek* i vetëdijshëm, me mendje të kthjellët. 3.*mat* racional. 4.me vend, me kuptim(veprim); logjik (argument).

rationale[ræshë'næl, ræshë'na:l] *n* 1.arsyetim, gjykim; bazë logjike. 2.ekspozé e argumentuar.

rationalism['ræshnëlizm] *n filoz* racionalizëm.

rationalist['ræshnëlist] *n filoz* racionalist.

rationalistic[ræshnë'listik] *adj filoz* racionalist.

rationality[ræsh'nælëti] *n* të qenët i arsyeshëm, qëndrim i arsyeshëm; racionalizëm.

rationalization[ræshnëlai'zeishën] *n* 1.arsyetim; përligjie; logjikë. 2.racionalizim, riorganizim.

rationalize ['ræshnëlaiz] *v* 1. arsyetoj, përligj, shpjegoj logjikisht; motivoj. 2.racionalizoj, riorganizoj(procesin e punës). 3.*mat* kthej në madhësi racionale/në numër racional.

rationally ['reishnëli] *adv* në mënyrë të arsyeshme; logjikshëm; logjikisht; **rationally, it would be possible to do that** logjikisht, kjo është punë që bëhet.

rationing['ræshning] *n* racionim; **food rationing** racionim i ushqimeve.

ratlin(e) ['rætlën] *n det* litar i shkurtër, shkallare litari.

rato, RATO['reitou] *n av* motorë reaktivë për shkëputje (gjatë nisjes).

ra(t)toon [ræ'tu:n] *n,v* -*n* bisk, filiz (që del nga rrënjët).
-*vi* lëshon filiza pas korrjes.

rat race *n zhrg* luftë për ekzistencë/për mbijetesë, konkurencë e egër.

ratsbane['rætsbein] *n* helm kundër minjve.

rattan[ræ'tæn] *n bot* palmë kacavjerrëse.

rat-tat-tat ['rætë'tæt] *n* trokitje, tak-tak (në derë); rrapëllimë, ta-ta-ta(e mitralozit).

ratter['rætë:] *n* 1.gjahtar minjsh. 2.*zhrg* dezertor, tip i ulët, njeri që të lë në baltë.

rattle ['rætël] *v,n* -*v* 1. bën zhurmë; kërkëllin; rrapëllin; kërcet; **rattle along/away** largohet me rrapëllimë(makina). 2.trokas; **rattle at the door** trokas në derë. 3.trazoj(sendet në kuti); tund(zaret); trokëllij(çelësat etj). 4.flas pa pushim, grij; shpraz, nxjerr nga goja.5.*gj.fol* shqetësoj; trondis; shushas; alarmoj; **get rattled** alarmohem, humbas torruan, më kap paniku.
-*n* 1.zhurmë, rropamë; kërkëllimë; rrapëllimë; kërcitje. 2.trokitje; trokëllimë.3.*mjek* grahmë; **death rattle** grahmë e vdekjes. 4.poterë. 5.rrake, rraketake (fëmijësh, tifozësh).6.zile(e gjarprit).

rattlebrain['rætëlbrein] *n* njeri pa tru, mendjefyell.

rattlebrained ['rætëlbreind] *adj* pa mend, kokëbosh, mendjefyell.

+**rattle down** rrokullisen me poterë(gurët).

+**rattle off** them me një frymë, shpraz.

+**rattle on** flas papushim, dërdëllis.

rattler['rætlë:] *n zool* gjarpër me zile.

rattlesnake['rætëlsneik] *n zool* gjarpër me zile.

+**rattle through** bëj/lexoj/shkruaj (diçka) me një frymë.

rattletrap['rætëltræp] *n,attr* rrangallë, karakatinë.

rattling['rætling] *n,adj* -*n* shih **rattle** *n* 1,2.
-*adj* 1.kërcitës; kërkëllitës. 2.i gjallë, i vrullshëm, i

shpejtë; **at a rattling pace** me shpejtësi të madhe; me një frymë. 3.*gj.fol* shumë i mirë; i shkëlqyer, i hatashëm. 4.(si *adv*)*gj.fol* tepër, fort, kjamet; **rattling good** i shkëlqyer, i hatashëm.

rattrap['rættræp] *n* 1.çark minjsh. 2.*fig* vrimë e ndyrë, shtëpi rrangallë. 3.*zhrg* punë dreqi, gjendje e dëshpëruar.

ratty['ræti] *adj* 1.i mbushur/i molepsur nga minjtë(godinë). 2. *zhrg* i mbaruar, zhele. 3.*zhrg* qejfprishur; i nxehur; i tërbuar; nevrik, zemërak.

raucous['ro:kës] *adj* i ngjirur(zë).

raucously['ro:kësli] *adv* me zë të ngjirur.

raucousness['ro:kësnis] *n* ngjirje; ashpërsi(e zërit).

raunch[ro:nç] *n amer zhrg* ndyrësi, fëlliqësi, lapërdhi.

raunchy['ro:nçi] *adj amer zhrg* 1.i ndyrë, i fëlliqur, i turpshëm(film, këngë etj). 2.i qelbur, i ndyrë (kostum etj). 3.i papërmbajtur, i potershëm, vulgar.

ravage I['rævixh] *v,n* -*vt* 1.rrënoj, shkatërroj; **body ravaged by disease** trup i shkatërruar nga sëmundja. 2.bastis, shkretoj.
-*n* 1.rrënim, shkatërrim. 2.plaçkitje, bastisje, shkretim; **the ravages of time** rrënimi i viteve.

ravage II['rævixh] *n knd* kullotë drerësh.

rave [reiv] *v,n* -*vi* 1.flas përçart / jerm, jermoj. 2.*fig* fluturoj, entuziazmohem. 3.(**at, against**) shfrej, i turrem, i bërtas(dikujt).4.tërbohet(era).
-*n* 1.përçartje, jerm, kllapi. 2.*gj.fol* fluturim, entuziazëm, ngritje në qiell; **get raves in the press** ngrihet në qiell nga shtypi. 3.furi, tërbim(i detit, erës).

rave notice, rave review *n* kritikë lavdëruese, ngritje në qiell.

rave-up['reivʌp] *n Br* aheng, orgji; **have a rave-up** bëj kokrrën e qejfit, ia çoj dafrungë.

ravel['rævël] *v,n* -*v* 1.shthur, bëj fije-fije(trikon etj). 2.*fig* sqaroj, kthjelloj, shkoklavis.3.ngatërrohet, koklavitet(edhe *fig*). 4.ngatërroj; koklavis(edhe *fig*).
-*n* fije (e shthurur).

+**ravel out** a)shthuret, bëhet fije-fije; b)shthur, bëj fije-fije; c)*fig* sqaroj, shkoklavis.

raven I['reivën] *n,adj* -*n zool* korb.
-*adj* korb i zi, pisë i zi(flok etj).

raven II['rævën] *v,n* -*vt* 1.gëlltis, gllabëroj.2.bie pré mbi; plaçkis.
-*n* pré; plaçkitje.

ravening ['rævning] *adj* 1. grabitqar, pretar. 2. i urët, i uritur, i pangopur.

ravenous['rævënës] *adj* 1.i urët, i uritur, i vdekur urie; **be ravenous** kam një uri prej ujku; më pret uria. 2.*fig* i etur; i papërmbajtur. 3.grabitqar.

ravenously['rævnësli] *adv* për vdekje(i uritur).

ravin I['rævën] *n* plaçkitje.

ravin II['rævën] *v,n* shih **raven** II.

ravine[rë'vi:n] *n* grykë/luginë e thellë, rrëzinë.

raving['reiving] *adj,n* -*adj* 1.në jerm, përçart; i

papërmbajtur; **a raving lunatic** një i çmendur me gjithësej; **she must be raving mad** është bërë për t'u lidhur.2.*gj.fol* i shquar, i jashtëzakonshëm.
-*n* (edhe *pl*) përçartje, jerm, kllapi.
ravish['rævish] *vt* 1.magjeps, rrëmben. 2.përdhunoj. 3.*vjet* grabis, rrëmbej.
ravisher['rævishë:] *n* rrëmbyes.
ravishing['rævishing] *adj* rrëmbyes, magjepsës.
ravishingly ['rævishingli] *adv* magjishëm; për të lënë mendjen; **ravishingly beautiful** e bukur për t'i këputur kokën.
ravishment['rævishmënt] *n* 1.rrëmbim.2.*fig* magjepsje; dalldi. 3.përdhunim.
raw[ro:] *ad,n* -*adj* 1.i gjallë; i papjekur; i pazier; i pagatuar(mish etj). 2.i papërpunuar; **raw milk** qumësht i papërpunuar/i papasterizuar; **raw materials** lëndë të para.3.i papërvojë, i pamësuar; i papjekur; **he's still raw** është ende axhami. 4.i ashpër, i ftohtë e i lagësht(mot). 5.i zhvokshur, i rrjepur, i dërmishur (vend). 6.*fig* i pagdhendur(njeri). 7. i trashë (humor).8.të cingrisura(nerva).9.*zhrg* i pandershëm (rreng).10.i vrazhdë, i ashpër(trajtim).
-*n*: **the raw** mish i gjallë; **in the raw** në mish; lakuriq; **life /nature in the raw** jeta lakuriq; natyra e gjallë; **it got him on the raw** i theri në shpirt; e preku në kallo.
raw material *n* lëndë e parë.
raw milk *n* qumësht i papasterizuar.
rawboned['ro:bound] *adj* 1.thatim(njeri); brinjëdalë, kockë e lëkurë(kalë). 2.kockëmadh.
rawhide['ro:haid] *n,v* -*n* 1.lëkurë e paregjur. 2. kamzhik lëkure.
-*vt* fshikulloj/qëlloj(kalin) me kamzhik lëkure.
rawlbolt['ro:lbolt] *n tek* kunj.
rawlplug['ro:lplʌg] *n tek* kunj(druri).
rawness['ro:nis] *n* 1.fortësi(e ngjyrës).2.papërvojë. 3.zhvokshje, dërmishje. 4.ashpërsi(e motit).
ray I[rei] *n,v* -*n* rreze(drite, dielli etj, *mat, fig*); **ray of hope** rreze shprese; **X-ray** rreze X, rreze Rëntgen.
-*v* 1.lëshon rreze, rrezaton. 2.trajtoj me rreze; rrezatoj.
ray II[rei] *n zool* rajë, raxhë(peshk).
ray III[rei] *n muz* ré.
rayon['rejon] *n teks* mëndafsh artificial.
raze [reiz] *vt* rrafshoj, rrëzoj; **raze to the ground** rrafshoj, bëj rrafsh me tokën(shtëpi, qytet).
razor['reizë:] *n* brisk rroje;brisk berberi; **electric razor** makinë rroje me korent; **on the razor's edge** *fig* në teh të thikës, në fije të perit, në gjendje kritike.
razorbill['reizë:bill] *n zool* pinguin sqepngushtë.
razor blade *n* brisk rroje.
razor clam *n amer* gocë deti.
razor cut *n* qethje me makinë.
razor shell *n Br* gocë deti.

razorsharp ['reizë:sha:p] *adj* 1.e mprehtë brisk (thikë). 2.i mprehtë(njeri, mendje); therëse(fjalë).
razor-slashing['reizë:slæshing] *n* të prera brisku.
razz[ræz] *v,n zhrg* -*vt* ngas, ngacmoj; përqesh, tall, vë në lojë.
-*n* pff!; qesëndi.
razzledazzle ['ræzël'dæzël] *n, adj, v* -*n* bujë, fanfarë.
-*adj* hutues, shushatës; marramendës.
-*vt* hutoj, shushas; i marr mendjen.
razzmatazz['ræzmëtæz] *n zhrg* bujë, fanfarë; fjalë të mëdha.
R.C.A.F.[a:si:ej'ef] *n* shkurtim për **Royal Canadian Air Force.**
R.C.N. *n* shkurtim për **Royal Canadian Navy.**
Rd., rd. shkurtim për **road.**
re I[rei, ri:] *n muz* ré.
re II [ri:] *prep adm,treg* në lidhje me; *drejt* **in re** në çështjen...
re-[ri:] *pref* ri-; **reopen** rihap.
reach[ri:ç] *v,n* -*v* 1.arrij, mbërrij(në); **reach the port** mbërrin në port(anija); **you can reach me at my hotel** mund të më gjesh në hotel; **I can be reached at 731-2124** mund të më merrni me numrin 731-2124; **reach the floor** arrin deri në tokë/në dysheme; **the anchor reached bottom** spiranca preku/mbërriti në fund; **reach a conclusion/an agreement** arrij në një përfundim / në një marrëveshje.2.shtrihet(territori); shkon deri, arrin(zëri); kap (syri). 3.(edhe me **across, for, out, over**)zgjas dorën, zgjatem(për të kapur); **reach for the book** zgjas dorën drejt librit; **reach (over) the salt for me** ma jep pak kripën; *gj.fol* jap, pasoj; **please reach me the sugar** ma jep pak sheqerin, të lutem; *amer gj.fol* **reach for the sky!**duart lart!4.*amer* ndikoj, influencoj, përpunoj (dikë); blej, korruptoj (dëshmitarët). 5.arrin në, barazohet me; **the costs reached millions** shpenzimet arritën në disa milionë.6.jap(një shkelm).
-*n* 1.zgjatje, shtrirje(e krahut, e dorës); **within (easy) reach** i kapshëm (me lehtësi), te dora; fare afër; **out of the children's reach** ku të mos kenë mundësi t'i gjejnë fëmijët(ilaçet etj); **beyond the reach of human help** pa shpresë se mund ta ndihmojë kush. 2.aftësi, kapacitet; **the subject is beyond his reach** ai nuk futet dot në këtë temë. 3.zgjatim, shtrirje(e një rripi toke etj); gjatësi; pjesë e drejtë(e lumit). 4.rrugë e përshkuar(nga anija). 5.*sport* krah, largësi e goditjes(e boksierit).
+**reach back(to)** *fig* ngjitet; zbret(në kohë).
+**reach down** a)(to) arrin, zbret(deri në); b)marr, heq(nga varësja, rafti).
+**reach out** zgjas, shtrij(dorën).
+**reach up** a)zgjas dorën lart; b)ngjitet deri(uji).
reachable['ri:çëbël] *adj* 1.i arritshëm , ku mund të shkohet(vend). 2.i kapshëm(send, person); **he is**

reachable at atë mund ta kontaktosh në numrin(e telefonit)...; atë mund ta gjesh në(adresën)...

react[ri:'ækt] *vi* 1.kundërveproj; i kthehem. 2.reagoj; **react against/to** reagoj ndaj. 3.*kim* (**on**) vepron (me). 4.rikthehet(në gjendjen e parë).

react[ri:'ækt] *vi* veproj sërish.

reactance [ri:'æktëns] *n el* reaktancë, rezistencë reaktive.

reaction[ri:'ækshën] *n* 1.reagim; kundërveprim; **what was her reaction to...?** si reagoi ajo ndaj...? 2. kundërvënie, kundërshtim. 3.*pol* reaksion; **forces of reaction** forca reaksionare. 4.*kim* reaksion, veprim.

reactionary[ri:'ækshëneri] *adj,n* reaksionar.

reactive[ri:'æktiv] *adj kim,fiz* reaktiv.

reactor [ri:'æktë:] *n kim, el, fiz* reaktor.

read I[ri:d] *v,n* -*v* (**read, read**) 1.lexoj; **read sb sth, read sth to sb** i lexoj diçka dikujt; *fig* **read sb a lesson** i jap një mësim dikujt. 2.tregon, shënon (aparati); **the thermometer reads 25° C** termometri tregon 25° celsius.3.interpretoj; lexoj; **read sb's hand/the teacups** i lexoj të ardhmen dikujt në pëllëmbën e dorës; hedh fall në filxhan;*fig* **read between the lines** lexoj midis rreshtave; **these words can be read in several ways** këto fjalë mund të interpretohen në disa mënyra; **we mustn't read too much into this** nuk duhet t'i japim kaq rëndësi kësaj gjëje. 4.studioj, bëj studime në/për; **read law** studioj për drejtësi. 5.*tel* marr(një mesazh); dëgjoj (bashkëbiseduesin); **do you read me?** a)më dëgjon? b)*fig* më merr vesh? 6.thotë, shkruan(teksti); **the letter reads thus** ja ç'shkruhet/ç'thuhet në letër.
-*n* lexim; **have a little/a quiet read** lexoj nga pak/në qetësi; **the book is a good read** libri lexohet me ëndje/me lehtësi.

+**read back** rilexoj(shënimet etj), i kaloj sërish.

+**read into** interpretoj; zbuloj, konstatoj(në një tekst).

+**read off** a)lexoj me një frymë, i jap fund(një teksti); b)shoh, shënoj(tregimet e aparatit matës).

+**read on** vazhdoj leximin.

+**read out** a)lexoj me zë; b) *kmp* nxjerr, tregon, afishon(të dhënat).

+**read out of** përjashtoj, heq nga lista(dikë).

+**read over** rilexoj.

+**read through** a)i jap një të lexuar të shpejtë, kaloj me shpejtësi(një tekst); b)lexoj nga kreu në fund.

+**read up(on)** studioj, mësoj me ngulm, fus në kokë.

read II [red] *adj,v* -*adj* i mësuar, i kënduar, i ditur(njeri).

readability [ri:dë'bilëti] *n* lexueshmëri, lehtësi lex. imi.

readable ['ri:dëbël] *adj* i lexueshëm; **not very readable** i vështirë për t'u lexuar.

readably['ri:dëbli] *adv* në mënyrë të lexueshme.

readdress[rië'dres] *vt* 1.riadresoj(letrat etj); dorë-

zoj në adresën e re. 2.i rikthehem(një çështjeje). 3. i futem sërish.

reader['ri:dë:] *n* 1.lexues. 2.libër leximi/këndimi; përmbledhje,antologji. 3.(**publisher's** ~) lexues /vlerësues dorëshkrimesh; recensues, recenzent.4. korrektor teknik, korrektor bocash. 5.*Br* pedagog i lëndës; asistent-profesor; *amer* drejtues teme /teze. 6.deklamues. 7.*el* lexues, pajisje lexuese.

readership['ri:dë:ship] *n* 1.rreth lexuesish; **a big readership** numër i madh lexuesish. 2.post/detyrë pedagogu; post/detyrë e drejtuesit të temës/tezës.

readily['redili] *adv* 1. me dëshirë, me gatishmëri; **he doesn't readily accept advice** ai nuk para i ka qejf këshillat. 2.lehtë, me lehtësi, pa vështirësi.

readiness ['redinis] *n* 1. gatishmëri; **be (kept) in readiness** është/mbahet në gatishmëri; **her readiness to help us** gatishmëria e saj për të na ndihmuar. 2.shpejtësi. 3.lehtësi.

reading['ri:ding] *n* 1.lexim. 2.korrekturë(bocash). 3.tekst, material leximi; libër; **I'd prefer some light reading** do të më pëlqente më mirë një libër argëtues/i lehtë në të lexuar. 4.seancë leximi; deklamim. 5.interpretim (i një teksti). 6.*attr* lexues, që lexon(publik). 7.*attr* për lexim, leximi(syza etj). 8.*attr* me të lexuar; **have a reading knowledge of French** e di frengjishten me të lexuar, di të lexoj në frengjisht.9.lexim, tregim(i aparatit). 10.dije, kulturë; njohuri; **a man of wide reading** njeri me kulturë të gjerë.11. *pol* diskutim; paraqitje(e projektligjit).

reading age *n* nivel të lexuari.

reading desk *n* bankë (shkolle); këmbalkë, këmbalec për librat(në kishë).

reading glass *n* lupë.

reading glasses *n* syze për lexim/për afër.

reading lamp/light *n* dritë/llampë tavoline, abazhur për të lexuar.

reading list *n* bibliografi, literaturë e rekomanduar.

reading matter *n* material për lexim.

reading room *n* sallë leximi.

readjust['ri:ë'xhʌst] *v* 1.rregulloj, ndreq; rindreq; përshtas; përpunoj. 2.përshtatem(sërish).

readjustment['ri'ë'xhʌstmënt] *n* 1.përshtatje, ripërshtatje. 2.ndreqje, rregullim.

readout['ri:daut] *n kmp* vjelje informacioni.

ready ['redi] *adj,n,v* -*adj* 1.i gatshëm, gati; **are you ready?** je gati? **ready for anything** i gatshëm për gjithçka; **ready for/to use** gati për t'u përdorur; **get oneself ready** bëhem gati, përgatitem; **make ready** bëj gati, përgatis; **"now ready"** "doli nga shtypi"(libri); **pay in ready cash/money** paguaj me para në dorë; **I'm ready for him!** ja ku më ka!, le të vijë kur të dojë! **ready, steady, go!** *usht* gatii-tu! paraaa-marsh! 2.i prirur, i gatshëm, gati (për të bërë diçka); **I'm ready to believe it** jam gati ta besoj; **be**

ready to help jam i gatshëm për të ndihmuar, jam i gjindshëm. 3.i menjëhershëm, i atypëratyshëm, i çastit; **have a ready tongue** jam hazërxhevap. *-n usht* pozicion gati për zjarr; **come to the ready** bëj gati armën; **at the ready** a)gati për zjarr; b)krejt gati. *-vt* bëj gati, përgatis.

ready-furnished ['redi'fë:nisht] *adj* i mobiluar (apartament).

ready-made['redi'meid] *adj* 1.të gatshme(rroba). 2.i parapërgatitur(qëndrim, opinion); **ready-made ideas** mendime banale/të rëndomta.

ready-mix['redi'miks] *n* paketë/qeskë e gatshme (për kek etj).

ready-reckoner['redi'reknë:] *n* listë; tabelë.

ready-to-serve *adj* i gatshëm(ushqim).

ready-to-wear *adj* të gatshme(rroba).

reafforestation['ri:ëforis'teishën] , *amer* **reforestation**['ri:foris'teishën] *n* ripyllëzim.

reaffirm['rië'fë:m] *v* ripohoj; riafirmoj.

reagent[ri'eixhënt] *n kim* reaktiv; reagent.

real I ['riël, ri:l] *adj, adv, n -adj* 1.i vërtetë; **the real reason** arsyeja e vërtetë; **a real diamond** diamant i vërtetë; **this is the real thing** këtu nuk është fjala për shaka. 2.real; **in real life** në jetën reale; **real income/wage** e ardhur reale, pagë reale. 3.*drejt* i patundshëm; **real estate/property** pasuri e patundshme; pronë. 4.*mat,fiz* real(numër, shembëllim).

-adv gj.fol vërtet; tepër; **she talked real loud** ajo fliste me zë tepër të lartë; **we had a real good laugh** qeshëm si të marrë.

-n e vërtetë; **for real** me të vërtetë; **the real** *filoz* bota reale.

real II['ri:ël, rea:l] *n hist* real(monedhë spanjole, portugeze).

real estate developer *n amer* sipërmarrës ndërtimesh.

real estate register *amer* kadastër.

real time *n kmp* kohë reale.

real-time computer *n* kompjuter që punon në kohë reale.

real-time processing *n kmp* përpunim i atypëratyshëm(i informacionit).

real-time system *n kmp* sistem me kohë reale.

realise['ri:ëlaiz] *v* shih **realize**.

realism['riëlizëm] *n* 1.realizëm, të qenët realist. 2. *let, art, filoz* realizëm.

realist['riëlist] *n* 1.realist(njeri). 2.shkrimtar/artist realist.

realistic[rië'listik] *adj* realist.

realistically[rië'listikëli] *adv* me realizëm, në mënyrë realiste.

reality[ri'ælëti] *n* 1.realitet; **the terrible realities of war** realiteti i tmerrshëm i luftës. 2.realizëm. +**in**

reality në të vërtetë.

realization[riëlë'zeishën, riëlai'zeishën] *n* 1.realizim, përmbushje(e planeve, shpresave). 2.të kuptuarit, ndërgjegjësim; konstatim; **the sudden realization that...** zbulimi i papritur se...

realize['riëlaiz] *vt* 1. kuptoj; jam i ndërgjegjshëm për; **I had not fully realized that...** nuk e kisha kuptuar tamam se...yes, **I realize that!** po, e kuptoj shumë mirë! 2.realizoj, përmbush. 3.*fin* sjell fitim; nxjerr(para); likuidoj, shes(pasurinë); **how much did you realize on..?** sa nxore nga...?

really['riëli] *adv, excl -adv* vërtet, me të vërtetë; **I really didn't know** vërtet s'e dija; **you really must go there** duhet të shkosh patjetër atje. *-excl* vërtet? thua? **not really!** e pamundur!, s'është e mundur!

realm[relm] *n* 1.mbretëri. 2.*fig* fushë, sferë.

realtor['riëltë:, 'riëlto:] *n amer* sekser, agjent shitblerjesh pasurish të patundshme.

realty['riëlti] *n* pasuri e patundshme, pronë.

ream I[ri:m] *n* 1.pako/top letre. 2.*zak pl gj.fol* një tok, një mori.

ream II[ri:m] *vt* 1.*tek* frezoj; zgjeroj(një vrimë). 2. shtrydh, i nxjerr lëngun(portokallit me shtrydhëse konike).

reamer['ri:më:] *n* 1.*tek* frezë. 2.shtrydhëse limonash (konike).

reap[ri:p] *v* 1.korr; mbledh.2.*fig* korr frytet; shpërblehem me; **one reaps what one has sown** ç'të mbjellësh do të korrësh.

reaper ['ri:pë:] *n* 1. korrës. 2. makinë korrëse; **reaper and binder** makinë korrëse-lidhëse(duajsh). 3.*fig* **the (Grim) Reaper** Vdekja.

reaping['ri:ping] *n* korrje.

reaping hook *n* draper.

reaping machine *n* makinë korrëse.

reappear['rië'pië:] *vi* rishfaqem.

reappearance['rië'piërëns] *n* rishfaqje.

reappoint['rië'point] *vt* riemëroj.

reappointment['rië'pointmënt] *n* riemërim.

reapportion['rië'po:shën] *v* 1.rishpërndaj; ricaktoj. 2.*amer pol* rindahen(zonat elektorale).

reapportionment ['rië'po:shënmënt] *n amer pol* rindarje e zonave elektorale.

reappraisal['rië'preizël] *n* rivlerësim; rishqyrtim.

rear I[rië:] *n,adj -n* 1.shpinë, pjesë/anë e pasme; **in/at the rear** (nga) prapa; **from the rear, he looks like..** nga shpina ai ngjan si..2.*gj.fol* prapanicë, të ndenjura. 3.*usht* prapavijë; **attack an army in the rear** sulmoj prapavijat e ushtrisë kundërshtare. + **bring up the rear** vij i fundit, mbyll vargun; *usht* formoj praparojën.

-adj i pasëm, i prapëm; **rear bumper** goditjepritës i pasëm, prapakolp; **rear wheels** rrota të pasme; **rear window** xham i prapëm(i makinës)..

rear II[rië:] v 1.rris; mbarështoj(kafshë); kultivoj (bimë); **she was reared in the city** ajo ishte rritur në qytet. 2.ngre, ndërtoj(tempull etj). 3.ngre, çoj lart; **the snake reared its head** gjarpri ngriti kokën /u ngrefos. 4.ngrihet, lartësohet(mali). 5.ngrihet qirithi (kali).

rear-admiral['rië:'ædmërël] n kundëradmiral.

rear - engined ['rië:'enxhind] adj aut me motor prapa.

rearguard['rië:ga:d] n usht praparojë.

rear-mounted['rië:'mauntid] adj i instaluar prapa.

rear projection n kin projektim nga prapa, projektim(filmi) me tejdukshmëri.

rear-wheel drive n aut fuqi motorike në rrotat e pasme.

rearm[ri'a:m] v 1.riarmatos.2.riarmatosem.

rearmament[ri'a:mëmënt] n riarmatosje.

rearmost['rië:moust] adj i fundit, i pasëm.

rearrange['rië'reinxh] vt rindreq, rirregulloj; vendos ndryshe(mobiliet).

rearview mirror n aut pasqyrë prapashikuese /për të parë mbrapa.

rearward['rië:wë:d] n,adv,adj -n anë/pjesë e pasme.

-adj i pasmë; i drejtuar mbrapsht; **rearward movement** lëvizje mbrapsht.

-adv (edhe ~ s) mbrapsht; mbrapa, nga pas.

reason['ri:zn] n,v -n 1.arsye, shkak; **the reason for/why** arsyeja për/pse, shkaku për të cilin; **claim with good reason that** mendoj me të drejtë se; **that is the reason why** ja përse; **for the very reason that...**pikërisht nga që; **for that very reason** tamam për këtë shkak; **all the more reason for doing/to do** një arsye më tepër për ta bërë; **for no reason** pa asnjë shkak; **with reason** me të drejtë; **by reason of** për shkak të, nga shkaku i. 2.mendje, arsye; gjykim i shëndoshë; **lose one's reason** e humbas mendjen /arsyen; **listen to reason** i thërras mendjes, ha arsye; **I'll do anything in/within reason** jam gati të bëj gjithçka brenda kufijve të arsyes; **bring to reason** sjell në vete; **stand to reason** është me vend, është e arsyeshme; **it stands to reason that** kuptohet vetiu se.

-v 1.arsyetoj; gjykoj; logjikoj; **reason that...** gjykoj se...2.rrah, shqyrtoj, diskutoj(një problem); **one can't reason with him** me të nuk flitet, është e kotë të diskutosh me të.

+**reason away** heq qafe pas një diskutimi.

+**reason (sb) into (a sensible decision)** bëj/detyroj (dikë) të(marrë një vendim të arsyeshëm).

+**reason (sb) out (of his folly)** bëj dikë t'i thërrasë mendjes.

reasonable ['ri:znëbël] adj 1. i arsyeshëm; i matur (njeri, qëndrim, çmim). 2.me vend(teori); me bazë, që qëndron(dyshim); **there is a reasonable chance**

that ka mjaft shanse që.

reasonably['ri:znëbli] adv 1.në mënyrë të arsyeshme; **reasonably priced** me çmim të arsyeshëm. 2.mjaft; **a reasonably accurate report** një raport mjaft i saktë. 3.me të drejtë; **one can reasonably think/suppose that** njeriu me të drejtë mund të mendojë/kujtojë se.

reasoned['ri:zënd] adj i arsyetuar; i argumentuar.

reasoning['ri:zning] n, adj -n arsyetim, gjykim. -adj me arsye; që arsyeton.

reassemble ['rië'sembël] v 1. grumbulloj sërish (njerëz). 2.montoj sërish. 3.mblidhen sërish. 4.rifillon (shkolla).

reassert['rië'seë:t] vt ripohoj, riafirmoj; **reassert oneself** riafirmohem, bëj emër sërish.

reassess['rië'ses] vt 1.rishqyrtoj(gjendjen). 2.drejt rivlerësoj(dëmin).

reassurance [rië'shuërëns] n 1. qetësim, heqje e merakut; sigurim. 2.siguri, garanci; **seek reassurance that** kërkoj të sigurohem që.

reassure [rië'shuë:] vt qetësoj, i heq merakun; siguroj sërish.

reassuring[rië'shuëring] adj qetësues; sigurues; inkurajues.

reassuringly[rië'shuëringli] adv në mënyrë qetësuese/siguruese.

reave[ri:v] vt vjet privoj, zhvesh(nga diçka).

reawakening['rië'weikning] n 1.zgjim, rizgjim. 2. fig ringjallje, rizgjim(ndjenjash).

reb[reb] n amer hist ushtar i Konfederatës.

rebarbative[ri'ba:bëtiv] adj i mërzitshëm, i bezdisshëm; i neveritshëm.

rebate['ri:beit] n,v fin -n 1.ulje, zbritje(e taksave, qirasë etj). 2.kthim(parash).

-vt 1.i bëj zbritje. 2.kthej (para).

rebec(k)['ri:bek] n muz hist violinë e hershme(e Mesjetës).

rebel[n,adj 'rebël; v ri'bel] n,adj,v -n kryengritës, rebel.

-adj rebel; fig rebel, i pashtruar.

-vi rebelohem, ngre krye(edhe fig); **rebel against** kundërshtoj; rebelohem kundër.

rebellion[ri'beliën] n kryengritje, rebelim; kundërshtim; **rise in rebellion** ngre krye, bëj kryengritje, rebelohem.

rebellious [ri'beliës] adj 1.kryengritës, rebel.2.i pashtruar, i pabindur(fëmijë).

rebelliousness[ri'beliësnis] n shpirt kryengritës; prirje për rebelim.

rebirth['ri:bë:th] n 1. rilindje.2.fig ringjallje, rizgjim(i ndërgjegjes etj).

rebore['ri:bo:] v,n tek -vt barenoj, rikalibroj.

-n barenim, rikalibrim; **the engine needs a rebore** motori ka nevojë për një barenim të ri.

reborn ['ri:bo:n] adj i rilindur; i ringjallur.

rebound[ν ri'baund; *n* edhe 'ri:baund] *v,n* -*vi* 1. kërcen/kthehet mbrapsht(topi). 2.*fig* kthehet kundër; **your methods will rebound on you** metodat që përdor do të kthehen kundër teje. 3.*ek* rifillon aktivitetin, e merr veten(firma). -*n* 1.kërcim; kthim (i topit); **hit a ball on the rebound** godas topin pas kthimit(nga tabela etj). 2.rikoshet(i plumbit). 3.kthim mbrapsht. 4. *ek* ngritje, ngjitje(e çmimeve).5.*fig* tulatje, gjendje shoku (pas një braktisjeje); **be on the rebound from a setback** jam ende i tulatur pas një dështimi. 6.*fig* marrje e vetes; **marry sb on the rebound** martohem me dikë pas një dështimi të mëparshëm.

rebroadcast[ri:'bro:dkæst, --ka:st] *v,n rad,tv* -*vt* ritransmetoj. -*n* ritransmetim.

rebuff [ri'bʌf] *n,v* -*n* refuzim, prapsim; **meet with a rebuff** ndesh në një refuzim të prerë, më presin me këmbët e para. -*vt* refuzoj, prapsoj(një ofertë etj); pres me këmbët e para(dikë).

rebuild[ri:'bild] *vt* (**rebuilt**) rindërtoj, ngre sërish.

rebuilding[ri:'bilding] *n* rindërtim.

rebuilt[ri:'bilt] *pt,pp* e **rebuild**.

rebuke[ri'bju:k] *v,n* -*vt* qortoj, i heq vërejtje. -*n* qortim, vërejtje.

rebus['ri:bës] *n* rebus; enigmë.

rebut[ri'bʌt] *vt* kundërshtoj, rrëzoj, hedh poshtë.

rebuttal[ri'bʌtël] *n* kundërshtim, rrëzim.

rebutter[ri'bʌtë:] *n* 1.kundërshtues, kundërshtar. 2.argument kundër.

rec[rek] *n gj.fol* shih **recreation**.

recalcitrance, --cy[ri'kælsëtrëns, --si] *n* mosbindje; kokëfortësi; kundërshtim; shpirt kundërshtimi.

recalcitrant[ri'kælsëtrënt] *adj,n* i pabindur; kokëfortë.

recall[ri:'ko:l] *v,n* -*vt* 1.kujtoj, sjell ndër mend; **I cannot recall meeting her/whether I met her** nuk më kujtohet ta kem takuar/nëse e kam takuar. 2.kthej mbrapsht, tërheq(ambasadorin) 3.rikthej, risjell; **recall sb to life** *fig* kthej në jetë dikë; **those days are gone beyond recall** ato ditë ikën e s'kthehen më; **recall Parliament** thërras Kuvendin, mbledh Parlamentin(në mbledhje të jashtëzakonshme). 4.marr mbrapsht, tërheq(premtimin); pezulloj (urdhrin etj). -*n* 1.rikujtim. 2.kthim, tërheqje(e ambasadorit). 3. *usht* thirrje, sinjal thirrjeje. 4.marrje mbrapsht, tërheqje(e fjalës); pezullim(i urdhrit). 5.*pol* heqje nga posti(me votim).

recant[ri'kænt] *v* 1.tërheq mbrapsht; mohoj (një mendim, deklaratë etj). 2.i bie moh, tërhiqem, heq dorë(nga diçka që kam thënë).

recantation[rikæn'teishën] *n* tërheqje mbrapsht; mohim.

recap I[*n* 'ri:kæp; *v* edhe ri:'kæp] *n,v* -*n* gomë

e rikuperuar/e arnuar(me nxehtësi). -*vt* rikuperoj, arnoj(gomën) me të nxehtë.

recap II[*n* 'ri:kæp; *v* edhe ri:'kæp] *n,v gj.fol* -*n* përmbledhje, ritregim shkurt/përmbledhtas. -*vt* përmbledh; paraqes/ritregoj shkurtazi ose përmbledhtas; **well, to recap.**. pra, duke e përmbledhur(sa thamë më lart)...

recapitulate[rikë'piçëleit] *v* shih **recapII** *v*.

recapitulation[ri:këpiçë'leishën] *n* shih **recapII** *n*.

recapture [ri'kæpçë:] *v, n* -*vt* 1.kap sërish(një të arratisur etj). 2.rigjej(entuziazmin). 3.rikrijoj (atmosferën); na kujton, na sjell ndër mend(filmi, libri). -*n* 1.rimarrje, ripushtim(territori etj). 2.kapje, arrestim(i të ikurit).

recast [*v* ri'kæst; *n* 'ri:kæst] *v, n* -*vt* 1. *metal* riderdh.2.rimodeloj, ndryshoj. 3.*kin,teat* rishpërndaj rolet; i jap rol të ri (aktorit). -*n* 1. *metal* riderdhje. 2.rimodelim, ndryshim. 3. rishpërndarje e roleve.

recd., rec'd *treg* (shkurtim për **received**) i marrë, i dorëzuar(malli, korrespondenca).

recede [ri'si:d] *vi* 1.tërhiqet, zmbrapset(ujët); bie (batica). 2.largohet(bregu). 3.tërhiqem(nga ortakëria, nga marrëveshja). 4.pakësohen, zënë e shuhen (shpresat). 5.bie, futet përbrenda(mjekrra); bien (flokët); **his hair is receding** po i bien flokët nga përpara; **receding hairline** ballë i zbuluar; flokë të rënë. 6.ulet, bie(çmimi).

receipt[ri'si:t] *n,v* -*n* 1.dëftesë, vërtetim (pagese), dorë, kuitancë. 2.*treg* marrje(e mallit); **acknowledge receipt of** njoftoj marrjen në dorëzim të; **be in receipt of** kam marrë në dorëzim; **pay on receipt** paguaj pas marrjes në dorëzim.3.*pl fin* të hyra. 4.recetë gatimi. -*vt* vulos faturën, vë shënim në faturë, dëshmoj me shkrim(pagesën, marrjen në dorëzim).

receivable [ri'si:vëbël] *adj,n fin* -*adj* 1.i pranueshëm. 2.për të marrë, për t'u vjelur(para); **bills receivable** fatura të papaguara(nga klientët). -*n pl* shumë(parash) për t'u vjelë.

receive[ri'si:v] *v* 1.marr(letër, pako, rrogë); **received with thanks** *treg* u mor në dorëzim. 2.ha (grusht); pësoj(goditje). 3.*drejt* pranoj, strehoj(sende të vjedhura, keqbërës). 4.*drejt* marr (dënim), ha (burg); **receive 3 years** ose **3 years' imprisonment** ha 3 vjet/3 vjet burg.5.pres, mirëpres(dikë); jap pritje; pres miq. 6.pranoj (një propozim); pret (publiku); **the book was not well received** libri nuk u prit mirë. 7.*rad,tv* marr, dëgjoj, shikoj (stacion, kanal).

received [ri'si:vd] *adj* 1.i pranuar (opinion). 2.*Br gjuh* : **received pronunciation** shqiptim standard.

receiver [ri'si:vë:] *n* 1.marrës (i letrës etj). 2.*treg* pritës(i mallit).3.*drejt* strehues(sendesh të vjedhura, keqbërësish).4.*fin, drejt* administrator i përkohshëm; **official receiver (in bankruptcy)** administrator ligjor i pasurisë (në rast falimentimi); **call in the receiver** lë/vë (firmën,kompaninë) në administrim ligjor/gjyqësor. 5.dorezë telefoni, receptor. 6.*el* marrës, radiomarrës.

receivership[ri'si:vë:ship] *n fin, drejt* administrim ligjor; **the company will go into receivership** kompania do të vihet në administrim ligjor/gjyqësor.

receiving[ri'si:ving] *adj,n -adj* marrës; pritës (i goditjeve etj); **be on the receiving end** *gj.fol* e ha, e pësoj(goditjen); **be on the receiving end of a gift** *gj.fol* marr një dhuratë.
-n sende të vjedhura.
receiving blanket *n* batanije për të porsalindurit.
receiving line *n* radhë/varg i të zotëve të shtëpisë (në pritje, ceremoni etj).
receiving set *n el* marrës, radiomarrës.
recension[ri'senshën] *n* 1.rishikim; recension. 2. tekst i rishikuar.
recency['ri:sënsi] *n* të qenët i ri/i kohëve të fundit.
recent['ri:sënt] *adj* i fundit, i vonë, i paradokohshëm; i ri; **in recent years** (këto)vitet e fundit; **in recent memory** tani vonë, kohët e fundit; **for recent parents** për prindërit e rinj.
recently ['ri:sëntli] *adv* së fundi, kohët e fundit, s'ka shumë; **as recently as 1990** jo më larg se në 1990-ën; **until recently** deri tani vonë, deri para pak kohësh.
receptacle[ri'septëkël] *n* 1.enë. 2.vend, depozitë. 3.kasë. 4.konteiner. 5.*bot* shtrat i lules. 6.*tek* prizë.
reception[ri'sepshën] *n* 1.marrje (lajmesh etj). 2. pritje(miqsh etj); **get a warm reception** më presin me ngrohtësi; **give a reception** jap një pritje. 3.*rad,tv* marrje(e stacionit, kanalit). 4.sportel, banak (i hotelit); sallë pritjeje, paradhomë(te mjeku etj); dhomë e portierit; zyrë e përgjegjësit(të godinës); **at reception** te sporteli; në paradhomë; te zyra poshtë.
reception centre *n* qendër grumbullimi.
reception class *n Br* klasë përgatitore(në shkolla).
reception clerk *n* shih **receptionist**.
reception desk *n* sportel, banak (hoteli); zyrë /sallë pritjeje (te mjeku etj).
reception room *n* 1. sallë pritjeje (në ndërtesa publike). 2.dhomë pritjeje, sallon(në shtëpi).
receptionist [ri'sepshënist] *n Br* (në hotele, zyra) sportelist, pritës i klientëve; (te mjeku etj) sekretare.
receptive[ri'septiv] *adj* perceptues; i mprehtë, që i thith/i kap gjërat; **a receptive mind** mendje e mprehtë.
receptiveness[ri'septivnis], **receptivity**[risep'tivëti] *n* perceptueshmëri; mprehtësi, aftësi thithëse (e mendjes).
receptor[ri'septë:] *n biol* marrës, receptor; organ ndijues.
recess['ri:ses, ri'ses] *n,v -n* 1.pushim, ndërprerje e punëve/e punimeve(në Parlament etj).2.*amer drejt*

ndërprerje e seancës. 3.pushim i madh(në shkollë). 4.pjesë e futur(në mur etj); kamare; mazgallë. 5.*fig* strehë e qetë, skutë, thellësi(e shpirtit).
-v 1.ndërpritet(mbledhja etj). 2.ndërpres; shtyj (seancën, punimet); bëj pushim. 3.hap një kamare /mazgallë.
recession I[ri'seshën] *n* 1.prapsje, zbythje; tërheqje. 2.*ek* rënie(ekonomike), depresion.
recession II[ri'seshën] *n adm* rikthim pronarit të mëparshëm.
recessional [ri'seshënël] *n, adj -n fet* himn në mbarim të shërbesës.
-adj 1.*ek* rënieje, depresioni. 2.i daljes, i largimit (të priftërinjve pas shërbesës).
recessionary[ri'seshënëri] *adj ek* i rënies, i depresionit(faktor etj).
recessive[ri'sesiv] *adj* 1.prapavajtës.2.*biol* i fjetur, recesiv(gen).
recidivism[ri'sidëvizm] *n drejt* recidivizëm, prirje për përsëritje(të krimit).
recidivist[ri'sidëvist] *n drejt* përsëritës, recidivist.
recipe ['resëpi] *n* 1. recetë (gatimi). 2.*fig* mjet, e fshehtë, sekret(i arritjes së diçkaje).
recipient [ri'sipiënt] *n,adj -n* 1.marrës(i letrës, i mallit, i çmimit). 2.përfitues(i parave, i dhuratës etj).
-adj marrës.
reciprocal[ri'siprëkël] *adj,n -adj* 1.i ndërsjellë, i dyanshëm, reciprok . 2.*mat* i anasjellë, invers.
-n mat i anasjelltë, invers(numër).
reciprocally [ri'siprëkëli] *adv* 1. reciprokisht; bashkërisht; njëri-tjetrin, njëri-tjetrit. 2.*mat* anasjelltas.
reciprocate [ri'siprëkeit] *v* 1. ia kthej; **she called him a fool and he reciprocated** ajo i tha budalla dhe ai ia ktheu po njëlloj. 2.shkëmbej(buzëqeshje etj). 3.*tek* lëviz para-mbrapa, vete-vjen; alternohet.
reciprocating device *n tek* mekanizëm vajtje - ardhje.
reciprocating engine *n tek* motor me kollodok.
reciprocation[risiprë'keishën] *n* 1.shkëmbim(mirësjelljeje etj). 2.*tek* alternim, këmbim; vajtje-ardhje.
reciprocity [resi'prosëti] *n* ndërsjellje; anasjellë; dyanshmëri, reciprocitet.
recital [ri'saitël] *n* 1.rrëfim, tregim; përmendje(e hollësive). 2.*let* recitim, deklamim. 3.*muz* recital. 4. *drejt* hyrje, pjesë përshkruese(e marrëveshjes etj).
recitation[resë'teishën] *n* 1.rrëfim, tregim, paraqitje, parashtrim. 2.recitim, deklamim; **give recitations from Kadare** recitoj pjesë nga Kadareja. 3.ritregim (i një teksti); përgjigje (e nxënësit në klasë).
recitative I['resëteitiv, ri'saitëtiv] *adj* përmendsh (tregim, paraqitje).
recitative II[resëtë'ti:v] *n muz* recitativ.
recite[ri'sait] *v* 1. tregoj (me hollësi); paraqes (ngjarjet etj).2.lexoj(listën).3.recitoj, deklamoj. 4.për-

gjigjem, them mësimin (në klasë).

reck[rek] *vi vjet* 1.tregoj kujdes(për diçka), i jap rëndësi, i vë veshin, merakosem, pyes. 2.ka rëndësi; paraqet interes.

reckless['reklis] *adj* 1.i pamatur, i pakujdesshëm; i pavëmendshëm; moskokëçarës; **reckless driving** ngarje (e makinës) pa kujdes. 2.i nxituar, kokëkrisur, kuturiar.

recklessly['reklisli] *adv* pa u matur, pa kujdes; pa vrarë mendjen; me moskokëçarje.

recklessness['reklisnis] *n* 1.pamaturi, moskujdesje; moskokëçarje. 2.nxitim; kuturisje.

reckon['rekën] *v* 1.llogaris, numëroj; **reckon the cost** llogaris shpenzimin; **reckon without sb/sth** i bëj hesapet pa marrë parasysh dikë /diçka; **reckoning from next week** duke filluar nga java që vjen. 2.vë në hesap, marr në konsideratë; **he's somebody to be reckoned with** ai është nga ata që duhen vënë në hesap; **I reckoned without the fact that** nuk kisha marrë parasysh që... 3.quaj, konsideroj, mbaj(si, për); **they reckon her to be one of the best** atë e mbajnë si një nga më të mirat. 4.mendoj, gjykoj, besoj, kujtoj, them se; **I reckon we can start** them se mund të fillojmë; **I reckon she must be around thirty** ma ha mendja se duhet të jetë rreth të tridhjetave. 5.var shpresat, mbështetem, mbaj shpresë tek; **you can reckon on our help** mund të mbështetesh në ndihmën tonë. 6.lahem/qëroj hesapet(me dikë).

+**reckon on** marr parasysh.

+**reckon up** a)llogaris; b)mbledh, shtoj.

+**reckon with** marr parasysh, përballoj:**reckon with higher prices** marr parasysh një rritje të çmimeve.

reckoner['rekënë:] *n* (edhe **ready reckoner**)listë, tabelë.

reckoning['rekning] *n* 1.*mat* numërim; njehsim. 2.vlerësim; llogaritje; **by my reckoning** sipas llogaritjeve të mia; për mendimin tim; **be out in one's reckoning** gabohem në llogari.3.*treg* shlyerje, rregullim hesapesh. 4.(në hotel, restorant) faturë, llogari(për të paguar);*fet* **the day of reckoning** dita e Gjyqit të Fundit. 5.*det* gjetje e vendndodhjes(së anijes).

reclaim[ri'kleim] *vt* 1.përmirësoj, riaftësoj, bonifikoj (një tokë). 2.rigjeneroj(një nënprodukt). 3.kërkoj (të më kthehet). 4.*fig* ndreq, korrigjoj, kthej në rrugë të mbarë. + **past / beyond claim** i pandreqshëm.

reclaim[ri'klæm] *vt* rikërkoj; kërkoj të më kthehet.

reclaimable[ri'kleimëbl] *adj* 1.e përmirësueshme, e bonifikueshme(tokë). 2.i ripërdorshëm, i rishfrytëzueshëm (nënprodukt).

reclamation[reklë'meishën] *n* 1. përmirësim, riaftësim, bonifikim. 2.rigjenerim, rikuperim(i një materiali).

recline[ri'klain] *v* 1.shtrihem; mbështetem(në kolltuk etj); **the seat reclines** shpina e karriges mund të pjerrësohet. 2.shtrij; mbështes(kryet etj).

reclining chair *n* shezlon.

reclining seat *n* karrige me shpinë të pjerrësueshme.

recluse[*adj* ri'klu:s; *n* edhe 'riklu:s] *adj, n* i vetmuar, i tërhequr nga bota; oshënar.

reclusive [ri'klu:siv] *adj* i tërhequr, i mbyllur në vetvete.

recognition[rekëg'nishën] *n* 1.njohje, identifikim; **beyond/out of all recognition** sa nuk njihet dot më.2. njohje; emër, famë; vlerësim; **in recognition of** në shenjë vlerësimi për; **gain world-wide recognition** bëhem i njohur në të gjithë botën. 3. miratim, sanksionim.

recognizable['rekëg'naizëbël] *adj* i njohshëm, që mund të njihet.

recognizance[ri'kognëzëns] *n drejt* 1.angazhim. 2.dorëzani, garanci(në para); **enter into recognizances for sb** bëhem dorëzanë për dikë; **bail in his own recognizance of $10,000** lirim i përkohshëm kundrejt një dorëzanie prej 10 000 dollarësh.

recognize['rekëgnaiz] *vt* 1.njoh. 2.përshëndes(dikë në rrugë). 3.*amer* i jap fjalën, i jap të drejtën për të folur(në një mbledhje). 4.vlerësoj; pranoj.

recognized['rekëgnaizd] *adj* 1.i njohur(fakt), i mirënjohur, i padiskutueshëm. 2.*treg* i njohur, i regjistruar, i akredituar.

recoil[*v* ri'koil; *n* edhe 'ri:koil] *v,n* -*vi* 1.zmbrapset(arma). 2.(**from**) prapsem, zbythem, tërhiqem (përpara); **recoil from doing sth** heq dorë nga mendimi për të bërë diçka. 3. kthehet mbrapsht, i bie mbi kokë.

-*n* 1.zmbrapsje, teptisje(e armës). 2.prapsje, zbythje, tërheqje. 3.neveri(përpara diçkaje).

recollect[rekë'lekt] *v* 1.sjell ndër mend, kujtoj.2. kujtohem; **as far as I recollect** me sa mbaj mend.

re-collect[rikë'lekt] *vt* 1.rimbledh.2.rivë nën kontroll; **re-collect oneself** e mbledh veten sërish.

recollection[rekë'lekshën] *n* 1.rikujtim. 2.kujtim; kujtesë; **have no recollection of sth** nuk më kujtohet fare diçka; **to the best of my recollection, within my recollection** me sa më kujtohet.

recombination[rikombë'neishën] *n biol* rikombinim(i geneve).

recommend[rekë'mend] *vt* 1.rekomandoj; këshilloj; **recommend sb for a job** rekomandoj dikë për një vend pune; **it is to be recommended** është e këshillueshme. 2.paraqes në mënyrë të favorshme; **he has little to recommend him** ai s'ka shumë gjëra që të flasin në favor të tij. 3.ia besoj, ia lë në kujdes (një fëmijë dikujt).

recommendable [rekë'mendëbl] *adj* i këshillueshëm; **it is not recommendable** nuk këshillohet.

recommendation[rekëmen'deishën] *n* 1. rekomandim; **on the recommendation of** me rekomandimin e. 2.këshillë(e mjekut etj).

recommendatory [rekë'mendëto:ri] *adj* rekomandues; rekomandimi(letër).

recommit[ri:kë'mit] *vt amer pol* ia rikthej komisionit(një projektligj).

recommitment[ri:kë'mitmënt] *n amer pol* rikthim në komision(i projektligjit).

recommittal[ri:kë'mitël] *n* shih **recommitment**.

recompense['rekëm'pens] *n,v* -*n* 1.shpërblim; **in recompense of** si shpërblim për. 2.*drejt* zhdëmtim, dëmshpërblim, kompensim. -*vt* 1.shpërblej(for për). 2.*drejt* zhdëmtoj, dëmshpërblej; kompensoj, paguaj(dëmin).

recompose[ri:këm'pouz] *vt* 1.rishkruaj, rihartoj. 2. qetësoj; **recompose oneself** qetësohem, mbledh veten.

reconcilability[rekënsajlë'bilëti] *n* pajtueshmëri.

reconcilable[rekën'sajlëbël] *adj* i pajtueshëm.

reconcile['rekënsajl] *vt* 1.pajtoj(dy vetë).2.paqtoj, ndaj(një sherr). 3.pranoj; **what reconciled his wife to it was...** ajo çka e bëri të shoqen ta pranonte atë gjë ishte...

reconcilement[rekën'sajlmënt] *n* shih **reconciliation**.

reconciliation [rekënsili'eishën] *n* pajtim (njerëzish, idesh).

reconciliatory[rekën'siliëto:ri] *adj* pajtues.

recondite ['rekëndait, ri'kondait] *adj* 1.i vështirë (për t'u kuptuar), i thellë. 2.i panjohur, i errët.

recondition [rikën'dishën] *vt* riparoj (motorin); përtërij, rinovoj.

reconnaissance[ri'konësëns] *n usht* zbulim, njohje e terrenit.

reconoiter[rekë'noitë:] *v usht* zbuloj; njoh terrenin.

reconquer[ri:'konkë:] *vt* ripushtoj.

reconquest[ri:'konkwest] *n* ripushtim.

reconsider[rikën'sidë:] *v* 1.rishikoj(vendimin etj); **won't you reconsider it?** do ta rishikosh çështjen? 2.ridiskutoj; ndërroj mendim.

reconsideration ['ri:kënsidë'reishën] *n* rishikim, rishqyrtim; ridiskutim, vënie në dyshim.

reconstitute[ri'konstët(j)u:t] *vt* rikrijoj; riformoj.

reconstruct[ri:kën'strʌkt] *vt* 1.rindërtoj. 2.rikrijoj (tablonë e krimit).

reconstruction[rikën'strʌkshën] *n* 1.rindërtim. 2. rikrijim(i tablosë së krimit). 3.objekt i rindërtuar.

reconstructive[rikën'strʌktiv] *adj* rindërtues.

record[v ri'ko:d; *n,adj* 'rekë:d] *v,n,adj* -*v* 1.shënoj, mbaj shënim; regjistroj; **record the proceedings of a meeting** mbaj procesverbalin e mbledhjes; **record the population** bëj regjistrimin e popullsisë; **record one's vote** jap votën, votoj.2. raportoj,

paraqes, përshkruaj; **as recorded in the newspapers** siç paraqitet në shtyp. 3.*el* regjistroj; regjistrohet(në shirit, disk); **her voice records well** zëri i saj regjistrohet mirë. 4.tregon, shënon (aparati). -*n* 1.shënim; regjistrim; **keep a record of sth** mbaj shënim për diçka; **he is on record as saying that...** ai ka deklaruar publikisht se..**there's no record of it** nuk është shënuar gjëkundi; **record of attendance** regjistër(për mungesat). 2.procesverbal; **place/put sth on record** shënoj diçka në procesverbal; **just to set the record straight** *fig* thjesht për t'i pasur gjërat të qarta. 3.relacion; raport. 4.dokument; (**public**) **records** arkiva; anale. 5.e kaluar; dosje; gjendje gjyqësore/penale(e personit); **have a clean record** e kam të pastër dosjen/gjendjen penale; **police records** regjistër i gjendjes gjyqësore; skedar i policisë; **he's got a long record** ai ka një dosje mjaft të ngarkuar; **have a good record at school** kam një dosje /rezultate mjaft pozitive në shkollë.6. emër, nam; **this airline has an excellent safety record** kjo linjë ajrore është me emër për sigurinë e fluturimeve. 7.*sport* rekord; **beat/break the record** thyej rekordin; **hold the record** mbaj rekordin; **in record time** në një kohë rekord. 8. disk, pllakë (gramafoni); **make/cut a record** regjistroj/inçizoj një disk. 9.regjistrim, inçizim.10. kurbë, grafik, regjistrim(i sizmografit etj). +**go on record** deklaroj publikisht; **off the record** jozyrtarisht; **on record** i regjistruar, i mbajtur shënim, i dokumentuar.

record album *n muz* album disqesh.

record breaker *n sport* thyes rekordesh.

record cabinet *n* raft disqesh; diskotekë.

record card *n* skedë.

record changer *n* ndërrues automatik disqesh.

record dealer *n* shitës disqesh.

record holder *sport* mbajtës rekordi, rekordmen.

record library *n* diskotekë, koleksion disqesh.

record player *n* gramafon, elektrofon.

record token *n* bono/kupon për disk falas.

recorded [ri'ko:did] *adj* 1. i regjistruar (emision, muzikë). 2.rekomandé; **send by recorded delivery** çoj rekomandé.

recorder[ri'ko:dë:] *n* 1.arkivist. 2.protokollist; sekretar gjyqi. 3. *Br drejt* avokat i caktuar si gjykatës. 4.*amer drejt* ndihmësgjyqtar. 5.*el* regjistrues, aparat regjistrimi; **tape recorder** magnetofon (me bobinë); **cassette recorder** kasetofon, magnetofon me kasetë. 6.teknik regjistrimi. 7.*muz* flaut.

recording[ri'ko:ding] *n,adj* -*n* regjistrim, inçizim; **this program is a recording** ky program është i regjistruar(më përpara). -*adj* 1.i regjistrimit(të popullsisë) 2.regjistrimi(teknik); regjistrues, inçizimi(aparat); **recording equipment** pajisje inçizimi; **recording studio** studio inçizimi; **recording tape** shirit magnetik /magneto-

foni; **recording van** studio lëvizëse.
recount I[ri'kaunt] *vt* tregoj me hollësi, rrëfej.
recount II['ri:kaunt] *n* rinumërim(i votave etj).
re-count[ri'kaunt] *vt* rinumëroj.
recoup[ri'ku:p] *v* 1.vë në vend(humbjet); **recoup costs** nxjerr paratë e mia, dal me të miat; i nxjerr shpenzimet(fitimi, biznesi). 2.dëmshpërblej; zhdëmtoj; kompensoj; **recoup oneself** dëmshpërblehem, vë në vend humbjet. 3.ul, zbres(shpenzimet).
recourse['ri:ko:s, ri'ko:s] *n* 1.kërkim ndihme; adresim; **have recourse to weapons/to a doctor** u drejtohem armëve; i drejtohem mjekut. 2.*fig* mbështetje; strehë. 3.*fin* e drejtë tërheqjeje(parash).
recover[ri'kʌvë:] *v* 1.rigjej, gjej(diçka të humbur). 2.rifitoj(oreksin, shëndetin); më kthehet(arsyeja etj); **recover one's breath** marr frymë sërish; **recover one's strength** më vijnë forcat; e rimarr veten; **recover consciousness** vij në vete, përmendem; **recover oneself/one's composure** e marr veten; 3.marr, shtie sërish në dorë, ma kthejnë(diçka); vë në vend (humbjet etj); **recover expenses** nxjerr shpenzimet, dal me të miat. 4.rimarr, ripushtoj(një territor); **recover damages** marr dëmshpërblim, zhdëmtohem. 5.marr veten; shërohem. 6.vij në vete, përmendem. 7.*fig* kthehem në rrugë të mbarë. 8.*fin* ngrihen(aksionet). 9.*drejt* fitoj gjyqin; fitoj(diçka) me gjyq. 10.shpëtoj. 11.riaftësoj, rigjeneroj, rishfrytëzoj, rikuperoj (materiale).
re-cover[ri'kʌvë:] *vt* 1.rimbuloj, mbuloj sërish. 2. rivesh, vesh me copë të re(kolltuqet etj).
recoverable[ri'kʌvërëbl] *adj fin* e riparueshme, që mund të vihet në vend(humbje); të rikuperueshme (fonde).
recovered[ri'kʌvë:d] *adj mjek* i përmirësuar (i sëmurë).
recovery[ri'kʌvëri] *n* 1.gjetje; kthim (i diçkaje të humbur). 2.shërim; marrje e vetes(edhe *fig*); **be on the way to recovery** përmirësohem, jam duke u shëruar; **best wishes for a speedy recovery** të urojmë shërim të shpejtë; **past recovery** pa shërim, pa shpresë(i sëmurë); e pashpresë, pa rrugëdalje (situatë); **make a recovery** *sport* vij sërish në formë. 3.*drejt* fitim me gjyq(i një prone, i zhdëmtimeve).
recovery operation *n av* operacion shpëtimi (i anijes kozmike etj).
recovery room *n* sallë reanimacioni.
recreancy ['rekriënsi] *n* 1. paburrëri. 2. pabesi, tradhti.
recreant ['rekriënt] *adj, n* 1. frikacak, lalash. 2.i pabesë, tradhtar.
recreate['rekriejt] *v* 1.çlodh; argëtoj, dëfrej, zbavis. 2.çlodhem; argëtohem; dëfrehem, zbavitem.
re-create[rikri'ejt] *vt* rikrijoj.
recreation[rekri'ejshën] *n* 1.çlodhje; argëtim, dëfrim, zbavitje; **recreation ground** shesh lojrash;

recreation room sallë çlodhjeje; sallë lojrash. 2.pushim i madh(në shkollë).
recreational [rikri'ejshënël] *adj* çlodhjeje; argëtimi; lojrash.
recreative['rekriejtiv] *adj* çlodhës; argëtues.
recriminate[ri'krimëneit] *vi* (**against** kundër) kthehem në paditës, bëj kundërpadi, kundërpadis.
recrimination [rikrimë'neishën] *n drejt* kundërpadi.
recriminative[ri'krimënëtiv] *adj* kundërpaditës.
recriminatory[ri'krimënëto:ri] *adj* kundërpaditës.
rec room *n* dhomë çlodhjeje (në bodrum etj).
recrudesce[rikru'des] *vi* rifillon; shpërthen sërish (zjarri, epidemia etj).
recrudescence[rikru'desëns] *n* rifillim; shpërthim i ri; acarim, egërsim(i epidemisë etj).
recrudescent [rikru:'desënt] *adj* që nis sërish; e përsëritur(epidemi etj).
recruit[ri'kru:t] *n,v* -*n* 1.rekrut. 2.anëtar. 3.punonjës i ri.
-*vt* 1.rekrutoj. 2.anëtarësoj, bëj anëtarë të rinj. 3. punësoj, angazhoj(dikë). 4.përtërij (forcat, shëndetin).
recruiting[ri'kru:ting]*n* rekrutim; marrje në punë; **recruiting office** zyrë rekrutimi; zyrë punësimi.
recruitment[ri'kru:tmënt] *n* rekrutim.
rectal['rektël] *adj anat* rektal, i rektumit, i zorrës së trashë.
rectangle['rektængël] *n mat* drejtkëndësh.
rectangular [rek'tængiëlë:] *adj mat* drejtkëndor; kënddrejtë.
rectifiable ['rektifajëbl] *adj* i korrigjueshëm, i ndreqshëm.
rectification [rektëfi'keishën] *n* 1.ndreqje, korrigjim.2.*kim* pastrim, rafinim. 3.*el* drejtim, radrizim(i rrymës).
rectifier['rektëfajë:] *n* 1.ndreqës, korrigjues.2.*kim* pastrues, rafinues.3.*el* drejtues rryme, radrizator.
rectify['rektëfai] *vt* 1.ndreq, korrigjoj(gabimet).2.*kim* pastroj, rafinoj. 3.*el* drejtoj, radrizoj(rrymën).
rectilineal, --linear[rektë'liniël, -'linië:] *adj* drejtvizor; vijëdrejtë.
rectitude['rektët(j)u:d] *n* ndershmëri; drejtësi; korrektesë.
recto['rektou] *n* 1.anë e mbarë(e një flete të shkruar). 2.faqja djathtas(e librit të hapur).
rector['rektë:] *n* 1.*fet* famullitar. 2.*skoc* drejtor (liceu, kolegji). 3. rektor (universiteti).
rectorate['rektërit] *n* pozitë e famullitarit/drejtorit /rektorit.
rectory['rektëri] *n* banesë e famullitarit.
rectum['rektëm] *n anat* zorrë e trashë, rektum.
recumbency [ri'kʌmbënsi] *n* qëndrim / pozicion shtrirë.
recumbent[ri'kʌmbënt] *adj* i shtrirë.
recuperate[ri'k(j)u:përeit] *v* 1.rimëkëmbem, për-

mirësohem, e marr veten. 2.gjej, shtie në dorë sërish (diçka).3.rifitoj(shëndetin etj). 4.*tek* rigjeneroj, rifus në përdorim, riaftësoj. 5.*fin* vë në vend (humbjet).

recuperation[rik(j)u:pë'reishën] *n* 1.rimëkëmbje, marrje e vetes. 2.rifitim(i shëndetit). 3.*tek* rigjenerim, rikuperim. 4.*fin* vënie në vend(e humbjeve).

recuperative[ri'k(j)u:përëtiv] *adj* përtëritës; rigjenerues.

recur[ri'kë:] *vi* 1.përsëritet(gabimi etj); ndodh sërish(diçka); rishfaqet(' problemi); rikthehet (sëmundja). 2.kujtohet, vjen sërish ndër mend. 3.*mat* përsëritet periodikisht.

recurrence[ri'kʌrëns, ri'kërëns] *n* përsëritje; rishfaqje; rikthim; **let there be no recurrence of this** mos ndodhtë më, qoftë e shkuar.

recurrent[ri'kʌrënt, ri'kërënt] *adj* 1.i përsëritur; i shpeshtë; periodik; **recurrent expenses** *treg* shpenzime të zakonshme. 2.*anat* prapavajtës, që kthehet prapa (nerv).

recurring[ri'këring] *adj* 1.*mat* periodik; **recurring decimal** numër (dhjetor) periodik. 2.i rregullt, i vazhdueshëm, i përhershëm (problem, ngjarje). 3. kronike(sëmundje).

recurve[ri'kë:v] *vt* ripërkul.

recusant ['rekjëzënt, ri'kju:zënt] *n, adj* kundërshtues.

recyclable[ri'sajklëbël] *adj* i riciklueshëm, i ripërdorshëm(material).

recycle[ri'sajkël] *vt* 1.ricikloj, ripërdor(letra, plastmase). 2.*fin* riinvestoj(fitimet).

recycling[ri'sajkling] *n* riciklim, ripërdorim.

red [red] *adj,n* -*adj* 1. i kuq; kuqalash; kuqash; i kuqërremë; **red hat** kësulë e kardinalit; **red light** dritë e kuqe(e semaforit); **go through the red light** kaloj me dritë të kuqe, bëj kundërvajtje; **red hair** flokë të kuq/të kuqërremë. 2.i skuqur(në fytyrë); **red with anger** i skuqur nga zemërimi; **was I red in the face!, was my face red!, did I have a red face!** u bëra flakë/s'dija ku të futesha nga turpi; **go/turn red** skuqem. 3.të skuqur, të përskuqur(sy). 4.*pol* i kuq; *knd* liberal. + **get the red light on a project** i mbyllen dyert një projekti.

-*n* 1.e kuqe(ngjyrë). 2.bojë e kuqe, të kuq. 3.rroba të kuqe. 4.kuqash, kuqalash, kuqo; qimekuq. 5.*pol* i kuq; *knd* liberal; **he sees reds under the bed** atij i duken të gjithë komunistë.6.*amer hist* indian, lëkurëkuq. 7.*fin* borxh; debi; **be in the red** a)jam debitor; b)është deficit, është me humbje(firma); **go into the red ink** është deficit(firma). + **see red** *gj.fol* tërbohem nga inati, më erren sytë; **see the red light** e nuhas rrezikun.

redact[ri'dækt] *vt* 1.hartoj, përpiloj.2.redaktoj.

redaction[ri'dækshën] *n* redaktim.

red admiral (butterfly) *n zool* flutur e kuqe.

red alert *n usht* alarm i shkallës më të lartë.

redan[ri'dæn] *n usht* fortinë tip pykë.

red blood cell *n anat* rruazë e kuqe (e gjakut).

red-blooded['red'blʌdid] *adj* i gjallë; i fortë, i fuqishëm.

redbreast['redbrest] *n zool* gushëkuq.

redbrick['redbrik] *adj* i ri; **red-brick university** *Br* universitet i ri (i krijuar nga fundi i shekullit të kaluar).

redcap ['redkæp] *n* 1. *Br usht* polic ushtarak. 2. *amer hek* hamall.

red-carpet['red'ka:pit] *adj* princor; madhështor; **red-carpet treatment** pritje madhështore; **roll out the red carpet** bëj një pritje madhështore/princore.

red cedar *n bot* kedër i kuq.

redcoat['redkout] *n*1.*Br hist* ushtar anglez. 2.polic kanadez në kalë.3.*Br* argëtues(në kamp pushimi).

red corpuscle *n anat* rruazë e kuqe(e gjakut).

Red Crescent *n* Gjysmëhëna e Kuqe.

Red Cross *n* Kryqi i Kuq.

redcurrant['red'kʌrënt] *n bot* rrush frëngu i kuq.

redd [red] *n* gropë në shtrat të lumit (ku lëshon vezët trofta).

red deer *n* dre.

redden [redn] *v* 1.skuq, përskuq, kuqëloj. 2.skuqet, përskuqet, kuqëlon(gjethi, qielli). 3.skuqem(në fytyrë).

reddish['redish] *adj* i kuqërremtë; në të kuq; **reddish hair** flokë të kuqërremtë.

rede[ri:d] *v,n vjet* -*v* 1. këshilloj. 2. shpjegoj; interpretoj. 3.them; tregoj.

-*n* 1.këshillë. 2.shpjegim. 3.tregim; histori.

red duster *n det* shih **red ensign**.

redecorate [ri:'dekëreit] *v* lyej sërish (dhomën, shtëpinë); shtroj sërish(me qilima); ndryshoj tapicerinë.

redecoration[ri:dekë'reishën] *n* rilyerje; ndryshim i tapicerisë(së shtëpisë).

redeem [ri'di:m] *vt* 1. riblej; nxjerr nga pengu, shpengoj. 2.shlyej (borxhin, kredinë); paguaj (faturën). 3.*treg* shkëmbej (bonon/kuponin me mall) 4.*amer* thyej (kartëmonedhë). 5.mbaj (premtimin); respektoj(një detyrim). 6.ndreq(gabimin); **redeem oneself/one's honor** ndreq gabimin, laj/shlyej fajin. 7.*fet* shëlbej, shpëtoj(mëkatarin), çliroj nga mëkati. 8. kompensoj, balancoj. 9.rifitoj(tokë), bonifikoj.

redeemable[ri'di:mëbël] *adj* 1.i shpengueshëm.2. i shlyeshëm(borxh, obligacion, kredi). 3.e paguashme(faturë). 4.*fet* i shëlbyeshëm.

redeemer[ri'di:më:] *n* 1.shpengues.2.pagues.3.*fet* **Redeemer** Shpëtimtari, Jezu Krishti.

redeeming[ri'di:ming] *adj* pozitiv, që kompenson (anët negative); **the only redeeming feature of the newspaper** i vetmi tipar pozitiv i gazetës.

redefine[ridi'fain] *vt* ripërkufizoj; ripërcaktoj; **redefine the problem** e shtroj sërish problemin, i ndryshoj të dhënat problemit.

redemption[ri'dempshën] *n* 1.riblerje. 2.shpengim, nxjerrje nga pengu. 3.shlyerje, larje (llogarish); pagesë. 4.*fet* shëlbim, shpëtim, çlirim nga mëkati. + **beyond/past redemption** *fig* i pandreqshëm(send); pa rrugëdalje(situatë); pa shpëtim(person).

redemptive[ri'demptiv] *adj* 1.shpengues.2.shlyes. 3.*fet* shëlbyes.

redemptory[ri'demptëri] *adj* shih **redemptive**.

red ensign *n Br det* flamur i marinës tregtare.

redeploy[ridi'ploi] *vt* 1.*usht* rirreshtoj(trupat). 2. *ek* rishpërndaj, risistemoj(personelin); riorganizoj (sektorët).

redevelop [ri:di'velëp] *vt* 1. rizhvilloj (edhe *fot*). 2.përmirësoj (ndërtesa, toka).

redeye['redaj] *n knd zhrg* pije me birrë dhe lëng domatesh.

red-eyed['red'ajd] *adj* sykuq.

red-faced['redfeist] *adj* 1.faqekuq. 2.i skuqur në fytyrë(nga turpi etj).

red fire *n* barut fishekzjarresh(që digjet me dritë të kuqe).

redfish['redfish] *n* 1.peshk i kuq. 2.*knd* salmon i ujrave të ëmbla.

red flag *n* 1.flamur i kryengritjes. 2.shenjë rreziku. 3.*fig* diçka irrituese.

red-haired ['red'heë:d] *adj* flokëkuq, qimekuq, kuqalash.

red-handed['red'hændid] *adj* 1.me duart të lyera në gjak. 2.i kapur në flagrancë; **catch sb red-handed** kap/zë dikë me presh në duar.

redhead ['red'hed] *n* 1. kuqo, kuqalash. 2. *zool* zhytër kokëkuqe.

red-headed['red'hedid] *adj* shih **red-haired**.

red herring *n* 1.harengë e tymosur. 2.*fig* : **that's a red herring** kjo është për të humbur gjurmët.

red hot *n gj.fol* hotdog(panine me salsiçe etj).

red-hot ['redhot] *adj* 1. i nxehur fort, i skuqur. 2.*fig* entuziast, i zjarrtë. 3.*fig* i freskët, taze(lajm).

Red Indian *n* Lëkurëkuq, indian i Amerikës.

redingote['redingout] *n* redingotë.

redintegrate[red'intëgreit] *v* 1.ribashkoj; riformoj; rivendos; përtërij. 2.ribashkohet, riformohet; përtërihet.

ridirect[ri:'dairekt] *vt* ridërgoj, dërgoj në adresën e re(letrat etj).

rediscover['ri:dis'kʌvë:] *vt* rizbuloj.

redistribute['ri:dis'tribju:t] *vt* rishpërndaj.

redistrict [ri'distrikt] *v* 1. *amer pol* rindaj zonat elektorale. 2.i nënshtrohet rindarjes.

redistricting[ri:'distrikting] *n amer pol* rindarje e zonave elektorale.

red juniper *n bot* kedër i kuq.

red lead *n kim* oksid plumbi(i kuq).

red-letter day *n* ditë e shënuar; ditë e lumtur.

---

red light *n* 1.dritë e kuqe(e semaforit). 2.*gj.fol* sinjal paralajmërues; ndalim; pengesë.

red-light district['redlait] *n* lagje e rezervuar(ku ndodhen shtëpitë publike).

redline['redlain] *vt amer fin* diskriminoj.

red mullet *n zool* barbun.

redneck['rednek] *n amer zhrg* kokëgdhë, malok.

redo[ri'du:] *vt* (**redid; redone**) ribëj.

redolence['redëlëns] *n* aromë, kundërmim.

redolent['redëlënt] *adj* 1.erëmirë, kundërmues. 2. me erë të fortë.3.*fig* që të nxit(ndjenja); që të kujton.

redouble [ri'dʌbël] *v* 1.dyfishoj, shtoj së tepërmi (përpjekjet, shpejtësinë). 2.përsëritet, jehon (zëri). 3.rikthehem.

redoubt[ri'daut] *n usht* fortinë, pikë e fortifikuar.

redoubtable[ri'dautëbël] *adj* i frikshëm; i tmerrshëm, tmerrues; i hatashëm.

redound[ri'daund] *vi* 1.kontribuoj; **redound to sb's credit/to the honour of** është në nderin e. 2.kthehet; **redound upon sb** bie/rëndon mbi dikë.

red pepper *n* spec i kuq.

redress[ri'dres] *v,n* -*vt* 1. ndreq, rregulloj (gabimin). 2.rivendos(gjendjen, ekuilibrin).3.zhdëmtoj. -*n* 1.ndreqje, rregullim.2.zhdëmtim, dëmshpërblim.

Red Sea *n gjeog* Deti i Kuq.

red shift *n astr* zhvendosje e Kuqe.

redskin['redskin] *n* lëkurëkuq, indian i Amerikës.

red tape *n përb* burokraci.

reduce [ri'dju:s] *v* 1.pakësoj, zvogëloj, ul (shpenzimet, peshën,shpejtësinë etj); shkurtoj(afatin). 2.bie në peshë. 3.*usht* degradoj; **reduce sb to the ranks** degradoj dikë. 4.e bëj, shndërroj, kthej(në); **reduce sth to ashes/to pieces/to a powder** e bëj shkrumb e hi/e bëj copash/pluhur diçka. 5. *kim* reduktoj, çoksidoj. 6. *mat* thjeshtoj. 7.*fig* katandis;kthej në; **be reduced to begging** katandisem në lypës; **reduce sb to slavery** kthej dikë në skllav. 8.nënshtroj; pushtoj.

reduced[ri'd(j)u:st] *adj* 1.i ulur(çmim); **buy at reduced price** blej me çmim të ulur; **reduced goods** mallra me çmime të ulura.. 2.i pakësuar, i zvogëluar; **on a reduced scale** në shkallë zvogëluese; *fig* në një masë të vogël; nga pak; **in reduced circumstances** në ngushticë, në gjendje varfërie.

reducer[ri'd(j)u:së:] *n* 1.*tek* reduktor. 2.*fot* reduktues. 3.dobësues, pajisje për të rënë në peshë.

reducible [ri'd(j)u:sëbël] *adj* 1. i zvogëlueshëm. 2. *mat* e thjeshtueshme(thyese).

reducing agent *n kim* reduktues, çoksidues.

reductio ad absurdum *n lat* kthim në absurditet (metodë vërtetimi).

reduction[ri'dʌkshën] *n* 1.pakësim, zvogëlim, ulje; zbritje; rënie; shkurtim; **make a reduction on an article** i bëj një zbritje(çmimi) një artikulli; **sell sth at a reduction** shes diçka me zbritje; **reduction in strength** *usht* pakësim i efektivave. 2.ulje në gradë, degradim.3.*kim* reduktim, çoksidim.4.*mat* thjeshtim.

redundance[ri'dʌndëns] *n* shih **redundancy**.

redundancy[ri'dʌndënsi] *n* 1.*ek* shkurtim, nxjerrje në papunësi(për tepricë personeli); **fear redundancy** kam frikë se humbas punën; **the last round of redundancies** vala e fundit e pushimeve nga puna. 2.tepri; tepricë; bollëk. 3.*let* fjalë të tepërta, pleonazëm.

redundant [ri'dʌndënt] *adj* 1.i tepërt; i panevojshëm. 2.i tepruar; i rënduar, me fjalë të tepërta. 3. i nxjerrë nga puna(për tepricë personeli); **find oneself redundant** dal tepër, pushohem nga puna.

reduplicate[v ri'd(j)uplëkeit; *adj* ri'd(j)uplëkit] *v, adj* -*vt* dyfishoj; përsëris.
-*adj* i dyfishuar; i përsëritur.

reduplication [rid(j)uplë'keishën] *n* 1.dyfishim; përsëritje. 2.kopje; dublikatë.

redwood['redwud] *n bot* sekuojë gjigande.

reecho[ri'ekou] *v,n* -*v* 1. jehon sërish, rioshëtin. 2.ripërsëris, rikthej(zërin).
-*n* jehonë e përsëritur, jehonë e jehonës.

reed[ri:d] *n* 1.kallam. 2.xunkth.3.*muz* gjuhëz(klarinete etj). 4. pipëz, fyell, zamare.

reed mace *n* kallam uji; xunkth.

reedy ['ri:di] *adj* 1. me kallama. 2.prej kallami; si kallam. 3.i mprehtë(zë).

reef I[ri:f] *n* 1.shkëmbinj nënujorë, sharrnajë, sharra; **coral reef** sharra koralore. 2.*min* damar (xeherori).

reef II[ri:f] *n,v det* -*n* palë(në velë).
-*vt* shkurtoj, mbështjell(velën).

reefer I['ri:fë:] *n* gozhup; kapotë(detari).

reefer II['ri:fë:] *n zhrg* cigare me marihuanë.

reefer III ['ri:fë:] *n amer zhrg* kamion / vagon frigoriferik.

reef knot *n* nyjë e sheshtë.

reek[ri:k] *n,v* -*n* erë e keqe, kutërbim.
-*vi* 1.kutërbon; vjen erë(të keqe). 2.mbulohem, lahem (në djersë, në gjak). 3.*fig* zhytem (në korrupsion). 4.*fig* mban erë, dëshmon sheshit për (arrogancë etj).

reel I[ri:l] *n,v* -*n* 1.çikrik (peri, pusi). 2. rrotull, rrotkë, rrokel; bobinë (magnetofoni, filmi etj); makinetë (e kallamit të peshkimit).3.*film* (i mbështjellë).4.lëkundje, kalamendje; marramendje. + *off* **the reel** *gj.fol* lirshëm, me lehtësi, pa ndalesë.
-*v* 1.mbështjell. 2.nxjerr peshkun(me makinetë). 3.lëkundem; më merren këmbët, eci si i pirë; më merren mendtë; **my head was reeling** më vinte mendja vërdallë.
+**reel in** tërheq(lundrën); nxjerr(peshkun me grep).
+**reel off** a)nxjerr nga goja, lëshoj(fjalë etj); b)shpështjell(perin etj).
+**reel up** mbështjell(perin, litarin).

reel II[ri:l] *n* valle e shpejtë skoceze; kadril.

reelect[rii'lekt] *vt* rizgjedh.

reelection [rii'lekshën] *n* rizgjedhje; **stand/run /offer oneself for/face re-election** vë kandidaturën për t'u rizgjedhur.

reenact[rii'nækt] *vt drejt* 1.rikrijoj, rindërtoj, riprodhoj (tablonë e krimit). 2.rivë në fuqi(një ligj).

reengage[riin'geixh] *vt* 1.rimarr në punë. 2.*tek* riingranoj.

reenlist[riin'list] *v* 1.rekrutoj sërish.2.hyj sërish në ushtri.

reenter[ri'entë:] *v* rihyj, rifutem; kthehem; **reenter for an exam** rifutem në provim; **re-enter the atmosphere** futet në atmosferë(anija kozmike).

reentry [ri'entri] *n* rikthim, futje (e raketës në atmosferë etj).

reestablish [riis'tæblish] *vt* 1.rivendos(rregullin). 2.rehabilitoj(dikë). 3.rikthej, restauroj(një zakon etj).

reeve I [ri:v] *n* 1.*hist* mbikëqyrës; qehaja. 2.*knd* kryeplak.

reeve II[ri:v] *vt det* 1.kaloj, fus (litarin në hallkë). 2.i kaloj përmes(cekëtirës).

reexamination [riikzæmë'neishën] *n* 1.rishqyrtim.2.*drejt* ripyetje (e dëshmitarit).

reexamine[riig'zæmin] *vt* 1.rishqyrtoj. 2.*drejt* ripyes, rimarr në pyetje(dëshmitarin).

ref I *treg* (shkurtim për **with reference to**) në lidhje me; në vijim të(letrës suaj etj).

ref II[ref] *n sport* (shkurtim për **referee**) gjyqtar.

reface[ri'feis]*vt* i ndërroj veshjen e jashtme, rivesh.

refection [ri'fekshën] *n* 1.freskues; pije freskuese. 2.e ngrënë e lehtë.

refectory[ri'fektëri] *n* sallë ngrënieje; mensë.

refer[ri'fëë:] *v* 1. paraqes, ia kaloj, ia përcjell, ia referoj(problemin dikujt); **you have to refer it to the manager** duhet t'ia paraqisni përgjegjësit. 2.rekomandoj, çoj, drejtoj(dikë te dikush); **I referred him to the owner** e drejtova te pronari; **refer sb to the dictionary** i rekomandoj dikujt të hapë fjalorin. 3.konsultoj, i referohem; **please refer to page...** lutemi shikoni në faqen...4.i referohet, ka lidhje me; zbatohet; **this rule refers to special cases** ky rregull zbatohet vetëm në raste të veçanta; **does that refer to me?** më kap edhe mua kjo?, vlen edhe për mua kjo? 4.ia vë fajin; ia atribuoj; **refer one's failures to bad luck** ia vë fajin fatit të keq për dështimet e mia.5.kthej mbrapsht, nuk pranoj; **his thesis has been referred** atij nuk ia pranuan temën /tezën; **refer a check to drawer** ia kthej mbrapsht çekun dikujt. 6.*drejt* çoj në gjyq, ia kaloj gjyqit.
+**refer back** shtyj(për më vonë); **refer sth back to sb** konsultohem me dikë për diçka.

referable[ri'fëërëbl] *adj* që mund t'i atribuohet.

referee [refë'ri:] *n,v* -*n sport* 1.gjyqtar, arbitër. 2. garant; person të cilit mund t'i referohesh; **act as/be referee for sb** bëhem garant/jap rekomandim për dikë; **may I give you/your name as a referee?** a mund ta jap emrin tuaj si referencë për mua? -*vt* gjykoj, arbitroj(ndeshjen); bëhem arbitër.

reference ['refërëns] *n* 1.referim; përmendje; aluzion; **reference was made to his misfortune** u përmend/u zu në gojë fatkeqësia e tij; **in/with reference to** për sa i takon; në lidhje me; **without reference to** pa përmendur, pa marrë parasysh; **make reference to** përmend. 2.adresim(te dikush); dërgim(i problemit tek).3.kompetencë(e një komi-sioni etj); **outside the reference of** jashtë kom-petencës së. 4.dëshmi, referenca; të dhëna; **give sb a good reference** i jap dikujt një dëshmi të mirë; **he was asked for a reference for me** atij i kërkuan të dhëna për mua. 5. garant, rekomandues, lëshues dëshmie, burim të dhënash(personi); **may I give you as a reference?** a mund ta jap emrin tuaj si rekomandues? . 6.koordinata(në hartë). 7. lidhje; **this has no reference to**...kjo s'ka kurrfarë lidhjeje me...**all pupils without reference to age or grade** të gjithë nxënësit, pavarësisht nga mosha apo klasa.8.*gjuh* njoftim, referim, kuptim (në fjalorët). 9.*attr* informativ; ndihmues; referimi.

reference book *n* libër referimi.

reference library *n* bibliotekë veprash burimore /për t'u konsultuar.

reference point *n* pikë referimi.

referend['refërënd] *n* shih **referent**.

referendum[refë'rendëm] *n pol* referendum.

referent['refërënt] *n,adj* -*n* 1.person i konsultuar. 2.objekt referimi.

-*adj* referues; referimi.

referral[ri'ferël] *n* 1.referim, adresim(te dikush, diçka). 2.person i rekomanduar; objekt referimi.

refill[*v* ri'fil; *n* 'ri:fil] *v,n* -*vt* rimbush.

-*n* 1. rimbushje; **would you like a refill?** të ta mbush edhe një(gotë)? 2.rezervë(stilolapsi).

refine[ri'fain] *v* 1.rafinoj (naftën, sheqerin etj). 2. përpunoj; përsos. 3.përpunohet; përsoset. 4.*fig* stërholloj, qëndis(një shkrim etj).

+**refine on / upon** përmirësoj; përsos.

refined[ri'faind] *adj* 1. i rafinuar; i pastër. 2. i lëmuar; me shije të hollë; i zgjedhur; sqimatar. 3.tepër i saktë.

refinement[ri'fainmënt] *n* 1.rafinim; pastrim. 2.lëmim; delikatesë, finesë; sqimë. 3.përmirësim; përpunim; përsosje.

refiner[ri'fainë:] *n* rafinues; pastrues.

refinery[ri'fainëri] *n* rafineri.

refit[*v* ri:'fit; *n* 'ri:fit] *v,n* -*v* 1.ndreq, meremetoj, riparoj; ripajis(një anije etj).2.ndreqet, meremetohet, riparohet; ripajiset(anija).

-*n* ndreqje, meremetim; riparim; ripajisje; **refit yard** kantier riparimi anijesh.

refitting[ri'fiting], **refitment**[ri'fitmënt] *n* shih re-

fit *n*.

reflate[ri'fleit] *vt ek* i jap hov, rigjallëroj(ekonominë etj).

reflation[ri'fleishën] *n ek* rigjallërim(i ekonomisë).

reflationary [ri'fleishënëri] *adj ek* rigjallëruese (masa).

reflect[ri'flekt] *v* 1.pasqyroj, reflektoj(dritën etj). 2. *fig* pasqyroj(një opinion,ndjenjë etj).3.mendoj; mendohem mirë, reflektoj. 4.ka pasoja; sjell, siguron.

+**reflect on/upon** ka pasoja mbi, dëmton (dikë, e-mrin e mirë); diskrediton(veprimin).

reflecting telescope *n astr* teleskop me pasqyrë.

reflectingly[ri'flektingli] *adv* shih **reflectively**.

reflection[ri'flekshën] *n* 1.pasqyrim, reflektim. 2. shembëllim; imazh; **a pale reflection of** një imazh i zbehtë i. 3. mendim (i kujdesshëm), reflektim; **on reflection, the plan seemed too dangerous** pasi e menduam mirë, plani na u duk tepër i rrezikshëm. 4. *pl* mendime, ide, opinione, komente; vërejtje. 5. kritikë; insinuatë; vënie në dyshim; cenim; **this is a reflection on your motives** kjo i vë në dyshim motivet nga të cilat je nisur; **this is no reflection on your honesty** kjo nuk përbën ndonjë insinuatë në lidhje me/nuk e cenon ndershmërinë tënde.

reflective [ri'flektiv] *adj* 1. pasqyrues, reflektues (mjedis). 2.reflektuese(aftësi); i matur, që i mendon gjërat(person).

reflectively [ri'flektivli] *adv* mendueshëm, me pamje të menduar.

reflector [ri'flektë:] *n* 1. pasqyrë; reflektor. 2. *astr* teleskop me pasqyrë.

reflex [*adj,n* 'ri:fleks; *v* ri.'fleks] *adj,n,v* -*adj* 1. pasqyrimi, reflektimi (kënd). 2. i pavullnetshëm, i vetvetishëm(veprim).

-*n* 1.*psik* refleks. 2.*fig* pasqyrë, pasqyrim.

-*vt* kthen mbrapsht; pasqyron.

reflexion[ri'flekshën] *n* shih **reflection**.

reflexive[ri'fleksiv] *adj,n gram* -*adj* vetvetor; **reflexive pronoun** përemër vetvetor.

-*n* 1.folje vetvetore.2.përemër vetvetor.

reflexively [ri'fleksivli] *adv gram* në formën vetvetore.

refloat [ri'flout] *v* 1.nxjerr mbi ujë; rinxjerr për lundrim (anijen). 2.nxjerr nga gjendja e vështirë (biznesin); vë në vijë sërish(punët).

refluent[ri'flu:ënt] *adj* që tërhiqet(ujët).

reflux ['ri:flʌks] *n* zbaticë.

reforest[ri'fo:rist] *vt* ripyllëzoj.

reforestation[rifo:ris'teishën] *n* ripyllëzim.

reform[ri'fo:m] *v,n* -*v* 1.përmirësoj, ndreq, korrigjoj(sjelljen); riedukoj(të burgosurit etj).2.reformoj (institucionet etj). 3.rafinoj(naftën). 4.korrigjohem.

-*n* reformë.

re-form[ri'fo:m] *v* 1.riformoj; i jap formën që kishte. 2.merr formë të re. 3.*usht* rikrijoj, formoj sërish (formacionet).

reformable[ri'fo:mëbël] *adj* i reformueshëm; i korrigjueshëm.

reformation[refë:'meishën] *n* 1.reformim; reformë. 2.korrigjim; riedukim.

reformative [ri'fo:mëtiv] *adj* reformues; korrigjues.

reformatory[ri'fo:mëtëri] *n,adj* -*n* shtëpi korrektimi, shkollë riedukimi; burg për moshat e reja. -*adj* korrektimi, riedukimi.

reformed [ri'fo:md] *adj* 1.i korrigjuar, i përmirësuar (person, sjellje). 2.i reformuar.

reformer[ri'fo:më:] *n* reformues, reformator.

reformist[ri'fo:mist] *n* reformist.

reform school *n* shkollë riedukimi.

refract[ri'frækt] *vt fiz* thyen, përthyen(dritën).

refracting[ri'frækting] *adj* thyes, përthyes.

refracting angle *n fiz* kënd i thyerjes.

refracting telescope *n astr* teleskop me thjerrëza.

refraction[ri'frækshën] *n fiz* thyerje, përthyerje.

refractive[ri'fræktiv] *adj fiz* thyes, përthyes.

refractive index *n fiz* tregues i thyerjes.

refractor[ri'fræktë:] *n fiz* 1.mjedis përthyes.2.teleskop me thjerrëza.

refractory[ri'fræktëri] *adj,n* -*adj* 1.i pabindur, i panënshtruar; kundërshtues, rebel(person). 2.kokëfortë, e vështirë për t'u mjekuar(sëmundje). 3.i sertë, i papunueshëm(material). 4.zjarrdurues, refraktar. -*n* 1.material i sertë / i papunueshëm. 2. material zjarrdurues. 3.tullë zjarrduruese.

refrain I[ri'frein] *vi* përmbahem; shmangem; **refrain from laughing** e mbaj të qeshurën; **please refrain from smoking** lutemi mos pini duhan; **refrain from crime** heq dorë nga krimi.

refrain II[ri'frein] *n let,muz* refren.

refrangibility[rifrænxhë'bilëti] *n fiz* përthyeshmëri(e dritës).

refrangible[ri'frænxhëbël] *adj fiz* i thyeshëm, i përthyeshëm.

refresh[ri'fresh] *vt* 1.freskon(pija etj). 2.çlodh, përtërin (gjumi); **refresh sb's memory** i freskoj kujtesën dikujt.

refresher [ri'freshë:] *adj,n* -*adj* 1.freskues. 2.rifreskimi(njohurish). -*n* 1.pije freskuese. 2.*drejt* honorar suplementar, pagesë shtesë(nga klienti).

refresher course *n* kurs kualifikimi.

refreshing[ri'freshing] *adj* 1.freskues. 2.çlodhës, përtëritës(gjumë). 3.origjinale, e re, e freskët(ide etj).

refreshment[ri'freshmënt] *n* 1.freskim. 2.çlodhje. 3.*pl* pije; ushqime; **serve refreshments at a party** nxjerr pije/ushqime në një pritje/festë.

refreshment bar *n* bar; bufe.

refreshment room *n* bufe(në tren).

refreshment stall *n* bar; bufe.

refrigerant[ri'frixhërënt] *adj,n* 1.freskues; *tek* ftohës. 2.*mjek* (bar)që ul temperaturën, antipiretik.

refrigerate [ri'frixhëreit] *vt* ftoh; mbaj të freskët; ngrij(ushqimet).

refrigeration[rifrixhë'reishën] *n* ftohje; ngrirje(e ushqimeve).

refrigerator[ri'frixhëreitë:] *n* ftohës; dhomë ftohjeje; frigorifer; **refrigerator truck** makinë-frigorifer.

refringent [ri'frinxhënt] *adj fiz* thyes, përthyes (mjedis).

refuel[ri:'fju:ël] *v* 1.furnizoj(me karburant). 2.furnizohem.

refuelling [ri:'fju:ëling] *n* furnizim; **refuelling stop** *av* ndalesë teknike(për furnizim).

refuge ['refju:xh] *n* strehë; strehim; **seek refuge** kërkoj strehim; **take refuge in** strehohem në; **take refuge in lying** kapem pas gënjeshtrave, mundohem ta hedh me rrena.

refugee [refju'xhi:, 'refjëxhi:] *n* refugjat, i ikur, i strehuar(diku); **refugee camp** kamp refugjatësh; **political refugee** i strehuar politik.

refulgence[ri'fʌlxhëns] *n* ndriçim; shkëlqim.

refulgent[ri'fʌlxhënt] *adj* i ndritshëm; i shkëlqyer, plot shkëlqim.

refund[*v* ri'fʌnd; *n* 'ri:fʌnd] *v,n* -*vt* 1.kthej paratë; **the shop will refund your money** dyqani ju kthen paratë; **refund sb's expenses** i paguaj shpenzimet dikujt.2.i zbres(pagesën). -*n* 1.kthim parash; zbritje(pagese); shumë e kthyer(parash); **tax refund** kthim taksash(kthim i shumës së paguar tepër); **get a refund** marr paratë, më kthejnë paratë.

refurbish[ri'fë:bish] *vt* përtërij, rinovoj; rifreskoj.

refusal[ri'fju:zël] *n* 1. mospranim, refuzim; **get a refusal, meet with a refusal** ndesh në mospranim, ma refuzojnë(diçka); **give a flat refusal** refuzoj në mënyrë të prerë.2.e drejtë e blerësit të parë; **have first refusal of sth** kam të drejtën e blerësit të parë.

refuse I [ri'fju:z] *v* refuzoj, nuk pranoj; mohoj; kundërshtoj; **be refused sth** ma refuzojnë diçka; **refuse sb sth** i refuzoj diçka dikujt; **refuse to do sth** nuk pranoj të bëj diçka.

refuse II[ri'fju:z] *n,adj* -*n* mbeturina; hedhurina; plehra. -*adj* i hedhur, mbeturinë.

refuse bin *n* kosh/kovë/arkë plehrash.

refuse chute *n* vend për hedhjen e plehrave; ulluk shkarkimi plehrash(në ndërtesa të mëdha).

refuse collector *n* plehrambledhës.

refuse disposal *n* përpunim i plehrave.

refuse disposal service *n* shërbimi komunal.

refuse disposal unit *n* automjet plehragrirës.

refuse dump *n* vend për hedhjen e plehrave.

refuse lorry *n* makinë e plehrave.

refutable['refjëtëbl, ri'fju:tëbël] *adj* i rrëzueshëm,

që mund të hidhet poshtë, i papranueshëm.

refutation [refjë'teishën] *n* prapësim, hedhje po-
shtë; përgënjeshtrim.

refute[ri'fju:t] *vt* prapësoj, hedh poshtë; përgënje-
shtroj.

regain [ri'gein] *vt* 1.rifitoj; rimarr (shëndetin). 2.
mbërrij sërish; rikthehem; **regain the shore** kthehem
në breg.

regal ['ri:gël] *adj* mbretëror; prej mbreti; *fig* ma-
dhështor.

regale I[ri'geil] *vt* 1.argëtoj, kënaq. 2.qeras, gostis
(dikë me diçka).

regale II[ri'geil] *n hist knd* 1.festë, festim. 2.pije
falas (për varkarët, gjahtarët e gëzofeve etj).

regalia[ri'geilië] *n* 1.të drejta/privilegje mbretëro-
re. 2. shenja/simbole mbretërore. 3.veshje ceremoni-
ale; **he was in full regalia** ishte veshur e ngjeshur.

regality[ri'gælëti] *n* 1.mbretërim. 2.privilegj mbre-
tëror. 3.mbretëri.

regard[ri'ga:d] *v,n -vt* 1.quaj, konsideroj; mendoj;
he regards it as worth doing ai mendon se kjo ësh-
të diçka që ia vlen; **I regard her highly** kam shumë
konsideratë për të. 2.përfill, respektoj, marr parasysh;
without regarding her wishes pa përfillur dëshi-
rat e saj. 3.i vë veshin; **none regarded her screams**
askush s'ua vinte veshin britmave të saj. 4.vështroj,
i ngul sytë; këqyr. + **as regards** për sa i takon, për
sa i përket .
-n 1.vëmendje; përfillje; **have regard for, pay
regard to** tregoj vëmendje për; **have/show little
regard for** nuk ia var shumë, nuk e përfill fort;
having regard to duke patur parasysh. 2.vlerësim,
konsideratë; **hold sb in high regard, have a great
regard for sb** e vlerësoj shumë dikë. 3.vështrim, shi-
kim i ngulët. 4.*pl* të fala, përshëndetje; **give her my
regards** bëji të fala nga unë, përshëndete nga ana
ime; **Mary sends her kind regards to...** shumë të
fala nga Meri për..; **(kindest) regards** shumë të fala
(në mbyllje të letrës). + **in/with regard to** në lidhje
me; **in this regard** nga kjo pikëpamje.

regardful[ri'ga:dful] *adj* 1.i vëmendshëm; i kujdes-
shëm. 2.i sajdisur, i respektueshëm.

regarding[ri'ga:ding] *prep* lidhur me, në lidhje me;
për sa i përket; **regarding the future** për sa i përket
së ardhmes.

regardless [ri'ga:dlis] *adj,adv -adj* i pavëmend-
shëm, i pakujdesshëm; mospërfillës. + **regardless of
expense/cost** pavarësisht nga çmimi; **regardless of
rank** pa dallim, pavarësisht nga rangu.
-adv gj.fol pavarësisht nga gjithçka; sido që të
ndodhë; megjithatë; **we will leave then, regardless**
pastaj do të ikim, sido që të ndodhë; **they did it
regardless** megjithatë, ata e bënë.

regatta[ri'gætë] *n* garë/gara me varka, kanotazh.

regency ['ri:xhënsi] *n* 1.regjencë. 2.**Regency** *hist*

ark stil i Regjencës(1810-1820).

regenerate[*v* ri'xhenëreit; *adj* ri'xhenërit] *v,adj -v*
1.përtërij; rigjallëroj; ringjall(ndjenjat etj). 2.përtëri-
het; rigjallërohet; rilind.3.*biol* rigjenerohet(organi).
-adj fig i përtërirë; i rilindur.

regeneration[rixhenë'reishën] *n* 1.përtëritje; rigja-
llërim; ringjallje. 2.*biol* rigjenerim(i një organi etj).

regenerative[ri'xhenërëtiv] *adj* përtëritës; *biol* ri-
gjenerues.

regent ['ri:xhënt] *n* 1.*pol* regjent; **prince regent**
princ regjent. 2.*amer* anëtar i këshillit të universitetit.

reggae['regei] *n muz* rege(stil).

regicide['rexhësaid] *n* 1.mbretvrasje. 2.mbretvra-
sës.

regime[ri'zhi:m, rei'zhi:m] *n pol etj* regjim.

regimen['rexhëmën, -men] *n* 1. *mjek* regjim(të je-
tuari). 2.*pol* regjim, qeverisje.

regiment ['rexhëmënt] *n,v -n* 1.*usht* regjiment.
2.*fig* mori, hordhi, ushtri.
-vt fig vë në regjim/disiplinë të rreptë; **they are too
regimented at that school** është shkollë tepër e
rreptë për punë disipline.

regimental ['rexhëmentël] *adj,n usht -adj* regji-
menti.
-n uniformë; **in full regimentals** me uniformë
parade.

regimental sergeant-major *n usht* kapter i parë.

regimentation [rexhëmen'teishën] *n* 1.organizim
ushtarak; uniformizim. 2.*përb* disiplinë ushtarake.

region ['ri:xhën] *n* 1.rajon, zonë. 2.vend, krahinë,
trevë; *fig* **the lower regions** ferri. 3.*anat* pjesë,
rajon(i zemrës etj). 4.fushë, sferë. + **in the regions
of (100 kg, 1000 leks)** rreth, rrotull, afërsisht (100
kg, 1000 Lekë).

regional ['ri:xhënël] *adj* rajonal, zonal; krahinor;
regional development zhvillim ekonomik i rajonit.

regionalism['ri:xhënëlizm] *n* 1.*pol, gjuh* krahino-
rizëm; lokalizëm.2.ndarje rajonale.

regionalist['ri:xhënëlist] *n,adj* rajonalist; lokalist.

register['rexhistë:] *n,v -n* 1.regjistër; **attendance
register** regjistër (i klasës, kursit etj); **electoral reg-
ister** listë e zgjedhësve; **register of births,
marriages and deaths** libër/regjistër i gjendjes
civile. 2.*tek* kontator, regjistrues. 3.*muz,gjuh* regji-
stër. 4.regjistrim. 5.zyrë regjistrimesh, zyrë pranimi.
6.*tek* farfallë.7.*det* (dokument doganor) fletë regji-
strimi(e anijes). + **call the register** bëj apelin, the-
rras emrat.
-v 1.regjistroj; shkruaj, fus në listë. 2.regjistrohem;
vë emrin në listë; **register for a French course/
with a doctor** regjistrohem në një kurs fren-
gjishteje/si pacient te një mjek. 3.*adm* deklaroj (një
lindje, vdekje). 4.shënon, tregon(aparati). 5.shfaq,
tregoj(gëzim, kundërshtim etj); **register a protest**
shfaq kundërshtim, protestoj. 6.(në postë) regjistroj,

nis rekomandé(letrën etj); **registered mail** postë
/postim rekomandé. 7.*tek* përputh; përputhen(pjesët).
8. *fig* hyn në kokë, kuptohet; **it hasn't registered
with him** ai ende nuk e ka marrë vesh tamam.
registered['rexhistë:d] *adj* 1.i regjistruar (student,
automjet etj). 2.i liçensuar, i njohur nga shteti; *treg*
i regjistruar, i depozituar(emër, markë).3.rekomandé,
e porositur(letër). 4.*hek* i regjistruar, i siguruar
(bagazh); **by registered post** rekomandé.
registered company *n* firmë e regjistruar.
registered name *n adm,treg* emër i depozituar.
registered nurse *n* infermiere me dëshmi shtetë-
rore.
registered share *n fin* aksion nominativ.
registered shareholder *n* aksionist i regjistruar.
registered trademark *n treg* markë e regjistruar.
registrable['rexhistrëbël] *adj* i regjistrueshëm.
registrant['rexhistrënt] *n* regjistrues.
registrar['rexhis'tra:] *n* 1.*Br adm* nëpunës i gjen-
djes civile; **registrar's office** zyrë e gjendjes civile;
be married by the registrar bëj martesë civile/në
bashki.2.*Br* kryesekretar(i universitetit); *amer* shef i
zyrës së pranimeve. 3.*Br mjek* shef klinike. 4.*drejt*
sekretar gjyqi. 5.*fin* ruajtës i regjistrit(të firmave).
registration[rexhis'treishën] *n* 1.regjistrim(edhe i
letrave, bagazhit etj). 2.apel(në shkollë). 3.dëshmi
regjistrimi.
registration document *n Br aut* dokumente të
makinës.
registration fee *n* 1.tarifë postimi rekomandé. 2.
pagesë për regjistrimin e bagazheve. 3.pagesë regji-
strimi(në universitet, kolegj).
registration number *n Br aut* targë, numër targe.
registry ['rexhistri] *n* 1.regjistrim. 2. zyrë regjistri-
mi; *Br* (edhe ~ **office**) zyrë e gjendjes civile.3.*det*
certifikatë regjistrimi; **port of registry** port atashimi
/regjistrimi(i anijes).
regius ['ri:xhës] *n Br* (~ **professor**) titullar/shef
i katedrës.
regnant['regnënt] *adj* 1.mbretërues, në fron.2.*fig*
sundues, mbizotërues; i përhapur.
regorge[ri'go:xh] *v* 1.vjell. 2.derdhet.
regress[*v* ri'gres; *n* 'ri:gres] *v,n*   -*vi* 1. zmbrapsem,
kthehem mbrapsht. 2. *fig* shkoj mbrapa, pësoj re-
gres, pësoj rënie.
-*n* 1.lëvizje mbrapsht. 2.*fig* rënie, regres.
regression[ri'greshën] *n* 1.prapavajtje; tërheqje. 2.
kthim prapa, regres.
regressive [ri'gresiv] *adj* 1.prapavajtës. 2.regresiv;
prapanik.
regret [ri'gret] *v,n*   -*vt* ndiej keqardhje; më vjen
keq; pendohem; **I regret that..., I regret to inform
you that...** më vjen keq që.., me keqardhje ju njoftoj
se..; **you won't regret it!** nuk do të pendohesh për
këtë! **he will be much regretted** do ta qajmë atë

njeri!
-*n* 1.keqardhje; pendim; **much to my regret, to my
great regret** me shumë keqardhje; **I have no
regrets** nuk më vjen keq; **with regret** a)me keq-
ardhje; b)kundër dëshirës. 2.*pl* mospranim me keqar-
dhje; **please give him my regrets that I cannot
come** lutem i transmetoni keqardhjen time që s'kam
mundësi të vij.
regretful[ri'gretful] *adj* plot keqardhje.
regretfully [ri'gretfuli] *adv* 1.me keqardhje. 2.ku-
ndër dëshirës, pa qejf.
regrettable[ri'gretëbël] *adj* i vajtueshëm, për të ar-
dhur keq; **his absence is regrettable** na vjen keq
/na mbetet qejfi që nuk erdhi.
regrettably[ri'gretëbli] *adv* me keqardhje; për fat
të keq; **regrettably, she refused** fatkeqësisht, ajo
nuk pranoi.
regroup [ri'gru:p] *v* 1. rigrupoj.2. rigrupohemi. 3.
fig mbledh veten.
regrouping[ri'gru:ping] *n* rigrupim.
regs[regz] *npl gj.fol* (shkurtim i **regulations**) rre-
gulla, rregullore.
Regt. shkurtim për **regiment; regent**.
regular['regiëlë:] *adj,n*   -*adj* 1.i rregullt; i zakon-
shëm; normal; **at regular intervals** në intervale të
rregullta; **his regular hour of rising** ora e zakon-
shme e zgjimit; **as regular as clockwork** i përpiktë
si sahat; shumë të rregullta(vizita); **it's quite regular
to apply in person** është krejt normale ta bësh vetë
kërkesën/të paraqitesh vetë; **regular price** çmim
normal; **regular gas** *amer* benzinë e zakonshme. 2.i
përhershëm, i rregullt(klient, dëgjues , aktivitet); **he
has no regular employment** ai nuk ka punë të
rregullt. 3.e rregullt, e saktë, korrekte(procedurë). 4.
mat i rregullt (shumëkëndësh); simetrike(figurë).
5.*gram* e rregullt(folje). 6.*usht* i karierës(jo i rekru-
tuar). 7. *gj.fol* i vërtetë; i tërë, i plotë; **it's a regular
nuisance** është bezdi e madhe; **he's a regular idiot**
është hajvan i tëri. 8.*gj.fol* i mirë; i këndshëm; siç
duhet, për së mbari; **he's a regular fellow** është njeri
për të qenë.
-*n* 1.ushtar/oficer i karierës. 2.punonjës i rregullt;
anëtar i rregullt. 3.klient i rregullt; dëgjues/shikues i
rregullt. 4.klerik. 5.*amer* benzinë e zakonshme.
6.*sport* lojtar i ekipit të parë(jo rezervë).
regularity[regië'lëretï] *n* 1.rregull, sistem. 2. rre-
gullsi, të qenët i rregullt.
regularize ['regiëlëraiz] *vt* rregulloj, ia nënshtroj
rregullave.
regularly['regiëlë:li] *adv* rregullisht; me rregull, në
mënyrë të rregullt.
regulate ['regiëleit] *vt* 1.mbaj nën kontroll(sasinë,
shpenzimet). 2.sistemoj(ujërat etj). 3.ndreq, rregulloj.
regulation[regië'leishën] *n,adj* -*n* 1. rregull; rre-
gullim; sistemim. 2.*adm* rregulla (të trafikut etj);

rregullore; **against regulations** kundër rregullave.
-*adj* 1.standard; sipas rregullores. 2.i zakonshëm.
regulation boots *n usht* këpucë me qafa, këpucë ushtarake.
regulation dress *n usht* uniformë ushtarake.
regulative['regiëlëtiv, 'regië'leitiv] *adj* rregullues.
regulator['regiëleitë:] *n* 1.rregullues. 2.*tek* rregullues; rregullator; regjistër; **acidity regulator** korrigjues i aciditetit.
regulatory['regiëlëto:ri] *adj* rregullues.
regurgitate [ri'gë:xhiteit] *v* 1.rikthej ushqimin(në gojë). 2.zbraz, derdh(ujërat). 3.derdhet.
regurgitation[ri'gë:xhi'teishën] *n* 1.rikthim i ushqimit(nga stomaku në gojë). 2.zbrazje; derdhje.
rehabilitate[ri:ë'bilëteit] *vt* 1.riaftësoj (invalidët). 2.riadaptoj(refugjatët); ripërfshij, riintegroj(ish-të burgosurit, ish-ushtarakët në jetën civile). 3.riedukoj (alkoolistët). 4.(politikisht, moralisht) riabilitoj. 5.(një ndërtesë) restauroj.
rehabilitation[riëbilë'teishën] *n* 1.riaftësim. 2.riadaptim; ripërfshirje, riintegrim; **rehabilitation centre** qendër riadaptimi. 3.riedukim. 4.riabilitim.5. restaurim.
rehabilitative[rië'bilëtëtiv,--'bilëteitiv] *adj* 1.riaftësues.2.riadaptues; riedukues; riabilitues.3.restaurues.
rehash[ri:'hæsh] *v,n* -*vt* përpunoj; ripunoj; paraqes në një formë të re.
-*n* 1.ripunim; përpunim. 2.variant i ripunuar.
rehearsal[ri'heë:sël] *n* 1.*teat* provë; **dress rehearsal** provë e përgjithshme. 2.numërim; përshkrim i hollësishëm(i fakteve etj).
rehearse[ri'heë:s] *vt* 1.*teat* bëj prova. 2.përsëris (rolin); numëroj; tregoj me hollësi(faktet etj); **well rehearsed** i studiuar, i përgatitur mirë(diskutim etj).
rehouse[ri'hauz] *vt* strehoj(të pastrehët).
Reich [raih] *n* perandori; **Third Reich** Rajhu i Tretë(gjerman), Perandoria e Tretë.
reichsmark['raihsma:k] *n hist* markë gjermane.
Reichstag['raihshta:k] *n* raishtag, parlamenti gjerman.
reign[rein] *n,v* -*n* 1.sundim; mbretërim; **in the reign of** gjatë sundimit të, në kohën e mbretit... 2.*fig* mbizotërim, sundim; **reign of terror** terror i përgjithshëm.
-*vi* 1.sundoj; mbretëroj. 2.*fig* mbizotëron, sundon, mbretëron; **reign supreme** a)është zot absolut; b) mbretëron(paqa etj); c)s'ka kundërshtar(kampioni).
reigning['reining] *adj* 1.sundues; mbretërues. 2. i sotëm, i tanishëm(sundimtar); aktual, në fuqi. 3.*fig* mbizotërues; në modë.
reimburse [ri:im'bë:s] *vt* i kthej paratë (dikujt); **reimburse an employee for his travelling expenses** i paguaj punonjësit shpenzimet e udhëtimit.
reimbursement[ri:im'bë:smënt] *n* pagim, kthim parash.

rein[rein] *n,v* -*n* fre, kapistall, kapistër; *fig* frerë, frena; **draw rein** a)tërheq frerin; b)ngadalësoj; ndalem; **give rein to** ia lëshoj frerët, lë të lirë; **hold the reins** mbaj frerët, kam frerët në dorë; **keep a tight rein on** a)ia mbledh mirë rripat(dikujt); b)u vë fre(shpenzimeve); **seize the reins of government** marr frenat e pushtetit.
-*v* 1.ndal, i mbaj frerët(kalit). 2.*fig* frenoj, u vë fre(ndjenjave); **rein your tongue!** mbaj gojën! 3.prapset; ndalet.
+**rein back** prapset, zbythet; ndalet.
+**rein in** a)ngadalësohet; ndalet; b)frenoj, i ndal hapin; c)*fig* përmbaj, u vë fre(pasioneve).
+**rein up** ndalet; frenon.
reincarnate[riin'ka:neit] *vt* rimishëroj, ritrupëzoj.
reincarnation [riinka:'neishën] *n* rimishërim, ritrupëzim.
reindeer['reindië:] *n pl* **reindeer** dre polar, renë.
reinforce[riin'fo:s] *vt usht, ndërt, fig* përforcoj; **reinforced concrete** hekur-beton, betonarme; **reinforce sb's demand** mbështes kërkesën e dikujt.
reinforcement [riin'fo:smënt] *n* 1. *usht, ndërt, fig* përforcim.2.*ndërt* mbështetëse, përforcuese.3.*pl usht* përforcime.
reinsert[riin'së:t] *vt* rifus, rishtie.
reinstate[riin'steit] *vt* 1.rivendos, rikthej(dikë) në pozitën e mëparshme. 2.përtërij; rimëkëmb.
reinstatement[riin'steitmënt] *n* rikthim në pozitë.
reinsurance[riin'shuëréns] *n fin* risigurim; sigurim i dyfishtë.
reinsure[riin'shuë:] *vt fin* risiguroj.
reintegrate[ri:'intëgreit] *v* 1.riemëroj, rikthej(dikë) në vendin e vet(të punës). 2.rikthehem(në shtëpi etj).
reintegration [riintë'greishën] *n* 1. riemërim, rikthim në punën e mëparshme. 2.rikthim(diku).
reinvest[riin'vest] *vt fin* riinvestoj.
reinvestment[riin'vestmënt] *n fin* riinvestim.
reinvigorate[riin'vigëreit] *vt* përtërij, këndell.
reissue[ri:'ishju:] *v,n* -*vt* ribotoj(libër); rinxjerr, riqarkulloj(një film).
-*n* ribotim; riqarkullim; **it's a reissue** është ribotim.
reiterate[ri:'itëreit] *vt* përsëris, ripërséris, përsédyt.
reiteration[riitë'reishën] *n* përséritje, përsédytje.
reject [*v* ri'xhekt; *n* 'ri:xhekt] *v, n* -*vt* 1. refuzoj, nuk pranoj, kthej mbrapsht; **feel rejected** e ndiej veten të tepërt. 2.hedh poshtë(propozimin etj).3.përjashtoj(mundësinë). 4.*mjek* vjell, nuk e mbaj (ushqimin); flak(organin e transplantuar).
-*n treg* 1.artikull/produkt i zhvleftësuar.2.njeri i përzënë.
reject shop *n* dyqan artikujsh të zhvleftësuar.
rejection [ri'xhekshën] *n* 1.mospranim, refuzim, kthim. 2.hedhje poshtë. 3.*mjek* flakje(organi).
rejection slip *n* përgjigje negative(për botimin e

një dorëshkrimi).

rejig[ri'xhig], *amer* **rejigger**[ri'xhigë:] *vt* riorganizoj; rirregulloj.

rejoice [ri'xhois] *v* 1. (at, over me,për) gëzohem; ngazëllehem; **rejoice in sth** gëzoj / kam diçka. 2. gëzoj; ngazëllej.

rejoicing[ri'xhoising] *n* 1.gëzim; ngazëllim. 2.*pl* festime, festë.

rejoin I [ri:'xhoin] *v* takoj; bashkohem me; arrij, kap(në rrugë); **the road joins the motorway** rruga del në xhade.

rejoin II[ri'xhoin] *vi* përgjigjem, ia kthej.

rejoinder[ri'xhoindë:] *n* përgjigje; replikë.

rejuvenate[ri'xhu:vëneit] *v* rinoj; përtërij.

rejuvenation[rixhu:vë'neishën] *n* rinim; përtëritje.

rekindle[ri:'kindël] *v* 1.rindez, ndez sërish. 2.*fig* ringjall(shpresat). 3.rindizet, ndizet sërish.4.*fig* ringjallet(shpresa).

relapse [ri'læps; *n* edhe 'ri:læps] *v,n* -*vi* rikthehem, bie sërish(në një gjendje); nis sërish(një ves); më rikthehet sëmundja.

-*n* rikthim(i sëmundjes); përsëritje, recidiv(i një vesi).

relate[ri'leit] *v* 1.tregoj, rrëfej; **strange to relate** gjë e çuditshme(për ta thënë). 2.*fig* lidh; **relate the cause to the effect** lidh shkakun me pasojën. 3.ka të bëjë(me); **we are interested to what relates to ourselves** na interesojnë gjërat që kanë të bëjnë me veten tonë.

related [ri'leitid] *adj* 1. i lidhur; **chemistry and other related subjects** kimia dhe fushat e tjera të lidhura me të; **health related problems** probleme që kanë të bëjnë me shëndetin. 2.i afërm; i së njëjtës familje; kushëri; **he is related to us** atë e kemi kushëri; **be closely/distantly related** jemi kushërinj të afërt/të largët.

relating[ri'leiting] *adj* : **relating to** që ka të bëjë me, që lidhet me.

relation[ri'leishën] *n* 1.i afërm; kushëri; **he is no relation of mine/to me** atë nuk e kam gjë/fis. 2.farefisni, gjini, lidhje familiare/gjinie; **what relation are they to us?** çfarë i kemi ata? 3.lidhje, marrëdhënie; **bear/have a relation to sth** ka lidhje me diçka; **in/with relation to** në lidhje me; për sa i takon; **have business relations with** kam lidhje pune me; **sexual relations** marrëdhënie seksuale. 4.tregim, rrëfim; paraqitje(e hollësive).

relational[ri'leishënël] *adj* 1.që lidhet, që ka lidhje. 2.i marrëdhënieve.

relationship[ri'leishënship] *n* 1.lidhje familiare; **what is your relationship to her?** çfarë e ke atë? 2. lidhje; marrëdhënie; **see a relationship between two events** vërej një lidhje midis dy ngjarjeve; **have a good relationship with sb** kam marrëdhënie të mira me dikë.

relative['relëtiv] *n, adj* -*n* 1. i afërm; anëtar i familjes; farefis; **all my relatives** e gjithë familja ime, gjithë farefisi.2.*gram* përemër lidhor.

-*adj*1.relativ; **relative humidity** lagështi relative. 2.përkatës; respektiv.3.(**to**) a) i lidhur me, në funksion të; **documents relative to the problem** dokumente që lidhen me çështjen; b) në krahasim me, përkundrejt; **relative to its size** në krahasim me madhësinë që ka. 4.*gram* lidhor.

relatively['relëtivli] *adv* 1.relativisht, në mënyrë relative; krahasimisht; **a relatively small difference** ndryshim relativisht i vogël. 2.përkatësisht. 3.mjaft; pak a shumë.

relativity[relë'tivëti] *n* 1.relativitet. 2.*fiz* teori e relativitetit.

relator[ri'leitë:] *n* tregues, rrëfyes.

relax[ri'læks] *v* 1.liroj; shtendos. 2.*fig* zbus, lehtësoj. 3.zbraz(zorrët). 4.shtendosem; çlodhem; qetësohem.

relaxation[rilæk'seishën] *n* 1.lirim; shtendosje.2. *fig* zbutje, lehtësim. 3.çlodhje; qetësim.

relaxed[ri'lækst] *adj* 1.i shtendosur(muskul). 2.i çlirët(qëndrim). 3.i qetë; i qetësuar; i çlodhur; **I feel fairly relaxed about it** aq më bën (për këtë punë).

relaxed throat *n mjek* fyt i pezmatuar, grykë të skuqura.

relaxing[ri'læksing] *adj* shtendosës; çlodhës; qetësues.

relay['ri:lei; *v* edhe ri'lei] *n,v* -*n* 1.ndërresë(njerëzish, kuajsh); **work in relays** bëjmë punë me ndërresa; punojmë me turne. 2.*sport* stafetë; **relays** garë vrapimi me ndërresa, stafetë. 3.*sport* pasim. 4.*el* rele. 5. *rad,tv* përforcues, ritransmetues, ripetitor.

-*vt* 1.*rad,tv* ritransmetoj.2.çoj më tej(një mesazh). 3.*sport* pasoj.

re-lay[ri:'lei] *vt* (**relaid**) rishtroj(qilimin).

release [ri'li:s] *v, n* -*vt* 1. liroj (të burgosurin); lë të lirë(dikë nga puna etj); *drejt* **release sb on bail** liroj dikë përkohësisht / me dorëzani. 2. çliroj (nga prangat, vuajtjet); shkarkoj(nga premtimi). 3.lëshoj (nga dora); **release one's grip on sth/hold of sth** lëshoj diçka. 4. hedh(granatë). 5.nxjerr(gaz). 6.nxjerr nga shtypi, botoj. 7.nxjerr në shitje(mall). 8.publikoj, bëj të njohur, jap(lajm); **release a statement** jap /lëshoj një deklaratë. 9.*drejt* heq dorë(nga kërkesa, e drejta).10. *drejt* ia lë, ia kaloj(pronën dikujt tjetër).

-*n* 1.lirim (nga burgu). 2. çlirim (nga vuajtjet etj); shkarkim(nga premtimi). 3.*treg* nxjerrje në shitje. 4. *tek* lëshim;lëshues; **release button/switch** lëshues; sumbull, buton (ndezjeje). 5.lejë botimi/publikimi; vënie në qarkullim(e librit, filmit etj). 6.hedhje (bombash). 7.lëshim, nxjerrje; shkarkim(gazi etj). 8. *drejt* heqje dorë(nga një e drejtë); kalim(pasurie).

release print *n kin* kopje (filmi) e nxjerrë për shpërndarje.

release valve *n* valvul sigurimi.
re-lease[ri:'li:s] *vt* rijap me qira.
relegate ['relëgeit] *vt* 1. heq, largoj (nga puna); shkarkoj (nga posti); degradoj. 2.*sport* nxjerr nga kategoria; **be relegated** dal nga kategoria. 3.heq, nxjerr nga përdorimi(orendi). 4.heq nga dora, e kaloj gjetiu (çështjen etj). 5.syrgjynos(dikë).
relegation [relë'geishën] *n* 1.heqje; largim; shkarkim; degradim. 2.*sport* nxjerrje nga kategoria. 3.heqje nga duart, kalim (i çështjes) gjetiu. 4.syrgjynosje, internim; degdisje.
relent[ri'lent] *vi* zbutem; lëshoj pe.
relentless [ri'lentlis] *adj* i papërkulshëm; i papajtueshëm; i pamëshirshëm.
relentlessly[ri'lentlisli] *adv* egërsisht; pa mëshirë.
relet['ri:let] *vt* rijap me qira.
relevance, --**cy** ['relëvëns, --si] *n* lidhje (me çështjen); përkatësi.
relevant ['relëvënt] *adj* 1. që ka lidhje (me çështjen); me vend; përkatës; **that is not relevant** kjo nuk ka të bëjë(me problemin), kjo nuk hyn këtu; **refer to the relevant chapter** i referohem kapitullit përkatës.2.domethënës(fakt).
reliability[rilajë'bilëti] *n* 1.seriozitet(i personit). 2. besueshmëri, saktësi(e lajmit etj). 3.siguri(e pajisjes).
reliable [ri'lajëbël] *adj* 1.serioz; i sigurt; i besuar (njeri). 2.i sigurt, i besueshëm(lajm etj). 3.e mirë, e sigurt(pajisje etj).
reliably[ri'lajëbli] *adv* 1.seriozisht, me seriozitet (punoj).2.në mënyrë të sigurt; **be reliably informed** jam i informuar nga burime të sigurta.
reliance[ri'lajëns] *n* 1.besim; **place reliance on sb/in sth** kam besim te dikush/në diçka. 2.mbështetje; vartësi.
reliant[ri'lajënt] *adj* 1.që beson, që ka besim(**on** te). 2.i varur(**on** nga); **self-reliant** i pavarur.
relic['relik] *n* 1.*fet* relike, hire, lipsanë. 2.relikë; kujtim i lashtë. 3.*pl* gërmadha, rrënoja; mbeturina(të së kaluarës). 4.*pl* kufomë.
relict['relikt] *n* 1.e ve, vejushë. 2.kafshë/bimë e mbetur(nga e kaluara).
relief[ri'li:f] *n* 1.lehtësim(nga vuajtja etj); qetësim; ngushëllim; **bring to relief** lehtësoj; i heq një barrë; **that's a relief!** çfarë ngushëllimi! 2. lehtësues. 3.ndihmë; **come/go to the relief of** i vij në ndihmë. 4.*amer* ndihmë sociale, asistencë; **get relief, be on relief** marr ndihmë sociale, jam në asistencë. 5.zëvendësim(në punë); zëvendësues; *usht* ndërresë (rojesh). 6.*usht* lëshim(qyteti), heqje rrethimi. 7.*drejt, fin* shkarkim, përjashtim(nga detyrimi); ulje(taksash). 8. *art, gjeog* reliev; **low relief** bareliev. 9. *fig* pah; dallim; **bring/throw sth into relief** nxjerr në pah diçka. 10. *attr* shtesë, suplementar(tren, punonjës).
relief fund *n* arkë e përbashkët, fond ndihme.
relief map *n* hartë në reliev.

relief organization *n* shoqatë ndihmash.
relief road *n Br* unazë(e qytetit).
relief supplies *n* ndihma materiale.
relief valve *n* valvul sigurimi.
relief work *n* vepër bamirësie.
relieve [ri'li:v] *vt* 1. lehtësoj; qetësoj; ngushëlloj; **be relieved** lehtësohem; **feel relieved** ndihem i lehtësuar.2.zbus(dhimbjen); heq, largoj(frikën). 3.shfrej (dufin); **relieve one's feelings** hap zemrën. 4.shkarkoj; **relieve sb of a duty** shkarkoj dikë nga një detyrim; **relieve sb of a post/of a command** shkarkoj dikë nga detyra/posti.5.*aut* lehtësoj(qarkullimin). *gj.fol iron* i përlaj(diçka dikujt); **they relieved me of my purse** ma qëruan kuletën. 6.*mjek* zbraz(zorrët); **relieve oneself** bëj nevojën, dal jashtë. 7.ndihmoj, i vij në ndihmë. 8.zëvendësoj, ndërroj(dikë në punë); *usht* **relieve the guard** ndërroj rojën. 9.*usht* lëshoj, i heq rrethimin(një qyteti). 10.nxjerr në pah.
relievo[ri'li:vou] *n art* reliev.
religion[ri'lixhën] *n* fe; besim; kult; **wars of religion** luftra fetare; **his name in religion** emri fetar i tij; **enter religion** bëhem fetar.
religiosity[rili'xhiosëti] *n* fetari; të qenët fetar.
religious [ri'lixhës] *adj,n* -*adj* 1.fetar, besimtar; feje(libër). 2.*fig* i përpiktë, merakli, skrupuloz. -*n* fetar, njeri i fesë.
religiously[ri'lixhësli] *adv* 1.me devocion. 2.me rreptësi, me përpikëri.
religiousness[ri'lixhësnis] *n* besimtari.
reline['ri:'lain] *vt* 1.rivesh me astar. 2.*aut* : **reline the brakes** ndërroj frenat.
relinquish [ri'linkwish] *vt* 1.lë (pushtetin, pasurinë); braktis (punën, postin); heq dorë nga(një plan, e drejtë, zakon). 2.humbas (shpresat). 3. lëshoj; **relinquish one's hold on sth** lëshoj nga dora diçka.
relinquishment[ri'linkwishmënt] *n* 1.lënie; braktisje; heqje dorë(nga). 2.humbje(e shpresave).
relish ['relish] *n,v* -*n* 1.shije; kënaqësi; ëndje; lezet; **eat with relish** ha me ëndje; **take relish in doing sth** bëj diçka me kënaqësi; *fig* **loose all relish** bëhet krejt i pakëndshëm.2.shijë e mirë. 3.mëlmesë; salcë; erëza.4.turshi.5.një grimë.
-*vt* shijoj, pëlqej; më shijon; **relish doing/the thought of** më pëlqen të bëj/mendimi për.
relive[ri'li:v] *vt* rijetoj; përjetoj sërish.
reload[ri'loud] *vt* ringarkoj.
relocate[rilou'keit] *v* 1. zhvendos, instaloj gjetiu. 2.*amer* mbartem, ndërroj banesë.
reluctance [ri'lʌktëns] *n* 1.ngurrim; mosdashje, mosdëshirë; mospëlqim; kundërshtim; **make a show of reluctance** bëj sikur s'dua, kam qejf të më lusin. 2.zvarritje(e një pune).
reluctant [ri'lʌktënt] *adj* 1.mosdashës, jo i gatshëm; ngurrues; **be reluctant to do sth** ngurroj për të bërë diçka. 2.e bërë pa qejf(punë); e dhënë me

gjysmë zemre(lejë etj).

reluctantly[ri'lʌktëntli] *adv* pa dëshirë, pa qejf, me gjysmë zemre.

rely[ri'lai] *vi* mbështetem; i besoj; var shpresat; varem nga; **you can't rely on the trains** nuk mund t'u zësh besë trenave; **he is not to be relied upon** tek ai nuk mund të mbështetesh; atij s'i beson dot; **they rely on her for their income** ata varen prej saj për sa i përket të ardhurave; *drejt* **rely on sth** i referohem diçkaje.

remain[ri'mein] *v,n* -*vi* 1.rri, qëndroj; vazhdoj të jem; **remain faithful to sb** i qëndroj besnik dikujt; **remain silent** rri në heshtje; **I remain, yours faithfully**(në fund të letrës) Juaji,..; Me respekt,...2. mbetet; **it remains to be seen whether...** mbetet për t'u parë nëse; **much remains to be done** mbetet shumë për të bërë; **the fact remains that..**e vërteta është se..; **take 3 from 7, 4 remains** 7 pa 3 bëjnë katër; **I have only one remaining** më ka mbetur vetëm një.

-*npl* **remains** 1.(gjelle) tepricë, të mbetura.2.kufomë; eshtra. 3.vepër postume (e pabotuar në gjallje të autorit). 4.rrënoja. 5.mbeturina (fosile).

+**remain behind** rri, qëndroj(edhe ca).

remainder [ri'meindë:] *n,v* -*n* 1.pjesë tjetër, tepricë, kusur; **the remainder of the afternoon** pjesa tjetër e pasditës. 2.*mat* mbetje; diferencë. 3.kopje të mbetura(pa shitur).

-*vt* shes (kopjet e mbetura) me çmim të ulur.

remaining[ri'meining] *adj* i mbetur, që mbetet.

remake[ri'meik] *v,n* -*vt* ribëj.

-*n kin* xhirim i ri.

remand [ri'mænd, ri'ma:nd] *v,n drejt* -*vt* 1. kthej mbrapsht(një çështje). 2.mbaj(dikë); dërgoj, çoj; **remand (sb) in custody/on bail/to a higher court** mbaj në burg; liroj përkohësisht me shpërblesë; ia kaloj një gjykate më të lartë(dikë).3.shtyj(gjykimin e çështjes); **case remanded for a week** çështja shtyhet për sot një javë.

-*n* 1.shtyrje(e gjykimit). 2.mbajtje; **be on remand** a)më mbajnë të arrestuar, jam në paraburgim; b)jam i liruar përkohësisht (me shpërblesë).

remand home *n Br drejt* hetuesi; burg paraprak.

remand wing *n drejt* sektor i paraburgimit.

remark[ri'ma:k] *v,n* -*v* 1.them; vërej, bëj një vërejtje; **'I can't stay'** she remarked nuk rri dot, tha ajo; **I remarked on it to them** unë ua bëra vërejtjen për atë punë. 2.vë re.

-*n* 1.vërejtje; **make/pass the remark that...**vërej /tërheq vëmendjen ndaj faktit se..; **I have a few remarks to make** kam disa vërejtje për këtë; **pass remarks about sb** *përb* komentoj dikë, hedh fjalë për dikë. 2.të vërejturit; konstatim; **worthy of remark** i denjë për t'i kushtuar vëmendje; që bie në sy.

remarkable[ri'ma:këbël] *adj* 1.i rëndësishëm; për

t'u shënuar; i shquar. 2.i pazakonshëm.

remarkably[ri'ma:këbli] *adv* shumë, tepër, së tepërmi; jashtëzakonisht.

remarry[ri:'mæri] *vi* rimartohem.

rematch['ri:mæç] *n* ndeshje e dytë.

remediable[ri'mi:diëbël] *adj* 1.i ndreqshëm, i riparueshëm. 2.i shërueshëm.

remedial[ri'mi:diël] *adj* 1.ndreqës, riparues, rregullues(veprim). 2.rimëkëmbjeje(masë). 3.plotësues (mësim); **remedial course in English** mësime plotësuese në anglisht.

remedial exercise *n mjek* ushtrime fizike me qëllime mjekuese.

remediless ['remëdilis] *adj* 1.i pandreqshëm. 2. i pashërueshëm.

remedy['remëdi] *n,v* -*n mjek,fig* ilaç; mjet(shërimi, shpëtimi); **beyond/past remedy** pa shërim; pa shpëtim; **the remedy for boredom** ilaçi kundër mërzisë.

-*vt mjek,fig* shëroj; ndreq; i gjej ilaçin.

remember[ri'membë:] *v* 1.kujtoj, mbaj mend, sjell në mend; kujtohem; **he doesn't remember doing it** s'i kujtohet ta ketë bërë; **as far as I remember** me sa më kujtohet; **if I remember right/rightly** po qe se nuk gaboj. 2.përkujtoj(të rënët etj). 3.i bëj të fala; **remember me to your mother** bëji të fala nënës nga ana ime; **she asks to be remembered to you** ajo ju bën të fala.

remembrance[ri'membrëns] *n* 1.kujtim; **in remembrance of** në kujtim të; **have no remembrance of...** nuk më kujtohet fare.... 2. të fala; **give my kind remembrances to your wife** bëji shumë të fala gruas nga unë.

Remembrance Day *n* Dita e Dëshmorëve; Dita e Armëpushimit (11 Nëntori).

remind[ri'maind] *vt* **(sb of sth)** i kujtoj, i sjell ndër mend(dikujt diçka); **must I remind you again?** është nevoja të ta kujtoj? **that reminds me!** me që ra fjala; mirë që m'u kujtua!

reminder[ri'maindë:] *n* 1.shenjë; shënim (për të kujtuar diçka); **as a reminder that** për t'u kujtuar që; **give him a gentle reminder** kujtoja me takt. 2. (letter of ~)*treg* njoftim me shkrim(për të paguar).

reminisce[remë'nis] *vi* përjetoj, rikujtoj, sjell ndër mend; zhytem në kujtime.

reminiscence[remë'nisëns] *n* 1.reminishencë, kujtim i turbullt.2.rikujtim, sjellje ndër mend. 3.diçka që të sjell ndër mend diçka tjetër.

reminiscent [remë'nisënt] *adj* që të kujton; **reminiscent of...**që të kujton, që të sjell ndër mend...

reminiscently [remë'nisëntli] *adv* mendueshëm; kredhur në mendime.

remiss[ri'mis] *adj* i pakujdesshëm, i shkujdesur, neglizhent; **that was very remiss of you** je treguar shumë neglizhent.

remission[ri'mishën] *n* 1.falje(e borxheve); shlyerje(e mëkateve). 2.lehtësim, pakësim(i dhimbjeve).

remissness [ri'misnis] *n* neglizhencë, mungesë zelli.

remit I[ri'mit] *v* 1.*fet* fal, ndjej(mëkatet). 2.nis, dërgoj, derdh(paratë). 3.shlyej(borxhin). 4.ul, pakësoj (përpjekjet).5.pezulloj, anuloj(vendimin). 6.lehtësohet; pakësohet. 7.qetësohet(stuhia). 8.*drejt* kthej mbrapsht (një instance më të ulët).9.shtyj(për më vonë).

remit II['ri:mit] *n* shtrirje kompetence.

remittal [ri'mitël] *n drejt* kthej mbrapsht, ia kaloj (një instance më të ulët).

remittance[ri'mitëns] *n* 1.dërgim(parash). 2.derdhje(parash); pagesë, shlyerje; **enclose your remittance** bashkangjisni pagesën. 3.dorëzim(dokumentesh. 4.para të dërguara.

remittance advice *n treg* njoftim për pagesë.

remittance man *n amer* njeri që rron me para të dërguara nga jashtë.

remittee[remi'ti:] *n* marrës(i parave të dërguara).

remittent [ri'mitënt] *adj mjek,fig* e herëpashershme(ethe etj).

remitter[ri'mitë:] *n* 1. dërgues (i parave); *treg* pagues. 2.*drejt* kthim, kalim(në një instancë më të ulët).

remnant['remnënt] *n* 1.mbetje, tepricë; mbeturinë. 2. të mbetura(gjellë). 3.*pl treg* mallra të mbetura /të zhvleftësuara; kupona, copa të mbetura.

remnant day *n treg* ditë shitjeje e mallrave të mbetura.

remnant sale *n treg* shitje me ulje çmimi(e mallrave të mbetura).

remodel [ri:'model] *vt* rimodeloj; *fig* riorganizoj (shoqërinë etj); ripunoj, përpunoj(një tekst).

remonstrance[ri'monstrëns] *n* 1.ankesë; protestë. 2.qortim.

remonstrant[ri'monstrënt] *adj,n* 1.ankues, protestues.2.qortues.

remonstrate['remënstreit, ri'monstreit] *v* 1.protestoj, ankohem (**against** kundër).2.qortoj; **remonstrate with sb about sth** qortoj dikë për diçka.

remonstration[rimon'streishën] *n* 1.ankim.2.qortim.

remorse[ri'mo:s] *n* brejtje e ndërgjegjes, pendim; **without remorse** pa mëshirë.

remorseful [ri'mo:sful] *adj* i penduar, që e vret ndërgjegja.

remorsefully[ri'mo:sfëli] *adv* pendueshëm.

remorsefulness [ri'mo:sfëlnis] *n* brejtje/vrarje e ndërgjegjes, pendim.

remorseless [ri'mo:slis] *adj* 1. i patrazuar, që s'e vret ndërgjegja.2.i ashpër, i pamëshirshëm.

remote[ri'mout] *adj*1.i largët; **in the remote past /future** në të kaluarën e largët, në një të ardhme të largme. 2.(person) i ftohtë, distant. 3.(farefis) i largët.

4.i vogël, i pakët; i lehtë; **I haven't the remotest idea** nuk kam as idenë më të vogël; **a remote possibility** një mundësi fare e pakët.

remote control *n rad,tv* 1.telekomandim, komandim në distancë. 2.telekomandë, pajisje telekomandimi.

remote-controlled[ri'moutkën'trould] *adj rad,tv* i telekomanduar.

remotely[ri'moutli] *adv* 1. së largu; nga larg, largas; **remotely situated** i ndodhur larg, i veçuar, i izoluar. 2.ftohtë, me ftohtësi. 3.paksa; fare pak; **be remotely possible** ka fare pak të ngjarë; **he isn't remotely interested** nuk është fare i interesuar.

remoteness [ri'moutnis] *n* largim, veçim, izolim; **her remoteness** qëndrimi i saj i tërhequr.

remould [ri'mould] *v, n* -*vt tek* 1. riderdh. 2. (gomën) arnoj, mbush. 3.*fig* (karakterin) riformoj, korrigjoj.
-*n* gomë e arnuar/e mbushur.

remount[*v* ri'maunt; *n* 'ri:maunt] *v,n* -*v* 1.ia hipi sërish(kalit, biçikletës); ngjis sërish(kodrën). 2.hipi sërish(në kalë, biçikletë).
-*n* kalë i çlodhur(për ndërrim).

removable[ri'mu:vëbël] *adj* 1.i heqshëm, i shkëputshëm, i ndashëm. 2.i lëvizshëm. 3.i transportueshëm.

removal [ri'mu:vël] *n* 1. heqje, largim; **garbage removal** heqje e plehrave; **stain removal** heqje njollash.2.mbartje, transportim (mobiliesh etj). 3.transferim, shpërngulje(e dyqanit etj). 4.heqje, pushim(nga puna).5.*mjek* lehtësim, heqje, zhdukje (e dhimbjeve); heqje, operim(organi).

removal allowance *n* shpenzime(të paguara) transferimi.

removal van *n* kamion për shpërngulje.

remove [ri'mu:v] *v* 1. heq, largoj (diçka, dikë); **be removed to the hospital** më shtrojnë në spital; **remove the prisoner!** merreni / largojeni të pandehurin! 2. heq, zhvesh (rrobat). 3. heq, zhduk (njollat). 4.zhduk, mënjanoj, largoj(pengesat, rreziqet, dyshimet). 5.heq, shkarkoj(dikë). 6.*mjek* heq, operoj(një organ).6.mbartem, shpërngulem, ndërroj banesë; **remove to Shkodra** vendosem(me banim) në Shkodër.
-*n* 1.heqje, largim. 2.largësi, distancë; **it was but one remove from disaster** një qime na ndante nga fatkeqësia.

removed[ri'mu:vd] *adj* 1.i largët, i humbur(vend). 2.i largët(kushëri).

remover [ri'mu:vë:] *n* 1. mbartës, shpërngulës. 2. heqës(njollash); tretës, heqës(bojërash); **paint remover** heqës bojërash të thara.

remunerate[ri'mju:nëreit] *vt* paguaj(punonjësin); shpërblej.

remuneration [rimjunë'reishën] *n* shpërblim;

pagesë.

remunerative[ri'mju:nërëtiv] *adj* fitimprurës.

Renaissance[ri'neisëns, renë'sa:ns, 'renësa:ns] *n* 1. Rilindje. 2.*attr* i Rilindjes(stil etj).

renal['ri:nël] *adj* i veshkave; **renal failure** pamjaftueshmëri veshkore, insufiçiencë renale.

rename[ri'neim] *vt* riemërtoj; i vë emër tjetër.

renascence[ri'næsëns] *n* 1.ringjallje, rilindje. 2.**R** Rilindje.

renascent[ri'næsënt] *adj* i rilindur, i ringjallur; i ripërtërirë.

rencounter[ren'kauntë:] *n* 1.ndeshje; dyluftim. 2. takim i rastit.

rend[rend] *vt* (**rend**) 1.gris (rrobat); shqyej. 2. çaj më dysh, copëtoj. 3.*fig* gërryen (dyshimi); **rend sb's heart** i këpus shpirtin dikujt. 4.*vjet* rrëmbej.

render['rendë:] *vt* 1.bëj, shndërroj në; **render sb helpless** e bëj të paaftë dikë. 2.jap(gjykim, ndihmë etj); **render thanks to sb** falënderoj dikë; **render an account of sth** raportoj për diçka; **render tribute** jap/paguaj haraç.3.*muz,teat* luaj; interpretoj.4.(tekst) përkthej. 5.shkrij, tres(yndyrën). 6.*ndërt* suvatoj. 7.lëshoj, dorëzoj, heq dorë nga.

+**render down** shkrij, tres(dhjamin).

+**render up** a)dorëzoj(kalanë); b)lëshoj, liroj(robër).

rendering['rendëring] *n* 1.*muz* interpretim.2.përkthim.

rendezvous ['rondëvu:, ra:ndei'vu:] *n,v* -*n* 1.takim.2.vend takimesh.

-*vi* takohem me, takoj; bashkohem me.

rendition[ren'dishën] *n* shih **rendering**.

renegade ['renëgeid] *n* renegat, tradhtar; njeri i nxjerrë jashtë ligjit.

renege[ri'neg, ri'neig, ri'nig] *vi* 1.shkel, nuk mbaj (fjalën); **renege on a promise** shkel premtimin.2.(në lojë letrash) nuk hedh letrën(shkel rregullat).

renew[ri'n(i)u:] *vt* 1.përtërij(marrëveshjen, pasaportën etj). 2.përsëris(premtimin); rifilloj(përpjekjet).

renewable[ri'n(i)uëbël] *adj* i përtëritshëm.

renewal[ri'n(i)u:ël] *n* 1.përtëritje. 2.përsëritje; rifillim.

renewed[ri'n(i)u:d] *adj* i përtërirë; i shtuar; **with renewed vigour** më me forcë; **renewed efforts** përpjekje të dyfishuara.

renewedly[ri'n(i)u:idli] *adv* sërish, rishtaz, nga e para.

rennet['renit] *n* mullëz, farë djathi.

renounce[ri'nauns] *v* 1.braktis, heq dorë nga. 2. mohoj(fenë, kauzën, fëmijën). 3.(në lojë letrash) hedh letër (të një ngjyre) tjetër.

renouncement[ri'naunsmënt] *n* shih **renunciation**.

renovate['renëveit, 'renouveit] *vt* ripërtërij, rinovoj(shtëpinë etj); restauroj(ndërtesa, orendi).

renovation[renë'veishën, renou'veishën] *n* ripër-

tëritje, rinovim; restaurim.

renovator [renë'veitë:, renou'veitë:] *n* rinovues, restaurues.

renown [ri'naun] *n* emër, famë, nam; **of high renown** shumë i njohur, me shumë emër, me nam, i famshëm.

renowned [ri'naund] *adj* (**for** për) i njohur, me emër, i famshëm, me nam, i shquar.

rent I[rent] *n,v* -*n* 1.qira; 'for rent' 'jepet me qira'; **be one week late/behind with one's rent** më ka kaluar një javë afati i pagimit të qirasë. 2.*ek* rentë.

-*v* 1.marr me qira; **rent a house from sb** i marr me qira shtëpinë dikujt. 2.jap/lëshoj me qira; **rent out** jap me qira. 3.jepet me qira.

rent II[rent] *n,adj* -*n* 1.grisje, e grisur, çjerrje. 2. (në shkëmb) e çarë, plasë. 3.*fig* çarje, përçarje.

-*adj* 1.i grisur, i çjerrë. 2.i çarë, i plasaritur. 3.*fig* i përçarë.

'**rent-a-bike'** *n treg* 'biçikleta ma qira'.

'**rent-a-car'** *n treg* 'makina me qira'.

rent-a-crowd, rent-a-mob *n Br* 1.agjitatorë profesionistë. 2.duartrokitës të paguar.

rental['rentël] *n,adj* -*n* 1.qira, pagesë, shumë(e qirasë, abonimit). 2.gjë e dhënë me qira.

-*adj* i qirasë; një gjë i dhënë me qira.

rent collector *n* mbledhës i qirave, qirambledhës (i godinës etj).

rent control *n adm* rregullim administrativ i qirave.

rent-free['rentfri:] *adj* pa qira.

rentier[ron'tje] *n ek* rentier.

rent rebate *n* ulje e qirasë.

renunciate[ri'nʌnsieit] *vi* 1.heq dorë.2.mohoj.

renunciation[rinʌnsi'eishën] *n* 1.heqje dorë, mospranim. 2.mohim.

reoccupy[ri'okjupai] *vt* ripushtoj.

reopen[ri'oupën] *v* 1.rihap, hap sërish.2.rifilloj(luftimet, bisedimet). 3.rihapet. 4.rifillon(mësimi.

reopening[ri'oupëning] *n* rihapje; rifillim.

reorder[ri'o:dë:] *vt* 1.porosis sërish. 2.rirregulloj, riorganizoj.

reorganization[rio:gënai'zeishën] *n* riorganizim.

reorganize [ri'o:gënaiz] *v* 1.riorganizoj. 2.riorganizohet.

rep I[rep] *n teks* reps.

rep II[rep] *n* shkurtim për **representative; repertory; reporter.**

repaid[ri'peid] *pt,pp* e **repay**.

repaint[ri:'peint] *vt* rilyej, lyej /bojatis sërish.

repair I[ri'peë:] *v,n* -*vt* 1.ndreq, rregulloj, meremetoj, riparoj. 2.*fig* ndreq, korrigjoj(gabimet).

-*n* 1.ndreqje, rregullim, meremetim, riparim; *fig* korrigjim; **beyond repair** i pandreqshëm. 2.gjendje; **be in bad/good repair** është në gjendje të keqe/të mirë; **keep in good repair** mirëmbaj.

repair II[ri'peë:] *vi* shkoj, vete.
repairable[ri'peërëbl] *adj* i ndreqshëm, i riparueshëm; i korrigjueshëm.
repairer[ri'peërë:] *n* ndreqës, rregullues, riparues.
repair kit *n* çantë/kuti veglash.
repair outfit *n* çantë/kuti veglash.
repair shop *n* punishte, dyqan/repart riparimesh.
reparable['repërëbël] *adj* shih **repairable**.
reparation [repë'reishën] *n* 1. *drejt* zhdëmtim, dëmshpërblim, kompensim(dëmesh).2.*pl* reparacione, dëmshpërblime lufte. 3.meremetim, riparim.
repartee [repa:'ti:] *n* 1. fjalë me vend, përgjigje e hollë; bisedë e mençur. 2.mendjemprehtësi.
repast[ri'pa:st] *n* 1.ushqim, të ngrëna. 2.e ngrënë; **a brief repast** e ngrënë e shpejtë.
repatriate[ri'pætrieit] *v,n* -*vt* riatdhesoj. -*n* i riatdhesuar.
repatriation[ripætri'eishën] *n* riatdhesim.
repay[ri'pei] *vt* (**repaid**)1.kthej paratë; shlyej borxhin. 2.kthej, rikthej(vizitën, mirësjelljen etj).3.ia shpërblej (nderin dikujt).
repayable [ri'pejëbël] *adj* i kthyeshëm, i pagueshëm, për t'u paguar.
repayment[ri'peimënt] *n* 1.kthim(parash); shlyerje (borxhi). 2.shpërblim(i përpjekjeve).
repeal[ri'pi:l] *v,n* -*vt* shfuqizoj(ligjin); anuloj(vendimin, dënimin). -*n* shfuqizim; anulim.
repeat[ri'pi:t] *v,n* -*v* 1.përséris. 2.recitoj, them përmendsh; **repeat oneself** përséris veten. 3.përsëritet; *mat* përsëritet periodikisht.4.them, tregoj, nxjerr (një të fshehtë). 5.*amer* votoj më shumë se një herë (padrejtësisht). -*n* 1.përsëritje. 2.gjë e përsëritur.3.*rad,tv* ritransmetim(emisioni). 4.*muz* refren.
repeated[ri'pi:tid] *adj* i përsëritur.
repeatedly[ri'pi:tidli] *adv* në mënyrë të përsëritur; shumë shpesh; vazhdimisht; **they have repeatedly told us** na kanë thënë vazhdimisht.
repeater [ri'pi:të:] *n* 1. pushkë automatike/vetëmbushëse. 2.orë me buton përsëritës. 3.*amer* votues hileqar(që voton disa herë). 4.(student,nxënës) përsëritës, mbetës. 5.*amer drejt* recidivist, përsëritës. 6.*rad, el* përforcues; ritransmetues.
repeating[ri'pi:ting] *adj mat* periodik; **repeating decimal** numër dhjetor periodik.
repeating rifle *n* pushkë automatike / vetëmbushëse.
repel [ri'pel] *vt* 1. zmbraps, prapsoj. 2. *fiz* nuk përzihet(lëngu me një tjetër); shtyn(grimca, ngarkesa). 3.*fig* largoj; ngjall neveri.
repellent[ri'pelënt] *adj,n* -*adj* 1.i pakëndshëm; i neveritshëm; **find sb repellent** më duket i neveritshëm dikush. 2.shtytës; zmbrapsës.
repent [ri'pent] *v* (**of**) pendohem; më vjen keq

(për); **repent one's choice** pendohem për zgjedhjen që kam bërë.
repentance[ri'pentëns] *n* pendim; keqardhje.
repentant[ri'pentënt] *adj* i penduar.
repercussion[ripë:'kʌshën] *n* 1.kthim(zëri), jehonë. 2.zmbrapsje, zbythje(e armës). 3.*fig* pasojë, ndikim; **the repercussion on prices of...** ndikimi i ... mbi çmimet.
repertoire['repë:twa:] *n teat, fig* repertor.
repertory['repë:to:ri] *n* 1.listë; katalog; repertor. 2. rezervë. 3.depo.
repertory company *n* trupë teatri me repertor të caktuar(sezonal).
repetition[repë'tishën] *n* 1.përsëritje. 2.riprodhim (teksti).3.rifillim; rikthim.
repetitious [repë'tishës] *adj* 1. i përsëritur. 2.me (shumë) përsëritje.
repetitive[ri'petëtiv] *adj* 1.dërr-dërr, fjalaman. 2. plot përsëritje(tekst). 3.monotone(punë).
rephrase[ri'freiz] *vt* riformuloj; përpunoj.
repine[ri'pain] *vi* qahem, ankohem; tregoj pakënaqësi.
replace[ri'pleis] *vt* 1.zëvendësoj, i zë vendin (dikujt).2.rikthej; vë në vend. 3.(by, with) zëvendësoj (me).
replaceable[ri'pleisëbël] *adj* i zëvendësueshëm.
replacement [ri'pleismënt] *n* 1. zëvendësim. 2.rikthim, vënie në vend. 3.zëvendësues(njeri, produkt).
replacement engine *n aut* motor rezervë.
replacement part *n tek* pjesë ndërrimi/këmbimi.
replant[ri:'pla:nt] *vt* rimbjell.
replay [*v* ri'plei; *n* 'ri:plei] *v, n sport* -*vt* zhvilloj sërish(ndeshjen). -*n* 1.ndeshje e përsëritur. 2.ritransmetim i ngadalësuar, riplej.
replenish [ri'plenish] *vt* rimbush (rezervuarin); plotësoj (garderobën).
replenishment[ri'plenishmënt] *n* rimbushje; plotësim.
replete[ri'pli:t] *adj* 1.i mbushur, plot me, dinga. 2.i nginjur, i ngopur.
repletion [ri'pli:shën] *n* ngimje, ngopje; stërngopje.
replica['replëkë] *n* kopje; riprodhim; faksimile.
replicate[*v* 'replëkeit; *n,adj* 'replëkit] *v,n,adj* -*vt* 1.përséris, ribëj. 2.*biol* riprodhoj me mitozë/mejozë. 3.palos, pérvesh. -*n* përsëritje(procedure, eksperimenti). -*adj bot* i palosur, i mbledhur në vetvete(gjeth).
replication [replë'keishën] *n* 1. përsëritje; riprodhim. 2.kopje, riprodhim. 3.përgjigje.
reply[ri'plai] *v,n* -*v* (**to** i)përgjigjem; kundërpërgjigjem. -*n* përgjigje; kundërpërgjigje; **she made no reply** ajo nuk ktheu përgjigje; **reply paid** përgjigja (posti-

mi) është e paguar.

report[ri'po:t] *n,v* -*n* 1.raport, relacion. 2.llogaridhënie(me gojë).3.procesverbal(mbledhjeje). 4.*rad, tv* reportazh. 5.dëftesë(shkollore).6.buletin(meteorologjik etj). 7. fjalë, zëra; **there is a report that...** flitet se...**as report has it** me sa thonë. 8.emër, nam; **of good report** me emër(person), për të cilin flasin mirë(produkt etj). 9.shpërthim, plasje; shkrepje (pushke); **with a loud report** me një shpërthim të fuqishëm.
-*v* 1.njoftoj, vë në dijeni(autoritetet etj). 2.paraqes një raport/relacion. 3.jap llogari. 4.*rad, tv* njoftoj, paraqes(një ngjarje), jap një reportazh. 5.kallëzoj, denoncoj, raportoj (fajtorin). 6.paraqitem; **report for duty at 8 a.m.** paraqitu në detyrë/në punë në orën 8 para dite; **report to one's unit** *usht* paraqitem në njësinë time; **report sick** paraqitem si i sëmurë. 7.*adm* (to) varem(nga), jam në varësi(të); **he reports to the chief editor** ai varet nga kryeredaktori.
+**report back** a)kthehem, paraqitem; b)raportoj, paraqes një raport.
report card *n* dëftesë shkollore.
+**report on** a)bëj një raport për; b)bëj një reportazh.
reportage[ri'po:tixh, repo:'ta:zh] *n* reportazh.
reportedly[ri'po:tidli] *adv* me sa thuhet, siç duket; **they had reportedly been there** me sa thuhej, ata kishin qenë atje.
reporter[ri'po:të:] *n* 1.raportues. 2.korrespondent (gazete); *rad,tv* radiokronist, telekronist, reporter; **reporter's gallery** lozhë/tribunë e gazetarëve.3.sekretar(në gjyq); stenografiste(në parlament).
repose I[ri'pouz] *n,v* -*n* 1.çlodhje, prehje; gjumë. 2.qetësi, paqë; **disturb sb's repose** ia prish qetësinë dikujt; **in repose** në paqë.
-*v* 1.çlodhem, prehem, pushoj; fle. 2.prehet në varr. 3.mbështetem, përkrahem(nga). 4.(on)varem, mbështetem(në,tek).
repose II [ri'pouz] *vt* vë; **repose complete confidence in sb's honesty** i besoj plotësisht ndershmërisë së dikujt.
reposeful[ri'pouzful] *adj* i qetë, në paqë.
repository[ri'pozëto:ri] *n* 1.depo, magazinë. 2.depozitë, vend depozitimi. 3.*fig* repertor. 4.person i besuar; ruajtës(i një të fshehte).
repossess[ripë'zes] *vt* shtie në dorë sërish.
repossession[ripë'zeshën] *n* riposedim, rishtënie në dorë; **repossession man** *amer* (edhe **repo man**) mbledhës i sendeve/mallrave të papaguara.
repp[rep] *n teks* reps.
reprehend [repri'hend] *vt* 1.qortoj(dikë).2.dënoj (një veprim).
reprehensible[repri'hensëbël] *adj* i qortueshëm; i dënueshëm.
reprehensibly[repri'hensëbli] *adv* në mënyrë të dënueshme.

reprehension[repri'henshën] *n* qortim; dënim.
represent[repri'zent] *vt* 1.përfaqësoj; **she represents all that is best in..** ajo përfaqëson atë çka është më e mira në...2.paraqes; **a drawing representing..** një vizatim që paraqet...3.shpjegoj, sqaroj; përshkruaj. 4.shpreh, transmetoj. 5.luaj, interpretoj. 6.*drejt* deklaroj.
representation[reprizen'teishën] *n* 1.përfaqësim; **proportional representation** *pol* përfaqësim proporcional. 2.përfaqësi. 3.paraqitje, shembull; shenjë; simbol. 4.shfaqje, vënie në skenë; interpretim. 5.ankesë; protestë. 6.raportim, deklarim; **false representations** raportime të pasakta/të shtrembëruara.
representational[reprizen'teishënël] *adj* 1.përfaqësues; përfaqësimi.2.figurativ, i figurshëm.
representative [repri'zentëtiv] *n,adj* -*n* 1. *pol,treg* përfaqësues. 2.*amer pol* deputet. 3.shembull tipik; përfaqësues(i një specieje etj).
-*adj* 1.përfaqësues; tipik, karakteristik.2.paraqitës; **representative of** që paraqet.
repress[ri'pres] *vt* 1.ndrydh, përmbaj, frenoj(emocionet); mbaj(teshtimën). 2.shtyp(kryengritjen).
repressed[ri'prest] *adj* i ndrydhur, i përmbajtur.
repression [ri'preshën] *n* 1. shtypje. 2. ndrydhje, përmbajtje.
repressive [ri'presiv] *adj* shtypës; **repressive measures** masa shtypëse.
reprieve [ri'pri:v] *v,n* -*vt* 1. *drejt* shtyj (ekzekutimin); ia shtyj afatin(diçkaje). 2.*fig* lehtësoj përkohësisht, e lë të marrë frymë.
reprimand['reprëmænd] *n,v* -*n* qortim, vërejtje.
-*vt* qortoj; i heq vërejtje.
reprint[v ri:'print; *n* 'ri:print] *v,n* -*v* 1.rishtyp; ribotoj. 2.rishtypet; ribotohet.
-*n* rishtypje; ribotim; **cheap reprint** botim i lirë(me çmim të ulët).
reprisal [ri'praizël] *n* raprezalie; masë ndëshkimore; **as a reprisal for** si masë ndëshkimore për; **take reprisals** bëj raprezalie.
reproach [ri'prouç] *n,v* -*n* 1. qortim; vërejtje; **heap reproaches on sb** e mbys me qortime dikë; **above/beyond reproach** i patëmetë, që s'ka të sharë. 2.turp; turpërim; **bring reproach on** turpëroj, mbuloj me turp.
-*vt* qortoj; i heq vërejtje; **reproach oneself** i vë faj vetes, bëj veten me faj.
reproachful [ri'prouçful] *adj* qortues(vështrim, fjalë, ton).
reproachfully [ri'prouçfuli] *adv* me qortim, me ton qortues.
reproachless[ri'prouçlis] *adj* i paqortueshëm, që s'ka të sharë.
reprobate['reproubeit] *n,adj,v* -*n* horr, kopuk; maskara.

-adj i paskrupull, kopuk(njeri); i pamoralshëm(veprim).
-vt nuk miratoj; kritikoj; dënoj.
reprobation [reprou'beishën] *n* qortim, mosaprovim; dënim.
reprocess[ri:'prouses] *vt* përpunoj sërish.
reprocessing[ri:'prousesing] *n* ripërpunim.
reproduce [riprë'dju:s] *v* 1. riprodhoj; bëj kopje. 2.riprodhohet; shumëzohet(bima etj).
reproducer[riprë'dju:së:] *n* riprodhues.
reproduction[riprë'dʌkshën] *n* 1.riprodhim. 2.*art* kopje, riprodhim; **reproduction furniture** kopje mobiliesh antike.
reproductive[riprë'dʌktiv] *adj* riprodhues.
reproof[ri'pru:f] *n* qortim; vërejtje; dënim.
re-proof['ri:'pru:f] *vt* gomoj sërish; ribëj të papërshkueshëm nga uji.
reprovable [ri'pru:vëbël] *adj* i qortueshëm; i dënueshëm.
reproval[ri'pru:vël] *n* qortim; vërejtje; dënim.
reprove[ri'pru:v] *vt* qortoj; i heq vërejtje; dënoj.
reproving[ri'pru:ving] *adj* qortues.
reprovingly[ri'pru:vingli] *adv* me ton qortues.
reptile ['reptail] *n* 1. *zool* zvarranik, rrëshqanor; shtërpi. 2.*fig* gjarpër.
reptilian[rep'tiliën] *adj,n* -adj 1.zvarranikësh; prej shtërpiu.2.*fig* i urryer, i neveritshëm, prej gjarpri. **-n** 1.zvarranik, rrëshqanor; shtërpi. 2.*fig* gjarpër.
republic[ri'pʌblik] *n* republikë; **the Republics** *amer* Shtetet e Bashkuara.
republican[ri'pʌblikën] *adj,n* -adj 1.i republikës; republikan. 2.*pol* R-- Republikan.
republication[ri:pʌblë'keishën] *n* ribotim; botim i ri.
republish[ri:'pʌblish] *vt* ribotoj.
repudiate[ri'pju:diejt] *vt* 1.hedh poshtë, nuk pranoj. 2. nuk njoh(borxhet). 3.mohoj(miqtë etj). 4.përzë(djalin); lë, ndaj(gruan).
repudiation[ripju:di'ejshën] *n* 1.mospranim, hedhje poshtë. 2.mosnjohje(e borxheve). 3.mohim. 4. përzënie; lënie, ndarje.
repugnance[ri'pʌgnëns] *n* ndot; neveri; zët.
repugnancy[ri'pʌgnënsi] *n* shih **repugnance**.
repugnant[ri'pʌgnënt] *adj* i neveritshëm, i pështirë, i urryer.
repugnantly [ri'pʌgnëntli] *adv* me ndot, me neveri.
repulse[ri'pʌls] *v,n* -vt 1.*usht* zmbraps. 2.*fig* refuzoj, nuk pranoj; hedh poshtë. **-n** 1.*usht* zmbrapsje. 2.*fig* mospranim, refuzim; **meet with/suffer a repulse** ndesh në kundërshtim.
repulsion[ri'pʌlshën] *n* 1.neveri, ndot; zët. 2.*fiz* shtytje.
repulsive [ri'pʌlsive] *adj* 1.i neveritshëm, i pështirë. 2.*fiz* shtytës.

repulsively[ri'pʌlsivli] *adv* në mënyrë të neveritshme/të pështirë; **repulsively ugly** i shëmtuar për tmerr, sa të kall krupën.
repulsiveness[ri'pʌlsivnis] *n* neveri, ndot, krupë.
repurchase[ri'pë:çis] *n,v* -n riblerje. **-vt** riblej.
reputable['repjëtëbël] *adj* i nderuar, i respektuar, me emër të mirë; **reputable occupation** profesion i nderuar.
reputation[repjë'teishën] *n* 1.emër, nam; **have a good/bad reputation** kam emër të mirë/të keq. 2. emër i mirë, reputacion; **have a reputation for honesty** më njohin si njeri të ndershëm. 3.famë; **have an international reputation** jam me famë në të gjithë botën.
repute[ri'pju:t] *n,v* -n 1.emër, nam; **be of good repute** kam emër të mirë; **know sb by repute** e njoh dikë me të dëgjuar/për emrin që ka; **a house of ill repute** kuplara. 2.emër i mirë, reputacion; **hold sb in high repute** kam një opinion tepër të mirë për dikë.
-vt be reputed: më mbajnë, njihem, mbahem; **be reputed rich/to be the best player** më mbajnë për të pasur/si lojtarin më të mirë.
reputed [ri'pju:tid] *adj* i menduar, i supozuar, i njohur si; **reputed father** drejt babai i supozuar.
reputedly[ri'pju:tidli] *adv* nga sa flitet, me sa thonë.
request [ri'kwest] *v,n* -vt kërkoj; **request a loan** kërkoj një hua; **'you are requested not to smoke'** 'lutemi, mos pini duhan'.
-n kërkesë; **at sb's request** me kërkesën e dikujt; **by/on request** me porosi; **grant a request** plotësoj një kërkesë.
request programme *n rad* program sipas kërkesave të dëgjuesve.
request stop *n Br* stacion fakultativ, ndalesë (e autobuzit) vetëm me kërkesë(nga udhëtarët).
requiem['rekwiem] *n fet* lat lutje për të vdekurit, rekujem; himn për të vdekurit.
require[ri'kwajë:] *vt* 1.kam nevojë për, më duhet; kërkon; **it requires careful thought** kjo kërkon një shqyrtim të kujdesshëm; **if/when required** po qe se duhet; kur të jetë nevoja. 2.i kërkoj; **require sb to do sth, require sth of sb** i kërkoj dikujt (të bëjë) diçka; **as required by law** siç e kërkon ligji.
required[ri'kwajë:d] *adj* i kërkuar; i duhur; **by the required date** në kohën e duhur; **the required amount** sasia e nevojshme.
requirement[ri'kwajë:mënt] *n* 1.nevojë; **meet sb's requirements** plotësoj nevojat e dikujt. 2.kusht, kërkesë; **fit the requirements** plotëson kushtet, përmbush kërkesat; **he meets all the requirements for the job** ai i përmbush të gjitha kërkesat për atë vend pune. 3.*amer* lëndë(mësimore) e detyrueshme.
requisite['rekwizit] *adj,n* -adj i kërkuar, i duhur,

i nevojshëm.

-n gjë e nevojshme; **toilet requisites** sende/artikuj tualeti.

requisition [rekwë'zishën] *n,v* -*n*1. kërkim, bërje kërkese.2.kërkesë me shkrim; **put in a requisition for** bëj kërkesë për. 3.*usht* rekuizim. 4.kusht, kërkesë.

-*vt* 1.bëj kërkesë(për diçka). 2.*usht* rekuizoj.

requital[ri'kwaitël] *n* 1.shpërblim, kompensim.2. shpagim.

requite [ri'kwait] *vt* 1.shpërblej, ia kthej me, i përgjigjem me; **requite evil with good** i përgjigjem së keqes me mirësi.2.shpaguhem; hakmerrem për.

reread['ri:'ri:d] *vt* (**reread**) rilexoj; korrigjoj.

reredos['rië:dos] *n* pjesë muri prapa altarit.

reroute['ri:'ru:t] *vt* i ndërroj rrugën/itinerarin(trenit etj).

rerun[*v* ri'rʌn; *n* 'ri:rʌn] *v,n* -*vi* (**reran; rerun**) 1.vrapoj sërish. 2.rishfaq(filmin); rixhiroj(kasetën). -*n* 1.rishfaqje; rixhirim. 2.*tv* ritransmetim (emisioni).

resale ['ri:sejl, ri'sejël] *n* 1.rishitje; **'not for resale'** 'mostër falas'. 2.shitje me pakicë.

reschedule[ri'shedju:l, *amer* ri'skedju:l] *vt* 1.ndërroj orën(e mbledhjes etj); ndryshoj orarin(e trenit etj); ndryshoj datat(e pagesave). 2.ndryshoj programin e.

rescind [ri'sind] *vt* shfuqizoj, anuloj (ligjin etj); prish(vendimin, kontratën).

rescission[ri'sizhën] *n* shfuqizim, anulim; prishje.

rescript['ri:skript] *n* 1.përgjigje me shkrim(e peticionit etj). 2.shpallje; dekret. 3.rishkrim.

rescue['reskju:] *v,n* -*vt* 1.shpëtoj(nga rreziku etj). 2.*drejt* çliroj , nxjerr me dhunë(dikë nga burgu etj). -*n* 1.shpëtim. 2.*drejt* rrëmbim, heqje me dhunë (e dikujt, e një prone) nga duart e ligjit.

rescue operations *n* veprime/operacion shpëtimi.

rescue party *n* ekip shpëtimi.

rescuer ['reskjuë:] *n* 1. shpëtues, shpëtimtar. 2. *drejt* çlirues; rrëmbyes.

research[ri'së:ç, 'ri:së:ç] *n,v* -*n* kërkim; hulumtim; **do/carry out research** merrem me/bëj kërkime; **a piece of research** punë kërkimore; **research work** punë shkencore.

-*v* 1.bëj kërkime. 2.hulumtoj(diçka); **a well researched book** libër i dokumentuar mirë.

research assistant/associate *n* student për shkallën e parë të kualifikimit, student pasuniversitar.

research establishment *n* qendër kërkimore.

research fellow *n* punonjës shkencor pranë universitetit.

research student *n* student që bën punë shkencore, student doktorati.

research worker *n* punonjës shkencor; kërkues; hulumtues.

researcher[ri'së:çë:] *n* shih **research worker**.

reseat [ri:'si:t] *vt* 1. e ul (dikë) gjetiu, e ftoj të ndërrojë vend. 2.i ndërroj fundin(karriges); u arnoj të ndenjurat(pantallonave).

resection [ri'sekshën] *n mjek* heqje, operim (organi).

resell[ri:'sel] *vt* (**resold**) rishes.

resemblance[ri'zemblëns] *n* ngjashmëri, ngjasim, përngjasim; **bear a faint/strong resemblance to** kam një ngjashmëri të lehtë/të madhe me.

resemble[ri'zembël] *vt* i ngjaj(dikujt); është i ngjashëm(me diçka); **they resemble each other** ata ngjajnë me njëri-tjetrin.

resent[ri'zent] *vt* kam zët, nuk duroj; prekem nga; **I resent your tone** toni yt është i padurueshëm; **they resent her being there** atyre s'u pëlqen fare prania e saj aty.

resentful[ri'zentful] *adj* 1.i prekur, i lënduar. 2.i nxehur, i pakënaqur; i mëritur; **be/feel resentful of** sb jam tërë mllef për dikë/ndaj dikujt.

resentfully[ri'zentfëli] *adv* me mllef.

resentment[ri'zentmënt] *n* 1.prekje,fyerje, lëndim. 2.pakënaqësi, zemërim, zemëratë.

reservation [rezë:'veishën] *n* 1. rezervim, prenotim(dhome etj); **make a reservation at the hotel/on the boat** rezervoj dhomë në hotel/vend në anije; **have a reservation** kam një dhomë/vend të rezervuar.2.rezervë; dyshim, pasiguri; **with reservations** me njëfarë rezerve; **have reservations about** kam dyshime për. 3.kufizim, kusht. 4.rezervat, rezervë.

reserve[ri'zë:v] *v,n* -*vt* 1.ruaj, kursej; **reserve one's strength** ruaj forcat.2.mbaj rezervë, rezervoj, ruaj; **reserve the right to...** ruaj/rezervoj të drejtën për të...3.zë me kohë, rezervoj; prenotoj(dhomë etj).

-*n* 1.rezervë, rezerva; **hold/keep in reserve** mbaj rezervë; **copper reserves** rezervat e bakrit; *usht* forca rezervë.2.rezervë, kufizim; ngurrim; **without reserve** pa asnjë kufizim. 3.rezervat(kafshësh, indianësh). 4.*sport* (lojtar) rezervë.5.rezervim.

reserve army *n* forca rezerviste; milici.

reserve bank *n amer* bankë e rezervës(federale).

reserved[ri'zë:vd] *adj* 1.i druajtur, i turpshëm. 2.i mbyllur, rezervuar(person). 3.i zënë me kohë, i prenotuar, i rezervuar(vend, dhomë). 4.i rezervuar, i palejuar për t'u përdorur(nga të tretë); **all rights reserved** të drejtat janë të rezervuara.

reservedly[ri'zë:vidli] *adv* në mënyrë të rezervuar.

reserve list *n usht* kuadri rezervë, rezervistët.

reserve tank *n aut* rezervuar/serbator rezervë.

reserve player *n sport* lojtar rezervë.

reserve price *n Br* çmim minimum.

reserve team *n sport* ekip/skuadër rezervë.

reservist[ri'zë:vist] *n usht* rezervist.

reservoir['rezë:vwa:, 'rezë:vwo:] *n* 1.ujëmbledhës, rezervuar uji. 2.*tek* rezervuar. 3.*aut* serbator. 4.*fig*

depo; rezervë e madhe; burim(informacioni).
reset [vri'set; *n* 'ri:set] *v,n* *-vt* 1.vë në vend (kra-
hun e thyer etj). 2.rivë(alarmin); çoj ku duhet, rregu-
lloj(orën). 3.*polig* rifaqos. 4.*kmp* rihap(kompjuterin
pa e fikur).
reset switch *n kmp* buton i rihapjes (së kompju-
terit).
resettle[ri'setël] *vt* 1.strehoj, risistemoj(refugjatët).
2.ripopulloj(një vend).
resettlement[ri'setëlmënt] *n* 1.strehim, risistemim
(refugjatësh). 2.ripopullim.
reshape[ri:'sheip] *vt* 1.rimodeloj, i jap formë të re.
2.riorganizoj(policinë etj).
reshuffle [ri'shʌfël] *v,n* *-vt* 1.përziej sërish, ri-
shkartis (letrat). 2.*fig* riorganizoj, riformoj, ndryshoj
(qeverinë, drejtorinë etj).
-n 1.rishkartisje(e letrave). 2.riorganizim, ndry-
shim, riformim (i qeverisë etj); **Cabinet reshuffle**
ndryshim i qeverisë.
reside[ri'zaid] *vi* 1.rri, jetoj, banoj. 2.*fig* qëndron;
është(në duart e); **her charm resides in her happy
smile** hijeshia e saj qëndron në buzëqeshjen e saj të
lumtur; **the power resides in/with the President**
pushteti është në duart e Presidentit.
residence['rezidëns] *n* 1.banesë; shtëpi. 2.banim;
qëndrim; kohëqëndrim; **after 3 years' residence in
Canada** pas tre vjetësh qëndrimi në Kanada; **take
up residence in the country** vendosem me banim
në fshat.3.ndejë, seli, rezidencë(e sovranit, presiden-
tit etj); konvikt (studentësh); **in residence** a)me
banim në një vend; b)i ngulur, me qëndrim pranë
vendit të punës (mjek etj).
residency['rezidënsi] *n* 1.seli, rezidencë. 2.*amer*
mjek stazh në spital(i studentëve të mjekësisë).
resident['rezidënt] *n,adj* *-n* 1.banor(i vendit);
banues(në një vend të huaj); '**residents only**' 'lejo-
het parkimi vetëm për banorët' (e asaj rruge). 2.*amer*
mjek mjek stazhier rezident/me qëndrim në spital.
3.*dip* rezident, përfaqësues(me rang nën ministrin
fuqiplotë).
-adj 1.banues; me qëndrim diku; **the resident
population** popullsia stabël, banorët e përhershëm të
vendit. 2.rezident, me banim në vendin e punës;
resident owner pronar(godine) me banim po aty;
resident physician mjek rezident/që banon në
spital. 3.konviktor; **resident head** *amer* drejtor
konvikti.4.joshtegtar(shpend).
resident student *n* student vendas(jo i huaj).
residential[rezi'denshël] *adj* 1. banimi; **residen-
tial district** zonë banimi, lagje me banesa. 2.me
konvikt(shkollë).
residential school *n amer* shkollë me konvikt.
residential student *n amer* konviktor.
residual[ri'zixhuël] *adj,n* *-adj* 1.i mbetur.2.*gjeol*
mbeturinor; fundërresor.

-n 1.tepricë; mbeturinë. 2.*kim* rrënjë, radikal.3.*mat*
mbetje.4.shpërblim/honorar i herëpashershëm(i auto-
rit të këngës etj).
residuary[ri'zidjuëri] *adj* i mbetur.
residuary estate *n drejt* shumë/vlerë neto e tra-
shëgimit.
residuary legatee *n drejt* trashëgimtar i vetëm.
residue['rezidju:] *n* 1.mbetje; tepricë; mbeturinë.
2.*kim* rrënjë, radikal. 3.*mat* mbetje. 4.*drejt* tepricë,
shumë e mbetur.
residuum[ri'zidjuëm] *n* mbetje; mbeturinë.
resign [ri'zain] *v* heq dorë, jap dorëheqjen (nga
puna); lë(postin); **resign from** jap dorëheqjen nga;
resign oneself to (doing) sth i bindem/i nënshtro-
hem diçkaje; pranoj të bëj diçka.
resignation[rezig'neishën] *n* 1.dorëheqje; **tender
one's resignation** jap dorëheqjen. 2.heqje dorë(nga
një e drejtë etj); lënie(e diçkaje). 3.nënshtrim; durim.
resigned [ri'zaind] *adj* i nënshtruar; i bindur, që
pranon; **he was resigned to walking...** ai e kishte
mbledhur mendjen ta bënte rrugën në këmbë...
resignedly [ri'zainidli] *adv* pa kundërshtuar, me
pamje të nënshtruar.
resilience[ri'ziliëns] *n* 1.elasticitet. 2.natyrë opti-
miste; aftësi ripërtëritëse.
resilient[ri'ziliënt] *adj* 1.elastik. 2.që e merr veten
shpejt(fizikisht, shpirtërisht); optimist(njeri); gazmor,
i gjallë(karakter).
resin['rezën] *n,v* *-n* 1.rrëshirë. 2.rrëshirë artifi-
ciale, rezinë.
-vt rrëshinoj, lyej me rrëshirë.
resinous['rezinës] *adj* rrëshinor.
resist[ri'zist] *v* 1. i qëndroj, i bëj ballë, i rezistoj;
kundërshtoj. 2.përmbahem; përmbaj; **he couldn't
resist laughing** ai s'e mbante dot të qeshurit.
3.duroj(sëmundjen etj).
resistance[ri'zistëns] *n* 1.qëndresë; qëndruesh-
mëri; **put up/offer resistance to** bën qëndresë.
2.*el, mek, mjek* rezistencë. 3.*hist* **R--** Rezistencë.
resistance movement Rezistencë.
resistant [ri'zistënt] *adj* i qëndrueshëm, i fortë,
rezistent; **resistant to penicillin** rezistent ndaj
penicilinës.
resistibility[rizistë'bilëti] *n* qëndrueshmëri.
resistless[ri'zistlis] *adj* i papërmbajtshëm, i papër-
ballueshëm.
resistor[ri'zistë:] *n el* rezistencë.
resit [vri'sit; *n* 'ri:sit] *v,n Br* *-v* futem sërish(në
provim).
-n riprovim, sesion i dytë(i provimeve).
resole['ri:'soul] *vt* u vë gjysma(këpucëve).
resoluble I[ri'zoljëbël] *adj* i zgjidhshëm.
resoluble II [ri'soljëbël] *adj* i zbërthyeshëm; i
tretshëm.
resolute['rezëlu:t] *adj* i vendosur, i patundur.

resolutely['rezëlu:tli] *adv* vendosmërisht, në mënyrë të vendosur.

resoluteness['rezëlu:tnis] *n* vendosmëri.

resolution[rezë'lu:shën] *n* 1.vendim; **make a resolution** marr një vendim.2.vendosmëri; **show resolution** tregoj vendosmëri. 3.*pol* rezolutë; **adopt /pass a resolution** miratoj një rezolutë. 4.zgjidhje(e problemit). 5.*kim,fiz* zbërthim, shpërbërje.

resolvable [ri'zolvëbl] *adj* 1. i zgjidhshëm(problem).2.*kim,fiz* i zbërthyeshëm; i tretshëm. 3.*drejt* e zgjidhshme (kontratë); i anulueshëm.

resolve[ri'zolv] *v,n* -*v* 1.vendos, marr vendim. 2. zbërthej; tres; zbërthehet; tretet. 3.shndërroj. 4.zgjidh (problemin); zgjidhet. 5. zhduk(dyshimet). -*n* 1.vendim; **make a resolve to do**.. marr vendim për të bërë..2.vendosmëri; **with resolve** me vendosmëri.

resolved[ri'zolvd] *adj* i vendosur.

resolvedly[ri'zolvidli] *adv* vendosmërisht.

resonance ['rezënëns] *n* 1. *fiz* rezonancë, rikumbim. 2.kumbim, tingullsi.

resonant['rezënënt] *adj* rikumbues, rezonues; kumbues, tingëllues.

resonate['rezëneit] *vi* kumbon; rikumbon, rezonon.

resonator['rezëneitë:] *n fiz* rikumbues, rezonator.

resorb[ri'so:b, ri'zo:b] *vt* thith, tret, zhduk(organizmi).

resorption[ri'so:pshën, ri'zo:pshën] *n* thithje, tretje, zhdukje(nga organizmi).

resort [ri'zo:t] *v,n* -*vi* 1.shkoj; frekuentoj. 2. (to) i drejtohem, kërkoj ndihmën e; përdor; **resort to violence** përdor dhunën; **resort to drinking** filloj të pi, jepem pas të pirit. -*n*1.frekuentim. 2.vend klimaterik, vend pushimesh. 3.përdorim(i dhunës etj).4.shpëtim, mjet shpëtimi; **it was my last resort** ishte mjeti im i fundit.

resound[ri'zaund] *v* 1.kumbon; oshëtin; gjëmon. 2.jehon. 3.përsëris, bëj të jehojë.4.është në gojën e të gjithëve.

resounding [ri'zaunding] *adj* 1. kumbues; gjëmues; jehues(zë etj). 2.i bujshëm(sukses etj).

resoundingly [ri'zaundingli] *adv* në mënyrë të bujshme; me bujë.

resource[ri'so:s] *n*1.rezervë.2.*pl* burime; pasuri; **financial/natural resources** burime financiare; pasuri natyrore. 3.mjet shpëtimi; **as a last resource** si mjet i fundit, si shpresë e fundit. 4.shkathtësi, mprehtësi.

resource centre *n* qendër dokumentacioni.

resource(s) gap *n ek* deficit në burime.

resourceful[ri'so:sful] *adj* i shkathët; i mprehtë, mendjefemër; i çall(ës)tisur(njeri); me mend(plan).

resourcefully[ri'so:sfuli] *adv* me mend, me zgjuarësi.

resourcefulness[ri'so:sfulnis] *n* shkathtësi; mpreh-

tësi; çall(ës)tisje.

respect[ri'spekt] *n,v* -*n* 1.nderim, respekt; **have respect for sb/the law** kam respekt për dikë; respektoj ligjin; **be held in respect** gëzoj respekt, më nderojnë. 2.vëmendje; përfillje; respektim; **without respect to the consequences** pa i përfillur pasojat; **without respect of persons** pa bërë dallim, pa mbajtur anën e askujt. 3.lidhje; referim; **with respect to** në lidhje me, për sa i përket; duke patur parasysh. 4.aspekt; drejtim; këndvështrim; **in this respect** nga ky këndvështrim; **in what respect?** në ç'aspekt? **in other respects** në drejtime të tjera. 5.*pl* nderime, të fala; **give my respects to**.. bëji të fala nga unë..; **pay one's respects to sb** i paraqes nderimet e mia dikujt. + **in respect of** në lidhje me; në krahasim me; **in respect that** në sajë të faktit që; përderisa. -*vt* 1. nderoj, respektoj (dikë); i bindem, zbatoj (ligjin); respektoj(dëshirat etj). 2.lidhet(me); **as respects** sa për, për sa i takon.

respectability[rispektë'bilëti] *n* të qenët i nderuar; vend i nderuar(në shoqëri).

respectable [ri'spektëbël] *adj* 1. i nderuar, i respektuar, i respektueshëm, i denjë; **that is not respectable** kjo s'është gjë e mirë, s'është punë e hijshme. 2.i konsiderueshëm, mjaft i mirë; njaft i madh; **a respectable sum** një shumë e konsiderueshme; **a respectable writer** një shkrimtar mjaft i mirë.

respectably[ri'spektëbli] *adv* 1.hijshëm; si duhet; me korrektesë. 2.mjaft mirë; çka; jo keq.

respecter[ri'spektë:] *n* respektues; **law is no respecter of persons** përpara ligjit të gjithë janë të barabartë; **he is no respecter of persons** ai nuk lejon njeri t'i imponohet.

respectful[ri'spektful] *adj* i respektueshëm(ndaj); plot respekt(për).

respectfully[ri'spektfuli] *adv* me respekt; **I remain yours respectfully,** ose **Yours respectfully** (në mbyllje të letrës) Nderimet e mia...; Me respekt, juaji...

respectfulness[ri'spektfulnis] *n* nderim, respekt.

respecting [ri'spekting] *prep* për sa i përket; në lidhje/lidhur me.

respective[ri'spektiv] *adj* përkatës.

respectively[ri'spektivli] *adv* përkatësisht.

respell[ri'spel] *vt* rishqiptoj; ritranskriptoj.

respiration[respë'reishën] *n* frymëmarrje.

respirator[respë'reitë:] *n* 1. *usht* maskë kundërgaz. 2.*mjek* aparat frymëmarrjeje, respirator.

respiratory[ri'spajrëtëri] *adj* frymëmarrës, i frymëmarrjes.

respire[ri'spajë:] *v* marr frymë.

respite['respait] *n,v* -*n* 1.pushim; ndërprerje; çlodhje; **without respite** pa pushim, pa ndërprerje; **they gave us no respite** ata nuk na lanë as të marrim frymë. 2.*drejt* shtyrje; pezullim.

resplendence[ri'splendëns] *n* shkëlqim.

resplendent[ri'splendënt] *adj* i shndritshëm; plot shkëlqim.

respond[ri'spond] *vi* 1.(**to**) (i)përgjigjem. 2.(**to**)reagoj(ndaj); **respond to treatment** reagon mirë ndaj mjekimit; **brakes that respond well** frena që funksionojnë si duhet.

respondent[ri'spondent] *adj,n* -*adj* që përgjigjet; që reagon. -*n* 1.*drejt* i paditur. 2.*pol* i anketuar.

response[ri'spons] *n* 1.përgjigje; **in response to** në përgjigje të, si përgjigje ndaj, duke iu përgjigjur.2.reagim. 3.*fet* përgjigje e korit(në kishë).

responsibility [risponsë'bilëti] *n* përgjegjësi; **lay /place/put the responsibility for sth on sb** ia lë dikujt përgjegjësinë për diçka; **take no responsibility for** nuk mbaj përgjegjësi për; **on my own responsibility** nën përgjegjësinë time.

responsibility payment *n* shpërblim për postin.

responsible[ri'sponsibël] *adj* 1.përgjegjës; **be responsible for** jam përgjegjës për; **hold sb responsible for sth** quaj dikë përgjegjës për diçka. 2.me përgjegjësi; **it's a responsible job** është punë me përgjegjësi. 3.i besuar, i sigurt, i ndërgjegjshëm, me ndjenjë përgjegjësie(person).

responsibly[ri'sponsëbli] *adv* me përgjegjësi; me seriozitet.

responsive[ri'sponsiv] *adj* 1.që reagon mirë(auditor); aktiv, që përgjigjet(nxënës). 2.i ndjeshëm; i dashur, i përzemërt; i hapur, jo i rezervuar.

responsiveness[ri'sponsivnis] *n* 1.reagim i mirë. 2.ndjeshmëri; përzemërsi; mosrezervim.

rest I[rest] *n,v* -*n* 1.pushim; qetësi; çlodhje; **need rest/a rest** kam nevojë për pushim; **have/take an hour's rest** bëj një orë pushim; **put/set sb's mind at rest** e qetësoj dikë. 2.ndalesë; **come to rest** ndalet (makina, topi etj); **give it a rest!** *gj.fol* a)mjaft më!, ndërro muhabet!; b)lëre punën! 3.mbështetëse(për krahun etj). 4.vend pushimi. 5.*muz* pauzë. 6.prehje e përhershme, vdekje.7.lehtësim. + **at rest** a)në gjumë; b)në qetësi, pa lëvizur; c)i patrazuar, i qetë(i plagosuri); d)në prehje, në varr; **lay to rest** shtie në varr, varros.

-*v* 1.prehem, çlodhem, pushoj; fle; **rest easy** *fig* fle i qetë.2.ndal, çlodh (kalin etj); **God rest his soul!** Zoti i dhëntë prehje!3.mbështes (kryet etj); mbështetem (pas diçkaje).4.ndalet; mbetet; **the matter must not rest there** puna nuk duhet të mbetet me kaq. 5. ngulet, fiksohet (vështrimi). 6.rri i qetë/i patrazuar. 7.*fig* var, mbështes; varen(shpresat etj). 8.është në duart e(pushteti).9.prehet në varr. 10.*drejt* përfundoj, mbyll; **rest one's case** përfundon fjalën e mbrojtjes(avokati). 11.*bujq* lë djerrë(tokën).

rest camp *n usht* vend fjetjeje.

rest centre *n* qendër pritjeje.

rest day *n* ditë pushimi.

rest home, rest house *n* shtëpi pushimi.

rest room *n* banjë/wc publike.

+**rest up** çlodhem, pushoj.

rest II[rest] *n,v* -*n* kusur; pjesa tjetër; ajo çka mbetet; **the rest of the money/of us** kusuri i parave; ne të tjerët; **and the rest of it** etj; e me radhë; **for the rest** sa për të tjerat.

-*vi* vazhdoj(të jem); mbetem; **rest assured that** të jesh i sigurt se.

restart[ri'sta:t] *v* 1.rifilloj(punën). 2.rindez(motorin). 3.rifillon(puna). 4.rindizet(makina etj).

restate[ri'steit] *vt* 1.përsëris(argumentin). 2.shtroj sërish(problemin, teorinë). 3.ritheksoj(qëndrimin etj).

restatement[ri'steitmënt] *n* 1. përsëritje. 2. parashtrim i ri.

restaurant['rest(ë)ron(t)] *n* restorant.

restaurateur[restërë'teë:] *n* pronar / drejtues restoranti.

rest cure *n* pushim kurativ.

restful['restful] *adj* 1.qetësues; çlodhës(aktivitet etj). 2.i qetë; në paqe.

restfully['restfëli] *adv* qetësisht.

restitution[resti'tju:shën] *n* 1.kthim, rikthim(i diçkaje); **make restitution of sth** kthej/dorëzoj diçka. 2.*drejt* rivendosje; **restitution of conjugal rights** urdhër për kthim në banesën bashkëshortore. 3.zhdëmtim, dëmshpërblim.

restive ['restiv] *adj* 1. i pashtruar, kokëmushkë (kalë). 2.i nervozuar(njeri); me nervozizëm(sjellje); **get/grow restive** a)nervozohem; b)bëhet kryeneç, s'bën përpara (kali).

restiveness['restivnis] *n* 1.nervozizëm. 2.kryeneçësi, mosbindje(e kalit).

restless ['restlis] *adj* 1.i shqetësuar; nervoz; **get restless** bëhem nervoz; **be restless in one's sleep** bëj gjumë të trazuar. 2.i pagjumë; **a restless night** një natë pa gjumë. 3.i pareshtur; që s'pushon.

restlessly['restlisli] *adv* me nervozizëm.

restlessness ['restlisnis] *n* trazim, shqetësim; nervozizëm; padurim.

restock[ri:'stok] *vt* 1.rifurnizoj. 2. (liqenit) i hedh farë peshku.

restoration[restë'reishën] *n* 1.rikthim (i shëndetit, i pronave); rivendosje(e monarkisë). 2.restaurim(vepre arti etj).

restorative[ri'storëtiv] *adj,n* tonik.

restore[ri'stoë:] *vt* 1.kthej, rikthej(librin, të drejtat, shëndetin etj); **restore sb to life** rikthej dikë në jetë. 2.restauroj(ndërtesë, pikturë etj); ndreq, riparoj. 3.rivendos(rregullin, rendin).

restorer[ri'sto:rë:] *n* restaurues.

restrain [ri'strein] *vt* 1. përmbaj; **restrain one's anger** përmbaj zemërimin; **please restrain your-**

self! mbaje veten, të lutem! 2.pengoj; frenoj; **restrain sb from doing sth** e pengoj/nuk e lë dikë të bëjë diçka.3.përmbaj; bëj zap; burgos. 4.kufizoj (tregtinë etj).

restrained [ri'streind] *adj* i përmbajtur (ton, stil, njeri etj).

restrainedly[ri'streinidli] *adv* në mënyrë të përmbajtur; me vetëpërmbajtje.

restraint[ri'streint] *n* 1.përmbajtje, vetëpërmbajtje; kontroll, sundim(i ndjenjave etj). 2.rezervim, tërheqje; **with great restraint** duke i matur mirë fjalët; **without restraint** lirshëm. 3.kontroll; kufizim; shtrëngim; **wage restraint** kufizim i pagave; **restraint of trade** kufizim / ndalim i konkurrencës së lirë.

restrict[ri'strikt] *vt* kufizoj; **access restricted to...** lejohet hyrja vetëm për...

restricted [ri'striktid] *adj* 1. i kufizuar; **within a restricted area** a)në një zonë të kufizuar; b)*fig* brenda disa kufijve të caktuar; **restricted area** *aut* zonë me kufizim shpejtësie.2.i rezervuar(dokument). 3.i ngushtë(horizont).

restriction[ri'strikshën] *n* kufizim; **place restrictions on** vë kufizime mbi; **speed restriction** *aut* kufizim shpejtësie.

restrictive[ri'striktiv] *adj* kufizues; shtrëngues.

restrictive practices *n* masa kufizuese: a)kufizim i prodhimit(nga sindikatat); b)pengim i konkurrencës së lirë(nga prodhuesit).

restring [ri:'string] *vt* (**restrung**) 1.shkoj sërish (rruazat). 2.*muz* vë tela të rinj(violinës). 3. *sport* i vë kordon të ri(raketës, harkut).

restyle [ri:'stail] *vt* ndryshoj formën(e produktit); ndryshoj modelin(e flokëve).

result[ri'zʌlt] *n,v* -*n* përfundim; rezultat; **as a result(of)** si rezultat(i); si pasojë(e); **get results** kam rezultate të mira; jep rezultate(një punë). -*vi* 1.rrjedh, rezulton; del; vjen si përfundim; është pasojë e; **it results that** që këtej rrjedh / del se. 2.përfundon, kthehet në; **it resulted badly** puna përfundoi keq. +**result in** çon në; përfundon me; shndërrohet në.

resultant[ri'zʌltënt] *adj,n* -*adj* rezultues, që del si përfundim. -*n fiz* 1.rezultante. 2.*mat* përfundim, rezultat.

resume[ri'z(j)u:m] *v* 1.rifilloj(aktivitetin, diskutimin etj). 2.rifillon(puna etj). 3.zë sërish(vendin); **resume one's seat** ulem sërish. 4.rimarr, rifitoj; **resume possession of** shtie në dorë sërish. 5.përmbledh (fjalimin etj).

resumé['reizjumei] *n* 1.përmbledhje. 2.*amer* biografi personale, rezymé.

resumption[ri'zʌmpshën] *n* rifillim, vazhdim(i punës etj).

resurface[ri'së:fis] *v* 1.shtroj sërish(rrugën etj). 2. rishfaqet; nxjerr krye; del në sipërfaqe(nëndetësja).

resurgence[ri'së:xhëns] *n* 1.rishfaqje. 2.*ek* rigjallërim.

resurgent [ri'së:xhënt] *adj* 1. që rigjallërohet, që ripërtërihet. 2. *ek* në rritje (shpenzime); në ngritje (ekonomi).

resurrect[rezë'rekt] *vt* 1.ringjall(edhe *fig*); rizgjoj. 2.*iron* nxjerr nga varri(një kostum të vjetër).

resurrection[rezë'rekshën] *n fet, fig* ringjallje.

resuscitate[ri'sʌsiteit] *v mjek* 1.ringjall, kthej në jetë; sjell në vete. 2.ringjallem; vij në vete.

resuscitation[risʌsi'teishën] *n mjek* rikthim në jetë; sjellje në vete.

resuscitator[risʌsi'teitë:] *n* 1.aparat rianimacioni. 2.mjek rianimacioni.

ret[ret] *vt* njom(kërpin etj).

retail['ri:teil] *v* edhe ri'teil] *n,adj,adv,v* -*n* shitje me pakicë; **sell at retail** shes me pakicë.
-*adj* me pakicë; **retail price** çmimi me pakicë; **retail trade** tregti me pakicë.
-*adv* me pakicë; nga shitësat me pakicë; **buy/sell retail** blej/shes me pakicë.
-*v* 1.shes me pakicë; shitet me pakicë. 2.*fig* përhap, transmetoj(fjalë).

retail banking *n* veprime bankare me individë.

retail business *n* tregti me pakicë.

retail dealer *n* shitës me pakicë.

retail outlet *n* pikë shitjeje.

retail shop *Br*, **retail store** *amer n* dyqan shitjeje me pakicë.

retailer['ri:teilë:] *n* shitës me pakicë.

retain [ri'tein] *vt* 1. mbaj; ruaj; **retain heat** ruaj nxehtësinë. 2.mbaj mend, ruaj në kujtesë. 3.pajtoj; angazhoj, marr me pagesë(avokat etj).

retainer I[ri'teinë:] *n* 1.shërbyes. 2.*tek* mbajtëse. 3.*mjek* tel(për dhëmbët).

retainer II[ri'teinë:] *n* parapagesë, shpërblim/honorar i paguar paraprakisht.

retaining fee *n* tarifë paraprake, honorar fillestar(i avokatit etj).

retaining wall *n* mur mbajtës, mur mbrojtës(në prita etj).

retake [*n* 'ri:teik; *v* ri'teik] *n,v* -*n kin* rixhirim, rifilmim.
-*vt* (**retook**; **retaken**) 1.rimarr. 2.marr mbrapsht. 3.kap sërish(të arratisurin). 4.*kin* rixhiroj, rifilmoj.

retaliate[ri'tælieit] *vi* 1.kundërpërgjigjem; **he retaliated by pointing out that** ai, nga ana e tij, vuri në dukje se...2.shpaguhem; hakmerrem; **retaliate (up) on sb** i kundërpërgjigjem/ia kthej njëlloj dikujt; marr hak ndaj dikujt.

retaliation[ritæli'eishën] *n* shpagë, shpagim; **in retaliation for** në shpagim të; **retaliation policy** politikë e raprezalieve.

retaliatory[ri'tælië:tëri] *adj* shpagimi; raprezaliesh (politikë etj); shtërnguese(masa).

retard[ri'ta:d] *v,n* -*vt* ngadalësoj, vonoj; pengoj.
-*n* 1.ngadalësim, vonesë; pengim.2.*aut* vonesë faze.
retardant[ri'ta:dënt] *n,adj tek,kim* vonues, ngadalësues.
retardation[rita:'deishën] *n* 1.vonim, ngadalësim; frenim. 2.vonesë; pengesë.
retarded[ri'ta:did] *adj* 1.i vonuar.2.*mjek* i vonë (nga mendtë); i leshtë, i trashë; **mentally retarded** me zhvillim mendor të vonë.
retarded ignition *n aut* vonesë faze, ritardo.
retarded acceleration *n tek* nxitim negativ.
retch[reç] *v,n* -*vi* më vjen për të vjellë.
-*n* të përzier.
retching['reçing] *n* të përzier.
retd, ret'd (shkurtim për **retired**) *n* pensionist.
retell[ri'tel] *vt* (**retold**) ritregoj.
retention[ri'tenshën] *n* 1.mbajtje; ruajtje. 2.*mjek* mbajtje(e ujit të hollë). 3.kujtesë, mbajtje mend.
retentive[ri'tentiv] *adj* 1.mbajtës, që mban; ruajtës. 2.e sigurt(kujtesë); **he is very retentive** ai ka një kujtesë shumë të mirë, ai mban mend shumë.
retentiveness [ri'tentivnis] *n* aftësi regjistruese; kujtesë.
retentivity[riten'tivëti] *n* 1.aftësi regjistruese; kujtesë. 2.*fiz* aftësi ruajtëse magnetizimi; magnetizim mbetës.
rethink[ri'think] *v,n* -*vt* (**rethought**) mendoj sërish; rishikoj.
-*n* rishikim(i problemit).
reticence ['retisëns] *n* heshtje; të qenit fjalëpak; rezervim.
reticent['retisënt] *adj* fjalëpak, i heshtur; i mbyllur, i rezervuar; **be reticent about** nuk para flas shumë; tregohem i rezervuar.
reticently['retisëntli] *adv* me rezervë; me fjalë të kursyera.
reticle['retikl] *n fiz* rrjetëz.
reticular[ri'tikjëlë:] *adj* 1.rrjetëzor. 2.i ndërlikuar.
reticulate[ri'tikjulit], **reticulated**[ri'tikjuleitid] *adj* rrjetëzor, i rrjetëzuar.
reticulation[ritikjë'leishën] *n* 1.rrjetëzim. 2.vrimë rrjete.
reticule['retikju:l] *n* 1.*fiz* rrjetëz. 2.çantë grash.
reticulum[ri'tikjëlëm] *n* 1.rrjetë; strukturë rrjetëzore. 2.*zool* stomak i dytë i ripërtypësve.
retina['retinë] *n pl* **retinae**['retini], **retinas** *anat* retinë.
retinue['retiniu:] *n* shpurë, suitë, përcjellë.
retire [ri'tajë:] *v* 1. iki, largohem; **retire to the lounge** kaloj në sallon; **retire from public life** largohem / tërhiqem nga jeta shoqërore; **retire hurt** *sport* largohem nga fusha i dëmtuar. 2. *usht* tërhiqem. 3.shkoj të fle. 4.dal në pension; **retire on a good pension** dal në pension me pagë të mirë, më caktohet pension i mirë. 5.nxjerr në pension. 6.*fin*

heq nga qarkullimi(kartëmonedha).
retired[ri'tajë:d] *adj* 1.(i dalë) në pension. 2.i tërhequr, i veçuar, i qetë(vend).
retired list *n usht* listë e të liruarve.
retired pay *n* pension.
retiree[ritaj'ri:] *n amer* pensionist.
retirement[ri'tajë:mënt] *n* 1.dalje në pension; pension; **retirement pay/pension** pension; **how will she spend her retirement?** si do ta kalojë ajo pensionin (kohën kur të dalë në pension)? 2.tërheqje, mënjanim; **live in retirement** bëj jetë të mbyllur; *gj.fol* rroj veç dynjasë. 3.*usht* tërheqje. 4.*sport* dalje nga loja.
retiring[ri'tairing] *adj* 1.i ndruajtur, i turpshëm. 2. pensioni, daljeje në pension(moshë). 3.që lë postin (kryetar etj).
retiring room *n* dhomë e veçantë, dhomë pune, studio.
retool[ri'tu:l] *v* 1.riorganizoj; ripajis.2.riorganizohet; ripajiset.
retort I[ri'to:t] *v,n* -*vt* 1.ia kthej, them.2.jap, kthej (përgjigje etj); **retort blow for blow** ia kthej goditjen me goditje.
-*n* përgjigje, replikë.
retort II[ri'to:t] *n kim* enë distilimi.
retouch[ri:'tʌç] *vt fot* retushoj.
retrace[ri'treis] *vt* ripërshkoj; i rikthehem; **retrace one's path/steps** kthehem në gjurmët e mia.
retract[ri'trækt] *v* 1.tërheq(ofertën); mohoj (deklaratën). 2.mbledh(kthetrat). 3.tërhiqet. 4.mblidhet.
retractable[ri'træktëbl] *adj* 1.i palosshëm; që futet përbrenda. 2.*fig* që mund ta tërheqësh(ofertë etj).
retractation [ritræk'teishën] *n* tërheqje, marrje mbrapsht.
retractile [ri'træktail, ri'træktël] *adj* i mbledhshëm, që mund të futet përbrenda.
retraction [ri'trækshën] *n* 1. tërheqje; marrje mbrapsht; mohim. 2.mbledhje(e kthetrave, e rrotave të avionit etj).
retractor [ri'træktë:] *n* 1.*anat* muskul tërheqës. 2. *mjek* tërheqës, pajisje tërheqëse(organi).
retrain[ri'trein] *v* 1. rikualifikoj.2.rikualifikohem.
retraining[ri'treining] *n* rikualifikim.
retransmit[ritrænz'mit] *vt* 1.ridërgoj. 2.*rad,tv* transmetoj.
retread[*v* ri'tred; *n* 'ri:tred] *v,n Br* -*vt* rimbush, arnoj(gomën).
-*n* gomë e rimbushur/e arnuar.
retreat[ri'tri:t] *n,v* -*n* 1.tërheqje; **sound the retreat** i bie sinjalit të tërheqjes; **beat/make a hasty retreat** tërhiqem me shpejtësi; iki me të katra. 2.*ek* rënie(e monedhës). 3.strehë; **a country retreat** një vend i qetë/shtëpi e qetë në fshat.
-*v* 1.*usht* tërhiqem. 2.zmbrapset, largohet(ujët etj). 3.futet përbrenda, është e futur(mjekrra, balli). 4.*fig* veçohem, rri mënjanë; **retreat within oneself** mby-

em në vetvete.

retrench[ri'trench] *v* 1.pakësoj, shkurtoj (shpen-imet); i bëj shkurtime(librit). 2.kursej, bëj kursime.

retrenchment[ri'trençmënt] *n* 1.pakësim, shkur-im(i shpenzimeve). 2.*usht* strehim; llogore.

retrial[ri:'trajël] *n drejt* rigjykim; gjyq i dytë.

retribution [retri'bju:shën] *n* 1. ndëshkim; shpa-im.2.shpërblim.

retributive[ri'tribjutiv] *adj* ndëshkues; shpagues.

retrievable[ri'tri:vëbël] *adj* 1.i riaftësueshëm, i ri-jenerueshëm, i rikuperueshëm(material). 2.që mund ë rimerren, të rikthyeshme(para). 3.i ndreqshëm, i iparueshëm(gabim); që mund të vihet në vend humbje).

retrieval[ri'tri:vël] *n* 1.riaftësim, rikuperim. 2.ri-narrje, rikthim. 3.ndreqje, riparim; **beyond/past etrieval** i pandreqshëm.

retrieve[ri'tri:v] *v* 1.gjej, nxjerr(nga). 2.*fin* rifitoj, htie në dorë sërish, vë në vend(paratë, nderin etj).3. dreq, riparoj(gabimin etj); rregulloj(gjendjen). 4.ri-uperoj, rigjeneroj.5.sjell gjahun(zagari).

retriever[ri'tri:vë:] *n* qen gjahu, zagar(që e sjell jahun e vrarë).

retro-['retrou] *pref* prapa-, pas-.

retroactive [retrou'æktiv] *adj* prapaveprues; re-roactive to December 1 me efekt që nga 1 Dhjetori kaluar.

retroactive payment *n* pagesë rrogash të prapa-betura.

retrocede[retrë'si:d] *vi* tërhiqet, zmbrapset.

retroengine['retrouenxhin] *n av* motor frenimi.

retroflex['retrëfleks] *adj,v* -*adj* 1.i përkulur prapa. -*vi* shqiptoj me majën e gjuhës të përkulur prapa.

retrograde['retrougreid] *adj,v* -*adj* 1.prapavaj-ts. 2.që keqësohet; në regres. 3.i prapambetur; pra-anik; reaksionar. -*vi* 1.shkon praptas. 2.keqësohet; bën prapa; pëson egres.

retrogress[retrou'gres] *vi* shih **retrograde** *v*.

retrogression[retrë'greshën] *n* 1.prapavajtje, lëvi-e praptas. 2.keqësim; kthim mbrapa; rënie, regres.

retrogressive[retrë'gresiv] *adj* 1.prapavajtës. 2.re-resiv.

retro-rocket ['retrou'rokit] *n av* motor reaktiv enimi.

retrospect [retrouspekt] *n,v* -*n* prapavështrim, trospektivë; **in retrospect** në retrospektivë. -*vi* rikujtoj, hedh vështrimin mbrapa.

retrospection [retrë'spekshën] *n* prapavështrim, trospektivë.

retrospective [retrë'spektiv] *adj,n* -*adj* 1.prapa-ështrues, retrospektiv. 2.*drejt* prapaveprues. -*n art* retrospektivë.

retrospectively[retrë'spektivli] *adv* 1.në retrospek-vë. 2.me prapaveprim, me mënyrë prapavepruese.

retry[ri'trai] *vt drejt* rigjykoj.

retting['reting] *n* njomje(e kërpit).

retune [ri'tju:n] *v* 1. *rad* ndërroj stacionin; kthe-hem te stacioni i mëparshëm. 2.*muz* akordoj sërish(instrumentin).

return[ri'të:n] *v,n,adj* -*v* 1.kthej; kthej mbrapsht; **return thanks/sb's favour/like for like** kthej falë-nderimet/nderin e bërë nga dikush; ia kthej me të njëjtën monedhë. 2.kthehem; **return home/to school/to an idea/to one's bad habits** kthehem në shtëpi/në shkollë(klasë)/i rikthehem një ideje/zhytem sërish në vese. 3.përgjigjem, ia kthej. 4.*adm* deklaroj (të ardhurat, fitimet). 5.*fin* sjell, jep(fitim).6.*drejt* jap, shpall (vendimin); **return a verdict of guilty on sb** e shpall fajtor dikë.7.*pol* zgjedh; **be returned by an overwhelming majority** zgjidhem me shumicë dërrmuese.

-*n* 1.kthim; **on my return** sapo/kur të kthehem; **many happy returns (of the day)!** gëzuar ditëlindjen(përvjetorin)! 2.kthim(i diçkaje të marrë hua, i parave etj). 3.(*Br* edhe **return ticket**) biletë vajtje-ardhje. 4.e ardhur; *pl* fitim; **return on invest-ments** rentabilitet i investimeve.5.*fig* shpërblim; **in return for** si shpërblim për. 6.*drejt* shpallje(e vendimit); rezultate (të zgjedhjeve); **the election returns** rezultatet e zgjedhjeve. 7.*adm* raport; statistikë; **the population returns** regjistrimi i po-pullsisë. 8.*pol* zgjedhje(e kandidatit).

return fare *n Br* pagesë/tarifë vajtje-ardhje.

return half *n* kupon/biletë e kthimit.

return item *n fin* borxh i papaguar, shumë për t'u arkëtuar.

return match *n sport* ndeshje e kthimit.

return stroke *n tek* rrugë e kthimit(e pistonit).

returnable[ri'të:nëbël] *adj* i kthyeshëm; **the bot-tles are not returnable** shishet nuk kthehen.

returned man *n knd* veteran i luftës.

returnee[ritë:'ni:] *n* i kthyer(nga robëria etj).

returning officer *n pol* kryetar i komisionit të vo-timit.

reunification[rju:nëfë'keishën] *n* ribashkim.

reunify[ri'ju:nëfai] *vt* ribashkoj.

reunion [ri'ju:niën] *n* 1. ribashkim, bashkim. 2.takim.

reunite[rju:'nait] *v* 1. ribashkoj, bashkoj. 2. riba-shkohen, bashkohen; takohen.

re-up[ri:'Ap] *vi amer usht* rimerrem ushtar.

reusable[ri:'ju:zëbël] *adj* i ripërdorshëm.

reuse[ri:'ju:z] *vt* ripërdor.

rev[rev] *n,v aut gj.fol* -*n* (shkurtim për **revolu-tion**) rrotullim; **3500 revs per minute** 3500 rrotu-llime në minutë; **keep the revs up** e mbaj motorin me superxhiro.

-*v* (edhe me **up**) 1.i jap superxhiro(motorit). 2.merr superxhiro.

rev. shkurtim për **revenue; reverse; review; revised, revision; revolution.**

Rev. shkurtim për **Reverend.**

revaluation[rivælju'eishën] *n fin* rivlerësim.

revalue[ri'vælju:] *vt fin* rivlerësoj.

revamp[ri'væmp] *vt* 1.riorganizoj(firmën etj). 2. riparoj(shtëpinë etj).

revanchism[ri'vænçizm] *n* revanshizëm.

revanchist[ri'vænçist] *n* revanshist.

Rev(d). shkurtim për **Reverend.**

reveal[ri'vi:l] *vt* 1.zbuloj; nxjerr në shesh, bëj të njohur; **reveal one's identity** tregoj se cili jam; **she revealed herself as being...** doli se ajo ishte...2.tregon, zbulon, nxjerr(dhëmbët etj).

revealing [ri'vi:ling] *adj* 1. që zbulon, që tregon, që nxjerr në shesh; zbulues, tregues; tipik. 2.dekolté (fustan).

reveille[ri'væli, rë'væli:] *n usht* sinjal/bori e zgjimit.

revel ['revël] *v,n* -*vi* 1. argëtohem, zbavitem; festoj; bëj gosti. 2.kënaqem; **revel in sth/in doing sth** kënaqem me diçka/duke bërë diçka.

-*n* argëtim, zbavitje; festë; gosti; *pl* festa, festime.

revelation[revë'leishën] *n* 1.zbulim. 2.*fet* zbulesë, shfaqje(e Perëndisë); **(the Book of) Revelation** *fet* Apokalipsi, libri i fundit i Biblës.

reveller['revlë:] *n* festues.

revelry['revëlri] *n* festë, festim; aheng.

revenge[ri'venxh] *n,v* -*n* 1.hakmarrje, hak; **take revenge on sb for sth** marr hak te dikush për diçka; **get one's revenge** marr hakun, hakmerrem; **out of /in revenge** për hakmarrje, për t'u hakmarrë.2.*sport* revansh.

-*vt* 1.shpaguaj, marr hak për(fyerjen etj); **revenge oneself, be revenged** hakmerrem.2.*sport* marr revanshin.

revengeful [ri'venxhful] *adj* hakmarrës (njeri); hakmarrjeje(veprim).

revengefully[ri'venxhfuli] *adv* për hakmarrje.

revenger[ri'venxhë:] *n* hakmarrës, shpagues.

revenue['revëniu:] *n* 1.e ardhur; të ardhura. 2.burim të ardhurash.

revenue man *n* doganier.

revenue officer *n* punonjës i doganës.

revenue sharing *n amer ek* rishpërndarje e të ardhurave federale.

revenue stamp *n* pullë e taksës(së paguar).

reverberant[ri'vë:bërënt] *adj* 1.kumbues(zë). 2.e pasqyruar, e kthyer(dritë, nxehtësi).

reverberate[ri'vë:bëreit] *v* 1.jehon, kumbon, ushton(zëri). 2.pasqyrohet, kthehet, reflektohet, kthehet (drita, nxehtësia). 3.*fig* përhapet(revolta etj). 4.kthen mbrapsht(zërin). 5.pasqyron, kthen, reflekton.

reverberation[rivë:bë'reishën] *n* 1.kumbim, ushtimë. 2.pasqyrim, kthim.

reverberator[ri'vë:bëreitë:] *n* reflektor.

reverberatory[ri'vë:bërëto:ri] *adj* 1.kumbues, u shtues. 2.pasqyrues, reflektues.

revere[ri'vië:] *vt* nderoj thellësisht / së tepërm tregoj nderim të madh për.

reverence ['revërëns] *n,v* -*n* 1.nderim i thellë adhurim; **show/pay reverence to sb** nderoj dikë, bëj nderimet e duhura.2.përkulje e thellë, reverencë 3. **Your Reverence** Atë i nderuar, Imzot.

-*vt* nderoj, respektoj; adhuroj.

reverend ['revërënd] *adj,n* -*adj* i nderuar, përndershëm.

-*n* prift; pastor; **the Very/Right Reverend Simo Martini** I Përndershmi/Imzot/Hirësia e tij Simo Martini.

reverent ['revërënt] *adj* i nderuar, i respektue shëm; plot nderim.

reverently ['revërëntli] *adv* me nderim, me r spekt.

reverie['revëri] *n* fantazi, ëndërrim, ëndërr me s hapur.

revers[ri'vië:] *n* anë e mbrapme, e kthyer, palë(rrobës).

reversal[ri'vë:sël] *n* 1.kthim kokëposhtë/përmby përmbysje.2.këmbim, ndërrim vendesh. 3.ndryshir (mendimi).4.pezullim, anulim(vendimi).

reverse[ri'vë:s] *n,adj,v* -*n* 1.e kundërt; **quite th reverse!** krejt e kundërta! **in reverse** në renditjen kundërt. 2.anë e pasme(e monedhës etj); shpinë(e t blosë, pllakës). 3.humbje, dështim, disfatë. 4.*a* marsh i mbrapmë; **in reverse** mbrapsht, me marshi e mbrapmë.5.prapësim, ecje mbrapsht; lëvizje kundërt.

-*adj* i kundërt; **in reverse order** në rendin e k ndërt; **reverse turn** *aut* kthesë me marshin mbrapmë; **reverse gear** marsh i mbrapmë.

-*v* 1.kthej mbrapsht(xhaketën etj).2.përmbys, kth përmbys. 3.këmbej, u ndërroj vendet. 4.i ndërr drejtimin, kthej në të kundërt. 5.*drejt* anuloj(vend min). 6.*aut* eci mbrapsht; **reverse into the garag** futem në garazh me marshin e mbrapmë; **reversin lights** sinjale për ecje mbrapsht.

reverse charge call *n* telefonatë e paguar nga p tësi(i thirrjes).

reverse discrimination/racism *n* diskriminim /racizëm ndaj të bardhëve(nga zezakët).

reversely[ri'vë:sli] *adv* 1.në të kundërt; në drejti të kundërt. 2.nga ana tjetër; përkundrazi.

reversibility[rivë:si'bilëti] *n* kthyeshmëri; mund si kthimi.

reversible[ri'vë:sëbël] *adj* 1. i kthyeshëm, i pra sueshëm, i rikthyeshëm(proces). 2.me dy faqe, mund të kthehet së prapi(stof).

reversion[ri'vë:shën] *n* 1.rikthim.2.*drejt* rikthi pasurie. 3.*fot* anasjellë, inversion.

reversionary[ri'vë:shnëri] *adj* 1.*drejt* rikthimi

drejtë). 2.*biol* atavik, regresiv.

revert [ri'vë:t] *vi* 1.*përgj,biol* rikthehem; **revert to the question** i rikthehem çështjes; *fig* **he has reverted to type** është kthyer në natyrën e vet. 2.*drejt* i shkon, i kalon(pasuria).

revery['revëri] *n* shih **reverie**.

revet[ri'vet] *vt* vesh(bregun me mur etj).

revetment[ri'vetmënt] *n* mur mbrojtës; veshje me gurë/tulla/beton.

review[ri'vju:] *v,n* -*v* 1.rishikoj, kaloj në shqyrtim.2.rikujtoj. 3.*usht* kaloj në rivistë, inspektoj (trupat). 4.*amer* marr në riprovim.5.recensionoj (libër). 5.diskutoj(dramë, film). -*n* 1.rishikim, rishqyrtim; **keep a case under review** e ndjek çështjen nga afër. 2.raport; **give a review of...** paraqes një raport për...3.*usht* inspektim; **hold a review** kaloj në rivistë. 4.*amer* riprovim. 5. recension; artikull kritik; **review copy** kopje për shtypin/për kritikën.

reviewer [ri'vju:ë:] *n* kritik; **book/film reviewer** kritik letrar / filmi.

revile [ri'vail] *v* 1. shaj. 2. (**at, against**) nxjerr të shara, them fjalë të rënda(për, kundër).

revilement[ri'vailmënt] *n* sharje.

revise[ri'vaiz] *v,n* -*vt* 1.rishikoj.2.(tekstin)ripunoj; (mendimin)ndryshoj; **revised edition** botim i ripunuar. 3. rilexoj (lëndën), e kaloj edhe një herë (para provimit). -*n* 1.*polig* bocë e dytë. 2.rishikim. 3.ripunim.

reviser[ri'vaizë:] *n* 1.redaktor. 2. korrektor.

revision[ri'vizhën] *n* 1.rishikim; ripunim. 2.version i ripunuar(i librit etj).

revisionism[ri'vizhënizm] *n* revizionizëm.

revisionist[ri'vizhënist] *n* revizionist.

revisit[ri'vizit] *vt* vizitoj sërish; i bëj edhe një vizitë.

revitalize[ri'vaitëlaiz] *vt* rigjallëroj(ekonominë etj).

revival [ri'vaivël] *n* 1. ringjallje; ardhje në vete. 2.rigjallërim; **revival meeting** mbledhje për rigjallërimin e fesë. 3.rivendosje, restaurim.

revive[ri'vaiv] *v* 1.sjell në vete. 2.vij në vete. 3. kthej në jetë; gjallëroj. 4.ringjall(shpresat); rilind (shpresa); **revive sb's spirits** i ngre moralin dikujt. 5.rigjallëroj(tregtinë); rigjallërohet(tregtia). 6.rikthej (modën). 7.risjell në fuqi(një ligj).

reviver[ri'vaivë:] *n* tonik; pije forcuese.

revivify[ri'vivëfai] *vt* rikthej në jetë; rigjallëroj.

revocation [revë'keishën] *n* 1.tërheqje, anulim, revokim (urdhri, dekreti).2.*drejt* shfuqizim, abrogim (ligji). 3.heqje(leje, liçense).

revoke [ri'vouk] *v,n* -*v* 1. tërheq, anuloj, revokoj. 2. *drejt* shfuqizoj, abrogoj(një ligj). 3.heq(liçensën). 4. (në lojë letrash) bëj pas(me hile). -*n* pas(me hile).

revolt[ri'voult] *n,v* -*n* revoltë, kryengritje; **break**

out/rise/be in revolt (against) ngrihem në kryengritje(kundër). -*v* 1.ngrihem, rebelohem. 2.neveritem, ndiej krupë. 3.revoltoj, indinjoj(dikë); revoltohem, indinjohem; **be revolted by** më indinjon, revoltohem nga.

revolting[ri'voulting] *adj* 1.i padurueshëm, i neveritshëm.2. indinjues, revoltues.

revoltingly[ri'voultingli] *adv* në mënyrë të neveritshme/revoltuese.

revolution[revë'lu:shën] *n* 1.rrotullim; vërtitje. 2. *pol,fig* revolucion.

revolutionary[revë'lu:shëneri] *adj,n* revolucionar.

revolutionize[revë'lu:shënaiz] *vt* revolucionarizoj, transformoj rrënjësisht.

revolve[ri'volv] *v* 1.rrotulloj. 2.rrotullohet, vërtitet; **revolve on its own axis/around sth** vërtitet rreth boshtit të vet/rreth diçkaje. 3.*fig* vërtis, rrah, bluaj (në mendje); **revolve a problem in one's mind** bluaj në mendje një problem.

revolver[ri'volvë:] *n* revole(me mulli).

revolving [ri'volving] *adj* rrotullues, i rrotullueshëm, që rrotullohet; **revolving door/stage** derë /skenë rrotulluese.

revolving credit *n amer fin* letër krediti e përtëritshme.

revolving light *n* fener rrotullues(i makinës së policisë etj).

revue[ri'vju:] *n teat* shfaqje estrade; varieté.

revulsion[ri'vʌlshën] *n*1.neveri, krupë.2.*fig* kthesë e menjëhershme; reagim. 3.zmbrapsje.

reward[ri'wo:d] *n,v* -*n* shpërblim; çmim(për kapje keqbërësi etj); **as a reward for your honesty** si shpërblim për ndershmërinë tënde. -*vt* shpërblej; i jap shpërblim.

rewarding[ri'wo:ding] *adj*1.me fitim, me leverdi. 2.që ia vlen; **a very rewarding book/film** një libër/film që ia vlen.

rewind['riwaind] *vt* (**rewound**)1.*tekst, kin* mbështjell. 2.kurdis(orën).

rewinding['ri:wainding] *n* 1.mbështjellje. 2.kurdisje.

rewire[ri'wajë:] *vt* 1.i ritelegrafoj.2.(shtëpisë) i bëj instalime të reja.

reword['ri:wë:d] *vt* ndryshoj, riformuloj, formuloj ndryshe (paragrafin, idenë).

rewrite [*v* ri'rait; *n* 'ri:rait] *v,n* -*vt* (**rewrote**), **rewritten**) 1.rishkruaj; ripunoj. 2.kopjoj. -*n* ripunim, material i ripunuar.

rewriter[ri'raitë:] *n amer* redaktor; përpunues shkrimesh.

rhapsodic[ræp'sodik] *adj* shih **rhapsodical**.

rhapsodical[ræp'sodikël] *adj* 1. *muz* rapsodik.2. *fig* lavdithurës, ditirambik.

rhapsodist ['ræpsëdist] *n* 1.rapsod.2.*fig* njeri tepër entuziast.

rhapsodize ['ræpsёdaiz] *vi* (**over, about**) ngazёllehem, entuziazmohem me tepri.

rhapsody['ræpsёdi] *n* 1.*muz* rapsodi. 2.*fig* lёvdatё entuziaste; ditiramb.

rheostat['riёstæt] *n el* reostat.

rhesus['ri:zёs] *n biol* rezus.

rhetoric['retёrik] *n* 1.*gjuh* retorikё. 2.*fig* gojёtari.

rhetorical [ri'torёkёl] *adj* retorik; (stil) i fryrё, bombastik; artificial; **rhetorical question** pyetje retorike, pyetje sa pёr formё.

rheum[ru:m] *n mjek* 1.sekrecion (jargё, pёshtymё, lotё). 2.ftohje, i ftohtё.

rheumatic[ru:'mætik] *adj,n -adj* reumatik; reumatizmal.

-n reumatik.

rheumatic fever *n mjek* reumatizёm akut i kyçeve.

rheumatics [ru:'mætiks] *npl mjek* sёmundjet reumatizmale.

rheumatism['ru:mёtizm] *n mjek* reumatizёm.

rheumatoid['ru:mёtoid] *adj* reumatizmal; **rheumatoid arthritis** poliartrit kronik evolutiv, reumatizёm kronik poliartikular.

rheumatologist[rumё'tolёxhist] *n* reumatolog.

rheumatology [ru:mё'tolёxhi] *n mjek* reumatologji.

rheumy['ru:mi] *adj* 1.me sekrecione; me sklepa. 2.me lagёshti, qё tё fut reumatizmin.

rhinal['rainёl] *adj* i hundёs.

rhinestone['rainstoun] *n* diamant i rremё.

rhino, rhinoceros ['rainou, rai'nosёrёs] *n zool* rinoceront.

rhinologist [rai'nolёxhist] *n* mjek rinolog (pёr hundёn).

Rhodesia[rou'di:zhё] *n gjeog* Rodezi.

Rhodesian[rou'di:zhёn] *adj,n* rodezian.

rhodium['roudiёm] *n kim* rodium(element).

rhododendron [roudё'dendrёn] *n bot* ashe, beronjё.

rhomb[rom] *n mat* romb.

rhombic['rombik] *adj mat* rombik.

rhomboid ['romboid] *n,adj mat -n* romb, romboid.

-adj rombik, romboidal.

rhombus['rombёs] *n mat* romb.

rhoncus['ronkёs] *n* gёrhimё.

rhubarb['ru:ba:b] *n* 1.*bot* raven. 2.*teat* zhurmё sfondi. 3.*amer zhrg* sherr, shamatё.

rhumb[rʌm, rʌmb] *n det* rumb, njё nga 32 pikat e busullёs.

rhyme[raim] *n,v let -n* 1.rimё; **this word is a rhyme for** kjo fjalё bёn rimё me.2.poezi, vargje; **in rhyme** nё vargje; **put into rhyme** shkruaj nё vargje. + **without rhyme or reason** pa pikё kuptimi; pa pikё rregulli.

-v 1.rimon, bёn rimё. 2.*iron* vargёzoj, shkruaj vargje.3.e bёj tё rimojё.

rhymer['raimё:] *n pёrb* vargёzues, gjoja poet, bejtexhi.

rhymester['raimstё:] *n* shih **rhymer**.

rhythm['ridhёm] *n* ritёm.

rhythm and blues *n muz* bluz-rok, bluz ritmik.

rhythm method *n mjek* metodё e ritmeve, metodё e (matjes sё) temperaturave (pёr mosmbetje me barrё).

rhythmic(al)['ridhmik(ёl)] *adj* ritmik.

rhythmically['ridhmikёli] *adv* me ritёm; nё mёnyrё ritmike.

R.I. shkurtim pёr : 1.*lat* **Regina et Imperatrix** Mbretёreshё dhe Perandore. 2.*lat* **Rex et Imperator** Mbret e Perandor. 3.**Rhode Island** *gjeog* Rod Ajlend.

rial['riёl] *n* rial(monedhё e Iranit, Omanit, Arabisё Saudite, Jemenit).

rib[rib] *n,v -n* 1.*anat* brinjё; **dig/poke sb in the rib**shpoj me bёrryl dikё; **rib cage** kafaz i kraharorit. 2.*bot*damar(i gjethes). 3. *tek,ndёrt* brinjё; nervaturё; e ngritur; sop; hulli. 4.*gj.fol* shaka; ngacmim; qesёndi.+ **tickle the ribs** bёj pёr tё qeshur.

-vt 1.*ndёrt* pёrforcoj(me nervatura). 2.*gj.fol* ngacmoj, ngas, gёrgas.

rib roast *n* brinjё viçi.

ribald['ribёld] *adj* trashanik, vulgar; i pahijshёm; i kripur; lapёrdhar; **ribald joke** shaka me fjalё tё turpshme.

ribaldry['ribёldri] *n* fjalё tё turpshme, lapёrdhi; histori tё kripura.

rib(b)and['ribёnd] *n vjet* shih **ribbon**.

ribbed [ribd] *adj* 1.me kurrize(thurje). 2.e hullizuar, me hulli(guaskё, kolonё). 3.me nervatura (tavan). 4.me damarё(gjethe).

ribbing ['ribing] *n* 1. brinjё. 2. *ndёrt* nervaturё; hullizim. 3.*gj.fol* ngacmim; qesёndi; tallje.

ribbon['ribёn] *n* 1.shirit(makine shkrimi). 2.rrip (fustani etj). 3.*pl* copra; **in ribbons** copё-copё, fije-fije; **torn to ribbons** i grisur, i çjerrё, i shqyer, copё; *fig* i bёrё fёrtele. 4.*vjet* fre, yzengji. 5.shirit; gradё; dekoratё.

ribbon development *n ndёrt* ndёrtime pёrgjatё rrugёs.

ribonucleic acid[raibouniu'kli:ik] *n kim,biol* acid ribonukleik, ARN.

rib-tickler['ribtiklё:] *n gj.fol* shaka, histori pёr tё qeshur.

rice[rais] *n,v -n* oriz; **rice growing** kultivim i orizit.

-vt shtyp, kaloj nё sitё(patatet e ziera).

ricefield['raisfi:ld] *n* orizore.

rice paper *n* letёr orizi; letёr prej palce bimёsh.

rice pudding *n* sultiash.

rice wine *n* verë orizi, sake.
rich[riç] *adj,n -adj* 1.i pasur. 2.pjellore(tokë). 3.
i thellë(zë, ngjyrë). 4.i ushqyeshëm; i yndyrshëm. 5.i
larmishëm.
-*n* the rich të pasurit.
riches['riçiz] *npl* pasuri.
richly['riçli] *adv* 1.me luks, me shkëlqim. 2.së te-
përmi; bujarisht; me të dy duart(shpërblej).
richness ['riçnis] *n* 1. pasuri. 2. luks; shkëlqim.
3.pjellori. 4.thellësi(e ngjyrës, zërit).
Richter scale *n fiz* shkallë Rihter.
rick I[rik] *n* mullar.
rick II[rik] *v* shih wrick.
rickets['rikits] *n mjek* rakit, rakitizëm.
rickety ['rikëti] *adj* 1. *mjek* rakitik. 2.rrangallinë
(kanape etj).
rickey['riki] *n amer* limonadë e gazuar(me ose pa
alkool).
ricksha(w)['riksho:] *n* rikshë, karrocë e vogël(që
tërhiqet nga njeriu).
ricky-tick['rikëtik] *adj* demodé, i qëmotshëm.
ricochet['rikëshei] *n,v usht -n* rikoshet.
-*vi* shket, kërcen, bën rikoshet(plumbi).
rictus ['riktës] *n* 1. zgërdheshje. 2.hapje, gjerësi(e
gojës, sqepit).
rid[rid] *vt* (rid, ridded) shpëtoj, çliroj(nga diçka);
get rid of, rid oneself of shpëtoj nga, heq qafe.
riddance ['ridëns] *n* shpëtim, çlirim; heqje qafe;
good riddance! më në fund shpëtuam!, shyqyr që
na u hoq qafe!
ridden['ridën] *pt,pp* e ride; ridden by remorse
i munduar nga pendimi.
riddle I['ridël] *n,v -n* shoshë.
-*vt* 1.shoshis, kaloj në shoshë. 2.bëj shoshë me; be
riddled with troublemakers gëlon nga
ngatërrestarët.
riddle II ['ridël] *n* 1.gjëzë, gjëagjëzë; ask sb a
riddle i them një gjëagjëzë dikujt.2.enigmë, mister.
ride[raid] *v,n -v* 1.ngas(kalin, biçikletën etj). 2.
udhëtoj me(tren etj); shetis(me kalë, biçikletë etj). 3.
ngitet, kalërohet(kali). 4.ngjis(malin); kaloj(shtegut).
5.shket në ajër(zogu); shket mbi valë(anija). 6.bëj,
zhvilloj(garë). 7.*gj.fol* ngas, ngacmoj, tall. 8.*amer
zhrg* nis, i jap duart, dëboj(për ndëshkim). 9.i rri mbi
kokë, i ha shpirtin. +let ride lë siç është, lë
pezull(çështjen); ride high më ecën, më shkon
mbarë, kam sukses.
+ride about/around shetis(me kalë), bëj një xhiro
(me makinë, motoçikletë etj).
+ride behind hipi nga mbrapa(në motor); ulem
prapa(në makinë).
+ride down a)shkel, shtyp, përplas(dikë); b)arrij,
kap rrugës(me kalë).
+ride out a)dal, shetis(me kalë, biçikletë); b)i iki, i
shpëtoj(stuhisë); c)përballoj me sukses.

+ride up a)arrij, kap rrugës; b)ngrihet(fustani).
-*n* 1.shetitje(me kalë etj); udhëtim(me kalë, motor,
varkë, tren etj); take sb for a ride, give sb a ride
çoj dikë diku(me makinë); it's a short taxi ride to...
nuk është larg me taksi deri në... 2.rrugë/shteg për
ecje me kalë. 3.karusel; lodra. 4.xhiro(me karusel
etj). + steal a ride *zhrg* udhëtoj pa paguar/pa biletë;
take for a ride *amer zhrg* a)e marr për ta vrarë;
b)mashtroj, ia punoj, ia hedh.
rider ['raidë:] *n* 1.kalorës. 2.shtojcë, pikë shtojcë
(në një dokument).
ridge[rixh] *n,v* -*n* 1.kreshtë(mali, kodre, dallge).
2.kurriz(kafshe, hunde etj). 3.vargmal; varg kodrash.
4. hullizë, vijë e ngritur. 5.kulm(çatie).
-*vt* 1.*ndërt* i mbuloj kulmin(çatisë). 2.hullizoj; bëj
brigje-brigje; rrudhos.
ridge piece, ridge pole *n ndërt* tra horizontal i
çatisë, tra kulmi.
ridge tent *n* çadër me kulm horizontal.
ridicule['ridëkju:l] *v,n -vt* tall, vë në lojë; bëj qe-
sharak.
-*n* tallje; be an object of ridicule jam objekt
talljeje; hold (sb/sth) up to ridicule e bëj qesharak.
ridiculous[ri'dikjulës] *adj* qesharak; make one-
self (look) ridiculous bëhem qesharak.
ridiculously[ri'dikjulësli] *adv* në mënyrë qesha-
rake.
riding['raiding] *n* kalërim; riding boots çizme
kalorësi.
riding crop *n* shih riding whip.
riding habit *n* kostum/veshje kalorësi.
riding whip *n* kamzhik.
rife [raif] *adj* i përhapur; i mbushur, plot me;
rumour is rife qarkullojnë fjalë; a city rife with
violence qytet ku sundon dhuna.
riff[rif] *n muz* refren i improvizuar(në xhaz).
riffle ['rifël] *v,n -vt* 1. shfletoj. 2. kreh, shkartis
(letrat).
-*n* 1.shfletim. 2.krehje, shkartisje. 3.sop; prag (në
lumë, përrua).
riffraff['rifræf] *n* 1.llum, fundërrina(të shoqërisë).
2.plehra.
rifle I['raifël] *n* 1.pushkë(me viaska); karabinë.2.
the Rifles pushkatarët, këmbësoria e lehtë.
rifle II['raifël] *vt* 1.rrëmoj; zbraz(xhepat, sirtarët).
2.vjedh, qëroj. 3.zhvoshk, rrjep(trungun).
rifleman['raifëlmën] *n* pushkatar.
rifle pit *n* llogore.
rifle range *n* 1.largësi qitjeje; within rifle range
/shot sa ha pushka. 2.poligon qitjeje.
rifling['raifling] *n* vjaska.
rift[rift] *n,v -* 1.e çarë, çarje, hapje; plasë, pla-
saritje. 2.*fig* çarje; prishje(midis miqsh etj); *pol*
mosmarrëveshje; përçarje.
-*v* 1.çaj; plasaris; çahet; plasaritet. 3.*fig* përçaj. 4.

përçahet.

rig I[rig] *v,n -v* 1.pajis(anijen, ekipin). 2.vishem; vesh; pajisem. 3.bëj gati. 4.sajoj; **rig up a tent** sajoj një çadër.

-n 1.*det* litarë(të anijes). 2.*gj.fol* veshje; kostum. 3.takëm; pajime. 4.sondë(nafte). 5.*gj.fol* a)kamion; veturë; b)karrocë(me gjithë kuajt).

+rig out vishem me.

+rig up a)pajis anijen(me litarë, direkë); b)sajoj aty për aty; c)rregulloj, ujdis.

rig II[rig] *n,v Br -n* rreng; mashtrim.

-vt rregulloj pandershmërisht(çmimet); falsifikoj (rezultatet e zgjedhjeve); **rig the market** ul/ngre çmimet artificialisht.

rigging['riging] *n* 1.*det* litarë; direkë. 2.pajisje(e anijes), vendosje e litarëve/direkëve. 3.*amer* veshje, rroba. 4.ndërhyrje e pandershme; falsifikim; mashtrim.

right[rait] *adj,adv,n,v -adj* 1.i drejtë; me vend; **do what is right** bëj atë që duhet; **it seems only right to...** na duket krejt me vend që...; **would it be right to ...?** a do të ishte mirë që..? 2.i saktë; i përpiktë; i rregullt; **the right time** koha e saktë; koha e duhur; **put/set right** ndreq, rregulloj, korrigjoj; **put/set sb right** kthjelloj/ftilloj dikë, i hap sytë dikujt; **put me right if I'm wrong** më thuaj po qe se e kam gabim. 3.i mbarë, i duhur, i përshtatshëm; **on the right track/road** në rrugë të mbarë(edhe *fig*); **the right man for the job** njeriu i përshtatshëm/i duhur për këtë punë; **she is on the right side of thirty** ajo s'i ka mbushur ende të tridhjetat; **know the right people** njoh njerëzit e duhur, njoh ata që duhet; **he's the right sort** është njeri për së mbari. 4.normal, në rregull(nga shëndeti etj); **feel right** ndihem mirë; **put the engine right** sjell motorin në gjendje pune; **be in one's right mind** jam në rregull nga trute. 5.*mat* i drejtë(kënd); **at right angles to...** në kënd të drejtë/pingul me...6. i djathtë(edhe *pol*); **on my right hand** nga e djathta ime, këtu në të djathtë. 7.*vjet, gj.fol* i vërtetë; **the right owner** pronari i vërtetë; **it's a right mess in here** jemi krejt rrëmujë; **he's a right fool** është hajvan i tëri. 8.(në shprehje) : **right!**, *Br* **right-oh!**, **right you are!** në rregull!, dakord! **that's right!** ashtu është! **is that right?** ashtu?, vërtet? **right enough!** sigurisht!; plotësisht!

-adv 1.drejt, si duhet; **act right** veproj drejt; **guess right** i bie ne të, e gjej tamam; **she did right to refuse** bëri mirë që nuk pranoi; **if I get you right** po qe se të kuptova drejt; **I'll see you right** mos ki merak, mendoj unë për ty. 2.drejt; drejtpërdrejt; mu; **it is right in front of/behind you** e ke mu përpara; është tamam mbrapa teje ; **go right on** vazhdo drejt përpara; **right here/in the middle** mu këtu; mu në mes. 3.krejt, plotësisht; **rotten right through** krejt

i kalbur; *fig* krejt i prishur/ishthurur; **push it right** shtyje plotësisht. 4.fort, tepër; **Right Honorable** Shumë i Nderuari. 5.**right!** mirë, në rregull! 6.djath tas; **owe money right and left** jam i mbytur ne borxhe; **eyes right!** *usht* shikimi djathtas! + **right away, right off** menjëherë, aty për aty, në vend; m• të parën; **right now** në çast; **right on!** të lumtë!, aj• është! **he's right up there** ai është në krye(të garës)

-n 1.e drejtë; e mirë; **know right from wron** dalloj të drejtën nga e shtrembra/të mirën nga • keqja. 2.e drejtë; **have a/the right to do sth** kam t• drejtë(n) të bëj diçka; **by what right?** me ç'të drejtë within one's rights** në të drejtën time; **in one'** own right** vetë; për hesap të vet; në vetvete. 3.*rre* gull; **put/set sth to rights** vë në rregull diçka; **kno** **the rights and wrongs of a question** e njoh çë shtjen me hollësi/në detaje. 4.e djathtë; **drive o** **/keep to the right** mbaj krahun e djathtë. 5.*pol* • Djathtë. + **by right(s)** drejt; si duhet.

-vt 1.ndreq;korrigjoj(gabimet etj); **right itself** ndre qet vetiu(makina), rregullohet vetë(puna). 2.u vë n• vend të drejtat(njerëzve).3.zhduk(padrejtësitë).

right about! *usht* prapaktheu!

right about-face! *usht* prapaktheu!

right-angled['rait'ængëld] *adj* kënddrejtë.

righteous ['raiçës] *adj* 1. i drejtë; i ndershëm. 2. përligjur, i drejtë(zemërim).

righteously['raiçësli] *adv* 1.me drejtësi; me nder shmëri. 2.me të drejtë.

righteousness['raiçësnis] *n* drejtësi; ndershmëri korrektesë.

right face *n* kthim djathtas.

rightful['raitful] *adj* 1.i ligjshëm, legjitim(trashë gimtar etj). 2.i drejtë(veprim).

rightfully['raitfuli] *adv* në mënyrë të ligjshme.

right-hand ['raithænd] *adj* 1. i djathtë, i anës e djathtë; **right-hand side** anë e djathtë. 2.me t• djathtën. 3.i vlefshëm, i dobishëm.

right-hand drive car *n* makinë me timonin maj tas, makinë që ecën në krahun e djathtë.

right-hand man *n* krah i djathtë, ndihmës kryesor

right-handed['rait'hændid] *adj* 1.djathtak, që për dor të djathtën. 2.*tek* e djathtë, djathtas(filetë).

rightist ['raitist] *adj,n pol* 1.i djathtë; konservator 2.reaksionar.

rightly['raitli] *adv* 1.drejt, me drejtësi, me korrek tesë; **rightly or wrongly** me ose pa të drejtë; **rightl** so me plot të drejtë. 2. si duhet; **I don't rightl** **know** nuk e di fort mirë / tamam.

right-minded ['rait'maindid] *adj* me mend, m• mendime të sakta.

right-mindedly ['rait'maindidli] *adv* saktë; m mend në kokë.

right of way *n* 1.e drejtë kalimi(përmes një pro ne). 2.*aut* përparësi, e drejtë për të kaluar i pari(në ryqëzim).

right-thinking ['rait'thinking] *adj* shih **right-ninded.**

right triangle *n mat* trekëndësh kënddrejtë.

right wing *n sport,pol* krah i djathtë.

right-wing['raitwing] *adj pol* i djathtë, i krahut të djathtë.

right-winger['rait'wingë:] *n* 1.*sport* krah i djathtë. *.pol* i djathtë, anëtar i së djathtës.

rigid ['rixhid] *adj* 1.i sertë, i ngurtë (material); i htangët, i papërkulshëm; joelastik. 2.*fig* i ashpër, i reptë, i sertë; i paepur(person). 3.rigoroz, i rreptë rregull, provim). +**rigid with fear** i shtangur nga rika.

rigidity[ri'xhidëti] *n* 1.sertësi, ngurtësi; shtangësi. *.fig* ashpërsi, rreptësi; papërkulshmëri; rigorozitet.

rigidly['rixhidli] *adv* 1.si i ngrirë; **stand rigidly to attention** rri si i ngrirë në qëndrim gatitu. 2.rrep-ësisht; me rigorozitet(zbatoj rregullat etj). 3. në nënyrë të paepur, pa u përkulur.

rigmarole['rigmëroul] *n* 1.varg formalitetesh/vë-htirësish. 2.çorbë, fjalim pa kuptim, llomotitje; **go through the same/the whole rigmarole again** fi-loj edhe një herë të njëjtën histori.

rigor['rigë:] *n amer* shih **rigour.**

rigor mortis *n lat* shtangësi e kufomës.

rigorous['rigërës] *adj* 1.i ashpër, i rreptë, i sertë. 2.e ashpër(klimë). 3.i saktë; rigoroz.

rigorously['rigërësli] *adv* 1.me ashpërsi, me rrep-ësi. 2.rreptësisht; rigorozisht.

rigour ['rigë:] *n* 1.ashpërsi, rreptësi, sertësi. 2. shtangësi(e gjymtyrëve etj). 3.rigorozitet. 4.drithmë.

rile [rail] *vt* 1.nxeh, inatos, zemëroj. 2.trazoj; tur-bulloj.

rill[ril] *n* vijë, prroskë.

rim[rim] *n,v* -*n* 1. anë, buzë (gote etj). 2.rreth, gavyell(rrote). 3.skelet(syzash).

-*vt* 1.qarkoj; rrethoj, formoj rreth(përqark diçkaje). 2.i vë rreth(rrotës).

rime I[raim] *n* shih **rhyme.**

rime II[raim] *n,v* -*n* brymë.

-*vt* mbulon me brymë.

rimless ['rimlis] *adj* pa skelet, me skelet të pa-dukshëm(syza).

rimrock ['rimrok] *n* 1. kreshtë vargmali. 2.majë shkëmbi; vijë kulmore e shkëmbinjve anës bregut.

rimy['raimi] *adj* (mbuluar) me brymë.

rind[raind] *n,v* -*n* lëvore, lëkurë(e pemës, frutit); kore (e djathit).

-*vt* qëroj; zhvoshk.

ring I[ring] *n,v* -*v* 1.rreth; **ring round the eyes** rrathë përqark syve. 2.unazë; **wedding ring** unazë martese; **the rings of Saturn** unazat e Saturnit. 3. hallkë(perdesh). 4.*tek* fashollastikë, unazë pistoni.5. buzë, kontur. 6.rreth njerëzish; grup, klikë. 7.bandë.

8.rrjet(agjentësh).9.*sport* ring; **the ring** boksi.10.are-në (cirku). 11.*fig* garë, rivalitet; **in the ring for election to...** në garën për t'u zgjedhur në... + **run rings around, make rings round (sb)** *gj.fol* e mund keq, e shpartalloj (dikë).

-*vt* (**ringed**) 1.rrethoj, qarkoj; fus në rreth. 2.i vë unazën (kaut etj në hundë). 3.i bëj unazë; pajis me unazë.4. pres një rrip (përqark trungut).

ring II[ring] *v,n* -*v* (**rang; rung**)1.t(r)ingëllon, bie(zilja, kambana etj). 2.i bie(ziles etj); **ring the bell** a)i bie ziles: **ring for the stewardess** i bie ziles për (të thirrur) stjuardesën; b)*fig* korr një fitore të vështi-rë. 3.telefonoj. 4.(edhe ~ **up**) marr në telefon(dikë), i telefonoj (dikujt); **I'll ring you later** do të të marr më vonë. 5.kumbon, ushton, oshëtin, jehon(zëri etj). 6.*fig*në tingëllon, më ngjan; **that doesn't ring true** kjo s'më duket të jetë e vërtetë/e saktë; **this name rings a bell** ky emër më kujton diçka. 7.(më) buça-sin(veshët). + **ring the changes on sth** e ndryshoj diçka(kostumin, fjalimin, menynë etj).

-*n* 1.e rënë zileje, zile; **there was a ring** u dëgjua një e rënë zileje. 2.t(r)ingëllim; **an angry ring in her voice** një notë zemërimi në zërin e saj. 3.marrje në telefon; telefonatë; **give me a ring tonight** më bëj një telefonatë sonte.

+**ring back** marr sërish në telefon.

ring binder *n* dosje me rrathë teli.

ringbolt ['ringboult] *n tek,det* bulon me unazë; unazë ballamari.

ringdove['ringdʌv] *n* pëllumb i egër, gogesh.

+**ring down** *ul*; **ring down the curtain** a)*teat* ul perden; b)*fig* (**on sth**) i vë kapak, i jap fund(diçkaje).

ringer I['ringë:] *n* rreth, patkua(që hidhet për ta futur në një hu).

ringer II['ringë:] *n* 1.person që i bie ziles. 2.*zhrg* kopje, sozi; **he's a dead ringer for.**.ai është sozia i..

ring exercise *n sport* ushtrime në unaza.

+**ring in** a)transmetoj me telefon(reportazhin); b) *amer* shënoj kohën e mbërritjes(në punë); c)njoftoj mbërritjen/ardhjen me kambana.

ringing['ringing] *adj,n* -*adj* 1.që bie, që tringë-llin(zile); **ringing tone** tringëllim zileje(telefoni). 2. kumbues, ushtues(zë etj).

-*n* 1.e rënë(zileje), tringëllim. 2.kumbim, ushtim.

ringleader['ringli:dë:] *n* kryetar(i rebelëve), krye-bandit, kapobandë.

ringlet ['ringlit] *n* 1.rricë, kaçurrel; bukle. 2.rreth i vockël.

ringmaster['ringma:stë:] *n* drejtor cirku.

+**ring off** mbyll bisedën(telefonike), ul receptorin.

+**ring out** a)bie(zilja); b)kumbon(zëri); c)ushton, gjëmon(krisma); d)*amer* shënoj kohën e largimit (nga puna).

ring pull *n* hallkë, unazë(në kapak).

ring road *n* unazë(rreth qytetit etj).

ringside seat *n sport* vend në radhët e para.

ring spanner *n mek* çelës poligon/poligonal.

+**ring up** a)marr në telefon, i telefonoj; b)*teat* ngre (perden); jap sinjalin për ngritjen e perdes; c)*fig* ngre siparin, shënoj fillimin e: **ring up the curtain on a new career** shënon fillimin e një kariere të re; d)regjistroj(shumën në makinën llogaritëse).

ringworm['ringwo:m] *n mjek* qere, qerosë.

rink[rink] *n* shesh/fushë patinazhi; arenë.

rinse[rins] *v,n* -*vt* 1.shpëlaj. 2.ngjyej; **rinse one's hair black** ngjyej flokët me të zezë. -*n* 1.shpëlarje.2.ujë etj për shpëlarje.3.bojë flokësh. +**rinse out** shpëlaj(gojën, duart etj); heq(bojën e flokëve etj).

riot['rajët] *n,v* -*n* 1.trazirë; rebelim; **put down a riot** shuaj trazirën. 2.shpërthim(të qeshurash etj). 3. orgji.4.*gj.fol* qendra e argëtimit(në një festë); gjë tepër zbavitëse; **she is a riot** ajo të shkul gazit; **the film is a riot** a)filmi të shkul gazit; b)filmi ia thotë , është film shumë i mirë. + **read the riot act** a)urdhëroj t'u jepet fund trazirave; b) qortoj ashpër; **run riot** a)shpërthej, nuk mbahem; b)harliset, tërbohet, merr kot (bimësia); c)hazdisem, marrosem. -*vi* 1.hazdisem; bëj trazira. 2.ngre krye, rebelohem. **riot police, riot squad** *n* forca të ndërhyrjes së shpejtë, trupa smapiste. **riot shield** *n* mburojë sampistësh.

rioter ['rajëtë:] *n* 1.manifestues; pjesëmarrës në trazira. 2.vandal, shkatërrues.

riotous ['rajëtës] *adj* 1. i tërbuar, i shfrenuar. 2.kryengritës, i rebeluar. 3.e shthurur(jetë). 4.që të shkul gazit; **have a riotous time** ia kaloj dafrungë; **a riotous success** një sukses i bujshëm.

riotuosly['rajëtësli] *adv* 1.si i marrë; pa fre; në mënyrë të shfrenuar. 2.për të vdekur gazit; **it was riotously funny** ishte për të vënë duart në ijë.

rip I[rip] *v,n* -*v* 1.gris; shqyej; **rip sth to pieces** bëj copash diçka; **rip open** e shqyej (për ta hapur), hap me të shqyer. 2.heq, shkul(kopsën). 3.griset, shqyhet(rroba). 4.sharroj së gjati(drurin). 5.*gj.fol* bëhem erë; **let her rip!** jepi gaz! **let rip** a)lë të iki me vrap; b)shfrej, shpërthej(nga inati); **she let rip at him** ajo i dha një surup të mirë/ i hoqi një dru të shëndoshë(*fig*). -*n* 1.e grisur; vend i grisur; e shqyer. 2.tegel i shqepur. 3.grisje; shqyerje.

+**rip into** *gj.fol* sulmoj keqas, i turrem.

+**rip off** *zhrg* a) mashtroj, ia hedh (blerësit etj); **they're ripping us off!** ata po na rrjepin! b)vjedh, përlaj, qëroj; c)heq, shkul; shqyej.

+**rip out** a)shkul; shqyej; b)*fig* nxjerr, lëshoj(nga goja).

+**rip up** gris, shqyej.

rip II[rip] *n* 1.ujëra të shkumëzuara, përplasje rrymash. 2.rrymë uji(nga batica).

rip III[rip] *n gj.fol* 1.njeri bosh; tip i mbaruar. 2. kalë rrangallë.

riparian[rai'peëriën, rë'periën] *adj* bregor; breglumor; i bregut; **riparian property** pronë në breg (të liqenit etj).

ripcord['ripko:d] *n* dorezë e hapjes(së parashutës).

ripe[raip] *adj* 1.i pjekur, i bërë, i arrirë(frut). 2.*fig* i pjekur në mençur(gjykim etj); **that's ripe!** *iron* e bukur punë!, mos e pyet! 3.e pjekur(moshë); i moshuar, **live to a ripe old age** rroj mjaft gjatë, arrij një moshë mjaft të shtyrë. 4.i stazhionuar(djathë). 5.i pjekur(mendim).

ripen['raipën] *v* 1.piqet, bëhet(fruti). 2.pjek.

ripeness['raipnis] *n* 1.pjekje. 2.pjekuri.

rip-off['ripof] *n zhrg* mashtrim; grabitje; **it's a rip-off!** kjo është vjedhje në mes të ditës! **rip-off artist** mashtrues me damkë; batakçi.

riposte[rë'poust] *n,v* -*n* 1.*sport* kundërpërgjigje. 2.*fig* përgjigje e rrufeshme. -*vi* përgjigjem; kthej përgjigje.

ripper['ripë:] *n* rrjepës; shqyerës.

ripping['riping] *adj Br zhrg* i shkëlqyer, i hatashëm.

ripple['ripël] *n,v* -*n* 1.valëzim, valëz. 2.dallgëzim (i kartonit etj). 3.plluquritje, llokoçitje(e valëve); murmurimë; gurgullimë. -*v* 1.valëzohet; dallgëzohet. 2.plluqurit, llokoçitet, gurgullon. 3.valëzoj; dallgëzoj.

ripply['ripli] *adj* i valëzuar; i dallgëzuar.

riprap['ripræp] *n,v* -*n* gurë të thyer; mur/themel me gurë të thyer. -*vi* mbush/ndërtoj me gurë të thyer.

riproaring ['ripro:ring] *adj zhrg* i bujshëm (sukses); i papërmbajtur(gëzim).

ripsaw ['ripso:] *n* sharrë për prerje (druri) në gjatësi.

ripsnorting ['ripsno:ting] *adj zhrg* i papërmbajtur; i shkëlqyer, i hatashëm.

riptide ['riptaid] *n* rrymë uji shkumbëzues, kundërrymë.

rise[raiz] *v,n* -*vi* (**rose; risen**) 1.ngrihem, çohem; **rise early** ngrihem/zgjohem herët; **rise to go** çohem për të ikur. 2.ngrihet lart, ngjitet(tymi, balona); **rise to the surface** dal në sipërfaqe. 3.ngrihet, zgjatet (ndërtesa, shtylla, kodra). 4.rritet, ngrihet(çmimi, temperatura etj).5.ngjitem, hipi(në pozitë etj). 6.ngrihet(zëri, humori). 7.lind (dielli etj). 8.buron, rrjedh, nis, fillon (lumi, grindja). 9.ngrihem, rebelohem, ngre krye. 10.fryhet, vjen(brumi). 11.*pol* ndërpret punimet (parlamenti). 12. (~**to**) reagoj (ndaj); **rise to the occasion** e shfrytëzoj rastin, e kap momentin. -*n* 1.ngritje; ngjitje. 2.dalje në sipërfaqe. 3.lartësim; lartësi; breg; brinjë; shpat. 4.rritje, ngritje(çmimesh etj). 5.ngjitje, hipje(në pozitë etj); **be on the rise** jam në ngjitje, ngrihem, bëj përpara. 6.lindje(e diellit). 7.burim, fillesë; **have/take one's rise in** e ka burimin në; **give rise to** *fig* shkaktoj, zgjoj, i hap rrugë (thashethemeve, dyshimeve) 8.kryengritje, rebelim. 9.fryrje, ardhje(e brumit).

risen['rizën] *pp* e **rise**; **the risen Lord** Krishti i Ringjallur.

riser['raizë:] *n* 1.(person): **be an early/late riser** jam nga ata që zgjohen herët/vonë . 2.shpat i thikët.

risibility [rizë'bilëti] *n* 1.prirje për të qeshur. 2.*pl* ndjenjë/sens humori.

risible ['rizëbël] *adj* 1. që qesh. 2.qesharak, që të bën të qeshësh.

rising['raizing] *n,adj* -*n* 1.ngritje; ngjitje.2.zgjim. 3.kryengritje, rebelim, revoltë. 4.*pol* ndërprerje, mbyllje (e punimeve). -*adj* 1.që lind (diell). 2.në ngjitje, në rritje (çmime, temperatura etj). 3.i ri; **the rising generation** brezi i ri; **the rising sixes** gjashtëvjeçarët e vitit në vazhdim.

risk[risk] *n,v* -*n* 1.rrezik; rrezikim; **run/take the risk of doing sth** marr në sy të bëj diçka; **it's not worth the risk** nuk ia vlen të rrezikosh për këtë; **there's no risk of her leaving/that she will leave** nuk ka rrezik që ajo të iki; **at the risk of my life/of seeming rigid** duke vënë jetën në rrezik; duke rrezikuar të dukem njeri i sertë. 2.(në sigurimet) njeri a objekt që mbart rreziqe; **he's a bad accident risk** ai është mjaft i prirur për aksidente. -*vt* 1.rrezikoj, kam/jam në rrezik; vë në rrezik; **you risk losing** rrezikon të humbasësh; **risk one's life/neck** vë jetën në rrezik; rrezikoj të lë lëkurën. 2.kuturis, provoj(duke rrezikuar); **I won't risk going tonight** nuk dua të provoj të shkoj sonte; **I'll risk it** do ta provoj.

risk capital *n fin* kapitale(të investuara) me rrezik.

riskiness['riskinis] *n* rrezik; rrezikim.

risk-taking['risk'teiking] *n* rrezikim.

risky ['riski] *adj* 1. i rrezikshëm, me rrezik (punë etj). 2.i guximshëm(tregim), e tepruar, me zarar (shaka).

risoto[ri'zotou] *n* pilaf me lëng pule.

rissole['risoul] *n Br* qofte.

rite[rait] *n* rit; ceremoni; **funeral rites** ritet e varrimit; **last rites** vajimi i fundit.

ritual['ritjuël] *adj,n* -*adj* ritual; **a ritual dance** valle rituale. -*n* 1.ritual. 2.libër ritesh. 3.*fig* procedurë; **go through the ritual of apologizing** kërkoi ndjesë sipas të gjitha rregullave.

ritzy['rici] *adj amer* luksoz.

rival ['raivël] *adj,n,v* -*adj,n* kundërshtar; rival; shemër; konkurent. -*vt* rivalizoj(me dikë); konkuroj(dikë); e barazoj, hahem me; **his achievements can't rival hers** arritjet e tij nuk hahen dot me të sajat.

rivalry['raivëlri] *n* rivalitet.

rive[raiv] *v* (**rived; riven**) 1.çaj; ndaj; copëtoj. 2. çahet; ndahet; copëtohet. 3.*fig* thyej(zemrën), copëtoj(shpirtin).

riven['rivën] *adj,pp* e **rive** i çarë; i copëtuar.

river ['rivë:] *n* lumë; **down / up river** teposhtë /përpjetë (lumit); **rivers of blood** *fig* lumenj gjaku.

riverbank['rivë:bænk] *n* breg lumi.

river basin *n gjeog* pellg lumor.

riverbed['rivë:bed] *n* shtrat lumi.

river head *n* burim lumi.

river horse *n zool* hipopotam.

riverine ['rivërain] *adj* 1. lumor. 2. breglumor; **a riverine town** qytet breglumor/buzë lumit.

rivermouth['rivë:'mauth] *n* grykëderdhje.

riverside['rivë:said] *n,adj* -*n* breg lumi; **by/along the riverside** buzë lumit; përgjatë bregut. -*adj* breglumor; bregalumas.

rivet['rivit] *n,v* -*n tek* perçinë, ribatinë; **rivet joint** lidhje/kapje me perçina. -*vt* 1.*tek* perçinoj, ribatinoj, mbërthej me kunj. 2. *fig* mbërthej; **it riveted our attention** ajo na magjepsi; **riveted with fear** i gozhdhuar/i shtangur nga frika.

riveter['rivitë:] *n* perçinues; makinë perçinimi/ribatinimi.

rivet(t)ing['riviting] *n,adj* -*n* perçinim, ribatinim. -*adj* magjepsës.

Riviera[rivi'eërë] *n gjeog* Rivierë.

rivulet['rivjulit] *n* vijë, rrëke, përrua.

riyal [ri:'a:l] *n* rial (monedhë e Jemenit, Arabisë Saudite).

RN shkurtim për **Royal Navy** *Br* Flota Detare.

RNA[a:ren'ei] *n biol,mjek* (shkurtim për **ribonucleic acid**) ARN, acid ribonukleik.

roach I[rouç] *n* 1.*zool* (shkurtim për **cockroach**) buburrec, kacabu, bumballë. 2.*amer zhrg* bisht cigareje me marihuanë.

roach II[rouç] *n zool* skort i bardhë, gurnec.

roach III[rouç] *v,n* -*vt* qeth shkurt. -*n* flokë drizë.

road[roud] *n* 1.rrugë; udhë; **trunk road** rrugë nacionale; **country road** rrugë fshati; **the road to Tirana, the Tirana road** rruga për Tiranë/e Tiranës; **my car is off the road /is not allowed to be on the road** makina ime është në riparim/nuk lejohet të qarkulloje.2.*amer* hekurudhë. + **be on the road since...** kam qysh në...(mëngjes etj) që udhëtoj; **hold the road** eci mirë, udhëtoj pa probleme; **on the road** a)në rrugë, në udhëtim; b)*teat* në turne; **on the road to ruin** *fig* drejt rrënimit/shkatërrimit; **somewhere along the road** në një moment të caktuar; **take to the road** a)nisem për rrugë; b)*hist* bëhem kaçak/hajdut rrugësh.

road accident *n* aksident rrugor/automobilistik.

road agent *n amer hist* hajdut rrugësh.

roadbed['roudbed] *n ndërt* shtrat i rrugës/i heku-
rudhës.
roadblock ['roudblok] *n* 1. postbllok. 2. *fig* pe-
ngesë.
road book *n* kodi i qarkullimit rrugor.
road gang *n amer* punëtorë ndërtimi rrugësh (të
burgosur).
road haulage *n* transport rrugor/tokësor.
roadhog['roudhog] *n* shofer ngatërrestar/që bllo-
kon trafikun.
roadhouse['roudhaus] *n* restorant buzë xhadesë
/autostradës.
roadmaking['roudmeiking] *n* ndërtim rrugësh.
roadman['roudmën] *n* punëtor i mirëmbajtjes së
rrugëve.
roadmap['roudmæp] *n* hartë e rrjetit rrugor.
roadmender['roudmendë:] *n* shih **roadman**.
road metal *n* shtrojë rruge (gurë, skorje etj).
road racer/rider *n* 1.shofer garash. 2.çiklist.
road roller *n* rul për shtrim rrugësh.
road sense *n* aftësi qarkullimi në rrugë.
road show *n* trupë shetitëse.
roadside['roudsaid] *n* buzë/anë rruge; **a roadside
inn** bujtinë buzë rrugës; **along/by the roadside** anës
rrugës.
roadside repairs *n* ndreqje/riparim makine(në
rrugë).
roadsign['roudsain] *n* shenjë/tabelë rrugore.
roadstead['roudsted] *n det* radë.
roadster['roudstë:] *n* 1.automobil sportiv(i viteve
30). 2. biçikletë. 3.kalë udhëtimi; kalë karroce
(udhëtarësh).
roadsweeper['roudswi:pë:] *n* 1.fshesar, pastrues
rruge. 2.makinë fshirëse rrugësh.
road test *n* prova patente(praktikë), provim në
rrugë.
road traffic *n* qarkullim rrugor.
road-user charges *n* taksë qarkullimi, taksë rru-
ge.
roadway ['roudwei] *n* 1. rrugë. 2. rrugë/korsi e
automjeteve.
roadworks['roudwë:ks] *n* punime mirëmbajtjeje
(në rrugë).
roadworthy['roudwë:thi] *adj* në gjendje të mirë
(automjet).
roam[roum] *v,n* -*v* 1.bredh, i bie kryq e tërthor;
roam the streets marr rrugët. 2.endem; **roam
about the house/the world** bredh nëpër shtëpi;
endem nëpër botë.
-*n* bredhje, endje.
+**roam about/around** bredh andej-këtej, endem.
roamer['roumë:] *n* endacak.
roaming['rouming] *adj,n* -*adj* endacak, bredha-
rak; rrugësh(qen).
-*n* bredhje, sorollatje.

roan[roun] *adj,n* -*adj* larosh, balash; pullali.
-*n* kalë larosh, kalë balash.
roar[ro:] *v,n* -*v* 1.ulërij; **roar with pain** ulërij
nga dhimbja; **roar with laughter** ia plas të qeshurit.
2.pëllet; hungëron(kafsha). 3.gjëmon; buçet. 4.utu-
rin; gumëzhin; **the car roared past** makina kaloi me
uturimë. 5.(edhe ~ out) them me të bërtitur(një
urdhër).6.e bëj(motorin) të uturijë.
-*n* 1.ulërimë.2.pëllitje; hungërimë. 3.gjëmim. 4.utu-
rimë; gumëzhitje.
roaring['ro:ring] *adj,n* -*adj* 1.ulëritës; hungë-
rues. 2.i zhurmshëm, i potershëm; gjëmues. 3.i suk-
sesshëm; i bujshëm; tepër i madh; **roaring drunk** i
dehur tapë, xurxull.
-*n* shih **roar** *n* .
roaring forties *n gjeog* brezi i stuhive(midis 40
dhe 50 gradë gjerësi jugore).
roast[roust] *v,n,adj* -*v* 1.pjek(mish, kafe etj).
2.djeg(gëlqeren). 3.thek, pjek, djeg(dielli); **roast
oneself by the fire** thekem pranë zjarrit. 4.piqem;
I'm roasting! mbarova nga vapa! 5. *amer* dërrmoj,
kritikoj ashpër.6.*gj.fol* tall, vë në lojë.
-*n* 1.mish i pjekur; rosto; **roast of beef/pork/veal**
mish kau/derri/viçi i pjekur. 2.*amer* pjekje mishi për-
jashta.
-*adj* i pjekur; **roast beef/potatoes** biftek; patate të
pjekura.
roaster['roustë:] *n* 1.tavë(për furrë). 2.zog pule.
3.pjekës. 4.pjekëse; furrë pjekjeje.
roasting['rousting] *n,adj* -*n* 1.pjekje. 2.*fig* dajak,
surup; **give sb a roasting** i jap një surup të mirë
dikujt.
-*adj* 1.për pjekje(shpend). 2.që të pjek(vapë, mot);
it's roasting in here këtu vdes nga vapa.
roasting jack *n* hell.
roasting spit *n* hell.
rob[rob] *vt* 1.vjedh; grabis; plaçkis; **rob sb of sth**
i vjedh diçka dikujt; **rob the till** vjedh nga arka; **rob
Peter to pay Paul** merrja Lenës jepja Prengës. 2.
fig i heq; **the shock robbed him of speech** mbeti
pa gojë nga tronditja.
robber['robë:] *n* vjedhës; kusar; bandit.
robber baron *n amer* peshkaqen (i industrisë, fi-
nancës).
robbery['robëri] *n* vjedhje; grabitje; plaçkitje.
robe [roub] *n,v* -*n* 1.rrobë/veshje ceremoniale;
mantel; togë. 2.penjuar, rrobë shtëpie; robdeshambër
banje.
-*vi* 1.vesh; vishem.2.*fig* mvesh.
robin['robën] *n zool* 1.gushëkuq.2.*amer* mëllenjë
amerikane.
robot['roubot, 'roubët] *n* robot; automat(edhe *fig*).
robot pilot *n* pilot automat.
robot plane *n* avion i telekomanduar.
robotics['rou'botiks] *n* robotikë.

robotization[roubotai'zeishën] *n* robotizim.

robotize['roubotaiz] *vt* robotizoj.

robust[rou'bʌst, 'roubʌst] *adj* 1.i fortë, i fuqishëm, i lidhur. 2.energjike(mbrojtje). 3.i sertë; i vrazhdë.

robustious[rou'bʌsçës] *adj vjet, iron* 1.i vrazhdë; zhurmëmadh. 2.i fortë, i fuqishëm; truplidhur.

robustly[rou'bʌstli] *adv* 1.fuqishëm. 2.*fig* me forcë; energjikisht.

robustness[rou'bʌstnis] *n* fuqi, forcë.

roc[rok] *n mit* zogu Rok, zogu vigan.

rock I[rok] *n* 1.gur; shkëmb; **hewn out of solid rock** të gërryera/të hapura në shkëmb; **a pile of fallen rocks** pirg gurësh të rrëzuar.2.*gjeol* kore e Tokës; formacion shkëmbor. 3.*zhrg* gur i çmuar; diamant. 4.gjel sheqeri. 5.*pl zhrg* para. + **on the rocks** a)i shkatërruar; i rrënuar; b)*gj.fol* i falimentuar, pa një grosh; c)pa ujë, i thatë; **whisky on the rocks** uiski me akull (pa ujë).

rock II[rok] *v,n* -*v* 1.tund; lëkund; **rock a child to sleep** tund fëmijën për ta zënë gjumi. 2.tundet; lëkundet.3.shkund(tërmeti). 4.lëkundet fuqishëm(shtëpia etj). 5.*fig* trondit; **the news will rock them** ky lajm ka për t'i tronditur keq. + **rock the boat** *gj.fol* shkaktoj trazira; nxjerr telashe; **don't rock the boat!** mos e prish punën krejt!

-*n* 1. tundje; shkundje. 2.*muz* (muzikë) rok.

rock-and-roll['rokën'roul] *n* rokenroll, rok i hershëm.

rock bottom *n* fund; nivel më i ulët.

rock-bottom['rokbotëm] *adj* më i ulët(çmim, nivel).

rockbound['rokbaund] *adj* shkëmbor; i rrethuar me shkëmbinj.

rock burst *n* shembje e mureve të galerisë (në minierë).

rock candy *n* petël sheqeri, gjel sheqeri.

rock carving *n* gdhendje në gur.

rockclimber ['rok'klaimbë:] *n* alpinist, ngjitës shkëmbinjsh.

rock crystal *n* kuarc i tejdukshëm.

rock fall *n* rënie/rrëzim gurësh(nga mali).

rockhound ['rokhaund] *n gj.fol* koleksionist gurësh.

rock painting *n* pikturë/vizatim në shkëmb.

rock ribbed['rokribd] *adj* 1.rripa-rripa(shkëmb). 2.*fig* i paepur,i patundur, i papërkulshëm.

rock salt *n* kripë guri.

rock wool *n* lesh skorjesh(për izolim).

rocker['rokë:] *n* 1.këmbë djepi/karrigeje lëkundëse. 2.karrige lëkundëse.

rockery['rokëri] *n* kopësht mes gurësh.

rocket['rokit] *n,v* -*n* 1.raketë; **fire/send up a rocket** lëshoj një raketë; **space rocket** raketë ndërplanetare. 2.*fig* dajak, surup; **have a rocket from the boss** ha një dajak nga shefi.

-*vi* ngjitet në qiell(edhe *fig*); **rocket to fame** bëhem i famshëm brenda ditës.

rocket base/range *n* bazë (lëshimi) raketash.

rocket gun *n* raketahedhëse, pistoletë për lëshim fishekësh ndriçues.

rocket launcher *n* raketahedhëse, raketalëshues.

rocket plane *n* avion-raketë.

rocket ship *n* anije raketalëshuese .

rocking['roking] *n* tundje, lëkundje.

rocking chair *n* karrige lëkundëse.

rocking horse *n* kalë druri lëkundës.

rock 'nroll['rokën'roul] *n muz* rokenroll.

rocky I ['roki] *adj* 1. shkëmbor; plot shkëmbinj; plot gurë; **the Rocky Mountains, the Rockies** Malet Shkëmbore. 2.i fortë, i gurtë.

rocky II['roki] *adj* 1.i lëkundshëm, që tundet(tryezë etj). 2.i paqëndrueshëm; me hope(shëndet etj). 3. *gj.fol* pa qejf, jo fort mirë(nga shëndeti).

rococo[rou'koukou] *adj,n ark, art* rokoko(stil).

rod [rod] *n* 1.shufër; thupër; purtekë; shkop; **curtain rod** shufër/shkop perdeje; **piston rod** *tek* spinot. 2.kallam(peshkimi). 3.purtekë(masë gjatësie = 5,03 m).4.shkop(për ndëshkim); ndëshkim. 5.binar. 6.*anat* shkopth.7.*amer zhrg* revole.8.soj, xhins. 9.pushtet, autoritet; dhunë. 10.*biol* bacil. 11.*zhrg* rrush (organ seksual mashkullor). + **rule with a rod of iron** sundoj me dorë të hekurt; **spare the rod** lë pa ndëshkuar.

rod bearing *n tek* qafë bielle.

rode[roud] *pt* e ride.

rodent['roudënt] *n, adj zool* brejtës.

rodent cancer, rodent ulcer *n mjek* kancer i lëkurës.

rodeo['roudiou] *n*1.rodeo(garë kaubojsh në shesh të rrethuar). 2.*amer* shoqërim i kopesë.

rodomontade[rodëmon'teid] *n* mburrje; dëngla.

roe I[rou] *n zool* kaproll; **roe buck** kaproll; **roe deer** kaprolle, sorkadhe.

roe II[rou] *n* vezë peshku; **hard roe** vezë peshku.

roentgen['rentgën] *n fiz* rëntgen.

rogatory['rogëtëri] *adj drejt* pyetës, hetimor; **rogatory commission** komision hetimor.

roger['roxhë:] *interj gj.fol* në rregull!, kuptova!, mesazhi u mor!

rogue[roug] *n,v* -*n* 1.mashtrues, batakçi. 2.qerratuc, shejtan; hokatar.3.kafshë vetmitare. 4.*bot* bimë defektoze (që ndryshon nga lloji i vet).

-*v* 1.heq bimët defektoze. 2.mashtroj. 3.bën shejtanllëqe(fëmija).

roguery['rougëri] *n* 1.mashtrim, batakçillëk.2.shejtani; hokë; rreng.

rogues' gallery *n* koleksion fotografish keqbërësish të njohur.

roguish['rougish] *adj* 1.i pandershëm; prej batakçiu. 2.shejtan; hokatar.

roguishly['rougishli] *adv* 1.si batakçi. 2.me shejtani.

roil[roil] *v* 1.turbulloj(ujët).2.trazoj.3.turbullohet (ujët etj). 4.nxeh, acaroj.

roily['roili] *adj* 1.i turbulluar(ujë); i trazuar(det). 2.*fig* i acaruar.

roister ['roistë:] *vi* 1. bëj rrëmujë; bëj poterë. 2. mburrem lart e poshtë.

roisterer['roistërë:] *n* rrëmujaxhi; poterexhi.

role [roul] *n* 1. *teat, fig* rol; **play an important role in...** luaj një rol të rëndësishëm në...

roll[roul] *v,n* -*v* 1.rrokullis; rrokulliset. 2.mbështjell(rul, lëmsh); mbështillet. 3.dredh(cigaren). 4. hap, shtrij(petën me petës); petëzoj(metalin).5. shtroj (rrugën me rul).6.rrotulloj(sytë). 7.rrotullohet, vërtitet në orbitë. 8.tundem; lëkundem. 9.ulet e ngrihet (terreni). 10.*vjet* bredh, endem. 11. gjëmon, buçet (bubullima). 12. i bie (daulles). 13.ecën(makina).14. *gj.fol* kridhem; **be rolling in money** jam i krimbur /notoj në para. 15.hedh zaret; **roll a three** më bie treshi.16.*zhrg* i rrëmoj xhepat(të dehurit). -*n* 1.rul, rulon(letre). 2.rrotull(teli). 3.tufë, turrë (kartëmonedhash). 4.kaush(duhani). 5.pako(gjalpi). 6.lapër, palë(dhjami). 7.bobinë(filmi). 8.(edhe **bread** ~) simite; panine. 9.rul(tipografi, bojaxhiu). 10.listë; **call the roll** thërras emrat, lexoj listën, bëj apelin.11. *zhrg* kartëmonedhë e mbështjellë fishek. 12.*zhrg* para; fonde. 13.e ecur prej kapadaiu.

+**roll about** a)tundet, lëkundet(anija etj); b)rrokullisem apërtokë.

+**roll along** a)rrokulliset; b)ecën(makina); c)mbërrij, sosem(diku); d)hedh(topin); e)shtyj(makinën).

rollaway['rolëwei] *n* krevat i palosshëm me rrota.

+**roll back** a)kthehet mbrapsht; b)perëndoj(sytë); c)shtyj; rrëzoj, përmbys; d)kthej mbrapsht(edhe *fig*); e)*amer fig* ul, zbres(çmimet, rrogat).

rollback['roulbæk] *n amer* ulje, pakësim; *ek* ulje çmimesh e detyruar(nga shteti).

+**roll by** a)kalon(makina, koha); b)vrapojnë(retë).

roll call *n* 1.apel. 2.orë/kohë e apelit.

+**roll down** a)rrokulliset teposhtë; b)rrjedhin(lotët); c)zbres(karrocën).

roll film *n* bobinë filmi, film në bobinë.

+**roll in** a)vrundullojnë(dallgët); b)dynden, gëlojnë (letrat, propozimet); c)mbërrijnë, vijnë, futen (njerëzit); d)fus, rrokullis brenda.

+**roll off** a)niset, lëviz(makina, vargani); b)bie, rrokullisem.

+**roll on** a)ecën, vazhdon rrugën(makina); b)ikën, rrjedh(koha); **roll on the holidays!** ardhshin sa më shpejt pushimet! c)vesh(çorapet).

roll-on *n,adj* -*n* korse grash.

-*adj* me sferë, me zar(shishkë deodoranti etj).

roll-on-roll-off *adj* ngarkim-shkarkimi; **roll-on-**

roll-off port port ngarkim-shkarkimi.

+**roll out** a)nxjerr jashtë(fuçinë, karrocën); b)nxjerr nga goja, lëshoj, shqiptoj; c)hap(petë); d)petëzoj (metalin).

+**roll over** a)bëj kapërdimje; b)kthej mbrapsht.

rollover ['roulouvë:] *n fin* rifinancim (i huasë).

+**roll past** shih **roll by**.

rolltop desk *n* tryezë pune me syprinë të mbështjellshme.

+**roll up** a)mblidhem(kruspull); b)arrij, vij, sosem; c)afrohem(diku); d)mbështjell rulon; e)përvesh(mëngët); f)rriten; shtohen.

rolled [rould] *adj* 1.i mbështjellë, i bërë rul. 2.i veshur(me ar etj).

roller ['roulë:] *n* 1.rul; cilindër. 2.petës, okllai. 3. *ndërt* rul për shtrim rrugësh. 4.*met* makinë petëzimi, laminator. 5.*tekst* kalandër. 6.bigudi(për flokët); **put one's hair in rollers** vë biguditë. 7. rrotëz, rrotë (kolltuku etj); **table on rollers** tryezë me rrota. 8.suvalë, dallgë e madhe, llazat. 9.çikrik; bobinë; rrotull. 10.fashë/garzë e mbledhur rul.

roller bearing *n mek* kushinetë me rula.

roller blind *n* qepen.

roller coaster *n* tren "fluturues" (në parqet e lodrave).

roller skates *n* patina me rrota.

roller-skating ['roulë:'skeiting] *n* patinazh mbi rrota.

rollerdrome['roulë:droum] *n amer* pistë / shesh patinazhi me rrota.

rollick['rolik] *vi* argëtohem, zbavitem, dëfrej.

rollicking ['roliking] *adj* gazmor; argëtues, zbavitës; **lead a rollicking life** bëj jetë qejfi.

rolling['rouling] *adj* 1.rrokullisës; **a rolling stone gathers no moss** guri që rrokulliset nuk mbledh myshk; *fig* **be a rolling stone** kam shpirt endacaku; **rolling waves** dallgë të mëdha. 2.që lëkundet (anije etj); **have a rolling gait** eci duke u tundur. 3.i trazuar, me dallgë. 4.i valëzuar(terren).

rolling mill *n tek* 1.makinë petëzimi. 2.uzinë petëzimi.

rolling pin *n* petës, okllai.

rolling stock *n hek* inventar i hekurudhës(lokomotiva, vagona).

roly-poly ['rouli'pouli] *adj,n* -*adj* topolak, buç, buçko, buçkan.

-*n* 1.topolak, buçkan. 2.*Br* byreçka me fruta/reçel.

ROM [rom] *n kmp* (shkurtim për **Read-Only Memory** kujtesë e vdekur; **CD ROM** kujtesë e vdekur me kompaktdisk.

romaine[rou'mein] *n bot* sallatë marule, sallatë jeshile.

Roman['roumën] *n,adj* -*n* 1.romak(i lashtë); roman(i sotëm).2.*polig* germa të drejta(të zakonshme).

-*adj* romak; roman, i Romës; **Roman Catholic**

katolik; **the Roman Empire** Perandoria Romake.
Roman letters *n polig* germa të drejta.
Roman nose *n* hundë shqiponjë.
Roman numerals *n* shifra romake.
Roman Rite *n* riti katolik roman.
roman[rou'ma:n] *n let* roman.
romance[*n* rou'mæns, 'roumæns; *v* rou'mæns] *n,v*
-*n* 1.histori dashurie; dashuri. 2.romantizëm, natyrë
romantike. 3.roman/film me dashuri. 4.roman
kalorësiak. 5.*muz* romancë. 6.*gj.fol* përralla, dokrra.
-*vi* 1.sajoj histori romantike. 2.teproj, zmadhoj, ek-
zagjeroj, zbukuroj(gjërat).
Romance[rou'mæns, 'roumæns] *adj gjuh* neola-
tine, romane; **Romance languages** gjuhë romane
/neolatine.
romancer[rou'mænsë:] *n* 1.romancier, autor ro-
manesh. 2.zbukurues, ekzagjerues.
Romanesque[roumë'nesk] *adj ark* romane(arki-
tekturë).
Romania[rou'meinië] *n gjeog* Rumani.
Romanian[rou'meiniën] *adj,n* -*adj* rumun.
-*n* 1.rumun. 2.rumanisht.
Romanic[rou'mænik] *adj ark, gjuh* romane.
romanize ['roumënaiz] *vt* 1. *hist* romanizoj. 2.*fet*
kthej në fenë katolike. 3.shkruaj me shkronja të
drejta.
romantic[rou'mæntik] *adj,n* romantik.
romantically[rou'mæntikëli] *adv* me romantizëm,
në mënyrë romantike.
romanticism[rou'mæntisizm] *n* romantizëm.
romanticist[rou'mæntisist] *n art, let* romantik.
Romany['romëni] *n,adj* -*n* 1. arixhi, gabel, cigan,
rom. 2. arixhisht, cigançe, gabelçe.
-*adj* arixhi, cigan, gabel.
Rome[roum] *n* 1.*gjeog* Romë; **all roads lead to
Rome** të gjitha rrugët të çojnë në Romë. 2.Kisha
Katolike e Romës.
Romish['roumish] *adj përb* katolik.
romp[romp] *n,v* -*n* 1.lojë e marrë. 2. *vjet* vajzë
çamarroke/si djalë. 3.fitore e shpejtë/me sy mbyllur.
-*vi* 1.luaj si i marrë, lodroj. 2.*fig* fitoj me lehtësi;
romp through an exam e marr/kaloj provimin me
sy mbyllur; **romp home** fiton pa vështirësi(kali
garën).
rompers['rompë:z] *n* tuta, palaçeta(fëmijësh).
rood [ru:d] *n* 1. *ark fet* kryq. 2. *Br* 1/4 akre (=
1012 m²).
roof[ru:f] *n,v* -*n pl* rooves 1.çati. 2.tavan(shpelle,
tuneli). 3.*anat* qiellëz. 4.*fig* kupolë(e qiellit etj). 5.*fig*
strehë; banesë; shtëpi; **she couldn't live under his
roof** ajo nuk rronte dot në shtëpinë e tij. + **go
through/hit the roof** a)shpërthej, kaloj në krizë;
b)ngjiten në qiell (çmimet); **raise the roof** *gj.fol* bëj
rrëmujë, e kthej përmbys.
-*vt* mbuloj, i vë çati; **red-roofed** me çati të kuqe.

roof garden *n* 1.kopësht në tarracë. 2.kat i sipërm
i zbukuruar me lule.
+**roof in** i vë çati.
+**roof over** i vë çati të re.
roofer['ru:fë:] *n* ndreqës çatish.
roofing ['ru:fing] *n* 1.mbulim, vënie çatie. 2.mbu-
lesë, çati.
roofless['ru:flis] *adj* 1.i zbuluar, pa çati. 2.i pastre-
hë, i pashtëpi.
rooflight *n aut* dritë tavani, llampë në tavan (të
veturës).
roof rack *n Br aut* sergjen, zgarë(për çanta etj).
rooftop['ru:ftop] *n* çati, kulm.
rooftree ['ru:ftri:] *n ndërt* tra kryesor(horizontal) i
çatisë, tra i kulmit.
rook I[ruk] *n,v* -*n* 1.*zool* sorrë, galë. 2.*zhrg* hile-
qar(në letra etj).
-*vt zhrg* bëj hile.
rook II[ruk] *n* (shah) kala, torrë.
rookery ['rukëri] *n* 1. koloni sorrash; koloni ka-
fshësh. 2.*fig* banesë e mbipopulluar, han.
rookie['ruki] *n zhrg* rishtar, fillestar; *usht* krut.
room [rum] *n,v* -*n* 1.dhomë, odë; **rooms to let**
dhoma me qira; **room and board** dhomë dhe
ushqim, pension. 2.*pl* banesë, apartament; **live in
rooms** jetoj në apartament të mobiluar(me qira).
3.sallë. 4.vend; **is there room?** ka vend? **there is
little room for hope; there is no room for doubt**
nuk ka pse mbajmë më shpresë; nuk ka vend për të
dyshuar; **take too much room** zë shumë vend. 5.*fig*
arsye, shkak, vend.
-*vi* marr dhomë me qira; **room with a landlord** ba-
noj (me qira) në një dhomë të mobiluar (me aparta-
mentin e të zotit të shtëpisë).
room clerk *n amer* sportelist, recepsionist(hoteli).
room service *n* shërbim në dhomë(ushqim, pije).
-**roomed**[rumd] *adj* : **a three-roomed flat/apart-
ment** apartament me tri dhoma(gjumi).
roomer['rumë:] *n amer* qiraxhi(në shtëpinë /apar-
tamentin e dikujt).
roomette [ru:'met] *n amer hek* dhomëz, kupé(në
vagonat-fjetore).
roomful['rumful]*n* një dhomë; një sallë(me njerëz).
roominess ['ruminis] *n* gjerësi, hapësirë, vend i
bollshëm.
rooming house *n amer* shtëpi/ndërtesë që lëshohet
me qira; dhoma të mobiluara(që jepen me qira).
rooming-in['ruming'in] *n amer* lënie e të porsa-
lindurit në dhomën e nënës.
roommate['rummeit] *n* shok dhome.
roomy['rumi] *adj* 1.i gjerë, i madh (kostum, apar-
tament). 2.e madhe, e bollshme, që nxë mjaft(çantë).
roost[ru:st] *n, v* -*n* 1.hu, shkop, purtekë(ku flenë
pulat). 2.kotec, furrik, qymez. 3.*fig* strofull(kaçaku).
+ **come home to roost** më kthehet kundër, bie mbi

kokën time; **rule the roost** *gj.fol* jam zot në shtëpinë time.

-vi 1.rri/fle mbi hu(pula). 2.zë vend(për të kaluar natën).

rooster['ru:stë:] *n* gjel, këndez, kokosh, kaposh.

root I [ru:t] *n, v* *-n* 1.*bot,anat,gjuh, mat* rrënjë; **pull up/out by the roots** shkul nga rrënjët; çrrënjos; **put down roots in a country** *fig* ngulem mirë në një vend; **take root** lëshon rrënjë; ngulet fort. 2.*fig* burim, zanafillë; rrënjë; **the root of the matter** zanafilla e çështjes; **be/lie at the root of..** qëndron në themel të..., është arsyeja e vërtetë e...

-v 1.rrënjos(edhe *fig*); ngul, ngulis, gozhdoj; **be rooted to the spot** gozhdohem/bllokohem në një vend. 2.zë, lëshon rrënjë (bima etj).

root II [ru:t] *v* 1.gërmon, rrëmon(derri me feçkë). 2.kërkoj; bubrroj.

+**root about/around** rrëmoj, kërkoj.

root beer *n amer* limonadë prej rrënjësh bimësh.

root canal *n* 1.*anat* kanal i rrënjës (së dhëmbit). 2. mjekim kanali.

root cause *n* shkak kryesor.

root crops *n bot* rrënjë të ushqyeshme.

+**root for** *amer sport* bëj tifo për.

root hair *n bot* qime thithëse(të rrënjëve).

+**root out** *fig* a)gjej, zbuloj; b)shkul; çrrënjos(ko-rrupsionin etj).

root sign *n* shenjë/tabelë rrugore.

+**root up** a)shkul(bimën); b)rrëmon, nxjerr nga dheu (derri); c)*fig* shkul; çrrënjos.

root word *n gjuh* fjalë rrënjë.

rootless['ru:tlës] *adj* pa rrënjë(edhe *fig*).

rootlet['ru:tlit] *n* rrënjëz.

rootstock['ru:tstok] *n bot* rizomë.

rooves[ru:vz] *n pl* i **roof**.

rope[roup] *n,v* *-n* 1.litar. 2.*det* cimë, kavo, balla-mar. 3.kordon. 4.varg; **a rope of onions** një varg me qepë.5.*sport pl* litarët, ringu. + **give sb (more) rope** *gj.fol* ia lëshoj frerin dikujt; **know the ropes** a)*det* di të manovroj me litarët(e anijes); b)*fig* ia di yçkëlat punës; **on the ropes** a)te litarët(boksieri); b)*fig* pisk; në gjendje të vështirë; **show sb the ropes** vë në dijeni dikë; **the end of one's rope** fundi i të gjitha burimeve/rezervave; sosje e durimit.

-v 1.lidh(me litar); **rope sb to a tree** lidh dikë pas peme. 2.*amer* i hedh lakun, kap me litar. 3.mblidhet varg, varet litar.

+**rope in** a)rrethoj me litar(një vend); b)*fig* fus, për-fshij, rekrutoj(dikë me mashtrim).

+**rope off** a)ndaj, veçoj(një vend me litar); b)ndaloj kalimin.

+**rope up** lidh/lidhen me litar(alpinistët).

rope ladder *n* shkallë litari.

ropedancer ['roupdænsë:] *n* akrobat, ekuilibrist, pehlivan(në litar).

ropemaker['roupmeikë:] *n* prodhues litarësh.

ropewalk['roupwok] *n* punishte litarësh.

ropewalker['roupwo:kë:] *n* shih **ropedancer**.

ropeway['roupwei] *n* kabëll ajror; teleferik.

ropey, ropy['roupi] *adj* a)(lëng) i trashë, viskoz; b)*fig* i keq, i dobët, pa ndonjë vlerë.

rorqual['ro:kwël] *n zool* balenë.

RORO shkurtim i **roll-on-roll-off** (shih).

rosaceous[rou'zeishës] *adj* 1.trëndafilor. 2.ngjyrë trëndafili, i trëndafiltë.

rosary ['rouzëri] *n* 1. tespije, rruzare. 2.*fet* varg lutjesh. 3.kopsht/lehe trëndafilash, trëndafilishtë.

rose I[rouz] *pt* e **rise**.

rose II[rouz] *n,adj,v* *-n* 1. trëndafil; *fig* lule; **my life isn't all roses** jeta ime nuk është fushë me lule. 2. ngjyrë trëndafili, bojë rozë. 3.*ndërt, tek* rozetë. 4.kokë dushi; kokë me vrima(e ujitëses). 5.*gj.fol* femër e bukur, kokonë. + **come up roses** shkon vaj(puna); **under the rose** nën dorë, në fshehtësi.

-adj rozë, bojëtrëndafili.

-vt bëj rozë.

roseate['rouziit, 'rouzieit] *adj* 1.i trëndafiltë, bojë-rozë. 2.i gëzuar, optimist.

rosebay['rouzbei] *n bot* landër, marshallojë.

rosebed['rouzbed] *n* trëndafilishtë.

rosebowl['rouzboul] *n* vazo, saksi.

rosebud['rouzbʌd] *n* gonxhe trëndafili.

rosebush['rouzbush] *n* trëndafil(shkurre).

rose-colored['rouzkʌlë:d] *adj* 1.rozë, bojërozë. 2. i gëzuar; optimist; **see life through rose-colored spectacles** më duket jeta fushë me lule.

rosemary['rouzmëri] *n bot* rozmarinë.

rose-red['rouzred] *adj* i kuq gjak.

rosette[rou'zet] *n* 1.*sport* kokardë, stemë, distink-tiv. 2.*ark* rozetë.

rose window *n ark* dritare rrethore.

rosewood['rouzwud] *n bot* palisandër, dru ekzotik

rosily['rouzëli] *adv* gëzueshëm; me optimizëm.

rosin['rozën] *n,v* *-n* kolofon.

-vt fërkoj me kolofon(harkun e violinës).

roster['rostë:] *n* listë; orar.

rostrum['rostrëm] *n* tribunë.

rosy['rouzi] *adj* 1.rozë, i trëndafiltë. 2.*fig* i qeshur i gëzuar; i lumtur; **the situation looks rosy** gjendja duket e kënaqshme.

rot [rot] *v,n* *-v* 1.prish; kalb. 2.prishet; kalbet; **rot in jail** *fig* kalbem në burg; **let him rot!** në djall të vejë! 3.njom(kërpin etj).

-n 1.prishje; kalbje. 2.kalbësirë; **stop the rot** *fig* rregulloj gjendjen. 3.*zhrg* gjepura, dokrra; **what rot** këto janë dëngla!

+**rot away** kalbet, kalbëzohet.

rota['routë] *n* listë e detyrave; orar shërbimi.

Rotarian[rou'teëriën] *adj,n* rotarian, anëtar i Klu bit Rotarian(shih **Rotary Club**).

rotary ['routëri] *adj,n* -*adj* 1. rrotullues. 2. qarullues.
-*n* 1.rreth trafiku. 2.sistem qarkullimi, sistem rrethi.
Rotary Club *n* Klub Rotarian (shoqatë ndërkombëtare afaristësh dhe profesionistësh).
rotary cultivator *n* motokultivator.
rotary engine *n* motor rotativ.
rotary (printing) press *n polig* rotativë.
rotate[rou'teit, 'routeit] *v* 1.rrotulloj; vërtis. 2.qarulloj, alternoj(kulturat bujqësore, punonjësit). .rrotullohet; vërtitet. 4.qarkullojnë, alternohen bimët, punonjësit).
rotating[rou'teiting] *adj* 1.rrotullues. 2.i alternuar.
rotation [rou'teishën] *n* 1. rrotullim. 2. qarkullim; lternim; **rotation of crops** qarkullim i kulturave uujqësore.3.radhë, turn; **in/by rotation** me radhë, ne turne.
rotational[rou'teishënël] *adj* i alternuar; me sitem rrethi.
rotatory[rou'teitëri] *adj* 1.rrotullues. 2. qarkullus; me alternim.
rotavate['routëveit] *vt* punoj me motokultivator.
rote [rout] *n* rutinë; **by rote** përmendsh; si pabagall.
rotenone['routënoun] *n* helm peshqish; insektembytës(i nxjerrë nga rrënjë bimësh).
rotgut['rotgʌt] *n zhrg* pije e keqe/e lirë.
rothole ['rothoul] *n knd* akull i brishtë(në liqen, umë).
rotisserie[rou'tisëri] *n* 1.skarë. 2.furrë. 3.hell. 4. osticeri, pjektore.
rotor ['routë:] *n* 1. *el* rotor. 2. *av* helikë (helikomteri).
rotorcraft['routë:kræft] *n av* xhiravion.
rototill ['routoutil] *vt amer* punoj me motokultivator.
rototiller['routoutilë:] *n amer* motokultivator.
rotten['rotën] *adj* 1.i prishur(ajër, vezë etj); i kalbur(dru, frut).2.i krimbur (dhëmb). 3.i dobët, që s'të nban(akull). 4.*fig* i prishur; i degjeneruar. 5.*zhrg* i keq, i pakëndshëm, antipatik; **rotten weather!** kohë e ndyrë! **what rotten luck!** ç'fat i poshtër!
rottenness['rotënnis] *n* kalbësirë; gjendje kalbëzimi.
rotter['rotë:] *n Br gj.fol* ndyrësirë, qelbanik.
rotting['roting] *adj* i kalbur, në kalbëzim.
rotund[rou'tʌnd] *adj* 1.rrumbullak; i rrumbullt; i mbushur. 2. (stil) i fryrë, bombastik. 3.(zë) i plotë; kumbues.
rotunda[rou'tʌndë] *n* 1.ndërtesë rrumbullake. 2. lhomë/sallë rrethore. 3.sallë e lartë; sallë stacioni.
rotundity[rou'tʌndëti] *n* 1.rrumbullakësi. 2.shëndet i tepërt, fryrje. 3.thellësi; kumbim(i zërit).
roué['ru:ei] *n* njeri i shthurur.

rouge[ru:zh] *n,v* -*n* 1.të kuq (buzësh, faqesh).2. bojë e kuqe(pluhur).
-*vt* lyej/ngjyej me të kuq.
rough[rʌf] *adj,n,v,adv* -*adj* 1.i thyer(terren). 2. i ashpër, i palëmuar; **rough to the touch** i ashpër në të prekur.3.e ashpër, e vështirë(jetë).4.i sertë, i ashpër (ton). 5.i papërpunuar; **rough copy/draft/work** kopje e papastër, dorë e parë, variant i papërfunduar. 6.i përafërt (vlerësim etj); **at a rough estimate/guess** me afërsi, me sy.7. i vrazhdë, i pagdhendur(njeri, qëndrim). 8.e fortë, e egër(pije). 9.i trazuar(det).10. i keq; me stuhi(mot).
-*n* 1.rrugaç, horr. 2.terren i thyer; truall me gurë. 3.kopje pune, dorë e parë; **in the rough** në dorë të parë, i papërfunduar; i ashpër, i palëmuar.
-*v* 1.ashpëroj; ashpërohet. 2.trajtoj me ashpërsi. 3. *sport* i ndërhyj rëndë, dëmtoj(kundërshtarin). 4. (edhe ~out) skicoj; sajoj në vija të trasha(një plan etj). + **rough it** e shtyj, jetoj me të keq.
+**rough up** a)shprish(flokët); b)keqtrajtoj; shqep në dru.
-*adv* 1.keq, në kushte të vështira; **live rough** rroj me të keq; **sleep rough** fle përjashta. 2.*sport* rëndë (luaj, ndërhyj).
roughage['rʌfixh] *n* 1.material i sertë/i ashpër. 2. ushqim i fortë/i pasur në celulozë.
rough-and-ready['rʌfën'redi] *adj* 1.e ashpër(metodë. 2.e trashë, e bërë me ngut(punë). 3.e rastit, e sajuar(pajisje). 4.i pagdhendur, i palëmuar(njeri).
rough-and-tumble['rʌfën'tʌmbël] *adj,n* -*adj* 1.i rrëmujshëm, i çrregullt. 2.i shfrenuar.
-*n* kërleshje, përleshje.
roughcast['rʌfkæst] *n,v* -*n* 1.suva. 2.trajtë fillestare, formë e papërfunduar.
-*vt* 1.suvatoj. 2.hedh si dorë të parë(një tregim etj).
rough-dry[rʌf'drai] *vt* thaj(rrobat)pa i hekurosur.
roughen ['rʌfën] *v* 1.ashpëroj, bëj të ashpër. 2.ashpërohet(lëkura etj).
rough-hew[rʌf'hju:] *vt* gdhend/latoj trashë.
roughhouse['rʌfhaus] *n,v zhrg* -*n* poterë, shamatë.
-*vt* bëj poterë.
roughing['rʌfing] *n sport* ndërhyrje e gabuar; lojë e rëndë.
roughly ['rʌfli] *adv* 1.ashpër; me ashpërsi; vrazhdë. 2.(luaj) rëndë. 3.trashë, pa finesë. 4.afërsisht, me afërsi; **roughly speaking** me afërsi; në vija të trasha; **she is roughly 30** ajo është rreth të tridhjetave.
roughness['rʌfnis] *n* 1.thyerje(e terrenit). 2.ashpërsi(e materialit). 3.vrazhdësi; sertësi(e sjelljes). 4. gjendje e keqe(e rrugëve). 5.trazim(i detit).
roughneck ['rʌfnek] *n* 1. *gj.fol* horr, rrugaç, bandit, njeri i sherreve.
roughrider ['rʌfraidë:] *n* 1.kalorës i sprovuar. 2.

mjeshtër për zbutje kuajsh.
roughshod['rʌfshod] *adj* me potkonj me maja. +
ride roughshod over sb i rri mbi kokë/i ha shpirtin.
rough-spoken ['rʌfspoukën] *adj* i vrazhdë(në të
folur); gojështhurur, gojëlëshuar.
roulette[ru:'let] *n* 1.ruletë(lojë bixhozi). 2.rrotëz
me maja(për pikëzime, birime).
Roumania[ru:'meinië] *n gjeog* shih **Romania**.
Roumanian[ru:'meiniën] *adj,n* shih **Romanian**.
round[raund] *adj,n,v,adv,prep* -*adj* 1.rrumbu-
llak; i rrumbullakët; i rrumbullakosur; rrethor; **round
handwriting** shkrim i rrumbullakosur. 2.e rru-
mbullt, rrumbullake(fytyrë). 3.i plotë, rrumbullak; i
rrumbullakosur(numër); **a round dozen** plot një
duzinë; **in round figures** rrumbullak, po ta rrumbu-
llakosim (çmimin etj); **a good round sum** një shumë
e mirë/e majme. 4.i hapur, i çiltër; **tell in round
terms** them hapur/pa dredha.5.i plotë(zë).
-*n* 1.rreth. 2.xhiro, qark; **do/make one's rounds**
bën xhirot e zakonshme(roja, postieri); bën vizitat e
përditshme(mjeku); **have got a paper round** shpër-
ndaj gazeta; **go the rounds** a)përhapet(sëmundja);
b)qarkullojnë(fjalët). 3.varg; seri; rutinë; **the daily
round** *fig* rutina e përditshme; **a new round of ne-
gotiations** një seri e re bisedimesh; **pay for a round
of drinks** paguaj pijet për të gjithë; **it's my round**
këto i kam(i paguaj) unë.4.tur, dorë, xhiro(në poker).
5.raund (në boks). 6.cikël, tur (zgjedhjesh). 7.*usht*
batare; plumb; predhë.8.valle në rreth. 9.fetë buke;
fetë mishi(nga kofsha). + **go the round** qarkullon,
kalon gojë më gojë; **in the round** a)në hapësirë, pa
sfond(skulpturë); b)*teat* në turne; c)*fig* me hollësi;
make/go the round dal për turne; i bie qark(një
zone).
-*vt* 1.rrumbullakoj, bëj rrumbullak. 2.*mat* rrumbu-
llakos; **rounding error** gabim i rrumbullakosjes.3.
vij qark. 4.përkulet. 5.kapërcej, i kaloj anash(kepit
etj).6.plotësoj; përfundoj.
+**round down** rrumbullakos(çmimet etj).
+**round off** a)mbyll, i jap fund(fjalimit, listës);
b)përfundoj(drekën, takimin).
+**round on** i kthehem(për ta sulmuar); i turrem..
+**round out** përfundoj.
+**round to** *det* kthehem me bash nga era.
+**round up** a)mbledh, bashkoj(njerëzit); b)grum-
bulloj, vë përpara(keqbërësit, bagëtinë).
+**round upon** a)kapem(me fjalë); b)i sulem, i
turrem.
-*adv* përreth, përqark, rretheqark; **a wall all round**
një mur rretheqark; **go round** a) i bie qark; b)rrotu-
llohen(rrotat); c)përhapet(fjala); **he was just looking
round** ai thjesht po hidhte një sy përreth; **all year
round** gjatë gjithë vitit; **ask sb round** ftoj dikë në
shtëpi; **he'll be round at 10** do të vijë në orën 10;
taking things all round, taken all round *fig* duke

i marrë parasysh të gjitha; **drinks all round!** pije për
të gjithë, qeras unë! +**get/come round sb** a)ia hedh
/ia lag dikujt;b)ia mbush mendjen dikujt.
-*prep* 1.rreth, përreth, përqark; **round the table**
/**the fire** rreth tryezës; rreth zjarrit; **it's just round
the corner** është mu te qoshja e rrugës/sapo kthen
qoshen; **she's 50 cm round the waist** ajo e ka belin
50 cm. 2.afërsisht, rreth; **round 10 o'clock** rreth orës
10, aty nga ora 10; **round $300** nja 300 dollarë.
roundabout['raundëbaut] *adj,n* -*adj* i tërthortë;
a roundabout route rrugë tërthore; **in a round-
about way** tërthorazi, jodrejtpërdrejt.
-*n* 1.rrugë tërthore. 2.mënyrë e tërthortë. 3.xhaka-
ventë. 4.rrotullame, karusel. 5.*Br aut* rreth trafiku.
round-cheeked ['raundçi:kd] *adj* faqembushur,
buç, buçkan, buçko.
round dance *n* valle në rreth/që vjen rrotull.
round-eyed['raundajd] *adj* syzgurdulluar.
round-faced['raundfeisd] *adj* fytyrëpetull.
round number *n* numër i plotë; numër i rrumbu-
llakosur.
round-shouldered[raund'shouldë:d] *adj* i kërru-
sur, kurrizdalë.
round-table discussion *n pol* tryezë e rrumbu-
llakët.
round trip ticket *n* biletë vajtje-ardhje.
round-up, roundup['raundʌp] *n* 1.grumbullim;
mbledhje, tubim. 2.arrestime në masë.3.(kafshësh)
shoqërim kopesh, udhëtim i gjatë.
rounded ['raundid] *adj* 1. i rrumbullakët, i rru-
mbullt. 2.i mbushur, buç. 3.*fig* elegant(stil etj).
roundel ['raundël] *n* 1. dritare e rrumbullakët;
zbukurim rrethor. 2.*let* poezi e shkurtër.
rounder['raundë:] *n amer* qejfli; hamës.
rounders['raundë:z] *npl Br* lloj beisbolli.
roundhouse ['raundhaus] *n* 1.ndërtesë e rrumbu-
llakët. 2.kabinë rrethore(në anije). 3.*gj.fol* grusht
/goditje anash.
roundish['raundish] *adj* si i rrumbullt.
roundly['raundli] *adv* 1.rrumbullak; në formë rre-
thore. 2.*fig* troç, hapur.
roundness['raundnis] *n* rrumbullakësi.
roundsman['raundzmën] *n Br* shpërndarës; **milk
roundsman** shpërndarës i qumështit.
roundwood['raundwud] *n* lëndë druri e paprerë /e
plotë.
roundworm['raundworm] *n zool* nematod.
roup[ru:p] *n mjek* 1.sëmundje pulash që shfaqet
me ngjirje zëri. 2.ngjirje.
rouse I [rauz] *v,n* -*v* 1. zgjoj, ngre nga gjumi.
2.nxis; ngre, **rouse the masses/sb to anger/to ac-
tion** ngre masat; irritoj/nxis dikë për të vepruar.
3.ngjall, zgjoj (ndjenja, dyshime). 4.zgjohem. 5.gja-
llërohem; bëhem aktiv.
-*n* 1.zgjim. 2.sinjal për veprim.

rouse II[rauz] *n vjet* festë me të pira; orgji.
rousing['rauzing] *adj* 1.nxitës; tërheqës; që të bën për vete (fjalim, këngë etj). 2.entuziaste, të stuhishme(duartrokitje). 3.*gj.fol* i jashtëzakonshëm.
roustabout ['raustëbaut] *n amer gj.fol* hamall, punëtor ngarkim-shkarkimi; punëtor i thjeshtë.
rout I[raut] *n,v -n* 1.shpartallim; **put to rout** shpartalloj, vë përpara.2.turmë.3. pasues. 4.trazirë; grumbullim i paligjshëm.
-*vt* shpartalloj, vë përpara.
rout II[raut] *v* 1.rrëmoj.2.nxjerr; **rout sb out of his bed** nxjerr dikë nga shtrati. 3.gërmon, rrëmon me feçkë(derri).
route[ru:t, raut] *n,v -n* 1.rrugë; itinerar; linjë. 2. *usht* urdhër për marshim. 3.*amer* shpërndarje(ga-zetash etj).
-*vt* caktoj itinerarin; çoj.
route march *n usht* marshim stërvitor.
router['rautë:] *n* vegël për hapje kanalesh.
routine[ru:'ti:n] *n,adj -n* 1.rutinë; **daily routine** rutinë e përditshme; punët e ditës; **as a matter of routine** automatikisht, sistematikisht. 2.*teat* numër; *fig* **he gave me the old routine about...** më filloi prap avazin e zakonshëm për...
-*adj* 1.i zakonshëm(veprim, procedurë); **routine duties** punët/detyrat e zakonshme; **it was quite routine** s'kishte asgjë të jashtëzakonshme. 2.i rëndomtë, mesatar.
rove I[rouv] *vi* bredh, endem.
rove II[rouv] *pt,pp* e **reeve 2**.
rover I['rouvë:] *n* endacak.
rover II['rouvë:] *n* 1.pirat. 2.anije piratësh.
roving ['rouving] *adj,n -adj* bredhës, shetitës; **roving ambassador** ambasador shetitës. + **have a roving commission** kam liri të plotë veprimi.
-*n* bredhje.
row I[rou] *n* 1.sërë, radhë, rresht, varg; **in a row** a)(ulur)në një radhë; b)radhazi, me radhë, njëri pas tjetrit. 2.rrugë me ndërtesa nga të dyja anët. + **hard row to hoe** gjë e zorshme, punë e vështirë.
row II[rou] *v,n -v* 1.vozis, u jap rremave. 2.trans-portoj me varkë. 3.bëj garë në vozitje.
-*n* vozitje; udhëtim me varkë.
row III[rau] *n,v -n* 1.poterë, shamatë; **hold your row!** mbaj gojën!, qepe!. 2.zënie, grindje, sherr. 3.*gj.fol* qortim, sharje, dajak, surup; **get a row** ha një surup; **give sb a row** *fig* i jap një dajak dikujt.
-*v* 1.zihem, hahem, grindem. 2.shaj, qortoj, i jap një dajak.
row house *n amer* varg shtëpish të ngjitura.
rowan['rauën, 'rouën] *n bot* vadhë, vadhëz.
rowboat['roubout] *n* varkë me rrema.
rowdiness ['raudinis] *n* 1.poterë, shamatë. 2.gri-ndje, zënkë, sherr.
rowdily['raudily] *adv* me poterë; si për sherr.

rowdy['raudi] *n,adj -n* 1.poterexhi, shamataxhi. 2.sherrxhi, grindavec; **football rowdies** tifozë futbolli sherrxhinj.
-*adj* 1.zhurmëmadh, poterexhi, shamatar. 2.sherr-xhi, gërnjar.
rowdyism['raudiizm] *n* 1.poterë, shamatë. 2.zën-kë, sherr; dhunë tifozësh.
rower['rouë:] *n* rremtar, vozitës.
rowing['rouing] *n* 1.vozitje. 2.kanotazh.
rowing boat *n* varkë me rrema.
rowlock['roulok] *n* guzhmë, kërrabë metalike(për mbështetjen e rremave).
royal['rojël] *adj,n -adj* 1.mbretëror. 2.*fig* madhë-shtor, princëror; i shkëlqyer; **give sb a royal welcome** i bëj dikujt një pritje madhështore.
Royal Academy *n Br* Akademia Mbretërore.
Royal Air Force, RAF *n Br* Forcat Ushtarake Ajrore.
royal assent *n* miratim (ligji) nga sovrani.
Royal Canadian Mounted Police *n* Policia Fe-derale e Kanadasë.
Royal Engineers *n Br usht* Trupat Xheniere, Xhenjo.
royal flush *n* (në poker) flosh ruajal/mbretëror.
Royal Marines *n Br usht* Forcat Ushtarake De-tare, Marinsat.
Royal Navy *n Br* Flota Detare Kombëtare.
Royal Society *n Br* Akademia e Shkencave.
royalism['rojëlizm] *n* ruajalizëm, monarkizëm.
royalist['rojëlist] *n* monarkist.
royally['rojëli] *adv* madhërisht; princërisht; plot shkëlqim.
royalty['rojëlti] *n* 1.pushtet mbretëror. 2.anëtar i familjes mbretërore. 3.fisnikëri. 4.*pl* të drejta të autorit(shpërblimi). 5.e drejtë/privilegj mbretëror. 6.*pl* qira për shfrytëzimin e nëntokës.
rozzer['rozë:] *n Br zhrg* polic.
RP [a:'pi:] *n Br gjuh* (shkurtim për **Received Pronunciation**) shqiptimi standard(i anglishtes).
R.R. *amer* shkurtim për **railroad**.
R & R [a:rënd'a:] *n amer usht* (shkurtim për **rest and recuperation**) lejë, liridalje.
R.S.V.P. [a:resvi:'pi:] *dip* (shkurtim për *répondez s'il vous plaît* **please reply**) lutemi ktheni përgjigje.
rub [rʌb] *v,n -v* 1.fërkoj; **rub one's hands (to-gether)** fërkoj duart; **rub shoulders with all sorts of people** *fig* përzihem/shoqërohem me lloj-lloj njerëzish. 2.**(against)** fërkohem (pas). 3.**(off)** heq (njollën etj).
-*n* 1.fërkim; fshirje; **give sth a rub** i bëj/i jap një të fërkuar/të fshirë diçkaje. 2.*fig* sulm, ngacmim; **her mean rub at his slowness** sulmi i saj me ligësi ne lidhje me ngathtësinë e tij. 3.kleçkë, pengesë, vë-shtirësi; **the rub came when...** pengesa doli kur..; **there's the rub!** aty është e keqja! **the rub is that...**

e keqja është se...

+**rub along** a)çalltis, bëj si bëj; b)(~ **together**) ia çojmë/kalojmë njëfarësoj.

+**rub away** a)fshij (lotët); b)heq (njollën); c)shuaj (me gomë).

+**rub down** a)fërkoj, i bëj masazh; b)fshij me leckë (muret etj); c)kruaj, ha(me letër zmerile).

rubdown['rʌbdaun] *n* fërkim, masazh.

+**rub in** *fig* ngulis, fus me zor; ngul këmbë në; **don't rub it in!** *gj.fol* s'ke pse ma kujton vazhdimisht atë gjë!

+**rub off** a)hiqet, del(njolla); b)shuhet, fshihet(boja e shkrimit); c)fshij(shkumësin); d)heq(njollën, zhulin).

+**rub off on** më ngjitet; **rub off on one's hands** më njollos duart; **some of her gall has rubbed off on her daughter** një pjesë e guximit të saj i ka kaluar edhe së bijës.

+**rub out** a)fshij, shuaj(me gomë); b)fshihet, shuhet; c)*zhrg* vras, zhduk, qëroj.

+**rub up** a)fërkoj; fshij(vazon etj); b) (**against**) përzihem/shoqërohem (me); c)*fig* trajtoj; përdor; **rub sb up the right/the wrong way** ia gjej/nuk ia gjej dot anën dikujt; **rub up one's English** e përdor njëfarësoj atë anglishte që di.

    rub-up['rʌbʌp] *n* fërkim.

    rub-a-dub[rʌbë'dʌb] *n* rrabadam, hyrja-byrja.

    rubber I ['rʌbë:] *n* 1.kauçuk; gomë; llastik.2.*Br* gomë fshirëse. 3.prezervativ. 4.galloshe.

    rubber II['rʌbë:] *n* 1.(lojë letrash) dy-tri duar të fituara radhazi. 2.dora e fundit, finalja.

    rubber band *n* llastik, rreth llastiku(për të shtrënguar gjëra).

    rubber boots *n* çizme llastiku.

    rubber bullet *n* plumb plastmasi/kauçuku.

    rubber check *n amer* çek i pambuluar, çek pa vlerë.

    rubber ice *n knd* shtresë e hollë akulli(në liqene).

    rubber plant *n* dru kauçuku.

    rubber ring *n* gomë notimi, brez shpëtimi.

    rubber stamp *n* 1. vulë gome. 2.*fig* njeri që miraton/firmos pa menduar.

    rubber-stamp['rʌbë:'stæmp] *vt* 1.vulos. 2.*fig* miratoj pa diskutuar.

    rubber tree *n* dru kauçuku.

    rubberized['rʌbëraizd] *adj* i gomuar.

    rubberneck['rʌbë:nek] *n,v amer* -*n* turist; vizitor i habitur.

-*vi* habitem, shoh me gojë hapur.

    rubbery['rʌbëri] *adj* 1.elastik. 2.prej gome.

    rubbing ['rʌbing] *n* 1. fërkim; **rubbing alcohol** alkool për fërkim. 2.*art* riprodhim me fërkim(i vizatimeve në shkëmb etj).

    rubbish['rʌbish] *n,v* -*n* 1.mbeturina, hedhurina; *Br* plehra; gjëra pa vlerë; rraqurina; **it's just rubbish**

është krejt pa vlerë. 2.*fig* dëngla, dokrra; gjepura; **talk rubbish** them broçkulla; **that's just rubbish** kjo s'ka pikë kuptimi.

-*vt fig* shaj, denigroj.

    rubbish bin *n* kovë/kosh plehrash.

    rubbish cart *n* karrocë e plehrave.

    rubbish chute *n* 1.vend shkarkimi plehrash.2.(në godina) ulluk i shkarkimit të plehrave.

    rubbish dump/heap vend për hedhjen e plehrave(të qytetit); gropë plehrash(në oborr).

    rubbishy ['rʌbishi] *adj* pa vlerë (mall, libër etj); **this is rubbishy stuff** këto janë gjepura/ndyrësira.

    rubble ['rabël] *n* 1. rrënoja; mbeturina rrënimi. 2.çakëll, gurë të thyer(për rrugë).

    rube[ru:b] *n amer zhrg* njeri i pagdhendur, derr.

    rubella[ru:'belë] *n mjek* rubeolë.

    rubeola[ru:'bi:ëlë] *n mjek* fruth.

    rubicund['ru:bikënd] *adj* kuqalosh, kuqo.

    rubidium[ru:'bidiëm] *n kim* rubidium(element).

    ruble['ru:bël] *n amer* rubël.

    rubric['ru:brik] *n* 1.rubrikë. 2.titull; kokë. 3.rregull; udhëzim.

    ruby['ru:bi] *n,adj* -*n* 1.rubin.2.e kuqe e thellë, ngjyrë rubini.

-*adj* i rubintë, në ngjyrë rubini.

    ruck I[rʌk] *n* 1.grumbullim, lëmsh(lojtarësh etj). 2.turmë; **the common ruck, the ruck** turma, mileti.

    ruck II[rʌk] *n,v* -*n* rudhë, zhubër.

-*v* 1.rrudhos, zhubros. 2.rrudhoset, zhubroset.

+**ruck up** rrudhoset, formon rrudha(bluza etj).

    rucksack['rʌksæk] *n* çantë shpine.

    ruckus['rʌkës] *n amer zhrg* poterë, shamatë.

    ruction['rʌkshën] *n amer zhrg* trazirë; zënkë.

    rudder['rʌdë:] *n av, det* 1.timon; fletë timoni. 2. drejtues, timonier.

    rudderless['rʌdë:lis] *adj* pa timon; *fig* në dorë të fatit.

    ruddiness['rʌdinis] *n* kuqëlim; përskuqje.

    ruddy['rʌdi] *adj,adv* -*adj* 1.kuqo, kuqalash. 2. i përskuqur(qiell, fytyrë). 3.*zhrg* i mallkuar, i dreqit; **the ruddy fool!** hajvani i dreqit!

-*adv zhrg* fort, tepër; jashtëzakonisht.

    rude [ru:d] *adj* 1. i pasjellshëm, i pahijshëm; **be rude to sb** tregohem i pasjellshëm me dikë.2.i papërpunuar, i palëmuar. 3.i vrazhdë; i ashpër; i pagdhendur. 4.fshatarak; primitiv. 5.i papritur, i beftë(zgjim etj). 6.i fuqishëm; **he's in rude health** ka një shëndet prej hekuri.

    rudely['ru:dli] *adv* 1.në mënyrë të pahijshme. 2. vrazhdë; me ashpërsi. 3.trashë, pa finesë.

    rudeness['ru:dnis] *n* 1.sjellje e pahijshme. 2.vrazhdësi; ashpërsi.

    rudiment['ru:dëmënt] *n* 1.*biol* rudiment. 2.njohuri fillestare; **rudiments** bazat.

    rudimentary[ru:dë'mentëri] *adj* 1.*biol* i pazhvilluar, rudimentar. 2.fillestar, bazë.

rue I[ru:] *vt* pendohem për; e qaj(diçka).

rue II[ru:] *n bot* syzë.

rueful ['ru:ful] *adj* 1.i përvuajtur; i trishtuar, i pikëlluar. 2.që të shkakton keqardhje.

ruefully ['ru:ful] *adv* me keqardhje.

ruff I [rʌf] *n* 1. grykore, gushore, jakë me fruda / me pala. 2. pupla rreth qafës(së zogut).

ruff II [rʌf] *v,i -vi* (në letra) pres me as. *-n* prerje me as.

ruffian ['rʌfiën] *n* horr, kopuk; batakçi; **you little ruffian!** mor qerrata!

ruffianly ['rʌfiënli] *adj* i vrazhdë, brutal; prej batakçiu.

ruffle ['rʌfël] *n,v -n* 1.rrudhë; rrudhosje. 2.fruda (në jakë etj); gushore. 3.(në ujë)valëzim. *-vt* 1.shpuprris(flokët). 2.rrudhos(rrobat). 3.trazoj; valëzoj(ujin).4.*fig* trazoj; shqetësoj; ngacmoj;bezdis.

rufous ['ru:fës] *adj* i kuqërremë.

rug [rʌg] *n* 1.qilim; sixhade. 2.rruginë. 3.batanije, velenxë. 4.shall i madh.

rugby ['rʌgbi] *n sport* regbi.

rugged ['rʌgid] *adj* 1.i thyer(terren). 2.i dhëmbëzuar, maja-maja(shkëmb). 3.gropa-gropa(rrugë). 4. të vrazhda(tipare). 5.*fig* e ashpër, e vështirë(kohë). 6.e pagdhendur(sjellje). 7.i fortë, solid(ndërtim etj).

ruggedness ['rʌgidnis] *n* 1. thyerje; ashpërsi (e terrenit).2.vrazhdësi; ashpërsi.

rugger ['rʌgë:] *n Br sport* regbi.

ruin ['ru:in] *n,v -n* 1.shkatërrim, rrënim; **go to /fall into ruin** rrënohet, shkatërrohet; **be on the brink of ruin** jam në buzë të rrënimit; **he was her ruin** ai e rrënoi.2.*pl* rrënoja, gërmadhë.3.falimentim. *-v* 1.rrënoj, shkatërroj; prish. 2.i shkaktoj faliment. 3.rrënohet, shkatërrohet.

ruination [rui'neishën] *n* rrënim, shkatërrim; rrëzim.

ruined ['ru:ind] *adj* i rrënuar, i shkatërruar(edhe *fig*).

ruinous ['ru:inës] *adj* 1.rrënues, shkatërrues, shkatërrimtar(edhe *fig*). 2.i rrënuar, gërmadhë.

rule [ru:l] *n,v -n* 1.rregull; rregullore; **school rules** rregullore e brendshme(e shkollës); **it's against the rules to...** nuk lejohet të..; **rules and regulations** statuti; **it's a rule that** rregulli është që..; **rule of the road** rregullat e qarkullimit; **the rule of three** *mat* rregulli i treshit; **by rule of thumb** *fig* me hundë, me nuhatje. 2.zakon, praktikë; **make it a rule to...** e bëj zakon të..; **as a rule** si rregull, zakonisht. 3.sundim; **under Turkish rule** nën sundimin turk; **the rule of law** sundimi i ligjit. 4.vizore; **folding rule** metër shirit. 5.*drejt* urdhër, vendim. *-v* 1.sundoj, qeveris(vendin). 2.*fig* frenoj(pasionet); sundoj mbi(dikë); **be ruled by jealousy** sundohem nga xhelozia. 3.vendos; shpall; **rule that...** jap ve-

ndim/urdhëroj që...4.vizoj(fletën); heq(vizë); **ruled paper** letër shkrimi me viza.

+**rule off** *treg* mbyll(llogaritë), i vë vizë përfund.

+**rule out** a)i heq vizë, prish(një fjalë); b)përjashtoj, quaj të pamundur.

ruler ['ru:lë:] *n* 1.sundimtar. 2.vizore.

ruling ['ru:ling] *n,adj -n* 1.vendim; **give a ruling** jap një vendim. 2.vizim. *-adj* 1.qeverisës, sundues; **the ruling party** partia në pushtet. 2.mbizotërues, sundues. 3.i tanishëm, aktual; **the ruling price** çmimi i tanishëm.

rum I [rʌm] *n* 1.rum. 2.pije alkoolike.

rum II [rʌm] *adj Br zhrg* i çuditshëm, allosoj.

Rumania [ru:'meinië] *n Br gjeog* Rumani.

Rumanian [ru:'meiniën] *adj,n Br -adj* rumun. *-n* 1.rumun. 2.rumanisht.

rumba ['rʌmbë] *n,v muz -n* rumba. *-vi* kërcej rumba.

rumble ['rʌmbël] *v,n -v* 1.gjëmon, buçet(topi etj). 2.gurgullon(stomaku); fishkëllejnë(tubat). 3.uturin (motori); **rumble past** kalon me uturimë. 4.(edhe ~**out**) them me tërsëllëmë. 5.*Br fig* nuhas; zbiroj; zbuloj; **I soon rumbled him/his game** shumë shpejt e nuhata/ia mora vesh lojën. *-n* 1.gjëmim, buçimë. 2.gurgullimë; fishkëllimë. 3. uturimë. 4.*zhrg* përleshje midis grupesh të rinjsh. 5. *aut* pjesë e pasme e kabinës(për bagazhe).

rumbling ['rʌmbling] *n* 1.gjëmim. 2.gurgullimë; fishkëllimë; **tummy rumblings** gurgullimë, zhurmë zorrësh. 3.uturimë.

rumen ['ru:mën] *n anat* stomak i parë i ripërtypësve.

ruminant ['ru:minënt] *n,adj -n* kafshë ripërtypëse. *-adj* 1.ripërtypës. 2.*fig* përsiatës, meditues.

ruminate ['ru:mëneit] *v* 1.ripërtyp. 2.*fig* bluaj në mendje; **ruminate over/about/on sth** bluaj diçka në mendje.

rumination [rumi'neishën] *n* 1.ripërtypje. 2.*fig* përsiatje, meditim.

ruminative ['ru:minëtiv] *adj* i menduar, i zhytur në mendime; përsiatës, meditues.

ruminatively ['ru:minëtivli] *adv* mendueshëm.

rummage ['rʌmixh] *n,v -n* 1. rrëmim, kërkim; zhbirim. 2.turli sendesh. *-vi* (edhe ~**about/around**) 1.kërkoj, rrëmoj, kontrolloj.2.zhbiroj, zbuloj, gjej.

rummage sale *n* shitje sendesh shtëpijake(për qëllime bamirësie).

rummy I ['rʌmi] *adj zhrg* i çuditshëm, allosoj.

rummy II ['rʌmi] *n* (lojë letrash) rom.

rummy III ['rʌmi] *n amer zhrg* i dehur.

rumo(u)r ['ru:më:] *n,v -n* fjalë; thashetheme; **rumor has it that...** thuhet/qarkullojnë fjalë se..; **there is a rumor of war** flitet se do të ketë luftë. *-vt* them; hap fjalë; **she is rumored to be in...**

flitet se ajo gjendet në...

rump [rʌmp] *n* 1. vithe, pjesë e pasme, bisht. 2.cung, pjesë e mbetur. 3.*attr* i cunguar.

rumple['rʌmpël] *v,n* -*vt* 1.rrudhos; zhubros. 2. shprish, shpuprris, gafrroj(flokët). -*n* rrudhë; zhubër.

rumpsteak['rʌmpsteik] *n* ramstek.

rumpus['rʌmpës] *n gj.fol* poterë, shamatë; sherr, zënkë; **have a rumpus with sb** bëj sherr me dikë. **rumpus room** *n amer* sallë lojrash.

rumrunner['rʌmrʌnë:] *n* kontrabandist pijesh alkoolike.

run [rʌn] *v,n* -*v* (**ran; run**) 1. vrapoj, rend. 2.nxitoj, shkoj shpejt; **run for help** nxitoj për të kërkuar ndihmë. 3.iki me vrap, ua mbath. 4.ngas(kalin). 5.çoj me vrap(diçka). 6.shkon(treni etj). 7.lëviz (çmimi); **run high** ngjiten(çmimet). 8.(along) kacavjerret (bima); shtrihen, zgjaten (sergjenët, raftet përgjatë mureve).9.ndjek(shtegun, gjahun); kalon (rruga). 10.ikën(koha); kalon(mendimi në kokë). 11.gjurmoj, i gjej burimin. 12.fus, ngul. 13.kullon (hunda). 14.(into) hyj, futem (në borxh). 15.bëhem; **the well ran dry** pusi u tha; **these tomatoes run large** këto lloj domatesh bëhen të mëdha.16.del(boja rrobës).17.vesh(çorapet). 18.zgjat, vazhdon (kontrata, qiraja); vazhdon të shfaqet(filmi). 19.qarkullon(fjala). 20.ka forcë ligjore. 21.marr pjesë në garë; fus (kalin) në garë. 22.vë kandidaturën(në zgjedhje). 23.ndesh, përballem me(një rrezik). 24.lëviz, qarkullon(zinxhiri në ingranazhet).25.vë në funksionim; drejtoj(një makineri, një dyqan etj); punon, funksionon.26.thotë, shpreh (vargu, paragrafi); **how does the third paragraph run?** çfarë thotë paragrafi i tretë? 27.çoj, shpie(dikë me mjet). 28.kaloj përmes, çaj (bllokadën). 29.fus kontrabandë(pije). 30.botoj, nxjerr(njoftim).31.shkrin (dylli).32.migron (peshku). 33.kaloj, shkoj(krehërin në flokë etj).34.shqiptoj; **he runs his words together** ai i ha fjalët.35. *treg* vë në shitje, nxjerr(një produkt).36.shqepet, i dalin thysat. -*n* 1.vrap, vrapi; **at a run** me vrap; **make a run for it** ua mbath këmbëve. 2.xhiro; shetitje; ekskursion; **give sb a run up to..** e çoj dikë(me makinë) deri te...3.rrugë; udhëtim; linjë; **the ferries on the Italy run** tragetet që bëjnë rrugën e Italisë/që shkojnë në Itali.4.varg, sërë, seri; vazhdimësi; **this fashion/play has had a long run** kjo modë ka mbajtur mjaft gjatë; kjo pjesë ka kohë që vazhdon të shfaqet; **a run of bad luck** një periudhë shansi të keq; një varg dështimesh/humbjesh. 5.dyndje; kërkesë e madhe; **a run on shares/on the dollar/on the sugar** *fin, treg* një kërkesë e madhe për aksione/për dollarë/për sheqer.6.rrjedhë(uji). 7.*fig* rrjedhë; prirje; tendencë; **outside the usual run of things** i pazakonshëm, jashtë rrjedhës së zakonshme. 8.pistë (rrëshqitjeje etj). 9. vathë; vend i rrethuar (për ka-

fshët).10.shqepje, dalje thysash(në çorape etj). 11.*polig* tirazh; **a run of 20.000 copies** një tirazh prej 20.000 kopjesh.12.*sport* pikë.13.kontrabandë. 14.*det* pjesë e pasme e fundit të anijes. + **a run for one's money** a)konkurencë e fortë; b)kënaqësi; diçka që ia vlen; **in the long run** a)në tërësi; b)në fund të fundit; c)me kohë, me kalimin e kohës; **in the short run** pas një kohe të shkurtër; **on the run** a) i ngutur, në nxitim; b)në tërheqje, i mundur; c)i kërkuar nga policia.

+**run about** a)vrapoj andej-këtej; b)dal, shoqërohem (me dikë).

runabout['rʌnëbaut] *n* 1.makinë/karrocë/varkë e vogël njëvendëshe.2.njeri që lëviz shumë.

runabout ticket *n hek* biletë vajtje-ardhje.

+**run across** a)kaloj me vrap; b)has, ndesh, takoj (dikë); gjej rastësisht(diçka); bie në një(citat etj).

+**run after** a)ndjek me vrap; b)*fig* vrapoj pas, i qepem; **she runs after everything in trousers** ajo vrapon pas çdo mashkulli.

+**run along** a)vrapoj; b)iki, largohem; **run along!** mbathja!

+**run around** shih **run about**.

runaround['rʌnëraund] *n zhrg* varg justifikimesh; **he gave me the run-around** ai iu shmang/ i bëri bisht përgjigjes.

+**run at** i hidhem, i turrem.

+**run away** a)iki; largohem; arratisem; b)rrjedh (uji); c)lë të rrjedhë(ujin).

+**run away with** a)iki me; b)(~ **the idea that..**) pajtohem/shkoj me (mendimin se...); c)u jap fund, harxhoj (fondet etj); d)(~**sb**)ia kaloj, fitoj me lehtësi(ndaj dikujt).

runaway ['rʌnëwei] *n,adj* -*n* 1.i arratisur (nga burgu etj). 2. i larguar (nga mësimi). 3.arrati. -*adj* 1.i ikur, i arratisur. 2.i dalë nga kontrolli(tren, kalë. 3.e fshehtë, e bërë në fshehtësi(martesë).4.*fin* galopant(inflacion). 5.*sport* e lehtë(fitore). 6.i bujshëm(sukses).

+**run back** a)kthehem me vrap; b)kthej(dikë me veturë); c)rimbledh(shiritin e bobinës); d)(**over sth**) i rikthehem(diçkaje).

+**run down** a)zbres me vrap; b)ngec, ndalet(ora); c) shkarkohet(bateria); d)shtyp, shkel(me makinë); e) shaj, flas keq për; f)ul, pakësoj(prodhimin etj); g)lodh; rraskapis; **feel a little run down** ndihem i lodhur; h)gjej, kap(keqbërësin).

rundown['rʌndaun] *n* 1.ulje (prodhimi); ngadalësim(aktiviteti). 2.përshkrim(i ngjarjes); informim; **give sb a rundown on sth** vë në dijeni dikë për diçka.

run-flat['rʌnflæt] *n Br* gomë e paplasshme.

+**run for it** iki nga sytë këmbët.

+**run in** a)hyj me vrap; b)kaloj(nga shtëpia, zyra); *Br* shtroj(motorin): **"running in, please pass"** "shtrim motori, lutemi parakaloni"; d)*gj.fol* arrestoj, fus brenda.

run-in['rʌnin] *n gj.fol* sherr, zënkë.

+run into a)ndesh, has(dikë); b)përplasem me; c) *fig* ndesh në(vështirësi); d)*fig* futem(në borxh).

+run off a)iki, largohem, arratisem; b)lëshoj, derdh(ujin); c)shkruaj shpejt-e-shpejt; d)shtyp; shu-mëfishoj; nxjerr; e)*sport* zhvilloj: **run off the heats** zhvilloj garat eliminatore.

run-off['rʌnof] *n*1.*sport* finale, garë finale.2.rrje-dhje, largim(i ujërave).

run-of-the-mill['rʌnëvdhë'mil] *adj* i rëndomtë, i zakonshëm, mesatar.

+run on a)vazhdoj të vrapoj; b)*fig* vazhdoj; s'pushoj së foluri; c)vijojnë, janë në vazhdim(fjalët etj); i va-zhdoj pa pikësim(vargjet etj); d)kalon, rrjedh (koha).

run-on['rʌnon] *adj,n* -*adj* 1.*polig* i pandërprerë (proces shtypi). 2.(varg) që pason pa shenjë pikësimi/pa kryeradhë; **run-on line** *polig* rresht në vazhdim(jo kryeradhë).

-*n* 1.*polig* tirazh i pandërprerë. 2.(në fjalorët) zë në vazhdim, nënzë.

run-on entry *n gjuh* nënzë, zë i rrjedhur(i ndarë me vizë nga kryesori).

+run out a)dal me vrap; b)del(zinxhiri); c)derdhet (uji); zbrazet(qyngji); d)mbaron, përfundon (kontra-ta, qiraja); e)mbarojnë, shterin(rezervat); soset (duri-mi); f)ikën(shansi); g)lëshoj, liroj(litarin, zinxhirin).

+run out of a)më mbaron, më soset(sheqeri, durimi); b)nuk kam(kohë).

+run over a)derdhet(lëngu, ena e mbushur plot); b) *rad,tv* (**by 5 minutes**) zgjat(5 minuta) më tepër (emisioni); **we're running over** jemi me vonesë, kemi harxhuar më shumë kohë se ç'duhet; d)kaloj, hidhem një copë herë(te dikush); e)rishikoj, u hedh një sy(shënimeve); f)kaloj edhe një herë(rolin); g) shtyp(dikë me makinë etj).

+run through a)kaloj/kapërcej me vrap; b)harxhoj, i nxjerr fundin, bëj tym(pasurinë); c)kaloj shpejt-e-shpejt, i hedh një sy; d)rishikoj, përsëris(rolin); e) (**sb with sth**) shpoj(dikë me diçka), i ngul(diçka dikujt); f)*kmp* shikoj, kontrolloj(të dhënat).

run-through['rʌnthru:] *n* përsëritje; provë.

+run up *gj.fol* a)ngjitem me vrap; b) (**against**) *fig* ndeshem (me); c)ngre(flamurin); d)grumbulloj; futem në(borxhe); e)sajoj, bëj shpejt-e-shpejt.

run-up ['rʌnʌp] *n* 1. *sport* garë shpejtësie. 2.*Br* periudhë përgatitore; **the run-up to the elections** periudha para zgjedhjeve. 3.*amer* shtim, rritje; **the run-up in prices** ngritja e çmimeve.

runagate ['rʌnëgeit] *n vjet* 1.i ikur, i arratisur. 2.endacak.

rune[ru:n] *n* 1.germë e alfabetit të lashtë gjerman. 2.këngë e lashtë skandinave.

rung I[rʌng] *pp* e **ring II** .

rung II[rʌng] *n* 1.këmbë shkalle. 2.kryqe, traver-së; shufër, shkop(i shpinës së karriges). 3.rreze, spicë (rrote).

runlet['rʌnlit] *n* vijë uji, rrëke; përrua.

runnel['rʌnël] *n* shih **runlet**.

runner ['rʌnë:] *n* 1.*sport* vrapues. 2.kalë vrapi-mesh. 3.korier, kasnec. 4.kontrabandist. 5.makinist, drejtues makinerie. 6.patinë, rrëshqitëse; teh. 7.drej-tuese, udhëzuese, shina(të sirtarit etj).8.rrugicë, udhë(korridori etj).9.*bot* bisk zvarritës(që lëshon rrënjë).

runner bean *n Br bot* groshë e njomë.

runner-up['rʌnër'ʌp] *n* i dyti (në klasifikim).

running['rʌning] *n,adj,adv* -*n* 1.vrapim, vrap; garë; **make the running** *fig* marr iniciativën; **be in/out of the running** kam/s'kam shanse për të fituar; jam/s'jam në listë. 2.ecje(e trenit). 3.punë, fun-ksionim(i makinës). 4.drejtim; organizim; admini-strim. 5.kontrabandë.

-*adj* 1.i rrjedhshëm(ujë). 2.që rrjedh(plagë). 3.fun-ksionimi; mirëmbajtjeje(shpenzime). 4.*fin* rrjedhëse (llogari). 5.i vazhdueshëm; në vazhdim; **running battle** betejë e përhershme; **running month** muaji në vazhdim. 6.dore(shkrim). 7.i lëngshëm. 8.mbi-zotërues.9.rrëshqitëse(nyjë). 10.kacavjerrëse(bimë, kafshë).11.ecjeje(shpejtësi).

-*adv* me radhë, radhazi; **three nights/times running** tre net me radhë; tri herë radhazi.

running board *n aut* këmbësore, shkallare (në automobilët e dikurshëm).

running cold *n mjek* rrufë.

running commentary *n* 1.*rad,tv* radiokronikë; te-lekronikë.2.*fig* raport i hollësishëm.

running costs *n fin* shpenzime shfrytëzimi /funk-sionimi/mirëmbajtjeje.

running fire *n usht* zjarr i vazhdueshëm, breshëri e pandërprerë.

running gear *n* pjesë rrotulluese, akse dhe rrota.

running hand *n* shkrim dore; shkrim kursiv.

running head *n polig* kokë e gjallë.

running knock *n* nyjë e rrëshqitshme, nyjë laku.

running mate *n pol amer* kandidat për vendin e dytë, kandidat për zëvendëspresident.

runing noose *n* lak(litari).

running order *n* gjendje pune, funksionim.

running shoes *n sport* këpucë atletike.

running stitch *n* sallaisje(në të qepur).

running tap *n* rubinet që rrjedh.

running track *n sport* pistë vrapimi.

runny ['rʌni] *adj* 1. i lëngshëm, që derdhet.2.që kullon(hundë); lotues, që lotojnë(sy).

runproof['rʌnpru:f] *adj* i pashqepshëm, që nuk i dalin thysat(thurje, triko).

runt[rʌnt] *n* spurdhjak, kaçarum, shkurtabiq.

runty['rʌnti] *adj* xhuxh, shkurtalaq.

runway['rʌnwei] *n* 1.*av* pistë. 2.ulluk, kanal, lug. 3.shteg i rrahur(nga kafshët). 4.vathë.

rupee[ru'pi:] *n* rupje(monedhë e Indisë, Pakistanit, Sri Lankës, Nepalit).

rupture['rʌpçë:] *n,v* -*n* 1.thyerje; këputje. 2.*mjek* hernie, dhjamë, dhjamth. 3.*fig* prishje(martese etj). 4.*fig* prerje e marrëdhënieve.

-*v* 1. thyhet; këputet; çahet(vena). 2.këpus(mish); më plas(stomaku etj). 3.*fig* prishet(miqësia etj); pres (marrëdhëniet).

   rural ['ruërël] *adj* 1.fshati; fshatar; fshatarak; **rural depopulation** shpopullim i fshatit, largim i popullsisë fshatare. 2.bujqësore(ekonomi).

   rural route *n adm* shpërndarje e postës në zona fshatare.

   ruse[ru:z] *n* dredhi; hile; marifet.

   rush I[rʌsh] *v,n,adj* -*v* 1.ngutem; **I'm rushing to finish it** po ngutem ta mbaroj; **rush back/in/out** kthehem/hyj/dal me ngut; **rush to conclusions** nxjerr përfundime të nxituara. 2.turrem, vërsulem, hidhem; **rush to help sb** hidhem për të ndihmuar dikë. 3.çoj me ngut; nis shpejt(porosinë etj). 4.bëj me ngut(punën). 5.ngus(dikë); **don't rush me** mos më ngut. 6.*usht* marr me sulm; *fig* pushtoj(skenën). 7.kërkoj pagesën; rrjep, ia hedh(blerësit).8.i qepem (një femre). 9.*amer* rekrutoj(anëtarë).

-*n* 1.ngut, nxitim; **be in a rush** jam me ngut. 2.vërshim; **a rush of orders/of blood** një vërshim porosish/gjaku. 3.turrje, vërsulje; **make a rush at** vërsulem drejt. 4.*usht* sulm, mësymje. 5.*kin* (shfaqje filmi) provë.6.*amer* fushatë rekrutimesh(në shoqata). 7.*fig* qepje, ardhje rrotull(një femre). +**with a rush** a)shpejt, me ngut; b)befas.

+**rush about/around** vrapoj andej-këtej.

+**rush at** a)i hidhem, i turrem; b)e marr me ngut (punën).

+**rush down** a)sulem poshtë; b)derdhet teposhtë (përroi).

+**rush through** a)ha me ngut; b)e kaloj shpejt-e-shpejt (librin); c) e bëj me ngut (punën); d) *treg* nis /dërgoj shpejt(mallin); e)kaloj me shpejtësi(qytetin).

+**rush up** a)derdhem, vrapoj; b)nis/dërgoj pa vonesë (ndihmë, përforcime).

   rush II[rʌsh] *n bot* xunkth, sitkë; **rush mat** hasër.

   rush hours *n* orët e pikut, orët e trafikut më të dendur.

   rush job *n* 1.punë e ngutshme. 2.punë e bërë me ngut, punë shkel-e-shko.

   rush order *n treg* porosi që s'pret.

   rush seat *n sport* biletë që shitet ditën e ndeshjes /të shfaqjes.

   rushy['rʌshi] *adj* 1.me xunkth(vend). 2.i xunkth-të, prej xunkthi.

   rusk[rʌsk] *n* 1.peksimadhe. 2.biskotë.

   russet ['rʌsit] *n, adj* -*n* 1. ngjyrë e kuqërreme.

2.pëlhurë e kuqërremtë. 3.mollë rëné e përhime. -*adj* i kuqërremë.

   russia['rʌshë] *n* lëkurë Rusie(për lidhje librash). **Russia**['rʌshë] *n gjeog* Rusi.

   Russian['rʌshën] *adj,n* -*adj* 1.rus. 2.rusisht(li-bër); i rusishtes(mësues).

-*n* 1.rus. 2.rusisht, gjuhë ruse.

   Russian roulette *n* ruletë ruse (duel me një revo-le me një plumb të vetëm në mulli).

   rust[rʌst] *n,v,adj* -*n* 1.ndryshk(edhe *fig*). 2.*bujq* ndryshk, sëmundje e ndryshkut. 3.bojë ndryshku.

-*v* 1.ndryshk; ndryshket, zë ndryshk (edhe *fig*); **don't let your mind rust** mos e lër trurin të zërë ndryshk. 2.*bujq* sëmuret nga/ e zë ndryshku(bimën). +**rust in, rust up** ndryshket, zë ndryshk(vida etj).

-*adj* i kuqërremë, ngjyrë ndryshku.

   rust-resistant ['rʌstri'zistënt] *adj* i pandryshk-shëm.

   rustic['rʌstik] *adj,n* -*adj* 1.fshatar; fshatarak. 2. i thjeshtë; i rëndomtë. 3.i vrazhdë; i pagdhendur, i breshtë.

-*n* 1.fshatar. 2.njeri kaba, njeri i pagdhendur.

   rusticate['rʌstëkeit] *v* 1.rroj në fshat. 2.*Br* për-jashtoj përkohësisht(nga universiteti).

   rustication[rʌstë'keishën] *n* 1.jetë fshati. 2.ba-nesë në fshat. 3.*Br* përjashtim i përkohshëm (nga universiteti).

   rusticity[rʌs'tisëti] *n* 1.vrazhdësi, mosgdhendje. 2.jetë fshati.

   rustiness['rʌstinis] *n* ndryshkje, ndryshk.

   rustle['rʌsël] *n,v* -*n* fëshfëritje, fëshfërimë; shu-shurimë.

-*v* 1.fëshfërin; shushurin.2.hap me zhurmë(letrat). 3.*amer gj.fol* vjedh(bagëti etj). 4.*gj.fol* punoj me vrull; bëj me shpejtësi.

+**rustle up** bëj/gjej shpejt-e-shpejt; sajoj; **can you rustle up a cup of coffee?** na bën dot një kafe të shpejtë?

   rustler['rʌslë:] *n amer* 1.hajdut kafshësh. 2.tip i çalltisur.

   rustless['rʌstlis] *adj* 1.pa ndryshk. 2.i pandryshk-shëm.

   rustling['rʌsling] *n* 1.vjedhje kafshësh. 2.fëshfë-ritje, fëshfërimë.

   rustproof ['rʌstpru:f] *adj,v* -*adj* 1. i pandryshk-shëm.2.kundër ndryshkut, antiruxh(bojë).

-*vt* bëj të pandryshkshëm; lyej me antiruxh.

   rusty['rʌsti] *adj* 1.i ndryshkur(edhe *fig*); **get/go rusty** ndryshket. 2.i papërdorshëm; i papraktikuar; **my French is rusty** frengjishtja ime është mjaft e ngathët.

   rut I[rʌt] *n,v* -*n* 1.tragë, gjurmë (rrote). 2.ulluk, lug, kanal. 3.*fig* rutinë; **get into a rut** zhytem në rutinë.

-*vt* vizoj, bëj viza-viza.

rut II[rʌt] *n,v zool* -*n* afsh; periudhë e afshit(te kafshët).
-*vi* është në afsh.
ruth [ruːth] *n vjet* 1.mëshirë, keqardhje, dhimb-suri. 2.vuajtje.
ruthenium[ruːthiniëm] *n kim* ruten, rutenium.
ruthless['ruːthlis] *adj* i pamëshirshëm; i pashpirt; mizor.
ruthlessly['ruːthlisli] *adv* pa mëshirë; mizorisht.
ruthlessness['ruthlisnis] *n* pashpirtësi, mizori.

rutile['ruːtail, 'ruːtiːl] *n gjeol* rutil, mineral titani.
rutty['ruti] *adj* viza-viza; brazda-brazda.
Rwanda[ru'ændë] *n gjeog* Ruanda.
Rx, rx (shkurtim për *lat* **recipe**) merr (shënim në recetë).
Ry shkurtim për **railway**.
rye[rai] *n* 1.*bot* thekër.2.miell thekre; bukë thekre; **rye bread** bukë thekre. 3.uiski thekre; **rye whisky** uiski thekre.
ryegrass['raigræs] *n bot* egjër.

S

s,S[es] *n* s, shkronja e 19-të e alfabetit anglez.
's shkurtim për **is; has; does; us; she's here** ajo është këtu; **he's gone** ai ka ikur; **what's that mean?** ç'do të thotë kjo? **let's go** ikim.
S shkurtim për **south; southern**.
S. shkurtim për **south; southern; Saint; Satur-day; Sunday; September; Senate**.
S.A. shkurtim për **South America; South Africa; Salvation Army**.
Sabbath['sæbëth] *n fet* 1.e Diel(e të krishterëve). 2.e Shtunë(e çifutëve). 3.ditë/kohë pushimi. + **witches' sabbath** orgji nate.
sabbatical leave *n* lejë e gjatë, shkëputje(6 ose 12 muaj, që u jepet pedagogëve).
saber['seibë:] *n amer* shih **sabre**.
sable['seibël] *n,adj* -*n* 1.*zool* shqarth; kunadhe. 2.gëzof kunadheje. 3.ngjyrë kafe e errët.
-*adj* ngjyrë kunadheje; i zi, i errët.
sabot['sæbou, 'sæbët] *n* këpucë druri; këpucë me taban druri.
sabotage['sæbëtaːzh] *n,v* -*n* sabotim; **act of sa-botage** sabotim.
-*vt* sabotoj.
saboteur[sæbë'të:] *n* sabotator.
sabre, amer saber['seibë:] *n,v* -*n* shpatë.
-*vt* qëlloj/vras me shpatë.
sabre saw *n* sharrë dore elektrike.
sac[sæk] *n bot,zool* qeskë.
saccharin['sækërin] *n amer kim* sakarinë.
saccharine['sækëriːn] *adj,n* -*adj* 1.me sheqer, i sheqerosur. 2.*fig* i sheqerosur.
-*n kim* sakarinë.

sacerdotal [sæsë:'doutël] *adj* priftëror; i priftë-rinjve.
sachet [sæ'shei, 'sæshei] *n* 1.qese, qeskë. 2. kuti kartoni (ambalazh për qumësht etj).
sack I[sæk] *n,v* -*n* 1.thes; **flour sack** thes mie-lli; **sack of flour** një thes me miell.2.*gj.fol* pushim nga puna; **get the sack** pushohem nga puna; **give sb the sack** pushoj dikë nga puna. 3.fustan i gjerë. 4.*zhrg* shtrat. + **hit the sack** *zhrg* shkoj të fle; **hold the sack** *gj.fol* mbetem me gisht në gojë.
-*vt* 1.fus në thes. 2.*gj.fol* përzë, pushoj, i jap duart.
+**sack out, sack up** *amer zhrg* shkoj të fle.
sack II[sæk] *n,v* -*n* plaçkitje(qyteti).
-*vt* plaçkis(qytetin).
sack III[sæk] *n* verë e bardhë e fortë.
sackcloth['sækkloth] *n* thes, pëlhurë thesi.
sack coat *n* xhaketë e gjerë(pa bel).
sack dress *n* fustan i gjerë/tip thes.
sackful['sækful] *n* një thes(me diçka).
sacking I['sæking] *n* 1.cohë/pëlhurë thasësh. 2.*gj. fol* pushim, dëbim; **large scale sackings** pushime në masë(nga puna).
sacking II['sæking] *n* plaçkitje(qyteti), pre.
sacrament['sækrëmënt] *n* 1.*fet* kungatë; **receive the sacrament** kungohem. 2.gjë e shenjtë. 3.prem-tim i shenjtë, betim.
sacramental[sækrë'mentël] *adj,n* -*adj* 1.ritual, kungimi. 2.i shenjtë.
-*n* ritual, rit fetar.
sacred['seikrid] *adj* 1.*fet* i shenjtë; **sacred writings** shkrimet e shenjta. 2.*fig* i shenjtë; solemn; **sacred promise** premtim i shenjtë; **sacred cow** *gj.fol* per-

son i paprekshëm; ide e shenjtëruar.

sacrifice ['sækrëfais] *n,v* -*n* 1. fli, theror; flijim, therori. 2.sakrificë; sakrifikim; vetëmohim; **make great sacrifices** bëj sakrifica të mëdha.3.humbje; **sell sth at a sacrifice** shes diçka me humbje. -*vt* 1.flijoj, bëj fli. 2.sakrifikoj(jetën etj); bëj sakrificë. 3.shes me humbje.

sacrificial [sækrë'fishël] *adj* 1. flijimi (altar). 2.i flijuar(qingj etj).

sacrilege ['sækrilixh] *n* sakrilegj, trushkim; përdhosje.

sacrilegious[sækri'lixhës] *adj* përdhosës; që bën sakrilegj.

sacristan['sækristën] *n* kishar, sakristan, kandilonaft.

sacristy ['sækristi] *n fet* sakristi, vendi ku ruhen sendet e shenjta.

sacrosanct['sækrousænkt] *adj* 1.i shenjtë, i padhunueshëm. 2.*gj.fol* i shumë i shtrenjtë; i paprekshëm.

sacrum['seikrëm, 'sækrëm] *n anat* kërbisht.

sad [sæd] *adj* 1. i trishtuar; i pikëlluar; **depart a sadder and wiser man** marr një mësim të mirë. 2. trishtues(lajm); e dhimbshme(humbje); për të ardhur keq(gabim).3.i zymtë, i errët.

sad sack *n amer zhrg* ngalakaq, duartharë; *usht* ushtar i hutuar.

sadden[sædën] *vt* trishtoj; pikëlloj, dëshpëroj.

saddle ['sædël] *n,v* -*n* 1.shalë(kali, biçiklete). 2. *gjeog* qafë. 3.pjesë mishi nga kërbishtet. + **in the saddle** *gj.fol* kaluar; në post drejtues. -*vt* 1.(edhe ~**up**) shaloj(kalin). 2.*fig* (**sb with sth**) ia ngarkoj/ia ngec diçka dikujt; **we're saddled with it** na mbeti në kurriz kjo punë.

saddlebag['sædëlbæg] *n* 1.hejbe, torbë, duqe. 2. (në biçikletë) çantë nën shalë.

saddlebow['sædëlbou] *n* qemer shale.

saddlecloth ['sædëlkloth] *n* shtrojë / qilim nën shalë.

saddle horse *n* kalë shale.

saddle shoes *n amer* këpucë gjysma dyngjyrëshe.

saddle-stitched['sædëlstiçt] *adj* (i qepur)me tegela të rralla.

saddler['sædlë:] *n* shalëbërës; saraç.

saddlery['sædlëri] *n* 1. zanat i saraçit. 2.takëme kuajsh.

sadism['seidizëm] *n psik* sadizëm.

sadist['seidist] *adj,n psik* sadist.

sadistic[së'distik] *adj psik* sadist.

sadly['sædli] *adv* 1.trishtueshëm; me pikëllim.2. për fat të keq; dukshëm, tepër; **sadly lacking in...** që fatkeqësisht i mungon..; **you are sadly mistaken** e ke shumë gabim, gabohesh rëndë.

sadness['sædnis] *n* trishtim; zymtësi; melankoli.

sadomasochism[seidou'mæsëkizm] *n psik* sado-

mazoshizëm.

s.a.e. shkurtim për **stamped addressed envelope**; **'send a s.a.e.'** dërgoni një zarf (bosh) me pullë dhe me adresën(tuaj).

safari[së'fa:ri] *n* 1.ekspeditë gjuetie në Afrikë. 2. udhëtim i gjatë; ekspeditë.

safe[seif] *adj,n* -*adj* 1.i sigurt, i siguruar; jashtë rreziku; **safe and sound** shëndoshë e mirë.2.i parrezikshëm, i padëmshëm (veprim, kafshë etj); **the safest thing to do** gjëja më e mirë që mund të bënim...3.i sigurt, i saktë, që mund t'i besosh, i besueshëm(mjet, urë, plan, njeri); **chose a safe man for headmaster** zgjedh një njeri të saktë për përgjegjës. -*n* 1.kasafortë.2.arkë(për ruajtje) ushqimesh. 3.*zhrg* prezervativ.

safe-blower, safe-breaker, safe-cracker *n* vjedhës/shpërthyes kasafortash.

safe-conduct[seif'kondʌkt] *n usht* lejëkalim.

safe deposit *n* dhomë e kasafortave(në bankë).

safeguard['seifga:d] *v,n* -*vt* ruaj; mbroj(nga). -*n* ruajtje; mbrojtje; **as a safeguard against...** si mbrojtje ndaj, për të shmangur...

safekeeping ['seifki:ping] *n* ruajtje, sigurim; **in /for safekeeping** në ruajtje; për ta siguruar.

safely ['seifli] *adv* 1. pa problem, pa rrezik, në mënyrë të sigurt, me siguri; **put sth away safely** vë diçka në vend të sigurt; **we can safely say that...** mund të themi pa u gabuar se... 2.shëndoshë e mirë; në rregull(mbërrij).

safeness['seifnis] *n* siguri; parrezikshmëri.

safety ['seifti] *n* 1. siguri; parrezikshmëri; **reach safety** gjej siguri; **play for safety** kërkoj siguri, nuk rrezikoj; **there's safety in numbers** bashkimi bën fuqinë. 2.pajisje siguruese. 3.*attr* sigurimi.

safety belt *n aut* rrip sigurimi.

safety catch *n* siguresë.

safety-deposit box *n amer* sirtar-kasafortë.

safety device *n* pajisje sigurimi.

safety glass *n* xham i pathërmueshëm.

safety lamp *n* llampë minatori.

safety margin *n* rezervë sigurie.

safety match *n* shkrepëse suedeze, shkrepëse e zakonshme.

safety pin *n* mbërthecke, paramanë.

safety razor *n* makinë rroje.

safety valve *n* valvul sigurimi.

safety zone *n amer aut* zonë e mbrojtur për këmbësorët.

saffron['sæfrën] *n,adj* -*n bot.farm* shafran. -*adj* bojëshafrani.

sag [sæg] *v,n* -*vi* 1. përkulet, epet, bën bark (dyshemeja, çatia. 2.varet(fustani etj). 3.lëshohet, squllet. 4.lirohet, i bie çmimi. 5.*det* shmanget nga kursi(anija). -*n* 1.përkulje, epje, bark. 2.lëshim, squllje. 3.rënie çmimi.

saga['sa:gë] *n* 1.*let* sagë; baladë.2.*fig* odise.

sagacious[së'geishës] *adj* 1.i mprehtë, me nuha-tje, mendjehollë. 2.me vend, me mend(vërejtje etj).

sagaciously[së'geishësli] *adv* me mendjempreh-tësi; me vend, me mend.

sagaciousness [së'geishësnis] *n* mendjehollësi, mendjemprehtësi.

sagacity[së'gæsiti] *n* 1.mendjempretësi. 2.gjykim i shëndoshë.

sage I[seixh] *n bot* sherbelë.

sage II [seixh] *adj,n* -*adj* 1.i urtë, i mençur; i ma-tur. 2.*vjet* i rëndë; solemn.

-*n* i urtë, i mençur, i ditur.

sagely['seixhli] *adv* 1.mençurisht, me mend. 2.*vjet* rëndë-rëndë; solemnisht, me ton solemn.

sagging['sæging] *adj* 1.i fundosur, i vithisur (tru-all). 2.i përkulur, i lakuar(tra). 3.të varura(faqe). 4. i çlirët, i lëshuar(litar). 5.e rënë, që varet(portë).

Sagittarius[sæxhi'teëriës] *n astr* Shigjetari(yllësi).

sagittate['sæxhëteit] *adj bot* heshtake(gjethe).

sago['seigou] *n* miell palme.

Sahara[së'ha:rë] *n gjeog* Saharë.

sahib['sa:hib] *n* zot, zotëri(në Indi).

said[sed] *pt,pp* e **say.**

sail[seil] *n,v* -*n* 1.vel, velë; vela..2.anije; **a fleet numbering twenty sail** një flotë prej njëzet anijesh. 3.fletë(mulliri me erë). 4.lundrim; **go for a sail** dal për lundrim; bëj një xhiro me anije me vela. +**in sail** në anije me vela; **make sail** a)ngre/shpalos velat; b) nis lundrimin; **set sail** nisem për lundrim, dal në det; **take in sail** a)mbledh/pakësoj velat; b)*fig* pakësoj shpresat; i ul puplat; **under sail** me vela të shpalosura.

-*v* 1.lundron; **sail into harbour/down the river/at 5 o'clock** hyn në port; lundron tatëpjetë lumit; niset në orën 5(anija); **sail the seas** merr detet, përshkon oqeanin. 2.drejtoj anijen. 3.*fig* shket(zogu, reja në ajër); **sail close to/near the wind** *fig* luaj me zjarrin, bëj një lojë të rrezikshme.

+**sail into** *zhrg* a)rrah, zhdëp; i vërsulem; b)shaj, i jap dajak; c)i futem(punës).

+**sail through** a)ia dal mbanë; b)e marr lehtë-lehtë (patentën etj).

sailboat['seilbout] *n* varkë me vela.

sailcloth['seilkloth] *n* 1.pëlhurë velash. 2.beze.

sailer['seilë:] *n* anije me vela.

sailing['seiling] *n* 1.lundrim(me vela). 2.nisje.

sailing date *n* datë e nisjes.

sailing ship *n* anije me vela.

sailor['seilë:] *n* 1.detar; lundërtar. 2.veshje mari-nari.3.jakë marinari.

sailor collar *n* jakë marinari.

sailor hat *n* kapelë marinari.

sailplane['seilplein] *n* planer, avion pa motor.

saint [seint] *n,v,adj* -*n* 1.*fet* shenjt, shenjtor. 2. *fig* engjëll.

-*vt* shenjtëroj.

-*adj fet,fig* i shenjtë.

sainthood['seinthu:d] *n* 1.shenjtëri.2.shenjtorët.

saintly['seintli] *adj* 1.i shenjtë.2.*fig* engjëllor, plot mirësi.

sake I[seik] *n* interes; hir, hatër; **for the sake of sb, for sb's sake** për hir të dikujt; **for argument's sake** si shembull; **for goodness'/Pete's/Heaven's /gosh sake(s)!** në ke perëndi!, pash zotin! **for old times' sake** në kujtim të kohëve të shkuara.

sake II['sa:ki] *n* sake, raki orizi.

sal[sæl] *n farm* kripë.

sal ammoniac *n farm* kripë amoniaku, klorur amoni.

salaam[së'la:m] *n,v* -*n* 1.tungjatjeta; selam. 2. përshëndetje; temena, përkulje.

-*vt* përshëndes, ngjatjetoj.

salability[seilë'bilëti] *n* mundësi/aftësi shitjeje.

salable['seilëbël] *adj* i shitshëm.

salacious [së'leishës] *adj* 1.e pahijshme, e ndyrë, banale(shaka). 2.epshndjellës(vështrim etj).

salad['sælëd] *n* sallatë; **tomato salad** sallatë do-matesh.

salad cream *n* majonezë.

salad days *n fig* vite të rinisë, moshë e papje-kurisë.

salad dressing *n* salcë për sallatë (me vaj e uthull).

salad shaker *n* 1.shportë sallate. 2. shtrydhëse /tharëse sallate.

salamander['sælëmændë:] *n zool* pikëlore, picë-rrak, salamandër.

salami[së'la:mi] *n* sallam.

salaried['sælëri:d] *adj* rrogëtar(person); me pagë, i paguar(vend pune).

salary['sælëri] *n* rrogë, pagë; **do sth on one's sal-ary** bëj diçka me rrogën që marr.

salary bracket *n* shih **salary scale.**

salary range *n* shih **salary scale.**

salary scale *n* shkallëzim i pagave.

sale [seil] *n* 1. shitje; **closing-down sale** shitje likuidimi(kur dyqani do të mbyllet përfundimisht). 2.*pl* sasi e shitur; **sales are up/down** shitjet janë shtuar/pakësuar. 3.shitje për evadim malli, shitje me zbritje çmimesh; **the January sales** shitjet e evadimit të mbylljes së vitit. 4.ankand.. 5. tregti, profesion i shitësit. + **for sale** për shitje, në shitje; **on sale** a)me çmim të ulur; b)për shitje, në shitje.

sales clerk *n amer* shitës.

sales department *n* sektori/shërbimi i shitjeve.

sales force *n* shitësit, agjentët e shitjeve.

sales leaflet *n* fletë/fletëpalosje reklamash.

sales manager *n* drejtor i (sektorit të) shitjeve.

sale of work *n* shitje (për qëllime) bamirësie.
sales office *n* zyra e shitjeve, seksioni i shitjeve.
sale price *n* çmim i ulur, çmim në shitje likuidimi.
sales pitch *n* zhurmë për reklamë.
sales promotion *n* nxitje e shitjeve, fushatë reklamimi malli.
sales representative *n* përfaqësues i firmës për shitjet.
sales talk *n* zhurmë për reklamë.
sales tax *n amer* taksë e blerjes (e paguar nga blerësi).
sale value *n* vlerë e tregut(e një malli).
saleable['seilëbël] *adj* i shitshëm; **highly saleable** shumë i kërkuar(mall).
saleratus[sælë'reitës] *n* sodë buke.
sale(s)room['seil(z)ru:m] *n* sallë e shitjes.
salesgirl['seilzgë:l] *n* shitëse.
saleslady['seilzleidi] *n* shitëse.
salesman ['seilzmën] *n* 1. shitës. 2. përfaqësues firme (për shitjet).
saleswoman['seilzwumën] *n* shitëse.
salience['seiliëns] *n* 1.dalje; spikatje. 2.tipar i spikatur.
salient ['seiliënt] *adj,n* -*adj* 1.i dalë, i kërcyer (tipar). 2.i spikatur, i dukshëm, që bie në sy(element). 3.(në emblema)me putrat të ngritura(luan etj).
salina[së'li:në] *n* 1.kripore. 2.minierë kripe.
saline['seilain] *adj,n* -*adj* i kripur, i njelmët; kripe; me kripëra(tokë).
-*n* 1.kripore. 2.*kim* tretësirë kripërash alkaline. 3. *mjek* kripë spastruese, purgativ.
salinity[së'linëti] *n* kripësi.
saliva[së'laivë] *n* pështymë.
salivary ['sælivëri] *adj* i pështymës; **salivary gland** gjëndërr e pështymës.
salivate ['sæleveit] *vi* nxjerr/prodhon pështymë; jargëzon.
salivation[sælë'veishën] *n* nxjerrje/prodhim pështyme; jargëzim.
sallet['sælit] *n hist* helmetë, përkrenare.
sallow I['sælou] *adj,v* -*adj* verdhacuk; i zbetë (në fytyrë).
-*v* zverdh; zverdhet; zbehet.
sallow II['sælou] *n bot* shelg.
sallowish ['sælouish] *adj* i verdhemë; paksa i zbetë.
sally['sæli] *n,v* -*n* 1.*usht* hedhje ne sulm. 2.turrje, vërsulje. 3.udhëtim; e dalë. 4.vrull; shpërthim. 5.përgjigje e goditur; vërejtje e hollë; **make a sally** bëj një vërejtje të hollë.
-*vi* 1.*usht* hidhem në sulm. 2.hidhem; dal me vrull. 3.dal; nisem(për udhëtim).
+**sally forth, sally out** dal tërë qejf, lëshohem përjashta.
Sally Ann['sæli'æn] *n gj.fol* shih **Sally Army**.

Sally Army['sæli'a:mi] *n Br* (shkurtim i **Salvation Army**)Ushtria e Shpëtimit(organizatë bamirëse).
salmi['sælmi] *n* çorbë pikante(me mish gjahu).
salmon['sæmën] *n,adj* -*n* 1.*zool* salmon(peshk) 2.bojë rozë në të verdhë.
-*adj* rozë në të verdhë; **salmon pink** rozë në t verdhë.
salmon trout *n zool* troftë liqeni.
salmonella['sæ(l)më'nelë] *n biol,mjek* salmonelë
salon ['sælon, sæ'lon] *n* 1.sallon, sallë pritjeje. 2 sallë, sallon(ekspozite). 3.ekspozitë(veprash arti). 4 sallon mode; floktore.
saloon[së'lu:n] *n* 1.bar; pijetore. 2.sallë, sallon. 3 (edhe ~**car**) *Br* veturë(e madhe).
saloon bar *n Br* bar; birrari; pijetore.
saloon car *n* 1.*Br* veturë(e madhe).2.*amer* vagon sallon; vagon luksi.
saloonkeeper[sëlu:n'ki:pë:] *n* barist; mbajtës pi jetoreje.
salsa['sa:lsë] *n* salcë pikante.
SALT[solt] (shkurtim për **Strategic Arm Limi tation Talks**) bisedime SALT.
sal soda *n* sodë rrobash.
salt[solt, so:lt] *n,adj,v* -*n* kripë; **kitchen/table sal** kripë gjelle; **he is an old salt** *fig* ai është ujk det + **above/below the salt** në pozitë superiore/infer ore; **eat sb's salt** jam i ftuar/mysafir te dikush; **sal of the earth** njeri i rrallë; **take sth with a grain o salt** e marr diçka me rezervë.
-*adj* 1.i kripur, i njelmët; me kripë; **salt tears** *f* lot të hidhur.2.*fig* e mprehtë; e hollë; e kripur(shaka -*vt* krip, kripos(mishin); i shtie kripë(gjellës). + **sal a mine** *gj.fol* 'kripos' një minierë me pluhur ari(p mashtrim).
+**salt away/down** a)kripos(peshqit etj) për ruajtj b)*fig* vë mënjanë, fsheh(para).
saltbox['soltboks] *n amer* shtëpi dykatëshe(m çati asimetrike).
salt flats *n* kripore.
salt lick *n* gur me kripë(që e lëpijnë bagëtia).
salt marsh *n* kripore.
salt mine *n* minierë kripe.
salt pan *n* pellg kripe.
salt pork *n* derr majmërie (i ushqyer me kripë
salt rheum *n mjek gj.fol* ekzemë.
saltant['sæltënt] *adj* që hidhet, që kërcen.
saltcellar['soltselë:] *n* kripës, kripore; pjatëz m kripë(në tryezë).
salted ['soltid] *adj* 1. i kripur, i kriposur. 2.*fig* regjur, i rrahur me vaj e me uthull.
saltie, salty['so:lti] *adj gj.fol* anije oqeanike.
saltine[sol'ti:n] *n amer* biskotë e kripur.
saltiness['soltinis] *n* njelmësi, shijë e kripur.
salting ['so:lting] *n* 1.kripje, kriposje. 2.vend n kripë; kripore.

saltish['so:ltish] *adj* paksa i njelmët.

saltpetre, *amer* saltpeter[solt'pi:të:] *n kim* 1.salpetër, nitrat potasi(për barut). 2.nitrat natriumi(pleh).

saltshaker['soltsheikë:] *n* shishkë kripe, kripës, kripore.

saltwater fish *n* peshk deti.

saltworks['so:ltwë:ks] *n* kripore, rafineri kripe.

salty['so:lti] *adj* 1.i njelmët, i kripur.2.*fig* e hollë, e kripur(vërejtje, shaka).

salubrious[së'lu:briës] *adj* i shëndetshëm.

salubrity [së'lu:brëti] *n* të qenët i shëndetshëm, kushte të mira shëndetësore.

salutary['sæljutëri] *adj* 1.i mirë, i dobishëm; shpëtimtare(këshillë). 2.shërues, i shëndetshëm, i mirë për shëndetin(ushtrim).

salutation [sælju'teishën] *n* përshëndetje; raise one's hat in salutation ngre kapelën në shenjë përshëndetjeje.

salutatorian[sëlutë'to:riën] *n amer* i dyti i shkollës, nxënësi më i mirë pas të parit(që lexon përshëndetjen e mbylljes së vitit).

salute[së'lu:t] *v,n*   -*v* 1. *usht* nderoj (me dorë); përshëndes(me breshëri etj); give sb a salute nderoj lidkë; take the salute kaloj trupat në rivistë. 2.përshëndes; i përkulem(dikujt). 3.më vjen(në vesh). -*n* 1.*usht* nderim. 2.përshëndetje; mirëseardhje.

Salvador(i)an[sælvë'do:r(i)ën] *adj,n* salvadoras, salvadorian.

salvage['sælvixh] *n,v*   -*n* 1.shpëtim; operacion shpëtimi(i anijes, ngarkesës etj).2.ngarkesë e nxjerrë, mall i shpëtuar, material i riaftësuar. 3.riaftësim, rikuperim(materialesh). 4.tarifë/pagesë për shpëtimin e mallit. -*vt* 1.shpëtoj(anijen etj). 2.rikuperoj, riaftësoj.

salvation[sæl'veishën] *n* 1.shpëtim. 2.shpëtimtar.

Salvation Army *n* Ushtria e Shpëtimit(organizatë bamirëse).

salve I[sælv] *n,v*   -*n* balsam, melhem(edhe *fig*). -*vt* 1.lyej me balsam. 2.*fig* qetësoj(ndërgjegjen).

salve II[sælv] *vt* shih salvage *v*.

salver['sælvë:] *n* tabaka, dhisk.

salvia['sælvië] *n bot* sherbelë e kuqe.

salvo['sælvou] *n* 1.batare, breshëri. 2.brohori; breshëri duartrokitjesh.

salvor['sælvë:] *n* specialist veprimesh shpëtuese.

Samaritan[së'mærëtën] *n,adj*   -*n* 1.*hist* samaritan, banor i Palestinës së lashtë. 2.*fig* (good ~) njeri i mirë, bamirës. -*adj* samaritan.

samarium[së'meriëm] *n kim* samarium(element).

samba['sæmbë] *n muz* samba(valle braziliane).

sambo['sæmbou] *n përb* xax, zezo.

same [seim] *adj, pron*   -*adj* 1. i njëjtë; po ai; the 'that same day po atë ditë; in the same way as/that njëlloj si, në po atë mënyrë që; at the same time në

të njëjtën kohë, njëkohësisht; po ashtu; at the very same time as...tamam në çastin që...2.i njëllojtë, njëlloj; i pandryshuar; she's much about the same është po njëlloj, s'ka ndonjë ndryshim(nga shëndeti). 3.i lartpërmendur; this same man burri në fjalë. -*pron* 1.i njëjti; po ai; e njëjta gjë; po ajo; it's the same as... është e njëjta gjë me..; don't do the same again! mos fillo prap nga e para! it's the same everywhere kudo njëlloj është. + all the same a) megjithatë; pavarësisht nga kjo; b)njëlloj; just the same a)në të njëjtën mënyrë, po njëlloj; b)megjithatë; same here! edhe unë!, unë gjithashtu! the same njëlloj; it's the same with us gjithashtu edhe ne!

same-day['seimdei] *adj,adv* brenda ditës; brenda një dite(dorëzim i mallit).

sameness['seimnis] *n* 1.njëjtësi, ngjashmëri e plotë. 2.njëtrajtshmëri, uniformitet. 3.monotoni.

Samoa[së'moë] *n gjeog* Samoa.

samovar[sæmou'va:] *n* samovar.

sample['sæmpël, 'sa:mpël] *n,v*   -*n* 1.mostër; take a blood sample marr gjak për analizë; free sample mostër falas; all the goods are up to sample të gjithë artikujt janë si mostra(për nga cilësia). 2.*fig* tip, mostër(njeriu). -*vt* provoj(verën etj).

sample book *n treg* katalog mostrash.

sample line/sentence *n* shembull.

sample survey *n* anketë me sondazh.

sampler ['sæmplë:] *n* 1.provues, shijues(vere etj). 2.model qëndisme.

sampling['sæmpling] *n* 1.zgjedhje mostrash.2.mostra të zgjedhura.

sanatorium [sænë'to:riëm] *n pl* - toria 1. sanatorium.2.infermieri(në shkolla).

sanctification[sænktëfë'keishën] *n fet* shenjtërim; pastrim nga mëkatet.

sanctified ['sænktëfaid] *n* 1.i shenjtëruar. 2.me pamje shenjtori; moralizues.

sanctify['sænktëfai] *vt* 1.shenjtëroj. 2.pastroj nga mëkatet. 3.përligj.

sanctimonious[sænktë'mouniës] *adj* me pamje shenjtori; moralizues.

sanctimoniously[sænktë'mouniësli] *adv* me mënyrë moralizuese, me ton prej shenjtori.

sanction['sænkshën] *n,v*   -*n* 1.lejë, lejim, miratim; with the sanction of me lejen/miratimin e. 2.sanksionim, aprovim(me ligj). 3.*drejt* sanksion, masë ndëshkuese; *pl* sanksione, bllokadë; impose economic sanctions against vë sanksione ekonomike ndaj. 4.forcë detyruese. -*vt* 1.lejoj, miratoj, aprovoj. 2.pohoj, pranoj, konfirmoj.

sanctity['sænktëti] *n* 1.shenjtëri; paprekshmëri.2. *pl* detyrime të shenjta; objekte të shenjta.

sanctuary['sænkçueri] *n* 1.*fet* shenjtërore; hijero-

re, faltore. 2.*fig,pol* azil, strehë, mbrotje. 3.rezervat
(zogjsh, kafshësh).
sanctum['sænktëm] *n* 1.vend i shenjtë. 2.dhomë
/studio personale.
sand [sænd] *n,v,adj* -*n* 1. rërë. 2. *pl* ranishtë;
plazh. 3.*amer zhrg* kurajë.4.bojë hiri.
-*vt* 1.shtroj me rërë; spërkas me rërë.2.ha, kruaj
(me letër zmerile).
-*adj* bojëhiri.
sand bar *n* rrip rëre(në lumë).
sand dollar *n zool* iriq deti.
sand dune *n* dunë rëre.
sand flea *n zool* plesht deti.
sandal['sændël] *n* sandale.
sandalwood['sændëlwud] *n* dru sandali.
sandbag['sændbæg] *n,v* -*n* 1.thes me rërë. 2.ko-
paçe/çomage e mbushur me rërë.
-*vt* 1.mbush/mbuloj me thasë rëre.2.kopanis, qëlloj,
trullos.
sandbank['sændbænk] *n* breg ranor; ranishtë.
sandblast ['sændblæst] *n,v* -*n* 1. rrymë ajri me
rërë. 2.pajisje pastrimi me rërë.
-*vt* pastroj me rërë.
sandblaster, sandblasting machine *n tek* maki-
në pastrimi me rërë.
sandblind['sændblaind] *adj amer* që nuk sheh
mirë.
sandcastle['sændka:sl] *n* kala prej rëre(në plazh).
sander['sændë:] *n* 1.makinë rërëshpërndarëse(në
trotuaret me akull). 2.pajisje/makinë zmeriluese.
sandglass['sændglæs] *n* orë me rërë.
sandhog['sændhog] *n* punëtor ndërtimi tunelesh
(që punon me ajër të ngjeshur).
Sandhurst['sændhë:st] *n Br* shkollë ushtarake.
sanding['sænding] *n* 1.hedhje rëre në trotuare. 2.
zmerilim.
sandman['sændmën] *n fig* mashtrues.
sandpaper ['sændpeipë:] *n,v* -*n* letër zmerile,
zumpara.
-*vt* ha/pastroj me letër zmerile.
sandpit['sændpit] *n Br* ranishtë; pirg rëre.
sandshoes['sændshu:z] *n* këpucë të lehta, këpucë
atletike.
sandspit['sændspit] *n gjeog* gjuhëz rëre.
sandstone['sændstoun] *n* gur/shkëmb ranor.
sandstorm['sændsto:m] *n* stuhi rëre.
sandwich ['sændwiç, 'sænwixh] *n,v* -*n* sanduiç;
open sandwich fetë buke e lyer.
-*vt* ngjesh, ndrydh midis.
sandwich bar *n* bar që shet sanduiçe.
sandwich board *n* reklamë me dy pjesë.
sandwich course *n* stazh kualifikimi profesional.
sandwich loaf *n* fetë buke për sanduiç.
sandwich man *n* njeri-reklamë.
sandy['sændi] *adj* 1.ranor; me rërë. 2.ngjyrë rëre;

sandy hair flokë të kuqërremë.
sane[sein] *adj* 1.në rregull nga mendtë, normal;
he isn't quite sane nuk është fort në rregull nga
trutë. 2. me mend, me vend, i arsyeshëm(gjykim).
sanely['seinli] *adv* me mend; në mënyrë të arsy-
eshme.
sanforized['sænfëraizd] *adj* që nuk hyn në ujë.
sang[sæng] *pt* e **sing**.
sang-froid[sa:ng'frwa:] *n* gjakftohtësi.
sanguinary['sængwinëri] *adj* 1.i përgjakshëm.2
gjakësor, gjakatar; gjakpirës.
sanguine['sængwin] *adj* 1.optimist; i qeshur. 2.i
shëndetshëm, faqekuq. 3.*vjet* i përgjakshëm.
sanguinely['sængwinli] *adv* me besim, me opti-
mizëm.
sanguineous [sæn'gwiniës] *adj* 1.me gjak (pë-
shtymë). 2.i kuq gjak. 3.gjakpirës.
sanitarium[sæni'teëriëm] *n pl* **sanitaria** *amer*
shih **sanatorium**.
sanitary['sænitëri] *adj* shëndetësor; sanitar; higji-
enik.
  sanitary napkin/pad *n* pecetë higjienike, *Br*
sanitary towel tampon steril(për gratë gjatë peri-
odave).
sanitation[sæni'teishën] *n* 1.instalime hidrosani-
tare; kanalizime. 2.higjienë publike.
  sanitation man *n amer* mbledhës i plehrave.
sanitize['sænitaiz] *vt* 1.dezinfektoj. 2.*fig* ndreq
përmirësoj(gjendjen).
sanitized['sænitaizd] *adj fig* e zbutur, e zbukurua
(situatë).
sanity ['sænëti] *n* 1. gjendje normale; mendje e
shëndoshë. 2.gjykim i shëndoshë.
sank[sænk] *pt* e **sink**.
Sanskrit['sænskrit] *adj,n gjuh* sanskritisht.
Santa['sæntë] *n* shih **Santa Claus**.
Santa Claus['sæntë'klo:z] *n* Plaku i Vitit të Ri.
sap I [sæp] *n* 1. *bot* limfë, ujth, lëngësirë. 2.*fig*
forcë jetësore. 3.*zhrg* leshko, trap.
sap II [sæp] *v,n* -*vt* 1. hap llagëm. 2. gërrye
themelet. 3.ligështoj, i pres fuqitë, kapis.
-*n* 1.hapje llagëmesh. 2.llagëm, llogore.
saphead['sæphed] *n zhrg* leshko, trap.
sapience['seipiëns, 'sæpiëns] *n* urtësi, mençuri.
sapient['seipiënt, 'sæpiënt] *adj* i urtë, i mençur.
sapless['sæplis] *adj* 1.pa lëng, i thatë; i shtrydhur;
i fishkur. 2.*fig* i ligështuar.
sapling['sæpling] *n* 1.fidan, mënjollë.2.riosh, i ri.
saponaceous[sæpë'neishës] *adj* i sapuntë, sapu-
nor.
saponification[sëponëfë'keishën] *n* sapunizim.
saponify[së'ponëfai] *v* 1.sapunizoj. 2.sapunizohet.
sapper['sæpë:] *n usht* xhenier.
saphire['sæfair] *n* 1.*miner* safir. 2.e kaltër e fortë
sappy ['sæpi] *adj* 1. i njomë, plot lëng. 2. i fuqi-

 hëm; energjik. 3.*zhrg* leshko, trap.
sapsucker['sæpsʌkë:] *n zool* qukapik.
Saracen['særësën] *n hist* arab; mysliman; saraçen.
saranwrap [së'rænræp] *n amer* celofan (për am-
alazhim ushqimesh).
sarcasm['saːkazëm] *n* sarkazëm; përqeshje.
sarcastic[saːˈkæstik] *adj* sarkastik.
sarcastically[saːˈkæstikëli] *adv* me sarkazëm.
sarcoma[saːˈkoumë] *n mjek* sarkomë(lloj tumori).
sarcophagus[saːˈkofëgës] *n* sarkofag.
sard[saːd] *n miner* sard(gur i çmuar kuarcor).
sardine[saːˈdiːn] *n* sardele; **packed like sardines**
gucur e ngucur, ngjeshur si sardelet.
Sardinian[saːˈdiniën] *adj,n* -*adj* sardenjas, i Sar-
denjës.
-*n* 1.sardenjas. 2.gjuhë e Sardenjës.
sardonic[saːˈdonik] *adj* sardonik, i hidhur; përqe-
hës, tallës, ironik.
sardonically[saːˈdonikëli] *adv* me sarkazëm; në
mënyrë therëse; me tallje, me ironi.
sarge[saːxh] shkurtim për **sergeant**.
sari['saːri] *n* sari(veshje grash në Indi etj).
sarong[së'rong] *n* sarong(pëlhurë katërkëndëshe
mbështjellë rreth trupit si fund).
sartorial[saːˈtoːriël] *adj* i rrobaqepësisë, i artit të
eshjes.
sash I[sæsh] *n* brez, shirit(në uniformë); rrip (fu-
tani).
sash II[sæsh] *n* 1.kornizë(e xhamit).2.xham (dri-
areje) i rrëshqitshëm(lart-poshtë); **sash window**
dritare e hapshme vertikalisht.
sashay[sæ'shei] *v,n gj.fol* -*vi* eci i kapardisur.
-*n* shetitje; udhëtim.
sass[sæs, sos] *n,v amer gj.fol* -*n* paturpësi, guxim
tepruar, fytyrë, faqe.
-*vt* tregohem i pafytyrë me(dikë); i kthej përgjigje.
sassy['sæsi] *adj amer gj.fol* i pafytyrë, i pacipë.
sat[sæt] *pt,pp* e **sit**.
Satan['seitën] *n* dreq, djall, shejtan.
satanic[së'tænik] *adj* djallëzor, satanik.
satanically[së'tænikëli] *adv* djallëzisht; në mënyrë
atanike.
satchel['sæçël] *n* çantë(shkolle, shpine).
Satcom['sætkom] *n* qendër telekomunikimi me
atelit.
sate[seit] *vt* shih **satiate**.
sateen[sæ'tiːn] *n tekst* saten.
satellite['sætëlait] *n,v* -*n* 1.*astr* satelit. 2.satelit
rtificial; **communications satellite** satelit teleko-
munikacioni. 3.*fig,pol* satelit.
-*vt* transmetoj përmes satelitit.
satellite town *n* qytet satelit, qytet-shtojcë.
satiate['seishieit] *vt* 1.ngop, nginj.2.*fig* vel, veleris.
satiated['seishieitid] *adj* 1.i ngopur, i nginjur. 2.
ig i velur.

satiation[seishi'eishën] *n* 1.ngopje, ngimje. 2.*fig*
velje, veleritje; **to satiation point** deri në neveri.
satiety[së'tajëti] *n* ngopje; velje.
satin ['seitën] *n* 1. *tekst* atllas; saten; mëndafsh.
2.*attr* i mëndafshtë.
satin stitch *n* qëndismë e dendur.
satin weave *n* endje/thurje e dendur.
satinwood['sætënwuːd] *n* dru mogani, mogan i
verdhemë.
satiny['sætëni] *adj* i lëmuar, i mëndafshtë.
satire['sætair] *n*1.*let* satirë. 2.qesëndisje; thumbim;
satirizim.
satiric(al)[së'tirik(ël)] *adj* satirik; thumbues, fshi-
kullues.
satirically[së'tirikëli] *adv* në mënyrë satirike.
satirist['sætërist] *n* 1.shkrimtar satirik. 2.karikatu-
rist. 3.humorist kabaresh, këngëtar satirik.
satirize['sætëraiz] *vt* satirizoj, fshikulloj.
satisfaction [sætis'fækshën] *n* 1. kënaqësi; **feel
/give satisfaction** ndiej/jap kënaqësi; **be proved to
sb's satisfaction** arrin ta bindë dikë. 2.përmbushje,
plotësim(kërkesash, nevojash); **give/obtain satis-
faction** a)ia plotësoj/më plotësohen dëshirat / kërke-
sat; b)*hist* pranoj/ma pranojnë ftesën për duel.
3.shlyerje (e borxhit).
satisfactorily [sætis'fæktërili] *adv* kënaqshëm;
pranueshëm.
satisfactory[sætis'fæktëri] *adj* i kënaqshëm; i pra-
nueshëm(përfundim etj).
satisfied['sætisfaid] *adj* i kënaqur.
satisfy['sætisfai] *v* 1.kënaq; i jap kënaqësi. 2.për-
mbush, plotësoj(kërkesat etj). 3.shlyej(borxhin). 4.
bind, siguroj; **he was satisfied that she had done
her best** ai u bind se ajo kishte bërë maksimumin.
satisfying['sætisfaing] *adj* 1.i kënaqshëm.2.i ush-
qyeshëm. 3.nxitës, motivues.
satrap['sætrëp] *n hist fig* satrap.
saturate ['sæçëreit] *vt* 1. ngop, nginj (edhe *kim*).
2.njom, qull; **my shoes are saturated** më janë bërë
këpucët qull. 3.*usht* bombardoj rëndë.
saturation[sæçë'reishën] *n* ngopje, ngimje.
saturation bombing *n usht* bombardim i rëndë.
saturation point *n fiz,meteo* pikë e ngopjes.
Saturday['sætë:di, -dei] *n* e shtunë; **on Saturday**
të shtunën; **Saturday January 18th** e shtunë, 18
janar.
Saturday night special *n amer gj.fol* revole e
rëndomtë.
Saturn ['sætë:n] *n* 1. *astr* Saturn. 2. *mit* Saturni,
perëndia e bujqësisë.
Saturnalia[sætë:'neilië] *n fig* festime të shfrenuara.
Saturnian[së'të:niën] *adj* 1.i Saturnit, saturnor.2.
fig i begatë; i lumtur.
saturnine ['sætë:nain] *adj* i ngrysur, i vrenjtur, i
zymtë; gojëkyçur.

satyr['sætë:] *n mit* 1.satir. 2.njeri epsharak.
sauce[so:s] *n,v* -*n* 1.salcë. 2.marmalatë; prevede (frutash). 3. *gj.fol* paturpësi, pafytyrësi; **none of your sauce!** si s'ke turp! 4.*amer* pije, alkool; **hit the sauce, be on the sauce** dëndem së piri.
-*v* 1.i hedh salcë. 2.*fig* lezetoj. 3. *gj.fol* tregohem i pacipë me(dikë), i flas pa pikë turpi.
sauceboat['so:sbout] *n* enë salce.
saucebox['so:sboks] *n amer gj.fol* njeri i paturp.
saucepan['so:spæn] *n* tigan i thellë, tenxhere/kusi me bisht.
saucer ['so:së:] *n* 1. pjatëz; pjatë filxhani. 2.disk; **flying saucer** disk fluturues.
saucily['sosili] *adv* 1.me paturpësi(flas). 2.me koketëri(vishem).3.si shejtan(sillem).
sauciness['sosinis] *n* 1.paturpësi. 2.koketëri.
saucy['so:si] *adj* 1.i pacipë, i paturp.2.prej kokete.
Saudi['saudi] *adj,n* saudit.
Saudi Arabia *n gjeog* Arabia Saudite.
sauercraut['sawë:kraut] *n* lakër turshi(fije-fije).
sault[su:] *n knd* 1.ujëvarë.2.pragje(lumi).
sauna['so:në] *n* (edhe ~**bath**) saunë.
saunter['so:ntë:] *v,n* -*vi* bredh, shetis; eci më nge.
-*n* bredhje, shetitje; **go for a saunter** dal për shetitje.
sausage['sosixh] *n* suxhuk, salsiçe. + **not a sausage** *Br fig* një hiç, asnjë çikë.
sausage machine *n* makinë suxhukësh.
sausage meat *n* mish i grirë(për suxhukë).
sausage roll *n Br* byreçkë me mish.
savage ['sævixh] *adj,n,v* -*adj* 1.i egër(kafshë); mizor(njeri). 2.primitiv, i egër, barbar. 3.i egërsuar, i tërbuar.
-*n* njeri i egër.
-*vt* sulmoj egërsisht, e bëj copë-copë(edhe *fig*).
savagely['sævixhli] *adv* egërsisht, me egërsi.
savageness['sævixhnis] *n* shih **savagery**.
savagery['sævixhri] *n* 1.egërsi, mizori.2.barbari, gjendje primitive.
savanna(h)[së'vænë] *n gjeog* 1.savanë, stepë. 2.moçal; fushë torfe.
savant['sævënt] *n* i ditur, dijetar.
save I [seiv] *v,n* -*v* 1. shpëtoj (**from** nga); **save one's bacon** *fig* dal pa lagur. 2.ruaj; mbroj; **save one's honor** ruaj nderin. 3. mbaj / vë mënjanë; mbledh, grumbulloj; **she had saved me a piece of cake** ajo më kishte ruajtur një copë kek.4.kursej; **save on sth** kursej/bëj kursime në diçka; **save time** kursej/fitoj kohë.5.shkurtoj(rrugën, shpenzimet); mënjanoj(telashet).6.*sport* shpëtoj(një gol).7.*kmp* ruaj, depozitoj(informacionin).
-*n* 1.*sport* shpëtim(i portës).2.*kmp* ruajtje, depozitim(i informacionit).
+**save up** kursej, bëj kursime.
save II [seiv] *prep, conj* veç, përveç; përveçse;

save Sundays përveç të dielave; **save that**... me të vetmin përjashtim që...
saveloy['sævëloi] *n* suxhuk.
saver['seivë:] *n* kursimtar.
saving['seiving] *adj,n,prep, conj* -*adj* 1.shpëtues. 2.kursyes, kursimtar.
-*n* 1.kursim, fitim(kohe); shkurtim(rruge). 2.*pl* kursime(para); **live on one's savings** jetoj me kursimet. 3.*kmp* ruajtje, depozitim(informacioni).
-*prep* 1.veç, përveç. 2.mender; **saving your presence** mender jush; më falni për shprehjen.
-*conj* përveçse.
saving clause *n drejt* amendament; klauzolë.
saving grace *n fig* mjet shpëtimi.
savings account *n* librezë kursimi.
savings bank *n* arkë kursimi.
savio(u)r['seivië:] *n* shpëtimtar.
savor['seivë:] *n,v amer* shih **savour**.
savory['seivëri] *adj,n* -*adj* 1.i shijshëm. 2.pikant; i kripur, jo i ëmbël. 3.*fig* i pranueshëm(moralisht).
-*n* 1.gjellë pikante.2.*bot* trumzë(erëz).
savour, *amer* **savor** ['seivë:] *n,v* -*n* 1.shijë. 2.aromë. 3.*fig* notë; **a savour of conceit** një notë kotësie.
-*v* 1.shijoj. 2.provoj(në shijë); i marr erë. 3.i jap shijë, lezetoj. 4.*fig* vjen erë, të lë përshtypjen.
savo(u)riness['seivërinis] *n* shijë.
savo(u)rless ['seivë:lis] *adj* pa shijë, i amësht, i zbarët, i shpëlarë.
savo(u)ry['seivëri] shih **savory**.
savvy['sævi] *v,n,adj zhrg* -*vi* 1.di; **no savvy** unë s'di gjë. 2.*amer* kuptoj, marr vesh; **she can take care of herself, savvy?** ajo s'ka nevojë për ndihmën tënde, more vesh?
-*n* mend, tru.
-*adj amer* (**about**) i fortë, që të than(në diçka).
saw I[so:] *n,v* -*n* sharrë.
-*v* (**sawed; sawed, sawn**) 1.sharroj. 2.sharrohet (druri). + **saw wood** *amer fig* ia fus gjumë; gërhij.
+**saw away** *iron* i bie legenit: **saw away at the violin** shapravis në violinë.
+**saw off** pres me sharrë; sharroj, shkurtoj(tytën).
+**saw through** sharroj më dysh(trungun).
+**saw up** sharroj, pres me sharrë.
saw II[so:] *pt* e see.
saw III[so:] *n* fjalë e urtë.
saw edge *n* teh i dhëmbëzuar.
saw-edged knife *n* thikë-sharrë.
sawbones['so:bounz] *n gj.fol* kirurg i keq, kasap
sawbuck['so:bʌk] *n amer* 1.kambalec druvari. 2. *gj.fol* kartëmonedhë 10-dollarëshe.
sawdust['so:dʌst] *n* miell sharre, tallash.
sawed[so:d] *adj* i sharruar.
sawed-off ['so:dof] *adj* 1.e sharruar, e shkurtuar

(tytë). 2.*zhrg* shkurtabiq.

sawfish['soːfish] *n zool* peshk-sharrë.

sawhorse['soːhoːs] *n* kambalec druvari.

sawmill['soːmil] *n* kantier sharrash, sharra.

sawn[soːn] *pp,adj -pp* e **saw I**.

-*adj* i sharruar; **sawn timber** lëndë druri e sharruar; **sawed-off shotgun** pushkë me tytë të prerë.

saw-off['soːof] *n knd zhrg* 1.*pol* marrëveshje (midis partish) për të mos vënë kandidatë në zonat e njëra-tjetrës.2.*pol* kompromis(midis partish) për të mos akuzuar njëra-tjetrën për korrupsion (pas zgjedhjeve). 3.shlyerje; kompensim. 4.lëshime reciproke. 5.*sport* barazim.

sawyer['soːjëː] *n* sharrëtar, sharrëxhi.

sax[sæks] *n muz* (shkurtim për **saxophone**) saks.

Saxon ['sæksën] *n,adj -n* 1. sakson. 2. anglo-sakson. 3.saksonisht.

-*adj* 1.sakson. 2.anglosakson. 3.anglez.

saxophone['sæksëfoun] *n muz* saksofon.

saxophonist[sæk'sofënist] *n muz* saksofonist.

say[sei] *v,n -v* (said) 1.them; **say a few words about**.. them disa fjalë për..; **say one's way** them ç'kam për të thënë; **it says in the rules, the rules say** thuhet në rregullat, rregullat thonë; **it says on the radio** radioja thotë/njofton; **that's what you say!**, **so you say!** e thua ti këtë! **it is said that** thuhet se; **she is said to have a nice house** thonë se ka shtëpi të bukur. 2.mendoj, supozoj; **an offer of, say, $200** një ofertë prej, le të themi(fjala vjen), 200 dollarësh; **I should say he's drunk** mendoj se është i dehur; **I would say he was 70** unë do t'i jepja si nja 70 vjet.3.pohoj, pranoj; **I must say (that) she's very intelligent** duhet ta pranoj se është shumë e zgjuar. 4.tregon, thotë(ora, termometri). 5.flet, dëshmon, tregon; **it says much/a lot for his honesty that he came back** fakti që u kthye flet qartë për ndershmërinë e tij. + **go without saying** kuptohet vetiu; **well, I must say!** çudi, pra! **says who?**, sez **who?** *iron* ashtu?, kush e thotë këtë? **so to say** si të thuash; **that is to say** domethënë; me fjalë të tjera; **to say nothing of** pa përmendur; **you dont say!** ç'thua!, s'është e mundur!

-*n* 1.fjalë, mendim; **he has had his say** ai e tha ç'kishte për të thënë. 2.e drejtë fjale; autoritet; **have a/no say in the matter** kam/s'kam të drejtë të them mendimin tim për çështjen; më shkon/s'më shkon fjala; **have a strong say in sth** kam rol me rëndësi në diçka.

saying['sejing] *n* thënie; fjalë e urtë; **as the saying goes** siç thotë ajo fjala e urtë; **a saying of my mother's** një thënie e sime ëme.

say-so['seisou] *n gj.fol* 1.fjalë e lëshuar në erë; të hëna; **don't do it just on his say-so** mos shko me fjalën e tij. 2. e drejtë fjale; autoritet; **she has no say-so in the matter** nuk e pyet njeri atë për këtë punë.

scab[skæb] *n,v -n* 1.dregëz, kore(e plagës). 2.*zool* zgjebe. 3.*zhrg* grevëthyes. 4.*zhrg* maskara; llum, fundërrinë.

-*vi* 1.zë kore. 2.*zhrg* thyej grevën.

scabbard['skæbëːd] *n* këllëf(thike); mill(shpate).

scabby['skæbi] *adj* 1.me dregëza(lëkurë). 2.*mjek* me zgjebe, i zgjebosur. 3.*fig* i zgjebosur, kromash; e ulët, e ndyrë(sjellje).

scabies['skeibiːz] *n mjek* zgjebe, kromë.

scabious['skeibiës] *adj* me zgjebe, i zgjebur.

scabrous['skeibrës] *adj* 1.e ashpër(lëkurë). 2.*fig* i vështirë; i rrezikshëm; delikat, me spec(problem).

scads[skædz] *npl amer zhrg* mori; **have scads of** kam plot/një lukuni me.

scaffold['skæfëld] *n* 1.*ndërt* skelë. 2.podium ekzekutimi(i trekëmbëshit, gijotinës).

scaffolding['skæfëlding] *n ndërt* 1.skelë; skeleri. 2.material skelerie.

scag[skæg] *n amer zhrg* heroinë(drogë).

scalawag['skælëvæg] *n amer* shih **scallywag**.

scald[skoːld] *v,n -v* 1.djeg, përvëloj; i hedh ujë të valë. 2.nxeh. 3.sterilizoj. 4.nxehet.

-*n* djegie; e djegur, shenjë djegieje, flluskë.

scalding ['skoːlding] *adj* 1. i nxehtë, i përvëluar (ujë).2.*fig* të nxehtë(lotë).

scale I[skeil] *n,v -n* 1.shkallë, shkallëzim, gradim (i termometrit etj). 2.gradë, vegël e shkallëzuar(për matje).3.*mat* sistem(dhjetor etj). 4.tabelë(e pagave etj); **scale of charges** listë e tarifave. 5.shkallë(e hartës); **drawn to a scale of...** në shkallën... 6.*fig* shkallë, gradë, masë; madhësi; **on a large/small /national scale** në shkallë të gjerë; në një masë të vogël; në shkallë kombëtare.7.*muz* shkallë.

-*vt* 1.ngjis(malin, murin). 2.shkallëzoj.

+**scale back** *amer* shih **scale down**.

+**scale down** a)ul(çmimet, rrogat); b)zvogëloj(në hartë, vizatim); c)pakësoj, ngadalësoj(prodhimin).

scale drawing *n* vizatim në shkallën 1 me 1.

scale model *n* model i zvogëluar.

scale pan *n* pjatë peshoreje.

+**scale up** rris proporcionalisht.

scale II[skeil] *n,v -n* 1.pjatë(peshoreje).2.*pl* peshore. 3.*pl astr* Peshorja(yllësi). + **tip/turn the scales at 70 kg** peshoj 70 kg; **tip/turn the scale(s)** *fig* e anoj balancën nga; është faktor vendimtar për.

-*v* 1.peshoj, jam(...kg). 2.peshoj(mallin).

scale III[skeil] *n,v -n* 1.*zool* luspë, griskël. 2.leskër; petëz. 3.smërç, bigorr; gurëz(në dhëmbët).

-*vt* 1.(peshkun) qëroj, i heq luspat. 2.(dhëmbët) pastroj, i heq gurëzat.

+**scale off** leskërohet; bie petë-petë.

scalene ['skeiliːn, skei'liːn] *adj mat* 1.i çfarëdoshëm, i çrregullt, jobarabrinjës(trekëndësh). 2.i pjerrët, jo i drejtë (kon, cilindër).

scaling ladder *n* shkallë e lartë(për mure).
scallion['skæljën] *n* 1.qepë. 2.*amer* pras.
scallop ['skolëp, 'skælëp] *n,v* -*n* 1. gocë deti. 2.*tekst* fiston.
-*vt* 1.pjek me gjithë guaskë. 2.*tekst* i bëj fiston; **scallop a pie** i formoj/i rrudhos anët byrekut.
scallywag['skæliwæg] *n amer* 1.shejtan, qerrata. 2.*hist* republikan i Jugut.
scalp[skælp] *n,v* -*n* 1.lëkurë e kokës. 2.skalp. 3. trofe.
-*vt* 1.i heq skalpin.2.*gj.fol* bëj spekullime. 3.shes (bileta) me të shtrenjtë.
scalpel['skælpël] *n mjek* bisturi.
scalper['skælpë:] *n gj.fol* spekulant; shitës biletash me të shtrenjtë.
scaly['skeili] *adj* 1.me luspa, luspak. 2.e leskëruar, leskra-leskra(lëkurë). 3.me smërç, me bigorr.
scamp I[skæmp] *n* 1. kopuk; qerrata. 2. mistrec, shejtan(kalama etj).
scamp II[skæmp] *v* bëj shkel-e-shko.
scamper['skæmpë] *v,n* -*vi* 1.ua mbath, fryj. 2.hidhet, kërcen, lodron.
-*n* vrapim; lodrim(i qenit etj).
+**scamper away/off** ua mbath, fryj, iki me të katra.
scan[skæn] *v,n* -*v* 1.këqyr, hetoj. 2.i hedh një sy të shpejtë. 3.*el* sondoj; kontrolloj(me radar etj). 4.*kmp* shqyrtoj; kërkoj(informacion). 5.*let* kontrolloj metrin(e vargjeve).6.*mjek* bëj skanografi.
-*n* 1.këqyrje, hetim. 2.sy i shpejtë. 3.sondazh; kontroll. 4.shqyrtim; kërkim(të dhënash etj). 5.*mjek* skanografi.
scandal ['skændël] *n* 1. skandal; veprim tepër i turpshëm; **it's a scandal that**...është shumë e turpshme/skandal që... 2.njollosje. 3.përfolje.
scandal sheet *n* fletushkë, gazetë joserioze.
scandalize['skændëlaiz] *vt* skandalizoj; indinjoj.
scandalmonger ['skændëlmongë:] *n* thashethemaxhi, shpifës, shpifarak.
scandalous['skændëlës] *adj* 1.i turpshëm, skandaloz(veprim).2.indinjues(çmim). 3.shpifës, shpifarak.
scandalously['skændëlësli] *adv* paturpësisht; në mënyrë skandaloze.
Scandinavia[skændi'neivië] *n gjeog* Skandinavi.
Scandinavian[skændi'neivi ën] *adj,n* -*adj* skandinav.
-*n* 1.skandinav. 2.gjuhët skandinave.
scandium['skændiëm] *n kim* skandium(element).
scanner['skænë:] *n* 1.*mjek* skaner, skanograf, tomodensimetër. 2.*rad,tv* skaner, analizator.
scanning['skæning] *n* skanografi; **scanning electron microscope** mikroskop elektronik me analizator.
scant[skænt] *adj,v,adv* -*adj* 1.i pakët; i vogël; i pamjaftueshëm; **pay scant attention** s'i kushtoj

shumë vëmendje; **be scant of breath** nuk ngopem me frymë.2.e pambushur(lugë).
-*vt* pakësoj; shkurtoj; kufizoj.
-*adv* mezi; pothuajse pa.
scantily['skæntëli] *adv* në mënyrë të pamjaftueshme; **scantily clad** veshur fort hollë, gati zhveshur
scantiness['skæntinis] *n* pamjaftueshmëri.
scantling['skæntling] *n* 1.*ndërt* binar.2.përmasë standard.
scanty['skænti] *adj* 1.i pakët; i pamjaftueshëm; **scanty income** të ardhura të pakëta. 2.i vockël.
scape[skeip] *n* 1.*bot* bisht(i lules); bisk pa gjethe 2.shtyllë.
scapegoat['skeipgout] *n,v* -*n* dash i kurbanit, vik timë *fig*.
-*vt* ia ngec fajin.
scapegrace['skeipgreis] *n* qerrata, kopuk.
scapula['skæpjëlë] *n* shpatull.
scapular ['skæpjëlë:] *adj,n* -*adj anat* i shpatu llës, shpatullor.
-*n* 1.*fet* pelerinë pa mëngë. 2.*zool* pupël nënkrahut.
scar I[ska:] *n,v* -*n* 1.shenjë, mbresë(plage etj). 2 *fig* mbresë, vragë.
-*v* 1.lë shenjë, lë mbresë.2.zë kore(plaga).
scar II[ska:] *n* 1.shkëmb i thikët; rrëpirë.2. gur shkëmb i ulët(në det).
scarab['skærëb] *n zool* bubuzhel.
scaramouch['skærëmauç, 'skerëmu:sh] *n* 1.mbu rravec. 2.bataxçi.
scarce[skeë:s] *adj,adv* -*adj* 1.i pakët, me pakicë i pamjaftueshëm(ushqim, para). 2.i rrallë(botim). **get scarce** nuk para gjendet; **make oneself scarc** *gj.fol* a)iki, largohem; b)rri mënjanë; bëj bisht; zhdu kem; **scarce as hen's teeth** *gj.fol* shumë i rrallë.
-*adv* shih **scarcely**.
scarcely['skeë:sli] *adv* 1.mezi; **she could scarcel stand** mezi rrinte në këmbë. 2.pothuaj/thuajse fare si zor, zor se; **scarcely ever** gati kurrë; **I ca** **scarcely believe it** e kam të vështirë ta besoj; **he ca** **scarcely have said that** si zor që ta ketë thënë.
scarceness['skeë:snis] *n* shih **scarcity**.
scarcity['skeë:siti] *n* 1.mungesë, pamjaftueshmër 2.rrallësi, të qenët i rrallë.
scare[skeë:] *v,n* -*v* 1.tremb, frikësoj. 2.tremben frikësohem.
-*n* 1.frikë, trembje, frikësim; **give sb a scare** i fu frikën dikujt. 2.alarm; panik; **raise a scare** vë ala min, hap panik; **bomb scare** alarm për rrezik shpë thimi. 3.*attr* alarmant, panikmbjellës(lajm etj).
+**scare away** tremb, frikësoj, e bëj të marrë vrapi
+**scare off** shih **scare away**.
+**scare up** *amer zhrg* mbledh, grumbulloj, sajoj.
scarecrow['skeë:krou] *n* dordolec(edhe *fig*).
scared[skeë:d] *adj* i trembur, i friguar; **be scare**

stiff shtangem nga frika, më hyjnë drithmat; **be scared to death of sth** i druhem për tmerr diçkaje.

scaredy['skeë:di] *n Br* frikaç, lalash.

scarehead['skeë:hed] *n amer* titull sensacional.

scaremonger['skeë:mʌngë:] *n* njeri alarmant.

scarf I[ska:f] *n* 1.shall. 2.brez, shirit(në gjoks).

scarf II[ska:f] *n,v* -*n* kllapë, thithë.
-*vt* 1.lidh/bashkoj me kllapë/me thithë. 2.(*amer* ~**down**) *gj.fol* përlaj, përpij.

scarify['skærëfai] *vt* 1.*mjek* gërric, gërvisht(lëkurën për vaksinim). 2.shkrifëroj(tokën). 3.*fig* kritikoj ashpër.

scarlatina [ska:lë'ti:në] *n mjek* skarlatinë, fruth i keq, fruth i zi.

scarlet['ska:lit] *adj,n* -*adj* i kuq i ndezur, all. -*n* e kuqe e ndezur, ngjyrë alle.

scarlet fever *n mjek* shih **scarlatina**.

scarlet runner *n bot* fasule kacavjerrëse.

scarp[ska:p] *n,v* -*n* 1.rrëpirë. 2.skarpatë. -*v* 1.pjerrësoj. 2.pjerrësohet.

scarper['ska:pë:] *vi Br gj.fol* ua mbath, terem.

scarves[ska:vz] *n pl* i **scarf**.

scary['skeëri] *adj* 1.i frikshëm, frikësues.2.frikacak, frikash.

scat I [skæt] *interj, v gj.fol* -*interj* shu!; kuç!; yyjaa!
-*vi* terem, zhdukem.

scat II [skæt] *n amer muz* skat(stil xhazi ku këndohet me rrokje pa kuptim).

scathe [skeidh] *vt* 1.dërrmoj; lëndoj; telendis. 2.dëmtoj; shkatërroj; shqyej.

scathing ['skeidhing] *adj* i ashpër, fshikullues, dërrmues.

scathingly['skeidhingli] *adv* me ashpërsi; **look scathingly at sb** i hedh dikujt një vështrim dërrmues.

scatter['skætë:] *v,n* -*v* 1.shpërndaj, hapërdaj. 2. derdh(kripë etj). 3.shpartalloj(armikun).4.shpërndahet(turma).5.*fiz* shpërhap(dritën).
-*n* 1.shpërndarje; përhapje. 2.*fiz* shpërhapje.

scatter rug *n* qilim i vockël.

scatterbrain['skætë:brein] *n gj.fol* njeri i hallakatur, çakalloz.

scatterbrained ['skætë:breind] *adj fig* i shpërndarë, i fluturuar, i hallakatur.

scattered['skætë:d] *adj* i shpërndarë; i përhapur.

scattergun['skætë:gʌn] *n* çifte.

scattering['skætëring] *adj,n* -*adj* i shpërndarë.
-*n* 1.shpërndarje; përhapje. 2.grup i vogël; **a scattering of people in the hall** njerëz të shpërndarë nëpër sallë.

scatiness['skætinis] *n Br* tuhafësi.

scatty['skæti] *adj Br* tuhaf.

scavenge ['skævinxh] *v* 1. heq plehrat, pastroj (rrugët etj). 2. mbledh (vjetërsira etj). 3. rrëmoj;

scavenge in the dustbins rrëmoj në koshat e plehrave.

scavenger['skævinxhë:] *n* 1.*zool* kafshë/shpend /insekt që ushqehet me kërma. 2.fshesar, pastrues rrugësh.3.rrëmues plehrash.

scenario[si'na:riou] *n* skenar(edhe *fig*).

scenarist['si:nërist] *n* skenarist.

scene [si:n] *n* 1.*teat* skenë; dekor. 2.vend, vendngjarje(e një aksidenti etj).3.*fig* skenë, tablo; pamje; **appear/come on the scene** shfaqem/dal në skenë. 4.*usht* teatër(i operacioneve). 5.*fig* gjendje; **it's a bad scene** gjendja nuk është aq e mirë.6.zënkë; **have a scene with sb, make a scene** kam një zënkë me dikë. 7.marrëdhënie(seksuale); **have a scene with sb** kam marrëdhënie me dikë.

scene painter *n teat* piktor dekoresh.

scene shift *n* ndërrim dekoresh.

scenery['si:nëri] *n* 1.pamje, peizazh; **a change of scenery** *fig* një ndërrim ajri/ambienti. 2.*teat* dekore.

scenic ['si:nik] *adj* 1.piktoresk. 2.soditës; **scenic dome** kube e tejdukshme për soditje(në vagonat e trenit). 3.skenik; i skenës.

scenic railway *n amer hek* tren i vogël për soditje.

scenic road *n amer* rrugë turistike.

scenography[si:'nogrëfi] *n teat* skenografi.

scent [sent] *n,v* -*n* 1.erë, aromë. 2. parfum; **use scent** vë / përdor parfum. 3. nuhatje. 4. gjurmë (e gjahut); **loose the scent** humbas gjurmën(edhe *fig*); **throw/put sb off the scent** *fig* i shmangem/i dredhoj dikujt; **get the scent of sth suspicious** nuhas diçka të dyshimtë.
-*vt* 1.parfumoj; **the scented air** ajri kundërmues. 2.nuhas. 3. *fig* nuhas; parandiej.

scentless['sentlis] *adj* pa erë, pa aromë.

scepter['septë:] *n amer* shih **sceptre**.

sceptic, *amer* **skeptic**['skeptik] *adj,n* mosbesues, skeptik.

sceptical, *amer* **skeptical**['skeptikël] *adj* mosbesues, dyshues, skeptik.

sceptically, *amer* **skeptically**['skeptikëli] *adv* me mosbesim, me skepticizëm.

sceptre, *amer* **scepter**['skeptë:] *n* skeptër.

schedule['shedju:l, *amer* 'skexhu:l] *n,v* -*n* 1.program, plan; **work to a very tight schedule** punoj sipas një programi tepër të ngjeshur.2.orar(i trenave etj); afat(i punimeve); **on/up to schedule** në orar; **ahead of schedule** para afatit; **behind schedule** me vonesë, jashtë afatit të caktuar.3.listë; katalog(mallrash). 4.tabelë, pasqyrë(e lëndës etj). 5.*drejt* shtojcë (kontrate).
-*vt* 1.programoj, planifikoj; përpiloj orarin; caktoj /hartoj grafikun; **at the scheduled date/time** në datën/orën e caktuar; **as scheduled** sipas planifikimit; **that stop was not scheduled** ai stacion nuk përfshihej te orari(i autobusit, trenit etj); **you are**

scheduled to speak before her ti je caktuar të flasësh përpara saj. 2.*përfshij në* listë.

scheduled building *n Br ark,adm* ndërtesë e klasifikuar(si monument kulture, për t'u shembur etj).

scheduled territories *n fin,pol* zonë e sterlinës.

schema['ski:më] *n pl* **schemata** skemë.

schematic[ski:'mætik] *adj* skematik.

scheme[ski:m] *n,v -n* 1.plan, projekt; **a scheme for reusing plastic materials** plan/projekt për ripërdorimin e materialeve plastike; **the scheme for the new bridge** projekti i urës së re.2.skemë; metodë; procedurë. 3.*fin* sistem; **profit-sharing /pension scheme** sistem i ndarjes së fitimeve/i pensioneve. 4.*keq* plan, makinacion; **there's a scheme to get him out of the way** është thurur një makinacion për ta eliminuar. 5.kombinim, rregullim. 6.skicë; tabelë.

-v 1.thur plane, bëj makinacione. 2.bëj, sajoj.

schemer ['ski:më:] *n* 1. ngatërrestar; intrigant. 2.komplotist.

scheming['ski:ming] *adj,n -adj* intrigant, i djallëzuar.

-n intriga, makinacione.

schilling['shiling] *n* shilingë(monedhë e Austrisë).

schism['sizëm] *n* 1.*fet, pol* ndarje, përçarje. 2.fraksion. 3.mosmarrëveshje, grindje; prishje.

schismatic(al)[siz'mætik(ël)] *adj,n* përçarës.

schist[shist] *n gjeol* rreshpe, shist

schiz[skic] *n amer,knd zhrg* 1.(shkurtim për **schizophrenic**) skizofren. 2.(shkurtim për **schizophrenia**) skizofreni.

schizo ['skicou, 'skizou] *adj, n Br* (shkurtim për **schizophrenic**) skizofren.

schizoid['skicoid] *adj,n* skizofrenik.

schizophrenia[skicou'fri:nië] *n mjek* skizofreni.

schizophrenic[skicou'frenik] *adj,n* skizofren.

schlemiel, schlemihl [shle'mi:l] *n amer zhrg* qyqar; buf.

schlep(p) [shlep] *v,n amer zhrg -v* 1.zvarris, rrakapjek. 2.vërdallisem; rrakapjekem.

-n 1.leshko; buf. 2.rrakapjekje.

schlock[shlok] *n,adj amer zhrg -n* plaçkë e keqe; mall i dobët; punë boshe.

-adj i keq, i dobët, pa vlerë.

schmaltz[shmo:lc] *n zhrg* sentimentalizëm i tepruar(në muzikë, art).

schmo(e)[shmou] *n amer zhrg* kaqol, karabush, rrotë.

schmuck[shmʌk] *n amer zhrg* pykë, trap, pisqollë.

schnapps [shnæps] *n* 1. xhin holandez. 2.pije alkoolike.

schnook[shnuk] *n amer zhrg* qyqar; buf; leshko.

schnorkel[shno:kël] *n* shih **snorkel**.

schnorrer['shno:rë:] *n amer zhrg* lypës i qepur.

schnozzle['shnozël] *n amer zhrg* hundë, noçkë.

scholar ['skolë:] *n* 1.i ditur, dijetar; njeri i shkolluar; **I'm not much of a scholar** nuk kam ndonjë shkollë të madhe. 2.student bursist. 3.shkollar, nxënës shkolle.

scholarly['sko:lë:li] *adj,adv -adj* 1.prej dijetari (qëndrim etj). 2.i ditur; i shkolluar. 3.studioz. 4.metodik; shkencor(libër).

-adv në mënyrë shkencore.

scholarship['skolë:ship] *n* 1.dije, dituri; formim. 2.bursë. 3.fond(për bursa).

scholarship holder *n* bursist.

scholastic[skë'læstik] *adj,n -adj* 1.*filoz* skolastik. 2.shkollor; i shkollës; mësimdhënës, pedagogjik; **the scolastic profession** a)mësimdhënia; b)mësuesit. 3.pedant, skolastik.

-n 1.*filoz* skolastik. 2.*hist* teolog e filozof.

scholastic agency *n* 1.zyrë e emërimit të mësuesve. 2.organizëm orientimi shkollor(për zgjedhjen e shkollës).

scholastic aptitude test *n amer* provim pranimi në universitet.

scholasticism [skë'læstisizm] *n filoz* 1.skolastikë, skolasticizëm.2.pedantizëm.

scholiast['skouliæst] *n* kritik, komentues i autorëve të Lashtësisë e të Mesjetës.

school I[sku:l] *n,v -n* 1.shkollë; **primary/elementary school** shkollë fillore; **high/secondary school** shkollë e mesme; **school of motoring, driving school** autoshkollë, shkollë për shofer; **boarding school** shkollë me konvikt; **be at school** vazhdoj shkollën; **leave school** lë shkollën. 2.fakultet; shkollë; departament; institut; **law/medical school** fakultet i drejtësisë/i mjekësisë; **School of Linguistics** Departamenti i Gjuhësisë. 3.shkollë, rrymë; **the Dutch school of painting** shkolla holandeze e pikturës; **a doctor of the old school** mjek i shkollës së vjetër. 4.mësim; orë mësimi; leksion; **there's no school tomorrow** nesër s'kemi mësim.

-vt 1.mësoj; shkolloj, arsimoj. 2.mësoj, stërvis(qenin, veten).3.disiplinoj, kontrolloj(ndjenjat etj).

school II[sku:l] *n,v -n* tufë(peshqish etj).

-vi notojnë në tufë.

school age *n* 1.moshë shkollore.2.moshë pranimi në shkollë(fillore).

school attendance *n* frekuentim i shkollave.

schoolbag['sku:lbæg] *n* çantë shkolle.

school board *n adm* drejtori arsimore; seksion i arsimit; këshill i arsimit.

schoolbook['sku:lbuk] *n* libër shkolle, tekst mësimor.

schoolboy['sku:lboi] *n* shkollar, nxënës.

school bus *n* autobus për fëmijët e shkollës.

schoolchild['sku:lçaild] *n* shkollar, nxënës.

school counsellor *n* këshilltar pedagogjik, këshill-

tar i nxënësve(në shkollë).
schooldays['sku:ldeiz] *n* vitet e shkollës.
school fees *n* pagesë/tarifë shkollimi.
schoolfellow['sku:lfelou] *n* shok shkolle.
schoolgirl['sku:lgë:l] *n* shkollare, nxënëse.
schoolgirl crush *n gj.fol* sevda, merak, qymyr.
school guard *n* shoqërues i nxënësve(të vegjël) nëpër udhëkryqe.
school holidays *n* pushime shkollore.
schoolhouse['sku:lhaus] *n* 1.shkollë, ndërtesë shkollore.
schooling['sku:ling] *n* 1.shkollim, arsim; studime; **compulsory schooling** arsim i detyruar.2.(e kalit) stërvitje.
schoolmarm['sku:lma:m] *n gj.fol* 1.mësuese fshati. 2.mësues pedant.
schoolmaster['sku:lma:stë:] *n* mësues.
schoolmate['sku:lmeit] *n* shok shkolle.
schoolmistress['sku:lmistris] *n* mësuese.
school officer *n* inspektor që ndjek zbatimin e arsimit të detyrueshëm.
school patrol *n* grup(nxënësish të rritur) shoqërimi (për nxënësit e vegjël nëpër udhëkryqe).
school record *n* dosje personale e nxënësit.
school report *n* dëftesë shkollore.
schoolroom['sku:lru:m] *n* klasë.
school superintendent *n* inspektor arsimi.
school teacher *n* mësues.
schoolteaching ['sku:lti:çing] *n* mësimdhënie, mësuesi.
school time *n* orar mësimi.
school trustee *n* anëtar i këshillit të shkollës/i këshillit arsimor(të qytetit).
school uniform *n* uniformë shkollore.
school year *n* vit shkollor.
schooner['sku:në:] *n* 1.*det* skunë, anije e lehtë dydirekëshe. 2. *Br* shishe e madhe likeri. 3. *amer* shishe birre gjysmëlitërshe.
schuss[shus] *n sport* zbritje e shpejtë(me ski).
schwa[shwo, shwa:] *n gjuh* zanore neutrale e patheksuar, ë e pazëshme.
sciatic[sai'ætik] *adj anat* shiatik, ndenjësor.
sciatica[sa'jetëkë] *mjek* dhimbje të nervit shiatik.
science ['sajëns] *n* 1. shkencë; **the Faculty of Science, the Science Faculty** Fakulteti i Shkencave; **Secretary for Science, Minister of Science** ministër i Shkencës, Kryetar i Komitetit të Shkencave. 2.dije.
science fiction *n,adj* -*n* fantashkencë.
-*adj* fantastiko-shkencor.
scientific[sajën'tifik] *adj* shkencor(libër, kërkim).
scientific farming *n* bujqësi mbi baza shkencore.
scientific officer *n* ekspert i policisë.
scientifically[sajën'tifikëli] *adv* shkencërisht; në mënyrë shkencore; me metoda shkencore.

scientist ['sajëntist] *n* 1. shkencëtar; dijetar. 2. ithtar i Shkencës Kristiane.
sci-fi[sai'fai] *n,adj* (shkurtim për **science-fiction**) -*n* fantashkencë.
-*adj* fantastiko-shkencor.
scimitar['simëtë:, 'simita:] *n* kordhë, këllëç.
scintilla[sin'tilë] *n* grimë, çikë; **not a scintilla of evidence against him** kurrfarë provash kundër tij.
scintillate['sintëleit] *vi* 1.shkëlqen, shndrit, vezullon. 2.*fig* shkëlqej(në diskutim etj).
scintillating['sintëleiting] *adj* 1.vezullues, shndritës. 2.*fig* i mençur; plot humor(bisedim).
scintillation[sintë'leishën] *n* shndritje, vezullim.
sciolism['sajëlizm] *n* njohuri të cekëta.
sciolist['sajëlist] *n* pseudodijetar, njeri me njohuri të cekëta.
scion['sajën] *n* 1.pasardhës, pjellë, pinjoll. 2.*bot* kalem(shartimi).
scissor['sizë:] *vt* pres me gërshërë.
scissors['sizë:s] *n* 1.gërshërë; **a pair of scissors** gërshërë, një palë gërshërë. 2.*sport* stil gërshërë(në kërcim së larti). 3.*sport* kapje gërshërë(në mundje).
scissors-and-paste job *n fig* kompilim.
scissors jump *n sport* kërcim me stil gërshërë.
sclera['skliërë] *n anat* e bardha e syrit.
sclerosis[skli'rousis] *n mjek* sklerozë.
sclerotic[skli'rotik] *adj,n* -*adj* 1.*anat* i të bardhës së syrit. 2.*mjek* sklerotik, me sklerozë.
-*n anat* e bardhë e syrit.
scoff I[skof] *v,n* -*vi* tallem, vë në lojë, përqesh;
scoffed at by the whole town objekt talljesh për gjithë qytetin.
-*n* 1.tallje, përqeshje. 2.objekt talljeje.
scoff II[skof] *v,n Br zhrg* -*vi* përlaj, kullufis; **he scoffed the lot** ai i griu të gjitha.
-*n* ushqim; të ngrëna.
scoffer['skofë:] *n* tallës; ngacmues.
scoffing['skofing] *adj,n* -*adj* tallës, përqeshës.
-*n* tallje, përqeshje.
scofflaw['skoflo:] *n amer gj.fol* njeri që tallet me ligjet e rregullat.
scold[skould] *v,n* -*v* 1.qortoj; shaj; i heq veshin.
2.hungroj, shaj majtas e djathtas.
-*n* grua gërnjare, noprane.
scolding['skoulding] *n* qortim, sharje; **get/give a scolding (from/to sb)** ha një qortim(nga dikush); i bëj një qortim/një vërejtje të ashpër(dikujt).
scollop['skolëp] *n* shih **scallop**.
sconce I[skons] *n* mbajtëse qiriu/kandili në mur.
sconce II[skons] *n vjet* 1.kokë; tepe e kresë. 2.tru, mend.
scone[skon, skoun] *n Br* kulaç.
scoop[sku:p] *n,v* -*n* 1.lopatëz, lugë e madhe(për miell etj).2.qepshe, garuzhdë, luhare.3.lugë akulloreje. 4.kovë ekskavatori.5.*zhrg* shkrim i bujshëm .

6.*treg* fitim i madh. **+at one scoop** njëherësh; **make a scoop** a)*treg* nxjerr një fitim të mirë, bëj një dorë të mirë; b)botoj një shkrim të bujshëm.

-*vt* 1.marr me garuzhdë. 2.hap gropë. 3.*zhrg treg* a)pushtoj(tregun); b)ua lag(konkurrentëve); c)nxjerr fitime. 4.*zhrg* botoj para të tjerëve, ua lag gazetave të tjera.

+scoop out a)nxjerr, zbraz(ujët me kovë etj); b)kap, mbërthen(me kthetra); c)hap gropë.

+scoop up a)marr, përlaj; b)mbledh(me lopatë etj).

scoot [sku:t]   *v,n gj.fol* -*vi* iki shpejt, ua mbath, fryj; **scoot!** zhduku!

-*n* 1.ikje/largim. 2.*knd* motoskaf me helikë.

scooter I['sku:të:]   *n* 1.motoçikletë e vogël.2.ballëz dyrrotëshe(për fëmijë).

scooter II['sku:të:]   *n zool* zhytër.

scope [skoup]   *n* 1. mundësi, rast, liri veprimi; **plenty of scope for improvement** mjaft vend për përmirësime. 2.fushë, sferë; kufij; shtrirje; horizont; **a program of considerable scope** program me shtrirje mjaft të gjerë.3.aftësi, mundësi, kompetencë; **this work is beyond/within her scope** kjo punë është jashtë mundësive të saj.

scorbutic [sko:'bju:tik]   *adj mjek* me skorbut; i skorbutit.

scorch[sko:ç]   *n,v* -*n* e djegur e lehtë; shenjë.

-*v* 1.merr njollë, i mbetet shenjë(rrobës). 2.digjet, përcëllohet (byreku, mishi). 3.djeg, përzhit(dielli).4. *fig* sulmoj, batërdis(me fjalë). 5.*gj.fol* ngas shumë shpejt(kalin, makinën).

+scorch along e ngas si i tërbuar(makinën, kalin, biçiletën).

scorched-earth policy *n pol* politikë e tokës së djegur.

scorcher['sko:çë:]   *n* 1.*gj.fol* zheg, ditë(me vapë) përvëluese. 2.*gj.fol* shofer i krisur; kalorës i shfrenuar. 3.kritikë dërrmuese. 4.kritizer.

scorching['sko:çing]   *adj* përvëlues, përcëllues (diell, ditë, gjellë); **it was a scorching day** ishte një vapë që të piqeshe i gjallë.

score[sko:]   *n,v* -*n* 1.*sport* rezultat; pikë; **the score was 2 to 1 in our favor** rezultati ishte 2 me 1 për ne; **there's no score yet** s'është shënuar asnjë gol deri tani. 2. borxh, hesap, llogari (në hotel etj); **he's got an old score to settle with them** ka një hesap të vjetër me ta. 3.njëzet; *pl* një mori, me dhjetra; **scores of times** me dhjetra herë; **scores of mistakes** gabime pa hesap.4. aspekt; pikëpamje; **on that score** në atë pikëpamje; **on several scores** në disa aspekte. 5. shenjë; gërvishtje; e prerë; çarje; plasë. 6.*muz* partiturë; muzikë(e filmit); **who wrote the score?** kush e ka bërë muzikën (e filmit)? 7.shënim(pikësh, golash). 8.**the score** e vërteta; faktet. + **on the score of** për arsye të; nga shkaku i; **pay off/settle a score** *fig* laj hesapet, qëroj lloga-

ritë (me dikë).

-*v* 1.*sport* shënoj(gol, pikë); fitoj(raund). 2.marr, fitoj (nota, pikë); **score 80% in an exam** marr 80% në provim. 3.*fig* korr(sukses); **score points** *fig* fitoj pikë; **score a point over/off sb** *fig* ia kaloj dikujt. 4.gërric; gërvisht. 5.i vë shenjë, shënoj(gabimet). 6. *muz* shkruaj muzikë, hedh në partiturë. 7.*amer gj.fol* ia dal mbanë. 8.*zhrg* shtie në dorë, fle/shkoj me(një femër). 9.*amer gj.fol* shaj rëndë, kërdis.

+score off/out shaj, kërdis.

+score up a)shënoj(pikë, gol); b)ia faturoj, ia vë në ngarkim, ia shënoj(një borxh etj); **that remark will be scored up against you** kjo vërejtje ka për të t'u shënuar.

scoreboard['sko:bo:d]   *n sport* tabelë e pikëve.

scorecard['sko:ka:d]   *n sport* fletë për shënimin e pikëve.

scorekeeper['sko:ki:pë:]   *n sport* mbajtës i pikëve.

scoria [sko:rië]   *n* 1. *metal* skorie. 2. *gjeol* lavë e ngurtësuar.

scoring['sko:ring]   *n* 1.*sport* gola. 2.pikë; shënim i pikëve. 3.prerje. 4.*muz* aranzhim.

scorn[sko:n]   *v,n* -*vt* 1.përçmoj; përbuz.2.flak tej (një propozim); nuk pranoj, nuk denjoj(të bëj diçka).

-*n* 1.përçmim; përbuzje. 2.gjë e përçmuar.

scornful['sko:nful]   *adj* përçmues; përbuzës; **be scornful about sth** tregoj përçmim për diçka.

scornfully['sko:nfuli]   *adv* me përbuzje, me përçmim.

Scorpio['sko:pjou]   *n astr* Akrepi(yllësi).

scorpion['sko:piën]   *n zool* akrep.

Scot[skot]   *n* skocez.

scot[skot]   *n hist* taksë.

scotch[skoç]   *vt* 1.çarmatos, neutralizoj. 2.shuaj (një thashethem). 3.prish, bëj të dështojë(një plan). 4.shtyp(kryengritjen). 5.gërvisht; pres; çaj.

Scotch[skoç]   *n,adj* -*n* 1.uiski skocez, skoç.2.sko-cez.

-*adj* skocez.

Scotch broth *n* çorbë me mish dashi.

Scotch fir *n* shih **Scotch pine**.

Scotchman['skoçmën]   *n* skocez.

Scotch mist *n* mi i imët.

Scotch pine *n* bredh.

Scotch tape *n* shirit ngjitës, skoç.

Scotch whisky *n* uiski skocez, skoç.

scoter['skotë:]   *n zool* zhytër.

scot-free['skot'fri:]   *adj,adv* -*adj* 1.i pacenuar, i padëmtuar; i paprekur.2.i papaguar, falas. 3.i pandëshkuar.

-*adv* 1.pa gjë, pa lagur, shëndoshë e mirë.2.falas, gratis. 3.pa u ndëshkuar.

Scotia['skoushë]   *n poet* Skoci.

Scotland['skotlënd]   *n gjeog* Skoci.

Scotland Yard *n* Policia e Londrës, Skotland

Jardi.
Scots[skots] *n,adj* skocisht.
Scots fir, Scots pine *n* bredh.
Scotsman['skotsmën] *n* skocez.
Scotswoman['skotswumën] *n* skoceze.
Scotticism['skotësizm] *n* skocizëm, fjalë a shprehje skoceze.
Scottish['skotish] *adj,n* 1.skocez. 2.skocisht.
 scoundrel ['skaundrël] *n* 1.horr, kopuk, faqezi, maskara, batakçi. 2.(kalama) mistrec, piskuriq, shejtan; **you little scoundrel!** mor piskuriq!
 scour I['skauë:] *v,n* -*vt* 1.fërkoj, kruaj(tiganin). 2.laj(leshin). 3.heq, pastroj(baltën). 4.gërryen(uji).
 -*n* 1.fërkim, kruajtje. 2.larje. 3.heqje, pastrim. 4.gërryerje.
 scour II['skauë:] *vi* 1.kërkoj gjithandej; i bie qark. 2.nisem për kërkim. 3.rrëmoj(në kujtesë).
 scour off/out fërkoj; heq me të fërkuar.
 scourer['skaurë:] *n* 1.pluhur për fërkim. 2.shtupë (teli, plastmasi) për fërkim.
 scourge[skë:xh] *n,v* -*n* 1.kamzhik; fshikull.2.*fig* kopan, dajak. 3.*fig* e keqe, murtajë.
 -*vt* 1.fshikulloj, rrah me kamzhik. 2.ndëshkoj ashpër. 3.*fig* pllakos(e keqja, sëmundja).
 scouring powder *n* pluhur për fërkim(enësh).
 scourings['skauringz] *n* 1.zhul, pisllëk; papastërti. 2.*fig* llum, fundërrinë, plehra.
 scouse[skaus] *adj,n* -*adj* liverpulas, i Liverpulit.
 -*n* 1.liverpulas. 2.e folme e Liverpulit.
 scout I[skaut] *n,v* -*n* 1.zbulues. 2.aeroplan/anije zbulimi. 3.informator. 4.skaut, bojskaut. 5.*zhrg* person; **he's a good scout** është rob i mirë.
 -*v* 1.shkoj për zbulim. 2.dal për të kërkuar. 3.vëzhgoj, mbledh të dhëna.
 scout II [skaut] *v* 1.nuk besoj; hedh poshtë (një ide). 2.tall, përqesh.
 scouting['skauting] *n* 1.bojskautizëm(lëvizje e të rinjve). 2.*usht* zbulim.
 scow[skau] *n det* maunë.
 scowl[skaul] *v,n* -*v* 1.ngrys vetullat, vrenjtem. 2.shfryj.
 -*n* ngrysje, vrenjtje; çehre e ngrysur.
 scowling['skauling] *adj* i vrenjtur, i ngrysur.
 scrabble['skræbël] *v,n* -*v* 1.gërvisht, gërric, çjerr. 2.përpiqem, rropatem. 3.shkarravis.
 -*n* 1.gërvishtje, gërricje. 2.rropatje. 3.lojë me kuba.
 scrag[skræg] *n,v* -*n* 1.ngordhësirë, cofëtinë. 2. mish i dobët; pjesë qafe. 3.*zhrg* qafë, zverk.
 -*vt zhrg* 1.var(dikë). 2.përdredh zverkun.
 scraggly['skrægli] *adj* 1.i ashpër, i shprishur(flok). 2.i rrëmujshëm(kopësht).
 scraggy['skrægi] *adj* 1.i dobët, i thatë, thatim. 2.i shprishur; i rrëmujshëm.
 scram[skræm] *vi zhrg* zhdukem, fryj; **scram!** qërohu!, zhduku!

scramble['skræmbël] *v,n* -*v* 1.ngjitem, kacavarem; **scramble into/out of the car** rrasem në makinë; zbres me shpejtësi nga makina. 2.zihem, përleshem, kacafytem. 3.mbledh me rrëmujë. 4.përziej rrëmujshëm. 5.trazoj(vezën për ta skuqur). 6.*av zhrg* nisem me alarm. 7.ngatërroj (radiomesazhet).8.*sport* bëj motokros.
 -*n* 1.ecje/ngjitje e vështirë. 2.përleshje, kacafytje. 3. rrëmujë; punë e rrëmujshme. 4.*av zhrg* nisje e rrëmujshme/me alarm.5.*sport* motokros.
 scrambler['skræmblë:] *n* 1. *el, rad* përzierës transmetimesh, antideshifrues.2.pjesëmarrës motokrosi.
 scrambling['skræmbling] *n sport* motokros.
 scrap I[skræp] *n,v* -*n* 1.copë, copëz. 2.mbeturinë (ushqimi). 3.pjesë(artikulli). 4.sende/artikuj pa vlerë; hekurishte.5.*fig* çikë, grimë; **there isn't a scrap of evidence/of truth** s'ka kurrfarë prove/asnjë grimë të vërtete.
 -*vt* 1.hedh, flak. 2.çoj për hekurishte. 3.braktis, lë mënjanë.
 scrap II[skræp] *n,v gj.fol* -*n* zënkë, sherr; **get into /have a scrap with sb** sherrosem me dikë.
 -*vi* zihem, sherrosem, bëj sherr.
 scrapbook['skræpbuk] *n* album me copa të ngjitura(nga gazetat).
 scrap car *n* makinë e mbaruar/për hekurishte.
 scrap dealer, scrap merchant *n* tregtar hekurishtesh.
 scrap iron, scrap metal *n* hekurishte.
 scrap paper *n* 1.fletë e keqe; kopje e papastër. 2. letra, gazeta të vjetra.
 scrap yard *n* shesh hekurishtesh; varrezë makinash.
 scrape [skreip] *v,n* -*v* 1. fërkoj; lëmoj; kruaj. 2. (perimet) qëroj. 3. gërvisht (bojën). 4. gërric, gërvisht, zdërvij(gjunjët). 5.gërvin(mentesha).6.gërmoj, hap(gropë). 7.tërheq këmbën prapa(kur përkulem).
 + **scrape (up) an acquaintance** arrij të njihem (me dikë).
 -*n* 1.fërkim; kruajtje. 2.qërim. 3.gërvishtje. 4.gërricje, zdërvimje.5.gërvimë, e çjerrë(violine etj). 6.vend i gërvishtur. 7. vështirësi; mundim.
 + **scrape along/by** e shtyj me të keq, bëj si bëj.
 + **scrape away (at the violin)** i bie(violinës) me të çjerrë.
 + **scrape off** heq, kruaj.
 + **scrape out** heq, kruaj; pastroj me të kruar.
 + **scrape through** ia dal me vështirësi; e hedh lumin; kaloj me zor(provimin).
 + **scrape together** a)fërkoj me njëri-tjetrin; b)mbledh, grumbulloj(sende); c)sajoj(ca para), kruaj xhepat.
 + **scrape up** a)grumbulloj, bëj pirg; b)(para) mbledh me mundim.
 scraper['skreipë:] 1.kruese, kruajtëse. 2.kruese

balte(te pragu).

scraperboard['skreipë:bo:d] *n* letër zmeril, zum-
para.

scraping['skreiping] *n* 1.kruajtje. 2.gërvimë, gër-
vishtje. 3.*pl* të kruara, leskra. 4.të mbetura(gjelle).

scrapper['skræpë:] *n gj.fol* njeri luftarak.

scrapple['skræpël] *n* gatesë me zhigla derri.

scrappy I['skræpi] *adj* 1.me ndërprerje(bisedë). 2.
fragmentar, i copëzuar, i palidhur(shkrim). 3.jo i
plotë, me boshllëqe(arsimim). 4.i sajuar; **a scrappy
meal** ushqim i sajuar me të mbetura.

scrappy II['skræpi] *adj gj.fol* luftarak.

scratch[skræç] *v,n,adj* -*v* 1.gërvisht, gërric(llakun
etj).2.çjerr me thonj(macja).3.kruaj(kokën); kruhem.
4.shkarravis;**scratch a few lines** shkruaj shpejt-e-
shpejt disa rreshta.. 5.i heq vizë, prish(një rresht).
6.*sport* heq nga gara(kalin); tërhiqem(nga gara).
7.*pol* heq nga lista(një kandidat); tërhiqem (nga
zgjedhjet). 8.anuloj (mbledhjen, ndeshjen). 9.*kmp*
shuaj(të dhënat).10.mbledh me mundim, sajoj.

-*n* 1.shenjë, e gërvishtur. 2.gërricje. 3.gërvishtje (e
penës). 4.*sport* nisje, pikënisje, start.5.*zhrg* para.
6.*attr* i sajuar, i mbledhur pa kriter(ekip etj).7.*attr* i
papritur, surprizë(votim). + **start from scratch** *fig*
e nis nga zero; **up to scratch** në gjendje të mirë:
bring up to scratch e sjell në nivelin e duhur.

+**scratch out** a)heq nga lista; b)hap(gropë); c)i
nxjerr(sytë).

+**scratch together** mbledh me mundim, sajoj(para).

+**scratch up** a)nxjerr nga dheu, rrëmoj; b)mbledh
me mundim, sajoj(ca para).

scratch file *n kmp* dosje/dokument pune/provë.

scratch pad *n* 1. bllok shënimesh. 2. *kmp* zonë
pune.

scratch paper *n* fletë e keqe, kopje pune, kopje e
papastër.

scratchy ['skræçi] *adj* 1.i ashpër (material). 2.që
gërvisht(penë). 3.shtremba-shtremba, si këmbët e
pulës(shkrim). 4.i shkalafitur, i grirë nga përdorimi.

scrawl[skro:l] *n,v* -*n* 1.shkarravinë. 2.pusullë,
shënim.

-*v* shkarravis.

scrawny['skro:ni] *adj gj.fol* i dobët, i thatë, thatim;
scrawny neck qafë e hollë.

scream[skri:m] *n,v* -*n* 1.britmë, klithmë, ulërimë.
2.piskamë; uturimë.3.*gj.fol* gjë shumë qesharake; **it
was a scream** ishte për t'u shkulur gazit. 4.*gj.fol*
tuhaf njeri, numër.

-*v* 1.bërtas, klith, ulërij; **scream with pain/with
rage** klith nga dhimbja/bërtas nga inati; **scream
oneself hoarse** ngjirrem nga të bërtiturit. 2.piskat,
lëshon piskamë; uturin. 3.qesh me të madhe.

screamer['skri:më:] *n amer gj.fol* 1.titull sensa-
cional. 2.histori për t'u shkulur gazit. 3.tuhaf njeri,
numër.

screaming['skri:ming] *adj* 1.këlthitës, ulëritës.
2.çjerrës(zë). 3. befasues; i bujshëm, sensacional
(titull).

screamingly ['skri:mingli] *adv gj.fol* tepër, tme-
rrësisht; **screamingly funny** për të vdekur gazit.

scree[skri:] *n* rrëpirë me gurë të rrëzuar.

screech I [skri:ç] *n,v* -*n* klithmë, britmë, piska-
më; ulërimë.

-*vi* 1.klith, bërtas, çirrem; ulëras, sokëllij.2.gërvin.

screech II[skri:ç] *n knd zhrg* rum i fortë i zi.

screech owl *n zool* hut, hutin.

screechy['skri:çi] *adj* klithës; ulëritës.

screed [skri:d] *n* 1. fjalim / shkrim i gjatë; **write
screeds** mbush vëllime. 2.*ndërt* mastar(suvatimi). 3.
mallë; perdaf. 4.*amer* material refinicioni.

screen[skri:n] *n,v* -*n* 1.ndarëse, paret portativ(në
dhomë). 2.paret para oxhakut. 3.*fig* perde(tymi etj).
4.*kin* ekran.5.**the (big/large) screen** kinemaja; **the
small screen** televizioni; **write for the screen** shkru-
aj skenarë; ekranizoj. 6. shoshë. 7.rrjetë zhavori.
8.*usht* parapritë(trupa); mjete shoqëruese(avionë,
destrojerë).

-*vt* 1.mbuloj, fsheh, maskoj; **screen sth from sight
/from view** mbuloj/fsheh diçka.2.*kin, tv* projektoj.
3.përshtas për skenë, ekranizoj. 4.shoshis, kaloj në
shoshë(edhe *fig*). 5.*mjek* ekzaminoj.

+**screen off** veçoj, fsheh, maskoj.

screening['skri:ning] *n* 1.*kin* projektim, shfaqje
(filmi). 2.shoshitje. 3.*mjek* ekzaminim. 4. rrjetë meta-
like, rrjetë teli.5.*pl* savurrë, material i mbetur nga
shoshitja.

screenplay['skri:nplei] *n kin* skenar.

screw[skru:] *n,v* -*n* 1.vidë. 2.vidosje.3.*Br* fishek,
kaush(duhani etj). 4.helikë. 5.*Br* të ardhura, pagë;
get a good screw paguhem mirë. 6.*gj.fol* gardian
(burgu). 7.*amer gj.fol* kurnac. 8.*zhrg* seks; femër
seksi; **she's a good screw** ajo është shumë e zonja në
shtrat. + **have a screw loose** *zhrg* jam i krisur, e
kam një vidë mangët; **put the screws on sb** *gj.fol*
i bëj presion dikujt.

-*vt* 1.vidos. 2.përdredh. 3.shtrëngoj(me vida).4.*fig*
detyroj, shtrëngoj(dikë).5.(**up**) mbledh, grumbulloj.

+**screw around** a)sorollatem; b)shkoj/fle me kë të
mundem.

+**screw down** a)vidos; b)vidoset.

+**screw off** a)çvidos; b)çvidoset.

+**screw on** a)vidos; mbyll(kapakun); b)vidoset; 3.*fig*
:**he's got his head screwed on all right/the right
way** e ka kokën mbi supe.

+**screw round** a)rrotulloj, vidos; b)*fig* kthej, rrotu-
lloj(kokën).

+**screw together** bashkoj, lidh(me vida).

+**screw up** a)shtrëngoj mirë, vidos deri në fund; b)
zhubros, bëj lëmsh(letrën, shaminë); c)rrudh(sytë,
fytyrën); d)*zhrg* prish, katranos; e)*fig* mbledh; **screw**

up one's courage marr guxim.
screw-up['skru:ʌp] *n* katrahurë.
screwball ['skru:bol] *n, adj amer zhrg* i krisur, çyryk.
screwbolt['skru:bolt] *n* bulon, vidë hekuri.
screwdriver['skru:draivë:] *n* kaçavidë.
screwed[skru:d] *adj* 1.*Br* xurxull, tapë, karroqe.2. i hutuar, i çoroditur, që e ka humbur pusullën.
screw jack *n mek* krik me vidë.
screw joint *n mek* lidhje me bulona.
screw propeller *n tek* helikë.
screw thread *n* filetë.
screw top *n* kapak(kavanozi etj) me fileta.
screwy ['skru:i] *adj zhrg* i krisur, i luajtur, çyryk.
scribble ['skribël] *v,n* -*v* 1.shkarravis.2.shkruaj shpejt-e-shpejt.
-*n* shkrim i keq; shkarravinë.
+**scribble down** hedh në letër me ngut/keq-e-keq.
+**scribble out** a)prish, shuaj, i heq vizë; b)hedh në letër; skicoj.
scribbler['skriblë:] *n* 1.shkarravitës. 2.bllok shënimesh, fletë për punë paraprake. 3.*përb* kalemxhi.
scribbling ['skribling] *n* shkarravina; **scribbling pad** bllok shënimesh.
scribe[skraib] *n,v* -*n* 1.*hist* shkrues, kopjues(dorëshkrimesh). 2.shkrimtar, autor. 3.shkrues gjyqi; sekretar.
-*vt* shënoj, i bëj shenjë; i bëj një të prerë.
scriber['skraibë:] *n tek* shënues(vegël).
scrim[skrim] *n* pëlhurë e hollë perdesh.
scrimmage['skrimixh] *n,v* -*n* 1.përleshje, kacafytje. 2.*sport* grumbullim, pirg(në regbi).
scrimp[skrimp] *v* 1.jam i shtrënguar(**on** në), kursej; **scrimp and save** kursej deri te qindarkat. 2.pres, shkurtoj, pakësoj.
scrimpy['skrimpi] *adj* 1.i pakët; i vogël.2. i ngushtë(kostum).
scrimshank['skrimshænk] *n,v Br usht* -*n* ushtar përtac/që bën bisht.
-*vi* shmangem, bëj bisht.
scrimshanker['skrimshænkë:] *n* shih **scrimshank**.
scripI[skrip] *n* 1.*fin* letër me vlerë, kupon.2.pusullë; shënim; dëftesë.
scrip II[skrip] *n vjet* qese.
script[skript] *n,v* -*n* 1.shkrim teknik, shkrim me germa shtypi. 2.*polig* shtyp korsiv. 3.*kin,teat* tekst (drame, filmi). 4.hartim; detyrë me shkrim, fletë provimi.5.*drejt* dokument origjinal.
-*v gj.fol* shkruaj skenarin; bëj tekstin; **scripted talk** *rad,tv* bisedë e parapërgatitur.
scriptural['skripçërël] *adj* i shkrimeve të shenjta; biblik.
Scripture['skripçë:] *n fet* 1.Shkrimet e Shenjta, Bibla. 2.**s--** shkrim i shenjtë.
scripture lesson *n* mësim feje (në shkollë).

scriptwriter['skriptraitë:] *n kin* skenarist.
scrod[skrod] *n amer zool* merluc i vogël.
scrofula['skrofjulë] *n mjek* skrofull, stërkungull.
scroll[skroul] *n,v* -*n* 1. dorëshkrim i mbledhur rrotull. 2.papirus; pergamen(i shkruar). 3.listë; regjistër; anale.4.zbukurim, lajle; *ark* dredhë. 5.bisht violine(i përdredhur).
-*v kmp* kalon nëpër ekran(informacioni); **scroll up** /**down** kaloj(të dhënat) nëpër ekran.
scroll saw *n* sharrë-tel, sharrë për prerje të lakuara(për sende zbukurimi).
scrollwork['skrolwë:k] *n* punime dekorative.
Scrooge [skru:xh] *n fig* kurnac i lig, harpagon.
scrotum['skroutëm] *n anat* qese e herdheve.
scrounge[skraunxh] *v,n* -*v gj.fol* 1.mbledh përqark. 2.lyp, kërkoj; i bie qylit. 3.qëroj, përlaj; zhvas. rrëmoj, kërkoj(nëpër sirtarë).
-*n* qyl; **be on the scrounge** hap sytë për të zhvatur diçka; kërkoj t'i bie qylit.
scrounger['skraunxhë:] *n* përfitues, qylaxhi, parazit.
scrub I[skrʌb] *v,n* -*v* 1.pastroj/laj/fërkoj me furçë.2.fshij(me leckë).3.kruaj. 4.*gj.fol* pezulloj, anuloj. 5.*kim,fiz* filtroj(gazet, avujt).
-*n* 1.pastrim me furçë; kashaisje. 2.fshirje. 3.kruarje; larje(dyshemesh).
+**scrub away/off** heq(njollën); kruaj(baltën).
+**scrub down** laj fund e krye(dhomën, muret).
+**scrub out** a)shuaj(emrin); b)heq(njollën); 3)kruaj (tenxheren).
+**scrub up** laj duart mirë e mirë (kirurgu para operacionit).
scrub II [skrʌb] *n, adj* -*n* 1. shkurre, kaçube. 2.shkorret. 3.rrumaduc. 4.*sport* rezervë(lojtar).
-*adj sport* rezervë; i dorës së dytë(ekip).
scrubber I['skrʌbë:] *n* 1.shtupë enësh. 2.filtrues, aparat pastrimi(gazesh, avujsh).
scrubber ['skrʌbë:] *n* zuskë, kuçkë, putanë.
scrubby['skrʌbi] *adj* 1.e ulët, e shkurtër(pemë). 2. me shkurre(vend). 3.i thatë, i pakët.
scruff[skrʌf] *n* 1.*anat* lëkurë e zverkut; zverk.2. *zhrg* njeri i lëshuar; zhelan, rreckaman.
scruffiness['skrʌfinis] *n* lëshim; lënie pas dore.
scruffy['skrʌfi] *adj* 1.i lëshuar; i leckosur, zhelan. 2.i lerosur, tërë zhul(kalama).3.i mjerë, i varfër.
scrum[skrʌm] *n* 1.shih **scrimmage**.2.shtyrje, të shtyra.
scrummage['skrʌmixh] *n,v* shih **scrimmage**.
scrump[skrʌmp] *vt Br gj.fol* përlaj, qëroj(fruta etj).
scrumptious ['skrʌmpshës] *adj gj.fol* i shijshëm, i shkëlqyer (ushqim).
scrumpy['skrʌmpi] *n Br* musht mollësh.
scrunch [skrʌnç] *v,n* -*v* 1.mbledh lëmsh; zhubros. 2.mblidhem, strukem.
-*n* 1.zhubrosje. 2.strukje; kruspullosje.

scruple['skru:pël] *n,v* -*n* 1.skrupull, vrarje ndër-
gjegje; ngurrim; **have no scruples** jam krejt pa
skrupull; **have scruples about doing sth** ngurroj të
bëj diçka.
-*vi* më vret ndërgjegja; ngurroj.
scrupulosity[skrupjë'losëti] *n* ndershmëri; korrek-
tesë; përpikmëri, skrupulozitet.
scrupulous['skru:pjëlës] *adj* i ndershëm, i ndër-
gjegjshëm; korrekt; i përpiktë, skrupuloz.
scrupulously['skru:pjëlësli] *adv* me korrektesë;
me përpikëri, me skrupulozitet.
scrupulousness['skrupjëlësnës] *n* shih **scrupu-
losity.**
scrutineer['skru:tënië:] *n,v Br* -*n* vëzhgues (në
votime).
-*vi* vëzhgoj(votimet).
scrutinize['skru:tënaiz] *vt* shqyrtoj, këqyr me kuj-
des; vëzhgoj, kontrolloj(votimet).
scrutiny['skru:tëni] *n* 1.shqyrtim, këqyrje e kuj-
desshme.2.vështrim hetues. 3.numërim, kontrollim
(i votave).
scuba['sku:bë] *n* (shkurtim për **self-contained
underwater breathing apparatus**) skafandër au-
tonome.
scuba diving *n* zhytje nënujore me skafandër.
scud[skʌd] *v,n* -*vi* vrapon, shket me shpejtësi (re-
ja, dallga, varka).
-*n* 1.vrapim(i dallgëve).2.re të lehta që i shtyn era.
scuff[skʌf] *v,n* -*v* 1.heq këmbët zvarrë. 2.ha, gë-
rryej(shollat e këpucëve).
-*n* 1.zvarritje, heqje zvarrë. 2.e ngrënë(e takës etj).
scuffle['skʌfël] *v,n* -*vi* 1.zihem, hahem (**with**
me).2.heq këmbët zvarrë.
-*n* 1.zënie, të shtyra. 2.heqje e këmbëve zvarrë.
scull[skʌl] *n,v* -*n* 1.rrem tek, purtekë. 2.lopatë,
rrem. 3.vozitje.4.varkë e lehtë garash.
-*v* 1.vozis, u jap rremave. 2.shtyj(varkën).
scullery['skʌlëri] *n Br* aneks kuzhine, kthinë.
scullion['skʌljën] *n vjet* 1.ndihmës në kuzhinë. 2.
njeri i përçmuar.
sculpt[skʌlpt] *v gj.fol* gdhend, skalis.
sculptor['skʌlptë:] *n* gdhendës, skalitës; skulptor.
sculptural['skʌlpçërël] *adj* skulpturor.
sculpture['skʌlpçë:] *n,v* -*n* skulpturë.
-*v* 1.gdhend, skalis.2.derdh, zbukuroj me skulptura.
scum[skʌm] *n,v* -*n* 1.shkumë; zhul; zgjyrë.2.*fig*
llum, fundërri; **the scum of the earth** llumi i
shoqërisë.3.(person) ndyrësirë, pleh.
-*v* 1.krijon shkumë, mbulohet me shkumë/me zgjy-
rë. 2.heq shkumën/zgjyrën.
scummy['skʌmi] *adj* 1.me shkumë; me zgjyrë. 2.
i keq, pa vlerë.
scunner['skʌnë:] *n* mospëlqim, zët; **take a scun-
ner to sb/sth** e marr zët dikë/diçka.
scupper ['skʌpë:] *n,v d et* vrimë shkarkimi në

kuvertë.
-*vt Br zhrg* 1.kap në befasi; zë pisk. 2.*fig* varros,
fundos; sabotoj(bisedimet etj).
scurf[skë:f] *n* 1.zbokth. 2.leskër.
scurfy['skë:fi] *adj* 1.me zbokth.2.i leskëruar.
scurrility[skë'rilëti] *n* 1.gojështhurje; lapërdhi. 2.
vrazhdësi; vulgaritet.
scurrilous['skërëlës] *adj* 1.gojështhurur, gojëndy-
rë, lapërdhar. 2.i vrazhdë; vulgar.
scurrilously['skërilësli] *adv* 1.ndyrë. 2.vrazhdë.
scurry['skëri] *n,v* -*n* vrap; ikje nga sytë këmbët.
-*vi* 1.iki me vrap; iki nga sytë këmbët. 2.*fig* bëj nxi-
timthi; **scurry through sth** mbaroj punë fët-e-fët.
+**scurry away/off** iki me vrap, ua mbath, zhdukem.
scurvy['skë:vi] *n,adj* -*n mjek* skorbut.
-*adj* i ulët, i lig, i poshtër.
scut[skʌt] *n* bisht i shkurtër.
scutch [skʌç] *v,n* -*vt* zhvesh (pambukun); rrah
(kërpin).
scutcher['skʌçë:] *n* zhveshës pambuku.
scuttle I['skʌtël] *n* kovë qymyri.
scuttle II['skʌtël] *v,n* -*vi* iki me vrap, ua mbath,
fryj.
-*n* ikje me vrap, arrati.
scuttle III['skʌtël] *n,v det* -*n* 1.baxhë, kapanxhë.
kapak baxhe.
-*vt* 1.*det* fundos me dashje(anijen), i hap vrima. 2.
hap vrima shkarkimi(në kuvertë). 3.*fig* shkatërroj, u
jap fund(shpresave).
scuttlebutt['skʌtëlbʌt] *n* 1.*det* fuçi uji të pishëm
(në kuvertë). 2.*amer zhrg* llafe, thashetheme.
scythe[saidh] *n,v* -*n* kositje.
-*vt* kosis.
SE,S.E. shkurtim për **southeast, southeastern.**
sea [si:] *n* 1.det; **by sea** me det, me anije; **by /
beside the sea** buzë / anës detit; **on the sea** në det
(lundra); **over/beyond the sea(s)** përtej detit; **out at
sea** në det. 2.*fig* mori(fytyrash, vështirësish);
lumë(gjaku). + **all at sea** krejt i hutuar/i çoroditur;
follow the sea jam marinar; **go to sea** a)bëhem
detar; b) nisem për lundrim, dal në det; **put to sea**
dal në det.
sea anchor *n det* spirancë pluskuese.
sea anemone *n zool* aktinie.
seabed['si:bed] *n* fund deti.
sea biscuit, sea bread *n* galetë.
seaboard['si:bo:d] *n* 1.bregdet. 2.*attr* bregdetar.
sea boot *n* çizme detari.
seaborne ['si:bo:n] *adj* detar (transport, tregti); i
transportuar me det(mall).
sea bream *n zool* peshk i kuq.
sea breeze *n* erë deti.
sea cadet *n usht* kadet i flotës ushtarake detare.
sea calf *n zool* fokë.
sea captain *n* kapiten anijeje tregtare.

sea change *n fig* ndryshim rrënjësor/i thellë.
seacoast['si:koust] *n* breg, bregdet.
sea cow *n zool* lopë deti.
sea dog *n* 1.*zool* qen deti; fokë. 2.*fig* ujk deti.
sea eagle *n zool* shqipe deti.
sea eel *n zool* ngjalë deti.
sea element *n knd usht* forcat detare.
sea elephant *n zool* elefant deti, fokë elefant.
seafarer, seafaring man['si:ferë:] *n* detar.
seafaring['si:fering] *adj,n* -*adj* detar; i detit.
-*n* 1.detari. 2.lundrim.
seafaring life *n* jetë detari.
sea fight *n* betejë detare.
sea fish *n* peshk deti.
seafood['si:fu:d] *n* prodhime deti.
seafowl['si:faul] *n zool* zog deti.
sea front *n* breg, bregdet.
seagirt['si:gë:t] *adj poet* i rrethuar me det.
seagoing['si:gouing] *adj* 1.detar; i detit; lundrues.
2.i aftë për lundrim.
seagoing man *n* detar.
seagoing ship *n* anije e lundrimeve të gjata.
seagull['si:gʌl] *n zool* pulëbardhë.
sea horse *n zool* kalë deti.
sea lavender *n bot* trumzë deti.
sea legs *n gj.fol* ecje detarësh; find/get one's sea
legs mësohem me detin.
sea level *n gjeog* nivel i detit.
sea lift *n usht* evakuim me det.
sea lion *n zool* luan deti.
Sea Lord *n Br* admiral i shtabit të Flotës Detare.
seaman['si:mën] *n* detar.
seamanship['si:mënship] *n* art i lundrimit, detari.
seamark['si:ma:k] *n* 1.far, fanar. 2.vijë në breg që
tregon kufijtë e baticës.
sea mew *n zool* pulëbardhë.
sea mile *n* milje detare(= 1.85 km).
sea onion *n bot* qepë deti, boçkë.
sea otter *n zool* lundër, vidër.
seaplane['si:plein] *n* hidroplan, hidravion.
seaport['si:po:t] *n* port detar.
sea power *n pol* fuqi detare.
sea route *n* rrugë detare.
sea rover *n* 1.pirat. 2.anije pirate.
seascape['si:skeip] *n* 1.panoramë detare/bregdeta-
re. 2.tablo me det.
sea serpent *n* gjarpër deti.
sea-shell['si:shell] *n* guaskë.
seashore['si:sho:] *n* breg, bregdet.
seasick['si:sik] *adj* që e ka zënë/e zë deti.
seasickness['si:siknis] *n* sëmundje e detit.
seaside['si:said] *n* breg, bregdet; seaside resort
qendër klimaterike bregdetare.
sea snake *n zool* gjarpër deti.

sea star *n zool* yll deti.
sea trout *n zool* troftë deti.
sea urchin *n zool* iriq deti.
seawall['si:wol] *n ndërt* pritë/digë bregdetare.
seaward ['si:wë:d] *adv,adj,n* -*adv,adj* nga deti
(pamje).
-*n* drejtim nga deti.
seawards['si:wë:dz] *adv* nga deti, drejt detit.
seaway['si:wei] *n* 1.rrugë detare. 2.udhëtim, lun-
drim. 3.det i trazuar. 4.rrugë ujore(në brendësi të
vendit).
seaweed['si:wi:d] *n bot* algë, leshterik.
seawind['si:wind] *n* erë deti, erë nga deti.
seaworthy['si:wë:thi] *adj* në gjendje/i aftë për lu-
ndrim.
seaworthiness['si:wë:thinis] *n* aftësi lundruese.
Seabee['si:bi:] *n amer usht* xhenjer i Flotës Detare.
seal I[si:l] *n,v* -*n* 1.vulë.2.plumb,vulë plumbi; dy-
llë, vulë dylli. 3.pullë, stampë(dekorative). 4.*tek*
hermetizues, guarnicion.
-*vt* 1.vulos. 2.mbyll, ngjis(zarfin). 3.plumboj, mbyll
me vulë plumbi; dyllos, i vë vulë dylli. 4. mbyll fort
(kavanozin etj). 5.zë(plasat); mbush(poret).6.*fig*
qep(gojën). 7.*fig* i vë vulën, vendos; përfundoj(një
marrëveshje); that sealed his fate kjo i vuri vulën
të ardhmes së tij.
+seal in mbyll hermetikisht; ruaj(aromën).
+seal off a)mbyll, i pres rrugën; b)rrethoj(me policë).
+seal up mbyll hermetikisht; izoloj; saldoj.
seal II[si:l] *n,v* -*n* 1.fokë. 2.lëkurë foke.
-*v* gjuaj foka.
sealant['si:lënt] *n tek* guarnicion; material herme-
tizues.
sealer I['si:lë:] *n* 1.*tek* mbushës(material); dorë e
parë(boje, llaku për mbushjen e poreve). 2.enë
/kavanoz hermetik(për konservim). 3.vulosës; plu-
mbosës; dyllosës(nëpunës).
sealer II['si:lë:] *n* 1.gjuetar fokash. 2.anije për gju-
eti fokash.
sealing I['si:ling] *n* gjueti fokash.
sealing II ['si:ling] *n* 1. vulosje. 2. dyllosje; plu-
mbosje.
sealing wax *n* dyllë i kuq(për dyllosje).
sealskin['si:lskin] *n* lëkurë/gëzof foke.
seam[si:m] *n,v* -*n* 1.e qepur, tegel; come apart at
the seam a)shqepet; b)*fig* prishet, shkatërrohet
(lidhja, miqësia). 2.(në plastmas, metal) lidhje,
bashkim. 3.*tek* tegel saldimi. 4.*gjeol, min* shtresë;
damar(minerali). 5.rrudhë; shenjë, mbresë(plage).
-*v* 1.qep; i bëj tegel. 2.lidh, bashkoj. 3.bën/krijon
rrudha. 4.plasaritet.
seamless['si:mlis] *adj* pa tegela, pa tepura.
seamstress['si:mstris] *n* rrobaqepëse.
seamy ['si:mi] *adj* 1.*fig* i zymtë, i errët, i pakënd-
shëm; the seamy side of life anët e errëta të jetës. 2.

e tegelave, e të qepurave, e brendshme(anë e rrobës).
sear[sië:] *v,n,adj* *-vt* 1.fishk, than(dielli bimët).
2.përzhit, përcëllon.3.*mjek* djeg(plagën).4.vulos/shë-
noj(bagëtinë me hekur të skuqur).5.*fig* regj, argas.
-n shenjë(me hekur të skuqur).
-adj vjet i tharë; i fishkur; i përzhitur.
search [së:ç] *v,n* *-v* 1.kërkoj. 2.rrëmoj (nëpër).
3.kontrolloj(sirtarët). 4.këqyr, hetoj(shprehjen e fyty-
rës). 5.shqyrtoj(dokumente).
-n 1.kërkim; **in search of** në kërkim të. 2.kontroll.
3.këqyrje, hetim.4.shqyrtim.
+**search about/around** kërkoj/kontrolloj gjithandej.
+**search out** a)kërkoj; b)gjej, zbuloj.
searcher['së:çë:] *n* kërkues.
searching['së:çing] *adj* 1.zhbirues, hetues, depër-
tues(vështrim). 2.i rreptë, i hollësishëm(provim).
searchingly ['së:çingli] *adv* 1.me pamje zhbiru-
ese. 2.imtësisht.
searchlight['së:çlait] *n* prozhektor; dritë prozhek-
tori.
search warrant *n* urdhër bastisjeje.
searing['siëring] *adj* e mprehtë, therëse(dhimbje).
season['si:zën] *n,v* *-n* 1.stinë; **the dry season** sti-
na e thatë. 2.sezon, periudhë, kohë; **in/out of season**
brenda/jashtë sezonit; **the Christmas season**
periudha e Krishtlindjeve; **the off-season** periudha
jashtë sezonit. 3.kohë e përshtatshme; **in good**
season në kohë, me kohë, heret. + **for a season** për
një periudhë kohe; **in season** a)në kohën e duhur;
b)mjaft herët; c)me vend: **a word in season** fjalë me
vend; **in season and out of season** në çdo kohë.
-v 1.ndreq(gjellën). 2.*fig* gjallëroj, lezetoj(bisedën).
3.vjetëroj, stinoj, staxhionoj(drurin). 4.vjetërohet,
staxhionohet.5.kalis, mësoj(ushtarët).6.*fig* zbus.
season ticket *n* 1.biletë për gjithë sezonin(sportiv,
teatral). 2.aboné(treni, autobusi).
seasonable['si:znëbël] *adj* 1.që e ka kohën(moti).
2.në kohë(ndihmë).
seasonal['si:zënël] *adj* 1.stinor; sezonal. 2.i për-
kohshëm(punëtor).
seasonally['si:zënëli] *adv* sipas stinës.
seasoned['si:zënd] *adj* 1.i vjetëruar, i staxhionuar.
2.me përvojë(punëtor, aktor). 3.*usht* i kalitur. 4.i
regjur; i mësuar; **be seasoned to sth** jam i mësuar
me diçka.
seasoning['si:zëning] *n* 1.ndreqje(e gjellës). 2.erë-
za. 3.*fig* lezetim.
seat[si:t] *n,v* *-n* 1. ndenjëse. 2.vend; karrige (në
sallë etj); **take a seat** ulem, zë vend; **keep a seat for**
me më ruaj një vend.3.*pol* vend(në parlament). 4.
shalë (biçiklete). 5. të ndenjura (të pantallonave);
bythë, prapanicë. 6.seli(e qeverisë). 7.qendër(e fir-
mës).8.*mjek* vatër(infeksioni).9.*fig* vatër(kulture).
-v 1.ul; vendos(miqtë); **please be seated** zini vend,
ju lutem.2.i gjej vend. 3.nxë(makina, tavolina); his

car **seats 6 in comfort** vetura e tij i nxë fort rehat 6
vetë.4.i vë fund të ri(karriges). 5.deformohet në të
ndenjurat (fundi, pantallonat).
seat back *n* shpinë(karrigeje).
seat belt *n aut* rrip sigurimi.
seatmates ['si:tmeits] *n amer* udhëtarë në të njëj-
tën ndenjëse(të makinës).
seatwork['si:twë:k] *n amer* detyrë klase.
-**seater**['si:të:] *adj,n* : **a four-seater** veturë katër-
vendëshe.
seating['si:ting] *n* 1.mbulesë, shtrojë, tapiceri. 2.
vendosje e karrigeve; rregullim i vendeve. 3.vende
(ulur).4.*mek* sedie(e rubinetit etj).
seating accommodation *n* numër i vendeve ulur.
seating arrangements *n* vendosje e njerëzve (në-
për vende).
seating capacity *n* numër i vendeve ulur.
SEATO ['si:tou] *n* (shkurtim për **South East**
Asia Treaty Organisation)   Traktati i Azisë
Juglindore, SEATO.
sebaceous[si'beishës] *adj anat* dhjamor(ind, gjën-
dërr).
sec. shkurtim për **secretary; second(s); section(s);**
secondary.
secant['si:kënt] *n,adj mat* *-n* 1.prerëse, sekante.
2.(trigonometri) sekant.
-adj prerës.
secateurs[sekë'të:z] *n Br* gërshërë krasitjeje.
secede[si'si:d] *vi pol* shkëputem, ndahem, largo-
hem.
secession[si'seshën] *n pol* shkëputje, ndarje, lar-
gim.
secessionism[si'seshënizm] *n pol* separatizëm.
secessionist[si'seshënist] *n pol* separatist.
seclude[si'klu:d] *vt* largoj, veçoj, shkëpus, izoloj.
secluded[si'klu:did] *adj* 1.i veçuar, i izoluar(vend).
2.e tërhequr, e mbyllur(jetë).
seclusion[si'klu:zhën] *n* 1.veçim, izolim. 2.vend i
izoluar.
seclusive[si"klu:siv] *adj* 1.i tërhequr(njeri). 2.ve-
çues, izolues.
second I['sekënd] *adj,adv,n,v* *-adj* 1.i dytë; **be**
second in the queue jam i dyti në radhë; **second**
cousin kushëri i dytë. 2.tjetër; i dytë; **would you like**
a second cup? dëshiron edhe një gotë tjetër? **ask**
for a second opinion *mjek* kërkoj mendimin e një
mjeku tjetër; **second nature** natyrë e dytë; **have**
second thoughts about sth ndryshoj mendim për
diçka; **on second thoughts..** pasi e mendova edhe
njëherë.. + **at second hand** nga dorë e dytë, jo nga
pronari/burimi i parë; **get one's second wind** a)fi-
lloj të marr frymë sërish; b)*fig* mbledh forcat.
-adv 1.në vend të dytë(në garë); **arrive second**
arrij i dyti(në mbledhje); dal i dyti(në garë); **come**
second dal i dyti(në garë); **the second largest fish**

peshku i dytë nga madhësia.2.së dyti, në radhë të dytë. 3.*hek* në klasin e dytë(udhëtoj).

-*n* 1.i dyti(në garë); **he came a good second** a)doli i dyti me kohë mjaft të mirë; b)doli i dyti(në provim) me notë mjaft të mirë.2.*pl* artikuj të dorës së dytë. 3. (në boks) sekondant, kujdestar.4.(në duel) shoqërues, dëshmitar. 5.*muz* zë i dytë. 6.*aut* marsh i dytë; **in second** me të dytin.7.*gj.fol* ushqim i mbetur; **anyone for seconds?** do ndonjëri nga ajo që ka mbetur? -*vt* 1.mbështes, përkrah. 2.*Br*[si'kond] *usht* nis me mision.

second II['sekënd] *n* sekondë; **seconds hand** akrep i sekondave.

secondary['sekëndëri] *adj,n* -*adj* 1.i dytë; dytësor. 2.i mesëm(arsim, shkollë). 3.ndihmës; anësor; **of secondary importance** i dorës së dytë, jo shumë i rëndësishëm.

-*n* lëndë dytësore(në program).

secondary modern school *n Br* shkollë e mesme e arsimit të përgjithshëm.

secondary product *n kim,ind* nënprodukt.

secondary road *n* rrugë dytësore/jokryesore.

secondary school *n* shkollë e mesme.

secondary stress *n gjuh* theks dytësor.

second - best ['sekëndbest] *adj* 1. i dytë; **as a second-best** nga e keqja.2.(rroba) të zakonshme, që mbahen çdo ditë.

second-class['sekëndklæs] *adj,adv* -*adj* 1.i dorës së dytë; i kategorisë së dytë(hotel). 2.*hek* i klasit të dytë(vagon). 3.i cilësisë së ulët.

-*adv* në klas të dytë(udhëtoj).

seconder ['sekëndë:] *n* 1.përkrahës, mbështetës. 2.nun i dytë, kandidat i dytë për kumbarë.

second hand *n* akrep i sekondave.

second-hand['sekëndhænd] *adj,adv* -*adj* 1.i tërthortë, nga burim tjetër(informacion). 2.i vjetër, i përdorur, i rastit(artikull); **second-hand car** makinë e përdorur. 3.mallrash të përdorura(dyqan).

-*adv* 1.nga dorë e dytë(blej diçka). 2.tërthorazi (marr vesh diçka).

secondly['sekëndli] *adv* së dyti, në radhë të dytë.

secondment [si'kondmënt] *n Br* 1.emërim i përkohshëm. 2.nisje/dërgim me mision.

second person *n gjuh* vetë e dytë.

second-rate ['sekëndreit] *adj* 1. i dorës së dytë, i cilësisë së ulët. 2.i rëndomtë(autor).

second sight *n* largpamësi.

second wind *n* 1. rimarrje e vetes. 2. *fig* rimëkëmbje, përtëritje.

secrecy['si:krësi] *n* 1.fshehtësi; e fshehtë; **in secrecy** në fshehtësi; **there's no secrecy about it** s'ka ndonjë të fshehtë këtu.2.ruajtje e së fshehtës, kyçje e gojës.

secret['si:krit] *adj,n* -*adj* 1.i fshehtë, sekret; **keep sth secret from sb** ia mbaj të fshehtë diçka dikujt. 2.

gojëkyçur; **be as secret as the grave** jam gojëkyçur si varri. 3.i fshehur.4.i errët, i pakuptueshëm.

-*n* 1.e fshehtë; mister; **the secrets of nature** të fshehtat e natyrës. 2.sekret, e fshehtë; **keep a secret** e ruaj të fshehtën; **be in the secret** jam brenda; jam në dijeni; **make no secret of the fact that**...nuk e mbaj të fshehtë faktin që... 3.*fig* arsye e fshehtë, kyç; **the secret of success** kyçi i suksesit. 4.fshehtësi; **in secret** në fshehtësi.

secret agent *n* agjent i fshehtë.

secret ballot *n* votim i fshehtë.

secret funds *n* fond sekret/i fshehtë.

secret police *n* polici e fshehtë.

Secret Service *n* 1.*Br* Shërbimi i Fshehtë.2.*amer* shërbimi i mbrojtjes së presidentit.

secretarial[sekrë'teëriël] *adj* sekretari(punë); **have a secretarial job** punoj si sekretar.

secretarial college *n* shkollë sekretarie, shkollë për përgatitjen e sekretarëve.

secretariat[sekrë'teëriët] *n* sekretari, sekretariat.

secretary['sekrëtri] *n* 1.sekretar. 2.*pol* ministër. 3. tryezë pune.

secretary-general *n* sekretar i përgjithshëm.

Secretary of State *n pol* 1.*Br* ministër. 2.*amer* ministër i Jashtëm/i Punëve të Jashtme.

secrete[si'kri:t] *vt* 1.fsheh; mbaj të fshehtë. 2.*biol* sekreton, tajit.

secretion[si'kri:shën] *n* 1.fshehje. 2.*biol* sekretim; sekrecion, tajitje.

secretive['sikrëtiv] *adj* 1.i fshehtë, fsheharak, jo i çiltër. 2.*biol* sekretues, tajitës.

secretively['si:krëtivli] *adv* me fshehtësi, në mënyrë tepër të rezervuar, pa çiltërsi.

secretiveness ['sikrëtivnis] *n* mosçiltërsi, natyrë fsheharake.

secretly['sikrëtli] *adv* 1.në fshehtësi; fshehtas. 2. në brendësi, brenda vetes.

secretory[si'kri:tëri] *adj biol* sekretues, tajitës.

sect[sekt] *n fet* sekt.

sectarian[sek'teëriën] *adj,n fet,pol* sektar.

sectarianism [sek'teëriënizm] *n fet, pol* sektarizëm.

section['sekshën] *n,v* -*n* 1.pjesë(e librit, e popullsisë. 2.paragraf; nen. 3.zonë, rajon; lagje. 4.*pol,ek, adm* seksion, sektor. 5.*usht* skuadër.6.fetë, copë (keku etj). 7.prerje. 8.seksion, ngastër, territor(1 milje katror, = 260 ha).9.element, pjesë përbërëse. 10.*biol* shtresë e hollë, prerje(për mikroskop). 11.*polig* fashikull.12.*hek* a)rajon hekurudhor; b)tren suplementar; c)kabinë /kupé për fjejtje.

-*vt* pres, ndaj; pjesëtoj.

+**section off** ndaj, veçoj.

sectional['sekshënël] *adj* 1.lokal. 2.sektorial; i një grupi.3.me pjesë, me elementë.4.në prerje(vizatim).

sectionalism['sekshënëlizm] *n* sektorializëm.

sector['sektë:] *n* 1.*mat* sektor(rrethi).2.*usht* zonë, rajon, sektor.3.*fig* fushë; sferë; sektor. 4.këndmatës.

sectorial[sek'to:riël] *adj* sektorial.

secular ['sekjële:] *adj* laik; profan; jofetar; shekullar.

secularization[sekjulërai'zeishën] *n* laicizim.

secularize['sekjuleraiz] *vt* laicizoj.

secure[si'kjuë:] *adj,v* -*adj* 1.i sigurt, në vend të sigurt. 2.i fiksuar mirë; i mbyllur mirë; i siguruar. 3. i qetë, i patrazuar, i sigurt në vetvete; **feel secure about sth** ndihem i qetë për diçka. -*vt* 1.shtie në dorë, siguroj. 2.fiksoj/shtrëngoj/mbyll mirë, siguroj. 3.ruaj, siguroj(nga rreziku etj); **secure against the dangers of** sigurohem nga rreziku i. 4.*fin* garantoj(huanë).

securely [si'kjuë:li] *adv* 1. fort, mirë (shtrëngoj, mbyll). 2.në siguri, në mënyrë të sigurt.

security[si'kjuërëti] *n* 1.sigurim; ruajtje(nga rreziku i); **job security** ruajtje e punës; **top/high security** masa sigurimi të plota. 2.siguri; **security of tenant** kontratë qiraje e sigurt. 3.besim, siguri(në vetvete). 4.shkujdesje. 5.*fin* garanci, dorëzani; **loans without security** hua e pagarantuar.6.dorëzanë, garant; **stand security for sb** bëhem dorëzanë/dal garant për dikë. 7.*pl fin* **securities** letra me vlerë.

securities market *n* treg i letrave me vlerë.

Security Council *n* *pol* Këshill i Sigurimit (i OKB-së).

security firm *n* firmë/kompani ruajtëse, firmë që ofron shërbim roje.

security guard *n* rojë; nëpunës rojë; shoqërues (i parave).

security leak *n* dekonspirim.

security police *n* shërbim i sigurimit.

security risk *n* person jo i besuar.

sedan[si'dæn] *n* 1.karrige që mbahet mbi supe. 2. *amer* veturë e bollshme.

sedan chair *n* shih **sedan** 1.

sedate[si'deit] *adj,v* -*adj* 1.i qetë, i përmbajtur. 2.serioz.3.i shtruar, i matur(qëndrim).

sedately[si'deitli] *adv* me qetësi; me maturi.

sedateness[si'deitnis] *n* qetësi; përmbajtje; maturi.

sedation[si'deishën] *n* qetësim; **be under sedation** marr qetësues(barna).

sedative['sedëtiv] *adj,n mjek* qetësues(bar).

sedentary['sedëntri] *adj* i ulur, ndenjur; sedentare (punë); **sedentary worker** njeri që punon ulur.

sedge[sexh] *n bot* plish, shqirrë.

sediment['sedimënt] *n* 1.*gjeol,mjek* sediment. 2. *kim* fundërri.3.llum(i verës etj).

sedimentary[sedi'mentëri] *adj* sedimentar; fundërresor.

sedimentation [sedimen'teishën] *n* sedimentim; fundërrim.

sedition [si'dishën] *n* rebelim; (nxitje për) krye-

ngritje.

seditious[se'dishës] *adj* 1.turbullues(veprim, fjalim). 2.kryengritës, rebel.

seduce[si'dju:s] *vt* 1.josh, ngashënjej(për marrëdhënie seksuale). 2.kandis, gaboj, i mbush mendjen.

seducement[si'dju:smënt] *n* shih **seduction**.

seducer[si'dju:së:] *n* joshës, ngashnjyes.

seduction[si'dʌkshën] *n* joshje, ngashënjim; kandisje, mashtrim; joshë.

seductive[si'dʌktiv] *n* joshës, ngashënjyes; hamgjitës; tërheqës; magjepsës.

seductively [si'dʌktivli] *adv* në mënyrë joshëse /magjepsëse.

seductiveness[si'dʌktivnis] *n* joshë; magjepsje.

seductress[si'dʌktris] *n* femër joshëse, mashtruese.

sedulity[si'djulëti] *n* zell, këmbëngulje, vullnet.

sedulous['sedjulës] *adj* i zellshëm, këmbëngulës, me vullnet.

sedulously['sedjulësli] *adv* me zell, me këmbëngulje.

see I[si:] *v* (saw; seen) 1.shoh, shikoj; **let me see** prit ta shikoj, ma trego pak; **there was no one/not a soul to be seen** nuk shihej/nuk dukej frymë njeriu; **see the world** udhëtoj, shoh botë me sy; **see a tennis match** shoh/ndjek një ndeshje tenisi.2.shqyrtoj, diskutoj, shikoj; **can I go out? - we'll see** a të dal pak? - ta shohim. 3.kuptoj, marr vesh, shoh; **see the joke** e kuptoj shakanë; **see sense** ha arsye; **I can't see the point of it** nuk e shoh ku qëndron dobia e kësaj /ç'interes paraqet kjo; **as I see it, the way I see it** për mendimin tim, siç e kuptoj unë; **I see!** e shoh!, e kuptoj! **you see...** ju më kuptoni.., ju e shihni vetë... 4.vërej, vë re, gjej, shikoj; **I don't know what he sees in her** nuk e marr vesh çfarë gjen/shikon ai tek ajo. 5.mendoj, quaj, shoh, konsideroj; **if you see fit to do so** po qe se ti e quan/e sheh me vend ta bësh këtë. 6.kujdesem, sigurohem; **see that you lock the door** sigurohu që e mbylle derën. 7.marr vesh, mësoj, zbuloj; **see what needs to be done** merr vesh se çfarë duhet bërë.8.shoh, provoj; **these shoes have seen better days** këto këpucë kanë parë ditë më të mira. 9.shoqëroj, përcjell; **see sb to the station** përcjell dikë në stacion. 10.takoj; pres në takim; i bëj vizitë; **he couldn't see me today** ai nuk më priti dot sot; **they see a lot of her** ata e takojnë shpesh. 11.lejoj; duroj; **he couldn't see her left alone** ai nuk duronte dot që ajo të mbetej vetëm.12.përfytyroj; **I can't see myself doing such a thing** nuk e përfytyroj dot se si mund ta bëj këtë gjë. 13.(në poker) : **I'll see you** visto!, t'i hapim letrat.14.(në shprehje) : **see you!, see you later!, I'll be seeing you! mirupafshim! see you next week!** mirupafshim nga java!

+**see about** a)merrem me, interesohem për; b)shikoj, shqyrtoj, e mendoj.

+see after kujdesem, interesohem për.

+see in pres: see the New Year in pres/festoj vitin e Ri.

+see into shqyrtoj, zhbiroj.

+see off a)përcjell, shoqëroj, ndahem me(dikë); b) *fig* ia lag, ia ha arrat.

+see out a)përcjell te dera; b)zgjat, mban, e nxjerr (dimrin, muajin); c)përfundoj; shoh deri në fund (filmin, shfaqjen).

+see over vizitoj, i bie qark.

+see through a)i bie në të; kuptoj, shoh qartë; b)çoj deri në fund; përfundoj; c)i mbaroj punë; e nxjerr nga situata.

see-through['si:thru:] *adj* e tejdukshme(bluzë).

+see to kujdesem për; merrem me; interesohem.

see II[si:] *n* peshkopatë, ipeshkvi; kryepeshkopatë.

seed[si:d] *n,v -n* 1.*bot,bujq* farë; bërthamë; go /run to seed a)lidh farë(bima); b)*fig* ia var vetes; c) *fig* fishkem, venitem.2.*fig* burim, origjinë; farë(e dyshimit etj). 3.*biol* spermë. 4.pasardhës, pinjoll. 5.*sport* kryesues(në tenis); first seed lojtar i klasit të parë.
-*v* 1.mbjell. 2.lidh farë. 3.zhvesh, i heq farët. 4.*sport* klasifikoj(në tenis); she was seeded third ajo u rendit e treta.

seedbed['si:dbed] *n bujq* farishtë.

seedcase['si:dkeis] *n bot* bishtajë.

seedcorn['si:dko:n] *n* farë drithi (gruri, misri).

seeded player *n sport* kryesues, lojtar i tabelës së kryesuesve(në tenis).

seeder['si:dë:] *n* 1.mbjellës. 2.makinë mbjellëse. 3.makinë zhveshëse.

seeding machine *n bujq* makinë mbjellëse.

seed leaf *n bot* embrion.

seedless['si:dlis] *adj* i pafarë.

seedling['si:dling] *n* 1.bimëz, filiz.2.fidan.

seed money *n ek,fin* kapital fillestar.

seed pearls *n* perla të imëta.

seedsman['si:dzmën] *n* 1.mbjellës. 2.shitës farërash.

seed tree *n bujq* pemë e zgjedhur për farë.

seedy['si:di] *adj* 1.me farë, plot farë. 2.në farë, në fazën e lidhjes së farës. 3.*gj.fol* i vjetër(hotel); e rreckosur (rrobë). 4.*gj.fol* i dërrmuar; pa qejf; he looks rather seedy duket i mbaruar.

seeing['si:ing] *n,conj -n* shikim.
-*conj* (that) duke parë (që).

Seeing Eye dog *n amer* qen të verbërish.

seek[si:k] *v* (sought) 1.kërkoj(të gjej); seek for sth lost kërkoj për diçka që më ka humbur; seek shelter/one's fortune kërkoj strehë/fatin.2.lyp, kërkoj; seek help from sb i kërkoj ndihmë dikujt. 3.përpiqem, dua; he sought to kill her ai deshi ta vriste.

+seek after/for kërkoj: much sought after shumë

i kërkuar.

+seek out a)kërkoj, shikoj për(dikë); b)e kërkoj (belanë).

seeker['si:kë:] *n* 1.kërkues; i interesuar(për).2.*usht* pajisje vetëkërkuese.

seem[si:m] *vi* 1.duket, ngjan; she seems honest ajo duket e ndershme; she seems to know him ajo duket se e njeh atë; it all seems like a dream ngjan e gjitha si një ëndërr. 2.duket se; me sa duket; it seems that duket se; it seems he's not right ai me sa duket gabohet.

seeming['si:ming] *adj,n -adj* në dukje, gjoja; a seeming advantage një gjoja-epërsi, epërsi në dukje.
-*n* dukje, aparencë.

seemingly ['si:mingli] *adv* me sa duket; nga sa thuhet.

seemliness['si:mlinis] *n* 1.mirësjellje; korrektesë. 2.hijeshi(e veshjes), paraqitje, dukë.

seemly['si:mli] *adj,adv -adj* 1.i përshtatshëm, me vend(qëndrim). 2.e hijshme, e rregullt (veshje).
-*adv* në rregull, siç duhet; siç ka hije.

seen[si:n] *pp* e see.

seep[si:p] *vi* kullon,depërton, hyn, futet.

+seep away rrjedh pikë-pikë.

+seep in hyn, depërton(uji).

+seep out ujtis, lagëson, loton, qan(hardhia, muri).

seepage['si:pixh] *n* 1.pikim; rrjedhje. 2.lagështi.

seeper['si:pë:] *n* pusetë, gropë kullimi.

seer['sië:] *n* parashikues; profet.

seeress['siëris] *n* parashikuese; profete.

seersucker['sië:sʌkë:] *n tekst* krep; tyl.

seesaw['si:so:] *n,v -n* 1.kolovajzë, lisharës. 2.kolovitje, luhatje.
-*vi* 1.kolovitem; vete-vij. 2.luhatet, lëkundet.

seethe[si:dh] *vi* 1.vlon, valon.2.shkumëzon; gurgullon. 3.*fig* ziej, vloj përbrenda; seethe with anger/fury/rage vloj nga inati, ziej nga tërbimi. 4. *fig* gëlon, mizëron; seethe with people gëlon nga njerëzit.

segment['segmënt] *n,v -n* 1.pjesë, copë; thelë. 2. *mat,anat* segment.
-*v* 1.ndaj, copëzoj. 2.ndahet, copëzohet.

segmental[seg'mentël] *adj* 1.i segmentuar, i copëzuar; segmentar, copëzor.2.*mat* sektorial.

segmentary['segmënteri] *adj* shih segmentary.

segmentation [segmën'teishën] *n* 1. copëzim, ndarje. 2.*biol* shumëzim me ndarje(i qelizave).

segregate['segrëgeit] *adj* edhe 'segrëgit] *v,adj -vt* ndaj, veçoj; izoloj.
-*adj* i ndarë, i veçuar; i izoluar.

segregated ['segrëgeitid] *adj pol* me ndarje racore, ku zbatohet veçimi i racave të ndryshme.

segregation[segrë'geishën] *n* ndarje, veçim; izolim.

segregationist[segrë'geishënist] *n pol* segregacionist, racist.

segregative['segrĕgeitiv] *adj* 1.veçues, izolues. 2. i mënjanuar, i tërhequr; i pashoqërueshëm.

seine[sein] *n,v* *-n* pezaul, rrjetë me plumbça e tapa. *-vi* peshkoj me rrjetë/me pezaul.

seiner['seinë:] *n* 1.barkë peshkimi. 2.peshkatar me pezaul.

seism['saizm] *n* tërmet.

seismic['saizmik] *adj* sizmik.

seismogram['saizmëgræm] *n* sizmogramë.

seismograph['saizmëgræf] *n* sizmograf.

seismographic[saizmë'græfik] *adj* sizmografik.

seismography[saiz'mogrëfi] *n* sizmografi.

seismological[saizmë'loxhëkël] *adj* sizmologjik.

seismologist[saiz'molëxhist] *n* sizmolog.

seismology[saiz'molëxhi] *n* sizmologji.

seismometer[saiz'momëtë:] *n* sizmograf.

seize[si:z] *v* 1.kap; **seize the opportunity** *fig* e kap rastin. 2.*fig* kap, pushton(inati etj); mbërthen (sëmundja). 3. *usht* pushtoj, zë(një territor etj); shtie në dorë.4.*drejt* kap, arrestoj (dikë).5.*drejt* konfiskoj (mall, pronë). 6.*mek* gripon; ngec, fërkon; bllokohet.7.lidh, bashkoj(litarët etj).
+**seize on** a)shtie në dorë; b)rrëmbej.
+**seize up** a)*mek* gripon; gripohet; b)*mjek* mpihet.
+**seize upon** kap(idenë); shfrytëzoj(rastin).

seizing['si:zing] *n* 1.kapje, mbërthim; shtrëngim. 2.copë litari/kavoje.

seizure['si:zhë:] *n* 1.kapje(e keqbërësit etj). 2.marrje(pushteti); pushtim(qyteti, territori). 3.*drejt* konfiskim. 4.*mjek* krizë(zemre etj); konvulsione.5.*mek* ingranim.

seldom['seldëm] *adv* rrallë; **seldom if ever** rrallë, për të mos thënë hiç.

select[si'lekt] *v,adj* *-vt* zgjedh; **selected works** vepra të zgjedhura.
-adj i zgjedhur; **a select few** disa të privilegjuar, një elitë; **a small select group** një grup i vogël i mbyllur(për të tjerët).

select committee *n* *Br pol* komision parlamentar(hetimor).

selectee[silek'ti:] *n* *amer* *usht* rekrut.

selection [si'lekshën] *n* 1. zgjedhje; përzgjedhje; **make a selection** bëj një zgjedhje, zgjedh. 2.*let, muz* pjesë të zgjedhura. 3.*biol* seleksion natyror.

selective[si'lektiv] *adj* 1.zgjedhës, përzgjedhës.2. selektiv.

selectively[si'lektivli] *adv* në mënyrë selektive, jo dokudo.

selectivity[silek'tivëti] *n* përzgjedhshmëri.

selectman[si'lektmën] *n* *amer* këshilltar bashkie.

selector [si'lektë:] *n* 1.përzgjedhës, seleksionues (person).2.*tek* selektor.

selenite ['selënait, së'li:nait] *n* *min* selenit (lloj gjipsi).

selenium[së'liniëm] *n* *kim* selen.

self[self] *n,adj,pron* *-n* 1.vete, vetvete; uni; **the cult of self** kulti i vetvetes; **she's quite her old self again** është kthyer te tipi i saj i dikurshëm. 2.*treg* dora vetë.
-adj,pron gj.*fol* vetë, vetja ime (e tij, e saj); **a check made payable to self** çek i pagueshëm vetes tënde.

self-[self] *pref* vetë-.

self-abasement[selfë'beismënt] *n* poshtërim i vetvetes.

self-abhorrence[selfëb'ho:rëns] *n* vetëpërçmim.

self-abnegation['selfæbnë'geishën] *n* vetëmohim.

self-absorbed[selfëb'so:bd] *adj* egocentrik.

self-absorption[selfëb'so:pshën] *n* egocentrizëm.

self-abuse[selfë'bju:z] *n* masturbim.

self-acting[self'ækting] *adj* vetëveprues; automatik.

self-addressed envelope *n* zarf që i adresohet vetë dërguesit.

self-adjusting[selfë'xhʌsting] *adj* vetërregullues, me rregullim automatik.

self-apparent [selfë'pærënt] *adj* i vetëkuptueshëm, që kuptohet vetiu.

self-assertive[selfë'së:tiv] *adj* shumë i sigurt në vetvete.

self-assurance[selfë'shu:rëns] *n* vetëbesim.

self-assured[selfë'shu:ë:d] *adj* i sigurt në vetvete, plot vetëbesim.

self-catering[self'keitëring] *adj,n* *-adj* me kuzhinë më vete.
-n apartament me kuzhinë më vete.

self - cent(e)red [self'sentë:d] *adj* *amer* 1.egocentrik. 2. egoist. 3.qendror.

self-cleaning[self'kli:ning] *adj* vetëpastruese(sobë etj).

self-closing[self'klouzing] *adj* me mbyllje automatike.

self-colo(u)red[self'kʌlë:d] *adj* 1.njëngjyrësh. 2. me ngjyrën e vet natyrale.

self-complacence,--ency [selfkëm'pleisëns, -ënsi] *n* vetëkënaqje, vetëkënaqësi.

self-composed[selfkëm'pouzd] *adj* i qetë, i përmbajtur.

self-conceit[selfkën'si:t] *n* vetëkënaqësi, mendjemadhësi, fryrje.

self-conceited[selfkën'si:tid] *adj* i vetëkënaqur, i fryrë, mendjemadh.

self-confidence[self'konfidëns] *n* vetëbesim.

self-confident[self'konfidënt] *adj* i sigurt në vetvete.

self-conscious [self'konshës] *adj* i ndruajtur, i turpshëm, timid.

self-consciously[self'konshësli] *adv* me ndruajtje.

self-contained [selfkën'teind] *adj* 1. i mbyllur, i

rezervuar(person). 2.i pavarur, vetëfunksionues (mekanizëm). 3.*Br* me hyrje më vete(apartament).

self-contempt[selfkën'tempt] *n* përçmim i vetes.

self-control[selfkën'troul] *n* vetëkontroll, vetëpërmbajtje; gjakftohtësi.

self-critical[self'kritikël] *adj* autokritik.

self-criticism[self'kritësizm] *n* autokritikë.

self-deception [selfdi'sepshën] *n* vetëmashtrim, gënjim i vetes.

self-defence, *amer* ~**se**[selfdi'fens] *n* vetëmbrojtje.

self-denial[selfdi'najël] *n* vetëmohim.

self-denying[selfdi'najing] *adj* vetëmohues; i sakrificës.

self-destruct[selfdis'trʌkt] *v,adj* -*vi* vetëshkatërrohet.

-*adj* i vetëshkatërrueshëm(satelit etj).

self-destruction [selfdis'trʌkshën] *n* vetëshkatërrim.

self-determination[selfditë:më'neishën] *n* vetëvendosje.

self-devotion[selfdi'voushën] *n* vetësakrifikim.

self-educated [self'exhëkeitid] *adj* autodidakt, i vetëmësuar.

self-effacement[selfë'feismënt] *n* qëndrim në hije, tërheqje, modesti.

self-employed[selfim'ploid] *adj* i vetëpunësuar.

self-esteem [selfës'ti:m] *n* 1.respekt për veten. 2. vetëbesim i tepruar, mendjemadhësi.

self-evident[self'evëdënt] *adj* i vetëkuptueshëm; i qartë.

self-explanatory[selfeks'plænëtori] *adj* i vetëkuptueshëm; i dukshëm, i qartë.

self-filling[self'filing] *adj* vetëmbushës.

self-governed[self'gʌvë:nd] *adj* i vetëqeverisur.

self-governing[self'gʌvë:ning] *adj* vetëqeverisës.

self-government [self'gʌvë:nmënt] *n* vetëqeverisje.

self-induction[selfin'dʌkshën] *n el* vetinduksion.

self-indulgence[selfin'dʌlxhëns] *n* 1.rehatidashje. 2.keqardhje për veten.

self-inflicted[selfin'fliktid] *adj* i bërë vetë, i vullnetshëm.

self-interest[self'intrist] *n* 1.egoizëm. 2.avantazh, interes.

selfish['selfish] *adj* egoist.

selfless['selflis] *adj* vetëmohues; altruist.

self-loader [self'lo:dë:] *n* pushkë vetëmbushëse, pushkë automatike.

self-love[self'lʌv] *n* 1.egoizëm.2.narcisizëm.3.mendjemadhësi.

self-made['selfmeid] *adj* 1.i bërë vetë. 2.që ka çarë vetë në jetë; **self-made man** njeri i ngritur me forcat e veta.

self-motivated[self'moutëveitid] *adj* i hedhur, i gjallë.

self-moving[self'mu:ving] *adj* vetëlëvizës.

self-opinionated[selfë'piniëneitid] *adj* kokëfortë, që i pëlqen mendja e vet.

self-portrait[self'po:trit] *n* autoportret.

self-possessed[selfpë'zest] *adj* i qetë, gjakftohtë, i përmbajtur.

self-possession[selfpë'zeshën] *n* gjakftohtësi, vetëpërmbajtje.

self-preservation[selfprezë:'veishën] *n* vetëruajtje, instinkt i vetëruajtjes.

self-propelled[selfprë'peld] *adj* vetëlëvizës.

self-raising flour[self'reizing] *n* miell për ëmbëlsira, miell që vjen vetë, miell me sodë.

self-recording[selfri'ko:ding] *adj* vetëregjistrues; me regjistrim automatik.

self-registering[selfri'xhistëring] *adj* me regjistrim automatik.

self-regulating [self'regiëleiting] *adj* vetërregullues.

self-reliance[selfri'lajëns] *n* mbështetje në forcat e veta.

self-reliant [selfri'lajënt] *adj* i pavarur, që mbështetet në forcat e veta.

self-respect[selfri'spekt] *n* respekt për veten, krenari.

self-restraint [selfri'streint] *n* vetëpërmbajtje, vetëkontroll, zotërim i vetes.

self-righteous[self'raiçës] *adj* i vetëkënaqur, që i jep të drejtë vetes.

self-sacrifice[self'sækrëfais] *n* vetëflijim, vetëmohim, vetësakrifikim.

selfsame['selfseim] *adj* i njëjti, po ai.

self-satisfaction[selfsætis'fækshën] *n* vetëkënaqje, vetëkënaqësi.

self-satisfied[self'sætësfaid] *adj* i vetëkënaqur.

self-seeker[self'si:kë:] *n* egoist.

self-seeking[self'si:king] *adj,n* -*adj* egoist. -*n* egoizëm.

self-service[self'së:vis] *n* vetëshërbim; **self-service restaurant** restorant me vetëshërbim.

self-starter[self'sta:të:] *n* 1.*el* motorino. 2.*gj.fol* njeri me inisiativë.

self-styled[self'stajëld] *adj* i vetëquajtur.

self-sufficiency[selfsë'fishënsi] *n* 1.pavarësi, ve -tëplotësim(i nevojave). 2.*vjet* vetëbesim.

self-sufficient[selfsë'fishënt] *adj* 1.i pavarur. 2. *vjet* i fryrë, i vetëkënaqur.

self-support[selfsë'po:t] *n* pavarësi ekonomike.

self-supporting[selfsë'po:ting] *adj* i pavarur ekonomikisht, që i plotëson vetë nevojat.

self-taught[self'to:t] *adj* autodidakt.

self-will['selfwil] *n* këmbëngulje, kokëfortësi.

self-willed[self'wild] *adj* kokëfortë, kryeneç, i padëgjueshëm.

self-winding[self'wainding] *adj* vetëkurdisëse.

self-worship[self'wë:ship] *n* adhurim i vetes, narcisizëm.

sell[sel] *v,n* -*v* (**sold**) 1.shes; '**to be sold**' 'shitet', 'për shitje'. 2.shitet; **these books sell at/for 100 leks** këto libra shiten 100 lekë copa; **that line doesn't sell** ky artikull nuk para shitet/nuk shkon. 3.*fig* tradhtoj, shes(shokët etj). 4.*fig* (një ide etj) bëj të besueshme /të pranueshme; **be sold on an idea** jam i rrëmbyer pas një ideje. 5.*zhrg* mashtroj, ia hedh.
-*n zhrg* 1.zhgënjim. 2.mashtrim, e hedhur; **what a sell!** ç'të hedhur që na bënë! 3.*treg* shitje.
+**sell back** ia rishes, ia shes të njëjtit person.
sell-by date *n treg* datë e fundit e shitjes.
+**sell off** likuidoj, heq qafe(stoqet).
+**sell on** a)i mbush mendjen(për të blerë diçka); b) *gj.fol* : **she was sold on pop music** ishte dhënë pas muzikës pop.
+**sell out** a)likuidoj, heq qafe(mallin); **be sold out** është mbaruar, është shitur i gjithi(një mall); **we are sold out of cheese** djathi u mbarua(në dyqan); b)shes biznesin; c)*gj.fol* shes, ia punoj mbas shpine; d)shitem (te kundërshtari).
sellout['selaut] *n gj.fol* 1.*kin,teat* shfaqje/ndeshje e suksesshme(ku s'mbetet asnjë biletë). 2. tradhti.3. *pol* kapitullim; **a sellout to the left** kapitullim përpara së majtës.
+**sell up** a)*treg* shes biznesin; likuidoj mallin; b)*drejt* bëj shitje të detyruar; shes mallin e konfiskuar.
seller['selë:] *n* 1.shitës; tregtar; **newspaper-seller** gazetashitës. 2.mall që shitet; **this car is a seller/a good seller** kjo veturë shitet/shkon mjaft mirë.
seller's market *n* treg/situatë që favorizon shitësit.
selling['seling] *n* shitje.
selling price *n* çmim i shitjes.
sellotape['selouteip] *n,v Br* -*n* shirit ngjitës, skoç. -*vt* ngjis me skoç.
seltzer['selcë:] *n amer* ujë mineral.
selvage, selvedge['selvixh] *n tekst* anë, buzë, bordurë(e stofit etj).
selves[selvz] *n pl* i **self**.
semantic[së'mæntik] *adj* kuptimor; semantik.
semantics[si'mæntiks] *n gjuh* semantikë.
semaphore['semëfo:] *n,v* -*n* 1.*hek* sistem sinjalizimi, semafor. 2.sinjale me duar.
-*vi* jap sinjale.
semblance['semblëns] *n* 1.dukje, aparencë; **have the semblance of truth** duket si e vërtetë. 2.ngjashmëri, ngjasim.3.hije, fije, gjurmë; **without a semblance of respect** pa kurrfarë respekti.
semen['si:mën] *n biol* spermë, farë.
semester [së'mestë:] *n amer* semestër (shkollor); gjashtëmujor.
semi-['semi] *pref* 1.gjysmë-; pjesërisht.2.që ndodh dy herë në.

semi['semi] *n Br* (shkurtim i **semidetached house**) shtëpi gjysmë-e-shkëputur, shtëpi brinjë-më-brinjë.
semianual[semi'ænjuël] *adj* 1.gjashtëmujor.2.që ndodh dy herë në vit.
semianually[semi'ænjuëli] *adv* dy herë në vit.
semiautomatic [semiotë'mætik] *adj* gjysmautomatik.
semibreve['semibri:v] *n muz* notë e plotë.
semicircle['semisë:kël] *n* gjysmërreth.
semicircular[semi'së:kjëlë:] *adj* gjysmërrethor.
semicolon[semi'koulën] *n gram* pikëpresje.
semiconductor[semikën'dʌktë:] *n el* gjysmëpërçues.
semidaily[semi'deili] *adv* dy herë në ditë.
semidarkness['semi'da:knës] *n* gjysmerrësirë.
semidetached[semidi'tæçt] *adj* pjesërisht i shkëputur.
semifinal[semi'fainël] *adj,n sport* -*adj* gjysmëfinal.
-*n* gjysmëfinale.
semifinalist[semi'fainëlist] *n sport* gjysmëfinalist.
semifluid[semi'fluid] *adj,n* -*adj* gjysmë i lëngshëm; i trashë(lëng).
-*n* gjysmë-lëng, lëng tepër i trashë.
semiliquid[semi'likwid] *adj,n* shih **semifluid**.
semiliterate[semi'litërët] *adj* gjysmanalfabet.
semimonthly[semi'mʌnthli] *adj,adv,n* -*adj* që del(revistë)/që ndodh(ngjarje) dy herë në muaj.
-*adv* dy herë në muaj.
-*n* e përdyjavshme(gazetë, revistë).
seminal['semënël] *adj* 1.*bot,zool* i farës. 2.*fig* themelor, bazë.
seminar['semëna:] *n* 1.seminar. 2.praktikë, seancë /orë ushtrimesh(në universitet).
seminarian[semë'neriën] *n* shih **seminarist**.
seminarist ['seminërist] *n* seminarist, student shkolle fetare.
seminary['seminëri] *n* seminar, shkollë për prift.
semination[semë'neishën] *n* 1.mbjellje. 2.*fig* përhapje.
semiofficial[semië'fishël] *adj* gjysmëzyrtar.
semiprecious[semi'preshës] *adj* gjysmë-i-çmuar.
semiprivate [semi'praivët] *adj* për disa vetë (dhomë spitali etj).
semiskilled[semi'skild]*adj* i specializuar(punëtor).
Semite['semait, 'si:mait] *n* semit.
Semitic[së'mitik] *adj,n gjuh* -*adj* semite.
-*n* gjuhët semite.
semitrailer[semi'treilë:] *n aut* gjysmërimorkio.
semiweekly [semi'wi:kli] *adj,adv,n* -*adj* që del /që ndodh dy herë në javë.
-*adv* dy herë në javë.
-*n* organ që del dy herë në javë.
semolina[semë'li:në] *n* bollgur.
sempiternal [sempi'të:nël] *adj* i përhershëm; i

përjetshëm.

senate ['senit] *n* 1.*pol* senat. 2. këshill i universitetit.

senator['senëtë:] *n* senator.

senatorial[senë'to:riël] *adj* senatorial, senatorësh.

send[send] *v* (**sent**) 1.çoj, dërgoj, shpie, nis; **send sb a letter/good wishes/one's regards** i çoj letër/të fala dikujt; **send the children to school** çoj fëmijët në shkollë. 2.lëshoj; hedh; nxjerr; gjuaj; **send clouds of smoke** lëshon/nxjerr re tymi(vullkani). 3.referoj (lexuesin). 4.*tel* jep(sinjale). 5.*fig* bëj; **the noise was sending him mad** zhurma po e çmendte. 6.*zhrg* eksitoj; dalldis; entuziazmoj; **he/this music sends her** ai/kjo muzikë e dalldis fare. + **send sb packing /about his business** i jap duart dikujt, e përzë dikë. +**send around** shpërndaj, qarkulloj (diçka). +**send away** a)nis, dërgoj(dikë); b)përzë; c)çoj; postoj(diçka).

+**send away for (sth)** porosis(diçka me postë).

+**send back** kthej mbrapsht(dikë, diçka).

+**send down** a)zbres(dikë); b)ul(çmimin, temperaturën); c)*Br* përjashtoj(nga shkolla); d)*zhrg* rras brenda, fus në burg.

+**send for** a)thërras(mjekun, policinë); b)dërgoj/nis dikë për, kërkoj(ndihmë etj); c)porosis, kërkoj(me postë).

+**send forth** a)lëshon(dritë, erë); b)nxjerr (gjethe); c)dërgoj(përforcime).

+**send in** a)fus(dikë); b)çoj(ushtri); c)jap, paraqes (dorëheqjen, raportin); d)dorëzoj(kërkesën); e)dërgoj(adresën).

+**send off** a)nis, dërgoj(dikë); **send sb off with a flea in his ear** i jap duart dikujt; b)përcjell, i jap lamtumirën; c)çoj, dërgoj(me postë); d)*sport* nxjerr jashtë(lojtarin nga fusha).

send-off *n* përcjellje.

+**send on** *Br* a)nis(letër); b)nis përpara(bagazhet).

+**send out** a)nxjerr jashtë, përzë; b)çoj(me postë); c) nis, dërgoj(zbulues); d)lëshon(erë, nxehtësi); e)përhap(fjalë).

+**send out for** kërkoj; porosis; dërgoj të më sjellin.

send round a)qarkulloj, kaloj dorë më dorë; b)ia kaloj, ia dërgoj, ia nis(diçka dikujt); c)çoj, dërgoj (dikë diku).

+**send up** a)ngjis(lart); b)lëshoj(tym, raketë); c)ngre (çmimet); d)*Br* vë në lojë; e)dërgoj(një formular); f)hedh në erë, shpërthej; g)*zhrg* rras brenda, burgos.

send-up *n Br* tallje, vënie në lojë; parodi.

sender['sendë:] *n* dërgues.

Senegal[seni'go:l] *n gjeog* Senegal.

Senegalese[senëgo'li:z] *adj,n* senegalez.

senile['senail, 'si:nail] *adj* pleqërie, i pleqërisë.

senility[së'nilëti] *n* pleqëri.

senior['sinië:] *adj,n -adj* 1.i vjetër, i moshuar. 2. më i madh, më i moshuar; **I am 8 years senior to**

her, **I am senior to her by 8 years** unë jam 8 vjet më i madh se ajo. 3.i Madhi, Plaku; **John Parker, Senior** Xhon Parker, i Madhi.4.i lartë(rang); epror; **the senior officer** oficeri epror; **a senior official** nëpunës i lartë.

-n 1.njeri më i moshuar; **he is my senior by 8 years, he is 8 years my senior** a)ai është 8 vjet më i madh se unë; b)ai ka një vjetërsi(në punë) 8 vjet më të madhe se unë. 2.*amer* student/nxënës i vitit të fundit.

senior aircraftsman *n Br usht* ushtar i forcave ajrore.

senior airman *n amer usht* rreshter i forcave ajrore.

senior citizens *n* të moshuarit.

senior clerk *n adm* kryesekretar.

senior executive *n* kuadër i lartë.

senior high school *n amer* shkollë e mesme(vitet e fundit), lice.

senior master *n Br* mësues kryesor.

senior partner *n ek* ortak kryesor.

senior police officer *n* oficer i lartë policie.

Senior Service (the) *n Br* Flota Ushtarake Detare.

senior year *n amer* viti i fundit(i studimeve).

seniority[sini'orëti] *n* 1.diferencë moshe, moshë më e madhe. 2.vjetërsi(në punë). 3.*usht* gradë/rang më i lartë.

sensation[sen'seishën] *n* 1.*psik* ndijim.2. përshtypje, ndjesi; **have a gliding sensation** kam një ndjesi sikur po shkas. 3.bujë, sensacion.

sensational[sen'seishënël] *adj* 1.i bujshëm, sensacional. 2.ndjesor, ndijimor. 3.*gj.fol* i shkëlqyer, i jashtëzakonshëm, i mahnitshëm, që të lë gojëhapët.

sensationalist[sen'seishënëlist] *n,adj -n* përhapës lajmesh të bujshme; (shkrimtar) autor sensacionesh.

-adj për bujë, për sensacion.

sensationally [sen'seishnëli] *adv* në mënyrë të bujshme; për t'u mahnitur; **sensationally successful** me një sukses të mahnitshëm.

sense [sens] *n,v* *-n* 1.shqisë; **the sense of hearing/of sight/of smell/of taste/of touch** shqisa e dëgjimit/e të pamit/e nuhatjes/e shijimit/e të prekurit; **come to one's senses** vij në vete.2.ndjenjë, sens; **sense of color/of direction/of duty/of humor** ndjenjë e ngjyrës/e orientimit/e detyrës/e humorit; **have no sense of shame** nuk e kam fare ndjenjën e turpit, s'di ç'është turpi. 3.ndjesi; ndijim; përshtypje; **a sense of cold** një ndjesi të ftohti. 4.arsye; mendje; **come to one's senses** vij në vete, më vijnë mendtë; **bring sb to his senses** e sjell në vete dikë; **no one in his senses would allow...** duhet të jesh i metë që të lejosh...5.mend, tru, gjykim i shëndoshë; **he should have more sense than to go there** ai duhej të kishte aq mend sa të mos shkonte atje; **there's no sense in waiting for him** nuk ka kuptim të rrimë e ta presim.

6.kuptim; domethënie; **in the figurative/litteral sense** në kuptimin e figurshëm/e mirëfilltë; **get the sense of** e kap, ia marr vesh domethënien. 7.logjikë, kuptim; **it doesn't make sense** kjo nuk ka kuptim; **make sense of sth** i jap dum diçkaje, arrij ta marr vesh; **speak/write sense** them/shkruaj gjëra me mend/që kanë kuptim.8.mendim, opinion; **the sense of the assembly** mendimi i përgjithshëm i pjesëmarrësve në takim. **+ in a sense** a)në një pikëpamje; nga njëra anë; b)në njëfarë shkalle. *-v* 1.ndiej; parandiej; **sense danger** parandiej rrezik. 2.*amer gj.fol* kuptoj; nuhas; **they sensed as much** aq gjë e kuptuan edhe ata.

senseless['senslis] *adj* 1.pa ndjenja; **fall senseless** bie pa ndjenja.2.i marrë, pa mend, budallë.3.i pakuptimtë, pa kuptim; **senseless words** fjalë pa kuptim.

senselessly['senslisli] *adv* në mënyrë absurde; pa pikë kuptimi.

senselessness['senslisnis] *n* marrëzi; absurditet.

sense organ *n* organ shqisash.

sensibility[sensi'bilëti] *n* 1.ndjeshmëri. 2.*zak pl* të qenët i prekshëm, sedër. 3.të qenët i ndërgjegjshëm, ndërgjegjësim.

sensible['sensëbël] *adj* 1.i arsyeshëm, i mençur; (njeri, vendim) me mend; **that was sensible of you** u tregove i arsyeshëm/me mend; **the most sensible thing to do** gjëja më me mend që mund të bëjmë. 2. i ndjeshëm; i dukshëm; i konsiderueshëm(ndryshim etj). 3.praktik; i rehatshëm; **sensible clothes** veshje praktike. 4.(**of sth**)i ndërgjegjshëm, i vetëdijshëm (për diçka).

sensibleness['sensëbëlnis] *n* gjykim i shëndoshë.

sensibly['sensëbli] *adv* 1.me arsye; me mend; me vend. 2.ndjeshëm; në mënyrë të konsiderueshme.

sensitive['sensëtiv] *adj* 1.i ndieshëm; **sensitive to light/to changes** i ndieshëm ndaj dritës/ndaj ndryshimeve. 2.i prekshëm, i ndieshëm. 3.i ndikueshëm. 4.delikat(problem, gjendje, lëkurë).

sensitiveness['sensëtivnis] *n* 1.ndjeshmëri. 2. të qenët i prekshëm, sedër.

sensitivity[sensë'tivëti] *n* 1.ndjeshmëri. 2.delikatesë. 3.sedër.

sensitize['sensëtaiz] *vt mjek,fot* bëj të ndjeshëm, i rris ndjeshmërinë.

sensor['sensë:] *n tek* zbulor, dedektor.

sensory['sensëri] *adj* ndijor, ndijimor, shqisor.

sensual['sensjuël, 'senshuël] *adj* epshor, sensual.

sensualism['sensjuëlizm, 'senshuëlizm] *n* 1.*filoz* sensualizëm.2.natyrë epshore, sensualitet.

sensuality[sensju'ælëti] *n* natyrë epshore, sensualitet.

sensually['sensjuëli] *adv* në mënyrë sensuale.

sensuous['sensjuës] *adj* epshndjellës; epshor; sensual.

sensuousness['sensjuësnis] *n* ëndje; epsh.

sent[sent] *pt,pp* e **send**.

sentence['sentëns] *n,v* 1.*gram* fjali. 2.*mat* pohim.3.*drejt* vendim; dënim; **pass sentence on sb** i jap dënimin dikujt; **under sentence of death** i dënuar me vdekje. 4.thënie; fjalë e urtë; sentencë. *-vt drejt* dënoj; **sentence sb to ten years in prison** dënoj dikë me dhjetë vjet burg.

sententious [sen'tenshës] *adj* 1. plot kuptim. 2. i fryrë, me ton gjykatësi; moralizues.3.që flet me fjalë të mëdha.

sententiously[sen'tenshësli] *adv* me fjalë të mëdha; në mënyrë të fryrë.

sentient['senshënt] *adj,n* *-adj* i ndjeshëm, me ndjenja. *-n* njeri me ndjenja.

sentiment ['sentëmënt] *n* 1.ndjenjë. 2.mendim, opinion. 3.sentimentalizëm.

sentimental[sentë'mentël] *adj* sentimental.

sentimentalism [sentë'mentëlizm] *n* sentimentalizëm.

sentimentalist[sentë'mentëlist] *n* njeri sentimental.

sentimentality[sentëmen'tælëti] *n* sentimentalizëm.

sentimentalize [sentë'mentëlaiz] *v* 1. bëj sentimental. 2.tregohem sentimental.

sentimentally[sentë'mentëli] *adv* me sentimentalizëm.

sentinel['sentënël] *n,v* *-n* rojë; **stand sentinel** rri /bëj rojë. *-v* 1.rri/bëj rojë. 2.vë rojë.

sentry['sentri] *n* rojë; **sentry box** kokorr, kolibe roje; **be on sentry duty** jam rojë.

sepal['sepël] *n bot* nënpetël, sepal.

separability[sepërë'bilëti] *n* ndashmëri, mundësi ndarjeje.

separable['sepërëbël] *adj* i ndashëm.

separate[v 'sepëreit; *adj,n* 'sepërit, 'seprit] *v,adj,n* *-v* 1.ndaj; veçoj; heq mënjanë. 2.ndahet; veçohet. 3.shkëputen. 4.ndahem(nga gruaja etj); prishem(me të dashurën).
-adj 1.i ndarë; i veçuar; i veçantë; më vete. 2.i pavarur. 3. tjetër; **at a separate meeting** në një mbledhje tjetër.
-n pjesë e veçantë.

separate opinion *n amer drejt* mendim i ndryshëm i një pakice të jurisë.

separate school *n knd* shkollë private.

separately['sepritli] *adv* veçmas; veçan.

separation[sepë'reishën] *n* 1.ndarje; veçim. 2.*pol, fet* shkëputje. 3.ndarje, divorc.

separatism['sepërëtism] *n pol* separatizëm.

separatist['sepërëtist] *adj,n pol* separatist.

separative['sepërëtiv] *adj* ndarës; veçues; shkëputës.

separator['sepërëtë:] *n* 1.*tek* ndarës, separator.2. makinë shirëse.

sepia['si:piё] *n,adj* -*n* 1.bojë e zezë supje. 2.*zool* sepie, supje.
-*adj* i zi.

sepsis['sepsis] *n mjek* gjendje septike.

September[sep'tembë:] *n* shtator(shih edhe **July**).

septenary ['septëneri] *adj,n* -*adj* 1. shtatësh. 2. shtatëvjeçar; shtatëvjetësh. 3.që ndodh çdo shtatë vjet.
-*n* 1.shtatë. 2.shtatëshe. 3.shtatëvjeçar.

septennial[sep'teniël] *adj* 1.shtatëvjeçar; shtatëvjetësh. 2.që ndodh çdo shtatë vjet.

septet, septette[sep'tet] *n* 1.*muz* septet. 2.shtatëshe, grup shtatë vetësh.

septic['septik] *adj,n* -*adj mjek* 1.septik.2.e infektuar(plagë); **go/become septic** infektohet.
-*n* lëndë septike.

septic tank *n* rezervuar i përpunimit bakterial të fekaleve, gropë septike.

septic(a)emia[septë'si:miё] *n* helmim gjaku nga mikrobet, septicemi.

septillion[sep'tiliёn] *n* septilion(në USA, Kanada, Francë: 10 në fuqi 24.; në Britani: 10 në fuqi 42).

septuagenarian[sepçuëxhё'neriёn] *adj,n* shtatëdhjetëvjeçar.

septuagenary[sepçu'æxhёneri] *adj,n* shtatëdhjetëvjeçar.

septum['septёm] *n* mur ndarës; paret.

septuple[sep't(j)u:pël, 'septupël, 'septëpël] *adj,v* - *adj* shtatëfish.
-*vt* shtatëfishoj.

sepulcher, Br sepulcher['sepëlkë:] *n,v* -*n* varr.
-*vt* varros.

sepulture['sepëlçë:] *n vjet* 1.varrim. 2.varr; vend varrimi.

sequel['si:kwël] *n* 1.vijim, vazhdim. 2.pasojë, përfundim.

sequence['si:kwëns] *n,v* -*n* 1.rend; vazhdimësi; **logical sequence** rend logjik.2.varg; seri.3.*kin,muz* sekuencë. 4.*gram* përkim, përputhje.
-*vt* rendis, vë në vijim.

sequent['si:kwёnt] *adj,n* -*adj* 1.vazhdues, pasues, vijues. 2. rezultues.
-*n* 1.vazhdim. 2.pasojё; përfundim, rezultat.

sequential[si'kwenshёl] *adj* 1.vazhdues, vijues, pasues.2.rezultues.

sequester[si'kwestë:] *vt* 1.veçoj. 2.mbyll, izoloj. 3.*drejt* sekuestroj.

sequestrate[si'kwestreit] *vt drejt* 1.sekuestroj. 2. konfiskoj.

sequestration[sikwes'treishёn] *n drejt* 1. sekuestrim.2.konfiskim.

sequin['si:kwin] *n* temin, xhixhё(nё rroba).

sequoia[si'kwojё] *n bot* sekuojë.

serape[sё'ra:pi] *n* shall; velenxë.

seraphic[sё'ræfik] *adj* engjëllor; engjëjsh.

Serb[së:b] *n,adj* 1.serb. 2.serbisht.

Serbian['së:biёn] *n,adj* 1.serbisht. 2.serb.

Serbo-Croatian [së:boukrou'eishёn] *n,adj* 1.serbokroat. 2.serbokroatisht.

sere[siё:] *adj* i tharë; i fishkur.

serenade [serё'neid] *n,v* -*n* serenatë.
-*vt* i bëj serenatë.

serendipitous [serën'dipitёs] *adj amer* i rastësishëm, me shans.

serendipity [serёn'dipёti] *n* dhunti për të bërë zbulime të rastësishme, shans.

serene[sё'ri:n] *adj* 1.i qetë; në paqë(det). 2.i kthjellёt(qiell); i qartë. 3.e dëlirё(buzёqeshje).

serenity[sё'renёti] *n* 1.qetёsi; paqё. 2.kthjelltёsi; qartёsi.

serf[së:f] *n* 1.*hist* bujkrob. 2.*fig* rob, skllav.

serfdom['së:fdёm] *n* hist bujkrobëri.

serge[së:xh] *n tekst* serzh(pёlhurё me viza tё pjerrёta).

sergeant['sa:xhёnt] *n usht* rreshter.

sergeant-at-arms['sa:xhёntæt'a:mz] *n* 1.ftues gjyqi.2.mbajtёs i rregullit(nё parlament).

sergeant-major ['sa:xhёnt'meixhё:] *n usht* marshall, kapter i parё.

serial['si:riёl] *n,adj* -*n* 1.roman me fashikuj(nё revistё etj).2.*rad,tv* pjesë radiofonike/teleroman me seri.
-*adj* 1.me pjesё, me seri, serial. 2.rendor; i serisё.

serial number *n tek,fin* numёr serie.

serialize['si:riёlaiz] *vt* 1.botoj pjesё-pjesё/me seri. 2.përshtas për transmetim nё seri.

serially['si:riёli] *adv* me seri, pjesё-pjesё.

series['siёri:z] *npl* 1.*mat, el, treg* seri; **in series** *el, treg* në seri. 2.varg, seri(emisionesh); seri(pullash); koleksion; botim(librash); **a new paperback series** njё botim i ri me lidhje tё thjeshtё.

series connection *n el* lidhje nё seri.

serio-comic[siriou'komik] *adj* gjysmёserioz - gjysmёkomik.

serious ['siёriёs] *adj* 1. hijerёndё, i ngrysur, i rёndё (njeri, fytyrё). 2.serioz; **are you serious?** seriozisht e ke? **you can't be serious!** s'ka mundёsi! bёn shaka, mё duket! 3.e rёndё, serioze(gjendje, sёmundje). 4.i madh, i konsiderueshёm(rrezik, dёm).

seriously['siёriёsli] *adv* 1.seriozisht, me seriozitet; pa shaka; **seriously now...** e kam pa shaka..; **take sth/sb seriously** e marr seriozisht diçka/dikё. 2.rёndё(i sёmurё, i plagosur). 3.fort, rrezikshёm.

seriousness['siёriёsnis] *n* 1.seriozitet; seriozitet; **in all seriousness** krejt seriozisht; fare sinqerisht. 2. rёndёsi; pёrmasa (tё dёmit, gabimit etj). 3.siguri, saktёsi. 4.qёndrim i rёndё/hijerёndё.

serjeant['sa:xhёnt] *n* shih **sergeant**.

sermon['së:mën] *n* 1.*fet* predikim. 2.moralizim.
sermonize['së:mënaiz] *v fig keq* predikoj, moralizoj, mbaj moral.
serology[si'rolëxhi] *n mjek* serologji.
serous['s`ë`rës] *adj* 1.serumi. 2.i lëngshëm.
serpent['së:pënt] *n* 1.gjarpër(edhe *fig*). 2.**Serpent** Djalli, Shejtani.
serpentine['së:pëntiin; *adj* edhe 'së:pëntain] *adj,n* -*adj* 1.gjarpri, prej gjarpri. 2.gjarpërues, gjarpëror. 3.*fig* dredharak; djallëzor; i pabesë.
-*n min* serpentinë.
serrate['sereit, 'serit] *adj,v* -*adj* i dhëmbëzuar.
-*vt* dhëmbëzoj, e bëj dhëmbëza-dhëmbëza.
serrated['sereitid] *adj* i dhëmbëzuar.
serration[se'reishën] *n* 1.dhëmbëzim. 2.dhëmb.
serried['serid] *adj* i ngjeshur, i mbushur dinga.
serrulate['serjëleit] *adj* i dhëmbëzuar imët.
serum ['si:rëm] *n pl* **serums, sera** *biol, mjek* serum.
servant['së:vënt] *n* 1.shërbyes, shërbëtor.2.nëpunës; punonjës; **public servant** nëpunës, funksionar.
servant girl *n* shërbyese, shërbëtore.
serve[së:v] *v,n* -*v* 1.(i) shërbej; punoj; **serve for 1 year as chairman** punoj si kryetar për një vit. 2. vlen, shërben, përdoret; **serve as/for** përdoret si/për; **it serves his purposes** ajo u shërben qëllimeve të tij. 3.i ofroj, i çoj, i shërbej(dikujt diçka në restorant). 4.(with)furnizoj(me).5.kryej, bëj; **serve a prison sentence, serve time (in prison)** bëj burg. 6.*drejt* i dorëzoj, i paraqes(një fteses për në gjyq etj). 7.*fet* jap, shërbej(meshën). 8.*sport* kryej shërbimin.9.vë në funksionim(topin etj). + **it serves him/her right** gjeti atë që meritonte, mirë iu bë!
-*n sport* shërbim(i topit).
+**serve out** a)shërbej, ndaj, shpërndaj(gjellën etj); b) (**sb**) (**for sth**) ia laj borxhin dikujt, e bëj të ma paguajë; c)kryej(dënimin etj).
+**serve up** shërbej, nxjerr(në tryezë).
server['së:vë:] *n* 1.*fet* xhakon. 2.*sport* lojtar që kryen shërbimin. 3.tabaka; pjatancë. 4.takëm tryeze.
service['së:vis] *n,adj,v* -*n* shërbim; punë; **see service as** *usht* shërben si; **be in sb's service** jam në shërbim të dikujt; **be of service to sb** i shërbej dikujt, jam i dobishëm për dikë; **bring/come into service** fus/hyn në punë; **be out of service** nuk punon (një makinë). 2.shërbim(urban etj); **health/medical /military/public service** shërbimi shëndetësor/mjekësor/ushtarak/publik.3. shërbim, punë; **do sb a service** i bëj një shërbim dikujt. 4.*fet* shërbesë fetare. 5.nder; përkushtim. 6.takëm, servis(tryeze). 7.*drejt* njoftim(akti gjyqësor). 8.*sport* shërbim. 9.*pl* shërbim komunal.10.ushtri, shërbim ushtarak; **when they were in the Services** kur shërbenin në ushtri. + **at sb's service** nën urdhrin/urdhrat e dikujt; **in service** në punë, në funksionim; **of service** i dobi-

shëm; që hyn në punë; **out of service** jashtë përdorimi; i prishur, që nuk punon.
-*adj* 1.shërbimi; i personelit shërbyes(mjedis, derë). 2.*usht* kariere, i karierës. 3.i përditshëm, pune (kostum etj).
-*vt* i bëj shërbimin/servisin(makinës); mirëmbaj; kontrolloj.
service area *n aut* zonë servisi(në autostradë).
service center *n amer* pikë servisi buzë autostradës.
service club *n* 1.klub (rotarian etj). 2. klub për ushtarakët.
service department *n* a)seksion i mirëmbajtjes; b)ofiçinë riparimesh.
service dress *n Br usht* uniformë e përditshme, uniformë shërbimi.
service families *n* familje të ushtarakëve.
service flat *n Br* apartamente me personel shërbimi.
service rifle *n usht* pushkë luftimi.
service road *n Br* a)rrugë hyrjeje(në autostradë); b)rrugë paralele(me autostradën).
service station *n* 1. pikë furnizimi, pikë karburanti, distributor.2.pikë riparimi, servis(automjetesh).
service vote *n knd pol* vota të ushtarakëve me shërbim larg.
serviceable['së:visëbël] *adj* 1.i fortë, rezistent. 2.i dobishëm; që hyn në punë. 3.*vjet* i gjindshëm.
serviceman['së:vismën] *n* 1.ushtarak.2.mirëmbajtës, riparues.
servicewoman['së:viswumën] *n* ushtarake.
servicing['së:vising] *n* shërbim, servis(i makinës); mirëmbajtje.
serviette[së:'vjet] *n* mësallë, pecetë.
servile['së:vail, 'së:vël] *adj* 1.i nënshtruar; servil; puthador. 2.(prej) skllavi.
servility[së:'vilëti] *n* servilizëm.
serving['së:ving] *n,adj* -*n* 1.shërbim. 2.porcion (ushqimi).
-*adj* në funksion, në post; **the serving chairman** kryetari që është në post.
serving dish *n* pjatë(gjellë).
servitor['së:vitë:] *n* shërbyes, shërbëtor.
servitude['së:vët(j)u:d] *n* 1.robëri, skllavëri.2.punë e detyruar.
sesame['sesëmi] *n bot* susam.
session['seshën] *n* 1.*adm,pol* sesion;seancë; mbledhje; **be in session** është i mbledhur(parlamenti); janë në mbledhje(mësuesit); **go into secret session** zhvilloj një seancë me dyer të mbyllura. 2. seancë; takim(me mjek, me dentistin). 3.*Br* mësim, orë mësimi; **the afternoon session** orët e pasdites. 4.*vit* shkollor; vit akademik. 5.*amer* sezon; trimestër(në universitet).
sessional['seshënël] *adj* sezonal; i sezonit.

sestet[ses'tet] *n muz, let* sekstet.
set[set] *v,adj,n* -*v* 1.vë; vendos; **set the box on its bottom** vendose arkën në këmbë. 2.vë në vend; vë në allçi(krahun e thyer). 3.vë, kurdis (orën, një kurth). 4.rregulloj, ndreq(një pajisje).5.caktoj, fiksoj (çmimin, afatin etj). 6.i vë(zjarr); **set the woods on fire** u vë zjarrin druve. 7.lë; **set sb free** lë të lirë/liroj dikë. 8.i vë(përgjues nga pas); i lëshoj(qenin dikujt). 9.jap(shembull). 10.mpikset, ngrin(reçeli, allçia, betoni); zë, ngjitet(kocka); **quick-setting cement** çimento që ngrin shpejt. 11. (**with**) zbukuroj, stolis (me); montoj (gurin e çmuar). 12.perëndon(dielli). 13. vë klloçkë (pulën). 14.mbjell (fidan).15.rri mirë/keq (rroba). 16.(**to**) drejtohet (nga, për në). 17.nisem; filloj të; nis, i jap shtytje; bëj të; **set to work** i vihem punës; **set sth going** vë në lëvizje/i jap shtytje diçkaje; **set sb thinking** e fus në mendime dikë. 18.sulem, mësyj. 19.zë, lidh(frut). 20.*muz* aranzhoj; i vë tekst (muzikës). 21.*polig* faqos.
-*adj* 1.i caktuar, i fiksuar(çmim, afat). 2.i pandryshueshëm, i ngurtë(orar, sistem); **set in one's opinions** me mendime të ngurta. 3.e ngrirë (buzëqeshje). 4.i parapërgatitur(fjalim); i studiuar(ton). 5. i lidhur(frut). 6.i vendosur; **be set on/upon sth** jam i vendosur në/për diçka.7.gati, i gatshëm; **we're all set!** jemi fare gati! 8.*gj.fol* i palëkundur; që nuk luan nga e vetja.
-*n* 1.takëm, komplet(filxhanash, pjatash); **make a set with sth** formon një komplet me diçka (tjetër). 2.koleksion(librash); seri(pullash).3.*mat* bashkësi. 4.korpus (njohurish etj).5.pajisje; aparat; **wireless /transistor/television set** radio; radio dore; televizor. 6.*sport* set(në tenis). 7.grup, rreth(njerëzish); bandë(hajdutësh); **the smart set** shoqëria e lartë, bota mondane.8.*teat* skenë; dekore. 9.*kin* skenë, tablo(që xhirohet).10.formë, trajtë; pozë; qëndrim, pozicion.11.drejtim; rrjedhë; rrymë. 12.kthesë; spostim. 13.fidan. 14.frut i porsalidhur. 15.kurth; grackë. 16.mbajtje, model (i flokëve).17.katër çifte valltarësh.18. ngrefosje, pozicion sulmi(i zagarit).
+**set about** a)nis, filloj, i vihem, i futem(diçkaje); b)turrem, sulem; sulmoj(dikë); c)hap(një fjalë).
+**set apart** a)vë mënjanë; b)*fig* veçoj, dalloj.
+**set aside** a)vë mënjanë, ruaj; b)lë, lëshoj nga dora; c)hedh poshtë; d)*drejt* anuloj.
+**set back** a)vë në vend; b)tërhuz, largoj; c)vonoj; d) çoj prapa(orën); e)*gj.fol* (më)kushton; **how much did that car set you back?** sa para të ikën për këtë veturë?
setback['setbæk] *n* 1.pengesë; frenim.2.dështim. 3.keqësim(i shëndetit). 4.tërheqje, tërhuzje, spostim prapa.
+**set by** vë mënjanë.
+**set down** a)ul, lëshoj përdhe; b)zbres(udhëtarin); c)zbret(avioni); d)shënoj, shkruaj; **set sth down in**

paper/in writing hedh diçka në letër; e)ia atribuoj, *gj.fol* ia faturoj(diçka dikujt); **your failure can be set down to haste** mbetja jote (në provim) mund t'i detyrohet nxitimit; f)e mbaj për, e quaj; **set sb down as a crook** e quaj/e njoh për batakçi dikë.
+**set forth** a)shpall, bëj të ditur; parashtroj, ekspozoj; b)nisem(për rrugë).
+**set in** a)fillon, nis; b)shfaqet(sëmundja); c)ia shtron(shiu).
+**set off** a)nisem, bëj të iki;b)shpërthej(bombën); c) lëshoj, hedh(fishekzjarre); d)vë në veprim, e bëj të; **set off the burglar alarm** bëj të bjerë sinjali i alarmit kundër vjedhësve; **set sb off crying** e bëj për të qarë dikë; e)nxjerr/vë në pah; f)balancoj, kompensoj(humbjet etj).
set-off['setof] *n* 1.nisje(për rrugë). 2.zbukurim. 3. kompensim. 4.shlyerje(borxhi).
+**set on** shih **set upon**.
+**set out** a)nisem, bëj të iki; b)marr rrugën; b)përpiqem, synoj, kam qëllim të, dua; **he set out to prove I was wrong** ai donte të provonte se e kisha gabim; c)ekspozoj (mallin); d)paraqes, parashtroj, shpalos.
set point *n sport* pikë e fundit(e setit).
set square *n* vizore trekëndëshe, trekëndësh; *tek* skuadër.
set theory *n mat* teori e bashkësive.
+**set to** a)nis, filloj; b)i vihem(punës).
set-to['settu:] *n gj.fol* grindje; sherr.
+**set up** a)ngre; ndërtoj; b)themeloj; c)nis, filloj; d)krijoj(një fond, një komision); e)shkaktoj(një grindje); f)*polig* radhis; g)(**shop**) hap(dyqan, zyrë, klinikë); h)zihem, kapem; **he's all set up now** është rregulluar mirë tani; i)(**as**)hiqem, mbahem(si,për); j) mëkëmbem, marr veten; k)(**with**)pajis, furnizoj(me).
setup['setʌp] *n* 1.organizim, funksionim. 2.ndërtim, strukturë. 3.*zhrg* gjë e kurdisur; makinacion; ndeshje e shitur. 4.gjendje, situatë; **it's an odd setup** është një situatë e çuditshme. 5.qëndrim, mbajtje e trupit.
+**set up for** hiqem, mbahem si.
+**set upon** a)i turrem; sulmoj; b)i lëshoj(qenin dikujt).
setsquare['setskweë:] *n* shih **set square**.
setscrew['setskru:] *n tek* pajisje shtrënguese.
sett[set] *n* tullë/pllakë rruge.
settee['scti] *n* divan, sofá; **settee bed** divan-shtrat.
setter['setë:] *n* 1.setër(qen).2.kujunxhi, argjendar.
setting['seting] *n* 1.kornizë, skelet, suazë(e gurit të çmuar etj).2.skenë.3.*fig* kuadër, sfond, ambient, mjedis(i romanit, dramës). 4.*muz* muzikim, vënie në muzikë(e një poezie); aranzhim; muzikë. 5.perëndim (i diellit).6.vënie, vendosje.7.*polig* radhim, radhitje; faqosje. 8.mpiksje. 9.*mjek* vënie(e krahut) në vend; vënie në allçi.10.mpiksje; ngrirje, zënie(e betonit). 11.takëm, komplet(tryeze).

setting lotion *n* fiksues flokësh, locion flokësh.
setting-up['setiŋʌp] *n* 1.krijim, themelim, ngritje. 2.*polig* radhitje; faqosje.
settle I['setël] *n* fron me shpinë të lartë.
settle II ['setël] *v* 1.vë, vendos; sistemoj; **settle oneself into the couch** zë vend/rehatohem në kanape. 2.rregulloj, zgjidh(një çështje); vë në rregull, vë në vijë(punët); **that settles it** në rregull, atëherë; **I'll settle him, I'll settle his hash** ia ndreq unë atij. 3.vendos, fiksoj(afatin, rezultatin).4.shlyej (borxhet); paguaj (faturat).5.qetësoj(nervat); shuaj(dyshimet); stabilizoj. 6.kolonizoj(një vend). 7.rri, qëndron(zogu në degë). 8.bie, mbulon(pluhuri). 9.vithiset(godina). 10.qetësohet, normalizohet, stabilizohet(gjendja). 11. (**into sth**) i përshtatem, mësohem (me diçka). 12.përqendrohem; i futem; **settle to sth** i futem seriozisht diçkaje. 13.vendosem, zë vend (diku).14. (**with sb**)merrem vesh, bie në ujdi(me dikë); bie dakord; pranoj; **they settled on $100** ata ranë dakord për 100 dollarë; **settle on sth** vendos për diçka, zgjedh diçka.
+**settle down** a)zë vend; b)qetësohem; zë karar; c) ndreqet, rregullohet, normalizohet(gjendja); d)i vihem seriozisht(punës).
+**settle in** a)zë karar; b)mësohem; përshtatem.
+**settle up** a)rregulloj hesapin, qëroj llogarinë; b)*fig* ia ndreq qejfin.
+**settle upon/on** *drejt* i jap (pronë etj) me ligj.
settlement['setëlmënt] *n* 1.ndreqje, rregullim(i hesapeve); shlyerje(e borxhit). 2.zgjidhje(e problemit). 3.ujdi, marrëveshje. 4.*drejt* dhënie, dhurim. 5.*drejt* prikë. 6.kolonizim; koloni, ngulim, vendbanim; fshat. 7.qendër veprimtarie sociale. 8.*ndërt* vithisje.
settler['setlë:] *n* kolon; ardhës.
settlings['setliŋgz] *npl* fundërresë, sediment.
seven['sevën] *n* 1.shtatë.2.shtatëshe.3.*attr* i shtatë; **lesson seven** mësimi i shtatë.
seven seas *n* të gjitha detrat, mbarë oqeanet.
sevenfold['sevënfould] *adv,adj -adv* shtatëfish. *-adj* 1.i shtatëfishtë, shtatëfish. 2.shtatëpjesësh.
seventeen[sevën'ti:n] *n* shtatëmbëdhjetë.
seventeenth[sevën'ti:nth] *adj,n -adj* i shtatëmbëdhjetë. *-n mat* një e shtatëmbëdhjetë.
seventh['sevënth] *adj,n -adj* i shtatë. *-n mat* një e shtatë.
seventh heaven *n fig* 1.qielli i shtatë, pjesa më e lartë e qiellit. 2.kulmi i lumturisë.
seventhly['sevënthli] *adv* së shtati.
seventieth['sevënti:th] *adj,n -adj* i shtatëdhjetë. *-n mat* një e shtatëdhjetë.
seventy['sevënti] *n* 1.shtatëdhjetë. 2.*pl* vitet shtatëdhjetë. 3.*pl* të shtatëdhjetat(moshë).
sever ['sevë:] *vt* 1. pres (litarin). 2. ndaj; copëtoj. 3.ndërpres, prish(marrëdhëniet).

several ['sev(ë)rël] *adj, pron -adj* 1.disa, ca; **several times** disa herë. 2. i ndryshëm; **they went their several ways** shkuan secili në rrugën e vet/në punë të vet.3.i veçantë, më vete.
-pron disa, ca; **several of them** disa prej tyre; **several have agreed** një pjesë kanë pranuar.
severally['sev(ë)rëli] *adv* 1.veçmas; më vete; individualisht. 2.përkatësisht. 3.*vjet* në mënyrë të pavarur.
severalty['sev(ë)rëlti] *n* 1.veçanësi. 2.pronësi individuale.3.pronë(truall) private.
severance['sev(ë)rëns] *n* 1.ndarje. 2.prerje, ndërprerje (e marrëdhënieve, e telefonatës).
severance motion *n amer drejt* kërkesë për veçim procesi(për gjykim veç-e-veç).
severance pay *n* pagesë/zhdëmtim për shkurtim nga puna.
severe [së'vië:] *adj* 1.i rreptë, i ashpër (dënim); i sertë(me dikë). 2.e ashpër(klimë, kritikë). 3.e rëndë (humbje, plagë). 4.i vështirë(provim).5.i prerë, i saktë, i rreptë(arsyetim).
severely[si'vië:li] *adv* 1.rreptë, ashpër; me ashpërsi. 2.rëndë(sëmurem, plagosem); **severely tried** që ka kaluar prova të rënda; **severely handicapped** a)ulok, sakat; b)debil.
severity[së'verëti] *n* 1.rreptësi, ashpërsi; sertësi; vrazhdësi. 2.intensitet; shkallë. 3.vështirësi. 4.saktësi, përpikëri.
sew[sou] *v* (**sewed; sewn, sewed**) qep.
+**sew on** qep(kopsën).
+**sew up** a)qep; b)mbyll, qep(plagën); c)*gj.fol* bitis, përfundoj, siguroj; **it's all sewn up now** puna është në terezi, e kemi në xhep.
sewage['s(j)u:ixh] *n* ujra të zeza; **sewage disposal** derdhje/shkarkim i ujrave të zeza.
sewage farm, sewage works *n* fushë përpunimi ujrash të zeza.
sewer I['su:ë:] *n* kanal/qyngj ujrash të zeza.
sewer II['souë:] *n* qepës.
sewer III['su:ë:] *n hist* kryeshërbëtor.
sewerage['s(j)u:ërixh] *n* 1.largim i ujrave të zeza. 2.kanale/sistem shkarkimi ujrash të zeza. 3.ujra të zeza.
sewing['souiŋ] *n,adj -n* 1.qepje. 2.të qepura, gjëra për t'u qepur. *-adj* qepës; për qepje.
sewing machine *n* makinë qepëse.
sewn[soun] *pp* e sew.
sex[seks] *n,v -n* 1.seks, gjini; **the gentle/weaker sex** seksi i dobët, femrat, gratë. 2.marrëdhënie seksuale, seks; **have sex with sb** fle/bëj seks me dikë.3.organ seksual. 4.*attr* seksual; **sex education** edukatë seksuale.
-vt 1.*zool* u përcaktoj seksin(zogjve, këlyshëve).2. (**up**) bëj më joshës(fustanin etj). 3.(**up**) eksitoj.

sex act *n* akt seksual.
sex appeal *n* seksapil, joshje(ndaj seksit tjetër).
sex clinic *n* klinikë seksoterapie.
sex maniac *n* maniak seksual.
sex pot *n* femër shumë joshëse.
sex shop *n* dyqan artikujsh pornografikë, dyqan porno.
sex urge *n* nxitje/dëshirë seksuale.
sexagenarian [seksëxhë'neriën] *adj, n* gjashtë-dhjetëvjeçar; gjashtëdhjetecavjeçar.
sexed[sekst] *adj* 1.*biol,zool* me seks. 2.epshor.
sexism['seksizëm] *n* seksizëm, diskriminim/para-gjykim për arsye seksi.
sexist['seksist] *adj* seksist(qëndrim); me paragjy-kime në lidhje me sekset.
sexless['sekslis] *adj* 1.*biol* i pagjini, aseksual. 2. i ftohtë, pa dëshirë seksuale.
sexology[seks'olëxhi] *n* seksologji.
sextant['sekstënt] *n* 1.*det* sekstant, këndmatës. 2. *mat* një e gjashtë e rrethit.
sextet(te)[seks'tet] *n* 1.*muz* sekstet.2.grup gjashtë vetësh.
sexton['sekstën] *n fet* kishar, sakrestan.
sextuple[seks't(j)u:pël, 'sekstëpël] *adj,n,v* -*adj* 1. gjashtëpjesësh. 2.i gjashtëfishtë.
-*n* gjashtëfish.
-*v* 1.gjashtëfishoj. 2.gjashtëfishohet.
  sextuplet [seks'tʌplit, seks'tu:plit, 'sekstëplit] *n* 1.gjashtinjak, një ndër gjashtë të lindurit njëherësh. 2.gjashtëshe; grup gjashtë vetësh.
sexual['sekshuël] *adj* 1.seksual. 2.gjinor; ndërgji-nor.
sexual intercourse *n* akt seksual.
sexuality [sekshu'ælëti] *n* seksualizëm; tërheqje ndaj seksit.
sexually ['seks(j)uëli] *adv* seksualisht, nga ana seksuale.
sexy['seksi] *adj gj.fol* 1. joshës, nxitës.2.erotik(ro-man, film).
Sgt. (shkurtim për **Sergeant**) rreshter.
shabbily['shæbili] *adv* 1.varfërisht, me rrecka(vi-shem). 2.në mënyrë të ulët/të pahijshme, me shpirt-vogëlsi (sillem).
shabbiness ['shæbinis] *n* 1. pamje e rreckosur, çrregullsi. 2.varfëri. 3.shpirtvogëlsi, zemërngushtësi; kopraci e ndyrë.
shabby['shæbi] *adj* 1.e rregjuar, e vjetër, e lënë pas dore(godinë). 2.i rreckosur, rrecka-rrecka, i lec-kosur(njeri); e vjetër, e mbaruar(rrobë). 3.shpirtvo-gël; i ulët; i përçmuar.
shack[shæk] *n,v* -*n* 1.kasolle; barakë. 2.shtëpi e rrëgjuar.
-*vi zhrg* **shack up** bashkëjetoj(pa martesë).
shackle['shækël] *n,v* -*n* 1.prangë; hallkë.2.*pl* pra-nga; vargonj.3.zinxhir.4.*tek* shtrënguese, bashkuese.

-*vt* 1.i vë prangat; lidh me vargonj. 3.*fig* pengoj, frenoj. 3.*tek* shtrëngoj, bashkoj.
shacktown['shæktaun] *n* qytet-barakë, lagje kaso-llesh.
  shade[sheid] *n,v* -*n* 1.hije; **put sth in/into the shade** *fig* lë në hije/eklipsoj diçka. 2.ngjyrim, ton, nuancë; **various shades of blue** nuanca të ndryshme të blusë. 3.*fig* notë, hije(dyshimi etj). 4.abazhur. 5.strehë(kaskete).6.*amer* grilë, tendë(dri-tareje). 7.*pl amer* syze dielli. 8.çikë, grimë; **a shade too long** paksa më i gjatë se ç'duhet.9.fantazmë, hi-je. 10.**the shades** muzg, mugëtirë, terr.
-*v* 1.mbroj nga dielli, i krijoj hije. 2.errësoj; hijesoj. 3.mbuloj(llampën). 4.(edhe me **in**) ngjyroj me të errët; vizoj, i bëj hijet(vizatimit). 5.ndryshon nuan-cën; kalon në. 6.ul paksa(çmimin).
+**shade off** a)kalon në, shkrihet në; **the green shades off into yellow** e gjelbra shkrihet në të verdhë; b)mjegulloj; errësoj(ngjyrat).
shadily['sheidili] *adv* në mënyrë të dyshimtë.
shadiness['sheidinis] *n* 1.hije. 2.*fig* pandershmëri.
shading['sheiding] *n* 1.mbrojtje nga drita, hijezim. 2.krijim hijesh(në pikturë); vizim, hijezim(me viza paralele). 3.ndryshim i lehtë, nuancim.
  shadow ['shædou] *n,v* -*n* 1. hije; **be afraid of one's own shadow** trembet nga hija e vet.2.gjysm-errësirë, mugëtirë; muzg. 3.hije(në pikturë); njollë, hije(nën sy). 4.çikë, grimë, fije(dyshimi etj). 5.fantazmë, hije. 6.shembëllim. 7.mbrojtje; strehë. 8.ndjekës, përgjues, hije; **put a shadow on sb** i vë dikë për ta përgjuar. 9. pasues. 10.trishtim; zymtim. 11.errësirë, terr. + **under/in the shadow of** shumë afër (diçkaje).
-*vt* 1.mbroj nga drita; i krijoj hije. 2.i zë dritën, i bëj hije. 3.ndjek, përgjoj. 4.trishtoj; zymtoj.
shadowboxing['shædouboksing] *n* 1.*sport* boks para pasqyrës, stërvitje para pasqyrës. 2.*fig* parapër-gatitje për sulm; sulm sa për formë.
shadow cabinet *n Br pol* qeveri fantazmë(e opo-zitës).
shadowy ['shædoui] *adj* 1.i turbullt, i paqartë; i mugët. 2.i hijesuar, në hije. 3.ireal, fantazmagorik.
shady['sheidi] *adj* 1.i errët; në hije.2.që bën hije. 3.*gj.fol* i dyshimtë, i errët. + **on the shady side of fifty** mbi të pesëdhjetat.
shaft[sha:ft, shæft] *n* 1.*tek* bosht; aks. 2.pus minie-re. 3.kullë ashensori. 4.trup(i shtizës, shigjetës); shtizë; shigjetë. 5.*fig* shigjetë(helmi); spicë. 6.rreze (drite); **shaft of lightning** vetëtimë. 7.timon (karroce); mashkull, shtizë, bigë(e qerres). 8.shtyllë, kolonë. 9. shtizë flamuri. 10.bisht(çekiçi, sëpate).
shag I[shæg] *n* duhan shumë i fortë; duhan i grirë trashë.
shag II[shæg] *n* 1.xhufkë. 2.push i ashpër.
shag III[shæg] *v amer zhrg* 1.kthej(topin). 2.fryj,

ua mbath. 3.*vulg* mballos.

shagged [shægd] *adj zhrg fig* i ngordhur, i mbaruar.

shaggy['shægi] *adj* e ashpër, drizë (qime, mjekërr); me push të ashpër(qilim etj).

shaggy-dog story *n fig* histori/barcaletë e tjerrur gjatë.

shagreen[shë'gri:n] *n* lëkurë e ashpër/e paregjur.

Shah[sha:] *n* Shah, mbret i Persisë.

shake[sheik] *v,n* -*v* (**shook; shaken**) 1.tund (kokën, zaret).2.shkund(pluhurin, borën, qilimin etj). 3.shkundet. 4.shtrëngojmë(duart); **let's shake on it!** toke këtu! 5.dridhem; **shake with cold/fear** dridhem nga të ftohtit/ nga frika; **shake in one's shoes** dridhem i tëri, më hyjnë drithmat, tmerrohem. 6.dredh; lëkund(tërmeti). 7.*fig* lëkund(themelet e shoqërisë). 8.*fig* trondit(besimin). 9.*gj.fol* heq qafe (dikë).10.troshis, tallandis.

-*n* 1.tundje; lëkundje(e kokës etj). 2.*gj.fol* tërmet. 3.dridhje.4.përzierje(pijesh). 5.*zhrg* çast, dekikë; **he'll be here in two shakes** për dy dekika e ke këtu. 6. *muz* trill. 7.krisje. 8.*ndërt* listelë; binar; ballanike, furdë. + **no great shakes** asgjë e jashtëzakonshme; gjë pa rëndësi.

+**shake down** a)shtrihem, plandosem(për gjumë); b)shtroj, mësoj(dikë me punën etj); c)rraset, ngjeshet; d)shkund(frutat nga pema); e)zbraz, shkund (kutinë); f)*amer zhrg* zhvas, i përlaj; g)*amer zhrg* kontrolloj nëpër trup(dikë).

shakedown I['sheikdaun] *n* 1.shkundje. 2.shtrat i sajuar. 3.shtrim(i makinës etj).

shakedown II['sheikdaun] *n zhrg* 1.kontroll(në trup). 2.zhvatje(parash).

+**shake off** a)shkund, heq(pluhurin etj); b)heq qafe(dikë, diçka).

+**shake out** a)shpalos(flamurin, velën); b)shkund (batanijen); c)zbraz, shkund (kutinë).

shake-out['sheikaut] *n amer ek* rënie, vithisje.

+**shake up** a)tund, shkund(shishen, batanijen); b) *fig* trondis; c)*fig* ia ndreq qejfin, e bëj sus(dikë); d) *fig* shkund mirë, riorganizoj fund e krye(partinë etj).

shake-up['sheikʌp] *n gj.fol* shkundje, riorganizim i plotë.

shaken['sheikën] *adj, pp* -*adj* 1.i shqetësuar; i tronditur. 2.i habitur, i shushatur.

-*pp* e **shake**.

shaker['sheikë:] *n* 1.përzierës pijesh(vegël, enë, pajisje). 2.shishkë me vrima(për kripë, piper).

Shakespearean, --spearian[sheik'spiëriën] *adj* shekspirian.

shakily['sheikili] *adv* 1.duke u tundur, duke u lëkundur(eci). 2.duke u dredhur. 3.me zë të dredhur.

shakiness['sheikinis] *n* 1.dridhje(e dorës, e zërit). 2.tundje, lëkundje(e tavolinës, e godinës). 3.*fig* lëkundje(e pozitave); luhatje, paqëndrueshmëri(e shë-

ndetit). 4.*fig* dobësi, pamjaftueshmëri(njohurish).

shaking palsy *n mjek* sëmundje e Parkinsonit.

shako['shækou] *n* kapelë ushtarake me pupël.

shaky['sheiki] *adj* 1.i dredhur(zë, shkrim). 2.që luan, e lëkundshme(godinë). 3.*fig* i pasigurt, i paqëndrueshëm. 4.i dobët, që i merren këmbët(njeri).

shale[sheil] *n gjeol* shist argjilor.

shall[shæl] *v* 1.(folje ndihmëse për vetën I) do të; **I shall/ I'll/we shall** go unë do të shkoj; ne do të shkojmë. 2.(në pyetje) a të? **shall I wait?** a të pres? **shall we go?** a të shkojmë? 3.(me vetat II,III) duhet; **you shall obey her** ti duhet t'i bindesh asaj; **he shall pay attention** ai duhet të tregohet i vëmendshëm.

shallop['shælëp] *n vjet* sandall, barkë.

shallow['shælou] *adj,n,v* -*adj* 1.i cekët(ujë, pjatë). 2.*fig* i cekët, i përciptë(mendim, njohuri).

-*n zak pl* cekëtinë, cektësirë.

-*v* 1.cektësoj. 2.cektësohet.

shallow breathing *n* frymëmarrje e lehtë.

shalt[shælt] *v vjet* (veta II njëjës) (ti)do të.

shaly['sheili] *adj gjeol* argjilor, shistor.

sham [shæm] *n,adj,v* -*n* 1. shtirje.2.mashtrim; komedi. 3.imitacion, gjë e rreme.4.njeri i shtirë, shtinjak; sharlatan. 5.mbulesë mashtruese, maskim.

shaman['sha:mën,'sheimën, or 'shæmën] *n* mjek /prift sharlatan.

shamateur['shæmëçër] *n sport zhrg* sportist amator që paguhet si profesionist, pseudoamator.

shamateurism['shaméçërizm, 'shaméçu:rizm] *n sport zhrg* angazhim/aktivizim i pseudoamatorëve.

shamble['shæmbël] *v,n* -*vi* heq këmbët zvarrë, çapitem me zor.

-*n* heqje e këmbëve zvarrë, çapitje.

shambles['shæmbëlz] *npl* 1.thertore. 2.kërdi; kasaphanë. 3.*fig* rrëmujë; kaos; **the place was a/in a shambles** ishte rrëmujë dynjaja.

shame[sheim] *n,v* -*n* 1.turp; **in shame** me turp, i turpëruar; **for shame!, shame on you!** turp të kesh! 2.turpërim; ;çnderim. 3.*fig* mëkat, gjynah; **what a shame she isn't here!** sa keq që s'është këtu! **it would be a shame if they refused** do të ishte mëkat të mos pranonin.

-*vt* 1.turpëroj, e bëj t'i vijë turp. 2.mbuloj me turp, ia nxij faqen(prindit). 3.e detyroj nga turpi; **be shamed into doing sth** bëj diçka nga zori/nga turpi/për sedër.

shamefaced ['sheimfeist] *adj* 1.i turpëruar, që i vjen turp.2.i turpshëm, i ndruajtur, timid.

shamefacedly['sheimfeisidli] *adv* me turp; me ndruajtje.

shamefacedness['sheimfeistnis] *n* turp; ndruajtje.

shameful['sheimfël] *adj* i turpshëm, për të ardhur turp; skandaloz.

shamefully ['sheimfëli] *adv* në mënyrë të turpshme, për turp; **she's shamefully ignorant** është tmerrësisht e paditur.

shameless['sheimlis] *adj* i paturp, i pacipë, i paturpshëm, i pafytyrë; jo i ndruajtur.

shamelessly['sheimlisli] *adv* paturpësisht, pa pikë turpi; pa ndrojtje.

shamelessness ['sheimlisnis] *n* paturpësi, pafytyrësi; mungesë turpi/ndruajtjeje.

shaming['sheiming] *adj* turpërues; poshtërues; **it's too shaming!** sa turp!

shammy['shæmi] *n pl* kamosh, lëkurë kamoshi.

shampoo[shæm'pu:] *v,n* -vt laj me shampo. -*n* 1.larje me shampo. 2.shampo.3.*vjet* masazh.

shamrock['shæmrok] *n bot* tërfil.

shamus['sheimës, 'sha:mës] *n zhrg* polic; detektiv privat.

shanghai['shænghai, shæng'hai] *vt* 1.marr si detar me mashtrim/me dehje. 2.*fig* shtrëngoj, detyroj.

Shanghai['shænghai] *n* shpend shtëpijak këmbëgjatë.

shank[shænk] *n* 1.*anat* kërci, fyell(i këmbës). 2. këmbë. 3.pjesë e drejtë(e grepit etj). 4.*polig* trup i gërmës.5.pjesë e ngushtë e këpucës.6.skaj. + **go/ride on shank's mare/pony** e marr më këmbë, u jap këmbëve.

shan't[sha:nt, shænt] shkurtim për **shall not**.

shanty I['shænti] *n* kasolle; barakë.

shanty II['shænti] *n* këngë detarësh.

shantyman['shæntëmæn , -mën] *n pl* druvar, sharrëtar.

shape[sheip] *n,v* -*n* 1.formë, trajtë; **what shape is..**, **what is the shape of..?** ç'formë ka...? 2.siluetë; figurë e turbullt; hije. 3.gjendje, formë(sportive etj); **keep (oneself) in (good) shape** mbaj veten në formë. 4.*fig* trajtë e rregullt, rregull; **get one's thoughts into shape** kthjelloj/qartësoj mendimet.5.lloj, soj; **dangers of every shape** lloj-lloj rreziqesh. 6.*tek* formë, kallëp; model; **rice shape** ëmbëlsirë prej orizi; **meat shape** kallëp mishi. + **take shape** merr formë. -*v* 1.i jap formë, modeloj. 2.gdhend(drurin, gurin e çmuar). 3.*fig* formuloj, shpreh me fjalë. 4.*fig* merr formë(projekti etj); eci mirë; **things are shaping (up) well** gjërat po zënë vend; **how is she shaping in/at English?** si po ecën ajo me anglishten?

+**shape up** a)merr formë; merr pamje; zhvillohet; b) shfaq prirjen; c)vij në formë.

shape-up['sheipʌp] *n gj.fol det* ndejtje në radhë, rreshtim (i detarëve për t'u marrë në punë).

shaped[sheipt] *adj* në formën e.

shapeless['sheiplis] *adj* 1.pa formë.2.i shtrembër, i deformuar.

shapely['sheipli] *adj* 1.trupderdhur(njeri). 2.me formë të hijshme; i bukur(objekt).

shard['sha:d] *n* copë e thyer; cefël; bërskot.

share I[sher] *n,v* -*n* 1.pjesë, hise; **do my share of the work** bëj pjesën time të punës; **your share is**

$20 pjesa jote është 20 dollarë; **have a half-share in the firm** kam/zotëroj gjysmën e ndërmarrjes/firmës; **fair shares for all** pjesë të barabarta për të gjithë. 2.*Br fin* aksion. 3.*bujq* plor. + **go shares** e ndajmë midis nesh; **on shares** bashkarisht, secili pjesën e vet.

-*v* 1.përdor bashkarisht(diçka me dikë); **you can share my books** mund të përdorësh librat e mi.2. ndaj; **we shared the money between us** i ndamë paratë midis nesh. 3. marr pjesë; **share in joy** marr pjesë në gëzim; **share and share alike** secili pjesën e vet, barabar.

+**share out** ndaj, shpërndaj.

share-out['sheëraut] *n* ndarje, shpërndarje.

share capital *n fin* kapital social.

share certificate *n fin* titull.

sharecrop['sheë:krop] *v* punoj(tokën)si gjysmatar.

sharecropper['sheë:kropër] *n* gjysmatar(bujk).

shareholder['sheë:houldër] *n fin* aksionist.

shark [sha:k] *n* 1.*zool* peshkaqen. 2.*fig* peshkaqen; afarist i egër; bandit. 3.*amer zhrg* lubi, njeri shumë i zoti(në një fushë).

sharp [sha:p] *adj,adv,n* -*adj* 1. i mprehtë; **the sharp edge** tehu(i thikës etj). 2.me majë(hundë, mjekërr).3.e fortë(kthesë). 4.e rrëpirë, thikë(zbritje). 5.i acartë (mot).6.therëse(fjalë, zë).7.e mprehtë, shpuese, therëse (dhimbje, aromë); pikante (shijë).8.i beftë (ndryshim).9.i spikatur, i dukshëm, i qartë (kontur, kontrast). 10.i shpejtë(hap, veprim); **that was sharp work!** shumë të shpejtë u treguat! **look/be sharp (about it)!** luaj vendit!, tundu! 11.*muz* e lartë (notë); diez.12.i zgjuar; finok(njeri); **she is as sharp as a needle** asaj nuk i shpëton gjë. 13.i mprehtë (vesh, sy).14.i paskrupull, i pafytyrë, i pandershëm. 15. *gram* e pazëshme; fishkëllyese (bashkëtingëllore).16.*zhrg* elegant, i hijshëm(kostum, automobil).

-*adv* 1.*muz* shumë lart(këndoj, e marr). 2.saktësisht, tamam, fiks, ekzakt; **at 2 o'clock sharp** në ora 2 fiks. 3.me beft; me shumë vëmendje; **look sharp!** hap sytë! 4.befas; në mënyrë të prerë; **take sharp left** prite plotësisht majtas(timonin), merr majtas.

-*n muz* diez.

sharp-eared['sha:pië:d] *adj* i mprehtë nga veshët, me veshët pipëz.

sharpen ['sha:pën] *v* 1.mpreh. 2.*tv* sqaroj (figurën); theksoj(kontrastin).3.acaroj(dhimbjen). 4.*fig* shkryth, shpij(mendjen). 5.hollohet, bëhet më i mprehtë(zëri). 6.shtohet(dëshira.

sharpener['sha:pnë:] *n* mprehëse(thikash, lapsi).

sharpening['sha:pning] *n* mprehje.

sharper['sha:pë:] *n* 1.batakçi, mashtrues.2.kumarxhi profesionist hileqar.

sharp-eyed['sha:paid] *adj* symprehtë; që s'i shpëton gjë.

sharp-faced, sharp-featured['sha:pfeist, 'sha:pfi:-çë:d] *adj* fytyrëmprehtë, me tipare të mprehta.

sharpie['sha:pi:] *n amer* 1.lundër e gjatë. 2.*gj.fol* qerrata, dreqi vetë; batakçi.

sharply ['sha:pli] *adv* 1. befas (kthehem, ndryshon). 2.ashpër(qortoj). 3.qartas; dallueshëm, në mënyrë të spikatur. 4.me interesim, me shumë vëmendje. 5.fort; mprehtë; **sharply pointed** me majucë(hundë).

sharpness['sha:pnis] *n* 1.mprehtësi. 2.ashpërsi. 3.befasi.4.gjallëri; interesim.

sharp-shooter['sha:pshu:të:] *n* nishantar, snajper.

sharp-sighted [sha:p'saitid] *adj* 1. symprehtë. 2. mendjemprehtë.

sharp-tempered['sha:ptempë:d] *adj* idhnak, zemërak; i rrëmbyer.

sharp-tongued['sha:ptʌngd] *adj* gjuhëbrisk; gjuhëshpatë.

sharp-witted['sha:p'witid] *adj* mendjemprehtë.

shat[shæt] *pt,pp* e **shit**.

shatter ['shætë:] *v,n* -*v* 1.thyej (xhamin etj). 2. prish, shkatërroj; shpartalloj(shëndetin, shpresat etj); **they were shattered by the bad news** lajmi i keq i dërrmoi krejt.3.thyhet; shkërmoqet; shkalafitet.

-*n pl* copra, çikla.

shattered['shætë:d] *adj* 1.i dërrmuar(nga dëshpërimi etj). 2.i shastisur, i mahnitur. 3.i rraskapitur, i mbaruar.

shattering['shætëring] *adj* 1.shpartallues, shkatërrimtar; **a shattering blow to our plans** goditje shkatërrimtare për planet tona.. 2.trondites, rrënues (lajm, zhgënjim).

shatterproof ['shætë:pru:f] *adj* i pathyeshëm (xham).

shave[sheiv] *v,n* -*v* (**shaved; shaved, shaven**) 1. rruaj. 2.rruhem. 3.ha(me zdrukth), zdrugoj. 4.rriskoj, pres në feta. 5.cek, çik, prek paksa(murin me makinë). 6.*fig* qeth, shkurtoj; **shave the price of sth** ia ul çmimin diçkaje.

-*n* 1.rruajtje, rrojë; **have a shave, give oneself a shave** rruhem. 2.brisk rroje. 3.kruajtëse, rrashqinë. 4.cifël, ashkël, bujashkë..5.*fig* shpëtim; **that was a close/narrow shave!** shpëtuam për qime!, u ndamë mirë!

+**shave off** a)rruaj, heq(mjekrrën); b)zdrugoj; c)*fig* ul, zbres(çmimin).

shaveling['sheivling] *n vjet* 1.*përb* murg kokëqethur. 2.riosh, çunak, axhami.

shaven ['sheivën] *adj,v* -*adj* 1.i rruar. 2.i prerë gjer në rrëzë. 3.i qethur majë kokës, i tonsuruar.

-*pp* e **shave**.

shaver['sheivë:] *n* 1.makinë rroje elektrike. 2.berber. 3.*fig* riosh, çunak; kalama.

shaving['sheiving] *n* 1.*zak pl* ashkël, bujashkë, cifël. 2. rruajtje, rrojë.

shaving brush *n* furçë rroje.

shaving cream *n* pastë rroje.

shaving soap, shaving stick *n* sapun rroje.

shawl[sho:l] *n* shall.

she [shi:] *pron,n* -*pron* ajo; **younger than she** më e re se ajo; **if I were she** të isha si ajo, të isha unë në vendin e saj; **she who/that can..** ajo që mund të..; **she's a fine car** është veturë e bukur.

-*n* femër; **it's a she** është femër; është vajzë.

she-[shi:] *adj* femër.

she-bear['shi:beë:] *n* arushë.

she-cat['shi:kæt] *n fig* grua e prapë, sprijë e keqe.

she-devil['shi:devël] *n fig* grua tërë xhinde.

she-goat['shi:gout] *n* dhi.

sheaf[shi:f] *n pl* **sheaves** 1. kapë, kapulet, demet; vandak; *pl* duaj. 2.tufë(letrash, shigjetash).

shear[shië] *n,v* -*n* 1.gërshërë krasitjeje; gërshërë rrobaqepësi; teh gërshëre. 2.qethje, e qethur. 3.lesh(i qethur). 4.forcë prerëse.

-*vt* 1.pres me gërshërë; krasis. 2.qeth. 3.*fig* zhvesh (nga pushteti).

+**shear off** a)pres, krasis(degët); b)qeth(dhentë).

+**shear through** a)pres(letër, llamarinë); b)*fig* çaj përmes(dallgëve, turmës).

shearer['shi:rë:] *n* 1.qethës. 2.makinë qethëse.

shearing['shiëring] *n* 1.prerje; krasitje. 2.qethje

shears['shië:z] *n* 1.gërshërë krasitjeje; gërshërë të mëdha(për dhentë, për stofra). 2.*tek* tranxhë.

sheath [shi:th] *n* 1. mill, këllëf (thike, shpate).2. veshje(kablli).3.*biol* cipë, membranë. 4.*Br* prezervativ. 5.fustan ngjitur pas trupit.

sheathe[shi:dh] *vt* 1.fus në mill/në këllëf. 2.vesh, mbuloj(me një shtresë).

sheave I[shi:v] *vt* lidh duaj, mbledh vandak.

sheave II[shi:v] *n tek* karukëll, rrotull(makaraje).

sheaves[shi:vz] *npl* i **sheaf**.

shebang [shë'bæng] *n amer zhrg* 1. problem; shqetësim. 2.çështje, punë, mesele.

shebeen [shi'bi:n] *n gj.fol* vend shitjeje pijesh alkoolike pa lejë.

shed I[shed] *n* 1.depo; hangar. 2.strehë; kasolle; barakë. 3.koçek; **garden shed** barakë veglash. 4.punishte; repart(uzine).

shed II[shed] *vt* (**shed**) 1.rrëzon(gjethet pema). 2. heq, ndërron(lëkurën, guaskën). 3.derdh(lotë, gjak). 4. hedh, lëshon, derdh(dritë). 5.heq, zhvesh(rrobat). 6.lëshon, i bien(qimet, flokët). 7.heq qafe. + **shed blood** derdh gjak, bëj vrasje; **shed one's own blood** jap jetën; **shed light on** *fig* hedh dritë mbi; sqaroj.

she'd[shi:d] shkurtim për **she had; she would**.

sheen[shi:n] *n* shkëlqim, lustër.

sheeny['shi:ni] *adj* 1 ndritshëm; me shkëlqim, me lustër.

sheep[shi:p] *n pl* **sheep** 1.dele. 2.*fig* njeri i squllët/i ngordhur. + **make/cast sheep's eyes at** shoh me përgjërim; **separate the sheep from the goats**

ndaj shapin nga sheqeri, ndaj grurin nga egjri.

sheepcote['shi:pkout] *n* vathë.

sheep-dip['shi:pdip] *n* koritë me dezinfektant, banjë kundër parazitëve.

sheepdog['shi:pdog] *n* qen stani.

sheep farmer *n* delerritës, blegtor.

sheepfold['shi:pfould] *n* vathë dhensh.

sheepherder['shi:phë:dë:] *n amer* bari dhensh.

sheephook['shi:phuk] *n* kërrabë bariu.

sheepish['shi:pish] *adj* 1.i ndruajtur, i turpshëm. 2.i humbur; torollak.

sheepshearer['shi:pshi:rë:] *n* 1.qethës dhensh.2. makinë qethëse(dhensh).

sheepskin['shi:pskin] *n* 1.lëkurë qingji/deleje/dashi; postiqe. 2. *amer gj.fol* diplomë.

sheepwalk['shi:pwok] *n* kullotë dhensh.

sheer I[shië:] *adj,adv,n* -*adj* 1.shumë i hollë, i tejdukshëm(fustan etj). 2.i mirëfilltë(aksident, marrëzi, grabitje, lakmi). 3.i plotë, absolut (hutim, nevojë). 4.i rrëpirë, thikë(shkëmb).
-*adv* 1.tërësisht; plotësisht. 2.thikë.
-*n* fustan i tejdukshëm.

sheer II[shië:] *v,n det* -*vi* kthehet, ndërron kurs, shmanget(anija).
-*n* kthesë, shmangie.

sheerly['shië:li] *adv* plotësisht; tërësisht; krejt.

sheet I[shi:t] *n,v* -*n* 1.çarçaf. 2.fletë, fije, tabak (xhami, kompensate, letre).3.gazetë; revistë. 4.sipërfaqe, shtresë(akulli etj). 5.fletë(letre); **order sheet** fletë-porosi; **balance sheet** bilanc. 6.*poet* velë.
-*vt* mbuloj me çarçaf.

sheet II[shi:t] *n,v det* -*n* litar tendosës(vele).
-*vt* : **sheet home** tendos në maksimum(velën).

sheet anchor *n* 1.*det* spirancë për raste urgjente. 2.*fig* mbështetje kryesore.

sheet bend *n* nyjë bashkuese(litarësh).

sheeting ['shi:ting] *n* 1. copë çarçafësh. 2. veshje metalike/dërrasash.

sheet iron *n* llamarinë.

sheet lightning *n* perde vetëtimash.

sheet metal *n* llamarinë.

sheet music *n* partitura, fletë muzike.

sheik(h)[sheik] *n* 1.sheik. 2.*amer fig* mashtrues (vajzash).

shekel['shekël] *n* 1.*hist* shekel(monedhë). 2.*amer fig* monedhë, pare; **be in the shekels** kam para.

shelf[shelf] *n pl* **shelves** 1.sergjen; e ndarë; raft; **a set of shelves** etazher.2.sheshinë; prag; e dalë (në shkëmb, nën ujë). + **be left on the shelves** ka mbetur lëneshë, i ka kaluar mosha.

shelf life *n treg* afat ruajtjeje(i mallit).

shelf mark *n* numër vendi(i librit në bibliotekë).

shell[shel] *n,v* -*n* 1.guaskë; zhguall, kafkull. 2.lëvozhgë(arre); bishtajë(bizelesh etj). 3.karkasë, skelet (godine, anijeje). 4.*usht* predhë. 5.gëzhojë(predhe,

fisheku). 6.kaike, varkë e ngushtë garash.7.petë e poshtme(e byrekut). + **come out of one's shell** dal nga guaska; **retire into one's shell** mbyllem në guaskën time.
-*vt* 1.zhvoshk(bizelet). 2.qëroj(arrat). 3.nxjerr nga guaska, qëroj(midhjet etj). 4.*usht* bombardoj, qëlloj me artileri.
+**shell out** *gj.fol* a)paguaj, derdh paratë, nxjerr nga xhepi; b)jap, lëshoj(diçka).

shellfire['shelfajë:] *n* bombardim me artileri.

shellfish['shelfish] *n zool* butak, molusk; frut deti.

shell game *n* 1.lojë me lëvozhga arre. 2.*fig* mashtrim, truk.

shellproof['shelpruf] *adj usht* i blinduar, i pashpueshëm.

shell shock *n mjek* tronditje psikike nga shpërthimet.

she'll[shi:l] shkurtim për **she will**.

shellac[shë'læk] *n,v* -*n* 1.gomallak. 2.llak.
-*vt* 1.llakoj. 2.*gj.fol* shpartalloj.

shelled[sheld] *n* të qëruara(arra, bizele).

shelling['sheling] *n usht* bombardim me artileri.

shelter['sheltë:] *n,v* -*n* 1.strehë; **take shelter, get under shelter** gjej strehë, strehohem; **seek/give sb shelter** kërkoj strehë/i jap strehë dikujt.2.strehim, vendstrehim.3.barakë; kasolle; kolibe(e rojës).
-*v* 1.strehoj, i jap strehë. 2.mbroj. 3.fsheh.4.strehohem; gjej strehë.

shelterbelt['sheltë:belt] *n* brez mbrojtës(pemësh).

sheltered['sheltë:d] *adj* 1.i mbrojtur. 2.i siguruar; e qetë(fëmijëri); **he has led a very sheltered life** ka patur një jetë të siguruar nga të gjitha anët.

sheltered workshop *n* qendër ndihme(për punonjësit handikapatë).

sheltered housing *n* strehë për pleqtë dhe handikapatët.

shelve[shelv] *v* 1.vë në rafte, sistemoj(librat). 2. pajis me rafte/sergjenë. 3.*fig* shtyj, pezulloj(çështjen, planin). 4.largoj(dikë nga puna). 5.(edhe ~**down**) zbret butë/ëmbël(terreni, çatia).

shelves[shelvz] *n pl* i **shelf**.

shelving['shelving] *n* 1.shtrojë sergjenesh. 2.rafte. 3.pezullim, shtyrje(e çështjes, planeve).

Shemite['shemait] *n* shih **Semite**.

shemozzle[shë'mozël] *n Br gj.fol* poterë, sherr.

shenanigan(s)[shë'nænëgën(z)] *n gj.fol* rrengje, dredhira.

shent [shent] *adj vjet* 1. i turpëruar. 2. i sharë; i qortuar.. 3.i mundur. 4.i rrënuar.5.i dëmtuar.

shepherd['shepë:d] *n,v* -*n* 1.bari, çoban(dhensh). 2.*fig* kujdestar. 3.*fet* pastor; udhëheqës shpirtëror. 4. qen stani.
-*vt* 1.kullos; ruaj(dhentë). 2.(~**sb out**) shetis, shoqëroj(dikë nëpër qytet etj).

shepherd boy *n* bari/çoban i ri.

shepherd dog *n* qen stani.
shepherd's check/plaid *n* zhgun bariu.
shepherd's crook *n* kërrabë e çobanit.
shepherdess['shepë:dis] *n* bareshë.
Sheraton['sherëtën] *adj,n* (stil) sheraton (mobilimi).
sherbet['sheë:bët] *n* sherbet.
sherd[shë:d] *n* shih **shard**.
shereef, sherif [shë'ri:f] *n* 1. sherif, pasardhës i Muhametit. 2.princ/sundimtar arab.
    sheriff ['sherif] *n* 1.*Br* drejt sherif (funksionar administrativo-gjyqësor qarku).2.*amer* sherif, shef policie.
sherry['sheri] *n* sheri, verë e fortë.
she's[shi:z, shiz] shkurtim për **she is; she has**.
shew[shou] *n,v vjet* shih **show**.
shhh[sh:] *excl* shsh!, shsht!
shibboleth['shibëleth] *n fig* 1.doktrinë/parim despotik. 2.parrullë. 3.karakteristikë, shenjë dalluese.
    shield [shi:ld] *n,v* -*n* 1. shqyt, mburojë. 2.ekran mbrojtës, parapritë. 3.*fig* mburojë; mbrojtës.
    -*vt* 1.mbroj, ruaj; **shield one's eyes from the sun** mbroj sytë nga dielli.2.pajis me ekran mbrojtës.
shieling['shi:ling] *n skoc* kasolle bariu.
shift[shift] *v,n* -*v* 1.zhvendosem, ndërroj vend.2. zhvendos, u ndërroj vendin(mobilieve). 3.ndërron drejtim(era). 4.ndryshojnë, ndërrojnë(mendimet). 5. ndërroj mendim. 6.transferoj. 7.*fig* ia hedh(fajin). 8. bëj dredhira; bëj intriga. 9.çalltis, rregullohem, bëj si bëj. 10.heq qafe. 11.ndërroj(marshin).
    -*n* 1.ndryshim. 2.zhvendosje, spostim. 3.ndërrim drejtimi. 4.transferim. 5.turn(në punë); **they work shifts, they are on shifts** ata punojnë me turne. 6.marifet , mënyrë; mjet; **as a last desperate shift they...** si mjet të fundit ata...7.*amer aut* ndërrim (marshi). 8.fustan i drejtë; këmishë nate. + **make shift** a)rregullohem, ia dal njëfarësoj; b)ia dal mbanë, çalltis; c)bëj sa mundem.
+shift about / around a) ndërroj shtëpi shpesh; b)ndërroj punë shpesh; c)vij rrotull, bubrroj; d) u ndërroj vendet(mobilieve).
+shift away ndërroj shtëpi.
+shift back a)kthehem me banim; b)tërhiqem; c) shtyj, zhvendos prapa.
+shift over shtyhem, largohem, bëj mënjanë.
shiftily['shiftili] *adv* 1.tinëz, tinëzisht, fshehurazi. 2.mbytur; në mënyrë të errët.
shifting['shifting] *adj* 1.i ndryshueshëm, që ndryshon. 2.i lëvizshëm, lëvizës.
shiftless['shiftlis] *adj* 1.përtac, dembel. 2.i squllët, i ngathët; pa fuqi.
shifty['shifti] *adj* 1. tinëzar; dredharak (njeri, qëndrim. 2.e errët, e paqartë(përgjigje).3.i shkathët, i zhdërvjellët. 4.i pakapshëm, rrëshqitës(vështrim).5. *sport* dredhues, mashtrues, driblues(stil).

shill[shil] *n,v zhrg* -*n* karrem, bashkëpunëtor (i kumarxhiut).
    -*vt* josh, fus në lojë me marifet(shikuesit).
shillelagh, shillalah[shë'leili, shë'leilë] *n Br* stap.
shilling ['shiling] *n* 1.shilingë (monedhë e dikurshme = 1/20 e sterlinës angleze). 2.shilingë (monedhë e Kenias, Somalisë, Tanzanisë, Ugandës).
shilly-shally['shilishæli] *adj,v,n* -*adj* 1.i lëkundur, i pavendosur, ngurrues. 2.bishtnues; dredhues.
    -*vi* 1.lëkundem, ngurroj. 2.bishtnoj; e dredh.
    -*n*1.lëkundje, ngurrim, hezitim.2.bishtnim; dredhje.
shily['shaili] *adv* shih **shyly**.
shim[shim] *n,v tek* -*n* spesor.
    -*vt* spesoroj.
shimmer['shimë:] *v,n* -*vi* farfurit; vezullon.
    -*n* farfuritje; vezullim.
shimmering['shimëring] *adj* farfuritës; vezullues.
shimmery['shimëri] *adj* shih **shimmering**.
    shimmy ['shimi] *n,v* -*n* 1. *zhrg* shimi, kërcim xhaz me tundje-shkundje. 2.*amer aut* troshitje. 3. *gj.fol* këmishë e brendshme grash.
    -*vi* 1.kërcej shimi.2.tundet, shkundet, troshitet.
shin[shin] *n,v* -*n anat* kërci.
    -*v* kacavirrem; **shin up/down a tree** i ngjitem/i zbres pemës duke u kacavjerrë.
shinbone['shinboun] *n anat* fyell i këmbës.
shindig['shindig] *n gj.fol* festë e zhurmshme; gurgule.
shindy['shindi] *n zhrg* poterë; trazirë; gurgule.
    shine[shain] *v,n* -*v* (**shone**) 1.shkëlqen, ndriçon. 2.*fig* ndrit(fytyra). 3.(**at sth**) *fig* shkëlqej, shquhem (në diçka). 4.fërkoj, shkëlqej(mobiliet).
    -*n* 1.dritë; ndriçim. 2.shkëlqim; lustër; **take the shine off sth** i heq shkëlqimin diçkaje; *fig* errësoj; nxij. 3.kohë e mirë; **rain or shine** sido që të jetë, sido që të bëjë koha. 4.xhela(këpucësh).5.*zhrg* pëlqim; sevda.6.*zhrg* rreng. + **take a shine to** *zhrg* më bie në kokë për.
+shine down ndriçon(dielli, hëna).
+shine through a)kalon, depërton(drita); b)shquhet, dallohet; bie në sy.
+shine up *amer zhrg* a)i vij rrotull(një femre); b) i lëpihem, i bëj lajka(shefit).
shiner['shainë:] *n* 1.*zhrg* sy i nxirë/i mavijosur. 2. lustrues.
    shingle I['shingël] *n,v* -*n* 1.*ndërt* (çatie)dërrasë, dhogë, ballanike, furdë. 2.*amer gj.fol* tabelë e vockël(te mjeku, noteri). 3.qethje shkurt. + **hang out one's shingle** *gj.fol* hap zyrë; hap klinikë.
    -*vt* 1.mbuloj (çatinë) me dhoga. 2.pres shkurt (flokët).
    shingle II['shingël] *n* 1.guralecë, zall.2.plazh me zall; **shingle beach** plazh me guralecë/me zall.
shingles['shingëlz] *n mjek* herpes.
shingly['shingli] *adj* i mbuluar me zall.

shining ['shaining] *adj* 1. i ndritshëm; me shkël-qim. 2.*fig* i shkëlqyer; i shquar.

shinny I['shini] *n,v knd* -*n* hokej mbi akull. -*vi* luaj hokej mbi akull.

shinny II['shini] *vi gj.fol* ngjitem; kacavirrem.

shiny ['shaini] *adj* 1. i ndritur, i ndritshëm; me shkëlqim. 2.të shkëlqyera nga fërkimi(rrobat).

ship[ship] *n,v* -*n* 1.anije. 2.avion.3 .anije koz-mike. + **about ship!** kthe anijen! **when sb's ship comes home/in** kur të qesh fati ; kur ke para. -*vt* 1.transportoj. 2.dërgoj me rrugë detare. 3.çoj, dërgoj; **the goods were shipped without delay** mallrat u dërguan pa vonesë. 4.ngarkoj në anije.5.hi-pi në anije; lundroj. 6.futem në punë në anije.7.merr ujë, i hyn uji.

+**ship off/out** a)nisem për diku(me anije); b)dërgoj me anije; c)nis, çoj, dërgoj(njeri, mall).

ship biscuit *n* galetë ushtrie.

shipboard ['shipbo:d] *n* anije; **on shipboard** në anije.

ship bread *n* galetë ushtrie.

shipbuilder['shipbildë:] *n* ndërtues anijesh.

shipbuilding['shipbilding] *n* 1.ndërtim anijesh.2. *attr* ndërtimi anijesh(kantier).

ship canal *n* kanal i lundrueshëm.

shiplap['shiplæp] *n ndërt* lidhje(e dërrasave) me kllapa/me thitha.

shipload['shiploud] *n* 1.*det* ngarkesë e plotë.2.*fig* masë, mal, sasi e madhe; mori; **arrive by shipload** vijnë në masë(turistë etj).

shipman['shipmën] *n* 1.*vjet* detar, marinar. 2.ka-piten anijeje.

shipmate ['shipmeit] *n* 1. shok pune, marinar. 2.shok udhëtimi, udhëtar(në anije).

shipment['shipmënt] *n* 1.ngarkim. 2.ngarkesë(e anijes). 3.transportim. 4.dërgim(malli).

ship of the desert *n* deve.

ship of the line *n hist* luftanije me vela.

shipowner['shipounë:] *n* pronar anijesh.

shipper['shipë:] *n* transportues mallrash; dërgues malli.

shipping['shiping] *n* 1.transport mallrash. 2.flotë detare; anije(të dikujt). 3.tonazh i përgjithshëm.

shipping clerk *n* mbikëqyrës ngarkimi dhe trans-portimi.

shipping room *n* sallë e ngarkimit të mallit(që do të dërgohet diku).

shipshape ['shipsheip] *adj, adv* në rregull të për-sosur.

shipworm ['shipwë:m] *n zool* krimb anijesh, molusk hollak.

shipwreck['shiprek] *n,v* -*n* 1.anijembytje; anije-thyerje. 2.anije e mbytur/e shkatërruar. 3.*fig* rrënim, shkatërrim.

-*v* 1.shkatërroj; rrënoj. 2.fundos(anijen). 3.fundo-

set; shkatërrohet(anija).

shipwrecked ['shiprekt] *adj* 1.anijembytur, që i është mbytur/shkatërruar anija.2.e fundosur; e shka-tërruar(anije).

shipwright['shiprait] *n* 1.ndërtues anijesh. 2.kar-pentier; riparues anijesh.

shipyard['shipja:d] *n* kantier detar; kantier ndër-timi/riparimi anijesh.

shire['shajë:] *n Br adm* konté(ndarje administra-tive).

shirk[shë:k] *v,n* -*v* 1.lë pa bërë(punën). 2.i shma-ngem, i dredhoj, i bëj bisht. -*n* dredhues, bishtnues; hileqar(në punë).

shirker['shë:kë:] *n* bishtnues; hileqar(në punë).

shirr[shë:] *n* 1.rrudh, tutëloj(copën në qepje). 2. *amer* pjek (vezët) në tavë.

shirring['shë:ring] *n* rrudha(në qepje).

shirt[shë:t] *n* 1.këmishë; bluzë grash. 2.këmishë e brendshme. + **keep your shirt on!** *zhrg* mos u rrëmbe!, ruaje gjakftohtësinë! **loose one's shirt** *zhrg* humbas gjithë ç'kam, lë edhe këmishën e trupit(në bixhoz); **put one's shirt on sth** i vë të gjitha(në një bast etj).

shirtband['shë:tbænd] *n* qafore(e këmishës).

shirtdress['shë:tdres] *n* fustan-këmishë.

shirting['shë:ting] *n* copë për këmishë.

shirtsleeve['shë:tsli:v] *adj gj.fol* joformale, jo te-për zyrtare(diplomaci).

shirttail['shë:tteil] *n,adj* -*n* 1.kind këmishe.2.*attr* i largët(kushëri).

shirtwaist['shë:tweist] *n amer* 1.bluzë. 2.fustan-këmishë.

shirty ['shë:ti] *adj Br* me nerva, i nxehur; **get shirty** nxehem, nevrikosem.

shish kebab['shishkëbob] *n* shishqebap.

shit[shit] *n,v vulg* -*v* 1.mut. 2.*fig* bajgë; **he's a shit!** është fare bajgë! 3.*fig* gjepur, gomarllëk; **shit!** një mender!, një mut! **don't give me that shit!** lëri budallallëqet!, mos më shit dëngla mua! -*vi* dhjes.

shitlist['shitlist] *n vulg* listë e zezë.

shitty['shiti] *adj* i qelbur; i ndyrë; i neveritshëm; **what a shitty thing to happen!** ç'maskarallëk!

shiv[shiv] *n zhrg* thikë, biçak.

shivaree[shivë:ri:] *n* 1.festë për nder të çiftit të ri. 2.festë e potershme.

shiver I['shivë:] *v,n* -*vi* 1.dridhem, rrëqethem (nga frika, të ftohtit etj). 2.fërgëlloj(nga kënaqësia). -*n* dridhje, drithmë; drithërimë; rrëqethje; **it sent shivers down their spines** ajo u futi drithmat; **give a shiver** rrëqethem.

shiver II['shivë:] *n,v* -*n* copë, cifël. -*v* 1.bëhet copash. 2.thyej, bëj copë e çikë.

shivery ['shivëri] *adj* 1.që dridhet (nga të ftohtit, nga frika etj).2.mërdhifcak. 3.i ftohtë, që të fut drithmat(mot). 4.drithërues.

shoal I[shoul] *n,adj,v* *-n* 1.cekëtinë, vend i cekët. 2.breg rëre; stom.

-adj i cekët.

-vi cekëtohet.

shoal II[shoul] *n,v* *-n* turmë; tufë(peshqish); **shoals of** një mori; **they came in shoals** *fig* njerëzia vinin turmë.

-vi mblidhen, bëhen tufë.

shoaly ['shouli] *adj* me cekëtina; plot stome, brigje-brigje.

shoat[shout] *n* derrkuc.

shock I[shok] *n,v* *-n* 1.lëkundje(tërmeti). 2.goditje; përplasje(trenash).3.*el* goditje elektrike, shkundje, shok elektrik; shkarkesë; **get a shock from the stove** më zë korenti te soba. 4.*fig* tronditje, goditje; **her death was a great shock to the family** vdekja e saj ishte një goditje e rëndë për familjen. 5.*mjek* tronditje nervore; kolaps; shok; **in a state of shock** në gjendje shoku. 6.*amer aut* amortizatorë.7.*attr usht* sulmi, sulmuese(taktikë); speciale, të ndërhyrjes së shpejtë(trupa).

-vt 1.godet, shkund. 2.*fig* trondis; shtang; skandalizoj; **she's easily shocked** ajo tronditet shumë kollaj. 3.përplasen.4.zë,dredh(korenti).

shock II[shok] *n,v* *-n* demet, vandak; *pl* duaj.

-vt bëj duaj, mbledh vandak.

shock III[shok] *n* drizë, kaçubë; **a shock of hair** një shtëllungë flokësh, flokë drizë.

shock absorber *n tek* goditjeshues, amortizues, amortizator.

shock resistant *adj* i qëndrueshëm ndaj goditjeve.

shock therapy/treatment *n* 1.*mjek* mjekim me elektroshok. 2.*ek* terapi e shokut.

shock troops *n usht* trupa speciale, trupa të ndërhyrjes së shpejtë.

shock wave *n fiz* valë goditëse.

shocked[shokt] *adj* 1.i tronditur; i shushatur. 2.i skandalizuar, i neveritur.3.*mjek* i tronditur; i goditur.

shocker ['shokë:] *n gj.fol* 1.njeri allosoj; **he's a shocker** është njeri fort i vështirë. 2.*fig* punë dreqi; **what a shocker of a day!** ç'ditë/ç'kohë e ndyrë! 3. libër pa vlerë/për sensacion.

shock-headed['shokhedid] *adj* me flokët drizë.

shocking ['shoking] *adj, adv* *-adj* 1. tronditës (lajm). 2.ngjethës; i neveritshëm; i tmerrshëm(krim). 3.indinjues, fyes; skandaloz(film, qëndrim).4.i tepruar, i pabesueshëm(çmim).5.shumë i keq(shkrim, mot, rezultat).

-adv tepër, tmerrësisht.

shockingly['shokingli] *adv* 1.tepër, tmerrësisht (shtrenjt, i padrejtë, i vështirë). 2.shumë keq, në mënyrë skandaloze(sillem, veproj, interpretoj).

shockproof['shokpruf] *adj* 1.*tek* kundër goditje-

ve, i patronditshëm.2.*el* i siguruar, i tokëzuar.

shod[shod] *pt,pp* e **shoe.**

shoddily ['shodili] *adv* 1. shkel - e - shko. 2. keq (sillem).

shoddiness['shodinis] *n* 1.cilësi e keqe(e mallit). 2.sjellje e ulët; poshtërsi.

shoddy['shodi] *adj,n* *-adj* 1.shkel-e-shko(punë). 2.i keq, i dobët, pa cilësi(mall); prej mbeturinash leshi(artikull).3.e keqe, e ulët(sjellje).

-n 1.lesh i keq, mbeturinë.2.stof leshi të keq. 3.mall i dobët.

shoe [shu:] *n,v* *-n* 1. këpucë; **put on/take off one's shoes** vesh/heq këpucët.2.potkua.3.kapuç metalik(bastuni etj). 4.*aut* nofull freni. 5.*el* brushë, kontakt rrëshqitës. + **fill another person's shoes** zë vendin e dikujt tjetër; **I wouldn't like to be in his shoes** nuk do të doja të isha në vendin e tij/në situatën ku ndodhet ai; **the shoe is on the other foot** gjendja ka ndryshuar kryekëput; **step into sb's shoes** zë vendin e dikujt; **that's another pair of shoes** kjo është tjetër mesele; **be waiting for dead men's shoes** pres të vdesë ndonjë që t'i zë vendin; **you'll know where the shoe pinches when...**do ta shohësh veten pisk kur...

-vt (**shod**) 1.mbath(kalin). 2.mbath, pajis me këpucë(dikë). 3.vesh, i vë kapuç metalik.

shoe cream *n* bojë këpucësh.

shoe leather *n* lëkurë këpucësh, shollë; **it cost me a lot in shoe leather** *gj.fol* hëngra tërë ato kilometra në këmbë.

shoe polish *n* xhela; bojë këpucësh.

shoe repairer *n* këpucar, riparues këpucësh.

shoeblack['shu:blæk] *n* lustraxhi.

shoebrush['shu:brʌsh] *n* furçë këpucësh.

shoehorn['shu:ho:n] *n* lugë këpucësh.

shoelace['shu:leis] *n* lidhëse këpucësh.

shoemaker['shu:meikë:] *n* 1.këpucëbërës, prodhues këpucësh. 2.riparues këpucësh, këpucar. 3.shitës këpucësh.

shoemaker's shop *n* dyqan riparimi këpucësh.

shoeshine['shu:shain] *n* 1.lyerje/lustrim këpucësh. 2.lustër. 3.lustraxhi.

shoeshine boy *n* lustraxhi.

shoeshiner['shu:shainë:] *n* lustraxhi.

shoestring['shu:string] *n* 1.lidhëse këpucësh.2.*gj. fol* shumë e vockël(parash); **do sth on a shoestring** bëj diçka me pak shpenzime.

shoestring budget *n* buxhet/fond fort i vogël.

shoetree['shu:tri:] *n* kallëp këpucësh.

shone[shon] *pt,pp* e **shine.**

shoo[shu:] *interj,v* *-interj* shu!

-vt (edhe ~**away/off**) tremb, përzë(pulat, zogjtë).

shoo-in['shu:in] *n amer gj.fol* 1.fitues i sigurt/që e ka fitoren në xhep. 2.ndeshje e lehtë; fitore e sigurt; **it's a shoo-in** është qofte fare.

shook I[shuk] *n* komplet pjesësh për montim.

shook II[shuk] *pt* e **shake**; **be shook up about sth** jam shumë i tronditur nga diçka; **a shook-up generation** një brez të rinjsh të hallakatur.

shoot[shu:t] *v,n,interj* -*v* (**shot**) 1.qëlloj; i shtie; gjuaj(me plumb, shigjetë etj); vras. 2.drejtoj, lëshoj breshëri(pyetje). 3.qëllon, shtie(pushka). 4.gjuaj; **shoot a forest** gjuaj në pyll. 5.*gj.fol* terrorizoj(një qytet etj). 6.(**by**) kalon befas(një makinë etj). 7.(**forth, up**) hedh shtat, rritet(njeriu, gruri).8.marr /nxjerr në fotografi.9.zbraz, shklluq. 10.*sport* gjuaj, shutoj(topin). 11.hedh(zaret).12.nxjerr krye, del mbi (ujë etj). 13. *gj.fol* i bëj gjilpërë/injeksion. 14.*zhrg* marr drogë, drogohem(me injeksione). + **shoot one's bolt** *fig* i zbraz të gjithë karikatorët; **shoot the works** a)i vë të gjitha në një dorë(në bixhoz); b) mbledh të gjitha forcat, bëj ç'është e mundur. -*n* 1.syth; bisk, filiz; bimëz. 2.dalje, çelje(sythash). 3.ulluk shkarkimi. 4.gjuajtje; qitje. 5.gjueti. 6.vend gjuetie. + **and the whole shoot** a)e më the e të thashë, dhe kallam kusuri; b)dhe gjithë sa ishin; me soj e sorollop.

-*interj amer* **shoot!** ta marrë/ta hajë dreqi!

+**shoot at** *gj.fol* synoj.

+**shoot away** a)qëlloj papushim; b)lëshohem si shigjetë; ia mbath; c)godas, plagos.

+**shoot back** a)kundërgodas; b)kthehem/futem si shigjetë/fluturimthi.

+**shoot down** a)rrëzoj(avionin); b)vras.

+**shoot for** *gj.fol* synoj.

+**shoot off** a)zhdukem, ua mbath; b)zbraz(pushkën), qëlloj.

+**shoot out** a)iki si shigjetë; b)shpërthen(flaka); c) nxjerr(gjuhën); d)zgjas(dorën). + **shoot it out** rregullojmë hesapet me kobure.

shoot-out['shu:taut] *n* 1.shkëmbim zjarri, betejë.2. *fig* përplasje e fortë.

+**shoot up** a)shpërthen(flaka); b)ngrihet si shigjetë; c)rritet, hedh shtat(me shpejtësi); d)*zhrg* marr drogë, drogohem (me injeksion); e)*amer zhrg* qëlloj(me pushkë).

shoot'em-up['shu:tëmʌp] *n amer zhrg* film me dhunë.

shoot-the-chute['shu:tdhë'shu:t] *n* tobogan, sajë e gjatë me patina.

shooter['shu:të:] *n* qitës.

shooting['shu:ting] *n* 1.qitje.2.të shtëna; batare.3. vrasje.4.pushkatim.5.gjueti.6.xhirim.7.*attr* therëse, sëmbuese(dhimbje).+**the whole shooting match** kallam kusuri, soji e sorollopi, me kuç e me maç.

shooting brake *n Br aut* veturë-kamionçinë, veturë e gjatë me vend për mallra(prapa).

shooting-down['shu:tingdaun] *n* 1.atentat (me armë zjarri).2.rrëzim(avioni).

shooting gallery *n* poligon/sallë qitjeje.

shooting iron *n gj.fol* armë zjarri.

shooting range *n* 1.barakë / kioskë për qitje (në panaire).2.largësi qitjeje; **within shooting range** sa ha pushka/topi.

shooting script *n kin* renditje e skenave, sekuencë, ndarje(e skenarit) në skena.

shooting star *n* yll që këputet, meteorit.

shop[shop] *n* 1.*Br treg* dyqan; **at the butcher's shop** te mishshitësi; **set up shop** hap dyqan; filloj nga puna; **shut up shop** mbyll dyert, mbyllet(dyqani, biznesi). 2.punishte.3.repart(uzine); **assembly shop** reparti i montimit. + **all over the shop** a)kudo, nga të katër anët; b)në rrëmujë; **talk shop** flas për probleme pune. -*v* 1.blej; bëj pazarin; **go shopping** bëj pazarin; dal për të blerë. 2.*Br zhrg* shes, tradhtoj(dikë).

+**shop around** krahasoj çmimet, u hedh një sy mallrave.

shop assistant *n Br* shitës.

shop steward *n* përfaqësues i punëtorëve (të sindikuar) të repartit/sektorit.

shop window *n* vitrinë.

shopfitter ['shopfitë:] *n Br* zbukurues/dekorator dyqanesh.

shop-floor['shopflo:] *n* punëtor.

shopgirl['shopgë:l] *n* shitëse.

shopkeeper['shopki:pë:] *n* dyqanxhi; tregtar.

shoplift['shoplift] *vi* vjedh në dyqan.

shoplifter['shopliftë:] *n* vjedhës (në dyqan).

shoplifting['shoplifting] *n* vjedhje në dyqan.

shopman['shopmën] *n* shih **shopkeeper**.

shopper['shopë:] *n* 1.blerës, klient. 2.trastë, torbë; shportë. 3. karro, karrocë e vogël(në supermarket).

shopping['shoping] *n* 1.blerje, pazar; **do some shopping** bëj pazaret. 2.të blera, sende të blera.

shopping bag *n* trastë, torbë.

shopping basket *n* shportë.

shopping center *n* qendër tregtare.

shopping mall *n* qendër tregtare, kompleks magazinash të mëdha(edhe për rroba).

shopping plaza *n knd* qendër tregtare.

shopping precinct *n* zonë tregtare.

shop-soiled ['shopsojëld] *adj Br* bajat, që ka ndenjur gjatë në rafte(në dyqan).

shoptalk['shopto:k] *n* 1.gjuhë e zanatit. 2.bisedë (për çështje) pune.

shopwalker['shopwokë:] *n* përgjegjës reparti(në magazinat e mëdha).

shopworn['shopwo:n] *adj* 1.i bajatur, që ka ndenjur gjatë në dyqan.2.*fig* bajat, i konsumuar(mendim, parrullë).

shore I[shoë:] *n* 1.breg(deti, liqeni).2.*pl* vend, tokë. +**in shore** pranë bregut; **off shore** pranë bregut; **on shore** në breg; **go on shore** zbarkoj.

shore II [shoë:] *n,v* -*n* pajandër, çandër, mbështetëse.

-*vt* pajandroj, mbaj me pajandra.

+**shore up** a)pajandroj; b)*fig* përforcoj, konsolidoj.

shore III[shoë:] *vjet pt* e **shear.**

shoreless['shoë:lis] *adj* 1.pa brigje. 2.i pakufi.

shoreline['shoë:lain] *n* buzë e ujit.

shoreward['shoë:wë:d] *adv,adj* drejt bregut.

shoring['shoring] *n* pajandra, mbështetëse.

shorn[sho:n] *v,adj* -*v pp* e **shear.**

-*adj* nevojtar.

short [sho:t] *adj,adv,n,v* -*adj* 1.i shkurtër (send, njeri, takim etj); **be on short time, work short time** punoj me kohë të pjesshme/me orar të reduktuar. 2.i mangët; **be short in one's accounts** dal mangët me llogarinë; **go short** kam mungesa; **a bit short on brains** pa shumë tru.3.i pamjaftueshëm; **coffee is short/in short supply at the moment** nuk jemi mirë me kafen; **give sb short change** nuk ia kthej kusurin tamam; **give short measure/weight** ha në peshë, ha në kandar.4.i prerë(qëndrim); e thatë(përgjigje); **be short with sb** tregohem i prerë me dikë. 5.*fin* afatshkurtër(hua, faturë).6.*gram* e shkurtër (zanore). 7.i shkrifët(brumë). + **make short work of** i jap rrugë shpejt(problemit etj); **run short** a)më mbaron, soset; b)është me pakicë, nuk mjafton; **short of** a)përveç: **nothing short of a miracle can save him** s'ka gjë që e shpëton, përveç ndonjë mrekullie; b)më pak sesa: **a month short of his birthday** një muaj para ditëlindjes së saj; c)afër, pak para se të mbërrish: **stop short of the house** ndaloj pak para se të mbërrij te shtëpia.

-*adv* 1.shkurt; **cut sth short** shkurtoj(fjalimin, programin); **cut sb short, take sb up short** ia pres fjalën dikujt. 2.befas; **the dog stopped short** befas qeni u ndal. 3.shkurtimisht, përmbledhtas.4.gati në; **short of actual crime** gati në të kryer të krimit. + **cut short** përfundoj papritmas; **fall short** a)nuk arrij të; b)nuk mjafton; **sell short** shes para kohe, shes mallin para se ta kem në magazinë.

-*n* 1.gjë e shkurtër. 2.*el* lidhje e shkurtër, masë. 3. shitje pa patur mallin në dorë. 4.*kin, tv* film i shkurtër; dokumentar. 5.*pl* a)pantallona të shkurtra; b)të mbathura, mbathje, brekë; c)*Br* aperitivë; pije alkoolike. + **for short** për ta shkurtuar; **in short** shkurt, me pak fjalë.

-*v el* 1.lidh në të shkurtër. 2.bën lidhje të shkurtër, bën masë, bie në masë.

short circuit *n el* lidhje e shkurtër.

shortage['sho:tixh] *n* sasi e pakët; mungesë; **the housing shortage** kriza e strehimit.

shortbread['sho:tbred] *n* galetë e shkrifët.

shortcake['sho:tkeik] *n* kek i shkrifët.

short-change['sho:tçeinxh] *vt gj.fol* 1.i kthej mangët(kusurin). 2.mashtroj, ia hedh.

short-circuit[sho:t'së:kit] *vt* 1.lidh në të shkurtër.

2.*fig* anashkaloj, shmang.3.pengoj, frenoj(një plan).

shortcoming['sho:tkʌming] *n* e metë, cen; mungesë.

shortcut['sho:tkʌt] *n,v* -*n* 1.rrugë që i bie shkurt. 2.mënyrë/metodë e shpejtë, që shkurton punë. -*vi* 1.i bie shkurt. 2.përdor një mënyrë të shpejtë.

short-dated ['sho:tdeitid] *adj* afatshkurtër; që i skadon shpejt afati.

shorten['sho:tën] *v* 1.shkurtoj(rrugën, kohën, fundin etj).2.shkurtohet(dita etj). 3.shkrifëroj, zbruj me gjalpë(brumin). 4.mbledh(velën). + **the odds are shortening** *fig* shanset po pakësohen.

shortening['sho:tning] *n* 1.shkurtim; pakësim. 2. yndyrë.

shortfall['sho:tfol] *n* 1.mungesë; sasi që mungon. 2.mosrealizim.

short-haired['sho:t'heë:d] *adj* 1.flokështkurtër, i qethur shkurt. 2.qimeshkurtër(kafshë).

shorthand ['sho:thænd] *n Br* stenografi; **shorthand typing** steno-daktilografi; **shorthand writer** stenograf.

short-handed['sho:t'hændid] *adj* 1.me mungesë personeli/fuqie punëtore.2.*sport* me lojtarë mangët.

short-haul['sho:tho:l] *n* transportim në distanca të shkurtra.

shorthorns ['sho:t'ho:nz] *n* racë gjedhësh brishkurtër.

short-life['sho:tlaif] *adj* që nuk rron gjatë(rrobë, ushqim).

shortlist['sho:tlist] *n,v Br* -*n* listë përfundimtare e kandidatëve.

-*vt* fus në listën përfundimtare.

short-lived['sho:t'livd] *adj* jetëshkurtër.

shortly['sho:tli] *adv* 1.së shpejti, së afërmi; mbas disa ditësh; **shortly after** pak mbas. 2.shkurtimisht, shkurt, me pak fjalë. 3.prerë, prerazi; vrazhdë.

shortness['sho:tnis] *n* 1.shkurtësi, gjatësi e vogël. 2.kohë e shkurtër.3.vrazhdësi.

short-order['sho:t'o:dë:] *adj amer* i shpejtë(shërbim); për gjëra të çastit(kuzhinier).

short-range['sho:treinxh] *adj* 1.me rreze të shkurtër veprimi(top, avion).2.*fig* afatshkurtër(plan, parashikim).

shortsheet['shotshi:t] *vt amer* ndreq (shtratin) si kuti.

short sight *n mjek* miopi, dritështkurtësi.

short-sighted ['sho:tsaitid] *adj mjek* miop, dritështkurtër.

short-sightedness[sho:t'saitidnis] *n* miopi, dritështkurtësi(edhe *fig*).

short-sleeved['sho:tsli:vd] *adj* me mëngë të shkurtra(këmishë).

short-staffed['sho:tstæft] *adj* me mungesë personeli.

shortstop['sho:tstop] *n sport* bllokues.

short story *n let* tregim.

short-tempered['sho:ttempë:d] *adj* gjaknxehtë, nevrik, i rrëmbyer.

short-term['sho:të:m] *adj* 1. afatshkurtër. 2.kohëshkurtër, për një kohë të shkurtër(parkim).

short-time working *n* papunësi e pjesshme, **short ton** *n* ton kanadez (= 2000 paunde, ose 907 kg).

short-wave ['sho:tweiv] *n,adj,v rad -n* valë të shkurtra.
-*adj* me valë të shkurtra(radio, transmetim).
-*vt* transmetoj në valë të shkurtra.

short-winded ['sho:twindid] *adj* teknefes.

shorty['sho:ti] *adj* xhuxh, shkurtabiq; **hey shorty!** ej, piciruk!

shot I[shot] *n,v -n* 1.e shtënë. 2.qitje. 3.plumb; saçme. 4.predhë; gjyle. 5.largësi qitjeje; **within rifle shot** sa ha pushka. 6.qitës, nishantar. 7.*gj.fol* injeksion, gjilpërë.8.vërejtje therëse.9.përpjekje, provë; **take a shot at it** e provoj, bëj një përpjekje; **a shot in the dark** një e thënë kuturu. 10.bast. 11.*sport* gjyle.12.*sport* gjuajtje; **a shot at goal** gjuajtje në portë.13.fotografi.14.*kin* sekuencë, skenë e xhiruar; plan.15.*gj.fol* dozë. 16.*min* plasje. + **a long shot** provë e vështirë; **big shot** person me influencë, njeri i fuqishëm; **call the shots** *gj.fol* jam në krye(të punëve); **like a shot** vetëtimthi, si predhë; **not by a long shot** aspak, fare; **put the shot** *sport* flak/hedh gjylen; **shot in the arm** *gj.fol* nxitje, stimul.
-*vt* mbush(pushkën, topin).

shot II[shot] *v,adj -v pt,pp* e **shoot**.
-*adj* 1.ujëra-ujëra, me tallaze(mëndafsh etj). 2.e përzier, e shkartisur(ngjyrosje).3.*fig* i kripur(fjalimi me shakara etj). 4.*amer gj.fol* i mbaruar, i marrë fund.

shotgun['shotgʌn] *n* 1.teke; pushkë gjahu.2.*attr* detyruar; nga zori; **shotgun marriage/wedding** martesë e detyruar/e sforcuar(për shkak shtatzanie). 3.*fig* i gjerë, i hapur (qëndrim). + **ride shotgun** *amer* udhëtoj si pasagjer.

shot-put['shotput] *n sport* flakje/hedhje e gjyles.

should[shud, shëd] *v* (folje ndihmëse) 1.(kushto-re e **shall**) do të; **I should/I'd come** do të vija; **I should have liked to** do të më pëlqente, do të doja; **I should think there were about ten** them se duhej të ishin nja dhjetë; **I should think so too!** ashtu hpresoj edhe unë! **I should say so!** që ç'ke me të! 2.(e ardhme e pakryer) do të; **we told you we'd be late** ju thamë se do të vonoheshim. 3.(detyrim, para-pëlqim) duhet; **I thought I should tell you** mendova se duhej të ta thoja; **as it should be** siç du-het; **I shoudn't, if I were you** nuk do ta bëja, po të sha në vendin tënd; **how should we know?** e nga ta dimë ne? 4.(mundësi, gjasë) duhet; **they should have arrived by now** duhet të kenë mbërritur tani;

why should they suspect her? e pse (u dashka) të dyshojnë tek ajo? 5.(përdorime në lidhore) që të; **it is necessary that they should be warned** është e nevojshme që ata të paralajmërohen; **lest she should change her mind** nga frika se mos ndërronte mendje.

shoulder['shouldë:] *n,v -n* 1.shpatull; sup; **have broad shoulders** a)jam shpatullgjerë; b)*fig* i kam këllqet të forta. 2.anë(e pashtruar) e xhades. + **put one's shoulder to the wheel** i vë shpatullat/gjoksin punës; **shoulder to shoulder** sup më sup, krah-përkrah; **straight from the shoulder** hapur; me çiltërsi.
-*vt* 1.hedh/mbaj mbi supe. 2.*fig* mbaj, marr mbi vete/përsipër (përgjegjësinë, barrën, fajin).3.*usht* : **shoulder arms!** në sup armë! 4.shtyj, largoj (dikë) me trup; **shoulder one's way through the crowd** çaj përmes turmës.

shoulder bag *n* çantë supi.

shoulder blade *n anat* shpatull, kockë e shpa-tullës.

shoulder-length['shouldë:length] *adj* deri te su-pet(flokë të gjatë).

shoulder pad *n* supnajë, supore.

shoulder strap *n* 1.aski, tirantë.2.supnajë, supore.

shouldn't['shudënt] shkurtim për **should not**.

shout[shaut] *v,n -v* 1.bërtas; thërras; **shout with laughter** ia plas gazit; **shout for help** thërras për ndihmë; **shout for sb to come** i thërras dikujt; **it's nothing to shout about** nuk ka arsye për ta bërë të madhe.2.(**at sb**) shaj, i bërtas(dikujt).3.shpreh me zë thirrura; **the crowd shouted its approval** turma e miratoi me të thirrura. + **shout a person down** ia mbyll gojën dikujt duke folur me zë shumë të lartë.
-*n* 1.britmë, e bërtitur, e thirrur.2.shpërthim të qe-shurash. + **give sb a shout** i bëj një telefon dikujt.

+**shout out** a)bërtas; thërras: **shout out to sb** i thë-rras dikujt; b)lëshoj(urdhër, parrullë).

shouting['shauting] *n* 1.britmë, e bërtitur, e thi-rrur. 2.zëra, të thirrura; poterë. + **it's all over bar the shouting** kryesorja u bë.

shove[shʌv] *v,n -v* 1.shtyj; **stop shoving!** mos shtyni! 2.fus; rras. 3.vë. + **shove one's way through the crowd** çaj përmes turmës.
-*n* e shtyrje, shtytje; **give sth a good shove** i jap një të shtyrë diçkaje.

+**shove about/around** a)shtyj majtas e djathtas; b) e trajtoj pa sajdi(dikë).

+**shove away** shtyj tutje.

+**shove back** a)shtyj; çoj në vend; b)fus në xhep.

+**shove down** lëshoj, vë; **shove down a few lines** shkruaj shpejt-e-shpejt disa rreshta.

+**shove off** a)*det* largohet nga bregu; b)*zhrg* iki, ua mbath.

+**shove on** a)vesh(pallton); vë(kapelën); b)vë(disk

në gramafon etj).

+**shove out** a)shtyj, nxjerr(varkën); b)përzë, nxjerr jashtë.

+**shove over** a)përmbys(karrigen); b)rrëzoj(dikë); c) shtyj, hedh nga(shkëmbi); d)kaloj, pasoj: **shove it over to me** ma kalo këndej.

shovel['shʌvël] *n,v* -*n* 1.lopatë; lopatë mekanike. 2.kapelë me anë të kthyera përpjetë.

-*vt* 1.heq me lopatë. 2.hap (borën) me lopatë.3.*fig* përlaj, gllabëroj.

+**shovel up** heq me lopatë; mbledh me lopatë.

show[shou] *v,n* -*v* (**showed; shown, showed**) 1.tregoj(diçka, rrugën).2.shfaq, paraqes; demonstroj; **she showed herself a generous woman** ajo u tregua bujare. 3.duket, shfaqet; dallohet; **it doesn't show** nuk duket, nuk kuptohet. 4.sqaroj, shpjegoj; i tregoj se si. 5.provoj(se). 6.shënon, tregon(aparati).7. jap shfaqje.8.drejtoj, i tregoj rrugën; shoqëroj. 9.vij, mbërrij, shfaqem, paraqitem(diku).

-*n* 1.shfaqje; ekspozim; demonstrim; **a show of mercy** shfaqje mëshire; **a show of strength** demonstrim force. 2.ngritje(e dorës); **vote by show of hands** votoj duke ngritur dorën. 3.dukë, aparencë; **make a show of doing** bëj sikur; **just for show** sa për t'u dukur.4.*teat* shfaqje; **let's get the show on the road** *fig* të hidhemi në veprim tani. + **for show** për efekt, për t'u dukur; **good show!** të lumtë!, bravo! **put up a good show** bëj figurë të mirë; **it's a poor show that...**është fatkeqësi që..; **make a poor show** bëj figurë të keqe; **run the show** jam në krye të punëve, jam shef/padron; **steal the show** tërheq vëmendjen/admirimin e të gjithëve; **this is my show** këtu komandoj unë.

+**show in** fus, shoqëroj brenda(në shtëpi, zyrë).

+**show off** a)pozoj, kërkoj të dukem: **stop showing off!** mjaft u kapardise! b)ekspozoj, nxjerr në publik.

show-off['shou'of] *n* 1.ekspozim; kapardisje. 2. *gj. fol* njeri që kërkon të duket; mburravec.

+**show out** shoqëroj deri te dera.

+**show through** duket tejpërtej, është i tejdukshëm.

+**show up** a)del në pah(një tipar, gabimi); duket (njolla); b)mbërrij, shfaqem, paraqitem(diku); c)fus brenda, ngjis lart(vizitorin); d)demaskoj, denoncoj; e)zbuloj (gabimin); f)turpëroj(faqe njerëzve); g)bie në sy, dalloj(mes të tjerëve).

show bill *n teat* afishe, pankartë.

show biz, show business *n* bota/industria e spektaklit.

showboat['shoubout] *n,v fig* -*n* njeri që kërkon të duket; mburravec.

-*vi* kërkoj të dukem; kapardisem.

showcase['showkeis] *n* vitrinë.

showdown['shoudaun] *n* hapje e letrave(edhe *fig*).

shower['shauë:] *n,v* -*n* 1.rrebesh shiu.2.breshëri, rrebesh (goditjesh, shigjetash); ortek(gurësh, të sha-

rash).3.dush. 4.*Br përb* tufë hajvanësh. 5.festë dorëzimi dhuratash (një femre para martesës etj).

-*vt fig* mbuloj, dynd; **shower sb with gifts/praise** mbuloj dikë me dhurata/me lëvdata; **shower abuse /insult/praise on sb** mbuloj dikë me të shara/me fyerje/me lëvdata.

showery['shauëri] *adj* me rrebesh; si rrebesh.

showgirl['shougë:l] *n* këngëtare/kërcimtare kaba reje.

showing['shouing] *n* 1.shfaqje(filmi etj). 2.para qitje; figurë; arritje; **make a good/poor showing** bë figurë të mirë/të keqe. 3.e thënë, pohim; **on his own showing** me gojën e vet.

show jumping['shouxhʌmping] *n* hipizëm, gar me kuaj (me pengesa).

showman['shoumën] *n* 1.drejtues shfaqjeje. 2.*fig* aktor.

show-me attitude *n amer gj.fol* qëndrim mos besues, qëndrim skeptik.

shown[shoun] *pp* e **show**.

showpiece['shoupi:s] *n* perlë(e ekspozitës etj).

showplace['shoupleis] *n* 1.pikë turistike. 2.*fig* m del.

showroom['shouru:m] *n* sallë ekspozite; **in show room condition** e re flakë(makinë).

showstopper['shoustopë:] *n fig gj.fol* kyçi i spek taklit.

show trial *n drejt* gjyq/proces i bujshëm.

showwindow['shou'windou] *n* vitrinë.

showy['shoui] *adj* 1.që bie në sy, tërheqës. 2.që vret sytë, tepër e fortë(ngjyrë). 3.e fryrë, për t'u duku (sjellje).

shrank[shræŋk] *pt* e **shrink**.

shrapnel ['shræpnël] *n usht* 1. shrapnel. 2. cifl shrapneli.

shred[shred] *n,v* -*n* 1.copë. 2.grimë, çikë; **not shred of evidence** kurrfarë prove. + **tear to shred** e bëj copë e çikë(edhe *fig*).

-*vt* (**shredded, shred**) 1. gris; bëj copash. 2. g (karrotat etj).

shredder['shredë:] *n* 1.rende; makinë grirëse(p rimesh etj). 2.makinë grirëse dokumentesh.

shrew[shru:] *n* 1.*zool* hundëgjatë(brejtës).2.gë njare, noprane, shtrigë, sprijë e keqe.

shrewd[shru:d] *adj* 1.mendjemprehtë, mendjehe llë; **that was a shrewd move** bukur manovroi. 2 mprehtë(gjykim etj). 3.finok, dinak.4.*vjet* që pret(erë). + **have a shrewd idea that...** ma tho mendja se...; **make a shrewd guess at how many** e gjej me hamendje se sa....

shrewdly['shru:dli] *adv* 1.me mendjemprehtës me shkathtësi. 2.dinakërisht, me dredhi.

shrewdness['shru:dnis] *n* 1.mendjemprehtësi. zhdërvjelltësia, shkathtësia. 3.dinakëri; dredhi.

shrewish ['shru:ish] *adj* gërnjar, grindavec; pre

shtrige.

shrewmouse['shru:maus] *n* shih **shrew**.

shriek[shri:k] *n,v* -*n* 1.britmë, klithmë; piskamë. 2.ulërimë; **with shrieks of laughter** duke u gajasur së qeshuri.

-*v* 1.bërtas; thërras; sokëllij; klith. 2.ia plas(gazit).

shrift[shrift] *n vjet fet* rrëfim. + **give sb short shrift** nuk ia zgjas.

shrill[shril] *adj,v,n* -*adj* çjerrës; i mprehtë(zë, fishkëllimë etj).

-*vi* këlthas; çirrem.

-*n* këlthitje; çirrje.

shrimp[shrimp] *n* 1.*zool* karkalec deti.2.*fig* mi, kërmill.

shrine[shrain] *n,v* -*n* 1.vend i shenjtë. 2.faltore, hijerore.3.varr (shenjtori).4.kuti relikesh të shenjta.

-*vt* mbyll në kuti.

shrink[shrink] *v,n* -*v* (**shrank, shrunk; shrunk, shrunken**) 1.tërhiqem, zbrapsem, zbythem; **she did not shrink from saying that**...ajo nuk u druajt të thoshte se... 2.tkurret, mblidhet. 3.hyn(leshi etj).4. fus në ujë(pëlhurën); tkurr(metalin).

-*n* 1.tkurrje; shkurtim. 2.tërheqje, zbythje. 3.*zhrg* psikiatër.

shrinkage['shrinkixh] *n* tkurrje, mbledhje; shkurtim; **allowing for shrinkage** duke marrë parasysh tkurrjen.

shrinking['shrinking] *adj* i ndruajtur; **shrinking violet** *fig* njeri i ndjeshëm; tip i turpshëm.

shrink-wrap['shrinkræp] *v,n* -*vt* mbështjell fort me celofan.

-*n* mbështjellje me celofan.

shrive[shraiv] *vt vjet* (**shrove, shrived; shriven, shrived**) 1.pret/dëgjon rrëfimin(prifti); fal mëkatet. 2.rrëfehem.

shrivel['shrivël] *v* 1.rrëgjohet(trupi). 2.fishket, thahet(pema). 3.rrudhet(lëkura).4.than, rreshk, fishk (dielli).

+**shrivel up** *fig* bëhem keq, më vjen të futem në dhe.

shriven['shrivën] *pp* e **shrive**.

shroud[shraud] *n,v* -*n* 1.qefin, savan. 2.*fig* vel, perde(tymi etj). 3.*det* litarë përforcues të direkëve.

-*vt* 1. mbështjell me qefin. 2. *fig* vesh, mbulon, fsheh; **shrouded in mist** i mbuluar me mjegull; **shrouded in mystery** i veshur me mister.

shrove[shrouv] *pt* e **shrive**.

Shrovetide['shrouvtaid] *n fet* të lidhurat(tri ditët para kreshmëve).

shrub[shrʌb] *n* shkurre, kaçube, gëmushë, drizë.

shrubbery['shrʌbëri] *n* shkorret, shkurrnajë.

shrug[shrʌg] *v,n* -*v* mbledh, ngre(supet).

-*n* mbledhje/ngritje e supeve; **say with a shrug** them duke mbledhur supet.

+**shrug off** 1.nuk përfill; përçmoj(propozim, para-

lajmërim). 2.heq qafe(gripin etj).

shrunk[shrʌnk] *pp,pt* e **shrink**.

shrunken ['shrʌnkën] *adj,v* -*adj* 1. i tkurrur, i mbledhur; i shkurtuar.2.i rrëgjuar(njeri).

shtick[shtik] *n amer teat* truk.

shuck[shʌk] *n,v* -*n* 1.bishtajë. 2.lëvozhgë(arre); lëvore. 3.byk.

-*vt* 1.zhvoshk; shkërmoq.2.qëroj(arrat etj).3.*gj.fol* zhvesh, heq(rrobat).

shucks[shʌks] *excl* ta hajë dreqi!

shudder['shʌdë:] *v,n* -*vi* 1.dridhem; rrëqethem; **I shudder to think** më zë frika ta mendoj. 2.dridhet, vibron(motori); tundet, troshitet(makina).

-*n* 1.dridhje; drithmë; rrëqethje; **it gives me the shudders** më fut drithmat.2.dridhje, vibrim; troshitje.

shuffle['shʌfël] *v,n* -*v* 1.heq këmbët zvarrë, tërheq këmbët. 2.vallëzoj me të tërhequr të këmbëve. 3.përziej, trazoj, shkartis(letrat, gurët e dominosë). 4. rras, vesh me ngut. 5.hedh sa andej këndej.6.*fig* dredhoj; mashtroj.

-*n* 1.heqje zvarrë(e këmbëve). 2.kërcim me heqje të këmbëve zvarrë. 3.përzierje, shkartisje(e letrave etj). 4.lëvizje sa andej këndej.5.bishtnim; dredhi; rreng.

+**shuffle off** a)iki duke tërhequr këmbët zvarrë; b) heq me ngathtësi(bluzën etj); c)heq nga vetja(përgjegjësinë etj).

shun[shʌn] *vt* shmang, i shmangem; i bëj bisht; **shun doing sth** i bëj bisht diçkaje.

shunpike ['shʌnpaik] *n zhrg* rrugë jokryesore e qetë.

shunt[shʌnt] *v,n* -*v* 1.*hek* drejtoj, fus në shinat e duhura(vagonin etj); ndërroj shinat. 2.mënjanohem, kthehem. 3.*el* shuntoj. 4.*fig* ndërroj (bisedën), i jap tjetër drejtim. 5.(dikë) heq qafe, e përcjell(gjetiu). 6.*gj.fol* pasoj, kaloj gjetiu(diçka); **shunt that fork over to me** ma hidh këndej atë pirun.

-*n* 1.*hek* spostim, devijim(i trenit).2.ndërrim shinash.3.*el* shunt; shuntim.4.*fig* përplasje; përleshje.

shunter['shʌntë:] *n Br hek* 1.këmbyes shinash. 2. lokomotivë manovrimi(për kalim vagonash në shina të tjera).

shunting['shʌnting] *n Br hek* manovra ndërrimi binarësh.

shush[shësh, shʌsh] *v,interj* -*vt* e bëj(dikë) ta qepë gojën.

-*interj* shët!

shut[shʌt] *v,adj* -*v* (**shut**) 1.mbyll(derën, sirtarin, sytë, dyqanin); **shut your mouth!** mbylle! **shut your face!** qepe! **shut one's fingers in a drawer** zë gishtat duke mbyllur sirtarin; **shut the cat out** nxire macen përjashta; **shut sb in prison** rras dikë brenda.2.mbyllet.

-*adj* 1.i mbyllur. 2.*gram* e mbyllur(zanore).

+**shut away** a)mbyll (dikë, qenin etj); **he shuts**

himself away ai është mbyllur brenda; b)kyç(sende të çmuara).
+shut down a)mbyll(dyqanin etj); b)ndal (maki-nerinë).
shutdown['shʌtdaun] *n* mbyllje(fabrike etj).
shut-eye['shʌtaj] *n gj.fol* një sy gjumë.
+shut in mbyll brenda.
shut-in['shʌtin] *adj* i mbyllur, i ndryrë.
+shut off a)pres(korentin, gazin, ndihmat); b)shuaj, fik(motorin); c)izoloj, veçoj(dikë).
shut-off['shʌtof] *n* çkyçës/ndërprerës automatik.
+shut out a)lë jashtë(dere, trashëgimie); b)zë(pam-jen); c)heq/largoj nga mendja(një kujtim); d)*sport* blokoj (kundërshtarin).
shutout['shʌtaut] *n* 1.mbyllje e ndërmarrjes, nxje-rrje e punëtorëve në rrugë.2.*sport* fitore e thellë, re-zultat i pastër(pa e lejuar kundërshtarin të shënojë).
+shut to a)mbyllet(dera); b)mbyll.
+shut up a)hesht, e mbyll; b)mbyll(dyqanin etj); c) mbyll brenda, ndryj(dikë, qenin etj); d)ia mbyll gojën, ia mbyll sqepin(dikujt).
shutter ['shʌtë:] *n,v* *-n* 1.grilë (dritareje), kanat errësues. 2.qepen; **put up the shutters** mbyll dyqa-nin; mbyll dyert(përfundimisht). 3.*fot* mbyllës i diafragmës.
-vt mbyll, ul qepenat.
shuttered ['shʌtë:d] *adj* me kanate të mbyllura (shtëpi).
shuttle ['shʌtël] *n,v* *-n* 1.*tek* drugë, sovajkë, mëqik.2. autobus/tren/avion i rregullt(që vete-vjen shpesh); **space shuttle** anije kozmike.
-v 1.vete-vjen me shpejtësi. 2.bën rrugën, lëviz në itinerarin(ndërmjet dy vendeve).3.hedh e pres, çoj sa andej këndej.
shuttle movement *n tek* lëvizje vajtje-ardhje.
shuttlecock['shʌtëlkok] *n sport* pupël, topth (me pupla) badmingtoni.
shy I[shai] *adj,v* *-adj* 1.i ndruajtur, i turpshëm, timid.2.e trembur, e strukur(kafshë).3.(of) pa, që i mungon; **be one year shy of 50** jam 49 vjeç; **I'm $10 shy** më mungojnë 10 dollarë. + **fight shy of** i shmangem, i rri larg.
-vi zbythet, prapset; shmanget(kali).
+shy away *fig* i shmangem, më vjen neveri nga.
shy II[shai] *v,n* *-vt* hedh, flak; gjuaj(me gur etj).
-n 1.flakje; gjuajtje. 2.*gj.fol* sulm; vërejtje therëse. 3.*gj.fol* provë, përpjekje, orvatje.
shyly['shaili] *adv* me ndruajtje.
shyness['shainis] *n* ndruajtje, turp.
shyster ['shaistë:] *n gj.fol* batakçi; avokat i pa-ndershëm.
si[si:] *n muz* si.
Si *n kim* Silic(element).
SI *n* Sistemi Ndërkombëtar i Njësive.
Siam[saj'æm] *n gjeog* Siam.

Siamese[sajë'mi:z] *adj,n* *-adj* siamez; **Siamese cat** mace siameze; **Siamese twins** vëllezër siamezë, binjakë të ngjitur.
-n 1.siamez. 2.mace siameze. 3.gjuhë siameze.
sib[sib] *adj,n* *-adj* i afërm; me lidhje gjaku.
-n 1.i afërm; kushëri. 2.farefis.3.vëlla; motër.
Siberia[sai'birië] *n gjeog* Siberi.
Siberian[sai'biriën] *adj,n* siberian.
sibilant['sibilënt] *adj,n gram* *-adj* fishkëllor(ti-ngull).
-n bashkëtingëllore fishkëllore.
sibilate['sibëleit] *v gram* shqiptoj me fishkëllim.
sibling['sibling] *n* vëlla; motër.
sibyl['sibël] *n* 1.*mit* profete. 2.fatthënëse.
sibylline['sibëlain, 'sibëli:n, 'sibëlin] *adj* 1.profetik. 2.i mistershëm.
sic I[sik] *adv lat* sic, pikërisht kështu.
sic II[sik] *v* shih **sick II**.
siccative['sikëtiv] *adj,n* tharës.
Sicilian[së'siliën] *adj,n* *-adj* sicilian.
-n 1.sicilian. 2.dialekt sicilian, siciliançe.
Sicily ['sisili] *n gjeog* Sicili.
sick I[sik] *adj,n -adj* 1.i sëmurë; **fall/take sick** bie i sëmurë, sëmurem. 2.me të përziera, që i vjen për të vjellë; **be sick** vjell; **feel sick** më vjen për të vjellë; **milk makes me sick** qumështi më bën për të vjellë. 3.(of) i neveritur(nga); **be sick of hearing the same old excuse** më ka ardhur në majë të hundës nga të dëgjuarit e të njëjtit justifikim; **you make me sick!** ti nuk durohesh!, ti më fut krupën! **be sick and tired of sb/sth** ma ka prurë në majë të hundës dikush /diçka; **be sick at heart** e kam shpirtin të vrarë. 4.*fig* e sëmurë (mendje). 5.*fig* i zymtë; i zi(humor); mizore(shaka).
-n **the sick** të sëmurët.
sick II(ose **sic**) [sik] *v* 1.i turrem, sulmoj. 2.ia lë-shoj, ia ndërsej.
sick bay *n* infermieri; sallë për të sëmurët.
sick bed *n* shtrat i të sëmurit.
sick benefit *n Br adm* ndihmë financiare për shkak sëmundjeje.
sick headache *n mjek* migrenë, dhimbje koke me të përziera.
sick leave *n* lejë shëndetsore; raport mjekësor.
sick pay *n* pagesë për paaftësi të përkohshme.
sick parade *n usht* radhë te mjeku i repartit.
sick room *n* infermieri(në shkollë etj).
sicken['sikën] *v* 1.sëmur. 2.i shkaktoj trazirë, i jap të përzier. 3.*fig* neveris, pështiros. 4.sëmurem; më zë; **be sickening for sth** jam me, më ka zënë(gripi etj). 5.(of) neveritem(nga diçka).
sickening['sikning] *adj* 1.i neveritshëm, neveritës, i pështirë; që të bën për të vjellë. 2.acarues, irritues (njeri, veprim).
sickish['sikish] *adj* 1.paksa i sëmurë, pa qejf. 2.i

pakëndshëm.

sickle['sikël] *n,v* -*n* drapër.
-*v* korr me drapër.
sickly['sikli] *adj,adv* -*adj* 1.shëndetlig.2.e pashëndetshme, prej të sëmuri(çehre). 3.i pashëndetshëm, që të sëmur(mot).4.i dobët; i zbetë. 5.*fig* që çalon, që nuk ecën mirë(biznes).6.*Br* veleritës.
-*adv* tepër; **sickly sweet** tepër i ëmbël, që të merr zemrën, veleritës.
sickness['siknis] *n* 1.sëmundje. 2.të vjella.
sickness benefit *n Br* pagesë për paaftësi të përkohshme, pagesë nga sigurimet shëndetësore.
sickness insurance *n Br* sigurim shëndetsor.
side[said] *n,adj,v* -*n* 1.ijë, anë, brinjë; **sleep on one's side** fle në ijë; **side by side** krahpërkrah; pranë njëri-tjetrit; **a side of mutton** brinjë dashi.2.anë; faqe; **round the side of the house** nga ana tjetër e shtëpisë; **right side** ana e djathtë; **wrong side up** mbrapsht (rroba); kokëposhtë (arka).3. faqe, shpat (mali). 4.anë, buzë; **by the side of the road** buzë rrugës.5.pjesë,anë(e qytetit); **put sth to/on one side** vë mënjanë diçka.6.anë, aspekt; **the better side of one's nature** ana më pozitive e tij; **it's on the cold /heavy side** *fig* është mjaft ftohtë; është mjaft i rëndë. 7.palë; kamp; parti; **both sides are ready** të dyja palët janë gati; **whose side are you on?** me kë je ti? 8.skuadër, ekip.9.fallso, goditje me të prerë(e gurit të bilardos).10.*Br zhrg* fryrje, kapardisje; **he's got no side, there's no side about him** është njeri i thjeshtë; **put on side** fryhem, krekosem. 11.degë(e familjes); **on the mother's side** nga ana e nënës. + **by sb's side** pranë dikujt; **on the side** *gj.fol* mbi të tjerat, kërcu përmbi samar; **on the wrong side of thirty** mbi të tridhjetat; **split one's sides** shqyhem gazit; **take sides** mbaj anë.
-*adj* 1.anësor; **side door** hyrje anësore. 2.anësor, dytësor, i dorës së dytë; **side effect** efekt anësor.
-*vi* anoj nga, marr anën e; **side with sb** marr anën e dikujt.
side arms *n* armë brezi.
sideboard['saidbo:d] *n* 1.bufe.2.spond(kamioni).
sideburns, *Br* **sideboards**['saidbë:nz] *npl* baseta.
sidecar['saidka:] *n* 1.kosh(triçikli).2.koktej me konjak e lëng limoni.
-sided['saidid] *suff* -faqësh; **four-sided** katërfaqësh.
side dish *n* pjatë e dytë, pjatë shoqëruese(gjelle).
side face *adv* në profil.
side-hill['saidhil] *n* shih **hillside**.
side issue *n* çështje anësore/e dorës së dytë.
side judge *n amer drejt* ndihmësgjyqtar.
sidekick ['saidkik] *n zhrg* 1. ndihmës; partner. 2. shok; mik.
sidelight['saidlait] *n* 1.dritë anësore. 2.*fig* njoftim /informacion shtesë. 3.fener i bashit/i pupës. 4.dritare

përbri.

sideline['saidlain] *n, v* -*n* 1.vizë anash. 2.*sport* vijë anësore(e fushës). 3.*pl* anë e fushës; **on the sidelines** a)rezervë; joaktiv; b)*fig* në prapaskenë. 4.punë e dytë, aktivitet shtojcë; **it's just a sideline** është një aktivitet shtojcë, nuk është specialiteti ynë.
-*vt* lë rezervë; lë në heshtje.
sidelong['saidlong] *adj,adv* -*adj* i pjerrët; tërthor.
-*adv* pjerrtas; tërthor.
sideman['saidmæn] *n* anëtar i orkestrës.
sidepiece['saidpi:s] *n* pjesë anësore; faqe anësore; shtojcë anash.
sidereal[sai'diriël] *adj astr* yjor; **sidereal year** vit yjor.
siderite['sidërait] *n* 1.*min* siderit (mineral hekuri). 2.*astr* siderit(meteorit hekuror).
side road *n* rrugë e dorës së dytë, rrugë jokryesore.
sidesaddle['saidsædëll] *n,adv* -*n* shalë(kali) për femra.
-*adv* anash(hipur kalit).
sideshow['saidshou] *n* 1.shfaqje e veçantë.2.çështje shtojcë.
sideslip['saidslip] *n,v av* -*n* shkarje anash; kthim në krah(i avionit).
-*vi* shket anash; kthehet në krah(avioni).
sidesman['saidzmën] *n fet* ndihmës ekonomat(i kishës).
sidesplitting['saidspliting] *adj* gajasës, për t'u shqyer gazit.
sidestep['saidstep] *v* 1.bëj mënjanë. 2.shmang, i shmangem(një pyetjeje, rregulli etj).
sidetable['saidteibël] *n* tryezë e vogël (për pjatat pas buke).
sidetrack['saidtræk] *n,v* -*n* 1.binarë devijimi. 2. kalim në binarë të tjerë.3.ndërrim bisede.
-*vt* 1.devijoj, kaloj në binarë të tjerë. 2.ia ndërroj drejtimin e bisedës, hutoj.
side view *n* pamje anash/në profil.
sidewalk['saiduok] *n* trotuar.
sidewalk bicycle *n* biçikletë fëmijësh(me dy rrota të vockla anash rrotës së mbrapme).
sideward(s)['saidwë:d(z)] *adv* anash; brinjazi.
sideway['saidwei] *adv,adj,n* -*adv,adj* 1.anash; anësor. 2. në brinjë; skiç. 3.tërthor.
-*n* 1.rrugë e dorës së dytë/jokryesore. 2.trotuar.
sideways['saidweiz] *adv,adj* shih **sideway**.
side-wheel['said(h)ui:l] *adj* me rrota anash(avullore e dikurshme).
side whiskers *n* baseta.
sidewise['saidwaiz] *adv,adj* shih **sideway**.
siding['saiding] *n* 1.*hek* binar rezervë(për manovrime).2. veshje e jashtme me dërrasa.
sidle['saidël] *v,n* -*vi* (**along**) eci anash/brinjazi;
sidle in/out futem/dal vjedhurazi.

-*n* ecje brinjazi.

siege[si:xh] *n,v* -*n* rrethim; **lay siege to a town** rrethoj një qytet; **lift/raise the siege** heq rrethimin. -*vt* rrethoj.

siemens['si:mënz] *n el,fiz* simens (njësi e përcjellshmërisë).

sienna[si'enë] *n* 1.dhe i verdhemë. 2.bojë e verdheme.

sierra[si'erë] *n* vargmal i thepisur.

siesta [si'estë] *n* gjumë pasdreke; **have/take a siesta** marr një sy gjumë.

sieve[si:v] *n,v* -*n* 1.shoshë.2.sitë e trashë(zhavori etj). 3.sitë(mielli).4.kullesë(për lëngje). -*vt* 1.sit. 2.shosh; shoshis.

sift[sift] *v* 1.sit. 2.shosh. 3.*fig* shoshis.

+**sift on to** spërkas me(miell etj).

+**sift out** a)heq, largoj(krundet etj); b)*fig* nxjerr në pah(faktet etj).

+**sift through** shqyrtoj, shoshis.

sifter['siftë:] *n* 1.sitë. 2.shoshë. 3.*tek* sitë mekanike.

sigh[saj] *n,v* -*n* 1.psherëtimë; **have/give a sigh** lëshoj një psherëtimë.2.fëshfërimë, shushurimë. -*v* 1.psherëtij; **sigh over sth** vajtoj për diçka. 2.fëshfërin, shushurin.

sighing['sajing] *n* 1.psherëtima. 2.fëshfëritje.

sight[sait] *n,v* -*n* 1.shikim, të pamë; **have good /poor sight** kam sy të fortë/të dobët; **loose one's sight** humbas të pamët. 2.pamje; **know sb by sight** e njoh dikë vetëm me të parë/si fytyrë; **at the sight of** kur e pa; **come into sight** shfaqet; **keep sight of sth** nuk ia heq sytë diçkaje; **keep out of sight** a)mbaj të fshehur; b)fshihem, nuk dukem gjëkundi; **at first sight** në pamje të parë; **buy sth sight unseen** blej diçka pa e parë paraprakisht; **in the sight of the law** para ligjit. 3.pamje, panoramë; soditje; **it is a sight to see/to be seen** është diçka që ia vlen ta shohësh; **I must look a sight!** një zot e di si jam katandisur! **a sight for sore eyes** një pamje që ta kënaq shpirtin. 4.fushëpamje; **loose sight of** humbas/më shpëton nga sytë. 5.shenjestër; **have sb/sth in one's sight** fus dikë/diçka në shenjestër. 6.shenjim; futje në objektiv; **take sight** shenjoj, marr nishan; drejtoj objektivin(e teleskopit etj); **set one's sights on sth** *fig* ia vë syrin diçkaje. 7.këndvështrim; pikëpamje. 8.*gj.fol* mjaft, goxha; **a sight more money than I can afford** janë shumë para, më shumë nga ç'mund të paguaj; **a far/long sight better than the other** ku e ku më i mirë se tjetri. + **at sight** me ta parë; **catch sight of** shoh, ma zë syri; **in sight of** përpara, përballë(një godine etj); **know by sight** e njoh për fytyrë/nga pamja; **on sight** me ta parë; **out of sight of** larg; ku nuk shishesh; **sight unseen** pa e parë paraprakisht.

-*vt* 1.shoh, shikoj; shquaj, dalloj. 2.marr shenjë. 3.

fus në objektiv. 4.*usht* rregjistroj/kolaudoj shenjestrën(e topit).

sight draft *n* urdhërpagesë e pagueshme në çast.

sighted['saitid] *adj* që sheh nga sytë; **be partially sighted** e kam pjesërisht shikimin, shoh njëfarësoj.

sighting ['saiting] *n* pamje, vrojtim; **they have reported 2 sightings** ata kanë raportuar se e kanë parë dy herë.

sightless['saitlis] *adj* qorr, pa sy, i verbër.

sightly['saitli] *adj* i pashëm, tërheqës, i këndshëm; **it's not very sightly** nuk është ndonjë gjë e këndshme për t'u parë.

sight-read['saitri:d] *n muz* lexim/zbërthim(i partiturës).

sightseeing['saitsiing] *n* vizitë; turizëm; **go sightseeing** bëj një vizitë nëpër qytet.

sightseer['saitsi:ë:] *n* vizitor; turist.

sigmoid['sigmoid] *adj,n* -*adj* 1.në formë S-je. 2. në formë C-je. 3.*anat* i zorrës sigmoide. -*n anat* zorrë sigmoide, pjesë e përkulur(në formë S-je) e zorrës së trashë.

sign[sain] *n,v* -*n* 1.shenjë; gjest; **communicate by signs** komunikoj me shenja; **make a rude sign** bëj një gjest të pahijshëm.2.*mat* shenjë, simbol. 3. tabelë(rrugore, dyqani). 4.*astr* shenjë, yllësi; **the signs of the zodiac** yjësitë e zodiakut; **under the sign of Leo** nën shenjën e Luanit. 5.gjurmë, shenjë, dëshmi, provë; **as a sign of** në shenjë (mirënjohjeje etj); **a good/bad sign** shenjë e mirë/e keqe; **there's no sign of it/of them anywhere** s'duket asnjë gjurmë e saj/e tyre; **signs of life** shenja jete.6.*mjek* simptomë.

-*v* 1.nënshkruaj, firmos; vë (firmën, inicialet); **sign one's name** vë nënshkrimin. 2.angazhoj, marr me kontratë(një lojtar etj). 3.nënshkruaj kontratë pune. 4.i bëj shenjë(dikujt); **sign sb in** i bëj shenjë dikujt të hyjë.

+**sign away** firmos se heq dorë(nga diçka).

+**sign in** a)shënoj kohën e ardhjes në punë; b)vë firmën në regjistër(në hotel).

+**sign off** a)*rad,tv* përfundoj emisionin; b)shënoj kohën e largimit nga puna.

+**sign on** a)merrem në punë; b)*usht* rekrutohem, futem në ushtri; c)regjistrohem(në një kurs); d)marr në punë; e)*usht* rekrutoj.

+**sign over** ia lëshoj me dokument(diçka dikujt).

+**sign up** a)merrem në punë; b)marr në punë; c)*usht* rekrutoj.

sign language *n* gjuhë shenjash/me shenja.

sign of the cross *n fet* kryq, shenjë e kryqit.

sign of the zodiac *n astr* shenjë e zodiakut.

sign writer *n* piktor/dizenjator tabelash.

signal ['signël] *n,v* -*n* 1. shenjë, sinjal (me dritë etj); **traffic signals** shenja rrugore. 2.*el,rad,tv* sinjal. 3.*fig* sinjal. 4.*attr* sinjalizues. 5.*attr* i shquar;

e shënuar(ngjarje etj); kapitale(rëndësi).

-v 1.jap shenjë/sinjal; **signal sb on/through** i jap shenjë dikujt të vazhdojë/të kaloje; **signal a left turn** ndez sinjalin e kthimit majtas. 2.njoftoj, lajmëroj; a **bell signals the end of a class period** zilja lajmëron mbarimin e orës së mësimit.

signal book *n aut* kodi rrugor ndërkombëtar.

signal box *n hek* kabinë/post i drejtimit të trenave.

signal flag *n det* flamur sinjalizimi.

signal man *n hek,det* sinjalizues; semaforist.

signalize['signëlaiz] *vt* 1.shquaj; **this century has been signalized by great inventions** ky shekull është shquar për një varg shpikjesh të mëdha. 2.nxjerr në pah. 3.bëj shenjë; jap sinjale.

signal(l)er['signëlë:] *n* 1.*usht* ushtar i ndërlidhjes. 2.sinjalizues.

signally['signëli] *adv* për çudi; çuditërisht.

signatory['signëtëri] *adj,n -adj* nënshkrues.

-n nënshkrues, palë nënshkruese(e një marrëveshjeje, traktati).

signature['signëçë:] *n* 1.nënshkrim, firmë; **set/put one's signature** vë firmën, nënshkruaj. 2.*muz* shenja shpjeguese në fillim të partiturës. 3.*polig* shenjë treguese(për palosjen) e fletës tipografike. 4.*rad, tv* sigël (e programit). 5. udhëzime përdorimi (në recetë).

signboard['sainbo:d] *n* tabelë(rrugore, dyqani etj).

signet['signit] *n* vulë personale; **signet ring** unazë me vulë personale.

significance[sig'nifëkëns] *n* 1.kuptim, domethënie; **a look of deep significance** një vështrim me shumë domethënie. 2.rëndësi; **what we think is of no significance** s'ka pikë rëndësie se ç'mendojmë ne.

significant[sig'nifëkënt] *adj* 1.kuptimplotë, domethënës; **a significant nod from her** një e tundur e kokës me shumë domethënie nga ana e saj. 2.i rëndësishëm(moment etj). 3.mjaft i madh, i konsiderueshëm(shtim, sukses).4.shprehës, që shpreh; **smiles are significant of pleasure** buzëqeshja shpreh kënaqësi.

significantly[sig'nifikëntli] *adv* 1.në mënyrë kuptimplotë; me domethënie; **she was significantly absent** mungesa e saj kishte mjaft domethënie; **and, significantly...**dhe, çka është mjaft domethënëse... 2. mjaft, së tepërmi; dukshëm; **his English has improved significantly** anglishtja e tij ka një përmirësim të dukshëm; **it is not significantly different** nuk ka ndonjë ndryshim të madh.

signification[signëfë'keishën] *n* 1.kuptim, domethënie. 2.shprehje(me fjalë e gjeste).

significative[sig'nifëkëtiv] *adj* domethënës, kuptimplotë; shprehës.

signify['signëfai] *v* 1.ka kuptim , do të thotë; tregon; **'uh-huh' signifies affirmation** 'ëhë' tregon miratim.2.bëj të ditur, shfaq, shpreh; lë të kuptohet;

she signified her consent with a nod ajo e shfaqi pëlqimin e saj me një të tundur të kokës. 3.ka rëndësi; **it does not signify** kjo s'ka pikë rëndësie.

signpost['sainpoust] *n,v -n* tabelë rrugore.

-vt tregoj(drejtimin); **the road is badly signposted** a)nuk merret vesh mirë drejtimi që tregon tabela; b) rrugës i mungojnë tabelat.

Sikh[si:k] *adj,n fet* sik.

silage['sailixh] *n,v bujq -n* 1.silazh. 2.silazhim.

-vt silazhoj.

silence ['sailëns] *n,v,interj -n* heshtje; qetësi; **break the silence** thyej heshtjen; **call for silence** kërkoj qetësi; **in silence** në heshtje; në qetësi; **pass sth over in silence** e kaloj në heshtje diçka.

-vt 1.pushoj(fëmijët). 2.i mbyll gojën(opozitës). 3. *usht* bukos, paralizoj(kundërshtarin).

-interj hesht!; pusho!; mbani qetësi!

silencer['sailënsë:] *n Br* zhurmëmbytës(i topit); marmitë, skapamento(e makinës); silenciator(i motoçikletës).

silent['sailënt] *adj* 1.i heshtur; fjalëpak(njeri). 2. i qetë, pa zhurmë(motor). 3.*fig* e heshtur(lutje). 4.*kin* pa zë (film).5. *gram* i shurdhët, i pazëshëm(tingull). + **fall/become silent** hesht; pushoj; **keep/be silent** hesht, rri në heshtje.

silent partner *n amer treg* ortak joaktiv(në drejtimin e firmës).

silently['sailëntli] *adv* 1.pa zhurmë, qetësisht.2.në heshtje; pa folur.

silex['saileks] *n min* 1.silicë. 2.sileks, xham zjarrdurues.

silhouette[silu'et] *n,v -n* siluetë, sarkë, farkë.

-vt nxjerr në pah; **be silhouetted against...** spikat në(sfondin e) ...

silica['silëkë] *n min* silicë.

silica gel *n min* silikagel, silicë poroze.

silicate['silëkit, 'silëkeit] *n kim* silikat.

siliceous, --cious[së'lishës] *adj kim* silicor, silikat.

silicic[së'lisik] *adj kim* silicik.

silicify[së'lisëfai] *v* shndërroj/shndërrohet në silicë.

silicon['silëkon] *n kim* silic(element).

silicon chip *n el,kmp* çip.

silicone['silëkoun] *n kim* silikon.

silicone rubber *n kim* gomë silikon.

silicosis[silë'kousis] *n mjek* silikozë.

silk[silk] *n* 1.mëndafsh(fije, pëlhurë); **all in their silks and satins** veshur e stolisur. 2.*Br drejt* togë e mëndafshtë; **take silk** emërohem avokat i Kurorës. 3.parashutë. 4.*attr* i mëndafshtë.

silk finish *n teks* përpunim me alkal, mercerizim.

silk hat *n* cilindër, kapelë-cilindër.

silken['silkën] *adj* 1.i mëndafshtë, prej mëndafshi. 2.i butë, i lëmuar, si mëndafsh(flok, zë).

silk-screen['silkskri:n] *n,v polig -n* serigrafi, shtypje me shabllon.

-v shtyp me serigrafi.

silk-stocking['silkstoking] adj,n -adj 1.i veshur mirë, elegant. 2.pasanik, aristokrat.

-n pasanik; aristokrat.

silkworm['silkwë:m] n zool krimb mëndafshi.

silky['silki] adj i butë; i mëndafshtë(flok, zë).

sill[sil] n 1.pervaz., prag, pezul(dritareje). 2.prag (dere). 3.ndërt tra xokole. 4.gjeol shkëmb furacak. 5.aut shkallë, shkallare, këmbësore.

silliness['silinis] n marrëzi, marri, gomari.

silly['sili] adj 1.i trashë, budallë, i pamend, kaqol; pa mend, e marrë(punë); **a silly thing to do** punë pa mend. 2.vjet i leshtë; naiv. 3.gj.fol i shushatur; i shtangur.4.trashanike, jopraktike; qesharake(rroba, këpucë).

silly season n periudhë boshe, kohë pa lajme interesante.

silo['sailou] n bujq,ind kullë silosi, silos(drithi, çimentoje).

silt[silt] n,v -n lym; baltë.

-v mbush/mbushet me lym.

+**silt up** a)zihet/mbushet me baltë/lym/rërë; b)zë /mbush me baltë/lym/rërë.

siltstone['siltstoun] n shkëmb fundërresor.

silty['silti] adj me lym, me baltë; baltak; lymor.

silver['silvë:] n,adj,v -n 1.argjend. 2.monedha; monedha argjendi; **do you have any silver?** ke të holla me vete? 3.argjendurina, enë/takëme argjendi; takëme ngrënieje.

-adj 1.i argjendtë, prej argjendi. 2.i argjendtë, bojargjendi. 3.fig e mprehtë, e shkathët(gjuhë). 4. e argjendtë(martesë).

-vt 1.argjendoj, vesh/praroj me argjend.2.përhihet, fillon të thinjet, merr një çehre të argjendtë(floku etj).

silver birch n bot mështeknë e argjendtë.

silver fir n bot bredh i argjendtë.

silverfish['silvë:fish] n zool 1.tenjë. 2.peshk i argjendtë.

silver foil n letër kallaji; fletë e hollë kallaji.

silver-haired['silvë'heë:d] adj flokëbardhë, flokargjend.

silverjar['silvë:xha:] n knd fokë e re.

silver leaf n fletë argjendi.

silver lining n fig anë pozitive(e një ngjarjeje të hidhur).

silver nitrate n kim nitrat argjendi.

silver paper n letër varaku.

silver plate n argjendurina, enë argjendi/të argjenduara.

silver-plate['silvë:'pleit] vt argjendoj, vesh me argjend.

silver screen n 1.ekran i argjenduar. 2.film.

silverside ['silvë:said] n Br fetë (mishi) me dhjamë.

silversmith['silvë:smith] n argjendar.

silver thaw n knd 1. shi i ngrirë. 2. veshje / cipë akulli (e pemëve etj).

silver-tongued['silvë:'tʌngd] adj gojëtar, bilbil nga goja.

silverware['silvë:weë:] n argjendurina.

silver wedding n martesë e argjendtë(25-vjetori).

silvery['silvëri] adj 1.i argjendtë, me shkëlqim. 2.i butë, i ëmbël(zë). 3.prej argjendi.

silviculture['silvëkʌlçë:] n pylltari.

simian['simi:ën] adj,n -adj majmunor; prej majmuni.

-n majmun.

similar['simëlë:] adj 1.i ngjashëm; i krahasueshëm; **on a similar occasion** në një rast të ngjashëm /si ky; **similar in size** të krahasueshëm nga madhësia. 2.mat i ngjashëm(trekëndësh).

similarity['simë'lærëti] n ngjashmëri, ngjasim.

simile['simëli] n let krahasim.

similitude[së'milëtju:d] n 1.ngjashmëri, ngjasim. 2.let krahasim.

simmer['simë:] v 1.ziej ngadalë. 2.zien ngadalë. 3.fig vloj, ziej përbrenda.

+**simmer down** fig qetësohem.

simon-pure['simënpjuë:] adj gj.fol 1.i pastër, pa hile(mall). 2.fig i ndershëm, i pastër, i pakorruptuar. 3.zhrg sportist joprofesionist.

simony ['simëni:] n simoni, tregti me gjëra të shenjta.

simoom [së'mu:m] n simun, erë mbytëse shkretëtire.

simoon[së'mu:n] n shih **simoom.**

simp[simp] n zhrg leshko.

simper['simpë:] v,n -n qeshje prej budallai.

-v qesh si budalla.

simple['simpël] adj 1.i thjeshtë, jo i përbërë (mekanizëm, lëndë etj). 2.i lehtë, i thjeshtë, pa ndërlikime; i qartë(problem etj); **make simpler** thjeshtoj; **in simple terms/language/English** për t'u shprehur më qartë, shqip muhabeti. 3. mat i shkallës së parë (ekuacion); e thjeshtë(thyesë).4. i padjallëzuar; naiv; leshko, kaqol; **he's a bit simple** është ca i leshtë. 5.i thjeshtë, modest, pa kërkesa.

simple fraction n mat thyesë e thjeshtë.

simple-hearted ['simpël'ha:tid] adj i çiltër, i padjallëzuar, i patëkeq.

simple interest n fin interes i thjeshtë.

simple-minded['simpël'maindid] adj 1.i padjallëzuar; naiv. 2.leshko.

simpleton['simpëltën] n leshko, llosh.

simplicity [sim'plisëti] n 1.thjeshtësi.2.natyrshmëri. 3.naivitet; padituri.

simplification ['simplëfëkeishën] n thjeshtësim, thjeshtim.

simplify['simplëfai] v thjeshtësoj.

simplistic[sim'plistik] adj semplist.

simply['simpli] *adv* 1. thjesht, me thjeshtësi; **dress /live/talk simply** vishem/rroj/flas thjesht. 2.thjesht; vetëm; **I simply said that..** unë thashë vetëm që...3. krejtësisht, absolutisht; **it is simply impossible** është krejt e pamundur.4.**they simply must go** ata duhet të shkojnë medoemos.

simulacrum[simju'leikrëm] *n pl* **--cra** 1.gjasmim, përgjasim. 2.shembëllim, shembëlltyrë.

simulate ['simjuleit] *vt* 1.tregoj sa për t'u dukur, gjoja paraqes(interesim). 2.*mjek* bëj sikur, shtirem sikur. 3.imiton, përngjason(insekti gjethen etj).

simulated['simjëleitëd] *adj* artificial, i rremë(gur i çmuar etj).

simulation['simju'leishën] *n* 1.shtirje, simulim.2. *biol* imitim, përngjasim.

simulative['simjëlëtiv, 'simjëleitiv] *adj* 1.simulues. 2.*biol* imitues.

simulator['simjuleitë:] *n aut,av* imitues.

simulcast['simëlkæst] *v,n rad,tv* **-vt** transmetoj njëkohësisht në disa kanale.

-*n* transmetim i njëkohshëm në disa kanale.

simultaneity[simëltë'niiti] *n* njëkohësi.

simultaneous[simël'teiniës] *adj* i njëkohshëm, i njëhershëm.

simultaneous equations *n mat* ekuacione të një-vlershme.

simultaneously[simël'teiniësli] *adv* njëkohësisht, njëherësh.

simultaneousness[simël'teiniësnis] *n shih* **simul-taneity.**

sin[sin] *n ,v* -*n* 1.mëkat, gjynah.2.gabim; **it is a sin to waste food** është keq të shpërdorosh ushqimet.

-*v* 1.*fet* mëkatoj, bëj mëkat, bie në mëkat. 2.e shkel, gaboj.

sin tax *n amer gj.fol* taksë për duhanin dhe pijet.

SIN[sin] *n amer* (shkurtim për **Social Insurance Number**) Numër i Sigurimeve Shoqërore.

Sinbad['sinbæd] *n* : **Sinbad the Sailor** Sinbad Detari(personazh përrallash arabe).

since[sins] *prep,conj,adv* -*prep* që prej, qysh nga, që nga, prej; **we have not seen him since last Sunday** nuk e kemi parë që të dielën e kaluar.

-*conj* 1.që kur; që prej; qysh nga koha që; **we have not seen her since she left** s'e kemi parë më qysh kur iku. 2.meqë, meqenëse, përderisa; **since you feel tired, you should rest** meqë ndihesh i lodhur, duhet të pushosh.

-*adv* 1.që nga ajo kohë, qysh atëherë; **he has been in bed ever since** qysh atëhere ka zënë shtratin.2. më përpara; **a short time since, not long since** jo shumë kohë përpara, s'ka shumë kohë.

sincere[sin'sië:] *adj* i çiltër, i sinqertë.

sincerely [sin'sië:li] *adv* çiltërsisht, sinqerisht; **Yours sincerely** (në fund të letrës) Juaji, ...; Pranoni, zotëri/zonjë,...

sincerity[sin'seriti] *n* çiltërsi, sinqeritet; **in all sincerity** krejt sinqerisht.

sine I[sain] *n mat* sinus.

sine II['sini, 'saini] *prep lat* pa.

sinecure['sainëkjuë:] *n fig* qoshe e ngrohtë, vend pëllumbash, punë e rehatshme.

sine qua non['sinikwa:'non] *n lat* gjë e domos-doshme/thelbësore, kusht i domosdoshëm.

sinew['siniu:] *n* 1.*anat* tejzë, gilcë, dell. 2.*pl* mu-skuj.3.forcë; fuqi; energji; **a man of great moral sinew** njeri shumë i fortë moralisht.

-*vt* forcoj, fuqizoj.

sinewy['sinjui] *adj* 1.muskuloz, i fuqishëm. 2.me deje(mish). 3.*anat* pejzor.

sinfonia[sinfë'nië] *n muz* sinfoni.

sinful['sinful] *adj* 1.*fet* mëkatar; me mëkate. 2. i turpshëm.

sinfully['sinfuli] *adv* mëkatueshëm; në mënyrë të turpshme.

sing[sing] *v,n* -*v* (**sang; sung**) 1.këndoj. 2.i kën-ndoj, i thur këngë. 3.kumbojnë, gjëmojnë, zukasin (veshët). 4. *amer zhrg* flas, zbërthehem, tregoj gjithçka.

-*n* 1.vërshëllimë(e plumbit). 2.këngë.

+**sing out** a)këndoj me të madhe; b)thërras, flas me zë shumë të lartë.

+**sing up** ngre zërin, këndoj më fort.

sing. shkurtim për **singular.**

Singapore[singë'po:] *n gjeog* Singapur.

singe[sinxh] *v,n* -*v* përzhis, përcëlloj.

-*n* 1.përzhitje, përcëllim. 2.shenjë/njollë djegieje (në rrobë).

singer['singë:] *n* 1.këngëtar.2.zog këngëtar.

singing['singing] *n* 1.këngë. 2.vërshëllimë(e çajni-kut,plumbit).3.kumbim, gjëmim, zukatje(e veshëve).

single ['singël] *adj,n,v* -*adj* 1. i vetëm; **a/one single objection to** një kundërshtim i vetëm, edhe kundërshtimi më i vogël.2.i veçantë; i veçuar; më vete; **every single day** çdo ditë pa përjashtim; **single houses** shtëpi më vete/të veçuara.3. tek (krevat, dhomë). 4.vetëm, i pashoqëruar; **go to a party single** shkoj vetëm në festë. 5.beqar, i pamartuar; **the single state/life** beqari, jetë beqari. 6.njësh; një-për-një; **type sth in single spacing** shtyp diçka me spacio njëshe; **in single file** në varg për një. 7.tek-për-tek (dyluftim).8.i çiltër, i vërtetë(përkushtim).

-*n* 1.*pl sport* ndeshje një-për-një. 2.*Br hek* biletë vetëm vajtje. 3. vend tek (në kinema). 4. (disk) 45 xhirosh.5.beqar. 6.*Br* njëshe, njëstërlinëshe(kartë-monedhë).

-*vt* veçoj; zgjedh.

+**single out** a)dalloj, veçoj; b)zgjedh. + **single one-self out** bie në sy për të keq.

single-barrelled['singël'bærëld] *adj* njëgrykëshe, me një tytë.

single-breasted['singël'brestid] *adj* monopet (xhaketë etj).

single-celled['singëlseld] *adj biol* njëqelizor.

single-decker['singël'dekë:] *adj,n* -*adj* njëkatësh. -*n* autobus/tramvaj njëkatësh.

single-engined['singël'enxhind] *adj* me një motor.

single-handed['singël'hændid] *adv,adj* -*adv* vetëm, pa kurrfarë ndihme. -*adj* 1.i bërë vetë, pa ndihmën e askujt.2.për një dorë; që mbahet me një dorë(shpatë etj). 3.vetëm (lundrim).

single-handedly['singël'hændidli] *adv* vetëm fare; vetë, pa kurrfarë ndihme.

singlemasted['singël'mæstid] *adj det* njëdirekësh.

single-minded['singël'maindid] *adj* 1.i vendosur, me qëllime të qarta. 2.e përqendruar, këmbëngulëse(përpjekje).

singleness['singëlnis] *n* 1.të qenët i vetëm/unik; **singleness of purpose** qëllim i vetëm; këmbëngulje. 2.beqari.

single-party[singël'pa:ti] *adj pol* njëpartiak.

single-seater['singël'si:të:] *n* avion njëvendësh.

single-sided disk *n kmp* disk i thjeshtë.

singlet['singlit] *n Br* fanellë, kanotierë.

singleton['singëltën] *n* 1.fëmijë/këlysh i lindur vetëm(pa binjak). 2.letër tek(në një dorë letrash).

single-track['singël'træk] *adj* 1.*hek* me një shinë. 2.*gj.fol* e kufizuar(mendje); fikse(ide).

singly['singli] *adv* 1.vetëm; veçmas.2.veç-e-veç, një-nga-një. 3.vetë, pa ndihmë.

singsong['singsong] *n,adj* -*n* 1.këngëzim. 2.*fig* këngë, avaz. -*adj* i zvargur, monoton(zë, avaz).

singular['singiëlë:] *adj,n* -*adj* 1.*gram* njëjës. 2. i veçantë; i rrallë. 3.i çuditshëm, i habitshëm, i pazakonshëm -*n gram* njëjës, numër njëjës; **in the singular** në numrin njëjës.

singularity [singië'lærëti] *n* 1. veçanti, veçori. 2. tipar i veçantë/karakteristik.

singularly ['singiulë:li] *adv* në mënyrë të çuditshme.

sinister['sinistë:] *adj* 1. i keq; ogurzi (lajm, shenjë etj). 2.i mbrapshtë; i shëmtuar; i lig(plan etj). 3.i kobshëm(fat). 4.kërcënues(vështrim, pamje). 5.i majtë; në të majtë.

sinistral ['sinistrël] *adj* 1.i majtë. 2.mëngjërash, sallak.

sink[sink] *v,n* -*v* (**sank, sunk; sunk**) 1.fundoset. 2.zhytem, kridhem(edhe *fig*); **sink to the bottom** zhytet në fund; **sink in thought/in despair** zhytem në mendime; bie në dëshpërim. 3.bie, rrëzohem; **sink to the floor** shembem përdhe. 4. perëndon (dielli). 5.bie, dobësohet(era); bien shumë(çmimet, shitjet). 6. fundos(një anije). 7.ul(zërin). 8.bie në harresë. 9.hap (pus, themele). 10.fus (tubin në vri-

më). 11.ngul(dhëmbët).12.*fig* bie(humori). 13.*fig* hedh (para) në erë. 14.fsheh (provat). 15.hyn përbrenda, dobësohet (fytyra). 16.*sport* shënoj, bëj kosh(në basketboll).17.*fig* rrëzoj(një teori, projekt); shkatërroj(dikë). 18.u jap fund (mosmarrëveshjeve). -*n* 1.lajtore, sqoll, lavapjatë, lavaman. 2.gropë ujrash të zeza. 3.*fig* batak. 4.vend gropë; pellg.

+**sink back** bie, zhytem(në ujë, në kolltuk).

+**sink down** a)humbon, vithiset(godina); b)zhytem (në kolltuk); c)ulem, fshihem; d)bie(në gjunjë).

+**sink in** a)zhytem; b)vithiset; c)hyn, depërton(ilaçi në lëkurë); d)*fig* zë vend(vërejtja); hyn në kokë (ideja) ; bën efekt.

sinker['sinkë:] *n* 1.plumbç(grepi, rrjete). 2.*amer zhrg* ëmbëlsirë, petull me reçel.

sinkhole['sinkhoul] *n* 1.vrimë shkarkimi. 2.zgavër. 3.*fig* batak.

sinking['sinking] *adj,n* -*adj* i ankthshëm; **have a sinking feeling** jam në ankth; **with sinking heart** me ankth; me shpirt të vrarë. -*n det* fundosje.

sinking fund *n fin* fond amortizimi.

sinless['sinlis] *adj* i pamëkatë.

sinner['sinë:] *n* mëkatar.

Sino-['sainou] *pref* kino-.

Sinology[sai'nolëxhi] *n pol* kinologji, studim i kulturës kineze.

sinter['sintë:] *n,v* -*n* 1.*gjeol* kore silico - gëlqerore. 2.*metal* skorje. -*vt* shkrij bashkë.

sinuosity [siniu'osëti] *n* dredhë; kthesë gjarpëruese.

sinuous['siniuës] *adj* 1.dredha-dredha, gjarpërues. 2.i tërthortë. 3.*fig* dredharak.

sinus['sainës] *n* 1.*anat* sinus, zgavër e hundës.2. *mjek* kanal shkarkimi qelbi.

sinusitis[sainë'saitis] *n mjek* sinusit, pezmatim i sinuseve.

Sion['sajën] *n* 1.*hist* Zion, kodra e tempullit të shenjtë të Izraelit. 2.Izrael; izraelitë. 3.*mit* parajsë.

sip[sip] *v,n* -*vt* rrufis, gjerb, hurb, surb; pi me gllënjka. -*n* gllënjkë, hurbë; **take a sip** pi një gllënjkë.

siphon['saifën] *n,v* -*n* 1.tub i përkulur(për zbrazje ene). 2.*ndërt* sifon(wc-je). 3.shishe uji të gazuar me tub; ujë me sifon. -*vt* thith, nxjerr/zbraz me tub.

+**siphon off** a)thith, zbraz me tub; b)*fig* veçoj, kaloj mënjanë(njerëzit); c)*fin* kanalizoj(fondet); përvetësoj(fondet).

sir[së:] *n* zotëri; Zoti; **Dear Sir** I nderuar Zotëri (në krye të letrës).

sire['sajë:] *n* 1.*poet* atë; i parë, prind, paraardhës. 2.baba(i një kafshe shtëpijake). 3.*vjet* Zot, Imzot.

siree[si'ri:] *n amer gj.fol* or zotni; **yes siree!** posi!,

patjetër!; **no siree!** bah!, në asnjë mënyrë!
siren['sajërën] *n,v* *-n* 1.*tek* sirenë. 2.*mit* sirenë.3.
fig femër joshëse, shtojzovalle.
Sirius['siriës] *n astr* Sirius(yll).
sirloin['së:loin] *n* kundërfiletë.
sirocco[së'rokou] *n* shirok; erë e nxehtë.
sirrah['sirë] *n vjet* or mik (me inat, përçmim).
sirup['sërëp, 'sirëp] *n* shih **syrup.**
sis[sis] *n gj.fol* motër(shkurtim i **sister**).
sisal['saisël] *n* sizal, kërp meksikan.
siskin['siskën] *n zool* çerr.
sissified['sisëfaid] *adj gj.fol* si femër; frikash.
sissy ['sisi] *n gj.fol* 1.pulë e lagur. 2.mashkull si
femër; **he's a bit of a sissy** është njëçikë si femër.
sister['sistë:] *n* 1.motër. 2.*fet* motër, murgeshë. 3.
Br kryeinfermiere. 4.*attr* motër, simotër(organizatë,
shkollë etj).
   sisterhood['sistë:hud] *n* 1.solidaritet femëror. 2.
fet bashkësi fetare.
   sister-in-law['sistërinlo:] *n* kunatë.
   sisterly['sistë:li] *adj* prej motre; vëllazëror.
Sisyphean[sisë'fiën] *adj* prej Sizifi.
sit[sit] *v* (**sat**) 1.ulem; **be sitting** rri ulur; **sit at
one's desk/at table** ulem pranë tryezës së punës;
shtrohem në tryezë(për të ngrënë); **sit still** rri i qetë,
nuk lëviz; **sit for an exam** jap provim. 2.ul(fëmijën
etj).3.(on) rri klloçkë(pula). 4.zhvillon punimet, ësh-
të në seancë (parlamenti). 5.rri, qëndron (një send
diku). 6.zhvillohet(gjyqi). 7.ruaj/kujdesem për fëmi-
jët. 8.rri(rroba).9.*fig* peshon, rëndon.
+sit about/around rri ulur, s'bëj asnjë punë.
+sit back a)zhytem, rehatohem(në kolltuk); b)ulem;
c)*fig* tërhiqem: **sit back and do nothing** rri duar-
kryq.
+sit down a)ulem; b)rri duarkryq : **sit down under
an insult** e duroj fyerjen pa u ndier; c)ul; ftoj të zërë
vend.
   sit-down['sitdaun] *n,adj* *-n* ndenjie, çlodhje.
   -adj ulur, ndenjur; **sit-down lunch/strike** drekë
në tryezë; grevë ulur.
+sit in a)rri ulur; b)jam i pranishëm; c)(**for sb**) zë-
vendësoj(dikë); d)zë, pushtoj(një lokal gjatë grevës).
   sit-in['sitin] *n* protestë me pushtim lokalesh.
+sit on/upon a)mbaj të fshehtë; lë në heshtje(një
fakt, raport etj); b)shqyrtoj gjatë; c)ia mbyll gojën; d)
bëj pjesë(në një komision); e)hedh poshtë(një ide,
propozim).
+sit out a)rri jashtë; b)rri/dëgjoj/shikoj deri në fund;
c)nuk e kërcej(një vallëzim); d)rri më gjatë sesa.
+sit up a)ngrihem ndenjur(në shtrat); drejtoj trupin;
b)*fig* gjallërohem, mëkëmbem(pas sëmundjes); c)rri
zgjuar, nuk bie të fle: **don't sit up for me** mos më
prit mua por fli; d)*gj.fol* brof.
   sit-upon['sitë'pon] *n* të ndenjura.
   sitcom ['sitkom] *n gj.fol rad,tv* (shkurtim për **sit-**

uation comedy) pjesë me situata komike.
   site[sait] *n,v* *-n* 1.truall, vend. 2.*ndërt* kantier. 3.
kamping. 4.vendndodhje, skenë, teatër(i betejës etj).
   -vt vendos; ngre(ndërtesë, uzinë etj).
sith[sith] *adv,prep,conj vjet* shih **since.**
siting['saiting] *n* vendosje; ngritje, ndërtim.
sitology[sai'tolëxhi] *n mjek* dietetikë.
   sitter['sitë:] *n* 1.*art* model(që pozon). 2.kujdestare
fëmijësh. 3.klloçkë.4.*sport zhrg* gjuajtje shumë e
lehtë; **he missed a sitter** humbi një gjuajtje meze
fare.
   sitting['siting] *n,adj* *-n* 1.seancë, mbledhje(komi-
sioni, kuvendi). 2.pozim. 3.shtrim tryezash, shërbim
/servirje(në mensë, tren etj); **serve 50 people in one
sitting** u shërbej 50 vetëve njëherësh.4.ulje, nde-
njie.5.numër vezësh që ngroh klloçka.
   -adj 1.i mbledhur, ne seancë. 2.klloçkë, squkë.
   sitting duck *n gj.fol* objektiv i lehtë; pre e lehtë.
   sitting member *n pol* deputet në funksion/post.
   sitting room *n Br* dhomë pritjeje/ndenjieje, sallon.
   sitting tenant *n Br* qiramarrës që rri në banesë.
   situate['siçu:eit] *v,adj* *-vt* 1.vendos, ngre(qytetin,
godinën); **be badly/well situated** jam në vend të
keq/të mirë(me banesë, zyrë etj). 2.*fig* vë në një
situatë; **how is he situated for money?** si është me
para? , ka gjë nevojë për para?
   situated ['siçu:eitid] *adj* 1.i ndodhur, i ngritur, i
vendosur (qytet etj). 2.*fin* në gjendje (të mirë, të keqe
për para).
   situation[siçu:'eishën] *n* 1.vendndodhje, pozicion;
have a fine situation ka pozicion shumë të mirë
(shtëpia etj). 2.gjendje, rrethana, situatë; **save the
situation** rregulloj gjendjen; **in an exam situation**
në kushte provimi. 3.vend pune, punë; **'situations
vacant'** 'ofrohen vende pune'.
   situation comedy *n rad,tv,teat* pjesë me situata
komike.
situs['saitës] *n* vend, vendndodhje.
sitz bath[sic bæth] *n* 1.vaskë banje e vogël. 2.ba-
një ndenjur.
siwash['saiwosh] *n,adj,v knd* *-n* 1.triko e trashë.
2.*zhrg* njeri i keq. 3.*zhrg* sivash, lëkurëkuq (i
Amerikës së Veriut).
   -adj 1.sivash. 2.*zhrg* i keq; pa vlerë.
   -v 1.*gj.fol* fle jashtë/ku mundem. 2.*zhrg* i ndaloj
blerjen e pijeve alkoolike.
six[siks] *n,adj* *-n* 1. gjashtë. 2. gjashtëshe. + **at
sixes and sevens** rrëmujë, rrëmujshëm; në mosma-
rrëveshje.
   -adj 1.gjashtë vjeç. 2.i gjashtë.
   six-cylinder['siks'silëndë:] *adj,n aut* *-adj* gjashtë-
cilindërsh.
   -n makinë me gjashtë cilindra.
   six-eight['sikseit] *adj muz* gjashtë të teta.
   sixfold['siksfould] *adj,adv* *-adj* 1.gjashtëfish. 2.

gjashtëpjesësh.

-*adv* gjashtëfish.

six-footer['siksfutë:] *n* njeri i gjatë një e tetëdhjetë.

six-gun ['siksgʌn] *n* gjashtëshe (revole që shtie gjashtë plumba me vetëmbushje).

sixpence['sikspens] *n Br* gjashtë peni; monedhë gjashtëpensëshe.

sixpenny['sikspeni] *adj Br* 1.gjashtëpensësh. 2.i lirë, pa ndonjë vlerë. 3.pesëshe(gozhdë).

six-seater['siks'si:të:] *adj,n* -*adj* gjashtëvendësh.

-*n* veturë gjashtëvendëshe; avion gjashtëvendësh.

six-shooter['siks'shu:të:] *n* shih **six-gun.**

six-sided['siks'saidid] *adj mat* gjashtëkëndësh.

six-story['siks'stori] *adj* gjashtëkatësh.

six-year-old['siksjië:'old] *adj,n* gjashtëvjeçar.

sixish['siksish] *adj* rreth gjashtë vjeç.

sixteen['siks'ti:n] *n,adj* (i) gjashtëmbëdhjetë.

sixteenth['siks'ti:nth] *adj,n* -*adj* i gjashtëmbëdhjetë; **he came sixteenth** ai doli i gjashtëmbëdhjeti.

-*n mat* një e gjashtëmbëdhjetë.

sixth[siksth] *adj,n* -*adj* i gjashtë; **the sixth of November, November the sixth** gjashtë Nëntor.

-*n* 1.*mat* një e gjashtë.2.vit i fundit; **the lower /upper sixth** viti i parafundit/i fundit i shkollës së mesme.

sixthly['siksthli] *adv* së gjashti.

sixtieth['sikstiith] *adj,n* -*adj* i gjashtëdhjetë.

-*n mat* një e gjashtëdhjetë.

sixty[siks'ti:] *n,adj* (i) gjashtëdhjetë; **she's about sixty** ajo është rreth të gjashtëdhjetave; **do sixty** *aut* eci me gjashtëdhjetë(milje) në orë(rreth 100 km/orë); **there were sixty-odd** ishin gjashtëdhjetë e ca.

sixtyfold['sikstifould] *adj,adv* gjashtëdhjetëfish.

sixty-fourth note *n muz* notë gjashtëdhjetekatërshe, notë 1/64 .

sizable['saizëbël] *adj* shih **sizeable.**

sizably['saizëbli] *adv* shih **sizeably.**

size I[saiz] *n,v* -*n* 1.madhësi; përmasa; **(it's) the size of a nut** (është) sa një arrë; **I'd like the small size** dua nga kutitë e vogla; **cut the wood to size** i pres drutë në madhësinë e duhur; **of a size** të së njëjtës madhësi. 2.masë, numër (rrobash, këpucësh); **my shoes are size five** këpucët i kam numër 38; **I take size 14 in a dress** robat i marr numër 44; **it's 2 sizes too big for me** është 2 numra më i madh se numri im; **have we got your size?** ta kemi marrë masën?

-*vt* ndaj sipas madhësisë/përmasave/numrit.

+**size up** *gj.fol* a)vlerësoj(dikë, situatën); b)shkon deri(në madhësinë).

size II[saiz] *n,v* -*n* qiriç; kollë.

sizeable['saizëbël] *adj* mjaft i madh; i konsiderueshëm; mjaft i rëndësishëm.

sizeably['saizëbli] *adv* mjaft, goxha, shumë.

sized [saizd] *adj* 1. : **medium - sized** mesatar;

giant-sized vigan, i stërmadh. 2.të renditura sipas madhësisë.

sizing['saizing] *n* lyerje/veshje me qiriç, me kollë.

sizzle['sizël] *v,n* -*vi* 1.cërcërin(dhjami në tigan).2. shkumëzoj(nga inati).

-*n* cërcëritje.

sizzling ['sizling] *adj,adv* -*adj* cërcëritës; **a sizzling noise** cërcëritje.

-*adv* : **sizzling hot** përvëlues, përcëllues.

skate I[skeit] *n Br zool* rajë.

skate II [skeit] *n,v* -*n* patinë. + **put/get your skates on!** nxito!, luaj këmbët!

-*vi* rrëshqas/eci me patina.

+**skate over/round** *fig* i rrëshqas, i shmangem (problemit).

skateboard['skeitbo:d] *n* patinë(e madhe) teke me rrota, dërrasë me rrota.

skater['skeitë:] *n* patinator, rrëshqitës.

skating['skeiting] *n* patinazh, rrëshqitje mbi akull; patinazh me rrota.

skating rink *n* fushë/shesh patinazhi; **figure skating** patinazh artistik; **roller skating** patinazh me rrota.

skean, skeandhu[ski:n, skiën'du:] *n* thikë, kamë.

skedaddle[ski'dædël] *vi* ua mbath, fryj; iki i llahtarisur.

skeet shooting[ski:t] *n* stërvitje në qitje në ajër (me objekte fluturuese).

skeeter['ski:të:] *n gj.fol* 1.mushkonjë.2.varkë me vela për rrëshqitje mbi akull.

skein[skein] *n* 1.shkul, torkë(filli). 2.lëmsh. 3.tufë patash.

skeletal['skelitël] *adj* skeletik.

skeleton['skelitën] *n* 1.skelet. 2.*fig* skelet, kockë e lëkurë(njeri); **he was a mere/a walking/a living skeleton** ishte katandisur kockë e lëkurë. 3.*ndërt* skelet, karkasë, strukturë. 4.skemë(e romanit etj). + **the skeleton in the closet / in the cupboard, the family skeleton** e fshehta(e turpshme) e familjes.

skeletonize['skelëtënaiz] *vt* 1.dobësoj, katandis në skelet. 2.skicoj; i bëj skemën. 3.pakësoj, qeth, ul së tepërmi(numrin e punonjësve etj).

skeleton key *n* çelës kopil.

skelpI[skelp] *n,v skoc* -*n* shuplakë; kërcitje shuplake.

-*v* 1.qëlloj me shuplakë. 2.shpejtoj, nxitoj.

skelp II[skelp] *n tek* rrip llamarine për tuba.

skep[skep] *n* 1.zgjua, koshere. 2.shportë.

skeptic(al)['skeptik(ël)] *adj amer* shih **sceptic.**

sketch[skeç] *n,v* -*n* 1.skicë. 2.*fig* skicë; skemë; konspekt; **a rough sketch** *fig* një ide në vija të trasha. 3.*teat* skeç, pjesë e shkurtër.

-*v* 1.skicoj, bëj skica.2.*fig* skicoj, i bëj skemën; përshkruaj në vija të trasha.

+**sketch in** a)shtoj, përfshij(hollësira); b)jap(fakte).

+**sketch out** skicoj; konceptoj; jap në vija të trasha.

sketchbook['skeçbuk] *n* bllok fletësh vizatimi, fletore vizatimi; album skicash.

sketchily['skeçili] *adv* përciptas; në vija të trasha; skematikisht.

sketch(ing) pad *n* bllok fletësh/fletore vizatimi.

sketch map *n* hartë dore/e bërë me dorë, hartëskicë.

sketchy['skeçi] *adj* 1.i përgjithshëm, pa hollësira, skematik; në vija të trasha; i përciptë. 2.jo i plotë; i papërfunduar; me mangësira; **a sketchy meal** e ngrënë (e)/ushqim i dobët.

skew[skju:] *adj,n,v* -*adj* 1.i pjerrët. 2.i shtrembër. 3.josimetrik.
-*n* 1.pjerrje. 2.shtrembërim; **be on the skew** është shtrembër; është skiç.
-*v* 1.pjerret. 2.rri shtrembër/skiç. 3.pjerr, pjerrësoj. 4.*fig* shtrembëroj(faktet).

skewbald['skju:bo:ld] *adj,n* -*adj* larash, laraman. -*n* kalë larash.

skewer['skjuë:] *n,v* -*n* 1.hell. 2.shtizë. -*vt* 1.fus/shkoj në hell. 2. shpoj tejpërtej.

skew-eyed['skju:'aid] *adj* i vëngër, vëngërosh, syvëngër.

skew-whif ['skju:wif] *n Br* : **on the skew-whif** shtrembër; skiç.

ski[ski:] *n,v* -*n* 1.ski.2.*av* rrëshqitëse(të avionit). -*vi* bëj ski, rrëshqas me ski; **go skiing** shkoj për ski.

ski boot *n* këpucë skish.

skijump ['ski:xhʌmp] *n* 1. kërcim, hedhje nga trampolina(me ski). 2.trampolinë për skiatorë.

skilift['ski:lift] *n* teleferik për skiatorët, teleskí.

ski run *n* pistë për ski.

ski slopes *n* pista për ski.

ski tow *n* shih **skilift**.

ski wear *n* veshje skiatori.

skid[skid] *v,n* -*vi* 1.shket, rrëshqet(makina, njeriu). 2.shket mbi pistë(avioni).
-*n* 1.shkarje, rrëshqitje. 2.nofull freni. 3.rul, trung, rrëshqitës.+ **be on the skids** *zhrg* marr rrokullimën; **hit the skids** *amer zhrg* katandis në lypës rrugësh; **put the skids on/under** *gj.fol* i vë stërkëmbëshin (dikujt); sabotoj (planet).

skiddoo[ski'du:] *vi zhrg* dal; iki; terem.

skidlid['skidlid] *n gj.fol* kaskë(motoçiklisti).

skidmark['skidma:k] *n* gjurmë rrëshqitjeje(të rrotave të makinës mbi xhade).

skidoo [ski'du:, 'skidu:] *n knd* skidu, bormobil, automobil bore (për ecje mbi dëborë).

skidpad, skidpan['skidpæd, 'skidpæn] *n aut* pistë stërvitjeje(për frenim me rrëshqitje).

skidproof['skidpru:f] *adj* që nuk shkasin(goma).

skid row *n amer* lagje endacakësh/lypësish rruge.

skier['skië:] *n* skiator.

skiff[skif] *n* kaike, varkë e lehtë.

skiing['skiing] *n* ski, rrëshqitje me ski.

skilful, *amer* **skillful**['skilful] *adj* 1. i aftë, i zoti, i kualifikuar. 2. i shkathët, i zhdërvjellët.

skil(l)fully['skilfëli] *adv* 1.me aftësi, me zotësi, me mjeshtri. 2. me shkathtësi.

skill[skil] *n* 1.aftësi; mjeshtri; art; teknikë.2. dhunti.3.shkathtësi; **lack of skill** ngathtësi. 4.kualifikim; **what skills do you have?** çfarë kualifikimi ke?

skilled[skild] *adj* 1.i aftë; i shkathët. 2.e kualifikuar(punë).

skillet['skilit] *n* 1.tigan, fultere. 2.kusi me bisht.

skim[skim] *v,n* -*v* 1.heq(ajkën, shkumën). 2.cek, prek lehtë; shket mbi (ujë etj).3.hedh/gjuaj (një gur) mbi ujë. 4.lexoj kalimthi. 5.vishet, mbulohet; vesh, mbuloj(me një shtresë të hollë).6.*amer gj.fol* mashtroj në taksat.
-*n* 1.shkumë; ajkë. 2.skremim, heqje e ajkës/e shkumës.

+**skim off** veçoj, heq mënjanë.

skim milk, skimmed milk *n* qumësht i skremuar.

skimmer['skimë:] *n* 1.lugare me bira, biralije. 2. *zool* sqepgërshërë(zog deti). 3.kapelë kashte strehëgjerë.

skimming['skiming] *n amer gj.fol* mashtrim në taksat.

skimp[skimp] *v* 1.kursej; tregohem i kursyer. 2. bëj shkel-e-shko(një punë).

skimpily['skimpili] *adv* 1.me kursim (përdor).2. me të keq(jetoj).

skimpiness ['skimpinis] *n* 1. pakicë, pamjaftueshmëri.2.kopraci.

skimpy['skimpi] *adj* 1.i pakët, i kursyer. 2.i ngushtë, i mbledhur(fustan). 3.kursimtar.

skin[skin] *n,v* -*n* 1.lëkurë; **wear wool next to the skin** vesh diçka të leshtë drejt e në mish; **be all /only skin and bone** jam kockë e lëkurë. 2.lëkurë, gëzof. 3.lëvore, lëkurë(fruti etj).4.kacek, shakull, calik.5.veshje e jashtme(e avionit etj). 6.letër dylli. 7. *zhrg* mashtrues.8.*zhrg* kurnac, cingun. + **escape by the skin of one's teeth** shpëtoj për qime; **get under sb's skin** i ngre nervat dikujt; **have a thick/thin skin** *fig* e kam lëkurën të hollë/të trashë; **I've got you under my skin** jam i marrosur pas teje; **in/with a whole skin** shëndoshë e mirë; **save one's skin** shpëtoj lëkurën.
-*vt* 1.rrjep. 2.qëroj(frut).3.gërvisht, gërric(gjurin). 4.mbulohet me lëkurë. 5.*zhrg* mashtroj, ia hedh. 6. *zhrg* iki pa u ndier. + **skin alive** *zhrg* a)torturoj; rrjep të gjallë; b)shaj rëndë; c)shpartalloj.

skin-deep['skin'di:p] *adj* 1.sipërfaqësore(plagë).2. *fig* i cekët, i përciptë.

skin disease *n* sëmundje lëkure.

skin diver *n* zhytës.

skin diving *n* zhytje nën ujë.

skinflick['skinflik] *n zhrg* film pornografik.

skinflint['skinflint] *n* koprac, cingun, kurnac.
skinful['skinful] *n* 1.një calik(sasi). 2.*gj.fol* plot plënci, sa nxë stomaku.
skin game *n amer gj.fol* mashtrim, batakçillëk.
skin grafting *n mjek* transplantim lëkure.
skinhead['skinhed] *n* kokërruar; rrugaç.
skin magazine *n amer gj.fol* revistë pornografike.
skinner['skinë:] *n* 1.regjës lëkurësh; tregtar lëkurësh. 2.mushkar.
skinny['skini] *adj* 1.i thatë, i dobët. 2.mbas trupit (bluzë); **the skinny look** moda e trupave të tharë.
skinnydip['skinidip] *vi gj.fol* lahem zhveshur/lakuriq/nudo.
skintight['skintait] *adj* ngjitur pas trupit.
skip I[skip] *v,n* -*v* 1.kërcej, hidhem, hov; luaj me litar. 2.kapërcej. 3.gjuaj, hedh (gurë mbi liqen). 4.lë; kaloj, kapërcej (një pyetje etj); **skip breakfast** nuk ha mëngjes; **skip the details** i kapërcej hollësirat; **skip school** lë mësimin; **skip it!** lëre atë muhabet! 5.*fig* hidhem; **skip from one subject to another** hidhem nga një temë te tjetra. 6.ndalem, kaloj nga; **they skipped across to Italy** u hodhën /kaluan për pak kohë në Itali. 7.largohem, iki me ngut; **skip off without paying** zbres(nga autobuzi etj) pa paguar. 8.kapërcej një vit, hidhem dy klasa më sipër.
-*n* 1.kërcim, hedhje. 2.*fig* kapërcim(i një çështjeje etj). 3.gjë e kapërcyer.
skip II[skip] *n ndërt* 1.kosh metalik. 2.kovë(ekskavatori etj).
skipper['skipë:] *n,v* -*n* 1.*det* kapiten. 2.*sport* kapiten skuadre/ekipi.
skirl[skë:l] *v,n* -*vi* ushton(gajdja); i bie gajdes.
-*n* ushtimë, zë i mprehtë(i gajdes).
skirmish['skë:mish] *n,v* -*n* 1.përleshje, përpjekje, luftim. 2.ndeshje, përplasje, konflikt, zënkë.
-*vi* 1.përleshem, bie në përpjekje. 2.zihem.
skirt[skë:t] *n,v* -*n* 1.fund. 2.buzë, anë.3.*zhrg* femër; **a bit of skirt** vajzë.
-*v* 1.i vij përqark. 2.i shmangem; **skirt round the issue of...** i shmanget punës së...
skirting ['skë:ting] *n* 1.*Br ndërt* plintë. 2.copë për fund.
skit[skit] *n* 1.parodi. 2.skeç, pjesë humoristike.
skitter['skitë:] *vi* shket lehtë; çik, cek.
skittish['skitish] *adj* 1.që trembet(kalë).2.i gjallë, i hedhur, lojcak.
skittle['skitël] *n* 1.*pl* birili, lojë me birila. 2.biril. + **beer and skittles** ha, pi e rri; fushë me lule.
skive[skaiv] *v,n Br gj.fol* -*vi* bishtnoj, bëj bisht.
-*n* : **be on the skive** bëj bisht.
+**skive off** iki tinëz, vidhem.
skiver['skaivë:] *n Br gj.fol* bishtnues; hileqar.
skivvy['skivi] *n,v* -*n* 1.*Br zhrg* shërbyese, shërbëtore. 2.*pl amer* ndërresa(burrash).

-*vi* punoj si shërbyese.
skulduggery[skʌl'dʌgëri] *n gj.fol* mashtrim, hile, dallavere.
skulk[skʌlk] *v,n* -*vi* 1.hyj/dal tinëz, vidhem; eci vjedhurazi. 2.bishtnoj, dredhoj.
-*n* 1.fsheharak. 2.bishtnues, dredharak.
skull [skʌl] *n* 1.*anat* kafkë. 2.*fig* kokë; **it's impossible to get anything into his thick skull** ai nuk ha pykë; atij s'i hyn gjë në kokë.
skullcap['skʌlkæp] *n* kësulë.
skunk [skʌnk] *n,v* -*n* 1. *zool* qelbës. 2. gëzof qelbësi.3.*fig* njeri i ndyrë, qelbësirë.
-*vt zhrg* zdrugoj, mund keqas.
sky[skai] *n,v* -*n* 1.qiell. 2.*fig* parajsë. 3.klimë, mot. + **out of a clear sky** befas; papritmas; **praise sb to the skies** ngre në qiell dikë.
-*vt* hedh në ajër.
sky blue *n* kaltërsi.
sky-blue['skaiblu:] *adj* i kaltër.
skycap['skaikæp] *n gj.fol* hamall aeroporti.
skydive['skaidaiv] *n* parashutizëm me rënie të lirë.
skydiver['skaidaivë:] *n* parashutist(që bën akrobacira në rënie të lirë).
skydiving['skaidaiving] *n* parashutizëm me rënie të lirë.
sky-high['skaihaj] *adv,adj* -*adv* 1.shumë lart, gjer në re. 2.në qiell(çmimet). 3.në erë, copë e çikë.
-*adj* shumë i lartë.
skyjack['skaixhæk] *vt gj.fol* rrëmbej(një avion).
skyjacker['skaixhækë:] *n* pirat ajri, rrëmbyes avionësh.
skylab['skailæb] *n* laborator në hapësirë.
skylark['skaila:k] *n,v* -*n zool* laureshë.
-*vi* bëj si i marrë.
skylight['skailait] *n* baxhë, gallustër.
skyline['skailain] *n* 1.horizont, vijë e horizontit.2. konture, linjë(e godinave).
sky pilot *n zhrg* prift, kapelan.
skyrocket['skairokit] *n,v* -*n* fishekzjarr.
-*vi* ngrihen në qiell(çmimet).
skyscraper['skaiskreipë:] *n* rrokaqiell, grataçiel.
skyward(s)['skaiwë:d(z)] *adj,adv* drejt qiellit.
skyway['skaiwei] *n* 1.*av* rrugë ajrore. 2.*amer aut* rrugë në lartësi, rrugë e ngritur mbi kolona.
slab[slæb] *n,v* -*n* 1.pllakë, plloçe, rrasë(guri, druri). 2.fetë e madhe(djathi etj). 3.tryezë; banak (kasapi).
-*vt* 1.pres në pllaka, latoj. 2.shtroj me pllaka/plloça.
slack I[slæk] *adj,n,v,adv* -*adj* 1.i lirshëm, i lirë (litar). 2.*fig* i shkujdesur, i lëshuar. 3.i ngadaltë (hap). 4.i ngathët, i plogët; i amullt(aktivitet); i vdekur(sezon).
-*n* 1.pjesë e varur/e lirshme(e litarit); **take up the slack** a)tendos(litarin); b)i jap hov(ekonomisë). 2.*mek* xhoko. 3.amulli.4.qetësim, ngecje, ndalje(e

vrullit të ujrave). 5.*pl* pantallona të gjera.
-*v* 1.liroj(litarin). 2.lirohet, çtendoset(litari).3.shuaj (gëlqeren).4.lëshohem, plogështohem, ia var(punës).
-*adv* me plogështi; në amulli.
+**slack off** a)liroj, çtendos; b)plogështohem, lëshohem; c)bie(puna); ngadalësohet(aktiviteti).
+**slack up** ngadalësoj përpjekjet, e marr shtruar.
slack II[slæk] *n* pluhur(qymyri).
slacken ['slækën] *v* 1. ngadalësoj; **slacken one's pace/speed** ngadalësoj hapin; ul shpejtësinë. 2.ngadalësohet.3.liroj, çtendos (litarin, frerin); liroj, zhvidos(vidën).4.lirohet, çtendoset; zhvidoset.5.ul, pakësoj(vrullin, aktivitetin).6.ulet, pakësohet, bie (vrulli etj).
+**slacken off** a)ngadalësohet; b)lirohet; c)ulet, pakësohet, bie; d)lëshohem, plogështohem, ia var.
+**slacken up** lëshohem, plogështohem, ia var.
slackening['slækëning] *n* 1.ngadalësim. 2.lëshim. 3.ulje, pakësim.
slacker['slækë:] *n gj.fol* përtac, dembel; bishtnues.
slackly['slækli] *adv* 1.lirshëm(varet). 2.me plogështi, pa zell.
slackness['slæknis] *n* 1.shtendosje(e litarit). 2.lëshim, plogështim. 3.amulli; ngadalësim, rënie.
slag[slæg] *n* 1.*met* zgjyrë, skorje, shllak. 2.*min* baltë xeherori, (shkëmb) steril; lavë poroze. 3.*zhrg* kurvë, putanë.
slag heap *n* 1.*met* mbeturinë skorjeje. 2.*min* pirg sterili.
+**slag off** *amer* a)shaj, kërdis; b)nxij, flas keq për (dikë).
slain [slein] *pp* e **slay; the slain** të vrarët, të rënët.
slake[sleik] *vt* 1.shuaj(gëlqeren, etjen). 2.fik, shuaj (zjarrin). 3.shfrej(inatin); nxjerr(dufin). 4.i ndal vrullin, qetësoj.
slalom['sla:lëm] *n,v sport* -*n* slalom, zbritje zigzage(me ski).
-*vi* bëj zbritje zig-zage.
slam [slæm] *v,n* -*v* 1.mbyll me forcë, përplas. 2.hedh, flak. 3.*fig* dërrmoj, shpartalloj(kundërshtarin). 4.*gj.fol* kritikoj ashpër, asgjësoj.
-*n*1.përplasje(e derës etj).2.*gj.fol* kritikë dërrmuese.
+**slam down** hedh/përplas me forcë.
+**slam on** u mëshoj(frenave); **slam the brakes on sth** i jap fund, i vë kufi.
+**slam to** mbyll/mbyllet fort (me të përplasur).
slammer['slæmë:] *n zhrg* burg, birucë.
slander ['slændë:] *n,v* -*n* 1. përgojim. 2. *drejt* shpifje.
-*vt* 1.përgojoj, marr nëpër gojë(dikë). 2.*drejt* shpif kundër(dikujt).
slanderer ['slændërë:] *n* 1. përgojues. 2. *drejt* shpifës.
slanderous['slændërës] *adj* përgojues, shpifarak;

shpifës.
slanderously['slændërësli] *adv* me shpifje, duke shpifur.
slang [slæng] *n,v gjuh* -*n* zhargon; **in slang** në zhargon; **talk slang** flas në zhargon; **use a lot of slang** përdor shumë fjalë në zhargon.
-*vt gj.fol* telendis, s'i lë gjë pa thënë.
slanging match *n Br* zënkë, të shara.
slangily['slængili] *adv* në/me zhargon(flas).
slangy['slængi] *adj* 1.me shumë zhargon(artikull etj). 2.që përdor shumë zhargon(person).
slant [slænt, sla:nt] *v,n* -*v* 1. pjerret, anohet (shkrimi etj). 2.bie pjerrtas(drita). 3.*fig* shtrembëroj (faktet).4.*attr* i pjerrët.
-*n* 1.pjerrje, anim. 2.*fig* këndvështrim, perspektivë, pikëpamje; **give/get a new slant on sth** paraqes/shikoj diçka në një dritë të re; **what's your slant on it?** cila është pikëpamja jote për këtë(çështje)?
slanting['slænting, 'sla:nting] *adj* i pjerrët, i anuar (shkrim, çati); **slanting rain** shi me erë, shi që bie pjerrtas.
slantways['slæntweiz] *adv* pjerrtas.
slantwise['slæntwaiz] *adv,adj* -*adv* pjerrtas.
-*adj* i pjerrët.
slap[slæp] *n,v,adv* -*n* 1.shpullë, dackë, shuplakë; **a slap on the bottom/in the face** një shpullë bythëve; një shuplakë fytyrës. 2.*fig* qortim; sharje.
-*vt* 1.qëlloj, i jap një shpullë, i heq një dackë. 2. flak, përplas(librin në tryezë). 3.rreh(dallga bregun). 4.vë/shtoj shpejt-e-shpejt; **she slapped $10 on to the price** ajo i ngriti çmimin aty-për-aty edhe 10 dollarë më tepër.
-*adv gj.fol* 1.drejt e, mu ; **slap into a policeman** drejt e te polici; **slap in the middle** mu në mes. 2.befas.
+**slap down** a)flak; b)*fig* pres me këmbët e para.
+**slap on** vë pa kujdes (makiazhin); llaçkavis (me bojë).
slap-bang['slæpbæng] *adv,adj* -*adv* 1.shpejt-e-shpejt; shkel-e-shko; pa u menduar gjatë. 2.menjëherë, sakaq, në çast.
-*adj* 1.i nxituar, i pamenduar mirë. 2.i pakujdesshëm.
slapdash['slæpdæsh] *adv,adj,n* -*adv* nxitimthi; pa kujdes; shkel-e-shko.
-*adj* i nxituar, shkel-e-shko.
-*n* punë shkel-e-shko.
slaphappy ['slæphæpi] *adj zhrg* 1.i shkujdesur, ku-rafsha-mos-u-vrafsha. 2.*amer* i trullosur.
slapshot['slæpshot] *n knd sport* gjuajtje e fortë/e shpejtë.
slapstick ['slæpstik] *n,adj* -*n* farsë, komedi trashanike.
-*adj* trashanik, i trashë, banal(humor).
slap-up['slæpΛp] *adj Br* i përsosur, i shkëlqyer, i

klasit të parë.

slash[slæsh] *v,n* *-v* 1.pres; çaj; zhvoshk(lëvoren e pemës). 2.ndaj më dysh. 3.çaj, hap, i bëj një të çarë(fundit). 4.fshikulloj(edhe *fig*).5.*fig* krasis, qeth (pagat); masakroj(tekstin); shkurtoj(shpenzimet); ul(çmimet). *-n* 1.prerje; çarje. 2.fshikullim. 3.e çarë; e prerë, varrë, vragë. 4.*fig* shkurtim; qethje, krasitje. 5.lirishtë, çeltinë. 6. grumbull shkarpash. 7.*polig* fraksion (shenja /).

slashing['slæshing] *adj fig* i ashpër; i rreptë; fshikullues; therës.

slat I [slæt] *n* 1. listelë. 2. rrip (metalik, plastik). 3.paret.

slat II[slæt] *v,n vjet -vt* 1.flak, hedh tej. 2.qëlloj; rrah. *-n* goditje; shuplakë.

slate I[sleit] *n,v,adj -n* 1.ardezë, gur rrasash, shist. 2.pllakë, plloçë.3.pllakë për të shkruar.4.gri e errët. 5.*pol* listë provizore kandidatësh. + **have a clean slate** a kam biografinë të pastër; **put sth on the slate** *Br* ia shkruaj diçka në llogari dikujt. *-vt* 1.mbuloj me plloça(çatinë). 2.*amer pol* propozoj(kandidatë). 3.*Br* asgjësoj, shpartalloj(një vepër, aktor, politikan). 4.paracaktoj, destinoj; **be slated for sth** jam i paracaktuar për diçka. *-adj* gri i errët.

slate II[sleit] *vt* 1.rrah. 2.*fig* fshikulloj, kritikoj ashpër.

slater['sleitë:] *n* 1.mbulues çatish(me plloça). 2. buburrec.

slather['sleidhë:] *n,v gj.fol -n pl* një mori. *-v* derdh pa kursim.

slattern['slætë:n] *n* femër pisanjose.

slatternly ['slætë:nli] *adj* i lëshuar, i shkujdesur; pis; prej pisanjoseje.

slaty['sleiti] *adj* 1.shistor; plloçak. 2.gri i errët.

slaughter['slo:të:] *n,v -n* 1.therje. 2.kërdi, kasaphanë, masakër. *-vt* 1.ther, mbys (kafshë). 2.vras, masakroj(njerëz). 3.*fig* dërrmoj, shpartalloj.

slaughterer ['slo:tërë:] *n* 1. kasap, mbytës (kafshësh). 2.vrasës. 3.masakrues.

slaughterhouse['slo:të:haus] *n* thertore.

slaughterous ['slo:tërës] *adj* 1.vrasës. 2.shkatërrimtar.

Slav[slæv, sla:v] *n,adj* sllav.

slave[sleiv] *n,v -n* sklllav(edhe *fig*); **be a slave to** jam skllav i. *-vi* punoj si skllav; **slave away at sth** robëtohem për diçka.

slave driver *n* 1. mbikëqyrës skllevërish. 2. *fig* drejtues mizor; shfrytëzues.

slaveholder['sleivhouldë:] *n* pronar skllevërish, skllavopronar.

slave labour *n* shfrytëzim i skllevërve; punë e skllevërve.

slave traffic *n* tregti skllevërish.

slaver I['sleivë:] *n* 1. tregtar skllevërish. 2. anije skllevërish.

slaver II['sleivë:] *n,v -n* jargë. *-vi* përjargem, nxjerr jargë.

slavery['sleivëri] *n* skllavëri(edhe *fig*).

slavey['sleivi] *n gj.fol* shërbyese që i bën të gjitha.

Slavic['slævik, 'sla:vik] *adj,n -adj* sllav. *-n* sllavisht, gjuhë sllave.

slavish['sleivish] *adj* 1.prej skllavi(nënshtrim). 2. servil; i nënshtruar; i bindur(pasues). 3.fjalë-për-fjalë (përkthim).

slavishly['sleivishli] *adv* me servilizëm.

Slavonic [slë'vonik] *adj,n* 1. sllavonas, banor i Sllavonisë. 2.*vjet* sllav; sllavisht.

slavophile['slævoufajël] *n,adj* sllavofil.

slay[slei] *vt* (**slew; slain**) 1.vras. 2.*zhrg* e vdes gazit; e argëtoj pa masë.

sleave[sli:v] *v,n -vt* shpërdredh(fillin). *-n* fije.

sleazy['sli:zi] *adj* 1.i hollë, i dobët(stof). 2.*gj.fol* i mjerë; i keq, i dobët(hotel).

sled[sled] *n,v -n* sajë; slitë. *-v* 1.udhëtoj me sajë. 2.çoj/transportoj me sajë/slitë.

sledding ['sleding] *n amer gj.fol* : **hard/tough sledding** kohë e vështirë; punë e vështirë.

sledge I[slexh] *n,v* shih **sled**.

sledge II[slexh] *n,v* shih **sledgehammer**.

sledgehammer['slexhhæmë:] *n,v -n* çekan farkëtari, vare. *-vt* rrah me vare.

sleek[sli:k] *adj,v -adj* 1.i lëmuar, me shkëlqim (flok etj). 2. i shëndetshëm(maçok); i mbajtur(njeri). 3.*fig* i lëmuar(në sjellje); gojëmbël; lajkatar. 4.i bukur, elegant(automobil etj). *-vt* (**down**) lëmoj(floket).

sleekly['sli:kli] *adv* me ëmbëlsi (përgjigjem).

sleekness['sli:knis] *n* 1.lëmim; shkëlqim(i flokëve). 2.mbajtje, të mbajtur(i njeriut). 3.*fig* ëmbëlsi e sjelljes. 4.finesë, elegancë.

sleep[sli:p] *v,n -vi* (**slept**) fle; **sleep tight/like a dog/like a top** fle top/si qingj; **be sleeping on one's feet** fle në këmbë; **sleep tight!** gjumë të ëmbël! **didn't sleep a wink all night** e gdhiu pa gjumë. *-n* 1.gjumë; **have a sleep, get some sleep** fle; marr një sy gjumë; **deep/sound sleep** gjumë i thellë; **get/go to sleep** bie të fle; **put/send sb to sleep** vë në gjumë dikë; **put the cat to sleep** i bëj një injeksion maces(për ta ngordhur).

+**sleep around** fle me kë mundem.

+**sleep away** e hedh me gjumë(pasditen etj).

+**sleep in** a)fle deri vonë(në mëngjes); b)fle aty ku punoj.

+**sleep off** largoj me gjumë(dhimbjen e kokës etj).

+**sleep on** a)vazhdoj të fle; b)e lë për të nesërmen (vendimin, përgjigjen etj).

+**sleep out** a)fle përjashta; b)nuk fle aty ku punoj.

+**sleep through** a)fle dyst; b)nuk e prish gjumin (nga stuhia, zilja e orës etj).

sleeper['sli:pë:] *n* 1.: **be a light/heavy sleeper** kam gjumë të lehtë/të rëndë. 2.*hek* vagon për fjetje; shtrat. 3. *ndërt,hek* traversë. 4.rreth (në vesh). 5.*pl* kominoshe(fëmijësh). 6.*amer fig* sukses, zbulim.

sleepily['sli:pili] *adv* përgjumësh.

sleeping['sli:ping] *adj* 1.që fle; **let sleeping dogs lie** mos e ngit qenin që fle. 2.gjumi, fjetjeje.

sleeping bag *n* dyshek alpinisti, dyshek-thes.

sleeping berth *n hek* shtrat në tren.

sleeping car *n hek* vagon-shtrat.

sleeping draught *n* gjumëndjellës, bar gjumi.

sleeping partner *n treg* ortak i heshtur, ortak që rri në hije.

sleeping pill *n* hapje gjumi.

sleeping quarters *n* 1. dhoma gjumi. 2. *usht* fjetore.

sleeping sickness *n* sëmundje e gjumit.

sleeping suit *n* pizhama.

sleeping tablet *n* hapje gjumi.

sleepless['sli:plis] *adj* 1.i zgjuar, jo në gjumë. 2.pa gjumë(natë). 3.vigjilent, syhapët.

sleeplessly['sli:plisli] *adv* pa gjumë, pa fjetur.

sleeplessness['sli:plisnis] *n* pagjumësi.

sleepwalk['sli:pwo:k] *vi* ngrihem/eci në gjumë.

sleepwalker ['sli:pwo:kë:] *n* somnambul, i për-hënët.

sleepwear['sli:pweë:] *n* veshje për gjumë.

sleepy ['sli:pi] *adj* 1.i përgjumur; **be/feel sleepy** jam përgjumësh, më vjen gjumë.2.i fjetur; i heshtur. 3.gjumëndjellës; që të vë në gjumë.

sleepyhead['sli:pihed] *n* gjumash.

sleet[sli:t] *n,v* -*n* 1.miellazë, boricë, breshni bore. 2. llohë, borë e shkrirë, borë me shi.

-*vi* bie boricë/miellazë; bie llohë/borë e shkrirë.

sleety['sli:ti] *adj* me llohë, me shqotë(mot).

sleeve[sli:v] *n,v* -*n* 1.mëngë. 2.*mek* këmishë. 3. qeskë, mbështjellëse (disku gramafoni). + **have (sth) up one's sleeve** *fig* e mbaj një letër rezervë; **laugh in/up one's sleeve** qesh nën hundë.

-*vt* 1.*mek* këmishoj(cilindrin). 2.mbështjell, fus në qeskë.

sleeved [sli:vd] *adj* me mëngë; **a long-sleeved shirt** këmishë me mëngë të gjata.

sleeveboard['sli:vbo:d] *n* varëse, kryq.

sleeveless['sli:vlis] *adj* pa mëngë.

sleevenote ['sli:vnout] *n Br* etiketë me tekstin(te qeska e diskut).

sleigh[slei] *n,v* -*n* sajë, slitë; rrëshqitëse(për lojë).

-*vi* udhëtoj me sajë; rrëshqas me slitë.

sleigh bell *n* zilkë.

sleighing['slejing] *n* ecje/udhëtim me sajë; rrësh-qitje me slitë.

sleight[slait] *n* 1.shkathtësi; zhdërvjelltësi.2.truk, marifet; **by (a) sleight of hand** me anë të një marifeti.

slender['slendë:] *adj* 1.i hollë, hollak(trup, njeri, fidan). 2.*fig* i pakët; i vogël; i dobët(shans, shpresë, e ardhur).

slenderize['slendëraiz] *vt amer* 1.holloj; ngushtoj. 2.më tregon të ngushtë/të hollë (rroba).

slenderly ['slendë:li] *adv* : **slenderly built** me trup hollak.

slenderness['slendë:nis] *n* 1.hollësi(e trupit); fine-së(e gishtave). 2.*fig* pakicë, pamjaftueshmëri.

slept[slept] *pt,pp* e **sleep**.

sleuth [slu:th] *n,v gj.fol* -*n* 1. qen policie. 2.detektiv.

-*vi* rrëmoj, gërmoj, nuhas.

sleuthhound ['slu:th'haund] *n* 1. qen policie. 2.*amer gj.fol* detektiv.

slew I[slu:] *pt* e **slay**.

slew II [slu:] *v,n* -*v* 1. kthehem; rrotullohem. 2.kthej; rrotulloj(makinën me frena).

-*n* kthesë; rrotullim; rrëshqitje anash(e fundit të makinës gjatë frenimit).

slew III[slu:] *n* batak, moçal.

slew IV [slu:] *n gj.fol* shumë; një mori; **a whole slew of people** një grup turmë njerëzish.

slice[slais] *n,v* -*n* 1.rriskë, fetë. 2.*fig* pjesë; hise; **a large slice of the credit/profit** një pjesë të mirë të meritës/të fitimit. 3.thikë e gjerë, spatul(kuzhine). 4.*sport* gjuajtje me të prerë.

-*v* 1.pres në feta; rriskoj. 2.pret, grin(thika). 3.*sport* gjuaj me të prerë, i jap të prerë(topit).

+**slice off** pres një copë, heq një pjesë.

+**slice through** a)pres(litarin); b)*fig* anashkaloj, shmang(kufizimet etj); c)*fig* çaj(dallgët, ajrin).

+**slice up** rriskoj, pres feta-feta.

slicer['slaisë:] *n* makinë rriskuese(buke, mishi).

slick[slik] *adj,v,n,adv* -*adj* 1.i lëmuar(flok). 2. i rrëshqitshëm, rrëshqitës(terren). 3.*gj.fol* i zgjuar, mendjefemër. 4.*gj.fol* i shkathët, pehlivan; mashtru-es, që ta prish mendjen. 5.*gj.fol* i atypëratyshëm, i sajuar në çast (justifikim).

-*vt* lëmoj; ndreq; lyej me vaj (flokët).

-*n* 1.njollë vaji(në rrugë, mbi ujë). 2.*gj.fol* revistë me letër llustër. 3.kruajtëse(lëkurësh). 4.mistri(për lëmimin e metalit në derdhje).

-*adv* 1.me shkathtësi. 2.mu, drejt e në.

slicker['slikë:] *n* 1.fëshfëshe, mushama, pardesy. 2.*zhrg* mashtrues, batakçi.

slick-licker['sliklikë:] *n* pajisje vajpastruese(nga sipërfaqja e ujit).

slickly ['slikli] *adv* aty-për-aty, në vend (për-

gjigjem).
slickness ['sliknis] *n* 1. shkëlqim, lëmim. 2. *keq* zhdërvjelltësi.3.dinakëri, dredhi.
slid[slid] *pt,pp* e **slide**.
slide [slaid] *v,n* -*v* 1.shkas, rrëshqas. 2.eci pa u ndier; **slide into the building** futem vjedhurazi në godinë. 3.*fig* bie, shkas; **slide into bad habits** filloj të marr zakone të këqija. 4.fus/nxjerr fshehtas.
-*n* 1.shkarje, rrëshqitje; **take a slide in turn** rrëshqasim me radhë. 2.shesh për rrëshqitje; rrëshqitëse(fëmijësh); vend i rrëshqitshëm. 3.shina (sirtari etj). 4.*tek* rrëshqitës, kursor.5.rrëshqitje toke; masë dheu (të rrëshqitur). 6.pjatë(e mikroskopit). 7. diapozitiv.8.kapëse flokësh.
+**slide down** rrëshqas.
+**slide off** a)hapet paksa(kapaku); b)iki vjedhurazi /pa u ndier.
slide box *n* kuti diapozitivësh.
slide fastener *n* zinxhir(fundi, pantallonash).
slide magazine *n fot* kasetë.
slide projector *n fot* projektues diapozitivësh.
slide rule *n mat* rrigë llogaritëse/kalkulatriçe.
slide show *n fot* projektim diapozitivësh.
sliding ['slaiding] *adj,n* -*adj* 1.rrëshqitës(detaj, derë).2.e lëvizshme, lëvizëse(ndenjëse).
-*n* shkarje, rrëshqitje.
sliding roof *n aut* mbulesë e hapshme(veture).
sliding scale *n adm* shkallëzim dinamik(i pagave, tarifave etj).
sliding time *n amer* orar i ndryshueshëm.
slight[slait] *adj,v,n* -*adj* 1.i lehtë, i vockël, i parëndësishëm(shqetësim, ndryshim); **to a slight extent** në një shkallë/masë të vogël; **there's not the slightest chance** nuk ka kurrfarë shansi; **the wound is only slight** plaga është fare e lehtë. 2.imcak, hollak(njeri); i brishtë. 3.i dobët, i pakët, i pamjaftueshëm.
-*vt* 1.shpërfill, injoroj.2.fyej.
-*n* mospërfillje, injorim; fyerje.
slighting['slaiting] *adj* fyes; përçmues(qëndrim, gjest).
slightingly['slaitingly] *adv* pa respekt, në mënyrë fyese.
slightly ['slaitli] *adv* 1. paksa; **we know them slightly** i njohim fare pak. 2. : **slightly built** trupvogël, imcak.
slightness['slaitnis] *n* 1.hollësi(trupi). 2.brishtësi. 3.papërfillshmëri.
slim[slim] *adj,v* -*adj* 1.i hollë; shtathedhur. 2.*fig* i vockël, i pakët(shans). 3.i pamjaftueshëm; i dobët.
-*v* 1.dobësohem, bie në peshë. 2.dobëson(dieta). 3. ngushtoj(fustanin).
+**slim down** a)dobësohem, bie në peshë; b)ngushtoj (fustanin); c)*fig* bie(puna).
slime[slaim] *n,v* -*n* 1.baltë, llucë. 2.jargë(kërmilli

etj). 3.zhul; fëlliqësi.
-*vt* 1.bëj pis, leros. 2.qëroj(peshkun etj).
sliminess['slaiminis] *n* 1.lagështim, lotim(i murit etj). 2.*fig* servilizëm.
slimmer['slimë:] *n* njeri që mban dietë.
slimming['sliming] *n,adj* -*n* dietë; dobësim.
-*adj* 1.dobësues(regjim). 2.i lehtë, që nuk të shëndosh(ushqim). 3.që të tregon të hollë(fustan).
slimness['slimnis] *n* 1.hollësi; elegancë.2.pamjaftueshmëri, mangësi.
slimy['slaimi] *adj* 1.me llucë, baltak. 2.i trashë, viskoz. 3.ngjitës; i rrëshqitshëm. 4.i lagështitur(mur). 5.*fig* lajkatar; servil.6.*fig* i neveritshëm, i ndyrë.
sling[sling] *n,v* -*n* 1.hobé. 2.gjuajtje (gurësh) me hobé. 3.fashë, rrip(i varur në qafë); rrip pushke. 4.rripa, litarë(për të mbartur sende të rënda).
-*vt* 1.gjuaj; flak. 2.hedh, lëshoj(sharje). 3.var. 4. ul /ngre me rripa, me litarë.5.*zhrg* përgatis(hashish).
+**sling away** *gj.fol* flak tej, heq qafe.
+**sling out** *gj.fol* a)nxjerr jashtë, i jap duart(dikujt); b) flak tej, heq qafe(diçka).
+**sling over** *gj.fol* pasoj.
+**sling up** var(hamakun).
slinger['slingë:] *n* 1.hobetar. 2.hamall.
slingshot['slingshot] *n* 1.llastiqe(për të gjuajtur). 2.hobé.
slink I[slink] *vi* (**slunk**) (**away**) vidhem, iki vjedhurazi.
slink II[slink] *v,n,adj* -*vi* (**slinked, slunk**) pjell para kohe.
-*n* këlysh i lindur para kohe.
-*adj* i lindur para kohe.
slinkily['slinkili] *adv* vjedhurazi.
slinking['slinking] *adj* tinëzar.
slinky ['slinki] *adj gj.fol* 1. joshëse, provokuese (femër). 2.gjarpërues, i përdredhur. 3.i valëzuar. 4. ngjitur pas trupit(fustan).
slip I[slip] *v,n* -*v* 1.shkas, rrëshqas; **the clutch slips** friksioni slidon/shket/nuk kap. 2.heq/fus me të rrëshqitur(unazën në gisht etj). 3.futem/dal pa u vënë re, pa u ndier. 4. çlirohem (nga rripi). 5. *fig* shket nga duart, ikën(rasti).6.liroj, lë të lirë(qenin). 7.*fig* shkas, gaboj. 8.*fig* bie, pakësohet(shitja). + **let slip** më shpëton nga goja(një e fshehtë); **slip one over on** *gj.fol* ia hedh.
-*n* 1.rrëshqitje, shkarje; shkarje e këmbës.2.rrëshqitje toke. 3.*fig* gabim, gafë; harresë; **slip of the tongue/of the pen** gabim në të shprehur/në të shkruar, lapsus. 4.(morale) shkarje. 5.këllëf(jastëku). 6.këmishë nate, kombinezon. 7.pusullë; fletë e vogël; skedë. 8.*det* dok. 9.rrip (qeni). 10.prapaskenë; **in the slips** në prapaskenë. + **give sb the slip** heq qafe dikë; **a slip of a girl** një çupulinë.
+**slip along** hidhem një vrap.
+**slip away** a)largohet ngadalë(anija); b)ikën pa rënë

në sy(i ftuari); c)ikën vjedhurazi, vidhet(hajduti).

+**slip back** a)kthehet pa zhurmë(anija); b)rikthehet pa rënë në sy; futet/kthehet vjedhurazi(hajduti).

+**slip by** shih **slip past.**

+**slip down** shkas, bie, rrëzohem.

+**slip in** a)hyj pa u ndier; b)hyn vjedhurazi(hajduti); c)shtyj lehtë, mbyll butë(sirtarin); d)fus pa bujë(një vërejtje, koment); e)*aut* takoj, lëshoj(friksionin).

+**slip off** a)dal pa u ndier; b)heq(mbulesën, kapakun, rrobat); c)bie, shket(jorgani etj).

+**slip on** a)vesh; b)mbath(këpucët).

slip-on['slipon] *adj,n* -*adj* 1.i heqshëm. 2.që vishet nga gryka(bluzë etj).

-*n* bluzë/pulovër që vishet nga gryka.

+**slip out** a)dal pa rënë në sy, firoj; b)ikën vjedhurazi, vidhet(hajduti); c)del(fjala); d)nxjerr pa zhurmë/me kujdes.

+**slip over** a)hidhem një vrap; b)ia punoj, ia hedh.

slipover['slipouvë:] *n* pulovër pa mëngë, fanellë.

+**slip past** kalon(dikush, koha).

+**slip round** hidhem një vrap(diku).

+**slip through** a)arrij të kaloj, çaj; b)nuk vihet re, kalon pa u kapur(gabimi).

+**slip up** bëj gabim, rrëshqas, bie brenda.

slip-up['slipʌp] *n gj.fol* gabim; defekt.

slip II[slip] *n,v* -*n* kalem shartimi, pip.

slipcovers ['slipkʌvë:z] *n* 1.mbulesë e heqshme, këllëf(kolltuku etj). 2.këmishë(e librit).

slipknot['slipnot] *n* nyjë rrëshqitëse; nyjë kravate.

slippage['slipixh] *n* 1.shkarje, rrëshqitje. 2.shmangie(nga vlera teorike).

slipper['slipë:] *n,v* -*n* pantofël, heqël, sheshël.

-*vt* rrah/qëlloj me pantofël.

slippered['slipë:d] *adj* i mbathur me pantofla.

slippery['slipëri] *adj* 1.i rrëshqitshëm, rrëshqitës (vend, rrugë, sapun). 2.*fig keq* dredharak, mashtrues, që shket si ngjalë(njeri). 3.delikate, e pabesë (situatë).

slippy['slipi] *adj gj.fol* i rrëshqitshëm, rrëshqitës.

+ **look slippy!** *Br* tundu!, luaj vendit!, nxito!

slip road *n Br* degëzim për hyrje në autostradë.

slipshod ['slipshod] *adj* 1.i shkujdesur, i lëshuar (në punë, në veshje). 2.shkel-e-shko, dosido(punë). 3.i zvarritur, i zvargur(ritëm, stil).

slipslop['slipslop] *n zhrg* 1.spirilëng, pije e keqe. 2.gjepura, broçkulla.

slipstitch['slipstiç] *n* thile e lehtë(te këmbëzat e pantallonave etj).

slipstream['slipstri:m] *n av* shtjellë ajri.

slipway['slipwei] *n det* 1.shkallë lëshimi (anijesh në det). 2.vend shkarkimi(ngarkese).

slit[slit] *v,n* -*vt* (**slit**) 1.çaj, i bëj një të çarë(fundit etj). 2.gris; pres rripa-rripa.

-*n* 1.e çarë. 2.prerje. 3.grisje.

slit-eyed['slitaid] *adj* me sy të ngushtë.

slither['slidhë:] *v,n* -*vi* 1.shkas, rrëshqas.2.zvarritet, rrëshqet(gjarpri).

-*n* rrëshqitje.

sliver['slivë:] *n,v* -*n* 1.copë; cefël; ashkël. 2.fetë.

-*vt* thyej, bëj copash.

slob[slob] *n* 1.njeri i trashë, gdhë. 2.*Br* baltë.

slobber['slobë:] *v,n* -*vi* 1.përjargem, jargavitem. 2.qull, llangos me jargë. 3.*fig* jargavitem.

-*n* 1.jargë. 2.*fig* jargavitje.

slobbery['slobëri] *adj* i jargavitur, i përjargur.

sloe[slou] *n bot* kullumbri.

sloe-eyed['slouaid] *adj* syzi.

slog[slog] *v,n gj.fol* -*v* 1.godas fort(topin, dikë). 2.punoj rëndë/me ngulm. 3.çaj me mundim(rrugën).

-*n* 1.punë e rëndë. 2.goditje e fortë.

slogan['slougën] *n* 1.parullë. 2.kushtrim.

slogger['slogë:] *n gj.fol* qen i punës.

sloop[slu:p] *n* anije njëdirekëshe.

sloop of war *n det hist* luftanije e lehtë.

slop I[slop] *v,n* -*v* 1.derdh; përhap, spërkas(me bojë). 2.derdhet.

-*n* 1.lëng i derdhur; spërka. 2.lëtyra, mbeturina gjellësh. 3.lluçë e hollë.4.ushqim i lëngshëm, llapa.

slop II[slop] *n zak pl* **slops** 1.rroba të gatshme; rroba të lira. 2.*det* veshje e mbulesa(për detarët). 3. kilota; brekushe.

slop pail *n* 1.kosh/kovë mbeturinash(në kuzhinë). 2.oturak.3.koritë lëtyrash.

+**slop about/around** a)spërkas; derdh; spërkatem; b)llangosem, zhgërryhem(në baltë); c)*fig* sorollatem.

+**slop out** derdh këllirat (i burgosuri).

+**slop over** a)derdhet; përhapet; spërkat; b)derdh, hapërdaj.

slope[sloup] *v,n* -*v* 1.pjerret, pjerrësohet; vjen i pjerrët(vendi, shkrimi). 2.pjerr, pjerrësoj, anoj; **slope arms** vë armën në sup; **'slope arms!'** 'në sup, armë.'

-*n* 1.pjerrësi; **rifle at the slope** *usht* me armën në sup. 2.breg, vend i pjerrët. 3.shpat; **ski slope** pistë rrëshqitjeje.

+**slope away/down** zbret me pjerrësi(vendi).

+**slope off** ua mbath.

+**slope up** ngjitet, është e përpjetë.

sloping['slouping] *adj* 1.i pjerrët, me pjerrësi.2. të varura(supe).

sloppily['slopili] *adv* 1.pa kujdes(punoj, vishem). 2.me sentimentalizëm(sillem).

sloppiness['slopinis] *n* 1.lagie, qullje. 2.shkujdesje, pakujdesi; lëshim. 3.sentimentalizëm.

sloppy['slopi] *adj* 1.me lagështi, i lagësht(mot, vend). 2.i lëngshëm, si lëng(gjellë). 3.i spërkatur; i lerosur. 4. *gj.fol* i shkujdesur(njeri). 5.shkel-e-shko (punë). 6.e lëshuar, e shkujdesur, dosido(sjellje, veshje). 7.e gjerë, si thes(rrobë). 8.sentimental; i mekur, i mpakët.

sloppy joe *n amer* 1.pulovër e gjerë si thes. 2.senduiç me hamburger.

slops[slops] *npl* llapa(për të sëmurët).

slopshop['slopshop] *n* dyqan rrobash të gatshme.

slosh[slosh] *n,v* -*n* 1.borë e shkrirë, llohë.2.*gj.fol* spirilëng; lëng gështenjash; pije e dobët.
-*v* 1.spërkas; leros; llangos. 2.derdh(bojën). 3.*Br* qëlloj, ia vesh. 4.vij vërdallë.

sloshed['slosht] *adj Br zhrg* xurxull, tapë, karroqe; **get sloshed** rrumbullosem mirë.

slot I[slot] *n,v* -*n* 1.e çarë, vrimë(për monedhën). 2.interval kohe; vend(në program). 3.punë; **who will fit this slot?** kush bën për këtë punë?
-*v* 1.fus, ngërthej; **slot sth into a program/timetable** fus diçka në program/në rendin e ditës.2. futet, përfshihet; inkuadrohet.
+**slot in** a)futet, puthitet; b)*fig* përfshihet(në program); c)fus, puthis; d)*fig* përfshij.
+**slot together** a)puthiten me njëra-tjetrën(pjesët); b)puthis.

slot II[slot] *n* gjurmë, tragë.

slot car *n amer* makinë e vockël.

slot machine *n* makinë/automat me monedhë (për lojra shansi, për blerje pijesh, cigaresh, biletash etj).

slot meter *n* kontator (gazi etj) me monedhë.

sloth[slouth, sloth] *n* 1.përtesë; plogështi. 2.*zool* përtac (lloj gjitari i ngathët).

slothful['slouthful] *adj* përtac; i plogët.

slothfully['slothfuli] *adv* me përtesë; me plogështi.

slouch[slauç] *v,n* -*vi* 1.rri shtrembër; kërrusem; lëshohem. 2.zvarritem, çapitem.
-*n* 1.kërrusje. 2.ulje, mbajtje skiç(e kapelës etj). 3. njeri i ngathët, ngordhalaq, ngalakaq.
+**slouch about/around** vij vërdallë kot, hallavitem.

slouchy['slauçi] *adj* i kërrusur.

slough I[slu:, slau] *n* 1.moçal, batak; baltovinë. 2. lagunë bregdetare. 3.*knd* pellg uji.

slough of despond *n* dëshpërim i thellë, humnerë dëshpërimi.

slough II[slʌf] *n,v* -*n* 1.shark, lëkurë gjarpri. 2. kore, dregëz. 3.*fig* mbeturinë.
-*v* 1.heq/ndërron (lëkurën gjarpri). 2.bie(korja, dregëza). 3.(off) flak tej; heq qafe.

sloughy['slaui] *adj* baltak.

Slovak['slovæk] *n,adj* -*n* 1.sllovak.2.sllovakisht.
-*adj* sllovak.

Slovakian[slou'vækiën] *n,adj* shih **Slovak**.

sloven I['slʌvën] *n,adj* shkatarraq; pisanjos.

sloven II['slʌvën] *n knd* karro.

Slovene['slouvi:n] *n,adj* -*n* 1.slloven. 2.sllovenisht.
-*adj* slloven.

Slovenian[slou'vi:niën] *adj,n* shih **Slovene**.

slovenly['slʌvënli] *adj,adv* -*adj* shkatarraq; pisanjos.

-*adv* në mënyrë të çrregullt; për ibret.

slow[slou] *adj,v,adv* -*adj* 1.i ngadaltë, i ngadalshëm; i avashtë; **a slow learner/worker** nxënës /punëtor i javashtë.2.i vonuar, i mbetur pas(vrapues). 3.që mbetet prapa(orë). 4.i vështirë (terren). 5.i ngathët; i trashë(nga mendtë). 6.i amullt, në amulli (biznes). 7.i mërzitshëm(aktivitet, festë, roman). 8.flegmatik.9.i prapambetur, demode.
-*v* 1.(down, off, up) ngadalësohem, ul shpejtësinë; **his life has slowed down** jeta e tij e ka ulur ritmin.2.(down, up) ngadalësoj(makinën, ritmin etj). 3.(down, up) vonoj; lë prapa; **the interruption slowed us down/up** ndërprerja na la prapa(me punën).
-*adv* ngadalë, avash; **go slow** a)eci/avancoj ngadalë; b)tregohem i matur/i kujdesshëm; c)ul ritmin, e marr me nge; d) mbetet prapa(ora), **go slower** ngadalësoj hapin.
+**slow down** shih **slow** *v* .

slowdown ['sloudaun] *n* 1. ngadalësim. 2. *amer* ulje ritmi, ngadalësim i punës.
+**slow off/up** shih **slow** *v*.

slow-acting['slouækting] *adj* me veprim të ngadaltë.

slow burn *n fig* grumbullim inati; zierje nga inati.

slow-burning['sloubë:ning] *adj* me djegie të ngadaltë.

slowcoach['slouko:ç] *n Br gj.fol* 1.ngalakaq. 2. i trashë, tutkun.

slow match *n* fitil.

slow-motion film/shot *n kin* film/xhirim i ngadalësuar.

slow-poke['sloupouk] *n gj.fol* ngalakaq.

slow time *n* orë normale; **we go back on slow time in fall** në vjeshtë kthehemi sërish te ora normale.

slow-witted['slou'witid] *adj* i trashë; budallë.

slowworm['slouwo:m] *n zool* kokëzogëz.

slowly['slouli] *adv* ngadalë; **go more slowly** ngadalësoj.

slowness['slounis] *n* 1.ngadalësi.2.mungesë aksioni(në film, roman). 3.ngathtësi mendore; mendjetrashësi.

slub[slʌb] *v,n* -*vt* dredh(fillin).
-*n* 1.fill i dredhur. 2.xhungë(në fill).

sludge[slʌxh] *n* 1.llucë. 2.llum. 3.copra akulli të shkrifët(në det).4.borë e shkrirë.

sludgy['slʌxhi] *adj* me llucë; me llum.

slue I[slu:] *v,n* shih **slew II**.

slue II[slu:] shih **slough I**.

slug I[slʌg] *n* 1.*zool* kërmill, ligavec, jargës. 2.goditje. 3.plumb.4.*gj.fol* ngordhalaq; gërdallë. 5.*tek* lingotë. 6.*polig* a)interlinjë e trashë; b)radhë e derdhur (në linotip). 7.*amer* pullë, fishë, markë(plastike, metalike).8.*amer* monedhë false(që i futet automatit).

slug II[slʌg] *v,n gj.fol* -*vt* ia përvesh, qëlloj fort. -*n* 1.goditje e fortë. 2.*zhrg* gllënjkë; gotë; **a slug of whisky** një gotë uiski.

slugfest['slʌgfest] *n zhrg* përleshje, kacafytje.

sluggard['slʌgë:d] *n,adj* dembel, përtac.

sluggish ['slʌgish] *adj* 1.i ngadaltë, i avashtë.2.i amullt, i vdekur(aktivitet). 3.përtac, dembel, i ngordhur. 4.*aut* i flashkët, i mekur(motor).

sluggishly ['slʌgishli] *adv* ngadalë, avash; me përtesë.

sluggishness ['slʌgishnis] *n* 1. ngadalësi; plogështi; mefshtësi. 2.*aut* mungesë ripreze(e motorit).

sluice[slu:s] *n,v* -*n* 1.pritë, pendë, ekluzë. 2.portë. 3.kanal shkarkimi.
-*v* 1.lëshoj(ujët). 2.derdhet(uji).3.laj/shpëlaj me ujë të bollshëm.

sluice-box['slu:sboks] *n hist* ulluk shpëlarjeje(rëre për nxjerrje ari).

sluice gate *n* portë ekluze.

slum[slʌm] *n,v* -*n* 1.barakë, karakatinë.2.*pl* lagje e varfër.
-*v* rroj me të keq.

slumber['slʌmbë:] *v,n* -*vi* 1.fle i qetë, prehem. 2. kaloj me gjumë(mbasditen).3.është i heshtur/i fjetur (vullkani).
-*n* gjumë; gjendje gjumi; **slumber wear** veshje për gjumë.

slumb(e)rous ['slʌmb(ë)rës] *adj* 1. i përgjumur. 2.të rënduara nga gjumi(qepalla). 3.gjumëndjellës.

slumgullion[slʌm'gʌliën] *n amer* këzartma, ragu.

slumlord['slʌmlo:d] *n gj.fol* pronar shtëpish-karakatina.

slummy['slʌmi] *adj* i mjerë, i ndyrë; **the slummy part of the town** lagjet e varfra.

slump[slʌmp] *v,n* -*vi* 1.bie ndjeshëm(çmimi, fama etj). 2.rrëzohem. 3.kërrusem.
-*n* 1.rënie e beftë/e ndjeshme. 2.*ek* rënie ekonomike; krizë.

slumpflation [slʌmp'fleishën] *n amer ek* rënie ekonomike me inflacion.

slung[slʌng] *pt,pp* e **sling**.

slunk[slʌnk] *pt,pp* e **slink**.

slur[slë:] *v,n* -*v* 1.përziej, shqiptoj keq, i ha (fjalët). 2.bashkoj gabim(fjalët në të shkruar). 3.*fig* nxij(emrin), njollos.4.*fig* fyej.
-*n* 1.shqiptim i keq, ngrënie e fjalëve. 2.*muz* bashkim, shkrirje(e tingujve). 3.*fig* njollë; **cast a slur on sb** i njollos emrin dikujt. 4.*fig* shpifje. 5.*fig* fyerje.
+**slur over** kaloj në heshtje(gabimin, incidentin).

slurp[slë:p] *v,n gj.fol* -*vi* ha/pi me zhurmë, rrufis.
-*n* zhurmë, poterë(në të ngrënë).

slurred['slë:d] *adj* i mbytur, i paqartë(shqiptim).

slurry['slëri] *n,v* -*n* llaç i hollë.
-*vt* holloj, bëj të ujshëm(llaçin).

slush[slʌsh] *n* 1.borë e shkrirë. 2.llucë. 3.*gj.fol* llo-

gje; sentimentalizma. 4.graso.

slush fund *n* fond i fshehtë(për ryshfete etj).

slushy['slʌshi] *adj* 1.me baltë, me llucë(rrugë). 2. e ujshme(baltë, borë). 3.*fig* i shpëlarë, bajat(film, roman).

slut[slʌt] *n* 1.zuskë, kurvë. 2.shkatarraqe, pisanjose.3.*vjet* vajzë e pacipë.

sluttish['slʌtish] *adj* prej zuske.

sly[slai] *adj,n* -*adj* 1.dinak, dhelparak; tinëzar, skuth. 2.i fshehtë; i djallëzuar; **a sly look** vështrim i djallëzuar; **he's a sly dog** është thëngjill i mbuluar.
-*n* fshehtësi; **on the sly** fshehurazi, tinëz; nën dorë.

slyboots['slaibu:ts] *n gj.fol* dredharak, dhelparak.

slyly ['slaili] *adv* 1. me dhelpëri, me dredhi.2.në fshehtësi; tinëzisht.

slyness ['slainis] *n* 1. dhelpëri, dinakëri.2. tinëzi, fshehtësi.

smack I[smæk] *v,n,adv* -*vi* 1.vjen erë. 2.*fig* ka një nuancë, të kujton.
-*n* 1.shijë; aromë. 2.*fig* gjurmë; nuancë. 3.*amer zhrg* heroinë(drogë).

smack II[smæk] *v,n,adv* -*vt* 1.qëlloj; i jap një shpullë. 2.kërcas/përplas buzët. 3.puth pllaq-plluq.
-*n* 1.shpullë, shuplakë. 2.fshikullim(me kamzhik). 3.kërcitje, përplasje (e buzëve). 4.puthje pllaq-plluq.
-*adv gj.fol* 1.mu, drejt e në; **smack in the middle** mu në mes; **run smack into a tree** ia vesh pemës. 2.me vrull; befas.

smack III[smæk] *n* 1.anije e lehtë/lundër njëdirekëshe. 2.barkë/anije peshkimi.

smacker['smækë:] *n zhrg* 1.puthje pllaq-plluq.2. shpullë e fortë, flakurimë. 3.*Br* sterlinë; *amer* dollar.

smacking['smæking] *n,adj* -*n* e rrahur, shpullë bythëve.
-*adj* i vrullshëm; i shpejtë; i fortë.

small [smo:l] *adj,adv,n* -*adj* 1.i vogël; **small letters** germa të vogla; **small waist** bel i ngushtë; **the smallest details** hollësitë më të vogla/të imëta. 2.trupvogël, i shkurtër. 3.i pakët; **have small cause /reason to do sth** nuk kam arsye të bëj diçka . 4.i parëndësishëm; joserioz (problem, njeri); **a matter of no small consequence** çështje me pasoja serioze. 5.*fig* i ngushtë, shpirtvogël, meskin(njeri). + **feel small** ndihem i turpëruar; ndihem i poshtëruar.
-*adv* 1.në copa të vogla; imët(pres, grij). 2.ulët, me zë të ulët; **sing small** këndoj me zë të ulët.
-*n* 1.pjesë e vogël/e ngushtë; **the small of the back** mesi, ijet. 2.*pl Br* ndërresa, të brendshme.

small adds *n Br* njoftime të shkurtra(në gazetë); reklama.

small arms *n* armë të lehta.

small beer *n* 1.birrë e lehtë. 2.*fig* gjëra të vockëla /pa rëndësi, çikërrima; **it/he is small beer** është gjë pa rëndësi; atë s'e vë në kandar njeri.

small change *n* 1.të holla, të vogla, monedha. 2. *fig* çikërrima, gjëra pa rëndësi.

small claims court *n* gjykatë e çështjeve të vogla.

smallclothes ['smo:lkloudhz] *npl* brekë të gjata (ngjitur pas trupit).

small end *n Br aut* kokë e sipërme e bjellës(e anës së pistonit).

small fry *n* 1.kalamaj, çiliminj. 2.peshk i vogël. 3. *fig* gjëra pa vlerë; njerëz pa rëndësi, peshq të vegjël.

small hours *n* orët e para të mëngjesit.

smallholder['smo:lhouldë:] *n Br bujq* kultivator i vogël.

smallholding['smo:lhoulding] *n Br bujq* fermë e vogël(nën 2 ha).

small intestine *n anat* zorrë e hollë.

smallish['smo:lish] *adj* jo fort i madh, i vockël; i pakët(në numër).

small-minded ['smo:lmaindid] *adj* i ngushtë, shpirtvogël, meskin.

small-mindedness['smo:l'maindidnis] *n* ngushtësi, shpirtvogëlsi, meskinitet.

smallness ['smo:lnis] *n* 1.vogëlsi. 2. shkurtësi (e shtatit). 3.ngushtësi, shpirtvogëlsi, meskinitet.

small potatoes *n amer gj.fol* 1. vogëlima, çikërrima. 2.njeri/njerëz pa rëndësi, peshk i vogël; peshq të vegjël.

smallpox['smo:lpoks] *n mjek* li.

small-scale['smo:l'skeil] *adj* 1.i kufizuar, i vogël; i parëndësishëm. 2.me shkallë të madhe zvogëlimi (hartë).

small screen *n* ekrani i vogël, televizioni.

small talk *n* muhabet, bisedë e zakonshme; dërdëllisje, llogje.

small-time['smo:ltaim] *adj zhrg* i parëndësishëm, pa ndonjë peshë; **a small-time crook** batakçi i vogël /i rëndomtë.

small-timer['smo:ltaimë:] *n zhrg* hiç, njeri koti.

small-town['smo:ltaun] *adj* mendjengushtë, provincial.

smarm[sma:m] *vi Br gj.fol* lajkatoj, i lëpihem.

smarmy['sma:mi] *adj Br gj.fol* lajkatues.

smart[sma:t] *v,n,adj,adv* -*v* 1.dhemb, ther; djeg. 2.*fig* prekem në sedër; fyhem. 3.vuaj; **you'll smart for this!** do ta paguash këtë!

-*n* 1.dhimbje e mprehtë; therje. 2.*pl amer gj.fol* mend, tru.

-*adj* 1.i ashpër, i fortë. 2.i shpejtë, i atypëratyshëm; **that was smart work!** puna u bë siç duhet/pa humbur kohë; **look smart!** tundu!, mos e zgjat! 3.i gjallë(hap). 4.i zgjuar, finok.5.me vend(përgjigje). 6.i mbajtur; i veshur mirë; i pashëm, shik, elegant. 7.*gj.fol* mjaft i madh, i konsiderueshëm.

-*adv* 1.shik, me elegancë(vishem etj). 2.me zgjuarësi. 3.shpejt, me gjallëri.4.aty-për-aty. 5.fort; ashpër.

smart-aleck['sma:t'ælik] *n iron* i zgjuari i dynjasë.

smart ass *n amer* shih **smart-aleck.**

smart card *n gj.fol* kartë krediti me kujtesë.

smarten['sma:tën] *v* 1.bëhem më elegant. 2.zbukurohet(qyteti). 3.shpejtohet, gjallërohet(prodhimi). 4.ndreq, zbukuroj(shtëpinë, fëmijën). 5.shpejtoj.

smartly['sma:tli] *adv* shih **smart** *adv.*

smartness ['sma:tnis] *n* 1. elegancë, paraqitje. 2. zgjuarësi, mprehtësi. 3.dredhi, shejtani. 4.shpejtësi.

smarty['sma:ti] *n gj.fol* shih **smart-aleck.**

smarty pants *n gj.fol* shih **smart-aleck.**

smash[smæsh] *v,n,adv* -*v* 1.thyej; bëj copash. 2. dërrmoj, shkatërroj; shpartalloj(edhe *fig*). 3.*sport* thyej(rekordin). 4.thyhet; bëhet copë e çikë.5.rrënohet, shkatërrohet. 6.përplasem. 7.*sport* godas fort(në shërbimin e topit).

-*n* 1.përplasje(makinash); aksident i rëndë. 2.krismë, zhurmë, poterë. 3.*sport* gjuajtje e fortë; servis. 4.shpartallim. 5.*ek* falimentim; rrënim. 6.*gj.fol* goditje e rëndë. 7.ponç me mente; **brandy/whisky smash** konjak/uiski me mente(në akull).8.*attr* i bujshëm; **it was a smash hit** ishte një sukses i bujshëm. + **go smash** falimentoj; **to smash** a)copash, copë e çikë; b)në rrënim.

-*adv* drejt e në, mu në; **smash into a wall** drejt e te muri(përplasem).

+**smash down** shemb, shpartalloj(gardhin etj).

+**smash in** shkallmoj(derën). + **smash sb's face in** ia thyej turinjtë dikujt.

+**smash up** 1.bëj copë e çikë; shpartalloj.2.gjymtoj.

smash-up['smæshʌp] *n gj.fol* përplasje, aksident i rëndë.

smash-and-grab (raid) *n* vjedhje me thyerje.

smashed[smæsht] *adj zhrg* 1.rrumbull, xurxull, tapë. 2.i topitur, dru(nga droga).

smasher['smæshë:] *n Br zhrg* 1.bombë, kryevepër(femër). 2.njeri fantastik(nga karakteri).

smashing['smæshing] *adj Br gj.fol* i shkëlqyer, kryevepër.

smatter['smætë:] *n* shih **smattering.**

smattering['smætëring] *n* një ide, njohuri e përciptë; **have a smattering of English** di ca fjalë anglisht. + **a smattering of** një pakicë, ca të pakët.

smear[smië:] *v,n* -*v* 1.njollos, ndot, leros(duart, fytyrën); bëhem pis, llangosem. 2.spërkas, përhap (bojën). 3.hap(gjalpin në bukë). 4.*fig* nxij, njollos. 5. *amer zhrg* dërrmoj, mund keqas.

-*n* 1.vizë; shenjë. 2.njollë. 3.njollosje; shpifje.4. material për analizë, ind.

smeary['smi:ri] *adj* i njollosur, plot njolla; pis.

smell[smel] *v,n* -*v* (**smelled, smelt**) 1.mban erë, vjen erë; **smell of onion** vjen era qepë; **smell delicious** kundërmon erë të mirë. 2.nuhas; **smell sth burning** më vjen erë të djegur. 3.*fig* nuhas, parandiej; **smell trouble** nuk më vjen erë e mirë, parandiej sherr. 4.*fig* vjen/mban erë, lë përshtypjen;

smell of trickery vjen era mashtrim; **that idea smells** është një ide pa pikë vlere; **I think he smells!** më duket tip i ndyrë.

smelliness['smelinis] *n* erë e keqe, kutërbim.

smelling salts *n* kripë amoniaku.

smelly ['smeli] *adj* 1.me erë të keqe, kutërbues. 2.*fig* i pakëndshëm; i keq; i shëmtuar.

smelt I[smelt] *vt* shkrij(mineral).

smelt II[smelt] *pt* e **smell**.

smelting['smelting] *n* shkrirje.

smelting furnace *n* furrë shkrirjeje; furrnaltë.

smelting works *n* shkritore, fonderi.

smidgen, smidgin['smixhën] *n gj.fol* grimë, çikë.

smile[smail] *v,n* -*v* 1.buzëqesh, vë buzën në gaz; **fortune smiled at him** fati i buzëqeshi.2.nënqesh, qesh me përçmim; **he smiled at her efforts** ai nënqeshi me përpjekjet e saj.

-*n* 1.buzëqeshje; buzagaz. 2.pamje e këndshme.

smiling['smailing] *adj* buzagaz.

smilingly['smailingli] *adv* me buzë në gaz.

smirch[smë:ç] *v,n* -*vt* 1.ndot, leros, bëj pis; njollos. 2.*fig* nxij, njollos.

-*n* njollë(edhe *fig*).

smirk[smë:k] *v,n* -*vi* 1.buzëqesh i kënaqur/me vetëkënaqësi. 2.ngërdheshem; buzëqesh me pahir.

-*n* 1.buzëqeshje e vetëkënaqur. 2.ngërdheshje; buzëqeshje e shtirë.

smite[smait] *v* (**smote; smitten, smit**) 1.qëlloj/godas fort. 2.vret/bren (ndërgjegja). 3.*poet* turret(dallga). 4.*poet* ndëshkoj; shpartalloj. 5.*fig* pushton; mbërthen; **be smitten with sb** më bie në kokë për dikë.

smith[smith] *n* farkëtar, kovaç.

smithereens[smidhë'ri:nz] *npl gj.fol* copra, çikla; **smash sth to smithereens** e bëj copë e thërrime diçka.

smithy['smithi, 'smidhi] *n* farkë, kovaçanë.

smitten['smitën] *pp* e **smite**.

smock[smok] *n,v* -*n* 1.përparëse, futë.2.këmishë grash e gjatë. 3.bluzë pune.

-*vt* qëndis me hoje.

smocking['smoking] *n* hoje blete(qëndismë).

smog [smog] *n* smog, mjegull me tym industrial; **smog mask** maskë kundër tymrave.

smoke [smouk] *n,v* -*n* 1.tym; **go up in smoke** merr flakë, digjet(shtëpia); **there's no smoke without fire** s'ka tym pa zjarr; **the Big Smoke** *Br zhrg* Londra.2.duhan; cigare; **have a smoke!** ndize një(cigare)! 3.*zhrg* marihuanë.4.*gj.fol* hiç, gjë pa bereqet.

-*v* 1.tymon, nxjerr tym. 2.tymos, pi duhan; **he smokes cigarettes/a pipe** ai pi cigare; ai e pi me llullë. 3.tymos, thaj në tym(peshkun, mishin). 4.nxij, errësoj(xhamin me tym).5.*vjet* nuhas; dyshoj; zbuloj.

+**smoke out** a)tymos, përzë me tym(insektet etj); b)

zbuloj, nxjerr nga strofulla(fajtorin etj).

smoke bomb *n* bombë tymi, bombë tymuese.

smoke detector *n* sinjalizues tymi, aparat alarmi kundër zjarrit.

smoke-filled['smoukfild] *adj fig* mbushur plot e përplot (sallë mbledhjeje).

smokehouse['smoukhaus] *n* punishte tymosjeje (mishi, peshku).

smokeless['smouklis] *adj* pa tym(lëndë djegëse).

smokeless powder *n* barut pa tym.

smoker['smoukë:] *n* 1.duhanxhi, duhanpirës.2.*hek* vagon ku lejohet duhani.3.mbledhje argëtimi burrash (për të luajtur letrash).

smoke screen *n* usht,*fig* perde tymi.

smoke shop *n* duhantore.

smokestack ['smoukstæk] *n* oxhak; **smokestack America** Amerika industriale.

smokestack industries *n ek* industritë tradicionale.

smokey['smouki] *adj* shih **smoky**.

smoking['smouking] *n,adj* -*n* pirje duhani; **give up smoking** lë duhanin.

-*adj* 1.tymues.2.ku lejohet duhani.

smoking compartment, amer smoking car *n hek* vagon ku lejohet duhani.

smoking jacket *n* setër/xhaketë shtëpie.

smoking room *n* vend ku lejohet duhani; dhomë duhani.

smoky['smouki] *adj,n* -*adj* 1.tymues, që tymon, që bën tym. 2.me tym(ambient). 3.i tymosur, i nxirë nga tymi.4.i tymtë, bojë tymi.

-*n amer zhrg* polic rrugor me motor.

smolder['smouldë:] *vi amer* shih **smoulder**.

smooch[smu:ç] *v,n zhrg* -*vi* puthem; përkëdhelem.

-*n* puthje; përkëdhelje.

smooth[smu:dh] *adj,v,adv,n* -*adj* 1.i lëmuar. 2. i qetë, i patrazuar(udhëtim, det, temperament). 3.e ngrënë (gomë).4.e butë, e lëmuar, pa rrudha(lëkurë). 5.pa qime, qose. 6.e sheshtë, e rrafshët, pa gropa (rrugë). 7.i butë, i ëmbël(zë). 8.i mirë, i rregullt, si në vaj (punim i makinës). 9.gojëmbël.

-*vt* 1.lëmoj(mermerin). 2.ha, sheshoj, zdrugoj (drurin). 3.hekuros(rrobën). 4.sheshoj, drejtoj(letrën e bërë shuk). 5.*fig* lehtësoj, heq pengesat; **smooth the way /the path for sb** ia sheshoj rrugën dikujt.

-*adv* 1.butë. 2.ëmbël. 3.lehtë.

-*n* 1.lëmim; sheshim. 2.vend i lëmuar; pjesë e sheshtë/ e rrafshët.

+**smooth away** heq, largoj; heq qafe.

+**smooth back** a)lëmoj flokët; i çoj prapa; b)drejtoj, sheshoj(letrën e bërë shuk).

+**smooth down** a)lëmoj; sheshoj, drejtoj; b)*fig* qetësoj.

+**smooth out** a)drejtoj, sheshoj(rrudhat); b)largoj (ankthin, pengesat).

+**smooth over** a)rrafshoj, sheshoj, niveloj(truallin); b)ha, zdrugoj(drurin); c)*fig* ndreq(punët); sheshoj (mosmarrëveshjet).

smoothbore['smu:dhbo:r] *adj,n* -*adj* pa vjaska. -*n* pushkë pa vjaska.

smoothfaced['smu:dhfeist] *adj* 1.fytyrëlëmuar; i rruar. 2.e lëmuar(pllakë).3.*fig* tepër i lëmuar/i mirësjellshëm.

smoothie['smu:dhi] *n zhrg keq* gojëmjaltë, lajkatar.

smoothly ['smu:dhli] *adv* 1. lehtë, me lehtësi. 2. butë, pa tronditje; **everything is going smoothly** gjithçka po shkon si në vaj. 3.me fjalë të ëmbla, me ëmbëlsi.

smoothness['smu:dhnis] *n* 1.lëmim. 2.butësi. 3. rrafshësi(e rrugës). 4.rregullsi, harmoni.5.qetësi. 6. ton i ëmbël, fjalë të sheqerosura; lajka.

smooth-running['smu:dhrʌning] *adj* 1.që punon mirë/në rregull/pa hope. 2.që ecën shtruar(makinë).

smooth-spoken['smu:dhspoukën] *adj* gojëmbël, i lëmuar(në të folur); gojëtar.

smooth - tongued ['smu:dhtʌngd] *adj* shih **smoothie**.

smoothy['smu:dhi] *n* shih **smoothie**.

smorgasbord['smo:gësbo:d] *n* bufé, drekë/darkë e pasur.

smote[smout] *pt* e **smite**.

smother ['smʌdhë:] *v,n* -*v* 1.mbys(dikë). 2.më merret fryma, mbytem. 3.mbuloj(me gjethe, lule etj). 4.i zë ajrin(zjarrit). 5.*fig* përmbaj, ndrydh(zemërimin etj). 6.ziej me kapak mbyllur(lakrën etj). -*n* 1.re(pluhuri, tymi). 2.*fig* mbytje, asfiksi.

smother-love['smʌdhë:lʌv] *n iron* dashuri si prej nëne, dashuri tërë përkujdesje.

smothery['smʌdhëri] *adj* mbytës; plot tym/pluhur.

smo(u)lder['smouldë:] *v,n* -*vi* 1.digjet në vetvete, digjet nën hi. 2.*fig* zien përbrenda(zemërimi etj). -*n* zjarr pa flakë, zjarr i mbytur.

smudge [smʌxh] *n,v* -*n* 1. njollë. 2. tym(për të përzënë insektet). -*vt* 1.njollos; ndot, leros. 2.tymos, bëj tym.

smudgy['smʌxhi] *adj* 1.i njollosur, me njolla; i ndotur, i lerosur. 2.të trasha, shtëllungë(vetulla). 3. *fig* i ngatërruar, lëmsh.

smug[smʌg] *adj* 1.i vetëkënaqur; i fryrë. 2.prej teveqeli (besim, optimizëm). 3.i mbajtur mirë, krëk.

smuggle['smʌgël] *v* fus / nxjerr (mall) kontrabandë; bëj kontrabandë.

smuggler['smʌglë:] *n* kontrabandist.

smuggling['smʌgling] *n* kontrabandë; **smuggling ring** rrjet kontrabandistësh.

smugly['smʌgli] *adv* me vetëkënaqësi.

smugness['smʌgnis] *n* vetëkënaqje; ton i fryrë.

smut[smʌt] *n,v* -*n* 1.pisllëk. 2.blozë.3.kokrrizë pluhuri(në sy). 4.njollë bloze. 5.*bujq* blozë e të lash-

tave. 6.lapërdhi, fjalë të ndyra, ndyrësi. -*v* 1.nxij me blozë, ndyj. 2.nxihet nga bloza, ndyhet. 3.*bujq* prek bloza(bimën); preket nga bloza.

smuttiness['smʌtinis] *n fig* ndyrësi, lapërdhi.

smutty ['smʌti] *adj* 1. i ndotur, me blozë. 2. *fig* i ndyrë, i turpshëm. 3.*bujq* e prekur nga bloza(bimë). **Sn** *n kim* kallaj.

snack[snæk] *n,v* -*n* 1.vakt i lehtë; **have a snack** ha një kafshatë bukë.2.meze. -*vi* ha një kafshatë, fus diçka.

snack bar *n* banak me meze e pije.

snaffle['snæfël] *n,v* -*n* fre, kapistër. -*vt* 1.i tërheq frerin. 2.*Br zhrg* qëroj, përlaj, vjedh.

snafu[snæ'fu:] *adj,n,v zhrg* -*adj* i rrëmujshëm; rrëmujë. -*n* rrëmujë, zallahi. -*vt* bëj rrëmujë; katranos.

snag [snæg] *n,v* -*n* 1.trung i ngecur(në lumë). 2.cung peme. 3.degë e thyer. 4.thep, dhëmb. 5.fill i dalë(nga rroba).6. *fig* pengesë e padukshme/ e paparashikuar; **run into/hit a snag** has në një pengesë të paparashikuar; **the snag is that...** problemi është se... -*v* 1.ngec, kapet(litari pas diçkaje). 2.kap, i nxjerr fijet(çorapes). 3.heq pengesat.4.pengoj.

snaggletooth['snægëltu:th] *n* stërdhëmbç.

snaggle-toothed['snægëltu:tht] *adj* dhëmbështrembër.

snaggy['snægi] *adj* 1.me cepa, me thepa. 2.me trunje, me degë(lumë). 3.i dalë, me majë.

snail[sneil] *n* 1.kërmill; **at a snail's pace** me hapa breshke.2.*fig* përtac, ngordhalaq.

snake[sneik] *n,v* -*n* 1.gjarpër(edhe *fig*); **snake in the grass** mik i pabesë; tradhtar; rrezik i fshehtë. 2.*tek* spirale, kavo spirale(për zhbllokim qyngjesh). -*vi* 1.gjarpëron. 2.*gj.fol* tërhiqem, zvarritem.

+**snake along** a)gjarpëron; b)çan ajrin(laku).

snakebite['sneikbait] *n* kafshim gjarpri.

snake charmer *n* prestigjator, hipnotizues gjarpërinjsh.

snake dance *n* vargan gjarpërues(festuesish, kërcimtarësh).

snake eyes *n amer zhrg* dopio njësh, dysh (në zare).

snake fence *n* pengesë zig-zage, paret i palosshëm.

snake oil *n amer zhrg* 1. ilaç çudibërës, bar sharlatanësh, qumësht dallëndysheje. 2.dëngla, gjepura, profka, broçkulla.

snake pit *n* 1.gropë gjarpërinjsh. 2.vend rrëmuje; çmendinë.

snakeskin['sneikskin] *n* lëkurë gjarpri.

snaky ['sneiki] *adj* 1.plot gjarpërinj. 2.si gjarpër; gjarpëror. 3.gjarpërues, dredha-dredha. 4.*fig* i pabesë, gjarpër.

snap[snæp] *n,v,adj,adv* -*n* 1.kërcitje(e gishtave, e dritares etj). 2.fshikullim(kamzhiku). 3.krismë(e xhamit që thyhet). 4.kafshim i beftë(i qenit). 5.fjalim i shkurtër. 6.*gj.fol* vrull. 7.perçinë, mbërtheckë. 8. *gj.fol* foto e çastit. 9.*amer zhrg* meze, qofte, punë çilimijsh. + **not a snap** aspak, hiç fare. -*v* 1.kërcet. 2.kërcas(gishtat). 3.mbyll/mbyllet me krismë.4.këpus/thyej/këputet/thyhet me krismë. 5.jepen, nuk durojnë (nervat). 6.kafshon befas(qeni). 7.*fig* e kap, s'e lë të më shpëtojë(rasti). 8.bërtas, shfryj. 9.marr, nxjerr(në fotografi). -*adj* 1.i beftë, i papritur. 2.i atypëratyshëm; i pamenduar. 3.*amer zhrg* shumë i lehtë, meze. -*adv* krraf; **go snap** bën krraf, thyhet me krismë. +**snap back** a)mbyllet/shkon në vend me kërcitje; b)e marr veten shpejt; c)ia kthej, i flas ashpër. +**snap off** a)thyhet/ këputet me krismë; b)thyej/këpus me krismë. +**snap out** *zhrg* a)dal nga shushatja; e mbledh veten: **snap out of it!** shkundu!, mblidhe veten! b) lëshoj(një urdhër etj). +**snap up** kap fluturimthi; përlaj; **snap up a bargain** përfundoj një marrëveshje në vend/pa e zgjatur.

snapdragon['snæpdrægën] *n bot* gojujku.

snap fastener *n* perçinë, mbërtheckë.

snappish['snæpish] *adj* 1.i egër, që kafshon(qen). 2.gjaknxehtë, nopran, gërnjar.

snappishness['snæpishnis] *n* gjaknxehtësi; nxehje; ton i sertë.

snappy['snæpi] *adj gj.fol* 1.e çastit, e atypëratyshme(përgjigje). 2.i gjallë(hap). 3.i acartë(mot). 4. shik, elegant. + **look snappy!, make it snappy!** tundu!, hidhu!, luaj vendit!, jepi shpejt!

snapshot['snæpshot] *n* fotografi e çastit.

snare[sneë:] *n,v* -*n* lak; kurth, grackë(edhe *fig*). -*vt* kap në lak; fus në kurth/në grackë(edhe *fig*).

snare drum *n muz* tambur me rripa/me tela.

snarky ['sna:ki] *adj zhrg* i pakëndshëm, therës (koment).

snarl I[sna:l] *v,n* -*v* 1.hungëron(qeni). 2.gërmushem, hakërrehem, gufurrem.3.lëshoj me tërsëllëmë (një kërcënim etj). -*n* 1.hungërimë. 2.hakërrim, gërmushje, gufurrje.

snarl II[sna:l] *n,v* -*n* nyjë, lëmsh, komb(te flokët, filli etj). -*v* 1.ngatërrohet, mplekset, kokolepset. 2.bëhet lëmsh, bllokohet(trafiku). 3.ngatërroj; bëj lëmsh.

snarly I['sna:li] *adj* 1.i sertë, i egër(qen). 2.i hakërryer(qëndrim). 3.idhnak, zemërak(njeri).

snarly II['sna:li] *adj* i ngatërruar, tërë nyje; lëmsh.

snatch[snæç] *v,n* -*v* 1.kap, rrok; mbërthej. 2.*fig* kap, s'e lë të më ikë(rasti). 3.rrëmbej(fitoren, një puthje). 4.zhvas, vjedh(diçka). 5.*sport* ngre me shkëputje (një peshë). 6. *zhrg* rrëmbej (dikë).

-*n* 1.kapje; **make a snatch at the ball** kap topin. 2. një copë herë. 3. copëz (bisede). 4. *sport* (ngritje me) shkëputje. 5. *zhrg* rrëmbim (njerëzish). +**snatch at** a)kapem pas(diçkaje); b)kap, s'e lë të më ikë (rasti). +**snatch away/off** heq, flak.

snatchy ['snæçi] *adj* fragmentar, copa-copa, i shkëputur.

snath[snæth] *n* bisht drapri.

snazzy ['snæzi] *adj zhrg* i bukur, i këndshëm, i lezetshëm.

sneak[sni:k] *v,n,adj* -*v* (**sneaked,** *amer* **snuck**) 1. (in/out) hyj/dal vjedhurazi; **she sneaked up on me** ajo m'u afrua pa u ndier. 2. (on sb) *Br* spiunoj, kallëzoj(te mësuesi).3.fus/nxjerr/bëj/hedh vjedhurazi/me marifet; **sneak a look at sth** i hedh një vështrim tinëzar diçkaje. 4.*gj.fol* pi cigare fshehtas. 5.*gj.fol* vjedh, qëroj.

-*n gj.fol* 1.veprim tinëzar. 2.tinëzar. 3.spiun(i shokëve të klasës).

-*adj* dredharak; tinëzar. +**sneak away/off/out** përvidhem, iki tinëz.

sneak preview *amer kin* parapremierë.

sneak thief *n* brac.

sneaker['sni:kë:] *n* 1.këpucë atletike/tenisi/basketbolli. 2.shih **sneak** *n*.

sneaking['sni:king] *adj* 1.tinëzar, fsheharak. 2.i fshehtë, i fshehur(dyshim, adhurim).

sneaky['sni:ki] *adj* fsheharak, tinëzar.

sneer[snië:] *v,n* -*vi* 1.nënqesh, qesh nën buzë; përqesh. 2.them me përçmim. -*n* 1.nënqeshje, zgërdheshje. 2.tallje; përqeshje; qesëndi.

sneerer['sni:rë:] *n* qesëndisës.

sneering['sni:ring] *n,adj* -*n* përqeshje; qesëndi. -*adj* përqeshës; qesëndisës.

sneeringly['sni:ringli] *adv* me qesëndi.

sneeze[sni:z] *v,n* -*vi* 1.teshtij. 2.*gj.fol* përbuz; bëj naze, i bëj buzë; **it is not to be sneezed at** nuk është për t'i bërë buzë.

-*n* teshtimë.

snick I[snik] *n,v* -*vt* 1.i bëj një të prerë/dhëmb. 2. *sport* cik, prek lehtë(topin).

-*n* dhëmb, cep, thep.

snick II[snik] *v,n* -*v* bën tik, bën krëk. -*n* tik, krëk, tingull i lehtë.

snicker['snikë:] *n,v* -*n* 1.e qeshur e mbytur; kukurisje. 2.hingëllimë.

-*vi* 1.qesh mbyturazi; kukuris. 2.hingëllin.

snickersnee['snikë:sni:] *n* hanxhar.

snide[snaid] *adj,n* -*adj* 1.keqdashës; sarkastik.2. i ulët(rreng).3.i rremë, fals(gur).

-*n* gur i rremë.

sniff[snif] *v,n* -*v* 1.rrufis hundët(nga të ftohtit, të qarët). 2.ngërdheshem; rrudh hundët; turfulloj.

3.nuhat, merr erë, nuhurit(qeni). 4.thith me hundë (avull). 5.*fig* nuhas, bie në gjurmë.
-*n* 1.rrufitje e hundëve. 2.thithje me hundë; nuhatje; **I didn't get a sniff of the brandy** as që i mora erë konjakut. 3.ngërdheshje; rrudhje e hundëve. + **have/take a sniff at sth** a)i marr erë diçkaje; b)*fig* nuhas diçka, bie në erë/në gjurmë të diçkaje.
+**sniff at** a)i marr erë; b)përbuz, i bëj naze/buzë : **it's not to be sniffed at** nuk është për t'i bërë buzë.
+**sniff out** a)i marr erë, nuhas; b)*fig* nuhas, i bie në erë/në gjurmë.
sniffle['snifël] *v,n* -*vi* 1.rrufis/tërheq hundët. 2. marr frymë me zor, i kam hundët të zëna.
-*n* 1.rrufitje/tërheqje e hundëve. 2.*zak pl* rrufë; **have a sniffle/the sniffles** jam me rrufë.
sniffy['snifi] *adj gj.fol* 1.që bie erë, me erë. 2.përçmues, përbuzës, nazeli.
snifter['sniftë:] *n gj.fol* 1.shishkë, ballon. 2.gotëz; gllënjkë; **have a snifter** e kthej një gotë.
snigger['snigë:] *n,v* shih **snicker.**
sniggering['snigëring] *n,adj* -*n* qeshje mbyturazi; kukurisje.
-*adj* kukurisës.
snip[snip] *v,n* -*vt* pres; qeth.
-*n* 1.prerje, e prerë(me gërshërë). 2.copë(stofi); mostër. 3.*Br gj.fol* rast i mirë. 4.*gj.fol* njeri pa vlerë; njeri i pacipë. 5.*pl* gërshërë llamarine.
snipe[snaip] *n,v* -*n zool* shapkë.
-*vi* 1.gjuaj shapka. 2.qëlloj nga një vend i fshehtë. 3.*fig* (**at**) sulmoj/kritikoj befasisht.
sniper['snaipë:] *n* pushkatar i fshehur, snaiper.
snippet['snipit] *n* 1. copë; copëz. 2. *gj.fol* njeri i parëndësishëm, njeri pa vlerë.
snippy['snipi] *adj* 1.copa-copa; fragmentar. 2.*gj. fol* i ashpër, i sertë. 3.*gj.fol* kryelartë, përçmues.
snit[snit] *n gj.fol* pizmosje.
snitch I[sniç] *vt zhrg* qëroj, përlaj.
snitch II[sniç] *v,n zhrg* -*vi* kallëzoj, spiunoj(shokët e shkollës).
-*n* spiun.
snitch III[sniç] *n zhrg* hundë. + **it's a snitch!** a) është meze fare!; b)është llokum, është punë me bereqet!
snivel['snivël] *v,n* -*vi* 1.qahem; qaravitem. 2.qaj me gulçe. 3.më kullojnë hundët.
-*n* 1.qarje; qaravitje. 2.e qarë me gulçe.3.kullim hundësh.
sniveller['snivëlë:] *n* qaraman.
snivelling['snivëling] *adj,n* -*adj* qaraman.
-*n* qaravitje.
snob[snob] *n* snob.
snobbery['snobëri] *n* snobizëm.
snobbish['snobish] *adj* snob.
snobbishness['snobishnis] *n* snobizëm.

snobby['snobi] *adj zhrg* snob.
snog[snog] *vi Br* përkëdhelem.
snood[snu:d] *n* 1.rrjetë flokësh. 2.fjongo, kordele
snook I[snu:k] *n zool* mlysh (deti).
snook II[snu:k] *n* 1.munxë.2.tallje, tyryly.
snooker['snu:kë:] *n,v* -*n Br* lojë bilardo.
-*vt* 1.*amer* ia hedh, ia punoj. 2.*Br* e kam pisk.
snoop[snu:p] *v,n gj.fol* -*vi* fus hundët, përzihem: zhbiroj; **snoop into sb's life** zhbiroj në jetën e dikujt; **snoop on sb** përgjoj/spiunoj dikë.
-*n* 1.zhbirim; **have a snoop around** bëj një zhbirim pa rënë në sy. 2.zhbirues; përgjues.
snooper['snu:pë:] *n* zhbirues; spiun; **she's a terrible snooper** ajo s'lë vend pa i futur hundët.
snoose[snu:s] *n* duhan për t'u përtypur.
snoot[snu:t] *n zhrg* 1.hundë. 2.fytyrë, surrat.
snooty['snu:ti] *adj zhrg* snob; i fryrë.
snooze [snu:z] *v,n gj.fol* -*vi* marr një sy gjumë dremis.
-*n* dremitje, një sy gjumë.
snore[sno:] *v,n* -*vi* gërhij.
-*n* gërhitje, gërhimë.
snorkel['sno:kël] *n,v* -*n* 1.periskop(nëndetëseje) 2.tub, kallam(i zhytësit).
-*vi* notoj mbi ujë me kallam(për të marrë frymë).
snort [sno:t] *v,n* -*vi* 1. turfullon; shkrofëtin. 2 shfryj, turfulloj.3.marr/nuhas drogë.
-*n* 1.turfullim; shfryrje.2.*zhrg* një gotë e shpejtë. 3 nuhatje/marrje droge.
snorter['sno:të:] *n zhrg* 1.alamet; **a snorter of a problem** punë dreqi; **a snorter of a storm** stuhi e tmerrshme; **a snorter of a game** alamet ndeshjeje 2.një gotëz(pije); **have a snorter** e kthej një të voc kël; pi një gllënjkë.
snot[snot] *n zhrg* 1.qurra. 2.qurrash, qurravec.3 legen, tip i përçmuar.
snotty['snoti] *adj,n zhrg* -*adj* 1.qurrash, qurravec 2. legen, tip i përçmuar.3.i pacipë; arrogant.
-*n Br det* aspirant.
snout[snaut] *n* 1.noçkë, feçkë.2.*zhrg keq* hundë 3.*zhrg* duhan, burnot.
snow[snou] *n,v* -*n* 1.borë, dëborë. 2*fig* (në ekran të TV) rrjetë, breza bardh-e-zi. 3.*zhrg* kokainë heroinë.
-*v* 1.bie borë; **it is snowing** bie borë. 2.*amer zhrg* josh; mikloj; gaboj.
+**snow in** *Br* mbyll brenda, bllokon(bora).
+**snow under** *fig* fundos, mbys; **be snowed undei with work/offers** jam krejt i mbytur me punë; më mbysin ofertat.
+**snow up** *Br* bllokon(bora).
snowball['snoubo:l] *n,v* -*n* top dëbore; **snowbal fight** luftë me topa bore; **not a snowball's chance in hell** as shansin më të vogël.
-*v* 1.gjuaj me topa bore. 2.*fig* shtohet, rritet si ortek

zgjerohet me shpejtësi; **demands are snowballing** kërkesat po vijnë lumë.

snowbank['snoubænk] *n* pirg dëbore.

snowblower['snoublouë:] *n amer* makinë borëpastruese, borëheqës.

snowbound ['snoubaund] *adj* i mbyllur / i zënë/ i bllokuar nga bora.

snowcapped['snoukæpt] *adj* i mbuluar nga bora (majë mali).

snowcat['snoukæt] *n aut* makinë për borë(për të ecur mbi borë).

snowdrift['snoudrift] *n* pirg dëbore.

snowdrop['snoudrop] *n bot* lulebore.

snowfall['snoufo:l] *n* reshje bore.

snowflake['snoufleik] *n* flok dëbore.

snowiness['snouinis] *n* bardhësi.

snow job *n amer zhrg* llafe, dërdëllitje.

snow line *n* kufi i borës së përjetshme.

snowman['snoumæn] *n* burrë dëbore.

snowmobile['snoumëbi:l] *n,v* -*n* sajë me motor, bormobil, automobil për dëborë. -*vi* udhëtoj me bormobil.

snowplough, --plow['snouplau] *n* makinë borëheqëse, makinë pastruese bore.

snowshoe['snoushu:] *n,v* -*n* pallaska dëbore. -*vi* eci mbi dëborë me pallaska.

snow shovel *n* lopatë dëbore.

snowslide['snouslaid] *n* 1.shkarje dëbore. 2.ortek.

snowstorm['snousto:m] *n* stuhi dëbore.

snow thrower *n* shih **snow blower**.

snow tire *n* gomë(makine) për dëborë, gomë me lule të thellë.

snow-white['snou'(h)wait] *adj* i bardhë borë.

snowy['snowi] *adj* 1.me dëborë. 2.i mbuluar me borë. 3.i bardhë borë. 4.bore, dëbore. 5.*tv* me rrjeta, me breza(ekrani).

snub I[snʌb] *n,v* -*n* 1.ftohtësi, mospërfillje, përçmim. 2.ndalesë e beftë; pengesë e papritur. -*vt* 1.pres ftohtë; trajtoj me mospërfillje/me përçmim. 2.hedh poshtë, pres me këmbët e para(një propozim). 3.kap/lidh/ngec(litarin në një shtyllë). 4. ndal, pengoj, frenoj.

snub II[snʌb] *adj* e shtypur, me majë përpjetë (hundë).

snubber['snʌbë:] *n* 1.snob; njeri mospërfillës/hundëpërpjetë. 2.*mek* amortizator(tip i vjetër).

snubby['snʌbi] *adj* shih **snub II**.

snub-nosed ['snʌb'nouzd] *adj* 1.hundëçip.2.grykëshkurtër, me tytë të shkurtër(pushkë).

snuck[snʌk] *amer pt,pp* e **sneak**.

snuff I[snʌf] *v,n* -*v* 1.thith, nuhas(burnot, ilaç). 2. marr erë, nuhas. -*n* burnot. + **up to snuff** *zhrg* a)në rregull fare, shkëlqyeshëm, për mrekulli; b)qerrata, që nuk ia hedh dot kollaj.

snuff II[snʌf] *v,n* -*vt* 1.i heq pjesën e djegur, qeth (fitilin e qiriut). 2.shuaj, fik(qiriun). -*n* pjesë e djegur(e fitilit të qiriut).

+**snuff out** a)fik, shuaj; b)*fig* u jap fund, shuaj (shpresat); c)*zhrg* vdes, cof; d)vras, qëroj(dikë).

snuffbox['snʌfboks] *n* kuti burnoti.

snuffer['snʌfë:] *n* kupë e vogël konike, shuarëse qirinjsh.

snuffle['snʌfël] *v,n* -*v* 1.marr frymë me zor, rrufitem.2.flas me hundë, hundërroj. 3.marr erë, nuhas. -*n* 1.rrufitje. 2.e folur me hundë, hundërrim. 3.*pl gj.fol* zënie e hundëve.

snuffy['snʌfi] *adj* 1.pluhur, si burnot. 2.i njollosur nga burnoti. 3.i nxehur, që shfryn.

snug[snʌg] *adj,adv* -*adj* 1.i rehatshëm; i ngrohtë (qosh). 2.i pastër, i ndrequr(vend, kabinë). 3.*det* e fortë, e sigurt(anije). 4.i ngushtë; që rri pas trupit (kostum). 5.*fig* i mjaftueshëm(fitim, e ardhur). 6.i strukur, i fshehur. -*adv* 1.rehat. 2.pastër; në rregull. 3.pas trupit.

snuggery['snʌgëri] *n* dhomë/kthinë e rehatshme.

snuggies['snʌgi:z] *npl* ndërresa të ngrohta grash.

snuggle ['snʌgël] *v* 1. strukem, tulatem; rrasem. 2.shtrëngoj pas vetes(fëmijën etj).

+**snuggle down** strukem, tulatem; rrasem.

+**snuggle together** mblidhemi/shtrëngohemi/strukemi pas njëri-tjetrit.

+**snuggle up** strukem, tulatem; rrasem.

snuggly ['snʌgli] *adv* 1. ngrohtë, rehat. 2. saktë; pas trupit.

so[sou, së] *adv,conj,interj,pron* - *adv* 1.kështu; ashtu; ne këtë mënyrë; **is that really so?** vërtet ashtu është? **if so** po qe se po; **just so!, quite so!** tamam ashtu!, pikërisht! **so am I!, so do I!, so have I!** edhe unë!, po ashtu edhe unë! **so it is!** vërtet!, ashtu është! **I didn't say that! - you did so!** nuk thashë ashtu! - the që ç'ke me të! 2.kaq; aq; **don't walk so fast** mos ec kaq shpejt; **so early** kaq heret; **so long** kaq gjatë, kaq kohë; **so burnt that...** i djegur aq keq sa...; **not so big as I thought** jo aq i bukur sa ç'e kisha menduar; **he's not so clever as he looks** nuk është aq i zgjuar sa ç'duket. 3.tepër, shumë; **you are so kind** jeni shumë i sjellshëm; **I'm so happy!** jam shumë i lumtur! **it's not so very easy** nuk është fort e lehtë /edhe aq e lehtë; **my head aches so!** sa më dhemb koka! 4.kështu që; **he was sick, so we left him in bed** ishte i sëmurë, kështu që e lamë në shtrat.5.po ashtu edhe; gjithashtu; **you like birds; so do I** ti i do zogjtë; edhe unë gjithashtu. + **and so** a)po ashtu, gjithashtu; b)kështu, kështu që; **and so on/forth** etj, e kështu me radhë; **or so** pak a shumë; afërsisht; aty rrotull; **so as** në mënyrë që; me qëllim që; **so long!** mirupafshim! **so that** a)kështu që; b)në mënyrë që; c)me kusht që; po qe se, në qoftë se; **so to say, so to speak** si të thuash; si i thonë fjalës.

-conj 1.prandaj; kështu që; si pasojë; **it was raining, so we couldn't leave** po binte shi, kështu që s'kishim si të iknim. 2.pra; **and so you see...** pra, siç e shikon...

-interj 1.ashtu qoftë!; në rregull! 2.ashtu? 3.e pastaj?; **so what?** e çfarë pastaj?

-pron 1.aty afër, afërsisht aq. 2.njëlloj.

so-and-so['souëndsou] *n* 1.filan njeri; filan gjë; **if you ask her to do so-and-so** po i kërkove të bëjë filan gjë.

so-called['souko:ld] *adj* i ashtuquajtur; gjoja.

so-so['sousou] *adv* njëfarësoj.

soak[souk] *v,n* *-v* 1.lag, njom; qull; **get soaked to the skin** bëhem qull. 2.zhys, kredh(edhe *fig*). 3. qullem. 4.hyn, depërton(uji). 5.(**up**) thith(ujin sfungjeri). 6.*zhrg* bëhem xurxull, rrumbullosem. 7.*zhrg* ia skuq. 8.*zhrg* zhvas, rrjep(dikë).

-n 1.njomje, lagie; qullje. 2.lëng. 3.*zhrg* pijanik, sarhosh.

+**soak in** a)hyn, depërton(uji etj); b)*fig* hyn në kokë.

+**soak out** a)del(njolla); b)heq (njollën) me të larë.

+**soak through** a)kalon, përshkon(uji); b)lag, qull.

+**soak up** 1.thith(ujin sfungjeri); b)*fig* kap, thith.

soaking['souking] *n,adj* *-n* lagie; qullje; **get a soaking** bëhem qull.

-adj qull, i bërë qull.

soap[soup] *n,v* *-n* 1.sapun. 2.*zhrg* para; ryshfet. 3.*rad,tv* *zhrg* melodramë; telenovelë e sheqerosur. 4.*amer* lajkë, miklim. + **no soap!** hiç!, lesh!, një mender!

-vt sapunis, fërkoj me sapun.

soapbox['soupboks] *n,v* *-n* 1.arkë sapuni.2.*fig* tribunë e sajuar. 3.makinë pa motor(për fëmijë).

-vi mbaj fjalime përjashta/në shesh.

soapbox derby pistë makinash pa motor(për kalamajtë).

soapbox orator *n* orator turmash, demagog.

soap bubble *n* flluskë sapuni(edhe *fig*).

soapflakes['soupfleiks] *n* griskla sapuni.

soap opera *n rad,tv* melodramë; telenovelë e sheqerosur.

soap powder *n* pluhur sapuni, sapun pluhur.

soapstone['soupstoun] *n* gur i butë, steatit.

soapsuds['soupsʌdz] *npl* shkumë sapuni.

soapy ['soupi] *adj* 1. me sapun, i sapunisur, me shkumë sapuni. 2.i rrëshqitshëm. 3.*fig* që të lan e të lyen(njeri); hipokrite(sjellje).

soar[soë:] *vi* 1.ngjitet si shigjetë.2.fluturon(topi). 3.lartësohet(pallati etj). 4.*fig* ngjiten në qiell(çmimet).5.*fig* rritet pa fre, shkon larg(ambicia).

soaring['so:ring] *n,adj* *-n* fluturim(i zogut, avionit).

-adj 1.ngjitës(spiral). 2.astronomik, i paarritshëm (çmim). 3.që s'njohin kufi(ambicie, shpresa).

s.o.b.[esou'bi:] *n amer zhrg* (shkurtim i **son of a**

bitch) bir bushtre.

sob [sob] *v,n* *-vi* 1. dënes; ngashërehem. 2.*fig* rënkon, gulçon(era). 3.(**out**) tregoj duke dënesur.

-n dënesje; ngashërim.

sob sister *n amer zhrg* gazetare/reportere historish melodramatike.

sob story *n amer zhrg* histori melodramatike.

sob stuff *n amer zhrg* melodramë; sentimentalizma(në film etj).

sobbing['sobing] *n,adj* *-n* dënesje; ngashërim.

-adj i ngashëryer.

sober ['soubë:] *adj,v* *-adj* 1.esëll; i kthjellët. 2.i matur; i përmbajtur; i përkorë. 3.serioz(gjykim). 4.i thatë, pa zbukurime(fakt).5.e qetë(ngjyrë).

-v 1.bëhem esëll; kthjellohem. 2.bëj esëll; qetësoj; sjell në vete.

+**sober down** a)bëhem esëll; kthjellohem; qetësohem; b)bëhem serioz; marr pamje hijerëndë; c)qetësoj; sjell në vete.

+**sober up** bëhem esëll, zhdehem.

soberly['soubë:li] *adv* 1.me maturi; me qetësi; me ton serioz. 2.me gjëra serioze (vishem, mobiloj dhomën etj).

sober-minded['soubë:'maindid] *adj* mendjekthjellët; i përmbajtur.

soberness['soubë:nis] *n* 1.seriozitet. 2.maturi, vetëpërmbajtje.

sobersided['soubë:'saidid] *adj* serioz.

sobersides['soubë:saidz] *npl* njeri serioz.

sobriety[së'brajëti] *n* 1.seriozitet. 2.vetëpërmbajtje; përkorë(në të pirë). 3.masë, karar. 4.qetësi.

sobriquet['soubrikei] *n* nofkë.

soccer['sokë:] *n* futboll.

soccer player *n* futbollist.

sociability [soushë'bilëti] *n* të qenët i shoqërueshëm/i afruar.

sociable ['soushëbël] *adj,n* *-adj* 1.i shoqërueshëm, i afruar. 2.miqësor; i këndshëm(takim). 3.*zool* që jeton në grup(kafshë).

-n amer takim miqësor, mbrëmje.

social['soushël] *adj,n* *-adj* 1.shoqëror; social; **social class** klasë shoqërore; **social problems** probleme shoqërore/sociale. 2.i shoqërueshëm, i afruar (karakter). 3.që jeton në grup(kafshë). 4.mondan; **social column** rubrikë mondane(në gazetë).

-n takim miqësor; festë, mbrëmje.

social benefits *n* ndihmë sociale, ndihmë financiare shtetërore.

Social Democracy *n pol* social-demokraci.

Social Democrat *n pol* social-demokrat.

social disease *n* 1.sëmundje sociale(e shkaktuar nga faktorë social-ekonomikë). 2.*mjek* sëmundje veneriane.

social engineering *n* manipulim i strukturave shoqërore.

social insurance *n amer* sigurime shoqërore.
Social Insurance Number, SIN *n* numër i sigurimeve shoqërore.
social register *n* listë e njerëzve mondanë.
social science *n* shkenca shoqërore.
social security *n* sigurime shoqërore; ndihmë sociale; **be on social security** jam në ndihmë sociale, jam në asistencë.
social security benefits *n* ndihmë sociale, asistencë sociale.
social service *n* punë sociale.
social services *n* shërbimet sociale; **Department of Social Services** Ministria e Shërbimeve Sociale.
social welfare *n* sigurime shoqërore.
social work *n* punë sociale.
social worker *n* punonjës social; punonjës i shërbimeve sociale.
socialism['soushëlizm] *n pol* socializëm.
socialist['soushëlist] *adj,n* socialist.
socialistic[soushël'istik] *adj* socialist.
socialite['soushëlait] *n* njeri i shquar, personalitet shoqëror.
sociality[soushi'ælëti] *n* 1.aktivitet shoqëror; marrëdhënie shoqërore. 2.afrim, prirje për të qenë i shoqërueshëm.
socialization['soushëlai'zeishën] *n pol* shoqërizim.
socialize['soushëlaiz] *v* 1.*pol* shoqërizoj. 2.shoqërohem; lidh miqësi; bisedoj.
socialized medicine *n* shërbime shëndetësore për të gjithë.
socially['soushëli] *adv* 1.shoqërisht. 2.në shoqëri, në marrëdhënie shoqërore; **I know her socially** kam të njohur me të, takohem me të në rrethe shoqërore.
society [së'sajëti] *n* 1. shoqëri; **for the good of society** në të mirë të shoqërisë. 2.shoqëri e lartë; botë mondane; **polite society** shoqëri e zgjedhur; **the years she spent in society** vitet e jetës së saj mondane. 3.shoqërim, shoqëri, miqësi; **she enjoys their society** asaj i pëlqen të shoqërohet me ta. 4.shoqatë, shoqëri, organizatë, rreth, klub; **learned society** rreth kulturor; **dramatic society** klubi i teatrit; **the Society of Jesus** Organizata e Jezuitëve.
society column *n* rubrikë mondane(në gazetë).
society wedding *n* martesë në shoqërinë e lartë.
socio...['sousjou, 'soushjou] *pref* socio-.
sociocultural[sousjou'kʌlçërël] *adj* social-kulturor.
socioeconomic [sousjouikë'nomik] *adj* social-ekonomik.
sociological[sousjou'loxhëkël] *adj* sociologjik.
sociologist[sousi'olëxhist] *n* sociolog.
sociology[sousi'olëxhi] *n* sociologji.
sociopath ['sousiëpæth] *n* sociopat, psikopat që s'e ka ndjenjën e përgjegjësisë morale/shoqërore.

sock I[sok] *n,v* -*n pl* **socks, sox** 1.çorape.2.astar këpuce. 3.këpucë baleti.4.qyngj ajrimi. + **pull up one's socks** shkundem, bëj një përpjekje; **put a sock in it!** mbylle!, qepe!
-*vt gj.fol* : **sock in** mbyll (aeroportin për shkak të motit të keq).
sock II[sok] *v,n,adv zhrg* -*vt* qëlloj, godas fort, ia përvesh; **sock him one!** këputja një!, veshja! **sock it to him!** tregoja qejfin! **sock it to me!** hë, jepi!
-*n* dackë, flakurimë; grusht; **give sb a sock on the jaw** ia këpus me grusht nofullave.
-*adv* drejt e në(surrat etj).
sockdolager [sok'dolëxhë:] *n amer gj.fol* 1.hap vendimtar. 2.tip fantastik. 3.gjë kryevepër.
socket['sokit] *n* 1.gropë, zgavër.2.*tek* fole.3.*anat* gropë/zgavër e syrit; e thelluar, gropë(e kockës së shpatullës etj); **pull sb's arm out of its socket** i nxjerr krahun nga vendi dikujt. 4.portallampë. 5.*Br el* prizë.6.lug, ulluk.
socket joint *n tek* lidhje me çernierë.
socket wrench *n mek* çelës tub.
socko ['sokou] *adj,n amer zhrg* -*adj* fantastik, i hatashëm, kryevepër.
-*n* sukses i madh.
Socrates['sokrëti:z] *n hist* Sokrati.
Socratic method *n* metodë e Sokratit, metodë e pyetjeve të njëpasnjëshme.
sod I[sod] *n,v* -*n* 1.lëndinë, vend me bar. 2.plis me bar, bukëbar. + **under the sod** i vdekur e i kallur (nën dhe).
-*vt* mbuloj me plisa bari.
sod turning *n* gërmim, hapje themelesh.
sod II[sod] *n,v Br zhrg* -*n* 1.rrotë, kaqol, koqe; **poor little sod** hajvani i shkretë. 2.horr, kopuk, qelbanik; **he's a real sod** është kopuk e shkuar kopukut.
-*vt* çoj në dreq; truaj; **sod it!** në djall të vejë!, dreqi ta hajë! **sod him!** ma hiq qafe atë njeri!
+**sod off** *zhrg* iki, terem; **sod off!** qërohu!
soda['soudë] *n* 1.sodë; **baking soda** sodë buke; **washing soda** sodë rrobash.2.ujë i gazuar; **whisky and soda** uiski me ujë të gazuar. 3.gazoz, ujë i gazuar me lëng frutash; aranxhatë.
soda ash *n* sodë (rrobash) industriale.
soda biscuit, soda cracker *n* biskotë me pak sheqer.
soda crystals *n* sodë(rrobash) industriale.
soda fountain *n* 1. pajisje uji të gazuar; aparat sifoni. 2.kioskë pijesh të gazuara.
soda jerk/jerker *n amer zhrg* shitës pijesh të gazuara/uji me sifon.
soda pop *n amer* gazoz; pije e gazuar me lëng frutash; aranxhatë.
soda siphon *n* pajisje uji të gazuar, aparat sifoni.
soda water *n* ujë i gazuar.

sodality [sou'dælëti] *n* 1.shoqëri; miqësi. 2.shoqatë, shoqëri, vëllazëri. 3.shoqatë bamirëse; shoqëri fetare.

sodbuster['sodbʌstë:] *n knd zhrg* fermer i prerive.

sodden['sodën] *adj* 1.i lagur krejt, i bërë qull. 2.baltë, qull, e papjekur(bukë). 3.*fig* i shushatur, i trullosur; **sodden with drink** i trullosur nga pija.

sodium ['soudiëm] *n kim* sodium, natrium (element).

sodium bicarbonate *n* sodë buke.

sodium carbonate *n kim* karbonat natriumi.

sodium chloride *n kim* klorur natriumi, kripë gjelle.

sodium hydroxide *n kim* hidroksid natriumi, sodë kaustike.

sodium light *n* llampë me avuj natriumi.

sodium nitrate *n kim* nitrat sodiumi.

sodium sulfate *n kim* sulfat natriumi.

Sodom['sodëm] *n* 1. *mit* Sodomë, qyteti i ndëshkuar me djegie(nga zoti). 2.*fig* vend korrupsioni.

sodomite['sodëmait] *n* njeri pervers; pederast.

sodomy['sodëmi] *n* sodomi, marrëdhënie seksuale anormale.

soever[sou'evë:] *adv* 1.sidoqoftë; sadoqoftë. 2.çfarëdoqoftë; kurrfarë; **they have no home soever** ata nuk kanë kurrfarë strehe.

sofa['soufë] *n* kanape, divan.

sofa bed *n* divan-shtrat, kanape e hapshme.

soffit ['sofit] *n ndërt* ballë i poshtëm arkitrau /qemeri.

soft[soft] *adj,adv,n,interj* -*adj* 1.i butë(jastëk, dru, truall etj). 2.e lëmuar, e butë(lëkurë). 3.i ulët, i ëmbël, i butë(zë). 4.e qetë(dritë).5.*fig* i butë, i dhimbsur(shpirt, qëndrim); **he has a soft time of it** *gj.fol* si shumë lehtë po e hedh. 6.*fig* i dobët, i squllur, i lëshuar. 7. *fig* shushk, i trashë; i shushatur; **go soft** e humbas torruan; **he must be soft (in the head)** ai duhet të jetë ca i trashë(nga trutë); **she's soft on him** ajo është marrosur pas atij.8.*gram* e butë (bashkëtingëllore). 9. *gj.fol* e lehtë (punë). 10.*gj.fol* i butë, i shkueshëm (njeri); **be soft on sb** tregohem i butë me dikë. 11.i butë, pa kripra(ujë). 12.e lehtë(drogë).13.*fin* e dobët (monedhë); **the market is soft** tregu është shumë i flashkët.

-*adv* 1.butë; butësisht, me butësi. 2.qetë; qetësisht, me qetësi. 3.ëmbël; ëmbëlsisht, me ëmbëlsi.

-*n* pjesë e butë; vend i butë.

-*interj* shët!, pa fjalë!

softball['softbo:l] *n amer sport* 1.lloj beisbolli. 2.top beisbolli i butë e më i madh.

soft-boiled['soft'bojëld] *adj* rrufkë, surbull(vezë).

softbound ['softbaund] *adj,n* -*adj* me lidhje të thjeshtë, me kartonçinë(botim).

-*n* botim/libër me lidhje të thjeshtë.

soft coal *n* qymyrguri bituminoz.

soft-core['softko:] *adj* erotik, paksa pornografik.

softcover['softkʌvë:] *adj,n* shih **softbound**.

soft currency *n fin* monedhë e dobët.

soft drinks *n* pije joalkoolike.

soft drugs *n* droga të lehta.

soft-focus lens *n fot* objektiv për flu, objektiv artistik.

soft-footed ['softfu:tid] *adj* këmbëlehtë, që nuk ndihet(kur ecën).

soft fruit *n* fruta të ngrënshme/të pjekura.

soft furnishing *n Br* copë perdesh; damask.

soft goods *n* veshje; tekstile.

soft-headed['soft'hedid] *adj gj.fol* i trashë, budallë, kokëtul.

soft-hearted['soft'ha:tid] *adj* i butë, shpirtmirë.

soft loan *n fin* hua me kushte të favorshme.

soft palate *n anat* qiellëz e butë.

soft-pedal [soft'pedël] *vt* 1. *muz* zbus (tonet e larta) me pedal(në piano etj).2.*fig* ul, zbus(tonin, kërkesën).

soft porn *n* pornografi e lehtë.

soft sell *n treg* metodë shitjeje joagresive; reklamë e butë/e tërthortë.

soft shoe *n* këpucë valltari me taka pa pafta.

soft soap *n* 1. sapun i lëngshëm. 2.*fig* lajka, lëvdata.

soft-soap[soft'soup] *vt gj.fol* lajkatoj, e laj dhe e lyej.

soft shoulder *n ndërt* skarpat i papërforcuar.

soft-spoken['soft'spoukën] *adj* 1.gojëmbël, i butë (njeri). 2.e shtruar, e qetë(bisedë).

soft spot *n fig* 1.dobësi, ndjenjë(për dikë). 2.pikë e dobët(e argumentit).

soft touch *n gj.fol* njeri që jep në mirëbesim; njeri që ia hedhin.

soft verge *n ndërt* skarpat i papërforcuar.

soft wheat *n bujq* grurë i butë.

soften['sofën] *v* 1.zbus;zbutet.2.lehtësoj; qetësoj; lehtësohet; qetësohet.

+**soften up** a)zbutet; b)zbus; c)frikësoj; d)gaboj me fjalë të bukura.

softener['sofnë:] *n kim* zbutës(uji, tekstilesh).

softening['sofning] *n* 1.zbutje(edhe *fig*). 2.lehtësim. 3.*mjek* matufosje, lenim.

softie['softi] *n gj.fol* 1.babaxhan. 2.ngordhalaq, vezë klukë. 3.lalash, pulë e lagur.

softly['softli] *adv* 1.butë, me butësi(flas etj). 2.qetë, pa u ndier. 3.lehtë, paksa. 4.butësisht, me ëmbëlsi (vështroj).

softness['softnis] *n* 1.butësi. 2.zbutje; squllje(e muskujve, e njeriut).3.*fig* ëmbëlsi; butësi; mirësjellje. 4.*fig* mendjetrashësi; matufosje.

software['softweë:] *n kmp* program.

software house *n* shoqëri këshillimi dhe shërbimesh informatike.

softwood['softwud] *n* 1.dru i butë(bredh, pishë, plep). 2.*bot* halor.

softy['softi] *n* shih **softie**.

soggy['sogi] *adj* 1.i lagur, i bërë qull. 2.e papjekur, brumë, qull(bukë).

soh[sou] *n muz* sol.

soil I[soil] *n* 1.tokë, dhe. 2.vend; territor; **on Albanian soil** në territor shqiptar.

soil II[soil] *v,n* -v 1.bëj pis, ndot, fëlliq. 2.bëhem pis, ndotem. 3.njollos. 4.*fig* turpëroj; njollos. 5.*fig* prish, zvetënoj.
-*n* 1.njollë. 2.të pëgëra; ujëra të zeza.

soil pipe *n* qyngj shkarkimi ujërash të zeza.

soiree[swa'rei] *n* mbrëmje, festë.

sojourn ['souxhë:n; *v* edhe sou'xhë:n] *n,v* -*n* qëndrim i shkurtër.
-*vi* rri për ca kohë.

sol I[soul] *n muz* sol.

sol II[soul] *n* sol(monedhë e Perusë).

solace['solis] *n,v* -*n* ngushëllim.
-*vt* 1.ngushëlloj(dikë). 2.lehtësoj(dhimbjen).

solar['soulë:] *adj* diellor, i diellit.

solar battery *n* bateri diellore.

solar cell *n* pilë diellore, bateri diellore.

solar collector *n* ngrohës diellor, thithës i energjisë diellore.

solar eclipse *n* eklips i diellit.

solar flare *n* flakë diellore, pishtar diellor.

solar furnace *n* furrë diellore, furrë me energji diellore.

solar heating *n* ngrohje diellore, ngrohje me energji diellore.

solar house *n* shtëpi me ngrohje diellore.

solar panel *n* panel diellor.

solar plexus *n anat* 1.pleksus solar (lëmsh nervor). 2.*gj.fol* gropë e stomakut.

solar system *n astr* sistem diellor.

solar wind *n fiz* erë diellore.

solar year *n astr* vit diellor.

solarium[së'læriëm] *n* dhomë/verandë me diell.

sold[sould] *pt,pp* e **sell**.

solder['sodë:, 'souldë:] *n,v* -*n* 1.material/aliazh saldimi(kallaj, bronz etj). 2.lidhës, bashkues.
-*vt* 1.ngjis/bashkoj/mbush me material saldimi; saldoj. 2.lidh, bashkoj fort. 3.arnoj; riparoj.

solderer['sodë:, 'souldë:] *n* saldator.

soldering iron ['sodëring, 'souldëring] *n* havije, kolitir.

soldier ['soulxhë:] *n,v* -*n* 1. ushtar; **play at soldiers** a)luajnë luftash(fëmijët); b)*fig keq* luaj me zjarrin. 2.ushtarak; **old soldier** veteran; **come the old soldier with sb** *fig* i ngrefosem dikujt, mbahem me të madh përpara dikujt.
-*vi* shërbej në ushtri; jam ushtarak.
+**soldier on** *Br fig* këmbëngul, nuk heq dorë.

soldier ant *n zool* milingonë ushtare.

soldier of fortune *n* mercenar.

soldierly['soulxhë:li] *adj* prej ushtaraku; tipik ushtarak.

soldiery['soulxhëri] *n* 1.ushtarët; ushtarakët. 2. trupë. 3.stërvitje ushtarake.

sole I[soul] *adj* 1.i vetëm(trashëgimtar etj). 2.të vetmit(që mbeten etj). 3.i veçuar, i izoluar(veprim). 4.*treg* ekskluzive(e drejtë).

sole legatee *n drejt* trashëgimtar i vetëm.

sole II[soul] *n,v* -*n* 1.*anat* shputë, shuall(i këmbës). 2.taban, fund(këpuce). 3.shollë, gjysmë.4.fund, pjesë e poshtme.
-*vt* u vë/u hedh gjysma (këpucëve).

sole III[soul] *n zool* gjuhëz, shojzë deti.

solecism['solësizm] *n* 1.gabim gramatikor, përdorim i gabuar. 2.mungesë edukate, gjest i pahijshëm, shkelje e normave të mirësjelljes.

solely['soulëli] *adv* vetëm; vetëm e vetëm; **you will be solely responsible** përgjegjësia do të bjerë vetëm mbi ty; **she does it solely for convenience** ajo e bën këtë vetëm e vetëm ngaqë i vjen për mbarë.

solemn['solëm] *adj* 1.solemn.2.serioz, i rëndë, hijerëndë.3.e shenjtë(detyrë). 4.serioz(paralajmërim).

solemnity[së'lemnëti] *n* 1.solemnitet; madhështi. 2.shenjtëri, karakter solemn(i betimit, detyrës). 3.seriozitet(i problemit). 4.*pl* festime madhështore; ceremoni solemne.

solemnize['solëmnaiz] *vt* 1.kremtoj; përkujtoj. 2. celebroj(martesën).3.i jap seriozitet.

solemnly ['solëmli] *adv* 1.solemnisht. 2.me ton solemn/tepër serioz.

solenoid['soulënoid] *n el* solenoid.

sol-fa[sol'fa:] *n muz* solfezh.

solicit[së'lisit] *v* 1.kërkoj, i drejtohem me kërkesë. 2.bëj thirrje për. 3.lyp. 4.tundoj(gjykatësin). 5.ofrohet; peshkon klientë(prostituta).

solicitation [sëlisë'teishën] *n* 1.kërkesë. 2.joshje; ofertë.

soliciting[së'lisiting] *n* joshje, tundim; ofrim.

solicitor [së'lisitë] *n* 1. kërkues, mbledhës (fondesh, dhuratash). 2.kërkues klientësh.3. *drejt Br* noter; avokat. 4.*drejt amer* jurist, këshilltar juridik(i bashkisë etj).

solicitor general *n* 1.*Br* zëvendës-prokuror i përgjithshëm. 2.*amer* zëvendës-ministër i Drejtësisë. 3. *knd* ministër federal i Drejtësisë dhe Policisë.

solicitous [së'lisitës] *adj* 1.i kujdesshëm, i kujdesur. 2.i preokupuar, në merak. 3.i etur, i padururar.

solicitude [së'lisit(j)u:d] *n* 1.përkujdesje.2.merak, shqetësim; ankth.

solid ['solid] *adj,n* -*adj* 1.*fiz* i ngurtë (trup); **become solid** ngurtësohet. 2. i plotë, jo bosh. 3. i fortë (truall).4.i fortë, solid(ndërtim); i lidhur (trup). 5.e dendur, e ngjeshur, kompakte (turmë); **be packed**

solid është plot-e-përplot.6. i plotë; i pandërprerë, i vazhdueshëm (rresht); **he waited three solid hours** priti plot tri orë.7.*fig* serioz(studim, njeri); **he's a good solid bloke** është njeri sagllam. 8.i vërtetë, real (rrezik etj). 9.i fuqishëm (biznes). 10.*polig* i ngjeshur(radhim).11.*gj.fol* i afërt, intim. 12.*amer zhrg* i mirë; i shkëlqyer; i klasit të parë. -*n* 1.*fiz* trup i ngurtë. 2.*mat* trup gjeometrik. 3.*pl* ushqime të thata.

solid angle *n mat* poliedër.

solid compound *n gjuh* fjalë e përbërë/kompozitë e ngurtësuar.

solid figure *n mat* trup gjeometrik.

solid fuel *n av* karburant i ngurtë.

solid-fuel heating *n* ngrohje me qymyr.

solid geometry *n mat* gjeometri në hapësirë, stereometri.

solid propellant *n av* karburant i ngurtë.

solid-state['solidsteit] *adj fiz* 1.e trupit të ngurtë (fizikë). 2.*el* me qarqe të integruara.

solid word *n gjuh* fjalë e thjeshtë.

solidarity[solë'dærëti] *n* solidaritet.

solidification[sëlidëfi'keishën] *n* 1.ngurtësim. 2. ngrirje.

solidify[së'lidëfai] *v* 1.ngurtësoj. 2.ngrij. 3.ngurtësohet. 4.ngrin.

solidity[së'lidëti] *n* 1.ngurtësi. 2.fortësi; qëndrueshmëri.

solidly['solidli] *adv* 1.në mënyrë të qëndrueshme; me themele të shëndosha. 2.*fig* në masë, në mënyrë masive, gati njëzëri(votoj).

solidus ['solidës] *n polig* vizë e pjerrët, shenjë e fraksionit(/).

soliloquize[së'lilëkwaiz] *vi* 1.flas me vete. 2.*teat* bëj/interpretoj një monolog.

soliloquy[së'lilëkwi] *n* 1.e folur me vete. 2.*teat* monolog.

solipsism ['solipsizm] *n filoz* solipsizëm (teori e *un*-it si i vetmi realitet).

solitaire[soli'teë:] *n* 1.brilant/diamant i madh. 2. *amer* pasjans(lojë letrash).

solitary['solëteri] *adj,n* -*adj* 1.i vetëm; i vetmuar; vetmie(orë). 2.i veçuar; **in solitary confinement** drejt i izoluar, në qeli të veçantë.3.i vetëm, unik (rast); **not a solitary one** as edhe një. -*n* 1.vetmitar. 2.*drejt* izolim, regjim izolimi.

solitude['solët(j)u:d] *n* 1.vetmi. 2.vend i vetmuar.

solo['soulou] *n,adj,adv,v* -*n* 1.*muz* solo. 2.lojë vetëm /pa partner. -*adj,adv* solo; vetëm. -*vi* fluturoj vetëm(me avion).

soloist['souloist] *n* solist.

Solomon['solëmën] *n hist* Solomoni.

solon['soulën] *n amer gj.fol* ligjvënës.

so long *interj gj.fol* mirupafshim.

solstice ['solstis] *n astr* solstic; **summer / winter solstice** solstici i verës / i dimrit.

solubility[soljë'bilëti] *n* 1.tretshmëri. 2.mundësi zgjidhjeje(e problemit); realizueshmëri(e projektit).

soluble ['soljëbël] *adj* 1. i tretshëm. 2. i zgjidhshëm(problem); i realizueshëm(projekt).

solute['solju:t, 'soulu:t] *n fiz,kim* lëndë e tretur.

solution[së'lu:shën] *n* 1.zgjidhje(problemi). 2.tretje. 3.tretësirë. 4.ndarje, veçim.

solvable ['solvëbël] *adj* 1.i zgjidhshëm. 2.i tretshëm.

solve[solv] *vt* zgjidh, i gjej zgjidhje.

solvency ['solvënsi] *n fin* aftësi pagimi, mundësi shlyerjeje.

solvent ['solvënt] *adj,n* -*adj* 1. *fin* me aftësi paguese. 2.tretës. -*n* tretës.

solvent abuse *n* përdorim tretësish haluçinantë.

soma I['soumë] *n biol* trup, somë.

soma II['soumë] *n* pije halucinante.

Somali[sou'ma:li] *adj,n* -*adj* somalez. -*n* 1.somalez. 2.somalisht, gjuhë somaleze.

Somalia[sou'ma:lië] *n gjeog* Somali.

somatic [sou'mætik] *adj biol* somatik; trupor, i trupit.

somatic cell *n biol* qelizë somatike, qelizë joembrionale.

somber, *Br* **sombre**['sombë:] *adj* 1. i errët; i mbyllët. 2.i zymtë; i ngrysët; i trishtuar.

somberness, *Br* **sombreness**['sombë:nis] *n* 1. mug, errësirë. 2.ngrysje; zymtim; trishtim.

sombrero[som'brerou] *n* sombrero, kapelë strehëgjerë meksikane.

some[sʌm, sëm] *adj,pron,adv* -*adj* 1.ca; disa; **some people** disa njerës; **some years ago** ca vite përpara; **will you have some more tea?** do edhe ca çaj? 2.një; ndonjë; njëfarë; **some woman asked for him** një grua pyeti për të; **some other day** ndonjë ditë; **some other time!** jo tani!, herë tjetër! **there must be some solution** duhet të ketë njëfarë zgjidhjeje. 3.nja; **some forty students** nja dyzet studentë. 4.mjaft i mirë/i madh; jo pak, goxha; **that was some storm!/some film!** stuhi e fortë qe!; ishte një film i shkëlqyer! **she's some girl!** është goxha vajzë! hajde vajzë, hajde! 5.*iron* i thënçin, që mos e pyet; **you're some help!** lëre se ç'na ndihmove! **some house that is!** shtëpi i thënçin!

-*pron* 1.disa, shumëkush; **some of them** disa prej tyre. 2.ca; **I've got some** kam ca; **have some more** merr edhe ca/edhe pak; **some of what you said** ca nga ato që the.

-*adv* 1.rreth, afërsisht; **some twenty people** rreth njëzet vetë. 2.*gj.fol* disi, diçka, njëfarësoj; **he's some better today** sot duket diçka më mirë. 3.mjaft, goxha; **that's going some!** kësaj i thonë goxha shpejtësi!

...some I[sĕm] *suff* -shëm; -ës; -tar; **tiresome** i lodhshëm, lodhës; **troublesome** ngatërrestar.

...some II[sĕm] *n* grup prej...; **threesome** grup prej tre vetësh, grup tresh, treshe.

somebody['sʌmbʌdi, 'sʌmbodi] *pron,n* -*pron* dikush; **somebody or other** s'di se kush. -*n* dikushi, person me rëndësi; **they think they are somebody/somebodies** ata kujtojnë se kush janë.

someday['sʌmdei] *adv* ndonjë ditë, dikur, në një të ardhme.

somehow['sʌmhau] *adv* 1.disi, në njëfarë mënyre, njëfarësoj; **we'll manage somehow** do t'ia gjejmë anën disi/njëfarësoj. 2.për një arsye a për një tjetër; s'di pse; **somehow they've never succeeded** s'di pse ata nuk kanë arritur kurrë...

someone['sʌmwʌn] *pron* shih **somebody.**

someplace['sʌmpleis] *adv* diku.

somersault ['sʌmë:solt] *n,v* -*n* kapërdimje, laradash, kollotumba.
-*vi* bëj kapërdimje/kollotumba.

something['sʌmthing] *pron,adv* -*pron* 1.diçka; **did you say something?** the gjë? **you have to tell him something or other** duhet t'i thuash diçka; **something of the kind** diçka e tillë; **that really is something!** s'është gjë e vogël! **she's called Mary something** e quajnë Meri dikushi; **he thinks himself something** ai e mban veten për kushedi se kë. 2.diçka e tillë; **he fell off a tree or something** ra nga pema a diçka e këtij lloji. 3.njëfarë; **she is something of a writer** ajo është njëfarë shkrimtareje. -*adv* 1.disi; pak a shumë; **he is something like his father** është pak a shumë si i ati. 2.si nja; **he won something like 100 dollars** fitoi si nja 100 dollarë; **now that's something like it!** gj.*fol* nuk është aspak keq! 3.vërtet; **the weather was something shocking!** ishte një kohë vërtet e ndyrë!

sometime['sʌmtaim] *adv,adj* -*adv* 1.dikur; **sometime last May** Majin e kaluar; **sometime next year** vitin tjetër, mot. 2. ndonjëherë; **come over sometime** duku ndonjëherë.
-*adj* 1.i dikurshëm; **it's a sometime thing** *amer gj. fol* është diçka që i takon së kaluarës. 2.*amer* i rastit, i herëpashershëm.

sometimes['sʌmtaimz] *adv* 1.nganjëherë, herë pas here. 2.herë..herë...; **sometimes angry sometimes calm** herë i nxehur, herë i qetë.

someway['sʌmwei] *adv* në njëfarë mënyre, disi.

somewhat ['sʌm(h)wot] *adv* paksa, disi; **somewhat surprised** paksa i habitur; **it was somewhat of a struggle** ishte si punë përleshjeje.

somewhere['sʌm(h)weë:] *adv* 1.diku; në ndonjë vend; **somewhere about** diku rrotull; **somewhere about/around here** diku këtu rrotull; **have you got somewhere to stay?** ke ndonjë vend ku të rrish? 2.

rreth, afërsisht; **he's somewhere about forty** është rreth të dyzetave.

somewhile['sʌm(h)wail] *adv* 1.nganjëherë. 2.për ca kohë. 3.dikur. 4.më përpara.

somewhither['sʌm(h)widhë:] *adv* diku, në njëfarë vendi.

somnambulant [som'næmbjëlënt] *adj* somnambul, që ecën në gjumë.

somnambulate[som'næmbjëleit] *vi* eci në gjumë, ngrihem në gjumë.

somnambulism[som'næmbjëlizm] *n* somnambulizëm, ecje në gjumë.

somnambulist[som'næmbjëlist] *n* somnambul.

somniferous[som'nifërës] *adj* 1.gjumëndjellës. 2. i përgjumur.

somnolence['somnëlëns] *n* përgjumje; dremitje.

somnolent ['somnëlënt] *adj* i përgjumur; dremitës.

son[sʌn] *n* 1.bir, djalë; **come here, son!** eja këtu, biro/or djalë! 2.dhëndër.3.*fet* the Son Jezu Krishti. + **every mother's son of them** të gjithë pa përjashtim.

son-in-law['sʌninlo:] *n* dhëndër.

son-of-a-bitch['sʌnofë'biç] *n zhrg* horr, kopuk, bir bushtre.

son-of-a-gun['sʌnofë'gʌn] *n zhrg* qerrata.

sonant['sounënt] *adj,n* -*adj* 1.zanor; tingëllues, kumbues. 2.*gjuh* e zëshme, tingëlluese, sonante (bashkëtingëllore).
-*n gjuh* bashkëtingëllore e zëshme.

sonar ['souna:] *n tek* hidrolokator, pelengator zhurmash.

sonata[së'na:të] *n muz* sonatë.

song[song] *n* 1.këngë; **give us a song** na këndo diçka. 2.*fig* hiçgjë, çikërrimë; **I bought it for a song** e bleva për një copë bukë/fare xhaba. + **song and dance** *amer zhrg* a)justifikim: **she gave him the same old song and dance** ajo i përsëriti të njëjtin justifikim bajat; b)zhurmë, poterë: **he made a great song and dance about...**bëri shumë zhurmë për punën e...

songbird['songbë:d] *n* zog këngëtar.

songbook['songbuk] *n* libër/përmbledhje këngësh.

song hit *n* këngë e suksesshme.

Song of Solomon, Song of Songs *n hist* Këngët e mbretit Solomon(libër i veçantë i Biblës).

song thrush *n zool* mullibardhë.

song writer *n* autor këngësh(poet, kompozitor); këngëtar-autor.

songfest['songfest] *n amer* festival i këngës.

songless['songlis] *adj* jokëngëtar, që nuk këndon (zog).

songster['songstë:] *n* 1.këngëtar. 2.autor këngësh. 3.zog këngëtar.

songstress['songstris] *n* këngëtare.

sonic['sonik] *adj,n* -*adj* zanor, i zërit; **sonic speed**

shpejtësi e zërit.

-n pl sonics akustikë.

sonic barrier n *fiz,av* mur i zërit, barrierë zanore.

sonic boom n av shpërthim tejzanor, valë goditëse supersonike.

sonic depth-finder n sondë/thellësimatës me ultratinguj.

sonic mine n minë akustike.

sonnet['sonit] n *let* tingëllimë, sonet.

sonny ['sʌni] n *gj.fol* or bir, biri im; **sonny boy, sonny Jim** dëgjo/a s'më thua, mor bir.

sonority[së'noːrëti] n tingullsi, tingëllim, kumbim.

sonorous[së'noːrës, 'sonërës] adj tingëllues, kumbues.

sonorously[së'noːrësli, 'sonërësli] adv kumbueshëm, me zë kumbues.

sonorousness[së'norësnis, 'sonërësnis] n kumbueshmëri.

sonship['sʌnship] n birësi.

soon [suːn] adv 1.shpejt; së shpejti; pas pak; për pak; **she'll soon finish that!** për pak e mbaron; **very soon** shumë shpejt, pas pak; **quite soon** mjaft shpejt, pa shumë vonesë; **soon afterwards** pak mbas kësaj; **all too soon it was over** mbaroi shumë shpejt. 2.herët; **why did she come so soon?** pse erdhi kaq herët? **how soon can you get here?** për sa kohë mund të vish këtu? **must they leave so soon?** sa keq që po ikin kaq herët! **sooner or later** herët a vonë; **the sooner the better** sa më shpejt më mirë. 3.sakaq, sapo që; menjëherë; **as soon as I hear...** sapo ta marr vesh... **as soon as 8 o'clock** qysh në orën 8; **no sooner said than done** me të thënë e me të bërë. 4.më mirë, më fort; **had sooner** do të doja më fort; **I'd sooner die** më mirë vdes; **I'd sooner you didn't tell her** më mirë të mos i thoje gjë asaj; **he would as soon die as yield to the enemy** ai do të pranonte më mirë të vdiste sesa t'i dorëzohej armikut.

soot[sut] n,v **-n** blozë.

-v (up) 1.nxihem me blozë. 2.nxij me blozë.

sooth[suːth] n,adj *vjet* **-n** e vërtetë; **in sooth** në të vërtetë.

-adj i vërtetë.

soothe[suːdh] vt 1.qetësoj(dikë, nervat). 2.lehtësoj, zbus(dhimbjen).3.heq, nxjerr(frikën); **soothe sb's fears** ia nxjerr frikën dikujt.

soother['suːdhë:] n 1.qetësues. 2.biberon.

soothing['suːdhing] adj 1.qetësues. 2.çlodhës.

soothingly['suːdhingli] adv me ton qetësues.

soothsayer ['suːthsejë:] n falltar, fatthënës, parashikues.

soothsaying['suːthsejing] n parashikim; profeci.

sooty['suti] adj i nxirë; i errët, i zi.

sop[sop] n,v **-n** 1.bukë e njomur(në qumësht, çaj etj), llaç, llapa; **he can eat only sops** ai nuk ha dot

gjëra të forta. 2.ryshfet; bakshish. 3.*gj.fol* pulë e lagur; grua tepër sentimentale.

-v 1.thith(buka, sfungjeri). 2.thaj(dyshemenë me leckë. 3.qullet. 4.njom, qull.

sophism['sofizm] n sofizëm.

sophist['sofist] n 1.sofist. 2.i ditur, filozof.

sophistic(al)[së'fistik, së'fistëkël] adj sofist; që të gënjen, mashtrues.

sophisticate[së'fistëkeit, n edhe së'fistëkët] v,n **-vt** 1.stërholloj, rafinoj. 2.shtrembëroj, ngatërroj (argumentet); përdor sofizma. 3.ndërlikoj, modernizoj (një pajisje etj).

-n njeri i stërholluar.

sophisticated[së'fistëkeitid] adj 1.i stërholluar, i rafinuar(njeri). 2.i ndërlikuar, i stërholluar, i sofistikuar(instrument etj).

sophistication [sëfistë'keishën] n stërhollim, ndërlikim; shkallë perfeksionimi, sofistikim.

sophistry ['sofistri] n arsyetim i shtrembër; sofizëm; sofistikë.

Sophocles['sofëkliːz] n *hist* Sofokliu.

sophomore['sofëmoë:] n *amer* student i vitit të dytë.

sophomoric[sofë'moːrik] adj 1.i vitit të dytë; i studentëve të vitit të dytë. 2.i fryrë, i paditur; i pagdhendur.

soporiferous[soupë'rifërës] adj gjumëndjellës.

soporific[sopë'rifik] adj,n **-adj** 1.gjumëndjellës. 2.i përgjumur, përgjumësh.

-n bar gjumi.

sopping['soping] adj i lagur, qull.

soppy['sopi] adj 1.i lagur, qull. 2.*gj.fol* i squllur; sentimental.

soprano[së'prænou] n *muz* soprano.

sorb[soːb] n *bot* vadhëz.

sorbet['soːbei, 'soːbit] n 1.akullore me lëng frutash.2.lëng frutash i ftohtë.

sorcerer['soːsërë:] n magjistar.

sorceress['soːsëris] n magjistare.

sorcery['soːsëri] n magji.

sordid['soːdid] adj 1.i pisët, i ndyrë. 2.i ulët; i ndyrë; i poshtër; i turpshëm; i shëmtuar; **a pretty sordid business** punë fort e ndyrë; **all the sordid details** gjithë hollësitë e shëmtuara; **a sordid little affair** një lidhje(dashurore) e turpshme.

sore[soë:] adj,n,adv **-adj** 1.i pezmatuar(fyt);që dhemb; i lënduar, i vrarë(gisht, shpirt etj); **where is it sore?** ku të dhemb? **be sore at heart** e kam shpirtin plagë. 2.i prekur; i fyer; i nxehur; **get sore** shfryj, turfulloj; **what is she so sore about?** ç'ka që është kaq e nxehur? 3.nevrik, inatçi, idhnak; që preket shpejt. 4.i dhimbshëm.5. irritues. 6.i madh, i fortë; **be in sore need of** kam shumë nevojë për.

-n 1.vend i lënduar; plagë(edhe *fig*); **open up old sores** ngacmoj/rihap plagët e vjetra. 2.shkak; bezdi;

dhimbje.
-*adv* keqas; **sore distressed** në dëshpërim të the-
llë; **be sore afraid** më ka hyrë frika në palcë.
sorehead['so:hed] *n gj.fol* idhnak, zemërak.
sorely['so:li] *adv* 1.rëndë(i plagosur). 2.keqas, së
tepërmi; **sorely needed** tepër i nevojshëm; **sorely
tempted** i tunduar keqas.
soreness['so:nis] *n* 1.*mjek* therje, sëmbim. 2.*fig*
irritim; zemërim, idhnim. 3.*fig* hidhërim.
sorghum['so:gëm] *n bot* melekuqe, melakuq.
sorority[së'ro:rëti] *n amer* klub studentesh, sho-
qëri studentore vajzash.
sorrel I['sorël] *adj,n* -*adj* qimekuq, dori(kalë).
-*n* 1.ngjyrë e kuqërreme. 2.kalë dori.
sorrel II['so:rël] *n bot* lëpjetë.
sorrow['so:rou] *n,v* -*n* 1.dhimbje; hidhërim, pikë-
llim; brengë; **her sorrow at the death of..** dhimbja
e saj për vdekjen e... 2.vuajtje.
-*vi* vajtoj, qaj; pikëllohem, hidhërohem; brengo-
sem; **sorrow over sb's death** vajtoj për vdekjen e
dikujt.
sorrowful['so:rëfël] *adj* 1.i pikëlluar, i helmuar; i
trishtuar; i brengosur. 2.i dhimbshëm, i trishtuar
(lajm).
sorrowfully['so:rëfëli] *adv* me dhimbje; me bren-
gë; trishtueshëm.
sorrowing['so:rëwing] *adj* i brengosur; i pikëlluar.
sorry ['so:ri] *adj* 1. i brengosur; i hidhëruar; që
i vjen keq; **be/feel sorry for oneself** më vjen keq për
veten; **I'm sorry** më fal; **I was sorry to hear of..** u
hidhërova kur mora vesh për..; **I am sorry he
couldn't wait for you** më vjen keq që nuk ju priti;
sorry no më vjen keq po s'mundem; **he'll be sorry
for this!** do të pendohet për këtë! 2.i mjerë, i
mjeruar, për të ardhur keq; i trishtuar; **be in a sorry
state** jam në një gjendje të mjeruar; **a sorry sight**
një pamje e trishtuar; **be in a sorry plight** jam në
një pozitë të pakëndshme.
sort[so:t] *n,v* -*n* 1.lloj, soj, tip, farë; **all sorts of
things** gjithfarësoj gjërash; **what sort of car is it?**
çfarë tip makine është? **it's my sort of book** është ai
lloj libri që unë preferoj; **a sort of** njëfarë.
2.karakter, natyrë; tip njeriu; **a good sort** tip i mirë.
3.gjë e këtillë; **I shall do nothing of the sort** këtë
nuk e bëj; nuk bëj unë të tilla gjëra. + **after a sort,
in some sort** (deri) në një farë mase; **in a sort of
way** në njëfarë mënyre; **of sorts** a)i këtij/atij lloji; b)
i dobët, sa për të thënë: **he is a plumber of sorts**
është njëfarësoj hidrauliku, hidraulik i thënçin; **(be)
out of sorts** nuk jam në terezi; **sort of** *gj.fol* disi,
njëfarësoj; paksa; mjaft; **he was sort of frightened**
dukej pak i trembur; **I sort of thought that...**më
shkoi mendja se..; **are you pleased? - sort of!** je i
kënaqur? - mjaft!
-*vt* (**out**) 1.klasifikoj; ndaj(sipas llojit). 2.rendis; vë

në rrregull.3.*skoc* terezis, ndreq; ftilloj; **he sorted
your bike** ta ndreqi biçikletën; **things will sort
themselves out** gjërat do të tereziten vetë; **can you
sort this out for me?** ma ftillon dot këtë punë? 4.i
jap dum; **I couldn't sort out what happened** nuk i
jepja dot dum çfarë kishte ngjarë; **sort sth out for sb**
i shpjegoj diçka dikujt. 5. merrem vesh,e ujdis; **did
she sort out with him when..** u mor gjë vesh me të
se kur... + **sort sb out** *Br* a)ia ndreq qejfin dikujt;
b)e nxjerr nga bataku/ e shpëtoj nga belaja dikë; c)e
ndihmoj dikë të marrë veten.
sort-out['so:taut] *n* klasifikim; ndarje; përzgjedhje.
sort code *n fin* numër i degës/filialit(të bankës).
sorter['so:të:] *n* ndarës, klasifikator; trior.
sortie['so:ti:] *n usht* 1.mësymje. 2.fluturim.
sorting['so:ting] *n* klasifikim.
sorting office *n* zyrë postare/qendër klasifikimi.
SOS[esou'es] *n* SOS, thirrje për ndihmë.
so-so['sousou] *adj,adv* çka, njëfarësoj; (i) pranue-
shëm.
sot[sot] *n* pijanik, pijanec.
sottish['sotish] *adj* i trullosur(nga pija); i pirë.
sou[su:] *n* 1.su(monedhë e dikurshme franceze).
2.*fig* një grosh, një hiç.
soufflé[su:'flei, 'su:flei] *n* sufle(gatesë).
sough[sau, sʌf] *v,n* -*vi* fëshfërin, shushurin.
-*n* fëshfërimë, shushurimë.
sought[so:t] *pt,pp* e **seek**.
soul[soul] *n* 1.shpirt; **upon my soul!** Zot i Madh!
(habi); **with all one's soul** me gjithë shpirt, me
gjithë zemër; **it lacks soul** duket e thatë/pa ndjenjë.
2.*fig* shpirti, motori; **he was the soul of the
movement** ai ishte shpirti i lëvizjes. 3.thelb. 4.njeri,
frymë, shpirt; **he didn't see a single/living soul** nuk
pa frymë njeriu; **a town of 1000 souls** një qytet me
1000 shpirt/banorë; **don't tell a soul** mos i thuaj
njeriu. 5.*attr* i racës së zezë, zezakësh; **soul brother
/sister** dora jonë, i(e) racës sonë(zezakët midis tyre);
soul food ushqim tradicional i zezakëve të Jugut.
Soul City *n amer gj.fol* Harlemi(lagje).
soul-destroying['souldis'trojing] *adj* 1.tepër i mër-
zitshëm. 2.shkurajues, demoralizues.
soulful['soulfël] *adj* 1.shpirtëror; shumë i ndje-
shëm. 2.shprehës(vështrim etj).
soulfully['soulfëli] *adv* 1.me shpirt; plot ndjenjë.
2.në mënyrë shprehëse/ekspresive.
soulless['soullis] *adj* i pashpirt; mizor.
soul-searching['soulsë:çing] *n* zbirim shpirtëror.
soul-stirring ['soulstë:ring] *adj* shpirttrazues, te-
për prekës.
sound I[saund] *n,v* -*n* 1.tingull; **within sound** aq
afër sa mund të dëgjohet. 2.zë. 3.zhurmë.
4.tingëllim; **I don't like the sound of it** a)nuk më
tingëllon bukur, nuk më tërheq; b)nuk më pëlqen,
më shqetëson, s'më duket punë e pastër.

-v 1.tingëllon; kumbon.2.dëgjohet, ndihet. 3.*fig* tingëllon, ngjan si, duket si; **it sounds empty** si bosh; **she sounds like an American** duket si amerikane nga e folura; **he sounds tired** duket i lodhur; **how does it sound to you?** ç'thua, si të duket? **it sounds as if they aren't coming** duket se nuk do të vijnë. 4.i bie(ziles, borisë etj); **sound one's /the horn** *aut* i bie borisë; **sound sb's praises** i bëj lëvdata dikujt. 5.*gram* shqiptoj(tinguj). 6.*tek* kontrolloj me të rëna çekiçi. 7.*mjek* vizitoj me të trokitura (në gjoks, shpinë).

+**sound off** a)them me zë të lartë, bëj të njohur botërisht; b)mburrem(me diçka); c)qahem, ankohem, shfryj(për diçka); **sound off at sb** i hakërrehem dikujt; d)*amer usht* them numrin tim.

    sound II[saund] *adj,adv* *-adj* 1.i shëndetshëm, i shëndoshë(njeri, dhëmb, trup, frut); **be as sound as a bell** jam kokërr qiqër, jam shëndoshë si molla. 2.i fortë; në gjendje të mirë(ndërtim, urë etj). 3.*fig* e shëndoshë, e mirë(gjendje financiare); e fuqishme (bankë, ndërmarrje); i sigurt(investim). 4.*fig* i mbështetur, i bazuar, me bazë, i saktë, me vend (gjykim, vendim, këshillë etj).5.*fig* i plotë(dështim); i thellë(gjumë); i mirë, vëndshe(dajak).

    -adv plotësisht; rëndshëm; **be sound asleep** jam top në gjumë; **sleep sound** fle mirë, bëj gjumë të rregullt.

    sound III[saund] *v,n* *-v* 1.*det* sondoj, mas thellësinë. 2.*mjek* kontrolloj me sondë. 3.*fig* zbiroj, i mas pulsin, dua t'i blej mendjen(dikujt); sondoj, bëj sondazhe(të opinionit publik).

    -n mjek sondë.

+**sound out** i blej mendjen; gërmoj, zhbiroj.

    sound IV[saund] *n* 1.kanal, ngushticë(detare). 2. gjuhë deti. 3.*zool* fshikëz notimi(e peshqve).

    sound barrier *n* shih **sonic barrier.**

    sound effects *n teat,kin* efekte zanore.

    sound engineer *n* teknik zëri.

    sound track *n kin* kolonë zanore.

    sound wave *n fiz* valë zanore, valë zëri.

    soundboard ['saundbo:d] *n muz* flegërz rikumbuese(e instrumentit).

    sounder['saundë:] *n* 1.sondë. 2.thellësimatës.

    sounding I['saunding] *adj* 1.kumbues; tingëllues. 2.*fig* i fryrë, bombastik.

    sounding II['saunding] *n* 1.*det* thellësimatje. 2. *fig* zhbirim; matje pulsi; **take soundings** bëj sondazhe. 3.*mjek* sondim, ekzaminim me sondë. 4.*pl sing* a)thellësi e matur(e ujit); b)vend i përshtatshëm për matje thellësie.

    sounding board *n* 1.*muz* flegërz rikumbuese. 2. *fig* bankëprovë.

    sounding line *n det* fill i thellësimatësit.

    soundless I['saundlis] *adj* i pazëshëm, i heshtur.

    soundless II ['saundlis] *adj* tepër i thellë, që

s'mund t'i matet thellësia.

    soundlessly['saundlisli] *adv* pa zhurmë; në heshtje.

    soundly ['saundli] *adv* 1. rëndë, top (fle). 2. me mend, me vend, si duhet; bindshëm, në mënyrë bindëse. 3.në mënyrë të sigurt, pa rrezik(investoj). 4.tërësisht, plotësisht; *sport* thellë (fitoj); **be soundly beaten** mundem keqas.

    soundness ['saundnis] *n* 1. shëndet. 2. ekuilibër (mendor). 3.siguri, gjendje e mirë(e biznesit). 4.saktësi, forcë, thellësi(e argumentit).

    soundproof['saundpru:f] *adj,v* *-adj* i papërshkueshëm nga zëri/nga zhurmat.

    -vt izoloj nga zhurmat.

    soup[su:p] *n,v* *-n* 1.supë; **vegetable soup** supë perimesh. 2.*amer* nitroglicerinë. 3.*av zhrg* mjegull e dendur. 4.*zhrg* fuqi. + **in the soup** në gjendje të vështirë, në vështirësi; në bela.

    -v **soup up** *zhrg* fuqizoj, ia rris fuqinë(motorit).

    soup cube *n* kubik/kallëp lëngu mishi.

    soup kitchen *n* kuzhinë popullore; mensë për të varfrit.

    soup plate *n* pjatë e thellë, pjatë supe.

    soup tureen *n* enë supe, supierë.

    soupçon['su:pso:n] *n* një çikë, një majë luge.

    soupspoon['su:pspu:n] *n* lugë supe.

    soupy['su:pi] *adj* 1.i lëngshëm; i trashë; i turbullt. 2. e dendur(mjegull); e rënduar(atmosferë). 3.*fig* sentimental(film etj).

    sour['sauë:] *adj,v,n,adv* *-adj* 1.i thartë, i athët. 2. i thartuar, i prishur(qumësht, ushqim); **go/turn sour** pritet; prishet, thartohet. 3.acide(tokë). 4.i lagësht, ngjethës(mot). 5.*fig* i hidhët, i sertë, i vrazhdë(njeri). 6.therëse, me spec(vërejtje); **be in a sour mood** jam me xhinde.

    -v 1.thartoj; pres(qumështin). 2.*fig* acaroj. 3.thartohet; pritet(qumështi). 4.acarohet(gjendja, marrëdhëniet, njeriu).

    -n 1.ushqim i thartuar. 2.pije me thartirë; **whisky sour** uiski me lëng limoni.

    -adv hidhët; ashpër, vrazhdë.

+**sour on** marr zët.

    sour grapes *n fig* rrush i papjekur, diçka që s'e arrij dot.

    source[so:s] *n* 1.burim, krua, gurrë.2.*fig* burim, origjinë; **a source of heat/of infection** burim nxehtësie/infeksioni; **have sth from a reliable source** marr vesh diçka nga burim i sigurt.

    sourdine[suë:'di:n] *n muz* tingullmbytës, surdinë, sordinë.

    sourdough['sauë:dou] *n amer* 1.brumë i ardhur. 2.arkërkues(në Alaskë). 3.njeri i regjur/i rrahur; banor i hershëm.

    sour-faced['sauë:feist] *adj* fytyrëngrysur.

    sourish['sauërish] *adj* 1.majhosh. 2.*fig* paksa i acaruar; i thartuar(në fytyrë).

sourly ['sauë:li] *adv* hidhur, hidhët; ashpër, vra-zhdë.

sourness['sauë:nis] *n* 1.tharti. 2.*fig* acarim; ton i ashpër; pamje e ngrysur.

sourpuss['sauë:pus] *n zhrg* idhnak, nursëz.

souse[saus] *v,n* -*v* 1.njom, lag, fus në ujë etj. 2. vë turshi, fus në shëllirë. 3.*zhrg* dehem; deh. -*n* 1.njomje, lagie. 2.shëllirë; marinadë. 3.këmbë /kokë derri në shëllirë. 4.*zhrg* i dehur, i pirë; pijanik.

soutane[su:'ta:n] *n* zhgun, veladon, tunikë.

south [sauth] *n,adj,adv gjeog* -*n* jug; **to the south of** në jug të; **go into/veer to the south** kthehet nga jugu(era); **the South** *amer hist* Shtetet e Jugut.
-*adj* jugor; i jugut; në jug; nga jugu; **south wind** erë jugu.
-*adv* në jug; nga jugu; drejt jugut; **go south** shkoj /eci drejt jugut; **further south** më në jug; **sail due south** *det* lundroj drejt jugut.

South Africa *n gjeog* Afrika e Jugut, Afrika Jugore.

South African *adj,n* afrikanojugor, jugafrikan.

South America *n gjeog* Amerika e Jugut, Amerika Jugore.

South American *adj,n* amerikanojugor.

southbound['sauthbaund] *adj* jugor; drejt jugut (trafik, linjë).

southeast[sauth'i:st] *n,adj,adv* -*n* juglindje.
-*adj* juglindor; i juglindjes; nga juglindja.
-*adv* në juglindje; drejt juglindjes; nga juglindja.

Southeast Asia *n gjeog* Azi Juglindore.

southeaster[sauth'i:stë:] *n* erë/stuhi nga juglindja.

southeasterly [sauth'i:stë:li] *adj,adv* juglindor; nga juglindja; drejt juglindjes.

southeastern[sauth'i:stë:n] *adj* juglindor; në juglindje; nga juglindja; drejt juglindjes.

southeastward[sauth'i:stwë:d] *adv,adj,n* -*adv, adj* drejt juglindjes.
-*n* juglindje.

southeastwardly[sauth'i:stwë:dli] *adj,adv* -*adj* 1.juglindor, drejt juglindjes. 2.nga juglindja(erë).
-*adv* drejt juglindjes.

southeastwards[sauth'i:stwë:dz] *adv* drejt juglindjes.

souther['saudhë:] *n* erë/stuhi nga jugu.

southerly['sʌdhë:li] *adj,adv* 1.jugor; drejt jugut. 2. nga jugu.

southern['sʌdhë:n] *adj* 1.nga jugu, me fytyrë nga jugu, jugor. 2.nga jugu (erë). 3. jugor; i jugut (të vendit); **southern coast** bregu jugor.

Southern Cross *n astr* Kryqi i Jugut(yllësi).

southerner['sʌdhë:në:] *n* 1.jugor, banor i Jugut.2. *amer hist* Jugor, Sudist.

southernmost['sʌdhë:nmoust] *adj* më jugor.

southing['saudhing] *n* 1.lëvizje drejt jugut. 2.lar-

gësi në drejtim jugor.

southland['sauthlënd] *n* tokë në jug; pjesë jugore (e vendit).

southmost['sauthmoust] *adj* më jugor(skaji).

southpaw['sauthpo:] *n,adj zhrg* -*n* sallaks, mëngjërash.
-*adj* sallak, mëngjërash.

South Pole *n gjeog* Pol i Jugut.

southward['sauthwë:d] *adv,adj,n* -*adv,adj* drejt jugut; jugor.
-*n* pjesë jugore; pikë jugore; drejtim jugor.

southwardly['sauthwë:dli] *adj,adv* -*adj* 1.i/drejt jugut. 2.jugor, nga jugu(erë).
-*adv* drejt jugut.

southwards['sauthwë:dz] *adv* drejt jugut.

southwest[sauth'west] *n,adj,adv* -*n* jugperëndim.
-*adj,adv* jugperëndimor; në jugperëndim; nga jugperëndimi; drejt jugperëndimit.

southwester[sauth'westë:] *n* 1.erë/stuhi nga jugperëndimi. 2.kapelë strehëgjerë detarësh.

southwesterly [sauth'westë:li] *adj,adv* jugperëndimor; nga jugperëndimi; drejt jugperëndimit.

southwestern[sauth'westë:n] *adj* jugperëndimor; nga jugperëndimi; drejt jugperëndimit.

southwestward[sauth'westwë:d] *adv,adj,n* -*adv, adj* drejt jugperëndimit.
-*n* jugperëndim.

southwestwardly[sauth'westwë:dli] *adj,adv* -*adj* 1.drejt jugperëndimit. 2.nga jugperëndimi(erë).
-*adv* drejt jugperëndimit.

southwestwards[sauth'westwë:dz] *adv* drejt jugperëndimit.

souvenir[su:vë'nië:] *n* kujtim, dhuratë.

sou'wester[sau'westë:] *n* shih **southwester**.

sovereign['sovrën] *n,adj* -*n* 1.sovran. 2.sundues. 3.sterlinë e vjetër(prej ari).
-*adj* 1.sovran; suprem(autoritet). 2.i pavarur, sovran(vend). 3.*fig* absolut, i padiskutueshëm; i shkëlqyer(ilaç).

sovereignty['sovrënti] *n* 1.sovranitet; fuqi supreme. 2.pavarësi, sovranitet.

soviet['souviet, 'souviit] *n,adj pol* -*n* këshill; asamble; soviet; **village soviet** këshilli/sovieti i fshatit; **Supreme Soviet** Sovieti Suprem, Këshilli i Lartë.
-*adj* 1.i këshillit, i sovietit. 2.sovjetik.

sovietize['souvietaiz] *vt* sovietizoj, vë nën pushtetin sovjetik.

sovran['sovrën] *n poet* sovran.

sow I[sou] *v* (**sowed; sown, sowed**) 1.mbjell.2. *fig* mbjell, ngjall, shkaktoj, krijoj; **sow discontent** mbjell/krijoj përçarje; **sow the wind and reap the whirlwind** *prov* kush mbjell erën, korr stuhinë.

sow II[sau] *n* dosë.

sow bug *n zool* morr pemësh.

sowbelly['saubeli] *n amer* verë porto e kripur.

sower['souë:] *n* 1.mbjellës. 2.makinë mbjellëse.
sowing['souing] *n* 1.mbjellje. 2.kohë e mbjelljeve. 3.të mbjella, bimëza.
sowing machine *n* makinë mbjellëse.
sown[soun] *pp* e **sow I**.
sox[soks] *n amer pl* i **sock I**.
soy[soi] *n* 1.salcë soje. 2.*bot* sojë.
soya['sojë] *n bot* sojë; **soya flour** miell soje.
soya bean *n bot* sojë.
soya sauce *n* salcë soje.
soybean['soibi:n] *n bot* sojë.
sozzled['sozëld] *adj zhrg* i dehur, xurxull, tapë.
spa[spa:] *n* 1.burim ujrash termale. 2.stacion ujrash termale, llixhë. 3.qendër klimaterike.
space [speis] *n,v* -*n* 1. hapësirë; kozmos. 2.vend; **clear a/some space for sth** hap vend për diçka; **take up a lot of space** zë shumë vend; **parking space** vend për parkim. 3.boshllëk; distancë, largësi, hapësirë; *polig* largësi midis fjalëve/ rreshtave, spacio; **a space of 8 meters between the buildings** një hapësirë/largësi prej 8 metrash ndërmjet shtëpive.4.interval kohe, periudhë; **for the space of 2 months** për një periudhë prej 2 muajsh. 5.gjatësi (rruge); **for the space of 20 kilometers** në një gjatësi prej 20 km. 6.rast, mundësi.
-*vt* 1.ndaj, hap, veçoj, largoj (karriget, fjalët). 2. shpërndaj; distancoj; krijoj distancë(ndërmjet kësteve etj). + **be spaced out** *zhrg* a)jam i çlodhur, jam i freskët; b)jam i droguar.
space age *n* epokë e fluturimeve kozmike/e eksplorimit të hapësirës.
space bar *n* tast i spacios/i ndarjes së fjalëve(te makina e shkrimit).
spacecraft['speiskræft] *n* anije kozmike.
space fiction *n* fantashkencë(me temën e hapësirës kozmike).
space flight *n* fluturim kozmik; udhëtim në hapësirë.
space heater *n* ngrohës, kalorifer.
space helmet *n* kaskë astronauti.
space lab *n* laborator spacial/në hapësirë.
spaceless ['speislis] *adj* 1. i pafund. 2. që nuk zë kurrfarë vendi.
spaceman['speismën] *n* astronaut, kozmonaut.
space opera *n gj.fol* seri televizive me fluturime kozmike.
space plane *n* shih **space shuttle**.
space platform *n* shih **space station**.
space port *n* bazë nisjeje (anijesh kozmike).
space probe *n* sondë spaciale.
space-saving['speisseiving] *adj* që kursen vend.
spaceship['speisship] *n* shih **spacecraft**.
space shot *n* 1.nisje/lëshim anijeje kozmike. 2. fluturim kozmik/në hapësirë.
space shuttle *n* anije kozmike.

space sickness *n* sëmundje e hapësirës/e astronautëve.
space station *n* stacion orbital, stacion spacial.
space suit *n* kostum astronauti, skafandër.
space-time['speistaim] *n fiz* hapësirë-kohë.
space travel *n* udhëtim kozmik/në hapësirë.
spaceware ['speisweë:] *n amer gj.fol* materiale aerospaciale.
space writer *n* gazetar që paguhet sipas rreshtave (të artikujve).
spacing['speising] *n* 1.ndarje(e fjalëve); spacio, distancë(midis rreshtave); **in single/double spacing** me spacio njëshe/dyshe. 2.largësi, distancë(midis objekteve). 3.(~**out**) distancim, shpërndarje (e kësteve).
spacious['speishës] *adj* i gjerë, i bollshëm; i madh; **spacious living/accommodation** banesë e gjerë/me hapësirë.
spaciousness['speishësnis] *n* gjerësi; hapësirë.
spade I[speid] *n,v* -*n* lopatë; bel; **call a spade a spade** i quaj gjërat me emrin që kanë, flas troç.
-*v* gërmoj/punoj me lopatë.
spade II [speid] *n* 1.maç (në letra). 2.*zhrg përb* negër, xax.+ **in spades** *amer fig* mbi gjithçka tjetër.
spadeful['speidful] *n* një lopatë; **by the spadeful** me lopatë, sa të duash.
spadework['speidwë:k] *n fig* pjesa e punës së pakualifikuar, hamallëku.
spaghetti[spë'geti] *n* spageti(makarona).
Spain[spein] *n gjeog* Spanjë.
spake[speik] *vjet pt* e **speak**.
spall[spo:l] *n,v* -*n* cefël, copëz guri.
-*vt* thyej; copëtoj; ceflos.
spam[spæm] *n* (sallam) mortadelë.
span I[spæn] *n,v* -*n* 1.hapje, hapësirë, hapësirë drite(e këmbëve të urës etj). 2.hark, pjesë(ure); **a single-span bridge** urë me njëpjesëshe/me një hark/me një hapësirë drite të vetme. 3.interval kohe, periudhë; jetëgjatësi; **man's span is short** jeta e njeriut është e shkurtër. 4.shtrirje e krahëve, gjatësi e krahëve të shtrirë. 5.pëllëmbë(njësi matëse). 6.*fig* shtrirje, spektër, horizont.
-*vt* 1.kaloj, kapërcej(urën, hendekun etj). 2.*ndërt* hedh një urë ndërmjet, bashkoj me urë; lidh dy brigjet. 3.rrethoj(belin me pëllëmbë). 4.*fig* kap, ngërthen(një periudhë kohe). 5.mas me pëllëmbë.
span II[spæn] *pt* e **spin**.
span III[spæn] *n* çift(kuajsh); pendë(qesh).
spandex ['spændeks] *n amer tekst* fije sintetike elastike.
spandrel['spændrël] *n ark* hapësirë midis harqeve; hapësirë midis harkut e tavanit.
spang[spæng] *adv gj.fol* drejt e në, mu në.
spangle ['spængël] *n , v* -*n* xhingël, stringël; xhixhë.

-v 1.stolis me xhixha.2.*fig* spërkas; **sky spangled with stars** qiell i spërkatur me yje. 3.xixëllon; vezullon, shkëlqen.

Spaniard['spænië:d] *n* spanjol.

spaniel['spæniël] *n* spanjel, langua spanjol.

Spanish ['spænish] *n,adj* -*n* 1. spanjol. 2.spanjisht.

-*adj* spanjol.

Spanish-American['spænishë'merëkën] *adj,n* latinoamerikan.

Spanish Main *n gjeog* Deti i Antileve.

spank I[spænk] *v,n* -*v* i heq një pëllëmbë vitheve. -*n* shuplakë, pëllëmbë.

spank II [spænk] *vi gj.fol* eci/shkoj/kaloj me shpejtësi; **be/go spanking along** kalon me shpejtësi(makina etj).

spanker['spænkë:] *n* 1.*det* vel i pasmë. 2.*gj.fol* kalë i shpejtë.

spanking['spænking] *adj,adv,n* -*adj* 1.e fortë (erë). 2.i fuqishëm; i shpejtë(kalë). 3.*gj.fol* e shkëlqyer(makinë).

-*adv gj.fol* tepër, jashtëzakonisht.

-*n* shpulla bythëve(fëmijës).

spanner ['spænë:] *n Br mek* çelës; **spanner wrench** çelës me dhëmbë. + **put a spanner in the works** *fig* fus shkopinj në rrota.

spar I[spa:ë:] *n,v* -*n* 1.*det* direk. 2.*av* brinjë kryesore (e krahut të avionit).

-*vt* pajis me direkë.

spar II[spa:ë:] *v,n* -*vi* 1.ndeshem, rrihem me grushta.2.shkëmbej goditje të lehta(miqësisht).3.*fig* hahem me fjalë. 4.lufton me çaponj(gjeli).

-*n* 1.ndeshje boksi. 2.*fig* zënie, debat.

spar III[spa:ë:] *n gjeol* spat.

spar deck *n det* kuvertë e sipërme.

spare[speë:] *adj,n,v* -*adj* 1.i tepërt; **spare time** kohë e tepërt. 2.rezervë; **a spare tire** gomë rezervë. 3.i thatë, i dobët(njeri). 4.i pakët, i varfër(ushqim). 5. *Br zhrg* i krisur; **go spare** firas, lajthis; **drive sb spare** e luaj nga mendtë dikë.

-*n* pjesë rezervë; gomë rezervë.

-*vt* 1.e kursej(dikë), nuk ngas; nuk vras.2.ruaj, nuk lëndoj, nuk lodh; **we can ill/can't spare him just now** tani për tani nuk mund ta lëmë pa e angazhuar. 3.lë mënjanë; kursej; **can you spare it?** bën dot pa të? **can you spare me $10/5 minutes?** më jep dot 10 dollarë?; më kushton dot 5 minuta? 4.shmang, evitoj; **spare my blushes!** mos më bëj të skuqem! **she wanted to spare me trouble** ajo donte të më shpëtonte nga belaja; **spare your pains** mos u fut në siklet, mos u shqetëso; **I'll spare you the details** nuk po të mërzis me hollësira.

sparely['speë:li] *adv* me pakicë; me kursim; me masë.

sparerib['speë:rib] *n* brinjë(derri).

sparing ['speëring] *adj* i kursyer, i matur, me masë; **a sparing use of colors/of words** përdorim me masë i ngjyrave/i fjalëve.

sparingly['speëringli] *adv* me masë, me karar(ha, pi); me pikatore.

spark I[spa:k] *n,v* -*n* 1.shkëndijë, xixë.2.*el* shkëndijë elektrike. 3.*fig* grimë, pikël; **I haven't a spark of interest in..** nuk kam pikë interesi për... + **bright spark** *fig* gjeni; **make the sparks fly** *fig* a)nis sherrin, i hedh benzinë zjarrit; b)kacafytem.

-*v* 1.nxjerr shkëndija. 2.vezullon, xixëllon. 3.(off) nxis, shkaktoj, provokoj(sherr); ngjall(interesim).

spark II[spa:k] *n,v* -*n* 1.adhurues; i dashur.2.djalë i hedhur.

-*vi* 1.i vij rrotull, ndjek(një femër). 2.*gj.fol* lëmoj, përkëdhel.

spark coil *n el* bobinë shkëndijëprodhuese.

spark gap *n aut* hapje e elektrodave(të kandeles).

spark plug *n aut* kandele.

sparkle['spa:kël] *v,n* -*vi* 1.lëshon xixa/shkëndija. 2.xixëllon, vezullon; feks, shndrit. 3.lëshon flluska, gurgullon. 4.*fig* shkëlqej.

-*n* 1.xixëllim, vezullim; shndritje. 2.*fig* jetë, gjallëri.

sparkler['spa:klë:] *n* 1.fishekzjarr xixëllues. 2.*gj. fol* xhevahir, diamant.

sparkling['spa:kling] *adj,adv* -*adj* 1.vezullues, xixëllues; shndritës, i feksur.2.shkumbëzuese(pije). + **be in sparkling form** jam në formë të shkëlqyer.

-*adv* vezullueshëm; **sparkling clean** që feks nga pastërtia.

sparrow['spærou] *n zool* harabel, trumcak.

sparrow-grass['spærougræs] *n bot* shparg.

sparrowhawk['spærouho:k] *n zool* petrit, gjeraqinë.

sparse[spa:s] *adj* 1.i rrallë, i hapërdarë; **sparse hair** flok i rrallë.2.i pakët.

sparsely['spa:sli] *adv* rrallë, në mënyrë të hapërdarë; pak, jo fort; **sparsely populated** jo fort i populluar.

sparsity['spa:siti] *n* rrallësi, të qenët i rrallë.

Spartan ['spa:tën] *adj,n* spartan; *fig* trim, vetmohues.

spasm['spæzëm] *n* 1.*mjek* spazmë; gulç; **a spasm of coughing** kollë me gulçe. 2.*fig* vrull, hov; hop; **work in spasms** punoj me hope.

spasmodic[spæz'modik] *adj* 1. *mjek* spazmatik; me gulçe, me ngërç; i pavullnetshëm.2.*fig* i vrullshëm; me hope(punë).

spasmodically[spæs'modikëli] *adv* me hope, në mënyrë të çrregullt.

spastic['spæstik] *adj,n mjek* -*adj* spazmatike, e pavullnetshme(lëvizje).

-*n* njeri me çrregullime spazmatike.

spasticity[spæs'tisëti] *n mjek* paralizë spazmatike.

spat I [spæt] *n,v* -*n* 1.zënkë, grindje.2.shpullë,

shuplakë.
-vi 1.gj.fol zihem, grindem. 2.qëlloj me shuplakë.
spat II[spæt] *pt,pp* e **spit I**.
spat III[spæt] *n* këmbale, dollak.
spat IV[spæt] *n,v* -*n* vezë stridhesh.
-vi hedh vezët(stridhja).
spate[speit] *n* 1.rrebesh. 2.vërshim(lumi). 3.*fig* lumë(fjalësh etj); mori(punësh); valë(sulmesh).
spatial['speishël] *adj* 1.hapësinor; i hapësirës. 2. kozmik.
spatter['spætë:] *v,n* -*v* 1.spërkas, stërpik. 2.bie, priskon, breron(shiu).3.rrahin(plumbat).4.*fig* njollos. -*n* 1.brerim. 2.spërkë, njollë.3.kërkëllimë.
spatterdock['spætë:dok] *n bot* zambak uji.
spatula['spæçëlë] *n* spatul, shpatull.
spawn[spo:n] *n,v* -*n* 1.vezë(peshku, bretkoce). 2.larva. 3.*iron* pjellë.4.*fig* rezultat.
-*v* 1.pjell/hedh vezët. 2.lind. 3.*fig keq* pjell, nxjerr; lëshoj(fjalë etj).
spay[spei] *vt* tredh(kafshë).
speak[spi:k] *v,n* -*v* (**spoke; spoken**) 1.flas; **speak Spanish** flas spanjisht. 2.mbaj një fjalë/fjalim. 3.them; **speak the truth** them të vërtetën. 4.shpreh. 5.(**for**) përfaqësoj, flas në emër (të). 6.(**of, about**) flas, bisedoj(për).7.(**of**) tregon, dëshmon, flet për. + **so to speak** si të thuash; **to speak of** për të zënë në gojë, me njëfarë rëndësie.
-*n* : ...**speak** gjuhë; **computerspeak** gjuhë e kompjuterit/e informatikës.
+**speak out** flas hapur; **speak up for sb** i dal krah dikujt.
+**speak up** a)flas me zë të lartë; ngre zërin; **speak up!** fol më qartë!, mos u përtyp! b)shih **speak out**.
speakeasy['spi:ki:zi] *amer zhrg* bar klandestin.
speaker ['spi:kë:] *n* 1. folës; orator; **French speaker** frengjishtfolës, frankofon. 2. kryetar (i mbledhjes etj). 3.*tek* altoparlant.
Speaker of the House *n pol* a)*Br,knd* kryetar i Dhomës së Komuneve; b)*amer* kryetar i Dhomës së Përfaqësuesve.
speakership['spi:kë:ship] *n pol* kryesi, post i kryetarit(të parlamentit etj).
speaking['spi:king] *n,adj* -*n* 1.të folur. 2.gojëtari, oratori.
-*adj* 1.folës; **Albanian-speaking** shqipfolës. 2.*fig* e dukshme, që flet vetë (ngjashmëri); e qartë, e gjallë(provë). + **be on speaking terms with sb** kam të folur/muhabet me dikë.
spear I[spië:] *n,v* -*n* heshtë, shtizë.
-*vt* 1.qëlloj me heshtë. 2.shpoj(me pirun etj).
3.*sport* bllokoj(kundërshtarin) me stap/me kaskë.
spear II[spië:] *n,v* -*n* bisk.
-*vi* nxjerr bisk.
spearcarrier['spië:kærië:] *n teat* figurant.
spearfish['spië:fish] *vi amer* gjuaj peshk nën ujë.

speargrass['spië:græs] *n Br bot* gram, krisje.
spear gun *n* pushkë deti, pushkë për gjueti nën ujë.
spearhead ['spië:hed] *n,v* -*n* 1. majë heshte. 2.*usht* pykë. 3.*fig* pararojë, vijë e parë.
-*v* 1.çaj, jam në ballë. 2.drejtoj(fushatën).
spearman['spië:mën] *n* heshtar.
spearmint ['spië:mint] *n* 1. *bot* mendër. 2.*gj.fol* çamçakëz me mente.3.*attr* me mente; me erë mente.
spearside['spië:said] *n* anë e babait.
spec[spek] *n gj.fol* 1.(shkurtim i **speculation**) : **buy sth on spec** blej diçka kuturu; **I went along on spec** shkova me shpresë. 2.(shkurtim i **specification**) karakteristika.
special ['speshël] *adj,n* -*adj* 1. i veçantë, i posaçëm, special; **take special care of sth** i kushtoj kujdes të veçantë diçkaje. 2.i jashtëzakonshëm; **what's so special about him?** ç'gjë të jashtëzakonshme ka ai njeri? 3.i preferuar; **my special chair** kolltuku im i preferuar. 4.i specializuar; **special education/schooling** arsim i specializuar (për handikapatët).
-*n* 1.tren shtesë, tren special. 2.botim i posaçëm(i gazetës). 3.*rad,tv* emision i posaçëm. 4.gatesë e veçantë, specialitet; **the chef's special** specialiteti i shtëpisë/i lokalit; **today's special** gjella e ditës. 5.*treg* mall/artikull me çmim të ulur për rastin.
special agent *n* 1. *treg* koncesionar. 2. agjent i fshehtë.
Special Air Service *n Br usht* grup ndërhyrjeje i xhandarmërisë kombëtare.
Special Branch *n Br* Sigurimi i Policisë.
special constable *n Br* bashkëpunëtor i policisë.
special correspondent *n* i dërguar i posaçëm, korrespondent i posaçëm.
special delivery *n* shërbim ekspres/me korier.
special-delivery letter *n* letër ekspres.
special handling *n amer* postim i shpejtë.
special interest group *n pol* grup trysnie/presioni.
special jury *n drejt* juri e posaçme.
special license *n drejt* 1.leje e posaçme; autorizim special. 2.lejë për shpallje martese.
Special Patrol Group *n Br* Brigadë e posaçme kundër trazirave.
special student *n, amer* student i lirë(që nuk përgatit temë diplome).
special subject *n* 1. lëndë fakultative. 2. lëndë speciale.
specialist['speshëlist] *n* specialist; **heart specialist** kardiolog; **it's specialist work** është punë për specialistë/për profesioniste.
specialist teacher *n* mësues i specializuar, mësues për një lëndë të veçantë.
speciality[speshi'ælëti] *n* 1.veçanti, veçanësi, veçori; natyrë e veçantë. 2.specialitet; degë. 3.produkt

i veçantë; gjellë karakteristike..

specialization[speshëlai'zeishën] *n* specializim.

specialize['speshëlaiz] *vi* 1.specializohet(studenti, punonjësi). 2.specifikoj. 3.futem në hollësira.

specialized ['speshëlaizd] *adj* 1. i specializuar. 2.special, për përdorim të posaçëm(mjet, vegël). 3. i avancuar(studim); **specialized subject** lëndë speciale(në universitet).

specially ['speshëli] *adv* 1. posaçërisht; veçanërisht, sidomos; **specially interested in**.. i interesuar posaçërisht për..2.qëllimisht; **he asked for it specially** ai e kërkoi qëllimisht. 3.jashtëzakonisht.

specialty['speshëlti] *n* 1.specialitet; profesion. 2. artikull i veçantë. 3.natyrë e veçantë.4.veçanti, veçanësi, veçori.5.hollësi.

specie['spi:shi] *n* të vogla, të holla(para).

species['spi:shi:z] *n* 1.*biol* lloj, farë, specie. 2.lloj, soj. 3.*fet* bukë e verë kungimi. 4.**the species** raca njerëzore.

specific[spë'sifik] *adj,n* -*adj* 1.i veçantë, specifik; **specific heat***fiz* nxehtësi specifike; **specific gravity** *fiz* peshë specifike. 2.i qartë, i shprehur qartë; i përcaktuar mirë(plan, qëllim); **he was very specific on that point** ai u shpreh mjaft qartë në lidhje me këtë pikë. 3.karakteristik.

-*n mjek,fig* bar/ilaç i posaçëm.

specifically[spë'sifikli] *adv* 1.qartë, në mënyrë të qartë; **they told us specifically** ata na e bënë të qartë; **the law specifically refers to...** ligji e thotë qartë se... 2.posaçërisht; **designed specifically for...** i krijuar posaçërisht për...

specific duty *n fin* tarifë doganore e posaçme.

specification[spësifi'keishën] *n* 1.saktësim, specifikim. 2.*pl* përshkrim i hollësishëm, hollësira(të projektit etj); karakteristika, të dhëna teknike.

specify['spesëfai] *vt* 1.specifikoj, cilësoj, saktësoj; **unless otherwise specified** në mungesë të udhëzimeve të tjera.2.përfshij në përshkrimin e hollësishëm.

specimen['spesëmën] *n,adj* -*n* 1.mostër, gjedhe; kampion; ekzemplar.2.*fig gj.fol* tip, person; **an odd specimen** tip i çuditshëm; mostër më vete.

specimen copy *n* ekzemplar.

specimen page *n* faqe tip/model.

specious ['spi:shës] *adj* 1. i rremë, fals. 2. mashtrues, iluziv.

speciousness['speshësnis] *n* 1.natyrë e rreme, falsitet. 2.natyrë mashtruese.

speck [spek] *n,v* -*n* 1.pikël, njollëz. 2.grimcë (pluhuri); **you've got a speck in your eye** të ka hyrë një plaçkë në sy. 3.grimë, çikë; **just a speck, thanks** një çikë fare(sheqer etj), të lutem.

-*vt* pikëloj, mbuloj me pikla.

speckle['spekël] *n,v* -*n* pikël, njollëz.

-*vt* mbuloj me pikla.

speckled['spekëld] *adj* pika-pika, pikalosh, pullapulla.

speckled char/trout *n* troftë përroi.

specs[speks] *npl gj.fol* syze.

spectacle['spektëkël] *n* 1.pamje; tablo. 2.shfaqje. 3.objekt i ekspozuar; **make a spectacle of oneself** bëhem gazi i botës. 4.*pl* syze, gjyslykë. 5.*pl fig* prizëm, këndvështrim.

spectacled['spektëkëld] *adj* me syze; **spectacled snake** gjarpër me syze.

spectacular[spek'tækjëlë:] *adj,n* -*adj* i mahnitshëm, madhështor, mbresëlënës; i bujshëm; **a spectacular success** sukses i mahnitshëm.

-*n teat,kin,tv* shfaqje madhështore; film i jashtëzakonshëm.

spectacularly[spek'tækjëlë:li] *adv* në një shkallë /mënyrë të mahnitshme.

spectate[spek'teit] *vi amer* jam i pranishëm, jam spektator, asistoj.

spectator['spekteitë:] *n* shikues, spektator.

spectator sport *n* sport për spektakël, sport ku s'marrin pjesë shumë njerëz.

specter, *Br* **spectre**['spektë:] *n* 1.hije, fantazmë. 2.gjë e frikshme.

spectra['spektrë] *n pl* i **spectrum.**

spectral ['spektrël] *adj* 1.(prej) fantazme. 2. *fiz* spektral, i spektrit.

spectrograph['spektrëgræf] *n fiz* spektrograf.

spectroscope['spektrëskoup] *n fiz* spektroskop.

spectrum['spektrëm] *n pl* **spectra** 1.*fiz* spektër. 2.*fig* shtrirje, spektër, gamë.

spectrum analysis *n fiz* analizë spektrale.

speculate ['spekjëleit] *vi* 1.meditoj; bluaj me mend; vras mendjen. 2.*fin* spekuloj; luaj në bursë.

speculation[spekjë'leishën] *n* 1.meditim. 2.vrarjemendje; hamendje. 3.*fin* spekulim; **it was a good speculation** ishte një blerje me leverdi.

speculative['spekjëlëtiv] *adj* 1.meditues. 2.teorik. 3.*fin* me rrezik; spekulativ.

speculator['spekjëleitë:] *n* 1.*fin* spekulator. 2.rishitës biletash me të shtrenjtë.

speculum['spekjëlëm] *n* 1.pasqyrë metalike(e teleskopit). 2.*mjek* pasqyrë kirurgjie.

sped[sped] *pt,pp* e **speed.**

speech [spi:ç] *n* 1. të folur; **loose the power of speech** humbas të folurit. 2.shqiptim; mënyrë të foluri. 3.fjalë; fjalim; **free speech, freedom of speech** liri e fjalës; **make a speech** mbaj një fjalim. 4. e folme, dialekt. 5.*gjuh* ligjëratë; **direct/indirect speech** ligjëratë e drejtë/e zhdrejtë.

speech act *n* të folur.

speech community *n* bashkësi gjuhësore, grup njerëzish të së njëjtës gjuhë.

speech day *n Br* shpërndarje e çmimeve.

speech defect/disorder *n* cen/defekt të foluri.
Speech from the Throne *n knd pol* fjalim i Guvernatorit të Përgjithshëm.
speech synthesizer *n kmp* sintetizues zëri.
speech training *n* mësime gojtarie.
speechless['spi:çlis] *adj* 1.i shtangur, pa gojë(nga habia, tmerri); **I'm speechless!** më le pa mend! **it left her speechless** kjo e habiti krejt, i iku goja. 2.i heshtur; pa fjalë(përgjigje).
speechlessly['spi:çlisli] *adv* 1.pa gojë. 2.pa folur, pa fjalë, në heshtje.
speechmaker['spi:çmeikë:] *n* folës, orator.
speechmaking['spi:çmeiking] *n* fjalim; *iron* fjalë të bukura.
speechwriter['spi:çraitë:] *n* sekretar, ai që shkruan fjalimet(e eprorit).
speed [spi:d] *n,v* -*n* 1. shpejtësi; **typing speeds** shpejtësi daktilografimi; **what speed are we doing/going at?** me çfarë shpejtësie po ecim? **at full/top speed** me shpejtësinë maksimale. 2.marsh; **a fifteen-speed bike** biçikletë me 15 marshe; *aut* **a four-speed gear** kuti shpejtësie me 4 marshe. 3.*fot* shpejtësi(e filmit); hapje(e diafragmës); kohë(e ekspozimit). 4.*zhrg* amfetaminë(drogë). + **good speed!** *vjet* Zoti ta pruftë/ta bëftë mbarë!
-*v* (**sped, speeded**) 1.shpejtoj, eci me shpejtësi. 2. *aut* eci shumë shpejt/më shpejt se ç'duhet; **you're speeding!** je me shumë shpejtësi!, e ke kaluar shpejtësinë e lejuar! 3.lëshoj(shigjetë). 4.nxis, shpoj (kalin).5.ndihmoj, shtyj përpara(projektin). 6.*vjet* ia dal mbanë. 7.*vjet* ma bën mbarë(zoti).
+**speed along** a)iki si shigjetë; b)gjallëroj, nxis.
+**speed up** a)shpejtoj, nxitoj, rris shpejtësinë; b)i jap më shpejt(makinës); c)shpejtoj, përshpejtoj(procesin); d)nxis, shtyj(dikë); e)*kin* xhiroj shpejt.
speed-up['spi:dʌp] *n* 1.rritje e shpejtësisë. 2.përshpejtim i prodhimit, rritje e rendimentit.
speedball ['spi:dbo:l] *n,v* -*n* 1. *sport* spidboll. 2.*zhrg* drogë e përzier(kokainë me heroinë).
-*vi* drogohem me kokainë të përzier me heroinë.
speedboat['spi:dbout] *n* motobarkë e shpejtë.
speed bump *n amer* gungë në rrugë(për ulje të shpejtësisë).
speed cop *n Br gj.fol* polic rrugor me motoçikletë.
speed limit *n aut* shpejtësi maksimale e lejuar.
speed merchant *n gj.fol* manjak shpejtësie.
speed restriction *n aut* kufizim shpejtësie.
speed trap *n aut* kurth i policisë rrugore.
speed zone *n amer aut* zonë me kufizim shpejtësie.
speeder['spi:dë:] *n* shofer që ecën shpejt, maniak shpejtësie.
speedily ['spi:dili] *adv* 1. shpejt; pa vonesë, në vend. 2.së shpejti.
speediness['spi:dinis] *n* shpejtësi.

speeding ['spi:ding] *n aut* tejkalim shpejtësie;
speeding fine/ticket gjobë/fletë gjobe për tejkalim shpejtësie.
speedometer['spi:do'mitë:] *n aut* shpejtësimatës, tregues kilometrazhi, *gj.fol* kilometrazh.
speedster['spi:dstë:] *n aut* maniak shpejtësie.
speedwalk['spi:dwok] *n amer* 1.konvejer, karusel (për pako, bagazhe). 2.rruginë lëvizëse(për njerëz).
speedway ['spi:dwei] *n sport aut* pistë garash shpejtësie me motoçikleta.
speedway racing *n sport aut* gara shpejtësie motoçikletash.
speedwell['spi:dwel] *n bot* veronikë.
speedy ['spi:di] *adj* i shpejtë; i menjëhershëm, i atypëratyshëm.
speleologist [spili'olëxhist] *n* speleolog, studiues shpellash.
speleology [spili'olëxhi] *n* speleologji, studim i shpellave.
spell I[spel] *v* 1.shqiptoj/shkruaj (fjalën) gërmë-për-gërmë; **can you spell it for me?** a ma shqipton gërmë-për-gërmë, të lutem? 2.japin, formojnë(tingujt fjalën). 3.*fig* do të thotë, nënkupton; **delay spells danger** vonesa nënkupton rrezikun.
+**spell out** a) shqiptoj / lexoj gërmë-për-gërmë; b)zbërthej, deshifroj; c)*fig* shpjegoj, sqaroj, ftilloj.
spell II[spel] *n* 1.fjalë magjike. 2.magji; magjepsje. + **put/cast/lay a spell on/over sb** i bëj magji dikujt, magjeps dikë; **under a spell** i magjepsur, që i kanë bërë magji; **break the spell** prish magjinë.
spell III[spel] *n,v* -*n* 1.ndërresë, turn; kohë pune. 2.periudhë, kohë; **for/after a spell** gjatë/pas një cope here; **do a spell in prison** bëj ca kohë burg; **go through a bad spell** kaloj një periudhë të keqe.3.*fig* krizë, atak; goditje. 4.*fig* çlirim, lehtësim; zëvendësim (i shokut në një punë).
-*vt* zëvendësoj(shokun në punë).
spellbinder['spelbaindë:] *n* orator/shkrimtar magjepsës.
spellbinding['spelbainding] *n* magjepsje.
spellbound['spelbaund] *adj* i magjepsur, gojëhapur; **hold sb spellbound** magjeps/lë me gojë hapur dikë.
speller['spelë:] *n* 1.shqiptues; **be a good/bad speller** e njoh/nuk e njoh drejtshkrimin. 2.libër shqiptimi /drejtshkrimi.
spelling['speling] *n* drejtshkrim; drejtshqiptim.
spelling bee *n* garë drejtshkrimi.
spelling book *n* libër/fjalor drejtshkrimi.
spelling error/mistake *n* gabim drejtshkrimor.
spelt[spelt] *pt,pp* e **spell** I.
spelter['speltë:] *n* zink; shufra zinku.
spelunker[spi'lʌnkë:] *n amer* speleolog, studiues shpellash.
spelunking[spi'lʌnking] *n amer* speleologji, stu-

dim i shpellave.

spencer['spensë:] *n amer* xhakaventë.

spend[spend] *v* (**spent**) 1.prish, harxhoj, shpenzoj; **without spending a penny/a ha'penny** pa nxjerrë asnjë grosh nga xhepi; **spend a penny** *Br fig* shkoj në nevojtore. 2.harxhoj; kaloj(kohë); **spend one's time reading** e kaloj kohën me lexime; **they spent a lot of effort in doing it** harxhuan dy orë për ta bërë. 3.shter, mbaroj; **the storm has spent its force** stuhia është qetësuar/ka rënë.4.humbas(pasurinë etj).

spender['spendë:] *n* prishaman; **be a big spender** prish/shpenzoj shumë.

spending['spending] *n* shpenzime; **government spending** shpenzime buxhetore.

spending money *n* pare xhepi.

spending power *n fin* fuqi blerëse.

spending spree *n* prishje pa hesap, shkapërdarje.

spendthrift['spendthrift] *n* prishaman, dorëshpuar; shkapërdar, plangprishës.

spent[spent] *v,adj* *-pt,pp* e **spend**.
-adj 1.i harxhuar, i konsumuar. 2.i lodhur, i këputur; **she was quite spent** ishte fare e mbaruar; kishte marrë fund.

sperm I[spë:m] *n biol* farë, spermë.

sperm II[spë:m] *n* 1. vaj balene, të bardhë balene. 2.balenë kokëmadhe.

spermaceti[spë:më'seti] *n* vaj balene, të bardhë balene.

spermatic[spë:'mætik] *adj anat* sperme.

spermatozoon[spë:mëtë'zouën] *n* spermatozoid.

sperm oil *n* vaj balene.

sperm whale *n* balenë kokëmadhe me dhëmbë, kashalot.

spew[spju:] *vt* 1.vjell; **it makes you spew** të bën për të vjellë. 2.nxjerr, vjell(tym, lavë, sharje).

sphenoid['sfi:noid] *adj,n* *-adj* në formë pyke.
-n anat kockë e bazës së kafkës.

sphere[sfië:] *n* 1.*mat* sferë.2.rruzull.3.*fig* fushë, sferë(aktiviteti). 4.*fig* zonë(ndikimi etj). 5.qiell.

spherical ['sferëkël] *adj* sferik; i rruzullt, rruzullor.

spheroid['sfiëroid] *n,adj mat* *-n* sferoid, sferë.
-adj sferoidal, sferik.

spheroidal[sfi:'roidël] *adj* rruzullor, sferik.

spherule['sferu:l] *n* rruazë, rruzull i vogël.

sphincter ['sfinktë:] *n anat* muskul unazor, muskul shtrëngues, sfinkter.

sphinx[sfinks] *n mit* sfinks.

sphygmograph ['sfigmëgræf] *n* aparat matës pulsi.

spica['spaikë] *n pl* **spicae**['spaisi:] *n* 1.*bot* kalli. 2.*mjek* fasho spirale. 3.*astr* Kalliri(yll).

spicate['spaikeit] *adj* 1.*bot* me kallinj; në formë kalliri. 2.*zool* i zgjatur, me majë.

spice[spais] *n,v* *-n* 1.erëz. 2.*fig* grimë, fije. 3.*fig* kripë, lezet.
-vt 1.i hedh erëza. 2.*fig* lezetoj.

spicery['spaisëri] *n* 1.erëza. 2.shijë pikante.

spiciness['spaisinis] *n* 1.shijë pikante.2.*fig* lezet.

spic-and-span['spikën'spæn] *adj* 1.i pastër dritë. 2.krëk(njeri).

spiculate['spikjëleit] *adj* 1.me kallinj. 2.në formë kalliri.

spicule['spikjël] *n* 1.*zool* spikul. 2.*bot* kallith.

spicy['spaisi] *adj* 1.pikant, me erëza.2.*fig* e gjallë, e lezetshme, e këndshme(bisedë). 3.*fig* i kripur, paksa i guximshëm(tregim).

spider['spaidë:] *n* 1.*zool* merimangë. 2.*aut* rrjetë (për bagazhe). 3.*amer* tigan me tri këmbë.

spider crab *n zool* merimangë deti.

spiderman['spaidë:mën] *n ndërt* punëtor ndërtimi në lartësi.

spiderweb['spaidë:web] *n* pëlhurë/rrjetë merimange.

spidery['spaidëri] *adj* 1.i thatë, i hollë; si këmbë merimange. 2.plot merimanga(vend).

spiel I[spi:l] *n,v zhrg* *-n* 1.fjalim; fjalë; llogje.2. reklama boshe.
-vi flas, grij; mbaj llogje.

spiel II[spi:l] *n knd sport* turne, seri takimesh.

spieler['spi:lë] *n zhrg* llafazan, fjalaman.

spiffing['spifing] *adj zhrg* krëk; shik; i shkëlqyer.

spiffy['spifi] *adj zhrg* shih **spiffing**.

spigot['spigët] *n* duq; rubinet; tapë.

spike I[spaik] *n,v* *-n* 1.majë. 2.kokë/majë heshte. 3.gozhdë e madhe.4.kunj,thumb(këpucësh sportive). 5.kunj për letra/fatura. 6.*mek* punson.7.kamë, shish. 8.*pl sport* këpucë me thumba. 9.*sport* zhytje (në voleiboll).
-vt 1.ngul, gozhdoj, mbërthej me gozhdë.2.*fig* prish; **spike sb's guns** i vë shkopinj në rrota/ia prish planet dikujt. 3.forcoj(verën etj); **spiked coffee** kafe me rum/konjak etj.4.*sport* zhys(në voleiboll).

spike II[spaik] *n bot* 1.kalli. 2.vrigull.

spike file *n* kunj vertikal për fatura etj.

spike heels *n* taka me majë.

spikelet['spaiklit] *n bot* vrigullth.

spiky ['spaiki] *adj* 1.maja-maja; me gjemba. 2.i zgjatur, në formë kunji.

spile[spail] *n,v* *-n* 1.kunj; duq. 2.hu.
-vt 1.mbyll me kunj/me duq; tapos. 2.i vë hunj.

spill I [spil] *v,n* *-v* (**spilled, spilt**) 1.derdh (ujë, kripën etj); **spill blood** *fig* derdh gjak. 2.derdhet. 3.hapërdaj. 4.hedh, rrëzoj(nga kali, varka etj). 5.*zhrg* them, tregoj, nxjerr në shesh. + **spill the beans** a) nxjerr të fshehtën; hap barkun; b)zbërthehem, tregoj gjithë sa di; **spill wind from a sail** *det* shfryj/ flashk velën.
-n 1.derdhje. 2.rënie, rrëzim; *aut* aksident, kapër-

dimje.

spill II[spil] *n* 1.cifël. 2.fije shkrepëseje e gjatë; shkop; kaush letre(për të ndezur qirinjtë etj).

+**spill out** a)përhapet, hapërdahet; b)*fig* derdhet(turma); c)derdh; d)*fig* zbraz barkun, zbërthehem, i nxjerr të gjitha.

+**spill over** a)derdhet; b)*fig* turret, derdhet(turma); c)pushtojnë, mbysin(hallet).

spillage['spilixh] *n* 1.derdhje. 2.sasi e derdhur.

spillover['spilouvë:] *n* 1.derdhje. 2.sasi e derdhur. 3.*fig* tepricë. 4.*ek,pol* vënie në lëvizje; përhapje.

spillway['spilwei] *n* kanal shkarkimi.

spilt[spilt] *pt,pp* e **spill I**.

spin[spin] *v,n* -*v* (**spun, span; spun**) 1.vërtis, rrotulloj. 2.më vjen rrotull/vërdallë(mendja). 3.dredh (torkën); tjerr(fillin). 4.thur(pëlhurën merimanga). 5.lëviz me shpejtësi. 6.centrifugoj(rrobat). 7.sajoj, tjerr(historira); **spin a yarn** tjerr një histori. 8.gjuaj (peshk) me grep flutur.

-*n* 1.vërtitje, rrotullim. 2.centrifugim(i rrobave). 3. *sport* të prerë, falso(e topit). 4.*av* turjelë, rënie me përdredhje(e avionit); **get into a spin** e humbas mendjen, më kap paniku. 5.*fiz* spin, moment rrotullimi. 6. *gj.fol* xhiro, shetitje(me makinë etj); **go for a spin** dal të bëj një xhiro.7.*fig* provë; **give sth a spin** bëj një provë me diçka.

+**spin off** rrjedh, rezulton.

spin-off['spinof] *n* 1.fitim i paparashikuar. 2.*ind* nënprodukt. 3.rrjedhojë; rezultat.

+**spin out** a)zgjas(vizitën, tregimin); b)ruaj, kursej.

+**spin round** a)rrotulloj, vërtis; b)vërtitet, bie si fugë; c)rrotulloj(partnerin në vallëzim etj).

spinach['spiniç, 'spinixh] *n* spinaq.

spinal['spainël] *adj,n* -*adj* 1.*anat* shpinor, i shpinës; i shtyllës kurrizore.2.kurrizor, me kurrize (vargmal).

-*n mjek* anestetik për pjesën e poshtme të trupit.

spinal column *n anat* shtyllë kurrizore.

spinal cord *n anat* palcë e kurrizit.

spindle['spindël] *n* 1.bosht(për tjerrje). 2.*tek* aks, bosht.

spindle-legged['spindël'legd] *adj gj.fol* me këmbë të holla/si kunj shkrepseje.

spindle-shanked['spindël'shænkt] *adj gj.fol* shih **spindle-legged**.

spindling['spindling] *adj* shih **spindly**.

spindly['spindli] *adj* 1.i hollë, si kunj shkrepëseje. 2.shëndetlig, i grymosur.

spine[spain] *n* 1.shtyllë kurrizore. 2.gjemb(iriqi, bimësh). 3.shpinë(libri). 4.kurriz(mali). 5.*amer fig* guxim, këllqe.

spine-chilling ['spainçiling] *adj* rrëqethës, që të ngrin gjakun.

spined[spaind] *adj* 1.me shtyllë kurrizore, vertebror. 2.me gjemba.

spineless['spainlis] *adj* 1.pa gjemba(kaktus etj). 2. pa shtyllë kurrizore, jovertebror. 3.ulok. 4.*fig* i dobët, i squllët; pa kockë; pa karakter.

spinelessly['spainlisli] *adv fig* pa guxim, si qullac.

spinet[spi'net] *n muz* piano e lartë.

spinner['spinë:] *n* 1.tjerrës. 2.flutur(peshkimi). 3. centrifugë(rrobash). 4.*sport* top me të prerë.

spinney['spi:ni] *n Br* shkorret.

spinning ['spining] *n* 1. tjerrje. 2. peshkim me flutur.

spinning jenny *n* makinë e thjeshtë tjerrëse.

spinning machine *n* makinë tjerrëse.

spinning mill *n* fabrikë tjerrjeje.

spinning top *n* fugë, verrle.

spinning wheel *n teks* qerthull.

spinose['spainous] *adj* gjembaç, me gjemba.

spinous['spainës] *adj* 1.gjembor, si gjemb. 2.gjembaç, me gjemba.

spinster['spinstë:] *n* 1.*adm* beqare, grua e pamartuar. 2.lëneshë, plakaruqe.

spinsterhood['spinstë:hud] *n* 1.beqari. 2.të qenit lëneshë.

spinule['spainiël, 'spiniël] *n* gjembth.

spiny['spaini] *adj* 1.gjembaç, me gjemba. 2.gjembor, si gjemb. 3.*fig* i vështirë, i zorshëm; i bezdisshëm(problem).

spiracle['spairëkël, 'spirëkël] *n* 1.*zool* vrimë frymëmarrjeje. 2.vrimë ajrimi. 3.*gjeol* çarje, plasë.

spiral['spairël] *n,adj,v* -*n* 1.spirë, dredhë. 2.spirale, lakore rrotulluese; **the inflationary spiral** spiralja e inflacionit; **the wage-price spiral** rritja e pandalshme e pagave dhe çmimeve. 3.zemberek.

-*adj* spiral; në formë spirale; **spiral staircase** shkallë spirale.

-*vi* 1.formon spirale. 2.lëviz në formë spirale; bie si fugë(avioni).3.ngrihen me vërtik(çmimi).

+**spiral down** *av* bie si fugë(avioni).

+**spiral up** a)*av* ngjitet si fugë(avioni); b)ngjitet në formë spirale(tymi); c)ngrihen me vërtik(çmimet).

spirally['spairëli] *adv* në formë spirale.

spiral nebula *n astr* grumbullim yjor spiral.

spirant['spairënt] *n gram* bashkëtingëllore fërkimore.

spire I ['spajë:] *n,v* -*n* 1. *ark* shigjetë, majucë. 2.majë (peme, shkëmbi). 3.fije(bari).

-*vi* del, nxjerr krye(bima).

spire II['spajë:] *n* 1.spirale; bobinë.2.spirë, dredhë.

spirit ['spirit] *n,v* -*n* 1. shpirt. 2. hije, fantazmë, shpirt. 3.zanë. 4.mendje; **one of the greatest spirits of his day** një nga mendjet më të ndritura të kohës së tij. 5.frymë; **she's got the right spirit** ajo e ka frymën e duhur; **have great fighting spirit** kam frymë luftarake. 6.humor, gjendje shpirtërore, moral; **in good spirit** me humor të keq; **in low/poor spirit** me humor të keq, i rënë shpirtërisht.7.zjarr, vrull,

gjallëri, energji; **a man of spirit** njeri energjik; **play with spirit** luaj me gjallëri. 8.alkool; pije alkoolike; **preserved in spirits** i ruajtur në alkool. **+ out of spirits** i trishtuar, pa humor.
-*vt* 1.heq/largoj fshehurazi. 2.nxis; gjallëroj; zgjoj. **+spirit away/off** zhduk si me magji.
spirit gum *n* zamkë rrëshinore.
spirit lamp *n* llampë alkooli.
spirit level *n tek* nivel me flluskë.
spirited ['spirëtid] *adj* 1. i gjallë, tërë vrull, plot zell.2.e zjarrtë(bisedë). 3.e guximshme(sipërmarrje). 4.i rrëmbyer, që s'përmbahet(kalë).
spiritism['spirëtizm] *n* spiritizëm.
spiritless ['spiritlis] *adj* 1.i flashkët, pa jetë. 2.pa dëshirë, me gjysmë zemre.
spiritual['spiriçuël] *adj,n* -*adj* 1.shpirtëror. 2.*fet* fetare, e shenjtë(këngë, etj); **the lords spiritual** *Br* etërit e shenjtë, etërit shpirtërorë, peshkopët e Dhomës së Përëve. 3.i mbinatyrshëm.
-*n* këngë fetare.
spiritualism ['spiriçjuëlizm] *n* 1.*fet* spiritizëm. 2.*filoz* spiritualizëm.
spiritualist ['spiriçuëlist] *n* 1.*fet* spiritist. 2. *filoz* spiritualist.
spirituality[spiriçu'ælëti] *n* 1.natyrë shpirtërore. 2. *pl fet* prona e përfitime kishëtare.
spiritually['spiriçjuëli] *adv* shpirtërisht, nga ana shpirtërore.
spirituous['spiriçuës] *adj* alkoolik, me alkool.
spirometer[spai'romëtë:] *n* spirometër, aparat për matjen e kapacitetit të mushkërive.
spirt[spë:t] shih **spurt**.
spiry ['spairi] *adj* 1.i zgjatur, me majë. 2.maja-maja.
spit I[spit] *v,n* -*v* (**spat, spit**) 1.pështyj; (**at,on**) pështyj në fytyrë(dikë). 2.nxjerr (flakë etj). 3.kërcet (yndyra , fitili kur digjet).4.skërmitet(macja). 5.ve-son; **it is spitting (with rain)** po bien ca pika shi.
-*n* 1.pështymë. 2.një vesë shi; dëborë e lehtë. **she is the dead/very spit of her mother** është gjallë e ëma/e ëma në vend; **he's the spit and image/the spitting image of his father** është i ati në vend.
+spit out a)nxjerr nga goja(tabletën); b)*fig* nxjerr, nuk e mbaj(të fshehtën): **spit it out!** hajde, zbrazu!
+spit up pështyj(gjak etj).
spit II[spit] *n,v* -*n* 1.hell. 2.*gjeog* gjuhë toke.
-*vt* shkoj/fus në hell.
spit III[spit] *n bujq* bel; **dig sth 2 spits deep** gër-moj 2 bela thellë.
spit and polish *n gj.fol* pastërti e madhe, feksie.
spit curl *n gj.fol* bisht, bukël(flokësh).
spite [spait] *n,v* -*n* 1. mëri, inat; **have a spite against sb** ia kam inatin dikujt, e kam marrë mëri dikë; **out of pure spite** thjesht për inat/nga inati.2. përçmim, mospërfillje; **in spite of it** pavarësisht nga

kjo, pa e përfillur këtë gjë.
-*vt* inatos, nxeh; mërzis.
spiteful['spaitful] *adj* inatçi, i lig, keqdashës, hak-marrës.
spitefully['spaitfuli] *adv* për inat, për hakmarrje; nga mëria; nga ligësia.
spitefulness['spaitfulnis] *n* inat, hakmarrje; mëri; ligësi.
spitfire['spitfajë:] *n* 1.*gj.fol* çakmak, grindavec, njeri që nxehet për hiçgjë. 2.top. 3.fishekzjarr.
spitroast['spitroust] *vt* pjek në hell.
spitting['spiting] *n* pështytje; **'spitting prohibit-ed'** 'ndalohet pështytja'.
spittle['spitël] *n* 1.pështymë.2.jargë.
spittoon[spi'tu:n] *n* enë pështyme, pështymore.
spitz[spic] *n* kone, qen trupvogël.
spiv[spiv] *n Br zhrg* spekulator, bos i tregut të zi.
splash[splæsh] *v,n* -*v* 1.spërkas, stërpik, çikloj. 2.spërkatem; llokoçitem; llapashitem. 3.përplaset (dallga në breg).4.bëj pulla-pulla; njollos. 5.*fig* shpalos, nxjerr në faqe të parë(të gazetës).
-*n* 1.llokoçitje; llapashitje.2.spërkë; stërpikje. 3.njollë; pullë, larë. 4.grimë, çikë. **+ make a splash** *gj.fol* tërheq vëmendjen; bëj bujë.
+splash about a)llokoçitem; llapashitem; b)cikloj, spërkas; c)*fig* shes mend (me pasurinë etj).
+splash down *av* zbret në det(anija kozmike etj).
+splash out prish kot(para); bëj rrush e kumbulla.
+splash up spërkas; çikloj.
splashback['splæshbæk] *n* veshje(lavamani etj).
splashboard['splæshbo:d] *n aut* parafangë.
splashdown ['splæshdaun] *n av* zbritje në det(e anijes kozmike etj).
splash guard *n aut* parafangë.
splasher ['splæshë:] *n* 1.spërkatës. 2.mbrojtëse; parafangë.
splashy['splæshi] *adj* 1.spërkatës. 2.pulla-pulla; lara-lara. 3.*gj.fol* i bujshëm; që bie në sy.
splat[splæt] *n* shpinë (karrigeje etj).
splatter['splætë:] *v,n* shih **splash; spatter**.
splay[splei] *v,n,adj* -*v* 1.zgjeroj hapësirën(e dri-tares; zgjeroj grykën(e tubit). 2.hap majat(e shputa-ve). 3.hapet; zgjerohet.
-*adj* 1.i gjerë; i hapur nga jashtë. 2.*fig* kaba.
-*n* 1.hapje; zgjerim. 2.sipërfaqe e pjerrët.
splayfooted['spleifutid] *adj* 1.këmbëkërrabë.2.*fig* kaba; i ngathët.
spleen[spli:n] *n* 1.*anat* shpretkë. 2.*fig* inat; mëri; **vent one's spleen on sb** ia nxjerr inatin dikujt, e shfryj dufin mbi dikë. 3.*vjet* mërzi; trishtim.
splendent['splendënt] *adj* i ndritshëm, i shkëlqyer.
splendid ['splendid] *adj* 1. plot shkëlqim; madhë-shtor.2.i shkëlqyer, i përkryer, **that's simply splendid!** shkëlqyeshëm!; kjo është mrekulli!
splendidly ['splendidli] *adv* 1. tërë shkëlqim, në

mënyrë madhështore, me madhështi. 2.shkël-
qyeshëm, për mrekulli; **it's coming along splen-
didly** (puna) po shkon për mrekulli.
splendiferous[splen'diferës] *adj gj.fol* i shkëlqyer,
i jashtëzakonshëm, kryevepër.
splendo(u)r['splendë:] *n* 1.shkëlqim.2.madhështi,.
splenetic [spli'netik] *adj* 1.i shpretkës. 2.idhnak,
zemërak.
splenic['splenik, 'spli:nik] *adj* i shpretkës.
splice[splais] *v,n* -*v* 1.thur, lidh me thurje(skajet
e litarëve). 2.bashkoj/lidh me shkelje të skajeve(dy
copa dërrase). 3.ngjis, bashkoj(skajet e filmit, shiritit
të magnetofonit). 4.*zhrg* : **get spliced** pleksem keq,
martohem (me dikë). 5.*fig* e kthej një(gotë).
-*n* 1.lidhje me thurje. 2.bashkim, lidhje(dërrasash).
3.ngjitje, vend i ngjitur(në film, shirit).4.*zhrg*
martesë.
splicer['splaisë:] *n* ngjitës(filmash, shiritash).
spline[splain] *n,v* -*n* 1.rrip(dërrase, metalik). 2.
vizore. 3.*mek* pjastër; kunj. 4.*mek* fole.
-*vt mek* fiksoj me pjastër/me kunj.
splint[splint] *n,v* -*n* 1.*mjek* gështallë, jaki, allçi;
have one's leg in splints e kam vënë këmbën në
allçi. 2.thupër(për kosha etj). 3.rrip/pllakë/paftë me-
talike.
-*vt* vë në allçi.
splinter['splintë:] *n,v* -*n* 1.cifël, ashkël; spicë,
qejzë.2.*pol* fraksion, grup disident/i shkëputur.
-*v* 1.çahet/çaj në ashkla(druri); thyhet/thyej copë-
copë, e bëj/bëhet cifla(xhami). 2.*fig* copëtoj, përçaj;
përçahet(partia etj).
splinter group *n pol* grup disident/i shkëputur,
fraksion.
splinterproof glass['splintë:pru:f] *n* xham i pa-
thërmueshëm.
splintery['splintëri] *adj* 1.i ciflosshëm, që bëhet
ashkla; i thërmueshëm(xham). 2.maja-maja, cepa-
cepa. 3.plot ashkla/cifla.
split[split] *v,n,adj* -*v* 1.çaj; çahet(druri). 2.thyej;
thyhet(guri). 3.gris; griset(përhura). 4.ndaj; ndahet
(fitimi, puna etj). 5.prishem, ndahem(me dikë).
6.veçoj, shkëpus; zbërthej; shpërbëj; veçohet,
shkëputet; **it split the party down in the middle**
kjo e ndau partinë më dysh. 7.degëzohet. 8.*Br gj.fol*
shes dëngla. 9.*zhrg* iki, fryj. + **split hairs** kërkoj
qimen në vezë; **split one's sides laughing/with
laughter** gajasem, shqyhem gazit; **split one's
vote/ticket** *amer* votojmë për kandidatë partish të
ndryshme.
-*n* 1.e çarë; e grisur. 2.plasë; çarje(në dru,shkëmb).
3.gërricje; e prerë(në lëkurë). 4.plasaritje(nga të ftoh-
tit). 5.*fig* përçarje; ndarje; **there was a 4-way split
in the committee** komisioni u nda në katër grupe. 6.
zhrg pjesë, hise. 7.*gj.fol* gjysmë, shishe(pije, limo-
nade etj) sa gjysma e të zakonshmes. 8.*pl* sparkatë.

-*adj* i ndarë; i çarë. + **in a split second** për një
çast, në një grimë.
+**split off** a)ndahet; çahet; b)shkëputet; veçohet; c)
heq; këpus; thyej.
split-off['splitof] *n* ndarje, shkëputje.
+**split up** a)çahet, ndahet më dysh(anija, trungu); b)
shpërndahet(turma, mbledhja); c)prishen(miqtë);
ndahen(të fejuarit); d) përçahet(partia); e)çaj(dru); f)
thyej(gurë); g)ndaj(punën, fitimet); h)përçaj(partinë);
i)shpërndaj(mbledhjen, turmën); j)ndaj, prish(dy
miq, të fejuarit); k)veçoj, mbaj larg(trazovaçët).
splitup['splitʌp] *n* 1.prishje, ndarje(miqsh, të fe-
juarish). 2.*pol* përçarje.
splitcane['splitkein] *n bot* shelgjishtër, arqitë.
split decision *n sport* barazim.
split-level cooker *n* sobë me vende gatimi e furrë.
split-level house *n* shtëpi me dy nivele/me dy kate
të sfazuara.
split mind *n* shih **split personality**.
split new *n* i ri krëk, i ri flakë.
split personality *n* 1.personalitet i dyzuar. 2.ski-
zofreni.
split pin *n mek* kopilje.
split ring *n mek* rondele e çarë.
split screen *n kin,tv,kmp* ekran i ndarë.
split-screen facility *n kmp* ekran i ndashëm në
dritare të veçanta; funksion i ndarjes së ekranit.
split - second['split'sekënd] *adj* shumë i shpejtë,
i çastit; **split-second timing** *n* saktësi / precizion
me sekonda.
split-site *adj* me lokale të shpërndara(shkollë etj).
split ticket *n amer pol* listë e përzier (kandi-
datësh).
splitting['spliting] *n,adj* -*n* 1.çarje. 2.ndarje. 3.
përçarje.
-*adj* 1.ndarës. 2.përçarës. 3.shumë e fortë(dhi-
mbje); **I have a splitting headache** më plasi koka.
splodge[sploxh], **splotch**[sploç] *n,v* -*n* njollë.
-*v* njollos, bëj me njolla.
splotchy['sploçi] *adj* njolla-njolla.
splurge[splë:xh] *n,v gj.fol* -*n* 1.mburrje, kapar-
disje; **the reception made a great splurge** ishte një
pritje thjesht për t'u dukur. 2.dalldi; harxhim pa
hesap; **she had a splurge and bought a car** asaj i
ra në kokë e vajti bleu makinë.
-*vi* 1.mburrem, kapardisem. 2.prish pa hesap.
splutter['splʌtë:] *v,n* -*v* 1.pështyj; nxjerr spërka.
2.llomotis; belbëzoj. 3.kërcet, brambullin(motori). 4.
cirkat(yndyra).
-*n* 1.pështytje; spërkatje. 2.belbëzim. 3.kërcitje,
brambullimë(e motorit). 4.cirkatje(e yndyrës).
spoil[spoil] *v,n* -*v* (**spoiled, spoilt**) 1.prish, çoj
dëm; dëmtoj; **spoil the ship for a ha'p'orth of tar**
prov për një pe e një gjilpërë vajti dëm një plaçk' e
tërë. 2. prishet, kalbet (fruti). 3. *fig* prish, llastoj (fë-

mijën). 4.*vjet* plaçkis, grabis.5.*fig* digjem, jam i etur; **be spoiling for a fight** më hanë duart për sherr.

-*n* 1.*pl* pre, plaçkë. 2.*pl fig* qar, fitim; *amer pol* post, përfitim, privilegj, shpërblim(për shërbimet e bëra); **they want their part of the spoils** ata kërkojnë shpërblimin që u takon.3.dhera(gërmimesh).

spoilage['spoilixh] *n* 1.prishje. 2.mbeturina.

spoiled[spoild] *adj* 1.i prishur; i vajtur dëm.2.i llastuar(fëmijë).

spoiler['spoilë:] *n* 1.*amer pol* përfitues(postesh etj). 2.*av* fren ajri.

spoilsport['spoilspo:t] *n* ters, njeri që prish atmosferën gazmore.

spoils system *n amer pol* sistem i përfitimeve, sistem i ndarjes së përfitimeve(të posteve etj pas zgjedhjeve).

spoilt[spoilt] *pt,pp* e **spoil**.

spoke I[spouk] *pt* e **speak**.

spoke II[spouk] *n,v* -*n* 1.rreze, spicë(rrote); **put a spoke in sb's wheel** *fig* i vë/i fus shkopinj në rrota dikujt. 2.këmbë shkalle.

-*vt* 1.i vë spica(rrotës).2.vë këmbët e shkallës.

spoken['spoukën] *v,adj* -*pp* e **speak**.

-*adj* 1.e folur; **spoken French** frengjishte e folur. 2.që flet; **a soft-spoken man** njeri që flet butë.

spokesman ['spouksmën] *n* zëdhënës; **be a spokesman for..** jam zëdhënës i...

spokesperson['spoukspë:sën] *n* shih **spokesman**.

spokeswoman['spoukswumën] *n* zëdhënëse.

spoliate['spoulieit] *v* plaçkis, grabis; bëj pre.

spoliation[spouli'eishën] *n* plaçkitje, grabitje; pre.

sponge [spʌnxh] *n,v* -*n* 1. *zool* sfungjer. 2.sfungjer sintetik. 3.tampon. 4.shtupë (tyte). 5.brumë i ardhur. 6.revani. 7.*gj.fol* qvlaxhi; parazit. 8.*gj.fol* pijanik, sarhosh. + **throw in/throw up/toss in the sponge** dorëzohem, pranoj humbjen; *sport* hedh peshqirin.

-*v* 1.laj / fshij me sfungjer. 2. thith me sfungjer. 3.thaj, drenoj(plagën). 4.*fig* fshij, zhduk(gjurmët). 5. *gj.fol* a)(**on sb**) rroj në kurriz të (dikujt); b)i bie qylit; i zhvas; **he's always sponging** është qylaxhi; **she sponged $20 from her brother** ajo i zhvati 20 dollarë të vëllait.

+**sponge down** laj/fshij/fërkoj me sfungjer.

  sponge-down ['spʌnxhdaun] *n* larje / fshirje me sfungjer.

+**sponge out** thith/thaj/heq (njollën) me sfungjer.

+**sponge up** thith me sfungjer.

  sponge bath *n* larje me sfungjer.

  sponge cake *n* revani.

  sponge mop *n* fshirëse(xhamash etj) me sfungjer.

  sponge rubber *n* gomë poroze.

sponger['spʌnxhë:] *n* 1.qylaxhi. 2.parazit.3.makinë fërkuese rrobash.

sponginess['spʌnxhinis] *n* porozitet.

sponging house *n Br hist* shtëpi paraburgimi(për borxhlinjtë).

spongy['spʌnxhi] *adj* 1.sfungjeror, poroz. 2.birabira.

sponson['sponsën] *n* 1.*det* pjesë e dalë, mbështetëse(e lundrës). 2.*av* rezervuarë ajri(për stabilitet).

sponsor['sponsë:] *n,v* -*n* 1.promotor, organizues; nxitës, iniejues. 2.përkrahës, mbështetës; financues. 3.*fin* dorëzanë, garant. 4.*rad,tv,sport* sponsor. 5.nun, kumbar.

-*vt* 1.organizoj; nxis (ndërmarrjen, aktivitetin); **government-sponsored** me iniciativën e qeverisë. 2.përkrah, mbështes (projektligjin). 3.financoj (fushatën etj). 4. *fin* garantoj, bëhem/dal garant për (huamarrësin etj); **stand sponsor to sb, act as sponsor for sb** bëhem garant për dikë. 5.*rad, tv, sport* sponsorizoj (programin, ndeshjen). 6.pagëzoj, i bëhem kumbar.

sponsorship['sponsë:ship] *n* 1.nxitje. 2.përkrahje, mbështetje. 3.financim. 4.sponsorizim. 5.kumbari.

spontaneity[sponte'niëti, -'nejëti] *n* spontaneitet, vetvetishmëri.

spontaneous [spon'teiniës] *adj* 1.i vetvetishëm, spontan. 2.i paplanifikuar, jo i detyruar. 3.i natyrshëm, që mbin vetë, i pakultivuar.

spontaneous abortion *n mjek* dështim i paprovokuar.

spontaneous combustion *n tek* vetëndezje, ndezje e vetvetishme.

spontaneously[spon'teiniësli] *adv* prej vetiu, vetvetiu, në mënyrë të vetvetishme, spontanisht.

spoof [spu:f] *n,v,adj zhrg* -*n* 1. tallje, vënie në lojë; shaka; qesëndisje. 2.rreng.

-*v* 1.vë në lojë; i punoj një rreng, ia hedh(lexuesit, dëgjuesit). 2.parodizoj. 3.këpus qyfyre.

-*adj* i rremë, për shaka(njoftim etj).

spook I [spu:k] *n* 1.hije, fantazmë. 2.*amer zhrg* agjent i fshehtë, spiun.

spook II[spu:k] *vt* 1.*amer* ndjek, përndjek(dikë). 2.tremb(dikë, gjahun).

spooky['spu:ki] *adj gj.fol* frikësues, drithërues, i frikshëm; që të kall datën.

spool[spu:l] *n,v* -*n* 1.çikrik, masur, rrotë(peri). 2. bobinë(filmi, shiriti). 3.rrotull(teli etj).

-*vt* mbështjell.

spoon[spu:n] *n,v* -*n* 1.lugë.2.flutur(peshkimi). + **born with a silver spoon in one's mouth** i lindur me këmishë, i lindur me fat.

-*v* 1.marr me lugë. 2.gërryej, bëj të lugët. 3.*zhrg* mbuloj me të puthura; përgjërohem. 4.peshkoj me flutur. 5.*sport* gjuaj në hava.

+**spoon off** heq me lugë(yndyrën, ajkën).

+**spoon out/up** zbraz/hedh në pjatë.

  spoonbill['spu:nbil] *n* spatul.

  spoon-feed['spu:nfi:d] *vt* 1.ushqej me lugë. 2.*fig* përkëdhel, llastoj.

spoonful['spu:nful] *n* një lugë.

spoony['spu:ni] *adj,n gj.fol* -*adj* i përgjëruar. -*n* 1.dashnor i përvëluar. 2.leshko.

spoor[spuë:] *n,v* -*n* gjurmë. -*v* ndjek gjurmët.

sporadic[spë'rædik] *adj* sporadik; i rastësishëm; **sporadic fighting** luftime të veçuara/sporadike.

sporadically[spë'rædikli] *adv* 1.aty-këtu. 2.herë-herë; më të rrallë; me raste.

spore[spoë:] *n biol* spore.

sporran['spo:rën] *n skoc* qese brezi.

sport [spo:t] *n,v* -*n* 1. sport; **indoor / outdoor sports** sporte në salla të mbyllura/përjashta. 2.argëtim, zbavitje; **it was great sport** ishte diçka shumë argëtuese; **we had some good sport** e kaluam për mrekulli. 3.shaka; **in sport** për shaka, me të qeshur.4.tallje, vënie në lojë. 5.sportist. 6.tip sportiv, njeri i këndshëm/shik; **come on, sport!** eja, or mik! 7.*gj. fol* kumarxhi. 8.*zhrg* mburravec, tip i fryrë. 9.*biol* krijesë e çuditshme, varietet jonormal. + **make sport of sb** vë në lojë/tallem me dikë. -*v* 1.luaj, zbavitem, argëtohem. 2.bëj shaka. 3.*gj.fol* ekspozoj; mburrem me(diçka).

sport coat/jacket shih **sports jacket**.

sportful['spo:tful] *adj* lozonjar, lojcak.

sportiness ['spo:tinis] *n* karakter sportiv, natyrë sportive.

sporting['spo:ting] *adj* 1.sportiv; sporti. 2.korrekt; i hijshëm; **sporting gesture** gjest i hijshëm; **it's very sporting of you** gjë e hijshme nga ana jote. 3.*gj.fol* i guximshëm; me rrezik(veprim).

sporting house *n amer zhrg* shtëpi publike, bordell.

sportingly ['spo:tingli] *adv fig* në mënyrë fort të hijshme, me shumë elegancë.

sportive ['spo:tiv] *adj* i gjallë, i hedhur, lojcak (qen etj).

sports[spo:ts] *adj* sportiv, sporti; **a sports dress** veshje sportive; **sports shoes** këpucë sporti; **sports news** lajme sportive.

sports car *n* 1.veturë sportive. 2.makinë garash.

sportscast ['spo:tskæst] *n amer rad,tv* emision sportiv/i sportit.

sportscaster['spo:tskæstë:] *n amer rad,tv* komentator sportiv.

sports desk *n* redaksi e sporteve.

sports enthusiast/fan *n gj.fol* tifoz.

sports ground *n* fushë sporti, terren sportiv; stadium.

sports jacket *n* xhakaventë sportive.

sportsman['spo:tsmën] *n* 1.sportist; sportdashës. 2.*fig* tip sportiv, njeri shik.3.*fig* njeri korrekt. 4.*fig* tip i guximshëm.

sportsmanlike['spo:tsmënlaik] *adj fig* korrekt; i ndershëm; sportiv(gjest etj).

sportsmanship['spo:tsmënship] *n* 1.korrektesë; natyrë sportive. 2.aftësi sportive.

sports page *n* faqe sportive.

sportswear['spo:tsweë:] *n* veshje sportive.

sportswoman['spo:tswumën] *n* sportiste, atlete.

sportswriter['spo:tsraitë:] *n* redaktor sportiv.

sporty ['spo:ti] *adj* 1. *gj.fol* sportiv, korrekt. 2.i shpejtë, i shkathët. 3.shik, i lëmuar.

spot[spot] *n,v* -*n* 1.njollë; shenjë; spërkë.2.pikë (e zarit, dominosë).3.larë, balë.4.puçër, pikël. 5.*fig* njollë. 6.xixë; **have spots before the eyes** më bëjnë sytë xixa/miza. 7.vend; **from this spot** që këtu; **the police were on the spot** policia mbërriti në vendin e ngjarjes; **our man on the spot** *rad,tv* i dërguari ynë i posaçëm; **they decided on the spot** ata e vendosën aty-për-aty.8.*gj. fol* çikë, grimë, pikë; **a spot of work/of sleep** pak punë; një çikë gjumë; **how about a spot of breakfast?** ç'thua, sikur të hanim diçka për mëngjes? **a spot of rain** ca pika shi. 9.*rad,tv,teat* vend; numër(i programit); **she got a spot in that show** ajo e kapi një rol në atë shfaqje. 10.*rad,tv* njoftim; **a spot about the census** një njoftim në lidhje me regjistrimin e popullsisë. 11.kabare. 12.*teat* dritë prozhektori; prozhektor. + **hit the spot** *gj.fol* është i pranueshëm/i kënaqshëm; **in a spot** në gjendje të vështirë; **in spots** a)vende-vende, në disa vende; b)herë-herë; **on the spot** a)në vend; b)aty-për-aty, menjëherë; c)në vështirësi. -*v* 1.njollos, i vë njollë(edhe *fig*). 2.dalloj, shquaj; diktoj, gjej, zbuloj(gabimet). 3.njolloset; ndotet. 4.veson, pikon(shi). 5.*usht* vrojtoj. 6.shpërndaj; vendos(roje).

spot advertisement/announcement *n rad,tv* reklamë, njoftim i shkurtër.

spot cash *n* para në dorë, pare të thata.

spot check *n* 1.analizë e shpejtë. 2.kontroll i befasishëm; sondazh i herëpashershëm.

spot-check['spotçek] *v* kontrolloj, bëj kontrolle të herëpashershme.

spotless['spotlis] *adj* i panjollë, i pastër(edhe *fig*).

spotlessly['spotlisli] *adv* pastër; **spotlessly clean** krejt i pastër, krëk.

spotlessness['spotlisnis] *n* pastërti.

spotlight ['spotlait] *n,v* -*n* 1.*teat* dritë prozhektori; prozhektor.2.abazhur. 3.*aut* dritë e fortë, dritë e gjatë; prozhektor. 4.*fig* qendër vëmendjeje; **turn the spotlight on sb/sth** tërheq vëmendjen mbi/nxjerr në pah dikë /diçka. -*vt* 1.*teat* ndriçoj, i hedh dritën e prozhektorit. 2.*fig* nxjerr në pah; tërheq vëmendjen mbi/ndaj.

spotted ['spotid] *adj* 1. i njollosur, i ndotur. 2. pulla-pulla, pullali, laraman; me cirka.3.*fig* i njollosur.

spotter['spotë:] *n* 1. *Br usht* vrojtues (avionësh, qitjeje etj). 2. *amer treg* këqyrës, vëzhgues, survejues(i personelit).

spotting['spoting] *n* 1.*Br* vrojtim; diktim (avionësh etj). 2.*mjek* gjurmë(gjaku në urinë).

spotty['spoti] *adj* 1.me njolla, pulla-pulla; pullali; laraman; me cirka. 2.*amer* jo e plotë; me boshllëqe; me të meta(punë).

spousal ['spauzël] *n,adj vjet* -*n pl* ceremoni martese.
-*adj* martese, martesor.

spouse[spaus, spauz] *n* bashkëshort; burrë; grua.

spout [spaut] *v,n* -*v* 1.nxjerr çurgë; vjell (vullkani).2.del çurgë.3.*gj.fol* deklamoj; *keq* mbaj llogo. 4.*zhrg* lë peng.
-*n* 1.çurgë. 2.ulluk. 3.lëfyt. 4.*zhrg* dyqan pengjesh.
+ **up the spout** *zhrg* a)peng, i lënë peng; b)i rrënuar, i rrëgjuar, i marrë fund.

spraddle ['sprædël] *vi* hap këmbët; rri me këmbët hapur; ulem shaluar.

sprain[sprein] *v,n* -*vt* ndrydh, përdredh(këmbën).
-*n* ndrydhje, përdredhje.

sprang[spræng] *pt* e **spring**.

sprawl[spro:l] *v,n* -*vi* 1.hap këmbët; hallakatem; shtrihem sa gjatë gjerë.2.rrëzohem, plandosem. 3.zvarrisem.
-*n* 1.shtrirje sa gjatë gjerë; hallakatje. 2.plandosje. 3.zvarritje.

spray I[sprei] *n,v* -*n* 1.çurgë. 2.spërka, stërkala. 3.*tek* spruc; sprucim. 4.bombol; shishkë me spruc; spërkatës, sprucues.
-*vt* 1.spërkas(lulet, flokët). 2.pluhurzoj; sprucoj. 3. dend(me plumba).

spray II[sprei] *n* degëz; tufëz(lulesh).

spray gun *n tek* pistoletë; pompë spërkatjeje.

sprayer['sprejë:] *n* 1.spërkatës, sprucues. 2.avion për ujitje/spërkatje.

spread[spred] *v,n,adj* -*v* (**spread**) 1.hap, shtroj (çarçafin, hartën). 2.shtrij, shpalos, nder(krahët). 3.(**oneself**) *fig* hapem, zgjerohem(në bisedë). 4.hap (gjalpin në bukë). 5.lyej; **spread both surfaces with butter** i lyej të dy anët me gjalpë. 6.përhap(zjarrin, sëmundjen, fjalë); mbjell (panik). 7.shpërndaj(njerëz, libra). 8.hapet, zgjerohet(njolla); **spread into/over sth** hapet në/mbi. 9.përhapet(sëmundja, zjarri, fjala). 10.shtrihet(liqeni, studimi). + **spread oneself** *gj.fol* a)bëj çmos për të rënë në sy; b)shfaq aftësitë e mia; c)mburrem.
-*n* 1.përhapje. 2.shtrirje. 3.shpërndarje.4.mbulesë tavoline; kuvertë, mbulesë krevati. 5.gosti, tryezë(e shtruar). 6.dorë (letrash). 7.*polig* dyfaqësh; dy-tri kolona; hapësirë(në gazetë). 8.ngastër, tokë. 9.diferencë çmimi.
-*adj* 1.i shtrirë; i zgjatur. 2.të tërhequra(buzë).
+**spread out** a)shpërndahet(turma); b)hapet (freskorja); shtrihen(krahët); c)shtrihet(liqeni); d)shtrihem sa gjatë gjerë.

spread eagle *n* mburravec.

spread-eagle['spredi:gël] *vi* shtrin/hap krahët.

spreader['spredë:] *n* 1.thikë për të hapur gjalpin. 2.spatul, shpatull.3.*bujq* makinë shpërndarëse plehu.

spree[spri:] *n* 1.festë; argëtim; **go on a spree** bëj qejf, nuk mbahem. 2.e pirë me tepri.3. *fig* lëshim; **go on a spending spree** prish pa kufi, nuk përmbahem.

sprig[sprig] *n,v* -*n* 1.degëz. 2.zbukurim në formë degëze. 3.pinjoll. 4.çunak. 5.thumb pa kokë.
-*vt* 1.zbukuroj(qeramikën etj) me degëza. 2.mbërthej me thumba pa kokë.

sprightliness['spraitlinis] *n* gjallëri.

sprightly['spraitli] *adj* i gjallë; qiqër nga mendtë.

spring [spring] *v,n,adj* -*v* (**sprang, sprung; sprung**) 1.hidhem, kërcej; brof; **spring to one's feet** brof në këmbë; **spring at sb/sth** i hidhem dikujt /diçkaje. 2.shkon në vend; **the door sprang to** dera shkoi në vend si me sustë. 3.hidhem, turrem; **spring into action/to the rescue** hidhem në veprim; sulem për ta ndihmuar; **spring into view** shfaqet befas; **where did she spring from?** nga mbiu ajo? 4.rrjedh, vjen, buron; **their actions spring from the desire to...** veprimet e tyre burojnë nga dëshira për të...5.fryhet, mufatet, shtrembërohet; hapet(dërrasa, kartoni). 6.kapërcej, kërcej përsipër(hendekut). 7.shkreh (çarkun). 8.ia plas; **spring a piece of news on sb** ia plas lajmin dikujt; **she sprang it on me** ajo më befasoi me atë që më tha. 9.pajis me susta (kolltukun etj); **well-sprung** *aut* me amortizim të mirë. 10.çoj (gjahun). 11.ndihmoj për t'u arratisur; *zhrg* nxjerr nga burgu me shpërblesë. 12.fryn, mufat (dërrasën lagështia). + **spring a leak** plasaritet; fut ujë; **spring a mine** pëlcas minën.
-*n* 1.kërcim; **with/at one spring** me një të kërcyer. 2.sustë; *aut* **the springs** amortizatorët.3.elasticitet. 4.burim; **hot spring** burim termal.5.*pl fig* motiv, arsye, shkak; burim. 6.pranverë; **in spring, in the spring** në pranverë.
-*adj* 1.me sustë, me susta. 2.pranveror, i pranverës. 3.burimi(ujë).
+**spring up** a)hov, brof; b)mbin, del nga dheu; c) shfaqet befas; d)lind, zgjohet(frika, dyshimi); e)del, paraqitet (një problem, vështirësi).

spring balance *n* peshore me sustë.

spring binder *n* dosje me sustë.

springboard['springbo:d] *n* pedanë kërcimi; trampolinë.

spring chicken *n* 1.zogë, zog pule.2.*zhrg* axhami.

spring-clean, *n* edhe **spring-cleaning** *n,v* -*n* pastrim me themel(në pranverë).
-*vt* pastroj me themel.

spring-like['springlaik] *adj* pranveror, pranvere.

springtide['springtaid] *n* shih **springtime**.

spring tide *n* baticë.

springtime['springtaim] *n* pranverë.
springe[sprinxh] *n,v* -*n* lak.
-*vt* zë/kap me lak.
springer['sprinxhë:] *n* 1.çark (pushke etj). 2.*ark* qafë qemeri.
springiness['sprinxhinis] *n* elasticitet; epshmëri; përkulshmëri.
springy['sprinxhi] *adj* 1.i epshëm, i lakueshëm, elastik.2.i butë(qilim).3.i gjallë, i zhdërvjellët (hap). 4.me burime uji(vend).
sprinkle['sprinkël] *v,n* -*v* 1.spërkas; **sprinkle sth with water, sprinkle water on sth** spërkas me ujë diçka. 2.hedh, shpërndaj(rërë, sheqer etj). 3.përhap. 4.veson, bie një vesë shi.
-*n* 1.spërkatje. 2.sasi e vogël. 3.një vesë shi.
sprinkler['sprinklë:] *n* 1.spërkatës, impiant ujitës. 2.kripës, shishkë me vrima(për kripë, sheqer, piper). 3.sprucues uji, pajisje kundër zjarrit(në tavan).
sprinkling ['sprinkling] *n* 1. spërkatje; ujitje. 2. shtresë e hollë(rërë etj). 3.pakicë; numër i vogël.
sprint [sprint] *n,v* *sport* -*n* sprint, vrap i shpejtë, vrapim në distancë të shkurtër.
-*vi* bëj një sprint.
sprinter ['sprintë:] *n* *sport* vrapues i shpejtë, sprinter.
sprit[sprit] *n* *det* binar, tendosës vele.
sprocket ['sprokit] *n* *mek* ingranazh, rrotë me dhëmbë.
sprout[spraut] *v,n* -*v* 1.mbin, del, mugullon. 2. rritet me shpejtësi. 3.*fig* mbin, shfaqet. 4.qëroj nga sythat(patatet etj). 5.lë(mustaqe).
-*n* 1.filiz, lastar. 2.çunak. 3.lakër taje/Brukseli.
spruce I[spru:s] *n bot* bredh.
spruce II[spru:s] *adj,v* -*adj* 1.krëk, elegant. 2.e pastër, e bukur(shtëpi etj).
-*vt* 1.pispillos(fëmijën). 2.ndreq, ujdis(shtëpinë).
+**spruce up** ndreq, pispillos; **spruce oneself up** vishem krëk.
spruce beer *n knd* lëng bredhi i fermentuar.
spruce grouse *n zool* thëllëzë gëmushe.
sprung[sprʌng] *pt,pp* e **spring**.
spry[sprai] *adj* i gjallë, i freskët, i shkathët.
spud[spʌd] *n,v* -*n* 1.shatë, capë. 2.*gj.fol* patate.
-*vt* 1.harr, heq barërat e këqia. 2.shpoj(pus).
spud-bashing['spʌdbæshing] *n usht zhrg* qërim patatesh, punë në kuzhinë.
spume[spju:m] *n,v* -*n* shkumë.
-*vi* shkumon, shkumëzon.
spumy['spju:mi] *adj* me shkumë; i shkumëzuar.
spun[spʌn] *pt,pp* e **spin**.
spun glass *n* lesh xhami; fije xhami.
spunk[spʌnk] *n* 1.*gj.fol* guxim, burrëri. 2.xixë. 3. eshkë. + **get one's spunk up** *gj.fol* tregoj guxim.
spunky['spʌnki] *adj gj.fol* trim, guximtar.
spur[spë:] *n,v* -*n* 1.mamuze. 2.*fig* nxitje, nxitës.

3.*hek* degëzim. 4.çapua(gjeli).5.gungë, e dalë. + **on the spur of the moment** nën një shtytje të çastit, siç më shkrepet; **win one's spurs** bëj emër.
-*vt* 1.shpoj me mamuze. 2.ngas shpejt.3.*fig* nxis.
spur gear *n* shih **spur wheel**.
spur track *n hek* degëzim i shkurtër.
spur wheel *n tek* rrotë me dhëmbë, ingranazh.
spurge[spë:xh] *n bot* rryell, qumështore.
spurious ['spjuëriës] *adj* 1. i rremë, kallp; fals (dokument). 2.i shtirë. 3.i paligjshëm.
spurn[spë:n] *v,n* -*vt* 1.nuk pranoj, prapsoj, kundërshtoj me përçmim. 2.i jap duart. 3.shkelmoj.
-*n* 1.mospranim, refuzim, prapësim. 2.përzënie; përbuzje. 3.shkelm.
spurred[spë:d] *adj* me mamuze; me çaponj.
spurt[spë:t] *v,n* -*v* 1.(out/up) del, gulfon, shpërthen. 2.*sport* lëshohem, turrem.3.lëshon, vjell(tym), nxjerr(ujë).
-*n* 1.gjuhë(flake).2.çurgë(uji). 3.*fig* shpërthim(zemërimi, energjish).4.vrull.5.*sport* sprint. + **in spurts** me hope.
sputnik['sputnik] *n* sputnik, satelit artificial.
sputter['spʌtë:] *v,n* shih **splutter**.
sputum['spju:tëm] *n* 1.pështymë. 2.gëlbazë.
spy [spai] *n,v* -*n* 1. spiun, përgjues; **police spy** spiun i policisë. 2.spiun, agjent spiunazhi.
-*v* (**spied**) 1.përgjoj, spiunoj; **spy on sb/on sth/into sth** përgjoj dikë/diçka; përpiqem të zhbiroj në diçka. 2.merrem me spiunazh. 3.diktoj, vë re, shikoj; **he spied me coming** ai më pa që po vija.
+**spy out** njoh(terrenin).
spyglass['spaiglæs] *n* tejqyrë, dylbi e fuqishme.
spyhole['spaihoul] *n* birë, vrimë(përgjimi).
spying['spajing] *n* spiunim; spiunazh.
spy-in-the-sky *n gj.fol* satelit-spiun.
spymaster['spaimæstë:] *n* kryespiun, kryetar rrjeti spiunazhi.
spy ring *n* rrjet spiunazhi.
Sq (shkurtim për **Square**) *n* Sheshi...(në adresa).
sq. (shkurtim për **square**) *n* katror(metër etj).
sq.ft. (shkurtim për **square foot/feet**) *n* këmbë katrore.
sq.in. (shkurtim për **square inch/inches**) *n* inç katror.
sq.mi. (shkurtim për **square mile/miles**) *n* milje katrore.
squab[skwob] *n,adj* -*n* 1.zogth; pëllumbth. 2. shkurtalaq. 3.shilte. 4.kanape, divan.
-*adj* 1.i porsaçelur(zog). 2.shkurtalaq.
squabble['skwobël] *n,v* -*n* grindje, zënkë.
-*vi* hahem, grindem, sherrosem(për diçka).
squabbler['skwoblë:] *n* gërnjar, sherrxhi.
squabbling['skwobling] *n* zënkë, grindje, sherr, shamatë.
squad[skwod] *n* 1.*usht* skuadër; togë. 2.grup(të

squash

burgosurish). 3.brigadë(punëtorësh). 4.*amer sport* ekip, skuadër.

squad car *n* makinë policie.

squaddy['skwodi] *n Br zhrg* ushtar.

squadron ['skwodrën] *n* 1. *det, av* skuadrilie. 2.*usht* skuadron, repart kalorësie. 3.grup.

squadron leader *n det,av,usht* komandant skuadrilieje /skuadroni.

squalid['skwolid] *adj* 1.i pistë, i fëlliqur; i ndyrë; e rrënuar(shtëpi). 2.*fig* i ulët, i fëlliqur; **a squalid business** punë e ndyrë.

squall I[skwo:l] *n* 1.shkulm ere; shtrëngatë, stuhi. 2.*gj.fol* telash, bela; **there are squalls ahead** na presin telashe.

squall II[skwo:l] *v,n -vi* klith, bërtas, sokëllij. *-n* klithmë, britmë, piskamë, sokëllimë.

squalling['skwo:ling] *adj* ulëritës, sokëllitës.

squally['skwo:li] *adj* 1.me stuhi(mot); me shkulme(erë). 2.*gj.fol* kërcënues; me bela.

squalor ['skwo:lë:] *n* pisllëk; mjerim; **live in squalor** a)rroj në mjerim; b)rroj si derrat/në zhul.

squamose, -mous['skweimous, -mës] *adj* luspak.

squander ['skwondë:] *vt* 1.çoj dëm, harxhoj kot (kohën, talentin). 2.prish/shpenzoj pa hesap, shkapërderdh(paratë, pasurinë). 3.humbas(shansin).

square [skweë:] *n,adj,v,adv -n* 1.katror. 2.kuadrat; kuti (në letër). 3.copë katrore. 4.shesh (qyteti).5.vizore trekëndëshe, trekëndësh. 6.*tek* skuadër; **it is out of square** nuk është në skuadër, s'është kënddrejtë. 7. *mat* fuqi e dytë, katror. 8.*zhrg përb* njeri demode /me të vjetrën; **he's a real square** ai është me kohën e babaqemos. + **on the square** a)në skuadër, në kënd të drejtë; b)*gj.fol* me drejtësi, me korrektesë; **out of square** a)jashtë skuadre; b)gabim, jo në rregull. *-adj* 1.katror; **square bracket** *polig* kllapë katrore. 2.*mat* katror(metër etj). 3.qoshelie (fytyrë). 4.katrore(dhomë). 5.i drejtë; i rrafshët.6.*fin* fit-e-fit, në zero(llogari); **get square with sb** a)lahem / shlyhem me dikë;b) *fig* qëroj hesapet me dikë; **be all square** a)lahemi, jemi fit-e-fit; b)*sport* jemi baraz; **now we're back to square one** *fig* tani jemi sërish aty ku u nisëm, tani duhet të fillojmë prap nga zero. 7.i drejtë, korrekt, i ndershëm; **a square deal** marrëveshje e ndershme; **give sb a square deal** tregohem korrekt me dikë. 8.i prerë(kundërshtim). 9.*gj.fol* i kënaqshëm, i bollshëm(vakt). 10.i fortë, i fuqishëm; **of square build** me trup të fuqishëm. 11.*zhrg* i prapambetur, me të vjetrën, demode. *-v* 1.i jap formë katrore; pres në kënd të drejtë; vë në skuadër. 2.vë në rregull, ndreq(llogaritë).3.shlyej (borxhet, borxhlinjtë).4.*fig* pajtoj(dy vetë); ndreq (punën); **square it with sb** e ndreq punën me dikë; **I can square him** a)merrem unë me të, ia mbush unë mendjen; b)e rregulloj me të, ia gjej anën(me ry-

shfet). 5.*mat* ngre në katror. 6.përputhet; **it squares with the facts** përputhet me faktet; **that squares! në rregull është puna, puna është vënë në vijë. + **square oneself** *gj.fol* a)lahem, shlyej(gabimin); b) barazohem; **square the circle** *gj.fol* kërkoj të bëj të pamundurën; mbart ujë me shoshë. *-adv* 1.(with, to) në kënd të drejtë(me). 2.drejt e, mu; **square in the middle/in the face** mu në mes; drejt e në sy(vështroj dikë). 3.*gj.fol* ndershmërisht, me korrektesë.

+square away a)*det* drejtoj velat(nga era); b)përgatis, bëj gati; vë në rregull.

+square off a)*amer* i bëj ballë; b)marr pozicion; c) ndaj në katrorë; d)pres me qoshe.

+square up a)vihen ballëpërballë(boksierët); b)*fig* përballoj(një vështirësi); c)shlyhem(me dikë); d)pres në kënd të drejtë; e)ndreq, shlyej(llogarinë); f)*fig* ndreq(punët): **I'll square things up for you** ta rregulloj unë këtë punë.

square-bashing['skweë:bæshing] *n Br usht* stërvitje.

square-built['skweë:bilt] *adj* shulak, i lidhur.

square-cut ['skweë:kʌt] *adj* i prerë në kënd të drejtë.

square dance *n* kadrilje.

square deal *n gj.fol* korrektesë, trajtim korrekt.

square-faced['skweë:feist] *adj* nofullgjerë, me fytyrë qoshelie.

square-jawed['skweë:xho:d] *adj* nofullmadh.

square knot *n amer* nyjë e sheshtë, nyjë në formë tetëshi.

square measure *n* masë sipërfaqeje.

square-rigged['skweë:rigd] *adj* me velat në kënd të drejtë.

square root *n mat* rrënjë katrore.

square-shouldered['skweë:'shouldë:d] *adj* shpatullgjerë.

square shooter *n gj.fol* njeri i drejtë/i ndershëm /korrekt.

squaretail['skweë:teil] *n knd* 1.troftë pikaloshe. 2. pulë stepe. 3.gjelegër bishtgjatë.

square timber *n* trungje të latuara/me prerje katrore.

square-toed['skweë:toud] *adj* 1.me majë katrore (këpucë). 2.*fig* i modës së vjetër, babaxhan.

squarely['skweë:li] *adv* 1.krejtësisht, plotësisht. 2. drejt e, mu; **squarely in the middle** mu në mes. 3. ndershmërisht, me korrektesë.

squarish['skwerish] *adj* gati katror.

squash I[skwosh] *v,n -v* 1.shtyp. 2.shkel rëndë, llapashis. 3.shtrydh(frutin). 4.*fig* shtyp, shuaj(kryengritjen). 5.*gj.fol* bukos, ia mbyll gojën. 6.ngjishet, shtrëngohet, shtypet(turma). 7.shtypen(frutat). *-n* 1.ngjeshje, dyndje; turmë e ngjeshur. 2.masë e shtrydhur; lëng frutash. 3.*sport* tenis muri, skuosh.

+**squash in** a)rrasem, futem me zor; b)fus me zor.

+**squash together** a)shtrëngohemi, ngjishemi; b) rras, ngjesh.

+**squash up** a)ngjishemi; b)bëj shuk(letrën).

squash II[skwosh] *n bot* kungullujës; kungull.

squash bug *n zool* brumbull i zi.

squashy['skwoshi] *adj* 1.i butë, që shtypet lehtë. 2.i butë, i lagësht (truall).

squat[skwot] *v,adj,n* -*v* 1.rri galiç, ulem në bisht. 2.ulem përdhe. 3.ngulem në tokën e dikujt. -*adj* 1.shulak. 2.i mbledhur, i kruspullosur. -*n* 1.mbledhje, kruspullosje.2.ngulje në tokën e tjetërkujt.

squatter ['skwotë:] *n* pushtues i tokës së tjetrit, banor i paligjshëm.

squatting['skwoting] *n* zënie/pushtim trualli.

squaw[skwo:] *n* grua lëkurëkuqe, indiane e Amerikës.

squaw man *n përb* i bardhë që rron me një lëkurëkuqe.

squawk [skwo:k] *v,n* -*vi* 1.këlthet, pingrron. 2. sokëllin, bërtet(fëmija). 3.*zhrg* qahem, gërnjosem.

squawk box *n zhrg* altoparlant publik.

squeak[skwi:k] *v,n* -*vi* 1.angullin; pipëtin; cingërin(miu). 2.kuit; kërkëllin; gërvin(mentesha etj). 3.*zhrg* a)bëhem spiun; b)tregoj, rrëfehem. 4.*gj.fol* e hedh njëfarësoj, shpëtoj.

-*n* 1.angullimë; pipëtimë; cingërimë. 2.kuitje; kërkëllimë; gërvimë. 3.*gj.fol* mundësi shpëtimi.

squeaker['skwi:kë:] *n gj.fol* 1.ndeshje / garë e fituar me diferencë të vogël. 2.bilbil(lodre).

squeal[skwi:l] *v,n* -*vi* 1.kuit. 2.sokëllij. 3.gërvin, kërkëllin.

-*n* 1.kuitje. 2.sokëllimë. 3.gërvimë; kërkëllimë. 4. *zhrg* kallëzoj, bëhem spiun; **squeal on sb/to the police** kallëzoj dikë; informoj policinë.

squeamish['skwi:mish] *adj* 1.delikat, i brishtë. 2. që i vjen të përzier. 3.i prekshëm, që bëhet keq për hiçgjë.

squeegee['skwi:xhi] *n,v* -*n* 1.kruajtëse; fshirëse (xhamash etj). 2.sfungjer dyshemesh.

-*vt* kruaj, fshij, pastroj.

squeeze[skwi:z] *v,n* -*v* 1.shtrëngoj fort. 2.përqafoj, shtrëngoj në gji. 3.shtrydh. 4.*fig* i zë frymën, shtyp(me taksa etj). 5.*fig* zhvas, nxjerr me shtrëngesë(para etj). 6.shtypet; shtrydhet. 7.çaj përmes(turmës). 8.i shtrëngoj dorën(dikujt).

-*n* 1.shtrëngim(dore etj). 2.përqafim. 3.ngjeshje, shtypje(në turmë). 4.gjurmë; shenjë; stampë. 5.*gj.fol* situatë e vështirë; **tight squeeze** gjendje e vështirë. 6.*fig* presion; **put the squeeze on sb** i bëj presion dikujt. 7.*ek* shtrëngim, bllokim kredie.

+**squeeze in** a)rrasem, futem shtrënguar; b)fus, i bëj vend(në program).

+**squeeze past** futem me zor, çaj, bëj vend; kalon

përmes(makina).

+**squeeze through** futem, çaj, depërtoj.

+**squeeze up** shtrëngohem, shtyhem.

squeeze bottle *n amer* shishkë plastike e shtypshme.

squeeze-box['skwi:zboks] *n gj.fol* harmonikë, fizarmonikë.

squeeze play *n gj.fol* presion, detyrim.

squeezer['skwi:zë:] *n* shtrydhëse frutash.

squelch[skwelç] *v,n* -*v* 1.shtyp, shkel me këmbë. 2.*fig* shuaj(entuziazmin), pres(vrullin). 3.*zhrg* ia mbyll gojën, ia mbyll sqepin. 4.llokoçitet. 5.eci pllaqplluq, pllaquritem.

-*n* 1.llokoçitje; pllaquritje. 2.*fig* përgjigje dërrmuese.

squib [skwib] *n,v* -*n* 1. satirë; sulm me fjalë. 2. shkrim i shkurtër(për të mbushur vendin). 3.fishekzjarr.

-*v* 1.shkruaj/botoj gjëra të shkurtra. 2.sulmoj me fjalë. 3.lëshoj fishekzjarr.

squid[skwid] *n,v* -*n zool* kallamar.

-*vt* koj (grepin) me kallamar.

squidjigger['skwidxhigë:] *n knd* 1.grep i shumëfishtë për kallamarë. 2.peshkatar kallamarësh.

squiffed[skwift] *adj* shih **squiffy**.

squiffy['skwifi] *adj zhrg* i dehur, i pirë, tapë.

squiggle['skwigël] *n,v* -*n* 1.shkarravinë.2.përdredhje.

-*vi* 1.shkarravis. 2.përdridhet(krimbi).

squint [skwint] *v,n,adj* -*vi* 1.picëroj sytë; shoh me sytë të picëruar. 2.shoh vëngër; shoh me bisht të syrit. 3.i hedh një sy; **she squinted at me quizzically** ajo më hodhi një vështrim pyetës. 4.priret; pjerret.

-*n* 1.*mjek* vëngëri, strabizëm. 2.shikim me bisht të syrit. 3.vështrim i shpejtë; **let's have a squint!** pa të shohim njëherë! **have a squint at sth** i hedh një sy diçkaje.

-*adj* 1.i vëngër.2.çakërr, të shtrembër(sy).

squint-eyed['skwintaid] *adj* syçakërr, vëngërosh.

squire['skwajë:] *n,v* -*n* 1.pronar tokash; zot; **yes squire!** siurdhëron, imzot! 2.*hist* kështjellar. 3.*hist* shqytar.

-*vt* 1.i shkoj pas, shërbej si shqytar. 2.shoqëroj(një femër).

squirm[skwë:m] *v,n* -*vi* 1.përdridhet(krimbi). 2. futem me zor/duke përdredhur trupin(përmes dritares, hekurave). 3.*fig* përpëlitem, s'di ku të futem (nga turpi). 4.pështirosem; **worms make me squirm** kam të pështirë nga krimbat.

-*n* 1.përdredhje. 2.përpëlitje. 3.pështirosje.

squirmy['skwë:mi] *adj* 1.që përdridhet. 2.që përpëlitet. 3.i pështirë.

squirrel['skwirël] *n,v* -*n* 1. *zool* ketër. 2. gëzof ketri.

-*vi* (**away**) vë mënjanë, vë rezervë, grumbulloj.

squirrely['skwerëli] *adj zhrg* 1.i krisur, i luajtur. 2.i çoroditur, i çekuilibruar, i shushatur.

squirt[skwë:t] *v,n* -*v* 1.nxjerr çurgë. 2.i hedh; i fus, i shtie; spërkas(me diçka). 3.kërcen, del çurgë; **water squirted into my eyes** më hyri uji në sy. -*n* 1.çurgë, curril. 2.pikla. 3.*gj.fol* qurrash; mburravec. 4.*gj.fol* çunak, axhami.5.shiringë; pompë e vockël.

squirt gun *n* revole me ujë.

squirter['skwë:të:] *n* dardhë(llastiku).

squish[skwish] *v,n* -*v* 1.pllaquris.2.*gj.fol* shtrydh. -*n* pllaquritje, pllaq-plluq.

SS['es'es] *n hist* eses, SS.

SS shkurtim për: 1. **steamship** avullore. 2. *polig* **single space** spacio njëshe.

Sri Lanka[sri:'lænkë] *n gjeog* Sri Lanka.

Srilankan[sri:'lænkën] *adj,n* srilankas.

SRN (shkurtim për **State Registered Nurse**) *n* infermiere me liçensë shtetërore.

St shkurtim për **Street; Saint; Strait**.

stab[stæb] *v,n* -*v* 1.vras, i ngul thikën. 2.godas /qëlloj/plagos me thikë; **stab sb to death** qëlloj dikë(me thikë) për vdekje; **stab sb in the back** godas pas shpine(edhe *fig*). 3.shpoj(me laps, me gisht etj). -*n* 1.goditje me thikë; **a stab in the back** goditje pas shpine(edhe *fig*). 2.sëmbim; **a stab of remorse** /**grief** pendim; sëmbim në zemër. 3.*gj.fol* orvatje, përpjekje. + **have/make a stab at doing sth** provoj të bëj diçka.

stab-wound['stæbwu:nd] *n* plagë thike.

stabbing ['stæbing] *n,adj* -*n* goditje me thikë; përleshje me thika. -*adj* therës; **stabbing pain** dhimbje therëse.

stabile['steibël, 'steibail, 'stæbël, 'stæbail] *adj,n* - *adj* i palëvizshëm; i fiksuar; stabël. -*n art* skulpturë.

stability[stë'bilëti] *n* 1.palëvizshmëri, fiksim. 2. qëndrueshmëri, pandryshueshmëri, stabilitet. 3.vendosmëri.

stabilization[steibëlë'zeishën] *n* stabilizim.

stabilize ['steibëlaiz] *vt* 1. fiksoj, bëj të qëndrueshëm; i jap stabilitet.2.stabilizoj, mbaj të pandryshueshëm(çmimin etj).

stabilizer['steibëlaizë:] *n* stabilizues; stabilizator.

stable I['steibël] *n,v* -*n* 1.stallë, grazhd(kuajsh). 2.katua. 3.tufë(kafshësh shtëpijake). 4.kuaj race. 5. *gj.fol* grup, ekip(artistësh, shkrimtarësh, sportistësh). -*vt* fus/mbaj në stallë; grazhdoj.

stable II['steibël] *adj* 1.i fiksuar, i palëvizshëm. 2. i qëndrueshëm, i përhershëm. 3.*kim* i pazbërthyeshëm(komponim).

stableboy['steibëlboi] *n* stallier, grazhdar.

stablemate ['steibëlmeit] *n* 1.shok grazhdi (kalë).

2.*fig* shok shkolle; shok pune.

stack [stæk] *n,v* -*n* 1. mullar, qipi. 2. pirg; grumbull, turrë, stivë. 3.tufë, vandak. 4.*amer* bllok (biletash).5. oxhak; trung oxhaku; oxhakë. 6.*pl* një tufë, një mori; **I've got stacks of/a stack of things to do** kam një mori gjërash për të bërë; **she's got stacks of time** ka kohë sa të dojë. 7.*pl* rafte(librash). 8.*Br* pirg(masë drush zjarri = 3 m³). 9.*av* formacion pritjeje(në lartësi të ndryshme mbi aeroport). 10.*kmp* kujtesë e përkohshme, depozitim i përkohshëm. + **blow one's stack** *zhrg* e humbas durimin, shpërthej. -*vt* 1.bëj mullar. 2.grumbulloj, bëj stivë/pirg/turrë. 3.(**with**) mbuloj, mbush me; **she's well-stacked** *amer fig* ajo ka goxha trup. 4.ujdis me hile(letrat); **stack the cards**/*amer* **the deck** bëj hile në përzierjen e letrave. 5.*drejt,adm* seleksionoj me njëanshmëri (kërkesat etj). 6. *av* lë në gjendje pritjeje (avionët mbi aeroport).

+**stack up** a)*amer* matem, krahasohem(me); b)grumbulloj, bëj pirg.

stadia['steidië] *n pl* i **stadium**.

stadium['steidiëm] *n pl* **stadiums, stadia** stadium.

staff [stæf, sta:f] *n,v* -*n pl* **staves**(1,2,3), **staffs** 1.stap, shkop. 2.shtizë(flamuri). 3.*fig* shtyllë. 4.personel, punonjës. 5.*usht* shtab.6.trup mësimor; pedagogë. 7.punëtorë, personel shërbimi; **she left the staff in..** ajo u largua në vitin...8.*muz* pentagram. -*vt* pajis/plotësoj me njerëz, me punonjës; **well staffed** me personel të shumtë.

staff canteen *n* mensë për punonjësit.

staff college *n* shkollë e lartë ushtarake.

staffer['stæfë:] *n* punonjës, anëtar i ekipit/i redaksisë etj.

staffing['stæfing, 'sta:fing] *n* plotësim me njerëz.

staffing officer *n knd* agjent punësimi.

staff meeting *n* këshill pedagogjik.

staff officer *n usht* oficer shtabi.

staffroom['stæfru:m] *n* sallë mësuesish; sallë e pedagogëve.

staff sergeant *n usht* rreshter.

staff training *n* kualifikim i punonjësve/i kuadrit.

stag[stæg] *n,adj,adv* -*n* 1.dre. 2.mashkull (kafshë). 3.*gj.fol* mashkull i pashoqëruar (në një mbrëmje vallëzimi). 4.mbrëmje/darkë pa femra. 5.*Br* spekulator burse.

-*adj gj.fol* 1.vetëm për meshkuj(mbrëmje); i burrave(qoshk etj). 2.*amer* pornografik, porno(film).

-*adv* vetëm, pa shoqëruese.

stag beetle *n zool* kacabu.

staghound['stæghaund] *n* langua, zagar.

stag hunt/hunting *n* gjueti dreri.

stag night *n* festë e beqarit, festë e lamtumirës së beqarisë.

stage[steixh] *n,v* -*n* 1.fazë, etapë; periudhë; **a**

critical stage një periudhë kritike; **a 3-stage rocket** raketë 3-fazëshe. 2.skenë; teatër; **go on the stage** a)ngjitem në skenë; b)*fig* bëhem aktor; **hold the stage** jam në qendër të vëmendjes. 3.platformë. 4.*ndërt* skelë. 5.pllakë. 6.etapë(udhëtimi). 7.sektor. 8.karrocë udhëtarësh. + **by/in easy stages** mengadalë, me ndalesa.

-*vt* 1.vë në skenë. 2.*fig* organizoj, ujdis; kurdis; **they staged a reconciliation** a)ata rregulluan një pajtim; b)ata bënë sikur u pajtuan; **stage a strike** a)organizoj një grevë; b)futem në grevë, bëj grevë. 3.udhëtoj me karrocë. 4.kryej në disa faza. 5.vë për t'u tharë(peshkun etj).

stagecoach ['steixhkouç] *n* karrocë udhëtarësh; karrocë poste.

stagecraft ['steixhkræft] *n* teknikë skene; aftësi skenike.

stage designer *n teat* dekorator, piktor.

stage director *n teat* 1.përgjegjës skene.2.*amer* regjisor.

stage door *n teat* hyrje/portë për aktorët.

stage effect *n teat* efekt skenik.

stage fright *n teat* emocion(i aktorit).

stagehand['steixhhænd] *n* punëtor skene.

stage-manage['steixh'mænixh] *vt* 1.vë në skenë, jam regjisor i(pjesës). 2.*fig* sajoj, kurdis, orkestroj.

stage manager *n teat* regjisor.

stage race *n sport* garë me etapa.

stagestruck['steixhstrʌk] *adj* i marrosur/i dashuruar pas teatrit.

stage whisper *n* pëshpëritje me zë të lartë(për ta dëgjuar të pranishmit); **in a stage whisper** mënjanë.

stager['steixhë:] *n* 1.njeri i rrahur/me përvojë; **an old stager** veteran, stekë e vjetër, njeri i rrahur me vaj e me uthull.2.kalë karroce.

stagey ['steixhi] *adj keq* 1. i skenës, skenik. 2. i shtirë, teatral. 3.i fryrë, pompoz.

stagflation[stæg'fleishën] *n ek* stagflacion.

stagger['stægë:] *v,n* -*v* 1.lëkundem, më merren këmbët. 2.habis, shtang. 3.ngurroj. 4.hutoj, ia bëj mendjen dhallë. 5.distancoj(objekte).6.shkallëzoj(pagesat etj).

-*n* 1.lëkundje, marrje e këmbëve. 2.*pl mjek* marrje mendsh, marramenth(te kafshët).

staggering['stægëring] *adj,n* -*adj* trondítës, që të lë pa mend.

-*n* 1.marrje këmbësh. 2.distancim. 3.shkallëzim.

staging['steixhing] *n* 1.*ndërt* skelë. 2.*teat* vënie në skenë. 3.*av* shkëputje(e një faze të raketës).

stagnancy['stægnënsi] *n* 1.amulli, gjendje amullie.2.*ek* amulli, ngecje ekonomike.

stagnant['stægnënt] *adj* 1.i amullt, i ndenjur(ujë). 2.*fig* i plogët, i fjetur(tru); në amulli(aktivitet).

stagnate['stægneit] *vi* 1.rri amull(uji). 2.*fig* plogështohet(truri); rri në amulli, zvarritet(puna).

stagnation[stæg'neishën] *n* shih **stagnancy**.

stagy['steixhi] *adj* shih **stagey**.

staid[steid] *adj,v* -*adj* 1.i matur, i gjykueshëm, i përmbajtur. 2.i peshuar(vendim). 3.serioze(veshje). -*v vjet pt,pp* e **stay**.

staidness['steidnis] *n* 1.maturi, përmbajtje. 2.pamje serioze.

stain[stein] *n,v* -*n* 1.çngjyrosje, shenjë. 2.njollë. 3.*fig* njollë, njollosje. 4.ngjyrues, bojë(druri, pëlhure, preparatesh për mikroskop); **wood stain** bojë druri.

-*v* 1.njollos, ndyj. 2.*fig* njollos; turpëroj. 3.ngjyej, ngjyros; ngjyroj.4.njolloset, merr njollë.

stained glass *n* 1.xham me ngjyrë. 2.dritare me xhama shumëngjyrësh.

stainless['steinlis] *adj* i pastër, i panjollë(edhe *fig*).

stainless steel *n* çelik i pandryshkshëm, inoks.

stair [steë:] *n* 1. këmbë shkalle, shkallare. 2. *pl* shkallë; **pass sb on the stairs** takoj dikë te shkallët. + **below stairs** a)dhoma e shërbyesve; b)poshtë, në katin e poshtëm.

staircase['steë:keis] *n* shkallë.

stair rod *n* parmak shkalle.

stairway['steë:wei] *n* shkallë.

stairwell['steë:wel] *n* kafaz shkallësh.

stake[steik] *n,v* -*n* 1.hu. 2.piketë.3.*hist* shtyllë e turrës se druve. 4.shumë e vënë bast; **play for high stakes** luaj me pare të madhe; *fig* rrezikoj shumë; **there is a lot at stake** rrezikojmë shumë. 5.pjesë, hise, interes; **have a stake in sth** kam interesa në diçka. + **pull up stakes** *gj.fol* ngre leckat, mbartem.

-*vt* 1.rrethoj me piketa. 2.lidh pas hurit. 3.u vë hunj(domatave). 4.vë në lojë; rrezikoj; **he'd stake his life on it** ishte gati të vinte kokën në rrezik në atë punë. 5.financoj, mbështes.

+**stake out** a)rrethoj/shënoj me piketa; b)ndaj(përgjegjësitë, punët); c)mban nën mbikëqyrje, survejon (policia).

stakeout['steikaut] *n* mbikëqyrje, survejim.

stakeholder['steikhouldë:] *n* pranues bastesh.

stakey['steiki] *adj knd zhrg* që ka para.

stalactite[stë'læktait, 'stælëktait] *n* hell gëlqerori, stalaktit.

stalag['stælæg, 'sta:læg] *n* kamp robërish lufte.

stalagmite[stë'lægmait, 'stælëgmait] *n* stalagmit.

stale I[steil] *adj,v* -*adj* 1.i ndënjur, bajat. 2.*fig* i konsumuar, bajat(muhabet, shaka). 3.i rraskapitur (kalë). 4.i këputur, i mpirë(njeri); **he's getting stale** po i bie vrulli.

-*v* 1.bajatet; humbet freskinë. 2.bëj bajat.

stale II[steil] *v,n* -*v* urinon, shurron(kafsha). -*n* urinë, shurrë(kafshësh).

stalemate['steilmeit] *n,v* -*n* 1.(shah) pat. 2.*fig* rrugë qorre, gjendje pa rrugëdalje; **reach stalemate** futet në një rrugë pa krye, ngecet; **break the stale-**

mate zhbllokoj situatën.
-vt 1.(shah) e nxjerr pat(lojën). 2.*fig* pengoj, bllokoj (një projekt). 3.*fig* paralizoj(kundërshtarin).
stalemated['steilmeitid] *adj fig* i ngecur, i bllokuar, pa rrugëdalje.
staleness['steilnis] *n* 1.mungesë freskie; bajatje.2. rënie vrulli, mpirje; rraskapitje.
Stalinism['sta:linizm] *n pol* stalinizëm.
Stalinist['sta:linist] *adj,n pol* stalinist.
stalk I[sto:k] *n* 1.*bot* kërcell(bime); bisht(fruti).2. fron(gote); mbështetëse, mbajtëse; **his eyes were out on stalks** *fig* i kishin dalë sytë vendit, kishte zgurdulluar sytë.
stalk II[sto:k] *v,n* *-v* 1.ndjek, gjurmoj. 2.përhapet, pushton(sëmundja, paniku). 3.eci me kokën lart /i krekosur.
-n 1.krekosje, kapardisje. 2.ndjekje, gjurmim.
stalking-horse['sto:king'ho:s] *n* 1.kalë gjahtari(për t'u fshehur gjatë ndjekjes së gjahut). 2.*fig* pretekst.
stall I[sto:l] *n,v* *-n* 1.grazhd. 2.tezgë; qoshk (për shitje); **book/flower/newspaper stall** qoshk librash /lulesh/gazetash.3.stendë(ekspozite). 4.*Br teat* vend i orkestrës.5.e ndarë(në banja).6.*amer* vend parkimi. 7.gisht(doreze). 8.këllëf.
-v 1.rron në stallë/në kolibe. 2.fus në stallë/në kolibe. 3.ndal, ndaloj(makinën). 4.ngec(në baltë); ndalet (nga mungesa e karburantit); humbet shpejtësinë(avioni); **stall for time** *fig* përpiqem të fitoj kohë; **stop stalling!** mjaft u sorollate! 5.mbaj larg; shmang(dikë); **he tried to stall me off for a while** ai u përpoq të më hiqte qafe për ca kohë.
stall shower *n* kabinë/ndarje për dush.
stallion['stæljën] *n* hamshor.
stalwart['sto:lwë:t] *adj,n* *-adj* 1.i fuqishëm, i lidhur, truplidhur. 2.i vendosur, i paepur. 3.i sigurt, besnik(shok); **be a stalwart supporter** jam përkrahës besnik.
-n 1.njeri i vendosur/i paepur; trim. 2.përkrahës besnik.
stamen['steimën] *n bot* thek.
stamina ['stæmënë] *n* qëndrueshmëri, qëndresë, rezistencë.
stammer['stæmë:] *v,n* *-v* 1.belbëzoj, më mbahet goja.2.them duke belbëzuar.
-n belbëzim.
stammerer['stæmërë:] *n* belbacuk.
stamp [stæmp] *v,n* *-v* 1.përplas këmbën; shkelmon(kali). 2.ngul, ngulis(fjalët); **stamp sth on one's memory** ngulis diçka në kujtesë. 3.shtyp, shkel. 4.stampoj. 5.vulos, i vë vulë. 6.i vë pullë; **not sufficiently stamped** me pulla të pamjaftueshme.
-n 1.pullë; pullë poste. 2.vulë. 3.stampë. 4.gjurmë, vulë; shenjë; **stamp of genius** shenjë gjenialiteti; **bear the stamp of suffering** mban vulën e vuajtjeve. 5.*tek* vare; makinë thyerëse gurësh. 6.për-

plasje këmbësh.7.lloj, kallëp; **men of his stamp** njerëz të kallëpit të tij, të atillë njerëz.
+stamp about/around a)vete-vij i nxehur; b)eci lart e poshtë duke përplasur këmbët(për t'u ngrohur).
+stamp down a)ngul me këmbë(hurin); b)*fig* shtyp, shuaj(kryengritjen, protestat).
+stamp in/out hyj/dal duke përplasur këmbët.
+stamp out a)shtyp, shkel, shuaj(me këmbë cigaren); b)*fig* shuaj(kryengritjen); çrrënjos(zakonet); c)stampoj, pres(monedha etj); d)mbaj ritmin me këmbë.
stamp album *n* album pullash.
stampbook['stæmpbuk] *n* bllok pullash poste.
stamp collecting *n* filateli, koleksionim pullash.
stamp collection *n* koleksion pullash.
stamp collector *n* koleksionist pullash, filatelist.
stamp dealer *n* tregtues pullash poste.
stamp machine *n* automat për shitje pullash.
stamp pad *n* tampon me bojë për vulën.
stampede[stæm'pi:d] *n,v* *-n* turrje, lëshutje, ikje në rrëmujë; shpartallim.
-v 1.turren, lëshuten; ikin nga sytë këmbët; vërsulen(pas diçkaje). 2.fus në panik; **he stampeded them into agreeing** ai arriti t'i bindte pa u lënë kohë të mendoheshin.
stamping ground(s) *n fig* vend i preferuar, mbretëri.
stance[stæns] *n* pozicion; **take up a stance** marr /zë pozicion.
stanch[stænç] shih **staunch**.
stanchion['stænshën] *n* 1.mbështetëse, binar; këmbalec. 2.parmak grazhdi.
stand[stænd] *v,n* *-v* (**stood**) 1.rri në këmbë; **the house is still standing** shtëpia është ende në këmbë. 2. jam i gjatë; **he stands 180 cm in his socks** ai është 1m e 80 i gjatë pa këpucë. 3.çohem, ngrihem në këmbë; **all stand!** çohuni!. 4.rri, qëndron; gjendet; **they stood in a circle** ata rrinin në formë rrethi; **she likes to know where she stands** ajo dëshiron të dijë se ku është me punën/me rezultatet. 5.vë, vendos; **stand that box here** vëre këtu atë arkë. 6.*fig* jam; **stand first in one's class** jam i pari i klasës; **stand innocent / in need of** jam i pafajshëm /nevojtar për; **stand well with sb** e kam mirë me dikë. 7.marr qëndrim; nuk tutem; **stand for fair play** jam për korrektesën; **stand one's ground** nuk tërhiqem; nuk lëshoj pe. 8.kam; **stand a/no chance** kam një mundësi; nuk kam kurrfarë shansi. 9.duron, reziston, i qëndron; **these shoes won't stand much wear** këto këpucë nuk rezistojnë gjatë. 10.duroj, përballoj; **I can't stand it any longer** nuk duroj dot më; **he can't stand being cheated** ai nuk duron dot ta mashtrojnë. 11.kaloj, i nënshtrohem (kontrollit etj). 12.ndalem në vend. 13. nuk punon (pompa etj). 14. shtyp, i mëshoj(pedalit). 15.mbështetet, qëndron

mbi; *fig* bazohet(argumenti). 16.tregon(termometri). 17.është, ka mbërritur (çmimi, kursi).18.mbetet i pandryshuar; mbetet në fuqi(ligji etj). 19.bëhem, dal(garant, kandidat); **stand for election** paraqes kandidaturën. 20.ka të ngjarë të, rrezikoj të; **stand to win** ka të ngjarë të fitoj.
-n 1.qëndrim; pozicion(edhe *fig*); **they took up their stand beside us** ata na dolën krah; **make/take a stand against sth** marr/mbaj qëndrim kundër diçkaje. 2.ndalesë. 3.qëndresë, rezistencë; **make a last stand against the enemy** i bëj një qëndresë të fundit armikut. 4.*teat* shfaqe; ndalesë për të dhënë shfaqje. 5.vendqëndrim, stacion(taksish). 6.mbështetëse, mbajtëse; portmanto. 7.*muz* pupitër. 8.tezgë; banak.; kioskë(gazetash etj). 9.stendë. 10.*drejt* vend /bankë e dëshmitarëve; **take the stand** dal dëshmitar. 11.tribunë; **a ticket for the stands** biletë për tribunë.
+**stand about/around** vërtitem, sorollatem; rri në pritje.
stand-alone system *n kmp* sistem informatik i pavarur.
+**stand aside** mënjanohem, hap rrugë.
+**stand back** a)tërhiqem mbrapsht; b)(from)gjendet në distancë(nga).
+**stand by** a)rri mënjanë; bëj sehir; b)rri në gatishmëri; rri pranë; jam në pritje; c)mbaj(premtimin); i qëndroj(fjalës); d)pranoj(vendimin); e)i qëndroj besnik; përkrah(shokun).
standby['stændbai] *n* 1.zëvendësues. 2.*amer teat* dublant. 3.rezervë(bateri etj). + **be on stand-by** a) rri gati, është në gatishmëri; b)është rojë(mjeku).
stand-by credit *n fin,drejt* kredi mbështetëse.
stand-by loan *n fin,drejt* hua me kusht.
stand-by passenger *n* udhëtar në listën e pritjes (për ndonjë vend që mund të mbetet bosh).
stand-by ticket *n av* biletë pa garanci.
+**stand down** a)*usht* dalin nga gjendja e alarmit(trupat); b)largohem nga banka e dëshmitarëve; c)tërhiqet(kandidati); d)jap dorëheqjen, tërhiqem.
+**stand for** a)paraqet, përfaqëson: **what does UFO stand for?** çfarë përfaqësojnë germat UFO? b)mishëroj; c)jam për, mbroj, përkrah(një ide etj); d)jam kandidat për; e)pajtohem me, lejoj; f)*det* nisem drejt.
+**stand in** zëvendësoj(dikë).
stand-in['stændin] *n* 1.zëvendësues.2.*kin* dublant.
+**stand off** a)*det* del në det, largohet(anija); b)largohem; i shmangem; i rri larg; c)futem në rrugë pa krye, ngecem; d)*Br* pezulloj, nxjerr të papunësi të përkohshme.
standoff['stændof] *n,adj* *-n* 1.mënjanim. 2.rrugë pa krye.3.*sport* barazim.
stand-offish [stænd'ofish] *adj* i rezervuar, i mënjanuar, i tërhequr(njeri).
stand-offishly [stænd'ofishli] *adv* në mënyrë të rezervuar; me ftohtësi.

+**stand on** a)mbështetet në; varet nga; b)kërkon.
+**stand out** a)del, zgjatet(buza, hunda); b)duket, dallohet(damari); **stand out in relief** del në reliev; c)*fig* del në pah; bie në sy; shquhet; **he stands out above all the rest** ai i lë pas gjithë të tjerët; d)qëndroj, rezistoj; e)rri mënjanë, nuk bashkohem me të tjerët.
stand-out['stændaut] *n gj.fol* 1.njeri i shquar. 2. gjë e veçantë.
+**stand out against** a)i qëndroj, i bëj ballë(sulmit); b)u kundërvihem(kërkesave).
+**stand over** a)rri pezull, lihet për më vonë; b)mbikëqyr, nuk i ndahem.
+**stand to** *usht* 1.vihem në gjendje alarmi. 2.zë pozicion.
standto['stændtu] *n usht* alarm, gjendje alarmi.
+**stand up** a)çohem, ngrihem; **stand up and be counted** *fig* kam kurajën të shpreh mendimin tim; b)vë në këmbë(diçka); c)duron, reziston (materiali); d)*gj.fol* lë në pritje; nuk i shkoj në takim.
stand-up['stændʌp] *adj* 1.e drejtë, e ngrirë(jakë). 2.në këmbë(e ngrënë). 3.vetëm, që interpreton i vetëm(aktor).
+**stand up for** përkrah, mbroj, i dal krah; **stand up for oneself** mbroj veten.
+**stand up to** i kundërvihem, i dal ballëpërballë.
+**stand up with** *gj.fol* dal dëshmitar martese(për dikë).
standard['stændë:d] *n,adj* *-n* 1.flamur. 2.normë; kriter; standard; nivel; **be/come up to standard** a)(dikush) *fig* është në lartësinë/nivelin e duhur; b)(diçka) është brenda normave; **judging by this standard** po të nisemi nga ky kriter; **high moral standards** norma të një morali të lartë. 3.etalon. 4. mbajtëse, mbështetëse, suport. 5.shtyllë(rrugore). 6.tub vertikal. 7.pemë e drejtë/me trung të gjatë.
-adj 1.i zakonshëm, normal, standard(çmim etj). 2. i rregullt, i kërkuar, sipas normave; **the standard height for the police** gjatësia trupore e kërkuar për t'u pranuar në polici. 3.i nivelit(shkrimtar). 4.i rëndomtë, që mbaron punë(mall).
standard atmosphere *n fiz* atmosferë(njësi).
standard of living *n ek* nivel jetese.
standard time *n* kohë zyrtare sipas Grinuiçit.
standardbearer['stændë:dbere:] *n* 1.flamurtar. 2. prijës, udhëheqës.
standard-bred['stændë:dbred] *adj,n* *-adj* i racës; për gara(kalë etj).
-n kalë garash me karroca.
standard-gauge['stændë:dgeixh] *adj hek* me gjerësi standarde(shina).
standard lamp *n Br* llampadar.
standardization [stændë:dë'zeishën] *n* standardizim.

standardize ['stændə:daiz] *vt* 1.standardizoj. 2. normalizoj.

standardized test *n amer* provim i përgjithshëm.

standee [stæn'di:] *n amer* 1.spektator pa vend / në këmbë. 2.udhëtar pa vend/në këmbë.

standing['stænding] *n,adj* *-n* 1.pozitë; rang; rëndësi; **social standing** pozitë shoqërore; **financial standing** gjendje financiare; **a man of good/high /some standing** person i nderuar; njeri me peshë. 2.emër, nam, reputacion(i hotelit etj). 3.rëndësi, influencë(e gazetës etj); **they have no standing in these matters** ata nuk kanë kurrfarë autoriteti në lidhje me këto çështje. 4.kohëzgjatje; vjetërsi(pune). 5.*amer sport* klasifikim. 6.*amer aut* qëndrim, ndalim, parkim; **'no standing'** 'ndalohet qëndrimi'. *-adj* 1.në këmbë(udhëtar, spektator); **standing room** vende në këmbë(në teatër). 2.i përhershëm (komitet etj); **standing army** ushtri e rregullt. 3.i vendosur, në fuqi(rregull). 4.i vjetër, i mirënjohur; i vazhdueshëm; **it's a standing joke** është një shaka e vjetër. 5.i ndenjur, i amullt (ujë).

standing expenses *n* shpenzime të përgjithshme.

standing jump *n sport* kërcim me këmbët të bashkuara.

standing order *n Br* 1.*fin* tërheqje direkt nga banka. 2.*treg* porosi e përhershme(për mallra).

standing orders *n usht, pol* rregullore.

standpat['stændpæt] *adj gj.fol* i ngurtë, që s'lejon ndryshime.

standpatter[stænd'pætë:] *n gj.fol* njeri i ngurtë, konservator.

standpipe['stændpaip] *n* 1.tub vertikal. 2.kullë uji.

standpoint ['stændpoint] *n* pikëpamje, këndvështrim; qëndrim.

standstill['stændstil] *n* ndalesë, qëndrim në vend; **come to a standstill** ndalem; ndalet(prodhimi etj); **trade is at a standstill** tregtia është paralizuar.

stank[stænk] *pt* e **stink**.

stannate ['stæneit] *n kim* stanat, kripë e acidit stanik.

stannic ['stænik] *adj* 1. kallaji; i kallajtë. 2.*kim* i kallajit katërvalent, stanik.

stanous ['stænës] *adj* 1.kallaji; i kallajtë. 2.*kim* i kallajit dyvalent, stanor.

stanza['stænzë] *n* 1.*let* strofë. 2.*sport* pjesë loje.

stapes['steipi:z] *n anat* yzengji(e veshit).

staph[stæf] *n gj.fol* stafilokok.

staphylococcus[stæfëlë'kokës] *n pl* **-cocci**[-'kokai] *biol* stafilokok.

staple I['steipël] *n,v* *-n* 1.kapëse, tel(për letra). 2. *tek* kllapë metalike; kavallotë. *-vt* 1.kap/qep me kapëse teli. 2.shtrëngoj/mbërthej me kllapë.

staple II ['steipël] *n,adj,v* *-n* 1.artikull/prodhim kryesor. 2.element kryesor.3. lëndë e parë.4. ushqim

bazë. 5.*fig* temë kryesore. 6.*teks* fije. *-adj* 1.kryesor; bazë. 2.i nevojës së parë. *-vt teks* ndaj/veçoj sipas llojit të fijes.

stapler I['steiplë:] *n tek* makinë/pistoletë për ngulje kapësesh.

stapler II['steiplë:] *n* seleksionues fijesh.

star[sta:] *n,v,adj* *-n* 1.*astr* yll; **be born under a lucky star** kam lindur nën një yll fatlum. 2.*mat, polig* yll; yllth, asterisk. 3.*fig* yll(kinemaje etj).4.fat. + **see stars** *gj.fol* më bëjnë/më lëshojnë sytë xixa; **thank one's lucky stars** falënderoj fatin. *-v* 1.stolis, zbukuroj me yje. 2.shënoj me yllth/asterisk. 3. ka për aktor kryesor(filmi); **starring Clark Gable as**...me Klark Geiblin në rolin e...4.*kin*, *teat* shkëlqej në rolin e... *-adj* 1.kryesor(rol). 2.i parë, më i mirë(lojtar).3.i shkëlqyer; **a 3-star hotel** hotel me 3 yje; **2-star petrol** benzinë e zakonshme; **3-star/4-star petrol** benzinë super; **four-star** i klasit të parë.

starboard['sta:bë:d] *n,adj,v det* *-n* anë e djathtë e përparme(e anijes, avionit). *-adj* i anës së djathtë. *-vt* kthej (timonin) djathtas.

starch[sta:ç] *n,v* *-n* 1. nisheste. 2.koll (për hekurosje). 3.*pl* brumëra, ushqime me amidon. 4. *fig* ftohtësi, zyrtarizëm. 5.*gj.fol* forcë; energji. *-vt* kollaris, ngrij ne koll.

star chamber *n Br* 1.*hist* gjyq i fshehtë. 2.*fig* komitet/komision i fshehtë.

starchy['sta:çi] *adj* 1.si nisheste; me shumë nisheste. 2.i kollarisur, i ngrirë në koll. 3.*fig* i ngrirë, i ftohtë, tepër zyrtar.

star-crossed['sta:krost] *adj* fatkeq, i dënuar nga fati.

stardom['sta:dëm] *n* 1.të qenit aktor në zë. 2.yjet (e kinemasë etj).

stardust['sta:d∧st] *n* 1.*astr* grumbullime yjore. 2. pluhur ndëryjor. 3.*gj.fol* magji, magjepsje; hir.

stare[steë:] *v,n* *-v* 1.shikoj ngultas, ia ngul sytë; **the truth stared her in the face** e vërteta iu shfaq para syve. 2.hutoj me shikim. 3.shkreptijnë(sytë). + **stare down, stare out of countenance** e hutoj duke ia ngulur sytë; **stare in the face** a)është evidente, duket sheshit; b)është i sigurt, ka shumë të ngjarë; **stare up and down** vështroj nga koka te këmbët. *-n* vështrim i ngulët.

starfish['sta:fish] *n zool* yll deti.

stargaze ['sta:geiz] *vi* 1. vrojtoj yjet. 2. *fig* shoh ëndrra me sy hapur, ëndërroj.

stargazer['sta:geizë:] *n* 1.astronom. 2.astrolog. 3. ëndërrimtar.

stargazing['sta:geizing] *n* 1.vrojtim i yjeve. 2.parashikime astrologjike. 3.*fig* ëndrra me sy hapur, ëndërrime.

staring['steriŋ] *adj* 1.kureshtar. 2.e ndezur(ngjyrë). 3.i trembur; i habitur; i ngulët(vështrim).

stark[sta:k] *adj,adv* -*adj* 1.i ngurtë, i sertë. 2.i zymtë, i trishtë(vend). 3.i rrëpirë, i thikët. 4.i zhveshur(peisazh); **the stark truth** *fig* e vërteta lakuriq. 5.i plotë, i tërë; **stark folly** marrëzi e tërë.

-*adv* plotësisht, tërësisht, krejt; **stark raving/staring mad** krejt i marrë; **stark naked** lakuriq.

starkers['sta:kë:z] *adj Br* lakuriq.

stark-naked['sta:k'neikëd] *adj* lakuriq.

starkness ['sta:knis] *n* 1.ngurtësi, sertësi. 2.zymtësi; trishtim.

starless['sta:lis] *adj* pa yje, e errët(natë).

starlet ['sta:lit] *n* 1.*kin* aktore/këngëtare e re me perspektivë.2.yllth.

starlight ['sta:lait] *n, adj* -*n* dritë e yjeve; **by starlight** nën dritën e yjeve.

-*adj* 1.me yje(natë). 2.nën dritën e yjeve.

starlike ['sta:laik] *adj* 1. në formë ylli, si yll. 2. me shkëlqim, i ndritshëm.

starling['sta:liŋ] *n zool* shturë, cirlua(zog).

starlit['sta:lit] *adj* me dritë yjesh, me yje(natë).

Star of David *n* yll i Davidit(simbol i çifutëve).

star part *n kin,teat* roli kryesor.

starred[sta:d] *adj* 1.i stolisur me yje, i yjëzuar. 2.i shënuar me yll. 3.*kin,teat* i paraqitur si aktor i madh. 4.i shënuar/i caktuar nga fati.

starry['sta:ri] *adj* 1.me yje; i ndritshëm(qiell). 2. xixëllues(sy). 3.në formë ylli. 4.i yjeve, yjor.

starry-eyed['sta:riajd] *adj* 1.tepër optimist; idealist; naiv. 2.romantik, i përgjëruar(dashnor). 3. i shushatur, i përhumbur; **in starry-eyed wonder** si i magjepsur.

star role, starring role *n kin,teat* rol kryesor.

star route *n amer* lidhje postare.

star shell *n usht* raketë ndriçuese.

Stars and Stripes *n* flamuri i SHBA(me yje e shirita).

star-studded['sta:stʌdëd] *adj* i mbushur/i mbuluar me yje.

start [sta:t] *v,n* -*v* 1.(**to do, doing**) nis, filloj (të bëj); **start work/a journey** filloj punë/një udhëtim; **start again/afresh** filloj sërish/nga e para. 2.(**off, up**) nis, hap(bisedën, diskutimin); filloj, shkaktoj (sherrin, luftën); përhap(thashetheme); **start a fire** shkaktoj zjarr. 3.bëj të, vë në lëvizje; **start the engine** ndez motorin; **he started her off as a proofreader** ai e vuri në fillim si korrektore; **that started her off remembering** kjo ia solli në mendje/ia kujtoi; **let's get started!** fillojmë nga puna! 4.fillon, nis(muaji, shfaqja, mbledhja etj); **to start with there was only**...si fillim ishte vetëm një...5. i futem; e bëj sefte; **start on a book** filloj të shkruaj/të lexoj një libër; **he started on the job last month** ai filloi punë muajin e kaluar. 6.(**up**) merr

(zjarri). 7. buron (lumi). 8. lind (sherri). 9. (**off, out**) nisem(për diku).10.(**up**) ndizet(makina); fillon të punojë(ora). 11.hidhem përpjetë, brof; **start to one's feet** brof në këmbë; **tears started to her eyes** shkrepën lotët. 12.ikën(fija e çorapes).13.dalin(sytë vendit). 14.çoj, ngre, tremb(gjahun).

-*n* 1.fillim, nisje; **make an early start** e filloj herët. 2.sinjal i nisjes. 3.brofje. 4.trembje. 5.*sport* avancë. 6.shans për të filluar, shtysë. 7.hov, hop.8. start, pikënisje (e garës).

+**start back** a)kthehem; b)zmbrapsem.

+**start in** i futem; **start in!** jepi!

+**start off** a)nis, filloj, i vihem; b)nisem, vihem për rrugë; c)ndez(motorin).

+**start out** a)nis, filloj, i vihem; b)nisem, vihem për rrugë.

+**start up** a)çohem, brof; b)del, shfaqet; c)ndez (motorin); d)nis, filloj, i vihem.

starter['sta:të:] *n* 1.*sport* gjyqtar që jep sinjalin e nisjes. 2.vrapues. 3.*aut* motorino, starter, motor i vogël ndezjeje. 4.ushqim për këlyshë. 5.*Br* antipastë, meze; **for starters** *zhrg* a)si antipastë; b)si fillim; së pari, para së gjithash.

starting['sta:tiŋ] *adj* fillimi; nisjeje.

starting handle *n Br aut* manivelë.

starting line *n sport* vijë e nisjes, start.

starting point *n* pikënisje; fillim.

starting price *n* 1.*fin* çmim fillestar. 2.kuotë fillestare(në garat e vrapimeve me kuaj).

startle ['sta:tël] *v,n* -*v* 1.tremb; befasoj; **you startled me!** më trembe! 2.alarmoj. 3.hidhem përpjetë.

-*n* trembje; befasim.

startled['sta:tëld] *adj* i trembur; i zënë në befasi.

startling ['sta:tliŋ] *adj* 1.befasues; frikësues.2. alarmues, alarmant.

starvation[sta:'veishën] *n* 1.vdekje nga uria.2. të pangrënë, mosushqim.

starvation diet *n* ushqim i pamjaftueshëm; **be on a starvation diet** a)jam i pangrënë/i paushqyer. 2. *fig* mbaj një regjim të rreptë.

starve[sta:v] *v* 1.ngordh urie, e lë pa ngrënë. 2.i mohoj; **starved of affection/of petrol** i dëshiruar për pak dashuri; i thatë, pa pikë benzine(motor).3. vuaj urie.

+**starve for** vuaj për/nga mungesa e.

+**starve out** detyroj të dalë me anë të urisë.

starveling['sta:vliŋ] *adj,n* i uritur, i urët.

starving['sta:viŋ] *adj* i uritur, i pangrënë.

stash[stæsh] *v,n zhrg* -*vt* (**away**) fsheh, vë mënjanë.

-*n* 1.vend fshehjeje. 2.gjë e fshehur; **a stash of money** para të fshehura.

stasis ['steisis, 'stæsis] *n mjek,let* pezulli, palëvizshmëri.

state [steit] *n,v* -*n* 1. gjendje; **state of alert /siege/war** gjendje alarmi/rrethimi/lufte; **she's in no state to reply** ajo s'është në gjendje të përgjigjet; **the state of the account** gjendja e llogarisë, bilanci; **don't get into such a state!** mos e prish gjakun kaq shumë! 2. shtet; **affairs of state** punët e shtetit, çështje shtetërore; **the States** Shtetet e Bashkuara, SHBA. 3.rang; **every state of life** të gjitha shtresat e shoqërisë. 4.pohe, salltanet; **in state** me salltanet, me madhështi; **live in state** rroj me salltanet. + **lie in state** qëndron i ekspozuar(arkivoli i sovranit etj). -*vt* 1.them, pohoj; shpreh; shpall. 2.parashtroj, ekspozoj(faktet, problemin); **state your name and address** jepni emrin dhe adresën; **state the case for the prosecution** paraqes materialet e akuzës. 3.caktoj, fiksoj (vendin, kohën).

state control *n* pronësi shtetërore; **under state control, state-controlled** shtetëror, i shtetëzuar.

statecraft['steitkræft] *n* aftësi politike.

stated['steitid] *adj* 1.i thënë; i shpallur. 2.i caktuar, i fiksuar; **on stated days** në ditë të caktuara; **at the stated time, at the time stated** në kohën/orën e caktuar.

State Department *n amer* Departament i Shtetit, Ministri e Punëve të Jashtme.

state education *n Br* arsim publik.

state-enrolled nurse *n Br* infermiere shtesë, ndihmësinfermiere.

statehood['steithud] *n* shtetësi; **achieve statehood** formoj shtet.

statehouse['steithaus] *n amer* seli e parlamentit të një shteti(të SHBA).

stateless['steitlis] *adj* pa shtetësi.

state line *n amer* kufi midis shteteve(të SHBA).

stateliness['steitlinis] *n* madhështi, pompozitet.

stately['steitli] *adj* madhështor, hijerëndë; **stately home** *Br* kështjellë(aristokratike).

state-maintained ['steit'meinteind] *adj* publik, shtetëror.

statement ['steitmënt] *n* 1. paraqitje, formulim, ekspozim(pikëpamjesh, problemesh etj). 2.caktim, fiksim(i orës, vendit). 3.deklaratë; shpallje; **official statement** deklaratë zyrtare; **make a statement** a)bëj / jap një deklaratë; b)*drejt* dëshmoj. 4.*fin* dëftesë, fletë shpjeguese(e gjendjes së llogarisë etj). 5.*treg* faturë. 6.*gram* pohim.

state militia *n amer* milici, polici vullnetare.

state-of-the-art ['steitëvdhi'a:t] *adj fig* i fjalës së fundit(prodhim).

State of the Union Address *n amer pol* Fjalim i Presidentit për situatën e vendit.

state-owned['steitound] *adj* shtetëror, i shtetit, i shtetëzuar.

State Representative *n amer pol* anëtar i Dhomës së Përfaqësuesve të një shteti.

stateroom['steitru:m] *n* 1.sallë pritjesh. 2.kabinë luksoze(në tren, anije).

State's attorney *n amer* prokuror.

state school *n Br* shkollë publike.

state sector *n ek* sektor shtetëror.

State Senator *n amer* anëtar i Senatit të një shteti.

state's evidence *n amer* 1.dëshmi e bërë nga organet shtetërore. 2.dëshmi e një të pandehuri kundër shokëve të krimit. + **turn state's evidence** dëshmoj në gjyq kundër shokëve.

States-General['steits'xhenërël] *n* 1.*hist* Asamble e Përgjithshme. 2.trup legjislativ, Parlament(në Holandë).

stateside['steitsaid] *adj,adv gj.fol* në SHBA.

statesman['steitsmën] *n* burrë shteti.

statesmanlike['steitsmënlaik] *adj* prej burri shteti; diplomat.

statesmanly['steitsmënli] *adj* prej burri shteti.

statesmanship ['steitsmënship] *n* aftësi politike; diplomaci.

state socialism *n pol* socializëm shtetëror.

state socialism *n pol* socializëm shtetëror.

state-subsidized['steit'sëbsidaizd] *adj* i financuar nga shteti.

stateswoman ['steitswumën] *n* shtetare, politikane.

State university *n amer* Universitet Shtetëror.

statewide['steitwaid] *adj,adv* mbarështetëror; në të gjithë shtetin.

static['stætik] *adj,n* -*adj* 1.i pandryshueshëm; në prehje. 2.*fiz,el* statik. -*n*1.elektricitet statik, elektricitet atmosferik.2.*rad* ndërhyrje, zhurma.3.*fig zhrg* dru, dajak.

statics['stætiks] *n fiz* statikë.

station['steishën] *n,v* -*n* 1.vend; **from her station near the door** që nga vendi i saj pranë derës. 2.vendqëndrim, post(i rojës). 3.qendër zjarrfikësish. 4.*usht* kamp; repart; pikë. 5.rajon policie; xhandarmëri. 6.central (elektrik). 7.radiostacion; stacion (radioje); **foreign stations** stacione të huaja. 8.fermë blegtorale. 9.stacion(treni, metroje, autobuzi). 10.*usht* pozicion; **take up one's station** zë pozicion.11.rang, pozitë shoqërore; **one's station in life** pozita shoqërore; **marry beneath one's station** bëj një martesë jashtë rangut/nën rangun tim. -*vt* 1.vë, vendos(njerëz, garnizonin). 2.instaloj(topa, tanke).

station agent *n hek* përgjegjës stacioni.

station break *n rad* ndërprerje e emisionit për të futur reklama.

station house *n* ndërtesë e rajonit të policisë.

station master *n hek* shef stacioni.

station officer *n Br* shef rajoni policie.

station wagon *n amer* veturë-kamionçinë.

stationary['steishëneri] *adj* 1.i palëvizshëm; i qetë;

në prehje. 2.i pandryshueshëm.

stationer['steishënë:] *n* tregtues artikujsh kartolerie, shitës artikujsh shkrimi.

stationery ['steishëneri] *n* artikuj shkrimi; letër shkrimi.

statism['steitizm] *n pol* etatizëm.

statist['steitist] *n* 1.statisticien, specialist statistike. 2.*pol* etatist.

statistic[stë'tistik] *adj,n* -*adj* statistikor. -*n* e dhënë statistikore; **statistics suggest that...** statistikat tregojnë se.

statistical[stë'tistëkël] *adj* statistikor.

statistically[stë'tistikëli] *adv* nga ana statistikore, me statistika; sipas statistikave.

statistician[stætis'tishën] *n* statisticien, specialist statistike.

statistics[stë'tistiks] *npl* 1.statistika, të dhëna statistikore. 2.statistikë(shkencë). 3.(**woman's**) *iron* përmasa, të dhëna trupore.

stator['steitë:] *n tek* stator.

statuary['stæçueri] *n,adj* -*n* 1.statuja. 2.skulpturë(arti). 3.skulptor. -*adj* statujash(mermer).

statue['stæçu:] *n* statujë; **the Statue of Liberty** Statuja e Lirisë.

statuesque[stæçu:'esk] *adj* 1.prej statuje(bukuri). 2.skulpturor; monumental.

statuette[stæçu:'et] *n* statujëz.

stature['stæçë:] *n* 1.gjatësi trupore, shtat; **of some** /**of short stature** me njëfarë shtati; i shkurtër.2.*fig* zhvillim fizik/mendor. 3.*fig* emër, reputacion; kalibër, **a writer of great stature** shkrimtar i madh /i kalibrit.

status['steitës, 'stætës] *n* 1.gjendje; **civil** /**economic status** gjendje shoqërore/ekonomike. 2.pozitë; **social status** pozitë shoqërore; **in his status as political editor** në pozitën e tij si redaktor për problemet politike. 3.prestigj; **she hasn't got enough status for the job** i mungon prestigji i duhur për atë punë.

status quo['steitës'kwou] *n lat pol* statukuo, gjendje ekzistuese.

status symbol *n* shenjë dalluese e rangut shoqëror/e pasurisë.

statutable['stæçëtëbël] *adj* shih **statutory**.

statute['stæçu:t] *n* 1.ligj; **by statute** sipas ligjit; **statute law** ligj i shkruar. 2.dekret. 3.rregull.4.traktat.

statute book *n* kod, përmbledhje ligjesh.

statute mile *n* milje tokësore(= 1,61 km).

statute of limitations *n amer drejt* e drejtë e parashkrimit.

statutory['stæçëto:ri] *adj* 1. i parashikuar me statut; e njohur me ligj, e ligjshme(e drejtë etj). 2.zyrtare(festë). 3.i parashikuar nga ligji, i dënueshëm me

ligj(krim).

statutory body *n* organ drejtësie.

statutory change *n amer drejt* ndryshim legjislativ.

statutory corporation *n* firmë/kompani shtetërore.

statutory effect *n drejt* fuqi ligjore.

statutory rape *n amer drejt* rrëmbim i një të mituri.

staunch I[sto:nç] *vt* mbyll, ndal rrjedhjen; thaj (gjakun e plagës).

staunch II[sto:nç] *adj* 1.i fortë; i patundur. 2.i sigurt; besnik; i palëkundur. 3.që nuk fut ujë(varkë).

staunchly['sto:nçli] *adv* besnikërisht; me përkushtim.

staunchness['sto:nçnis] *n* besnikëri; përkushtim.

stave[steiv] *n,v* -*n* 1.dërrasë fuçie. 2.stap. 3.këmbë shkalle, shkallare. 4.*let* strofë. 5.*muz* pentagram. -*v* (**staved, stove**) 1.shpoj, biroj, i hap vrimë (fuçisë). 2.shtypet, dërrmohet. 3.i vë dërrasa. +**stave in** shkallmoj.

+**stave off** a)largoj, mënjanoj, zhduk(rrezikun); b) gënjej(urinë); c)shtyj, vonoj; i dal përpara.

stay I[stei] *v,n* -*v* 1.rri, qëndroj; **stay clean/still** mbahem pastër; rri i qetë. 2.rroj, banoj; rri; **where are you staying?** ku po banon?, ku rri? 3.pres (dikë). 4.ndaloj, frenoj; parandaloj(sëmundjen); **stay one's hand** përmbahem. 5.gënjej(urinë). 6.vonoj, shtyj(vendimin etj). 7.pezulloj(punimet). 8.i shkoj deri në fund, përfundoj(garën, projektin; **stay with a scheme** nuk e braktis një plan/projekt; **stay with it!** mos u dorëzo! 9.ndalem. + **stay put** a)rri në vend (etiketa); b)nuk luaj vendit, nuk tundem. -*n* 1.qëndrim; **for a short stay** për një qëndrim të shkurtër. 2.*drejt* pezullim; **put a stay on proceedings** ndërpres/pezulloj punimet; **stay of execution** shtyrje e zbatimit(të vendimit). 3.ndalim, frenim.4.*gj.fol* durim, qëndresë.

+**stay away** mungoj.

+**stay behind** rri pas të tjerëve, rri më gjatë.

+**stay down** a)rri i përkulur; b)rri shtrirë; c)rri nën ujë; d)përsëris vitin, mbetem; e)tres, asimiloj(ushqimin).

+**stay in** a)rri brenda, nuk dal; b)mban, kap(vida etj).

+**stay out** a)nuk kthehem(në shtëpi); rri përjashta; b)vazhdoj grevën; c)nuk përzihem(në diskutim); d) i shmangem, i shpëtoj(burgut).

+**stay over** (vazhdoj të) rri, qëndroj; **can she stay over till Monday?** a mund të rrijë deri të hënën?

+**stay up** a)rri në këmbë, nuk shtrihem; b)rri vonë, nuk fle; c)rrinë, nuk bien(pantallonat).

stay II [stei] *n,v* -*n* 1.mbështetëse; pajandër, çandër. 2.*det* litar, kavo; pallasartë. 3.*pl* korse. -*vt det* mbaj me pallasarta; i vë mbështetëse, pajandroj.

stay-at-home['stejæthoum] *n,adj* shtëpijak.
stayer['stejə:] *n* kalë/atlet rezistent; **he's a stayer**
a)*sport* ai ka shumë rezistencë; b)*fig* ai u shkon
gjërave deri në fund.
staying power *n* këmbëngulje, qëndresë.
STD[esti'di:] *n Br* (shkurtim i **subscriber trunk
dialling**) central automatik; **phone STD** telefonoj
nëpërmjet automatikut; **STD code** prefiks i zonës.
stead[sted] *n* vend; **in his stead** në vend të tij. +
stand sb in good stead i shërben/i bën shumë punë
dikujt.
steadfast['stedfëst] *adj* 1.i patundur, i palëkundur;
besnik; **steadfast in love** besnik në dashuri. 2.i
paluejtshëm, i fiksuar.
steadfastly['stedfëstli] *adv* vendosmërisht; besni-
kërisht.
steadfastness ['stedfëstnis] *n* vendosmëri; besni-
këri; palëkundshmëri.
steadily['stedili] *adv* 1.me hap të vendosur. 2.fort,
me dorë të fortë. 3.ngultas(vështroj). 4.me këmbë-
ngulje.5.rregullisht, vazhdimisht; pa ndërprerje.
steadiness['stedinis] *n* 1.qëndrueshmëri.2.siguri.
3.seriozitet. 4.njëtrajtshmëri; vazhdimësi.
steady['stedi] *adj,v,interj,adv,n* -*adj* 1.i rregullt,
i njëtrajtshëm; i vazhdueshëm; **steady progress** për-
parim i vazhdueshëm. 2.i qëndrueshëm; i fiksuar; që
nuk tundet(shkallë etj). 3.i qetë, i patrazuar. 4.e pa-
lëkundur, e fortë(miqësi). 5.i rregullt, i sigurt, i
besuar. 6.me stabilitet(anije, çmime); **hold/keep sth
steady** stabilizoj diçka.7.*gj.fol* i përhershëm, i
rregullt(shok); **a steady boyfriend/girlfriend** i da-
shur; e dashur.
-*v* 1.stabilizoj. 2.fiksoj. 3.qëtësoj(dikë). 4.stabilizo-
het. 5.qetësohet; zbutet.
-*interj* 1.qetësohu! 2.*det* mbaj kursin!
-*adv* 1.rregullisht; **go steady with sb** lidhem me
dikë, shoqërohem vazhdimisht me dikë.2.me kujdes;
go steady! ki kujdes!, me kujdes!
-*n gj.fol* i dashur, e dashur.
steak [steik] *n* 1. biftek. 2. fetë, thelë (mishi, pe-
shku). 3.fetë me mish të grirë(hamburger).
steal[sti:l] *v,n* -*v* (**stole; stolen**) 1.vjedh. 2.bëj
vjedhurazi; **steal a look at sb** i hedh një shikim
vjedhurazi dikujt. 3.*fig* ro, roberoj(zemrat). 4.iki
vjedhurazi, përvidhem.
-*n gj.fol* 1.vjedhje. 2.gjë e vjedhur. 3.gjë e fituar
xhaba; **at that price the house was a steal** me atë
çmim që u ble, shtëpia ishte xhaba. 4.spekulim fitim-
prurës.
+**steal away** a)përvidhem; b)marr, rrëmbej.
stealing['sti:ling] *n* vjedhje.
stealth [stelth] *n* marifet i ulët; **obtain sth by
stealth** siguroj diçka me mënyra të ulëta; **by
stealth** vjedhurazi, si hajdut.
stealthily ['stelthili] *adv* vjedhurazi, si hajdut;

tinëz.
stealthiness['stelthinis] *n* tinëzi.
stealthy['stelthi] *adj* i fshehtë; tinëzar; **stealthy
footsteps** hapa tinëzarë; **in a stealthy way** në
mënyrë vjedharake.
steam [sti:m] *n,v* -*n* 1.avull; **work by steam**
punon me avull. 2.*gj.fol* fuqi, energji; **full steam
ahead** me të gjitha forcat, me gjithë fuqinë; **get up
steam** a)merr/fiton shpejtësi(treni etj); b)*fig* merr
vrull/hov, bën përpara(projekti etj); **under one's own
steam** me forcat e veta. + **let off/blow off steam**
a)shkarkoj energji të tepërta; b)shfryj, zbrazem; **run
out of steam** *fig* më bien bateritë, flashkem.
-*v* 1.nxjerr/lëshon avull(supa). 2.(**up**) vishet me
avull(xhami). 3.ngrihet si avull(mjegulla). 4.gatuaj
me avull. 5.hap me avull(letrën).6.punon me avull
(anija etj). 7.*gj.fol* nxehem, shkumëzoj.
+**steam along/away** a)niset, bën tutje(vapori, treni);
b)*fig* përparoj me shpejtësi; marr hov.
+**steam up** a)vishet me avull(xhami); mbushet me
avull(banja); b)mbush me avull.
steam bath *n* banjë me avull.
steamboat['sti:mbout] *n* anije me avull; vapor.
steam boiler *n* kazan avulli, kaldajë.
steam box, steam chest *n tek* dhomë e avullit (e
motorit me avull).
steam-driven['sti:mdrivën] *adj* (që punon) me
avull.
steamed up *adj* 1. i nxehur, i tërbuar. 2. plot
energji, tërë vrull.
steam engine *n* motor/makinë me avull; loko-
motivë me avull.
steamer['sti:më:] *n* 1.avullore, vapor. 2.makinë
me avull. 3.enë me avull(për ngrohje).
steam fitter *n* hidraulik për sisteme ngrohjeje.
steam iron *n* hekur me korent(për hekurosje) me
avull.
steam organ *n* organo me avull.
steamroller ['sti:mroulë:] *n,v* -*n* 1.rul ngjeshës
(rrugësh). 2.*fig* fuqi dërrmuese.
-*vt fig* shtyp, dërrmoj(kundërshtarët); rrafshoj (pe-
ngesat); **steamroller a bill through Parliament**
miratoj një ligj në Parlament pa pyetur për opozitën;
steamroller tactics praktika diktatoriale.
steamship['sti:mship] *n* avullore, vapor.
steamship company *n* shoqëri udhëtimesh me
vaporë.
steam shovel *n amer tek* ekskavator.
steamtight['sti:mtait] *adj* hermetik, i papërshkue-
shëm nga avulli.
steam turbine *n* turbinë me avull.
steaming hot *adj* i nxehtë valë.
steamy['sti:mi] *adj* 1.i lagësht, me lagështi(ajër).
2.me avull; avullues. 3.*fig* erotik.
stearin(e)['stiërin] *n kim* stearinë; dyllë qirinjsh.

stedfast['stedfæst] *adj* shih **steadfast**.
steed[sti:d] *n* kalë; kalë vrapi.
steel [sti:l] *n,v* -*n* 1.çelik; **be made of steel** *fig* kam një vullnet të çeliktë. 2.mprehëse, shufër çeliku për mprehje brisku. 3.masat(për xixa). 4.shpatë. 5. *knd* shina; hekurudhë.
-*vt* çelikos(vullnetin); forcoj(zemrën).
steel-clad['sti:lklæd] *adj* i koracuar.
steel gray *n* gri metalike.
steel helmet *n* helmetë.
steel mill *n* shih **steelworks**.
steel tape *n* metër shirit(metalik).
steel wool *n* shtupë teli.
steelworker['sti:lwë:kë:] *n* shkrirës, metalurg.
steelworks['sti:lwë:ks] *n* uzinë shkrirjeje çeliku.
steely['sti:li] *adj* 1.i sertë, i fortë(material). 2.i çeliktë, prej çeliku. 3.*fig* i sertë, prej guri(njeri). 4.*fig* i prerë, i patundur(kundërshtim).
steely blue *n* blu çeliku.
steely grey *n* gri metalike.
steely-hearted['sti:li'ha:tid] *adj* zemërçelik.
steelyard['sti:lja:d] *n* kandar.
steep I[sti:p] *adj,n* -*adj* 1.i rrëpirë, i thikët; shumë e pjerrët(shkallë). 2.*gj. fol* i tepruar, shumë i lartë (çmim). 3.i zmadhuar, i ekzagjeruar(tregim).
-*n* rrëpirë.
steep II[sti:p] *v,n* -*v* 1.njom, lag, qull. 2.njomet, thith lagështi. 3.*fig* zhys, kredh.
-*n* njomje, qullje.
steeple['sti:pël] *n ark* majë kulle, shigjetë.
steeplechase ['sti:pëlçeis] *n* 1.garë me kuaj në terren me pengesa. 2.kros.
steeplejack['sti:pëlxhæk] *n* punëtor lartësish.
steer I[stië:] *v,n* -*v* 1.drejtoj(anijen); ngas(makinën); **steer one's course to** drejtohem për në; **steer one's way through the crowd** çaj përmes turmës. 2.orientohem, drejtohem; **steer by the stars** drejtohem me anën e yjeve. + **steer clear of** i shmangem, i rri larg.
-*n amer zhrg* këshillë, orientim; **a bum steer** njoftim pa pikë vlere.
steer II[stië:] *n* dem; dem i tredhur(për mish).
steerage['sti:rixh] *n* 1.kuvertë e klasit të tretë. 2. drejtim(i anijes etj).
steerageway['sti:rixhwei] *n det* shpejtësi minimale e manovrimit.
steering['stiëring] *n* 1.*det* drejtim, pilotim(i anijes). 2.*aut* ngarje (e makinës).
steering column *n aut* tub timoni.
steering committee *n adm* komitet drejtues.
steering gear *n aut* timon, grup timoni; *det* servomotor/mekanizëm i timonit.
steering lock *n aut* bllokues timoni.
steering wheel *n aut* timon; *det* rrotë e timonit.
steersman['stië:smën] *n det* timonier.

stein[stain] *n* krikëll birre.
stele ['sti:li] *n* shtyllë guri me mbishkrim; pllakë (në mur)/faqe (shkëmbi) me mbishkrim.
stellar['stelë:] *adj* 1.yjor, i yjeve.2.*amer fig* i shkëlqyer. 3.*gj.fol* kryesor(rol).
stellite['stelait] *n tek* stelit, metal i fortë për vegla metalprerëse.
stem I[stem] *n,v* -*n* 1.kërcell. 2.trung(peme). 3.bisht(gjetheje, fruti). 4.fron(i gotës). 5.bisht llulle. 6.*gram* rrënjë(e fjalës). 7.*det* ballë(i anijes); **from stem to stern** nga kreu në fund. 8.trung familjar.
-*vi* 1.i heq bishtat(kokrrave). 2.(**from**) vjen, buron; rrjedh(nga).
stem II[stem] *vt* 1.ndal, frenoj; i vë pritë.2.eci kundër(rrymës).
stemless['stemlis] *adj* pa bisht; pa kërcell.
stemmed[stemd] *adj* 1.me bisht; me kërcell. 2.me bishtin të hequr(frut).
stemware['stemweë:] *n* gota me fron.
stemwinding ['stemwainding] *adj* me kurdisje (orë).
stemwinder['stemwaindë:] *n* orë me kurdisje.
stench[stenç] *n* erë e keqe, kutërbim.
stencil['stensël] *n,v* -*n* 1.shabllon. 2.*polig* klishe.
-*vt* vizatoj/shtyp me shabllon.
steno['stenou] *n gj.fol* stenograf.
stenograph['stenëgræf] *n,v amer* -*n* 1.stenografi. 2. makinë shkrimi stenografike.
-*v* stenografoj.
stenographer[ste'nogrëfë:] *n amer* stenograf.
stenography[ste'nogrëfi] *n amer* stenografi.
stenosis [stë'nousis] *n mjek* stenozë, ngushtim kanali.
stenotypy[stë'notëpi] *n amer* stenotipi, stenografi me germa të zakonshme.
stentorian[sten'to:riën] *adj* buçitës, shurdhues.
step[step] *n,v* -*n* 1.hap; **step by step** hap pas hapi, dalëngadalë. 2.*fig* rrugë e shkurtër, dy hapa; **it's a good step/quite a step to the hotel** është goxha rrugë/bëhet një copë rrugë e mirë deri te hoteli. 3.ritëm(ecjeje, vallëzimi); **a waltz step** ritëm valsi, vals; **keep in step** a)mbaj hapin me të tjerët(në marshim); b)ndjek ritmin(në vallëzim). 4.këmbë shkalle, shkallare; **flight of steps** shkallë; **pair of steps** *Br* shkallëz; **mind the steps** kujdes shkallët. 5.gjurmë këmbe; **follow sb's steps** ndjek gjurmët e dikujt; **in sb's steps** *fig* në gjurmët e dikujt. 6. *fig* hap, përçapje; **a step in the right direction** hap në drejtimin e duhur, përçapje me vend; **a step up in one's career** një hap më lart në drejtim të karierës. 7. *fig* shkallë, nivel. + **in step** a)në një hap me(të tjerët); b)në përputhje; në marrëveshje; **keep step** mbaj hapin; mbaj ritmin; **out of step** jashtë ritmit; **step by step** dalngadalë, hap pas hapi, gradualisht; **take steps** marr masa, ndërmarr veprime, bëj hapa;

watch one's steps tregohem i kujdesshëm. -*v* 1.eci; lëviz; shkoj; **step on the pavement** hipi në trotuar. 2.shkel, shtyp; **step on a worm** shtyp një krimb; **step on the brakes/on the gas** shkel pedalin e frenave/e gazit. + **step on it!** *fig* nxito, luaj këmbët! **step out of line** a)dal nga rreshti; b)*fig* dal nga rruga e drejtë.
+**step aside** hapem, bëj mënjanë.
+**step back** prapsem.
+**step down** a)zbres; b)*fig* tërhiqem, hap rrugë.
+**step forward** a)dal përpara; shfaqem; b)dal vullnetar.
+**step in** a)hyj, futem; b)*fig* ndërhyj, hyj në mes.
+**step inside** futem.
+**step off** mas me hapa.
+**step on it** *gj.fol* nxitoj, luaj këmbët.
+**step out** a)dal; b)*amer fig* ia shtroj, zdërhallem; c) mas me hapa.
+**step up** a)(**to sb/sth**) i afrohem(dikujt/diçkaje); b) shtoj, rris(prodhimin, përpjekjet, rrymën).
stepped-up['steptʌp] *adj* i shtuar, i rritur; intensiv.
step-[step] *pref* i gjetur(fëmijë).
stepbrother ['stepbrʌdhë:] *n* vëlla nga njerku / njerka, vëlla i gjetur.
step-by-step['stepbai'step] *adj* gradual, i njëpasnjëshëm.
stepchild['stepçajëld] *n* fëmijë e gruas/e burrit, fëmijë e gjetur.
stepdaughter['stepdotë:] *n* vajzë e gruas/e burrit, vajzë e gjetur.
stepfather['stepfa:dhë:] *n* njerk.
stepladder['steplædë:] *n* shkallëz, shkallë portative.
stepmother['stepmʌdhë:] *n* njerkë.
step-parent['stepperënt] *n* njerk; njerkë.
steppe[step] *n* stepë.
stepping-stone['stepingstoun] *n* 1.gur vau(për të kaluar lumin në va). 2.*fig* trampolinë.
stepsister['stepsistë:] *n* motër nga njerku/njerka, motër e gjetur.
stepson ['stepsʌn] *n* djalë i gruas / i burrit, djalë i gjetur.
steradian[stë'reidiën] *n mat* steradian.
stere[sti:ë:] *n* metër kub(drush).
stereo['sterjou, 'sti:rjou] *n,adj* -*n* 1.riprodhim stereofonik. 2.*gj.fol* radio/magnetofon/gramafon stereofonik, stereo. 3.stereotip.
-*adj* stereofonik, stereo.
stereophonic[sterië'fonik] *adj* stereofonik.
stereoscope['steriëskoup] *n* stereoskop.
stereoscopic[sterië'skopik] *adj* stereoskopik.
stereotype['steriëtaip, 'sti:riëtaip] *n,v* -*n* 1.*polig* shabllon, klishe, stereotip. 2.*polig* stereotipi. 3.*fig* shabllon. 4.*psik,let* stereotip, tip, personazh tipik.
-*vt* 1. *polig* i bëj klishenë. 2.*polig* shtyp nga kli-

sheja. 3.*psik,let* tipizoj.
stereotyped['steriëtaipt] *adj* 1.*polig* i shtypur me klishe. 2.*fig* joorigjinal, i zakonshëm, pa individualitet, stereotip.
stereotypical[sterië'tipëkël] *adj* shih **stereotyped 2**.
stereotypy['steriëtaipi] *n polig* 1.stereotipi, përgatitje klishesh. 2.shtypje me klishe.
sterile['sterail, 'sterël] *adj* 1.*mjek* steril, pa mikrobe. 2. shterpë(kafshë). 3.jopjellore, e varfër, shterpë (tokë). 4.e kotë, boshe(shpresë).
sterility[stë'rilëti] *n* shterpësi(edhe *fig*).
sterilization[sterëlë'zeishën] *n* sterilizim.
sterilize['sterëlaiz] *vt* sterilizoj.
sterling['stë:ling] *n,adj* -*n* 1.sterlinë. 2.argjend i pastër.
-*adj* 1.i pastër(ar,argjend). 2.*fig* i sigurt, i sprovuar. 3.i besuar. 4.i sterlinës; **the sterling area** *ek* zona e sterlinës. 5.prej argjendi të pastër.
sterling silver *n* argjend i pastër (93%).
stern I [stë:n] *adj* 1.i sertë, i ashpër, i rreptë. 2.i fortë; **made of sterner stuff** më i fortë nga ç'duket. 3.i zymtë(mal).
stern II[stë:n] *n* 1.*det* pupë(e anijes); **stern foremost** mbrapsht.2.vithe(të kalit); prapanicë.
sternal['stë:nël] *adj anat* i kafazit të kraharorit.
stern chaser *n det* top në pupë.
sternly['stë:nli] *adv* ashpër, rreptë, me rreptësi.
sternness['stë:nnis] *n* ashpërsi, rreptësi.
stern sheets *n* hapësirë pranë pupës.
sternum['stë:nëm] *n anat* dërrasë e/kafaz i kraharorit.
sternutation[stë:nië'teishën] *n* teshtimë, teshtitje.
sternward(s)['stë:nwë:d(z)] *adv* drejt pupës.
sternway['stë:nwei] *n det* lëvizje mbrapsht.
stern-wheeler['stë:n(h)wi:lë:] *n* avullore me rrotë te pupa.
steroid['steroid, 'sti:roid] *n biol,kim* steroid.
stertorous['stë:tërës] *adj* me gërhima.
stet[stet] *n,v polig* -*n* 'vive' , 'të mbetet'(shënim për mosprishjen e një paragrafi të prishur etj).
-*vt* i vë shenjën 'vive', vë shënim që të mbetet(një paragraf i hequr etj).
stethoscope['stethëskoup] *n mjek* stetoskop.
stetson['stetsën] *n* kapelë strehëgjerë.
stevedore ['sti:vëdoë:] *n,v* -*n* punëtor ngarkimshkarkimi, hamall porti, doker.
-*v* ngarkoj-shkarkoj(anijet).
stew[stu:, stju:] *v,n* -*v* 1.ziej; shter; bëj çomlek; **stewed apples** komposto molle. 2.zien; shter. 3.*gj.fol* merakosem. 4.*zhrg* dehem; **be stewed** dehem, bëhem xurxull. + **let sb stew in his own juice** e lë të tiganiset në dhjamin e vet.
-*n* 1.mish i shterur. 2.*gj.fol* merak; telash, bela; **be /get in a stew** a)jam/futem në bela; b)jam shumë i

tronditur; tronditem së tepërmi.

steward['stju:ë:d] *n* 1.kamerier, punonjës shërbimi (në tren, anije etj). 2.ekonomat; administrator(i një prone). 3.organizator(i mbrëmjes, shfaqjes). 4.përfaqësues i sindikatës(për repartin etj).

stewardess['stju:ë:dis] *n* stjuardesë(në avion).

stewardship ['stjuë:dship] *n* kujdestari, administrim; **under her stewardship** nën administrimin e saj, kur ishte ajo ekonomate.

stewing meat *n* mish për të zier.

stewpan['stju:pæn] *n* tenxhere; tigan i thellë.

stibium['stibiëm] *n kim* antimon.

stich[stik] *n* varg(poezie).

stick I[stik] *n,v* -*n* 1.shpoj. 2.i ngul thikën, vras. 3.ngul, vë(një lule në xhaketë). 4.nxjerr(kokën). 5. del, zgjatet. 6.ngjis(pullën). 7.i qepem(dikujt). 8.ngec (makina në baltë). 9.i rri afër, nuk i ndahem(shokut). 10.*gj.fol* hutoj. 11.hutohem; ngurroj.12.*zhrg* a)ia hedh, ia punoj; b)ia ngec, ia lë në derë. 13.*gj.fol* duroj; **I won't stick her insults much longer** nuk kam ndër mend t'i duroj gjatë fyerjet e saj.

-*n* 1.hedhje, flakje. 2.ndalje; ngecje.

+**stick around** *gj.fol* rri në pritje; nuk largohem.

+**stick at** ngurroj, ndalem përpara diçkaje.

+**stick away** fsheh(diçka).

+**stick by/to** nuk i ndahem, i rri besnik.

+**stick down** a)ngjit(zarfi); b)ngjis; c)*gj.fol* hedh shpejt e shpejt, shënoj.

+**stick in** a)këmbëngul, nuk i ndahem; b)ngul; c) ngjis(fotografitë); d)*fig* : **get stuck in** i futem seriozisht.

+**stick it out** *gj.fol* duroj; përballoj.

+**stick on** a)ngjit(pulla); b)vë, ngjis; c)vë(kapelën); d)rris(çmimin).

stick-on['stikon] *adj* ngjitës.

+**stick out** a)del përpara(dhëmbi); b)del jashtë(këmisha); c)*fig* duket sheshit; d)duroj, rezistoj; e) nxjerr(dorën); fryj(gjoksin).

+**stick through** a)del tejpërtej; b)fus/nxjerr tejpërtej.

+**stick together** a)ngjiten, bashkohen; b)qëndrojmë të bashkuar, nuk ndahemi; c)ngjis, bashkoj.

+**stick up** a)del, dallohet; b)mbroj, marr në mbrojtje (dikë); c)ngjis, vë(afishe); d)ngre(duart); e)*zhrg* grabis, plaçkis(dikë).

stick-up['stikʌp] *n* grabitje me armë.

+**stick up to** i rezistoj(dikujt).

sticker['stikë:] *n* 1.etiketë. 2.*fig* njeri i qepur. 3. gjembaç. 4.*gj.fol* gjëzë; rebus.

sticking plaster *n Br* leukoplast.

sticking point *n fig* pikë delikate, burim mosmarrëveshjeje.

stick-in-the-mud['stikindhëmʌd] *n gj.fol* 1.njeri me të vjetrën, konservator. 2.njeri i plogët/pa iniciativë.

stickle['stikël] *vi* 1.ngul këmbë si mushka, kun-

dërshtoj për vogëlsira. 2.ngurroj për gjithçka.

stickler['stiklë:] *n* 1.kokëfortë, njeri i qepur, micgun. 2.gjë e pakuptueshme, gjëagjëzë.

stickman['stikmën] *n zhrg* 1.punonjës kazinoje. 2. *sport* lojtar me stap.

stickpin['stikpin] *n* gjilpërë, karficë (zbukurimi).

stickshift['stikshift] *n aut* levë e marsheve.

sticky ['stiki] *adj* 1. ngjitës. 2.*gj.fol* me lagështi (mot). 3.*gj.fol* i vështirë, i koklavitur. 4.*zhrg* i pakëndshëm, i padurueshëm.

stiff[stif] *adj,adv,n* -*adj* 1.i sertë, i shtangët. 2.e ngrirë(jakë).3.i tendosur(litar). 4.i mpiksur; i ngurtësuar. 5.i ngjeshur, i fortë(truall). 6.*fig* i thatë, i ngurtë(stil). 7.*fig* i vendosur, i paepur. 8.*fig* i fortë, i vështirë(provim). 9.*fig* i ashpër(dënim). 10.e fortë (pije). 11.*gj.fol* i tepruar, tepër i lartë(çmim).

-*adv* 1.rëndë; si i ngrirë(eci). 2.krejt, fare; **we were bored stiff** u mërzitëm për vdekje.

-*n zhrg* 1.kufomë. 2.i dehur. 3.njeri, person.4.endacak; vagabond. 5.tip i bezdisur, trap.

stiffen['stifën] *vt* 1.mpiks; ngurtësoj; ngrij. 2.mpikset; ngurtësohet; ngrin. 3.*fig* forcoj(qëndresën, moralin). 4.*fig* forcohet. 5.rëndohet, shtohet; egërsohet(era).

stiffener['stifënë:] *n* 1.koll. 2.fortesë(jake).

stiffening['stifëning] *n* 1.mpiksje; ngurtësim. 2. koll. 3.fortesë(jake).

stiffly['stifli] *adv* 1.me shpejtësi, me vrull(marr kthesën). 2.*fig* ftohtë; thatë(përshëndes). 3.si i ngrirë(rri).

stiff-necked['stifnekt] *adj* 1.me qafë të ngrirë. 2. *fig* kokëfortë, kokëngjeshur.

stiffness['stifnis] *n* 1.shtangëti, ngurtësi. 2.sertësi; ashpërsi. 3.ftohtësi; natyrë e ftohtë.

stifle['staifël] *vt* 1.mbyt, i zë frymën(tymi etj). 2. më zihet fryma. 3.*fig* ndrydh, mbys, frenoj.

stifling['staifling] *adj* mbytës(tym, nxehtësi); **it's stifling in here** këtu të merret fryma.

stigma ['stigmë] *n pl* **stigmata** 1.njollë, damkë (turpi). 2.shenjë dalluese. 3.pullë, njollë. 4.*pl fet* shenjat e plagëve të Krishtit. 5.*bot* krezë(e pistilit).

stigmatization['stigmëtai'zeishën] *n* damkosje; mbulim me turp.

stigmatize['stigmëtaiz] *vt* 1.damkos; mbuloj me turp. 2.damkos, vulos me hekur të nxehtë(kafshët).

stile['stajël] *n* 1.shkallëz, shkallare. 2.pengesë, hekur (në vendkalimet e metrosë etj). 3.shtalkë dere.

still I[stil] *adj,v,n,adv* -*adj* 1.i qetë, i palëvizshëm; **keep still!** mos lëviz!. 2.i patrazuar. 3.i butë, i ulët, i shtruar(zë). 4.pa gaz(pije).

-*v* 1.rri i qetë; nuk lëviz. 2.qetësoj(fëmijën). 3.*fig* resht, ia heq(frikën).

-*n* 1.*poet* heshtje. 2.*fot* natyrë e qetë. 3.pozë(nga filmi).

-*adv* 1.qetë; pa lëvizur. 2.*vjet* vazhdimisht; gjith-

- monë.

still II[stil] *adv,conj* -*adv* 1.ende, akoma; **she's still here** këtu është ende; **the matter is still unsettled** çështja mbetet ende e pazgjidhur. 2.edhe më, akoma më; **still more, still worse** edhe më tepër, akoma më keq. 3.megjithatë, prapseprap.
-*conj* megjithatë, prapseprap; **it's fine; still, you should take your umbrella** koha është e mirë; megjithatë, duhet ta marrësh çadrën.
still III[stil] *n* 1.aparat distilimi, distilator. 2.distileri.
stillborn['stilbo:n] *adj* 1.i lindur i vdekur(fëmijë). 2.*fig* i dështuar(plan, libër etj).
still life *n art* natyrë e qetë.
stillness['stilnis] *n* 1.heshtje, qetësi. 2.qetësi, palëvizshmëri.
stilly['stili] *adj,adv poet* -*adj* i qetë; i heshtur.
-*adv* në qetësi; në heshtje.
stilt[stilt] *n* 1.këmbalkë. 2.këmbalec. 3.drushtë, shtyllë.
stilted['stiltid] *adj* 1.i ngrirë, i ftohtë, zyrtar. 2.i ngritur, në lartësi. 3.*fig* i fryrë.
stimulant['stimjëlënt] *n,adj* -*n* 1.nxitës, stimulant, bar fuqizues. 2.*fig* nxitje, stimul.
-*adj* nxitës, stimulues; fuqizues.
stimulate['stimjëleit] *vt* 1.nxis, stimuloj.2.eksiton (pija).
stimulation[stimjë'leishën] *n* nxitje, stimulim.
stimulative['stimjëlëtiv] *adj,n* nxitës, stimulues.
stimulator['stimjëleitë:] *n* nxitës, stimulant.
stimuli['stimjëlai, 'stimjëli:] *n pl* i **stimulus**.
stimulus['stimjëlës] *n* nxitje, stimul, shtysë.
sting[sting] *v,n* -*v* (**stung**) 1.thumboj. 2.lëndoj. 3.shpon, ther, djeg(mustarda, hithra etj).4.më djegin (sytë etj).5.*zhrg* ia hedh(në çmim).
-*n* 1.thumb(insekti). 2.thumbim; pickim. 3.therje, djegie(e piperit, hithrës etj).4.*fig* fshikullim.5.*amer zhrg* mashtrim.
stinger['stingë:] *n* 1.thumb. 2.*gj.fol* thumb, vërejtje therëse.
stingily['stinxhili] *adv* me kursim.
stinginess['stinxhinis] *n* kopraci, kursimtari.
stinging['stinxhing] *adj,n* -*adj* therës; përvëlues (edhe *fig*); **stinging nettle** hithër.
-*n* pickim; djegie; therje.
stingy['stinxhi] *adj* 1.koprac, dorështrënguar; **be stingy with** tregohem i kursyer/dorështrënguar në. 2.i kursyer, i pakët(porcion etj).
stink[stink] *n,v* -*n* 1.erë e keqe, kutërbim; **there's a stink of corruption** vjen erë korrupsion. 2.*zhrg* ankesë, protestë; poterë, skandal.
-*v* 1.vjen erë, kutërbon; **it stinks of fish/in here** qelbet era peshk; këtu kutërbon. 2.qelb, prish ajrin. 3.*fig* bie erë; **it stinks of treason** bie erë tradhti. 4.*fig* ka emër të keq, nuk është mall i mirë; **the**

whole business stinks nuk është ndonjë punë e fisme. 5.*fig* çalon, është pa vlerë.
+**stink out** a)nxjerr nga strofka(me tym); b)mbush me tym(dhomën).
stinker['stinkë:] *n zhrg* 1.njeri i përçmuar. 2.gjë e pakëndshme; punë dreqi.
stinking[stinking] *adj,adv* -*adj* 1.i qelbur. 2.*fig* i ndyrë, i neveritshëm.
-*adv* : **be stinking rich** *zhrg* jam i krimbur në para.
stint[stint] *v,n* -*v* 1.e mas, e kursej; kufizoj; **stint oneself of food** ia kursej vetes ushqimin. 2.kursej, e hedh me pak.
-*n* 1.kufi; kufizim; **spend without stint** prish pa kufizim.2.rezervë. 3.detyrë, punë e përditshme; **she finished her stint for today** ajo i mbaroi punët e sotme.
stipe[staip] *n bot* kërcell.
stipend ['staipend] *n* 1.pagë, rrogë. 2.shumë e rregullt; bursë.
stipendiary[stai'pendiëri] *adj,n* -*adj* 1.me shpërblim, me pagë(punë, shërbim). 2.i paguar(person).
-*n* rrogëtar.
stipple['stipël] *v,n* -*vt* vizatoj/lyej me pika.
-*n* pikëzim; punim/vizatim me pika.
stipulate['stipjëleit] *v* 1.përcakton, parashikon(ligji, marrëveshja). 2.sqaroj, specifikoj; vë si kusht.
stipulation[stipjë'leishën] *n* 1.marrëveshje.2.kusht; **on the stipulation that** me kushtin që.
stir I[stë:] *v,n* -*v* 1.lëviz. 2.trazoj, përziej. 3.trazohet, përzihet. 4.nxis; **stir sb's blood** i nxeh gjakun dikujt. 5.gjallërohet. + **stir oneself** gjallërohem; s'më mban vendi.
-*n* 1.lëvizje. 2.gjallëri, aktivitet. 3.nxitje, eksitim. 4.trazirë, revoltë. 5.shtytje.
+**stir up** a)nxis, stimuloj; b)shkaktoj.
stir II[stë:] *n zhrg* burg.
+**stir in** shtie duke përzier(qumësht etj).
+**stir round** përziej, trazoj.
+**stir up** a)përziej, trazoj(gjellën etj); b)*fig* zgjoj, ngjall(kureshtjen etj); c)shkaktoj(trazira).
stir-crazy['stë:kreizi] *adj zhrg* i çakorduar, i shushatur(nga burgimi etj).
stirps[stë:ps] *npl* 1.soj; familje. 2.*drejt* i parë (i një familjeje, fisi).
stirring['stë:ring] *adj* 1.eksitues, entuziazmues; prekës, tronditës. 2.i stuhishëm(vit).
stirrup ['stërëp, 'stirëp] *n* 1.yzengji. 2.*amer* shilarës.
stirrup bone *n anat* yzengji(e veshit).
stirrup leather *n* rrip i yzengjisë.
stirrup pump *n* pompë dore.
stirrup strap *n* rrip i yzengjisë.
stitch[stiç] *n,v* -*n* 1.syth, ilik, thile, gojëz. 2.qepje. 3.tegel. 4.*gj.fol* copë, çikë, grimë. 5.e therur, e

prerë(dhimbje). **+ be in stitches** gajasem; **his story had them in stitches** historia e tij i shkriu gazit. *-v* 1.qep. 2.thur.

+stitch down ul(jakën etj).

+stitch on qep(kopsën); arnoj(xhepin).

+stitch up qep.

stitching['stiçing] *n* 1.qepje. 2.tegel.

stithy['stidhi, 'stithi] *n* 1.kudhër. 2.farkëtar.

stoat[stout] *n zool* herminë(lloj kunadheje).

stock [stok] *n,v,adj -n* 1.rezervë, mall gjendje; furnizim; **in stock** në magazinë; **out of stock** i mbaruar (mall); **get/lay in a stock** krijoj një rezervë.2.bagëti; gjë e gjallë; **a stock farm** fermë blegtorale. 3.*attr* i zakonshëm, i rëndomtë; **a stock response** përgjigje e gatshme. 4.*fin* tituj, letra me vlerë; aksione. 5.trung(peme). 6.kërcu, cumër; cung. 7.qytë, kondak.8.dorëz(kamzhiku).9.kallam (peshkimi). 10.lëndë druri; lëndë e parë; material. 11.lloj letre.12.lëng(mishi).13.*teat* repertor.14.*bujq* shartesë. **+ in stock** gjendje, në magazinë; **on the stocks** në ndërtim e sipër; në kantier; **out of stock** i shitur, i mbaruar; **take stock** a)bëj inventarin, bëj gjendjen; b)bëj një vlerësim, vlerësoj; **take stock in** a)*gj.fol* u zë besë(premtimeve); b)blej aksione.

-v 1.furnizoj. 2.populloj, hedh farë(peshku në liqen). 3.kam në shitje, shes.4.nxjerr filiza(bima).

+stock up a)pajisem, furnizohem(me); b)ngarkoj me mall; shtoj rezervat.

stockade [stok'eid] *n,v -n* 1. gardh mbrojtës. 2.kamp/fortesë e rrethuar me gardh mbrojtës. 3.vathë.

-vt rrethoj, gardhoj, përforcoj.

stock book *n* libër/regjistër i magazinës.

stockbreeder['stokbri:dë:] *n* rritës kafshësh.

stockbroker['stokboukë:] *n* agjent burse, shitblerës aksionesh(për klientët).

stockbroking['stokbrouking] *n* shitblerje aksionesh.

stock car *n* 1.vagon kafshësh. 2.automobil i përshtatur për gara.

stock certificate *n fin* titull.

stock company *n fin* shoqëri anonime, shoqëri aksionare.

stock cube *n* kubik lëngu mishi të ngrirë.

stock dividend *n fin* dividend në formë aksionesh.

stock dove *n* pëllumb i egër.

stocker['stokë:] *n* këlysh; qenush jetim.

stock exchange *n fin* Bursë.

stockfish['stokfish] *n* peshk i tharë pa kriposje.

stockholder['stokhouldë:] *n* zotërues aksionesh, aksionist.

stock-in-trade['stokintreid] *n treg* 1.mall në magazinë.2.vegla/pajime të zanatit.

stockily['stokili] *adv* : **stockily built** shpatullgjerë, truplidhur.

stockinet['stokënet] *n teks* copë e trikotuar (për të brendshme), pëlhurë xhersej.

stocking['stoking] *n* çorape. **+ in one's stocking feet** në çorape, pa këpucë.

stockjobber['stokxhobë:] *n* ndërmjetës, agjent burse ndërmjetës.

stockkeeper['stok'ki:pë:] *n* magazinier.

stock list *n fin* 1. kurs i bursës. 2.inventar, listë mallrash.

stockman['stokmën] *n* 1.rritës/kujdestar kafshësh. 2.magazinier.

stock market *n fin* 1.Bursë, treg i letrave me vlerë.2.shitblerje letrash me vlerë. 3.çmim, kurs.

stockpile['stokpail] *n,v -n* rezervë, inventar. *-v* grumbulloj; krijoj rezerva.

stockpot['stokpot] *n* kazan supe.

stock raising *n* rritje kafshësh, blegtori.

stockroom['stokru:m] *n* 1.magazinë.2.dhomë ekspozimi mostrash(në hotele etj).

stock-still['stokstil] *adj* i palëvizshëm, si i ngrirë.

stocktaking['stokteiking] *n* inventar, inventarizim.

stocky['stoki] *adj* i formuar, i lidhur; trupngjeshur.

stockyard['stokja:d] *n* vathë.

stodge[stoxh] *n Br gj.fol* 1.ushqim i rëndë; llaç. 2. *fig* pjesë e mërzitshme, kapitull i pakapërdishëm.

stodgy['stoxhi] *adj* 1.i rëndë, që të bie rëndë(ushqim). 2.*fig* i mërzitshëm, i pakapërdishëm(libër). 3. *fig* me të vjetrën, demode(njeri). 4.kaba(njeri).

stogie, stogy['stouxhi] *n amer* puro e hollë.

stoic['stouik] *adj,n* 1.*filoz* stoik. 2.i duruar, stoik.

stoical['stouëkël] *adj* i duruar, stoik.

stoicism['stouësizm] *n* 1.*filoz* stoicizëm.2.durim, mospërfillje për vuajtjet, stoicizëm.

stoke[stouk] *v* ushqej(zjarrin, furrën).

+stoke up a)ushqej zjarrin; b)*gj.fol* mbush, furnizoj.

stokehold['stoukhould] *n det* repart i kaldajave(në anije).

stokehole['stoukhoul] *n* dritare e furrës/kaldajës.

stoker['stoukë:] *n* 1.*det,hek* fokist. 2.*tek* ushqyes, pajisje ushqimi furre.

STOL (shkurtim për **short take-off and landing**) *av* kohë e shkurtër ngritjeje e uljeje.

stole I[stoul] *pt* e **steal**.

stole II[stoul] *n fet* petrahil. 2.shall i gjerë grash.

stolen['stoulën] *pp* e **steal**.

stolid ['stolid] *adj* 1. i ftohtë; flegmatik (njeri). 2.i qetë, i shtruar(zë, qëndrim).

stolidity[sto'lidëti] *n* qëndrim flegmatik; qetësi.

stolidness['stolidnis] *n* shih **stolidity**.

stoma['stoumë] *n bot,zool,anat* gojëz; vrimë.

stomach['stʌmëk] *n,v -n* 1.*anat* stomak; lukth. 2.bark; **have a pain in one's stomach** më dhemb stomaku; më dhemb barku. 3.oreks; **no stomach for dinner** s'më hahet darkë. 4.*fig* dëshirë; **I had no**

stomach for a fight s'kisha dëshirë për sherr.
-vt 1.tres(ushqimin). 2.*fig* gëlltis, kapërdij(shakanë, fyerjen).
stomachache['stʌmëkeik] *n* dhimbje stomaku.
stomacher['stʌmëkë:] *n* gjoksore.
stomachic[stou'mækik] *adj,n -adj* 1.i stomakut. 2.për stomak, për oreks.
-n ilaç stomaku.
stomach ulcer *n mjek* ulçer stomaku.
stomatitis[stoumë'taitis] *n mjek* stomatit, pezmatim i gojës.
stomatologist[stoumë'tolëxhist] *n mjek* stomatolog.
stomatology[stoumë'tolëxhi] *n mjek* stomatologji.
stomp[stomp] *v,n -vi* shkel/eci rëndë.
-n 1.ecje e rëndë. 2.*amer* sving(lloj vallëzimi).
stone [stoun] *n,v -n* 1.gur. 2.guralec. 3.gur i çmuar. 4.*bot* bërthamë. 5.*Br* ston(njësi peshe = 6,34 kg). 6.*attr* i gurtë, prej guri. 6. *mjek* gur(në veshkë etj). + **cast the first stone** nis sulmin, çel serinë e kritikave; **leave no stone unturned** s'lë gjë pa bërë, e kthej përmbys.
-vt 1.shtroj me gurë. 2.gjuaj/qëlloj me gurë. 3.qëroj bërthamat. 4.fërkoj në gur.
Stone Age *n hist* Epokë e Gurit, Kohë e Gurit.
stone-blind['stounblaind] *adj* krejt i verbër/qorr.
stoneboat['stounbout] *n* lesë për mbartje gurësh.
stonebreaker['stounbreikë:] *n* 1.gurëthyes. 2.makinë thyerëse gurësh.
stone-broke['stounbrouk] *adj amer zhrg* pa një grosh, pa një dysh, trokë.
stone-cold['stounkould] *adj,adv -adj* i ftohtë akull, gur nga të ftohtit.
-adv krejt, plotësisht; **stone-cold sobber** krejt esëll.
stonecutter['stounkʌtë:] *n* 1.gurgdhendës. 2.makinë prerëse mermeri; gursharruese.
stoned[stound] *adj* 1. pa bërthama. 2.*zhrg* xurxull, tapë; i droguar.
stone-dead['stounded] *adj* i vdekur, thes.
stone-deaf['stoundef] *adj* krejt i shurdhër.
stone fruit *n* frut me bërthamë.
stone-ground['stoungraund] *adj* i bluar megjithë lëvore(miell).
stonemason['stounmeisën] *n* gurgdhendës; usta për mur guri.
stone's throw *n gj.fol* një vrap pele, distancë e shkurtër.
stonewall['stounwo:l] *vi* 1.luaj me shumë kujdes. 2.*fig* jap përgjigje të vagëta/evazive; vonoj, sorollas.
stoneware['stounwëe:] *n* prodhime gresi.
stonework['stounwë:k] *n* 1.punime guri. 2.mur guri, xokolaturë.
stoneworker['stounwë:kë:] *n* gurgdhendës; usta për mur guri.
stonily['stounili] *adv* ftohtë, me ftohtësi.

stony['stouni] *adj* 1.me gurë, me zall(plazh); guror(truall). 2.i fortë gur. 3.*fig* i ftohtë(vështrim); i ngurtë(qëndrim). 4.zemërgur, i pashpirt. 5.*zhrg* trokë, pa një dysh.
stony-broke['stounibrouk] *adj zhrg* trokë, pa një dysh.
stony-hearted['stouniha:tid] *adj* zemërgur, i pashpirt.
stood[stud] *pt,pp* e **stand.**
stooge[stu:xh] *n,v gj.fol -n* 1.*teat* lolo, bufon. 2.*fig* laké.
-vi i shërbej si lolo/si laké.
+**stooge about/around** sillem, vërtitem, sorollatem.
stook[stu:k] *n,v -n* demet.
-vi lidh duaj, bëj demete.
stool [stu:l] *n,v -n* 1.stol, fron. 2.vaskë wc-je. 3.jashtëqitje, nevojë. 4.*bot* rrënjë. 5.pëllumb ndjellës (që çon pëllumbat e tjerë në kurth).
-vi lëshon filiza.
stoolie['stu:li] *n zhrg* shih **stool pigeon.**
stool pigeon *n* 1.pëllumb ndjellës. 2.*zhrg* hafije, spiun i policisë.
stoop I[stu:p] *v,n -v* 1.përkulem; kërrusem. 2.*fig* begenis, pranoj të; **stoop to speak to the workers** begenis t'u flas punëtorëve. 3.ul veten; bëhem urë. 4.lëshohem, sulem poshtë. 5.*vjet* nënshtrohem.
-n 1.përkulje; kërrusje. 2.*vjet* nënshtrim. 3.ulje, përulje. 4.lëshim, turrje teposhtë(e skifterit).
stoop II[stu:p] *n amer* verandë.
stop[stop] *v,n -v* 1.ndal, ndaloj. 2.ndërpres. 3.i jap fund. 4.rri, qëndroj, vendosem(në hotel etj). 5.zë, bllokoj, mbyll, tapos(një vrimë).6.mbaj(nga rroga). 7.pengoj, nuk lejoj.
-n 1.ndalim; ndalesë; **without a stop** pa ndalesë; **come to a stop** ndalem, ndal makinën. 2.qëndrim; **a stop of a few weeks in** një qëndrim prej disa javësh në. 3.pikë ndalimi(trafiku).4.fund; **put a stop to sth** i jap fund diçkaje. 5.stacion, vendqëndrim(autobusi, treni). 6.*gram* shenjë pikësimi; **full stop** pikë. 7.*tek* kunj, ndalues. 8.pengesë. + **pull out all the stops** bëj të gjitha përpjekjet, bëj maksimumin; **put a stop to** i jap fund.
+**stop away** rri diku, nuk kthehem.
+**stop behind** rri pas të tjerëve, rri në fund.
+**stop by** ndalem kalimthi, kthehem te dikush.
+**stop down** a)rri ulur; b)rri shtrirë; c)rri nën ujë.
+**stop in** a)rri brenda, nuk dal; b)ndalem kalimthi.
+**stop off** *gj.fol* ndalem për një copë herë.
stop-off['stopof] *n gj.fol* ndalesë; vendqëndrim (gjatë udhëtimit).
+**stop out** rri përjashta.
+**stop over** ndalem/rri një copë herë(diku).
stopover['stopouvë:] *n gj.fol* 1.ndalesë. 2.vendqëndrim, ndalesë(gjatë udhëtimit); **stopover ticket** *av,hek* biletë me mundësi qëndrimi.

+**stop up** a)*Br* rri në këmbë, nuk shtrihem; b)zë, mbyll, tapos; bllokoj; **my nose is stopped up** më janë zënë hundët.

stop-and-go['stopëngou] *n amer* shih **stop-go**.

stopcock['stopkok] *n* rubinet, duq.

stope [stoup] *n* gërmim shkallë-shkallë (në minierë).

stopgap['stopgæp] *n,adj* -*n* 1.zëvendësues. 2.masë e përkohshme.

-*adj* zëvendësues; i përkohshëm.

stop-go ['stopgou] *n* tërhiq-lësho; **a period of stop-go** *ek* periudhë me zbritje-ngjitje; **stop-go policy** politikë elastike.

stoplight['stoplait] *n aut* dritë e kuqe(e semaforit).

stop order *n fin* urdhër anulimi (blerjeje aksionesh).

stoppage ['stopixh] *n* 1. ndalim, ndalesë. 2. pengesë.

stopper['stopë:] *n,v* -*n* 1.tapë; shtupë. 2.ndalues, stopues.

-*vt* tapos; shtupos.

stopping['stoping] *n* 1.ndalim; ndalesë. 2.ndërprerje; pushim.3.*fin* bllokim, mospagim(çeku). 4.bllokim trafiku.5.*mjek* mbushje(dhëmbi).

stopping place *n aut* vend parkimi.

stopping train *n* tren omnibus, tren që ndalon në të gjitha stacionet.

stopple['stopël] *n,v* -*n* tapë(shisheje etj).

-*vt* tapos.

stop-press['stoppres] *nBr* lajmet e fundit, lajme të orës së fundit.

stop sign *n aut* tabelë 'ndal', shenjë 'stop'.

stop street *n amer aut* rrugë jokryesore.

stopwatch['stopwoç] *n* kronometër, kohëmatës.

storage['storixh] *n* 1.ruajtje; magazinim. 2.depo, magazinë. 3.*el* akumulim. 4.*kmp* kujtesë. + **put in /into storage** vë në ruajtje; magazinoj.

storage battery *n el* akumulator.

storage heater *n* ngrohës elektrik akumulator.

storage space *n* vend magazinimi; depo.

storage tank *n* 1.rezervuar(vaji etj). 2.cisternë.

storage unit *n* musandër.

store [sto:] *n,v* -*n* 1. dyqan; **book store** librari. 2.rezervë, furnizim; **get in/lay in a store of flour** krijoj rezerva mielli. 3.*Br* depo, magazinë; **put in/into store** fus në depo, magazinoj; **what does the future have/hold in store for her?** çfarë i ka ruajtur e ardhmja?, ç'e pret në të ardhmen?. 4.*attr* dyqani, e blerë(bukë etj). 5.*vjet* një tog, shumë; **I wish you store of happy days** të uroj plot ditë të lumtura. + **in store** a)në dorë; gjendje, rezervë; b) për të ardhmen; **mind the store** *gj.fol* ki kujdes, hap sytë; **set store by** vlerësoj; çmoj.

-*vt* 1.magazinoj, fus në depo; krijoj rezerva. 2.lë rezervë, vë mënjanë.

store-bought['sto:bo:t] *adj amer* 1.të gatshme, të serisë(rroba etj).2.e blerë në dyqan(bukë etj).

storefront['sto:frʌnt] *n* 1.vitrinë. 2.*attr* në rrugë, me hyrje drejt e nga rruga(zyrë etj).

storehouse['sto:haus] *n* 1.depo, magazinë. 2.*fig* një mal me.

storekeeper['sto:ki:pë:] *n* 1.magazinier. 2.*amer* dyqanxhi, shitës, tregtar.

storeroom['sto:ru:m] *n* depo.

storey['sto:ri] *n* kat.

storeyed['sto:ri:d] *adj* me kate; **a three-storeyed building** ndërtesë 3-katëshe.

storied['sto:ri:d] *adj* 1.i mirënjohur, që ka hyrë në histori. 2.i zbukuruar me motive historike(qilim etj).

stork[sto:k] *n zool* lejlek, shtërg.

storm[sto:m] *n,v* -*n* 1.stuhi, shtrëngatë, furtunë. 2.rrebesh(shiu, bore). 3.*fig* mori(shigjetash); lumë (fjalësh etj). 4.sulm, mësymje; **take by storm** marr me sulm.5.dritare/derë shtojcë; dritare/derë e dyfishtë. + **a storm in a teacup** shumë zhurmë për asgjë.

-*v* 1.mësyj; marr me sulm; pushtoj; **the protesters stormed the town hall** protestuesit mësynë/pushtuan bashkinë; **storm one's way in/out** futem/dal si furtunë. 2.tërbohet (era); bie me rrebesh (shiu). 3. tërbohem nga inati; **storm at sb** i shkrehem dikujt. 4.bën stuhi.

storm belt *n gjeog* brez i stuhive.

stormbound ['sto:mbaund] *adj* i bllokuar nga stuhia.

storm cellar *n amer* strehë kundër stuhive.

storm centre *n* 1.qendër e ciklonit. 2.*fig* qendër e trazirës.

storm cloud *n* 1.re shtrëngate.2.*fig* re të zeza, kërcënim.

storm cone *n* kon i ciklonit.

storm door *n* portë e dyfishtë.

storm-lashed['sto:mlæshd] *adj* i shkallmuar nga stuhia.

storm(y) petrel *n zool* zgalem.

storm trooper *n* 1.*usht* sulmues, anëtar i trupave sulmuese. 2.*hist* SA, anëtar i trupave sulmuese naziste.

storm water *n* ujë shiu.

storm window *n* dritare e dyfishtë.

stormy['sto:mi] *adj* 1.me stuhi; i stuhishëm. 2.*fig* i potershëm,i stuhishëm(diskutim); i rrëmbyer(njeri).

stormy petrel *n* 1.*zool* zgalem. 2.*fig* njeri i krisur.

story I['sto:ri] *n,v* -*n* 1.tregim; histori; **it's a long story** është histori e gjatë; **according to her story** sipas fjalëve të saj. 2.përrallë. 3.*kin,teat,let* skenar; subjekt. 4.artikull(gazete). 5.*gj.fol* pallavër; **tell stories** them pallavra.

-*vi vjet* tregoj historinë e.

story II['sto:ri] *n* shih **storey**.

storybook['sto:ribuk] n 1.libër me tregime.2.attr fig romantik, si në romanet.

story line n let linjë e aksionit, veprim, intrigë; skenar.

storyteller['storitelë:] n 1.tregimtar. 2.gj.fol llafazan, rrenacak.

storywriter['storiraitë:] n tregimtar, shkrimtar.

stoup[stu:p] n 1.kupë. 2.kupë me ujë të bekuar.

stout[staut] adj,n -adj 1.i shëndoshë, i bëshëm. 2.trupmadh; shpatullgjerë, i fuqishëm. 3.të forta(këpucë). 4.energjik, i paepur(qëndrim). 5.besnik(përkrahës); he's a stout fellow gj.fol është njeri i saktë. -n 1.Br birrë e zezë, birrë e fortë. 2.njeri trupmadh.

stout-hearted['staut'ha:tid] adj trim, guximtar.

stove I[stouv] n 1.sobë, stufë.2.tek furrë; kaldajë.

stove II[stouv] pt,pp e stave.

stovepipe['stouvpaip] n 1.qyngj, tub sobe. 2.gj.fol cilindër(kapelë).

stow[stou] vt 1.vë, vendos, sistemoj(ngarkesën). 2.ngjesh, mbush(me mallra). 3.zhrg ndal, i jap fund (llafeve).

+stow away udhëtoj fshehurazi/pa biletë(në anije).

stowaway ['stouëwei] n udhëtar i fshehur (në anije).

stowage['stouixh] n 1.vendosje, sistemim(i ngarkesës). 2.vend për ngarkesë; depozitë; kapacitet ngarkimi. 4.ngarkesë. 5.pagesë ngarkimi/stivimi.

strabismus[strë'bizmës] n mjek strabizëm.

straddle ['strædël] v,n -v 1. shaloj, ia hipi shaluar (kalit, biçikletës). 2.rri kaluar/shaluar mbi diçka. 3. kapërcej(hendekun, gardhin).4.fig nuk jam as andej as këndej; s'e prish me asnjërën palë. -n 1.qëndrim shaluar. 2.fig qëndrim i dyfishtë.

strafe [streif, stræf, stra:f] vt 1.usht,av mitraloj; bombardoj. 2.fig ndëshkoj; qortoj ashpër.

strafing['streifing, 'stra:fing] n usht,av mitralim.

straggle['strægël] vi 1.mbijnë rastësisht; rriten pa rregull(bimët). 2.prishen, shpupurishen(flokët). 3. zgjaten, shtrihen (shtëpitë). 4.(in / out) hyjnë / dalin grupe-grupe/njëri pas tjetrit.

straight[streit] adj,adv,n -adj 1.i drejtë. 2.me shpinë të drejtë(karrige). 3.i çiltër; i ndershëm; i drejtë(qëndrim); straight speaking/talking të folur pa doreza; play a straight game bëj lojë të ndershme. 4.i saktë, korrekt(arsyetim). 5.në rregull (llogari). 6.i vazhdueshëm. 7.safi; i pahollaur(uiski etj); straight racism racizëm safi/fund e krye. 8.gj.fol i besueshëm(lajm). 9.zhrg i rregullt, johomoseksual.

-adv 1.drejt; në vijë të drejtë; go straight ahead /on ec/vazhdo drejt. 2.pa u përkulur, qiri. 3.ndershmërisht; drejt; pa dredha; come straight to the point hyj drejt e në temë. 4.pa ndërprerje; pa u ndalur. 5.pa vonesë. + straight away/off menjëherë, në vend, aty për aty.

-n 1.vijë e drejtë; out of the straight tërthor; skiç.

2.fig e drejta, rruga e drejtë; now you are in the straight tani je në rrugë të drejtë.3.(poker) kent. 4. zhrg njeri i rregullt. 5.zhrg njeri normal, johomoseksual.

straight angle n mat kënd i shtrirë, kënd 180 gradë.

straightaway['streitëwei] n,adj,adv -n pjesë e drejtë(e rrugës).

-adj i drejtë, në vijë të drejtë.

-adv menjëherë, aty për aty, në vend.

straightedge['streitexh] n ndërt mastar.

straighten['streitën] v1.drejtoj.2.drejtohet.3.ndreq, rregulloj, vë në rregull(dhomën, shkresat).

+straighten out a)drejtohet; bëhet e drejtë(rruga); b)drejtoj(tubin); c)ndreq, rregulloj, vë në rregull (punët); straighten sb out fig e sjell dikë në rrugë të drejtë; I'll soon straighten him out! ia ndreq unë qejfin atij! d)zgjidh(problemin), sqaroj, i bie në të: try to straighten out how much we owe him përpiqu ta sqarosh sa i kemi borxh atij.

+straighten up a)drejtohet; b)ndreqet, rregullohet; c) ndreq, rregulloj.

straight-faced ['streitfeist] adj,adv -adj serioz, me pamje serioze.

-adv duke ruajtur seriozitetin.

straight flush n (në poker) flosh.

straightforward [streit'fo:wë:d] adj 1. i ndershëm; i çiltër, i hapur. 2.i thjeshtë. 3.safi, i pastër.

straightforwardly [streit'fo:wë:dli] adv 1.hapur, haptas, pa dredha. 2.ndershmërisht.

straightforwardness [streit'fo:wë:dnis] n ndershmëri; çiltërsi; thjeshtësi.

straight-line['streitlain] adj konstant(zhvlerësim).

straight man n teat figurant, aktor që nuk flet.

straightness['streitnis] n 1.çiltërsi. 2.korrektesë.

straight-out ['streitaut] adj gj.fol 1.i prerë, kategorik(kundërshtim). 2.i bindur, i betuar(fashist). 3. me vulë, me damkë(hajdut).

straightway ['streitwei] adv vjet aty për aty, në vend, menjëherë.

strain I[strein] v,n -v 1.ndej, tendos(litarin). 2.tërheq fort. 3.tensionoj, sforcoj, lodh (sytë etj). 4.tensionohem, sforcohem, dëmtohem; strain oneself rraskapitem. 5.kulloj; shtrydh. 6.kullon, kalon, filtron. 7.shtrëngoj; përqafoj. 8.tejkaloj, kapërcej(kompetencat).

-n 1.ndemje, tendosje. 2.tërheqje. 3.(forcë), peshë. 4.sforcim, tension(fizik, mendor). 5.lodhje; rraskapitje. 6.mjek ndrydhje, përdredhje. 7.pl muz akorde, melodi.

strain II [strein] n 1. racë, prejardhje. 2. damar; there's a strain of madness in her family familja e saj e ka një damar marrëzie.3.fig linjë, ton.

strained[streind] adj 1.i sforcuar, i panatyrshëm. 2.i tensionuar, i acaruar. 3.i kulluar(lëng mishi).

strainer['streinë:] *n* sitë, kullesë.

strait[streit] *n,adj* *-n* 1.*gjeog* ngushticë. 2.*pl* nevojë, ngushticë, vështirësi; **be in financial straits** jam ngushtë ekonomikisht.
-adj 1.i ngushtë; i kufizuar. 2.i ashpër.

straiten ['streitën] *vt* 1. kufizoj. 2. *vjet* ngushtoj; ngushtohet. **+ in straitened circumstances** në gjendje të vështirë, ngushtë për para.

straitjacket['streitxhækit] *n,v* *-n* 1.këmishë e forcës. 2.*fig* qerthull.
-vt i vesh këmishën e forcës.

strait-laced['streitleist] *adj* i ngurtë, strikt.

strand I[strænd] *n,v* *-n* breg.
-vt 1.e ngec në breg, përplas pas shkëmbinjve (anijen). 2.e lë në pozitë të vështirë; **they left him stranded** ata e lanë në baltë.

strand II[strænd] *n* 1.fije(litari, kablli).2.fije floku, qime. 3.varg rruazash. 4.*fig* fill(i bisedës).

strange[streinxh] *adj* 1.i çuditshëm; **it's strange that**..është e çuditshme sesi...2.tuhaf(njeri). 3.i panjohur(vend, njeri, gjuhë).4.i huaj, i tjetërkujt.5.(to) i pamësuar, i pafamiljarizuar(me punën etj). **+ feel strange** më duket vetja si i huaj, jam në siklet; **make strange** trembet(fëmija).

strangely ['streinxhli] *adv* çuditërisht, për çudi; **strangely enough she had never met him** çuditërisht, ajo nuk e kishte parë kurrë atë njeri.

strangeness ['streinxhnis] *n* tuhafësi, ekstravagancë.

stranger ['streinxhë:] *n* 1. i panjohur. 2. i huaj. 3.njeri i pamësuar(me diçka); **he's no stranger to politics** nuk është ndonjë që s'merr vesh nga politika. 4.*vjet* mik, mysafir, vizitor; **you're quite a stranger!** je bërë si mysafir në shtëpi!, s'po të shohim më fare!

strangle ['strængël] *v* 1. mbys. 2. i zë frymën. 3.mbytem(me një kockë). 4.*fig* mbys, ndrydh, përmbaj.

stranglehold['strængëlhould] *n* 1.*sport* kapje për fyti. 2.*fig* pozitë dominuese. **+ have a stranglehold on** a)kap për fyti, i marr frymën; b)*fig* e kam në dorë; c)sundoj, dominoj(tregun).

strangler['strænglë:] *n* vrasës.

strangling ['strængling] *n* mbytje, vrasje me mbytje.

strangulate['strængiuleit] *vt* 1.*mjek* ngushtohet, ndërpret qarkullimin(e gjakut). 2.mbys.

strangulation[strængiu'leishën] *n* 1.mbytje.2.*mjek* shtrëngim, bllokim.

strap[stræp] *n,v* 1.rrip(lëkure, teneqeje).2.rrip pantallonash, aski, tirantë. 3.rrip berberi(për mprehje brisku). 4.rrip ore. 5.*tek* qafore.
-vt 1.lidh me rrip. 2.mpreh në rrip(briskun). 3.rrah me rrip. 4.fashoj me leukoplast.

straphang ['stræphæng] *vi* udhëtoj në këmbë,

mbahem te hekuri(i autobusit).

straphanger['stræphængë:] *n* udhëtar në këmbë.

strapless['stræplis] *adj* pa rripa(fustan, sutien).

strapped[stræpt] *adj gj.fol* pa një dysh, trokë.

strapper['stræpë:] *n gj.fol* burrë i fortë; azgan.

strapping['stræping] *adj* i fortë, azgan.

strata['stra:të, 'streitë] *n pl* i **stratum**.

stratagem['strætëxhëm] *n* 1.*usht* manovër, dredhi lufte. 2.dredhi, marifet; shkathtësi.

strategic(al)[strë'ti:xhik(ël)] *adj* strategjik.

strategically [strë'ti:xhikëli] *adv* nga ana strategjike.

strategics[strë'ti:xhiks] *npl* strategji.

strategist['strætëxhist] *n* strateg.

strategy['strætëxhi] *n* strategji.

strath[stræth] *n skoc* luginë e gjerë.

stratification[strætëfë'keishën] *n*1.shtresim.2.*gjeol* shtresëzim, formim shtresash.

stratify['strætëfai] *v* 1.shtresoj; shtresohet. 2.*gjeol* shtresëzohet.

stratigraphy[strë'tigrëfi] *n gjeol* stratigrafi.

stratocruiser['strætou'kru:zë:] *n av* avion për fluturime në stratosferë.

strato-cumulus [streitou'kjumjëlës] *n meteo* re shtresore-grumbullore.

stratosphere['strætësfië:] *n* stratosferë.

stratum['streitëm, 'strætëm] *n pl* **strata** 1.*gjeol* shtresë. 2.*ek* shtresë shoqërore.

stratus['streitës, 'strætës] *n meteo* re shtresore.

straw [stro:] *n* 1. kashtë; fije kashte; **drink sth through a straw** pi diçka me fije kashte. 2.ngjyrë kashte. 3.tubth(për të thithur). 4.*gj.fol* grimë, fije; **he doesn't care a straw** nuk bëhet merak fare. **+ catch /clutch/grasp at a straw** kapem pas fijes së kashtës; **straw in the wind** shenjë, tregues; **that's the last straw!** ky është kulmi!

strawberry['stro:bëri] *n* luleshtrydhe, dredhëz.

strawberry blonde *n* flokëkuqe.

strawberry mark *n anat* pullë e kuqe në lëkurë.

strawboard['strobo:d] *n* karton amballazhi.

straw boss *n gj.fol* zëvendësbrigadier, zëvendësshef.

straw hat *n* kapelë kashte.

straw man *n fig* 1.dordolec, kandidat sa për formë. 2.argument sa për formë.

straw mat *n* hasër.

straw mattress *n* dyshek kashte.

straw poll *n* shih **straw vote**.

straw vote *n amer pol* votim jozyrtar; sondazh i opinionit.

strawy['stro:i] *adj* me kashtë; i shtruar/i mbulluar me kashtë.

stray[strei] *v,n,adj* *-v* 1.humb(as) rrugën. 2.*fig* bredh, hallakatet (mendja). 3. *fig* shkas, rrëshqas, gaboj.

-n 1.arrakat; fëmijë i humbur. 2.kafshë arrakate /e humbur. 3.*rad* valë parazite, zhurma.
-*adj* 1.i humbur, arrakat. 2.i veçuar; i rrallë, i rastit; **a few stray houses** ca shtëpi të shpërndara. 3.qorr(plumb).
streak[stri:k] *n,v* -n 1.vijë.2.rrip, brez.3.shtresë. 4.*fig* dell, damar. 5.*gj.fol* periudhë; **a streak of luck** një periudhë shansi. + **like a streak** *gj.fol* si rrufe, vetëtimthi.
-*v* 1.vizoj, bëj vija-vija. 2.shtresa-shtresa, me damarë.3.sulem; **streak in/out** hyj/dal si rrufeja.4.*gj.fol* dal lakuriq para njerëzve.
streaker ['stri:kë:] *n* njeri që del zhveshur në publik.
streaky['stri:ki] *adj* 1.vija-vija, breza-breza.2.me damarë(mermer). 3.me shtresa dhjami(mish). 4.jouniform.
stream [stri:m] *n,v* -n 1.rrëke, përrua. 2.rrymë (edhe *fig*); **go against/with the stream** shkoj pas/kundër rrymës. 3.çurgë(uji). 4.lumë(lave, gjaku, fjalësh, makinash). 5.nivel(nxënësish). +**go on stream** hyn në prodhim(rafineria).
-*v* 1.derdhet, shkon rrëke. 2.kulloj; lahem; **stream with tears/blood** kulloj në lotë; lahem në gjak. 3. valëvitet(në erë). 4.(**in/out/past**) hyjnë/dalin/kalojnë valë-valë/me tufa. 5.ndaj sipas niveleve(nxënësit); **stream the English classes** ndaj nxënësit sipas nivelit të njohurive në anglisht.
streamer['stri:më:] *n* 1.shirit gjarpërues(letre, drite). 2.banderolë.3.*astr* ndriçim polar. 4.titull i madh (që zë gjithë faqen e gazetës).
streamflow['stri:mflou] *n* prurje(e rrymës së ujit).
streamlet['stri:mlit] *n* rrëke, vijë uji.
streaming ['stri:ming] *n,adj* -n ndarje (e nxënësve) sipas niveleve.
-*adj* me kullim hundësh(të ftohur).
streamline['stri:mlain] *n,v* -n 1.trajektore. 2.formë aerodinamike.
-*vt* 1.i jap formë aerodinamike. 2.modernizoj; freskoj(programin). 3.racionalizoj, bëj më të efektshëm.
streamlined['stri:mlaind] *adj* 1.aerodinamik. 2.i efektshëm, efikas. 3.pa dhjamë të tepërt.
streamlining['stri:mlaining] *n* racionalizim, shtim efikasiteti.
street[stri:t] *n* 1.rrugë; **turn/put sb into the street** nxjerr në rrugë dikë. 2.*attr* rruge, i rrugës.3.**the street** *fig* rruga, jeta e rrugës. + **the man in the street** njeriu i zakonshëm; **on/in the street** në rrugë, pa strehë; pa punë; **she's in the streets, she works the streets** është prostitute; **be streets ahead of sb** jam ku e ku më përpara/më i avancuar se dikush; **she's not in the same street as you** ajo s'të vjen as te gishti i këmbës.
   street accademy *n amer* shkollë private për minoritetet.

street accident *n* aksident rrugor.
street arab *n* fëmijë rrugësh.
streetcar['stri:tka:] *n* troleibus, tramvaj.
street cleaner *n* 1.fshesar, pastrues rrugësh.2.makinë fshirëse rrugësh.
street directory *n* shih **street guide**.
street door *n* portë, derë e jashtme.
street guide *n* tregues i / listë e rrugëve.
street hawker *n* tegtar shetitës.
street lamp *n* dritë rruge.
street level *n* kat përdhes.
street lighting *n* drita rruge, ndriçim rrugor.
street map *n* hartë e qytetit, hartë rrugore.
street market *n* treg i hapur/përjashta.
street seller *n* tregtar shetitës.
street sweeper *n* 1.fshesar, pastrues rrugësh. 2. makinë fshirëse rrugësh.
street trading *n* shitje ambulante.
street urchin *n* fëmijë rrugësh.
street value *n* çmim(i drogës) me pakicë.
street vendor *n* shitës ambulant.
streetwalker['stri:twokë:] *n* prostitute.
streetwise['stri:twaiz] *adj gj.fol* i rrahur, i regjur.
street worker *n amer* punonjës social për rininë.
strength[strength] *n* 1.forcë; fuqi. 2.fortësi(e litarit, materialit). 3.qëndresë; **strength of will** vullnet. 4.efektiv(i njësisë, luftanijes, skuadrës); **be below/under strength** jam mangët me njerëz; **be on the strength** *usht* bëj pjesë në efektiv. 5.intensitet(i zërit). 6.*fig* mbështetje. + **on the strength of** mbi bazën e, duke u mbështetur në.
strengthen ['strengthën] *v* 1. forcoj. 2. përforcoj; përmirësoj. 3.*fin* konsolidoj; stabilizoj(monedhën, tregun). 4.forcohet; fuqizohet. 5.shtohet (dëshira).
strengthening['strengthëning] *n,adj* -n 1.forcim. 2.fuqizim; përforcim. 3.shtim.
-*adj* forcues; përforcues; fuqizues.
strenuous['streniuës] *adj* 1.i lodhshëm, i mundimshëm. 2.energjik; aktiv; **make strenuous efforts** bëj përpjekje energjike.
strenuously['streniuësli] *adv* 1.energjikisht. 2.me forcë.
strenuousness['streniuësnis] *n* energji; shkallë e përpjekjeve.
streptococcus[streptou'kokës] *n biol* streptokok.
streptomycin[streptou'maisën] *n mjek* streptomicinë.
stress[stres] *n,v* -n 1.*tek* ndemje, tension. 2.*mjek* stres, tension nervor.3.*fig* theks, theksim; **lay stress on** e vë theksin mbi. 4.*gram* theks; **stress mark** theks, shenjë e theksit.
-*vt* 1.*fig* theksoj; nënvizoj; ngul këmbë në.2.*gram* theksoj. 3.*tek* tensionoj; ushtroj ngarkesë mbi.
stressed[strest] *adj* 1.*tek* i tensionuar; nën ngarkesë. 2.*mjek* i stresuar, i tensionuar. 3.*gram* i thek-

suar.

stressful['stresful] *adj* e tensionuar, e stresuar, me ngarkesë(jetë).

stretch[streç] *v,n* *-v* 1.tërheq; zgjas; hap, shtrij. 2.shtrihet(pylli). 3.shtriqem.4.drejtoj. 5.zgjeroj, hap (këpucët). 6.çtendos, shtrij(muskujt). 7.*fig* tejkaloj (kompetencat). 8.zgjas(dorën). 9.zgjatet, hapet (llastiku). 10.*fig* sforcohem, bëj përpjekje të mëdha. 11. *gj,fol* zmadhoj, ekzagjeroj.

-n 1.zgjatje; shtrirje; hapje. 2.hapësirë; sipërfaqe; distancë; **vast stretches of snow** hapësira të mëdha me dëborë; **for a long stretch the road**..në një distancë mjaft të gjatë rruga... 3. periudhë, interval kohe; **for hours at a stretch** për disa orë rresht. 4. *zhrg* kohë burgimi. 5.*sport* pjesë e drejtë e korsisë. 6.*attr* i zgjatshëm; i hapshëm; elastik(material).

+**stretch across** zgjatem; zgjas dorën.

+**stretch down** zgjatem/zgjas dorën (poshtë).

+**stretch out** a)zgjatet(njeriu, krahu); b)shtrihet (fshati etj); c)shtrihem; d)zgjas, shtrij(krahun, këmbët); e)hedh, hap(rrjetën); f)shtroj(qilimin); g)*fig* zgjas(mbledhjen); zgjatem me(shpjegime); h)ruaj gjatë, shfrytëzoj gjatë; i nxjerr maksimumin.

+**stretch over** shih **stretch across**.

+**stretch up** zgjatem mbi majat e gishtave.

stretcher['streçë:] *n* 1.kallëp(këpucësh etj). 2.telajo; kornizë. 3.*ndërt,tek.*tërthore, traversë; tullë për së gjati(në mur). 4.*mjek* vig, tezgë, barelë.

stretcher case *n* i sëmurë/i plagosur për barelë.

stretchy['streçi] *adj* i zgjatshëm, i epshëm.

strew[stru:] *v* (**strewed; strewed, strewn**) 1.hap, shtroj(rërë, kashtë etj). 2.shpërndaj. 3.mbuloj; spërkas(me). 4.hapet, mbulon.

stria['strajë] *n pl* **striae** 1.hulli. 2.vijë, shirit.

striated['strajeitid] *adj* me hulli; me vija.

stricken['strikën] *v,adj* *-pp* e **strike**.

-adj 1.i prekur; i dëmtuar. 2.i plagosur. 3.e pikëlluar(pamje). 4.i vuajtur. 5.i goditur; i mbërthyer nga; **plague-stricken** që e ka zënë kolera, me kolerë. + **stricken in years** i vjetër, i plakur.

strict[strikt] *adj* 1.i ashpër, i rreptë, i sertë. 2.i prerë(rregull, urdhër). 3.i saktë; i përpiktë; **the strict truth** e vërteta lakuriq.

strictly['striktli] *adv* 1.ashpër, me rreptësi; rreptësisht; '**smoking strictly forbidden**' ndalohet rreptësisht duhani. 2.saktësisht. 3.krejt, krejtësisht, plotësisht; **strictly personal** krejt personale; **strictly between ourselves** plotësisht midis nesh.

strictness['striktnis] *n* 1.rreptësi, rigorozitet. 2.saktësi, përpikëri.

stricture['strikçë:] *n* 1.kritikë; vërejtje armiqësore. 2.kufizim. 3.*mjek* ngushtim, stenozë.

stridden['stridën] *pp* e **stride**.

stride[straid] *v,n* *-v* (**strode; stridden**) 1.eci me /bëj hapa të mëdhenj; **stride up and down the**

room i bie dhomës lart e poshtë.2.kapërcej(hendekun); kaloj përmes(sheshit).

-n 1.hap i madh. 2.ecje me hapa të mëdhenj. 3.*fig* përparim, hap përpara; **make great strides** bëj përparime të mëdha. + **be caught off stride** *amer* kapem/zihem gafil; **hit one's stride** ia marr dorën (punës etj); **take in (one's) stride** e marr lehtë, nuk e jap veten.

stridence, -cy['straidëns, -si] *n* çjerrje(e zërit).

strident['straidënt] *adj* 1.i çjerrë; çjerrës(zë). 2.*fig* irritues, i pakëndshëm(ton).

stridently['straidëntli] *adv* me zë të çjerrë.

strife[straif] *n* grindje, mosmarrëveshje, konflikt; **domestic strife** grindje familiare; **industrial strife** konflikt social. + **cease from strife** lëshoj armët.

strike[straik] *v,n* *-v* (**struck; struck, stricken**) 1. godas, qëlloj. 2.gjuaj(topin). 3.jap(goditje). 4.*muz* i bie(një vegle). 5. prek (fundin e detit etj). 6.ndez (shkrepësen). 7.shtyp(medalje). 8.më bën përshtypje.9.tingëllon(këmbana, sahati). 10.*usht* sulmoj. 11. më vjen në mendje. 12.gjej, zbuloj, bie në, ndesh në (mineral, naftë etj). 13.bëj grevë. 14.heq, i heq vizë, i vë kryq(emrit). 15.eci, shkoj, e marr me; **strike into a gallop** e marr me revan.16.marr(qëndrim). 17. hyn, depërton(rrënja).18.nxjerr (mesataren). 19.bëj, arrij(një marrëveshje). 20.ul(flamurin). 21.rrafshoj, sjell në nivel. 22.kafshon, i bie(peshku). 23.përplasem, i bie(shtyllës).24.bie(në sy), vret(sytë dielli). + **strike a balance** bëj bilancin; **strike fear** i kall frikën; **strike home** a)godas në shenjë; b)bën efekt /përshtypje; **strike it rich** *gj,fol* a)bie në damar të pasur(minerali); b)*fig* ia qëlloj, më ecën.

-n 1.të qëlluar, zbulim(nafte etj); **make a strike** zbuloj një shtresë të pasur(minerali etj).2.sukses i papritur; **a lucky strike** shans, fat. 3.grevë; **go/come out on strike** bëj grevë. 4.goditje. 5.*usht* sulm. 6. e rënë(e peshkut).7.*sport* gjuajtje. 8.tingëllima, të rëna (të sahatit).9.*attr* i grevës(fond, komitet etj).

+**strike back** godas; i kthehem; hakmerrem.

+**strike down** dërrmoj, shemb përdhe.

+**strike in** *fig* ndërhyj, ndërpres.

+**strike off** a)marr nga, i bie nga; b)pres(kokën etj); c)heq, fshij(nga lista); d)*polig* shtyp, nxjerr(në disa kopje).

+**strike on** a)më vjen(një mendim); b)gjej(zgjidhje); ia qëlloj.

+**strike out** a)jap goditje; b)marr nga, vozis drejt (bregut); c)fshij, heq(fjalë etj).

+**strike through** fshij, heq(fjalë etj).

+**strike up** a)fillon të luajë(banda); nis(muzika); b) lidh(miqësi).

+**strike upon** shih **strike on**.

strikebound['straikbaund] *adj* i paralizuar nga greva.

strikebreaker['straikbreikë:] *n* grevëthyes.

striker ['straikë:] *n* 1.goditës. 2.*sport* gjuajtës. 3. grevist.
strike force *n* 1.brigadë e posaçme (e policisë). 2.*av* forcë goditëse, grupim avionësh.
striking ['straiking] *adj,n* -*adj* 1.i habitshëm (ngjasim). 2. tingëllues, që bie(mekanizëm sahati). 3.*usht* goditëse(forcë). 4.në grevë; grevist. -*n* 1.prerje(monedhash); stampim(medaljesh). 2. rënie(e orës).
strikingly['straikingli] *adv* habitshëm; së tepërmi; **strikingly beautiful** me një bukuri të habitshme.
string[string] *n,v* -*n* 1.spango; gjalmë; fill. 2.tel (kitarre, violine); **harp on one/the same string** i bie të njëjtit avaz.3.kordon.4.varg, gjerdan(rruazash, qepësh). 5.lidhëse. 6.varg, vargan(makinash); sërë (fitoresh). 7. *gj.fol* kusht; bisht; **an offer with a string attached to it** një ofertë me një bisht nga prapa.8.*fig* grup(njerëzish, dyqanesh). + **have/keep sb on a string** e kam plotësisht në dorë dikë; **have two strings to one's bow** kam edhe mënyra të tjera; **pull strings** luaj gurët; **pull the strings** luaj fijet, vazhdoj të drejtoj në prapaskenë. -*vt* 1.shkoj në varg. 2.i vë tela(violinës etj). 3.lidh, var(qepë etj). 4.shtrij(kabllin). 5.akordoj(instrumentin). 6.*fig* tensionoj. 7.rreshtoj, vë në varg. 8.*zhrg* gënjej, mbaj me shpresa.
+**string along** *gj.fol* a)ndjek; b)(**with**) shoqëroj; c) gënjej, mbaj me shpresa.
+**string out** a)vihen varg njëri pas tjetrit; b)var(rrobat; c)vendos(roje); d)zgjas(programin); e)*fig* : **be strung out** a)jam i këputur/i kapitur; b)jam i shqetësuar; c)jam i droguar.
+**string up** a)var(qepë etj); b)*fig* sforcoj; **string oneself up** sforcohem; tensionohem; c)*zhrg* var në litar; linçoj.
string bean *n* 1.barbunjë, mashurkë, groshë e njomë. 2.*gj.fol* gjatosh, stërhell.
string correspondent *n* shih **stringer 2**.
stringed instrument *n muz* vegël me tela.
stringency ['strinxhënsi] *n* 1. rreptësi (e ligjit). 2.ngushticë(ekonomike).
stringent['strinxhënt] *adj* 1.i rreptë(rregull, ligj). 2. i shtrënguar, në ngushticë(ekonomike). 3.bindës (argument).
stringer['strinxhë:] *n* 1.*ndërt* tra mbështetës. 2. korrespondent lokal(gazete); gazetar që paguhet me rreshta. 3.*gjeol* damar i hollë minerali.
stringpiece['stringpi:s] *n ndërt* tërthore, traversë, tra mbështetës.
string-puller['string'pulë:] *n* njeri që i bën punët me ndërhyrje/me mik.
string-pulling['stringpuling] *n* ndërhyrje, mik.
string quartet *n muz* kuartet telash.
string tie *n* kravatë e ngushtë e shkurtër.
string vest *n* fanellë me punim rrjetë.

stringy['strinxhi] *adj* 1.me fije, fijëzor(mish, barbunja). 2.hollak(nga trupi). 3.i trashë, që varet si fije(sherbet etj).
strip I [strip] *v,n* -*v* 1.zhvesh (dikë). 2.përlan, zhvesh (hajduti). 3. smontoj, bëj fije-fije (motorin). 4.*tek* i prish filetën(vidës etj); i prish dhëmbët(ingranazhit). 5.shqis, heq. 6.zbraz, zhvesh(shtëpinë). 7.*usht* zhvesh(oficerin). 8.*fig* i heq, i rrëmbej (gëzimin).9.mjel deri në pikën e fundit.10.zhvishem. 11.bëj striptizë, zhvishem para publikut. -*n* 1.zhveshje. 2.striptizë.
strip II[strip] *n* 1.rrip(metalik, letre etj). 2.brez i ngushtë, rrip(toke). 3.*av* pistë uljeje. 4.gjuhëz (deti). 5.tregim vizatimor për të qeshur/komik. 6.*Br sport* veshje, uniformë. 7.*gj.fol* striptizë.
+**strip down** a)zhvishem krejt; b)*tek* smontoj plotësisht, bëj fije-fije.
+**strip off** a) zhvishem krejt; b) heq (kopsat); c) shkund (gjethet); d) këpus (kokrrat).
strip cartoon *n Br* tregim vizatimor.
strip cropping *n bujq* kultura të alternuara (në toka skarpat).
strip lighting *n Br* ndriçim me llampa neoni/fluoreshente.
strip mining *n amer* nxjerrje (minerali) në qiell të hapur.
strip poker *n* poker me zhveshje të rrobave(ai që humbet).
strip-search['stripsë:ç] *n,v* -*n* kontroll në trup. -*vt* kontrolloj në trup(zhveshur).
striptease['stripti:z] *n* striptizë, zhveshje para publikut.
stripe I[straip] *n,v* -*n* 1.shirit(me ngjyrë). 2.copë me vija/me shirita. 3.*pl usht* shirita, viza, grada(te mënga); **lose one's stripes** degradohem. 4.*fig* lloj, tip. -*vt* i vë shirita; shënoj me viza.
stripe II [straip] *n* goditje me kamzhik; shenjë kamzhiku.
striped[straipt] *adj* me shirita; me viza.
stripling['stripling] *n* djalosh, i ri, riosh, çunak.
strive[straiv] *vi* (**strove, strived; striven**) 1.përpiqem; rropatem; **strive after/for sth** përpiqem të arrij diçka. 2.luftoj; **strive against the tide** luftoj me rrymën.
striven['strivën] *pp* e **strive**.
strobe[stroub] *n* stroboskop.
stroboscope['stroubëskoup] *n* stroboskop.
strode[stroud] *pt* e **stride**.
stroke I[strouk] *n,v* -*n* 1.goditje; **by a stroke of lightning** nga goditja e rrufesë; **at a/one stroke** me një të rënë. 2.*sport* gjuajtje. 3. pash (në not); stil. 4.rrahje(zemre). 5.përpjekje.6.*fig* shkëndijë (gjenialiteti etj); **a stroke of luck** një fat, një shans. 7.*mjek* goditje(nga dielli etj).8.vozitje; **keep stroke**

mbaj ritmin e vozitjes.
-vt 1.heq(një vijë); i heq vizë. 2.drejtoj(vozitësit).
stroke II[strouk] *n,v* *-n* përkëdhelje, ledhatim.
-vt përkëdhel, ledhatoj. **+ stroke the wrong way**
a)lëmoj(kafshën) kundër qimeve; b)*fig* mërzis, irritoj
(dikë).
stroll[stroul] *v,n* *-vi* 1.shetis; i bie poshtë e lart.
2.bredh, endem; **strolling musician** muzikant
shetitës.
-n shetitje.
stroller['stroulë:] *n* 1.shetitës. 2.*amer* karrocë fë-
mijësh.
strolling['strouling] *adj* shetitës, endacak.
strong[strong] *adj,adv* *-adj* 1.i fortë; i fuqishëm;
strong wind erë e fortë; **a strong will** vullnet i fortë;
do you feel strong? a ndihesh mirë/në formë? 2.i
fortë, i qëndrueshëm. 3.e fortë(pije). 4.e rëndë(erë).
5.në numër; **an army 2000 strong** një ushtri prej
2000 vetësh.
-adv fort; **be going strong** a)mbahem i fortë; b)
punon mirë(makina); c)shkon mirë(puna). **+ that's
pitching/coming/going it a bit strong** sikur e keni
/e kemi marrë me shumë vrull; **come on strong**
gj.fol a)ngul këmbë fort; b)*amer* ecën shumë mirë,
bën shumë përpara.
strong-arm['stronga:m] *adj,v* *-adj* me forcë; i
dhunshëm.
-vt detyroj, i imponohem; përdor forcën.
strongbox['strongboks] *n* kasafortë; kasë.
strong drink *n* pije alkoolike.
strong gale *n meteo* erë e fortë.
stronghold['stronghould] *n* 1.kala, kështjellë. 2.
fig bastion.
strongman['strongmën] *n* 1.mundës, aktor mu-
skuloz(në cirk etj). 2.diktator.
strong-minded['strongmaindid] *adj* me vullnet të
fortë, që di ç'kërkon.
strong-willed ['strongwild] *adj* me vullnet të
hekurt.
strong wood *n knd* pyll; pemë të mëdha.
strontium['strontiëm] *n kim* stroncium(element).
strop[strop] *n,v* *-n* rrip lëkure(për mprehje).
-vt mpreh në rrip(briskun).
strophe['stroufi] *n let* strofë.
strove[strouv] *pt* e **strive**.
struck[strʌk] *v,adj* *-pt,pp* e **strike**.
-adj i mbyllur; i prekur nga greva.
structural['strʌkçërël] *adj* strukturor, strukture.
structurally['strʌkçërëli] *adv* për nga struktura,
nga ana strukturore.
structure['strʌkçë:] *n,v* *-n* 1.ndërtesë; ndërtim.
2.strukturë, ndërtim. 3.*kim* përbërje.
-vt 1.ndërtoj; prodhoj.2.strukturoj; organizoj.
strudel['stru:dël] *n* shtrudel.
struggle['strʌgël] *v,n* *-vi* 1.luftoj; përleshem. 2.

fig përpiqem, luftoj; **struggle to one's feet** përpiqem
të ngrihem në këmbë.
-n 1.luftë. 2.*fig* përpjekje.
+struggle along a)çaj me mundim; b)e hedh me të
keq(ekonomikisht).
+struggle back përpiqem të rikthehem në gjendjen
e mëparshme.
+struggle on a)çaj me mundim; b)e hedh me të
keq; c)vazhdoj luftën.
+struggle through u jap fund telasheve, dal nga
gjendja e vështirë.
strum[strʌm] *v,n muz* *-v* i bie me gishta(kitarrës
etj); prek tastet(e pianos).
-n e rënë me gishta.
struma ['stru:më] *n pl mjek* **strumae** 1.stërku-
ngull. 2.*mjek* gushë, strumë.
strumpet['strʌmpit] *n* lavire.
strung[strʌng] *pt,pp* e **string**.
strut I[strʌt] *v,n* *-vi* fryhem, krekosem.
-n krekosje, kapardisje.
strut II[strʌt] *n,v* *-n ndërt* pajandër, cungal; tër-
thore, traversë.
-vt përforcoj.
strychnine['strikni:n, 'striknain] *n* strikninë.
stub[stʌb] *n,v* *-n* 1.bisht, fund(cigareje, lapsi).2.
kupon(i çekut); kontrabiletë. 3.cung.
-vt 1.godas, përplas, vras(gishtin pas diçkaje). 2.pa-
stroj(vendin) nga trungjet etj. 3.shkul me rrënjë. 4.
(out) fik, shtyp(bishtin e cigares).
stubble['stʌbël] *n* 1.kashtë(e grurit etj); **field of
stubble** kashtë e mbetur(pas korrjes). 2.qime të
ashpra, mjekërr e parruar.
stubble-jumper['stʌbëlxhʌmpë:] *n knd zhrg* fer-
mer prerie.
stubbly['stʌbli] *adj* 1.mbuluar me kashtë.2.drizë,
si fije kashte(mjekërr).
stubborn['stʌbë:n] *adj* 1.kokëfortë, kryeneç; ko-
këderr. 2.i vendosur, i paepur(luftëtar). 3.*fig* kokë-
fortë(fakt); që s'të shqitet(kollë etj).
stubby['stʌbi] *adj* 1.i shkurtër, i trashë, si cung
(gisht). 2.drizë(mjekërr). 3.me cungje(truall).
stucco['stʌkou] *n,v* *-n* 1.llaç.2.*ndërt* allçi.3.stuko.
-vt 1.suvatoj. 2.vesh me allçi; patinoj. 3.stukoj.
stuck[stʌk] *pt,pp* e **stick**.
stuccowork['stʌkouwë:k] *n* 1.suvatim. 2.patinim.
3.stukim.
stuck-up ['stʌkʌp] *adj gj.fol* kryelartë; mendje-
madh; i fryrë.
stud I[stʌd] *n,v* *-n* 1.kokë gozhde. 2.perçinë; su-
mbull metalike. 3.kopse; mbërtheckë. 4.*ndërt* binar
vertikal.5.*tek* kunj i dalë. 6.poker me (disa) letra të
hapura.
-v 1.zbukuroj(me sumbulla, gurë të çmuar etj). 2.
nxjerrin krye(shkëmbinjtë në det).
stud II[stʌd] *n* 1.hamshor. 2.tufë kuajsh. 3.stallë.

4.*attr* race, ndërzimi(dem, kalë etj). 5.*zhrg* burrë i fuqishëm, hamshor.

studbook['stʌdbuk] *n* regjistër i prejardhjes racore (të kuajve etj).

studding['stʌding] *n* 1.binarë vertikalë(të skeletit të godinës). 2.lëndë druri për binarë.

studdingsail ['stʌdingseil, --sël] *n det* velë e vogël shtojcë.

student['st(j)u:dënt] *n* 1.student; nxënës. 2.studi-ues, kërkues.

student body *n* kolektiv i studentëve/nxënësve.

student community *n* studentët.

student council *n Br* komitet i studentëve, për-faqësues të studentëve.

student councillor *n Br* përfaqësues i klasës.

student driver *n amer* shofer i ri, kursant(për marrjen e dëshmisë).

student file *n amer* dosje personale e studentit /nxënësit.

student ID card *n amer* kartë studenti/nxënësi, letërnjoftim studenti/nxënësi.

student lamp *n amer* abazhur/dritë leximi(e ori-entueshme).

student nurse *n amer* nxënëse-infermiere.

student teacher *n* praktikant, mësues stazhier.

student teaching *n* stazh pedagogjik.

student union *n* 1.klub studentësh. 2.sindikatë e studentëve.

studentship['stju:dëntship] *n* bursë studimesh.

studhorse['stʌdho:s] *n* hamshor.

studied['stʌdi:d] *adj* 1.i studjuar, i qëllimshëm, i paramenduar(qëndrim etj). 2.i përpunuar. 3.i shtirë.

studio['stju:diou, 'stu:diou] *n* studio(personale, piktori, filmi etj).

studio couch *n* kanape e hapshme; divan-shtrat.

stud poker *n* poker me disa nga letrat të hapura.

study ['stʌdi] *n,v* -*n* 1.mësim, studim. 2.shqyr-tim, hetim, studim(i çështjes). 3.fushë/temë studimesh. 4. studio, dhomë studimi. 5. punim, stu-dim shkencor. 6.*art* skemë; bocet.7.*fig* pikësynim. 8.rënie në mendime; ëndërrim.
-*v* 1.studioj; mësoj. 2.shqyrtoj, hetoj, studioj (har-tën , çështjen). 3.mendoj, bëj(një plan). 4.mësoj për-mendsh(rolin).

stuff[stʌf] *n,v* -*n* 1.material; lëndë. 2.*teks* stof i leshtë. 3.sende, plaçka.4.gjëra; **there's some good stuff in that book** ka ca gjëra të mira në atë libër. 5.gjepura. 6.*fig* brumë, karakter. 7.*zhrg* drogë; ma-rihuanë; heroinë. 8.*attr* i leshtë, prej leshi.
-*v* 1.mbush(dyshekun etj). 2.balsamos. 3.mbush me kima(kunguj, speca etj). 4.rras, fus(në thes etj). 5.zë, mbyll (vrimën). 6.*gj.fol* vë, vendos. 7.*gj.fol* shqepem, zhdëpem(së ngrëni).

+**stuff away** *gj.fol* përlaj, gllabëroj.

+**stuff up** zë, mbyll, shtupos(vrimën); **be stuffed**

up më janë zënë hundët.

stuffed shirt *gj.fol* tip i fryrë.

stuffily['stʌfili] *adv* me ton kundërshtues.

stuffiness['stʌfinis] *n* 1.zagushi, mungesë ajri. 2. mendjengushtësi; shpirtvogëlsi.

stuffing['stʌfing] *n* 1.mbushje, material mbushës. 2.kima. + **he's got no stuffing** është njeri pa brumë.

stuffy['stʌfi] *adj* 1.mbytës, pa ajër(ambient). 2.ba-jat, i mërzitshëm(muhabet). 3.e zënë(hundë). 4.i prerë, i ngrirë(qëndrim). 5.i nxehur; idhnak.

stultify ['stʌltëfai] *vt* 1. trullos, topis, budallallos (dikë).2.asgjësoj, bëj të pavlefshme(përpjekjet). 3.bëj absurd, i heq çdo kuptim(arsyetimit).

stumble['stʌmbël] *v,n* -*vi* 1.pengohem. 2.heq këmbët zvarrë, eci duke u penguar. 3.ngecem, më merret goja, mezi i nxjerr fjalët. 4.bëj gabim, gaboj. 5.has, ndesh rastësisht, bie në(diçka).
-*n* 1.pengim. 2.ngecje, marrje e gojës.

stumblebum ['stʌmbëlbʌm] *n amer zhrg* ngala-kaq, llosh.

stumbling-block['stʌmbling'blok] *n* pengesë.

stump[stʌmp] *n,v* -*n* 1.trung(peme). 2.cung(bi-shti, krahu).3.shulak. 4.*amer pol* podium politikani; **be/go on the stump** mbaj fjalim, bëj fushatë. 5.hap i rëndë. 6.këmbë druri. 7.*zhrg* këmbë. + **up a stump** *gj.fol* i paaftë, i bukosur, i shushatur.
-*v* 1.shkul trungjet, spastroj vendin. 2.shkurtoj, cu-ngoj. 3.bëj fushatë, mbaj fjalime, dal në turne elektoral; **stump a district** bëj turne elektoral në një qark. 4.çapitem me zor, eci me hap të rëndë. 5. *gj.fol* bllokoj, bukos, shushas(me fjalë).

stump speaker *n* politikan në turne elektoral.

stump speech *n* fjalim politik, fjalim elektoral.

stumpy['stʌmpi] *adj* 1.trupngjeshur, shulak. 2.me trungje(vend).

stun[stʌn] *v,n* -*vt* 1.lë pa ndjenja. 2.*fig* shushas, shastis.
-*n* 1.humbje ndjenjash, të fikët. 2.*fig* shushatje, shastisje.

stun grenade *n* granatë/bombë paralizuese.

stung[stʌng] *pt,pp* e **sting**.

stunk[stʌnk] *pt,pp* e **stink**.

stunned[stʌnd] *adj* 1.pa ndjenja. 2.*fig* i shushatur, i shastisur.

stunner['stʌnë:] *n gj.fol* njeri/send i mahnitshëm; gjë fantastike.

stunning['stʌning] *adj* 1.trullosës. 2.shushatës, shastisës. 3.*fig* i shkëlqyer; i jashtëzakonshëm; fanta-stik, i mahnitshëm(njeri).

stunsail['stʌnsël] *n det* shih **studdingsail**.

stunt I[stʌnt] *v,n* -*vt* pengoj, frenoj(zhvillimin); vonoj.
-*n* pengesë; frenim; vonesë.

stunt II[stʌnt] *n,v gj.fol* -*n* 1.bëmë, trimëri. 2.*av* akrobaci ajrore. 3.numër, marifet, rreng(studentësh).

stunted['stʌntid] *adj* i rrëgjuar; rakitik.

stunt flying *n* akrobaci ajrore.

stuntman ['stʌntmën] *n kin,tv* kaskador, aktor-akrobat.

stupe[st(j)u:p] *n* shtupë, kompresë(për plagë).

stupefacient[st(j)u:pë'feishënt] *adj,n* -*adj* trullo-sës.

-*n* drogë.

stupefaction [st(j)u:pë'fækshën] *n* mpirje, tru-llosje.

stupefy['st(j)u:pëfai] *vt* 1.trullos(goditja).2.mpin, topit(ilaçi, droga).3.*fig* shushas, shastis.

stupefying ['st(j)u:pifajing] *adj* shushatës, sha-stisës.

stupendous[st(j)u:'pendës] *adj* 1.i jashtëzakon-shëm, i mahnitshëm. 2.i shënuar, madhështor(suk-ses). 3.fantastik, sensacional(film, aktor etj).

stupendously[st(j)u:'pendësli] *adv* në mënyrë të mahnitshme/sensacionale, fantastikisht.

stupid ['st(j)u:pid] *adj,n* -*adj* 1.i trashë, buda-llë.2.i trullosur, i topitur(nga gjumi, pija); **drink oneself stupid** pi sa bëhem xurxull. 3.pa mend (punë).

-*n gj.fol* budallë.

stupidity[st(j)u:'pidëti] *n* 1.trashësi, idiotësi. 2.pu-në pa mend, marrëzi, budallallëk.

stupidly ['st(j)u:pidli] *adv* nga budallallëku; pa mend në kokë; **he stupidly told him my name** si budallë shkoi e i tha emrin tim.

stupidness['st(j)u:pidnis] *n* shih **stupidity**.

stupor['st(j)u:pë:] *n* 1.mpirje, shtangie.2.trullosje, shastisje.

sturdily['stë:dili] *adv* 1.fuqishëm; **sturdily built** me trup të fuqishëm. 2.fort, me forcë, energjikisht.

sturdiness['stë:dinis] *n* fortësi; qëndrueshmëri.

sturdy['stë:di] *adj* 1.i fortë; i fuqishëm. 2.energjik; i paepur.

sturgeon['stë:xhën] *n zool* bli.

stutter['stʌtë:] *v,n* -*v* belbëzoj; mezi e nxjerr fja-lën.

-*n* belbëzim.

sty I[stai] *n* 1.thark(derrash). 2.*fig* vend i ndyrë, hale.

sty II, stye[stai] *n mjek* byc, elbth, kath.

style[stail] *n,v* -*n* 1.modë; **in the latest style** i /sipas modës së fundit **dress in style** vishem sipas modës.2.*art,let* stil; **the Renaissance style** stili i Rilindjes. 3.model; **these shoes are made in three styles** këto këpucë i kemi në tri modele të ndryshme. 4.lloj, tip; **just the style of car he likes** tamam ai tip makine që i pëlqen atij. 5.titull(zyrtar). 6.*hist* stil, majë për të shkruar mbi pllaka. 7.shigjetë, tregues.8. *polig* rregulla tipografike.

-*vt* 1.quaj, thërras; **she styles herself 'rector'** ajo e quan veten 'rektore'. 2.ndreq, rregulloj(flokët).

3.modeloj(fustanin etj). 4.*polig* i bëj përpunimin /re-daktimin teknik, parapërgatis(dorëshkrimin).

stylebook['stailbuk] *n* 1.manual tipografik, libër i rregullave tipografike. 2.katalog mode.

styling ['stailing] *n* 1. formë; linjë. 2. model(flo-kësh); prerje, qethje.

stylish['stailish] *adj* shik, elegant.

stylishly['stailishli] *adv* me elegancë; sipas rregu-llave/kërkesave të artit.

stylishness['stailishnis] *n* elegancë; hijeshi.

stylist['stailist] *n* 1.*let* stilist. 2.modelist(veshjesh). 3.flokëtar.

stylistic[stai'listik] *adj,n* -*adj* stilistik; i stilit.

-*n pl* stilistikë.

stylistically[stai'listikli] *adv* stilistikisht, si stil, për sa i përket stilit, nga pikëpamja stilistike.

stylize['stailaiz] *vt* stilizoj.

stylus['stailës] *n* 1.*hist* stil, majë shkruese(në plla-ka). 2.majë/gjilpërë gramafoni.

styptic['stiptik] *adj,n mjek* -*adj* shtrëngues, rru-dhës; hemostatik, që ndal rrjedhjen e gjakut.

-*n* hemostatik, antihemorragjik(bar).

styptic pencil *n mjek* laps hemostatik.

styrene['stairi:n] *n kim* stiren.

styrofoam['stairëfoum] *n amer* polistirol poroz; bukë peshku.

suasion['sweizhën] *n* bindje; presion moral.

suave[swa:v] *adj* 1.i sjellshëm, gojëmbël. 2.tepër i sjellshëm, veleritës.3.i ëmbël(zë, sjellje).

suavely['swa:vli] *adv* me ëmbëlsi; me mirësjellje të tepruar.

suavity['swa:viti] *n* mirësjellje/ëmbëlsi e tepruar.

sub[sʌb] *n,v gj.fol* -*n* 1.zëvendësues. 2.nënde-tëse. 3.vartës.

-*vi* shërbej si zëvendësues.

sub-[sʌb] *pref* 1.nën-; **submarine** nëndetëse.2.ri-; **sublet** rijap me qira(apartamentin e marrë me qira). 3.pranë-; **subarctic** pranëarktik. 4.gati-; **subarid** gati e thatë(klimë). 5.nën-; zëvendës-; **substation** nënstacion. 6.gjysmë-; **subacid** gjysmacid.

sub.[sʌb] shkurtim për **substitute; subscription; suburban, suburbs; subaltern**.

subaltern['sʌbëltë:n, së'bo:ltë:n] *adj,n* -*adj* 1.*usht* depror, vartës. 2.i varur(pohim).

-*n Br usht* oficer vartës, depror(poshtë kapitenit).

subaquatic[sʌbë'kwotik] *adj* që rrojnë pjesërisht nën ujë(bimë).

subaqueous[sëb'eikwiës] *adj* 1.nënujor, për për-dorim nën ujë. 2.i nënujshëm, nënujor(shkëmb, bimë).

subatomic [sʌbë'tomik] *adj* nënatomik, subato-mik, me madhësi më të vogël se të atomit.

subbasement['sʌbbeismënt] *n* nënbodrum.

subclass['sʌbklæs] *n* nënklasë.

subcommittee['sʌbkëmiti] *n* nënkomitet.

subcompact['sʌbkompækt] *n* automobil minimal (më i vogli nga 4 tipat kryesorë).

subconsciousness[sʌb'konshësnis] *n psik* subkoshiencë.

subcontinent[sʌb'kontënënt] *n gjeog* nënkontinent.

subcontract ['sʌbkontrækt; *v* edhe sʌbkën'trækt] *n,v* -*n* nënkontratë, kontratë brenda një kontrate. -*v* nënkontraktoj.

subcontractor[sʌbkën'træktë:] *n* nënkontraktues.

subcutaneous[sʌbkju'teiniës] *adj* i nënlëkurës.

subdeb['sʌbdeb] *n amer gj.fol* vajzë e re e padalë në jetë.

subdistrict['sʌbdistrikt] *n* pjesë lagjeje, bllok.

subdivision['sʌbdëvizhën] *n* 1.rindarje. 2.nënndarje. 3.truall(ndërtimi). 4.bllok ndërtesash.

subdue[sëb'dju:] *vt* 1.nënshtroj. 2.mposht, ndrydh (një ndjenjë etj). 3.zbus, ul(dhimbjen, zërin).

subdued[sëb'dju:d] *adj* 1.i ndrydhur(emocion). 2. i ulët, i përmbajtur(ton).3.e lehtë(kollë). 4.i flashkët, i plogët, pa gjallëri (njeri).

subedit [sʌb'edit] *vt Br* korrigjoj, përgatis për shtyp (materialin).

subeditor[sʌb'editë:] *n Br* sekretar kolegjiumi, zëvendës-kryeredaktor(gazete).

subentry['sʌbentri] *n* nënzë, zë i varur/i prejardhur(nga një zë tjetër - në fjalorë, në libra llogarie).

subgroup['sʌbgru:p] *n* nëngrup.

subhead['sʌbhed] *n* nëntitull.

subhuman[sʌb'hju:mën] *adj* gatinjerëzor, pranë qenies njerëzore.

subjacent[sʌb'xheisënt] *adj* 1.i nënvetshëm, i poshtëm. 2.më i ulët.

subject[*n,adj* 'sʌbxhikt; *v* sëb'xhekt] *n,adj,v* -*n* 1.temë, subjekt; çështje. 2.lëndë(mësimore). 3.nënshtetas, shtetas; **an Albanian subject** shtetas shqiptar. 4.*mjek* subjekt, person, objekt studimi. 5.arsye, shkak, motiv; **it is not a subject for despairing** s'ka arsye për t'u dëshpëruar. 6.*gram* kryefjalë.
-*adj* 1.i varur; i nënshtruar; nën sundimin e. 2.i ekspozuar ndaj(përmbytjeve). 3.që i nënshtrohet (tatimit, një kushti etj). + **subject to** a)i nënshtruar ndaj, që i bindet(ligjit etj); b)i prirur për, i ekspozuar ndaj (sëmundjeve); c)me kusht, në varësi të.
-*vt* 1.nënshtroj(një popull etj).2.ia nënshtroj, ekspozoj në; **subject sb to torture** torturoj dikë.

subjection[sëb'xhekshën] *n* 1.nënshtrim.2.varësi,.

subjective[sëb'xhektiv] *adj,n* -*adj* 1.*filoz, art, let* subjektiv. 2.*gram* kryefjalor, subjektivor.
-*n gram* emërore(rasë).

subjectively[sëb'xhektivli] *adv* subjektivisht.

subjectivism[sëb'xhektivizm] *n* subjektivizëm.

subjectivity[sʌbxhek'tivëti] *n* subjektivizëm, të qenët subjektiv.

subjoin[sëb'xhoin] *vt* i shtoj, bashkangjis.

subjugate ['sʌbxhëgeit] *vt* 1.nënshtroj. 2.vë nën kontroll.

subjugation[sʌbxhë'geishën] *n* nënshtrim.

subjunctive[sëb'xhʌnktiv] *adj,n gram* lidhore.

sublease['sʌbli:s; *v* edhe sʌb'li:s] *n,v* -*n* nënqira; ridhënie me qira.
-*vt* 1.rijap me qira.2.marr me nënqira.

sublet[sub'let] *v* 1.lëshoj me nënqira.2.rikontraktoj, jap me nënkontratë.

sublieutenant[sʌblef'tenënt, *amer* sʌblu:'tenënt] *n usht,det* nëntoger.

sublimate['sʌblëmeit] *v,adj,n* -*vt* 1.*fig* fisnikëroj, lartësoj. 2.*kim* sublimoj.
-*adj,n kim* sublimat.

sublimation [sʌblë'meishën] *n* 1.*fig* fisnikërim, lartësim. 2.*kim* sublimim.

sublime[së'blaim] *adj,v* -*adj* 1.fisnik, i lartë; madhështor. 2.i shkëlqyer, fantastik. 3.i plotë, i pashoq; **with sublime indifference** me një mospërfillje të paparë.
-*vt* 1.*kim* sublimoj. 2.*fig* fisnikëroj, lartësoj.

subliminal[sʌb'liminël] *adj* 1.i subkoshiencës; që vepron në subkoshiencë; **subliminal advertising** reklamë tinëzare (që vepron në subkoshiencë). 2.i pakapshëm, i padiktueshëm, tepër i dobët/i vogël.

sublimity[së'limëti] *n* 1.fisnikëri, lartësi; madhështi.2.gjë e lartë.

sublingual[sʌb'lingwël] *adj anat* i nëngjuhës.

submachine gun[sʌbmë'shi:ngʌn] *n* automatik.

submarine [*n,v* 'sʌbmëri:n; *adj* sʌbmë'ri:n] *n,v, adj* -*n* 1.nëndetëse. 2.*amer gj.fol* senduiç i madh me shumë gjëra brenda.
-*vt* sulmoj me nëndetëse.
-*adj* 1.me nëndetëse; nëndetëses. 2.nënujor; ujor; i nënujshëm.

submarine chaser *n usht* ndjekës nëndetëseh, aeroplan gjuajtës kundër nëndetëseve.

submarine pen *n usht* strehim nëndetësesh.

submariner[sʌb'mærënë:, sʌbmë'ri:në:] *n* anëtar i ekipazhit të nëndetëses.

submaxillary[sʌb'mækseleri] *adj anat* i nënnofullës së poshtme.

submediant[sʌb'mi:diënt] *n muz* nëndominante.

submenu['sʌbmeniu] *n kmp* nënmeny, nënlistë.

submerge [së'më:xh] *v* 1.përmbyt, mbulon(deti etj); **submerged rocks** shkëmbinj nën ujë.2.zhytet (nëndetësja). 3.*fig* mbuloj, fsheh, varros.

submergence[sʌb'më:xhëns] *n*1. mbytje, përmbytje.2.zhytje.

submerse[sëb'më:s] *v* shih **submerge**.

submersible [sëb'më:sëbël] *adj, n* - *adj* i zhytshëm, që zhytet.
-*n* mjet nënujor; nëndetëse.

submersion[sëb'më:zhën] *n* 1.mbytje, përmbytje. 2.zhytje.

submission[sĕb'mishën] *n* 1.nënshtrim. 2.bindje; përulje. 3.paraqitje, parashtrim(kërkesash etj). 4.kërkesë, peticion. 5.raport, relacion; përfundim, konkluzion. 6.tezë, pikëpamje; **in her submission** sipas tezës së saj. 7.(mundje) dorëzim.

submissive[sĕb'misiv] *adj* 1.i nënshtruar; i përulur (qëndrim etj).2.i urtë, i dëgjueshëm, i bindur.

submissively [sĕb'misivli] *adv* 1. me nënshtrim; me përulësi. 2.me bindje, me urtësi.

submissiveness[sĕb'misivnis] *n* 1.përulësi. 2.urtësi, bindje.

submit[sĕb'mit] *v* 1.nënshtroj; **submit oneself to sb/sth** i nënshtrohem dikujt/diçkaje. 2.paraqes, parashtroj(një dokument); **we submit that** mendimi ynë është që. 3.nënshtrohem; *fig* hap rrugë.

subnormal[sʌb'noːmël] *adj* 1.poshtë normales(temperaturë). 2.i metë, i pazhvilluar(njeri).

suborder['sʌboːdë:] *n bot,zool* nënrend.

subordinate[*v* sëb'oːdëneit; *adj,n* sëb'oːrdënit] *v, adj,n -vt* 1.vë në varësi; ua nënshtroj(dëshirat etj). 2.*gram* nënrendis; **subordinating conjunction** lidhëz nënrenditëse.

-adj 1.vartës. 2.*gram* nënrenditës.

-n vartës.

subordination[sëboːdë'neishën] *n* 1.vartësi. 2.bindje.

suborn[sʌ'boːn] *vt* 1.korruptoj, blej me rushfet. 2. arrij(diçka) me ryshfet.

subornation of perjury *n drejt* korruptim i dëshmitarit; dhënie ryshfeti për dëshmi të rreme.

subpoena[së'piːnë, sĕb'piːnë] *n,v drejt -n* thirrje, fletëthirrje(për në gjyq).

-vt ftoj/thërras/i çoj fletëthirrje për në gjyq.

subrogate ['sʌbrëgeit] *vt drejt* zëvendësoj (personin).

subscribe [sĕb'skraib] *v* 1. jap, premtoj të jap, nënshkruaj për(një shumë parash). 2.pajtohem(në gazetë etj). 3.nënshkruaj. 4.pajtohem me, pranoj.

subscriber[sĕb'skraibë:] *n* 1.nënshkrues;dhuruues. 2.pajtimtar. 3.përkrahës, partizan.

subscript['sʌbskript] *n,adj -n* tregues, indeks, shenjë(e rrënjës, fuqisë etj).

-adj nën të, i shkruar më poshtë(si indeks).

subscription[sĕb'skripshën] *n* 1.nënshkrim(për dhurim parash). 2.shumë e dhuruar. 3.pajtim(në gazetë etj); **take out a subscription** pajtohem, abonohem. 4.kuotë(anëtarësie); **pay one's subscription** paguaj kuotën.

subsequence ['sʌbsëkwëns] *n* 1. vijim, pasim. 2.pasojë.

subsequent['sʌbsëkwënt] *adj* 1.pasues, vijues, i mëpasmë. 2.rezultues.

subsequently ['sʌbsikwëntli] *adv* më pas, në vijim, në vazhdim.

subserve [sĕb'së:v] *vt* ndihmon, lehtëson, favorizon.

subservience[sĕb'së:viëns] *n* servilizëm; përulje; nënshtrim.

subservient[sĕb'së:viënt] *adj* 1.i varur; prej vartësi (rol).2.servil(njeri). 3.që i nënshtrohet. 4.i dobishëm, që ndihmon, që bën punë.

subset['sʌbset] *n mat* nënbashkësi.

subside[sĕb'said] *vi* 1.fundoset, vithiset, shket(toka). 2.bie, ul nivelin(lumi). 3.qetësohet, fashitet(era, inati). 4.largohet(rreziku). 5.zhytem, fundosem(në kolltuk).6.*gj,fol* hesht, e qep.

subsidence[sĕb'saidëns] *n* 1.fundosje, vithisje, rrëshqitje(e tokës). 2.qetësim, fashitje.

subsidiary[sĕb'sidieri] *n,adj -n* 1.ndihmës.2.shtojcë. 3.*fin* filiale, degë.

-adj 1.shtesë, shtojcë, suplementar. 2.ndihmës, plotësues. 3.i degës, i filiales.

subsidize['sʌbsëdaiz] *vt fin* subvencionoj, ndihmoj financiarisht.

subsidizer['sʌbsëdaizë:] *n* subvencionues.

subsidy['sʌbsëdi] *n fin* subvencion, ndihmë financiare.

subsist[sĕb'sist] *vi* 1.rroj, mbahem gjallë; **subsist on vegetables** mbahem me perime. 2.mbetet, vazhdon të ekzistojë.

subsistence [sĕb'sistëns] *n* 1. ekzistencë; vazhdimësi. 2.rrojtje, jetesë. 3.mjet jetese.

subsoil['sʌbsoil] *n bujq,gjeol* taban(i tokës).

subsonic[sʌb'sonik] *adj* subsonik, nënzanor.

subspecies['sʌbspiːshiːz] *n biol* nënvarietet, nënspecie.

substance['sʌbstëns] *n* 1.lëndë, substancë. 2.thelb. 3.përmbajtje; brendi; brumë.4.pasuri, kamje; **a man of substance** njeri i kamur, pasanik. 5.material. + **in substance** a)kryesisht; b)në thelb; c)realisht, aktualisht.

substandard [sĕb'stændë:d] *adj* i rëndomtë; pa cilësi; jashtë normave.

substantial[sĕb'stænshël] *adj* 1.real, i vërtetë; i qenësishëm. 2.i rëndësishëm, i konsiderueshëm; i madh, i dukshëm(përmirësim etj). 3.i fortë, i qëndrueshëm. 4.kryesor, thelbësor. 5.i kamur, që ka të gjundje; i pasur. 6.me peshë(argument). 7. i bollshëm, i pasur(mëngjes).

substantially[sĕb'stænshëli] *adv* 1.mjaft, shumë, së tepërmi. 2.kryesisht, në pjesën më të madhe; **substantially true** i vërtetë në pjesën më të madhe.3. fort, fuqishëm.

substantiate [sĕb'stænshjeit] *vt* 1. provoj, mbështes me prova; përligj. 2.konkretizoj.

substantiation[sëbstænshi'eishën] *n* 1.konkretizim; mishërim, trupëzim. 2.vërtetim.

substantival[sëbstën'taivël] *n gram* emëror.

substantive['sʌbstëntiv] *n,adj gram -n* emër.

-adj 1.*gram* emëror. 2.i pavarur. 3.real, i vërtetë, ekzistues. 4.i fortë; me bazë.

substation [sʌb'steishën] *n* nënstacion, nëncentral.

substitute['sʌbstëtjuːt] *n,v* *-n* 1.zëvendësues(produkt); **coffee substitute** surrogat kafeje. 2.zëvendësues(lojtari); zëvendës; **he must find a substitute for himself** ai duhet të gjejë një zëvendës për vete.

-v zëvendësoj; **substitute sb/sth for...** zëvendësoj dikë/diçka me...; **substitute for sb** zëvendësoj dikë.

substitution[sʌbstë'tjuːshën] *n* 1.zëvendësim. 2. zëvendësues.

substitutive['sʌbstëtjuːtiv] *adj* zëvendësimi; zëvendësues.

substratum[sʌb'streitëm] *n pl* **-strata, -stratums** 1.nënshtresë. 2.*gjeol* taban. 3.*fig* bazë, themel; sfond. 4.*biol* lëndë, material jetësor.

substructure['sʌbstrʌkçë:] *n* infrastrukturë.

subsume[sëb'suːm] *vt* përfshij, fus/shkrij në.

subteen['sʌbtiːn] *n gj.fol* para i ri, paraadoleshent, i ri nën 13 vjeç.

subtenant[sʌb'tenënt] *n* nënqiramarrës, qiraxhi i qiraxhiut.

subtend [sëb'tend] *vt* *mat* 1. tendos (korda një hark). 2. rri përballë(brinja/harku - këndit).

subterfuge['sʌbtë:fjuːxh] *n* dredhi, hile, marifet.

subterranean[sʌbtë'reiniën] *adj* 1.nëntokësor, i nëndheshëm. 2.*fig* i fshehtë, i bërë në fshehtësi.

subterraneous[sʌbtë'reiniës] *adj* shih **subterranean.**

subtile['sʌtël] *n vjet* shih **subtle.**

subtility[sʌb'tilëti] *n vjet* shih **subtlety.**

subtitle['sʌbtaitël] *n,v* *-n* 1.nëntitull.2.*kin* subtitra.

subtle['sʌtël] *adj* 1.i lehtë, delikat(parfum).2.i hollë(arsyetim, shaka). 3.i mprehtë, mendjemprehtë. 4. finok, i hollë(plan). 5.tinëzar, i padukshëm.

subtlety['sʌtëlti] *n* 1.mprehtësi, mendjemprehtësi. 2.finesë, delikatesë. 3.dallim i hollë.4.dinakëri.

subtotal['sʌbtoutël] *n fin* shumë e pjesshme.

subtract[sëb'trækt] *vt mat* heq, zbres.

subtraction[sëb'trækshën] *n mat* heqje, zbritje.

subtractive[sëb'træktiv] *adj mat* për t'u zbritur.

subtrahend['sʌbtrëhend] *n mat* zbritës.

subtropical[sʌb'tropëkël] *adj* subtropikal.

subtropics[sʌb'tropiks] *n gjeog* zonë subtropikale.

suburb['sʌbë:b] *n* 1.qytet/fshat periferik. 2.*pl* rrethina, periferi.

suburban[së'bë:bën] *adj,n* *-adj* i rrethinës, i periferisë.

-n banor i periferisë.

suburbanite[së'bë:bënait] *n* banor i periferisë.

suburbia[së'bë:bië] *n* 1.rrethina, periferi. 2.banorë të periferisë.

subvention [sëb'venshën] *n* 1.*fin* subvencion. 2. ndihmë, përkrahje.

subversion[sëb'vë:shën] *n* përmbysje, rrëzim; veprimtari armiqësore.

subversive [sëb'vë:siv] *adj,n* *-adj* armiqësor, subversiv.

-n veprimtari armiqësore.

subvert[sëb'vë:t] *vt* 1.shkatërroj; rrëzoj, përmbys. 2.minoj; prish, korruptoj.

subway['sʌbwei] *n* 1.metro. 2.nënkalesë, rrugëkalim i nëndheshëm. 3.tunel, kanal i nëndheshëm (për tubacione etj).

subzero[sʌb'ziërou] *adj* nën zero(temperatura).

succeed[sëk'siːd] *v* 1.kam sukses; arrij, ia dal mbanë; **succeed in one's career** kam një karierë të suksesshme. 2.pasoj, vij pas; **there succeeded a period of recession** pasoi një periudhë rënieje ekonomike. 3.zëvendësoj, zë vendin e. 4.vij në fron.

success [sëk'ses] *n* 1. sukses; arritje; **have/meet with success** kam sukses. 2.njeri i suksesshëm; **she was a success as a writer** ajo pati sukses si shkrimtare.

successful[sëk'sesful] *adj* 1.i suksesshëm. 2.fitues(në zgjedhje). 3.kalues(në provim).4.e lumtur(martesë). + **be successful** kam sukses; kaloj(në provim).

successfully[sëk'sesfuli] *adv* me sukses.

succession[sëk'seshën] *n* 1.varg, sërë, seri; **a succession of misfortunes** një varg fatkeqësish. 2.radhë; **in succession** me radhë; njëri pas tjetrit; **in close/rapid succession** a)në rresht, në radhë; b)njëri pas tjetrit. 3.trashëgimi; **in succession to his father** si trashëgimtar i të atit.

succession duty *n fin* taksë trashëgimie.

successive[sëk'sesiv] *adj* pasues; i njëpasnjëshëm; **on three successive days** tri ditë me radhë; **each successive effort** çdo përpjekje e re.

successively[sëk'sesivli] *adv* njëri pas tjetrit; me radhë; hap pas hapi.

successor[sëk'sesë:] *n* 1.pasues; pasardhës. 2.trashëgues; trashëgimtar; **successor to the throne** trashëgimtar i fronit.

succinct[sëk'sinkt] *adj* i përmbledhur, i ngjeshur; i shkurtër.

succinctly[sëk'sinktli] *adv* shkurtas, përmbledhtas, me pak fjalë.

succinctness[sëk'sinktnis] *n* ngjeshje, shkurtësi.

succor, *Br* **succour**['sʌkë:] *n,v* *-n* ndihmë.

-vt ndihmoj, i vij në ndihmë.

succory['sʌkëri] *n bot* bresë.

succotash['sʌkëtæsh] *n* fasule pllaqi me misër.

succulence['sʌkjëlëns] *n* lëngësi(e frutit).

succulent ['sʌkjëlënt] *adj* 1. me lëng, lëngshëm; i lëngët(frut). 2.i shijshëm.

succumb[së'kʌm] *vi* 1.dorëzohem, i jepem(tundimit); nënshtrohem. 2.vdes.

such [sʌç] *adj,adv,pron* *-adj* 1.i tillë; **in such cases** në të tilla raste; **no such thing!** s'është e mundur!; në asnjë mënyrë! **such is not the case**

nuk është rasti këtu. 2.kaq(i madh,i mirë, i keq etj);
she is such a liar ajo është gënjeshtare e madhe; **it
was such weather** bëri një kohë që..; **don't be in
such a rush** mos u nxito kaq shumë. + **such as** si;
sa: **only such a fool as.**. vetëm një hajvan si..; **such
books as you have...** kaq libra sa ke ti, ato pak libra
që ke ti...
-*adv* kaq; **such a long time ago** kaq/shumë kohë
përpara; **such a big car** makinë shumë e madhe.

-*pron* ata, ato; **all such** të gjithë ata; **as such** si i
tillë, në vetvete; **such as wish to stay** ata që duan të
rrinë; **lawyers, doctors and such** avokatë, mjekë e
të tjerë si këta.

such-and-such['sʌҫën'sʌҫ] *adj* filan; **Mr such-
and-such** filan zotëri; zoti Filan; **in such-and-such
a town** në filan qytet.

suchlike['sʌҫlaik] *adj,pron* -*adj* i tillë, i këtij lloji;
kësi, kësisoj(njerëzish etj).
-*pron* kësi, kësodore, të tilla; **books, newspapers
and suchlike** libra, gazeta e të tjera kësodore.

suck[sʌk] *v,n* -*v* 1.thith. 2.gjerb(pijen).3.pi(fosh-
nja).4.përpin(deti). + **suck dry** a) (**sth**) ia thith gji-
thë lëngun, e thaj; b) (**sb**) *fig* ia përlaj të gjitha(pa-
ratë); ia thith të gjitha(energjitë).
-*n* 1.thithje; **have a suck at sth** thith/i bëj një të
thithur diçkaje. 2.gji, qumësht; **give suck to** i jap gji.
+**suck down** përpin(dheu etj).
+**suck in** a)përpin(dheu, deti); b)thith(pompa); c)
fig thith, përvetësoj(njohuri); d)*zhrg* i lëpihem,
lajkatoj; **don't suck with her** mjaft iu lëpive.
+**suck out** thith, ia nxjerr.
+**suck up** a)thith; b)*zhrg* lëpihem, lajkatoj; **suck up
to sb** i lëpihem dikujt.

sucker['sʌkë:] *n,v* -*n* 1.*zool* ventuzë; thimbth. 2.
tek piston.3.*bot* trishkull; pinjoll.4.*amer* gjel sheqe-
ri. 5.*gj.fol* i rrjedhur, i firasur; karabush; **be a sucker
for a pretty girl** bëj si i firasur pas vajzave të
bukura.
-*vt amer zhrg* ia hedh, mashtroj; **get suckered out
of 100 dollars** më përlajnë/më zhvasin 100 dollarë.
sucking-pig['sʌkingpig] *n* derrkuc qumështi.
suckle['sʌkël] *v* 1.i jap gji, mend(foshnjën).2.pi gji
(foshnja).3.*fig* ushqej, rris.
suckling['sʌkling] *n* 1.foshnjë gjiri. 2.këlysh mën-
dak.
sucrose['su:krouz] *n kim* sakarozë.
suction ['sʌkshën] *n* thithje; **adhere by suction
on...** ngjitet me ventuza(oktapodi).
suction disc *n* ventuzë.
suction pump *n* pompë thithëse.
suction shift *n min* pus ajrimi.
suction valve *n tek* valvul e thithjes.
Sudan[su:'da:n] *n gjeog* Sudan.
Sudanese[sudë'ni:z] *adj,n* -*adj* sudanez.
-*n* 1.sudanez. 2.sudanisht; gjuhë sudaneze.

sudden['sʌdën] *adj,n* -*adj* i papritur, i befasishëm,
i beftë; i menjëhershëm; i shpejtë; **it's all so sudden!**
ishte krejt e papritur!
-*n* befasi; **all of a sudden** papritmas, papritur, be-
fas.
sudden death *n* 1.vdekje e papritur. 2.*sport* shte-
së loje në rast barazimi(ku fiton ai që shënon i pari).
sudorific[su:dër'ifik] *adj,n* -*adj* djersitës.
-*n* produkt/bar djersitës.
suddenly['sʌdënli] *adv* befas, papritur, papritmas.
suddenness['sʌdënnis] *n* befasi.
suds[sʌdz] *n,v* -*n* 1.ujë me sapun. 2.shkumë sa-
puni; shkumë. 3.*amer zhrg* birrë.
-*vi gj.fol* 1.shkumon. 2.laj me sapun.
sudsy['sʌdzi] *adj* me shkumë, shkumëzues.
sue[su:] *v drejt* 1.padis, hedh në gjyq; **sue sb for
damages/for libel/for divorce** hedh në gjyq për
zhdëmtim/për shpifje/për ndarje. 2.kërkoj, lutem për;
sue for peace/for pardon kërkoj paqë/falje.
suede[sweid] *n* 1.kamosh; lëkurë. 2.*teks* lëkurë
djalli.3. *attr* prej kamoshi, kamoshi.
suet['su:it] *n* dhjamë veshkash.
Suez['su:iz] *n gjeog* Suez; **Suez Canal** Kanali i
Suezit.
suffer['sʌfë:] *v* 1.vuaj; **suffer from** vuaj nga; **I'll
make him suffer for it!** do të ma paguajë! 2.kam,
ndiej, provoj (dhimbje etj).3.keqësohet(dëgjimi,
shikimi, shëndeti).4.dëmtohet(makina, ndërtesa).
5.bie(rroga, shitja). 6.pësoj(humbje).7.lejoj. 8.pranoj;
duroj; **he'll not suffer such insults** ai nuk i duron
dot këto fyerje.
sufferance['sʌfërëns] *n* 1.moskundërshtim, lejim
i heshtur. 2.durim; tolerim; **on sufferance** për
tolerancë. 3.*drejt* përjashtim(nga një detyrim).
sufferer['sʌfërë:] *n* 1.i sëmurë. 2.viktimë; i aksi-
dentuar.
suffering['sʌfëring] *n,adj* -*n* 1.vuajtje; dhimbje.
2.shqetësime, telashe.
-*adj* vuajtës, që vuan.
suffice[së'fais] *v* 1.mjafton. 2.kënaq, plotëson ne-
vojën. + **suffice it to say** mjafton të them, s'po
them më shumë.
sufficiency[së'fishënsi] *n* 1.sasi e mjaftueshme. 2.
mjaftueshmëri.
sufficient [së'fishënt] *adj* 1. i mjaftë, i mjaftue-
shëm; **I've got sufficient** kam mjaft, kam boll. 2.*vjet*
i aftë, kompetent.
sufficiently[së'fishëntli] *adv* mjaft, mjaftueshëm.
suffix[*n* 'sʌfiks; *v* së'fiks] *n,v* -*n* 1.*gram* prapa-
shtesë. 2.shtojcë.
-*vt* 1.*gram* i vë prapashtesë, prapashtesoj. 2.i bëj
shtojcë, ia shtoj, ia bashkangjis.
suffocate['sʌfëkeit] *v* 1.më zihet fryma, më merret
fryma. 2.mbetem gojëhapur, shtangem(nga frika, ha-
bia). 3.mbys, i zë frymën (edhe *fig*); **suffocating**

environment ambient mbytës.4.*fig* ndrydh(inatin).

suffocating['sʌfëkeiting] *adj* mbytës(edhe *fig*).

suffocation[sʌfë'keishën] *n* zënie fryme; *mjek* asfiksi, mbytje.

suffocative[sʌfë'keitiv] *adj* mbytës.

suffragan ['sʌfrëgën] *n fet* 1. peshkop ndihmës. 2.*attr* ndihmës.

suffrage['sʌfrixh] *n* 1.e drejtë vote. 2.votë. 3.votim. 4.*fet* lutje e shkurtër.

suffragette[sʌfrë'xhet] *n hist* militante e së drejtës së votimit për gratë.

suffragist['sʌfrëxhist] *n* përkrahës/partizan i dhënies së të drejtës së votimit për gratë.

suffuse[së'fju:z] *vt* mbush(me dritë, me lotë etj).

sugar ['shugë:] *n,v* -*n* 1. sheqer. 2. *fig* fjalë të ëmbla. 3.*gj.fol* e dashur, shpirt. 4.*zhrg* para. -*v* 1.ëmbëlsoj, i hedh sheqer(pijes etj).2.sheqeroset(mjalti).3.*fig* ëmbëlsoj, zbus(kritikën).

sugar basin *n* enë sheqeri.

sugar beet *n* panxhar sheqeri.

sugar bowl *n* shih sugar basin.

sugar cane *n bot* kallam sheqeri.

sugarcoat ['shugë:kout] *vt* 1. sheqeros, lyej me sheqer. 2.*fig* ëmbëlsoj, sheqeros, zbukuroj.

sugar corn *n bot* misër i ëmbël.

sugar cube *n* petë sheqeri, sheqer kokërr.

sugar daddy *n zhrg* mbrojtës/përkrahës i moshuar(i një femre të re); ashik plak.

sugared almond *n* bajame e sheqerosur.

sugar-free['shugë:fri:] *adj* pa sheqer.

sugar loaf *n* bukësheqeri; qahije e ëmbël.

sugar lump *n* shih sugar cube.

sugar maple *n amer,knd bot* panjë sheqeri (që jep një lëng të ëmbël).

sugar of lead *n kim* acetat plumbi.

sugarplum['shugë:plʌm] *n* sheqerkë; bonbone.

sugar sifter *n* shishkë sheqeri(me vrima).

sugary['shugëri] *adj* 1.me sheqer; si sheqer. 2.*fig* i ëmbël; i këndshëm.

suggest[së'xhest] *vt* 1.propozoj, sugjeroj; këshilloj; I suggest you that... të këshilloj që. 2.tregon, lë të kuptosh; kujton, të sjell në mendje; nothing suggests itself nuk më vjen në mendje asgjë.

suggestible[së'xhestëbël] *adj* i ndikueshëm, i influencueshëm.

suggestion[së'xhesçën] *n* 1.propozim, sugjerim; këshillë. 2.aluzion; shenjë; there is no suggestion of corruption nuk bëhet fjalë për korrupsion. 3.sugjestionim.4.një grimë, një çikë(hudhër); një pikë (ujë). 5.nuancë e lehtë.

suggestive[së'xhestiv] *adj* 1.që të kujton, që të sjell në mendje; it is suggestive of kjo të kujton. 2.i pahijshëm, sugjestiv; a suggestive remark pyetje sugjestive/e pahijshme.

suicidal[suë'saidël] *adj* 1.vetëvrasjeje(mendim).

2. që mendon për vetëvrasje(njeri).3.*fig* shkatërrimtar, rrënues.

suicide['suësaid] *n,v* -*n* 1.vetëvrasje; commit suicide bëj vetëvrasje. 2.*fig* vetëshkatërrim, vetëvrasje. -*vi* vras veten, bëj vetëvrasje.

suicide attempt, suicide bid *n* tentativë vetëvrasjeje.

suit[su:t] *n,v* -*n* 1.kostum.2.komplet(veshjeje etj); takëm. 3.kërkesë; peticion. 4.propozim martese. 5. *drejt* gjyq, proces; padi; start a suit to collect damages hap gjyq për të kërkuar zhdëmtim; bring a suit against sb ngre padi kundër dikujt. 6.(në letra) ngjyrë; follow suit a)hedh letër të së njëjtës ngjyrë; b)*fig* ndjek shembullin e dikujt. -*v* 1. më vjen për shtat, më vjen për mbarë(orari, çmimi, një veprim); they'll do it when it suits them do ta bëjnë kur t'u vijë për mbarë; that suits me për mua gjithçka është në rregull; suit yourself! (bëj) si të duash! will next week suit? je dakord për javën që vjen? 2.më përshtatet(roli, puna); it suits my needs kjo më mbaron punë; well suited to one another mjaft të përshtatshëm për njëri-tjetrin. 3.më shkon(rroba, ngjyra); it suits you beautifully kjo të shkon për mrekulli. 4.ia përshtas(veprat fjalëve).

suitability[su:të'bilëti] *n* të qenët me vend/i përshtatshëm, përshtatshmëri; her suitability for the position is beyond doubt s'ka pikë dyshimi se ajo është personi i përshtatshëm për atë punë.

suitable['su:tëbël] *adj* i përshtatshëm; me vend.

suitably ['su:tëbli] *adv* me vend; si duhet; reply suitably përgjigjem si duhet; be suitably impressed krijoj një përshtypje pozitive.

suitcase ['su:tkeis] *n* valixhe. + live out of a suitcase *fig* jam me plaçka në krahë.

suitcoat['su:tkout] *n* xhaketë(kostumi).

suite [swi:t] *n* 1.apartament. 2.komplet orendish /mobiljesh; a living-room suite komplet dhome ndënjieje.3.*muz* suitë. 4.shpurë, përcjellë, suitë.

suiting['su:ting] *n teks* copë kostumi, stof.

suitor['su:të:] *n* 1.shoqërues(i një femre). 2.*drejt* paditës. 3.kërkues; nënshkrues peticioni.

sulfa['sʌlfë] *adj mjek amer* shih sulpha.

sulk[sʌlk] *v,n* -*vi* var buzët, rri me turinj. -*n* zymtim, vrenjtje, turinj; have the sulks rri me turinj.

sulkily['sʌlkili] *adv* buzëvarur, me turinj.

sulkiness['sʌlkinis] *n* zymtim, varje turinjsh.

sulky I['sʌlki] *adj* i ngrysur, me turinj.

sulky II['sʌlki] *n* kaloshinë.

sullen['sʌlën] *adj* 1.i zymtë, i ngrysur; nopran (njeri). 2.i vrenjtur, i vranët(qiell). 3.kërcënuese(re).

sullenly['sʌlënli] *adv* me turinj.

sullenness['sʌlënnis] *n* zymtësi; turivarje.

sully['sʌli] *v,n* -*vt* njollos, ndot; nxij.

-*n* njollosje, ndotje; nxirje.

sulpha, *amer* **sulfa**['sʌlfë] *adj mjek* sulfamidik.

sulpha drug *n mjek* sulfamid.

sulphanilamide[sʌlfë'nilëmaid] *n mjek* sulfamid.

sulphate['sʌlfeit] *n kim* sulfat.

sulphide['sʌlfaid] *n kim* sulfur.

sulphonamide[sʌl'fonëmaid] *n mjek* sulfamid.

sulphur['sʌlfë:] *n kim* squfur.

sulphur spring *n* burim ujërash sulfurore.

sulphureous[sʌl'fjuëriës] *adj* 1.*kim* sulfuror.2.bojë squfuri.

sulphuric[sʌl'fjuërik] *adj kim* sulfurik.

sultan['sʌltën] *n* sulltan.

sultana [sʌl'tænë] *n* 1.sulltaneshë. 2.nënë/motër /vajzë sulltani. 3.stafidhe.

sultana cake *n* kek me stafidhe.

sultanate['sʌltëneit] *n* sulltanat.

sultriness['sʌltrinis] *n* nxehtësi mbytëse; zagushi, ufëm.

sultry ['sʌltri] *adj* 1. mbytëse (nxehtësi); i rëndë (ajër). 3.*fig* i nxehtë, përvëlues(diell). 4.*fig* i zjarrtë, plot pasion(vështrim etj); provokuese(buzëqeshje).

sum[sʌm] *n,v* -*n* 1.shumë(parash); **a huge sum** një shumë e madhe parash. 2.*mat* shumë; mbledhje.3.*gj.fol* problem aritmetike; llogaritje; **do a sum in one's head** zgjidh një problem me mend; **be good at sums** jam i fortë në llogari.4.*fig* thelb; **the sum and substance of what she said** thelbi i atyre që tha ajo. + **in sum** me pak fjalë, shkurt.

-*vt* gjej shumën; nxjerr totalin.

+**sum up** a)përmbledh, them/shpreh shkurtimisht; b)mbledh; c)*drejt* bëj përmbledhjen e fakteve; d)krijoj një ide; vlerësoj.

sum total *n* 1.shumë e përgjithshme. 2.*fig* përfundim, rezultat.

sumac['shu:mæk, 'su:mæk] *n bot* shqeme.

summa cum laude['sumëkum'laudei] *lat* me nderimet më të mëdha.

summarily['sʌmëreli, së'mereli] *adv* 1.përmbledhtas, në mënyrë të përmbledhur. 2.shpejt, pa vonesë.

summarization[sʌmërë'zeishën, sʌmërai'zeishën] *n* përmbledhje.

summarize['sʌmëraiz] *vt* 1.përmbledh. 2.përmblidhet. 3.shpreh shkurtimisht.

summary['sʌmëri] *n,adj* -*n* 1.përmbledhje.2.raport përmbledhës.

-*adj* 1.përmbledhës; i përmbledhur, i shkurtër. 2. i menjëhershëm, i atypëratyshëm; **a summary dismissal** shkarkim i menjëhershëm.3.*drejt* i shpejtë, pa shumë formalitete(procedurë).

summary offense *n drejt* shkelje, krim i lehtë(i dënueshëm me gjobë etj).

summat['sʌmët] *n zhrg* shih **something**.

summation[sʌ'meishën] *n* 1.mbledhje. 2.shumë, total. 3.*drejt* përmbledhje(e fakteve).

summer ['sʌmë:] *n,v* -*n* 1.verë; **last/this/next summer** verën e kaluar; këtë verë; verën e ardhshme.2.vit; **a boy of 12 summers** djalë dymbëdhjetë vjeç. 3.*fig* kulm; pjekuri; **he was in the summer of his life** ishte në kulmin e moshës/në moshë të pjekur.

-*vi* veroj, kaloj verën.

summer camp *n amer* kamp veror(shkollarësh).

summer clothes *n* rroba vere, veshje verore.

summer cottage *n* shtëpi vere(për të kaluar pushimet).

summer fallow *n bujq* ugar.

summer holidays *n* pushime verore.

summerhouse ['sʌmë:haus] *n* shtëpizë në park (për fresk).

summer lighting *n* ndriçim verbues.

summer resort *n* shtëpi pushimi.

summerschool['sʌmë:sku:l] *n* kurse verore, sezon i verës(në universitet).

summer solstice *n astr* solstic i verës.

summer squash *n bot* kungulleshkë.

summertime['sʌmë:taim] *n* verë, stinë e verës.

summer time *n* orë e verës(e ndryshuar).

summer visitor *n* pushues, verues.

summery['sʌmëri] *adj* vere, veror, i verës.

summing-up['sʌmingʌp] *n* përmbledhje.

summit['sʌmit] *n* 1.majë(mali); kulm. 2.*fig* kulm. 3.*gj.fol* konferencë e/takim i nivelit të lartë. + **at the summit** në nivelin më të lartë; në nivel kryetarësh shteti.

summitry ['sʌmitri] *n amer pol* praktikë e takimeve të nivelit të lartë.

summon['sʌmën] *vt* 1.i bëj thirrje(popullit).2.thërras(shërbyesin, policinë). 3.ftoj/thërras në mbledhje. 4.*drejt* thërras në gjyq, i çoj fletëthirrje.5.*fig* mbledh (forcat etj).6.kërkoj(ndihmë).

+**summon up** a)mbledh(forcat etj); b)marr(guxim).

summons['sʌmënz] *n,v* -*npl* 1.thirrje. 2.*usht* thirrje nën armë. 3.*drejt* fletëthirrje, thirrje në gjyq; **he got a summons for drunken driving** e thirrën në gjyq për ngarje makine në gjendje të dehur. 4.sinjal thirrjeje(me bori makine etj).

-*vt drejt* thërras në gjyq, i çoj fletëthirrje.

summum bonum['sʌmëm'bounëm] *lat* e mira më e madhe.

sump[sʌmp] *n* 1.gropë, pellg, rezervuar.2.*tek* ulluk shkarkimi. 3.*aut* karter; **sump oil** vaj i karterit.

sump pump *n tek* pompë thithjeje(ujërash etj).

sumpter['sʌmptë:] *n* kafshë barre.

sumptuary ['sʌmpçueri] *adj* pakësues shpenzimesh, kundër teprimeve, antiekstravagant.

sumptuous['sʌmpçuës] *adj* i kushtueshëm; madhështor; i pasur; luksoz.

sumptuously['sʌmpçuësli] *adv* në mënyrë madhështore/luksoze.

sumptuousness['sʌmpçuësnis] *n* madhështi; luks, salltanet.

sun[sʌn] *n,v* -*n* 1.diell; **in the sun** në diell; **come out of the sun** largohu nga dielli; **have everything under the sun** kam gjithçka që më do zemra; **nothing under the sun** asgjë në botë. 2.*fig* burim drite /nderi/lavdie. 3.*vjet* ditë. 4.*vjet* vit. + **from sun to sun** që kur lind e deri sa perëndon, gjithë ditën e lume; **in the sun** në pah; në publik; **under the sun** në botë; mbi tokë, mbi dhe.

-*vt* nxjerr në diell; ngroh/thaj në diell; **sun oneself** ngrohem në diell, marr një rreze diell.

sunbaked['sʌnbeikt] *adj* 1.i thekur në diell; e plasaritur(toka). 2.i pjekur në diell(qerpiç).

sunbath['sʌnbæth, 'sʌnba:th] *n* banjë dielli.

sunbathe['sʌnbeidh] *vi* bëj banja dielli; nxihem.

sunbeam['sʌnbi:m] *n* rreze dielli.

sunbed['sʌnbed] *n* shtrat i palosshëm; shtrat për rreze ultraviolet.

sunblind['sʌnblaind] *n* tendë dielli.

sunbonnet['sʌnbonit] *n* kapelë dielli(strehëgjerë).

sunburn['sʌnbë:n] *n,v* -*n* djegie(e lëkurës) nga dielli.

-*v* 1.djeg(dielli). 2.digjet(lëkura) nga dielli.

sunburnt['sʌnbë:nt] *adj* 1.i nxirë nga dielli. 2.i djegur nga dielli.

sunburst['sʌnbë:st] *n* 1.shkrepje e diellit(përmes reve). 2.karficë me zbukurime si rreze dielli.

sundae['sʌndi, 'sʌndei] *n* akullore me bajame/reçel përsipër.

Sunday['sʌndi, 'sʌndei] *n* 1.e diel; **on Sundays** të dielave. 2.*adj* i së dielës. + **a month of Sundays** një kohë shumë e gjatë.

Sunday best *n gj.fol* rrobat më të mira.

Sunday school *n fet* shkollë e së dielës.

sundeck['sʌndek] *n* 1.kuvertë e sipërme, kuvertë e udhëtarëve.2.verandë, teracë që e zë dielli(në një godinë të madhe).

sunder['sʌndë:] *v,n* -*vt* ndaj, copëtoj; përçaj.

-*n* ndarje, copëtim; **in sunder** a)ndaras, veçan; b) copash.

sundew['sʌndju:] *n bot* lulevese.

sundial['sʌndajël] *n* orë diellore.

sundog['sʌndog] *n* 1.*astr* diell i rremë. 2.ylber i pjesshëm.

sundown['sʌndaun] *n* perëndim dielli.

sun-dried['sʌndraid] *adj* i tharë në diell.

sundry ['sʌndri] *adj,pron,n* -*adj* disa, të ndryshëm; **from sundry hints, he guessed..** nga disa shenja ai e nuhati...

-*pron* disa; plot; **all and sundry** të gjithë; soji e sorollopi.

-*n pl* artikuj të ndryshëm; gjëra të ndryshme.

sunfast ['sʌnfæst] *adj* e qëndrueshme, që nuk zbardhet nga dielli(bojë).

sunflower['sʌnflauë:] *n bot* luledielli. + **the Sunflower State** *amer* shteti Kanzas.

sung[sʌng] *pt,pp* e **sing**.

sunglasses['sʌnglæsiz] *npl* syze dielli.

sun hat *n* kapelë plazhi.

sunk[sʌnk] *pp* e **sink**.

sunken ['sʌnkën] *adj* 1. i zhytur, i fundosur. 2. i mbuluar nga uji(shkëmb).3.nën nivel, më e ulët se të tjerat(dhomë). 4.të futur(sy).

sunlamp['sʌnlæmp] *n* llampë me rreze ultraviolet.

sunless['sʌnlis] *adj* pa diell; e vrenjtur(ditë).

sunlight ['sʌnlait] *n* dritë dielli, diell; **in the sunlight** në diell.

sunlit['sʌnlit] *adj* i ndriçuar nga dielli, me diell.

sun lotion *n* vaj plazhi.

sun lounge *n* verandë.

sunlounger['sʌnlaunxhë:] *n* shezlong; kolltuk për banja dielli.

sunny['sʌni] *adj* 1.me diell(ditë). 2.me dritë, që e zë dielli(dhomë). 3.*fig* i qeshur, i gëzuar; i ngazëllyer.

sunny side *n* 1.ana që e zë dielli. 2.*fig* aspekt optimist. + **on the sunny side of** më pak se: **he's still on the sunny side of 40** është ende poshtë të dyzetave; **sunny side up** me të verdhën të paprishur (veza e skuqur).

sun oil *n* vaj plazhi.

sun porch *n* verandë e vogël.

sunproof['sʌnpru:f] *adj* i qëndrueshëm ndaj diellit(tendë etj).

sunray lamp *n* llampë me rreze ultraviolet.

sunray treatment *n mjek* helioterapi, mjekim me rreze dielli.

sunrise['sʌnraiz] *n* 1.lindje dielli.2.agim.

sunrise industry *n* industri në rritje/në zgjerim.

sunroof['sʌnru:f] *n aut* tavan i hapshëm(veture).

sunroom['sʌnru:m] *n* dhomë me shumë dritare.

sunscreen['sʌnskri:n] *n* krem kundër diellit.

sunset['sʌnset] *n* 1.perëndim dielli. 2.muzg. 3.*fig* rënie, tatëpjetë, perëndim(i jetës etj).

sunset clause *n amer drejt* klauzolë për kontroll.

sunset industry *n* industri në rënie.

sunset law *n amer drejt* ligj për kontrollin e herëpasherëshme të institucioneve zyrtare.

sunshade['sʌnsheid] *n* çadër dielli.

sunshield['sʌnshi:ld] *n aut* parapritëse dielli.

sunshine ['sʌnshain] *n* 1. dritë dielli, diell; rreze dielli. 2.*fig* gaz, hare; rrezëllitje(e fytyrës).

sunshine law *n amer drejt* ligj për publikimin e debateve për vendimet administrative.

sunshine roof *n aut* tavan (veture) i hapshëm.

Sunshine State *n amer* Florida.

sunshiny['sʌnshaini] *adj* 1.me diell. 2.*fig* i gëzuar; i hareshëm; rrezëllitës.

sunspecs['sʌnspeks] *n* syze dielli.

sunspot['sʌnspot] *n astr* njollë diellore.
sunstroke['sʌnstrouk] *n mjek* pika e diellit.
sunsuit['sʌnsu:t] *n* rroba banje.
suntan['sʌntæn] *n,adj* -*n* 1.nxirje(në diell). 2.bo-jë kaki.
-*adj* kaki.
suntanned['sʌntænd] *adj* i nxirë nga dielli.
suntan oil *n* vaj plazhi.
sun time *n gj.fol* kohë/orë standarde.
suntrap['sʌntræp] *n* qoshe që e zë dielli mirë.
sun umbrella *n* çadër dielli.
sunup['sʌnʌp] *n gj.fol* lindje dielli.
sunward(s)['sʌnwë:d(z)] *adv* nga dielli.
sup I[sʌp] *vi* ha darkë, darkoj.
sup II[sʌp] *v,n* shih **sip**.
super- ['su:pë:] *pref* 1.super-; **supersensitive** super i ndjeshëm. 2.mbi-; tej-; **superman** mbinjeri; **supersonic** tejzanor.
super['su:pë:] *n,adj gj.fol* -*n* 1.*teat,kin* figurant. 2.shef(policie). 3.*amer* benzinë super.
-*adj zhrg* i shkëlqyer, i jashtëzakonshëm, i hata-shëm.
superable['su:përëbël] *adj* i kapërcyeshëm.
superabound[supërë'baund] *vi* mbushullon; gë-lon; mizëron.
superabundance[supërë'bʌndëns] *n* tepri, shu-micë, bollëk, mbushullim.
superabundant [supërë'bʌndënt] *adj* më se i bollshëm, më shumë se ç'duhet.
superadd[supër'æd] *vt* mbishtoj; vë kërcu përmbi samar.
superannuate[supër'æniuejt] *v* 1.dal në pension para kohe. 2.nxjerr jashtë mode, bëj demode.
superannuated[supër'æniuejtid] *adj* 1.i dalë në pension. 2.tepër i moshuar për punë. 3.demode; i vjetëruar.
superannuation[supëræniu'ejshën] *n* 1.vjetërim, dalje jashtë mode. 2.pension pleqërie.
superb [su:'pë:b] *adj* 1. madhështor, i madhëri-shëm; i shkëlqyer.2.elegant; luksoz. 3.i klasit të parë.
superbly [su'pë:bli] *adv* madhërisht; shkëlqye-shëm.
supercargo['su:pë:ka:gou] *n det* përgjegjës i ngar-kesës; ekonomat i anijes.
supercharge ['su:pë:ça:xh] *vt* 1.mbingarkoj (edhe *fig*).2.*tek* i rris fuqinë, i vë kompresor(motorit, automjetit).
supercharged['su:pë:ça:xhd] *adj* 1.i mbingarkuar (edhe *fig*). 2.*tek* i fuqizuar, me fuqi të rritur(motor).
supercharger['su:pë:ça:xhë:] *n tek* kompresor.
superciliary[supë:'silieri] *adj* vetullor.
supercilious[su:pë:'siliës] *adj* 1.kryelartë, fodull; 2.mospërfillës; përçmues.
superciliously[su:pë:'siliësli] *adv* 1.me fodullëk 2.me mospërfillje, me përçmim.

superciliousness[su:pë:'siliësnis] *n* 1.fodullëk. 2. përçmim; arrogancë.
superclass['su:pë:klæs] *n bot,zool* mbiklasë.
superconductive[supë:kën'dʌktiv] *adj el* super-përcjellës.
superconductivity[supëkondëk'tivëti] *n el* super-përcjellshmëri.
superconductor[supë:kën'dʌktë:] *n el* superpër-çues.
super-duper['su:pë:'du:pë:] *adj zhrg* i hatashëm; i tmerrshëm.
supereminent[supë:'emënënt] *adj* super i shquar.
supererogatory[supëre'rogëtori] *adj* 1.i tepruar, më tepër se ç'kërkohet. 2.i panevojshëm(sqarim).
superette['su:përet] *n amer* supermarket i vogël.
superficial [supë:'fishël] *adj* 1. sipërfaqësor, i si-përfaqshëm. 2.*fig* i përciptë, i sipërfaqshëm(lexim); i cekët(njeri).
superficiality[su:pë:fish'iælëti] *n fig* cektësi; të qe-nët i përciptë.
superficially[su:pë:'fishëli] *adv* cekët, përciptas.
superficialness[su:pë:'fishëlnis] *n* cektësi.
superficies [su:pë:'fishiiz] *npl* 1.sipërfaqe.2.syp-rinë. 3.pamje e jashtme.
superfine[su:pë:'fain] *adj* 1.tepër i imët(sheqer etj). 2.tepër i hollë(fill). 3.tepër fin, tepër i imët(da-llim).4.i një cilësie tepër të lartë(porcelan etj).
superfluid['su:pë:fluid] *n,adj fiz* superfluid.
superfluity[su:pë:'flu:ëti] *n* 1.tepri. 2.gjë jo e do-mosdoshme.
superfluous[supë:'fluës] *adj* 1.i tepërt; **she felt rather superfluous** ajo e ndiente veten të tepërt. 2.i panevojshëm; **it is superfluous to say**..s'është nevoja të thuash...
superglue['su:pë:glu:] *n* ngjitës tepër i fortë.
superheat['su:pë:'hi:t] *vt* tejnxeh(ujin, avullin).
superheater['su:pë:hi:të:] *n tek* tejngrohës(avulli).
superhighway [su:pë:'haiwej] *n* autostradë me shumë korsi.
superhuman[su:pë:'hju:mën] *adj* mbinjerëzor.
superimpose[su:përim'pouz] *v* 1.mbivendoset. 2. mbivendos; shtoj, bashkangjis.
superintend[su:pë:(ë)rin'tend] *vt* 1.mbikëqyr; kon-trolloj(prodhimin). 2.drejtoj(repartin etj).
superintendence[su:pë:(ë)rin'tendëns] *n* 1.mbikë-qyrje; kontroll.2.drejtim(i punës, repartit etj).
superintendent[su:p(ë)rin'tendënt] *n* 1.inspektor; mbikëqyrës; kontrollor. 2.drejtor(shkolle). 3.përgje-gjës(reparti etj). 4.administrator(godine).5.shef (po-licie).
superior[së'pi:rië:, 'supi:rië:] *adj,n* -*adj* 1.i shkël-qyer, shumë i mirë. 2.më i mirë; më i madh. 3.më i lartë, epror (oficer). 4.kryelartë, i fryrë, me qëndrim prej superiori. 5.i sipërm, i epërm.
-*n* 1.epror. 2.*fet* kryemurg; igumen.
superior court *n drejt* gjykatë e lartë.

superiority[sëpi:ri'orëti] *n* epërsi.

superiority complex *n psik* kompleks i superioritetit.

superlative[së'së:lëtiv, su'pë:lëtiv] *adj,n* *-adj* 1.i llojit më të lartë; suprem; i pashoq.2.i tepruar, i hiperbolizuar, superlativ(vlerësim).3.*gram* sipëror. *-n* 1.njeri shumë i lartë. 2.model, rast i pashoq. 3. *gram* sipërore(shkallë). 4.teprim, vlerësim i ekzagjeruar, **talk in superlatives** flas me teprime/me superlativa, ekzagjeroj.

superman['su:pë:mæn] *n* mbinjeri, supermen.

supermarket ['su:pë:ma:kit] *n* vetëshërbim i madh, supermarket.

supernal[su:'pë:nël] *adj* 1.hyjnor. 2.qiellor. 3.fisnik.

supernatant[su:pë:'neitënt] *adj* pluskues, notues, që noton mbi.

supernatural[su:pë:'næçrël] *adj,n* *-adj* i mbinatyrshëm. *-n* forcë e mbinatyrshme.

supernormal[su:pë:'no:mël] *adj* mbinormal, tejnormal.

supernova[su:pë:'nouvë] *n astr* yll super i ri, supernova.

supernumerary[su:pë:'niumëreri] *adj,n* *-adj* i tepërt; mbi numrin e nevojshëm. *-n* 1.*kin,teat* figurant. 2.njeri i tepërt; send i tepërt.

superordinate[su:pë:r'o:dënit] *adj,n* *-adj* superior, dominues. *-n gjuh* term i përgjithshëm.

superphosphate[su:pë:'fosfeit] *n kim* superfosfat; pleh fosfatik.

superpose[su:pë:'pouz] *vt* (edhe *mat*) mbivendos.

superposition[supë:pë'zishën] *n* mbivendosje.

superpower ['su:pë:pauë:] *n* 1. *pol* superfuqi. 2. fuqi e jashtëzakonshme.

superscribe[su:pë:'skraib] *vt* shkruaj në krye(të dokumentit etj).

superscription[su:pë:'skripshën] *n* 1.të shkruar në krye(të faqes etj). 2.shënim sipër/në krye. 3.adresë (në zarf, pako).

supersede[su:pë:'si:d] *vt* 1.zëvendësoj, zë vendin e. 2.kapërcej, lë mënjanë, injoroj.

supersensistive[su:pë:'sensëtiv] *adj* tepër i ndjeshëm, supersensibël.

supersonic[su:pë:'sonik] *adj av,fiz* tejzanor, supersonik.

superstar['su:pë:sta:] *n kin,teat* aktor i madh, superstar.

superstition[su:pë:'stishën] *n* bestytni, supersticion.

superstitious [su:pë:'stishës] *adj* bestyt, supersticioz.

superstore['su:pë:store] *n Br* supermarket.

superstructure['su:pë:strʌkçë:] *n* 1.bina, ndërtesë. 2.pjesë e sipërme e anijes. 3.*filoz,tek* super-

strukturë.

supertanker['su:pë:tænkë:] *n* anije-cisternë gjigande, supernaftëmbajtëse.

supertax['su:pë:tæks] *n* mbitaksë, supertaksë.

supervene [su:pë:'vi:n] *vi* ia beh, shfaqet befas; ndërhyn, shtohet.

supervention[su:pë:'venshën] *n* shfaqje.

supervise['su:pë:vaiz] *v* 1.mbikëqyr.2.ushtroj kontroll.3.drejtoj.

supervision[su:pë:'vizhën] *n* 1.mbikëqyrje; kontroll.2.drejtim.

supervisor['su:pë:vaizë:] *n* 1.mbikëqyrës; kontrollor. 2.*treg,ind* përgjegjës. 3.udhëheqës, drejtues teze(studimore).

supervisory[su:pë:'vaizëri] *adj* mbikëqyrës; kontrollues; **in a supervisory capacity** në detyrën/rolin e kontrollorit.

supine [*adj* su:'pain; *n* 'su:pain] *adj,n* *-adj* 1.i shtrirë në shpinë.2.i plogët, i mefshët; pasiv.

supp[sʌp] *n gj.fol* rimarrje në provim, riprovim.

supper['sʌpë:] *n* darkë; **have supper** ha darkë.

suppertime['sʌpë:taim] *n* darkë, orë e darkës.

supplant[së'plænt] *vt* 1.zëvendësoj, i zë vendin.2. heq; shkarkoj(dikë).

supple['sʌpël] *adj,v* *-adj* 1.i përkulshëm, i epshëm, elastik. 2.i shkathët, i zhdërvjellët. 3.*fig* elastik(qëndrim etj).

supplement['sʌplëment] *n,v* *-n* 1.shtesë, shtojcë. 2.*mat* kënd shtues. *-vt* shtoj, plotësoj.

supplemental[sʌplë'mentël] *adj,n* *-adj* plotësues, shtesë, suplementar. *-n* riprovim(i studentëve).

supplemental examination *n* riprovim.

suplementary [sʌplë'mentëri] *adj* shih **supplemental**.

supplementary angle *n mat* kënd shtues /shtimtar.

suppliance['sʌpliëns] *n* shih **supplication**.

suppliant['sʌpliënt] *adj,n* *-adj* lutës(ton, gjest, vështrim). *-n* lutës.

supplicate['sʌplëkeit] *v* 1.lus(dikë). 2.lutem, kërkoj me lutje. 3.falem, lutem.

supplication[sʌplë'keishën] *n* lutje(edhe *fet*).

supplicatory['sʌplëkëto:ri] *adj* lutës.

supplier[së'plajë:] *n treg* furnizues.

supply I[së'plai] *v,n* *-vt* 1.siguroj; **supply books for the children** siguroj libra për fëmijë. 2.pajis; furnizoj; **they supply most of the local stores** ata furnizojnë shumicën e dyqaneve të vendit; **supply gas/water to.**.furnizoj me gaz/ujë..3.plotësoj(një mungesë, nevojë, një vend bosh); **enough to supply the demand** sasi e mjaftueshme për të plotësuar kërkesat. 4.vë në vend(humbjen).

-*n* 1.rezervë; **get/lay in a supply of**.. krijoj një rezervë...2.rezerva, ushqime. 3.furnizim; pajisje; **the electricity supply** furnizimi me energji elektrike; **Ministry of Supply** *Br adm* Shërbimi i Intendencës. 4.*ek* ofertë; **supply and demand** oferta dhe kërkesa. 5.zëvendësues; **teach/be on supply** jap mësim si zëvendësues.6.*pol* rezervë financiare. + **in (short/good) supply** me pakicë; me bollëk; **on supply** si zëvendësues.

supply II['sʌpli] *adv* me shkathtësi; lehtshëm.

support [së'po:t] *v,n -vt* 1. mban (muri çatinë). 2.përkrah, mbështes; ndihmoj. 3.mbaj materialisht (familjen, dikë); përballoj shpenzimet e (qeverisë etj); **a subsidy to support the price of bread** subvencion për të ruajtur çmimin e bukës. 4.mbaj në këmbë; mbaj në punë(një orkestër etj).5.*fig* mbështes, vërtetoj; përforcoj(një kërkesë). 6.*usht* mbështes, mbuloj me zjarr. 7.duroj; përballoj; **he can't support life without friends** ai nuk e duron dot jetën pa shoqëri. 8.*teat* e mbaj (rolin), luaj mirë. -*n* 1.ndihmë; përkrahje, mbështetje; **give support to sb** përkrah/mbështes/ndihmoj dikë; **the proposal got no support** propozimi nuk gjeti mbështetje; **in support of** në përkrahje/në favor të; **means of support** mjete / burime financiare. 2. mbajtje (e familjes). 3.*ndërt,tek* mbajtëse; mbështetëse. 4.*usht* mbulim me zjarr.5.*usht* rezervë(trupa).6.*amer ek* subvencion.

support hose, support stockings *n* çorape kundër lodhjes.

support price *n ek* çmim i subvencionuar.

supportable[së'po:tëbël] *adj* i durueshëm; i përballueshëm.

supporter[së'po:të:] *n* 1.*ndërt,tek* mbajtëse, mbështetëse. 2.*pol,fig* përkrahës, partizan. 3.*sport* tifoz.

supporting[së'po:ting] *adj* 1.mbajtës; mbështetës. 2.*kin,teat* dytësor, që qëndron në plan të dytë(rol, aktor).

supporting cast *n* partnerë.

supportive [së'po:tiv] *adj* 1. ndihmues; pozitiv (qëndrim). 2.i gjindshëm (mik).

suppose [së'pouz] *v* 1. mendoj, supozoj; **let's suppose that** le të supozojmë se; **suppose A equals B** le të themi/të supozojmë se A është e barabartë me B; **suppose ABCD a rectangle** le të jetë ABCD një drejtkëndësh.2.kujtoj, besoj, them; **she is supposed to be clever** atë e mbajnë për të zgjuar; **I suppose so/not** ashtu mendoj; nuk besoj; **I suppose you could do it for me?** a mund ta bësh këtë për mua? 3.duhet; **he isn't supposed to know** ai nuk duhet ta marrë vesh; **what am I supposed to do?** çfarë duhet të bëj? 4.them të, mendoj/propozoj të; po sikur të? **suppose we change the subject?** sikur të kalonim në një temë tjetër, ç'thoni? **suppose you tell her yourself?** po sikur t'ia thuash vetë? 5.nënkup-

toj, presupozoj; **that supposes good service** kjo nënkupton shërbim të mirë.

supposed[së'pouzd] *adj* 1.i supozuar; i paqenë; **supposed improvements** përmirësime të paqena. 2.i ashtuquajtur; gjoja. 3.i lejuar; **you are not supposed to talk here** këtu nuk lejohet të flasësh.4.i paracaktuar, i llogaritur; **what is that supposed to mean?** çfarë do të thotë kjo?

supposedly [së'pouzidli] *adv* 1.me gjasë, me sa duket, me sa mund të merret me mend; **supposedly not** me sa duket jo. 2.gjoja, në dukje; **he was supposedly reading** gjoja po lexonte.

supposing[së'pouzing] *conj* sikur, në rast se; **supposing it rains, will we go?** po sikur të bjerë shi, do të shkojmë? **always supposing that...**natyrisht po qe se..; **even supposing that..**edhe në rast se...

supposition[sʌpë'zishën] *n* supozim, hamendje; hipotezë; mendim; **that was pure supposition** ishte thjesht një hamendje; **on the supposition that they would support him** me mendimin se miqtë do ta ndihmonin.

suppositional[sʌpë'zishënël] *adj* i hamendshëm, i supozuar, hipotetik.

supposititious[sëpozë'tishës] *adj* 1.i rremë; i falsifikuar. 2.i hamendshëm, i supozuar, hipotetik.

suppository[së'pozëto:ri] *n mjek* supost, supozitor.

suppress [së'pres] *vt* 1. i jap fund, shtyp, shuaj (kryengritjen).2.ndrydh, përmbaj, fsheh(ndjenjat etj); mbaj(kollën).3.fsheh, mbaj të fshehur (një fakt etj). 4. zhduk (provat). 5. *el, rad* luftoj / zhduk zhurmat. 7.*gj,fol* bukos, ia mbyll gojën. 8.ndal(gjakun).

suppression [së'preshën] *n* 1. shtypje, shuarje(e kryengritjes). 2.ndrydhje, përmbajtje, mbajtje.3.ndalim(botimi).4.mbulim, fshehje(e fakteve etj).

suppressive[së'presiv] *adj* shtypës.

suppurate ['sʌpjëreit] *vi mjek* malcon, mbledh, qelbëzohet.

suppuration[sʌpjuë'reishën] *n mjek* malcim, qelbëzim.

suppurative['sʌpjëreitiv] *adj,n -adj* malcues, që ndihmon qelbëzimin. -*n* bar që nxit qelbëzimin.

supra['su:prë] *adv* 1.sipër. 2.(në libër) më sipër, më lart, më përpara.

supra-['su:prë] *pref* mbi-; tej-.

supranational [su:prë'næsh(ë)nël] *adj* mbikombëtar.

suprarenal[su:prë'ri:nël] *adj,n anat -adj* mbiveshkor. -*n* gjëndërr mbiveshkore.

supremacy[së'premësi, su'premësi] *n* 1.epërsi e plotë, mbizotërim, supremaci. 2.pushtet suprem.

supreme [së'pri:m, su'pri:m] *adj* 1.më i lartë, suprem; **supreme authority** pushtet suprem. 2.tepër i lartë/i madh; i jashtëzakonshëm; ekstrem; **with**

supreme courage me guxim të jashtëzakonshëm.
3.final, suprem; **supreme sacrifice** sakrificë
supreme.
Supreme Commander *n usht* Kryekomandant,
Komandant Suprem.
Supreme Court *n drejt* Gjykatë e Lartë.
supt. shkurtim për **superintendent.**
sur[së:] *pref* mbi-; **surtax** mbitaksë.
surcease[së:'si:s] *n vjet* fund, mbarim; ndërprerje.
surcharge[*n* 'së:ça:xh; *v* së:'ça:xh] *n,v* -*n* 1.shte-
së çmimi, pagesë shtesë. 2.mbingarkesë. 3.*fin*
mbitaksë. 4.pullë me çmim të ndryshuar.
-*vt* 1.shtoj pagesën/çmimin, ngre tarifën.2.mbingar-
koj. 3.*fin* mbitatoj.
surcingle['së:singël] *n* nënbarkëse(e kalit).
surd[së:d] *adj,n* -*adj* 1.*gram* e pazëshme(zanore).
2.*mat* iracional(numër).
-*n* 1.*gram* tingull i pazëshëm. 2.*mat* numër
iracional.
sure[shuë:] *adj,adv* -*adj* 1.i sigurt, i padyshimtë.
2.i besueshëm, i besuar(njeri). 3.i pagabueshëm. 4.
i padiskutueshëm, i sigurt(dështim). + **as sure as
anything/as eggs/as fate/ as guns/as my name is
John** e sigurt si buka që ha/si një e një që bëjnë dy;
be sure sigurohu; **sure enough** a)në fakt, vërtet;
b)pa pikë dyshimi, me siguri; **sure enough!** pa dis-
kutim! **for sure** *gj.fol* a)me siguri; b)i sigurt, i
padyshimtë; **make sure** sigurohem; marr të dhëna
të sigurta; **to be sure** sigurisht, pa dyshim.
-*adv gj.fol* sigurisht, pa dyshim, natyrisht.
sure-fire ['shuë:'fajë:] *adj gj.fol* i sigurt, i padis-
kutueshëm.
sure-footed['shuë:'futid] *adj* i sigurt, që nuk rrë-
shqet.
surely['shuë:li] *adv* 1.sigurisht, natyrisht; pa dy-
shim; **he was surely drunk** dukej sheshit se ishte i
pirë. 2.në të vërtetë, kuptohet; **surely you can't be
serious!** kuptohet që e ke me shaka!3.me siguri; me
hap të sigurt.
sureness ['shuë:nis] *n* 1.siguri. 2.hap i sigurt. 3.
vetësiguri, vetëbesim.4.saktësi, pagabueshmëri.
surety['shu:rëti] *n* 1.siguri, garanci; **give surety
against loss by fire** jap siguri për humbjet në rast
zjarri.2.dorëzanë, garant; **go/stand surety for sb** dal
/bëhem garant për dikë. 3.*vjet* gjë e sigurt, siguri.
suretyship['shu:rëtiship] *n* dorëzani, garanci.
surf[së:f] *n,v* -*n* 1.dallgë e madhe, suvalë, tallaz.
2.poterë e dallgëve.3.shkumë dallgësh.
-*vi* shkas mbi dallgë me dërrasë, bëj sërf.
surface['së:fis] *n,v,adj* -*n* 1.sipërfaqe. 2.faqe(e
kubit etj). 3.*mat* figurë në plan; syprinë. 4.*fig*
sipërfaqe, anë e jashtme.
-*v* 1.shtroj(rrugën). 2.lustroj, i jap faqe(letrës). 3.
det ngre, nxjerr në sipërfaqe. 4.del mbi ujë(notari,
nëndetësja). 5.*fig* rishfaqem. 6.*fig* dal mbi ujë, ia dal

në krye.
-*adj* 1.sipërfaqësor. 2.i mbiujshëm(mjet). 3.i mbi-
tokës, i sipërfaqes(punëtor miniere).4.me rrugë
tokësore/detare(postim).
surface-to-air['së:fistë'eë:] *adj usht* tokë-ajër (ra-
ketë).
surface-to-surface['së:fistë'së:fis] *adj usht* tokë-
tokë(raketë).
surface mail *n* postë me tokë/me det.
surface tension *n fiz* tension sipërfaqësor.
surfboard['së:fbo:d] *n* rrëshqitëse për sërf.
surfboarding['së:fbo:ding] *n* rrëshqitje mbi dall-
gë, sërf.
surfeit['së:fit] *n,v* -*n* 1.tepri, tepricë, sasi tepër e
madhe. 2.ngopje. 3.velje, veleritje(nga ushqimi).
-*v* 1.ngop; veleris. 2.ha shumë, velem.
surfing['së:fing] *n* rrëshqitje mbi dallgë, sërf.
surfriding['së:fraiding] *n* shih **surfboarding.**
surfy['së:fi] *adj* me dallgë, me tallaz.
surge[së:xh] *n,v* -*vi* 1.fryhet, ngre dallgë(deti). 2.
rrokulliset(dallga); vërshon(lumi).3.dyndet, derdhet
(turma).4.*fig* rritet, shtohet, gufon(zemërim).
-*n* 1.fryrje, dallgëzim(i detit). 2.vërshim; dallgë.
3.*fig* valë(zemërimi, entuziazmi).
surgeon['së:xhën] *n* kirurg.
Surgeon General *n* 1.*usht* mjek-gjeneral. 2.*amer
adm* Ministër i Shëndetësisë.
surgery['së:xhëri] *n* 1.kirurgji. 2.operacion; **have
surgery** bëhem operacion, operohem. 3.*Br* dhomë
vizitash, klinikë mjeku; **when is his surgery?** kur e
ka orarin e vizitave? **surgery hours** orar vizitash.
surgical['së:xhëkël] *adj* kirurgjik; kirurgjie; i ope-
racionit.
surgical appliance *n* pajisje ortopedike.
surgical cotton *n* pambuk hidrofil/thithës gjaku.
surgical dressing *n* tampon.
surgical shock *n mjek* shok/tronditje nga opera-
cioni.
surgical spirit *n* alkool 90-gradësh.
surliness['së:linis] *n* zymtësi; natyrë idhnake; har-
butëri.
surly['së:li] *adj* 1.i zymtë; idhnak. 2.harbut; i pa-
gdhendur.
surmise[së:'maiz] *n* edhe 'së:maiz] *v,n* -*v* marr
me mend, hamendësoj, mendoj; **we surmised that..**
ne menduam se...
-*n* hamendje; hamendësim; **it was nothing but**
surmise ishte thjesht një hamendje.
surmount [së:'maunt] *vt* 1.*fig* kapërcej(pengesa,
vështirësi). 2. vë sipër; ngarkoj/rëndoj me. 3.ngjis,
kaloj(kodrën).
surmountable[së:'mauntëbël] *adj* i kapërcyeshëm.
surname ['së:neim] *n,v* -*n* 1. mbiemër. 2. emër
i ngjitur, nofkë.
-*vt* mbiquaj, i ngjis një emër/nofkë.

surpass[së:'pæs, së:'pa:s] *vt* 1.ia kaloj, lë pas (të tjerët). 2.kalon kufijtë, del jashtë; **surpass description** nuk mund të përshkruhet.

surpassing[së:'pæsing, së:'pa:sing] *adj* i pakrahasueshëm, i pashoq.

surplice[së:'plais] *n* rasë prifti.

surplus['së:plës, 'së:plʌs] *n,adj* -*n ek,fin,treg* tepricë; bilanc pozitiv.

-*adj* i tepërt; **surpluss stock** mall i mbetur.

surplus store *n* dyqan mallrash të mbetura.

surplusage ['së:plasixh] *n* 1. tepricë. 2. *let* ujë i tepërt.

surprise[së:'praiz] *n,v* -*n* 1.habi, çudi; **much to my surprise, to my great surprise** për habinë time të madhe. 2.befasi; **take by surprise** a)zë në befasi; zë gafil; b)habis. 3.*attr* i befasishëm.4.sulm i befasishëm.

-*vt* 1.habis, çudis; **I'm surprised at/by his inability** më habit paaftësia e tij. 2.zë/kap në befasi. 3.kap në flagrancë(hajdutin).

surprised[së:'praizd] *adj* i habitur, i çuditur.

surprising[së:'praizing] *adj* i habitshëm, i çuditshëm; i papritur.

surprisingly[së:'praizingli] *adv* çuditërisht, për çudi; për t'u habitur; **not surprisingly she didn't know** s'është për t'u habitur që ajo s'dinte gjë.

surreal[së'riël] *adj* surealist.

surrealism[së'riëlizm] *n filoz,art* surealizëm.

surrealist[së'riëlist] *adj* surealist.

surrealistic[sërië'listik] *adj* surealist.

surrender[së'rendë:] *v,n* -*v* 1.dorëzohem; kapitulloj; **surrender to the police** i dorëzohem policisë. 2.*fig* i jepem, bie në; **surrender to despair** bie në dëshpërim. 3.dorëzoj(një qytet etj). 4.kthej(gjënë e vjedhur etj). 5.heq dorë nga(një e drejtë, nga pushteti etj). 6.humbas(shpresat).

-*n* 1.*usht* dorëzim; kapitullim. 2.kthim, dorëzim(i një sendi). 3.heqje dorë(nga e drejta etj).

surrender value *n fin* vlerë e përfituar nga anulimi i policës së sigurimit.

surreptitious [sërep'tishës] *adj* 1. i fshehtë, në fshehtësi.2.tinëzar(gjest).

surreptitiously[sërep'tishësli] *adv* në fshehtësi; tinëzisht.

surrogate['sʌrëgeit] *n,adj,v* -*n* 1.zëvendës. 2.*fet* peshkop zëvendësues.

-*adj* zëvendësues.

-*vi* zë vendin e nënës.

surrogate court *n drejt* gjykatë e çështjeve testamentare.

surround [së'raund] *v,n* -*vt usht,fig* rrethoj; **surrounded by hills/flatterers** rrethuar me kodra /me lajkatarë.

surrounding[së'raunding] *adj* rrethues.

surroundings[së'raundingz] *n* 1.rrethinë. 2.mje-

dis, ambient; **in their natural surroundings** në mjedisin e tyre natyror.

surtax['së:tæks] *n fin* mbitaksë.

surveillance[së:'veilëns] *n* mbikëqyrje; survejim.

survey [*v* së:'vei; *n* 'së:vei] *v,n* -*vt* 1. vështroj, këqyr. 2.shqyrtoj, studioj, analizoj (gjendjen etj). 3. rilevoj(truallin).

-*n* 1.vështrim i përgjithshëm; studim. 2.shqyrtim, studim, analizë. 3.rilevim.4.hartë topografike.5.raport i inspektimit të ndërtesës.

surveying[së:'vejing] *n* 1.analizë, studim. 2.rilevim; arëmatje. 3.topografi; hidrografi.

surveyor[së:'vejë:] *n* 1.kontrollor, inspektor. 2.gjeometër, topograf; hidrograf.

survival[së:'vaivël] *n* 1.mbijetesë. 2.*fig* mbeturina(të së kaluarës).

survive [së:'vaiv] *v* 1. mbijetoj; mbetem gjallë; **she is survived by her husband and three daughters** ka lënë pas të shoqin dhe tri vajzat. 2.mbetet, shpëton(një dokument etj). 3.i shpëtoj (zjarrit, sëmundjes).

surviving[së:'vaiving] *adj* i mbetur gjallë.

surviving company *n fin* kompania gllabëruese (pas shkrirjes).

survivor[së:'vaivë:] *n* ai që mbetet gjallë; i shpëtuar(nga një aksident etj).

sus law['sʌslo:] *n Br* ligj për hetimin pa bujë të të dyshimtëve.

susceptibility[sëseptë'bilëti] *n* 1.ndjeshmëri, sensibilitet.2.*mjek* prirje për t'u prekur(nga sëmundja).

susceptible[së'septëbël] *adj* 1.i ndjeshëm, i prekshëm. 2.*mjek* i prirur ndaj(sëmundjes). 3.reagues; **be susceptible to treatment** reagoj ndaj mjekimeve, veprojnë ilaçet.

suspect [*v* sës'pekt; *n* 'sʌspekt; *adj* 'sʌspekt, sës'pekt] *v,n,adj* -*vt* 1.dyshoj; **they suspect him of being.**.ai dyshohet se është...2.nuk besoj, vë në dyshim(thëniet e dikujt). 3.them, mendoj, ma merr mendja; **she'll come, I suspect** them se do të vijë.

-*n,adj* i dyshimtë.

suspend[sës'pend] *vt* 1.var. 2.lë pezull; **suspended in water** pezull në ujë(grimcat etj). 3.pezulloj; ndërpres. 4.i heq përkohësisht(lejën, patentën). 5.pushoj përkohësisht, pezulloj(nga puna); përjashtoj përkohësisht(nga shkolla). + **suspend payment** *fin* ndërpres pagesat; s'jam në gjendje të vazhdoj.

suspended sentence *n drejt* dënim me kusht; pezullim i ekzekutimit të dënimit.

suspender belt *n amer* llastik çorapesh.

suspenders[sës'pendë:z] *n* 1.aski. 2.tiranta, mbajtëse çorapesh.

suspense[sës'pens] *n* 1.pasiguri, pritje.2.situatë e ankthshme(në libra); **keep sb in suspence** a)e mbaj dikë në gjendje pasigurie; b)e mbaj (lexuesin, shikuesin) në ankth. 3.*adm,drejt* pezullim; **be/remain in suspense** mbetet pezull.

suspension[sës'penshën] *n* 1.pezullim. 2.varëse; suport. 3.*aut,hek* susta, amortizatorë. 4.*kim* pezulli. 5.mekanizëm varjeje.
suspension bridge *n ndërt* urë e varur.
suspension points *n ndërt* pika kapjeje/varjeje.
suspensive[sës'pensiv] *adj* 1.i pavendosur, i lëkundur.2.i pasigurt; i dyshimtë. 3.pezullues.
suspensory[sës'pensëri] *adj* 1.*anat* mbajtës(muskul). 2.për varje(fasho).
suspicion[sës'pishën] *n* 1.dyshim, mosbesim; **on suspicion of murder** i dyshuar për vrasje. 2.grimë, çikëz; **with just a suspicion of an accent** me një grimë theksi(të huaj). + **above suspicion** jashtë çdo dyshimi; **on suspicion** për shkak se dyshohet; i dyshuar; **under suspicion** i dyshuar për.
suspicious[sës'pishës] *adj* 1.i dyshimtë. 2.dyshues, që dyshon; **it made me suspicious** më bëri të dyshoja.3.mosbesues, skeptik; që tregon dyshim.
suspiration[sʌspë'reishën] *n* psherëtimë, ofshamë.
suspire[sës'pajë:] *vi* psherëtij, ofshaj.
sustain [sës'tein] *vt* 1.mban(shpresa). 2.mbaj me ushqim(ushtrinë etj). 3.*ndërt* mbaj(peshën etj).4.duroj; përballoj (goditjen). 5. pësoj (dëme, humbje). 6.mbështet(fakti).
sustained yield *n* vjelje me kriter(e peshkut); prerje me kriter(e pyllit).
sustaining[sës'teining] *adj* 1.që të mban(ushqim). 2.*amer rad,tv* i pasponsorizuar.
sustaining program *n* program i pasponsorizuar (me shpenzimet e vetë stacionit).
sustenance['sʌstënëns] *n* 1.vlerë ushqyese. 2.ushqim, të ngrënë e të pirë. 3.mjete jetese.
sutler['sʌtlë:] *n hist* furnitor që ndiqte ushtrinë.
suture['su:çë:] *n,v mjek* -*n* 1.qepje(plage). 2.fije për qepje plage. 3.e qepur; tegel(në plagë).
-*vt* qep(plagën).
suzerain['su:zërin, 'su:zërein] *n hist* kryezot, feudal.
svelte[svelt] *adj* i hajthëm, i hedhur, shtathedhur.
swab [swob] *n,v* -*n* 1.shtupë, leckë(dyshemesh, xhamash). 2.*mjek* tampon. 3.*mjek* material(për analizë). 4.*zhrg* njeri kaba; tip i neveritshëm.
-*vt mjek* pastroj/mjekoj me tampon.
swabber['swobë:] *n zhrg* njeri i neveritshëm.
swaddle['swodël] *v,n* -*vt* mbështjell me pelena.
-*n* shpargër, pelenë.
swaddling clothes *n* 1.pelena, shpërgëj. 2.*fig* fre, pengojcë.
swag[swæg] *n* 1.*zhrg* plaçkë, pre; gjë e vjedhur. 2.plaçka, rraqe.
swage[sweixh] *n,v* -*n* 1.vegël për përkulje hekuri. 2.stampë, kallëp.
-*vt* përkul; i jap formë me stampë.
swagger['swægë:] *v,n,adj* -*vi* 1.kapardisem, krekosem, fryhem. 2.mburrem.
-*n* kapardisje, krekosje, fryrje.

-*adj Br gj.fol* elegant, shik.
swaggering['swægëring] *adj,n* -*adj* i krekosur, i kapardisur; i fryrë(gjest).
-*n* kapardisje, krekosje; mburrje.
swagger stick *n* bastun i shkurtër(ushtarakësh).
swain[swein] *n vjet,poet* 1.adhurues; i dashur. 2. djalë fshati.
swallow I['swolou] *v,n* -*v* 1.gëlltis, kapërdij. 2.*fig* e ha, e besoj(një profkë). 3.*fig* gëlltis(fyerjen).4.*fig* marr mbrapsht, tërheq(fjalët).5.*fig* ndrydh, përmbaj (zemërimin).6.*fig* i ha fjalët(kur flas).
-*n* 1.gëlltitje. 2.kafshatë. 3.gllënjkë. + **at/with one swallow** me një kafshatë; me një gllënjkë.
swallow II['swolou] *n* dallëndyshe; **one swallow doesn't make a summer** *prov* me një dallëndyshe s'vjen pranvera.
swallowtail['swolouteil] *n* 1.bishtdallëndyshe. 2. frak me bisht.
swallow-tailed coat *n* frak.
swam[swæm] *pt* e **swim**.
swamp[swomp] *n,v* -*n* 1.kënetë, moçal.
-*vt* 1.përmbyt. 2.mbush me ujë(varkën). 3.fundos. 4.*fig* mbys, dynd(me letra etj); **he's absolutely swamped** *gj.fol* është i mbytur në punë.
swamp buggy *n amer* makinë amfibe.
swamp fever *n mjek* malarje.
swampland['swomplænd] *n* kënetë, moçal; moçalishtë.
swampy['swompi] *adj* moçalor; i mbytur në ujë.
swan[swon] *n,v* -*v* 1.*zool* mjellmë.2.*fig* bilbil (për një poet).
-*vi Br* 1.(**around**) vërtitem, sillem(nëpër qytet). 2. (**off**) iki pa u ndier/qetësisht.
swan dive *n* zhytje artistike(nga trampolina).
swang[swæng] *pt vjet* e **swing**.
swank[swænk] *v,n zhrg* -*vi* kapardisem, krekosem.
-*n* 1.krekosje, kapardisje.2.stil; elegancë.3.*attr* shik.
swanky['swonki] *adj* elegant; shik.
swan-necked['swonnekt] *adj* me qafë prej mjellme(femër).
swan's down ['swonzdaun] *n* 1. pupla mjellme. 2.*teks* shajak i butë. 3.fanellatë.
swan song *n* 1.kënga e fundit e mjellmës.2.*fig* punim i fundit, vepër e lamtumirës; shkëlqim i fundit(i një artisti etj).
swap[swop] *v,n gj.fol* -*v* shkëmbej, bëj trambë; **let's swap places** i ndërrojmë vendet; **let's swap!** ndërrohemi!
-*n* trambë; **it's a fair swap** ia vlen shkëmbimi.
sward[swo:d] *n* lëndinë.
swarm I [swo:m] *n,v* -*n* luzmë, mizëri (bletësh, milingonash). + **in a swarm, in swarms** në masë, lumë.
-*vi* 1.mizëron, roit(bleta). 2.gëlojnë(insektet, njerë-

zit); **they swarmed over/round/through the building** gëlonin në të gjithë ndërtesën. 3.gëlon(vendi).

swarm II[swo:m] *vt* ngjis, i ngjitem(shtyllës etj).

swarthiness['swo:thinis] *n* çehre e zeshkët.

swarthy['swo:thi] *adj* i zeshkët, zeshkan.

swash [swosh] *v,n* -*vi* 1. llokoçitem; llokoçis, llapashis (ujin).2.*fig* mburrem.
-*n* 1.llokoçitje, llapashitje. 2.mburrje; kapardisje. 3. vijë uji.

swashbuckler['swoshbʌklë:] *n* kapadai.

swashbuckling ['swoshbʌkling] *n* krekosje; kapardisje; kapadaillëk.

swastika[swo'sti:kë, 'swostëkë] *n* kryq i thyer.

swat[swot] *v,n gj.fol* -*vt* 1.vras, shtyp(mushkonjën). 2.godas, qëlloj(tavolinën).
-*n* goditje; pëllëmbë; **fly swat** shpullë, pëllëmbë.

swath[swo:th] *n,v* -*n* 1.brez i kositur, varresht. 2.rrip i gjerë. + **cut a swath** *fig* a)hap një të çarë; b) bëj përshtypje.
-*vt* kosis.

swathe[swodh, sweidh] *v,n* -*vt* 1.mbështjell. 2. lidh, fashoj(krahun). 3.mbulojnë(retë malin).
-*n* 1.mbështjellje. 2.fashim.

sway[swei] *v,n* -*v* 1.tundet, lëkundet(pema, litari). 2.tund, lëkund; troshis, tallandis. 3.*fig* ndikoj, ushtroj ndikim; tund nga e vetja; **her speech swayed the crowd** fjalimi i saj pati ndikim mbi turmën.4.*vjet* sundoj; qeveris.
-*n* 1.tundje, lëkundje. 2.*fig* ndikim; pushtet; **under the sway of** nën pushtetin e; **hold sway over** ndikoj mbi; bëj zap.

swear[sweë:] *v*(swore; sworn) 1.betohem; **swear an oath** betohem; **would you swear to having been there?** e pohon dot me betim se ke qenë atje? 2.bëj be. 3.vë të betohet, vë në be (dëshmitarin etj); **swear sb to secrecy** i kërkoj dikujt të betohet se do ta mbajë të fshehtën.3.truaj, mallkoj; shaj; **swear like a trooper** shaj si karrocierët; **swear at sb** i shfryj dikujt.

+**swear by** *fig* bëj be/bëj kryq për; **he swears by brandy as a cure for flu** ai nuk njeh gjë më të mirë se konjakun si mjet kundër rrufës.

+**swear in** vë në be, vë të betohet.

+**swear off** betohem se heq dorë nga; **he has sworn off smoking** është betuar ta lërë duhanin.

+**swear out** *amer drejt* siguroj(mandat arrestimi për dikë) pasi betohem se akuza ndaj tij qëndron.

swearword['sweë:wë:d] *n* sharje, mallkim.

sweat[swet] *n,v* -*n* 1.djersë; **be in a sweat** a)mbulohem në djersë; b)*fig* më dalin djersë të ftohta. 2.lagështim, qarje(e murit etj). 3.*fig* mundim, punë e lodhshme; **it was an awful sweat** u bëmë telef; **no sweat!** *zhrg* s'ka problem! + **by the sweat of one's brow** me djersë, me punë; **old sweat** *zhrg* stekë e vjetër, ushtar i vjetër, veteran.

-*v* 1.djersitem. 2.qan, lagështohet(muri, tubi). 3.*fig* djersij, punoj rëndshëm. 4.e bëj ujë në djersë(kalin, dikë). 5.mundoj, i marr shpirtin(punëtorit); **sweated goods** mallra të prodhuara nga punëtorë të shfrytëzuar.6.shkumëzoj(nga inati).7.*zhrg* zhvas.8.*tek* ngjis (dy copa metali) me shkrirje. + **sweat blood** *gj.fol* nxjerr shtatë palë djersë, shuhem në punë; **don't sweat it!** *amer zhrg* qetësohu!, merre shtruar!

+**sweat off** humbas peshë(me fizkulturë).

+**sweat out** a)nxjerr me djersë(të ftohurën); b)*fig* e marr me durim; rri në pritje; **sweat it out** *gj.fol* rri në ankth; **they left her to sweat it out** ata s'bënë asgjë për ta ndihmuar.

sweatband['swetbænd] *n* 1.rrip astari(përbrenda kapelës). 2.*sport* rrip për të pritur djersët(në ballë).

sweatbox['swetboks] *n* 1.kanistër. 2.*zhrg* birucë.

sweater['swetë:] *n* triko; pulovër.

sweater girl *n gj.fol* vajzë me trup të bukur.

sweat gland *n* gjëndërr djerse.

sweating['sweting] *n* 1.djersitje. 2.lagështitje.

sweat pants *n* pantallona tutash.

sweatshirt['swetshë:t] *n* bluzë fanellate.

sweat shop *n* repart/uzinë ku punëtorët shfrytëzohen.

sweat suit *n* tuta.

sweaty['sweti] *adj* 1.i djersitur, i mbuluar në djersë. 2.djerse(erë). 3.djersitës(mot, punë).

swede[swi:d] *n Br* rrepë suedeze.

Swede[swi:d] *n* suedez.

Sweden['swi:dën] *n gjeog* Suedi.

Swedish['swi:dish] *adj,n* -*adj* suedez.
-*n* 1.**the Swedish** suedezët. 2.suedisht.

Swedish mile *n* milje suedeze(= 10 km).

sweep[swi:p] *v,n* -*v* (swept) 1.fshij. 2.merr me vete, fshin(era pluhurin, dallga pritën etj). 3.përfshij (me vështrim). 4.pushton, përfshin(entuziazmi etj). 5.(**to**) shtrihet(drejt).6.(**in, out**) hyj/dal me një frymë. 7.(**in, out, along**) hyj/dal/eci hijerëndë. + **sweep the board, sweep everything before one** arrij sukses të plotë, fitoj plotësisht; **be swept off one's feet** a)entuziazmohem; b)më bie në kokë(për dikë); **sweep (a party) into office/power** sjell në pushtet (një parti) me shumicë dërrmuese.

-*n* 1.fshirje(e shtëpisë); pastrim(oxhaku). 2.oxhakfshirës. 3.hapje, shtrirje; lëvizje hijerëndë(e krahut). 4.e rënë (me kosë, me shpatë). 5.goditje; **in/with one sweep** me një të goditur, me një të rënë. 6.trajektore; përfshirje (e dritës së prozhektorit); **make a sweep of the horizon** përshkoj gjithë horizontin; **the police made a sweep of the quarter** policia e krehu të gjithë lagjen. 7.*fig* përparim, avancim.8.fushë pamjeje(e teleskopit etj). 9.lakesë, kthesë e gjerë. 10.*ndërt* kurbaturë. 11.palë(fundi). 12.*gj.fol* linjë(trupi).13.*gj.fol* llotari; garë.

+**sweep along** a)eci me shpejtësi; b)fshij, përfshij,

marr me vete.

+sweep aside a)shtyj, zmbraps; b)hedh poshtë, kundërshtoj; c)kapërcej(vështirësitë).

+sweep away a)largohem me një frymë; b)largohem me madhështi; c)fshij, heq, shkund(pluhurin); d)marr me vete, tërheq(dikë).

+sweep down a)zbres hijerëndë; b)fshij; c)merr me vete, përlan(stuhia etj).

+sweep off shih **sweep away**.

+sweep out a)dal me shpejtësi; b)largohem me madhështi.

+sweep up a)fshij, pastroj; b)(**to**) i afrohem i nxehur; c)mbledh me fshesë.

sweeper['swi:pë:] *n* 1.fshesar. 2.makinë fshirëse rrugësh.3.fshesë elektrike.

sweeping['swi:ping] *adj,n* -*adj* 1.i gjerë; gjithëpërfshirës. 2.e thellë(përkulje). 3.me bisht, deri në fund të këmbëve(fustan).

-*npl* 1.plehra. 2.*fig* llum, fundërrina(të shoqërisë).

sweepstake(s)['swi:psteik(s)] *n* llotari; çmim.

sweet [swi:t] *adj,n,adv* -*adj* 1. i ëmbël; **sickly sweet** tepër i ëmbël, që të merr zemrën. 2.i freskët (qumësht, ajër). 3.i kulluar(ujë). 4.e këndshme (aromë). 5.i ëmbël, melodioz(zë). 6.i shtruar(punim i motorit). 7.*fig* i dashur, i këndshëm(njeri).8.pa shumë aciditet(tokë). + **be sweet on** *gj.fol* jam i dashuruar pas.

-*n* 1.i dashur; **come here, my sweet** eja këtu, i/e dashur. 2.*pl* ëmbëlsirë; sheqerkë, bonbone. 3.*fig* kënaqësi, ëmbëlsi, shijë(e suksesit etj).

-*adv* ëmbëlsisht, me ëmbëlsi; **smell sweet** bie erë të mirë; **taste sweet** ka shijë të ëmbël.

sweet-and-sour['swi:tën'sauë:] *adj* majhosh.

sweet basil *n bot* borzilok.

sweet bay *n bot* dafinë.

sweetbread['swi:tbred] *n* pankreas qingji/viçi.

sweetbriar, -brier ['swi:t'brajë:] *n bot* kaçe, trëndafil i egër.

sweet chestnut *n* gështenjë.

sweet corn *n* misër.

sweeten['swi:tën] *v* 1.ëmbëlsoj. 2.ëmbëlsohet.3.*fig* zbutet, i bie inati. 4.pastroj(ajrin). 5.*fig* zbus(dikë). 6.*gj.fol* marr me të mirë, ëmbëlsoj, i jap ryshfet. 7.*bujq* zbus/i ul aciditetin(tokës).

sweetener['swi:tënë:] *n* 1.ëmbëlsues(kafeje etj).2. *fig* ryshfet.

sweetening ['swi:tëning] *n* 1.ëmbëlsim. 2.*amer* ëmbëlsues.

sweetheart['swi:tha:t] *n* i/e dashur; shpirt.

sweetie['swi:ti] *n gj.fol* 1.engjëll, shpirt. 2.bonbone, sheqerkë.

sweeting['swi:ting] *n* 1.mollë e ëmbël. 2.*vjet* i/e dashur.

sweetmeat['swi:tmi:t] *n* ëmbëlsirë; sheqerkë.

sweet pepper *n* spec i kuq.

sweet potato *n* patate e ëmbël.

sweet-scented['swi:tsentid] *adj* erëmirë, aromatik.

sweetshop['swi:tshop] *n* ëmbëltore.

sweet-smelling['swi:tsmeling] *adj* erëmirë, aromatik.

sweet talk *n* lajkë, miklim.

sweet-talk['swi:ttok] *vt* lajkatoj.

sweet-tempered ['swi:t'tempë:d] *adj* i urtë, i dashur.

sweet tooth *n fig* pëlqim i gjërave të ëmbla.

swell[swel] *v,n,adj* -*v* (**swelled; swollen, swelled**) 1.fryhet(goma, vela). 2.ënjtet. 3.bymehet, mufatet (druri). 4.*fig* fryhem, krekosem; mbushem me; **swell up with rage** ziej nga inati. 5.fryhet, mbushet me ujë(përroi). 6.shtohet, rritet(popullsia). 7.fryj. 8. shtoj, rris(numrin).

-*n* 1.dallgëzim, valëzim(i detit); **heavy swell** dallgëzim i fortë. 2.ënjtje. 3.shtim, rritje. 4.e ngritur, breg. 5.*Br gj.fol* njeri elegant, tip shik.

-*adj* 1.shik; elegant. 2.*amer gj.fol* i shkëlqyer, i hatashëm.

+swell out a)fryhet(vela); b)fryj.

+swell up a)fryj; b)ënjt.

swellhead['swelhed] *n amer zhrg* kapadai.

swellheaded ['swelhedid] *adj amer zhrg* i fryrë, kapadai.

swelling['sweling] *n,adj* -*n* 1.ënjtje; vend i enjtur; lungë. 2.gungë(e gomës).

-*adj* 1.i enjtur. 2.i fryrë. 3.elegante(linjë).

swelter['sweltë:] *v,n* -*vi* më zihet fryma, më mbyt zagushia.

-*n* zagushi, vapë.

sweltering['sweltëring] *adj* mbytës; me zagushi.

swept[swept] *pt,pp* e **sweep**.

swerve[swë:v] *v,n* -*v* 1.shmangem; mënjanohem. 2.kthej, pres timonin. 3.*fig* shmangem, devijoj. 4.devijoj, i ndërroj drejtimin(topit etj).

-*n* shmangie, mënjanim.

swift [swift] *adj,n* -*adj* i shpejtë; i atypëratyshëm; **swift to anger** që merr inat shpejt, idhnak.

-*n zool* dejkë, sorrëshkinë.

swift-flowing['swift'flouing] *adj* që rrjedh me shpejtësi.

swift-footed['swift'futid] *adj* këmbëshpejtë.

swiftly['swiftli] *adv* shpejt, me shpejtësi.

swiftness['swiftnis] *n* shpejtësi.

swig[swig] *n,v gj.fol* -*n* gllënjkë; e kthyer(e gotës); **take a swig at a bottle** e kthej drejt e nga shishja.

-*vt* e kthej, rrëkëllej.

swill[swil] *n,v* -*n* 1.këllira; lëtyra. 2.e kthyer(e gotës), e pirë.

-*vt* 1.pi, rrëkëllej.2.u shtie lëtyrat(derrave).3.shpëlaj me ujë të bollshëm.

swim[swim] *v,n* -*v* (**swam; swum**) 1.notoj.2.kaloj me not. 3.fus në ujë(kalin etj). 4.pluskon, rri mbi ujë. 5.*fig* noton në(yndyrë); është mbytur nga(ujët). 6.shket, ecën lirshëm. 7.më vjen rrotull; më merren mendtë.

-*n* 1.not; notim; **go for a swim** shkoj për t'u larë(në det, pishinë etj). 2.distancë(notimi); **it's a long swim** është distancë e gjatë.3.*attr* noti, notimi. + **be in the swim** jam në aktivitet, ndjek rrymën.

swim bladder *n anat* fshikëz notimi(e peshkut).

swimmer['swimë:] *n* notar.

swimming['swiming] *n,adj* -*n* 1.not; notim.2.marramendje, marrje mendsh.

-*adj* 1.noti, notimi. 2.mbushur me lotë(sy). 3.marramendës.

swimming bath *n Br* pishinë.

swimming cap *n* kapelë noti.

swimming costume *n* rroba banje.

swimming pool *n* pishinë.

swimming suit *n* rroba banje.

swimming trunks *n* brekë banje.

swimmingly ['swimingli] *adv* si në vaj; **it's all going swimmingly** gjithçka po shkon si në vaj.

swindle['swindël] *v,n* -*vt* mashtroj; **swindle sb out of his money** i zhvas para dikujt.

-*n* mashtrim, zhvatje, vjedhje.

swindler['swindlë:] *n* mashtrues, batakçi.

swine[swain] *n* 1.derr.2.*fig* horr, kopuk, qelbanik.

swing[swing] *v,n* -*v* 1.tundem, lëkundem.2.vetevjen(lavjerrësi). 3.vërtitet(në menteshë). 4.rrotullohem, kthehem mbrapa. 5.eci me hap të zhdërvjellët. 6.kthehem, ndërroj drejtim.7.qëlloj, godas(topin, dikë).8.tund, lëkund(krahët, çadrën).9.vrëngëllij(shpatën). 10.shtyj(derën etj).11.ndryshoj(vendimin).12. *muz* luaj/i bie me ritëm. 13.*zhrg* varem; **he'll swing for it** do ta varin për këtë; **I'd swing for him** e vras po të më bjerë në dorë. 14.*gj.fol* shkoj pas kohës, ndjek modën. 15.*zhrg* ka gjallëri.16.*gj.fol* ia dal mbanë; **swing the deal** e përfundoj punën.

-*n* 1.lëkundje, tundje. 2.vajtje-ardhje. 3.goditje(e sëpatës etj). 4.*muz* ritëm; ritëm sving.5.fushë/liri veprimi;**give sb full swing** i jap dikujt liri të plotë. 6.kolovitje. 7.lisharës, shilarës, kolovajzë. 8.ritëm (pune). 9.xhiro, udhëtim. + **be in full swing** ka gjallëri; është në aktivitet të plotë.

+**swing round** a)kthehem, rrotullohem; b)merr kthesë(vargani, avioni); c)ndryshon(mendimi, qëndrimi); d)tund, lëkund; e)vringëllij; f)kthej, rrotulloj(vinçin, avionin).

+**swing to** mbyllet(dera).

swingeing['swinxhing] *adj* 1.i fortë, i fuqishëm (sulm, goditje). 2.mjaft i madh, i konsiderueshëm.

swinger ['swingë:] *n* 1. qejfli festash. 2. tip që ndjek modën. 3.gruar, qejfli femrash.

swinging['swinging] *adj* 1.ritmike(ecje, muzikë). 2.*fig* dinamik, i gjallë; plot gjallëri (qytet etj). 3.i

modës(njeri).

swinging door *n amer* derë me sustë.

swingle['swingël] *n,v* -*n* kopan.

-*vt* rrah me kopan(lirin, kërpin).

swingometer [swing'omëtë:] *n* tregues / matës i prirjeve të votuesve.

swing shift *n ind* turn i dytë/i pasditës.

swinish['swinish] *adj* prej derri; si derr; **swinish behavior** sjellje e ndyrë.

swink[swink] *n,v vjet* -*n* punë, mundim.

-*vi* punoj rëndë, mundohem.

swipe[swaip] *n,v* -*n gj.fol* 1.gjuajtje, goditje(e topit).2.shpullë. + **take a swipe at** *gj.fol* i matem, matem t'i bie (dikujt).

-*v* 1.gjuaj, godas(topin). 2.*zhrg* vjedh, qëroj.

swirl[swë:l] *v,n* -*v* 1.shtillet, formon shtjellë, vorbullon(uji, rëra). 2.përdridhet, formon spirale(akullorja etj). 3.rrotulloj(partneren në vallëzim).

-*n* 1.shtjellë, vorbull. 2.përdredhje, spirale. 3.shtëllungë(tymi).

swish[swish] *v,n,adj* -*v* 1.frushkulloj(kamzhikun etj). 2.kopanis, qëlloj(me shkop). 3.fërshëllen(kamzhiku). 4.fërfërin, frushullon(bari, palat e fundit).

-*n* 1.frushkullimë(kamzhiku). 2.frushullim, fërfëllimë, fërfërimë, fëshfëritje.

-*adj* shih **swishy.**

swishy['swishi] *adj zhrg* 1.*Br* shik; elegant. 2.*Br* i kamur, në gjendje. 3.*amer* si femër, tip homo.

Swiss[swis] *adj,n* zviceran.

Swiss Guards *n* Garda e Papës.

switch [swiç] *n,v* -*n* 1. *el* çelës(elektrik). 2. *aut* çelës i ndezjes(së makinës). 3.*hek* binarë të lëvizshëm, binarë degëzimi. 4.ndryshim(mendimi, itinerari). 5.*fin* kalim, transferim (fondesh). 6. shkop, thupër.7.goditje. 8.flokë të rreme, parukë. 9.shkëmbim.

-*v* 1.*el* (**on; off**) ndez; fik.2.kaloj, çoj(në stacion tjetër). 3.i ndërroj drejtim, kaloj në linjë tjetër(trenin). 4.*aut* ndërroj korsi(në autostradë). 5.ndërroj(bisedë). 6.shkëmbejmë, ndërrojmë(kapelet etj). 7.qëlloj(me shkop/thupër). 8.tund(bishtin kali).9.u ndërroj vendet(dy gjërave).

+**switch back** a)rikthehem; b)e çoj prap në stacionin e mëparshëm(radion etj); c)kthej, çoj në gradacionin e mëparshëm(ngrohësin etj); d)rindez(sobën etj).

switchback['swiçbæk] *n,v,adj* -*n* 1.rrugë/hekurudhë që ngjitet me zig-zage. 2.*Br* 'tren i çmendur' (në sheshe lojërash).

-*vi* eci me zig-zage.

-*adj* 1.me hipje-zbritje. 2.me zig-zage.

+**switch off** a)*el,rad,tv* fik, shuaj; **fiket, shuhet;** b) *fig* stakoj; shkëpus.

+**switch on** a)*el,rad,tv* ndez; ndizet; b)hap(ujin); c) *fig* eksiton(muzika etj). + **be switched on** *zhrg* a) është në modë; b)jam i droguar; c)eksitohem.

+switch over a)(to) kaloj(me), votoj për; b)*rad,tv* ndërroj stacion, e çoj në stacion tjetër; c)ndërroj, shkëmbej.

switchover['swiçouvë:] *n* kalim; **the switchover to the metric system** kalimi në sistemin metrik.

+switch round a)ndërrojmë vendet; b)ndërroj, shkëmbej.

switchblade['swiçbleid] *n amer* thikë me sustë.

switchboard ['swiçbo:d] *n* 1. *el* panel shpërndarjeje.2.central telefonik.

switchboard operator *n* centralist, telefonist.

switch-hitter ['swiçhitë:] *n amer zhrg* person që shkon me meshkuj e me femra.

switchman ['swiçmën] *n hek* ndërrues binarësh, manovrues trenash.

switchyard ['swiçja:d] *n hek* shesh manovrimi trenash.

swivel['swivël] *n,v* -*n* 1.*tek* kokë rrotulluese. 2. *usht* top në shtrat rrotullues.
-*v* 1.rrotulloj(karrigen etj). 2.rrotullohet.

swivel chair *n* karrige rrotulluese.

swivel gun *n* top mbi shtrat rrotullues.

swizz[swiz] *n Br* mashtrim, batakçillëk; **what a swizz!** na e hodhën, na e punuan.

swizzle['swizël] *n,v* -*n* 1. koktej. 2. *Br zhrg* mashtrim, batakçillëk.

swollen['swoulën] *v,adj* -*pp* e **swell**.
-*adj* 1.i ënjtur. 2.i fryrë(bark, lumë).3.e shtuar(popullsi).

swollen-headed['swolënhedid] *adj* i fryrë, kapadai.

swoon[swu:n] *v,n* -*vi* 1. mekem, mpakem.2.*fig* mbetem pa gojë, shtangem.
-*n* të fikët, zali; **in a swoon** i zalisur.

swoop[swu:p] *n,v* -*n* 1.zbritje pingulthi; pikiatë (e avionit).2.sulm i rrufeshëm(i policisë); **at one swoop** me një goditje.
-*vi* 1.lëshohet pingul; bie në pikiatë(avioni). 3.lëshohet(policia).

swoosh[swu:sh] *v,n* -*vi* fëshfërin, frushullon.
-*n* fëshfërimë, frushullimë.

swop[swop] shih **swap**.

sword[so:d] *n* shpatë, pallë; jatagan; **rule by the sword** sundoj me dorë të hekurt. + **at sword's point** gati për sherr; me armiqësi; **cross swords** ndeshem; përplasem, sherrosem; përleshem(me dikë); **draw the sword** zhvesh shpatën; nis luftën; **put to the sword** vras.

swordfish['so:dfish] *n zool* peshk-shpatë.

Sword of Damocles *n fig* shpatë e Damokleut, kërcënim i afërt.

swordsman['so:dsmën] *n* shpatar, shpatëtar, kordhëtar.

swore[swo:] *pt* e **swear**.

sworn[swo:n] *v,adj* -*pp* e **swear**.
-*adj* 1.i bërë me betim. 2.i betuar; për vdekje

(armik).3.i përjetshëm(mik).

swot[swot] *v,n zhrg* -*v* mësoj me ngulm, përgatitem për provim.
-*n* studioz i madh, *përb* peshkop.

swum[swʌm] *pt* e **swim**.

swung[swʌng] *pt,pp* e **swing**.

swung dash *n polig* tildë, shenja ~ .

sycamore['sikëmo:] *n bot* fik egjipti.

sycophancy['sikëfensi] *n* lajkatim; lëpirje, servilizëm.

sycophant['sikëfënt] *n* lajkatar; servil; sahanlëpirës.

sycophantic[sikë'fæntik] *adj* lajkatues, servil.

syllabic[si'læbik] *adj,n gjuh* -*adj* rrokjezor.
-*n* shenjë/simbol i rrokjes.

syllabification [silæbifë'keishën] *n gjuh* rrokjezim.

syllabify [si'læbëfai] *vt gjuh* rrokjezoj, ndaj në rrokje.

syllabize ['silëbaiz] *vt gjuh* 1. ndaj në rrokje. 2.shqiptoj duke i ndarë mirë rrokjet.

syllable['silëbël] *n,v gjuh* -*n* rrokje.
-*vt* rrokjezoj.

syllabus['silëbës] *n* program mësimor; **on the syllabus** në program.

syllogism['silëxhizëm] *n* 1.*filoz* silogjizëm.2.arsyetim deduktiv, deduksion.3.arsyetim i hollë/finok.

syllogize['silëxhaiz] *vi* bëj silogjizma; nxjerr deduksione.

sylph[silf] *n* shtojzovalle.

sylphlike['silflaik] *adj* e hajthme, me trup shtojzovalleje.

sylvan['silvën] *adj* pyjor; pylli.

sylviculture['silvëkʌlçë:] *n* pyltari.

symbiosis[simbi'ousis] *n biol* simbiozë, bashkëjetesë e frytshme për të dy organizmat.

symbol['simbël] *n* simbol.

symbolic(al)[sim'bolik, --'bolëkël] *adj* simbolik.

symbolism['simbëlizm] *n* simbolizëm.

symbolization [simbëlë'zeishën, simbëlai'zeishën] *n* simbolizim.

symbolize['simbëlaiz] *vt* simbolizoj.

symmetric(al)[si'metrik(ël)] *adj mat* simetrik.

symmetrically['simetrikëli] *adv mat* simetrikisht, në mënyrë simetrike.

symmetrize['simëtraiz] *vt* bëj simetrike.

symmetry['simëtri] *n mat* simetri.

sympathetic[simpë'thetik] *adj* 1.i dhimbsur, zemërdhembshur. 2.dashamirës, mirëdashës.3.mirëkuptues, që ta qan hallin.

sympathetically[simpë'thetikëli] *adv* 1. dhimbsurisht, me dhimbsuri. 2.me dashamirësi.

sympathize ['simpëthaiz] *vi* 1. më dhimbset, më vjen keq; **I do sympathize with you!** ta qaj hallin! 2. miratoj, pëlqej(një plan). 3.shkojmë mirë, kemi simpati për njëri-tjetrin. 4.mirëkuptoj; **I sympathize with you/with what you feel/with what you say** të kuptoj shumë mirë.

sympathizer ['simpëthaizë:] *n* 1. ngushëllues. 2. simpatizant.

sympathy ['simpëthi] *n* 1. keqardhje; dhimbje; ngushëllim; **feel/show one's sympathy for** ndiej /tregoj keqardhje për; **please accept my deepest sympathy** lutem pranoni ngushëllimet e mia të thella. 2. mirëkuptim; simpati; **we are in sympathy with the workers** jemi me punëtorët, simpatizojmë punëtorët. 3.miratim; **she's in sympathy with my proposals** ajo i miraton propozimet e mia.

sympathy strike *n* grevë solidariteti.

symphonic[sim'fonik] *adj muz* simfonik.

symphonious[sim'founiës] *adj* i harmonishëm.

symphony['simfëni] *n muz* simfoni.

symphony orchestra *n muz* orkestër simfonike.

symposium[sim'pouziëm] *n* 1.simpozium; takim specialistësh.2.*hist* festë me të pira mbas dreke.

symptom['simptëm] *n* 1.*mjek* shenjë, simptomë. 2.*fig* shenjë, tregues.

symptomatic[simptë'mætik] *adj* 1.*fig* tregues; tipik, karakteristik; **symptomatic of social unrest** tregues trazirash shoqërore.2.*mjek* simptomatik; shoqërues/tregues i sëmundjes.

syn-[sin] *pref* sin-, bashkë-.

synagogue['sinëgog] *n fet* sinagogë, faltore çifute.

sync[sink] *n* shkurtim i **synchronization**; **in sync** në harmoni.

synchromesh[sinkrou'mesh] *n aut* sinkronizim.

synchronic [sin'kronik] *adj* 1.i sinkronizuar, i njëkohshëm, sinkron. 2.*gjuh* sinkronik.

synchronicity[sinkrë'nisëti] *n* sinkronizëm.

synchronism['sinkrënizm] *n* sinkronizëm.

synchronization[sinkrënai'zeishën] *n* sinkronizim.

synchronize['sinkrënaiz] *v* 1. sinkronizoj. 2. sinkronizohen(hapat, lëvizjet). 3.ndodhin njëkohësisht.

synchronous['sinkrënës] *adj* i njëkohshëm, sinkron.

syncline['sinklain] *n gjeol* sinklinal.

syncope['sinkëpi] *n* 1.*mjek* të fikët; sinkopë. 2. *muz,gjuh* sinkopë.

syndic['sindik] *n* 1.funksionar. 2.*Br adm* anëtar komiteti.

syndicalism['sindëkëlizm] *n* sindikalizëm, lëvizje sindikale.

syndicalist['sindëkëlist] *n* sindikalist.

syndicate[*n* 'sindëkit; *v* 'sindëkeit] *n,v* -*n* 1.sindikatë. 2.bandë (gangsterësh), organizatë e krimit të organizuar.3.*amer* agjenci shitjeje/shpërndarjeje (fotografish për gazetat). 4.grupim i fuqishëm gazetash.

-*vt* 1.*amer* shes/botoj përmes një agjencie shpërndarjeje. 2.*rad,tv* shpërndaj(një program); **syndica-**

ted columnist gazetar i një agjencie. 2.*fin* krijoj kon-sorcium. 3.(punëtorët) sindikoj, fus në sindikatë.

syndrome ['sindroum] *n mjek* sindromë; grup simptomash. 2.*fig* sindrom.

synod['sinëd] *n fet* sinod.

synonym['sinënim] *n gjuh* sinonim.

synonymous[si'nonëmës] *adj gjuh* sinonim(me).

synonymy[si'nonëmi] *n gjuh* sinonimi.

synopsis[si'nopsis] *n* 1.përmbledhje, konspekt. 2. *kin,teat* sinops; maket.

synoptic(al)[si'noptik(ël)] *adj* sinoptik; që jep një vështrim të përgjithshëm.

syntactic[sin'tæktik] *adj gjuh* sintaktik, sintaksor.

syntagm['sintæm] *n gjuh* sintagmë.

syntax['sintæks] *n gjuh* sintaksë.

synthesis['sinthësis] *n pl* -es *kim, filoz* sintezë.

synthesize['sinthësaiz] *vt* 1.sintetizoj; përmbledh. 2.*kim,ind* sintetizoj, prodhoj me sintezë.

synthesizer['sinthësaizë:] *n* sintetizues.

synthetic[sin'thetik] *adj,n* -*adj* sintetik. -*n* 1.produkt/artikull sintetik. 2.*teks* fije sintetike.

synthetic rubber *n* gomë sintetike; kauçuk sintetik.

syphilis['sifilis] *n mjek* sifilis, gj.fol frëngjyz.

syphilitic[sifi'litik] *adj mjek* sifilitik, gj.fol frëngjyzak.

syphon['saifën] shih **siphon**.

Syria['sirië] *n gjeog* Siri.

Syrian['siriën] *adj,n* sirian.

syringe[së'rinxh] *n,v* -*n* shiringë.

-*vt* përdor shiringën.

syrup['sirëp] *n* 1.shurup; **golden syrup** melasë e rafinuar. 2.*fig* ëmbëlsi e tepruar, sheqerosje.

syrupy['sirëpi] *adj* 1.i trashë, si shurup. 2.*fig* i sheqerosur.

system['sistëm] *n* 1.sistem; **economic /political /social system** sistem ekonomik/politik/shoqëror; **digestive system** sistem i tretjes. 2.metodë, sistem; **new selling systems** metodat e reja të shitjes; **lack system** më mungon metoda e punës.3.organizëm, trup; **his system rejects it** nuk ia pranon organizmi. 4.*fig* mendje, tru, kokë; **she can't get him out of her system** s'e heq dot nga mendja atë njeri. 5.*kmp* kompleks, sistem. 6.*astr* sistem diellor; botë, gjithësi.

systematic(al) [sistë'mætik(ël)] *adj* 1.sistematik; metodik. 2.i rregullt, i vazhdueshëm.

systematically[sistë'mætikëli] *adv* sistematikisht; në mënyrë metodike.

systematization[sistëmëtai'zeishën] *n* sistematizim.

systems analysis *n mat* analizë funksionale.

systems programmer *n kmp* programues studimesh.

systems software *n* programe bazë (të kompjuterit).

systemic[sis'temik] *adj* 1.*mjek* i gjithë organiz-mit, sistemik.2.i sistemit të qarkullimit të gjakut. 3.
systematize['sistëmëtaiz] *vt* 1.sistemoj. 2.fus në sistem.

që vepron mbi gjithë bimën(insekticid).
systemize['sistëmaiz] *v* shih **systematize**.
syzygy['sizëxhi] *n astr* bashkim(i sipërm ose i po-shtëm.

T

t, T[ti:] *n* t, shkronja e njëzetë e alfabetit anglez. +
that's it to a T është pikërisht ajo që prisja; **it fits me to a T** më vjen tamam fare/kallëp.
t. shkurtim për **teaspoon; tense; transitive; ton; territory; town; telephone; terminal.**
T shkurtim për **tritium; temperature; period** (në formula).
T. shkurtim për **territory; Tuesday; Testament; tablespoon.**
ta[ta:] *excl Br zhrg* falemnderit!
tab[tæb] *n,v* -*n* 1.vesh (rrobe). 2. lidhëse; ilik. 3. etiketë. 4.shenjë, shirit kartoni(për faqen e librit). 5. *amer* llogari(në restorant). + **keep tab/a tab/tabs on** *gj.fol* nuk ia ndaj sytë; **pick up the tab** *amer* paguaj llogarinë(në restorant).
-*vt* 1.i vë etiketë. 2.emërtoj; u vë shenjë.
tabby['tæbi] *n,adj* -*n* 1.mace laramane.2.mace femër. 3.*Br përb* a)grua llafazane; b)nënole. 4.tafta.
tabernacle['tæbë:nækël] *n* 1.tempull çifut. 2. fal-tore . 3.dollap nafore. 4.varr me baldakin.
table['teibël] *n,v* -*n* 1.tryezë, tavolinë. 2.tryezë e shtruar; ushqim; **she sets a good table** ajo ta shtron mirë; **sit down to table** shtrohem/ulem për të ngrënë. 3.drekues; darkues.4.shesh; platformë. 5.ta-belë(shifrash etj); tryezë e lëndës. 6.listë(çmimesh). 7.*gjeog* rrafshnaltë, pllajë.8.pllakë(guri, druri). + **be on the table** a)është në diskutim(ligji etj); b)*amer* ë-shtë i hequr/i vënë në raft; **lay/set the table** shtroj tryezën; **turn the tables** ndryshoj gjendjen.
-*vt* 1.*Br pol* paraqes, parashtroj. 2.*amer adm* shtyj; **table a bill** shtyj diskutimin e një projektligji.3.vë në listë; rendis(rezultatet).
tablecloth['teibëlkloth] *n* mbulesë tavoline, mësa-llë, sofrabez.
table cream *n amer* ajkë qumështi.
table d'hôte['teibël'dout] *adj,n* -*adj* me çmim fiks.
-*n* ushqim me çmim fiks(në hotel, restorant).
tableland['teibël'lænd] *n gjeog* rrafshnaltë, pllajë.
table linen *n* takëm tavoline(mbulesë, peceta).

table napkin *n* pecetë.
tablespoon['teibëlspu:n] *n* lugë gjelle, lugë supe.
table talk *n* muhabet.
table tennis *n* pingpong.
tabletop['teibëltop] *n* 1.suprinë tavoline. 2.*attr* pa mbështetëse, që vihet mbi tavolinë(pajisje).
table turning *n* tryezë rrotulluese(spiritizmi).
tableware['teibëlweë:] *n* takëme ngrënieje.
tableau ['tæblou] *n* 1. *teat* skenë e gjallë. 2.*fig* tablo.
tablet['tæblit] *n* 1.pllakë(përkujtimore).2.*hist* plla-kë guri/balte/dylli për të shkruar.3.katrore, copë(ço-kollate). 4.hapje, tabletë; pilulë.
tabloid['tæbloid] *n,adj* -*n* gazetë gjysmë-formati. -*adj* i përmbledhur, i kondensuar.
taboo[të'bu:] *adj,v fet,fig* -*adj* tabu, i ndaluar. -*vt* ndaloj, bëj tabu.
tabor['teibë:] *n* dajre.
tabu[të'bu:] *adj,v* shih **taboo**.
tabular['tæbjëlë:] *adj* 1.tabelor, tabele, pasqyre. 2.i sheshtë, i rrafshët(shkëmb).
tabula rasa['tæbjulë'ra:së] *n lat* 1.tru i pangarkuar, tabula rasa. 2.pllakë e pashkruar.
tabulate[*v* 'tæbjëleit; *adj* edhe 'tæbjëlit] *v,adj* -*v* 1. hedh në tabelë / pasqyrë; rendis (përfundimet). 2.*polig* sistemoj në kolona(tekstin). -*adj* i rrafshët, i sheshtë.
tabulation[tæbjë'leishën] *n* hedhje në tabelë/në pasqyrë; renditje.
tabulator['tæbjëleitë:] *n* pajisje për krijimin e tabelave /kolonave (në makinë shkrimi).
tacheometer[tæki'omitë:] *n tek* takeometër (lloj teodoliti).
tachograph['tækëgra:f] *n tek* tahograf, tahometër regjistrues.
tachometer[të'komitë:] *n tek* tahometër, shpejtë-simatës, matës i numrit të rrotullimeve.
tachycardia[tæki'ka:dië] *n mjek* takikardi.
tachymeter[tæ'ki:mitë:] *n tek* shih **tacheometer**.

tacit['tæsit] *adj* 1.i heshtur; pa fjalë(lutje).2.i nën-kuptuar; **tacit confession** pohim i nënkuptuar.

tacitly['tæsitli] *adv* në heshtje, heshturazi.

taciturn['tæsitë:n] *adj* i heshtur, fjalëpakë.

taciturnity [tæsë'të:nëti] *n* natyrë e heshtur / pa fjalë.

tack I[tæk] *n,v* -*n* 1.thumb(këpuce etj). 2.ildi. 3. *det* a) lëvizje zigzage(e anijes); b) litar, ballamar. 4. *fig* mënyrë; manovër; rrugë; **try another tack** provoj një tjetër taktikë; **be on the right/wrong tack** jam në rrugë të mbarë/të gabuar. -*v* 1.mbërthej(me thumba). 2.*Br* ildis. 3.*det* lëviz me zigzage, manovron(anija).

+**tack down** ildis.

+**tack on** a)ildis, kap me ildisje; b)*fig* shtoj.

tack II[tæk] *n gj.fol* ushqim i keq.

tack III[tæk] *n* takëme kali.

tacking['tæking] *n* ildisje.

tackle['tækël] *n,v* -*n* 1.takëm, pajime, mjete, ve-gla; **fishing tackle** vegla peshkimi. 2.*det* litarë e rrotulla, mjete ngritjeje(ngarkese). 3.*amer sport* loj-tar.

-*vt* 1.merrem me, trajtoj, i jap rrugë(një problemi); **they tackled Italian on their own** ata iu futën italishtes krejt vetë. 2.kap(hajdutin). 3.*sport* mbërthej, rrëzoj(kundërshtarin); bllokoj. 4.*det* lidh, shtrëngoj(me litarë).

tacky I[tæki] *adj* ngjitës; e patharë mirë(bojë).

tacky II['tæki] *adj zhrg* 1.i vjetër, i rrëgjuar; e lë-në pas dore(shtëpi).2.*amer* i rëndomtë, vulgar(njeri).

taco['ta:kou] *n amer* pite me mish.

tact[tækt] *n* takt.

tactful['tæktful] *adj* me takt; diplomat.

tactfully['tæktfuli] *adv* me takt; me diplomaci.

tactfulness['tæktfulnis] *n* takt.

tactic['tæktik] *n usht, fig* taktikë.

tactical['tæktëkël] *adj* 1.taktik. 2.i shkathët.

tactically['tæktikëli] *adv* taktikisht.

tactician[tæk'tishën] *n usht* takticien.

tactics['tæktiks] *n usht* taktikë.

tactile ['tæktail] *adj* 1. i prekjes, i të prekurit. 2. i prekshëm.

tactless['tæktlis] *adj* pa takt; i trashë(aluzion).

tactlessly['tæktlisli] *adv* pa takt, pa delikatesë.

tad[tæd] *n gj.fol* 1.çunak. 2.çikë, grimë.

tadpole['tædpoul] *n zool* fulterëz, larvë bretkoce.

Tadzhik['ta:xhik] *adj* taxhik, taxhikistanas.

Tadzhikistan[taxhiki'sta:n] *n gjeog* Taxhikistan.

taffeta['tæftë] *n teks* tafta.

taffrail['tæfreil] *n det* 1.parmak në pupë. 2.pjesë e sipërme e pupës.

taffy['tæfi] *n amer* sheqerkë, bonbone.

tag I[tæg] *n,v* -*n* 1.etiketë. 2.shenjë, shigjetë letre (për faqen e librit). 3.lak, ilik(për të varur një rrobë). 4.kokë lidhëseje.5.citat. 6.parullë.

-*vt* 1.i vë etiketë. 2.*amer zhrg* i var fletën e gjobës (makinës).3.*gj.fol* ndjek; përgjoj.

+**tag along** vij nga pas, ndjek; pasoj.

+**tag on** i qepem.

+**tag out** *sport* nxjerr jashtë loje.

tag II[tæg] *n* lojë 'e ka kush e ka'.

tagboard['tægbo:d] *n amer* karton etiketash.

tag day *n amer* ditë shitjeje etiketash(për qëllime bamirësie).

tag end *n* 1. cep i varur. 2. të mbetura. 3. fund (i programit, fjalimit).

tag line *n* replikë e fundit(e aktorit); varg i fundit (i poezisë).

Tahiti[ta:'hi:ti] *n gjeog* Tahiti.

Tahitian[të'hi:shën, të'hi:tiën] *n,adj* -*n* 1.tahitian. 2.gjuhë tahitiane.

-*adj* tahitian.

taiga['taigë] *n* tajgë.

tail[teil] *n,v* -*n* 1.bisht. 2.bishtalec. 3.fund, pjesë e pasme. 4.*attr* i mbrapmë; i bishtit. 5.*zhrg* ndjekës, përgjues; **put a tail on sb** i vë njeri për ta përgjuar. 6. *pl* pilë, anë e prapme e monedhës. 7. *pl gj.fol* frak 8.*gj.fol* të ndenjura, prapanicë. + **at the tail of** nga pas; **keep one's tail up** e mbaj bishtin përpjetë, nuk tutem; **turn tail** i bëj bisht, i shmangem; ua mbath; **twist the lion's tail** *Br* shaj/ngacmój Britaninë; **with his tail between his legs** me bisht ndër shalë.

-*v* 1.ndjek, përgjoj. 2.i pres bishtin. 3.i shkoj pas.

+**tail away** a)resht, shuhet(zëri); b)bie, pakësohet; c)përfundon keq(romani).

+**tail back** zgjatet(vargu i makinave).

tailback['teilbæk] *n Br aut* bllokim trafiku.

+**tail off** *gj.fol* ua mbath.

tailboard['teilbo:d] *n aut* derë e pasme(e veturës); spond i hapshëm(për ngarkim të karrocerisë etj).

tailcoat['teilkout] *n* frak.

tail end *n* 1. bisht, pjesë e prapme, fund. 2. fund, mbarim(i vitit shkollor etj).

tailgate ['teilgeit] *n,v* -*n Br aut* derë e pasme(e veturës).

-*vt amer* i afrohem shumë(makinës përpara meje).

tailing ['teiling] *n* 1.*ndërt* pjesë e futur në mur, rrënjë(e gurit, tullës). 2.*pl* mbetje, mbeturina.

tail lamp, tail light *n aut,hek* dritë e pasme.

tailor['teilë:] *n,v* -*n* rrobaqepës; **tailor's chalk** shkumës rrobaqepësi; **tailor's dummy** a)manekin; b)*fig* kukull.

-*vt* 1.pres; qep; i jap formë. 2.*fig* përshtas.

tailored['teilë:d] *adj* 1.i qepur, i bërë nga rroba-qepësi. 2.që rri mirë, pas trupit; **tailored dress** fustan i sjellë bukur.

tailoring ['teilëring] *n* rrobaqepësi; art i rroba-qepësit.

tailor-made['teilë:meid] *adj,n* -*adj* 1.i qepur, i

bërë me porosi. 2.e hijshme, që rri mirë, e sjellë bukur(rrobë). 3.*fig* i veçantë, i bërë posaçërisht(program etj). 4.*zhrg* fabrike(cigare).
-*n zhrg* cigare fabrike.

tailpiece['teilpi:s] *n* 1.fund; shtojcë. 2.poshtëshënim(në letër).3.*polig* skicë në mbyllje të kapitullit.

tail pipe *n aut* tub shkarkimi(tymi).

tailspin['teilspin] *n* 1.*av* turielë, rënie kokëposhtë (e avionit). 2.*fig* gjendje paniku.

tailwind['teilwind] *n* erë nga prapa.

taint[teint] *n,v* -*n* 1.infeksion. 2.prishje, kalbje. 3.*fig* njollë; vulë, shenjë; **a taint of vice/of madness** vulë e vesit; shenjë marrëzie.
-*vt* 1.prish(mishin etj). 2.infektoj; ndot(ujin).3.*fig* njollos, ndyj.

tainted['teintid] *adj* 1.i prishur(ushqim). 2.i ndotur(ajër); i infektuar(ujë). 3.*fig* i ndyrë, i fëlliqur(veprim).4.*fig* i njollosur(emër). 5.pis, me njolla(rroba).

Taiwan['tai'va:n] *n gjeog* Taivan.

take[teik] *v,n* -*v* (**took; taken**) 1.marr; **the devil take it!** ta marrë dreqi! 2.kap; **take sb by the arm/by the throat** e kap dikë për krahu/për fyti. 3.nxjerr; **she took these statistics from a report** ajo i nxori këto të dhëna nga një raport. 4.*mat* heq, zbres. 5.*usht* marr, pushtoj. 6.zë(peshk).7.kap(keqbërësin). 8.(shah) ha(një figurë). 9.marr, fitoj(çmim, diplomë). 10.bëj dashuri(me një femër). 11.mas(temperaturën). 12.mbaj(shënime). 13.marr(mësime, një vendim). 14.pi(çaj, ilaçe). 15.ha. 16.zë(vend, shtëpi). 17.marr, ia hipi(trenit etj). 18.ndjek(një rrugë). 19.marr(kthesën). 20.jap(provim). 21.pranoj; duroj; **she won't take no for an answer/that reply from him** ajo nuk pranon kundërshtim/një përgjigje të tillë prej tij; **he'll take no nonsense!** ai s'i duron dot broçkullat! **I can't take it any more!** nuk duroj dot më! **I can take it!** këtë e përballoj! 22.mban, nxë(autobusi, salla). 23.e pres(një lajm); **take it from me!** ma beso këtë që po të them! 24.pranoj (dhuratën, ofertën, detyrën); **will you take it from here?** e vazhdon ti tani? 25.mendoj, kujtoj, ma ha mendja; **I take it that...** unë mendoj se...; **what do you take me for?** për kë më merr ti mua? **they took her to be foreign** ata e kujtuan/e morën për të huaj. 26.marr si shembull; **now take Bosnia** le të marrim rastin e Bosnjes. 27.do, kërkon, merr(kohë etj); **it took me 1 hour to do it** m'u desh një orë për atë punë; **that takes a lot of patience** kjo kërkon durim të madh; **what it takes to do the job** kërkesat e atij vendi pune.28.mbaj, marr me vete(fëmijën, çadrën). 29.çoj; **they took him some flowers** ata i çuan lule; **he'll take her to dinner** ai do ta çojë t'i japë darkë; **what took him to Toronto?** ç'e çoi atë në Toronto? 30.paraqes, parashtroj. 31.merr(zjarri). 32.zë(shartesa, vaksina). + **take kindly to** tregohem miqësor me; **take one's time** e marr me avash, nuk ngutem.

-*n* 1.zënie; sasi e zënë(peshku). 2.marrje. 3.*kin* xhirim, filmim. 4.regjistrim, inçizim(zëri). 5.mall i marrë. 6. *zhrg* të ardhura, fitime. + **be on the take** *zhrg* marr ryshfet.

+**take aback** zë gafil, befasoj.

+**take after** a)i ngjaj, i ngjasoj; b)ndjek; c)*fig* pasoj, ndjek shembullin e.

+**take against** i kundërvihem; kundërshtoj.

+**take along** marr me vete.

+**take amiss** a)keqkuptoj, e marr gabim; b)fyhem, e marr për ters.

+**take apart** a)çmontohet; prishet(lodra); b)çmontoj (një makineri); c)*fig* dërrmoj, bëj copash.

+**take aside** e marr mënjanë/veçan(dikë).

+**take away** a)heq; zvogëloj(vlerat, meritat); b)marr me vete; c)heq(prej diku); d)*mat* heq, zbres.

takeaway['teikëwei] *adj,n Br* -*adj* për ta marrë me vete; **takeaway food** ushqim që mund ta marrësh me vete(nga lokali).
-*n* lokal gjellësh të gatshme.

+**take back** a)marr mbrapsht, tërheq(premtimin); **I take it all back!** zëre se s'thashë gjë! b)rimarr (gruan); c)kthej mbrapsht(librin etj); d)*fig* çoj, kthej; **it takes me back a few years!** kjo më sjell kujtime të vjetra.

+**take down** a)zbres, ul poshtë(një send); b)ul(pantallonat); c)heq(afishen); d)çmontoj; e)prish, rrëzoj (një godinë); f)mbaj(shënime), shënoj(adresën etj).

takedown['teikdaun] *adj* e çmontueshme(lodër).

+**take for** e marr për, e kujtoj(si).

+**take from** marr nga(shkolla fëmijën).

+**take in** a)fus brenda(karriget etj); b)marr, fus(qiraxhinj); c)zvogëloj(fustanin); d)*fig* përfshij, mbuloj; **he cannot take in all the cases** ai nuk i mbulon dot të gjitha rastet; e)kap, kuptoj; **take in the situation at a glance** e kuptoj gjendjen me një vështrim; f)ia punoj, ia hedh; **you've been taken in** ta kanë hedhur; g)marr punë me shtëpi.

+**take off** a)ikën, niset; b)ngrihet(avioni); c)heq(rrobën); d)ngre(telefonin); e)ul(çmimin, moshën); **this hairstyle takes 10 years off you** ky model flokësh të ul 10 vjet/të tregon 10 vjet më të ri; f)çoj(dikë diku); g)imitoj, kopjoj; h)heq, operoj.

takeoff['teikof] *n* 1.*gj.fol* imitim. 2.ngritje(e avionit). 3.shkëputje(në gjimnastikë). 4.*ek* fillim. 5.imitim, kopjim.

+**take on** a)zë vend, përqafohet(moda); b)*Br* shqetësohem, prish gjakun; c)marr përsipër(punë, përgjegjësi); d)pranoj, lidh(bast); **I'll take you on** vë bast me ty; luaj kundër teje; e)marr në punë(dikë); f)i kundërvihem, sfidoj.

take it on the chin *gj.fol* ha një të rrahur.

+**take out** a)nxjerr përjashta, shoqëroj jashtë; **take the children out** nxjerr fëmijët për të shetitur; b)nxjerr nga xhepi/sirtari; c)heq(dhëmbin, apendisi-

tin, njollën); d)marr, pajisem me(lejë, patentë).
takeout['teikaut] *adj,n* shih **takeaway**.
take it out of a)*gj.fol* lodh, rraskapis; b)nxjerr si kompensim.
take it out on *gj.fol* ia nxjerr inatin, shfryj mbi (dikë); **don't take it out on me!** mos ma shfryj inatin mua!
+**take over** a)marr pushtetin, vij në pushtet; b)(**from sb**) zëvendësoj, marr turnin (nga dikush); **she took over the job from me** ajo zuri vendin tim; c) marr në ngarkim; marr në dorëzim (një mall); d)*fin* gëlltis, blej(një kompani); e)*fig* pushtojnë(turistët).
takeover['teikouvë:] *n* 1.*fin* gllabërim. 2.*usht* pushtim. 3.*pol* marrje pushteti.
+**take to** a)jepem pas(diçkaje); **take to drugs** jepem pas drogës; b)pëlqej, miqësohem me(dikë); c)shkoj në; marr(pyllin); zë(shtratin); **take to the boats** braktis anijen, sulem te varkat.
+**take up** a)thith(sfungjeri); b)zvogëloj, shkurtoj (fundin); c)nis, ndërmarr; d)ngre(qilimin); marr nga toka(një send); e)kuptoj; **you've taken me up wrongly** më ke kuptuar gabim; f)trajtoj, diskutoj; **I'll take that up with her** do ta bisedoj këtë punë me të; g) shaj, qortoj; **take sb up short** i flas ashpër dikujt.+ **take sb up on his promise** e vë në provë fjalën /premtimin e dikujt; ia kujtoj dikujt premtimin që ka dhënë. + **take up with** *gj.fol* miqësohem, lidhem me(dikë).
take-up['teikʌp] *n* 1.thithje(me sfungjer). 2.pajisje shtrënguese.
-*n* 1.*kin,fot* marrje; fotografim; sekuencë, skenë. 2.regjistrim (zëri). 3.zënie, kapje(peshku). 4.*amer treg* të hyra.5.*zhrg* të ardhura, fitime. + **be on the take** *zhrg* marr ryshfet.
take-home pay['teikhoum] *n* rrogë neto(pas ndalesave për taksa, sigurime etj).
taken['teikën] *pp* e **take**.
taker ['teikë:] *n* 1. konsumues, përdorues (droge etj). 2.blerës.
taking['teiking] *adj,n* -*adj* tërheqës; ngashnjyes.
-*n* 1.marrje; **it's yours for the taking** mund ta marrësh kur të duash(pa para).2.sasi e zënë (peshku). 3.*pl fin* të hyra. 4.*usht* pushtim, marrje (qyteti etj).
talc[tælk], **talcum**['tælkëm] *n* pudër talk.
tale[teil] *n* 1.tregim; rrëfenjë. 2.legjendë; përrallë. 3.*fig* gënjeshtër, thashethem; **we've been hearing tales about you** kemi dëgjuar plot thashetheme për ty. + **tell tales** kallëzoj, raportoj, spiunoj; **tell tales out of school** nxjerr në shesh gjëra që s'duhen thënë; **tell the tale** a)them të vërtetën, tregoj; b)ka efekt, kryen punë; c)*Br zhrg* tregoj diçka për të ngjallur keqardhje.
talebearer['teilberë:] *n* llafazan, thashethemaxhi.

talent ['tælënt] *n* 1.talent; dhunti; **have a talent for drawing** kam dhunti/talent për vizatim. 2.talent, njeri i talentuar. 3.*hist* talent(monedhë e lashtë). + **there's not much talent here tonight** sonte s'paska ndonjë femër për të qenë/ndonjë djalë për të qenë këtu(në sallë).
talented['tælëntid] *adj* i talentuar(njeri); që dëshmon për talent(libër, tablo).
talent scout *n* zbulues talentesh.
talesman ['teilzmën] *n drejt* anëtar jurie rezervë /zëvendësues.
taleteller['teiltelë:] *n* spiun.
taletelling['teilteling] *n* kallëzim, spiunim.
tali['teilai] *n pl* i **talus**.
talisman['tælizmën] *n* hajmali.
talk[tok, to:k] *v,n* -*v* 1.flas; **the baby can't talk yet** fëmija ende nuk flet.2.bisedoj, flas, kuvendoj; **it's not as we're talking about...** këtu nuk është fjala për.../nuk bisedohet për...**now you're talking!** tani po flet si duhet! **talk sense!** fol me mend në kokë!3.flas(një gjuhë); **they were talking Albanian** ata flisnin shqip; **talk nonsense** them/flas gjepura. 4.bind; **talk sb into doing sth** e bind dikë të bëjë diçka; **she talked herself into the job** ajo foli kaq mirë sa arriti ta fitojë vendin e punës.
-*n* 1.bisedë; muhabet; bisedim; diskutim; **we must have a talk some time** duhet të bisedojmë bashkë ndonjë ditë. 2.bisedë; leksion; **give a talk** mbaj një bisedë. 3.fjalë, llafe; thashetheme; **there is no talk of her resigning** nuk thuhet gjë për dorëheqjen e saj; **he's all talk** është llafazan/mburravec i madh. 4. temë, subjekt; **they are the talk of the town** për ata flet gjithë qyteti.5.e folur; **baby talk** të folur kalamajsh.
+**talk about** a)përmend; b)flas për, kam ndër mend të(bëj diçka).
+**talk around** flas pa u futur në temë, i bie gjatë.
+**talk away** a)flas papushim; b)heq, largoj(frikën) duke folur.
+**talk back** *gj.fol* kthej fjalë, përgjigjem vrazhdë.
+**talk big** *zhrg* mburrem, vras të trasha.
+**talk down** a)i flas me ton prej të rrituri; b)s'e lë të flasë, bërtas më fort se tjetri; c)flas me përçmim, ia ul vlerat; d)*av* i jap(pilotit) udhëzime për zbritje.
+**talk of** a)përmend; b)flas për, kam ndër mend të (bëj diçka).
+**talk off/out of the top of one's head** *gj.fol* flas pa i peshuar fjalët, flas si më vjen.
+**talk on** flas pa u ndalur, s'pushoj së foluri.
+**talk out** 1.*pol* sorollas me diskutime(miratimin e projektligjit, nuk lë të votohet; b)zgjidh(një problem) me diskutim.
+**talk over** a)diskutoj, shqyrtoj; b)bind me diskutime, bind me fjalë.
+**talk round** a)çbind, ia ndryshoj mendjen; b)vij

rrotull(një teme).

+**talk tall** *zhrg* zmadhoj, ekzagjeroj.

+**talk up** *amer* a)flas hapur; b)mburr, lavdëroj(një libër, projekt).

talkathon['to:këthën] *n amer* debat-maratonë, diskutime pa fund.

talkative['to:këtiv] *adj* fjalaman, llafazan.

talker['to:kë:] *n* 1.folës, fjalosës, bisedues. 2.llafazan; **she's a terrible talker** asaj s'i pushon goja.

talkfest['to:kfest] *n gj.fol* bisedë e gjatë.

talkie['to:ki:] *n gj.fol* film me zë; **the talkies** kinemaja me zë.

talking['to:king] *n,adj* -*n* llafe; bisedë, muhabet; **that's enough talking!** mjaft me llafe!
-*adj* folës, që flet(kukull); me zë(film).

talking book *n* libër i regjistruar(në shirit etj).

talking point *n* temë diskutimi/bisede.

talking shop *n gj.fol* dërdëllisje.

talking-to['tokingtu:] *n gj.fol* sharje, qortim.

talk show *n rad,tv* bisedë e transmetuar.

talky['to:ki:] *adj* 1.fjalaman, llafeshumë, llafazan. 2.me shumë dialog(roman).

tall[to:l] *adj* 1.i gjatë; shtatlartë; **she's five feet tall** ajo është 1m e 52 e gjatë; **she's a tall woman** është grua shtatlartë . 2.e lartë(godinë). 3.*gj.fol* i madh, në sasi të madhe; i tepruar; **a tall order** porosi e madhe; **that's a tall order!** tani sikur e teprove! 4.*gj.fol* i zmadhuar, i ekzagjeruar(vlerësim etj).

tallboy['to:lboj] *n Br* komo.

tallish['to:lish] *adj* gjatuk, gjatosh.

tallness['tolnis] *n* 1.gjatësi, shtat. 2.lartësi(godine).

tallow['tælou] *n,v* -*n* dhjamë; **tallow candle** qiri dhjami.
-*vt* lyej me dhjamë.

tallowy['tæloui] *adj* 1.i dhjamosur; si dhjamë. 2. i zbetë, i zverdhur.

tall story, tall tale *n gj.fol* histori e ekzagjeruar /e pabesueshme.

tally['tæli] *n,v* -*n* 1.*hist* shkop, dërrasë(ku shënohej veresija); shenjë, e gdhendur(në shkop). 2.llogari; **keep a tally of** shënoj në llogari.3.numër, sasi; **the ballots were counted in tallies of 40** votat u numëruan me grupe 40-she. 4.*sport* pikë. 5.kopje, dublikatë; tallon(çeku, fature). 6.përputhje.
-*v* 1.shënoj; numëroj. 2.*sport* shenoj(pikë, gol). 3. etiketoj; i vë shenjë. 4.përputhen(llogaritë).

tallyho[*interj* tæli'hou; *n* 'tælihou] *interj,n* -*interj* yyjaa!(kur ndërsejmë zagarin).
-*n* 1.britmë gjahtari(për të ndërsyer qentë). 2.karrocë me katër kuaj.

tally sheet *n* pasqyrë e mbajtjes së llogaritjeve(të votave etj).

tally stick *n hist* shkop për shënimin e veresijeve /llogarive.

talon['tælën] *n* 1.kthetër; çapua. 2.*ndërt* thundër.

talus['teilës] *n pl* **tali** 1.pjerrësi, skarpat. 2.faqe (muri, shkëmbi) e pjerrët.

tam[tæm] *n* beretë.

tamable['teimëbël] *adj* shih **tameable**.

tamarind['tæmërind] *n bot* marinë.

tamarisk['tæmërisk] *n bot* brukë.

tambour['tæmbuë:] *n,v* -*n* 1.daulle, lodër. 2.gjergjef.3.qëndismë.
-*vi* qëndis në gjergjef.

tambourine[tæmbë'ri:n] *n* dajre, def.

tame[teim] *adj,v* -*adj* 1.i butë, i zbutur. 2.i urtë, i bindur, i shtruar. 3.*fig* bajat, pa shijë(tregim etj).
-*vt* 1.zbus(një kafshë). 2.*fig* shtroj; zbus; qetësoj.

tameable['teimëbl] *adj* i zbutshëm.

tameless['teimlis] *adj* i pazbutur; i pazbutshëm.

tamely['teimli] *adv* butësisht; ëmbël.

tamer['teimë:] *n* zbutës(kafshësh).

Tamerlane['tæmë:lein] *n* Timurleng.

taming['teiming] *n* zbutje; stërvitje(kafshësh).

tam o'shanter[tæmë'shæntë:] *n* beretë skoceze.

tamp[tæmp] *vt* 1.ngjesh, rras. 2.mbush(vrimën).

tamper['tæmpë:] *vi* 1.(with sth) fus duart, ngacmoj(një aparat, dokumente etj). 2.ngatërroj, shtrembëroj(faktet,   provat).3.falsifikoj(dokumente). 4.*amer fig* blej, korruptoj(gjykatësit).

tampion['tæmpiën] *n* tapë druri.

tampon['tæmpon] *n,v* -*n mjek* tampon.
-*vt* zë me tampon.

tan[tæn] *v,n,adj* -*v* 1.regj(lëkurë). 2.nxin(dielli). 3.nxihem; më zë dielli. 4.*fig* ia skuq vithet, shqep.
-*n* 1.nxirje nga dielli.2.ngjyrë e kuqërreme. 3.tanin.
-*adj* i kuqërremë, bojëkafe e çelët.

tandem['tændëm] *adv,adj,n* -*adv,adj* njëri pas tjetrit, në varg.
-*n* 1.kuaj të mbrehur dy-nga-dy(njëri pas tjetrit). 2.kaloshinë. 3.biçikletë dyshe. 4.kamion/automjet me rimorkio. + **in tandem** a)njëri pas tjetrit, dyshe; b)bashkarisht; në bashkëpunim.

tang I[tæng] *n,v* -*n* 1.shijë pikante.2.erë/aromë e fortë/shpuese; **the salt tang of the sea air** aroma e njelmët e ajrit të detit. 3.fije, grimë. 4.bisht(lime, dalte, që futet te doreza). 5.*fig* kripë; interes; forcë.
-*vt* 1.i bëj majë. 2.i jap shijë/aromë.

tang II[tæng] *n,v* -*n* tringëllim.
-*vi* tringëllin.

Tanganyika[tængën'ji:kë] *n gjeog* Tanganikë.

Tanganyikan[tængën'ji:kën] *adj,n* tanganikas.

tangency['tænxhënsi] *n mat* tangjencë.

tangent['tænxhënt] *adj,n mat* -*adj* tangjent.
-*n* 1.tangjente.2.tangjent(i këndit). + **fly off/go off at a tangent** *fig* ndërroj befas(mendim, drejtim).

tangential[tæn'xhenshël] *adj* tangjencial.

tangerine[tænxhë'ri:n] *n,adj* -*n* 1.mandarinë. 2. bojë portokalli.
-*adj* portokalli, bojëportokalli.

tangibility[tænxhë'bilëti] *n* 1.prekshmëri. 2.*fig* qartësi. 3.vërtetësi.

tangible['tænxhëbël] *adj,n* -*adj* 1.i prekshëm. 2.*fig* i qartë; konkret. 3.i vërtetë, real; **tangible net worth** vlerë neto reale.

-*n pl fin* pasuri e prekshme/materiale.

tangibly['tænxhëbli] *adv* qartë; konkretisht.

tangle['tængël] *v,n* -*v* 1.ngatërroj, bëj lëmsh. 2. ngatërrohet, mplekset(floku etj). 3.*fig* ngatërroj, përziej, fus; **tangle oneself up** futem në ngatërresa. 4.*fig* kapem, zihem(me dikë).

-*n* 1.lëmsh. 2.*fig* rrëmujë; ndërlikim, koklavitje. 3.nyjë(në litar). + **get into a tangle** a)ngatërrohet, kokolepset(filli, floku); b)*fig* mpleksen keq, bëhen rrëmujë(punët); c)bllokohet(trafiku).

tangled['tængëld] *adj* 1.i ngatërruar, i kokolepsur. 2.*fig* i ndërlikuar.

tango['tængou] *n,v* -*n* tango.

-*vi* kërcej tango.

tangy['tængi] *adj* pikant; aromatik.

tank [tænk] *n,v* -*n* 1.enë, rezervuar; **fuel tank** serbator. 2.cisternë. 3. *usht* tank. 4.pishinë. 5.fuçi, kade. 6.akuarium.

-*vt* fus në enë/në rezervuar.

+**tank up** a)*aut* mbush serbatorin; b)*Br fig* pi rëndshëm, dëndem së piri.

tankage['tænkixh] *n* 1.kapacitet, nxënësi. 2.depozitim.

tankard['tænkë:d] *n* krikëll(birre).

tank car *n* vagon-cisternë.

tanker ['tænkë:] *n* 1. kamion-cisternë. 2. anije-cisternë. 3.avion-furnizues. 4.vagon-cisternë.

tank farm *n* fushë me cisterna(karburanti).

tankful['tænkful] *n* një rezervuar plot; një cisternë me(ujë etj).

tank top *n* bluzë pa mëngë.

tank town *n amer fig* qytet i vogël i humbur.

tank trap *n usht* hendek kundër tankeve.

tank truck *n* kamion-cisternë.

tanned[tænd] *adj* i nxirë nga dielli.

tanner I['tænë:] *n* regjës lëkurësh.

tanner II['tænë:] *n Br zhrg* monedhë gjashtëpen-sëshe, grosh.

tannery['tænëri] *n* fabrikë lëkurësh.

tannin['tænën] *n* tanin.

tanning['tæning] *n* 1.regjie(lëkurësh). 2.nxirje(në diell). 3.*gj.fol* e rrahur, dajak.

tannoy ['tænoi] *n Br* sistem altoparlantësh; **on /over the tannoy** nëpërmjet altoparlantëve.

tantalize['tæntëlaiz] *vt* mundoj; torturoj(edhe *fig*).

tantalizing['tæntëlaizing] *adj* mundues; torturues.

tantalizingly['tæntëlaizingli] *adv* në mënyrë tmerrësisht joshëse.

tantalum['tæntëlëm] *n kim* tantal(element).

tantamount ['tæntëmaunt] *adj* i barazvlershëm,

i njëllojtë, baraz me; **it's tantamount to failure** kjo është baraz me dështim.

tantara[tæn'tærë] *n* buçitje/ushtimë daulleje.

tantrum['tæntrëm] *n fig* shpërthim inati, zemërim i çastit.

Tanzania[tænzë'nië] *n gjeog* Tanzani.

Tanzanian[tænzë'niën] *n,adj* tanzanian.

taoism['tauizm] *n filoz* taoizëm.

tap I [tæp] *v,n* -*vt* 1. shpoj, biroj, i hap vrimë (fuçisë). 2.i heq tapën(fuçisë); zbraz. 3.përgjoj (telefonin); **tap sb's phone** i përgjoj telefonin dikujt. 4.*zhrg* shfrytëzoj, i bie në qafë, i zhvas(dikujt). 5.*tek* filetoj nga brenda.

-*n* 1.rubinet; duq. 2.tapë (fuçie); **beer on tap** birrë fuçie. 3.*gj.fol* dyqan pijesh. 4.*el* lidhje, kontakt. 5. *mek* mashkull filetimi. + **on tap** a)fuçie(birrë); b) i gatshëm, në dispozicion; **funds/resources on tap** fonde/burime të disponueshme.

tap II[tæp] *v,n* -*v* 1.trokas; **tap on/at the door** trokas në derë. 2.qëlloj lehtë(në sup etj); **tap in a nail** ngul një gozhdë me goditje të lehta.

-*n* 1.trokitje; goditje e lehtë. 2.*usht* bori e gjumit. 3.shollë(në takë). 4.paftë(këpuce). 5.kërcim me kërcitje takash.

tapdance['tæpdæns] *vi* kërcej duke kërcitur takat.

tap water *n* ujë çezme.

tape[teip] *n,v* -*n* 1.shirit, rrip (letre, metalik etj); **ticker tape** shirit letre me bira. 2.kordele. 3.shirit ngjitës; nastro; leukoplast. 4.gajtan. 5.shirit magnetik; kasetë; videokasetë. 6.*sport* shirit(i mbërritjes).7. shirit përurimi. 8.metër shirit.9.regjistrim(zëri etj).

-*vt* 1.lidh me rrip/me letër ngjitëse. 2.regjistroj në shirit/kasetë/videokasetë. 3.mas me metër shirit. + **get sb taped** *Br gj.fol* e di sa i vlen lëkura; **get it all taped** *Br gj.fol* e di fort mirë si është puna; **have the game/the job/the situation taped** *Br gj.fol* e kam ndeshjen në xhep; ia di të gjitha yçkëlat punës; e kam situatën në dorë.

tape deck *n el* kokë magnetofoni.

tape drive *n kmp* shpështjellës shiriti magnetik.

tapeline['teiplain] *n* metër shirit.

tape machine *n Br* teleshkrues.

tape measure *n* metër shirit.

taper['teipë:] *n* 1.ngushtim; konicitet.2.rënie, pakësim. 3.trup me majë; kon. 4.qiri i hollë. 5.fitil i gjatë(për ndezje qirinjsh).

-*v* 1.ngushtoj. 2.i bëj majë, sjell me majë. 3.ngushtohet; vjen me majë.

+**taper off** a)pakësoj; lë/pres gradualisht(duhanin); b)ngushtohet; vjen me majë; c)ngushtoj; i bëj majë.

tape recorder *n* magnetofon.

tape-record['teiprekë:d] *v* regjistroj(në shirit).

tapered['teipë:d] *adj* konik; me majë; si qyngj.

tapering['teipëpring] *adj* boshtak; konik.

tapestry['tæpistri] *n* 1.sixhade(muri). 2.tapiceri;

tapeworm['teipwë:m] *n zool mjek* tenjë, shirit.

taping['teiping] *n* 1.regjistrim(në shirit). 2.*kmp* të dhëna(në shirit, letër me bira).

tapioca[tæpi'oukë] *n bot* tapiokë.

tapir['teipë:] *n zool* tapir.

tappet['tæpit] *n tek* shtytës(valvule).

taproom['tæpru:m] *n* dyqan pijesh; pijetore.

taps[tæps] *n amer usht* bori e gjumit.

tapster['tæpstë:] *n* shitës pijesh; barist.

tar I[ta:] *n,v* -*n* 1.katran; pisë. 2.zift, bitum(rru-gësh).

-*vt* 1.katranoj, lyej me zift.2.*fig* nxij, njollos. + **tarred with the same brush/stick** *keq* të një kallëpi; **tar with brush** turpëroj; shaj.

tar II[ta:] *n gj.fol* detar.

taradiddle['tærëdidël] *n gj.fol* 1.rrenë, gënjeshtër. 2.gjepura, llafe.

tarantella[tærën'telë] *n muz* tarantelë(valle).

tarantula [të'rænçulë] *n zool* tarantulë, merima-ngë e madhe.

tarboosh, tarbush[ta:'bu:sh] *n* qeleshe.

tardily['ta:dili] *adv* me vonesë; me ngadalësi.

tardiness['ta:dinis] *n* 1.ngadalësi, plogështi. 2.vo-nesë; mungesë përpikërie.

tardy['ta:di] *adj* 1.i vonë; i vonuar. 2.i avashtë, i ngadalshëm; **tardy pace/growth** hap i ngadaltë; rritje e ngadaltë.

tare I[teë:] *n bot* egjër.

tare II[teë:] *n treg* tarë, peshë ambalazhi.

target['ta:git] *n,v* -*n* 1.shenjë, objektiv. 2.*fig,usht* qëllim, objektiv; objekt(kritike etj); **be on target** a)ndjek trajektoren e duhur(predha); b)godet në shenjë(vërejtja); c)është në kohë, s'ka vonesë; **dead on target!** kokës!, mu në shenjë! 3.*hek* disk tregu-es(i ndërrimit të binarëve).

-*vt* 1.*usht* vë në shenjë; i drejtohet(raketa).2.*treg* u drejtohet(reklama).

targetable['ta:gitëbël] *adj usht* e drejtueshme(pre-dhë, raketë).

tariff['tærif] *n,v fin,treg* -*n* 1.taksë doganore. 2. taksë. 3.tarifa; çmime, listë çmimesh.

-*vt* 1.tatoj. 2.shënoj tarifat/çmimet.

tariff barrier *n fin* barrierë doganore.

tariff reform *n fin* reformë e tarifave doganore.

tarmac['ta:mæk] *n,v Br ndërt* 1.çakëll me bitum. 2.pistë(avionësh). 3.*av* zonë e ngritjes(në aeroport).

-*vt* shtroj, asfaltoj(rrugën, pistën).

tarn[ta:n] *n Br* pellg/liqen malor.

tarnation [ta:'neishën] *n,adj,adv amer zhrg* -*n* punë dreqi.

-*adj* i dreqosur.

-*adv* beter.

tarnish ['ta:nish] *v,n* -*v* 1. nxij; nxihet (metali). 2.zhvesh, i heq prarimin; zhvishet, humbet

shkëlqimin.3.*fig* nxij, njollos(emrin).

-*n* 1.nxirje; shtresë e nxirë. 2.humbje shkëlqimi. 3. *fig* zbehje; njollosje.

tarp[ta:p] *n gj.fol* shih **tarpaulin**.

tarpaulin [ta:'po:lin] *n* 1. pëlhurë e gomuar; mu-shama. 2.kapelë detari.3.mbulesë(kamioni).

tarragon['tærëgën] *n bot* dragua.

tarring['ta:ring] *n* katranim; shtrim me bitum.

tarry I['ta:ri] *adj* 1.i katrantë, bituminoz. 2.me ka-tran.

tarry II['tæri] *vi* 1.rri, kaloj ca kohë. 2.vonohem, jam me vonesë.3.*vjet* pres(dikë).

tar sands *n* rërë bituminoze.

tarsus['ta:sës] *n anat* paratrinë.

tart I[ta:t] *n,v* -*n* 1.byrek me fruta; tortë.2.*zhrg* kurvë, prostitutë.

-*vt* (**up**) zbukuroj; rinovoj(shtëpinë); **tart oneself up** pispillosem.

tart II[ta:t] *adj* 1.i athët, majhosh. 2.*fig* i thekur; i mprehtë; therës.

tartan['ta:tën] *n,adj* -*n* tartan, stof skocez.

-*adj* skocez(stof).

tartar['ta:të:] *n* bigorr vere; çmërs, gurth.

Tartar['ta:të:] *n* 1.tatar, tartar. 2.gjuhë e tatarëve. 3.*fig* njeri i i pamarrëvesh, tip kokëfortë; njeri i sertë /i dhunshëm. 4.*fig* grua e mbrapshtë, sprijë e keqe.

tartar sauce *n* salcë majonezë me turshi, ullinj etj.

tartaric[ta:'tærik] *adj kim* tartrik.

tartly['ta:tli] *adv* ashpër, vrazhdë; hidhët.

tartness['ta:tnis] *n* ashpërsi, vrazhdësi.

Tarzan['ta:zën] *n* Tarzan.

task[ta:sk, tæsk] *n,v* -*n* 1.punë, detyrë. 2.detyra (shkolle). 3.*fig* barrë, punë e papëlqyeshme. + **take sb to task** qortoj dikë.

-*vt* 1.ngarkoj(me detyrë). 2.mundoj, sforcoj; i lë një barrë; **it didn't task her too much** nuk e lodhi aq shumë ajo punë.

task force *n usht* dërgatë ushtarake; forca të posaçme(policore).

taskmaster ['ta:skmæstë:] *n fig* tiran; mësues i rreptë; **poverty is a hard taskmaster** varfëria është një mësues i pamëshirshëm.

Tasmania[tæz'meinië] *n gjeog* Tasmani.

tassel['tæsël] *n,v* -*n* xhufkë, tufëz.

-*vt* 1.i vë/zbukuroj me xhufka.2.nxjerr xhufkë (misri etj).

taste[teist] *n,v* -*n* 1.shijë; **it left a bad taste in the mouth** ajo më la një shijë të keqe(edhe *fig*). 2. *fig* shijë, gusto, ndjenjë e së bukurës; **they have no taste** ata s'kanë gusto/nuk dinë të çmojnë të buku-rën. 3.*fig* provë, shijim(i diçkaje); **have a taste of prison** provoj burgun. 4.grimë, çikë; **a taste of salt** një çikë kripë. 5.*fig* shijë, pëlqim; **get/acquire /develop a taste for sth** fillon të më shijojë/pëlqejë diçka. + **to taste** sipas dëshirës; **to sb's taste** sipas

shijës së dikujt, siç i pëlqen dikujt.
-*v* 1.shijoj; ia ndiej shijën. 2.provoj, ngjëroj; **you must taste her pie** duhet ta provosh byrekun që bën ajo. 3.ka shijë, është e shijshme; **it tastes all right to me** mua më duket në rregull, për mua s'ka shijë të keqe. 4.*fig* provoj, shijoj, jetoj; **taste freedom, taste of pleasure** shijoj lirinë, provoj kënaqësi.
taste buds *n* puprri të shijës.
tasteful['teistful] *adj* 1.i shijshëm(ushqim). 2.*fig* me shijë, i këndshëm(mobilim).
tastefully['teistfuli] *adv* me shijë.
tastefulness['teistfulnis] *n* shijë; shijë e hollë.
tasteless['teistlis] *adj* 1.pa shijë, i zbarët. 2.*fig* pa shijë; i pakëndshëm.
tastelessly ['teistlisli] *adv* pa shijë, me shijë të keqe.
tastelessness['teistlisnis] *n* 1.zbarëti. 2.*fig* mungesë shije, shijë e keqe.
taster['teistë:] *n* shijues, degustues(pijesh etj).
tasty ['teisti] *adj* 1. i shijshëm. 2.*fig* me shijë të hollë; i këndshëm.
tat I[tæt] *v* 1.thur dantella.2.i vë dantellë.
tat II[tæt] *n Br keq* rraqe, vjetërsira.
ta-ta['tæ'ta:] *excl Br* njatjeta!, mirupafshim!
tatter['tætë:] *n,v* -*n* copë, rreckë, zhele; **in tatters** a)copë e çikë; b)i leckosur, zhelan.
tattered['tætë:d] *adj* 1.copë e çikë(rrobë); i shqyer, i grisur(libër etj).2.i leckosur, zhelan(njeri).
tatting['tæting] *n* punë me grep; dantellë.
tattle['tætël] *v,n* -*vi* 1.llap, dërdëllis. 2.flas, kallëzoj, spiunoj; nxjerr të fshehtat.
-*n* dërdëllisje, llomotitje.
tattler['tætlë:] *n* llafazan; rojkë, ngjelkë.
tattletale['tætëlteil] *n,adj amer* -*n* llafazan; rojkë, ngjelkë; ngatërrestar.
-*adj fig* tregues, zbulues, që nxjerr në pah.
tatoo I[tæ'tu:] *n,v* -*n* 1.*usht* sinjal i gjumit.2. trokëllimë, rënie trumpetash; trokitje(e shiut). 3.*Br usht* paradë.
tatoo II[të'tu:] *v,n* -*vt* bëj tatuazh.
-*n* tatuazh.
tatty['tæti] *adj Br gj.fol* 1.i vjetëruar, i konsumuar (kostum, këpucë etj). 2.e rrënuar(shtëpi).3.e skëlfitur (bojë).4.e fishkur(lule).
taught[to:t] *pt,pp* e **teach**.
taunt [to:nt] *v,n* -*vt* shpoti, përqeshje, tallje; romuz.
-*vt* tall, përqesh, shpotis; ngacmoj, vë në sedër; **taunt sb into doing sth** e shtyj dikë me romuze që të bëjë diçka.
taunting ['to:nting] *n,adj* -*n* tallje, përqeshje, shpoti, romuze, ngacmime.
-*adj* tallës, përqeshës, shpotitës, qesëndisës.
tauntingly ['to:ntingli] *adv* me tallje, me shpoti, me qesëndi.

taupe[toup] *adj* i përhimë; i murrët.
Taurus['to:rës] *n astr* Demi(yllësi).
taut[to:t] *adj* 1.i nderë, i tendosur(litar etj). 2.*det* e mbledhur, në gjendje shumë të mirë(anije). 3.*fig* i tendosur, i nderë; i sforcuar; **a taut smile** buzëqeshje e ngrirë.
tauten['to:tën] *v* 1.tendos, ndej.2.tendoset, ndehet.
tautly['to:tli] *adv* 1.fort, gjer në fund(tërheq).2.*fig* si i ngrirë.
tautness['to:tnis] *n* ndemje, tendosje(e litarit etj).
tautology[to:'tolëxhi] *n filoz,gjuh* tautologji.
tavern['tævë:n] *n* 1.tavernë. 2.*vjet* mejhane.
tawdry['to:dri] *adj* 1.i vjetër; pa vlerë(mall).2.vulgar; tepër i ndezur(ngjyrë); që të vret sytë(rrobë).*fig* i pahijshëm.
tawny['to:ni] *adj* i kuqërremë, i mushkëllyer.
tax[tæks] *n,v fin* -*n* 1.taksë; **pay $2000 in tax** paguaj 2000 dollarë taksa. 2.*fig* barrë; ngarkesë; mundim; **it is a tax on a weak heart** është stërmundim për njerëzit me zemër të dobët.
-*vt* 1.i vë taksë, tatoj(mallrat, të ardhurat, personin). 2.*fig* ngarkoj, akuzoj; **tax sb with sth/doing sth** akuzoj dikë për diçka/se ka bërë diçka.
taxable['tæksëbël] *adj fin* i tatueshëm; **taxable amount** shumë që tatohet.
tax accountant *n* këshilltar fiskal/për taksat.
tax adjustment *n* rishikim/rivlerësim i taksës.
tax allowance *n* ulje/pakësim i taksës.
taxation[tæk'seishën] *n* 1.tatim. 2.taksa.
tax authority *n* Thesari; Drejtoria e Tatimeve.
tax avoidance *n* shmangie e taksave.
tax bracket *n* kategori tatimore, shkallë tatimi (sipas të ardhurave).
tax coding *n* tregues i uljes së taksës.
tax collector *n* vjelës taksash; *vjet* tagrambledhës, taksidar.
tax credit *n* kredi tatimore, shumë e përjashtuar nga tatimi.
tax-deductible['tæksdi'dʌktëbël] *adj* i përjashtueshëm nga tatimi, i patatueshëm.
tax disc *n Br aut* etiketë e pagimit të taksës rrugore.
tax evader *n* mashtrues në taksat, njeri që i shmanget pagimit të taksave.
tax evasion *n* mospagim taksash.
tax-exempt['tæksegzempt] *adj amer* i patatuar; i patatueshëm.
tax exemption *n* përjashtim nga taksat.
tax exile *n* njeri që i shmanget Zyrës së Tatimeve.
tax form *n* formular i taksave.
tax-free['tæksfri:] *adj* shih **tax-exempt**.
tax heaven *n* parajsë tatimore, vend pa taksa.
tax levy *n* vjelje taksash.
taxman['tæksmën] *n gj.fol* tagrambledhës.
taxpayer['tækspejë:] *n* taksapagues.

tax rate *n* nivel/shkallë tatimi.
tax relief *n* shih **tax allowance**.
tax return *n* formular i/deklaratë e taksave.
tax shelter *n* shteg për t'iu shmangur taksave.
taxi['tæksi] *n,v* -*n* taksi.
-*vi* 1.udhëtoj me taksi; shkoj me taksi(diku). 2.*av* ecën ngadalë në tokë(avioni).
taxicab['tæksikæb] *n* taksi.
taxidancer['tæksidænsë:] *n amer gj.fol* kërcimtare.
taxidermy['tæksëdë:mi] *n* balsamim kafshësh.
taxi driver *n* shofer taksie.
taxi fare *n* tarifë/pagesë taksie.
taxi man *n* shih **taxi driver**.
taximeter['tæksimi:të:] *n* kontator taksie.
taxi rank, *amer* **taxi stand** *n* vendqëndrim /stacion taksish.
taxonomy[tæks'onëmi] *n* taksonomi, shkencë e klasifikimit.
Tb *n kim* terbium(element).
TB[ti'bi:] *n gj.fol* tuberkuloz.
T-bone['ti:boun] *n* bërxollë.
tbs. shkurtim për **tablespoon**.
Tc *n kim* teknec(element).
TD *n amer* 1.*sport* (shkurtim për **touchdown**) gol, pikë(në futbollin amerikan). 2.(shkurtim për **Treasury Department**) Ministria e Financave.
te[ti:] *n muz* si.
Te *n kim* telur(element).
tea[ti:] *n* 1.çaj. 2.lëng(barishtesh të ziera, mishi etj). + **another cup of tea** krejt tjetër gjë; **one's cup of tea** ajo që më do zemra.
tea bag *n* qeskë me çaj.
tea ball *n* rruzull metalik me vrima i mbushur me fletë çaji(për t'i zhytur në ujë të nxehtë).
tea break *n Br* pushim për të pirë çaj.
teacart['ti:ka:t] *n* tryezë me rrota.
teach[ti:ç] *v* (**taught**) jap mësim; i mësoj; **teach French** jap frengjisht; **teach school** *amer* jam mësues; **don't teach your grandmother to suck eggs** *gj.fol* hajde baba të të tregoj arat!
teachable['ti:çëbël] *adj amer* 1.i aftë për shkollë (fëmijë).2.që mund të jepet(lëndë mësimore).
teacher['ti:çë:] *n* mësues; arsimtar; edukator.
teaching['ti:çing] *n* 1.mësimdhënie.2.*pl* mësime; porosi; **the teachings of the church** porositë e kishës.
teaching aids / equipment *n* material didaktik, mjete mësimore.
teaching assistant *n* ndihmës i mësuesit(nxënës).
teaching hospital *n* qendër spitalore universitare.
teaching job *n* punë/vend pune në arsim.
teaching position/post *n* vend mësuesi.
teaching practice *n* praktikë pedagogjike.
teaching profession *n* 1. mësuesi. 2. mësuesit,

trupi mësimor.
teaching staff *n* trupi mësimor, mësuesit.
teahouse['ti:haus] *n* lokal çaji e pijesh freskuese.
teakettle['ti:ketël] *n* ibrik çaji, çajnik.
teal[ti:l] *n zool* bajukë.
team[ti:m] *n,v* -*n* 1.*sport* skuadër, ekip. 2.brigadë(punëtorësh). 3.grup, ekip(studimor).4.pendë (qesh); çift(kuajsh).
-*v* 1.grupohemi, futemi në ekip/skuadër. 2.bashkëpunoj(me). 3.bashkojmë(mjetet etj). 4.drejtoj ekipin.
+**team up** a)bashkoj, grupoj(njerëz); b)bashkohem /bashkëpunoj me(të tjerë); c)shkojnë, harmonizohen (ngjyrat etj).
teammate['ti:mmeit] *n* shok grupi/ekipi/skuadre.
team spirit *n* frymë bashkëpunimi.
teamster['ti:mstë:] *n amer* 1.shofer kamioni.2.karrocier.
teamwork['ti:mwë:k] *n* bashkërendim, bashkëpunim.
teapot['ti:pot] *n* ibrik çaji, çajnik.
tear I[tië:] *n,v* -*n* 1.lot; **in tears** në lot; **be close to tears** jam gati për t'ia shkrepur të qarit; **burst into tears** ia plas vajit, shkrehem në lot. 2.pikëz (vese).
-*vi* loton(syri).
tear II[teë:] *v,n* -*v* (**tore; torn**) 1.shqyej; gris; **tear to pieces/to bits** e gris/e bëj çika-çika; **tear a hole in** i hap një vrimë; **tear open** shqyej(kutinë); **that's torn it!**, *amer* **that tears it!** *gj.fol* kjo na i prishi të gjitha planet!, kjo i vuri kapakun! 2.gërric, gërvisht; çaj; **tear one's hand on a nail** çaj dorën në një gozhdë. 3.shkul(flokët). 4.*fig* përçan; **torn by two factions** e përçarë nga dy fraksione(partia). 5.*fig* shkëpus, largoj me zor. 6.*fig* gërryen(marazi). 7.griset, shqyhet. 8.*gj.fol* nxitoj; **tear out** dal me vrull; **tear into sb** *fig* i turrem dikujt, i heq një dru të mirë.
-*n* 1.vend i grisur, grisë.2.grisje. 3.vrull. 4.*zhrg* orgji.5.inat, tërbim.
+**tear away** a)vërvitem; b)niset plumb(makina); c) shkëpus, shqis; **she couldn't tear herself from him** ajo nuk shqitej dot prej tij.
tearaway['teërëwei] *n Br* kuturiar, kokëkrisur.
+**tear down** a)shkul, shqis; b)shemb, rrëzoj(godinën); c)*fig* shkatërroj; njollos(emrin).
+**tear into** sulmoj, kritikoj ashpër.
+**tear off** a)vërvitem; b)heq, shkul; shkëpus; gris (fletën); c)*gj.fol* shkarravis, shkruaj shpejt-e-shpejt.
tear-off['teërof] *adj Br* i heqshëm; i ndërrueshëm; **tear off calendar** kalendar me shumë fletë.
+**tear out** a)dal vrik; b)shkul; heq; gris.
+**tear up** a)gris, bëj copash; b)shkul(pemë etj).
tear bomb *n* bombë me gaz lotsjellës.
teardrop['tië:drop] *n* lot.
tearful['tië:ful] *adj* 1.i mbytur në lot, i përlotur. 2. i trishtueshëm, pikëllues.

tearfully['tiɛ:fuli] *adv* 1.me lot në sy, duke qarë. 2.si qaraman, duke u qaravitur.

tear gas *n* gaz lotsjellës.

tear-gas['tiɛ:gæs] *v* përdor gaz lotsjellës.

tearing['tiɛring] *n,adj* -n grisje; shqyerje. -*adj* marramendës; **be in a tearing hurry** kam një ngut të jashtëzakonshëm.

tearjerker['tiɛ:xhɛ:kɛ:] *n gj.fol* melodramatik, që të bën për të qarë(film etj).

tearless['tiɛ:lis] *adj* pa lot; që nuk qan.

tearoom['ti:ru:m] *n* kafene.

teary['tiɛri] *adj* shih **tearful**.

tease[ti:z] *v,n* -vt 1.ngacmoj; vë në lojë;bezdis. 2.kërkon, lyp(fëmija). 3.kreh(leshin).4.i nxjerr pushin(copës).5.fryj(flokët me krehër). -*n* 1.ngacmues; shpotar. 2.ngacmim; shpotitje; bezdisje.

+**tease out** shprish; shkoklavis.

teasel['ti:zël] *n,v* -n *tek* gërhanë. -*vt* lënur; i nxjerr pushin.

teaser['ti:zë:] *n* 1.ngacmues; shpotar. 2.*gj.fol* punë e mërzitshme; problem i bezdisshëm.

tea service *n* takëm çaji.

tea set *n* takëm çaji.

teaspoon['ti:spu:n] *n* lugë çaji.

teat[ti:t] *n anat* thithë, thimth, thumb(sise).

tea things *n* takëm çaji.

tea towel *n* peshqir për të fshirë pjatat.

tea tray *n* tabaka çaji.

tea trolley *n* tryezë me rrota.

tea urn *n* samovar.

tea wagon *n* tryezë me rrota.

tech[tek] *n gj.fol* 1.*Br* shkollë teknike, kolegj teknik(shkurtim i **technical college**). 2. shkurtim i **technology**.

technetium[tek'ni:siëm] *n kim* teknec(element).

technic['teknik] *n* 1.teknikë. 2.*pl* teknologji. 3.*pl* hollësi teknike.

technical['teknikël] *adj* teknik; **technical college** shkollë teknike, kolegj teknik.

technical hitch *n* defekt teknik.

technical institute/school *n amer* shkollë e lartë teknike, institut teknologjik.

technical knockout *n sport* nokaut teknik.

technicality[teknë'kælëti] *n* 1.çështje teknike, problem teknik; hollësi teknike. 2.karakter teknik(i librit).

technically['teknikëli] *adv* 1.teknikisht; nga pikëpamja teknike; në gjuhën e teknikës. 2.në teori, në parim; **technically he is right** në parim ai ka të drejtë.

technician [tek'nishën] *n* 1. teknik; **laboratory technician** laborant.2.njohës, mjeshtër, profesionist.

technics['tekniks] *n* 1.teknikë. 2.metodë, mënyrë.

technique[tek'ni:k] *n* 1.teknikë. 2.metodë, mëny-

rë, teknikë pune.

technocracy [tek'nokrësi] *n* teknokraci; administrim teknik.

technocrat['teknëkræt] *n* teknokrat.

technocratic[teknë'krætik] *adj* teknokratik.

technological[teknë'loxhëkël] *adj* teknologjik.

technologist[tek'nolëxhist] *n* teknolog.

technology[tek'nolëxhi] *n* 1.teknologji; **the new technology** teknologjitë e reja. 2.gjuhë teknike.

techy['teçi] *adj* shih **tetchy**.

tectonic[tek'tonik] *adj* 1.*gjeol* tektonik. 2.ndërtimor; strukturor; arkitekturor.

tectonics[tek'toniks] *n* 1.*gjeol* tektonikë. 2.ndërtim; strukturë; arkitekturë.

ted[ted] *vt* përhap, hap(barin për t'u tharë).

teddy bear *n* ari prej pellushi(lodër).

teddy boy *n Br zhrg* huligan.

Te Deum[ti'di:ëm] *n fet* himn.

tedious['ti:diës] *adj* i gjatë; i lodhshëm; i mërzitshëm(leksion etj).

tediousness ['ti:diësnis], **tedium** ['ti:diëm] *n* të qenët i gjatë/i lodhshëm/i mërzitshëm.

tee-hee['ti:'hi:] *excl,n,v* -excl hi-hi! -*n* kukurisje. -*vi* kukuris; zgërdhihem.

teem I[ti:m] *vi* 1. gëlon, mizëron; **the swamp teemed with mosquitoes** moçali gëlonte nga mushkonjat. 2.është pjellore(toka).

teem II [ti:m] *vi* bie me rrëmbim / me rrebesh; **it was teeming** binte shi me gjyma.

teen[ti:n] *n,adj* -n 1.*pl* vitet 13 -19; **she is still in her teens** ajo është ende poshtë të njëzetave. 2.*gj.fol* i ri; adoleshent(13 - 19 vjeç).

teenage['ti:neixh] *adj* i rinisë; adoleshence (probleme); **teenage boy/girl** adoleshent, -e.

teenager ['ti:neixhë:] *n* i ri; adoleshent (13 -19 vjeç).

teensy(-weensy)['ti:nzi'wi:nzi] *adj* shih **teeny**.

teeny['ti:ni] (edhe **teeny weeny**) *adj,n* -adj *gj.fol* i vockël. -*n* (edhe **teeny-bopper**) 1.çupëlinë.2.vajzuke që imiton këngëtarët e modës.

teepee['ti:pi:] *n* çadër me majë, tendë indianësh.

tee-shirt['ti:shë:t] *n* bluzë me mëngë të shkurtra.

teeter['ti:të:] *n,v* -n 1.tundje, lëkundje.2.kolovajzë(prej dërrase). -*vi* 1.tundem, lëkundem. 2.kolovitem, bëj lisharës.

teeter-totter['ti:të:totë:] *n,v* -n kolovajzë, lisharës. -*vi* kolovitem, bëj lisharës.

teeth[ti:th] *n pl* i **tooth**. + **by the skin of one's teeth** për qime, për fije; **grit/set one's teeth** shtrëngoj dhëmbët; **in the teeth, in sb's teeth** a)në kundërshtim të plotë, në luftë të hapët; b)troç, në sy; **in the teeth of** a)ballëpërballë; b)pa ia bërë syri bef; **put teeth in/into** i vë forca; **set one's teeth** shtrë-

ngoj dhëmbët; **show one's teeth** skërmitem;
kërcënoj; **throw in sb's teeth** ia vë fajin dikujt; **to
the teeth** sa s'mban më.
teethe[ti:dh] *vi* nxjerr dhëmbët, i dalin dhëmbët
(fëmijës).
teething['ti:dhing] *n* dalje e dhëmbëve.
teething troubles *n fig* vështirësi të fillimit.
teetotal[ti:'toutël] *adj* 1.që nuk vë pije në gojë;
antialkoolist. 2.*gj.fol* i plotë, tërësor, absolut.
teetotal(l)er[ti:'toutëlë:] *n* antialkoolist.
TEFL[tefl] *n* shkurtim për **Teaching of English
as a Foreign Language.**
teflon['teflon] *n* teflon(rrëshirë sintetike).
tegular['tegiëlë:] *adj* si tjegull; prej tjegullash.
tegument['tegiëmënt] *n* cipë, mbulesë.
te-hee[ti:'hi:] shih **tee-hee.**
tektite['tektait] *n* tektit, meteorit qelqor.
telamon['telëmon] *n ark* shtyllë mbajtëse në traj-
të njeriu.
tele-, tel-['teli, tel] *pref* tele-.
telecamera['telëkæmërë] *n* kamerë televizive, te-
lekamerë.
telecast['telëka:st, -- kæst] *v,n tv* -*vt* transmetoj.
-*n* emision televiziv.
telecom['telëkom] *n* shih **telecommunication.**
telecommunication[telëkëmjunë'keishën] *n* tele-
komunikacion; transmetim në distancë.
telecon['telëkon] *n* 1.ekran telemesazhesh. 2.kon-
ferencë me ndihmën e ekranit të telemesazheve.
telecopier['telëkopië:] *n* telekopjues.
telecopy['telëkopi] *n* telefaks, telekopje.
telefacsimile[telëfæk'simëli] *n* telefaks, telekopje.
telefax['telëfæks] *n* telefaks, telekopje.
telefilm['telifilm] *n* telefilm, film televiziv.
telegenic [telë'xhenik] *adj* telegjenik, që duket
bukur në ekran televiziv.
telegram['telëgræm] *n* telegram.
telegraph I['telëgræf] *n,v* -*n* telegraf, aparat tele-
grafi.
-*v* telegrafoj.
telegraph II['telëgræf] *vi knd gj.fol* votoj kontra-
bandë, votoj me emrin e tjetërkujt.
telegraph pole/post *n* shtyllë telegrafi.
telegrapher[ti'legrëfë:] *n* telegrafist.
telegraphese[teligræ'fi:z] *n* stil telegrafik.
telegraphic[teli'græfik] *adj* telegrafik.
telegraphically[teli'græfikëli] *adv* telegrafisht.
telegraphist[ti'legrëfist] *n* telegrafist.
telegraphy[ti'legrëfi] *n* telegrafi.
telekinesis[telëki'ni:sis] *n* telekinezi(aftësi për të
lëvizur objekte me forcën e mendimit).
telemeter[*n* të'lemëtë:; *v* 'telëmi:të:] *n,v* -*n* tele-
metër, largësimatës.
-*vt* mas/transmetoj me telemetër.
teleology[teli'olëxhi] *n* teleologji; qëllimshmëri.

telepathic [teli'pæthik] *adj* telepatik; **I'm not te-
lepathic!** *gj.fol iron* unë s'mund të shtie fall!
telepathically[teli'pæthikëli] *adv* me telepati.
telepathy [ti'lepëthi] *n* telepati, komunikim me-
ndor.
telephone['telëfoun] *n,v* -*n* telefon; **on the tele-
phone** në/me telefon; **be on the telephone** a)jam
duke folur(në telefon); b)jam në listën e pajtimta-
rëve, kam telefon.
-*v* 1.telefonoj, flas në telefon. 2.marr në telefon
(dikë). 3.dërgoj me telefon(një porosi etj).
telephone answering machine *n* aparat marrës-
dhënës mesazhesh telefonike.
telephone book *n* libër telefonash.
telephone booth, *Br* **telephone box** *n* kabinë
telefoni.   *.*
telephone call *n* telefonatë, marrje në telefon.
telephone directory *n* libër telefonash.
telephone exchange *n* central telefonik.
telephone kiosk *n* kabinë telefoni.
telephone line *n* linjë telefonike.
telephone number *n* numër telefoni.
telephone operator *n* centralist.
telephone subscriber *n* pajtimtar (telefoni).
telephone-tapping[--'tæping] *n* përgjim telefoni.
telephonic[teli'fonik] *adj* telefonik.
telephonist[ti'lefënist] *n Br* telefonist.
telephony[ti'lefëni] *n* telefoni.
telephoto['telëfoutou] *adj,n* -*adj* telemarrës.
-*n* 1.teleobjektiv. 2.fotografi e marrë me teleo-
bjektiv. 3.transmetim fotografish me telegrafi.
4.fotografi e transmetuar telegrafisht, telefotografi,
telefoto.
telephotograph[telë'foutëgræf] *n* 1.telefotografi,
telefoto. 2.fotografi e marrë me teleobjektiv.
telephotography[telifë'togrëfi] *n* telefotografi.
teleportation[telipo:'teishën] *n* shih **telekinesis.**
teleprint ['teliprint] *vt Br* transmetoj me tele-
shkrues.
teleprinter['teliprintë:] *n Br* teleshkrues, teletajp.
teleprompter['telëprromptë:] *n* telesufler (ekran ku
del teksti për folësin që filmohet nga telekamera).
telescope['telëskoup] *n,v* -*n* teleskop.
-*v* 1.zgjas, shtrij(antenën etj). 2.futen brenda njëri-
tjetrit, bëhen përshesh(trenat që përplasen). 3.mbli-
dhet(çadra). 4.përmbledh; shkurtoj.
telescopic[telë'skopik] *adj* 1.teleskopik; largpa-
mës; **telescopic lens** teleobjektiv. 2.e mbyllshme, e
mbledhshme(çadër).
telethon['telëthon] *n amer tv* emision i gjatë te-
leviziv.
teletype['telitaip] *n,v* -*n* teletaip; teleshkrues.
-*v* transmetoj me teletajp.
teletypewriter[teli'taipraitë:] *n* teleshkrues.
teleview['telëvju:] *vi amer* shikoj televizion.

televiewer['telivju:ë:] *n* teleshikues.
televise['telëvaiz] *vi* transmetoj në televizion.
television['telëvizhën] *n* 1.televizion; **color television** televizion me ngjyra. 2.televizor.
television broadcast *n* emision televiziv.
television cabinet *n* televizor-mobilje.
television lounge/room *n* sallë/dhomë televizori.
television program(me) *n* program / emision televiziv.
television screen *n* ekran televizori.
television set *n* televizor.
telex['teleks] *n,v* -*n* teleks.
-*vt* dërgoj/transmetoj me teleks.
tell [tel] *v* (**told**) 1. them; **tell him how/what /where/who/why**.. thuaji si/çfarë/ku/pse..; **I won't pay, I tell you!** nuk paguaj, të thashë! **I'll tell you what, let's go**... e di se çfarë, a nuk ikim? **you're telling me!** ç'më thua! **you tell me!** s'e kam idenë! **tell me another!** *zhrg* mos m'i shit mua/thuaja tjetërkujt këto! 2.tregoj; them; **tell me about it** më trego pak për këtë; **to tell(you) the truth, truth to tell** të them të drejtën.3.kallëzoj, tregoj; **I won't tell!** nuk i kallëzoj njeriu! **don't tell on us!** mos na kallëzo! 4.dalloj;shoh; gjej; **I can't tell the difference** nuk e dalloj ndryshimin, nuk shoh ndonjë ndryshim; **how can you tell what she'll do?** ku mund ta dish se ç'do të bëjë ajo? 5.porosis, urdhëroj; **do as you are told** bëj siç të thonë/të urdhërojnë.6.numëroj, përfshij; **20 votes all told** 20 vota gjithësej. 7.ndihet; duket; **her age is beginning to tell** ka filluar ta tregojë moshën. + **all told** gjithësej; **I tell you, I can tell you, let me tell you** dëgjomë mua; po e theksoj; **tell time** njoh orën, di të thotë orën(fëmija); **you're telling me** *zhrg* mirë e ke, dakord me ty! +**tell apart** dalloj(njërin nga tjetri).
+**tell off** a)shaj, qortoj; b)caktoj(për diçka); c)shënoj, numëroj.
+**tell on** a)kallëzoj, spiunoj; b)lë gjurmë, cenon, dëmton(shëndetin).
teller['telë:] *n* 1.arkëtar, sportelist(në bankë).2.numërues votash.3.kallëzimtar, tregimtar, rrëfyes.
teller vote *n amer pol* votim i fshehtë.
telling['teling] *adj,n* -*adj* 1.i dukshëm; i ndieshëm; që flet qartë. 2.i efektshëm; që lë gjurmë.
-*n* tregim, kallëzim.
telling-off['telingof] *n fig* dru, dajak.
telltale ['telteil] *n,adj* 1. kallëzues, spiun, informator. 2.thashethemaxhi.3.*tek* pajisje treguese/regjistruese.
-*adj* tregues, domethënës; e qartë(shenjë).
tellurium[te'lu:riëm] *n kim* telur(element).
telly ['teli] *n Br gj.fol* 1. televizion.2.*pl* programe televizive.
temerity[të'merëti] *n* guxim i çartur; kuturisje.
temper['tempë:] *n,v* -*n* 1.temperament; karakter;

natyrë; **have a hot/quick temper** jam gjaknxehtë, kam natyrë të rrëmbyer. 2.humor, gjendje shpirtërore; damar; **be in a bad/good temper** jam me damar të keq; jam në humor të mirë. 3.gjakftohtësi; **lose one's temper** nxehem, e humbas gjakftohtësinë. 4.gjaknxehtësi; inat; **in his temper he broke a dish** në inat e sipër e theu një pjatë; **get into a temper** nxehem, më hipën inati. 5.*tek* fortësi(e materialeve).
-*vt* 1.kalis(metalin). 2.*fig* zbus(efektin, pasionet).
tempera['tempërë] *n art* bojë tempera.
temperament['tempërëmënt] *n* temperament, natyrë, karakter; humor, damar; **an outburst of temperament** kërcim damari.
temperamental[tempërë'mentël] *adj* 1.tekanjoz, me damar(njeri). 2.*fig* kapriçioze, tekanjoze(makinë). 3.e natyrshme, e lindur(prirje, aftësi).
temperance['tempëröns] *n* 1.zbutje. 2.masë, përkorë(në të pirë). 3.abstinencë, antialkoolizëm.
temperance league *n* shoqatë kundër pijeve alkoolike.
temperance hotel *n* hotel ku nuk lejohen pijet alkoolike.
temperate['tempërit] *adj* 1. i butë (karakter, klimë). 2.i zbutur; i përmbajtur(qëndrim).3.i përkorë, i matur(në të pirë).
temperature['tempriçë:] *n* 1.temperaturë.2.ethe, të nxehtë, temperaturë; **have/run a temperature** kam të nxehtë, kam temperaturë.
tempered ['tempë:d] *adj* 1. i zbutur (dënim).2.: **even-tempered** i ekuilibruar, i qetë. 3.*tek* i kalitur (çelik).
tempest['tempist] *n* 1.stuhi, shtrëngatë, furtunë. 2.*fig* shpërthim, stuhi(duartrokitjesh etj).
tempestuous[tem'pestjuës] *adj* 1.me stuhi(mot). 2.*fig* i stuhishëm(diskutim); i rrëmbyer(karakter).
template ['templit] *n* 1. model, kallëp, formë. 2.*ndërt* traversë, tra horizontal.
temple I['templ] *n* 1.faltore. 2.tempull.
temple II['templ] *n anat* tëmth.2.bisht syzesh.
templet['templit] *n amer* shih **template**.
tempo['tempou] *n muz, fig* ritëm, temp.
temporal I['tempërël] *adj* 1.i përkohshëm, kalimtar. 2.laik, shekullor; i kësaj bote, tokësor. 3.*gram* kohe(ndajfolje); i kohës(së foljes).
temporal II['tempërël] *adj anat* tëmthor, i tëmthave.
temporality[tempë'rælëti] *n* 1.*pl* prona të kishës. 2.përkohshmëri, të qenët kalimtar.
temporarily['tempërëreli] *adv* përkohësisht.
temporary['tempëreri] *adj,n* -*adj* i përkohshëm; kalimtar, **temporary teacher** mësues zëvendësues.
-*n* punonjës i përkohshëm.
temporization[tempërë'zeishën] *n* 1.shtyrje, lënie pezull, fitim kohe. 2.ujdi, kompromis.

temporize['tempëraiz] *vi* 1.shtyj, zvarris; përpiqem të fitoj kohë. 2. u nënshtrohem rrethanave; bëj kompromis. 3.hyj në bisedime, diskutoj për kushtet.
tempt [tempt] *vt* 1. josh, tundoj, shtie në ngasje (dikë). 2.ngacmon, nxit(oreksin). 3.sfidoj, provokoj. 4.*vjet* vë në provë.
temptation[temp'teishën] *n* joshje, tundim, ngasje.
tempter ['temptë:] *n* 1. tundues. 2. **the Tempter** Djalli.
tempting ['tempting] *adj* 1. joshës, tundues.2. oreksndjellës(ushqim).
temptress['temptris] *n* joshëse, tunduese.
ten[ten] *n,adj* *-n* dhjetë; **there are about ten** janë nja dhjetë.
-adj i dhjetë; **chapter ten** kreu i dhjetë.
tenability[tenë'bilëti] *n* bazueshmëri(e një teorie).
tenable['tenëbël] *adj* i bazuar(qëndrim, teori).
tenacious [ti'neishës] *adj* 1. këmbëngulës; i paepur. 2.i ngjitur, i qepur. 3.i fortë(shtrëngim).
tenaciously[ti'neishësli] *adv* me këmbëngulje, me ngulm.
tenacity[ti'næsëti] *n* ngulm, këmbëngulje.
tenancy['tenënsi] *n* 1.qiramarrje; **tenancy agreement** kontratë qiraje. 2.periudhë qëndrimi në post.
tenant['tenënt] *n,v* *-n* qiramarrës, qiraxhi; banor. *-vi* mbaj me qira; banoj.
tenant farmer *n* gjysmatar.
tenantry['tenëntri] *n* 1.gjysmatarët. 2.qiramarrje.
ten-cent store *n amer* pazar.
Ten Commandments *n fet* Dhjetë Porositë(e Biblës).
tend I[tend] *vt* 1.ruaj; kullos(delet). 2.kujdesem për(të sëmurin). 3.mbikëqyr, kontrolloj(makinën).4. *gj.fol* i vë veshin(punës).
tend II[tend] *vi* 1.prirem.2.shkon, merr për nga (rruga).
tendency['tendënsi] *n* prirje, tendencë; **the present tendency to capitalism** prirja e sotme drejt kapitalizmit.
tendentious[ten'denshës] *adj* tendencioz; i njëanshëm.
tendentiously[ten'denshësli] *adv* me tendencë.
tendentiousness[ten'denshësnis] *n* tendencë; tendenciozitet.
tender I['tendë:] *adj* 1.i butë.2.i brishtë.3.i ëmbël,i dashur. 4.e njomë(moshë); **of tender years/age** në moshë të njomë. 5.i ndjeshëm; që dhemb(vend). 6.i dhimbsur.7.i kujdesur. 8.delikat (problem).
tender II['tendë:] *v* 1.paraqes(falenderime, kërkesë).2.*treg* paraqes ofertë, ofrohem(për të blerë diçka). 3.*drejt* ofroj(si zhdëmtim etj).
-n 1.propozim(martese etj). 2.ofertë; **make/put in a tender for sth** bëj një ofertë për të blerë diçka; **put sth out to tender, invite tenders for sth** nxjerr diçka në ankand.

tender III['tendë:] *n* 1.varkë(për zbritjen e udhëtarëve). 2.lundër furnizimi.3.*hek* vagon për lëndën djegëse(pas lokomotivës).
tender offer *n amer fin* ofertë publike për blerje.
tenderfoot ['tendë:fut] *n gj.fol* rishtar; i porsaardhur; fillestar; axhami.
tender-hearted['tendë:'ha:tid] *adj* shpirtmirë, zemërmirë, i dhembshur.
tenderizer['tendëraizë:] *n* 1.çekiç druri(për rrahjen e mishit). 2.erëza për zbutjen e mishit.
tenderloin['tendë:loin] *n* 1.filetë(mishi). 2.*amer fig* lagje e ndyrë(me polici të korruptuar).
tenderly['tendë:li] *adv* butë, me butësi.
tenderness ['tendë:nis] *n* 1. butësi. 2. brishtësi. 3.ndjeshmëri. 4.*fig* ëmbëlsi.
tendinous['tendënës] *adj* 1.*anat* pezjor, tejzor. 2. me pejza.
tendon['tendën] *n anat* pejzë, tejzë.
tendril['tendrël] *n bot* dredhë, lozë.
tenebrous['tenëbrës] *adj* i errët; i zymtë.
tenement['tenëmënt] *n* 1.banesë; shtëpi banimi. 2.godinë me dhoma banimi; pallat; **tenement house** ndërtesë me apartamente banimi.
tenet['tenit] *n* parim, dogmë, doktrinë.
tenfold['tenfould] *adj,adv* *-adj* i dhjetëfishtë.
-adv dhjetëfish.
ten-gallon hat *n amer* kapelë kauboji.
tenner['tenë:] *n gj.fol* dhjetëshe, *Br* dhjetëstërlinëshe; *amer* dhjetëdollarëshe(kartëmonedhë).
Tenn. shkurtim për **Tennessee**[teni'si:] *n gjeog* Tenesi.
tennis['tenis] *n sport* tenis.
tennis court *n* fushë tenisi.
tennis elbow *n mjek* pezmatim i bërrylit.
tennis shoes *n* këpucë tenisi.
tenon['tenën] *n,v* *-n* kunj, thithë.
-vt 1.i bëj kunj/thithë(dërrasës). 2.lidh me kunja.
tenor['tenë:] *n* 1. *fig* rrjedhë (e jetës). 2. kuptim, përmbajtje, thelb (i bisedës). 3. formulim. 4. *muz* tenor.
tenpenny['tenpeni] *adj Br* 1.dhjetëpenësh(send). 2.e madhe(gozhdë, që dikur kushtonin dhjetë peni 100 copë).
tense I[tens] *adj,v* *-adj* 1.i tendosur, i nderë(litar). 2.*fig* i nderë, i tendosur, i tensionuar; **things were getting rather tense** atmosfera po rëndohej.
-vt nder, tendos.
tense II[tens] *n gram* kohë(foljeje).
+**tense up** tkurret, mblidhet.
tensely['tensli] *adv fig* në tension.
tenseness['tensnis] *n* tendosje; *fig* tension.
tensible['tensëbël] *adj* i tendosshëm.
tensile ['tensail, 'tensël] *adj* i zgjatshëm, elastik; **tensile strength** forcë tendosëse.
tension['tenshën] *n* 1.ndemje, tendosje. 2.tension

(edhe *fig*); gjendje e tensionuar. 3.*el* tension; **high-tension wires** kabllo të tensionit të lartë. 4.*fiz* presion (i gazit).
tension headache *n mjek* dhimbje koke nga tensioni nervor.
tensity['tensëti] *n* tensionim.
tensor['tensë:] *n* 1.*anat* muskul tendosës. 2.*mat* tenzor.
ten-strike['tenstraik] *n* 1.*sport* gjuajtje që i rrëzon të gjithë birilat. 2.*gj.fol* veprim i suksesshëm.
tent[tent] *n,v* -*n* tendë, çadër.
-*v* 1.fle në çadër. 2.mbuloj me tendë.
tent peg *n* kunj çadre.
tent pole, tent stake *n* hu/shtyllë çadre.
tent trailer *n* dhomë e rimorkiuar e palosshme.
tentacle['tentëkël] *n* brith; këmbënofull; kthetër.
tentage['tentixh] *n* 1.çadra, tenda. 2.pajisje tende.
tentative['tentëtiv] *adj* 1.i ndruajtur(gjest etj); **she is a very tentative person** është shumë e ndruajtur, nuk ka fare besim te vetja. 2.prove, eksperimental; i përkohshëm, jopërfundimtar (zgjidhje, plan).
tentatively ['tentëtivli] *adv* 1. me ngurrim, si në mëdyshje(flas, veproj). 2.për provë, në mënyrë eksperimentale.
tent caterpillar *n zool* larvë.
tenter['tentë:] *n,v* -*n* stativ, mbajtëse(për të nderur rroba).
-*vt* nder (një rrobë) në stativ.
tenterhook['tentë:huk] *n* grep, gozhdë e kthyer. + **on tenterhooks** në ankth, si mbi gjemba.
tenth[tenth] *adj,n* -*adj* i dhjetë.
-*n* një e dhjetë; **nine tenths of the time** shumicën e kohës.
tenthly['tenthli] *adv* së dhjeti.
tenuity[ten'juëti] *n* 1.rrallim. 2.hollësi, imtësi; pakicë.
tenuous['tenjuës] *adj* 1.i hollë. 2.i rrallë, i rralluar. 3.i parëndësishëm, i vockël.
tenure['tenjuë:] *n* 1.pasje, mbajtje; zotërim(prone).2.kohëmbajtje(e detyrës); afat; **the tenure is for two years** afati i mbajtjes është dy vjet. 3.vend i përhershëm(pune); post; **during his tenure of office** gjatë kohës së qëndrimit në post; **system of tenure** sistem i vendeve të përhershme të punës.
tenured['tenjuë:d] *adj* titullar(i lëndës, i postit); **he has a tenured position** ai është titullar i postit që ka.
tepid['tepid] *adj* i vakët(edhe *fig*).
tepidity[te'piditi] *n* vakësi, vakësirë.
tepidly ['tepidli] *adv fig* në mënyrë të vakët; pa shumë entuziazëm.
terbium['të:biëm] *n kim* terbium(element).
tercentenary[të:sen'tenëri] *adj,n* treqindvjeçar; treqindvjetor.
tercet['teë:sit] *n let* tercet, strofë trevargëshe.
teredo[të:ri:dou] *n* krimb anijesh.

tergiversate['të:xhëvë:seit] *vi* 1.e dredh, kthej fletën. 2.shmangem, bishtnoj.
term[të:m] *n,v* -*n* 1.term; **medical terms** terma mjekësorë. 2.fjalë, shprehje; pikëpamje; **in plain/in simple terms** me fjalë të thjeshta; **you must think in terms of..** duhet ta shikosh problemin nga pikëpamja e..; **price in terms of leks** çmim i shprehur në lekë.3.afat; periudhë, kohë; **put/set a term to sth** caktoj një afat për diçka; **in the long/the short term** pas një kohe të gjatë/të shkurtër. 4.semestër; sezon(shkollor); **spring term** semestri i dytë; **out of term** jashtë sezonit, gjatë pushimeve. 5.kusht; **on what terms?** me çfarë kushtesh? **terms of payment** mënyra e pagesës. 6. tarifë; çmim; **their terms for full board** tarifa që kanë ata për pension të plotë; **inclusive terms: $80** çmimi: 80 dollarë, me të gjitha të përfshira. 7.marrëdhënie; **be on bad/good terms** kam marrëdhënie të këqia/të mira; **be on the best of terms** kemi marrëdhënie të shkëlqyera. + **bring to terms** detyroj të pranojë/të bjerë në ujdi; **come to terms** bie në ujdi, merrem vesh; **terms of reference** a)çështje të parashtruara; b)udhëzime (për studimin).
-*vt* quaj, konsideroj; **what you term honesty** ajo që ti e quan ndershmëri.
termagancy['të:mëgënsi] *n* shtrigësi.
termagant['të:mëgënt] *n,adj* shtrigë, sprijë e keqe.
terminable['të:mënëbël] *adj* 1.i pezullueshëm, që mund të ndërpritet(bashkëpunim, kontratë). 2.i shlyeshëm(borxh).
terminal['të:mënël] *adj,n* -*adj* 1.fundor; i fundit; skajor. 2.në fazën e fundit(sëmundje); në prag të vdekjes(i sëmurë). 3.pa rrugëdalje(gjendje). 4.përfundimtar; semestral(provim).5.kufitar(stacion etj).
-*n* 1.fund; skaj. 2.*hek,det* stacion fundor. 3.*el* skaj, burmë. 4.*kmp* terminal, element fundor.
terminally['të:minëli] *adv* në pikë të fundit, në fazë të fundit; **terminally ill** i sëmurë në prag të vdekjes.
terminate['të:mëneit] *v* 1.i jap fund; prish, zgjidh (një kontratë). 2.mbaron, përfundon. 3.vjen në fund, kufizon, mbyll(vargun etj).
termination[të:më'neishën] *n* 1.fund, mbarim.2. pjesë fundore; skaj. 3.*gram* mbaresë.
termini['të:mini] *n pl* i **terminus**.
terminological [të:minë'loxhëkël] *adj* terminologjik.
terminologist[të:mi'nolëxhist] *n* terminolog.
terminology[të:mi'nolëxhi] *n gjuh* terminologji.
term insurance *n* sigurim jete me afat të caktuar.
terminus['të:minës] *n* 1.*hek* stacion fundor, fund i linjës. 2.fund; qëllim final, objektiv. 3.gur kufiri; shtyllë; piramidë(kufiri).
termite['të:mait] *n zool* termit.
term paper *n amer* detyrë semestri.

termtime['të:mtaim] *n amer* semestër.

tern[të:n] *n zool* dallëndyshe deti.

ternary['të:nëri] *adj* tresh; trepjesësh; i trefishtë.

ternate['të:nit, 'të:neit] *adj* 1.tresh, trepjesësh.2.në treshe, tre nga tre. 3.*bot* trigjethësh.

terrace['teris] *n,v -n* 1.brezare, taracë. 2.rrugë në shpat. 3.hajat, taracë, verandë.4.*ndërt* taracë (ndërtese).5.*Br* varg shtëpish ngjitur.

-*vt* taracoj; hap brezare.

terraced house *n Br* varg shtëpish ngjitur.

terracotta['terë'kotë] *n* baltë e pjekur, terrakotë; enë balte, baltore.

terra firma['terë'fë:më] *n* stere; tokë.

terrain[te'rein, 'terein] *n* truall; tokë; vend; terren.

terrapin['terëpin] *n zool* breshkë uji.

terrarium[të'reriëm] *n* 1.serrë. 2.vend i mbuluar (me xhama, plastmas) për mbajtje kafshësh të vogla.

terrazzo[te'ra:cou] *n* dysheme granili.

terrestrial[të'restriël] *adj* 1.tokësor.2.i kësaj bote.

terrestrial globe *n* 1.*astr* Toka, rruzulli tokësor. 2.glob i tokës.

terrible['terëbël] *adj* 1.i tmerrshëm.2.*fig* i madh, i jashtëzakonshëm. 3.i padurueshëm.

terribly['terëbli] *adv* 1.shumë, jashtëzakonisht. 2. për faqe të zezë, shumë keq(këndoj, interpretoj).

terrier['terië:] *n* 1.qen gjahu, langua. 2.*Br usht* : the terriers forcat territoriale.

terrific[të'rifik] *adj* 1.i tmerrshëm, i frikshëm. 2. tepër i madh, i jashtëzakonshëm; e çmendur(shpejtësi).3.i shkëlqyer, fantastik.

terrifically [të'rifikëli] *adv* 1. tepër, jashtëzakonisht. 2.shkëlqyeshëm, për mrekulli.

terrify ['terëfai] *vt* tmerroj, i fus tmerrin, i kall datën.

terrifying['terëfajing] *adj* tmerrues, i llahtarshëm.

terrifyingly['terëfajingli] *adv* me tmerr; në mënyrë të frikshme.

territorial[terë'to:riël] *adj,n -adj* territorial; tokësor; territorial waters ujra territoriale.

-*n Br usht* ushtar i forcave territoriale; the Territorials forcat territoriale.

territory ['teritëri] *n* 1. trevë, territor, tokë; vend. 2.*fig* lëmë, fushë.

terror['terë:] *n* 1.tmerr, llahtarë; go in terror of sb/of one's life kam tmerr prej dikujt; tmerrohem për jetën time; he was the terror of his neighbourhood ai ishte tmerri i lagjes. 2.terror.

terrorism['terërizm] *n* terrorizëm.

terrorist['terërist] *n,adj* terrorist; terrorist bombing atentat me tërbimë.

terroristic[terë'ristik] *adj* terrorist.

terrorization[terërë'zeishën, terërai'zeishën] *n* terrorizim.

terrorize['terëraiz] *vt* 1.tmerroj, i kall frikë. 2.terrorizoj.

terror-stricken['terë:'strikën] *adj* i tmerruar.

terry['teri] *n* peshqir tip sfungjer.

terry cloth, terry towelling   shih terry.

terse[të:s] *adj* i shkurtër, i përmbledhur, lakonik.

tersely['të:sli] *adv* shkurt; prerë.

terseness['të:snis] *n* ton i prerë, vrazhdësi.

tertian['të:shën] *n,adj mjek -n* ethe që acarohet çdo dy ditë.

-*adj* i përdyditshëm, që ndodh një herë në dy ditë.

tertiary['të:shëri] *adj,n -adj* 1.*gjeol* terciar, tretësor. 2.passhkollor; tertiary education arsim passhkollor.

-*n gjeol* Terciar, Tretësor.

terylene['terëli:n] *n Br* tergal(lloj poliesteri).

tessellated['tesileitid] *adj* me mozaik.

tessellation['tesi'leishën] *n* mozaik.

tessera['tesërë] *n* 1.copë(xhami, mermeri) mozaiku. 2.hajmali.

test[test] *n,v -n* 1.provim, test, detyrë kontrolli. 2. *tek* prove; run a test on a machine kaloj në provë një makinë.3.*mjek,kim* analizë; ekzaminim; blood test analizë gjaku; hearing test ekzaminim i veshëve; kontroll i dëgjimit.4.*aut* prove patente, provim për dëshmi aftësie; fail/pass the test mbetem; e kaloj provën. 5.*Br sport* ndeshje.6.kriter; if they apply the test of visual appeal po qe se zbatojnë kriterin e paraqitjes së jashtme. + put to the test vë në provë; stand the test e kaloj provën.

-*v* 1.provoj, kaloj në provë; they tested her for the job ata e kaluan në provë për ta marrë në punë; 'testing, testing' 'prova teknike'. 2. *mjek, kim* analizoj; ekzaminoj; test sb for diabetes i bëj dikujt analizat e diabetit; test for sugar analizoj sheqerin (në organizëm); test the water a)bëj analizat e ujit; b)*fig pol* mas pulsin.3.kontrolloj; test for a gas leak kontrolloj mos ka ndonjë rrjedhje gazi.

+test out provoj; kaloj në provë(një pajisje etj).

testa['testë] *n* 1.*zool* guaskë; zhguall. 2.*bot* cipë e fortë(e bardhamës).

testacy['testësi] *n drejt* lënie testamenti.

testament['testëmënt] *n* 1.testament.2.Testament *fet* Dhjatë; *gj.fol* Dhjata e Re.

testamentary[testë'mentëri] *adj drejt* testamentar; me testament.

testate['testeit] *adj drejt* që ka lënë testament.

testator[tes'teitë:] *n drejt* testamentlënës.

testatrix[tes'teitriks] *n drejt* testamentlënëse.

test ban *n* traktat ndalimi provash bërthamore.

test case *n drejt* rast që mund të krijojë precedent.

test-drive ['testdraiv] *v aut* ngas për ta provuar (një makinë).

tester I['testë:] *n* 1.provues, kontrollor. 2.aparat kontrolli.

tester II['testë:] *n* perde krevati, baldakin.

testes['testi:z] *n pl* i testis.

testicle['testëkël] *n anat* herdhe, koqe.
testification[testëfi'keishën] *n* pohim solemn; de-
klaratë solemne; dëshmim.
testify['testëfai] *v* 1.*drejt* dëshmoj, dal dëshmitar,
jap dëshmi; **testify against/in favour of sb** dësh-
moj në mbrojtje të/kundër dikujt. 2.*fig* dëshmon,
tregon, provon; **testify to sth** dëshmon për diçka.
testily['testili] *adv* me ton të prerë; me inat.
testimonial[testë'mouniël] *n,adj* -*n* 1.dëshmi; re-
komandim, letër referimi. 2.dhuratë, kujtim(në
shenjë nderimi). 3.*fig* dëshmi.
-*adj* rekomandues, rekomandimi(letër etj).
testimony['testëmouni] *n* 1.*drejt* dëshmi, depo-
nim; provë.2.pohim.
testing['testing] *n* 1.provë, vënie në provë(edhe
fig); **nuclear testing** provë bërthamore. 2.analizë.
3.eksperimentim(i një ilaçi). 4.kontroll. 5.provim,
testim.
testing bench *n tek* bankë prove.
testing ground *n tek,fig* bankë prove.
testis['testis] *n pl* **testes** shih **testicle**.
testosterone[tes'tostëroun] *n mjek* testosteron.
test pilot *n* pilot që provon tipat e rinj të avionëve.
test tube *n kim* provëz, epruvetë.
testy['testi] *adj* gjaknxehtë, idhnak.
tetanus['tetënës] *n mjek* tetanoz, sharrëz.
tetany['tetëni] *n mjek* spazmë muskulare.
tetchily['teçili] *adv Br* me inat, me gjaknxehtësi.
tetchiness['teçinis] *n Br* gjaknxehtësi.
tetchy['teçi] *adj Br* gjaknxehtë, idhnak.
tête-à-tête['teitë'teit] *adv,adj,n* -*adv,adj* kokë-më-
kokë, vetëm-për-vetëm.
-*n* 1.bisedë/takim kokë-më-kokë. 2.kanape dyshe
(për të biseduar kokë-më-kokë).
tether['tedhë:] *n,v* -*n* litar, kapistall. + **be at the
end of one's tether** më është sosur durimi, s'më
mbajnë më nervat.
-*vt* lidh pas hurit(kalin etj).
tetra-['tetrë] *pref* katër-.
tetrachord['tetrëko:d] *n muz* tetrakord, akord ka-
tër notash.
tetracycline[tetrë'saikli:n] *n farm* tetraciklinë.
tetrad['tetræd] *n* 1.katërshe. 2.*kim* atom/element
katërvalentësh. 3.*biol* katërshe kromozomesh.
tetragon['tetrëgën] *n mat* katërkëndësh.
tetrahedron[tetrë'hi:drën] *n mat* katërfaqësh.
tetravalent[tetrë'veilënt] *adj kim* katërvalent.
tetroxide[te'troksaid] *n kim* katëroksid.
tetter['tetë:] *n* sëmundje me kruarje.
Teutonic[tju:'tonik] *adj,n* gjermanik.
Texan['teksën] *adj,n* -*adj* i Teksasit, nga Teksasi.
-*n* banor i Teksasit.
Texas['teksës] *n gjeog* Teksas.
text[tekst] *n* 1.tekst; **100 pages of text** 100 faqe
tekst. 2.çështje; temë. 3.libër mësimi.

textbook['tekstbuk] *n* libër mësimi, tekst mësimor.
+ **a textbook case of...** një shembull klasik i...
text editor *n kmp* afishues/paraqitës tekstesh.
textile['tekstail] *n,adj* -*n* tekstil, pëlhurë.
-*adj* tekstil; **textile industry** industri tekstile.
textual['teksçuël] *adj* 1.teksti, i tekstit(gabim etj).
2.*gjuh* tekstuale, e mbështetur në tekst(analizë).
textual criticism *n polig* konfrontim me origji-
nalin.
textually['teksçuëli] *adv* fjalë për fjalë, tekstua-
lisht.
textural['teksçërël] *adj* 1.thurjeje, i thurjes. 2.i
strukturës, strukturor, ndërtimor, i përbërjes.
texture['teksçë:] *n* 1.thurje, endje.2.ndërtim, struk-
turë, përbërje. 3.kokrrizitet.
textured ['teksçë:d] *adj* 1. me njëfarë strukture
/përbërjeje. 2.i krehur(lesh).
T-group['ti:gru:p] *n* grup njerëzish nën drejtimin
e një psikologu.
Th shkurtim për **thorium**.
Thai[tai] *n,adj* -*n* 1.tailandez. 2.gjuhë tailandeze.
-*adj* tailandez.
Thailand['tailænd] *n gjeog* Tailandë.
thalium['thæliëm] *n kim* talium(element).
Thames[temz] *n gjeog* Temzi, lumi Temz(i Lo-
ndrës). + **he'll never set the Tames on fire** s'ka bë-
rë ndonjë gjë të madhe; sikur ka shtënë me top!
than[dhæn, dhën] *conj, prep* 1.se, sesa; **you
better go by bus than by train** më mirë shkohet
me autobus se me tren; **less/more than 20** më
pak/më shumë se 20; **more than once** më se një
herë. 2.përveçse; **how else can I come than on
foot?** si mund të vi ndryshe përveçse në këmbë?
thane[thein] *n hist* zotëri; baron; kryetar fisi, baj-
raktar.
thank[thænk] *v,n* -*v* falënderoj; **do thank her
for me** falënderoje nga ana ime; **no thank you** jo,
falemnderit; **thank goodness, thank God, thank
heavens!** lavdi zotit! **we've got to thank you for
that** këtë ta dimë ty për falemnderit; **she's only got
herself to thank** askush nuk ia ka fajin veç vetes.
-*n pl* **thanks** falënderim; mirënjohje; **thanks!** fa-
lemnderit! **thanks a lot!** shumë falemnderit! **many
thanks for helping us** shumë faleminderit që na
ndihmuat! **that's all the thanks he got!** ja, kështu ia
shpërblyen! + **thanks to** në sajë të; falë; **thanks to
you** në sajën tënde.
thankful['thænkful] *adj* mirënjohës; i kënaqur;
let us be thankful they didn't come të themi
shyqyr që nuk erdhën.
thankfully['thænkfuli] *adv* me mirënjohje.
thankfulness['thænkfulnis] *n* mirënjohje.
thankless ['thænklis] *adj* 1.mosmirënjohës. 2.që
nuk shpërblehet, që nuk ia vlen(ta bësh).
thanklessly['thænklisli] *adj* me mosmirënjohje.

thanksgiving[thænks'giving] *n* falënderim.
that[dhæt, dhët] *adj,pron,conj,adv* -*adj pl* **those**
ai; ajo; **where's that dog of his?** ku është ai qeni i tij
i famshëm? **that Sunday** atë të diel; **this way and
that** sa andej këndej.
-*pron* 1.(dëftor) ai; ajo; ky; kjo; **who's that?** kush
është ai? **do you like that?** të pëlqen kjo? **that's
fine!** mrekulli! **is that you, Tom?** ti je, Tom? **as for
that!** sa për atë/këtë; **so that was that** kaq ishte ajo
punë; dhe kështu u vendos; **that is to say** dome-
thënë; **leave it at that for today** mjafton për sot;
did she come? - that she did! erdhi? - oj, të ardhur!
those who/which ata që, ata të cilët. 2.(lidhor) që, i
cili; e cila; **the letter that you wrote** letra që
shkrove; **fool that he is!** sa budallë që është! **the
man that I told you about** personi për të cilin të fo-
la; **the winter that it was so cold** dimrin që bëri aq
ftohtë. +**at that** *gj.fol* a)me kaq(e lëmë); b)siç erdhi
puna: **we may need more money at that** siç erdhi
puna, mund të na duhen më shumë para; **in that** nga
që, me që; **our plan is superior in that it is
simpler** plani ynë është më i mirë, nga që është më
i thjeshtë; **that's that** *gj.fol* pikë, mbaroi: **you're not
going, and that's that** s' ke për të shkuar dhe pikë!
-*conj* 1.se, që; **you said that...** ti the që...; **not that
I want to go there** jo se dua të shkoj. 2.: **so that, in
order that** në mënyrë që.
-*adv* 1.aq, kaq; **that late** aq vonë; **that much** kaq
shumë. 2.kaq shumë; **it was that cold!** bënte një të
ftohtë që! **he was that ill!** ishte shumë sëmurë!
thatch[thæç] *n,v* -*n* 1.kashtë; gjethe palme; ka-
llama(për çati). 2.çati kashte. 3.*gj.fol* flokë.
-*vt* mbuloj me kashtë.
thaumaturgy['thomëtë:xhi] *n* magji; mrekullira.
thaw[tho:] *v,n* -*v* 1.shkrin(bora, akulli). 2.ngro-
het(edhe *fig*); **it's thawing** po ngrohet koha.
3.shkrij.
the[dhë; dhi:] *nyjë e shquar,adv* -*nyjë* : **at the,
to the** tek; **translated from the English** përkthyer
nga anglishtja; **play the piano** luaj në piano; **10
Leks to the kilogram** 10 lekë kilogrami; **be paid
by the hour** paguhem me orë; **sold by the dozen**
shiten me dyzina; **he is the man for the job** ai është
tamam njeriu që duhet për atë punë; **its the colour
just now** kjo është ngjyra e kohës/e modës; **the
cheek of it!** ç'paturpësi!
-*adv* sa; aq; **all the better!** aq më mirë! **the more
the better** sa më shumë aq më mirë; **the sooner the
better** sa më shpejt më mirë; **all the more so
because** sidomos nga që.
theater, *Br* **theatre**['thiëtë:] *n* 1.teatër; **go to the
theater** shkoj në teatër. 2.sallë; **lecture theater**
sallë leksionesh. 3.*mjek* sallë operacioni. 4.*usht* are-
në, teatër (i veprimeve luftarake); **theatre of war**
arenë lufte.

theatre company *n teat* trupë teatrale.
theatregoer['thiëtë:gouë:] *n* amator teatri.
theater-in-the-round['thië:tërindhë'raund] *n* tea-
tër me skenë në qendër.
theatric[thi'ætrik] *adj* teatror, teatral.
theatrical[thi'ætrëkël] *adj,n* -*adj* 1.teatror, tea-
tral. 2.*fig* teatral, për efekt.
-*n pl* 1.shfaqje teatrale(amatorësh). 2.*fig* komedi;
what were all those theatricals about? përse
duhej e gjithë ajo komedi?
theatrically[thi'ætrikëli] *adv* në mënyrë teatrale.
thee[dhi:] *pron vjet,poet* ti; ty.
theft[theft] *n* vjedhje.
thegn[thein] *n* shih **thane**.
thein(e)['thi:ën] *n* kafeinë.
their[dheë:, dhë:] *adj* i/e tyre.
theirs[dheë:z] *pron* i tyri; e tyrja; **this house is
theirs** kjo shtëpi është e tyrja; **a friend of theirs** një
mik i tyri; **it's no fault of theirs** nuk është faji i tyre;
it's not theirs to decide nuk u takon atyre të
vendosin.
theism['thiizëm] *n filoz* teizëm.
them[dhem, dhëm] *pron* ata; ato; atyre; **if I were
them** të isha në vendin e tyre; **it's them!** ata janë!
I'm speaking to them po flas me ta, po u flas atyre;
both of them që të dy; **none of them** asnjëri prej
tyre; **she's one of them** ti e di se ç'mall është.
thematic[thi'mætik] *adj* tematik.
theme[thi:m] *n* 1.temë; subjekt. 2.*muz* temë, mo-
tiv. 3.*gjuh* temë. 4.*amer* hartim; detyrë me shkrim.
themselves[dhem'selvz] *pron* vetë; veten; **they
brought it themselves** e sollën vetë; **all by them-
selves** krejt vetë; **they said to themselves** thanë me
vete.
then[dhen] *adv,n,adj* -*adv* 1.atëherë, në atë ko-
hë; **before then** para kësaj,deri atëherë; **by then he
knew** në atë kohë e kishte marrë vesh; **every now
and then** herë pas here; **since then** qysh atëherë, që
nga ajo kohë; **then and there, there and then** aty
për aty, në vend. 2.pastaj; **and then what?** e pastaj,
çfarë? **first to Tirana then to Prishtina** së pari në
Tiranë, pastaj në Prishtinë. 3.në atë rast, atëhere; pra;
but then that means that... atëhere kjo do të thotë
që...; **now then what's the matter?** si është puna,
pra? 4.veç kësaj, për më tepër; nga ana tjetër;
gjithashtu; **and then it's none of your business**
veç kësaj, kjo s'është puna jote; **and then again/but
then they have always helped us** sidoqoftë, ata na
kanë ndihmuar gjithmonë.
-*n* ajo kohë; **by then** deri atëherë, deri në atë kohë.
-*adj* i atëhershëm; **the then President** Presidenti
i atëhershëm.
thence[thens, dhens] *adv* 1.që andej; prej aty; **a
few meters thence was a shop** disa metra më tej
ishte një dyqan. 2.që nga ajo kohë; **a month thence**

një muaj më pas. 3.prandaj, për këtë arsye, si rrjedhim; **she didn't work, thence no pay** ajo nuk punoi, prandaj s'ka për të marrë gjë.

thenceforth[thens'fo:th, dhens'fo:th] *adv* që nga ajo kohë e tutje, që andej e tutje.

thenceforward[thens'fo:wë:d, dhens'fo:wë:d] *adv* shih **thenceforth**.

theocracy[thi'okrësi] *n* teokraci.

theocrat['thiëkræt] *n* teokrat.

theocratic[thio'kraætik] *adj* teokratik.

theodolite[thi'odëlait] *n* teodolit.

theologian[thië'louxhën] *n* teolog.

theological[thië'loxhëkël] *adj* teologjik.

theology[thi'olëxhi] *n* teologji.

theorem['thiërëm] *n mat* teoremë.

theoretic(al)[thië'retik(ël)] *adj* teorik.

theoretically[thië'retikëli] *adv* teorikisht; në teori.

theoretician[thiërë'tishën] *n* teoricien.

theorist['thiërist] *n* teoricien; autor teorish.

theorize['thiëraiz] *v* teorizoj; përpunoj teori; **theorize that..** ngre hipotezën që...

theory['thiëri] *n* 1.teori; **in theory** në teori, teorikisht. 2.ide, mendim, pikëpamje.

therapeutic(al)[therë'pju:tikël] *adj mjek* terapeutik.

therapeutics[therë'pju:tiks] *n mjek* terapi.

therapeutist[therë'pju:tist] *n mjek* terapeut, terapist.

therapist['therëpist] *n* shih **therapeutist**.

therapy['therëpi] *n mjek* terapi.

there[dheë:, dhë:] *adv,n,interj* -*adv* 1.aty, atje; **put it there** lëre aty; **when she left there** kur iku prej andej; **back/down/over there** atje; **from there** prej atje; **here and there** aty-këtu. 2.ja; **there he is!** ja ku është! **there they go!** ja ku po ikin! **I disagree with you there** nuk jam dakord me ty në këtë pikë; **hey you there!** ej, ti!(ju!); **hurry up there!** ju atje, nxitoni! **there you are, I told you that..** e shikon, ta kisha thënë se...**there he goes again!** ja, filloi prap! **you've got me there!** po më habit me këtë! 3.(në shprehje) : **there is; there are** ka, gjendet; ka, gjenden; **there are 2 pages missing** mungojnë dy faqe; **there comes a time when..** vjen një kohë që..; **there's no denying it** këtë s'e mohon dot, s'ka dyshim. + **all there** *gj.fol* a)zgjuar; b)në rregull, qiqër(nga mendja): **he's all there** i kupton të gjitha, s'është aspak budallë; **he's not all there** a)është ca i leshtë; b)ka rrjedhur ca, s'është fort në rregull. -*n* ai vend; **from there go on to Montreal** prej aty vazhdon për në Montreal.

-*interj* hë!; ej!; na!; **there, there, don't cry!** ej,ej! mos qaj tani!; **there, take this** na, merre këtë.

thereabout(s)['dheërëbaut(s)] *adv* 1.aty pranë, aty rrotull; në afërsi. 2.afërsisht, rreth; **$20 or thereabouts** rreth 20 dollarë.

thereafter[dheër'æftë:, -'a:ftë:] *adv* 1.pas kësaj, që andej e tutje. 2.si pasojë.

thereat [dheër'æt] *adv* 1. në atë kohë. 2. nga ai shkak, për atë arsye. 3.në atë vend, atje.

thereby[dheër'bai, 'dheërbai] *adv* 1.në këtë mënyrë; me anë të kësaj. 2.në lidhje me këtë. 3.aty pranë.

therefor[dheër:'fo:] *adv* për këtë, për atë.

therefore['dheë:'fo:] *adv* për këtë arsye; prandaj; si rrjedhim; si pasojë.

therefrom[dheë:'from] *adv* prej kësaj; prej andej.

therein[dheër'in] *adv* 1.aty; në atë vend. 2.në atë mënyrë; nga kjo pikëpamje.

thereinto[dheër'intu:] *adv* 1.aty; në atë vend. 2. në atë pikëpamje.

there'll ['dheërël] shkurtim për **there will; there shall**.

thereof[dheër'ov] *adv* 1.që andej; nga ku.2.prej saj/tij.

thereon[dheër'on] *adv* 1.për të, mbi atë. 2.në vazhdim, pas kësaj.

there's[dheë:z] shkurtim për **there is**.

thereto[dheë:'tu:] *adv* 1.për atje; **the road thereto** rruga për atje. 2.veç kësaj; gjithashtu.

theretofore[dheë:të'fo:] *adv* para kësaj; deri atëherë.

thereunder[dheërʌndë:] *adv* 1.nën të. 2.në përputhje me të.

thereupon [dheërë'pon] *adv* 1.pas kësaj. 2.nga kjo, për këtë arsye. 3.mbi këtë, mbi të.

therewith[dheër'widh] *adv* 1.veç kësaj, mbi këto 2.sakaq.

therewithal[dheër'widhël] *adv* 1.me këtë, me të. 2.veç kësaj; gjithashtu.

thermal['thë:mël] *adj,n* -*adj* 1.*fiz* termik; **British thermal unit** (shkurt **BTU**) njësi termike (= 252 kalori). 2.termal(burim). 3.të ngrohta(ndërresa). -*n meteo* rrymë ajri ngjitëse.

thermal barrier *n fiz* barrierë termike.

thermal baths *n* llixha.

thermal breeder, thermal reactor *n* reaktor termik.

thermal spring *n* burim i nxehtë, burim termal.

thermic['thë:mik] *adj* shih **thermal**.

thermionic[thë:mi'onik] *adj,n el* -*adj* termojonik. -*n pl* termojonikë.

thermoionic tube/valve *n* tub elektronik.

thermo-['thë:mou] *pref* termo-.

thermocouple['thë:moukʌpël] *n* termoçift.

thermodynamic['thë:moudai'næmik] *adj,n* -*adj* termodinamik. -*n pl* termodinamikë.

thermoelectric['thë:moui'lektrik] *adj* termoelektrik.

thermograph['thë:mougræf] *n* termograf.

thermography[thë:'mougrëfi] *n* termografi.

thermometer[thë:'momitë:] *n* termometër.

thermonuclear['thë:mou'niuklië:] *n* termobërthamor.

thermoplastic[thë:mou'plæstik] *adj,n -adj* termoplastik, i zbutshëm në të nxehtë.

-*n* material termoplastik.

thermos ['thë:mës] *n* termos; **thermos bottle /flask** termos.

thermoset[thë:mou'set] *adj,n -adj* i mpiksshëm në të nxehtë.

-*n* material (plastik) i mpiksshëm në të nxehtë.

thermosphere['thë:mësfië:] *n astr,fiz* termosferë.

thermostat['thë:mëstæt] *n* termostat.

thesaurus[thi'so:rës] *n* 1.thesar. 2.*gjuh* fjalor sinonimik.3.*kmp* fjalor, fond fjalësh.

these[dhi:z] *adj,pron pl* i **this** këta; këto.

thesis['thi:zis] *n pl* **theses**['thi:si:z] *n* 1.tezë. 2.punë diplome; disertacion; temë shkencore (doktorati etj).

Thespian['thespiën] *adj,n -adj* dramatik; tragjik.

-*n* aktor.

theta['theitë, 'thi:të] *n* gërma greke theta, θ.

thews[thju:z, thu:z] *npl* 1.muskuj. 2.tejzë, gilcë.

they[dhei] *pron* 1.*pl* i **he, she, it** ata.2.*gj,fol* bota, njerëzit; **they say that**...thonë që.., thuhet se...

they'd [dheid] shkurtim për **they had; they would**.

they'll[dheil] shkurtim për **they will**.

they're[dheë:, dhë:] shkurtim për **they are**.

they've[dheiv] shkurtim për **they have**.

thick[thik] *adj,adv,n -adj* 1.i trashë; **grow/become thicker** trashet. 2.i trashë; viskoz(lëng); **make thick** trash(supën); **in a thick voice** me zë të trashë/të ngjirur.3.i dendur(pyll, tym, flok, mjegull). 4.i mbushur, plot me; **air thick with smoke** ajër /ambient plot tym; **the town was thick with tourists** qyteti gëlonte nga turistët.5.të afërt, të lidhur; **they are as thick as thieves** janë të lidhur si mishi me thoin; **she's very thick with him** janë shumë të lidhur bashkë. 6.*Br fig* i trashë, kokëtul; **he's as thick as a brick/as two short planks** është truderr/pykë fare nga trutë.7.*gj.fol* e fortë, e tepruar; **that's a bit thick!** *Br* si tepër e fortë kjo! + **give sb a thick ear** ia ndreq qejfin /samarin dikujt; **have a thick skin** e kam lëkurën të trashë.

-*adv* 1.trashë; në shtresë të trashë. 2.dendur; **arrows fell thick and fast** shigjetat binin si breshër. + **lay it on thick** *gj.fol* vras të trasha, ekzagjeroj.

-*n* 1.tul, mish, pjesë e trashë. 2.*fig* mes, palcë; **in the thick of the fight** mu në mes të përleshjes. + **through thick and thin** përmes gjithfarë furtunash; si në kohë të mirë ashtu dhe në kohë të këqia.

thicken['thikën] *v* 1.trash. 2.trashet. 3.*fig* ndërlikohet, koklavitet(subjekti etj).

thickening['thikëning] *n* 1.trashës(për supën etj). 2.trashim, pjesë e trashur. 3.trashje.

thicket['thikit] *n* shkorret, shkurrmajë.

thickheaded['thikhedid] *adj* kokëtrashë, kokëtul; kokëfortë, kokëderr.

thickish['thikish] *adj* paksa i trashë.

thick-knit['thiknit] *adj,n -adj* i thurur trashë, me lesh të trashë.

-*n* triko e trashë.

thick-lipped['thiklipt] *adj* buzëtrashë.

thickly['thikli] *adv* 1.trashë; në shtresë të trashë. 2.me zë të trashë/të ngjirur. 3.dendur; **the snow fell thickly** binte borë e dendur; **thickly populated region** zonë me popullsi të dendur.

thickness['thiknis] *n* 1.trashësi. 2.dendësi(e mjegullës, e pemëve, e flokëve). 3.shtresë.

thickset['thikset] *adj,n -adj* 1.të mbjella/të ngulura afër e afër/dendur. 2.shulak; i lidhur; trupmadh, shpatullgjerë.

-*n vjet* shkorret.

thick-skinned['thik'skind] *adj* 1.lëkurëtrashë(portokall etj). 2.*fig* i pandieshëm, lëkurëtrashë.

thick-skulled['thik'skʌld] *adj* shih **thick-eaded**.

thick-witted['thik'witid] *adj* kokëtrashë, kokëtul.

thief [thi:f] *n pl* **thieves** hajdut, vjedhës; **once a thief always a thief** *prov* hajduti hajdut mbetet; **stop thief!** kapeni hajdutin! **thieves' kitchen** strofull hajdutësh.

thieve[thi:v] *v* vjedh.

thievery['thi:vëri] *n* vjedhje, hajdutllëk.

thieves[thi:vz] *n pl* i **thief**.

thieving['thi:ving] *n,adj -n* vjedhje.

-*adj* vjedhacak.

thievish['thi:vish] *adj* 1.vjedhës, vjedhacak.2.vjedharak; tinëzar.

thigh[thai] *n anat* kofshë.

thighbone ['thaiboun] *n anat* kofshor, kockë e kofshës.

thill[thil] *n* mashkull i qerres, shtizë.

thimble['thimbël] *n* gishtëz(për qepje).

thimbleful['thimbëlful] *n* një çikëz, një majë.

thin [thin] *adj,adv,v -adj* 1. i hollë (gisht, fetë, flok). 2.i dobët, i thatë, hollak; **as thin as a rake/as a lath** i hollë si petës. 3.i hollë; i lëngshëm; **make thinner** holloj (bojën, supën etj). 4.i rrallë(pyll, flok); **he's rather thin on top** i kanë rënë ca flokët; **disappear/vanish into thin air** zhduket pa lënë gjurmë, humbet si kripa në ujë. 5.i pakët(fitim). 6.*fig* jobindës(argument, histori, shfajësim). 7.i hollë (zë). + **thin skin** *fig* lëkurë e hollë; **have a thin time of it** *gj.fol* kaloj një kohë të vështirë.

-*adv* hollë; në shtresë të hollë.

-*v* 1.holloj(bojën etj). 2.rralloj(pemët etj). 3.rrallohet; shpërndahet(turma, mjegulla); pakësohe(numri).

+**thin down** a)dobësohem; hollohem; b)holloj.

+**thin out** a)rrallohet; shpërndahet; b)rralloj(pemët); c)shpërndaj(turmën); d)pakësoj(popullsinë).

thine[dhain] *adj,pron vjet,poet* yt, jot; tu, tuaj.

thing[thing] *n* 1.gjë, send; **such things as** gjëra të tilla si; **the good things in life** kënaqësitë e jetës; **think the right things** mendoj siç duhet.2.*pl* plaçka, rroba, tesha; sende, gjëra; **take your things off!** zhvishu, hiqi rrobat! **swimming things** rroba banje. 3.çështje, punë, gjë; **they have a few things more to do** kanë edhe ca gjëra për të bërë; **the first thing on the agenda** çështja e parë e rendit të ditës; **think things over** i mendoj punët; **as things are** kështu siç janë punët; **how is things?** si i ke punët?; si po dukesh? **the thing is to know...** çështja është të marrim vesh..; **the thing is, he has been there** puna është se ai ka qenë atje; **for one thing, I don't like it** e para e punës, kjo s'më pëlqen; **that was a near/a close thing** ke/ka/keni/kanë shpëtuar për qime; **make a great thing of sth** e bëj të madhe/e bëj problem diçka. 4.krijesë; **poor little thing!** i shkreti!, vogëlushi i gjorë! **you horrid thing!** mor ters i dreqit! **I say, old thing** kështu, pra, or mik. 5. gjëja më e mirë, më e mira; fjala e fundit; gjë e modës; **just the thing for me** tamam ajo që më duhet; **the very thing!** pikërisht ajo që duhej! **the latest thing in swimsuits** modeli i fundit i rrobave të banjës; **it's the in thing** *gj.fol* kjo është në modë sot; **it's quite the thing nowadays** është shumë e kohës; **I don't feel quite the thing today** sot sikur s'jam fort në formë.6.pëlqim; lidhje dashurie; **do one's own thing** bëj atë që më pëlqen; **she had a thing with him last year** pati diçka me të vitin e kaluar; **he's got a thing for her** ka rënë në dashuri me të. + **do (one's) thing** *gj.fol* bëj një nga ato të miat; **know a thing or two** *gj.fol* marr vesh nga dynjaja; **make a good thing of** *gj.fol* përfitoj nga; **see things** shoh ëndrra me sy hapur; kam haluçinacione.

thingamajig['thingëmëxhig] *n gj.fol* shih **thingum(a)bob.**

thingum(a)bob['thingëmëbob] *n gj.fol* gjësend, vërrtimushkë (një gjë që s'më kujtohet emri).

think[think] *v,n -v* (**thought**) 1.mendoj; **think again!** mendohu edhe njëherë! **let me think** ta mendoj pak; **think big** *gj.fol* kam idera; **I don't think!** *iron* s'ma ha mendja! 2.kam ndërmend, çoj nëpër mend, mendohem; kujtohem për; **he's thinking of/about resigning** po mendohet të japë dorëheqjen; **I didn't think to ask/of asking if...** nuk më shkoi mendja të pyesja nëse..; **I can't think of his address/of the right word** s'më kujtohet adresa e tij; s'më vjen fjala e përshtatshme. 3.përfytyroj; **think of her in a bikini!** përfytyroje pak me rroba banje! 4.konsideroj; kam mendim; quaj; gjykoj; **think highly/well of/well of sb/sth** kam mendim shumë të mirë/mjaft të mirë/të mirë për dikë/për diçka; **he is very well thought of in Kosova** ai gëzon nderim të madh në Kosovë; **think better of doing sth** heq dorë nga një gjë që doja të bëja; **she**

thinks herself intelligent ajo e quan veten të zgjuar. 5.pres, shpresoj; **I didn't think to find you here** nuk prisja të të gjeja këtu.

-n gj.fol të menduar; gjykim; **I'd like to have a think about it** dua ta mendoj njëherë këtë punë; **you've got another think coming!** e ke gabim!, s'e ke marrë vesh mirë!

+**think back** sjell ndër mend, vras mendjen.

+**think better of** a)ndërroj mendje; b)ndërroj mendim(për mirë) për dikë.

+**think out** shqyrtoj; bluaj në mend.

+**think over** mendoj, peshoj, gjykoj.

+**think through** shqyrtoj imtësisht.

+**think up** a)mendoj, sajoj(një plan); **what will she think up next?** çfarë tjetër mund të na sajojë? b)gjej(një zgjidhje).

thinkable['thinkëbël] *adj* i mendueshëm, i përfytyrueshëm; **it is not thinkable that..** është e papërfytyrueshme që...

thinker['thinkë:] *n* mendimtar.

thinking ['thinking] *adj, n -adj* 1.me arsye, me mend në kokë; **to any thinking person** për këdo që i ka mendtë në vend.2.i menduar. +**put on one's thinking cap** e mendoj njëherë(punën).

-n 1.mendim; **do some thinking about sth** e mendoj njëherë diçka. 2.mendime, opinion; **current thinking on...** mendimet e sotme për...

think tank *n gj.fol* qendër kërkimore; grup studiuesish.

thinly ['thinli] *adv* 1. hollë, në feta të holla; në shtresë të hollë. 2.rrallë; **thinly wooded area** zonë me drurë të rrallë. 3.*fig* lehtë, dobët; **a thinly disguised criticism** një kritikë e maskuar keq.

thinner['thinë:] *n,adj -n* tretës, hollues(bojërash). *-adj* shkalla krahasore e **thin.**

thinness['thinnis] *n* hollësi.

thinnish['thinish] *adj* paksa i hollë.

thin-skinned['thinskind] *adj* 1.lëkurëhollë(frut). 2.*fig* i ndieshëm, lëkurëhollë.

third[thë:d] *adj,n -adj* i tretë; **third person** a) person i tretë; b)*gram* vetë e tretë.

-n 1.*mat* një e tretë. 2.*aut* marsh i tretë; **in third** me të tretin. 3.*hek* klasë e tretë; **travel third** udhëtoj në klasë të tretë.4.diplomë pa vlerësim të veçantë.

third-class[thë:dklæs] *adj,n,adv -adj* 1.*hek* i klasës së tretë. 2.i kategorisë së tretë(hotel). 3.*fig* i keq, i dobët.

-n (edhe **third-class degree**) diplomë pa vlerësim të veçantë.

-adv 1.*hek* në klasë të tretë(udhëtoj). 2.*amer* tarifë (postare) për materiale të shtypura(libra etj).

third degree *n* torturë(nga policia); dajak; **give sb the third degree** *gj.fol* 'e përpunoj' mirë dikë.

third degree burn *n mjek* djegie e shkallës së tretë.

third estate *n hist* populli i thjeshtë.

thirdly['thë:dli] *adv* së treti, në radhë të tretë.

third party *n drejt* palë e tretë, i tretë.

third-party indemnity insurance *n* përgjegjësi qytetare.

third person *n gram* vetë e tretë.

third-rate ['thë:dreit] *adj* 1. i klasës së tretë. 2. i dobët, me cilësi të keqe, i dorës së fundit.

Third World(the -) *n pol* Bota e Tretë; Vendet në Zhvillim.

thirst[thë:st] *n,v* -*n* etje(edhe *fig*); **I've got a real thirst on me** kam shumë etje.

-*vi* jam i etur(edhe *fig*); **thirsting for blood/for revenge** i etur për gjak/për hakmarrje.

thirsty['thë:sti] *adj* 1.i etur(edhe *fig*); **be thirsty** jam i etur, kam etje. 2.e tharë, e djegur për ujë(toka).

thirteen[thë:'ti:n] *n,adj* -*n* trembëdhjetë.
-*adj* i trembëdhjetë.

thirteenth['thë:ti:nth] *adj,n* -*adj* i trembëdhjetë.
-*n mat* një e trembëdhjetë.

thirtieth['thë:ti:th] *adj,n* -*adj* i tridhjetë.
-*n mat* një e tridhjetë.

thirty['thë:ti] *adj,n* -*adj* i tridhjetë.
-*n* 1.tridhjetë. 2.*pl* vitet tridhjetë.3.*pl* të tridhjetat (moshë).

this[dhis] *adj,pron, adv* -*adj pl* these ky; kjo; **this week** kjo javë; këtë javë; **this time next year** si sot një vit, mot në këtë kohë; **how is this leg of yours?** hë, si e ke këmbën? **run that way and this** vrapoj sa andej këndej; **this policeman came up to me in the street** *gj.fol* m'u afrua një polic në rrugë.

-*pron* ky; kjo; **who's this?** kush është?; *amer* kush flet? (në telefon); **this is Diana** jam unë, Diana; **this is where I live** këtu banoj; **it was like this..** ja si ishte puna.., ja si ndodhi..; **like this** kështu; **talk of this and that** flasim për gjëra të ndryshme; **with this she left me** tha këtë dhe iku; **how much is this?** sa kushton kjo?

-*adv* aq,kaq; **this far** kaq larg; **this long** kaq i gjatë; **this much is certain/we do know** kaq gjë është e sigurt; kaq gjë a dimë të paktën.

thistle['thisël] *n bot* gjëmbaç, carangth.

thistly['thisli] *adj* me gjemba, gjembash.

thither['dhidhë:] *adv,adj* -*adv* andej; atje; **hither and thither** andej-këtej.
-*adj* i andejshëm.

thitherto['dhidhë:tu] *adv* gjer atëherë.

thitherward['dhidhë:wë:d] *adv* andej.

tho'[dhou] *conj, adv gj.fol* ndonëse, megjithëse.

thole[thoul] *n det* hallkë, kërrabë(për rremin).

thong[thong] *n* 1.rrip; lak (lëkure etj). 2.rrip mesi. 3.sandale me rrip mes gishtave. 4.kamzhik.

thoracic[tho:'ræsik] *adj* i kraharorit.

thorax[tho:ræks] *n anat* kraharor, gjoks.

thorium['tho:riëm] *n kim* torium(element).

thorn[tho:n] *n* 1.gjemb. 2.gjembaç. + **a thorn in one's side/flesh** halë në sy.

thorn apple *n bot* murrriz.

thorny['tho:ni] *adj* 1.gjembaç, ferrës, me gjemba. 2.*fig* i vështirë; shqetësues(problem).

thorough['thërou, 'thërë, 'thʌrë] *adj,adv,prep* - *adj* 1.i tërë, i plotë; tërësor; i thellë(shqyrtim etj). 2. i ndërgjegjshëm, i kujdesshëm, i përpiktë(punëtor, mjek etj).3.i tëri, fund e krye; **he's a thorough rascal** është maskara i tëri; **she felt a thorough idiot** iu duk vetja krejt budallaqe.

-*adv,prep vjet* përmes.

thoroughbred['thërëbred] *adj,n* -*adj* 1.prej race të pastër. 2.i edukuar; i mësuar(njeri).
-*n* 1.kalë race. 2.njeri i edukuar/i mësuar; **he's a real thoroughbred** është vërtet njeri i rrallë.

thoroughfare ['thërëfeë:] *n* 1. rrugëkalim, shteg. 2.rrugë kryesore; xhade; autostradë; **'no thoroughfare'** 'ndalohet kalimi'.

thoroughgoing['thërëgouing] *adj* 1.i plotë, tërësor. 2.i bindur(besimtar). 3.i mbaruar, i betuar(horr, kopuk).

thoroughly['thërëli] *adv* tërësisht, plotësisht; me themel.

thoroughness['thërënis] *n* 1.ndërgjegje, përpikëri (në punë). 2.gjerësi, shtrirje(e dijeve etj).

thorp[tho:p] *n vjet* fshat; qytezë.

those[dhouz] *adj,pron pl* i **that**.

thou[dhau] *pron vjet,poet* ti.

though[dhou] *conj, adv* -*conj* 1.megjithëse, ndo-nëse, sidoqë, sadoqë.2.edhe po, edhe nëse; **though I fail, I shall try again** edhe po dështova, do të për-piqem sërish. + **as though** sikur; thua se.

-*adv* megjithatë; **it's not easy though** s'është aq e lehtë megjithatë; **did she though!** shiko, shiko!

thought[tho:t] *n,v* -*n* 1.mendim; **be lost/deep in thought** jam i zhytur në mendime; **without thought for/of himself** pa menduar për vete/për interesin e vet; **don't give it another thought** mos e vrit më mendjen për këtë. 2.mendim; ide; **it's a happy thought** një ide mjaft e këndshme; **what a brilliant/a frightening thought!** një ide e shkël-qyer!; ç'mendim i frikshëm! 3.vëmendje; kujdes, përkujdesje; **show some thought for others** trego pak vëmendje për të tjerët. 4.qëllim, mendje; **his thought was to...** qëllimi i tij ishte të..; **she gave up all thought of marrying him** e hoqi mendjen nga martesa me të. 5.çikë, grimë; **be a thought more polite** tregohu pakëz më i sjellshëm; **a thought too large** një çikë më i gjerë/më i madh nga ç'duhet.

-*pt,pp* e **think**.

thoughtful['tho:tful] *adj* 1.i menduar, i zhytur në mendime. 2.i matur, i kujdesshëm; serioz. 3. i vëmendshëm, i kujdesur(për të tjerët); i sjellshëm; **how thoughtful of you!** gjë shumë e hijshme nga ana jote!

thoughtfully['tho:tfuli] *adv* 1.mendueshëm. 2.me maturi, me mend.

thoughtfulness['tho:tfulnis] *n* 1.pamje e menduar. 2.karakter serioz. 3.maturi; parashikim.

thoughtless['tho:tlis] *adj* 1.i pamenduar(veprim). 2.i shkujdesur; që s'e vret mendjen. 3.i pavëmendshëm, jo i gjindshëm (për të tjerët). 4. pa mend, budallë.

thoughtlessly['tho:tlisli] *adv* 1.pa kujdes, pa e vrarë mendjen. 2.pa u merakosur, pa e çarë kokën për të tjerët.

thoughtlessness['tho:tlisnis] *n* 1.shkujdesje, mosvrarje mendjeje; pamaturi. 2.pavëmendje, moskokëçarje për të tjerët.

thought-out['tho:t'aut] *adj* i menduar mirë; i paramenduar.

thought reading *n* lexim i mendimeve të të tjerëve; gjetje me telepati.

thousand ['thauzënd] *adj,n* -*adj* njëmijë; **a thousand thanks!** njëmijë herë falemnderit! -*n* njëmijë; **a/one/six thousand** njëmijë; gjashtë mijë; **a thousand odd** njëmijë; **thousands of** me mijëra; **they came in their thousands** erdhën me mijëra.

thousandfold['thauzëndfould] *adj,adv,n* njëmijëfish.

thousandth['thauzëntth] *adj,n* -*adj* i njëmijtë. -*n mat* një e mijtë, një e njëmijtë.

thral(l)dom['thro:ldëm] *n* skllavëri.

thrall[thro:l] *n* (edhe *fig*) 1.skllav. 2.skllavëri. + **be in thrall to** jam skllav i.

thrash[thræsh] *v,n* -*v* 1.rrah, shqep; i heq një dru të mirë. 2.*sport* dërrmoj, shpartalloj, mund keqas. 3.përplas(krahët, këmbët). 4.*bujq* shij. -*n Br zhrg* mbrëmje vallëzimi.

+**thrash about** a)luftoj, jap e marr; b)përplas.

+**thrash out** *fig* rrah(një problem).

+**thrash over** rishqyrtoj; shkoklavis.

thrashing ['thræshing] *n* 1. dru, dajak. 2. *sport* shpartallim.

thread[thred] *n,v* -*n* 1.pe, fill, fije; **nylon thread** fije nailon. 2.*mek* filetë; **left-hand thread** filetë majtas. 3.*pl amer zhrg* rroba; kostum.4.*damar*(minerali).5.*fig* fill(i arsyetimit); fije(shprese). + **hang by/on a thread** mbahem në një fije peri. -*v* 1.shkoj(perin, rruazat). 2.futem, depërtoj. 3.*mek* filetoj.

threadbare['thredbeë:] *adj* 1.i vjetëruar, shumë i përdorur, që i kanë dalë fijet. 2.*fig* bajat(argument, shaka); i dalë boje(justifikim).

threadlike['thredlaik] *adj* fijëzor, si fije.

threadworm['thredwë:m] *n mjek* rre, bubë.

thready['thredi] *adj* 1.fijëzor. 2.i dobët(puls).3.i mekur(zë).

threat[thret] *n* 1.kërcënim, kanosje. 2.*fig* paralajmërim.

threaten['thretën] *v* 1.kërcënoj, kanosem. 2.paralajmëroj; **black clouds threaten rain** retë e zeza paralajmërojnë shi. 3.rrezikoj.

threatening['thretning] *adj* 1.kërcënues, kanosës; kërcënimi(letër); **find sb threatening** ndihem i kërcënuar prej dikujt. 2.ogurzi(lajm).

threateningly['thretningli] *adv* kërcënueshëm; rrezikshëm; **threateningly close** tepër afër, afër në mënyrë të rrezikshme.

three[thri:] *n,adj* -*n* 1.tre, tri. 2.tresh(në letra, domino etj). 3.treshe; **the soldiers marched in threes** ushtarët marshonin në rresht për tre. + **three's a crowd** i treti është i tepërt. -*adj* i tretë; **chapter three** kreu i tretë.

three-act play *n teat* pjesë/dramë në tri akte.

three-cornered['thri:ko:në:d] *adj* 1.trekëndësh.2. trecepëshe(kapelë).

three-decker['thri:dekë:] *n* 1.*det* trikuvertëshe, me tri kuverta(anije). 2.trishtresësh; trekatësh.

three-D, three-dimensional['thri:'di:, thri:di'menshënël] *adj,n* -*adj* tripërmasor, tredimensionësh, në tri përmasa, me reliev(fotografi etj). -*n kin* film tredimensionësh.

threefold['thri:fould] *adj,adv,n* -*adj* i trefishtë. -*adv,n* trefish.

three-four['thri:fo:] *adj muz* tri të katërta.

three-legged ['thri:legd] *adj* me tri këmbë (stol, tavolinë, kafshë).

three-legged race *n sport* garë vrapimi me këmbët të lidhura.

three-martini lunch *n amer fig* drekë pune(që faturohet si shpenzim pune).

three-mile limit *n hist* kufi i ujrave territoriale.

threepence['thrʌpëns, 'threpëns] *n Br* tre pens.

threepenny['threpëni] *adj,n Br* -*adj* 1.trepensësh. 2.pa vlerë. -*n* monedhë trepensëshe.

threepenny bit *n Br hist* monedhë trepensëshe.

three-phase['thri:feiz] *adj* trifazësh, trefazor.

three-piece suite *n* komplet kolltuqesh(me një kanape e dy kolltuqe).

three-ply['thri:plai] *adj* 1.trishtresësh. 2.trifijësh (fill).

three-point turn *n aut* kthim me tre manovrime.

threequarter[thri:'kwo:të:] *adj* 1.treçerekëshe (mëngë etj). 2.në treçerek profil(portret).

three-quarters['thri:'kwo:të:s] *n* treçerek.

three-ring circus *n amer fig* cirk i vërtetë.

three R's *n* tri R-të(lexim, shkrim, aritmetikë).

threescore['thri:sko:] *n* gjashtëdhjetë(tri herë 20); **threescore and ten** shtatëdhjetë.

three-sided['thri:saidid] *adj* 1.trifaqësh(trup). 2. tripalësh(takim, bisedim).

threesome['thri:sëm] *n* 1.treshe; **they went in a threesome** shkuan të tre. 2.lojë treshe/me tre vetë.

three-way['thri:wei] *adv* 1.në tresh(ndaj). 2.treshe, midis tri palësh(diskutojmë).

three-wheeler['thri:hwilë:] *n* 1.makinë me tri rrota. 2.triçikël.

threnody['threnëdi] *n* 1.këngë vaji. 2.*fig* qarje, ankime.

thresh[thresh] *vt* 1.*bujq* rrah; shij(grurin etj). 2. shkund; përplas.

+**thresh out** *fig* rrah gjerë e gjatë (problemin).

+**thresh over** e kaloj disa herë nëpër duar.

thresher['threshë:] *n bujq* 1.makinë shirëse. 2.shirës. 3.*zool* peshkaqen i madh.

threshing['threshing] *n bujq* shirje.

threshing machine *n bujq* makinë shirëse.

threshold ['thresh(h)ould] *n* 1. prag; **cross the threshold** kapërcej pragun. 2.portë, derë. 3.*fig* fillim, prag; **on the threshold of** në prag të. 4.*psik* cak/kufi/prag ndjeshmërie; **have a high pain threshold** e duroj shumë dhimbjen, kam kufi ndjeshmërie të lartë.

threshold price *n treg* çmim taban.

threshold wage policy *n Br ek* politikë e indeksimit/rregullimit të pagave(sipas çmimeve).

threw[thru:] *pt* e **throw**.

thrice[thrais] *adv* 1.tri herë. 2.tepër shumë.

thrift[thrift] *n* kursim, ekonomi.

thrift shop *n* dyqan artikujsh të rastit.

thriftiness['thriftinis] *n* kursim, ekonomi.

thriftless ['thriftlis] *adj* dorëlëshuar, dorëshpuar, prishaman.

thriftlessness['thriftlisnis] *n* dorëshpuarje, prishje pa kursim.

thrifty['thrifti] *adj* 1.kursimtar, i kursyer. 2. i begatë; **a thrifty farm** fermë e begatë.

thrill[thril] *n,v* -*ri* 1.drithmë, drithërimë; rrëqethje. 2.*fig* emocion, tronditje; **packed with/full of thrills** plot emocione(film etj).

-*vt* 1.dridhem, drithëroj; ngazëllehem. 2.*fig* elektrizoj, emocionoj. 3.dridhet(zëri).

thriller['thrilë:] *n* film/roman plot emocione.

thrilling ['thriling] *adj* emocionues; drithërues; tronditës(lajm).

thrive[thraiv] *vi* (**throve, thrived; thriven**) 1.lulëzon; harliset. 2.*fig* shkon mbarë; begatohet.

thriving['thraiving] *adj* 1.i shëndetshëm; i fuqishëm; i harlisur. 2.*fig* i mbarë, i begatë; i lulëzuar.

thro'[thru:] *prep, adv,adj amer* shih **through**.

throat[throut] *n* 1.*anat* fyt, grykë.2.gushë.3.hyrje, grykë(pusi, tuneli). + **be always at each other's throat** zihen e krihen tërë kohës; **jump down sb's throat** *gj.fol* i hidhem në grykë dikujt, sulmoj /kritikoj ashpër dikë; **lump in one's throat** lëmsh në grykë; **stick in one's throat** më mbetet në grykë (fjala).

throaty['throuti] *adj* grykor.

throb[throb] *v,n* -*vi* 1.rreh, pulson, regëtin(zemra etj); **a city throbing with life** qytet ku zien jeta.2.dridhet(zëri). 3.sëmbon, ther(plaga). 4.bie, gjëmon(daullja).

-*n* 1.rrahje, pulsim, regëtimë. 2.dridhje. 3.sëmbim,

therje.4.gjëmim.

throe[throu] *n zak pl* 1.grahmë; dhimbje therëse; **the throes of death/of childbirth** grahmat e vdekjes; dhimbjet e lindjes. 2.*fig* valë, dallgë, tallandi; **in the throes of a debate/of his book** në vorbullën e diskutimeve; në valën e punës për të shkruar librin.

thrombosis[throm'bousis] *n mjek* trombozë.

thrombus['thrombës] *n mjek* tromb, droçkë gjaku.

throne [throun] *n,v* -*n* 1. fron (mbretëror); **on the throne** në fron; **come to the throne** hipi në fron. 2.sovran.

-*vt* hipi/vë në fron.

throng[throng] *n,v* -*n* turmë; mizëri.

-*v* 1.dynden; gëlojnë. 2.mbush(turma rrugët etj);

thronged with people mbushur me njerëz.

thronging['thronging] *adj* i mbushur, i dyndur.

throttle['throtël] *n,v* -*n* 1.*tek* valvul. 2.*aut* pedal gazi. 3.fyt.

-*vt* 1.mbys(dikë). 2.*tek* i mbyll valvulën; i ul shpejtësinë. 3.*fig* frenoj.

+**throttle back/down** ngadalësoj(motorin).

through[thru:] *prep,adv,adj* -*prep* 1.përmes; nëpër; **go through the train** kaloj vagon më vagon; **be shot through the head** goditem në kokë; **look through a window** shikoj nga dritarja; **speak through one's nose** flas me hundë. 2.nga, nga shkaku i; **refuse help through pride** nuk pranoj ndihmë nga krenaria; **act through fear** veproj nga frika. 3.me, me anë të, nëpërmjet; **become rich through hard work** pasurohem me punë; **send through the post** dërgoj me postë. 4.gjatë; **Friday through Sunday** gjatë fundit të javës, nga e premtja deri të dielën; **stay through winter** rri gjatë gjithë dimrit; **all/right through her life, all her life through** gjithë jetën.5.në mbarim të; **they are through school at two** ata mbarojnë shkollën në ora dy.

-*adv* 1.mespërmes; tejpërtej; **the bullet/the nail went through** plumbi/gozhda doli tejpërtej; **go right through** bjeri mespërmes. 2.fund e krye, nga kreu ne fund; **read the book through** e lexoj librin nga kreu në fund; **are you through?**, did you get **through?** mbarove(me provimin)? **she's through with him** ajo ia ka dhënë duart atij. 3.kokë e kembë; plotësisht; **be wet through** bëhem qull i tërë; **he's an Albanian through and through** është shqiptar kokë e këmbë. 4.*Br tel* në lidhje(me dikë); **she'll put you through to him** do të të lidhje ajo me të. + **through and through** tërësisht, plotësisht.

-*adj* 1.direkt(tren). 2.për gjithë udhëtimin(biletë). 3.i pandërprerë(trafik). 4.i mbaruar, i përfunduar; **be almost through** pothuaj kam mbaruar. 5.i tejpërtejme.

throughout[thru:'aut] *prep,adv* -*prep* 1.kudo në; **throughout the world** kudo në botë, në të gjithë botën. 2.gjatë gjithë, tërë; **throughout her life** tërë jetën e saj.

-*adv* 1.kudo. 2.gjithë kohës.

throughput ['thru:put] *n* 1.*ind* përpunim; harxhim lëndësh të para. 2.*kmp* prurje, futje(informacioni).

through street *n amer* rrugë kryesore(që ka të drejtën e kalimit në kryqëzime).

throughway['thru:wei] *n amer* autostradë.

throve[throuv] *pt* e **thrive**.

throw[throu] *v,n* -*vt* (**threw; thrown**) 1.hedh; flak. 2.gjuaj, vërvis; **throw stones at** gjuaj me gurë. 3.plas, përplas, plandos.4.jap(një pritje); **throw a party** organizoj një festë; jap një pritje.5.*sport gj.fol* humbas me dashje(një ndeshje). 6.drejtoj, hedh(vështrimin). 7.ul; ngre(çelësin); ndez; fik. 8.pjell (kafsha). 9.dredh(fillin). 10.*gj.fol* çorodis, hutoj.

-*n* 1.hedhje, flakje. 2.*sport* pasim(topi). 3.mbulesë; shall; batanije. 4.hedhje e zareve. 5.kuturisje, rrezikim.6.dorë(në letra); **at 20 dollars a throw** 20 dollarë dora.

+**throw about/around** hallakas, hapërdaj; hedh andej-këtej. + **throw one's money around** prish majtas e djathtas; **throw one's weight about** kërkoj të dukem, fryhem.

+**throw aside** a)hedh/flak mënjanë; b)*fig* hedh poshtë; nuk pranoj.

+**throw (oneself) at** bëj çmos t'i fitoj zemrën.

+**throw away** a)hedh, flak; heq qafe; b)humbas (rastin); c)nuk përdor; d)prish(shëndetin); çoj dëm (talentin); e)prish, shpërdoroj(paratë); f)*teat* hedh, lëshoj(një batutë).

throwaway['throuëwei] *adj,n* -*adj* 1.për t'u hedhur(ambalazh). 2.*teat* si kot, si pa qëllim(batutë).

-*n* 1.broshurë, fletëpalosje; fletë me reklama. 2.send që hidhet(pas përdorimit).

+**throw back** a)kthej, rikthej(pasimin); b)pasqyron, kthen(shembëllimin); c)hedh prapa(flokët); d)ngreh, drejtoj (supet); e)zbyth, prapsoj(kundërshtarin).

throwback['throubæk] *n* rikthim, kthim prapa; **it's a throwback to..** kjo na kthen prapa tek...

+**throw down** a)hedh, flak; b)lëshoj, hedh(armët); c)bie(shiu); **it's really throwing it down** bie shi me shtëmba.

+**throw in** a)*sport* rivë në lojë(topin); b)hedh(një letër); c)fus kalimthi(një vërejtje); d)shtoj, fus në hesap; **with meals thrown in** duke përfshirë dhe të ngrënat; **with $ 10 thrown in** duke shtuar 10 dollarë mbi çmimin; e)*amer* (**with**) bashkohem(me).

throw-in['throuin] *n sport* rivënie (e topit) në lojë.

+**throw off** a)heq qafe, çlirohem(nga); b)heq, zhvesh; c)u shpëtoj(ndjekësve); d)heq dorë(nga një zakon); e)hedh në letër; sajoj aty për aty(një poezi).

+**throw on** a)shtoj, hedh akoma(qymyr etj); b)vesh nxitimthi; vë nxitimthi(të kuq etj). + **throw cold water on** ia ftoh, ia pres me mospërfillje / me

ftohtësi.

+**throw open** a)hap befas; hap me forcë; b)hap rrugë, spastroj pengesat.

+**throw out** a)hedh, flak; heq qafe; b)përzë, dëboj (dikë); c)hedh poshtë, nuk pranoj; nuk miratoj(një ligj); d)i bëj gabim(llogaritë); e)çorodis, hutoj(dikë).

+**throw over** a)braktis, heq dorë nga(një plan); b) lë (të dashurën etj).

+**throw together** a)bëj shkel-e-shko; b)rras shpejte-shpejt(ca plaçka); c)mbledh rastësisht(njerëz).

+**throw up** a)vjell; b)hedh lart, flak; c)prodhoj; jap; nxjerr në dritë; d)*fig* ia përplas(fytyrës); e)lë, braktis (studimet); f)humbas, lë të më ikë(rasti).

thrower['throuë:] *n sport* hedhës, flakës(disku etj).

throwing['throuing] *n sport* hedhje, flakje; **hammer/javelin throwing** flakje çekiçi; hedhje shtize.

thrown[throun] *pp* e **throw**.

thru[thru:] *amer* shih **through**.

thrum I[thrʌm] *v,n* -*v* 1.i bie me gishta(telave të kitarrës etj). 2.trokas me gishta(në tryezë). 3.tregoj me zë të zvargur. 4.këndoj nën zë, ia marr si për vete(një melodie).

-*n* 1.picikamë. 2.trokitje me gishta. 3.këngëzim.

thrum II [thrʌm] *n* 1. fije e dalë / e çthurur. 2.xhufkë.

thrush I[thrʌsh] *n zool* mullibardhë.

thrush II[thrʌsh] *n mjek* mugth(te fëmijët).

thrust[thrʌst] *v,n* -*v* (**thrust**) 1.shtyj; rras; **she thrust her friend aside** ajo e shtyu shoqen mënjanë; **he thrust a bag into my hands** më rrasi një çantë në duar. 2.ngec, imponoj; **they thrust the job on him** ia ngecën me zor atë punë. 3.fus; ngul; **thrust the fork into the potato** ia ngul pirunin patates; **the tree thrusts its roots deep into the ground** pema i fut rrënjët thellë në tokë.

-*n* 1.e shtyrë. 2.goditje(me thikë, shpatë); **that was a thrust at you** *fig* kjo ishte drejtuar kundër teje. 3.*usht* sulm, mësymje. 4.*av,tek* forcë shtytëse. 5.*fig* vrull; iniciativë.

+**thrust aside** a)largoj, hedh mënjanë; b)*fig* hedh poshtë, nuk pranoj, flak tutje(një ide).

+**thrust forward** a)shtyj; b)*fig* del në pah.

+**thrust in** a)hyj me forcë; b)*fig* ndërhyn; c)fus; rras; shtyj përpara, fus me të shtyrë.

+**thrust out** a)zgjas befas; b)nxjerr përpara (mjekrrën); c)nxjerr jashtë(kokën etj).

+**thrust up** del, mbin, nxjerr krye(fidani).

thruster['thrʌstë:] *n* 1.arrivist. 2.mikroraketë.

thrusting['thrʌsting] *adj* 1.energjik, me iniciativë. 2.arrivist.

thruway['thru:wei] *n amer* shih **throughway**.

thud [thʌd] *n,v* -*n* 1.zhurmë e mbytur; pllum, përlltum.2.goditje; përplasje.

-*vi* bie përlltum; përplaset mbyturazi.

thug [thʌg] *n* rrugaç, bandit, gangster.

thuggery['thʌgëri] *n* rrugaçëri, banditizëm, gangsterizëm.

thulium['thu:liëm] *n kim* tulium(element).

thumb[thʌm] *n,v* -*n* gisht i madh i dorës. + **all thumbs** duartharë; **get sb under one's thumbs** e kam nën zap dikë; **give sb the thumbs up** a)i bëj shenjë dikujt se gjithçka është në rregull; b)i uroj fat dikujt; **give sb the thumbs down** i bëj shenjë dikujt se punët s'janë mirë. -*vt* 1.shfletoj. 2.ndyj/rrudhos cepat e fletëve. 3.*gj.fol* i nxjerr dorën(makinës etj për të më marrë); **thumb a lift/a ride** bëj autostop, ndal një makinë duke i ngritur dorën. + **thumb one's nose** vë pëllëmbën te hunda, përqesh.

+**thumb through** a)shfletoj(librin); b)u hedh një sy të shpejtë(skedave).

thumbnail['thʌmbneil] *n* thua i gishtit të madh.

thumb index *n* skedar me fisha/rripa letre; tregues alfabetik me të prera në fletët(e fjalorit etj).

thumbnail sketch *n* 1.skicë e shpejtë. 2.*fig* përshkrim i shkurtër.

thumbscrew ['thʌmskru:] *n* 1. vidë me veshë. 2.vegël torture për shtypjen e thonjve.

thumbtack['thʌmtæk] *n amer* pineskë.

thump[thʌmp] *n,v Br* -*n* 1.godas, qëlloj, i bie fort(me grusht, me shkop).2.përplaset.3.rreh fort (zemra). 4. rrah, zhdëp. -*n* 1.goditje e fortë; grusht; e rënë me shkop; **give sb a thump** ia përvesh një të mirë dikujt. 2.zhurmë e mbytur.

+**thump out** i bie fort(pianos).

thumping['thʌmping] *adj gj.fol* i madh, i jashtëzakonshëm; i hatashëm.

thunder['thʌndë:] *n,v* -*n* 1.bubullimë; **there's thunder about** po afron stuhia. 2.gjëmim; shpërthim (duartrokitjesh). 3.poterë; ushtimë; uturimë. 4.kërcënim. + **steal sb's thunder** ia marr në kthesë. -*v* 1.bubullin. 2.gjëmon; ushton; buçet; bën poterë. 3.them me forcë/me tërsëllëmë.4.bërtas, ngre zërin (kundër një padrejtësie etj).

thunderbird['thʌndë:bë:d] *n mit* Zogu i Stuhisë.

thunderbolt ['thʌndë:boult] *n* 1.vetëtimë; bubullimë; gjëmim; rrufe. 2.*fig* rrufe në qiell të kthjellët, goditje e tmerrshme.

thunderclap['thʌndë:klæp] *n* 1.bubullimë; gjëmim. 2.*fig* rrufe në qiell të kthjellët.

thundercloud['thʌndë:klaud] *n* re e zezë(edhe *fig*), re stuhie.

Thunderer['thʌndërë:] *n* Jupiteri; Zeusi.

thunderhead['thʌndë:hed] *n* re stuhie.

thundering['thʌndring] *adj* 1.gjëmues; i potershëm; **in a thundering temper** duke shkumëzuar nga tërbimi. 2.*fig* i jashtëzakonshëm, i hatashëm.

thunderous['thʌndërës] *adj* 1. gjëmues, buçitës. 2.shurdhues; i stuhishëm; **thunderous applause** duartrokitje të stuhishme.

thundershower ['thʌndë:shauë:] *n* rrebesh me

stuhi.

thunderstorm['thʌndë:sto:m] *n* stuhi me shi e vetëtima, shtrëngatë.

thunderstruck['thʌndë:strʌk] *adj* i shtangur, i shushatur, i shastisur, si i goditur.

thundery['thʌndëri] *adj* i stuhishëm.

thurible['thu:rëbël] *n fet* temjanicë.

Thursday['thë:zdi:, 'thë:zdei] *n* e Enjte.

thus[dhʌs] *adv* 1.kështu, në këtë mënyrë. 2.kaq; **thus far** a)deri këtu; b)deri tani; c)deri aty; d)deri atëherë. 3.kështu, pra, si rrjedhim, kësisoj; **thus they decided to go** si rrjedhim, vendosën të shkonin.

thwack[thwæk] *n,v* -*n* 1.goditje me shkop.2.shuplakë, shpullë, pëllëmbë.
-*vt* ia vesh, ia feks.

thwart[thwo:t] *v,n,adj,adv* -*vt* 1.prish(planet). 2. pengoj, i kundërvihem(dikujt).
-*n det* 1.ndenjëse(për rremtarin).2.tërthore, fortesë, dërrasë përforcuese(midis dy anëve të varkës).
-*adj* tërthor.
-*adv* tërthor, së gjeri.

thy[dhai] *adj vjet,poet* yt, yte, jot, jote.

thyme[taim] *n bot* trumzë, lisën.

thymus['thaimës] *n anat* trumzë, timus.

thyroid['thairoid] *n mjek* 1.(gjëndër) tiroide.2.*attr* tiroid, i tiroides.

thyroxin(e)[thai'roksi:n] *n mjek* tiroksinë, hormon i tiroides.

thyself[dhai'self] *pron vjet,poet* vetë, ti vetë.

ti[ti:] *n muz* si.

tiara[ti'a:rë] *n* 1.diademë, kurorë. 2.tiarë, kësulë (e papës).

Tibet[ti'bet] *n gjeog* Tibet.

Tibetan[ti'betën] *n,adj* tibetas.

tibia['tibië] *n anat* fyell i këmbës.

tic[tik] *n mjek* tik nervoz.

tich[tiç] *n zhrg* kalama, vocërrak.

tichy['tiçi] *adj zhrg* i vockël.

tick I [tik] *n,v* -*n* 1.tik-tak. 2.*Br* çast, sekondë; **just a tick!, half a tick!** një sekondë!; një minutë! **it won't take a tick/two ticks** është punë minute.3. shenja V, vizë, kryq; **put/mark a tick against sth** shënoj, i vë kryq diçkaje.
-*v* 1.*Br* shënoj, i vë shenjë, i vë kryq. 2.bën tik-tak. **what makes him tick** ç'bëhet në kokën e tij, ç'i thotë mendja.

+**tick off** a)shënoj, u heq vizë, heq(nga lista); b)*fig* rendis, numëroj(arsyet); c)*Br zhrg* shaj, qortoj; d)*amer zhrg* nxeh; bezdis.

+**tick over** a)lë në minimo(motorin).

tick II[tik] *n zool* këpushë, rriqër.

tick III [tik] *n Br* 1. kredi; **on tick** me kredi. 2. besim; **give sb tick** i zë besë dikujt.

tick IV[tik] *n* pëlhurë; këllëf dysheku/jastëku.

ticker['tikë:] *n* 1.*amer tek* teleshkrues. 2.*zhrg* orë, sahat. 3.*zhrg* zemër.

tickertape['tikë:teip] *n*1.shirit teleshkruesi.2.*amer* shirita letre shumëngjyrëshe(në festa).

ticket['tikit] *n,v* *-n* 1.biletë. 2.*treg* etiketë.3.faturë. 4.numër, pusullë(për garderobën). 5.dëftesë(pengu etj). 6.fletë gjobe; **get a ticket for parking** marr fletë gjobe për parkim të parregullt. 7.dëshmi (e pilotit, kapitenit të anijes); **get one's ticket** bëhem kapiten(anijeje). 8.*amer pol* listë kandidatësh; **run on the Democratic ticket** paraqitem si kandidat në listën e Demokratëve/e Partisë Demokratike.
-vt 1.etiketoj, u vë etiketë(mallrave). 2.*amer* pajis me biletë. 3.*amer* gjobis, i vë fletën e gjobës(në makinë).

ticket agency *n* 1.*teat* agjenci shfaqjesh. 2.*hek* agjenci udhëtimesh.

ticket barrier *n Br hek* portë e hyrjes.

ticket collector *n Br hek* kontrollues biletash, konduktor, fatorino.

ticket holder *n* person i pajisur me biletë.

ticket office *n* sportel, biletari.

ticket-of-leave['tikitëvli:v] *n Br drejt vjet* dëshmi lirimi me kusht.

ticking I['tiking] *n teks* pëlhurë dyshekësh.

ticking II['tiking] *n* tik-tak.

ticking-off[tiking'of] *n Br gj.fol* sharje, qortim; **get a ticking-off** ha një surup të mirë.

tickle I['tikël] *v,n* *-v* 1.kilikos, gudulis; **tickle sb's ribs/sb in the ribs** gudulis dikë në ije. 2.kruaj(veshin etj); më kruhet, më ha(hunda). 3.*fig* përkëdhel(sedrën). 4.kënaq, i sjell kënaqësi; **be tickled to death, be tickled pink** *zhrg* më bëhet zemra mal, kënaqem pa masë. 5.argëtoj, zbavis.
-n 1.kilikosje, gudulisje. 2.kruajtje, ndjenjë kruajtjeje; **have a tickle in one's nose** më kruhet hunda.

tickle II['tikël] *n knd det* kanal i ngushtë; hyrje e ngushtë(në port).

tickler['tiklë:] *n Br gj.fol* 1.problem i mprehtë, çështje delikate; gjendje e koklavitur. 2.bllok shënimesh; skedar.

tickling['tikling] *n,adj* *-n* kilikosje, gudulisje.
-adj 1.gudulisës. 2.që të ha(batanije). 3.nga irritimi (kollitje).

ticklish['tiklish] *adj* 1.gudulisës. 2.që të ha. 3.shumë i ndieshëm, që guduliset kollaj(njeri). 4.sedërli, që preket lehtë. 5.i mprehtë(problem); delikate, e koklavitur(situatë).

ticktack, ticktock['tiktæk, 'tiktok] *n* tik-tak.
-vi bën tik-tak.

ticktack man *n* ndihmës i mbajtësit të basteve(në vrapimet me kuaj).

ticky-tacky['tikitæki] *adj,n amer* xhingla-mingla.

tidal['taidël] *adj* i baticës; batice.

tidal wave *n* 1.dallgë jonormale(nga era). 2.dallgë oqeanike(nga tërmetet e nënujshme). 3.*fig* shpërthim zemërimi, valë tërbimi.

tidbit['tidbit] *n amer* shih **titbit**.

tiddler['tidlë:] *n Br* 1.peshk i vockël. 2.vocërrak, camërdhok.

tiddly['tidli] *adj Br gj.fol* xurxull, tapë.

tide[taid] *n,v* *-n* 1.blirim, mare; baticë; zbaticë; **high tide** baticë; **low tide** zbaticë; **the tide turns at 3 o'clock** blirimi ndërron/batica(zbatica) fillon në ora 3. 2.*fig* rrymë, rrjedhë, valë; **go with/against the tide** shkoj pas/kundër rrymës; **the rising tide of public protest** vala në rritje e revoltës popullore; **the tide has turned** *fig* ka ndërruar shansi.
-vt largoj/lëviz me ndihmën e baticës/zbaticës(anijen nga porti); **tide sb over a difficulty** e nxjerr nga halli dikë.
+**tide over** ndihmoj, nxjerr nga halli/nga balta.
...**tide**[taid] *suff* sezon, periudhë, kohë; **Eastertide** sezoni i Pashkëve.

tidily ['taidili] *adv* me kujdes, si duhet; **tidily dressed** i veshur me kujdes.

tidiness['taidinis] *n* 1.rregull; pastërti. 2.kujdes.

tidings['taidingz] *npl* lajme, të reja.

tidy['taidi] *adj,n,v* *-adj* 1.i rregullt, në rregull, i ndrequr. 2.i pastër; i kujdesshëm(shkrim). 3.*gj.fol* e mirë, e madhe, e majme(shumë parash); **it cost a tidy bit/penny** i kushtoi goxha para. 4.*gj.fol* mjaft i mirë, i kënaqshëm, i pranueshëm; **work out a tidy solution** gjej një zgjidhje të pranueshme.
-n këllëfë për krahët e kolltukut.
-vt (edhe **tidy up**) rregulloj, vë në rregull, ndreq; **tidy (up) one's hair** rregulloj flokët.
+**tidy away** ndreq, rregulloj, vë nëpër vende.
+**tidy out** zbraz, spastroj(sirtarët).
+**tidy up** ndreq, rregulloj(dhomën etj); rregullohem.

tidy-up['taidiʌp] *n* rregullim; pastrim.

tie[tai] *v,n* *-v* 1.lidh; **tie the dog to the fence** lidh qenin te gardhi. 2.i bëj nyjë/fjongo; **tie a knot in the rope** i bëj një nyjë litarit; **get tied/tie oneself in knots** ngatërrohem, futem në bela. 3.lidhet. 4.*fig* lidhem; **be tied to a steady job** lidhem pas një pune të përhershme.5.bashkon, lidh(dy brigje). 6.*sport* dal barazim, barazoj.
-n 1.lidhëse; lidhëse këpucësh. 2.*amer* kravatë; (në ftesa) **'black tie'** 'me smoking', **'white tie'** 'me kostum'. 3. *fig* lidhje; **family ties** lidhje familiare. 4. *fig* pengesë, barrë. 5.*sport,pol* barazim; **the match/the election ended in a tie** ndeshja u mbyll me barazim; zgjedhjet përfunduan me vota të barabarta(për kandidatët). 6.*sport* ndeshje për kampionat. 7.*muz* vizë bashkuese(notash). 8.*ark* element mbajtës, tërheqës. 9.*amer hek* traversë.
+**tie back** a)lidh anash, mbaj të lidhura(perdet); b) lidh prapa(flokët).
+**tie down** a)lidh(kalin etj); b)*fig* mbaj të lidhur: **can we tie them down to this promise?** a mund t'i mbajmë lidhur pas këtij premtimi?
+**tie in** *fig* a)lidhet, ka lidhje; b)përputhet; c)lidh, përqas.

tie-in['tajin] *n* 1.*fig* lidhje. 2.*amer treg* shitje dyshe, shitje e dy gjërave bashkë.

+**tie on** a)i vë, i lidh(etiketën); b)*fig* dehem, rrumbullosem.

tie-on['tajon] *adj* me vrimë(etiketë).

+**tie together** lidh; bashkoj.

+**tie up** a)*det* mbuzet, ngjitet pas bregut; b)lidh(pakon, të burgosurin); c)*fig* ngatërroj: **get oneself all tied up** ngatërrohem keq; d)bllokoj(kapitale, para); e)përfundoj(marrëveshje etj); **it's all tied up now** tani gjithçka është rregulluar; f)zë, okupoj(me punë): **we're tied up for weeks to come** do të jemi krejt të zënë për disa javë; **he's tied up with a girl** është qepur pas një vajze; g)lidh, vë në marrëdhënie: **tied up with an Italian firm** i lidhur me një firmë italiane; h)*amer* pengoj, bllokoj(trafikun); pezulloj (shitjen, planin).

tie-up['tajʌp] *n* 1.lidhje.2.*fin* shkrirje(firmash).3. *amer* ndërprerje, pezullim; bllokim(trafiku).

tie-and-dye['tajëndai] *n* shih **tie-dye**.

tieback['taibæk] *n* 1.lidhëse, kordon, fjongo(për të kapur perden). 2.*pl* perde me lidhëse.

tie beam *n ndërt* bashkuese, tërthore.

tiebreaker['taibreikë:] *n* 1.*sport* ndeshje finale (në rast barazimi). 2.pyetje e fundit(për përcaktimin e fituesit të konkursit).

tie clasp, tie clip *n* kapëse/mbërtheckë kravate.

tied[taid] *adj* 1.*sport* baraz; **be tied** jemi baraz.. 2. *muz* të lidhura(nota). 3.*Br* me destinacion të caktuar; **tied cottage** banesë argati; **it's a tied house** ky lokal shet vetëm një markë birre. 4.i zënë; **she isn't tied at all** ajo është krejt e lirë.

tie-dye['taidai] *n,v teks* -n ngjyrim vende-vende /vija-vija(duke e lidhur copën vende-vende).

-*vt* ngjyros vende-vende/vija-vija.

tiepin['taipin] *n* gjilpërë kravate.

tier I[tië:] *n,v* -*n* 1.rresht, radhë, sërë(karrigesh etj); shkallë(stadiumi); **rise in tiers** vjen me shkallë; shtresohet; **a five-tier system** sistem me pesë nivele. 2.shtresë(torte etj).

-*vt* 1.vendos sërë-sërë; **tiered seating** vende ulur në formë shkallësh/amfiteatri. 2.bëj shtresa-shtresa.

tier II['tajë:] *n* lidhës.

tierce[tië:s] *n* 1.fuçi, kade. 2.treshe(letrash loje). 3.*muz* akord tresh.

tie-rod['tairod] *n ndërt,aut* tërheqës, shufër, tirant.

tie-tack['taitæk] *n amer* shih **tie clasp**.

tiff[tif] *n* zënkë.

tiffin['tifin] *n Br vjet* drekë.

tiger['taigë:] *n* 1.tigër. 2.*fig* ujk(për punë).

tigerish['taigërish] *adj* i egër; si tigër.

tiger's-eye['taigë:zaj] *n* gur i çmuar.

tight[tait] *adj,adv* -*adj* 1.e shtrënguar(nyjë). 2.i tendosur, i nderë(litar). 3.të ngushta(këpucë), të puthitura, ngjeshur pas trupit(pantallona); **it's a tight fit** vjen tamam. 4.e dendur (thurje). 5.*fig* i

rreptë(kontroll); i ngarkuar(program); i shtrënguar (afat); **rule with a tight hand** qeveris me dorë të rreptë; **be in a tight corner/situation** e kam pisk; **get sb in a tight place** vë dikë në pozitë të vështirë.6. *tek* i puthitur, hermetik; **air tight** hermetik. 7.*fig* i vështirë(biznes); i shtrënguar (buxhet); **money is very tight** jemi ngushtë me buxhetin/nga paratë. 8.dorështrënguar, i kursyer; **be tight, be tight with one's money** jam i shtrënguar në para, jam i kursyer. 9.*gj.fol* xurxull, tapë; **get tight** bëhem tapë. 10.*fig* i ngjeshur, konçiz(stil). 11. *sport* i fortë (konkurim), rrotë më rrotë.

-*adv* 1.shtrënguar; fort; **don't fasten/tie it too tight** mos e shtrëngo shumë fort. 2.puthitur, hermetikisht. + **sit tight** *gj.fol* a)nuk luaj nga timja; b)nuk tundem vendit, i lë gjërat të ecin vetë.

tighten ['taitën] *v* 1. tendos (litarin); tendoset. 2.shtrëngoj(vidën etj); shtrëngohet. 3.ngushtoj (pantallonat); ngushtohet(fundi). 4.*fig* forcoj(kontrollin etj); forcohet. + **tighten one's belt** shtrëngoj rripin; **tighten the screws on sb** ia shtrëngoj rripat dikujt. +**tighten up** a)tendoset; b)shtrëngohet; c)forcohet (rregulli); d)*fig* bëhet më i rreptë; **tighten up on immigration/on shoplifters** bëhet më e rreptë (qeveria) në çështjet e imigrimit/(policia) me vjedhësit e dyqaneve.

tight end *n amer sport* sulmues anësor.

tightening['taitning] *n* 1.shtrëngim. 2.forcim.

tightfisted['taitfistid] *adj* dorështrënguar.

tight-fitting['taitfiting] *adj* 1.i ngushtë, i puthitur, ngjitur pas trupit.2.i puthitur, që mbyllet mirë (kapak).

tight-knit['taitnit] *adj fig* 1.e bashkuar(familje). 2. i ngjeshur(program mësimor).

tight-lipped['taitlipt] *adj* 1.buzëvarur; i pakënaqur. 2.gojëkyçur.

tightly['taitli] *adv* 1.shtrënguar. 2.fort. 3.puthitur, hermetikisht.

tightness['taitnis] *n* 1.ngushtësi(e rrobës). 2.shtrëngim(i vidës etj); **feel a tightness in one's chest** ndiej një shtrëngim në gjoks. 3.rreptësi.

tightrope['taitroup] *n* 1.litar i tendosur(në cirk). 2. *fig* gjendje e vështirë/delikate.

tightwad['taitwod] *n amer zhrg* koprac, kurnac.

tigress['taigris] *n* tigreshë.

tigrish['taigrish] *adj* shih **tigerish**.

tilbury['tilbëri] *n* kaloshinë e hapur.

tilde['tildë] *n gram,polig* tildë, shenja ~ .

tile [tail] *n,v* -*n* 1. tjegull. 2. pllakë(dyshemeje); pllakë majolike(për mur). 3.*bujq* tub kullimi/drenazhimi. 4.*gj.fol* kapelë e ngrirë. + **be out on the tiles, spend/have a night on the tiles** zdërhallem, shabakohem; **he's got a tile loose** *zhrg* ka një dërrasë mangët.

-*vt* 1.mbuloj me tjegulla. 2.shtroj me pllaka(dyshemenë); vesh me pllaka(murin).

tileman['tailmën] *n amer* shtrues pllakash.

tiler ['tailë:] *n* 1. tjegullabërës. 2. mbulues çatish. 3.shtrues pllakash.

tiling['tailing] *n* 1.tjegulla. 2.pllaka. 3.mbulim me tjegulla. 4.shtrim/veshje me pllaka. 5.dysheme e shtruar; mur i veshur (me pllaka).

till I [til] *prep,conj -prep* deri, deri në; **play till nine** luaj deri në ora 9.
-conj derisa; **till you come to**..derisa të mbërrish te..

till II[til] *vt bujq* punoj, lëroj.

till III[til] *n* 1.sirtar parash(i arkës).2.arkë; **pay at the till** paguani në arkë. + **caught with one's hands in the till** i kapur me presh në duar, i zënë në flagrancë.

tillage['tilixh] *n* 1.lërim, punim i tokës. 2.tokë e lëruar.

tiller I['tilë:] *n bujq* 1.bujk. 2.kultivator.

tiller II['tilë:] *n det* krah/levë timoni.

tilt[tilt] *v,n -v* 1.pjerrje, pjerrësi, anim; **it has a tilt to it, it's on a tilt** është/vjen e pjerrët. 2.pjerrësim, anim. 3.debat, diskutim.4.*hist* dyluftim me heshta. + **full tilt** me të gjithë shpejtësinë.
-v 1.pjerr, anoj. 2.pjerret, anohet. 3.*hist* i turrem me heshtë. + **tilt at windmills** luftoj me mullinjtë e erës.

tilted['tiltid] *adj* i pjerrur, i anuar.

tilth[tilth] *n* 1.punim i tokës, lërim.2.tokë e lëruar.

tilt hammer *n* vare.

tilt-top table *n* tryezë e anueshme.

timbal['timbël] *n muz* timpan, lodër.

timbale['timbël] *n* 1.kima në tavë. 2.formë brumi (si kupë).

timber['timbë:] *n* 1.lëndë druri. 2.tra. 3.*det* brinjë (e anijes). 4.drurë pylli; trungje.

timbered['timbë:d] *adj* 1.i furnizuar me lëndë druri. 2.me pemë, me drurë(tokë).

timbering['timbëring] *n* lëndë druri.

timberland['timbë:lænd] *n* vend i pyllëzuar, pyll për lëndë.

timber limit *n knd* 1. kufi maksimal i pyllit (në mal). 2.pyll për shfrytëzim.

timberline['timbë:lain] *n* kufi maksimal i pyllit (në mal).

timber wolf *n* ujk i murrmë.

timberyard ['timbë:ja:d] *n* sharra, kantier lënde druri.

timbre['timbë:, 'tæmbë:] *n muz* timbër.

timbrel['timbrël] *n muz vjet* lodër e vogël.

time [taim] *n,v,adj -n* 1. kohë; **at this point in time** në këtë moment; **in time, with time, in process of time, in the course of time, as time goes by** me kohë. 2.periudhë, kohë; **it takes time to**.. duhet kohë për të..; **for part of/some of the time** për njëfarë kohe, një copë herë; **for a time** për ca kohë; **do sth in half the time** e bëj diçka në gjysmën e kohës(së caktuar); **in no time at all, in less than**

no time menjëherë, aty për aty, në çast; **have a bad/poor/rough/thin/tough time (of it)** kaloj një periudhë të vështirë. 3.orar; **be on/work full time** punoj me orar të plotë; **in company time** gjatë orarit të punës; **in/on one's own time** jashtë orarit të punës. 4.epokë, erë; kohëra; **in medieval times** në epokën e mesjetës; **in former times, in olden times, in times past** në të kaluarën, dikur; **times are hard** jetojmë në kohëra të vështira. 5.orë; **what time is it?, what is the time?, what time do you make it?, what do you make the time?** sa është ora?; sa e ke orën? **look at the time** shoh orën; **ahead of time** para orës së caktuar, para kohe; **it's time you're going, it's time for you to go** erdhi ora /koha të ikësh; **and about time too!** është bash koha! 6.çast, moment; kohë; **at that/the/this time** atë çast; **at any time** në çdo kohë; **this time last year** vjet në këtë kohë. 7. herë; rast; **at times** nganjëherë; **there are times when** ka raste kur; **next time you come** kur të vish herë tjetër; **the last time** herën e fundit. 8.*mat* shumëzim (për), shumëzuar, herë; **3 times 8 is 24** 3 herë 8 bëjnë 24; **5 times as much** pesë herë më tepër.9.*muz* kohë, masë; **three-four time** koha tre të katërta. + **about time** (është) pothuaj koha; **against time** për të mbaruar para kohe; **at the same time** ndërkaq; nga ana tjetër; si-doqoftë; **at times** nganjëherë; herë pas here; **behind the times** i vjetëruar; jashtë kohës, i dalë mode; **do /serve time** *gj.fol* bëj burg, jam i burgosur; **for the time being** hë për hë, tani për tani; **from time to time** kohë pas kohe, herë pas here; nganjëherë; **in good time** a) në kohë, në kohën e duhur; b)shpejt; me kohë të mirë; **in no time** shpejt, pa shkuar gjatë; **in time** a)me kohë, me kalimin e kohës; b)në kohë, në kohën e duhur; **keep time** a)ecën/shkon mirë(ora); b)mbaj ritmin; **make time** eci shpejt; **on time** a)në kohë, në kohën e duhur, pa vonesë; b)me kredi, me afat pagese; **pass the time away** kaloj kohën; **tell time** a)njoh orën; b) (i)tregoj orën(dikujt); **time after time, time and again** herë pas here, kohë pas kohe; **time of life** moshë; **time out of mind** që kur s'mbahet mend.
-vt 1.caktoj kohën; parashikoj; **the meeting was timed to begin at**... mbledhja ishte caktuar të fillonte në orën..; **well-timed** i llogaritur mirë, në momentin e duhur. 2.kronometroj, i mas kohën(atletit, punëtorit etj).

time and motion study *n* studim i ritmit/kadencës.

time bomb *n* bombë me sahat.

time capsule *n* enë e mbyllur me dokumente të kohës(për t'u gjetur nga brezat e ardhshëm).

timecard['taimka:d] *n* kartë personale, kohëshënues (i punonjësit).

time clock *n* pajisje kohëshënuese(në kartat personale të punonjësve).

time-consuming['taimkënsu:ming] *adj* që ha kohë, që merr shumë kohë.

time deposit *n amer fin* depozitë me afat.

time discount *n amer treg* zbritje për efekt para-pagimi.

time draft *n amer fin* kambial me afat pagimi.

time exposure *n fot* pozë; fotografi.

time-filler['taimfilë:] *n* mënyrë/mjet për të kaluar kohën.

time frame *n* afat.

time fuse *n* kapsollë/fitil me plasje të vonuar.

time-honoured['taimonë:d] *adj* i rrënjosur/i sanksionuar nga koha(zakon etj).

time immemorial *n* kohëra që s'mbahen mend.

timekeeper['taimki:pë:] *n* 1.kohëmatës; orë.2.kronometër. 3.*sport* gjyqtar(në gara). 4.*fig* njeri korrekt në orar.

time-lag['taimlæg] *n* 1.vonesë, distancë(në kohë). 2.ndryshim në orë(midis dy vendeve).

timeless['taimlis] *adj* 1.i përjetshëm. 2.pa kohë të caktuar.

time limit *n* afat, datë e caktuar; afat i fundit; **without a time limit** pa kufizim kohe.

timeliness['taimlinis] *n* voli, çast i përshtatshëm.

time loan *n amer fin* hua me afat.

time lock *n* mbyllje me mekanizëm sahati.

timely['taimli] *adj* në kohë, në kohën e duhur.

time of day *n* orë. + **give the time of day** vë re, konstatoj; **know the time of day** di/marr vesh ç'bëhet; **pass the time of day** shkëmbej përshëndetje; bëj pak muhabet.

timeout ['taimaut] *n amer* kohë e vdekur, kohë boshe.

timepiece['taimpi:s] *n* 1.mekanizëm sahati. 2.orë, sahat.

timer['taimë:] *n* 1.kohëmatës. 2.orë me zile. 3.*el* rele kohe. 4.*aut* distributor i ndezjes.

time-saving['taimseiving] *adj,n* -*adj* që kursen kohë.

-*n* kursim kohe; fitim kohe.

timeserver['taimsë:vë:] *n keq* oportunist.

timeserving['taimsë:ving] *n,adj* -*n* oportunizëm. -*adj* oportunist.

time share *v,n* -*vt* 1.*kmp* shfrytëzojmë njëkohësisht (një kompjuter qendror). 2.përdorim me radhë(një shtëpi pushimi).

-*n* shtëpi/apartament në bashkëpronësi.

time-sharing['taimshering] *n* 1.*kmp* përdorim i njëkohshëm(i një kompjuteri qendror). 2.bashkëpronësi.

timesheet['taimshi:t] *n* pasqyrë e mungesave(në punë etj).

time signature *n muz* kohë, shënim për kohën (në pentagram).

time switch *n* sahat, pajisje komanduese, regjistrues minutazhi.

timetable ['taimteibël] *n,v* -*n* 1.orar (i trenave,

i mësimeve). 2.kalendar i ndeshjeve.

-*vt* caktoj orarin; hartoj kalendarin e ndeshjeve.

time-tested['taimtestid] *adj* i provuar nga koha, i sprovuar, që i ka qëndruar kohës.

time trial *n* garë me kohën.

time - wasting ['taimweisting] *adj* që ha shumë kohë.

timeworn['taimwo:n] *adj* 1.i ngrënë nga koha. 2. *fig* i konsumuar, bajat.

time zone *n gjeog* zonë orare.

timid['timid] *adj* 1.i ndruajtur, i turpshëm.2.i trembur, i frikur.

timidity[të'midëti] *n* 1.ndruajtje. 2.frikë.

timidly['timidli] *adv* 1.me ndruajtje. 2.me frikë.

timidness['timidnis] *n* shih **timidity**.

timing ['taiming] *n* 1. *muz* ndjenjë ritmi. 2. *teat* koordinim(i aktorëve).3.minutazh, kohëzgjatje. 4.*aut* fazë; vënie në fazë(e motorit); **set the timing** vë në fazë. 5.*ind,sport* kronometrim. 6.caktim i kohës, gjetje e momentit të përshtatshëm.

timing device, timing mechanism *n* 1.mekanizëm sahati(i bombës).2.kohëmatës, matës minutazhi.

timorous['timërës] *adj* i frikur; i ndruajtur.

timorously['timërësli] *adv* me frikë.

timpani['timpëni] *n muz* timpane, tambure.

timpanist['timpënist] *n muz* tamburist.

tin[tin] *n,v* -*n* 1.kallaj. 2.teneqe. 3.*Br* kuti teneqeje, kanaçe; kuti konservash. 4.formë(ëmbëlsirash). 5.pjatë/tavë metalike; **meat/roasting tin** tavë për pjekje mishi. + **have a tin ear** *amer* s'kam vesh fare për muzikë.

-*vt* 1.konservoj. 2.kallajis.

tin can *n* kuti teneqeje, kuti konservash.

tincture['tinkçë:] *n,v* -*n* 1.tretësirë. 2.gjurmë, sasi e papërfillshme. 3.nuancë. 4.aromë e lehtë.

-*vt* 1.ngjyroj. 2.përziej.

tinder['tindë:] *n* 1.eshkë; **as dry as tinder** i thatë eshkë. 2.ashkla.

tinderbox ['tindë:boks] *n* 1. uror. 2. *fig,pol* fuçi baruti.

tine[tain] *n* majë; dhëmb(piruni etj).

tinfoil['tinfoil] *n* varak, letër varaku.

ting[ting] *n,v* -*n* tringëllimë.

-*vi* tringëllin.

ting-a-ling['tingëling] *n* tring-tring.

tinge[tinxh] *n,v* -*n* 1.ngjyrim, nuancë; çehre. 2. gjurmë, sasi e papërfillshme.

-*vt* 1.ngjyroj, i jap një nuancë. 2.i shtoj/i hedh paksa.

tingle['tingël] *v,n* -*v* 1.ther, shpon. 2.mizëron, përqethet(këmba etj). 3.*fig* dridhem, fërgëlloj; **tingle with impatience** dridhem nga padurimi.4.është plot emocione (filmi etj).

-*n* 1.therje, shpim. 2.mizërim, miza, përqethje. 3. dridhje, fërgëllim.

tin hat *n* kaskë.

tinker['tinkë:] *n,v* -*n* 1.kallaixhi; remtar shetitës. 2.punëtor i pazoti. 3.*Br* arixhi, cigan. 4.shejtan kalama, qerrata. + **it's not worth a tinker's cuss /damn** nuk vlen asnjë grosh/asnjë dysh; **I don't care /give a tinker's cuss/damn** nuk e çaj kokën fare. -*vi* 1.merrem me, ndreq si mundem; **stop tinkering with that car!** mjaft u more me atë makinë! 2. *fig* ngas, ngacmoj, vë dorë; gërvëlis(me një dokument etj).

tinkle['tinkël] *v,n* -*v* 1.tingëllij, tringëllin. 2.i bie (zilen). -*n* 1.tringëllim. 2.*Br* telefonatë; **give sb a tinkle** *gj.fol* i bëj një tel/një telefonatë dikujt. 3.*gj.fol* çiç, ujët e hollë.

tinkling['tinkling] *n,adj* -*n* tringëllim. -*adj* 1.tringëllues. 2.gurgullues(përrua).

tin lizzie *n gj.fol* veturë e vjetër.

tinman['tinmën] *n* shih **tinsmith**.

tinned [tind] *adj Br* i konservuar; **tinned food, tinned goods** ushqim i konservuar, konserva.

tinner ['tinë:] *n* 1. punëtor miniere kallaji. 2.remtar, bakraxhi; teneqexhi.

tinny['tini] *adj* 1.i kallajtë; me kallaj. 2.metalik, i hollë(zë). 3.i lirë, i dobët(mall). 4.me shijë metali.

tin opener *n Br* hapëse konservash.

tin-pan alley *n* njerëz të muzikës pop; qendër autorësh të muzikës pop.

tin plate *n* teneqe.

tin-plate['tinpleit] *vt* kallajis, vesh me kallaj.

tinpot ['tinpot] *adj Br gj.fol* i keq, i dobët(mall); teneqeje, llamarine(veturë, biçikletë); **a tinpot little town** një vrimë e humbur, një fshat.

tinsel['tinsël] *n,v* -*n* 1.shirita/fije varaku(për zbukurim në rroba). 2.xhingël, stringël. 3.pëlhurë me fije ari/argjendi. 4.*attr* vezullues; i lirë(mall). -*vt* zbukuroj me shirita varaku/me fije ari.

tinsmith['tinsmith] *n* remtar, bakraxhi; kallajxhi; teneqexhi.

tint[tint] *n,v* -*n* 1.ngjyrim, nuancë. 2.ngjyrë e lehtë. 3.bojë flokësh. -*vt* ngjyros; lyej, ngjyej(flokët).

tintinnabulation[tintënæbjë'leishën] *n* tringëllim.

tintype['tintaip] *n* fotografi në pllakë metalike të emaluar.

tinware['tinweë:] *n* enë kallaji/të kallajisura.

tiny['taini] *adj* i vockël.

tip I[tip] *n,v* -*n* 1.cep; majë; **on the tips of one's toes** në majë të gishtave; **from tip to toe** nga koka në këmbë; **on the tip of my tongue** në majë të gjuhës. 2.copë; bisht(cigareje, lapsi). 3.majë hekuri, kapuç(bastuni, çadre). -*vt* 1.i vë majë/kapuç metalik. 2.pajis me filtër; **tipped cigarettes** cigare me filtër.

tip II[tip] *v,n* -*vt* 1.prek, cek; **tap one's hat to sb** përshëndes dikë duke prekur kapelën. 2.jap bakshish; **tip the waitress 10 leks** i jap kamerieres

10 lekë bakshish. 3.jap këshillë/sugjerim; **tip sb the wink about sth** *gj.fol* i jap një njoftim nën dorë dikujt. -*n* 1.prekje, cekje; goditje e lehtë. 2.bakshish. 3.këshillë, sugjerim; njoftim i vlefshëm; **take my tip** ndiq këshillën time.

tip III[tip] *v,n* -*v* 1.pjerret, anohet. 2.përmbyset; derdhet; **'no tipping', 'tipping prohibited'** 'ndalohet hedhja e plehrave'. 3.pjerr, anoj. 4.përmbys; derdh; shkarkoj; hedh; **tip sb off his chair** hedh /rrëzoj dikë nga karrigia. + **tip one's hand/one's mitt** *amer zhrg* zbuloj lojën(pa dashje); **tip the scales against/in favor of sb** e anoj balancën në dëm/në favor të dikujt. -*n* 1.vend për hedhje plehrash. 2.pjerrësirë. 3.*fig* stallë.

+**tip back/backwards** anohem/përkulem mbrapa.

+**tip forwards** anohem/përkulem përpara.

+**tip off** a)njoftoj, i jap një njoftim(dikujt); b)lajmëroj(policinë).

tip-off['tipof] *n* njoftim; paralajmërim.

+**tip out** a)derdh; zbraz; b)shkarkoj.

+**tip over** a)përkulem; b)përmbysem, rrëzohem; c)kthej, përmbys.

+**tip up** a)anohet, pjerret; b)përmbyset, batohet; rrëzohet; c) derdhet, rrëkëllehet; d)anoj, pjerr; e)përmbys, rrëzoj; f)derdh, rrëkëllej.

tip-up['tipʌp] *n* vetëshkarkues(kamion).

tipper['tipë:] *n* 1.kamion vetëshkarkues. 2. *zhrg* njeri që jep bakshishe, dorëgjerë.

tippet['tipit] *n* shall i madh.

tipple['tipël] *v,n* -*v* pi, jam i dhënë pas pijes. -*n* pije(alkoolike).

tippler['tiplë:] *n* pijanik, pijanec.

tippy['tipi] *adj* pa stabilitet, që batohet lehtë.

tipsily['tipsili] *adj* duke u lëkundur(eci).

tipstaff['tipstæf, 'tipsta:f] *n* 1.stap me kapuç metalik; shkop polici. 2.*Br drejt* ftues gjyqi; përmbarues.

tipster['tipstë:] *n gj.fol* parashikues garash, këshilltar bastvënësish.

tipsy['tipsi] *adj* 1.i paqëndrueshëm, pa ekuilibër; i anuar. 2.paksa i pirë, në qejf.

tiptoe['tiptou] *n,v* -*n* majat e gishtave; **on tiptoe** a)në majë të gishtave; b)i etur, që s'i pritet. -*vi* eci në majë të gishtave.

tiptop['tiptop] *n,adj* -*n* majë, kulm. -*adj* 1.i majës; kulmor. 2.*gj.fol* i shkëlqyer, i klasit të parë.

tirade['taireid, të'reid] *n* 1.bisedë e gjatë, fjalim i gjatë. 2.lumë të sharash.

tire I['tajë:] *v* 1. lodh. 2. lodhem; mërzis, ia sos durimin.

+**tire out** këpus, rraskapis.

tire II['tajë:] (*Br* **tyre**) *n,v* -*n* 1.gomë(makine). 2. rreth gome, rrotë gome.

-*vt* i vë goma.
tire III['tajë:] *n,v vjet* -*n* stoli në flokë.
-*vt* zbukuroj.
tired['tajë:d] *adj* 1.i lodhur; i këputur. 2.bajat, i konsumuar(diskutim). + **tired of** i mërzitur nga.
tiredly['tajë:dli] *adv* 1.me përtesë; me zë të lodhur (flas). 2.me hap të zvarrisur(eci).
tiredness['tajë:dnis] *n* lodhje; përtesë.
tireless I['tajë:lis] *adj* 1.i palodhshëm, i palodhur (punëtor). 2.i pandërprerë(kujdes).
tireless II['tajë:lis] *adj* pa goma.
tirelessly['tajë:lisli] *adv* pa u lodhur; papushim.
tiresome['tajë:sëm] *adj* 1.i lodhshëm. 2.i mërzitshëm.
tiresomeness['tajë:sëmnis] *n* bezdi.
tiring['tajëring] *adj* lodhës, i lodhshëm.
tiring room *n vjet* dhomë veshjeje(në teatër etj).
tiro['tairou] *n* fillestar, rishtar.
'tis[tiz] shkurtim i **it is.**
tisane[ti'zæn] *n* çaj lulebliri; kamomil.
tissue['tishu:] *n* 1.*anat* ind. 2.pëlhurë e hollë. 3. shami letre. 4.letër higjienike. 5.*fig* rrjetë; gërshetim; **a tissue of lies** një tufë me gënjeshtra.
tissue paper *n* letër mëndafshi.
tit I[tit] *n zool* trishtil.
tit II[tit] *n* 1.*zhrg* gji. 2.thithë, thumb(i sisës).
tit III[tit] *n* : **tit for tat!** me të njëjtën monedhë; dhëmb për dhëmb.
titan['taitën] *n* 1.*mit* Titani. 2.vigan, titan. 3.*attr* titanik, kolosal.
titanic[tai'tænik] *adj* vigan; titanik, kolosal.
titanium[tai'teiniëm] *n kim* titan(element).
titbit ['titbit] *n Br* 1. gjë e mirë, gjë e shijshme. 2.lajm i lezetshëm.
titfer['titfë:] *n Br zhrg* kapelë.
tithe[taidh] *n,v* -*n* 1.*mat* një e dhjetë. 2.*zak pl* e dhjetë e kishës. 3.pjesë shumë e vogël; taksë e vogël. -*v* 1.vë taksën e të dhjetës. 2.paguaj të dhjetën.
titian['tishën] *n,adj* ngjyrë e kuqërremtë.
titillate['titëleit] *vt* gudulis, kilikos.
titillation[titë'leishën] *n* gudulisje, kilikosje.
titivate['titëveit] *v* 1.pispillos. 2.pispillosem.
title['taitël] *n,v* -*n* 1.titull(libri etj). 2.*sport* titull (kampioni); **win/hold the title** fitoj/mbaj titullin (e kampionit). 3.*kin,tv* titra. 4.*drejt* titull zotërimi, pronësi.5.*drejt* e drejtë. 6.titull fisnikërie; titull profesional.
-*vt* titulloj, i vë titull.
titled['taitëld] *adj* me titull(person).
title deed *n* titull zotërimi, dokument pronësie.
title fight *n sport* ndeshje për titull(kampion).
title holder *n sport* mbajtës i titullit, kampion.
title page *n polig* ballinë, frontespis, faqe e titullit (të librit).
title role *n teat* rol kryesor.
titmouse['titmaus] *n zool* trishtil; cinxami.

Titoism['titouizm] *n pol* titizëm.
titter['titë:] *v,n* -*vi* kukuris.
-*n* kukurisje.
tittle['titël] *n* 1.grimë, çikë; grimcë. 2.pikë, shenjë e vockël(mbi gërmë).
tittle-tattle['titëltætël] *n,v* -*n* llafe, thashetheme.
-*vi* merrem me llafe, bëj thashetheme.
titular['tiçjulë:] *adj* titullar.
tizzy['tizi] *n zhrg* shqetësim i madh; panik.
T-junction['ti:'xhʌnkshën] *n tek* lidhje në formë T, Ti.
Tl *n kim* talium(element).
Tm *n kim* tulium(element).
tn. shkurtim për **ton.**
TNT, T.N.T.['tien'ti] shkurtim për **trinitrotoluene** *n* 1.trinitrotoluol(dinamit).2.*fig* eksploziv.
to[tu:, tu, të] *prep,adv* -*prep* 1.te, tek; në; drejt; **go to the right** shko në të djathtë. 2.deri, gjer; **to the end** gjer në fund.3.për; **come to the rescue** i shkoj për ndihmë; shkoj për ta shpëtuar; **go to sleep** shkoj për të fjetur. 4.në; **tear a letter to pieces** e gris letrën në copëra të vogla. 5.për, nga; **a fact known to few** një fakt i njohur nga pak njerëz. 6.sipas; pas; **dance to the music** kërcej sipas muzikës; **not to my liking** jo sipas shijës sime; **to all appearances** sipas të gjitha gjasave; **to my mind** për mendimin tim. 7.ndaj; kundrejt; (krahasuar) me; **as black is to white** si e zeza në krahasim me të bardhën/kundrejt të bardhës; **the score was 2 to 1** rezultati ishte 2 me 1; **100 people to the square km** 100 vetë për km². 8.i; në; **the key to my room** çelësi i dhomës sime; **secretary to the board** sekretar i këshillit drejtues; **ambasador to Spain** ambasador në Spanjë; **wife to Mr...**grua e Zotit... 9.për, për nder të, për shëndetin e; **here's to you!** për shëndetin tënd! **'to my wife'** 'gruas sime' (ia kushtoj). 10.pas; më; **fasten it to the wall** shtrëngoje pas murit; **back to back** shpinë më shpinë. 11.për, mbi, në; lidhje me; **what would you say to a beer?** ç'thua, e pimë nga një birrë? **that's all there is to it** ja, kjo është; s'është ndonjë gjë e vështirë. 12. (për orën) pa; **20 to 5** pesë pa njëzet. 13.për; në; **to my surprise** për habinë time; **the water changes to ice** uji kthehet në akull; **it comes to the same thing** po aty del, është e njëjta gjë. 14. (pjesëz që formon paskajoren) me, për të, të; **to be** me qenë; **to hear her talk...**ta dëgjosh kur flet; **I'll try to** do të provoj/do të përpiqem të; **I'd love to** do ta bëja me kënaqësi.
-*adv* 1.përpara; **go to and fro** shkon para-mbrapa; **wear one's cap the wrong side to** e mbaj kasketën mbrapsht/me strehën nga prapa. 2.në vend; mbyllur; **push the door to** shtyje/mbylle derën. 3.në vete; **she came to** ajo erdhi në vete.
toad[toud] *n* 1.*zool* thithëlopë. 2.*fig* zhabë.
toadeater ['toudi:të:] *n* lajkatar, servil, sahanlëpirës.

toadstool['toudstu:l] *n* këpurdhë; këpurdhë helmuese.

toady['toudi] *n,v* *-n* lajkatar, sahanlëpirës.

-vi lajkatoj, i bëj lajka, i lëpihem.

to-and-fro ['tu:ën'frou] *adj* vajtje-ardhje, parambrapa(lëvizje).

toast I[toust] *n,v* *-n* fetë e thekur. + **you've got him on toast** e ke në dorë.

-vt thek.

toast II [toust] *n,v* *-n* dolli, shëndet; **drink a toast to sb** e pi për shëndetin e dikujt; **give/propose a toast to sb** ngre një dolli për dikë.

-vt ngre dolli(për dikë); e lag(fitoren).

toaster['to:stë:] *n* thekëse buke.

toastmaster['to:stmæstë:] *n* dollibash.

tobacco[të'bækou] *n* duhan; **he has sworn off tobacco** ka bërë be se do ta lërë duhanin.

tobacco planter *n* kultivues duhani.

tobacconist[të'bækënist] *n* tregtar duhani; duhanshitës, cigareshitës.

tobbacconist's shop *n* duhantore.

to-be[të'bi:] *adj* i ardhshëm; **husband to-be** burri i ardhshëm.

toboggan[të'bogën] *n,v knd* *-n* sajë, rrëshqitëse.

-vi 1.rrëshqas/zbres me sajë. 2.*fig* bie me shpejtësi (çmimi).

toby['toubi] *n* kanë në formë njeriu.

toby jug['toubixhʌg] *n* shih **toby**.

tocsin['toksën] *n* 1.këmbanë alarmi.2.alarm.

tod[tod] *n Br zhrg* vete; **on one's tod** krejt vetëm.

today [të'dei] *n,adv* *-n* sot, dita e sotme; **today was a good day for me** sot ishte ditë e mbarë për mua; **today's paper** gazeta e sotme.

-adv 1.sot; **today week, a week today, a week from today** sot një javë. 2.tani, sot, në ditët tona; **today you can't find good food** sot nuk gjen dot ushqime të mira.

toddle['todël] *v,n* *-vi* 1.çapitem, hedh këmbët; **the child is just toddling** fëmija sapo ka filluar të hedhë këmbët. 2.*gj.fol* iki, ua mbath; bredh, shetis.

-n çapitje. + **go for a toddle** *gj.fol* dal për një shetitje të shkurtër, dal për të shkrythur këmbët.

toddler['todlë:] *n* kalama, fëmijë që sapo ka zënë të ecë.

toddy['todi] *n* grog(pije alkoolike me sheqer).

to-do[të'du:] *n gj.fol* zhurmë, shamatë; **she made a great to-do about it** e bëri të madhe atë punë; **what a to-do!** çfarë historie!

toe[tou] *n,v* *-n* 1.gisht këmbe; **big toe** gishti i madh. 2.majë çorapeje. 3. shputë. + **keep sb on his toes** e mbaj në gjendje alarmi dikë; **that will keep you on your toes!** kjo s'do të të lërë të të zërë gjumi! **tread/step on sb's toes** a)i shkel këmbën dikujt; b) *fig* i shkel në kallo dikujt.

-vt 1.prek/shtyj me majën e këmbës. 2.ngul tërthor (gozhdën). + **toe in** *aut* fiksoj rrotat që të shohin

paksa përbrenda; **toe the line/** *amer* **the mark** a)zë vend te vija e nisjes(në garë); b)u bindem urdhrave, futem në hulli; **toe the party line** *pol* zbatoj vijën e partisë.

toehold['touhould] *n* 1.vend për këmbën(në alpinizëm). 2.*fig* mbështetje; pikëmbështetje.

toe-in['touin] *n aut* pykëzim i lehtë i rrotave, fiksim i rrotave që të shohin paksa përbrenda.

toenail['touneil] *n* 1.thua. 2.gozhdë e ngulur tërthor/pjerrtas.

toe rubber *n* galloshe e ulët.

toff[tof] *n Br zhrg* 1.pasanik; aristokrat. 2.burrë sqimatar; dendi.

toffee['tofi:] *n* karamele me gjalpë. + **they can't do it for toffee** s'është aq budalla që ta bëjë xhaba.

toffee-nosed['tofinouzd] *adj keq* nazeli; hundëpërpjetë.

tog[tog] *n,v* *-n gj.fol* rroba.

-vt (**up/out**) vesh bukur; **be all togged up/out** vishem spic/me rrobat më të mira.

toga['tougë] *n* togë; petk zyrtar(i gjykatësit etj).

together [të'gedhë:] *adv,adj* *-adv* 1. bashkë, së bashku, bashkërisht; **they must keep together** ata duhet të qëndrojnë të bashkuar; **they belong together** a)shkojnë bashkë(sende); b)janë prerë për njëri-tjetrin(njerëz). 2.njëkohësisht, njëherësh; **don't all speak together** mos flisni të gjithë njëherësh. 3. në vazhdim, rresht; **for weeks together** për disa javë rresht. + **get it together, get one's act together** vë rregull, i vë gjërat në vend; **he's got it together** është njeri i ekuilibruar; **together with** krahas me.

-adj i ekuilibruar; **a together person** njeri i ekuilibruar.

togetherness[të'gedhë:nis] *n* 1.unitet. 2.miqësi, shoqëri.

toggery['togëri] *n gj.fol* 1.rroba. 2.dyqan veshjesh.

toggle['togël] *n,v* *-n* 1.*det* pykë druri. 2.(në rroba) kopsë druri.3.kunj. 4.*tek* nyjëtim, bërryl.

toggle joint *n tek* nyjëtim, bërryl.

toggle switch *n el* çelës me levë.

Togo['tougou] *n gjeog* Togo.

togue[toug] *n knd* troftë liqeni.

toil I[toil] *n,v* *-n* punë e rëndë; mundim.

-vi 1.punoj rëndë, robëtohem. 2.mezi lëviz, zvarrisem; **toil up** ngjitem me mundim.

toil II[toil] *n* 1.rrjetë. 2.*fig* grackë; **in the toils of the law** në fijet e ngatërruara të ligjit.

toilet['toilit] *n* 1.tualet. 2.*vjet* tryezë tualeti. 3.nevojtore; **go to the toilet** shkoj në nevojtore; bëj ujët; bëj nevojën.

toilet bag *n* çantë tualeti.

toilet paper *n* letër higjienike.

toilet requisites *n* sende tualeti.

toilet roll *n* rulon letre higjienike.

toilet seat *n* vaskë we-je.

toilet soap *n* sapun tualeti.

toilet table *n* tryezë tualeti.

toilet tissue *n* letër higjienike.

toilet-training['toilët'treining] *n* stërvitje e fëmijës për kryerjen e nevojave.

toilet water *n* ujë tualeti, kolonjë e lehtë.

toiletries['toilitri:z] *n* sende tualeti.

toilette[twa:'let] *n* shih **toilet**.

toilsome['toilsëm] *adj* i lodhshëm, i mundimshëm.

toilworn['toilwo:n] *adj* të vrara nga puna(duar).

Tokay[tou'kei] *n* verë Tokai.

token['toukën] *n* 1.shenjë; **a token of mourning** shenjë zie; **as a token of, in token of** si shenjë.., në shenjë... 2.kujtim, dhuratë. 3.pullë plastike/metalike. 4.bono, kupon, tallon. + **by the same token** a)për të njëjtën arsye; b)po ashtu, gjithashtu.

tokenism['toukënizm] *n* praktikë/politikë e bërjes së gjërave sa për formë.

told[tould] *pt,pp* e **tell**. + **all told** gjithësej; duke i përfshirë të gjitha.

tolerable['tolërëbël] *adj* 1.i durueshëm.2.i pranueshëm, çka, jo fort i keq.

tolerably['tolërëbli] *adv* çka, njëfarësoj, pranueshëm, jo fort keq.

tolerance['tolërëns] *n*1.durim; qëndrim i butë, tolerancë. 2.*tek* tolerancë, lejesë.3.*mjek* qëndresë, duresë, rezistencë.

tolerant['tolërënt] *adj* 1.i duruar; tolerant. 2.*mjek* që e duron, që i reziston.

tolerantly ['tolërëntli] *adv* me durim, me tolerancë.

tolerate ['tolëreit] *vt* 1. duroj; lejoj. 2.*tek, mjek* duron, i reziston.

toleration[tolë'reishën] *n* 1.durim.2.qëndrim i butë, tolerancë.

toll I[toul] *v,n* -*v* 1.bie(kambana); i bie(kambanës). 2.*fig* lajmëroj, njoftoj; **for whom the bell tolls** për kë bie kambana, kujt i ka ardhur fundi. -*n* 1. e rënë kambane; kambanë. 2. kambanë e vdekjes.

toll II[toul] *n,v* -*n* 1.pagesë, tarifë; taksë. 2.*fig* haraç; **a heavy toll of human lives** një numër i madh viktimash, haraç i rëndë në jetë njerëzish. -*v* marr taksë.

toll bar *n* postbllok, portë kalimi(në autostradë, urë etj).

toll bridge *n* urë me pagesë(për të kaluar).

toll call *n* telefonatë me pagesë.

tollgate['toulgeit] *n* portë/vendkalim me pagesë.

tollkeeper['toulki:pë:] *n* arkëtar postblloku.

toll road *n* rrugë me pagesë.

tolley['toli] *n* top guri/balte (për lojë).

toluene['toljui:n] *n kim* toluen, toluol.

toluol['toljuol] *n kim* toluol, toluen.

tom [tom] *n* mashkull; **tom turkey** gjeldeti.

Tom[tom] *n* shkurtim i **Thomas**; **any Tom, Dick**

or **Harry** kushdoqoftë, kush të qëllojë; **Uncle Tom** *amer keq* xha Tom, zezak i mirë.

tomahawk['tomëhouk] *n,v* -*n* sëpatë e vogël(e lëkurëkuqve), tomahok. + **bury the tomahawk** i jap fund luftës; bëj paqë. -*vt* vras/qëlloj me tomahok.

tomato[të'meitou, të'ma:tou] *n* domate.

tomato juice *n* lëng domatesh.

tomato sauce *n* salcë domatesh.

tomb[tu:m] *n,v* -*n* 1.varr. 2.**the tomb** vdekja. -*vt* varros.

tombac(k), tombak['tombæk] *n* tombak, lidhje bakër-zink.

tombola[tom'boulë] *n Br* tombol(lojë).

tomboy['tomboi] *n* vajzë si djalë, vajzë çamarroke.

tomboyish['tombojish] *adj* prej çamarrokeje.

tombstone['tu:mstoun] *n* gur varri.

tomcat ['tomkæt] *n* 1.maçok. 2.*amer zhrg* bandill, gruar.

tome[toum] *n* libër, vëllim; libër i madh.

tomfool['tom'fu:l] *n,adj* -*n* budallë, tutkun. -*adj* pa mend, absurd(veprim).

tomfoolery[tom'fu:lëri] *n* marrëzi, budallallëk.

tommy['tomi] *n Br usht zhrg* ushtar(britanik).

tommy gun *n* automatik Tomson.

tommyrot ['tomirot] *n zhrg* dëngla, profka, gjepura.

tomorrow, to-morrow[të'morou] *n,adv* -*n* nesër; e nesërme; e ardhme; **the world of tomorrow** bota e së nesërmes; **tomorrow's paper** gazeta e nesërme; **the artists of tomorrow** artistët e të ardhmes. -*adv* nesër; **a week tomorrow, a week past tomorrow** si nesër një javë; **see you tomorrow!** mirupafshim nesër!

tomtit['tomtit] *n zool* trishtil, cinxami.

tom-tom['tomtom] *n* tam-tam.

ton[tʌn] *n* 1.ton(*Br* = 1016 kg; *amer,knd* = 907 kg); **metric ton** ton ndërkombëtar(1000 kg); **it weighs a ton, it's a ton weight** është i rëndë plumb; **tons of** shumë, një mori. 2.*det* fuçi(= 2,83 m³). 3. *zhrg* njëqind; **do a ton up** *aut* eci me njëqind(milje) në orë.

ton-up boys *n Br zhrg* motoçiklistë të krisur.

tonal['tounël] *adj muz* tonal.

tonality[tou'nælëti] *n muz* tonalitet.

tone[toun] *n,v* -*n* 1.ton; tonalitet; **in a low tone** me ton/me zë të ulët; **speak in an angry tone** flas me ton të ashpër, flas me inat; **in friendly tones** me ton miqësor. 2.kumbim; tingëllim. 3.ngjyrim, nuancë, ton(ngjyre). 4.*fig* klas; **it adds tone to the library, it gives the library tone** kjo ia ngre klasin /ia shton hijeshinë bibliotekës. 5.*mjek* tonus, energji, dinamizëm. -*vi* 1.harmonizohet. 2.i jep ton. 3.i ndërron tonin. +**tone down** a)zbus, çel(ngjyrën); b)ul(zërin); c)*fig* zbus (qëndrimin, kritikën).

+**tone in** harmonizohet.

+**tone up** forcoj, i jap dinamizëm.

tone arm *n el* krah i gjilpërës(së gramafonit).

tone colo(u)r *n muz* timbër.

tone control knob *n* buton i tonalitetit(në gramafon).

toned [tound] *adj* : **a sweet-toned voice** zë i ëmbël.

tone-deaf['toundef] *adj* pa vesh për muzikë.

toneless['tounlis] *adj* i zvargur, monoton (zë); i shpëlarë, pa timbër.

tonelessly ['tounlisli] *adv* me zë të zvargur / të shpëlarë.

tone poem *n muz* poemë simfonike.

tonette[tou'net] *n muz* fyell mësimor.

tong I[tong] *n* organizatë e fshehtë.

tong II[tong] *vt* kap me pinca/mashë/pincetë.

tongs[tongz] *npl* (edhe **pair of tongs**) 1.pinca.2. pincetë. 3.mashë; **curling tongs** mashë për dredhje flokësh.

tongue[tʌng] *n* 1.*anat* gjuhë; **put out/stick out one's tongue** nxjerr gjuhën. 2.llapë(e këpucës). 3.gjuhëz, rrum(i ziles, kambanës). 4.gjuhëz(flake). 5. *gjeog* gjuhë toke. 6.*fig* gjuhë; e folur, gojë; **hold your tongue!** mbaj gojën! **mother tongue** gjuhë amëtare; **(with his) tongue in (his) cheek** me ironi; me shaka. + **give tongue** leh(qeni); **on the tip of one's tongue** në majë të gjuhës.

tongue-and-groove *n,v tek -n* (lidhje me) thitha. -*vt* vesh(murin) me dërrasa (me thitha).

tongue-and-groove boarding / strips *n* veshje (muri) me dërrasa.

tongue-and-groove joint *n* lidhje me thitha.

tongue depressor *n mjek* spatul (për shtypjen e gjuhës).

-**tongued**[tʌngd] *adj* gjuhë-; **sharp-tongued** gjuhustër, thumbues.

tongue - in - cheek ['tʌnginçi:k] *adj* ironik, thumbues.

tongue-lashing['tʌnglæshing] *n* surup, e sharë.

tongue-tie['tʌngtai] *n,v -n* mbyllje/qepje e gojës. -*vt* ia mbyll/ia qep gojën.

tongue-tied['tʌngtaid] *adj* gojëmbyllur, i bukosur, me gojë kyçur(nga turpi, habia etj).

tongue twister *n* frazë fort e vështirë për t'u shqiptuar.

tongue-twisting['tʌngtwisting] *adj* i ngatërruar, i vështirë për t'u shqiptuar.

tonic['tonik] *n,adj -n* 1.*mjek* bar përtëritës, tonik. 2.ujë i gazuar, **gin and tonic** xhin me ujë të gazuar. 3.*muz* notë çelës, tonik.

-*adj* 1.*mjek* përtëritës, fuqidhënës, tonik. 2.*muz, gjuh* tonik; tonor.

tonicity[tou'nisëti] *n* tonicitet.

tonic water *n* ujë i gazuar.

tonight[të'nait] *adv,n* sonte; **tonight's TV pro-**

grams programet e natës së sotme.

tonnage['tʌnixh] *n det* tonazh.

tonne[tʌn] *n* ton(= 1000 kg).

tonneau[tʌ'nou] *n* pjesë e pasme e veturës.

-**tonner**['tʌnë:] *suff* -tonësh; **a 20-tonner** kamion 20-tonësh.

tonsil['tonsël] *n anat* bajame; **have one's tonsils out/removed** heq/operoj bajamet.

tonsilectomy[tonsël'ektëmi] *n mjek* heqje e bajameve.

tonsilitis[tonsë'laitis] *n mjek* mahisje e bajameve, grykët, bajamet.

tonsorial[ton'so:riël] *adj hum* (prej) berberi.

tonsure['tonshë:] *n,v -n* tonsurë, qethje e flokëve në formë rrethi majë kokës.

-*vt* tonsuroj.

tontine['tonti:n, ton'ti:n] *n fin* lloj sigurimi; fond i përgjithshëm.

too[tu:] *adv* 1.tepër, shumë, fort; **it's too hard for her to explain** e ka tepër të vështirë ta shpjegojë; **I'm not too sure about that** nuk jam fort i sigurt për këtë; **too right!**, **too true!** shumë e drejtë!, shumë e vërtetë!, ashtu, posi! **we're only too glad to help them** jemi shumë të gatshëm t'i ndihmojmë; **it's just too-too!** këto janë thjesht naze! 2.gjithashtu, po ashtu, edhe, për më tepër; **and then, too, there's the question of..**për më tepër, është edhe çështja e...; **she too can drive** edhe ajo di ta ngasë; **I can write too** di edhe të shkruaj. 3.posi; që ç'ke me të; **I didn't take it. - You did too!** Nuk e mora. - E more që ç'ke me të!

took[tuk] *pt* e **take.**

tool[tu:l] *n,v -n* 1.vegël; **set of tools** komplet veglash. 2.*fig* mjet. 3.*fig keq* vegël; **a tool in the hands of..** vegël në duart e...

-*v* 1.punoj. 2.i jap formë; gdhend. 3.*zhrg* ngas, i jap(makinës).

+**tool along/past** *aut zhrg* kaloj pa u ndier.

+**tool up** instaloj pajisje të reja(në uzinë).

toolbag['tu:lbæg] *n* çantë veglash.

toolbox['tu:lboks] *n* kuti veglash.

toolcase['tu:lkeis] *n* shih **toolbox.**

toolchest['tu:lçest] *n* shih **toolbox.**

tooled[tu:ld] *adj* i punuar; i gdhendur.

toolhouse['tu:lhaus] *n* barakë veglash(në oborr).

tooling ['tu:ling] *n* 1. zbukurim; gdhendje (germash). 2.punim. 3.makineri, pajisje.

toolkit['tu:lkit] *n* çantë veglash.

toolmaker['tu:lmeikë:] *n* remontier.

toolmaking['tu:lmeiking] *n* remont; montim-riparim makinash.

toolroom['tu:lrum] *n* vegleri, repart i veglave.

toolshed['tu:lshed] *n* barakë veglash(në oborr).

toot I[tu:t] *n,v -n* 1.bori(makine). 2.fishkëllimë. 3.e rënë(daulleje).

-*v* 1.i bie borisë. 2.fishkëllej.

toot II[tu:t] *n zhrg* e pirë rëndshëm.
tooth[tu:th] *n,v -n pl* **teeth** 1.dhëmb; **have a tooth out** heq një dhëmb. 2.*tek* dhëmb(ingranazhi, krehëri). 3.*fig* dëshirë, pëlqim; **have a tooth for fish** më pëlqen peshku. + **fight tooth and nail** luftoj dhëmb për dhëmb; **get one's teeth into sth** i futem me themel diçkaje; **long in the tooth** i moshuar, i plakur.
-*vt* 1.i vë dhëmbë. 2.dhëmbëzoj, i bëj dhëmbëza.
toothache['tu:theik] *n* dhimbje dhëmbi.
toothbrush['tu:thbrʌsh] *n* furçë dhëmbësh; **toothbrush moustache** mustaqe spic.
toothed [tu:tht] *adj* dhëmbë-dhëmbë, i dhëmbëzuar.
toothless['tu:thlis] *adj* pa dhëmbë; dhëmbërënë.
toothpaste['tu:thpeist] *n* pastë dhëmbësh.
toothsome['tu:thsëm] *adj* i shijshëm.
toothy['tuthi] *adj* dhëmbësqepar; **a toothy smile** zbardhje dhëmbësh.
tootle['tu:tël] *n,v -n* e rënë borije/fyelli/trompete; melodi.
-*v* i bie borisë etj; ia marr një melodie.
toots[tu:ts] *n zhrg* zogëza ime.
tootsy ['tu:tsi] *n zhrg* 1. gisht këmbe. 2. shputë. 3.bukuroshe, zoçkë; **hi tootsy!** tungjatjeta, bukuroshja ime!
top I[top] *n,v,adj -n* 1.majë; kulm; kre; **at the top of** në majë të; **from top to bottom** nga kreu në fund; **on top of** mbi; **on the top, on top of it** përsipër. 2.kreshtë(dallge). 3.*fig* krye(i listës, i klasifikimit); **at the top of the class** i pari i klasës; **he's the tops** ai është kampion. 4. maksimum; **at the top of his voice** me sa i hante zëri. 5.kapak. 6.tavan(veture). 7. pjesë e sipërme(e pizhamave etj). 8.syprinë (tavoline).
+ **blow one's top** *zhrg* a) nxehem; b) çmendem; **from top to toe** a)nga koka në këmbë; b)plotësisht; **on top** me sukses; fitues: **come out on top** dal fitues; **on top of all that** megjithëkëtë; **over the top** përtej kufirit të caktuar.
-*vt* 1.i pres majat(bimëve). 2.i pres kokën. 3.kurorëzon, i rri mbi krye; ngrihet mbi. 4.kaloj, tejkaloj; **and to top it all** dhe si për t'i vënë kapak, dhe mbi këto; **that tops the lot!** *gj.fol* edhe kjo ishte mangët!, kjo i vuri kapakun! 5.kapërcej, i dal matanë(malit etj).6.jam në krye, kryesoj (klasifikimin).
-*adj* 1.i sipërm(sirtar); i fundit, i sipërm(kat). 2.më i lartë(marsh, çmim, oficer; **at top speed** me tërë shpejtësinë; **in top gear** me marshin më të lartë; **pay top prices** blej me çmimin më të lartë, paguaj më mirë se gjithë të tjerët; **the top brass** të mëdhenjtë, oficerët madhorë. 3.më i miri; **in/on top form** në formën më të mirë, plotësisht në formë; **the top mark** nota më e mirë; **the top 10** 10 të parët, 10 më të mirët(në hit-paradë).

+**top off** a)arrin kulmin/maksimumin; b)mbaroj, përfundoj, e mbyll.
+**top out** *ndërt* mbaron karabinaja.
+**top up** *Br* a)*aut* mbush me, i hedh(vaj); b)*aut* i hedh ujë(baterisë); c)rimbush(gotën): **can I top you up?** të ta mbush edhe njëherë?
top II[top] *n* fugë; **sleep like a top** fle top.
topaz['toupæz] *n min* topaz.
top banana *n amer zhrg* 1.njeri me pozitë. 2.*teat* aktor kryesor.
top boot *n* çizme të larta.
top brass *n zhrg* të mëdhenjtë, oficerët madhorë.
topcoat ['topkout] *n* 1.pardesy. 2.qime, gëzof. 3. shtresë/dorë e fundit(e bojës).
top copy *n* origjinal.
top dog *n gj.fol* më i miri; personi më i rëndësishëm; **he's top dog around here** ai bën ligjin këtu.
top-dog['topdog] *adj gj.fol* më i miri.
top drawer *n gj.fol* klas i parë; rang i lartë; **he is out of the top drawer** është nga familje e pasur.
top-drawer ['topdro:ë:] *adj gj.fol* 1.i shkëlqyer, i klasit të parë. 2.nga derë e lartë, aristokratik.
top dressing['topdresing] *n bujq* plehërim sipërfaqësor.
tope[toup] *vi* pi(rregullisht).
topee['toupi:] *n* kaskë koloniale.
toper['toupë:] *n* pijanik, pijanec.
top-flight['topflait] *adj* i shkëlqyer, i klasit të parë.
top hand *n amer gj.fol* punonjës i shkëlqyer.
top hat *n* cilindër(kapelë).
top heavy *adj* 1.shumë i rëndë më majë.2.*fig* shumë i ngarkuar, me organikë të fryrë(institucion etj).
top-hole['tophoul] *adj Br gj.fol* i përkryer.
topiary['toupi:eri] *adj,n -adj* e qethur, e krasitur me formë(kaçube).
-*n* 1.krasitje artistike. 2.kopësht me kaçube të krasitura me formë.
topic['topik] *n* 1.temë, subjekt. 2.*Br* detyrë, projekt. 3.*gjuh* temë.
topical['topikël] *adj* 1.i ditës, aktual(lajm). 2.*mjek* lokal(mjekim).
topicality[topi'kælëti] *n* aktualitet.
topknot ['topnot] *n* 1. tufëz, baluke, kaçirubë. 2.xhufkë, kaçul, pupla(majë kokës).
topless ['toplis] *adj* 1. pa syprinë (tavolinë). 2.pa pjesë të sipërme(kostum banje). 3.zbuluar, me gjinjtë jashtë (femër); **topless bar** bar me kamariere me gjinjtë jashtë.
top-level['toplevël] *adj gj.fol* 1.i nivelit të lartë (takim). 2.nga lart(vendim).
top-liner ['toplainë:] *n Br teat* aktor kryesor; aktor madh.
top-loader['toploudë:] *n* makinë larëse me mbushje nga sipër.
toplofty['toploftî] *adj gj.fol* kryelartë; i fryrë.
topmast ['topmæst] *n det* direk i sipërm, pjesë e

sipërme e direkut kryesor.

topmost['topmoust] *adj* më i larti, i kreut, i majës.

topnotch['topnoç] *adj gj.fol* më i miri; i shkëlqyer; i përkryer.

topographer[të'pogrëfë:] *n* topograf.

topographic(al)[topë'græfik(ël)] *adj* topografik.

topography[të'pogrëfi] *n* topografi.

toponomy [të'ponëmi] *n* 1. toponimi. 2. regjistër emërtimesh vendesh.

topper['topë:] *n* 1.*amer zhrg* a)kulmi: **the topper was that...** kulmi/më e madhja ishte se..; b)më i miri; më e mira. 2.cilindër(kapelë). 3.*gj.fol* pardesy.

topping['toping] *adj,n* -*adj Br gj.fol* i shkëlqyer; i klasit të parë; i përkryer.
-*n* 1.garniturë; krem(përsipër tortës etj). 2.*pl* degë /maja të krasitura.

topple ['topël] *v* 1.rrëzohem; bie. 2.shembet (pirgu). 3. anohem, humbas drejtpeshimin.4.rrëzoj; shemb. 5.*fig* përmbys(qeverinë etj).

top-ranking['toprænking] *adj* i lartë(oficer, funksionar).

tops[tops] *adj,n zhrg* i parë, më i miri.

topsail['topseil] *n det* velë e kreut.

top-secret['topsi:krit] *adj* tepër sekret.

top-security wing *n* zonë e sigurisë së lartë, sektor tepër i ruajtur(në burg).

topside ['topsaid] *n,adj,adv* -*n* 1.*det* pjesë e sipërme(e anijes); pjesë mbi ujë. 2.*Br* pjesë e jashtme(e mishit).
-*adj amer gj.fol* i lartë(funksionar); i nivelit të lartë.
-*adv* 1.*det* sipër; mbi kuvertë. 2.*gj.fol fig* lart, në majë, në nivelet e larta.

topsider ['topsaidë:] *n amer gj.fol* personalitet i lartë.

topsoil['topsoil] *n* tokë; shtresë e punueshme.

topstitching['topstiçing] *n* buzë/shirit i qëndisur.

topsy-turvy['topsi'të:vi] *adj,adv,n* -*adj,adv* 1.rrëmujë, lesheli. 2.përmbys, kokëposhtë.
-*n* rrëmujë, lëmsh.

toque[touk] *n* kapelë gjykatësi; kapelë pa strehë.

tor[to:] *n* sukë; breg shkëmbor.

torch [to:ç] *n* 1. pishtar. 2.fener xhepi, llampë me bateri. 3.llampë saldimi (me flakë gazi). 4.*fig* dritë, pishtar ndriçues. + **carry a torch for sb/sth** *zhrg* a)kam dobësi; jam i dashuruar pas dikujt; b)përkrah, mbështes, luftoj për diçka.

torchbearer['to:çberë:] *n* 1.pishtarmbajtës. 2.*fig* fener/pishtar ndriçues. 3.*gj.fol* prijës.

torchlight['to:çlait] *n* dritë pishtari.

torch singer *n amer* këngëtare tragjike.

torch song *n amer* këngë dashurie tragjike.

tore[to:] *pt* e **tear I.**

toreador['toriëdo:] *n* toreador.

torment['to:mënt] *n,v* -*n* mundim, vuajtje; torturë; **the torments of jealousy** vuajtjet e xhelozisë.
-*vt* mundoj, torturoj; martirizoj.

tormentor, - ter[to:'mentë:] *n* 1.persekutues; torturues; xhelat. 2.mundim, torturë.

torn[to:n] *pp* e **tear II.**

tornado [to:'neidou] *n* 1. tornado; uragan. 2.*fig* shpërthim(entuziazmi).

torpedo[to:'pi:dou] *n,v* -*n* 1.*usht* silur, torpilë. 2. *zool* peshk elektrik.
-*vt* 1.*usht* siluroj. 2.*fig* siluroj, shkatërroj(plane).

torpedo boat *n usht* torpedinierë, siluruese.

torpid['to:pid] *adj* 1.i mpirë, i topitur. 2.i fjetur.

torpidity[to:'pidëti] *n* mpirje, topitje.

torpor ['to:pë:] *n* 1. mpirje, topitje. 2. plogështi, ngathtësi.

torque[to:k] *n fiz* moment përdredhjeje; çift rrotullues.

torrefy['to:rëfai] *vt* thaj/pjek me nxehtësi.

torrent['to:rënt] *n* 1.rrëke, përrua; **the rain was coming down in torrents** shiu binte rrëke. 2.*fig* lumë.

torrential[to:'renshël] *adj* i rrebeshtë; si rrëke.

torrid['to:rid] *adj* 1.i nxehtë, përvëlues(mot etj). 2.*fig* zhuritës; tërë pasion.

torridity[to:'ridëti] *n* nxehtësi, përvëlim, zhur.

torsion['to:shën] *n fiz* përdredhje.

torso['to:sou] *n* 1.*anat* bust. 2.trung; gjë e cungët.

tort[to:t] *n drejt* keqbërje, akt i dënueshëm; **torts lawyer** avokat i së drejtës civile.

tortilla[to:'tilë] *n* pite meksikane, tortila.

tortoise['to:tës] *n* 1.breshkë. 2.njeri i plogët.

tortoiseshell['to:tësshel] *n* 1.kafkull/zhguall breshke. 2.*attr* prej gualli, prej briri(skelet syzash etj).

tortuous ['to:tjuës] *adj* 1. dredha-dredha, gjarpërues. 2. *fig* i tërthortë; i paqartë; dredharak.

torture['to:çë:] *n,v* -*n* torturë(edhe *fig*); **put sb to torture** torturoj dikë; **it was sheer torture!** ishte një torturë e vërtetë!
-*vt* 1.torturoj. 2.*fig* shpërfytyroj; masakroj(kuptimin, melodinë).

torturer['to:çërë:] *n* torturues, xhelat.

torturous['to:çërës] *adj* torturues.

torus ['to:rës] *n pl* **tori** 1.*ark* bazë kolone. 2.*bot* kupë(e lules). 3.*anat* e dalë.

Tory['to:ri] *n,adj pol* konservator.

tosh[tosh] *n zhrg* dëngla, gjepura; **tosh!** gjepura!

toss[tos] *v,n* -*v* 1.hedh(gurë). 2.fryn(brumin). 3. përziej, trazoj(sallatën). 4.hedh prapa(kokën, flokët). 5.çmbreh(kalin).6.ngre me brirë(demi). 7.(**about, around**)s'më zë vendi; rrotullohem sa andej këndej. 8.tunden(pemët). 9.(**up**) e hedh kokë-a-pilë; **I'll toss you for the drinks** e hedhim kokë-a-pilë se kush do të paguajë pijet.
-*n* 1.hedhje; flakje. 2.rrëzim; **take a toss** rrëzohem nga kali.3.shkundje/hedhje (e kokës) praptas. 4.e hedhur kokë-a-pilë. 5.*sport* hedhje shorti. 6.largësi hedhjeje.

+**toss about/around** a)s'më zë vendi; b)tunden;

fëshfërijnë(pemët); c)lëkund, troshis(varkën); d) shkund(puplat).

+**toss aside** a)hedh mënjanë/anash; b)largoj(dikë); c)prapsoj; hedh poshtë(propozimin etj).

+**toss away** hedh, flak.

+**toss back** a)kthej mbrapsht(topin); b)hedh prapa (flokët); c)*fig* shkëmbej(ide).

+**toss off** a)bëj/shkruaj fët-e-fët; b)rrëkëllej(një gotë); c)*zhrg* masturbohem.

+**toss out** a)hedh(plehrat); b)përzë, nxjerr përjashta.

+**toss over** hedh; gjuaj.

+**toss up** a)e hedh kokë-a-pilë; b)hedh, vërvis.

    toss-up ['tosʌp] *n* 1. (hedhje) kokë-a-pilë. 2. *fig* punë shansi.

    tot I [tot] *n* 1. kalama, çilimi, camërdhok. 2. *Br gj.fol* gotëz(pije); **just a tot** një gllënjkë.

    tot II[tot] *v Br* 1.mbledh, gjej shumën.2.arrin, kap (shumën); **it tots up to 200 leks** kjo bën 200 lekë.

    total['toutël] *adj,n,v* -*adj* i plotë, total; **total losses** humbjet totale.

-*n* shumë e përgjithshme, total; **it comes to a total of $100, the total comes to $100** totali kap shumën 100 dollarë. + **in total** në total.

-*vt* 1.mbledh, nxjerr shumën. 2.kap shumën, arrin; **the group totalled 20** grupi arrinte në 20 vetë. 3. *amer zhrg* shkatërroj, prish.

    totalitarian[toutæli'teriën] *adj,n* -*adj* totalitar. -*n* partizan i totalitarizmit.

    totalitarianism[toutæli'teriënizm] *n pol* totalitarizëm; sistem totalitar.

    totality[tou'tælëti] *n* 1.shumë; total.2.tërësi.3.*astr* eklips i plotë.

    totalizator['toutëlëzeitë:] *n* aparat regjistrues; regjistrues bastesh(në vrapimet me kuaj), totalizator.

    totalize['toutëlaiz] *vt* mbledh, nxjerr shumën.

    totalizer['toutëlaizë:] *n* shih **totalizator**.

    totally['toutëli] *adv* plotësisht, tërësisht.

    tote I[tout] *n,v* -*n* mbajtje; bartje.

-*vt* mbaj(armë); mbart(një send).

    tote II[tout] *n zhrg* shih **totalizator**.

    tote bag *n amer* trastë, çantë.

    totem['toutëm] *n* totem.

    totem pole *n* totem.

    totter['totë:] *v,n* -*vi* 1.më merren këmbët, eci duke u lëkundur.2.tundet, lëkundet(muri).3.*fig* lëkundet (regjimi, vendimi).

-*n* ecje e pasigurt, marrje këmbësh.

    tottering['totëring] *adj* i lëkundur.

    tottery['totëri] *adj* i lëkundur.

    touch[tʌç] *v,n* -*v* 1.prek, cek, çik; **touch one's hat to sb** prek kapelën për të përshëndetur dikë; **touch ground** prek tokën, zbret(avioni); **I didn't touch him!** as që e preka me dorë! 2.*fig* kufizohet, është ngjitur(me). 3.*fig* cek, trajtoj; zë në gojë; **she merely touched the problem of...** ajo vetëm sa e ceku problemin e..; **he didn't touch the second**

question nuk e zuri fare me dorë pyetjen e dytë (në provim). 3.prek, zë me dorë(ushqimin); ha; pi; **she won't touch beer** ajo nuk e pi birrën. 4.i avitet, krahasohet; **nobody can touch her as a singer** s'ka këngëtare që t'i avitet asaj; **there's nothing to touch hot whisky for a cold** s'ka gjë më të mirë se uiski i nxehtë kundër rrufës. 5.më takon, më përket, më intereson; **it touches you all** ju përket të gjithëve. 6. *fig* prek; **she was very touched by your letter** ajo u prek shumë nga letra jote. 7.*gj.fol* i kërkoj, i bie në qafë për; **touch sb for a loan/for 1000 leks** i kërkoj borxh/i bie në qafë dikujt për 1000 lekë. 8.preket. 9. janë ngjitur(dy vende, troje).

-*n* 1.prekje, të prekur; **soft to the touch** i butë në të prekur. 2.cekje, çikje, fshikje; **feel the touch of the wind** ndiej fshikjen e erës. 3.e rënë, shtypje(e tasteve). 4.penelatë, cekje e lehtë(me penel); **give sth the final/finishing touch** i jap diçkaje dorën e fundit (edhe *fig*). 5.grimë, çikë; **it needs a touch of paint** ka nevojë edhe për pak bojë; **there's a touch of frost in the air** sillet për ngricë. 6.lidhje, kontakt; **be /keep in touch with sb** kam/mbaj lidhje me dikë; **have lost touch with the situation** nuk jam në korent të gjendjes; **you ought to get in touch with the police** duhet t'i drejtohesh policisë. 7.*zhrg* a)marrje hua; dhënie hua; b)para të huajtura; c)njeri që jep hua; **he's good for a touch, he's a soft /an easy touch** atij mund t'i marrësh borxh kur të duash. 8.hollësi(artistike). 9.*fig* dorë(mjeshtri). 10. shenjë, stampë.

+**touch at** *det* ndalet në(anija).

+**touch down** a)zbret, prek tokën(avioni); b)*sport* shënoj(pikë).

    touchdown['tʌçdaun] *n* 1.*sport* pikë, gol(në futbollin amerikan). 2.zbritje(në tokë, det, hënë).

+**touch off** a)lëshoj, hedh(fishekzjarr); b)plas, shpërthej(minën); c)*fig* shkaktoj, provokoj(trazira).

+**touch up** a)prek, retushoj(fotografi); b)lëmoj, përkëdhel, fërkoj(për kënaqësi seksuale).

    touch and go *n* gjendje e pasigurt; situatë e rrezikshme.

    touch-and-go['tʌçëngou] *adj* 1.i pasigurt. 2.i rrezikshëm.

    touched [tʌçt] *adj* 1. i prekur; i mallëngjyer. 2.*gj.fol* paksa i shkarë.

    touchiness['tʌçinis] *n* lëndim; sedër.

    touching['tʌçing] *adj,prep* -*adj* prekës.

-*prep* në lidhje me; rreth, mbi.

    touchingly['tʌçingli] *adv* në mënyrë prekëse.

    touchline['tʌçlain] *n sport* vijë anësore.

    touch-me-not['tʌçminot] *n bot* lule mos-më-prek.

    touchpaper['tʌçpeipë:] *n* letër e nitratuar.

    touchstone ['tʌçstoun] *n* 1. *miner* gur prove(për pastërtinë e arit). 2.*fig* gur prove.

    touch-type['tʌçtaip] *vi* shtyp pa parë në tastierë.

    touch-typist ['tʌçtaipist] *n* daktilografist që nuk

sheh në tastierë.

touchwood['tʌçwud] *n* eshkë.

touchy['tʌçi] *adj* 1.i prekshëm, që lëndohet kollaj. 2.i mprehtë, delikat(problem). 3.i ndjeshëm.

tough[tʌf] *adj,n,adv,v* -*adj* 1.i fortë; rezistent; **as tough as old boots** i fortë gur, si shollë(mishi). 2.i fortë, i paepur(njeri); i regjur(kriminel); **tough guy** tip i sertë; **tough customer** klient i vështirë. 3.i ashpër, i rreptë (kundërshtim, qëndrim); **take a tough line with sb** mbaj një qëndrim të ashpër me dikë. 4.i vështirë, i mundimshëm, i lodhshëm (udhëtim, punë).5.serioz, i mprehtë(problem).6.i keq (fat); e rëndë(kohë); **tough luck!** s'ke ç'i bën fatit!; taksirat!
-*n* tip i sertë; rrugaç, njeri i sherrit.
-*adv* ashpër, sertë; **talk tough** flas ashpër.
-*vt fig* : **tough it out** a)mbahem, i bëj ballë; b)bëj jetë të ashpër.

toughen['tʌfën] *v* 1.forcoj, i jap fortësi(materialit). 2.*fig* kalis(dikë). 3.ashpërsoj(gjendjen). 4.forcohet (materiali). 5.kalitet. 6.ashpërsohet(gjendja, rregulli).

toughly['tʌfli] *adv* 1.ashpër(flas). 2.egërsisht, me tërbim(luftoj).

toughness['tʌfnis] *n* 1.fortësi, qëndresë, rezistencë. 2.sertësi, egërsi. 3.ashpërsi. 4.kokëfortësi.

toupee[tu:'pei] *n* parukë.

tour[tuë:] *n,v* -*n* 1.udhëtim; ekskursion; shetitje; vizitë; **the Grand Tour** udhëtim nëpër Evropë; **go on a tour to Kosova** bëj një udhëtim nëpër Kosovë.2.turne; **be on tour** është në turne, del për turne.3.vizitë zyrtare; **a tour of inspection** vizitë kontrolli/inspektimi.4.*usht* kohë, periudhë; **tour of duty** periudhë shërbimi.
-*v* 1.udhëtoj; vizitoj; **go touring** udhëtoj, dal për turizëm; **we have been touring Albania** kemi vizituar Shqipërinë. 2.bëj turne; **the play is touring Europe** drama po shfaqet nëpër Evropë.

tour operator *n Br* 1.kompani autobusësh turistikë. 2.agjenci udhëtimesh të organizuara.

tourer['tu:rë:] *n* automjet turistik.

touring ['tuëring] *n,adj* -*n* turizëm, udhëtim turistik.
-*adj* turistik, për turizëm; **touring car** veturë sportive, automobil i hapur.

touring bindings *n sport* përcaktim i hollësive të itinerarit(në udhëtimet me ski).

touring company *n teat* trupë shetitëse.

tourism['tu:rizm] *n* turizëm.

tourist['tu:rist] *n,adv* -*n* 1.turist.2.klasë turisti, klasa më e lirë(e biletës së udhëtimit).
-*adv* në klasë turisti(udhëtoj).

tourist agency *n* agjenci turistike.

tourist bureau *n* zyrë informacioni për turistët.

tourist class *n av,det,hek* klasë turisti, klasa më e lirë(e biletës së udhëtimit).

tourist court *n amer* motel.

tourist home *n amer* hotel për turistë.

tourist information centre, tourist office *n* shih **tourist bureau**.

tourist trade *n* turizëm, industri e turizmit.

tourist trap *n* kurth për turistët; agjenci / ndërmarrje që shfrytëzon turistët.

touristas[tu'ristës] *npl amer zhrg* bark, diarre.

touristy ['tuëristi] *adj gj.fol keq* prej turisti, turistësh(veshje).

tourmalin(e)['tu:mëlin] *n kim,gjeol* turmalinë; gur (i çmuar) turmaline.

tournament['të:nëmënt, 'tu:nëmënt] *n* 1.*hist* bejleg, dyluftim kalorësish(për garë). 2.*sport* ndeshje; varg ndeshjesh; turne.

tourney['të:ni:, 'tu:ni:] *n,v* -*n* shih **tournament**.
-*vi* marr pjesë në dyluftim/në gara/në ndeshje.

tourniquet['tuë:nëkei] *n mjek* kapëse/fasho për ndaljen e gjakut.

tousle['tauzël] *v,n* -*vt* 1.shprish, shpupuris(flokët). 2.rrudh, tutëloj(rrobat).
-*n* flokë të shpupurisur.

tousled['tauzëld] *adj* 1.i shakmisur, flokëshpupurisur. 2.të shprishur, të shpupurisur(flokë). 3.i tutëluar, i rrudhosur; rrëmujë(çarçafë etj).

tout[taut] *v,n gj.fol* -*v* 1.shes, ofroj me këmbëngulje; u qepem blerësve; mburr mallin.2.shes me të shtrenjtë (bileta). 3.ftoj (njerëzit) të vënë baste. 4.mbledh të dhëna(për garat e vrapimeve).
-*n* 1.shitës shetitës. 2.ndërmjetës, agjent(për sigurimin e klientëve). 3.parashikues garash(vrapimesh). 4.matrapaz, rishitës (biletash) me të shtrenjtë.

tow[tou] *v,n* -*vt* rimorkioj, tërheq.
-*n* 1.rimorkim, tërheqje. 2.kavo rimorkimi. 3.makinë e rimorkiuar. 4.teleski, teleferik për skiatorë. + **in tow** a)i rimorkiuar; b)nën mbrojtjen e; nën patronazhin e; c)nën ndikimin e; në vartësi të.

+**tow away** rimorkioj; heq, largoj (çoj në pikën e grumbullimit të mjeteve kundërvajtëse).

tow II[tou] *n teks* shtëllungë(kërpi, liri).

towage['touixh] *n* rimorkim.

toward(s) [*prep* to:d(z), të'wo:d(z); *adj* to:d(z)] *prep,adj* -*prep* 1.drejt, në drejtim të; **move toward war** shkoj drejt luftës. 2.ndaj, përkundrejt, në lidhje me; për; **their attitude toward her** sjellja e tyre ndaj saj; **she is saving toward a new car** ajo po kursen për një veturë të re. 3.(kohë) nga, rrotull; **towards 7 o'clock** aty nga ora 7. 4.për, në ndihmë të; **give something toward the new hospital** jap diçka për spitalin e ri.
-*adj* 1.i afërt, i pritshëm. 2.*vjet* premtues.

towaway zone ['touëwei] *n amer aut* zonë ku ndalohet qëndrimi(ku ta rimorkiojnë makinën).

towboat['toubout] *n* rimorkiator.

tow car *n amer* makinë rimorkiuese.

towel['tauël] *n,v* -*n* peshqir; pecetë. + **throw/toss in the towel** *gj.fol* pranoj humbjen.

-*vt* fshij/fërkoj/thaj me peshqir.

towel(l)ing ['tauëling] *n* 1. copë peshqirësh. 2. e fshirë/fërkim me peshqir.

tower['tauë:] *n,v* -*n* 1.kullë; **church tower** kambanore. 2.kala; kështjellë. 3.ndërtesë e lartë, pallat shumëkatësh.4.*fig* shtyllë, mbështetje.

-*vi* 1.ngrihet, lartësohet. 2.*fig* spikas; dominoj; **he towers above/over his colleagues** ai spikat mbi të gjithë kolegët e vet.

+**tower up** ngrihet, lartësohet.

towering['tauëring] *adj* 1.shumë i lartë. 2.shtatlartë. 3.*fig* shumë i madh, vigan; **in a towering rage** me një inat të tërbuar.

towery['tauëri] *adj* 1.me kulla. 2.i lartë; vigan.

towhead['touhed] *n* flokëverdhë.

towheaded['touhedid] *adj* flokëverdhë.

towing-line, towline, towing-rope, towrope *n* kavo rimorkimi.

towing-truck, amer tow truck rimorkiues automjetesh në raste avarie.

town[taun] *n* qytet; **be from out of town** nuk jam nga qyteti, jam i ardhur; **the whole town is talking about..** i gjithë qyteti flet për... + **go to town** *gj.fol* a)arrij një sukses; b)i dal matanë, e përlaj (byrekun); **on the town** a)në qytet; b)*Br* në varësi të qytetit; me paratë e qytetit; në asistencë; **out of town** jashtë qytetit; **paint the town red** *zhrg* bëj aheng/orgji; **town and gown** banorët dhe studentët.

town centre *n* qendër e qytetit.

town clerk *n* sekretar bashkie.

town council *n* këshill bashkiak.

town councillor *n* këshilltar bashkiak, anëtar i këshillit të bashkisë.

town crier *n* tellall.

town-dweller['taundwelë:] *n* banor i qytetit.

townee[tau'ni:], *amer* **townie**['tauni] *n iron* qytetar safi.

town hall *n* bashki.

town house *n* shtëpi qyteti.

town meeting *n amer* mbledhje e përgjithshme e banorëve.

town planner *n Br* urbanist.

townscape['taunskeip] *n* peisazh qytetar.

townsfolk['taunzfouk] *n* banorë qyteti, qytetarë.

township['taunship] *n* komunë; bashki.

townsman['taunzmën] *n* qytetar; bashkëqytetar.

townspeople['taunzpi:pël] *n* shih **townsfolk**.

toxemia[toks'i:mië] *n mjek* helmim gjaku.

toxic['toksik] *adj* helmues; toksik.

toxicity[toks'isëti] *n* helmueshmëri.

toxicology[toksë'kolëxhi] *n mjek* toksikologji.

toxin['toksën] *n biol* toksinë.

toy[toi] *n,v* -*n* 1.lodër.2.*fig* lodër fëmijësh; **that little calculator is nothing but a toy** kjo kalkulatriçe e vogël s'është veçse një lodër fëmijësh. 3.*attr* fëmijësh; për lojë; **toy car** makinë e vockël

për të luajtur.

-*vi* (**with**) luaj (me).

toybox['toiboks] *n* arkë e lodrave.

toy dog *n fig* qen apartamenti.

toyshop['toishop] *n* dyqan lodrash.

toy train *n* tren lodër; tren elektrik.

trace I[treis] *n,v* -*n* 1.gjurmë; tragë; **lose all trace of sb** ia humbas gjurmët dikujt; **vanish/sink without trace** zhdukem pa lënë gjurmë. 2.çikë, grimë, gjurmë; shenjë; **traces of poison in the stomach** gjurmë helmi në stomak; **without a trace of illfeeling** pa as më të voglën hatërmbetje. 3.*amer* shteg.

-*vt* 1.heq(një vijë); kopjoj me kalk. 2.ndjek, i shkoj pas gjurmëve; **the police traced him as far as Saranda** policia e ndoqi deri në Sarandë. 3.gjej; zbuloj; **we can't trace your file at all** s'e gjejmë dot gjëkundi dosjen tënde. 4.hedh në letër, skicoj. 5.regjistron(aparati).

+**trace back** a)është burim i: **this traces back to the loss of...** kjo rezulton si burimi/shkaku i humbjes së..; b)gjej burimin; gjej/përcaktoj prejardhjen; c)ia ndjek/ia zbuloj gjurmët; **they traced her back to London, then...** ata ia ndoqën gjurmët deri në Londër, pastaj...

trace II[treis] *n* rrip; *pl* takëme(kali). + **kick over the traces** këpus frerët, dal duarsh.

traceable['treisëbël] *adj* i gjetshëm; **it is traceable** mund ta gjejmë.

trace element *n kim,biol* mikroelement.

tracer ['treisë:] *n* 1. gjurmues, kërkues. 2. hetim /kërkim vend më vend. 3.kopjues; dizenjator. 4.vizore dezinjatori. 5.*kim,biol* atom i shënuar; mikroelement gjurmues. 6.plumb gjurmëlënës.

tracer shell *n* predhë gjurmëlënëse.

tracery['treisëri] *n* 1.*ark* hullizime zbukuruese. 2.*bot* nervaturë(e gjethes).3.lajle-lule akulli(në xham).

trachea[trë'kië] *n anat* trake.

tracing['treising] *n* 1.kopjim me kalk. 2.kopje në kalk. 3.kardiogramë; encefalogramë.

tracing paper *n* letër kalku.

track[træk] *n,v* -*n* 1.*hek* shina, binarë.2.gjurmë, shenjë.3.shteg.4.pistë(vrapimi).5.garë vrapimi. 6.*attr* atletike(këpucë). 7.trajektore (e plumbit etj). 8.*fig* hulli, rrugë; **on the same track year after year** në të njëjtën hulli vit për vit. 9.*fig* varg(ngjarjesh). 10.*el* pistë(regjistrimi); **4-track tape** shirit me 4 pista. 11.hulli, kanal(i diskut të gramafonit).12.*tek* zinxhir(traktori). 13.*aut* hapësirë midis rrotave.14. *pl zhrg* shenja injeksionesh(droge). + **in one's tracks** *gj.fol* në vend, aty ku jam; **keep track of** ndjek(ngjarjen); **loose track of** e humbas fillin; **make tracks** *gj.fol* a)eci me shpejtësi; b)ua mbath, lë hijen; **off the track** a)jashtë teme; b)në gabim; i gabuar; **on the track** a)në temë; b)drejt, pa u gabuar; **the beaten track** rruga e zakonshme/e njohur.

-*v* 1.ndjek, i shkoj pas gjurmëve. 2.ndjek trajektoren e(kometës, raketës). 3.lë vazhdë/gjurmë; **track dirt over the floor** lë gjurmët në dysheme, e bëj dyshemenë pllanga-pllanga.
+**track down** a)ndjek; b)kap; c)gjej, zbuloj.
trackage['trækixh] *n hek* 1.binarë, shina. 2.e drejtë përdorimi binarësh(të një linje tjetër); tarifë përdorimi linje.
track and field *n* atletikë.
track athletics *n sport* gara atletike.
tracked[trækt] *adj* me zinxhirë(automjet).
tracker['trækë:] *n* ndjekës.
tracker dog *n* qen policie.
track event *n sport* garë vrapimi.
tracking['træking] *adj* ndjekës.
tracking shot *n kin* shih **track shot**.
tracking station *n* stacion vrojtimi satelitësh.
tracklayer['træklejë:] *n amer hek* shih **trackman**.
trackless['træklis] *adj* 1.pa rrugë(pyll etj). 2.pa zinxhirë(traktor).
trackman ['trækmën] *n amer hek* ruajtës / mirëmbajtës shinash/binarësh.
track race/racing *n sport* gara vrapimi.
track record *n sport,fig* rezultate.
track shot *n kin* xhirim me kamerë lëvizëse.
tracksuit['træksu:t] *n* tuta sportive.
track system *n amer* sistem grupimi të nxënësve në nivele të ndryshme.
trackwalker['trækwokë:] *n amer hek* shih **trackman**.
tract I[trækt] *n* 1.hapësirë(ujore etj), zonë, rajon. 2.shtresë(minerali). 3.*anat* sistem, aparat(i tretjes etj). 4.*vjet* periudhë kohe.
tract II[trækt] *n* trakt; pamflet.
tractable ['træktëbël] *adj* 1. i shtruar, i urtë, i bindur. 2.i përpunueshëm, i punueshëm(material). 3. *fig* i zgjidhshëm(problem).
tractile['træktail] *adj* i zgjatshëm.
traction['trækshën] *n* 1.fërkim. 2.tërheqje; forcë tërheqëse.
  traction engine *n* lokomobil, lokomotivë me rrota(tip traktori).
tractive['træktiv] *adj* tërheqës.
tractor['træktë:] *n* traktor.
  tractor driver *n* traktorist.
  tractor swing *n knd* vargan slitash(të tërhequra nga traktori).
  tractor-trailer['træktë:treilë:] *n amer* traktor me rimorkio, *gj.fol* zetor.
  tractor train *n knd* shih **tractor swing**.
trad[træd] *adj* shkurtim për **traditional**.
tradable ['treidëbël] *adj amer fin,treg* i tregtueshëm.
trade[treid] *n,v* -*n* 1.tregti; **overseas trade** tregti e jashtme; **the sugar trade** tregtia e sheqerit; **do a good/brisk/roaring trade** shes shumë; **Board of**

Trade, *amer* **Department of Trade** ministria e Tregtisë. 2.zanat, profesion; **be a butcher/a doctor by trade** jam kasap; jam me profesion mjek; **learn a trade** mësoj një zanat; **as we say in the trade** siç e quajmë ne në gjuhën e zanatit/profesionit. 3.*pl gjeog* alize(erë). 4.trambë, shkëmbim; **do a trade with sb for sth** bëj trambë me dikë për diçka. 5.*gj.fol* klientelë.
-*v* 1.bëj tregti. 2.*amer* blej, bëj pazarin, jam klient i. 3.*fin* shkëmbehet, e ka kursin(valuta etj). 4.bëj trambë(me dikë); shkëmbejmë(diçka); **trade one's car with sb for his motorcycle** shkëmbej makinën me motorin e dikujt.
+**trade in** dorëzoj (makinën etj) si pjesë të pagesës (për një artikull të ri që blej).
+**trade off** a)kompensoj: **trade off A against B** kompensoj B-në me A-në; b)bëj trambë, shkëmbej.
  trade-off['treidof] *n* 1.shkëmbim. 2.kompensim; kompromis, lëshime reciproke.
+**trade on** spekuloj, abuzoj me; **he traded on his father's good name** ai abuzonte me emrin e mirë të të atit.
  trade agreement *n* 1.marrëveshje tregtare(midis dy vendesh).2.kontratë pune(punonjës-punëdhënës).
  trade association *n* shoqatë tregtare.
  trade balance *n ek* bilanc tregtar(import-eksport).
  trade barriers *n* barriera doganore.
  trade cycle *n ek* cikël ekonomik.
  trade deficit *n* deficit tregtar, bilanc negativ në tregtinë e jashtme.
  Trade Descriptions Act *n Br* Ligji për Mbrojtjen e Konsumatorëve(nga reklamat mashtruese).
  trade discount *n treg* zbritje çmimesh për tregtarët me pakicë.
  trade fair *n* ekspozitë tregtare; panair tregtar.
  trade figures *n ek* rezultate financiare.
  trade-in['treidin] *n* 1.mall-shkëmbim (artikull i dorëzuar nga blerësi në vend të një pjese të pagesës për një artikull të ri). 2.zbritje çmimi (si pasojë e mall-shkëmbimit). 3. *attr* shkëmbimi; **trade-in value** vlerë shkëmbimi.
  trade journal *n* revistë shkencore/profesionale.
  trademark['treidma:k] *n,v* -*n* markë fabrike; **registered trademark**. markë e regjistruar/e pozituar.
-*vt* 1.i vë markën(mallit). 2.depozitoj markën.
  trade paper *n* shih **trade journal**.
  trade price *n treg* çmim me shumicë.
  trader['treidë:] *n* 1.shitës; tregtar.2.anije tregtare. 3.kopje(e një artikulli).
  trade returns *n ek* shih **trade figures**.
  trade school *n* shkollë profesionale/teknike.
  trade secret *n* sekret teknologjik, e fshehtë e prodhimit.
  tradesman['treidsmën] *n* shitës, tregtar, dyqanxhi.
  tradesman's entrance *n* hyrje e posaçme për

tregtarët me pakicë.

tradespeople['treidspi:pël] *n* shitësa, tregtarë, dyqanxhinj.

trade(s) union *n* sindikatë; **trades union membership** antarësim në sindikatë; anëtarësi, numër anëtarësh të sindikatës.

Trades Union Congress *n Br* Konfederata e Sindikatave të Britanisë.

trade(s) unionism *n* sindikalizëm.

trade talks *n pol* bisedime tregtare.

trade wind *n gjeog* alize(erë).

trading['treiding] *n* tregti.

trading estate *n Br* zonë tregtare e artizanale.

trading partner *n* partner tregtar.

trading post *n knd,amer* pikë tregtare.

trading stamp *n* pullë me vlerë këmbimi(që jepet nga dyqanet e mëdha).

trading standards *n* norma/standarte tregtare.

tradition[trë'dishën] *n* 1.traditë; zakon; **according to tradition** sipas traditës, sipas zakonit; **tradition has it that..** zakoni e do që... 2.trashëgimi gojore; gojëdhëna, legjenda.

traditional[trë'dishënël] *adj* tradicional; që e kërkojnë zakonet(e një vendi).

traditionally[trë'dishënëli] *adv* tradicionalisht.

traduce[trë'dju:s] *vt* përgojoj, shpif për(dikë).

traffic['træfik] *n,v* 1.trafik; qarkullim; **road traffic** qarkullim rrugor; **the traffic is heavy, there's a lot of traffic** trafiku është mjaft i rënduar; **traffic is building up** trafiku po shtohet/ po rëndohet. 2.tregti, shitblerje, shkëmbime tregtare. 3.*keq* tregti e paligjshme, kontrabandë; **the drug traffic** tregtia e/trafiku i drogës.

-*vi* : **traffic in** bëj tregtinë e; merrem me trafikun /kontrabandën e.

trafficator['træfikeitë:] *n Br vjet* shigjetë trafiku, tabelë treguese drejtimi.

traffic circle *n amer* rrethqarkullim, qarkullim rrethor(përqark një ishulli trafiku).

traffic control *n aut, av,det,hek* rregullim i qarkullimit/trafikut.

traffic controller *n av* rregullues i trafikut ajror.

traffic control tower *n av* kullë kontrolli e aeroportit.

traffic cop *n amer gj.fol* shih **traffic policeman**.

traffic diversion *n* devijim trafiku.

traffic holdup *n* bllokim qarkullimi/trafiku.

traffic island *n* ishull trafiku, vend i mbrojtur në mes të kryqëzimit.

traffic jam *n* bllokim qarkullimi/trafiku.

trafficker['træfikë:] *n* kontrabandist.

traffic lights *n* semafor; **go through the traffic lights at red** kaloj në kryqëzim me dritë të kuqe.

traffic offence *n* kundërvajtje, shkelje e rregullave të qarkullimit.

traffic pattern *n av* korridor/pozicion afrimi(në

aeroport).

traffic police *n* polici rrugore.

traffic policeman *n* polic trafiku / rrugor / i qarkullimit rrugor.

traffic regulations *n* rregulla të/rregullore e qarkullimit rrugor.

traffic sign *n* tabelë / shenjë rrugore; **international traffic signs** shenjat ndërkombëtare të qarkullimit rrugor.

traffic signal *n* shih **traffic light**.

traffic warden *n* polic trafiku, polic rrugor(që vë gjoba).

tragedian[trë'xhi:diën] *n* 1.autor tragjedish. 2.aktor tragjik/rolesh tragjike.

tragedienne[trëxhi:di'en] *n* aktore tragjike/rolesh tragjike.

tragedy ['træxhëdi] *n përgj, teat* tragjedi; **it's a tragedy that..** është vërtet tragjedi që...

tragic['træxhik] *adj* tragjik; *teat* tragjedish, rolesh tragjike, tragjik(aktor).

tragically['træxhikëli] *adv* tragjikisht, në mënyrë tragjike.

tragicomedy[træxhi:'komëdi] *n let,teat* tragjikomedi.

tragicomic[træxhë'komik] *adj* tragjikomik.

trail [treil] *n,v* -*n* 1. tragë, vijë, vazhdë (tymi, gjaku); **it brought a series of misfortunes in its trails** kjo solli një varg fatkeqësish në vazhdën e vet. 2. varg, vargan (njerëzish). 3. bisht (komete). 4. gjurmë; tragë; **be on the trail of sb/sth** kam rënë në gjurmë të dikujt/të diçkaje. 5.shteg; rrugë. 6.pistë (për ski etj).

-*v* 1.tërheq pas, zvarris; **don't trail your feet!** mos i tërhiq këmbët zvarrë! 2.zvarriset(bishti i fustanit).3.ndjek, i shkoj pas; gjurmoj. 4.marr me vete, sjell(baltën nga rruga, pluhur). 5.*sport* mbetem prapa. 6.shkojnë vargan. 7.shënoj, caktoj(një shteg ne xhungël etj). 8.eci me përtesë, heq këmbët zvarrë. 9. tretet, humbet (zëri). 10. *usht* mbaj në dorë (pushkën). 11.*fig* paralajmëron(stuhi etj). 12.kacavirret(bima).

+**trail away/off** tretet, humbet(zëri).

trailblazer['treilbleizë:] *n* 1.shtegshënues, ai që hap/përcakton shtegun e pari(në xhungël etj). 2.*fig* pionier, njeri që çel rrugë të reja.

trailer['treilë:] *n* 1.rimorkio.2.*amer* dhomë e rimorkiuar(për pushime).3.*kin,tv* paraqitje e shkurtër (e filmit, programit). 4.bisht, fund(i filmit fotografik).

trailer camp, trailer court, trailer park *n amer* kamp/kamping me dhoma të rimorkiuara.

trailing['treiling] *adj* 1.i varur(flok, cep batanije). 2.kacavjerrëse(bimë).

trailing edge *n av* anë e pasme.

train[trein] *n,v* -*n* 1.tren; metro; **go/travel by train** shkoj/udhëtoj me tren; **on/in the train** në tren. 3.varg, vargan; karvan. 4.suitë, përcjellë, shpurë. 5.bisht(fustani, komete, fazani). 6.*fig* varg, sërë; **a long train of misfortunes** një varg i gjatë fatkeqësish. 7.*fig* fill, rrjedhë(mendimesh); vazhdë; **lose one's train of thought** e humbas fillin e mendimeve; **the flood brought starvation in its train** përmbytja solli me vete zinë e bukës.8.fitil baruti.9.*tek* transmision(mekanizëm). **+ in train** a)në rregull; b)në proces; në lëvizje : **set sth in train** e vë në lëvizje një punë. -*v* 1.mësoj; shkolloj; përgatis(mësues, infermierë etj); **where were you trained?** ku ke studiuar? 2.*usht,sport* stërvis. 3.ushtroj(zërin). 4.mësoj, stërvis(një kafshë). 5.drejtoj(kamerën, armën). 6.mësoj, studioj, shkollohem; përgatitem(për); **train as/to be a teacher** përgatitem për mësues; **where did you train?** ku i ke bërë studimet? 7.*sport* stërvitem. 8. shkoj me tren.

trainband['treinbænd] *n hist* milici.

trainbearer['treinberë:] *n* 1.damë shoqërimi. 2. pazh.

train crash *n hek* përplasje trenash; aksident hekurudhor.

trained[treind] *adj* 1.i kualifikuar, kompetent; **we need a trained person for the job** na duhet një person i kualifikuar për këtë punë. 2. i diplomuar; me dëshmi(infermiere). 3.e mësuar, e stërvitur(kafshë). 4.i ushtruar, i stërvitur(zë, sy).

trainee[trei'ni:] *n,adj* -*n* 1.stazhier.2.*usht* rekrut. -*adj* stazhier, në stazh.

traineeship[treini:'ship] *n* stazh, periudhë formimi profesional.

trainer['treinë:] *n* 1.*sport* trainer. 2.stërvitës(në cirk). 3.*av* imitues fluturimi, pajisje stërvitore për pilotët; avion-shkollë. 4.*Br* këpucë sporti.

train ferry *n det* ferribot, traget.

training['treining] *n* 1.përgatitje, formim, kualifikim(profesional); **staff training** kualifikim i personelit; **have some secretarial training** kam njëfarë formimi si sekretar. 2.*usht,sport* stërvitje; **be in training** stërvitem; **be out of training** nuk jam në formë (sportive).

training camp *n sport* kamp trainimi, kampim stërvitor.

training centre *n* 1.qendër kualifikimi profesional. 2.*sport* qendër stërvitore.

training college *n* shkollë profesionale.

training course *n* kurs kualifikimi.

training manual *n* manual, tekst mësimor.

training plane *n av* avion-shkollë.

training scheme *n* program i përgatitjes profesionale; program i stërvitjes.

training school *n* 1.shkollë korrektimi. 2.shkollë profesionale.

training ship *n det* anije-shkollë.

training wheels *n* rrota të vogla shtojcë(në biçikletat e fëmijëve).

trainman['treinmën] *n amer hek* ndihmësmakinist.

train oil *n* vaj balene.

train service *n* transport hekurudhor; orar i lëvizjes së trenave.

train set *n* tren elektrik(lodër).

train-workers *n* punonjës trenash.

traipse[treips] *n,v* -*vi* eci; sillem (rrugëve, dyqaneve)

-*n* ecje; rrugë.

trait[treit, trei] *n* tipar, veçori(karakteri).

traitor['treitë:] *n* tradhtar; **be a traitor to** tradhtoj; **turn traitor** bëhem tradhtar, kaloj në anën e armikut.

traitorous['treitërës] *adj* tradhtar; i pabesë.

traitorously['treitërësli] *adv* tradhtisht; me pabesi.

traitress['treitris] *n* tradhtare.

trajectory[trë'xhektëri] *n* trajektore.

tram[træm] *n* 1.*Br* tramvaj; **go by tram** udhëtoj me tramvaj. 2.*min* vagonetë.

tramcar['træmka:] *n Br* tramvaj.

tramline['træmlain] *n Br* shih **tramway**.

trammel['træmël] *n,v* -*n* 1.*zak pl* shtrëngesë; *fig* pranga. 2.rrjetë e imët. 3.kanxhë oxhaku. 4.pengojcë(e kalit).

-*v* 1.pengoj; frenoj. 2.ngatërrohem; ngec.

tramontane[trë'montein, 'træmëntein] *adj,n* -*adj* 1.i përtej malit; transalpin. 2.i huaj.

-*n* 1.banor i përtej maleve. 2.i huaj. 3.*meteo* veri, erë veriu.

tramp [træmp] *v,n* -*v* 1.(**along**) eci, vazhdoj rrugën më këmbë; eci me hap të rëndë; **tramp up and down** vete-vij. 2.mas(rrugët); **tramp the street** bredh, vij vërdallë; i bie poshtë e lart (qytetit).

-*n* 1.zhurmë hapash. 2.ecje; bredhje, shetitje. 3.rrugë, largësi; **it's a long tramp** është goxha rrugë. 4. endacak. 5.*keq* zuskë. 6.*det* transportues.

trample['træmpël] *v,n* -*v* 1.(**underfoot, on**) shkel (me këmbë). 2.*fig* shtyp; marr nëpër këmbë. 3.(**in/out**) hyj/dal me hap të rëndë.

trampoline['træmpëlin] *n,v* -*n* trampolinë cirku (pëlhurë e tendosur me susta).

tramway['træmwei] *n Br* 1.shina tramvaji. 2.linjë tramvaji. 3.*min* shina dekovili; kabllo(ajrore) transportimi vagonetash.

trance[tra:ns, træns] *n,v* -*n* 1.gjumë hipnotik, hipnozë; *mjek* katalepsi, shtangie, paralizi. 2.ëndërrim, përhumbje. 3.ekstazë; dalldi. **+ go/fall into a trance** a)bie në gjumë, hipnotizohem; b)*mjek* paralizohem, shtangem; c)*fig* bie në ekstazë.

-*vt* mpij, shtang; magjeps.

tranche[tra:nsh] *n ek* kategori, grup(të ardhurash etj).

trannie, tranny ['træni] *n zhrg* (shkurtim për **transistor (radio)** radio dore, tranzistor.

tranquil['trænkwil] *adj* i qetë, i patrazuar.

tranquil(l)ity[træn'kwilëti] *n* qetësi; paqë.

tranquil(l)ize['trænkwilaiz] *vt mjek* qetësoj, i jap qetësues(barna).

tranquil(l)izer['trænkwilaizë:] *n mjek* qetësues.

trans-[trænz] *pref* trans-, tej-; mes-, përtej-; **trans-oceanic** transoqeanik, tejoqeanik.

transact[træn'zækt, træn'sækt] *vt* bëj(biznes), përfundoj(marrëveshje).

transaction[træn'zækshën] *n* 1.veprim, operacion (bankar, tregtar); **cash transactions** veprime me para në dorë. 2.kryerje(e punëve); trajtim(i problemeve). 3.*pl* punime, procesverbale.

transalpine [trænz'ælpain] *adj* i përtej Alpeve, transalpin.

transatlantic[trænsët'læntik] *adj* 1.transatlantik (vapor). 2. i përtej Atlantikut(vend).

trans-Canada[træns'kænëdë] *adj* 1.mbarëkanadez; që përshkon gjithë Kanadanë. 2.*n* **Trans-Canada** Autostrada Mbarëkanadeze.

Transcaucasian[trænsko'keizhën] *n,adj* transkaukazian, i përtej Kaukazit.

transceiver[træn'si:vë:] *n rad* marrës-transmetues.

transcend[træn'send] *v* 1.kaloj, kapërcej, tejkaloj (parashikimet); lë pas, ia kaloj(dikujt).2.është i jashtëzakonshëm.

transcendence[træn'sendëns] *n* 1.epërsi, përsosuri.2.*filoz* transhendencë.

transcendent[træn'sendënt] *adj* 1.i lartë, i përkryer; i jashtëzakonshëm. 2.jashtë kësaj bote; i pakapshëm. 3.*filoz, mat* transhendent.

transcendental[trænsen'dentël] *adj* 1.i lartë, i përkryer; i jashtëzakonshëm. 2.i mbinatyrshëm. 3.i errët, i pakapshëm, i pakuptueshëm; fantastik. 3.*filoz* idealist; transhendent.

transcontinental[trænskontë'nentël] *adj* 1.transkontinental; që përshkon gjithë kontinentin; i përtej kontinentit. 2.*n* tren transkontinental/që përshkon gjithë kontinentin.

transcribe[træn'skraib] *vt* 1.kopjoj; hedh në të pastër. 2.hedh në letër, shkruaj; shtyp. 3.*muz* aranzhoj. 4.*rad,tv* regjistroj për ritransmetim; ritransmetoj. 5.*gjuh* transkriptoj, paraqes me shenja të posaçme (shqiptimin e fjalëve).

transcript['trænskript] *n* 1.kopje e shkruar/e shtypur. 2.kopje dokumentesh shkollore.

transcription[træn'skripshën] *n* 1.kopjim; hedhje në të pastër. 2.shtypje. 3.*muz* aranzhim për instrument tjetër. 4.*rad,tv* regjistrim për ritransmetim; ritransmetim. 5.*gjuh* transkriptim, shqiptim(i paraqitur me shenja të posaçme).

transduce [trænz'd(j)u:s] *vt fiz* shndërroj, transformoj(energjinë).

transducer[trænz'd(j)u:së:] *n el,kmp* shndërrues; dhënës.

transduction[træns'dʌkshën] *n* 1.*biol* transferim

gjenesh. 2.*fiz* shndërrim energjie.

transect[træn'sekt] *vt* pres tërthorazi, i bëj prerje tërthore.

transept['trænsept] *n* pjesë e futur anësore(e kishës).

transfer['trænsfë:; *v* edhe træns'fë:] *v,n* -*v* 1.transferoj; shpërngul. 2.transportoj. 3.hedh, kopjoj(një projekt etj). 4.transferohem. 5.ndërroj shkollë; ndërroj program/degë. 6.*tel* lidh(dikë); kaloj në linjë tjetër.
-*n* 1.transferim; shpërngulje. 2.transportim; ridërgim(mallrash). 3.*pol,drejt,fin* kalim(pushteti, dokumentesh, fondesh); **application for transfer of proceedings** kërkesë për kalim të çështjes në një gjykatë tjetër. 4.kopjim, nxjerrje kopjeje(me fërkim etj). 5.*hek* biletë plotësuese(për vazhdimin e udhëtimit me mjet tjetër).

transferable [træns'ferëbël] *adj* 1.i transferueshëm.2.që mund t'i kalohet një tjetri; **not transferable** personal.

transferee[trænsfë'ri:] *n* 1.i transferuar; i shpërngulur. 2.*drejt* përfitues, person të cilit i kalohet një pasuri etj.

transference['trænsfërëns] *n* 1.shih **transfer** *n*. 2. *psik* ringjallje emocionesh të përjetuara.

transferor, transferrer[trans'ferë:] *n drejt* dorëheqës; dhënës, dhurues.

transfiguration[trænsfigë'reishën] *n* shpërfytyrim.

transfigure [træns'figë:] *vt* 1. shpërfytyroj. 2. *fig* ngre, lartësoj.

transfix[trans'fiks] *vt* 1.shpoj tejpërtej. 2.ngul, mbërthej, gozhdoj. 3.*fig* gozhdoj, shtang; **be/stand transfixed** mbetem i shtangur, ngrij në vend.

transform[træns'fo:m] *v,n* -*vt* shndërroj, kthej; *mat,kim,fiz* transformoj; **be transformed into** shndërrohem në.
-*n amer gjuh* shndërrim.

transformation[trænsfë:'meishën] *n* shndërrim, kthim në; *mat,kim,fiz* transformim.

transformer[træns'fo:më:] *n el* transformator.

transformer station *n el* nënstacion.

transfuse[træns'fju:z] *vt* 1.*mjek* bëj transfuzion.2. derdh në enë tjetër. 3.*mjek* fus, injektoj. 4.*fig* transmetoj(ndjenja, emocione).

transfusion[træns'fju:zhën] *n mjek* transfuzion; **give sb a transfusion** i bëj një transfuzion dikujt.

transgress[træns'gres] *v* 1.shkel(ligjin); thyej(rregullin). 2.mëkatoj. 3.*fig* kaloj, kapërcej(kufijtë).

transgression[træns'greshën] *n* 1.shkelje(ligji); thyerje(rregulli). 2.mëkat.

transgressor [træns'gresë:] *n* 1.shkelës (ligji). 2.mëkatar.

tranship[træn'ship] *vt* shih **transship**.

transhipment[træn'shipmënt] *n* shih **transshipment**.

transience['trænziëns] *n* përkohshmëri, karakter jetëshkurtër/kalimtar.

transient['trænziënt] *adj,n* -*adj* 1.i përkohshëm; jetëshkurtër; kalimtar. 2.i rastit(klient hoteli). -*n* 1.*amer* klient i rastit(hoteli). 2.*amer gj.fol* endacak.

transistor[træn'zistë:] *n* 1.*el* tranzistor. 2.*gj.fol* radio dore, tranzistor.

transistorize[træn'zistëraiz] *vt el* pajis me tranzistorë(qarkun etj).

transit['trænzit] *n,v* -*n* 1.kalim. 2.transportim (përmes një vendi). 3.*fig* ndryshim, tranzicion. 4.*astr* këndmatës(instrument). 5.*astr* kalim (nëpër meridian/nëpër diskun e një trupi tjetër qiellor). -*v* 1.kaloj përmes. 2.*astr* kthej (këndmatësin) në të kundërt.

transit instrument/telescope *n astr* teleskop meridional.

transition[træn'zishën] *n* 1.ndryshim; kalim në gjendje tjetër, tranzicion. 2.*muz* ndryshim çelësi. 3.*let,muz* pasazh lidhës/ndërmjetës.

transitional[træn'zishënël] *adj* tranzicioni (qeveri); kalimtare, e përkohshme(masë).

transitive['trænsëtiv] *adj,n* -*adj* 1.*gram* kalimtare(folje). 2.kalimtar, i përkohshëm. -*n gram* folje kalimtare.

transitory ['trænsëtori] *adj* kalimtar, i përkohshëm, jetëshkurtër.

translatable[trænz'leitëbël] *adj* i përkthyeshëm.

translate [træns'leit] *v* 1. përkthej. 2. *fig* kthej, shndërroj; **translate ideas into actions** kaloj nga idetë në veprime. 3.*fet* transferoj. 4.përkthehet; **it wont translate** është e papërkthyeshme.

translation[trænz'leishën] *n* 1.përkthim; **a translation from the Greek** përkthim nga greqishtja. 2.*fet* transferim.

translator[trænz'leitë:] *n* përkthyes.

transliterate [trænz'litëreit] *vt gjuh* transliteroj, rishkruaj në alfabet tjetër.

transliteration[trænzlitë'reishën] *n gjuh* transliterim, rishkrim në alfabet tjetër.

translucence [trænz'lu:sëns] *n* gjysmëtejdukshmëri.

translucent[trænz'lu:sënt], **translucid**[trænz'lu:sid] *adj* gjysmë i tejdukshëm.

transmarine[trænsmë'ri:n] *adj* i përtejdetit.

transmigrate [træns'maigreit] *vi* 1. *fet* migron (shpirti). 2.emigroj.

transmigration[trænsmai'greishën] *n* 1.*fet* migrim(i shpirtit). 2.emigrim.

transmissible[træns'misëbël] *adj* 1.i transmetueshëm.2.ngjitëse(sëmundje).

transmission[træns'mishën] *n* 1.përhapje (e sëmundjes etj). 2. *amer aut* kuti e shpejtësisë. 3.*aut* transmision.4.*rad* transmetim.

transmission shaft *n aut* bosht transmisioni,

transmision.

transmit[træns'mit] *n* 1.*fiz,mjek* përhap. 2.*aut, rad* transmetoj.

transmitter[træns'mitë:] *n rad* 1.dhënës; transmetues. 2.mikrofon(i telefonit).

transmitting[træns'miting] *adj,n* -*adj* transmetues.

-*n* shih **transmission**.

transmogrify[træns'mogrifai] *vt hum* shndërroj, transformoj, metamorfozoj.

transmutable [træns'mju:tëbël] *adj* i shndërrueshëm, i transformueshëm.

transmutation[trænsmju:'teishën] *n* shndërrim, transformim.

transmute[træns'mju:t] *vt* shndërroj, transformoj.

transom['trænsëm] *n* 1.*ndërt* tërthore, tra tërthor, traversë. 2.*amer* dritare, pjesë e sipërme e hapshme.

transparency[træns'peërënsi] *n* 1.tejdukshmëri. 2.*Br fot* diapozitiv.

transparent[træns'peërënt] *adj* 1.i tejdukshëm. 2. *fig* i dukshëm, i lexueshëm. 3.e çiltër(jetë).

transpierce[træns'pië:s] *vt* shpoj tejpërtej.

transpiration[trænspë'reishën] *n* djersitje.

transpire[træns'pajë:] *v* 1.ndodh, ngjet. 2.hapet, përhapet, merret vesh, del(fjala). 3.*biol,bot* avullon, transpiron; djersin.

transplant[træns'pla:nt, træns'plænt] *v,n* -*vt* 1. shpërngul (njerëz). 2. *mjek* transplantoj (organe). 3.shpërngulem. 4.*bujq* artis, përandis, mbëltoj. -*n mjek* 1.transplantim. 2.transplant, organ i transplantuar.

transplantation [trænspla:n'teishën] *n* 1. shpërngulje. 2.*mjek* transplantim. 3.*bujq* artisje, mbëltim.

transport['trænspo:t] *n,v* -*n* 1.transport; transportim; **by rail/road transport** me transport hekurudhor/rrugor. 2.*usht* anije/avion/tren transporti. 3.kamion i rëndë transporti. 4.*fig* ngazëllim. 5.*fig* shpërthim(inati etj). 6.i syrgjynosur(i dënuar). -*vt* 1.transportoj. 2.*fig* ngazëllej. 3.syrgjynos(të dënuarit).

transportable[træns'po:tëbël] *adj* 1.i transportueshëm.2.*drejt* i dënueshëm me syrgjyn(krim).

transportation[trænspë:'teishën] *n* 1.transportim; transport. 2.mjet transporti. 3.pagesë/tarifë transporti. 4.*drejt* syrgjynosje.

transporter[træns'po:të:] *n* 1.*usht* transportues; avion transportues. 2.mjet transporti; kamion i rëndë; vagon për transportim automobilash.

transposal[træns'pouzël] *n* shih **transposition**.

transpose[træns'pouz] *v* 1. zhvendos; u ndërroj vendet; i ndërroj renditjen. 2.*muz* ndryshoj çelësin; kaloj në çelës tjetër. 3.*mat* kaloj në anën tjetër të ekuacionit.

transposition[trænspë'zishën] *n* 1.zhvendosje; ndërrim vendesh/renditjeje. 2.*muz* ndryshim çelësi.

transship[træns'ship] *vt* transferoj, ringarkoj (nga

një mjet në një tjetër).

transshipment[træns'shipmënt] *vt* transferim, ringarkim (mallrash në tjetër mjet transporti).

trans-Siberian[trænzsai'biriën] *adj* transsiberian, që përshkon gjithë Siberinë.

transsonic[trænz'sonik] *adj* me shpejtësi afër asaj të zërit.

transversal[trænz've:sël] *adj,n mat* -*adj* tërthor, i tërthortë; horizontal.
-*n* tërthore; prerëse(drejtëz).

transversally[trænz've:sëli] *adv* tërthorazi, së kithi; horizontalisht.

transverse['trænzve:s] *adj,n* -*adj* 1.tërthor.2.*anat* gjerësor(muskul).
-*n* 1.tërthore; pjesë horizontale. 2.*mat* bosht horizontal.

transversely[trænz've:sli] *adv* shih **transversally**.

transvestite [trænz'vestait] *n* tebdil, i veshur me rroba të seksit tjetër, travesti.

trap I[træp] *n,v* -*n* 1.kurth, grackë; lak(edhe *fig*); **set/lay a trap** ngre një kurth; **catch in a trap** zë në grackë. 2.qepen, kapanxhë.3.*tek* sifon. 4.kurth i policisë rrugore. 5.kaloshinë, karrocë e lehtë. 6.*zhrg* gojë; **shut up your trap!** mbylle sqepin! 7.*pl muz* vegla me perkusion(daulle etj).
-*vt* 1.zë në grackë/në kurth/në lak. 2.ngre kurthe. 3.*tek* pajis me sifon. 4.bllokoj. 5.zë; **trap one's fingers in the door** zë gishtat me derë.

trap II[træp] *n,v* -*n pl gj.fol* plaçka; bagazhe.
-*vt* mbuloj me velenxë(kalin).

trap door *n* qepen, kapanxhë.

trapes[treips] *v* shih **traipse**.

trapeze[trë'pi:z] *n* trapez cirku(shkop horizontal i varur në litarë).

trapezium[trë'pi:ziëm] *n* 1.*mat* katërkëndësh i çrregullt. 2.*Br mat* trapez.

trapezius[trë'pi:ziës] *n anat* muskul trapezak.

trapezoid['træpëzoid] *n,adj mat* -*n* trapez.
-*adj* trapezak, trapezoidal.

trapline['træplain] *n knd* varg kurthesh/leqesh.

trapper['træpë:] *n* gjuetar që ngre kurthe/leqe.

trappings['træpingz] *npl* 1.pajime(të kalit). 2.stoli, zbukurime; veshje ceremoniale.3.*fig* shenja të jashtme.

trapse[treips] *vi* shih **traipse**.

trash[træsh] *n,v* -*n* 1.plehra. 2.rrangulla, gjëra pa vlerë. 3.gjepura; shkarravina. 4.*keq* horra, kopukë, plehra, llum; **they're just trash** ata janë plehra.
-*v amer* 1.prish, shkatërroj, bëj lesheli. 2.*fig* dërrmoj, shpartalloj(me kritika).

trasher['træshë:] *n amer* vandal.

trashy['træshi] *adj* 1.pa vlerë, rrangullina. 2.e keqe, e dobët(letërsi); pa pikë vlere(fjalim, film etj).

trauma['tro:më] *n* 1.*mjek,psik* traumë. 2.*fig* traumë, tronditje shpirtërore.

traumatic [tro:'mætik] *adj mjek* traumatik; *psik,*

fig traumatizues; tronditës.

traumatism['tro:mëtizm] *n mjek* traumë; *psik,fig* tronditje.

traumatize['tro:mëtaiz] *vt mjek* traumatizoj; *psik, fig* trondis.

travail['træveil] *n* 1.punë, mundim; rraskapitje. 2. telash; dhimbje.3.dhimbje të lindjes.
-*vi* 1.punoj rëndë. 2.heq dhimbjet e lindjes.

trave[treiv] *n* 1.pajisje për mbathjen e kuajve. 2. *ark* tërthorëse, traversë.

travel ['trævël] *v,n* -*v* 1. udhëtoj; **travelling accross Macedonia** duke udhëtuar nëpër Maqedoni. 2.*treg* jam përfaqësues tregtar; **he travels in perfumes** është përfaqësues tregtar i një firme parfumesh. 3.lëviz; eci; **you were travelling too fast** po ecje mbi shpejtësinë e lejuar; **the piston travels 5 cm** pistoni bën një rrugë prej 5 cm. 4.përhapet; **light travels at..** drita përhapet me shpejtësinë..; **news travel fast** lajmet përhapen me shpejtësi.5.*fig* bredh; **my mind travelled over past events** mendja më bridhte në ngjarje të shkuara. 6.bëj, përshkoj(një rrugë, vend).
-*n* 1.udhëtim, udhëtime.2.*mek* rrugë(e pistonit etj). 3.*pl* kujtime udhëtimesh.

travel agency *n* agjenci udhëtimesh.

travelator['trævëleitë:] *n* trotuar lëvizës.

travel book *n* libër me kujtime udhëtimi.

travel brochure *n* broshurë turistike.

travel bureau *n* shih **travel agency**.

travel(l)ed, (*amer* **traveled**)['trævëld] *adj* i bredhur, që ka udhëtuar shumë.

travel(l)er['trævëlë:] *n* 1.udhëtar. 2.përfaqësues tregtar.

travel(l)er's check *n* çek udhëtari.

travel(l)ing['trævëling] *n,adj* -*n* udhëtim, udhëtime.
-*adj* 1.shetitës(cirk). 2.lëvizës(vinç).

travel(l)ing allowance *n* dietë udhëtimi.

travel(l)ing salesman *n* përfaqësues tregtar.

travel insurance *n* sigurim(jete) gjatë udhëtimit.

travelog, *amer* **travelogue**['trævëlog] *n* 1.kujtime udhëtimesh. 2.dokumentar turistik. 3.libër udhëtimesh.

travel organization *n* agjenci turistike.

travel-sick ['trævëlsik] *adj* që e ka zënë makina /anija/avioni.

travel-sickness pills *n* hapje kundër shqetësimeve të udhëtimit.

traverse['trævë:s; *v,adv* edhe trë've:s] *v,n,adj, adv* -*v* 1.përshkoj; kaloj nëpër. 2.ndërpret; kryqëzohet(me). 3.vete-vij.4.zbres me zigzage(me ski). 5. shqyrtoj. 6.rrotulloj(grykën e topit etj). 7.pengoj; i kundërvihem. 8.përshkoj me prozhektor(qiellin).
-*n* 1.përshkim. 2.ledh; mur mbrojtës. 3.rrugë, distancë.4.lëvizje anash/me zigzage. 5.vijë ndërprerëse. 6.pengesë; kundërvënie. 7.kthim, rrotullim(i topit etj)

majtas-djathtas.8.*drejt* mohim i prerë.9.zbritje zig-zage(me ski). 10.*tek,ndërt* tërthorëse, traversë.
-*adj,adv* tejpërtej; tërthor.

travesty['trævisti] *n,v* -*n* imitim qesharak ; parodi; gjasmim; farsë; **a travesty of justice** një farsë gjyqësore.
-*vt* shpërfytyroj, shtrembëroj.

trawl[tro:l] *n,v* -*n* 1.tral, rrjetë fundore, verzomë. 2.fill i gjatë me grepa.
-*v* peshkoj me tral; peshkoj me fill me shumë grepa.

trawler['tro:lë:] *n* 1.barkë peshkimi. 2.peshkatar me tral.

trawler fisherman *n* peshkatar me tral.

trawling['tro:ling] *n* peshkim me tral/verzomë.

tray[trei] *n* 1.tabaka. 2.shportë. 3.kuti. 4.sirtar.

traycloth['treikloth] *n* çentro.

treacherous['treçërës] *adj* 1.tradhtar, i pabesë. 2.*fig* mashtrues, që të gënjen(mot, terren); që të lë në baltë(kujtesë).

treacherously['treçërësli] *adv* tradhtisht, pabesisht, me pabesi.

treachery['treçëri] *n* tradhti, pabesi.

treacle['tri:kël] *n Br* 1.melasë.2.kundërhelm.

treacly['tri:kli] *adj fig* i sheqerosur.

tread[tred] *v,n* -*v* (**trod; trodden**) 1.eci/shkel mbi; **don't tread on the grass** mos shkelni mbi bar. 2.shtyp me këmbë; **tread on the cigarette end** shtyp me këmbë bishtin e cigares. 3.*fig* eci, përparoj; **tread carefully** i hedh hapat me kujdes. 4.ndjek (shtegun); përshkoj, rrah(rrugët). 5.*fig* ndjek(rrugën e drejtë). 6.*fig* shtyp. 7.shkel, ndërzen(kafsha). + **tread a measure** vallëzoj; **tread on sb's toes** i shkel në kallo dikujt; **tread the boards** luaj; jam aktor (teatri); **tread water** bëj not qeni.
+**tread down** shkel/shtyp nën këmbë.
+**tread in** ngjesh me dhe(kërcellin).

treadle['tredël] *n,v* -*n* pedal, nënkëmbëse(e makinës qepëse etj).
-*vi* i jap me këmbë, pedaloj.

treason['tri:zën] *n* tradhti; **high treason** tradhti e lartë.

treasonable['tri:zënëbël] *adj* tradhtar, kriminal, që përbën tradhti.

treasonably['tri:zënëbli] *adv* tradhtisht.

treasonous['tri:zënës] *adj* shih **treasonable**.

treasure ['trezhë:] *n,v* -*n* 1. thesar. 2. *fig* gjë e çmuar, thesar.
-*vt* 1.çmoj pa masë, vlerësoj së tepërmi. 2.ruaj me kujdes; depozitoj.

treasure-trove['trezhë:trouv] *n* 1.thesar(i gjetur). 2.zbulim i vyer.

treasurer['trezhërë:] *n* 1.arkëtar(shoqate etj). 2. drejtor i thesarit(të shtetit).

treasury['trezhëri] *n* 1.thesar i shtetit. 2.ministria e Financave. 3.fonde, rezerva monetare. 4.kasafortë;

vend ruajtjeje sendesh të çmuara. 5.*fig* thesar.

Treasury bench *n Br* bankë e/ndenjëse të ministrave(në parlament).

treasury bill *n amer fin* bono Thesari.

Treasury Department/Secretary *n amer* ministri e/ministër i Financave.

treat [tri:t] *v,n* -*v* 1.trajtoj (dikë, diçka); **she treated the whole thing as a joke** ajo e trajtoi gjithçka si shaka. 2.shtjelloj, trajtoj; **treat the problem of unemployment** trajtoj problemin e papunësisë. 3.i hedh; spërkas, trajtoj(me helme etj). 4.mjekoj; **treat the infection with penicillin** mjekoj infeksionin me penicilinë. 5.qeras; **treat sb to a drink** e qeras dikë me një gotë. 6.zhvilloj bisedime /tratativa. 7.diskutoj(një libër).
-*n* 1.qerasje; **stand sb a treat** qeras dikë me diçka; **this is to be my treat** qeras unë. 2.dhuratë; **what would you like as a treat for your anniversary?** çfarë dhurate të pëlqen për përvjetorin? 3.kënaqësi; **it's a treat in store** na pret një kënaqësi; **it was a great treat for me to meet her** takimi me të ishte kënaqësi e madhe për mua. + **treat** për mrekulli; **the plan worked a treat** plani eci për mrekulli.

treatable['tri:tëbël] *adj* 1.i trajtueshëm. 2.*mjek* i mjekueshëm.

treatise['tri:tiz] *n let* traktat.

treatment['tri:tmënt] *n* 1.trajtim. 2.mjekim; mënyrë mjekimi. + **give sb the treatment** e bëj për ujë të ftohtë dikë.

treaty['tri:ti] *n* 1.*pol* traktat; **make a treaty with sb** lidh një traktat me dikë. 2.marrëveshje; kontratë. 3.*knd* pagë shtetërore për indianët e rezervateve. + + **take (the) treaty** pranoj kushtet e marrëveshjes me shtetin.

treaty Indian *n knd* indian rezervatesh.

treaty money *n* pagë shtetërore për indianët e rezervateve.

treble['trebël] *adj,v,n* -*adj* 1.i trefishtë. 2.*muz* i hollë; sopranoje(zë).
-*v* trefishoj.
-*n muz* zë sopranoje.

trebly['trebli] *adv* trefish.

tree[tri:] *n,v* -*n* 1.pemë, dru. 2.kallëp(për këpucë); formë, kallëp(për rroba). 3.qemer(shale). 4.pemë gjenealogjike. + **be up a tree** e kam pisk.
-*v* 1.fus në kallëp(këpucën). 2.fshihet majë pemës. 3.vë në pozitë të vështirë.

tree-covered['tri:kʌvë:d] *adj* i pyllëzuar.

tree diagram *n* diagramë e degëzuar.

tree farm *n* pyll i kultivuar.

tree fern *n bot* fier drusor, fier tropikal.

tree frog *n zool* bretkosë që rron në pemë.

tree house *n* kasolle në pemë.

tree lawn *n amer* brez i mbjellë me pemë(anës rrugës).

treeless['tri:lis] *adj* i zhveshur, pa pemë, i shpyllëzuar.

tree line *n gjeog* kufi maksimal i drurëve(në male, në gjerësi gjeografike të mëdha).

tree-lined['tri:laind] *adj* me pemë anash.

tree surgeon *n* pylltar, kujdestar drurësh.

treetop['tri:top] *n* majë peme.

tree trunk *n* trung peme.

trefoil['tri:foil] *n bot* tërfil.

trek[trek] *v,n* -*vi* 1.çapitem, eci me mundim.2. udhëtoj; mërgoj. 3.*gj.fol* shkoj. 4.*vjet* udhëtoj me qerre.
-*n* 1.udhëtim. 2.rrugë në këmbë; **it was quite a trek to the house** ishte goxha rrugë deri në shtëpi.

trellis['trelis] *n,v* -*n* 1.thurimë, trinë. 2.kafaz. 3. shtëpi verore me mure të thurura(me listela).
-*vt* 1.thur; gërshetoj(listela). 2.i vë thurimë.

trematode['tremëtoud] *n* krimb zorrësh.

tremble['trembël] *v,n* -*vi* 1. dridhem; fërgëlloj; **tremble at the thought of..** dridhem kur mendoj se..2.dridhërohem(nga frika, meraku). 3.luhatet.
-*n* dridhje; fërgëllim.

trembling['trembling] *adj,n* -*adj* i dredhur; fërgëllues.
-*n* dridhje; fërgëllim; dridhërimë.

trembly['trembli] *adj* i dredhur(zë).

tremendous[trë'mendës] *adj* 1.i pamasë; shumë i madh. 2.i frikshëm, i tmerrshëm(shpërthim etj). 3. i jashtëzakonshëm, i shkëlqyer, fantastik(sukses etj); **we had a tremendous time** e kaluam shkëlqyeshëm. 4. e çmendur(shpejtësi).

tremendously[trë'mendësli] *adv* jashtëzakonisht; pa masë.

tremolo['tremëlou] *n muz* dridhje(zëri).

tremor['tremë:] *n* 1.dridhje(duarsh). 2.dridhërim. 3.lëkundje; **earth tremor** lëkundje tërmeti.

tremulous ['tremjëlës] *adj* 1. i dredhur(zë). 2. i ndruajtur; i frikur.

tremulously['tremjëlësli] *adv* 1.duke u dridhur. 2. me ndruajtje.

trench[trenç] *n,v* -*n* 1.hendek; kanal. 2.*usht* llogore, hendekklidhje.
-*v* 1.rrethoj/përforcoj me llogore. 2.hap/gërmoj hendek; hap llogore.

+**trench on/upon** a)futem pa leje; b)*fig* i afrohet, i ngjan.

trenchant['trençënt] *adj* 1.i mprehtë(edhe *fig*). 2. i fuqishëm; i efektshëm. 3.i spikatur.

trenchantly['trençëntli] *adv* me ton therës.

trench coat *n* pardesy, mushama.

trencher['trençë:] *n hist* pjatancë druri.

trencherman['trençë:mën] *n* hamës i madh.

trench fever *n mjek* tifo ekzantematike.

trench knife *n* kamë, thikë me dy tehe.

trench warfare *n usht* luftë llogoresh.

trend[trend] *n,v* -*n* 1.prirje, tendencë; **there's a**

trend away from doing...vërehet një prirje për të mos bërë më... 2.drejtim, orientim. 3.modë; **set a trend** a)jap tonin; b)nxjerr /përhap një modë.
-*vi* 1.shkon, drejtohet për nga. 2.priret, ka një prirje drejt(mendimi etj).

trendiness['trendinis] *n* të qenit në modë.

trendsetter['trendsetë:] *n* 1.njeri që jep tonin/që nxjerr një modë. 2.artikull(veshje) i modës së fundit.

trendy ['trendi] *adj,n gj.fol* -*adj* 1. i modës, i modës së fundit. 2.i avancuar(mendim).
-*n* njeri që ndjek modën.

trepan [tri'pæn] *v,n* -*vt* 1. shpoj. 2. *mjek* hap vrimë në kafkë.
-*n* turjelë, trapan.

trephine[tre'fi:n] *n,v mjek* -*n* turjelë, trapan.
-*vt* hap vrimë, biroj(kafkën).

trepidation[trepi'deishën] *n* 1.ankth, shqetësim; drithërim; frikë. 2.dridhje.

trespass['trespës, 'trespæs] *v,n* -*vi* 1.futem pa leje; **you're trespassing** ke hyrë në pronën e tjetërkujt. 2.*fig* shpërdoroj(mikpritjen). 3.*fig* ndërhyj(në gjëra personale). 4.*fig* shkel(të drejtat). 5.*fet* mëkatoj; fyej(dikë).
-*n* 1.hyrje pa lejë(në pronën e tjetrit). 2.*fet* mëkat. 3.*drejt* shkelje, cenim.4.*drejt* padi për zhdëmtim.

tress[tres] *n* 1.krelë, kaçurrel. 2.*pl* flokë.

trestle['tresël] *n* 1.këmbalec. 2.platformë mbështetëse.

trestle bridge *n* urë me këmbë; urë mbi mbështetëse.

trestle table *n* tryezë mbi këmbaleca/me këmbë kryq.

trestlework['tresëlwë:k] *n* sistem këmbalecash; këmbë(ure).

trews[tru:z] *npl* pantallona të ngushta(skoceze).

trey[trei] *n* tresh(në zare, domino).

tri-[trai] *pref* tri-, tre-.

triad['trajæd] *n* 1.treshe.2.*muz* akord tresh.3.*kim* element/atom/radikal trevalent.

triage['trajixh, tri'a:zh] *n* 1.përzgjedhje. 2.shpërndarje me përparësi.

trial['trajël] *n* 1.*drejt* gjyq, proces gjyqësor; gjykim; **be/go on trial** dal në gjyq; **bring sb to trial** çoj/hedh në gjyq dikë; **come up for trial** a)shkon në gjyq(çështja); b) del në gjyq(personi); **trial by jury** gjykim me juri. 2.provë, test; **be on trial tek** është në provë(makineria); **give sb a trial** *fig* vë në provë dikë; **be employed on trial** merrem në punë me provë; **on a trial basis** për provë. 3.*sport* ndeshje /garë seleksionimi. 4.sprovë; shqetësim; tallandi; vështirësi; **it was a great trial** ishte një sprovë e vështirë; **the trials of life** tallanditë e jetës. 4.telash; problem; **she is a trial to her mother** është problem për të ëmën. 5.përpjekje.

trial and error *n* prova/tentativa të njëpasnjëshme.

trial attorney *n amer drejt* avokat që flet në gjyq.

trial balance *n fin* bilanc i inventarit.

trial balloon *n amer fig* ballon prove, provë për të matur pulsin.

trial court *n amer,knd drejt* gjykatë e shkallës së parë.

trial division *n amer,knd drejt* gjyq i shkallës së parë.

trial jury *n amer drejt* juri.

trial run *n* 1.*tek* provë. 2.*fig* periudhë prove.

triangle ['trajëngël] *n* 1. *mat* trekëndësh. 2. *muz* trekëndësh metalik(tingëllues). 3.vizore trekëndëshe, trekëndësh. 4.*fig* treshe(njerëzish etj).

triangular[traj'ængiëlë:] *adj* 1.trekëndësh, trekëndor. 2.tresh; trepalësh.

triangulate [trai'ængiëleit] *v,adj* -*vt* 1. ndaj në trekëndësha. 2.trekëndëzoj, i bëj trekëndëzim(një terreni). 3.gjej /llogaris me trigonometri. 4.i jap formë trekëndëshe.
-*adj* 1.trekëndësh. 2.i përbërë nga trekëndësha; i ndarë në trekëndësha.

triangulation[traiængië'leishën] *n* 1.trekëndëzim. 2.ndarje në trekëndësha.

tribal ['traibël] *adj* fisnor; **tribal warfare** luftë midis fisesh/ndërfisnore.

tribalism['traibëlizm] *n* organizim fisnor; qytetërim fisnor.

tribalize['traibëlaiz] *vt* 1.organizoj në fise. 2.i jap statusin e fisit.

tribally['traibëli] *adv* sipas fisit; në fise(organizim).

tribasic[trai'beisik] *adj kim* tribazik.

tribe[traib] *n* 1.fis. 2.*fig* skotë, farë, taraf.

tribesman['traibzmën] *n* anëtar fisi.

tribulation[tribjë'leishën] *n* vuajtje, mundim, fatkeqësi, mjerim.

tribunal[tri'bju:nël, trai'bju:nël] *n* 1.gjyq; gjykatë. 2.trup gjykues. 3.juri, komision vendimor; **the tribunal of the polls** komisioni i votimeve.

tribune I['tribju:n] *n* 1.*hist* tribun, përfaqësues i plebejve. 2.*fig* mbrojtës i vegjëlisë.

tribune II['tribju:n] *n* tribunë, podium.

tributary ['tribjutëri] *adj,n* -*adj* 1. dikues, që derdhet, që furnizon me ujë(një lumë tjetër). 2.haraçpagues. 3.i paguar si haraç. 4.ndihmues, kontribues.
-*n* 1.degë lumi, dikues. 2.haraçpagues.

tribute['tribju:t] *n* 1.*hist* haraç. 2.*fig* nderim; **pay tribute to sb/sth** i paraqes nderimet dikujt; nderoj diçka; **be a tribute to sb's generosity** është dëshmi e bujarisë së dikujt.

trice I[trais] *vt det* ngre(velën, flamurin).

trice II[trais] *n vjet* çast, kohë e shkurtër; **in a trice** në çast, sa hap e mbyll sytë.

tricentenary[traisen'tenëri, traisen'ti:nëri] *adj,n* - *adj* treqindvjeçar.
-*n* 1.treqindvjeçar. 2.treqindvjetor.

trecentennial[traisen'teniël] *adj,n* shih **tricente-**

nary.

triceps['traiseps] *n anat* triceps(muskul).

trick[trik] *n,v* -*n* 1.dredhi, mashtrim; **a dirty/low /nasty/shabby trick** dredhi e ulët, mashtrim i ndyrë. 2.yçkël; marifet; **a trick of the trade** yçkël e zanatit; **that will do the trick** kjo na mbaron punë; **he'll soon get the trick of it** do t"ia gjejë shpejt anën/marifetin asaj pune; **how's tricks?** *gj.fol* hë, ç'kemi ndonjë të re? 3.rreng, shaka; **be up to one's old tricks again** kthehem te shakatë e vjetra; **play a trick on sb** i luaj/i punoj një rreng dikujt. 4.zakon; **he has a trick of leaving just when you don't want him to** ai e ka zakon të ikë tamam kur ti nuk do që të ikë. 5.dorë(në letra); **take a trick** marr një dorë. 6.*det* turn(në timon të anijes).7.lojë, iluzion (optik). + **do/turn the trick** bëj ç'më do qejfi; **trick or treat!** *amer* më jep diçka, në mos po ta punova rrengun! (thënie kalamajsh).
-*vt* 1.gënjej, mashtroj, ia hedh; **you've been tricked!** ta kanë hedhur! **trick sb out of sth** i zhvas diçka dikujt. 2.i luaj një rreng.
+**trick out/up** vesh, zbukuroj, stolis.

trickery['trikëri] *n* dinakëri, dredhi; mashtrim; **by trickery** me dredhi.

trickiness['trikinis] *n* 1. vështirësi; karakter delikat/i ndërlikuar. 2.dinakëri; natyrë mashtruese.

trickle['trikël] *v,n* -*v* 1.pikon. 2.rrjedh, shkon çurgë; **tears trickled down her cheeks** lotët i rridhnin në faqe. 2.*fig* (**in/out/away**) hyjnë/dalin/largohen njëri pas tjetrit/grupe-grupe. 3.rrokulliset, shkon mengadalë; **trickle into the net** përfundon në rrjetë (topi); **money is trickling out of my account** paratë po më firojnë pak nga pak nga llogaria; **letters are still trickling** letrat vazhdojnë të vijnë. 4.hedh pikëpikë; nxjerr çurgë.
-*n* 1.vijë e hollë(uji); çurgë. 2.pikim; rrjedhje. 3. pakicë; varg i ndërprerë; **a trickle of people** ca njerëz më të rrallë; **a steady trickle of offers** oferta të pakëta por të rregullta.
+**trickle away** a)pikon, ikën pikë-pikë, rrjedh(nga ena); b)firojnë(paratë).

trickle charger *n el* ngarkues/karikues i ngadalshëm(baterish etj).

trickle-down theory *n amer ek* teori e kalimit të ngadaltë të pasurisë drejt shtresave të ulëta.

trickster['trikstë:] *n* 1.mashtrues, batakçi. 2.iluzionist, prestigjator.

tricky['triki] *adj* 1.i ndërlikuar, i ngatërruar, i vështirë, delikat(problem). 2.dredharak; hileqar. 3.i rëndë, i vështirë; që preket lehtë(tip).

tricolo(u)r['trikëlë:] *adj,n* -*adj* tringjyrësh.
-*n* flamur tringjyrësh.

tricorn ['traiko:n] *adj,n* -*adj* trecepësh, me tre cepa.
-*n* kapele me tre cepa.

tricot['trikou] *n* 1.triko. 2.fanellë e ngushtë.

tricuspid[trai'kʌspid] *adj,n* -*adj* me tri maja.
-*n* dhëmb me tri maja.
tricycle['traisëkël] *n* 1.biçikletë me tri rrota. 2.triçikël.
trident['traidënt] *adj,n* -*adj* tredhëmbësh, me tre dhëmbë.
-*n* cfurk tredhëmbësh.
tridentate[trai'denteit] *adj* tredhëmbësh; me tri maja.
tridimensional [traidi'menshënël] *adj* tripërmasor, me tri përmasa, tredimensional.
tried[traid] *adj* i provuar; i sprovuar.
triennial [trai'eniël] *adj,n* -*adj* 1. trevjeçar, që zgjat tre vjet. 2.i përtrevjetshëm, që ndodh një herë në tre vjet. 3.*bot* trevjeçare(bimë).
-*n* 1.trevjetor. 2.*bot* bimë trevjeçare.
triennially[trai'eniëli] *adv* çdo tre vjet, krye tre vjetësh.
trier['trajë:] *n* i paepur, njeri këmbëngulës.
trifle['traifël] *n,v* -*n* 1.çikërrimë, vogëlimë, vogëlsi; **it's only a trifle** a)është një hiçgjë; b)është gjë pa qeder/pa pikë rëndësie; **worry over trifles** merakosem për gjëra të vogla. 2.shumë/sasi e vogël; **by sth for a trifle** blej diçka fare lirë/xhaba.3.zupë angleze.
+ **a trifle** paksa : **it's a trifle expensive** është paksa e shtrenjtë.
-*vi* 1.(**with**) luaj, bëj shaka(me dikë, diçka); **she's not to be trifled with** me atë nuk bëhet shaka. 2.luaj, sjell nëpër duar(lapsin etj); **trifle with one's food** çukis nga pak, bëj sikur ha.
+**trifle away** çoj dëm, harxhoj kot(kohën); prish kot, shpërdoroj(paranë).
trifler['traiflë:] *n keq* njeri bosh; mendjelehtë; ëndërrimtar.
trifling['traifling] *adj* 1.shumë i vockël; i papërfillshëm; i parëndësishëm. 2.bosh; i lehtë(njeri).
trifocal[trai'foukël] *adj,n fiz* -*adj* trevatror, me tri vatra.
-*n* thjerrëz trivatrore; **trifocals** syze trivatrore/me tri vatra.
trifoliate[trai'fouliit] *adj bot* trifletësh, trigjethësh.
triform['traifo:m] *adj* tripjesësh.
trig[trig] *adj* 1.i pastër; i rregullt. 2.krëk, elegant.
trigger['trigë:] *n,v* -*n* 1.këmbëz, gishtëz; **pull the trigger** tërheq këmbëzën, e shkrep. 2.*tek* shkrehës, sumbull, sustë, buton. + **quick on the trigger** a)i shpejtë në të qëlluar; b)*gj.fol* i shpejtë, që reagon shpejt.
-*vt* 1.shkrep; shkel sustën. 2.*fig* nis, shpërthej(kryengritjen).
trigger-happy ['trigë:hæpi] *adj gj.fol* që nuk mendohet gjatë, që e shkrep sakaq, që nuk ta bën të gjatë.
trigonometric(al)[trigënë'metrik(ël)] *adj mat* trigonometrik.
trigonometrically[trigënë'metrikëli] *adj mat* tri-

gonometrikisht, me rrugë trigonometrike.
trigonometry[trigë'nomëtri] *n mat* trigonometri.
trigraph['traigræf] *n gjuh* treshe germash.
trihedral [trai'hi:drël, trai'hedrël] *adj mat* trifaqësh.
trihedron [trai'hi:drën, trai'hedrën] *n mat* trifaqësh.
trike[traik] *n gj.fol* shkurtim i **tricycle**.
trilateral[trai'lætërël] *adj* trifaqësh.
trilingual[trai'linguël] *adj* 1.trigjuhësh(fjalor). 2. që flet tri gjuhë(njeri).
trill[tril] *v,n* -*v* 1.dredh zërin; këndoj me dredhule. 2.*gjuh* përdredh, rrokullis nëpër dhëmbë(tingullin *r*).
-*n* 1.dredhje zëri; dredhule. 2.bashkëtingëllore e përdredhur.
trillion['triljën] *n* 1.*amer,knd* një milion milionë (1 000 000 000 000). 2.*Br* (Angli, Francë, Gjermani etj) trilion, një miliard miliardë(1 000 000 000 000 000 000).
trilogy['trilëxhi] *n let* trilogji.
trim [trim] *v,adj,n* -*vt* 1. rregulloj, pres paksa (flokët, mjekrrën). 2.pres majat, krasis lehtë, qeth(shkurret e gardhit etj).3.stolis, zbukuroj (kapelën, pemën e Vitit të Ri); ndreq, rregulloj (vitrinën).4.balancoj(ngarkesën e avionit, anijes). 5.*det* ujdis/drejtoj velat; **trim one's sails** *fig* rishikoj qëndrimin tim. 6.përpunoj, ndryshoj, përshtas (mendimet). 7.*gj.fol* mund; zhdëp; zdrugoj. 8.*gj.fol* shaj.
-*adj* 1.i rregullt, i pastër; i mbajtur mirë. 2.elegant, me linjë të rregullt; **she has a trim figure** ajo ka trup të rregullt/me linjë.
-*n* 1.gjendje e mirë, rregull; **in trim, in good trim** a)në rregull, i mbajtur mirë(kopësht etj); b)në formë të mirë(sportist); **get things into trim** vë rregull. 2. qethje e lehtë(e flokëve). 3.*ark* zbukurime(përqark dritares). 4.garniturë, finiturë.
+**trim away** pres cepat/majat.
+**trim down** pres, shkurtoj(fitilin).
+**trim off** pres cepat/majat.
trimester[tri'mestë:] *n* tremujor, trimestër.
trimmer['trimë:] *n* 1.*ndërt* shular, fushak. 2.makinë prerëse/qethëse trungjesh. 3.*el* kondensator i rregullueshëm/balancues, trimer. 4.*keq* oportunist.
trimming['triming] *n* 1.garniturë(në rrobe); kllapodan. 2.*fig* shtojca, garniturë; **it's 200 leks without the trimmings** ben 200 lekë, pa shtojcat. 3.garniturë, shoqëruese(të biftekut etj). 4.*pl* copëra të prera, mbeturina. 5.*amer* dru, dajak, humbje.6.ndreqje, rregullim; zbukurim.
trimness['trimnis] *n* rregull, pastërti; paraqitje e hijshme.
trimonthly[trai'mʌnthli] *adj* i përtremuajshëm.
trim size *n* format i prerë/përfundimtar(i librit).
trinal['trainël] *adj* 1.tripjesësh. 2.tripalësh.
trine[train] *adj,n* -*adj* 1.tripalësh. 2.i trefishtë.

-n Trine *fet* trini, triadhë.

Trinidad['trinidæd] *n gjeog* Trinidad.

trinitrotoluene, -luol[trainaitrou'toljui:n, -'toljuoul] *n* trinitrotuluol, TNT(eksploziv).

Trinity['trinëti] *n* 1.*fet* Trini, Triadhë. 2.treshe.

Trinity term *n* trimestri i tretë(në universitet).

trinket['trinkit] *n* 1.*keq* xhingël, stringël; rrokotele. 2.çikërrimë, vogëlimë.

trinomial[trai'noumiël] *n mat* trinom.

trio['triou] *n* 1.*muz* trio. 2.*muz* kompozim për tre zëra/për tre instrumente. 3.treshe.

triode['trajoud] *n el* triodë.

triolet['trajëlit] *n let* triolet(strofë 8-vargëshe me dy rima).

trioxide[traj'oksaid, traj'oksid] *n kim* trioksid.

trip[trip] *n,v* -n 1.udhëtim; shetitje; ekskursion; **go/make/take a trip to Florida/into town** bëj /nisem për një udhëtim në Florida/nëpër qytet. 2.rrugë, vajtje; **after three trips to the shops** pas tri vajtjesh nëpër dyqane. 3.rrëshqitje, rrëzim. 4.stërkëmbës. 5.*fig* hap i gabuar, gabim, proçkë. 6.hap i lehtë. 7.*mek* dhëmb, çelës, rregullator(i regjimit të punës). 8.*zhrg* gjendje haluçinante(nga drogat).

-v 1.pengohem; shkas, rrëzohem. 2.eci majë gishtave/me hap të lehtë. 3.pengoj, rrëzoj. 4.bëj gabim, ngecem. 5.ngatërroj, hutoj. 6.kap në gabim. 7.*tek* lëshoj; vë në punë(një mekanizëm), takoj (friksionin etj). 8.s'jam në këtë dynja(nga droga).9. rrjedh lirshëm(fjala).

+**trip over** pengohem; rrëzohem.

+**trip up** a)pengohem; rrëzohem; b)lëshoj, çliroj; vë në punë; c)bëj gabim, bëj proçkë; d)kap në gabim.

trip hammer *n tek* çekiç me levë, çekiç mekanik.

trip-wire *n tek* këmbëz, çark, arpion.

tripartite[trai'pa:tait] *adj* 1.tripjesësh. 2.tripalësh; **tripartite treaty** marrëveshje tripalëshe.

tripe[traip] *n* 1.plënc; kukurec. 2.*Br gj.fol* gjepura, dëngla; **this film is tripe** ky film është një gjepur.

triphase['traifeiz] *adj el* trifazor.

triphthong['trifthong, 'tripthong] *n gram* triftong.

triplane['traiplein] *n av* triplan, avion me tri krahë (njëri mbi tjetrin).

triple['tripël] *adj,n,v,adv* -adj 1.tripalësh; tripjesësh; **the Triple Alliance** Aleanca Tripalëshe. 2.i trefishtë; **triple copies of every document** tri kopje për çdo dokument. 3.tri herë më i madh; tri herë më i shumtë(në numër).

-n trefish.

-v 1.trefishoj. 2.trefishohet.

-adv tri herë më tepër.

triple jump *n sport* kërcim trehapësh.

triplet['triplit] *n* 1.trinjak. 2.treshe. 3.*muz* triplet, grup tri notash. 4.*let* tercë, strofë trevargëshe.

triplex['tripleks] *adj,n* -adj i trefishtë.

-n 1.xham tripleks, xham i sigurt. 2.*knd* godinë trekatëshe me tre apartamente.

triplicate[*adj,n* 'triplëkit; *v* 'triplëkeit] *adj,n,v* -adj i trefishtë.

-n ekzemplar; kopje; kopje e tretë; **in triplicate** në tre kopje; në tre ekzemplarë të njëjtë.

-vt trefishoj.

triplication[triplë'keishën] *n* 1.trefishim.2.trefish.

triply['tripli] *adv* trefish; tri herë.

tripman['tripmæn] *n knd hist* 1.rremtar i pajtuar. 2.udhëtar.

tripod['traipod] *n* 1.trekëmbësh, këmbalec me tri këmbë. 2.stol me tri këmbë.

tripos['traipos] *n amer* provim diplome.

tripper['tripë:] *n* 1.*Br* turist, pushues; ekskursionist. 2.*tek* lëshues; kursor.

tripping['triping] *adj* i lehtë; i shpejtë.

triptych['triptik] *n art* triptik.

tripwire['tripwajë:] *n tek* fill i nderë(për çarqe, sisteme alarmi etj).

trireme['trairi:m] *n hist* triremë, anije lufte me tri sërë rremash.

trisect[trai'sekt] *vt* ndaj në tresh; ndaj në tri pjesë të barabarta.

trisyllabic[traisë'læbik, trisë'læbik] *adj* trirrokësh.

trisyllable[trai'silëbël, tri'silëbël] *n* fjalë trirrokëshe.

trite[trait] *adj* i rëndomtë; i palezetshëm; banal.

triteness['traitnis] *n* rëndomësi; banalitet.

tritium['tritiëm] *n kim* tritium(element).

triton['traitën] *n zool* triton.

tritone['traitoun] *n muz* tretonësh, akord tre tonesh.

triturate['triçëreit] *v,n* -*vt* shtyp, bluaj imët.

-n pluhur i imët.

trituration[triçë'reishën] *n kim* shtypje, bluarje e imët.

triumph['trajëmf] *n,v* -n 1.ngadhënjim, triumf.2. sukses, fitore(e shkencës etj).3.kënaqësi, ngazëllim.

-vi 1.dal fitimtar, ngadhënjej, triumfoj.2.ngazëllej.

triumphal[trai'ʌmfël] *adj* triumfal; i fitores.

triumphant[trai'ʌmfënt] *adj* 1.fitimtar, ngadhënjimtar, triumfues. 2.i ngazëllyer.

triumphantly[trai'ʌmfëntli] *adv* triumfalisht.

triumvir[trai'ʌmvë:] *n hist* triumvir (një ndër tre ofiqarët e lartë romakë).

triumvirate[trai'ʌmvëirit] *n hist* triumvirat.

triunity[trai'ju:nëti] *n fet* trini.

trivalence[trai'veilëns, 'trivëlëns] *n kim* trivalencë.

trivalent[trai'veilënt, 'trivëlënt] *adj kim* trivalent.

trivet['trivit] *n* këmbje, perusti.

trivia['trivië] *npl* vogëlsira; gjëra pa rëndësi.

trivial ['triviël] *adj* 1.i vogël; i parëndësishëm; i papërfillshëm; **a trivial mistake** gabim i lehtë/pa rëndësi. 2.i rëndomtë, banal.

triviality[trivi'ælëti] *n* 1.të qenët i parëndësishëm /i papërfillshëm. 2.*pl* çikërrima; gjepura, dokrra.

trivialization[triviëlai'zeishën] *n* banalizim.

trivialize['triviëlaiz] *vt* banalizoj.

trivially['triviëli] *adv* në mënyrë banale.

trivium['triviëm] *n hist* treshja e shkencave(gramatika, retorika, logjika).

triweekly ['trai'wi:kli] *adv,adj* -*adv* 1. tri herë në javë. 2.një herë në tri javë.

-*adj* 1.që ndodh tri herë në javë. 2.i përtrijavshëm.

trochaic[trou'kejik] *adj,n let* -*adj* trokaik(varg). -*n* varg trokaik.

trod[trod] *pt* e tread.

trodden['trodën] *pp* e tread.

troglodyte['troglëdait] *n* 1.banor shpellash. 2.*fig* njeri i mbyllur/i pashoqërueshëm. 3.*zool* majmun antropomorf.

troika['troikë] *n* 1.trojkë, sajë me tre kuaj. 2.*pol* trojkë, treshe.

Trojan ['trouxhën] *adj,n* trojan; the Trojan Horse Kali i Trojës; the Trojan War Lufta e Trojës.

troll[troul] *v,n* -*v* 1.peshkoj me fill. 2.*vjet* këndoj. 3.rrotulloj; rrokullis.

-*n* 1.karrem. 2.fill peshkimi. 3.*vjet* këngë.

trolley['troli] *n* 1.*Br* karro(bagazhesh); karrocë dore(në supermarket). 2.tryezë me rrota(çaji, zyre). 3.*min* vagonetë. 4.*mjek* barelë. 5.*amer* tramvaj.

trolley bus *n* trolejbus.

trolley car *n* tramvaj.

trolley line *n amer* 1.shina tramvaji.2.linjë tramvaji.

trolley pole *n* shtagë trolejbusi.

trollop['trolëp] *n* zuskë, lavire, kurvë.

trombone['tromboun, trom'boun] *n muz* trombon.

trombonist[trom'bounist] *n muz* trombonist.

troop[tru:p] *n,v* -*n* 1.grup. 2.kope.3.*usht* skuadron. 4. *pl usht* trupa.

-*v* 1.mblidhemi, grumbullohemi. 2.parakaloj. + troop the colour *Br usht* parakaloj me flamur.

troop carrier *n usht* anije/avion/automjet transporti (trupash).

trooper['tru:pë:] *n usht* 1.kalorës, ushtar i kalorësisë. 2.kalë kalorësie. 3.*det* luftanije transporti(trupash). 4.polic me kalë; *amer* polic i një shteti. + swear like a trooper flas me fjalë të ndyra, shaj si karrocierët.

troop leader *n* komandant.

troopship ['tru:pship] *n det* luftanije transporti (trupash).

trope [troup] *n let* përdorim i figurshëm; figurë letrare, metaforë.

trophied ['troufi:d] *adj* i zbukuruar me trofe (mur).

trophy ['troufi] *n* 1. *usht* trofe, plaçkë lufte. 2.*sport* kupë, trofe. 3.*fig* trofe.

tropic['tropik] *n,adj* -*n gjeog* tropik; Tropic of Cancer/of Capricorn Tropiku i Gaforres/i Bricja-pit.

-*adj* tropikal.

tropical I['tropikël] *adj* tropikal; tropical rains shira tropikalë.

tropical II['tropikël] *adj let* i figurshëm; metaforik.

trot[trot] *v,n* -*v* 1.ecën trokthi, trokon(kali). 2.lëshoj trokthi. 3.çapitem.

-*n* 1.trok, ecje me trok; go at a trot a)ecën me trok(kali); b)eci me hap të shpejtë, bares. 2.lëvizje e gjallë; vrap; on the trot a)radhazi, rresht: 3 days on the trot tri ditë rresht; b)në lëvizje: keep sb on the trot s'e lë dikë të marrë frymë. + have the trots më heq bark.

+trot along a)hidhem, shkoj një vrap; b)iki me vrap, ua mbath.

+trot away/off iki me vrap, ua mbath.

+trot out a)nxjerr(justifikime); b)lëshoj nga goja; përmend njëri pas tjetrit(fakte, emra); c)*gj.fol* ekspozoj.

+trot over/round iki, hidhem një vrap.

troth[troth, trouth] *n,v* -*n* 1.besnikëri. 2.premtim; premtim martese. 3.e vërtetë. + by my troth, in troth për fjalë të nderit, për besë; plight one's troth jap fjalën.

-*v* jap fjalën.

trotline['trotlain] *n* fill i gjatë peshkimi (me grepa të varur në të gjithë gjatësinë).

Trotskyism['trotskiizm] *n pol* trockizëm.

Trotskyist['trotskiist] *n pol* trockist.

Trotskyite['trotskiait] *adj,n* trockist.

trotter['trotë:] *n* 1.kalë troku. 2.këmbë deleje/derri.

trotting['troting] *n* trok.

troubadour['tru:bëdo:] *n* bard, rapsod.

trouble ['trʌbël] *n,v* -*n* 1. telash; problem; bela; vështirësi; be in trouble with sb kam probleme me dikë; have trouble with the furnace soba më nxjerr telashe; get sb out of trouble e nxjerr nga belaja dikë; there's trouble brewing parashikohen telashe. 2.mundim; bezdi; it's no trouble nuk e kam bezdi; it's not worth the trouble nuk ia vlen mundimi, s'ia vlen barra qiranë; it's no trouble at all! të lutem!, s'ka përse! 3.merak; shqetësim; that's the least of our troubles kjo s'është për t'u zënë me gojë, kam të tjera halle; my troubles are over now s'më ka mbetur më ndonjë gjë merak. 4.*mjek* problem shëndetësor; have back trouble kam probleme me kolonën, kam dhimbje në shpinë.5.*pol* trazirë; labour troubles trazira sociale. 6. . the trouble e keqja; that's the trouble kjo është e keqja. + in/into trouble a)në bela; b)*gj.fol* me barrë(jashtë martese); make trouble krijoj probleme.

-*v* 1.shqetësoj; i krijoj probleme/telashe; nothing troubles them ata nuk kanë asnjë shqetësim. 2.bezdis; mundoj; does it trouble you if...? e ke bezdi sikur...? **she didn't trouble herself to write** ajo as që e mori mundimin të shkruante. 3.shqetësohem; bezdisem; **please don't trouble!** mos u shqetësoni, ju lutem! **to trouble to do** marr mundimin të bëj.

troubled['trʌbëld] *adj* 1.i shqetësuar. 2.i trazuar, me trazira(kohë).

trouble-free['trʌbëlfri:] *adj* 1.pa probleme; e qetë (periudhë). 2.pa defekte(makinë).

troublemaker['trʌbëlmeikë:] *n* ngatërrestar.

troubleshoot['trʌbëlshu:t] *vi* 1.*ind,pol* ndreq një problem, rregulloj gjendjen. 2.*tek,aut* gjej defektin.

troubleshooter['trʌbëlshu:të:] *n* 1.ekspert. 2.*pol* ndërmjetës.3.*tek* specialist, usta(për gjetje difektesh).

troubleshooting['trʌbëlshu:ting] *n* 1.ndërhyrje (për rregullimin e gjendjes). 2.gjetje defekti.

troublesome ['trʌbëlsëm] *adj* 1. i lodhshëm; i mundimshëm; i vështirë. 2.i bezdisshëm. 3.shqetësues.

troublous['trʌblës] *adj* 1.i shqetësuar; i trazuar. 2. shqetësues. 3.i bezdisshëm.

trough[trof] *n* 1.koritë, govatë, lug. 2.zgavër. 3. gropë, bark(midis dallgëve). 4.*fig* pikë e ulët; **trough of low pressure** *meteo* zonë e presionit të ulët.

trounce [trauns] *vt* 1. rrah, zhdëp. 2. *gj.fol sport* mund keqas, shpartalloj.

troupe[tru:p] *n,v teat* -*n* trupë.
-*vi* udhëtoj me trupën.

trouper['tru:pë:] *n teat* aktor, anëtar i trupës; aktor i vjetër.

trouser ['trauzë:] *n pl* pantallona; **a pair of trousers** një palë pantallona; **long/short trousers** pantallona të gjata/të shkurtra.

trouser leg *n* këmbë pantallonash.

trousseau ['tru:sou, tru:'sou] *n pl* -**seaux, seaus** veshje të nuses; pajë.

trout[traut] *n zool* troftë.

trout stream *n* përrua me troftë.

trow[trou] *v vjet* besoj; mendoj.

trowel['trauël] *n* 1.mistri; perdaf. 2.lopatëz(kopshtari).

Troy[troi] *n gjeog* Trojë.

troy[troi], **troy weight** *n* masë për gurët e metalet e çmuar.

truancy['truënsi] *n* largim nga mësimi, mungesa të pajustifikuara.

truant['truënt] *n,adj* -*n* nxënës që lë mësimin; **play truant from the office** nuk paraqitem në zyrë.
-*adj* 1.i çrregullt(nxënës). 2.bredharak(mendim).

truant officer *n* kontrollor i mungesave(në shkollë).

truce[tru:s] *n* 1.armëpushim; **call a truce** kërkoj armëpushim. 2.ndërprerje, pushim(i sherreve etj).

truck I[trʌk] *n,v* -*n* 1.kamion.2.*hek* vagon mall-rash. 3.karrocë për bagazhet. 4.karro e vogël me dy rrota.

-*v amer* 1.bart/transportoj me kamion. 2.ngas kamion.

truck II[trʌk] *n,v* -*n* 1.*amer* perime, zarzavate. 2.kinkaleri, artikuj të imët. 3.*gj.fol* hedhurina. 4.*gj. fol* shkëmbim, tregti, të dhënë e të marrë; **have no truck with sb** s'dua të kem të bëj me dikë. 5. trambë. 6.pagesë në natyrë/në mall.
-*v* bëj shkëmbim, bëj trambë.

truckage['trʌkixh] *n* 1.transportim me kamion. 2. pagesë transporti.

truckdriver['trʌkdraivë:] *n* shofer kamioni.

trucker I ['trʌkë:] *n* 1. shofer kamioni. 2. pronar agjencie transporti.

trucker II['trʌkë:] *n* 1.kopshtar, bahçevan, peri-merritës. 2.tregtar shetitës, pramatar.

truck farm *n* fermë perimesh(për treg).

truck farmer *n* kopshtar, bahçevan, perimerritës.

trucking['trʌking] *n* transportim me kamionë.

truckle I['trʌkël] *vi* përulem; lëshoj rrugë.

truckle II['trʌkël] *n,v* -*n* 1.rrotëz; rul(për lëvizje orendish të rënda). 2.krevat me rrota.

truckle bed *n* krevat me rrota.

truckload['trʌkloud] *n* ngarkesë(kamioni).

truckman['trʌkmën] *n* shofer kamioni.

truck stop *n amer* restorant buzë rrugës, restorant shoferësh.

truculence['trʌkjulëns] *n* vrazhdësi; egërsi, agresivitet.

truculent ['trʌkjulënt] *adj* 1. i ashpër, i vrazhdë; agresiv.2.i egër, mizor.

trudge[trʌxh] *v,n* -*v* 1.eci me mundim, zvarritem; **trudge through the mud** çaj me zor përmes baltës.2.rrah, mas(rrugët).
-*n* ecje e lodhshme.

true [tru:] *adj,n,adv,v* -*adj* 1.i vërtetë; **that's true!** e vërtetë! **the same holds true for...** e njëjta gjë vlen edhe për... 2.i saktë; besnik; (përshkrim); i vërtetë (mik); **true to life** që përputhet me realitetin; realist; **like a true Albanian** si shqiptar i vërtetë. 3.e rrafshët(sipërfaqe); i drejtë, krejt pingul(mur); *tek* në aks(ingranazh). 4.*drejt* i ligjshëm(trashëgimtar). 5.i ndershëm.+ **come true** vërtetohet, del i vërtetë; bëhet realitet.

-*n* 1.e vërtetë. 2.*tek* pozicion i saktë/i duhur; **be out of true** a)jopingul, jo në plumbç(mur); b)i shtrembët(binar); c)jashtë qendre(ingranazh).

-*adv* me vërtetësi; **tell me true** më thuaj të vërtetën/të drejtën.

-*vt* drejtoj; vë në plumbç; vë në qendër.

true-blue['tru:blu:] *adj* besnik; i paluejtshëm.

true-born['tru:bo:n] *adj* i vërtetë, autentik.

true-bred['tru:bred] *adj* race, i paprëzier.

true-false test *n* anketë/test me 'po-jo' .

true-hearted['tru:ha:tid] *adj* i besës, besnik.

true-life['tru:laif] *adj* i vërtetë, i jetuar.

truelove['tru:lʌv] *n* i dashur; dashnor besnik.

truffle['trʌfël] *n bot* zhardhok këpurdhash.

trug[trʌg] *n Br* shportë kopështari.

truism['tru:izm] *n* e vërtetë e rëndomtë.

trull[trʌl] *n vjet* lavire, prostitutë.

truly ['tru:li] *adv* 1.me të vërtetë; realisht; **a truly great singer** këngëtar vërtet i madh .2.çiltërsisht; **tell me truly** më thuaj të drejtën; **Yours truly,...** Juaji sinqerisht...(në fund të letrës). 3.besnikërisht, me vërtetësi(pasqyron).

trump I[trʌmp] *n,v* -*n* 1.letër e fortë, atu; **hold all the trumps** kam në dorë të gjitha letrat e forta. 2.*fig* fije; marifet; zare; **turn up trumps** bëj mrekullira. 3.flori njeri.

-*vt* 1.(në letra) marr me letër të mirë/të fortë. 2.*fig* ia kaloj, lë në bisht; mund; **trump sb's ace** ia lag dikujt.

+**trump up** sajoj, shpik(një justifikim etj).

trump II[trʌmp] *n,v vjet,poet* -*n* trombë, bori. -*vi* i bie trombës.

trump card *n* letër e mirë, bixhë.

trumped-up['trʌmptʌp] *adj* i sajuar; i kurdisur.

trumpery['trʌmpëri] *n,adj* -*n* 1.xhingla, stringla. 2.gjepura, dokrra.

-*adj* pa vlerë.

trumpet['trʌmpit] *n,v* -*n* 1.trombë, bori. 2.e rënë borie / trombe. 3. trombist; *usht* borizan. 4. britmë elefanti.

-*v* 1.i bie trombës. 2.buluron(elefanti).

trumpet blast *n* 1.e rënë borie. 2.*fig* kushtrim.

trumpet call *n* shih **trumpet blast**.

trumpeter['trʌmpëtë:] *n* 1.trombist. 2.*amer,knd* mjellmë amerikane. 3.pëllumb i butë.

trumpeter swan *n amer,knd* mjellmë amerikane.

trumpeting['trʌmpiting] *n* bulurimë elefanti.

truncate['trʌnkeit] *v,adj* -*vt* cungoj, shkurtoj.

-*adj* 1.*biol* i cungët, pa majë. 2.i shkurtuar(tekst).

truncated['trʌnkeitid] *adj* 1.i prerë(kon etj). 2. i shkurtuar(tekst).

truncheon ['trʌnçen] *n,v* -*n* 1.shkop (polici).2. skeptër.

-*vt* qëlloj/rrah me shkop.

trundle['trʌndël] *v,n* -*v* 1.shtyj(karrocën). 2.rro-kullis. 3. (**along / down / in**) kaloj / zbres / hyj me zhurmë.

-*n* 1.rrokullisje. 2.rropamë. 3.rrotëz, rul. 4.shtrat rezervë me rrota. 5.karro e ulët me rrota.

trundle bed *n* shtrat rezervë me rrota (që futet poshtë një shtrati tjetër).

trunk[trʌnk] *n* 1.*bot, anat,ark* trung. 2. feçkë(ele-fanti). 3.sëndyk. 4.*amer aut* vend për plaçkat, port-bagazh, bagazh. 5.*pl* mbathje sporti; brekë; rroba /brekë banje. 6.kanal kryesor. 7.linjë kryesore; linjë interurbane.

trunk call *n Br* telefonatë interurbane.

trunk hose *n hist* kilota.

trunk line *n* 1.lidhje direkte; linjë interurbane. 2.

hek linjë kryesore.

trunk road *n Br* rrugë nacionale.

truss[trʌs] *v,n* -*vt* 1.lidh; lidh deng. 2.*ndërt* për-forcoj, i vë armaturë.

-*n* 1.tufë; demet, vandak.2.bistak.3.*ndërt* qepratë.

+**truss up** lidh(robin).

trust[trʌst] *n,v* -*n* 1.besim; besë; **breach of trust** shkelje e besimit; prerje në besë; **have trust in sb/sth** kam besim te dikush/në diçka; **put no trust in the strangers** mos u zërë besë të panjohurve. 2.besim, shpresë.3.*drejt* kujdestari; **leave money in trust for one's children** lë/vë para në kujdestari për fëmijët. 4.përgjegjësi, ngarkim; **give sth in sb's trust** i lë diçka në ngarkim dikujt. 5.*fin,treg* trust, kartel.

+ **in trust** në kujdestari(para); **on trust** a)me kredi; b)në mirëbesim: **I gave it to him on trust** ia lashë në mirëbesim.

-*v* 1.kam besim; **to trust in sb/to luck/to fate** kam besim te dikush/te shansi/te fati. 2.besoj, i zë besë; **don't you trust her?** nuk i beson asaj? **they are not to be trusted** atyre nuk mund t'u zësh besë; **trust you!** *iron* të besoj! 3.i lë në dorë, i besoj(diçka); **he is not to be trusted with a gun** atij s'i lë dot armë në dorë; **you can trust him with your computer** atij mund t'ia besosh pa frikë kompjuterin; **trust him to break it!** *iron* lërja atij në dorë po deshe ta thyesh! **I wouldn't trust him as far as I can throw him!** atij s'i besoj këtu e aty. 4.shpresoj; **I trust not** shpresoj që jo. 5.jap/shes me kredi.

trust account *n fin* llogari në kujdestari.

trustbuster ['trʌstbʌstë:] *n amer* funksionar i ngarkuar me luftën antitrust.

trust company *n* kompani fiduçiare.

trusted['trʌstid] *adj* 1.i besuar(njeri). 2.e sigurt, e provuar(metodë).

trustee['trʌsti:] *n* 1.*drejt* kujdestar, administrues i besuar; **trustee in bankruptcy** përmbarues i firmës së falimentuar. 2.administrator(shkolle etj). 3.*amer* anëtar i këshillit drejtues të universitetit.

Trustee Savings Bank *n Br* Arkë Kursimi, Ban-kë Kursimi.

trusteeship [trʌs'ti:ship] *n* 1.*drejt* kujdestari. 2. post administratori.

trustful['trʌstful] *adj* besimplotë, që beson lehtë.

trustfully['trʌstfuli] *adv* plot besim.

trust fund *n* fonde në kujdestari.

trusting['trʌsting] *adj* shih **trustful**.

trustworthiness['trʌstwë:dhinis] *n* 1.besnikëri(e dikujt). 2.vërtetësi, besueshmëri(e një pohimi).

trustworthy['trʌstwë:dhi] *adj* 1.i besuar, që me-riton besim(njeri). 2.i saktë, i besueshëm(pohim).

trusty['trʌsti] *adj,n* -*adj* i sigurt, i besuar(njeri); që mund t'i besosh(mjet).

-*n* i burgosur i privilegjuar(për sjellje të mirë).

truth[tru:th] *n* 1.e vërtetë; **to tell you the truth, truth to tell** çështë e vërteta, të them të drejtën; **the**

truth will out *prov* herët a vonë e vërteta del në shesh; **in truth** në të vërtetë. 2.ndershmëri; besnikëri.

truth drug *n* shih **truth serum**.

truthful ['tru:thful] *adj* 1.i çiltër, që thotë të vërtetën. 2.i vërtetë, i besueshëm(pohim).

truthfully['tru:thfuli] *adv* çiltërsisht, pa gënjyer, sinqerisht.

truthfulness['tru:thfulnis] *n* vërtetësi.

truth serum *n gj.fol* injeksion i çiltërsisë(që e nxit njeriun të thotë të vërtetën).

try[trai] *v,n* -*v* 1.provoj; përpiqem, orvatem; **try and eat some** përpiqu të hash ca; **it's trying to snow** përgatitet të bjerë borë; **try one's best/one's hardest** përpiqem me të gjitha forcat, bëj ç'kam në dorë; **try one's hand at sth/at doing sth** bëj një provë me diçka; provoj të bëj diçka; **try for a scholarship** përpiqem të siguroj një bursë. 2.provoj(një ilaç, një rrobë), ngjëroj (një ushqim); **try this for size** a)provoje këtë nëse të bën/nëse është tamam(vida etj); b)*fig* dëgjoje pak këtë që do të të them .3.provoj, marr/vë në provë (dikë); **try one's luck** provoj fatin. 4.*drejt* gjykoj; **try sb for murder/by court-martial** gjykoj dikë për vrasje; nxjerr dikë para gjyqit ushtarak.

-*n* 1.provë; përpjekje, orvatje; **give the exam a try** e bëj një përpjekje për ta marrë provimin; **have a try at doing sth** provoj të bëj diçka. 2.provë, eksperiment.

+**try for** synoj, përpiqem të arrij.

+**try on** a)provoj(këpucë, rrobë); b)shoh deri ku mban/sesi shkon puna: **don't try anything on!** mos u gabo të bësh ndonjë provë/marifet!

try-on['trajon] *n* blof.

+**try out** a)provoj(ilaç, metodë, vegël); b)vë në provë(një nëpunës).

tryout['trajaut] *n* provë.

+**try over** *muz* provoj.

trying ['trajing] *adj* 1. i vështirë, i lodhshëm. 2.i bezdisshëm(njeri). 3.i mundimshëm; i rëndë; **have a trying time** kaloj një periudhë të pakëndshme / të rëndë.

try square *n tek* skuadër.

tryst[trist] *n* takim(dashurie).

TS *polig* spacio/hapësirë treshe.

tsar[za:] *n* car (edhe **czar**).

tsarism[za:rizm] *n* carizëm (edhe **czarism**).

tsarist['za:rist] *n* carist (edhe **czarist**).

tsetse fly['ceciflai] *n* miza cece.

T-shirt ['ti:shë:t] *n* bluzë pa jakë, fanellë me mëngë të shkurtra.

tsp. *n* shkurtim për **teaspoon**.

T-square['ti:skweë:] *n* rrigë T.

T-strap['ti:stræp] *n* 1.rrip sandalesh në formë T-je. 2.sandale me rrip T.

tsunami[cu'næmi] *n* dallgë gjigande(e shkaktuar nga tërmetet e nënujshme).

Tu. *n* shkurtim për **Tuesday**.

T.U. *n* shkurtim për **Trade Union**.

Tuareg['twa:reg] *n* 1.tuareg. 2.gjuhë e tuaregëve.

tub[tʌb] *n,v* -*n* 1.vaskë(banje). 2.legen; govatë. 3.kazan(i makinës larëse). 4.kade; poçe; kupë. 5.*gj.fol* lundër e keqe.6.*zhrg* bufalaq, trashaluq. + **have a tub** *Br gj.fol* bëj një banjë.

-*v* 1.laj në govatë. 2.lahem në vaskë.

tub-thumper['tʌbthʌmpë:] *n* 1.*Br fig* orator demagog. 2.zëdhënës, përfaqësues për shtypin.

tub-thumping['tʌbthʌmping] *n,adj* -*n* 1.*Br* demagogji. 2.reklamë e bujshme/e tepruar.

-*adj* demagogjik.

tuba['tju:bë] *n muz* tubë.

tubbing['tʌbing] *n* 1.banjë. 2.larje.

tubby['tʌbi] *adj* 1.tubor, si gyp. 2.buçkan, trashaluq. 3.me tingull të mbytur(violinë).

tub chair *n* kolltuk me shpinë e krahë si tub.

tube[tju:b] *n,v* -*n* 1.gyp, tub; qyngj. 2.tubet(paste dhëmbësh etj). 3.*anat* gyp, kanal. 4.kamerdare. 5.tunel; metro; **go by tube** *Br* shkoj me metro, marr metronë. 6.*gj.fol* ekran; tub elektronik; llampë elektronike. 7.*zhrg* televizion; **what's on the tube tonight?** çfarë ka sonte televizori?

-*vt* 1.fus tub; vë tuba. 2.i jap formë tubi.

tube station *n Br* stacion metroje.

tubeless['tju:blis] *adj* pa kamerdare(gomë).

tuber['tju:bë:] *n* 1.*bot* zhardhok. 2.*anat* gungë, xhungë.

tubercle['tju:bë:kël] *n bot,anat* gungë, xhungë.

tubercular[tju:'bë:kjëlë:] *adj,n* -*adj* 1.*mjek* tuberkular, tuberkuloz. 2.me xhunga; gungor.

-*n* i sëmurë me tuberkuloz.

tuberculosis[tju:bë:kjë'lousis] *n mjek* tuberkuloz.

tuberculous[tju:'bë:kjëlës] *adj mjek* tuberkular, tuberkuloz.

tuberous['t(j)u:bërës] *adj* 1.*bot* me zhardhokë, zhardhokor, tuberoz. 2.me xhunga, gungor.

tubing['tju:bing] *n* 1.tub; **rubber tubing** tub gome. 2.tubacion.

tubular['tju:bjëlë:] *adj* 1.tubor; cilindrik.2.me tuba.

tubular bells *n muz* karijon.

tubulate ['tu:bjëlit, -leit] *adj,v* -*adj* tubor; cilindrik.

-*v* 1.mbështillet si tub. 2.i vë tub.

tubule ['tu:bju:l] *n anat,bot* tubth, gyp / kanal i ngushtë.

tuck[tʌk] *v,n* -*vt* 1.vë; fus; **tuck the shirt in** fute brenda këmishën; **sit with one's feet tucked under oneself** ulem këmbëkryq. 2.mbuloj; **tuck the children** mbuloj fëmijët. 3.mbledh(fundin). 4.i futem; përlaj; **tuck into a meal** i futem të ngrënës. 5.fus përbrenda(barkun). 6.qep palat.

-*n* 1.palë; e futur. 2.palosje(e trupit gjatë hedhjes). 3.*Br zhrg* të ngrëna; ëmbëlsira.

+**tuck away** a)heq, largoj; b)fsheh; c)*zhrg* përlaj.

+**tuck in** a)ha mirë; zhdëpem; b)fus brenda(këmishën); c)fus përbrenda(barkun); d)mbuloj mirë(fëmijën etj).

tuck-in['tʌkin] *n gj.fol* e ngrënë.

+**tuck up** a)mbledh, ngre, shkurtoj(fundin); b)përvesh(mëngët); c)mbledh(këmbët); d)mbuloj mirë (dikë në krevat).

tuckahoe['tʌkëhou] *n* këpurdhë e madhe e ngrënshme.

tuckbox['tʌkboks] *n Br* kuti e bukës/ushqimit (e nxënësit).

tucker I['tʌkë:] *n hist* shami koke; shall.

tucker II ['tʌkë:] *vt amer gj.fol* lodh, këpus, rraskapis.

tuck-shop['tʌkshop] *n Br* dyqan ushqimesh brenda në shkollë.

Tues. *n* shkurtim për **Tuesday**.

Tuesday['t(j)u:zdi, -dei] *n* e martë; **on Tuesdays** të martave; **Tuesday next** të martën që vjen; **Tuesday's paper** gazeta e së martës.

tufa[t(j)u:fë] *n* shtuf gëlqeror.

tuff[tʌf] *n* shtuf.

tuffet['tʌfit] *n* 1.tufë bari. 2.stol, fron.

tuft[tʌft] *n,v* -*n* 1.tufë. 2.xhufkë. 3.cullufe.

tufted['tʌftid] *adj* 1.tufë; tufa-tufa. 2.me xhufkë (zog); me xhufka, me tufëza.

tug[tʌg] *n,v* -*n* 1.tërheqje; **feel a tug at one's sleeve/on the rope** ndiej se më tërheqin nga mënga; ndiej se po e tërheqin litarin. 2.*det* rimorkiator. 3.litar; kavo. 4.rripa(të kalit). 5.*fig* përpjekje; garë. -*v* 1.tërheq. 2.*det* rimorkioj.

tugboat['tʌgbout] *n det* rimorkiator.

tug-of-love['tʌgëv'lʌv] *n* luftë midis prindërve kush të marrë fëmijët(pas ndarjes).

tug-of-war['tʌgëv'wo:] *n* 1.*sport* tërheqje litari. 2. *fig* garë/luftë për pushtet.

tuition [tju'ishën] *n* 1. shkollim; mësime; **private tuition** mësime private. 2.pagesë shkollimi; **tuition fees** pagesë shkollimi.

tuitional[tju:'ishënël] *adj* shkollimi.

tulip['tju:lip] *n* tulipan.

tuille[tu:l] *n tekst* tyl.

tumble['tʌmbël] *v,n* -*v* 1.bie; rrëzohem; **tumble out of bed/into the pool** bie nga krevati/brenda në pellg. 2.pengohem; **tumble over a chair** pengohem te karrigia. 3.turrem, sulem, hidhem; **tumble out of the car/into bed** hidhem nga makina/në shtrat.4.*Br fig* kuptoj, i bie në të; **he tumbled to the trick right away** ai i ra në të hilesë menjëherë. 5.fus, rras, hedh. 6.*fin* bie me shpejtësi(çmimi etj).

-*n* 1.rënie; rrëzim; **have/take a tumble** bie, rrëzohem. 2.grumbull, pirg(rrobash etj). 3.rrëmujë; **all in a tumble** krejt rrëmujë.

+**tumble about/around** a)hidhen, lodrojnë(fëmijët); b)bëj kollotumba; c)hedh dosido/pa kujdes.

+**tumble down** a)bie, rrëzohem; b)rrëzohet, shembet(godina).

tumbledown['tʌmbëldaun] *adj* i rrënuar.

+**tumble out** a)bien, shpërndahen; b)hedh rrëmujë.

+**tumble over** a)rrëzohem; b)rrëzoj.

tumbledry['tʌmbëldrai] *vt* thaj në makinë tharëse.

tumbledryer['tʌmbëldrajë:] *n* makinë tharëse rotative.

tumbler['tʌmblë:] *n* 1.akrobat. 2.gotë, kupë; safë, sapllak. 3.makinë tharëse(rrobash). 4.*tek* tambur. 5. pëllumb që bën kollotumba. 6.kukull me fund të rëndë(që ngrihet gjithmonë në këmbë).

tumbleweed['tʌmbëlwi:d] *n bot* nenë.

tumbling['tʌmbling] *n* akrobaci.

tumbrel, tumbril ['tʌmbrël] *n* 1. qerre. 2. karro municioni(me dy rrota).

tumefaction[tju:mi'fækshën] *n* ënjtje; e ënjtur.

tumefy['tju:mëfai] *vi* ënjtet.

tumescence[tju'mesëns] *n* ënjtje.

tumescent[tju:'mesënt] *adj* i ënjtur; që ka filluar të ënjtet.

tumid['tju:mid] *n* 1.*mjek* i ënjtur. 2.*fig* i fryrë, bombastik.

tummy['tʌmi] *n gj.fol* bark; stomak; **tummy ache** dhimbje barku.

tumor, Br tumour['tju:më:] *n mjek* tumor.

tump[tʌmp] *n* shih **tumpline**.

tumpline['tʌmplain] *n* rripa për tërheqje ngarkesash(nga hamalli).

tumuli['tju:mjulai] *n pl* i **tumulus**.

tumult ['tju:mʌlt] *n* 1.poterë; trazirë. 2.tronditje; trazim; shqetësim.

tumultuous[tju:'mʌlçuës] *adj* 1.i zhurmshëm, i potershëm. 2.të shfrenuara(duartrokitje). 3.i stuhishëm, i trazuar(det). 4.i shqetësuar, i trazuar.

tumulus['tju:mjëlës] *n pl* -**luses, -li** 1.pirg dheu. 2.*ark* tumë, kodërvarr.

tun[tʌn] *n* 1.fuçi, vozë. 2.fuçi(masë vëllimi = 252 gallonë, ose 954 l).

tuna I['tu:në] *n zool* ton(peshk); **tuna fish** ton.

tuna II['tu:në] *n bot* fik deti.

tun(e)able['tju:nëbël] *adj* 1.i akordueshëm. 2.*vjet* i harmonishëm.

tundra['tʌndrë] *n gjeog* tundër.

tune[tju:n] *n,v* -*n* 1.melodi. 2.*muz* vijë melodike; akordim; **be in tune/out of tune** a)është i akorduar /i çakorduar(instrumenti); b)këndon si duhet; stonon (këngëtari). 3.*fig* ujdi, marrëveshje; harmoni; **be in tune/out of tune with** *fig* jam në një mendje/në mosmarrëveshje me(dikë). 4.qëndrim, sjellje; **change one's tune** ndryshoj qëndrim. + **call the tune** jam në krye të punëve; **sing a different tune** flas / sillem ndryshe; **to the tune of** *gj.fol* në shumën: **receive a bill to the tune of $200** më vjen një goxha faturë për 200 dollarë.

-*vt* 1.*muz* akordoj. 2.*rad,tv* çoj(në një stacion);

tune in the new FM station e çoj te stacioni i ri FM. 3.*aut* vë në fazë(motorin).

+tune in a)*rad,tv* kap, marr, e çoj në(një stacion); b)*fig* vë në dijeni: **he isn't tuned in** ai s'është në dijeni.

+tune out a)*rad,tv* heq(nga një stacion); b)*amer fig* bëj veshin të shurdhër.

+tune up a)*muz* akordoj(instrumentin); b)*aut* vë në fazë(motorin).

tune-up['tju:n^p] *n aut* vënie në fazë.

tuneful['tju:nful] *adj* i melodishëm, melodioz.

tunefully['tju:nfuli] *adv* në mënyrë melodioze.

tunefulness['tju:nfulnis] *n* natyrë melodioze.

tuneless['tju:nlis] *adj* i çakorduar; pa melodi.

tunelessly['tju:nlisli] *adv* falso(këndoj).

tuner['tju:në:] *n* 1.*muz* akordues(pianosh etj). 2. *rad,tv* sintonizues, buton i stacioneve.

tung oil *n* vaj tungu.

tungsten['t^ngstën] *n kim* tungsten(element).

tunic['tju:nik] *n* 1.*hist* tunikë.2.bluzë e gjatë.3.*usht* bluzë/xhaketë ushtarake. 4.*anat,bot* vëmesë.

tuning['tju:ning] *n* 1.*muz* akordim. 2.*rad,tv* rregullim, regjistrim. 3.*aut* vënie në fazë(e motorit).

tuning fork *n muz* diapazon.

tuning knob *n rad,tv* buton i stacioneve, sintonizues.

Tunisia[tju:'nizië] *n gjeog* Tunizi.

Tunisian[tju:'niziën] *adj,n* tunizian.

tunnel['t^nël] *n,v* 1.tunel. 2.galeri. 3.strofull. -*v* 1.hap tunel. 2.gërmoj në faqe(të kodrës etj).

tunnel vision *n* 1.fushëpamje e ngushtë. 2.*fig* mendjengushtësi.

tunny['t^ni] *n* shih **tuna**.

tuppence['t^pëns] *n* (shkurtim i **twopence**) dy peni; **I don't care tuppence** s'më bëhet vonë fare; **it's not worth tuppence** nuk vlen asnjë dysh.

tuppenny['t^pëni] *adj* (shkurtim i **twopenny**) dypenësh; **tuppenny-ha'-penny** *fig* që nuk vlen një dysh.

tuque[tu:k] *n knd* kapuç i thurur.

turban['të:bën] *n* çallmë.

turbaned['të:bënd] *adj* me çallmë.

turbid ['të:bid] *adj* 1.i turbullt(ujë). 2.*fig* e turbulluar, e trazuar(mendje).

turbidity[të:'bidëti] *n* 1.turbullirë. 2.*fig* trazim.

turbinate['të:bënit, -neit] *adj,n -adj* 1.si hinkë. 2.spiral, me dredha unazore(molusk). -*n* guaskë spiralore.

turbine['të:bain] *n tek* turbinë.

turbo-['të:bou] *pref* turbo-, me turbinë.

turbo engine *n aut* turbomotor.

turbocharged['të:bouça:xhd] **engine** *n aut* turbomotor.

turbofan['të:boufæn] *n av* turboventilator.

turbogenerator['të:bouxhenëreitë:] *n tek* turbogjenerator.

turbojet['të:bou'xhet] *n av* 1.motor turboreaktiv. 2.avion turboreaktiv.

turbojet engine *n* shih **turbojet**.

turboprop['të:bou'prop] *n av* 1.turbohelikë. 2.avion me turbohelikë.

turboprop aircraft *n av* avion me turbohelikë.

turbot['të:bët] *n zool* shojzë deti.

turbulence['të:bjulëns] *n* 1.trazim, trazirë, turbullirë.2. *meteo, fiz* turbulencë, shtjellë.

turbulent['të:bjëlënt] *adj* 1.i trazuar(det).2.turbullues; i stuhishëm.

turd[të:d] *n gj.fol keq* 1.mut, kakë, bajgë.2.*fig* kaqol, rrotë, karabush.

tureen[tu'ri:n] *n* enë supe, supierë.

turf [të:f] *n,v* -*n* 1. plis bari. 2.bar artificial (në fushë sporti). 3.*gj.fol* terren; **back on his own turf** i kthyer sërish në terrenin e vet; **on the turf** në rrugë, në trotuar(prostituta). 4.pistë vrapimesh me kuaj. 5.**the Turf** garat e vrapimeve me kuaj. 6.turbë, torfë. -*vt* 1.(edhe **turf over**) mbjell me bar, mbuloj me bar. 2.*Br zhrg* dëboj, flak jashtë, i jap duart; shtyj.

turf accountant *n Br* pranues bastesh(në garat e vrapimeve me kuaj).

+turf in *gj.fol Br* a) plas brenda; b)*fig* heq dorë.

+turf out *gj.fol Br* a)nxjerr; b)hedh, flak; c)dëboj, përzë, i jap duart(dikujt); d)hedh poshtë(propozim).

turgescent[të:'xhesënt] *adj* që po ënjtet.

turgid['të:xhid] *adj* 1.i ënjtur; i fryrë. 2.*fig* i fryrë, bombastik.

turgidity[të:'xhidëti] *n* 1.ënjtje; fryrje.2.*fig* fryrje, fjalë të mëdha.

turgidness['tëxhidnis] *n* shih **turgidity**.

Turk[të:k] *n* turk.

Turkestan['të:kistæn] *n gjeog* Turkmenistan.

Turkey['të:ki] *n gjeog* Turqi.

turkey['të:ki] *n* 1.gjeldeti; pulëdeti. 2.*amer teat* dështim, fiasko. 3.*zhrg* karabush, gomar. + **talk turkey** *gj. fol* flas hapur, i them gjërat troç.

turkey buzzard *n zool* skifter.

turkey cock *n* 1.gjeldeti.2.*fig* kaposh, mburravec.

Turkish['të:kish] *adj,n -adj* turk. -*n* 1.turk. 2.turqisht.

Turkish bath banjë turke, banjë me avull.

Turkish delight *n* llokum.

Turkish towel *n* peshqir i trashë.

Turkman['të:kmën] *n* 1.turkmen. 2.turk.

Turkmen['të:kmen] *n* 1.turkmenisht.2.*pl* i **Turkman**.

Turkoman['të:këmën] *n,adj* turkmenisht.

turmeric['të:mërik] *n bot* shafran i Indisë.

turmoil ['të:moil] *n* 1.trazirë; shqetësim; **be in a turmoil** është rrëmujë e plotë.

turn[të:n] *v,n* -*v* 1.rrotullohem, vërtitem; **my head is turning** më vjen mendja vërdallë. 2.kthehem nga; **she turned to me** ajo u kthye nga unë;

turn tail and run ua mbath këmbëve. 3.ndërroj drejtim, marr kthesë, kthehem; **turn left, turn to the left** kthehem majtas, kthehem nga e majta; **right turn!** djathtas kthehu!4.ndërron rrugë; kthehet mbrapsht; **their luck has turned** shansi ndryshoi për ta; **the conversation turned on...** biseda kaloi te..; **he turned to drink/to politics** iu kthye sërish pijes/politikës. 5.rrotulloj, vërtis(dorezën, rrotën etj); **turn it through 90 degrees** rrotulloje me 90 gradë. 6.kthej(fletën, tokën); kthej mbrapsht/nga ana tjetër(jastëkun).7.trazon(stomakun).8.përdredh; ndrydh (këmbën). 9.kthej nga, drejtoj për në; **turn one's back on sb** i kthej shpinën dikujt; **she can turn her hand to anything** asaj i zë dora gjithçka. 10.kundërvë; **turn sb against his parents** e bëj dikë t'u kundërvihet prindërve. 11.zmbraps, prapësoj; **nothing will turn me from my purpose** s'ka gjë që të më largojë nga qëllimi im; **turn sb from doing sth** bind dikë që të mos bëjë diçka. 12.i jap formë; bëj; **a well-turned phrase** frazë e sajuar bukur. 13. kapërcej; kaloj(qoshen); **a man turning fifty** një burrë që po i kap/po i kapërcen të pesëdhjetat. 14.shndërroj, transformoj; bëj; **turn the area into a park** e bëj vendin park; **turn a book into a film** përshtas një libër për ekran. 15. përkthej; **turn it into French** përktheje në frengjisht; **be turned sick by the news** bëhem keq nga lajmi. 16.turbulloj, ia sjell vërdallë (mendjen). 17. largoj, dëboj, përzë. 18.(on) varet(nga); **the success turns on the weather** suksesi varet nga moti. 19.kthej mbrapsht, ia kthej(goditjen). 20.*tek* tornoj; **well-turned legs** *fig* këmbë si të bëra në torno. 21.qarkulloj(paratë). 22.ndërroj fe.23.pritet(qumështi).

-*n* 1.rrotullim; vërtitje; **give sth a turn** i jap një të rrotulluar/i bëj një rrotullim diçkaje. 2.kthesë; **a turn to the right** kthesë djathtas; **make a turn** marr kthesë. 3.përdredhje. 4.kthim; **a turn for the better** një kthim për mirë, përmirësim. 5.çast/moment kthese; **at the turn of the year** nga fundi i vitit. 6.ndryshim(i mendimit etj). 7.radhë, turn; **wait your turn** prit radhën; **take it in turns!** me radhë! 8.veprim, akt; **one good turn deserves another** e mira shpërblehet me të mirë. 9.prirje; **have a turn for painting** kam prirje për pikturë; **have a good turn for speed** jam i shpejtë prej natyre. 10.shetitje, xhiro. 11.*mjek* krizë, atak; marrje mendsh; **have giddy turns** kam marrje mendsh; **she had one of her turns today** sot pati përsëri një atak. 12. tronditje. 13.formë, trajtë.14. *Br teat* numër. + **at every turn** a)dorë për dorë; çdo herë; b)pa përjashtim; **by turns** me radhë, njëri pas tjetrit; **in turn** në rregull, siç duhet; **out of turn** a)jo në rregull; b) pa vend; jo kur duhet; **take turns** e bëjmë me radhë; **to a turn** aq sa duhet, tamam; **turn about, turn and turn about** njëri pas tjetrit, sipas radhës. +**turn about/around** a)kthehem; b)merr kthesë

(makina); c)*usht* : **about turn!** kthim majtas/djathtas! d)kthej nga ana tjetër; e)ia kthej mendjen; **turn things around** përmbys situatën.

turnabout['të:nëbaut] *n* kthim; kthesë(edhe *fig*).

turnaround['të:nëraund] *n* 1.kthim; kthesë(edhe *fig*). 2.vend manovrimi(për t'u kthyer).

turnaround time *n* kohë e zbatimit.

+**turn aside** a)kthehem; b)kthej.

+**turn away** a)kthehem; b)kthej, largoj(sytë); c)përzë, largoj(dikë); d)hedh poshtë(një ofertë).

+**turn back** a)kthehem; ndërroj rrugë; bën kthesë (makina); b)rikthehem : **turn back to page 20** rikthehem te faqja 20; c)palos, kthej cepin(e fletës etj); d)kthej mbrapa(orën, kohën).

+**turn down** a)kthej, palos(batanijen etj); b)ul(zërin, nxehtësinë); c)hedh poshtë(ofertën, propozimin); d) hap, kthej mbrapsht(letrat e lojës).

turndown['të:ndaun] *adj,n* -*adj* i kthyer, i palosur; e ulur(jakë).

-*n* 1.prapësim; hedhje poshtë. 2.rënie: prirje drejt uljes/pakësimit.

+**turn in** a)hyj, futem(në një rrugë); b)kthehen përbrenda(majat e këmbëve); c)*gj.fol* bie të fle; d)kthej cepat; e)kthej, dorëzoj(mallin e vjedhur, dikë në polici).

+**turn loose** lë të lirë, lëshoj(robin etj).

+**turn off** a)kthehem; merr kthesë(makina); b)fiket (kaloriferi etj); c)mbyll(ujin, rubinetin); fik, shuaj (dritën, radion, motorin); d)*zhrg* mërzis; vështiros.

turnoff['të:nof] *n* 1.*aut* degëzim, rrugë daljeje (nga autostrada). 2.*zhrg* bezdi; gjë e neveritshme.

+**turn on** a)ndizet, vihet në punë(aparatura); b)ndez (radion, televizorin, motorin); c)hap(ujin, rubinetin); d)*zhrg* eksitoj; eksitohem; e)*zhrg* drogohem; f)i kundërvihem, i kthehem; i bëj ballë; sulmoj; g)varet (nga); ka të bëjë(me).

turn-on['të:non] *n zhrg* diçka eksituese.

+**turn out** a)ngrihem(nga shtrati); b)dal(nga shtëpia); c)merr shërbimin(roja); d)dal, shkëputem, largohem(nga rruga); e)janë të kthyer nga jashtë(majat e këmbëve); f)*fig* del, rezulton : **it turned out to be true/wrong** doli si ishte e vërtetë/e pavërtetë; **everything will turn out all right** gjithçka do të përfundojë mirë; g)fik, shuaj; h)zbraz(xhepat); spastroj(sirtarët); i)përzë, i jap duart; j)nis, dërgoj(trupa); k)nxjerr(mësues, kuadro); prodhoj(mallra); l)i jap formë : **be well turned out** është elegant.

turnout['të:naut] *n* 1.mbledhje, grumbullim(njerëzish); auditor; **there was a good/high/low turnout at the polls** pati një pjesëmarrje mjaft të madhe në votimet. 2.spastrim. 3.prodhim. 4.veshje; paraqitje. 5.karrocë megjithë kuaj. 6.pajime, takëm. 7.*Br* grevë. 8.*amer* rrugë e gjerë për parakalime(në rrugë). 9.*amer hek* degëzim linje.

+**turn over** a)përmbyset(makina, varka); b)kthehem, rrotullohem(në shtrat); c)kthej faqen : **PTO**

(please turn over) lutemi lexoni në faqen tjetër/nga prapa; d)dorëzoj; ia kaloj(diçka dikujt); e)*fig* bluaj(në mendje); f)blej e shes; g)*treg,fin* xhiroj, qarkulloj (fonde, mallra).

turnover['të:nouvë:] *n* 1.*treg* xhiro; qarkullim (malli, fondesh). 2.qarkullim, freskim, ndryshim(i personelit). 3.trigon(ëmbëlsirë). 4.përmbysje.

+**turn to** a)i referohem; b)i drejtohem për ndihmë; c)i futem, i vihem(punës).

+**turn up** a)mbërrij, vij; b)gjendet, del; **something will turn up for you** do të dalë diçka edhe për ty ; c)del(një letër në lojë); d)është e kthyer përpjetë(maja e hundës); e)përvesh(mëngën); ul(jakën); f)neveris : **it really turns me up** kjo më ngjall neveri; g) i jap fund : **turn it up!** *Br zhrg* mjaft!, qepe! h) nxjerr nga dheu, zhgropos; zbuloj; i)ngre, shtoj (nxehtësinë, zërin etj); j)ngre(jakën).

turn-up['të:nʌp] *n* 1.palë, e kthyer(e pantallonave).2.*gj.fol* surprizë.

turnbuckle ['të:nbʌkël] *n tek* xhuntë shtrënguese me veshë (për kavo).

turncoat['të:nkout] *n* renegat, dallkauk, njeri me dyzet flamurë.

turner['të:në:] *n* 1.rrahëse(vezësh etj). 2.tornitor.

turnery['të:nëri] *n* torneri, repart tornosh.

turn indicator *n* 1.*aut* fener sinjalizimi kthese.2. *av* xhiroskop kthimtregues.

turning['të:ning] *n* 1.rrugë anësore, degëzim. 2. bërryl(lumi). 3.tornim.

turning lathe *n* torno.

turning point *n fig* pikë kthese, kthesë.

turnip['të:nip] *n bot* rrepë.

turnkey['të:nki:] *n* rojtar burgu, gardian.

turnpike ['të:npaik] *n amer* 1. rrugë me pagesë. 2.postbllok për të paguar(në rrugë).

turn signal *n aut* fener sinjalizimi kthese.

turnstile ['të:nstail] *n* pengesë rrotulluese (në vendkalimet e udhëtarëve).

turntable['të:nteibël] *n* 1.disk rrotullues mbajtës (ku vihet pllaka e gramafonit). 2.*tek* platformë rrotulluese.

turpentine['të:pëntain] *n,v* -*n* terpentinë, terebentinë.

-*vt* lyej me terpentinë.

turpentine substitute *n* vaj pishe.

turpitude['të:pëtju:d] *n* poshtërsi.

turps[të:ps] *n* shkurtim për **turpentine**.

turquoise['të:kwoiz] *n,adj* -*n* 1.bruz(gur i çmuar). 2.ngjyrë e bruztë, bojë gurkali.

-*adj* i bruztë, gurkali.

turret['të:rit] *n* 1.*ark* kullëz. 2.*usht* sharapoll; kullë tanku. 3.*av* kupolë e mitralierit. 4.*hist* kullë lëvizëse(për mësymje mbi kështjella).

turreted['tʌritid] *adj* 1.me kulla. 2.*zool* spiralore, kërmillore (guaskë).

turtle I['të:tël] *n zool* breshkë uji. + **turn turtle**

batohet, përmbyset(anija etj).

turtle II['të:tël] *n zool vjet* turtull.

turtleback ['të:tëlbæk] *n det* qemer harkor (në bash të anijes).

turtledove['të:tëldʌv] *n zool* turtull; turtulleshë.

turtleneck['të:tëlnek] *n* 1.*Br* jakë e lartë; *amer* jakë golf. 2.pulovër me jakë të lartë/ me jakë golf.

turtle soup *n* supë breshke.

tush I[tʌsh] *interj* bah!

tush II[tʌsh] *n* 1.dhëmb i qenit(te kali). 2.çatall.

tusk[tʌsk] *n,v* -*n* 1.çatall. 2.dhëmb elefanti.

-*v* rrëmoj/çaj me çatall.

tusker['tʌskë:] *n* kafshë me çatallë; elefant; derr i egër.

tussle['tʌsël] *n,v* -*n* luftë; përleshje; **have a tussle with sb** kacafytem/përleshem me dikë.

-*vi* 1.kapem, përfytem, përleshem.2.hahem me fjalë; **tussle over sth** hahem për diçka.

tussock['tʌsëk] *n* tufë(bari etj).

tut[tʌt] (edhe **tut-tut**) *interj* pf!; nc-nc!; s'është punë që bëhet kjo!

tutelage['tju:tëlixh] *n* 1.mbikëqyrje, mbrojtje. 2. mësimdhënie, instruktim. 3.kujdestari, tutori. 4.*fig* tutelë.

tutelary['tju:tëleri] *adj,n* -*adj* 1.mbrojtës(engjëll). 2.kujdestar.

-*n* engjëll mbrojtës.

tutor['tju:të:] *n,v* -*n* 1.mësues privat. 2.ndihmësmësues, mbikëqyrës/këshilltar studentësh. 3.*Br*(edhe **form tutor**) a)mësues kujdestar(i klasës); b)edukator(në burgje).

-*v* 1.i jap mësim; jap mësime private.2.jam mësues kryesor/kujdestar/këshilltar/edukator. 3.*gj.fol* marr mësime private.

tutor group *n Br* klasë.

tutor period *n Br* orë mësimi me mësuesin kryesor(në orët e para).

tutor room *n Br* klasë, sallë mësimi.

tutorial[tju:'toriël] *adj,n* -*adj* studimi; pune praktike(klasë).

-*n* punë praktike; ushtrime; studim i mbikëqyrur.

tutoring['tju:tëring] *n* 1.mësime private. 2.mësim ndihmues(për të prapambeturit), punë me grupe.

tutti-frutti['tuti'fruti] *n* 1.reçel i përzier. 2.akullore me reçel frutash.

tutu['tu:tu:] *n* fund i shkurtër valltareje.

tux[tʌks] *n gj.fol* shkurtim për **tuxedo**.

tuxedo [tʌk'si:dou] *n amer* smoking; xhaketë serioze.

TV[ti:'vi:] *n gj.fol* (shkurtim për **television**) 1.televizion. 2.televizor.

TV dinner *n* gjellë e gatshme, ushqim i gatshëm.

twaddle['twodël] *n,v* -*n* gjepura, marrëzira.

-*vi* dërdëllis; them gjepura;shkruaj marrëzira.

twain[twein] *n vjet,poet* dy, dysh.

twang[twæng] *n,v* -*n* 1.tingull, tingëllim(i telit).

2.zë hundor, **have an American twang** flas pak me hundë, si amerikanët.
-*v* 1.piskoj telat; prek me hark. 2.dridhet(harku, teli). 3.flas si me hundë.
twangy['twængi] *adj* 1.i mprehtë(tingull). 2.hundor, me hundë(të folur).
'twas[twoz, twʌz, twëz] = **it was**.
twat[twæt] *n zhrg* 1.(për organet gjenitale)rrush; duc. 2.*fig* trap, karabush, rrotë.
tweak[twi:k] *v,n* -*vt* shkul(veshin, flokët).
-*n* shkulje(e veshit etj).
twee[twi:] *adj Br keq* 1.nazeli, buzëhollë, buzërrudhur. 2.e shpëlarë(vërejtje). 3.i stërholluar(dekoracion).
tweed[twi:d] *n* 1.stof leshi me cirka. 2.*pl* kostum i leshtë.
tweedle['twi:dël] *vi* pingëron.
tweedledum and tweedledee [twi:dël'dʌmëntwi:-dël'di:] *n* (dy gjëra/njerëz) krejt njëlloj, si dy pika uji.
tweedy ['twi:di] *adj* 1.prej stofi të leshtë. 2.që i pëlqen të vishet me kostum.
'tween[twi:n] *prep poet* shih **between**.
tweeny['twi:ni] *n Br gj.fol* shërbyese.
tweet[twi:t] *n,v* -*n* cicërim, cingërim.
-*vi* cicëron, cingëron, pingëron.
tweeter ['twi:të:] *n* altoparlant për tinguj të mprehtë.
tweeze[twi:z] *vt* kap/shkul me piskatore(vetullat).
tweezers['twi:zë:s] *npl* piskatore; pincetë.
twelfth[twelfth] *adj,n* -*adj* i dymbëdhjetë.
-*n mat* një e dymbëdhjetë.
Twelfth-day['twelfthdei] *n fet* e dymbëdhjeta ditë pas Krishtlindjeve(6 janari).
twelve[twelv] *n,adj* -*n* dymbëdhjetë.
-*adj* i dymbëdhjetë.
twelvefold['twelvfould] *adj,adv* dymbëdhjetëfish.
twelvemonth['twelvmʌnth] *n* vit.
twentieth['twentiith] *adj,n* -*adj* i njëzetë.
-*n mat* një e njëzetë.
twenty ['twenti] *adj, n* -*adj* i njëzetë; **lesson twenty** mësimi njëzet/i njëzetë.
-*n* njëzet.
twentyfold['twentifould] *adj,adv* njëzetfish.
twenty-four hours *n* njëzetekatërorësh.
twenty-one[twenti'wʌn] *n* njëzetenjësh(lojë me letra).
twenty-twenty (vision) *adj* (shikim) i plotë, qindpërqind.
'twere[tweë:, twë:] *vjet,poet* = **it were**.
twerp[twë:p] *n zhrg* kaqol, karabush, trap.
twice[twais] *adv* 1.dy herë; **twice weekly, twice a week** dy herë në javë.2.dyfish; **twice as much** dy herë më shumë; **twice aq/kaq; twice my age** dyfishi i moshës sime.3. dy herë më i mirë; **he's twice the man you are** është dy herë më i mirë se ti.

twice-told['twaistould] *adj* i stërthënë; i bajatur.
twiddle['twidël] *v,n* -*v* 1.vërtis nëpër duar(lapsin etj). 2.luaj(me diçka). + **twiddle one's thumbs** a) vërtis gishtërinjtë; b)*fig* vras miza.
-*n* vërtitje.
twig I[twig] *n* degëz, filiz.
twig II[twig] *v Br gj.fol* 1.kuptoj, marr vesh, i bie në të. 2.vë re.
twilight['twailait] *n* 1.mug, mugëtirë. 2.muzg. 3.dritë e zbetë; gjysmerrësirë; gjysmëterr. 4.*fig* perëndim(i karierës etj). 5.*fig* gjendje e papërcaktuar; gjysmerrësirë; turbullirë; **a twilight world** një botë e turbullt; **in the twilight of history** në mugëtirën e historisë.
twilight sleep *n* gjendje përgjumjeje(nga morfina etj).
twilight zone *n* zonë/gjendje e papërcaktuar.
twill[twil] *n tekst* pëlhurë me njëfarë vijëzimi diagonal.
'twill[twil] *vjet,poet* = **it will**.
twin[twin] *n,v* -*n* 1.binjak. 2.*attr* binjak; **twin girls** binjake. 3.*attr* i njëllojtë, kopje. 4.*attr* dopio (çarçaf, dyshek). 5.*astr* **the Twins** Binjakët(yllësi).
-*v* 1.lind/bëj binjakë. 2.çiftoj; dyfishoj. 3.binjakëzoj, lidh ngushtësisht(dy qytete etj).
twin bed *n* krevat dopio.
twin-bedded room *n* dhomë me dy shtretër.
twin-cylinder['twinsilëndë:] *adj,n tek* -*adj* dycilindërsh (motor).
-*n* motor me dy cilindra.
twine[twain] *n,v* -*n* 1.fill, gjalmë, spango. 2.përdredhje(filli). 3.gërshet.
-*v* 1.dredh, përdredh; thur; gërshetoj. 2.mbështjell; i hedh duart. 3.përdridhet, kacavjerret(bima). 4.gjarpëron(rruga. lumi).
twin-engine(d)['twinenxhën(d)] *adj* me dy motorë, dymotorësh(avion etj).
twinge[twinxh] *n,v* -*n* 1.e therur, sëmbim. 2.*fig* brerje(e ndërgjegjes); **feel a twinge of regret** më bren pendimi.
-*v* 1.ther, sëmbon. 2.*fig* bren.
twining['twining] *adj bot* e shtueshme(bimë).
twinkle['twinkël] *v,n* -*vi* 1.xixëllon(ylli). 2.ndrisin, shkëlqejnë(sytë). 3.pulis(sytë).
-*n* 1.xixëllim; vezullim. 2.pulitje(e syve). 3.grimë; çast; **in a twinkle** sa hap e mbyll sytë.
twinkling['twinkling] *adj,n* -*adj* xixëllues; vezullues.
-*n* xixëllim; vezullim. + **in the twinkling of an eye** sa hap e mbyll sytë.
twinning['twining] *n* binjakëzim(qytetesh etj).
twin-screw['twinskru:] *adj,n* -*adj* me dy helika.
-*n* avullore/vapor me dy helika.
twinset['twinset] *n* komplet i trikotuar(bluzë e xhaketë).
twinship['twinship] *n* binjakëri.

twin-size['twinsaiz] *adj* dopio, për krevat dopio.
twirl [twë:l] *v,n* -*v* 1. vërtis, rrotulloj (bastunin, dorezën e derës).2.dredh, përdredh(mustaqet). 3.vërtitet, rrotullohet.
-*n* 1.rrotullim, vërtitje. 2.përdredhje; lajle(në shkrim).
twirler ['twë:lë:] *n amer* vajzë me uniformë (që vërtit një bastun, në parada).
twirp[twë:p] *n zhrg* shih **twerp**.
twist[twist] *v,n* -*v* 1.gërshetoj; thur(litar).2.mbështjell(përqark). 3.rrotulloj, vërtis(dorezën, kapakun). 4.*sport* i jap të prerë(topit). 5.*fig* shtrembëroj, përdredh(fjalën, kuptimin). 6.ngërdhesh(fytyrën), shtrembëroj(buzët). 7.ndrydh(këmbën).8. *zhrg* mashtroj, ia hedh.9.kërcej tuist.10.përdridhet(rripi). 11.gjarpëron(lumi). 12.eci me zigzage; **twist through the traffic** dredhoj/depërtoj midis makinave(me motoçikletë).
-*n* 1.përdredhje. 2.*mjek* ndrydhje(këmbe). 3.*sport* e prerë(e topit). 4.rrotullame. 5.kthesë(rruge). 6.bërryl(lumi). 7.gërshetim, thurje. 8.*fig* kthesë, zhvillim (i ngjarjeve). 9.*fig* shtrembërim(kuptimi). 10.kaush, fishek (letre); kaush(duhani). 11.fetë(limoni). 12. tuist(lloj kërcimi). + **drive sb round the twist** ia plas shpirtin/buzën dikujt; **get oneself into a twist, get one's knickers in a twist** nevrikosem; **go round the twist** e humbas torruan/pusullën.
+**twist about/around** a)përdridhet(litari); b)gjarpëron; bën zigzage(rruga, lumi).
+**twist off** a)çfiletohet(kapaku), hapet me të rrotulluar; b)këpus(degën) me të përdredhur; c)hap (kapakun) me të rrotulluar.
+**twist out** a)çlirohem(duke përdredhur trupin); b)heq me të rrotulluar.
+**twist round** a)gjarpëron(rruga); b)rrotullohem; kthehem prapa; c)mbështjell(litarin etj); d)vërtis, rrotulloj(dorezën); filetoj(kapkun etj); e)kthej(kokën).
+**twist up** a)përdridhen, pleksen(fijet); b)ngjitet me shtëllunga(tymi); c)thur, gërshetoj.
twisted['twistid] *adj* 1.i përdredhur(fill, kordon). 2.i shtrembëruar(çelës, shufër). 3.i ndrydhur, i nxjerrë venditit(kyç, bërryl). 4.*fig* i shtrembër(arsyetim). 5.*fig* e mbrapshtë(mendje). 6.i dyshimtë; i pandershëm, bataççi(avokat, politikan).
twister['twistë:] *n gj.fol* 1.*Br* bataççi, mashtrues. 2.*amer meteo* tornado.
twisting['twisting] *n,adj* -*n* 1.përdredhje. 2.*fig* shtrembërim(kuptimi).
-*adj* gjarpërues, zigzag.
twit[twit] *v,n* -*vt* ngas, ngacmoj; vë në lojë.
-*n Br* gomar, hajvan, kokëtul.
twitch[twiç] *v,n* -*v* 1.dridhet(buza etj). 2.kam një tik nervoz; dridhem. 3.*fig* nervozohem. 4.tërheq me forcë(perdet etj). 5.lëviz shpejt, shkund(veshët/trupin qeni).
-*n* 1.dridhje; tik nervoz. 2.tërheqje e shpejtë. 3.e

therur, sëmbim.
+**twitch away** shkul, zhvas.
twitchy['twiçi] *adj* nervoz; idhnak.
twitter['twitë:] *v,n* -*vi* 1.cicëron, pingëron(zogu). 2.dërdëllis, llomotis.
-*n* 1.cicërim. 2.acarim, eksitim; **be in a twitter about sth** jam shumë nervoz për shkak të diçkaje.
'**twixt** [twikst] *prep poet* (shkurtim i **betwixt**) ndërmjet.
two[tu:] *n,adj* -*n* 1.dy. 2. dydollarëshe (monedhë). 3.dyshe, çift. + **in two** më dysh; **put two and two together** bëj lidhjen e gjërave, nxjerr përfundimet e duhura; **two's company** është më mirë kur je vetë i dytë.
-*adj* i dytë.
two-bit['tu:bit] *adj amer zhrg* 1.njëzetepesëcentësh(artikull). 2.i lirë, pa vlerë, që nuk bën dy grosh.
two bits['tu:bits] *n amer zhrg* njëzetepesë centë.
two-by-four['tu:baifo:] *adj,n amer* -*adj* 1.dy me katër(inçë), 5 X 10 (cm). 2.i vogël; i ngushtë (apartament).3.*fig* i papërfillshëm, i parëndësishëm.
-*n* binar 2 me 4 (inçë).
two cent's worth *n zhrg* mendim, pikëpamje; **everyone will have the chance to put in his two cents' worth** secili do ketë rastin të shprehë mendimin e tij.
two-chamber system *n pol* sistem me dy dhoma (në parlament).
two-color process *n fot,polig* bikromi; ilustrim dyngjyrësh.
two-cycle['tusaikël] *adj amer tek* dykohësh, me dy kohë(motor).
two-cylinder[tu:cilëndë:] *adj aut* dycilindërsh, me dy cilindra(motor).
two-dimensional['tu:di'menshënël] *adj* 1.dypërmasësh, me dy dimensione. 2.*let fig* i cekët, pa individualitet(personazh).
two-door[tu:do:] *adj aut* dydyersh, me dy dyer (automobil).
two-edged['tu:exhd] *adj* 1.dytehësh, me dy tehe. 2.*fig* i dykuptimtë. 3.*fig* që vepron në dy drejtime.
two-faced['tu:feist] *adj* 1.dyfaqësh. 2.*fig* me dy fytyra, me dy faqe, hipokrit.
two-facedly['tu:feisëdli] *adv* me hipokrizi.
two-facedness ['tu:feisëdnis] *n* dyfytyrësi, hipokrizi.
twofer['tu:fë:] *n amer gj.fol* dy artikuj me çmimin e njërit.
two-fisted['tu:fistid] *adj gj.fol* i fortë; sherrxhi.
twofold['tu:fould] *adj,adv* -*adj* 1.dyfish. 2.i dyfishtë(kuptim).
-*adv* dyfish, dy herë me shumë.
two-four['tu:'fo:] *adj muz* me të katërta.
two-handed['tu:hændid] *adj* 1.me dy duar. 2.dydjathtak, që i përdor njëlloj të dy duart. 3.për të dy duart(shpatë etj). 4.për dy vetë(vegël). 5.dyshe, me

dy vetë(lojë).

two-legged['tu:legd] *adj* dykëmbësh, me dy këmbë.

two-party system *n pol* sistem dypartiak.

twopence['tupëns] *n Br* dy peni; monedhë dypenëshe.

twopenny['tupëni] *adj Br* 1.dypenësh, që kushton dy peni. 2.pa vlerë; i lirë.

twopenny-halfpenny *adj Br fig* që nuk vlen as dy grosh.

two-phase['tu:feiz] *adj el* dyfazësh, dyfazor.

two-piece['tu:pi:s] *adj,n* -*adj* dypjesësh; veç(rroba banje).
-*n* veshje dypjesëshe; rroba banje veç.

two-ply['tu:plai] *adj* 1.dyshtresësh, me dy shtresa. 2.me dy fije(kordon, litar).

two-seater['tu:si:të:] *adj,n* -*adj* dyvendësh, me dy vende.
-*n* veturë dyvendëshe.

two-sided['tu:saidid] *adj* që ka dy anë/dy aspekte (problem).

twosome['tu:sëm] *n* 1.çift, dyshe, dy vetë; **go in a twosome** shkojmë dyshe/të dy. 2.lojë dyshe/për dy vetë. 3.lojtarë, kundërshtarë.

two-star(petrol)['tu:sta:] *n Br* benzinë e zakonshme.

two-step['tu:step] *n muz* dyhapësh(kërcim); muzikë në kohën 2/4.

two-storey['tu:stori] *adj* dykatësh.

two-stroke ['tu:strouk] *adj aut* 1.(**engine**) dykohësh, me dy kohë(motor). 2.(**fuel/mixture**) karburant/përzierje për motorë dykohësh.

two-time['tu:taim] *v zhrg* nuk i rri besnik (partnerit); tradhtoj.

two-time loser *n amer zhrg* 1.keqbërës i rënë dy herë në burg. 2.burrë/grua i/e ndarë dy herë.

two-timer['tu:taimë:] *n zhrg* 1.tradhtar. 2.bashkëshort jobesnik.

two-tone['tu:toun] *adj* dyngjyrësh; me dy nuanca.

'twould[twud, twëd] *vjet,poet* = **it would.**

two-way['tu:wei] *adj* 1.me dy drejtime, me dy kalime(rrugë.2.*rad* marrës e dhënës.3.*tek* me dy dalje (rubinet, prizë).

two-wheeler['tu:hwi:lë:] *n aut* mjet me dy rrota; motoçikletë; biçikletë.

tycoon [tai'ku:n] *n* manjat, industrialist / afarist i madh; **oil tycoon** manjat i naftës.

tyee['taji:] *n knd* 1.salmon i madh. 2.prijës fisi. 3. person i rëndësishëm, *gj.fol* kapo, bos.

tyke[taik] *n gj.fol* 1.kalama, camërdhok. 2.qen i rëndomtë. 3.*Br* gdhe, harbut.

tympan['timpën] *n* 1.*tek* membranë. 2.*vjet* lodër, daulle.

tympanic[tim'pænik] *adj* 1.*anat* i daulles së veshit. 2.si lodër.

tympanist['timpënist] *n muz* timpanist.

tympanum['timpënëm] *n* 1.*anat* daulle e veshit. 2.*anat* vesh i mesëm. 3.*tek* membranë(mikrofoni). 4.*ark* sqetull harku/qemeri.

type[taip] *n,v* -*n* 1.tip; lloj(edhe *biol*); **what type of car is this/of man is he?** çfarë tip makine/lloj njeriu është? **she's not my type** *gj.fol* ajo nuk është nga ato femra që më pëlqejnë mua. 2.model, tip; **the very type of Spanish beauty** tamam tipi i bukurisë spanjole. 3.*polig* gërmë; gërma; **in bold/italic type** me të zeza, me korsive; **set type** radhis. 4.figurë /shkrim i stampuar(në monedhë). 5.*gjuh* (edhe **word-type**) fjalë.
-*v* 1.shtyp(në makinë shkrimi). 2.klasifikoj. 3.*teat* fiksoj në një lloj roli(një aktor).

+**type out** a)shtyp në makinë; b)korrigjoj në makinë.

+**type over** korrigjoj në makinë.

+**type up** shtyp në makinë.

typecast['taipkæst] *vt Br teat* caktoj në një rol që i përshtatet; i jap/fiksoj në të njëjtin rol; **avoid typecasting** shmang stereotipet.

typeface['taipfeis] *n polig* sy i gërmës.

typescript['taipskript] *n* dorëshkrim/tekst i daktilografuar.

typeset['taipset] *v* radhis.

typesetter['taipsetë:] *n* 1.radhitës. 2.linotip, makinë radhimi.

typesetting['taipseting] *n polig* radhim.

typewrite ['taiprait] *v* shtyp në makinë shkrimi, daktilografoj.

typewriter['taipraitë:] *n* 1.makinë shkrimi.2.*vjet* daktilografist.

typewriting|'taipraiting] *n* daktilografim.

typewritten | 'taipritën] *adj* i shtypur, i daktilografuar.

typhoid[tai'foid] *adj,n mjek* -*adj* tifoid.
-*n* ethe tifoje.

typhoon[tai'fu:n] *n meteo* taifun, ciklon tropikal.

typhus['taifës] *n mjek* tifo.

typical ['tipikël] *adj* 1. tipik; karakteristik; **a typical case** rast tipik. 2.i zakonshëm; **with typical modesty she replied...**me thjeshtësinë e saj të zakonshme ajo u përgjegj..; **that's typical of them!** kjo s'më habit aspak!, është tamam ajo që mund të pritet prej tyre!

typically['tipikëli] *adv* 1.në mënyrë tipike; **it's typically Albanian to do that** është diçka tipike për shqiptarët që të veprojnë kështu. 2.si zakonisht; **she was typically rude to her parents** ajo u tregua e vrazhdë si zakonisht me prindët.

typify['tipëfai] *vt* 1.simbolizoj(paqen etj). 2.personifikoj, jam tipi i(shkencëtarit etj); është karakteristik (për). 3.tregon paraprakisht.

typing['taiping] *n* 1.daktilografim, shtypje në makinë; **learn typing** mësoj të shtyp. 2.material i shtypur.

typing error *n* gabim daktilografimi.
typing paper *n* letër shtypi/daktilografimi.
typing pool *n* zyrë e daktilografisë, daktilografistet.
typist['taipist] *n* daktilografist.
typo['taipou] *n amer gj.fol* gabim daktilografimi /radhimi.
typographer [tai'pogrëfë:] *n* tipograf, punonjës shtypshkronje.
typographic(al)[taipë'græfik(ël)] *adj* tipografik, shtypi, shtypshkronje.
typography[tai'pogrëfi] *n* 1.shtypshkrim, tipografi. 2.paraqitje tipografike.
typological[taipë'loxhëkël] *adj* tipologjik.
typology[tai'polëxhi] *n* tipologji.
tyrannic(al)[ti'rænik(ël)] *adj* tiranik, despotik.
tyrannically[ti'rænikëli] *adv* si tiran; me despotizëm.

tyrannicide[të'rænësaid] *n* 1.tiranvrasje. 2.tiranvrasës.
tyrannize['tirënaiz] *v* 1.(**over sb**) tiranizoj(dikë). 2.shtyp; sundoj si tiran.
tyrannous['tirënës] *adj* tiranik, despotik.
tyrannously ['tirënësli] *adv* si tiran; me despotizëm.
tyranny['tirëni] *n* tirani.
tyrant['tirënt] *n* tiran.
tyre['tajë:] *n aut* gomë(makine).
tyre gauge *n tek* manometër(për presionin e gomave).
tyremaker['tajë:meikë:] *n* prodhues gomash.
tyre valve *n* ventil.
tyro['tajërou] *n* rishtar, fillestar, nxënës.
tzar[za:] *n* car.
tzetze['ceci:] *n* shih **tsetse**.
tzigane[ci:'ga:n] *n* cigan.

U

u, U[ju:] *n* u,U germa e njëzetenjëtë e alfabetit anglez.
U[ju:] *n,adj Br* **-n** *kin* (shkurtim për **universal**) për publikun e gjerë; **U film** film për publikun e gjerë/për të gjitha moshat etj.
-adj gj.fol (shkurtim për **upper-class**) i ngritur, me nivel; **it's not very U to...** nuk është fort me nivel/shik të...; **non-U** i rëndomtë.
U *n kim* shkurtim për **uranium**.
U-bend['ju:bend] *n* 1.bërryl(tubi).2.bërryl, kthesëU.
ubiquitous[ju:'bikwëtës] *adj* i gjithëpranishëm, i kudogjendur, i kudondodhur.
ubiquity[ju:'bikwëti] *n* gjithëprani.
U-boat['ju:bout] *n hist* nëndetëse gjermane.
U bolt *n mek* bulon U.
udder['ʌdë:] *n* sisë, gji.
udometer[ju:'dömëtë:] *n* shimatës.
UEFA[ju:'eifë] *n* (shkurtim për **Union of European Football Associations**) UEFA, Bashkimi i Shoqatave Evropiane të Futbollit.
UFO [ju:ef'ou] *n* (shkurtim për **Unidentified Flying Object**) disk fluturues.
Uganda[ju:'gændë] *n gjeog* Uganda.
Ugandan[ju:'gændën] *n,adj* ugandas.

ugh[uh, ʌh, ëh, ʌg] *interj* uh!, uf!
uglification[ʌglëfë'keishën] *n* shëmtim.
uglify['ʌglëfai] *vt* shëmtoj.
ugliness['ʌglinis] *n* shëmti.
ugly ['ʌgli] *adj* 1.i shëmtuar (edhe *fig*). 2. i keq; i pakëndshëm; kërcënues; **an ugly sight** pamje e pakëndshme. 3.kërcënues; **give sb an ugly look** i hedh dikujt një vështrim kërcënues; **grow/turn ugly** a)bëhet kërcënuese(situata); b)nxjerr/tregon dhëmbët (dikush).3.i neveritshëm, i ndyrë(krim, ves, person); **ugly customer** tip i ndyrë. **UHF** *n* (shkurtim për **ultrahigh frequency**) *el* UHF, frekuencë ultra-e-lartë.
uh-huh[ë'hu] *interj* ëhë, po.
U.K.[ju:'kei] *n gjeog* (shkurtim për **United Kingdom**) Britania e Madhe.
Uke[ju:k] *n,adj zhrg përb* ukrainas.
uke[ju:k] *n zhrg* shkurtim i **ukulele**.
Ukraine[ju:'krein] *n gjeog* Ukrainë.
Ukrainian[ju:'kreiniën] *adj,n* -*adj* ukrainas. -*n* 1.ukrainas. 2.ukrainisht, gjuhë e ukrainasve.
ukulele[ju:kë'leili] *n* kitarrë havajane.
ULC[ju:el'si:] *n* (shkurtim për **ultra-large carrier**) supernaftëmbajtëse.

ulcer['ʌlsë:] n 1.mjek ulçerë; mouth ulcer aftë.
2.fig plagë.
ulcerate['ʌlsëreit] v mjek 1.ulçerohet. 2.ulçeroj.
ulceration[ʌlsë'reishën] n mjek 1.ulçerim.2.ulçer.
ulcerous['ʌlsërës] adj mjek ulçeroz.
ulna['ʌlnë] n anat kockë e jashtme e parakrahut,
kockë e bërrylit.
ulnar['ʌlnë:] adj anat i kockës së bërrylit.
ulster['ʌlstë:] n kapotë; tallagan.
ulterior[ʌl'ti:rië:] adj 1.i mëtejshëm; i mëpasmë,
i mëvonshëm. 2.i përtejmë. 3.fig i fshehtë; ulterior
motive qëllim i fshehtë.
ultima['ʌltëmë] n gram rrokje fundore(e fjalës).
ultimata[ʌltë'meit] n pl i ultimatum.
ultimate ['ʌltëmit] adj,n -adj 1.përfundimtar, i
fundit, final; ultimate hope shpresa e fundit. 2.i
skajshëm, më i lartë, më i madh,suprem; ultimate
sacrifice sakrificë supreme; ultimate insult fyerja
më e madhe. 3.themelor, bazë; the ultimate source
/cause burimi/shkaku themelor. 4.më i largët;
fillestar; the ultimate origins of man origjina më
e largët e njeriut.
-n fjala e fundit; kulmi, ekstremi; the ultimate in
selfishness kulmi i egoizmit; the ultimate in
sports cars fjala e fundit e makinave sportive.
ultimately ['ʌltëmitli] adv në fund të fundit; në
analizë të fundit; në fund; së fundi; they did
ultimately leave më në fund ikën; it ultimately
depends on us në fund të fundit, kjo varet nga ne;
it may ultimately be possible në analizë të fundit,
nuk është e pamundur.
ultimate strength n fiz rezistencë maksimale.
ultimate stress n fiz tension i këputjes.
ultimatum[ʌltë'meitëm] n pl -tums, -ta usht,fig
ultimatum; deliver/issue an ultimatum jap ultima-
tum.
ultimo['ʌltëmou] adv muajin e fundit; the 18th
ultimo më 18 të muajit të kaluar.
ultra['ʌltrë] adj,n -adj 1.i pazakontë. 2.i tepruar;
tepër i madh.
-n pol ultra.
ultra-['ʌltrë] pref ultra-, tej-; ultrasensitive ultra-
i-ndieshëm, i tejndieshëm.
ultrahigh ['ʌltrë'hai] adj ultra-i-lartë; ultrahigh
frequency frekuencë ultra-e-lartë, UHF.
ultralarge['ʌltrë'la:xh] adj tepër i madh; ultra-
large carrier amer supernaftëmbajtës, supercis-
ternë.
ultralight['ʌltrë'lait] adj,n -adj super-i-lehtë.
-n avion super-i-lehtë.
ultramarine[ʌltrëmë'ri:n] n,adj -n 1.blu. 2.kim
lapis-lazul.
-adj blu, i kaltër i thellë.
ultramodern['ʌltrë'modë:n] adj ultramodern.
ultramontane['ʌltrë'montein] adj,n -adj 1.i për-
tejmaleve. 2.i përtejalpeve; në jug të Alpeve; italian.

-n banor i përtej Alpeve.
ultramundane[ʌltrë'mʌndein] adj i përtej botës;
i jetës së përtejme.
ultrasonic[ʌltrë'sonik] adj fiz tejzanor, ultrasonik,
ultratingullor.
ultrasound[ʌltrë'saund] n fiz ultratingull.
ultraviolet[ʌltrë'vajëlet] adj fiz ultravjollcë, ultra-
violet.
ultraviolet light n fiz rreze ultravjollcë.
ultra vires [ʌltrë'vajëri:z] adv,adj lat drejt tej
kompetencave.
ululate['ju:ljuleit] vi 1.ulërin; leh.2.qaj, vë kujën.
ululation[ju:lju'leishën] n 1.ulërimë; lehje. 2.kujë.
Ulysses[ju:'lisi:z] n hist Uliksi, Odisea.
umber['ʌmbë:] n,adj bojë dheu; kafe e kuqërreme.
umbilical [ʌm'bilikël, ʌmbi'laikël] adj anat i kër-
thizës, kërthizor; umbilical cord litarth kërthizor.
umbilicus [ʌm'bilëkës, ʌmbë'laikës] n anat kër-
thizë.
umbra['ʌmbrë] n astr hije(e Tokës, Hënës).
umbrage['ʌmbrixh] n 1.lëndim, fyerje; give/take
umbrage fyej; fyhem. 2.vjet,poet hije.
umbrageous[ʌm'breixhës] adj 1.i prekshëm, se-
dërli. 2.hijezues, që lëshon hije.
umbrella[ʌm'brelë] n 1.çadër; çadër dielli; put up
/put down an umbrella hap/mbyll çadrën; beach
umbrella çadër dielli, çadër plazhi. 2.usht perde
mbrojtëse; air umbrella ekran mbrojtjeje
kundërajrore. 3.fig mbrojtje, ombrellë; under the
umbrella of nën mbrojtjen e. 4.zool kandil deti.5.
attr strehues; përfshirës(organizëm).
umbrella pine n bot pishë në formë çadre.
umbrella project n projekt-kuadër.
umbrella term n gjuh term i përgjithshëm.
umiak['u:miæk] n knd varkë e sheshtë e veshur
me lëkurë.
umlaut['ʌmlaut] n,v gjuh -n 1.ndryshim i zano-
res. 2.trema, umlaut, shenja ¨ sipër zanoreve(psh ä).
-vt i vë shenjën ¨ përsipër.
umpire['ʌmpajë:] n,v -n 1.sport gjyqtar, arbitër.
2.drejt arbitër.
-v 1.sport gjykoj, arbitroj(ndeshjen). 2.shërbej si
arbitër(në një çështje).
umpteen['ʌmpti:n] adj gj.fol shumë, një mori, aq
e kaq, s'di se sa, kushedisa; she had read umpteen
books kishte lexuar kushedisa libra.
umpteenth['ʌmpti:nth] adj i kushedisatë; for the
umpteenth time për të kushedisatën herë.
'un[ën] pron (shkurtim i one) person, tip; a good
'un njeri i mirë; little 'un vogëlush.
un-[ʌn] pref pa-, mos-, jo- .
UN [ju:'en] n (shkurtim për United Nations)
OKB.
unabashed [ʌnë'bæsht] adj i patrazuar; i patrem-
bur.
unabated[ʌnë'beitid] adj i papakësuar, i pandry-

shuar, i njëllojtë; **be/continue unabated** vazhdon po njëlloj /me të njëjtin vrull(stuhia etj); **with unabated interest** me të njëjtin interesim.

unabbreviated [ʌnëˈbriːvieitid] *adj* i plotë, pa shkurtime(tekst).

unable[ʌnˈeibël] *adj* i paaftë, i pazoti; **be unable to do** nuk jam në gjendje/nuk di/nuk mund/nuk e kam mundësinë të bëj diçka.

unabridged[ʌnëˈbrixhd] *adj* i pashkurtuar, i plotë, pa shkurtime(tekst).

unaccent(uat)ed[ʌnækˈsent(jueit)id] *adj* pa theksim; i patheksuar.

unacceptable [ʌnëkˈseptëbël] *adj* 1.i papranueshëm; i palejueshëm.2.i padëshirueshëm; i turpshëm (aspekt).

unaccommodating[ʌnëˈkomëdeiting] *adj* 1.i pagjindshëm, që s'të bën nder. 2.i pashkueshëm, i vështirë(njeri).

unaccompanied[ʌnëˈkʌmpënid] *adj* 1.i pashoqëruar. 2.*muz* pa shoqërim(këngë); i vetëm, solo.

unaccomplished[ʌnëˈkʌmplishd] *adj* 1.i papërfunduar. 2.i pazbatuar(projekt).3.e papërmbushur (dëshirë). 4.pa talent(njeri). 5.i rëndomtë, mediokër.

unaccountable[ʌnëˈkauntëbël] *adj* 1.i pashpjegueshëm; i çuditshëm. 2.*drejt* i papërgjegjshëm.

unaccountably[ʌnëˈkauntëbli] *adv* 1.në mënyrë të pashpjegueshme.2.*drejt* në mënyrë të papërgjegjshme.

unaccounted(-)for[ʌnëˈkauntidfoː] *adj* i pashpjegueshëm; **this is unaccounted for in the article** këtë artikulli nuk e shpjegon; **4 bags/$ 20 are still unaccounted for** mungojnë ende 4 çanta/20 dollarë.

unaccustomed[ʌnëˈkʌstëmd] *adj* 1.i pamësuar; i pastërvitur; **as unaccustomed as you are to walking** i pamësuar siç je ti me të ecurit në këmbë. 2.i pazakontë; **unaccustomed heat** vapë e pazakonshme.

unacknowledged[ʌnëkˈnolixhd] *adj* 1.e mbetur pa përgjigje(letër). 2.i papranuar haptas(gabim). 3.që nuk i është njohur atësia(fëmijë).

unacquainted[ʌnëˈkweintid] *adj* i panjohur, i pavënë në dijeni; **be unacquainted with poverty** nuk e njoh varfërinë.

unadaptable[ʌnëˈdæptëbël] *adj* i papërshtatshëm, i paadaptueshëm.

unadapted[ʌnëˈdæptid] *adj* i papërshtatur.

unaddressed[ʌnëˈdrest] *adj* pa adresë, i paadresuar.

unadopted[ʌnëˈdoptid] *adj* i paadoptuar(fëmijë).

unadopted road *n Br* rrugë që nuk është në ngarkim të bashkisë.

unadulterated [ʌnëˈdʌltëreitid] *adj* 1. i pastër, i papërzier, natyror(produkt). 2.e patrazuar, e papërzier(verë). 3.*fig* i tërë, i plotë(budallallëk).

unadvertised[ʌnædvëˈtaizd] *adj* i pareklamuar; i

papublikuar, i fshehtë(takim).

unadvised[ʌnëdˈvaizd] *adj* 1.i pakëshilluar; i këshilluar për keq. 2.i pakujdesshëm; i pamend(njeri). 3.i pamatur(veprim).

unaffected[ʌnëˈfektid] *adj* 1.i çiltër; i thjeshtë, i natyrshëm. 2.i paprekur, i padëmtuar; që i qëndron (të ftohtit etj). 3.i ftohtë, që nuk preket (nga vuajtjet e tjetrit); i patrazuar, që nuk pyet(për zhurmën etj).

unaffectedly[ʌnëˈfektidli] *adv* 1.pa u shtirë. 2.me thjeshtësi, thjesht(vishem).

unaided[ʌnˈeidid] *adj* pa ndihmën e askujt, vetë; **by his own unaided efforts** me përpjekjet e veta.

unaired[ʌnˈeëːd] *adj* i paajrosur.

unalike[ʌnëˈlaik] *adj* të ndryshëm, që nuk ngjajnë.

unalloyed [ʌnëˈloid] *adj* 1. i papërzier, i palidhur (metal). 2.*fig* i pastër, i përkryer.

unalterable[ʌnˈoltërëbël] *adj* i pandryshueshëm, i paluejtshëm.

unaltered[ʌnˈolteːd] *adj* i pandryshuar, siç është.

unambiguous[ʌnëmˈbigiuës] *adj* i qartë, jo me dy kuptime.

un-American[ʌnëˈmerikën] *adj* 1.antiamerikan. 2.joamerikan.

unamiable[ʌnˈeimiëbël] *adj* i pakëndshëm.

unanimity[juːnëˈnimëti] *n* njëzëshmëri, unanimitet.

unanimous[juːˈnænëmës] *adj* i njëzëshëm, unanim; **by a unanimous vote** njëzëri.

unanimously[juːˈnænimësli] *adv* njëzëri, unanimisht, me unanimitet.

unanswerable[ʌnˈænsërëbël] *adj* 1.pa përgjigje, që s'i gjen dot përgjigje. 2.i pamohueshëm, që s'mund të hidhet poshtë.

unanswered[ʌnˈænseːd] *adj* 1.pa përgjigje(letër). 2.i pazgjidhur(problem). 3.i pahedhur poshtë(argument).

unappealing[ʌnëˈpiːling] *adj* jotërheqës.

unappetizing[ʌnˈæpitaizing] *adj* jondjellës.

unappreciated[ʌnëˈpriːshieitid] *adj* i pavlerësuar (njeri, veprim).

unappreciative[ʌnëˈpriːshieitiv] *adj* i ftohtë, mospërfillës, indiferent; **be unappreciative of şth** nuk e vlerësoj diçka, jam mospërfillës ndaj diçkaje.

unapproachable[ʌnëˈprouçëbël] *adj* 1.i paafrueshëm, i tërhequr. 2.i pakrahasueshëm, që s'ka shok.

unapt[ʌnˈæpt] *adj* 1.i papërshtatshëm. 2.që nuk ka të ngjarë. 3.i pazoti. 4.i avashtë, jo i mprehtë.

unarm[ʌnˈaːm] *vt vjet* 1.çarmatos. 2.çarmatosem.

unarmed[ʌnˈaːmd] *adj* i paarmatosur.

unashamed[ʌnëˈsheimd] *adj* i paturp, i pacipë.

unashamedly[ʌnëˈsheimdli] *adv* paturpësisht; pa pikë turpi; **be unashamedly a liar** gënjej pa pikë turpi, jam gënjeshtar i pacipë.

unasked [ʌnˈaːskt] *adj* i paftuar; pa ia kërkuar kush; i papritur; **that was unasked for** këtë s'e kish kërkuar njeri.

unassailable [ʌnëˈseilëbël] *adj* 1. e papushtueshme (kala). 2.i pakundërshtueshëm(argument).

unassisted[ʌnë'sistid] *adj* i pandihmuar, vetëm.

unassuming [ʌnë'sju:ming] *adj* pa pretendime, i thjeshtë, modest.

unassumingly[ʌnë'sju:mingli] *adv* pa pretendime, thjesht, pa e vrarë lart.

unattached[ʌnë'tæçt] *adj* 1.i palidhur; i lirë. 2.*fig* i pavarur. 3.beqar; i lirë.

unattainable[ʌnë'teinëbël] *adj* i paarritshëm.

unattended[ʌnë'tendid] *adj* 1.i pambikëqyrur; i paruajtur; i braktisur. 2.(**to**) i neglizhuar. 3.i pashoqëruar, pa shoqërues, pa shpurë.

unattractive[ʌnë'træktiv] *adj* i pakëndshëm, jotërheqës.

unauthorized[ʌn'odhëraizd] *adj* i paautorizuar; jozyrtar.

unavailable[ʌnë'vielëbël] *adj* 1. i padisponueshëm. 2.*treg* i shitur, i mbaruar(artikull). 3.i zënë, jo i lirë(person).

unavailing [ʌnë'veiling] *adj* 1. i kotë, i pafrytshëm. 2.i paefektshëm.

unavailingly[ʌnë'vielingli] *adv* më kot, pa dobi.

unavoidable[ʌnë'voidëbël] *adj* i pashmangshëm.

unavoidably[ʌnë'voidëbli] *adv* pashmangshmërisht; **be unavoidably delayed** vonohem kundër dëshirës sime.

unaware [ʌnë'weë:] *adj* 1. i pavetëdijshëm; që nuk është në dijeni. 2.i pandërgjegjësuar; i paangazhuar; **be politically/socially unaware** nuk marr vesh nga politika; nuk kam ndërgjegje shoqërore.

unawares[ʌnë'weë:z] *adv* 1.në befasi, gafil; **catch /take sb unawares** zë/kap në befasi/gafil dikë. 2.pa dashur, nga pakujdesia.

unbacked[ʌn'bækt] *adj fin* i zbuluar; i pambështetur.

unbalance[ʌn'bælëns] *v,n* -vt çekuilibroj. -n disekuilibër.

unbalanced[ʌn'bælënst] *adj* 1.i çekuilibruar. 2. *fin* i pabalancuar.

unbandage[ʌn'bændixh] *vt* zgjidh(plagën).

unbar[ʌn'ba:] *vt* i heq shulin(derës).

unbearable[ʌn'beërëbël] *adj* i padurueshëm, i papërballueshëm.

unbearably[ʌn'beërëbli] *adv* në mënyrë të padurueshme; **it's unbearably cold today** sot bën një i ftohtë i padurueshëm.

unbecoming[ʌnbi'koming] *adj* 1.që nuk rri mirë (rrobë). 2.i pahijshëm; i pavend(qëndrim, sjellje).

unbeknown(st)[ʌnbi'noun(st)] *adj gj.fol* i panjohur, i paditur; **unbeknown to** pa dijeninë e.

unbelievable[ʌnbi'li:vëbël] *adj* i pabesueshëm.

unbelievably[ʌnbi'li:vëbli] *adv* jashtëzakonisht.

unbeliever[ʌnbi'li:vë:] *n fet* jobesimtar.

unbelieving[ʌnbi'li:ving] *adj* 1.mosbesues, skeptik. 2.*fet* jobesimtar, i pafe.

unbelievingly [ʌnbi'li:vingli] *adv* me një pamje mosbesuese, me ton mosbesues.

unbend [ʌn'bend] *v* 1. drejtoj (tubin etj). 2. *fig* shtendosem.

unbending[ʌn'bending] *adj* 1.i shtangët, i papërkulshëm. 2.*fig* i paepur; i papërkulur; i sertë(njeri).

unbias(s)ed[ʌn'bajëst] *adj* i drejtë, që nuk mban anë, i paanshëm.

unbidden[ʌn'bidën] *adj* i pakërkuar, i paporositur; i paftuar.

unbind[ʌn'baind] *vt* zgjidh; liroj, çliroj.

unbleached[ʌn'bli:çt] *adj* i pazbardhur.

unblemished[ʌn'blemisht] *adj* i panjollë; i patëmetë(edhe *fig*).

unblinking[ʌn'blinking] *adj* 1.i ngulët(vështrim). 2.i patrazuar, që s'i dridhet qerpiku.

unblock[ʌn'blok] *vt* hap, liroj, çbllokoj.

unblushing[ʌn'blʌshing] *adj* i paturp, i pacipë, i pafytyrë.

unblushingly [ʌn'blʌshingli] *adv* pa u skuqur, paturpësisht.

unbolt[ʌnboult] *vt* 1.hap, i heq shulin(derës).2.i heq bulonat.

unborn [ʌn'bo:n] *adj* 1.që s'ka lindur ende. 2.i ardhshëm(brez).

unbosom[ʌn'buzëm] *vt* hap(zemrën); i zë besë.

unbound [ʌn'baund] *adj* 1. të palidhura, të lira (duar). 2.i palidhur(libër).

unbowed [ʌn'baud] *adj* i papërkulur, i panënshtruar.

unbreakable[ʌn'breikëbël] *adj* 1.i pathyeshëm. 2.*fig* i shenjtë(premtim).

unbribable [ʌn'braibëbël] *adj* i pakorruptueshëm.

unbridled[ʌn'braidëld] *adj* 1.pa fre(kalë). 2.*fig* i shfrenuar, i papërmbajtur.

unbroken[ʌn'broukën] *adj* 1.i pathyer. 2.i pagrisur. 3.i paprekur, i padëmtuar. 4.e vazhduar(heshtje). 5.*fig* i pashkelur, i mbajtur(premtim). 6.*sport* i pathyer(rekord).

unbuckle[ʌn'bʌkël] *vt* zbërthej(rripin).

unburden [ʌn'bë:dën] *vt* 1. shkarkoj, i heq barrën. 2.*fig* lehtësoj(ndërgjegjen); zbraz(zemrën).

unburied[ʌn'berid] *adj* i pavarrosur.

unbusinesslike [ʌn'biznislaik] *adj* 1. që s'merr vesh nga tregtia. 2. i parregullt (operacion). 3.*fig* i çorganizuar, pa metodë pune; jometodik.

unbutton[ʌn'bʌtën] *v* 1.shkopsis. 2.*fig* zbërthehem, tregoj gjithçka.

uncalled-for[ʌn'ko:ldfo:] *adj* 1.i pajustifikuar. 2. pa vend(vërejtje).

uncannily[ʌn'kænili] *adv* 1.çuditërisht. 2.në mënyrë të mistershme.

uncanny [ʌn'kæni] *adj* 1. i çuditshëm, i mistershëm; i panatyrshëm. 2.i pashpjegueshëm; i jashtëzakonshëm.

uncap[ʌn'kæp] *vt* hap, i heq kapakun.

uncared-for [ʌn'keë:dfo:] *adj* i lënë pas dore; i braktisur.

uncaught[ʌn'ko:t] *adj* i lirë, i pakapur(keqbërës).

unceasing[ʌn'si:zing] *adj* i vazhduar, i pandërprerë.

unceasingly [ʌn'si:zingli] *adv* pa pushim, pa ndërprerje.

unceremoniously[ʌnseri'mouniësli] *adv* pa ceremoni; me vrazhdësi.

uncertain[ʌn'së:tën] *adj* 1.i pasigurt; i paqartë, i papërcaktuar; **in no uncertain terms** me fjalë krejt të qarta.. 2.i dyshimtë. 3.i ndryshueshëm, pa stabilitet(mot).

uncertainty[ʌn'së:tënti] *n* pasiguri; paqartësi.

uncertified[ʌn'së:tifaid] *adj* 1.i pavërtetuar(dokument). 2.*amer* ndihmës(mësues).

unchain[ʌnçein] *vt* 1.*fig* shkaktoj; u jap rrugë të lirë(ndjenjave etj). 2.lëshoj, zgjidh(qenin).

unchallenged [ʌn'çælinxhd] *adj* 1. i padiskutueshëm; i pamohueshëm. 2.i afirmuar. 3.i pakundërshtuar; **I cannot let that go unchallenged** nuk mund ta lejoj që kjo të kalojë pa e kundërshtuar.

unchangeable[ʌn'çeinxhëbël] *adj* i pandryshueshëm.

unchanged [ʌn'çeinxhd] *adj* i pandryshuar.

unchanging [ʌn'çeinxhing] *adj* i pandryshueshëm.

uncharged[ʌn'ça:xhd] *adj* 1.*el* i pangarkuar. 2. e pambushur(armë). 3.*drejt* i paakuzuar.

uncharted[ʌn'ça:tid] *adj* 1.i paeksploruar(vend). 2.i pahedhur në hartë(fshat, lumë). + **be sailing in uncharted waters** *fig* ecim në rrugë të panjohura.

unchaste[ʌn'çeist] *adj* jo i përkorë, epsharak.

unchecked[ʌn'çekt] *adj* 1.i papërmbajtur; i shfrenuar(zemërim). 2.i papenguar, i pandalur(marshim). 3.i pakontrolluar(raport, bilanc).

unchristian[ʌn'kristiën] *adj* 1.jo i krishterë. 2.*fig* i pahijshëm, pa kulturë(gjest); **at an unchristian hour** në një orë të papërshtatshme.

uncivil[ʌn'sivël] *adj* 1.i pasjellshëm; i vrazhdë. 2.i paqytetëruar.

uncivilized[ʌn'sivëlaizd] *adj* 1.i paqytetëruar(popull, vend). 2.*fig* trashanik;i pagdhendur; i vrazhdë (qëndrim); **how uncivilized of them!** një qëndrim tepër i pahijshëm nga ana e tyre! 3.pa vend; e papërshtatshme(orë etj).

unclad[ʌn'klæd] *adj* i zhveshur, lakuriq.

unclaimed[ʌn'kleimd] *adj* i pakërkuar, i patërhequr(çmim, fond); pa zot, që s'i del i zoti(pronë).

unclasp[ʌn'klæsp] *vt* 1.zgjidh, hap(gjerdanin).2. lëshoj, liroj(dikë).

unclassified[ʌn'klæsifaid] *adj* 1.i paklasifikuar, i pasistemuar(dokument etj). 2.*fig* josekret(informacion).

uncle['ʌnkël] *n* 1.dajë, ungj; xhaxha. 2.burrë halle; burrë tezeje. 3. *Br zhrg* xhaxhi, mik, këshilltar,

xhami për t'u falur. + **say/cry uncle** *gj.fol* dorëzohem, pranoj humbjen.

Uncle Sam *n amer* Dajë Sami, Amerika.

Uncle Tom *n amer* Xha Tomi, zezaku i mirë.

unclean[ʌn'kli:n] *adj* 1.i papastër, i pistë.2.*fig* i përlyer.

uncloak[ʌn'klouk] *vt fig* 1.demaskoj(dikë). 2.zbuloj, ekspozoj(një komplot etj).

unclog[ʌn'klog] *vt* zhbllokoj.

unclothe[ʌn'kloudh] *vt* zhvesh.

unclouded[ʌn'klaudid] *adj* 1.i kthjellët, pa re. 2.i kulluar(ujë). 3.*fig* i plotë, i përsosur.

unco['ʌnkou] *adv* shumë, tepër, së tepërmi.

uncoil[ʌn'koil] *v* 1.shpështjell; zhdredh. 2.shkurdis. 3.shpështillet; zhdredhet. 4.shkurdiset.

uncollected[ʌnkë'lektid] *adj* 1.e pavjelur(taksë). 2.e paarkëtuar(pagesë). 3.pa zot, që nuk i del i zoti (bagazh). 4.të pambledhura(plehra).

uncolo(u)red[ʌn'kʌlë:d] *adj* 1.pa ngjyrë; i pangjyrosur(flok); bardh-e-zi. 2.*fig* objektiv, i paanshëm.

un-come-at-able [ʌnkʌm'ætëbël] *adj* i paarritshëm, që s'i afrohesh dot.

uncomely[ʌn'kʌmli] *adj* i shëmtuar.

uncomfortable[ʌn'kʌmfë:tëbël] *adj* 1.i parehatshëm. 2.i pakëndshëm; i mundimshëm. 3.i sikletosur, në vështirësi(person).

uncomfortably[ʌn'kʌmfë:tbli] *adv* 1.pa rehati; në siklet. 2.me shqetësim; me bezdi.

uncommitted[ʌnkë'mitid] *adj* i paangazhuar; asnjanës.

uncommon[ʌn'komën] *adj,adv* -*adj* i pazakontë, i pazakonshëm; i rrallë; i jashtëzakonshëm. -*adv gj.fol* çuditërisht.

uncommonly[ʌn'komënli] *adv* çuditërisht; rrallë; **not uncommonly** jo rrallë, shpesh.

uncommunicative[ʌnkë'mju:nikëtiv] *adj* i mbyllur, i tërhequr, i paafruar.

uncomplaining[ʌnkëm'pleining] *adj* i duruar, që s'ankohet.

uncompleted[ʌnkëm'pli:tid] *adj* i papërfunduar.

uncomplicated[ʌn'komplikeitid] *adj* i thjeshtë.

uncompromising[ʌn'komprëmaizing] *adj* i paepur, papërkulur; i pakompromis; që nuk bën lëshime.

unconcealed[ʌnkën'si:ld] *adj* i dukshëm, i hapët.

unconcern[ʌnkën'së:n] *n* 1.qetësi; gjakftohtësi.2. shkujdesje; mospërfillje.

unconcerned[ʌnkën'së:nd] *adj* 1.i qetë, i patrazuar. 2.i shkujdesur; mospërfillës.

unconcernedly[ʌnkën'së:nidli] *adv* pa u merakosur; me mospërfillje.

unconditional[ʌnkën'dishënël] *adj* i pakushtëzuar; pa kushte; pa rezervë; **unconditional surrender** dorëzim pa kushte.

unconditionally[ʌnkën'dishënëli] *adv* pa kushte.

unconfined[ʌnkën'faind] *adj* 1.i pakufizuar, i pakufi. 2.e lirë, e pambyllur në kafaz(kafshë).

unconfirmed[ʌnkën'fë:md] *adj* i pakonfirmuar.

uncongenial[ʌnkën'xhi:niël] *adj* i pakëndshëm, antipatik.

unconnected[ʌnkë'nektid] *adj* pa lidhje, i shkëputur.

unconquerable [ʌn'konkërëbl] *adj* 1. i pamposhtur. 2.i papushtueshëm. 3.i pakapërcyeshëm. 4.i pandreqshëm, i pakorrigjueshëm.

unconquered[ʌn'konkë:d] *adj* i papushtuar.

unconscionable [ʌn'konshënëbl] *adj* i paarsyeshëm.

unconscious[ʌn'konshës] *adj,n* -*adj* 1.pa ndjenja; **become unconscious** humbas ndjenjat, më bie të fikët. 2.i pandërgjegjshëm; i pavullnetshëm. -*n psik* pavetëdijë.

unconsciously[ʌn'konshësli] *adv* në mënyrë të pandërgjegjshme; pa kuptuar.

unconsciousness [ʌn'konshësnis] *n* 1. humbje ndjenjash, të fikët. 2.pavetëdijë.

unconsidered[ʌnkën'sidë:d] *adj* 1.i pamenduar. 2.i pallogaritur; **unconsidered trifles** vogëlsira pa rëndësi.

unconstitutional[ʌnkonsti'tju:shënël] *adj* jokushtetues; antikushtetues.

unconstitutionally[ʌnkonsti'tju:shënëli] *adv* në mënyrë jokushtetuese; në kundërshtim me kushtetutën.

unconstrained[ʌnkën'streind] *adj* i pafrenuar, i papenguar, i lirë; i lirshëm.

uncontested[ʌnkën'testid] *adj* i pakundërshtuar; i pavënë në dyshim, i padyshimtë.

uncontrollable[ʌnkën'troulëbël] *adj* 1.shumë i lëvizur(fëmijë). 2.e papërmbajtur(dëshirë). 3.i shfrenuar(inflacion, epidemi).

uncontrollably[ʌnkën'troulëbli] *adv* 1.pa u përmbajtur.2.në mënyrë të shfrenuar.

uncontrolled[ʌnkën'trould] *adj* 1.i papërmbajtur. 2.i shfrenuar.

uncontroversial[ʌnkontrë'vë:shël] *adj* i pakundërshtueshëm.

unconventional[ʌnkën'venshënël] *adj* origjinal.

unconvinced[ʌnkën'vinst] *adj* jo i bindur, dyshues, skeptik.

unconvincing[ʌnkën'vinsing] *adj* jobindës.

uncooked[ʌn'kukt] *adj* i papjekur; i pazier; i pagatuar.

uncool[ʌn'ku:l] *adj gj,fol* i palezetshëm.

uncork[ʌn'ko:k] *vt* hap, i heq tapën.

uncorrupted[ʌnkë'rʌptid] *adj* i pakorruptuar.

uncountable [ʌn'kauntëbël] *adj* i panumrueshëm.

uncounted[ʌn'kauntid] *adj* 1.i panumruar. 2.*fig* i panumrueshëm.

uncouple[ʌn'kʌpël] *vt* shkëpus.

uncouth[ʌn'ku:th] *adj* 1.i trashë; i pagdhendur; pa

edukatë. 2.*vjet* i çuditshëm.

uncover[ʌn'kʌvë:] *vt* 1.i heq mbulesën, zbuloj. 2. nxjerr në shesh, zbuloj. 3.heq kapelën(përshëndes).

uncovered[ʌn'kʌvë:d] *adj* 1.i pambuluar. 2.*fin* i zbuluar, i pambuluar. 3.kokëzbuluar, pa kapelë.

uncrowned [ʌn'kraund] *adj* i pakurorëzuar (mbret).

unction['ʌnkshën] *n fet,mjek* vajim; **extreme unction** vajim i fundit.

unctuous['ʌnkçuës] *adj* 1.vajor; i lyrët. 2.*fig* lajkatues, miklues. 3.e yndyrshme, e pasur(tokë).

uncultivated[ʌn'kʌltiveitid] *adj* 1.e papunuar; e palavruar, e pambjellë(tokë). 2.*fig* e pazhvilluar (mendje). 3.i pamësuar(njeri). 4.i papërpunuar(zë).

uncultured[ʌn'kʌlçë:d] *adj* 1.*fig* e pazhvilluar (mendje). 2.i pamësuar(njeri). 3.i papërpunuar(zë).

uncurl [ʌn'kë:l] *v* 1. shpështjell. 2. shpështillet; drejtohet(gjarpri).

uncut[ʌn'kʌt] *adj* 1.i paprerë. 2.i pakorrur.3. i plotë. pa të prera(film etj).

undamped[ʌn'dæmpt] *adj fig* i pashuar(entuziazëm).

undated[ʌn'deitid] *adj* i padatuar, pa datë.

undaunted[ʌn'do:ntid] *adj* i patrembur, i paepur.

undeceive[ʌndi'si:v] *vt* i hap sytë(dikujt).

undecided[ʌndi'saidid] *adj* 1.i pavendosur, i lëkundur. 2.i pazgjidhur(problem). 3.i pasigurt, i paqëndrueshëm(mot).

undeclared[ʌndi'kleë:d] *adj* i padeklaruar.

undefeated[ʌndi'fi:tid] *adj* i panënshtruar.

undefended [ʌndi'fendid] *adj* 1. *usht* i pambrojtur. 2.*drejt* pa pjesëmarrje të mbrojtjes(proces).

undefiled[ʌndi'faild] *adj fig* i pastër, i panjollë.

undefined[ʌndi'faind] *adj* i papërcaktuar; i turbullt, i paqartë.

undelivered[ʌndi'li:vë:d] *adj* i padorëzuar(mall).

undeniable[ʌndi'najëbël] *adj* i pamohueshëm.

undependable [ʌndi'pendëbël] *adj* i pasigurt, që s'mund të mbështetesh/t'i zësh besë.

under['ʌndë:] *prep,adv,adj* -*prep* 1.nën, poshtë; **from under the bed** që poshtë shtratit; **it's under there** është atje poshtë; **under the microscope** në mikroskop. 2.nën, poshtë, më pak se; **under age** nën moshë; **under $20** më pak se 20 dollarë; **in under 3 hours** në më pak se tri orë; **under the rank of captain** me gradë poshtë kapitenit. 3.*fig* në; **under the circumstances** në rrethanat ekzistuese; **under construction /discussion/repair** në ndërtim(e sipër); në diskutim; në riparim. 4.*fig* nën; nën sundimin e; nën komandën/drejtimin e; **under the Romans** nën sundimin romak; **study under sb** studioj nën drejtimin e; **work under pressure** punoj nën tension.5.sipas; **under Albanian law** sipas ligjeve shqiptare; **under his will** sipas testamentit të tij; **under article 12/the terms of the contract** sipas nenit 12; në përputhje me kushtet e kontratës.

6.me; **under a new name** me një emër të ri, me emër tjetër.

-*adv* 1.poshtë; përfund; **as under** si më poshtë; **crawl under** futem përfund. 2.më pak, poshtë; nën; **children of 12 and under** fëmijët poshtë moshës /nën 12 vjeç; **20 degrees under** 20 gradë nën zero.

-*adj* i poshtëm; **the under surface** ana/sipërfaqja e poshtme.

underachieve[ʌndërë'çi:v] *vi* nuk dal mirë (me rezultate).

underachiever[ʌndërë'çi:vë:] *n* 1.*Br* nxënës jo fort studioz. 2.*amer* nxënës fort i dobët.

underage[ʌndër'eixh] *adj* i mitur; nën moshën madhore; **underage drinking** përdorim pijesh alkoolike nga të miturit.

underarm[ʌndër'a:m] *adv,adj* -*adv sport* nga poshtë(gjuaj topin).

-*adj* 1.*sport* nga poshtë(gjuajtje). 2.për sqetullat (deodorant); i nënsqetullave(lesh).

underbelly['ʌndë:beli] *n anat* nënbark; **the soft underbelly** *fig* pika e dobët.

underbody ['ʌndë:bodi] *n aut* fund, shasi (makine).

underbrush['ʌndë:brʌsh] *n* gëmusha, driza.

undercarriage['ʌndë:kærixh] *n aut,av* shasi.

undercharge[ʌndë:'ça:xh] *vt* i kërkoj më pak/pagesë më të vogël.

underclassman[ʌndë:'klæsmën] *n amer* student i viteve të para.

underclothes ['ʌndë:kloudhz] *npl* ndërresa, të brendshme.

underclothing['ʌndë:kloudhing] *n* ndërresa, të brendshme.

undercoat['ʌndë:kout] *n* dorë e parë(e bojës); dorë boje kundër ndryshkut, shtresë antiruxhi.

undercoating['ʌndë:kouting] *n amer aut* shtresë boje kundër ndryshkut.

undercover[ʌndë:'kʌvë:] *adj* i fshehtë, sekret. **undercover agent / man / policeman** *n* agjent i fshehtë.

undercut[ʌndë:'kʌt] *v,n* -*v* (**undercut**) 1.*treg* shes me çmime më të ulëta(se konkurenti). 2.*fig,ek* zvogëloj, reduktoj. 3.bëj një të prerë nën të.

-*n* shitje me çmime më të ulëta.

underdeveloped[ʌndë:di'velëpt] *adj ek,anat,fot* i pazhvilluar(vend, organ, film).

underdog ['ʌndë:dog] *n* 1.humbës. 2.viktimë; i shtypur.

underdone['ʌndë:dʌn] *adj* i pabërë mirë; i papjekur/i pazier/i pagatuar tamam.

underemployed[ʌndërim'ploid] *adj* i papunësuar plotësisht, i punësuar pjesërisht.

underestimate[ʌndëréstëmeit] *v,n* -*vt* nënvlerësoj; nënçmoj.

-*n* nënvlerësim; nënçmim.

underfeed[ʌndë:'fi:d] *vt* 1.ushqej me mangësi. 2.

tek ushqej/furnizoj me lëndë djegëse nga poshtë.

underfoot[ʌndë:fu:t] *adv* 1.nën këmbë; përdhe. 2.nëpër këmbë; **the dog is always underfoot** qeni na sillet gjithë kohës nëpër këmbë.

undergo[ʌndë:'gou] *vi* (**-went; -gone**) 1.pësoj; kaloj. 2.vuaj, heq; duroj, përballoj.

undergraduate[ʌndë:'græxhuit] *n,adj* -*n* student (universitar).

-*adj* studentor; studentësh, për studentë.

underground[*adv* ʌndë:'graund; *adj,n* 'ʌndë:graund] *adv,adj,n* -*adv* 1.nëntokë. 2.në fshehtësi, fshehurazi; **go underground** bëhem klandestin.

-*adj* 1.nëntokësor(kabëll); i nëndheshëm(shpërthim); nën tokë (punë). 2.*fig* i fshehtë, i nëndheshëm; klandestin; **underground movement** lëvizje e rezistencës.

undergrowth['ʌndë:grouth] *n* 1.gëmusha, driza. 2.push i brendshëm.

underhand[ʌndë:'hænd] *adj,adv* -*adj* 1.i fshehtë; tinëzar; **underhand trick** dredhi. 2.*sport* nga poshtë(gjuajtje).

-*adv* 1.fshehurazi, fshehtas; tinëz. 2.nga poshtë.

underhanded[ʌndë:hændid] *adj* i fshehtë; tinëzar.

underhandedly[ʌndë:'hændidli] *adv* fshehurazi; tinëzisht.

underlay[*v* ʌndë:'lei; *n* 'ʌndë:lei] *v,n* -*vt* i vë/i shtroj përfund.

-*n* shtresë përfund, shtresë nën të.

underlie[ʌndë:lai] *vi* (**-lay; lain**) 1.rri përfund, gjendet poshtë. 2.*fig* është bazë/burim/arsye e.

underline[ʌndë:'lain] *v,n* -*vt* 1. nënvizoj. 2.*fig* theksoj, nënvizoj. 3.i qep astar.

-*n* nënvizim, vizë nënvizimi.

underling['ʌndë:ling] *n keq* vartës, nëpunës i vogël.

underlining['ʌndë:laining] *n* astar.

underlip['ʌndë:lip] *n* buzë e poshtme.

underlying['ʌndë:lajing] *adj*, 1.i poshtëm, i nënvetshëm, që gjendet poshtë. 2.*fig* themelor, thelbësor. 3.i pashprehur qartë, i nënkuptuar.

undermanned[ʌndë:'mænd] *adj* me personel të pamjaftueshëm.

undermine[ʌndë:'main] *vt* 1.gërryej themeli; gërmoj nën të. 2. *fig* minoj, i vë minat. 3.shkatërroj (shëndetin etj).

undermost['ʌndë:'moust] *adj* më i poshtëm, më i ulët.

underneath[ʌndë:'ni:th] *prep,adv,adj,n* -*prep* 1. nën, poshtë; **underneath my name** poshtë emrit tim. 2.përfund(këmishës).

-*adv* 1.përfund. 2.nga fundi, nga poshtë.

-*adj* i poshtëm.

-*n* pjesa e poshtme, ana e poshtme.

underpants['ʌndë:pænts] *npl* brekë; benevrekë.

underpass ['ʌndë:pa:s] *n* 1. *aut* nënkalim, rrugë

nën rrugë. 2.kalim nëntokësor(për kalimtarë).

underpay[ʌndë:'pei] *vt* (**-paid**) paguaj pak(punëtorin etj).

underpin[ʌndë:'pin] *vt* 1.*ndërt* përforcoj, pajandroj, këmbatis. 2. *fig* mbështes, përforcoj (një mendim).

underplay[ʌndë:'plei] *vt* 1.minimizoj(rëndësinë). 2.*teat* luaj në mënyrë të përmbajtur(një rol).

underprice[ʌndë:'prais] *vt* i vë çmim shumë të ulët.

underprivileged[ʌndë:'privilixhd] *adj* 1.i varfër, me të ardhura të pakëta. 2.*n* the ~ të varfrit.

underproduction[ʌndë:prë'dʌkshën] *n* prodhim i pakët/i mangët.

underrate[ʌndë:'reit] *vt* nënvlerësoj.

underreaction[ʌndë:ri'ækshën] *n* reagim i dobët.

underscore[ʌndë:'sko:] *vt* 1.nënvizoj. 2.*fig* theksoj, nënvizoj.

undersea['ʌndë:si:] *adj, adv* -*adj* i nëndetit; nëndetës.
-*adv* nën det.

underseal['ʌndë:si:l] *v,n Br* -*vt* lyej me bojë kundër ndryshkut(shasinë e makinës).
-*n* shtresë antiruxh, bojatisje kundër ndryshkut.

undersecretary[ʌndë:'sekrëtri] *n* 1. zëvendëssekretar. 2.zëvendësministër.

undersell[ʌndë:'sel] *vt* (-**sold**) shes më lirë(për konkurencë).

undersexed[ʌndë:sekst] *adj* me uri seksuale të kufizuar/të pakët.

undershirt['ʌndë:shë:t] *n amer* kanatierë, fanellë.

undershoot [ʌndë:'shu:t] *vt* 1. *av* (-**shot**) prek tokën para se të futet në pistë. 2.qëlloj nën shenjë.

undershorts['ʌndë:sho:ts] *npl amer* brekë.

undershot['ʌndë:shot] *adj* 1.me forcën e ujit, me ujë nga poshtë(rrotë me lopata). 2.e dalë(nofull e poshtme).

underside['ʌndë:said] *n* anë e poshtme.

undersigned['ʌndë:saind] *adj,n drejt* i nënshkruari; **I, the undersigned, declare that...** unë, i nënshkruari, deklaroj se...

undersized[ʌndë:'saizd] *adj* i vogël, më i vogël se normalja.

underskirt['ʌndë:skë:t] *n Br* këmishë e brendshme, këmishë nate, kombinezon.

undersold[ʌndë:'sould] *pt,pp* e **undersell.**

understaffed[ʌndë:'sta:ft] *adj* me personel të pamjaftueshëm.

understand[ʌndë:'stænd] *v* (-**stood**) 1.kuptoj, marr vesh; **do I make myself understood?** më kuptuat? 2.mendoj, kujtoj, besoj, më duket se; **I understand you're going to buy it** me sa shoh, dashke ta blesh; **am I to understand that..?** mos doni të thoni se..? **they were given to understand that...** u lanë të kuptonin se..; **we understand the rental will be...** me sa kuptojmë, qiraja do të jetë...

3.nënkuptoj; bie dakord, merremi vesh; **it was understood that...** u morëm vesh që.

understandable[ʌndë:'stændëbël] *adj* 1.i kuptueshëm. 2.i nënkuptueshëm, i kuptueshëm; i natyrshëm; **that's understandable** kjo është e kuptueshme.

understandably[ʌndë:'stændëbli] *adv* 1.kuptueshëm, qartë, në mënyrë të kuptueshme. 2.natyrisht; me të drejtë; **she's understandably worried** është e merakosur, dhe me të drejtë.

understanding[ʌndë:'stænding] *adj,n* -*adj* 1.që ta di hallin, mirëkuptues. 2.dashamirës.
-*n* 1.kuptim, të kuptuar; gjykim; **it's beyond understanding** nuk ta rrok mendja. 2.marrëveshje, ujdi; mirëkuptim; **come to/have an understanding with sb** bie në ujdi/kam një marrëveshje me dikë; **understanding between the two countries** mirëkuptim midis të dy vendeve.

understate[ʌndë:'steit] *vt* 1.minimizoj, ia ul rëndësinë.2.mbaj rezerva, nuk i them të tëra, fsheh.

understated[ʌndë:'steitid] *adj* i matur; i thjeshtë; **an understated white dress** një fustan i bardhë mjaft i thjeshtë.

understatement[ʌndë:'steitmënt] *n* 1.pohim jo i plotë, e vërtetë gjysmake. 2.vlerësim me rezervë; **to say it is dangerous is rather an understatement** të thuash se është me rrezik, është pak/nuk mjafton; **it's the understatement of the year!** kjo është më e pakëta që mund të thuhet!

understood[ʌndë:'stu:d] *v,adj* -*pt,pp* e **understand.**
-*adj* 1.i rënë dakord, për të cilin jemi marrë vesh. 2.i nënkuptuar.

understudy['ʌndë:stʌdi] *n,v teat* -*n* dublant, aktor rezervë.
-*vt* dubloj, shërbej si dublant(i një aktori, roli).

undertake[ʌndë:'teik] *v* (-**took; -taken**) 1.ndërmarr; përpiqem të bëj, i futem. 2.marr përsipër(një detyrë); marr(përgjegjësi). 3.premtoj, zotohem.

undertaker ['ʌndë:teikë:] *n* 1. sipërmarrës varrimi. 2.sipërmarrës.

undertaking[ʌndë:'teiking] *n* 1.ndërmarrje, sipërmarrje; **it's quite an undertaking** është goxha punë. 2.premtim, zotim; **give an undertaking** marr zotim, bëj një premtim, jap fjalën.

undertax [ʌndë:'tæks] *vt* tatoj pak/më pak se ç'i takon.

under-the-counter[ʌndë:dhë'kauntë:] *adj,adv* -*adj* i fshehtë.
-*adv* fshehurazi, tinëz, pa u marrë vesh, pa rënë në sy.

under-the-table [ʌndë:dhë'teibël] *adj, adv gj.fol* shih **under-the-counter.**

undertone['ʌndë:toun] *n* 1.zë i ulët; **say sth in an undertone** them diçka me gjysmë zëri. 2.nuancë. 3.*fig* hije, ngjyrim, nuancë, notë; **an undertone of**

criticism një notë qortimi.

undertow['ʌndë:tou] *n* 1.rrymë e nënujshme, tërheqje e dallgës. 2.*fig* tension.

underused[ʌndë:'ju:zd] *adj* pak i përdorur; **grossly underused** i përdorur shumë pak.

undervalue [ʌndë:'vælju:] *vt* 1.nënvlerësoj; nënçmoj. 2.vlerësoj më pak(se ç'i takon); **it is undervalued by about 200 leks** vlen nja 200 lekë mëë shumë nga sa e ka çmimin.

undervest['ʌndë:vest] *n* fanellë e brendshme.

underwater[ʌndë:'wotë:] *adj,adv* -*adj* i nënujshëm, nënujor.
-*adv* nën ujë.

underwear['ʌndë:weë:] *n* të brendshme, ndërresa.

underweight['ʌndë:weit] *adj* 1.mangët(mall). 2. nën peshë(person).

underworld ['ʌndë:wë:ld] *n* 1.*mit* ferr. 2.bota e krimit. 3.faqja tjetër e Tokës.

underwrite [ʌndë:'rait] *vt* (-**wrote; written**)1.*fin* siguroj(pronën). 2.*fin* garantoj(aksionet). 3.*treg,fin* mbështes financiarisht. 4.*fig* përkrah, mbështes. 5. nënshkruaj.

underwriter['ʌndë:raitë:] *n* 1.*fin* sigurues. 2.*fin* garantues.

undeserved[ʌndi'zë:vd] *adj* i pamërituar.

undeservedly[ʌndi'zë:vidli] *adv* padrejtësisht, pa e patur hak; pa e merituar.

undeserving[ʌndi'zë:ving] *adj* që nuk meriton.

undesirable[ʌndi'zajërëbël] *adj* 1.i padëshirueshëm. 2.i papëlqyeshëm.

undetected[ʌndi'tektid] *adj* i padiktuar; **go undetected** kaloj pa rënën në sy.

undetermined[ʌndi'të:mind] *adj* 1. i papërcaktuar. 2.i pavendosur, i lëkundur.

undeterred[ʌndi'të:d] *adj* i papërkulur, pa u stepur.

undeveloped[ʌndi'velëpt] *adj* 1.i pazhvilluar, i parritur mirë. 2.*fot* i pazhvilluar(film). 3.i pashfrytëzuar(terren).

undeviating[ʌn'di:vieiting] *adj* 1.e drejtë(rrugë). 2.e pandryshuar(politikë).

undies['ʌndi:z] *npl gj.fol* të brendshme, ndërresa.

undignified[ʌn'dignëfaid] *adj* 1.i pahijshëm(qëndrim). 2.jodinjitoz(njeri).

undiluted[ʌndai'lu:tid] *adj* 1.i paholluar, i koncentruar. 2.i plotë, i përkryer.

undiplomatic[ʌndiplë'mætik] *adj* i patakt.

undiscerning [ʌndi'së:ning] *adj* 1. jo shumë i zgjedhur(lexues).2.jo fort i mprehtë(kritik).

undisciplined[ʌn'disiplind] *adj* i padisiplinuar.

undiscovered[ʌndis'kʌvë:d] *adj* i pazbuluar; i paeksploruar.

undisguised[ʌndis'gaizd] *adj* i hapët, i pamaskuar.

undismayed [ʌndis'meid] *adj* i patronditur, i patrazuar.

undisputed[ʌndis'pju:tid] *adj* i padiskutueshëm;

i pavënë në dyshim.

undisturbed[ʌndis'të:bd] *adj* i qetë, i patrazuar; i pashqetësuar.

undivided[ʌndi'vaidid] *adj* i pandarë, i tërë; **I want your undivided attention** kërkoj tërë vëmendjen tuaj.

undo[ʌn'du:] *vt* (**undid; undone**) 1.zbërthej(kopsat). 2.zgjidh(lidhësat, nyjën).3.zhbëj; ndreq(një padrejtësi). 4.prish, asgjësoj.

undoing[ʌn'duing] *n* rrënim, shkatërrim.

undone [ʌn'dʌn] *adj* 1.e shkopsitur; e zbërthyer (këmishë). 2.e pabërë(punë).

undoubted[ʌn'dautid] *adj* i padyshimtë, i sigurt.

undoubtedly[ʌn'dautidli] *adv* pa dyshim.

undreamed-of[ʌn'dri:mdov], **undreamt-of** [ʌn'-dremtov] *adj* 1.i pashpresuar, i papritur. 2.i pamenduar, i papërfytyruar.

undress[ʌn'dres] *v* 1.zhvesh. 2.zhvishem.

undrinkable[ʌn'drinkëbël] *adj* që nuk pihet, jo i pishëm.

undue[ʌn'dju:] *adj* i tepruar; pa vend.

undulate['ʌndjuleit] *vi* valëzohet; dallgëzohet.

undulating['ʌndjuleiting] *adj* 1.i valëzuar(terren, sipërfaqe). 2.i dallgëzuar, me dallgë(det).

undulation[ʌndju'leishën] *n* valëzim; dallgëzim.

unduly [ʌn'dju:li] *adv* 1.tepër, më tepër se ç'duhet. 2.pa vend, pa qenë nevoja; padrejtësisht.

undying[ʌn'dajing] *adj fig* i pavdekshëm, i përjetshëm.

unearned[ʌn'ë:nd] *adj* i pamërituar.

unearned income *n ek* rentë.

unearth[ʌn'ë:th] *vt* 1.zhgropos; zhvarros. 2.gjej, zbuloj(një objekt). 3.nxjerr në dritë(një fakt etj).

unearthly[ʌn'ë:thli] *adj* 1.i mbinatyrshëm. 2.i çuditshëm; si hije, si fantazmë. 3.i jashtëzakonshëm; i panatyrshëm; **unearthly hour** orë e papërshtatshme.

uneasily[ʌn'i:zili] *adv* 1.keq(fle). 2.me bezdi. 3. me shqetësim, me merak.

uneasiness[ʌn'i:zinis] *n* shqetësim, merak.

uneasy [ʌn'i:zi] *adj* 1. i pasigurt, i paqëndrueshëm. 2.i trazuar(gjumë). 3.i shqetësuar, i merakosur; **become uneasy about sth** merakosem për diçka.

uneaten[ʌn'i:tën] *adj* i pangrënë; i paprekur(ushqim).

uneconomic[ʌnikë'nomik] *adj* joekonomik, antiekonomik.

uneducated[ʌn'edjukeitid] *adj* 1.i pashkollë. 2. pa gramatikë, plot gabime; i shkruar keq(tekst).3.pa kulturë, popullorçe(të folur).

unemotional[ʌni'moushënël] *adj* 1.i ftohtë; gjakftohtë; pa emocione. 2.e ftohtë, pa pasione(letër etj).

unemployed[ʌnim'plojd] *adj,n* i papunë.

unemployment[ʌnim'ploimënt] *n* 1.papunësi. 2. ndihmë e papunësisë.

unemployment benefit *n* ndihmë papunësie.

unemployment insurance *n* 1.sigurim për papunësi. 2.ndihmë papunësie.

unending[ʌn'ending] *adj* i pafund, pa mbarim.

unendurable[ʌnin'djuërëbl] *adj* i padurueshëm.

unengaged[ʌnin'geixhd] *adj* 1.i lirë, i pazënë. 2. beqar, i pafejuar.

unenterprising[ʌn'entë:praizing] *adj* pa iniciativë; jo i guximshëm.

unenthusiastic[ʌninthu:'ziæstik] *adj* joentuziast.

unenviable[ʌn'enviëbël] *adj* i palakmueshëm.

unequal[ʌn'i:kwël] *adj* 1.i ndryshëm; i pabarabartë. 2.jo në lartësinë e; **be unequal to a task** nuk jam në lartësinë e detyrës.

unequal(l)ed[ʌn'i:kwëld] *adj* i paarritshëm; i pashoq.

unequivocal[ʌni'kwivëkël] *adj* i qartë, pa dykuptime; **give sb an unequivocal 'no'** i jap dikujt një përgjigje të prerë negative.

unequivocally[ʌni'kwivëkëli] *adv* në mënyrë të prerë; qartë; prerazi.

unerring[ʌn'ering] *adj* i pagabueshëm; i sigurt.

unerringly[ʌn'eringli] *adv* pa u gabuar; me siguri.

UNESCO [ju:'neskou] *n* (shkurtim për **United Nations Educational, Scientific and Cultural Organization**) UNESKO(Organizata Arsimore, Shkecore e Kulturore e Kombeve të Bashkuara).

unethical[ʌn'ethikël] *adj* i pamoralshëm, i papranueshëm; që bie ndesh me etikën profesionale.

uneven[ʌn'i:vën] *adj* 1.i pabarabartë; jo i njëllojtë(si trashësi). 2.jo i rregullt, i thyer(terren). 3.i çrregullt(puls etj).4.*mat* tek.

unevenly[ʌn'i:vënli] *adv* në mënyrë të çrregullt.

unevenness[ʌn'i:vënnis] *n* 1.pabarazi; parrafshësi.3.çrregullsi.

uneventful[ʌni'ventful] *adj* i qetë, pa trazira, pa shqetësime, pa incidente.

unexceptionable[ʌnik'sepshënëbël] *adj* 1.i paqortueshëm(qëndrim). 2.i patëmetë, që s'ka të sharë (stil etj).

unexceptional[ʌnik'sepshënël] *adj* që s'ka asgjë të jashtëzakonshme.

unexciting[ʌnik'saiting] *adj* 1.joemocionues.2. jointeresant(film etj). 3.i shpëlarë, i mërzitshëm(njeri).

unecpected[ʌnik'spektid] *adj* i papritur; i paparashikuar.

unexpectedly[ʌnik'spektidli] *adv* papritur; pa paralajmërim.

unexperienced[ʌnik'spi:riënsd] *adj* i papërvojë.

unexplained[ʌnik'spleind] *adj* i pashpjeguar.

unexpressed[ʌnik'sprest] *adj* i pashprehur.

unfailing[ʌn'feiling] *adj* 1.i sigurt, i besës(mik). 2.i pashtershëm. 3.i përhershëm.

unfailingly [ʌn'feilingli] *adv* pashmangshmërisht; me siguri, patjetër.

unfair[ʌn'feë:] *adj* 1.i padrejtë(vendim, njeri); **be**

unfair to sb tregohem i padrejtë me dikë. 2.i pandershëm(veprim).

unfairly [ʌn'feë:li] *adv* 1. padrejtësisht; pandershmërisht. 2.me hile(luaj).

unfaithful[ʌn'feithful] *adj* i pabesë.

unfaithfully[ʌn'feithfuli] *adv* pabesisht.

unfamiliar[ʌnfë'milië:] *adj* 1.i panjohur(subjekt); **be unfamiliar with a language** nuk e njoh një gjuhë. 2.i huaj, i panjohur(njeri). 3.i pazakontë.

unfashionable[ʌn'fæshnëbël] *adj* 1.jashtë mode, demode(rrobë etj). 2.jo shik(hotel etj).

unfasten [ʌn'fa:sn, ʌn'fæsën] *vt* 1. zbërthej(kopsat). 2.zgjidh(lidhësat, litarin etj). 3.hap(portën).

unfathomable[ʌn'fædhëmëbël] *adj* 1.i pazbulueshëm; që s'i gjindet fundi.2.i padepërtueshëm (njeri).

unfathomed[ʌn'fædhëmd] *adj* 1.i pamatur. 2.i pazbuluar. 3.i pazbërthyer, i pakuptuar.

unfavo(u)rable [ʌn'feivërëbël] *adj* 1.i pafavorshëm; i papëlqyeshëm. 2.kundërshtues; armiqësor.

unfavo(u)rably[ʌn'feivërëbli] *adv* negativisht; në mënyrë armiqësore.

unfeeling [ʌn'fi:ling] *adj* 1. zemërgur; mizor. 2.i pandieshëm, që nuk ndien, pa ndjeshmëri.

unfeigned[ʌn'feind] *adj* i çiltër, i vërtetë, jo i shtirë.

unfeignedly[ʌn'feindli] *adv* çiltërsisht; me të vërtetë.

unfinished[ʌn'finisht] *adj* i papërfunduar; pezull.

unfit[ʌn'fit] *adj* 1.i papërshtatshëm. 2.*sport* jo në formë; i paaftë(për garë etj).

unfitting [ʌn'fiting] *adj* 1. i pahijshëm; pa vend (qëndrim). 2.i papërshtatshëm.

unflagging[ʌn'flæging] *adj* 1.i palodhur(njeri). 2. i pashtershëm(durim, entuziazëm).

unflaggingly[ʌn'flægingli] *adv* pa u lodhur.

unflappable[ʌn'flæpëbël] *adj* i qetë; i patrazuar.

unflattering[ʌn'flætëring] *adj* 1.që nuk rri mirë (fustan etj). 2.jolajkatues.

unfledged[ʌn'flexhd] *adj* pa përvojë.

unflinching[ʌn'flinçing] *adj* i vendosur, i paepur, sypatrembur.

unfold[ʌn'fould] *v* 1.shpalos; hap(gazetën). 2.hap, shtrij(krahët). 3.*fig* shpalos, ekspozoj; zbuloj(planet). 4.çel(lulja). 5.hapet; shpaloset. 6.*fig* shtjellohet (romani); rrokullisen(ngjarjet).

unforeseeable[ʌnfo:'si:ëbël] *adj* i paparashikueshëm.

unforeseen[ʌnfo:'si:n] *adj* i paparashikuar.

unforgetable[ʌnfë:'getëbël] *adj* i paharrueshëm.

unforgivable[ʌnfë:'givëbël] *adj* i pafalshëm.

unformed [ʌn'fo:md] *adj* 1.pa formë, i çrregullt. 2. i paformuar (embrion). 3. *fig* i pakristalizuar (mendim).

unfortunate[ʌn'fo:çënit] *adj,n* -*adj* 1.i pafat. 2. fatkeq, i gjorë; **it is most unfortunate that she didn't agree** është për të ardhur keq që ajo nuk

pranoi. 3.pa vend(vërejtje).
-n fatkeq.
unfortunately [ʌn'fo:çnitli] *adv* 1. fatkeqësisht, për fat të keq.2.keq, jo siç duhet; **an unfortunately worded document** një dokument i përpiluar keq.
unfounded[ʌn'faundid] *adj* i pathemeltë, i pabazuar, pa bazë.
unfriendly[ʌn'frendli] *adj* 1.i paafruar; antipatik (njeri). 2.jomiqësor; armiqësor(qëndrim). 3.e pahijshme(vërejtje).
unfulfilled [ʌnful'fild] *adj* i paplotësuar, i parealizuar; i papërmbushur; e parespektuar(kontratë).
unfurl [ʌn'fë:l] *v* 1.shpalos; hap. 2.shpaloset; hapet.
unfurnished[ʌn'fë:nisht] *adj* i papajisur, i pamobiluar(apartament).
ungainly[ʌn'geinli] *adj* i ngathët, ngalakaq.
un-get-at-able[ʌnget'ætëbël] *adj* i paarritshëm.
ungodly[ʌn'godli] *adj* 1.jobesimtar, i pafe. 2.mëkatar. 3.*gj.fol* i bezdisur; i papëlqyeshëm; **at an ungodly hour** në një orë të papëlqyeshme. 4.*gj.fol* i pabesueshëm; i padëgjuar; i frikshëm(çmim).
ungovernable [ʌn'gʌvë:nëbël] *adj* i pafrenueshëm, i papërmbajtshëm.
ungracious[ʌn'greishës] *adj* i pahijshëm; kaba.
ungrateful[ʌn'greitful] *adj* mosmirënjohës.
ungrudging[ʌn'grʌxhing] *adj* 1.i përzemërt. 2.i gatshëm, i gjindshëm. 3.i çiltër.
unguarded [ʌn'ga:did] *adj* 1. i paruajtur; pa mbrojtje. 2.i pamatur, i pakujdesshëm; i pavëmendshëm; i shkujdesur; **in an unguarded moment** në një çast shkujdesjeje.
unhand[ʌn'hænd] *vt* lëshoj(nga duart).
unhandy [ʌn'hændi] *adj* 1.i pavolitshëm.2.i ngathët.
unhappily [ʌn'hæpili] *adv* 1.fatkeqësisht. 2.trishtueshëm.
unhappiness[ʌn'hæpinis] *n* hidhërim, brengë.
unhappy[ʌn'hæpi] *adj* 1.i trishtuar, i brengosur. 2.i pakënaqur. 3.i shqetësuar, i merakosur. 4.fatkeq. 5.i paqëlluar, pa vend, i papërshtatshëm.6.i pafat, i mbrapshtë(rast, ndodhi).
unharmed[ʌn'ha:md] *adj* i paprekur, i pacenuar, i padëmtuar.
unhealthy[ʌn'helthi] *adj* 1.shëndetlig, i dobët.2.e pashëndetshme, e dëmshme(klimë). 3.*fig* i sëmurë (kuriozitet).
unheard[ʌn'hë:d] *adj* 1.i padëgjuar. 2.*drejt* që s'i është dhënë mundësia të flasë(i pandehur). 3.*fig* i panjohur, i paparë, i padëgjuar.
unheard-of[ʌn'hë:dof] *adj* 1.i panjohur; i paparë. 2.i padëgjuar, i pangjarë, që s'ka bërë vaki.
unheeded[ʌn'hi:did] *adj* i papërfillur; **the warning went unheeded** s'ia vuri veshin njeri paralajmërimit.
unhelpful[ʌn'helpful] *adj* 1.jo i gjindshëm(njeri). 2.pa vlerë, që nuk hyn në punë, i padobishëm.

unhelpfully[ʌn'helpfuli] *adv* pa pikë dobie.
unhesitating[ʌn'heziteiting] *adj* 1.i palëkundur, i patundur. 2.i gatshëm, i menjëhershëm.
unhesitatingly [ʌn'heziteitingli] *adv* pa u lëkundur, pa ngurruar.
unhinge[ʌn'hinxh] *vt* 1.heq nga menteshat. 2.*fig* turbulloj(mendjen); çorodis(dikë).
unholy[ʌn'houli] *adj* 1.mëkatar. 2.*gj.fol* i pahijshëm; **unholy hour** orë e papëlqyeshme.
unhook[ʌn'huk] *vt* 1.heq(tablonë). 2.shkëpus(rimorkion).3.hap(portën). 4.lirohet; shkëputet. 5.zbërthej; shkopsis. 6.zbërthehet; shkopsitet.
unhoped-for[ʌn'houptfo:] *adj* i pashpresuar.
unhuman [ʌn'hju:mën] *adj* 1.jonjerëzor. 2.çnjerëzor. 3.mbinjerëzor.
unhurried[ʌn'hʌrid] *adj* i panxituar, i qetë.
unhurt[ʌn'hë:t] *adj* i padëmtuar; i pacenuar; shëndoshë e mirë.
unhygienic[ʌnhai'xhi:nik] *adj* i papastër; johigjenik.
unicameral[ju:në'kæmërël] *adj pol* me një dhomë të vetme(parlament).
UNICEF['ju:nisef] *n* (shkurtim për **United Nations Children's Fund**) UNICEF, Fondi për Fëmijët i Kombeve të Bashkuara.
unicellular[ju:në'seljulë:] *adj biol* njëqelizor.
unicorn['ju:nëko:n] *adj zool* njëbrirësh, me një bri.
unicycle['ju:nësaikël] *adj fiz,aut* njëcikëlsh.
unidentified[ʌnai'dentifaid] *adj* i paidentifikuar.
unidentified flying object, UFO *n* objekt fluturues i paidentifikuar, disk fluturues.
unification[ju:nëfë'keishën] *n* 1.bashkim. 2.njësim, unifikim.
uniform ['ju:nëfo:m] *adj,n,v* -*adj* i njëtrajtshëm; konstant.
-*n* uniformë; **out of uniform** pa uniformë, civil.
uniformity [ju:në'fo:mëti] *n* njëtrajtshmëri; njëllojshmëri.
uniformly ['ju:nëfo:mli] *adv* njëtrajtësisht; uniformisht.
unify['ju:nëfai] *vt* 1.bashkoj. 2.unifikoj.
unilateral[ju:në'lætërël] *adj* 1.*drejt* i njëanshëm. 2.njëanësh; me një anë.
unilaterally[ju:në'lætërëli] *adv* në mënyrë të njëanshme; arbitrarisht.
unilingual[ju:në'lingwël] *adj* 1.njëgjuhësh; në një gjuhë të vetme. 2.që njeh një gjuhë të vetme.
unimaginable[ʌni'mæxhënëbël] *adj* i papërfytyrueshëm, i paimagjinueshëm.
unimaginative[ʌni'mæxhinëtiv] *adj* pa fantazi; pa idera.
unimpaired[ʌnim'peë:d] *adj* i padëmtuar, i pacenuar.
unimpeachable[ʌnim'pi:çëbël] *adj* 1.i panjollë. 2.i pastër, jashtë çdo dyshimi.
unimportant[ʌnim'po:tënt] *adj* i parëndësishëm.

unimpressed [ʌnim'prest] *adj* 1. i paçuditur, që nuk i bën fort përshtypje. 2.jo i bindur.

uninhabited [ʌnin'hæbitid] *adj* i pabanuar; i shkretë(ishull).

uninhibited[ʌnin'hibitid] *adj* 1.i pandrydhur. 2.i shfrenuar(gaz etj).

uninitiated[ʌni'nishieitid] *adj,n* -adj i paditur; që nuk është në dijeni.

-*n* i paditur, profan.

uninjured[ʌn'inxhë:d] *adj* i pacenuar; i paprekur.

uninspired [ʌnin'spajë:d] *adj* i shpëlarë; pa frymëzim.

unintelligent[ʌnin'telixhënt] *adj* jo fort i zgjuar.

unintelligible[ʌnin'telëxhëbël] *adj* i pakuptueshëm.

unintended[ʌnin'tendid] *adj* i paqëllimtë, pa dashje.

unintentional [ʌnin'tenshënël] *adj* i paqëllimtë, pa dashje; **it was quite unintentional** nuk e bëra me dashje.

unintentionally[ʌnin'tenshënëli] *adv* pa dashje.

uninterested[ʌn'intristid] *adj* mospërfillës, i çinteresuar.

uninteresting[ʌn'intristing] *adj* jointeresant.

uninterrupted[ʌnintë'rʌptid] *adj* i pandërprerë, i vazhdueshëm.

uninvited[ʌnin'vaitid] *adj* 1.i paftuar(vizitor). 2. pa arsye, pa bazë(kritikë).

uninviting[ʌnin'vaiting] *adj* jotërheqës; jooreksndjellës.

union['ju:niën] *n* 1.*pol,adm* bashkim; **customs union** bashkim doganor; **the Sudents' Union** Bashkimi Studentor. 2.sindikatë, bashkim profesional; **join a union** futem në sindikatë. 3.shoqatë; rreth. 4.*tek* bashkues; rakord. 5.martesë.

union card *n* triskë/teserë e sindikatës.

union catalog *n* skedar i përbashkët(për disa biblioteka).

unionist['ju:niënist] *n* 1.sindikalist, aktivist i lëvizjes sindikale. 2.anëtar sindikate, i sindikuar.

unionize['ju:niënaiz] *v* 1.sindikoj. 2.sindikohem.

Union Jack *n Br* flamuri britanik.

union member *n* anëtar sindikate, i sindikuar.

union membership *n* 1.anëtarësi në sindikatë. 2. anëtarë, numër anëtarësh i sindikatës.

union shop *n* repart punëtorësh të sindikuar.

union station *n hek* stacion i përbashkët(për disa linja hekurudhore).

unique [ju:'ni:k] *adj* 1.i vetëm, unik.2.i rrallë, i pashoq.

uniquely [ju:'ni:kli] *adv* në mënyrë të veçantë; vetëm e vetëm.

uniqueness[ju:'ni:knis] *n* të qenët i vetëm/unik.

unisex['ju:nëseks] *adj* për të dyja sekset, për meshkuj e për femra(rroba, model flokësh etj).

unison['ju:nizën] *n muz,fig* unison, njëzëshmëri;

in unison në kor; me një zë, njëzëri; njëkohësisht.

unit['ju:nit] *n* 1.njësi; **unit of length** njësi gjatësie; **monetary unit** njësi monetare. 2.repart, sektor, njësi; **production unit** njësi/repart prodhimi. 3.element; bllok; **sink unit** bllok i lavamanit; **the lens unit of a camera** objektivi i kamerës. 4.lokale; zyra; qendër; **sports unit** qendër sportive; **the library unit** biblioteka, lokalet e bibliotekës. 5.grup; ekip; shërbim; **research unit** grupi kërkimor.

unit fraction *n mat* thyesë njësi, thyes me numërues 1.

unit trust *n Br fin* fond investimesh.

unitary['ju:nëteri] *adj* njësi.

unite[ju:'nait] *v* 1.bashkoj.2.lidh.3.shkrij(dy kompani etj). 4.bashkohen. 5.shkrihen në një.

united[ju:'naitid] *adj* 1.i bashkuar(popull, familje). 2.e përbashkët(përpjekje).

United Nations (Organization), UN(O) *n* Kombet e Bashkuara(Organizata e ~), OKB.

United States (of America), US(A) *n* Shtetet e Bashkuara (të Amerikës), SHBA.

unity ['ju:nëti] *n* 1.bashkim; **unity is strength** *prov* bashkimi bën fuqinë. 2.unitet. 3.*fig* harmoni; **live in unity** rroj në harmoni.

univalve['ju:nivælv] *adj,n zool* -adj njëflegërsh. -*n* molusk njëflegërsh.

universal [ju:ni'vë:sël] *adj,n* -adj 1. i përbotshëm; **become universal** përhapet në të gjithë botën.2.i përgjithshëm; i njëzëshëm; **be a universal favorite** më duan të gjithë. 3.i gjithanshëm; universal(formim). 4.*tek* kardanik.

universality[ju:nivë:'sælëti] *n* gjithanshmëri; karakter universal.

universally[ju:ni'vë:sëli] *adv* 1.në të gjithë botën; botërisht(i njohur). 2.njëzëri(i pranuar).

universe['ju:nëvë:s] *n* gjithësi, univers.

university[ju:ni'vë:sëti] *n* universitet; **be at/go to university** jam/shkoj në universitet.

university education *n* arsim universitet, arsim i lartë, universitet.

unjust[ʌn'xhʌst] *adj* i padrejtë.

unjustifiable [ʌn'xhʌstifajëbël] *adj* i papërligjshëm, i pajustifikueshëm.

unjustifiably[ʌn'xhʌstifajëbli] *adv* pa shkak, pa arsye.

unjustified[ʌn'xhʌstëfaid] *adj* 1.i papërligjur; i pashkak. 2.i pathemeltë, pa bazë(dyshim).

unjustly[ʌn'xhʌstli] *adv* padrejtësisht.

unkempt[ʌn'kempt] *adj* 1.i pakrehur(flok). 2.i lëshuar, i shkujdesur, i çrregullt.

unkind[ʌn'kaind] *adj* 1.i pasjellshëm; i panjerëzishëm. 2.i keq; zemërgur; mizor.

unkindly [ʌn'kaindli] *adv* 1.në mënyrë të panjerëzishme. 2.keq; **don't take it unkindly if...**mos e merr për keq sikur...

unkindness [ʌn'kaindnis] *n* 1.panjerëzi, sjellje e

panjerëzishme. 2.ligësi, shpirtligësi.
unknowing[ʌn'nouing] *adj* i panjohur me problemin, pa ditur gjë.
unknowingly [ʌn'nouingli] *adv* pa e ditur, pa ditur gjë.
unknown [ʌn'noun] *adj,adv,n* -*adj* i panjohur; **it's unknown to him to get home before midnight** ai s'di të jetë mbledhur ndonjëherë në shtëpi para mesnatës.
-*adv* pa dijeni; **unknown to her** pa dijeninë e saj.
-*n* 1.*mat* e panjohur.2.i panjohur(person).
unlace[ʌn'leis] *vt* zgjidh(lidhësen).
unladen[ʌn'leidën] *adj* i pangarkuar, bosh(anija).
unladylike[ʌn'leidilaik] *adj* pa edukatë; pa sqimë (femër); jo prej zonje(sjellje).
unlatch[ʌn'læç] *vt* hap, i heq shulin.
unlawful[ʌn'lo:ful] *adj* i paligjshëm, i ndaluar.
unlawfully [ʌn'lo:fëli] *adv* në mënyrë të paligjshme/të kundërligjshme.
unleaded[ʌn'ledid] *adj amer* pa plumb(benzinë).
unlearn[ʌn'lë:n] *vt* heq nga mendja, harroj.
unlearned [ʌn'lë:nd] *adj* 1.i paditur, injorant. 2. instinktiv, i vetvetishëm(veprim).
unleash[ʌn'li:sh] *vt* 1.zgjidh.2.*fig* lë të lirë; shfrej.
unleavened[ʌn'levënd] *adj* 1.i paardhur(brumë). 2.*fig* i palezetuar; **unleavened by any humor** pa pikën e humorit.
unless [ʌn'les] *conj* në mos; po të mos; veç në mos; **unless I am mistaken** në mos qofsha gabuar; **I won't come unless she does** unë nuk vi po të mos vijë ajo; **unless otherwise stated** veç po qe se thuhet ndryshe.
unlettered[ʌn'letë:d] *adj* 1.i pamësuar.2.analfabet.
unlicenced, *Br* ~**sed**[ʌn'laisënst] *adj* 1.paligjshëm, i paautorizuar(aktivitet). 2.pa lejë qarkullimi (makinë). 3. pa lejë për shitje pijesh alkoolike(lokal).
unlike[ʌn'laik] *adj,prep* -*adj* i ndryshëm, i pangjashëm; **they are quite unlike** ata nuk ngjajnë fare.
-*prep* 1.ndryshe nga; **unlike his wife, he**...ndryshe nga e shoqja, ai...2.jashtë tipit të; **how unlike Ted!** kjo nuk pritej fare nga Tedi!
unlikeable[ʌn'laikëbël] *adj* jo i këndshëm; antipatik.
unlikelihood[ʌn'laiklihud], **unlikeliness**[ʌn'laiklinis] *n* pamundësi.
unlikely [ʌn'laikli] *adj* 1.i pagjasë, pak i mundshëm; **in the unlikely event of their accepting..** në rast se, gjithësesi, pranojnë... 2.i pabesueshëm, jobindës(shpjegim). 3.i çuditshëm; **he wears the most unlikely shoes** ai vesh ca këpucë krejt të çuditshme.
unlimited [ʌn'limitid] *adj* 1. i pakufishëm, i pafund, i pakufizuar. 2.i pamatë; e stërmadhe(pasuri).
unlined[ʌn'laind] *adj* 1.e pavizuar, pa viza(fletë).

2.pa astar(xhaketë).
unlit[ʌn'lit] *adj* 1.e pandezur(llampë). 2.e pandriçuar(dhomë); pa drita(rrugë).
unload[ʌn'loud] *v* 1.shkarkoj. 2.*fig* heq qafe; **unload sth on (to) sb** ia ngec / ia var diçka dikujt. 3.shkarkohet. 4. zbraz (armën).
unloaded[ʌn'loudid] *adj* 1.e pambushur (armë). 2.i shkarkuar(kamion etj).
unloading[ʌn'louding] *n* shkarkim.
unlock[ʌn'lok] *vt* 1.hap(derën, kutinë). 2.*fig* hap, zbraz(zemrën). 3.zbërthej, zgjidh, zbuloj(një të fshehtë).
unlooked-for[ʌn'luktfo:] *adj* i papritur, i pashpresuar, i paparashikuar.
unloose(n) [ʌn'lu:s(n)] *vt* 1. liroj (rripin).2.lëshoj (flokët). 3.zgjidh(nyjën).
unlovable [ʌn'lʌvëbël] *adj* jotërheqës, i pakëndshëm.
unlovely[ʌn'lʌvli] *adj* antipatik.
unloving[ʌn'lʌving] *adj* i ftohtë, jo fort i dashur.
unluckily[ʌn'lʌkili] *adv* 1.për fat të keq, fatkeqësisht.2.keq; **the day started unluckily** dita filloi keq.
unluckiness[ʌn'lʌkinis] *n* mungesë fati/shansi, fat i keq.
unlucky [ʌn'lʌki] *adj* 1. i pafat, pa shans (njeri); **how unlucky for her!** sa keq i eci! 2.ters, jo i mbarë (numër, ngjarje); **it is unlucky to walk under a ladder** është ters të kalosh nën shkallë.
unmade[ʌn'meid] *adj* 1.i parregulluar(shtrat). 2. e pashtruar(rrugë).
un-made-up[ʌn'meidʌp] *adj* e palyer, pa makiazh (fytyrë).
unmake[ʌn'meik] *vt* 1.zhbëj. 2.prish, shkatërroj.
unman[ʌn'mæn] *vt* zhburrëroj.
unmanageable[ʌn'mænixhëbël] *adj* 1.i pamanovrueshëm(mjet). 2.kaba(pako etj). 3.i pashtruar(kalama, flokë). 4.e ndërlikuar, e vështirë(situatë).
unmanned[ʌn'mænd] *adj* pa ekipazh(anije kozmike).
unmannerly[ʌn'mænë:li] *adj* i pagdhendur, i pasjellshëm, i paedukuar.
unmarked[ʌn'ma:kt] *adj* 1.i pastër, pa njolla. 2.e parrudhosur(fytyrë). 3.pa numër, pa shenjë(rrobë, valixhe). 4.i pakorrigjuar(provim). 5.e maskuar; **unmarked police car** makinë policie pa shenja treguese/e maskuar.
unmarried[ʌn'mærid] *adj* i pamartuar, beqar; **unmarried mother** vajzë beqare me fëmijë jashtë martese; **unmarried state** beqari.
unmask[ʌn'ma:sk] *vt* 1.demaskoj. 2.heq maskën.
unmatched[ʌn'mæçt] *adj* i pashoq, i pakrahasueshëm.
unmeaning[ʌn'mi:ning] *adj* i pakuptimtë, pa kuptim; pa domethënie.
unmeant[ʌn'ment] *adj* i paqëllimtë, pa dashje.

unmentionable[ʌn'menshënëbël] *adj,n* *-adj* që nuk duhet përmendur/shqiptuar/përsëritur. *-n pl* të brendshme, ndërresa; gjëra për të cilat nuk bisedohet.

unmerciful[ʌn'më:siful] *adj* i pamëshirshëm.

unmindful[ʌn'maindful] *adj* i pavëmendshëm, i shkujdesur; harraq.

unmistakable[ʌnmis'teikëbël] *adj* 1.i qartë, i dukshëm; evident. 2.që nuk mund të mos e njohësh, që nuk mund ta ngatërrosh me tjetër gjë.

unmistakably[ʌnmis'teikëbli] *adv* 1.qartë. 2.pa u gabuar.

unmitigated[ʌn'mitëgeitid] *adj* i regjur; me damkë(keqbërës, gënjeshtar). 2.i plotë(rrënim).

unmixed[ʌn'mikst] *adj* i papërzier, i pastër.

unmolested[ʌnmë'lestid] *adj* 1.i pacenuar, shëndoshë e mirë. 2.i patrazuar, i qetë.

unmortgaged[ʌn'mo:tgixhd] *adj* i pahipotekuar.

unmotivated[ʌn'moutëveitid] *adj* i pashkak.

unmounted[ʌn'mauntid] *adj* 1.pa kalë, në këmbë. 2.i pamontuar.

unmoved[ʌn'mu:vd] *adj* mospërfillës; që nuk para preket.

unnamed[ʌn'neimd] *adj* 1.pa emër(send); anonim(person).

unnatural[ʌn'næçërël] *adj* 1.kundër natyrës, pervers; anormal. 2.i panatyrshëm, i shtirë.

unnaturally[ʌn'næçërëli] *adv* 1.kundër natyrës. 2.në mënyrë të panatyrshme/të shtirë.

unnavigable[ʌn'nævigëbël] *adj* i palundrueshëm.

unnecessarily[ʌn'nesëserili] *adv* 1.pa qenë nevoja. 2.më kot.

unnecessary[ʌn'nesëseri] *adj* i panevojshëm; i padobishëm; i kotë.

unneighbo(u)rly[ʌn'neibë:li] *adj* jodashamirës, jo prej fqinji të mirë.

unnerve[ʌn'në:v] *vt* 1.çkurajoj, demoralizoj. 2. mërzis; nervozoj. 3.hutoj, çorodis.

unnoticed[ʌn'noutist] *adj* i pavënëre, që nuk bie në sy; **go/pass unnoticed** kaloj pa rënë në sy.

UNO['ju:nou] *n* (shkurtim për **United Nations Organization**) OKB, Organizata e Kombeve të Bashkuara.

unobjectionable[ʌnëb'xheksnënëbël] *adj* 1.i pranueshëm. 2.i paqortueshëm(njeri).

unobservant [ʌnëb'zë:vënt] *adj* jovëzhgues; që nuk i vë re gjërat.

unobserved[ʌnëb'zë:vd] *adj* i pavënëre; **go unobserved** kaloj pa u vënë re/pa rënë në sy.

unobstructed[ʌnëb'strʌktid] *adj* 1.e lirë(rrugë); i pabllokuar(qyngj). 2.pa pengesë, e hapët(pamje).

unobtainable[ʌnëb'teinëbël] *adj* i pagjetshëm, i pasiguruar(njeri); i pakapshëm(numër telefoni).

unobtrusive[ʌnëb'tru:siv] *adj* 1.i matur, i rezervuar. 2.e lehtë, e padiktueshme(aromë). 3.i matur, jo fort i dukshëm.

unoccupied [ʌn'okjupaid] *adj* 1. bosh, i pazënë (vend, apartament). 2.i lirë, i paangazhuar(person). 3.*usht* i papushtuar.

unofficial [ʌnë'fishël] *adj* jozyrtar; **unofficial strike** grevë e panjoftuar.

unopposed [ʌnë'pouzd] *adj* pa kundërshtar (kandidat); që nuk has kundërshtim(rezolutë).

unorganized [ʌn'o:gënaizd] *adj* i çorganizuar; i hallakatur, i çrregullt(njeri).

unorthodox [ʌn'o:thëdoks] *adj* 1.*fet* joortodoks. 2.jokonformist; jo sipas rregullave.

unpack [ʌn'pæk] *v* 1.shpaketoj; nxjerr nga kutia /ambalazhi. 2.hap bagazhet.

unpaid[ʌn'peid] *adj* i papaguar.

unpalatable [ʌn'pælëtëbël] *adj* 1. i pakapërdishëm(ushqim).2.*fig* i papëlqyeshëm, i pakëndshëm.

unparalleled [ʌn'pærëleld] *adj* i pakrahasueshëm, i pashembullt, i pashoq.

unpardonable[ʌn'pa:dënëbël] *adj* i pafalshëm.

unpatriotic[ʌnpætri'otik] *adj* jopatriotik; antipatriotik.

unperturbed[ʌnpë:'të:bd] *adj* i patrazuar; i padekurajuar.

unplanned[ʌn'plænd] *adj* i paplanifikuar, i paparashikuar.

unpleasant[ʌn'plezënt] *adj* 1.i pakëndshëm, i palezetshëm; i mërzitshëm(njeri). 2.i keq, i shëmtuar (qytet etj).

unpleasantly[ʌn'plezëntli] *adv* në mënyrë të pakëndshme\të papëlqyeshme.

unpleasing [ʌn'pli:zing] *adj* i pakëndshëm, i papëlqyeshëm.

unplug[ʌn'plʌg] *vt el* stakoj; heq nga priza.

unplumbed[ʌn'plʌmd] *adj* i padepërtuar.

unpolished[ʌn'polisht] *adj* 1.i palustruar; i pallakuar. 2.*fig* i pashkolluar; jo i lëmuar(njeri, stil).

unpolluted[ʌnpë'lu:tid] *adj* 1.i pastër, pa ndotje. 2.*fig* i paçoroditur, i pakorruptuar.

unpopular[ʌn'popjëlë:] *adj* 1.jopopullor, pa popullaritet(njeri). 2.i papëlqyeshëm, i pritur keq(vendim, masë).

unpractical[ʌn'præktëkël] *adj* jopraktik.

unpracticed, *Br* unpractised [ʌn'præktist] *adj* 1.pa përvojë; i pastërvitur(njeri). 2.i paushtruar(sy). 3.i paefektshëm.

unprecedented[ʌn'presidëntid] *adj* i padëgjuar, i pashembullt, i paparë ndonjëherë.

unpredictable[ʌnpri'diktëbël] *adj* i paparashikueshëm.

unprejudiced[ʌn'prexhëdist] *adj* 1.pa paragjykime(njeri). 2.i paanshëm(vendim).

unprepared[ʌnpri'peë:d] *adj* 1.i papërgatitur. 2. gafil.

unpretentious[ʌnpri'tenshës] *adj* pa pretendime.

unprincipled[ʌn'prinsipëld] *adj* i paskrupull.

unprintable [ʌn'printëbël] *adj* 1.i pabotueshëm.

unprivileged

2.*fig* i turpshëm, që nuk thuhet.

unprivileged [ʌn'privilixhd] *adj* 1.i varfër. 2.*ek* i dobët ekonomikisht.

unproductive[ʌnprë'dʌktiv] *adj* 1.joprodhues, joproduktiv (kapital, tokë). 2.shterp, i pafrytshëm (diskutim).

unprofessional[ʌnprë'feshnël] *adj* jo sipas etikës profesionale; **unprofessional conduct** moskorrektesë profesionale.

unprofitable[ʌn'profitëbël] *adj* jofitimprurës, i paleverdishëm, jorentabël.

unpromising[ʌn'promising] *adj* jopremtues.

unprotected[ʌnprë'tektid] *adj* 1.i pambrojtur. 2. e pambuluar, pa çati(shtëpi). 3.në vend të hapur, i pambrojtur.

unprovided-for[ʌnprë'vaididfo:] *adj* pa mjete financiare(njeri).

unprovoked [ʌnprë'voukt] *adj,adv* -*adj* i pashkak, i paprovokuar.

-*adv* pa shkak, pa arsye.

unpublishable[ʌn'pʌblishëbël] *adj* i pabotueshëm (libër).

unpublished[ʌn'pʌblisht] *adj* i pabotuar.

unpunctual [ʌn'pʌnkçuël] *adj* jokorrekt (në orar).

unqualified [ʌn'kwolëfaid] *adj* 1.i pakualifikuar; pa diplomë. 2.pa kushte, pa rezerva. 3.i shkëlqyer(sukses). 4.*fig* me vulë, me damkë; i tërë(hajvan). 5.*gram* i pacilësuar(emër).

unquenched[ʌn'kwençt] *adj* i pashuar(edhe *fig*).

unquestionable [ʌn'kwesçënëbl] *adj* i padiskutueshëm, jashtë çdo dyshimi.

unquestionably[ʌn'kwesçënëbli] *adv* pa diskutim; pa kurrfarë dyshimi.

unquestioned[ʌn'kwesçënd] *adj* i padiskutueshëm, i pavënë në dyshim.

unquestioning[ʌn'kwesçëning] *adj* 1.i verbër(besim). 2.pa kushte(pranim).

unquiet[ʌn'kwajët] *adj,n* -*adj* 1.i shqetësuar, i trazuar. 2.*fig* e turbullt(kohë).

unquote[ʌn'kwout] *adv* mbyll thonjëzat; mbaron citimi(në fund të letrës).

unravel [ʌn'rævël] *v* 1.çthur; bëj fije-fije. 2.*fig* zgjidh(një mister).3.çthuret; bëhet fije-fije.

unreadable[ʌn'ri:dëbël] *adj* i palexueshëm.

unreadiness [ʌn'redinis] *n* papërgatitje, pagatishmëri.

unready[ʌn'redi] *adj* i papërgatitur.

unreal[ʌn'riël] *adj* 1.jo i vërtetë; ireal.2.i pabesueshëm, i jashtëzakonshëm.3.tepër i vështirë.

unrealistic[ʌnrië'listik] *adj* jorealist.

unrealizable [ʌnrië'laizëbël] *adj* i parealizueshëm.

unrealized[ʌn'riëlaizd] *adj* i parealizuar.

unreason[ʌn'ri:zën] *n* mungesë arsyeje; absurditet.

unreasonable [ʌn'ri:zënëbl] *adj* 1. i paarsyeshëm (njeri). 2.i tepruar; tepër i lartë (çmim).

unreasonably [ʌn'ri:zënëbli] *adv* 1.pa arsye; në mënyrë të paarsyeshme. 2.tepër; me tepri.

unreasoning [ʌn'ri:zëning] *adj* 1. i paarsyeshëm. 2.pa arsye, që e ka humbur arsyen(njeri).

unrecorded[ʌnri'ko:did] *adj* 1.i paregjistruar, që nuk figuron.2.i paregjistruar, i painçizuar.

unredeemed [ʌnri'di:md] *adj* 1. i panxjerrë nga pengu.2.i pashlyer(borxh).3.i papërmbushur(premtim). 4.e pakompensuar(humbje).

unreel[ʌn'riël] *v* 1.shpështjell; hap(fijen).2.shpështillet.

unrefined[ʌnri'faind] *adj* i parafinuar, bruto. 2.*fig* i palëmuar, i vrazhdë.

unreflecting [ʌnri'flekting] *adj* 1.jopasqyrues (mjedis). 2.*fig* i papërmbajtur, i nxituar, impulsiv.

unregarded[ʌnri'ga:did] *adj* i pavënëre.

unregistered[ʌnri'xhistë:d] *adj* 1. e paregjistruar(lindje); i padeklaruar.2.pa targë(makinë).3.e thjeshtë, e paregjistruar, jorekomande(letër).

unrelated[ʌnri'leitid] *adj* pa ndonjë lidhje.

unreliability[ʌnrilajë'bilëti] *n* 1.mungesë serioziteti. 2.mungesë sigurie(e makinës etj).

unreliable[ʌnri'lajëbël] *adj* 1.i pasigurt; joserioz, që s'mund të mbështetesh(njeri).2.i dyshimtë (informacion). 3.i pasaktë, që s'i beson dot(sahat).

unrelieved[ʌnri'li:vd] *adj* 1.e vazhdueshme(dhimbje). 2.i njëjtë, uniform; monoton.

unremitting[ʌnri'miting] *adj* 1.i vazhdueshëm; i paprerë. 2.këmbëngulës; i palodhur.

unremittingly[ʌnri'mitingli] *adv* pa pushim.

unremunerative[ʌnri 'mju:nërëtiv] *adj* 1.e paguar keq, pa leverdi(punë). 2.*fig* i pafrytshëm.

unrepeatable [ʌnri'pi:tëbël] *adj* 1.i papërsëritshëm; i jashtëzakonshëm.2.që s'thuhet, që s'ta nxë goja.

unreservedly[ʌnri'zë:vidli] *adv* çiltërsisht, hapur; pa rezerva.

unresponsive[ʌnris'ponsiv] *adj* që nuk reagon; i pandieshëm.

unrest[ʌn'rest] *n* 1.çrregullim. 2.trazirë.

unrestrained[ʌnri'streind] *adj* 1.i papërmbajtur. 2.i shfrenuar.

unrestricted[ʌnri'striktid] *adj* 1.i pakufizuar. 2.e lirë(hyrje).

unrewarded [ʌnri'wo:did] *adj* i pashpërblyer (mund).

unrewarding[ʌnri'wo:ding] *adj* 1.i padobishëm, i kotë, joproduktiv. 2.që s'ia vlen; i paleverdishëm.

unrighteous[ʌn'raitës] *adj* 1.i mbrapshtë. 2.mëkatar; i shthurur, i çoroditur.

unripe[ʌn'raip] *adj* i papjekur.

unrival(l)ed[ʌn'raivëld] *adj* i pakrahasueshëm, i pashoq.

unrobe[ʌn'roub] *v* 1.zhvishem. 2.zhvesh.

unroll[ʌn'rol] v 1.shpështillet. 2.shpështjell.

UNRRA[juenarar'ei] n (shkurtim për **United Nations Relief and Rehabilitation Administration**) UNRRA.

unruffled[ʌn'rʌfëld] adj 1.i lëmuar.2.fig i patrazuar, i qetë; **carry on unruffled** vazhdoj pa e prishur terezinë.

unruly[ʌn'ru:li] adj 1.i pashtruar (flok). 2.i padisiplinuar(fëmijë).

unsafe[ʌn'seif] adj 1.i pasigurt; i rrezikshëm; **water unsafe to drink** ujë që nuk pihet.2.në rrezik, i rrezikuar.

unsaid[ʌn'sed] adj i pashprehur.

unsatisfactory [ʌnsætis'fækçëri] adj i pakënaqshëm, që lë për të dëshiruar.

unsatisfied[ʌn'sætisfaid] adj 1.i pakënaqur.2.i papërmbushur(premtim). 3.e pashuajtur(kureshtje).

unsatisfying [ʌn'sætisfajing] adj i pakënaqshëm; që s'të ngop(ushqim).

unsavo(u)ry[ʌn'seivëri] adj 1.pa shijë.2.e neveritshme(erë). 3.fig i papëlqyeshëm; i bezdisshëm.

unsay[ʌn'sei] vt marr mbrapsht, mohoj.

unscathed[ʌn'skeidhd] adj i pacenuar; pa dëm.

unscramble[ʌn'skræmbël] vt telek deshifroj.

unscratched[ʌn'skreçt] adj 1.pa gërvishtje. 2.pa dëm, shëndoshë e mirë.

unscrew[ʌn'skru:] v 1.zhvidos. 2.zhvidoset.

unscrupulous[ʌn'skru:pjulës] adj i paskrupull; i pandershëm.

unseal[ʌn'si:l] vt hap(zarfin).

unseasonable[ʌn'si:zënëbl] adj jashtë stine, që s'e ka kohën(frut etj).

unseasoned [ʌn'si:zënd] adj 1.i pastazhionuar (dru). 2.pa erëza(gjellë).

unseat[ʌn'si:t] vt 1.pol heq nga parlamenti, i heq mandatin(deputetit). 2.hedh/rrëzoj nga kali.

unsecured[ʌnsi'kjuë:d] adj fin i zbuluar, i pagarantuar.

unseemliness[ʌn'si:mlinis] n sjellje e pahijshme; paturpësi.

unseemly[ʌn'si:mli] adj i pahijshëm; i paturpshëm; i ndyrë, i turpshëm.

unseen[ʌn'si:n] adj,n -adj 1.i padukshëm. 2.i pavënëre. 3.i çastit(përkthim).
-n 1.Br përkthim i çastit(në gjuhën amtare). 2.**the unseen** bota e fshehtë.

unselfish[ʌn'selfish] adj bujar; joegoist.

unselfishness[ʌn'selfishnis] n bujari.

unsettle[ʌn'setël] vt 1.prish (kohën). 2.turbulloj (dikë). 3.trazoj (stomakun).

unsettled[ʌn'setëld] adj 1.i turbulluar; i shqetësuar.2.i paqëndrueshëm(mot); i pastabilizuar(treg). 3.i pazgjidhur, i mbetur pezull(problem). 4.i trazuar (stomak). 5.i pabanuar(vend).

unsettling[ʌn'setling] adj 1.shqetësues(lajm). 2. turbullues(efekt).

unshackle[ʌn'shækël] vt 1.çprangoj, i heq prangat. 2.fig çliroj; emancipoj.

unshaded[ʌn'sheidid] adj 1.pa hije, në diell. 2.pa abazhur (llampë). 3.e pangjyrosur; e pahijezuar (hartë).

unshaken[ʌn'sheikën] adj 1.i palëkundur, i patundur. 2.i kthjellët, me mendjen top.

unshrinkable[ʌn'shrinkëbël] adj që nuk hyn në ujë.

unsightly[ʌn'saitli] adj i shëmtuar.

unsigned[ʌn'saind] adj i panënshkruar.

unsinkable [ʌn'sinkëbël] adj 1.i pafundosshëm. 2.pol i pasulmueshëm.

unskil(l)ful[ʌn'skilful] adj i ngathët; i paaftë.

unskilled [ʌn'skild] adj 1.pa përvojë; i pakualifikuar. 2.e thjeshtë, e pakualifikuar(punë).

unskimmed [ʌn'skimd] adj i paskremuar (qumësht).

unsociable[ʌn'soushëbël] adj i egër, i paafrueshëm, i pashoqërueshëm.

unsocial[ʌn'soushël] adj : **work unsocial hours** punoj jashtë orëve normale të punës.

unsold[ʌn'sould] adj i pashitur.

unsolved[ʌn'soulvd] adj i pazgjidhur.

unsophisticated [ʌnsë'fistëkeitid] adj 1.i thjeshtë(njeri, stil); pa ndërlikime.

unsound[ʌn'saund] adj 1.i lëkundshëm, i paqëndrueshëm, i dobët(shëndet).2.i pashëndetshëm. 3.i kalbur(dru);që nuk mban(urë).4.i pasigurt; me rrezik. 5.fig i çalë(arsyetim).6.fig i papranueshëm (kërkesë). 7.i pazoti(lojtar etj).

unsparing[ʌn'speëring] adj 1.i pakursyer, bujar. 2.i pamëshirshëm, mizor.

unsparingly[ʌn'speëringli] adv 1.bujarisht. 2. pa u kursyer, pa u lodhur.

unspeakable[ʌn'spi:këbël] adj 1.i papërshkrueshëm. 2.shumë i keq, i neveritshëm; **it's unspeakable!** kjo është e neveritshme!

unspecifically[ʌnspë'sifikëli] adv në mënyrë të paqartë; turbull; pa hyrë në hollësira.

unspoiled[ʌn'spoild] adj 1.i paprishur; i padëmtuar. 2.i natyrshëm; i pallastuar; në tipin e vet.

unsporting [ʌn'spo:ting] adj jokorrekt, hileqar (sportist); i palezetshëm, josportiv(gjest).

unsportsmanlike [ʌn'spo:tsmënlaik] adj shih **unsporting**.

unstable[ʌn'steibël] adj i paqëndrueshëm.

unstained[ʌn'steind] adj 1.i pangjyruar (dru). 2.pa njolla, e panjollosur(rrobe).3.fig i panjollë.

unstamped[ʌn'stæmpd] adj 1.pa pullë (zarf). 2.i pavulosur(dokument).

unsteadily [ʌn'stedili] adv 1.me hap të lëku-ndur. 2.me ton të pasigurt.

unsteady [ʌn'stedi] adj 1.i paqëndrueshëm. 2.i pasigurt. 3.i çrregullt. 4.i pavendosur.

unstick[ʌn'stik] v 1.shqis.2.shqitet.3.gj.fol hedh

poshtë(një plan).

unstrap[ʌn'stræp] *vt* shkëpus.

unstressed [ʌn'strest] *adj gram* e patheksuar (rrokje).

unstring[ʌn'string] *vt* (**unstrung**) 1.heq. 2.liroj, çtendos. 3.*fig* shkreh, ligështoj(dikë).

unstrung[ʌn'strʌng] *adj* 1.me tela të hequra / të shtendosura. 2.*fig* i shkrehur, i ligështuar.

unstudied[ʌn'stʌdid] *adj* i natyrshëm, i vetvetishëm.

unsubsidized[ʌn'sʌbsëdaizd] *adj* i pasubvencionuar.

unsuccessful [ʌnsëk'sesful] *adj* i pasuksesshëm; i dështuar, i kotë; i pafrytshëm.

unsuccessfully [ʌnsëk'sesfuli] *adv* më kot, pa sukses.

unsuitable[ʌn'su:tëbël] *adj* 1. i papërshtatshëm. 2.i papëlqyeshëm; pa vend.

unsuited[ʌn'su:tid] *adj* (**to, for**) i papërshtatshëm(për).

unsupported[ʌnsë'po:tid] *adj* 1.*ndërt* pa mbështetje(strukturë).2.e pakonfirmuar(deklaratë).3.pa miq, pa përkrahje(kandidat). 4.pa burime financiare, pa të ardhura, pa ndihmë(familje).

unsure[ʌn'shuë:] *adj* i pasigurt.

unsurmountable [ʌnsë:'mauntëbël] *adj* i pakapërcyeshëm, i pakalueshëm.

unsurpassable [ʌnsë:'pæsëbël] *adj* i paarritshëm, që s'ia kalon dot kush.

unsurpassed[ʌnsë:'pa:st] *adj* i pakapërcyer

unsuspecting[ʌnsës'pekting] *adj* drejt-e-drejt, që u beson të tjerëve, mosdyshues.

unsuspicious [ʌnsës'pishës] *adj* 1. mosdyshues, që nuk dyshon. 2.jo i dyshimtë, që s'të lë të dyshosh.

unswerving[ʌn'swë:ving] *adj* i patundur, i palëkundur(besim).

unswervingly[ʌn'swë:vingli] *adv* pa u lëkundur; pa u tundur nga e vetja.

unsympathetic[ʌnsimpë'thetik] *adj* mospërfillës, moskokëçarës, indiferent.2.antipatik, i pakëndshëm.

unsystematically [ʌnsistë'mætikëli] *adv* pa sistem, pa metodë, në mënyrë josistematike.

untainted [ʌn'teintid] *adj* 1.i freskët (mish etj). 2.*fig* i panjollosur(emër). 3.*fig* i pastër, i pakorruptuar.

untamed[ʌn'teimd] *adj* 1.e egër, e pazbutur (kafshë). 2.*fig* i papërmbajtur(pasion).

untangle[ʌn'tængël] *vt* 1.zgjidh (nyjën); shprish (flokët). 2.*fig* zgjidh(një enigmë). 3.*fig* prish (një komplot).

untapped[ʌn'tæpt] *adj* i pashfrytëzuar(burim).

untarnished[ʌn'ta:nisht] *adj* pa njollë, i panjollosur(edhe *fig*).

untaxable[ʌn'tæksëbël] *adj* i patatueshëm.

untested [ʌn'testid] *adj* i paprovuar, i pavënë në provë.

unthinkable [ʌn'thinkëbël] *adj* i papërfytyrueshëm.

unthinking [ʌn'thinking] *adj* i hutuar, i shastisur; pa mend në kokë.

untidy[ʌn'taidi] *adj* 1.i veshur pa kujdes, shkatarraq. 2. i hallakatur. 3. e çrregullt (pamje). 4.shkel-e-shko; i rrëmujshëm.

untie [ʌn'tai] *vt* zgjidh; liroj (nyjën, të burgosu-rin etj).

until[ën'til] *prep,conj* -*prep* deri, gjer; **until the next day** deri të nesërmen; **until now** gjer tani; **until 1990** deri në vitin1990, gjer më 1990-ën.

-*conj* derisa; **until she comes** derisa të vijë ajo; **until you get my letter** derisa të marrësh letrën time.

untilled[ʌn'tild] *adj* e papunuar, e palëruar.

untimely[ʌn'taimli] *adj* i parakohshëm; **come to an untimely end** a)vdes para kohe(dikush); b)hidhet poshtë pa mbaruar ende(projekti).

untiring[ʌn'tajëring] *adj* i palodhur.

untiringly[ʌn'tajëringli] *adv* pa u lodhur.

unto['ʌntu] *prep* shih **to, towards.**

untold[ʌn'tould] *adj* 1.i patreguar; i pazbuluar. 2.i pallogaritshëm. 3.i papërshkrueshëm (gëzim, dëshpërim).

untouched[ʌn'tʌçt] *adj* 1.i paprekur (ushqim). 2.i pacenuar, i padëmtuar. 3.*fig* i pandieshëm, mospërfillës.

untoward[ʌntë'wo:d] *adj* 1.e pafavorshme (erë) 2.i mbrapshtë. 3.kokëfortë.

untrained [ʌn'treind] *adj* 1. i pakualifikuar (punonjës). 2.i papërpunuar(zë). 3.e pastërvitur (kafshë).

untried [ʌn'traid] *adj* 1. i pavënë në provë. 2.*drejt* i pagjykuar.

untroubled [ʌn'trʌbëld] *adj* i patrazuar; i pashqetësuar; i qetë.

untrue[ʌn'tru:] *adj* 1.i gabuar, i pasaktë; jo i vërtetë. 2.jobesnik.

untrustworthy[ʌn'trʌstwë:dhi] *adj* i pasigurt; jo i besuar; i dyshimtë.

untruthful[ʌn'truthful] *adj* 1.i rremë, i gënjeshtërt. 2.gënjeshtar.

untutored[ʌn'tju:të:d] *adj* 1.i pashkolluar.2.e paformuar(shijë).

unusable[ʌn'ju:zëbël] *adj* i papërdorshëm.

unused[ʌn'ju:zd] *adj* 1.e papërdorur, e re(rrobë, pajisje). 2.(**to**)i pamësuar(me).

unusual[ʌn'ju:zhuël] *adj* 1.i pazakonshëm, i rrallë. 2.i jashtëzakonshëm. 3.i çuditshëm; **that's unusual for her!** kjo nuk pritej prej saj!

unusually[ʌn'ju:zhuëli] *adv* jashtëzakonisht; tepër.

unvaried[ʌnvë'raid] *adj* i palarmishëm; monoton.

unvarnished[ʌn'va:nisht] *adj* 1.i palustruar; i pallakuar. 2.*fig* i pazbukuruar, i palustruar.

unvarying [ʌnvë'rajing] *adj* i pandryshueshëm, konstant.

unveil[ʌn'veil] *vt* 1.zbuloj, nxjerr në shesh(një të fshehtë. 2.heq velin, zbuloj fytyrën.

unvoiced[ʌn'voist] *adj* 1.i pashprehur (opinion). 2.*gram* e pazëshme, e shurdhët (bashkëtingëllore).

unwanted [ʌn'wontid] *adj* 1. i tepërt, që nuk hyn në punë(send). 2.i padëshiruar; që nuk e duan (fëmijë).

unwarrantable [ʌn'worëntëbël] *adj* i pajustifi-kueshëm; i palejueshëm.

unwary[ʌn'weëri] *adj* 1.i pamatur (veprim).2.jo-vigjilent; i shkujdesur(njeri).

unwavering[ʌn'wevëring] *adj* i patundur, i pa-lëkundur.

unwearied [ʌn'wiërid] *adj* i palodhur; i paepur.

unwearying[ʌn'wiëriing] *adj* shih **unwearied**.

unwed[ʌn'wed] *adj* i pamartuar.

unwelcome [ʌn'welkëm] *adj* 1.i papëlqyer. 2. pa vend; në kohë të papërshtatshme(vizitë etj).

unwell [ʌn'wel] *adv* keq, pa qejf; **feel unwell** nuk ndihem fort mirë.

unwieldy[ʌn'wildi] *adj* 1.i pavolitshëm, i pama-novrueshëm. 2.i rëndë; kaba. 3.i ngathët.

unwilling[ʌn'wiling] *adj* jo i gatshëm; mosda-shës; **be unwilling for sb to go** nuk dua që dikush të iki.

unwillingly[ʌn'wilingli] *adv* pa qejf, pa dëshirë.

unwillingness [ʌn'wilingnis] *n* pagatishmëri, mosdashje, mosdëshirë.

unwind [ʌn'waind] *v* 1.shpështjell. 2.shpështi-llet. 3.*fig* lëshohem, çtendosem.

unwise [ʌn'waiz] *adj* i pamatur; pa vend; pa mend (veprim).

unwitting[ʌn'witing] *adj* pa dashje, i paqëllimtë (veprim).

unwittingly [ʌn'witingli] *adv* pa dashje, pa që-llim.

unwonted [ʌn'wontid] *adj* i rrallë; i pazakon-shëm.

unworkable [ʌn'wë:këbël] *adj* 1.i pazbatue-shëm.2.i pashfrytëzueshëm(vendburim).3.i vështirë për t'u punuar(material).4.që nuk ecën, joprak-tike(metodë).

unworidiy[ʌn'wë:dii] *adj* 1.idealist, i fluturuar jo-realist; naiv. 2.*fig* qiellore, hyjnore(bukuri).

unworthy[ʌn'wë:dhi] *adj* 1.i pamerituar; që nuk meriton. 2.e padenjë(dhuratë). 3.jodinjitoz; i pahij-shëm; i turpshëm(qëndrim).4.pa vlerë.

unwrap[ʌn'ræp] *vt* çmbështjell, hap(pakon).

unwritten [ʌn'ritën] *adj* 1.e pashkruar(fletë). 2.i vetëkuptueshëm, i pashkruar; **unwritten law** ligj i pashkruar.

unyielding[ʌn'ji:lding] *adj* i paepur, i palëku-ndur.

unyoke[ʌn'jouk] *vt* 1.çmbreh, i heq zgjedhën. 2.shkëpus; veçoj.

unzip[ʌn'zip] *vt* hap/zbërthej zinxhirin; **can you unzip me?** a ma zbërthen pak zinxhirin?

up[ʌp] *adv,prep,adj,n,v*   -*adv* 1.lart; sipër; **up there** aty lart, atje; **up in the air** në ajër; **2 floors up from me** dy kate sipër meje. 2.çuar, ngritur, zgjuar; **get up!** çohu! **she was up at 9** ajo u ngrit në orën 9; **be up all night** rri zgjuar gjithë natën; **be up and about/and doing** çohem e nis nga punët. 3.më lart(çmimet); më shtrenjt(malli); e lart; **it is up on last month** është shtrenjtuar në krahasim me një muaj përpara; **from 10 leks up** 10 lekë e lart. 4.mbi horizont(dielli).5.krejt, plotësisht; **the house burned up in a few minutes** shtëpia u dogj krejt brenda pak minutave. 6.në mbarim; **it is up on the 1st** mbaron më datë 1; **it's all up with him!** puna e tij ka marrë fund! **your time is up now** iku koha jote. 7.bashkë; **add these up** mblidhi këto. 8.baraz; **keep up with the times** shkoj me kohën, nuk mbetem pas. 9.në pah; **bring up a new topic** ngre një çështje të re. 10.deri; **up to there** deri atje; **they'll pay up to $20** ata nuk paguajnë më shumë se 20 dollarë. 11.andej sipër; andej tutje; **she's up from Shkodra** është nga Shkodra; **up North** tutje nga veriu; **up in Kosova** andej nga Kosova. 12.këndej; **they're up for the day** do të rrinë këndej gjithë ditën. 13.keq; jo mirë; që nuk shkon; **what's up?**si është puna? **what's up with her?** çfarë ka ajo?; si e ka punën ajo? **there's sth up with my car** se ç'më ka makina. +**up against** *gj.fol* përballë; **he doesn't know what he is up against** ai nuk e di se ç'e pret; **she is really up against it** e ka vërtet pisk punën.

+**up and down** poshtë e lart, tutje-tëhu.

+**up for** (si) kandidat: **she is up for election to the committee** ajo ka vënë kandidaturën për t'u zgjedhur në komitet.

+**up to** a)duke bërë: **what are you up to?** çfarë je duke bërë?; **he's up to sth/to no good** se ç'po kurdis ai; b)në lartësinë e duhur; në gjendje: **the book isn't up to much** libri nuk është kushedi se çfarë; **do you feel up to going?** ta merr mendja se je në gjendje të shkosh? c)në varësi të: **it's up to me to decide** e kam unë në dorë të vendos.

-*prep* 1.lart; përpjetë; sipër; majë; **up the tree** majë pemës(rri); (lart) në pemë(hipi); **travel up and down the country** i bie vendit poshtë e përpjetë. 2.drejt, në drejtim të; në fund të; **she pointed up the street** ajo tregoi me dorë nga fundi i rrugës. + **they drive me up the wall** *fig* ata më luajnë nga mendtë e krese.

-*adj* 1.i përparmë. 2.i sipërm; i drejtuar sipër. 3.i çuar, i ngritur, zgjuar. 4.i afërt. 5.i njohur (me), i mirinformuar (për). 6.i avancuar, përpara, para; **they are two games up** ata janë tri ndeshje para. 7.*Br hek* e qytetit, qytetëse, që të çon në qytet(linjë, tren).

8.i ngazëllyer; **be up** jam në formë; jam shend e
verë.
+**up and about** aktiv, në aktivitet(pas sëmundjes
etj).
+**up and doing** a) i zënë me punë; b)aktiv.
-*n* 1.ngjitje; e ngritur. 2.*gj.fol* mbarësi, periudhë
ngjitjeje; **after many ups and downs** pas shumë
ngjitjesh e zbritjesh/të përpjetash e të tatëpjetash; **be
on the up** bëj përparime; **be on the up and
up** a)*Br* i kam punët si mos më mirë; b)*amer* jam
krejt i ndershëm; **it's on the up and up** a)*Br* po
përmirësohet; b)*amer* është krejt në rregull /krejt e
ndershme.
-*v gj.fol* 1.ngre; rris(çmimet). 2.ngre(në për-
gjegjësi). 3.çohem, ngrihem.
up-and-coming['ʌpën'kʌming] *adj gj.fol* prem-
tues(aktor etj); në ngjitje(politikan).
up-and-down ['ʌpën'daun] *adj* 1.poshtë-e-lart;
ngjitës-zbritës; vajtje-ardhje(lëvizje). 2.*fig* me të
përpjeta e të tatëpjeta.
up-and-up['ʌpënd'ʌp] *n* shih **up** *n.*
upbeat['ʌpbi:t] *n,adj* -*n* 1.*muz* ngjitje. 2.rigja-
llërim.
-*adj gj.fol* premtues, që jep shpresa; optimist.
upborne[ʌp'bo:n] *adj* 1.i ngritur lart. 2.i mbë-
shtetur.
upbound['ʌpbaund] *adj* i drejtuar lart, për lart.
upbraid[ʌp'breid] *vt* qortoj, shaj.
upbringing['ʌpbringing] *n* edukim.
upchuck['ʌpçʌk] *vi amer zhrg* vjell.
upcoming['ʌpkʌming] *adj amer* i shpejtë, i me-
njëhershëm, që pritet të vijë.
up-current['ʌpkʌrënt] *n Br av* rrymë ajri ngji-
tëse.
update [*v* ʌp'deit; *n* 'ʌpdeit] *v,n* -*vt* freskoj,
azhurnoj(të dhënat).
-*n* freskim, azhurnim.
up-draft['ʌpdræft] *n amer* shih **up-current.**
upend[ʌp'end] *vt* 1.ngre / vë në këmbë (arkën).
2.*fig* përmbys.
up-front[ʌp'frʌnt] *adj,adv* -*adj* 1.*amer* i çiltër.
2.*amer* i rëndësishëm. 3.i parapaguar.
-*adv* 1.para kohe, paraprakisht(paguaj). 2.*amer*
haptas.
upgrade['ʌpgreid] *n,adv,adj,v* -*n* e përpjetë; **be
on the upgrade** a)ecën, përparon(puna); b)ngrihet,
është në rritje (çmimi); c)përmirësohet (i sëmuri).
-*adv* përpjetë.
-*adj* i përpjetë.
-*vt* 1.përmirësoj. 2.modernizoj. 3.ngre në post.
upheaval[ʌp'hi:vël] *n* 1.*pol* trazirë. 2.rrëmujë.
3.*fig* përmbysje.
uphill['ʌphil] *adv,adj* -*adv* (në të) përpjetë.
-*adj* 1.i përpjetë. 2.*fig* i vështirë.
uphold[ʌp'hould] *vt* 1.përkrah; mbështes.2.mbaj
lart (emrin e mirë). 3.*drejt* konfirmoj, mbaj të pa-

ndryshuar(një vendim).
upholder[ʌp'houldë:] *n* përkrahës, mbrojtës.
upholster[ʌp'houlstë:] *vt* vesh/mbush/pajis me
susta(kolltuqet).
upholsterer[ʌp'houlstërë:] *n* tapicier.
upholstery[ʌp'houlstëri] *n* tapiceri.
upkeep['ʌpki:p] *n* mirëmbajtje; shpenzime mirë-
mbajtjeje.
upland['ʌplænd] *n,adj* -*n* pllajë, rrafshnaltë.
-*adj* i lartësive.
uplift['ʌplift] *n,vt* -*n fig* frymëzim; ekzaltim.
-*vt* 1.ngre. 2.*fig* ngre moralisht; frymëzoj.
uplift bra *n* gjimbajtëse, sutien.
upmost['ʌpmoust] *adj* më i larti(edhe *fig*).
upon[ë'pon] *prep* shih **on.**
upper['ʌpë:] *adj,n* -*adj* 1.i sipërm; më i lartë;
the upper floor kati i sipërm; **in the upper thirties**
mbi të tridhjetepesat. 2.*fig* i lartë; **the upper classes**
shtresat e larta/e pasura; **the upper house of Par-
liament** Dhoma e Lartë e Parlamentit. 3.*gjeol* i vo-
në. 4.*gjeog* i sipërm, i epërm; verior.
-*n* 1.faqe, suprinë(e këpucës). 2.*amer hek* shtrat i
sipërm.3.*amer zhrg* nxitës, stimulues(hapje); drogë.
+ **be down on one's uppers** jam në ditë të hallit.
upper case *n polig* kasë e gërmave të mëdha.
upper-case letter *n* gërmë e madhe.
upper-class['ʌpë:klæs] *adj* aristokratik.
upperclassman['ʌpë:klæsmën] *n amer* student i
viteve të fundit.
upper-crust['ʌpë:krʌst] *adj gj.fol* aristokratik.
uppercut['ʌpë:kʌt] *n,v sport* -*n* goditje nga po-
shtë/nën mjekërr.
upper hand *n* epërsi; **have the upper hand** kam
epërsi.
Upper House *n pol* 1. Dhomë e Lartë (e Par-
lamentit). 2.*Br* Dhomë e Lordëve.3.*amer* Senat.
upper middle class *n* borgjezia e lartë.
uppermost['ʌpë:moust] *adj,adv* -*adj* 1.më i larti;
i kreut.2.më i fuqishmi; më i shquari; mbizotërues.
-*adv* më lart; në majë, në krye.
upper school *n* klasat e larta; viti i fundit, ma-
tura.
Upper Volta *n gjeog* Volta e Sipërme.
uppish['ʌpish] *adj gj.fol* i fryrë, hundëpërpjetë;
arrogant; **get uppish with sb** e shikoj dikë nga lart
poshtë.
uppity['ʌpëti] *adj* shih **uppish.**
upraise[ʌp'reiz] *vt* ngre.
uprear[ʌp'rië:] *vt* ngre.
upright['ʌprait] *adj,adv,n* -*adj* 1.i drejtë, në kë-
mbë, vertikal. 2.*fig* i drejtë, i ndershëm.
-*adv* drejt, në këmbë; vertikalisht.
-*n* 1.pozicion vertikal. 2.kasë(dritareje). 3.piano
vertikale.
upright freezer *n* dollap-frigorifer.
uprightly ['ʌpraitli] *adv* me drejtësi, me nder-

shmëri.

uprightness['ʌpraitnis] *n* ndershmëri, korrektesë, drejtësi.

uprise[*v* ʌp'raiz; *n* 'ʌpraiz] *v,n* -*vi* 1.ngrihet. 2.merr përpjetë(rruga). 3.rritet, shtohet. -*n* 1.ngritje; e ngritur. 2.e përpjetë.

uprising['ʌpraizing] *n* kryengritje, revoltë.

upriver[ʌp'rivë:] *adv,adj* -*adv* përpjetë(lumit). -*adj* i rrjedhës së sipërme; i burimit(të lumit).

uproar ['ʌpro:] *n* zhurmë, poterë; trazirë; protestë.

uproarious [ʌp'ro:riës] *adj* 1.i zhurmshëm, i potershëm.2.kukurisës.3.gajasës, që të shkul gazit.

uproariously[ʌp'ro:riësli] *adv* 1.me zhurmë, me poterë. 2.me kukurisje.

uproot[ʌp'ru:t] *vt* çrrënjos(edhe *fig*).

upsa-daisy['ʌpsëdeizi] *excl* hopla!

upset [*v* ʌp'set; *n,adj* edhe 'ʌpset] *v,n,adj* -*vt* 1.përmbys; rrokullis. 2.derdh. 3.*fig* çrregulloj; prish (planet). 4.fyej, lëndoj; mërzis; zemëroj (dikë). 5.merakos; bëj keq; sëmur(dikë).

-*adj* 1.i fyer, i prekur, i lënduar; i sëndisur, i mërzitur; i zemëruar. 2.pa qejf, i sëmurë. 3.i trazuar (stomak).

-*n* 1.çrregullim, rrëmujë.2.përmbysje (e planeve). 3.mërzitje. 4.nxehje; zënkë, grindje. 5.trazim(i stomakut).

upset price *n amer* çmim fillestar(në ankand).

upsetting[ʌp'seting]*adj* 1.fyes, lëndues.2.trishtues; dëshpërues. 3.bezdisës; irritues.

upshot['ʌpshot] *n* përfundim, rezultat; pasojë. + **in the upshot** si përfundim.

upside['ʌpsaid] *n* anë e sipërme.

upside down *adv* 1.kokëposhtë, përmbys; së prapthi. 2.rrëmujë, lesh-e-li; **turn upside down** a)përmbys(arkën); b)*fig* kthej përmbys, shpartalloj(planet).

upside-down cake *n* ëmbëlsirë me fruta përfund (që serviret së prapthi).

upsilon['ju:psëlon] *n* ypsilon, Y.

upstage['ʌpsteixh] *adv,adj,v* -*adv* në fund të skenës; në prapaskenë.

-*adj* 1.i prapaskenës. 2.*fig* kryelartë; snob. -*v* 1.shtyj drejt prapaskenës. 2.*fig* lë në hije, eklipsoj(të tjerët), nxjerr veten ne pah.

upstairs['ʌpsteë:z] *adv,adj,n* -*adv* sipër, lart, në katin e sipërm; **go upstairs** ngjitem lart, ngjis shkallët; **the people upstairs** banorët e katit sipër. + **kick sb upstairs** ngre në pozitë dikë për ta hequr qafe; **she's got not much upstairs** nuk është fort e zgjuar.

-*adj* i katit sipër, në katin e sipërm; **prefer an upstairs room** preferoj një dhomë lart.

-*n* kat i sipërm; **the house has no upstairs** shtëpia nuk ka kat të dytë.

upstanding[ʌp'stænding] *adj* 1.i drejtë; në kë-

mbë; **be upstanding** ngrihu në këmbë. 2.i shëndetshëm, truplidhur. 3.*fig* i drejtë, i ndershëm.

upstart['ʌpsta:t] *n,adj* -*n* 1.zengjin i ri. 2.arrivist.

-*adj* i fryrë, fodull.

upstate[ʌp'steit] *adv,adj amer* -*adv* në brendësi të shtetit.

-*adj* i brendësisë; **upstate New York** pjesa veriore e shtetit të Nju Jorkut.

upstream[ʌp'stri:m] *adv,adj* -*adv* 1.në rrjedhën e sipërme; drejt burimit. 2.kundër rrymës. -*adj* i rrjedhës së sipërme.

upstretched[ʌp'streçt] *adj* të shtrira, të hapura; **with arms upstretched** krahëhapur.

upstroke['ʌpstrouk] *n* 1.lëvizje përpjetë.2.*tek* rrugë e sipërme(e pistonit).

upsurge['ʌpsë:xh] *n,v* -*n* 1.rritje e shpejtë(e çmimeve). 2.valë(emocioni).

-*vi* 1.rritet, ngrihet; ngjitet vrullshëm. 2.gufon.

upswept['ʌpswept] *adj* 1. i prirur/i drejtuar përpjetë. 2.të mbledhur majë kokës(flokë).

upswing ['ʌpswing] *n* 1.lëvizje ngjitëse; ngjitje. 2.*fig* përmirësim i dukshëm.

upsy-daisy['ʌpsëdeizi] *excl* shih **upsa-daisy**.

uptake ['ʌpteik] *n* 1.kapje; marrje; thithje.2.aspirator. + **be quick/slow on the uptake** i thith shpejt /i kap me vonesë gjërat.

upthrust ['ʌpthrʌst] *n* 1. *tek* lëvizje ngjitëse/përpjetë. 2.*gjeol* ngritje toke.

uptight[ʌp'tait] *adj gj.fol* 1.i ngrefosur, gati për sherr. 2.i tendosur, në ankth. 3.pedant, i ngurtë (qëndrim). 4.*amer* ngushtë, trokë, pa një dysh në xhep.

up-to-date[ʌptë'deit] *adj* 1.i azhurnuar, i freskët (informacion).2.i kohës së fundit.3.modern; i modës.

uptorn[ʌp'to:n] *adj* i shkulur, i çrrënjosur.

uptown[ʌp'taun] *adv,adj amer* -*adv* në qendër (të qytetit).

-*adj* i qendrës.

upturn [*v* ʌp'të:n; *n* 'ʌptë:n] *v,n* -*vt* 1.kthej mbrapsht/së prapthi. 2.përmbys; **upturned nose** hundë me majë përpjetë.

-*n* 1.kthim përpjetë. 2.përmirësim, kthesë për mirë.

upward['ʌpwë:d] *adj,adv* -*adj* 1.ngjitëse(lëvizje). 2.rritës. 3.i përpjetë. + **upward of** mbi, më shumë se.

-*adv* shih **upwards**.

upward mobility *n* mundësi përmirësimi të gjendjes shoqërore.

upwardly['ʌpwë:dli] *adv* në ngjitje; përpjetë.

upwards ['ʌpwë:dz] *adv* 1.përpjetë; lart; **move /walk upwards** ngjitem; **face upwards** me kapakun nga lart; **be lying face upwards** shtrihem në shpinë. 2.e tutje; e lart; **prices from 100 leks upwards** çmime nga 100 lekë e lart; **upwards of 1000** mbi 1000, 1000 e ca.

upwind[ʌp'wind] *adv* kundër erës.

uraemia[ju'ri:mië] *n mjek* uremi, azotemi.

Ural['juërël] *n gjeog* Ural; **the Urals** Uralet, malet Ural.

uranalysis[juërë'nælisis] *n shih* **urinalysis**.

uranium[juë'reiniëm] *n kim* uranium.

Uranus[juë'reinës] *n astr,mit* Uran.

urban['ë:bën] *adj* qytetës, urban.

urban development zone *n* zonë urbanizimi me përparësi.

urban guerilla *n* njësit gueril.

urbane[ë:'bein] *adj* i qytetëruar, i njerëzishëm.

urbanite['ë:bënait] *n amer* qytetar.

urbanity[ë:'bænëti] *n amer* mirësjellje.

urbanization[ë:bënai'zeishën] *n* urbanizim.

urbanize['ë:bënaiz] *vt* urbanizoj.

urchin['ë:çin] *n* çapkën, djalë i prapë, hashari.

urea['juërië] *n* ure.

uremia[ju'ri:mië] *n shih* **uraemia**.

ureter[ju'ri:të:] *n anat* ureter.

urethra[ju'ri:thrë] *n anat* uretër.

urge[ë:xh] *v,n -vt* 1.shtyj, nxis(dikë); **she needed no urging** ajo s'kishte nevojë ta nxisje.2.bind; detyroj. 3.theksoj, i mëshoj.

-n 1.dëshirë e fortë; **feel/have the urge to do sth** më kanë duart për diçka. 2.nxitje, shtytje.

+urge on a)shtyj përpara; b)nxis; detyroj; c)i jap shtytje/vrull(punës).

urgency['ë:xhënsi] *n* 1.urgjencë; ngut; **there's no urgency** s'kemi ndonjë ngut. 2.ngulmim; **with a note of urgency in her voice** me ton ngulmues.

urgent['ë:xhënt] *adj* 1.urgjent; i ngutshëm; **it's urgent!** nuk pret puna! **be in urgent need of** kam nevojë urgjente për. 2.ngulmues; **be urgent about the need for** ngul këmbë për nevojën e...

urgently ['ë:xhëntli] *adv* urgjentisht; pa vonesë; menjëherë; **be urgently in need of** kam nevojë urgjente për; **please reply urgently** ju lutemi përgjigjuni pa vonesë.

urinal ['juërinël] *n* 1.shurrëtore, WC publike. 2. oturak.

urinalysis[juëri'nælësis] *n mjek* analizë urine.

urinary['juërinëri] *adj* i urinës.

urinate['juërineit] *vi* urinoj, shurroj, pshurr.

urine['juërin] *n* urinë, shurrë.

urn[ë:n] *n* 1.brokë; çajnik. 2.urnë.

urologist[juë'rolëxhist] *n mjek* urolog.

Ursa['ë:së] *n astr* : **Ursa Major, Ursa Minor** Arusha e Madhe, Arusha e Vogël.

urticaria[ë:ti'keërië] *n mjek* urtikarie, hithës.

Uruguay['ju:rëgwai] *n gjeog* Uruguaj.

Uruguayan[juërë'gwajën] *n,adj* uruguajan.

US[ju:'es] *n gjeog* (shkurtim për **United States**) SHBA, Shtetet e Bashkuara.

us[ʌs] *pron* 1.ne; neve; **they saw us** ata na panë; **give it to us** na e jep neve; **in front of us** përpara nesh, përballë nesh; **as for us Albanians, we...** sa për ne shqiptarët, ne... 2.*zhrg* mua; **give us a look!** ma trego pak!

USA[ju:es'ei] *n gjeog* 1. (shkurtim për **United States of America**) SHBA. 2.(shkurtim për **United States Army**) Ushtria Amerikane.

usable['ju:zëbël] *adj* i përdorshëm.

U.S.A.F. [ju:esej'ef] *n* (shkurtim për **United States Air Force**) Forcat Ajrore të SHBA.

usage['ju:zixh] *n* 1.zakon, dok.2.*gjuh* përdorim; **be in common usage** është në përdorim të gjerë. 3.trajtim; përdorim; **rough usage** përdorim /trajtim i keq(i një mjeti etj). 4.sjellje; **kind usage** mirësjellje.

usance['ju:zëns] *n* 1.*fin,treg* afatpagesë kambialesh të huaja. 2.përfitime nga pasuria.

use [ju:z] *v,n -vt* 1. përdor; shfrytëzoj; **she doesn't use her English much** ajo nuk e përdor fort anglishten që di. 2.*fig* shfrytëzoj, abuzoj me; përfitoj prej; **she feels she's just been used** ajo e ndien se kanë përfituar prej saj. 3.pranoj me mgjithë qejf; kam nevojë; **I could use a drink!** do ta pija me gjithë qejf një gotë! **these walls could use a bit of paint!** e duan një dorë bojë këto mure! 4.(edhe ~up) harxhoj, konsumoj; **the car has used up too much petrol** makina ka harxhuar shumë benzinë. 5.trajtoj; **she was badly used** e trajtuan keq. 6.*zhrg* drogohem, përdor drogë.

-n 1.përdorim; **directions for use** mënyra e përdorimit; **no longer in use, now out of use** e nxjerrë jashtë përdorimit (makineri); e dalë nga përdorimi(fjalë); **a new use for** një përdorim i ri i. 2.nevojë; **have no further use for sth** nuk kam më nevojë për diçka; **I have no use for him at all** nuk e duroj dot atë njeri.3.dobi; vlerë; **be of use** hyn në punë; **can I be of any use?** me se mund t'ju shërbej? **it's no use, she won't listen** është e kotë, ajo nuk dëgjon. 4.e drejtë përdorimi; dispozicion; **have the use of a garage** kam një garazh në dispozicion; **have the full use of one's faculties** jam plotësisht i aftë mendërisht. 5.zakon; **this has long been her use** ajo e ka patur zakon këtë prej kohësh. + **have no use for** a)nuk kam nevojë për; b)*gj.fol* nuk e duroj dot; **make use of** fus në punë; përdor; **put to use** vë në përdorim.

+use up a)përdor plotësisht, mbaroj; b)harxhoj, shpenzoj.

useable['ju:zëbël] *adj* i përdorshëm.

used[ju:zd] *adj* 1.i përdorur(send); e rastit(makinë).2.(to) i mësuar(me); **I'm not used to it** nuk jam mësuar me këtë gjë.

useful['ju:sful] *adj* 1.i dobishëm; me vlerë; i përdorshëm; **that bag will come in useful** kjo çantë do të na hyjë në punë.2.i stërvitur; **be useful with a gun** di të përdor revolen.

usefully['ju:sfuli] *adv* me dobi.

usefulness['ju:sfulnis] *n* dobi; vlerë.

useless['juslis] *adj* i padobishëm; i papërdorshëm; i kotë; **crying is useless** nuk nxjerr gjë nga e qara; **he's absolutely useless** ai është një rast krejt pa shpresë/njeri pa pikë vlere.

uselessly['ju:slisli] *adv* pa dobi; më kot.

uselessness['ju:slisnis] *n* 1.padobi.2.paefektshmëri. 3.paaftësi.

user['ju:zë:] *n* përdorues; konsumues; **heroin user** përdorues i heroinës.

user-definable, user-defined *adj kmp* (tast) që u përshtatet nevojave të përdoruesit.

user-friendly *adj* i lehtë në përdorim.

usher['ʌshë:] *n,v* -*n* 1.portier. 2.punonjës shërbimi; shoqërues(i vizitorëve, spektatorëve). 3.*drejt* ftues gjyqi.

-*vt* (**sb out/into**) përcjell dikë; shoqëroj dikë brenda.

+**usher in** a)fus, shoqëroj(dikë); b)*fig* nis, inauguroj(sezonin); shënon fillimin; **it ushers in a new era** kjo shënon fillimin e një epoke të re.

U.S.S.R.[ju:eses'a:] *n* (shkurtim për **Union of Soviet Socialist Republics**) BRSS.

usual['ju:zhuël] *adj* 1.i zakonshëm; **as is usual on these occasions** siç është e zakonshme në raste të tilla; **as usual, as per usual** si zakonisht. 2.*n* pija e zakonshme; **the usual please!** të zakonshmen, të lutem!

usually['ju:zhuëli] *adv* zakonisht.

usufruct ['ju:zjufrʌkt] *n drejt* uzufrukt, e drejtë shfrytëzimi të pronës së tjetrit.

usurer['ju:zhërë:] *n* kamatar, fajdexhi.

usurious[ju:'zjuëriës] *adj fin* kamator, kamate.

usurpation[ju:zë:'peishën] *n* uzurpim, rrëmbim me dhunë.

usurper[ju:'zë:pë:] *n* uzurpues, uzurpator.

usurping[ju:'zë:ping] *adj* uzurpues, rrëmbyes.

usury['ju:zhuri] *n* fajde.

utensil[ju:'tensël] *n* 1.vegël; mjet.2.enë kuzhine.

uterine['ju:tërain] *adj anat* i mitrës, i uterusit; **uterine brothers** vëllezër të një barku.

uterus['ju:tërës] *n anat* mitër.

utilitarian[ju:tilë'teriën] *adj,n* -*adj* 1.*filoz* utilitar.2.funksional.

-*n filoz* utilitarist.

utilitarianism [ju:tilë'teriënism] *n filoz* utilitarizëm.

utility[ju:'tilëti] *n,adj* -*n* 1.dobi; leverdi. 2.shërbim publik.

-*adj* funksional; **utility furnishing** orendi funksionale.

utility room *n* pastërti; lavanderi.

utilizable['ju:tilaizëbël] *adj* i përdorshëm.

utilization[ju:tëlë'zeishën] *n* përdorim;shfrytëzim.

utilize['ju:tilaiz] *vt* 1.përdor; shfrytëzoj.2.*fig* shfrytëzoj, përfitoj nga(dikush).

utmost['ʌtmoust] *adj,n* -*adj* 1.më i madhi; shumë i madh; shumë i lartë; maksimal; **with the utmost speed** me shpejtësinë maksimale. 2.më i largëti; **to the utmost ends of the earth** në të katër anët e botës.

-*n* më e shumta; maksimumi; **that is the utmost I can do** nuk bëj dot më shumë se kaq.

utopia[ju:'toupië] *n* utopi.

utopian[ju:'topiën] *adj,n* -*adj* utopik; ëndërrimtar, jopraktik.

-*n* utopist.

utter I['ʌtë:] *adj* i plotë; tërësor; total; absolut; **it was utter nonsense** ishte një broçkull e tëra; **an utter stranger** njeri krejt i panjohur.

utter II['ʌtë:] *vt* 1.shqiptoj.2.nxjerr, lëshoj(britmë etj); **she didn't utter a word** nuk nxori asnjë fjalë. 3.hedh në qarkullim, nxjerr (monedhë).

utterance['ʌtërëns] *n* 1.pohim; deklaratë; fjalë. 2.formulim, parashtrim(teorish, faktesh). 3.shprehje(ndjenjash).4.e folur, mënyrë të foluri; **have a clear/defective utterance** kam të folur të qartë; nuk i shqiptoj mirë fjalët. 5.*drejt* nxjerrje kartëmonedhash/çeqesh false.

utterly['ʌtë:li] *adv* plotësisht, tërësisht, krejt, krejtësisht, kryekëput.

uttermost['ʌtë:moust] *adj* shih **utmost.**

U-turn['ju:të:n] *n aut* kthesë e plotë, kthesë U.

usurp[ju:'zë:p] *vt* uzurpoj, rrëmbej me dhunë.

uvula['ju:vjëlë] *n anat* njerith, dërçikth.

uvular['ju:vjëlë:] *n anat,gjuh* njerithor, uvular;

uvular r r grykore.

uxorious[ʌk'soriës] *adj* tepër i dhënë pas/i nënshtruar ndaj gruas.

Uzbek['ʌzbek] *adj,n* 1.uzbek.2.(gjuhë)uzbeke.

Uzbekistan[ʌzbeki'sta:n] *n gjeog* Uzbekistan.

V,v[vi:] *n* 1. v, shkronja e njëzetedytë e alfabetit anglez.2.**V** shifra romake 5.

vacancy['veikënsi] *n* 1.zbrazëti, boshllëk. 2.apartament i lirë. 3. vend pune i lirë; **'vacancy for a typist'** 'vend i lirë për daktilografist'. 4.kokëboshësi; mendje e zbrazët.

vacant['veikënt] *adj* 1.i lirë, bosh, i pazënë(apartament, vend pune etj). 2.bosh, i zbrazët(tru, vështrim). 3.e lirë(kohë).

vacantly['veikëntli] *adv* 1 hutueshëm; me një pamje ëndërruese. 2.me pamje/ton prej budallai.

vacate [vë'keit] *vt* liroj(vendin, apartamentin, vendin e punës); **vacate one's post** jap dorëheqjen.

vacation[vë'keishën] *n,v* -*n* 1.*Br* pushime shkollore; *drejt* pushime gjyqësore. 2.*amer* pushime, lejë e zakonshme; **take a vacation** marr lejën, iki me pushime.

-*vi amer* kaloj pushimet.

vacationer [vë'keishënë:], *amer* **vacationist** [vë'keishënist] *n* pushues.

vaccinate ['væksëneit] *vt* vaksinoj; **get vaccinated against...** vaksinohem kundër...

vaccination[væksë'neishën] *n* vaksinim.

vaccine['væksi:n] *n* vaksinë.

vaccine-damaged ['væksi:n'dæmixhd] *adj mjek* viktimë e encefalomielitit të shkaktuar nga vaksina.

vacillate['væsëleit] *vi* 1.lëkundem, luhatem. 2. ngurroj.

vacillating['væsëleiting] *adj,n* -*adj* i lëkundur, i pavendosur, ngurrues, në mëdyshje.

-*n* ngurrim, mëdyshje.

vacillation[væsi'leishën] *n* pavendosmëri.

vacuity[væ'kju:iti] *n* 1.zbrazëti.2.*pl* gjepura, fjalë boshe.

vacuous['vækjuës] *adj* 1. i zbrazët; pa jetë; i përhumbur (vështrim, vërejtje). 2.bosh, pa kuptim (fjalë). 3.bosh, i zbrazët (vend).

vacuum['vækjuëm] *n,v* -*n* 1.*fiz* vakuum; zbrazëti (edhe *fig*). 2.rënie presioni. 3.*fig* boshllëk (shpirtëror). 4.fshesë elektrike, fshesë me korent.

-*vt* fshij me fshesë korenti.

vacuum bottle *n* shih **vacuum flask**.

vacuum cleaner *n* fshesë me korent, fshesë elektrike.

vacuum extraction *n mjek* 1.abort me aspirator. 2.lindje me aparat/me ventuzë.

vacuum flask *n Br* termos.

vacuum-packed['vækjuëmpækt] *adj* e mbyllur në vakuum(shishe etj).

vade mecum['va:di'meikum] *n* vademekum, ma-nual.

vagabond['vægëbond] *n,adj* -*n* 1.endacak. 2. vagabond, rrugaç.

-*adj* 1.endacak; **a vagabond people** popull endacak.2.rrugaçe(sjellje).3.*fig* bredharake(mendime); të paqëndrueshme(zakone).

vagary['veigëri, vë'geri] *n* trill, tekë, kapriç.

vagi['veixhai] *npl* i **vagus**.

vagina[vë'xhainë] *n anat* vaginë.

vaginal[vë'xhainël] *adj mjek* vaginal, i vaginës.

vagrancy ['veigrënsi] *n* 1.endje, bredhje, jetë e-ndacake.2.*drejt* vagabondazh, rrugaçëri.3.rravgim, fluturim(i mendimeve).

vagrant['veigrënt] *adj,n* -*adj* endacak.

-*n* 1.endacak. 2.rrugaç, vagabond.

vague[veig] *adj* 1.i turbullt, i paqartë, i mjegullt, i vagëlluar, i marrtë; i papërcaktuar; **have a vague feeling /idea that...** kam një parandjenjë të vagëlluar se...; **I'm very vague about the Albanian economy** nuk para e njoh mirë ekonominë shqiptare. 2.i pasaktë, i ngatërruar (përshkrim). 3.i hutuar; **have a vague look in one's eyes** kam një vështrim të përhumbur.

vaguely['veigli] *adv* 1.turbull; marrtas; në mënyrë të paqartë; njëfarësoj, disi; paksa; **they're vaguely similar** ata ngjajnë disi/paksa; **it's vaguely grey** vjen si në gri.2.hutueshëm; si i përhumbur.

vagueness['viegnis] *n* 1.paqartësi (e fotografisë etj).2.pasaktësi(e përshkrimit, kujtesës).3.vagëllim. 4.hutim.

vagus['veigës] *n anat pl* **vagi** vagus, nerv pneumogastrik, nerv endacak.

vain[vein] *adj* 1.i kotë; pa vlerë; pa dobi; bosh; **in vain** më kot; **vain words** fjalë boshe. 2.*fig* i fryrë, mendjemadh; mendjelehtë, bosh(njeri).

vainglorious [vein'glo:riës] *adj* mendjemadh, i fryrë.

vainglory[vein'glo:ri] *n* fryrje, mburrje, kotësi.

vainly['veinli] *adv* 1.më kot. 2.me mburrje, me fryrje.

valance['vælëns] *n* flutura, fruda(rreth buzës së krevatit etj).

vale[veil] *n poet* luginë, lugajë.

valediction[væli'dikshën] *n* 1.lamtumirë.2.*amer* fjalë e lamtumirës.

valedictorian[vælëdik'to:riën] *n amer* maturant që mban fjalimin e lamtumirës.

valedictory[vælë'diktëri] *adj,n* -*adj* i lamtumirës.

-*n amer* fjalim i lamtumirës.

valence['veilëns] *n kim* valencë.

valency['veilënsi] *n kim* valencë.

valentine['vælëntain] *n* 1.kartolinë/dhuratë për ditën e Shën Valentinit. 2.partner i zgjedhur për ditën e Shën Valentinit.

Valentine's Day['vælëntainsdei] *n* festa e Shën Valentinit(14 Shkurti).

valerian[vë'liëriën] *n bot* sanëz. agnushe, valerianë.

valet['vælei] *n,v* -*n* 1.shërbëtor. 2.garderobist (hoteli). 3.varëse rrobash.

-*vt* 1.mirëmbaj rrobat; **valeting service** hekurosje. 2.i shërbej si shërbëtor(dikujt).

valetudinarian[vælitju:dë'neriën] *adj,n* shëndetlig; maniak pas shëndetit.

valiant['væliënt] *adj* 1.i guximshëm (veprim). 2.trim, guximtar (njeri). 3.për t'u lavdëruar (përpjekje).

valiantly['væljëntli] *adv* trimërisht.

valid['vælid] *adj* 1. *drejt* i vlefshëm; **valid passport** pasaportë e vlefshme; **no longer valid** e skaduar(biletë etj). 2.i mirëqenë, që qëndron, me bazë (argument).

validate['vælideit] *vt* 1.quaj të vlefshëm.2.provoj, vërtetoj.

validation [væli'deishën] *n* miratim; sanksionim.

validity[vë'lidëti] *n* vlefshmëri, të qenët i vlefshëm; të qenët i bazuar, bazueshmëri.

valise [vë'li:z] *n* 1.çantë udhëtimi. 2.çantë u-shtarake.

Valium['væliëm] *n farm* valium.

valley['væli] *n* luginë, lugajë.

valor, *Br* **valour**['vælë:] *n* guxim, trimëri.

valorous['vælërës] *adj* trim, guximtar.

valour['vælë:] shih **valour.**

valuable['væljuëbël] *adj,n* -*adj* i çmuar, i çmueshëm, me vlerë.

-*n* gjëra të çmuara, sende me vlerë; arturina.

valuation['vælju'eishën] *n* 1.përcaktim i vlerës /çmimit; **have a valuation done** kërkoj vlerësim nga një ekspert.2.*fig* vlerësim; **what's your valuation of him?** ç'mendim ke për të?

valuator['væljueitë:] *n* vlerësues, ekspert.

value['vælju:] *n,v* -*n* 1.vlerë, vleftë, dobi; **be of no value to sb** nuk ka pikë vlere për dikë; **set great value on sth** e vlerësoj shumë diçka.2.*fin* vlerë, çmim; **increase/loss in value** vlerësim, rritje e vlerës; zhvlerësim; **it's of great value** është i shtrenjtë; **check to the value of $200** çek me vlerë 200 dollarë. 3.zotësi, aftësi, vlera (morale); **appreciate sb at his proper value** e çmoj dikë për aq sa vlen.

-*vt* çmoj, vlerësoj(edhe *fig*); **the car is valued at $5000** makina vlerësohet 5000 dollarë; **she is someone I value** unë e çmoj shumë atë.

value added tax (V.A.T.) *n Br fin* taksë mbi vlerën e shtuar.

value judgement *n fig* vlerësim.

valued['vælju:d] *adj* 1.i çmuar(mik).2.i nderuar, i respektuar(koleg).

valueless['væljulis] *adj* pa vlerë.

valuer['væljuë:] *n* ekspert, vlerësues(pasurish të patundshme).

valve[vælv] *n,v* -*n* 1.*mek* valvul, flegër.2. rubinet; saraçineskë. 3.*anat* kllapë, flegër, valvul, membranë. 4.*rad* llampë radioje. 5.*muz* piston (instrumenti frymor).6.kamerdare.

-*vt* 1.i vë valvul. 2.hap; mbyll(rubinetin). 3.lëshoj gazin(e ballonit).

valvular['vælvjëlë:] *adj* 1.*mjek* i valvulës(së zemrës). 2.me valvul.

vamoose [væ'mu:s] *vi zhrg* ua mbath, fryj; **vamoose!** zhduku!

vamp I[væmp] *n,v zhrg* -*n* 1.femër fatale, grua joshëse. 2.flirt i paskrupull, joshje.

-*vt* josh.

vamp II[væmp] *n,v* -*n* 1.faqe këpuce.2.arnë(këpuce). 3.*muz* improvizim.

-*v* 1.i vë faqe (këpucës).2.(**up**) arnoj.3.(*zak* ~**up**) *fig* sajoj, shpik (një histori). 4.*muz* improvizoj (uverturën etj).

vampire['væmpair] *n* 1.vampir, vurkollak. 2.*fig* gjakpirës.

vampire bat *n zool* lakuriq nate.

van I [væn] *n* (shkurtim i **vanguard**) pararojë.

van II[væn] *n* 1.kamioncinë, furgon; mikrobus. 2.*Br hek* vagon mallrash. 3.(shkurtim i **caravan**) dhomë e rimorkiuar. 4.karro endacakësh.

vanadium[vë'neidiëm] *n kim* vanadium(element).

van-boy, van-man *n* shpërndarës (mallrash të porositura).

vandal['vændël] *n* vandal, barbar.

vandalism['vændëlism] *n* vandalizëm, barbarizëm.

vandalistic[vændë'listik] *adj* shkatërrimtar, prej vandalësh.

vandalize['vændëlaiz] *vt* shkatërroj, rrënoj.

van-driver shofer kamioncine/furgoni.

vane[vein] *n* 1.lopatë; fletë (turbine etj).2.erëtregues, fluger; **weather vane** erëtregues. 3.pupël.

vanguard['vænga:d] *n usht,fig* pararojë, avangardë.

vanilla[vë'nilë] *n* vanilie; **vanilla ice cream** akullore me vanilie.

vanish['vænish] *vi* 1.zhdukem; **vanish into thin air** avullon, zhduket pa lënë gjurmë; **I've got to vanish!** bëj mirë të fryj që këndej! 2.shuhet, zhduket(një specie etj); humbet(një traditë).

vanished['vænisht] *adj* i zhdukur.

vanishing cream *n* krem dite.

vanishing point *n fiz* pikë konvergjence(e vijave paralele).

vanishing trick *n* numër shpejtësie (i prestigja-torit). + **do a vanishing trick/act** zhdukem, fíroj.

vanity['væněti] *n* 1.sqimë, kreni, mburrje. 2.ko-tësi; gjë e kotë. 3.çantë (sendesh) tualeti. 4.banak /dollap tualeti me lavaman.

vanity box, vanity case *n* çantë(sendesh) tualeti.

vanity press *n* shtyp i kotësive; shtëpi botuese që boton me shpenzimet e autorëve.

vanity unit *n* dollap lavamani në banjë.

vanquish ['vænkwish] *vt* mund, mposht, nën-shtroj.

vanquisher['vænkwishë:] *n* ngadhënjimtar.

vantage['va:ntixh, 'væntixh] *n* 1.epërsi. 2.*sport* avantazh.

vantage ground *n usht* pozicion strategjik.

vantage point *n fig* pozitë e favorshme.

vapid['væpid] *adj* i shpëlarë, pa kripë, i palezet-shëm.

vapidity[væ'pidëti] *n* rëndomësi.

vapor, *Br* **vapour**['veipë] *n,v -n* 1.avull; **vapor bath** banjë avulli.2.mjegull.3.*fig* ëndërr e kotë; iluzion.

-*v* 1.shndërrohet në avull. 2.avullon. 3.*amer zhrg* mburrem, vras të trasha.

vaporization[veipërai'zeishën] *n* avullim.

vaporize['veipëraiz] *v* 1.avulloj. 2.avullon.

vaporizer['veipëraizë:] *n* 1.avullues, aparat avu-llimi. 2.*mjek* inhalator. 3.pluhurizues, sprucator.

vaporous['veipërës] *adj* 1.i avullt; si avull; mje-gullor. 2.plot avull. 3.*fig* pa vlerë; kalimtar.

vapour['veipë:] *n,v* shih **vapor.**

vapo(u)r trail *n* bisht tymi(që lë pas avioni).

variability[veërië'bilëti] *n* ndryshueshmëri; larmi; paqëndrueshmëri.

variable['væriëbël] *adj,n -adj* i ndryshueshëm; i paqëndrueshëm.

-*n mat* ndryshore, madhësi e ndryshueshme, va-riabël.

variance['veëriëns] *n* 1.mosmarrëveshje; grindje; **be at variance with sb** kam një mosmarrëveshje me dikë.2.mospërputhje; **this is at variance with what you said earlier** kjo bie ndesh me ato që the pak më përpara; **a variance between two state-ments** mospërputhje midis dy deklaratave.

variant['veëriënt] *n,adj -n* variant, motërzim.

-*adj* 1.i ndryshëm; tjetër. 2.i larmishëm. 3.*vjet* i ndryshueshëm.

variation [væri'eishën] *n* 1.ndryshim; luhatje. 2.ndryshesë, variacion.3.*muz* variacion.

varicolo(u)red['væri'kʌlë:d] *adj* 1.shumëngjy-rësh; i larmë. 2.*fig* i larmishëm.

varicose ['værikous] *adj mjek* me variçe, me zgjerim venash.

varied['værid] *adj* 1.i larmishëm.2.i ndryshuar.

variegated['værigeitid] *adj* 1.larush, i larmë, lara-lara.2.shumëngjyrësh.3.i larmishëm.

variegation[veëri'geishën] *n* larmi, larushi.

variety[vë'rajëti] *n* 1.shumëllojshmëri; larmi; la-rushi; **in a wide/large variety of colours** me një larmi ngjyrash. 2.variacion; **for variety** për varia-cion. 3.varg, sërë, mori; **for a variety of reasons** për një varg arsyesh. 4.*biol* varietet. 5.*fig* lloj, tip. 6.*teat* varieté; estradë.

variety meats *n* përbrendësa, të përbrend-shme, rropulli.

variety show *n teat* shfaqje estrade; koncert variete.

variety store *n amer* dyqan artikujsh të përzier (me çmim të njëjtë).

variety theater *n* teatër estrade.

variety turn *n Br* numër estrade.

variola[vë'rajëlë] *n mjek* li.

various['veëriës] *adj* 1.i ndryshëm; **various opi-nions** mendime të ndryshme. 2.disa; shumë; **at various times** në disa raste, disa herë. 3.i larmi-shëm; i shumanshëm. 4.i ndryshueshëm.

variously ['veëriësli] *adv* në mënyra të ndry-shme; nga burime të ndryshme; në kohë të ndry-shme.

varmint['va:mint] *n gj.fol* shejtan, qerrata; ko-puk.

varnish['va:nish] *n,v -n* 1.vernik, llak.2.zmalt. 3.*fig* lustër.

-*vt* 1.llakoj, lyej me vernik.2.*fig* i jap një lustër.

varnishing['va:nishing] *n* llakim, lustrim.

varsity['va:siti] *n* 1.*Br gj.fol* universitet.2.*amer* ekip përfaqësues(i shkollës, fakultetit etj).

varsity match *n* ndeshje midis universiteteve (të Oksfordit dhe Kembrixhit).

vary['veëri] *v* 1.ndryshon; **vary with the time** ndryshon sipas kohës.2.ndryshoj(programin etj).

varying['veëriing] *adj* i ndryshueshëm; **with va-rying degrees of success** pak a shumë me sukses.

vascular ['væskjulë:] *adj anat* enëzor, i enëve të gjakut.

vase[va:z] *n* vazo.

vasectomy[væ'sektëmi] *n mjek* vazektomi, heqje e kanalit të spermës.

vaseline['væsëli:n] *n* vazelinë.

vasocontractor[veizoukë'striktë:] *n mjek* enëngu-shtues.

vasodilator[veizoudai'leitë:] *n mjek* enëzgjerues.

vasomotor[veizo'moutë:] *adj anat* enëlëvizor, va-zomotor.

vassal['væsël] *adj,n hist fig* vasal.

vassalage['væsëlixh] *n hist fig* vasalitet.

vast [va:st] *adj* i madh; i gjerë; i pafund; **a vast amount of..** një sasi e madhe..; **to a vast extent** në shkallë të gjerë; **at vast expense** me shpenzime të mëdha.

vastly['va:stli] *adv* tepër; pafundësisht.

vastness['va:stnis] *n* pafundësi.

VAT[vi:ei'ti:] *n Br* shkurtim për **value added tax** (shih).

vat[væt] *n* tinar, tirë, gaviç, kade.

Vatican ['vætikën] *n* 1.*gjeog* Vatikan. 2.*fig* pushteti i Papës, Vatikani.

vaudeville ['voudëvil] *n amer* shfaqje estrade, koncert variete.

vaudevillian[voudë'viliën] *n,adj amer* -*n* aktor estrade; autor skeçesh.
-*adj* estrade, varieteje.

vault I[vo:lt] *n,v* -*n* 1. *ark* kube; kupolë; qemer. 2.kupë(qiellore). 3.*anat* zgavër.4.qilar. 5.dhomë e blinduar; sallë e kasafortave (në bankë). 6. dhomë e nëndheshme varrimi.
-*vt* 1.i jap formë kubeje. 2.mbuloj me kube.

vault II[vo:lt] *v,n* -*v* 1.hidhem, kërcej(nga kali). 2.*sport* kërcej me shkop. 3.kapërcej.
-*n* kërcim.

vaulted[vo:ltid] *adj ark* 1.i harkuar; në formë kubeje. 2.me qemer; i mbuluar, me kube.

vaulting I['vo:lting] *n ark* kube.

vaulting II ['vo:lting] *n sport* stërvitje për kërcim.

vaulting horse *n,adj* -*n sport* kalë, kaluç.
-*adj* 1.kërcimi.2.e shfrenuar(ambicie).

vaunt [vo:nt] *v,n* -*vt* mburr, lavdëroj; **much vaunted** që e mburrin shumë.
-*n* mburrje.

vauntingly['vo:ntingli] *adv* me mburrje.

V.C.R. [vi:si:'a:] *n* (shkurtim për **video cassette recorder**) video, aparat videokasetash.

veal[vi:l] *n* mish viçi.

vector['vektë:] *n* 1.*mat,fiz* vektor. 2.*av* drejtim (fluturimi).3.*biol* agjent transmetues(sëmundjeje).

vectorial[vek'to:riël] *adj* vektorial.

veep[vi:p] *n amer zhrg* (shkurtim për **vice-president**) nënpresident.

veer['vië:] *v* 1.ndërron drejtim (era); kthehet(anija etj); **veer off the road** del nga rruga(makina). 2.*fig* ndërroj mendim; largohem, shmangem(nga tema).3.*det* zhdredh(litarin). 4.kthej, i ndërroj drejtimin(anijes).

veg[vexh] *n gj,fol* shkurtim për **vegetables**.

vegetable['vexhtëbël] *n,adj* -*n* 1.perime, zarzavate. 2.bimë. 3.njeri i mbaruar, njeri me tru të dëmtuar, qenie pa tru.
-*adj* 1.bimor, vegjetal. 2.perimesh(supë).

vegetable dish *n* gjellë me perime.

vegetable garden *n* perimore, kopsht perimesh.

vegetable marrow *n Br bot* kungull.

vegetable oil *n* vaj vegjetal, vaj bimor.

vegetable soup *n* supë perimesh.

vegetal['vexhëtël] *adj* bimor, vegjetal.

vegetarian[vexhi'teëriën] *adj,n* vegjetarian.

vegetate['vexhiteit] *vi* 1.*fig* vegjetoj, bëj jetë të

kotë. 2.vegjeton, rritet(bimësia).

vegetation[vexhi'teishën] *n* bimësi.

vegetative['vexhitëtiv] *adj* 1.bimor; i bimëve. 2. *biol* vegjetativ.

veggies['vexhiz] *npl gj,fol* perime, zarzavate.

vehemence['vi:ëmëns] *n* 1.vrull, furi. 2.forcë, intensitet.

vehement ['vi:ëmënt] *adj* 1.i vrullshëm, i furishëm. 2.i fortë, i fuqishëm.3.e thellë, e shfrenuar (pakënaqësi, urrejtje).

vehemently['vi:ëmëntli] *adv* 1.me vrull, me furi, furishëm. 2.me pasion(flas).

vehicle ['vi:ëkël] *n* 1.mjet transporti; automjet; **'closed to vehicles'** 'ndalohet qarkullimi'. 2.*fig, art, kim,farm* mjet.

vehicular[vi'hikjëlë:] *adj* veturash, makinash; automjetesh; **vehicular traffic** qarkullim (automjetesh).

veil[veil] *n,v* -*n* 1.vel, vello; perçe; **take the veil** bëhem murgeshë. 2.*fig* perde, vel; **draw /throw a veil over** mbuloj, fsheh; **under a veil of secrecy** mbuloj me një perde fshehtësie. 3.*fet* jetë murgeshash.
-*vt* 1.i hedh vellon, mbuloj me vel.2.*fig* fsheh, maskoj; mbuloj, zë; errësoj; **veiled threats** kërcënime të maskuara; **the mist veiled the town** qyteti ishte mbuluar nga mjegulla.

veiled[veild] *adj* 1.i fshehtë(kuptim etj).2.i mbuluar, i maskuar(kërcënim etj).

veiling['veiling] *n* 1.vel. 2.*fig* mbulim, fshehje (e së vërtetës).

vein[vein] *n* 1.venë, damar. 2.*bot* damar, dellëzim(i gjethes).3.damar(minerali).4.*fig* dell, damar, humor, gjendje shpirtërore; prirje: **in the same vein** në të njëjtin humor. 5.*fig* stil; frymë; **in a realistic vein** me frymë realiste.

veined[veind] *adj* me damarë(mermer); me deje (gjethe).

veining['veining] *n* dellëzim.

velcro ['velkrou] *n* mbyllëse velkro (prej dy copash tekstili me push ngjitës).

vellum ['velëm] *n* letër (shkrimi) e lëmuar/e patinuar.

velocipede[vë'losëpi:d] *n* 1.triçikël.2.biçikletë tip i vjetër. 3.*hek* karro dore; vagonetë.

velocity[vë'losëti] *n* 1.shpejtësi. 2.ritëm.

velour(s)[vë'luë:] *n* kadife.

velum['vi:lëm] *n anat* qiellzë e butë.

velvet['velvit] *n* 1. kadife.2. *attr* kadifeje, i kadifenjtë; i butë; **with a velvet tread** në majë të gishtave, pa u ndier. 3.*zhrg* qar, fitim i pastër.4.*zhrg* pare bixhozi. + **be on velvet** *zhrg* jam mirë me para; **play on velvet** *zhrg* luaj me qarin.

velveteen['velvëti:n] *n* kadife.

velvety['velvëti] *adj* 1)i kadifenjtë(stof); prej kadifeje (rrobë). 2.i butë, si kadife (zë).

venal['vi:nël] *adj* i korruptuar; ryshfetçi; i shitur (njeri).
venality[vi:'nælëti] *n* korruptim; ryshfetmarrje.
vend[vend] *v drejt* shes, tregtoj.
vendee[ven'di:] *n drejt* blerës.
vendetta[ven'detë] *n* gjakmarrje, hakmarrje.
vending ['vending] *n* shitje; **vending machine** automat me monedhë, shpërndarës automatik.
vendor ['vendë:] *n* 1.shitës, tregtar. 2.*drejt* pala shitëse. 3.automat me monedhë, shpërndarës automatik.
veneer [vë'nië:] *n,v* -*n* 1.rimeso. 2.*fig* lustër e jashtme.
-*vt* 1.rimesoj. 2.*fig* i jap një lustër.
venerable['venërëbël] *adj* i nderuar, i respektuar, i përnderuar.
venerate['venëreit] *vt* nderoj, respektoj, përnderoj.
veneration[venë'reishën] *n* nderim, respekt i thellë, përnderim.
venereal[vë'ni:riël] *adj mjek* veneriane; **venereal disease** sëmundje veneriane.
venery['venëri] *n* 1.gjueti. 2.shthurje; kënaqje e dëshirës seksuale.
Venetian[vë'ni:shën] *n,adj* venedikas.
Venetian blind *n* grilë dritareje.
Venezuela[venë'zweilë] *n gjeog* Venezuela.
Venezuelan[venë'zweilën] *adj,n* venezuelas.
vengeance ['venxhëns] *n* hakmarrje, hak; **take vengeance for** marr hak për; **take vengeance on/upon sb** marr hak mbi dikë. + **with a vengeance** me tërbim.
vengeful['venxhful] *adj* hakmarrës.
venial['vi:niël] *adj* i falshëm(mëkat).
veniality[vini'ælëti] *n* natyrë e lehtë/e falshme (e mëkatit).
venire[vë'nairi:] *n amer drejt* listë e anëtarëve të jurisë.
venison['venisën] *n* mish dreri.
venom['venëm] *n* helm, vrer(edhe *fig*).
venomous['venëmës] *adj* i helmët, tërë vrer(edhe *fig*); **venomous tongue** gjuhë nëpërke.
venomously['venëmësli] *adv* me helm, plot vrer.
venous['vi:nës] *adj* 1.*anat* i venave, venoz. 2. *bot* me deje(gjethe).
vent[vent] *n,v* -*n* 1.vrimë; hapje. 2.qyngj, gyp. 3.oxhak, grykë(e vullkanit).4.e çarë(e xhaketës). 5.*fig* dalje, shfrim; **she gave vent to her grief in tears** ajo e shfreu hidhërimin përmes lotëve.
-*vt* 1.i hap vrimë(fuçisë). 2.*fig* shfrej, shkarkoj (zemërimin etj).
vent glass *n aut* xham anësor.
ventilate['ventileit] *vt* 1.ajros, ajroj. 2.*fig* shpalos (ndjenjat). 3.*fig* hedh për diskutim(çështjen).
ventilation[ventë'leishën] *n* 1.ajrosje, ajrim, ventilim. 2.proces i frymëmarrjes.

ventilator[ventë'leitë:] *n* ventilator.
ventral['ventrël] *adj* barkor, i barkut; i përparmë.
ventricle['ventrikl] *n anat* barkushe, ventrikul.
ventriloquist[ven'trilëkist] *n* njeri që flet me bark (pa lëvizur buzët).
ventriloquy[ven'trilëkwi] *n* të folur me bark(pa lëvizur buzët).
venture['vençë:] *n* 1.projekt; sipërmarrje, ndërmarrje; **a risky venture** ndërmarrje e rrezikshme. 2.përpjekje, sprovë; **his first film venture** përpjekja e tij e parë në kinematografi; **a new venture in publishing** një sprovë e re në fushën e botimeve. 3.aventurë. + **at a venture** kuturu; rastësisht.
-*v* 1.rrezikoj; vë në rrezik (jetën, pasurinë etj). 2.marr në sy; kuturis, marr guximin, guxoj të; **venture to do sth** marr në sy të bëj diçka; **she ventured to call him** ajo kuturisi ta merrte në telefon; **nothing venture nothing gain** *prov* kush s'guxon nuk fiton. 3.hamendësoj; provoj; **venture at a reason** provoj të gjej një arsye. 4. guxoj të hyj/të dal; **they ventured out on the thin ice** ata morën guximin të dilnin jashtë mbi akullin e hollë.
+**venture forth** guxoj të dal.
venturesome['vençë:sëm] *adj* 1.i kuturisur; aventurier. 2.me rrezik(udhëtim etj).
venue['veniu] *n* 1.vendtakim. 2.*drejt* vendngjarje; skenë (e krimit). 3.*drejt* vend i zhvillimit të gjyqit.
Venus['vi:nës] *n astr,mit* Afërditë, Venus.
Venus's-flytrap['vi:nësiz'flaitræp] *n* bimë kënetore insektengrënëse.
veracious[vë'reishës] *adj* 1.i vërtetë. 2.i saktë.
veracity[vë'ræsëti] *n* 1.vërtetësi. 2.saktësi.
veranda(h)[vë'rændë] *n* verandë.
verb[vë:b] *n* folje.
verbal['vë:bël] *adj,n* 1.*gram* foljor; **verbal noun** emër foljor. 2.gojor (përshkrim, mesazh). 3.fjalë-për-fjalë(përkthim).
-*n* 1.*amer drejt* pohim me gojën e vet. 2.*gram* emër/mbiemër/ndajfolje foljor(-e).
verbalize['vë:bëlaiz] *vt* shpreh me fjalë.
verbally['vë:bëli] *adv* gojarisht, me gojë.
verbatim[vë:'beitim] *adj,adv* -*adj* fjalë-për-fjalë (përkthim etj).
-*adv* fjalë për fjalë, tekstualisht.
verbena[vë:'bi:në] *n bot* lulemine, shporiz.
verbiage['vë:biizh] *n* dërdëllitje.
verbose[vë:'bous] *adj* fjalëshumë.
verbosity[vë:'bosëti] *n* llafazanëri.
verdancy['vë:dënsi] *n* gjelbërim.
verdant['vë:dënt] *adj* 1.i gjelbër.2.i gjelbëruar.
verdict['vë:dikt] *n* 1.*drejt* vendim; **verdict of guilty/non guilty** vendim fajësie/pafajësie. 2.vendim, gjykim(i publikut, mjekut etj).
verdigris['vë:digri:s] *n* oksid bakri; acetat bakri.
verdure['vë:xhë:] *n* 1.gjelbërim; blerim.2.*fig* fre-

ski, gjallëri.

verge[vë:xh] *n,v* -*n* 1.prag, buzë; **on the verge of doing** gati për të bërë; **on the verge of ruin/of sleep/of a discovery** buzë greminës; gati për gjumë; në vigjilie të një zbulimi. 2.*Br* buzë/anë rruge (pa trotuar); **pull over on to the verge** ndalu te ana e rrugës. 3.skaj. 4.bordurë me bar. 5.skaj/rrëzë pylli. -*vt* (on) i afrohet; **this verges on hostility** ky është gati-gati qëndrim armiqësor; **she's verging on thirty** ajo po u afrohet të tridhjetave.

verger['vë:xhë:] *n* 1.*fet* kishar, sakrestan.2.portier me heshtë(në ceremonira).

verifiable['verëfajëbël] *adj* i verifikueshëm, i vërtetueshëm, i kontrollueshëm.

verification [verëfë'keishën] *n* verifikim, vërtetim, kontroll.

verifier['verëfajë:] *n kmp* verifikues.

verify['verëfai] *vt* 1.verifikoj, kontrolloj. 2.vërtetoj(dyshimet).

verisimilar[verë'simëlë:] *adj* që ka të ngjarë, i afërmendshëm; i vërtetë në dukje.

verisimilitude[verësë'milëtju:d] *n* të ngjarë, gjasë.

veritable['verëtëbël] *adj* i vërtetë, real.

verity['verëti] *n* 1.vërtetësi. 2.e vërtetë.

verjuice['vë:xhu:s] *n* 1.thartirë; lëng rrushi i thartë. 2.*fig* irritim; mllef.

vermeil['vë:meil] *n* 1.argjend i larë në ar. 2.i kuq portokalli.

vermicide['vërmisaid] *n* krimbambytës.

vermicular[vë:'mikjëlë:] *adj* 1.si krimb.2.i ngrënë nga krimbat.

vermifuge['vë:mëfju:xh] *n* bar kundër krimbave.

vermilion[vë:'miliën] *n,adj* i kuq i ndritshëm, i kuq portokalli.

vermin['vë:mën] *n* 1.kafshë të dëmshme.2.parazitë. 3.*fig* llum, fundërri, zuzarë.

verminous['vë:mënës] *adj* 1.i molepsur, me parazitë. 2.*mjek* parazitare(sëmundje). 3.*fig* i keq, i neveritshëm.

vermouth[vë:'mu:th, 'vë:muth] *n* vermut.

vernacular[vë:'nækjëlë:] *n,adj* -*n* 1.gjuhë amëtare.2.gjuhë e folur, gjuhë e përditshme. 3.zhargon. -*adj* 1.amëtare (gjuhë). 2.e folur, e përditshme (gjuhë).

vernal['vë:nël] *adj* 1.*astr* i pranverës(ekuinoks). 2.pranveror. 3.*fig* i freskët; rinor.

vernal equinox *n astr* ekuinoks i pranverës.

veronal['verënël, 'verënol] *n farm* veronal.

veronica[vë'ronëkë] *n* 1.*bot* veronikë. 2.*fet* rrobë me fytyrën e Krishtit.

versatile['vë:sëtail, 'vë:sëtël] *adj* 1.i gjithanshëm, me dhunti të shumta. 2.e zhdërvjellët, e shkathët (mendje). 3.poliedrik, enciklopedik.

versatility[vë:së'tilëti] *n* 1.gjithanshmëri.2.shkathtësi, zhdërvjelltësi(e mendjes).

verse['vë:s] *n* 1. strofë. 2.vjershë, poezi, vargje;

varg; **in verse** në vargje.3.*fet* syre(e Kuranit); verset, paragraf(i Biblës).

versed[vë:st] *adj* i ditur, i përgatitur; me përvojë; **be well versed in sth** kam përvojë në diçka, jam mjaft i përgatitur.

versicle['vë:sëkël] *n* 1.strofëz. 2.*fet* frazë (gjatë shërbesës).

versification[vë:sëfë'keishën] *n* 1.vargëzim, vjershërim.2.*let* metrikë, strukturë vargu.

versifier['vë:sëfajë:] *n* vjershëtar.

versify['vë:sëfai] *v* vjershëroj, bëj vjersha; vargëzoj, kthej në vargje(prozën).

version['vë:shën] *n* 1.version; variant.2.interpretim. 3.përkthim. 4.model(makine).

verso['vë:sou] *n* anë e prapme (e fletës, monedhës etj).

versus['vë:sës] *prep* 1.kundër; **France versus Italy match** ndeshja Francë-Itali; **management versus workers** drejtoria kundër punëtorëve. 2.kundrejt; përballë; **electricity versus gas for cooking** epërsitë e korentit përkundrejt gazit në gatim. 3.*drejt* **America versus Simpson** gjyqi i Shtetit Amerikan kundër Simpsonit, çështja Simpson.

vertebra['vë:tëbrë] *n anat pl* **vertebrae** rruazë, vertebër.

vertebral['vë:tëbrël] *adj anat* vertebror, kurrizor.

vertebrate['vë:tëbreit] *n,adj biol* vertebror, kurrizor, kërbishtor.

vertex['vë:teks] *n* 1. majë; kulm.2.*mat* kulm(piramide, trekëndëshi). 3.*astr* zenit. 4.*anat* tepe (e kresë).

vertical ['vë:tëkël] *adj,n* -*adj* pingul, vertikal; **vertical take-off aircraft** avion me ngritje vertikale.

-*n mat* pingule, vertikale.

vertically['vë:tikëli] *adv* pingul, vertikalisht.

vertiginous[vë:'tixhënës] *adj* 1.rrotullues. 2.marramendës, kalamendës.3.i paqëndrueshëm, i ndryshueshëm.

vertigo['vë:tëgou] *n* marramenth, marramendje.

verve[vë:v] *n* vrull, gjallëri; entuziazëm.

very['veri] *adv,adj* -*adv* 1.shumë; tepër; fort; **at the very latest** të shumtën, jo më vonë se; **very much so!** pikërisht!, plotësisht! 2.tamam, pikërisht; **the very next/same day** pikërisht të nesërmen; po atë ditë.

-*adj* 1.i njëjtë, po ai; pikërisht; **at that very moment** tamam atë çast; **the very thing!** tamam ajo që më duhet! **their very words** tamam fjalët e tyre. 2.fare, krejt; **at the very end** në fund fare; **to the very end** deri në fund. 3.i vetëm; i thjeshtë; **the very thought of...** vetëm mendimi se..; **the very idea!** hajde mendje, hajde! 4.i tëri, i mbaruar, me damkë; **he is a very/the veriest rascal** është batakçi me damkë.

VHF[vi:ejç'ef] *n tv* (shkurtim i **very high fre-**

quency) VHF.

Very light *n* raketë ndriçuese.

Very Reverend *n fet* I Përndershëm.

vesicate['vesëkeit] *v* shkakton flluska.

vesicle['vesëkël] *n anat* 1.fshikëz. 2.flluskë.

vesicular [vë'sikjëlë:] *adj* fshikëzor, në trajtë fshike.

vesper['vespë:] *n* 1.*vjet poet* mbrëmje. 2.*pl fet* mbrëmjesore, lutje e mbrëmjes. 3.kambanë e mbrëmjes. 4.**Vesper** Ylli i Mbrëmjes.

vespertine['vespë:tain] *adj* 1.i mbrëmjes, mbrëmjesor. 2.*biol* mbrëmjeje, muzgu(kafshë, lule, yll).

vessel ['vesël] *n* 1.anije; lundër. 2.avion. 3.enë. 4.*anat,biol* enë (gjaku etj).

vest[vest] *n,v* -*n* 1.jelek. 2.kanatierë; këmishë e brendshme. 3.*vjet* veshje.

-*vt* 1.vesh. 2.*fig,drejt* vesh, pajis; **vested with power** i veshur me pushtet. 3.lë në dorë të dikujt.

vest pocket *n amer* xhep jeleku.

vest-pocket['vestpokit] *adj* xhepi; e vockël(kalkulatriçe etj).

vestal['vestël] *adj,n* -*adj* e virgjër; e papërlyer.

-*n* femër e virgjër; murgeshë.

vested interest *n* 1.*drejt* e drejtë e ligjshme e fituar.2.*treg* interesim, interes vetjak.3.grup/individ i interesuar. `

vestibule['vestëbju:l] *n* 1.hajat, treme. 2.holl, sallë pritjeje(hoteli etj). 3.*hek* sheshpushim(në fund të vagonit). 4.*anat* parakthinë.

vestige['vestixh] *n* 1.gjurmë, shenjë, mbeturinë; **vestiges of past civilizations** gjurmë të qytetërimeve të dikurshme. 2.*anat,biol* rudiment, organ rudimentar.

vestigial[ves'tixhiël] *adj* 1.i mbetur nga e kaluara. 2.*anat,biol* rudimentar, i atrofizuar.

vestment['vestmënt] *n* 1.veshje e jashtme, veshje ceremoniale. 2.rrobë fetare, veladon. 3.*pl* veshje, rroba.

vestry ['vestri] *n fet* 1.sakristi. 2.dhomë mbledhjesh(në kishë). 3.këshill i famullisë.

vestryman['vestrimën] *n* anëtar i këshillit të famullisë.

vesture['vesçë:] *n* 1.veshje, rroba. 2.mbulesë.

vet I[vet] *n,v gj.fol* -*n* veteriner.

-*v* 1.ushtroj profesionin e veterinerit. 2.shqyrtoj, kontrolloj; verifikoj; korrigjoj.

vet II[vet] *n amer gj.fol* veteran.

vetch[veç] *n bot* buxhak.

veteran['vetërën] *n,adj* -*n* veteran; ish-luftëtar.

-*adj* 1.veteran; i vjetër. 2.i sprovuar.

veterinarian[vetëri'neëriën] *n amer* veteriner.

veterinary['vetërinëri] *adj* veterinar; **veterinary surgeon** *n Br* veteriner.

veto['vi:tou] *n,v pol,fig* -*n* veto; **put a veto on, use one's veto** vë veton, përdor të drejtën e vetos.

-*vt* i vë veton.

vetting['veting] *n* 1.korrigjim(teksti).2.shqyrtim i imët; verifikim.

vex[veks] *vt* 1.mërzis; bezdis; nxeh. 2.shqetësoj; trazoj.

vexation [vek'seishën] *n* 1.bezdisje; irritim. 2.shqetësim.

vexatious [vek'seishës] *adj* 1.i bezdisshëm; irritues. 2.shqetësues.

vexed[vekst] *adj* 1.i nxehur; **get vexed** nxehem. 2.i shqetësuar; i trazuar; **live in vexed times** jetoj në kohëra të trazuara.

vexed question *n* çështje e ngatërruar.

vexing['veksing] *adj* 1.bezdisës; irritues.2.çoroditës; i ndërlikuar(problem).

v.i., vi *n gram* (shkurtim për *lat* **verbum intransitivum**) folje jokalimtare.

via['vajë] *prep* 1.nëpër; **go via Prizren** kaloj nga Prizreni.2.nëpërmjet; **send a message via computer** dërgoj një mesazh nëpërmjet kompjuterit. 3.në sajë të.

viability [vajë'bilëti] *n* zbatueshmëri, realizueshmëri; shanse për sukses.

viable['vajëbël] *adj* 1.i zbatueshëm, i realizueshëm. 2.me shanse për sukses. 3.i aftë për të mbijetuar. 4.e qëndrueshme, e shëndetshme(ekonomi).

viaduct['vajëdʌkt] *n* viadukt, urë-rrugë, rrugë mbi shtylla.

vial['vajël] *n* shishkë(ilaçesh, parfumi).

viand['vajënd, 'viënd] *n zak pl* ushqime.

viaticum[vaj'ætëkëm] *n* 1.*fet* kungim i fundit. 2.ushqim e pajime udhëtimi.

vibes[vaibz] *npl gj.fol* 1.ndjenjë.2.*fig* atmosferë. 3.*muz* vibrafon.

vibrant['vaibrënt] *adj* 1.kumbues; prekës(zë). 2.i gjallë, plot jetë. 3.dridhës, luhatës.

vibraphone['vaibrëfoun] *n muz* vibrafon.

vibrate['vaibreit, vai'breit] *v* 1.dridhet. 2.lëkund. 3.shënon(sekondat lavjerrësi).4.kumbon(zëri).5.*fig* dridhet(zemra); ngazëllej.

vibration [vai'breishën] *n* 1.dridhje; lëkundje. 2.*fig* drithërim; ngazëllim.

vibrator['vaibreitë:] *n el,fiz* dridhës, vibrator.

vibratory['vaibrëtori] *adj* dridhës; luhatës; lëkundës.

viburnum[vai'bë:nëm] *n bot* kulpër.

vicar['vikë:] *n* 1.*fet* vikar. 2.*fet* famullitar. 3.mëkëmbës, zëvendës, përfaqësues.

vicarage['vikërixh] *n fet* 1.detyrë e vikarit/famullitarit. 2.famulli; banesë e vikarit.

vicar apostolic *n fet* përfaqësues i Papës.

vicar-general ['vikë:'xhenërël] *n fet* zëvendëspeshkop.

vicarious [vai'keriës, vi'keriës] *adj* 1.i përjetuar nga dikush tjetër(emocion); i tërthortë, indirekt. 2.i bërë për tjetërkënd. 3.i deleguar, që i është kaluar tjetërkujt(pushtet etj).

vicariously [vi'keëriësli] *adv* 1.tërthorazi, indirekt. 2.me kalim, me prokurë.

vice I[vais] *n* 1.ves.2.cen; huq. 3.prostitucion.

vice II, *amer* **vise**[vais] *n tek* morsë.

vice III['vaisi] *prep* në vend të, në vendin e.

vice-[vais] *pref* nën-, zëvendës-.

vice-admiral[vais'ædmërël] *n usht* nënadmiral.

vice-chairman[vais'çeë:mën] *n* nënkryetar.

vice-chancellor[vais'çænsëlë:] *n* rektor(universiteti).

vice-premier[vais'pri:mië:] *n* nënkryeministër, zëvendës-kryeministër.

vice-president[vais'presidënt] *n* zëvendës-president.

vice-principal[vais'prinsëpël] *n* nëndrejtor(shkolle).

viceroy['vaisroi] *n* nënmbret, mëkëmbës i mbretit.

vice versa['vais(ë)'vë:së] *adv lat* anasjelltas.

vicinage['visënixh] *n* fqinjësi; lagje, mëhallë.

vicinal['visënël] *adj* 1.fqinj. 2.lokal, i vendit.

vicinity [vë'sinëti] *n* 1.afërsi; **the vicinity of the school to my house** afërsia e shkollës prej shtëpisë sime; **something in the vicinity of 2000 leks** diku aty afër 2000 lekëve. 2.rrethinë; **in the immediate vicinity of Tirana** në rrethinat e Tiranës.

vicious['vishës] *adj* 1.i keq; i mbrapshtë (zakon, veprim). 2.i lig; keqdashës (vështrim, kritikë). 3.i egër, brutal(sulm). 4.*gj.fol* e ndyrë(dhimbje koke). 5.veskeq, me huqe(kalë etj).

vicious circle *n* rreth vicioz.

viciously['vishësli] *adv* 1.me ligësi; me keqdashje. 2.dhunshëm; egërsisht.

viciousness ['vishësnis] *n* 1.ligësi; keqdashje. 2.dhunë; egërsi.

vicissitudes[vë'sisëtju:ds] *n* të përpjeta e të tatëpjeta, peripeci, ndeshtrasha.

victim['viktëm] *n* 1.viktimë; pre; **fall a victim to** bie viktimë e; bëhem pre e. 2.fli.

victimization[viktëmai'zeishën] *n* përndjekje; raprezalie.

victimize['viktëmaiz] *vt* 1.bëj viktima; i shkaktoj vuajtje. 2.përndjek.

victor['viktë:] *n,adj* fitues, fitimtar; ngadhënjimtar; **emerge the victor over sb** ngadhënjej mbi dikë.

Victorian [vik'toriën] *adj* viktorian, i epokës së mbretëreshës Viktoria.

victorious[vik'to:riës] *adj* fitues, fitimtar; ngadhënjimtar.

victoriously[vik'to:riësli] *adv* me fitore.

victory['viktëri] *n* fitore; **gain/win a victory over** korr fitore mbi.

victual['vitël] *n,v* -*n pl* ushqime, rezerva ushqimore.
-*v* 1.furnizoj(me ushqime). 2.furnizohem.

victualler['vitlë:] *n* furnizues.

vide['videi] *v lat* shih (në shënime); **vide infra** shih më poshtë.

video ['vidiou] *n* 1.video, aparat video. 2.videokasetë; **I've got it on the video** e kam në videokasetë. 3.*amer* televizion.

video camera *n* videokamerë.

video cassette *n* videokasetë.

video cassette/tape recorder *n* magnetoskop, aparat videoregjistrues.

video game *n* lojë në videokasetë.

video library *n* videotekë.

videoplayer['vidiou'plejë:] *n* magnetoskop, aparat video.

videotape['vidiouteip] *n* shirit videokasete.

vide supra['videi'su:prë] *lat* shih më lart.

vie[vai] *vi* hahem, konkuroj, luftoj; **vie with sb for sth** hahem me dikë kush të arrijë diçka.

Viet Nam, Vietnam ['vjet'næm] *n gjeog* Vietnam.

Vietnamese[vjetnë'mi:z] *adj,n -adj* vietnamez. -*n* 1.vietnamez. 2.vietnamisht.

view[vju:] *n,v* -*n* 1.pamje; shikim; **have a good view of sth** e shikoj mirë diçka; **come into view** shfaqet; **come in view of sth** gjendem përpara diçkaje; **hidden from view** i fshehur nga vështrimi i njerëzve. 2.pamje, panoramë; **room with a view of the street** dhomë me pamje nga rruga; **a side view of the building** pamje anash e ndërtesës; **a trip to see the views** udhëtim për të soditur panoramën. 3.*fot* pozë; pamje; **take a view of the monument** fotografoj monumentin. 4.mendim, pikëpamje, opinion; **in my view** për mendimin tim; **exchange of views** shkëmbim pikëpamjesh; **take/hold views of sth** kam një opinion për diçka.5.këndvështrim; vështrim; **an overall view of the problem** një vështrim i përgjithshëm i problemit. 6.prani; **in view of the fact that...**përpara faktit që..; **in view of this** duke u ndodhur përpara kësaj gjëje/këtij fakti. 7.synim, qëllim, pikësynim; **with the view of / a view to negotiating** me synimin për të hyrë në bisedime; **what end have they in view?** cili është qëllimi i tyre? + **in view** a)para syve; b)parasysh(mbaj); c)si pikësynim(kam); d)si shpresë; **in view of** a)për shkak të; b)duke patur parasysh; **on view** i hapur për publikun; **take a dim view of** shoh me dyshim /me pesimizëm/me pakënaqësi; **with a view to** a) me mendimin/me synimin për të; b)me shpresë se.
-*v* 1.shoh, shikoj; **viewed from the air** i parë nga lart. 2.shqyrtoj; këqyr; analizoj. 3.shikoj, konsideroj, quaj; **how does the government view it?** si e shikon qeveria këtë punë? 4.shikoj televizion.

viewer['vju:ë:] *n* 1.shikues, teleshikues.2.*tek* vizir, vizues. 3.*fot* aparat shikimi diapozitivësh. 4.*drejt* këqyrës, inspektues(prone).

viewership['vju:ë:ship] *n amer tv* numër shikuesish.

viewfinder['vju:faindë:] *n fot* tregues i kuadrit (të aparatit).

viewing['vju:ing] *n* 1.*tv* program; emisione.2.shikim, vizitë(e shtëpisë që shitet). 3.vrojtim.

viewing audience *n tv* teleshikues.

viewing figures *n tv* numër telespektatorësh, tregues i shikimit(të kanaleve të ndryshme).

viewing public *n tv* teleshikuesit.

viewing time *n tv* kohë e shikimit maksimal.

viewless['vju:lis] *adj* 1.pa pamje(dhomë).2.pa pikëpamje, pa mendime të vetat.

viewpoint['vju:point] *n* 1.pikë vrojtimi.2.pikëpamje.

viggerish['vigërish] *n amer* përqindje(fitimi).

vigil['vixhël] *n* 1.rojë; **keep vigil over a sick person** bëj rojë pranë një të sëmuri. 2.vigjilje. 3.*pol* manifestim i heshtur.

vigilance['vixhëlëns] *n* vigjilencë, syhaptësi.

vigilance committee *n* komitet vigjëlues i banorëve(të lagjes).

vigilant['vixhëlënt] *adj* vigjilent, syhapët.

vigilante['vixhëlænti] *n* anëtar i komitetit vigjëlues të banorëve.

vigilantly['vixhëlëntli] *adv* me vigjilencë, me sytë hapur.

vignette[vi'njet] *n* 1.(në libra) skicë, figurë.2.*let* skicë. 3.*fot,art* portret i sfumuar në anët. 4. *kin, teat* skenë.

vigor, Br vigour['vigë:] *n* 1.forcë, fuqi. 2. forcë mendore. 3.energji; vrull. 4.*drejt* fuqi(ligjore); **in full vigor** plotësisht në fuqi(ligj).

vigorous['vigërës] *adj* 1. i fortë, i fuqishëm. 2. energjik.

vigorously['vigërësli] *adv* 1.fort, fuqishëm. 2. energjikisht.

vigour['vigë:] *n* shih **vigor**.

viking['vaiking] *n* 1.*hist* viking.2.lundërtar aventurier. 3.*gj.fol* skandinav.

vilayet[vila'jet] *n* provincë, vilajet.

vile[vail] *adj* 1.i keq(ushqim, pije, mot).2.i turpshëm, i ulët(gjest, fjalë). 3.e ndyrë(punë).

vilely ['vailli] *adv* në mënyrë të ulët; poshtërsisht.

vileness['vailnis] *n* poshtërsi; punë e turpshme.

vilification[vilëfë'keishën] *n* shpifje, përgojim.

vilify['vilëfai] *vt* përgojoj, shpif për(dikë).

villa['vilë] *n* vilë.

village['vilixh] *n* fshat, katund.

village idiot *n* budallai i katundit.

villager['vilixhë:] *n* fshatar, katundar.

villain ['vilën] *n* 1.horr, kopuk, zuzar, batakçi. 2.shejtan, qerrata. 3.*let,teat* personazh negativ. 4. bandit, keqbërës.

villainous['vilënës] *adj* 1.i turpshëm, i ulët; **villainous deed** poshtërsi, fëlliqësi. 2. i keq, i ndyrë (mot etj).

villainously['vilënësli] *adv* poshtërsisht.

villainy['vilëni] *n* 1.poshtërsi, fëlliqësi.2.punë e mbrapshtë; krim.

villein['vilin] *n hist* bujkrob.

villeinage['vilënixh] *n hist* bujkrobëri.

vim [vim] *n* vrull, energji; **full of vim** plot energji.

vinaigrette[vinei'gret] *n* salcë sallate.

vinculum['vinkjëlëm] *n* 1.*mat* vizë bashkuese. 2.*anat* bashkuese.

vindicate['vindëkeit] *vt* 1.i jap të drejtë; shfajësoj(dikë). 2.mbroj me sukses (një të drejtë). 3.përligj, justifikoj(besimin).

vindication [vindë'keishën] *n* 1.*drejt* shfajësim, nxjerrje pa faj.2.përligjie.

vindictive[vin'diktiv] *adj* hakmarrës.

vindictively[vin'diktivli] *adv* në mënyrë hakmarrëse.

vindictiveness [vin'diktivnis] *n* natyrë hakmarrëse.

vine[vain] *n* 1.hardhi. 2.bimë kacavjerrëse.

vinegar['vinëgë:] *n* uthull.

vinegary['vinëgri] *adj* 1.i uthullt, uthullor; si u-thull. 2.*fig* therëse(fjalë).

vinegrowing['vaingrouing] *n* vreshtari.

vinery['vainëri] *n* 1.serë fidanësh hardhie.2.vreshtë.

vineyard['vainja:d] *n* vreshtë.

vinous ['vainës] *adj* 1.si verë. 2.nga vera (dehje etj).

vintage['vintixh] *n,adj* -*n* 1.vjelje.2.të vjela, kohë e vjeljes së rrushit.3.periudhë, kohë; origjinë; **a song of prewar vintage** këngë e kohës së paraluftës.

-*adj* 1.i cilësisë së mirë. 2.tipik. 3.i qëmotshëm.

vintage year *n* vit i mbarë.

vintner['vintnë:] *n* tregtar vere.

vinyl['vainil] *n,adj kim* vinil; vinili.

viol['vajël] *n muz* violë.

viola I[vi:'oulë, vaj'oulë] *n muz* violë.

viola II [vaj'oulë, 'vajëlë] *n bot* vjollcë, manushaqe.

violable['vajëlëbël] *adj* i dhunueshëm.

violate['vajëleit] *vt* 1.shkel(ligjin, marrëveshjen). 2.nuk respektoj, prish(rendin publik, qetësinë). 3.cenoj(jetën private). 4.dhunoj(një të varr, tempull). 5.përdhunoj.

violation[vajë'leishën] *n* 1.shkelje; thyerje.2.*drejt* kundërvajtje. 3.dhunim. 4.përdhunim.

violator['vajëleitë:] *n* 1.shkelës; kundërvajtës. 2. dhunues. 3.përdhunues.

violence['vajëlëns] *n* 1.dhunë; **by violence** me dhunë; **escalation of violence** shtim/shkallëzim i dhunës; **racial violence** dhunë raciale. 2.forcë; **slam the door with violence** përplas derën me forcë. 3.dëm; cenim. 4.vrull, furi. 5.keqpërdorim. 6.përdhunim. + do violence to sb detyroj dikë.

violent ['vajëlënt] adj 1.i dhunshëm; me dhunë; violent death vdekje me dhunë. 2.e fortë (dhimbje); i fuqishëm. 3.i ashpër(sulm etj); have a violent temper jam tip nevrik, jam idhnak.

violently['vajëlëntli] adv 1.dhunshëm; me dhunë; die violently kam një vdekje të dhunshme. 2.fort; fuqishëm. 3.ashpër(kritikoj); behave violently nevrikosem, nuk përmbahem.

violet['vajëlit] n,adj -n 1.bot vjollcë, manushaqe. 2.bojë vjollcë, ngjyrë manushaqe.
-adj bojëvjollcë, manushaqe.

violin[vajë'lin] n violinë.

violin case n këllëf violine.

violin concerto n muz koncert për violinë.

violin player n violinist.

violinist[vajë'linist] n violinist.

violist[vi'oulist] n amer violist.

violoncellist[vajëlën'çelist] n violinçelist.

violoncello[vajëlën'çelou] n violonçel.

V.I.P.[vi:ai'pi:] n,adj (shkurtim i very important person) personalitet, person shumë i rëndësishëm.
-adj shumë i rëndësishëm; V.I.P. lounge sallon pritjeje i veçantë (në aeroporte); get the V.I.P. treatment përfitoj trajtim të veçantë.

viper['vaipë:] n 1.zool nëpërkë. 2.fig gjarpër.

viperish['vaipërish] adj prej gjarpri.

viperous['vaipërës] adj si gjarpër; i pabesë.

virago [vi'ra:gou] n gjuhustër, telendare, sprijë e keqe.

viral['vajërël] adj mjek viral.

virescent[vai'resënt] adj i gjelbëremë.

virgin['vë:xhën] n,adj -n 1.virgjëreshë; djalë i virgjër. 2.beqar; beqare. 3.the Virgin Shënmëria. 4.astr Virgjëresha(yllësi).
-adj 1.i virgjër. 2.fig i virgjër, i pashkelur (pyll, dëborë).

virginal['vë:xhënël] adj 1.virgjëror. 2.fig i pastër, i panjollë.

virginity[vë:'xhinëti] n virgjëri.

Virgo['vë:gou] n astr Virgjëresha(yllësi).

virgule ['vë:giu:l] n amer polig vizë e pjerrët, shenja / .

viridescent[virë'desënt] adj i gjelbëremë.

virile['virail] adj 1.burrëror; i fortë. 2.potent.

virility[vë'rilëti] n 1.burrëri; forcë.2.potencë.

virology[vai'rolëxhi] n mjek virologji.

virtu[vë:'tu:] n 1.vlerë; shkëlqim. 2.vepër arti. 3. shijë artistike.

virtual ['vë:çuël] adj 1.i vërtetë, i njëmendët; he is the virtual chairman ai është kryetari i vërtetë. 2.gati, pothuaj; it was a virtual failure ishte pothuaj një dështim.

virtually['vë:çuëli]adv 1.në të vërtetë; praktikisht; he virtually owns the building në të vërtetë është ai i zoti i godinës; it's virtually the same thing ë-

shtë praktikisht e njëjta gjë. 2.gati, pothuaj; he departed with virtually nothing ai u nda pothuajse pa gjë.

virtue['vë:tju:] n 1.mirësi; virtyt. 2.ndershmëri; a woman of easy virtue femër e lëshuar.3.vlerë, veti; epërsi, e mirë; meritë; healing virtue veti shëruese; it has the virtue of being simple ka të mirën se është e thjeshtë; he has the virtue of clarity ai ka dhuntinë e të shprehurit qartë. + by /in virtue of a)duke u mbështetur në; b)për arsye të : by virtue of being Canadian, he... duke u nisur nga fakti që ishte kanadez, ai...; make a virtue of necessity e bëj diçka nga e keqja; kërcen prifti nga belaja.

virtuosity[vë:tju'osëti] n 1.virtuozitet; mjeshtri e lartë. 2.shijë artistike.

virtuoso[vë:çu:'ousou] n 1.virtuoz; mjeshtër i përkryer. 2.njeri me shije artistike. 3.studiues/koleksionues objektesh arti.

virtuous ['vë:çuës] adj 1.i mirë; i moralshëm; i drejtë; i virtytshëm.2.i dëlirë, i virgjër, i papërlyer.

virulence ['virëlëns] n 1.mjek,biol virulencë, fuqi sëmundjeprurëse (e mikrobit). 2. fig helm, vrer.

virulent['virulënt] adj 1.i helmët; i fortë; vdekjeprurës (helm etj). 2.biol virulent. 3.fig tërë helm, plot vrer.

virus['vairës] n 1.biol virus. 2.fig mikrob(i makutërisë etj).

virus disease n mjek sëmundje virale.

visa['vi:zë] n,v -n vizë; entrance/exit visa vizë hyrjeje/daljeje; get an Italian visa marr vizën italiane, marr vizë për në Itali.
-vt i jap vizë.

visage['vizixh] n 1.fytyrë. 2.pamje; aspekt.

vis-a-vis['vi:zëvi:] prep,n -prep 1.përballë, karshi.2.përkundrejt; në krahasim/në lidhje me.
-n 1.personi karshi. 2.homologu.

viscera ['visërë] npl anat organet e brendshme; të brendshmet, rropullitë.

visceral['visërël] adj 1.anat i organeve të brendshme, i të brendshmeve.2.i thellë, i brendshëm; instinktiv.

viscid['visid] adj ngjitës, i trashë, veshtullak.

viscose['viskouz] n,adj -n 1.kim viskozë.2.fije mëndafshi.

viscosity[vis'kosëti] n fiz,kim veshtulli, viskozitet.

viscount['vaikaunt] n vikont, nënkont.

viscous['viskës] adj ngjitës, i trashë, veshtullor, viskoz.

vise[vais] n,v mek -n morsë.
-vt shtrëngoj/kap në morsë.

visé['vizei] amer shih visa.

visibility[vizë'bilëti] n 1.dukshmëri, mundësi shikimi. 2.largësi shikimi; visibility is down to/is only 5 metres largësia e shikimit ka rënë në 5 metra.

visible ['vizëbël] adj 1.i dukshëm, që shihet. 2.i

qartë, i dukshëm; **there's no visible reason** nuk ka ndonjë arsye të qartë.

visibly ['vizëbli] *adv* 1.dukshëm. 2.*fig* qartë, në mënyrë të dukshme.

Visigoth['vizëgoth] *n hist* vizigot.

vision['vizhën] *n,v* *-n* 1.shikim, të pamë; **her vision is very good** të pamit e ka krejt në rregull; **within range of vision** brenda rrezes së shikimit. 2.*fig* parashikim; largpamësi; **a man of great vision** njeri mjaft largpamës. 3.përfytyrim, vizion; **his vision of the future** vizioni i tij për të ardhmen.4.vegim, haluçinacion; **have /see visions** kam vegime, kam halucinacione, shoh ëndrra me sy hapur.

-vt amer përfytyroj, imagjinoj.

visionary ['vizhëneri] *adj,n* *-adj* 1.largpamës; parashikues.2.ireal, i paarritshëm, imagjinar.3.vegimtar.

-n vegimtar; ëndërrues, ëndërrimtar.

visit['vizit] *n,v* *-n* 1.vizitë; **be/go on a visit to sb** jam/shkoj për vizitë te dikush. 2.*gj.fol* muhabet; **have a nice visit while waiting** bëj një dorë muhabet ndërkohë që rri e pres. + **pay a visit** *gj.fol* shkoj në nevojtore.

-v 1.vizitoj(dikë, muzeun etj); shkoj(në teatër etj).2.rri ca kohë(te dikush, në qytet).3.*usht* inspektoj(trupat).4.pllakos, më gjen(e keqja). 5.ia çoj, ia hedh mbi krye (belanë etj).

+**visit with** *amer* i shkoj për ta parë; bëj muhabet(me dikë).

visitant['vizëtënt] *n* 1.vizitor.2.*zool* zog shtegtar.

visitation[vizë'teishën] *n* 1.vizitë; *iron* vizitë e tejzgjatur. 2.*usht,fet* inspektim. 3.shpagim; ndëshkim i qiellit.

visiting['viziting] *n* vizita, bërje vizitash; **be on visiting terms with sb** kam të hyra e të dala me dikë.

visiting card *n* kartëvizitë.

visiting fireman *n amer iron* vizitor i rangut të lartë.

visiting hours *n* kohë vizitash.

visiting nurse *n amer* infermiere shtëpie.

visiting professor *n* profesor i jashtëm.

visiting team *n sport* ekip mik.

visitor['vizitë:] *n* 1.vizitor; i ftuar, mik, mysafir; **have the visitors left?** ikën të ftuarit? 2.klient (hoteli). 3.turist.

visitors' book *n* 1.libër përshtypjesh.2.regjistër(i klientëve të hotelit).

visitors' gallery *n pol* galeria ku rri publiku (në parlament etj).

visor['vaizë:] *n* 1.ballik, mburojë fytyre(e helmetës). 2.strehë(kaskete). 3.maskë. 4.*aut* xham i vogël kundër diellit.

vista['vistë] *n* 1.pamje. 2.*fig* vështrim në të kaluarën; vështrim në të ardhmen, perspektivë, horizont.

visual['vizjuël] *adj,n* *-adj* 1.pamor, optik, i syrit; **visual defect** defekt i të pamit.2.me sy; **visual navigation** orientim nëpërmjet shikimit/me sy; **within visual range** sa ha syri.3.vizual; **visual image** përfytyrim vizual; **visual memory** kujtesë vizuale. *-n* mjet vizual/viziv.

visual aid *n* mjet vizual/viziv; **teach with visual aids** përdor mjete vizive gjatë mësimit.

visual arts *n* artet plastike.

visualize['vizjuëlaiz] *vt* 1.kujtoj, sjell në kujtesë. 2.përfytyroj; **visualize sb doing sth** e përfytyroj dikë duke bërë diçka. 3.parashikoj. 4.*mjek* bëj të dukshëm(një organ).

visually ['vizjuëli] *adv* 1.përsa i takon shikimit; nga sytë; **visually handicapped** keq nga sytë. 2.përsa i takon imazhit; **visually the film was not good** filmi çalonte nga ana vizive.

vital['vaitël] *adj,n* *-adj* 1.jetësor; i jetës; **vital parts** organe jetësore; **vital spark** shkëndijë jete. 2.thelbësor, i domosdoshëm, jetik; **vital importance /support** rëndësi jetike; përkrahje e domosdoshme. 3.vdekjeprurëse (plagë etj). 4.i pandreqshëm, fatal (gabim). 5.energjik, i gjallë, plot jetë.

-n pl 1.*anat* organe jetësore. 2.*fig* pjesë thelbësore.

vital signs *n mjek* shenja jete(puls etj).

vital statistics *n* 1.të dhëna demografike.2.*gj.fol* përmasa të gjoksit, mesit e vitheve(për femrën). 3.*gj.fol* të dhëna të rëndësishme(për sportistin etj).

vitality[vai'tælëti] *n* gjallëri; forcë jetësore; vitalitet.

vitalize['vaitëlaiz] *vt* gjallëroj, i jap jetë.

vitally['vaitëli] *adv* tepër; jashtëzakonisht; **vitally important** me rëndësi jetike; **vitally needed** i domosdoshëm, jashtëzakonisht i nevojshëm; **vitally urgent** tepër urgjent.

vitamin['vitëmin, 'vaitëmin] *n* vitaminë.

vitamin deficiency *n mjek* mungesë vitaminash.

vitamin deficiency disease *n mjek* avitaminozë.

vitamin-enriched *n* i vitaminizuar, i pasuruar me vitamina.

vitamin pill/tablet *n* vitaminë(hapje).

vitaminize['vitëminaiz] *vt* vitaminoj, pasuroj me vitamina; **vitaminized foods** ushqime të vitaminuara.

vitiate ['vishiejt] *vt* 1.prish, dëmtoj. 2.pakësoj (shanset). 3.*drejt* zhvleftësoj(kontratën).

viticulture['vitëkʌlçë:] *n* vreshtari.

vitreous['vitriës] *adj* 1.qelqor, i qelqët, i xhamtë. 2.*anat* i tejdukshëm.

vitreous humour *n anat* lëng qelqor(i syrit).

vitrifaction[vitrë'fækshën] *n* qelqëzim.

vitrification[vitrëfë'keishën] *n* qelqëzim.

vitriform ['vitrëfo:m] *adj* qelqor, i xhamtë, si xham.

vitrify['vitrĕfai] v 1.qelqëzoj. 2.qelqëzohet.

vitriol['vitriël] n 1. kim sulfat (bakri, zinku etj). 2.kim acid sulfurik. 3.fig sarkazëm; vërejtje therëse.

vitriolic[vitri'olik] adj 1.kim sulfurik; sulfat.2.fig therës, sarkastik.

vitro['vitrou] n mjek: **in vitro** in vitro, në kushte laboratorike.

vituperate[vi'tju:përeit] v 1.shaj, fyej, poshtëroj. 2.shfryj, mallkoj.

vituperation[vitju:pë'reishën] n sharje, fyerje, poshtërim; mallkim.

vituperative[vi'tju:përëtiv] adj qortues, fyes, poshtërues.

viva I['vivë] interj,n -interj rroftë! -n urra, brohori.

viva II['vaivë] n Br provim me gojë.

vivacious[vi'veishës] adj i gjallë, plot gjallëri, i shkathët, plot jetë.

vivaciously[vi'veishësli] adv me gjallëri.

vivacity[vi'væsëti] n gjallëri; afsh.

vivarium[vi'veëriëm] n vivar; peshkore.

vivid['vivid] adj 1.e ndezur(ngjyrë).2.i gjallë(kujtim, përfytyrim).

vividly['vividli] adv 1.me gjallëri. 2.me ngjyra të ndezura.

vividness['vividnis] n 1.gjallëri.2.qartësi.3.shkëlqim.

vivify['vivëfai] vt gjallëroj, i jap jetë.

viviparous[vi'vipërës] adj biol gjallëpjellës.

vivisect['vivësekt, vivë'sekt] vt mjek eksperimentoj mbi kafshë të gjalla.

vivisection[vivë'sekshën] n mjek eksperimente me kafshë të gjalla, viviseksion.

vixen['viksën] n 1.zool dhelpër femër, dhelpërushë. 2.fig gjuhustër, telendare, sprijë e keqe.

vixenish ['viksënish] adj idhnak, nevrik; gojëhelm.

viz[viz] adv (shkurtim për lat **vide licet**) dmth; ose, më saktë.

vizier[vi'zië:] n vezir.

VLF[vi:el'ef] n el (shkurtim për **very low frequency**) VLF, frekuencë tepër e ulët.

vocable['voukëbl] n gjuh fjalë.

vocabulary [vou'kæbjëleri] n 1.fjalor, fond fjalësh(i një shkrimtari etj).2.fjalorth(në fund të librit). 3.fjalor. 4.fjalës.

vocal['voukël] adj,n -adj 1.anat zanor, i zërit; **vocal chords** pejza/korda zanore. 2.muz vokal, i kënduar; **vocal music** muzikë vokale. 3.i zhurmshëm, i potershëm; që kërkon t'i dëgjohet zëri. -n 1.tingull zanor. 2.muz muzikë vokale; pjesë për t'u kënduar.

vocal bands/chords/cords n anat pejza/korda zanore.

vocalic[vou'kælik] adj gjuh zanor.

vocalist['voukëlist] n këngëtar.

vocalization [voukëlai'zeishën] n 1. gjuh vokalizim, shqiptim. 2.muz vokalizë.

vocalize['voukëlaiz] v 1.shpreh me zë(mendimet). 2.gjuh shqiptoj të zëshme (bashkëtingëlloret). 3.muz bëj vokaliza.

vocally['voukëli] adv me zë; me fjalë.

vocation [vou'keishën] n 1.zanat, profesion. 2. prirje.

vocational[vë'keishënël] adj profesional.

vocational course n 1.stazh, periudhë kualifikimi profesional. 2.lëndë profesionale, kurs praktik.

vocational guidance n orientim profesional.

vocational training n kualifikim profesional.

vocative['vokëtiv] n,v gram -n thirrore, rasë thirrore; **in the vocative** në thirrore. -adj thirrore.

vociferant[vë'sifërënt] adj,n këlthitës.

vociferate[vou'sifëreit] vi thërras, bërtas, sokëllij.

vociferation[vë'sifëreishën] n thirrmë, sokëllitje.

vociferous[vë'sifërës] adj i zhurmshëm, i potershëm.

vodka['vodkë] n vodka.

vogue[voug] n 1.modë; **boots were the vogue /in vogue then** atë kohë çizmet ishin në modë; **come into vogue** bëhet i modës; **go out of vogue** del nga moda. 2.i përhapur, popullor; **have a great vogue** është shumë popullore(një këngë etj).

voice[vois] n,v -n 1.zë; **at the top of one's voice** me sa kam ne kokë, sa më ha zëri; **in a loud/soft voice** me zë të lartë/të butë; **give voice to** shpreh; **lower/raise one's voice** ul/ngre zërin; **the voice of God/of reason** zëri i perëndisë/i arsyes; **bass /tenor voice** zë basi/tenori. 2.gram diatezë, trajtë; **active /passive voice** trajta veprore/pësore. 3.gjuh tingull. 4.fig përfaqësues, zëdhënës, zë(i popullit etj). 5.fig shprehje; opinion, mendim; e drejtë fjale; **we have no voice in the matter** neve nuk na dëgjohet fjala për këtë çështje. + **in voice** me zërin në rregull, në gjendje(për të kënduar, folur); **lift up one's voice** a)ngre zërin, bërtas; b)ngre zërin, kundërshtoj, protestoj; **with one voice** njëzëri. -v 1.shpreh(ndjenja, mendime). 2.gjuh shqiptoj të zëshme(bashkëtingëlloren).3.muz akordoj.

voice box n anat gurmaz, laring.

voiced [voist] adj 1. me zë; **deep-voiced** me zë të thellë. 2.gjuh e zëshme(bashkëtingëllore).

voiceless['voislis] adj 1.pa zë; pa gojë.2.fig pa të drejtë fjale. 3.gjuh i pazëshëm.

voicing['voising] n gjuh zëshmim, sonorizim.

void[void] adj,v,n -adj 1.bosh, i zbrazët. 2.i pazënë, bosh, vakant(vend pune). 3.drejt i pavlefshëm. + **void of** pa, që i mungon : **void of meaning** pa kuptim.

-vt 1.zbraz, boshatis.2.zbrazem, dhjes.3.vjell.4.drejt anuloj, bëj të pavlefshëm.

-n zbrazëti, boshllëk; **an aching void** një zbrazëti

e pafund; **fill the void** mbush boshllëkun.

voidable ['voidëbël] *adj drejt* i anulueshëm, i zhvleftësueshëm.

voile[voil] *n tekst* pëlhurë, vel.

vol. shkurtim për **volume; volunteer; volcano.**

volant['voulënt] *adj* 1.fluturues, fluturak. 2.*fig* i shpejtë, flutur.

volatile['volëtail] *adj* 1.i avullueshëm.2.*fig* shpërthyese(situatë).3.*fig* i paqëndrueshëm, si era me shi (njeri, karakter).

volatility[volë'tilëti] *n* 1.*kim* avullueshmëri. 2.*fig* paqëndrueshmëri; fluturim. 3.*fig* gjallëri, vrull.

volatilize['volëtëlaiz] *v* 1.avullon. 2.avulloj.

volcanic[vol'kænik] *adj* 1.vullkanik.2.*fig* i zjarrtë, shpërthyes(temperament).

volcanic glass *n gjeol* xham vullkanik; obsidian.

volcano[vol'keinou] *n* vullkan.

vole[voul] *n zool* mi fushe; nuselalë.

volition[vou'lishën] *n* vullnet; **of one's own volition** me dashjen e vet.

volley['voli] *n,v -n* 1.breshëri, batare.2.*fig* lumë, varg(pyetjesh); breshëri(duartrokitjesh).3.*sport* goditje në ajër(e topit).

-v 1. lëshoj breshëri; qëlloj me batare. 2.*fig* nxjerr lumë(sharje etj). 3.*sport* godas në ajër.

volleyball['volibo:l] *n* voleiboll; **volleyball player** voleibollist.

volplane['volplein] *v,n av -vi* shkas në ajër me motorë të shuar.

-n shkarje në ajër me motorë të shuar.

volt[voult] *n el* volt.

voltage['voultixh] *n el* tension, voltazh; **high/low voltage** tension i lartë/i ulët.

voltaic[vol'teik] *adj el* voltaik, i Voltës.

voltaic battery/cell *n el* pilë e Voltës, bateri.

voltameter[vol'tæmëtë:] *n el* voltmetër, voltmatës.

volte-face['volt'fa:s] *n* kthesë, ndryshim qëndrimi.

voltmeter['voultmitë:] *n el* voltmetër, voltmatës.

volubility[voljë'bilëti] *n* 1.shpejtësi të foluri; llafazanëri. 2.lumë fjalësh.

voluble['voljëbël] *adj* fjalëshumë, gjuhëbrisk.

volubly ['voljëbli] *adv* rrjedhshëm, me lehtësi; me fjalë të shumta.

volume['volju:m] *n* 1.libër.2.vëllim; **in 2 volumes** në 2 vëllime; **speak/say volumes** *fig* thotë/flet shumë(për diçka), është kuptimplotë. 3.*fiz,ek,mat* volum, vëllim; nxënësi; **volume of exports** vëllimi i eksporteve. 4.*rad,tv* zë, volum (zëri); **turn the volume up/down** ngre/ul zërin; **volume control** buton i/sumbull e zërit/ e volumit.

volumetric[voljë'metrik] *adj kim* volumetrik.

voluminous[vë'lu:mënës] *adj* 1.i madh, i vëllimshëm, voluminoz. 2.*fig* prodhimtar(shkrimtar).

voluntarily['volënterëli] *adv* me dashje, vullnetarisht.

voluntary['volënteri] *adj,n -adj* 1.i vullnetshëm;

me dashje; jo i detyruar; **voluntary man-slaughter** vrasje me dashje.2.vullnetar, pa pagesë; **voluntary help** punë vullnetare. 3.fakultativ, me dëshirë (frekuentim).

voluntary agency/body *n* agjenci/organizatë mbi baza vullnetare.

voluntary hospital *n amer mjek* spital i asistencës publike.

voluntary organization *n* organizatë mbi baza vullnetare.

voluntary school *n Br* shkollë e lirë.

voluntary work *n* punë vullnetare.

voluntary worker *n* punonjës vullnetar/pa pagesë.

volunteer[volën'tië:] *n,adjv -n usht,adm* vullnetar.

-adj vullnetar; vullnetarësh. + **the Volunteer State** *amer* shteti Tenesi.

-v 1.jap vullnetarisht; **volunteer information** jap të dhëna vullnetarisht. 2.*usht* dal vullnetar; **volunteer for sth** dal vullnetar për diçka.

voluptuary[vë'lʌpçu:eri] *n,adj* qejfli.

voluptuous[vë'lʌpçu:ës] *adj* 1.epshndjellës, epshor. 2.argëtuese(muzikë). 3.qejfli.

voluptuousness[vë'lʌpçuësnis] *n* ëndje; sensualizëm, sensualitet.

volute[vë'lu:t] *n,adj -n* 1.dredhë, spirale. 2.*ark* zbukurim spiral.

-adj spiral.

vomit['vomit] *n,v -n* 1.vjellje, të vjellë. 2.të vjella.

-v 1.vjell; nxjerr. 2.lëshon shtëllungë(tym etj).

vomiting['vomiting] *n* të vjella.

voracious[vë'reishës] *adj* 1.grykës, llupës (njeri). 2.i pangopur, i etur(lexues).

voraciously[vë'reishësli] *adv* me grykësi, me pangopësi; me etje.

voraciousness[vo'reishësnis] *n* shih **voracity.**

voracity[vë'ræsëti] *n* grykësi, pangopësi; etje.

vortex['vo:teks] *n pl* **vortices**['vo:tisi:z] 1.vorbull, shtjellë, shakullinë. 2.*fig* qerthull.

votary['voutëri] *n* ithtar.

vote[vout] *n,v -n* 1.votim; votë; **after the vote** pas votimit; **the matter was settled by vote** çështja u zgjidh me votim; **vote of confidence** votëbesim; **put to the vote** hedh në votë. 2.e drejtë e votës; **give the vote to women** u jap grave të drejtën e votës. 3.votë; **give one's vote to..** ia jap votën..; **you have my vote** do të votoj për ty. 4.vendim i marrë me votim; fond i miratuar me votim.

-v 1.votoj; **vote for sb/on sth** votoj për dikë /për diçka; **vote with one's feet** *fig* largohem në shenjë proteste. 2.votoj pro, miratoj me vota. 3.e hedh votën për; **vote Republican** votoj për Republikanët. 4.zgjedh; **he was voted chairman** atë e zgjodhën kryetar; **she was voted the best dancer** ajo u shpall kërcimtarja më e mirë.

+**vote down** hedh poshtë me vota.

+**vote in** a)miratoj; b)zgjedh(dikë).

+**vote out** a)nuk miratoj, hedh poshtë; b)nuk zgjedh(dikë).

+**vote through** votoj, adoptoj, ratifikoj, miratoj.

voter['voutë:] *n* votues.

voter registration *n amer pol* regjistrim i votuesve, hartim i listave të zgjedhësve.

voter registration card *n* kartë e zgjedhësit.

voting ['vouting] *n* votim, votime; **the voting took place last month** votimet u zhvilluan muajin e kaluar.

voting booth *n* dhomë e fshehtë.

voting paper *n* fletë votimi, fletëvotim.

voting share *n fin* aksion me të drejtë vote.

votive ['voutiv] *adj* kushtimor (mbishkrim); që shpreh një urim.

vouch[vauç] *v* 1.siguroj, garantoj; **vouch for the truth of sth/for sb's honesty** garantoj për vërtetësinë e diçkaje/për ndershmërinë e dikujt. 2.*drejt* përgjigjem për; hyj dorëzanë për. 3.mbështes.

voucher['vauçë:] *n* 1.dorëzanë, garant.2.dëftesë; faturë. 3.kupon, talon, latë (ushqimi, benzine etj). 4.provë, dëshmi.

vouchsafe[vauç'seif] *vt* 1.jap (përgjigje). 2.akordoj(privilegj). 3.*keq* denjoj, begenis; **vouchsafe an answer** begenis të kthej përgjigje.

vow[vau] *n,v* -*n* zotim, angazhim; betim; **take a vow** marr zotim; **swear a vow of secrecy** zotohem të ruaj fshehtësinë.

-*vt* 1.zotohem; jap fjalën. 2.bëj be, betohem; **she vowed she would never shop there again** ajo u betua se s'do të bënte më kurrë pazar atje.

vowel['vauël] *n gjuh* zanore.

vox[voks] *n pl* **voces** *lat* zë.

vox populi[voks'popjëli] *lat* zëri i popullit.

voyage['vojixh] *n,v* -*n* 1.udhëtim në det, lundrim; **voyage of discovery** eksplorim/lundrim për qëlli-

me zbulimi. 2.udhëtim në ajër, fluturim. 3.tregime udhëtimi, përshkrim udhëtimi.

-*v* 1.udhëtoj me det; lundroj. 2.përshkoj. 3.*amer av* fluturoj.

voyager['vojëxhë:] *n* 1.udhëtar. 2.lundërtar; eksplorator.

voyeur[vwa:'jë:] *n* soditës, njeri që gjen kënaqësi seksuale duke soditur nudo etj.

vulcanite['vʌlkënait] *n gjeol* ebanit.

vulcanization[vʌlkënai'zeishën] *n* vullkanizim (i gomës).

vulcanize['vʌlkënaiz] *vt* vullkanizoj.

vulcanology [vʌlkë'nolëxhi] *n gjeol* vullkanologji, shkenca e vullkaneve.

vulgar['vʌlgë:] *adj* 1.vulgar; i ulët.2.i rëndomtë, i zakonshëm. 2.i thjeshtë, i popullit; **vulgar Latin** latinishte e popullit.

vulgar fraction *n mat* thyesë e thjeshtë.

vulgarian[vʌl'geriën] *n* njeri vulgar.

vulgarism['vʌlgërizm] *n* 1.*gjuh* shprehje vulgare; vulgarizëm. 2.vulgaritet, rëndomësi.

vulgarity[vʌl'gerëti] *n* vulgaritet, rëndomësi.

vulgarization[vʌlgërai'zeishën] *n* vulgarizim.

vulgarize['vʌlgëraiz] *vt* 1.vulgarizoj, popullarizoj(një libër shkencor).2.vulgarizoj, bëj vulgar.

Vulgate['vʌlgeit] *n* 1.*hist* përkthim në latinisht i Biblës. 2.gjuhë e folur, gjuhë e popullit.

vulnerability[vʌlnërë'bilëti] *n* cenueshmëri; lëndueshmëri; dobësi.

vulnerable['vʌlnërëbël] *adj* 1.i cenueshëm; me pika të dobëta. 2.i prekshëm; i lëndueshëm.

vulnerableness['vʌlnërëbëlnës] *n* shih **vulnerability**.

vulpine['vʌlpain, 'vʌlpën] *adj* prej dhelpre.

vulture['vʌlçë:] *n* 1.*zool* hutë. 2.*fig* ujk, grabitqar.

vulva['vʌlvë] *n anat* vulvë.

vying['vajing] *n* rivalitet, konkurencë.

W

W,w[ˈdʌblju:] w, dubëlvë, shkronja e 23-të e alfabetit anglez.

w. shkurtim për **week; width; weight; with**.

W shkurtim për **watt; west; tungsten**.

W. shkurtim për **Wednesday; Wales, Welsh**.

WA shkurtim për **Washington (state)**.

wabble I[ˈwobël] shih **wobble**.

wabble II[ˈwobël] *n* plagë nga fërkimi i shalës (në kurriz të kalit).

wacky[ˈwæki] *adj amer zhrg* i krisur, torolloz, allosoj.

wad[wod] *n,v* -*n* 1.shtupë.2.tapë.3.tufë, pako(letrash, kartëmonedhash).4.shuk.5.*zhrg* pare e madhe. -*vt* (~up) 1.bëj shuk. 2.tapos, mbush me shtupë; mbush me pambuk etj(xhupin, jorganin).

wadding[ˈwoding] *n* 1.pambuk për mbushje.2.astar i mbushur, vatë.

waddle[ˈwodël] *v,n* -*vi* tundem, eci duke u tundur, eci si patë. -*n* tundje, ecje si patë.

wade[weid] *v* 1.çaj përmes, eci me zor; **wade through(mud, water, grass)** eci përmes (baltës, ujit, barit).2.*fig* hidhem, sulem, turrem; **wade into a meal** i turrem pjatës; **wade through my homework** u futem detyrave. 3.shllapuris, llapashis (për qejf). 4.kaloj në va(lumin).

+**wade in** *zhrg* bëhem me(njërën palë).

wader[ˈweidë:] *n* 1.çizme gjahtari.2.*zool* zog këmbëgjatë; lejlek; shapkë.

wadi[ˈwaːdi] *n* 1.rrëke. 2.oaz.

wading bird *n* zog këmbëgjatë.

wady[ˈwaːdi] *n* shih **wadi**.

wafer[ˈwaːfë:] *n* 1.vafer. 2.*fet* oste, naforë.

waffle I[ˈwofël] *n* pite.

waffle II[ˈwofël] *n,v Br* -*n* 1. llafe; ujë i tepërt. 2.gjepura, dëngla. -*vi* 1.llomotis, grij kot. 2.zgjatem, fus ujë të tepërt (në libër etj).

waft[waːft] *v,n* -*v* 1.mbart; çoj; **the waves wafted the boat to shore** dallgët e nxorën lundrën në breg. 2.pluskon; noton në ajër (gjethja e thatë, tingulli). -*n* 1.puhi. 2.aromë. 3.valëvitje. 4.përhapje.

wag I[wæg] *v,n* -*v* 1.tund(bishtin, lapsin).2.bluan (gjuha); i jap gjuhës, llomotis; **her tongue never stops wagging** asaj nuk i pushon goja. -*n* 1.tundje. 2.llomotitje.

wag II[wæg] *n* shakaxhi, hokatar.

wage[weixh] *n,v* -*n* 1.rrogë, pagë; pagesë; **hour-**ly/weekly wage** pagesë me orë; pagesë javore; **3 days' wages** rrogë e tri ditëve; **his wage is(wages are) $50 per week** e ka rrogën/merr/paguhet 50 dollarë në javë; **get a good wage** marr rrogë të mirë. 2.*pl fig* pagesë, pasojë; **the wage of poor eating is illness** pasoja e ushqimit të keq është sëmundja. -*vt* bëj, zhvilloj, kryej; **wage a campaign** zhvilloj një fushatë.

wage bill *n* bordero e pagesave, vëllim i pagave.

wage(s) claim, wage demand *n* kërkesë page.

wage(s) clerk *n* pagator, llogaritar.

wage cuts *n* ulje rrogash.

wage earner *n* rrogëtar.

wage(s) freeze *n* bllokim i pagave.

wage increase *n* rritje rroge.

wage packet *n* rrogë, zarf me paret e rrogës.

wage scale *n* tabelë e pagave.

wages slip *n* kupon shoqërues i pagësës.

wage-stop principle *n Br adm* parim i moskapërcimit të pagës nga ndihma e papunësisë.

wager[ˈweixhë:]*v,n* -*vt* (**on, that**) vë bast(për, se). -*n* bast; **lay a wager** vë/lidh/pres bast.

waggery[ˈwægëri] *n* 1.gaz, gëzim.2.shaka; vënie në lojë.

waggish[ˈwægish] *adj* 1.shakaxhi, hokatar.2.me /për shaka. 3.lozonjar(vështrim).

waggishly[ˈwægishli] *adv* me shaka.

waggle [ˈwægël] *v,n* -*v* 1.tund (gishtin, lapsin). 2.vërtis nëpër gishta (kopsën). 3.tundet; luan (dhëmbi). -*n* tundje, e tundur.

waggon, *amer* **wagon**[ˈwægën] *n* 1.qerre; karro. 2.kamion. 3.*Br hek* vagon mallrash. 4.*gj.fol* makinë, veturë. 5.*amer* (edhe **station** ~) kamionçinë. 6.tryezë me rrota. 7.*amer gj.fol* makinë policie. + **be off the wagon(again)** filloj prap të pi; **go/be on the wagon** heq dorë nga pija; **hitch one's wagon to a star** e vras lart, kam shpresa të mëdha.

wag(g)oner[ˈwægënë:] *n* qerrexhi; karrocier.

wag(g)onette[wægë'net] *n* karrocë me ndenjëse.

wag(g)on-lit[waːgonˈli] *n* vagon për fjetje.

wag(g)onload [ˈwægënloud] *n* 1. një qerre, një karro me. 2.një vagon me.

wag(g)on train *n* 1.karvan karrocash. 2.*amer* karro furnizimi.

wagtail[ˈwægteil] *n zool* bishtlëkundës(zog).

waif [weif] *n* 1.varfanjak. 2.fëmijë i braktisur. 3.mall pa zot.

wail[weil] *v,n* -*vi* 1.rënkoj; vajtoj.2.angullin; ulërin(era).

-*n* 1.rënkim; vajtim; kujë. 2.angullimë; ulërimë(e erës).

wailing['weiling] *n,adj* -*n* 1.rënkim; vajtim; kujë.2.qaravitje(e fëmijës).3.angullimë; ulërimë(e erës).
-*adj* 1.vajtues, vajtimtar. 2.i qaravitur.

wain[wein] *n vjet,poet* qerre; karro.

wainscot['weinskët] *n,v* -*n* 1.veshje me dru/me dërrasa (e murit). 2.pjesë e poshtme, xokël.
-*vt* vesh me dru.

wainscot(t)ing['weinskoting] *n* 1.veshje me dru. 2.dërrasa për veshje muresh.

wainwright['weinrait] *n* karrobërës; karrondreqës.

waist[weist] *n,v* -*n* 1.mes, bel; **measure 60 cm round the waist** e kam belin 60 cm; **up to the /their waist in water** të zhytur në ujë gjer në mes. 2.pjesë e ngushtë (e violinës etj). 3.*amer* bluzë; korse. 4.pjesë e mesit(e anijes, raketës).
-*vt* i bëj bel, sjell me bel(xhaketën).

waistband['weistbænd] *n* rrip mesi.

waistcoat['weistkout] *n Br* jelek.

waist-deep['weistdi:p] *adj* gjer në mes, deri te beli (i thellë).

-waisted['weistid] *adj* me bel(fustan etj); **high-/low-waisted** me bel lart/poshtë; **be slim--waisted** jam belhollë.

waistline['weistlain] *n* 1.mes, bel. 2.linjë(trupi); **watch/think of one's waistline** ruaj linjën, mbaj dietë.

wait[weit] *v,n* -*v* 1.pres; **wait for sb/sth** pres dikë/diçka; **wait till 2 o'clock/until sb leaves** pres deri në orën 2/derisa të iki ndonjëri; **wait your turn** prit radhën; **just you wait!** prit se ta tregoj unë qejfin! **I can hardly wait!** s'duroj dot, nuk më pritet! **wait a moment!** një minutë!, prit pak! **wait one's time** pres çastin e duhur. 2.vonoj; **we'll wait dinner for you** do ta vonojmë darkën për të të pritur ty. 3.shërbej; **wait (at) table** shërbej në tryezë.
-*n* 1.pritje; **have a long wait at the doctor's office** pres gjatë te mjeku. 2.pritë; **be/lie in wait for sb** i bëj/i ngre pritë dikujt; rri në pritje të dikujt. 3.*Br* **the waits** grup muzikantësh që shkojnë derë më derë (për Krishtlindjet).

+**wait about/around** a)pres; rri në pritje; b)humbas kohë, sillem kot.

+**wait behind** rri/mbetem pas të tjerëve.

+**wait in** rri brenda/në shtëpi.

+**wait on/upon** a)shërbej; b)paraqes nderimet e mia, i bëj një vizitë kortezie; c)vjen/rrjedh nga.

+**wait out** rri deri në fund.

+**wait up** a)rri vonë; b)rri zgjuar, pres pa rënë të fle(dikë) : **don't wait up for me tonight!** mos rri të më presësh sonte! c)*gj.fol* ndalem, pres : **wait up!** më prit!; ndalu pak!

waiter['weitë:] *n* 1.kamerier; **waiter!** kamerier!

2.pritës. 3.tabaka(për pjatat).

waiting ['weiting] *n,adj* -*n* 1.pritje. 2.*aut* qëndrim; **'no waiting'** 'ndalohet qëndrimi'. 3.shërbim; **be in waiting on sb** jam me shërbim pranë dikujt.

waiting game *n* taktikë e qëndrimit në pritje; **play a waiting game** a)pres të vijë ora ime; b) luaj lojën e të priturit.

waiting list *n* listë e personave në pritje.

waiting maid *n* shërbyese, grua shërbimi.

waiting man *n* shërbyes, person shërbimi.

waiting room *n* dhomë/sallë pritjeje.

wait-list['weitlist] *vt* fus në listë; fus në listën rezervë(për biletë avioni etj).

waitress['weitris] *n* kameriere.

waive[weiv] *vt drejt* 1.heq dorë nga; **waive a right** heq dorë nga një e drejtë. 2.nuk marr parasysh (moshën, rregullin). 3.shtyj(për më vonë).

waiver ['weivë:] *n drejt* 1.heqje dore (nga një e drejtë etj). 2.dokument i heqjes dorë.

wake I[weik] *n* tragë; ujë i shkumëzuar(që lë pas anija). + **in the wake of** menjëherë mbas; **follow in sb's wake** eci në gjurmët e dikujt.

wake II[weik] *v,n* -*v* (**woke,waked; waked, woken**) 1.zgjohem; **he woke up to find himself in prison** ai u zgjua dhe e pa veten në burg. 2.*fig* më hapen sytë, përmendem, zgjohem; **wake up to** vij në vete, marr vesh se ç'bëhet.3.zgjoj, ngre nga gjumi(dikë). 4.*fig* zgjoj, ngjall(dëshira etj); përmend, sjell në vete(dikë).
-*n* 1.përgjim i të vdekurit.2.*pl Br* **Wakes(Week)** lejë vjetore.

wakeful['weikful] *adj* 1.zgjuar. 2.syçelët, vigjilent. 3. pa gjumë(orë, natë).

wakefulness['weikfulnis] *n* 1.pagjumësi.2.syçeltësi, vigjilencë.

waken['weikën] *v* shih **wake II**.

waker['weikë:] *n* : **be an early waker** jam nga ata që zgjohen herët.

wakey-wakey['weiki'weiki] *excl gj.fol* hajde, çohuni!

waking['weiking] *adj,n* -*adj* zgjuar; **in one's waking hours** në kohën që jam zgjuar.
-*n* zgjim, të qenët zgjuar.

wale[weil] *n amer* shih **weal I**.

Wales[weilz] *n gjeog* Uells.

walk[wo:k] *v,n* -*v* 1.eci; **walk in one's sleep** eci /çohem në gjumë. 2.sillem, vërtitem; **walk the streets** a)sillem rrugëve; b)i bie trotuarit lart e poshtë (prostituta). 3.e bëj në këmbë (rrugën); **they walked it in 20 minutes** ata e bënë rrugën për 20 minuta; **he walked it** *gj.fol* ishte një lojë fëmijësh për të. 4.shetis. 5.bredh, përshkoj(vendin, qytetin). 6.nxjerr, shetis(qenin).7. përcjell; **walk sb to the station** përcjell dikë deri te stacioni. 8.shtyj, çoj me të shtyrë; **walk the bicycle home** e çoj biçikletën për dore në shtëpi; **walk the fridge across a room** e shtyj frigoriferin nëpër dhomë.

-n 1.ecje; e ecur; **I knew her by her walk** e njoha nga e ecura.2.shetitje; **go for/have/take a walk** bëj një shetitje; **take the dog for a walk** nxjerr qenin për shetitje. 3.hap; **at a quick walk** me hap të shpejtë.4.shetitore.5.rruginë(në park).6.shteg, rrugë. 7.*amer* trotuar. + **from all walks of life** nga të gjitha shtresat e shoqërisë; **in a walk** *amer gj.fol* me sy mbyllur, si bukë e djathë.

+**walk about/around** vete-vij, vërtitem; shetis.

walkabout['wo:këbaut] *n* turne në popull (i një personaliteti).

+**walk across** kapërcej, hidhem matanë; **walk across to sb** drejtohem për te dikush, i afrohem.

+**walk away** iki, largohem.

+**walk away from** a)ia kaloj, lë pas; b)shpëtoj mirë, ndahem paq(nga një aksident).

+**walk away with** fitoj me lehtësi.

walkaway['wo:këwei] *adj* i lehtë, i pamundimshëm.

+**walk back** kthehem; kthehem në këmbë.

+**walk in** hyj, futem; '**please walk in**' 'lutemi hyni brenda' (pa trokitur).

walk-in['wo:kin] *adj* në nivelin e rrugës(dyqan).

+**walk into** a)bie në : **he really walked into that one** *gj.fol* ra brenda, ia hodhën paq; b)përplasem(pas shtyllës); c)has, ndesh(dikë).

+**walk off** a)iki, largohem; b)*gj.fol* qëroj, përlaj (diçka); c)heq me të ecur(peshën e tepërt etj) : **walk off a headache** dal në ajër për të shpëtuar nga dhimbja e kokës.

+**walk off with** a)fitoj me lehtësi; b)vjedh.

+**walk on** *teat* kam rol figuranti.

walk-on, walking-on['wo:k(ing)on] *adj teat* figuranti(rol).

walker-on['wo:kë:ron] *n teat* figurant.

+**walk out** a)iki; b)largohem i nxehur; c)dal në grevë; d)iki nga shtëpia, lë(gruan, burrin).

walkout ['wo:kaut] *n* 1.grevë e palajmëruar. 2. largim në formë proteste(nga mbledhja etj).

+**walk out on** lë, braktis (të dashurin etj).

+**walk out with** *Br* shoqërohem, rri, dal(me dikë).

+**walk over** a)kaloj, hidhem një copë herë(te dikush); b)mund me lehtësi; c)trajtoj keq.

walkover['wo:kouvë:] *n gj.fol* fitore e lehtë, lojë fëmijësh, lodër kalamajsh.

+**walk up** a)ngjitem, ngjis shkallët; b)afrohem : **walk up, walk up!** ejani, afrohuni!

walk-up['wo:kʌp] *n amer* 1.shtëpi pa ashensor. 2.apartament në ndërtesë pa ashensor.

walkathon['wo:këthën] *n amer sport* maratonë.

walker['wo:kë:] *n* 1.*sport* maratonist. 2.këmbësor. 3.ecës; **be a fast walker** eci shpejt, kam të ecur të shpejtë. 4.kular (për të mësuar fëmijët të ecin, për të sëmurët).

walkie-talkie['wo:ki'to:ki] *n* uoki-toki, radio dore marrëse-dhënëse.

walking['wo:king] *n,adj* -n 1.ecje; shetitje. 2. *sport* ecje sportive.

-*adj* 1.ecës; në gjendje për të ecur; **the walking wounded** të plagosurit që mund të ecin vetë. 2.shetitës; **he is a walking encyclopedia** ai është një enciklopedi shetitëse. 3.që bëhet në këmbë (rrugë); **it is within walking distance** mund të shkosh fare lehtë në këmbë; **at a walking pace** me hap.

walking papers *n gj.fol* shkarkim; **give sb his walking papers** i jap duart dikujt.

walking shoes *n* këpucë atletike.

walking stick *n* bastun, shkop.

walkway['wo:këwei] *n* 1.kalim për këmbësorë. 2.vendkalim, kalesë

walky-talky['wo:ki'to:ki] *n* shih **walkie-talkie**.

wall[wo:l] *n,v* -n 1.mur.2.paret, anë, mur. +**come /be up against a blank wall** dështoj plotësisht; **drive/push to the wall** zë pisk; **drive/send up the wall** tërboj, luaj nga mendtë; **go to the wall** a)mundem; jepem; b)dështoj, falimentoj; **with one's back to/against the wall** me shpatulla pas murit.

-*vt* 1.rrethoj me mur. 2.zë/mbyll me mur (dritaren, derën).

+**wall in** rrethoj me mur.

+**wall off** ndaj me mur.

+**wall up** a)zë/mbyll me mur; b)muroj.

wallaby['wolëbi] *n zool* kangur i vogël.

wallboard['wolbo:d] *n ndërt* panel i brendshëm, pllakë allçie(për veshje muresh).

wallcovering ['wolkʌvëring] *n* tapiceri, veshje muri.

walled[wold] *adj* me mur, i rrethuar me mur.

wallet['wolit] *n* kuletë.

walleye ['wo:lai] *n* sy i zbardhur; sy i zgurdulluar.

wall-eyed['wolaid] *adj* i vëngër, vangosh.

wallflower['wo:lflauë:] *n* 1.*gj.fol* femër e injoruar /e mbetur jashtë vëmendjes (në ballo etj). 2.*bot* pllatkë.

wall hanging *n* zbukurim i varur në mur.

wall light *n* dritë muri, pajisje ndriçuese në mur.

Walloon[wo'lu:n] *n,adj* -n 1.valon, frëng i Belgjikës. 2.gjuhë valone.

-*adj* valon.

wallop['wolëp] *v,n,adv gj.fol* -*vt* 1.rrah, zhdëp. 2.qëlloj fort. 3.*fig* mund keqas, shpartalloj.

-*n* 1.goditje e fortë. 2.dorë e rëndë. 3.grusht; shpullë.4.*zhrg* shpejtësi; **go at a fair wallop** lëviz /shkoj me shpejtësi të madhe, bëhem erë. 5. *Br zhrg* birrë.

-*adv* : **he went gallop into the wall** *gj.fol* ia veshi murit ballëpërballë.

walloping['wolëping] *adj,n gj.fol* -*adj* tepër, kiamet; **walloping big** kiamet i madh.

-n dajak, dru.

wallow['wolou] *v,n -vi* 1.zhgërryhem.2.lëkundet, endet në mëshirën e dallgëve (varka). 3.*fig* zhytem (në vese); notoj(në luks).

-n 1.zhgërryerje. 2.endje. 3.pellg balte.

wallpaper ['wolpeipë:] *n,v -n* letër për veshje muresh, letër tapicerie.

-vt vesh me letër(muret).

wallpaper music *n keq* muzikë për ambient.

wall socket *n* prizë muri.

Wall Street *n amer* Uoll Striti, Bursa e Nju Jorkut.

wall-to-wall carpeting *n* tapet, moket.

wally['woli] *n zhrg* hajvan, idiot.

walnut['wo:lnʌt] *n* 1.arrë. 2.dru arre.

walrus['wolrës] *n zool* lopë deti.

waltz[wo:lc] *n,v muz -n* vals. + it was a waltz! *amer* ishte meze/llokum fare!

-vi 1.kërcej vals. 2.lëviz lirshëm; **waltz in/out** hyn/del si flutur; hyn/del i shkujdesur. 3.*gj.fol* (**through**) çaj, kaloj, avancoj.

waltzer['wo:lcë:] *n* kërcimtar valsi.

wampum['wompëm] *n* 1.rruaza guaskash.2.*amer zhrg* para.

wan[won] *adj* 1.e zbetë(dritë, fytyrë).2.i trishtuar (njeri, buzagaz). 3.i vranët, i zymtë(qiell).

wand[wond] *n* 1.shkop magjik. 2.skeptër.

wander['wondë:] *v,n -vi* 1.endem, bredh; **wander through the streets** bredh rrugëve.2.gjarpëron (lumi, rruga). 3.shmangem, dal nga rruga; largohem; **my mind was wandering** mendja më punonte gjetiu. 4.eci i shkujdesur/më nge. 5.shetis, rrah; **wander the world** bredh botën.

-n bredhje, endje.

wanderer['wondërë:] *n* endacak.

wandering ['wondëring] *adj,n -adj* 1.endacak (popull, jetë). 2.gjarpërues(shteg). 3.i përhumbur (vështrim). 4.i shpërqendruar, përçart(të folur).

-n pl 1.endje nëpër botë, udhëtime. 2.hallakatje, të folur kodra pas bregu.

wandering minstrel *n* rapsod shetitës.

wanderlust ['wondë:lʌst] *n* dëshirë e shfrenuar për bredhje.

wane[wein] *v,n -vi* 1.hahet(hëna).2.pakësohet, bie (entuziazmi). 3.dobësohet (ndikimi). 4.venitet; shkon drejt fundit.

-n 1.rënie; pakësim. 2.dobësim; shuarje. 3.venitje. + **on the wane** në rënie(fama etj).

wangan['wongën] *n* shih **wanigan**.

wangle['wængël] *v,n gj.fol -vt* 1.marr me hile, përlaj; shtie në dorë, gjej; **she'll wangle it somehow** ajo do t'ia gjejë anën disi. 2.falsifikoj (rezultatet). + **wangle in, wangle one's way in** ia gjej anën.

-n dredhi, hile; marifet; **get sth by a wangle** shtie në dorë diçka me marifet.

wangler['wænglë:] *n* marifetçi.

wangling['wængling] *n* marifet; hile.

waning ['weining] *n,adj -n* rënie; pakësim; dobësim; venitje.

-adj 1.në fazën e ngrënies(hëna).2.*fig* në rënie.

wank[wænk] *vi zhrg* masturbohem.

wanly['wonli] *adv* 1.zbetë; me një shkëlqim të zbetë. 2.trishtueshëm.

wanness['wonnis] *n* 1.trishtim. 2.zbetësi.

want[wont] *v,n -v* 1.dua, dëshiroj; **I want you to tell me** dua të më thuash; **she was wanting to leave** donte të ikte; **you are not wanted here** je i padëshirueshëm këtu. 2.kërkoj; **the manager wants you** të kërkon drejtori; **she's wanted on the phone** e kërkojnë në telefon; **wanted by the police** kërkohet nga policia; '**experienced waitresses wanted**' 'kërkohen kameriere me përvojë'. 3.kam nevojë, më duhet; duhet; **just what you wanted!** tamam ajo që të duhej! **you want to see his new car!** duhet t'ia shohësh patjetër veturën e re! 4.më mungon; **she wants talent** ajo s'ka talent, i mungon talenti; **it wants ten minutes to midnight** do edhe dhjetë minuta që të vijë mesi i natës. 5. jam nevojtar; **they want for nothing** ata nuk janë nevojtarë për asgjë.

-n 1.mungesë; **for want of** nga mungesa e, për shkak të mungesës së; **for want of sth better** në mungesë të diçkaje më të mirë; **for want of sth to do** nga që s'kishte ç'të bënte/me se të merrej. 2.nevojë, ngushticë, varfëri; **be/live in want** jam ngushtë; **be in want of sth** kam nevojë për diçka. 3.*pl* kërkesa, nevoja; **her wants are few** kërkesat i ka të pakëta.

want ad *n amer* kërkesë në gazetë.

wanted ['wontid] *adj* 1. i kërkuar nga policia; **wanted for murder** i kërkuar për vrasje. 2.kërkese; **put in a wanted advertisement** nxjerr një njoftim për kërkesë në gazetë.

wanting['wonting] *adj,prep -adj* 1.që mungon; **funds were wanting** mungonin fondet. 2.që i mungon; i mangët, i metë; **wanting in sth** që i mungon diçka; **it was tried and found wanting** doli se nuk ishte ne rregull; **he is a bit wanting** *keq* e ka një dërrasë mangët, është ca i metë.

-prep pa; **an old desk wanting a drawer** një tryezë e vjetër pa njërin sirtar; **a month, wanting two days** një muaj pa dy ditë.

wanton['wontën] *adj,n,v -adj* 1.i kotë, i paarsyeshëm, i pashkak. 2.tekanjoz; me trille. 3.i shfrenuar, i papërmbajtur(fëmijë etj). 4.e shthurur, cipëplasur(femër).

-n njeri i shthurur; femër e përdalë.

-vi luan, bredh pa fre.

wantonly ['wontënli] *adv* 1.paturpësisht. 2.për trill. 3.kot, pa arsye.

wantonness['wontënnis] *n* 1.paturpësi. 2.kotësi; absurditet. 3.trill.

war[wo:] *n,v -n* luftë; **go off to war** nisem për

në luftë; **carry/take the war to the enemy's camp** hidhem në sulm, kaloj në mësymje; **it was war to the knife / to the death between them** ishte një luftë për jetë a vdekje midis tyre. + **be at war** jam në luftë/në gjendje lufte (me dikë); **go to war** hyn në luftë(vendi); **you've been in the wars again** të paskan sakatuar përsëri.

-*vi* luftoj; **warring against poverty** duke luftuar me varfërinë.

warble I['wo:bël] *n mjek* lungë; lëkurë e trashur (në kurriz të kalit). **warble II**['wo:bël] *n,v* -*n* cicërimë.

-*v* 1.cicërin. 2.këngëzoj; gugas.

warbler['wo:blë:] *n zool* çafkëlore, kaçuban.

warbling['wo:bling] *n* cicërimë; gugatje.

war bond *n* obligacione të huasë së luftës.

war chest *n amer pol* fond i posaçëm (i një partie për kohën e zgjedhjeve).

war cry *n* kushtrim.

ward [wo:d] *n,v* -*n* 1.*drejt* i mitur, fëmijë nën tutelë gjyqësore. 2.*Br pol* zonë elektorale. 3.pavijon (spitali); sallë.4.godinë, sektor(burgu). 5.*amer adm* lagje.6.rojë; **keep ward** bëj rojë.7.dhëmb(i çelësit).

-*vt* (**off**) shmang, mënjanoj(goditjen, sëmundjen).

warden['wo:dën] *n* 1.drejtor (institucioni). 2.guvernator(qyteti). 3.kujdestar(parku). 4.*amer* drejtor burgu.5.*amer* drejtor konvikti. 6.*Br* anëtar i këshillit drejtues. 7.*Br* polic trafiku. 8.*knd* kryetar i këshillit të qarkut.

warder['wo:dë:] *n* 1.*Br* rojë burgu, gardian.2.*amer* kujdestar godine; rojë muzeu.

war-disabled['wo:dizeibëld] *n* invalid lufte.

wardress['wo:dris] *n Br* gardiane.

wardrobe['wo:droub] *n* 1.dollap rrobash; garderobë. 2.rroba, garderobë(e një femre etj). 3.*teat* veshjet, kostumet.

wardship['wo:dship] *n* kujdestari, tutelë.

ware I[weë:] *n zak pl* mallra, artikuj; artikuj poçerie.

ware II [weë:] *adj,v vjet,poet* -*adj* i ndërgjegjshëm, në dijeni.

-*vi* ruaj, kujdesem; ruhem(nga).

warehouse['weë:haus] *n,v* -*n* depo, magazinë.

-*vt* fus/mbaj/ruaj në depo, magazinoj.

warehouseman ['weë:hausmën] *n* magazinier; punëtor magazine; pronar depoje.

warfare['wo:feë:] *n* luftë; betejë; luftim; **class warfare** luftë klasash.

war fever *n* psikozë e luftës.

war games *n* 1.*usht* manovra ushtarake.2.lojëra me luftë.

warhead [wo:hed] *n usht* kokë, mbushje (rakete).

warhorse['wo:ho:s] *n* 1.kalë ushtrie, kalë beteje. 2.*fig* veteran, ujk i vjetër.

warily['weërili] *adv* me maturi, me kujdes.

wariness['weërinis] *n* maturi, kujdes.

warlike['wo:laik] *adj* 1.luftëdashës; luftarak (popull). 2.luftënxitës (fjalim etj). 3.për luftë (përgatitje).

warlock['wo:lok] *n* magjistar.

warlord ['wo:lo:d] *n* shef ushtarak, kryekomandant.

warm[wo:m] *adj,v* -*adj* 1.i ngrohtë; **it's warm** bën ngrohtë; **the coffee was only warm** kafeja nuk ishte e nxehtë sa duhet; **it keeps me warm** më mban ngrohtë.2.*fig* i dashur(mik); i zjarrtë(ithtar); i përzemërt (urim), e ngrohtë (pritje, ngjyrë); **'with warmest wishes'** 'me urimet më të përzemërta.3.*fig* i nxehtë, i gjallë(debat). 4.*fig* e freskët(gjurmë). 5.*fig* i pakëndshëm, i papëlqyeshëm; **make things warm for sb** i hap telashe dikujt; **things got too warm for him** s'e kishte mirë punën.

-*vt* (**up**) 1.ngroh(dhomën etj). 2.mban ngrohtë (rroba).3.*fig* gëzoj, ngroh(shpirtërisht).4.ngrohem. 5.*fig* ngazëllehem.

+**warm over/through** ngroh(gjellën).

+**warm up** a)ngrohem; b)ngrohet (motori); c)*fig* nxehet (diskutimi); gjallërohen (të pranishmit); d)ngroh; e)*fig* i jap gjallëri (bisedës, shfaqjes).

warm-up['wo:mʌp] *n* 1.*sport* nxemje.2.*teat* gjallërim(i shikuesve).

warm-blooded['wo:mblʌdid] *adj* 1.*zool* me gjak të ngrohtë(kafshë).2.*fig* i ngrohtë; i zjarrtë; pasionant.

warmed-over['wo:mdouvë:] *adj* 1.i ringrohur, i ngrohur sërish (ushqim). 2.*fig* bajat, i konsumuar (mendim, projekt).

warm front *n meteo* front i ngrohtë, masa ajri të ngrohtë.

warm-hearted['wo:mha:tid] *adj* i përzemërt.

warming['wo:ming] *adj* 1.i ngrohtë, që të ngroh (pije etj). 2.*fig* i ngrohtë; ngazëllyes.

warming oven *n* furrë për ngrohje.

warming pan *n* ngrohës dysheku, hekur me thëngjij (për ngrohjen e dyshekut në dimër).

warming-up exercises *n sport* ushtrime nxemjeje.

warmish['wo:mish] *adj* i vakët.

warmly ['wo:mli] *adv* 1.ngrohtë, me rroba të ngrohta(vishem). 2.*fig* ngrohtësisht, me ngrohtësi (përshëndes, falënderoj).

warmonger['wo:mʌngë:] *n* luftënxitës.

warmongering['wo:mʌngëring] *adj,n* -*adj* luftënxitës.

-*n* propagandë luftënxitëse.

warmth[wo:mth] *n* 1.ngrohtësi. 2.*fig* ngrohtësi, përzemërsi, mirësi.

warn[wo:n] *vt* 1.paralajmëroj; **you have been warned!** je i paralajmëruar! 2.këshilloj; **warn sb off/against sth** këshilloj dikë të mos bëjë diçka. 3.njoftoj paraprakisht.

warning['wo:ning] *n,adj -n* 1.paralajmërim; njoftim paraprak, lajmërim; **they arrived without warning** ata erdhën pa lajmëruar. 2.*fig* mësim; **take warning from** nxjerr mësim nga.3.*usht, meteo* njoftim; kushtrim, alarm; **gale/storm warning** njoftim për afrimin e stuhisë; **5-minute warning** alarm 5-minutësh.
-*adj* paralajmërues.
warning device *n* mjet alarmi.
warning light *n* sinjal alarmi me dritë.
warning notice *n* njoftim, paralajmërim.
warning shot *n* 1.qitje paralajmëruese.2.*fig* paralajmërim.
warning sign *n aut* shenjë / tabelë paralajmëruese.
warning triangle *n aut* shenjë trekëndëshe paralajmëruese.
warp[wo:p] *v,n -v* 1.përkul; shtrembëroj, përdredh. 2.*fig* shtrembëroj, deformoj; prish (karakterin etj); **have a warped mind** kam mendje të mbrapshtë; **give sb a warped account of sth** i bëj dikujt një përshkrim të shtrembëruar të diçkaje. 3.*fig* prishet; shtrembërohet. 4.*det* tërheq me litar (anijen).
-*n* 1.përkulje; shtrembërim; pjesë e shtrembër. 2.*fig* shtrembërim; prishje. 3.litar për tërheqje të anijes. 4.*tekst, fig* ind; **the warp of our society** indi/baza e shoqërisë.
war paint *n gj.fol* 1. makiazh, ton (fytyre). 2.veshje ceremoniale.
warpath ['wo:pæth] *n* shteg lufte. + **on the warpath** a)në luftë; b)shumë i zemëruar; gati për t'u përleshur.
warplane['wo:plein] *n* avion luftarak.
warrant['worënt] *n,v -n* 1.përligjje, justifikim; e drejtë; **they have no warrant for saying that** ata s'kanë asnjë bazë për të thënë një gjë të tillë. 2.*drejt* urdhër, mandat (arrestimi etj). 3.miratim; autorizim. 4.garanci. 5.*treg* dëftesë; faturë. 6.*usht* dokument emërimi i adjutantit.
-*vt* 1.përligj, justifikoj; **the crisis warranted immediate action** kriza e justifikonte ndërhyrjen e menjëhershme. 2.siguroj, garantoj; **I'll warrant he won't do it again!** të siguroj se nuk e bën më! 3.*drejt* autorizoj(arrestimin e dikujt).
warrantable['worëntëbël] *adj* i justifikueshëm.
warrantee[worën'tii] *n* i autorizuar.
warranter, -tor ['wo:rëntë:] *n* 1.autorizues, lëshues autorizimi. 2.garantues, garant, dorëzanë.
warrant officer *n* nënoficeri me gradë më të lartë; kapter i parë; mareshall.
warranty['worënti] *n* 1.autorizim; e drejtë. 2. *drejt,treg* garanci.
warren['worën] *n* 1.strofull (lepujsh). 2.lepuj. 3.*fig* zgjua bletësh, shtëpi me një mori banorësh. 4.*fig* labirinth; **a warren of little streets** një labirinth rrugicash.

warring['wo:ring] *adj* 1.ndërluftues.2.*fig* të kundërta; kontradiktore.
warrior['worië:] *n* luftëtar.
warship['wo:ship] *n* luftanije.
wart[wo:t] *n mjek* lez, lyth.
wart hog *n* derr i egër afrikan.
wartime['wo:taim] *n* kohë lufte.
warty['wo:ti] *adj* me leze, me lythe.
wary['weëri] *adj* 1.syhapët, syçelë.2.i matur, i kujdesshëm; dyshues; **be wary about sb/sth** nuk ia kam besën dikujt/diçkaje; **keep a wary eye on sb/sth** e ndjek nga afër dikë/diçka.
was[woz, wʌz, wëz] *pt* e **be**.
wash [wosh] *v,n -v* 1.laj; **wash one's hands of sth** *fig* laj duart nga diçka; **wash one's dirty linen in public** nxjerr të palarat në shesh. 2.lahem, bëj banjë; **he washed before going out** ai u la para se të dilte. 3.laj rroba; **she washes for a living** ajo e nxjerr jetesën me larje rrobash. 4.lahet; **that cloth washes well** kjo copë lahet mirë. 5.merr me vete (uji). 6.përplaset, rreh bregun(dallga).7.lag; **flowers washed with dew** lule të lagura nga vesa. 8.lyej (muret). 9.vesh (me argjend).10.shpëlaj (rrërën për ar). 11. *Br fig* ha, kapërdij; **that just won't wash!** kjo nuk hahet! **that excuse won't wash with her** *gj.fol* ky justifikim nuk shkon/nuk pi ujë te ajo.
-*n* 1.larje; e larë; **give sth a wash** laj diçka, i jap një të larë diçkaje; **the colours ran in the wash** ngjyrat ikën nga e lara. 2.rroba të lara; rroba për t'u larë; **in the wash** te të palarat; *fig* **it will all come out in the wash** a)do ta marrim vesh si është puna; b)gjithçka do të rregullohet. 3.llum, fundërri. 4.llapashitje; pllaquritje (e dallgëve). 5.cekëtinë. 6.lëng; **a mouth wash** lëng për shpëlarjen e gojës. 7.ujë i pisët, këllirë. 8.shtresë; dorë(boje); sherbet (gëlqereje).9.dhera (pas shpëlarjes së mineralit). 10.rrufull, shtjellë uji (prapa anijes). 11. *knd* strofull ariu.
+**wash away** a)del me të larë; b)heq me të larë (njollën etj); c)*fig* laj (mëkatet); d)merr me vete; shpëlan(uji).
+**wash down** a)laj; b)shtyj/gëlltis me ujë(ilaçet); c)merr me vete(uji).
washdown['woshdaun] *n* larje, e larë.
+**wash in** hedh, nxjerr(dallga në breg).
+**wash off** a)del me të larë; b)heq me të larë.
+**wash out** a)del me të larë; b)ikën nga të larët (ngjyra); c)*amer* rrëzohem(në provim); d)heq me të larë; e)laj; f)*fig* prish(planet etj); anuloj : **the match was washed out** ndeshja u anulua/u ndërpre (nga shiu). +**be/feel/look washed out** jam/ndihem/dukem i këputur.
wash-out['woshaut] *n* 1.dështim, fiasko. 2.(person) hiç, zero.
+**wash through** laj shpejt-e-shpejt.
+**wash up** a)*Br* laj enët; b)*amer* lahem; c)*fig* merr fund(martesa etj); **be / feel / look washed up** jam

/ndihem/dukem i këputur/i mbaruar.

washable['woshëbël] *adj* 1.që mund të lahet, që pranon larje(material). 2.që del me të larë (njollë, bojë).

wash-and-wear['woshënweë:] *adj* laj-e-vish, që s'ka nevojë për hekur.

washbasin['woshbeisën] *n* lavaman.

washboard['woshbo:d] *n* 1.dërrasë për larje rrobash. 2.rrugë me hulli kryq-e-tërthor.

washbowl['woshboul] *n* legen.

washcloth['woshkloth] *n* shtupë(për t'u larë, për të larë enët).

washday['woshdei] *n* ditë e larjes së rrobave.

washed-out['woshtaut] *adj* 1.i zbërdhulët. 2.*gj. fol* i rraskapitur, i këputur, i mbaruar.

washed-up['woshtʌp] *adj gj.fol* 1.i dështuar; i pazoti. 2.i këputur, i rraskapitur.

washer['woshë:] *n* 1.makinë larëse. 2.*mek* rondele; guarnicion.

washerwoman['woshë:wumën] *n* rrobalarëse.

wash house *n* pastërti, lavanderi.

washing['woshing] *n* 1.larje; **do the washing** laj rrobat. 2.rroba për t'u larë; **put your shirt in the washing** hidhe këmishën te të palarat.3.material i nxjerrë nga shpëlarja(e mineralit).

washing day *n* ditë e larjes së rrobave.

washing line *n* litar/kordon për varje rrobash.

washing machine *n* makinë larëse.

washing powder *n Br* pluhur larës.

washing soda *n* sodë rrobash.

washing-up['woshingʌp] *n Br* 1.larje enësh; **do the washing-up** laj enët. 2.enë të palara.

washing-up liquid *n* sapun i lëngët, lëng për larje enësh.

Washington['woshingtën] *n gjeog* Uashington.

washrag['woshræg] *n* shtupë/leckë enësh.

washroom['woshru:m] *n* 1.WC, banjë (publike). 2.*ind* repart i larjes.

wash sale *n amer* shitblerje e të njëjtave aksione, aktivitet fiktiv.

washstand['woshstænd] *n* 1.lavaman.2.muslluk.

washtub['woshtʌb] *n* 1.vaskë banje.2.govatë.

washwoman['woshwumën] *n* rrobalarëse.

washy ['woshi:] *adj* 1.i ujshëm, i hollë, si lëng gështenjash(kafe etj). 2.e zbardhylët(ngjyrë). 3. *fig* e shpëlarë(poezi).

wasn't['wʌzënt, 'wozënt] = **was not**.

wasp[wosp] *n* 1. grenzë.2.*amer zak keq* i bardhë i fesë protestane, i bardhë anglosakson.

waspish['wospish] *adj* 1.si grenzë.2.idhnak, zemërak, nopran.

wasp-waisted['wospweistid] *adj* belhollë, meskëputur.

wassail ['wosël, 'wæsël, wæs'seil] *n,v,interj* -*n* 1.shabakim, të pira me dolli.2.shëndet, dolli.3.birrë me erëza.

-*vi* 1.pi rëndshëm, shabakohem.2.ngre dolli (për dikë).

-*interj* shëndeti yt!

wassailer['wosëlë:, 'wæsëlë:] *n* 1.pijetar, pijanik. 2.dollingritës.

wastage ['weistixh] *n* 1.harxhim, shpenzim, humbje. 2.hedhurinë.

waste[weist] *v,n,adj* -*v* 1.harxhoj kot, çoj dëm; **I won't waste my breath trying to..** nuk do të rri të harxhoj frymën kot për të..; **a wasted life** një jetë e shkuar dëm. 2.gërryen, ha dalngadalë(sëmundja). 3.rrënoj, shkretoj(vendin).4.*amer zhrg* qëroj, zhduk, vras. 5.humbet, shkon dëm. + **waste not want not** *prov* kursimi të ruan nga skamja.

-*n* 1.harxhim/shpenzim i kotë; shpërdorim, humbje(kohe); **go/run to waste** shkon dëm; **a waste of manpower** shpërdorim i fuqisë punëtore; **it's a waste of time/of breath** kjo është thjesht humbje kohe; kësaj i thonë të harxhosh frymën kot. 2.mbeturina, hedhurina; plehra; **nuclear waste** mbeturina radioaktive. 3.vend i shkretë; truall bosh. 4.rrënim, shkretim. 5.konsumim i ngadaltë.

-*adj* 1.i humbur, i çuar dëm. 2.i tepërt, i papërdorur. 3.i përdorur, i pisët(ujë). 4.e papunuar, djerrë (tokë). 5.i shkretë, i braktisur(vend).

wastebasket['weistbæskit] *n* kosh plehrash/letrash.

wastebin['weistbin] *n* 1. kosh plehrash/letrash. 2.kovë për mbeturinat(në kuzhinë).

wasted['weistid] *adj* 1.i tretur, i ligur, kockë e lëkurë. 2.i fishkur, i rrëgjuar.

waste disposal unit *n* makinë grirëse plehrash.

wasteful['weistful] *adj* 1.prishës, shkapërdar, dorëshpuar(njeri). 2.*ek* joekonomik, jorentabël.

wasteful expenditure *n ek* shpenzime të kota.

wasteful habits *n* shkapërderdhje; natyrë prishëse.

wastefully['weistfëli] *adv* me shkapërderdhje, pa kursim, pa e vrarë mendjen.

wastefulness ['weistfulnis] *n* 1.shkapërderdhje, plangprishje. 2.*ek* mungesë rentabiliteti.

wasteland['weistlænd] *n* 1.djerrinë, tokë djerrë. 2.truall i pazënë/bosh. 3.*fig* shkreti.

wastepaper['weistpeipë:] *n* letra të hedhura.

wastepaper basket *n* kosh plehrash / letrash /mbeturinash.

waster['weistë:] *n* shih **wastrel**.

wasting['weisting] *adj* gërryes.

waste pipe *n* qyngj ujërash të zeza.

wastrel ['weistrël] *n* 1.shkapërdar, dorëshpuar. 2.*fig* hiç, zero, njeri pa pikë vlere.

watch I[woç] *n* orë(dore, xhepi).

watch II[woç] *v,n* -*v* 1.shikoj; vështroj; vëzhgoj; vrojtoj; **they need watching** ata duhet t'i mbash nën vëzhgim; **watch and you'll see how it's done** hap sytë që të shikosh sesi bëhet. 2.ruaj; mbaj nën vërejtje; kontrolloj; **watch the time** kontrolloj orën. 3.kam kujdes, ruhem; **watch how you drive** hap sytë kur nget makinën; **watch your language!** mbaj gojën!, kujdes kur flet! **watch your step!** kujdes /ruaju mos pengohesh! **watch your step!**, **watch how you go!**, **watch yourself!** ki kujdes mos..., sakën se.., se mos bën gabim e..! **watch the clock** i mbaj sytë te ora(që të lë punën); **watch she does all her homework** kontrolloje që t'i bëjë të gjitha detyrat. 4.ruaj, përgjoj, pres(rastin); **watch one's chance** pres çastin e përshtatshëm.

-n 1.vëzhgim; vrojtim; **be on the watch for dogs** rri në vrojtim se mos shoh ndonjë qen. 2.ruajtje; **keep watch over the bank** ruaj bankën. 3.rojë; rojtar. 4.*usht,det* shërbim roje; ndërresë.5.qëndrim zgjuar, ndejtje pa gjumë. + **watch and ward** ruaj.

+watch out a)ruaj, hap sytë; përgjoj; **watch out!** kujdes!, ruhu!, hap sytë! b)pres; **watch out for trouble if...** prit sherrin/telashe po qe se...

+watch over ruaj; mbroj, kujdesem për.

watchband['woçbænd] *n* rrip ore.

watchcase['woçkeis] *n* kapakë të orës.

watch chain *n* qostek, zinxhir sahati.

watchdog['woçdog] *n,v* -*n* 1.qen roje. 2.*fig* rojtar, rojë.

-*vt* ndjek nga afër(ngjarjet).

watchdog committee *n amer* komitet vigjëlues.

watcher['woçe:] *n* 1.vëzhgues; vrojtues; **China watcher** specialist i çështjeve kineze. 2.përgjues; survejues.3.shikues, spektator. 4.kureshtar.

watchful ['woçful] *adj* syhapët, syçelët, vigjilent.

watchmaker ['woçmeikë:] *n* orëbërës, orëndreqës, sahatçi.

watchman['woçmën] *n* rojë, rojtar; rojë nate.

watch night *n* natë e Vitit të Ri; **watch night service** meshë e natës së Vitit të Ri.

watch pocket *n* xhep sahati.

watchtower['woçtauë:] *n* kullë vrojtimi.

watchword['woçwë:d] *n* parullë.

water['wotë:] *n,v* -*n* 1.ujë; **it won't hold water** rrjedh, nuk e mban ujët; **under the water** nën ujë. 2.hapësirë ujore.3.*pl* ujëra territoriale; **in Albanian waters** në ujërat territoriale të Shqipërisë.4.*pl* ujëra termale; **take the waters** a)pi ujë mineral; b)bëj banja termale. 5.baticë; zbaticë; **high/low water** baticë; zbaticë. 6.lëng, ujë; **rose water** ujë trëndafili. 7.ujët e hollë, urinë; **make/pass water** bëj ujët. 8.*mjek* ujëra (të gruas që lind); **her waters broke** i plasën ujërat. 9.*mjek* ujë; **water on the knee/on the brain** ujë në gju; ujë në kokë, hidrocefali.10. ujëra, kthjelltësi(e gurit të çmuar). 11.*fin* aksione (të reja) të pambuluara. + **back water** a)i jap mbrapsht (varkës); b)*fig* tërhiqem; **by water** me rrugë ujore. me anije; **hold water** *fig* qëndron (argumenti etj); **keep one's head above water** *fig* dal mbi ujë,

shpëtoj nga belaja; **like water** ujë, lumë, përrua (derdhet); **make water** a)bëj ujët, urinoj, shurroj; b)*det* fut ujë(anija); **of the first water** a)i cilësisë/i shkallës më të lartë, i përkryer; b)i mbaruar, me vulë; **throw/pour cold water on** frenoj, dekurajoj; **tread water** bëj not qeni.

-*v* 1.loton(syri). 2.shkon goja lëng; **it made my mouth water** më bëri të më shkonte goja lëng. 3.ujis. 4.i jap të pijë (kafshës). 5.holloj me ujë (qumështin, verën etj).6.*tekst* ndris, i krijoj tallaze; **watered silk** mëndafsh me tallaze.7.lag(lumi një territor etj). 8.*det* furnizohet me ujë (anija). 9.pi ujë (kafsha). 10.*fin* shtoj numrin e aksioneve artificialisht.

+**water down** a)holloj me ujë(qumështin etj); b)*fig* sheqeros, zbukuroj(një histori); c)*fig* zbus, dobësoj (efektin).

water bailiff *n* rojtar ujërash(kundër peshkimit të paligjshëm).

water bed *n* dyshek me ujë.

water bird *n* zog uji.

water biscuit *n* biskotë me qumësht.

water blister *n mjek* flluskë, fshikë.

waterborne['wotë:bo:n] *adj* 1.notues, pluskues. 2.i transportuar me rrugë ujore. 3.me prejardhje nga ujët(sëmundje).

water bottle *n* 1.shishe plastike.2.pagure.3.calik uji.

water butt *n* sternë(për ujët e shiut).

Water Carrier *n astr* Ujori, Shtëmbari(yllësi).

water carrier *n* 1.ujëmbartës. 2.bidon uji.

water cart *n* 1.makinë uji, makinë për larjen e rrugëve. 2.makinë e shitësit të ujit.

water chestnut *n* gështenjë uji.

water clock *n* orë me ujë.

water closet *n* 1.banjë, nevojtore, WC. 2.vaskë WC-je.

water colo(u)r *n* 1.bojë uji. 2.pikturë me bojëra uji, akuarel.

water-colo(u)r['wotë:kʌlë:] *adj* me bojëra uji.

water-cooled ['wotë:ku:ld] *adj* me ftohje me ujë (motor etj).

watercourse['wotë:ko:s] *n* 1.rrjedhë; vijë uji; përrua; lumë. 2.shtrat(lumi); kanal.

watercraft ['wotë:kræft] *n* 1.art i vozitjes. 2.lundër; anije.

watercress['wotë:kres] *n bot* lakërishtë.

water dog *n* 1.zagar për kënetë. 2.*gj.fol* njeri i rrahur me detin, detar i vjetër; notar.

watered['woti:d] *adj* 1.i holluar me ujë (qumësht etj). 2.me tallaze(mëndafsh). 3.e ngopur me ujë(kafsha para peshkimit). 4.*fin* aksione të fryra, aksione të pambuluara.

waterfall["wotë:fo:l] *n* ujëvarë.

waterfowl['wotë:foul] *n* zog uji; *pl* shpendë uji.

waterfree['wotë:fri:] *adj kim* pa ujë, anhidër.

waterfront['wotë:frʌnt] *n* 1. skelë.2.buzë e ujit.

water gate *n* portë, shluzë.

water glass *n* 1.kupë, gotë qelqi. 1.silikat natriumi/kaliumi.

water hole *n* gropë me ujë; pellg.

watering can *n* ujitëse.

watering place *n* 1.vend ku pinë ujë kafshët. 2.*gj.fol* pijetore, tavernë.3.*Br* llixha, vend me ujëra termale. 4.*Br* vend pushimi buzë detit.

watering pot *n* ujitëse.

water jacket *n aut* këmishë uji.

water jump *n* përrua; lumë.

waterless['wotë:lis] *adj* 1.i thatë, pa ujë.2.që nuk përdor ujë.

water level *n* 1.sipërfaqe ujore. 2.*aut* nivel i ujit (në radiator). 3.thellësi e tokës së ngopur me ujë, nivel i mbledhjes së ujit.

water lily *n* zambak uji.

waterline['wotë:lain] *n det* 1.vijë lundrimi(e anijes). 2.vijë e nivelit maksimal të ujit (të lumit, baticës).

waterlogged['wotë:logd] *adj* 1.i nginjur me ujë (dru).2.e mbushur me ujë(këpucë, varkë).3.i mbytur në ujë, i përmbytur(vend, tokë).

water main *n* qyngj kryesor.

waterman['wotë:mën] *n* 1.varkar; qiradhënës varkash. 2.rremtar.

watermark['wotë:ma:k] *n* 1.ujëra, vizatim i padukshëm(në kartëmonedha etj).2.vijë e nivelit maksimal të ujit(të lumit, baticës).

watermelon['wotë:melën] *n* shalqi.

water meter *n* sahat uji, kontator uji.

water mill *n* mulli me ujë.

water nymph *n mit* floçkë, najadë, nuse e ujërave.

water pipe *n* 1.tub uji. 2.nargjile.

water pistol *n* revole me ujë(lodër).

water polo *n sport* vaterpol.

water power *n* 1. energji hidraulike. 2. ujëvarë.

waterproof['wotë:pru:f] *adj,n,v* -*adj* kundër ujit, i papërshkueshëm nga uji; hermetik.

-*n* 1.material i papërshkueshëm nga uji.2.*Br* mushama, pardesy.

-*vt* bëj të papërshkueshëm nga uji.

water rat *n* 1.mi uji. 2.*zhrg* hajdut porti.

water rate *n Br* taksë uji.

water-repellent ['wotë:ripelënt] *adj* i qëndrueshëm ndaj ujit.

water-resistant ['wotë:rizistënt] *adj* i qëndrueshëm ndaj ujit.

watershed['wotë:shed] *n* 1.*gjeog* kurriz ujëndarës. 2.*fig* çast vendimtar, pikë kthese.

waterside['wotë:said] *n,adj* -*n* buzë uji; breg liqeni; breg lumi; bregdet.

-*adj* buzë ujit(park); bregujëse(bimë).

water-ski['wotë:ski:] *vi* bëj ski mbi ujë.

water-skiing['wotë:skiing] *n sport* ski mbi ujë.

water snake *n* gjarpër uji.

water softener *n* zbutës uji.

waterspout['wotë:spaut] *n* 1.ulluk çatie.2.*meteo* vorbull uji.

water supply *n* 1.furnizim me ujë. 2.rezervë uji (për udhëtim).

water table *n* thellësi e ujit nëntokësor.

water tank *n* cisternë, rezervuar uji.

watertight ['wotë:tait] *adj* 1. i papërshkueshëm nga uji.2.*fig* i plotë, i përkryer, i patëmetë.

water tower *n* kullë uji.

water wag(g)on *n* autocisternë.

waterway ['wotë:wei] *n* lumë/kanal i lundrueshëm.

waterwheel['wotë:hwi:l] *n* rrotë hidraulike.

waterworks ['wotë:wë:ks] *n* 1.sistem furnizimi me ujë. 2.stacion pompimi. 3.*zhrg* shpërthim lotësh; **turn on the waterworks** më plasin lotët; **have sth wrong with one's waterworks** kam probleme me fshikëzën e urinës.

watery['wotëri] *adj* 1.i ujshëm, me ujë.2.i qullët. 3.i përlotur (sy). 4.i hollë, i holluar (me ujë). 5.*fig* i zbetë, i dobët.

watt['wot] *n el* vat.

wattage['wotixh] *n el* fuqi.

wattle['wotël] *n,v* -*n* 1.thurimë, mur thuprash. 2.*pl* binarë çatie kashte. 3.lafshë(gjeldeti etj).

-*v* thur; rrethoj me thurimë.

wattmeter['wotmi:të:] *n el* vatmetër.

wave[weiv] *v,n* -*v* 1.tund dorën, bëj me dorë; **wave to sb** përshëndes dikë me dorë, ia bëj me dorë dikujt. 2.valëvitet (flamuri). 3.valëvit (era flamurin, barin). 4.tunden; tund era(pemët). 5.valëzohen, vijnë me onde(flokët).

-*n* 1.tundje e dorës.2.valëvitje.3.dallgë; valë.4.*fig* valë(emigrantësh); **in waves** valë-valë, me turma. 5.*fig* rrymë, valë(entuziazmi etj).6.onde(në flokët) permanent. 7.*fiz,rad* valë; **long / medium / short waves** valë të gjata/të mesme/të shkurtra.

+**wave about/around** tund nga të katër anët (duart, krahët).

+**wave aside/away** a)largoj me gjest; b)*fig* hedh poshtë, refuzoj.

+**wave down** ndal, i nxjerr dorën(makinës).

waveband['weivbænd] *n rad* brez/bandë frekuencash.

wavelength ['weivlength] *n fiz,rad* gjatësi vale, valë. + **we're not on the same wavelength** nuk kemi të njëjtën mënyrë të menduari.

waveless['weivlis] *adj* i qetë, i patrazuar; pa dallgë.

wavelet['weivlit] *n* valëz, valë e lehtë.

wave mechanics *n fiz* mekanikë e valëve.

wave power *n* energji e valëve, energji valore.

waver['weivë:] *vi* 1.luhatet, lëkundet.2.dridhet(zëri). 3.regëtin. 4.*fig* ngurroj, lëkundem, hezitoj. 5.*fin* lëviz, luhatet(çmimi, kursi).

waverer['weivërë:] *n* njeri i lëkundur/i pavendosur, mendjeprishur.

wavy['weivi] *adj* i valëzuar; me onde.

wavy-haired['weiviheë:d] *adj* me flokë me onde.

wax I[wæks] *n,v,adj -n* 1.dyllë blete. 2.parafinë. 3.*gj.fol* pllakë gramafoni. + **be wax in sb's hands** jam plotësisht nën ndikimin e dikujt.
-vt 1.dyllos, lyej/fërkoj me dyllë(dyshemenë etj). 2.i bëj disk, inçizoj (një këngë etj).
-adj i dylltë, prej dylli.

wax II[wæks] *vi* 1.është në rritje(hëna). 2.rritet, shtohet(pasuria etj). 3.bëhem; **the party waxed merry** festa u bë e gëzueshme.

wax bean *n bot* groshë e njomë.

waxen['wæksën] *adj* prej dylli; i dylltë, dyllor.

waxing['wæksing] *n* dyllosje; lyerje me dyllë.

wax paper, waxed paper *n* letër e parafinuar, letër vaji.

waxwork['wækswë:k] *n* 1.figurë prej dylli.2.*pl* ekspozitë figurash prej dylli.

waxy['wæksi] *adj* 1.i dylltë, prej dylli. 2.i lëmuar, si dyllë.

way[wei] *n,adv -n* 1.rrugë; udhë; shteg; **which is the way to the university?** nga shkohet për në universitet? **it rained all the way** ra shi gjatë gjithë rrugës; **on the way to the station** rrugës për te stacioni; **on the way back** në të kthyer; **be looking for a way out** përpiqem të gjej një shteg për te dalë; **'no way through'** ' rrugë pa krye'; **be in the way** a)zë rrugën; pengon; b)*fig* shqetësoj, bezdis; **get out of the/my way!** hapu!, hap rrugën! **keep out of her way today!** mos i dil përpara sot! 2.distancë, largësi, rrugë; **a long way off/away** goxha larg; **have a long way to go** kam ende shumë rrugë për të bërë; **go all the way with sb** *fig* i bëj të gjitha me dikë, fle me dikë. 3.drejtim; **this/that way** këndej; andej; **which way did they go?** nga shkuan? **are you going my way?** e ke rrugën me mua bashkë? 4.mënyrë; **the American way of life** mënyra amerikane e jetesës; **find a way of doing it** ia gjej anën, e gjej mënyrën për ta bërë; **in this way** në këtë mënyrë; **in the ordinary way of things** normalisht. 5.zakon; **foreign ways** zakone të huaja; **have one's little ways** kam ca zakone të miat; **it's not my way** unë nuk veproj kështu/nuk e bëj kështu; **have a way with people** di t'ua gjej anën njerëzve. 6.gjendje; **be in a bad way** katandis keq; **be in the family way** pret fëmijë, është shtatzanë. 7.*gj.fol* lagje, mëhallë; **she lives out our way** ai nuk banon në lagjen tonë. 8.*pl* kantier detar. + **by the way** me që ra fjala; **by way of** a)me anë të; nëpërmjet; b)si, në vend të : **by way of a warning** si paralajmërim; c)njëfarësoj, si punë : **she's by way of being a writer** është njëfarë/si punë shkrimtareje; **come one's way** më

ndodh, më bën vaki; **give way** a)tërhiqem; lëshoj pe; b)shembet, rrëzohet; c)lëshohem, e lëshoj veten; **go out of one's way** bëj një përpjekje të pazakonshme, dal jashtë natyrës sime; **have a way with sb** ia gjej anën dikujt, e bind; **in a way** në njëfarë shkalle, deri diku; **in the way** para këmbëve, duke u bërë pengesë; **in the way of** a)në pozitë të favorshme; b)për sa i përket; **lose one's way** s'di nga t'ia mbaj, e humbas pusullën; **make one's way** a)kaloj; b)çaj, eci përpara; **make way** a)hap vend; hap rrugë; b)bëj përpara; **once in a way** herë pas here, me raste; **out of the way** a)nga rruga(heq); b)larg; në një cep të humbur; c)i pazakontë; i çuditshëm; d)i përfunduar, i zgjidhur(problem); e)jashtë rreziku; f)i gabuar; pa vend; g)i fshehur; i humbur; **put out of the way** vras, heq qafe (dikë); **see one's way** jam i gatshëm; jam në gjendje; **take one's way** iki; **under way** në vazhdim; në zbatim.
-adv gj.fol shumë larg; **way up in the sky** lart në qiell; **way out to sea** tutje në det të hapur; **be way out in one's estimate** jap një vlerësim krejt të gabuar.

waybill['weibil] *n treg* faturë shoqëruese malli.

wayfarer['weifærë:] *n* udhëtar.

wayfaring['weifæring] *n,adj -n* udhëtim.
-adj udhëtues.

waylay['weilei] *vt* (**waylaid**) 1.sulmoj, mësyj; i zë pritë. 2.ndal në rrugë(dikë).

ways and means *npl* mjete, metoda.

wayside['weisaid] *n,adj -n* buzë rruge; **along the wayside** përgjatë rrugës; **fall by the wayside** a)*fig* dal nga rruga e drejtë; b)lë përgjysmë, braktis (garën); c)dështon(projekti).
-adj buzë rrugës.

way station *n* 1.*amer hek* stacion i ndërmjetëm, stacion i vogël. 2.ndalesë gjatë rrugës.

way train *n hek* tren që ndalon në të gjitha stacionet.

wayward['weiwë:d] *adj* 1.kokëfortë, i pabindur, që s'dëgjon njeri. 2.i çrregullt. 3.i sertë, i pashtruar, tekanjoz (kalë).

waywardness['weiwë:dnis] *n* kokëfortësi; sertësi.

W.C.['dʌbëlju:'si:] *n* (shkurtim për **water closet**) WC, banjë, nevojtore.

we[wi:] *pron* ne; **as we say in Albania** siç themi ne shqiptarët.

weak [wi:k] *adj* 1.i dobët, jorezistent; i brishtë; i thyeshëm; **weak foundations** themele të dobëta. 2.i dobët; i paaftë; i pazoti; **have weak eyes** i kam sytë të dobët; **be weak at ærench** jam i dobët në frengjisht. 3.i lehtë; i dobët(çaj, korent); e dobët (monedhë). 4.i dobët(karakter).

weaken['wi:kën] *v* 1.dobësohet. 2.ligështohem. 3.pakësohet. 4.dobësoj; pakësoj.

weakening['wi:këning] *n,adj -n* 1.dobësim.2.*tek*

lodhje(e materialeve).
-*adj* dobësues.
weakling['wi:kling] *n* 1.shëndetlig; ngordhalaq.
2.*fig* i ngordhur, pulë e lagur.
weakly['wi:kli] *adj,adv* -*adj* shëndetlig; i dobët.
-*adv* dobët; pa forcë, pa gjalëri.
weakness['wi :knis] *n* dobësi(edhe *fig*); **have a weakness for sth** kam dobësi për diçka.
weal I[wi:l] *n* shenjë, blanë kamzhiku.
weal II[wi:l] *n vjet* e mirë; mirëqenie; begati.
weald[wi:ld] *n* 1.hapësirë, vend i hapur.2.pyll.
wealth [welth] *n* 1.pasuri; **mineral wealth of a country** pasuri minerale të një vendi. 2.bollëk (idesh, fjalësh).
wealth tax *n Br* taksë mbi pasuritë.
wealthy['welthi] *adj* 1.i pasur.2.i begatë(vend).
wean[wi:n] *vt* 1.i pres gjirin(foshnjës). 2.*fig* tëhuaj, largoj, ftoh; **wean sb of the idea of doing sth** ia largoj dikjt mendimin për të bërë diçka.
weaning['wi:ning] *n* 1.prerje e gjirit(foshnjës). 2.*fig* tëhuajtje, ftohje.
weapon['wepën] *n* armë(edhe *fig*).
weaponry['wepënri] *n* armë; armatime.
wear['weë:] *v,n* -*v* (**wore; worn**) 1.vesh; mbath; mbaj; **wear a hat** mbaj kapelë; **wear white** vishem me të bardha; **wear one's hair long** i mbaj flokët të gjatë. 2.mbaj, kam; **wear an air of satisfaction** kam një pamje të kënaqur. 3.mbaj, përballoj; **wear one's age /years well** mbahem mirë për moshën që kam.4.konsumoj, ha, prish; **wear holes in a shoe, wear the shoe into holes** i hap vrima këpucës; **the rug was worn thin/threadbare** qilimi qe holluar sa i patën dalë penjtë. 5.*Br* duroj, lejoj, pranoj; **they won't wear that** ata nuk do ta pranojnë/nuk do ta hanë këtë.6.rron, reziston,mban (rroba etj); **this hat will wear forever** kjo kapelë rron tërë jetën; **she has worn well** *gj.fol* ajo është mbajtur mirë; **a friendship that did not wear** një miqësi që nuk mbajti gjatë. 7.hahet, grihet (rroba etj); konsumohet (edhe *fig*); **that excuse has worn thin!** ky justifikim nuk shkon më! 8.përfundon; **wear towards its end/a close** i afrohet fundit. 9.lodh; **the job was extremely wearing** puna ishte rraskapitëse.
-*n* 1.veshje; mbathje; mbajtje; **clothes for evening wear** rroba që vishen në mbrëmje; **compulsory wear for officers** veshje e detyrueshme për oficerët; **these shoes have had/seen some hard wear** këto këpucë janë veshur goxha gjatë. 2.përdorim, konsumim; ngrënie; **it has had a lot of wear and tear** është përdorur goxha; **the wear and tear on the engine** konsumimi i motorit. 3.*treg* rroba, veshje; **children's wear** rroba për fëmijë; **winter wear** veshje dimri.
+**wear away** a)hahet, grihet; b)gërryhet; c)shuhet; d)ha, grin; e)gërryen; f)shuan.

+**wear down** a)hahen(takat); b)harxhohet(lapsi); c)sos(durimin); d)ul, dobësoj(rezistencën); e)lodh.
+**wear off** a)del(boja); b)shuhet, zhduket; c)bie, pakësohet; qetësohet (dhimbja); d)ha, konsumoj.
+**wear on** a)ecën, kalon(koha); b)vazhdon(diskutimi).
+**wear out** a)hahet, konsumohet(rroba, këpuca); b)soset(durimi); c)konsumoj; d)sos; e)lodh; **wear oneself out** lodh veten, këputem.
+**wear through** i hap vrimë.
wearable['weërëbël] *adj* në gjendje të mirë, që mund të vishet.
wearer ['weërë:] *n* mbajtës; përdorues; **direct from maker to wearer** direkt nga prodhuesi te përdoruesi
wearied['wiërid] *adj* i lodhur; lodhjeje (psherëtimë).
wearily['wiërili] *adv* me ton të lodhur; me përtesë; me mundim.
weariness['wiërinis] *n* 1.lodhje; këputje.2.mërzi.
wearing['weëring] *adj* lodhës, i lodhshëm.
wearisome['wiërisëm] *adj* 1.i lodhshëm. 2.i mërzitshëm.
weary['wiëri] *adj,v* -*adj* 1.i lodhur; i këputur, i kapitur. 2.i lëshuar. 3.i mërzitshëm; i mërzitur; **weary of life** i lodhur/i mërzitur nga jeta.
-*v* 1.lodhem. 2.lodh. 3.mërzis, ia sos durimin.
weasel['wi:zël] *n,v* -*n* 1.bukël, nuselalë. 2.*fig* shqarth; **weasel words** *amer gj.fol* fjalë me dy kuptime.
-*vi amer gj.fol* flas me dy kuptime; **weasel out of sth** i shmangem, i bëj bisht, i dredhoj.
weather['wedhë:] *n,v* -*n* kohë, mot; **what's the weather like/doing?** si duket koha?, si po bën koha? **weather permitting** po na lejoi moti, po mbajti koha. + **be under the weather** jam pa qejf, nuk ndihem mirë.
-*v* 1.i qëndroj, i bëj ballë(furtunës etj). 2.*fig* i shpëtoj; **weather a storm** i shpëtoj furtunës (edhe *fig*).2.vjetëroj, stazhionoj(drurin).3.ekspozoj; **weathered rocks** shkëmbinj të rrahur nga era e shiu. 4.vjetërohet, stazhionohet (druri). 5.thërmohet, gërryhet (shkëmbi).
weather beam *n det* anë (e anijes) e kthyer nga era.
weather-beaten['wedhë:bi:tën] *adj* i rrahur nga era; i regjur; i rreshkur.
weatherboard['wedhë:bo:d] *n,v Br* -*n* 1.veshje me dërrasa. 2.*det* anë (e anijes) e kthyer nga era.
-*vt* vesh me dërrasa.
weather-bound ['wedhë:baund] *adj* i vonuar/i bllokuar nga koha e keqe.
weather breeder *n* ditë e kthjellët (që paralajmëron stuhi).
Weather Bureau, *Br* **Weather Centre** *n* Zyra Meteorologjike kombëtare.

weather chart *n meteo* hartë meteorologjike.

weather check *n* buletin meteorologjik i shkurtër.

weathercock['wedhë:kok] *n* erëtregues, fluger.

weather eye *n* 1.këqyrje e motit.2.vëzhgim; keep a weather eye on the situation e mbaj situatën nën vëzhgim.

weather forecast *n* parashikim i kohës/i motit.

weatherglass['wedhë:glæs] *n* aparat meteorologjik; barometër.

weathering['wedhëring] *n* erozion, gërryerje.

weatherman['wedhë:mën] *n* 1.meteorolog.2.paraqitës i kohës(në radio, TV).

weatherproof ['wedhë:pru:f] *adj,v* -*adj* i qëndrueshëm ndaj motit; që nuk fut ujë (pardesy, çati). -*vt* bëj të papërshkueshme nga uji(rrobat, çatinë).

weather report *n rad,tv* buletin meteorologjik.

weather strip *n* shirit hermetizues (për plasat e derës).

weather situation *n* moti sot; parashikimi i kohës.

weather vane *n* shih weathercock.

weather-wise ['wedhë:waiz] *adj* i zoti në parashikimin e motit.

weather-worn['wedhë:wo:n] *adj* i ngrënë/i gërryer nga koha.

weave['wi:v] *v,n* -*v* (wove; woven) 1.thur; end. 2.*fig* shpik, sajoj; thur.3.gjarpëron(rruga).4.eci me zigzage; weave one's way çaj, depërtoj. -*n* endje; thurje.

weaver['wi:vë:] *n* endës.

weaving['wi:ving] *n* 1.endje; thurje.2.gërshetim.

weaving mill *n* tezgjah, avlëmend.

web[web] *n* 1.pëlhurë. 2.rrjetë/pëlhurë merimange. 3.*zool* membranë mes gishtave. 4.*fig* varg (gënjeshtrash). 5.fletë metalike. 6.deng letre gazete.

webbed[webd] *adj* 1.rrjetëzor. 2.me membrana (gishta), si këmbë pate.

webbing ['webing] *n* 1.rrip i trashë pëlhure. 2. *zool* membranë, lëkurë mes gishtave.

web-footed['webfutid] *adj* këmbëpatë.

webtoed['webtoud] *adj* shih web-footed.

wed[wed] *v,n* -*v* 1.martohem me. 2.marton(prifti). 3.*fig* i qepem, nuk i ndahem(punës etj). -*npl* : the newly-weds të porsamartuarit.

we'd[wi:d] = we had; we should; we would.

Wed. shkurtim për Wednesday.

wedded ['wedid] *adj* 1.i martuar; his wedded wife gruaja e tij e ligjshme. 2.martesor, bashkëshortor; wedded life jetë bashkëshortore.

wedding ['weding] *n* martesë; have a church wedding bëj martesë në kishë.

wedding anniversary *n* përvjetor martese.

wedding band/ring *n* unazë martese.

wedge [wexh] *n,v* -*n* 1.pykë. 2.copë/thelë trekëndëshe(byreku etj).3.*fig* çelës(për diku).4.*fig* py-

kë, çarje; drive a wedge between two people fus një pykë midis dy vetëve. -*vt* 1.shtrëngoj me spica/me pyka. 2.i vë pykë përfund(derës); the door was wedged derën e kishin ngecur me pykë. 3.fus si pykë. +wedge in a)futem, shkas; b)fus, rras; ngjesh.

wedlock['wedlok] *n* martesë; born out of wedlock i lindur jashtë martese.

Wednesday['wenzdei] *n* e mërkurë.

wee I[wi:] *adj* i vockël, i pakët, i imët; a wee bit pak fare.

wee II [wi:] *n,v zhrg* -*n* çiç; have a wee bëj çiçin. -*vi* bëj çiçin.

weed[wi:d] *n,v* -*n* 1.bar i keq. 2.*fig keq* farë e keqe.3.*zhrg* marihuanë. 4.*hum* the weed duhani. 5.*pl* rroba zije; in widow's weeds në të zeza. 6.*gj. fol* gërdallë. 7.cigare. -*v* 1.shkul barërat e këqija; pastroj nga barërat (kopshtin). 2.*fig* heq, skartoj(lojtarin e dobët). +weed out a)shkul(barërat); b)*fig* heq, skartoj, eliminoj; përjashtoj (ngatërrestarin); c)hedh, seleksionoj (rroba, libra).

weeder['wi:dë:] *n* prashitës; makinë prashitëse.

weedhead['wi:dhed] *n* përdorues marihuane.

weeding['wi:ding] *n* shkulje barërash; prashitje.

weed-killer['wi:dkilë:] *n* barvrasës, insekticid.

weedy['wi:di] *adj* 1.plot bar të keq. 2.*fig* (që rritet) si fara e keqe.

wee hours *n* orët e para të mëngjesit.

week[wi:k] *n* 1.javë; this week këtë javë; twice a week dy herë në javë; in a week për një javë, pas një jave; week in week out, week after week javë për javë, çdo javë, me javë të tëra; today week, a week today, this day week (si) sot një javë. 2.javë pune; a five-day/35-hour week javë pune pesëditëshe/35-orëshe; a week's wages pagë javore.

weekday['wi:kdei] *n* ditë jave.

weekend['wi:kend] *n* fundjavë, uikend; at weekends gjatë uikendeve, ditëve të pushimit javor.

weekend bag/case *n* çantë udhëtimi.

weekend cottage *n* shtëpi pushimi në fshat.

weekender['wi:kendë:] *n* pushues.

weekly['wi:kli] *adj,adv,n* -*adj* javor. -*adv* në javë; $50 weekly 50 dollarë në javë. -*n* e përjavshme(gazetë, revistë).

ween [wi:n] *vi vjet* mendoj; them; besoj; pres; shpresoj.

weeny['wi:ni] *adj gj.fol* i vockël.

weep[wi:p] *v,n* -*v* (wept) 1.qaj; weep over sth qaj për diçka; weep for joy qaj nga gëzimi. 2.ujtis, loton, qan(muri, plaga). -*n* e qarë.

weeping['wi:ping] *n,adj* -*n* lot; e qarë. -*adj* 1.që qan(njeri). 2.i lagështuar(mur etj). 3.degëvarur.

weeping birch *n* bredh i argjendtë.

weeping willow *n bot* shelg lotues.

weepy['wi:pi] *adj,n -adj* 1.i qaravitur(zë); **be/feel weepy** më vjen për të qarë. 2.sentimental, melodramatik, me të qara(film).
-*n Br* film/libër sentimental.

weevil['wi:vël] *n zool* mizë gruri.

weewee['wi:wi:] *n,v -n* çiç.
-vi bëj çiçin.

weft[weft] *n tekst* ind.

weigh [wei] *v* 1.peshoj; **weigh oneself** peshohem; **she weighs 55 kilos** ajo peshon 55 kg; **what do you weigh?** sa peshon?, ç'peshë ke? 2.*fig* mas; **weigh one's words** i mas fjalët. 3.*fig* ka peshë, ka rëndësi; **that argument doesn't weigh anything with me** ai argument s'ka pikë rëndësie për mendimin tim. 4.*fig* peshoj, vlerësoj; **weigh the pros and cons** vlerësoj anët e mira dhe ato të këqija. 5.*det* ngre; **weigh anchor** ngre spirancën. 6.*fig* rëndon; **the fear of illness weighs on her/on her mind all the time** frika e sëmundjes i rëndon tërë kohës.

+weigh down a)rëndoj; b)*fig* rëndon, bren, ha (meraku); c)përkul; d)*fig* mundoj; torturoj : **be weighed down with responsibilities/fears** më mundon ndjenja e përgjegjësisë; më torturon frika.

+weigh in a)peshohem; b)*fig* ndërhyj; i mëshoj (një fakti); c)peshoj(boksierin etj).

weigh-in['wejin] *n sport* peshim(i boksierëve etj).

+weigh on i rëndoj, i jam bërë barrë.

+weigh out peshoj(mallra).

+weigh up a)llogaris; b)balancoj, krahasoj, vë në balancë.

weighing machine *n* peshore.

weighmaster['weimæstë:] *n* 1.inspektor i peshoreve.2.peshues.

weight[weit] *n,v -n* 1.peshë; **be sold by weight** shitet me peshë(malli); **it is 30 kilos in weight** peshon 30 kile; **they are the same weight** peshojnë njëlloj; **feel the weight of this book** shiko sa rëndon ky libër.2.*fig* rëndësi, peshë; **carry weight** ka peshë (argumenti, faktori); **give/lend weight to sth** i jap rëndësi diçkaje. 3.gur peshe. 4.ngarkesë, sasi malli. 5.send i rëndë.6.*fig* shumicë, pjesë dërrmuese; epërsi; **the weight of public opinion was against it** pjesa dërrmuese e opinionit publik ishte kundër; **win by sheer weight of numbers** fitoj në sajë të epërsisë numerike. 7.*sport* gjyle; çekiç. + **pull one's weight** bëj sa më takon; **throw one's weight around/about** *gj.fol* mbahem me të madh; përdor pozitën.
-vt 1.ngarkoj.2.fundos, i lidh një peshë.3.*fig* i jap rëndësi. 4.ponderoj; **weighted average** mesatare e ponderuar.

+weight down a)fundos, i lidh një peshë; b)mbaj të zhytur.

weightiness['weitinis] *n* 1. rëndesë; peshë.2.*fig* rëndësi.

weighting ['weiting] *n* 1.shtesë, kompensim (rroge). 2.koeficient.

weightless ['weitlis] *adj* 1.i lehtë, pa peshë. 2.pa peshë, në mungesë të gravitetit.

weightlessness['weitlisnis] *n fiz* gjendje e mungesës së peshës.

weighty['weiti] *adj* 1.i rëndë.2.*fig* e rëndë(barrë); e madhe(përgjegjësi); me peshë(argument). 3.*fig* bindëse(arsye).4.*fig* i pjekur(gjykim).5.*fig* serioz, me rëndësi (problem). 6.*fig* me peshë, me influencë, i rëndësishëm(person).

weir[wië:] *n* 1.digë; pendë; cfrat. 2.ledh me degë (për të zënë peshk).

weird[wië:d] *adj* 1.i pazakontë; i mistershëm. 2. *gj.fol* i çuditshëm; allosoj.

weirdly['wië:dli] *adv* 1.në mënyrë të mistershme. 2.në mënyrë të çuditshme.

weirdness['wië:dnis] *n* natyrë e pakuptueshme /e çuditshme.

weirdo['wië:dou] *n zhrg* njeri allosoj.

Weird Sisters *n* 1.*mit* Fatat, Zanat. 2.*let* shtrigat(te Makbethi).

welch[welç] *vi* bishtnoj; **welch on a promise/a debt** nuk e mbaj premtimin; nuk paguaj borxhin.

welcome['welkëm] *v,n,adj,interj -vt* 1.mirëpres, i uroj mirëseardhjen.2.pranoj me kënaqësi; **I'd welcome a cup of coffee** do ta pija me gjithë qejf një kafe.
-n pritje, mirëseardhje; **give sb a warm welcome** i bëj një pritje të ngrohtë dikujt; **get a fairly cold welcome** më presin mjaft ftohtë; **what sort of welcome will this product get?** si do ta presin klientët këtë artikull!
-adj 1.me vend(ndërhyrje). 2.i mirëpritur(vizitor, vendim); **make sb welcome** e mirëpres dikë; **a cup of brandy is always welcome** një gotë konjak nuk refuzohet asnjëherë; **it was welcome news** ishte një lajm i kënaqshëm.3.(në përgjigje të një falënderimi) : **you're welcome!** s'ka përse! , të/ju lutem! **you're welcome to any help I can give you** mund të të ndihmoj me kënaqësi.
-interj mirëseerdhe!, mirëseerdhët!

+welcome back pres ngrohtësisht.

welcome mat *n* 1.rruginë/qilim për të fshirë këmbët, shkorsë. 2.*gj.fol* pritje e ngrohtë.

welcoming['welkëming] *adj* 1.e ngrohtë (buzëqeshje). 2. pritjeje, mirëseardhjeje (fjalë, ceremoni).

weld[weld] *v,n -v* 1.saldoj; bashkoj me saldim. 2.*fig* bashkoj. 3.saldohet.
-n saldim.

welder['weldë:] *n* 1.saldator.2.aparat saldimi.

welding ['welding] *n* 1.saldim. 2.*fig* bashkim; shkrirje.

welding torch *n* kanellë saldimi.

welfare ['welfeë:] *n* 1.mirëqenie; mbarëvajtje; **look after sb's welfare** kam përgjegjësi për dikë.

2.ndihmë sociale, asistencë; **be on (the) welfare** jam në ndihmë sociale, marr ndihmë sociale; **live on (the) welfare** rroj me ndihmë sociale.

welfare benefits *n* përfitime sociale.

welfare center *n* qendër e asistencës/e ndihmës sociale.

welfare hotel *n amer* banesë(e përkohshme) për personat në ndihmë sociale.

welfare mother *n* grua pa burrë që rron me ndihmë sociale.

welfare payments *n* ndihmë sociale, çek i ndihmës sociale.

welfare state *n* shtet i mirëqenies sociale.

welfare work *n* punë sociale; shërbime sociale.

welfare worker *n* punonjës i shërbimeve sociale.

welfarism['welfeërizm] *n amer pol* teori e shtetit të mirëqenies sociale.

welfarite['welfeërait] *n amer keq* njeri që rron me ndihmë sociale.

welkin['welkën] *n vjet,poet* qiell, kupë e qiellit.

well I[wel] *n,v -n* 1.pus (uji, naftë).2.*ndërt* kafaz (shkallë); kullë(ashensori).3.*Br drejt* bankë e avokatëve. 4.*fig* pus(njohurish).

-vi del, gufon(loti).

+**well out** a)kërcen(susta); b)shpërthejnë(lotët).

well II [wel] *adv,adj,n,interj -adv* (**better; best**) 1.mirë; **be doing well** jam mirë; **do well at school** jam mirë me mësime; **do quite well** ndahem mjaft mirë; **do well by sb** tregohem i mirë me dikë, i bëj një të mirë dikujt; **well I know it!** e di fort mirë! 2.fort, mjaft, goxha; **she is well past /over thirty** ajo i ka kaluar me kohë të tridhjetat; **well over a thousand** shumë më tepër se njëmijë; **he's well away** është xurxull fare. 3.fare mirë; me të drejtë; **one might well ask why** fare mirë mund të shtrohet pyetja përse; **she couldn't very well refuse** ajo nuk ka sesi të refuzojë në asnjë mënyrë; **you may as well tell her the truth** bën mirë t'i thuash të drejtën; **he apologized - well he might!** ai kërkoi të falur - dhe bëri shumë mirë! 4.plotësisht, mirë(e mirë); **shake well before using** tundeni mirë para përdorimit. 5.me hollësi, me imtësi. + **as well** a)gjithashtu, po ashtu; përveç kësaj; **as well as** a)si edhe; veç kësaj; b)po aq.

-adj 1.i mirë; i kënaqshëm; **that's all very well, but...** në rregull me këtë, por..; dakord, po..; **it's just as well she asked** bëri mirë që pyeti. 2.mirë me shëndet; **he doesn't feel well** nuk ndihet mirë; **get well soon!** shërim të shpejtë!

-n e mirë; **wish sb well** i dua të mirën dikujt; **let /leave well alone** *prov* më mirë prishet.

-interj 1.pra; **well, as I was saying** pra, siç po thoja.2.bah; **well I never!** bobo, ç'më thua! 3.pa shiko; ja; **Well! Well! Here's Jack!** Shiko, shiko! Qenka Xheku! **well there you are then!** ja, e pe?

we'll[wi:l] = **we shall; we will**.

['welëdei] *interj vjet* shih **wellaway**.

well-adjusted[welë'xhʌstid] *adj* i pjekur; i ekuilibruar; gjakftohtë.

well-advised[welëd'vaizd] *adj* 1.i matur; i mençur. 2.i bërë me mend(veprim).

well-appointed[welë'pointid] *adj* e pajisur mirë (shtëpi).

wellaway[welë'wei] *interj vjet* eh!

well-balanced['wel'bælënst] *adj* 1.i balancuar/i rregulluar si duhet. 2.i matur, i përmbajtur.

well-behaved[welbi'heivd] *adj* 1.i sjellshëm. 2.e urtë, e bindur(kafshë).

well-being['wel'biing] *n* mirëqenie; mbarëvajtje.

wellborn[wel'bo:n] *adj* nga familje e mirë.

well-bred[wel'bred] *adj* 1.i sjellshëm, i edukuar. 2.nga familje e mirë. 3.race, e racës (kafshë).

well-connected[welkë'nektid] *adj* 1.nga familje e mirë; me lidhje të rëndësishme. 2.i përmbledhur(paragraf).

well-defined[weldi'faind] *adj* i qartë; i përcaktuar mirë.

well-disposed[weldis'pouzd] *adj* dashamirës.

well-doing[wel'du:ing] *n* 1.drejtësi. 2.mirësi.

well-favo(u)red[wel'feivë:d] *adj* i pashëm.

well-fed [wel'fed] *adj* i ushqyer mirë; i shëndetshëm; i shëndoshë.

well-fixed [wel'fikst] *adj gj.fol* i kamur, në gjendje.

well-found[wel'faund] *adj* i pajisur me të gjitha.

well-founded[wel'faundid] *adj* i bazuar; me themele të shëndosha.

well-groomed [wel'gru:md] *adj* i pastër; i ndrequr, i ujdisur.

well-grounded[wel'graundid] *adj* 1.i bazuar; me themele të shëndosha. 2.i ditur, me njohuri të shëndosha.

wellhead['welhed] *n* 1.burim. 2.krye pusi.

well-heeled[wel'hi:ld] *adj zhrg* i kamur; i pasur.

well-informed['welinfo:md] *adj* 1.i mirinformuar. 2.i ditur, me kulturë të gjerë.

well-kept[wel'kept] *adj* i mbajtur mirë; i përkujdesur.

well-known['welnoun] *adj* i mirënjohur.

well-mannered['welmænë:d] *adj* i sjellshëm, i lëmuar.

well-marked [wel'ma:kt] *adj* i qartë, i dallueshëm.

well-meaning[wel'mi:ning] *adj* dashamirës; me qëllime të mira.

well-meant ['welment] *adj* i nisur nga qëllimet më të mira.

well-nigh['welnai] *adv* gati, pothuaj, thuajse.

well-off['welof] *adj* 1.në gjendje të mirë; i kamur; i pasur.2.*fig* i fituar; i lumtur.

well-placed [wel'pleist] *adj* 1.në vend të përshtatshëm. 2.me pozitë.

well-preserved[welpri'zë:vd] *adj* i mbajtur mirë, që nuk e tregon moshën.

well-proportioned [welprë'po:shënd] *adj* i formuar, me trup të rregullt.

well-read['welred] *adj* i kënduar; i ditur.

well-rounded[wel'raundid] *adj* i harmonishëm (stil); e ujdisur mirë(fjali).

well-spoken[wel'spoukën] *adj* 1.gojëtar, që di të flasë. 2.i thënë bukur, i shprehur si duhet.

wellspring['welspring] *n* 1.burim. 2.*fig* burim i pashtershëm.

well-suited[wel'su:tid] *adj* i përshtatshëm; i volitshëm.

well-timed[wel'taimd] *adj* i llogaritur mirë, në kohën e duhur.

well-to-do[weltë'du:] *adj* i kamur; i pasur.

well-turned[wel'të:nd] *adj* 1. i shprehur bukur. 2.me trajtë të bukur/të rregullt.

well-turned-out[weltë:nd'aut] *adj* i veshur bukur, elegant.

well-wisher['welwishë:] *n* dashamirës.

well-worn[wel'wo:n] *adj* 1.i ngrënë, shumë i përdorur. 2.*fig* i konsumuar, bajat.

welsh[welsh] *vi zhrg* 1.iki pa paguar.2.bëj bisht, nuk e mbaj fjalën, shkel premtimin. + **welsh on** shkel marrëveshjen.

Welsh[welsh, welç] *n,adj* -*n* 1.**the Welsh** populli i Uellsit. 2.gjuha e Uellsit.

-*adj* i Uellsit.

Welshman['welshmën] *n* banor i Uellsit.

welt[welt] *n,v* -*n* 1.buzë, anë, bordurë(këpuce, rrobe etj). 2.vrajë, blanë, vurratë. 3.goditje.

-*vt* 1.i vë bordurë. 2.*gj.fol* rrah keqas.

welter['weltë:] *n,v* -*n* 1. rrëmujë; pështjellim; zallamahi. 2.lëmsh.

-*vi* 1.zhytet(në gjak, në baltë). 2.bëj lëmsh.

welterweight['weltë:weit] *n sport* peshë e lehtë.

wen[wen] *n* lyth, tumor beninj i lëkurës.

wench[wenç] *n,v* -*n* 1.vajzë; grua e re.2.*vjet* shërbyese.

-*vi* : **go wenching** vrapoj pas fustaneve.

wend[wend] *vi* shkoj; i bie nga, drejtohem; **wend one's way back from** kthehem nga.

Wend [wend] *n* uend, sllav i Gjermanisë Qendrore.

wendigo['wendigou] *n knd* 1.kukudh.2.troftë.

Wendy house *n Br* shtëpizë, shtëpi kukullash.

went[went] *pt* e go.

wept[wept] *pt,pp* e **weep**.

were[weë:] *pt* e **be**.

we're[wië:] = **we are**.

weren't[weë:nt] = **were not**.

werewolf['wië:wulf] *n mit* njeri-ujk.

west[west] *n,adv,adj* -*n* 1.*gjeog* perëndim; **to the west of** në perëndim të; **in the west of Canada** në pjesën perëndimore të Kanadasë; **facing the west** i

kthyer/me ballin nga perëndimi. 2.*pol* **the West** Perëndimi, vendet perëndimore; *amer* Perëndimi, shtetet perëndimore të SHBA-së.

-*adv* në perëndim; drejt perëndimit; **drive west for 50 km** eci drejt perëndimit 50 km; **west of the border** në perëndim të kufirit; **west by south** perëndim-jugperëndim; **sail due west** lundroj/shkoj /udhëtoj drejt perëndimit. + **go west** *fig* a)humbet, zhduket(një send); b)vdes, cof(dikush).

-*adj* i perëndimit; perëndimor; **on the west side** nga ana perëndimore, nga perëndimi; **in the west Atlantic** në Atlantikun perëndimor.

West Africa *n gjeog* Afrika Perëndimore.

West Bank(the ~) *n gjeog* Bregu Perëndimor, Cisjordania.

West Berlin *n gjeog* Berlini Perëndimor.

West Country (the ~) *n Br gjeog* Jugperëndimi i Anglisë.

West End(the ~) *n gjeog* Uest Endi, qendra tregtare e turistike e Londrës.

westerly['westë:li] *adj,adv* -*adj* perëndimi(erë); perëndimor(drejtim etj); **westerly aspect** pamje/fytyrë/fasadë nga perëndimi.

-*adv* nga perëndimi, drejt perëndimit.

western['westë:n] *adj,n* -*adj* perëndimor; nga perëndimi; **Western Europe** Evropa Perëndimore.

-*n* film/libër uestern/me kauboj.

westerner['westë:në:] *n* 1.banor i Perëndimit (të SHBA).2.*pol* Perëndimor, banor i vendeve perëndimore.

westernize['westë:naiz] *vt* bëj perëndimor, oksidentalizoj, i jap frymë perëndimore.

westernmost['westë:nmoust] *adj* më perëndimori, i perëndimit ekstrem.

western writer *n* shkrimtar romanesh uestern.

West Indies *n gjeog* Inditë Perëndimore, Ishujt e Antileve.

west-northwest ['westno:thwest] *n,adj,adv* -*n* perëndim-veriperëndim.

-*adj,adv* në/nga perëndim-veriperëndim(i).

West Point *n amer* shkollë ushtarake.

west-southwest ['westsauthwest] *n,adj,adv* -*n* perëndim-jugperëndim.

-*adj,adv* në/nga perëndim-jugperëndimi.

westward ['westwë:d] *adj,adv,n* -*adj* perëndimor; në perëndim.

-*adv* drejt perëndimit, nga perëndimi.

-*n* pjesë perëndimore; drejtim perëndimor.

westwards['westwë:dz] *adv* shih **westward**.

wet[wet] *adj,v,n* -*adj* 1.i lagët; i lagur; qull; **slippery when wet** e rrëshqitshme kur është e lagur (rruga); **be wet to the skin/through** jam(bërë) qull. 2.e patharë(boja); **'wet paint'** 'ruhuni nga boja'. 3.me lagështi(vend). 4.me shi(mot); **it's going to be wet** do të bjerë shi; **the wet season** stina e shirave. 5.*Br zhrg* i mefshët, qullac; **he's really wet** është fare

leshko.6.*amer* ku lejohen pijet alkoolike(shtet, qytet).
7.*amer fig* i gabuar; **you're all wet!** e ke krejt ga-
bim! + **be still wet behind the ears** jam i papjekur,
jam pa përvojë.

-*v* 1.lag; njom(buzët); **wet one's whistle** *fig* e
kthej një të vockël, njom gurmazin; **wet oneself**
/**one's pants/the bed** e bëj në brekë; e bëj në rroba
/në krevat. 2.bën çiçin(fëmija).

wetback['wetbæk] *n amer gj.fol* argat meksikan
ilegal.

wet blanket *n gj.fol* ters, ndjellakeq.

wet cell *n el* bateri me lëng.

wet dock *n det* dok lundrues.

wet dream *n* shkarkim(seksual) gjatë natës.

wether['wedhë:] *n* dash i tredhur.

wetland['wetlænd] *n amer* moçal; kënetë.

wetness['wetnis] *n* lagështi.

wet-nurse['wetnë:s] *n,v* -*n* tajë, mëndeshë.

-*vt* 1.ushqen me gji, tajis(mëndesha). 2.*fig* llastoj,
përkëdhel; mbaj me gjithë të mirat.

wet suit *n* kostum zhytësi, kostum sfungjeri.

wetting [(weting] *n* lagie, qullje; **get a wetting**
bëhem qull.

wettish['wetish] *adj* si i lagësht.

we've[wi:v] = **we have**.

W F T U (shkurtim për **World Federation of
Trade Unions**) Federata Botërore e Sindikatave.

whack[wæk, hwæk] *n,v* -*n gj.fol* 1.grusht; go-
ditje e thatë. 2.*zhrg* provë, përpjekje; **have/take a
whack at sth** bëj një provë me diçka. 3.*Br* pjesë,
hise; **you'll get your whack** do ta marrësh atë që të
takon. + **out of whack** *zhrg* a)jo në gjendje pune,
jo në rregull; b)i lajthitur.

-*vt* 1.*gj.fol* godas, qëlloj fort; ia vesh. 2.mund, i jap
dru. 3.*zhrg* pres, heq(me sëpatë etj). + **whack up**
zhrg ndaj, ndajmë sëbashku.

whacked[wækt, hwækt] *adj Br zhrg* i këputur, i
rraskapitur.

whacker['wækë:, 'hwækë:] *n Br zhrg* 1.alamet
peshku. 2.alamet rrene.

whacking['wæking,'hwæking] *adj,n* -*adj zhrg* i
madh, i bujshëm(sukses).

-*n* dru, e rrahur; **give sb a whacking** i bëj një të
rrahur dikujt.

whale I[weil] *n,v* -*n* balenë. + **a whale of** *gj.fol*
alamet; **a whale of a car** alamet makine; **a whale
of a lot of..** kiamet, pa fund.

-*vi* gjuaj balena.

whale II[weil, hweil] *vt gj.fol* 1.rrah. 2.qëlloj fort.

whaleback['hweilbæk] *n* breg, pirg, kodër.

whaleboat ['hweilbout] *n* barkë me rrema (për
gjuetinë e balenave).

whaler['hweilë:] *n* 1.gjuetar balenash.2.anije për
gjuetinë e balenave.

whale oil *n* vaj balene.

whaling['hweiling] *n* gjueti balenash.

wham[hwæm] *n,v gj.fol* -*n* brraaam.

-*vt* qëlloj me forcë.

whammy['hwæmi] *n amer zhrg* prapësi, tersllëk.

whang[hwæng] *n,v gj.fol* -*n* gjëmim.

-*v* 1.qëlloj fort. 2.gjëmon, bën zhurmë të madhe.

wharf[hwo:f] *n det pl* **wharves** skelë.

wharfage['hwo:fixh] *n* 1.ankorim. 2.taksë anko-
rimi. 3.skela.

wharfinger ['hwo:finxhë:] *n* pronar / përgjegjës
skele.

what[wot, wʌt, hwot, hwʌt] *adj,pron,adv, interj,
conj* -*adj* 1.çfarë, ç' ; **what news did you bring?**
ç'lajme ke sjellë? **what a house!** çfarë shtëpie! 2.sa;
what fools we are! sa budallenj që jemi! **what a lot
of people!** sa shumë njerëz!3.sa, gjithë(sa, ç'); **give
me what money you have** më jep sa para ke; **what
little help she could give** atë pak ndihmë që mund
të jepte.

-*pron* 1.çfarë; ç' ; **what's happened?** çfarë
ndodhi? **what's up?** si është puna? **what's that?**
a)ç'është kjo? b)çfarë/si the? **what the hell/the heck
did they say?** *gj.fol* çfarë dreqin thanë? **oh what
the hell!** *gj.fol* punë e madhe!, në dreq le të shko-
jë!, e kush po pyet! **I'll show them what's what** ua
tregoj unë qejfin atyre.2.sa; **what will it cost?** sa do
të kushtojë? **what 5 and 5 make?** sa bëjnë 5 edhe
5? 3.si; sa; ç'; po; **what about a walk?** ç'thua, sikur
të bënim një shetitje? **what for?** për se?, pse? **what
if it rains?** po sikur të bjerë shi? 4.ai/ajo që; **what is
done is done** ajo që u bë, u bë; **do what you will**
bëj atë që do, bëj ç't duash; **and what is more**
/**worse** dhe për më tepër, dhe ç'është më e madhja;
dhe ç'është më e keqja. + **and what not** dhe s'di e
çfarë, e kështu me radhë, etj; **and what have you**
gj.fol e kështu me radhë, etj; **what for** përse, pse;
what if po sikur; **what's what** *gj.fol* si qëndrojnë
punët; **what with** si pasojë e, për shkak të.

-*adv* sa; **what a good time we had!** sa mirë e ka-
luam!

-*interj* si! **what! no milk!** si! s'ka qumësht?

-*conj* : **but what** *gj.fol* përveç se.

**what-d'ye-call-her /him /it, what's-her /his /its-
name** *n gj.fol* filan; gjësend; si i thonë.

whatever[hwët'evë:] *pron,adj,adv* -*pron* 1.çfarë-
doqoftë; çfarëdo që; sado që; **whatever happens**
çfarëdo që të ndodhë; **whatever it costs, get it** sado
që të kushtojë, merre.2.ajo që; **do whatever you
please** bëj çfarë të duash; **whatever suits you best**
ajo që të vjen më për mbarë. 3.*gj.fol* çfarë, ç'dreqin;
whatever do you mean? çfarë/ç'dreqin kërkon të
thuash? 4.e të tjera; **shoes and clothes and what-
ever** këpucë, rroba e të tjera si këto.

-*adj* 1.çfarëdo; cilido; **of whatever size** i çfarëdo
madhësie; **whatever repairs might seem neces-
sary** çfarëdo riparimesh që mund të nevojiten; **ask
whatever friends you like to the party** sill në

mbrëmje cilindo nga miqtë e tu. 2. çfarë, ç'dreq;
whatever books have you been reading? ç'dreq
librash ke lexuar?

-*adv* 1.sido qoftë; **whatever the weather** sido që
të jetë koha. 2.aspak, fare; **nothing whatever** asgjë
fare, hiç fare.

whatnot['hwotnot] *n* 1.etazher.2.gjësend.3.të tje-
ra; **and whatnot** e ç'nuk tjetër, e ku di unë se çfarë.

what's [wʌts, wots, hwʌts, hwots] = **what is;**
what has.

whatsoever [(h)wʌtsou'evë:] *pron,adj* çfarëdo
qoftë.

wheal[hwi:l] *n* 1.e djegur; e ënjtur.2.blanë, vrajë.

wheat[hwi:t] *n* grurë.

wheaten['wi:tën] *adj* e grunjtë, prej gruri.

wheedle['wi:dël] *vt* lajkatoj, marr me të mirë; ia
zhvas me fjalë të bukura.

wheedling['wi:dling] *adj,n* -*adj* lajkatar.

-*n* lajkatim; fjalë të bukura.

wheel[wi:l] *n,v* -*n* 1.rrotë.2.timon; **at the wheel**
det në timon; **behind the wheel** *aut* në timon.
3.*gj.fol* biçikletë. 4.*fig* ingranazh, mekanizëm(i pu-
shtetit etj). 5.rrotullim. 6.*usht* kthesë; **make a left**
wheel kthehet majtas(kolona etj). 7.*gj.fol* karusel.
8.*hist* rrotë e torturës. 9.*zhrg* makinë, mjet; **are you**
on wheels? me mjet je? + **at the wheel** *fig* në
timon; në drejtim; **wheels within wheels** rrethana të
komplikuara; ndërhyrje e gjithfarë faktorëve.

-*v* 1.shtyj(karron etj). 2.rrotullohem, vërtitem.
3.*gj.fol* eci me biçikletë. 4.i vë rrota. 5.kthehet, rro-
tullohet; **right wheel!** djathtas rrotullohu! + **wheel**
and deal *zhrg* jap e marr; sajoj diçka; bëj biznes.

wheelbarrow['wi:lbærou] *n* karrocë dore.

wheelbase['wi:lbeis] *n aut* interaks.

wheelchair['wi:lçeë:] *n* karrocë invalidësh.

wheeled[wi:ld] *adj* me rrota.

wheeler['wi:lë:] *n* 1.*gj.fol* qen i punës.2.*keq* afa-
rist i shkathët.

wheeler-dealer ['wi:lë:'di:lë:] *n zhrg* afarist i
shkathët.

wheel horse *n* 1.kalë i mbrehur pranë rrotave (të
karrocës). 2.*gj.fol* qen i punës.

wheelhouse['wi:lhaus] *n* kabinë e timonit.

wheeling['wi:ling] *n keq* : **wheeling and dealing**
punë të dyshimta; marifete; dallavere.

wheelwright['wi:lrait] *n* karrondreqës.

wheeze[hwi:z] *v,n* -*v* 1.gulçoj, dihas, marr frymë
me zor. 2.(~out) them me zë të çjerrë.

-*n* 1.gulç, gulçim, dihatje. 2.*zhrg* histori bajate;
shaka e stërthënë.

wheezy['wi:zi] *adj* astmatik, shpirraq(kalë).

whelk[hwelk] *n* puçër.

whelm[hwelm] *v* 1.dërrmoj. 2.fundos.

whelp[hwelp] *n,v* -*n* 1.këlysh. 2.rrugaç.

-*vi* pjell.

when [hwen] *adv,conj,pron,n* -*adv* kur; në

ç'kohë; **since when has he got this car?** që kur e ka
këtë makinë?

-*conj* 1.kur; në kohën që; **when she came in** kur
hyri; **be careful when you cross the road** kujdes
kur kapërcen rrugën; **even when** edhe kur; **at the**
very moment when they were about to leave ta-
mam kur ata po mateshin të iknin; **now is when he**
needs you tani është koha që i duhesh; **that was**
when the trouble started atëherë filluan telashet.
2.në një kohë që; ndërsa; **they walked when they**
could have taken the bus e morën rrugën në kë-
mbë, në një kohë që mund të kishin shkuar me au-
tobus. 3.përderisa, kur; **what's the good of talking**
when you know he won't listen? përse flet kur e di
që ai s'dëgjon?

-*pron* ç'kohë; **since when have you been wait-**
ing? qysh nga cila orë ke që pret?

-*n* koha; **the when and where of an act** koha dhe
vendi i kryerjes së një veprimi.

whenas[wen'æz] *conj vjet* kur; ndërsa; ndërkohë
që.

whence [hwens] *adv,conj vjet* -*adv* prej ku, që
nga.

-*conj* që ku; prej nga; **return to the country**
whence you came ktheu në vendin nga ke ardhur.

whencesoever [hwenssou'evë:] *conj* prej kudo-
qoftë.

whenever[hwen'evë:] *conj,adv* -*conj* kurdo që;
sapo; kur; sa herë që; **whenever you wish /you are**
ready kur të duash; sapo të jesh gati; **whenever it**
rains sa herë që bie shi.

-*adv* kurdo qoftë; s'di se kur; **last week, or when-**
ever javën e kaluar, a s'di se kur.

whensoever[hwensou'evë:] *conj,adv* kurdo qo-
ftë; në çfarëdo kohe; kurdoherë që.

where[hweë:] *adv,conj,n* -*adv* ku; në ç'vend;
where's the difference? ku qëndron ndryshimi?

-*conj* 1.ku; **the country where he was born** vendi
ku ka lindur. 2.aty ku; këtu ku; **that's where you're**
wrong! ja, këtu e ke gabim! **from where I'm**
standing prej këtu ku jam; **where there are trees**
aty ku ka pemë. 3.ndërkohë që; **she left where she**
could have waited for him ajo u largua, ndërkohë
që mund ta kishte pritur.

-*n* çfarë vendi; vend; **where do you come from?**
nga ç'vend vini? **I'd like to know the when and the**
where of it do të doja të dija kohën dhe vendin e
kësaj ngjarjeje.

whereabout(s) ['werëbaut(s)] *adv,conj,n* -*adv,*
conj ku; afër cilit vend; **whereabouts did she put**
it? ku të shkretën e vuri?

-*n* vendndodhje; **his whereabouts are unknown**
askush nuk ia di vendndodhjen.

whereas[hwer'æz] *conj* 1.ndërsa, kurse. 2.duke
patur parasysh që. 3.ndonëse.

whereat[hwer'æt] *adv,conj vjet* pas së cilës, dhe

në këtë e sipër, dhe ndërkaq.

whereby[hweë:'bai] *adv,conj* përmes së cilës, me anën e të cilit; **there is no other way whereby they can be saved** s'ka tjetër mënyrë për t'i shpëtuar.

wherefore['hweë:fo:] *adv,conj,n -adv vjet* 1.pse, përse, për ç'arsye.2.prandaj, kështu që.

-conj se pse, se për ç'arsye; **I know wherefore she is angry** e di pse është e zemëruar.

-n zak pl arsye, shpjegim.

wherefrom[hweë:'from] *adv vjet* shih **whence**.

wherein[hweër'in] *adv,conj -adv* ku, në çfarë, në se; **wherein had they erred?** ku kishin gabuar?

-conj ku, që; **the place wherein she lived** vendi ku rronte.

whereof[hweër'ov] *adv,conj* nga i cili; prej ku.

whereon[hweër'on] *adv,conj* mbi të cilin.

wheresoever [hweë:sou'evë:] *conj,adv* shih **wherever**.

whereto[hweë:'tu:] *adv,conj* 1.ku; për ku; **to that place whereto he had been sent** te ai vend për ku e kishin dërguar.2.përse, për ç'qëllim.

whereupon [hweërë'pon] *adv,conj* pas së cilës; dhe pas kësaj.

wherever[hweë:'revë:] *conj,adv* ku; kudo që; kudoqoftë; **sit wherever you like** ulu ku të të pëlqejë. **wherewith**[hweë:'with] *adv,conj* me të cilën.

wherewithal['hweë:'widhol] *n,adv,conj -n* mjet; mundësi; para.

-adv,conj me se.

wherry ['hweri] *n* 1.varkë për të kaluar lumin. 2.varkë njëvendëshe për gara.

whet [hwet] *v,n -vt* 1. mpreh. 2. *fig* zgjoj, nxis, ngjall.

-n 1.mprehje. 2.mprehës. 3.nxitës oreksi.

whether ['hwedhë:] *conj,pron -conj* 1.nëse; **I don't know whether it's true or not** nuk di nëse është e vërtetë a jo; **he asked whether he should paint the doors** ai pyeti nëse duhej t'i lyente dyert. 2.qoftë; si; **whether you go or not, whether or not you go** si shkon, si nuk shkon. + **whether or no** do s'do; sido që të ndodhë; me çdo mënyrë.

-pron vjet kush nga të dy.

whetstone['hwetstoun] *n* gur mprehës, grihë.

whew[hwju:] *interj,n* uf!

whey[hwei] *n* hirrë.

which[hwiç] *adj, pron -adj* cili; kush; **which one of you?** cili nga ju? **which book did she take?** cilin libër mori? **during which time** kohë gjatë së cilës.

-pron cili, kush; **which of these books is the best?** cili nga këta libra është më i miri? **which of you..?** kush nga ju, cili prej jush..? **she doesn't mind which you meet first** asaj nuk i prish punë se kë takon ti të parin. 2.që; ku; **the book which is missing** libri që mungon; **the box she put it in** kutia ku e futi. 3.gjë që; **he said he knew her, which**

I don't believe ai tha se e njihte, gjë që s'e besoj; **of which more later...** për të cilën do t'ju flas prap më pas...

whichever[hwiç'evë:] *adj,pron -adj* ai që; cilido; **go by whichever route is shorter** bjeri rrugës që është më e shkurtër; **whichever dress you wear** cilindo fustan që të veshësh.

-pron ai që; cilido që; **whichever is best for you** ai që është më mirë për ty; **whichever of the two methods you choose** cilëndo nga të dy metodat që të zgjedhësh.

whichsoever [hwiçsou'evë:] *adj,pron vjet* shih **whichever**.

whicker['hwikë:] *n,v -n* hingëllimë.

-vi hingëllin.

whiff[hwif] *n,v -n* 1.grahmë, duhmë, tyftajë. 2.erë(hudhre etj); **what a whiff!** uf, çfarë ere! 3.e thithur(e cigares). 4.*gj.fol sport* huq.

-vi 1.vjen erë, qelbet, kutërbon.2.thith; nxjerr frymën, shfryj. 3.tymos, pi cigare.

whiffet['hwifit] *n gj.fol* 1.çikërrimë. 2.njeri pa rëndësi; qyrrash. 3.kone, qen i vockël.

whiffle['hwifël] *v* 1. nxjerr, shfryj. 2.fryj; shpërndaj. 3.mënjanoj, largoj.

whiffler['hwiflë:] *n* mendjeprishur.

Whig[wig] *n hist* 1.*pol* vig; liberal. 2.*amer* banor i 13 kolonive kryengritëse kundër sundimit britanik.

while[hwail] *n,conj,v -n* kohë, copë herë; **a long while** një copë herë të mirë; **he came a while ago** ka kohë që ka ardhur. + **between whiles** herë pas here; me ndërprerje; **once in a while** një herë në kaq kohë, më të rrallë; **all the while** gjatë gjithë kohës; **be worth while** e vlen.

-conj 1.kur, ndërsa, në kohën që; **he fell asleep while reading** e zuri gjumi ndërsa/kur po lexonte. 2.(për) sa kohë që; **while I'm here I shall make sure that...** për sa kohë që jam këtu do të sigurohem që...3.ndonëse, megjithëse; **while there are a few people who..** megjithëse ka ca njerëz që...4.ndërsa; **he left, while his wife stayed** ai iku, ndërsa e shoqja ndenji.

-vt (~ **away**) kaloj kohën; **we whiled away the day playing cards** e kaluam tërë ditën duke luajtur me letra.

whiles[hwailz] *adv,conj vjet -adv* 1.nganjëherë. 2.ndërkohë.

-conj ndërsa, në kohën që, kur.

whilom['hwailëm] *adj,adv vjet -adj* i dikurshëm; **a whilom friend** një shok i dikurshëm.

-adv dikur.

whilst[hwailst] *conj* shih **while**.

whim[hwim] *n* trill, tekë, kapriç; **as the whim takes her** kur i thotë mendja e vet.

whimper['wimpë:] *n,v -n* 1.rënkim. 2.qaravitje. 3.angullimë, kuitje.

-vi 1.rënkoj. 2.qaravitet (fëmija).3.angullin, kuit

(qeni).

whimpering ['hwimpëring] *n,adj* -*n* 1.rënkim. 2.qaravitje. 3.angullitje, kuisje.

-*adj* i qaravitur(ton, zë).

whimsey ['hwimzi] *n* shih **whimsy**.

whimsical ['hwimzëkël] *adj* 1.tekanjoz, i përhë-nur, kapriçioz; me dell, me damar(njeri).2.kures-htar(vështrim).3.i çuditshëm; fantastik. +*a* **whimsical smile** nënqeshje, buzëqeshje ironike.

whimsically ['hwimzikëli] *adv* 1.në mënyrë të çuditshme. 2.me çudi, me kureshtje(vështroj). 3. me ligësi.

whimsy ['hwimzi] *n* 1.trill, tekë, kapriç. 2.fantazira, trillime. 3.karakter i çuditshëm.

whimwhams ['wimwæmz] *npl amer gj.fol* frikë.

whine [hwain] *v,n* -*v* 1.rënkoj.2.angullin, kuit. 3. *fig* qahem, ankohem. 4. ulërin (sirena). 5.vërshëllen (plumbi).

-*n* 1.rënkim.2.angullimë, kuisje.3.*fig* qarje, ankim. 4.ulërimë (e sirenës). 5.vërshëllimë (e plumbit).

whining ['waining] *n,adj* -*n* 1.rënkim. 2.qaravitje. 3.angullitje, kuisje. 4.*fig* ankime, qarje.

-*adj* 1.ankimtar; i qaravitur. 2.kuitës.

whinny ['hwini] *n,v* -*n* hingëllimë. -*vi* hingëllin.

whinstone ['hwinstoun] *n gjeol* bazalt.

whip [hwip] *n,v* -*n* 1.kamzhik. 2.fshikullim, rrahje me kamzhik. 3.krem; ëmbëlsirë me vezë të rrahura. 4.*pol* kryetar grupi parlamentar. 5.*pol* porosi për votim të detyruar; **three-line whip** urdhër për votim të detyruar. 6.karrocier; drejtues slite.

-*v* 1.qëlloj me kamzhik, fshikulloj. 2.heq me vrull(pallton etj). 3.*fig* nxis, cys. 4.*fig* fshikulloj, kritikoj ashpër. 5.*fig* mund. 6.rrah(vezët). 7.hedh(grepin). 8.peshkoj me kallam. 9.rrëmbej. 10.*Br zhrg* qëroj, përlaj. 11.lidh rreth diçkaje.

+**whip along** iki si shigjetë.

+**whip away** a)turrem, iki si shigjetë; b)heq, zhduk në çast; c)merr, rrëmben(era).

+**whip back** kthehet mbrapsht(litari etj).

+**whip in** a)hyj si shigjetë; b)sjell(zagari); c)*pol* mbledh(deputetët); d)përziej kremin(me diçka).

+**whip off** heq në çast(kapakun, kapelën).

+**whip on** a)vesh në çast; b)fshikulloj, nxis (kalin).

+**whip over** hidhem një hop.

+**whip round** a)kthehem në çast; b)rrotullohet vrik; c)hidhem një hop.

whip-round ['hwipraund] *n* mbledhje ndihmash.

+**whip through** a)kaloj me shpejtësi, i hedh një sy fluturimthi(fletës); b)e bëj sa hap e mbyll sytë(një punë).

+**whip up** a)nxis; b)rrah(vezë); c)kap, rrëmbej; d)sajoj shpejt e shpejt.

whipcord ['hwipko:d] *n* litar i fortë(për kamzhik).

whip hand *n fig* komandë; **have the whip hand over others** komandoj të tjerët.

whiplash ['hwiplæsh] *n* 1.fije/litar kamzhiku.2.go-

ditje kamzhiku. 3.*aut* dëmtim i zverkut (nga aksidenti).

whipper-snapper ['hwipë:snæpë:] *n* mburravec.

whipping ['hwiping] *n* fshikullim, rrahje me kamzhik.

whipping boy *n fig* dash i kurbanit.

whipping post *n* shtyllë e të dënuarve.

whipping top *n* verrle, fugë.

whipsaw ['hwipso:] *n,v* -*n* sharrë e tendosur (në skelet).

-*v* 1.sharroj. 2.*gj.fol* ia kaloj, lë në bisht.

whirl [hwë:l] *v,n* -*v* 1.rrotullohet, vjen vërdallë, sillet si fugë; **my head is whirling round** më vjen mendja rrotull.2.formon shtjellë /vorbull. 3.rrotulloj, sjell vërdallë. 4.(**along, away, off**) ikën me shpejtësi.

+**whirl round** a)kthehem befas; b)vërtitem; c)sjell vërdallë; krijon shtjellë.

whirligig ['hwë:ligig] *n* 1. fugë. 2. karusel. 3.rrotaxhile.

whirlpool ['hwë:lpu:l] *n* 1.shtjellë, vorbull.2.vorbull uji, gjeratore, gjir.

whirlwind ['hwë:lwind] *n* vorbull ere, shakullinë.

whirlybird ['hwë:libë:d] *n amer gj.fol* helikopter.

whirr [hwë:] *v,n* -*vi* zhurmon; gumëzhin; uturin. -*n* gumëzhimë; uturimë.

whish [hwish] *n* fëshfërimë; zukamë.

whisk [hwisk] *v,n* -*vt* 1.*Br* rrah (vezët). 2.rreh ajrin (me bisht), tund (bishtin). 3. heq; fshij; zhduk. -*n* 1.rrahëse vezësh. 2.fshirëse e vogël. 3.vrasëse mizash. 4.lëvizje e shpejtë, tundje(bishti).

+**whisk away** a)përzë(mizat); b)heq(pluhurin, thërrimet); c)*fig* fshij, përlaj(gjellën).

+**whisk off** a)përzë(mizat); b)heq(pluhurin, thërrimet); c)hap(kapakun); d)heq, zhvesh në çast.

+**whisk together** rrah bashkë(vezët etj).

+**whisk up** rrah(vezët).

whisker ['hwiskë:] *n* 1.qime; **they came within a whisker of...** për një qime sa nuk...2.*pl* favorite.3.*pl* mjekërr.4.*pl* mustaqe.5.*pl* mustaqe maceje.

whiskered ['hwiskë:d] *adj* me favorite; me mjekërr; me mustaqe.

whiskey ['wiski] *n* shih **whisky**.

whisky ['wiski] *n* uiski.

whisky sour *n* koktej me uiski e lëng limoni.

whisper ['hwispë:] *v,n* -*v* 1. pëshpëris, flas me zë të ulët.2.pëshpëris, them une zë/në fshehtësi. 3.fëshfërin(era).

-*n* 1.pëshpërimë; pëshpëritje. 2.fjalë të fshehta; llafe, thashetheme. 3.fëshfërimë.

whist I [wist] *n* uist(lojë letrash).

whist II [wist] *interj* shsht!

whistle ['hwisël] *v,n* -*vi* fishkëllej, fërshëllej.

+ **whistle for** *gj.fol* iki duarbosh, dal pa gjë; **whistle in the dark** i jap zemër vetes.

-*n* 1.fishkëllimë, fërshëllimë. 2.bilbil(polici etj). +

wet one's whistle *gj.fol* lag gurmazin, pi një çikë.

+whistle up a)i fishkëllej (qenit, taksisë); b)gjej, sajoj, siguroj(diçka që më duhet).

whistle-stop['hwisëlstop] *n, adj, v* *-n* vizitë rrufé. *-adj* i shpejtë, rrufé.

-vi amer pol bëj një turne elektoral.

whit[hwit] *n* çikël, çikë, grimë; **not a whit better** asnjë çikë më mirë; **I don't care a whit** s'më bëhet vonë fare.

Whit[wit] *n fet* Rrëshajat.

white [hwait] *n,adj* *-n* 1.e bardhë. 2.bardhësi. 3.bojë e bardhë. 4.të bardha; rrobë e bardhë; **dressed in white** veshur me të bardha. 5.i bardhë, njeri i racës së bardhë. 6.e bardhë veze. 7.*polig* bardhësi, boshllëk(në tekst). 8.*hist pol* reaksionar; monarkist. 9.gurët e bardhë(në shah).

-adj 1.i bardhë. 2.i zbetë, dyllë i verdhë(nga frika etj). 3.i bardhë, i racës së bardhë. 4.*polig* bosh, i pashkruar, pa tekst.5.*fig* i pastër, i papërlyer.6.*gj.fol* i ndershëm; i drejtë. 7.*hist pol* reaksionar; monarkist. **+ bleed white** i nxjerr fundin(parave etj).

white ant *n zool* termit.

whitebait['hwaitbeit] *n* sardele; peshk i vockël(si karrem).

white blood cell *n anat* rruazë e bardhë.

whitecap ['hwaitcæp] *n* dallgë me kreshtë / me shkumë.

white coal *n* qymyr i bardhë, energji ujore.

whitecoat['hwaitkout] *n* 1.fokë e re.2.lëkurë foke.

white-collar['hwaitkolë:] *adj* nëpunësi; **a white-collar job/worker** punë nëpunësi; punonjës zyre.

white corpuscle *n anat* rruazë e bardhë.

whited sepulcre *n fig* hipokrit.

white elephant *n fig* 1.gjë e çmuar që të hap telashe. 2.objekt i kushtueshëm pa shumë dobi. 3.send që nuk hyn në punë.

white-faced['hwaitfeist] *adj* 1.i zbetë, i zbehur. 2.bardhosh(kalë).

white feather *n* shenjë paburrërie.

white flag *n* flamur i bardhë.

white gold *n* aliazh ari me zink e bakër, platin i rremë.

Whitehall['hwaitho:l] *n* 1.rruga e ministrive (në Londër). 2.*fig* qeveria britanike.

white heat *n* 1.nxehtësi e madhe; inkandeshencë. 2.*fig* kohë aktiviteti të ethshëm.

white hope *n zhrg* shpresa e së ardhmes.

white-hot['hwaithot] *adj* 1.inkandeshent.2.*fig* tepër entuziast; i eksituar.

White House *n amer* Shtëpia e Bardhë; Presidenca(e SHBA).

white lie *n* gënjeshtër e vockël.

white-livered['hwaitlivë:d] *adj* 1.frikacak 2. i zbetë; me çehre të sëmurë.

whiten['hwaitën] *v* 1.zbardh. 2.zbardhet.

whitener['hwaitënë:] *n* zbardhues, zbardhës.

whiteness['hwaitnis] *n* 1.bardhësi. 2.zbetësi.

whitening['hwaitning] *n* 1.zbardhje.2.çngjyrosje. 3.zbardhës.

whiteout['hwaitaut] *n knd* bardhësi verbuese(e ambientit arktik); verbim nga bardhësia.

white pepper *n* piper i bardhë.

white pine *n* pishë e butë.

white plague *n* tuberkuloz.

White Russia *n gjeog* Biellorusi.

White Russian *n,adj* 1. biellorus. 2.*hist pol* rus i Bardhë.

white sauce *n* salcë e bardhë, beshamel.

white slave *n* prostitutë e detyruar.

white trash *n amer keq* i bardhë varfanjak.

whitewash['hwaitwosh] *n,v* *-n* 1.sherbet gëlqereje. 2.*fig* mbulim i gabimeve; furçë, lustër. 3.*sport gj.fol* humbje e thellë/me zero.

-vt 1.lyej me gëlqere, zbardh. 2.*fig* mbuloj gabimet, shfajësoj; lustroj, i jap një furçë. 3.*sport gj.fol* shpartalloj, mund keqas.

white waters *n* pragje, ujëra të shkumëzuara (në lumë).

whitey['hwaiti] *n amer keq* i bardhë; të bardhët.

whither['hwidhë:] *adv,conj* ku; për ku.

whiting I['hwaiting] *n zool* merluc.

whiting II['hwaiting] *n amer* bojë e bardhë.

whitish['hwaitish] *adj* i bardhëllemë.

whitlow['hwitlou] *n mjek* malcim i gishtit rrëzë thoit, panaric.

whittle ['hwitël] *vt* pres me thikë; gdhend me thikë.

+whittle away pres/heq me thikë.

+whittle down a)pres/heq me thikë; b)*fig* qeth, shkurtoj (shpenzimet).

whiz(z)[hwiz] *n,v* *-n* 1.fishkëllimë, fërshëllimë. 2.*amer zhrg* as; kampion.

-v 1.iki si shigjetë. 2.hidhem një vrap. 3.*zhrg* hedh; ia pasoj. 3.fishkëllen, fërshëllen(shigjeta).

whizz-bang['hwizbæng] *n,adj amer usht zhrg* *-n* 1.predhë topi, gjyle. 2.fishekzjarr.

-adj i shkëlqyer.

whizz kid *n amer zhrg* fëmijë gjeni.

WHO (shkurtim për **World Health Organization**) Organizata Botërore e Shëndetit.

who[hu:] *pron* (~whose~; ~whom~) 1.kush, cili; **who /whom were you with?** me kë ishe? 2. që, i cili; **those who can read** ata që dinë të lexojnë.

whoa[hwou] *interj* eej!, ndal!(kalit).

who'd[hu:d] = **who would**.

whodunit[hu:'dʌnit] *n zhrg* roman/film policor.

whoever[hu:'evë:] *pron* 1.kushdo(që), cilido(qoftë). 2.kush; kush dreqin.

whole [houl] *adj,n* *-adj* 1.i tërë, i gjithë; **the whole world** e gjithë bota; **wait a whole week** pres plot një javë, pres një javë të tërë. 2.i plotë; **whole number** numër i plotë. 3.i pacenuar, i padëmtuar; i paprishur; **come back whole** kthehem shëndoshë e mirë; **whole milk** qumësht i paskremuar. + **go the whole hog** *gj.fol* i shkoj deri në fund; nuk lë gjë pa bërë(për dikë); **made out of whole cloth** *amer fig* i sajuar fund e krye.

-*n* 1.e tërë; **the whole of Tirana was talking about it** për këtë fliste Tirana mbarë. 2.njësi; tërësi; **considered as a whole** e marrë në tërësi; **two halves make a whole** dy gjysma bëjnë një të tërë /një njësi. + **as a whole** në tërësi; **on the whole** a) e marrë në kompleks; b)në pjesën më të madhe, kryesisht.

wholehearted ['houlha:tid] *adj* i çiltër; i përzemërt; i bërë me gjithë shpirt.

wholeheartedly ['houlha:tidli] *adv* me çiltërsi; përzemërsisht; me gjithë shpirt.

whole-hog['houlhog] *adj,adv amer gj.fol* -*adj* 1.pa rezerva(përkrahje). 2.i zjarrtë(ithtar).
-*adv* gjer në fund.

wholemeal['houlmi:l] *adj* 1.i pasitur. 2.me miell të pasitur, e zezë(bukë).

wholesale['houlseil] *n,adj,adv* -*n* shitje me shumicë; **at/by wholesale** me shumicë.
-*adj* 1.me shumicë; **wholesale dealer/price** tregtar me shumicë; çmim i shitjes me shumicë. 2.*fig* sistematik, masiv; me bllok; **a wholesale campaign in the press** fushatë e gjithanshme në shtyp; **wholesale acceptance** miratim në bllok.
-*adv* 1.me shumicë; **you can get it wholesale** mund ta gjesh(në shitje) me shumicë. 2.*fig* në masë; në seri; në bllok; **workers were being dismissed wholesale** po pushoheshin punëtorë në masë.

wholesaler['houlseilë:] *n* grosist, tregtar me shumicë.

wholesome['houlsëm] *adj* i shëndetshëm (edhe *fig*).

wholewheat['houlhwi:t] *adj* 1. i pasitur (miell). 2.me miell të pasitur, e zezë(bukë).

wholly['houli] *adv* plotësisht, tërësisht.

whom[hu:m] *pron* (dhanore, kallëzore e **who**) 1.cilit, kujt; **to whom?** cilit/kujt? 2.cilin, kë; **whom did you meet?** kë takove? **with whom?** me cilin, me kë? 3.i cili, që; **those whom I had met recently** ata që kisha takuar kohët e fundit.

whomping['womping] *adj amer gj.fol* shumë i madh, i stërmadh.

whoop[hu:p, wu:p, hwu:p] *n,v* -*n* 1.thirrje, britmë(gëzimi). 2.*mjek* gulçim(nga kolla).
-*v* 1.thërras, bërtas(nga gëzimi).2.*mjek* gulçoj(nga kolla). + **whoop it up** *zhrg* bëj gjullurdi; zdërhallem; shkulem së qeshuri.

whoop-de-do['hwu:pdi:du:] *n zhrg* poterë; gjullurdi.

whoopee['hwu:pi:] *interj,n* -*interj* urra!
-*n* : **make whoopee** zdërhallem; shkulem së qeshuri.

whooper['hu:pë:] *n* 1.lejlek trupmadh. 2.mjellmë.

whooping cough *n mjek* kollë e mirë.

whoops[wu:ps] *interj* uh!, oh!

whoosh[wu:sh] *interj,n,v* -*interj* buum!
-*n* zhurmë e mbytur.
-*vi* shket me shpejtësi, kalon si shigjetë(makina etj).

whop[hwop] *v,n* -*vt* 1.rrah, zhdëp.2.*fig* mund keqas, *gj.fol* zdrugoj.

whopper['hwopë:] *n gj.fol* 1.katana; pako e madhe; hundë e madhe. 2.rrenë e madhe.

whopping['hwoping] *adj,n* -*adj* fort i madh, i stërmadh, katana.
-*n zhrg* dajak, dru.

whore[ho:] *n,v* -*n* kurvë, lavire, putanë.
-*vi* 1.shkoj me kurva. 2.kurvëron.

whorehouse['ho:haus] *n* shtëpi publike, bor-dell.

whoremonger['ho:mʌngë:] *n* 1.kurvar.2.kodosh.

whorish['ho:rish] *adj zhrg* prej lavireje.

whorl[wë:l] *n* 1.dredhë, spirale. 2.guaskë kërmillore. 3.*bot* qerthull.

whortleberry['wë:tëlberi] *n bot* boronicë, thrashegër, qershi toke.

whose[hu:z] *pron,adj* -*pron* i kujt; **I know whose it is** e di se e kujt është.
-*adj* i kujt, i cilit; **whose fault is it?** faji i kujt është? **those whose children...**ata, fëmijët e të ciëve.

whosesoever[hu:zsou'evë:] *pron* i kujtdoqoftë.

whoso['hu:sou] *pron vjet* shih **whoever**.

whosoever [hu:sou'evë:] *pron* cilidoqoftë, kushdoqoftë; kushdo që.

why[hwai] *adv,n,interj* -*adv* 1.pse, përse; **why did she do it?** pse e bëri këtë? 2.për të cilën, pse; **the reason why he failed** arsyeja pse dështoi. 3.arsyeja pse; **that is why he failed** kjo është arsyeja pse dështoi.
-*n* arsye, shkak; **the whys and the wherefores of his behaviour** shkaqet dhe arsyet e sjelljes së tij.
-*interj* ua!, shiko! **why, the cage is empty!** shiko, kafazi është bosh!

whyever['hwajevë:] *adv* pse pra; pse të shkretën!

wick[wik] *n* fitil. + **get on sb's wick** ia bie në majë të hundës dikujt.

wicked['wikid] *adj* 1.i lig, i keq, keqdashës.2.mistrec; shejtan, i djallëzuar.3.*gj.fol* mjeshtëror; i shkëlqyer, **that was a wicked shot!** ishte një lëvizje prej mjeshtri!

wickedly['wikidli] *adv* 1.shumë keq; poshtërsisht. 2.me dinakëri. 3.si mjeshtër, mjeshtërisht.

wickedness['wikidnis] *n* 1.keqdashje, ligësi; poshtërsi.2.mizori.3.dinakëri, djallëzi.

wicker['wikë:] *n* 1. thupër; xunkth.2.*attr* shportarie; xunkthi.3.artikull shportarie/xunkthi.

wicket['wikit] *n* 1.derëz, deriçkë. 2.sportel.

wickiup['wi:kiʌp] *n amer* kasolle me degë.

wide[waid] *adj,adv,n* -*adj* 1.i gjerë; **wide screen**

kin ekran i gjerë; **to a wide extent** në shkallë të gjerë. 2.i hapur fort; i zgurdulluar; **she stared, her eyes wide with fear** ajo vështronte, me sytë të zgurdulluar nga frika. 3.i larguar; **it was wide of the target** ishte mjaft larg shenjës.
-*adv* 1.larg; **wide apart** larg njëri-tjetrit.2.plotësisht; **wide open** krejt e hapur; **open your mouth wide** hape gojën plotësisht.3.anash; **the bullet went wide** plumbi kaloi anash.
-*n* hapësirë e gjerë.
wide-awake['waidëweik] *adj* 1.krejt i zgjuar, esëll. 2.*fig* syhapët, vigjilent.
wide-eyed['waidaid] *adj* 1.syzgurdulluar. 2.*fig* i habitur; gojëhapur.
widely['waidli] *adv* 1.gjerësisht; plotësisht; **widely known** i njohur gjerësisht. 2.shumë, së tepërmi, tepër; **two widely different attitudes** dy qëndrime tepër të ndryshme.
widen['waidën] *v* 1.zgjeroj. 2.zgjerohet.
wideness['waidnis] *n* gjerësi, hapësirë.
wide-open['waidoupën] *adj* 1.i hapur plotësisht /në maksimum. 2.tolerues. 3.*fig* i hapur, i mbetur pezull (problem).
widespread['waidspred] *adj* 1.i shtrirë plotësisht (krah). 2.shumë e shtrirë (përmbytje etj). 3.i përhapur(besim etj).
widgeon['wixhën] *n* patë e egër.
widow['widou] *n,v* -*n* vejushë, e ve.
-*vt* lë të ve.
widower['widowë:] *n* vejan, i ve.
widowhood['widouhud] *n* vejani, vejëri.
widow's mite *n* lëmoshë varfanjaku.
widow's peak *n* cullufe në formë V-je mbi ballë.
widow's walk *n amer* taracë, verandë buzë detit.
width[width] *n* 1.gjerësi.2.*tekst* gjerësi cope.3.*fig* horizont.
wield[wi:ld] *vt* 1.përdor; zotëroj.2.tund, vringëlloj(shpatën). 3.ushtroj(pushtetin).
wiener['wi:në:] *n amer* suxhuk frankfurti.
wiener roast *n* piknik me suxhuqe të pjekura.
wiener schnitzel *n* shnicel/skallop vienez.
wife[waif] *n pl* **wives** 1.grua, bashkëshorte; **take a wife, take sb to wife** marr grua, marr dikë për grua; **the wife** *zhrg* e zonja e dyqanit. 2.*vjet* grua e moshuar; **a poor old wife** plakë e gjorë.
wifehood['waifhud] *n* jetë martesore, të qenët bashkëshorte.
wifely['waifli] *adj* prej gruaje të martuar; bashkëshortore(detyra etj).
wife-swapping['waifswæping] *n* shkëmbim partneresh(midis dy çifteve).
wig[wig] *n,v* -*n* parukë.
-*v* 1.mbuloj me parukë. 2.*gj.fol* qortoj; shaj.
wigging['wiging] *n Br zhrg* sharje, qortim, surup.
wiggle['wigël] *v,n* -*v* 1.luaj, vërtis, tund lapsin, shkopin etj); **wiggle one's hips** tund vithet; **wiggle**

one's finger at sb i tund gishtin dikujt. 2.luan(vida).3.tundet, lëviz(bishti); **she wiggled across the room** ajo kaloi përmes sallës duke tundur vithet.
-*n* tundje; **walk with a wiggle** eci duke u tundur.
wiggly['wigli] *adj* 1.gjarpërues.2.e valëzuar(vijë).
wight[wait] *n vjet* qenie njerëzore, njeri.
wigwag['wigwæg] *v,n* -*vi* 1.vete-vij, bëj tutje-tëhu. 2.bëj shenja, jap sinjale.
-*n* 1.sinjalizim. 2.sinjal, mesazh.
wigwam['wigwom] *n* vigvam, banesë indianësh të Amerikës; tendë, çadër me majë.
wild[waild] *adj,n,adv* -*adj* 1.e egër (bimë, kafshë. 2.i shkretë, pa njeri(vend). 3.i egër, i paqytetëruar, primitiv(fis); **the call of the wild** kushtrimi i të parëve. 4.*fig* i shfrenuar (inat); i çmendur, i marrë (plan). 5.i tërbuar (tufan). 6.*gj.fol* i etur, i papërmbajtur.7.i pashtruar; panënshtruar.+**be wild with anger** tërbohem nga inati; **be wild about sth** *fig* rrëmbehem nga diçka; **drive sb wild** e luaj nga mendtë; **run wild** harliset; harbohet; **wild and woolly** gdhë, i pagdhendur.
-*n* shkretëtirë; vend i shkretë.
-*adv* egërsisht, me egërsi.
wild boar *n* derr i egër.
wildcat ['waildkæt] *n,v* -*n* 1. mace e egër. 2.*fig* njeri i sertë; egërsirë. 3.*amer* pus prove (në vend të paeksploruar). 4.ndërmarrje me rrezik. 5.lokomotivë pa vagona. 6.*attr* i marrë, i shpejtë(projekt).
-*vi* shpoj në terren të paeksploruar.
wildebeest['wildëbi:st] *n* antilopë afrikane.
wilder['wildë:] *vi* 1.hutoj, shastis.2.hutohem, shastisem.
wilderness ['wildë:nis] *n* 1.vend i shkretë. 2.labirinth; lëmsh.
wild-eyed ['waildaid] *adj* me vështrim prej të marri.
wildfire['waildfajë:] *n* 1.*hist* lëndë e djegshme(e përdorur në luftë). 2.sëmundje infektive delesh. + **spread like wildfire** përhapet me shpejtësi(lajmi).
wildflower['waildflauë:] *n* lule e egër.
wildfowl['waildfaul] *n* shpezë, shpendë të egër.
wild-goose chase *n* kontroll i pafrytshëm; ndjekje e kotë.
wildlife ['waildlaif] *n* kafshët e egra; ~~wildliife~~ sanctuary rezervat natyror.
wild oat *n* 1.*bot* bar i keq.2.*pl fig* jetë e shthurur.
Wild West(the) *n amer gjeog* Perëndimi i Largët.
wildwood['waildwud] *n* pyll.
wile[wail] *n,v* -*n* 1.dredhi, dinakëri. 2.kurth.
-*vt* josh. + **wile away** kaloj(kohën).
wiliness['wailinis] *n* dinakëri; dredhi.
will I[wil, wël] *v* (**would**) 1.do të; **we will come too** do të vimë edhe ne; **will he come? - yes he will** do të vijë ai? -po, do të vijë.2.duhet të jetë; **that will be your son** ky duhet të jetë yt bir. 3.(gatishmëri)

dua; jam i gatshëm; **will you have a cup of coffee?** do një kafe? **I won't have it!** këtë nuk e pranoj/nuk e lejoj! **do what you will** bëj si të duash. 4.(zakon, përsëritje) : **he will smoke all the time** ai s'e heq cigaren nga goja; **accidents will happen** aksidentet janë të pashmangshme. 5.mund; **will you please hand me the salt?** mund të ma japësh pak kripën, të lutem?

will II[wil] *n,v* -*n* 1.vullnet; dëshirë; **it is my will that she should leave** dua që ajo të largohet; **against one's will** kundër vullnetit, kundër dëshirës. 2.*drejt* testament; **she left it to us in her will** ajo na e la me testament.3.porosi; urdhëresë; dekret. 4.prirje, predispozitë; **good will** dashamirësi; **ill will** keqdashje. + **at will** sipas dëshirës, kur të më teket; **do the will of**...çoj në vend vullnetin e..., i bindem; **with a will** me vendosmëri.

-*vt* 1.vendos; paracaktoj; dua; **God has willed it so** kështu deshi zoti; **she willed to keep awake** ajo vendosi të rrinte zgjuar; **Fate has willed it otherwise** Fati e ka caktuar ndryshe.2.urdhëroj me forcën e mendjes. 3.i dua, i uroj; **will sb good luck** i uroj mbarësi dikujt. 4.i lë me testament.

willed[wild] *adj* me vullnet; **strong-willed** i vendosur.

wil(l)ful ['wilfël] *adj* 1.kokëfortë, kokëngjeshur njeri. 2.me dashje (veprim). 3.me paramendim (vrasje).

wil(l)fully['wilfëli] *adv* 1.me kokëfortësi.2.me dashje; me qëllim; me paramendim.

willie['wili] *n* 1.*Br* gjuhë kalamajsh.2.*pl*: **it gives me the willies, have the willies** më shkojnë shtatë.

willing['wiling] *adj,n* -*adj* 1.i gatshëm; **be willing to do** jam i gatshëm/gati të bëj; **God willing** në dashtë zoti. 2.i gjindshëm; **plenty of willing hands** plot njerës të gjindshëm, plot oferta për ndihmë. 3.i vetvetishëm; i vullnetshëm (gjest).

-*n* gatishmëri; **show willing** tregoj gatishmëri.

willingly['wilingli] *adv* 1.me gatishmëri.2.vullnetarisht; me dëshirë.

willingness['wilingnis] *n* gatishmëri.

will-o'-the-wisp['wilëdhë'wisp] *n* 1.flakë bredhëse(në këneta). 2.*fig* iluzion.

willow['wilou] *n* 1.shelg.2.thupra shelgu(për thurje).3.*attr* e thurur(shportë etj).

willow pattern china *n* porcelan me motive kineze.

willowy['wiloui] *adj* 1.shtathedhur, elegant.2.fin, i brishtë.

willy-nilly['wili'nili] *adv* do s'do, dashur padashur, me hir a me pahir.

wilt I[wilt] *vjet* = **you will; thou wilt** ti do të.

wilt II[wilt] *v* 1.fishket, thahet.2.dobësohem, molisem; ligështohem. 3.bie(vrulli). 4.fishk, than(dielli bimët).

wily['waili] *adj* finok, dinak; dhelparak; **he's a**

wily old devil/bird/fox është skile e vjetër.

wimble['wimbël] *n tek* vegël shpuese.

wimp[wimp] *n zhrg përb* ngordhësirë, pulë e lagur, vezë kllukë.

wimple ['wimpël] *n,v* -*n* shami koke (e mbështjellë disa herë).

-*vt* mbuloj me shami. 2.i krijoj pala.

win[win] *v,n* -*v* (**won**) 1.fitoj; korr fitore, dal fitues; **win the day** dal fitimtar. 2.fitoj (çmim, bursë); **win sb's heart** i fitoj zemrën dikujt. 3.siguroj(famë, pasuri, miqësi); **that won him the attention of the crowd** me këtë ai siguroi vëmendjen e turmës; **win a name/a reputation** bëj emër.4.arrij me përpjekje; **they won their way to the top of their profession** ata arritën me përpjekje në nivelet e larta të profesionit të tyre.

-*n* fitore; **have a win** fitoj, dal fitues.

+**win back** a)rimarr, shtie sërish në dorë; b)vë në vend(humbjet); c)ripushtoj; d)rifitoj(respektin etj); e)ia dal mbanë.

+**win out** a)dal fitues; b)ia dal mbanë.

+**win over/round** a)bind(dikë); **he won me over eventually** ma mbushi mendjen më në fund; b)bëj për vete (votuesit etj).

+**win through** a)ia dal mbanë; b)*sport* arrij në turin pasardhës.

wince [wins] *v,n* -*vi* 1.zmbrapsem, stepem. 2.dridhem, fërgëlloj.

-*n* 1.zmbrapsje, stepje. 2.drithërim, fërgëllim.

winch[winç] *n,v* -*n tek* argano; çikrik.

-*vt* tërheq me argano/me çikrik.

wind I[wind] *n,v* -*n* 1.erë; **high wind** erë e fortë; **where/which way is the wind?** nga fryn era? **see how the wind blows/lies** a)*det* gjej drejtimin e erës; b)*fig* shoh nga fryn era. 2.tufan. 3.frymë; frymëmarrje; **knock the wind out of sb** i marr frymën dikujt; **get one's wind back** më vjen fryma, marr frymë sërish. 4.fjalë boshe; **it's all wind** janë fjalë boshe.5.*fig* fryrje, vetëkënaqësi.6.erë; nuhatje. 7.*mjek* gazra; **bring up wind** kam gromësima. 8.*muz* vegla fryme. + **before the wind** në drejtimin e erës; **between wind and water** a)*det* afër vijës së lundrimit të anijes; b)*fig* në një vend të rrezikshëm;' **down the wind** në drejtimin për ku fryn era; **get wind of** a)marr vesh, bie në erë; b)nuhat; **in the eye/teeth of the wind** përballë erës; **in the wind** po ndodh; pritet të ndodhë; po përgatitet /po gatuhet; **into the wind** në drejtimin prej ku fryn era; **off the wind** me erën në shpinë; **on the wind** sa më afër drejtimit nga fryn era; **sail close to the wind** *fig* a)tregohem shumë i kujdesshëm/i matur; b)gati sa nuk bëj diçka të paligjshme; c)për pak sa nuk kaloj në banalitete; **take the wind out of sb's sails** i heq përkrahjen dikujt; ia ha arrat dikujt; **to the wind** drejt erës, kundër erës; **up the wind** përballë erës.

-*vt* 1. lë pa frymë(dikë).2.i zë/i merr frymën(e përpjeta).3.çlodh, lë të marrë frymë(kalin). 4.bie në erë, nuhas. 5.nxjerr në ajër, ajris.

wind II[waind] *v,n* -*v* (**wound**) 1.gjarpëroj, dredhoj. 2.mbështjell, mbledh (fillin etj); **wind one's arms round sb** përqafoj dikë.3.kurdis(orën).4.mbështillet, kacavirret(hardhia). 5.ngre me çikrik.6.*muz* akordoj(instrumentin).

-*n* 1.kthesë, bërryl(i lumit); dredhë. 2.kurdisje.

+**wind down** a)gjarpëron, zbret me dredha; b)çlodhem, qetësohem; c)*fig* shkon drejt fundit; d)*fig* bie(vrulli); e)zbres, ul(me çikrik); f)ul (xhamin e makinës); g)*fig* ul, pakësoj.

+**wind off** shpështjell.

+**wind on** mbështjell.

+**wind up** a)gjarpëron, ngjitet me dredha (rruga); b)mbaron, përfundon(me); c)bëj përmbledhjen, e mbyll (diskutimin) me; d)ngre (me litar, çikrik); e) mbyll, likuidoj(biznesin, llogarinë); f) ngre, mbyll (xhamin e makinës); g)kurdis(orën); h)*fig* tensionoj.

wind-up['waindʌp] *n* mbyllje, përfundim, konkluzion.

wind III[waind, wind] *v* fryj, i bie(bririt).

windage['windixh] *n* 1.*av* fuqi e erës; shmangie nga kursi(e raketës nga era). 2.*av* korrigjim trajektoreje për shkak të erës. 3.*det* pjesë mbi ujë e anijes. 4.lejesë, ulje në diametër (të plumbit kundrejt tytës).

windbag['windbæg] *n zhrg* llafazan, mulli i prishur.

wind-bells['windbellz] *n* sahat me muzikë.

windblown['windbloun] *adj* 1.i rrahur nga era. 2.flokëshprishur; me flokët drizë.

wind-borne['windbo:n] *adj* që e merr era.

windbreak['windbreik] *n* 1.ledh erëpritës.2.strehë kundër erës.

windbreaker['windbreikë:] *n knd* xhakaventë.

windbroken['windbroukën] *adj* astmatik, shpirraq(kalë).

windcharger['windça:xhë:] *n knd* 1.turbinë me erë. 2.gjenerator turbine me erë.

windcheater['windçi:të:] *n* shih **windbreaker**.

windchill factor *n meteo* ulje e temperaturës për llogari të erës.

wind deflector *n aut* xham anësor.

winded['windid] *adj* 1.pa frymë.2.**short-winded** astmatik.

winder['waindë:] *n* 1.zemberek. 2.*aut* dorezë e xhamave.3.shpështjellës(peri etj).

windfall ['windfo:l] *n* 1.frut i rrëzuar nga era. 2.*fig* dhuratë nga qielli, fat i papritur. 3.pemë e rrëzuar nga era.

windflower ['windflauë:] *n bot* luletaçe, anemonë.

windigo['windigou] *n knd mit* kukudh

windgauge['windgeixh] *n* erëmatës.

winding['wainding] *n,adj* -*n* 1.mbështjellje.2.bë-

rryl, dredhë (e lumit etj). 3.lëmsh. 4.*el* pështjellim; bobinë.

-*adj* gjarpërues, dredha-dredha.

winding sheet *n* qefin.

wind instrument *n muz* vegël fryme.

windjammer['windxhæmë:] *n gj.fol* 1.anije me vela. 2.detar anijesh me vela.

windlass['windlës] *n tek* çikrik, argano.

windless['windlis] *adj* pa erë(mot).

windmill ['windmil] *n* 1.rrotë/turbinë me erë. 2.mulli me erë. 3.*gj.fol* helikopter. + **tilt at** /**fight windmills** luftoj me mullinjtë e erës.

windmill service *n sport* shërbim me hark.

window ['windou] *n,v* -*n* 1.dritare; **lean/look /throw out of the window** mbështetem/varem te dritarja; shikoj nga dritarja/nga xhami; hedh nga dritarja. 2.*kmp* dritarez, kornizë. 3.*aut* xham(makine).4.tabak xhami.5.vitrinë.6.sportel(në një banak zyre).7.e hapur, e çarë(në zarf).

-*vt* i vë dritare.

window box *n* vazo lulesh në pezul te dritares.

window dressing *n* 1.rregullim vitrinash.2.*fig* deklarata për fasadë.

window frame *n* kornizë dritareje.

windowpane['windoupein] *n* xham dritareje.

window sash *n* kornizë e xhamit të dritares.

window-shop ['windoushop] *vi* sodis vitrinat; **go window-shopping** dal për të parë vitrinat.

window sill *n* prag dritareje.

windpipe ['windpaip] *n* laring, gabzherr, kanal i frymëmarrjes, trake.

windrow['windrou] *n* sërë bari/degësh të lëna në diell.

windscreen['windskri:n] *n* shih **windshield**.

windscreen washer *n aut* larës i xhamave (të makinës).

windshield['winshi:ld] *n* 1.*aut* xham i përparmë (i makinës). 2.xham mbrojtës (motoskafi, motoçiklete).

windshield wiper *n aut* fshirëse xhamash(makine).

windstorm['windsto:m] *n* tufan.

windsurfing ['windsë:fing] *n* rrëshqitje në ajër (me krahë pëlhure).

wind tunnel *n* 1.*fiz* tunel aerodinamik.2.korent ajri i fuqishëm.

windward['windwë:d] *adj,adv,n* -*adj,adv* nga fryn era, nga ana e erës. -*n* drejtimi nga fryn era, anë e erës.

windy['windi] *adj* 1.që e rreh era(vend).2.me erë (mot).3.*Br fig* i trembur; **be/get windy** më kap paniku. 4.*amer* fjalëshumë; me ujë(raport).

wine[wain] *n,adj,v* -*n* verë. + **new wine in old bottles** diçka e re e paraqitur dobët/në një formë bajate.

-*adj* ngjyrë vere.

-*vt* qeras me verë.

winebibber['wainbibë:] *n* pijetar i madh(vere).

wine cask *n* vozë, fuçi(vere).

wined up['waindʌp] *adj amer gj.fol* i rrumbu-llosur, xurxull.

wine glass *n* gotë vere.

wine grower *n* vreshtar.

winegrowing['waingrouing] *n,adj* -*n* vreshtari.

-*adj* vreshtash, vreshtarie.

wine press *n* shtrydhëse rrushi.

winery['wainëri] *n* punishte vere.

wineskin['wainskin] *n* calik vere.

wine waiter *n* kamerier për pijet.

wing[wing] *n,v* -*n* 1.krah, fletë (zogu, avioni); **fear lends/gives one wings** frika të bën me krahë. 2.*pol* krah, fraksion. 3.*sport* anësor. 4.*ndërt* krah (godine). 5.krah (kolltuku). 6.*pl teat* prapaskenë; **stand/stay in the wings** rri në prapaskenë. 7.*pl av* stemë e aviatorit. 8.*usht* krah (i ushtrisë). + **on the wing** a)në fluturim; b)në lëvizje, në aktivitet; c)në ikje; **take wing** ikën në fluturim; **under sb's wing** nën mbrojtjen/me përkrahjen e dikujt.

-*v* 1.plagos në krah. 2.lëshoj(shigjetë). 3.*fig* i jap krahë, e bëj me krahë. 4.*amer* improvizoj.5.fluturoj.

wing chair *n* kolltuk me krahë.

wingding['wingding] *n amer zhrg* aheng.

winge[winxh] *vi Br* qahem, ankohem.

winged[wingd, 'wingid] *adj* 1.me krahë. 2.*fig* i shpejtë.

winger['wingë:] *n* 1.*sport* anësor. 2.*pol* : **left-/right wingers** krahu i majtë/i djathtë.

wingless['winglis] *adj* pa krahë.

wingspread['wingspred] *n* hapje(distancë) e kra-hëve.

wink[wink] *n,v* -*n* 1.shkelje syri. 2.pulitje sysh; **with a wink** duke shkelur syrin; **in a wink, as quick as a wink** sa hap e mbyll sytë.

-*v* 1.bëj me sy, shkel syrin. 2.pulis, picërroj sytë. 3.belbitet, vezullon(drita). + **wink at sth** mbyll sytë përpara diçkaje; e marr lehtë diçka.

winker['winkë:] *n Br aut* dritë e vogël.

winking['winking] *adj,n* -*adj* vezullues.

-*n* 1.shkelje syri. 2.pulitje sysh, picërrim.

winkle['winkël] *n,v* -*n Br* kërmill deti.

-*vt* zhvas.

winkle pickers *npl gj.fol* këpucë me majë.

winnable['winëbël] *adj* që mund të fitohet, i fitu-eshëm.

winner ['winë:] *n* 1.fitues, fitimtar. 2.*fig* sukses (film, disk). +**be on to a winner** pritet të fitojë (në garë, në llotari).

winning['wining] *adj,n* -*adj* 1.fitues. 2.i fitores, vendimtar(gol etj). 3.joshës, i hirshëm, që të bën për vete.

-*n pl* fitime, para e fituar.

winningly['winingli] *adv* në mënyrë joshëse.

winnow ['winou] *v,n* -*vt* 1.hedh (drithin). 2.*fig* ndaj, shoshis; **winnow truth from falsehood** ndaj grurin nga egjra.

-*n* hedhje(e drithit).

wino['wainou] *n zhrg* pijanec.

winsome ['winsëm] *adj* tërheqës, joshës, ngash-njyes.

winsomeness['winsëmnis] *n* hir, hijeshi.

winter['wintë:] *n,v* -*n* 1.dimër.2.*attr* dimri, dimë-ror; **winter clothes** rroba dimri.

-*v* 1.dimëroj, kaloj dimrin.2.mbaj/strehoj gjatë di-mrit.

winterize['wintëraiz] *vt amer* përgatis për dimër (shtëpinë, makinën).

winterkill['wintë:kil] *v,n* -*vi* thahet nga të ftohtit.

-*n* tharje nga të ftohtit.

winter sleep *n* gjumë dimri(i ariut etj).

winter solstice *n astr* solstic i dimrit.

wintertime['wintë:taim] *n* stinë e dimrit, dimër.

wintery['wintëri, 'wintri] *adj* shih **wintry**.

wintry['wintri] *adj* 1.dimri, dimëror; **in wintry conditions** në kohë dimri.2.*fig* i ftohtë, i akullt; i trishtë, i zymtë.

winy['waini] *adj* me shijë/erë/pamje vere.

winze I[winz] *n skoc* mallkim.

winze II [winz] *n min* tunel i pjerrët(që lidh dy nivele).

wipe[waip] *v,n* -*vt* 1.fshij; **wipe the glasses dry** fshij/thaj gotat(me leckë); **wipe one's nose** fshij hundët. 2.*el,kmp* shuaj, fshij(regjistrimin). 3.zhduk, shpëlan(shiu gjurmët). 4.shpërndaj, hap(dyllin në parket).

-*n* fshirje, e fshirë.

+**wipe away** a)fshij(lotët); b)shuaj, fik, fshij(diçka me gomë etj).

+**wipe off** shuaj,fik, fshij(diçka me gomë etj).

+**wipe out** a)fshij, thaj; b)shuaj, fik, fshij; c)*fig* zhduk, asgjësoj, shfaros(peshqit etj); d)*fig* shuaj, ha-rroj (kujtimet); e)fal, anuloj (një borxh).

+**wipe up** fshij enët, thaj me leckë.

wiper['waipë:] *n* 1.leckë, shtupë. 2.*aut* fshirëse xhamash. 3.fshirës(person).

wire['wajë:] *n,v* -*n* 1.tel. 2.*el* përcjellës, fije, tel. 3.rrjetë teli. 4.tel me gjemba. 5.*gj.fol* a)telegraf; b)telegram. *pl amer* syze me skelet teli. + **down to the wire** *gj.fol* deri në fund; **get under the wire** mbërrij në çastin e fundit; **pull wires for sb** *gj.fol* luaj fijet/bëj përpjekje për të rregulluar dikë.

-*v* 1.bëj instalimet elektrike.2.lidh me tel.3.rrethoj me rrjetë teli/me tel me gjemba.4.*el* lidh(me rrjetin); instaloj(kablin e TV). 5.telegrafoj.

+**wire together** lidh me tel.

+**wire up** a)*tv* lidh me antenën/kablin; b)irritohem, nervozohem.

wire brush *n* furçë teli.

wire cutters *n* pinca.

wiredrawn['wajë:dro:n] *adj* 1.i zgjatur, i tërhequr. 2.*fig* i stërholluar.

wire-drawer, wire-drawing machine *n* makinë telëzimi.

wire gauge *n mek* kalibër për tela.

wire gauze *n* pëlhurë teli, rrjetë teli e imët.

wire glass *n amer* xham i armuar.

wire-haired['wajë:heë:d] *adj* qimeashpër, me qimen drizë(qen).

wireless['wajë:lis] *adj,n,v -adj* 1.pa tel(telegraf). 2.*Br* radiofonik.

-*n* 1.*Br* radio. 2.mesazh i dërguar me radio.

-*vt Br* dërgoj/transmetoj me radio.

wireless broadcast *n* emision në radio.

wireless message *n* radiogram.

wireless operator *n* radiotelegrafist.

wireless set *n* radio.

wireless telegraphy *n* radiotelegrafi.

wireless telphone *n* telefon pa tel.

wireless telephony *n* radiotelefoni.

wire nail *n* gozhdë teli, thumb kokëvogël.

wire netting *n* rrjetë teli.

wirephoto['wajë:foutou] *n* fototelegrafi.

wire puller *n gj.fol* mik, ai që luan fijet.

wire pulling *n gj.fol* ndërhyrje me miqësi.

wire rope *n* kavo, litar metalik.

wire service *n amer* agjenci shtypi me teleshkrues.

wiretap['wajë:tæp] *n,v -n* përgjim telefoni.

-*v* përgjoj telefonin.

wire wool *n* shtupë teli.

wireworks['wajë:wë:ks] *n* uinë telash.

wiring['wajëring] *n* instalime elektrike.

wiry['wajëri] *adj* 1.i ashpër, drizë (flok). 2.*fig* i thatë e i thantë(njeri).3.prej teli; si tel.

wisdom['wizdëm] *n* 1.urtësi, mençuri. 2.dituri; shkollim; kulturë. 3.fjalë të mençura.

wisdom tooth *n* dhëmb i pjekurisë.

wise I [waiz.] *adj,v -adj* 1.i mençur, i urtë. 2.me mend(fjalë, veprim). 3.i ditur. + get wise *zhrg* marr vesh; zbuloj; kuptoj; get wise to sb ia marr vesh ku e ka hallin; put sb wise to sth *zhrg* vë dikë në dijeni të diçkaje; wise guy *gj.fol* qerrata.

-*v* : wise up *zhrg* 1.i bie në të(diçkaje). 2.vë në dijeni(për diçka).

wise II[waiz] *n* mënyrë; in no wise në asnjë mënyrë; in this wise kështu, në këtë mënyrë.

-wise[waiz] *suff* nga ana e, për sa i takon; he is fine healthwise and moneywise është në rregull nga shëndeti e nga paratë bashkë.

wiseacre ['waizeikë:] *n iron* shkencëtar i madh, ai që i di të gjitha.

wisecrack['waizkræk] *n,v zhrg -n* fjalë me mend, vërejtje e hollë; batutë; thumb.

-*vi* hedh thumb; ia jap përgjigjen aty për aty.

wisely ['waizli] *adv* me mend; me urtësi, me mençuri; me maturi; behave wisely tregohem i matur.

wish [wish] *v,n -v* 1.dëshiroj, dua; what do you wish me to do? çfarë dëshiron që të bëj? I wish I hadn't said that më vjen keq që e thashë atë gjë; I wish it weren't so ah, sikur të mos ishte kështu! 2.i dua; uroj; we wished them good luck u uruam mbarësi; I don't wish him any ill/harm nuk ia dua të keqen.3.*fig* (on) (ia) ngec, (ia)lë në dorë; the job was wished on to me ma ngecën këtë punë. 4.shfaq një dëshirë; you must wish as you eat it shfaq një dëshirë gjatë kohës që e ha.

-*n* 1.dëshirë; against her wish kundër dëshirës së saj. 2.lutje, dëshirë; their wishes came true / were granted, they got their wish dëshira iu plotësua. 3.të fala; urime; give her my best wishes bëji shumë të fala nga unë; with best wishes for a speedy recovery/for the New Year me urimet më të mira për një shërim të shpejtë/për Vitin e Ri.

wishbone ['wishboun] *n* shpor, parmëz (e shpendëve).

wishful ['wishful] *adj* i gatshëm, i dëshiruar, i etur(për të bërë diçka).

wishful thinking *n psik* marrje e dëshirave për realitet.

wishy-washy['wishiwoshi] *adj* 1.e zbardhulët, e shpëlarë(ngjyrë).2.i lëngshëm, i ujshëm.3.*fig* i shpëlarë; bajat.

wisp [wisp] *n* 1.fije (peri, kashte); bukël. 2.fjollë (tymi). 3.tufëz. 4.vogëlinë; a wisp of a girl një çupëlinë.

wispy['wispi] *adj* i vockël, i imët.

wistaria[wis'teërië], wisteria[wis'tiërië] *n bot* lulevile.

wistful['wistful] *adj* 1.i etur, i dëshiruar, i djegur nga dëshira. 2.i menduar; i trishtuar.

wistfully['wistfëli] *adv* trishtueshëm; me përgjërim.

wistfulness['wistfulnis] *n* trishtim, melankoli.

wit I[wit] *vi drejt vjet* : to wit domethënë, konkretisht.

wit II [wit] *n* 1.mend, zgjuarësi; use your wits! thirri mendjes!, tregohu i zgjuar! mother wit, native wit zgjuarësi natyrale; gjykim i shëndoshë; they hadn't the wit/enough wit to tell her nuk patën aq mend sa t'i thonin asaj; be /go out of one's wits jam i marrë; marrosem, luaj mendsh. 2. mençuri, gjëra të mençura; mendjemprehtësi; in a flash of wit she said... në një çast kthjellimi ajo tha...3.burrë i mençur; grua e mençur. + be at one's wit's end e humbas pusullën; have/keep one's wits about jam i vëmendshëm; live by one's wits e nxjerr jetesën me marifete të holla.

witch[wiç] *n,v -n* 1.shtrigë; magjistare.2.*fig* shtrigë plakë. 3.*gj.fol* femër magjepsëse.

-*vt* 1.i bëj magji. 2.*fig* josh, magjeps.

witchcraft['wiçkræft] *n* magji, art i magjisë.
witch doctor *n* magjistar i fisit.
witchery['wiçëri] *n* 1.magji. 2.*fig* magjepsje.
witch hunt *n pol* persekutim.
witching ['wiçing] *adj* 1.i magjishëm. 2.*fig* magjepsës.
with[widh, with] *prep* 1.me; **come with me** eja me mua; **do you take sugar with coffee?** me sheqer e pi kafen? 2.me, në anën e; dakord me; **I'm with you all the way** jam plotësisht dakord me ju. 3.me, i pajisur me, që ka; **passengers with tickets** udhëtarët e pajisur me biletë. 4.(mënyrë) me; **say with a smile** them me buzë në gaz; **do sth with great care** e bëj diçka me kujdes të madh.5.(mjet) me, me anën e; **write with a pencil** shkruaj me laps.6.(shkak) nga; **jump with joy** hidhem përpjetë nga gëzimi; **the roofs are white with snow** çatitë zbardhin nga dëbora. 7. (varësi) në varësi të, sipas; **vary with the weather** ndryshon sipas motit. 8.kundër; me; **at war with Japan** në luftë kundër Japonisë; **in competition with** në konkurencë me. 9.(ndarje) me; nga; prej; **part with sb/sth** ndahem me dikë/prej diçkaje. 10.(përkatësi) me; në lidhje me; **be honest with them** tregohu i ndershëm me ta; **what's with her?, what's the matter with her?, what's up with her?** si e ka punën/hallin ajo?, ç'ka ndodhur me të? 11.(kohë) me, krahas me; **with the approach of spring** me afrimin e pranverës; **rise with the sun** zgjohem me të dalë dielli. 12.(lejim) megjithë, pavarësisht nga; **with all his mistakes he is still the best** megjithë gabimet që ka bërë, ai mbetet përsëri më i miri. 13.(në shprehje thirrore) : **away with you!** ik tutje!, largohu! **down with hypocrites!** poshtë hipokritët! **off with his head!** t'i pritet koka! + **keep in with** *gj.fol* mbaj shoqëri me; **with it** *zhrg* i kohës, i modës; **with that** ndërkaq, në të njëjtën kohë.
withal[wi'dho:l] *adv,prep vjet* -*adv* veç kësaj, për më tepër.
-*prep* me.
withdraw[widh'dro:] *v* (**withdrew; withdrawn**) 1.tërheq para, ambasadorin, trupat, padinë). 2.marr mbrapsht(kërkesën, fjalët, deklaratën). 3.anuloj(porosinë). 4.*fin* heq nga qarkullimi (kartëmonedhë). 5. tërhiqem; **withdraw into oneself** mbyllem në vetvete.
withdrawal[widh'dro:ël] *n* 1.tërheqje(parash, trupash, kandidati). 2.*mjek,psik* mbyllje në vetvete.
withdrawn[widh'dro:n] *v,adj* -*pp* e **withdraw**.
-*adj* i tërhequr, i mbyllur, i rezervuar.
withe[waidh] *n,v* -*n* thupër shelgu.
-*vt* lidh me thupra.
wither['widhë:] *v* 1.fishket, thahet.2.*fig* shuhet, perëndon(bukuria, shpresa).3.fishk, than(dielli, era). 4.*fig* shuaj, zbeh(shpresat, bukurinë).
+**wither away** a)fishket, thahet(bima); b)*fig* shuhet,

perëndon.
withered['widhë:d] *adj* 1.i tharë(gjeth, krah). 2.e fishkur(fytyrë).
withering['widhëring] *n,adj* -*n* 1.tharje, fishkje. 2.shuarje; rënie(shpresash, entuziazmi).
-*adj* 1.përvëluese(nxehtësi).2.përçmues(ton). 3.therëse(vërejtje).
witheringly['widhëringli] *adv* me përçmim.
withers['widhë:z] *npl* zverk, xhidavi(kali).
withershins['widhëshinz] *adv* 1.në të kundërt, në drejtim të kundërt. 2.kundër diellit.
withhold[widh'hould] *vt* (**withheld**) 1.mbaj(paratë etj) **withhold one's tax** nuk paguaj taksën. 2.nuk jap, refuzoj(ndihmën, lejën). 3.fsheh(informacionin), nuk tregoj. 4.*usht* tërheq, prapsoj.
within[widh'in] *prep,adv,adj* -*prep* 1.brenda; **within my powers** brenda mundësive të mia; **within the law** brenda ligjit; **live within one's income** rroj me të ardhurat që kam. 2. në brendësi të, brenda; **a voice within me** një zë brenda meje. 3.jo më larg se; **within 20 kilometres of the city** jo më larg se 20 km nga qyteti; **correct to within 1 millimetre** i saktë me prafërsi 1 mm. 4.jo më vonë se, brenda; **within a month** brenda një muaji; **within 3 weeks from now** pas tri javësh, brenda tri javësh.
-*adv* brenda, në brendësi; **from within** nga brenda.
-*adj drejt* i bashkëmbyllur; **the within documents** dokumentet e bashkëmbyllura.
without[widh'aut] *prep,adv,conj* -*prep* 1.pa; **without any money** pa para, pa një grosh; **without doubt/a doubt** pa dyshim; pa pikë dyshimi; **without anybody knowing** pa e marrë vesh njeri. 2.*vjet* jashtë; **within and without the city walls** brenda dhe jashtë mureve të qytetit.
-*adv* jashtë, përjashta;së jashtmi; **from without** nga jashtë; **do/go without** rri pa të, bëj pa të; **either cook your own breakfast or go without** përgatite vetë mëngjesin, në mos po rri pa gjë.
-*conj* në mos.
withstand[widh'stænd] *vt* (**withstood**) përballoj, duroj, rezistoj.
withy['widhi] *n* thupër.
witless['witlis] *adj* budallë, pa tru.
witness['witnis] *n,v* -*n* 1.dëshmitar; **witness for the defence/prosecution** dëshmitar i mbrojtjes/i akuzës; **call sb as witness** thërras dikë për/si dëshmitar.2.dëshmi; **give witness against /on behalf of** dëshmoj kundër/në favor të. 3.provë, dëshmi; **witness of their good faith** si provë mirëbesimi nga ana e tyre; **witness her help to the poor** siç e dëshmon/dëshmi për këtë është ndihma e saj për të varfërit.
-*vt* 1.jam dëshmitar/i pranishëm; **the theft was witnessed by several people** mjaft njerëz qenë dëshmitarë të grabitjes. 2.*fig* shoh; provoj, kaloj, je-

toj; **a year which has witnessed**.. një vit që ka parë..; **a building which has witnessed** një ndërtesë që ka kaluar. 3.*drejt* vërtetoj; **witness sb's signature** vërtetoj firmën e dikujt, nënshkruaj si dëshmitar.4.dëshmoj, jap dëshmi; **witness to having seen the accident** dëshmoj se e kam parë si ka ndodhur aksidenti.

witness box, *amer* **witness stand** *n drejt* bankë e dëshmitarëve.

-witted['witid] *suff* mendje-; **quick-witted** mendjemprehtë.

witticism['witësizëm] *n* vërejtje e hollë.

wittily['witili] *adv* me mendjemprehtësi.

wittiness['witinis] *n* zgjuarësi; ndjenjë humori.

wittingly ['witingli] *adv* me dije; me dashje, me qëllim.

witty['witi] *adj* mendjemprehtë; e mprehtë, e hollë(vërejtje).

wive[waiv] *v vjet* marr për grua.

wivern['waivë:n] *n* dragua me fletë(në emblema etj).

wives[waivz] *n pl* i **wife**.

wizard['wizë:d] *n,adj -n* 1.magjistar. 2.*gj.fol* njeri i zoti; as; ekspert; **he's a wizard at chess /with a typewriter** është as në shah/mjeshtër në daktilografim.

-adj i magjishëm.

wizardry['wizë:dri] *n* 1.magji. 2.*fig* gjeni, aftësi e jashtëzakonshme; **it's a piece of wizardry** është diçka gjeniale.

wizened['wizënd] *adj* i fishkur, i rrudhur, i tharë.

W.O.[dʌbëlju:'ou] *n usht* (shkurtim për **warrant officer**) nënoficer.

wobble['wobël] *v,n -v* 1.dridhet(dora, zëri).2.tundet, lëkundet. 3.shkundet, troshitet(karroca). 4.*fig* ngurroj, jam në mëdyshje. 5.tund, shkund; lëkund; shkaktoj dridhje.

-n e tundur; lëkundje, luhatje; **the table has a wobble** tavolina lëkundet/luan.

wobbly['wobli] *adj* 1.i dredhur, që dridhet(zë, dorë). 2.që tundet, që lëkundet(tavolinë etj); **be a bit wobbly on one's legs** s'më mbajnë mirë këmbët.

wodge[woxh] *n Br* copë e madhe.

woe[wou] *n,interj -n* mjerim, fatkeqësi; **poverty and sickness are common woes** varfëria dhe sëmundja janë fatkeqësi të zakonshme.

-interj **woe is me!** i mjeri unë!

woebegone['woubigon] *adj* i trishtuar; i ngrysur; i dërrmuar.

woeful['wouful] *adj* 1.i trishtuar; i pikëlluar; i dërrmuar. 2.trishtues; cfilitës. 3.e mjeruar (gjendje).

woefully['woufëli] *adv* 1.trishtueshëm; me pikëllim. 2.fatkeqësisht, mjerisht.

wog[wog] *n Br përb* i huaj, imigrant i ndyrë.

woke[wouk] *pt* e **wake II**.

woken['woukën] *pp* e **wake II**.

wold[would] *n* pllajë, rrafshnaltë.

wolf[wulf] *n,v -n pl* **wolves** 1.ujk. 2.*fig* grykës; njeri i pangopur. 3.*zhrg* gruar, gjuetar femrash; **he is a wolf** *gj.fol* është i rrezikshëm në punë femrash. + **cry wolf** bërtas pa arsye, bëj alarm të kotë; **keep the wolf from the door** sigurohem kundër skamjes; **wolf in sheep's clothing** ujk me lëkurë qingji.

-vi ha me grykësi, përlaj.

wolf call *n amer* shih **wolf whistle**.

wolf cub *n* këlysh ujku.

wolf dog *n* 1. qen për të gjuajtur ujq. 2.qen-ujk.

wolfer['wulfë:] *n* gjuetar ujqish.

wolfhound['wulfhaund] *n* qen-ujk.

wolfish['wulfish] *adj* 1.*fig* grykës; grabitqar; mizor. 2.prej ujku; si ujk.

wolf pack *n* kope/lukuni ujqish.

wolfram['wulfrëm] *n kim* volfram, tungsten.

wolf whistle *n amer fig* fishkëllimë admirimi.

wolverine['wʌlvëri:n] *n* 1.*zool* volverin(lloj nuselaleje). 2.*amer* banor i Miçiganit; **the Wolverine State** shteti Miçigan.

wolves[wulvz] *n pl* i **wolf**.

woman ['wumën] *n pl* **women** ['wimën] 1.grua; **young woman** grua e re, zonjushë. 2.*attr* grua, femër; **a woman cab driver** shofere taksie; **a woman music teacher** mësuese muzike. 3.natyrë femërore, feminitet. 4.shërbyese; punëtore; pastruese. 5.*gj.fol* grua, bashkëshorte. 6.e dashur.

womenfolk['wimënfouk] *n* gratë, graria.

womanhood['wumënhud] *n* 1.natyrë femërore, feminitet. 2.moshë e gruas; **reach womanhood** bëhet grua. 3.graria.

womanish['wumënish] *adj* 1.prej femre.2.i feminizuar, si femër(burrë).

womanize['wumënaiz] *vi* u qepem/bredh pas femrave.

womanizer['wumënaizë:] *n* gruar, feminist.

womankind['wumënkaind] *n* gratë, graria.

womanliness['wumënlinis] *n* natyrë femërore, feminitet.

womanlike['wumënlaik] *adj* femëror; prej femre.

womanly['wumënli] *adj* femëror; prej femre.

womb[wu:m] *n* 1.*anat* mitër.2.*fig* gji; brendësi, thellësi(e tokës etj).

women['wimën] *n pl* i **woman**.

won[won] *pt,pp* e **win**.

wonder['wʌndë] *n,v -n* 1.habi, çudi; **lost in wonder** i shtangur nga habia; i mahnitur.2.mrekulli, çudi; **the wonders of science** mrekullitë e shkencës; **it's a wonder to me that**..unë nuk arrij ta marr vesh sesi..; **it's little/small wonder that...** nuk është aspak për t'u çuditur që... + **do wonders** bëj mrekullira; **for a wonder** për çudi : **if for a wonder he pays cash**.. po qe se, për çudi, paguan me para në dorë...; **no wonder** a)jo ndonjë mrekulli, jo kushedi se çfarë; b)s'është për t'u çuditur.

-*v* 1.habitem, çuditem; **I wonder at your courage** habitem me guximin tënd; **you'll pass the exam, I shouldn't wonder** nuk do të habitesha sikur ta merrje provimin. 2.mrekullohem, mahnitem; **wonder at the vast sea** mrekullohem me detin e pafund. 3.mendohem, vras mendjen; **it makes you wonder** të fut në mendime; **we were wondering about what she said** po bluanim në mendje ato që tha ajo. 4.pyes veten; **I wonder what to do** nuk di si të bëj; **I wonder why!** nuk e marr vesh përse!

wonderful ['wʌndë:ful] *adj* 1.i habitshëm, i jashtëzakonshëm, i mahnitshëm. 2.i mrekullueshëm; i shkëlqyer.

wonderfully['wʌndë:fëli] *adv* mrekullisht; në mënyrë të admirueshme.

wondering['wʌndëring] *adj* 1. i habitur. 2.i menduar.

wonderingly['wʌndëringli] *adv* 1.me habi.2.mendueshëm.

wonderment['wʌndë:mënt] *n* habi.

wondrous['wʌndrës] *adj,adv* -*adj* i mahnitshëm, i mrekullueshëm.

-*adv* mrekullisht; **wondrous well** për mrekulli.

wonky['wonki] *adj Br gj.fol* 1.gati për t'u prishur; në gjendje të keqe. 2.që tundet, që i luajnë këmbët (tavolinë). 3.*fig* i çalë(gramatikisht).4.*fig* i dobët, jo mirë nga shëndeti.

wont[wount] *adj,n* -*adj* i mësuar, që i është bërë zakon.

-*n* zakon, shprehi.

won't[wount] = **will not.**

wonted['wountid] *adj* 1.i mësuar 2.i zakonshëm.

woo[wu:] *vt* 1.i vij rrotull(një femre). 2.përpiqem të fitoj (famë); kërkoj të arrij (sukses). 3.përpiqem të bëj për vete(votuesit).

wood[wud] *n,v* -*n* 1.dru. 2.pyll; **a pine wood** një pyll pishe. 3.lëndë druri. 4.fuçi, kade, vozë. 5.*polig* bllok druri; klishe në dru.6.*muz* vegla fryme prej druri. 7.*attr* druri, prej druri; **a wood house** shtëpi prej druri. + **be out of the woods** jam jashtë rrezikut; jam kaluar; **saw wood** *gj.fol* a)hutohem mbas punës; b)fle top; **touch wood!**, *amer* **knock on wood!** larg qoftë!, në gur e në dru!

-*v* 1.furnizohem me dru. 2.pyllëzoj.

wood alcohol *n* alkool druri, metanol.

woodbine ['wudbain] *n bot* luleblete, dorëzonjë.

wood block *n* 1.bllok druri.2.*polig* klishe në dru.

wood-burning stove *n* sobë me dru.

woodcarving['wudka:ving] *n* 1.gdhendje në dru. 2.skulpturë në dru.

woodchuck ['wudçʌk] *n zool* marmotë amerikane.

woodcock['wudkok] *n zool* shapkë.

woodcraft['wudkræft] *n* 1.njohje e pyllit; aftësi për të rrojtur në pyje. 2.punim druri.

woodcut['wudkʌt] *n polig* 1.klishe në dru. 2.ri-

prodhim nga klishe në dru.

woodcutter['wudkʌtë:] *n* druvar.

wooded['wudid] *adj* me pemë, me drurë; i pyllëzuar.

wooden['wudën] *adj* 1.i drunjtë, prej druri. 2.*fig* i ngurtë; i ngathët(gjest). 3.gdhë, i trashë.

wood engraving *n* gdhendje në dru.

wooden-headed['wudënhedid] *adj gj.fol* i trashë, kokëtul.

wooden horse *n fig* kalë Troje.

woodenware['wudënweë:] *n* sende prej druri, vegla/enë druri.

woodland['wudlænd] *n* zonë pyjore.

woodlander['wudlændë:] *n* banor i pyllit.

woodlark['wudla:k] *n zool* laureshë pylli.

woodlouse['wudlaus] *n zool* buburrec.

woodman['wudmën] *n* 1. druvar. 2.banor i pyllit.

wood nymph *n* 1.*mit* zanë. 2.*zool* flutur e hardhisë.

woodpecker['wudpekë:] *n* qukapik.

wood pigeon *n* pëllumb i egër.

woodpile['wudpail] *n* dru zjarri, turrë drush.

wood pulp *n* brumë druri(për prodhim letre).

wood shavings *n* ashkla.

woodshed['wudshed] *n* plevicë e druve të zjarrit.

woodsman['wudzmën] *n* banor pylli.

woodsy ['wudsi] *adj* i drunjtë, prej druri; si dru.

wood tar *n* katran druri.

wood trim *n amer* qereste, lëndë druri.

wood wool *n* tallash druri.

woodwind ['wudwind] *n muz* vegla fryme prej druri.

woodwork ['wudwë:k] *n* 1.zdrukthtari; punim druri.2.trarë.3.dyer e dritare.4.*sport* shtyllë(e portës).

woodworker ['wudwë:kë:] *n* zdrukthëtar, marangoz.

woodworking['wudwë:king] *n* zdrukthtari.

woodworm['wudwë:m] *n* krimb druri.

woody['wudi] *adj* 1.me drurë, me pemë, i pyllëzuar. 2.*bot* drusore(bimë). 3.i drunjtë.

wooer['wu:ë:] *n* mëtues; adhurues.

woof I[wu:f] *n tekst* 1.majë, tymën. 2.pëlhurë e endur; thurje.

woof II[wuf] *n,v* -*n* lehje; e lehur.

-*vi* leh.

woofer['wufë:] *n* altoparlant.

wool[wul] *n* 1.lesh; **it is all/pure wool** është safi lesh; **glass wool** lesh xhami. 2.rrobë e leshtë. 3.*zhrg* leshra, flokë të dredhur. + **pull the wool over sb's eyes** *gj.fol* ia hedh dikujt, i hedh hi syve; **all wool and a yard wide** *amer fig* origjinal; i cilësisë së parë.

woolen['wulën] *adj* shih **wollen.**

woolgathering['wulgædhëring] *n,adj* -*n* hutim, pavëmendje.

-*adj* i hutuar, i pavëmendshëm; ëndërrues.

woolgrower['wulgrouë:] *n* rritës delesh për lesh.

wollen, amer wolen['wulën] *adj,n -adj* i leshtë, leshi.

-n zak pl të leshta(stofra, veshje).

wollen goods *n* prodhime leshi.

wool-lined['wullaind] *adj* me astar leshi.

wool(l)iness['wulinis] *n fig* natyrë e ndërlikuar/e ngatërruar; fjalëtepri, rrëmujë fjalësh.

wool(l)y['wuli] *adj,n -adj* 1.i leshtë, leshi.2.*fig* puplore, të pambukta(re).

-n Br gj.fol triko, pulovër; **woollies** rroba të leshta.

woolpack['wulpæk] *n* 1. thes për lesh.2. *hist* deng leshi(240 paunde). 3.re grumbullore.

woolsack['wulsæk] *n* 1.deng leshi. 2.*Br* zyra e kryetarit të Dhomës së Lordëve.

wop[wop] *n zhrg përb* italian.

woops[wups] *interj* uh!, oh!

woozy ['wu:zi] *adj zhrg* 1.i dobët, me marrje mendsh. 2.i turbullt, i ngatërruar; i rrëmujshëm. 3.i paqartë, i mjegulluar. 4.pakëz i pirë, çakërrqejf.

word[wë:d] *n,v -n* 1.fjalë; **in your own words** me fjalët e tua. 2.njoftim, fjalë; lajm; **send word that...** i çoj fjalë se..; **she brought us word from Robert** na solli lajm nga Roberti.3.premtim, fjalë, fjalë e nderit; **keep one's word** e mbaj fjalën; **we've only got his word for it** s'kemi asnjë provë veç sa thotë ai. 4.urdhër, porosi; **the word of command** urdhri; **his word is law** ai bën ligjin, atij s'ia bën njeri fjalën dysh. 5.parullë. 6.*fet* **the Word** Fjala e Zotit; Bibla. + **be as good as one's word** jam njeri që e mbaj fjalën; **by word of mouth** me gojë, gojarisht; **eat one's words** marr fjalët mbrapsht; **tërhiqem**; **have the last word** i vë kapakun; **in a word** shkurt, me pak fjalë; **in so many words** saktësisht; pikërisht; **man of his word** njeri që e mban fjalën; **mince words** vij vërdallë, përtypem; **my word!** heu!, sa çudi! **take sb at his word** e zë në fjalë dikë; **take the words out of sb's mouth** ia marr fjalën nga goja dikujt; **the last word** *fig* fjala e fundit; arritja më e fundit (në një fushë); **upon my word!** a)jap fjalën; për fjalë të nderit! b)heu!, sa çudi! **word for word** fjalë për fjalë.

-vt shpreh me fjalë; formuloj; **I don't know how to word it** nuk di si ta shpreh/ta formuloj.

wordbook['wë:dbuk] *n* fjalës; fjalor.

word element *n gjuh* element fjalëformues.

word formation *n gjuh* fjalëformim.

word-for-word['wë:dfo:wë:d] *adj* fjalë për fjalë.

word game *n* lojë me fjalë.

wordiness['wë:dinis] *n* fjalëtepri, ujë i tepërt.

wording['wë:ding] *n* formulim; mënyrë të shprehuri.

wordless['wë:dlis] *adj* i heshtur, pa fjalë.

wordlessly['wë:dlisli] *adv* pa fjalë, në heshtje.

word of God *n* Bibla.

word of hono(u)r *n* fjalë e nderit.

word-of-mouth ['wë:dëvmauth] *adj* gojor, me gojë.

word order *n gjuh* rend i fjalëve.

wordperfect[wë:d'pë:fikt] *adj,n -adj* 1.i mësuar përmendsh(fjalim etj). 2.i zoti i fjalës; **be wordperfect in sth** e di diçka në majë të gishtave.

-n kmp **Wordperfect** program për përpunim teksti, Uordperfekt.

word picture *n* përshkrim me fjalë.

word-play['wë:dplei] *n* lojë fjalësh.

word processing *n kmp* përpunim teksti.

word processor *n* përpunues teksti (kompjuter, person).

wordsmith['wë:dsmith] *n* mjeshtër i fjalës.

word-type['wë:dtaip] *n gjuh* fjalë.

wordy['wë:di] *adj* 1.fjalëshumë.2.me fjalë; gojor; **a wordy war** luftë me fjalë.

wore[wo:] *pt* e **wear**.

work[wë:k] *n,v -n* 1.punë; **start work, set to work** filloj punën; **set sb to work** vë në punë dikë; **a good piece of work** punë e bërë mirë; **good work!** të lumtë!2.punësim, punë; **put /throw sb out of work** nxjerr/heq/pushoj nga puna dikë; **be looking for work** kërkoj punë; **she's off work today** ajo e ka pushim sot. 3.vend i punës; zyrë; ndërmarrje; punë; **on her way to work** rrugës për në punë.4. vepër, punë; **the works of God** punët e Zotit; **be judged by one's works** vlerësohem nga veprat. 5.*art,let* vepër (artistike); punim; **works of fiction** vepra artistike; **the complete works of Fan Noli** veprat e plota të Fan Nolit. 6.*pl adm,usht* punime; fortifikime; **road works** punime për mirëmbajtje rrugësh; **Ministry of Works** Ministria e Shërbimeve Komunale / e Punëve Botore. 7.*pl tek* mekanizëm. 8.*pl* shih **works**. 9.qëndisje; punë me grep. + **at work** në punë; duke punuar; në veprim; **give sb the works** *zhrg* a)e përpunoj mirë, e rregulloj paq dikë(me dru); b)i rrjep lëkurën, e qëroj, e vras; **in the works** *gj.fol* në projekt; në pritje; **lose the works** i humbas të gjitha; **make short work of** heq qafe pa vonesë, nuk ia bëj të gjatë; **out of work** pa punë; i papunë; **put in the works** *zhrg* i vë të gjitha(paratë) në lojë; **the whole works** e më the të thashë, e kallam kusuri.

-v 1.punoj; **work hard** punoj shumë; **work on the car for two hours** merrem dy orë me rregullimin e makinës; **I'm working on it** po vazhdoj të merrem me të(me problemin). 2.punon, funksionon(makina, plani etj); **the plan worked like a charm** plani funksionoi për mrekulli; **that works both ways** kjo është thikë me dy presa. 3.vepron(ilaçi, majaja). 4.shfrytëzoj, zhvilloj aktivitet(në një zonë). 5.vë në funksionim. 6.vë të punojnë, lodh; **she's working herself too hard/to death** ajo po i merr shpirtin vetes në punë.7.punoj, mbruj (brumin). 8.bëj, arrij me përpjekje; **work wonders** bëj mrekullira; **they**

worked their way through college ata punuan për të paguar studimet; **can you work it so that.. e** rregullon dot që...9.sforcohet(fytyra). 10.sjell, shkakton.11.lëviz me mundim; manovroj; **work the hook carefully out of the cloth** e heq me kujdes grepin nga rroba; **work one's way round towards sth/sb** i afrohem dikujt /diçkaje pak nga pak.12.bëhet; **these shoes have worked loose** këpucët janë zgjeruar /hapur shumë.13.bind; ndikoj mbi.14.zgjidh(një problem).15.*gj.fol* ia bëj mendjen dhallë.16.vjen(brumi).

+**work away** punoj, e kaloj me punë.

+**work down** heq, ul(çorapet).

+**work in** a)futet(pluhuri etj); b)bashkëpunoj; c)bashkëvepron; funksionon : **that'll work in quite well** kjo do të shkojë për mrekulli; d)fus(një vidë); e)hedh me marifet(një fjalë).

+**work off** a)del, hiqet(doreza, dadoja); b)shlyej (borxhin); c)ul(peshën); d)*fig* zbraz(inatin); shkarkoj(energjitë).

+**work out** a)ecën; funksionon(plani); shkon mirë (martesa);b)zgjidhet(problemi);c)rezulton(shuma); d)stërvitem; e)zgjidh(ekuacionin); f)gjej përgjigjen); g)zbërthej; përpunoj(planin); h)shteroj, shfrytëzoj deri në fund; i)shfryj (inatin).

workout['wë:kaut] *n sport* seancë stërvitjeje.

+**work over** i jap dajak, shqep në dru.

+**work round** i shkoj anës; dua të dal.

+**work to rule** nuk i kërkoj më shumë se ç'i takon(punëtorëve).

+**work up** a) zhvillohet; b) përgatitet; c) kërkoj të arrij: **what is he working up to?** ku kërkon të dalë ai? d)ngre(pantallonat, fundin); e)*fig* ngre, ndërtoj; **work one's way up to the top** arrij të çaj/të ngrihem në nivelet drejtuese; f)shtyj, nxis: **work the crowd up into a fury** nxis zemërimin e njerëzve; **don't get all worked up!** mos u nxeh kaq shumë!

workable['wë:këbël] *adj* 1.i realizueshëm, i zbatueshëm(plan). 2.e shfrytëzueshme(minierë).

workaday['wë:këdei] *adj* 1.pune, për gjatë javës (veshje).2.e zakonshme, e rëndomtë(ngjarje).

workaholic[wë:kë'holik] *adj gj.fol* qen i punës, njeri që i merr shpirtin vetes.

workbag['wë:kbæg] *n* çantë veglash/pune.

workbench['wë:kbenç] *n* bankë/tavolinë pune.

workbook['wë:kbuk] *n* 1.fletore ushtrimesh.2.manual. 3.bllok shënimesh.

workbox['wë:kboks] *n* kuti veglash.

workcamp ['wë:kkæmp] *n* 1.kamp pune për të burgosurit. 2.kantier pune(vullnetare).

workday['wë:kdei] *n,adj* -*n* ditë pune.

-*adj* pune, për ditë jave(rroba).

work desk *n* tryezë pune.

worker['wë:kë:] *n* 1.punëtor.2.punonjës; nëpunës; **research worker** punonjës shkencor.

worker ant/bee *n zool* punëtore, milingonë/bletë punëtore.

worker director *n* punëtor anëtar i këshillit drejtues.

worker participation *n* pjesëmarrje e punëtorëve në marrjen e vendimeve.

work experience *n* përvojë pune, vjetërsi në punë.

work file *n kmp* dosje/dokument pune.

work force *n* fuqi punëtore.

workhorse['wë:kho:s] *n* 1.kalë pune. 2.*fig* qen i punës, kafshë pune. 3.*fig* makinë me rendiment të lartë.

workhouse['wë:khaus] *n* 1.*Br hist* shtëpi e të varfërve, shtëpi pune, strehë vorfnore. 2.*amer drejt* shtëpi korrektimi.

work-in ['wë:kin] *n ind* pushtim i ndërmarrjes nga punëtorët.

working['wë:king] *adj,n* -*adj* 1.pune(rroba, ditë, drekë). 2.aktive, e punësuar(popullsi); punëtor; **working class** klasa punëtore, punëtorët; **the working classes** proletariati.

-*n* 1.*pl* mekanizëm; *fig* funksionim; ingranazhe (të shtetit etj). 2.*min* kantier shfrytëzimi. 3.punë; punim, funksionim. 4.fermentim. 5.shfrytëzim(toke, miniere).6.përpunim(materialesh).7.qepje; qëndisje.

working capital *n fin* kapital aktiv.

working drawing *n tek* skicë pune.

working expenses *n* shpenzime operacionale.

working hypothesis *n* hipotezë pune.

workingman['wë:kingmën] *n* punëtor.

working party *n Br* 1.grup pune.2.komision hetimor. 3.*usht* skuadër.

working stiff *n zhrg* punëtor.

workingwoman['wë:kingwumën] *n* punëtore.

workload['wë:kloud] *n* ngarkesë pune.

workman['wë:kmën] *n pl* **workmen** 1.punëtor. 2.mjeshtër, usta. + **a bad workman blames his tools** ustai i keq ua hedh fajin veglave.

workmanlike['wë:kmënlaik] *adj* 1.prej profesionisti(qëndrim). 2.mjeshtëror, prej ustai. 3.*fig* serioze (përpjekje).

workmanship['wë:kmënship] *n* 1.mjeshtri; art.2. cilësi; **of fine workmanship** i cilësisë së lartë.

workmate['wë:kmeit] *n* shok pune.

workmen's compensation *n adm* pension invaliditeti/për paaftësi të përhershme për punë.

work of art *n* 1.vepër arti. 2.punë prej mjeshtri.

workpeople['wë:kpi:pël] *n Br* punëtori, njerëz të punës; punonjës.

work permit *n adm* lejë pune.

workplace['wë:kpleis] *n* vend i punës; ndërmarrje.

work prospects *n* perspektiva pune.

workroom['wë:kru:m] *n* dhomë pune; punishte e vogël(në shtëpi).

work-rule['wë:kru:l] *vt amer* u kërkoj(punëtorëve) brenda normave të punës.

works[wë:ks] *npl* 1.uzinë; **steel works** uzinë çe-

liku; **price ex works** *fin* çmim i mallit në fabrikë. 2.impiant; stacion; **water works** stacion/impiant pastrimi uji.

workshop ['wë:kshop] *n* 1.punishte; repart.2. mbledhje/takim pune.

workshy ['wë:kshai] *adj* dembel, që ia përton punës.

work-study student *n amer* student i punësuar (nga universiteti).

worktable['wë:kteibël] *n* tryezë/tavolinë pune.

workwoman['wë:kwumën] *n* punëtore.

work-worn['wë:kwo:n] *adj* i ngrënë nga përdorimi, i konsumuar nga puna.

world[wë:ld] *n* 1.botë; **all over the world, all the world over** në të gjithë botën; **around-the-world tour** udhëtim rreth botës; **the New World** Amerika; **the Third World** *pol* Bota e Tretë; **the insect world** bota e insekteve. 2.*fig* fushë, sferë, botë; **the world of arts** bota e artit. 3.jetë e gjallë; jetë shoqërore/ekonomike, botë; **ready to go out into the world** gati për t'u futur në jetën e gjallë; **she's not long for this world** ajo nuk e ka të gjatë.4.raca njerëzore, njerëzimi; njerëzit, bota; **the whole world knows it** e dinë të gjithë, e di gjithë bota.5.gjithësia. 6.*gj.fol* (në shprehje emfatike) pafundësi; **a world of** shumë, pa masë; **how/what/where/why in the world...?** si/çfarë/ku/pse dreqin/të shkretën..? 7.*attr* botëror; i botës; i përbotshëm; universal. + **all the world and his wife** soji e sorollopi, i madh e i vogël; **bring into the world** sjell në jetë, lind; **come into the world** vij në jetë, lind; **for all the world** pikërisht; ngado që ta marrësh; **in the world** a)gjëkundi; b)gjësendi : **nowhere in the world** asgjëkundi; **nothing in the world** asgjë në botë; **on a world scale** në shkallë botërore; **on top of the world** me fletë, fluturoj; **out of this world** *gj.fol* a)madhështor; i paarritshëm; i mrekullueshëm; b)hyjnor; **world without end** përgjithmonë.

World Bank (the) *n fin,pol* Banka Botërore.

world-beater['wë:ldbi:të:] *n gj.fol* sukses i bujshëm/i jashtëzakonshëm.

world champion *n* kampion botëror/i botës.

world championship *n* kampionat botëror.

World Court (the) *n* Gjyqi Ndërkombëtar.

World Cup (the) *n* Kupa e Botës.

World Fair *n* panair ndërkombëtar.

world-famous['wë:ldfeimës] *adj* me famë botërore.

World Health Organization (the) *n* Organizata Botërore e Shëndetit.

worldliness['wë:ldlinis] *n* natyrë materialiste (e njeriut); natyrë tokësore/johyjnore.

worldly['wë:ldli] *adj* 1.tokësor; i kësaj bote.2.materialist. 3.me përvojë; me këmbë në tokë. 4.lëndor, material; **worldly goods** të mira materiale.

worldly-minded ['wë:ldli'maindid] *adj* materia-

list; me këmbë në tokë.

worldly wisdom *n* përvojë jetësore.

worldly-wise['wë:ldliuaiz] *adj* i rrahur, me përvojë.

World Series *n amer* Kampionati Kombëtar i Beisbollit.

world-shaking ['wë:ld'sheiking] *adj* i mahnitshëm.

World title (the) *n* titulli kampion i botës; **the World title fight** ndeshje për titullin e kampionit të botës (në boks).

World War One/Two *n hist* Lufta I/II Botërore.

world-weariness ['wë:ld'wi:rinis] *n* neveri nga bota/nga jeta.

world-weary['wë:ldwi:ri] *adj* i lodhur/i mërzitur nga jeta.

worldwide['wë:ldwaid] *adj* i përbotshëm, botëror.

worm[wë:m] *n,v* -*n* 1.krimb; krimb toke; karrem. 2.*pl mjek* rra, krimba.3.*fig* krimb, farë(e xhelozisë etj). 4.*fig* i mjerë, krimb. 5.*mek* vidë /burmë pa fund. + **a can of worms** *amer gj.fol* fole grerëzash.

-*vt* 1.çaj, depërtoj, futem. 2.nxjerr; zhvas. 3.i heq krimbat(qenit etj).

worm drive *n mek* transmision me vidë pa fund.

worm-eaten['wë:mi:tën] *adj* 1.i ngrënë nga krimbi. 2.i vjetëruar; i mbaruar, pa vlerë.3.i dalë jashtë përdorimit.

worm gear *n mek* ingranazh me vidë pa fund.

worming powder *n* bar kundër krimbave.

wormlike['wë:mlaik] *adj* në formë krimbi.

worm's eye view *n fig* këndvështrim i njeriut të dobët.

worm wheel *n mek* ingranazh me burmë pa fund.

wormwood['wë:mwud] *n* 1.krimb druri.2.*fig* gjë e neveritshme.

wormy ['wë:mi] *adj* 1.me krimba; i krimbur; i ngrënë nga krimbi. 2.*fig* i përçmuar.

worn[wo:n] *v,adj* -*pp* e **wear**.

-*adj* 1.i ngrënë nga përdorimi. 2.*fig* i lodhur.

worn-out['wo:naut] *adj* 1.i ngrënë fare, i mbaruar. 2.*fig* i kapitur, i rraskapitur.

worried ['wʌrid] *adj* i merakosur, i shqetësuar; **worried to death** tepër i shqetësuar.

worrier ['wʌrië:] *n* njeri që merakoset shpejt.

worriment ['wʌrimënt] *n gj.fol* merakosje; merak, shqetësim.

worrisome['wʌrisëm] *adj* 1.shqetësues.2.që merakoset shpejt.

worry['wʌri] *n,v* -*n* shqetësim, merak; hall, telash; **what a worry it all is!** është hall i madh vërtet!

-*v* 1.shqetësohem, merakosem; **don't worry about her!** mos u merakos për të! **I should worry!** *iron* nuk më ha shumë meraku për këtë punë! 2.shqetë-

soj, merakos. 3.(qeni) luan, kap me dhëmbë(koc-
kën, topin); ngacmon(delet); **worry the loose tooth
with one's tongue** ngacmoj me gjuhë dhëmbin që
luan.
+**worry along** a)rri në merak; b)bëj si bëj.
+**worry out** sjell e përsjell(një problem).

worse[wë:s] *adj,adv,n -adj*(krahasore e **bad**)1.më
i keq; **it's worse than ever** është më keq se kurrë
ndonjëherë; **it gets worse and worse** sa vjen e bëhet
më keq; **be none the worse for** nuk do t'i bënte keq.
2.më i sëmurë, më keq. 3.më keq nga gjendja.
-*adv* më keq; **he is worse off than before** a)
është më keq se përpara; b)ka dalë me humbje.
-*n* më e keqja; **there's worse to come** ka edhe më
keq; **a change for the worse** keqësim.
worsen['wë:sën] *v* 1.keqësohet.2.(shanset) pakë-
sohen. 3.keqësoj.
worship ['wë:ship] *n,v -n* 1.*fet* adhurim; kult;
place of worship vend kulti; kishë; tempull. 2.ad-
mirim; *fig* kult(i parasë etj).3.*Br* zotëri; hirësi; **Your
Worship** Zotëria Juaj(kryetarit të bashkisë); Hirësia
Juaj(gjykatësit).
-*v* 1.*fet* adhuroj; i falem. 2.admiroj.
worshipful ['wë:shipful] *adj Br* Zotëria e tij, i
Nderuari(kryetar i bashkisë).
worshipper['wë:shipë:] *n* 1.*fet* adhurues; besim-
tar. 2.*fig* admirues.
worst[wë:st] *adj,adv,n,v -adj* (sipërore e **bad**)
më i keqi; **the worst winter/mistake** dimri më i keq;
gabimi më i rëndë; **in the worst way** *amer fig*
tmerrësisht, jashtëzakonisht.
-*adv* më keq se kushdo; sa s'ka ku të vejë më keq;
he came off worst ai u nda më keq nga të gjithë.
-*n* më e keqja; **the worst is yet to come** më e
keqja pritet të vijë. + **at worst** në rastin më të keq,
e keqja fare; **give sb the worst of it** e mund dikë; **if
worst comes to worst** po qe se ndodh ajo më e
keqja, duke marrë rastin më të keq.
-*vt* mund, thyej, mposht.
worsted['wë:stid] *n tekst* stof i lëmuar/i krehur.
wort I[wë:t] *n* shurup malti.
wort II[wë:t] *n bot* bar mjekësor.
worth[wë:th] *adj,n -adj* 1.i vlefshëm; me vlerë;
the car is worth $3000 makina vlen 3000 dollarë;
what/how much is it worth? sa vlen? 2.që e vlen,
që e meriton; **Albania is a country worth visiting**
Shqipëria është një vend që e vlen ta vizitosh; **it's
worth reading** ia vlen ta lexosh; **it is not worth
while/the trouble/it** nuk ia vlen mundimi.3.që kap,
që ka, që i arrin pasuria; **the old man is worth
millions** plaku t'i ka disa milionë. + **for all one is
worth** me të gjitha forcat, me sa i mban takati.
-*n* 1.vlerë; **a book/a man of great worth** libër
/njeri me vlera. 2.sasi; **10 dollars worth, please** më
jep/më pesho 10 dollarë, të lutem (benzinë, fruta etj).
worthily['wë:dhili] *adv* denjësisht, siç duhet, siç

i ka hije.
worthless['wë:thlis] *adj* i pavlerë; pa dobi, i kotë;
pa vlera(njeri).
worthlessness['wë:thlisnis] *n* mungesë vlere; ko-
tësi; mungesë vlerash(te personi).
worthwhile['wë:thwail] *adj* që e vlen; që e me-
riton.
worthy['wë:dhi] *adj,n -adj* 1.i denjë; i merituar;
worthy of praise që meriton të lavdërohet; **worthy
of respect** i denjë për respekt. 2.i lavdërueshëm.
-*n* njeri me vlera; njeri i admirueshëm.
wot[wot] *v vjet* di; **God wot** zoti e di.
wotcha ['woçë], **wotcher**['woçë:] *interj Br zhrg*
njatjeta!
would[wud] *folje modale*(kushtore e **will**) 1.(për
kushtoren) **I thought you'd (you would) want to
come** mendova se do të doje të vije; **so it would
seem** ashtu duket. 2.(hamendje) duhet; **it would
have been 10 o'clock when...**duhej të ishte ora 10
kur..; **he'd be about 40** duhej të ishte nja 40 vjeç.
3.(gatishmëri) jam gati të; dua; **the car wouldn't
start** makina s'donte të ndizej; **would you like a
cup of coffee? would you
please leave?** ka mundësi të largohesh, të lutem?
4.(zakon, përsëritje) e kam zakon; **the streets would
be empty on Sundays** rrugët ishin zakonisht të
shkreta ditëve të diela; **you would go and eat it** ti ke
për borxh të shkosh e ta hash; **it would have to
snow!** e kishte kohën për të rënë kjo borë! 5.(dë-
shirore) dashtë; uroj që; ah, sikur! **would to God
he were here!** do zoti e vjen! **would I were young-
er!** veç të isha pak më i ri! **would that it were not
so!** ah, sikur të mos ishte kështu!
would-be['wudbi:] *adj* 1.që dëshiron të jetë, që
aspiron. 2.pseudo, gjoja, që pretendon se është; **a
would-be poet** një gjoja poet.
wouldn't['wudënt] = **would not.**
wouldst[wudst] *v vjet poet* = **you would.**
wound I [wu:nd] *n,v -n* 1.plagë; **bullet/knife
wound** plagë plumbi/thike. 2.*bot* dëmtim (i lëvo-
res). 3.*fig* lëndim(i sedrës etj).
-*vt* 1.plagos. 2.*fig* lëndoj.
wound II[waund] *pt,pp* e **wind II,III.**
wounded['wu:ndid] *adj,n* i plagosur; **the wound-
ed** të plagosurit.
wounding['wu:nding] *adj* plagosës; *fig* lëndues.
wove[wouv] *pt* e **weave.**
woven['wouvën] *pp* e **weave.**
wow[wau] *interj,n,v zhrg -interj* (kënaqësi; habi;
admirim) oho!; ua!; heu!
-*n* 1.thirrje admirimi. 2.sukses i plotë; gjë e shkël-
qyer; **it's a wow!** është fantastike!
-*vt* habis, lë pa mend; entuziazmoj.
wow II[wau] *n* 1.rënkim; ulërimë.2.*el* fishkëlli-
më(e gramafonit etj).
WP[dʌblju:'pi:] *n* shkurtim për: **weather permit-**

ting = po mbajti koha; **WordPerfect** *kmp* Uordperfekt, program për përpunim teksti.

wrack I[ræk] *n,v* -*n* 1.mbeturina; rrënoja, gërmadhë. 2.shkatërrim, rrënim. 3.leshterik(në breg).

wrack II[ræk] *vt* 1.mundoj, torturoj. 2.tendos.

wraith[reith] *n* hije, fantazmë.

wrangle ['ræŋgël] *v,n* -*vi* 1.hahem, grindem. 2.*amer* kullos(kuajt etj).
-*n* grindje, zënkë, sherr.

wrangler['ræŋglër] *n* 1.grindavec, gërnjar.2.*amer* kujdestar kuajsh.

wrangling['ræŋgling] *n* grindje, fjalë.

wrap[ræp] *n,v* -*n* 1.shall; shami.2.pelerinë.3.robëdeshambër. 4.plaf, velenxë; batanije. 5.*pl* rroba të ngrohta..6.*pl* ambalazh.+ **keep a scheme under wraps** e mbaj të fshehtë një projekt.
-*vt* 1.mbështjell; **wrap one's arms round sb** përqafoj dikë. 2.ambalazhoj.3.hedh krahëve (një shall). 4.*fig* mbulon, fsheh.
+**wrap up** a)mbështillem mirë (me rroba); b)*Br* hesht, e mbyll, e qep; **wrap up!** qepe! c)mbështjell; ambalazhoj, paketoj; d)*fig* maskoj, fsheh (qëllimet etj) : **don't try to wrap it up** mos u mundo të ma mbash të fshehur; e)*fig* ngul, mbërthej : **wrapped up in one's work** i ngulur në punë; f)*fig* mbyll, ndryj : **wrapped up in herself** i mbyllur në vetvete; **wrapped up in each other** të thëthirë nga njëri-tjetri, të dhënë plotësisht pas njëri-tjetrit; g)*fig* përfundoj, i jap fund, rregulloj përfundimisht(një punë); h)*amer fig* përmbledh(lajmet).

wrap-up['ræpʌp] *n amer* 1.përmbledhje.2.përfundim, mbyllje.

wraparound/wrapover skirt *n* fund që mbështillet rreth trupit.

wrapround rear window *n aut* xham i pasmë panoramik/i harkuar.

wrapper ['ræpë:] *n* 1.mbështjellëse; letër mbështjellëse(çokollatash etj); letër ambalazhi.2.këmishë, mbështjellëse(libri). 3.*amer* robdeshambër, penjuar.

wrapping['ræping] *n zak pl* mbështjellëse; letër mbështjellëse.

wrapping paper *n* letër ambalazhi(bojëkafe); letër dhuratash.

wrath[ræth, roth] *n* zemërim i madh, tërbim.

wrathful['ræthful] *adj* i xhindosur, tërë xhinde.

wrathfully['ræthfuli] *adv* me xhinde, me tërbim.

wrathy['ræthi, 'rothi] *adj* i xhindosur, tërë xhinde.

wreak[ri:k] *vt* 1.shfryj, shfrej(inatin etj); **wreak vengeance/revenge** marr hakun. 2.bëj, shkaktoj; **wreak havoc** bëj kërdinë.

wreath[ri:th] *n*1.kurorë(lulesh); **laying of wreaths** vendosje kurorash(në varreza).2.fjollë(tymi); re (mjegulle).

wreathe[ri:dh] *v* 1.kurorëzoj.2.zbukuroj me lule

(dritaren etj).3.gërshetoj; bëj kurorë.4.ngrihet rrathë-rrathë/fjolla-fjolla (tymi). 5.*fig* mbështjell, rrethoj; fsheh.

wreck[rek] *n,v* -*n* 1.anije e mbytur/e shkatërruar. 2.mbytje(e anijes); shkatërrim(i avionit, makinës). 3.rrënoja, gërmadha. 4.sende të nxjerra në breg(nga deti). 5.*fig* njeri i mbaruar. 6.*fig* rrënim, shkatërrim (i shpresave, planeve).
-*vt* 1.mbys(anijen). 2.shkatërroj(avionin, tre-nin etj). 3.shemb, rrëzoj(ndërtesën). 4.thyej, prish(mobiljet etj). 5.*fig* rrënoj, shkatërroj(planet, shëndetin); **it ruined his life** kjo i shkatërroi jetën.

wreckage['rekixh] *n* 1.anije e mbytur; mbeturina anijeje. 2.rrënoja, gërmadha. 3.mbytje anijeje; dalje nga shinat (e trenit). 4.*fig* prishje (e planeve); humbje(e shpresave).

wrecked[rekt] *adj* 1.e mbytur, e shkatërruar (anije); i dalë nga shinat (tren); e përplasur (makinë). 2.*adm* i dështuar(plan).

wrecker['rekë:] *n* 1.prishës, shkatërrues(ndërtesash).2.*hist* mbytës anijesh të vjetra.3.nxjerrës, shpëtues(anijesh të dëmtuara). 4.makinë rimorkimi (makinash të ngecura).5.tregtar hekurishtesh.

wrecking['reking] *n* 1.mbytje, shkatërrim(anije). 2.dalje nga shinat(e trenit). 3.*fig* prishje(e planeve); humbje (e shpresave).

wrecking bar *n tek* levë.

wrecking crane *n hek* vinç ngritës.

wren[ren] *n* trumcak.

wrench[renç] *n,v* -*n* 1.përdredhje.2.*mjek* ndrydhje.3.*fig* pikëllim; cfilitje. 4.*mek* çelës englez; çelës hidraulik, çelës papagall. + **throw a wrench into the works** vë shkopinj në rrota.
-*vt* 1.tërheq fort; rrëmbej; i mështoj fort; **wrench sth from sb** i rrëmbej diçka dikujt; **wrench oneself free** çlirohem, shkëputem.2.dëmtoj; përdredh, ndrydh. 3.shtrembëroj (fjalët).

wrest[rest] *v,n* -*vt* 1.rrëmbej; zhvas; shkul.2. *fig* nxjerr me mundim(jetesën etj).
-*n* rrëmbim; zhvatje; shkulje.

wrestle['resël] *v,n* -*v* 1.mundem; kapem; bëj mundje. 2.*fig* luftoj(me inflacionin etj). 3.mbart /lëviz me mundim(kolltukun etj).
-*n* mundje.

wrestler['reslë:] *n sport* mundës.

wrestling['resling] *n sport* mundje.

wrest pin *n muz* çelës teli(në piano etj).

wretch[reç] *n* 1.fatkeq, i gjorë, zavall. 2.batakçi; **he's a filthy wretch** është maskara i tëri.3.*hum* qerrata, i prapë, kopuk; **cheeky little wretch!** qerratai i djallit!

wretched['reçid] *adj* 1.i varfër, i mjerë. 2.fatkeq; i gjorë; **the wretched woman** e gjora grua. 3.i rënë shpirtërisht, i lëshuar.4.i vrarë në shpirt; **feel wretched about sth** ndihem fajtor për diçka. 5.e mjerë, e mjeruar(jetë, shtëpi, rrogë etj); **wretched clothes**

rrecka, zhele. 6.i ulët; i përçmuar(qëndrim); shumë i keq(mot, rezultat); i ndyrë, i poshtër(gjest, fat etj); **what wretched luck!** ç'fat i poshtër! **that wretched dog of them!** ai qeni i tyre i mallkuar!

wretchedly ['reçidli] *adv* 1.varfërisht, në mjerim(rroj). 2.për të ardhur keq, për turp, për faqe të zezë(veproj, sillem). 3.shumë keq, shumë pak (paguhem).

wretchedness ['reçidnis] *n* 1.varfëri e madhe, mjerim.2.fatkeqësi.3.turp, skandal, faqe e zezë.4.turpë-rim; ndjenjë faji.

wrick[rik] *v,n Br -vt* ndrydh; përdredh. -*n* ndrydhje(e kyçit); përdredhje(e zverkut).

wriggle['rigël] *n,v -n* përdredhje e trupit -*v* 1.përdridhem, përdredh trupin. 2.ecën duke u përdredhur (gjarpri). 3.luaj, dredh (gishtin e madh). 4.*fig* përdor marifete/dredhira, manovroj.

+**wriggle about/around** përdridhem, përdredh trupin.

+**wriggle out** a)del (krimbi); b)çlirohem, i shpëtoj nga duart; c)*fig* dal nga situata; i bëj bisht (një pune).

wriggler['riglë:] *n* 1.kalama i lëvizur.2.larvë mushkonje.

wriggly['rigli] *adj* që përdridhet; fërgëllues; i lëvizur.

wright [rait] *n* bërës; krijues; ndërtues; **shipwright** anijendërtues; **playwright** dramaturg.

wring[ring] *v,n -vt* (**wrung**) 1.shtrydh(rrobat); i nxjerr ujet.2.përdredh(zverkun pulës). 3.shtrëngoj; **wring sb's hand, wring sb by the hand** i shtrëngoj dorën gjatë dikujt; **a story to wring one's heart** një histori që të sëmbon në shpirt.4.*fig* shkul; zhvas; **wring the truth from /out of sb** ia nxjerr me zor të vërtetën dikujt; **wring money out of sb** i zhvas para dikujt.

-*n* e shtrydhur, shtrydhje; **give it a good wring** jepi një të shtrydhur të mirë.

+**wring out** a)shtrydh; b)shkul; zhvas; c)*gj.fol* rraskapis : **be wrung out** jam i dërrmuar.

wringer['ringë:] *n* makinë shtrydhëse/tharëse.

wringing['ringing] *adj* qull, për t'u shtrydhur.

wrinkle ['rinkël] *n,v -n* 1. rrudhë; zhubër; **full of wrinkles** tërë rrudha; e fishkur(fytyrë). 2.*zhrg* sinjal, e dhënë.3.*zhrg* ide e mirë; marifet.

-*v* 1.rrudhos, zhubros. 2.rrudh (ballin, hundet). 3.rreshk (fikun). 4.rrudhet (balli). 5.rrudhoset; varet (çorapja).

+**wrinkle down** janë tërë rrudha, varen(çorapet).

+**wrinkle up** a)bën rrudha (bluza, fundi, qilimi); b)rrudhet (balli,hunda); c)rrudhos; rrudh.

wrinkled['rinkëld] *adj* 1.i rrudhosur, tërë zhubra. 2.i rrudhur (ballë, hundë). 3. i thekur, i fishkur (frut). 4.me rrudha(fund).

wrist[rist] *n* kyç i dorës.

wristband['ristbænd] *n* 1. manshetë(e mëngës).

2.rrip ore.

wristjoint['ristxhoint] *n* nyjë, kyç.

wristlet['ristlit] *n* 1.rrip rreth kyçit.2.byzylyk.

wrist shot *n sport* gjuajtje me kyç.

wristwatch['ristwoç] *n* orë dore.

writ I[rit] *n* 1.shkrim; **Holy Writ** Shkrimi i Shenjtë, Bibla.2.*drejt* akt gjyqësor; urdhër gjyqësor; **serve a writ on sb, serve sb with a writ** thërras në gjyq dikë; **issue a writ for libel against sb** thërras në gjyq dikë për shpifje.

writ II[rit] *vjet pt,pp* e **write**.

writ of attachment *n drejt* urdhër sekuestrimi.

writ of subpoena *n drejt* urdhër për t'u paraqitur në gjyq.

write[rait] *v* (**wrote; written**) 1.shkruaj; **how is it written?** si shkruhet kjo (fjalë)? 2.*let* shkruaj (libër etj); hartoj, bëj (fjalor); **he writes for 'The Guardian'** ai shkruan për gazetën 'The Guardian'. 3.*muz* kompozoj. 4.(*for*) shkruaj letër (për të kërkuar diçka); **we had written for a form** patëm kërkuar me letër të na dërgonin një formular.

+**write away for** *treg etj* porosis me letër, dërgoj porosi me shkrim(për një mall, formular).

+**write back** kthej përgjigje.

+**write down** a)shkruaj; b)shënoj, mbaj shënim; c)*fig* quaj, konsideroj; d)*treg* i ul çmimin.

+**write in** a)përfshij, fus, shtoj(në listë); b)*amer pol* shënoj emrin e një kandidati(që nuk figuron në fletën e votimit); c)dërgoj(letër) për një ankesë, kërkesë, sugjerim).

write-in['raitin] *adj,n amer pol -adj* i shtuar në fletën e votimit.

-*n* kandidat i shtuar në fletën e votimit(nga vetë votuesi).

+**write off** a)porosis me letër; kërkoj me letër; b)shkruaj shpejt-e-shpejt; c)*fin* shlyej, i heq vizë, kaloj në humbjet(një borxh); d)*fig* e quaj të humbur, i heq vizë; e)*gj.fol* shpartalloj, bëj rrangallë(makinën etj në një aksident).

write-off['raitof] *n* 1.*treg* humbje, para të humbura; b)*fin* zbritje nga taksat; c)rrangallë; d)*fig* humbje kohe : **the whole day was a write-off** e gjithë dita shkoi dëm.

+**write out** a)shkruaj (emrin, adresën, faturën); b)mbush (çekun); c)kopjoj, hedh në të pastër.

+**write up** a)kërkoj/porosis me letër; b)freskoj, a-zhurnoj(shënimet); c)bëj relacion, relatoj; d)bëj një shkrim lavdërues.

write-up['raitʌp] *n* 1.përshkrim.2.raport, relacion. 3.reçensë, shkrim kritik; **the film got a good write-up** u botua një shkrim vlerësues për filmin.

writer['raitë:] *n* 1.autor; shkrimtar.2.letërshkrues. 3.artikullshkrues. + **be a good writer** a)jam shkrimtar i mirë; b)kam shkrim të mirë.

writhe[raidh] *vi* 1.përdridhem. 2.dridhem, fërgëlloj.

+**writhe about/around** përdridhem.

writing ['raiting] *n,adj -n* 1.shkrim; **I couldn't read your writing** s'ta mora dot vesh shkrimin; **put sth in writing** hedh në letër diçka; **get sb's permission in writing** ia marr me shkrim lejën dikujt. 2.shënim, shkrim (në mur etj). 3.shkrime; punë shkrimtari; **earn a lot from writing** fitoj mjaft nga shkrimet. 4.shkrime, vepra; **the writings of Barletti** veprat e Barletit.5.të shkruar, shkrim(i një libri etj). *-adj* shkrimi.

writing case *n Br* takëm shkrimi.

writing desk *n* tryezë shkrimi, tavolinë pune.

writing pad *n* bllok shënimesh.

writing paper *n* letër shkrimi.

writing table *n* tryezë shkrimi, tavolinë pune.

written['ritën] *adj* 1.i shkruar; **written English** anglishte e shkruar.2.me shkrim.

written exam *n* provim me shkrim.

written evidence *n* prova, dokumente.

wrong[rong] *adj,adv,n,v -adj* 1.i gabuar; **wrong answer** përgjigje e gabuar; **my watch is wrong** ora ime është gabim; **it's the wrong road for Tirana** nuk është rruga që të çon në Tiranë. 2.i padrejtë, i gabuar; **it is wrong to tell lies** nuk është mirë të gënjesh; **it was wrong of you to hit him** bëre gabim që e qëllove. 3.i papërshtatshëm; pa vend; jo ajo që duhet; **the wrong clothes for the occasion** veshje e papërshtatshme për rastin; *fig* **she's on the wrong side of thirty** ajo i ka kaluar të tridhjetat. 4.që nuk shkon, që s'është në rregull; **something's wrong with him/my leg/the car** ai diçka ka; se ç'më ka këmba; makina ka një problem; **there's nothing wrong with saying that...** nuk ka ndonjë të keqe që të thuash se..; **he's wrong in the head** ai s'është mirë nga trutë. *-adv* keq; gabim; **don't get me wrong** mos më keqkupto; **take sb up wrong** ia marr tjetër për tjetër dikujt; **you've got it all wrong** e ke kuptuar krejt gabim. +**go wrong** a)ngatërroj rrugën; b)gaboj në llogari; c)përfundon keq; dështon (plani); d)pëson defekt(makina); e)shkon keq(ora).

-n 1.e keqe; **do wrong** bëj keq. 2.padrejtësi; **right a wrong** ndreq një padrejtësi; **two wrongs don't make a right** padrejtësia nuk ndreqet me një padrejtësi të re; **you do him wrong in thinking that...** ti i bie në qafë padrejtësisht duke menduar se..; **they did him wrong** kanë abuzuar me të. 3.faj; **be in the wrong** jam fajtor, bëj faj.

-vt trajtoj padrejtësisht; i bie në qafë.

wrongdoer['rongdu:ë:] *n* keqbërës.

wrongdoing['rongdu:ing] *n* keqbërje.

wrongful['rongful] *adj* i gabuar, i papërligjur, i padrejtë.

wrongful dismissal *n* pushim i padrejtë (nga puna).

wrongfully['rongfuli] *adv* gabim; padrejtësisht.

wrong-headed ['ronghedid] *adj* 1.i gabuar në gjykim. 2.kokëfortë, kryeneç.

wrongly['rongli] *adv* 1.gabim. 2.padrejtësisht. 3.keq, jo si duhet. 4.gabimisht.

wrongness['rongnis] *n* 1.pasaktësi; gabim.2.padrejtësi. 3.e keqe.

wrote[rout] *pt* e **write**.

wrought[ro:t] *v,adj -pt,pp vjet* e **work**. *-adj* 1.i punuar, i bërë. 2.i farkëtuar, i rrahur.

wrought iron *n* hekur i farkëtuar.

wrought-up['rotʌp] *adj* i irrituar, i nervozuar.

wrung[rʌng] *pt,pp* e **wring**.

wry[rai] *adj* 1.e sforcuar, me përdhunë (buzëqeshje).2.qesëndisës, me ironi(vërejtje).3.e shtrembër (hundë). 4. i pahijshëm, pa vend (gjest).

wryly['raili] *adv* me ironi.

wryneck['rainek] *n* 1. *zool* qukapik sqepshkurtër. 2.qafë e shtrembër.

wt. shkurtim për **weight**.

wuther['wʌdhë:] *v,n -v* 1.fshikullon, rreh me tërbim(era). 2.ikën si shigjetë. *-n* fishkëllimë, fërshëllimë, ulërimë(e erës).

wych-elm['wiçelm] *n bot* vidh i bardhë.

wynd[waind] *n skoc* rrugicë.

wyvern['waivë:n] *n* dragua(në emblema).

X,x[eks] *n,v -n* 1.x, shkronja e 24 e alfabetit anglez. 2.*mat* iks, *X*; abshisë; **for x years** për *X* vjet. 3.*kin* i ndaluar për moshat nën 18 vjeç; **x-rated book/film** libër/film pornografik.

-vt shënoj me kryq, i vë kryq.

X = **Christ; Christian**.

xanthous ['zænthës] *adj* 1.flokëkuq. 2.i racës së verdhë. 3.i verdhë.

xebec['zi:bek] *n* anije e vogël tredirekëshe.
xeno-['zenë] *pref* kseno-, i huaj; -ndryshëm.
xenon['zenon] *n kim* ksenon(gaz i rrallë).
xenophobe['zenëfoub] *n* ksenofob.
xenophobia [zenë'foubië] *n mjek* ksenofobi, frikë nga të huajt/nga gjërat e huaja.
xero-['zi:rë] *pref* në të thatë; **xerophyte** bimë e klimës së thatë.
xerography[zi:'rogrëfi] *n* kserografi, kopjim në të thatë.
xerosis [zi:'rousis] *n mjek* thatësi e lëkurës/e mukozave.
Xerox['zi:roks] *n,v* -*n* 1.makinë fotokopjuese.2.fotokopje.
-*v* fotokopjoj; fotokopjohet.

Xmas ['krismës, *gj.fol* 'eksmës] *n gj.fol* shih **Christmas.**
Xn. = **Christian**.
X ray, X-ray['eksrei] *n* 1.*fiz* rreze iks, rreze X , rreze Rëntgen. 2.*mjek* radioskopi; radiografi; **have an X-ray** bëj një radiografi/një grafi.
X-ray, x-ray['eksrei] *vt* 1.shoh në radioskopi; i bëj radiografi. 2.trajtoj/mjekoj me rreze iks.
X-ray examination *n mjek* radioskopi, ekzaminim me radioskopi.
X-ray photo/picture *n* radiografi; radioskopi.
X-ray treatment *n* radioterapi, mjekim me rreze iks.
xylograph['zailëgra:f] *n* gravurë në dru.
xylography[zai'logrëfi] *n* gravurë në dru.
xylophone['zailëfoun] *n muz* ksilofon.

Y

Y,y[wai] *n* 1.y, shkronja e 25-të e alfabetit anglez. 2.*mat* y, ypsilon, igrek; ordinatë.
y. shkurtim për **yard; year.**
yacht[jot] *n,v* -*n* jaht.
-*vi* lundroj me jaht; **go yachting** dal/lundroj me jaht.
yacht club *n* klub jahti.
yachting['joting] *n* lundrim me jaht; gara me jaht.
yachtsman['jotsmën] *n* pronar jahti; drejtues jahti; lundrues me anije me vela.
yack[jæk] *v,n zhrg* -*vi* dërdëllis.
-*n* dërdëllisje.
yackety-yak ['jækiti'jæk] *v,n* shih **yack.**
yah[ja:] *interj* uuf!; yyh!
yak I[jæk] *n zool* jak, gjedh i Tibetit.
yak II[jæk] *v,n zhrg* -*vi* grij, dërdëllis.
-*n* dërdëllisje.
Yale[jeil] *n* : **Yale lock** bravë me cilindër.
yam[jæm] *n* 1.zhardhok.2.*amer* patate e ëmbël.
yammer['jæmë:] *v,n* -*vi* 1.qahem, ankohem; qaravitem. 2.kuit, angullin(qeni).
-*n* 1.qaravitje. 2.kuisje, angullimë.

yank[jænk] *n,v gj.fol* -*n* ndukje; shkulje.
-*vt* tërheq fort, nduk; shkul.
+**yank off** a)shkul; b)rras(në burg etj).
+**yank out** shkul.
Yank[jænk] *adj,n gj.fol* shkurtim i **Yankee.**
Yankee['jænki] *n,adj* janki; amerikanoverior.
yap[jæp] *v,n zhrg* -*vi* 1.leh(qeni).2.dërdëllis, grij sallatë.
-*n* 1.lehje; e lehur. 2.dërdëllisje. 3.llafazan, gramafon i prishur. 4.gojë.
yapping['jæping] *adj,n* -*adj* 1.që leh shumë(qen). 2.llafazan, që s'i pushon goja(njeri).
-*n* 1.lehje; të lehura. 2.dërdëllisje.
yard I[ja:d] *n* 1.jard(= 91,44 cm); **the hundred-yard dash** gara e 100-metërshit.2.*fig* një pëllëmbë; një kilometër; **an essay yards long** një disertacion një kilometër i gjatë; **with a face a yard long** me turinjtë të varur një pëllëmbë. 3.*det* shulicë, macë, serenë. + **make yards** *gj. fol* eci përpara, përparoj.
yard II[ja:d] *n,v* -*n* 1.oborr.2.vend i rrethuar; vathë; kotec. 3.shesh ndërtimi, kantier. 4.depo; shesh ruajtjeje; **timber yard** shesh lënde ndërtimi.

5.kopsht.6.*Br* Skotland Jardi, Policia e Londrës.
-vt mbyll në vathë/në kotec.
yardage['ja:dixh] *n* 1.gjatësi në jardë. 2.*gj.fol* a-
vantazh; fitim; përfitim.
yardbird ['ja:dbë:d] *n amer zhrg* 1.ushtar duar-
tharë/ngalakaq(që dënohet shpesh).2.i dënuar, i bur-
gosur.
yard goods *n treg* metrazhe.
yardmaster['ja:dmæstë:] *n hek* përgjegjës i she-
shit të/depos së stacionit hekurudhor.
yard sale *n amer* shitje sendesh të përdorura(në
oborr të shtëpisë).
yardstick['ja:dstik] *n* 1.jard, vizore e gjatë një jard.
2.*fig* kut, metër.
yarn[ja:n] *n,v* *-n* 1.fill, fije, pe; **cotton/nylon yarn**
fije pambuku/nailoni. 2.*gj.fol* histori e(tjerrur) gjatë.
+ **spin a yarn** *gj.fol* tregoj një histori.
-vi gj.fol tregoj historira.
yarrow['jærou] *n bot* bar pezmi.
yashmak['jæshmæk] *n* perçe.
yataghan['jætëgæn] *n* jatagan.
yaw[jo:] *v,n* *-vi* shmanget nga kursi.
-n shmangie nga kursi.
yawl [jo:l] *n det* 1.lundër e vogël me dy vela.
2.varkë shpëtimi(e anijes).
yawn[jo:n] *v,n* *-v* 1.gogësij, më hapet goja; them
duke gogësirë. 2.hapet(humnera).
-n 1.gogësimë; **give a yawn** gogësij. 2.*fig* gjë e
mërzitshme.
yawning ['jo:ning] *adj,n* *-adj* 1.e hapur, e frik-
shme(humnerë). 2.gogësitës.
-n gogësima.
yawp[jo:p] *v,n* *-vi* sokëllij.
-n sokëllimë.
yaws[jo:z] *npl mjek* sëmundje e tropikëve.
yd shkurtim për **yard**.
ye I[ji:] *pron vjet* ju; **ye gods!** o perëndi!
ye II [ji:] *vjet* trajtë e vjetër e nyjës shquese **the**.
yea[jei] *pj,adv,n* *-pj* po.
-adv 1.posi, po. 2.vërtet. 3.bile, madje.
-n votë pro.
yeah[jeë] *pj gj.fol* po; **oh yeah?** *iron* ashtu, ë?
year[jië:] *n* 1.vit, mot; **every/last/next/this year**
çdo vit; vitin e kaluar; vitin tjetër, mot; këtë vit, si-
vjet; **all the year round** gjithë vitin, gjatë gjithë
vitit; **over the years, as years go by** me kalimin e
viteve. 2.*pl* moshë; **get on in years** moshohem;
well on in years mjaft i moshuar; **look old for
one's years** dukem më i moshuar nga ç'jam. 3.*pl*
kohë e gjatë; **for years** me vite; prej vitesh. 4.vit
shkollor; kurs; **in my year at school** në një vit me
mua në shkollë; **in the third year** në vitin e tretë(të
universitetit). 5.vit prodhimi(i verës); vit emetimi(i
pullës, monedhës). + **a year and a day** drejt një
vit e një ditë; **year by year** vit për vit, vit pas viti;
year in, year out përherë; vazhdimisht.

yearbook['jië:buk] *n* 1.vjetar statistikor.2.vjetar i
aktiviteteve shkollore.
yearling['jië:ling] *n,adj* *-n* kafshë një vjeçe.
-adj njëvjeçar, me moshë një vit.
yearlong ['jië:long] *adj* 1. njëvjeçar, që zgjat një
vit. 2.shumëvjeçar, që zgjat me vite.
yearly['jië:li] *adj,adv* *-adj* 1.i përvitshëm; një herë
në vit. 2.njëvjeçar, që zgjat një vit. 3.e një viti, vjeto-
re(rrogë).
-adv 1.vit për vit; një herë në vit. 2.në një vit, për
një vit.
yearn [jë:n] *vi* 1. kam mall, më merr malli. 2.jam
i etur, s'më pritet. 3.më pikon në zemër.
yearning['jë:ning] *n,adj* *-n* mall; dëshirë e zjarrtë.
-adj 1.e zjarrtë, e madhe, e papërmbajtur (dëshirë).
2.i malluar; i mallëngjyer(vështrim).
yearningly['jë:ningli] *adv* 1.me mall, me shumë
dëshirë. 2.me mallëngjim.
year-round['jië:raund] *adj,adv* gjatë gjithë vitit.
yeast[ji:st] *n* 1. maja, tharm. 2.*fig* farë (e rebeli-
mit). 3.shkumë.
yeasty['ji:sti] *adj* 1.me maja; si maja.2.me shkumë,
i shkumëzuar. 3.*fig* i përciptë, i sipërfaqshëm.
yech, yecch[jek] *interj amer zhrg* yyf!
yechy, yecchy['jeki] *adj amer zhrg* i neveritshëm.
yegg[jeg] *n amer zhrg* 1.vjedhës kasafortash.2.haj-
dut, vjedhës.
yell[jell] *v,n* *-v* 1.bërtas; çirrem; **yell at sb** i bërtas
dikujt; **yell with laughter** qesh me të madhe. 2.qaj;
ulërij; **yell one's head off** vë kujën.
-n 1.britmë; **a yell of fright** britmë nga frika.
2.*amer* (edhe **college yell**) thirrje inkurajimi(nga ti-
fozët). 3.*fig zhrg* diçka që të shkul gazit; **it was a
yell!** ishte për t'u shkulur gazit.
yelling['jeling] *n,adj* *-n* britma; ulërima.
-adj çjerrës; ulëritës.
yellow ['jelou] *adj,n,v* *-adj* 1.i verdhë; **yellow
races** racat e verdha. 2.*fig* frikacak. 3.sensacionesh
(revistë etj).
-n 1.e verdhë, ngjyrë e verdhë.2.e verdhë veze.
-v 1.zverdhet. 2.zverdh.
yellowback ['jeloubæk] *n keq* roman sensacio-
nesh.
yellowbelly['jeloubeli] *n keq* frikacak.
yellowcard['jelouka:d] *n sport* karton i verdhë.
yellow-dog contract *n amer hist* kontratë pune
që ndalon futjen në sindikatë.
yellowish['jellouish] *adj* verdhosh, i verdhemë.
yellow metal *n* 1.flori. 2.tunxh.
yellowness['jelounis] *n* 1.e verdhë, ngjyrë e ver-
dhë. 2.çehre e verdhë. 3.*gj.fol keq* burracakëri.
yellow pages (the) *n* numratori telefonik i ndër-
marrjeve/i firmave/i bizneseve.
yellow press (the) *n keq* shtypi i verdhë, shtypi i
sensacioneve.
Yellow River *n gjeog* Lumi i Verdhë.

Yellow Sea *n gjeog* Deti i Verdhë.

yellow spot *n anat* njollë e verdhë(në sy).

yellowy['jeloui] *adj* shih **yellowish**.

yelp[jelp] *n,v* -*n* lehje; kuisje, angullimë.
-*vi* leh; kuis, angullin.

yelping ['jelping] *n,adj* -*n* lehje; kuisje, angullimë.
-*adj* që leh; që kuis, që angullin.

Yemen['jemën] *n gjeog* Jemen.

Yemeni['jemëni], **Yemenite**['jemënait] *adj,n* jemenas.

yen I[jen] *n,v gj.fol* -*n* dëshirë e madhe; tekë, trill.
-*vi* dëshiroj.

yen II[jen] *n* jen(monedhë e Japonisë).

yenta['jentë] *n amer zhrg* ngjelkë, rojkë.

yeoman ['joumën] *n pl* **yeomen** *hist* 1.pronar i vogël tokash.2.*Br usht* nënoficer i flotës, kryesinjalizues i anijes. 3.*vjet* shërbëtor. 4.rojë e Gardës.

yeomanry['joumënri] *n hist* 1.pronarët e vegjël. 2.*Br usht* kalorësi vullnetare.

yep[jep] *pj gj.fol* po.

yes [jes] *pj,n* -*pj* po; **yes, rather** po, sigurisht; **yes sir?** ç'urdhëroni, zotëri?
-*n* po; përgjigje pohuese; miratim.

yes man *n zhrg* dallkauk, njeri peqe-lepe.

yesterday['jestë:dei] *adv,n* -*adv* dje; **a week yesterday** dje java; **by yesterday, no later than yesterday** jo më vonë se dje, të shumtën dje; **the day before yesterday** pardje; **yesterday evening** mbrëmë.
-*n* 1.dje; dita e djeshme; **yesterday was a very nice day** dje ishte ditë shumë e bukur. 2.*fig* e djeshmja, e kaluara; **the great men of yesterday** njerëzit e mëdhenj të së kaluarës.

yesternight['jestë:nait] *n,adv* mbrëmë; dje mbrëma.

yesteryear['jestë:jië:] *n,adv poet* vjet, vitin e kaluar.

yestreen[jes'tri:n] *n,adv skoc,poet* mbrëmë.

yet [jet] *adv,conj* -*adv* 1.ende, akoma, deri tani; **it's not finished yet** s'ka mbaruar ende. 2. tashmë; tani; **I wonder if they have come yet** s'jam i sigurt nëse kanë ardhur tashmë; **must they go just yet?** a duhet të iknin patjetër tani? 3.ende, akoma, mbetet; **half is yet to be built** mbetet ende gjysma për t'u ndërtuar. 4.edhe, akoma(më); **yet more difficult** edhe më e vështirë. 5.ndonjëherë; **the thief will be caught yet** vjedhësi do të kapet ndonjë ditë. 6. sidoqoftë; megjithatë; **the story was strange, yet true** ishte histori e çuditshme, megjithatë e vërtetë; **I'll do it yet** megjithatë do ta bëj. + **as yet** deri tani; **nor yet** as : **not he nor yet I** as ai as unë.

yeti['jeti] *n* njeriu i dëborës.

yew[ju:] *n bot* bërshe.

Yid[jid] *n keq* jahudi, çifut.

Yiddish['jidish] *adj,n* jidisht(gjuhë gjermano-çi-

fute).

yield [ji:ld] *v,n* -*v* 1.jep, prodhon (pema, toka); **yield poorly** prodhon pak; **shares yielding high interest** aksione që japin fitim të lartë; **yield results** jep rezultate.2.dorëzoj(territor etj).3.lë, heq dorë nga (një e drejtë, pronësi); **yield the right of way to sb** *aut* ia lë dikujt të drejtën e kalimit; **yield a point to sb** i bëj dikujt lëshim në një pikë. 4.tregoj; **yield obedience to sb** tregoj bindje ndaj dikujt. + **yield the floor to sb** ia jap fjalën dikujt.
-*n* 1.prodhim; **yield per acre** prodhimi për hektar. 2.të ardhura.

+**yield up** lë; braktis; dorëzoj; **yield up the ghost** jap shpirt.

yielding['ji:lding] *adj,n* -*adj* 1.i butë, i lëshuar, që hap rrugë; i nënshtruar.2.i epshëm; i përkulshëm; elastik.
-*n* 1.nënshtrim. 2.dorëzim; kapitullim. 3.heqje dorë (nga një e drejtë etj).

yipee[ji'pi:] *interj* urra!

Y.M.C.A [waiemsi'ei] *n* (shkurtim për **Young Men's Christian Association**) Shtëpia e Rinisë, Shoqata e Krishterë e të Rinjve.

yob, yobo[job, 'jobou] *n Br zhrg keq* rrugaç, huligan.

yock[jok] *n,v amer zhrg* -*n* gajasje.
-*vt* : **yock it up** gajasem, shkulem së qeshuri.

yogurt['jougë:t] *n* kos.

yo-heave-ho['jouhi:v'hou] *interj det* eej-up! (kur ngrihet një send i rëndë).

yoke[jouk] *n,v* -*n* 1.zgjedhë.2.pendë(qesh).3.shilar(për të mbajtur kova). 4.bolero(e fustanit). 5.*det* krah timoni. 6.mashkull (i qerres). 7.*ndë*rt tërthore. 8.*tek* skelet, karkasë. 9.*fig* lidhje e fortë. 10.*fig* zgjedhë.
-*vt* 1.mbreh(qetë). 2.*tek* çiftoj, bashkoj.

yokel['joukël] *n keq* gdhë, katundar i trashë.

yolk[jouk] *n* e verdhë veze.

yon[jon] *adj vjet* shih **yonder 2**.

yonder ['jondë:] *adv,adj* -*adv* atje; **up yonder** atje lart; **over yonder** atje matanë; **down yonder** atje poshtë.
-*adj* ai atje; **from yonder house** nga ajo shtëpia atje.

yonks [jonks] *npl gj.fol* pafundësi; **for yonks** që kur s'mbahet mend.

yoo-hoo['ju:'hu:] *interj* eej!; hej, ti atje!

YOP[waiou'pi:, jop] *n Br* 1.(shkurtim për **Youth Opportunities Programme**) Programi i Perspektivave të të Rinjve. 2.stazhier.

yore[jo:] *n,adv* -*n* : **of yore** i dikurshëm, i shumë kohe përpara; **in days of yore** një herë e një kohë.
-*adv vjet* kohë përpara; vite përpara.

you[ju:] *pron* 1.ti; ju; **between you and me** midis nesh; **there you are!** a)ja ku erdhe(më në fund)! b)ja ku e ke!, merre! **if I were you** të isha si ti; **you**

fool! hajvan! **never you mind** a)mos e prish gja-
kun, mos u bëj merak; b)s'ka ç'të duhet ty. 2.njeriu;
you never know your own luck s'e di njeriu si e ka
fatin; **cold water does you good** uji i ftohtë të bën
mirë.

you-all['juː'oːl] *pron amer gj.fol* ju.

you-know-who ['juːnouˈhuː] *amer gj.fol* e di vetë
ti se kush.

you'd[juːd] = **you had; you would**.

you'll[juːl] = **you will**.

young[jʌng] *adj,n* -*adj* 1.i ri; **young lady** a)vaj-
zë e re; zonjushë; b)grua e re; **her young man** i da-
shuri i saj; **in my young days** në rininë time;
Young Mister Jones zoti Xhons, i Riu. 2.i her-
shëm, i porsafilluar; **the night is young** nata sapo
ka filluar; kemi gjithë natën përpara.

-*n* 1.këlysh; **cat with young** mace barsë. 2.*pl* të
rinj, rini; **books for the young** libra për të rinjtë/për
rininë.

young blood *n fig* 1. gjak i ri; rini. 2. vrull rinor,
energji.

youngish['jʌngish] *adj* disi i ri.

youngling ['jʌngling] *n,adj* -*n* 1.riosh. 2.këlysh.
3.filiz. 4.*fig* rishtar, fillestar.

-*adj* i ri; rinor.

youngster['jʌngstë:] *n* 1.fëmijë. 2.i ri, djalë.

younker[jʌnkë:] *n vjet* riosh.

your[juë:, jë:] *adj* 1.yt; juaj; **you broke your pen-
cil** e theve lapsin. 2.i njeriut; **good for your health**
i dobishëm për shëndetin.3.tipik; yt; **your ordinary
Albanian will always be proud of..** shqiptari
gjithmonë do të mburret me...

you're[juë:] = **you are**.

yours[juë:z] *pron* yti, tëndi; tuaji; tuajt, të tutë; **is
this car yours?** tëndja është kjo makinë? **no ad-
vice of yours could prevent them** asnjë nga këshi-
llat e tua nuk do të mund t'i ndalonte; **yours of the
1st of June** letra jote e 1 qershorit.

yourself[jë'self] *pron* ti vetë; ju vetë; vetja jote;
vetja juaj; **don't ever speak of yourself** mos folë
kurrë për veten tënde; **you'll see for yourself** do ta
shohësh vetë; **you're not quite yourself today**
sikur s'më dukesh mirë sot.

youth[juːth] *n* 1.rini; **in my youth** në rininë time.
2.*pl* youths[juːdhz] i ri. 3.rinia, të rinjtë; **the youth
of today** të rinjtë e sotëm.

youthful['juːthful] *adj* i ri; rinor; **he looks youth-
ful** duket si djalosh.

youthfulness['juːthfulnis] *n* rini, freski.

you've[juːv; jëv] = **you have**.

yow[jau] *interj* au!, ou!

yowl[jaul] *n,v* -*n* klithmë.

-*vi* klith. **yo-yo**['joujou] *n zhrg* leshko.

yrs. shkurtim për **years; yours**.

ytterbium[i'teːbiëm] *n kim* iterbium(element).

yttrium['itriëm] *n kim* itrium(element).

yuan[juːˈaːn] *n* juan(monedhë e Kinës).

yuck[jʌk] *interj* yyf!

yucky['jʌki] *adj* i pështirë.

Yugoslav['juːgouslæv] *n,adj* jugosllav.

Yugoslavia[juːgouˈslævië] *n gjeog* Jugosllavi.

yuk [jʌk] *n,v zhrg* -*n* e qeshur me gjithë shpirt.

-*vi* qesh me gjithë shpirt.

yummy['jʌmi] *adj zhrg* i shijshëm.

yup[jʌp] *pj amer zhrg* po.

ywis[i'wis] *adv vjet* sigurisht; vërtet.

Z

Z,z[zed, *amer* ziː] *n* 1.z, shkronja e 26-të e alfabe-
tit anglez. 2.*mat* Z.

zaftig['zaːftik] *adj amer* e kolme.

Zaire[zaːˈië:] *n gjeog* Zaire.

Zairian[zaːˈiëriën] *adj,n* zairian.

Zambia['zæmbië] *n gjeog* Zambia.

Zambian['zæmbiën] *adj,n* zambian.

zany['zeini] *adj,n* -*adj* teveqel, torollak; i marrë.

-*n teat* bufon, karagjoz.

Zanzibar['zænziba:] *n gjeog* Zanzibar.

zap[zæp] *interj,v zhrg* -*interj* brram!

-*v* 1.shkatërroj, bombardoj(një qytet). 2.vras,
qëroj(dikë). 3.prish, shuaj, heq(një fjalë). 4.habis, lë
pa mend. 5.hidhem një hop(në dyqan).

zeal[ziːl] *n* 1.*fet* përkushtim, devocion. 2.zell.

zealot['zelët] *n* fanatik, tip tepër i zellshëm.

zealotry['zelëtri] *n* zell i tepruar, fanatizëm.

zealous['zelës] *adj* i zellshëm; i përkushtuar.

zealously['zelësli] *adj* me zell; me përkushtim; me
zjarr.

zebra['ziːbrë] *n zool* zebër.

zebra crossing *n Br* kalim për këmbësorë.

zebra stripes *n* shirita bardh-e-zi.

zed[zed], *amer* **zee**[ziː] *n* z, shkronja z.

zenith['zenith] *n* 1.*astr* zenit. 2.*fig* kulm, zenith, apogje.

zephyr['zefë:] *n* erë e lehtë, fllad; erë perëndimi.

zeppelin ['zepëlën] *n* zebelin, aerostat me motorë.

zero['ziërou] *n,adj,v* -*n* 1.zero; **5 degrees below zero** 5 gradë nën zero. 2.minimum, niveli më i ulët; **the team's spirit sank to zero** morali i skuadrës ra përtokë.

-*adj* hiç, inekzistent; **a zero chance of success** kurrfarë shansi për sukses; **a zero score** rezultat i bardhë/me zero pikë; **fly at zero altitude** fluturon rrafsh me tokën.

-*vt* vë/gradoj në zero(instrumentin).

+**zero in** kolaudoj(pushkën).

+**zero in on** a)shkon drejt e në(shenjë); b)çoj /qëlloj drejt e në(shenjë); c)*fig* i vë gishtin, përcaktoj saktë; d)*fig* përqendrohem në; u drejtohem posaçërisht.

zero-base['ziëroubeiz] *vt amer fig* rishqyrtoj nga fillimi.

zero gravity, zero-G *n fiz,astr* mungesë e peshës/e gravitetit.

zero growth *n ek* mungesë e plotë rritjeje ekonomike.

zero hour *n usht* 1. çasti i fillimit të mësymjes. 2.*fig* çasti vendimtar.

zest[zest] *n,v* -*n* 1.vrull, gjalleri. 2.qejf, dëshirë; oreks. 3.*fig* shijë; lezet.

zestful['zestful] *adj* plot vrull; entuziast.

zestfully ['zestfuli] *adv* me vrull; me entuziazëm.

Zeus[zju:s] *n mit* Zeus.

zigzag['zigzæg] *n,adj,adv,v* -*n* zigzag.

-*adj* zigzag.

-*adv* me zigzage.

-*vi* eci me zigzage; bëj zigzage.

zilch[zilç] *n amer zhrg* hiç; **he's a real zilch** ai është një hiç.

zillion['ziljën] *adj,n amer zhrg* miliona; **a zillion /zillions of problems** një mal me halle.

Zimbabve[zim'ba:bvi] *n gjeog* Zimbabve.

zinc[zink] *n,v* -*n* zink.

-*vt* vesh me zink, zinkoj.

zing[zing] *n,v* -*n* 1.fërshëllimë(e plumbit).2.gjalleri; vrull.

-*vi* fërshëllen.

Zionism['zajënizëm] *n* zionizëm.

zip[zip] *n,v* -*n* 1.zinxhir(xhupi etj).2.*gj.fol* vrull, energji. 3.fërshëllimë(plumbi).

-*v* 1.(**up/open**) mbyll/hap zinxhirin e (çantës etj). 2.(**in/out/past/up**) hyj/dal/kaloj/ngjitem si shigjetë.

+**zip on** kap/kapet me zinxhir(astari, kapuçi).

+**zip up** mbyll me zinxhir/ mbyllet me zinxhir(çanta etj).

zip-on ['zipon] *adj* me zinxhir.

zip code *n amer* kod postar, numër zone.

zip fastener *n* zinxhir(rrobash).

zip gun *n* revole e sajuar; revole lodër.

zipper['zipë:] *n* zinxhir(çante, fundi etj).

zippy['zipi] *adj zhrg* plot vrull, energjik; i gjallë, gazmor.

zircon['ze:kën] *n kim* zirkon(gur i çmuar).

zirconium [zë:'kouniëm] *n kim* zirkon, zirkonium(element).

zit[zit] *n amer* puçër në lëkurë.

zither['zidhë:] *n muz* qestër.

zloty['zlouti] *n* zloti (monedhë e Polonisë).

zodiac['zoudiæk] *n astr* zodiak.

zoftig['zoftik] *adj zhrg* shih **zaftig**.

zombie['zombi] *n zhrg keq* teveqel; mumje.

zonal['zounël] *adj* 1.zonal; zone.2.i ndarë në zona.

zone [zoun] *n,v* -*n* 1.*gjeog* zonë; rajon; brez. 2.*adm* sektor(qyteti). 3.*mat* sektor(i sipërfaqes së sferës).

-*vt* 1.ndaj në zona/në sektorë.2.caktoj, rezervoj (një zonë të qytetit për ndërtime etj).

zoned[zound] *adj* i ndarë në zona/në sektorë.

zoning['zouning] *n adm* kufizim për ndërtimet (brenda një qyteti).

zoo[zu:] *n* kopsh zoologjik.

zoo-[zou] *pref* zoo-.

zoolite['zouëlait] *n* kafshë fosile.

zoological [zouë'loxhëkël] *adj* zoologjik; **zoological garden** kopsht zoologjik.

zoologist[zou'olëxhist] *n* zoolog.

zoology[zou'olëxhi] *n* zoologji.

zoom[zu:m] *v,n* -*vi* 1.*av* ngjitet vrik përpjetë. 2.oshëtin; buçet; shungullon. 3.kalon me shungullimë. 4.ikën si shigjetë. 5.*fig* ngjiten/kërcejnë menjëherë (çmimet). 6.*kmp* zmadhoj (shkronjat në ekran).

-*n* 1.*av* ngjitje vertikale. 2.oshëtimë; buçimë; shungullim. 3.*fot* transfokator. 4.*kmp* zmadhim (i shkronjave në ekran).

zoot[zu:t] *n shih* **zootsuit**.

zootechnic[zouë'teknik] *adj* zooteknik.

zootechny[zouë'tekni] *n* zootekni.

zootsuit ['zu:tsu:t] *n zhrg* kostum burrash me supe të gjera, xhaketë të gjatë e këmbëza të ngushta.

zucchini[zu:'ki:ni] *n* kungull i njomë, kungulleshkë.

zyme[zaim] *n biol* tharm, ferment; enzimë.

zymosis[zai'mousis] *n biol* fermentim.

IRREGULAR VERBS

present	pt	pp	present	pt	pp
arise	arose	arisen	do (3rd person	did	done
awake	awoke	awaked	he/she/it does)		
be (am, is, are;	was,	been	draw	drew	drawn
being)	were		dream	dreamed,	dreamed,
bear	bore	born(e)		dreamt	dreamt
beat	beat	beaten	drink	drank	drunk
become	became	become	drive	drove	driven
befall	befell	befallen	dwell	dwelt	dwelt
begin	began	begun	eat	ate	eaten
behold	beheld	beheld	fall	fell	fallen
bend	bent	bent	feed	fed	fed
beset	beset	beset	feel	felt	felt
bet	bet,	bet,	fight	fought	fought
	betted	betted	find	found	found
bid	bid	bid	flee	fled	fled
bind	bound	bound	fling	flung	flung
bite	bit	bitten	fly	flew	flown
bleed	bled	bled	forbid	forbad(e)	forbidden
blow	blew	blown	forecast	forecast	forecast
break	broke	broken	forget	forgot	forgotten
breed	bred	bred	forgive	forgave	forgiven
bring	brought	brought	forsake	forsook	forsaken
build	built	built	freeze	froze	frozen
burn	burnt,	burnt,	get	got	got
	burned	burned	give	gave	given
burst	burst	burst	go(goes)	went	gone
buy	bought	bought	grind	ground	ground
can	could	(been	grow	grew	grown
		able)	hang	hung	hung
cast	cast	cast	have	had	had
catch	caught	caught	hear	heard	heard
choose	chose	chosen	hid	hid	hidden
cling	clung	clung	hit	hit	hit
come	came	come	hold	held	held
cost	cost,	cost,	hurt	hurt	hurt
	costed	costed	keep	kept	kept
creep	crept	crept	kneel	knelt,	knelt,
cut	cut	cut		kneeled	kneeled
deal	dealt	dealt	know	knew	known
dig	dug	dug	lay	laid	laid

present	pt	pp	present	pt	pp
lead	led	led	show	showed	shown
lean	leant, leaned	leant, leaned	shrink	shrank	shrunk
leap	leapt, leaped	leapt, leaped	shut	shut	shut
			sing	sang	sung
learn	learnt, learned	learnt, learned	sink	sank	sunk
			sit	sat	sat
leave	left	left	slay	slew	slain
lend	lent	lent	sleep	slept	slept
let	let	let	slide	slid	slid
lie (lying)	lay	lain	sling	slung	slung
light	lit, lighted	lit, lighted	slit	slit	slit
			smell	smelt, smelled	smelt, smelled
lose	lost	lost			
make	made	made	sow	sowed	sown, sowed
may	might	-	speak	spoke	spoken
mean	meant	meant	speed	sped, speeded	sped, speeded
meet	met	met			
mistake	mistook	mistaken	spell	spelt, spelled	spelt, spelled
mow	mowed	mown, mowed	spend	spent	spent
must	(had to)	(had to)	spill	spilt, spilled	spilt, spilled
pay	paid	paid			
put	put	put	spin	spun	spun
quit	quit, quitted	quit, quitted	spit	spat	spat
			spoil	spoiled, spoilt	spoiled, spoilt
read	read	read			
rend	rent	rent	spread	spread	spread
rid	rid	rid	spring	sprang	sprung
ride	rode	ridden	stand	stood	stood
ring	rang	rung	steal	stole	stolen
rise	rose	risen	stick	stuck	stuck
run	ran	run	sting	stung	stung
saw	sawed	sawed, sawn	stink	stank	stunk
			stride	strode	stridden
say	said	said	strike	struck	struck, stricken
see	saw	seen			
seek	sought	sought	strive	strove	striven
sell	sold	sold	swear	swore	sworn
send	sent	sent	sweep	swept	swept
set	set	set	swell	swelled	swollen, swelled
shake	shook	shaken			
shear	sheared	shorn, sheared	swim	swam	swum
			swing	swung	swung
shed	shed	shed	take	took	taken
shine	shone	shone	teach	taught	taught
shoot	shot	shot	tear	tore	torn

present	pt	pp	present	pt	pp
tell	told	told	weave	wove, weaved	woven, weaved
think	thought	thought	win	won	won
throw	threw	thrown	wed	wedded	wedded
thrust	thrust	thrust	weep	wept	wept
tread	trod	trodden	wind	wound	wound
wake	woke, waked	woken, waked	wring	wrung	wrung
wear	wore	worn	write	wrote	written

GAZETTEER

EMRA GJEOGRAFIKË

Abu Dhabi [a:bu:'da:bi] Abú-Dábi (*kryeqytet i Emirateve Arabe të Bashkuara*)
Accra [ë'kra:] Ákra (*kr i Ganës*)
Addis Ababa [ædis'æbëbë] Adís-Abéba (*kr i Etiopisë*)
Aden ['eidën] Áden.
Adriatic Sea [eidri'ætik'si:] Déti Adriatík.
Afghanistan [æf'gænistæn] Afganistán.
Africa ['æfrikë] Afríkë.
Albania [æl'beinië] Shqipërí.
Algeria [æl'xhiërië] Algjerí.
Algiers [æl'xhië:z] Algjér (*kr i Algjerisë*).
Al Kuwait [ælku'weit] El-Kuvéit(*kr i Kuvaitit*).
Alma-Ata [ælmëë'ta:] Álma-Áta (*kr i Kazakistanit*).
Amazon ['æmëzën] Amazónë.
America [ë'merikë] Ameríkë.
Amman [ë'ma:n] Amán (*kr i Jordanisë*).
Amsterdam ['æmstë:dæm] Amsterdám.
Andes ['ændi:z] Ánde.
Angola [æn'goulë] Angóla.
Ankara ['ænkërë] Ankará.
Antananarivo [æntënænë'ri:vou] Antananarívo (*kr i Madagaskarit*).
Antarctic [ænt'a:ktik] Antarktídë.
Appenines ['æpinainz] Apeníne.
Apia [ë'pië] Ápia (*kr i Samoas Perëndimore*).
Appalachian Mountains [æpë'leiçiën ~] Málet Apaláshe.
Arctic Ocean ['a:ktik ~] Déti i Ngrírë i Veríut.
Argentina [a:xhën'ti:në] Argjentínë.
Armenia [a:'minië] Armení.
Ashkhabad ['æshkëba:d] Ashkabad(*kr i Turkmenisë*).
Asia ['eishë] Azí.

Asuncion [ësunsi'oun] Asunsión (*kr i Paraguajit*).
Athens ['æthinz] Athínë (*kr i Greqisë*).
Atlantic Ocean [ët'læntik ~] Oqeáni Atlantík.
Australia [os'treiljë] Australí.
Austria ['ostrië] Austrí.
Azerbaijan [æzerbai'xha:n] Azerbaixhán.

Bag(h)dad [bæg'dæd] Bagdád (*kr i Irakut*).
Bahamas, the [bë'ha:mëz] Íshujt Baháma.
Bahrain [ba:'rein] Bahréin.
Baikal [bai'ka:l] Baikal.
Baku [ba:'ku:] Bakú (*kr i Azerbaixhanit*).
Balkans ['bo:lkënz] Ballkán.
Bamako [ba:më'kou] Bamakó (*kr i Malit*).
Bangkok [bæng'kok] Bangkók (*kr i Tailandës*).
Bangladesh [bænglë'desh] Bangladésh.
Bangui [ba:n'gi:] Bangí (*kr i Republikës së Afrikës Qendrore*).
Banjul [bæn'xhu:l] Banxhúl (*kr i Gambias*).
Barbados [ba:'beidës] Barbádos.
Beirut [bei'ru:t] Beirút (*kr i Libanit*).
Belgium ['belxhëm] Belgjíkë.
Belgrade [bel'greid] Beográd (*kr i Jugosllavisë*).
Belorussia [belou'rʌshë] Bjellorusí.
Bengal, Bay of [beiëvben'go:l] Gjí i Bengálit.
Benin [bë'nin] Benín.
Berlin [bë:'lin] Berlín.
Bern(e) [bë:n] Bérnë.
Bhutan [bu:'tæn] Bután.
Birmingham ['bë:mingem] Birmingám.
Bishkek ['bishkek] Bishkék (*kr i Kirgizisë*).
Bissau [bi'sau] Bisáu (*kr i Guinesë Bisau*).
Black Sea ['blæksi:] Déti i Zí.

Bogota [bogou'ta:] Bogotá (*kr i Kolombisë*).
Bolivia [bë'livië] Boliví.
Bombay [bom'bei] Bombéj.
Bonn [bon] Bon.
Bosnia ['bosnië] Bósnje.
Bosp(h)orus ['bosfërës] Bosfor.
Botswana [bo'tswa:në] Botsvána.
Brasilia [brë'ziljë] Brazília (*kr i Brazilit*).
Bratislava [brætë'sla:vë] Bratislávë (*kr i Sllovakisë*).
Brazil [brë'zil] Brazíl.
Brazzaville ['bræzëvil] Brazavíl(*kr i Kongos*).
Bridgetown ['brixhtaun] Bríxhtaun (*kr i Barbados*).
Britain, Great [greit'britën] Britaní e Mádhe.
Brussels ['brʌsëlz] Bruksél (*kr i Belgjikës*).
Bucharest [bju:kë'rest] Bukurésht (*kr i Rumanisë*).
Budapest [bju:dë'pest] Budapést (*kr i Hungarisë*).
Buenos Aires [bwenës'ajëriz] Buénos-Áires (*kr i Argjentinës*).
Bujumbura [bu:xhëm'burë] Buxhumbúra (*kr i Burundit*).
Bulgaria [bʌl'geërië] Bullgarí.
Burkina Faso [buë:kinë'fa:so:] Burkína Fáso.
Burundi [bu'rundi] Burúndi.
Byelorussia [bjelë'rʌshë] Bjellorusí.

Cabo Verde [ka:vu:'vë:d] Brégu i Gjélbërt.
Cairo ['kajërou] Káiro.
Calcutta [kæl'kʌtë] Kalkúta.
Cambodia [kæm'boudië] Kambóxhia.
Cambridge ['keimbrixh] Kémbrixh.
Cameroon ['kæmëru:n] Kamerún.
Canada['kænëdë] Kanadá.
Canberra['kænbërë] Kanbéra (*kr i Australisë*).
Caracas [kë'rækës] Karakás (*kr i Venezuelës*).
Carribean Sea [kæri'bi:ën ~] Déti i Karíbeve.
Caspian Sea ['kæspiën ~] Déti Kaspík.
Caucasus ['ko:kësës] Kaukáz.
Central African Republic ['sentrël'æfrikënri-'pʌblik] Republíka e Afríkës Qendróre.

Chad [çæd] Çad.
Chicago [shi'ka:gou] Çikágo.
Chile ['çili] Kíli.
China ['çainë] Kínë.
Colombia [kë'lombië] Kolombí.
Colombo [kë'lʌmbou] Kolómbo (*kr i Sri Lankës*).
Colorado [kolë'ra:dou] Kolorádo.
Conakry ['konëkri] Kónakri (*kr i Guinesë*).
Congo ['kongou] Kóngo.
Copenhagen [koupën'heigën] Kopenhágen (*kr i Danimarkës*).
Corsica ['ko:sikë] Korsíkë.
Costa Rica [kostë'ri:kë] Kósta Ríka.
Crete [kri:t] Krétë.
Crimea [krai'mië] Krimé.
Croatia [krou'eishjë] Kroací.
Cuba ['kju:bë] Kúbë.
Cyprus ['saiprës] Qípro.
Czech Republic [çekri'pʌblik] Republíka Çéke.

Dacca ['dækë] Dáka (*kr i Bangladeshit*).
Dakar ['dækë:] Dakár (*kr i Senegalit*).
Damaskus [dë'ma:skës] Damásk (*kr i Sirisë*).
Danube ['dæniu:b] Danúb.
Dardanelles [da:dë'nelz] Dardanélet.
Dar es Salaam, Daressalam [da:ressë'la:m] Dar-es-salám (*kr i Tanzanisë*).
Delhi ['deli] Déli.
Denmark ['denma:k] Danimárkë.
Detroit [di'troit] Detróit.
Djakarta [xhë'ka:të] Xhakárta (*kr i Indonezisë*).
Djibouti [xhi'bu:ti] Xhibúti (*shtet dhe kryeqytet*).
Dnieper ['dni:pë:] Dniépër.
Doha ['douhë] Dóha (*kr i Katarrit*).
Dominican Republic [dë'minikënri'pʌblik] Republíka Dominikáne.
Dublin ['dʌblin] Dublín (*kr i Republikës së Irlandës*).
Dyushambe [dju:'sha:mbë] Dushanbé (*kr i Taxhikistanit*).

Ecuador [ekwë'do:] Ekuadór.
Egypt ['i:xhipt] Egjípt.
El Salvador [el'sælvëdo:] Salvadór.
England ['inglënd] Anglí.
English Channel ['inglish'çænël] Kanáli i La Mánshit.
Equatorial Guinea [ekwë'to:riël'gini] Guiné Ekuatoriále.
Erie, Lake ['leik'iëri] Liqéni Éri.
Estonia [es'tounië] Estoní.
Ethiopia [i:thi'oupië] Etiopí.
Europe ['juërëp] Evrópë.

Fiji [fi:'xhi:] Fíxhi.
Finland ['finlënd] Finlándë.
France [fra:ns] Fráncë.
Freetown ['fri:taun] Fritáun (*kr i Sierra Leones*).

Gabon [gæ'bon] Gabón.
Gaborone [gæbë'rounë] Gaboróne (*kr i Botsvanës*).
Gambia ['gæmbië] Gámbia.
Ganges ['gænxhi:z] Gang.
Geneva [xhi'ni:vë] Gjenévë.
Georgetown ['xho:xhtaun] Xhórxhtaun (*kr i Guajanës*).
Georgia ['xho:xhië] a)Gjeorgjí; b)Xhórxhia.
Germany ['xhë:mëni] Gjermaní.
Ghana ['ga:në] Gána.
Gibraltar [xhi'bro:ltë:] Gjibraltár.
Glasgow ['gla:sgou] Glásgou.
Great Britain [greit'britën] Britaní e Mádhe.
Greece [gri:s] Greqí.
Greenland ['gri:nlënd] Grenlándë.
Greenwich ['grinixh] Grinuíç.
Grenada [gre'neidë] Grenádë.
Guadeloupe [gwa:dë'lu:p] Guadalúp.
Guatemala [gwæti'ma:lë] Guatemálë.
Guinea ['gini] Guiné.
Guinea-Bissau [ginibi'sau] Guiné-Bisáu.
Guyana [gaj'ænë] Guajánë.

Hague, the [heig] Hágë.
Haiti ['heiti] Haíti.

Hanoi [hæ'noi] Hanói.
Harare ['ha:rëre] Haráre (*kr i Zimbabves*).
Havana [hë'vænë] Havánë.
Hawaii [hë'vaii:] Havái.
Hebrides ['hebridi:z] Íshujt Hebríde.
Helsinki ['helsinki] Helsínki.
Himalaya(s) [himë'lejë(z)] Himalájet.
Holland ['holënd] Hollándë.
Honduras [hon'djuërës] Hondúras.
Hudson ['hʌdsën] Húdson.
Hungary ['hʌngëri] Hungarí.
Huron, Lake ['leik'hjuërën] Liqéni Hurón.

Iceland ['aislënd] Islándë.
India ['indjë] Indí.
Indian Ocean ['indiën ~] Oqeáni Indián.
Indonesia [indou'ni:zjë] Indonezí.
Indus ['indës] Ind.
Iran [i'ra:n] Irán.
Iraq [i'ra:k] Irák.
Ireland ['ajë:lënd] Irlándë.
Islamabad [is'la:mëba:d] Islamabád (*kr i Pakistanit*).
Israel ['isrejël] Izraél.
Istanbul [istæm'bu:l] Stambóll.
Italy ['itëli] Italí.
Ivory Coast ['ajvëri'koust] Brégu i Fildíshtë.

Jamaica [xhë'meikë] Xhamáikë.
Japan [xhë'pæn] Japoní.
Java ['xha:vë] Jáva.
Jerusalem [xhë'ru:sëlëm] Jeruzalém.
Jordan ['xho:dën] Jordaní.

Kabul [kë'bul] Kabúl (*kr i Afganistanit*).
Katmandu [kætmæn'du:] Katmandú (*kr i Nepalit*).
Kazakhstan [ka:za:h'sta:n] Kazakistán.
Kenia ['kenië] Kénia.
Khart(o)um [ka:'tu:m] Hartúm.
Kiev ['ki:ev] Kiév.
Kigali [ki'ga:li] Kigáli (*kr i Ruandës*).
Kingston['kingstën] Kíngston(*kr Xhamaikës*).
Kinshasa [kin'sha:së] Kinshása.

Kirghizia [kë:'gi:zjë] Kirgizí.
Kishinev [kishi'njov] Kishiniév.
Korea [ko'rië] Koré.
Kuwait [ku'weit] Kuváit.
Kyala Lumpur [kwa:lë'lumpuë:] Kuála-Lumpúr (*kr i Malajzisë*).

Lagos ['leigos] Lágos (*kr i Nigerisë*).
Laos [lauz] Laós.
La Paz [la:'pæz] La-Pás (*kr i Bolivisë*).
Latvia ['lætvië] Latví.
Lebanon ['lebënën] Libán.
Leipzig ['laipzig] Laipsíg.
Lesotho [lë'soutou] Lesóto.
Liberia [lai'biërië] Liberí.
Libreville [li:brë'vi:l] Librevíl (*kr i Gabonit*).
Libya ['libië] Libí.
Liechtenstein ['liktenstain] Lihtenshtéin.
Lilongwe [li'longwi] Lilóngve (*kr i Malavisë*).
Lima ['li:më] Líma (*kr i Perusë*).
Lisbon ['lizbën] Lisbónë (*kr i Portugalisë*).
Lithuania [lithju:'einië] Lituaní.
Liverpool ['livë:pu:l] Liverpúl.
Ljubliana [liubli'ænë] Ljubliánë (*kr i Sllovenisë*).
Lome [lo'mei] Lomé (*kr i Togos*).
London ['lʌndën] Lóndër (*kr i Britanisë*).
Los Angeles [los'ænxhili:z] Lós-Ánxheles.
Luanda [lu:'ændë] Luánda (*kr i Angólës*).
Lusaka [lu:'sa:kë] Lusáka (*kr i Zambias*).
Luxemburg ['lʌksëmbë:g] Luksembúrg.

Macedonia [mæsi'dounië] Maqedoní.
Madagaskar [mædë'gæskë:] Madagaskár.
Madrid [më'drid] Madríd (*kr i Spanjës*).
Magellan, Strait of [streitëvmë'gelën] Ngushtíca e Magelánit.
Malabo [më'la:bou] Malábo (*kr i Guinesë Ekuatoriale*).
Malawi [më'la:wi] Malaví.
Malaysia [më'leizië] Malaizí.
Maldives ['mo:ldivz] Íshujt Maldíve.
Male ['ma:lei] Mále (*kr i Ishujve Maldive*).
Mali ['ma:li] Máli.
Malta ['mo:ltë] Máltë.

Managua [më'nægwë] Manágua (*kr i Nikaraguas*).
Manama [më'næmë] Manáma (*kr i Bahreinit*).
Manchester ['mænçistë:] Mánçester.
Manila [më'nilë] Maníla (*kr i Filipineve*).
Maputo [më'pu:tou] Mapúto (*kr i Mozambikut*).
Maseru ['mæzëru:] Máseru (*kr i Lesotos*).
Mauritania [mori'teinië] Mauritaní.
Mauritius [më'rishës] Íshulli Morís.
Mbabane [mba:'ba:ni] Mbabáne (*kr i Svazilendit*).
Mediterranian Sea [meditë'reiniën'si:] Déti Mesdhé.
Melbourne ['melbë:n] Melbúrn.
Mexico ['meksikou] a)Meksíkë; b)Méksiko.
Michigan ['mishigën] Miçigán.
Minsk [minsk] Minsk (*kr i Bjellorusisë*).
Mississipi [misi'sipi] Misisípi.
Missouri [mi'zuëri] Misúri.
Mogadishu [mogë'dishu:] Mogadíshu (*kr i Somalisë*).
Moldova [mol'douvë] Moldaví.
Monaco ['monëkou] Mónako (*shtet dhe kr*).
Mongolia [mon'gouljë] Mongolí.
Monrovia [mën'rouvië] Monroví (*kr i Liberisë*) .
Montevideo [montivi'dejou] Montevidéo (*kr i Uruguajit*).
Montreal [montri'o:l] Montreál.
Morocco [më'rokou] Marók.
Moroni [më'rouni] Moróni (*kr i Komoros*).
Moscow ['moskou] Móskë (*kr i Rusisë*).
Mozambique [mouzëm'bi:k] Mozambík.
Munich ['mju:nik] Myníh.
Murmansk [mu:'ma:nsk] Murmánsk.
Muscat ['mʌskæt] Muskát (*kr i Omanit*).
Myanma ['mja:nma] Mjánma (Birmaní).

Nairobi [nai'roubi] Nairóbi (*kr i Kénias*).
Namibia [në'mibië] Namibí.
Nassau ['næso:] Nasáu (*kr i Ishujve Bahame*).
N'Djamena [nxha:'menë] Nxhaména (*kr i Çadit*).

Nepal [ni'po:l] Nepál.
Netherlands, the ['nedhë:lëndz] Véndet e Úlëta, Hollándë.
Newfoundland ['njufëndlënd] Njufaundlénd.
New Guinea [nju:'gini] Guinéa e Ré.
New York [nju:'jo:k] Nju Jork.
New Zealand [nju:'zi:lënd] Zelánda e Ré.
Niamey [nja:'mei] Niaméj (*kr i Nigerit*).
Nicaragua [nikë'rægiuë] Nikarágua.
Nicosia [nikou'sië] Nikosía (*kr i Qipros*).
Niger ['naixhë:] Níger.
Nigeria [nai'xhiërië] Nigerí.
Nile [nail] Nil.
North Sea [no:th'si:] Déti i Veríut.
Norway ['no:wei] Norvegjí.
Nouakchott [nwa:k'shot] Nuakshót (*kr i Mauritanisë*).

Oman [ou'ma:n] Omán.
Ontario, Lake ['leikon'teëriou] Liqéni Ontário.
Oslo ['ozlou] Óslo (*kr i Norvegjisë*).
Ottawa ['otëwë] Otáva (*kr i Kanadásë*).
Ougadougou [wa:gë'du:gu:] Uagadúgu (*kr i Burkina Fasos*).
Oxford ['oksfë:d] Oksfórd.

Pacific Ocean[pë'sifik ~] Oqeáni Paqësór.
Pakistan [pa:kis'ta:n] Pakistán.
Panama [pænë'ma:] Panamá.
Panama Canal [pænëma:kë'næl] Kanáli i Panamásë.
Papua New Guinea ['pæpjuniu'gini] Guinéa e Ré Pápua.
Paraguay ['pærëgwai] Paraguáj.
Paris ['pæris] París (*kr i Francës*).
Pekin(g) ['pi:kin(g)] Pekín (*kr i Kinës*).
Peru [pë'ru:] Perú.
Philadelphia [filë'delfjë] Filadélfia.
Philippines ['filipi:nz] Filipíne.
Pnompenh [nom'pen] Pnompén (*kr i Kamboxhias*).
Poland ['poulënd] Poloní.
Polynesia [poli'ni:zjë] Polinezí.
Port-au-Prince [po:tou'prins] Port-o-Préns (*kr i Haitit*).

Port Louis [po:t'lu:iz] Port-Luí (*kr i Ishullit Moris*).
Port Moresby [po:t'mo:zbi] Port-Mórsbi (*kr i Guinesë së Re Papua*).
Port-of-Spain [po:tëv'spein] Port-of-Spéin (*kr i Trinidad-Tobagos*).
Porto-Novo [po:tou'nouvou] Porto-Nóvo (*kr i Beninit*).
Port Said [po:t'said] Port-Saíd.
Portugal ['po:tjugël] Portugalí.
Prague [pra:g] Prágë (*kr i Republikës Çeke*).
Praia ['prajë] Prája (*kr i Bregut të Gjelbër*).
Pretoria [pri'to:rië] Pretória (*kr i Republikës së Afrikës së Jugut*).
Puerto Rico [pwë:tou'ri:kou] Pórto Ríko.
Pyongyang [pjong'jæng] Phenián (*kr i Koresë së Veriut*).
Pyrenees [pirë'ni:z] Pirenéjtë.

Qatar [kë'ta:] Katár.
Quebec [kwi'bek] Kebék.
Quito ['ki:tou] Kíto (*kr i Ekuadorit*).

Rabat [rë'ba:t] Rabát (*kr i Marokut*).
Rangoon [ræn'gu:n] Rangún (*kr i Mjanmas - Birmanisë*).
Red Sea [red'si:] Déti i Kuq.
Republic of South Africa [ri'pʌblikëv'sauth-'æfrikë] Republíka e Afríkës së Júgut.
Republic of Yemen[ri'pʌblikëv'jemën] Republíka e Jeménit.
Reykjavik ['reikjëvik] Reikjavík.
Rhine [rain] Rin.
Riga ['ri:gë] Ríga (*kr i Latvisë*).
Rio de Janeiro [ri:oudëxhë'niërou] Río-de-Zhanéiro.
Riyadh [ri'ja:d] Riád (*kr i Arabisë Saudite*).
Rockies ['rokiz], Rocky Mountains ['roki'ma-untinz] Málet Shkëmbóre.
Rome [roum] Rómë (*kr i Italisë*).
Ro(u)mania [ru:'meinië] Rumaní.
Russia ['rʌshë] Rusí.
Rwanda [ru:'ændë] Ruánda.

Saint George's [seint'xho:xhiz] Sent-Xhórxhes (*kr i Grenadës*).

Sana [saː'naː] Saná (*kr i Republikës së Jeme-
nit*).

San Francisco[sænfrën'siskou] San-Fránçísko.

San José [sænhou'zei] San-hozé (*kr i Kosta
Rikës*).

San Juan [sæn'hwaːn] San-Huán (*Porto Riko).

San Marino [sænmë'riːnou] San-Maríno.

San Salvador [sæn'sælvëdoː] San-Salvadór
(*kr i Salvadorit*).

Santiago [sænti'ægou] Santiágo (*kr i Kilit*).

Santo Domingo [sæntoudo'mingou] Sánta-
-Domingo (*kr i Republikës Dominikane*).

Sao Tomé [soutuː'me] San-Tomé (*kr i Sao-
Tomes dhe Principit*).

Sao Tomé and Principe [soutuː'meënd'priːns-
iːpi:] San-Tomé e Princíp.

Sarajevo ['saːrëjevou] Sarajévë.

Saudi Arabia ['saudië'reibjë] Arabí Saudíte.

Scotland ['skotlënd] Skocí.

Senegal [seni'goːl] Senegál.

Seychelles [sei'shellz] Íshujt Seishél.

Siberia [sai'biërië] Siberí.

Sierra Leone [sierëli'oun] Siérra-Leóne.

Singapore [singë'poː] Singapúr.

Skopje ['skoːpje] Shkup.

Slovakia [slou'vaːkia] Sllovakí.

Slovenia [slou'viːnië] Sllovení.

Sofia ['soufjë] Sófie (*kr i Bullgarisë*).

Somalia [sou'maːlië] Somalí.

South-West Africa['sauth'west'æfrikë] Afríkë
Jugperëndimóre (Namibí).

Spain [spein] Spánjë.

Sri Lanka [sri'lænkë] Sri Lánka.

Stockholm ['stokhoum] Stokhólm (*kr i Sue-
disë*).

Sucre ['suːkrë] Súkre (*kr i Bolivisë*; shih edhe
La Paz).

Sudan [su:'daːn] Sudán.

Suez Canal [suiːzkë'næl] Kanáli i Suézit.

Superior, Lake [leiksjuː'piërië:] Liqéni i
Sípërm.

Suva ['suːvë] Súva (*kr i Fixhit*).

Swaziland ['swaːzilænd] Suazilénd.

Sweden ['swiːdën] Suedí.

Switzerland ['swicë:lënd] Zvícër.

Sydney ['Sidni] Sídnei.

Syria ['sirië] Sirí.

Tadjikistan [taːxhiki'staːn] Taxhikistán.

Taiwan [tai'wæn] Taiván.

Tallin ['taːlin] Talín (*kr i Estonisë*).

Tanganyika [tængë'niikë] Tanganíkë.

Tanzania [tænzë'nië] Tanzaní.

Tashkent [Tæsh'kent] Tashként (*kr i Uzbeki-
stanit*).

Tbilisi [tbi'liːsi] Tbilís (*kr i Gjeorgjisë*).

Tegucigalpa [tëguːsi'gaːlpa:] Tegusigálpa (*kr
i Hondurasit*).

Teh(e)ran [tië'raːn] Teherán (*kr i Iranit*).

Tel Aviv [telë'viːv] Tel-Avív (*kr i Izraelit*).

Thailand ['tailænd] Tailándë.

Thames [temz] Temz.

Thimphu ['thimpuː] Thimpú (*kr i Butanit*).

Tirana [ti'raːnë] Tiránë (*kr i Shqipërisë*).

Togo ['tougou] Tógo.

Tokyo ['toukjou] Tókio (*kr i Japonisë*).

Trinidad and Tobago[trinidædëndtou'beigou]
Trinidád-Tobágo.

Tripoli ['tripëli] Trípoli (*kr i Libisë*).

Tunis ['tjuːnis] Tunís (*kr i Tunizisë*).

Tunisia [tjuː'nizië] Tunizí.

Turkey ['tëːki] Turqí.

Turkmenistan [tëːkmeni'staːn] Turkmenistán.

Uganda [juː'gændë] Ugánda.

Ukraine [juː'krein] Ukraínë.

Ulan Bator ['uːlaːn'baːto:] Ulán-Batór (*kr i
Mongolisë*).

United Arab Emirates [juː'naitid'ærëbe'miër-
its] Emirátet e Bashkúara Arábe.

United Kingdom [juːnaitid'kingdëm] Mbretë-
ría e Bashkúar (Britanía e Mádhe).

United States of America [juː'naitid'steitsëvë-
'merikë], **USA** [juːes'ei] Shtétet e Bashkúara
të Ameríkës, ShBA.

Urals ['juërëlz] Urálet.

Uruguay ['uruguai] Uruguáj.

Uzbekistan [uzbeki'staːn] Uzbekistán.

Vaduz [vë'duːc] Vadúc (*kr i Lihtenshteinit*).

Valleta [vë'letë] Valéta (*kr i Maltës*).
Vatican ['vætikën] Vatikán.
Venezuela [vene'zweilë] Venezuéla.
Victoria [vik'to:rië] Viktória (*kr i Seisheleve*).
Vienna [vi'enë] Viénë (*kr i Austrisë*).
Vientianne [vjen'tja:n] Vjentján (*kr i Laosit*).
Viet Nam [vjet'næm] Vietnám.
Vilnius ['vilniës] Vílnius (*kr i Lituanisë*).
Volga ['volgë] Vóllga.

Wales [wejlz] Uells.
Warsaw ['wo:so:] Varshávë (*kr i Polonisë*).
Washington ['woshingtën] Uáshington (*kr i ShBA*).

Wellington ['welingtën] Uéllington (*kr i Zelándës së Ré*).
Western Samoa [westë:nsë'mouë] Samóa Perëndimóre.

Yamoussoukro [ja:mu:'su:krë] Jamusúkro (*kr i Bregut të Fildishtë*).
Yaoundé [ja:u:n'dei] Jaundé (*kr i Kamerunit*).
Yerevan [jerë'va:n] Erahán (*kr i Armenísë*).
Yugoslavia [ju:gou'sla:vjë] Jugosllaví.

Zagreb ['za:greb] Zagréb (*kr i Kroacisë*).
Zaire [zë'ië:] Zairé.
Zambia ['zæmbië] Zámbia.
Zimbabwe [zim'ba:bvi] Zimbábve.

COMMON GIVEN NAMES

EMRA NJERËZISH

Abel ['eibël] Abél.
Abraham ['eibrëhæm] Abrahám.
Adam ['ædëm] Adám.
Adrian ['eidriën] Adrián.
Agatha ['ægëthë] Agáta, Agathí.
Albert ['ælbë:t] Albért.
Aleck ['ælik] Álek, Aléko.
Alexander [ælig'zændë:] Aleksándër.
Alfred ['ælfrid] Alfréd.
Alice ['ælis] Alísë.
Allan ['ælën] Alén.
Amabel ['æmëbel] Amabélë.
Amelia, Amy [ë'mi:ljë, 'eimi] Amáli, Émi.
Andrew, Andy ['ændru:, 'ændi] Éndrju; Éndi, Andi.
Ann, Anna, Annie [æn, 'ænë, 'æni] Ánë, Ána, Éni.
Annabel ['ænëbel] Anabélë.
Anthony ['æntëni] Antón.
Arabella [ærë'belë] Arabéla.
Archibald, Archie ['a:çibëld, 'a:çi] Arçibáld, Árçi.
Arnold ['a:nëld] Arnóld.
Arthur ['a:thë:] Artúr.
Aubry ['o:bri] Óbri.
August(us) ['o:gʌst(ës)] Augúst.
Aurora [o:'ro:rë] Auróra.
Austin ['ostin] Óstin.

Baldwin ['bo:ldwin] Bolduín.
Barbara ['ba:bërë] Bárbara.
Bart, Bartholomew [ba:t, ba:'tholëmju:] Bart, Bartolomé.
Basil ['bæzël] Bazíl.
Beatrice, Beatrix ['biëtris, -iks] Beatrísë.

Becky ['beki] Béki (*shk i Rebeka*).
Bella ['belë] Béla (*shk i Isabella*).
Ben [ben] Ben (*shk i Beniamin*).
Benedict ['benidikt] Benedíkt.
Benjamin, Benny ['benxhëmin, 'beni] Beniamín, Béni.
Bernard ['bë:në:d] Bernárd.
Bert, Bertie [bë:t, 'bë:ti] Bert, Bérti (*shk i Albert, Bertram, Herbert, Robert*).
Bertram ['bë:trëm] Bertrán.
Bess, Bessie, Bessy ['bes, 'besi] Bési (*shk i Elisabeth*).
Betsey, Betsy; Betty ['betsi; 'beti] Bétsi; Béti (*shk i Elisabeth*).
Bill, Billy [bil, 'bili] Bill, Bílli (*shk i William*).
Bob; Bobbie, Bobby [bob; 'bobi] Bob, Bóbi (*shk i Robert*).
Brian ['brajën] Brájën.
Bridget ['brixhit] Brixhítë.

Carol ['kærël] Kérol.
Caroline, Carrie ['kerëlain, 'kæri] Karolínë, Kéri.
Catherine, Cathie ['kæthrin, 'kædhi] Katerínë, Kéti.
Cecil, Cecilia, Cecily ['sesël, si'siljë, 'sesili] Sésil, Sesília.
Charles; Charley, Charlie [ça:lz; 'ça:li] Çarlz; Çárli.
Chris [kris] Kris (*shk i Christian, Christina, Christopher*).
Christian ['kristjën] Kristián.
Christina, Christine [kris'tinë, 'kristi:n, kris'ti:n] Kristína.
Christopher ['kristëfë:] Krístofer, Krostofór.

Clare [kleë:] Kler.
Clarence ['klærëns] Klaréns.
Claud(e) [klo:d] Klod.
Clem, Clement [klem, 'klemënt] Klem, Klemént.
Connie, Constance ['koni, 'konstëns] Kóni, Konstánca.
Cora ['ko:rë] Kóra.
Cordelia [ko:'di:ljë] Kordélia.
Cyryl ['siril] Ciríl.
Cyrus ['sajërës] Sáirus.

Dan, Daniel, Dannie [dæn, 'dæniël, 'dæni] Den, Daniél, Déni.
Dave, David, Davy [deiv, 'deivid, 'deivi] Deiv, Davíd, Déivi.
Den(n)is ['denis] Denís.
Diana [daj'ænë] Diána.
Dick, Dickie [dik, 'diki] Dik, Díki (*shk i Richard*).
Dob, Dobbin [dob, 'dobin] Dob, Dóbin (*shk i Robert*).
Doll, Dolly [dol, 'doli] Doll, Dólli (*shk i Dorothy*).
Donald ['donëld] Dónald.
Dora ['do:rë] Dóra (*shk i Dorothy*).
Dorian ['do:riën] Dorián.
Doris ['doris] Dóris.
Dorothy ['dorëthi] Dorothí.
Douglas ['dʌglës] Dáglës, Dúglas.

Ed [ed] Ed (*shk i Edgar, Edmund, Edward, Edwin*).
Eddie, Eddy ['edi] Édi (*shk i Edward, Edwin*).
Edgar ['edgë:] Edgár.
Edith ['i:dith] Edíth.
Edmund ['edmënd] Edmónd.
Edward ['edwë:d] Eduárd.
Edwin ['edwin] Edvín.
Eleanor ['elinë:] Élinor, Eleonórë.
Elijah [i'laixhë] Iláixh, Ilía.
Elisabeth, Elizabeth [i'lizëbëth] Elizabétë.
Ellen ['elin] Elénë.
Elmer ['elmë:] Élmer.
Elsie ['elsi] Élsi, Élsa (*shk i Elisabeth, Alice*).

Em [em] Em (*shk i Emily*).
Emery ['emëri] Émeri.
Emilia, Emily [i'miljë, 'emili] Emilí.
Ernest, Ernie ['ë:nist, 'ë:ni] Ernést, Érni.
Esther ['estë:] Estér.
Ethel ['ethël] Etél.
Eugene [ju:'xhi:n] Juxhín, Eugjén.
Eustace ['ju:stës] Eustásh.
Eva, Eve ['i:vë, i:v] Éva.
Evelina, Eveline, Evelyn [evi'li:na, 'evilin, 'i:vlin] Evelínë, Ivlín.

Fanny ['fæni] Fáni (*shk i Frances*).
Felix ['filiks] Felíks.
Ferdinand ['fë:dinënd] Ferdinánd.
Flo, Flossie, Floy [flou, 'flosi, floi] Flo, Flósi, Floj (*shk i Flórens*).
Flora ['flo:rë] Flóra.
Florence ['florëns] Floréncë.
Frances ['fra:nsis] Frénsis, Françéska.
Francis ['fra:nsis] Frénsis, Françésk.
Frank [frænk] Frenk (*shk i Francis*).
Fred; Freddie, Freddy [fred; 'fredi] Fred, Fredi {*shk i Frederic(k)*}.
Frederic(k) ['fredrik] Frederík.

Gabriel ['geibriël] Gabriél.
Ge(o)ffrey ['xhefri] Xhéfri.
George [xho:xh] Xhorxh.
Gerald ['xherëld] Xhérëld, Geráld.
Gertie ['gë:ti] Gérti (*shk i Gertrude*).
Gertrude ['gë:tru:d] Gertrúdë.
Gil, Gilbert [gil, 'gilbë:t] Gil, Gilbért.
Gloria ['glo:rië] Glória.
Godfrey ['godfri] Gódfri.
Gordon ['go:dën] Górdon.
Grace [greis] Greis.
Graham ['grejëm] Gréjëm, Gráham.
Gwendolen ['gwendëlin] Guendolínë.

Harold ['hærëld] Haróld.
Harriet ['hæriët] Henriétë.
Harry ['hæri] Hárri.
Hatty ['hæti] Héti (*shk i Harriet*).
Helen, Helena ['helin, 'helinë] Helénë.

Henry ['henri] Hénri.
Herbert ['hë:bë:t] Hérbert.
Herman(n) ['hë:mën] Hérman.
Hilary ['hilëri] Hílari.
Horace ['horës] Horác.
Howard ['hauë:d] Hóuard.
Hubert ['hju:bë:t] Húbert.
Hugh, Hugho [hju:, 'hju:gou] Hju, Húgo.
Humphr(e)y ['hʌmfri] Hámfri.

Ike [aik] Áik (shk i Isaak).
Ira ['ajërë] Áira.
Irene [ai'ri:n(i)] Irénë.
Isaak ['aizëk] Isák.
Isabel, Isabella ['izëbel, izë'belë] Izabélë.
Isidore ['izido:] Isidór.
Isold(e) [i'zold(ë)] Izóldë.

Jack [xhæk] Xhek (shk i John).
Jacob ['xheikëb] Jakób.
Jake [xheik] Xheik (shk i Jacob).
James [xheimz] Xheims.
Jane [xhein] Xhéin.
Janet ['xhænit] Zhanétë.
Jean [xhi:n] Xhin.
Jeff, Jeffrey [xhef, 'xhefri] Xhef, Xhéfri.
Jem [xhem] Xhem (shk i James).
Jen; Jennie, Jenny [xhen; 'xheni] Xhen,
    Xhéni (shk i Janet).
Jenifer ['xhenifë:] Xhenifér.
Jeremiah [xheri'majë] Xheremí.
Jerome [xhë'roum, 'xherëm] Xheróm.
Jess; Jessie, Jessy [xhes; 'xhesi] Xhes; Xhési
    (shk i Jessica).
Jessica ['xhesikë] Xhesíka.
Jim, Jimmy [xhim, 'xhimi] Xhim, Xhími (shk
    i James).
Jo, Joe [xhou] Xho (shk i Joseph, Josephine).
John, Johnny [xhon, 'xhoni] Xhon, Xhóni.
Jonathan ['Xhonëthën] Xhonatán.
Joseph ['xhouzif] Xhózef, Josíf.
Josephine ['xhouzifi:n] Xhozefínë.
Joshua ['xhoshwë] Xhóshua.
Joy [xhoi] Xhói.
Joyce [xhois] Xhojs.

Jozy ['xhouzi] Xhózi (shk i Josephine).
Judith, Judy ['xhu:dith, 'xhu:di] Xhúdit,
    Xhúdi.
Julia ['xhu:ljë] Xhúlia.
Juliet ['xhu:ljet] Zhuliétë.
Julius ['xhu:ljës] Xhúlius.

Kate [keit] Kéit (shk i Catherine).
Kathleen ['kæthli:n] Kétlin (shk i Catherine).
Keith [ki:th] Kit.
Kenneth ['kenith] Kénet.
Kit [kit] Kit (shk i Christopher, Catherine).
Kitty ['kiti] Kíti (shk i Catherine).

Laurence ['lorëns] Lorénc.
Leonard ['lenë:d] Leonárd.
Leonora [li:ë'no:rë] Leonórë.
Lesley, Leslie ['lezli] Lésli.
Lewis ['lu:is] Luíz.
Lillian ['liliën] Liliánë.
Lily ['lili] Líli.
Lionel ['lajënël] Lionél.
Liz, Liza, Lizzie [liz, 'li:zë, 'lizi] Lízë, Líza,
    Lízi.
Lucas ['lu:kës] Lúkas, Llúka.
Lucy ['lu:si] Lúsi.
Luke [lu:k] Llúkë.

Mabel ['meibël] Méibëll.
Madeleine ['mædlin] Madelénë.
Mag, Maggie [mæg, 'mægi] Meg, Mégi (shk
    i Margaret).
Malkolm ['mælkëm] Málkolm.
Margaret ['ma:gërit] Margarítë.
Margery ["ma:xhëri] Márxhori (shk i Mar-
    garet).
Maria [më'rajë] María.
Marion ['meëriën] Mérion, Mariánë.
Mark [ma:k] Mark.
Martha ['ma:thë] Márta.
Martin ['ma:tin] Martín.
Mary ['meri] Méri.
Mat(h)ilda [më'tildë] Matílda.
Matthew, Matthias ['mæthju:, më'thajës]
    Métju, Matiás.

Maurice ['moris] Morís.
Max [mæks] Maks.
Meg, Meggy [meg, 'megi] Meg, Mégi (*shk i Margaret*).
Michael ['maikël] Máikëll, Mikél.
Micky, Mike ['miki, maik] Míki, Majk (*shk i Michael*).
Mildred ['mildrëd] Míldrëd.
Mirabel ['mirëbel] Mirabél.
Miriam ['miriëm] Miriám.
Moll, Molly [mol, 'moli] Moll, Mólli (*shk i Mary*).
Montague, Monty ['montëgiu, 'monti] Montág, Mónti.
Morgan ['mo:gën] Mórgan.
Mortimer ['mo:timë:] Mortimér.
Moses ['mouziz] Moisí.

Nance, Nancy [nens, 'nænsi] Nens, Nénsi.
Nat, Nathan [næt, 'neithën] Net, Natán.
Ned, Neddie, Neddy [ned, 'nedi] Ned, Nédi (*shk i Edgar, Edmund, Edwin, Edward*).
Nell, Nellie, Nelly [nel, 'neli] Nel, Néli (*shk i Eleanor, Helen*).
Neville ['nevil] Nevíl.
Nicholas, Nick ['nikëlës, nik] Nikolás, Nik.
Noah ['nouë] Nóe.
Noel ['nouël] Noél.
Nora ['no:rë] Nóra (*shk i Eleanor, Leonora*).
Norman ['no:mën] Normán.

Oliver ['olivë:] Olivér.
Olivia [o'livië] Olívia.
Oscar ['oskë:] Oskár.
Oswald ['ozwëld] Osváld.
Owen ['ouin] Ouén.

Paddy ['pædi] Pédi (*shk i Patric, Patricia*).
Pat [pæt] Pet (*shk i Patric, Patricia, Martha*).
Patricia [pë'trishë] Patrícia.
Patrick ['pætrik] Patrík.
Patty ['pæti] Péti (*shk i Martha, Mathilda*).
Paul [po:l] Pol.
Peg, Peggy [peg, 'pegi] Peg, Pégi (*shk i Margaret*).

Pen, Penelope [pen, pi'nelëpi] Pen, Penelópë.
Percy ['pë:si] Pérsi.
Pete, Peter [pi:t, 'pi:të:] Pit, Píter.
Phil, Philip, Pip [fil, 'filip, pip] Fil, Filíp, Pip.
Pol, Polly [Pol, Póli] Pol, Póli.
Portia ['po:shjë] Pórcia.

Rachel ['reiçël] Réiçëll.
Ralph [rælf] Ralf.
Randolph ['rændolf] Randólf.
Raphael ['ræfejël] Rafaél.
Raymond ['reimënd] Raimónd.
Rebecca [ri'bekë] Rebéka.
Reg, Reggie, Reginald [rexh, 'rexhi, 'reginëld] Reg, Régi, Rexhináld.
Reynold ['renëld] Reinóld.
Richard ['riçë:d] Riçárd.
Rob, Robbie, Robert, Robin [rob, 'robi, 'robë:t, 'robin] Rob, Róbi, Robért, Róbin.
Roddy, Roderick ['rodi, 'rodrik] Ródi, Rodríg.
Roger ['roxhë:] Róxher.
Roland ['roulënd] Roländ.
Rolf [rolf] Rolf.
Romeo ['roumiou] Roméo.
Ronald ['ronëld] Ronáld.
Rosa ['rouzë] Róza.
Rose [rouz] Róza.
Rosemary ['rouzmëri] Rozmarí.
Roy [roi] Rój.
Rudolf, Rudolph ['ru:dolf] Rudólf.
Rupert ['ru:pë:t] Rupért.
Ruth [ru:th] Ruth.

Sal, Sally [sæl, 'sæli] Sell, Sélli (*shk i Sarah*).
Sam, Sammy, Samuel ['sæmjuël] Sem, Sémi, Samuél.
Sanders, Sandy ['sa:ndë:s, 'sændi] Sándërs, Séndi (*shk i Alexander*).
Sara(h) ['seërë] Sára.
Sebastian [si'bæstjën] Sebastián.
Sibil; Sibyl, Sibilla ['sibil; si'bilë] Sibíll; Sibílla.
Sidney ['sidni] Sídnej.
Silas ['sailës] Sájllës.
Silvia ['silvië] Sílvia.
Sim, Simmy, Simon [sim, 'simi, 'saimën]

Sim, Sími, Simón.

Sol, Solly, Solomon [sol, 'soli, 'solëmën] Soll, Sólli, Solomón.

Sophie, Sopy ['soufi] Sofía.

Stanley ['stænli] Sténli.

Stephen, Steve ['sti:vën, 'sti:v] Stíven, Stiv, Stefán

Sue, Susan, Susie, Susy [sju:, 'su:zën, 'su:zi] Su, Suzánë, Súzi.

Ted, Teddy [ted, 'tedi] Ted, Tédi.

Theobald ['thiëbo:ld] Teobáld.

T(h)eresa [të'ri:zë] Terézë.

Thomas ['tomës] Tomás.

Tim, Timothy [tim, 'timëthi] Tim, Timóthi.

Tina ['ti:në] Tína (*shk i Cristina*).

Tobias, Toby [të'bajës, 'toubi] Tobías, Tóbi.

Tom, Tommy [tom, 'tomi] Tom, Tómi (*shk i Thomas*).

Tony ['touni] Tóni (*shk i Anthony*).

Tybalt ['tibëlt] Tibáld.

Victor ['viktë:] Viktór.

Victoria [vik'to:rië] Viktorí.

Vincent ['vinsënt] Vinsént.

Violet ['vajëlit] Violétë.

Virginia [vë:'xhinië] Virxhínia, Virgjiní.

Vivian, Vivien ['viviën] Vivién.

Wallace ['wolis] Uólles.

Walt, Walter [wo:lt, 'wo:ltë:] Uóllt, Uóllter, Valtér.

Wilfred, Wilfrid ['wilfrid] Vilfréd.

Will, William, Willy [wil, 'wiljëm, 'wili] Uíll, Uílliam, Uílli, Víli.

Win, Winifred, Winnie [win, 'winifrid, 'wini] Uín, Uínifred, Wíni.

WEIGHTS AND MEASURES

MASAT DHE PESHAT

Linear Measure   Gjatësitë

1 inch (in)	= 25.3995 millimeters	
12 inches	= 1 foot (ft)	= 30.479 centimeters (cm)
3 feet	= 1 yard (yd)	= 0.9144 meters (m)
5½ yards	= 1 rod, ole, or perch	= 5.0292 meters
22 yards	= 1 chain (ch)	= 20.1168 meters
220 yards	= 1 furlong (fur)	= 201.168 meters
8 furlongs	= 1 mile	= 1.6093 kilometers
1760 yards	= 1 mile	= 1.6093 kilometers
3 miles	= 1 league	= 4.8279 kilometers

The Metric System   Sistemi metrik

Length   Gjatësia

10 millimeters (mm)	= 1 centimeter(cm)	= 0.3937 inches (in)
100 centimeters	= 1 meter (m)	= 39.37 inches or 1.094 yards (yd)
1000 meters	= 1 kilometer (km)	= 0.62137 miles or about 5/8 mile

Surface   Sipërfaqja

100 square meters(m²)	= 1 are (a)	= 0.0247 acres
100 ares	= 1 hectare (ha)	= 2.471 acres
100 hectares	= 1 square km (km²)	= 0.386 square miles

Weight Peshat

10 milligrams (mg)	= 1 centigram	= 0.1543 grains
100 centigrams	= 1 gram (g)	= 15.4323 grains
1000 grams	= 1 kilogram (kg)	= 2.2046 pounds
1000 kilograms	= 1 tonne	= 19.684 cwt

Capacity Nxënësia

1000 milliliters (ml)	= 1 liter (l)	= 2.101 pints (1.75 Br pints)
10 liters	= 1 decaliter (dl)	= 2.63 gallons (2.1997 Br gallons)

Avoirdupois Weight Peshat

1 grain (gr)	= 0.0648 grams (g)	
437½ grains	= 1 ounce (oz)	= 28.35 grams
16 drams (dr)	= 1 ounce	= 28.35 grains
16 ounces	= 1 pound (lb)	= 0.454 kilograms (kg)
14 pounds	= 1 stone	= 6.356 kilograms
2 stone	= 1 quarter	= 12.7 kilograms
4 quarters	= 1 hundredweight(cwt)=50.8 kilograms	
112 pounds	= 1 cwt	= 50.8 kilograms
100 pounds	= 1 short cwt	= 45.4 kilograms
20 cwt	= 1 ton	= 1016.04 kilograms
2000 pounds	= 1 short ton	= 0.907 metric tons
2240 pounds	= 1 long ton	= 1.016 metric tons

TEMPERATURE

TEMPERATURA

	Fahrenheit Farenait	*Centigrade* Celsius
Boiling Point	212°	100°
(pika e vlimit)	194°	90°
	176°	80°
	158°	70°
	140°	60°
	122°	50°
	104°	40°
	86°	30°
	68°	20°
	50°	10°
Freezing Point	32°	0°
(pika e ngrirjes)	14°	-10°
	0°	-17.8°
Absolute Zero	459.67°	-273.15°
(zero absolute)		

Për të kthyer gradët Farenait në Celsius: zbrit 32 dhe shumëzo me 5/9, pra, $X°F = (X - 32) \times 5/9 ° C$

Për të kthyer gradët Celsius në Farenait: shumëzo me 9/5 dhe shto 32, pra, $Y°C = Y \times 9/5 + 32° F$.

Hippocrene Greek and Macedonian Dictionaries . . .

GREEK BASIC COURSE
327 pages   8 x 10   25 lessons
0-7818-0167-2 $14.95pb   (461)

GREEK HANDY DICTIONARY
120 pages   5 x 7¾
0-87052-961-7 $8.95   (464)

GREEK-ENGLISH/ENGLISH-GREEK
Standard Dictionary
686 pages   5 ½ x 8 ½   30,000 entries
0-7818-0600-3 $16.95pb   (695)

MACEDONIAN-ENGLISH/ENGLISH-MACEDONIAN
Concise Dictionary
400 pages   4 x 6   14,000 entries
0-7818-0516-3 $14.95pb   (619)

All prices subject to change. **TO PURCHASE HIPPOCRENE BOOKS** contact your local bookstore, call (718) 454-2366, or write to: HIPPOCRENE BOOKS, 171 Madison Avenue, New York, NY 10016. Please enclose check or money order, adding $5.00 shipping (UPS) for the first book and $.50 for each additional book.

Hippocrene Greek and Macedonian Dictionaries . . .

GREEK BASIC COURSE
327 pages   8 x 10   25 lessons
0-7818-0167-2 $14.95pb   (461)

GREEK HANDY DICTIONARY
120 pages   5 x 7¾
0-87052-961-7 $8.95   (464)

GREEK-ENGLISH/ENGLISH-GREEK
Standard Dictionary
686 pages   5 ½ x 8 ½   30,000 entries
0-7818-0600-3 $16.95pb   (695)

MACEDONIAN-ENGLISH/ENGLISH-MACEDONIAN
Concise Dictionary
400 pages   4 x 6   14,000 entries
0-7818-0516-3 $14.95pb   (619)

All prices subject to change. **TO PURCHASE HIPPOCRENE BOOKS**
contact your local bookstore, call (718) 454-2366, or write to:
HIPPOCRENE BOOKS, 171 Madison Avenue, New York, NY 10016.
Please enclose check or money order, adding $5.00 shipping (UPS) for the
first book and $.50 for each additional book.